D1732095

Lenz (Hrsg.) EG-Vertrag Kommentar
2. Auflage 1999

EG-Vertrag

Kommentar
zu dem Vertrag zur Gründung der Europäischen Gemeinschaften,
in der durch den Amsterdamer Vertrag geänderten Fassung

herausgegeben von

Prof. Dr. Carl Otto Lenz

Generalanwalt am Gerichtshof der Europäischen Gemeinschaften a.D.
Redaktionelle Koordinierung: Dr. Klaus-Dieter Borchardt, unter Mitarbeit von

Angela Bardenhewer

Joachim Bitterlich

Dr. Klaus-Dieter Borchardt

Siegfried Breier

Dr. Martin Coen

Eckhart Curtius

Rolf Dieter

Prof. H. G. Fischer

Gerhard Grill

Dr. Henning Grub

Dr. Josef Winfried Grüter

Dr. Waltraud Hakenberg

Dr. Andreas Hecker

Dr. Heinz Hetmeier

Dr. Gerhard Hütz

Dr. Werner Kaufmann-Bühler

Dr. Susanne Lageard

Prof. Dr. Gerd Langguth

Prof. Dr. Carl-Otto Lenz

Michael Lux

Dr. Peter Mückenhausen

Dr. Till Müller-Ibold

Dr. Francis Rawlinson

Dr. Moritz Röttinger

Alexander Scheuer

Wolfgang Schill

Dr. Norbert Schmidt-Gerritzen

Dr. Henrik Vygen

Prof. Dr. Rolf H. Weber

Prof. Dr. Hans-Michael Wolffgang

2. Auflage 1999
Rechtsstand: 1.03.1999

Bundesanzeiger, Köln
Helbing & Lichtenhahn, Basel · Genf · München
Ueberreuter, Wien

Die Deutsche Bibliothek – CIP-Einheitsaufnahme

EG-Vertrag: Kommentar zu dem Vertrag zur Gründung der
Europäischen Gemeinschaften / hrsg. von Carl Otto Lenz. Unter
Mitarb. von Klaus Dieter Borchardt. – 2. Aufl., Rechtsstand:
1.03.1999 – Köln : Bundesanzeiger ; Basel : Helbing und
Lichtenhahn ; Wien : Ueberreuter 1999
    Einheitsacht. des kommentierten Werkes Vertrag zur Gründung der
Europäischen Gemeinschaften
    ISBN 3-88784-894-2 (Bundesanzeiger) Gb.
    ISBN 3-7190-1778-8 (Helbing und Lichtenhahn) Gb.
    ISBN 3-7064-0559-8 (Ueberreuter) Gb.
NE: Lenz, Carl Otto [Hrsg.]; Borchardt, Klaus-Dieter; Deutschland:
[Vertrag <1957.03.25>]; Belgique: EG-Vertrag; Vertrag zur Gründung der
Europäischen Gemeinschaften

Zitiervorschlag: Borchardt in Lenz, EGV-Kommentar, 2. Auflage,
Art. … Rn. …

ISBN 3-88784-894-2 (Bundesanzeiger-Verlagsges. mbH., Köln)
ISBN 3-7190-1778-8 (Helbing & Lichtenhahn, Basel · Genf · München)
ISBN 3-7064-0559-8 (Ueberreuter, Wien)

Lektorat: H.S. Glenski
Herstellung: Th. Mersmann

© 1999 Bundesanzeiger Verlagsges. mbH., Köln

Druck und buchbinderische Verarbeitung: Stückle, Ettenheim

Printed in Germany

Gesamtinhaltsverzeichnis

Hinweise für den Benutzer:

Die durch den Amsterdamer Vertrag in den EG-Vertrag eingefügten neuen Numerierungen sind in der 2. Auflage bereits berücksichtigt. Zur bessseren Orientierung finden Sie neben der neuen Numerierung des jeweiligen Artikels einen Klammerzusatz mit der alten Numerierung. Sofern Sie neben dem vorliegenden Werk ältere Literatur benutzen, können sie so den gesuchten Artikel leichter finden. Bitte beachten Sie, daß durch den Amsterdamer Vertrag auch Artikel ohne Vorgängerregelung eingefügt worden sind. Diese enthalten in ihrem Klammerzusatz einen Verweis auf eine fiktiv fortgeführte Numerierung des EGV in seiner alten Fassung.

Innerhalb der Kommentierung eines Artikels erfolgen die Verweise auf die Beiträge anderer Autoren dieses Kommentars mit der neuen Artikelnumerierung. Verweise auf andere Kommentare konnten nur mit der alten Numerierung versehen werden, da zum Zeitpunkt des Erscheinens des Werkes noch keine Neuauflage der zitierten Werke erfolgt ist.

Vorwort zur 2. Auflage

Die zweite Auflage des „EG-Vertrag Kommentar" unterscheidet sich von der ersten dadurch, daß sie auch *die durch den EU-Vertrag in seiner Fassung des Vertrages von Amsterdam neu in den EG-Vertrag eingeführten Bereiche und die sonstigen punktuellen Änderungen* enthält. *Der EU-Vertrag selbst* wird eingeführt durch Joachim Bitterlich, der maßgeblich an den Verhandlungen *des Amsterdamer Vertrages* beteiligt war.

Die umfangreichsten und wie ich meine auch wichtigsten *durch den Amsterdamer Vertrag vorgenommenen Ergänzungen des EG-Vertrages betreffen* den neuen Titel IV und den Schengen-Besitzstand (betr. den freien Personenverkehr und die justizielle Zusammenarbeit in Zivilsachen mit grenzüberschreitendem Bezug), sozialpolitische Vorschriften (Beschäftigungspolitik, Aufnahme des Sozialprotokolls in den Vertrag, Dienste von allgemeinem wirtschaftlichen Interesse); *hinzu kommen grundlegende Änderungen bestehender Politikbereiche und institutioneller Vorschriften.*

Diese Bestimmungen geben den Organen der Gemeinschaft Befugnisse und enthalten zum Teil auch Verfahrenserleichterungen, so daß Aussicht besteht, daß sie auch in der Praxis angewandt werden. Andere Bestimmungen sind für Ausnahmesituationen bestimmt, die hoffentlich nicht eintreten werden (z.B. Flexibilitätsklausel, Art. 11 EGV; Verletzung der Grundsätze der Union, Art. 7 EUV).

Die Kommentierung beschränkt sich wie in der ersten Auflage auf den EGV. Sie basiert im wesentlichen auf der Rechtsprechung des Gerichtshofs der Europäischen Gemeinschaften und des Gerichts erster Instanz. Bei neu eingefügten Vorschriften konnte auf Unterlagen der Regierungskonfernz zurückgegriffen werden. Die Kommentierung ist umfangreicher als in der ersten Auflage, weil sie die neuen Teile umfaßt, *erste praktische Erfahrungen mit den durch den Maastrichter Vertrag vorgenommenen Vertragsänderungen und -ergänzungen verwertet und in einigen Grundlagenbereichen (insbesondere Landwirtschaft, Wettbewerb und Rechtsschutz) umfangreiche Aktualisierungen enthält. Auf die „historischen Hinweise" zu den einzelnen Vorschriften (bezogen auf ihre Veränderungen unter der Einheitlichen Europäischen Akte und den Maastrichter Vertrag) wurde hingegen weitestgehend verzichtet; diese sind nunmehr lediglich noch in der Erstauflage nachzulesen.* Format und *Aufmachung* sind jedoch beibehalten worden.

Das Erscheinen der zweiten Auflage fällt in die Periode des Inkrafttretens des Amsterdamer Vertrages, der fünften *Direktwahl* zum Europäischen Parlament und der Einsetzung einer neuen Kommission nach dem Rücktritt der Kommission unter Präsident Santer, nur wenige Monate nach dem Inkrafttreten der Europäischen Währungsunion, in eine Zeit also, in der ein neuer Abschnitt der Geschichte der europäischen Integration und vielleicht ein neuer Abschnitt in der Geschichte Europas beginnt. Die Kosovokrise wird Aufschluß über die Fähigkeiten der Mitgliedstaaten zur Führung einer gemeinsamen Außen- und Sicherheitspolitik und einer gemeinsamen Politik gegenüber den vertriebenen Albanern liefern. Ein neues Verhältnis zwischen Parlament, Rat und Kommission beginnt sich abzuzeichnen; die Einführung des Euro als Zahlungsmittel steht an und die Erweiterung der Gemeinschaft wird in Angriff genommen. In diesem Zusammenhang sollen die Bestimmungen über die Zusammensetzung und die Arbeitsweise der Organe umfassend überprüft werden. Auch gibt es Stimmen, die die auf dem Europäischen Rat in Berlin beschlossenen Anpassungen der Agrar- und Strukturpolitik der Gemeinschaft für unzureichend halten. Wie Bitterlich in seinem Beitrag schreibt, hat die Union ein Arbeitsprogramm vor sich, das wohl noch ehrgeiziger und anspruchsvoller ist als das Binnenmarktprogramm von Jaques Delory.

Herausgeber, Autoren und Verlag hoffen, daß das vorliegende Werk ein nützlicher und zuverlässiger Ratgeber auf diesem Wege sein wird.

Vorwort zur 1. Auflage

Das Bundespresse- und Informationsamt der Bundesregierung in Bonn hat eine Textausgabe des Vertrages von Maastricht herausgegeben unter dem Titel „Der Vertrag". Das Kernstück des „Vertrages" ist der „Vertrag zur Gründung der Europäischen Gemeinschaft (EG)". Der Bundesanzeiger-Verlag legt jetzt in Zusammenarbeit mit den Verlagen Ueberreuter in Österreich und Helbing und Lichtenhahn in der Schweiz einen Kommentar zu diesem Kernvertrag vor.

Dieser Vertrag mit seinen Bestimmungen über die Schaffung des Binnenmarktes, der Einführung einer Unionsbürgerschaft und der Schaffung einer Wirtschafts- und Währungsunion wird durch den „Vertrag" den Änderungsbestimmungen für die anderen Gemeinschaftsverträge (EGKS, EU-RATOM) in Abweichung von der historischen Reihenfolge vorangestellt. Die ehemalige „Europäische Wirtschaftsgemeinschaft" erhält den Titel „Europäische Gemeinschaft", der ihren umfassenden Geltungsbereich unterstreicht und die beiden anderen Gemeinschaften deutlich in den zweiten Rang stellt. Die Europäische Gemeinschaft umfaßt nicht nur einen wesentlichen Teil der Beziehungen der Mitgliedstaaten untereinander, sondern er enthält auch Rechte und Pflichten der Bürger der Europäischen Union. Er gibt ihnen Freizügigkeit, freie Konsumwahl und Rechtsschutz. Er regelt die Landwirtschaft, den Wettbewerb und den Außenhandel. Er ermöglicht die Angleichung der Rechtsvorschriften im Gesellschaftsrecht, im Lebensmittelrecht und im Umsatzsteuerrecht. Er gewährleistet die soziale Sicherheit der in anderen Unionsländern tätigen Arbeitnehmer und Selbständigen. Er regelt die Gleichbehandlung von Frauen und Männern, von Inländern und anderen Unionsbürgern. Er ist ein Vertrag für das Alltägliche. Er gehört nicht nur in das Bücherregal der Diplomaten, sondern auf den Schreibtisch eines jeden, der das Recht im Alltagsleben anzuwenden hat.

Die Verfasser der einzelnen Beiträge haben sich bemüht, das Recht in ihren Sachbereichen so kurz und anschaulich wie möglich darzustellen. Trotzdem ist ein stattliches Werk daraus geworden. Daß es sich im Alltag bewähren möge, ist der Wunsch der Verfasser und des Herausgebers und des Verlags.

Luxemburg, im Juli 1994   Prof. Dr. Carl Otto Lenz

Bearbeiterverzeichnis

EU-Vertrag

Art. 1–53 (ex-Art. A–5) ..... Bitterlich

EG-Vertrag

Art. 1–4 (ex-Art. 1–3a) ..... Lenz
Art. 5 (ex-Art. 3b) ..... Langguth
Art. 6 (ex-Art. 3c) ..... Breier/Vygen
Art. 7 (ex-Art. 4) ..... Lenz
Art. 8 (ex-Art. 4a) ..... Langguth
Art. 9–16 (ex-Art. 4b–7d) ..... Lenz
Art. 17–22 (ex-Art.8–8e) ..... Kaufmann-Bühler
Art. 23–31 (ex-Art. 9–37) ..... Lux
Art. 32–38 (ex-Art. 38–47) ..... Borchardt
Art. 39–42 (ex-Art. 48–51) ..... Scheuer
Art. 43–48 (ex-Art. 52–58) ..... Scheuer
Art. 49–55 (ex-Art. 59–66) ..... Hakenberg
Nach Art. 49–55 (ex-Art. 59–66) ..... Fischer
Art. 56–60 (ex-Art. 67–73h) ..... Weber
Art. 61–69 (ex-Art. 73i–73l) ..... Bardenhewer
Art. 70–80 (ex-Art. 74–84) ..... Mückenhausen
Art. 81–86 (ex-Art. 85–91) ..... Grill
Art. 87–89 (ex-Art. 92–94) ..... Rawlinson
Art. 90–93 (ex-Art. 95–99) ..... Wolffgang
Art. 94–97 (ex-Art. 100–102) ..... Röttinger
Art. 98–124 (ex-Art. 102a–109m) ..... Schill
Art. 125–130 (ex-Art. 109n–109s) ..... Coen
Art. 131–134 (ex-Art. 110–115) ..... Müller-Ibold
Art. 135 (ex-Art. 116) ..... Lux
Art. 136–148 (ex-Art. 117–125) ..... Coen
Art. 149–152 (ex-Art. 126–129) ..... Fischer
Art. 153 (ex-Art. 129a) ..... Grub
Art. 154–156 (ex-Art. 129b–129d) ..... Dieter
Art. 154–156 (ex-Art. 129b–129d) ..... Grüter
Art. 157 (ex-Art. 130) ..... Breier
Art. 158–162 (ex-Art. 130a–130e) ..... Borchardt
Art. 163–173 (ex-Art. 130–130p) ..... Curtius
Art. 174–176 (ex-Art. 130r–130t) ..... Vygen/Breier
Art. 177–188 (ex-Art. 130n–136a) ..... Hecker
Art. 189–201 (ex-Art. 137–144) ..... Kaufmann-Bühler
Art. 202–219 (ex-Art. 145–163) ..... Breier
Art. 220–245 (ex-Art. 164–188) ..... Borchardt
Art. 246–248 (ex-Art. 188a–188c) ..... Schmidt-Gerritzen
Art. 249–256 (ex-Art. 184–192) ..... Hetmeier

Allgemeines Literaturverzeichnis

I. Lehrbücher

Ahlt, M., Europarecht, Examenskurs für Rechtsreferendare, 2. Aufl. (München, 1995).

Arndt, H.-W., Europarecht, 2. Aufl. (Heidelberg 1995).

Beutler, B./Bieber, R./Pipkorn, J./Streil, J., Die Europäische Union – Rechtsordnung und Politik, 4. Aufl. (Baden-Baden, 1993).

Bischof, H., Europarecht für Anfänger, 2. Aufl. (München 1996).

Bleckmann, A., Europarecht. Das Recht der Europäischen Wirtschaftsgemeinschaft, 6. Aufl. (Köln 1997).

Borchardt, K.-D., Die rechtlichen Grundlagen der Europäischen Union (Heidelberg, 1996).

Emmert, F., Europarecht (München 1996).

Fastenrath, U./Müller-Gerber, M., Europarecht (Freiburg, Berlin 1996).

Fischer, H.G., Europarecht, 2. Aufl. (München 1997).

Hakenberg, W., Grundzüge des Europäischen Wirtschaftsrechts (München, 1994).

Herdegen, M., Europarecht (München 1997).

Huber, P., Recht der Europäischen Integration (München 1996).

Kilian, W., Europäisches Wirtschaftsrecht (München 1996).

Koenig, C./Haratsch, A., Einführung in das Europarecht (Tübingen 1996).

Koenig, C./Pechstein, M., Die Europäische Union (Tübingen 1995).

Nicolaysen, G., Europarecht I (Baden-Baden 1991); Europarecht II. Das Wirtschaftsrecht im Binnenmarkt (Baden-Baden 1996).

Oppermann, T., Europarecht (München 1991).

Schweitzer, M./Hummer, W., Europarecht, 5. Aufl. (Neuwied 1996).

Streinz, R., Europarecht, 3. Aufl. (Heidelberg 1996).

Weindl, J., Europäische Gemeinschaft (EU), 3. Aufl. (München u.a., 1996).

Woyke, W., Europäische Organisationen (München u.a. 1995).

II. Kommentare

Geiger, R., EG-Vertrag. Kommentar zu dem Vertrag zur Gründung der Europäischen Gemeinschaft, 2. Aufl. (München 1995).

Grabitz, E./Hilf, M. (Hrsg.), Kommentar zur Europäischen Union (Loseblattsammlung, München).

v.d. Groeben, H./Thiesing, J./Ehlermann, C.-D. (Hrsg.), Kommentar zum EWG-Vertrag, 4. Aufl. (Baden-Baden, 1991).

Hailbronner, K./Klein, E./Magiera, S./Müller-Graff, P.-C., Handkommentar zum Vertrag über die Europäische Union (EUV/EGV) (Loseblattsammlung, Köln).

III. Handbücher, Wörterbücher

v. Borries, R. (Hrsg.), Europarecht von A–Z. Vom Gemeinsamen Markt zur Europäischen Union, 2. Aufl. (München 1993).

Dauses, M. (Hrsg.), Handbuch des EG-Wirtschaftsrechts (Loseblattsammlung, München).

Euro-Guide, Der Binnenmarkt von A–Z. (Loseblattsammlung Köln).

Hitzler, G., Europahandbuch, 4. Aufl. (Köln u.a. 1996)

Lenz, C. (Hrsg.), EG-Handbuch Recht im Binnenmarkt, 2. Aufl. (Herne, Berlin, 1994).

Röttinger, M./Weyringer, C. (Hrsg.), Handbuch der europäischen Integration – Strategie, Struktur, Politik der Europäischen Union. 2. Aufl. (Wien u.a. 1996).

Schwappach, J. (Hrsg.), EU-Rechtshandbuch für die Wirtschaft. 2. Aufl. (München 1996).

IV. Textsammlungen

Amtsblatt der Europäischen Gemeinschaften, Nr. L (Legislatio); Nr. C (Communicationes).

Beutler, B./Bieber, R./Pipkorn, J./Streil J. (Hrsg.), Das Recht der Europäischen Gemeinschaft. Textsammlung (Loseblattsammlung, Baden-Baden).

v. Borries, R. /Winkel, K., Europäisches Wirtschaftsrecht (Loseblattsammlung, München).

Europäischer Unionsvertrag. Beck-Texte, dtv 5572.

Europa-Recht. Beck-Texte, dtv 5014.

Europarecht, 9. Aufl. (Baden-Baden 1996).

Fischer, H.G. (Hrsg.), EG-Vorschriften für die öffentliche Verwaltung (Loseblattsammlung, Neuwied)

Gerichtshof der Europäischen Gemeinschaften (Hrsg.), Nachlagewerk der Rechtsprechung zum Gemeinschaftsrecht (Loseblattsammlung, Luxemburg).

Sammlung der Rechtsprechung des Gerichtshofs und des Gerichts erster Instanz. Teil I: Gerichtshof; Teil II: Gericht erster Instanz; Öffentlicher Dienst.

v.d. Groeben, H. (Hrsg.), Handbuch des Europäischen Rechts. Systematische Sammlung in 24 Ordnern (Loseblattsammlung, Baden-Baden).

Hummer/Obwexer (Hrsg.), EU-Recht, Wien 1999.

Kommission der Euroäischen Gemeinschaften (Hrsg.), Fundstellennachweis des geltenden Gemeinschaftsrechts, 2. Bde., 31. Aufl., 1998.

Matjeka, M./Reich, P./Welz, Ch. (Hrsg.), Vorschriftensammlung für die Verwaltung. Europarecht, 2. Aufl. (Stuttgart u.a. 1996).

Sartorius II, Internationale Verträge – Europarecht (Loseblattsammlung München).

Schweitzer, M./Hummer, W. Textbuch zum Europarecht, 6. Aufl. (München 1994).

Vertrag von Amsterdam: Text und konsolidierte Fassungen des EU- und EG-Vertrages, 1. Aufl., Baden-Baden 1997.

Abkürzungsverzeichnis

a.A.	anderer Ansicht
a.a.O.	am angegebenen Ort
a.E.	am Ende
a.F.	alte Fassung
ABl.	Amtsblatt der EG
Abs.	Absatz
Abschn.	Abschnitt
AdR	Ausschuß der Regionen
AETR	Europäisches Abkommen über die Arbeit des Fahrpersonals im grenzüberschreitenden Kraftverkehr
AgrR	Agrarrecht
AKP-Staaten	Afrikanische, Karibische und Pazifische Staaten
allg.	allgemein
Anl.	Anlage
Anm.	Anmerkung(en)
AnwBl.	Anwaltsblatt
AO	Abgabenordnung
APS	Allgemeines Präferenzsystem
Art.	Artikel
ASEAN-Staaten	Association of South East Nations
AStV	Ausschuß der Ständigen Vertreter (COREPER)
Aufl.	Auflage
AWG	Außenwirtschaftsgesetz (BRD)
AWV	Außenwirtschaftsverordnung (BRD)
B./Beschl.	Beschluß
BAföG	Bundesausbildungsförderungsgesetz (BRD)
BALM	Bundesanstalt für landwirtschaftliche Marktordnung (BRD)
BAnz.	Bundesanzeiger (BRD)
BayVBl.	Bayerische Verwaltungsblätter
BB	Betriebs-Berater (Zeitschrift)
Bd.	Band
Bek.	Bekanntmachung
Benelux	Belgien, Niederlande, Luxemburg

ber.	berichtigt
best.	bestimmt
betr.	betreffend
BetrAV	Betriebliche Altersversorgung
BFH	Bundesfinanzhof (BRD)
BGB	Bürgerliches Gesetzbuch
BGBl.	Bundesgesetzblatt (BRD)
BGH	Bundesgerichtshof (BRD)
BIP	Bruttoinlandsprodukt
BKartA	Bundeskartellamt (BRD)
BRAO	Bundesrechtsanwaltsordnung
BSP	Bruttosozialprodukt
BT-Drs.	Bundestags-Drucksache (BRD)
Bull. (EG)	Bulletin der EG
BVerfG	Bundesverfassungsgericht
BVerwG	Bundesverwaltungsgericht
bzgl.	bezüglich
bzw.	beziehungsweise
CDE	Zentrum für europäische Dokumentation
CEEP	Europäische Zentrale der öffentlichen Wirtschaft
CELEX	Interinstitutionelles System für die automatische Dokumentation über das Gemeinschaftsrecht
cif	cost, insurance, freight
CMLR	Common Market Law Reports
CMLRev	Common Market Law Review
COREPER	Comité des représentants permanents (AStV)
COREU	Telexnetz der außenpolitischen Zusammenarbeit
COST	Europäische Zusammenarbeit auf dem Gebiet der wissenschaftlichen und technischen Forschung
CR	Computer und Recht (Zeitschrift)
DB	Der Betrieb (Zeitschrift)
DDR	Deutsche Demokratische Republik
ders./dies.	derselbe/dieselbe
DienstA	Dienstanweisung
Diss.	Dissertation
DÖV	Die öffentliche Verwaltung (Zeitschrift)
DStZ	Deutsche Steuerzeitung

Abkürzungsverzeichnis

DVBl.	Deutsches Verwaltungsblatt (Zeitschrift)
DWA	Direktwahlakt
E	Entscheidung
EA	Europa-Archiv
EAG	Europäische Atomgemeinschaft (= EURATOM)
EAGFL	Europäischer Ausrichtungs- und Garantiefonds für die Landwirtschaft
EAGV	Vertrag über die Europäische Atomgemeinschaft
ECE	Wirtschaftskommission für Europa
ECU	European Currency Unit
EEA	Einheitliche Europäische Akte
EEC	European Economic Community
EEE	Espace Economique Européen (= EWR)
EEF	Europäischer Entwicklungsfonds
EFRE	Europäischer Fonds für regionale Entwicklung
EFTA	European Free Trade Association
EFwZ	Europäischer Fonds für währungspolitische Zusammenarbeit
EG	Europäische Gemeinschaft(en)
EGB	Europäischer Gewerkschaftsbund
EGKS	Europäische Gemeinschaft für Kohle und Stahl (auch „Montanunion")
EGKSV	Vertrag zur Gründung der EGKS
EGV	Vertrag zur Gründung der Europäischen Gemeinschaft (EG-Vertrag)
EIB	Europäische Investitionsbank
einschl.	einschließlich
EMRK	Europäische Menschenrechtskonvention
EP	Europäisches Parlament
EPZ	Europäische Politische Zusammenarbeit
ER	Europäischer Rat
ERP	European Recovery Programme
ESF	Europäischer Sozialfonds
ESZB	Europäisches System der Zentralbanken
etc.	et cetera
EU	Europäische Union
EuGeI	Gericht erster Instanz des EuGH

XVI

EuGH	Europäischer Gerichtshof
EuGRZ	Europäische Grundrechtezeitschrift
EuGVÜ	Europäisches Übereinkommen über die gerichtliche Zuständigkeit und die Vollstreckung gerichtlicher Entscheidungen in Zivil- und Handelssachen vom 27. September 1968
EuR	Europarecht (Zeitschrift)
EURATOM	Europäische Atomgemeinschaft (= EAG)
Eureka	European Research Coordination Agency
Europol	Europäisches Polizeiamt
EUV	Vertrag zur Gründung der Europäischen Union (Maastricht-Vertrag)
EuWG	Europawahlgesetz
EuZW	Europäische Zeitschrift für Wirtschaftsrecht
EVG	Europäische Verteidigungsgemeinschaft
EVP	Europäische Volkspartei
EWF	Europäischer Währungsfonds
EWG	Europäische Wirtschaftsgemeinschaft
EWGV	Vertrag zur Gründung der Europäischen Wirtschafts- gemeinschaft
EWI	Europäisches Währungsinstitut
EWIV	Europäische wirtschaftliche Interessenvereinigung
EWR	Europäischer Wirtschaftsraum
EWRA	Abkommen über den Europäischen Wirtschaftsraum
EWS	Europäisches Währungssystem
EWS	Europäisches Wirtschafts- und Steuerrecht (Zeitschrift)
EZB	Europäische Zentralbank
F & E/FuE	Forschung und Entwicklung
f.	für
f., ff.	(fort)folgende
FGO	Finanzgerichtsordnung
FIW	Forschungsinstitut für Wirtschaftsverfassung und Wett- bewerb
FKV	Fusionskontrollverordnung
Fn./FN	Fußnote
FS	Festschrift
FusV	Vertrag zur Einsetzung eines gemeinsamen Rates und

	einer gemeinsamen Kommission der Europäischen
	Gemeinschaften (Fusionsvertrag) vom 8. April 1965
GA	Generalanwalt
GASP	Gemeinsame Außen- und Sicherheitspolitik
GATT	Allgemeines Zoll- und Handelsabkommen
GBTE	von der Groeben/Boeckh/Thiesing/Ehlermann (Hrsg.),
	Kommentar zum EWG-Vertrag, 4. Aufl. 1991
GD	Generaldirektion
gem.	gemäß
GeschO/GO	Geschäftsordnung
GG	Grundgesetz (BRD)
ggf.	gegebenenfalls
GM	Gemeinsamer Markt
GmbH	Gesellschaft mit beschränkter Haftung
GS	Gedächtnisschrift
GTE	von der Groeben/Thiesing/Ehlermann (Hrsg.),
	Kommentar zum EWG-Vertrag, 3. Aufl. 1982
GU	Gemeinschaftsunternehmen
GVO	Gruppenfreistellungsverordnung(en)
GWB	Gesetz gegen Wettbewerbsbeschränkungen
GZT	Gemeinsamer Zolltarif
H.	Heft
h.M.	herrschende Meinung
Hdb.	Handbuch
Hg., Hrsg.	Herausgeber
HGB	Handelsgesetzbuch (BRD, Österreich)
HO	Haushaltsordnung
Hs.	Halbsatz
i.a.	im allgemeinen
i.d.R.	in der Regel
i.o.S.	im obigen Sinne
i.S.d.	im Sinne des
i.V.m.	in Verbindung mit
i.w.S.	im weiteren Sinne
IGH	Internationaler Gerichtshof
IIV	Interinstitutionelle Vereinbarungen
ILO	Internationale Arbeitsorganisation

inkl.	inklusive
insbes./insb.	insbesondere
IPR	Internationales Privatrecht
Iprax	Praxis des internationalen Privat- und Verfahrensrechts (Zeitschrift)
ISIC	International Standard Industrial Classification
IWB	Internationale Wirtschaftsbriefe (Zeitschrift)
IWF	Internationaler Währungsfonds
IWFA	Abkommen zum Internationalen Währungsfonds
JA	Juristische Arbeitsblätter (Zeitschrift)
JuS	Juristische Schulung (Zeitschrift)
JZ	Juristenzeitung
Kap.	Kapitel
KapV	Kapitalverkehr
Kfz	Kraftfahrzeug
KG	Kommanditgesellschaft
KMU	Kleine und mittlere Unternehmen
KOM	Kommission der EG
krit. Anm.	kritische Anmerkung
KSE	Kölner Schriften zum Europarecht
KSZE	Konferenz für Sicherheit und Zusammenarbeit in Europa
KWG	Gesetz über das Kreditwesen
lit.	Buchstabe
Lkw	Lastkraftwagen
m.	mit
m.E.	meines Erachtens
m.w.N.	mit weiteren Nachweisen
Mrd.	Milliarde
MS	Mitgliedstaat(en)
Mtlg.	Mitteilung
MwSt.	Mehrwertsteuer
n.F.	neue Fassung
Nachw.	Nachweis
NARIC	Netz von Informationszentren für Äquivalenzfragen
NATO	North Atlantic Treaty Organisation
NHPI	Neues handelspolitisches Instrument

NJW	Neue Juristische Wochenschrift (Zeitschrift)
Nr./Nrn	Nummer/Nummern
NVwZ	Neue Zeitschrift für Verwaltungsrecht
NZA	Neue Zeitschrift für Arbeitsrecht
o.ä.	oder ähnliches
o.g.	oben genannt
OECD	Organisation für wirtschaftliche Zusammenarbeit und Entwicklung
OEEC	Organisation für europäische wirtschaftliche Zusammenarbeit
ÖJZ	Österreichische Juristenzeitung
oHG	Offene Handelsgesellschaft
RabelsZ	Rabels Zeitschrift für ausländisches und internationales Privatrecht
rd.	rund
RdA	Recht der Arbeit (Zeitschrift)
REMUE	Revue de Marche Unique Europeen
resp.	respektive
rev.	revidiert
RGW	Rat für gegenseitige Wirtschaftshilfe
RH	Rechnungshof
RIW	Recht der internationalen Wirtschaft (Zeitschrift)
RL	Richtlinie(n)
Rn.	Randnummer
Rs.	Rechtssache
Rspr.	Rechtsprechung
RTDE	Revue trimestrielle de droit europeen
RuStG	Reichs- und Staatsangehörigkeitsgesetz
S.	Seite
s.	siehe
s.a.	siehe auch
s.o.	siehe oben
s.u.	siehe unten
SA	Schlußantrag
Sart. II	Sartorius II. Internationale Verträge. Europarecht (Textsammlung)
schriftl.	schriftlich

SE	Societas Europeae (Europäische Aktiengesellschaft)
SEDOC	Europäisches System für die Übermittlung von Stellen- und Bewerbeangeboten im internationalen Ausgleich
Slg.	Sammlung der Entscheidungen des Gerichtshofs
sog.	sogenannt
st. Rspr.	ständige Rechtsprechung
str.	streitig
SZIER	Schweizerische Zeitschrift für internationales und europäisches Recht
TAC	Total Allowable Catches (Gesamtfangmengen)
TARIC	Integrierter Zolltarif der Gemeinschaft
u.	und
u.ä.	und ähnliches
u.U.	unter Umständen
UAbs./Unterabs.	Unterabsatz
UdSSR	Union der Sozialistischen Sowjetrepubliken
ÜLG	Überseeische Länder und Hoheitsgebiete
UNCITRAL	Kommission der Vereinten Nationen für internationales Handelsrecht
UNESCO	Organisation der Vereinten Nationen für Erziehung, Wissenschaft und Kultur
UNICE	Union der Industrien der Europäischen Gemeinschaft
UrhG	Gesetz über Urheberrecht und verwandte Schutzrechte – Urheberrechtsgesetz (BRD)
Urt.	Urteil
Ust.	Umsatzsteuer
UstG	Umsatzsteuergesetz
UWG	Gesetz gegen den unlauteren Wettbewerb
v.	von, vom
v.a.	vergleiche auch
v. H.	vom Hundert (Prozent)
verb.	verbundene (Rechtssache)
Verf.	Verfahren
VerfO	Verfahrensordnung
vgl.	vergleiche
VO	Verordnung(en)
vol.	volume (Band)

Vorbem.	Vorbemerkung
WA	Währungsausschuß
WB	Kommission der Europäischen Gemeinschaften, Bericht über die Wettbewerbspolitik (erscheint jährlich)
WEU	Westeuropäische Union
WFA	Wirtschafts- und Finanzausschuß
WiVerw.	Wirtschaftsverwaltung
WM	Wertpapiermitteilungen (Zeitschrift)
WSA	Wirtschafts- und Sozialausschuß der EG
WuR	Wirtschaft und Recht (Zeitschrift)
WuW	Wirtschaft und Wettbewerb (Zeitschrift)
WWU	Wirtschafts- und Währungsunion
YEL	Yearbook of European Law
z.B.	zum Beispiel
z.T.	zum Teil
z.Z.	zur Zeit
ZAR	Zeitschrift für Ausländerrecht und Ausländerpolitik
ZBR	Zeitschrift für Beamtenrecht
ZfRV	Zeitschrift für Rechtsvergleichung, internationales Privatrecht und Europarecht
ZfZ	Zeitschrift für Zollrecht
ZGR	Zeitschrift für Unternehmens- und Gesellschaftsrecht
ZHR	Zeitschrift für das gesamte Handelsrecht und Wirtschaftsrecht
ZIAS	Zeitschrift für ausländisches und internationales Arbeits- und Sozialrecht
Ziff./Z.	Ziffer
zit.	zitiert
ZPO	Zivilprozeßordnung
ZRP	Zeitschrift für Rechtspolitik
ZTR	Zeitschrift für Tarifrecht
zul. geänd. d.	zuletzt geändert durch

Einführung
Von Maastricht nach Amsterdam

Mit dem Vertrag von Amsterdam fand die beim Europäischen Rat in Turin **1**
am 29. März 1996 eröffnete **Regierungskonferenz zur Reform der Verträge der Europäischen Union** ihren Abschluß.
Vorausgegangen war dieser Konferenz eine vom Europäischen Rat in
Korfu am 24./25. Juni 1994 festgelegte **zweistufige Vorbereitungsphase.**
(1) Zunächst wurden durch die Organe der EU Berichte über das Funktionieren des EUV erstellt. (2) Aufbauend auf diesen Berichten nahm im Juni
1995 eine Reflexionsgruppe ihre Arbeit auf, die am 5. Dezember 1995 dem
Europäischen Rat in Madrid ihren Bericht vorlegte.

Auf dieser Grundlage nahm dann die **Regierungskonferenz ihre Verhandlungen auf:** monatliche Sitzungen auf Ebene der Außenminister, die
die Verantwortung für die Gesamtheit der Arbeiten trugen, und im Regelfall
wöchentliche Tagungen auf Ebene ihrer Beauftragten. Nach ihrer Eröffnung in Turin bildete die Regierungskonferenz das Schwerpunktthema der
nachfolgenden Tagungen des Europäischen Rates in Florenz (21./22. Juni
1996) und Dublin (13./14. Dezember 1996) sowie der informellen Tagungen in Dublin (5. Oktober 1996) und Nordwijk (21. Mai 1997).

Als **Ergebnis** intensiver und schwieriger Verhandlungen unter italienischer
Präsidentschaft im zweiten Halbjahr 1996, unter irischer Präsidentschaft im
zweiten Halbjahr 1996 und unter niederländischem Vorsitz im ersten Halbjahr 1997 einigte sich der Europäische Rat in Amsterdam am 16./17. Juni
1997 auf den Entwurf des Vertrages von Amsterdam. Nach rechtlicher und
sprachlicher Überprüfung und Harmonisierung der Texte wurde der Vertrag
am 2. Oktober 1997 von den Außenministern der Mitgliedstaaten der EU in
Amsterdam **unterzeichnet.** Anlagen zum Vertrag sind 13 Protokolle sowie
die Schlußakte mit 59 Erklärungen, die von der Regierungskonferenz angenommen (51 Erklärungen) bzw. zur Kenntnis genommen worden sind
(8 Erklärungen). Nach Abschluß des Ratifikationsverfahrens ist der Vertrag
von Amsterdam am 1. Mai 1999 in Kraft getreten.

Warum bereits fünf Jahre nach Abschluß – bzw. drei Jahre nach Inkrafttre- **2**
ten – des Vertrages von Maastricht eine erneute Regierungskonferenz und
ein erneuter Vertrag zur Weiterentwicklung der Europäischen Union? Hatte nicht Maastricht gerade erst mit der Wirtschafts- und Währungsunion das
größte Vorhaben seit den Römischen Verträgen aufs Gleis gesetzt?

Die **historischen Umbrüche**, die sich seit 1988 – mit den dramatischen Höhepunkten der Jahre 1989 und 1990 – in Mittel- und Osteuropa vollzogen, konnten die zu jener Zeit in ihr entscheidendes Stadium tretenden Arbeiten am Projekt der europäischen Wirtschafts- und Währungsunion nicht unberührt lassen, das in der EG seit dem Europäischen Rat in Hannover am 27./28. Juni 1988 unter deutschem Vorsitz im Vordergrund des Interesses stand. So stellte Bundeskanzler Dr. Helmut Kohl noch vor der Darlegung seines 10-Punkte-Programms zur deutschen und europäischen Einheit vor dem Deutschen Bundestag am 28. November 1989 dem französischen Staatspräsidenten François Mitterand die Frage, ob im Zusammenhang mit der geplanten Regierungskonferenz zur Währungsunion nicht auch die „politische" Finalität der europäischen Einigung auf die Tagesordnung gehöre. In einem weiteren Brief an François Mitterand führte Bundeskanzler Dr. Helmut Kohl dann am 5. Dezember 1989 den **Begriff der „Politischen Union"** ein, deren Verwirklichung in der Folge durch eine Reihe gemeinsamer deutsch-französischer Initiativen parallel zur Wirtschafts- und Währungsunion wesentlich vorangebracht worden ist. Am Rande sei bemerkt, daß somit nicht zuletzt die – von den europäischen Partnern nicht erwartete und zunächst mit Sorgen und Vorbehalten verfolgte – deutsche Einheit die Anstrengungen um die Einheit Europas verstärkt und ihnen einen entscheidenden neuen Impuls verliehen hat! Ein so komplexes, vielschichtiges Unterfangen wie die Politische Union, die eine Vielzahl politischer Sachbereiche umfaßt (Außen- und Sicherheitspolitik, Innere Sicherheit, Justiz, demokratische Verankerung, Fortentwicklung der Institutionen, Bürgernähe, um nur die wichtigsten zu nennen), konnte und kann naturgemäß nur Schritt für Schritt in die Tat umgesetzt werden. Maastricht konnte auf diesem Weg nur eine erste Etappe sein; ganz folgerichtig ergab sich dann auch schon frühzeitig der Konsens über das Erfordernis baldiger Überprüfung und Fortentwicklung im Lichte erster Erfahrungen mit den im Maastrichter Vertrag formulierten Ansätzen.

3   Die **rechtliche Grundlage für das Zusammentreten der Regierungskonferenz** nur wenige Jahre nach dem Inkrafttreten des Vertrages von Maastricht findet sich dementsprechend in Art. N Abs. 2 des Maastrichter Vertrages, wonach im Jahre 1996 eine Regierungskonferenz einberufen werden sollte, um „die Bestimmungen dieses Vertrages, für die eine Revision vorgesehen ist", zu prüfen.

Gegenstand dieser Prüfung sollten gemäß Art. B (5. Anstrich) EUV insbesondere die mit dem Maastrichter Vertrag eingeführte Gemeinsame Außen- und Sicherheitspolitik und die Zusammenarbeit in den Bereichen Justiz und Inneres sein. Bereits die Beratungen in der Reflexionsgruppe ergaben, daß sich die Regierungskonferenz nicht auf die Überprüfung der Bestimmungen mit Revisionsklauseln beschränken konnte. Der Europäische Rat hat auf seinen verschiedenen Tagungen daher das **Mandat der Konferenz schrittweise ausgeweitet.** Neu hinzugekommene Themen betrafen insbesondere die Reformen der Institutionen und ihre Verfahren (einschl. der Einführung von „Flexibilitätsklauseln") und die Schaffung einer bürgernahen Union, die dem Prinzip der Subsidiarität stärker verpflichtet ist und zugleich sich deutlicher der Sorgen der Bürger, insbesondere in den Bereichen Beschäftigung und Umwelt, annimmt. **Nicht Gegenstand** der Regierungskonferenz waren dagegen – entsprechend der Absprache der Staats- und Regierungschefs der EU bei ihrem informellen Treffen in Formentor/Mallorca am 22./23. September 1995 – die übrigen Themen der europapolitischen „Agenda 2000" – Vollendung der WWU; EU-Erweiterung; Weiterentwicklung der Agrarpolitik, Neuordnung der Gemeinschaftsfinanzen und Reform der Regional- und Strukturpolitik. Diese Fragestellungen sollten in den Folgejahren gesondert behandelt werden.

Trotz kritischer Stimmen stellen die **Ergebnisse von Amsterdam** für das vereinte Europa insgesamt einen von mancher Seite unterschätzten **substantiellen Schritt nach vorne** dar. Der Vertrag von Amsterdam ist weitaus besser als sein Ruf, vor allem wenn die Chancen und Möglichkeiten, die dieser Vertrag enthält, entschlossen genutzt werden. Amsterdam bildet eine gute Grundlage für eine handlungsfähige, bürgernahe und demokratisch verankerte EU. Bei der Beurteilung der Ergebnisse der Regierungskonferenz sollte nicht außer acht gelassen werden, daß weitere Fortschritte bei dem in über 40 Jahren erreichten Integrationsstand in Europa zunehmend schwieriger zu verwirklichen sind, zumal es in vielen Fragen mehr und mehr um klassische Kernbereiche nationaler Souveränität geht. Hinzu kommt, daß jeder neue oder fortentwickelte Vertrag der Zustimmung aller fünfzehn Partner und der Ratifizierung durch alle fünfzehn Parlamente, in manchen Ländern verbunden mit Referenden, bedarf. Deshalb waren und sind Kompromisse immer unverzichtbar. In einer Gemeinschaft von fünfzehn Staaten kann kein Mitgliedstaat seine Idealvorstellungen durchsetzen. Wären diese alleiniger Maßstab des Handelns, dann wären alle bisherigen europäischen Verträge nie unterschreiben worden.

4

5 Wesentliche Ergebnisse der Regierungskonferenz:

a) Schaffung eines "Europäischen Raums der Freiheit, der Sicherheit und des Rechts"

Zu den herausragenden Ergebnissen der Regierungskonferenz gehört der neue Titel IV des EGV über „**Visa, Asyl, Einwanderung und andere Politiken betreffend den freien Personenverkehr**" mit dem wesentliche Teile der bisher rein gouvernementalen Zusammenarbeit in den Bereichen Justiz und Inneres auf eine neue gemeinschaftliche Grundlage gestellt werden.

Ziel ist es, innerlich von fünf Jahren nach Inkrafttreten des Amsterdamer Vertrages Maßnahmen zur **Gewährleistung des freien Personenverkehrs**" nach Art. 14 EGV in Verbindung mit den unmittelbar damit zusammenhängenden Begleitmaßnahmen in bezug auf Außengrenzkontrollen, Asylrecht und Einwanderung sowie in bezug auf die in Titel VI EUV geregelte Verhütung und Bekämpfung der Kriminalität zu erlassen.

Zu den zentralen Fortschritten gehört die **Vergemeinschaftung des Asylrechts**, der Visapolitik, Außengrenzkontrollen, der Einreise- und Aufenthaltsbedingungen für Drittstaatsangehörige und der justitiellen Zusammenarbeit in Zivilsachen. Dabei gilt – mit Ausnahme von Visabestimmungen – zunächst für fünf Jahre Einstimmigkeit. Nach fünf Jahren erfolgt eine Überprüfung. Durch einstimmigen Ratsbeschluß kann der Übergang zu Entscheidungen mit qualifizierter Mehrheit und zur Mitentscheidung des EP vollzogen werden. Für die Dauer von fünf Jahren haben Kommission und die Mitgliedstaaten das Initiativrecht, das danach allein auf die Kommission übergeht.

Darüber hinaus wird der **Schengen-Besitzstand**, der auf Grundlage der beiden in Schengen unterzeichneten Übereinkommen von 1985 und 1990 entstanden ist, durch ein Protokoll in den Rahmen der EG einbezogen. Damit wird der gesamte Schengen-Acquis zum EG-Acquis übernommen, wobei für das Vereinigte Königreich und Irland auch hier Sonderregeln bestehen. Weiterhin werden die Rechtsgrundlagen ausgebaut, um die gemeinsame europäische Polizeibehörde „EUROPOL" mit zusätzlichen Befugnissen auszustatten.

Insgesamt konnten bei diesem Schlüsselkapitel des Vertrages entscheidende Fortschritte erzielt werden, die erheblich über das hinausgehen, was realistischerweise zu Beginn der Verhandlungen erwartet werden konnte. Die EU hat in diesem Gesamtbereich ein **Arbeitsprogramm** vor sich, das wohl noch **ehrgeiziger** und **anspruchsvoller ist als das Binnenmarktprogramm** der zweiten Hälfte der 80er-Jahre von Jacques Delors.

Kritikern, die bemängeln, daß im Bereich Innen und Justiz zumindest vorläufig die Einstimmung beibehalten wird und eine „echte" Vergemeinschaftung erst in Ansätzen verwirklicht werden konnte, ist entgegenzuhalten, daß es sich hier um für die EU neue Bereiche handelt, in denen die „klassische EU-Maschinerie" noch über gar keine oder kaum Erfahrungen verfügt. Schon von daher muß der besondere Ansatz, der hier nach schwierigen und zähen Verhandlungen gefunden wurde, als Durchbruch bewertet werden.

b) Eine effiziente und kohärente Außenpolitik

Übereinstimmendes Ziel aller Partner war es, bei der Regierungskonferenz die Möglichkeit der Gemeinsamen Außen- und Sicherheitspolitik (GASP) gegenüber Maastricht weiter zu verbessern.
Es ging darum, den in Maastricht eingeleiteten Prozeß fortzuführen und aus den bisherigen praktischen Erfahrungen die richtigen Schlußfolgerungen zu ziehen. Insgesamt werden die neuen Vertragsbestimmungen, auch wenn sie hinter manchen Hoffnungen – und Notwendigkeiten – zurückbleiben, bei konsequenter Umsetzung in der Praxis bewirken können, daß Europa zunehmend mit einer Stimme spricht und diese Stimme in der Welt gehört wird.
Wichtige Elemente sind: Der Generalsekretär des Rats nimmt künftig die Aufgaben eines Hohen Vertreters für die GASP wahr. Ihn und den Rat unterstützt eine außen- und sicherheitspolitische Arbeitseinheit im Ratssekretariat; zudem kann im Rahmen der gemeinsamen Strategien verstärkt auf Mehrheitsentscheidungen (qualifizierte Mehrheit verbunden mit eingeschränktem Veto-Recht in Fortbildung des Luxemburger Kompromisses) zurückgegriffen werden. Hinzu kommt die weitere Annäherung von EU und WEU. Zudem konnte erreicht werden, daß neben der Verankerung der Petersberg-Aufgaben der WEU sowie der Leitlinienkompetenz des Europäischen Rats gegenüber der WEU erstmals die Perspektive einer Integration der WEU in die EU in den EUV aufgenommen wurde.

c) Union und Bürger

Der Bedeutung der **sozialen Dimension** der EU ist vor allem durch die neuen **Bestimmungen zur Beschäftigung** Rechnung getragen worden. Zuständig und verantwortlich bleiben in erster Linie die Mitgliedstaaten. Im Zentrum stehen daher die Koordinierung nationaler Anstrengungen auf europäischer Ebene, der Informationsaustausch sowie Pilotprojekte im Rahmen der bestehenden Fonds. In diesem Sinne sind erstmals im November

1997 durch die Sondertagung des Europäischen Rats in Luxemburg Leitlinien erarbeitet worden, die die Mitgliedstaaten bei ihrer nationalen Beschäftigungspolitik berücksichtigen. Daneben wurden in Amsterdam die Übernahme des bisher nicht für das Vereinigte Königreich geltenden **Sozialabkommens von Maastricht** in den neuen Vertrag sowie zahlreiche Verbesserungen für das „Europa der Bürger" erreicht (Grundrechtsschutz, Gleichstellung von Mann und Frau u.a.).

Zudem stellt die bessere Verankerung und klare **Definition der Kriterien des Subsidiaritätsprinzips,** das im Vertrag von Maastricht eingeführt worden war, sicher, daß die EG nur dann tätig werden darf, wenn eine Frage nicht ausreichend auf lokaler, regionaler und nationaler Ebene entschieden werden kann und zugleich besser auf europäischer Ebene zu regeln ist.

d) Flexibilität/Engere Zusammenarbeit

DieVerständigung des Gipfels auf klare Regeln zu mehr Flexibilität in der EU stellt ein **institutionelles Novum** dar und ist von besonderer Bedeutung für die künftige Entwicklung Europas, insbesondere einer erweiterten EU. Dieses Strukturprinzip kann wesentlich dazu beitragen, auch einer erweiterten Union die Möglichkeit zu Integrationsfortschritten zu sichern. Dabei gilt, daß die Einleitung einer verstärkten Zusammenarbeit einzelner Mitgliedstaaten von der **qualifizierten Mehrheit im Rat** gebilligt werden muß. Selbstverständlich ist es in diesem Zusammenhang, daß hierdurch weder der einheitliche institutionelle Rahmen noch die Interessen der nichtteilnehmenden Mitgliedstaaen beeinträchtigt werden dürfen. Ein **klassisches Veto-Recht gibt es** hier, wie auch in der Außenpolitik, **nicht mehr**: Die Zusammenarbeit mehrerer Mitgliedstaaten kann von einem einzelnen Mitglied nur bei der Gefährdung vitaler nationaler Interessen in Frage gestellt werden, und dies im Rahmen eines konkreten Verfahrens, das die Geltendmachung naturgemäß beschränken wird. Insgesamt vielleicht ein (noch) schwerfälliger Mechanismus, dessen Bedeutung sich erst in einer größer werdenden EU zeigen wird.

e) Institutionelle Reformen

Gerade an den Ergebnissen in diesem Bereich ist die Kritik am Vertrag von Amsterdam in erter Linie festgemacht worden. Manche haben Amsterdam daher sogar zu Unrecht als Fehlschlag bezeichnet. In Wahrheit hat Amsterdam in zentralen Fragen der Institutionellen Reformen ein Ergebnis erzielt, das, gemessen an der außerordentlich delikaten Natur dieses Themenklom-

plexes, als Fortschritt, zumindest als erste Stufe auf dem Weg zu einer endgültigen Entscheidung gewertet werden muß.
In diesem Zusammenhang ist **vor allem zu nennen:**
- Die erhebliche Stärkung der Stellung und Verantwortung des **Präsidenten** der Kommission – der eine Art **Richtlinienkompetenz in der
Kommission** erhält; darüber hinaus können die einzelnen Kommissare
von den Mitgliedstaaten künftig nur noch im Einvernehmen mit ihm benannt werden.
- Die deutliche **Ausweitung der Stellung und der Mitentscheidungs-
rechte des EP.** Das EP ist damit, entgegen allen Erwartungen, zum eigentlichen Gewinner der Regierungkonferenz geworden.
- Die **Vereinfachung der Rechtsetzungsverfahren.** Sie werden auf drei
reduziert (Zustimmung, Mitentscheidung, Anhörung); das Mitentscheidungsverfahren wird insgesamt vereinfacht, dabei werden Rat und EP
im Gesetzgebungsverfahren gleichgestellt.
- Die bessere **Einbeziehung der nationalen Parlamente** und die **Stärkung des AdR.**
In den wenigen Bereichen, in denen deutliche Verbesserungen noch nicht
möglich waren, ist zumindest ein **klarer Rahmen** für die spätere Überprüfung festgelegt worden:
- Die künftige Zahl der Kommissare: auch nach einer Erweiterung um
drei bis fünf Staaten soll die Zahl von 20 Kommissaren nicht überschritten werden. Die größeren Mitgliedstaaten werden deshalb im Zuge der Erweiterung zunächst auf einen ihrer 2 Kommissare verzichten
müssen. Bei mehr als 20 Mitgliedstaaten soll eine neue Regierungskonferenz einberufen werden, die über eine Neustrukturierung entscheidet.
- Parallel hierzu soll die **Stimmengewichtung im Rat** (Art. 205 EGV)
im Sinne der Wahrung des repräsentativen Gleichgewichts angepaßt
werden. Gerade an dieser Problematik und der damit verbundenen Frage, ob in diesem Zusammenhang die Gewichtung nach der Bevölkerungszahl eines Mitgliedstaates als zusätzliches Kriterium eingeführt
werden soll, hatten sich die Verhandlungen bis zuletzt in Amsterdam re-
gelrecht festgebissen und drohten zum Scheitern der Verhandlungen
insgesamt zu führen.
- Der **Übergang zur verstärkten Anwendung von Mehrheitsentscheidungen** hat sich erwartungsgemäß ebenfalls schwierig gestaltet. Amsterdam hat eine Ausweitung erbracht, weitergehende Fortschritte – im
Sinne eines Grundsatzes mit wenigen Ausnahmen – scheiterten jedoch
an besonderen Interessen fast aller Mitgliedstaaten, wobei Deutschland
aus verständlichen Gründen keine Ausnahme bildete. Ein pragmati-

scher Ansatz für die Zukunft könnte hier vielleicht in der Anwendung der Lösung bestehen, die in Amsterdam für die Außenpolitik wie für die Flexibilität verabredet wurde – nämlich in der generellen Einführung der Regel der qualifizierten Mehrheit, ggfs. bis auf wenige enumerativ aufgezählte Ausnahmetatbestände, verbunden mit der eingeschränkten Möglichkeit der Berufung auf nationale Interessen in einem gemeinschaftlichen Verfahren.

6 Auch Amsterdam hat gezeigt, daß Europa sich nicht in großen Sprüngen verändert oder am Reißbrett entwickelt. Die **Vertiefung der europäischen Integration geht in Schritten voran.** Entscheidend ist, daß Kurs und Richtung stimmen – dies gilt ganz besonders auch für Amsterdam.

Zugleich verkörpert das Ergebnis in vielen Bereichen beste europäische Tradition. Im Vordergrund stehen **pragmatische Lösungsoptionen,** die Erfahrungen werden in einigen Jahren überprüft und fortentwickelt. Insofern ist Amsterdam ein wesentlicher Beitrag zur Sicherung des Weges zu einer kontinuierlichen Vertiefung der EU auf Dauer.

Die Bedeutung von Amsterdam geht jedoch über den Vertrag selbst hinaus. Mit Amsterdam sind die **Grundlagen für den Beginn der Beitrittsverhandlungen** mit ersten Ländern aus Mittel- und Osteuropa sowie mit Zypern (und wohl demnächst Malta) geschaffen worden – auf der Grundlage der Schlußfolgerungen des Europäischen Rats am 12./13. Dezember 1997 in Luxemburg sind sie am 30. März 1998 eröffnet worden.

Amsterdam gehört somit zu den wichtigen Etappen auf der Wegstrecke, die das Gesicht und die Stellung Europas in der Welt bis weit ins nächste Jahrtausend hinein prägen wird. Brachten die Jahre 1996 bis 1998 bedeutende Fortschritte im Integrationsprozeß, die sowohl die Überwindung der widernatürlichen Trennung Europas besiegelt und die Zukunftschancen unseres Kontinents im Globalisierungsprozeß erheblich verbessert haben, geht es in den kommenden Jahren um ebenso entscheidende Weichenstellungen:

– rasche Implementierung des Amsterdamer Vertrages mit besonderem Augenmerk auf Stärkung des gemeinschaftlichen europäischen Handelns nach außen wie im Bereich der Inneren Sicherheit,

– Verwirklichung der WWU und entschlossene Nutzung des damit verbundenen Instrumentariums für Wachstum, Beschäftigung und Konvergenz im globalen Wettbewerb,

– Entscheidungen über die Reform und Weiterentwicklung grundlegender Gemeinschaftspolitiken (Struktur-, Agrarpolitik) und der Finanzverfassung der EU im Rahmen der „Agenda 2000" rechtzeitig vor dem Auslaufen der 1992 in Edinburgh vereinbarten Regelungen,

– konsequente Umsetzung des umfassenden Erweiterungskonzepts der EU; dabei sollte niemand Illusionen über die Dauer und die Schwierigkeiten der Beitrittsverhandlungen haben,

– energische Fortführung der bereits in Amsterdam ins Auge gefaßten Reformen der Eu-Institutionen (wie z.B. Größe, Struktur und Arbeitsweise von Rat und Kommission, Gewichtung der Stimmen der Mitgliedstaaten; Ausweitung von Mehrheitsentscheidungen)

– und nicht zuletzt die von Bundeskanzler Dr. Helmut Kohl und Staatspräsident Jacques Chirac mit ihrer gemeinsamen Initiative vom 5. Juni 1998 angestoßene kritische Bestandsaufnahme des derzeitigen Standes der europäischen Integration und der künftigen Perspektiven und der Ausrichtung des europäischen Einigungsprozesses – sie zielt darauf ab, der inneren Ausgestaltung und Akzeptanz der EU auf Dauer einen neuen Impuls zu verleihen, nicht im Sinne einer Renationalisierung, sondern vor allem einer besseren Handlungsfähigkeit, klarerer Strukturen, einer deutlicheren Konzentration auf das Notwendige und Aufgabenabgrenzungen verbunden mit der Prüfung, ob die heutige europäische Regelungdichte den Erfordernissen entspricht.

Damit ist auf Grundlage der Verträge von Maastricht und Amsterdam der Arbeitskalender der EU für die Zeit um und nach der Jahrtausendwende vorgezeichnet, der die Erfolgsgeschichte der Europäischen Integration als Modell und Motor für den Umbruch und Wandel in ganz Europa, ja in der Welt fortschreiben soll.

In diesem Sinne hat der Europäische Rat in Wien (11./12. Dezember 1998) wichtige Themen dieses umfassenden Arbeits- und Reformprogramms aufgegriffen, sie zum Teil fortentwickelt und mit der „Wiener Strategie für Europa" einen intensiven und ehrgeizigen Arbeitskalender für das Jahr 1999 abgesteckt.

Konsolidierte Fassung des Vertrags über die Europäische Union

Inhalt

I. Text des Vertrags

Präambel

II. Protokolle (ohne Wiedergabe des Wortlauts)

Bemerkung: Die in den Protokollen enthaltenen Verweisungen auf Artikel, Titel und Abschnitte der Verträge werden entsprechend der Übereinstimmungstabelle im Anhang des Vertrags von Amsterdam angepaßt.

Protokoll zum Vertrag über die Europäische Union:
– Protokoll (Nr. 1) zu Artikel 17 des Vertrags über die Europäische Union (1997)

Protokolle zum Vertrag über die Europäische Union und zum Vertrag zur Gründung der Europäischen Gemeinschaft:
– Protokoll (Nr. 2) zur Einbeziehung des Schengen-Besitzstands in den Rahmen der Europäischen Union (1997)
– Protokoll (Nr. 3) über die Anwendung bestimmter Aspekte des Artikels 14 des Vertrags zur Gründung der Europäischen Gemeinschaft auf das Vereinigte Königreich und auf Irland (1997)

11

- Protokoll (Nr. 4) über die Position des Vereinigten Königreichs und Irlands (1997)
- Protokoll (Nr. 5) über die Position Dänemarks (1997)

Protokolle zum Vertrag über die Europäische Union und zu den Verträgen zur Gründung der Europäischen Gemeinschaft, der Europäischen Gemeinschaft für Kohle und Stahl und der Europäischen Atomgemeinschaft:

- Protokoll (Nr. 6) zum Vertrag über die Europäische Union und zu den Verträgen zur Gründung der Europäischen Gemeinschaften (1992)
- Protokoll (Nr. 7) über die Organe im Hinblick auf die Erweiterung der Europäischen Union (1997)
- Protokoll (Nr. 8) über die Festlegung der Sitze der Organe und bestimmter Einrichtungen und Dienststellen der Europäischen Gemeinschaften sowie des Sitzes von Europol (1997)
- Protokoll (Nr. 9) über die Rolle der einzelstaatlichen Parlamente in der Europäischen Union (1997)

SEINE MAJESTÄT DER KÖNIG DER BELGIER, IHRE MAJESTÄT DIE KÖNIGIN VON DÄNEMARK, DER PRÄSIDENT DER BUNDESREPUBLIK DEUTSCHLAND, DER PRÄSIDENT DER GRIECHISCHEN REPUBLIK, SEINE MAJESTÄT DER KÖNIG VON SPANIEN, DER PRÄSIDENT DER FRANZÖSISCHEN REPUBLIK, DER PRÄSIDENT IRLANDS, DER PRÄSIDENT DER ITALIENISCHEN REPUBLIK, SEINE KÖNIGLICHE HOHEIT DER GROSSHERZOG VON LUXEMBURG, IHRE MAJESTÄT DIE KÖNIGIN DER NIEDERLANDE, DER PRÄSIDENT DER PORTUGIESISCHEN REPUBLIK, IHRE MAJESTÄT DIE KÖNIGIN DES VEREINIGTEN KÖNIGREICHS GROSSBRITANNIEN UND NORDIRLAND.

ENTSCHLOSSEN, den mit der Gründung der Europäischen Gemeinschaften eingeleiteten Prozeß der europäischen Integration auf eine neue Stufe zu heben,

EINGEDENK der historischen Bedeutung der Überwindung der Teilung des europäischen Kontinents und der Notwendigkeit, feste Grundlagen für die Gestalt des zukünftigen Europas zu schaffen,

IN BESTÄTIGUNG ihres Bekenntnisses zu den Grundsätzen der Freiheit, der Demokratie und der Achtung der Menschenrechte und Grundfreiheiten und der Rechtsstaatlichkeit,

IN BESTÄTIGUNG der Bedeutung, die sie den sozialen Grundrechten beimessen, wie sie in der am 18. Oktober 1961 in Turin unterzeichneten Europäischen Sozialcharta und in der Gemeinschaftscharta der sozialen Grundrechte der Arbeitnehmer von 1989 festgelegt sind,

IN DEM WUNSCH, die Solidarität zwischen ihren Völkern unter Achtung ihrer Geschichte, ihrer Kultur und ihrer Traditionen zu stärken,

IN DEM WUNSCH, Demokratie und Effizienz in der Arbeit der Organe weiter zu stärken, damit diese in die Lage versetzt werden, die ihnen übertragenen Aufgaben in einem einheitlichen institutionellen Rahmen besser wahrzunehmen,

ENTSCHLOSSEN, die Stärkung und die Konvergenz ihrer Volkswirtschaften herbeizuführen und eine Wirtschafts- und Währungsunion zu errichten, die im Einklang mit diesem Vertrag eine einheitliche, stabile Währung einschließt,

IN DEM FESTEN WILLEN, im Rahmen der Verwirklichung des Binnenmarkts sowie der Stärkung des Zusammenhalts und des Umweltschutzes den wirtschaftlichen und sozialen Fortschritt ihrer Völker unter Berücksichtigung des Grundsatzes der nachhaltigen Entwicklung zu fördern und Politiken zu verfolgen, die gewährleisten, daß Fortschritte bei der wirtschaftlichen Integration mit parallelen Fortschritten auf anderen Gebieten einhergehen.

ENTSCHLOSSEN, eine gemeinsame Unionsbürgerschaft für die Staatsangehörigen ihrer Länder einzuführen,

ENTSCHLOSSEN, eine Gemeinsame Außen- und Sicherheitspolitik zu verfolgen, wozu nach Maßgabe des Artikels 17 auch die schrittweise Festlegung einer gemeinsamen Verteidigungspolitik gehört, die zu einer gemeinsamen Verteidigung führen könnte, und so die Identität und Unabhängigkeit Europas zu stärken, um Frieden, Sicherheit und Fortschritt in Europa und in der Welt zu fördern,

ENTSCHLOSSEN, die Freizügigkeit unter gleichzeitiger Gewährleistung der Sicherheit ihrer Bürger durch den Aufbau eines Raums der Freiheit, der Sicherheit und des Rechts nach Maßgabe der Bestimmungen dieses Vertrags zu fördern,

ENTSCHLOSSEN, den Prozeß der Schaffung einer immer engeren Union der Völker Europas, in der die Entscheidungen entsprechend dem Subsidiaritätsprinzip möglichst bürgernah getroffen werden, weiterzuführen,

IM HINBLICK auf weitere Schritte, die getan werden müssen, um die europäische Integration voranzutreiben.

HABEN BESCHLOSSEN, eine Europäische Union zu gründen; sie haben
zu diesem Zweck zu ihren Bevollmächtigten ernannt:

SEINE MAJESTÄT DER KÖNIG DER BELGIER:
Mark EYSKENS, Minister für auswärtige Angelegenheiten,
Philippe MAYSTADT, Minister der Finanzen;

IHRE MAJESTÄT DIE KÖNIGIN VON DÄNEMARK:
Uffe ELLEMANN-JENSEN, Minister für auswärtige Angelegenheiten,
Anders FOGH RASMUSSEN, Minister für Wirtschaft;

DER PRÄSIDENT DER BUNDESREPUBLIK DEUTSCHLAND:
Hans-Dietrich GENSCHER, Bundesminister des Auswärtigen,
Theodor WAIGEL, Bundesminister der Finanzen;

DER PRÄSIDENT DER GRIECHISCHEN REPUBLIK:
Antonios SAMARAS, Minister für auswärtige Angelegenheiten,
Efthymios CHRISTODOULOU, Minister für Wirtschaft;

SEINE MAJESTÄT DER KÖNIG VON SPANIEN:
Francisco FERNÁNDEZ ORDÓÑEZ, Minister für auswärtige Angelegen-
heiten,
Carlos SOLCHAGA CATALÁN, Minister für Wirtschaft und Finanzen;

DER PRÄSIDENT DER FRANZÖSISCHEN REPUBLIK:
Roland DUMAS, Minister für auswärtige Angelegenheiten,
Pierre BÉRÉGOVOY, Minister für Wirtschaft, Finanzen und Haushalt:

DER PRÄSIDENT IRLANDS:
Gerard COLLINS, Minister für auswärtige Angelegenheiten,
Bertie AHREN, Minister der Finanzen;

DER PRÄSIDENT DER ITALIENISCHEN REPUBLIK:
Gianni DE MICHELIS, Minister für auswärtige Angelegenheiten.
Guido CARLI, Schatzminister;

SEINE KÖNIGLICHE HOHEIT DER GROSSHERZOG VON LUXEM-
BURG:
Jacques F. POOS, Vizepremierminister, Minister für auswärtige Angele-
genheiten.
Jean-Claude JUNCKER, Minister der Finanzen;

IHRE MAJESTÄT DIE KÖNIGIN DER NIEDERLANDE:
Hans VAN DEN BROEK, Minister für auswärtige Angelegenheiten,
Willem KOK, Minister der Finanzen;

14

DER PRÄSIDENT DER PORTUGIESISCHEN REPUBLIK:
Jośo de Deus PINHEIRO, Minister für auswärtige Angelegenheiten,
Jorge BRAGA DE MACEDO, Minister der Finanzen;

IHRE MAJESTÄT DIE KÖNIGIN DES VEREINIGTEN KÖNIGREICHS
GROSSBRITANNIEN UND NORDIRLAND:
Rt. Hon. Douglas HURD, Minister für auswärtige Angelegenheiten und
Commonwealth-Fragen,
Hon. Francis MAUDE, Financial Secretary im Schatzamt;

DIESE SIND nach Austausch ihrer als gut und gehörig befundenen Vollmachten wie folgt ÜBEREINGEKOMMEN:

TITEL I

GEMEINSAME BESTIMMUNGEN

Artikel 1 (ex-Artikel A)

Durch diesen Vertrag gründen die HOHEN VERTRAGSPARTEIEN untereinander eine EUROPÄISCHE UNION, im folgenden als „Union" bezeichnet.

Dieser Vertrag stellt eine neue Stufe bei der Verwirklichung einer immer engeren Union der Völker Europas dar, in der die Entscheidungen möglichst
offen und möglichst bürgernah getroffen werden.

Grundlage der Union sind die Europäischen Gemeinschaften, ergänzt durch
die mit diesem Vertrag eingeführten Politiken und Formen der Zusammenarbeit. Aufgabe der Union ist es, die Beziehungen zwischen den Mitgliedstaaten sowie zwischen ihren Völkern kohärent und solidarisch zu gestalten.

Artikel 2 (ex-Artikel B)

Die Union setzt sich folgende Ziele:

- die Förderung des wirtschaftlichen und sozialen Fortschritts und eines
  hohen Beschäftigungsniveaus sowie die Herbeiführung einer ausgewogenen und nachhaltigen Entwicklung durch Schaffung eines Raumes
  ohne Binnengrenzen, durch Stärkung des wirtschaftlichen und sozialen
  Zusammenhalts und durch Errichtung einer Wirtschafts- und Wäh-

rungsunion, die auf längere Sicht auch eine einheitliche Währung nach Maßgabe dieses Vertrags umfaßt;

– die Behauptung ihrer Identität auf internationaler Ebene, insbesondere durch eine Gemeinsame Außen- und Sicherheitspolitik, wozu nach Maßgabe des Artikels 17 auch die schrittweise Festlegung einer gemeinsamen Verteidigungspolitik gehört, die zu einer gemeinsamen Verteidigung führen könnte;

– die Stärkung des Schutzes der Rechte und Interessen der Angehörigen ihrer Mitgliedstaaten durch Einführung einer Unionsbürgerschaft;

– die Erhaltung und Weiterentwicklung der Union als Raum der Freiheit, der Sicherheit und des Rechts, in dem in Verbindung mit geeigneten Maßnahmen in bezug auf die Kontrollen an den Außengrenzen, das Asyl, die Einwanderung sowie die Verhütung und Bekämpfung der Kriminalität der freie Personenverkehr gewährleistet ist;

– die volle Wahrung des gemeinschaftlichen Besitzstands und seine Weiterentwicklung, wobei geprüft wird, inwieweit die durch diesen Vertrag eingeführten Politiken und Formen der Zusammenarbeit mit dem Ziel zu revidieren sind, die Wirksamkeit der Mechanismen und Organe der Gemeinschaft sicherzustellen.

Die Ziele der Union werden nach Maßgabe dieses Vertrags entsprechend den darin enthaltenen Bedingungen und der darin vorgesehenen Zeitfolge unter Beachtung des Subsidiaritätsprinzips, wie es in Artikel 5 des Vertrags zur Gründung der Europäischen Gemeinschaft bestimmt ist, verwirklicht.

Artikel 3 (ex-Artikel C)

Die Union verfügt über einen einheitlichen institutionellen Rahmen, der die Kohärenz und Kontinuität der Maßnahmen zur Erreichung ihrer Ziele unter gleichzeitiger Wahrung und Weiterentwicklung des gemeinschaftlichen Besitzstands sicherstellt.

Die Union achtet insbesondere auf die Kohärenz aller von ihr ergriffenen außenpolitischen Maßnahmen im Rahmen ihrer Außen-, Sicherheits-, Wirtschafts- und Entwicklungspolitik. Der Rat und die Kommission sind für diese Kohärenz verantwortlich und arbeiten zu diesem Zweck zusammen. Sie stellen jeweils in ihrem Zuständigkeitsbereich die Durchführung der betreffenden Politiken sicher.

Artikel 4 (ex-Artikel D)

Der Europäische Rat gibt der Union die für ihre Entwicklung erforderlichen Impulse und legt die allgemeinen politischen Zielvorstellungen für diese Entwicklung fest.

Im Europäischen Rat kommen die Staats- und Regierungschefs der Mitgliedstaaten sowie der Präsident der Kommission zusammen. Sie werden von den Ministern für auswärtige Angelegenheiten der Mitgliedstaaten und einem Mitglied der Kommission unterstützt. Der Europäische Rat tritt mindestens zweimal jährlich unter dem Vorsitz des Staats- oder Regierungschefs des Mitgliedstaats zusammen, der im Rat den Vorsitz innehat.

Der Europäische Rat erstattet dem Europäischen Parlament nach jeder Tagung Bericht und legt ihm alljährlich einen schriftlichen Bericht über die Fortschritte der Union vor.

Artikel 5 (ex-Artikel E)

Das Europäische Parlament, der Rat, die Kommission, der Gerichtshof und der Rechnungshof üben ihre Befugnisse nach Maßgabe und im Sinne der Verträge zur Gründung der Europäischen Gemeinschaften sowie der nachfolgenden Verträge und Akte zu deren Änderung oder Ergänzung einerseits und der übrigen Bestimmungen des vorliegenden Vertrags andererseits aus.

Artikel 6 (ex-Artikel F)

(1) Die Union beruht auf den Grundsätzen der Freiheit, der Demokratie, der Achtung der Menschenrechte und Grundfreiheiten sowie der Rechtsstaatlichkeit; diese Grundsätze sind allen Mitgliedstaaten gemeinsam.

(2) Die Union achtet die Grundrechte, wie sie in der am 4. November 1950 in Rom unterzeichneten Europäischen Konvention zum Schutze der Menschenrechte und Grundfreiheiten gewährleistet sind und wie sie sich aus den gemeinsamen Verfassungsüberlieferungen der Mitgliedstaaten als allgemeine Grundsätze des Gemeinschaftsrechts ergeben.

(3) Die Union achtet die nationale Identität ihrer Mitgliedstaaten.

(4) Die Union stattet sich mit den Mitteln aus, die zum Erreichen ihrer Ziele und zur Durchführung ihrer Politiken erforderlich sind.

Artikel 7 *(ex-Artikel F.1)*

(1) Auf Vorschlag eines Drittels der Mitgliedstaaten oder der Kommission und nach Zustimmung des Europäischen Parlaments kann der Rat, der in der Zusammensetzung der Staats- und Regierungschefs tagt, einstimmig feststellen, daß eine schwerwiegende und anhaltende Verletzung von in Artikel 6 Absatz 1 genannten Grundsätzen durch einen Mitgliedstaat vorliegt, nachdem er die Regierung des betroffenen Mitgliedstaats zu einer Stellungnahme aufgefordert hat.

(2) Wurde eine solche Feststellung getroffen, so kann der Rat mit qualifizierter Mehrheit beschließen, bestimmte Rechte auszusetzen, die sich aus der Anwendung dieses Vertrags auf den betroffenen Mitgliedstaat herleiten, einschließlich der Stimmrechte des Vertreters der Regierung dieses Mitgliedstaats im Rat. Dabei berücksichtigt er die möglichen Auswirkungen einer solchen Aussetzung auf die Rechte und Pflichten natürlicher und juristischer Personen.

Die sich aus diesem Vertrag ergebenden Verpflichtungen des betroffenen Mitgliedstaats sind für diesen auf jeden Fall weiterhin verbindlich.

(3) Der Rat kann zu einem späteren Zeitpunkt mit qualifizierter Mehrheit beschließen, nach Absatz 2 getroffene Maßnahmen abzuändern oder aufzuheben, wenn in der Lage, die zur Verhängung dieser Maßnahmen geführt hat, Änderungen eingetreten sind.

(4) Für die Zwecke dieses Artikels handelt der Rat ohne Berücksichtigung der Stimme des Vertreters der Regierung des betroffenen Mitgliedstaats. Die Stimmenthaltung von anwesenden oder vertretenen Mitgliedern steht dem Zustandekommen von Beschlüssen nach Absatz 1 nicht entgegen. Als qualifizierte Mehrheit gilt derselbe Anteil der gewogenen Stimmen der betreffenden Mitglieder des Rates, der in Artikel 205 Absatz 2 des Vertrags zur Gründung der Europäischen Gemeinschaft festgelegt ist.

Dieser Absatz gilt auch, wenn Stimmrechte nach Absatz 2 ausgesetzt werden.

(5) Für die Zwecke dieses Artikels beschließt das Europäische Parlament mit der Mehrheit von zwei Dritteln der abgegebenen Stimmen und mit der Mehrheit seiner Mitglieder.

TITEL II

BESTIMMUNGEN ZUR ÄNDERUNG DES VERTRAGS ZUR GRÜNDUNG DER EUROPÄISCHEN WIRTSCHAFTS-GEMEINSCHAFT IM HINBLICK AUF DIE GRÜNDUNG DER EUROPÄISCHEN GEMEINSCHAFT

Artikel 8 (ex-Artikel G)
(nicht wiedergegeben)

TITEL III

BESTIMMUNGEN ZUR ÄNDERUNG DES VERTRAGS ÜBER DIE GRÜNDUNG DER EUROPÄISCHEN GEMEINSCHAFT FÜR KOHLE UND STAHL

Artikel 9 (ex-Artikel H)
(nicht wiedergegeben)

TITEL IV

BESTIMMUNGEN ZUR ÄNDERUNG DES VERTRAGS ZUR GRÜNDUNG DER EUROPÄISCHEN ATOMGEMEINSCHAFT

Artikel 10 (ex-Artikel I)
(nicht wiedergegeben)

TITEL V

BESTIMMUNGEN ÜBER DIE GEMEINSAME AUSSEN- UND SICHERHEITSPOLITIK

Artikel 11 (ex-Artikel J.1)

(1) Die Union erarbeitet und verwirklicht eine Gemeinsame Außen- und Sicherheitspolitik, die sich auf alle Bereiche der Außen- und Sicherheitspolitik erstreckt und folgendes zum Ziel hat:

– die Wahrung der gemeinsamen Werte, der grundlegenden Interessen, der Unabhängigkeit und der Unversehrtheit der Union im Einklang mit den Grundsätzen der Charta der Vereinten Nationen;

- die Stärkung der Sicherheit der Union in allen ihren Formen;
- die Wahrung des Friedens und die Stärkung der internationalen Sicherheit entsprechend den Grundsätzen der Charta der Vereinten Nationen sowie den Prinzipien der Schlußakte von Helsinki und den Zielen der Charta von Paris, einschließlich derjenigen, welche die Außengrenzen betreffen;
- die Förderung der internationalen Zusammenarbeit;
- die Entwicklung und Stärkung von Demokratie und Rechtsstaatlichkeit sowie die Achtung der Menschenrechte und Grundfreiheiten.

(2) Die Mitgliedstaaten unterstützen die Außen- und Sicherheitspolitik der Union aktiv und vorbehaltlos im Geiste der Loyalität und der gegenseitigen Solidarität.

Die Mitgliedstaaten arbeiten zusammen, um ihre gegenseitige politische Solidarität zu stärken und weiterzuentwickeln. Sie enthalten sich jeder Haltung, die den Interessen der Union zuwiderläuft oder ihrer Wirksamkeit als kohärente Kraft in den internationalen Beziehungen schaden könnte.

Der Rat trägt für die Einhaltung dieser Grundsätze Sorge.

Artikel 12 (ex-Artikel J.2)

Die Union verfolgt die in Artikel 11 aufgeführten Ziele durch

- Bestimmung der Grundsätze und der allgemeinen Leitlinien für die Gemeinsame Außen- und Sicherheitspolitik,
- Beschlüsse über gemeinsame Strategien,
- Annahme gemeinsamer Aktionen,
- Annahme gemeinsamer Standpunkte,
- Ausbau der regelmäßigen Zusammenarbeit der Mitgliedstaaten bei der Führung ihrer Politik.

Artikel 13 (ex-Artikel J.3)

(1) Der Europäische Rat bestimmt die Grundsätze und die allgemeinen Leitlinien der Gemeinsamen Außen- und Sicherheitspolitik, und zwar auch bei Fragen mit verteidigungspolitischen Bezügen.

(2) Der Europäische Rat beschließt gemeinsame Strategien, die in Bereichen, in denen wichtige gemeinsame Interessen der Mitgliedstaaten bestehen, von der Union durchzuführen sind.

In den gemeinsamen Strategien sind jeweils Zielsetzung, Dauer und die von der Union und den Mitgliedstaaten bereitzustellenden Mittel anzugeben.

(3) Der Rat trifft die für die Festlegung und Durchführung der Gemeinsamen Außen- und Sicherheitspolitik erforderlichen Entscheidungen auf der Grundlage der vom Europäischen Rat festgelegten allgemeinen Leitlinien. Der Rat empfiehlt dem Europäischen Rat gemeinsame Strategien und führt diese durch, indem er insbesondere gemeinsame Aktionen und gemeinsame Standpunkte annimmt.

Der Rat trägt für ein einheitliches, kohärentes und wirksames Vorgehen der Union Sorge.

Artikel 14 (ex-Artikel J.4)

(1) Der Rat nimmt gemeinsame Aktionen an. Gemeinsame Aktionen betreffen spezifische Situationen, in denen eine operative Aktion der Union für notwendig erachtet wird. In den gemeinsamen Aktionen sind ihre Ziele, ihr Umfang, die der Union zur Verfügung zu stellenden Mittel sowie die Bedingungen und erforderlichenfalls der Zeitraum für ihre Durchführung festgelegt.

(2) Tritt eine Änderung der Umstände mit erheblichen Auswirkungen auf eine Angelegenheit ein, die Gegenstand einer gemeinsamen Aktion ist, so überprüft der Rat die Grundsätze und Ziele dieser Aktion und trifft die erforderlichen Entscheidungen. Solange der Rat keinen Beschluß gefaßt hat, bleibt die gemeinsame Aktion bestehen.

(3) Die gemeinsamen Aktionen sind für die Mitgliedstaaten bei ihren Stellungnahmen und ihrem Vorgehen bindend.

(4) Der Rat kann die Kommission ersuchen, ihm geeignete Vorschläge betreffend die Gemeinsame Außen- und Sicherheitspolitik zur Gewährleistung der Durchführung einer gemeinsamen Aktion zu unterbreiten.

(5) Jede einzelstaatliche Stellungnahme oder Maßnahme, die im Rahmen einer gemeinsamen Aktion geplant ist, wird so rechtzeitig mitgeteilt, daß erforderlichenfalls eine vorherige Abstimmung im Rat stattfinden kann. Die Pflicht zur vorherigen Unterrichtung gilt nicht für Maßnahmen, die eine bloße praktische Umsetzung der Entscheidungen des Rates auf einzelstaatlicher Ebene darstellen.

(6) Bei zwingender Notwendigkeit aufgrund der Entwicklung der Lage und mangels einer Entscheidung des Rates können die Mitgliedstaaten unter Berücksichtigung der allgemeinen Ziele der gemeinsamen Aktion die erforderlichen Sofortmaßnahmen ergreifen. Der betreffende Mitgliedstaat unterrichtet den Rat sofort über derartige Maßnahmen.

(7) Ein Mitgliedstaat befaßt den Rat, wenn sich bei der Durchführung einer gemeinsamen Aktion größere Schwierigkeiten ergeben; der Rat berät

darüber und sucht nach angemessenen Lösungen. Diese dürfen nicht im Widerspruch zu den Zielen der gemeinsamen Aktion stehen oder ihrer Wirksamkeit schaden.

Artikel 15 (ex-Artikel J.5)

Der Rat nimmt gemeinsame Standpunkte an. In den gemeinsamen Standpunkten wird das Konzept der Union für eine bestimmte Frage geographischer oder thematischer Art bestimmt. Die Mitgliedstaaten tragen dafür Sorge, daß ihre einzelstaatliche Politik mit den gemeinsamen Standpunkten in Einklang steht.

Artikel 16 (ex-Artikel J.6)

Zu jeder außen- und sicherheitspolitischen Frage von allgemeiner Bedeutung findet im Rat eine gegenseitige Unterrichtung und Abstimmung zwischen den Mitgliedstaaten statt, damit gewährleistet ist, daß der Einfluß der Union durch konzertiertes und konvergierendes Handeln möglichst wirksam zum Tragen kommt.

Artikel 17 (ex-Artikel J.7)

(1) Die Gemeinsame Außen- und Sicherheitspolitik umfaßt sämtliche Fragen, welche die Sicherheit der Union betreffen, wozu auch die schrittweise Festlegung einer gemeinsamen Verteidigungspolitik im Sinne des Unterabsatzes 2 gehört, die zu einer gemeinsamen Verteidigung führen könnte, falls der Europäische Rat dies beschließt. Er empfiehlt in diesem Fall den Mitgliedstaaten, einen solchen Beschluß gemäß ihren verfassungsrechtlichen Vorschriften anzunehmen.

Die Westeuropäische Union (WEU) ist integraler Bestandteil der Entwicklung der Union; sie eröffnet der Union den Zugang zu einer operativen Kapazität insbesondere im Zusammenhang mit Absatz 2. Sie unterstützt die Union bei der Festlegung der verteidigungspolitischen Aspekte der Gemeinsamen Außen- und Sicherheitspolitik gemäß diesem Artikel. Die Union fördert daher engere institutionelle Beziehungen zur WEU im Hinblick auf die Möglichkeit einer Integration der WEU in die Union, falls der Europäische Rat dies beschließt. Er empfiehlt in diesem Fall den Mitgliedstaaten, einen solchen Beschluß gemäß ihren verfassungsrechtlichen Vorschriften anzunehmen.

Die Politik der Union nach diesem Artikel berührt nicht den besonderen Charakter der Sicherheits- und Verteidigungspolitik bestimmter Mitgliedstaaten; sie achtet die Verpflichtungen einiger Mitgliedstaaten, die ihre gemeinsame Verteidigung in der Nordatlantikvertragsorganisation (NATO) verwirklicht sehen, aus dem Nordatlantikvertrag und ist vereinbar mit der in jenem Rahmen festgelegten gemeinsamen Sicherheits- und Verteidigungspolitik.

Die schrittweise Festlegung einer gemeinsamen Verteidigungspolitik wird in einer von den Mitgliedstaaten als angemessen erachteten Weise durch eine rüstungspolitische Zusammenarbeit zwischen ihnen unterstützt.

(2) Die Fragen, auf die in diesem Artikel Bezug genommen wird, schließen humanitäre Aufgaben und Rettungseinsätze, friedenserhaltende Aufgaben sowie Kampfeinsätze bei der Krisenbewältigung einschließlich friedensschaffender Maßnahmen ein.

(3) Die Union wird die WEU nehmen, um die Entscheidungen und Aktionen der Union, die verteidigungspolitische Bezüge haben, auszuarbeiten und durchzuführen.

Die Befugnis des Europäischen Rates zur Festlegung von Leitlinien nach Artikel 13 gilt auch in bezug auf die WEU bei denjenigen Angelegenheiten, für welche die Union die WEU in Anspruch nimmt.

Nimmt die Union die WEU in Anspruch, um Entscheidungen der Union über die in Absatz 2 genannten Aufgaben auszuarbeiten und durchzuführen, so können sich alle Mitgliedstaaten der Union in vollem Umfang an den betreffenden Aufgaben beteiligen. Der Rat trifft im Einvernehmen mit den Organen der WEU die erforderlichen praktischen Regelungen, damit alle Mitgliedstaaten, die sich an den betreffenden Aufgaben beteiligen, in vollem Umfang und gleichberechtigt an der Planung und Beschlußfassung in der WEU teilnehmen können.

Beschlüsse mit verteidigungspolitischen Bezügen nach diesem Absatz werden unbeschadet der Politiken und Verpflichtungen im Sinne des Absatzes 1 Unterabsatz 3 gefaßt.

(4) Dieser Artikel steht der Entwicklung einer engeren Zusammenarbeit zwischen zwei oder mehr Mitgliedstaaten auf zweiseitiger Ebene sowie im Rahmen der WEU und der Atlantischen Allianz nicht entgegen, soweit sie der nach diesem Titel vorgesehenen Zusammenarbeit nicht zuwiderläuft und diese nicht behindert.

(5) Zur Förderung der Ziele dieses Artikels werden dessen Bestimmungen nach Artikel 48 überprüft.

Artikel 18 *(ex-Artikel J.8)*

(1) Der Vorsitz vertritt die Union in Angelegenheiten der Gemeinsamen Außen- und Sicherheitspolitik.

(2) Der Vorsitz ist für die Durchführung der nach diesem Titel gefaßten Beschlüsse verantwortlich; im Rahmen dieser Aufgabe legt er grundsätzlich den Standpunkt der Union in internationalen Konferenzen dar.

(3) Der Vorsitz wird vom Generalsekretär des Rates unterstützt, der die Aufgabe eines Hohen Vertreters für die Gemeinsame Außen- und Sicherheitspolitik wahrnimmt.

(4) Die Kommission wird an den Aufgaben nach den Absätzen 1 und 2 in vollem Umfang beteiligt. Der Vorsitz wird gegebenenfalls von dem Mitgliedstaat, der den nachfolgenden Vorsitz wahrnimmt, bei diesen Aufgaben unterstützt.

(5) Der Rat kann einen Sonderbeauftragten für besondere politische Fragen ernennen, wenn er dies für notwendig hält.

Artikel 19 *(ex-Artikel J.9)*

(1) Die Mitgliedstaaten koordinieren ihr Handeln in internationalen Organisationen und auf internationalen Konferenzen. Sie treten dort für die gemeinsamen Standpunkte ein.

In den internationalen Organisationen und auf internationalen Konferenzen, bei denen nicht alle Mitgliedstaaten vertreten sind, setzen sich die dort vertretenen Mitgliedstaaten für die gemeinsamen Standpunkte ein.

(2) Unbeschadet des Absatzes 1 und des Artikels 14 Absatz 3 unterrichten die Mitgliedstaaten, die in internationalen Organisationen oder auf internationalen Konferenzen vertreten sind, die dort nicht vertretenen Mitgliedstaaten laufend über alle Fragen von gemeinsamem Interesse.

Die Mitgliedstaaten, die auch Mitglieder des Sicherheitsrats der Vereinten Nationen sind, werden sich abstimmen und die übrigen Mitgliedstaaten in vollem Umfang unterrichten. Die Mitgliedstaaten, die ständige Mitglieder des Sicherheitsrats sind, werden sich bei der Wahrnehmung ihrer Aufgaben unbeschadet ihrer Verantwortlichkeiten aufgrund der Charta der Vereinten Nationen für die Standpunkte und Interessen der Union einsetzen.

Artikel 20 *(ex-Artikel J.10)*

Die diplomatischen und konsularischen Vertretungen der Mitgliedstaaten und die Delegationen der Kommission in dritten Ländern und auf internationalen Konferenzen sowie ihre Vertretungen bei internationalen Organisationen stimmen sich ab, um die Einhaltung und Umsetzung der vom Rat angenommenen gemeinsamen Standpunkte und gemeinsamen Aktionen zu gewährleisten.

Sie intensivierten ihre Zusammenarbeit durch Informationsaustausch, gemeinsame Bewertungen und Beteiligung an der Durchführung des Artikels 20 des Vertrags zur Gründung der Europäischen Gemeinschaft.

Artikel 21 (ex-Artikel J.11)

Der Vorsitz hört das Europäische Parlament zu den wichtigsten Aspekten und den grundlegenden Weichenstellungen der Gemeinsamen Außen- und Sicherheitspolitik und achtet darauf, daß die Auffassungen des Europäischen Parlaments gebührend berücksichtigt werden. Das Europäische Parlament wird vom Vorsitz und von der Kommission regelmäßig über die Entwicklung der Außen- und Sicherheitspolitik der Union unterrichtet.

Das Europäische Parlament kann Anfragen oder Empfehlungen an den Rat richten. Einmal jährlich führt es eine Aussprache über die Fortschritte bei der Durchführung der Gemeinsamen Außen- und Sicherheitspolitik.

Artikel 22 (ex-Artikel J.12)

(1) Jeder Mitgliedstaat oder die Kommission kann den Rat mit einer Frage der Gemeinsamen Außen- und Sicherheitspolitik befassen und ihm Vorschläge unterbreiten.

(2) In den Fällen, in denen eine rasche Entscheidung notwendig ist, beruft der Vorsitz von sich aus oder auf Antrag der Kommission oder eines Mitgliedstaats innerhalb von 48 Stunden, bei absoluter Notwendigkeit in kürzerer Zeit, eine außerordentliche Tagung des Rates ein.

Artikel 23 (ex-Artikel J.13)

(1) Beschlüsse nach diesem Titel werden vom Rat einstimmig gefaßt. Die Stimmenthaltung von anwesenden oder vertretenen Mitgliedern steht dem Zustandekommen dieser Beschlüsse nicht entgegen.

Bei einer Stimmenthaltung kann jedes Ratsmitglied zu seiner Enthaltung eine förmliche Erklärung im Sinne dieses Unterabsatzes abgeben. In diesem Fall ist es nicht verpflichtet, den Beschluß durchzuführen, akzeptiert jedoch, daß der Beschluß für die Union bindend ist. Im Geiste gegenseitiger Solidarität unterläßt der betreffende Mitgliedstaat alles, was dem auf diesem Beschluß beruhenden Vorgehen der Union zuwiderlaufen oder es behindern könnte und die anderen Mitgliedstaaten respektieren seinen Standpunkt. Verfügen die Mitglieder des Rates, die sich auf diese Weise enthalten, über mehr als ein Drittel der nach Artikel 205 Absatz 2 des Vertrags zur Gründung der Europäischen Gemeinschaft gewogenen Stimmen, so wird der Beschluß nicht angenommen.

(2) Abweichend von Absatz 1 beschließt der Rat mit qualifizierter Mehrheit, wenn er

– auf der Grundlage einer gemeinsamen Strategie gemeinsame Aktionen oder gemeinsame Standpunkte annimmt oder andere Beschlüsse faßt,

– einen Beschluß zur Durchführung einer gemeinsamen Aktion oder eines gemeinsamen Standpunkts faßt.

Erklärt ein Mitglied des Rates, daß es aus wichtigen Gründen der nationalen Politik, die es auch nennen muß, die Absicht hat, einen mit qualifizierter Mehrheit zu fassenden Beschluß abzulehnen, so erfolgt keine Abstimmung. Der Rat kann mit qualifizierter Mehrheit verlangen, daß die Frage zur einstimmigen Beschlußfassung an den Europäischen Rat verwiesen wird.

Die Stimmen der Mitglieder des Rates werden nach Artikel 205 Absatz 2 des Vertrags zur Gründung der Europäischen Gemeinschaft gewogen. Beschlüsse kommen mit einer Mindeststimmenzahl von 62 Stimmen zustande, welche die Zustimmung von mindestens zehn Mitgliedern umfassen.

Dieser Absatz gilt nicht für Beschlüsse mit militärischen oder verteidigungspolitischen Bezügen.

(3) In Verfahrensfragen beschließt der Rat mit der Mehrheit seiner Mitglieder.

Artikel 24 (ex-Artikel J.14)

Ist zur Durchführung dieses Titels der Abschluß einer Übereinkunft mit einem oder mehreren Staaten oder mit internationalen Organisationen erforderlich, so kann der Rat den Vorsitz, der gegebenenfalls von der Kommission unterstützt wird, durch einstimmigen Beschluß ermächtigen, zu diesem Zweck Verhandlungen aufzunehmen. Solche Übereinkünfte werden vom Rat auf der Grundlage eines einstimmigen Beschlusses auf Empfehlung des Vorsitzes geschlossen. Ein Mitgliedstaat, dessen Vertreter im Rat erklärt, daß in seinem Land bestimmte verfassungsrechtliche Vorschriften eingehalten werden müssen, ist durch eine solche Übereinkunft nicht gebunden; die anderen Mitglieder des Rates können übereinkommen, daß die Übereinkunft für sie vorläufig gilt.

Dieser Artikel gilt auch für Angelegenheiten des Titels VI.

Artikel 25 (ex-Artikel J.15)

Unbeschadet des Artikels 207 des Vertrags zur Gründung der Europäischen Gemeinschaft verfolgt ein Politisches Komitee die internationale Lage in den Bereichen der Gemeinsamen Außen- und Sicherheitspolitik und trägt auf Ersuchen des Rates oder von sich aus durch an den Rat gerichtete Stellungnahmen zur Festlegung der Politiken bei. Ferner überwacht es die Durchführung vereinbarter Politiken; dies gilt unbeschadet der Zuständigkeiten des Vorsitzes und der Kommission.

Artikel 26 (ex-Artikel J.16)

Der Generalsekretär des Rates und Hohe Vertreter für die Gemeinsame Außen- und Sicherheitspolitik unterstützt den Rat in Angelegenheiten der Gemeinsamen Außen- und Sicherheitspolitik, indem er insbesondere zur Formulierung, Vorbemerkung und Durchführung politischer Entscheidungen beiträgt und gegebenenfalls auf Ersuchen des Vorsitzes im Namen des Rates den politischen Dialog mit Dritten führt.

Artikel 27 (ex-Artikel J.17)

Die Kommission wird in vollem Umfang an den Arbeiten im Bereich der Gemeinsamen Außen- und Sicherheitspolitik beteiligt.

Artikel 28 (ex-Artikel J.18)

(1) Die Artikel 189, 190, 196 bis 199, 203, 204 206 bis 209, 213 bis 219, 255 und 290 des Vertrags zur Gründung der Europäischen Gemeinschaft finden auf die Bestimmungen über die in diesem Teil genannten Bereiche Anwendung.

(2) Die Verwaltungsausgaben, die den Organen aus den Bestimmungen über die in diesem Titel genannten Bereiche entstehen, gehen zu Lasten des Haushalts der Europäischen Gemeinschaften.

(3) Die operativen Ausgaben im Zusammenhang mit der Durchführung dieser Bestimmungen gehen ebenfalls zu Lasten des Haushalts der Europäischen Gemeinschaften, mit Ausnahme der Ausgaben aufgrund von Maßnahmen mit militärischen oder verteidigungspolitischen Bezügen und von Fällen, in denen der Rat einstimmig etwas anderes beschließt.

In Fällen, in denen die Ausgaben nicht zu Lasten des Haushalts der Europäischen Gemeinschaften gehen, gehen sie nach dem Bruttosozialprodukt-Schlüssel zu Lasten der Mitgliedstaaten, sofern der Rat nicht einstimmig etwas anderes beschließt. Die Mitgliedstaaten, deren Vertreter im Rat eine förmliche Erklärung nach Artikel 23 Absatz 1 Unterabsatz 2 abgegeben haben, sind nicht verpflichtet, zur Finanzierung von Ausgaben für Maßnahmen mit militärischen oder verteidigungspolitischen Bezügen beizutragen.

(4) Das im Vertrag zur Gründung der Europäischen Gemeinschaft vorgesehene Haushaltsverfahren findet auf die Ausgaben Anwendung, die zu Lasten des Haushalts der Europäischen Gemeinschaften gehen.

TITEL VI

BESTIMMUNGEN ÜBER DIE POLIZEILICHE UND JUSTITIELLE ZUSAMMENARBEIT IN STRAFSACHEN

Artikel 29 (ex-Artikel K.1)

Unbeschadet der Befugnisse der Europäischen Gemeinschaft verfolgt die Union das Ziel, den Bürgern in einem Raum der Freiheit, der Sicherheit und des Rechts ein hohes Maß an Sicherheit zu bieten, indem sie ein gemeinsames Vorgehen der Mitgliedstaaten im Bereich der polizeilichen und justitiellen Zusammenarbeit in Strafsachen entwickelt sowie Rassismus und Fremdenfeindlichkeit verhütet und bekämpft.

Dieses Ziel wird erreicht durch die Verhütung und Bekämpfung der – organisierten oder nichtorganisierten – Kriminalität, insbesondere des Terrorismus, des Menschenhandels und der Straftaten gegenüber Kindern, des illegalen Drogen- und Waffenhandels, der Bestechung und Bestechlichkeit sowie des Betrugs im Wege einer

- engeren Zusammenarbeit der Polizei-, Zoll- und anderer zuständiger Behörden in den Mitgliedstaaten, sowohl unmittelbar als auch unter Einschaltung des Europäischen Polizeiamts (Europol), nach den Artikeln 30 und 32;
- engeren Zusammenarbeit der Justizbehörden sowie anderer zuständiger Behörden der Mitgliedstaaten nach Artikel 31 Buchstaben a bis d und Artikel 32;
- Annäherung der Strafvorschriften der Mitgliedstaaten nach Artikel 31 Buchstabe e, soweit dies erforderlich ist.

Artikel 30 (ex-Artikel K.2)

(1) Das gemeinsame Vorgehen im Bereich der polizeilichen Zusammenarbeit schließt ein:

a) die operative Zusammenarbeit der zuständigen Behörden einschließlich der Polizei, des Zolls und anderer spezialisierter Strafverfolgungsbehörden der Mitgliedstaaten bei der Verhütung von Straftaten sowie ihrer Aufdeckung und Ermittlung;

b) das Einholen, Speichern, Verarbeiten, Analysieren und Austauschen sachdienlicher Informationen der Strafverfolgungsbehörden zu Meldungen über verdächtige finanzielle Transaktionen, insbesondere unter Einschaltung von Europol, wobei die entsprechenden Vorschriften über den Schutz personenbezogener Daten zu beachten sind;

c) die Zusammenarbeit sowie gemeinsame Initiativen in den Bereichen Aus- und Weiterbildung, Austausch von Verbindungsbeamten, Abordnungen, Einsatz von Ausrüstungsgegenständen und kriminaltechnische Forschung;

d) die gemeinsame Bewertung einzelner Ermittlungstechniken in bezug auf die Aufdeckung schwerwiegender Formen der organisierten Kriminalität.

(2) Der Rat fördert die Zusammenarbeit durch Europol und geht innerhalb von fünf Jahren nach Inkrafttreten des Vertrags von Amsterdam insbesondere wie folgt vor:

a) Er ermöglicht es Europol, die Vorbereitung spezifischer Ermittlungsmaßnahmen der zuständigen Behörden der Mitgliedstaaten, einschließlich operativer Aktionen gemeinsamer Teams mit Vertretern von Europol in unterstützender Funktion, zu erleichtern und zu unterstützen und die Koordinierung und Durchführung solcher Ermittlungsmaßnahmen zu fördern;

b) er legt Maßnahmen fest, die es zum einen Europol ermöglichen, sich an die zuständigen Behörden der Mitgliedstaaten mit dem Ersuchen zu wenden, Ermittlungen in speziellen Fällen vorzunehmen und zu koordinieren, und die es zum anderen gestatten, spezifisches Fachwissen zu entwickeln, das den Mitgliedstaaten zu deren Unterstützung bei Ermittlungen in Fällen organisierter Kriminalität zur Verfügung gestellt werden kann;

c) er fördert Mechanismen für die Zusammenarbeit zwischen Beamten der Strafverfolgungs-/Ermittlungsbehörden, deren Spezialgebiet die Bekämpfung der organisierten Kriminalität ist und die eng mit Europol zusammenarbeiten;

d) er richtet ein Netz für Forschung, Dokumentation und Statistik über die grenzüberschreitende Kriminalität ein.

Artikel 31 (ex-Artikel K.3)

Das gemeinsame Vorgehen im Bereich der justitiellen Zusammenarbeit in Strafsachen schließt ein:

a) die Erleichterung und Beschleunigung der Zusammenarbeit zwischen den zuständigen Ministerien und den Justizbehörden oder entsprechenden Behörden der Mitgliedstaaten bei Gerichtsverfahren und der Vollstreckung von Entscheidungen;

b) die Erleichterung der Auslieferung zwischen den Mitgliedstaaten;

c) die Gewährleistung der Vereinbarkeit der jeweils geltenden Vorschriften der Mitgliedstaaten untereinander, soweit dies zur Verbesserung dieser Zusammenarbeit erforderlich ist;

d) die Vermeidung von Kompetenzkonflikten zwischen Mitgliedstaaten;

e) die schrittweise Annahme von Maßnahmen zur Festlegung von Mindestvorschriften über die Tatbestandsmerkmale strafbarer Handlungen und die Strafen in den Bereichen organisierte Kriminalität, Terrorismus und illegaler Drogenhandel.

Artikel 32 (ex-Artikel K.4)

Der Rat legt fest, unter welchen Bedingungen und innerhalb welcher Grenzen die in den Artikeln 30 und 31 genannten zuständigen Behörden im Hoheitsgebiet eines anderen Mitgliedstaats in Verbindung und in Absprache mit dessen Behörden tätig werden dürfen.

Artikel 33 (ex-Artikel K.5)

Dieser Titel berührt nicht die Wahrnehmung der Zuständigkeiten der Mitgliedstaaten für die Aufrechterhaltung der öffentlichen Ordnung und den Schutz der inneren Sicherheit.

Artikel 34 (ex-Artikel K.6)

(1) In den Bereichen dieses Titels unterrichten und konsultieren die Mitgliedstaaten einander im Rat, um ihr Vorgehen zu koordinieren. Sie begründen hierfür eine Zusammenarbeit zwischen ihren zuständigen Verwaltungsstellen.

(2) Der Rat ergreift Maßnahmen und fördert in der geeigneten Form und nach den geeigneten Verfahren, die in diesem Titel festgelegt sind, eine Zusammenarbeit, die den Zielen der Union dient. Hierzu kann er auf Initiative eines Mitgliedstaats oder der Kommission einstimmig

a) gemeinsame Standpunkte annehmen, durch die das Vorgehen der Union in einer gegebenen Frage bestimmt wird;

b) Rahmenbeschlüsse zur Angleichung der Rechts- und Verwaltungsvorschriften der Mitgliedstaaten annehmen. Rahmenbeschlüsse sind für die Mitgliedstaaten hinsichtlich des zu erreichenden Ziels verbindlich, überlassen jedoch den innerstaatlichen Stellen die Wahl der Form und der Mittel. Sie sind nicht unmittelbar wirksam;

c) Beschlüsse für jeden anderen Zweck annehmen, der mit den Zielen dieses Titels in Einklang steht, mit Ausnahme von Maßnahmen zur Angleichung der Rechts- und Verwaltungsvorschriften der Mitgliedstaaten. Diese Beschlüsse sind verbindlich und nicht unmittelbar wirksam; der Rat nimmt mit qualifizierter Mehrheit Maßnahmen an, die zur Durchführung dieser Beschlüsse auf Unionsebene erforderlich sind;

d) Übereinkommen erstellen, die er den Mitgliedstaaten zur Annahme gemäß ihren verfassungsrechtlichen Vorschriften empfiehlt. Die Mitgliedstaaten leiten die entsprechenden Verfahren innerhalb einer vom Rat gesetzten Frist ein.

Sofern in den Übereinkommen nichts anderes vorgesehen ist, treten sie, sobald sie von mindestens der Hälfte der Mitgliedstaaten angenommen wurden, für diese Mitgliedstaaten in Kraft. Maßnahmen zur Durchführung der Übereinkommen werden im Rat mit der Mehrheit von zwei Dritteln der Vertragsparteien angenommen.

(3) Ist für einen Beschluß des Rates die qualifizierte Mehrheit erforderlich, so werden die Stimmen der Mitglieder nach Artikel 205 Absatz 2 des Vertrages zur Gründung der Europäischen Gemeinschaft gewogen: Beschlüsse kommen mit einer Mindeststimmenzahl von 62 Stimmen zustande,welche die Zustimmung von mindestens zehn Mitgliedern umfassen.

(4) In Verfahrensfragen beschließt der Rat mit der Mehrheit seiner Mitglieder.

Artikel 35 (ex-Artikel K.7)

(1) Der Gerichtshof der Europäischen Gemeinschaften entscheidet unter den in diesem Artikel festgelegten Bedingungen im Wege der Vorabentscheidung über die Gültigkeit und die Auslegung der Rahmenbeschlüsse und Beschlüsse, über die Auslegung der Übereinkommen nach diesem Ti-

tel und über die Gültigkeit und die Auslegung der dazugehörigen Durchführungsmaßnahmen.

(2) Jeder Mitgliedstaat kann durch eine bei der Unterzeichnung des Vertrags von Amsterdam oder zu jedem späteren Zeitpunkt abgegebene Erklärung die Zuständigkeit des Gerichtshofs für Vorabentscheidungen nach Absatz 1 anerkennen.

(3) Ein Mitgliedstaat, der eine Erklärung nach Absatz 2 abgibt, bestimmt, daß

a) entweder jedes seiner Gerichte, dessen Entscheidungen selbst nicht mehr mit Rechtsmitteln des innerstaatlichen Rechts angefochten werden können, eine Frage, die sich in einem schwebenden Verfahren stellt und die sich auf die Gültigkeit oder die Auslegung eines Rechtsakts nach Absatz 1 bezieht, dem Gerichtshof zur Vorabentscheidung vorlegen kann, wenn es eine Entscheidung darüber zum Erlaß seines Urteils für erforderlich hält.

b) oder jedes seiner Gerichte eine Frage, die sich in einem schwebenden Verfahren stellt und die sich auf die Gültigkeit oder die Auslegung eines Rechtsakts nach Absatz 1 bezieht, dem Gerichtshof zur Vorabentscheidung vorlegen kann, wenn es eine Entscheidung darüber zum Erlaß seines Urteils für erforderlich hält.

(4) Jeder Mitgliedstaat kann unabhängig davon, ob er eine Erklärung nach Absatz 2 abgegeben hat oder nicht, beim Gerichtshof in Verfahren nach Absatz 1 Schriftsätze einreichen oder schriftliche Erklärungen abgeben.

(5) Der Gerichtshof ist nicht zuständig für die Überprüfung der Gültigkeit oder Verhältnismäßigkeit von Maßnahmen der Polizei oder anderer Strafverfolgungsbehörden eines Mitgliedstaats oder der Wahrnehmung der Zuständigkeiten der Mitgliedstaaten für die Aufrechterhaltung der öffentlichen Ordnung und den Schutz der inneren Sicherheit.

(6) Der Gerichtshof ist für die Überprüfung der Rechtmäßigkeit der Rahmenbeschlüsse und Beschlüsse bei Klagen zuständig, die ein Mitgliedstaat oder die Kommission wegen Unzuständigkeit, Verletzung wesentlicher Formvorschriften, Verletzung dieses Vertrags oder einer bei seiner Durchführung anzuwendenden Rechtsnorm oder wegen Ermessensmißbrauchs erhebt. Das in diesem Absatz vorgesehene Gerichtsverfahren ist binnen zwei Monaten nach Veröffentlichung der Maßnahme einzuleiten.

(7) Der Gerichtshof ist für Entscheidungen über alle Streitigkeiten zwischen Mitgliedstaaten bezüglich der Auslegung oder der Anwendung der nach Artikel 34 Absatz 2 angenommenen Rechtsakte zuständig, die der Rat nicht innerhalb einer Frist von sechs Monaten nach seiner Befassung durch eines seiner Mitglieder beilegen kann. Ferner ist der Gerichtshof für Ent-

scheidungen über alle Streitigkeiten zwischen Mitgliedstaaten und der Kommission bezüglich der Auslegung oder der Anwendung der nach Artikel 34 Absatz 2 Buchstabe d erstellten Übereinkommen zuständig.

Artikel 36 (ex-Artikel K.8)

(1) Es wird ein aus hohen Beamten bestehender Koordinierungsausschuß eingesetzt. Zusätzlich zu seiner Koordinierungstätigkeit hat er die Aufgabe,
– auf Ersuchen des Rates oder von sich aus Stellungnahmen an den Rat zu richten;
– unbeschadet des Artikels 207 des Vertrags zur Gründung der Europäischen Gemeinschaft zur Vorbereitung der Arbeiten des Rates in den in Artikel 29 genannten Bereichen beizutragen.

(2) Die Kommission wird in vollem Umfang an den Arbeiten in den in diesem Titel genannten Bereichen beteiligt.

Artikel 37 (ex-Artikel K.9)

Die Mitgliedstaaten vertreten in internationalen Organisationen und auf internationalen Konferenzen, bei denen sie vertreten sind, die im Rahmen dieses Titels angenommenen gemeinsamen Standpunkte.

Die Artikel 18 und 19 sind sinngemäß auf die unter diesen Titel fallenden Angelegenheiten anzuwenden.

Artikel 38 (ex-Artikel K.10)

In Übereinkünften nach Artikel 24 können Angelegenheiten geregelt werden, die unter diesen Titel fallen.

Artikel 39 (ex-Artikel K.11)

(1) Der Rat hört das Europäische Parlament, bevor er eine Maßnahme nach Artikel 34 Absatz 2 Buchstaben b, c und d annimmt. Das Europäische Parlament gibt seine Stellungnahme innerhalb einer Frist ab, die der Rat festsetzen kann und die mindestens drei Monate beträgt. Ergeht innerhalb dieser Frist keine Stellungnahme, so kann der Rat beschließen.

(2) Der Vorsitz und die Kommission unterrichten das Europäische Parlament regelmäßig über die in den Bereichen dieses Titels durchgeführten Arbeiten.

(3) Das Europäische Parlament kann Anfragen oder Empfehlungen an den Rat richten. Einmal jährlich führt es eine Aussprache über die Fortschritte in den in diesem Titel genannten Bereichen.

Artikel 40 (ex-Artikel K.12)

(1) Die Mitgliedstaaten, die beabsichtigen, untereinander eine verstärkte Zusammenarbeit zu begründen, können vorbehaltlich der Artikel 43 und 44 ermächtigt werden, die in den Verträgen vorgesehenen Organe, Verfahren und Mechanismen in Anspruch zu nehmen, sofern die beabsichtigte Zusammenarbeit

a) die Zuständigkeiten der Europäischen Gemeinschaft sowie die in diesem Titel festgelegten Ziele wahrt,

b) zum Ziel hat, daß die Union sich rascher zu einem Raum der Freiheit, der Sicherheit und des Rechts entwickeln kann.

(2) Die Ermächtigung nach Absatz 1 wird vom Rat, der mit qualifizierter Mehrheit beschließt, auf Antrag der betreffenden Mitgliedstaaten erteilt, nachdem die Kommission ersucht wurde, hierzu Stellung zu nehmen; der Antrag wird auch dem Europäischen Parlament zugeleitet.

Erklärt ein Mitglied des Rates, daß es aus wichtigen Gründen der nationalen Politik, die es auch nennen muß, die Absicht hat, eine mit qualifizierter Mehrheit zu erteilende Ermächtigung abzulehnen, so erfolgt keine Abstimmung. Der Rat kann mit qualifizierter Mehrheit verlangen, daß die Frage zur einstimmigen Beschlußfassung an den Europäischen Rat verwiesen wird.

Die Stimmen der Mitglieder des Rates werden nach Artikel 205 Absatz 2 des Vertrags zur Gründung der Europäischen Gemeinschaft gewogen. Beschlüsse kommen mit einer Mindeststimmenzahl von 62 Stimmen zustande, welche die Zustimmung von mindestens zehn Mitgliedern umfassen.

(3) Jeder Mitgliedstaat, der sich der Zusammenarbeit nach diesem Artikel anschließen will, teilt dem Rat und der Kommission seine Absicht mit; die Kommission legt dem Rat binnen drei Monaten nach Eingang der Mitteilung eine Stellungnahme dazu vor, der gegebenenfalls eine Empfehlung für die spezifischen Regelungen beigefügt ist, die sie für notwendig hält, damit sich der Mitgliedstaat der betreffenden Zusammenarbeit anschließen kann. Innerhalb von vier Monaten vom Zeitpunkt der Mitteilung angerechnet entscheidet der Rat über den Antrag und über die spezifischen Regelungen, die er für notwendig hält. Die Entscheidung gilt als angenommen, es sei denn, der Rat beschließt mit qualifizierter Mehrheit, sie zurückzustellen; in diesem Fall gibt der Rat die Gründe für seinen Beschluß an und setzt eine Frist für dessen Überprüfung. Für die Zwecke dieses Absatzes beschließt der Rat nach Maßgabe des Artikels 44.

(4) Die Artikel 29 bis 41 gelten für die verstärkte Zusammenarbeit nach diesem Artikel, es sei denn, daß in diesem Artikel und in den Artikeln 43 und 44 etwas anderes bestimmt ist.

Die Bestimmungen des Vertrags zur Gründung der Europäischen Gemeinschaft über die Zuständigkeit des Gerichtshofs der Europäischen Gemeinschaften und die Ausübung dieser Zuständigkeit finden auf die Absätze 1,
2 und 3 Anwendung.

(5) Dieser Artikel läßt die Bestimmungen des Protokolls zur Einbeziehung
des Schengen-Besitzstands in den Rahmen der Europäischen Union unberührt.

Artikel 41 (ex-Artikel K.13)

(1) Die Artikel 189, 190, 195, 196 bis 199, 203, 204, Artikel 205 Absatz 3
sowie die Artikel 206 bis 209, 213 bis 219, 255 und 290 des Vertrags zur
Gründung der Europäischen Gemeinschaft finden auf die Bestimmungen
über die in diesem Titel genannten Bereiche Anwendung.

(2) Die Verwaltungsausgaben, die den Organen aus den Bestimmungen
über die in diesem Titel genannten Bereiche entstehen, gehen zu Lasten des
Haushalts der Europäischen Gemeinschaften.

(3) Die operativen Ausgaben im Zusammenhang mit der Durchführung
dieser Bestimmungen gehen ebenfalls zu Lasten des Haushalts der Europäischen Gemeinschaften, mit Ausnahme von Fällen, in denen der Rat
einstimmig etwas anderes beschließt. In Fällen, in denen die Ausgaben
nicht zu Lasten des Haushalts der Europäischen Gemeinschaften gehen, gehen sie nach dem Bruttosozialprodukt-Schlüssel zu Lasten der Mitgliedstaaten, sofern der Rat nicht einstimmig etwas anderes beschließt.

(4) Das im Vertrag zur Gründung der Europäischen Gemeinschaft vorgesehene Haushaltsverfahren findet auf die Ausgaben Anwendung, die zu Lasten des Haushalts der Europäischen Gemeinschaften gehen.

Artikel 42 (ex-Artikel K.14)

Der Rat kann auf Initiative der Kommission oder eines Mitgliedstaats und
nach Anhörung des Europäischen Parlaments einstimmig beschließen, daß
Maßnahmen in den in Artikel 29 genannten Bereichen unter Titel IV des
Vertrags zur Gründung der Europäischen Gemeinschaft fallen, und gleichzeitig das entsprechende Abstimmungsverfahren festlegen. Er empfiehlt
den Mitgliedstaaten, diesen Beschluß gemäß ihren verfassungsrechtlichen
Vorschriften anzunehmen.

TITEL VII (ex-Titel VI a)

BESTIMMUNGEN ÜBER EINE VERSTÄRKTE ZUSAMMENARBEIT

Artikel 43 (ex-Artikel K.15)

(1) Die Mitgliedstaaten, die beabsichtigen, untereinander eine verstärkte Zusammenarbeit zu begründen, können die in diesem Vertrag und im Vertrag zur Gründung der Europäischen Gemeinschaft vorgesehenen Organe, Verfahren und Mechanismen in Anspruch nehmen, sofern die Zusammenarbeit

a) darauf ausgerichtet ist, die Ziele der Union zu fördern und ihre Interessen zu schützen und ihnen zu dienen;

b) die Grundsätze der genannten Verträge und den einheitlichen institutionellen Rahmen der Union beachtet;

c) nur als letztes Mittel herangezogen wird, wenn die Ziele der genannten Verträge mit den darin festgelegten einschlägigen Verfahren nicht erreicht werden konnten;

d) mindestens die Mehrheit der Mitgliedstaaten betrifft;

e) den Besitzstand der Gemeinschaft und die nach Maßgabe der sonstigen Bestimmungen der genannten Verträge getroffenen Maßnahmen nicht beeinträchtigt;

f) die Zuständigkeiten, Rechte, Pflichten und Interessen der nicht an der Zusammenarbeit beteiligten Mitgliedstaaten nicht beeinträchtigt;

g) allen Mitgliedstaaten offensteht und es ihnen gestattet, sich der Zusammenarbeit jederzeit anzuschließen, sofern sie dem Grundbeschluß und den in jenem Rahmen bereits gefaßten Beschlüssen nachkommen;

h) je nach Bereich den spezifischen zusätzlichen Kriterien nach Artikel 11 des Vertrags zur Gründung der Europäischen Gemeinschaft und Artikel 40 dieses Vertrags genügt und vom Rat nach den darin festgelegten Verfahren genehmigt wird.

(2) Die Mitgliedstaaten wenden, soweit sie betroffen sind, die Rechtsakte und Beschlüsse an, die für die Durchführung der Zusammenarbeit, an der sie sich beteiligen, angenommen wurden. Die Mitgliedstaaten, die sich an dieser Zusammenarbeit nicht beteiligen, stehen deren Durchführung durch die daran beteiligten Mitgliedstaaten nicht im Wege.

Artikel 44 (ex-Artikel K.16)

(1) Für die Annahme der Rechtsakte und Beschlüsse, die für die Durchführung der Zusammenarbeit nach Artikel 43 erforderlich sind, gelten die
einschlägigen institutionellen Bestimmungen dieses Vertrags und des Vertrags zur Gründung der Europäischen Gemeinschaft. Alle Mitglieder des
Rates können an den Beratungen teilnehmen, jedoch nehmen nur die Vertreter der an der Zusammenarbeit beteiligten Mitgliedstaaten an der Beschlußfassung teil. Als qualifizierte Mehrheit gilt derselbe Anteil der gewogenen Stimmen der betreffenden Mitglieder des Rates, der in Artikel 205
Absatz 2 des Vertrags zur Gründung der Europäischen Gemeinschaft festgelegt ist. Die Einstimmigkeit bezieht sich allein auf die betroffenen Mitglieder des Rates.

(2) Die sich aus der Durchführung der Zusammenarbeit ergebenden Ausgaben, mit Ausnahme der Verwaltungskosten der Organe, werden von den
beteiligten Mitgliedstaaten finanziert, sofern der Rat nicht einstimmig etwas anderes beschließt.

Artikel 45 (ex-Artikel K.17)

Der Rat und die Kommission unterrichten das Europäische Parlament regelmäßig über die Entwicklung der durch diesen Titel begründeten verstärkten Zusammenarbeit.

TITEL VIII (ex-Titel VII)

SCHLUSSBESTIMMUNGEN

Artikel 46 (ex-Artikel L)

Die Bestimmungen des Vertrags zur Gründung der Europäischen Gemeinschaft, des Vertrags über die Gründung der Europäischen Gemeinschaft für
Kohle und Stahl und des Vertrags zur Gründung der Europäischen Atomgemeinschaft betreffend die Zuständigkeit des Gerichtshofs der Europäischen Gemeinschaften und die Ausübung dieser Zuständigkeit gelten nur
für folgende Bestimmungen dieses Vertrags:

a) die Bestimmungen zur Änderung des Vertrags zur Gründung der Eu-
    ropäischen Wirtschaftsgemeinschaft im Hinblick auf die Gründung der
    Europäischen Gemeinschaft, des Vertrags über die Gründung der Eu-
    ropäischen Gemeinschaft für Kohle und Stahl und des Vertrags zur
    Gründung der Europäischen Atomgemeinschaft;

b) die Bestimmungen des Titels VI nach Maßgabe des Artikels 35;
c) die Bestimmungen des Titels VII nach Maßgabe des Artikels II des Vertrags zur Gründung der Europäischen Gemeinschaft und des Artikels 40 dieses Vertrags;
d) Artikel 6 Absatz 2 in bezug auf Handlungen der Organe, sofern der Gerichtshof im Rahmen der Verträge zur Gründung der Europäischen Gemeinschaften und im Rahmen dieses Vertrags zuständig ist;
e) die Artikel 46 bis 53.

Artikel 47 (ex-Artikel M)

Vorbehaltlich der Bestimmungen zur Änderung des Vertrags zur Gründung der Europäischen Wirtschaftsgemeinschaft im Hinblick auf die Gründung der Europäischen Gemeinschaft, des Vertrags über die Gründung der Europäischen Gemeinschaft für Kohle und Stahl und des Vertrags zur Gründung der Europäischen Atomgemeinschaft sowie dieser Schlußbestimmungen läßt der vorliegende Vertrag die Verträge zur Gründung der Europäischen Gemeinschaften sowie die nachfolgenden Verträge und Akte zur Änderung oder Ergänzung der genannten Verträge unberührt.

Artikel 48 (ex-Artikel N)

Die Regierung jedes Mitgliedstaats oder die Kommission kann dem Rat Entwürfe zur Änderung der Verträge, auf denen die Union beruht, vorlegen. Gibt der Rat nach Anhörung des Europäischen Parlaments und gegebenenfalls der Kommission eine Stellungnahme zugunsten des Zusammentritts einer Konferenz von Vertretern der Regierungen der Mitgliedstaaten ab, so wird diese vom Präsidenten des Rates einberufen, um die an den genannten Verträgen vorzunehmenden Änderungen zu vereinbaren. Bei institutionellen Änderungen im Währungsbereich wird auch die Europäische Zentralbank gehört.
Die Änderungen treten in Kraft, nachdem sie von allen Mitgliedstaaten gemäß ihren verfassungsrechtlichen Vorschriften ratifiziert worden sind.

Artikel 49 (ex-Artikel O)

Jeder europäische Staat, der die in Artikel 6 Absatz 1 genannten Grundsätze achtet, kann beantragen, Mitglied der Union zu werden. Er richtet seinen Antrag an den Rat; dieser beschließt einstimmig nach Anhörung der Kommission und nach Zustimmung des Europäischen Parlaments, das mit der absoluten Mehrheit seiner Mitglieder beschließt.

Die Aufnahmebedingungen und die durch eine Aufnahme erforderlich werdenden Anpassungen der Verträge, auf denen die Union beruht, werden durch ein Abkommen zwischen den Mitgliedstaaten und dem antragstellenden Staat geregelt. Das Abkommen bedarf der Ratifikation durch alle Vertragsstaaten gemäß ihren verfassungsrechtlichen Vorschriften.

Artikel 50 (ex-Artikel P)

(1) Die Artikel 2 bis 7 und 10 bis 19 des am 8. April 1965 in Brüssel unterzeichneten Vertrags zur Einsetzung eines gemeinsamen Rates und einer gemeinsamen Kommission der Europäischen Gemeinschaften werden aufgehoben.

(2) Artikel 2, Artikel 3 Absatz 2 und Titel III der am 17. Februar 1986 in Luxemburg und am 28. Februar 1986 in Den Haag unterzeichneten Einheitlichen Europäischen Akte werden aufgehoben.

Artikel 51 (ex-Artikel Q)

Dieser Vertrag gilt auf unbegrenzte Zeit.

Artikel 52 (ex-Artikel R)

(1) Dieser Vertrag bedarf der Ratifikation durch die Hohen Vertragsparteien gemäß ihren verfassungsrechtlichen Vorschriften. Die Ratifikationsurkunden werden bei der Regierung der Italienischen Republik hinterlegt.

(2) Dieser Vertrag tritt am 1. Januar 1993 in Kraft, sofern alle Ratifikationsurkunden hinterlegt worden sind, oder andernfalls am ersten Tag des auf die Hinterlegung der letzten Ratifikationsurkunde folgenden Monats.

Artikel 53 (ex-Artikel S)

Dieser Vertrag ist in einer Urschrift in dänischer, deutscher, englischer, französischer, griechischer, irischer, italienischer, niederländischer, portugiesischer und spanischer Sprache abgefaßt, wobei jeder Wortlaut gleichermaßen verbindlich ist; er wird im Archiv der Regierung der Italienischen Republik hinterlegt; diese übermittelt der Regierung jedes anderen Unterzeichnerstaats eine beglaubigte Abschrift.

Nach dem Beitrittsvertrag von 1994 ist der Wortlaut dieses Vertrags auch in finnischer und schwedischer Sprache verbindlich.

ZU URKUND DESSEN haben die unterzeichneten Bevollmächtigten ihre Unterschriften unter diesen Vertrag gesetzt.

Synoptische Gegenüberstellung

Übereinstimmungstabelle gemäß Artikel 12 des Vertrags von Amsterdam

Vertrag über die Europäische Union

Bisherige Numerierung	Neue Numerierung
Titel I	Titel I
Artikel A	Artikel 1
Artikel B	Artikel 2
Artikel C	Artikel 3
Artikel D	Artikel 4
Artikel E	Artikel 5
Artikel F	Artikel 6
Artikel F.1*)	Artikel 7
Titel II	Titel II
Artikel G	Artikel 8
Titel III	Titel III
Artikel H	Artikel 9
Titel IV	Titel IV
Artikel I	Artikel 10
Titel V**)	Titel V
Artikel J.1	Artikel 11
Artikel J.2	Artikel 12
Artikel J.3	Artikel 13
Artikel J.4	Artikel 14
Artikel J.5	Artikel 15
Artikel J.6	Artikel 16
Artikel J.7	Artikel 17
Artikel J.8	Artikel 18
Artikel J.9	Artikel 19
Artikel J.10	Artikel 20
Artikel J.11	Artikel 21
Artikel J.12	Artikel 22

*) Neuer Artikel, eingefügt durch den Vertrag von Amsterdam.
**) Titel umstrukturiert durch den Vertrag von Amsterdam.

Artikel J.13	Artikel 23
Artikel J.14	Artikel 24
Artikel J.15	Artikel 25
Artikel J.16	Artikel 26
Artikel J.17	Artikel 27
Artikel J.18	Artikel 28
Titel VI*)	Titel VI
Artikel K.1	Artikel 29
Artikel K.2	Artikel 30
Artikel K.3	Artikel 31
Artikel K.4	Artikel 32
Artikel K.5	Artikel 33
Artikel K.6	Artikel 34
Artikel K.7	Artikel 35
Artikel K.8	Artikel 36
Artikel K.9	Artikel 37
Artikel K.10	Artikel 38
Artikel K.11	Artikel 39
Artikel K.12	Artikel 40
Artikel K.13	Artikel 41
Artikel K.14	Artikel 42
Titel VIa**)	Titel VII
Artikel K.15***)	Artikel 43
Artikel K.16***)	Artikel 44
Artikel K.17***)	Artikel 45
Titel VII	Titel VIII
Artikel L	Artikel 46
Artikel M	Artikel 47
Artikel N	Artikel 48
Artikel O	Artikel 49
Artikel P	Artikel 50
Artikel Q	Artikel 51
Artikel R	Artikel 52
Artikel S	Artikel 53

*) Titel, umstrukturiert durch den Vertrag von Amsterdam.
**) Neuer Titel, eingefügt durch den Vertrag von Amsterdam.
***) Neuer Artikel, eingefügt durch den Vertrag von Amsterdam.

SCHLUSSAKTE

Die KONFERENZ DER VERTRETER DER REGIERUNGEN DER MIT-
GLIEDSTAATEN, die am neunundzwanzigsten März neunzehnhundert-
sechsundneunzig in Turin einberufen wurde, um im gegenseitigen Einvernehmen die Änderungen zu beschließen, die an dem Vertrag über die Europäische Union, den Verträgen zur Gründung der Europäischen Gemeinschaft für Kohle und Stahl bzw. der Europäischen Atomgemeinschaft sowie
einigen damit zusammenhängenden Rechtsakten vorzunehmen sind, hat
folgende Texte angenommen:

I.

Den Vertrag von Amsterdam zur Änderung des Vertrags über die Europäische Union, der Verträge zur Gründung der Europäischen Gemeinschaften
sowie einiger damit zusammenhängender Rechtsakte.

II.
Protokolle

A. Protokoll zum Vertrag über die Europäische Union

  1. Protokoll zu Artikel J.7 des Vertrags über die Europäische Union

B. Protokolle zum Vertrag über die Europäische Union und zum Vertrag
   zur Gründung der Europäischen Gemeinschaft

  2. Protokoll zur Einbeziehung des Schengen-Besitzstands in den Rahmen
    der Europäischen Union
  3. Protokoll über die Anwendung bestimmter Aspekte des Artikels 7a des
    Vertrags zur Gründung der Europäischen Gemeinschaft auf das Ver-
    einigte Königreich und auf Irland
  4. Protokoll über die Position des Vereinigten Königreichs und Irlands
  5. Protokoll über die Position Dänemarks

C. Protokolle zum Vertrag zur Gründung der Europäischen Gemeinschaft

  6. Protokoll über die Gewährung von Asyl für Staatsangehörige von Mit-
    gliedstaaten der Europäischen Union
  7. Protokoll über die Anwendung der Grundsätze der Subsidiarität und der
    Verhältnismäßigkeit

8. Protokoll über die Außenbeziehungen der Mitgliedstaaten hinsichtlich des Überschreitens der Außengrenzen
9. Protokoll über den öffentlich-rechtlichen Rundfunk in den Mitgliedstaaten
10. Protokoll über den Tierschutz und das Wohlergehen der Tiere

D. Protokolle zum Vertrag über die Europäische Union und zu den Verträgen zur Gründung der Europäischen Gemeinschaft, der Europäischen Gemeinschaft für Kohle und Stahl und der Europäischen Atomgemeinschaft

11. Protokoll über die Organe im Hinblick auf die Erweiterung der Europäischen Union
12. Protokoll über die Festlegung der Sitze der Organe und bestimmter Einrichtungen und Dienststellen der Europäischen Gemeinschaften sowie des Sitzes von Europol
13. Protokoll über die Rolle der einzelstaatlichen Parlamente in der Europäischen Union

III.
Erklärungen

Die Konferenz hat die folgenden dieser Schlußakte beigefügten Erklärungen angenommen:

1. Erklärung zur Abschaffung der Todesstrafe
2. Erklärung zur verbesserten Zusammenarbeit zwischen der Europäischen Union und der Westeuropäischen Union
3. Erklärung zur Westeuropäischen Union
4. Erklärung zu den Artikeln J.14 und K.10 des Vertrags über die Europäische Union
5. Erklärung zu Artikel J.15 des Vertrags über die Europäische Union
6. Erklärung zur Schaffung einer Strategieplanungs- und Frühwarneinheit
7. Erklärung zu Artikel K.2 des Vertrags über die Europäische Union
8. Erklärung zu Artikel K.3 Buchstabe e des Vertrags über die Europäische Union
9. Erklärung zu Artikel K.6 Absatz 2 des Vertrags über die Europäische Union
10. Erklärung zu Artikel K.7 des Vertrags über die Europäische Union
11. Erklärung zum Status der Kirchen und weltanschaulichen Gemeinschaften
12. Erklärung zu Umweltverträglichkeitsprüfungen

13. Erklärung zu Artikel 7d des Vertrags zur Gründung der Europäischen Gemeinschaft
14. Erklärung zur Aufhebung des Artikels 44 des Vertrags zur Gründung der Europäischen Gemeinschaft
15. Erklärung zur Bewahrung des durch den Schengen-Besitzstand gewährleisteten Maßes an Schutz und Sicherheit
16. Erklärung zu Artikel 73j Nummer 2 Buchstabe b des Vertrags zur Gründung der Europäischen Gemeinschaft
17. Erklärung zu Artikel 73k des Vertrags zur Gründung der Europäischen Gemeinschaft
18. Erklärung zu Artikel 73k Nummer 3 Buchstabe a des Vertrags zur Gründung der Europäischen Gemeinschaft
19. Erklärung zu Artikel 73l Absatz 1 des Vertrags zur Gründung der Europäischen Gemeinschaft
20. Erklärung zu Artikel 73m des Vertrags zur Gründung der Europäischen Gemeinschaft
21. Erklärung zu Artikel 73o des Vertrags zur Gründung der Europäischen Gemeinschaft
22. Erklärung zu Personen mit einer Behinderung
23. Erklärung zu den in Artikel 109r des Vertrags zur Gründung der Europäischen Gemeinschaft genannten Anreizmaßnahmen
24. Erklärung zu Artikel 109r des Vertrags zur Gründung der Europäischen Gemeinschaft
25. Erklärung zu Artikel 118 des Vertrags zur Gründung der Europäischen Gemeinschaft
26. Erklärung zu Artikel 118 Absatz 2 des Vertrags zur Gründung der Europäischen Gemeinschaft
27. Erklärung zu Artikel 118b Absatz 2 des Vertrags zur Gründung der Europäischen Gemeinschaft
28. Erklärung zu Artikel 119 Absatz 4 des Vertrags zur Gründung der Europäischen Gemeinschaft
29. Erklärung zum Sport
30. Erklärung zu den Inselgebieten
31. Erklärung zu dem Beschluß des Rates vom 13. Juli 1987
32. Erklärung zur Organisation und Arbeitsweise der Kommission
33. Erklärung zu Artikel 188c Absatz 3 des Vertrags zur Gründung der Europäischen Gemeinschaft
34. Erklärung zur Einhaltung der Fristen im Rahmen des Mitentscheidungsverfahrens

Die Konferenz hat ferner die folgenden dieser Schlußakte beigefügten Erklärungen zur Kenntnis genommen:

5. Erklärung Belgiens zum Protokoll über die Gewährung von Asyl für Staatsangehörige von Mitgliedstaaten der Europäischen Union
6. Erklärung Belgiens, Frankreichs und Italiens zum Protokoll über die Organe im Hinblick auf die Erweiterung der Europäischen Union
7. Erklärung Frankreichs zur Lage der überseeischen Departements hinsichtlich des Protokolls zur Einbeziehung des Schengen-Besitzstands in den Rahmen der Europäischen Union
8. Erklärung Griechenlands zur Erklärung zum Status der Kirchen und weltanschaulichen Gemeinschaften

Die Konferenz ist schließlich übereingekommen, dieser Schlußakte den Wortlaut des Vertrags über die Europäische Union und des Vertrags zur Gründung der Europäischen Gemeinschaft in der Fassung der von der Konferenz vorgenommenen Änderungen als Illustration beizufügen.

Geschehen zu Amsterdam am zweiten Oktober neunzehnhundertsiebenundneunzig.

PROTOKOLLE

A. Protokoll zum Vertrag über die Europäische Union

**PROTOKOLL
ZU ARTIKEL J.7 DES VERTRAGS ÜBER DIE EUROPÄISCHE
UNION**

DIE HOHEN VERTRAGSPARTEIEN –

IN ANBETRACHT der Notwendigkeit, den Artikel J.7 Absatz 1 Unterabsatz 2 und Absatz 3 des Vertrags über die Europäische Union in vollem Umfang umzusetzen,

IN ANBETRACHT der Tatsache, daß die Politik der Union nach Artikel J.7 den besonderen Charakter der Sicherheits- und Verteidigungspolitik bestimmter Mitgliedstaaten nicht berührt, die Verpflichtungen einiger Mitgliedstaaten, die ihre gemeinsame Verteidigung in der NATO verwirklicht sehen, aus dem Nordatlantikvertrag achtet und mit der in jenem Rahmen festgelegten gemeinsamen Sicherheits- und Verteidigungspolitik vereinbar ist –

SIND über folgende Bestimmung ÜBEREINGEKOMMEN, die dem Vertrag über die Europäische Union beigefügt ist:

Die Europäische Union erarbeitet binnen eines Jahres nach Inkrafttreten des Vertrags von Amsterdam zusammen mit der Westeuropäischen Union Regelungen für eine verstärkte Zusammenarbeit zwischen der Europäischen Union und der Westeuropäischen Union.

PROTOKOLL
ZUM VERTRAG ÜBER DIE EUROPÄISCHE UNION UND ZU DEN VERTRÄGEN ZUR GRÜNDUNG DER EUROPÄISCHEN GEMEINSCHAFTEN

DIE HOHEN VERTRAGSPARTEIEN

SIND über folgende Bestimmung ÜBEREINGEKOMMEN, die dem Vertrag über die Europäische Union und den Verträgen zur Gründung der Europäischen Gemeinschaften beigefügt wird:

Der Vertrag über die Europäische Union, die Verträge zur Gründung der Europäischen Gemeinschaften sowie die Verträge und Akte zur Änderung oder Ergänzung der genannten Verträge berühren nicht die Anwendung des Artikels 40.3.3 der irischen Verfassung in Irland.

Redaktioneller Hinweis: An dieser Stelle werden nur die ausschließlich den EU-Vertrag betreffenden Protokolle und Erklärungen abgedruckt. Die anderen, in der Schlußakte zum Amsterdamer Vertrag aufgeführten Protokolle und Erklärungen werden in der Anlage zum EGV wiedergegeben.

VON DER KONFERENZ ANGENOMMENE ERKLÄRUNGEN

1. **Erklärung zur Abschaffung der Todesstrafe**

   Unter Bezugnahme auf Artikel F Absatz 2 des Vertrags über die Europäische Union erinnert die Konferenz daran, daß das Protokoll Nr. 6 zu der am 4. November 1950 in Rom unterzeichneten Europäischen Konvention zum Schutze der Menschenrechte und Grundfreiheiten, das von einer großen Mehrheit der Mitgliedstaaten unterzeichnet und ratifiziert wurde, die Abschaffung der Todesstrafe vorsieht.

In diesem Zusammenhang stellt die Konferenz fest, daß seit der Unterzeichnung des genannten Protokolls am 28. April 1983 die Todesstrafe
in den meisten Mitgliedstaaten der Union abgeschafft und in keinem
Mitgliedstaat angewandt worden ist.

2. Erklärung zur verbesserten Zusammenarbeit zwischen der Europäischen Union und der Westeuropäischen Union

Im Hinblick auf eine verbesserte Zusammenarbeit zwischen der Europäischen Union und der Westeuropäischen Union ersucht die Konferenz den Rat, auf die baldige Annahme geeigneter Regelungen für die
Sicherheitsüberprüfung des Personals des Generalsekretariats des Rates
hinzuwirken.

3. Erklärung zur Westeuropäischen Union

Die Konferenz nimmt die folgende Erklärung zur Kenntnis, die vom
Ministerrat der Westeuropäischen Union am 22. Juli 1997 angenommen
wurde:

„ERKLÄRUNG DER WESTEUROPÄISCHEN UNION ZUR
ROLLE DER WESTEUROPÄISCHEN UNION UND ZU IHREN
BEZIEHUNGEN ZUR EUROPÄISCHEN UNION UND ZUR
ATLANTISCHEN ALLIANZ
(Übersetzung)

EINLEITUNG

1. Die Mitgliedstaaten der Westeuropäischen Union (WEU) haben
   1991 in Maastricht übereinstimmend festgestellt, daß es notwendig
   ist, eine echte europäische Sicherheits- und Verteidigungsidentität
   (ESVI) zu entwickeln und eine größere europäische Verantwortung
   in Verteidigungsfragen zu übernehmen. Im Lichte des Vertrags von
   Amsterdam bekräftigen sie, daß diese Bemühungen fortgesetzt und
   intensiviert werden müssen. Die WEU ist integraler Bestandteil der
   Entwicklung der Europäischen Union, indem sie der Europäischen
   Union Zugang zu einer operativen Kapazität insbesondere im Zusammenhang mit den Petersberger Aufgaben eröffnet, und stellt
   entsprechend der Pariser Erklärung und den Berliner Beschlüssen
   der NATO-Minister ein entscheidendes Element für die Entwicklung der ESVI in der Atlantischen Allianz dar.

2. An den Tagungen des Rates der WEU nehmen heute alle Mitgliedstaaten der Europäischen Union und alle europäischen Mitglieder
   der Atlantischen Allianz entsprechend ihrem jeweiligen Status teil.
   In diesem Rat kommen die genannten Staaten auch mit den Staaten
   Mittel- und Osteuropas zusammen, die durch ein Assoziierungsabkommen mit der Europäischen Union verbunden und Kandidaten
   für den Beitritt sowohl zur Europäischen Union als auch zur Atlantischen Allianz sind. Die WEU entwickelt sich somit zu einem
   wirklichen Rahmen für den Dialog und die Zusammenarbeit unter
   Europäern über europäische Sicherheits- und Verteidigungsfragen
   im weiteren Sinne.

3. In diesem Zusammenhang nimmt die WEU Titel V des Vertrags
   über die Europäische Union über die Gemeinsame Außen- und Sicherheitspolitik zur Kenntnis und hierbei insbesondere Artikel J.3
   Absatz 1 und Artikel J.7 sowie das Protokoll zu Artikel J.7, die wie
   folgt lauten:

Artikel J.3 Absatz 1

„(1) Der Europäische Rat bestimmt die Grundsätze und die allgemeinen Leitlinien der Gemeinsamen Außen- und Sicherheitspolitik,
und zwar auch bei Fragen mit verteidigungspolitischen Bezügen."

Artikel J.7

(1) Die Gemeinsame Außen- und Sicherheitspolitik umfaßt Fragen,
welche die Sicherheit der Union betreffen, wozu auch die schrittweise Festlegung einer gemeinsamen Verteidigungspolitik im Sinne
des Unterabsatzes 2 gehört, die zu einer gemeinsamen Verteidigung
führen könnte, falls der Europäische Rat dies beschließt. Er empfiehlt in diesem Fall den Mitgliedstaaten, einen solchen Beschluß
gemäß ihren verfassungsrechtlichen Vorschriften anzunehmen.
Die Westeuropäische Union (WEU) ist integraler Bestandteil der
Entwicklung der Union; sie eröffnet der Union den Zugang zu einer
operativen Kapazität insbesondere im Zusammenhang mit Absatz 2. Sie unterstützt die Union bei der Festlegung der verteidigungspolitischen Aspekte der Gemeinsamen Außen- und Sicherheitspolitik gemäß diesem Artikel. Die Union fördert daher engere
institutionelle Beziehungen zur WEU im Hinblick auf die Möglichkeit einer Integration der WEU in die Union, falls der Europäische
Rat dies beschließt. Er empfiehlt in diesem Fall den Mitgliedstaa-

ten, einen solchen Beschluß gemäß ihren verfassungsrechtlichen
Vorschriften anzunehmen.

Die Politik der Union nach diesem Artikel berührt nicht den
besonderen Charakter der Sicherheits- und Verteidigungspolitik bestimmter Mitgliedstaaten; sie achtet die Verpflichtungen einiger
Mitgliedstaaten, die ihre gemeinsame Verteidigung in der Nordatlantikvertragsorganisation (NATO) verwirklicht sehen, aus dem
Nordatlantikvertrag und ist vereinbar mit der in jenem Rahmen
festgelegten gemeinsamen Sicherheits- und Verteidigungspolitik.

Die schrittweise Festlegung einer gemeinsamen Verteidigungspolitik wird in einer von den Mitgliedstaaten als angemessen erachteten
Weise durch eine rüstungspolitische Zusammenarbeit zwischen ihnen unterstützt.

(2) Die Fragen, auf die in diesem Artikel Bezug genommen wird,
schließen humanitäre Aufgaben und Rettungseinsätze, friedenserhaltende Aufgaben sowie Kampfeinsätze bei der Krisenbewältigung
einschließlich friedensschaffender Maßnahmen ein.

(3) Die Union wird die WEU in Anspruch nehmen, um die Entscheidungen und Aktionen der Union, die verteidigungspolitische
Bezüge haben, auszuarbeiten und durchzuführen.

Die Befugnis des Europäischen Rates zur Festlegung von Leitlinien
nach Artikel J.3 gilt auch in bezug auf die WEU bei denjenigen Angelegenheiten, für welche die Union die WEU in Anspruch nimmt.

Nimmt die Union die WEU in Anspruch, um Entscheidungen der
Union über die in Absatz 2 genannten Aufgaben auszuarbeiten und
durchzuführen, so können sich alle Mitgliedstaaten der Union in
vollem Umfang an den betreffenden Aufgaben beteiligen. Der Rat
trifft im Einvernehmen mit den Organen der WEU die erforderlichen praktischen Regelungen, damit alle Mitgliedstaaten, die sich
an den betreffenden Aufgaben beteiligen, in vollem Umfang und
gleichberechtigt an der Planung und Beschlußfassung in der WEU
teilnehmen können.

Beschlüsse mit verteidigungspolitischen Bezügen nach diesem Absatz werden unbeschadet der Politiken und Verpflichtungen im Sinne des Absatzes I Unterabsatz 3 gefaßt.

(4) Dieser Artikel steht der Entwicklung einer engeren Zusammenarbeit zwischen zwei oder mehr Mitgliedstaaten auf zweiseitiger
Ebene sowie im Rahmen der WEU und der Atlantischen Allianz
nicht entgegen, soweit sie der nach diesem Titel vorgesehenen Zusammenarbeit nicht zuwiderläuft und diese nicht behindert.

(5) Zur Förderung der Ziele dieses Artikels werden dessen Bestimmungen nach Artikel N überprüft."

Protokoll zu Artikel J.7

„DIE HOHEN VERTRAGSPARTEIEN –
IN ANBETRACHT der Notwendigkeit, den Artikel J.7 Absatz 1 Unterabsatz 2 und Absatz 3 des Vertrags über die Europäische Union in vollem Umfang umzusetzen,
IN ANBETRACHT der Tatsache, daß die Politik der Union nach Artikel J.7 den besonderen Charakter der Sicherheits- und Verteidigungspolitik bestimmter Mitgliedstaaten nicht berührt, die Verpflichtungen einiger Mitgliedstaaten, die ihre gemeinsame Verteidigung in der NATO verwirklicht sehen, aus dem Nordatlantikvertrag achtet und mit der in jenem Rahmen festgelegten gemeinsamen Sicherheits- und Verteidigungspolitik vereinbar ist –
SIND über folgende Bestimmung ÜBEREINGEKOMMEN, die dem Vertrag über die Europäische Union beigefügt ist:
Die Europäische Union erarbeitet binnen eines Jahres nach Inkrafttreten des Vertrags von Amsterdam zusammen mit der Westeuropäischen Union Regelungen für eine verstärkte Zusammenarbeit zwischen der Europäischen Union und der Westeuropäischen Union."

A. BEZIEHUNGEN DER WEU ZUR EUROPÄISCHEN UNION: BEGLEITMASSNAHMEN ZUR UMSETZUNG DES VERTRAGS VON AMSTERDAM

4. In der „Erklärung zur Rolle der Westeuropäischen Union und zu ihren Beziehungen zur Europäischen Union und zur Atlantischen Allianz" vom 10. Dezember 1991 hatten es sich die Mitgliedstaaten der WEU zum Ziel gesetzt, „die WEU stufenweise zur Verteidigungskomponente der Europäischen Union auszubauen". Sie bekräftigen heute dieses Ziel so, wie es im Vertrag von Amsterdam dargelegt wird.

5. Wenn die Europäische Union die WEU in Anspruch nimmt, arbeitet die WEU die Entscheidungen und Aktionen der Europäischen Union, die verteidigungspolitische Bezüge haben, aus und führt sie durch.
Bei der Ausarbeitung und Durchführung der Entscheidungen und Aktionen der Europäischen Union, für die diese die WEU in An-

spruch nimmt, wird die WEU entsprechend den Leitlinien des Europäischen Rates tätig.

Die WEU unterstützt die Europäische Union bei der Festlegung der verteidigungspolitischen Aspekte der Gemeinsamen Außen- und Sicherheitspolitik nach Artikel J.7 des Vertrags über die Europäische Union.

6. Die WEU bestätigt, daß sich alle Mitgliedstaaten der Europäischen Union, wenn diese die WEU in Anspruch nimmt, um Entscheidungen der Europäischen Union über die in Artikel J.7 Absatz 2 des Vertrags über die Europäische Union genannten Aufgaben auszuarbeiten und durchzuführen, nach Artikel J.7 Absatz 3 des Vertrags über die Europäische Union in vollem Umfang an den betreffenden Aufgaben beteiligen können.

Die WEU wird die Rolle der Beobachter bei der WEU entsprechend Artikel J.7 Absatz 3 ausbauen und die erforderlichen praktischen Regelungen treffen, damit alle Mitgliedstaaten der Europäischen Union, die sich auf Ersuchen der Europäischen Union an den von der WEU durchgeführten Aufgaben beteiligen, in vollem Umfang und gleichberechtigt an der Planung und Beschlußfassung in der WEU teilnehmen können.

7. Nach dem Protokoll zu Artikel J.7 des Vertrags über die Europäische Union erarbeitet die WEU zusammen mit der Europäischen Union Regelungen für eine verstärkte Zusammenarbeit zwischen den beiden Organisationen. In diesem Zusammenhang können bereits jetzt eine Reihe von Maßnahmen, von denen einige von der WEU bereits geprüft werden, genannt werden, insbesondere

   – Regelungen für eine bessere Koordinierung der Konsultation und der Beschlußfassung beider Organisationen insbesondere in Krisensituationen;

   – gemeinsame Tagungen der zuständigen Gremien beider Organisationen;

   – weitestmögliche Harmonisierung der Abfolge der Präsidentschaften von WEU und Europäischer Union sowie der Verwaltungsregelungen und -praktiken beider Organisationen;

   – enge Koordinierung der Tätigkeiten des Personals des WEU-Generalsekretariats und des Generalsekretariats des Rates der Europäischen Union einschließlich des Austausches und der Abordnung von Personal;

   – Regelungen, die es den zuständigen Gremien der Europäischen Union einschließlich der Strategieplanungs- und Frühwarneinheit ermöglichen, auf den Planungsstab, das Lagezentrum und das Satellitenzentrum der WEU zurückzugreifen;

– soweit angebracht, Zusammenarbeit der Europäischen Union und der WEU im Rüstungsbereich im Rahmen der Westeuropäischen Rüstungsgruppe (WEAG) als europäischer Instanz für die Zusammenarbeit in Rüstungsfragen im Zusammenhang mit der Rationalisierung des europäischen Rüstungsmarkts und mit der Einrichtung einer Europäischen Rüstungsagentur;

– praktische Regelungen zwecks Zusammenarbeit mit der Kommission der Europäischen Gemeinschaften, die deren Rolle im Rahmen der GASP widerspiegeln, wie sie im Vertrag von Amsterdam festgelegt ist;

– Verbesserung der Geheimhaltungsregelungen mit der Europäischen Union.

B. BEZIEHUNGEN ZWISCHEN DER WEU UND DER NATO IM RAHMEN DER ENTWICKLUNG EINER ESVI INNERHALB DER ATLANTISCHEN ALLIANZ

8. Die Atlantische Allianz stellt weiterhin die Grundlage für die kollektive Verteidigung im Rahmen des Nordatlantikvertrags dar. Sie bleibt das wesentliche Forum für Konsultationen unter ihren Mitgliedern und für die Vereinbarung von politischen Maßnahmen, die sich auf die Sicherheits- und Verteidigungsverpflichtungen der Verbündeten des Washingtoner Vertrags auswirken. Die Allianz hat einen Anpassungs- und Reformprozeß begonnen, um die ganze Bandbreite ihrer Aufgaben effizienter erfüllen zu können. Ziel dieses Prozesses ist es, die transatlantische Partnerschaft zu stärken und zu erneuern, wozu auch die Entwicklung einer ESVI innerhalb der Allianz gehört.

9. Die WEU stellt ein entscheidendes Element der Entwicklung einer Europäischen Sicherheits- und Verteidigungsidentität innerhalb der Atlantischen Allianz dar und wird sich daher weiterhin um eine verstärkte institutionelle und praktische Zusammenarbeit mit der NATO bemühen.

10. Neben ihrem Beitrag zur gemeinsamen Verteidigung nach Artikel 5 des Washingtoner Vertrags bzw. Artikel V des geänderten Brüsseler Vertrags spielt die WEU auch eine aktive Rolle bei der Konfliktverhütung und der Krisenbewältigung, wie es die Petersberger Erklärung vorsieht. In diesem Zusammenhang verpflichtet sich die

WEU, ihre Rolle unter Wahrung völliger Transparenz und unter Beachtung der Komplementarität der beiden Organisationen in vollem Umfang wahrzunehmen.

11. Die WEU bekräftigt, daß die ESVI auf anerkannten militärischen Grundsätzen beruhen wird, daß sie durch eine geeignete militärische Planung unterstützt werden wird und daß sie es möglich machen wird, militärisch kohärente, leistungsfähige Streitkräfte zu schaffen, die unter der politischen Kontrolle und der strategischen Leitung der WEU operieren können.

12. Zu diesem Zweck wird die WEU ihre Zusammenarbeit mit der NATO insbesondere in folgenden Bereichen ausbauen:
    – Mechanismen für Konsultationen zwischen WEU und NATO bei Krisen;
    – aktive Teilnahme der WEU am Verteidigungsplanungsprozeß der NATO;
    – operationelle Verbindungen zwischen WEU und NATO bei der Planung, Vorbereitung und Durchführung von Operationen, bei denen Mittel und Kapazitäten der NATO unter der politischen Kontrolle und der strategischen Leitung der WEU eingesetzt werden, insbesondere
      * von der NATO in Abstimmung mit der WEU vorgenommene militärische Planung und Übungen;
      * Ausarbeitung eines Rahmenabkommens über die Übertragung, Überwachung und Rückführung von Mitteln und Kapazitäten der NATO;
      * Verbindungen zwischen der WEU und der NATO im Bereich der europäischen Kommandoregelungen.
    Diese Zusammenarbeit wird sich, auch unter Berücksichtigung der Anpassung der Allianz, ständig weiterentwickeln.

C. OPERATIONELLE ROLLE DER WEU BEI DER ENTWICKLUNG DER ESVI

13. Die WEU wird ihre Rolle als politisch-militärisches europäisches Organ für die Krisenbewältigung ausbauen, indem sie die Mittel und Kapazitäten zum Einsatz bringt, die ihr von den WEU-Ländern auf nationaler oder multinationaler Ebene zur Verfügung gestellt wurden, und indem sie, gegebenenfalls, nach Maßgabe von Vereinbarungen, die derzeit erarbeitet werden, auf die Mittel und Kapazitäten der NATO zurückgreift. In diesem Zusammenhang wird die

WEU auch die Vereinten Nationen und die OSZE bei ihren Tätigkeiten im Bereich der Krisenbewältigung unterstützen.
Die WEU wird im Rahmen des Artikels J.7 des Vertrags über die Europäische Union einen Beitrag zur schrittweisen Festlegung einer gemeinsamen Verteidigungspolitik leisten und für deren konkrete Umsetzung sorgen, indem sie ihre eigene operationelle Rolle ausbaut.

14. Zu diesem Zweck wird die WEU in folgenden Bereichen tätig:
    – Die WEU hat Mechanismen und Verfahren für die Krisenbewältigung entwickelt, die im Zuge der weiteren Erfahrungen der WEU bei Übungen und Operationen aktualisiert werden. Die Wahrnehmung der Petersberger Aufgaben erfordert flexible Vorgehensweisen, die der Vielfalt der Krisensituationen gerecht werden und vorhandene Kapazitäten optimal nutzen; hierzu gehören der Rückgriff auf ein nationales Hauptquartier, das von einem „Rahmen-Staat" gestellt werden kann, auf ein der WEU zugeordnetes multinationales Hauptquartier oder auf Mittel und Fähigkeiten der NATO.
    – Die WEU hat bereits „Vorläufige Schlußfolgerungen betreffend die Formulierung einer gemeinsamen europäischen Verteidigungspolitik" ausgearbeitet, die ein erster Beitrag zu den Zielen, dem Umfang und den Mitteln einer gemeinsamen europäischen Verteidigungspolitik sind.

Die WEU wird diese Arbeit fortsetzen, wobei sie sich insbesondere auf die Pariser Erklärung stützen und relevante Punkte der Beschlüsse berücksichtigen wird, die seit der Tagung von Birmingham auf den Gipfel- und Ministertagungen der WEU und der NATO gefaßt worden sind. Sie wird sich insbesondere auf folgende Bereiche konzentrieren:
* Festlegung von Grundsätzen für den Einsatz der Streitkräfte von WEU-Staaten für Petersberg-Operationen der WEU in Wahrnehmung gemeinsamer europäischer Sicherheitsinteressen;
* Organisation operativer Mittel für Petersberg-Aufgaben wie allgemeine und fallbezogene Einsatzplanung und Übungen allgemein und für den Einzelfall sowie Vorbereitung und Interoperabilität der Streitkräfte, einschließlich der Teilnahme der WEU am Prozeß der Verteidigungsplanung der NATO, soweit dies erforderlich ist;
* strategische Mobilität auf der Grundlage der laufenden Arbeiten der WEU;

*   Aufgaben der militärischen Aufklärung, die von der Planungszelle, vom Lagezentrum und vom Satellitenzentrum der WEU wahrzunehmen sind.

–   Die WEU hat zahlreiche Maßnahmen ergriffen, die es ihr ermöglicht haben, ihre operationelle Rolle auszubauen (Planungsstab, Lagezentrum, Satellitenzentrum). Die Verbesserung der Funktionsweise der militärischen Komponenten am WEU-Sitz und die Einrichtung eines dem Rat unterstehenden Militärausschusses sollen zu einer weiteren Verstärkung der Strukturen führen, die für die erfolgreiche Vorbereitung und Durchführung der WEU-Operationen wichtig sind.

–   Um den assoziierten Mitgliedern und den Beobachterstaaten eine Teilnahme an allen Operationen zu ermöglichen, wird die WEU auch prüfen, welche Modalitäten erforderlich sind, damit die assoziierten Mitglieder und Beobachterstaaten in vollem Umfang entsprechend ihrem Status an allen WEU-Operationen teilnehmen können.

–   Die WEU erinnert daran, daß die assoziierten Mitglieder an den Operationen, zu denen sie Beiträge leisten, sowie an den entsprechenden Übungen und Planungen auf derselben Grundlage teilnehmen wie die Vollmitglieder. Die WEU wird zudem die Frage prüfen, wie die Beobachter bei allen Operationen, zu denen sie Beiträge leisten, je nach ihrem Status möglichst weitreichend an der Planung und Beschlußfassung der WEU beteiligt werden können.

–   Die WEU wird, soweit erforderlich in Abstimmung mit den zuständigen Gremien, die Möglichkeiten für eine möglichst weitreichende Teilnahme der assoziierten Mitglieder und der Beobachterstaaten an ihren Aktivitäten entsprechend ihrem Status prüfen. Sie wird hierbei insbesondere die Aktivitäten in den Bereichen Rüstung, Weltraum und militärische Studien zur Sprache bringen.

–   Die WEU wird prüfen, wie sie die Beteiligung der assoziierten Partner an einer immer größeren Zahl von Aktivitäten verstärken kann."

4. Erklärung zu den Artikeln J.14 und K.10 des Vertrags über die Europäische Union

Die Bestimmungen der Artikel J.14 und K.10 des Vertrags über die Europäische Union und Übereinkünfte aufgrund dieser Artikel bedeuten keine Übertragung von Zuständigkeiten von den Mitgliedstaaten auf die Europäische Union.

5. Erklärung zu Artikel J.15 des Vertrags über die Europäische Union

Die Konferenz kommt überein, daß die Mitgliedstaaten dafür Sorge tragen, daß das in Artikel J.15 des Vertrags über die Europäische Union genannte Politische Komitee im Falle internationaler Krisen oder anderer dringlicher Angelegenheiten auf der Ebene der Politischen Direktoren oder ihrer Stellvertreter jederzeit sehr kurzfristig zusammentreten kann.

6. Erklärung zur Schaffung einer Strategieplanungs- und Frühwarneinheit

Die Konferenz kommt wie folgt überein:

1. Im Generalsekretariat des Rates wird unter der Verantwortung des Generalsekretärs und Hohen Vertreters für die GASP eine Strategieplanungs- und Frühwarneinheit geschaffen. Es wird eine angemessene Zusammenarbeit mit der Kommission eingeführt, damit die vollständige Kohärenz mit der Außenwirtschafts- und der Entwicklungspolitik der Union gewährleistet ist.

2. Zu den Aufgaben dieser Einheit gehört folgendes:

   a) Überwachung und Analyse der Entwicklungen in den unter die GASP fallenden Bereichen;

   b) Beurteilung der außen- und sicherheitspolitischen Interessen der Union und Ermittlung von möglichst künftigen Schwerpunktbereichen der GASP;

   c) rechtzeitige Bewertung von Ereignissen oder Situationen, die bedeutende Auswirkungen auf die Außen- und Sicherheitspolitik der Union haben können, einschließlich potentieller politischer Krisen, und frühzeitige Warnung vor solchen Ereignissen oder Situationen;

   d) Ausarbeitung – auf Anforderung des Rates oder des Vorsitzes oder von sich aus – von ausführlich begründeten Dokumenten über politische Optionen, die unter der Verantwortung des Vorsitzes als Beitrag zur Formulierung der Politik im Rat zu unterbreiten sind und die Analysen, Empfehlungen und Strategien für die GASP enthalten können.

3. Die Einheit besteht aus Personal, das aus dem Generalsekretariat, den Mitgliedstaaten, der Kommission und der WEU herangezogen wird.

4. Jeder Mitgliedstaat und die Kommission unterstützen den Strate-
    gieplanungsprozeß soweit irgend möglich durch Bereitstellung ein-
    schlägiger Informationen, auch vertraulicher Art.

7. **Erklärung zu Artikel K.2 des Vertrags über die Europäische Union**

    Maßnahmen im Bereich der polizeilichen Zusammenarbeit nach Artikel
    K.2 des Vertrags über die Europäische Union, einschließlich der Tätig-
    keiten von Europol, unterliegen einer gerichtlichen Überprüfung durch
    die zuständigen einzelstaatlichen Stellen gemäß den in dem jeweiligen
    Mitgliedstaat geltenden Rechtsvorschriften.

8. **Erklärung zu Artikel K.3 Buchstabe e des Vertrags über die**
    Europäische Union

    Die Konferenz kommt überein, daß ein Mitgliedstaat, dessen Rechtssy-
    stem keine Mindeststrafen vorsieht, nicht aufgrund von Artikel K.3
    Buchstabe e des Vertrags über die Europäische Union verpflichtet ist,
    Mindeststrafen einzuführen.

9. **Erklärung zu Artikel K.6 Absatz 2 des Vertrags über die Europäi-**
    sche Union

    Die Konferenz kommt überein, daß Initiativen für Maßnahmen nach
    Artikel K.6 Absatz 2 des Vertrags über die Europäische Union und vom
    Rat nach jenem Absatz angenommene Rechtsakte nach den entspre-
    chenden Geschäftsordnungen des Rates und der Kommission im *Amts-*
    blatt der Europäischen Gemeinschaften veröffentlicht werden.

10. **Erklärung zu Artikel K.7 des Vertrags über die Europäische Union**

    Die Konferenz nimmt zur Kenntnis, daß die Mitgliedstaaten bei der Ab-
    gabe einer Erklärung nach Artikel K.7 Absatz 2 des Vertrags über die
    Europäische Union sich das Recht vorbehalten können, in ihrem inner-
    staatlichen Recht zu bestimmen, daß ein nationales Gericht, dessen Ent-
    scheidungen selbst nicht mehr mit Rechtsmitteln des innerstaatlichen
    Rechts angefochten werden können, verpflichtet ist, den Gerichtshof
    anzurufen, wenn sich in einem schwebenden Verfahren eine Frage über
    die Gültigkeit oder die Auslegung eines Rechtsakts nach Artikel K.7
    Absatz 1 stellt.

11. Erklärung zum Status der Kirchen und weltanschaulichen Gemeinschaften

Die Europäische Union achtet den Status, den Kirchen und religiöse Vereinigungen oder Gemeinschaften in den Mitgliedstaaten nach deren Rechtsvorschriften genießen, und beeinträchtigt ihn nicht.
Die Europäische Union achtet den Status von weltanschaulichen Gemeinschaften in gleicher Weise.

51. Erklärung zu Artikel 10 des Vertrags von Amsterdam

Mit dem Vertrag von Amsterdam werden hinfällig gewordene Bestimmungen des Vertrags zur Gründung der Europäischen Gemeinschaft, des Vertrags über die Gründung der Europäischen Gemeinschaft für Kohle und Stahl und des Vertrags zur Gründung der Europäischen Atomgemeinschaft in ihrer vor Inkrafttreten des Vertrags von Amsterdam gültigen Fassung aufgehoben und gestrichen; einige Bestimmungen der Verträge wurden angepaßt und einige Bestimmungen des Vertrags zur Einsetzung eines gemeinsamen Rates und einer gemeinsamen Kommission der Europäischen Gemeinschaften sowie des Akts zur Einführung allgemeiner unmittelbarer Wahlen der Abgeordneten des Europäischen Parlaments wurden eingefügt. Diese Änderungen berühren nicht den gemeinschaftlichen Besitzstand.

VON DER KONFERENZ ZUR KENNTNIS GENOMMENE ERKLÄRUNGEN

2. Erklärung Dänemarks zu Artikel K.14 des Vertrags über die Europäische Union

Nach Artikel K.14 des Vertrags über die Europäische Union ist die Einstimmigkeit aller Mitglieder des Rates der Europäischen Union, d.h. aller Mitgliedstaaten, für die Annahme von Beschlüssen zur Anwendung des Titels IIIa des Vertrags zur Gründung der Europäischen Gemeinschaft über Visa, Asyl, Einwanderung und andere Politiken betreffend den freien Personenverkehr auf Maßnahmen in den in Artikel K.1 des Vertrags über die Europäische Union genannten Bereichen erforderlich. Ferner müssen einstimmig gefaßte Beschlüsse des Rates vor ihrem Inkrafttreten in jedem Mitgliedstaat gemäß dessen verfassungsrechtlichen Vorschriften angenommen werden. In Dänemark ist für diese Annahme

im Falle einer Übertragung von Hoheitsrechten im Sinne der dänischen
Verfassung entweder die Mehrheit der Stimmen von fünf Sechsteln der
Mitglieder des Folketing oder aber sowohl die Mehrheit der Stimmen
der Mitglieder des Folketing als auch die Mehrheit der im Rahmen einer Volksabstimmung abgegebenen Stimmen erforderlich.

8. **Erklärung Griechenlands zur Erklärung zum Status der Kirchen
und weltanschaulichen Gemeinschaften**

Unter Bezugnahme auf die Erklärung zum Status der Kirchen und weltanschaulichen Gemeinschaften erinnert Griechenland an die Gemeinsame Erklärung betreffend den Berg Athos im Anhang zur Schlußakte des
Vertrags über den Beitritt Griechenlands zu den Europäischen Gemeinschaften.

Erklärungen zu Dänemark

**Europäischer Rat in Edinburgh
Tagung der Staats- und Regierungschefs der EG
am 11./12. Dezember 1992**

Schlußfolgerungen des Vorsitzes

– TEIL B –
Dänemark und der Vertrag über die Europäische Union

Der Europäische Rat hat daran erinnert, daß der in Maastricht unterzeichnete Vertrag erst dann in Kraft treten kann, wenn alle zwölf Mitgliedstaaten
ihn gemäß ihren verfassungsrechtlichen Vorschriften ratifiziert haben; er
hat die Bedeutung eines möglichst baldigen Abschlusses des Prozesses entsprechend Artikel R des Vertrags ohne Neuverhandlungen des bestehenden
Textes bekräftigt.

Der Europäische Rat hat zur Kenntnis genommen, daß Dänemark den Mitgliedstaaten am 30. Oktober ein Dokument mit dem Titel „Dänemark in
Europa" vorgelegt hat, in dem folgende Punkte als besonders wichtig hervorgehoben werden:

– die verteidigungspolitische Dimension,

– die dritte Stufe der Wirtschafts- und Währungsunion,

– die Unionsbürgerschaft,

- die Zusammenarbeit in den Bereichen Justiz und Inneres,
- Offenheit und Transparenz des Beschlußfassungsprozesses der Gemeinschaft,
- effektive Anwendung des Subsidiaritätsprinzips,
- Förderung der Zusammenarbeit der Mitgliedstaaten bei der Bekämpfung der Arbeitslosigkeit.

Der Europäische Rat hat sich vor diesem Hintergrund auf folgende Absprachen verständigt, die voll mit dem Vertrag vereinbar sind, den Anliegen Dänemarks Rechnung tragen sollen und daher ausschließlich für Dänemark gelten, nicht aber für andere jetzige oder künftige Mitgliedstaaten:

a) Beschluß zu bestimmten von Dänemark aufgeworfenen Problemen betreffend den Vertrag über die Europäische Union (**Anlage 1**). Dieser Beschluß wird am Tage des Inkrafttretens des Vertrags über die Europäische Union wirksam.

b) Erklärungen in **Anlage 2**.

Der Europäische Rat hat außerdem die einseitigen Erklärungen in **Anlage 3** zur Kenntnis genommen, die in Verbindung mit der Ratifikation des Vertrags über die Europäische Union durch Dänemark abgegeben werden sollen.

Beschluß
der im Europäischen Rat vereinigten Staats- und Regierungschefs zu bestimmten von Dänemark aufgeworfenen Problemen betreffend den Vertrag über die Europäische Union

Die im Europäischen Rat vereinigten Staats- und Regierungschefs der Unterzeichnerstaaten des Vertrags über die Europäische Union, in dessen Rahmen unabhängige und souveräne Staaten aus freien Stücken beschlossen haben, im Einklang mit den bestehenden Verträgen einige ihrer Befugnisse gemeinsam auszuüben –

in dem Wunsch, derzeit namentlich über Dänemark bestehende Sonderprobleme, die in dem von Dänemark vorgelegten Memorandum „Dänemark in Europa" vom 30. Oktober 1992 aufgeworfen wurden, im Einklang mit dem Vertrag über die Europäische Union zu regeln,

in Anbetracht der Schlußfolgerungen des Europäischen Rates von Edinburgh zur Subsidiarität und zur Transparenz,

in Kenntnis der Erklärungen des Europäischen Rates von Edinburgh zu Dänemark,

nach Kenntnisnahme der einseitigen Erklärungen, die Dänemark bei dieser Gelegenheit abgegeben hat und die seiner Ratifikationsurkunde beigefügt werden,

in Kenntnis dessen, daß Dänemark nicht die Absicht hat, die nachstehenden
Bestimmungen in der Weise anzuwenden, daß eine engere Zusammenarbeit
und gemeinsames Handeln der Mitgliedstaaten im Einklang mit dem Vertrag und im Rahmen der Union und ihrer Ziele dadurch verhindert werden –
haben sich auf folgenden Beschluß geeinigt:

Abschnitt A
Unionsbürgerschaft

Mit den im Zweiten Teil des Vertrags über die Europäische Union enthaltenen Bestimmungen über die Unionsbürgerschaft werden den Staatsangehörigen der Mitgliedstaaten die in diesem Teil aufgeführten zusätzlichen
Rechte und der dort spezifizierte zusätzliche Schutz gewährt. Die betreffenden Bestimmungen treten in keiner Weise an die Stelle der nationalen
Staatsbürgerschaft. Die Frage, ob eine Person die Staatsangehörigkeit eines
Mitgliedstaats besitzt, wird einzig und allein auf der Grundlage des innerstaatlichen Rechts des betreffenden Mitgliedstaats geregelt.

Abschnitt B
Wirtschafts- und Währungsunion

(1) Gemäß dem Protokoll über einige Bestimmungen betreffend Dänemark
im Anhang zum Vertrag zur Gründung der Europäischen Gemeinschaft hat
Dänemark das Recht, dem Rat der Europäischen Gemeinschaften seinen
Standpunkt bezüglich der Teilnahme an der dritten Stufe der Wirtschafts-
und Währungsunion zu notifizieren. Dänemark hat notifiziert, daß es nicht
an der dritten Stufe teilnehmen wird. Diese Notifizierung wird mit Inkrafttreten dieses Beschlusses wirksam.

(2) Folglich wird Dänemark nicht an der einheitlichen Währung teilnehmen, es wird nicht an Regeln für die Wirtschaftspolitik gebunden sein, die
nur für die an der dritten Stufe der Wirtschafts- und Währungsunion teilnehmenden Mitgliedstaaten gelten, und es wird seine bestehenden Befugnisse auf dem Gebiet der Geld- und Währungspolitik entsprechend seinen
innerstaatlichen Rechts- und Verwaltungsvorschriften, einschließlich der
Befugnisse der Nationalbank Dänemarks auf dem Gebiet der Geld- und
Währungspolitik, behalten.

(3) Dänemark wird an der zweiten Stufe der Wirtschafts- und Währungsunion in vollem Umfang teilnehmen und sich weiterhin an der Zusammenarbeit im Rahmen des EWS beteiligen.

Abschnitt C
Verteidigungspolitik

Die Staats- und Regierungschefs nehmen zur Kenntnis, daß Dänemark auf Einladung der Westeuropäischen Union (WEU) bei dieser Organisation nunmehr einen Beobachterstatus einnimmt. Sie nehmen außerdem zur Kenntnis, daß der Vertrag über die Europäische Union Dänemark in keiner Weise dazu verpflichtet, der WEU beizutreten. Dänemark beteiligt sich demgemäß nicht an der Ausarbeitung und Durchführung von Beschlüssen und Maßnahmen der Union, die verteidigungspolitische Bezüge haben, wird allerdings die Mitgliedstaaten auch nicht an der Entwicklung einer engeren Zusammenarbeit auf diesem Gebiet hindern.

Abschnitt D
Bereiche Justiz und Inneres

Dänemark wird an der Zusammenarbeit in den Bereichen Justiz und Inneres auf der Grundlage des Titels VI des Vertrags über die Europäische Union uneingeschränkt teilnehmen.

Abschnitt E
Schlußbestimmungen

(1) Dieser Beschluß wird am Tag des Inkrafttretens des Vertrags über die Europäische Union wirksam; seine Geltungsdauer bestimmt sich nach Artikel Q und Artikel N Absatz 2 dieses Vertrags.

(2) Dänemark kann den übrigen Mitgliedstaaten in Übereinstimmung mit seinen verfassungsrechtlichen Erfordernissen jederzeit mitteilen, daß es von diesem Beschluß oder von Teilen dieses Beschlusses keinen Gebrauch mehr machen will. In diesem Falle wird Dänemark sämtliche im Rahmen der Europäischen Union getroffenen Maßnahmen, die bis dahin in Kraft getreten sind, in vollem Umfang anwenden.

Teil B Anlage 2
Erklärungen des Europäischen Rates
Erklärung betreffend die Sozial-, Verbraucher- und
Umweltpolitik sowie die Einkommensverteilung

1. Der Vertrag über die Europäische Union hindert die Mitgliedstaaten nicht daran, strengere Schutzmaßnahmen beizubehalten oder zu treffen, die mit dem EG-Vertrag vereinbar sind, und zwar

    – im Bereich der Arbeitsbedingungen und der Sozialpolitik (Artikel 118a Absatz 3 EG-Vertrag und Artikel 2 Absatz 5 des zwischen den Mitgliedstaaten der Europäischen Gemeinschaft mit Ausnahme des Vereinigten Königreichs geschlossenen Abkommens über die Sozialpolitik),

    – mit dem Ziel, ein hohes Verbraucherschutzniveau zu erreichen (Artikel 129a Absatz 3 EG-Vertrag),

    – um Umweltschutzziele zu verfolgen (Artikel 130t EG-Vertrag).

2. Die Bestimmungen des Vertrags über die Europäische Union einschließlich der Bestimmungen über die Wirtschafts- und Währungsunion erlauben es jedem Mitgliedstaat, seine eigene Einkommensverteilungspolitik zu verfolgen und Sozialleistungen beizubehalten oder zu verbessern.

Erklärung betreffend die Verteidigung

Der Europäische Rat nimmt zur Kenntnis, daß Dänemark in jedem Fall, in dem es um die Ausarbeitung und Durchführung von Beschlüssen und Maßnahmen der Union mit verteidigungspolitischen Bezügen geht, auf sein Recht auf Ausübung des Vorsitzes der Union verzichtet. Es gelten die normalen Regeln für die Ersetzung des Präsidenten im Falle seiner Verhinderung. Diese Regeln gelten auch in bezug auf die Vertretung der Union in internationalen Organisationen, bei internationalen Konferenzen und gegenüber Drittländern.

Teil B Anlage 3

Einseitige Erklärungen Dänemarks,

die der dänischen Ratifikationsurkunde zum Vertrag über die Europäische Union beizufügen sind und von den übrigen elf Mitgliedstaaten zur Kenntnis genommen werden

Erklärung zur Unionsbürgerschaft

1. Die Unionsbürgerschaft ist ein politischer und rechtlicher Begriff, der sich vom Begriff der Staatsangehörigkeit im Sinne der Verfassung des Königreichs Dänemark und im Sinne des dänischen Rechtssystems grundlegend unterscheidet. Der Vertrag über die Europäische Union sieht weder implizit noch ausdrücklich eine Verpflichtung zur Schaffung einer Unionsbürgerschaft im Sinne der Staatsangehörigkeit eines

Nationalstaates vor. Die Frage einer Teilnahme Dänemarks an entsprechenden Entwicklungen stellt sich daher nicht.

2. Die Unionsbürgerschaft an sich gibt einem Staatsangehörigen eines anderen Mitgliedstaates keinerlei Anrecht auf den Erwerb der dänischen Staatsangehörigkeit oder auf den Erwerb von Rechten, Pflichten, Vorrechten oder Vorteilen, die aufgrund der verfassungsrechtlichen, gesetzlichen und administrativen Vorschriften Dänemarks mit der dänischen Staatsangehörigkeit verbunden sind. Dänemark wird alle spezifischen Rechte, die im Vertrag für die Staatsangehörigen der Mitgliedstaaten ausdrücklich vorgesehen sind, in vollem Umfang beachten.

3. Staatsangehörige der anderen Mitgliedstaaten der Europäischen Gemeinschaft genießen gemäß Artikel 8b des EG-Vertrags in Dänemark das aktive und passive Wahlrecht bei Kommunalwahlen. Dänemark beabsichtigt, Rechtsvorschriften zu erlassen, wonach Staatsangehörigen anderer Mitgliedstaaten rechtzeitig vor den nächsten Wahlen im Jahre 1994 das aktive und passive Wahlrecht bei den Wahlen zum Europäischen Parlament gewährt wird. Dänemark ist nicht gewillt hinzunehmen, daß die ausführlichen Regelungen nach den Absätzen 1 und 2 des genannten Artikels gegebenenfalls zu Regeln führen, die die in Dänemark bereits gewährten diesbezüglichen Rechte einschränken.

4. Unbeschadet der anderen Bestimmungen des Vertrags zur Gründung der Europäischen Gemeinschaft ist nach Artikel 8e dieses Vertrags für die Annahme einer Bestimmung zur Stärkung oder zur Erweiterung der im zweiten Teil des EG-Vertrags festgelegten Rechte die Zustimmung aller Mitglieder des Rates der Europäischen Gemeinschaften, d.h. aller Mitgliedstaaten, erforderlich. Außerdem muß jedweder einstimmige Beschluß des Rates vor seinem Inkrafttreten in jedem Mitgliedstaat nach dessen verfassungsrechtlichen Vorschriften angenommen werden. In Dänemark ist im Falle einer Souveränitätsübertragung im Sinne der dänischen Verfassung für eine solche Annahme entweder eine Mehrheit von 5/6 der Mitglieder des Folketing oder aber sowohl die Mehrheit der Mitglieder des Folketing als auch die Mehrheit der abgegebenen Stimmen bei einem Volksentscheid erforderlich.

Erklärung zur Zusammenarbeit in den Bereichen
Justiz und Inneres

Gemäß Artikel K.9 des Vertrags über die Europäische Union ist für die Annahme eines Beschlusses über die Anwendung von Artikel 100c des Vertrags zur Gründung der Europäischen Gemeinschaft auf Maßnahmen in den in Artikel K.1 Ziffern 1 bis 6 genannten Bereichen die Zustimmung aller Mitgliedstaaten des Rates der Europäischen Union, d.h. aller Mitgliedstaaten, erforderlich. Außerdem muß jedweder einstimmige Beschluß des Rates vor seinem Inkrafttreten in jedem Mitgliedstaat nach dessen verfassungsrechtlichen Vorschriften angenommen werden. In Dänemark ist im Falle einer Souveränitätsübertragung im Sinne der dänischen Verfassung für eine solche Annahme entweder eine Mehrheit von 5/6 der Mitglieder des Folketing oder aber sowohl die Mehrheit der Mitglieder des Folketing als auch die Mehrheit der abgegebenen Stimmen bei einem Volksentscheid erforderlich.

Schlußerklärung

Der vorstehende Beschluß und die vorstehenden Erklärungen sind eine Antwort auf das Ergebnis des dänischen Referendums vom 2. Juni 1992 über die Ratifikation des Maastrichter Vertrags. Soweit Dänemark betroffen ist, sind die Ziele dieses Vertrags in den vier in den Abschnitten A bis D des Beschlusses genannten Bereichen im Lichte dieser Texte zu sehen, die mit dem Vertrag vereinbar sind und dessen Ziele nicht in Frage stellen.

Vertrag zur Gründung der Europäischen Gemeinschaft vom 25. März 1957

Konsolidierte Fassung mit den Änderungen durch den Vertrag von Amsterdam vom 2.10.1997

Inhaltsverzeichnis

Inhaltsverzeichnis

Synoptische Gegenüberstellung

Vertrag zur Gründung der Europäischen Gemeinschaft

Bisherige Numerierung	Neue Numerierung
Erster Teil	Erster Teil
Artikel 1	Artikel 1
Artikel 2	Artikel 2
Artikel 3	Artikel 3
Artikel 3a	Artikel 4
Artikel 3b	Artikel 5
Artikel 3c*)	Artikel 6
Artikel 4	Artikel 7
Artikel 4a	Artikel 8
Artikel 4b	Artikel 9
Artikel 5	Artikel 10
Artikel 5a*)	Artikel 11
Artikel 6	Artikel 12
Artikel 6a*)	Artikel 13
Artikel 7 (aufgehoben)	–
Artikel 7a	Artikel 14
Artikel 7b (aufgehoben)	–
Artikel 7c	Artikel 15
Artikel 7d*)	Artikel 16
Zweiter Teil	Zweiter Teil
Artikel 8	Artikel 17
Artikel 8a	Artikel 18
Artikel 8b	Artikel 19
Artikel 8c	Artikel 20
Artikel 8d	Artikel 21
Artikel 8e	Artikel 22
Dritter Teil	Dritter Teil
Titel I	Titel I
Artikel 9	Artikel 23
Artikel 10	Artikel 24
Artikel 11 (aufgehoben)	–

*) Neuer Artikel, eingefügt durch den Vertrag von Amsterdam.

Kapitel 1	Kapitel 1
Abschnitt I (gestrichen)	–
Artikel 12	Artikel 25
Artikel 13 (aufgehoben)	–
Artikel 14 (aufgehoben)	–
Artikel 15 (aufgehoben)	–
Artikel 16 (aufgehoben)	–
Artikel 17 (aufgehoben)	–
Abschnitt 2 (gestrichen)	–
Artikel 18 (aufgehoben)	–
Artikel 19 (aufgehoben)	–
Artikel 20 (aufgehoben)	–
Artikel 21 (aufgehoben)	–
Artikel 22 (aufgehoben)	–
Artikel 23 (aufgehoben)	–
Artikel 24 (aufgehoben)	–
Artikel 25 (aufgehoben)	–
Artikel 26 (aufgehoben)	–
Artikel 27 (aufgehoben)	–
Artikel 28	Artikel 26
Artikel 29	Artikel 27
Kapitel 2	Kapitel 2
Artikel 30	Artikel 28
Artikel 31 (aufgehoben)	–
Artikel 32 (aufgehoben)	–
Artikel 33 (aufgehoben)	–
Artikel 34	Artikel 29
Artikel 35 (aufgehoben)	–
Artikel 36	Artikel 30
Artikel 37	Artikel 31
Titel II	Titel II
Artikel 38	Artikel 32
Artikel 39	Artikel 33
Artikel 40	Artikel 34
Artikel 41	Artikel 35
Artikel 42	Artikel 36
Artikel 43	Artikel 37
Artikel 44 (aufgehoben)	–
Artikel 45 (aufgehoben)	–

Artikel 46	Artikel 38
Artikel 47 (aufgehoben)	–

Titel III	Titel III
Kapitel 1	Kapitel 1
Artikel 48	Artikel 39
Artikel 49	Artikel 40
Artikel 50	Artikel 41
Artikel 51	Artikel 42

Kapitel 2	Kapitel 2
Artikel 52	Artikel 43
Artikel 53 (aufgehoben)	–
Artikel 54	Artikel 44
Artikel 55	Artikel 45
Artikel 56	Artikel 46
Artikel 57	Artikel 47
Artikel 58	Artikel 48

Kapitel 3	Kapitel 3
Artikel 59	Artikel 49
Artikel 60	Artikel 50
Artikel 61	Artikel 51
Artikel 62 (aufgehoben)	–
Artikel 63	Artikel 52
Artikel 64	Artikel 53
Artikel 65	Artikel 54
Artikel 66	Artikel 55

Kapitel 4	Kapitel 4
Artikel 67 (aufgehoben)	–
Artikel 68 (aufgehoben)	–
Artikel 69 (aufgehoben)	–
Artikel 70 (aufgehoben)	–
Artikel 71 (aufgehoben)	–
Artikel 72 (aufgehoben)	–
Artikel 73 (aufgehoben)	–
Artikel 73a (aufgehoben)	–
Artikel 73b	Artikel 56
Artikel 73c	Artikel 57
Artikel 73d	Artikel 58
Artikel 73e (aufgehoben)	–

Artikel 73f	Artikel 59
Artikel 73g	Artikel 60
Artikel 73h (aufgehoben)	–
Titel IIIa*)	Titel IV
Artikel 73i**)	Artikel 61
Artikel 73j**)	Artikel 62
Artikel 73k**)	Artikel 63
Artikel 73l**)	Artikel 64
Artikel 73m**)	Artikel 65
Artikel 73n**)	Artikel 66
Artikel 73o**)	Artikel 67
Artikel 73p**)	Artikel 68
Artikel 73q**)	Artikel 69
Titel IV	Titel V
Artikel 74	Artikel 70
Artikel 75	Artikel 71
Artikel 76	Artikel 72
Artikel 77	Artikel 73
Artikel 78	Artikel 74
Artikel 79	Artikel 75
Artikel 80	Artikel 76
Artikel 81	Artikel 77
Artikel 82	Artikel 78
Artikel 83	Artikel 79
Artikel 84	Artikel 80
Titel V	Titel VI
Kapitel 1	Kapitel 1
Abschnitt 1	Abschnitt 1
Artikel 85	Artikel 81
Artikel 86	Artikel 82
Artikel 87	Artikel 83
Artikel 88	Artikel 84
Artikel 89	Artikel 85
Artikel 90	Artikel 86
Abschnitt 2 (gestrichen)	–
Artikel 91 (aufgehoben)	–

*) Neuer Titel, eingefügt durch den Vertrag von Amsterdam.
**) Neuer Artikel, eingefügt durch den Vertrag von Amsterdam.

Abschnitt 3	Abschnitt 2
Artikel 92	Artikel 87
Artikel 93	Artikel 88
Artikel 94	Artikel 89
Kapitel 2	Kapitel 2
Artikel 95	Artikel 90
Artikel 96	Artikel 91
Artikel 97 (aufgehoben	–
Artikel 98	Artikel 92
Artikel 99	Artikel 93
Kapitel 3	Kapitel 3
Artikel 100	Artikel 94
Artikel 100a	Artikel 95
Artikel 100b (aufgehoben)	–
Artikel 100c (aufgehoben)	–
Artikel 100d (aufgehoben)	–
Artikel 101	Artikel 96
Artikel 102	Artikel 97
Titel VI	Titel VII
Kapitel 1	Kapitel 1
Artikel 102a	Artikel 98
Artikel 103	Artikel 99
Artikel 103a	Artikel 100
Artikel 104	Artikel 101
Artikel 104a	Artikel 102
Artikel 104b	Artikel 103
Artikel 104c	Artikel 104
Kapitel 2	Kapitel 2
Artikel 105	Artikel 105
Artikel 105a	Artikel 106
Artikel 106	Artikel 107
Artikel 107	Artikel 108
Artikel 108	Artikel 109
Artikel 108a	Artikel 110
Artikel 109	Artikel 111
Kapitel 3	Kapitel 3
Artikel 109a	Artikel 112
Artikel 109b	Artikel 113

Artikel 109c	Artikel 114
Artikel 109d	Artikel 115
Kapitel 4	Kapitel 4
Artikel 109e	Artikel 116
Artikel 109f	Artikel 117
Artikel 109g	Artikel 118
Artikel 109h	Artikel 119
Artikel 109i	Artikel 120
Artikel 109j	Artikel 121
Artikel 109k	Artikel 122
Artikel 109l	Artikel 123
Artikel 109m	Artikel 124
Titel VIa*)	Titel VIII
Artikel 109n**)	Artikel 125
Artikel 109o**)	Artikel 126
Artikel 109p**)	Artikel 127
Artikel 109q**)	Artikel 128
Artikel 109r**)	Artikel 129
Artikel 109s**)	Artikel 130
Titel VII	Titel IX
Artikel 110	Artikel 131
Artikel 111 (aufgehoben)	–
Artikel 112	Artikel 132
Artikel 113	Artikel 133
Artikel 114 (aufgehoben)	–
Artikel 115	Artikel 134
Titel VIIa*)	Titel X
Artikel 116**)	Artikel 135
Titel VIII	Titel XI
Kapitel 1***)	Kapitel 1
Artikel 117	Artikel 136
Artikel 118	Artikel 137
Artikel 118a	Artikel 138
Artikel 118b	Artikel 139

   *) Neuer Titel, eingefügt durch den Vertrag von Amsterdam.
  **) Neuer Artikel, eingefügt durch den Vertrag von Amsterdam.
***) Kapitel 1, umstrukturiert durch den Vertrag von Amsterdam.

Artikel 118c	Artikel 140
Artikel 119	Artikel 141
Artikel 119a	Artikel 142
Artikel 120	Artikel 143
Artikel 121	Artikel 144
Artikel 122	Artikel 145
Kapitel 2	Kapitel 2
Artikel 123	Artikel 146
Artikel 124	Artikel 147
Artikel 125	Artikel 148
Kapitel 3	Kapitel 3
Artikel 126	Artikel 149
Artikel 127	Artikel 150
Titel IX	Titel XII
Artikel 128	Artikel 151
Titel X	Titel XIII
Artikel 129	Artikel 152
Titel XI	Titel XIV
Artikel 129a	Artikel 153
Titel XII	Titel XV
Artikel 129b	Artikel 154
Artikel 129c	Artikel 155
Artikel 129d	Artikel 156
Titel XIII	Titel XVI
Artikel 130	Artikel 157
Titel XIV	Titel XVII
Artikel 130a	Artikel 158
Artikel 130b	Artikel 159
Artikel 130c	Artikel 160
Artikel 130d	Artikel 161
Artikel 130e	Artikel 162
Titel XV	Titel XVIII
Artikel 130f	Artikel 163
Artikel 130g	Artikel 164

Artikel 130h	Artikel 165
Artikel 130i	Artikel 166
Artikel 130j	Artikel 167
Artikel 130k	Artikel 168
Artikel 130l	Artikel 169
Artikel 130m	Artikel 170
Artikel 130n	Artikel 171
Artikel 130o	Artikel 172
Artikel 130p	Artikel 173
Artikel 130q (aufgehoben)	–
Titel XVI	Titel XIX
Artikel 130r	Artikel 174
Artikel 130s	Artikel 175
Artikel 130t	Artikel 176
Titel XVII	Titel XX
Artikel 130u	Artikel 177
Artikel 130v	Artikel 178
Artikel 130w	Artikel 179
Artikel 130x	Artikel 180
Artikel 130y	Artikel 181
Vierter Teil	Vierter Teil
Artikel 131	Artikel 182
Artikel 132	Artikel 183
Artikel 133	Artikel 184
Artikel 134	Artikel 185
Artikel 135	Artikel 186
Artikel 136	Artikel 187
Artikel 136a	Artikel 188
Fünfter Teil	Fünfter Teil
Titel I	Titel I
Kapitel 1	Kapitel 1
Abschnitt 1	Abschnitt 1
Artikel 137	Artikel 189
Artikel 138	Artikel 190
Artikel 138a	Artikel 191
Artikel 138b	Artikel 192
Artikel 138c	Artikel 193
Artikel 138d	Artikel 194

Artikel 138e	Artikel 195
Artikel 139	Artikel 196
Artikel 140	Artikel 197
Artikel 141	Artikel 198
Artikel 142	Artikel 199
Artikel 143	Artikel 200
Artikel 144	Artikel 201
Abschnitt 2	Abschnitt 2
Artikel 145	Artikel 202
Artikel 146	Artikel 203
Artikel 147	Artikel 204
Artikel 148	Artikel 205
Artikel 149 (aufgehoben)	–
Artikel 150	Artikel 206
Artikel 151	Artikel 207
Artikel 152	Artikel 208
Artikel 153	Artikel 209
Artikel 154	Artikel 210
Abschnitt 3	Abschnitt 3
Artikel 155	Artikel 211
Artikel 156	Artikel 212
Artikel 157	Artikel 213
Artikel 158	Artikel 214
Artikel 159	Artikel 215
Artikel 160	Artikel 216
Artikel 161	Artikel 217
Artikel 162	Artikel 218
Artikel 163	Artikel 219
Abschnitt 4	Abschnitt 4
Artikel 164	Artikel 220
Artikel 165	Artikel 221
Artikel 166	Artikel 222
Artikel 167	Artikel 223
Artikel 168	Artikel 224
Artikel 168a	Artikel 225
Artikel 169	Artikel 226
Artikel 170	Artikel 227
Artikel 171	Artikel 228
Artikel 172	Artikel 229

Artikel 173	Artikel 230
Artikel 174	Artikel 231
Artikel 175	Artikel 232
Artikel 176	Artikel 233
Artikel 177	Artikel 234
Artikel 178	Artikel 235
Artikel 179	Artikel 236
Artikel 180	Artikel 237
Artikel 181	Artikel 238
Artikel 182	Artikel 239
Artikel 183	Artikel 240
Artikel 184	Artikel 241
Artikel 185	Artikel 242
Artikel 186	Artikel 243
Artikel 187	Artikel 244
Artikel 188	Artikel 245
Abschnitt 5	Abschnitt 5
Artikel 188a	Artikel 246
Artikel 188b	Artikel 247
Artikel 188c	Artikel 248
Kapitel 2	Kapitel 2
Artikel 189	Artikel 249
Artikel 189a	Artikel 250
Artikel 189b	Artikel 251
Artikel 189c	Artikel 252
Artikel 190	Artikel 253
Artikel 191	Artikel 254
Artikel 191a*)	Artikel 255
Artikel 192	Artikel 256
Kapitel 3	Kapitel 3
Artikel 193	Artikel 257
Artikel 194	Artikel 258
Artikel 195	Artikel 259
Artikel 196	Artikel 260
Artikel 197	Artikel 261
Artikel 198	Artikel 262

*) Neuer Artikel, eingefügt durch den Vertrag von Amsterdam.

Kapitel 4	Kapitel 4
Artikel 198a	Artikel 263
Artikel 198b	Artikel 264
Artikel 198c	Artikel 265
Kapitel 5	Kapitel 5
Artikel 198d	Artikel 266
Artikel 198e	Artikel 267
Titel II	Titel II
Artikel 199	Artikel 268
Artikel 200 (aufgehoben)	–
Artikel 201	Artikel 269
Artikel 201a	Artikel 270
Artikel 202	Artikel 271
Artikel 203	Artikel 272
Artikel 204	Artikel 273
Artikel 205	Artikel 274
Artikel 205a	Artikel 275
Artikel 206	Artikel 276
Artikel 206a (aufgehoben)	–
Artikel 207	Artikel 277
Artikel 208	Artikel 278
Artikel 209	Artikel 279
Artikel 209a	Artikel 280
Sechster Teil	Sechster Teil
Artikel 210	Artikel 281
Artikel 211	Artikel 282
Artikel 212*)	Artikel 283
Artikel 213	Artikel 284
Artikel 213a*)	Artikel 285
Artikel 213b*)	Artikel 286
Artikel 214	Artikel 287
Artikel 215	Artikel 288
Artikel 216	Artikel 289
Artikel 217	Artikel 290
Artikel 218*)	Artikel 291
Artikel 219	Artikel 292
Artikel 220	Artikel 293

*) Neuer Artikel, eingefügt durch den Vertrag von Amsterdam.

Artikel 221	Artikel 294
Artikel 222	Artikel 295
Artikel 223	Artikel 296
Artikel 224	Artikel 297
Artikel 225	Artikel 298
Artikel 226 (aufgehoben)	–
Artikel 227	Artikel 299
Artikel 228	Artikel 300
Artikel 228a	Artikel 301
Artikel 229	Artikel 302
Artikel 230	Artikel 303
Artikel 231	Artikel 304
Artikel 232	Artikel 305
Artikel 233	Artikel 306
Artikel 234	Artikel 307
Artikel 235	Artikel 308
Artikel 236*)	Artikel 309
Artikel 237 (aufgehoben)	–
Artikel 238	Artikel 310
Artikel 239	Artikel 311
Artikel 240	Artikel 312
Artikel 241 (aufgehoben)	–
Artikel 242 (aufgehoben)	–
Artikel 243 (aufgehoben)	–
Artikel 244 (aufgehoben)	–
Artikel 245 (aufgehoben)	–
Artikel 246 (aufgehoben)	–

Schlußbestimmungen	Schlußbestimmungen
Artikel 247	Artikel 313
Artikel 248 (aufgehoben)	Artikel 314

*) Neuer Artikel, eingefügt durch den Vertrag von Amsterdam.

Erster Teil
Grundsätze

Vertrag zur Gründung der Europäischen Gemeinschaft

Durch den Vertrag von Maastricht zur Gründung der Europäischen Union **1** (EU) wurde der EWGV dahingehend geändert, daß der Ausdruck „Europäische Wirtschaftsgemeinschaft" (EWG) durch den Ausdruck „Europäische Gemeinschaft (EG) ersetzt wurde. Der Vertag erhielt dadurch den Titel „Vertrag zur Gründung der Europäischen Gemeinschaft".

Nach dem Wortlaut der Bestimmungen des Titels II des Maastrichter Ver- **2** traes zur *Änderung des Vertrages zur Gründung der EWG* handelt es sich hier um eine Änderung des EWGV und nicht um die Gründung einer neuen Gemeinschaft, eben der EG. Für diese Auslegung spricht auch, daß in der Bekanntmachung des Vertrages von Maastricht zur Gründung der EU zusammen mit dem Wortlaut des Vertrages zur Gründung der EG im ABl. der EG (ABl. 1992 C 224/6 die Präambel des EWGV in der Fassung von 1957 abgedruckt worden ist. Insoweit wird man davon ausgehen können, daß die Aussagen des EuGH zum EWGV grundsätzlich weiter gelten, soweit der Wortlaut und der Kontext dies zulassen.

Die Präambel

SEINE MAJESTÄT DER KÖNIG DER BELGIER, DER PRÄSIDENT DER BUNDESREPUBLIK DEUTSCHLAND, DER PRÄSIDENT DER FRANZÖSISCHEN REPUBLIK, DER PRÄSIDENT DER ITALIENISCHEN REPUBLIK, IHRE KÖNIGLICHE HOHEIT DIE GROSSHERZOGIN VON LUXEMBURG, IHRE MAJESTÄT DIE KÖNIGIN DER NIEDERLANDE,

IN DEM FESTEN WILLEN, die Grundlagen für einen immer engeren Zusammenschluß der europäischen Völker zu schaffen,

ENTSCHLOSSEN, durch gemeinsames Handeln den wirtschaftlichen und sozialen Fortschritt ihrer Länder zu sichern, indem sie die Europa trennenden Schranken beseitigen,

IN DEM VORSATZ, die stetige Besserung der Lebens- und Beschäftigungsbedingungen ihrer Völker als wesentliches Ziel anzustreben,

IN DER ERKENNTNIS, daß zur Beseitigung der bestehenden Hindernisse ein einverständliches Vorgehen erforderlich ist, um eine beständige Wirtschaftsausweitung, einen ausgewogenen Handelsverkehr und einen redlichen Wettbewerb zu gewährleisten,

IN DEM BESTREBEN, ihre Volkswirtschaften zu einigen und deren harmonische Entwicklung zu fördern, indem sie den Abstand zwischen einzelnen Gebieten und den Rückstand weniger begünstigter Gebiete verringern,

IN DEM WUNSCH, durch eine gemeinsame Handelspolitik zur fortschreitenden Beseitigung der Beschränkung im zwischenstaatlichen Wirtschaftsverkehr beizutragen,

IN DER ABSICHT, die Verbundenheit Europas mit den überseeischen Ländern zu bekräftigen, und in dem Wunsch, entsprechend den Grundsätzen der Satzung der Vereinten Nationen den Wohlstand der überseeischen Länder zu fördern,

ENTSCHLOSSEN, durch diesen Zusammenschluß ihrer Wirtschaftskräfte Frieden und Freiheit zu wahren und zu festigen, und mit der Aufforderung an die anderen Völker Europas, die sich zu dem gleichen hohen Ziel bekennen, sich diesen Bestrebungen anzuschließen,

ENTSCCHLOSSEN, durch umfassenden Zugang zur Bildung und durch ständige Weiterbildung auf einem möglichst hohen Wissensstand ihrer Völker hinzuwirken,

HABEN BESCHLOSSEN, eine EUROPÄISCHE GEMEINSCHAFT zu gründen; sie haben zu diesem Zweck zu ihren Bevollmächtigten ernannt:

...

DIESE SIND nach Austausch ihrer als gut und gehörig befundenen Vollmachten wie folgt übereingekommen.

---

1   Die Präambel des EWGV von 1957 einschließlich der Liste der Bevollmächtigten der damaligen sechs Mitgliedstaaten ist Bestandteil des EWGV (s. ABl. 1992 C 224, 6/7). Der EuGH hat die EGV-Präambel in insgesamt zwölf Urteilen zitiert (vgl. statt aller EuGH, C-72/91 u. C-73/91, Neptun, Slg. 1993, 887). Aus dieser Rechtsprechung ergibt sich, daß die Präambel zur Auslegung des übrigen Vertragstextes herausgezogen werden kann, aber daß sich Rechte einzelner daraus nicht ergeben.

Auch in der Präambel des EUV ist von Themen des EGV die Rede. Die   **2**
Auslegungskompetenz des EuGH bezieht sich aber nur nach Maßgabe
des Art. 46 (ex-Art. L EUV) auf diese Texte (zur Kompetenz des EuGH
vgl. Art. 220). Deswegen ist die Fortgeltung der Präambel des EWGV
wichtig.

Art. 1 (ex-Art. 1) (Gründung der Europäischen Gemeinschaft)

**Durch diesen Vertrag gründen die Hohen Vertragsparteien unterein-
ander eine EUROPÄISCHE GEMEINSCHAFT.**

Zur **Rechtsnatur des EWGV** hat der EuGH (Rs. 26/62, Van Gend & Loos,   **1**
Slg. 1963, 3) in seinem Urteil vom 5.2.1963 Ausführungen gemacht. Der
EuGH geht zunächst davon aus, daß es sich beim EWGV um einen „völkerrechtlichen Vertrag" handelt. Er fährt dann fort:
„Das Ziel des EWGV ist die Schaffung eines Gemeinsamen Marktes, des-   **2**
sen Funktionieren die der Gemeinschaft angehörigen einzelnen unmittelbar
betrifft; damit ist zugleich gesagt, daß dieser Vertrag mehr ist als ein Abkommen, das nur wechselseitige Verpflichtungen zwischen den vertragsschließenden Staaten begründet. Diese Auffassung wird durch die Präambel desVertrages bestätigt, die sich nicht nur an die Regierungen, sondern
auch an die Völker richtet. Sie findet eine noch augenfälligere Bestätigung
in der Schaffung von Organen, welchen Hoheitsrechte übertragen sind, deren Ausübung in gleicher Weise die Mitgliedstaaten wie die Staatsbürger
berührt. Zu beachten ist ferner, daß die Staatsangehörigen der in der Gemeinschaft zusammengeschlossenen Staaten dazu berufen sind, durch das
Europäische Parlament und den Wirtschafts- und Sozialausschuß zum
Funktionieren dieser Gemeinschaft beizutragen. ... Aus alldem ist zu
schließen, daß die Gemeinschaft eine neue Rechtsordnung des Völkerrechts
darstellt, zu deren Gunsten die Staaten, wenn auch in begrenztem Rahmen,
ihre Souveränitätsrechte eingeschränkt haben, eine Rechtsordnung, deren
Rechtssubjekte nicht nur die Mitgliedstaaten sondern auch die einzelnen
sind. Das von der Gesetzgebung der Mitgliedstaaten unabhängige Gemeinschaftsrecht soll daher den einzelnen, ebenso wie es ihnen Pflichten auferlegt, auch Rechte verleihen. Solche Rechte entstehen nicht nur, wenn der
Vertrag dies ausdrücklich bestimmt, sondern auch aufgrund von eindeutigen Verpflichtungen, die der Vertrag den einzelnen wie auch den Mitgliedstaaten und den Organen der Gemeinschaft auferlegt."   **3**
Daraus folgt, daß der E(W)GV nicht nur ein zwischenstaatliches Abkommen ist, sondern auch die **Verfassung der EG** darstellt (BVerfG, Urteil v.
12.10.93, NJW 93, 3038 m. Anm. *Lenz;* so auch von *Bogdandy/Nettesheim,*

in Grabitz/Hilf zu Art. 1 Rn. 60/61 und *Zuleeg,* in GTE Art. 1 Rn. 74; *Bernhardt,* in Dreißig Jahre Gemeinschaftsrecht, 77; *Lenz/Erhard,* in *Lenz, EG-Handbuch, 50).*

4 Der EGV gilt auf **unbegrenzte Zeit** (Art. 312, ex-Art. 240). Er kann nur einvernehmlich geändert (Art. 48 [Art. N] EUV) und aufgehoben werden (*Zuleeg,* in GTE Art. 1 Rn. 26; sowohl auch das Maastricht-Urteil des BVerfG v. 12.10.93, NJW 93, 3038 m. Anm. *Lenz*).

5 Der EGV begründet eine **„Gemeinschaft"**. Der Titel „Gemeinschaft" ist umfassender als **„Wirtschaftsgemeinschaft"**. Schon für die Europäische Wirtschaftsgemeinschaft (EWG) hatte der EuGH klargestellt, daß sich die EG „nicht auf eine Wirtschaftsunion beschränkt, sondern wie die Präambel des Vertrages hervorhebt, zugleich durch gemeinsames Vorgehen den sozialen Fortschritt sichert und die ständige Besserung der Lebens- und Beschäftigungsbedingungen der europäischen Völker anstreben soll" (EuGH, Rs. 43/75, Defrenne/Sabena, Slg. 1976, 473 Rn. 8/11). Das gleiche gilt vermehrt für die durch den EUV gegründete „Europäische Gemeinschaft"; deren Zielsetzungen ergeben sich aus der Präambel des EWGV, die unverändert dem Vertrag zur Gründung der EG vorausgestellt wurde und aus den Art. 2 u. 3 EGV. Das BVerfG spricht davon, daß die Kompetenzen und Befugnisse der EU „im wesentlichen Tätigkeiten einer Wirtschaftsgemeinschaft" bleiben. Das BVerfG erwähnt in diesem Zusammenhang nicht ausdrücklich die Beseitigung der Hindernisse für den freien Personenverkehr und die Unionsbürgerschaft, deren Bedeutung das BVerfG an anderer Stelle unterstreicht, sowie nun auch die Maßnahmen hinsichtlich der Einreise in den Binnenmarkt und des Personenverkehrs im Binnenmarkt gemäß dem neuen Titel IV „Visa, Asyl, Einwanderung und andere Politiken betreffend den freien Personenverkehr" (vgl. Art. 3 lit. c u. d). Diese Befugnisse weisen über eine Wirtschaftsgemeinschaft hinaus.

6 Andererseits ist sowohl die neue wie die alte Bezeichnung zu umfassend: Der EGV umfaßt nicht die wirtschaftlichen Betätigungen, die durch den EGKS oder EURATOM-Vertrag geregelt sind (Art. 305, ex-Art. 232). Die Bezeichnung begründet auch keine Vermutung für eine Allzuständigkeit im wirtschaftlichen Bereich, weil die EG ihre Aufgaben durch die Organe wahrnimmt, die nach Maßgabe der ihnen im EGV zugewiesenen Befugnisse handeln (Art. 5 Abs; 1 [ex-Art. 3b I] und Art. 7 [ex-Art. 4]). Der EGV gilt ferner nicht für die gemeinsame Außen- und Sicherheitspolitik (Titel V EUV).

7 Der **Begriff „europäisch"** erscheint auch im 1. Erwägungsgrund der Präambel des EUV und des EGV und in Art. 1 EGV sowie in Art. 49 [ex-Art. O] EUV. Eine Begriffsbestimmung gibt es nicht. Zu Europa gehören zweifellos die EWR-Länder Liechtenstein, Island und Norwegen, sowie die

Schweiz. Malta und Zypern haben Beitrittsanträge gestellt. Bedenken gegen den europäischen Charakter dieser Länder sind nicht erhoben worden. Außerdem hat die EG sog. „Europaabkommen" abgeschlossen mit Polen, Ungarn, Rumänien, Bulgarien, der Tschechischen Republik, der Slowakischen Republik und Slowenien. Diese Abkommen sind mittelfristig auf einen Beitritt dieser Partnerländer in die EU angelegt. Der Türkei ist zugesagt worden, die Möglichkeit eines Beitritts zur EG zu prüfen (Art. 28 des Abkommens zur Gründung einer Assoziation zwischen der EWG und der Türkei, ABl. 1964 Nr. 217, 3687). Schließlich soll auch der Beitritt der drei baltischen Staaten (Litauen, Lettland und Estland) zur EU über eine vorherige Assoziierung an die EG vorbereitet werden.

Der Begriff „Hohe Vertragsparteien" bezieht sich auf die ursprünglichen **8** sechs Mitgliedstaaten, wie in den Bemerkungen zur Präambel dargelegt wurde.

Art. 2 (ex-Art. 2) (Aufgabe der Gemeinschaft)

Aufgabe der Gemeinschaft ist es, durch die Errichtung eines Gemeinsamen Marktes und einer Wirtschafts- und Währungsunion sowie durch die Durchführung der in den Artikeln 3 und 4 genannten gemeinsamen Politiken oder Maßnahmen in der ganzen Gemeinschaft eine harmonische, ausgewogene und nachhaltige Entwicklung des Wirtschaftslebens, ein hohes Beschäftigungsniveau und ein hohes Maß an sozialem Schutz, die Gleichstellung von Männern und Frauen, ein beständiges, nichtinflationäres Wachstum, einen hohen Grad von Wettbewerbsfähigkeit und Konvergenz der Wirtschaftsleistungen, ein hohes Maß an Umweltschutz und Verbesserung der Umweltqualität, die Hebung der Lebenshaltung und der Lebensqualität, den wirtschaftlichen und sozialen Zusammenhalt und die Solidarität zwischen den Mitgliedstaaten zu fördern.

Art. 2 kann als ein Kompromiß zwischen einzelnen Mitgliedstaaten und da- **1** neben auch zwischen nördlichen und südlichen Staatengruppen angesehen werden. So erinnert die Formulierung von der „harmonische(n) und ausgewogene(n) Entwicklung des Wirtschaftslebens" an das deutsche Konzept der Sozialen Marktwirtschaft. Genauso ist das Ziel eines „hohen Grad(es) an Konvergenz der Wirtschaftsleistungen" auf deutsches wie auf Drängen anderer wirtschaftskräftiger Staaten zustande gekommen. Dafür erreichten die wirtschaftlichen schwächeren Partnerländer die Einbeziehung der Solidaritätsforderung vor dem Hintergrund eines „wirtschaftlichen und sozialen Zusammenhalt(es)".

2   Art. 2 hat in der Rechtsprechung des EuGH eine bedeutende Rolle gespielt, wie die häufige Inbezugnahme dieser Vorschrift in den Entscheidungen des EuGH belegt. Danach dient die Vorschrift vorwiegend zwei Zielen:
(1) der Begrenzung der Zuständigkeit der EG;
(2) der Beschreibung der Zielsetzungen der EG, insb. der Zweckbestimmung der in Art. 3 beschriebenen einzelnen Tätigkeiten.

3   Nach der Rechtsprechung fallen sämtliche wirtschaftlichen, d.h. entgeltlichen Tätigkeiten in den Anwendungsbereich des EGV. So machen z.B. die Tätigkeiten der Mitglieder einer auf Religion oder einer anderen Form der Weltanschauung beruhenden Vereinigung im Rahmen der gewerblichen Tätigkeit dieser Vereinigung insoweit einen Teil des Wirtschaftslebens aus, als die Leistungen, die die Vereinigung ihren Mitgliedern gewährt, als mittelbare Gegenleistung für tatsächliche und echte Tätigkeiten betrachtet werden können (EuGH, Rs. 196/87, Steymann, Slg. 1988, 6173 Rn. 14). Das gleiche gilt für sportliche Leistungen, die gegen Entgelt erbracht werden (EuGH, Rs. 36/74, BNO Walrave, Slg. 1974, II–1418 Rn. 4–10; Rs. 13/76, Dona/Mantero, Slg. 1976, II–1340 Rn. 12, 13).

4   Auf der anderen Seite steht die Einfuhr von Betäubungsmitteln, „die nicht in den Handel gebracht und der Wirtschaft der Gemeinschaft zugeführt werden können", (EuGH, Rs. 221/81, Wolf, Slg. 1982, 3690 Rn. 13) und die nur Anlaß zu Strafverfolgungsmaßnahmen geben können, zu den Zielen des Art. 2 in keinerlei Beziehung, sondern verbleibt in der Zuständigkeit der Mitgliedstaaten (EuGH, Rs. 221/81, Wolf, a.a.O., 3691 Rn. 17).

5   Die Schaffung des Gemeinsamen Marktes und die Annäherung der Wirtschaftspolitik der Mitgliedstaaten ist die Aufgabe der EG (EuGH, Rs. 167/73, Französische Matrosen, Slg. 1974, 369 Rn. 17–23), in der die insbes. in Art. 3 genannten Befugnisse ihre Rechtfertigung finden. Dies wird ganz klar aus dem Gutachten 1/91 des EuGH v. 14.12.91 (Slg. 1991, 6108), wo es in Rn. 50 heißt, daß Freihandel und Wettbewerb nur Mittel nur Erreichung der Ziele der Art. 2, Art. 8a (jetzt Art. 18) und Art. 102a (jetzt Art. 98) sind. Es wird eine wirtschaftliche Integration angestrebt, die in einen Binnenmarkt und in einer WWU münden und die zu konkreten Fortschritten auf dem Wege zur EU beitragen sollen (Gutachten 1/91, Rn. 17).

6   Andererseits legt Art. 2 den Mitgliedstaaten keine Rechtspflichten auf, die die einzelnen vor den Gerichten der Mitgliedstaaten einfordern können (EuGH, C-339/89, Alsthom Atlantique, Slg. 1991, I–123 Rn. 9). Seine Bedeutung liegt in seiner Funktion als Auslegungs- und Anwendungsmaßstab für alle folgenden Vertragsnormen.

Art. 3 (ex-Art. 3) (Tätigkeit der Gemeinschaft)

Die Tätigkeit der Gemeinschaft im Sinne des Artikels 2 umfaßt nach Maßgabe dieses Vertrags und der darin vorgesehenen Zeitfolge

a) das Verbot von Zöllen und mengenmäßigen Beschränkungen bei der Ein- und Ausfuhr von Waren sowie aller sonstigen Maßnahmen gleicher Wirkung zwischen den Mitgliedstaaten;

b) eine gemeinsame Handelspolitik;

c) einen Binnenmarkt, der durch die Beseitigung der Hindernisse für den freien Waren-, Personen-, Dienstleistungs- und Kapitalverkehr zwischen den Mitgliedstaaten gekennzeichnet ist;

d) Maßnahmen hinsichtlich der Einreise und den Personenverkehr nach Titel IV;

e) eine gemeinsame Politik auf dem Gebiet der Landwirtschaft und der Fischerei;

f) eine gemeinsame Politik auf dem Gebiet des Verkehrs;

g) ein System, das den Wettbewerb innerhalb des Binnemarkts vor Verfälschungen schützt;

h) die Angleichung der innerstaatlichen Rechtsvorschriften, soweit dies für das Funktionieren des Gemeinsamen Marktes erforderlich ist;

i) die Förderung der Koordinierung der Beschäftigungspolitik der Mitgliedstaaten im Hinblick auf die Verstärkung ihrer Wirksamkeit durch die Entwicklung einer koordinierten Beschäftigungsstategie;

j) eine Sozialplitik mit einem Europäischen Sozialfonds;

k) die Stärkung des wirtschaftlichen und sozialen Zusammenhalts;

l) eine Politik auf dem Gebiet der Umwelt,

m) die Stärkung der Wettbewerbsfähigkeit der Industrie der Gemeinschaft;

n) die Förderung der Forschung und technologischen Entwicklung;

o) die Förderung des Auf- und Ausbaus transeuropäischer Netze;

p) einen Beitrag zur Erreichung eines hohen Gesundheitsschutzniveaus;

q) einen Beitrag zu einer qualitativ hochstehenden allgemeinen und beruflichen Bildung sowie zur Entfaltung des Kulturlebens in den Mitgliedstaaten;

r) eine Politik auf dem Gebiet der Entwicklungszusammenarbeit;

s) die Assoziierung der überseeischen Länder und Hoheitsgebiete, um den Handelsverkehr zu steigern und die wirtschaftliche und soziale Entwicklung durch gemeinsame Bemühungen zu fördern;

t) einen Beitrag zur Verbesserung des Verbraucherschutzes;
u) Maßnahmen in den Bereichen Energie, Katastrophenschutz und
    Fremdenverkehr.
(2) Bei allen in diesem Artikel genannten Tätigkeiten wirkt die Gemeinschaft darauf hin, Ungleichheiten zu beseitigen und die Gleichstellung von Männern und Frauen zu fördern.

I. Änderungen

1   Art. I ist infolge der Änderungen durch den Vertrag von Maastricht erheb-
    lich erweitert worden (siehe die Kommentierung zu Art. 3 in der ersten Auf-
    lage des Kommentars). Der Vertrag von Amsterdam führte zur Änderung
    des Buchstaben d), zur Einfügung des Buchstaben i) und des Absatzes
    zwei. In Buchstaben d) wird der Hinweis auf den durch den Vertrag von
    Amsterdam aufgehobenen Art. 100c durch den Hinweis auf den neu einge-
    fügten Titel IV des Dritten Teils des Vertrages „Die Politiken der Gemein-
    schaft" ersetzt. Dieser Titel umfaßt die Artikel 61 bis 69. Dem Buchstaben
    i) entsprechen die neuen Art. 125 bis 130 des neuen Titels VIII im vorge-
    nannten Dritten Teil des Vertrages). Auf die Kommentierung der genannten
    Artikel wird verwiesen; zu Abs. zwei siehe unten Rdnr. 15.

II. Zu Abs. I

2   In Abs. I werden sämtliche Politiken aufgezählt, die ein gemeinschaftliches
    Handeln erfordern, um so den Anwendungsbereich des Artikels 308 (ex-
    Art. 235) zu reduzieren (siehe dort). Der Vergleich des jetzigen mit dem ur-
    sprünglichen Art. 3 zeigt anschaulich den Wandel von der Europäischen
    WIRTSCHAFTSgemeinschaft zur (umfaßenden) Europäischen Gemein-
    schaft.

III. Auswirkungen

3   Daß der Begriff „Binnenmarkt" (Art. 14, ex-Art. 7a, davor Art. 8a) in Art. 3
    expressis verbis erscheint, trägt nicht nur seiner inzwischen historischen
    Bedeutung Rechnung, sondern markiert auch die Zielsetzung der EG für
    die Zukunft. Die Aufgabe wird es demnach sein, über die Beseitigung der
    Hindernisse für den freien Waren-, Personen-, Dienstleistungs- und Kapi-
    talverkehr zwischen den Mitgliedstaaten hinaus, die Chancen eines Ge-
    meinsamen Marktes, des „Binnenmarktes", für alle Beteiligten so effektiv
    als möglich aktiv zu nutzen (siehe auch unten zu Art. 14 Rn. 1–3).

Nach Buchstabe d) soll und wird mittelfristig eine gemeinschaftliche Poli- **4**
tik gegenüber Einreisenden aus Drittländern sowie eine einheitliche Regelung des innergemeinschaftlichen Personenverkehrs entstehen, deren rechtlicher Rahmen nunmehr im neuen Titel IV vorgezeichnet ist.

Die Aufnahme der Fischereipolitik in den Grundsatzteil des EGV (Buch- **5**
stabe e) stellt keine sachliche Ergänzung, sondern mit eine optische Aufwertung dar, da die Fischerei bereits gemäß Art. 32 Abs. 1 (ex-Art. 38 I)
vom EGV umfaßt wurde.

Die Buchstaben j und k unterstreichen den gewandelten Status der EG von **6**
einer reinen Wirtschafts- zu einer jetzt auch politischen Gemeinschaft mit
sozialer Dimension.

Mit der Übernahme des Themenkomplexes „Umwelt" in die Grundsätze **7**
(Buchstabe 1) wird eine noch größere Beteiligung bei der angestrebten Bewältigung regionaler und globaler Umweltprobleme avisiert. Daß die umstrittene „Industriepolitik" („Stärkung der Wettbewerbsfähigkeit der Industrie der Gemeinschaft") nun als Grundsatz (Buchstabe m) in den EGV aufgenommen wurde, ermöglicht verstärkte Bemühungen um die Wettbewerbsfähigkeit der Industrie der EG.

„Die Förderung der Forschung und technologischen Entwicklung" (Buch- **8**
stabe n) bezieht sich nicht nur auf den industriellen Sektor, sondern betrifft
genauso andere Forschungsmaßnahmen. „Transeuropäische Netze" (Buchstabe o) werden durch den Auf- und Ausbau in den Bereichen Verkehrs-,
Telekommunikations- und Energieinfrastruktur den in der EG lebenden
Bürgern wie auch der Wirtschaft und den einzelnen Gebietskörperschaften
neue Möglichkeiten eröffnen.

Als für jede gesellschaftliche Einheit prägende Grundlagen wurden die **9**
Themenbereiche „Bildung" und „Kultur" in die Grundsätze aufgenommen
(Buchstabe q). Der Beitrag, den die EG auf diesen Feldern leisten kann, bezieht sich sowohl auf die „allgemeine", als auch auf die „berufliche" Bildung, um diesbezüglich einen gesteigerten Grad an europäischer Orientierung und daraus resultierender Mobilität bei den Auszubildenden zu erreichen, was insbes. auch eine größere Flexibilität beim Erlernen von Fremd-
sprachen einschließt. Keinerlei Harmonisierung wird im Bereich der Kultur
stattfinden. Hier geht es ausschließlich um die Förderung der kulturellen
Zusammenarbeit innerhalb der EG.

Auch die „Entwicklungszusammenarbeit" findet sich inzwischen im **10**
Grundsatzteil (Buchstabe r) des EGV, während sie ursprünglich zur Handelspolitik gezählt wurde (EuGH, Rs. 45/86, Allgemeine Zollpräferenzen,
Slg. 1987, 1520/21 Rn. 14–21; Rs. 51/87 Allgemeine Zollpräferenzen, Slg.
1988, 5478 Rn. 5).

11 Ebenfalls aufgeführt wird der Bereich „Verbraucherschutz" (Buchstabe t), der bisher, soweit es um Agrarerzeugnisse ging, auf ex-Art. 43 (jetzt Art. 37) (EuGH, Rs. 68/86, Hormonrichtlinie, Slg. 1988, 894–7 Rn. 4–22) und ex-Art. 113 (jetzt Art. 133) (EuGH, C-62/88, Tschernobyl, Slg. 1990, I–1549–51 Rn. 22) gestützt wurde.

IV. Rechtliche Bedeutung

12 In Art. 3 werden die Bereiche aufgezählt, in denen die EG ihre Tätigkeit im Sinne des Art. 2 entfaltet. Daß die EG tätig wird, bedeutet nicht, daß die Mitgliedstaaten nicht tätig werden dürfen. Es gibt Bereiche, wo nur die EG tätig werden kann, das ist der Fall der gemeinsamen Politiken, die von den Mitgliedstaaten schon per definitionem nicht betrieben werden können. Außerdem hat der EuGH Eingriffe der Mitgliedstaaten zur angeblichen Förderung der gemeinsamen Agrarpolitik als unzulässig zurückgewiesen (EuGH, Rs. 274/87, Reinheitsgebot für Fleischwaren, Slg. 1989, 255 Rn. 2 m.w.N.). Aber auch hier besteht die Möglichkeit, daß die Mitgliedstaaten tätig werden, solange die EG ihre Befugnisse nicht ausgeübt hat (EuGH, Rs. 120/78, Cassis de Dijon, Slg. 1979, 649). Bei anderen Tätigkeiten ist es offensichtlich, daß die EG keine ausschließliche Zuständigkeit haben soll. In diesen Bereichen fehlt im allgemeinen das Wort „gemeinsame" vor dem Wort „Politik" (Sozialpolitik, Politik auf dem Gebiet der Umwelt und der Entwicklungszusammenarbeit) oder es ist ausdrücklich von Förderung oder von Beitrag die Rede, um die begrenzte Zuständigkeit der EG zu kennzeichnen. Diese Aufzählung hat vor allen Dingen die Bedeutung, die Wichtigkeit der genannten Bereiche für die Verwirklichung der Ziele des Art. 2 zu dokumentieren. Im übrigen muß man sich an die besonderen Vorschriften für jeden Bereich in den anderen Teilen des EGV halten.

13 Aufmerksamkeit verdient der Begriff „nach Maßgabe der (in diesem Vertrag) vorgesehenen Zeitfolge". Hier wird ein Grundprinzip der Vorgehensweise der EG angesprochen (s. a. Art. 17 Abs. 2, ex-Art. 8 II). Die Ziele der EU und der EG werden schrittweise, nicht überstürzt, sondern allmählich in der Weise eines natürlichen Wachstums verwirklicht, entsprechend der Erklärung Robert Schumans vom 9.5.1950: „Europa wird nicht mit einem Schlage gebaut und nicht nach einem vorgefertigten Gesamtplan" (s. näheres hierzu in *Lenz*, Die Rechtsordnung der EG, 1991).

V. Zu Abs. II

14 Abs. II enthält eine allgemeine Aufforderung („wirkt") Ungleichheiten zu beseitigen (siehe hierzu die Kommentierung zur Art. 13). Zwischen der

Aufforderung nach Art. 3 Abs. II und der Ermächtigung nach Art. 13
(„kann") besteht ein Spannungsverhältnis: Die die Beseitigung von Ungleichheiten fordernden Kräfte können sich auf Abs. II, der zum Beschluß
aufgeforderte und berechtigte Rat kann sich auf Art. 13 berufen. Wegen des
großen Ermessungsspielraums des Rates nach Art. 13 dürfte die Verpflichtung nach Art. 3 Abs. 2 nicht einklagbar sein.

Abs. zwei verpflichtet die Gemeinschaft auch, „die Gleichstellung von
Männern und Frauen zu fördern." Der Gerichtshof hatte in seinem Urteil
Kalanke (Slg. 1995 I–3051, Rn. 22) eine Regelung mit dem damals
geltenden Gemeinschaftsrecht für unvereinbar erklärt, die Frauen bei
Ernennungen oder Beförderungen absolut und unbedingt den Vorrang
einräumt (siehe auch das Urteil Marschall (Slg. 1997 I–6363), Lenz in
NJW 1998 16/9 und die Kommentierung zu Art. 13 und Art. 141 (ex-Art.
119).

**Art. 4 (ex-Art. 3a) (Tätigkeit der Gemeinschaft in der Wirtschafts- und
Währungsunion)**

**(1) Die Tätigkeit der Mitgliedstaaten und der Gemeinschaft im Sinne
des Artikels 2 umfaßt nach Maßgabe dieses Vertrags und der darin
vorgesehenen Zeitfolge die Einführung einer Wirtschaftspolitik, die
auf einer engen Koordinierung der Wirtschaftspolitik der Mitgliedstaaten, dem Binnenmarkt und der Festlegung gemeinsamer Ziele beruht und dem Grundsatz einer offenen Marktwirtschaft mit freiem
Wettbewerb verpflichtet ist.**

**(2) Parallel dazu umfaßt diese Tätigkeit nach Maßgabe dieses Vertrags
und der darin vorgesehenen Zeitfolge und Verfahren die unwiderrufliche Festlegung der Wechselkurse im Hinblick auf die Einführung einer
einheitlichen Währung, der ECU, sowie die Festlegung und Durchführung einer einheitlichen Geld- sowie Wechselkurspolitik, die beide
vorrangig das Ziel der Preisstabilität verfolgen und unbeschadet dieses
Zieles die allgemeine Wirtschaftspolitik in der Gemeinschaft unter Beachtung des Grundsatzes einer offenen Marktwirtschaft mit freiem
Wettbewerb unterstützen sollen.**

**(3) Diese Tätigkeit der Mitgliedstaaten und der Gemeinschaft setzt die
Einhaltung der folgenden richtungsweisenden Grundsätze voraus: stabile Preise, gesunde öffentliche Finanzen und monetäre Rahmenbedingungen sowie eine dauerhaft finanzierbare Zahlungsbilanz.**

1   Dieser Artikel wurde durch den Vertrag von Maastricht in den EGV einge-
     fügt. Er verpflichtet die Mitgliedstaaten auf die Sicherung einer offenen
     Marktwirtschaft mit freiem Wettbewerb und liefert damit nicht nur Rahmen
     und Grenzen für zukünftige ordnungspolitische Kontroversen, sondern
     setzt auch Maßstäbe für zukünftige Neuaufnahmen.

2   Mit der Hervorhebung der Marktwirtschaft und ihrer Prinzipien nimmt die
     EG auch ihre Verantwortung den Ländern gegenüber wahr, deren Volks-
     wirtschaften sich zur Zeit reformieren und die die EG und ihre Mitglieder
     in gewisser Weise als Referenzmaßstab nehmen.

3   Von besonderer Bedeutung ist in diesem Zusammenhang auch die Erwäh-
     nung der Grundsätze der Preisstabilität, der gesunden öffentlichen Finanzen
     und der dauerhaft finanzierbaren Zahlungsbilanz in Art. 4, an einer in der
     gesamten Vertragsarchitektur also stark privilegierten Stelle.

4   In Art. 4 verdeutlichen die Mitgliedstaaten weiter, daß sie die Wirtschafts-
     politik als eine Angelegenheit von gemeinsamem Interesse betrachten. Dar-
     aus folgt dann die Notwendigkeit einer engen Koordinierung. Die Leitlini-
     en der Wirtschaftspolitik mit europäischer Dimension wird dabei der Eu-
     ropäische Rat setzen.

5   Die Koordinierung der Wirtschaftspolitik soll in erster Linie helfen, die
     Voraussetzungen zur Einführung einer gemeinsamen Währung zu schaffen.
     Sie ist aber mehr als ein Instrument zur Verwirklichung der gemeinsamen
     Währung. Die Regelungen zur Wirtschaftspolitik sind ein weiterer Schritt
     zur immer engeren Verzahnung und konvergenten Entwicklung der eu-
     ropäischen Volkswirtschaften. Für die Mitgliedstaaten bringt der EGV er-
     hebliche Verpflichtungen, wie insbes. Art. 158–162 (ex-Art. 130a–130e)
     aufzeigen. Die Bestimmungen des EGV über die Konvergenz der Wirt-
     schafts-, Finanz- und Haushaltspolitiken werden als zu unverbindlich (Ten-
     denz Deutsche Bundesbank) kritisiert (s. in diesem Zusammenhang auch
     das französische Konzept der „europäischen Wirtschaftsregierung").

6   Von besonderer Bedeutung ist, daß die im EGV erreichte Ausgestaltung des
     Weges zur WWU auf bereits bei der Verwirklichung des Binnenmarktes er-
     folgreich angewendete Mechanismen zurückgreift: Ähnlich wie das Bin-
     nenmarktprogramm in der EEA wird die Verwirklichung der WWU als ein
     schrittweiser aber unumkehrbarer Prozeß verstanden, an dessen Ende die
     einheitliche Währung, die einheitliche Geldpolitik und die politisch unab-
     hängige, am Ziel der Preisstabilität orientierte Europäische Zentralbank
     (EZB) stehen (vgl. dazu die Erläuterungen zu Art. 105ff.).

Art. 5 (ex-Artikel 3b) (Subsidiaritätsprinzip)

Die Gemeinschaft wird innerhalb der Grenzen der ihr in diesem Vertrag zugewiesenen Befugnisse und gesetzten Ziele tätig.

In den Bereichen, die nicht in ihre ausschließliche Zuständigkeit fallen, wird die Gemeinschaft nach dem Subsidiaritätsprinzip nur tätig, sofern und soweit die Ziele der in Betracht gezogenen Maßnahmen auf Ebene der Mitgliedstaaten nicht ausreichend erreicht werden können und daher wegen ihres Umfangs oder ihrer Wirkungen besser auf Gemeinschaftsebene erreicht werden können.

Die Maßnahmen der Gemeinschaft gehen nicht über das für die Erreichung der Ziele dieses Vertrags erforderliche Maß hinaus.

Literaturverzeichnis:
Die Literatur zum Subsidiaritätsprinzip ist mittlerweile fast unüberschaubar geworden. Die hier zitierten Werke stellen daher nur eine kleine Auswahl dar.
Beyer, „Die Ermächtigung der Europäischen Union und ihrer Gemeinschaften", in: Der Staat, Heft 2/1996, S. 215f.; *Blanke,* „Normativität und Justitiabilität des gemeinschaftsrechtlichen Subsidiaritätsprinzips", in: ZG 1995, S. 193f.; *Borchardt,* Die rechtlichen Grundlagen der EU, 1. Aufl. 1996 (UTB 16/96); *de Búrca,* „The principle of subsidiarity and the Court of Justice as an institutional actor", in: JCMS 1998, S. 217f.; *Jarass,* „EG-Kompetenzen und das Prinzip der Subsidiarität nach Schaffung der Europäischen Union", in: EuGRZ 1994, S. 209f.; *Kenntner,* Das Subsidiaritätsprotokoll des Amsterdamer Vertrages, NJW 1998, 2871; *Kraußer,* „Das Prinzip begrenzter Ermächtigung im Gemeinschaftsrecht als Strukturprinzip des EWG-Vertrages", Berlin 1991; *Lambers,* „Subsidiarität in Europa – Allheilmittel oder juristische Leerformel?", in: EuR 1993, S. 229f.; *Möschel,* „Subsidiaritätsprinzip und europäisches Kartellrecht", in: NJW 1995, S. 281f.; *Müller-Graff,* „Binnenmarktauftrag und Subsidiaritätsprinzip?", in: ZHR 159 (1995), S. 34f.; *Pipkorn,* „Das Subsidiaritätsprinzip im Vertrag über die Europäische Union-rechtliche Bedeutung und gerichtliche Überprüfbarkeit", in: EuZW 1992, S. 697f.; *Schilling,* „Subsidiarity as a rule and a principle, or: Taking subsidiarity seriously", in: Harvard Jean Monnet Working Paper No. 10/95; *Schima,* „Die Beurteilung des Subsidiaritätsprinzips durch den Gerichtshof der Europäischen Gemeinschaften", in: ÖJZ 1997, S. 761f.; *Schmidhuber,* „Das Subsidiaritätsprinzip im Vertrag von Maastricht", in: DVBl. 1993, S. 417f.; *Schmidhuber/Hitzler,* „Die Verankerung des Subsidiaritätsprinzips im EWG-Vertrag – ein wichtiger Schritt auf dem Weg zu einer föderalen Verfassung der Europäischen Gemeinschaft", in: NvwZ 1992, S. 720f.; *Thun-Hohenstein/Cede,* Europarecht, Wien 1995; *Winter,* „Subsidiarität und Deregulierung im Gemeinschaftsrecht", in: EuR 1996, S. 247f.; *Zuleeg,* GTE, Art. 3b, Bd. 1/S. 208ff., 5. Aufl. 1997.

I. Allgemeines

1   Art. 5 (ex-Art. 3b) gilt nach seiner Stellung im Kapitel „Grundsätze" nicht nur für die Tätigkeit der Europäischen Gemeinschaft, sondern über Art. 2 (ex-Art. B) EUV für die **gesamten Tätigkeiten der EU** einschließlich der EGKS und der EAG, da die Verwirklichung der Ziele der EU, wie sie in Art. 2, 1. bis 5. Spiegelstrich, dargestellt sind, „unter Beachtung des Subsidiaritätsprinzips, wie es in Art. 5 des Vertrags zur Gründung der Europäischen Gemeinschaft bestimmt ist", zu erfolgen hat (*Thun-Hohenstein/ Cede, S. 153*).

Die Gesetzgebung in der EG ist an konkreten Zielen des Vertrages ausge- **2**
richtet (Art. 2, 3, 308 [ex-Art. 235] EGV). Der Vertrag kennt dem Grunde
nach nur Kompetenzen, die der Gemeinschaft zur Erreichung bestimmter
Ziele zugewiesen sind, und nicht, wie in nationalen Föderationen, Kompetenzen, die den verschiedenen Ebenen nach Sachgebieten oder Gesetzge-
bungsbereichen zugewiesen sind *(vgl. bei Blanke, S. 215)*. Diese Zielorientiertheit ist einerseits hilfreich bei der Errichtung der gemeinschaftlichen
Rechtsordnung *(vgl. Weiler, S. 24)*, denn sie wird der dem Integrationsprozeß innewohnenden Dynamik gerecht (vgl. Präambel, 1. Erwägungsgrund:
„Schaffung der Grundlagen für einen immer engeren Zusammenschluß der
europäischen Völker"). Ohne abschließende Formulierung eines Aufgaben-
katalogs ist die (konkurrierende) Kompetenzausübung der Gemeinschaft allein der Finalität des Integrationsprozesses verpflichtet *(vgl. Beyer, S. 217)*.
Diese Zielorientiertheit erschwert aber die Kompetenzabgrenzung zwischen EG und Mitgliedstaaten: neben dem Feld der ausschließlichen Gemeinschaftszuständigkeiten gibt es konkurrierende Zuständigkeiten, bei denen ein Tätigwerden dem Grund wie auch dem Umfang und der inhaltlichen Ausgestaltung nach nicht zugewiesen ist. Die **Institutionalisierung
des Subsidiaritätsprinzips** sollte nicht zuletzt die hieraus resultierenden
Schwierigkeiten beheben. Art. 5, konkretisiert durch das „Protokoll über
die Anwendung der Grundsätze der Subsidiarität und der Verhältnismäßigkeit", bietet dazu einen Prüfungskatalog, der bei Kompetenzkonflikten zwischen der Gemeinschaft und ihren Mitgliedern die Frage der Zuständigkeit
der Gemeinschaft für den beabsichtigten Rechtsakt wie auch dessen Rege-
lungstiefe bestimmen soll.

Art. 5 enthält in seinen drei Absätzen **drei getrennte Elemente.** Art. 5 I gilt **3**
in seiner Gesamtheit für das Handeln der Gemeinschaft in jeder Form und
unabhängig davon, durch welche Organe und in welchem Umfeld (z.B.
auch gegenüber Drittstaaten) sie handelt. Hingegen gilt Abs. II, der das
Subsidiaritätsprinzip im engeren Sinne enthält, nach seinem ausdrücklichen
Wortlaut nur für die Bereiche, die nicht in die ausschließliche Zuständigkeit
der Gemeinschaft fallen. Somit geht der Vertrag davon aus, daß die Gemeinschaft in einigen Bereichen die einzig angemessene Ebene für die
Durchführung der Maßnahmen ist und in diesen Bereichen zu einem entsprechenden Nachweis der Notwendigkeit ihres Handelns nicht verpflichtet ist. Weder regelt das Subsidiaritätsprinzip die Zuweisung der Zuständigkeiten der Gemeinschaft (dies geschieht durch den Vertrag selbst), noch
bewirkt es eine Zurücknahme einer konkurrierenden Gemeinschaftszuständigkeit. Vielmehr greift es nur, wenn eine Gemeinschaftszuständigkeit bereits besteht und beschränkt deren konkret beabsichtigte Ausübung, ist mit-

hin **Kompetenzausübungsschranke** (*vgl. bei Müller-Graff, S. 34 [47f.];*
Möschel, S. 281; Lambers, S. 232). Hierbei gilt Abs. II für die Notwendigkeit des Handelns und Abs. III für die Intensität bzw. Verhältnismäßigkeit
des Handelns.

II. Das Prinzip der begrenzten Einzelermächtigung (Abs. I)

4   Art. 5 stellt, gleichsam als Einstieg in den Subsidiaritätsgedanken, klar, daß
die Gemeinschaft nur handeln kann, wenn und soweit ihr hierzu die Befugnis durch Kompetenzzuweisung seitens der Mitgliedstaaten erteilt ist. Dies
folgt aus dem in Art. 5 I EGV normierten **Prinzip der begrenzten Ermächtigung** (compétence d'attribution). Art. 5 I impliziert demzufolge die
einzelstaatliche Zuständigkeit als Regel und die Gemeinschaftszuständigkeit als Ausnahme. Dies erklärt zugleich das Fehlen eines „Zuständigkeitskatalogs" für die Mitgliedstaaten.

5   Nach diesem Prinzip dürfen die Gemeinschaftsorgane weder in Bereichen
Recht setzen, die über die in den Verträgen im einzelnen aufgeführten Ermächtigungen hinaus gehen (*Borchardt, Die rechtlichen Grundlagen der
EU, S. 56; Müller-Graff, S. 48*). In Anwendung dieses Prinzips müssen sich
die Organe davon überzeugt haben, daß die in Betracht gezogene Maßnahme innerhalb der Grenzen der in dem Vertrag zugewiesenen Befugnisse
liegt und mit ihr eines oder mehrere der durch den Vertrag gesetzten Ziele
erreicht werden sollen.

6   Allerdings läßt die Formulierung in Abs. I eine Möglichkeit offen: „in diesem Vertrag zugewiesene Befugnisse" umfaßt auch **Art. 308** (ex-Art. 235),
der seinerseits als **subsidiäre Generalklausel** ein Tätigwerden der Gemeinschaft zur Verwirklichung von Zielen im Rahmen des Gemeinsamen
Marktes ermöglicht. Der Anwendungsbereich des Subsidiaritätsprinzips
wurde nicht auf Materien begrenzt, die im Vertrag ausdrücklich geregelt
sind; die Beanspruchung künftiger, vom Vertrag nicht geregelten Zuständigkeiten über Art. 308 (ex-Art. 235) EGV bleibt also möglich (*vgl. Lambers, S. 233*).

7   Kernaussage des Abs. I ist demnach, daß für jedes Handeln der Gemeinschaft im Rahmen der Aufgabenbeschreibung von Art. 3 u. 4 (ex-Art. 3a)
eine **Rechtsgrundlage vorhanden** sein muß: entweder eine ausdrückliche
oder die subsidiäre Ermächtigungsgrundlage des Art. 308 (ex-Art. 235).

8   Neben der subsidiären Handlungszuständigkeit werden den Gemeinschaftsorganen ungeschriebene Zuständigkeiten durch die **„implied powers"** (Zuständigkeit kraft Sachzusammenhangs) eingeräumt. Im Gegensatz zu der Generalermächtigung des Art. 308 (ex-Art. 235) EGV werden

hier die Handlungsbefugnisse der Gemeinschaft nicht aus den Vertragszielen, sondern aus bereits vorhandenen Zuständigkeiten der EG abgeleitet: die einem Gemeinschaftsorgan durch den Vertrag eingeräumte Befugnis ermächtigt gleichzeitig auch zu solchen Maßnahmen, die zur wirksamen und vollständigen Ausübung dieser ausdrücklich zugeteilten Befugnis erforderlich sind (*Zuleeg, GTE, Art. 3b, 1/211*). Durch die Verknüpfung mit einer zuerkannten Kompetenz wird das Prinzip der begrenzten Einzelermächtigung nicht durchbrochen (*Krauβer, S. 59f.*).

III. Das Subsidiaritätsprinzip im engeren Sinne (Abs. II)

Abs. II beinhaltet das **Subsidiaritätsprinzip „im engeren Sinne"** und seine Definition. Es ist als Kompetenzregel ausgestaltet (im Gegensatz zu der politischen Absichtserklärung in der Präambel zum EU-Vertrag, 7. Erwägungsgrund) und nur anwendbar, wenn die Gemeinschaft in einem Bereich tätig wird, der nicht ihrer ausschließlichen Zuständigkeit unterliegt. Das Subsidiaritätsprinzip ist eine bewährte Handlungsmaxime jedes föderal gegliederten Gemeinwesen und zugleich eines seiner wichtigsten politischen Strukturprinzipien (*Schmidhuber/Hitzler*, S. 720). Es hat sich zunächst in den Beziehungen der föderal gegliederten Mitgliedstaaten zu ihren Regionen durchgesetzt. Auf europäische Ebene übertragen bedeutet es, daß von der Gemeinschaft diejenigen Aufgaben übernommen werden, die die Staaten auf ihren verschiedenen Entscheidungsebenen allein nicht zufriedenstellend wahrnehmen können. Interessant ist in diesem Zusammenhang, daß das Subsidiaritätsprinzip als solches in keiner anderen Rechtsordnung so konkret und expressis verbis auftaucht. Vielmehr hat sich der Grundgedanke des Subsidiaritätsprinzips in Bestimmungen zum Föderalismus, Regionalismus oder zur lokalen Selbstverwaltungsautonomie niedergeschlagen (*vgl. Schilling*, S. 5). 9

Die Verankerung des Subsidiaritätsprinzips bringt für alle an der Beschlußfassung beteiligten Organe **bestimmte Verpflichtungen** mit sich; der Kommission kommt hier jedoch aufgrund ihres Initiativrechtes eine besonders wichtige Rolle zu. Andererseits darf seine Umsetzung nicht dieses Initiativrecht grundsätzlich in Frage stellen und damit eine Änderung des in den Verträgen vorgegebenen Gleichgewichtes bewirken. Das Subsidiaritätsprinzip soll ferner nicht die Befugnisse der Gemeinschaft in Frage stellen, den gemeinschaftlichen Besitzstand („acquis communautaire") antasten oder etwa den Vorrang des Gemeinschaftsrechts beeinträchtigen (*Zuleeg, GTE; Art. 3b, 1/225, Rdn. 17; Europäischer Rat v. Edinburgh, Schlußfolgerungen*, Bull. BReg Nr. 140/1992, S, 1277f.). Dem stünde auch Art. 2 (ex- 10

Art. B), Abs. I, 5. Spiegelstrich, EUV, entgegen, der die volle Wahrung des
gemeinschaftlichen Besitzstandes und seine Weiterentwicklung zum Ziel
hat. Die Mitgliedstaaten können sich ihren gemeinschaftsrechtlichen
Pflichten nicht unter Berufung auf das Subsidiaritätsprinzip entziehen
(*EuGH, C-11/95, Kommission./.Belgien, Slg. 1996, I–4115*).

1. Entstehungsgeschichte

11   (Vgl. 1. Aufl. 1994, Art. 3b, Rn. 15–16)

2. Definition

12   Das Subsidiaritätsprinzip bestimmt, ob die Gemeinschaft grundsätzlich
tätig wird. Dabei hat diese den Nachweis der Notwendigkeit zu erbringen.
Die in Abs. II enthaltene Definition der Subsidiarität **grenzt** die **Zuständigkeitsbereiche** der Gemeinschaft einerseits und der Mitgliedstaaten andererseits sowohl **positiv als auch negativ ab.** Danach wird die Gemeinschaft tätig, soweit die Ziele „der in Betracht gezogenen Maßnahmen auf
Ebene der Mitgliedstaaten nicht ausreichend erreicht werden können" und
„daher wegen ihres Umfangs oder ihrer Wirkungen besser auf Gemeinschaftsebene erreicht werden können".

13   Die positive und die negative Abgrenzung in Art. 5 II sind miteinander verknüpft, es handelt sich also um eine **doppelte Bedingung** (*Schmidhuber/
Hitzler, S. 722; Blanke, S. 201*). Der „qualitative Mehrwert" des Gemeinschaftshandelns muß sich gerade daraus ergeben, daß die Ziele auf der Ebene der Mitgliedstaaten nicht in ausreichendem Maße erreicht werden können. Demnach sollen in einem ersten Schritt die den Mitgliedstaaten zur
Verfügung stehenden Mittel geprüft werden, während im 2. Schritt der „europäische Mehrwert", also das supranationale Plus gegenüber der Summe
der einzelstaatlichen Maßnahmen, zu ermitteln ist (*Blanke, S. 202*). Dies
wird durch das neue **Subsidiaritätsprotokoll** bestätigt, das besagt, daß
Maßnahmen der Gemeinschaft nur gerechtfertigt sind, wenn beide Bedingungen des Subsidiaritätsprinzips erfüllt sind: die Ziele der in Betracht gezogenen Maßnahmen können nicht ausreichend durch Maßnahmen der
Mitgliedstaaten im Rahmen ihrer Verfassungsordnung erreicht werden **und**
können **daher** besser durch Maßnahmen der Gemeinschaft erreicht werden
(*Prot. zum EGV, Punkt 5.*).

3. Die Voraussetzungen im einzelnen

14   Das Vorliegen dieser Voraussetzungen ist **für jede einzelne beabsichtigte
Maßnahme getrennt zu prüfen.**

– Dafür muß zunächst feststehen, **welches Ziel** die Gemeinschaft verfolgen will. Dieses Ziel ist von ihr anhand der in den Gemeinschaftsverträgen genannten Ziele zu benennen, wie sich aus Art. 5 I ergibt, der die Gemeinschaft in die Grenzen der vom Vertrag gesetzten Ziele verweist.

– Sodann hat sie eine **Rechtsgrundlage** festzustellen, auf Grund derer sie zur Erreichung des Ziels tätig werden könnte.

– Die nächste Frage geht dahin, ob die ermittelte **Zuständigkeit** der Gemeinschaft **ausschließlich** ist.

– Im Fall einer Bejahung dieser Frage ist lediglich noch die Einhaltung des Grundsatzes der **Verhältnismäßigkeit** (Abs. III) zu prüfen.

– **Anderenfalls** müssen die **Fähigkeiten der Mitgliedstaaten** untersucht werden, das vorgegebene Ziel zu erreichen. Diesen muß sodann der **Mehrwert der intendierten Gemeinschaftsmaßnahme** gegenübergestellt werden. Dafür gibt das neue Subsidiaritätsprotokoll drei Leitlinien vor: (1) der betreffende Bereich weist transnationale Aspekte auf, die durch Maßnahmen der Mitgliedstaaten nicht ausreichend geregelt werden können; (2) alleinige Maßnahmen der Mitgliedstaaten oder das Fehlen von Gemeinschaftsmaßnahmen würden gegen die Anforderungen des Vertrags verstoßen oder auf sonstige Weise die Interessen der Mitgliedstaaten erheblich beeinträchtigen; (3) Maßnahmen auf Gemeinschaftseben würden wegen ihres Umfangs oder ihrer Wirkungen im Vergleich zu Maßnahmen auf der Ebene der Mitgliedstaaten deutliche Vorteile mit sich bringen (*Prot. zum EGV, Ziff. 5*).

Erst wenn **beide Bedingungen** des Subsidiaritätsprinzips **erfüllt** sind – keine ausreichende Erfüllung der Ziele durch die Mitgliedstaaten und daher bessere Erreichung durch Gemeinschaftsmaßnahmen – ist die Gemeinschaft zum Handeln berufen. Sodann bleibt noch zu prüfen – gleich, ob die Gemeinschaft im Bereich der ausschließlichen oder konkurrierenden Zuständigkeiten tätig wird –, ob der in Art. 5 Abs. III verankerte Grundsatz der Verhältnismäßigkeit gewahrt ist *(zum Prüfungsschema vgl. Schima, S. 764)*.   **15**

a) Anwendungsbereich

Das Subsidiaritätsprinzip gilt nach seiner Stellung im Kapitel „Grundsätze" für die **gesamte Tätigkeit der Gemeinschaft,** und zwar sowohl für die Rechtsetzung im engeren Sinne, für Verwaltungsmaßnahmen, Entwicklung der Gemeinschaftspolitiken und deren Finanzierung, als auch für die Kontrolle der Anwendung des Gemeinschaftsrechtes.   **16**

Das mit Art. 5 gleichrangige **primäre Gemeinschaftsrecht** wird davon **nicht erfaßt**; vielmehr kann dieses nur indirekt im Wege der Auslegung berührt sein *(Möschel, S. 281)*.   **17**

18 Das Subsidiaritätsprinzip hat horizontale Geltung für alle Bereiche der konkurrierenden Zuständigkeit, aber auch nur für diese, da nur dort, wo die Gemeinschaft nicht die ausschließliche Zuständigkeit hat, Kompetenzkonflikte auftreten können (*Schmidhuber/Hitzler, S. 721; Lambers, S. 21*).

b) Zuständigkeitsregelung

19 Ob eine **ausschließliche oder konkurrierende Zuständigkeit** vorliegt, hängt vom jeweiligen Sachbereich ab und ist im Einzelfall zu prüfen. **Merkmal der ausschließlichen Zuständigkeit,** die nicht dem Subsidiaritätsprinzip unterliegt, ist die Verpflichtung der Gemeinschaft, als allein zuständige Instanz bei der Wahrnehmung bestimmter Aufgaben tätig zu werden – wobei sich diese Verpflichtung klar aus dem Vertrag ergeben muß (z.B. Art. 14 [ex-Art. 7a] EGV: „Die Gemeinschaft trifft die erforderlichen Maßnahmen, um ...") – bei gleichzeitiger Unterlassungspflicht für die Mitgliedstaaten (*vgl. bei Müller-Graff, S. 59*). Nur eine Zuständigkeit, in deren Rahmen Gemeinschaftsgesetzgebung nicht nur möglich, sondern vielmehr zwingend ist, kann als ausschließliche Zuständigkeit bezeichnet werden, denn solange Gemeinschaftsgesetzgebung nurmehr „möglich" ist, hat die Gemeinschaft das Recht, ihre Gesetzgebung aufzuheben und insoweit den Mitgliedstaaten wieder das Recht zur Gesetzgebung in diesem Bereich einzuräumen. In den Fällen, in denen die Gemeinschaftsgesetzgebung zwingend vom Vertrag vorgeschrieben ist, kann hingegen die Gemeinschaft einmal ausgeführte Gesetzgebung nicht ohne Ersatz aufheben (*so z.B. Weiler, S. 24*). Ein Indiz für eine ausschließliche Kompetenz ist es, wenn der Gemeinschaft die Aufgabe gestellt ist, ein bestimmtes Sachgebiet auszufüllen (*Zuleeg, GTE, Art. 3b, 1/214, Rn. 5*). Die ausschließlichen Zuständigkeiten sind danach vor allem solche, die sich aus der Verpflichtung zur Verwirklichung des Gemeinsamen Marktes entwickelt haben (vgl. z.B. Art. 14 [ex-Art. 7a] EGV). Sie orientieren sich demzufolge an den vier Grundfreiheiten (freier Verkehr von Waren, Personen, Dienstleistungen und Kapital innerhalb der Gemeinschaft) und an bestimmten gemeinsamen Politiken, die für die Schaffung des Binnenmarktes unerläßlich sind oder sich daraus ergeben (*so die Auffassung der Kommission; vgl. SEK [92] 1990; Kom [94] 533, S. 4*). Auf diesen Gebieten ist die Gemeinschaft für die Notwendigkeit ihres Handelns nicht beweispflichtig. Das Subsidiaritätsprinzip darf hier nicht angeführt werden, um die Zweckmäßigkeit des Gemeinschaftshandelns in Frage zu stellen. Für die zielgerichteten Kompetenznormen ist hingegen eine ausschließliche.Zuständigkeit zu verneinen, weil der Gemeinschaft kein bestimmtes Sachgebiet zur Regelung überlassen worden ist (*Zuleeg, GTE, Art. 3b, 1/215, Rn. 5*)

Demgegenüber sind **Gegenstände der konkurrierenden Zuständigkeit**   **20**
solche, die der Gemeinschaft nicht ausdrücklich vorbehalten sind.

c) Adressat

Der Adressat der Subsidiaritätsregelung ist die **Gemeinschaft** bzw. sind ih-   **21**
re **Institutionen.** Für den EuGH und das EuGeI bedeutet dies, daß sie die
Maßnahmen der übrigen Gemeinschaftsorgane am Subsidiaritätsprinzip zu
messen haben, wenn sie damit befaßt werden. Auf ihre eigenen Entscheidungen müssen sie hingegen die Subsidiariätsregel nicht anwenden, denn
für die ihnen zugewiesenen Rechsstreitigkeiten haben sie eine ausschließliche Kompetenz *(vgl. Zuleeg, GTE, 1/229, Rn. 26).*

Das Subsidiaritätsprinzip gilt nach seinem Wortlaut nur für das **Verhältnis**   **22**
zwischen Gemeinschaft und Mitgliedstaaten. Letztere haben als „Begünstigte" der Regelung das Subsidiaritätsprinzip für ihren innerstaatlichen
Bereich nicht zu übernehmen *(Zuleeg, GTE, Art. 3b, 1/228, Rn. 26; vgl.
auch Lambers, EuR, S. 232; sowie Blanke, S. 205).* Eine der Schlußakte
zum Amsterdamer Vertrag beigefügte Erklärung Deutschlands, Österreichs
und Belgiens zur Subsidiarität, in der die betreffenden Staaten „davon ausgehen, daß die Maßnahmen der Gemeinschaft nicht nur die Mitgliedstaaten
betreffen, sondern auch deren Gebietskörperschaften, soweit diese nach nationalem Verfassungsrecht eigene gesetzgeberische Befugnisse besitzen",
wurde von der Regierungskonferenz lediglich „zur Kenntnis genommen",
nicht jedoch formal angenommen.

Die Erwähnung des Subsidiaritätsprinzips an zwei anderen Stellen des Ver-   **23**
trages, an denen gesagt wird, daß „Entscheidungen in der Union entsprechend dem Subsidiaritätsprinzip möglichst bürgernah getroffen werden"
(Präambel zum EUV, 12. Erwägungsgrund) bzw. „Entscheidungen möglichst offen und möglichst bürgernah getroffen werden" (Art. 1 [ex-Art. A]
EUV, Abs. II), weist hingegen auf die Möglichkeit einer weiter gefaßten
Definition, die dem Wortsinn nach **auch für innerstaatliche Verhältnisse**
gelten könnte, wie z.B. das Verhältnis Staat-Region. Jedoch weist die Stellung innerhalb der Präambel bzw. innerhalb der Gemeinsamen Bestimmungen auf ein mehr **allgemeines politisches Prinzip** *(de Búrca, S. 219;
so im Ergebnis auch Lambers, S. 232),* wohingegen Art. 5 Abs. II eine juristisch verbindliche Präzisierung des politischen Grundsatzes darstellt, daß
Entscheidungen möglichst bürgernah getroffen werden sollen *(vgl. auch
Präambel zum „Protokoll über die Anwendung der Grundsätze der Subsidiarität und der Verhältnismäßigkeit", EUV, 2. Erwägungsgrund).*

d) Effizienztest

24   Im Rahmen des Effizienztestes ist zu prüfen, ob keine ausreichende Verwirklichung der Gemeinschaftsziele durch die **Mitgliedstaaten** erreicht oder möglich ist (**negative Abgrenzung**). Dabei sind die Fähigkeiten der Mitgliedstaaten, das vorgegebene Ziel zu erreichen, jeweils getrennt zu prüfen, denn die Zusammenarbeit erfolgt im Gemeinschaftsrahmen (*so Schima, S. 764; a.A. Lambers, S. 236; s. auch Art. 11 EGV*). Es genügt, daß die Mitgliedstaaten den gewünschten Erfolg oder Zustand herbeiführen können, er muß nicht bereits vorhanden sein *(Zuleeg, GTE, Art. 3b, Rn. 21, 1/226)*. Insofern schließt die Möglichkeit der Verwirklichung von Gemeinschaftszielen auf mitgliedstaatlicher Ebene ein Handeln der Gemeinschaft im Bereich der nicht-ausschließlichen Gesetzgebung aus.

25   Fraglich ist, was gilt, wenn die realen Möglichkeiten der **Mitgliedstaaten** zwar vorhanden sind, aber diese **keinerlei Anstalten machen,** die **erforderlichen Maßnahmen zu ergreifen.** Ausschlaggebend dürfte wohl die Überlegung sein, daß die Gemeinschaft gem. Art. 5 I nur innerhalb der ihr von den Mitgliedschaften im Vertrag zugewiesenen Ziele tätig wird. Diese Ziele geben ihr zugleich einen Handlungsauftrag innerhalb der Grenzen des Art. 5 II. Wenn einige Mitgliedstaaten sich trotz entsprechender Fähigkeiten der Erfüllung dieser selbstgesetzten Vertragsziele verweigern, kann eine Handlungsmöglichkeit der Gemeinschaft zur Erfüllung der Vertragsziele bejaht werden *(Schima, S. 764; so im Erg. auch Lambers, S. 236)*. Es kann nicht allein vom Willen einzelner Mitgliedstaaten abhängen, ob die Gemeinschaft ihre Kompetenzen ausnutzen kann *(Zuleeg, GTE, 1/226, Art. 3b, Rn. 21)*.

26   Ebensowenig steht die **Überforderung nur einzelner Mitgliedstaaten** einer Erfüllung der ersten Bedingung entgegen. Die Gemeinschaftsziele sind auf die gesamte Gemeinschaft gerichtet und damit von allen Mitgliedstaaten zu erfüllen. Ist die Mehrzahl der Mitgliedstaaten zur Erfüllung der Mitgliedstaaten in der Lage, kann dies im Rahmen des Art. 5 Abs. III berücksichtigt werden, nachdem die Maßnahmen der Gemeinschaft nicht über das für die Erreichung der Vertragsziele erforderliche Maß hinausgehen *(Zuleeg, GTE, Art. 3b, 1/228, Rn. 23)*. Ist ein Mitgliedstaat oder sind mehrere Mitgliedstaaten nur teilweise zur Erreichung des betreffenden Zieles nicht in der Lage, dürfen die entsprechenden Maßnahmen der Gemeinschaft sich auch nur auf diesen Bereich richten, vgl. Art. 5 II: „… sofern und soweit …" *(Schmidhuber, S. 417)*. Nicht hingegen kann verlangt werden, daß die nationalen Maßnahmen in sämtlichen Aspekten den Anforderungen des supranationalen Verfahrens genügen. Dies ergibt sich bereits aus dem Tatbestandsmerkmal „nicht ausreichend" in Art. 5 II 2, das eben keine perfekte Zielverwirklichung von den Mitgliedstaaten verlangt (*Pipkorn, S. 698; Blanke, S. 210*).

Die Fragestellung richtet sich nur darauf, **ob ein Tätigwerden auf der Ebene der Mitgliedstaaten ausreicht.** Auf welcher Ebene innerhalb eines Mitgliedstaates dies geschehen kann – auf der Ebene der Länder, Regionen oder Gemeinden – ist hingegen Sache der Mitgliedstaten und wird vom Vertrag nicht geregelt (*Lambers, S. 235; vgl. auch Zuleeg, GTE, Art. 3b, 1/226, Rn. 20*).

27

Die Kommission bezeichnet diesen Teil der Prüfung als **„komparativen Effizienztest",** bei dem zunächst geprüft werden soll, ob die Mitgliedstaaten über Mittel zur Erreichung der Ziele verfügen. Dabei kann es sich sowohl um eine Bewertung der faktischen Sach- und Rechtslage, als auch um eine hypothetische Abschätzung der Möglichkeiten und Fähigkeiten der Mitgliedstaaten zum Erlaß künftiger Maßnahmen handeln (*Schmidhuber/Hitzler, S. 723*). Anhaltspunkte für eine fehlende Effizienz auf mitgliedstaatlicher Ebene lassen sich z.B. anhand des Kriteriums einer unvermeidbaren Transnationalität finden. So ist beispielsweise das Problem von umweltschädigenden Emissionen, die nun mal nicht an Grenzen halt machen, zwangsläufig nicht sinnvoll allein auf mitgliedstaatlicher Ebene lösbar.

28

e) Mehrwerttest

Es muß ein Mehrwert europäischen Handelns gegeben sein (**positive Abgrenzung**). Außer der Effizienz einer gemeinschaftlichen Maßnahme ist zu prüfen, ob ein Regelungsbedürfnis der betreffenden Materie gerade aus der Sicht der Zielsetzung der Gemeinschaft besteht. Dieser Teil wird von der Kommission als **„Mehrwerttest"** bezeichnet, bei dem nunmehr die Effizienz der **Gemeinschaftsmaßnahme** beurteilt werden muß. Hierbei sind Gesichtspunkte wie z.B. Umfang, Kosten, grenzüberschreitende Problematik, Auswirkungen auf die Wettbewerbsfähigkeit der Wirtschaft der Union, die Auswirkungen auf die Beschäftigungslage usw. einzubeziehen (vgl. *SEK [92] 1990 endg.; Entschl. EP v. 13/05/98, A4–0155/97*). Die Ziele der in Betracht gezogenen Maßnahmen sind die Zielsetzungen der Gemeinschaft, wie sie in den Art. 2, 3, 4 (ex-Art. 3a) EGV festgelegt sind. Grundsätzlich ist dabei der **„acquis communautaire"** – die Gesamtheit der zu einem bestimmten Zeitpunkt geltenden Vorschriften des primären und sekundären Gemeinschaftsrechtes – zu wahren (*Schmidhuber/Hitzler, S. 723*). Steht eine beabsichtigte Maßnahme in eindeutigem Zusammenhang mit einer be-

29

reits früher rechtmäßig erlassenen Maßnahme, kann eine Gemeinschaftszuständigkeit vermutet werden. Reine Effektivitätserwägungen allein können eine Gemeinschaftszuständigkeit allerdings nicht begründen: während das Subsidiaritätsprinzip der höheren Ebene nur dann das Handeln zuweist, wenn die fragliche Aufgabe von der unteren Ebene nicht wahrgenommen werden kann, stellt die Aufgabenverteilung nach dem Effektivitätsprinzip lediglich darauf ab, ob die Aufgabe **auf der höheren Ebene besser bewältigt** werden kann.

IV. Das Verhältnismäßigkeitsprinzip (Art. 5 III)

30   Während das Subsidiaritätsprinzip im engeren Sinne in Abs. II die Frage behandelt, ob die Gemeinschaft überhaupt handeln soll, greift Abs. III das Verhältnismäßigkeitsprinzip auf und bildet damit den **Maßstab für die Regelungsintensität** von Gemeinschaftsmaßnahmen, betrifft also deren Art und Umfang. Er verpflichtet die Gemeinschaft darauf, bei der Ausübung von Kompetenzen – sowohl der ausschließlichen, als auch der konkurrierenden Zuständigkeiten – nicht über das für die Erreichung der Ziele des Vertrages erforderliche Maß hinauszugehen. Der Grundsatz der Verhältnismäßigkeit ist nach st.Rspr. des EuGH als allgemeiner Grundsatz des Gemeinschaftsrechts anerkannt, der besagt, daß belastende Maßnahmen für einzelne nur rechtmäßig sind, wenn sie zur Erreichung der verfolgten Ziele geeignet und erforderlich sind. Von mehreren möglichen Maßnahmen ist die am wenigsten belastende zu wählen, und die auferlegten Belastungen müssen in angemessenem Verhältnis zu den angestrebten Zielen stehen (*Blanke, S. 209; Jarass, S. 214 vgl. zur Rspr. bei Art. 220 Rn. 64*).

31   In den Schlußfolgerungen des Rates von Edinburgh (*Bull.EG, 12/92*) heißt es, daß alle Belastungen, gleich welcher Art, so gering wie möglich zu halten sind. Gradmesser der Belastung für die Mitgliedstaaten können z.B. die **Regelungsdichte** oder die **finanziellen Folgen** der intendierten Maßnahmen sein (*vgl. Zuleeg, GTE, Art. 3b, 1/232, Rn. 31*). Für nationale Entscheidungen soll so viel Raum wie möglich gelassen werden. Dies bedeutet: **Vorrang von Unterstützungsmaßnahmen und Empfehlungen vor Reglementierung.** Wo Gemeinschaftsstandards eingeführt werden, soll es sich so weit wie möglich um Minimumstandards handeln mit der Möglichkeit für Mitgliedstaaten, höhere Standards zu setzen. Richtlinien sollen zur Regelung vor Verordnungen verwendet werden, Rahmenrichtlinien vor detaillierten Maßnahmen. (*SEK [92] 1990, S. 15; CSE[96] 002, S. 2*). Wo möglich, soll die Kooperation und Koordinierung zwischen Mitgliedstaaten verstärkt werden, anstatt gemeinschaftlich tätig zu werden.

V. Justitiabilität

Wegen der Qualität des Subsidiaritätsprinzips als horizontal anzuwenden- **32**
des Prinzip und dem erkennbaren Willen der vertragsschließenden Parteien,
in Art. 5 Abs. II ein rechtlich zwingendes Prinzip verankern zu wollen, sowie seiner systematischen Stellung – zwischen zwei anerkannten Rechtsnormen in Abs. I und III – ergibt sich die **Notwendigkeit einer rechtlichen
Kontrolle** der Anwendung (*so auch Lambers, S. 240; Müller-Graff, S. 56*).
Eine Maßnahme, die unter Mißachtung des Subsidiaritätsprinzips zustandegekommen ist, verstößt gegen den Vertrag und kann daher sowohl aufgrund einer Nichtigkeitsklage (Art. 230, 231 [ex-Art. 173, 174] EGV), als
auch in einem Vorabentscheidungsverfahren (Art. 234 [ex-Art. 177] EGV)
zur Überprüfung ihrer Gültigkeit für nichtig erklärt werden (*Lambers,
S. 241*). Das **EP** vertritt die Auffassung, daß die Beilegung von Meinungsverschiedenheiten über die Anwendung der Grundsätze der Subsidiarität
und der Verhältnismäßigkeit **vorzugsweise auf politischer Ebene,** und
zwar auf der Grundlage der **Interinstitutionellen Vereinbarung** vom 25.
Oktober 1993 (*ABl. C 329*), erfolgen sollte, erinnert jedoch daran, daß diese beiden Rechtsgrundsätze in ihrer konkreten Anwendung gem. Art. 220
(ex-Art.164) der Auslegung durch den Gerichtshof unterliegen (*Entschl.
zum Bericht Palacio Vallelersundi v. 28/04/97, A4–0155/97, Punkt 3*).
Das Subsidiaritätsprinzip **gilt erst seit Inkrafttreten des Maastrichter** **33**
Vertrags (1.11.1993) als allgemeiner Rechtsgrundsatz; infolgedessen können Gemeinschaftshandlungen vor Inkrafttreten nicht am Subsidiaritätsprinzip gemessen werden (*EuGeI, T-29/92, SPO/Kommission, Slg. 1995,
II–289, Rn. 331*).

1. Fehlende unmittelbare Anwendbarkeit

Die Kommission hatte sich bereits in ihrer Stellungnahme vom 21. Oktober **34**
1990 zu dem Entwurf zur Änderung des Vertrages zur Gründung der EWG
im Zusammenhang mit der Politischen Union für ein der Rechtskontrolle
zugängliches Subsidiaritätsprinzip ausgesprochen (*Beil. Bull. 2/91*). In den
Schlußfolgerungen des Europäischen Rates von Edinburgh ist allerdings
bekräftigt worden, daß das Subsidiaritätsprinzip **„nicht unmittelbar anwendbar ist"**: Dies bedeutet, daß sich Privatpersonen vor einzelstaatlichen
Gerichten nicht darauf berufen können, um gegen Gemeinschaftsaktionen
vorzugehen.

2. Überprüfung zukünftiger Rechtsakte

35 Es besteht die Möglichkeit sowohl zu einer **Präventivkontolle,** als auch zu
einer **Ex-post-Kontrolle.** Gegen erstere Möglichkeit spricht die Gefahr einer Blockierung des Funktionierens der Gemeinschaft, denn durch eine
präventive Kontrolle des Rechtsetzungsmechanismus – evtl. mit aufschie-
bender Wirkung – könnte jedes Vorhaben für längere Zeit gestoppt werden.
Sie ist jedenfalls dann denkbar, wenn im Falle einer Untätigkeitsklage nach
Art. 232 (ex-Art. 175) der EuGH inzidenter mit der Frage befaßt wird, ob
die Voraussetzungen für ein bestimmtes Tätigwerden der Gemeinschaft
nach Art. 5 Abs. II gegeben sind (*Müller-Graff, S. 61*). Für eine nachträgliche Kontrolle hingegen spricht, daß die Frage der Gemeinschaftszuständigkeit für einen konkreten Rechtsakt bereits der unbeschränkten Rechtskontrolle durch den EuGH unterworfen ist. Da Art. 5 keine neuen Zuständigkeiten normiert, sondern lediglich die Bedingungen für die Ausübung von
Kompetenzen präzisiert, muß auch die Einhaltung dieser Vorschrift der
Kontrolle nach Art. 230 EGV (ex-Art.173) unterliegen.

36 Allerdings darf nicht übersehen werden, daß die richterliche Überprüfung
bei Art. 5 auf mehrere äußerst schwer faßbare und bewertbare Begriffe
stößt, so z.B. „Fähigkeiten der Mitgliedstaaten" oder „Mehrwert der Gemeinschaftsmaßnahme". Die Überprüfung und Anwendung des Art. 5 erfordert in der Regel die **Bewertung eines komplexen Sachverhaltes** und
eine hypothetische Bewertung der Konsequenzen eines „Nicht-Handelns"
der Gemeinschaft. Über die Einschätzung der Wirksamkeit von Maßnahmen, in die auch politische Überlegungen mit einfließen, haben grundsätzlich die politischen Gemeinschaftsorgane zu entscheiden. Es kann
grundsätzlich nicht die Aufgabe des EuGH sein, prognostische Qualitäts-
beurteilungen der politisch verantwortlichen und legitimierten Organe der
Gemeinschaft zu substituieren (*Müller-Graff, S. 62*). Daher gewährt der
EuGH einen **Ermessensspielraum,** bei dem lediglich die offenkundigen
Grenzen einer gerichtlichen Überprüfung unterliegen *(Rs. C-280/93,
Deutschland./.Rat Slg. 1994, I–4973 (5068f.)*

37 Angesichts des weiten Ermessensspielraums der Organe bei Anwendung
der Grundsätze des Art. 5, der auch erforderlich ist, um die Funktionsfähigkeit der Gemeinschaft zu erhalten, darf die **Bedeutung der richterlichen Kontrolle** nicht überschätzt werden. Art. 5 bewirkt aber zumindest eine Kompetenzausübungsvermutung zugunsten der Mitgliedstaaten und erzeugt somit im Hinblick auf die Ergreifung von Gemeinschaftsmaßnahmen
einen **Rechtsfertigungszwang.** Diese Überprüfung wird im übrigen auch
durch die Vorschrift des Art. 253 (ex-Art. 190) ermöglicht, nach der Ver-

ordnungen, Richtlinien und Entscheidungen mit Gründen zu versehen sind. Diese **Begründungspflicht** wird auch auf den Nachweis der Beachtung des Subsidiaritätsgrundsatzes ausgedehnt (*Jarass, S. 219); vgl. auch Schlußfolgerungen des Rates von Edinburgh*). Eine gerichtliche Kontrolle des Subsidiaritätsprinzips kann daher vor allem im Rahmen der Begründungspflicht des Art. 308 (ex-Art. 253) stattfinden (*Schima, S. 764; Blanke, S. 213*). Auch bei Anerkennung der Tatsache, daß die politische Natur der mit dem Subsidiaritätsprinzip zusammenhängenden Fragen ihre Entscheidung durch die politischen Organe angemessener erscheinen läßt als durch den Gerichtshof, so müssen doch die Institutionen verpflichtet sein, eine etwas substantiellere Begründung zu liefern als die bloße Bestätigung, ihre Rechtsetzung für vereinbar mit dem Subsidiaritätsprinzip zu halten (*so de Búrca, S. 225*). So können die in der Begründung enthaltenen Überlegungen zum Subsidiaritätsprinzip daraufhin überprüft werden, ob die Gemeinschaftsorgane von zutreffenden Tatsachen ausgegangen sind, die Verfahrensvorschriften eingehalten haben und sich von sachgerechten Erwägungen leiten ließen. Indizien für diese Prüfung werden die Wirksamkeit der intendierten Maßnahme sein (Wortlaut Art. 5 II), das Kriterium der Erforderlichkeit sowie der Gesichtspunkt der Bürgernähe als Auslegungskriterium des Subsidiaritätsbegriffs, vgl. o. III.2.1 (so auch *Pipkorn, S. 700*). Insoweit ist das Subsidiaritätsprinzip justitiabel (*so im Erg. auch Zuleeg, GTE, Art. 3b, 1/230, Rn. 27*). Schließlich weist auch das „Protokoll über die Anwendung der Grundsätze der Subsidiarität und der Verhältnismäßigkeit", das dem Vertrag von Amsterdam beigefügt ist, in seinem Punkt 13 darauf hin, daß die Einhaltung des Subsidiaritätsprinzips gemäß den Bestimmungen des Vertrags geprüft wird. Damit weist es implizit auf die Rolle des Gerichtshofes.

Trotz der nur begrenzten Überprüfungsmöglichkeiten des EuGH ist gerade die grundsätzliche Justiziabilität des Subsidiaritätsprinzips von Bedeutung, denn durch Art. 5 wird ein **Begründungs- bzw. Legitimationszwang** für die Handlungen der Gemeinschaftsorgane eingeführt, der im Hinblick auf die fortschreitende Demokratisierung und verbesserte Transparenz innerhalb der Gemeinschaft ein wichtiges Element ist und auch ein politisches Signal setzt. Gleichwohl dürfte bei der im großen und ganzen feststellbaren Übereinstimmung zwischen den Gemeinschaftsorganen in Bezug auf die Anwendung von Art. 5 der Kontrolle durch den EuGH vorerst nur wenig praktische Bedeutung zukommen. **38**

3. Überprüfung bestehender Rechtsakte

39   Die Kommission untersucht die dem Rat oder ihr selbst vorliegenden Entwürfe am Maßstab von Art. 5 II u. III. Dabei nimmt sie z.T. unter dem Gesichtspunkt des nicht nachweisbaren Mehrwertes bzw. der nicht nachweisbaren Effizienz der Gemeinschaft Richtlinienentwürfe zurück, und überarbeitet sie zu detaillierten Entwürfen. Damit hat das Subsidiaritätsprinzip bereits gewissen **Zentralisierungstendenzen entgegengewirkt,** die sich in der Schlußphase des Binnenmarktprojektes aus dessen Eigendynamik ergeben haben. Seitdem ist die Zahl der Vorschläge der Kommission für Rechtsakte deutlich zurückgegangen.

4. Bisherige Rechtsprechung

40   Bislang wurden beim EuGH drei Verfahren zum Thema Subsidiarität eingeleitet *(EuGH, C-84/94, Vereinigtes Königreich./. Rat Urt. v. 12.11.1996 Slg. 1996, I–5755; verb. Rs. C-36 und 37/97, Kellinghusen u. Ketelsen Urt. v. 22.10.1998).* Desweiteren gab es einige Fälle, in denen das Subsidiaritätsprinzip angerufen wurde, um Gemeinschaftätigkeit in Frage zu stellen, aber der Gerichtshof hat die Frage entweder nicht aufgegriffen oder verworfen *(C-11/95, Kommission/Belgien, Slg. 1996, I–4307; C-192/94, El Corte Inglés, Slg. 1996, I–1281).*

VI. Von Maastricht bis Amsterdam

41   Zwischen der Unterzeichnung des Maastrichter Vertrages am 7. Februar 1992, in den die Subsidiaritätsregelung mit Art. 3b (heute Art. 5) erstmals aufgenommen wurde, und der Unterzeichnung des Amsterdamer Vertrages am 16. Juni 1998 wurden nicht nur die ersten Erfahrungen mit der Umsetzung des neuen Rechtsgrundsatz gesammelt, sondern haben die Institutionen der EU zahlreiche Texte vorgelegt, die den allgemein als zu vage und unpräzise kritisierten Grundsatz erläutern sollten.

1. Anwendung des Subsidiaritätsprinzips

42   Für die Anwendung des Subsidiaritätsprinzips und des ex-Art. 3b EGV insgesamt wurde vom Europäischen Rat in Edinburgh am 11./12.12.1992 *(Bull.EG, 12/1992)* ein **Gesamtkonzept** verabschiedet. Dessen Umsetzung führte bereits zu größerer Subsidiaritätsdisziplin der betroffenen Gemeinschaftsorgane, da in der Folge sämtliche Rechtsetzungsabsichten der Gemeinschaft einer zwingenden Subsidiaritätsprüfung unterzogen wurden.

43   Das Subsidiaritätsprinzip hat in den vergangenen Jahren nicht nur die Zahl der Kommissionsvorschläge vermindert, sondern es hat auch **Einfluß auf**

den Gegenstand und den Inhalt der Vorschläge. Die Kommission hat in den vergangenen Jahren eine große Anzahle anhängiger Legislativvorschläge, die als überholt angesehen wurden, zurückgezogen (1996: 48). Weiterhin wirkt es sich auf die Art und Weise aus, wie ein bestimmter Gegenstand geregelt wird, also beispielsweise, ob im Rahmen des Handlungsinstrumentariums (vgl. Art. 249 [ex-Art. 189] EGV) zur Verordnung oder Richtlinie gegriffen wird (*dazu kritisch Winter, S. 251f.*). Nach Ansicht der Kommission (*vgl. SEK [92)]1990*) soll die Verordnung die Ausnahme bleiben und, wo möglich, eher zu dem schonenderen Instrument der Richtlinie gegriffen werden. Im Konfliktfall wird aber hier das Problem gegeben sein, daß aus der Sicht des nationalen Gesetzgebers die konkrete Umsetzung des Subsidiaritätsprinzips immer für den Gebrauch einer Richtlinie sprechen wird.

Bei der Entwicklung und Durchführung der Gemeinschaftspolitiken ist zu **44** beachten, daß die in Art. 3 genannten Tätigkeitsfelder der Gemeinschaft unterschiedlich ausgestaltet sind. Beispielsweise ist ihre Tätigkeit in einigen Politikbereichen darauf beschränkt, „Beiträge" für die Erreichung der Zielvorhaben (Art. 3 Ziff. p, q, t) zu leisten. Unter dem Gesichtspunkt der Subsidiarität bedeutet dies, daß sie die Politik der Mitgliedstaaten unterstützen und ergänzen soll. Ein Gleiches gilt für Formulierungen wie „Stärkung" (vgl. Art. 3k, m) und „Förderung" (vgl. Art. 3i: „Förderung der Koordinierung der Beschäftigungspolitik"), die darauf schließen lassen, daß ein Handeln in diesem Bereich in erster Linie den Mitgliedstaaten oder Regionen obliegt und die gemeinschaftlichen Maßnahmen auf **komplementäre Handlungsformen** beschränkt werden (*Blanke, S. 195*).

2. Interpretation und Bewertung durch die Organe

a) Interinstitutionelle Vereinbarung

Im Dezember 1993 wurde eine **„Interinstitutionelle Vereinbarung zwi-** **45** **schen dem Rat, der Kommission und dem Europäischen Parlament über die Verfahren zur Anwendung des Subsidiaritätsprinzips"** (*ABl. C 329 v. 6/12/93, S. 135*) getroffen. Deren wichtigste Punkte umfassen **zum einen** die Pflicht der Kommission, bei der Ausübung ihres Initiativrechts dem Subsidiaritätsprinzip Rechnung zu tragen und seine Beachtung nachzuweisen. Ebenso soll der Rat verfahren, wenn er die Kommission zur Vorlage eines Legislativvorschlags auffordert, und das EP im Rahmen der Verfahren nach Art. 251/252 (ex-Art. 189b/189c) EGV. Die Begründung jedes Vorschlags soll eine Rechtfertigung im Hinblick auf das Subsidiaritätsprinzip enthalten. **Zum anderen** enthält die Vereinbarung die Verpflichtung der

Kommission, jährlich einen Bericht an das EP und den Rat über die Beachtung des Subsidiaritätsprinzips zu erstellen. Jedes Organ nimmt die Prüfung des Subsidiaritätsprinzips in eigener Verantwortung wahr, wobei der Kommission aufgrund ihres Initiativrechts die Hauptlast in bezug auf die Begründung zufällt. Die in der Erklärung enthaltenen Grundsätze dienen der Transparenz und Rationalität im Zeitpunkt der Entscheidung und setzen die Institutionen zugleich unter Rechtfertigungsdruck (*Blanke, S. 203*).

b) Kommission

46   Die Kommission legt in Erfüllung ihrer Verpflichtung aus der o.g. Vereinbarung jedes Jahr einen **„Bericht über die Anwendung des Subsidiaritätsprinzips"** vor, ist allerdings ab 1995 dazu übergegangen, diese Berichte unter dem Titel „Eine bessere Rechtsetzung" auf die geplanten Maßnahmen zur Vereinfachung und Kodifikation des Gemeinschaftsrechts auszudehnen *(KOM [94]533; CSE [95]580; CSE [96] 002 – Zwischenbericht – ; CSE[96]007)* In diesem Berichten verpflichtete sich die Kommission, „weniger zu handeln, um besser zu handeln". Das Hauptgewicht liegt hierbei auf der Verringerung der Zahl der Legislativvorschläge durch Minderung der Anzahl neuer Legislativvorschläge, Überarbeitung noch anhängiger Vorschläge und gegebenenfalls deren Zurückziehung.

c) Europäisches Parlament

47   Von den einschlägigen Parlamentsberichten- und entschließungen sei im folgenden besonders auf diejenige hingewiesen, in der das EP kurz vor Abschluß der Regierungskonferenz 1996/1997 eine eher **negative Bilanz aus den fünfjährigen Erfahrungen** mit dem Subsidiaritätsprinzip zog. Beklagt wurde vor allem, daß es unter dem Vorwand der Subsidiarität immer wieder Versuche gegeben habe, weitere Fortschritte in der europäischen Integration zu verhindern und auch das bisher Erreichte, den gemeinschaftlichen Besitzstand, in Frage zu stellen.

48   Kritisiert wurde auch das Vorgehen der Kommission, in den jährlichen Subsidiaritätsberichten auch die Themen **Vereinfachung** und **Kodifikation** abzuhandeln. Dies trage nicht zur Transparenz bei, da Vereinfachung und Kodifikation Begriffe der Rechtstechnik seien, während Subsidiarität und Verhältnismäßigkeit Rechtsgrundsätze sind. Nach Auffassung des EP schafft diese Vermischung einen gefährlichen Präzedenzfall für eine **Verwischung des Subsidiaritätsprinzips** (*vgl. Bericht Palacio Vallelersundi v. 28/04/97, A4–0155/97, S. 13*). Nicht einverstanden erklärt sich das EP auch mit der Tendenz der Kommission, in zunehmendem Ausmaß Vorschläge für Rah-

menrichtlinien sowie Verhaltenskodizes und vorbereitende Dokumente vorzulegen, da sich dieses auf die Vorlage von Vorschlägen für verbindliche
Rechtsvorschriften negativ auswirke. Die Gefahr einer Schaffung von „soft
law" sei gegeben, dessen Umsetzung in die nationalen Rechtsordnungen
ungewiß sei. Eine Revision des Art. 3b (heute Art. 5) sei nicht notwendig;
sinnvoller wäre es, die Anwendung des auf der Grundlage der Interinstitutionellen Vereinbarung vom Oktober 1993 erstellten Verhaltenskodexes zu
verbessern.

Die Verringerung der Legislativvorschläge empfindet das EP als nützlich,   **49**
wenn es das Ergebnis einer strengeren Auswahl und einer korrekten Anwendung des Subsidiaritätsprinzips ist. Es sei allerdings notwendig, den anhängigen Vorschlägen, sowie denen, die notwendig wären, mehr Aufmerksamkeit zu widmen, denn Subsidiarität dürfe nicht nur in eine Richtung gehen. Es handele sich nicht darum, der Gemeinschaft systematisch Zuständigkeiten zu entziehen, sondern diese auf eine wirksame und ausgegliche-
ne Weise zu verteilen *(vgl. Stellungnahme des Inst. Ausschusses v. 6. Mai
1996 zum Bericht A4–0155/97,* Punkt 7).

d) Europäischer Rat

Der Europäische Rat hat sich in zahlreichen seiner Schlußfolgerungen zu   **50**
Gipfeltreffen zum Thema Subsidiarität geäußert. Als grundlegendes Dokument können insoweit die mehrfach erwähnten Schlußfolgerungen des Europäischen Rates von Edinburgh am 11./12. Dezember 1992 gelten. Das
darin enthaltene „**Gesamtkonzept** für die Anwendung des Subsidiaritätsprinzips und des Art. 3b des Vertrags über die EU durch den Rat" war
Grundlage sowohl für die Interinstitutionelle Erklärung, als auch für das
Subsidiaritätprotokoll zum Amsterdamer Vertrag.

VII. Die Regierungskonferenz 96/97

Eines der Hauptanliegen der Regierungskonferenz über die Revision der   **51**
Verträge bestand darin, die EU ihren Bürgern näher zu bringen. Entsprechend war das Subsidiaritätsprinzip ein wichtiger Aspekt der Verhandlungen.

1. Die Stellungnahmen der Institutionen

Der Europäische Rat von Korfu am 24./25. Juni 1994 setzte entsprechend   **52**
der Vereinbarung von Ioannina eine Reflektionsgruppe zur Vorbereitung
der Regierungskonferenz von 1996 ein und forderte die europäischen Insti-

tutionen auf, Berichte über das Funktionieren des Maastrichter Vertrages zu erstellen, deren Ergebnisse in die Beratungen der Reflektionsgruppe einfließen sollten. In ihren Berichten äußerten sich die Institutionen auch auf die bisherigen Erfahrungen mit dem Subsidiaritätsprinzip.

53 Der **Rat und die Kommission** beschränken sich in ihren Berichten weitgehend darauf, eine überwiegend positive Bilanz von der Anwendung des Subsidiaritätsprinzips durch die Organe zu ziehen, machten aber keinerlei konkrete Vorschläge im Hinblick auf die Vertragsrevision.

– Der **Rat der EU** stellt in seinem Bericht *(Doc. 6474/95 v. 6.4.95, S. 4f.)* fest, daß die systematische Anwendung des Prinzips zu einem deutlichen Rückgang der Anzahl der Kommissionsvorschläge geführt habe; ferner habe die Beschränkung des Tätigwerdens der Gemeinschaft auf ergänzende Maßnahmen in den in Maastricht neu in den EUV eingefügten Zuständigkeitsbereichen eine deutlichere Unterscheidung zwischen den Aktionsbereichen der Gemeinschaft und den Mitgliedstaaten erlaubt. Allerdings zeigten die ersten Erfahrungen, daß die Organe und die Mitgliedstaaten bisweilen auf Schwierigkeiten stießen, wenn es darum gehe, Übereinstimmung in der Frage der Beurteilung und der Anwendung des Prinzips zu erzielen.

– Die **Kommission** legte in ihrem Bericht *(SEK [95] 731 v. 10.5.95, S. 31f.)* auf der Grundlage ihrer jährlichen Berichte dar, daß die Anwendung der Grundsatzes seitens der Organe kohärent verlaufe, allerdings vor der Schwierigkeit stehe, daß der Stellenwert des Prinzips je nach Mitgliedstaat und Anwendungsbereich unterschiedlich beurteilt werde. So führe die Durchsetzung von Partikularinteressen weiterhin dazu, daß „im krassen Widerspruch zu dem in der Subsidiarität angelegten Gebot der Klarheit und Einfachheit" noch viel zu detaillierte Vorschriften erlassen würden.

– Das **EP** sprach sich in seiner Entschließung zur Funktionsweise des EUV *(A4–0102/95 v. 17.5.95, Teil I.A, Rn. 12)* dafür aus, die in Art. 3b (heute Art. 5) festgelegten Prinzipien der Subsidiarität und der Verhältnismäßigkeit beizubehalten und korrekt anzuwenden. Die Einfügung eines Kompetenzkatalog*s* würde zur Unbeweglichkeit führen, wäre schwer durchführbar und werde daher abgelehnt *(Bourlanges-Martin-Bericht, Teil I.A: Entschließung, DOC-DE/RR 273/273345 v. 17. Mai 1995).*

– Der **Ausschuß der Regionen** hatte in seiner Stellungnahme *(CdR 136/95 v. 3.7.95, S. 3f.)* eine Neufassung des Art 3b vorgeschlagen, in der das Subsidiaritätsprinzip nicht mehr nur auf ein Kriterium dafür beschränkt werde, ob Aufgaben der konkurrierenden Zuständigkeit von der Gemeinschaft oder ihren Mitgliedstaaten ausgeübt werden, sondern vielmehr als Kriterium für die Verteilung der Kompetenzen und Aufgaben zwischen allen in der EU vertretenen Verwaltungsebenen gesehen werde. Ferner forderte der AdR ein eigenes Klagerecht vor dem EuGH bei vermuteten Verstößen gegen das Subsidiaritätsprinzip, die die Zuständigkeiten der lokalen und regionalen Gebietskörperschaften betreffen, und die Einführung eines Kompetenzkatalogs.

– Die **Reflektionsgruppe** vertrat in ihrem Schlußbericht (*SN 520/1/95/ REV 1 [Reflex 21], S. 21f.* die Auffassung, daß das Subsidiaritätsprinzip weder als Rechtfertigung für eine unaufhaltsame Zunahme der Befugnisse auf europäischer Ebene noch als Vorwand für eine Schwächung der Solidarität oder des Besitzstandes der Union ausgelegt werden dürfe. Es sei erforderlich, seine ordnungsgemäße Anwendung in der Praxis zu verbessern, und dafür sollten die Schlußfolgerungen von Edinburgh die Grundlage sein. Nach Meinung einiger Mitglieder sollten die Kernbestimmungen dieser Erklärung Vertragsrang in Form eines Protokolls erhalten. Die meisten Mitglieder der Gruppe vertraten die Auffassung, daß Art. 3b nicht geändert werden, sondern vielmehr seine korrekte Umsetzung in die Praxis gewährleistet werden müsse.

2. Die Verhandlungen

Bei der Regierungskonferenz bestand unter den Vertretern der Regierungen der Mitgliedstaaten entsprechend den Vorschlägen der Reflektionsgruppe weithin Einvernehmen darüber, einerseits den in Art. 3b II (heute Art. 5 II) gegebenen Wortlaut des Subsidiaritätsprinzips unverändert zu lassen, andererseits aber **Leitlinien für die Anwendung des Subsidiaritätsgrundsatzes,** die auf den Schlußfolgerungen des Europäischen Rates von Edinburgh und der Interinstitutionellen Vereinbarung beruhen, „in geeigneter Weise" in den Vertrag aufzunehmen. Der Ratsvorsitz stellte den Beauftragten zwei Möglichkeiten für die Aufnahme der Leitlinien zur Disposition: entweder ein Protokoll zum Vertrag oder eine Erklärung zur Schlußakte der Konferenz. Die Beauftragten entschieden sich für die erstere Lösung und bekräftigten gleichzeitig ihre einhellige Auffassung, daß Neuverhandlungen über den Inhalt der Edinburgher Schlußfolgerungen unabhängig von der schließlich gewählten Lösung vermieden werden sollten (*vgl. CONF/3944/96 v. 8. Oktober 1996*).

54

3. Das neue Subsidiaritätsprotokoll

a) Inhalt

55 Auf der Grundlage des vom Europäischen Rat von Edinburgh am 11./12. Dezember 1992 angenommenen Gesamtkonzepts für die Anwendung des Subsidiaritätsprinzips und der Interinstitutionellen Vereinbarung vom 28. Oktober 1993 wurde dem EGV in Amsterdam ein „**Protokoll über die Anwendung der Grundsätze der Subsidiarität und der Verhältnismäßigkeit**" beigefügt. In einer Erklärung zu diesem Protokoll (Erkl. Nr. 43) werden die der Schlußakte zum (Maastrichter -) EGV beigegebene „Erklärung zur Anwendung des Gemeinschaftsrechts" sowie die Schlußfolgerungen des Europäischen Rates von Essen bekräftigt, wonach die Mitgliedstaaten für die administrative Durchführung des Gemeinschaftsrechts verantwortlich sind und die Aufsichts-, Kontroll- und Durchführungsbefugnisse des Rates und der Kommission davon unberührt bleiben. Ferner enthält die Schlußakte zum Amsterdamer Vertrag eine „von der Konferenz zur Kenntnis genommene" Erklärung Deutschlands, Österreichs und Belgiens zur Subsidiarität, in der die betreffenden Staaten davon ausgehen, daß die Maßnahmen der Gemeinschaft nicht nur die Mitgliedstaaten betreffen, sondern auch deren Gebietskörperschaften, soweit diese nach nationalem Verfassungsrecht eigene gesetzgeberische Befugnisse besitzen.

56 In dem neuen Protokoll werden die bisher nicht rechtlich verbindlichen Schlußfolgerungen von Edinburgh und die in der Interinstitutionellen Vereinbarung festgelegten Leitlinien **im Primärrecht kodifiziert** und erhalten damit **Rechtscharakter.** Auf diese Weise sollen bestimmte Aspekte im Zusammenhang mit der Subsidiarität formalisiert werden. Dabei geht es insbesondere um folgende Punkte:

– Jedem Vorschlag für gemeinschaftliche Rechtsvorschriften wird eine Erklärung über die Auswirkungen des betreffenden Vorschlags auf die Anwendung des Grundsatzes der Subsidiarität beigefügt, (vgl. Ziff. 4);

– Die Form des gemeinschaftlichen Handelns soll gerade so verbindlich sein, wie dies mit der angemessenen Erreichung des angestrebten Ziels noch vereinbar ist (d.h. so weit wie möglich ist eine Richtlinie der Verordnung vorzuziehen), (vgl. Ziff. 6);

– Die Subsidiarität stellt nicht die Befugnisse in Frage, über die die Europäische Gemeinschaft aufgrund des Vertrags entsprechend der Auslegung des Gerichtshofes verfügt, (vgl. Ziff. 3).

– Maßnahmen der Gemeinschafts sind nur gerechtfertigt, wenn beide Bedingungen des Subsidiaritätsprinzips erfüllt sind: die Ziele der in Betracht gezogenen Maßnahmen können nicht ausreichend durch Maß-

nahmen der Mitgliedstaaten im Rahmen ihrer Verfassungsordnung erreicht werden und können daher besser durch Maßnahmen der Gemeinschaft erreicht werden. Im Anschluß an diese Formulierung werden drei konkretisierende Leitlinien angeführt, deren bisherige Verknüpfung über ein „und/oder" ersatzlos entfallen ist: (1) Weist der betreffende Bereich transnationale Aspekte auf, die von den Mitgliedsstaaten nicht geregelt werden können? (2) Würden alleinige Maßnahmen der Mitgliedstaaten oder das Fehlen von Gemeinschaftsmaßnahmen gegen die Anforderungen des Vertrags verstoßen? (3) Würden Gemeinschaftsmaßnahmen wegen ihres Umfangs oder ihrer Wirkungen im
Vergleich zu Maßnahmen auf der Ebene der Mitgliedstaaten deutliche
Vorteile mit sich bringen? (Vgl. Ziff. 5)

Das Protokoll enthält überdies eine Reihe von **Verfahrensvorgaben** (Ziff.   **57**
9–12). Die Kommission muß außer in Fällen von spezieller Eiligkeit oder
Vertraulichkeit umfassende Anhörungen durchführen, bevor Vorschläge für
Rechtsakte unterbreitet werden. Die Begründungspflicht der Kommission
im Hinblick auf das Subsidiaritätsprinzip, wenn sie Vorschläge für gemeinschaftliche Rechtsvorschriften vorlegt, wird festgeschrieben (Ziff. 4, 9).
Die Darlegungspflicht der Kommission soll insbesondere dann gelten,
wenn Maßnahmen ganz oder teilweise aus dem Gemeinschaftshaushalt finanziert werden. Die Kommission ist auch gehalten, bei ihren Vorschlägen
gebührend zu berücksichtigen, daß der finanzelle Aufwand und der Verwaltungsaufwand möglichst gering gehalten werden.

Die Verpflichtung der Kommission, einen **jährlichen Bericht** über die An-   **58**
wendung des Subsidiaritätsprinzips vorzulegen, wird in Ziff. 9, 4. Spiegelstrich, festgeschrieben; das anschließende Verfahren bei den betreffenden
Institutionen (Europäischer Rat, Rat und EP) behandeln die Ziff. 10–12.

Ziff. 6 enthält das **Verhältnismäßigkeitsprinzip** und insbesondere die Vor-   **59**
gabe, daß Richtlinien den Mitgliedstaaten die Wahl der Form und der Mittel bei der Umsetzung des verbindlichen Ziels überlassen sollen. Zudem
wird der Vorrang von Richtlinien vor Verordnungen festgehalten. Damit
wird die Gemeinschaftsrichtlinie auf ihren eigentlichen Charakter zurückgeführt. Es wird festgeschrieben, daß Maßnahmen der Behörden in den
Mitgliedstaaten so viel Raum wie möglich gelassen werden muß (Ziff. 6,
7). Gleichzeitig wird aber klargestellt, daß das Subsidiaritätsprinzip nicht
die Befugnisse in Frage stellt, über die die EG aufgrund des Vertrags entsprechend der Auslegung des Gerichtshofes verfügt (Ziff. 3).

Die in der Erklärung Nr. 43 enthaltene Bekräftigung, daß die administrati-   **60**
ve Durchführung des Gemeinschaftsrechts grundsätzlich Sache der Mitgliedstaaten gemäß ihren verfassungsrechtlichen Vorschriften bleiben müs-

se, war dem bisherigen Art. 3b II nicht zu entnehmen. Durch diesen neuen Zusatz soll auf die **Kompetenzlage in Bundesstaaten** Rücksicht genommen werden können. Zudem wird dadurch nunmehr auch auf die Rolle verwiesen, die die lokalen und regionalen Gebietskörperschaften im Hinblick auf die Anwendung des Subsidiaritätsprinzips spielen. Dieser Verweis wird ergänzt durch die Erklärung Deutschlands, Belgiens und Österreichs. Nicht durchsetzen konnte sich der vor allem von deutscher Seite geäußerte Vorschlag, eine **Definition der ausschließlichen Zuständigkeiten** in das Protokoll einzufügen (*vgl. z.B. CONF/3851/97 v. 20. März 1997, S. 2*).

b) Bewertung

61   Die Entscheidung der Regierungskonferenz, den bisherigen Art. 3 b (jetzt Art. 5) unverändert zu belassen und die erforderlichen Präzisierungen in einem Protokoll zum Vertrag festzuschreiben, ist zu begrüßen. Den Inhalt des Art. 3 b II aus Gründen einer Neuformulierung zur Disposition zu stellen, hätte vor allem die **Gefahr einer Aufweichung** des eigentlichen Subsidiaritätsprinzips bedeutet. Redaktionelle Änderungen hätten beispielsweise zu einem verdeckten Renationalisierungsprozeß mißbraucht werden können.

62   Von besonderem Gewicht ist, daß das Protokoll die **Zweistufigkeit der Subsidiaritätsprüfung** ausdrücklich hervorhebt und damit den weiten Auslegungsspielraum der Formulierung in Art. 5 II einengt, soweit die Frage betroffen ist, ob Mehrwert- und Effizienzklausel gleichzeitig erfüllt sein müssen, um ein Tätigwerden der Union zu rechtfertigen (Ziff. 5).

63   Bedeutsam ist auch die Verpflichtung der Kommission zu einem **intensiven Dialog** im Hinblick auf die Subsidiarität, zur strikten Beachtung der **Verhältnismäßigkeit** bezüglich Form, Art und Umfang von Gemeinschaftsmaßnahmen und zu einer entsprechenden **Begründung** ihrer Vorschläge. Das Protokoll bewirkt dadurch eine nachhaltige Stärkung des Subsidiaritätsprinzips. Die Rechtsschutzmöglichkeiten der Mitgliedstaaten bei Verletzung des Subsidiaritätsprinzip werden damit erhöht, und dies bedeutet zugleich einen Beitrag zur besseren Justitiabilität und verbessert damit auch die Basis für die Rechtsprechung des EuGH in diesem Bereich.

64   Begrüßenswert ist auch die Ausgewogenheit des Protokolls im Hinblick auf die Beachtung des Subsidiaritätsprinzips durch die gemeinschaftlichen Institutionen einerseits und die **Wahrung des Integrationsstandes** und die Verhinderung von Mißbrauch durch die Mitgliedstaaten andererseits. So enthalten die Ziff. 1, 4, 5, 6, 7 und 9–12 klare Anweisungen an die gemeinschaftlichen Institutionen im Hinblick auf die Achtung des Subsidiaritätsprinzips bei ihren Handlungen. Unmißverständlich werden diese angewiesen, „so viel Raum wie möglich für nationale Entscheidungen" gewähren und „bewährte nationale Regelungen sowie Struktur und Funktionsweise der Rechtssysteme der Mitgliedstaaten zu achten" (Ziff. 7). Andererseits wird die Anwendung der Grundsätze der Subsidiaritität und der Verhältnismäßigkeit „unter voller Wahrung des gemeinschaftlichen Besitzstands und des institutionellen Gleichgewichts" gefordert (Ziff. 2) und festgestellt, daß das Prinzip „nicht die Befugnisse in Frage stellt, über die die EG aufgrund des Vertrags entsprechend der Auslegung des Gerichtshofes verfügt" (Ziff. 3). In Ziff. 3 wird ferner auch darauf hingewiesen, daß die Tätigkeit der Gemeinschaft nicht nur eingeschränkt oder eingestellt werden kann, wenn sie nicht mehr gerechtfertigt ist, sondern daß sie auch „im Rahmen ihrer Befugnisse erweitert werden kann, wenn die Umstände dies erfordern". Und schließlich werden die Mitgliedstaaten im Falle, daß aufgrund einer Subsidiaritätsprüfung gemeinschaftliches Tätigwerden unterbleibt, aufgefordert, „alle geeigneten Maßnahmen zur Erfüllung ihrer Verpflichtungen aus dem Vertrag zu treffen und alle Maßnahmen, welche die Verwirklichung der Ziele des Vertrags gefährden könnten, zu unterlassen" (Ziff. 8). Durch diese Ausgewogenheit wird einerseits den berechtigten Anliegen der Mitgliedstaaten und gegebenenfalls ihrer Gliedstaaten nach verbindlichen Regelungen für die Anwendung des Subsidiaritätsprinzips Rechnung getragen, andererseits aber auch den gelegentlichen Nationalisierungstendenzen einzelner Mitgliedstaaten vorgebeugt, die das Subsidiaritätsprinzip einzig als Abwehr gemeinschaftlichen Handelns verstehen. Der z.T. in der bereits verfügbaren **Literatur** zum Amsterdamer Vertrag   **65** geäußerten **Kritik,** das Protokoll beschränke sich im wesentlichen darauf, die bestehende Praxis festzuschreiben und sei kaum geeignet, das Prinzip faßbarer zu machen *(vgl. Schima, S. 761),* kann nach dem oben Gesagten nicht zur Gänze gefolgt werden. Richtig ist zwar, daß auch im Protokoll nicht der Versuch einer Definition unternommen wird. Das Protokoll enthält auch zweifellos wenig griffige und transparente Formulierungen, deren normative Aussagekraft eher begrenzt ist, wie z.B. in Ziff. 4, in der festgestellt wird, daß die Subsidiarität „ein dynamisches Konzept" sei, das „unter Berücksichtigung der im Vertrag festgelegten Ziele angewendet werden" sollte und das sowohl Befugnisse der Gemeinschaft erweitern kann „wenn die Umstände dies erfordern", als auch sie beschränken oder gänzlich einstellen kann." Oder Ziff.7, S. 1: „ Was Art und Umfang des Handelns der Gemeinschaft betrifft, so sollte bei Maßnahmen der Gemeinschaft so viel Raum für nationale Entscheidungen belassen werden, wie dies im Einklang mit dem Ziel der Maßnahme und den Anforderungen des Vertrags möglich ist". Hier werden für ein Protokoll, das der Präzisierung dient, zu viele vage und auslegungsbedürftige Begriffe benutzt.

66 Ob die Übernahme der o.g. Leitlinien in das Primärrecht deren Handhabung wesentlich erhöht, wird erst eine Anwendung zeigen. Dennoch werden wichtige Fragen präzisiert und verbindlich geklärt, so die Rolle des
EuGH (Ziff. 13) oder die z.T. bislang nur auf informeller Ebene gehand-
habten verfahrensrechtlichen Regelungen (Ziff. 4, 9, 11, 12).

4. Ausblick

67 Die Diskussion um die Auslegung von „Subsidiarität" wird weiterhin zu
grundsätzlichen Kontroversen führen. Von besonderer Bedeutung ist in diesem Zusammenhang die **Gemeinsame Botschaft von Bundeskanzler
Kohl und Staatspräsident Chirac** an den amtierenden Ratsvorsitzenden
Premierminister Blair (Bulletin, Presse-und Informationsamt, Nr. 41, 15.
Juni 1998, S. 537f.). Vor dem Cardiff-Gipfel des Europäischen Rates for-
derten sie, in Zukunft müsse das Prinzip der Subsidiarität „noch konse-
quentere Anwendung finden als bisher". Bei Regelungen auf europäischer
Ebene sollte „wieder zunehmend auf Richtlinien im ursprünglichen Sinne"
zurückgegriffen werden, um den Institutionen auf nationaler Ebene mehr
Spielraum bei der Umsetzung zu belassen. Es müsse zu einer „klareren
Kompetenzabgrenzung" zwischen EU und den Mitgliedsstaaten kommen.
Eine solche „Korrektur" habe indes nichts mit „Renationalisierung" zu tun,
sondern würde vielmehr „den Prinzipien von Verhältnismäßigkeit, Bürgernähe und Effizienz entsprechen und dazu beitragen, Fehlentwicklungen
in Richtung auf zuviel Zentralismus zu korrigieren." Eine „Renationalisierung" wird hingegen insbesondere von der Europäischen Kommission befürchtet. Die Kohl-Chirac-Initiative laufe in Richtung einer Entmachtung
der Kommission. Auf einem informellen Treffen der Staats- und Regierungschefs und des Präsidenten der Europäischen Kommission während
der **österreichischen Präsidentschaft** am 24./25. Oktober, also während
der Drucklegung dieses Kommentars, wird schwerpunktmässig die Frage
diskutiert, „wie die Stärkung der demokratischen Legitimität und die Verwirklichung des Subsidiaritätpinzips in der Praxis" (Schlußfolgerungen des
Vorsitzes, Europäischer Rat, 15./16. Juni 1998 in Cardiff) herbeigeführt
werden können. Es zeigt sich schon jetzt, daß das Subsidiaritätsprinzip –
wegen seiner breiten Interpretierbarkeit – immer mehr zum Zentralpunkt
der Diskussion um die künftige rechtliche Gestalt der EU wird.

Art. 6 (ex-Art. 130, Abs. 2 S. 3) (Umweltrechtliche Querschnittsklausel)

Die Erfordernisse des Umweltschutzes müssen bei der Festlegung und Durchführung der in Artikel 3 genannten Gemeinschaftspolitiken und -maßnahmen insbesondere zur Förderung einer nachhaltigen Entwicklung einbezogen werden.

Literatur: Breier, Art. 130r Abs. 3 EGV als Rechtsgrundlage für die Verabschiedung von Umweltaktionsprogrammen, ZUR 1995, 233ff.; *Calliess,* Die neue Querschnittsklausel des Art. 6 ex 3c EGV als Instrument zur Umsetzung des Grundsatzes der nachhaltigen Entwicklung, DVBl 1998, 565ff.; *Kahl,* Umweltprinzip und Gemeinschaftsrecht, 1993; *Kamminga,* Improving Integration of Environmental Requirements into other EC Policies, EELR 1994, 23ff.; *Krämer/Kromarek,* Europäisches Umweltrecht – Chronik vom 1.10.1991 bis 31.3.1995, Beilage zur ZUR 3/95,1; *Schröder,* Umweltschutz als Gemeinschaftsziel und Grundsätze des Umweltschutzes, in: *Rengeling* (Hrsg.), Handbuch zum europäischen und deutschen Umweltrecht, 1998, § 9; *ders.,* Beachtung gemeinschaftsrechtlicher Grundsätze für den Umweltschutz bei nationalen Maßnahmen, in: *Rengeling* (Hrsg.), Handbuch zum europäischen und deutschen Umweltrecht, 1998, § 31; *Wiegand,* Bestmöglicher Umweltschutz als Aufgabe der EG, DVBl. 1993, 533, 536; *World Commission on Environment and Development,* Our Common Future, Oxford 1987; *Zuleeg,* Vorbehaltene Kompetenzen der Mitgliedstaaten der Europäischen Gemeinschaft auf dem Gebiete des Umweltschutzes, NVwZ 1987, 280ff.

I. Allgemeines

Kapitel 8.14 und 16 der auf der **Konferenz für Umwelt und Entwicklung**   **1**
1992 in Rio de Janeiro angenommenen **Agenda 21** fordern, daß rechtliche Mechanismen in die nationalen und internationalen Rechtsordnungen auf-

genommen werden, um u.a. sicherzustellen, daß Umweltschutzbelange in
alle anderen Politiken integriert werden. Der Regelungsauftrag der Agenda
21 trägt dem Umstand Rechnung, daß Politikbereiche sektorspezifisch ausgerichtet sind und Belange des Umweltschutzes häufig nicht ausreichend
berücksichtigen. Die singuläre Ausrichtung einzelner Politiken ist aus Sicht
des Umweltschutzes kontraproduktiv, wenn beispielsweise Landwirt-
schafts- oder Verkehrspolitik einseitig ihre Ziele unter Mißachtung der Umwelt formulieren.

2   Die EG hat deshalb die Integrationsproblematik bereits recht früh themati-
siert. Im **ersten Umweltaktionsprogramm von 1973** wurde festgeschrieben, daß „bei allen fachlichen Planungs- und Entwicklungsprozessen... die
Auswirkungen auf die Umwelt so früh wie möglich berücksichtigt werden"
(ABl. C-112/1) müssen. Dieser Gedanke wurde in den **folgenden beiden
Aktionsprogrammen von 1977** (ABl. C-139/1) und 1983 (ABl. C-46/1)
weiterentwickelt und fand schon vor der Aufnahme eines Umweltkapitels
im Rahmen der EEA Eingang in die Rechtsprechung des EuGH. In seinem
Urteil von 1985 zur Altölrichtlinie hat der EuGH ausdrücklich, wenngleich
ohne textliche Bezugnahme, den Umweltschutz als ein wesentliches Ziel
der EG gekennzeichnet (EuGH, Rs. 240/83 Procureur de la République/As-
sociation de Défence des Brûleurs d'huiles usagées, Slg. 1985, 531, 549).
Diese Feststellung bezog sich allerdings nur auf die Einschränkbarkeit des
freien Warenverkehrs durch Umweltschutzerfordernisse. Das 4. Umweltaktionsprogramm von 1987 führte dann im Zusammenhang mit der Integration des Umweltschutzes in andere Gemeinschaftspolitiken schon nahezu alle Tätigkeitsbereiche der EG auf (ABl. C-328/ 1).

3   Unmittelbare rechtliche Konsequenzen lassen sich aus diesen Programmen
allerdings nicht ableiten, da es sich nach überwiegender Meinung um rechtlich unverbindliche politische Absichtserklärungen handelt (vgl. dazu *Breier*, ZUR 1995, 233 m.w.N.). Gefragt war deshalb eine bindende Regelung,
die eine Integration des Umweltschutzes in andere Politiken zwingend vor-
schrieb. Sie wurde 1987 im Rahmen der EEA gefunden und mag Vorbild-
wirkung für die 1992 in Rio de Janeiro aufgestellte Forderung entfaltet haben. Die Urfassung der **Integrations- oder** manchmal auch als **Querschnittsklausel** bezeichneten Formulierung wurde 1987 mit dem Wortlaut
„die Erfordernisse des Umweltschutzes sind Bestandteil der anderen Politiken der EG" in **Art. 130r Abs. 2 S. 2 des EWGV a.F.** eingefügt. Allerdings
fand die Regelung in der Praxis kaum Beachtung, zumal die juristische
Tragweite der Bestimmung unklar blieb. Die Kommission begründete die
Notwendigkeit der Überarbeitung von Art. 130r Abs. 2 S. 2 EWGV in ihren
ersten Beiträgen zur Regierungskonferenz über die Europäische Union da-

mit, daß Wortlaut und Rechtsfolgen der Klausel zu unbestimmt und zudem zu optimistisch seien, da die Worte „sind Bestandteil" eher eine Tatsache als eine Pflicht ausdrückten (Sek (91) 500, v. 15.5.1991, S. 112). Im Vertrag von Maastricht setzte sich ein an den Vorstellungen der Kommission orientierter Vorschlag der luxemburgischen Präsidentschaft durch, der schließlich als **Art. 130r Abs. 2 S. 3** in den Vertrag Eingang fand: *„Die Erfordernisse des Umweltschutzes müssen bei der Festlegung und Durchführung der anderen Gemeinschaftspolitiken einbezogen werden".*
Ein großer Gewinn war die neue Querschnittsklausel für die Praxis immer   4
noch nicht. Die rechtlichen Konsequenzen blieben nach wie vor streitig.
Vor diesem Hintergrund ist die neue **Fassung im Amsterdamer Vertrag** zu sehen. **Art. 6 EGV** hebt sich im Wortlaut zwar nicht wesentlich von seiner Vorgängerregelung in Art. 130r Abs. 2 S. 3 EGV a.F. ab. Auffallend ist jedoch die systematische Stellung der Norm in den „Grundsätzen" im Ersten Teil des Vertrages. Andere Integrationsklauseln, wie z.B. Art. 151 Abs. 4 (ex-Art. 128 Abs. 4), 152 Abs. 1 (ex-Art. 129 Abs. 1), 153 Abs. 2 (ex-Art. 129a Abs. 1), 157 Abs. 3 (ex-Art. 130 Abs. 3), haben keine vergleichbare exponierte Stellung im Vertrag.

II. Inhalt

1. Regelungsgehalt

a) Erfordernisse des Umweltschutzes

Die **„Erfordernisse des Umweltschutzes"** sind im EGV nicht definiert.   5
Nach Art. 2, 3, 174 Abs. 1 1. Anstrich (ex-Art. 130r) ist der Umweltschutz ein Ziel der gemeinschaftlichen Umweltpolitik. Die „Erfordernisse" des Umweltschutzes werden näher konkretisiert durch die in Art. 174 Abs. 2 UAbs. 1 (ex-Art. 130r Abs. 2) statuierten Handlungsgrundsätze. Das ergibt sich aus den stringenten Formulierungen der Handlungsgrundsätze der Umweltpolitik. Danach werden die Umweltschutzerfordernisse geprägt durch ein hohes Schutzniveau sowie durch die Gewährleistung des Vorsorge-, Vorbeugungs- und Verursacherprinzips. Auch die Berücksichtigungsgebote des Art. 174 Abs. 3 (ex-Art. 130r Abs. 3) zählen zu den Erfordernissen des Umweltschutzes; nach Auffassung des EuGH ist diese Bestimmung bei der Durchführung von Umweltpolitik zu „beachten" (EuGH, C-284/95, Safety Hi-Tech Srl/S & T Srl, Slg. 1998, I–4301, Rn. 36 f.; a.A. *Calliess,* DVBl. 1998, S. 565 m.w.N.).

b) Integration in die anderen Politiken

6   Art. 6 zielt auf die Einbeziehung von Umweltschutzerfordernissen bei der
     Festlegung der in Art. 3 genannten Gemeinschaftspolitiken und -maßnah-
     men ab. Mit „**Gemeinschaftspolitiken**" sind alle gem. Art.3 erfaßten Auf-
     gaben und Handlungsfelder der EG im Bereich des EGV gemeint (enger
     dagegen *Calliess,* DVBl. 1998, S. 565f., der die Funktion von Art. 6 inso-
     weit weitgehend auf den Erlaß von Sekundärrecht beschränkt). „**Gemein-
     schaftsmaßnahmen**" sind dagegen alle auf der Basis des EGV umgesetz-
     ten Aufgaben, wie z. B. der Erlaß von Sekundärrecht.

7   Die Begriffe „**Festlegung und Durchführung**" sind nicht sinngleich. Mit
     „**Festlegung**" dürfte dem Wortsinn nach auch in den anderen Sprachfas-
     sungen soviel wie „Definition" anderer Politikbereiche gemeint sein. Inso-
     weit erfolgt eine „Festlegung" anderer Politikbereiche, wenn man die „Er-
     fordernisse des Umweltschutzes" als Bestandteil der anderen Politiken in
     die jeweiligen Vertragsbestimmungen hinein liest. Mit „**Durchführung**"
     anderer Politiken dürfte dann quasi die „operative Phase" gemeint sein,
     d.h. die konkrete Anwendung der Vertragsbestimmungen. Hierzu zählt et-
     wa der Erlaß von Sekundärrecht oder die Prüfung von nationalen Maßnah-
     men am Maßstab des EGV, wie z.B. Art. 28 (ex-Art. 30) bzw. 88 (ex-Art.
     93). Soweit auf der Grundlage des EGV von der EG Sekundärrecht erlas-
     sen worden ist, fällt nach Wortlaut sowie Sinn und Zweck der Klausel auch
     die konkrete Anwendung dieser Bestimmungen unter „Durchführung" an-
     derer Gemeinschaftspolitiken (nach Auffassung von *Schröder,* in: Renge-
     ling (Hrsg.), Handbuch zum europäischen und deutschen Umweltrecht,
     1998, § 31, Rn. 15 m.w.N. folgt aus dieser Formulierung keine Bindung der
     Mitgliedstaaten bei der legislativen und administrativen Umsetzung des
     Gemeinschaftsrechts).

c) Verbindliche Rechtsnorm

8   Dem Wortlaut nach ist der Querschnittsklausel der Charakter einer **ver-
     bindlichen Rechtsnorm** und **nicht** der eines politischen **Programmsatzes**
     beizumessen. Die imperativistische Formulierung „müssen einbezogen
     werden" läßt hier keinen Interpretationsspielraum hinsichtlich der Integra-
     tionstiefe. Die Integration muß „insbesondere" zur Förderung einer nach-
     haltigen Entwicklung (vgl. Art. 2) erfolgen. Daraus folgt, daß die Einbezie-
     hung von Umweltschutzerfordernissen auch andere Zwecke haben kann,
     wenn diese zur Förderung von Vertragszielen beitragen. Hauptzweck muß
     allerdings die Förderung einer **nachhaltigen Entwicklung** bleiben. Unter
     nachhaltiger Entwicklung ist in Anlehnung an den Brundtlandt-Bericht

(*World Commission on Environment and Development*, Our Common Future, Oxford 1987, S. 43) eine Entwicklung zu verstehen, die die Bedürfnisse der Gegenwart befriedigt, ohne zu riskieren, daß künftige Generationen ihre eigenen Bedürfnisse nicht befriedigen können. Nachhaltige Entwicklung umfaßt daher nicht nur ökologische, sondern auch ökonomische, soziale und kulturelle Komponenten. Diese von der Konferenz über Umwelt und Entwicklung in Rio de Janeiro nicht in Frage gestellte Definition, dürfte auch auf den Bereich des EGV anwendbar sein.

Aus der Pflicht zur Einbeziehung von Umweltschutzerfordernissen in die anderen Gemeinschaftspolitiken und -maßnahmen ergeben sich – je nach Politikbereich – unterschiedliche Konsequenzen. Die Integrationsklausel ist in ihren **Wirkungen und Rechtsfolgen ambivalent,** was ein Blick auf die Rechtsnatur der Integrationsklausel bestätigt. **9**

2. Rechtsnatur

Die **Rechtsnatur der Integrationsklausel** ist in Schrifttum und Rechtsprechung nie geklärt worden. Lediglich *Zuleeg* hat einmal den Versuch einer dogmatischen Einordnung gewagt (Zuleeg, in GTE, 4. Aufl., 1991, Art. 2, Rn. 4). Seiner Auffassung nach waren Art. 130r Abs. 2 S. 2 EWGV und wohl auch Art. 130r Abs. 2 UAbs. 1 S. 3 EGV als sog. **Vertragsziel-bestimmungen** aufzufassen. Eine überzeugende Begründung für diese Auffassung blieb Zuleeg jedoch schuldig. Die Begriffskategorie „Vertragsziel" ergibt sich aus dem EGV selbst. So erkennt der EGV beispielsweise in Art. 5 (ex-Art. 3b), 10 (ex-Art. 5), 308 (ex-Art. 235) ausdrücklich „Ziele" als Kategorien des Primärrechts an. Unstreitig ergeben sich Vertragsziele zunächst aus Art. 2 und 3. Anerkannt ist aber, daß Vertragszielbestimmungen nicht auf Art. 2 und 3 beschränkt sind (*Zuleeg*, in GTE, Art. 2, Rn. 2). Entsprechende Regelungen sind über den gesamten EGV hinaus verstreut, z. B. in Art. 33(ex-Art. 39) 150 Abs. 2 (ex-Art.127 Abs. 2), 153 Abs. 1(ex-Art. 129a Abs. 1), 174 Abs. 1(ex-Art. 130r Abs. 1). Gemeinsam ist diesen Bestimmungen ihre finale Zweckrichtung, die sich aus Wortlaut, systematischer Stellung oder Sinn und Zweck der Norm ableiten läßt. Für die umweltrechtliche Integrationsklausel läßt sich ein entsprechender Beleg nicht ohne weiteres führen. Es handelt sich vielmehr um ein rechtliches Instrument, das vor allem sicherstellen soll, daß die in Art. 2, 3 und 174 Abs. 1 (ex-Art. 130r Abs. 1) genannten umweltpolitischen Ziele des EGV erreicht werden. Art. 6 ist insoweit ein **Mechanismus zur Zielerreichung.** Er ist als Anweisung an EG und Mitgliedstaaten zu verstehen, Umweltschutzerfordernisse in andere Gemeinschaftspolitiken und -maßnahmen zu integrieren (nach Auffassung von *Wiegand*, DVBl. 1993, 533, 536, sowie **10**

Schröder, in: Rengeling (Hrsg.), Handbuch zum europäischen und deutschen Umweltrecht, 1998, § 9, Rn. 24, handelte es sich bei Art. 130r Abs.
2 UAbs. 1 S. 3 EGV a.F. um einen „imperativistischen Handlungauftrag").
In den Rechtswirkungen sind Art.6 und allgemeine Zielbestimmungen des
EGV aber praktisch identisch. Art. 6 unterscheidet sich nur in dem Maße
von allgemeinen Zielbestimmungen als diese Norm nur die Berücksichtigung umweltpolitischer Ziele in den *anderen* Politikbereichen fordert und
überdies die Handlungsgrundsätze und Kriterien von Art. 174 Abs. 2 und 3
(ex-Art. 130r Abs. 2 u. 3) einbezieht.

III. Konsequenzen

11   Hinsichtlich der **rechtlichen Konsequenzen der Integrationsklausel** kann
auf die zu den Rechtswirkungen von Vertragszielbestimmungen vorliegende Literatur und Rechtsprechung zurückgegriffen werden (vgl. dazu *Zuleeg,* in GTE, Art. 2, Rn. 2, 5 m.w.N.). Vertragszielbestimmungen haben
rechtsverbindliche Steuerungswirkungen, sie führen zu Tatbestandserweite-
rungen oder -beschränkungen, dienen als Auslegungshilfe oder als Bausteine zur Rechtsfortbildung.

1. Tatbestandserweiterung oder -beschränkung

12   Im Bereich der **Rechtsetzung** führt die Einbeziehung von Erfordernissen
des Umweltschutzes in die Handlungsermächtigungen des Vertrages zu einer **Tatbestandserweiterung.** Dementsprechend hat der EuGH etwa im
Rahmen der Verkehrspolitik – freilich ohne textliche Bezugnahme – ausgeführt, daß die Umsetzung von Art. 75 Abs. 1 und 2 EWGV a.F. (jetzt Art.
71) nur geordnet im Rahmen einer gemeinsamen Verkehrspolitik erfolgen
könne, bei der die wirtschaftlichen, sozialen und ökologischen Probleme
berücksichtigt und gleiche Wettbewerbsbedingungen gewährleistet werden
(EuGH, C-17/90, *Pienaud Wieger*/Bundesanstalt für den Güterfernverkehr,
Slg. 1991, I–5253; ähnlich EuGH, C-195/90, Kommission/ Bundesrepublik
Deutschland, Slg. 1992, I–3141; *Jans,* S. 28, führt diese Ausführungen des
EuGH offenbar auf die ursprüngliche umweltrechtliche Querschnittsklausel
zurück). Tatbestandserweiternde Wirkung wurde vom EuGH unter Beru-
fung auf die alte umweltrechtliche Querschnittsklausel des Art. 130r Abs. 2
S. 2 EWGV auch in drei Entscheidungen zur Wahl der richtigen Rechts-
grundlage anerkannt. Dort wurde ausgeführt, daß Rechtsakte, die Umwelt-
schutz bewirken oder bezwecken, auch auf andere Rechtsgrundlagen als
Art. 130s EWGV a.F. (jetzt Art. 175) gestützt werden können (vgl. dazu die
Nachweise in Art. 175, Rn. 4, 5 u. 8).

Die Einbeziehung von Umweltschutzerfordernissen in andere Rechts-   **13**
grundlagen kann bei der Wahrnehmung der Kompetenzen zu **Zielkonflik-
ten** führen. Auf diese Sachverhaltskonstellationen dürfte die Rechtsprechung anwendbar sein, die der EuGH zu Art. 39 (jetzt Art. 33) entwickelt
hat (vgl. dazu die Nachweise in Art. 33, Rn. 1–4). Danach lassen sich die
in Art. 33 (ex-Art. 39) niedergelegten Ziele bei der Ausgestaltung der
Agrarpolitik nicht alle gleichzeitig verwirklichen. Die Gemeinschaftsorgane verfügen bei der Gestaltung der Agrarpolitik über einen weiten Ermessensspielraum, innerhalb dessen sie die einzelnen Ziele entsprechend den
politischen und wirtschaftlichen Notwendigkeiten berücksichtigen können.
Dies bedeutet vor allem, daß unter den Zielen keine Rangordnung besteht
und einzelnen Zielen zeitweise Vorrang vor den anderen Zielen eingeräumt
werden kann. Allerdings sind die Gemeinschaftsorgane gehalten, bei ihrem
Handeln stets um einen Ausgleich zwischen den Zielvorstellungen bemüht
zu sein und eine isolierte Durchsetzung eines Ziels auf Kosten eines anderen möglichst zu vermeiden. Die Regierungskonferenz der Vertreter der
Mitgliedstaaten hat in einer Erklärung zur Schlußakte des Vertrages von
Amsterdam die Zusage der Kommission zur Kenntnis genommen, Umweltverträglichkeitsstudien zu erstellen, wenn sie Vorschläge unterbreitet,
die erhebliche Auswirkungen für die Umwelt haben können.

Tatbestandsbeschränkende Wirkung hat der EuGH Vertragszielbestim-   **14**
mungen in mehreren Entscheidungen attestiert. In der sog. Altölentschei-
dung von 1985 hat der EuGH eine Einschränkung von Art. 30 E(W)GV
(heute Art. 28) im Rahmen „zwingender Erfordernisse" des Umweltschutzes anerkannt (EuGH, Rs. 240/83, Procureur de la République/ADB-
HU, Slg. 1985, 531, 550):*„Der Grundsatz der Handelsfreiheit gilt nicht absolut; er ist bestimmten Beschränkungen unterworfen, die durch die von der
Gemeinschaft verfolgten, im Allgemeininteresse liegenden Ziele gerechtfertigt sind, sofern das Wesen dieses Rechts nicht beeinträchtigt wird."* Diese
Entscheidung wurde unter Berufung auf Art. 130r Abs. 2 S. 2 E(W)GV a.F.
in der sog. dänischen Pfandflaschenentscheidung bestätigt (EuGH, C-
302/86, Kommission/Dänemark, Slg. 1989, 4607ff.). Die EuGH- Rechtsprechung dürfte auch auf die anderen Grundfreiheiten anwendbar sein, soweit dort keine entsprechenden Tatbestandsbeschränkungen oder Rechtfertigungen ausdrücklich vorgesehen sind. Unklar ist, ob ähnliche Wirkungen
der Integrationsklausel auch im Bereich anderer Politiken greifen, deren
Tatbestandsbeschränkungen oder Rechtfertigungen abschließend umschrieben sind, wie z.B. in den Art. 81ff. (ex-Art. 85ff.) und 87ff. (ex-Art. 92ff.).
Jedenfalls wird Art. 6 dann im Wege der Auslegung des geschriebenen
Primärrechts Anwendung finden.

2. Auslegungshilfe und Ermessenssteuerung

15 Als **Auslegungshilfe** dienen Vertragsziele nach der Rechtsprechung des EuGH, wenn es gilt, den Sinngehalt anderer Vorschriften des primären und sekundären Gemeinschaftsrechts zu ermitteln. Dementsprechend kann Art.6 auch zu einer **vertragskonformen Auslegung** herangezogen werden. So bestimmt beispielsweise Art. 6 Abs. 3 der Verordnung (EG) Nr. 2236/95 v. 18.9.1995 über die Grundregeln für die Gewährung von Gemeinschaftszuschüssen für transeuropäische Netze (ABl. L 228/1), daß bei der Entscheidung über die Gewährung von Gemeinschaftszuschüssen für Vorhaben von gemeinsamem Interesse im Bereich der transeuropäischen Netze für Verkehrs-, Telekommunikations- und Energiewirtschaftsstrukturen die Folgen für die Umwelt Berücksichtigung finden „sollten". Vor dem Hintergrund von Art.6 sind die etwaigen Folgen für die Umwelt bei der Gewährung von Gemeinschaftszuschüssen aber zwingend zu berücksichtigen. Die bloß etwaige Einstellung von Umweltfolgen in die Entscheidungsfindung ist nicht ausreichend. Die Passage in Art.6 Abs. 3 ist daher verfassungskonform i.S.v. „müssen" auszulegen.

16 Ferner kann die Integrationsklausel im Rahmen von **Ermessensentscheidungen** auf der Grundlage des Primär- oder Sekundärrechts zum Zuge kommen. So ermöglicht etwa Art. 26 der auf Art. 100 a E(W)GV (jetzt Art. 95) gestützten Richtlinie 93/36/EWG v. 14.6.1993 über die Koordinierung der Verfahren zur Vergabe öffentlicher Lieferaufträge (ABl. L 199/1) auch die Beschaffung umweltfreundlicher Kfz oder Kraftstoffe für die öffentliche Verwaltung.

3. Baustein zur Rechtsfortbildung

17 Schließlich können Vertragsziele noch aufgefaßt werden als **Bausteine zur Rechtsfortbildung**. Dementsprechend wurde mit breiter Unterstützung in der Literatur der sog. **Grundsatz des bestmöglichen Umweltschutzes** u.a. auch unter Berufung auf die umweltrechtliche Querschnittsklausel im Schrifttum etabliert. Bereits im Jahre 1986 hat *Zuleeg* aus einer Reihe von Vertragsbestimmungen (Präambel; Art. 2, 36 (jetzt Art. 30); 100 a Abs. 3, 4, 5 (jetzt Art. 95, Abs. 3, 4, 10); 130r Abs. 2 S. 2 (jetzt Art. 6) und 130t (jetzt Art. 176) den Grundsatz des bestmöglichen Umweltschutzes abgeleitet, der insbesondere im Rahmen der Interpretation des Gemeinschaftsrechts zu einem „größtmöglichen oder optimalen Umweltschutz" führen soll *(Zuleeg*, NVwZ 1987, 280, 283ff.). *Kahl* hat in seiner Dissertation den Grundsatz des bestmöglichen Umweltschutzes in „Umweltprinzip" umgetauft und erheblich weiterentwickelt (Kahl, insbes. S. 92ff.). Praktische

Bedeutung hat der Grundsatz in der Praxis und in der Rechtsprechung des EuGH nicht erfahren. Auch in der Literatur gibt es teilweise Stimmen, die sich gegen eine Anerkennung des Grundsatzes des bestmöglichen Umweltschutzes aussprechen (*Grabitz/Nettesheim,* in: Grabitz/Hilf, Art. 130r, Rn. 56). Dieser Auffassung ist im Ergebnis zuzustimmen. Denn die umweltrechtliche Querschnittsklausel inkorporiert das hohe Umweltschutzniveau des Art. 174 Abs. 2 S. 1 (ex-Art. 130r Abs. 2 S. 1) in alle Gemeinschaftspolitiken, so daß ein größtmöglicher oder optimaler Umweltschutz im Rahmen der umweltrechtlichen Querschnittsklausel bereits durch den EGV selbst gewährleistet wird. Für einen Grundsatz des bestmöglichen Umweltschutzes ist dann aber kein Raum mehr.

IV. Begleitende Maßnahmen

Neben den fünf Umweltaktionsprogrammen und einer Vielzahl von **sek-**   **18**
torspezifischen Programmen zur Integration des Umweltschutzes in andere Politiken, wie z.B. Handel und Umwelt (KOM (96) 54 endg. v. 28.2.1996), sind eine Reihe von allgemeinen oder organisatorischen **Begleitmaßnahmen** ergangen, um die Wirkungen der Integrationsklausel zu verstärken. In diesem Zusammenhang ist etwa der am 2.6.1993 von der Kommission angenommene (unveröffentlichte) Beschluß mit dem Titel „Integrating the Environment into other Policy Areas Within the Commission" zu sehen (vgl. dazu *Menno Kamminga,* European Environmental Law Review (EELR, 1994, 23ff.). Darin verpflichtet sich die Kommission bei Rechtsetzungsvorschlägen, die voraussichtlich zu signifikanten Umweltbeeinträchtigungen führen, in einem erläuternden Memorandum die Umweltauswirkungen sowie die etwa damit verbundenen Umweltkosten, aber auch den Umweltnutzen zu beschreiben und zu rechtfertigen. Diese Selbstverpflichtung ist vor dem Hintergrund der Erklärung Nr. 20 zur Schlußakte des Vertrages von Maastricht zu sehen. Hier stellt die Regierungskonferenz fest, daß die Kommission bei ihren Vorschlägen voll und ganz den Umweltauswirkungen und dem Grundsatz der nachhaltigen Entwicklung Rechnung tragen will, und daß die Mitgliedstaaten sich verpflichtet haben, dies bei der Durchführung zu tun. In jeder Generaldirektion der Kommission soll darüber hinaus ein Beamter in der zentralen politischen Einheit benannt werden, der dafür verantwortlich ist, daß die Berücksichtigung von Umweltbelangen bei der Entwicklung von politischen und Legislativen Vorschlägen sichergestellt ist (vgl. dazu auch *Krämer/Kromarek,* Beilage zur ZUR 3/95, 1, 3). Ferner soll das jährliche Arbeitsprogramm der Kommission angeben, wo Umweltgesichtspunkte eine erhebliche Rolle bei der

Entwicklung neuer Rechtsakte spielen. Dieser Forderung trägt die Kommission in der Praxis durch das sog. „Green Star System" Rechnung. In den jährlichen Arbeitsprogrammen der Kommission werden die geplanten Vorschläge, die voraussichtlich Gegenstand einer Umweltverträglichkeitsprüfung sein werden, mit einem Sternchen versehen (vgl. etwa das Arbeitsprogramm der Kommission für 1995–95/C 225/02 – ABl 1995, C-225/6).

19 Nach Amsterdam sind die allgemeinen und organisatorischen Maßnahmen auf eine **neue Grundlage** gestellt worden. Der Europäische Rat von Cardiff hat am 15./16. Juni 1998 auf der Basis einer Mitteilung der Kommission über eine Strategie zur Einbeziehung der Umweltbelange in die EU-Politik (KOM (98) 333 endg. v. 27.5.1998) wichtige Beschlüsse für die weitere Ausgestaltung der Integrationsforderung getroffen (Bulletin des Presse- und Informationsamtes der Bundesregierung Nr. 55 v. 12.8.1998). Erneut wird betont, daß allen wichtigen politischen Vorschlägen der Kommission eine Bewertung der Umweltauswirkungen beigegeben werden soll (hiermit korrespondiert die 12. Erklärung der Konferenz der Vertreter der Mitgliedstaaten für die Schlußakte des Vertrages von Amsterdam, in der die Zusage der Kommission zur Kenntnis genommen wird, Umweltverträglichkeitsprüfungen bei Vorschlägen zu erstellen, die erhebliche Auswirkungen für die Umwelt haben können). Alle betroffenen Fachräte werden ersucht, ihre eigenen Strategien für die tatsächliche Berücksichtigung der Belange der Umwelt und der nachhaltigen Entwicklung in ihrem jeweiligen Politikbereich zu entwerfen; die Räte für Verkehr, Energie und Landwirtschaft sollen insoweit vorangehen.

Art. 7 (ex-Art. 4) (Organe der Gemeinschaft)

(1) Die der Gemeinschaft zugewiesenen Aufgaben werden durch folgende Organe wahrgenommen:
– **ein EUROPÄISCHES PARLAMENT,**
– **einen RAT,**
– **eine KOMMISSION,**
– **einen GERICHTSHOF,**
– **einen RECHNUNGSHOF.**

Jedes Organ handelt nach Maßgabe der ihm in diesem Vertrag zugewiesenen Befugnisse.

(2) Der Rat und die Kommission werden von einem Wirtschafts- und Sozialausschuß sowie einem Ausschuß der Regionen mit beratender Aufgabe unterstützt.

Die **Stellung der Organe** zueinander wird geprägt durch das sog. „institu-   **1**
tionelle Gleichgewicht", das sich seit dem Vertrag von Maastricht zur Gründung der EU durch neue Vorschriften im fünften Teil EGV (Organe der Gemeinschaft) und durch die Erhebung des Rechnungshofes zum Organ und
möglicherweise auch durch die Einführung des Subsidiaritätsprinzips geändert hat. Beim „institutionellen Gleichgewicht" handelt es sich jedoch nicht
um ein Gleichgewicht im Wortsinne, denn die einzelnen Organe haben
durchaus unterschiedliches Gewicht, wobei dem Rat als dem Organ, das
aus den Vertretern der Mitgliedstaaten auf Ministerebene besteht, nach wie
vor das größte Gewicht zukommt. Das ergibt sich einmal daraus, daß der
Rat nach den Einzelbestimmungen der Verträge in fast allen wichtigen Fragen das letzte Wort hat. Hinzu kommt, daß der Rat auch für die beiden anderen Säulen der EU, für die GASP und für die Zusammenarbeit in der
Rechts- und Innenpolitik zuständig ist. Kommission und EP haben in diesen Bereichen nur reduzierte Befugnisse, der EuGH ist im wesentlichen auf
die Auslegung und Anwendung des EGV beschränkt. Außerdem spielt der
Europäische Rat, in dem die Staats- und Regierungschefs der Mitgliedstaaten sowie der Präsident der Kommission zusammenkommen, auch im Rahmen des EGV, nämlich in der Wirtschafts- und Währungspolitik (z.B. Art.
99 [ex-Art. 103] und Art. 111 [ex-Art. 109]) eine wichtige Rolle. Inwieweit
sich das Kräfteverhältnis zwischen dem Rat, dem EP, der EZB und der
Kommission als Folge der Einführung des Euro und der Rücktritt der San-
ter-Kommission im März 1999 verändert, bleibt abzuwarten.

Das Gewicht des Rates im Rahmen der Organe ist Ausdruck der Bedeutung   **2**
der Mitgliedstaaten für das Funktionieren der EG. Dies gilt trotz der Möglichkeit der Mehrheitsbestimmung, weil die wichtigsten Entscheidungen
(Vertragsänderungen, Aufnahme neuer Mitglieder, Harmonisierung des
Steuerrechts, Benennung des Präsidenten und Mitglieder von Kommission,
EuGH und Rechnungshof) nach wie vor einstimmig getroffen werden und
auch im übrigen die Tendenz vorherrscht, zu gemeinsam getragenen Lösungen zu kommen. Statt von einem „institutionellen Gleichgewicht"
spricht man richtiger von der „vom Vertrag, insbes. Art. 7 Abs. 1 gewollten
institutionellen Stellung der Organe" (EuGH, Rs. 138/79, Roquette,
Slg. 1980, 3357 Rn. 19; gleichlautend Rs. 139/79, Maizena, Slg. 1980,
3420 Rn. 19; gleichlautend Rs. 13/83, Verkehrspolitik, Slg. 1985, 1588 Rn.
17). Die Schranken der Befugnisse der Organe ergeben sich nicht aus Art.
4, sondern aus dem Wortlaut der betreffenden (Einzel-) Bestimmung selbst
unter Berücksichtigung ihrer Zielsetzung und ihrer Stellung im Aufbau des
Vertrages (EuGH, 6.7.82, 188–190/80, Transparenzrichtlinie, Slg. 1982,
2573 Rn. 6).

3   Der Aufbau der Organe erinnert zwar an den Aufbau eines Bundesstaates
wie die Bundesrepublik (Bundestag, Bundesrat, Bundesregierung, Gerichtsbarkeit), ist doch aber anderer Art. Die exekutive Gewalt liegt normalerweise bei den Behörden der Mitgliedstaaten oder nach Maßgabe des Vertrages oder einer Ermächtigung durch den Rat bei der Kommission
(Art. 211, ex-Art. 155) und im übrigen beim Rat. Die gesetzgebende
Gewalt verteilt sich auf Kommission, EP und Rat mit unterschiedlichen
Gewichten (Art. 250 [ex-Art. 189a], Art. 251 [ex-Art. 189b], Art. 252 [ex-
Art. 189c]). Der EuGH und der Rechnungshof sind in diese Zusammenarbeit nicht eingebunden, sondern haben eigenständige Kontrollaufgaben.

4   Die Organe der EG sind untereinander zur Zusammenarbeit verpflichtet
(s. Art. 10 Rn. 8).

5   Der Ausdruck „Organe" findet sich auch in Art. 288 (ex-Art. 215). Er hat
dort aber nicht dieselbe Bedeutung wie in Art. 7, sondern umfaßt auch die
in Art. 7 nicht genannte EIB (EuGH, C-370/89, SGEEM und ETROY/Eu-
ropäische Investitionsbank, Slg. 1992, I–6248 Rn. 16).

Art. 8 (ex-Art. 4a) (Europäische Zentralbank)

**Nach den in diesem Vertrag vorgesehenen Verfahren werden ein Eu-
ropäisches System der Zentralbanken (im folgenden als „ESZB" bezeichnet) und eine Europäische Zentralbank (im folgenden als EZB bezeichnet) geschaffen, die nach Maßgabe der Befugnisse handeln, die ihnen in diesem Vertrag und der beigefügten Satzung des ESZB und der
EZB (im folgenden als „Satzung des ESZB" bezeichnet) zugewiesen
werden.**

1   Der Wortlaut dieses durch den Maastrichter Vertrag eingefügten Artikels
bleibt unverändert (*vgl.1.Aufl.1994*). Dies liegt zum einen daran, daß es sich
bei Artikel 9 um eine **reine Zielbestimmung** handelt, während die speziellen Vorschriften zum Bereich Wirtschafts- und Währungsunion, deren
Herzstück die Europäische Zentralbank ist, in den Art. 105ff., niedergelegt
sind. Zum anderen gehörte insgesamt die Wirtschafts- und Währungsunion
nicht zu den Politikbereichen, die in Amsterdam auf dem Prüfstand waren,
wenngleich die Vertragsänderungen, die in Amsterdam vorgenommen wurden, natürlich die Verwirklichung der Währungsunion und die Vervollständigung des Binnenmarktes beeinflussen werden.

2   Einen **formellen Beschluß** der Staats- und Regierungschefs, die durch den
Maastrichter Vertrag implementierten Vorschriften über die Wirtschafts-
und Währungsunion unberührt lassen zu wollen, **gibt es nicht.** Indirekt geht
eine entsprechende Entscheidung jedoch daraus hervor, daß in Amsterdam

im Zuge der Reduzierung und Straffung der Entscheidungsverfahren das Verfahren der Zusammenarbeit beschränkt wurde, soweit nicht Bestimmungen zur Wirtschafts- und Währungsunion betroffen sind. Dies zeigt deutlich das Bestreben, zu verhindern, daß durch die Öffnung der WWU-Vorschriften in diesem Bereich auch anderen eventuellen Veränderungsbestrebungen Tür und Tor geöffnet werden könnte. Im Schlußbericht der Reflektionsgruppe wurde die einhellige Auffassung vertreten, daß die Bestimmungen über die einheitliche Währung, die in Maastricht verhandelt und von den nationalen Parlamenten ratifiziert wurden, unverändert bleiben müßten *(SN 520/1/95, Teil I, S. 5)*.

Art. 9 (ex-Art. 4b) (Errichtung einer Europäischen Investitionsbank)

Es wird eine Europäische Investitionsbank errichtet, die nach Maßgabe der Befugnisse handelt, die ihr in diesem Vertrag und der beigefügten Satzung zugewiesen werden.

Der Wortlaut dieses durch den Maastrichter Vertrag eingefügten Artikels   1
bleibt unverändert *(vgl. 1. Aufl. 1994)*. Es handelt sich wie bei Artikel 8 um eine **reine Zielbestimmung**. Die Vorschriften über die Europäische Investitionsbank insgesamt sind in Amsterdam nicht verändert worden *(vgl. Art. 266, 267 [ex-Art. 198d, 198e] EGV)*.

Art. 10 (ex-Art. 5) (Pflichten der Mitgliedstaaten)

Die Mitgliedstaaten treffen alle geeigneten Maßnahmen allgemeiner oder besonderer Art zur Erfüllung der Verpflichtungen, die sich aus diesem Vertrag oder aus Handlungen der Organe der Gemeinschaft ergeben. Sie erleichtern dieser die Erfüllung ihrer Aufgabe.

Sie unterlassen alle Maßnahmen, welche die Verwirklichung der Ziele dieses Vertrags gefährden könnten.

I. Zur Stellung der Vorschriften im EGV

Art. 10 legt den Mitgliedstaaten Verpflichtungen gegenüber der EG und ge-   1
genüber den anderen Mitgliedstaaten auf, ebenso wie er der EG Pflichten gegenüber den Mitgliedstaaten auferlegt (EuGH, C-36/97 und C-37/97, Kellinghusen und Ketelsen, Slg. 1998, I–6337, Urt. v. 22.10.1998; C-2/88, Imm. Zwartveld u.a., Slg. 1990, I–3367; BVerfG, Urteil v. 12.10.93, NJW 93, 3038, m. Anm. *Lenz*; allgemein zu Art. 10 siehe: *Due*, Grundsatz der

Gemeinschaftstreue in der Europäischen Gemeinschaft nach der neueren Rechtsprechung des Gerichtshofs, 1992; *Zuleeg*, in GTE zu Art. 5; *von Bogdandy*, in Grabitz/Hilf zu Art. 5).

2   Diese Bestimmung aus dem ursprünglichen EWGV übernimmt weitgehend den Wortlaut des Art. 86 I und II EGKSV. Die gleichen Formulierungen finden wir auch in Art. 192 EAGV. Der EuGH hat diesen Bestimmungen eine Rolle für die Entwicklung des Gemeinschaftsrechts im Rahmen des E(W)GV beigemessen, die weit über ihren Wortlaut hinausgeht. Der Artikel ist in über 100 Urteilen des EuGH zitiert. Bereits die Stellung, die die Bestimmung innerhalb der drei Verträge einnimmt, könnte als Hinweis für einen gewissen Unterschied in der Bedeutung des darin niedergelegten Grundsatzes verstanden werden. In den beiden Spezialverträgen findet sich dieser Artikel unter den allgemeinen Bestimmungen am Ende, im EGV gehört er zu den im ersten Teil des Vertrages aufgestellten Grundsätzen. Die Stellung auf dem gleichen Niveau wie z.B. das generelle Verbot jeder Diskriminierung aus Gründen der Staatsangehörigkeit (Art. 12, ex-Art. 6) läßt erkennen, daß es sich nicht einfach um eine spezielle auf die Bedürfnisse der EG zugeschnittene Fassung der Regel „pacta sunt servanda" handelt.

3   Die Bestimmung folgt unmittelbar auf diejenige über die Gemeinschaftsorgane. Darin läßt sich ein Anzeichen dafür sehen, daß die Mitgliedstaaten ähnlich wie die Organe eine tragende Rolle nicht nur bei der Gründung der EG, sondern auch bei ihrer Fortentwicklung zu spielen haben. Deshalb gehören sie auch zu den privilegierten Klägern nach Art. 230 (ex-Art. 173) und Art. 232 (ex-Art. 175).

4   Die EG verfügt i.a. nicht über eine vollziehende Gewalt im engeren Sinne. Ihre Organe erlassen Rechtsakte, die die Behörden der Mitgliedstaaten vollziehen müssen. Dadurch wird eine unmittelbare Verbindung zwischen den Gemeinschaftsorganen und den nationalen Behörden geschaffen. Die Rechtmäßigkeit des Handelns der nationalen Behörden unterliegt sowohl nach Art. 226 (ex-Art. 169), als auch nach Art. 234 (ex-Art. 177) der Kontrolle durch den EuGH.

II. Rechtsprechung

5   Art. 10 begründet eine **allgemeine Verpflichtung** der Mitgliedstaaten, deren **konkreter Inhalt** im Einzelfall von den Vertragsvorschriften oder den sich aus dem allgemeinen System des EGV ergebenden Rechtsnormen abhängt (EuGH, Rs. 78/70, Deutsche Grammophon/Metro, Slg. 1971, 498 Rn. 5). Ein Verstoß gegen Art. 10 liegt z.B. vor, wenn eine Zusage im Prozeß, eine Vertragsverletzung abzustellen, nicht eingehalten wird (EuGH,

C-374/89, Kommission/Belgien [Rohöl], Slg. 1991, I–379 Rn. 12–15).
Art. 10 ist auch anwendbar, wenn die vom EuGH anerkannte Verpflichtung
über das hinausgeht, was sich unmittelbar aus dem Wortlaut der besonderen Bestimmung ableiten läßt (EuGH, C-106/89, Marleasing, Slg. 1990,
I–4159 Rn. 5). Aus Art. 10 folgt, daß ein nationales Gericht soweit es bei
Anwendung des innerstaatlichen Rechts – gleich, ob es sich um vor oder
nach der Richtlinie erlassene Vorschriften handelt – dieses Recht auszulegen hat, seine Auslegung soweit wie möglich am Wortlaut und Zweck der
RL ausrichten muß, um das mit der RL verfolgte Ziel zu erreichen und auf
diese Weise Art. 249 Abs. 3 (ex-Art. 189 III) nachzukommen. Zu den
Pflichten nach Art. 10 gehört es auch, daß die Mitgliedstaaten die erforder-
lichen Sanktionen bestimmen und verhängen, um die Beachtung des Gemeinschaftsrechts zu sichern (EuGH, Rs. 68/88, Kommission/Griechenland
[Eigenmittel], Slg. 1989, 2985 Rn. 23; C-326/88, Hansen, Slg. 1990,
I–2935 Rn. 17). Ein Mitgliedstaat ist zur Berücksichtigung gleichwertiger
Diplome anderer Mitgliedstaaten verpflichtet, auch wenn eine entsprechen-
de Regelung nicht vorliegt (EuGH, C-340/89, Vlassopoulou, Slg. 1991,
I–2383 Rn. 14).

Art. 10 stellt aber auch eine **selbständige Grundlage für Verpflichtungen**   6
der Mitgliedstaaten dar. Dies gilt insb. für die Verpflichtung, alles zu unterlassen, was den Wettbewerbsregeln des Vertrages ihre praktische Wirksamkeit nehmen könnte (EuGH, Rs. 209-213/84, Asjes [„Nouvelles Frontiè-
res"], Slg. 1986, 1471 Rn. 70–77; Rs. 311/85, Vereinigung van Vlaamse
Reisbureaus, Slg. 1987, 3801 Rn. 9, 3829 Rn. 24; Rs. 26/86, Ahmed Saeed, Slg. 1989, 852 Rn. 49). Ein nationales Gericht, nach dessen Auffassung
ein aus dem Gemeinschaftsrecht hergeleitetes Recht durch einstweilige Anordnung geschützt werden müsse, bis über das Bestehen dieses Rechts entschieden sei, muß solche Anordnungen erlassen, auch wenn eine Vorschrift
des nationalen Rechts den Erlaß solcher Anordnungen verbietet (EuGH, C-
213/89, Factortame, Slg. 1990, 2473 Rn. 19). Der Grundsatz der Haftung
des Staates für Schäden, die dem einzelnen durch dem Staat zurechenbare
Verstöße gegen das Gemeinschaftsrecht entstehen, findet auch in Art. 10 eine Stütze (EuGH, C-46/93 und C-48/93, Brasserie du pêcheur und Factortame, Slg. 1996, I–1029; C-6/90 und C-9/90, Francovich und Bonifaci, Slg.
1991, I–5414 Rn. 36).

Art. 10 ist auch Ausdruck eines allgemeinen Grundsatzes der **gegenseitigen**   7
Zusammenarbeit (s.o. Rn. 1). Unter Umständen sind die Mitgliedstaaten
verpflichtet, als Sachverwalter des gemeinsamen Interesses tätig zu werden
und im Rahmen einer Zusammenarbeit mit der Kommission die erforderlichen vorläufigen Maßnahmen zu treffen (EuGH, Rs. 804/79, Kommission/

Vereinigtes Königreich, Slg. 1981, II–1075 Rn. 28). Der Art. 10 zugrundeliegende Grundsatz legt den Mitgliedstaaten und den Organen der EG gegenseitige Pflichten zur loyalen Zusammenarbeit auf (EuGH, Rs.
358/85 und 51/86, Frankreich/EP, Slg. 1988, 4855 Rn. 34; Rs.
217/88, Kommis-sion/Deutschland, Slg. 1990, I–2907 Rn. 33). Die Mitgliedstaaten sind verpflichtet, Beihilfen, die nach Entscheidung der Kommission gemäß Art. 87
(ex-Art. 92), mit dem Gemeinsamen Markt unvereinbar sind, wieder rückgängig zu machen (EuGH, Rs. 52/84, Kommission/Belgien, Slg. 1986, 105
Rn. 16; Rs. 94/87, Deutschland, Slg. 1989, 192 Rn. 9, Alcam 24/95 v.
20.3.99, Slg. 1997, 1591 Rn. 54, Kommission/Italienische Republik, Slg.
1995, I–699 Rs. C-350/93). Die Gemeinschaftsorgane sind verpflichtet, den
nationalen Behörden ihre Unterstützung bei der Verfolgung von Verstößen
gegen Vorschriften des Gemeinschaftsrechts zu gewähren (EuGH, C-2/88
Imm., Zwartveld, Slg. 1990, I–3372 Rn. 17 u. 18; C-234/89, Henninger
Bräu, Slg. 1991, I–994 Rn. 53).

8   Art. 10 kann auch eine **Verpflichtung zur Zusammenarbeit zwischen
Mitgliedstaaten** begründen (EuGH, C-251/89, Athanasopoulou, Slg. 1991,
I–2848 Rn. 57). Der Grundsatz der **Zusammenarbeit** gilt auch für das Ver-
hältnis von **Rat und Kommission** (Art. 218 Abs. 1; ex-Art. 162) und **im
Gesetzgebungsverfahren** zwischen **Kommission, EP und Rat** nach den
Art. 251 und 252 (ex-Art. 188b und c). Man kann in ihm ein Grundprinzip
des Vertrages sehen (s. *Lenz/Erhard*, EG-Handbuch, 1991, 82).

9   Im allgemeinen führt Art. 10 nicht zu Rechten Einzelner. Entweder besteht
ein Entscheidungsspielraum zur Erfüllung der entsprechenden Pflicht der
Mitgliedstaaten oder der Gemeinschaftsorgane, oder aber die Pflicht bezieht sich ausschließlich auf die Zusammenarbeit der Mitgliedstaaten untereinander oder mit der EG oder der Gemeinschaftsorgane mit den Mitgliedstaaten (s. *Zuleeg*, in GTE zu Art. 5 Rn. 4). Die Verletzung von Art. 10
kann aber Schadensersatzansprüche begründen (s.o. Rn. 6).

**Art. 11 (ex-Art. 5a) (Verstärkte Zusammenarbeit der Mitgliedstaaten;
Verfahren)**

**(1) Die Mitgliedstaaten, die beabsichtigen, untereinander eine ver-
stärkte Zusammenarbeit zu begründen, können vorbehaltlich der Artikel 43 und 44 des Vertrags über die Europäische Union ermächtigt
werden, die in diesem Vertrag vorgesehenen Organe, Verfahren und
Mechanismen in Anspruch zu nehmen, sofern die beabsichtigte Zusammenarbeit**

**a) keine in die ausschließliche Zuständigkeit der Gemeinschaft fallen-
den Bereiche betrifft;**

b) die Gemeinschaftspolitiken, -aktionen oder -programme nicht be-
    einträchtigt;
c) nicht die Unionsbürgerschaft betrifft und auch keine Diskriminie-
    rung zwischen Staatsangehörigen der Mitgliedstaaten bedeutet;
d) die der Gemeinschaft durch diesen Vertrag zugewiesenen Befugnis-
    se nicht überschreitet und
e) keine Diskriminierung oder Beschränkung des Handels zwischen
    den Mitgliedstaaten darstellt und die Wettbewerbsbedingungen
    zwischen diesen nicht verzerrt.

(2) Die Ermächtigung nach Absatz 1 wird vom Rat mit qualifizierter
Mehrheit auf Vorschlag der Kommission und nach Anhörung des Europäischen Parlaments erteilt.

Erklärt ein Mitglied des Rates, daß es aus wichtigen Gründen der nationalen Politik, die es auch nennen muß, die Absicht hat, eine mit qualifizierter Mehrheit zu erteilende Ermächtigung abzulehnen, so erfolgt
keine Abstimmung. Der Rat kann mit qualifizierter Mehrheit verlangen, daß die Frage zur einstimmigen Beschlußfassung an den in der
Zusammenzetzung der Staats- und Regierungschefs tagenden Rat verwiesen wird.

Die Mitgliedstaaten, die beabsichtigen, eine verstärkte Zusammenarbeit nach Absatz 1 zu begründen, können einen Antrag an die Kommission richten, die dem Rat einen entsprechenden Vorschlag vorlegen
kann. Legt die Kommission keinen Vorschlag vor, so unterrichtet sie
die betroffenen Mitgliedstaten und gibt ihre Gründe dafür an.

(3) Jeder Mitgliedstaat, der sich der Zusammenarbeit nach diesem Artikel anschließen will, teilt dem Rat und der Kommission seine Absicht
mit; die Kommission legt dem Rat binnen drei Monaten nach Eingang
der Mitteilung eine Stellungnahme dazu vor. Innerhalb von vier Monaten vom Tag der Mitteilung an gerechnet beschließt die Kommission
über den Antrag und über die spezifischen Regelungen, die sie gegebenenfalls für notwendig hält.

(4) Die für die Durchführung der Tätigkeiten im Rahmen der Zusammenarbeit erforderlichen Rechtsakte und Beschlüsse unterliegen allen
einschlägigen Bestimmungen dieses Vertrags, sofern in diesem Artikel
und in den Artikeln 43 und 44 des Vertrags über die Europäische Union nichts anderes bestimmt ist.

(5) Dieser Artikel läßt das Protokoll zur Einbeziehung des Schengen-
Besitzstands in den Rahmen der Europäischen Union unberührt.

Literatur: Becker, Differenzierung der Rechtseinheit durch „abgestufte Integration"; Europarecht 1998, Beiheft 1, 29ff.; *Ehlermann,* Engere Zusammenarbeit nach dem AMitgliedstaatenterdamer Vertrag: Ein neues Verfassungsprinzip? Europarecht 1997, 362ff.; *de la Serre/Wallace,* Les cooperations renforcfées: une fausse bonne idée?, Etudes et Reches (Groupement d,Etudes et de Recherches „Notre Europe"- Paris) Nr. 2, September 1997, 43ff.; *Edwards/Philippart,* Flexibility and the Treaty of AMitgliedstaatenterdam: Europe's new Byzantium?, University of Cambridge, Centre for European Legal Studies, 1997; *Huber,* Differenzierte Integration und Flexibilität als neues Ordnungsmuster der Europäischen Union ? Europarecht 1996, 347ff.; *Stubb,* The 1996 Intergovernmental Conference and the Management of Flexible Integration, Journal of European Public Policy, Januar 1997; *Tindemans,* „Report on European Union" ‚EG Bulletin Beilage 1/1976;

I. Gemeinschaftsrechtliche Gründe, Hintergründe

1   Die Entstehungsgeschichte von Art. 11 ist integriert in die Entstehungsgeschichte der verschiedenen durch den Vertrag von Amsterdam ein geführten Flexibilitätsklauseln, wodurch ein **allgemeines System der engeren Zusammenarbeit** entstanden ist. Dieses allgemeine System der engeren Zusammenarbeit besteht aus folgenden Vorschriften:

2   Ein **neuer Titel VII** (ex-Titel VI a) **EUV**, bestehend aus den Art. 43–45 (ex Art. K.15-K.17) legt gemeinsame Regeln fest, die ergänzt werden durch besondere Artikel im ersten und dritten Pfeiler: **Art. 11 EGV** enthält die Vorschriften über eine Zusammenarbeit im **ersten Pfeiler**. Im **dritten Pfeiler** wird der Titel VI **EUV** durch einen neuen **Art. 40** (ex- Art. K.12) geändert. Eine engere Zusammenarbeit im Rahmen des **zweiten Pfeilers**, gemeinsame Außen- und Sicherheitspolitik (GASP), ist nicht eingeführt worden. Zwar war von der niederländischen Präsidentschaft ein solcher Vorschlag gemacht worden, dieser ist jedoch vom Europäischen Rat in Amsterdam in letzter Minute auf Betreiben von Österreich, Griechenland, Irland und

dem Vereinigten Königreich wieder gestrichen worden (siehe *Edwards/Phillipart* 1997, S.30).

Bislang hatte ein engere Zusammenarbeit zwischen Mitgliedstaaten zu- **3** meist außerhalb der EG/EU stattgefunden, und war mit Ausnahme von den Zusammenschlüssen zwischen Belgien, Luxemburg und den Niederlanden (vgl. Art. 308 [ex-Art. 233]) nicht im Gemeinschaftsrecht geregelt. **Fälle** einer solchen **differenzierten Integration** sind z.B. die Vereinbarungen von Schengen, die WEU sowie verschiedene Forschungsvorhaben. Ein weiteres Beispiel für eine differenzierte Integration ist die Währungsunion (eine gute Übersicht über die Formen der Flexibilität vor und nach dem Amsterdamer Vertrag findet sich bei *Edwards/Philippart* S.65/66)

Stattdessen wird mit Titel VII EUV (ex-Titel VI a) und Art. 40 EUV (ex- **4** Art. K 12), Art. 11 EGV (ex-Art. 5a) zum erstenmal ein **generelles Instrument** geschaffen, welches festlegt, nach welchen Voraussetzungen und mit welchen Rechtsfolgen eine Zusammenarbeit stattfinden kann.

Seit dem **Tindemans Bericht** (1975), ist „Flexibilität" (andere Terminolo- **5** gie: differenzierte Integration, Europa der verschiedenen Geschwindigkeiten) zum Diskussionsthema geworden. Von politischer Bedeutung wurde dieses Anliegen jedoch erst seit der Publikation des **Lamers-Schäuble Dokuments** (CDU/CSU Fraktion des Deutschen Bundestages „Überlegungen zur europäischen Politik", 01.09.1994). In diesem Dokument wurde die Forderung aufgestellt, daß die einzige Lösung des Problems der Erweiterung der Gemeinschaft und deren gleichzeitige verstärkte Integration die Bildung eines Kerneuropas sei. Innerhalb dieses Kerneuropas solle eine verstärkte Integration möglich sein. In dem Dokument waren als potentielle Teilnehmerstaaten eines solchen Kerneuropas Deutschland, Frankreich und die Benelux-Länder genannt worden, wodurch die erste Reaktion der meisten Mitgliedstaaten dementsprechend negativ ausfiel. Die Auflistung der genannten Teilnehmerstaaten war jedoch nicht als Ausschluß gemeint; das Konzept war vielmehr darauf angelegt, langsamere Staaten durch die Anziehungskraft die der Kern auf sie ausüben würde, zu vermehrten Anstrengungen anzuspornen.

In unmittelbarer Folge stellten der französische Premierminister Balladur **6** und der britische Premierminister Major ihre Vorschläge vor. **Balladurs Vorschlag** bestand aus einem Europa der „konzentrischen" Kreise, das auf drei Kreisen der Kooperation basieren sollte, welche sich durch eine unterschiedliche Intensität in Integration und Mitgliedschaft voneinander abheben würden. **Major** dagegen schlug ein „Europa á la carte" vor, welches den Mitgliedstaaten erlauben sollte, sich diejenigen Bereiche auszusuchen, an denen sie teilnehmen möchten unter Beibehaltung minimaler gemeinsame Ziele.

7 Weitere **hervorzuhebende Ereignisse** sind die gemeinsamen Briefe von
   dem damaligen Bundeskanzler Kohl und Präsident Chirac vom 06.12.95
   und von den damaligen Außenministern Kinkel und de Charette vom
   17.10.96. In dem Brief von Kohl – Chirac wurde angeregt, „daß zeitweili-
   ge Schwierigkeiten eines Partners, Schritt zu halten, die Handlungsfähigkeit der Union und ihrer Möglichkeiten, Fortschritte zu erzielen, nicht beeinträchtigen dürfen." (s. *Ehlermann* (1997), Punkt 25). Dem Brief der damaligen Außenminister war ein Dokument beigefügt, das genaue Vorschläge über die Einführung der Flexibilitätsvorschriften in die Verträge bein-
   haltete. Die Struktur der Vorschläge ist in den Amsterdamer Vertrag eingeflossen.

8 Die **Kommission** schlug in einem Bericht vom 10.05.95 (Report on the
   operation of the Treaty of the European Union; dazu *Stubb*, 1997) vor, daß
   die EU hinsichtlich einer Erweiterung dazu gezwungen sei, die Möglichkeiten von unterschiedlichen Integrationsgeschwindigkeiten zu untersuchen. Die Kommission betonte jedoch, daß ein einziger institutionelle Rahmen beibehalten, und daß jede Form von Flexibilität die Verfolgung gemeinsamer Ziele bezwecken solle. Der Bericht stellte darüber hinaus klar,
   daß die Kommission gegen jede Form einer à la carte Integration sei, die es
   einen Mitgliedstaat erlauben würde, bevorzugte Politikbereiche selektiv
   auszusuchen.

9 Die **Position des EP** wird deutlich in dessen Bericht an die Reflexionsgruppe: es hielt aufgrund zunehmender Verschiedenheit unter den Mitgliedstaaten die Notwendigkeit von flexiblen Vereinbarungen für die Zukunft für möglich, betonte jedoch wie die Kommission, daß es ein Europa
   à la carte ablehnen würde. Die Einführung von Flexibilität solle ebenfalls
   nicht das Prinzip der Gleichheit aller Staaten und Bürger der EU beeinträchtigen (vgl. Draft working document on variable integration: principles
   and fields of application PE 211.102/rev.).

10 Aus dieser Kurzdarstellung wird bereits deutlich, daß weder eine Einigung
   hinsichtlich der Terminninologie noch hinsichtlich der Inhalte herrschte. Mit
   Ausnahme der damaligen britischen Regierung wurde jedoch allgemein ein
   Europa á la carte abgelehnt.

11 Ebenfalls werden bereits die unterschiedlichen Gründe deutlich, weshalb
   die politische Debatte über Flexibilität auftauchte: **zum einen** war die Aussicht einer fundamentalen Erweiterung der Gemeinschaften durch einen
   Beitritt von osteuropäischen Staaten Anstoß für die Flexibilitätsdebatte;
   zum anderen werden insbesondere in der Literatur als wirklicher Grund
   Probleme mit dem einstimmigen Entscheidungsverfahren genannt: mit dem
   Konzept der Flexibilität sei es möglich, daß, trotz einer abgeblockten Ent-

scheidung im Rahmen des einstimmigen Entscheidungsverfahrens, die willigen und fähigen Mitgliedsstaaten weiter voranschreiten könnten. Da mit dem Flexibilitätskonzept das Einstimmigkeitserfordernis umgangen werden könne, sei Flexibilität eine Verhandlungstaktik, um das Mehrheitsentscheidungsverfahren vermehrt anzuwenden.

II. Ziele

Mit Art. 11 wird im ersten Pfeiler (im Rahmen des größer angelegten Konzepts bestehend aus Titel VII EUV und Art. 40 EUV) das Anliegen eines Europas der verschiedenen Geschwindigkeiten konkretisiert. Es wird die Möglichkeit einer weiter vorangeschrittenen Integration zwischen denjenigen Mitgliedstaaten, die dies erstreben, eröffnet, während andere Mitgliedstaaten es beim bestehenden Integrationsstand belassen können.   **12**

III. Das Merkmal der „Engeren Zusammenarbeit"

Art. 11 legt eine Anzahl von **Bedingungen und Prozeduren** für eine engere Zusammenarbeit im Bereich des EGV fest. Die diesem Artikel zugrunde liegende Idee ist **defensiv**, da diejenigen Faktoren verstärkt zum Ausdruck gebracht werden, die einen Trend zu einer engeren Zusammenarbeit begrenzen.   **13**

Eine Zusammenarbeit kommt nur in Frage, sofern sie: **14**
a) keine in die ausschließliche Zuständigkeit der EG fallenden Bereiche betrifft (siehe hierzu die Kommentierung zu Art. 5);
b) die Gemeinschaftspolitiken, -aktionen oder -programme nicht beeinträchtigt;
c) nicht die Unionsbürgerschaft betrifft und auch keine Diskriminierung zwischen Staatsangehörigen der Mitgliedstaaten bedeutet;
d) die der EG durch diesen Vertrag zugewiesenen Befugnisse nicht überschreitet
   und
e) keine Diskriminierung oder Beschränkung des Handels zwischen Mitgliedsstaaten darstellt und die Wettbewerbsbedingungen zwischen den Mitgliedsstaaten nicht verzerrt.

Die der engeren Zusammenarbeit versperrten Bereiche sind weit und die einzuhaltenden Grundsätze streng. Bei einer genaueren Betrachtung kommen für die Anwendung von Art. 11 insbesondere die Titel XII – XVI des dritten Teils des EGV „die Politiken der Gemeinschaft" in Betracht, vor allem, solange noch keine Gemeinschaftspolitiken, -aktionen oder -programme bestehen. Vorstellbar wäre auch eine auf bestimmte Mitgliedstaaten beschränkte   **15**

Zusammenarbeit bei der Angleichung der Rechtsvorschriften (Art. 94, ex-Art. 100) solange die EG noch keine entsprechenden Angleichungsmaßnahmen erlassen hat. Eine Zusammenarbeit im Bereich der Wirtschaft ist dagegen wohl kaum vorstellbar, da eine solche Tätigkeit immer eine Gemeinschaftspolitik tangieren, wenn nicht sogar den Wettbewerb verzerren würde.

IV Das Verfahren für eine engere Zusammenarbeit zwischen Mitgliedstaaten

16   Das Verfahren für eine engere Zusammenarbeit zwischen den Mitgliedstaaten wird durch einen an die Kommission gerichteten Antrag eingeleitet. Die Kommission kann dem Rat einen entsprechenden Vorschlag vorlegen, sofern sie dies nicht unter Angabe der Gründe ablehnt. Nach Anhörung des EP entscheidet der **Rat** über die Ermächtigung mit **qualifizierter Mehrheit**. Jeder Mitgliedsstaat kann jedoch gem. Art. 11 Abs. 2 eine Abstimmung unter Hinweis auf wichtige Gründe der nationales Politik verhindern. Der Rat kann mit qualifizierter Mehrheit verlangen, daß die Frage zur einstimmigen Beschlußfassung an den in der Zusammensetzung der Staats- und Regierungschefs tagenden Rat verwiesen wird.

17   Diese Vetovorkehrung erinnert an den Luxemburger „Kompromiß". (*Edwards/Phillipart* 1997, S. 21).

18   Der **Kommission** kommt eine Schlüsselrolle bezüglich des Eintritts in die engere Zusammenarbeit zu: es hängt von ihr ab, ob sie bereit ist, einen entsprechenden Vorschlag zu machen. Lehnt sie dies ab, gibt es keine Möglichkeit einer engeren Zusammenarbeit. Sie ist Hüterin des Gemeinschaftsinteresses (siehe Art. 211, ex-Art. 155).

Die Rolle der Kommission kann auch zu einem späteren Zeitpunkt von Bedeutung sein, wenn sie nämlich über die Tätigkeit derjenigen Staaten zu wachen hat, die an der engeren Zusammenarbeit teilnehmen. Daran werden insbesondere die ausgeschlossenen Staaten ein starkes Interesse haben.

19   Die Stellung des **EP** ist dagegen schwach, denn es ist nur anzuhören und gem. Art. 45 EUV (ex-Art. K 17) zu unterrichten.

V. Beitritt weiterer Mitgliedstaaten zu einem späteren Zeitpunkt

20   Wenn ein Mitgliedstaat Partei einer engeren Zusammenarbeit werden möchte, muß er eine Mitteilung an den Rat und die Kommission richten. Innerhalb von drei Monaten nach Eingang dieser Mitteilung legt die Kommission ihre Stellungnahme dazu an den Rat vor und entscheidet anschließend innerhalb von vier Monaten nach der Mitteilung über den Antrag und über die spezifischen Regelungen, die sie gegebenenfalls für notwendig hält.

Im Gegensatz zum Verfahren für den Beginn einer engeren Zusammenar- **21**
beit beschließt also die Kommission allein und nicht der Rat über den Beitritt weitere Mitgliedstaaten. Das EP ist nicht erwähnt, ist aber gem. Art 45
EUV (ex-Art. K 17) zu unterrichten.

VI. Absatz 4: Anwendung der einschlägigen Vertragsvorschriften

Absatz 4 stellt klar, daß die für die Durchführung der Tätigkeiten im Rah- **22**
men der Zusammenarbeit erforderlichen Rechtsakte und Beschlüsse allen
einschlägigen Bestimmungen des EGV unterliegen, und zwar nicht nur hinsichtlich der institutionellen Bestimmungen, wie dies bereits in Art. 44
Abs.1 EUV festgelegt wird, sondern hinsichtlich des gesamten materiellen
Rechts und der gerichtlichen Kontrolle.

VII. Außenbeziehungen

Die Frage der Außenbeziehungen im Rahmen der engeren Zusammenarbeit **23**
wird von den Vorschriften nicht angesprochen. Gem. Art. 11 Abs. 1 lit. a)
ist eine engere Zusammenarbeit in Bereichen, die in die ausschließliche Zuständigkeit der EG fallen, wie etwa die Handelspolitik, nicht möglich. Die
Frage der Außenkompetenz stellt sich jedoch in denjenigen Bereichen, die
nicht in die ausschließliche Kompetenz der EG fallen, und nach dem Subsidiaritätsprinzip von den Mitgliedstaaten wahrgenommen werden können.
Zumindest ist in diesem Falle anzunehmen, daß im Rahmen der engeren
Zusammenarbeit geschlossene Abkommen nur diejenigen Mitgliedstaaten
binden können, die an der engeren Zusammenarbeit teilnehmen, während
die nicht beteiligten Mitgliedstaaten weiterhin völkerrechtlich handlungsfähig bleiben (siehe dazu *Ehlermann*, Punkt 81 und *Edwards/Philippart*
S.16). Nach *Ehlermann* ist die Vorschrift dahingehend auszulegen, daß in
allen Fällen engerer Zusammenarbeit ein „AETR-Effekt" entstehen kann,
der der EG eine ausschließliche Vertragskompetenz gegenüber Drittländern
für die Mitgliedstaaten gibt, die an der Zusammenarbeit teilnehmen.

Art. 12 (ex-Art. 6) (Diskriminierungen aufgrund der Staatsangehörig-keit)

**Unbeschadet besonderer Bestimmungen dieses Vertrages ist in seinem
Anwendungsbereich jede Diskriminierung aus Gründen der Staatsangehörigkeit verboten.**

**Der Rat kann nach dem Verfahren des Artikels 251 Regelungen für das
Verbot solcher Diskriminierungen treffen.**

Literatur: Bell, Mark/Waddington, Lisa; The 1996 Intergovernmental Conference and the prospects of a non-discrimination treaty article, Industrial law journal, 1996, S. 320 ff.; *Epiney, Astrid;* Umgekehrte Diskriminierungen: Zulässigkeit und Grenzen der discrimination à rebours nach europäischem Gemeinschaftsrecht und nationalem Verfassungsrecht, in: *Heymann* (Hrsg.) Völkerrecht – Europarecht – Staatsrecht; Bd. 15, 1995; *Jäger, Almuth;* Stellung einer Ausländersicherheit durch Kläger aus Mitgliedstaaten der EU, NJW 1997, S. 1220 f.; *Lenaerts, Koenraad/Arts, Dirk;* La personne et le principe d´égalité en droit communautaire et dans la Convention européenne de sauvegarde des droits de l'homme et des libertés fondamentales, in: La personne humaine, sujet de droit (Publication de la facultés de droit et des sciences sociales de Poitiers); *Schilling, Theodor;* Gleichheitssatz und Inländerdiskriminierung, JZ 1994, S. 8 ff.; *Streinz, Rudolf/Leible, Stefan;* Prozeßkostensicherheit und gemeinschaftsrechtliches Diskriminierungsverbot, IPRAX 1998, S. 162 ff.; *Strömer, Rainer;* Gemeinschaftsrechtliche Diskriminierungsverbote versus nationale Grundrechte?, Archiv des öffentlichen Rechts, 1998, S. 54 ff.

1   Indem Art. 12 (ex-Art. 6, davor Art. 7) „jede Diskriminierung aus Gründen der Staatsangehörigkeit" verbietet, verlangt er in den Mitgliedstaaten die vollständige Gleichbehandlung der Personen, die sich in einer gemeinschaftsrechtlich geregelten Situation befinden, mit den Staatsangehörigen des betreffenden Mitgliedstaates (EuGH, C-43/95, Delecta Aktiebolag, Slg. 1996, I–4661, Rn. 16). *Wohlfahrt* bezeichnet den Grundsatz, daß niemand wegen seiner Staatsangehörigkeit benachteiligt werden darf, als ein **Leitmotiv des ganzes Vertrages** (WEGS, S. 15 zu Art. 7, Anm. 1). Trotzdem ist sein Anwendungsbereich relativ begrenzt, weil Art. 12 autonom ausschließlich in den durch das Gemeinschaftsrecht geregelten Fällen angewandt werden kann, für die der Vertrag kein besonderes Diskriminierungsverbot vorsieht (EuGH, C-336/96, Gilly, Slg. 1998, I–2793, Rn. 37; C-131/96, Mora Romero, Slg. 1997, I–3659, Rn. 10 m.w.N., ständige Rechtsprechung). **Berechtigt** sind die **Staatsangehörigen der anderen Mitgliedstaaten,** wobei sich die Staatsangehörigkeit nach dem Recht des jeweiligen Mitgliedstaats bestimmt (s. Kommentierung zu Art. 17, insbes. Rn. 3). Die gleichzeitige Staatsangehörigkeit eines Drittlandes schadet nicht (EuGH, C-122/96, Saldanha, Slg. 1997, I– 5325, Rn. 15). Den Staatsangehörigen stehen juristische Personen i.S.v. Art. 48 (ex-Artikel 58), Art. 183 Nr. 4 (ex-Artikel 132) gleich.

2   Aus der Zielsetzung der Gemeinschaft, insbesondere dem Ziel der Errichtung eines Binnenmarktes, folgt daß der Vertrag nicht zugunsten von **Angehörigen von Drittländern** gilt (EuGH, verb. Rs. C-64/96 u. C-65/96, Uecker u. Jacquet, Slg. 1997, I–3171, Rn. 21). Nach letzterem Urteil können sich nicht einmal Staatsangehörige von Drittstaaten, die Ehegatten von Staatsangehörigen eines Mitgliedstaates sind, auf Bestimmungen über die

Freizügigkeit der Arbeitnehmer berufen, wenn ihre Ehegatten niemals das Recht auf Freizügigkeit innerhalb der Gemeinschaft ausgeübt haben.

Auch gilt Art. 12 nicht für Benachteiligungen, denen Staatsangehörige ei- **3** nes Mitgliedstaats aus der Sicht des Rechtes dieses Staates ausgesetzt sein könnten (die sogenannte **Inländerdiskriminierung**). Die Beseitigung der Inländerdiskriminierung ist Sache der Mitgliedstaaten. So ist auf Art. 3 GG hinzuweisen, dessen Voraussetzungen bei der Inländerdiskriminierung zumeist vorliegen dürften. Gemeinschaftsrechtlich ist sie ausdrücklich zugelassen (z.B. Art. 153, Abs. 5 (ex-Artikel 129a) und 176 (ex-Artikel 130t; Strengere Produktionsbestimmungen für Lebensmittel: 120/78, Cassis de Dijon, Slg. 1979, 662, Rn. 8; 178/84, Reinheitsgebot für Bier, Slg. 1987, 1268, Rn. 24–54; s. auch 274/87, Reinheitsgebot für Fleischwaren, Slg. 1989, 229). Die Beibehaltung solcher Vorschriften, die nicht aus Gründen des Gesundheitsschutzes gerechtfertigt sind, ist durchaus zulässig, nur dürfen sie auf Lieferungen aus anderen Ländern der Gemeinschaft nicht angewandt werden. Der Gerichtshof hat es auch für mit Art. 52 vereinbar erklärt, daß ein Mitgliedstaat seinen eigenen Staatsangehörigen, wenn sie im Ausland wohnen, eine höhere Steuerbelastung auferlegt, als wenn sie im Inland wohnen (C-112/91, Werner, Slg. 1993, I–470, Rn. 17–20). Außerdem gilt Art. 12 nicht für Benachteiligungen, denen Staatsangehörige eines Mitgliedstaats aus der Sicht des Rechtes dieses Staates ausgesetzt sein könnten (sog. Inländerdiskriminierung). Die Beseitigung der Inländerdiskriminierung ist Sache der Mitgliedstaaten. Gemeinschaftsrechtlich ist sie ausdrücklich zugelassen (z.B. Art. 153 Abs. 5 (ex-Artikel 129a) und 176 (ex-Artikel 130t; strengere Produktionsbestimmungen für Lebensmittel: Rs. 120/78, Cassis de Dijon, Slg. 1979, 662, Rn. 8; Rs. 178/84, Reinheitsgebot für Bier, Slg. 1987, 1268, Rn. 24-54; s. auch Rs. 274/87, Reinheitsgebot für Fleischwaren, Slg. 1989, 229).

Die Beibehaltung solcher Vorschriften, die nicht aus Gründen des Gesund- **4** heitsschutzes gerechtfertigt sind, ist durchaus zulässig, nur dürfen sie auf Lieferungen aus anderen Ländern der Gemeinschaft nicht angewandt werden. Der Gerichtshof hat es auch für mit Art. 43 (ex-Artikel 52) vereinbar erklärt, daß ein Mitgliedstaat seinen eigenen Staatsangehörigen, wenn sie im Ausland wohnen, eine höhere Steuerbelastung auferlegt als wenn sie im Inland wohnen (C-112/91, Werner, Slg. 1993, I–470, Rn. 17-20).

Eine **direkte Diskriminierung** liegt vor, wenn die Staatsangehörigkeit als **5** Unterscheidungsmerkmal benutzt wird (EuGH, C-62/96. Kommission/ Griechenland, Slg. 1997, I–6725 und die dort in Rn. 17 zitierten weiteren Urteile). Vorschriften, die die Prozeßführung für Angehörige anderer Mitgliedstaaten im Vergleich zu den eigenen Staatsangehörigen erschweren, sind mit dem Diskriminierungsverbot unvereinbar (EuGH, C-122/96, Saldhana, Slg. 1997, I–5325, Rn. 17, 19 und die dort angeführten Urteile).

6   Neben der direkten Diskriminierung aus Gründen der Staatsangehörigkeit ist auch die **indirekte Diskriminierung,** d.h. das Anknüpfen an ein anderes Merkmal als das der Staatsangehörigen, das jedoch die gleiche Wirkung hat, verboten, so das Anknüpfen an den Wohnsitz (EuGH, C-350/96, Clean Car, Slg. 1998, I–2521, Rn. 29, 30; C-29/95, Pastoors, Slg. 1997, I–285, Rn. 17; C-334/94, Kommission/Frankreich, Slg. 1996, I–1307, Rn. 19). Auch ein Fangverbot für Fischereischiffe bestimmter Länge und Motorstärke kann diskriminierend sein (EuGH, Rs. 61/77, Kommission/Irland, Slg. 1978, 451, Rn. 78-80). Ferner darf die Anspruchsberechtigung der Mutter nicht von der Staatsangehörigkeit der Kinder abhängig gemacht werden (EuGH, Rs. 273/78, CRAM/TOIA, Slg. 1979, 2652, Rn. 13).

7   Die Feststellung, daß eine nationale Regelung mit Wohnsitzerfordernis in der Praxis zum gleichen Ergebnis führen kann wie eine Diskriminierung aufgrund der Staatsangehörigkeit, genügt jedoch nach der Rechtsprechung des Gerichtshofes nicht, um daraus auf die Unvereinbarkeit einer solchen Regelung mit Art. 12 zu schließen. Dafür ist weiter erforderlich, daß die fragliche Regelung nicht **durch objektive Umstände gerechtfertigt** ist (EuGH, C-29/95, Pastoors, a.a.O., Rn. 19 und die dort zitierten Entscheidungen sowie C-264/90, ICI, Slg. 1998, I–4695, Rn. 22-30). So rechtfertigt z.B. die Gefahr, daß ein gegen einen Gebietsfremden ergangenes Strafurteil nicht oder mindestens nur sehr viel später und unter höheren Kosten vollstreckt werden kann, objektiv eine unterschiedliche Behandlung gebietsansässiger und gebietsfremder Betroffener (EuGH, C-29/95, Pastoors, a.a.O. Rn. 21, 22). Allerdings muß die Regelung **verhältnismäßig** sein, sonst ist sie verboten (EuGH, C-29/95, Pastoors, a.a.O., Rn. 28). Unterschiede in der Behandlung, die sich von Mitgliedstaat zu Mitgliedstaat aus den **Unterschieden zwischen den Rechtsordnungen** der einzelnen Mitgliedstaaten ergeben, werden vom Verbot des Art. 12 nicht erfaßt, sofern diese Rechtsordnungen auf alle ihnen unterworfenen Personen nach objektiven Merkmalen und ohne Rücksicht auf die Staatsangehörigkeit der Betroffenen anwendbar sind (EuGH, C-177/94, Perfili, Slg. 1996, I–161, Rn. 17 und die dort zitierten Entscheidungen). In dem entschiedenen Fall ging es um eine besondere Vollmacht zur Geltendmachung von Schadensersatzansprüchen im Adhesionsverfahren, die der Gerichtshof nicht beanstandete.

8   Art. 12 gilt nur „unbeschadet besonderer Bestimmungen" des EGV (vgl. EuGH, C-131/96, Mora Romero, Slg. 1997, I–3659, Rn. 10). Solche besonderen Bestimmungen befinden sich in Art. 34 Abs. 2 Satz 2 (ex-Artikel

40), 39 Abs. 2 (ex-Artikel 48), 43 (ex-Artikel 52), 49 (ex-Artikel 59), 56
(ex-Artikel 73b), aber auch im Beamtenrecht (EuGeJ, T-16/90, Panagioto-
poulou, Slg. 1992, II–108, Rn. 54). Der **Schwerpunkt der Anwendung
des Art. 12** liegt in den Bereichen, zu denen es keine Sondervorschriften
gibt, z.B. im Bereich der allgemeinen und der beruflichen Bildung (Art. 3q,
Art. 149 [ex-Art. 126]) und Art. 150 [ex-Art. 127]; s. hierzu *Lenz*, Bildungswesen, Beilage zu IWB, 1/1990). Der Anwendungsbereich des EGV
ist durch die Neueinfügung einer Reihe von Tätigkeitsfeldern durch die
Verträge von Maastricht und Amsterdam beträchtlich erweitert worden und
hat sich expressis verbis von seiner Beschränkung auf das Wirtschaftsleben
gelöst. Nachdem Art. 18 (ex-Art. 8a) das allgemeine Recht auf Freizügigkeit aller Unionsbürger eingeführt hat, fällt ein Angehöriger eines Mitgliedstaates, der sich rechtmäßig im Gebiet eines anderen Mitgliedstaates
aufhält, in den persönlichen Anwendungsbereich der Vertragsbestimmungen über die Unionsbürgerschaft und besitzt das in Art. 12 festgelegte
Recht, im sachlichen Anwendungsbereich des Vertrages nicht aus Gründen
der Staatsangehörigkeit diskriminiert zu werden (EuGH, C-85/96, Martínez
Sala, Slg. 1998, I–2691, Rn. 61, 62; s. auch Kommentierung zu Art. 17,
Rn. 6). Art. 12 enthält einen **spezifischen Ausdruck des allgemeinen
Gleichheitssatzes** des Gemeinschaftsrechts (EuGH, C-29/95, Pastoors,
Slg. 1997, I–285, Rn. 14).

Im Anwendungsbereich des EGV ist Abs. 1 **unmittelbar anwendbar,** mit   **9**
dem Inkrafttreten eines Beitrittsvertrages findet er auf laufende Verfahren
Anwendung (EuGH, C-122/96, Saldanha, Slg. 1997, I–5325, Rn. 12ff.).

Der **räumliche Anwendungsbereich** ergibt sich aus Art. 299 (ex-Art. 227).   **10**
Art. 12 ist anwendbar auch außerhalb der EG, wenn eine genügend enge
Beziehung zum Territorium der Gemeinschaft besteht (EuGH, C-237/83,
Prodest, Slg. 1984, 3153, Rn. 6), sowie an Bord eines Schiffes (oder Flug-
zeuges) unter der Flagge eines Mitgliedstaates (EuGH, Rs. 9/88, Lopes da
Veiga, Slg. 1989, 2989, Rn. 15).

Das Diskriminierungsverbot des **Art. 12 wendet sich an die Organe der**   **11**
Gemeinschaft, an die **Mitgliedstaaten** und die diesen angegliederten
juristischen Personen des öffentlichen Rechts und an die **Individuen;** an
letztere insoweit, als sie Macht ausüben (*Bleckmann*, Europarecht, V. Auflage, § 1247, mit Anm. 20; EuGH, C-415/86, Bosman, Slg. 1995, I–4921,
Rn. 82-84).

Die für den Staat geltenden Diskriminierungsverbote dürfen nicht unterlau-   **12**
fen werden (*Ahlt*, Europarecht, 2. Aufl., S. 30).

Auf die **Regelungsbefugnis des Abs. 2** ist die Richtlinie 93/96 des Rates   **13**
vom 29.10.1993 über das Aufenthaltsrecht der Studenten gestützt worden.

Auf der Vorgängerregelung (ex-Art. 6 Abs. 2) beruhen eine Reihe von Verordnungen über die soziale Sicherheit der Wanderarbeitnehmer, der Selbständigen und ihrer Familienangehörigen.

Artikel 13 (ex-Artikel 6a) (Bekämpfung von Diskriminierungen)

Unbeschadet der sonstigen Bestimmungen dieses Vertrages kann der Rat im Rahmen der durch den Vertrag auf die Gemeinschaft übertragenen Zuständigkeiten auf Vorschlag der Kommission und nach Anhörung des Europäischen Parlaments einstimmig geeignete Vorkehrungen treffen, um Diskriminierungen aus Gründen des Geschlechts, der Rasse, der ethnischen Herkunft, der Religion oder der Weltanschauung, einer Behinderung, des Alters oder der sexuellen Ausrichtung zu bekämpfen.

Literatur: Europäischen Konferenz (EK): „Bekämpfung der Diskriminierungen: Orientierung für die Zukunft" (Unterlagen der Tagung vom 3./4. Dezember 1998, Wien), insbesondere *Zuleeg* „Der Inhalt des Art. 13 EGV in der Fassung des Vertrages von Amsterdam".

I. Gründe, Hintergründe

1. National

1 Die Gleichheit vor dem Gesetz und das Verbot von Diskriminierung sind in den **Verfassungen der Mitgliedstaaten der EG** in der einen oder anderen Form vorgeschrieben (siehe „Die Verfassungen der EG-Mitgliedstaaten", dtv 4. Aufl. 1996).

2. International

Auch die **EMRK** (Art. 14) und der **Inernationale Pakt der Vereinten Na-**   2
tionen (Art. 26) enthalten entsprechende Bestimmungen.

3. Gemeinschaftsrecht

Der **E(W)GV** enthält in Art. 12 (ex-Art. 6, ursprünglich Art. 7) und Art. 141   3
(ex-Art. 119) Verbote der Diskriminierung aus Gründen der Staatsangehörigkeit und des Geschlechts. 1995 verabschiedeten das EP und der Rat
die **RL 95/46 EG** zum Schutz natürlicher Personen bei der Verarbeitung
personenbezogener Daten und zum freien Datenverkehr (ABl. 1995 L
281/31–50). Nach Art. 8 dieser RL untersagen die Mitgliedstaaten die Ver-
abeitung personenbezogener Daten, aus denen die rassische und ethnische
Herkunft, politische Meinungen, religiöse oder philosophische Überzeu-
gungen oder die Gewerkschafts-zugehörigkeit hervorgehen sowie Daten
über Gesundheit oder Sexualleben. 1997 beschloß der Rat die Einrichtung
einer Europäischen Stelle zur Beobachtung von Rassismus und Fremdenfeindlichkeit (ABl. 1997 L 151/1).

Die Reflexionsgruppe zur **Vorbereitung des Vertrages von Amsterdam,**   4
die Organe und Mitgliedstaaten der EG, der Europarat und Nicht-Regie-
rungsorganisationen haben der Regierungskonferenz entsprechende Vorschläge und Forderungen unterbreitet (vgl. Die Unterlagen des Generalsekretariats der Kommission zur Regierungskonferenz zum Vertrag von Amsterdam: *EP, Arbeitsgruppe des Generalsekretariats, Task-Force „Regierungskonferenz"*, Themenpapiere Nr. 40 über soziale Ausgrenzung und die
Regierungskonferenz vom 24.03.1997 (Erste Überarbeitung) und Nr. 43 über
die Regierungskonferenz und dem Kampf gegen Rassismus vom 5.12.1996).

II. Ziele

Das Ziel der Vorschrift ist die **Bekämpfung bestimmter Erscheinungs-**   5
formen der Diskriminierung.

1. Diskriminierungen aus Gründen des Geschlechts

Hier stellt sich die Frage nach dem **Verhältnis dieser Vorschrift zu Art.**   6
141 (ex-Art. 119) **und** zu den bisher auf Grund von **ex-Art. 235** (jetzt Art.
308) erlassenen Gleichstellungsrichtlinien.

Art. 141 Abs. 3 (ex-Art. 119) ermächtigt den Rat mit *qualifizierter Mehr-*   7
heit gemäß dem Verfahren des Art. 251 (ex-Art. 189b; *„Kodezision"*) und
nach Anhörung des WSA Maßnahmen zur Gewährleistung der Anwendung
des Grundsatzes der Chancengleichheit und der Gleichbehandlung von

Männern und Frauen in Arbeits- und Beschäftigungsfragen, einschließlich des Grundsatzes des gleichen Entgelts bei gleicher oder gleichwertiger Arbeit zu beschließen.

8 **Art. 13** ermächtigt den Rat, *nach Anhörung* des EP, *einstimmig* geeignete Vorkehrungen zu treffen, um bestimmte Diskriminierungen zu bekämpfen. Angesichts dieser unterschiedlichen Verfahren ist es notwendig festzustellen, wann das eine und wann das andere Verfahren zur Anwendung kommt. **Art. 141** (ex-Art. 119) betrifft die Anwendung des Grundsatzes des gleichen Entgelts für Männer und Frauen bei gleicher oder gleichwertiger Arbeit. Dagegen umfaßt **Art. 13** die Diskriminierung aus Gründen des Geschlechts ohne weitere Spezifizierung und darüber hinaus noch andere Formen der Diskriminierung. Es besteht also kein Zweifel daran, daß der **Anwendungsbereich des Art. 141 (ex-Art. 119) enger ist als der Anwendungsbereich des Art. 13.**

9 Der **Standort von Art. 141** (ex-Art. 119) befindet sich in Kapitel 1 – „Sozialvorschriften" des Titels XI (ex-Titel VIII) – „Sozialpolitik, allgemeine und berufliche Bildung und Jugend". Die Vorschrift ist also auf den sozialpolitischen Bereich beschränkt. Dagegen steht der **Art. 13** im „Ersten Teil" des EGV – „Grundsätze"-, also in jenem Teil des Vertrages, der auf den gesamten nachfolgenden Inhalt Anwendung findet. Aus diesen beiden Überlegungen ergibt sich, daß **Art. 141 (ex-Art. 119) in seinem Anwendungsbereich dem Art. 13 vorgeht,** denn er ist eine Spezialvorschrift.

10 Außerdem sind die **Verfahrensvorschriften des Art. 141** (ex-Art. 119) ebenso wie der Art. 13 durch den Vertrag von Amsterdam neu in den EGV eingeführt worden. Würde der Art. 13 den Art. 141 (ex-Art. 119) verdrängen, wäre für diese neuen Verfahrensvorschriften im Rahmen des Art. 141 (ex-Art. 119) kein Raum Das kann kaum der Wille des Vertraggebers gewesen sein.

11 **Zusammenfassend** ist festzustellen, daß Art. 141 (ex-Art. 119) in seiner Anwendung dem Art. 13 vorgeht. Dafür spricht auch der Umstand, daß der EuGH die direkte Anwendbarkeit des ex-Art. 119 (jetzt Art. 141) festgestellt hat, während **Art. 13** seinem Wortlaut nach erst ein Tätigwerden des Rates erfordert, also **nicht direkt anwendbar ist.**

12 Danach stellt sich die Frage, in **welchem Bereich** der Rat geeignete Vorkehrungen treffen kann, um Diskriminierung aus Gründen des Geschlechts zu bekämpfen; denn Diskriminieren aus Gründen des Geschlechts ist auch außerhalb des Grundsatzes des gleichen Entgelts für Männer und Frauen bei gleicher oder gleichwertiger Arbeit verboten. Das setzt voraus, daß es auch außerhalb dieses Bereichs Diskriminierung geben kann. Davon geht jedenfalls der Vertragsgeber aus, denn in Art. 3 Abs. 2 verpflichtet er die

Gemeinschaft daraufhinzuwirken, die Gleichstellung von Männern und Frauen bei allen in Art. 3 genannten Tätigkeiten die Gleichstellung von Männern und Frauen zu fördern.

Über Art. 141 (ex-Art. 119) hinaus hat der Gemeinschaftsgesetzgeber eine **13** ganze Reihe von **RLen zur Gleichstellung von Männern und Frauen im Arbeitsleben** erlassen. Diese auf ex-Art. 235 (jetzt Art. 308) gestützten RLen verlieren mit Inkrafttreten des Vertrages von Amsterdam ihre Gültigkeit nicht. Es genügt, daß sie bei ihrem Erlaß aufgrund einer zureichenden Ermächtigungsgrundlage zustande gekommen sind. Für die Zukunft ist allerdings die Anwendung des Art. 308 (ex-Art. 235) ausgeschlossen, weil Art. 13 dem Rat eine Befugnis zum Tätigwerden verleiht (so auch Zuleeg, „Der Inhalt des Art. 13 EGV in der Fassung des Vertrages von Amsterdam").

2. Diskriminierung aus Gründen einer Behinderung oder des Alters

Die sozialrechtlichen Konsequenzen einer Behinderung oder des Erreichens eines bestimmten Alters sind im Gemeinschaftsrecht in den **VOen** **Nr. 1408/71 und Nr. 574/72** (vgl. zu diesen VOen die Kommentierung bei Art. 42) eingehend behandelt. Diese sind geltendes Recht und gehen als Spezialvorschriften allgemeinen Diskriminierungsvorschriften vor, sofern nichts anderes bestimmt wird. Da Art. 13 keine unmittelbare Wirkung entfaltet, hat es der Rat in der Hand, Vorkehrungen zu treffen, die mit dem bestehenden Sozialversicherungsrecht in Einklang stehen. Mit anderen Worten, es nicht zu befürchten, daß ein Behinderter das Recht erhält, einen Arbeitsplatz zu beanspruchen, für den er wegen seiner Behinderung nicht geeignet ist oder daß ein nach geltendem Recht zu Pensionierender sich auf Art. 13 berufen kann, um seine Versetzung in den Ruhestand als eine diskriminierende Maßnahme aus Altersgründen anzugreifen.

Ein weiterer Hinweis auf die gemeinschaftsrechtliche Relevanz einer „Be- **15** hinderung" befindet sich in der der Schlußakte des Amsterdamer Vertrages beigefügten **„Erklärung zu Personen mit einer Behinderung"** (vgl. Punkt III. Erklärung Nr. 22 der Schlußakte), in der es heißt: *„Die Konferenz kommt überein, daß die Organe der Gemeinschaft bei der Ausarbeitung von Maßnahmen nach Art. 100a [jetzt Art. 95] des Vertrages zur Gründung der Europäischen Gemeinschaft den Bedürfnissen von Personen mit einer Behinderung Rechnung tragen".*

3. Diskriminierung aus anderen Gründen

Die Diskriminierung aus Gründen der Rasse, der ethnischen Herkunft, der **16** Religion oder der Weltanschauung ist nach **Art. 14 EMRK** verboten. Die dazu ergangene Rechtsprechung und die dazu vorliegenden Materialien der

Europaratsorgane mögen Anhaltspunkte für die Auslegung und Anwendung dieser Begriffe liefern (s. hierzu *Frowein-Peukert,* EMRK-Kommentar, Art. 14 Rn. 25ff.).

17   Die Diskriminierung aus Gründen der **ethnischen Herkunft** umfaßt **nicht die Diskriminierung aus Gründen der Staatsangehörigkeit,** die ja häufig mit der ethnischen Herkunft zusammenhängt. Dies ist bereits nach Art. 12 (ex-Art. 6), der unmittelbare Wirkung hat, verboten. In diesem Bereich findet Art. 13 also keine Anwendung. Bei einer „Diskriminierung aus Gründen der ethnischen Herkunft" ist also die Diskriminierung eines Teils der eigenen Staatsangehörigen durch einen Mitgliedstaat gemeint. Auch hier dürfte die Einstimmigkeitsregel einen Zusammenstoß mit innerstaatlichen Regelungen, z.B. betreffend die Benutzung von Sprachen vor Behörden und Gerichten, unwahrscheinlich machen.

18   Relatives Neuland dürfte der Rat auf dem Gebiet der **Diskriminierung aus Gründen der sexuellen Ausrichtung** betreten, wenn er dagegen geeignete Vorkehrungen erlassen will.

III. Mittel

19   Als Mittel der Bekämpfung der genannten Diskriminierungen sind „geeignete Vorkehrungen" genannt. Dazu gehören einmal die in Art. 249 (ex-Art. 189) genannten Beschlußarten. Der Rat kann auch Programme aufstellen, die einen Anreiz zur Gleichbehandlung bieten oder der benachteiligten Gruppe finanzielle Mittel oder andere Vorteile zuwenden, um die Gleichheit durch eine Förderung herzustellen (*Zuleeg,* „Der Inhalt des Art. 13 EGV in der Fassung des Vertrages von Amsterdam"). Der Rat kann aber auch Diskriminierungsverbote erlassen. Beispiele finden sich in Art. 12 (ex-Art. 6), Art. 34 Abs. 2, S. 2 (ex-Art. 40) oder in Art. 141 (ex-Art. 119) (siehe hierzu die jeweilige Kommentierung zu den genannten Artikeln).

20   **Berechtigte** aus einer Anti-Diskriminierungsvorkehrung können alle benachteiligten oder auch nur bestimmte benachteiligte Personen sein. **Verpflichtete** können die Gemeinschaft oder die Mitgliedstaaten mit ihren Untergliederungen oder beide Gruppen zusammen sein. Der Rat kann aber auch **Privatpersonen** einbeziehen (*Zuleeg,* „Der Inhalt des Art. 13 EGV in der Fassung des Vertrages von Amsterdam").

21   Will der Rat eine **direkt wirksame Maßnahme** treffen, so muß er sich der Form der **Verordnung** bedienen, denn diese ist in allen ihren Teilen verbindlich und gilt unmittelbar in jedem Mitgliedstaat (Art. 249, ex-Art. 189 Abs. 2). Richtlinien vermögen verpflichtende Wirkungen zum Nachteil von Privatpersonen nicht zu erzeugen (siehe Art. 249 Rn. 12).

IV. Verfahren

Der Rat entscheidet auf Vorschlag der Kommission und nach Anhörung des **22**
EP einstimmig, d.h. es bedarf eines Vorschlags der Kommission, die allerdings gemäß Art. 208 (ex-Art. 152) vom Rat aufgefordert werden kann, einen entsprechenden Vorschlag zu unterbreiten. Das Erfordernis der Konsultation räumt dem EP zwar das Recht ein, vom Rat gehört zu werden, gibt
ihm aber keine Mitentscheidungsbefugnis (siehe Art. 251, ex-Art.189b und
Art. 252, ex-Art. 289c). Die Mitwirkungsrechte des EP sind also nur
schwach ausgeprägt.

Der Rat entscheidet einstimmig, so daß kein Mitgliedstaat in diesem sensi- **23**
blen Bereich überstimmt werden kann. Ein Beschluß kommt grundsätzlich
nur zustande, wenn die Exekutiven der Gemeinschaft und der Mitgliedstaaten darin übereinstimmen. Auf die Volksvertretungen in der Gemeinschaft und den Mitgliedstaaten kommt es in diesem Zusammenhang formal
nicht an; deshalb könnte man in diesem für Rechtsposition des Einzelnen
so wichtigen Bereich von einem **„Demokratiedefizit"** sprechen. Es muss
jedoch in diesem Zusammenhang auf die Erklärung Nr. 13 zum Vertrag von
Maastricht und auf das Protokoll Nr. 9 zum Vertrag von Amsterdam über
die Rolle der einzelstaatlichen Parlarmente in der EU verwiesen werden, in
denen ausdrücklich auf die Möglichkeit der Beteiligung der Parlament der
Mitgliedstaaten an der Gesetzgebung der Gemeinschaft hingewiesen wird.
Die demokratische Legitimation der entsprechenden Gesetzgebung kann
also durch die Rückbindung an die einzelstaatlichen Parlamente sichergestellt werden. Im übrigen sei hier auf Art. 19 (ex Art. 8b) verwiesen, der
ähnlich politisch sensible Fragen regelt, nämlich das Wahlrecht zum EP und
zu den Kommunalvertretungen, und der das gleiche Verfahren vorschreibt.

V. Rechtsnatur

Art. 13 ist eine **Ermächtigungsnorm.** Sie ermächtigt den Rat, geeignete **24**
Vorkehrungen zu treffen, ohne an andere Vorgaben als einen Vorschlag der
Kommission und die Anhörung des EP gebunden zu sein. Auch legt sie ihm
keinerlei Verpflichtungen auf („kann der Rat"). Mit anderen Worten, die
Tätigkeit des Rates ist in sein **freies Ermessen** gestellt (siehe jedoch Art. 3
Abs. 2 und die Kommentierung dazu).

Allerdings sind die **übertragenen Zuständigkeiten nicht grenzenlos.** Der **25**
Rat ist an die durch den Vertrag auf die EG übertragenen Zuständigkeiten
gebunden. Diese Zuständigkeiten sind allerdings seit dem Erlaß der EEA
im Jahre 1987 immer weiter ausgedehnt worden und umfassen heute nicht
nur den Binnenmarktbereich, sondern z. B. auch das Wahlrecht zum EP und

den kommunalen Vertretungskörperschaften und alle in Art. 3 genannten Gebiete. Das Gemeinschaftsrecht gewährt in diesen Bereichen bestimmte Rechte oder Möglichkeiten, deren Nutzung an bestimmte Voraussetzungen gebunden sein kann, z.b. die Unionsbürgerschaft, bestimmte Qualifikationen und anderes mehr.

26 Diskriminierung nach Art. 13 bedeutet, daß die Erlangung dieser Rechte oder Möglichkeiten aus einem oder mehreren der in Art. 13 genannten Gründen behindert wird. Die nach Art. 13 verbotene Diskriminierung steht also stets in einem konkreten Kontext: **eine Diskriminierung liegt dann vor, wenn der anstonsten mögliche Zugang zu diesen Rechten oder Möglichkeiten aus einem der in Art. 13 genannten Gründen eingeschränkt wird.**

27 Allerdings ist der Rat an das **Subsidiaritätsprinzip** und den **Verhältnismäßigkeitsgrundsatz** gebunden (siehe Art. 5 [ex-Art. 3b], Abs. 2 und 3 sowie die dortige Kommentierung). Das heißt, er darf Anti-Diskriminierungsmaßnahmen nur ergreifen, sofern deren Ziele auf der Ebene der Mitgliedstaaten nicht ausreichend erreicht werden können und daher wegen ihres Umfanges oder ihrer Wirkungen besser auf Gemeinschaftsebene erreicht werden können; außerdem dürfen die Maßnahmen nicht über das zum Erreichen der Vertragsziele erforderliche Maß hinausgehen.

28 Abschließend sei noch einmal betont, daß **Art. 13** als Ermächtigungsnorm **keine direkte Wirkungen** hat.

Art. 14 (ex-Art. 7a) (Verwirklichung des Binnenmarktes)

(1) Die Gemeinschaft trifft die erforderlichen Maßnahmen, um bis zum 31. Dezember 1992 gemäß dem vorliegenden Artikel, den Artikeln 15 und 26, Artikel 47 Absatz 2 und den Artikeln 49, 80, 93 und 95 unbeschadet der sonstigen Bestimmungen dieses Vertrags den Binnenmarkt schrittweise zu verwirklichen.

(2) Der Binnenmarkt umfaßt einen Raum ohne Binnengrenzen, in dem der freie Verkehr von Waren, Personen, Dienstleistungen und Kapital gemäß den Bestimmungen dieses Vertrags gewährleistet ist.

(3) Der Rat legt mit qualifizierter Mehrheit auf Vorschlag der Kommission die Leitlinien und Bedingungen fest, die erforderlich sind, um in allen betroffenen Sektoren einen ausgewogenen Fortschritt zu gewährleisten.

1 Der Artikel über den Binnenmarkt muß im Zusammenhang mit der Erklärung zum früheren Art. 8a des EWGV gelesen werden, die zur Schlußakte der EEA gehört. Sie hat folgenden Wortlaut:

„Die Konferenz möchte mit Art. 8a den festen politischen Willen zum Ausdruck bringen, vor dem 1.1.1993 die Beschlüsse zu fassen, die zur Verwirklichung des in diesem Artikel beschriebenen Binnenmarktes erforderlich sind, und zwar insbesondere die Beschlüsse, die zur Ausführung des
von der Kommission in ihrem Weißbuch über den Binnenmarkt aufgestellten Programms notwendig sind. Die Festsetzung des Termins, „31. Dezember 1992", bringt keine automatische rechtliche Wirkung mit sich."

Der Ausdruck „Binnenmarkt" wurde durch die EEA in den EGV eingefügt. **2**
Er befindet sich jetzt in Art. 14 (ex-Art. 7a) und Art. 95 (ex-Art. 100a) als
Grundlage einer Kompetenzzuweisung auf dem Gebiet der Gesetzgebung[1].
Die Definition nach Art. 14 Abs. 2 umfaßt nur die Verwirklichung der vier
Grundfreiheiten. Die Definition in der oben zitierten Erklärung legt das
Weißbuch der Kommission an den Europäischen Rat vom Juni 1985 zu-
grunde, das die Beseitigung aller marktrelevanten Schranken zwischen den
Mitgliedstaaten zum Ziele hat.

Die Abschaffung der Zoll- und Steuergrenzen folgt unmittelbar aus Art. 13 **2a**
der EEA, nunmehr Art. 13 EGV, also ein Rechtsakt des primären Gemeinschaftsrechts. Diese Akte ist weder eine Handlung der Gemeinschaftsorgane noch eine Handlung der Bediensteten der Gemeinschaft in Ausübung ihrer Amtstätigkeit, so daß sie keine ausservertragliche, verschuldensunabhängige Haftung der Gemeinschaft begründen kann (T-113/96, Slg. 98,
II–125, Rn. 46-47).

Der Begriff „Gemeinsamer Markt" umfaßt auch Sektoren, die im Weißbuch **3**
nicht genannt sind. Dazu gehören mindestens die gemeinsame Landwirtschaftspolitik (Art. 32 Abs. 1, ex-Art. 38, Abs. 1), die Wettbewerbsregeln
(Art. 81ff., ex-Art. 85ff.) und die ursprünglichen Vorschriften über die Angleichung der Rechtsvorschriften (Art. 96 [ex-Art. 101] und Art. 97 [ex-Art.
102]), weil in diesen Vorschriften ausdrücklich auf den „Gemeinsamen
Markt" Bezug genommen wird. Man wird aber wohl auch die Handelspolitik einschließlich des gemeinsamen Zolltarifs und die Verkehrspolitik nennen müssen, da diese mit zu den „Grundlagen der Gemeinschaft" gehören.
Die Frage kann dann von Bedeutung sein, wenn eine Vorschrift aus diesem
Bereich auf Art. 95 (ex-Art. 100a) (mit der Möglichkeit der Mehrheitsab-
stimmung) gestützt wird, statt auf eine andere Bestimmung, die eine einstimmige Beschlußfassung verlangt (EuGH, C-70/88, Tschernobyl II, Slg.
1991, I–4564 Rn. 6-18).

Das Weißbuch der Kommission sieht die Beseitigung der Grenzkontrollen **4**
sowie der technischen Schranken und der Steuerschranken vor. Während in
den zuerst genannten Bereichen durchaus Fortschritte erzielt worden sind,
sind im Steuerbereich die von der Kommission gesteckten Ziele nicht er-

reicht worden. Dagegen wird mit der Verwirklichung der Währungsunion durch die Einführung des Euro die Beseitigung der Währungsschranken in Angriff genommen.

5   Die Frage der Verbindlichkeit der Frist läßt sich zur Zeit nicht mit Sicherheit beantworten. Auf der einen Seite spricht der Vertragstext („Die Gemeinschaft trifft die erforderlichen Maßnahmen …") für eine rechtlich verbindliche Verpflichtung. Auf der anderen Seite spricht der in Randnummer 1 genannten Text der Erklärung für einen politischen Programmsatz, dessen Nichteinhaltung keine rechtlichen Folgen haben soll. Letztlich wird nur der EuGH entscheiden können, welche der beiden Auffassungen richtig ist.
Der Gerichtshof hat dazu noch keine Entscheidung getroffen. Sollte er zu dem Ergebnis kommen, daß eine rechtlich verbindliche Fristsetzung vorliegt, dann stellt sich die nächste Frage, ob die Mißachtung dieser Verpflichtung eventuell haftungsrechtliche Folge hat (s. dazu Art. 288 Abs. 2 [ex-Art. 215II], insbesondere das Urteil vom 19. Mai 1992 in den verbundenen Rechtssachen C-104/89, Mulder II, und C-37/90, Heinemann, Slg. 1992, I–3061).

6   Dagegen beinhaltet Abs. 1 wohl keine rechtliche Verpflichtung für die Mitgliedstaaten, die Umsetzung bis zum 31.12.1992 beendet zu haben. Dagegen spricht zum einen die oben stehende Erklärung, zum anderen der Umstand, daß in Abs. 1 nur von der EG und nicht auch von den Mitgliedstaaten die Rede ist. Dies bedeutet nicht, daß ein zögerliches Umsetzen von Binnenmarktmaßnahmen durch die Mitgliedstaaten ohne Rechtsfolgen ist. Er stellt ggf. einen Verstoß gegen die im Rechtsakt angegebenen Umsetzungsfristen dar, der haftungsrechtliche Folgen nach sich ziehen kann. Das BVerfG hat das Datum für den Eintritt in die WWU „eher als Zielvorgabe denn als rechtlich durchsetzbares Datum" verstanden (BVerfG, Urteil v. 12.10.93, NJW 93, 3038, 3047, m. Anm. *Lenz*).

7   Die Verwirklichung des Binnenmarktes und seine Erhaltung stellen einen Grundsatz dar, der bei der Auslegung aller anderen Vorschriften des EGV zu beachten ist, insb. auch des Subsidiaritätsgrundsatzes. Umgekehrt ist das Binnenmarktziel im Zusammenhang mit anderen Vertragszielen zu sehen.

8   Der Aufforderung des Abs. 3 ist bisher nicht nachgekommen worden.

9   Die Kommission hat einen Bericht über Wirkung und Wirksamkeit des Binnenmarktprogramms erstellt (siehe Mario Monti, Der Binnenmarkt und das Europa von Morgen, Luxemburg, Köln, Wien, Zürich, Lausanne 1997).

Art. 15 (ex-Art. 7c) (Ausnahmeregelungen)

Bei der Formulierung ihrer Vorschläge zur Verwirklichung der Ziele des Artikels 14 berücksichtigt die Kommission den Umfang der Anstrengungen, die einigen Volkswirtschaften mit unterschiedlichem Entwicklungsstand im Zuge der Errichtung des Binnenmarktes abverlangt werden, und kann geeignete Bestimmungen vorschlagen.

Erhalten diese Bestimmungen die Form von Ausnahmeregelungen, so müssen sie vorübergehender Art sein und dürfen das Funktionieren des Gemeinsamen Marktes so wenig wie möglich stören.

Die Vorschrift erlaubt es der Kommission, vom Grundsatz des gemeinsamen gleichzeitigen Vorgehens abzuweichen und den unterschiedlichen Gegebenheiten in den einzelnen Mitgliedstaaten bei der Formulierung ihrer Vorschläge Rechnung zu tragen.   1

Abs. 2 ist Ausdruck eines allgemeinen Grundsatzes, wonach Ausnahmebestimmungen vorübergehend sein müssen und das Funktionieren des Gemeinsamen Marktes sowenig wie möglich stören dürfen.   2

Übergangszeiten nach Art. 15 hat es zur Gestaltung des Beitritts der DDR zur Bundesrepublik gegeben (z.B. ABl. 1990 L 353/17). Abstufungen sind auch bei der Einführung des offenen Netzzuganges im Bereich der Telekommunikationsdienste möglich (s. RL des Rates v. 28.6.90 [90/387/EWG] Art. 7, ABl. 1990 L 192/5).   3

Art. 16 (ex-Art. 7d) (Dienste von allgemeinem wirtschaftlichem Interesse)

Unbeschadet der Artikel 73, 86 und 87 und in Anbetracht des Stellenwerts, den Dienste von allgemeinem wirtschaftlichen Interesse innerhalb der gemeinsamen Werte der Union einnehmen, sowie ihre Bedeutung bei der Förderung des sozialen und territorialen Zusammenhalts tragen die Gemeinschaft und die Mitgliedstaaten im Rahmen ihrer jeweiligen Befugnisse im Anwendungsbereich dieses Vertrages dafür Sorge, daß die Grundsätze und Bedingungen für das Funktionieren dieser Dienste so gestaltet sind, daß sie ihren Aufgaben nachkommen können.

Literatur: *Van Miert,* „La conference intergouvernementale et la politique communautaire de concurrence, in: Competition policy newsletter, Nr. 2 Vol. 3, 1997; *Rodrigues,* „Les services publics et le Traité d'Amsterdam", in: Revue du Marché commun et de l'Union européenne (RMUE), Nr.414, Januar 1998, S.37ff.; *Streinz,* „Der Vertrag von Amsterdam", in: EuZW 1998, 137ff.;

I. Gründe, Hintergründe

1   In Art. 86 (ex-Art. 90) im Kapitel Wettbewerbsregeln wurde bereits der Begriff der „**Dienste von allgemeinem wirtschaftlichen Interesse**„ eingeführt.

2   Seit 1993 hat sich jedoch das **EP** als erste europäische Institution mit dem Problemkreis der „Dienste von allgemeinem wirtschaftlichen Interesse" beschäftigt und erarbeitete mehrere **Entschließungen**: Entschließung vom 12.02.1993 zur „Rolle des öffentlichen Sektors bei der Vollendung des Binnenmarktes", ABl. C 72; Entschließung vom 06.05.1994 zu „den öffentlichen Unternehmen, Privatisierungen und dem öffentlichen Dienst in der Europäischen Gemeinschaft", ABl. C 205. Die Haltung des EP wird in einem „Fiche thematique sur les service publics" (PE 166.853 vom 23.05.97), erarbeitet von der Arbeitsgruppe des Generalsekretariats zur Regierungskonferenz, zusammengefaßt. Danach verlangt das EP eine Änderung des Vertrages, um ein Recht jeden Bürgers auf gleichen Zugang zu den Diensten von allgemeinem Interesse einzuführen. Weiterhin solle eine „Europäische Charta der Dienstleistungen" erstellt werden. Das EP betonte, daß sich die Gemeinschaft nicht nur auf die Einrichtung eines Wettbewerbsystems konzentrieren, sondern auch die wirtschaftliche und soziale Kohärenz und den Verbraucherschutz beachten solle. Dazu sei eine Neudefinierung der Mittel und Befugnisse der Institutionen der Union erforderlich.

3   Die **Kommission** äußerte sich zum einen in einem Gutachten im Hinblick auf die Regierungskonferenz, „Renforcer l'Union politique et préparer l'élargissement", Kapitel 1 „Une Europe pour le citoyen" (KOM (96) 90 endg.), und konkretisierte ihren Standpunkt in der Mitteilung „Leistungen der Daseinsvorsorge in Europa" (KOM (96) 433 endg.) vom 11.09.96. Die Kommission will darin an die Grundlagen ihrer Politik erinnern und Zielvorgaben für die Zukunft formulieren: Solidarität und Gleichbehandlung in einer offenen und dynamischen Marktwirtschaft seien grundlegende Ziele der EG, wobei die Leistungen der Daseinsvorsorge zu deren Verwirklichung beitragen würden. Der technologische Wandel, die Globalisierung

der Wirtschaft und sich veränderde Nutzererwartungen machten jedoch eine Anpassung der Leistungen erforderlich. Daher schlug die Kommission eine Änderung des Vertrages durch das Hinzufügen eines Buchstabens u) „einen Beitrag zur Förderung der gemeinwohlorientierten Leistungen" zu Art. 3 vor. Diese Hinzufügung sollte nach Ansicht der Kommission erreichen, daß mit Hilfe des programmatischen Art. 3 bekräftigt werden würde, daß die Leistungen der Daseinsvorsorge bereits zu den Handlungsfeldern der EG zählten. Gleichwohl blieben sie in einem Bereich, in dem vornehmlich die Mitgliedstaaten tätig werden.

Der **deutsche Bundesrat** hatte sich in einer Pressemitteilung unter Hinweis **4** auf das Subsidiaritätsprinzip eindeutig gegen eine Kompetenzübertragung an die EU im Bereich der Daseinsvorsorge ausgesprochen. (Pressemitteilung vom 21.02.1997) Zwar wurde die Initiative der Kommission, Aufmerksamkeit auf die Leistungen der Daseinsvorsorge zu lenken, begrüßt, das EG-Recht bietet nach Auffassung des Bundesrats jedoch bereits eine ausreichende Handlungsbefugnis für die Kommission.

Von der **Regierungskonferenz** wurde ein Art. 8 lit. e) vorgeschlagen **5** (CONF/3876/97 vom 16.04.97), der im Rahmen der Unionsbürgerschaft dem Bürger das „gute Funktionieren der Dienste" garantieren sollte.

Auf Vorschlag der **niederländischen Präsidentschaft** wurde von der Re- **6** gierungskonferenz im Rahmen der Vorschriften über die Verwirklichung des Binnenmarktes ein neuer Art. 7 D erörtert (SN 600/97 vom 30.05. 97), der dann kaum geändert als Art. 16 zur Endfassung wurde.

Art. 16 wird ergänzt durch eine **Erklärung in der Schlußakte** des Am- **7** sterdamer Vertrages. In der Erklärung zu Artikel 7d des Vertrags zur Gründung der Europäischen Gemeinschaft heißt es:

Der die öffentlichen Dienst betreffende Artikel 7 d des Vertrags der Europäischen Gemeinschaft wird unter uneingeschränkter Beachtung der Rechtsprechung des Gerichtshofs, u.a. in bezug auf die Grundsätze der Gleichbehandlung, der Qualität und die Dauerhaftigkeit solcher Dienste umgesetzt.

II. Ziele

Art. 16 hebt den Stellenwert der „Dienste von allgemeinem wirtschaftli- **8** chen Interesse innerhalb der gemeinsamen Werte der Union" sowie ihre Bedeutung bei der Förderung des sozialen und territorialen Zusammenhalts hervor.

Im Vorfeld der Vertragsänderung tauchte die Frage der **Beziehung zwi-** **9** **schen den Diensten von allgemeinem wirtschaftlichem Interesse und**

dem Wettbewerbsrecht auf. Im Gegensatz zur Position der Kommission und des EP genügte nach anderer Ansicht das bereits bestehende Regelwerk, insbesondere Art. 86 Abs. 2 (ex-Art. 90 Abs. 2), um ein angemessenes Gleichgewicht zwischen Wettbewerbsfreiheit und den Diensten von allgemeinem Interesse zu erhalten.

Es stellt sich daher die Frage, inwieweit sich die Hinzufügung von Art. 16 auf das Verhältnis zwischen Wettbewerb und Diensten von allgemeinem Interesse auswirkt. Einerseits beginnt Art. 16 mit den Worten „Unbeschadet der Artikel 73, 86 und 87...„. Für *Van Miert* bestätigt diese Erwähnung, daß der neue Art. 16 in keinem Fall als eine Modifikation dieser Anordnungen gesehen werden darf, und daß Art. 16 das Gleichgewicht (zwischen Wettbewerbsfreiheit und Ausnahme der Dienste von allgemeinem wirtschaftichen Interesse) wie es bereits vor Vertragsänderung bestanden hat, unverändert läßt. Dem ist jedoch zu entgegnen, daß ein neuer Art. 16 sicherlich nicht eingefügt worden wäre, wenn er keine Änderung bewirken soll. Nach anderer Ansicht (*Streinz*) wird der Stellenwert der Dienste von allgemeinem Interesse gerade hervorgehoben, um diesen Gesichtspunkt bei der Anwendung des EG-Beihilfenrechts Rechnung zu tragen: zwar werde von den allgemeinen Vorschriften nicht dispensiert, die „besondere Bedeutung" sei aber bei der Rechtfertigung von möglichen Ungleichbehandlungen ein erheblicher Gesichtspunkt, was die Bestimmung klarstelle.

10   Abschließend sei hinzuzufügen, daß sich aus der Stellung von Art. 16 im ersten Teil, „Grundsätze" ergibt, daß der Stellenwert und die Bedeutung der Dienste von allgemeinem Interesse bei jeder Interpretation einer Vertragsvorschrift, sofern relevant, zu berücksichtigen sind.

III. Definition der „Dienste von allgemeinem wirtschaftlichen Interesse"

11   Die Terminologie weicht insofern von Art. 86 Abs. 2 (ex-Art. 90 Absatz 2) ab, als einmal von „Diensten" und ein anderes mal von „Dienstleistungen" die Rede ist. Dennoch ist davon auszugehen, daß diese Begriffe sich inhaltlich decken sollen. Daher kann hier auf die Definition bei der Kommentierung von Art. 86 Abs. 2 verwiesen werden.

12   Die Kommission betont in ihrer Mitteilung „Leistungen der Daseinsvorsorge" (s.o.) in Punkt 16 den Grundsatz der *Freiheit der Mitgliedstaaten*, gemäß Art. 86 (ex-Art. 90) die Leistungen der Daseinsvorsorge festzulegen, den Anbietern dieser Leistungen die erforderlichen besonderen oder ausschließlichen Rechte einzuräumen, die Verwaltung der Leistungen zu regeln und gegebenenfalls deren Finanzierung zu überwachen. Es ist daher

eine Verschiedenheit der Ausprägung der Dienste in unterschiedlichen Mitgliedstaaten möglich.

IV. Kompetenzen

Die Kompetenz in diesem Bereich ist eine auf die EG und die Mitglied-　**13**
staaten **aufgeteilte Kompetenz:** „im Rahmen ihrer jeweiligen Befugnisse".
Es sind daher die allgemeinen Regeln über die Kompetenzverteilung zwischen EG und den Mitgliedstaaten anzuwenden, d.h. der jeweilige Akteur
hat bei seiner Tätigkeit den Stellenwert und die Bedeutung der Dienste von
allgemeinem wirtschaftlichen Interesse entsprechend zu berücksichtigen.
Da es sich hier nicht um eine ausschließliche Kompetenz der EGemeinschaft handelt, kommt das Subsidiaritätsprinzip gem. Art. 5 (ex-Art. 3b)
zum Tragen.

V. Frage nach der unmittelbaren Wirkung

Der Inhalt von Art. 16 ist nicht hinreichend genau bestimmt, so daß von ei-　**14**
ner unmittelbaren Wirkung **nicht** ausgegangen werden kann.

Zweiter Teil
Die Unionsbürgerschaft

Vorbemerkung zu Art. 17–22 (ex-Art. 8–8e)

Literatur: *Bieber*, „Besondere Rechte" für die Bürger der Europäischen Gemeinschaften, EuGRZ 1978, 203ff.; *Blumann*, L'Europe des citoyens, RevMC 1991, 283; *Closa*, The concept of citizenship in the Treaty on European Union, CMLR 1992, 1137; *Conrad*, Bürger Europas in einem Europa der Bürger, in Clever/Schulte (Hrsg.), Bürger Europas, 1995, S. 200; *Evans*, European Citizenship: A novel Concept in EEC Law, AJCL 1984, 679ff.; *Everling*, Auf dem Weg zu einem europäischen Bürger? Aspekte aus rechtswissenschaftlicher Sicht, in: Hrbek, Bürger und Europa, 1994, S. 49; *Everling*, Die Stellung des Bürgers in der Europäischen Gemeinschaft, ZfRV 1992, 241; *Fischer*, Die Unionsbürgerschaft, EuZW 1992, 566; *Fischer*, Die Unionsbürgerschaft, Vorträge, Reden und Berichte des Europa-Instituts der Universität des Saarlandes, Nr. 269, 1992; *Hall*, Nationality, Migration Rights and Citizenship of the Union, 1995; *Hilf*, Ein Grundrechtskatalog für die Europäische Gemeinschaft, EuR 1991, S. 19; *Hilf*, Die Union und die Bürger, Nicht viel Neues, aber immerhin, integration 4/1997, S. 247; *Hilf*, Amsterdam – Ein Vertrag für die Bürger?, EuR 1997; *Hrbek*, Staatsbürger – Unionsbürger: Konkurrenz oder Komplementarität, in: Hrbek (Hrsg.), Bürger und Europa, 1994, S. 119; *Kovar/Simon*, La citoyenneté européenne, CDE 1993, 285; *Magiera*, Die Europäische Gemeinschaft auf dem Wege zu einem Europa der Bürger, DÖV 1987, 221; *Magiera*, Politische Rechte im Europa der Bürger, ZRP 1987, 331; *Monar*, Auf dem Weg zu einem europäischen Bürger? Aspekte aus politikwissenschaftlicher Sicht, in Hrbek (Hrsg.), Bürger und Europa, 1994, S. 67; *Nicolaysen*, Der Nationalstaat klassischer Prägung hat sich überlebt, in Due/Lutter/Schwarze, FS Everling, Bd. II, 1995, S. 945; *Pechstein/Bunk*, Das Aufenthaltsrecht als Anfangsrecht – Die fehlende unmittelbare Anwendbarkeit sowie die Reichweite des Art.8a Abs. 1 EGV, EuGRZ 1997, 547; *Randelzhofer*, Marktbürgerschaft, Unionsbürgerschaft, Staatsbürgerschaft, in: Randelzhofer/Scholz/Wilke (Hrsg.), GS Grabitz, 1995, S. 581; *Ress/Stein* (Hrsg.), Der diplomatische Schutz im Völker- und Europarecht, 1966; *Schulz*, Freizügigkeit für Unionsbürger, 1997; *Sørensen*, The Exclusive European Citizenship, 1997; *Weidenfeld*, Der Schutz der Grundrechte in der Europäischen Gemeinschaft, Bonn 1992; *Zuleeg*, Die Charta der Rechte des Bürgers der Europäischen Gemeinschaft, in v. Münch (Hrsg.), Staatsrecht, Völkerrecht, Europarecht, FS Schlochauer, 1981, S. 983.

Seit dem Vertrag von Maastricht gibt es im EGV ein eigenes Kapitel über die Unionsbürgerschaft (Art. 17–22, ex-Art. 8–8e). Die **hervorgehobene Stellung** der einschlägigen Bestimmungen zu Beginn des Vertrags, insoweit vergleichbar mit dem Grundrechtskatalog in Art. 1 bis 19 GG, macht die Unionsbürgerschaft zu einem Kernstück der europäischen Einigung (*Hilf* in Grabitz/Hilf, Art. 8 Rn. 39) und verdeutlicht den damit gewollten   **1** eigenen Rechtsgehalt (s. Art. 17 Rn. 6). Gleichwohl ist das Kapitel über die Unionsbürgerschaft nur ein Teil der vertraglichen Regelungen im weiteren Kontext eines „**Europa der Bürger**". Die Zielbestimmung des Art. 2 (ex-Art. B) EUV geht weiter, indem sie die Stärkung des Schutzes der **Rechte** und **Interessen** der Angehörigen der Mitgliedstaaten „durch Einführung einer Unionsbürgerschaft" im Auge hat. Inhalt des Kapitels über die Unionsbürgerschaft ist das Aufenthaltsrecht, das Kommunal- und Europawahlrecht, das Petitionsrecht und der diplomatische und konsularische Schutz in Drittstaaten. Der Vertrag von Amsterdam hat das Recht auf Information hinzugefügt (Art. 21 Satz 3; ex-Art. 8d). Diese Rechte sowie die aufgrund der **Evolutivklausel** des Art. 22 (ex-Art. 8e) Abs. 2 EGV programmierte Fortentwicklung der Unionsbürgerschaft liegen in der Sphäre individueller Rechtsansprüche und sind stärker, als die in Art. 2 (ex-Art. B) EUV ebenfalls angesprochenen Interessen. Die Kommission legt regelmäßig Berichte über die Unionsbürgerschaft vor. Sie hat dabei die Ansicht vertreten, das Konzept der Unionsbürgerschaft sei von geringer praktischer Bedeutung, teils aufgrund administrativer Schwierigkeiten, so z.B. beim Aufenthaltsrecht, teils aufgrund mangelnder Inanspruchnahme, so beim Wahlrecht. Diese Kritik scheint überzogen.

2   Der Schutz von **Interessen** deckt ein wesentlich weiteres Feld ab als die einzelnen qua Unionsbürgerschaft explizit geschützten Individualrechte. Eine ganze Reihe von Gemeinschaftsbefugnissen haben den Schutz von Interessen im Auge, so z.B. die Befugnisse auf den Gebieten der Gesundheit, des Verbraucherschutzes, der Bildung, Jugend und Kultur. Aufgrund des Vertrags von Maastricht hatte die Gemeinschaft die Befugnis erhalten, auf diesen Gebieten Programme zu entwickeln (Art. 149–153, ex-Art. 126–129a). So lassen das europaweite Studentenaustauschprogramm Erasmus, neuerdings Socrates oder das Aids-Bekämpfungsprogramm der EG deutlich die Zielrichtung des Interessenschutzes erkennen, auch wenn der Einzelne keinen einklagbaren Anspruch auf Teilhabe an solchen Programmen hat. Diese Programme sind im Kontext der integrationspolitischen Zielsetzung eines „Europa der Bürger" zu sehen. Dies gilt auch für Aktionen, wie z.B. die Errichtung einer zentralen Stelle zur Bekämpfung von Rassismus und Fremdenfeindlichkeit oder die Ausrufung des Jahres 1997 zum Europäischen Jahr gegen Rassismus. Im Vertrag von Amsterdam wurde diese Perspektive weiter verfolgt. Ein Kapitel über Beschäftigung wurde in den EGV eingefügt (Art. 125–130, ex-Art. 109n–s). In der Präambel des EUV wurden die Bedeutung sozialer Grundrechte, der Umweltschutz und die Förderung der Freizügigkeit unter gleichzeitiger Gewährleistung der Sicherheit der Bürger durch Aufbau eines Raumes der Freiheit, der Sicherheit

und des Rechts unterstrichen. In die Präambel des EGV wurde die Aussage eingefügt, den Wissensstand der Bevölkerung durch Bildung und Weiterbildung zu steigern. Durch eine gemeinsame Erklärung haben die Mitgliedstaaten die Bedeutung von Gemeinschaftsaktivitäten auf dem Gebiet des Sports für die Bürger der EU bekräftigt (Erkl. Nr. 29), ferner durch die Erklärung zu freiwilligen Diensten (Erkl. Nr. 38). Charakteristikum aller dieser Elemente ist, daß sie **keine unmittelbar einklagbaren Ansprüche** begründen, jedoch im Streitfall bei der Beurteilung der Vertragskonformität einer Gemeinschaftsmaßnahme als **Auslegungskriterien** heranzuziehen sind, wenn solche Maßnahmen aus anderem Anlaß zum Gegenstand einer rechtlichen Auseinandersetzung gemacht werden.

In losem Zusammenhang mit der Unionsbürgerschaft sind ferner **Individualrechte** zu sehen, die der Vertrag enthält, **ohne sie systematisch der Unionsbürgerschaft zuzuordnen**, die aber gleichwohl die Rechtssphäre des Einzelnen in Gemeinschaftsangelegenheiten erweitern. Die Mitgliedstaaten haben diesen Weg zunehmend seit dem Vertrag von Maastricht beschritten, indem sie über die ursprüngliche Systematik des EGV der Institutionalisierung der vier Marktfreiheiten hinausgehen; dabei ist nicht zu verkennen, daß bereits hierdurch individuelle Beteiligungsrechte geschaffen worden waren (*Everling* in Hrbek S. 49). Diese Rechte sind als Reflex der institutionalisierten Freiheiten entstanden. Erst der Vertrag von Maastricht hat aber **individuelle Bürgerrechte originärer Art** begründet, am deutlichsten mit der Unionsbürgerschaft. Der Vertrag von Amsterdam enthält Fortentwicklungen, weniger auf dem in Maastricht vorgezeichneten Weg der Erweiterung des Kapitels über die Unionsbürgerschaft mittels der Evolutivklausel des Art. 22 (ex-Art. 8e), wenn man von dem Informationsrecht des Art. 21 (ex-Art. 8d) Satz 3 absieht, als vielmehr durch eigenständige Verankerung im Vertrag an anderer Stelle. Ein Beispiel hierfür ist das **Diskriminierungsverbot** (Art. 13, ex-Art. 6a), das nicht nur wie bisher Diskriminierungen aus Gründen der Staatsangehörigkeit verbietet, sondern auch aus Gründen des Geschlechts, der Rasse, der ethnischen Herkunft, der Religion oder der Weltanschauung, einer Behinderung, des Alters oder der sexuellen Ausrichtung. Allerdings beschränkt sich die Regelungsbefugnis der EG in diesem Zusammenhang auf die Möglichkeit, Diskriminierungen aus Gründen der Staatsangehörigkeit zu verbieten (Art. 12 Satz 2, ex-Art. 6). Gleichwohl ist der Katalog des Art. 13 (ex-Art. 6a) eine erhebliche Erweiterung gegenüber den bisher eher zaghaften Ansätzen im EGV, so z.B. das schon bisher geltende **Gebot gleichen Entgelts bei gleicher Arbeit für Mann und Frau** (Art. 141, ex-Art. 119). In diesem Zusammenhang ist auch Art. 3 Abs. 2 zu erwähnen, wonach die EG bei allen ihren Aktivitäten gehalten ist, Ungleichheiten zu beseitigen und die Gleichstellung von Männern und Frauen zu fördern; eine Vorgabe, die auf der Grenze zwischen Rechtsanspruch und Zielsetzung anzusiedeln sein dürfte. Ähnliches dürfte für den **Datenschutz** gelten (Art. 286, ex-Art. 213b). Bestimmungen mit unmittelbaren Bürgerbezug finden sich schließlich in dem Kapitel über **Visa, Asyl, Einwanderung und freien Personenverkehr,** dessen Gegenstand die Einbeziehung der bisher intergouvernementalen Schengen-Vereinbarungen in den EGV ist (Art. 61–69, ex-Art. 73i–q). Auch hier enthält der Vertrag keinen direkten Bezug zur Unionsbürgerschaft, obwohl inhaltlich ein solcher Zusammenhang besteht. So ist der Rat künftig gehalten sicherzustellen, daß Bürger der Union beim Überschreiten der Binnengrenzen nicht kontrolliert werden (Art. 62 Ziff. 1, ex-Art. 73j). Hieraus ergibt sich ein Recht auf freien Grenzübertritt. Das **Recht auf Zugang zu den Dokumenten** des EP, des Rates und der Kommission, das durch Art. 255 (ex-Art. 191a) nach Amsterdam neu in den EGV gekommen ist und das jedem Unionsbürger zusteht, hätte systematisch ohne weiteres im Kapitel über die Unionsbürgerschaft seinen Platz finden können und ist auch so formuliert. Allen diesen im EGV enthaltenen Rechten ist gemeinsam, daß sie sich auf **Gemeinschaftsaktivitäten** erstrecken, d.h. **nicht auf die GASP und die Innen- und Justizpolitik,** soweit diese intergouvernemental verfolgt werden. Diese Einschränkung ist wichtig, wenn man sich z.B. vergegenwärtigt, daß im Zuge der GASP künftig beispielsweise EU-weit eine Vorschrift zur Wehrpflicht entwickelt würde, für die dann die weitreichenden Diskriminierungsverbote des Art. 13 (ex-Art. 6a) nicht gelten würden, es sei denn soweit sie als Ausdruck allgemeiner Grundsätze des Gemeinschaftsrechts zu verstehen wären (Art. 6 Abs. 2 [ex-Art. 7 Abs. 2] EUV).

4   Der Vertrag von Amsterdam erlaubt die verstärkte Zusammenarbeit von Mitgliedstaaten, die hierzu rascher bereit sind als andere Mitgliedstaaten (Art. 11, ex-Art. 5a). Unter den zahlreichen Einschränkungen, die für diese **Flexibilisierungsklausel** gelten, befindet sich u.a. die Vorgabe, daß ein solches Vorgehen nicht die Unionsbürgerschaft betreffen und keine Diskriminierung zwischen Staatsangehörigen der Mitgliedstaaten bedeuten darf (Art. 11 [ex-Art. 5a] Abs. 1 c). Jedoch werden aus einer engeren Zusammenarbeit einzelner Mitgliedstaaten zwangsläufig abgestufte Rechte entstehen (so *Hilf* in Grabitz/Hilf, Art. 8 Rn. 35). Daher wird man die Einschränkung des Art. 12 (ex-Art. 6) vor allem als politische Aufforderung an die Mitgliedstaaten verstehen müssen, Regelungen möglichst zu vermeiden, die zu unterschiedlichen Rechtsfolgen für die Unionsbürger führen; andernfalls würde Art. 11 (ex-Art. 5a) von vornherein entweder leerlaufen oder wäre von vornherein unanwendbar. Bereits de lege lata sind Unter-

schiede im Rechtsstatus gegeben und von den Mitgliedstaaten auch ausdrücklich anerkannt, so z.B. im Protokoll zum Vertrag von Amsterdam hinsichtlich des Schengen-Besitzstandes, in dem die Vertragsparteien die Ausnahmen für Großbritannien und Irland, insbesondere die Beibehaltung der Personenkontrollen sowie – wenn auch in geringerem Maße – für Dänemark festgehalten haben (Protokoll-Nr. 3–5 zum EUV). Unter Hinweis auf die Unionsbürgerschaft haben die Mitgliedstaaten in einem weiteren Protokoll zum Vertrag von Maastricht den Anspruch auf Asyl untereinander grundsätzlich ausgeschlossen (Protokoll-Nr. 20 zum EGV).

Art. 17 (ex-Art. 8) (Unionsbürgerschaft)

(1) Es wird eine Unionsbürgerschaft eingeführt. Unionsbürger ist, wer die Staatsangehörigkeit eines Mitgliedstaats besitzt. Die Unionsbürgerschaft ergänzt die nationale Staatsbürgerschaft, ersetzt sie aber nicht.

(2) Die Unionsbürger haben die in diesem Vertrag vorgesehenen Rechte und Pflichten.

I. Normzweck

Mit dem EUV wurde die **Unionsbürgerschaft** eingeführt. Die Staatsangehörigen der Mitgliedstaaten erhalten gemeinschaftsweites Aufenthaltsrecht (Art. 18, ex-Art. 8a), aktives und passives Wahlrecht zum EP und zu Kommunalwahlen am Wohnsitz (Art. 19, ex-Art. 8b), diplomatischen und konsularischen Schutz in Drittländern (Art. 20, ex-Art. 8c) und das Recht, sich mit Petitionen an das EP und mit Beschwerden an den Bürgerbeauftragten zu wenden (Art. 21 [ex-Art. 8d] i.V.m. Art. 194, 195 [ex-Art. 138d–138e]). Der Vertrag von Amsterdam hat das Recht auf Information hinzugefügt (Art. 21 Satz 3, ex-Art. 8d). Die Weiterentwicklung des **Rechtskatalogs** ist über eine Evolutivklausel möglich (Art. 22, ex-Art. 8e). Hierzu reicht ein einstimmiger Ratsbeschluß und die Annahme nach den verfassungsrechtlichen Bestimmungen der Mitgliedstaaten aus. Einer Vertragsänderung bedarf es nicht.

1

II. Anknüpfung an die nationale Staatsangehörigkeit

Wenn auch der EGV besagt, daß eine Unionsbürgerschaft eingeführt wird, so sagt er doch zugleich, daß Unionsbürger ist, wer die **Staatsangehörigkeit** eines Mitgliedstaats besitzt. Die **Unionsbürgerschaft** ist daher **kein selbständiger Rechtsstatus, sondern akzessorisch.** Die Staatsangehörigkeit eines Mitgliedstaats ist unverzichtbare Voraussetzung für die Unions-

2

bürgerschaft (Art. 17 Abs. 1 Satz 2). Erwerb und Verlust der Unionsbürgerschaft hängen von der nationalen Staatsangehörigkeit ab. Die Unionsbürgerschaft tritt nicht an die Stelle der nationalen Staatsangehörigkeit, sie tritt auch nicht eigenständig neben die nationale Staatsangehörigkeit. Dies wird durch einen Zusatz im Vertrag von Amsterdam klargestellt, der besagt, daß die Unionsbürgerschaft eine Ergänzung der nationalen Staatsbürgerschaft darstellt (Art. 17 Abs. 1 Satz 3). Hiermit wird auch deutlich, daß die EU keine Staatsqualität hat. Eine Treuepflicht, wie sie das BVerfG für die deutschen Staatsangehörigen formuliert hat (BVerfGE 37, 217, 255), wird nicht begründet. Die Unionsbürgerschaft kann allenfalls als Vorstufe zu einer europäischen Staatsangehörigkeit bzw. als Vorstufe für einen europäischen Grundrechtskatalog (so eher *Hilf* in Grabitz/Hilf, Art. 8 Rn. 66) angesehen werden, ohne daß sich derzeit hieraus irgendwelche Rechtsfolgen herleiten lassen. Die insoweit im Verfahren der Verfassungsbeschwerde vor dem **BVerfG** vorgebrachten Einwände wie auch anfangs ähnliche Befürchtungen in Dänemark, die darauf hinauslaufen, der Vertrag von Maastricht führe zur Entstaatlichung, verkennen die Tragweite der Art. 17 ff.

3   In einer von den Mitgliedstaaten bei Unterzeichnung des Vertrags von Maastricht abgegebenen **Erklärung** (BT-Drs. 12/3334, 73) wird klargestellt, daß die Frage der **Staatsangehörigkeit** allein von den Mitgliedstaaten und durch ihr **innerstaatliches Recht** geregelt wird. Die Frage des Besitzes der nationalen Staatsangehörigkeit, die vor Inanspruchnahme von Rechten aus der Unionsbürgerschaft zu klären ist, ist somit keine Frage des Gemeinschaftsrechts. Dies ist wichtig insbesondere auch für die Bundesrepublik Deutschland und den weiten Staatsangehörigkeitsbegriff des Art. 116 GG, aber auch für Länder wie Großbritannien, die zwischen Staatsangehörigkeit im engeren Sinn und Zugehörigkeit zum Commonwealth unterscheiden, und nicht zuletzt für Staaten wie Dänemark, das – nach dem Ausscheiden von Grönland – nicht mit seinem gesamten Staatsgebiet der EG angehört. Die Frage ist auch für andere vom EGV geregelte Bereiche von Bedeutung, wenn dort auf die Staatsangehörigkeit abgestellt wird, sei es in negativer Weise, so namentlich beim Diskriminierungsverbot des Art. 12 (ex-Art. 6), sei es in positiver Weise, so z.B. wenn Art. 213 (ex-Art. 157) Abs. 1 Satz 3 besagt, daß nur Staatsangehörige der Mitgliedstaaten der Kommission angehören können.

4   Die Rechtsnatur der Unionsbürgerschaft ist auf dem Europäischen Rat in Edinburgh im oben beschriebenen Sinne definiert worden, was **Dänemark** die Durchführung eines zweiten, am 18.6.1993 positiv verlaufenen **Referendums** ermöglicht hat. In den Schlußfolgerungen des Europäischen Rates vom 11/12.12.1992 heißt es in dem „Dänemark und der Vertrag über die

Europäische Union" überschriebenen Teil zur Unionsbürgerschaft: „Die
Bestimmungen der Unionsbürgerschaft treten in keiner Weise an die Stelle
der nationalen Staatsbürgerschaft. Die Frage, ob eine Person die Staatsan-
gehörigkeit eines Mitgliedstaats besitzt, wird einzig und allein auf der
Grundlage des innerstaatlichen Rechts des betreffenden Mitgliedstaats ge-
regelt" (Bulletin 92, 1290). Allerdings haben nach der Rechtssprechung des
EuGH die Mitgliedstaaten hinsichtlich des Erwerbs und des Verlusts der
Staatsangehörigkeit das Gemeinschaftsrecht zu beachten. Dies ist insbe-
sondere wichtig in Fällen doppelter Staatsangehörigkeit (EuGH, C-369/90,
Micheletti, Slg. 1992, I–4239/4262 Rn. 10 – argentinisch/italienischer
Staatsangehörigkeit).

III. Rechtliche Tragweite

Art. 17 Abs. 2 faßt den Rechtskatalog der Art. 18 ff. (ex-Art. 8a ff.) dahin   **5**
zusammen, daß die Unionsbürger die im EGV vorgesehenen Rechte und
Pflichten haben. Die Unionsbürgerschaft ist ein Status, aufgrund dessen
dem **Unionsbürger** der im EGV spezifizierte zusätzliche Schutz und die
dort aufgeführten zusätzlichen Rechte gewährt werden. Diese Rechte stellen noch **keinen Grundrechtskatalog** dar, wie er in der europapolitischen
Diskussion, insbesondere um eine europäische Verfassung, gefordert wird.
Eine Aussage zum Grundrechtsschutz trifft der EUV in Art. 6 Abs. 2 (ex-
Art. F Abs. 2). Danach wird die EU, d.h. nicht nur die EG mit ihren Organen, an die Grundrechte gebunden, wie sie sich aus der EMRK und den gemeinsamen Verfassungsüberlieferungen der Mitgliedstaaten als allgemeine
Grundsätze des Gemeinschaftsrechts ergeben, womit der Rechtsprechung
des EuGH zum Grundrechtsschutz Rechnung getragen wurde.

Die rechtliche Tragweite der Art. 17 ff. beschränkt sich nicht auf eine Wie-   **6**
derholung der an anderer Stelle im EGV enthaltenen Regelungen. Die Unionsbürgerschaft besteht zwar in ihren konkreten Ausgestaltungen gemäß
Art. 17–21 aus den Regelungen, die sich aus dem EGV, aus den nach dem
EGV erlassenen bzw. noch zu erlassenden Durchführungsbestimmungen
und auszuhandelnden Vereinbarungen ergeben. Gleichwohl ist die **Unionsbürgerschaft nicht nur deklaratorischer Natur.** Sie hat einen **eigenen
Rechtsgehalt** insoweit, als allein der Status als Unionsbürger die im EGV
vorgesehenen Rechte und Pflichten eröffnet (Art. 17, Abs. 2, ex-Art. 8 Abs.
2). Dies führt etwa im Bereich des allgemeinen Diskriminierungsverbots
des Art. 12 (ex-Art. 6) dazu, daß sich ein Unionsbürger in allen vom sachlichen Anwendungsbereich des EGV erfaßten Fällen auf Art. 12 (ex-Art. 6)
berufen kann, und zwar unabhängig davon, ob er eine wirtschaftliche Tätig-

keit ausübt oder nicht (vgl. EuGH, C-85/96, Matínez Sala/Freistaat Bayern, Slg. 1998, I–2691). Über Art. 17 Abs. 2 (ex-Art. 8 Abs. 2) iVm. Art. 12 (ex-Art 6) wird folglich ein allgemeines Diskriminierungsverbot gewährleistet, das allen Unionsbürgern allein über die Unionsbürgerschaft vermittelt wird. Die Anerkennung eines eigenen Rechtsgehalts kann darüber hinaus vor allem dann von Bedeutung sein, wenn die vorgesehenen Durchführungsbestimmungen nicht in den vertraglich gesetzten Fristen zustande kommen und diese erheblich überschritten werden.

7   Die Tatsache, daß die Regelungen über die Unionsbürgerschaft ihren Platz im EGV, und nicht in den intergouvernementalen Teilen des EUV gefunden haben, hat rechtliche Relevanz. Die Nichteinhaltung und Nichtbefolgung von Rechten aus der Unionsbürgerschaft kann im Prinzip vor dem **EuGH** geltend gemacht werden. Die Gewährleistung individueller Rechte erfordert eine wirksame gerichtliche Kontrolle. Dies gilt auch für diejenigen Komponenten der Unionsbürgerschaft, die von der Sache eher als intergouvernemental einzustufen wären, wie z.b. das Kommunalwahlrecht am Wohnsitz (Art. 19 Abs. 1, ex-Art. 8b) und den diplomatischen und konsularischen Schutz in Drittstaaten (Art. 20, ex-Art. 8c).

Art. 18 (ex-Art. 8a) (Freizügigkeit)

(1) Jeder Unionsbürger hat das Recht, sich im Hoheitsgebiet der Mitgliedstaaten vorbehaltlich der in diesem Vertrag und in den Durchführungsvorschriften vorgesehenen Beschränkungen und Bedingungen frei zu bewegen und aufzuhalten.

(2) Der Rat kann Vorschriften erlassen, mit denen die Ausübung der Rechte nach Absatz 1 erleichtert wird; sofern in diesem Vertrag nichts anderes bestimmt ist, beschließt er gemäß dem Verfahren des Artikels 251. Der Rat beschließt im Rahmen dieses Verfahrens einstimmig.

I. Normzweck

Art. 18 regelt das **Freizügigkeits- und Aufenthaltsrecht** der Personen, die   **1**
nicht schon infolge ihrer wirtschaftlichen Tätigkeit aufgrund anderer Vorschriften des EGV berechtigt waren, sich als Arbeitnehmer zum Zweck der
Arbeitsaufnahme (Art. 39, ex-Art. 48) oder der freiberuflichen bzw. gewerblichen Niederlassung (Art. 43, 49, ex-Art. 52, 59) frei in der EG zu bewegen und einen Wohnsitz oder Firmensitz zu begründen. Aufbauend auf
den langjährigen Bemühungen, ein **Europa der Bürger** zu schaffen, will
Art. 18 auch dem Personenkreis der **nicht erwerbstätigen** Unionsbürger
das Aufenthaltsrecht geben. **Freizügigkeit und Aufenthaltsrecht** nach
Art. 18 begründen jedoch **kein** unmittelbar anwendbares **Individualrecht**.
Vielmehr bestehen diese Rechte nur vorbehaltlich der im EGV und in den
Durchführungsbestimmungen vorgesehenen **Beschränkungen und Bedingungen**. Hiermit ist auf das Sekundärrecht verwiesen, d.h. Freizügigkeit
und Aufenthaltsrecht bestehen nur nach Maßgabe des Sekundärrechts
(**a. M.** *Hilf* in Grabitz/Hilf, Art. 8a Rn. 1).

II. Rechtliche Tragweite

1. Allgemeine Grundsätze

Freizügigkeit und Aufenthaltsrecht ergeben sich im einzelnen aus **3 Auf-**   **2**
enthaltsrichtlinien, nämlich der
– **RL** über das **Aufenthaltsrecht** (RL 90/364/EWG – ABl. 1989 C 191/5
  und ABl. 1990 C 26/22)
– **RL** über **das Aufenthaltsrecht der aus dem Erwerbsleben ausge-**
  schiedenen Arbeitnehmer und selbständig Erwerbstätigen (RL
  90/365/EWG – ABl. 1989 C 191/3 und ABl. 1990 C 26/19)
– **RL** über das **Aufenthaltsrecht der Studenten** (RL 93/96/EWG – ABl.
  1993 L 317/59).
Eine allgemeine Freizügigkeit besteht also noch nicht. Zwar werden nahezu alle in Frage kommenden Unionsbürger erfaßt, jedoch sehen die Richtlinien vor, daß die Aufenthaltskosten sichergestellt sein müssen. Der Nachweis **ausreichender Existenzmittel** und einer **Krankenversicherung** ist
erforderlich, um die öffentlichen Kassen des Aufenthaltsstaats von möglichen Belastungen frei zu halten. Sind diese Voraussetzungen erfüllt, besteht
das Aufenthaltsrecht. Eine von den Behörden erteilte **Aufenthaltserlaubnis**
hat dann nur noch **deklaratorischen** Charakter.
Schwierigkeiten, die in der Praxis noch bestehen, beruhen weniger auf ei-   **3**
nem unzureichenden Rechtsrahmen als vielmehr auf verzögerter oder in-

korrekter Anwendung des Gemeinschaftsrechts in den Mitgliedstaaten. Die Umsetzung muß nicht nur formal fristgerecht erfolgen, sondern auch in der notwendigen Konkretheit und Klarheit, um die Rechtssicherheit und die Anwendung im Einzelfall zu gewährleisten (EuGH, C-96/95, KOM/ Deutschland, Slg. 1997, I–1653). Deutschland hat die Konsequenzen aus diesem Urteil gezogen und die drei Richtlinien am 17.07.1997 durch VO des BMI (Freizügigkeitsverordnung/EU-BUBl. 1997 I S. 1810) umgesetzt. Die Jahresberichte der Kommission geben einen Einblick in eine Reihe von Unzulänglichkeiten bei der Gewährleistung des Aufenthaltsrechts in den Mitgliedstaaten (ABl. 1997 C 332/29; ABl. 1998 C 250/23). Beispiele betreffen den Nachweis des Lebensunterhalts von Studenten (in Spanien, Frankreich, Italien), des Auskommens von Rentnern und Nichterwerbstätigen (in Frankreich, Italien), ausreichender Krankenversicherung (ebenfalls Frankreich, Italien), begrenzte Aufenthaltsgenehmigungen auf 6 Monate oder 2 Jahre (Spanien, Portugal), überzogene Nachweisanforderungen (Frankreich), hohe Gebühren für Familienangehörige von Unionsbürgern aus Drittstaaten (Griechenland) bzw. mangelnde Unterstützung bei Visaanträgen (Belgien); vgl. hierzu auch Urteile des EuGH im Kontext der Arbeitnehmerfreizügigkeit gegen Belgien wegen unzulässiger zeitlicher Aufenthaltsbeschränkung und Gebührenerhebung (EuGH, C-135/96, KOM/ Belgien, Slg. 1997, I–1061) und gegen Deutschland wegen Ungleichbehandlung hinsichtlich des Bußgelds bei Verstößen gegen die Ausweispflicht (EuGH, C-24/97, KOM/Deutschland, Slg. 1998, I–2133).

4　Die Richtlinien gelten nicht für Staatsangehörige von **Drittstaaten**, die sich rechtmäßig in einem Mitgliedstaat aufhalten. Diesem Personenkreis kann aber ein Rechtsstatus eingeräumt werden, kraft dessen Drittstaatler EU-weit Reisefreiheit genießen und sich in allen Mitgliedstaaten aufhalten dürfen (vgl. Art. 62 Ziff. 3, Art. 63 Ziff. 4 – ex-Art. 73j und k).

2. Rechtsgrundlage

5　Art. 18 klärt die zwischen Rat einerseits und Kommission und EP andererseits streitige Rechtsfrage der richtigen **Rechtsgrundlage** für das Aufenthaltsrecht, das der Rat in Art. 308 (ex-Art. 235) und Kommission und EP im Diskriminierungsverbot des Art. 12 (ex-Art. 6) gesehen hatten. Die Frage ist anhand der Studentenrichtlinie vom **EuGH** im Sinne der Kommission und des EP entschieden worden (EuGH, C-295/90, EP/Rat, Slg. 1992, I–4193). Die Kommission legte daraufhin einen neuen Vorschlag vor, der auf Art. 12 (ex-Art. 6) gestützt war, inhaltlich aber praktisch deckungsgleich mit der bisherigen Richtlinie war und die der Rat am 24.10.1993 beschlossen hat (RL 93/96/EWG; ABl. 1993 L 317/59).

Art. 18 stellt eine **eigenständige Rechtsgrundlage** dar. Aufgrund dieser   **6**
Klarstellung im Vertrag von Amsterdam werden Vorhaben zur Weiterentwicklung des geltenden Aufenthaltsrechts künftig im Verfahren der Mitentscheidung gemäß Art. 251 (ex-Art. 189b) beschlossen. Es muß wie bisher
ein Kommissionsvorschlag zugrunde liegen oder, soweit es um Drittstaatler
geht, eine Initiative eines Mitgliedstaats (Art. 67, ex-Art. 730). Zur Verabschiedung bedarf es eines **einstimmigen Ratsbeschlusses.** Hinzukommen
muß die **Zustimmung des EP,** dessen Stellung auf diese Weise gegenüber
dem früheren Rechtszustand erheblich gestärkt wird. Allerdings kommt im
Einstimmigkeitserfordernis die Vorsicht der Mitgliedstaaten hinsichtlich
weiterer Liberalisierungsschritte in diesem Bereich zum Ausdruck.

Der Rat kann die Ausübung der Freizügigkeits- und Aufenthaltsrechte   **7**
gemäß Art. 18 Abs. 2 erleichtern, dh. nur **erweitern.** Er kann sie nicht einschränken. Dies bedeutet eine **Festschreibung** des status quo im Sinne **eines Mindeststandards.** Hinter den erreichten Integrationsstand kann künftig nicht mehr zurückgegangen werden. Dies entspricht dem Grundgedanken der europäischen Einigung, wie er in der Präambel des EGV zum Ausdruck kommt, einen immer engeren Zusammenschluß der europäischen
Völker zu schaffen. Soweit Vorschriften an anderer Stelle des EGV Einschränkungen erlauben (hierzu *Hilf* in Grabitz/Hilf, Art. 8a Rn. 15), so dürfen sie nicht soweit gehen, den Rechtsgehalt, den Art. 18 gemeinsam mit
dem dazugehörigen Sekundärrecht darstellt, auszuhöhlen.

3. RL über das Aufenthaltsrecht der Studenten

Die **RL über das Aufenthaltsrecht der Studenten** hatte ihre rechtliche   **8**
Begründung in einem Zusammenwirken des Diskriminierungsverbots
(Art. 12, ex-Art. 6) und der Förderungsmöglichkeit der EG im Bereich der
beruflichen Bildung (Art. 149, ex-Art. 126). Nach der Rechtsprechung des
EuGH verbietet sich hinsichtlich des Zugangs zu Bildungseinrichtungen eine unterschiedliche Behandlung zwischen den Angehörigen der Mitgliedstaaten (vgl. die Erläuterungen zu Art. 149). Um den Zugang zur Bildung
sicherzustellen, bedurfte es der Festlegung des Aufenthaltsrechts der Studenten. Voraussetzung ist hierbei neben dem Nachweis der erforderlichen
Mittel die **Einschreibung bei einer Hochschule.** Ein Anspruch auf Studi-
enbeihilfen, entsprechend etwa dem deutschen BAföG, besteht im Aufenthaltsstaat nicht (EuGH, C-357/89, Raulin, Slg. 1992, I–1027). Jedoch gilt
im gleichen Maße wie für Staatsangehörige des Aufenthaltsstaats Befreiung
von den Studiengebühren. Das Aufenthaltsrecht der Studenten umfaßt auch
den Aufenthalt des Ehegatten und der unterhaltsberechtigten Kinder. Durch

den **EWR-Vertrag** wird der Geltungsbereich der Studentenrichtlinie auf die Staaten des Europäischen Wirtschaftsraums erweitert.

4. RL über das Aufenthaltsrecht der Nichterwerbstätigen

9   **Rechtsgrundlage** für die RL über das **Aufenthaltsrecht der aus dem Erwerbsleben ausgeschiedenen Arbeitnehmer und selbständigen Erwerbstätigen** war bisher die Auffangbefugnis (Art. 308, ex-Art. 235), allerdings in engem Zusammenhang mit den Vorschriften über die Freizügigkeit der Arbeitnehmer und der selbständig Erwerbstätigen (Art. 39, Art. 43; ex-Art. 48, Art. 52). **Künftig** wird Rechtsgrundlage für das Aufenthaltsrecht dieses Personenkreises ebenfalls Art. 18 sein. Hinsichtlich ihrer Anforderungen ist die RL ähnlich konzipiert wie die Studentenrichtlinie. Der Nachweis der erforderlichen Lebenshaltungskosten wird allerdings dadurch erleichtert, daß nach dem Gemeinschaftsrecht Alters- und Invalidenrenten auch an Empfänger mit Wohnsitz in einem anderen Mitgliedstaat als dem Sitz des Rententrägers zu überweisen sind.

5. RL über das Aufenthaltsrecht

10   **Rechtsgrundlage** für die RL über das **Aufenthaltsrecht** generell war bisher gleichfalls die Auffangbefugnis (Art. 308, ex-Art. 235), in enger Verbindung mit der Herstellung des freien Personenverkehrs im Binnenmarkt (Art. 14, ex-Art. 7a). **Künftig** wird auch für diesen Personenkreis Art. 18 die Rechtsgrundlage sein. Die RL über das Aufenthaltsrecht generell hat die Funktion der Lückenschließung. Sie kommt zum Tragen, wenn andere Bestimmungen des EGV oder die RLen über das Aufenthaltsrecht der Studenten und das Aufenthaltsrecht der Nichterwerbstätigen nicht anwendbar sind. Auch hier besteht das Erfordernis des Nachweises ausreichender Mittel für die Lebenshaltung.

III. Beseitigung der Personenkontrollen an den Binnengrenzen

11   **Rechtsgrundlage für die Beseitigung der Personenkontrollen an den Binnengrenzen** im Rahmen der Gemeinschaftsgesetzgebung wird künftig Titel IV über Visa, Asyl, Einwanderung und andere Politiken betr. den freien Personenverkehr sein, der in Amsterdam in den EGV eingefügt wurde. Bedeutsam ist in diesem Zusammenhang die Einbeziehung des Schengen-Besitzstands in den Rahmen der EU (*Hilf*, NJW 1998, 707), wodurch der bisher intergouvernementale Charakter der Schengen-Vereinbarungen abgelöst und der Weg für eine gemeinschaftliche Regelung des freien Perso-

nenverkehrs auch von Drittstaatlern in der EU eröffnet wird. Dies ist wichtig, um die Rahmenbedingungen für die Mobilität der Erwerbstätigen zu verbessern, in der Perspektive der weiteren Integration im Zuge der Währungsunion und der Globalisierung der wirtschaftlichen Aktivitäten (vgl. zu diesen Fragen die Erläuterungen der Art. 61–69).

Art. 19 (ex-Art. 8b) (aktives und passives Wahlrecht)

(1) Jeder Unionsbürger mit Wohnsitz in einem Mitgliedstaat, dessen Staatsangehörigkeit er nicht besitzt, hat in dem Mitgliedstaat, in dem er seinen Wohnsitz hat, das aktive und passive Wahlrecht bei Kommunalwahlen, wobei für ihn dieselben Bedingungen gelten wie für die Angehörigen des betreffenden Mitgliedstaats. Dieses Recht wird vorbehaltlich der Einzelheiten ausgeübt, die vom Rat einstimmig auf Vorschlag der Kommission und nach Anhörung des Europäischen Parlaments festgelegt werden; in diesen können Ausnahmeregelungen vorgesehen werden, wenn dies aufgrund besonderer Probleme eines Mitgliedstaats gerechtfertigt ist.

(2) Unbeschadet des Artikels 190 Absatz 4 und der Bestimmungen zu dessen Durchführung besitzt jeder Unionsbürger mit Wohnsitz in einem Mitgliedstaat, dessen Staatsangehörigkeit er nicht besitzt, in dem Mitgliedstaat, in dem er seinen Wohnsitz hat, das aktive und passive Wahlrecht bei den Wahlen zum Europäischen Parlament, wobei für ihn dieselben Bedingungen gelten wie für die Angehörigen des betreffenden Mitgliedstaats. Dieses Recht wird vorbehaltlich der Einzelheiten ausgeübt, die vom Rat einstimmig auf Vorschlag der Kommission und nach Anhörung des Europäischen Parlaments festgelegt werden; in diesen können Ausnahmeregelungen vorgesehen werden, wenn dies aufgrund besonderer Probleme eines Mitgliedstaats gerechtfertigt ist.

I. Normzweck

Der Vertrag von Maastricht gewährt jedem Unionsbürger individuell an seinem Wohnsitz das **aktive und passive Wahlrecht** bei den Wahlen zum **EP**   **1**

und bei Kommunalwahlen. Diese Regelung ist Ausdruck der Gleichbehandlung aller Unionsbürger im Gebiet der EU hinsichtlich der Ausübung
eines wesentlichen politischen Individualrechts. Das Kommunalwahlrecht
war bis zum Vertrag von Maastricht primärrechtlich nicht, die Wahlen für
das EP waren nur im Rahmen der institutionellen Bestimmungen des
EWGV (Art. 189ff.) geregelt, aber nicht als Individualrecht ausgestaltet.
Neu ist für beide Wahlen die nunmehr gemeinschaftsrechtlich garantierte
Möglichkeit der Ausübung des Wahlrechts **am Wohnsitz** und die prinzipiell parallele Regelung für das passive und das aktive Wahlrecht. Art. 19
stellt somit eine **wesentliche Neuerung** gegenüber dem früheren Rechtszustand dar und bildet das politische und demokratische Kernstück der Unionsbürgerschaft. Gleichwohl ist das Wahlrecht nicht als unmittelbar geltendes Recht konzipiert, sondern bedarf zur Festlegung der Einzelheiten der
Durchführungsgesetzgebung. Für das Kommunalwahlrecht ist dies durch
die Kommunalwahlrichtlinie 94/80 EG (ABl. 1994 L 368/38, geändert in
ABl. 1996 L 122/14) und für das Europawahlrecht durch RL 93/109 EG
(ABl. 1993 L 329/34) geschehen. Die RLen bedürfen der Konkretisierung
in der nationalen Gesetzgebung. Zu diesem Zweck wurden in Deutschland
das Europawahlgesetz und die Kommunalwahlgesetze der Länder geändert.
Die Neuregelung konnte in Deutschland bereits bei den Europawahlen
1994 zur Anwendung kommen (vgl. dazu *Dürig,* Das neue Wahlrecht für
Unionsbürger bei den Wahlen zum Europäischen Parlament, NVWZ 1994,
1180–1182). Was das Kommunalwahlrecht angeht, so fiel die Durchführungsgesetzgebung in die Zuständigkeit der Länder, die ihre Kommunalwahlgesetze anzupassen hatten (vgl. dazu *Pieroth/Schmülling,* Die Umsetzung der Richtlinie des Rates zum Kommunalwahlrecht der Unionsbürger in den deutschen Ländern, DVBl. 1998, 365–372).

II. Gemeinsame Grundsätze

2 Anknüpfungspunkt für die Ausübung des Wahlrechts ist der **Wohnsitz** in
einem anderen Mitgliedstaat als dem Heimatstaat des betreffenden Unionsbürgers. Für Unionsbürger, die ihren Wohnsitz außerhalb des EG-Wohnge-
biets haben, bringt Art. 19 dagegen keine Änderung. Der EGV überläßt
dem Unionsbürger die **Entscheidungsfreiheit** darüber, **wo** er sein Wahlrecht ausüben will, d.h. am Wohnsitz und in dem Mitgliedstaat, dessen
Staatsangehörigkeit der betreffende Unionsbürger nicht hat, oder wie bisher
in seinem Heimatland. Eine Auslegung, die den Unionsbürger auf das
Wahlrecht am Wohnsitz beschränken wollte, stünde im Widerspruch mit
der von den Mitgliedstaaten gewollten Rechtserweiterung.

– Für das **aktive** Wahlrecht bei Europawahlen enthält Art. 4 der Europawahlrichtlinie eine klare Regelung, wonach jeder aktiv wahlberechtigte
  Unionsbürger sein Wahlrecht in der EU entweder am Wohnsitz oder im
  Heimatstaat ausüben und jedenfalls nicht mehr als eine Stimme abgeben kann. Die RL zum Kommunalwahlrecht enthält beim aktiven Wahlrecht keine Beschränkung auf die einmalige Stimmabgabe. Garantiert
  ist das Wahlrecht, sowohl aktiv als auch passiv, am Wohnsitz (Art. 3
  Kommunalwahlrichtlinie). Diese Regelung überläßt es den Mitgliedstaaten, das Kommunalwahlrecht zusätzlich im Heimatland zuzulassen,
  jedenfalls bei doppeltem Wohnsitz, oder auch auszuschließen (*Hilf* in
  Grabitz/Hilf, Art. 8b Rn. 18).

– Für das **passive** Wahlrecht besteht eine Regelung, die eine Kandidatur
  auf einen Mitgliedstaat beschränken würde, nicht. Es ist also durchaus
  denkbar, daß ein Unionsbürger parallel in mehreren Mitgliedstaaten
  kandidiert; dies kann bei Europawahlen auch integrationspolitisch er-
  wünscht sein, so z.B. wenn europaweit organisierte Parteien mit demselben Spitzenkandidaten auftreten wollen. Mangels europaweiter Listen könnte dies nur durch parallele Plazierung auf den Listen in den
  Mitgliedstaaten geschehen. Für das Kommunalwahlrecht dürfte die Frage paralleler Kandidatur jedoch weniger in Frage kommen, ist aber auch
  hier rechtlich nicht ausgeschlossen, z.B. im Grenzbereich von zwei Mitgliedstaaten für zwei eng miteinander verflochtene Kommunen.

– **Vorsorge muß** allerdings gegen etwaigen Mißbrauch getroffen werden.
  Dies ist Aufgabe der Durchführungsbestimmungen. Ein entsprechendes
  Informations- und Datenaustauschsystem zwischen den Mitgliedstaaten
  ist vorzusehen, um die Doppeleintragung in die Wählerverzeichnisse
  des Heimatstaats und des Wohnsitzstaats zu verhindern (vgl. hierzu Art.
  11 und 13 Europawahlrichtlinie; Art. 10 Kommunalwahlrichtlinie).

Zur Staatsangehörigkeit in einem Mitgliedstaat und zum Wohnsitz in einem   **3**
solchen muß die **Eintragung in das Wählerverzeichnis** in dem Staat hinzukommen, in dem der Unionsbürger sein Wahlrecht auszuüben beabsichtigt. Es bedeutet keine unzumutbare und mit Art. 19 unvereinbare Belastung, wenn eine solche Eintragung verlangt wird. Um das Wahlrecht notfalls gerichtlich durchsetzen zu können, ist gegen die Versagung der Eintragung in das Wählerverzeichnis der Rechtsweg in gleicher Weise wie für
Staatsangehörige des Wohnsitzlandes gegeben (Art. 11 Europawahlrichtlinie; Art. 19 Kommunalwahlrichtlinie).

Wahlrecht und Wählbarkeit knüpfen wie die Unionsbürgerschaft generell   **4**
an die Staatsangehörigkeit an. Das Wahlrecht kann daher nicht weiter gehen, als es im Heimatstaat besteht. Die **bürgerlichen Ehrenrechte** dürfen

weder im Heimatland noch im Wohnsitzland **aberkannt** sein. Dies bedeutet speziell für das passive Wahlrecht, daß die Aberkennung der bürgerlichen Ehrenrechte im Heimatland nicht durch Wahl im Wohnsitzland mit der
Folge der Immunität umgangen werden darf. Die Durchführungsbestimmungen treffen insoweit Vorsorge gegen eine mißbräuchliche Ausübung
des passiven Wahlrechts (Art. 6 Europawahlrichtlinie; Art. 5 Kommunalwahlrichtlinie).

5   Besteht in einem Land **Wahlpflicht**, wie z.B. in Belgien, so ist es kein Widerspruch zu Art. 19, wenn Unionsbürger mit Wohnsitz in diesem Land und
mit der Absicht, dort zu wählen, ebenfalls der Wahlpflicht unterworfen werden, auch wenn sie in ihrem Heimatland keiner Wahlpflicht unterliegen
würden (so auch Art. 8 Abs. 2 Europawahlrichtlinie; Art. 7 Abs. 2 Kommunalwahlrichtlinie). Wer die besonderen Rechte der Unionsbürgerschaft in
Anspruch nimmt, muß auch die Pflichten übernehmen, die am Wohnsitz generell für die Ausübung der Wahl bestehen.

6   Sowohl für die Europawahlen, als auch die Kommunalwahlen ist die Möglichkeit von **Ausnahmen** vorgesehen, wenn **besondere Umstände** eines Mitgliedstaats dies rechtfertigen. Ausnahmen kommen beim aktiven und beim
passiven Wahlrecht in Frage. Namentlich bei einem übergroßen Anteil von
Unionsbürgern aus anderen Mitgliedstaaten an der Wohnbevölkerung können
Beschränkungen gerechtfertigt sein. In der EG ist vor allem Luxemburg in
dieser Lage. Eine zahlenmäßige Regelung ist im EGV nicht vorgesehen,
wohl aber in den beiden RLen (Art. 14 Europawahlrichtlinie; Art. 12 Kommunalwahlrichtlinie). Ausgehend von der Lage in **Luxemburg** wurde ein
Bevölkerungsanteil von **20 % an Unionsbürgern,** die nicht die Staatsangehörigkeit des betreffenden Mitgliedstaats besitzen, als **kritischer Grenzwert** festgelegt, der zu Ausnahmen berechtigt. Für **Belgien** besteht eine besondere, auf einzelne Gemeinden begrenzte Ausnahmemöglichkeit (Art. 12
Abs. 2 Kommunalwahlrichtlinie). Die Ausnahmen dürfen jedoch **nicht zu
einem völligen Ausschluß** führen. Insbesondere bei Personen mit langjähriger Wohnsitzdauer wäre ein Ausschluß im Wege der Ausnahmeregelung
nicht mehr gedeckt. Die RLen beschränken daher die Ausschlußmöglichkeit
beim aktiven Wahlrecht auf eine Wohnsitzdauer von maximal einer Wahlperiode, beim passiven Wahlrecht auf maximal zwei Wahlperioden (Art. 14
Europawahlrichtlinie; Art. 12 Kommunalwahlrichtlinie). Bei längerer Wohnsitzdauer wäre ein Ausschluß nicht gerechtfertigt. Im übrigen wäre eine entsprechende **Retorsionsregelung im Zuge der Gegenseitigkeit** in Abweichung vom allgemeinen Völkerrecht von Art. 19 **nicht gedeckt**.

7   **Ausnahmen** können auch für das **passive Wahlrecht** vorgesehen werden.
Dies kommt bei der Wahl zu Ämtern in Frage, die mit der Ausübung staat-

licher **Exekutivgewalt** verbunden sind, oder wenn es sich um Funktionen handelt, die auch zu Mandaten auf überkommunaler, regionaler Ebene führen (Art. 5 Kommunalwahlrichtlinie).

Die Rechtsgrundlage in Art. 19 zu Rahmenbestimmungen für das Europa- und das Kommunalwahlrecht ist jeweils gleichlautend. Vorgesehen ist ein **einstimmiger Ratsbeschluß auf Vorschlag der Kommission.** Dem Erlaß der Bestimmungen hat eine **Anhörung des EP** vorauszugehen.   **8**

III. Zum Kommunalwahlrecht

Art. 19 Abs. 1 zählt zu den wenigen Artikeln des EGV, die in Deutschland   **9**
im Rahmen der Ratifizierung des Vertrags von Maastricht eine **Änderung des Grundgesetzes** erforderlich machten. Das **BVerfG** hatte bereits in der Entscheidung vom 31.10.1990 zum **Ausländerwahlrecht** in Hamburg und Schleswig-Holstein die Möglichkeit der Einräumung des Kommunalwahlrechts im EG-Rahmen offen gelassen (BVerfGE 83, 37). Auf der Linie dieser Entscheidung wurde Art. 28 GG durch verfassungsänderndes Gesetz im Wege der Klarstellung dahin ergänzt, daß bei Wahlen in Kreisen und Gemeinden auch Personen, die die Staatsangehörigkeit eines anderen EG-Mitgliedstaats besitzen, nach Maßgabe des EG-Rechts wahlberechtigt und wählbar sind (BGBl. I 1992, 2086). Die in Deutschland im politischen Raum strittige Frage der Verleihung des Kommunalwahlrechts an ausländische Mitbürger aus Ländern außerhalb der EG wird von der GG-Änderung nicht berührt.

Mit Ausnahme Belgiens (EuGH, C-323/97, KOM/Belgien, Slg. 1998,   **10**
I–4281) haben alle Mitgliedstaaten fristgerecht die Kommunalwahlrichtlinie innerstaatlich umgesetzt. Die deutschen Länder haben den bestehenden Regelungsspielraum unterschiedlich genutzt. Teilweise haben sie das Wahlrecht der Unionsbürger in den Landesverfassungen verfestigt und die Ausübung des Rechts durch von Amts wegen vorgenommene Eintragung in die Wählerverzeichnisse erleichtert, in zwei Ländern (Bayern und Sachsen) wurde die Wählbarkeit zu Exekutivämtern restriktiver als in den anderen Ländern geregelt (ausführlich hierzu *Hilf* in Grabitz/Hilf, Art. 8b Rn. 12–14 und 22).

IV. Zum Europawahlrecht

Im Gegensatz zum Kommunalwahlrecht ist eine **Verfassungsänderung für**   **11**
die Einräumung des Europawahlrechts an Unionsbürger in Deutschland **nicht als erforderlich** angesehen worden. Die Europawahlen sind, anders

als die Wahlen in Bund und Ländern, im GG nicht explizit geregelt. Offensichtlich wird die Einräumung des Europawahlrechts am Wohnsitz als von der grundgesetzlichen Möglichkeit zur Übertragung von Hoheitsrechten gemäß Art. 23 GG gedeckt angesehen (zum Europawahlrecht s. Erläuterung zu Art. 190).

Art. 20 (ex-Art. 8c) (Diplomatischer und konsularischer Schutz)

Jeder Unionsbürger genießt im Hoheitsgebiet eines dritten Landes, in dem der Mitgliedstaat, dessen Staatsangehörigkeit er besitzt, nicht vertreten ist, den diplomatischen und konsularischen Schutz eines jeden Mitgliedstaats unter denselben Bedingungen wie Staatsangehörige dieses Staates. Die Mitgliedstaaten vereinbaren die notwendigen Regeln und leiten die für diesen Schutz erforderlichen internationalen Verhandlungen ein.

I. Normzweck

1   Der **Schutz**, den die eigenen Staatsangehörigen von ihren diplomatischen und konsularischen Vertretungen **in Drittländern** gegenüber den dortigen Behörden erhalten können, soll auch den Staatsbürgern der übrigen EG-Mitgliedstaaten, soweit notwendig, zur Verfügung stehen. Der einzelne Unionsbürger soll grundsätzlich berechtigt sein, bei den Vertretungen der Partnerstaaten Schutz zu suchen, und zwar sowohl **bei völkerrechtswidrigen Handlungen** einer fremden Hoheitsgewalt (diplomatischer Schutz), als auch im Sinne von allgemeiner **Unterstützung und Interessenförderung durch Rat und Beistand**, wenn kein völkerrechtswidriges Verhalten vorliegt (konsularischer Schutz). Der Schutz nach Art. 20 wird in erster Linie **in Notlagen** zum Tragen kommen. Damit wird an die bisherige Praxis gegenseitiger Hilfe angeknüpft, z.B. die Evakuierung bei Naturkatastrophen oder in politischen Krisensituationen. Gleichwohl sind Hilfeleistungen bei weniger problematischen Fallgestaltungen nicht ausgeschlossen, wenn auch nicht im gleichen Maße notwendig.

II. Rechtliche Tragweite und Voraussetzungen

2   Das Recht auf diplomatischen und konsularischen Schutz ist an mehrere Voraussetzungen geknüpft:
(1) Der Heimatstaat des Unionsbürgers ist in dem Drittland nicht vertreten, d.h. der Schutz kommt nur subsidiär zum Tragen. Opportunitätsgesichtspunkte bleiben außer Betracht. Das Argument, ein Mitgliedsland

leiste besseren Schutz als ein anderer, vermag das Subzidialitätsprinzip nicht zu beseitigen.

(2) Nur der Unionsbürger, d.h. nur, wer die Staatsangehörigkeit eines EG-Mitgliedstaats besitzt, genießt den Schutz. Ist die betreffende Person Doppelstaater und auch Staatsangehöriger des betroffenen Drittstaats, kann diplomatischer oder konsularischer Schutz in der Regel nicht beansprucht werden (str.; *Hilf* in Grabitz/Hilf, Art. 8c Rn. 9–10; vgl. auch EuGH, C-369/90, Micheletti, Slg. 1992, I–4239/4262 – argentinisch/italienischer Staatsangehöriger).

(3) Die Mitgliedstaaten müssen Vereinbarungen, d.h. völkerrechtliche Übereinkommen, über die notwendigen Regeln treffen, wobei der Vertrag von Maastricht hierfür das Zieldatum des 31.12.1993 gesetzt hatte.

(4) Der Drittstaat muß mit der Ausübung des Schutzes durch den jeweiligen Mitgliedstaat zugunsten der Staatsangehörigen anderer Mitgliedstaaten einverstanden sein.

(5) Schutz wird in der Regel nur gewährt, wenn die innerstaatlichen Rechtsbehelfe nicht weiterführen und die Schutzgewährung nicht den allgemeinen staatlichen Interessen des Mitgliedstaats widerspricht, der um Schutz angegangen wurde.

Der Wortlaut des Art. 20 Satz 1 könnte den Eindruck eines **unmittelbar   3 geltenden Individualrechts** des Unionsbürgers hervorrufen. Ein solcher Eindruck wäre **unrichtig**, wie die **Einschränkungen** unter Rn. 2 zeigen. Teils finden sich diese Einschränkungen ausdrücklich schon in Art. 20, insbesondere in Satz 2. Teils ergeben sie sich aus der Rechtsnatur des Instituts des diplomatischen und konsularischen Schutzes, das im **Völkerrecht nicht als Individualrecht**, sondern als Recht des Heimatstaats verstanden wird, und dessen Ausübung, wenn dies für Staatsangehörige anderer Länder erfolgen soll, zudem der Zustimmung des Drittlands bedarf (Wörterbuch des Völkerrechts, I 379 ff.). Die Zulässigkeit des diplomatischen Schutzes aufgrund des Völkerrechts bedeutet nicht, daß der Schutzbegehrende gegenüber seinem Heimatstaat einen Rechtsanspruch auf Schutzgewährung hat. Die Frage des Bestehens einer Schutzpflicht läßt sich nur aus dem jeweiligen innerstaatlichen Recht beantworten. Sie wird für Deutschland nach der deutschen Verfassungstradition bejaht, und zwar auch im Sinne gerichtlicher Durchsetzbarkeit. Die Rechtslage in Deutschland bildet aber eine Ausnahme. In anderen Ländern besteht weitgehende Entscheidungsfreiheit des Heimatstaats über das „ob" und das „wie" der Schutzgewährung.

Neben **natürlichen** können sich grundsätzlich auch **juristische Personen   4** auf Art. 20 berufen. Im Völkerrecht genießen auch juristische Personen diplomatischen und konsularischen Schutz, wobei die Staatsangehörigkeit juristischer Personen auf Kriterien wie den Sitz, den Schwerpunkt der Tätigkeit oder die Staatsangehörigkeit des Managements zurückgeführt wird. Es ist nicht ersichtlich, daß das Gemeinschaftsrecht den Adressatenkreis enger ziehen wollte. Zwar scheinen die Bestimmungen über die Unionsbürgerschaft auf ersten Blick nur auf natürliche Personen abzustellen, wie dies z.B. für das Wahlrecht (Art. 19, ex-Art. 8b) evident ist. Demgegenüber gelten das Petitionsrecht (Art. 21 Satz 1, ex-Art. 8d) und das Recht, den Bürgerbeauftragten anzurufen (Art. 21 Satz 2, ex-Art. 8d), nach dem Wortlaut der Art. 194 und 195 (ex-Art. 138d und 138 e) ausdrücklich auch für juristische Personen. Ebenso gelten die Grundfreiheiten des EGV grundsätzlich auch für juristische Personen. Unter diesen Umständen ist es gerechtfertigt, im Rahmen der Unionsbürgerschaft den diplomatischen und konsularischen Schutz wie im Völkerrecht auch juristischen Personen zuzubilligen (str.; *Hilf* in Grabitz/Hilf, Art. 8c Rn. 8).

5   Diplomatischen und konsularischen Schutz genießt derjenige Unionsbürger **nicht**, dessen **Heimatstaat** in dem jeweiligen Drittstaat **vertreten** ist. Er muß sich wie bisher an die eigene diplomatische Vertretung wenden. Die Hilfe anderer EG-Staaten sollte er aber ausnahmsweise dann in Anspruch nehmen dürfen, wenn der eigene Heimatstaat am Ort des Geschehens, z.B. in der Provinz nicht präsent ist und Hilfe von der eigenen diplomatischen Mission wegen zu großer Entfernung zur Hauptstadt praktisch nicht zu erreichen ist. In einem besonders eilbedürftigen Notfall solcher Art könnte Art. 20 seinem Sinn nach durchaus zum Tragen kommen, auch wenn der Wortlaut scheinbar dagegen spricht (so auch *Hilf* in Grabitz/Hilf, Art. 8c Rn. 18–20).

6   Die Pflicht der Mitgliedstaaten, gemäß Art. 20 Satz 2 untereinander die notwendigen Regeln zu vereinbaren, und die daraus hervorgehende Vereinbarung sind nicht dem Gemeinschaftsrecht, sondern dem Völkervertragsrecht zuzurechnen, für das wiederum der Grundsatz der **Gegenseitigkeit** gilt (Wörterbuch des Völkerrechts, I 630 f.). Schutz nach Art. 20 kann sinnvollerweise nur dann gewährt werden, wenn alle EG-Mitgliedstaaten sich zu einem gleichartigen Verhalten verpflichten und durch konkrete Abmachungen ihre Bereitschaft sicherstellen, die notwendigen praktischen Anweisungen zu erteilen. Andernfalls kann der Schutz in Drittländern auch kaum mit Erfolg praktiziert werden. Um den Schutz nach Art. 20 möglichst frühzeitig zu eröffnen, hatten sich die EG-Mitgliedstaaten zunächst auf **politische Leitlinien** verständigt, die ab 1.7.1993 angewendet werden. Die Leitlinien waren die Vorstufe für die nach dem EGV zu vereinbarenden völkerrechtlichen Regeln. Diese Regeln sind inzwischen in dem **Beschluß** 95/553/EU

vom 19.12.1995 der EU-Mitgliedstaaten über den **Schutz** der **EU-Bürger** durch die diplomatischen und konsularischen Vertretungen (ABl. 1995 L 314/73) sowie in einem weiteren Beschluß über die von den Konsulatsbeamten zu ergreifenden praktischen Maßnahmen (KOM(97)230) niedergelegt. Die Beschlüsse der Mitgliedstaaten sind völkerrechtlicher und nicht gemeinschaftsrechtlicher Natur und durch Art. 20 (ex-Art. J.10) Satz 2 EUV auch ausdrücklich Gegenstand der GASP.

Weitere Voraussetzung ist nach Art. 20 Satz 2 die Einleitung der für den   7
Schutz erforderlichen **internationalen Verhandlungen.** Hierunter sind Verhandlungen mit den Drittstaaten zu verstehen, denen gegenüber diplomatischer und konsularischer Schutz gewährt werden soll. Art. 20 nimmt insoweit die völkerrechtliche Regelung des Art. 8 Wiener Übereinkommen auf; danach kann eine konsularische Vertretung des Entsendestaats im Empfangsstaats nach angemessener Notifikation an diesen konsularische Aufgaben auch für einen dritten Staat wahrnehmen, sofern der Empfangsstaat keinen Einspruch erhebt. Solche Verhandlungen sind noch nicht aufgenommen, allerdings auch nicht Wirksamkeitsvoraussetzung des konsularischen Schutzes der Unionsbürger.

III. Einzelheiten

Die von den EG-Mitgliedstaaten zur Ausfüllung des Art. 20 beschlossenen   8
Regeln sehen u.a. vor:

(1) Der diplomatische und konsularische Schutz für Unionsbürger ist vor allem für Fälle **akuter Notlage** gedacht. Hierzu zählen dringende Heimführungen, Hilfe bei Todesfällen, schweren Krankheiten und Unfällen, Hilfe für Opfer von Gewaltverbrechen, Gefangenenbetreuung. Vorgesehen ist auch die Ausstellung eines Rückkehrausweises in der Form des European Travel Document (ETD), um einem Unionsbürger in Notlage nach Verlust oder Diebstahl seines Passes die Rückkehr zu ermöglichen (Beschluß vom 25.06.1996 ABl. 1996 L 168/4). Insoweit sind auch Tätigkeiten der routinemäßigen konsularischen Betreuung erfaßt.

(2) Adressaten können die Botschaften und die Berufskonsulate sein. Gegenüber **Honorarkonsuln**, zumeist Geschäftsleute im Gastland, denen in der Regel kein beamtetes Personal des Entsendestaats beigegeben ist, besteht kein Anspruch auf Schutz seitens Staatsangehöriger anderer EG-Mitgliedstaaten. Andererseits können Bürger, deren Heimatstaat durch einen Honorarkonsul (d.h. i.S. des Art. 20) vertreten ist, an diesen verwiesen werden.

(3) Der Schutz ist, wie auch gegenüber den eigenen Staatsangehörigen, nicht gebühren- oder kostenfrei. Ohne vorherige Zustimmung des Heimatstaats des Schutzbegehrenden dürfen insbesondere finanzielle Leistungen nicht erbracht und Verbindlichkeiten nicht eingegangen werden. In Leib und Leben bedrohender Notlage muß auch ohne vorherige **Kostenzusage** gehandelt werden können. Die Kosten sind nachträglich zu erstatten. Hilfesuchende der anderen EU-Mitgliedstaaten sind wie die eigenen Staatsangehörigen zu behandeln. Auch hier gilt grundsätzlich das **Diskriminierungsverbot,** wenn auch eingeschränkt durch Unterschiede in der nationalen Gesetzgebung der EU-Mitgliedstaaten (vgl. Art. 20 Rn. 3).

(4) Die Botschaften und Konsulate vereinbaren **vor Ort** untereinander die jeweiligen **Zuständigkeiten.** Ein turnusmäßiger Wechsel, ähnlich dem Wechsel der EG-Präsidentschaft, ist vorgesehen. Flexibilität bei den Abreden soll gleichmäßige Arbeitsbelastung und optimale Nutzung der vor Ort bestehenden Einflußmöglichkeiten sicherstellen. Die Abreden vor Ort werden ergänzt durch eine Liste von Kontaktstellen in den EU-Mitgliedstaaten. In der Praxis hat sich gezeigt, daß konsularische Notfälle gewöhnlich rascher durch Direktkontakte vor Ort als über die Kontaktstellen in den Hauptstädten gelöst werden können.

(5) Die in Ziffer 4 beschriebene Zusammenarbeit der diplomatischen und konsularischen Vertretungen stellen eine vorweggenommene und im voraus bedachte Planung für Reaktionen auf mögliche Schutzverlangen einzelner EU-Bürger dar. Dem individuellen Schutzbedürfnis steht eine institutionelle Verpflichtung der Mitgliedstaaten zur Zusammenarbeit gegenüber. Dies bedeutet, daß in Krisengebieten bei Planungen zur **Krisenvorsorge** auch die Unionsbürger einzubeziehen sind, deren Heimatstaaten vor Ort nicht vertrieben sind.

Art. 21 (ex-Art. 8d) (Petitionsrecht, Bürgerbeauftragter, Auskünfte)

Jeder Unionsbürger besitzt das Petitionsrecht beim Europäischen Parlament nach Artikel 194.

Jeder Unionsbürger kann sich an den nach Artikel 195 eingesetzten Bürgerbeauftragten wenden.

Jeder Unionsbürger kann sich schriftlich in einer der in Artikel 314 genannten Sprachen an jedes Organ oder an jede Einrichtung wenden, die in dem vorliegenden Artikel oder in Artikel 7 genannt sind, und eine Antwort in derselben Sprache erhalten.

Der EGV sieht als **politisch ausgestaltete Beschwerdemöglichkeiten das**   **1**
Petitionsrecht zum EP (Art. 194, ex-Art. 138d) **und das Recht zur An-**
rufung des Bürgerbeauftragten (Art. 195, ex-Art. 138e) vor, die neben
die Rechtsschutzmöglichkeiten des formalisierten gerichtlichen Schutzes
treten. Dem einzelnen **Unionsbürger** wird die Möglichkeit gegeben, seine
Anliegen unmittelbar und ohne weitere Formerfordernisse an die Volksver-
tretung bzw. an den dem EP zugeordneten Bürgerbeauftragten heranzutra-
gen. Damit werden eine politische und eine administrative Alternative zu
den formalisierten Strukturbeziehungen nationaler oder europäischer Gerichtsbarkeit geboten, die sich einander ergänzen sollen. Während die Petition im wesentlichen als individualrechtlich zu qualifizieren ist, dient die
Beschwerde beim Bürgerbeauftragten auch generell der Transparenz und
Kontrolle der Gemeinschaftstätigkeit und ist eine wichtige Informationsquelle für die Mitglieder des EP (zur Kommentierung im einzelnen vgl.
Art. 194 und 195).

Art. 21 enthält in einem durch den Vertrag von Amsterdam neu hinzuge-   **2**
fügten Satz 3 das Recht auf **Auskunft** in der **eigenen** Sprache. Dies ist der
Sinn der Vorschrift, auch wenn der EGV weiter formuliert ist, indem er jedem Unionsbürger das Recht gibt, sich in einer der 12 Amtssprachen (Art.
314, ex-Art. 248) an jedes Gemeinschaftsgremium zu wenden und eine
Antwort in „derselben" Sprache zu erhalten. Dieses bereits in der Verordnung zur Sprachenfrage gewährte Recht (ABl. 1958 C 17/385) ist nunmehr
primärrechtlich garantiert. Der Anspruch auf eine individuelle Auskunft
steht in einem inneren Zusammenhang mit dem Recht auf Zugang zu den
Dokumenten gemäß Art. 255 (ex-Art. 191a), geht aber weiter, sowohl hinsichtlich des Kreises der verpflichteten Gemeinschaftsgremien, als auch
hinsichtlich der Informationstiefe. Die Zusendung von Dokumenten kann
eine ausreichende Anwort i.S. des Art. 21 Satz 3 sein. Ob dies genügt, bemißt sich aber nach dem konkreten Auskunftsverlangen im Einzelfall.

Art. 22 (ex-Art. 8e) (Fortentwicklung der Unionsbürgerschaft)

Die Kommission erstattet dem Europäischen Parlament, dem Rat und
dem Wirtschafts- und Sozialausschuß alle drei Jahre über die Anwen-
dung dieses Teiles Bericht. In dem Bericht wird der Fortentwicklung
der Union Rechnung getragen.

Auf dieser Grundlage kann der Rat unbeschadet der anderen Bestim-
mungen dieses Vertrags zur Ergänzung der in diesem Teil vorgesehe-
nen Rechte einstimmig auf Vorschlag der Kommission und nach An-
hörung des Europäischen Parlaments Bestimmungen erlassen, die er

den Mitgliedstaaten zur Annahme gemäß ihren verfassungsrechtlichen Vorschriften empfiehlt.

I. Normzweck

1 Die Vorschrift zählt zu den **Evolutivklauseln** des EGV und ist darauf gerichtet, die Erweiterung des Katalogs der Rechte aus der Unionsbürgerschaft in einem vereinfachten Verfahren, d.h. ohne das förmliche Vertragsänderungsverfahren (Art. 48 [ex-Art. N] EUV) zu ermöglichen. Zugleich bleibt die Beteiligung der nationalen Parlamente und des EP gewahrt.

II. Verfahren

2 Die Kommission ist gehalten, periodisch einen Bericht über die Anwendung der Unionsbürgerschaft vorzulegen. Erstmals wurde der Bericht am 21.12.1993 vorgelegt (KOM[93]702). Der zweite Bericht vom 27.05.1997 betrifft die Jahre 1994–1996 (KOM[97]230). Auf dessen Grundlage und auf Vorschlag der Kommission kann der **Rat** Bestimmungen zur Ergänzung der Rechte zur Unionsbürgerschaft treffen. Erforderlich ist im übrigen die Anhörung des EP und die Zustimmung der Mitgliedstaaten entsprechend ihren Verfassungsvorschriften. Dies wird in der Regel Ratifizierung bedeuten, kann Referendum bedeuten (Dänemark), kann aber bei beschränkter inhaltlicher Tragweite der Regelung und nach den jeweiligen innerstaatlichen Erfordernissen auch durch einfache Bestätigung der jeweiligen Regierung geschehen.

III. Rechtliche Tragweite

3 Schon jetzt ist der im Kapitel über die Unionsbürgerschaft enthaltene Katalog, den der Vertrag von Amsterdam um das Recht auf Auskunft in der eigenen Sprache (s. Art. 21 Rn. 2) erweitert hat, nicht abschließend. Die wirtschaftlichen Betätigungsrechte, die sich schon bisher aus dem EGV ergeben haben, sind nicht als der Teil der Unionsbürgerschaft definiert, so z.B. die Niederlassungsfreiheit, die Arbeitnehmerfreizügigkeit oder das Diskriminierungsverbot (Art. 12, ex-Art. 6). Wenn daran gedacht werden sollte, die Unionsbürgerschaft **konkret fortzuentwickeln**, wird daher weniger an die wirtschaftlichen Betätigungsrechte zu denken sein. Es werden eher Rechte in Frage kommen, die den **politischen oder sozialen Rechten** zuzurechnen wären, wie z.B. das Recht auf Solidarität, Umweltschutz, Gesundheit, Chancengleichheit, Freiheit der politischen Betätigung o.ä. Die allgemeinen Grundrechte sind – unabhängig von der Staatsangehörigkeit –

international und europaweit bereits geschützt, namentlich durch die EM-RK. Die Möglichkeit, die Unionsbürgerschaft im Wege des vereinfachten Vertragsänderungsverfahrens gemäß Art. 22 Satz 2 durch Ratsbeschluß und spätere Annahme durch die Mitgliedstaaten fortzuentwickeln, ist bisher nicht angewandt worden. Die im Vertrag von Amsterdam enthaltenen Fortentwicklungen von Individualrechten wurden im förmlichen Vertragsänderungsverfahren beschlossen und ganz überwiegend nicht im Teil Unionsbürgerschaft untergebracht, sondern an anderer Stelle in den Vertrag eingefügt (s. Vorb. zu Art. 17–22 Rn. 3).

Titel I. Der freie Warenverkehr

Art. 23 (ex-Art. 9) (Zollunion)

(1) Grundlage der Gemeinschaft ist eine Zollunion, die sich auf den gesamten Warenaustausch erstreckt; sie umfaßt das Verbot, zwischen den Mitgliedstaaten Ein- und Ausfuhrzölle und Abgaben gleicher Wirkung zu erheben, sowie die Einführung eines Gemeinsamen Zolltarifs gegenüber dritten Ländern.

(2) Artikel 25 und Kapitel 2 dieses Titels gelten für die aus den Mitgliedstaaten stammenden Waren sowie für diejenigen Waren aus dritten Ländern, die sich in den Mitgliedstaaten im freien Verkehr befinden.

Literatur: *Arndt/Haas*, EG-Abgaben: Normierung, Vollzug und Rechtsschutz, RIW 1989, 719; *Baumann*, Vorschlag für einen Zollkodex der Gemeinschaften, ZfZ 1991, 212; *Becker-Celik*, Ist die Ablehnung der unmittelbaren Anwendbarkeit der GATT-Vorschriften durch den EuGH heute noch gerechtfertigt?, EWS 1997, 12; *Birk*, Zollkodex und Rechtsschutz, ZfZ 1991, 207; *Dorsch*, Kommentar Zollrecht; *Duric*, Der Entwurf eines Europäischen Zollkodexes, RIW 1991, 409; *Hilpold*, Regionale Integrationszonen und GATT, RIW 1993, 657; *Kohler*, Abgaben zollgleicher Wirkung im Recht der Europäischen Gemeinschaften, 1978; *Kruse*, Zölle, Verbrauchsteuern, europäisches Marktordnungsrecht, 1988; *Lichtenberg*, Die entscheidenden Neuerungen im EG-Zollkodex, ZfZ 1991, 204; *Lux/Reiser*, Das Harmonisierte System zur Bezeichnung und Codierung der Waren des internationalen Handels, 1986; *Lux*, EG-Binnenmarkt und internationales Zollrecht, ZfZ Sonderdruck Oktober 1989; *ders.*, Europäisches Außenwirtschaftsrecht, ZfZ 1990, 194; *Vaulont*, Die Zollunion der Europäischen Wirtschaftsgemeinschaft, 2. Aufl., 1985; *Witte/Wolffgang*, Lehrbuch des Europäischen Zollrechts, 3. Aufl., 1998; *Witte*, Zollkodex, 2. Aufl., 1998.

I. Normzweck und systematische Stellung

1 Art. 23 (ex-Art. 9) leitet den Titel I (Der freie Warenverkehr) des Dritten
Teils (Die Politiken der Gemeinschaft) ein; er faßt deshalb den wesentlichen Inhalt dieses Titels zusammen und klärt dessen Tragweite:

1. Die Gemeinschaft ist eine Zollunion; diese **Zollunion** bildet eine wich-
    tige **Grundlage der Gemeinschaft**.
2. Nach **innen** erfordert das System der gemeinschaftlichen Zollunion,
    daß zwischen den Mitgliedstaaten weder Zölle noch Abgaben gleicher
    Wirkung erhoben werden (s. hierzu Art. 25), und zwar unabhängig da-
    von, ob die Waren aus einem Mitgliedstaat stammen oder aus einem
    Drittland, sofern die eingeführten Waren sich im freien Verkehr eines
    Mitgliedstaates befinden (s. hierzu Art. 24).
3. Darüber hinaus sind im Warenverkehr zwischen den Mitgliedstaaten
    mengenmäßige Beschränkungen und Maßnahmen gleicher Wirkung
    verboten (s. hierzu Art. 28–31); dies gilt gleichermaßen für aus einem
    Mitgliedstaat stammende Waren wie für Drittlandswaren, die sich im
    freien Verkehr eines Mitgliedstaates befinden (s. Art. 24).
4. Nach **außen** (d.h. gegenüber dritten Ländern) regelt die Gemeinschaft
    ihre Zölle im Rahmen des Gemeinsamen Zolltarifs (s. Art. 26 und 133,
    ex-Art. 28 und 113).

2 Abgesehen von den Art. 26 und 27 (ex-Art. 28 und 29), die sich mit der
Handhabung des Gemeinsamen Zolltarifs befassen (und die systematisch

eigentlich zum Titel IX, gemeinsame Handelspolitik, gehören), haben die Art. 23–31 (ex-Art. 9–37) vor allem zum Ziel, die **Schranken** im Warenverkehr zwischen den Mitgliedstaaten zu **beseitigen**, und zwar unabhängig davon, in welcher Form sie auftreten (z.b. als Zölle, mengenmäßige Beschränkungen oder Maßnahmen gleicher Wirkung). In Art. 2 wird die Errichtung eines **Gemeinsamen Marktes** als Aufgabe der Gemeinschaft bezeichnet und Art. 3 verpflichtet die Gemeinschaftsorgane dazu, die Zölle und mengenmäßigen Beschränkungen sowie alle Maßnahmen gleicher Wirkung zwischen den Mitgliedstaaten abzuschaffen (lit. a) und darüber hinaus einen **Binnenmarkt** zu schaffen, der durch eine Beseitigung der Hindernisse für den freien Warenverkehr gekennzeichnet ist (lit. c). Art. 14 (ex-Art. 7a) unterstreicht diese Zielsetzung, indem er für die Verwirklichung des Binnenmarktes eine Frist bis zum 31.12.1992 setzt und diesen definiert als einen Raum ohne Binnengrenzen, in dem u.a. der freie Warenverkehr gewährleistet ist. Für die Verwirklichung des Binnenmarktes im Bereich des innergemeinschaftlichen Warenverkehrs sind allerdings neben den Art. 23–31 noch weitere Vorschriften des Vertrages von Bedeutung, insbesondere

- Art. 37 (ex-Art. 43, Regelung des gemeinsamen Marktes für landwirtschaftliche Erzeugnisse),
- Art. 81 und 82 (ex-Art. 85 und 86, Verbot von Wettbewerbsbeschränkungen und mißbräuchlicher Ausnutzung einer marktbeherrschenden Stellung),
- Art. 87 und 88 (ex-Art. 92 und 93, Verbot wettbewerbsverfälschender Beihilfen),
- Art. 90–92 (ex-Art. 95, 96 und 98, Verbot diskriminierender inländischer Abgaben, überhöhter Rückvergütungen und Abgabenentlastungen im Verhältnis zu anderen Mitgliedstaaten),
- Art. 93 (ex-Art. 99, Harmonisierung der indirekten Steuern),
- Art. 95 (ex-Art. 100a, Angleichung der mitgliedstaatlichen Vorschriften zur Verwirklichung des Binnenmarktes),
- Art. 135 (neu eingefügt, Zusammenarbeit im Zollwesen),
- Art. 153 (ex-Art. 129a, Maßnahmen zur Gewährleistung eines hohen Verbraucherschutzniveaus),
- Art. 157 (ex-Art. 130, Maßnahmen zur Förderung der Wettbewerbsfähigkeit der Gemeinschaftsindustrie) und
- Art. 175 (ex-Art. 130s, Maßnahmen zum Schutz der Umwelt und der menschlichen Gesundheit).

In bezug auf den Warenverkehr mit Drittländern geht Art. 23 – ebenso wie **3** der Titel I insgesamt – lediglich auf den Gemeinsamen Zolltarif ein. Was gegenüber **Drittländern** mit etwaigen Abgaben zollgleicher Wirkung zu geschehen hat, ist weder hier noch an anderer Stelle des Vertrages ausdrücklich geregelt. Die Harmonisierung der mengenmäßigen Beschränkungen gegenüber Drittländern ist in Art. 133 (ex-Art. 113) vorgesehen (Vereinheitlichung der Liberalisierungsmaßnahmen); für Maßnahmen mit gleicher Wirkung wie mengenmäßige Beschränkungen fehlt gleichfalls eine ausdrückliche Regelung. Die Verwirklichung des Binnenmarktes erfordert indessen einheitliche Regeln an den Außengrenzen der Gemeinschaft: strengere nationale Einfuhrbestimmungen können nämlich leicht durch Einfuhren über andere Mitgliedstaaten unterlaufen werden, weil die Waren nach ihrer Überführung in den freien Verkehr im Rahmen des Binnenmarktes ungehindert von einem Mitgliedstaat zum anderen verbracht werden können. Das gleiche gilt bei Unterschieden in den Ausfuhrbestimmungen. Voneinander abweichende Außenhandelsregelungen beschwören außerdem die Gefahr herauf, daß die Mitgliedstaaten zur Vermeidung von Umgehungen ihrer nationalen Vorschriften auch bestimmte innergemeinschaftliche Warenbewegungen kontrollieren (z.B. auf der Grundlage von Art. 134 oder 296, ex-Art. 115 bzw. 223). Soweit keine spezielleren Ermächtigungsgrundlagen eingreifen, ermöglicht es Art. 95 (ex-Art. 100a), die für das Funktionieren des Binnenmarktes erforderlichen Regelungen nicht nur nach innen, sondern auch nach außen festzulegen. Im übrigen sehen Art. 29, 30 und 34 (ex-Art. K.1, K.2 und K.6) EUV für die nicht unter den EGV fallenden Materien eine Zusammenarbeit im Zollwesen vor, insbesondere zur Verhütung, Aufdeckung und Ermittlung von Straftaten.

II. Die Bedeutung des Begriffs „Zollunion"

4 Der durch den Vertrag geschaffene „Gemeinsame Markt" (Art. 2) bzw. „Binnenmarkt" (Art. 3 lit. c und Art. 14, ex-Art. 7a) setzt begriffsnotwendig voraus, daß die Mitgliedstaaten untereinander keine Zölle erheben und gegenüber Drittländern einen einheitlichen Außenzolltarif anwenden. Der Begriff **Zollunion** hat jedoch nicht allein Zölle zum Gegenstand, wie sich aus Art. XXIV Abs. 8 GATT 1994 ergibt, der bei der Gründung der Gemeinschaft eine maßgebende Rolle gespielt hat: Danach ist eine „Zollunion" die Ersetzung von zwei oder mehr Zollgebieten durch ein einziges Zollgebiet, wobei zwischen diesen Gebieten die Zölle und beschränkenden Handelsvorschriften – abgesehen von bestimmten Ausnahmen – für annähernd den gesamten Handel oder wenigstens für annähernd den gesamten Handel mit den aus den teilnehmenden Gebieten der Union stammenden Waren beseitigt werden; gegenüber den nicht teilnehmenden Ge-

bieten wenden die Mitglieder der Zollunion im wesentlichen dieselben Zölle und Handelsvorschriften an. Gegenstand einer Zollunion – und zwar sowohl nach innen als auch nach außen – sind somit nicht nur die Zölle, sondern auch die sonstigen „beschränkenden Handelsvorschriften". In der Terminologie des Vertrages sind damit insbesondere die Abgaben zollgleicher Wirkung sowie die mengenmäßigen Beschränkungen und Maßnahmen gleicher Wirkung erfaßt. Im übrigen kann man auch das Zollrecht zu den gegenüber Drittländern angewandten „Handelsvorschriften" rechnen. Eine Zollunion ist eine notwendige Voraussetzung für einen Binnenmarkt; ein Binnenmarkt ist jedoch ein viel weitergehendes Konzept, da es auch den freien Verkehr von Personen, Dienstleistungen und Kapital gewährleistet. Im übrigen sind die Anforderungen eines Binnenmarktes auch in bezug auf den Warenverkehr größer als bei einer Zollunion: Ein Binnenmarkt muß ohne Kontrollen an den Grenzen zwischen den Mitgliedstaaten auskommen; dies erfordert entweder eine Harmonisierung der Beschränkungen zum Schutze der Gesundheit und des Lebens von Menschen, Tieren und Pflanzen sowie des gewerblichen und kommerziellen Eigentums (s. hierzu Art. 30, ex-Art. 36) und eine Angleichung der Steuern (s. hierzu Art. 90–93, ex-Art. 95–99) oder aber eine Anwendung des Grundsatzes der gegenseitigen Anerkennung (mit der Folge, daß niedrigere Standards oder Steuern anderer Mitgliedstaaten und daraus resultierende Wettbewerbsverzerrungen hingenommen werden müssen).

Für den Binnenhandel schreibt die Definition des GATT 1994 vor, daß die **5** Zollunion „annähernd den gesamten Handel" umfaßt; damit vergleichbar müssen im Außenhandel „im wesentlichen" dieselben Zölle und Vorschriften gelten. Art. 23 geht nach seinem Wortlaut darüber hinaus, indem er die Zollunion auf den „gesamten Warenaustausch" erstreckt (zu den Ausnahmen s. Rn. 9–16). Im übrigen beläßt das GATT 1994 denjenigen Zollgebieten, die sich zu einer Zollunion zusammenschließen, zwei Optionen: Sie können einander den Freiverkehr entweder unabhängig vom **Ursprung** der Waren gewähren oder ihn auf diejenigen Waren begrenzen, die aus den teilnehmenden Zollgebieten stammen. Art. 23 Abs. 2 trifft insoweit eine Entscheidung zugunsten des weitergehenden Grundsatzes, nach dem die Waren unabhängig von ihrem Ursprung ungehindert von einem Mitgliedstaat zum anderen verbracht werden können, sofern sie den Status einer im **freien Verkehr** befindlichen Ware haben (s. hierzu Art. 24).

Unter den nach der Definition des GATT 1994 zulässigen **Ausnahmen** **6** **vom Freiverkehrsprinzip** ist insbesondere Art. XX GATT 1994 von Bedeutung, der u.a. Maßnahmen zum Schutze der öffentlichen Sittlichkeit, des Lebens und der Gesundheit von Menschen, Tieren und Pflanzen, des nationalen Kulturguts sowie von Patenten, Warenzeichen und Urheberrechten für zulässig erklärt, soweit sie nicht zu einer verschleierten Beschränkung des Handels führen. Art. 30 (ex-Art. 36) entspricht weitgehend dieser Vorschrift.

7 Soweit Art. XXIV GATT 1994 in bezug auf den Warenverkehr mit Drittländern verlangt, daß für die Zölle und sonstigen Handelsbeschränkungen „im wesentlichen" dieselben Vorschriften gelten, wird diese Voraussetzung einerseits durch die Existenz eines Gemeinsamen Zolltarifs und andererseits durch die in den Art. 131–133 (ex-Art. 110–113) vorgesehene gemeinsame Handelspolitik erfüllt, auch wenn eine ausdrückliche Regelung der Abgaben zollgleicher Wirkung und der Maßnahmen mit gleicher Wirkung wie mengenmäßige Beschränkungen fehlt (s. Rn. 3).

8 Die Gemeinschaft entspricht damit den im GATT 1994 für Zollunionen festgelegten Anforderungen, geht aber in dem Ausmaß der Integration ihrer Mitgliedstaaten weit darüber hinaus, insbesondere deshalb, weil sie auch die nach dieser Definition zulässigen Beschränkungen des Binnenhandels (u.a. Art. XX GATT 1994, Ausschluß eingeführter Drittlandswaren vom freien Warenverkehr) weitgehend beseitigt und selbst die in Art. XXIV GATT 1994 gar nicht erwähnten Verbrauchsteuern (einschließlich der Mehrwertsteuer) aneinander angeglichen hat. Mit der Verwirklichung der Wirtschafts- und Währungsunion ist für die beteiligten Mitgliedstaaten der Abstand zu einer bloßen Zollunion im Sinne des GATT noch größer geworden. Die Bestimmungen des **GATT** 1994 können deshalb für die Auslegung der Binnenmarktvorschriften nur insofern eine Rolle spielen, als sie die **Mindestanforderungen** für die Gewährung eines freien innergemeinschaftlichen Warenverkehrs und die Vereinheitlichung der Außenhandelsregelungen darstellen (vgl. Schlußanträge GA Reischl, Rs. 266/81, SIOT/Ministero delle Finanze, Slg. 1983, 797).

III. Sonderregelungen für bestimmte Waren

9 Nach dem Wortlaut des Art. 23 erstreckt sich die Zollunion auf den „gesamten Warenaustausch". Der Vertrag selbst sowie die Rechtsprechung des EuGH sehen jedoch Sonderregelungen für bestimmte Warengruppen vor, und zwar teilweise außerhalb des EG-Vertrages. Darüber hinaus kann es in manchen Fällen zweifelhaft sein, ob anstelle der Art. 23–31 (ex-Art. 9–37) die Bestimmungen über den Dienstleistungs-, Kapital- oder Zahlungsverkehr anzuwenden sind.

1. EGKS-Waren

Die wichtigste Ausnahme ist in Art. 305 Abs. 1 (ex-Art. 232 Abs. 1) **10**
enthalten: Danach ändert der Vertrag nicht die Bestimmungen des **EGKS-
Vertrages**, insbesondere hinsichtlich der Rechte und Pflichten der Mitgliedstaaten, der Befugnisse der Organe dieser Gemeinschaft und der Vorschriften für das Funktionieren des Gemeinsamen Marktes für Kohle und
Stahl. Da der EGKS-Vertrag eigenständige Vorschriften für den innergemeinschaftlichen Warenverkehr (s. Art. 4 und 57–59 EGKSV) sowie den
Handel mit Drittländern (s. Art. 71–75 EGKSV) enthält, gehen diese Bestimmungen gegenüber den Art. 23–31 grundsätzlich als **Sonderregelung**
vor. Dies gilt freilich nur für solche Regelungen, die spezifisch die in der
Anlage I zum EGKS-Vertrag genannten Kohle- und Stahlerzeugnisse zum
Gegenstand haben. Allgemeine Binnenmarkt- oder Außenhandelsregelungen, für die keine entsprechende EGKS-Regelung besteht, sind deshalb
auch in bezug auf EGKS-Waren anwendbar (vgl. EuGH, Rs. 239/84, Ger-
lach & Co BV/niederländischer Wirtschaftsminister, Slg. 1985, 3507;
Rs. 328/85, Deutsche Babcock Handel GmbH/HZA Lübeck-Ost, Slg. 1987,
5119; und Gutachten 1/94, Slg. 1994, I–5267). Dies bedeutet inbesondere,
daß

– etwaige Krisen- und Schutzmaßnahmen, die spezifisch EGKS-Waren
  erfassen, wie z.B. die Festlegung von Erzeugungsquoten oder von Antidumpingzöllen angesichts der in Art. 58 bzw. 74 EGKSV festgelegten
  Sonderregelung auf diesen Vertrag zu stützen sind,

– Handels- und Zollabkommen grundsätzlich auf der Grundlage des EG-
  Vertrages abzuschließen sind, es sei denn, sie beziehen sich ausschließlich auf EGKS-Waren (wie z.B. das Freihandelsabkommen mit der Türkei, ABl. 1996 L 227/3), wobei Art. 95 EGKSV auch insoweit ein
  Tätigwerden der Gemeinschaft ermöglicht (s. hierzu das Stahlabkom-
  men mit den USA, ABl. 1989 L 368/98),

– mangels einer Sonderregelung im EGKS-Vertrag über das Zollrecht insoweit die Rechtsgrundlagen des Vertrages und damit die Bestimmungen des Zollkodex (s. Rn. 29) anwendbar sind.

Selbst in denjenigen Fällen, in denen ein Rückgriff auf den EGKS-Ver- **11**
trag erforderlich ist, kann jedoch durch vertragsübergreifende Rechtsformen vermieden werden, den Regelungsgegenstand in einen Rechtsakt für EGKS-Waren und einen für die übrigen Waren aufzuspalten: z.B.
regelt

– der Beschluß über den Abschluß des Vierten AKP-EWG-Abkommens
  (Beschluß 91/400/EGKS, EWG, ABl. 1991 L 229/1) sowohl die Zoll-

präferenzen für EGKS-Erzeugnisse als auch diejenigen für die übrigen Waren und

– die mit zwei gesonderten Beschlüssen (einer für die EGKS, der andere für die EWG und EURATOM) des Rates angenommene Akte über den Beitritt Spaniens und Portugals zur Gemeinschaft (ABl. 1985 L 302/9) alle Aspekte des Beitritts.

Bei dem Beschluß des Rates über das System der Eigenmittel der Gemeinschaften (Beschluß 94/728/EG, Euratom, ABl. 1994 L 293/9), der in Art. 2 ausdrücklich auch die Zölle für EGKS-Erzeugnisse erfaßt, hat man sogar darauf verzichtet, den EGKS-Vertrag als Ermächtigungsgrundlage aufzuführen. Das gleiche gilt für die zur Durchführung dieses Beschlusses erlassene Verordnung (EWG, EURATOM) Nr. 1552/89 (ABl. 1989 L 155/1), die in Art. 10 Abs. 3 ausdrücklich auf den EGKS-Vertrag Bezug nimmt. Mit dem Auslaufen des EGKS-Vertrages am 23. Juli 2002 (s. Art. 97 EGKSV) werden automatisch die Bestimmungen des EG-Vertrages anwendbar sein.

2. Regelungen im Rahmen des EURATOM-Vertrages

12   Art. 305 (ex-Art. 232) Abs. 2 bestimmt, daß der Vertrag nicht die Vorschriften des **EURATOM-Vertrages** beeinträchtigt. Dies bedeutet, daß dort festgelegte Sonderregelungen vorgehen. Für den Binnenmarkt sind insbesondere die Art. 30 und 31 EAGV von Bedeutung, die zur Festlegung von Normen im Bereich des Gesundheitsschutzes ermächtigen. Auf der Grundlage dieser Vorschriften kann z.B. für Lebensmittel der höchstzulässige Gehalt an Radioaktivität festgelegt werden (vgl. EuGH, C-70/88, Parlament/Rat, Slg. 1991, I–4529). Im übrigen sind nach Art. 93 Abs. 1 EAGV Ein- und Ausfuhrzölle zwischen den Mitgliedstaaten verboten (da sich diese Bestimmung deckt mit Art. 25 EGV [ex-Art. 13 und 16 EGV] wäre sie entbehrlich). Soweit solche Sonderregelungen fehlen, gelten die Vorschriften des EG-Vertrages, also z.B. für die Regelung des Gemeinsamen Zolltarifs und des Zollkodex.

3. Waffen, Munition und Kriegsmaterial

13   Art. 296 (ex-Art. 223) Abs. 1 lit. b ermächtigt die Mitgliedstaaten dazu, die Maßnahmen zu ergreifen, die sie zur Wahrung ihrer wesentlichen Sicherheitsinteressen für erforderlich erachten, soweit sie die Erzeugung von und den Handel mit **Waffen**, **Munition** und **Kriegsmaterial** betreffen; diese Maßnahmen dürfen die Wettbewerbsbedingungen auf dem Gemeinsamen

Markt hinsichtlich der nicht eigens für militärische Zwecke bestimmten
Waren nicht beeinträchtigen. Die Liste der von dieser Vorschrift betroffenen
Waren wurde vom Rat am 15. April 1958 festgelegt, aber nicht veröffentlicht (sie erfaßt nur militärische Waren wie Gewehre – außer Jagdwaffen –
Bomben, Panzer, chemische, biologische und radioaktive Waffen, Kriegs-
schiffe und -flugzeuge, elektronische und optische Ausrüstung für militärische Zwecke sowie Maschinen zum Herstellen und Testen solcher Waren,
nicht aber dual-use-Güter; insoweit gilt die VO [EG] Nr. 3381/94, ABl.
1994 L 367/1). Diese Ausnahme von den Grundsätzen des innergemeinschaftlichen Freiverkehrs und des einheitlichen Außenregimes findet ihre
Entsprechung in Art. XXI GATT 1994.

Die Mitgliedstaaten dürfen somit den Handel mit solchen Waren sowohl in-   **14**
nerhalb der Gemeinschaft, als auch gegenüber Drittländern besonderen Ge-
nehmigungs- und Überwachungsverfahren unterwerfen; dabei muß jedoch
der Verhältnismäßigkeitsgrundsatz beachtet werden, und zwar auch bei den
Sanktionen für Verstöße gegen solche nationalen Vorschriften (vgl. EuGH,
C-367/89, A. Richardt/Revisionsgerichtshof Luxemburg, Slg. 1991, I–4621).
Art. 14 (ex-Art. 7a), der an den Grenzübertritt anknüpfende Kontrollen verbietet, gilt auch in bezug auf diese Waren. Im übrigen ist Art. 296 (ex-Art.
223) als Ausnahme von den allgemeinen Grundsätzen des Vertrages eng auszulegen, damit es im innergemeinschaftlichen Handelsverkehr nicht durch
unterschiedliche Außenhandelsbeschränkungen der Mitgliedstaaten zu
Störungen kommt (vgl. EuGH zu Art. 133 [ex-Art. 113], C-70/94, Werner/
Deutschland, Slg. 1995, I–3189; C-83/94, Leifer, Slg. 1995, I–3231). Soweit
diese Vorschrift nicht eingreift, gelten die Bestimmungen über die Zollunion
und die gemeinsame Handelspolitik auch für Waffen, Munition und Kriegsmaterial. Dies bedeutet insbesondere, daß der Gemeinsame Zolltarif und der
Zollkodex – die ja nicht die Sicherheitsinteressen der Mitgliedstaaten
berühren – auf solche Waren anzuwenden sind. Im übrigen kann anstelle der
in Art. 296 (ex-Art. 223) vorgesehenen nationalen Vorschriften auch eine
Gemeinschaftsregelung auf der Grundlage von Art. 133 (ex-Art. 113) oder
Art. 301 (ex-Art. 228a) erlassen werden; weitergehende Maßnahmen der
Mitgliedstaaten sind in einem solchen Falle grundsätzlich unzulässig
(EuGH, C-124/95, The Queen/HM Treasury, Slg. 1997, I–81).

4. Landwirtschaftliche Erzeugnisse

Gemäß Art. 32 (ex-Art. 38) Abs. 2 finden die Vorschriften über die Errich-   **15**
tung des Gemeinsamen Marktes – und damit auch die Bestimmungen über
die Zollunion – auf **landwirtschaftliche Erzeugnisse** Anwendung, soweit

in den Art. 32–38 (ex-Art. 38–46) nicht etwas anderes bestimmt ist. Art. 34 (ex-Art. 40) sieht eine gemeinsame Organisation der Agrarmärkte vor; die nach Art. 37 (ex-Art. 43) Abs. 3 zu erlassenden Maßnahmen können sowohl den Binnenmarkt als auch den Handel mit Drittländern betreffen. Auch solche Maßnahmen gehören im weiteren Sinne zum Instrumentarium der in Art. 23 angesprochenen Zollunion; sie beruhen lediglich auf einer besonderen Rechtsgrundlage (nämlich Art. 37, ex-Art. 43) und verwenden besondere Regelungsmechanismen (wie z.B. die landwirtschaftlichen Abgaben, deren Höhe durch den Unterschied zwischen den Weltmarkt- und den garantierten Binnenpreisen bestimmt wird, sofern nicht der im Rahmen der WTO vereinbarte Höchstzoll anwendbar ist). Soweit keine solchen Sonderregelungen bestehen, gelten die Art. 23–31(ex-Art. 9–37) sowie 95 und 133 (ex-Art. 100a und 113) auch in bezug auf landwirtschaftliche Erzeugnisse (EuGH, Rs. 63/74, W. Cadsky S.p.A./Istituto nazionale per il Commercio Estero, Slg. 1975, 281).

5. Eingeschmuggelte Betäubungsmittel und Falschgeld

16   Aus Art. 3 Abs. 1 lit. b, der eine gemeinsame Handelspolitik (einschließlich eines Gemeinsamen Zolltarifs) unter Berücksichtigung der in Art. 2 festgelegten Aufgaben der Gemeinschaft vorsieht, und aus Art. 27 (ex-Art. 29), der Leitlinien für die Verwaltung der Zollunion aufstellt, hat der EuGH gefolgert, daß das Einschmuggeln von **Betäubungsmitteln** und **Falschgeld** zu diesen Zielen und Leitlinien in keinerlei Beziehung stehe und daß deshalb für solche Waren keine Zollschuld entstehen könne (EuGH, Rs. 221/81, Wolf/HZA Düsseldorf, Slg. 1982, 3681, und C-343/89, Witzemann/HZA München-Mitte, Slg. 1990, I–4477). Denn da in allen Mitgliedstaaten für Betäubungsmittel und Falschgeld ein Einfuhr- und Verkehrsverbot gelte, könne ein Verstoß dagegen nur Anlaß zu Strafverfolgungsmaßnahmen (einschließlich finanzieller Sanktionen) geben. Soweit es nicht um die Erhebung der Zölle des Gemeinsamen Zolltarifs geht, sind die Vorschriften über die Zollunion (z.B. Art. 30, ex-Art. 36) jedoch auch im Hinblick auf solche Waren anwendbar (vgl. EuGH, C-324/93, The Queen/Secretary of State for the Home Department, Slg. 1995, I–563). In bezug auf sonstige Waren, deren Einfuhr nicht absolut, sondern nur unter bestimmten Bedingungen verboten ist (z.B. nachgeahmte Waren, die ein Markenrecht verletzen), gilt diese Rechtsprechung nicht (vgl. EuGH, C-3/97, Goodwin, Slg. 1998, I–3257).

IV. Die Abgrenzung zwischen Waren und Dienstleistungen bzw. Kapital- und Zahlungsverkehr

Da die Art. 23–31 (ex-Art. 9–37) nur in bezug auf **Waren** gelten und für **17**
Dienstleistungen sowie den **Kapital- und Zahlungsverkehr** andere Vertragsvorschriften bestehen (Art. 49–55 und Art. 56–60, ex-Art. 59–66 bzw. ex-Art. 67–73h), ist es erforderlich, die Regelungsgegenstände gegeneinander abzugrenzen. Ausgangspunkt ist insoweit die Definition des EuGH, nach der Waren **körperliche Gegenstände** sind, die über eine Grenze verbracht werden und deshalb **Gegenstand von Handelsgeschäften** sein können (EuGH, Rs. 17/68, Kommission/Italien, Slg. 1968, 633; Rs. 1/77, R. Bosch GmbH/HZA Hildesheim, Slg. 1977, 1473; und C-2/90, Kommission/Belgien, Slg. 1992, I–4431). **Gesetzliche Zahlungsmittel** unterliegen grundsätzlich den Bestimmungen über den Kapital- und Zahlungsverkehr (vgl. EuGH, Rs. 7/78, Thompson, Slg. 1978, 2247); der GZT führt sie als körperliche Gegenstände gleichwohl auf, unterwirft sie aber keinem Zoll (vgl. Unterposition 4907 00 30: Banknoten). Bei **Gas** und **Elektrizität** könnte zweifelhaft sein, ob sie Waren im Sinne des Vertrages sind. Da beide jedoch über eine Grenze verbracht und im Rahmen von Handelsgeschäften veräußert werden können, sind sie trotz ihrer fehlenden Verkörperung als Waren im Sinne der Art. 23–31 (ex-Art. 9–37) anzusehen (EuGH, Rs. 6/64, Costa/E.N.E.L., Slg. 1964, 1251; C-158/94, Kommission/Italien, Slg. 1997, I–5789). Andererseits wird man das Zurverfügungstellen einer Leitung, ohne die Elektrizität nicht befördert werden kann (bei Gasen besteht daneben die Möglichkeit, Behälter zu verwenden), als eine Dienstleistung ansehen können (EuGH, Rs. 266/81, SIOT/Ministero delle Finanze, Slg. 1983, 731). Die Erhebung einer Abgabe zur Deckung der Kosten dieser Leistung würde folglich nicht gegen das Verbot verstoßen, im innergemeinschaftlichen Warenverkehr keine Abgaben zollgleicher Wirkung zu erheben (EuGH, Rs. 266/81, aaO).

Eine differenzierende Betrachtungsweise ist auch bei **Dienstleistungen** an- **18**
gebracht, die **in einer Ware verkörpert** sind wie z.B. Filme, Schallplattenmusik, Computerprogramme auf Disketten, Übersetzungen, Baupläne und Lotterielose. Der körperliche Gegenstand als solcher ist stets als Ware anzusehen; auf ihn sind daher die Bestimmungen über den Warenverkehr anzuwenden (EuGH, Rs. 155/73, G. Sacchi, Slg. 1974, 409; Rs. 60 und 61/84, Cinéthèque/Fédération nationale des cinémas français, Slg. 1985, 2605). Soweit bestimmte Rechte (z.B. Urheberrecht, Patentrecht, Markenzeichen) übertragen werden, sind die Vorschriften über den Warenverkehr in der Regel nicht anwendbar, es sei denn, eine gesonderte Behandlung von

Ware und Leistung ist ausnahmsweise nicht möglich (EuGH, Rs. 155/73, aaO, sowie Rs. 1/77, Bosch/HZA Hildesheim, Slg. 1977, 1473; Rs. 135/77, Bosch/HZA Hildesheim, Slg. 1978, 855). Da Filme, Musik, Daten etc. ja auch über Satelliten oder Leitungen überspielt werden können, ist es in der Tat nicht angebracht, die Behandlung solcher Dienstleistungen von dem Medium abhängig zu machen, mit dem sie übertragen werden. Eine unterschiedliche Behandlung von elektronisch bzw. mittels einer Ware erbrachten Dienstleistungen hat häufig eine Benachteiligung der letzteren zur Folge; eine Verzollung elektronisch erbrachter Leistungen kommt jedoch wegen der fehlenden Möglichkeit, an eine Ware anzuknüpfen, nicht in Betracht (auch die VO [EG] Nr. 3295/94, ABl. 1994 L 341/8, läßt ein Eingreifen der Zollbehörden nur dann zu, wenn Raubkopien ein- oder ausgeführt werden, nicht aber dann, wenn diese auf elektronischem Wege übertragen werden). Unterliegt die Ware einem **Wertzoll**, so kommt es bei der Verzollung darauf an nachzuweisen, inwieweit der zu zahlende Preis das Entgelt für die Ware ist und inwieweit eine Leistung vergütet werden soll, vorausgesetzt, daß eine entsprechende Aufteilung möglich ist (EuGH, C-79/89, Brown Boveri/HZA Mannheim, Slg. 1991, I–1853; C-340/93, Thierschmidt/HZA Essen, Slg. 1994, I–3905). Bei einem Kauf von Musikcassetten oder Videobändern (mit dem nicht gleichzeitig Ausstrahlungs- bzw. Vorführungsrechte übertragen werden) sind Ware und Dienstleistung derartig eng miteinander verbunden, daß eine solche Trennung nicht möglich ist. Ebenso sind Lizenzgebühren für den Erwerb von Saatgut ein Bestandteil des für die Ware zu zahlenden Preises und werden deshalb selbst dann mitverzollt, wenn die züchterische Leistung in der Gemeinschaft erbracht worden ist (EuGH, C-116/89, BayWa/HZA Weiden, Slg. 1991, I–1095).

19 Bei nicht wiederverwendbaren **Abfällen** stellt sich gleichfalls die Frage, ob es sich um „Waren" im Sinne der Art. 23–31 (ex-Art. 9–37) handelt oder ob die Entsorgung solcher Abfälle eine Dienstleistung darstellt, zumal hier nicht der Empfänger, sondern der Abgebende das Entgelt erbringt (die Ware hat einen sog. negativen Wert). Da auch nicht wiederverwendbare Abfälle zwischen zwei Mitgliedstaaten (bzw. zwischen der Gemeinschaft und Drittländern) befördert werden und Gegenstand von Handelsgeschäften sein können, fallen sie in den Geltungsbereich der Vorschriften über den Warenverkehr, auch wenn nach den Art. 174–176 (ex-Art. 130r-130t) im Interesse des Umweltschutzes insoweit besondere Regelungen erlassen werden können (vgl. EuGH, C-2/90, Kommission/Belgien, Slg. 1992, I–4431). Im übrigen wäre eine Unterscheidung zwischen nicht wiederverwendbaren und sonstigen Abfällen kaum praktikabel, da eine solche Beurteilung vom jeweiligen Stand der Technik und den jeweiligen Kosten einer Wiederaufbereitung abhängt (EuGH, C-2/90, aaO). Allerdings kann der freie Verkehr mit Abfällen („Mülltourismus") entsprechend dem Grundsatz, daß Umweltbeeinträchtigungen mit Vorrang an ihrem Ursprung zu bekämpfen sind (Art. 174 Abs. 2, ex-Art. 130r Abs. 2), eingeschränkt werden, und zwar entweder im Rahmen des Gemeinschaftsrechts (insbesondere auf der Grundlage von Art. 37 [ex-Art. 43], 95 [ex-Art. 100g] oder 175 [ex-Art. 130s], oder im Rahmen der den Mitgliedstaaten verbleibenden Regelungsbefugnisse, insbesondere im Rahmen zwingender Erfordernisse gemäß Art. 28 bzw. 30 (ex-Art. 30 bzw. 36) oder strengerer Umweltschutzanforderungen gemäß Art. 95 Abs. 4 bzw. Art. 176 (ex-Art. 100a Abs. 4 bzw. ex-Art. 130t, zur Abgrenzung zwischen Art. 95 und 175 [ex-Art. 100a und 130s] s. EuGH, C-300/89, Kommission/Rat, Slg. 1991, I–2867).

V. Die Instrumente der Zollunion

Das Funktionieren der Zollunion wird durch ein vielfältiges Instrumenta-   **20**
rium gewährleistet, insbesondere durch
– unmittelbar geltende Verbote,
– internationale Übereinkommen,
– Verordnungen, Richtlinien und Beschlüsse,
– die Tätigkeit der Verwaltungsbehörden sowie
– die Rechtsprechung.

1. Unmittelbar geltende Verbote

Der Vertrag verbietet für den innergemeinschaftlichen Warenverkehr späte-   **21**
stens seit Ablauf der Übergangszeit (31.12.1969, vgl. ex-Art. 7) die Erhebung von Zöllen und Abgaben gleicher Wirkung (Art. 25, ex-Art. 12, 13, 16, 17) sowie die Anwendung von mengenmäßigen Beschränkungen und Maßnahmen gleicher Wirkung (Art. 28, 29, ex-Art. 30 und 34), und zwar auch dann, wenn solche Maßnahmen im Zusammenhang mit einem staatlichen Handelsmonopol stehen (Art. 31, ex-Art. 37). Diese **Verbote gelten unmittelbar**, d.h. sie sind von den Behörden und Gerichten in den Mitgliedstaaten zu beachten (EuGH, Rs. 2 und 3/69, Sociaal Fonds voor de Diamantarbeiders/Brachfeld, Slg. 1969, 211; Rs. 74/76, Iannelli & Volpi/Meroni, Slg. 1977, 557). Im Falle eines Verstoßes kann die Kommission gemäß Art. 226 (ex-Art. 169) ein Vertragsverletzungsverfahren einleiten. Ist die Tragweite eines Verbots zweifelhaft, so kann das mit der Frage befaßte Gericht gemäß Art. 234 (ex-Art. 177) eine Vorabentscheidung des EuGH einholen.

22 Für den **Warenverkehr mit Drittländern** enthält der Vertrag zwar keine
ausdrücklichen Verbote. Aus der in den Art. 23 (ex-Art. 9), 25 (ex-Art.
18–29) und 133 (ex-Art. 113) vorgesehenen Festlegung des Gemeinsamen
Zolltarifs (GZT) und der Gestaltung der gemeinsamen Handelspolitik nach
einheitlichen Grundsätzen läßt sich jedoch ableiten, daß es den Mitgliedstaaten verboten ist, anstelle der Zölle des GZT oder in Ergänzung hierzu
nationale Zölle oder Abgaben zollgleicher Wirkung einzuführen (EuGH,
Rs. 37 und 38/73, Sociaal Fonds voor de Diamantarbeiders/Indiamex, Slg.
1973, 1609; C-125/94, Aprile/Amministrazione delle finanze dello Stato,
Slg. 1995, I–2919). Die bei Inkrafttreten des GZT (1.7.1968) bestehenden
Abgaben zollgleicher Wirkung verstoßen nach Auffassung des EuGH nicht
gegen eine Verbotsvorschrift des Vertrages; es sei Sache der Gemeinschaftsorgane, die Senkung oder Abschaffung bestehender Abgaben bei
Direkteinfuhren aus Drittländern zu veranlassen (EuGH, Rs. 37 und 38/73
aaO); ist eine solche Abgabe im Laufe der Zeit geändert worden, so ist sie
nur dann zulässig, wenn sie in allen ihren wesentlichen Merkmalen unverändert geblieben und nicht erhöht worden ist (EuGH, C-126/94, Société
Cadi Surgelés/Ministre des Finances, Slg. 1996, I–5647). Soweit allerdings
Abkommen mit Drittländern oder gemeinsame Marktorganisationen in bezug auf Einfuhren oder Ausfuhren ein Verbot von Abgaben mit zollgleicher
Wirkung vorsehen, ist dieses in gleicher Weise auszulegen wie im innergemeinschaftlichen Warenverkehr (EuGH, C-125/94 aaO). Auch gemeinschaftliche Liberalisierungs- oder Beschränkungsmaßnahmen bei der Einfuhr bzw. Ausfuhr von Waren dürfen nicht durch nationale mengenmäßige
Beschränkungen oder Maßnahmen gleicher Wirkung unterlaufen werden
(s. Art. 28 Rn. 36). Soweit eine Gemeinschaftsregelung fehlt, sind die Mitgliedstaaten nicht verpflichtet, das für den innergemeinschaftlichen Handel
geltende Verbot von Maßnahmen mit gleicher Wirkung wie mengenmäßige
Beschränkungen auf den Handel mit Drittländern zu erstrecken (EuGH,
51/75, EMI Records/CBS United Kingdom, Slg. 1976, 811).

2. Internationale Übereinkommen

23 Die Außenaspekte der Zollunion können sowohl im Rahmen von Vereinbarungen mit Drittländern, als auch durch autonomes Recht geregelt werden.
Ermächtigungsgrundlage für den Abschluß internationaler Übereinkommen im Bereich des Zoll-, Zolltarif- und sonstigen Außenhandelsrechts ist in der Regel Art. 133 (ex-Art. 113, vgl. EuGH, Rs. 165/87, Kom-
mission/Rat, Slg. 1988, 5545; Rs. 275/87, Kommission/Rat, Slg. 1989, 259;
Gutachten 1/94, Slg. 1994, I–5267). Ferner kann der Warenverkehr zwi-

schen der Gemeinschaft und Drittländern im Rahmen von Assoziierungsabkommen gemäß Art. 310 (ex-Art. 238) geregelt werden. Soweit die
Gemeinschaft **internationale Verpflichtungen** eingeht, sind diese gegenüber etwaigem entgegenstehenden autonomen Recht **vorrangig** (vgl.
Art. 300 [ex-Art. 228] Abs. 7). Die internationalen Verpflichtungen der
Gemeinschaft können vor Gericht geltend gemacht werden, soweit sie
unbedingt und hinreichend klar gefaßt sind, um eine **unmittelbare Wirkung** zu entfalten (EuGH, 104/81, HZA Mainz/Kupferberg, Slg. 1982,
3641; C-469/93, Amministrazione delle finanze dello Stato/Chiquita Italia,
Slg. 1995, I–4533; C-162/96, Racke/HZA Mainz, Slg. 1998, I–3655). Dies
gilt auch in bezug auf Beschlüsse, die im Rahmen der durch solche Abkommen eingesetzten Ausschüsse gefaßt werden (EuGH, C-188/91, Deutsche Shell/HZA Hamburg-Harburg, Slg. 1993, I–363).

Das für die Zollunion wichtigste internationale Übereinkommen ist das All-   **24**
gemeine Zoll- und Handelsabkommen (General Agreement on Tariffs and
Trade – GATT); es hat für viele außenhandelsbezogene Vorschriften des
Vertrages als Vorbild gedient (u.a. die Art. 23, 27, 30, 131 und 296, ex-
Art. 9, 29, 36, 110 und 223). Seit dem Abschluß der Uruguay-Runde ist die
Gemeinschaft Vertragspartei der Welthandelsorganisation (World Trade Or-
ganization – **WTO**) und damit auch des GATT 1994 (Beschluß 94/800/EG,
ABl. 1994 L 336/1). In den Erwägungsgründen des Beschlusses über die
Annahme des WTO-Abkommens hat der Rat ausgeführt, daß dieses Über-
einkommen einschließlich seiner Anhänge nicht so angelegt sei, daß es un-
mittelbar vor den Gerichten der Gemeinschaft und der Mitgliedstaaten an-
geführt werden könne. Dies spiegelt grundsätzlich die Rechtsprechung des
EuGH wider, der davon ausgeht, daß die Bestimmungen des GATT und seiner Folgeabkommen in der Regel zu unbestimmt sind, um eine unmittelbare Wirkung begründen zu können (EuGH, Rs. 21–24/72, International
Fruit/Produktschap voor groenten en fruit, Slg. 1972, 1219; C-280/93,
Deutschland/Rat, Slg. 1994, I–4973, **a.A.:** GA *Tesauro* in der Rs. C-53/96,
Hermès International/FHT Marketing Choice, Slg. 1998, I–3621 ff.). Allerdings läßt der EuGH in folgenden Fällen eine Berufung auf WTO-Bestim-
mungen zu:

– ein Gemeinschaftsrechtsakt verweist ausdrücklich auf internationale
  Übereinkommen, insbesondere wenn es darum geht, Maßnahmen ge-
  gen völkerrechtswidrige Akte von Drittländern zu treffen (EuGH,
  Rs. 70/87, Fediol/Kommission, Slg. 1989, 1781),

– ein Gemeinschaftsrechtsakt wurde zur Erfüllung einer Abkommensver-
  pflichtung (wie z.B. des Antidumping-Kodex) erlassen (EuGH, C-
  69/89, Nakajima/Rat, Slg. 1991, I–2069),

– eine Bestimmung des abgeleiteten Gemeinschaftsrechts ist auslegungs-
bedürftig und aufgrund des Vorrangs völkerrechtlicher Verträge nach
Möglichkeit in Übereinstimmung mit solchen Verträgen auszulegen
(EuGH, C-91/94, Kommission/Deutschland, Slg. 1996, I–3989).

Im übrigen kann ein Mitgliedstaat den Beschluß zur Annahme solcher Abkommen mit der Begründung anfechten, **Grundrechte** wie das Recht auf
freie Berufsausübung und das Eigentumsrecht oder das **Diskriminierungsverbot** seien verletzt oder das Abkommen verstoße gegen die Grundsätze
des **Vertrauensschutzes** oder der **Verhältnismäßigkeit** (vgl. EuGH,
C-122/95, Deutschland/Rat, Slg. 1998, I–973). Ein Wirtschaftsbeteiligter
kann diese Argumente in einem Vorabentscheidungsverfahren vortragen, bei
dem es um die Gültigkeit einer Gemeinschaftsregelung geht (vgl. EuGH, C-
364 und C-365/95, Port/HZA Hamburg-Jonas, Slg. 1998, I–1023).

25 Für das Zollrecht und den Gemeinsamen Zolltarif sind ferner die im Rahmen der Weltzollorganisation (World Customs Organization – **WCO**,
frühere Bezeichnung: Rat für die Zusammenarbeit auf dem Gebiet des Zollwesens – RZZ) erarbeiteten Übereinkommen von besonderer Bedeutung.
Hervorzuheben sind insoweit das Kyoto-Übereinkommen sowie das Übereinkommen über die vorübergehende Verwendung, die eine weltweit eine
Vereinfachung und Angleichung der Zollgesetzgebung anstreben, und das
Übereinkommen über das Harmonisierte System, das zum Ziel hat, die im
internationalen Handel verwendeten Warensystematiken zu vereinheitli-
chen, unabhängig davon, zu welchem Zweck (z.B. Zolltarif, Außenhandelsstatistik, Außenwirtschaftsrecht, Frachttarif) sie verwendet werden. Die
Gemeinschaft ist diesen Übereinkommen beigetreten (s. Beschluß
75/199/EWG, ABl. 1975 L 100/1, Beschluß 87/369/EWG, ABl. 1987 L
198/1, und Beschluß 93/329/EWG, ABl. 1993 L 130/1).

26 Schließlich sind auch die Vereinten Nationen und insbesondere die Wirt-
schaftskommission für Europa (Economic Commission for Europe – **ECE**)
im Bereich des Zoll- und Außenhandelsrechts tätig. Unter ihrer Schirmherrschaft wurden das TIR-Übereinkommen, das Übereinkommen zur Harmonisierung der Grenzkontrollen sowie die Zollabkommen über die vorübergehende Einfuhr privater und gewerblicher Straßenfahrzeuge ausgearbeitet. Die Gemeinschaft ist Vertragspartei dieser Übereinkommen (s. VO [EWG]
Nr. 2112/78, ABl. 1978 L 252/1, VO [EWG] Nr. 1262/84, ABl. 1984 L 126/1,
sowie die Beschlüsse 94/110/EG und 94/111/EG, ABl. 1994 L 56/1 und 27).

27 Neben solchen auf dem **Meistbegünstigungsgrundsatz** (nach dem alle
Länder gleich behandelt werden) beruhenden Übereinkommen hat die Ge-
meinschaft auf der Grundlage von Art. 133 (ex-Art. 113) oder Art. 310 (ex-
Art. 238) **Präferenzabkommen** geschlossen mit

– den EFTA- bzw. EWR-Ländern,
– Andorra und San Marino,
– den mittel- und osteuropäischen Ländern sowie den baltischen Staaten, Mazedonien und Slowenien,
– den Ländern des Mittelmeerraums und
– den AKP-Staaten (ehemalige Kolonien der Mitgliedstaaten im afrikanisch-karibisch-pazifischen Raum).

Diese Abkommen sehen einen weitgehenden Abbau der Zölle und Abgaben zollgleicher Wirkung sowie der mengenmäßigen Beschränkungen und Maßnahmen gleicher Wirkung vor, und zwar entweder auf der Grundlage der Gegenseitigkeit oder – bei Entwicklungsländern – lediglich in bezug auf Einfuhren in die Gemeinschaft (zur Tragweite dieser Maßnahmen s. Art. 25 Rn. 25 und Art. 28 Rn. 36). In der Regel ist die Präferenzbehandlung auf Ursprungserzeugnisse der Vertragsparteien (und etwaiger angeschlossener Vertragsparteien) beschränkt; in bestimmten Abkommen ist für alle Waren aus dem freien Verkehr der anderen Vertragspartei bei entsprechendem Nachweis Zollfreiheit vorgesehen (z.B. im Zollunions-Abkommen mit der Türkei).

3. Verordnungen, Richtlinien und Beschlüsse

Für die Regelung des Warenverkehrs mit Drittländern – insbesondere in bezug auf Zölle und mengenmäßige Beschränkungen – ist die in jedem Mitgliedstaat unmittelbar geltende **Verordnung** (vgl. Art. 249 [ex-Art. 189] Sätze 2 und 3) die am besten geeignete Handlungsform, weil sie sicherstellt, daß überall und zu jedem Zeitpunkt unter denselben Bedingungen Drittlandswaren auf den Binnenmarkt und Gemeinschaftswaren in Drittländer gelangen. Eine unterschiedliche Behandlung der Waren an den Außengrenzen führt nämlich wegen der Möglichkeit, Waren ungehindert von einem Mitgliedstaat in einen anderen zu verbringen, zu Verkehrsverlagerungen und Wettbewerbsverzerrungen im Binnenmarkt. Dementsprechend hat die Gemeinschaft das Zoll- und Zolltarifrecht, die Statistik des Warenverkehrs sowie die mengenmäßigen Beschränkungen und die Liberalisierungsmaßnahmen umfassend im Verordnungswege geregelt. Für nationale Maßnahmen bleibt insoweit nur Raum, wie der Vertrag (z.B. Art. 296, ex-Art. 223) oder die Gemeinschaftsverordnungen dies ausdrücklich vorsehen (EuGH, Rs. 174/84, Bulk Oil/Sun International, Slg. 1986, 559; C-70/94, Werner/Deutschland, Slg. 1996, I–3189). Lediglich die Beitreibung von Zöllen in einem anderen Mitgliedstaat ist im Wege einer Richtlinie geregelt (RL 76/308/EWG, ABl. 1976 L 73/18).

28

29 Der auf den ex-Art. 28 (jetzt Art. 26), 100 a (jetzt Art. 95) und 113 (jetzt
Art. 133) beruhende **Zollkodex** (ZK) (VO [EWG] Nr. 2913/92, ABl. 1992
L 302/1) regelt insbesondere, wie

- der **Ursprung** und der **Zollwert** von Waren zu bestimmen ist
  (Art. 22–36 ZK),
- **in die Gemeinschaft verbrachte Waren** zu **behandeln** sind, bis sie ei-
  ne zollrechtliche Bestimmung erhalten haben (Art. 37–57 ZK),
- Einfuhrwaren einer **zollrechtlichen Bestimmung** zugeführt werden
  und welche Möglichkeiten insoweit bestehen (Art. 58–182 ZK),
- Waren aus der Gemeinschaft **auszuführen** sind (Art. 161- 162, 182
  ZK),
- eine **Zollschuld** entsteht und erlischt (Art. 189–242 ZK) und
- ein **Rechtsbehelf** gegen eine Entscheidung der Zollbehörden im
  Rahmen der nationalen Rechtsordnung eingelegt werden kann
  (Art. 243–246 ZK).

Im übrigen legt er das **Zollgebiet** der Gemeinschaft fest (Art. 3 ZK), das im
Einzelfall vom **Steuergebiet** der Gemeinschaft (vgl. Art. 3 RL 77/388/
EWG, ABl. 1977 L 145/1, in bezug auf die Mehrwertsteuer und Art. 2 RL
92/129/EWG, ABl. 1992 L 76/1, in bezug auf die gemeinschaftsrechtlich
geregelten Verbrauchsteuern) abweichen kann mit der Folge, daß in bestimmten Fällen der innergemeinschaftliche Warenverkehr überwacht werden muß, um die Erhebung der auf den Waren lastenden Steuern zu gewährleisten (vgl. Art. 33a RL 77/388/EWG, Art. 165 ZK und Art. 311
ZKDVO).

30 Die Höhe des aufgrund des Zollkodex anzuwendenden **Abgabensatzes**
(einschließlich der Zollfreiheit) ergibt sich aus dem **Gemeinsamen Zolltarif** bzw. dem **EGKS-Tarif**, soweit nicht aus außertariflichen Gründen Zollfreiheit besteht (vgl. VO [EWG] Nr. 918/83, ABl. 1983 L 105/1). Der gemeinschaftliche Zolltarif ist nicht in einem einzigen Rechtsakt, sondern in
einer Vielzahl von Verordnungen und einigen EGKS-Entscheidungen sowie
einigen Beschlüssen über die Annahme von Präferenzregelungen festgelegt
(Rechtsgrundlage: Art. 26 [ex-Art. 28], 37 [ex-Art. 43], 133 [ex-Art. 113],
187 [ex-Art. 136] oder 310 [ex-Art. 238]). Dabei handelt es sich insbesondere um

- die VO (EWG) Nr. 2658/87 (ABl. 1987 L 256/1) mit den autonomen und vertragsmäßigen Regelzöllen in ihrer jeweils geltenden Fassung,
- die Verordnungen, mit denen besondere Agrarzölle oder – in bezug auf
  verarbeitete landwirtschaftliche Erzeugnisse – Agrarteilbeträge festgelegt werden,

- die Verordnungen, mit denen autonome oder vertragsmäßige Zollkontingente und Zollaussetzungen eröffnet werden,
- die Verordnungen, die gegenüber bestimmten Ländern Antidumping-, Ausgleichs- und Retorsionszölle festlegen, sowie
- die Verordnungen bzw. Beschlüsse, die gegenüber bestimmten Ländern autonome oder vertragsmäßige Zollpräferenzen eröffnen.

Art. 4 Nrn. 10 und 11 sowie Art. 20 ZK stellen klar, daß auch die im Rah- **31** men der gemeinsamen Agrarpolitik geregelten Abgaben dem Zollkodex unterliegen und Bestandteil des Gemeinsamen Zolltarifs sind. In bezug auf landwirtschaftliche Erzeugnisse können im Rahmen einer gemeinsamen Marktorganisation auch **Ausfuhrabgaben** festgelegt werden (s. Art. 26 Rn. 30).

Die Regelung der **mengenmäßigen Einfuhr-** und **Ausfuhrbeschränkun-** **32** **gen** verteilt sich gleichfalls auf eine Reihe von Verordnungen, insbesondere

- die gemeinsame Einfuhrregelung (VO [EG] Nr. 3285/94, ABl. 1994 L 349/53),
- die Einfuhrregelung gegenüber Ländern ohne Marktwirtschaft (VO [EG] Nr. 519/94, ABl. 1994 L 67/89),
- die Einfuhrregelungen für Textilwaren (VO [EWG] Nr. 3030/93, ABl. 1993 L 275/1, und VO [EG] Nr. 517/94, ABl. 1994 L 67/1),
- die gemeinsame Ausfuhrregelung (VO [EWG] Nr. 2603/69, ABl. 1969 L 324/25) und
- die Ausfuhrkontrolle von Gütern mit doppeltem Verwendungszweck (VO [EG] Nr. 3381/94, ABl. 1994 L 367/1).

Während das gemeinschaftliche Zoll- und sonstige Außenhandelsrecht sich **33** in der Regel auf den Warenverkehr mit Drittländern bezieht und nur noch ausnahmsweise zwischen den Mitgliedstaaten angewendet wird (z.B. Versand von Gemeinschaftswaren, deren Ausfuhr wegen der Zahlung von Ausfuhrerstattungen zu überwachen ist, vgl. Art. 91 ZK), sieht das **statistische** **System** der Gemeinschaft eine Erfassung der Warenbewegungen vor

- sowohl gegenüber Drittländern (insoweit dient grundsätzlich das im Rahmen des Zollrechts geschaffene Einheitspapier als Datenträger, vgl. VO [EG] Nr. 1172/95, ABl. 1995 L 118/10)
- als auch zwischen den Mitgliedstaaten (insoweit ist – außer wenn die Befreiungen von der Anmeldpflicht eingreifen – eine monatliche Anmeldung abzugeben, vgl. VO [EWG] Nr. 3330/91, ABl. 1991 L 316/1).

Angesichts der Unübersichtlichkeit des Gemeinsamen Zolltarifs sowie der **34** nicht-tarifären Überwachungs- und Beschränkungsmaßnahmen bei der Einfuhr bzw. Ausfuhr werden diese Regelungen im Integrierten Tarif der Gemeinschaft (**TARIC**) unter Anknüpfung an die betroffenen Warenbezeichnungen und Warencodes zusammengefaßt dargestellt (s. ABl. 1998 C 115). Die Zollverwaltungen der Mitgliedstaaten werden über Rechtsänderungen elektronisch unterrichtet und übernehmen diese Informationen in ihre gedruckten Gebrauchs-Zolltarife und Dateien für die automatisierte Zollabwicklung. Obwohl der TARIC kein Rechtsakt, sondern ein Informationssystem ist, müssen die darin festgelegten Warencodes gemäß Art. 5 der VO (EWG) Nr. 2658/87 (ABl. 1987 L 256/1) bei der Einfuhr bzw. Ausfuhr angemeldet werden.

35 Für die Rechtsetzung in bezug auf den innergemeinschaftlichen Warenverkehr wird häufig auf die Rechtsform der **Richtlinie** zurückgegriffen, um den Mitgliedstaaten die Möglichkeit zu lassen, die für die Einfügung in die nationale Rechtsordnung am besten geeigneten Formen und Mittel auszuwählen (vgl. Art. 249 [ex-Art. 189] Satz 4). Teilweise regeln solche Richtlinien gleichzeitig auch den Warenverkehr mit Drittländern: Die Richtlinie 91/494/EWG (ABl. 1991 L 268/35) bestimmt z.b. die tierseuchenrechtlichen Bedingungen in bezug auf frisches Geflügelfleisch sowohl für den innergemeinschaftlichen Handel als auch für die Einfuhr aus Drittländern. Soweit eine Richtlinie einen bestimmten Bereich vollständig harmonisiert, dürfen die Mitgliedstaaten keine anderen Anforderungen festlegen als die in der Richtlinie vorgesehen, und zwar auch nicht unter Berufung auf Art. 30 (ex-Art. 36, vgl. EuGH, Rs. 29/87, Dansk Denkavit/Landbrugsministeriet, Slg. 1988, 2965).

4. Die Tätigkeit der Verwaltungsbehörden

36 Unterhalb der Rechtsetzungsebene lassen sich insbesondere folgende Handlungsformen unterscheiden:
– die Anwendung des Gemeinschaftsrechts im Einzelfall (wie z.B. die Erteilung einer verbindlichen Zolltarifauskunft oder die Mitteilung des geschuldeten Einfuhrabgabenbetrages),
– die Ahndung von Zuwiderhandlungen gegen Gemeinschaftsbestimmungen (wie z.B. das Einschmuggeln von Waren) und
– der Austausch von Informationen (wie z.B. über verdächtige Warenbewegungen).

37 Während die Befugnis zum Erlaß der für das Funktionieren der Zollunion erforderlichen Vorschriften grundsätzlich bei der Gemeinschaft liegt (vgl. Art. 26 [ex-Art. 28], 37 [ex-Art. 43], 95 [ex-Art. 100a], 133 [ex-Art. 113] und 135 [neu eingefügt], obliegt die **Anwendung des Gemeinschaftsrechts** im Einzelfall einschließlich der Ahndung etwaiger Verstöße grundsätzlich den Mitgliedstaaten (vgl. Art. 10 [ex-Art. 5] und Art. 135

[neu eingefügt]). Eine der wenigen Ausnahmen von diesem Grundsatz ist die in Art. 11 Abs. 8 AntidumpigVO (VO [EG] Nr. 384/96, ABl. 1996 L 56/1) festgelegte Regelung, nach der die Kommission über die Rückerstattung von Antidumpingzöllen entscheidet, soweit es um die Höhe der Dumpingspanne geht. Ferner ist die Entscheidung über den Erlaß oder die Erstattung von Zöllen in bestimmten Fällen der Kommission vorbehalten (vgl. Art. 905–909 VO [EWG] Nr. 2454/93, ABl. 1993 L 253/1). Im übrigen aber haben die Verwaltungsbehörden der Mitgliedstaaten den Sachverhalt festzustellen sowie die bei der Einfuhr oder Ausfuhr anzuwendenden Abgaben zu berechnen und zu erheben. Die Gemeinschaftsorgane treten also nicht in unmittelbare Rechtsbeziehungen zum Abgabenschuldner; Gläubiger sind vielmehr die Mitgliedstaaten, die ihrerseits gemäß der VO (EWG, EURATOM) Nr. 1552/89 (ABl. 1989 L 155/1) verpflichtet sind, die festgestellten Beträge nach Abzug von 10 % zur Abgeltung der Erhebungskosten fristgemäß an die Gemeinschaft abzuführen (vgl. EuGH, Rs. 68/88, Kommission/Griechenland, Slg. 1989, 2965, C-96/89, Kommission/Niederlande, Slg. 1991, I–2461). Wird eine nach dem Gemeinschaftsrecht geschuldete Abgabe zunächst nicht erhoben, so ist sie gemäß Art. 220 ZK (s. Rn. 29) nachzuerheben (EuGH, Rs. 68/88, aaO.). Soweit das Gemeinschaftsrecht keine **Sanktion** für den Fall eines Verstoßes vorsieht (zur Zulässigkeit gemeinschaftsrechtlicher Sanktionen s. EuGH, C-240/90, Deutschland/Kommission, Slg. 1992, I–5383), sind die Mitgliedstaaten aufgrund von Art. 10 (ex-Art. 5) verpflichtet, solche Zuwiderhandlungen nach ähnlichen sachlichen und verfahrensrechtlichen Regeln zu ahnden wie Verstöße gegen das nationale Recht; die Sanktion muß wirksam, verhältnismäßig und abschreckend sein (EuGH, Rs. 68/88 aaO).

Andererseits ist es nicht zulässig, daß die Gemeinschaftsorgane anstelle der Mitgliedstaaten Maßnahmen treffen, die auf nationaler Ebene vorzunehmen sind, wie z.B. die Mitteilung des buchmäßig erfaßten Abgabenbetrages an den Zollschuldner oder die Erteilung einer verbindlichen Zolltarifauskunft (vgl. Art. 12 und 221 ZK). Die Kommission kann zwar **Stellungnahmen** zur Auslegung des Gemeinschaftsrechts abgeben, aber eine solche Äußerung bindet nicht die zuständigen nationalen Behörden (EuGH, Rs. 74/68, HZA Bremen-Freihafen/Waren-Import-Gesellschaft Krohn & Co., Slg. 1970, 451; Rs. 151/88, Italien/Kommission, Slg. 1989, 1255). Prüft die Kommission zur Kontrolle der eigenen Einnahmen Unterlagen in den Mitgliedstaaten, so darf sie nur diejenigen Handlungen vornehmen, die in den entsprechenden Gemeinschaftsvorschriften vorgesehen sind (EuGH, C-366/88, Frankreich/Kommission, Slg. 1990, I–3571). **38**

39   Die gültige **Entscheidung** einer nationalen Verwaltungsbehörde **bindet**
grundsätzlich auch die Behörden der **anderen Mitgliedstaaten**: z.B. kann
der Inhaber einer gemäß Art. 12 ZK (s. Rn. 29) erteilten verbindlichen Zolltarifauskunft auch bei der Einfuhr in einem anderen als dem erteilenden
Mitgliedstaat verlangen, daß die Ware entsprechend der Auskunft eingereiht
wird. Ebenso gilt eine nach Art. 95 ZK erteilte Befreiung von der Sicherheitsleistung für das externe gemeinschaftliche Versandverfahren auch auf
dem Gebiet der übrigen Mitgliedstaaten. Eine solche Bindungswirkung tritt
freilich nur ein, soweit eine entsprechende Gemeinschaftsregelung vorliegt
oder der unmittelbar aus dem Vertrag abgeleitete Grundsatz der gegenseitigen Anerkennung eingreift: Ist z.B. eine in einem anderen Mitgliedstaat in
den freien Verkehr übergeführte Ware zu anderen als zolltariflichen
Zwecken (z.B. zur Erhebung der Mehrwert- oder der Kraftfahrzeugsteuer)
in eine aus dem Gemeinsamen Zolltarif übernommene Nomenklatur einzureihen, so ist der betreffende Mitgliedstaat nicht an die im Rahmen der Einfuhrabfertigung vorgenommene Einreihung gebunden (EuGH, C-384/89,
Tomatis/Tribunal de grande instance Nizza, Slg. 1991, I–127); etwas anderes würde nur dann gelten, wenn der Beteiligte sich auf eine verbindliche
Zolltarifauskunft beruft und das Gemeinschaftsrecht oder eine nationale
Vorschrift einer solchen Auskunft für das betreffende Rechtsgebiet eine Bindungswirkung zuerkennt. Es kann allerdings auch vorkommen, daß die von
einer Verwaltungsbehörde getroffene Entscheidung die Behörden desselben
Mitgliedstaats nur in begrenztem Umfang bindet: Hat z.B. der Importeur einen zu hohen Rechnungspreis angemeldet, um einen Mindestpreis zu umgehen oder die Einkommensteuer zu verkürzen, so kann er später keine Erstattung des zuviel gezahlten Zolls verlangen, da er bewußt falsche Angaben
gemacht hat (EuGH, Rs. 328/85, Deutsche Babcock Handel/HZA Lübeck-
Ost, Slg. 1987, 5119); gleichwohl sind die nationalen Behörden nicht verpflichtet, den angemeldeten Preis auch bei der Anwendung des Außenwirtschaftsrechts (z.B. Beachtung von Einfuhrbeschränkungen) oder bei der Erhebung der Einkommensteuer zugrundezulegen (EuGH, Rs. 65/79, Chatain/
Tribunal de grande instance Nanterre, Slg. 1980, 1345).

40   Abgesehen von solchen Ausnahmefällen ist aber davon auszugehen, daß
gleichlautende Bestimmungen unabhängig von ihrem Anwendungsbereich
grundsätzlich einheitlich anzuwenden sind (EuGH, Rs. 158/78, Biegi/HZA
Bochum, Slg. 1979, 1103). Dies gilt selbst dann, wenn eine Vorschrift des
Gemeinschaftsrechts in das nationale Recht übernommen worden ist. Der
EuGH entscheidet deshalb auch in solchen Fällen über Vorabentscheidungsersuchen gemäß Art. 234 (ex-Art. 177), allerdings nur über die Auslegung
des Gemeinschaftsrechts und nicht über die Systematik des innerstaatlichen

Rechts, in das die gemeinschaftliche Bestimmung übernommen worden ist (EuGH, C-297/88 und C-197/89, Dzodzi/Belgien, Slg. 1990, I–3763; C-28/95, Leur-Bloem/Inspecteur der Belastingdienst, Slg. 1997, I–4161).

Unabhängig davon, ob Entscheidungen oder Feststellungen einer Behörde **41** die anderen Behörden in der Gemeinschaft binden oder nicht, erfordert das Funktionieren der Zollunion eine enge **Zusammenarbeit** zwischen den beteiligten Dienststellen. Insoweit bestehen vielfältige Formen der Zusammenarbeit, wie die folgenden Beispiele zeigen:

– Zollkontingente (deren Volumen ja für die Gemeinschaft einheitlich festgelegt ist) werden von der Kommission zentral verwaltet. Diese teilt den Verwaltungsbehörden der Mitgliedstaaten mit, in welchem Umfang die dort angemeldeten Waren auf das Zollkontingent angerechnet werden können bzw. inwieweit den gestellten Lizenzanträgen stattgegeben werden kann (s. Art. 26 Rn. 16 und 18).

– Verbindliche Zolltarifauskünfte werden trotz ihrer gemeinschaftsweiten Geltung dezentral von den Verwaltungsbehörden der Mitgliedstaaten erteilt. Die Kommission speichert diese Auskünfte zentral und ermöglicht es den nationalen Verwaltungsbehörden, die Auskünfte anderer Mitgliedstaaten zu konsultieren.

– Die Kommission sammelt und integriert das warenbezogene gemeinschaftliche Einfuhr- und Ausfuhrrecht in einer zentralen Datenbank und unterrichtet die Verwaltungsbehörden der Mitgliedstaaten regelmäßig über Änderungen des Gemeinschaftsrechts (Integrierter Zolltarif – TARIC).

– Die Statistischen Ämter der Mitgliedstaaten liefern an das Statistische Amt der Gemeinschaft (Eurostat) regelmäßig die von ihnen erhobenen Daten über den innergemeinschaftlichen Warenverkehr sowie den Handel mit Drittländern. Eurostat gibt die Daten auf Gemeinschaftsebene bekannt, soweit keine Geheimhaltungsgründe entgegenstehen.

– Im Rahmen der VO (EG) Nr. 515/97 (ABl. 1997 L 82/1) können die mit der Durchführung des Zoll- und Agrarrechts betrauten Verwaltungsbehörden untereinander sowie mit der Kommission zusammenarbeiten, um die Einhaltung dieser Regelungen zu gewährleisten, insbesondere durch den Austausch von Informationen und die Durchführung von Ermittlungen.

Art. 135 (neu eingefügt) sieht ausdrücklich eine Zusammenarbeit im Zollwesen zwischen den Mitgliedstaaten sowie zwischen den Mitgliedstaaten und der Kommission vor, soweit es nicht um den Bereich des Strafrechts geht. Außerhalb des durch den EG-Vertrag gesetzten Rahmens arbeiten die Verwaltungs- und Justizbehörden auf der Grundlage von Art. 29 (ex-Art. K.1

Nr. 8) und Art. 31 (ex-Art. K.3) EU-Vertrag zusammen, insbesondere bei der Verfolgung von Zuwiderhandlungen gegen das Zoll- und sonstige Außenhandelsrecht (s. hierzu das Übereinkommen über die gegenseitige Amtshilfe und Zusammenarbeit der Zollverwaltungen, ABl. 1998 C 24/1, und den erläuternden Bericht im ABl. 1998 C 189/1). Die Amtshilfe gegenüber Zollverwaltungen von Drittländern ist in zahlreichen Abkommen geregelt (s. z.B. das Abkommen mit den USA, ABl. 1997 L 222/17). Ein gemeinsamer Rechtsrahmen reicht allerdings nicht aus, um innerhalb einer Zollunion, die von 15 nationalen Zollbehörden verwaltet wird, effiziente und gleichwertige Ergebnisse zu erzielen; besondere Probleme ergeben sich bei Zollverfahren, die das Gebiet mehrerer Mitgliedstaaten berühren. Die Gemeinschaft hat deshalb unterhalb der Gesetzungsebene besondere Handlungsformen entwickelt, die auf einer Partnerschaft zwischen den betroffenen Verwaltungen – soweit erforderlich auch solchen aus Drittländern – aufbauen. Beispiele hierfür sind
- die Entschließung des Rates über die Informatisierung der Versandverfahren im Zollbereich (ABl. 1995 C 327/2),
- der Aktionsplan der Kommission für das Versandverfahren in Europa (ABl. 1977 C 176/3) und
- die Entscheidung Nr. 210/97/EG des Parlaments und des Rates über ein Aktionsprogramm für das Zollwesen in der Gemeinschaft – „Zoll 2000" (ABl. 1997 L 33/24).

5. Die Rechtsprechung

42   Die Tätigkeit der Verwaltungsbehörden unterliegt einer rechtlichen Kontrolle durch die Gerichte. Art. 243 ZK (s. Rn. 29) bestimmt, daß jede Person einen **Rechtsbehelf** gegen Entscheidungen der nationalen Zollbehörden auf dem Gebiet des Zollrechts einlegen kann, die sie unmittelbar und persönlich betreffen. Hierfür ist ein zweistufiges Verfahren vorgesehen: Zunächst ist der Rechtsbehelf bei der von dem betreffenden Mitgliedstaat für zuständig erklärten Stelle einzulegen; im Anschluß daran kann der Fall einer unabhängigen Instanz – d.h. einem Gericht oder einer gleichwertigen Institution – zur Entscheidung vorgelegt werden (zum Rechtsschutz gegen Zollbescheide s. Art. 26 Rn. 42). Das Gericht kann gemäß Art. 234 (ex-Art. 177) eine **Vorabentscheidung** des EuGH einholen. Hat ausnahmsweise ein Gemeinschaftsorgan eine Entscheidung getroffen, die eine natürliche oder juristische Person unmittelbar und individuell betrifft, so ist gemäß Art. 230 (ex-Art. 173) eine **unmittelbare Klage** vor dem Gericht erster Instanz zulässig (EuGH, Rs. 312/84, Continentale Produkten-Gesellschaft Erhardt-Renken/Kommission, Slg. 1987, 841; C-121/91 und C-122/91, CT Control/Kommission, Slg. 1993, I–3873; EuGeI, T-480/93 und T-483/93,

Antillean Rice Mills/Kommission, Slg. 1995, II–2305). Bei einer Verletzung einer den einzelnen schützenden Rechtsnorm kommt auch eine **Schadensersatzklage** gemäß Art. 288 (ex-Art. 215) in Betracht (EuGeI, T-571/93, Lefebvre/Kommission, Slg. 1995, II–2379).

Neben den Regelungen des Gemeinschaftsrechts und den zu dessen Durch- **43** führung getroffenen Verwaltungsmaßnahmen spielt die Rechtsprechung des EuGH eine besondere Rolle für das Funktionieren der Zollunion. Der EuGH hat immer wieder als **Motor der Integration** gewirkt, u.a. durch die Feststellung, daß

– das **Gemeinschaftsrecht Vorrang** vor entgegenstehendem nationalem Recht genießt (EuGH, Rs. 26/62, van Gend & Loos/niederländische Finanzverwaltung, Slg. 1963, 1),

– die Verbote des Vertrages eine **unmittelbare Wirkung** haben und keines Umsetzungsaktes bedürfen (s. Rn. 21),

– die in den früheren Art. 9 (jetzt Art. 23), 28 (jetzt Art. 26), 111 (jetzt aufgehoben) und 113 (jetzt Art. 133) vorgesehenen **Gesetzgebungsbefugnisse** im Interesse des wirksamen Funktionierens der Zollunion **weit auszulegen** sind (EuGH, Rs. 8/73, HZA Bremerhaven/Massey-Ferguson, Slg. 1973, 897),

– die Mitgliedstaaten verpflichtet sind, **Verstöße** gegen das Gemeinschaftsrecht **wirksam zu ahnden** (s. Rn. 37),

– eine Aufteilung von Gemeinschaftszollkontingenten in **nationale Quoten** grundsätzlich **nicht zulässig** ist (s. Art. 26 Rn. 19).

Ferner haben der EuGH und das EuGeI dafür gesorgt, daß der Gemein- **44** schaftsbürger u.a. in bezug auf die Regelungen über die Zollunion einen **effektiven Rechtsschutz** genießt (EuGH, C-49/88, Al-Jubail Fertilizer/Rat, Slg. 1991, I–3187; C-269/90, HZA München-Mitte/Technische Universität München, Slg. 1991, I–5469; EuGeI, T-346/94, France-aviation/Kommis sion, Slg. 1995, II–2841).

Schließlich hat der EuGH durch eine Vielzahl von Einzelfallentschei- **45** dungen dazu beigetragen, daß das **Gemeinschaftsrecht** innerhalb der Zollunion **einheitlich ausgelegt** wird, selbst wenn es um so spezielle Fragen geht wie die, in welche zolltarifliche Position „Putensterze" einzureihen sind (EuGH, Rs. 40/69, HZA Hamburg-Oberelbe/Bollmann, Slg. 1970, 69).

Art. 24 (ex-Art. 10) (Waren aus dritten Ländern)

Als im freien Verkehr eines Mitgliedstaats befindlich gelten diejenigen Waren aus dritten Ländern, für die in dem betreffenden Mitgliedstaat die Einfuhr-Förmlichkeiten erfüllt sowie die vorgeschriebenen Zölle

und Abgaben gleicher Wirkung erhoben und nicht ganz oder teilweise rückvergütet worden sind.

I. Normzweck

1   Art. 24 legt fest, unter welchen Voraussetzungen Drittlandswaren ebenso die Vorteile des freien innergemeinschaftlichen Warenverkehrs genießen wie aus einem Mitgliedstaat stammende Waren. Diese Gleichstellung ist für den Fall vorgesehen, daß die aus einem Drittland eingeführten Waren sich „im freien Verkehr eines Mitgliedstaats" befinden. Dieser Begriff wird auch in Art. 23 (ex-Art. 9) Abs. 2 verwendet; daraus ergibt sich, daß die in Art. 24 festgelegten Definitionen nicht nur im Hinblick auf die Abschaffung der Zölle und Abgaben gleicher Wirkung (Art. 25, ex-Art. 12–17), sondern auch in bezug auf die Beseitigung der mengenmäßigen Beschränkungen und Maßnahmen gleicher Wirkung (Art. 28–31, ex-Art. 30–37) gelten.

2   Für die Bestimmung der Tragweite des durch den Vertrag gewährleisteten **freien Warenverkehrs** sind außerdem Art. 14 (ex-Art. 7a) sowie Art. 30 (ex-Art. 36) von Bedeutung:

  –   Art. 14 erweitert das Konzept des Freiverkehrs um das Verbot, die Überquerung einer Binnengrenze zum Anlaß von Kontrollen zu nehmen und dadurch den Warenverkehr zu behindern.

  –   Art. 30 schränkt das Freiverkehrsprinzip für bestimmte Ausnahmefälle ein, wobei allerdings auch insoweit das in Art. 14 festgelegte Verbot gilt, den Warenverkehr an den Binnengrenzen zu behindern (zu den übrigen Schutzklauseln s. Art. 28 Rn. 32).

II. Die Gleichstellung eingeführter Waren mit Gemeinschaftswaren

Art. 24 macht die **Gleichstellung eingeführter Drittlandswaren** mit aus **3** einem Mitgliedstaat stammenden Waren von drei Voraussetzungen abhängig:
1. Die Einfuhr-Förmlichkeiten sind in einem Mitgliedstaat erfüllt worden.
2. Die vorgeschriebenen Zölle und Abgaben gleicher Wirkung sind erhoben worden.
3. Die genannten Einfuhrabgaben sind nicht rückvergütet worden.

1. Erfüllung der Einfuhr-Förmlichkeiten

Erste Voraussetzung für die Gleichstellung von Drittlandswaren mit Ge- **4** meinschaftswaren ist, daß die **Einfuhr-Förmlichkeiten** in einem Mitgliedstaat erfüllt worden sind. Die Frage, ob mit diesen Förmlichkeiten nur die mit der Erhebung der Zölle und Abgaben gleicher Wirkung verbundenen Formalitäten gemeint sind oder ob dieser Begriff weiter geht, wird indirekt durch Art. 23 (ex-Art. 9) Abs. 2 beantwortet: Diese Vorschrift stellt nämlich Drittlandswaren auch in bezug auf die in den Art. 28–31 (ex-Art. 30–37) geregelten mengenmäßigen Beschränkungen und Maßnahmen gleicher Wirkung den aus einem Mitgliedstaat stammenden Waren gleich, sofern die Drittlandswaren sich in den Mitgliedstaaten im freien Verkehr befinden. Wann diese Voraussetzung erfüllt ist, ergibt sich wiederum aus Art. 24. Zu den „Einfuhr-Förmlichkeiten" im Sinne dieser Vorschrift gehören somit auch die zur Überwachung außenwirtschaftlicher Beschränkungen erforderlichen Maßnahmen (z.B. Abschreibung der eingeführten Menge auf der Einfuhrgenehmigung bzw. Zurückweisung des Antrags auf Überführung in den freien Verkehr bei fehlender Einfuhrgenehmigung). Bestätigt wird dies durch Art. 79 Satz 2 ZK (s. Art. 23 Rn. 29), der bei der Definition des engeren Begriffs „zollrechtlich freier Verkehr" ausdrücklich auch die handelspolitischen Maßnahmen und die Erfüllung der übrigen für die Ware geltenden Einfuhrbedingungen einbezieht. Der Begriff „zollrechtlich freier Verkehr" war ursprünglich geschaffen worden, um eine Unterscheidung gegenüber dem „steuerrechtlich freien Verkehr" zu ermöglichen; seit der Verwirklichung des Binnenmarktes ist diese Unterscheidung – zumindest im Hinblick auf die Mehrwertsteuer – grundsätzlich nicht mehr erforderlich, da bei der Überführung von Drittlandswaren in den freien Verkehr neben einem etwaigen Zoll stets auch die Mehrwertsteuer gezahlt werden muß und da die Verbringung von Waren aus dem freien Verkehr eines anderen Mitgliedstaats auch in steuerrechtlicher Hinsicht nicht mehr als Einfuhr gilt, sondern als „innergemeinschaftlicher Erwerb" (vgl. Art. 7 und 28 a der 6. Mehrwertsteuer-Richtlinie, ABl. 1977 L 145/1 und ABl. 1991 L 376/1).

5   Die Tatsache, daß die Einfuhr-Abfertigung durch einen Mitgliedstaat den
     Status der Ware mit Wirkung für die gesamte Gemeinschaft bestimmt, ver-
     ursacht naturgemäß Probleme in denjenigen Fällen, in denen ausnahms-
     weise noch voneinander abweichende nationale Außenhandelsregelungen
     bestehen (wie z.B. bei Rüstungsgütern, deren unterschiedliche Behandlung
     aufgrund von Art. 296 [ex-Art. 223] zulässig ist). Insoweit kann Art. 30 (ex-
     Art. 36) gewisse Kontrollen des innergemeinschaftlichen Warenverkehrs
     rechtfertigen, sofern diese verhältnismäßig sind und nicht im Zusammen-
     hang mit der Überquerung einer Binnengrenze erfolgen (vgl. Art. 14 [ex-
     Art. 7a] sowie EuGH, C-367/89, Aimé Richardt/Cour de cassation Luxem-
     burg, Slg. 1991, I–4621). Abgesehen von solchen Ausnahmefällen nehmen
     die Zollbehörden ihre **Kontrollen** sowie die Freigabe **eingeführter Waren**
     nicht nur für ihren Mitgliedstaat, sondern **im Interesse der Gemeinschaft**
     insgesamt wahr (vgl. VO [EWG] Nr. 339/93 über die Kontrolle der Über-
     einstimmung von aus Drittländern eingeführten Erzeugnissen mit den gel-
     tenden Produktsicherheitsvorschriften, ABl. 1993 L 40/1). Hiervon un-
     berührt bleiben solche Kontrollen, die bei der Vermarktung vorgenommen
     werden, wie z.B. die Einhaltung lebensmittelrechtlicher Normen; denn ei-
     ne im Einfuhrzeitpunkt ordnungsgemäße Ware kann anschließend verder-
     ben und dadurch ihre Eignung für den Verbrauch verlieren.

6   In bezug auf die im Zollkodex nicht geregelten **steuerrechtlichen Aspekte
     der Überführung in den freien Verkehr** gelten für eine Übergangsperiode
     folgende Grundsätze (vgl. Richtlinie 91/680/EWG, ABl. 1991 L 376/1):

     –   Bei **Einfuhren durch Privatpersonen** wird die Ware nur **einmal** – in
         der Regel im Einfuhrmitgliedstaat – **versteuert** (Mehrwertsteuer, be-
         sondere Verbrauchsteuern). Wird die Ware von einer Privatperson in ei-
         nen anderen Mitgliedstaat verbracht, so findet grundsätzlich keine wei-
         tere Besteuerung statt; die Waren befinden sich also auch in steuerlicher
         Hinsicht im freien Verkehr. Neue Fahrzeuge werden dagegen in demje-
         nigen Mitgliedstaat besteuert, in dem sie zugelassen werden. Eine wei-
         tere Ausnahmeregelung gilt in bezug auf den Versandhandel. Bei ver-
         brauchsteuerpflichtigen Waren darf die Einfuhrmenge nicht Anlaß zu
         der Vermutung geben, daß es sich um eine kommerzielle Einfuhr han-
         delt.

     –   Bei **kommerziellen Einfuhren** gilt dagegen das **Bestimmungsland-
         prinzip**, d.h. die Ware wird letztlich dort versteuert, wo sie ge- oder ver-
         braucht wird. Gleichwohl wird die Mehrwertsteuer stets – also auch
         dann, wenn die Waren für einen anderen Mitgliedstaat bestimmt sind –
         bei der Überführung in den freien Verkehr erhoben; werden sie im An-
         schluß daran in einen anderen Mitgliedstaat verbracht, so findet eine

steuerliche Entlastung statt und die Steuern werden im Empfangsmitgliedstaat erneut erhoben. Allerdings wird diese Transaktion zur Gewährleistung eines freien Warenverkehrs nicht an der Binnengrenze
durchgeführt; vielmehr geben der Lieferant und der Erwerber beim Finanzamt monatliche Meldungen ihrer innergemeinschaftlichen Warenlieferungen und -empfänge ab und die betreffenden Daten werden zwischen den beteiligten Finanzbehörden ausgetauscht (vgl. VO [EWG]
Nr. 218/92, ABl. 1992 L 24/1). Durch die Wahl eines zollrechtlichen
Nichterhebungsverfahrens (z.B. Versandverfahren) kann die steuerliche
Be- und Entlastung im Einfuhrmitgliedstaat, der nicht Bestimmungs-
mitgliedstaat ist, vermieden werden. Verbrauchsteuerpflichtige Waren,
die nicht im Rahmen eines zollrechtlichen Nichterhebungsverfahrens
überwacht werden, unterliegen bei ihrer Beförderung von einem Mitgliedstaat in einen anderen einer steuerlichen Überwachung (vgl. VO
[EWG] Nr. 2719/92, ABl. 1992 L 276/1).

Die Zulässigkeit solcher von den Grundsätzen des Art. 24 teilweise abwei-   **7**
chender Regeln ergibt sich daraus, daß die indirekten Steuern außerhalb der
Art. 23–31 (ex-Art. 9–37) in besonderen Vorschriften (Art. 90–93, ex-
Art. 95–99) geregelt sind. Es entspricht allerdings der Zielsetzung des Binnenmarktes, daß alle Einfuhr-Förmlichkeiten in jedem beliebigen Mitgliedstaat gleichzeitig erfüllt werden können, unabhängig davon, in welchem
Mitgliedstaat die Waren letztlich verbleiben (vgl. *Vaulont,* in GTE, 5. Aufl.
1997, Art. 10 Rn. 4).

2. Erhebung der vorgeschriebenen Zölle und Abgaben gleicher Wirkung

Bei der Überführung von Waren in den zollrechtlich freien Verkehr ist ge-   **8**
meinschaftsrechtlich zwingend die **Erhebung der** gesetzlich geschuldeten
Abgaben vorgeschrieben (vgl. Art. 79 ZK, s. Art. 23 Rn. 29). Hängt der Abgabensatz von der – bei der Einfuhrabfertigung nicht nachprüfbaren – Verarbeitung der Ware ab (z.B. Verarbeitung von Fisch zu Konserven), so
bleibt die Ware bis zum Erreichen des Verwendungszwecks, ihrer Wieder-
ausfuhr, Vernichtung oder anderweitigen Verwendung unter zollamtlicher
Überwachung (Art. 82 ZK).

Die **Beweisanforderungen** dafür, ob die vorgeschriebenen Zölle und Ab-   **9**
gaben gleicher Wirkung erhoben worden sind, ergeben sich nicht unmittel-
bar aus dem Vertrag, sondern grundsätzlich aus dem Zollkodex (vgl. EuGH,
C-117/88, Trend-Moden Textilhandels GmbH/HZA Emmerich, Slg. 1990,
I–631; C-83/89, Openbaar Ministerie/Houben, Slg. 1990, I–1161;
C-237/96, Amelynck, Slg. 1997, I–5103). Allerdings würde es gegen die in

den Art. 23 und 24 (ex-Art. 9 und 10) vorgesehene Gleichstellung eingeführter Waren mit Gemeinschaftswaren verstoßen, wenn die Zollverwaltung im innergemeinschaftlichen Verkehr allein aus der Tatsache, daß eine
Ware in einem Drittland hergestellt worden ist (was z.b. an ihrer Marke erkennbar ist), schließen würde, die Zahlung der Zölle und Abgaben gleicher
Wirkung sei zweifelhaft und der Betroffene habe deshalb einen entsprechenden Nachweis zu führen (GA Darmon, C-83/89 aaO). Dementsprechend sehen die Durchführungsbestimmungen zum Zollkodex eine **Vermutung des Gemeinschaftscharakters** von innerhalb der EG beförderten
Waren vor, soweit nicht der Gegenbeweis erbracht wird oder eine der Ausnahmen – z.b. Waren aus Freizonen – vorliegt (vgl. Art. 313 VO [EWG] Nr.
2454/93, ABl. 1993 L 253/1; die zitierten EuGH-Urteile sind insoweit überholt, da sie die Rechtslage vor dem 1.1.1993 betreffen).

10   Im übrigen bietet das Zollrecht vielfältige Möglichkeiten, eine Zollerhebung zumindest vorläufig zu vermeiden, z.B. durch eine

– Lagerung in einem **Zollager** (Art. 98–113 ZK),

– **aktive Veredelung** im Rahmen des Nichterhebungsverfahrens
(Art. 114–122 ZK),

– **Umwandlung** (Art. 130–136 ZK),

– **vorübergehende Verwendung** (Art. 137–144 ZK) oder

– Verbringung der Waren in eine **Freizone** (Art. 166–181 ZK).

11   Im Rahmen dieser zollrechtlichen Bestimmungen befinden sich die Waren
jedoch noch **nicht im zollrechtlich freien Verkehr.** Das gleiche gilt für
solche Drittlandswaren, die nach ihrer Verbringung in einen Mitgliedstaat
im externen **Versandverfahren** befördert werden, weil sie an einem anderen Ort als dem Einfuhrort ihrer zollrechtlichen Bestimmung zugeführt oder
durch die Gemeinschaft nur durchgeführt werden sollen (Art. 91–97 ZK).

3. Keine Rückvergütung

12   Weitere Voraussetzung für die Gleichstellung von Drittlandswaren mit Gemeinschaftswaren ist, daß die im Zuammenhang mit der Einfuhr erhobenen
Zölle und Abgaben gleicher Wirkung **nicht rückerstattet** worden sind.
Art. 83 ZK (s. Art. 23 Rn. 29) stellt deshalb klar, daß die in den zollrechtlich
freien Verkehr übergeführte Waren ihren Status als Gemeinschaftswaren
verlieren, wenn die Einfuhrabgaben erstattet oder erlassen werden

– im Rahmen der aktiven Veredelung nach dem Verfahren der Zollrückvergütung (Art. 128 ZK),

– für fehlerhafte oder den Vertragsbedingungen nicht entsprechende Waren (Art. 238 ZK),

– im Hinblick auf eine Ausfuhr der Waren oder eine ersatzweise mögliche zollrechtliche Bestimmung wie z.B. die Verbringung in eine Freizone (Art. 239 ZK).

Zahlreiche **Präferenzabkommen** der Gemeinschaft mit Drittländern enthalten gleichfalls ein Zollrückvergütungsverbot. Ziel dieser **no-drawback**-Regel ist es zu vermeiden, daß unverzollte Drittlandswaren (die z.B. im Rahmen der aktiven Veredelung eingeführt worden sind) bei der Herstellung präferenzberechtigter Waren verwendet werden. Eine Präferenzbescheinigung darf deshalb nur dann ausgestellt werden, wenn die Drittlandskomponenten oder die daraus hergestellten Waren verzollt worden sind (vgl. Art. 216 ZK).

In allen Fällen einer Zollrückvergütung ist grundsätzlich eine Ausfuhr der   **13**
Waren oder eine Ersatzhandlung vorgesehen, die zur Folge hat, daß die Waren sich nicht mehr im Zollgebiet der Gemeinschaft befinden oder zumindest ihren Status als Gemeinschaftswaren verlieren (vgl. Art. 83 und Art. 238 Abs. 2 lit. b ZK).

Dient die Erstattung indessen dazu, einen **Fehler** zu **korrigieren** (weil z.B.   **14**
ein zu hoher Zollbetrag erhoben worden ist), so behalten die Waren ihren Status als Gemeinschaftswaren (vgl. Art. 236 ZK) und es liegt keine verbotene Zollrückvergütung vor.

III. Die Ausfuhr-Förmlichkeiten

Eine Zollunion benötigt nicht nur Regeln darüber, wie aus Drittländern eingeführte Waren bei ihrer Verbringung von einem Mitgliedstaat zum anderen zu behandeln sind, sondern auch einheitliche Bestimmungen für die **Ausfuhr** von Waren aus der Gemeinschaft, insbesondere für den Fall, daß die Waren nach der Annahme der Ausfuhranmeldung durch das Gebiet eines anderen Mitgliedstaats durchgeführt werden, bevor sie das Zollgebiet verlassen. Der Vertrag enthält keine Vorschriften hierzu, abgesehen davon, daß der Grundsatz des freien Warenverkehrs (Art. 14 und Art. 23–31, ex-Art. 7a und ex-Art. 9–37) auch insoweit gilt. Der Zollkodex (s. Art. 23 Rn. 29) regelt auch das Ausfuhrverfahren (Art. 161 ZK); er gewährleistet insbesondere, daß der Ausführer die Waren an seinem Geschäftssitz oder am Ort der Verpackung bzw. Verladung in das Ausfuhrverfahren überführen kann und daß selbst bei einer Ausfuhr über einen anderen Mitgliedstaat eine Überwachung der gemeinschaftlichen Ausfuhrmaßnahmen (z.B. Ausfuhrbeschränkungen, Ausfuhrerstattungen) möglich bleibt. Ebenso wie bei den Einfuhr-Förmlichkeiten (s. Rn. 5) nehmen die Zollbehörden die **Ausfuhrkontrollen** nicht nur für ihren Mitgliedstaat, sondern **im Interesse der**   **15**

Gemeinschaft insgesamt wahr (vgl. VO [EWG] Nr. 3911/92 über die Ausfuhr von Kulturgütern, ABl. 1992 L 395/1).

IV. Die Regelung der Förmlichkeiten für den Warenverkehr zwischen den Mitgliedstaaten

16 Die frühere Fassung dieser Vorschrift (ex-Art. 10 Abs. 2) hatte die Kommission dazu ermächtigt, die Zusammenarbeit der Verwaltungen im Warenverkehr zwischen den Mitgliedstaaten zu regeln. Seit der Verwirklichung des Binnenmarktes sind solche Regelungen nicht mehr erforderlich, da grundsätzlich vermutet wird, daß eine im Zollgebiet befindliche Ware den Status einer Gemeinschaftsware hat (s. Rn. 9).

Kapitel 1. Die Zollunion

Art. 25 (ex-Art. 12–17) (Verbot von Zöllen oder Abgaben gleicher Wirkung zwischen den Mitgliedstaaten)

Ein- und Ausfuhrzölle oder Abgaben gleicher Wirkung sind zwischen den Mitgliedstaaten verboten. Dieses Verbot gilt auch für Finanzzölle.

Literatur: *Kohler*, Abgaben zollgleicher Wirkung im Recht der Europäischen Gemeinschaften, 1978; *Scheffer*, Das Verbot der Abgaben zollgleicher Wirkung, EWS 1996, 407; *Vaulont*, Die Vereinfachung der Verfahren und Förmlichkeiten im innergemeinschaftlichen Warenverkehr im Lichte der Rechtsprechung des Europäischen Gerichtshofs zum Verbot der Erhebung von Abgaben zollgleicher Wirkung, EuR 1977, 1.

I. Normzweck und systematische Stellung

Art. 25 konkretisiert das bereits in Art. 23 (ex-Art. 9) enthaltene **Verbot**, **1**
zwischen den Mitgliedstaaten **Ein- und Ausfuhrzölle** sowie **Abgaben gleicher Wirkung zu erheben**. Es handelt sich hier um eine der **Grundfreiheiten** des **Binnenmarktes**. Die zweite Grundfreiheit dieses Titels besteht in dem Verbot, den innergemeinschaftlichen Warenverkehr mengenmäßigen Beschränkungen und Maßnahmen gleicher Wirkung zu unterwerfen (Art. 28–31, ex-Art. 30–37).

Gegenüber den **Art. 28–30** (ex-Art. 30–36) geht Art. 25 als **Spezialvor-** **2**
schrift vor (EuGH, Rs. 74/76, Ianelli & Volpi/Meroni, Slg. 1977, 557; C-78–83/90, Sociétés Compagnie commerciale de l'Ouest/Receveur principal des douanes de La Pallice-Port, Slg. 1992, I–1847). Diese Vorschriften sind jedoch **nebeneinander** anwendbar, wenn eine **ungerechtfertigte** mengenmäßige Beschränkung oder **Maßnahme gleicher Wirkung** vorliegt, für die eine **Gebühr** erhoben wird (EuGH, Rs. 50/85, Schloh/SPRL, Slg. 1986, 1855; C-272/95, Bundesanstalt für Landwirtschaft und Ernährung/Deutsches Milch-Kontor, Slg. 1997, I–1905). In bezug auf **staatliche Handelsmonopole** ist Art. 31 (ex-Art. 37) zwar grundsätzlich vorrangig (EuGH, Rs. 41/75, HZA Göttingen/Miritz, Slg. 1976, 217), aber diese Vorschrift verweist indirekt auf Art. 25, indem sie Maßnahmen verbietet, welche die Tragweite des Artikels über das Verbot von Zöllen (und damit auch von Maßnahmen zollgleicher Wirkung) einengen. Diskriminierende **parafiskalische Abgaben** fallen nur dann in den Geltungsbereich des Art. 25, wenn ihr Aufkommen ausschließlich zugunsten inländischer Erzeugnisse verwendet wird; gleichen die Vorteile nur einen Teil der Belastung aus, so ist nur das steuerliche Diskriminierungsverbot (Art. 95, ex-Art. 90) anwendbar (EuGH, C-78–83/90 aaO).

Der **Zweck** dieses Verbots liegt darin, **finanzielle Belastungen zu vermei-** **3**
den, die ihren Grund im Verbringen von Waren über eine Staats- oder Regionalgrenze haben, weil sie den **Preis** der aus einem anderen oder in einen anderen Mitgliedstaat bzw. eines Teilgebiets verbrachten Waren **im Verhältnis zu einheimischen Waren** künstlich **erhöhen** und dadurch den freien Warenverkehr und die Einheitlichkeit des Zollgebiets selbst dann behindern, wenn sie geringfügig sind (EuGH, C-209/89, Kommission/Italien, Slg. 1991, I–1575; C-363/93, C-407–411/93, Lancry/Direction générale des douanes, „octroi de mer", Slg. 1994, I–3957; C-485 und 486/93, Simitzi/Dismos Kos, Slg. 1995, I–2655). Dieses Verbot gilt unabhängig von der Bezeichnung der Abgaben im nationalen Recht sowie unabhängig von der Art ihrer Erhebung, Bemessung und Verwendung (EuGH C-485 und 486/93, ebenda). **Nicht** von diesem Verbot **erfaßt** sind

- Entgelte für einem Wirtschaftsteilnehmer tatsächlich geleistete Dienste, soweit die Höhe des Entgelts dem Dienst angemessen ist und eine Wahlmöglichkeit besteht, die **Dienstleistung** nicht in Anspruch zu nehmen (s. Rn. 15–17),
- finanzielle Belastungen, die Teil einer **allgemeinen inländischen Abgabenregelung** sind, die systematisch einheimische und aus anderen bzw. in andere Mitgliedstaaten bzw. Regionen verbrachte Waren nach denselben Merkmalen erfaßt (s. Rn. 19–22),
- **Übergangsmaßnahmen**, die im Rahmen **einer Beitrittsakte** oder darauf gestützen Regelung gegenüber einem beigetretenen Mitgliedstaat bzw. einem Teil seines Hoheitsgebietes getroffen werden (vgl. VO [EWG] Nr. 564/93, ABl. 1993 L 59/1, mit der die Kanarischen Inseln ermächtigt werden, für Waren aus anderen Teilen der Gemeinschaft eine als „arbitrio insular – tarifa especial" bezeichnete Abgabe zu erheben; soweit die Beitrittsakte keine ausdrückliche Ermächtigung enthält, sind die Grundsätze des freien Warenverkehrs anwendbar, EuGH, C-45/95, Cámara de Comercio/Ayuntamiento de Ceuta, Slg. 1995, I–4385), und
- **besondere Maßnahmen zugunsten der Gebiete in äußerster Randlage**, die gemäß Art. 299 (ex-Art. 227) Abs. 2 vom Rat getroffen werden können, sofern sie nicht den Binnenmarkt aushöhlen (s. hierzu EuGH, C-212/96, Chevassus-Marche/Conseil régional de la Réunion, „octroi de mer", Slg. 1998, I–743; C-37 und C-38/96, Sodiprem SARL/ Albert, Slg. 1998, I–2039).

4   Die Wirksamkeit der in den Art. 23 und 25 (ex-Art. 9 sowie 12–17) festgelegten Verbote wird dadurch gewährleistet,

- daß diese Vorschriften **unmittelbar gelten** (EuGH, Rs. 33/70, Spa SACE/Ministero delle Finanze, Slg. 1970, 1213) und damit weder einer Umsetzung in nationales Recht bzw. sekundäres Gemeinschaftsrecht bedürfen noch zur Disposition des Gemeinschaftsgesetzgebers stehen (s. aber Rn. 16 zu der Möglichkeit, für gemeinschaftsrechtlich vorgesehene Kontrollen Gebühren zu erheben),
- daß – anders als in bezug auf mengenmäßige Beschränkungen und Maßnahmen gleicher Wirkung (vgl. Art. 30, ex-Art. 36) und abgesehen von Art. 299 (ex-Art. 227, s. Rn. 3) – **Ausnahmevorschriften fehlen**, die für bestimmte Fälle die Erhebung von Zöllen oder Abgaben gleicher Wirkung gestatten (EuGH, Rs. 80 und 81/77, Société Les Commissionnaires Réunis/Receveur des douanes, Slg. 1978, 927) und
- daß **gegen** das **Gemeinschaftsrecht verstoßende** nationale **Abgaben** zu **erstatten** sind gemäß der innerstaatlichen Rechtsordnung, wobei das Verfahren nicht weniger günstig gestaltet sein darf als bei Vorgängen,

die nur das nationale Recht betreffen (Äquivalenzgrundsatz), und die Ausübung der durch die Gemeinschaftsrechtsordnung verliehenen Rechte nicht praktisch unmöglich machen oder übermäßig erschweren darf (Effektivitätsgrundsatz) (EuGH, C-228/96, Aprile/Amministrazione delle Finanze dello Stato, Urteil vom 17.11.1998).

Selbst wenn gemäß Art. 30 (ex-Art. 36) nationale Maßnahmen zur Überwachung oder Beschränkung des innergemeinschaftlichen Warenverkehrs zulässig sind, berechtigt diese Vorschrift nicht dazu, zur Deckung der Kosten solcher Maßnahmen Gebühren zu erheben (EuGH, Rs. 29/72, Marimex/Amministrazione delle finanze dello Stato, Slg. 1972, 1309). Auch die Vorbehaltsklausel des Art. 32 (ex-Art. 38) Abs. 2, nach der die besonderen Bestimmungen der Art. 32–38 (ex-Art. 39–46) den allgemeinen Vorschriften des Vertrages über die Errichtung des Gemeinsamen Marktes vorgehen, gestattet es grundsätzlich nicht, landwirtschaftliche Erzeugnisse im innergemeinschaftlichen Handel Zöllen oder Abgaben gleicher Wirkung zu unterwerfen (EuGH, Rs. 2 und 3/62, Kommission/Luxemburg und Belgien, Slg. 1962, 869; Rs. 78, 80 und 81/77, aaO). Als Ausnahmen hierzu hat der EuGH für die Zeit vor der Verwirklichung des Binnenmarktes die von der Gemeinschaft festgesetzten **Währungsausgleichsbeträge** sowie auf der Grundlage von ex-Art. 46 (jetzt: Art. 38) eingeführte **Ausgleichsabgaben** gebilligt (EuGH, Rs. 10/73, Rewe-Zentral AG/HZA Kehl, Slg. 1973, 1175; C-201/90, Buton/Amministrazione delle finanze dello Stato, Slg. 1991, I–2453). Seit dem 1.1.1993 kommen solche Maßnahmen nicht mehr in Betracht, weil sie an die Überquerung einer Binnengrenze anknüpfen (vgl. Art. 14, ex-Art. 7a).

Die in den Art. 23 (ex-Art. 9) und 25 (ex-Art. 12) verwendeten Begriffe **5** **Einfuhr** bzw. **Ausfuhr** sind spätestens mit der Verwirklichung des Binnenmarktes **obsolet** geworden; der Sinngehalt der Verbote bleibt jedoch bestehen. Die Begriffe „Einfuhr" und „Ausfuhr" finden nur noch auf den Warenverkehr mit Drittländern Anwendung (vgl. Art. 161 Abs. 1 ZK, VO [EWG] Nr. 2913/92, ABl. 1992 L 302/1: „Im Ausfuhrverfahren können Gemeinschaftswaren aus dem Zollgebiet der Gemeinschaft verbracht werden"). Für den innergemeinschaftlichen Warenverkehr benutzt man statt dessen Begriffe wie

–   **Versendung** bzw. **Eingang** (vgl. Art. 18 und 19 der VO [EWG] Nr. 3330/91 über die Statistiken des Warenverkehrs zwischen Mitgliedstaaten, ABl. 1991 L 316/1),

–   **innergemeinschaftliche Warenlieferung** bzw. **innergemeinschaftlicher Erwerb** von Gegenständen (vgl. Art. 2 der VO [EWG] Nr. 218/92 über die Zusammenarbeit der Verwaltungsbehörden auf dem Gebiet der indirekten Besteuerung [MWSt.], ABl. 1992 L 24/1) oder

- **Versandmitgliedstaat** bzw. **Empfängermitgliedstaat** (vgl. Art. 3 Abs. 3 Ziff. iii der VO [EWG] Nr. 259/93 zur Überwachung und Kontrolle der Verbringung von Abfällen in der, in die und aus der Europäischen Gemeinschaft, ABl. 1993 L 30/1).

Die Einführung des Zollkodex, der u.a. Vorschriften über die Erstattung nicht geschuldeter Einfuhrabgaben enthält, hat übrigens nicht zur Folge, daß dessen Bestimmungen auf nationale Abgaben angewandt werden können, die unter Verstoß gegen das Gemeinschaftsrecht erhoben worden sind; denn der Zollkodex gilt nur in bezug auf durch Gemeinschaftsrecht geschaffene Abgaben (EuGH, C-192–218/95, Société Comateb/Directeur général des douanes et droits indirects, Slg. 1997, I–165).

II. Das Verbot der Zollerhebung

6   Die Art. 23 und 25 (ex-Art. 9 und 12–17) verbieten – dem Wesen der Zollunion entsprechend (s. Art. 23 Rn. 4) – die Erhebung von Zöllen im Warenverkehr zwischen den Mitgliedstaaten. Der Begriff **Zoll** wird im Vertrag nicht definiert, abgesehen von der in Art. 25 Satz 2 enthaltenen Klarstellung, daß auch etwaige Finanzzölle (d.h. zur Erzielung von Staatseinnahmen festgelegte Zölle) von diesem Verbot erfaßt sind. Daraus wird bereits deutlich, daß es auf das Motiv für die Erhebung des Zolls (z.B. Schutz der einheimischen Wirtschaft, Erzielung von Einnahmen) nicht ankommt. Typisches Merkmal von Zöllen ist, daß sie **aus dem oder in das Ausland verbrachte Waren besteuern**, während für einheimische Waren keine solche Abgabe erhoben wird. Aus der Rechtsprechung des EuGH zu den Abgaben zollgleicher Wirkung läßt sich folgende Definition ableiten: Zölle sind Abgaben, die im Rahmen eines Zolltarifs oder einer vergleichbaren Regelung aus anderen oder in andere Staaten (oder Teile ihres Hoheitsgebiets) verbrachte Waren spezifisch treffen und damit deren Preis im Vergleich zu gleichartigen einheimischen Waren, für die keine solche Abgabe besteht, künstlich erhöhen mit der Folge, daß die im **Inland erzeugten und gehandelten Waren** einen **besonderen Vorteil** genießen (vgl. EuGH, Rs. 77/72, Capolongo/Azienda Agricola Maya, Slg. 1973, 611).

7   Die Abgrenzung zwischen Zöllen und Abgaben gleicher Wirkung ist fließend: Zölle werden in der Regel in einem Zolltarif festgelegt, d.h. einem Verzeichnis verschiedener oder sämtlicher Waren, denen Zollsätze zugeordnet worden sind. Die Beschränkung einer Einfuhr- bzw. Ausfuhrabgabe auf eine einzige Warenart oder einen einzigen Zollsatz oder die Verwendung einer anderen Bezeichnung (z.B. „Abschöpfung", „Ausgleichsabgabe", „Zuschlag") nimmt ihr jedoch noch nicht die Qualifikation als „Zoll" im Sinne des Vertrages. Denn für den Handel mit Drittländern sind die Mitgliedstaaten in bezug auf Zölle erheblich strengeren Regeln unterworfen als im Hinblick auf Abgaben zollgleicher Wirkung (s. Rn. 24); diese Regeln könnten leicht unterlaufen werden, wenn die Verwendung eines anderen Begriffs als „Zoll" bereits zur Folge hätte, daß eine Abgabe kein Zoll im Sinne des Vertrages, sondern allenfalls eine Abgabe zollgleicher Wirkung sein könnte. Für den innergemeinschaftlichen Warenverkehr ist diese Unterscheidung dagegen ohne Bedeutung, so daß es insoweit im Zweifelsfall genügt, zumindest eine Abgabe zollgleicher Wirkung anzunehmen, zumal dieser Begriff gerade zum Ziel hat, Umgehungen des Zollerhebungsverbots zu vermeiden (vgl. EuGH, Rs. 2 und 3/62, Kommission/Luxemburg und Belgien, Slg. 1962, 869).

Dieses Verbot gilt selbstverständlich nur für solche Waren, die sich im **8** **freien Verkehr** befinden, d.h. Waren, die entweder in einem Mitgliedstaat erzeugt worden sind oder die zwar aus einem Drittland stammen, für die aber die Einfuhr-Förmlichkeiten erfüllt und die erhobenen Zölle und Abgaben gleicher Wirkung nicht ganz oder teilweise rückvergütet worden sind (s. Art. 24 Rn. 3–14). Dem Einführer steht es frei, Drittlandswaren in einem anderen Mitgliedstaat in den freien Verkehr überzuführen als demjenigen, in dem sie in das Zollgebiet der Gemeinschaft gelangt sind; solche Waren werden im Rahmen des externen gemeinschaftlichen Versandverfahrens oder eines anderen Nichterhebungsverfahrens an den Bestimmungsort verbracht und genießen dabei noch nicht die Vorteile des freien innergemeinschaftlichen Warenverkehrs (s. Art. 24 Rn. 10, 11).

III. Das Verbot der Erhebung zollgleicher Abgaben

Das Verbot der Zollerhebung könnte leicht umgangen werden, wenn die **9** Mitgliedstaaten Abgaben beibehalten oder einführen dürften, die zwar die Wirkung eines Zolls haben (d.h. aus anderen oder in andere Mitgliedstaaten verbrachte Waren im Vergleich zu einheimischen verteuern), die aber deshalb nicht als Zoll gelten, weil sie mit einem besonderen Erhebungsgrund gerechtfertigt werden (z.B. Gebühr für Untersuchungen, Genehmigungen oder Bescheinigungen, Beitrag zur Forschung, Absatzförderung oder zur Bekämpfung von Viehkrankheiten). Die Art. 23 und 25 (ex-Art. 9 sowie 12–17) verbieten deshalb für den innergemeinschaftlichen Warenverkehr ausdrücklich auch die Erhebung von **Abgaben** mit **zollgleicher Wirkung**. Es handelt sich um ein absolutes Verbot, so daß es **auch geringfügige** finanzielle **Belastungen** erfaßt, weil diese den Preis der Waren im Vergleich zu einheimischen künstlich erhöhen und darüber hinaus den freien

Warenverkehr auch durch die damit verbundenen Verwaltungsformalitäten
behindern (EuGH, Rs. 46/76, Bauhuis/Niederlande, Slg. 1977, 5; C-209/89,
Kommission/Italien, Slg. 1991, I–1575).

10 Die **Abgabe zollgleicher Wirkung** läßt sich in folgende **Tatbestandsmerkmale** aufgliedern:

   1. Es liegt eine einseitige, vom Staat hoheitlich auferlegte Abgabe vor.
   2. Die Abgabe betrifft den Warenverkehr zwischen den Mitgliedstaaten,
      also nicht in anderen Vorschriften des Vertrages (z.B. denjenigen über
      den Dienstleistungsverkehr) geregelte Vorgänge oder rein nationale Wa-
      renbewegungen.
   3. Die Abgabe hat eine zollgleiche Wirkung, d.h. sie verteuert aus anderen
      Mitgliedstaaten eingehende oder in andere Mitgliedstaaten versendete
      Waren im Vergleich zu einheimischen. Wird die Abgabe unterschieds-
      los auf einheimische und aus anderen Mitgliedstaaten stammende Wa-
      ren erhoben, so liegt eine Abgabe zollgleicher Wirkung nur dann vor,
      wenn ihr Aufkommen ausschließlich inländischen Erzeugnissen zugute
      kommt und die sich daraus ergebenden Vorteile diese Belastung voll-
      ständig ausgleichen.

1. Staatlich auferlegte Abgabe

11 Ebenso wie beim Zoll muß es sich auch bei der Abgabe zollgleicher Wirkung um eine **staatlich auferlegte Abgabe** handeln, ohne daß es auf ihre
Bezeichnung ankommt. Diese Voraussetzung ist dann nicht erfüllt, wenn
zusätzlich zu der Verbringung der Waren über eine Staats- oder Regionalgrenze noch der Abschluß eine Vertrages erforderlich ist, bevor eine finanzielle Belastung entsteht (EuGH, Rs. 2/73, Geddo/Ente Nationale Risi, Slg.
1973, 865). Erhebt dagegen ein **Privatunternehmen** mit staatlicher Billigung auf einem Güterumschlagplatz für Waren aus anderen Mitgliedstaaten
eine „Gebühr" zum Ausgleich der Kosten **öffentlicher Aufgaben**, so ist
Art. 25 (ex-Art. 12 und 16) anwendbar (EuGH, C-16/94, Dubois/Garonor,
Slg. 1995, I–2421). Auch Geldleistungen, die von öffentlich-rechtlichen
Körperschaften zur Finanzierung ihrer Tätigkeiten erhoben werden (**parafiskalische Abgaben**), können Abgaben zollgleicher Wirkung sein (EuGH,
Rs. 77/72, Capolongo/Azienda Agricola Maya, Slg. 1973, 611). Denn das
Verbot unterscheidet grundsätzlich nicht nach dem Zweck, zu dem die Abgabe erhoben wird (EuGH, Rs. 29/72, Marimex/italienische Finanzverwaltung, Slg. 1972, 1309). In solchen Fällen ist allerdings zu prüfen, ob es sich
um ein Entgelt für geleistete Dienste (s. Rn. 15–17) oder um eine allgemeine innerstaatliche Abgabenregelung handelt (s. Rn. 19–22).

Wird der Preis einer aus einem anderen Mitgliedstaat verbrachten Ware **12**
nicht mittels einer Abgabe, sondern auf andere Weise (z.B. durch die Festlegung eines **Mindestpreises**) künstlich erhöht, so kann zwar keine Abgabe
zollgleicher Wirkung, wohl aber eine gegen Art. 28 (ex-Art. 30) verstoßende Maßnahme mit gleicher Wirkung wie eine mengenmäßige Beschränkung
vorliegen (vgl. EuGH, C-287/89, Kommission/Belgien, Slg. 1991, I–2233);
dies soll selbst dann gelten, wenn bei Nichteinhaltung des Mindestpreises
der Unterschiedsbetrag abgeschöpft wird, da die Abgabenpflicht nicht auf
dem Überschreiten der Grenze, sondern auf der Mißachtung des Mindestpreises beruhe (so jedenfalls EuGeI, T-480/93 und T-483/93, Antillean Rice
Mills NV/Kommission, Slg. 1995, II–2305 [II–2360]).

2. Warenverkehrsbezogene Abgabe

Ebenso wie ein Zoll muß die Abgabe zollgleicher Wirkung **den Warenver-** **13**
kehr betreffen. Dies bedeutet insbesondere, daß
– die Abgabe auf einer Ware – also z.B. nicht einer Dienstleistung – lastet,
– es sich nicht um ein Entgelt für im Zusammenhang mit einer Warenbe-
 wegung geleistete Dienste handelt und
– der innergemeinschaftliche Warenverkehr betroffen ist (dies kann allerdings auch bei Abgaben der Fall sein, die nur in einem Teil des Hoheitsgebiets eines Mitgliedstaats erhoben werden, s. Rn. 3).
Im Sinne des Vertrages sind **Waren** körperliche Gegenstände, die über ei- **14**
ne Grenze verbracht werden und Gegenstand von Handelsgeschäften sein
können (s. Art. 23, Rn. 17–19). Gas und Elektrizität sowie Abfall sind nach
der Rechtsprechung des EuGH als Waren anzusehen (s. Art. 23, Rn. 17, 19).
Aus Umweltschutzgesichtspunkten eingeführte Abgaben auf Verpackungen
werden also von dem Verbot der Art. 23 und 25 (ex-Art. 9 und 12–17) erfaßt, sofern sie eine zollgleiche Wirkung entfalten. Wird dagegen auf eine
Dienstleistung (wie z.B. die Ausstrahlung einer Fernsehsendung, die Übersetzung eines Buches, die Entwicklung eines Computerprogramms) eine
Abgabe erhoben, so sind nicht die Art. 23 und 25, sondern die Art. 49–55
(ex-Art. 59–66) maßgebend (vgl. EuGH, Rs. 52/79, Debauve, Slg. 1980,
833).
Wird bei der Versendung einer Ware von einem Mitgliedstaat zu einem an- **15**
deren von einer staatlichen Stelle oder aufgrund einer staatlichen Vorschrift
eine **Dienstleistung** im Interesse des Wirtschaftsteilnehmers gegen ein angemessenes Entgelt erbracht und hat dieser eine Wahlmöglichkeit, auf die
Dienstleistung zu verzichten, so liegt grundsätzlich keine Abgabe zollglei-

cher Wirkung vor (EuGH, Rs. 46/76, Bauhuis/Niederlande, Slg. 1977, 5; C-119/92, Kommission/Italien, „Zollspediteure", Slg. 1994, I–393). Führt der Staat indessen im Rahmen seiner verwaltenden **Tätigkeit im allgemeinen** Interesse – z.b. zur Gewährleistung der öffentlichen Gesundheit und Hygiene – Kontrollen durch, so können diese nicht als eine dem Wirtschaftsteilnehmer erbrachte Dienstleistung angesehen werden, die dazu berechtigt, als Gegenleistung eine Abgabe zu erheben (EuGH, Rs. 314/82, Kommission/Belgien, Slg. 1984, 1543). Auch auf der Grundlage des Art. 30 (ex-Art. 36) durchgeführte gesundheitsbehördliche Kontrollen bilden keine Rechtfertigung dafür, zur Deckung der Kosten dieser Kontrollen Gebühren zu erheben; denn für die Ausübung der in dieser Vorschrift vorgesehenen Befugnisse sind solche Abgaben nicht wesensnotwendig und der innergemeinschaftliche Handel darf dadurch nicht zusätzlich belastet werden (EuGH, Rs. 46/76 aaO). Das gleiche gilt für die Durchführung nationaler **Devisenkontrollen** (EuGH, Rs. 229/87, Kommission/Griechenland, Slg. 1988, 6347). Verstößt eine Warenkontrolle gegen Art. 28 bzw. 29 (ex-Art. 30 bzw. 34), so stellt eine dafür erhobene Gebühr selbst dann eine verbotene Abgabe mit zollgleicher Wirkung dar, wenn die Gebühr den Kosten der Kontrolle entspricht (EuGH, C-426/92, Deutschland/Deutsches Milch-Kontor, Slg. 1994, I–295). Auch Dienstleistungen von **Monopolunternehmen**, die für den Warenumschlag **überhöhte Preise** verlangen, sind nicht nach Art. 25 (ex-Art. 12), sondern insbesondere nach den Art. 82 und 86 (ex-Art. 86 und 90) zu beurteilen (EuGH, C-179/90, Merci convenzionali porto di Genova/Siderurgica Gabrielli, Slg. 1991, I–5889).

16   Schreibt das Gemeinschaftsrecht oder ein von allen Mitgliedstaaten angewendetes internationales Übereinkommen im Interesse des freien innergemeinschaftlichen Warenverkehrs (insbesondere zur Vermeidung doppelter Kontrollen) ausdrücklich bestimmte Kontrollen im Versendungsmitgliedstaat vor und übersteigen die erhobenen Gebühren nicht die tatsächlichen Kosten, so kann eine Gebührenerhebung zulässig sein (EuGH, Rs. 46/76 aaO; Rs. 89/76, Kommission/Niederlande, Slg. 1977, 1355). Voraussetzung hierfür ist, daß ausschließlich die in andere Mitgliedstaaten (sowie gegebenenfalls Drittländer) liefernden Wirtschaftsteilnehmer von den betreffenden Untersuchungen profitieren; wenn dagegen die für den inländischen Markt bestimmte Produktion durch diese Untersuchungen irgendeinen – auch noch so geringen – Vorteil hat, verleiht der Umstand, daß die Gebühren nur für die in andere Mitgliedstaaten (sowie gegebenenfalls Drittländer) versandten Erzeugnisse erhoben werden, diesen den Charakter von nach Art. 25 (ex-Art. 12) verbotenen Abgaben mit gleicher Wirkung wie Ausfuhrzölle (EuGH, C-111/89, Niederlande/Bakker Hillegom, Slg. 1990, I–1735).

Ist die Erhebung von Gebühren für solche Dienstleistungen ausnahmsweise gestattet, so muß ein unmittelbarer **Zusammenhang zwischen** dem Betrag der **Gebühr und** den **Kosten** der konkreten Untersuchung bestehen, d.h. der Gebührenbetrag ist anhand der Dauer der Untersuchung, der Anzahl der eingesetzten Personen, der Materialkosten, der Gemeinkosten sowie gegebenenfalls weiterer ähnlicher Faktoren zu berechnen, auch wenn eine gewisse Pauschalierung (z.B. fester Stundentarif) zulässig bleibt (EuGH, C-111/89 aaO). Steht das Entgelt jedoch in bestimmten Fällen außer Verhältnis zu den Kosten der tatsächlichen Dienstleistung, so verstößt die Gebührenerhebung auch dann gegen das Verbot der Abgaben zollgleicher Wirkung, wenn solche Fälle nur selten vorkommen (EuGH, C-209/89, Kommission/Italien, Slg. 1991, I–1575).

17

3. Zollgleiche Wirkung

Die **zollgleiche Wirkung** einer Abgabe besteht darin, daß sie aus anderen oder in andere Mitgliedstaaten bzw. aus einer oder in eine Region eines Mitgliedstaats versandte Waren im Vergleich zu den im Inland hergestellten und gehandelten (auf denen die Abgabe nicht lastet) verteuert. Dies beeinträchtigt die Wettbewerbsgleichheit zwischen solchen Waren und damit auch den freien innergemeinschaftlichen Warenverkehr. Es ist übrigens nicht erforderlich, daß die Abgabenerhebung unmittelbar an den **Grenzübertritt** anknüpft; eine zollgleiche Wirkung kann auch dann eintreten, wenn die Abgabenschuld auf der Stufe der **Vermarktung** oder **Verarbeitung** des Erzeugnisses entsteht, soweit die Ware allein wegen des Überschreitens dieser Grenze belastet wird und damit ein Umstand gegeben ist, der die Erhebung einer identischen Abgabe zu Lasten einheimischer Erzeugnisse ausschließt (EuGH, Rs. 78/76, Steinike und Weinlig/Bundesrepublik Deutschland, Slg. 1977, 595).

18

Eine zollgleiche Wirkung kann dann nicht eintreten, wenn die Abgabe Teil einer **allgemeinen inländischen Abgabenregelung** ist, die systematisch inländische sowie in andere bzw. aus anderen Mitgliedstaaten bzw. Regionen verbrachte Waren nach den gleichen Kriterien erfaßt. Solche Abgaben fallen nicht in den Anwendungsbereich des Art. 25 (ex-Art. 12–17), sondern unterliegen dem Diskriminierungsverbot des Art. 90 (ex-Art. 95; dazu EuGH, Rs. 193/85, Cooperativa Co-Frutta/Amministrazione delle finanze dello stato, Slg. 1987, 2085; C-90/94, Haahr Petroleum/Åbenra Havn, Slg. 1997, I–4085). Der Grund für diese unterschiedliche Behandlung liegt darin, daß die Mitgliedstaaten im Rahmen des Art. 90 (ex-Art. 95) – soweit keine Harmonisierung gemäß Art. 93 (ex-Art. 99) erfolgt ist – grundsätzlich be-

19

fugt bleiben, ihre inländischen Steuern zu regeln, sofern sie Waren aus anderen Mitgliedstaaten nicht benachteiligen, während die Art. 23 und 25 (ex-Art. 9 und 12–17) den Mitgliedstaaten (und dem Gemeinschaftsgesetzgeber) im Interesse des Funktionierens der Zollunion die Freiheit entziehen, für den innergemeinschaftlichen Warenverkehr Zölle oder Abgaben gleicher Wirkung festzulegen (GA Tesauro, C-78–83/90, Sociétés Compagnie commerciale de l'Ouest/Receveur des douanes de La Pallice-Port, Slg. 1992, I–1863).

20   Die Privilegierung der inländischen Steuern tritt jedoch dann nicht ein, wenn

– mit den erhobenen Gebühren Tätigkeiten finanziert werden, die den **einheimischen Erzeugnissen** in spezifischer Weise **zugute kommen**, so daß die auf sie entfallende finanzielle Belastung aufgehoben wird, während die aus anderen oder in andere Mitgliedstaaten versandten Waren keinen entsprechenden Vorteil genießen (EuGH, Rs. 94/74, IGAV/ENCC, Slg. 1975, 699; C-78–83/90, Sociétés Compagnie commerciale de l'Ouest/Receveur principal des douanes de La Pallice-Port, Slg. 1992, I–1847; C-28/96, Fazenda Pública/Fricarnes, Slg. 1997, I–4939),

– die **Abgabe** bei einer Verarbeitung der belasteten Waren im betreffenden Mitgliedstaat wieder **erstattet** wird, während aus anderen Mitgliedstaaten eingehende Verarbeitungserzeugnisse die finanzielle Belastung tragen müssen (EuGH, C-149 und 150/91, Sanders Adour/Directeur des Services fiscaux des Pyrénées-Atlantiques, Slg. 1992, I–3899) oder

– die **Abgabe für** eine **Maßnahme** erhoben wird, die gegen das **Verbot** der mengenmäßigen Beschränkungen und Maßnahmen gleicher Wirkung **verstößt** (EuGH, Rs. 50/85, Schloh/SPRL, Slg. 1986, 1855; C-272/95, Bundesanstalt für Landwirtschaft und Ernährung/Deutsches Milch-Kontor, Slg. 1997, I–1905).

21   Wenn – unter wirtschaftlicher Betrachtung – lediglich Waren aus anderen Mitgliedstaaten eine finanzielle Belastung tragen müssen, ist es gerechtfertigt, die strengeren Vorschriften über das Verbot der Abgaben zollgleicher Wirkung anzuwenden, weil insoweit nur der Anschein eines allgemeinen Systems inländischer Abgaben erweckt wird, in Wirklichkeit aber die einheimischen Waren gegenüber Waren aus anderen Mitgliedstaaten finanziell so gestellt werden, als ob ein Einfuhrzoll bestünde (vgl. EuGH, C-149 und C-150/91 aaO). Fällt eine Abgabe – da sie Teil einer **allgemeinen Steuerregelung** ist, die auch einheimische Waren belastet – nicht in den Anwendungsbereich des Art. 25 (ex-Art. 12), so ist ihre Zulässigkeit anhand von

Art. 90 (ex-Art. 95) zu beurteilen, der inbesondere dann verletzt ist, wenn
Waren aus anderen Mitgliedstaaten aufgrund anderer Besteuerungskriterien
zumindest in bestimmten Fällen höher belastet werden als einheimische Erzeugnisse (EuGH, C-90/94, Haahr Petroleum/Åbenra Havn, Slg. 1997;
I–4085; und C-213/96, Outokumpu, Slg. 1998, I–1777). Eine unterschiedslos auf inländische und auf eingeführte Erzeugnisse anwendbare **parafiskalische Abgabe** ist nur dann eine durch Art. 25 verbotene Abgabe mit
gleicher Wirkung wie ein Einfuhrzoll, wenn ihr gesamtes Aufkommen zur
Finanzierung von Vergünstigungen verwendet wird, die **ausschließlich inländischen Erzeugnissen zugute kommen**, so daß die auf diese entfallende fiskalische Belastung vollständig kompensiert wird (EuGH, C-266/91,
Celulose Beira Industrial/Fazenda Pública, Slg. 1993, I–4337). Eine Kompensation der auf dem inländischen Erzeugnis lastenden Abgabe liegt vor,
wenn für einen Referenzzeitraum festgestellt wird, daß der Gesamtbetrag
und die Vergünstigungen, die ausschließlich solchen Erzeugnissen zugute
kommen, finanziell gleichwertig sind (EuGH, C-266/91 aaO). Gleichen die
gewährten Vorteile nur einen Teil der Belastung der inländischen Erzeugnisse aus, so stellt eine solche Abgabe eine nach Art. 90 (ex-Art. 95) verbotene **diskriminierende Abgabe** dar (EuGH, C-17/91, Lornoy/Belgischer
Staat, Slg. 1992, I–6523). Die Förderung inländischer Erzeugnisse aus dem
Aufkommen einer solchen Abgabe oder die Freistellung einheimischer Erzeuger von der Abgabe kann ferner eine nach Art. 87 (ex-Art. 92) verbotene **Beihilfe** darstellen; für die Beurteilung dieser Frage ist die Kommission
gamäß dem in Art. 88 (ex-Art. 93) vorgesehenen Verfahren zuständig
(EuGH, C-149 und 150/91, Sanders Adour/Directeur des services fiscaux
des Pyrénées-Atlantiques, Slg. 1992, I–3899; C-72/92, Scharbatke/
Deutschland, Slg. 1993, I–5509). Da parafiskalische Abgaben in den
Art. 25 (ex-Art. 12–17), 87 (ex-Art. 92) und 90 (ex-Art. 95) geregelt sind,
fallen sie nicht in den Anwendungsbereich von Art. 28 (ex-Art. 30; dazu
EuGH, C-17/91 aaO).

Mangels einer Vergleichsmöglichkeit zwischen einheimischen und aus an-   **22**
deren Mitgliedstaaten verbrachten Waren fällt die Feststellung einer zollgleichen Wirkung bei solchen inländischen Abgaben schwer, die auf **Waren** erhoben werden, **die in dem** betreffenden **Mitgliedstaat** überhaupt
nicht oder nur in geringen Mengen **hergestellt werden** (wie z.B. Kaffee,
Bananen, bestimmte Kraftfahrzeuge). Der EuGH vertritt hierzu die Auffassung, daß die Vereinbarkeit solcher Steuern nicht nach Art. 25 (ex-
Art. 12–17), sondern anhand von Art. 90 (ex-Art. 95) zu beurteilen ist, sofern das inländische Abgabensystem die Erzeugnisgruppen nach objektiven
Kriterien unabhängig von ihrem Ursprung oder ihrer Herkunft erfaßt

(EuGH, Rs. 193/85, Cooperativa Co-Frutta/Amministrazione delle finanze dello stato, Slg. 1987, 2085; C-343/90, Dias/Director da Alfândega do Porto, Slg. 1992, I–4673). Werden z.B. mit einer inländischen Verbrauchsteuer Bananen (die aus anderen Mitgliedstaaten kommen) höher belastet als Birnen und Äpfel (die im Inland erzeugt werden), so verstößt dies zwar nicht gegen Art. 90 (ex-Art. 95) Abs. 1, weil die beiden Warenarten nicht „gleichartig" sind; eine solche Besteuerung kann jedoch das in Art. 90 (ex-Art. 95) Abs. 2 festgelegte Diskriminierungsverbot verletzen, und zwar auch dann, wenn die aus anderen Mitgliedstaaten gelieferten Waren ursprünglich aus Drittländern eingeführt worden sind (EuGH, Rs. 193/85 aaO; Rs. 184/85, Kommission/Italien, Slg. 1987, 2013). Eine **Diskriminierung** kann auch darin liegen, daß die **Kraftfahrzeugsteuer** für bestimmte Fahrzeugtypen, die im betreffenden Mitgliedstaat nicht hergestellt werden, höher ausfällt als für die im Inland erzeugten Fahrzeugtypen oder wenn Gebrauchtwagen aus anderen Mitgliedstaaten stärker besteuert werden als im Inland zugelassene (EuGH, Rs. 112/84, Humblot/Directeur des services fiscaux, Slg. 1985, 1367; C-345/93, Fazenda Pública/Nunes Tadeu, Slg. 1995, I–490).

IV. Die Sonderregelung gegenüber den Überseeischen Ländern und Hoheitsgebieten

23 Gegenüber den in Anhang II (ex-Anhang IV) des Vertrages aufgeführten **Überseeischen Ländern** und **Hoheitsgebieten** (ÜLG) gelten die allgemeinen Bestimmungen des Vertrages nur dann, wenn in den Art. 182–188 (ex-Art. 131–136a) ausdrücklich darauf verwiesen wird; auf die im Anhang II nicht genannten Gebiete findet der Vertrag keine Anwendung (vgl. Art. 299 [ex-Art. 227] Abs. 3). Art. 184 (ex-Art. 133) sieht die Abschaffung der Zölle für aus den ÜLG eingeführte (Absatz 1) sowie für von den Mitgliedstaaten ausgeführte Waren vor (Absatz 2). Allerdings sind die ÜLG berechtigt, Zölle zu erheben, die den Erfordernissen ihrer Entwicklung und Industrialisierung entsprechen oder die der Finanzierung ihres Haushalts dienen, sofern sie dabei nicht zwischen den einzelnen Mitgliedstaaten diskriminieren (Absätze 3 und 5). Obwohl Art. 184 (ex-Art. 133) – anders als die Art. 23 (ex-Art. 9) und 25 (ex-Art. 12, 13 und 16) – nur die Zölle, nicht aber die Abgaben gleicher Wirkung erwähnt, gelten dessen Bestimmungen für beide Abgabenarten (EuGH, C-260/90, Leplat/Französisch-Polynesien, Slg. 1992, I–643). Denn Art. 184 (ex-Art. 133) Abs. 2 verweist ausdrücklich auf Art. 25 (ex-Art. 12), der neben den Zöllen auch die Abgaben gleicher Wirkung zum Gegenstand hat (EuGH, C-260/90 aaO). Im übrigen würde eine

Begrenzung des Geltungsbereichs auf Zölle die Zielsetzung der Art. 182–188 (ex-Art. 131–136a) vereiteln, im Verhältnis zu den ÜLG den freien Warenverkehr zu verwirklichen, wobei die ÜLG allerdings berechtigt bleiben, etwa erforderliche Zölle und Abgaben gleicher Wirkung beizubehalten (EuGH, C-260/90 aaO). Der Begriff „Zölle und Abgaben gleicher Wirkung" ist im Warenverkehr mit den ÜLG in gleicher Weise auszulegen wie im innergemeinschaftlichen Handel (EuGH, Rs. 91/78, Hansen/HZA Flensburg, Slg. 1979, 935). Die Vorschriften des Vertrages gewähren den freien Warenverkehr nur zugunsten von **Ursprungswaren** (EuGH, C-310/95, Road Air/Inspecteur der Invoerrechten en Accijnzen, Slg. 1997, I–2229), während es im Handel zwischen den Mitgliedstaaten genügt, daß die Waren sich im freien Verkehr befinden (s. Rn. 8). Der Rat hat jedoch in Art. 101 des Beschlusses 91/482/EWG (ABl. 1991 L 263/1, geändert durch Beschluß 97/803/EG, ABl. 1997 L 329/50) auch **Waren** aus dem **freien Verkehr** der ÜLG bei der Einfuhr in die Gemeinschaft von Zöllen und Abgaben gleicher Wirkung befreit, sofern

– für sie im Ausfuhrland mindestens die bei Einfuhren in die Gemeinschaft geltenden Regelzölle erhoben worden sind,

– diese Zölle nicht erstattet worden sind und

– eine Ausfuhrbescheinigung vorgelegt wird (s. hierzu EuGH, C-310/95 aaO).

Ausgenommen von dieser Regelung sind landwirtschaftliche Erzeugnisse und Verarbeitungserzeugnisse sowie Waren, die bei der Einfuhr in die Gemeinschaft mengenmäßigen Beschränkungen oder Antidumpingzöllen unterliegen. Im übrigen können gegenüber den ÜLG **Schutzmaßnahmen** erlassen werden, um ernste Störungen für einen Wirtschaftszweig der Gemeinschaft zu vermeiden, sofern Waren aus den ÜLG nicht schlechter gestellt werden als Waren aus anderen Drittländern (vgl. EuGeI, T-480/93 und T-483/93, Antillean Rice Mills/Kommission, Slg. 1995, II–2305; bestätigt durch EuGH, C-390/95, Autilleau Rice Mills/Kommission, Urteil vom 11.2.1999).

V. Warenverkehr mit Drittländern

Art. 25 regelt schon nach seinem Wortlaut nur die Zölle und Abgaben zoll- **24** gleicher Wirkung im Warenverkehr zwischen den Mitgliedstaaten. Art. 26 (ex-Art. 28) befaßt sich mit der Festlegung der Zölle des Gemeinsamen Zolltarifs, nicht aber mit etwaigen gegenüber Drittländern anzuwendenden Abgaben gleicher Wirkung. Im Geltungsbereich des Gemeinsamen Zolltarifs (GZT) ist es wegen des Vorrangs des Gemeinschaftsrechts grundsätz-

lich unzulässig, nationale Zölle anzuwenden. In bezug auf Abgaben zollgleicher Wirkung geht der EuGH davon aus, daß seit dem Inkrafttreten
des GZT (1.7.1968) eine **Stillhalteverpflichtung** der Mitgliedstaaten
besteht, d.h. daß diese nicht einseitig neue Abgaben einführen oder seit diesem Zeitpunkt bestehende Abgaben erhöhen dürfen; im übrigen sei es
Aufgabe der Gemeinschaftsorgane, die im Hinblick auf die Aufstellung
des GZT und die Verwirklichung der gemeinsamen Handelspolitik erforderlichen Maßnahmen zu treffen (EuGH, Rs. 37 und 38/73, Sociaal Fonds
voor de Diamantarbeiders/Indiamex, Slg. 1973, 1609; Rs. 267–269/81,
Amministrazione delle finanze dello Stato/Società Petrolifera Italiana,
Slg. 1983, 801; C-126/94, Société Surgélés/Ministre des Finances, Slg.
1996, I–5647).

25   Die Gemeinschaft hat in einer Reihe von **Zollunions**- bzw. **Freihandelsabkommen** nicht nur die Zölle, sondern auch die Abgaben zollgleicher
Wirkung für die durch das betreffende Abkommen begünstigten Waren (bei
Freihandelsabkommen sind dies sind dies nur Ursprungswaren) abgeschafft
(s. Art. 23 Rn. 27). Damit die vereinbarten Zollsenkungen nicht durch Abgaben zollgleicher Wirkung unterlaufen werden können, ist es angebracht,
diesen Begriff in bezug auf die begünstigten Waren **nicht restriktiver auszulegen** als im Rahmen des Vertrages (EuGH, C-163/90, Administration
des douanes et droits indirects/Legros, Slg. 1992, I–4625; C-125/94, Apri-
le/Amministrazione delle finanze dello Stato, Slg. 1995, I–2919; EuGeI,
T-115/94, Opel Austria/Rat, Slg. 1997, II–39). In Art. 6 des EWR-Abkommens (ABl. 1994 L 1/3) ist dies ausdrücklich so festgelegt worden (s. Art.
28 Rn. 38). Im übrigen sehen auch die **gemeinsamen Marktorganisationen** in bezug auf landwirtschaftliche Waren vor, daß nationale Zölle und
Abgaben gleicher Wirkung verboten sind. Die gesundheitsrechtliche Kontrolle bei der Einfuhr von Drittlandswaren sowie die Erhebung etwaiger Gebühren hierfür stehen allerdings in einem anderen rechtlichen Zusammenhang als die Kontrolle der innerhalb des Binnenmarktes beförderten Waren,
so daß die Mitgliedstaaten bei Fehlen einer Gemeinschaftsregelung Abgaben für eine Warenuntersuchung verlangen dürfen, sofern deren Höhe in einem angemessenen Verhältnis zu den tatsächlichen Kosten der Kontrollen
steht (EuGH, Rs. 1/83, IFG Intercontinentale Fleischhandelsgesellschaft/
Bayern, Slg. 1984, 349).

26   Ist eine Steuer als Teil einer **allgemeinen inländischen Abgabenregelung**
anzusehen, so kann sie nicht gleichzeitig eine Abgabe zollgleicher Wirkung
sein (s. Rn. 19). Dies gilt selbst dann, wenn eine Verbrauchsteuer lediglich
Waren erfaßt, die unmittelbar aus Drittländern eingeführt werden (EuGH,
C-228–234/90, C-339/90 und C-353/90, Simba/italienisches Finanzmini-

sterium, Slg. 1992, I–3743; GA Lenz, C-339/90 und C-353/90 aaO, ist dagegen zu dem Ergebnis gekommen, in solchen Fällen liege eine Abgabe
zollgleicher Wirkung vor). Eine solche Steuer – die man auch als Zoll ansehen könnte, da sie lediglich Waren aus Drittländern erfaßt – kann seit der
Abschaffung der Zollformalitäten an den Binnengrenzen leicht durch Einfuhren über andere Mitgliedstaaten unterlaufen werden. Im übrigen kann
sich aus einem **Präferenzabkommen** eine **Beschränkung** der nationalen
Steuerhoheit ergeben, z.B. aufgrund

– eines Verbots, den Marktzugang zu verschlechtern (EuGH, C-469/93,
  Amministrazione delle finanze dello Stato/Chiquita Italia, Slg. 1995,
  I–4533) oder

– eines Diskriminierungsverbots im steuerlichen Bereich (EuGH, C-114
  und 115/95, Texaco/Middelfart Havn, Slg. 1997, I–4263).

Das im Rahmen eines Freihandelsabkommens vereinbarte steuerliche Diskriminierungsverbot kann allerdings restriktiver ausgelegt werden als im
Rahmen des Vertrages (EuGH, C-312/91, Metalsa, Slg. 1993, I–3751).

Art. 26 (ex-Art. 28) (autonome Änderungen des Gemeinsamen Zoll-tarifs)

Der Rat legt die Sätze des Gemeinsamen Zolltarifs mit qualifizierter Mehrheit auf Vorschlag der Kommission fest.

Literatur: *Bleihauer*, Der Gemeinsame Zolltarif der EU, AW-Prax 1996, 175; *Dorsch*
(Hrsg.), Zollrecht, insbesondere Teile B I/20, B II, B IV und F I; *Müller*, Die Rechtsprechung des Europäischen Gerichtshofs zum Gemeinsamen Zolltarif, ZfZ 1978, 66;
Kalbe, Grundsatzfragen der Auslegung des Gemeinsamen Zolltarifs, AWD 1971, 374;
Kampf, Zollbefreiung, AW-Prax 1998, 286; *Koenig*, Zur Anwendbarkeit des gemeinschaftsrechtlichen Erstattungsanspruchs für überzahlte Eingangsabgaben aufgrund einer „Rückwirkung" von Erläuterungen der EG-Kommission betreffend die Wareneinrei-
reihung in die Kombinierte Nomenklatur, ZfZ 1993, 8; *Laubereau*, Zur Auslegung des
Artikels 28 des EWG-Vertrages, ZfZ 1967, 193; *ders.*, Der Gemeinsame Zolltarif und
seine Handhabung, EuR 1968, 192; *ders.*, Zur Rechtslage auf dem Gebiet der Erläuterungen zum Zolltarif, ZfZ 1971, 133; *Lux/Reiser*, Das Harmonisierte System zur Bezeichnung und Codierung der Waren des internationalen Handels, 1986; *Lux*, Der Zolltarif, in: Kruse (Hrsg.), Zölle, Verbrauchsteuern, europäisches Marktordnungsrecht,
1988, 153; *Stobbe*, Von der Warenbezeichnung zur Codenummer – Der Zoll auf dem
Weg ins Internet, ZfZ 1997, 430, ZfZ 1998, 13 und 42; *Wolffgang* (Hrsg.), Management
mit Zollpräferenzen, 1998.

I. Normzweck

1   Art. 26 (ex-Art. 28) regelt **autonome Änderungen** des Gemeinsamen Zolltarifs (GZT). Wichtigster Anwendungsfall sind die zur Versorgung der Gemeinschaftsindustrie bestimmten Zollaussetzungen, die für einen bestimmten Zeitraum den Regelzoll aussetzen oder ermäßigen. Aufgrund eines Redaktionsversehens ist allerdings das Wort „autonom" aus dieser Vorschrift gestrichen worden, so daß sich diese Beschränkung des Geltungsbereichs nur noch aus der Abgrenzung gegenüber Art. 133 (ex-Art. 113) ableiten läßt. Der erläuternde Bericht des Generalsekretariats des Rates betätigt jedoch, daß insoweit keine Änderung gegenüber der bisherigen Rechtslage beabsichtigt war (ABl. 1997 C 353/4). Obwohl in Art. 26 nur die „Sätze" des GZT (d.h. die **Zollsätze**) erwähnt werden, gilt diese Vorschrift auch für Änderungen der zolltariflichen **Nomenklatur**, d.h. die Warenbezeichnungen und sonstigen Vorschriften des GZT, welche die Tragweite der einzelnen Positionen und Unterpositionen festlegen; denn die Festsetzung eines Zollsatzes ist ohne eine Definition der betroffenen Warengruppe nicht möglich.

2   Art. 26 ergänzt den Art. 133 (ex-Art. 113), der allgemein dazu ermächtigt, die Zollsätze zu ändern sowie Zollabkommen abzuschließen. Wird bei einer autonomen Zollsatzänderung nicht eine **gemeinschaftsinterne Zielsetzung** verfolgt, sondern geht es um die Pflege der Beziehungen zu Drittländern oder um handelspolitische Schutzmaßnahmen (z.B. im Falle von Dumping), so ist Art. 133 (ex-Art. 113) anzuwenden. Für autonome Zollsatzänderungen, die sich der besonderen Mechanismen der gemeinsamen

Agrarpolitik bedienen (z.B. Agrarzölle, die in Abhängigkeit von den Welt-
markt- und den Binnenpreisen geändert werden), geht Art. 37 (ex-Art. 43)
als Sonderregelung vor. Die gegenüber den Überseeischen Ländern und
Gebieten auf autonomer Grundlage festgelegten Zollpräferenzen beruhen
auf Art. 187 (ex-Art. 136). Art. 26 ist also nicht die einzige Rechtsgrundlage für autonome Zollsatzänderungen.

Wegen des Fehlens einer spezifischen Ermächtigungsgrundlage für das   3
Zollrecht wird Art. 26 auch dazu herangezogen, **zollrechtliche Vorschriften** zu erlassen, sofern diese sich auf die Anwendung des GZT auswirken
(z.B. Bestimmungen über Zollbefreiungen, s. Rn. 34–37). Das sonstige
Zollrecht wird auf die Art. 95 und 133 (ex-Art. 100a und 113) gestützt
(s. Art. 23 Rn. 29).

Art. 26 erfaßt grundsätzlich nur autonome Rechtsänderungen, d.h. solche,   4
die keine vertraglichen Vereinbarungen zum Gegenstand haben. In Ausnahmefällen sind jedoch auch **internationale Abkommen** auf der Grundlage
dieser Vorschrift angenommen worden, und zwar in bezug auf
– Zollbefreiungen (s. Beschluß 87/67/EWG, ABl. 1987 L 37/1) sowie
– die zolltarifliche Nomenklatur (s. Beschluß 87/369/EWG, ABl. 1987 L
    198/1).
Im letzteren Falle wurde daneben Art. 113 (jetzt Art. 133) herangezogen
(s. hierzu EuGH, Rs. 165/87, Kommission/Rat, Slg. 1988, 5545). Der
Rückgriff auf Art. 26 läßt sich damit rechtfertigen, daß die Kompetenz zur
Rechtsetzung innerhalb der Gemeinschaft die Befugnis einschließt, solche
Sachverhalte auch im Rahmen internationaler Abkommen zu regeln (vgl.
EuGH, Rs. 22/70, Kommission/Rat, Slg. 1971, 263). Voraussetzung hierfür
ist freilich, daß keine der speziell für den Abschluß internationaler Abkom-
men vorgesehenen Ermächtigungsgrundlagen (wie z.B. Art. 133, ex-
Art. 113) eingreift, etwa deshalb, weil der Regelungsgegenstand nicht der
Handelspolitik angehört (in dem Beschluß 87/67/EWG geht es z.B. darum,
therapeutische Substanzen menschlichen Ursprungs von allen Eingangsabgaben zu befreien).

II. Änderungen der Zollsätze des GZT

Da der GZT mit Wirkung vom 1.7.1968 verwirklicht worden ist (VO   5
[EWG] Nr. 950/68, ABl. 1968 L 172/1), stellt sich seitdem nur noch die
Frage, aufgrund welcher Vorschriften er geändert werden kann. Art. 26 befaßt sich grundsätzlich mit autonomen Änderungen der Zollsätze, d.h. solchen, die nicht auf einer vertraglichen Bindung beruhen (zu den Ausnahmen s. Rn. 4). In diesem Zusammenhang kann man zwischen „Änderun-

Die Zollunion

gen" und „Aussetzungen" der Zollsätze unterscheiden. Vorübergehende Ermäßigungen (einschließlich der Zollfreiheit) der im GZT vorgesehenen Regelzölle werden als Zollaussetzungen oder – wenn der begünstigte Einfuhrumfang begrenzt ist – als Zollkontingente bezeichnet. Art. 26 erfaßt sowohl Änderungen als auch Aussetzungen der Zollsätze.

6   Neben Art. 26 ist Art. 133 (ex-Art. 113) von besonderer Bedeutung für die
Änderung von Zollsätzen: diese Vorschrift ermächtigt insbesondere dazu,
Zollabkommen abzuschließen sowie **Antidumpingzölle** einzuführen und
damit den GZT zu ändern. **Präferenzzölle** sind wegen ihrer handelspoliti-
schen Zielsetzung gleichfalls nicht auf Art. 26, sondern auf Art. 133 (ex-
Art. 113), 187 (ex-Art. 136) oder 310 (ex-Art. 238) zu stützen (s.
Rn. 21–23). Im Zusammenhang mit der gemeinsamen Agrarpolitik stehen-
de Abgaben werden – soweit keine handelspolitische Zielsetzung vorliegt –
auf der Grundlage von Art. 37 (ex-Art. 43) festgelegt und geändert (s.
Rn. 30).

7   Die **Befugnis zur Festlegung** der Zollsätze liegt grundsätzlich beim **Rat**
(vgl. Art. 26 und 133, ex-Art. 28 und 113). Dieser kann jedoch gemäß Art.
202 (ex-Art. 145) der Kommission die Befugnis zum Erlaß von Durchführungsvorschriften übertragen. Eine solche Delegation ist z.B. enthalten
in

–   Art. 9 der VO (EWG) Nr. 2658/87 (ABl. 1987 L 256/1) in bezug auf die
     Änderung von Regelzollsätzen, über die bereits ein Beschluß des Rates
     vorliegt (z.B. eine Zollvereinbarung),

–   Art. 7 der VO (EG) Nr. 384/96 (ABl. 1996 L 56/1) für die Festsetzung
     vorläufiger Antidumpingzölle und

–   Art. 6 der VO (EG) Nr. 1981/94 (ABl. 1994 L 199/1) in bezug auf die
     Anpassung der in den Präferenzabkommen mit verschiedenen Mittel-
     meerländern festgelegten Zollkontingente an neue – vom Rat gebillig-
     te – Protokolle.

1. Regelzölle, Meistbegünstigung

8   Als **Regelzölle** bezeichnet man diejenigen Zölle des GZT, die allgemein gegenüber Drittländern (erga omnes) gelten und die zeitlich nicht befristet
sind. Die Regelzölle sind in der VO (EWG) Nr. 2658/87 (ABl. 1987
L 256/1) enthalten. Diese Zölle werden jedes Jahr in einer vollständigen,
aktualisierten Fassung veröffentlicht (für 1999 s. ABl. 1998 L 292/1). Ihr
Anhang enthält neben den Warenbezeichnungen und Warencodes je eine
Spalte für die **autonomen Zollsätze** (sowie gegebenenfalls die Angabe, daß
im Rahmen der gemeinsamen Agrarpolitik unter bestimmten Voraussetzungen niedrigere Abgaben festgelegt werden) und für die **vertragsmäßigen**

Zollsätze, d.h. die im Rahmen der WTO vereinbarten Zollsätze. Während die autonomen Zollsätze auf Art. 26 beruhen, stützen sich die vertragsmäßigen auf Art. 133 (ex-Art. 113).

Der in den Art. I und II des GATT 1994 verankerte **Meistbegünstigungs-** **9** **grundsatz** (d.h. Gleichbehandlungsgrundsatz) verpflichtet die Gemeinschaft dazu, gegenüber den WTO-Vertragsparteien keine höheren Zölle zu erheben als die in den Listen der Zollzugeständnisse festgelegten oder als sie gegenüber anderen Drittländern angewandt werden, soweit es sich nicht um nach dem GATT 1994 zulässige Zollpräferenzen handelt. Die Gemeinschaft sieht indessen davon ab, zwischen WTO-Vertragsparteien und sonstigen Drittländern zu differenzieren und wendet gegenüber allen Drittländern höchstens den Regelzoll (entweder den vertragsmäßigen oder den autonomen Zollsatz, je nachdem, welcher der niedrigere ist) an, es sei denn, es ist ausnahmsweise etwas anderes bestimmt (lit. B Ziff. 1 der Einführenden Vorschriften im Anhang I der VO [EWG] Nr. 2658/87). Im Falle von Handelsstreitigkeiten kann gegenüber dem betreffenden Land ein Retorsionszoll und zum Ausgleich von Dumping oder Subventionen ein Antidumping- bzw. Ausgleichszoll festgelegt werden (s. Rn. 24–29). Die Art. VI und XXIII GATT 1994 lassen für solche Fälle eine Abweichung vom Meistbegünstigungsgrundsatz zu.

2. Zollaussetzungen, Plafonds, Referenzmengen

Zollaussetzungen sind vorübergehende Ermäßigungen des Regelzolls **10** einschließlich der Zollfreiheit. Art. I GATT 1994 verpflichtet dazu, solche Zollermäßigungen gegenüber allen WTO-Vertragsparteien anzuwenden, sofern es sich nicht um nach dem GATT 1994 zulässige Zollpräferenzen handelt (s. Rn. 21–23). Einige Zollaussetzungen sind in der VO (EWG) Nr. 2658/87 (ABl. 1987 L 256/1) enthalten. Die meisten Zollaussetzungen werden jedoch im Rahmen gesonderter – auf Art. 26 gestützter – Verordnungen erlassen, um einen Bedarf der Gemeinschaftsindustrie an kostengünstigen Rohstoffen, Zwischenerzeugnissen oder Investitionsgütern zu decken, die in der Gemeinschaft nicht oder nicht in der erforderlichen Qualität erzeugt werden (s. VO [EG] Nr. 1255/96, ABl. 1996 L 158/1). Werden solche Waren in der Gemeinschaft zwar hergestellt, aber nicht in einer für den Bedarf der Industrie ausreichenden Menge, so können autonome Zollkontingente (d.h. mengenmäßig begrenzte Zollaussetzungen) eröffnet werden (s. VO [EG] Nr. 2505/96, ABl. 1996 L 345/1). In Ausnahmefällen werden autonome Zollaussetzungen oder Zollkontingente auch auf Art. 133 (ex-Art. 113) gestützt, etwa dann, wenn eine Handelsstreitigkeit vorübergehend und oh-

ne Abschluß eines förmlichen Abkommens beigelegt werden soll (s. z.B.
VO [EWG] Nr. 470/93, ABl. 1993 L 50/1).

11 In ihrer Mitteilung 98/C 128/02 (ABl. 1998 C 128/2) hat die Kommission
folgende **Kriterien** für Anträge auf autonome Zollaussetzungen und Zollkontingente, die über die Mitgliedstaaten vorgelegt werden können, festgelegt:

1. Der eingesparte Zollbetrag ist nicht unbedeutend (d.h. geringer als
   20 000 Euro pro Jahr).
2. Der Antragsteller fügt nicht lediglich Teile zusammen (sog. Schrauben-
   zieherfabrik).
3. In der Gemeinschaft und in den durch EG-Zollpräferenzen begünstigten Ländern werden gleichwertige Waren nicht oder nicht in ausreichender Menge hergestellt.
4. Die Wettbewerbsbedingungen für die mit den eingeführten Waren hergestellten Fertigerzeugnisse oder für konkurrierende Waren werden
   nicht verfälscht.
5. Der Einführer hat nicht mit dem Hersteller einen Ausschließlichkeits-
   vertrag geschlossen.
6. Die vorgeschriebenen Angaben (u.a. genaue Warenbezeichnung, Ein-
   fuhrbedarf, Zollersparnis, Hersteller, Verwender, Nachweis fehlender
   oder nicht ausreichender Gemeinschaftserzeugung, Vorteile für die Gemeinschaft) werden vollständig und rechtzeitig vorgelegt.

12 Zollaussetzungen werden häufig für sehr individuelle Waren eröffnet, und
zwar auf der Grundlage der vorgelegten Anträge. Es kann dann vorkommen, daß konkurrierende Drittlandswaren, welche die gleiche Funktion erfüllen, nicht in den Genuß der Zollaussetzung kommen, weil sie nicht vollständig der konkreten Warenbezeichnung entsprechen. Der EuGH hat hierzu entschieden, daß in einer solchen Festlegung in der Regel kein **Ermessensmißbrauch** liegt, sofern die ausgeschlossenen Hersteller nicht diskriminiert worden sind (EuGH, Rs. 227/84, Texas Instruments Deutsch-
land/HZA München-Mitte, Slg. 1985, 3639; Rs. 58/85, Ethicon/HZA Itzehoe, Slg. 1986, 1131). In einem weiteren Fall hat er bei einer ungeschick-
ten Formulierung (es ging darum, ob die Ware Quecksilber enthalten muß
oder nicht) diejenige Auslegung gewählt, die dem Sinn und Zweck der Regelung unter Berücksichtigung des Umweltschutzes am besten entsprach
(EuGH, C-338/90, Hamlin Electronics/HZA Darmstadt, Slg. 1992,
I–2333). Im übrigen kann der EuGH eine durch den Ausschluß bestimmter
Waren von der Zollaussetzung bestehende Lücke nicht selbst schließen, da
der Rat dafür zuständig ist, die Kriterien für diejenigen Waren zu bestimmen, für die eine Zollaussetzung in Anspruch genommen werden kann

(EuGH, C-304/92, Lloyd-Textil Handelsgesellschaft/HZA Bremen-Freihafen, Slg. 1993, I–7007). Es ist somit schon bei der Antragstellung darauf zu achten, daß die Waren anhand objektiver – d.h. durch eine Beschau feststellbarer – Kriterien (einschließlich der Angabe der zutreffenden Warencodes) beschrieben werden und daß auf für die Funktion irrelevante Angaben verzichtet wird, um den Ausschluß konkurrierender Erzeugnisse zu vermeiden.

Einige präferentielle Zollaussetzungen werden durch **Plafonds** begrenzt.   **13**
Wird ein Plafond erreicht, so kann die Kommission im Verordnungswege für den Zeitraum ab Inkrafttreten der Verordnung bis zum Ablauf des Zollaussetzungszeitraums wieder den Regelzoll bzw. den für solche Fälle vorgesehenen höheren Präferenzzoll einführen (s. z.B. die gegenüber den Färöern geltende VO [EG] Nr. 669/97, ABl. 1997 L 101/1). Unterläßt es die Kommission, den Zoll wieder einzuführen, so ist eine hiergegen gerichtete Nichtigkeits- oder Untätigkeitsklage unzulässig (EuGH, C-15 und C-108/91, Buckl/Kommission, Slg. 1992, I–6061). Anstelle von Plafonds können für präferentielle Zollaussetzungen auch **Referenzmengen** festgelegt werden. In diesem Falle behält sich die Gemeinschaft das Recht vor, für das folgende Jahr ein Zollkontingent einzuführen, wenn die Einfuhren des laufenden Jahres die Referenzmenge überschreiten (s. z.B. die gegenüber verschiedenen Mittelmeerländern geltende VO [EG] Nr. 934/95, ABl. 1995 L 96/6).

Die gegenüber dem Regelzoll günstigeren Zollaussetzungen (einschließlich   **14**
solcher im Rahmen eines Zollkontingents, Plafonds oder einer Referenzmenge), werden nur auf **Antrag** gewährt (Art. 20 Abs. 4 ZK, s. Art. 23 Rn. 29).

3. Zollkontingente

Während Plafonds und Referenzmengen flexible – wenn auch wenig effizi-   **15**
ente – Instrumente sind, mit denen gegebenenfalls auf einen unerwarteten Anstieg der Einfuhren, der Marktstörungen verursacht, reagiert werden kann, haben **Zollkontingente** zum Ziel, von vornherein den Umfang der Einfuhren zu begrenzen, die zollbegünstigt eingeführt werden können. Von mengenmäßigen Kontingenten unterscheiden sich Zollkontingente dadurch, daß die letzteren den Einfuhrumfang als solchen nicht beschränken, sondern lediglich die Anwendung des ermäßigten Zollsatzes auf eine bestimmte Menge begrenzen (die Verfahrensregelung für mengenmäßige Kontingente ist enthalten in der VO [EG] Nr. 520/94, ABl. 1994 L 66/1). Zollkontingente werden üblicherweise im Windhundverfahren oder im Lizenzverfahren unter den interessierten Importeuren verteilt.

16   Das **Windhundverfahren** läuft wie folgt ab (vgl. Art. 308a–308c der VO [EWG] Nr. 2454/93, ABl. 1993 Nr. L 253/1, in der Fassung der VO [EG] Nr. 1427/97, ABl. 1997 L 196/31):

      1. Der Einführer beantragt bei der Zollstelle die Anwendung des Kontingentzollsatzes für eine Ware, die den Voraussetzungen des betreffenden Zollkontingents entspricht.

      2. Die Zollstelle unterrichtet die nationale Zentralstelle, die alle an diesem Tag gestellten Anträge an die Kommission übermittelt.

      3. Die Kommission verbucht die von allen Mitgliedstaaten gemeldeten Mengen und teilt den Zentralstellen mit, ob und inwieweit den gestellten Anträgen stattgegeben werden kann.

      4. Nach Eingang der Anrechnungsmitteilung gewährt die Zollstelle den Kontingentzollsatz oder wendet den für den Fall der Erschöpfung des Zollkontingents geltenden Zollsatz an.

17   Sind für die **Anrechnung** mehrere Voraussetzungen zu erfüllen, so wird diese erst dann vorgenommen, wenn die letzte Bedingung (z.B. Vorlage des Ursprungszeugnisses) eingetreten ist. Wenn zu diesem Zeitpunkt das Zollkontingent erschöpft ist, kommt eine Anrechnung nicht mehr in Betracht (vgl. EuGH, Rs. 321/82, Volkswagenwerk/HZA Braunschweig, Slg. 1983, 3355). Andererseits ist es unschädlich, wenn die vorgeschriebene Unterlage erst nach Ablauf des Gültigkeitszeitraums des Zollkontingents vorgelegt wird, sofern die Überführung in den freien Verkehr während dessen Geltungsdauer stattgefunden hat (vgl. EuGH, Rs. 231/81, HZA Würzburg/ Weidenmann, Slg. 1982, 2259). Für Plafonds gelten übrigens die gleichen Regeln, abgesehen davon, daß für die Gewährung der Zollbegünstigung keine Anrechnungsmitteilung erforderlich ist, da eine solche Präferenzregelung lediglich durch einen Rechtsakt vorzeitig beendet werden kann. Hat die Zollstelle irrtümlich den Kontingentzollsatz angewendet oder versehentlich nicht angewendet oder ist eine Zollschuld entstanden, obwohl eine Kontingentsanrechnung möglich gewesen wäre, so sehen die Art. 869, 889 und 900 der VO (EWG) Nr. 2454/93 (ABl. 1993 L 253/1) Korrekturmöglichkeiten vor.

18   Bei Zollkontingenten, die im **Lizenzverfahren** verwaltet werden (dies ist nur bei Agrarwaren der Fall), muß zunächst das Verteilungsverfahren festgelegt werden. In der Regel wird traditionellen Einführern oder Ausführern ein Teil des Zollkontingents vorbehalten und eine weitere Quote neuen Antragstellern vorbehalten. Die Kommission verfügt bei der Festlegung der Kriterien über einen **Ermessensspielraum**, muß aber die Grundsätze der **Verhältnismäßigkeit**, des **Vertrauensschutzes** und der **Begründungspflicht** beachten (EuGH, C-241/95, The Queen/Intervention Board for

Agricultural Produce, Slg. 1996, I–6699). Die Mitgliedstaaten sind an eine solche Verteilungsregelung gebunden und dürfen nicht zusätzliche oder hiervon abweichende Zuteilungskriterien anwenden (EuGH, Rs. 131/73, Grosoli, Slg. 1973, 1555). Anträge auf Erteilung einer Lizenz sind bei den zuständigen Behörden der Mitgliedstaaten zu stellen (vgl. VO [EWG] Nr. 3719/88, ABl. 1988 L 331/1). Diese übermitteln die beantragten Mengen an die Kommission. Auf der Grundlage der bei Fristablauf eingegangenen Angaben entscheidet die Kommission, für welche Mengen bzw. welchen Prozentsatz Lizenzen erteilt werden dürfen (s. z.B. VO [EWG] Nr. 3047/92, ABl. 1992 L 307/37). Gegen eine solche Zuteilungsverordnung ist eine unmittelbare Klage gemäß Art. 230 (ex-Art. 173) Abs. 4 zulässig (EuGH, C-354/87, Weddel/Kommission, Slg. 1990, I–3847). Dabei kann allerdings nicht geltend gemacht werden, die Kommission hätte die von den Mitgliedstaaten übermittelten Angaben überprüfen müssen (EuGH, C-106 und 317/90 und C-129/91, Emerald Meats/Kommission, Slg. 1993, I–209). Eine solche Klage ist insbesondere dann begründet, wenn das Verteilungssystem bestimmte Importeure **diskriminiert** (EuGH, C-364 und C-354/95, Port/HZA Hamburg-Jonas, Slg. 1998, I–1023). Gegen die Ablehnung eines Lizenzantrags durch die nationalen Behörden kann auch dann ein nationaler Rechtsbehelf (mit der Möglichkeit einer Vorlage an den EuGH) eingelegt werden, wenn diese lediglich die von der Kommission getroffenen Maßnahmen umgesetzt haben (vgl. EuGH, Rs. 217/87, Krohn/Hoofdproduktschap voor Akkerbouwprodukten, Slg. 1988, 4727). Hat die nationale Behörde irrtümlich eine Lizenz erteilt, so läßt Art. 220 Abs. 2 ZK zugunsten **gutgläubiger Abgabenschuldner** zu, daß von einer Abgabenerhebung abgesehen wird (vgl. EuGH, C-187/91, Belgien/Société coopérative Belovo, Slg. 1992, I–4937). Es kommt auch vor, daß die Verteilung der Zollkontingentsmenge dem Ausfuhrland überlassen wird (z.B. mittels einer Ausfuhrlizenz oder Echtheitsbescheinigung). Stellt sich später heraus, daß die festgelegten Mengen überschritten worden sind und der Kommission hierüber Informationen vorgelegen haben, ohne daß sie eingeschritten ist, so kann dies zur Folge haben, daß bei gutgläubigen Importeuren von einer Nacherhebung des geschuldeten Zolls abgesehen wird oder der Zoll wegen des Vorliegens „besonderer Umstände" im Sinne von Art. 239 ZK erstattet wird (EuGeI, T-42/96, Eyckeler & Malt/Kommission, Slg. 1998, II–401).

Für alle Verteilungsverfahren gilt, daß eine Aufteilung von Zollkontingenten in **nationale Quoten** grundsätzlich nicht zulässig ist, es sei denn, einer gemeinschaftlichen Verwaltung des Zollkontingents stehen ausnahmsweise zwingende Umstände administrativer, technischer oder wirtschaftlicher Art **19** entgegen (EuGH, Rs. 51/87, Kommission/Rat, Slg. 1988, 5459). Eine solche Aufteilung wäre auch wirkungslos, da nationale Quoten im Binnenmarkt leicht durch Einfuhren über andere Mitgliedstaaten unterlaufen werden könnten und eine Behinderung des innergemeinschaftlichen Warenverkehrs auch dann unzulässig ist, wenn die Waren mittels einer Einfuhrlizenz in den freien Verkehr übergeführt worden sind (EuGH, Rs. 218/82, Kommission/Rat, Slg. 1983, 4063). Die in einem Mitgliedstaat erteilten Lizenzen berechtigen zur Einfuhr in jedem beliebigen anderen Mitgliedstaat (vgl. den mit der VO [EWG] Nr. 1919/93, ABl. 1993 L 174/10, eingeführten Vordruck). Dagegen ist es sowohl nach Art. XIII GATT 1994 als auch nach Gemeinschaftsrecht zulässig, ein Zollkontingent unter verschiedenen Lieferländern aufzuteilen (EuGH, C-364 und C-365/95, Port/HZA Hamburg-Jonas, Slg. 1998, I–1023).

20   Die meisten Zollkontingente beruhen auf Art. 133 (ex-Art. 113) oder – im Falle eines Assoziierungsabkommens – auf Art. 310 (ex-Art. 238). Es kommt jedoch auch vor, daß ein Bedarf in der Gemeinschaft für eine bestimmte Warenmenge gedeckt werden soll; in solchen Fällen ist Art. 26 die zutreffende Ermächtigungsgrundlage. Wird eine landwirtschaftliche Abgabe im Rahmen eines Zollkontingents ermäßigt oder ausgesetzt, so geschieht dies in der Regel im Rahmen von Art. 37 (ex-Art. 43, s. z.B. VO [EWG] Nr. 1158/92, ABl. 1992 L 122/5); bei einem handelspolitischen Zusammenhang ist jedoch Art. 133 (ex-Art. 113) vorrangig (EuGH, Gutachten 1/94, Slg. 1994, I–5267). Im übrigen kann der Rat die Befugnis zum Erlaß und zur Verteilung von Zollkontingenten an die Kommission delegieren, insbesondere dann, wenn es um die Umsetzung internationaler Verpflichtungen geht (vgl. die verschiedene Mittelmeerländer betreffende VO [EG] Nr. 1981/94, ABl. 1994 L 199/1, und die die im Windhundverfahren verwalteten WTO-Zollkontingente betreffende VO [EG] Nr. 1808/95, ABl. 1995 L 176/1).

4. Zollpräferenzen

21   Art. XXIV GATT 1994 nimmt Abkommen zur Gründung einer Zollunion oder Freihandelszone von der Verpflichtung zur Gewährung der Meistbegünstigung aus. Darüber hinaus darf Entwicklungsländern aufgrund eines Beschlusses der GATT-Vertragsparteien vom 28.11.1979 ein günstigerer Zugang zu den Märkten der Industrieländer gewährt werden. Günstigere Zölle als die erga omnes (d.h. allgemein gegenüber Drittländern) angewandten werden als Zollpräferenzen bezeichnet. Die Gewährung einer **Zollpräferenz** setzt in der Regel voraus, daß die Waren ihren **Ursprung** in

dem begünstigten Land haben und daß dies durch die Vorlage eines **Ursprungszeugnisses** nachgewiesen wird. Dadurch soll vermieden werden, daß Waren, die in einem nicht präferenzberechtigten Land hergestellt worden sind, in den Genuß der Zollpräferenz kommen, wenn sie auf dem Umweg über ein begünstigtes Land eingeführt werden. Die Präferenzregeln können vorsehen, daß auch Erzeugnisse mit Ursprung in der Gemeinschaft oder bestimmten Drittländern für die Erfüllung der Ursprungskriterien (z.b. Wertschöpfung von 60 %) angerechnet werden (sog. **Kumulierung**). Besteht dagegen eine **Zollunion** zwischen der Gemeinschaft und dem betreffenden Drittland (wie z.b. mit Andorra für Waren der Kapitel 25–97 des Zolltarifs), so können alle Waren, die sich im zollrechtlich freien Verkehr einer Vertragspartei befinden (s. Art. 24, ex-Art. 10), begünstigt werden, weil für Drittlandswaren bereits die Zölle des Gemeinsamen Zolltarifs erhoben worden sind und damit nicht die Gefahr besteht, daß der für solche Einfuhren festgelegte Zollschutz unterlaufen wird.

Wann eine Ware als Ursprungserzeugnis eines präferenzberechtigten Landes gilt, ist in besonderen Ursprungsregelungen festgelegt, die für die einzelnen Länder häufig unterschiedlich ausfallen. Diese Regeln können anders und auch enger gefaßt werden als die Vorschriften des Zollkodex über den nichtpräferentiellen **Ursprung** (Art. 22–26 ZK, s. Art. 23 Rn. 29, vgl. EuGH, Rs. 385/85, Industries/Administration des Douanes, Slg. 1986, 2929). **22**

Zollpräferenzen können entweder **autonom** oder auf **vertraglicher Grundlage** gewährt werden. Auch die autonomen Zollpräferenzen sind wegen ihres Zusammenhangs mit der Handelspolitik nicht auf Art. 26, sondern auf Art. 133 (ex-Art. 113) zu stützen (EuGH, Rs. 45/86, Kommission/Rat, Slg. 1987, 1493). Besondere Ermächtigungsgrundlagen bestehen in folgenden Fällen: **23**

– Art. 187 (ex-Art. 136) für die Zollpräferenzen gegenüber den von einem Mitgliedstaat abhängigen Überseeischen Ländern und Gebieten (vgl. Beschluß 91/482/EWG, ABl. 1991 L 263/1) und

– Art. 310 (ex-Art. 238) für Zollpräferenzen im Rahmen eines Assoziierungsabkommens (vgl. Beschluß 91/400/EGKS, EWG über den Abschluß des Vierten AKP-EWG-Abkommens, ABl. 1991 L 229/1).

5. Antidumping-, Ausgleichs- und Retorsionszölle

Art. II Abs. 2 GATT 1994 nimmt **Antidumping**- und **Ausgleichszölle** von der in Art. II Abs. 1 GATT 1994 enthaltenen Verpflichtung aus, gegenüber den WTO-Vertragsparteien keine höheren Zölle anzuwenden als diejenigen, die in den Listen der Zollzugeständnisse festgelegt sind (d.h. die ver- **24** tragsmäßigen Zölle, s. Rn. 8). Auch die in Art. I GATT 1994 vorgesehene allgemeine Meistbegünstigung schließt nicht aus, daß gemäß Art. VI GATT 1994 gegenüber Ländern, deren Ausfuhren gedumpt oder subventioniert sind, Antidumping- bzw. Ausgleichszölle festgesetzt werden. Im übrigen können gemäß Art. XXIII GATT 1994 Zollzugeständnisse gegenüber solchen Vertragsparteien ausgesetzt werden, die ihre Verpflichtungen aus diesem Abkommen nicht erfüllen. Die in solchen Fällen anstelle des vertragsmäßigen Zollsatzes angewendeten besonderen autonomen Zölle werden als **Retorsionszölle** bezeichnet.

25 Insbesondere die **Antidumpingzölle** haben in der Gemeinschaftspraxis eine große Bedeutung, zumal der durch den GZT gewährte Zollschutz bei vielen Waren aufgrund mehrerer GATT-Zollsenkungsrunden sehr gering ausfällt oder weil – insbesondere gegenüber präferenzberechtigten Ländern – überhaupt kein Zollschutz besteht. Antidumpingzölle können festgesetzt werden, wenn Waren aus einem bestimmten Drittland zu einem Preis in die Gemeinschaft eingeführt werden, der niedriger ist als der Normalwert (d.h. der Inlandspreis des Ausfuhrlandes oder hilfsweise die Herstellungskosten zuzüglich eines angemessenen Gewinns bzw. der Inlandspreis eines Landes mit Marktwirtschaft), sofern dadurch eine bedeutende Schädigung eines Wirtschaftszweigs der Gemeinschaft verursacht wird oder droht und sofern die Interessen der Gemeinschaft ein Eingreifen erfordern. Hält sich ein Wirtschaftszweig der Gemeinschaft durch gedumpte Einfuhren für geschädigt oder bedroht, so kann er gemäß Art. 5 der VO (EG) Nr. 384/96 (ABl. 1996 L 56/1) einen Antrag auf Einleitung eines Verfahrens stellen. Es handelt sich hier um einen der wenigen Fälle, in denen Wirtschaftsbeteiligte Einfluß auf die Zollsätze nehmen können (ein weiterer solcher Fall sind die autonomen Zollaussetzungen, bei denen allerdings eine Antragstellung durch den betreffenden Mitgliedstaat erforderlich ist, s. Rn. 11). Der EuGH hat deshalb den Antragstellern und den von einem Antidumpingzoll Betroffenen weitreichende Klagerechte eingeräumt (vgl. EuGH, C-156/87, Gestetner Holdings/Rat und Kommission, Slg. 1990, I–781; und C-358/89, Extramet Industrie SA/Rat, Slg. 1991, I–2501).

26 Die Verordnung (EG) Nr. 2026/97 (ABl. 1997 L 288/1) sieht außerdem die Möglichkeit vor, **Ausgleichszölle** festzusetzen, wenn in einem Drittland **Subventionen** für die Herstellung, Ausfuhr oder Beförderung einer Ware gewährt werden, sofern durch die Einfuhr solcher Waren in die Gemeinschaft eine bedeutende Schädigung eines Wirtschaftszweigs verursacht wird oder droht und sofern ein Eingreifen im Interesse der Gemeinschaft liegt. Auch insoweit kann der betroffene Wirtschaftszweig bei der Kommission einen Antrag auf Einleitung eines Verfahrens stellen.

Obwohl Antidumping- und Ausgleichszölle autonome Zölle im Sinne des **27**
Art. 26 sind, werden sie auf Art. 133 (ex-Art. 113) gestützt, da diese Vorschrift ausdrücklich „die handelspolitischen Schutzmaßnahmen, zum Beispiel im Fall von Dumping und Subventionen" aufführt. Gegenüber den
Vertragsparteien des EWR-Abkommens ist die Anwendung von Antidum-
ping- und Ausgleichszöllen in bezug auf die vom Abkommen erfaßten Waren grundsätzlich ausgeschlossen (vgl. Art. 26 des EWR-Abkommens, ABl.
1994 L 1/3).

Eine weitere Möglichkeit, Anträge auf handelspolitische Schutzmaßnah- **28**
men zu stellen, ist in der VO (EG) Nr. 3286/94 (ABl. 1994 L 349/71) für
den Fall vorgesehen, daß ein Wirtschaftszweig der Gemeinschaft sich durch
eine **unerlaubte Handelspraktik** eines Drittlands für geschädigt hält. Wird
ein solcher Antrag zurückgewiesen, so kann der Antragsteller die Entscheidung der Kommission vom EuGH überprüfen lassen (EuGH, 70/87, Fe-
diol/Kommission, Slg. 1989, 1781). Auch diese Verordnung – die übrigens
die möglichen Schutzmaßnahmen nicht auf Zölle beschränkt – beruht auf
ex-Art. 113 (jetzt: Art. 133).

Kommt es gegenüber einem bestimmten Drittland zu einem Handelsstreit **29**
und wird deshalb gegenüber diesem Land ein **Retorsionszoll** festgesetzt, so
geschieht dies unmittelbar auf der Grundlage von Art. 133 (ex-Art. 113, s.
z.B. VO [EWG] Nr. 3068/85, ABl. 1985 L 292/1). Statt dessen kann sich
der Rat auch damit begnügen, die Anwendung einer gegenüber dem betreffenden Land vorgesehenen Zollpräferenz auszusetzen mit der Folge, daß
der Regelzoll anzuwenden ist, und zwar gleichfalls aufgrund von Art. 133
(s. z.B. VO [EWG] Nr. 3912/87, ABl. 1987 L 369/1, und VO [EWG]
Nr. 3697/93, ABl. 1993 L 343/1; vgl. weitere Einzelheiten in der Kommentierung von Art. 133).

6. Agrarzölle, Ausgleichsabgaben, Agrarteilbeträge

Im Rahmen der gemeinsamen Agrarpolitik können besondere Einfuhr- und **30**
Ausfuhrabgaben festgelegt werden, die darauf abzielen, die Preise eingeführter landwirtschaftlicher Erzeugnisse so anzuheben, daß sie zumindest
die garantierten Binnenpreise erreichen, oder die Preise ausgeführter landwirtschaftlicher Rohstoffe so anzuheben, daß eine Mangellage in der Gemeinschaft vermieden werden kann. Solche Abgaben, die entweder an die
Stelle eines Zolls (im engeren Sinne) treten oder diesen ergänzen, werden
als **Agrar-, Ausgleichsabgaben** oder **zusätzliche Zölle** bezeichnet. Für bestimmte aus landwirtschaftlichen Grunderzeugnissen hergestellte Verarbeitungserzeugnisse (z.B. Kekse) werden **Agrarteilbeträge** festgesetzt, um die

Unterschiede zwischen den Weltmarktpreisen und den garantierten Binnenpreisen für die landwirtschaftlichen Grunderzeugnisse auszugleichen (anderenfalls wären die Verarbeiter in der Gemeinschaft gegenüber Drittlandsherstellern benachteiligt). Agrarteilbeträge ergänzen so die zum Schutze der gemeinschaftlichen Verarbeitungsindustrie vorgesehenen Zölle. Rechtsgrundlage für die im Rahmen der gemeinsamen Agrarpolitik festgelegten Abgaben ist Art. 37 (ex-Art. 43). Gleichwohl sind auch diese Abgaben Bestandteil des Gemeinsamen Zolltarifs im Sinne von Art. 23 (ex-Art. 9); denn diese Vorschrift zielt darauf ab, daß die gemeinschaftliche Zollunion einen einheitlichen Außenschutz mittels Einfuhr- bzw. Ausfuhrabgaben festlegt, ohne daß es darauf ankommt, wie diese bezeichnet werden und auf welcher Rechtsgrundlage sie beruhen (vgl. Art. 20 ZK, s. Art. 23 Rn. 29).

7. Pauschalverzollung

31   Aus den Art. 2, 3 und 27 (ex-Art. 29) läßt sich ableiten, daß mit der Einführung des Gemeinsamen Zolltarifs in erster Linie handels-, versorgungs- und wirtschaftspolitische Zielsetzungen verfolgt werden (vgl. EuGH, Rs. 221/81, Wolf/HZA Düsseldorf, Slg. 1982, 3681). Diese Zielsetzungen werden nicht gefährdet, wenn geringwertige Einfuhren zollfrei bleiben (vgl. Art. 184 ZK, s. Art. 23 Rn. 29). Aber auch Einfuhren im Rahmen des privaten Reise- und Paketverkehrs, deren Wert oberhalb der Freimengen liegt, beeinträchtigen in der Regel nicht die **Funktion des GZT**. Die Einführenden Vorschriften im Anhang I der VO (EWG) Nr. 2658/87 (s. Rn. 8) sehen deshalb sowie aus Gründen der Verwaltungsvereinfachung die Möglichkeit vor, einen pauschalen Zoll von 3,5 % auf den Gesamtwert der eingeführten Waren zu erheben, sofern ein Höchstwert von 350 Euro nicht überschritten wird und nicht Grund zu der Annahme besteht, daß die Einfuhr aus geschäftlichen Gründen erfolgt; Tabakwaren sind von dieser Regelung ausgeschlossen. Der Zollbeteiligte kann allerdings anstatt der **Pauschalverzollung** eine gesonderte Verzollung jeder einzelnen Ware verlangen.

32   Ein weiterer Fall der Pauschalverzollung ist in Art. 81 ZK für Sendungen zolltariflich unterschiedlicher Waren vorgesehen, bei deren Einreihung Aufwand und Kosten außer Verhältnis zu der Höhe der zu erhebenden Einfuhrabgaben stehen würden. Insoweit ist allerdings ein besonderer Antrag des Anmelders erforderlich und es wird dann für die gesamte Sendung der Abgabensatz für die Ware mit der höchsten Abgabenbelastung angewandt.

33   Rechtsgrundlage für Vorschriften über die Pauschalverzollung ist Art. 26, weil dieses Verfahren eine Abweichung von den allgemein im GZT vorgesehenen Zöllen gestattet.

8. Zollbefreiungen

Das gemeinschaftliche System der **Zollbefreiungen** (VO [EWG] **34**
Nr. 918/83, ABl. 1983 L 105/1) regelt eine Vielzahl von Fällen, in denen
Waren aus anderen als kommerziellen Gründen eingeführt werden und bei
denen eine Verzollung nicht angebracht erscheint, wie z.B. Einfuhren im
Rahmen einer Heirat oder Erbschaft, Sendungen von geringem Wert, Waren im persönlichen Gepäck von Reisenden, Geräte für wissenschaftliche
oder kulturelle Zwecke, für Behinderte bestimmte Waren, Staatsgeschenke
und Särge mit Verstorbenen.

Gemäß Art. 185 ZK (s. Art. 23 Rn. 29) sind außerdem **Rückwaren**, d.h. **35**
Gemeinschaftswaren, die nach ihrer Ausfuhr wieder eingeführt werden, un-
ter bestimmten Umständen zollfrei. Dies entspricht der Zielsetzung des
GZT, nur Drittlandswaren zu besteuern. Bestehen Zweifel an der Richtig-
keit der Erklärung über den Status der Ware, so trägt der Anmelder die Be-
weislast dafür, daß eine Gemeinschaftsware vorliegt (vgl. EuGH, C-83/89,
Openbaar Ministerie/Houben, Slg. 1990, I–1161; C-237/96, Amelynck,
Slg. 1997, I–5103).

Schließlich sehen die Einführenden Vorschriften im Anhang I der VO **36**
(EWG) Nr. 2658/87 eine Aussetzung der Zölle für solche Waren vor, die
zum Bau, zur Instandhaltung oder zur Ausrüstung von Schiffen und Bohr-
oder Förderplattformen bestimmt sind. Da Schiffe und Bohr- oder Förderplattformen in der Regel ihren Standort außerhalb des Zollgebiets haben,
können sie ohnehin zollfrei beliefert werden. Die Begünstigung der innerhalb des Zollgebiets gelegenen Schiffe und Plattformen dient dazu, die betroffenen Firmen mit denjenigen wettbewerbsmäßig gleichzustellen, die
außerhalb des Zollgebiets tätig sind und deshalb keine Zölle zu zahlen
brauchen.

Zollbefreiungen beruhen – da sie eine Nichtanwendung der im GZT fest- **37**
gelegten Zölle vorsehen – grundsätzlich auf Art. 26; geht es um eine
Befreiung von den im Rahmen der gemeinsamen Agrarpolitik geregelten
Abgaben, so ist Art. 37 (ex-Art. 43) einschlägig. Ebenso wie bei den Zöllen des GZT ist es den Mitgliedstaaten auch bei den Zollbefreiungen untersagt, über das gemeinschaftsrechtliche Maß hinauszugehen (EuGH,
Rs. 158/80, Rewe-Handelsgesellschaft/HZA Kiel, Slg. 1981, 1805) oder
die festgelegten Befreiungen einzuschränken (vgl. EuGH, C-208/88, Kom-
mission/Dänemark, Slg. 1990, I–4445, in bezug auf eine vergleichbare
Steuerbefreiung).

III. Änderungen der zolltariflichen Nomenklatur

38 Zollsätze beziehen sich stets auf bestimmte Waren; die Befugnis zur Änderung von Zollsätzen schließt deshalb notwendigerweise auch die Ermächtigung ein, die Definition des betroffenen Warenkreises zu ändern. Da der GZT – abgesehen von einigen Ausnahmen (s. Art. 23 Rn. 9–16) – alle im internationalen Handel vorkommenden Waren erfaßt, bedarf er einer systematischen Gliederung (die als **Nomenklatur** bezeichnet wird), um die Einreihung der zu verzollenden Waren zu erleichtern. Die Nomenklatur des GZT beruht auf dem „Internationalen Übereinkommen über das Harmonisierte System zur Bezeichnung und Codierung der Waren" (ABl. 1987 L 198/3), dessen Systematik auf Gemeinschaftsebene feiner aufgegliedert worden ist. Ebenso wie das Harmonisierte System dienen auch die darauf aufbauende Kombinierte Nomenklatur und der TARIC (s. Art. 23 Rn. 34) sowohl zolltariflichen als auch außenhandelsstatistischen Zwecken. Rechtsgrundlage für Änderungen dieser Nomenklatur sind grundsätzlich die Art. 26 und 133 (ex-Art. 28 und 113, vgl. EuGH, Rs. 165/87, Kommission/Rat, Slg. 1988, 5545). Erfolgt die **Nomenklaturänderung** allerdings im Zusammenhang mit der Regelung einer spezifischen Abgabe, so erstrecken sich die insoweit anwendbaren Ermächtigungen (Art. 26 [ex-Art. 28], 37 [ex-Art. 43], 133 [ex-Art. 113], 187 [ex-Art. 136] und 310 [ex-Art. 238]) auch auf die dazugehörigen Warenbezeichnungen.

39 Keines Rückgriffs auf den Vertrag bedarf es bei Änderungen der Kombinierten Nomenklatur, welche
– die Einreihung bestimmter Waren festlegen,
– Veränderungen der statistischen und handelspolitischen Anforderungen oder der Entwicklung von Handel und Technik Rechnung tragen oder
– Anpassungen an Änderungen des Harmonisierten Systems vornehmen.
Insoweit kann vielmehr die Kommission nach dem in den Art. 9 und 10 der VO (EWG) Nr. 2658/87 (ABl. 1987 L 256/1) geregelten Verwaltungsausschuß-Verfahren die erforderlichen Änderungen vornehmen. Die in den gemeinsamen Marktorganisationen enthaltenen Warenbezeichnungen können nach einem entsprechenden Verfahren an Änderungen der Kombinierten Nomenklatur angepaßt werden (vgl. VO [EWG] Nr. 3209/89, ABl. 1989 L 312/5).

IV. Einreihungs-Verordnungen und Erläuterungen

40 Da die Warenbezeichnungen des GZT zur Gewährleistung einer einheitlichen Anwendung in allen Mitgliedstaaten die gleiche Tragweite haben müssen, dürfen die Mitgliedstaaten keine verbindlichen Regeln über deren

Auslegung erlassen (EuGH, Rs. 40/69, HZA Hamburg-Oberelbe/Boll-
mann, Slg. 1970, 69; Rs. 14/70, Deutsche Bakels GmbH/OFD München,
Slg. 1970, 1001). Die im Vertrag vorgesehenen Befugnisse zur Regelung
der Nomenklatur (insbesondere die Art. 26 und 133, ex-Art. 28 und 113)
schließen auch die Möglichkeit ein, verbindliche sowie nichtverbindliche
Regeln über die Auslegung dieser Nomenklatur zu erlassen. Der Rat hat
diese Befugnis mit den Art. 9 und 10 der VO (EWG) Nr. 2658/87 (ABl.
1987 L 256/1) an die Kommission delegiert, die zuvor eine Stellungnahme
des Ausschusses für den Zollkodex einholen muß. Die nach diesem Verfahren erlassenen Verordnungen dürfen zwar die Tragweite des GZT nicht verändern (EuGH, Rs. 38/70, Deutsche Tradax/Einfuhr- und Vorratsstelle für
Getreide und Futtermittel, Slg. 1971, 145), aber die Kommission verfügt
über einen weiten **Beurteilungsspielraum** für die Entscheidung darüber,
welche von den in Betracht kommenden Warenbezeichnungen die zutreffende ist (EuGH, Rs. 37/75, Bagusat/HZA Berlin-Packhof, Slg. 1975,
1339). Eine Überschreitung dieses Beurteilungsspielraums kommt vor allem dann in Betracht, wenn die beschlossene Auslegung zu wirtschaftlich
nicht vertretbaren Ergebnissen führt (vgl. EuGH, C-265/89, Gebr. Vismans
Nederland/Inspecteur der invoerrechten en accijnzen, Slg. 1990, I–3411)
oder mit den internationalen Verpflichtungen aus dem Übereinkommen
über das Harmonisierte System nicht übereinstimmt (vgl. EuGH, C-233/88,
van de Kolk/Inspecteur der Invoerrechten en Accijnzen, Slg. 1990, I–265).
Der EuGH geht davon aus, daß solche **Einreihungs-Verordnungen** rechts-
gestaltenden Charakter haben und deshalb nicht anwendbar sind auf Fälle,
die sich vor deren Inkrafttreten abgespielt haben (vgl. EuGH, Rs. 30/71,
Siemers & Co./HZA Bad Reichenhall, Slg. 1971, 919). Dies schließt freilich nicht aus, zur Untermauerung einer bestimmten Auslegung eine nach
dem maßgebenden Zeitpunkt erlassene Einreihungs-Verordnung heranzuziehen (vgl. EuGH, Rs. 158/78, Biegi/HZA Bochum, Slg. 1979, 1103). Im
übrigen können die aus einer solchen Regelung gewonnenen Erkenntnisse
auch auf Einfuhren angewandt werden, die vor dem Inkrafttreten der Verordnung erfolgt sind, wie z.B. in Erstattungs- und Nacherhebungsfällen, sofern der Wortlaut der Nomenklatur unverändert geblieben ist.

Anstelle einer Einreihungs-Verordnung kann die Kommission nach dem **41**
gleichen Verfahren auch rechtlich nicht verbindliche **Erläuterungen** beschließen, die im Amtsblatt der EG, Serie C, veröffentlicht werden. Solche
Erläuterungen sind „maßgebliche Erkenntnismittel" für die Auslegung des
GZT und gehen damit etwaigen anderen nicht-verbindlichen Auslegungs-
mitteln vor (EuGH, Rs. 167/84, HZA Bremen-Freihafen/Drünert, Slg.
1985, 2235). Das gleiche gilt übrigens für die im Rahmen des Überein-

kommens über das Harmonisierte System (s. Art. 23 Rn. 25) auf internationaler Ebene beschlossenen Erläuterungen und Avise (EuGH, Rs. 167/84
aaO).

V. Rechtsschutz

42 Rechtsbehelf gegen Zollbescheide ist der Einspruch (§ 348 Abs. 1 Nr. 1 AO,
Art. 243 ZK, s. Art. 23 Rn. 29). Der Einspruch ist innerhalb eines Monats
nach Bekanntgabe des Zollbescheids schriftlich bei dem Zollamt bzw.
Hauptzollamt einzulegen, das den Bescheid erlassen hat (§ 355 Abs. 1 und
§ 357 AO). Die Vollziehung des Zollbescheids wird durch die Einlegung
des Einspruchs nicht gehemmt (§ 361 Abs. 1 AO, Art. 244 Satz 1 ZK). Das
Zollamt bzw. Hauptzollamt kann jedoch die Vollziehung des Zollbescheids
ganz oder teilweise aussetzen, in der Regel gegen Sicherheitsleistung
(§ 361 Abs. 2 AO, Art. 244 Sätze 2–4 ZK, s. hierzu EuGH, C-130/95, Gi-
loy/HZA Frankfurt am Main-Ost, Slg. 1997, I–4291). Gegen die Ein-
spruchsentscheidung des Hauptzollamts (§ 367 AO) kann binnen eines Monats Klage beim Finanzgericht eingelegt werden (§§ 33, 35 und 47 FGO,
Art. 243 Abs. 2 lit. b ZK). Gegen das Urteil des Finanzgerichts kann innerhalb eines Monats nach Urteilszustellung Revision beim Bundesfinanzhof
eingelegt werden; bei Zolltarifsachen ist weder ein bestimmter Streitwert
noch eine besondere Zulassung erforderlich (§§ 36 und 116 Abs. 2 FGO).
Soweit es um die Gültigkeit oder Auslegung von Gemeinschaftsvorschriften geht, kann das Finanzgericht bzw. der Bundesfinanzhof gemäß Art. 234
(ex-Art. 177) eine **Vorabentscheidung** des EuGH einholen.

43 Eine **unmittelbare Klage** gemäß Art. 230 (ex-Art. 173) Abs. 4 ist bei **Verordnungen**, die Einfuhr- bzw. Ausfuhrabgaben oder Befreiungen hiervon
festlegen, in der Regel **nicht zulässig**, da sie den Einführer bzw. Ausführer
nicht unmittelbar und individuell betreffen, sondern objektiv für bestimmte
Situationen gelten und Rechtswirkungen gegenüber allgemein und abstrakt
bezeichneten Personengruppen entfalten (vgl. EuGH, Rs. 307/81, Alusuis-
se Italia/Rat und Kommission, Slg. 1982, 3463). Dies gilt erst recht, wenn
der Gemeinschaftsgesetzgeber es unterläßt, eine bestimmte Abgabe einzuführen oder zu ändern (vgl. EuGH, C-15 und C-108/91, Buckl/Kommissi-
on, Slg. 1992, I–6061). Im Rahmen der **Antidumping-Verordnung** (s. Rn.
25) kommt allerdings unter bestimmten Umständen eine unmittelbare Klage in Betracht, da diese Regelung den Beteiligten ausdrücklich bestimmte
Verfahrensrechte verleiht und deren besondere Situation Gegenstand der
Untersuchung ist (EuGH, C-156/87, Gestetner Holdings/Rat und Kommission, Slg. 1990, I–781; Einzelheiten dazu bei Art. 230 Rn. 37). Das gleiche

gilt für Maßnahmen aufgrund der VO (EG) Nr. 3286/94 zur **Abwehr unerlaubter Handelspraktiken** (s. Rn. 28, vgl. EuGH, Rs. 70/87, Fediol/
Kommission, Slg. 1989, 1781). Hat dagegen die **Kommission** eine **Entscheidung** getroffen – z.b. eine Ablehnung, den erhobenen Zoll zu erstatten – so kann dies mittels einer Klage gegen die Kommission angefochten werden (vgl. EuGeI, T-346/94, France-aviation/Kommission, Slg. 1995,
II–2841; T-75/95, Günzler Aluminium/Kommission, Slg. 1996, II–497).
Eine **Schadensersatzklage** wegen des Erlasses oder Nichterlasses einer
gegenüber allen Wirtschaftsbeteiligten geltenden Gemeinschaftsregelung
ist in der Regel unzulässig, zumindest aber unbegründet (vgl. zum Wegfall
des Berufszweigs des innergemeinschaftlichen Zollspediteurs EuGeI,
T-113/96, Slg. 1998, II–125; und zur Einführung eines Embargos EuGeI,
T-184/95, Dorsch Consult/Rat und Kommssion, Slg. 1998, II–667).

Art. 27 (ex-Art. 29) (Aufgaben der Kommission)

**Bei der Ausübung der ihr auf Grund dieses Kapitels übertragenen Auf-
gaben geht die Kommission von folgenden Gesichtspunkten aus:**

a) **der Notwendigkeit, den Handelsverkehr zwischen den Mitgliedstaaten und dritten Ländern zu fördern;**

b) **der Entwicklung der Wettbewerbsbedingungen innerhalb der Gemeinschaft, soweit diese Entwicklung zu einer Zunahme der Wettbewerbsfähigkeit der Unternehmen führt;**

c) **dem Versorgungsbedarf der Gemeinschaft an Rohstoffen und
   Halbfertigwaren; hierbei achtet die Kommission darauf, zwischen
   den Mitgliedstaaten die Wettbewerbsbedingungen für Fertigwaren
   nicht zu verfälschen;**

d) **der Notwendigkeit, ernsthafte Störungen im Wirtschaftsleben der
   Mitgliedstaaten zu vermeiden und eine rationelle Entwicklung der
   Erzeugung sowie eine Ausweitung des Verbrauchs innerhalb der
   Gemeinschaft zu gewährleisten.**

I. Normzweck

Die Kommission spielt im Zusammenhang mit der Verwaltung des Ge-   1
meinsamen Zolltarifs eine wichtige Rolle: Sie ist insbesondere dafür zuständig, dem Rat gemäß Art. 26 (ex-Art. 28) Vorschläge für Änderungen
der Zölle des Gemeinsamen Zolltarifs vorzulegen.

Darüber hinaus kann der Rat gemäß Art. 202 (ex-Art. 145) weitere Befug-   2
nisse an die Kommission delegieren (s. Art. 26 Rn. 20 und 39). Art. 27 stellt
deshalb für die Tätigkeit der Kommission **Leitlinien** auf, die

- einerseits **nach außen** eine Förderung des Handels mit Drittländern verlangen und
- andererseits auf eine Berücksichtigung **gemeinschaftsinterner Erfordernisse** abzielen (u.a. Förderung des Handels zwischen den Mitgliedstaaten, Verbesserung der Wettbewerbsfähigkeit der Gemeinschaftsunternehmen, Vermeidung von ernsthaften Störungen im Wirtschaftsleben der Mitgliedstaaten, rationelle Entwicklung der Erzeugung).

II. Die Adressaten

3 Nach seinem Wortlaut richtet sich Art. 27 nur an die Kommission. Die einzigen in diesem Kapitel vorgesehenen Maßnahmen (die Verbote des Art. 25 [ex-Art. 12] bedürfen ja keiner Umsetzung in besondere Maßnahmen) sind jedoch vom Rat zu treffen (vgl. Art. 26). Art. 27 kann folglich eine nützliche Wirkung nur dann entfalten, wenn auch die übrigen Gemeinschaftsorgane – und insbesondere der Rat – diese Vorschrift zu berücksichtigen haben.

III. Die Bindungswirkung

4 Die in Art. 27 festgelegten Gesichtspunkte konkurrieren zumindest teilweise untereinander (eine Förderung des Handels mit Drittländern kann z.B. ernsthafte Störungen im Wirtschaftsleben der Mitgliedstaaten hervorrufen). Den Gemeinschaftsorganen steht deshalb ein **Ermessensspielraum** bei der Abwägung darüber zu, welchem Gesichtspunkt im Einzelfall der Vorzug zu geben ist (vgl. EuGH, Rs. 34/62, Deutschland/Kommission, Slg. 1963, 287). Darüber hinaus dürfen sie andere, aus der Systematik und den Zielen des Vertrages abgeleitete Gesichtspunkte berücksichtigen (EuGH, Rs. 34/62 aaO). Die Entscheidung zugunsten eines der in Art. 27 genannten oder eines sonstigen Gesichtspunktes muß in klarer, objektiv nachprüfbarer Weise begründet werden, damit der EuGH die Maßnahme gegebenenfalls auf ihre Rechtmäßigkeit überprüfen kann (vgl. EuGH, Rs. 24/62, Deutschland/Kommission, Slg. 1963, 141). Andererseits muß der Kläger hinreichend darlegen, inwieweit die getroffene Maßnahme den Leitlinien des Art. 27 widerspricht (vgl. EuGH, Rs. 90/77, Stimming/Kommission, Slg. 1978, 995, zu den vergleichbaren ex-Art. 39 und ex-Art. 110, jetzt Art. 33 und Art. 131).

5 Art. 27 gilt ausdrücklich nur für „aufgrund dieses Kapitels" getroffene Maßnahmen, also insbesondere im Hinblick auf autonome Aussetzungen und Änderungen der Zollsätze des GZT gemäß Art. 26 (ex-Art. 28). Im Hinblick auf Zolländerungen aufgrund anderer Vorschriften – wie z.B. Art. 133 (ex-Art. 113) – kann also Art. 27 nicht geltend gemacht werden.

Hierfür besteht auch kein Bedarf, da Art. 131 (ex-Art. 110) für handelspolitische Maßnahmen gleichfalls das Ziel vorgibt, die Zollschranken abzubauen; ein etwaiger Verstoß kann gegebenenfalls vor dem EuGH vorgebracht werden (vgl. EuGH, Rs. 90/77 aaO).

Kapitel 2. Verbot von mengenmäßigen Beschränkungen zwischen den Mitgliedstaaten

Art. 28 (ex-Art. 30) (Verbot mengenmäßiger Einfuhrbeschränkungen und Maßnahmen gleicher Wirkung)

Mengenmäßige Einfuhrbeschränkungen sowie alle Maßnahmen gleicher Wirkung sind zwischen den Mitgliedstaaten verboten.

Literatur: *Ackermann*, Warenverkehrsfreiheit und „Verkaufsmodalitäten" – Zu den EuGH-Entscheidungen „Keck" und „Hünermund", RIW 1994, 189; *Ahlfeld*, Zwingende Erfordernisse im Sinne der Cassis-Rechtsprechung des Europäischen Gerichtshofs zu Art. 30 EGV, 1997; *Becker*, Von „Dassonville" über „Cassis" zu „Keck" – Der Begriff der Maßnahmen gleicher Wirkung in Art. 30 EGV, EuR 1994, 162; *Bernhard*, „Keck" und „Mars" – die neueste Rechtsprechung des EuGH zu Art. 30 EGV, EWS 1995, 404; *Jestaedt/Kästle*, Kehrtwende oder Rückbesinnung in der Anwendung von Art. 30 EG-Vertrag, EWS 1994, 26; *Lüder*, Mars: Zwischen Keck und Cassis, EuZW 1995, 609; *Meurer*, Verpflichtung der Mitgliedstaaten zum Schutz des freien Warenverkehrs, EWS 1998, 196; *Petschke*, Die Warenverkehrsfreiheit in der neuesten Rechtsprechung des EuGH, EuZW 1994, 107; *Roth*, Freier Warenverkehr und staatliche Regelungsgewalt in einem Gemeinsamen Markt, 1977; *Sack*, Staatliche Regelungen sogenannter „Verkaufsmodalitäten" und Art. 30 EG-Vertrag, EWS 1994, 37; *Salje*, Die Vereinbarkeit des Stromeinspeisungsgesetzes mit dem EG-Vertrag, RIW 1998, 186; *Schilling*, Rechtsfragen zu Art. 30 EGV, EuR 1994, 50; *Schubert*, „Merck II", „Warner Brothers" und die Renaissance möglicher Grenzen des gemeinschaftsrechtlichen Erschöpfungsgrundsatzes, EWS 1998, 119; *Schwarze*, Zum Anspruch der Gemeinschaft auf polizeiliches Einschreiten der Mitgliedstaaten bei Störungen des grenzüberschreitenden Warenverkehrs durch Private, EuR 1998, 53.

I. Normzweck und systematische Stellung

1   Art. 28 leitet das Kapitel 2 des Titels I (Der freie Warenverkehr) ein. Dieses Kapitel hat die bereits in Art. 23 (ex-Art. 9) im Zusammenhang mit der Definition der Zollunion angesprochene Beseitigung der mengenmäßigen Beschränkungen und Maßnahmen gleicher Wirkung zwischen den Mitgliedstaaten zum Gegenstand (s. Art. 23 Rn. 1). Das Verbot von mengenmäßigen Beschränkungen und Maßnahmen gleicher Wirkung ist eine der **Grundfreiheiten des Binnenmarktes**; sie ergänzt das Verbot der Zölle und Abgaben gleicher Wirkung, das als speziellere Regelung vorgeht (s. Art. 25 Rn. 1). Ebenso wie Art. 25 (ex-Art. 12–17) regeln die Art. 28–31 (ex-Art. 30–37) nur den **innergemeinschaftlichen Warenverkehr**. Dies schließt freilich Drittlandswaren ein, die sich in einem Mitgliedstaat im freien Verkehr befinden (vgl. Art. 23 Abs. 2 und Art. 24, ex-Art. 9 und 10).

2   Bei der Auslegung der Art. 28–31 (ex-Art. 30–37) sind also auch die Art. 23 und 24 (ex-Art. 9 und 10) zu beachten sowie Art. 14 (ex-Art. 7a), der die Gemeinschaftsorgane verpflichtet, diejenigen Maßnahmen zu treffen, die erforderlich sind, um den Binnenmarkt zu verwirklichen, d.h. einen **Raum ohne Binnengrenzen**, in dem der freie Verkehr von Waren, Perso-

nen, Dienstleistungen und Kapital gewährleistet ist. Im übrigen sind eine Reihe von weiteren Vorschriften für die Verwirklichung des freien innergemeinschaftlichen Warenverkehrs von Bedeutung (s. Art. 23 Rn. 2).

Die Freiheit von mengenmäßigen Beschränkungen und Maßnahmen gleicher Wirkung im Binnenmarkt wird durch folgende Vorschriften angeordnet: **3**

– Art. 28 (ex-Art. 30) verbietet mengenmäßige Einfuhrbeschränkungen und Maßnahmen gleicher Wirkung.
– Art. 29 (ex-Art. 34) verbietet mengenmäßige Ausfuhrbeschränkungen und Maßnahmen gleicher Wirkung.
– Art. 31 (ex-Art. 37), der den Art. 28 und 29 vorgeht (s. Art. 31 Rn. 1), verbietet, daß staatliche Handelsmonopole im Warenverkehr zwischen den Mitgliedstaaten diskriminieren (z.B. durch mengenmäßige Beschränkungen oder Maßnahmen gleicher Wirkung).

Der **Zweck** der in den Art. 28 und 29 (ex-Art. 30 und 34) festgelegten Verbote liegt darin, den freien innergemeinschaftlichen Warenverkehr zu gewährleisten, d.h. **staatliche Hindernisse** im Warenverkehr zwischen den Mitgliedstaaten **auszuschalten** und damit einen **freien Wettbewerb** innerhalb des Gemeinsamen Marktes (s. Art. 2) dadurch zu sichern, daß aus anderen oder in andere Mitgliedstaaten gelieferte Waren den **gleichen Marktzugang** erhalten wie im Inland hergestellte und verkaufte Erzeugnisse. Soweit der Warenverkehr im Binnenmarkt durch **Zölle** oder **Abgaben gleicher Wirkung** behindert wird, geht Art. 25 (ex-Art. 12–17) als **Sondervorschrift** vor (s. Art. 25 Rn. 1). Das gleiche gilt für etwaige Diskriminierungen mittels **inländischer Abgabenregelungen**, weil diese in den Anwendungsbereich des Art. 90 (ex-Art. 95) fallen (vgl. EuGH, C-17/91, Lornoy/Belgien, Slg. 1992, I–6523). In einigen vor diesem Urteil getroffenen Entscheidungen hat es der EuGH für möglich gehalten, die Art. 28 und 29 (ex-Art. 30 und 34) als **Auffangtatbestand** heranzuziehen, wenn die Voraussetzungen des Art. 25 (ex-Art. 12–17) bzw. des Art. 90 (ex-Art. 95) nicht erfüllt sind (EuGH, C-78–83/90, Sociétés Compagnie commerciale de l'Ouest/Receveur des douanes von La Pallice Port, Slg. 1992, I–1847; und C-47/88, Kommission/Dänemark, Slg. 1990, I–4509). **Beihilfen** im Sinne der Art. 87 und 88 (ex-Art. 92 und 93) unterliegen als solche nicht dem Anwendungsbereich der Art. 28 und 29; doch können die Modalitäten einer Beihilfe, die zur Erreichung des Beihilfezwecks oder zu ihrem Funktionieren nicht erforderlich sind, gegen diese Vorschriften verstoßen, z.B. wenn   **4**

– eine Beihilfe bei Bezug über eine staatliche Körperschaft, nicht aber bei direkter Verbringung aus einem anderen Mitgliedstaat gewährt wird (EuGH, 74/76, Ianelli & Volpi/Meroni, Slg. 1977, 557) oder

– bei öffentlichen Lieferaufträgen ein bestimmter Anteil des Materialbedarfs bei einheimischen Betrieben einer bestimmten Region bezogen werden muß (EuGH, C-351/88, Laboratori Bruneau/Unità sanitaria locale, Slg. 1991, I–3641).

Dies gilt erst recht für Beihilfen, mit denen handelsbeschränkende Maßnahmen – wie z.B. eine Werbekampagne für einheimische Erzeugnisse – gefördert werden (vgl. EuGH, Rs. 249/81, Kommission/Irland, Slg. 1982, 4005). Die Regelung über **staatliche Handelsmonopole** (Art. 31, ex-Art. 37) ist grundsätzlich gegenüber Art. 28 vorrangig; die vom Bestehen des Monopols nicht abhängigen Vermarktungsbedingungen können indessen gegen Art. 28 verstoßen (EuGH, C-189/95, Franzén, Slg. 1997, I–5909). Auch die Gewährung besonderer oder **ausschließlicher Rechte** an bestimmte Unternehmen, die grundsätzlich anhand von Art. 86 (ex-Art. 90) zu beurteilen ist, kann gegen Art. 28 verstoßen, wenn

– Waren aus anderen Mitgliedstaaten stärker belastet werden als einheimische Waren (EuGH, C-179/90, Merci convenzionali porto di Genova/Siderurgica Gabrielli, Slg. 1991, I–5889) oder

– das Unternehmen über die Zulassung bestimmter Waren entscheiden darf, ohne daß gegen diese Entscheidung ein Rechtsbehelf gegeben ist (EuGH, C-18/88, RTT/GB-Inno, Slg. 1991, I–5941).

Wird der freie Warenverkehr von sonstigen Unternehmen beeinträchtigt, so ist dies nicht nach Art. 28, sondern nach den **Wettbewerbsvorschriften** (Art. 81–85, ex-Art. 85–89) zu beurteilen (vgl. EuGH, C-306/96, Javico/Yves Saint Laurent, Slg. 1998, I–1983). Etwas anderes gilt allerdings dann, wenn ein Mitgliedstaat durch seine Gesetzgebung, Verwaltungspraxis oder Rechtsprechung die Behinderung des Warenverkehrs durch Private unterstützt oder gegen solche Behinderungen nicht vorgeht (s. Rn. 16, 17). Benachteiligt eine Maßnahme Staatsangehörige anderer Mitgliedstaaten, so verstößt sie gegen das **allgemeine Diskriminierungsverbot** des Art. 12 (ex-Art. 6) mit der Folge, daß eine Prüfung der Voraussetzungen des Art. 28 (ex-Art. 30) nicht mehr erforderlich ist (EuGH, C-92 und C-326/92, Phil Collins/Imtrat Handelsgesellschaft, Slg. 1993, I–5145).

5 Im Gegensatz zu Art. 25 (ex-Art. 12–17), der keine **Durchbrechungen des Freiverkehrsprinzips** zuläßt, können gegen die Art. 28 und 29 (ex-Art. 30 und 34) verstoßende nationale Maßnahmen aufgrund von Art. 30 (ex-Art. 36) oder einer sonstigen **Schutzklausel** gerechtfertigt sein (s. Rn. 32).

6 Die Wirksamkeit der in den Art. 28 und 29 (ex-Art. 30 und 34) festgelegten Verbote wird dadurch sichergestellt, daß diese Vorschriften **unmittelbar gelten** (EuGH, C-47/90, Delhaize/Promalvin, Slg. 1992, I–3669); sie bedürfen somit weder einer Umsetzung in nationales Recht oder Gemein-

schaftsrecht noch stehen sie zur Disposition des Gemeinschaftsgesetzgebers. Mit diesen Bestimmungen unvereinbares nationales Recht darf nicht angewandt werden (EuGH, C-358/95, Moratello/USL, Slg. 1997, I–1431). Die in den Art. 28–31 (ex-Art. 30–37) in bezug auf innergemeinschaftliche **7** Warenbewegungen verwendeten Begriffe **Einfuhr** bzw. **Ausfuhr** sind inzwischen **obsolet** geworden, da sie sich mit der Konzeption eines Binnenmarktes nicht vereinbaren lassen; der Sinngehalt der Verbote sowie der gegebenenfalls gerechtfertigten Ausnahmen bleibt jedoch bestehen (s. Art. 25 Rn. 5).

Die Art. 28–31 (ex-Art. 30–37) beziehen sich nur auf den **Warenver-**   **8** **kehr**, wobei für bestimmte Waren Sonderregelungen gelten (s. Art. 23 Rn. 9–16). Im übrigen bedarf es auch im Rahmen dieser Vorschriften einer Abgrenzung zwischen dem Warenverkehr einerseits und dem **Dienstleistungs-, Kapital- und Zahlungsverkehr** andererseits (s. Art. 23 Rn. 17–19). Die Abgrenzung zwischen dem Waren- und dem Dienstleistungs- bzw. Kapitalverkehr kann bei den Maßnahmen gleicher Wirkung Schwierigkeiten bereiten (s. Rn. 19), während mengenmäßige Beschränkungen schon ihrer Definition nach nur Waren betreffen können (s. Rn. 10–13).

Die in den Art. 28 und 29 (ex-Art. 30 und 34) enthaltenen Verbote richten **9** sich in erster Linie an die **Mitgliedstaaten**; dies wird schon aus den inzwischen entfallenen Übergangsvorschriften (ex-Art. 31, 32, 33, 34 Abs. 2 und ex-Art. 35) deutlich, in denen die Mitgliedstaaten ausdrücklich als Adressaten genannt werden. In bezug auf Maßnahmen gleicher Wirkung kann zuweilen zweifelhaft sein, inwieweit eine bestimmte Handlung (die kein Rechtsakt ist) dem Staat zugerechnet werden kann (s. Rn. 16–18). Im übrigen haben auch die **Gemeinschaftsorgane** das für das Funktionieren des Binnenmarktes grundlegende Verbot der mengenmäßigen Beschränkungen und Maßnahmen gleicher Wirkung zu beachten (vgl. EuGH, Rs. 218/82, Kommission/Rat, Slg. 1983, 4063; C-9/89, Spanien/Rat, Slg. 1990, I–1383; C-114/96, Kieffer, Slg. 1997, I–3629; C-284/95, Safety Hi-Tech/S. & T., Slg. 1998, I–4301.).

II. Mengenmäßige Beschränkungen

Mengenmäßige Beschränkungen im Sinne der Art. 28 und 29 (ex-Art. 30 **10** und 34) sind staatliche Maßnahmen, die mittels einer Rechtsvorschrift das Verbringen von Waren aus anderen (Art. 28) oder in andere Mitgliedstaaten (Art. 29) der Menge oder dem Wert nach begrenzen (**Kontingent**) oder völlig untersagen (**Verbringungsverbot**). Zwar erwähnen diese Vorschriften – anders als Art. 31 (ex-Art. 36) – nur die „Beschränkung" von innergemeinschaftlichen Warenbewegungen, nicht aber deren extremste Form, das Verbot; gleichwohl stellen auch solche Verbote mengenmäßige Beschränkungen im Sinne der Art. 28 und 29 dar (vgl. EuGH, Rs. 34/79, Henn, Slg. 1979, 3795; C-5/94, The Queen/Ministry of Agriculture, Slg. 1996, I–2604). In den Anwendungsbereich dieser Vorschriften fallen außerdem die nur in Art. 30 (ex-Art. 36) ausdrücklich erwähnten **Durchfuhrverbote und -beschränkungen** (vgl. EuGH, Rs. 2/73, Geddo/Ente Nazionale Risi, Slg. 1973, 865; C-367/89, Richardt, Slg. 1991, I–4621). Unerheblich ist, ob die Beschränkung auf Dauer festgelegt ist oder nur einen bestimmten Zeitraum betrifft.

11 Der Gemeinschaftsgesetzgeber ist zwar grundsätzlich auch gehalten, innerhalb des gemeinsamen Marktes **keine nationalen Quoten** oder **Verbringungsverbote** festzulegen (s. Rn. 9). Der EuGH hat jedoch eine Gemeinschaftsregelung zur Aufteilung von Fischfangquoten zwischen den Mitgliedstaaten und die damit verbundenen Kontrollmaßnahmen nicht beanstandet, weil diese dazu dienen, die Meeresschätze zu erhalten und besondere Bedürfnisse der vom Fischfang abhängigen Regionen zu berücksichtigen (EuGH, C-8/89, Spanien/Rat, Slg. 1990, I–1383; C-4/96, NIFPO/Department of Agriculture, Slg. 1998, I–681). Auch ein Verbot bestimmter Stoffe aus Gründen des Umweltschutzes, das für bestimmte Verwendungszwecke und Mengen eine Befreiung vorsieht, wurde vom EuGH gebilligt (EuGH, C-284/95, Safety HiTech/ S. & T., Slg. 1998, I–4301).

12 Der Übergang zwischen mengenmäßigen Beschränkungen und Maßnahmen gleicher Wirkung ist fließend: mengenmäßige Beschränkungen haben zum Ziel, die Verbringung von Waren aus anderen oder in andere Mitgliedstaaten **spezifisch** zu **beschränken**; sie führen damit zu einer **ungleichen Behandlung** des Handels innerhalb des betreffenden Mitgliedstaats einerseits und des Warenverkehrs mit anderen Mitgliedstaaten andererseits mit der Folge, daß die Hersteller oder Verbraucher im betreffenden Mitgliedstaat einen **besonderen Vorteil** erlangen (vgl. EuGH, C-302/88, Hennen Olie/Stichting Interim Centraal Orgaan Vooraadvorming Aardolieprodukten, Slg. 1990, I–4625). Dies geschieht im Rahmen von **Rechtsvorschriften**, in denen die Verbringung von Waren aus anderen oder in andere Mitgliedstaaten besonderen Voraussetzungen unterworfen wird, die nicht für einheimische Waren gelten und die deren Verbringung völlig oder teilweise unmöglich machen (vgl. *Müller-Graf,* in GTE, Art. 30 Rn. 26). Eine Maßnahme gleicher Wirkung liegt dagegen vor, wenn eine dieser Voraussetzungen nicht erfüllt ist, z.B. weil

– die Ware lediglich bestimmte Handelshemmnisse zu überwinden hat, ohne daß dabei ihr Zustand verändert werden muß (z.B. Etikett mit besonderen Angaben, Gesundheitszeugnis),

– die betreffenden Rechtsvorschriften unterschiedslos sowohl für einheimische als auch für aus anderen oder nach anderen Mitgliedstaaten verbrachte Waren gelten,
– die Beschränkung nicht durch Rechtsvorschriften, sondern auf andere
  Weise bewirkt wird (z.b. eine Werbekampagne für einheimische Erzeugnisse oder die Nichtgewährung der für den Kauf erforderlichen Devisen), oder
– nicht nachgewiesen werden kann, daß die Maßnahme eine Beschränkung des Warenverkehrs zwischen den Mitgliedstaaten zum Ziel hat.

Im Zweifelsfall kann dahingestellt bleiben, welche dieser Alternativen vor-
liegt, zumal die Rechtsfolge eines Verstoßes gegen die in den Art. 28 und
29 (ex-Art. 30 und 34) festgelegten Verbote in beiden Fällen gleich ist (vgl.
EuGH, Rs. 272/86, Kommission/Griechenland, Slg. 1988, 4895; C-293/89,
Kommission/Griechenland, Slg. 1992, I–4577). In manchen Fällen hat der
EuGH nationale Vorschriften, die spezifisch die Verbringung bestimmter
Waren aus anderen Mitgliedstaaten verbieten (z.B. Wermutwein, der einen
bestimmten Mindestalkoholgehalt nicht erreicht), ohne daß eine entsprechende Beschränkung für einheimische Hersteller besteht, nicht als mengenmäßige Beschränkung, sondern als Maßnahme gleicher Wirkung angesehen (vgl. EuGH, Rs. 59/82, Schutzverband gegen Unwesen in der Wirt-
schaft/Weinvertriebs-GmbH, Slg. 1983, 1217).

Im Rahmen des Art. 29 (ex-Art. 34) sind die Unterschiede zwischen men-   **13**
genmäßigen Beschränkungen und Maßnahmen gleicher Wirkung insofern
geringer, als diese Vorschrift nach der Rechtsprechung des EuGH nur solche Maßnahmen erfaßt, die spezifische Beschränkungen der Warenströme
bezwecken oder bewirken, so daß die nationale Produktion oder der Binnenmarkt des betroffenen Staates zum Nachteil der Produktion oder des
Handels anderer Mitgliedstaaten einen besonderen Vorteil erlangt (vgl.
EuGH, C-339/89, Alsthom Atlantique/Compagnie de construction mécani-
que Sulzer, Slg. 1991, I–107). Folglich wären spezifisch die Verbringung
von Waren in andere Mitgliedstaaten regelnde Verbote und Kontingente als
mengenmäßige Beschränkungen anzusehen und sonstige Maßnahmen – sofern diese spezifisch die Warenströme in andere Mitgliedstaaten behindern – als Maßnahmen gleicher Wirkung.

III. Maßnahmen gleicher Wirkung

Ebenso wie das Verbot der Zollerhebung leicht umgangen werden könnte,   **14**
wenn die Mitgliedstaaten Abgabenregelungen mit gleicher Wirkung beibehalten dürften (s. Art. 25 Rn. 9), dient auch das in den Art. 28 und 29 (ex-

Art. 30 und 34) festgelegte Verbot der **Maßnahmen mit gleicher Wirkung wie mengenmäßige Beschränkungen** dazu, den freien Warenverkehr für solche Fälle zu garantieren, in denen Behinderungen durch andere Mittel als Kontingente und Verbringungsverbote bewirkt werden. Dabei kommt es zunächst nicht darauf an, ob mit der Behinderung protektionistische **Ziele** – insbesondere die Gewährung eines besonderen Vorteils an die einheimischen Hersteller oder Verbraucher – oder aber legitime Ziele – wie z.b. der Umwelt-, Gesundheits- oder Verbraucherschutz – verfolgt werden; maßgebend ist vielmehr die tatsächliche oder potentielle **Auswirkung** auf den innergemeinschaftlichen Handel. Erst bei der Prüfung etwaiger Rechtfertigungsgründe (insbesondere „zwingende Erfordernisse" sowie der Schutz der von Art. 30 [ex-Art. 36] erfaßten Rechtsgüter) können die mit einer Maßnahme verfolgten Ziele eine Rolle spielen (s. Rn. 30–33).

15　　Bei der Prüfung, ob eine unzulässige Maßnahme gleicher Wirkung vorliegt, sind folgende Kriterien zu untersuchen:

1. Es muß eine staatliche Maßnahme vorliegen; ein Handeln von Unternehmen, Verbänden oder Privatpersonen allein genügt grundsätzlich nicht.

2. Die Maßnahme betrifft den Warenverkehr zwischen den Mitgliedstaaten, also nicht in anderen Vorschriften des Vertrages (z.B. denjenigen über den Dienstleistungs- oder Kapitalverkehr) geregelte Vorgänge oder rein nationale Warenbewegungen. Allgemeine Verkaufsmodalitäten werden nicht von Art. 28 (ex-Art. 30) erfaßt, es sei denn, für Waren aus anderen Mitgliedstaaten wird der Marktzugang stärker behindert als für einheimische Erzeugnisse.

3. Die Maßnahme wirkt sich wie eine mengenmäßige Beschränkung aus, d.h. sie behindert den innergemeinschaftlichen Warenverkehr, ohne daß dies im Wege eines spezifischen Verbots oder Kontingents für in andere oder aus anderen Mitgliedstaaten verbrachte Waren geschieht.

4. Gilt eine beschränkende Maßnahme unterschiedslos für einheimische und für aus anderen Mitgliedstaaten verbrachte Waren, so kann sie bei Fehlen einer Gemeinschaftsregelung aufgrund zwingender Erfordernisse gerechtfertigt sein, sofern die sich daraus ergebenden Beschränkungen nicht unverhältnismäßig sind.

1. Staatliche Maßnahme

16　　Die in den Art. 28 und 29 (ex-Art. 30 und 34) festgelegten Verbote erfassen nur **staatliche Maßnahmen** (s. Rn. 9); für Behinderungen des innergemeinschaftlichen Handels durch Unternehmen gelten dagegen die Art. 81 (ex-Art. 85) und Art. 82 (ex-Art. 86). Überschneidungen zwischen diesen Vorschriften sind freilich möglich bei öffentlichen **Unternehmen** und Unternehmen, denen die Mitgliedstaaten besondere oder **ausschließliche Rechte** gewähren: Insoweit können die Art. 86 (ex-Art. 90) und 28 bzw. 29 (ex-Art. 30 bzw. 34) nebeneinander angewendet werden, z.B. im Hinblick auf

– die einer nationalen Telefongesellschaft verliehene Befugnis, über die Zulassung von Telefonen zu entscheiden (EuGH, C-18/88, Régie des télégraphes et des téléphones/GB-Inno, Slg. 1991, I–5941; C-46/90 und C-93/91, Lagauche, Slg. 1993, I–5267) oder

– ein Monopol für den Warenumschlag im Hafen (EuGH, C-179/90, Merci convenzionali porto di Genova/Siderurgica Gabrielli, Slg. 1991, I–5889).

Macht ein Unternehmen ein **Urheber-**, **Marken-** oder **Warenzeichenrecht** geltend, so kann dies als solches zwar nicht gegen die Art. 28 und 29 (ex-Art. 30 und 34) verstoßen, wohl aber der Schutz, der durch nationale Rechtsvorschriften und gegebenenfalls die Gerichte gewährt wird (EuGH, Rs. 58/80, Dansk Supermarked/Imerco, Slg. 1981, 181).

Für die Anwendung der Art. 28 und 29 (ex-Art. 30 oder 34) reicht es also **17** aus, daß eine Maßnahme **einem Träger öffentlicher Gewalt zuzurechnen** ist. Dies schließt – abgesehen von den Gemeinschaftsorganen (s. Rn. 9) – die verschiedenen Gliederungsebenen des Staates (z.B. Bund, Länder, Gemeinden) ebenso ein wie die verschiedenen Institutionen (insbesondere Exekutive, Legislative, Rechtsprechung) einschließlich öffentlich-rechtlicher Körperschaften und Standesorganisationen (vgl. EuGH, Rs. 266 und 267/87, The Queen/Royal Pharmaceutical Society of Great Britain, Slg. 1989, 1295). Handlungen von nicht-staatlichen Organisationen oder Unternehmen können dem betreffenden Mitgliedstaat dann zugerechnet werden, wenn er einen maßgebenden Einfluß auf sie ausübt, z.B. durch die Bestellung der Vorstandsmitglieder, die Unterstützung mit Haushaltsmitteln und die Festlegung der Organisations- bzw. Unternehmensziele (EuGH, Rs. 249/81, Kommission/Irland, Slg. 1982, 4005). Ein **Unterlassen** von staatlichen Maßnahmen kann dann gegen die Art. 28 und 29 verstoßen, wenn eine **Handlungspflicht** besteht, z.B. bei schwerwiegenden Behinderungen des freien Warenverkehrs durch Privatpersonen (vgl. EuGH, C-265/95, Kommission/Frankreich, Slg. 1997, I–6959).

Neben Gesetzen, Verordnungen und Satzungen kommen als „Maßnahmen" **18** im Sinne der Art. 28 und 29 (ex-Art. 30 und 34) u.a. in Betracht:

– **verbindliche Weisungen** und Auflagen über die Bevorratung von Erdölerzeugnissen, sofern die Lieferung in andere Mitgliedstaaten benachteiligt wird (vgl. EuGH, C-302/88, Hennen Olie/Stichting Interim Centraal Orgaan Vooraadvorming Aardolieprodukten, Slg. 1990, I–4625),

- **Aufforderungen eines Ministeriums**, nur bestimmte Staaten zu beliefern (vgl. EuGH, Rs. 174/84, Bulk Oil/Sun International, Slg. 1986, 559),
- eine **staatlich organisierte Werbekampagne**, die zum Kauf inländischer Erzeugnisse anspornt (vgl. EuGH, Rs. 249/81, Kommission/Irland, Slg. 1982, 4005),
- **Verwaltungsvorschriften** und eine **Verwaltungspraxis**, die Waren aus anderen Mitgliedstaaten benachteiligen (vgl. EuGH, Rs. 21/84, Kommission/Frankreich, Slg. 1985, 1355),
- **Sanktionen,** die aus anderen Mitgliedstaaten kommende Waren gegenüber einheimischen benachteiligen (vgl. EuGH, Rs. 52/77, Cayrol/Rivoira, Slg. 1977, 2261; Rs. 179/78, Rivoira, Slg. 1979, 1147; zum umgekehrten Fall des diskriminierenden Nichteingreifens s. Rn. 17),
- **Ausschreibungen,** die auf eine nationale Industrienorm Bezug nehmen (vgl. EuGH, Rs. 45/87, Kommission/Irland, Slg. 1988, 4929).

2. Warenverkehrsbezogene Maßnahme

19 Schon aus dem Titel I des Dritten Teils (Der freie Warenverkehr) ist abzuleiten, daß die Art. 28–31 (ex-Art. 30–37) nur in bezug auf Waren gelten; die Freizügigkeit, der freie Dienstleistungs- und Kapitalverkehr sind in anderen Vorschriften des Vertrages geregelt (Art. 39–60, ex-Art. 48–73g). **Waren** sind grundsätzlich körperliche Gegenstände, die über eine Grenze verbracht werden und Gegenstand von Handelsgeschäften sein können; außerdem gelten Gas und Elektrizität als Waren (s. Art. 23 Rn. 17). Die Tatsache, daß die Verbringung bestimmter Gegenstände über die Grenze verboten ist (wie z.B. bei Suchtstoffen), schließt solche Erzeugnisse nicht vom Anwendungsbereich der Art. 28–31 (ex-Art. 30–37) aus (EuGH, C-324/93, The Queen/Secretary of State for the Home Department, Slg. 1995, I–563). Gültige **Geldmünzen** und **Banknoten** sind dagegen nicht dem Waren-, sondern dem **Kapitalverkehr** zuzuordnen, weil insoweit eine speziellere Regelung vorliegt (EuGH, C-163, C-165 und C-250/94, Sanz de Lera, Slg. 1995, I–4821), es sei denn, der Transfer von Geldmünzen oder Banknoten, die für die Erfüllung einer **Zahlungsverpflichtung** auf dem Gebiet des **Warenverkehrs** bestimmt sind, wird behindert (EuGH, Rs. 286/82 und 26/83, Luisi und Carbone/Ministero del Tesoro, Slg. 1984, 377). Soweit ein körperlicher Gegenstand dazu dient, eine **Dienstleistung** zu verwirklichen (wie z.B. **Lotterielose**), so sind die zusammengehörenden Bestandteile der Leistung (Lotterie und Lotterielose) insgesamt nach den Bestimmungen über den Dienstleistungsverkehr zu beurteilen (EuGH, C-275/92, Her Majesty's Customs and Excise/Schindler, Slg. 1994, I–1039). Auch in bezug auf die Ausstrahlung von **Fernsehsendungen** – einschließlich der Übertragungen im Wege des Kabelfernsehens – gelten grundsätzlich die Regeln über den Dienstleistungsverkehr (EuGH, Rs. 52/79, Debauve, Slg. 1980, 833); werden die Rechte zur Ausstrahlung von **Werbesendungen** jedoch in der Weise zugeteilt, daß einheimische Wirtschaftsunternehmen bevorzugt werden, so ist daneben Art. 28 anwendbar (EuGH, Rs. 155/73, Sacchi, Slg. 1974, 409). Hat eine Fernsehgesellschaft das **Monopol** für die Ausstrahlung von Fernsehsendungen und ist deshalb das einzige Unternehmen im betreffenden Mitgliedstaat, das die hierfür erforderlichen Waren beschafft und verteilt, so verstößt dies nicht gegen Art. 28, es sei denn, bei der Beschaffung werden Erzeugnisse aus anderen Mitgliedstaaten im Vergleich zu einheimischen Waren benachteiligt (EuGH, C-260/89, Eliniki Radiophonia Tileorassi/Dimotiki Etairia Pliroforissis, Slg. 1991, I–2925). Nationale Bestimmungen über **Verkaufsmodalitäten**, die für alle betroffenen Wirtschaftsteilnehmer gelten und den Absatz inländischer Erzeugnisse in gleicher Weise berühren wie den Verkauf ausländischer Waren, sind grundsätzlich nicht geeignet, den Marktzugang für Waren aus anderen Mitgliedstaaten zu versperren oder stärker zu behindern als in bezug auf inländische Erzeugnisse; solche Regelungen fallen deshalb nicht in den Anwendungsbereich des Art. 28. Hiervon betroffen ist z.B.

– ein nationales Verbot, Waren zum **Verlustpreis** oder mit niedriger Gewinnspanne weiterzuverkaufen (EuGH, C-267 und C-268/91, Keck, Slg. 1993, I–6097; C-63/94, Belgapom/ITM Belgium, Slg. 1995, I–2467),

– eine von einer Apothekenkammer erlassene Standesregel, die es Apothekern verbietet, außerhalb der Apotheke für apothekenübliche Waren zu **werben** (EuGH, C-292/92, Hünermund/Landesapothekenkammer Baden-Württemberg, Slg. 1993, I–6787),

– eine nationale Beschränkung des **Verkaufs** von Säuglingsmilch auf **Apotheken** (vgl. EuGH, C-391/92, Kommission/Griechenland, Slg. 1995, I–1621),

– eine nationale **Ladenschlußregelung** (vgl. EuGH, C-69 und C-258/93, Punto Casa/Sindaco del Comune di Capena, Slg. 1994, I–2355).

Darüber hinaus fehlt ein ausreichender Bezug zum Warenverkehr bei Vorschriften, mit denen die Zulassung zur **Aufnahme** einer **Geschäftstätigkeit** – selbst im Bereich des Warenhandels – geregelt wird (EuGH, C-194/94, CIA Security/Signalson, Slg. 1996, I–2201). Das gleiche gilt in bezug auf **Sicherheitsleistungen** für **Prozeßkosten**, die im Zusammenhang

mit innergemeinschaftlichen Warenlieferungen verlangt werden; sind inländische Lieferanten hiervon freigestellt, so greift das **Diskriminierungsverbot** des Art. 12 (ex-Art. 6) ein (EuGH, C-323/95, Hays/Kronenberger,
Slg. 1997, I–1711). Dagegen hat der EuGH Vorschriften über die **öffentliche Versteigerung** von Waren nach den Bestimmungen über den freien
Warenverkehr beurteilt, weil der Verkauf von Waren aus anderen Mitgliedstaaten gegenüber inländischen Waren benachteiligt wurde (EuGH,
C-239/90, Boscher/British Motors Wright, Slg. 1990, I–2023).

3. Gleiche Wirkung wie eine mengenmäßige Beschränkung

20 Mengenmäßige Beschränkungen haben zum Ziel, die Verbringung bestimmter Waren aus anderen oder in andere Mitgliedstaaten völlig oder
teilweise unmöglich zu machen und dadurch den Herstellern oder Verbrauchern im betreffenden Mitgliedstaat einen besonderen Vorteil zu verschaffen; als Mittel zur Erreichung dieses Zwecks werden Verbote und Kontingente verwendet (s. Rn. 10–13). Eine entsprechende Wirkung kann aber
auch durch andere Mittel erreicht werden. Das Verbot der Maßnahmen gleicher Wirkung dient dazu, solche **Umgehungen zu vermeiden.** Dabei lassen sich **zwei Fallgruppen** unterscheiden:
– zum einen Maßnahmen, die spezifisch die Verbringung von Waren aus
  anderen oder in andere Mitgliedstaaten behindern (Art. 28 und 29, ex-
  Art. 30 und 34), und
– zum anderen Maßnahmen, die unterschiedslos einheimische und aus
  anderen Mitgliedstaaten verbrachte Waren betreffen (nur Art. 28, ex-
  Art. 30).

a) Spezifische Behinderungen der Warenströme

21 Maßnahmen, die **spezifisch** die Verbringung von Waren aus oder nach
anderen Mitgliedstaaten **behindern**, während für im betreffenden Mitgliedstaat erzeugte und gehandelte Waren keine entsprechenden Beschränkungen bestehen, fallen grundsätzlich unter die Verbote der Art. 28 und 29
(ex-Art. 30 und 34). Dabei genügt es, daß solche Maßnahmen **geeignet**
sind, den innergemeinschaftlichen Handel **unmittelbar** oder **mittelbar**,
tatsächlich oder **potentiell zu behindern**, ohne daß es auf das damit verfolgte Ziel ankommt (EuGH, Rs. 53/76, Bouhelier, Slg. 1977, 197). Aus
der Vielzahl der Urteile zu solchen gemäß Art. 28 bzw. 29 (ex-Art. 30 bzw.
34) verbotenen Maßnahmen werden im folgenden einige Beispiele aufgeführt:

– das Erfordernis einer **Ausfuhrlizenz** oder statt dessen eines **Prüfungs-
zeugnisses**, welches verweigert werden kann, wenn das Erzeugnis nicht
bestimmten Normen entspricht (EuGH, Rs. 53/76 aaO),

– das Erfordernis einer **Einfuhrlizenz**, selbst wenn diese automatisch erteilt wird oder Waren aus Drittländern betrifft, die sich in einem anderen Mitgliedstaat im freien Verkehr befinden (EuGH, Rs. 41/76,
Donckerwolcke, Slg. 1976, 1921),

– das Erfordernis einer **Echtheitsbescheinigung** für die Verbringung von
Schottischem Whisky aus einem anderen Mitgliedstaat (EuGH, Rs.
8/74, Dassonville, Slg. 1974, 837),

– **systematische doppelte Kontrollen** sowohl im Versendungs- als auch
im Empfangsmitgliedstaat, z.B. zur Prüfung der Genußtauglichkeit von
Fleisch (EuGH, Rs. 251/78, Denkavit Futtermittel/Landwirtschaftsmi-
nisterium Nordrhein-Westfalen, Slg. 1979, 3369),

– eine **Preisregelung** für pharmazeutische Erzeugnisse, die für aus anderen Mitgliedstaaten gelieferte Waren eine **Sonderregelung** trifft, die
deren Absatz beachtiligt (EuGH, Rs. 181/82, Roussel Laboratoria/Nie-
derlande, Slg. 1983, 3849),

– eine **diskriminierende Verwaltungspraxis** bei der Typenzulassung
von Frankiermaschinen aus anderen Mitgliedstaaten (EuGH, Rs. 21/84,
Kommission/Frankreich, Slg. 1985, 1355),

– ein Verbot der **Zulassung** von **Autobussen**, die mehr als sieben Jahre
alt sind, während für im nationalen Hoheitsgebiet bereits zugelassene
Busse keine entsprechende Beschränkung besteht (EuGH, Rs. 50/83,
Kommission/Italien, Slg. 1984, 1633),

– eine nationale Regelung, die einen **ausschließlichen Patentschutz** nur
dann gewährt, wenn die Waren **im** betreffenden **Mitgliedstaat hergestellt** werden, und **Zwangslizenzen** vorsieht, wenn die Waren aus anderen Mitgliedstaaten geliefert werden (EuGH, C-235/89, Kommis-
sion/Italien, Slg. 1992, I–777),

– eine nationale Vorschrift, die Unternehmen verpflichtet, ausschließlich
elektronische Registrierkassen zu kaufen, bei deren Herstellung ein **im
Inland erzielter Mehrwert** in bestimmter Mindesthöhe anfällt (EuGH,
C-137/91, Kommission/Griechenland, Slg. 1992, I–4023),

– die Vorschrift einer staatlichen **Krankenkassenregelung**, die eine **Erstattung** von in anderen Mitgliedstaaten erworbenen medizinischen Erzeugnissen (z.B. Brillen) von einer vorherigen **Genehmigung** abhängig
macht (EuGH, C-120/95, Decker/Caisse de maladie des employés privés, Slg. 1998, I–1831).

b) Unterschiedslos für inländische und für aus anderen Mitgliedstaaten
stammende Waren geltende Maßnahmen

22 Gegen **Art. 29** (ex-Art. 34) können nur solche Maßnahmen verstoßen, die
spezifisch die **Lieferung von Waren in andere Mitgliedstaaten** beschränken und damit unterschiedliche Bedingungen für den Handel innerhalb eines Mitgliedstaats und für den Handel mit anderen Mitgliedstaaten
schaffen (EuGH, 15/79, Groenveld/Produktschap voor Vee en Vlees, Slg.
1979, 3409; C-47/90, Delhaize/Promalvin, Slg. 1992, I–3669). Im Rahmen
des **Art. 28** kann eine Maßnahme gleicher Wirkung jedoch auch dann vorliegen, wenn eine Maßnahme **unterschiedslos für einheimische und für
aus anderen Mitgliedstaaten verbrachte Waren** gilt. Der Grund für diese unterschiedliche Auslegung des Begriffs „Maßnahme gleicher Wirkung"
liegt darin, daß Art. 28 bezweckt, Handelshemmnisse für Waren aus anderen Mitgliedstaaten, die sich aus dem Fehlen einer Harmonisierung ergeben, soweit wie möglich zu vermeiden (**Grundsatz der gegenseitigen Anerkennung**); eines entsprechenden Schutzes bedarf es dagegen nicht, wenn
die Produktions- und Vermarktungsbedingungen eines Mitgliedstaats zur
Folge haben, daß der Absatz von einheimischen Erzeugnissen nicht nur im
Inland, sondern auch in anderen Mitgliedstaaten Nachteile erleidet (vgl.
Müller-Graf, in: GTE, Art. 34 Rn. 16–17). Gegen Art. 28 kann also entsprechend dem **Dassonville**-Urteil jede Maßnahme verstoßen, die geeignet
ist, den innergemeinschaftlichen Handel unmittelbar oder mittelbar,
tatsächlich oder potentiell zu behindern (EuGH, Rs. 8/74, Dassonville, Slg.
1974, 837). Diese Voraussetzung kann selbst dann erfüllt sein, wenn die Behinderung geringfügig ist und noch andere Möglichkeiten des Vertriebs solcher Waren aus anderen Mitgliedstaaten bestehen (EuGH, Rs. 177 und
178/82, van de Haar, Slg. 1984, 1797), vorausgesetzt, die behauptete Be-
hinderungswirkung ist nicht völlig hypothetisch (EuGH, C-69/88,
Krantz/Ontvanger der Directe Belastingen, Slg. 1990, I–583; C-126/91,
Schutzverband gegen Unwesen in der Wirtschaft/Yves Rocher, Slg. 1993,
I–2361). Allgemeine Verkaufsmodalitäten, die Waren aus anderen Mitgliedstaaten nicht diskriminieren, sind allerdings gemäß den im **Keck**-Ur-
teil entwickelten Grundsätzen vom Anwendungsbereich des Art. 28 ausgenommen (EuGH, C-267 und C-268/91, Keck, Slg. 1993, I–6097). Die im
folgenden dargestellten Fallgruppen erläutern diese Grundsätze im einzelnen.

aa) Beschränkungen in bezug auf die Ware selbst, ihre Verpackung oder Bezeichnung

In den Anwendungsbereich des Art. 28 fallen grundsätzlich Beschränkungen in bezug auf **23**

– die **Bezeichnung** von Waren (z.b. Beschränkung der Bezeichnung „Edamer" auf Käse mit einem bestimmten Mindestfettgehalt, EuGH, Rs. 286/86, Ministère Public/Deserbais, Slg. 1988, 4907; ein Verbot, kosmetische Mittel unter dem Namen „Clinique" zu vertreiben, C-315/92, Verband Sozialer Wettbewerb/Clinique Laboratories, Slg. 1994, I–317),

– die **Zusammensetzung** von Erzeugnissen (z.B. Bier, EuGH, Rs. 178/84, Kommission/Deutschland, Slg. 1987, 1227; Brot, C-358/95, Moratello/USL, Slg. 1997, I–1431),

– **Etikettierungsvorschriften** (z.b. die Verpflichtung zu Verwendung einer bestimmten Sprache auf dem Warenetikett, EuGH, C-369/89, Piageme/ Peeters, Slg. 1991, I–2971; C-85/94, Piageme/Peeters, Slg. 1995, I–2955; die Verpflichtung, in Mischfuttermitteln die Bestandteile in absteigender Reihenfolge ihrer Gewichtsanteile anzugeben, EuGH, C-39/90, Denkavit Futtermittel/Land Baden-Württemberg, Slg. 1991, I–3069; die Verpflichtung zur Angabe, daß die Zusammensetzung einer als „Sauce hollandaise" bezeichneten Ware nicht den inländischen Rezepturvorschriften entspricht, EuGH, C-51/94, Kommission/Deutschland, Slg. 1995, I–3599),

– die Art der **Aufmachung** oder **Verpackung**, einschließlich der Angaben auf der Verpackung (z.B. Bocksbeutelflasche nur für Frankenwein, EuGH, Rs. 16/83, Prantl, Slg. 1984, 1299; der Aufdruck „+ 10 %" auf der Verpackung, EuGH, C-470/93, Verein gegen Unwesen in Handel und Gewerbe Köln/Mars, Slg. 1995, I–1923),

– die Kombination bestimmter Erzeugnisse mit **zusätzlichen** – in der Ware selbst enthaltenen – **Bestandteilen** oder **Leistungen** (z.B. ein Gewinnspiel in einer Zeitschrift, EuGH, C-368/95, Vereinigte Familiapress/Heinrich Bauer Verlag, Slg. 1997, I–3689),

– die **Art von Tieren** die in einer bestimmten Region gehalten werden dürfen (z.B. nur Bienen der Unterart Apis mellifera mellifera, EuGH, C-67/97, Bluhme, Urteil vom 3.12.1998).

In derartigen Fällen stellt sich nur noch die Frage einer etwaigen Rechtfertigung aufgrund zwingender Erfordernisse oder einer Schutzklausel (s. Rn. 30–33).

bb) Beschränkungen des Verkaufs oder der Lagerung auf bestimmte Personen, Institutionen oder Vertriebszweige

24   Wird der Verkauf bestimmter Waren Personen oder Institutionen mit einer **besonderen Qualifikation** vorbehalten (z.b. Apotheken für den Verkauf von Säuglingsmilch, EuGH, C-391/92, Kommission/Griechenland, Slg. 1995, I–1621) oder der Verkauf bestimmter Erzeugnisse von einer **Konzession** abhängig gemacht (z.B. Sexartikel, EuGH, C-23/89, Quietlynn/Southend Borough Council, Slg. 1990, I–3059; Tabakwaren, C-387/93, Banchero, Slg. 1995, I–4663; alkoholische Getränke, C-189/95, Franzén, Slg. 1997, I–5909), so liegen in der Regel allgemeine Verkaufsmodalitäten vor, die nicht in den Anwendungsbereich des Art. 28 fallen, sofern Erzeugnisse aus anderen Mitgliedstaaten nicht diskriminiert werden (anders teilweise die frühere Rechtsprechung, vgl. EuGH, C-369/88, Delattre, Slg. 1991, I–1487). Dagegen ist Art. 28 grundsätzlich anwendbar, wenn

– bestimmte Waren – z.B. Geflügelschlachtabfälle – **nur an** die **Verwaltung** der zuständigen Gemeinde **veräußert** werden dürfen (EuGH, Rs. 118/86, Openbaar Ministerie/Nertsvoederfabriek Nederland, Slg. 1987, 3883),

– aus anderen Mitgliedstaaten stammende Waren – ebenso wie einheimische Erzeugnisse – bei bestimmten **ausschließlichen Konzessionären** gegen Entgelt gelagert werden müssen (z.B. Tiersamen für die Zucht, EuGH, C-323/93, Société civile agricole du Centre d'insémination de la Crespelle/Coopérative d'élevage et d'insémination artificielle de la Mayenne, Slg. 1994, I–5077),

– einem öffentlichen **Unternehmen** die Befugnis übertragen wird, über die **Zulassung** bestimmter Waren – z.B. Funkgeräte – zu **entscheiden** (EuGH, C-18/88, Régie des télégraphes et des téléphones/GB-Inno, Slg. 1991, I–5941; C-46/90 und C-93/91, Procureur du Roi/Lagauche, Slg. 1993, I–5267).

Im Falle eines **staatlichen Handelsmonopols** geht Art. 31 (ex-Art. 37) als Sonderregelung vor (EuGH, C-158/94, Kommission/Italien, Slg. 1997, I–5789), es sei denn, bestimmte Verkaufsmodalitäten können unabhängig vom Bestehen des Monopols als solches beurteilt werden (EuGH, C-189/95, Franzén, Slg. 1997, I–5909).

cc) Beschränkungen des Orts oder der Zeit des Verkaufs oder der Lagerung

25   Als allgemeine Verkaufsmodalitäten sind grundsätzlich anzusehen Regelungen über

- **Ladenschlußzeiten**, z.B. über den Verkauf von nicht mit dem Reisen zusammenhängenden Waren in Tankstellen (EuGH, C-401 und C-402/92, Tankstation 't Heukske vof, Slg. 1994, I–2199),
- das **Verbot** bestimmter **Verkaufstätigkeiten** an **Sonn-** und **Feiertagen** (EuGH, C-418/93 etc., Semeraro Casa Uno/Sindaco del Comune di Erbusco, Slg. 1996, I–2975),
- den Verkauf oder die Lagerung bestimmter Waren an **bestimmten Orten** (z.B. ein Verbot, hochprozentige alkoholische Getränke an der Öffentlichkeit zugänglichen Orten aufzubewahren, EuGH, Rs. 75/81, Blesgen/Belgien, Slg. 1982, 1211).

Solche Maßnahmen verstoßen nur dann gegen Art. 28, wenn sie Waren aus anderen Mitgliedstaaten im Vergleich zu einheimischen benachteiligen.

dd) Beschränkungen aufgrund gewerblicher Schutzrechte oder zur Abwehr von Verwechslungen oder unlauterer Handelspraktiken

Macht ein Wettbewerber gegenüber einem Konkurrenten aus einem anderen Mitgliedstaat ein nationales **Marken-**, **Warenzeichen-**, **Urheber-** oder **Patentrecht** geltend und kann das Erzeugnis aus einem anderen Mitgliedstaat deshalb überhaupt nicht, nicht in dieser Form oder unter diesem Namen vermarktet werden, so fällt dies in den Anwendungsbereich des Art. 28; im Zusammenhang mit Art. 30 (ex-Art. 36) ist dann zu prüfen, ob und inwieweit die betreffende Maßnahme zulässig ist (z.B. ein Verbot, im betreffenden Mitgliedstaat ein Auto mit der Bezeichnung „Quadra" zu vermarkten, weil eine **Verwechslungsgefahr** mit einem im Inland hergestellten Auto mit der Bezeichnung „quattro" bestehe, EuGH, C-317/91, Deutsche Renault/Audi, Slg. 1993, I–6227; s. Art. 30 Rn. 16). Das gleiche gilt, wenn ein Lieferant aus einem anderen Mitgliedstaat gehindert wird, seine Ware unter dem bei ihm verwendeten Namen zu verkaufen, weil diese Bezeichnung im betreffenden Mitgliedstaat wegen einer Verwechslungsgefahr verboten worden ist (z.B. die Marke „Cotonelle", die vom Verbraucher als Bezeichnung eines Baumwollerzeugnisses mißverstanden werden könnte, EuGH, C-313/94, Elli Graffione/Ditta Fransa, Slg. 1996, I–6039). Wird kein Recht des gewerblichen Eigentums geltend gemacht, sondern geht es um **allgemeine Verkaufsmodalitäten zur Verhinderung von Verwechslungen** und unlauterem Wettbewerb oder zum Schutz des Verbrauchers, so fällt die Maßnahme nur dann in den Anwendungsbereich des Art. 28, wenn sie geeignet ist, den Marktzugang für Waren aus anderen Mitgliedstaaten stärker zu behindern als für einheimische Erzeugnisse. Eine solche Behinderung ist vom EuGH z.B. **verneint** worden in bezug auf

26

- ein **Verbot von Haustürgeschäften** (EuGH, Rs. 382/87, Buet, Slg. 1989, 1235),
- eine Beweisregel für die **Haftung** des Verkäufers bei **Mängeln** der Ware (EuGH, C-339/89, Alstholm/Sulzer, Slg. 1991, I–107),
- eine **vorvertragliche Aufklärungspflicht** über Garantieleistungen bei parallel eingeführten Motorrädern (EuGH, C-93/92, CMC Motorradcenter/Baskiciogullari, Slg. 1993, I–5009).

Dagegen hat der EuGH eine Behinderung des innergemeinschaftlichen Warenverkehrs z.b. **bejaht** bei

- dem Verbot eines im Ausgangsmitgliedstaat rechtmäßig auf der Verpackung der Ware angebrachten **Werbeaufdrucks**, der bei verständigen Verbrauchern keine Täuschung hervorruft (EuGH, C-470/93, Verein gegen Unwesen in Handel und Gewerbe Köln/Mars, Slg. 1995, I–1923),
- einer Verpflichtung zur **Angabe** des **Herstellungsjahrs** auf **Edelmetallschmuck** (EuGH, C-293/93, Houtwipper, Slg. 1994, I–4249),
- einer Benachteiligung von **parallel eingeführten Autos** mittels einer Vorschrift über das anzugebende **Modelljahr** (EuGH, C-240/95, Schmit, Slg. 1996, I–3196),
- einem Verbot, **Zeitschriften** zu verkaufen, die ein **Gewinnspiel** enthalten (EuGH, C-368/95, Vereinigte Familiapress/Heinrich Bauer Verlag, Slg. 1997, I–3689).

Maßgebendes Kriterium ist bei diesen Fällen jeweils, ob die Ware unverändert im betreffenden Mitgliedstaat verkauft werden darf (ist eine Veränderung erforderlich, so liegt stets eine Behinderung vor) und – soweit die Ware unverändert vermarktet werden kann – ob sie gegenüber einheimischen Erzeugnissen benachteiligt ist (das ist beim Verbot von Haustürgeschäften nicht der Fall, wohl aber bei der Verpflichtung, für parallel eingeführte Autos ein ungünstigeres Modelljahr anzugeben als für im Inland gekaufte).

ee) Beschränkungen der Werbung und Absatzförderung

27   Unterschiedslos für einheimische und für aus anderen Mitgliedstaaten stammende Waren geltende Werbebeschränkungen sind grundsätzlich als allgemeine Verkaufsmodalitäten anzusehen, die nicht in den Anwendungsbereich des Art. 28 fallen (anders teilweise die frühere Rechtsprechung, vgl. EuGH, C-362/88, GB-INNO-BM/Confédération du commerce luxembourgeois, Slg. 1990, I–667). Hierzu gehören z.B. Vorschriften, die

- es **Apothekern verbieten**, außerhalb der Apotheke für andere Waren als Arzneimittel zu **werben** (EuGH, C-292/92, Hünermund/Landesapothekerkammer Baden-Württemberg, Slg. 1993, I–6787) oder

- die **Fernsehwerbung** für **bestimmte Waren** und **Vertriebssektoren verbieten** (EuGH, C-412/93, Leclerc-Siplec/TF1 Publicité, Slg. 1995, I–179).

Beschränkt ein Mitgliedstaat bestimmte **Werbeaktivitäten** (z.B. Anrufe ohne Auftrag, sog. cold calling) der in seinem Gebiet Ansässigen nicht nur in bezug auf sein Staatsgebiet, sondern auch in bezug auf **andere Mitgliedstaaten**, so fällt eine solche Maßnahme indessen in den Anwendungsbereich der Bestimmungen über den freien Waren- bzw. Dienstleistungsverkehr (EuGH, C-384/93, Alpine Investments/Minister van Financien, Slg. 1995, I–1141). Das gleiche gilt für auf das eigene Staatsgebiet begrenzte Werbebeschränkungen, die Waren aus anderen Mitgliedstaaten stärker behindern als einheimische (EuGH, C-152/78, Kommission/Frankreich, Slg. 1980, 2299; und C-320/93, Ortscheit/Eurim-Pharm Arzneimittel, Slg. 1994, I–5243). Auf der Ware selbst oder ihrer Verpackung angebrachte Werbung fällt gleichfalls in den Schutzbereich des Art. 28 (EuGH, C-470/93, Verein gegen Unwesen in Handel und Gewerbe Köln/Mars, Slg. 1995, I–1923).

ff) Beschränkungen in bezug auf die Preisfestsetzung

Unterschiedslos auf einheimische wie auf aus anderen Mitgliedstaaten stam- **28**
mende Waren anwendbare **Preisregelungen** sind grundsätzlich als allgemeine Verkaufsmodalitäten anzusehen, die nicht in den Anwendungsbereich des Art. 28 fallen. Dies gilt z.B. in bezug auf ein Verbot von Verkäufen
- zu **Verlustpreisen** (EuGH, C-267 und C-268/91, Keck, Slg. 1993, I–6097) oder
- unterhalb einer **minimalen Gewinnspanne** (EuGH, C-63/94, Belgapom, Slg. 1995, I–2469).

Ist eine Preisregelung dagegen geeignet, den Verkauf von Waren aus anderen Mitgliedstaaten stärker zu behindern als den Absatz einheimischer Erzeugnisse, so fällt eine solche Maßnahme in den Schutzbereich des Art. 28 (EuGH, Rs. 13/77, GB-INNO, Slg. 1977, 2115; Rs. 82/77, van Tiggele, Slg. 1978, 25). Diese Voraussetzung ist auch dann erfüllt, wenn
- Mindestpreise allein aufgrund der Übernahmepreise **inländischer Hersteller** bestimmt werden, die von den **Selbstkosten** anderer europäischer Hersteller abweichen (EuGH, Rs. 231/83, Cullet, Slg. 1985, 315) oder
- **Vereinbarungen** zwischen der Verwaltung und den Herstellern oder Importeuren in bezug auf Investitionen, Forschung und Beschäftigung **Ausnahmen** von der staatlichen Preisregelung gestatten und die betreffenden Erzeugnisse bei der Kostenerstattung durch Krankenkassen begünstigen (EuGH, C-249/88, Kommission/Belgien, Slg. 1991, I–1275).

gg) Verbote und Genehmigungsvorbehalte in bezug auf den Verkauf oder die Lagerung

29   Ist der Verkauf oder die Lagerung bestimmter Waren (z.B. Schädlingsbekämpfungsmittel, Funkgeräte) einem staatlichen **Verbot** oder **Genehmigungsvorbehalt** unterworfen, so fällt eine solche Maßnahme in den Anwendungsbereich des Art. 28 auch dann, wenn sie nicht zwischen einheimischen und aus anderen Mitgliedstaaten stammenden Waren differenziert, da sie geeignet ist, den innergemeinschaftlichen Handel zu behindern (vgl. EuGH, C-293/94, Brandsma, Slg. 1996, I–3159). Es ist dann zu prüfen, inwieweit die Beschränkung aufgrund zwingender Erfordernisse oder einer Schutzklausel gerechtfertigt ist (vgl. EuGH, C-293/94 aaO). Solche Zulassungsverfahren dürfen im Hinblick auf den verfolgten Zweck kein unverhältnismäßiges Hemmnis für den innergemeinschaftlichen Handel darstellen (EuGH, C-80/92, Kommission/Belgien, Slg. 1994, I–1019). Der Staat kann die Befugnis zur Erteilung von Genehmigungen für das Inverkehrbringen bestimmter Waren auch an **öffentliche Unternehmen** delegieren, sofern gegen eine ablehnende Entscheidung ein gerichtlicher Rechtsbehelf gegeben ist (EuGH, C-18/88, RTT/GB-Inno, Slg. 1991, I–5941; C-46/90 und C-93/91, Procureur du Roi/Lagauche, Slg. 1993, I–5267). Unterliegt der Verkauf bestimmter Waren (z.B. Tabak, alkoholische Getränke) einem **staatlichen Handelsmonopol**, so sind dessen Bestehen und Funktionsweise an Art. 31 (ex-Art. 37) zu messen; dagegen ist Art. 28 einschlägig für die Frage, wie sich diejenigen Bestimmungen der nationalen Regelung, die sich von der Funktionsweise des Monopols trennen lassen, auf den innergemeinschaftlichen Handel auswirken (EuGH, C-189/95, Franzén, Slg. 1997, I–5909). Stellt sich bei der Prüfung heraus, daß der Verkauf von Waren aus anderen Mitgliedsstaaten nicht stärker beeinträchtigt ist als der Absatz im Inland hergestellter Erzeugnisse – z.B. deshalb, weil die Monopolhändler ihre Bezugsquellen frei wählen können –, so fallen die Verkaufsmodalitäten nicht in den Anwendungsbereich des Art. 28 (EuGH, C-387/93, Banchero, Slg. 1995, I–4663). Wird der Absatz von Waren aus anderen Mitgliedsstaaten im Vergleich mit inländischen Erzeugnissen benachteiligt – z.B. aufgrund von Beschränkungen im Zusammenhang mit der Erteilung der Handelserlaubnis –, so verstößt eine solche Regelung gegen Art. 28 (EuGH, C-189/95 aaO). In den Anwendungsbereich des Art. 28 fallen ferner abschließende Listen von **Arzneimitteln**, deren Kosten die **Krankenkassen erstatten** (EuGH, Rs. 238/82, Duphar/Niederlande, Slg. 1984, 523). Diskriminieren solche Regelungen nicht zwischen den Mitgliedstaaten, so können solche Maßnahmen zur Erhaltung des finanziellen Gleichgewichts des Krankenversicherungssystems zulässig sein (EuGH, Rs. 238/82 aaO). Werden dagegen Arzneimittel aus anderen Mitgliedstaaten von der Kostenerstattung ausgeschlossen oder wird die Erstattung von einer vorherigen Genehmigung abhängig gemacht, so verstößt dies gegen Art. 28 und kann auch nicht mit dem in Art. 30 (ex-Art. 36) verankerten Schutz der Gesundheit gerechtfertigt werden (EuGH, C-120/95, Decker/Caisse de maladie des employés privés, Slg. 1998, I–1831).

4. Rechtfertigung durch zwingende Erfordernisse

Die im Rahmen des Art. 28 geltende weite Definition des Begriffs „Maßnah- **30** men gleicher Wirkung" (s. Rn. 22) erfaßt praktisch die gesamte Gestaltung des Wirtschaftslebens in den Mitgliedstaaten, soweit dieses den Warenverkehr und nicht lediglich allgemeine Verkaufsmodalitäten betrifft. Seit dem sog. **Cassis de Dijon**-Urteil (EuGH, Rs. 120/78, Rewe/Bundesmonopolverwaltung für Branntwein, Slg. 1979, 649) gilt jedoch eine Einschränkung für solche Fälle, in denen eine **Gemeinschaftsregelung** für das Inverkehrbringen bestimmter Erzeugnisse **fehlt** und sich Handelshemmnisse allein daraus ergeben, daß Waren bestimmten – **unter den Mitgliedstaaten voneinander abweichenden – Vorschriften** entsprechen müssen (wie etwa hinsichtlich ihrer Bezeichnung, ihrer Form, ihrer Abmessungen, ihres Gewichts, ihrer Zusammensetzung, ihrer Aufmachung, ihrer Etikettierung und ihrer Verpackung): danach sind solche Unterschiede hinzunehmen, soweit eine solche nationale Regelung, die unterschiedslos für einheimische und für aus anderen Mitgliedstaaten verbrachte Waren gilt, dadurch gerechtfertigt werden kann, daß sie notwendig ist, um **zwingenden Erfordernissen -** insbesondere den Erfordernissen einer wirksamen steuerlichen Kontrolle, des Schutzes der öffentlichen Gesundheit, der Lauterkeit des Handelsverkehrs und des Verbraucherschutzes – gerecht zu werden (EuGH, Rs. 120/78 aaO). Die Regelung muß allerdings in einem **angemessenen Verhältnis zum verfolgten Zweck** stehen (EuGH, Rs. 120/78 aaO). Hat ein Mitgliedstaat die Wahl zwischen verschiedenen zur Erreichung desselben Ziels geeigneten Mitteln, so hat er dasjenige Mittel zu wählen, das den freien Warenverkehr am wenigsten behindert (EuGH, Rs. 120/78 aaO). Diese Auslegungsgrundsätze betreffen nur solche Schutzgüter, die nicht von Art. 30 (ex-Art. 36) erfaßt sind (EuGH, C-1 und 176/90, Aragonesa de Publicidad Exterior/Departamento de Sanidad y Seguridad Social de la Generalitat de Cataluña, Slg. 1991, I–4151); denn Art. 30 greift auch dann ein, wenn eine Maßnahme spezifisch die Verbringung von Waren aus anderen Mitgliedstaaten beschränkt, während im Rahmen des Art. 28 zwingende Erfordernisse nur dann berücksichtigt werden, wenn eine

Maßnahme unterschiedslos auf inländische und auf aus anderen Mitgliedstaaten verbrachte Waren anzuwenden ist (EuGH, C-1 und 176/90 aaO).

31 Als von Art. 30 (ex-Art. 36) nicht erfaßte – zwingende Erfordernisse (die – ebenso wie bei Art. 30 – nicht-wirtschaftlicher Art sein müssen) kommen insbesondere in Betracht:

– Maßnahmen zur **Bekämpfung betrügerischer Praktiken** und damit zum Schutz der Lauterkeit des Handelsverkehrs (EuGH, C-67/88, Kommission/Italien, Slg. 1990, I–4285),

– ein **Pfandflaschensystem** zur **Verringerung** des **Abfalls** und damit zur Wahrung des Umweltschutzes (EuGH, Rs. 302/86, Kommission/Dänemark, Slg. 1988, 4607),

– eine Verpflichtung, in Edelmetallschmuck den **Gehalt an Edelmetallen einzustanzen** (EuGH, C-293/93, Houtwipper, Slg. 1994, I–4262),

– eine **Begrenzung des Anspruchs auf Kostenerstattung** für Arzneimittel im Interesse des finanziellen Gleichgewichts des Krankenversicherungssystems (EuGH, Rs. 238/82, Duphar/Niederlande, Slg. 1984, 523).

Liegt jedoch eine abschließende Gemeinschaftsregelung vor, so ist eine Berufung auf zwingende Erfordernisse nicht mehr zulässig, soweit die gemeinschaftlichen Bestimmungen mit den Art. 28–30 (ex-Art. 30–36) zu vereinbaren sind (EuGH, C-315/92, Verband Sozialer Wettbewerb/Clinique Laboratories, Slg. 1994, I–317).

IV. Rechtfertigung durch Schutzklauseln

32 Abgesehen von den bereits im Rahmen der Tatbestandsvoraussetzungen zu prüfenden zwingenden Erfordernissen (s. Rn. 30–31) enthält der Vertrag mehrere **Schutzklauseln**, die Beschränkungen im Sinne der Art. 28 und 29 (ex-Art. 30 und 34) rechtfertigen können. Dabei handelt es sich insbesondere um

– Art. 30 (ex-Art. 36): nationale Maßnahmen zum Schutze bestimmter Rechtsgüter, soweit keine umfassende Gemeinschaftsregelung vorliegt,

– Art. 95 (ex-Art. 100a Abs. 4): strengere nationale Bestimmungen als eine gemäß Art. 95 Abs. 1 beschlossene gemeinschaftliche Harmonisierungsmaßnahme,

– Art. 134 (ex-Art. 115): handelspolitische Schutzmaßnahme, zu der die Kommission ermächtigt hat,

– Art. 153 Abs. 5 (ex-Art. 129a Abs. 3): strengere nationale Regelungen des Verbraucherschutzes als eine gemäß Art. 153 Abs. 4 beschlossene Gemeinschaftsmaßnahme,

- Art. 176 (ex-Art. 130t): strengere nationale Regelungen des Umweltschutzes als eine gemäß Art. 175 (ex-Art. 130s) beschlossene Gemeinschaftsmaßnahme,
- Art. 296 (ex-Art. 223): Erzeugung von und Handel mit Waffen, Munition und Kriegsmaterial,
- Art. 297 (ex-Art. 224): schwerwiegende innerstaatliche Störung der öffentlichen Ordnung, Kriegsfall, ernste, eine Kriegsgefahr darstellende internationale Spannung, Erfüllung internationaler Verpflichtungen zur Aufrechterhaltung des Friedens und der Sicherheit und
- Art. 299 Abs. 2 (ex-Art. 227): Maßnahmen zugunsten der französischen überseeischen Departements, der Azoren, Madeiras und der Kanarischen Inseln.

Insbesondere die Ermächtigungen zu strengeren nationalen Regelungen **33** rechtfertigen in der Regel nicht weitergehende Beschränkungen als diejenigen, die im Rahmen zwingender Erfordernisse oder des Art. 30 (ex-Art. 36) zulässig sind (vgl. in bezug auf ex-Art. 130t [jetzt Art. 176] EuGH, C-203/96, Chemische Afvalstoffen Dusseldorp/Minister van Milieubeheer, Slg. 1998, I–4075).

Im Warenverkehr mit neu beigetretenen Mitgliedstaaten kommen außerdem **Übergangsmaßnahmen** im Rahmen der betreffenden **Beitrittsakte** in Betracht (s. hierzu EuGH, Rs. 11/82, Piraiki-Patraki/Kommission, Slg. 1985, 207). Bei der Wahl und Ausgestaltung solcher Schutz- oder Übergangsmaßnahmen ist Art. 14 (ex-Art. 7a) zu beachten, der es verbietet, das Überqueren einer Binnengrenze zum Anlaß von Kontrollen zu nehmen. Im übrigen können aufgrund von Schutzklauseln gerechtfertigte Behinderungen des freien Warenverkehrs durch eine Harmonisierung oder Normung auf Gemeinschaftsebene sowie eine gegenseitige Anerkennung rechtmäßig in den Verkehr gebrachter Waren abgebaut werden (s. Art. 30 Rn. 23).

V. Warenverkehr mit den Überseeischen Ländern und Gebieten sowie Drittländern

Die Art. 28 und 29 (ex-Art. 30 und 34) gelten nur im Handel zwischen den **34** Mitgliedstaaten. Für die Beziehungen zu den **Überseeischen Ländern und Gebieten** (ÜLG) legt Art. 183 (ex-Art. 132) Ziff. 1 als Zielsetzung fest, daß die Mitgliedstaaten gegenüber den ÜLG das System anwenden, das sie aufgrund des EG-Vertrags untereinander anwenden. Anders als in bezug auf die Zölle (und Abgaben gleicher Wirkung, s. Art. 25 Rn. 23) fehlt jedoch eine Vertragsbestimmung, die gegenüber den ÜLG eine Abschaffung der mengenmäßigen Beschränkungen und Maßnahmen gleicher Wirkung vorsieht. Der auf ex-Art. 136 (jetzt Art. 187) gestützte Beschluß 91/482/EWG (ABl. 1991 L 263/1, geändert durch Beschluß 97/803/EG, ABl. 1997 L 329/50) legt jedoch fest, daß die Gemeinschaft bei der Einfuhr von **Ursprungswaren** der ÜLG keine mengenmäßigen Beschränkungen oder Maßnahmen gleicher Wirkung anwendet (Art. 102 des Beschlusses), abgesehen von folgenden Ausnahmen:

– Verbote und Beschränkungen, die im Sinne des Art. 30 (ex-Art. 36) gerechtfertigt sind (Art. 103 des Beschlusses),

– ein Verbot der Ausfuhr von gefährlichen Abfällen in die ÜLG, soweit es sich nicht um die Rückführung von in einem Mitgliedstaat aufbereiteten Abfällen handelt (Art. 103 und 16 des Beschlusses),

– etwaige Schutzmaßnahmen (Art. 109 des Beschlusses).

Ob das in diesem Beschluß enthaltene Verbot in bezug auf die davon erfaßten Waren dieselbe Tragweite hat wie die Art. 28 und 29 (ex-Art. 30 und 34) ist zweifelhaft:

– dafür spricht die Zielsetzung des Beschlusses, die Bestimmungen über den freien Warenverkehr auf Ursprungserzeugnisse der ÜLG zu erstrecken (vgl. EuGH, Rs. 91/78, Hansen/HZA Flensburg, Slg. 1979, 935, in bezug auf Zölle und Abgaben gleicher Wirkung),

– dagegen spricht der Umstand, daß der mit dem Binnenmarkt angestrebte Zusammenschluß zwischen den Mitgliedstaaten enger ist als die Beziehungen zwischen der Gemeinschaft und den ÜLG, zumal die ÜLG frei bleiben, gegenüber Drittländern von den Gemeinschaftsvorschriften abweichende Beschränkungen wirtschaftlicher und nichtwirtschaftlicher Art festzulegen; darüber hinaus dürfen sie selbst gegenüber der Gemeinschaft mengenmäßige Beschränkungen und Maßnahmen gleicher Wirkung beibehalten, solange sie nicht zwischen den Mitgliedstaaten diskriminieren (vgl. EuGH, Rs. 270/80, Polydor/ Harlequin Record Shops, Slg. 1982, 329, in bezug auf ein Freihandelsabkommen).

Wahrscheinlich wird der EuGH für den jeweiligen Einzelfall entscheiden, ob die betreffende Maßnahme unter Berücksichtigung der Zielsetzung und Systematik des Beschlusses gegen das Verbot verstößt oder nicht (vgl. EuGH, C-207/91, Eurim-Pharm/Bundesgesundheitsamt, Slg. 1993, I–3723, in bezug auf ein Freihandelsabkommen). Dabei dürfte der Prüfungsmaßstab bei mengenmäßigen Beschränkungen (insbesondere solchen wirtschaftlicher Art) strenger ausfallen als bei Maßnahmen gleicher Wirkung.

35 Auch für den Warenverkehr mit **Drittländern** sind die mengenmäßigen Beschränkungen und Maßnahmen gleicher Wirkung im Vertrag nicht unmit-

telbar geregelt. Ermächtigungsgrundlage zur Regelung solcher Maßnahmen sind insbesondere

– Art. 37 (ex-Art. 43): Verbot mengenmäßiger Beschränkungen und Maßnahmen gleicher Wirkung, soweit sie nicht in der gemeinsamen Marktorganisation vorgesehen sind,

– Art. 95 (ex-Art. 100a): z.b. Regelung gesundheitspolizeilicher Kontrollen,

– Art. 133 (ex-Art. 113): Abschaffung oder Vereinheitlichung mengenmäßiger Beschränkungen im Rahmen eines Handelsabkommens oder einer autonomen Regelung,

– Art. 153 (ex-Art. 129a): Maßnahmen zum Schutz der Gesundheit und der Sicherheit der Verbraucher,

– Art. 175 (ex-Art. 130s): Einführung von Beschränkungen im Interesse des Umweltschutzes,

– Art. 301 (ex-Art. 228a): Handelsbeschränkungen im Rahmen der Gemeinsamen Außen- und Sicherheitspolitik,

– Art. 310 (ex-Art. 238): Beseitigung mengenmäßiger Beschränkungen und Maßnahmen gleicher Wirkung im Rahmen eines Assoziierungsabkommens und

– Art. 31 EAGV: z.b. Festlegung der Höchstdosis an radioaktiver Strahlung in ein- oder ausgeführten Waren.

Die in den **gemeinsamen Marktorganisationen** enthaltenen Verbote von   **36** mengenmäßigen Beschränkungen und Maßnahmen gleicher Wirkung verfolgen den Zweck, die **Mitgliedstaaten an einseitigen Maßnahmen** zur Beschränkung der Einfuhr oder Ausfuhr zu **hindern** und damit die gemeinschaftliche Außenhandelsregelung zu unterlaufen (EuGH, Rs. 2/73, Riseria Geddo/Ente Nazionale Risi, Slg. 1973, 865). Dies gilt selbst dann, wenn der betreffende Mitgliedstaat lediglich beabsichtigt, den Markt zu stabilisieren und dadurch die gemeinsame Agrarpolitik zu unterstützen (EuGH, Rs. 216/84, Kommission/Frankreich, Slg. 1988, 793). Auch die im Rahmen der gemeinsamen Handelspolitik festgelegten Einfuhr- bzw. Ausfuhrbeschränkungen dürfen von den Mitgliedstaaten nicht großzügiger oder einschränkender angewendet werden als vorgesehen (EuGH, C-182/89, Kommission/Frankreich, Slg. 1990, I–4337; C-65/91, Kommission/Griechenland, Slg. 1992, I–5245; C-124/95, The Queen/HM Treasury, Slg. 1997, I–81). Die Tragweite der in ein **Zollunions-** oder **Freihandelsabkommen** aufgenommenen Verbote von mengenmäßigen Beschränkungen und Maßnahmen gleicher Wirkung kann – vorbehaltlich einer ausdrücklichen Regelung hierüber (s. Rn. 38) – vom EuGH enger ausgelegt werden als im Rahmen des Vertrages, weil solche Abkommen nicht die Schaffung eines Binnenmarktes im Sinne des Vertrages zum Ziel haben (vgl. EuGH, Rs. 270/80, Polydor/Harlequin Record Shops, Slg. 1982, 329, s. aber Art. 25 Rn. 25 in bezug auf das Verbot von Abgaben zollgleicher Wirkung). Im Einzelfall kann ein solches Verbot indessen in gleicher Weise ausgelegt werden wie in bezug auf den innergemeinschaftlichen Warenverkehr (vgl. EuGH, C-207/91, Eurim-Pharm/Bundesgesundheitsamt, Slg. 1993, I–3723, wo es darum geht, ob ein in einem EFTA-Land zugelassenes Arzneimittel innerhalb der Gemeinschaft erneut zugelassen werden muß). Ist eine bestimmte nationale Beschränkung – etwa aufgrund von Art. 30 (ex-Art. 36) – für den innergemeinschaftlichen Warenverkehr zulässig, so gilt dies erst recht für den Handel mit Drittländern, es sei denn, das Gemeinschaftsrecht legt ausdrücklich etwas anderes fest (EuGH, Rs. 270/80 aaO und Rs. 125/88, Nijman, Slg. 1989, 3533).

37   Trifft ein **Gemeinschaftsorgan** gegenüber einem Drittland, das Partner eines Zollunions- oder Freihandelsabkommens ist, eine **Schutzmaßnahme**, so ist deren Zulässigkeit an den Voraussetzungen der in dem betreffenden Abkommen enthaltenen Schutzklausel zu messen (vgl. EuGeI, T-115/94, Opel Austria/Rat, Slg. 1997, II–39); dagegen kann ein Wirtschaftsteilnehmer die Gültigkeit der Schutzmaßnahme nicht mit dem Argument in Frage stellen, zwischen den Vertragsparteien hätten vor dem Ergreifen der Schutzmaßnahme Konsultationen oder Verhandlungen stattfinden müssen (EuGH, C-64/95, Konservenfabrik Lubella Friedrich Büker/HZA Cottbus, Slg. 1996, I–5105). Im übrigen ist die Zulässigkeit von Schutzmaßnahmen gegenüber Drittländern anhand der jeweiligen Ermächtigungsgrundlage sowie der Grundsätze der **Verhältnismäßigkeit**, des **Diskriminierungsverbots** und des **Vertrauensschutzes** sowie im Hinblick auf einen **Ermessensmißbrauch** oder **Begründungsmangel** zu prüfen (vgl. EuGH, C-295/94, Hüpeden/HZA Hamburg-Jonas, Slg. 1996, I–3375; C-183/95, Affish/Rijksdienst voor de keuring van Vee en Vlees, Slg. 1997, I–4315). Die im Rahmen der WTO verankerten völkerrechtlichen Grundlagen für Schutz- bzw. Beschränkungsmaßnahmen (insbesondere Art. XI-XV und XIX-XXI GATT 1994 sowie das Übereinkommen über die Anwendung gesundheitspolizeilicher und pflanzenschutzrechtlicher Maßnahmen und das Übereinkommen über Schutzmaßnahmen, ABl. 1994 L 336/40 und 184) können in der Regel nicht vor dem EuGH geltend gemacht werden, um die Wirksamkeit einer Gemeinschaftsregelung in Frage zu stellen (vgl. GA Cosmas, C-183/95 aaO, und EuGH, C-280/93, Deutschland/Rat, Slg. 1994, I–4973; s. aber EuGH, C-162/96, Racke/HZA Mainz, Slg. 1998, I–3655, wo der EuGH geprüft hat, ob die Regeln des Völkergewohnheitsrechts eingehalten sind).

Im Rahmen des Abkommens über den **Europäischen Wirtschaftsraum –**　**38**
EWR (ABl. 1994 L 1/3) ist festgelegt worden, daß dem EGV entsprechende Bestimmungen – und damit auch die den Art. 28–31 (ex-Art. 30–37) entsprechenden Art. 11–13 und 16 des EWR-Abkommens – **in gleicher Weise auszulegen** sind. Dies gilt für die vor Unterzeichnung des Abkommens
erlassenen EuGH-Urteile aufgrund von Art. 6 des Abkommens; für spätere
Urteile ist in Art. 105 des Abkommens ein besonderes Verfahren zur Sicherung einer homogenen Auslegung vorgesehen. Hiervon betroffen sind allerdings nur die durch das Abkommen begünstigten **Ursprungserzeugnisse,** also weder die nicht erfaßten Agrarwaren noch Drittlandswaren, die auf
dem Gebiet einer Vertragspartei in den freien Verkehr übergeführt worden
sind. Dies verdeutlicht zugleich, daß die Konzeption des EG-Binnenmark-
tes erheblich weiter geht als der EWR, bei dem wegen der Beschränkung
auf eine **Freihandelszone** (im Gegensatz zu einer Zollunion, s. Art. 23 Rn.
4–8) keine einheitliche Regelung des gegenüber Nicht-Vertragsparteien anwendbaren Außenregimes eingeführt worden ist.

**Art. 29 (ex-Art. 34) (Verbot mengenmäßiger Ausfuhrbeschränkungen
und Maßnahmen gleicher Wirkung)**

**Mengenmäßige Ausfuhrbeschränkungen sowie alle Maßnahmen glei-
cher Wirkung sind zwischen den Mitgliedstaaten verboten.**

Diese Vorschrift legt – ebenso wie Art. 28 (ex-Art. 30) in bezug auf aus anderen Mitgliedstaaten verbrachte Waren – ein Verbot der mengenmäßigen
Beschränkungen und Maßnahmen gleicher Wirkung für **Waren** fest, die **in
andere Mitgliedstaaten** verbracht werden. Der Zweck des Verbots liegt darin zu **vermeiden,** daß Handelshemmnisse für Lieferungen in andere Mitgliedstaaten den einheimischen Herstellern oder Verbrauchern einen besonderen Vorteil verschaffen oder andere **Diskriminierungen** im innergemeinschaftlichen Warenverkehr verursachen (s. Kommentierung zu Art. 28).

**Art. 30 (ex-Art. 36) (Ausnahmen für bestimmte Einfuhr-, Ausfuhr- und
Durchfuhrverbote oder -beschränkungen)**

**Die Bestimmungen der Artikel 28 und 29 stehen Einfuhr-, Ausfuhr-
und Durchfuhrverboten oder -beschränkungen nicht entgegen, die aus
Gründen der öffentlichen Sittlichkeit, Ordnung und Sicherheit, zum
Schutze der Gesundheit und des Lebens von Menschen, Tieren oder
Pflanzen, des nationalen Kulturguts von künstlerischem, geschichtli-
chem oder archäologischem Wert oder des gewerblichen und kommer-**

ziellen Eigentums gerechtfertigt sind. Diese Verbote oder Beschränkungen dürfen jedoch weder ein Mittel zur willkürlichen Diskriminierung noch eine verschleierte Beschränkung des Handels zwischen den Mitgliedstaaten darstellen.

Literatur: *Christians,* Immaterialgüterrechte und GATT, 1990; *Eilmansberger,* Der EuGH nimmt Abstand von der Theorie der Ursprungsgleichheit, RIW 1992, 93; *von Fragstein,* Europaweite Erschöpfung von Markenrechten, EWS 1998, 405; *Sack,* Die Erschöpfung von Markenrechten nach Europäischem Recht, RIW 1994, 897; *ders.,* Export und Transit im Markenrecht, RIW 1995, 177; *Schubert,* „Merck II", „Warner Brothers" und die Renaissance möglicher Grenzen des gemeinschaftsrechtlichen Erschöpfungsgrundsatzes, EWS 1998, 119.

I. Normzweck und Tragweite

1   Art. 30 gestattet den Mitgliedstaaten (und den Gemeinschaftsorganen, wenn sie Vorschriften der Mitgliedstaaten harmonisieren), von den Verboten der Art. 28 und 29 (ex-Art. 30 und 34) zum **Schutze bestimmter Rechtsgüter** abzuweichen, d.h. solche Schutzvorschriften auch dann aufrecht zu erhalten, wenn dadurch der **innergemeinschaftliche Handel behindert** wird (Satz 1). Allerdings dürfen solche Maßnahmen weder diskriminieren noch eine verschleierte Handelsbeschränkung darstellen (Satz 2). Art. 30 gilt für alle von den Art. 28 und 29 erfaßten Maßnahmen, also
–   sowohl für mengenmäßige Beschränkungen als auch für Maßnahmen gleicher Wirkung und

– sowohl für Maßnahmen, die spezifisch die Verbringung von Waren aus anderen oder in andere Mitgliedstaaten regeln, als auch für Maßnahmen, die unterschiedslos für einheimische Waren und für Erzeugnisse gelten, die aus anderen oder in andere Mitgliedstaaten geliefert werden. Insoweit gehen die Rechtfertigungsgründe des Art. 30 weiter als die bereits im Rahmen des Art. 28 (ex-Art. 30) zu prüfenden **zwingenden Erfordernisse** (s. Art. 28 Rn. 30 und 31), die voraussetzen, daß die nationale Maßnahme unterschiedslos für einheimische und für aus anderen bzw. in andere Mitgliedstaaten verbrachte Waren gilt. Unterschiedslos anwendbare Maßnahmen, die **allgemeine Verkaufsmodalitäten** betreffen, sind bereits dem Anwendungsbereich des Art. 28 entzogen (s. Art. 28 Rn. 19).

Als **Durchbrechung des** für den Binnenmarkt grundlegenden **Freiverkehrsprinzips** ist Art. 30 **eng auszulegen**, d.h. nationale Maßnahmen sind mit dem Vertrag nur insoweit vereinbar, als sie notwendig sind, um eines der in dieser Vorschrift genannten Rechtsgüter zu schützen (EuGH, Rs. 153/78, Kommission/Deutschland, Slg. 1979, 2555). Sobald das Gemeinschaftsrecht die für den Schutz des betreffenden Rechtsguts notwendigen Maßnahmen getroffen hat, ist ein Rückgriff auf Art. 30 unzulässig und der von der **Harmonisierungsmaßnahme** gezogene Rahmen nunmehr **maßgeblich** für die Durchführung etwaiger nationaler Kontrollen und Schutzmaßnahmen (EuGH, Rs. 5/77, Tedeschi/Denkavit Commerciale, Slg. 1977, 1555). Ist der betreffende Rechtsbereich nur teilweise harmonisiert, so ist anhand der maßgebenden Gemeinschaftsregelung festzustellen, inwieweit nationale Maßnahmen zulässig bleiben. Läßt die Harmonisierungsmaßnahme Beschränkungen des innergemeinschaftlichen Warenverkehrs zu, so kann der EuGH prüfen, ob die **Gemeinschaftsregelung mit** den **Art. 28–30** (ex-Art. 30–36) **zu vereinbaren** ist (EuGH, C-127/95, Norbrook Laboratories/Ministry of Agriculture, Fisheries and Food, Slg. 1998, I–1531). Für auf Art. 95 (ex-Art. 100a) gestützte Regelungen läßt dessen Absatz 4 zu, daß die Mitgliedstaaten **strengere Schutzmaßnahmen** treffen können, sofern dies durch wichtige Erfordernisse im Sinne des Art. 30 oder in bezug auf den **Schutz der Arbeitsumwelt** oder den **Umweltschutz** gerechtfertigt ist. Art. 153 (ex-Art. 129a) verpflichtet den Gemeinschaftsgesetzgeber darüber hinaus, bei nach Art. 95 (ex-Art. 100a) zu erlassenden Maßnahmen den **Verbraucherschutz** auf einem hohen Niveau zu berücksichtigen; auch insoweit können die Mitgliedstaaten strengere Schutzmaßnahmen treffen. Art. 176 (ex-Art. 130t) enthält einen vergleichbaren Vorbehalt für auf Art. 175 (ex-Art. 130s) gestützte Umweltschutzmaßnahmen. Diese Vorschriften ändern jedoch nicht die Tragweite des Art. 30, sondern ermächtigen zu bestimmten nationalen Maßnahmen, obwohl in bezug auf das

     2

betreffende Rechtsgut bereits eine umfassende Gemeinschaftsregelung besteht. Bei auf andere Vorschriften (z.B. Art. 37 [ex-Art. 43] und Art. 31 EAG) gestützten Harmonisierungsmaßnahmen können die Mitgliedstaaten abweichende nationale Vorschriften nur dann erlassen oder beibehalten, wenn die einschlägige Gemeinschaftsregelung den Bereich nicht vollständig regelt oder ausdrücklich bestimmte nationale Maßnahmen zuläßt.

3 Als Modell für diese Vorschrift haben die Art. XX und XXI GATT 1994 gedient, die im Warenverkehr zwischen WTO-Vertragsparteien trotz des angestrebten Abbaus von Zöllen und mengenmäßigen Beschränkungen Maßnahmen zum Schutze u.a. folgender Rechtsgüter zulassen:
  – öffentliche Sittlichkeit,
  – Leben und Gesundheit von Menschen, Tieren und Pflanzen,
  – Patente, Warenzeichen und Urheberrechte,
  – nationales Kulturgut von künstlerischem, geschichtlichem oder archäologischem Wert,
  – wesentliche Sicherheitsinteressen.

Solche Maßnahmen dürfen nicht so angewendet werden, daß sie zu einer willkürlichen und ungerechtfertigten Diskriminierung zwischen Ländern, in denen gleiche Verhältnisse bestehen, oder zu einer verschleierten Beschränkung des internationalen Handels führen. Genauere Festlegungen für den internationalen Handel ergeben sich insbesondere aus den WTO-Übereinkommen über
  – die Anwendung gesundheitspolizeilicher und pflanzenschutzrechtlicher Maßnahmen (ABl. 1994 L 336/40),
  – technische Handelshemmnisse (ABl. 1994 L 336/86),
  – Einfuhrlizenzverfahren (ABl. 1994 L 336/151),
  – handelsbezogene Aspekte der Rechte des geistigen Eigentums (ABl. 1994 L 336/213).

In bezug auf den internationalen Urheberrechtsschutz wurden außerdem vereinbart
  – der WIPO-Urheberrechtsvertrag (ABl. 1998 C 165/9) und
  – der WIPO-Vertrag über Darbietungen (ABl. 1998 C 165/13).

Auch wenn diese Vorschriften nicht den innergemeinschaftlichen Warenverkehr regeln, so kann man sie doch für die Bestimmung des innerhalb des Binnenmarkts einzuhaltenden **Mindeststandards** oder als **Auslegungshilfe** heranziehen (s. Art. 23 Rn. 8, sowie EuGH, C-200/96, Metronome Musik/Music Point Hokamp, Slg. 1998, I–1953; C-53/96, Hermès International/FHT Marketing Choice, Slg. 1998, I–3603).

II. Die geschützten Rechtsgüter

Art. 30 enthält eine **abschließende Aufzählung** der geschützten Rechtsgü- **4**
ter; andere Schutzobjekte – wie z.b. der Verbraucher- oder Umweltschutz –
können im Rahmen dieser Vorschrift nicht berücksichtigt werden (EuGH,
C-362/88, GB-INNO/Confédération du commerce luxembourgeois, Slg.
1990, I–667). Bei Maßnahmen, die unterschiedslos für einheimische und
für aus anderen Mitgliedstaaten verbrachte Waren gelten, kann der Schutz
eines nicht in Art. 30 aufgeführten Rechtsguts jedoch durch zwingende Erfordernisse gerechtfertigt sein mit der Folge, daß kein Verstoß gegen Art. 28
(ex-Art. 30) vorliegt (s. Art. 28 Rn. 30–31).

1. Öffentliche Sittlichkeit, Ordnung und Sicherheit

Grundsätzlich ist es Sache jedes Mitgliedstaats, den Begriff der **öffent-** **5**
lichen Sittlichkeit für sein Gebiet im Einklang mit seiner eigenen Wert-
ordnung und in der von ihm gewählten Form auszufüllen, soweit die durch
das Gemeinschaftsrecht gesetzten Grenzen beachtet werden (EuGH,
Rs. 34/79, Henn, Slg. 1979, 3795). Er kann somit ein Herstellungs- und
Vertriebsverbot für Gegenstände anstößigen und unzüchtigen Charakters
erlassen und dabei auch verbieten, daß solche Waren aus anderen Mitgliedstaaten verbracht werden (EuGH, Rs 34/79 aaO). Dagegen kann ein
Mitgliedstaat nicht die Verbringung von Waren aus anderen Mitgliedstaaten verbieten, wenn für entsprechende einheimische Erzeugnisse kein Her-
stellungs- oder Vermarktungsverbot besteht (EuGH, 121/85, Conegate/HM
Customs & Excise, Slg. 1986, 1007). Im übrigen ist bei solchen Maßnah-
men zunächst zu prüfen, ob sie überhaupt in den Anwendungsbereich des
Art. 28 (ex-Art. 30) fallen (EuGH, C-23/89, Quietlynn/Southend Borough
Council, Slg. 1990, I–3059). Soweit eine gemeinschaftliche Harmonisie-
rungsregelung vorliegt, kann ein Mitgliedstaat nicht davon abweichende
Maßnahmen unter Berufung auf die öffentliche Sittlichkeit treffen (EuGH,
C-1/96, The Queen/Minister of Agriculture, Fisheries and Food, Slg. 1998,
I–1251).

Auch der Begriff der **öffentlichen Ordnung und Sicherheit** überläßt den **6**
Mitgliedstaaten innerhalb der durch den Vertrag gesetzten Grenzen einen
Beurteilungsspielraum (EuGH, Rs. 41/74, van Duyn/Home Office, Slg.
1974, 1337, in bezug auf eine entsprechende Formulierung in ex-Art. 48
[jetzt Art. 39]). Maßnahmen, die dazu dienen, Belastungen der Verwaltung
oder die öffentlichen Ausgaben zu mindern, fallen nicht unter den Begiff
„öffentliche Ordnung" (vgl. EuGH, C-128/89, Kommission/Italien, Slg.
1990, I–3239). **Schwierigkeiten** der Verwaltung oder Befürchtungen, bei

einer korrekten Anwendung des Gemeinschaftsrechts wäre die öffentliche Ordnung gefährdet, sind solange **unbeachtlich**, wie dem betreffenden Mitgliedstaat Mittel zur Aufrechterhaltung der Ordnung zur Verfügung stehen (EuGH, C-52/95, Kommission/Frankreich, Slg. 1995, I–4443; und C-265/95, Kommision/Frankreich, Slg. 1997, I–6959). Ferner sind vom Anwendungsbereich dieser Vorschrift Maßnahmen mit **wirtschaftspolitischer Zielsetzung ausgeschlossen** (EuGH, Rs. 72/83, Campus Oil/Minister für Industrie und Energie, Slg. 1984, 2727). Der Begriff der „öffentlichen Sicherheit" umfaßt sowohl die **innere** als auch die **äußere Sicherheit**, so daß die Mitgliedstaaten – soweit keine Gemeinschaftsregelung vorliegt – die Verbringung von strategischen Waren über ihr Staatsgebiet einer Genehmigungspflicht unterwerfen dürfen (EuGH, C-367/89, Richardt, Slg. 1991, I–4621). Besteht eine Gemeinschaftsregelung, so sind darüber hinaus gehende nationale Beschränkungen unzulässig (vgl. EuGH, C-124/95, The Queen/HM Treasury, Slg. 1997, I–81, in bezug auf eine auf ex-Art. 113 [jetzt Art. 133] gestützte Regelung). Eine Berufung auf die öffentliche Ordnung oder Sicherheit ist nur dann gerechtfertigt, wenn **wesentliche Interessen** des Staates oder die Funktionsfähigkeit seiner Institutionen betroffen sind, wie z.B.

- das **Münzrecht**, soweit die Art. 28 und 29 (ex-Art. 30 und 34) – und nicht die Vorschriften über den Kapital- und Zahlungsverkehr (s. Art. 23 Rn. 17 und Art. 28 Rn. 19) – anwendbar sind (EuGH, Rs. 7/78, Thompson, Slg. 1978, 2247),
- die **Versorgungssicherheit** in bezug auf Erdölerzeugnisse (EuGH, Rs. 72/83 aaO) und
- Maßnahmen, die für die **Aufdeckung und Verfolgung von Straftaten** erforderlich sind (EuGH, Rs. 154/84, Kommission/Italien, Slg. 1987, 2717).

Der Grundsatz der **Verhältnismäßigkeit** ist auch in diesem Zusammenhang zu beachten; häufig werden Kontrollmaßnahmen genügen, die den innergemeinschaftlichen Warenverkehr nicht beschränken (z.B. zur Verhinderung des Verkaufs gestohlener Kraftfahrzeuge eine Prüfung der Fahrgestellnummer anstelle einer behördlichen Zulassung für den Handel mit Fahrzeugen aus anderen Mitgliedstaaten, EuGH, C-239/90, Boscher/British Motors Wright, Slg. 1991, I–2023).

2. Gesundheit und Leben von Menschen, Tieren oder Pflanzen

7   Nach ständiger Rechtsprechung des EuGH nehmen die **Gesundheit** und das **Leben von Menschen** unter den durch Art. 30 geschützten Gütern und Interessen den **ersten Rang** ein und es ist – soweit in dem betreffenden Be-

reich keine vollständige Harmonisierung auf Gemeinschaftsebene vorliegt – Sache der Mitgliedstaaten, in den durch den Vertrag gesetzten Grenzen zu bestimmen, in welchem Umfang sie den Schutz von Leben und
Gesundheit gewährleisten wollen und wie streng die durchzuführenden
Kontrollen ausfallen sollen (EuGH, C-347/89, Bayern/Eurim-Pharm, Slg.
1991, I–1747). Rein **wirtschaftliche Gründe** für Beschränkungen des
innergemeinschaftlichen Warenverkehrs – wie z.B. eine Begrenzung der
Kosten für die Krankenkasse – können mit dieser Vorschrift **nicht gerechtfertigt** werden (EuGH, C-120/95, Decker/Caisse de maladie des employés
privés, Slg. 1998, I–1831). Mit der Verwirklichung des Binnenmarktes sind
die Bestimmungen über den Gesundheits-, Tier- und Pflanzenschutz weitgehend auf Gemeinschaftsebene harmonisiert worden, z.B. in bezug auf
– die allgemeine Produktsicherheit (RL 92/59/EWG, ABl. 1992 L 228/24),
– die tierseuchenrechtlichen und gesundheitlichen Bedingungen für den
   Handel mit Erzeugnissen tierischen Ursprungs (RL 92/118/EWG, ABl.
   1993 L 62/49),
– Medizinprodukte (RL 93/42/EWG, ABl. 1993 L 169/1) und
– Biozid-Produkte (RL 98/8/EG, ABl. 1998 L 123/1).
Die Zulässigkeit nationaler Maßnahmen ist deshalb in erster Linie anhand
solcher Vorschriften zu prüfen und nur soweit eine umfassende Gemeinschaftsregelung fehlt, kommt eine Anwendung des Art. 30 in Betracht
(EuGH, C-249/92, Kommission/Italien, Slg. 1994, I–4311). Eine Berufung
auf diese Vorschrift ist selbst dann ausgeschlossen, wenn ein anderer Mitgliedstaat sich nicht an die Harmonisierungsrichtlinie hält (EuGH, C-5/94,
The Queen/Ministry of Agriculture, Fisheries and Food, Slg. 1996, I–2553).
Im folgenden werden einige Beispiele von Maßnahmen angeführt, die nach
dem damaligen Stand des Gemeinschaftsrechts vom EuGH als gerechtfertigt angesehen worden sind:
– **Kontrollen von Futtermitteln**, soweit diese **nicht systematisch** bei
   Waren aus anderen Mitgliedstaaten durchgeführt werden (EuGH, Rs.
   251/78, Denkavit Futtermittel/Landwirtschaftsministerium Nordrhein-
   Westphalen, Slg. 1979, 3369),
– ein strafbewehrtes **Verbot, nicht zugelassene Pflanzenschutzmittel zu
   verkaufen**, vorrätig zu halten oder anzuwenden (EuGH, Rs. 125/88,
   Nijman, Slg. 1989, 3533; C-293/94, Brandsma, Slg. 1996, I–3159; s.
   auch Art. 28 Rn. 29),
– ein **Apothekenmonopol** für den Vertrieb von Arzneimitteln (EuGH,
   C-369/88, Delattre, Slg. 1991, I–1487; s. auch Art. 28 Rn. 24 und 29),
– ein **Verbot** von bzw. ein Zulassungsverfahren für **bestimmte Zusatzstoffe in Nahrungsmitteln** (EuGH, C-13 und C-113/91, Debus, Slg.

1992, I–3617; C-344/90, Kommission/Frankreich, Slg. 1992, I–4719; s. auch Art. 28 Rn. 29),

– ein **Werbeverbot** für hochprozentige **alkoholische Getränke** oder für **Arzneimittel**, die im Inland **nicht zugelassen** sind (EuGH, C-1 und C-176/90, Aragonesa de Publicidad Exterior/Departamento de Sanidad y Seguridad Social de la Generalitat de Cataluna, Slg. 1991, C-4151; C-320/93, Ortscheit/Eurim-Pharm Arzneimittel, Slg. 1994, I–5243; s. aber Art. 28 Rn. 27),

– eine Genehmigungspflicht für die Einfuhr von **Suchtstoffen für medizinische Zwecke**, wobei nur solche Lieferanten berücksichtigt werden, die eine **stabile Versorgung** gewährleisten können (EuGH, C-324/93, The Queen/Secretary of State for the Home Department, Slg. 1995, I–563),

– eine **ergänzende Analyse**, sofern solche Kontrollen in nichtdiskriminierender Weise angewendet werden und der Grundsatz der **Verhältnismäßigkeit** beachtet wird, und zwar insbesondere, daß die bereits im Herstellungsmitgliedstaat durchgeführten Analysen berücksichtigt werden (EuGH, C-105/94, Celestini/Saar-Sektkellerei Faber, Slg. 1997, I–2971),

– Maßnahmen zur **Erhaltung einer einheimischen Tierproduktion** und damit der biologischen Vielfalt (EuGH, C-67/97, Blohme, Urteil vom 3.12.1998).

8   Bei gesundheitspolitisch motivierten Handelsbeschränkungen ist stets zu prüfen, ob nicht ein **milderes Mittel** (z.B. die Angabe der Inhaltsstoffe von Nahrungsmitteln anstelle eines Verkehrsverbots) ausreicht, um das angestrebte Ziel zu verwirklichen (s. Rn. 20). Aus diesem Grunde ist ein Einfuhrverbot für nicht den nationalen Verpackungs- und Kennzeichnungsvorschriften entsprechende Arzneimittel ungerechtfertigt, wenn der Händler diese Verpackung und Kennzeichnung vor der Vermarktung noch vornehmen will und über die hierfür erforderliche Erlaubnis verfügt (EuGH, C-347/89, Bayern/Eurim-Pharm, Slg. 1991, I–1747). Das gleiche gilt in bezug auf eine Genehmigungspflicht für die Verbringung von Tieren aus anderen Mitgliedstaaten, da weniger restriktive Maßnahmen – wie z.B. die Vorlage einer im Versandmitgliedstaat ausgestellten Gesundheitsbescheinigung – ausreichen, um Leben und Gesundheit von Menschen und Tieren zu schützen (EuGH, C-304/88, Kommission/Belgien, Slg. 1990, I–2801). Der Grundsatz der Verhältnismäßigkeit ist nur dann gewahrt, wenn der unbeschränkte Vertrieb des in Frage stehenden Erzeugnisses eine **ernste Gefahr für die Gesundheit** darstellen würde (EuGH, 227/82, van Bennekom, Slg. 1983, 3883; C-13 und C-113/91, Debus, Slg. 1992, I–3617). Beschränkun-

gen unterworfene Waren müssen auf dem Markt zugelassen werden, wenn sie unter Berücksichtigung der Ergebnisse der internationalen wissenschaftlichen Forschung keine Gefahr für die Gesundheit darstellen; außerdem müssen die Wirtschaftsteilnehmer in einem leicht zugänglichen Verfahren die Zulassung erreichen können und die Möglichkeit haben, gegen die rechtswidrige Versagung einer Zulassung im Rahmen eines gerichtlichen Verfahrens vorzugehen (EuGH, C-42/90, Bellon, Slg. 1990, I–4863; C-344/90, Kommission/Frankreich, Slg. 1992, I–4719). Im übrigen müssen die Mitgliedstaaten das Grundrecht auf **Achtung des Privatlebens** und auf Schutz des Arztgeheimnisses achten und dürfen deshalb Privatpersonen nicht verbieten, sich in einem anderen Mitgliedstaat Medikamente verschreiben zu lassen, diese dort zu kaufen und nach Hause mitzunehmen (EuGH, C-62/90, Kommission/Deutschland, Slg. 1992, I–2575).

3. Nationales Kulturgut von künstlerischem, geschichtlichem oder archäologischem Wert

Zum Schutz ihres **nationalen Kulturguts** haben verschiedene Mitgliedstaaten Ausfuhrverbote, Ausfuhrgenehmigungsverfahren und öffentlichrechtliche Vorkaufsrechte erlassen, die gegenüber den anderen Mitgliedstaaten Beschränkungen im Sinne des Art. 29 (ex-Art. 34) darstellen und die aufgrund von Art. 30 gerechtfertigt sein können. Auch insoweit steht den Mitgliedstaaten ein gewisser Beurteilungsspielraum bei der Festlegung derjenigen Waren zu, die als nationales Kulturgut anzusehen sind. Damit solche nationalen Kulturgüter ihren Schutz im Binnenmarkt nicht verlieren, regelt die Richtlinie 93/7/EWG (ABl. 1993 L 74/74) das Verfahren und die Bedingungen für die Rückgabe von Kulturgütern, die unrechtmäßig aus dem Hoheitsgebiet eines Mitgliedstaats verbracht worden sind. Diese Richtlinie kann auch als Anhaltspunkt dafür herangezogen werden, welche Waren in den Anwendungsbereich des Art. 28 (ex-Art. 30) fallen.   **9**

4. Gewerbliches und kommerzielles Eigentum

Nach Art. 295 (ex-Art. 222) läßt der Vertrag die Eigentumsordnung in den verschiedenen Mitgliedstaaten unberührt. Damit wird auch der Bestand **gewerblicher und kommerzieller Schutzrechte** garantiert; bei der Ausgestaltung und Ausübung solcher Rechte sind jedoch die durch das Gemeinschaftsrecht gesetzten Grenzen zu beachten; insbesondere berechtigt diese Vorschrift die Mitgliedstaaten nicht zu Maßnahmen, die gegen den Grundsatz des freien Warenverkehrs verstoßen würden (EuGH, C-235/89, Kommission/Italien, Slg. 1992, I–777). Art. 30 läßt Ausnahmen von dem funda-   **10** mentalen Grundsatz des freien Warenverkehrs nur insoweit zu, als diese Ausnahmen zur Wahrung der Rechte notwendig sind, die den spezifischen Gegenstand dieses Eigentums ausmachen; der Inhaber eines nach den Vorschriften eines Mitgliedstaats geschützten Rechts kann sich folglich nicht auf solche Vorschriften berufen, um sich der Verbringung oder dem Vertrieb eines Erzeugnisses zu widersetzen, das auf dem Markt eines anderen Mitgliedstaats von ihm selbst, mit seiner Zustimmung oder von einer rechtlich bzw. wirtschaftlich von ihm abhängigen Person rechtmäßig in den Verkehr gebracht worden ist (EuGH, C-10/89, CNL-SUCAL/HAG, Slg. 1990, I– 3711). Das Ausschließlichkeitsrecht ist somit verbraucht, wenn eine Ware auf dem Markt eines anderen Mitgliedstaats vom Rechtsinhaber selbst oder mit seiner Zustimmung in den Verkehr gebracht worden ist (EuGH, Rs. 58/80, Dansk Supermarked/Imerco, Slg. 1981, 181). Ist dagegen das Schutzrecht – z.B. ein Warenzeichen – ohne Zustimmung des Inhabers (z.B. durch Enteignung) an eine andere Firma übertragen worden, so kann er sich in dem Mitgliedstaat, in dem ihm das Schutzrecht zusteht, dem Vertrieb der aus einem anderen Mitgliedstaat verbrachten Waren widersetzen, sofern es sich um gleichartige Erzeugnisse handelt, die mit dem gleichen oder einem verwechslungsfähigen Warenzeichen versehen sind (EuGH, C-10/89 aaO). Wegen des unterschiedlichen Harmonisierungsstands der einzelnen Schutzrechte hängt auch die Möglichkeit, sich auf Art. 30 zu berufen, von der Art Rechts ab.

a) Patentrecht

11   In bezug auf das Patentrecht liegt zwar aufgrund des **Gemeinschaftspatentübereinkommens** (ABl. 1989 L 401/10) eine Regelung vor, die gemeinschaftsweit einen Rechtsschutz bietet, aber das Übereinkommen läßt das Recht der Vertragsstaaten unberührt, nationale Patente zu erteilen (Art. 5 des Übereinkommens). Daneben gelten einige sektorbezogene Gemeinschaftsregelungen, insbesondere

– die RL 87/54/EWG über den Rechtsschutz der Topographien von Halbleitererzeugnissen (ABl. 1987 L 24/36),
– die VO (EWG) Nr. 1768/92 über die Schaffung eines ergänzenden Schutzzertifikats für Arzneimittel (ABl. 1992 L 182/1),
– die VO (EG) Nr. 1610/96 über die Schaffung eines ergänzenden Schutzzertifikats für Pflanzenschutzmittel (ABl. 1996 L 198/30),
– die VO (EG) Nr. 2100/94 über den gemeinschaftlichen Sortenschutz (ABl. 1994 L 227/1) und
– die RL 98/44/EG über den rechtlichen Schutz biotechnologischer Erfindungen (ABl. 1998 L 213/13).

Soweit solche Regelungen anwendbar sind, ist die Rechtmäßigkeit einer nationalen Beschränkungsmaßnahme in erster Linie anhand dieser Gemeinschaftsvorschriften zu prüfen (vgl. EuGH, C-337/95, Dior/Evora, Slg. 1997, I–6013, in bezug auf das Markenrecht).

Art. 30 gestattet es dem Inhaber eines nationalen Patents oder vergleichbaren Rechts, sein Erzeugnis erstmals in den Verkehr zu bringen und sich auf dem geschützten Markt gegen ein Inverkehrbringen entsprechender – aus anderen Mitgliedstaaten verbrachter – Waren auch dann zur Wehr zu setzen, wenn er dort keinen Patentschutz genießt (EuGH, C-316/95, Generics/Smith Kline, Slg. 1997, I–3929). Wurde allerdings sein Erzeugnis von ihm selbst oder mit seiner Zustimmung in einem anderen Mitgliedstaat – in dem für ihn kein Patentschutz besteht – in den Verkehr gebracht, so muß er es nach den Grundsätzen des freien Warenverkehrs hinnehmen, wenn solche Waren in seinen geschützten Markt gelangen (**Erschöpfungsgrundsatz**); dies gilt nur dann nicht, wenn er die Waren in dem betreffenden Mitgliedstaat nicht aus freiem Willen, sondern aufgrund einer Verpflichtung des nationalen Rechts oder des Gemeinschaftsrechts in den Verkehr gebracht hat (EuGH, C-267 und C-268/95, Merck/Primecrown, Slg. 1996, I–6285). Eine solche Verpflichtung kann sich u.a. aus einer nationalen Regelung über **Zwangslizenzen** ergeben, die allerdings dann unzulässig ist, wenn das in dem betreffenden Mitgliedstaat benötigte Erzeugnis in ausreichender Menge aus anderen Mitgliedstaaten geliefert werden kann (EuGH, C-30/90, Kommission/Vereinigtes Königreich, Slg. 1992, I–1992). Der Inhaber eines Patents oder vergleichbaren Rechts kann sich nicht auf die Bestimmungen des Gemeinschaftsrechts über den freien Warenverkehr berufen, wenn er seine Rechtsposition dazu **mißbraucht**, die nationalen **Märkte abzuriegeln**, ohne daß eine derartige Beschränkung notwendig wäre, um die ihm zustehenden Ausschließlichkeitsrechte in ihrer Substanz zu erhalten (EuGH, Rs. 15/74, Centrafarm/Sterling Drug, Slg. 1974, 1147; Rs. 258/78, Nungesser/Kommission, Slg. 1982, 2015). Eine solche Verhaltensweise kann gleichzeitig gegen die Wettbewerbsvorschriften (Art. 81–86, ex-Art. 85–90) verstoßen. **12**

b) Urheberrecht

Das **Urheberrecht** ist zur Zeit nur im Hinblick auf einzelne Aspekte durch Gemeinschaftsrecht harmonisiert, insbesondere in bezug auf **13**
–   den Rechtsschutz von Computerprogrammen (RL 91/250/EWG, ABl. 1991 L 122/42),
–   das Vermiet- und Verleihrecht im Bereich des geistigen Eigentums (RL 92/100/EWG, ABl. 1992 L 346/61) sowie

– die Schutzdauer des Urheberrechts und bestimmter verwandter Schutzrechte (RL 93/98/EWG, ABl. 1993 L 290/9).
Daneben bestehen internationale Abkommen (s. Rn. 3).

14 Die kommerzielle Nutzung eines Urheberrechts fällt unter den Begriff „gewerbliches und kommerzielles Eigentum" (EuGH, verb. Rs. 55 und 57/80,
Musik-Vertrieb membran/GEMA, Slg. 1981, 147). Ebenso wie beim Patentrecht gilt auch hier der **Erschöpfungsgrundsatz**, nach dem der Rechtsinhaber sich nicht auf die Schutzvorschriften berufen kann, um sich der
Einfuhr eines Erzeugnisses zu widersetzen, das auf dem Markt eines anderen Mitgliedstaats von ihm selbst oder mit seiner Zustimmung rechtmäßig
in den Verkehr gebracht worden ist (EuGH, verb. Rs. 55 und 57/80 aaO).
Folglich darf z.B. für das **Inverkehrbringen** von aus anderen Mitgliedstaaten gelieferten Schallplatten mit urheberrechtlich geschützter Musik
keine Lizenzgebühr verlangt werden, wenn die Schallplatten ursprünglich
mit Zustimmung des Urheberrechtsinhabers in den Verkehr gebracht worden sind (EuGH, verb. Rs. 55 und 57/80 aaO). Die Besonderheit des literarischen oder künstlerischen Urheberrechts besteht allerdings darin, daß
auch für das **öffentliche Aufführen, Verleihen** oder **Vermieten** solcher
Werke eine gesonderte Lizenzgebühr verlangt werden darf; ein solches
Recht erschöpft sich nicht durch den Erstverkauf des Werkes (EuGH, Rs.
395/87, Minisère public/Tournier, Slg. 1989, 2521; C-200/96, Metronome
Musik/Music Point Hokamp, Slg. 1998, I–1953; C-61/97, Foreningen af
danske Videogramdistributører/Laserdisken, EWS 1998, 455). Die Wahrnehmung des Urheberrechts mit dem Ziel einer Isolierung der nationalen
Märkte ist auch in bezug auf Urheberrechte nicht zulässig (EuGH, Rs.
78/70, Deutsche Grammophon Gesellschaft/Metro-SB-Großmärkte, Slg.
1971, 487). Derartige Praktiken können außerdem einen **Mißbrauch** einer
marktbeherrschenden Stellung im Sinne von Art. 82 (ex-Art. 86) darstellen (EuGH, Rs. 78/70 aaO). Schließen nationale Vorschriften Urheber-
rechtsinhaber aus anderen Mitgliedstaaten von bestimmten Rechten aus, die
Inländern zustehen, so verstößt dies gegen das **Diskriminierungsverbot**
des Art. 12 (ex-Art. 6), ohne daß es noch erforderlich wäre, auf die Bestimmungen über den freien Warenverkehr einzugehen (EuGH, C-92 und
C-326/92, Phil Collins/Imtrat Handelsgesellschaft, Slg. 1993, I–5145).

c) Marken, Muster und Modelle

15 Aufgrund der VO (EG) Nr. 40/94 (ABl. 1994 L 11/1) liegt eine gemeinschaftsweite Regelung zum Schutze von **Marken, Mustern** und **Modellen**
vor (Durchführungsbestimmungen in VO [EG] Nrn. 2868/95 und 2869/95,

ABl. 1995 L 303/1 und 33). Insoweit stellt sich das Problem eines auf das Gebiet einzelner Mitgliedstaaten beschränkten Rechtsschutzes nicht (s. Art. 1 Abs. 2 der VO). Das gemeinschaftliche Markenrecht läßt jedoch weiterhin ein nationales Markenrecht zu (s. fünften Erwägungsgrund der VO). Insoweit gilt die Harmonisierungsrichtlinie 89/104/EWG (ABl. 1989 L 40/1) sowie – in bezug auf Muster und Modelle – die richtlinie 98/71/EG /ABl. 1998 L 289/28). Deren Vorschriften sowie die einschlägigen internationalen Übereinkommen (Pariser Verbandsübereinkunft zum Schutz des gewerblichen Eigentums vom 20. März 1883, Madrider Abkommen über die internationale Registrierung von Marken vom 14. April 1891) sind bei Streitfällen über Marken, Warenzeichen etc. zu berücksichtigen (EuGH, C-9/93, IHT/Ideal-Standard, Slg. 1994, I–2789; C-427, C-429 und C-436/93, Bristol-Myers Squibb/Paranova, Slg. 1996, I–3457).

In den Anwendungsbereich des durch Art. 30 geschützten „gewerblichen   **16**
und kommerziellen Eigentums" fällt nicht nur die Benutzung eines dem Rechtsinhaber zustehenden **Namens** oder **Zeichens** (s. hierzu EuGH, C-251/95, Sabèl/Puma, Slg. 1997, I–6191), sondern auch der durch nationales Recht gewährte Schutz

– von **Mustern** und **Modellen** (z.B. Handtaschen oder Autoteile, EuGH, Rs. 144/81, Keurkoop/Kean Gifts, Slg. 1982, 2853; Rs. 53/87, Consorcio italiano della componentistica di ricambio per autoveicoli, Slg. 1988, 6039),

– gegen **verwechslungsfähige Bezeichnungen** (z.B. „Terra" und „Terrapin" oder „Quadra" und „quattro", EuGH, Rs. 119/75, Terrapin/Terranova, Slg. 1976, 1039; C-317/91, Deutsche Renault/Audi, Slg. 1993, I–6227),

– gegen **irreführende Marken** oder **Zeichen** (Täuschungsgefahr bejaht: EuGH, C-313/94, Graffione/Ditta Fransa, Slg. 1996, I–6039; verneint: EuGH, C-238/89, Pall/Dahlhausen, Slg. 1990, I–4827; C-315/92, Verband Sozialer Wettbewerb/Clinique Laboratories, Slg. 1994, I–317),

– gegen die **rufschädigende Benutzung** einer **Marke** durch einen Wiederverkäufer (z.B. Verschleuderung eines Luxusartikels, im Vorlagefall verneint: EuGH, C-337/95, Dior/Evora, Slg. 1997, I–6013).

Wird das mit Zustimmung des Rechtsinhabers in einem anderen Land in   **17**
den Verkehr gebrachte Erzeugnis **umverpackt** oder **neu etikettiert** in den geschützten Mitgliedstaat verbracht, so kann der Rechtsinhaber sich dem Inverkehrbringen dann nicht widersetzen, wenn (EuGH, C-71, C-72 und C-73/94, Eurim-Pharm/Beiersdorf, Slg. 1996, I–3607, in bezug auf Arzneimittel; C-349/95, Loendersloot/Ballantine, Slg. 1997, I–6227, in bezug auf Whisky)

- die Wahrnehmung des Markenrechts zu einer Abschottung der Märkte führen würde,
- das Umpacken oder die neue Etikettierung den Originalzustand der Ware nicht beeinträchtigen,
- etwaige Beipack- oder Informationszettel zutreffende Angaben enthalten,
- der Hersteller – und bei Arzneimitteln auch das umpackende Unternehmen – angegeben wird,
- der Ruf des Rechtsinhabers durch die Art der Etikettierung oder Verpackung nicht geschädigt wird, und
- derjenige, der die Waren umpackt oder neu etikettiert, den Markeninhaber vorab vom Verkauf solcher Erzeugnisse unterrichtet.

18   Die Hauptfunktion der Marke besteht darin, dem Verbraucher die **Ursprungsidentität** der gekennzeichneten Ware zu **garantieren** und diese Ware **ohne Verwechslungsgefahr** von Waren anderer Herkunft zu unterscheiden; zu diesem Zweck muß die Marke die Gewähr bieten, daß alle so gekennzeichneten Waren unter Kontrolle eines einzigen Unternehmens hergestellt worden sind, das für die Qualität verantwortlich gemacht werden kann; folglich muß der Markeninhaber nach dem **Erschöpfungsgrundsatz** muß der Markeninhaber den Vertrieb von aus anderen Mitgliedstaaten verbrachten Erzeugnissen dulden, die dort von ihm selbst oder mit seiner Zustimmung in den Verkehr gebracht worden sind (EuGH, Rs. 16/74, Centrafarm/Winthrop, Slg. 1974, 1183; C-10/89, CNL-SUCAL/HAG, Slg. 1990, I–3711; C-39/97, Canon/Metro-Goldwyn-Mayer, EWS 1998, 416); für die Regelung der Frage, ob die Erschöpfung des Markenrechts auch bei einem rechtmäßigen Inverkehrbringen in einem Drittland eintritt, ist seit dem Erlaß der RL 89/104/EWG der Gemeinschaftsgesetzgeber zuständig; somit darf der nationale Gesetzgeber diese Rechtsfolge nicht vorschreiben (EuGH, C-355/96, Silhouette International Schmied/Hartlauer Handelsgesellschaft, Slg. 1998, I–4799). Ist das Markenrecht an ein Unternehmen übertragen worden, das in **keiner wirtschaftlichen Beziehung** zum Veräußerer steht und kann dieser deshalb die Qualität der vom Erwerber hergestellten Erzeugnisse nicht kontrollieren, so dürfen nationale Vorschriften zulassen, daß der Veräußerer sich dem Vertrieb solcher Waren in dem Mitgliedstaat widersetzt, in dem er Inhaber des Schutzrechts ist (EuGH, C-9/93, IHT/Ideal-Standard, Slg. 1994, I–2789). Ist neben der Übertragung des Markenrechts eine **Marktaufteilungsabsprache** getroffen worden, so kann dies gegen Art. 81 (ex-Art. 85) verstoßen (EuGH, C-9/93 aaO).

d) Herkunftsbezeichnungen

Geographische Angaben und **Ursprungsbezeichnungen** für Agrarer- **19**
zeugnisse und Lebensmittel werden durch die VO (EWG) Nr. 2081/92 geregelt (ABl. 1992 L 208/1, Durchführungsbestimmungen in VO [EWG] Nr.
2037/93, ABl. 1993 L 185/5; s. hierzu EuGH, C-129/97 und C-130/97,
Chiciak, Slg. 1998, I–3315). Marken können sich gleichfalls auf ein geo-
graphisches Gebiet beziehen (z.B. „Kölnisch Wasser"). Ferner können Herkunftsbezeichnungen durch internationale Abkommen geschützt werden
(z.B. „Tequila", Beschluß 97/361/EG, ABl. 1997 L 152/15, oder Süßwaren
mit der Bezeichnung „Alicante", EuGH, C-3/91, Exportur/LOR, Slg. 1992,
I–5529). Außerhalb gemeinschaftsrechtlicher oder internationaler Regelungen ist ein Schutz von Herkunftsbezeichnungen nur zur Wahrung der **Lauterkeit des Handelsverkehrs** zulässig (vgl. Art. 15 Abs. 2 der RL
89/104/EWG). **Gattungsbezeichnungen** (z.B. „Edamer", EuGH, Rs.
286/86, Ministère public/Deserbais, Slg. 1988, 4907) oder nicht lokalisier-
bare geographische Hinweise (z.B. Ware aus einer „Bergregion", EuGH,
C-321–324/94, Pistre, Slg. 1997, I–2343) dürfen nicht nationalen Waren
vorbehalten werden. Das gleiche gilt für in bestimmten Gebieten übliche
Flaschenformen (z.B. Bocksbeutelflasche für Frankenwein), wenn diese
auch in anderen Mitgliedstaaten (z.B. als „flûte d'Alsace") üblich sind
(EuGH, Rs. 16/83, Prantl, Slg. 1984, 1299). Nationale Regelungen, die eine Verwendung von Ursprungsbezeichnungen (z.B. „Riojawein") von der
Abfüllung im Ursprungsgebiet abhängig machen, können gleichfalls
nicht mit Art. 30 gerechtfertigt werden, es sei denn, die Abfüllung im Er-
zeugungsgebiet verleiht oder erhält der Ware besondere Eigenschaften
(EuGH, C-47/90, Delhaize/Promalvin, Slg. 1992, I–3669).

IV. Der Grundsatz der Verhältnismäßigkeit

Art, 30 macht die Zulässigkeit handelshemmender nationaler Maßnahmen **20**
in mehrfacher Hinsicht von der Wahrung des **Verhältnismäßigkeitsgrundsatzes** abhängig:

1. Die Beschränkungen müssen gemäß Satz 1 „gerechtfertigt", d.h. nötig
    sein, um die in dieser Bestimmung genannten Zwecke zu erreichen
    (EuGH, Rs. 35/76, Simmenthal/Italienisches Finanzministerium, Slg.
    1976, 1871) und es darf kein milderes Mittel in Betracht kommen, wel-
    ches das betreffende Rechtsgut ebenso wirksam schützt (EuGH,
    C-347/89, Bayern/Eurim Pharm, Slg. 1991, I–1747).

2. Satz 2 verbietet eine „willkürliche Diskriminierung" zwischen den Mit-
    gliedstaaten.

3. Darüber hinaus ist aufgrund von Satz 2 auch eine „verschleierte Beschränkung des Handels zwischen den Mitgliedstaaten" untersagt. Diese Kriterien werden sich in vielen Fällen überschneiden. (vgl. zu diesem Grundsatz Art. 220).

21 Als nicht gerechtfertigt hat der EuGH u.a. angesehen:
    – **systematische doppelte Kontrollen** sowohl im Versendungs- als auch im Empfangsmitgliedstaat (EuGH, Rs. 251/78, Denkavit Futtermittel/ Landwirtschaftsministerium Nordrhein-Westfalen, Slg. 1979, 4369),
    – unverhältnismäßige **Sanktionen** wie z.B. die Beschlagnahme von Waren anstelle ihrer Rückverbringung in den Versendungsmitgliedstaat (EuGH, C-367/89, Richardt, Slg. 1991, I–4621),
    – ein **Apothekenmonopol** für den Vertrieb anderer Erzeugnisse als Arzneimittel (EuGH, C-369/88, Delattre, Slg. 1991, I–1487, s. aber Art. 28, Rn. 24),
    – ein **Verbot, Arzneimittel** zum persönlichen Bedarf aus einem anderen Mitgliedstaat **mitzubringen**, die dort von einem Arzt verschrieben und in einer Apotheke gekauft worden sind (EuGH, C-62/90, Kommission/ Deutschland, Slg. 1992, I–2575),
    – eine **Verpflichtung, Wein** mit einer bestimmten Ursprungsbezeichnung **in der Ursprungsregion in Flaschen abzufüllen** (EuGH, C-47/90, Delhaize /Promalvin, Slg. 1992, I–3669) und
    – ein **Ausfuhrverbot** für bestimmte **Abfälle** mit dem Ziel, eine wirtschaftliche Entsorgung im Inland zu gewährleisten (EuGH, C-203/96, Chemische Afvalstoffen Dusseldorp/Minister van Milieubeheer, Slg. 1998, I–4075).

22 Eine Diskriminierung bzw. eine verschleierte Beschränkung des Handels wurde vom EuGH u.a. angenommen bei
    – Formalitäten wie **Ursprungsbescheinigungen, Echtheitszeugnisse** etc. (EuGH, Rs. 8/74, Dassonville, Slg. 1974, 837),
    – dem **Verbot, Fleischerzeugnisse** aus anderen Mitgliedstaaten **zu verbringen**, wenn diese Fleisch enthalten, das nicht im Herstellungsmitgliedstaat gewonnen wurde (EuGH, Rs. 153/78, Kommission/Deutschland, Slg. 1979, 2555),
    – das Erfordernis, **UHT-Milch erneut zu verpacken** und einer zweiten thermischen Behandlung zu unterwerfen (EuGH, Rs. 124/81, Kommission/Vereinigtes Königreich, Slg. 1983, 203),
    – dem **Verbot von Zusatzstoffen** für Bier, **die bei anderen Getränken zugelassen sind**, das damit begründet wird, die Hersteller in anderen Mitgliedstaaten könnten diese Zusatzstoffe vermeiden, wenn sie das Bier nach den im Inland geltenden Regeln herstellen würden (EuGH,

Rs. 178/84, Kommission/Deutschland, Slg. 1987, 1227; C-13 und C-113/91, Debus, Slg. 1992, I–3617),
– der **Neutralisierung** eines sich aus niedrigeren Gestehungspreisen ergebenden **Wettbewerbsvorteils** für Waren aus anderen Mitgliedstaaten **durch Mindestpreise** (EuGH, C-287/89, Kommission/Belgien, Slg. 1991, I–2233) und
– der Erteilung von **Zwangslizenzen** für den Fall, daß ein Patent nicht durch Herstellung im betreffenden Mitgliedstaat, sondern durch Lieferungen aus anderen Mitgliedstaaten ausgenutzt wird (EuGH, C-235/89, Kommission/Italien, Slg. 1992, I–777).

IV. Der Stellenwert des Art. 30 im Binnenmarkt

Das Funktionieren des Binnenmarkts setzt voraus, daß die durch unter-   **23** schiedliche nationale Vorschriften verursachten Handelshemmnisse beseitigt werden, und zwar entweder durch eine **Harmonisierung** der nationalen Vorschriften oder durch eine **Normung** technischer Anforderungen auf Gemeinschaftsebene (s. hierzu ABl. 1992 C 96/2 und C 173/1); im übrigen sollte weitgehend der Grundsatz der **gegenseitigen Anerkennung** rechtmäßig in den Verkehr gebrachter Waren Anwendung finden. Damit verringern sich die Fälle, in denen ein Mitgliedstaat handelshemmende Maßnahmen aufgrund von Art. 30 rechtfertigen kann. Soweit eine Gemeinschaftsregelung vorliegt, sind nationale Vorschriften ohnehin auf ihre Vereinbarkeit mit dieser Regelung – und nicht mit Art. 28 (ex-Art. 30) – zu prüfen (EuGH, C-304/88, Kommission/Belgien, Slg. 1990, I–2801). Der Schwerpunkt der Gemeinschaftstätigkeit verlagert sich deshalb immer mehr von der Gesetzgebung auf die Aufgabe,
– für eine **korrekte** und **einheitliche Anwendung des Gemeinschaftsrechts** zu sorgen, die europäische **Normung** zu unterstützen und den Grundsatz der **gegenseitigen Anerkennung** rechtmäßig in den Verkehr gebrachter Waren durchzusetzen (s. hierzu ABl. 1993 C 353/4),
– die **Transparenz** und **Kohärenz des Gemeinschaftsrechts** zu verbessern durch dessen Kodifizierung und die Unterhaltung von ständig aktualisierten, öffentlich zugänglichen Datenbanken (z.B. CELEX, s. auch ABl. 1993 C 166/4),
– den **Austausch** von **Informationen** und die **Zusammenarbeit zwischen den Mitgliedstaaten** zu erleichtern durch die Einrichtung geeigneter Kommunikationsstrukturen (vgl. Art. 154–156 [ex-Art. 129b–129d], s. auch Entscheidung Nr. 3052/95/EG zur Einführung eines Verfahrens der gegenseitigen Unterrichtung über einzelstaatliche Maßnah-

men, die vom Grundsatz des freien Warenverkehrs in der Gemeinschaft abweichen, ABl. 1995 L 321/1, RL 98/34/EG über ein Informationsverfahren auf dem Gebiet der Normen und technischen Vorschriften, ABl. 1998 L 204/37, sowie VO [EG] Nr. 2679/98 und Entschließung des Rates vom 7.12.1998 über den freien Warenverkehr, ABl. 1998 L 337/8 und 10) und

– das **gegenseitige Vertrauen** zwischen den Verwaltungen der **Mitgliedstaaten** zu verbessern, um auf diese Weise doppelte Kontrollen zu vermeiden (z.B. durch den Austausch von Beamten, gemeinsame Schulung, s. hierzu Entscheidung Nr. 92/481/EWG über über einen Aktionsplan für den zwischen den Verwaltungen der Mitgliedstaaten vorzunehmenden Austausch nationaler Beamter [Programm Karolus], ABl. 1992 L 286/65).

V. Warenverkehr mit den Überseeischen Ländern und Gebieten sowie Drittländern

24   Zwar gilt Art. 30 nur für den innergemeinschaftlichen Warenverkehr, aber der gleichlautende Art. 13 des Abkommens über den **Europäischen Wirtschaftsraum** – EWR (ABl. 1994 L 1/3) – erstreckt die Wirkung dieser Vorschrift auf Island, Liechtenstein und Norwegen, einschließlich der Auslegung dieser Vorschrift durch den EuGH (Art. 6 und 105–107 EWR-Abk.). Diese Wirkung tritt allerdings nur in bezug auf die vom Abkommen erfaßten **Ursprungserzeugnisse** der Vertragsparteien ein. Die Präferenzregelung gegenüber den **Überseeischen Ländern** und **Gebieten** – ÜLG (Art. 103 des Beschlusses 91/482/EWG, ABl. 1991 L 263/1) – sowie die übrigen **Präferenzabkommen** mit Drittländern (z.B. Art. 7 des Beschlusses über die Zollunion mit der Türkei, ABl. 1996 L 35/1) enthalten eine mit Art. 28 (ex-Art. 30) übereinstimmende Vorschrift, ohne daß allerdings eine Bindung der Drittländer an die Rechtsprechung des EuGH vorgesehen ist. Einige der Abkommen sehen auch eine Angleichung der Rechtsvorschriften des EG-Partners an diejenigen der Gemeinschaft vor (z.B. in bezug auf die Türkei Art. 8 des Beschlusses über die Zollunion sowie Beschluß 2/97, ABl. 1997 L 191/1). Inwieweit diese Vorschriften in gleicher Weise wie im innergemeinschaftlichen Handel auszulegen sind, hängt insbesondere von der Zielsetzung und dem Integrationsstand der jeweiligen Zollunion bzw. Freihandelszone ab. In Einzelfällen hat der EuGH bereits eine entsprechende Auslegung vorgenommen, z.B. in bezug auf ein im betreffenden Mitgliedstaat zugelassenes Arzneimittel, das in identischer Zusammensetzung aus dem Partnerland einer Freihandelszone eingeführt

wird (EuGH, C-207/91, Eurim Pharm/Bundesgesundheitsamt. Slg. 1993, I–3723).

Im übrigen hat die Gemeinschaft mit einer Reihe von Drittländern in bezug   **25** auf bestimmte Sektoren Abkommen über die **gegenseitige Anerkennung** ihrer Konformitätsbewertungen, -bescheinigungen und -kennzeichnungen vereinbart (z.B. das Abkommen über Arzneimittel mit Australien, ABl. 1998 L 229/3, sowie das mehrere Sektoren erfassende Abkommen mit den USA, ABl. 1999 L 31/3). Zum Schutz der in der Gemeinschaft Ansässigen wurden zahlreiche **Regelungen für Einfuhrwaren** erlassen, z.B. in bezug auf

– **Veterinärkontrollen** (RL 97/78/EG, ABl. 1998 L 24/9),
– **Vorerzeugnisse** für die Herstellung von **Drogen** (VO [EWG] Nr. 3677/90, ABl. 1990, L 357/1),
– **Abfälle** (VO [EWG] Nr. 259/93, ABl. 1993 L 30/1),
– die **Ozonschicht schädigende Stoffe** (VO [EG] Nr. 3093/94, ABl. 1994 L 333/1),
– ein **Patent-, Marken-** oder **Urheberrecht** verletzende Waren (VO [EG] Nr. 3295/94, ABl. 1994 L 341/8, geändert durch VO [EG] Nr. 241/1999, ABl. 1999 L 27/1).

Solche Gemeinschaftsregelungen ermöglichen es, die Waren während der Einfuhrabfertigung zu kontrollieren und bei anschließenden innergemeinschaftlichen Warenbewegungen auf weitere Kontrollen zu verzichten. Dies entspricht den Grundsätzen des Binnenmarktes. Auch in bezug auf die Ausfuhr bestehen solche Regelungen, z.B. zum Schutz

– nationaler **Kulturgüter** (VO [EWG] Nr. 3911/92, ABl. 1992 L 395/1),
– der öffentlichen Sicherheit und Ordnung gegen die Ausfuhr militärisch verwendbarer Erzeugnisse – sog. **dual use**-Güter (VO [EG] Nr. 3381/94, ABl. 1994 L 367/1).

Art. 31 (ex-Art. 37) (Staatliche Handelsmonopole)

(1) Die Mitgliedstaaten formen ihre staatlichen Handelsmonopole derart um, daß jede Diskriminierung in den Versorgungs- und Absatzbedingungen zwischen den Angehörigen der Mitgliedstaaten ausgeschlossen ist.

Dieser Artikel gilt für alle Einrichtungen, durch die ein Mitgliedstaat unmittelbar oder mittelbar die Einfuhr oder die Ausfuhr zwischen den Mitgliedstaaten rechtlich oder tatsächlich kontrolliert, lenkt oder merklich beeinflußt. Er gilt auch für die von einem Staat auf andere Rechtsträger übertragenen Monopole.

(2) Die Mitgliedstaaten unterlassen jede neue Maßnahme, die den in den Absatz 1 genannten Grundsätzen widerspricht oder die Tragweite der Artikel über das Verbot von Zöllen und mengenmäßigen Beschränkungen zwischen den Mitgliedstaaten einengt.

(3) Ist mit einem staatlichen Handelsmonopol eine Regelung zur Erleichterung des Absatzes oder der Verwertung landwirtschaftlicher Erzeugnisse verbunden, so sollen bei der Anwendung dieses Artikels gleichwertige Sicherheiten für die Beschäftigung und Lebenshaltung der betreffenden Erzeuger gewährleistet werden.

Literatur: *Deringer*, Die staatlichen Handelsmonopole nach Ablauf der Übergangszeit, EuR 1971, 193; *Hochbaum*, Die Verpflichtung zur Umformung des deutschen Branntweinmonopols gemäß Art. 37 EWG-Vertrag, Die Branntweinwirtschaft 1970, 282; *Knoop*, Entwicklung, Rechtsnatur und Organisation des französischen Tabakmonopols, ZfZ 1973, 373; *Lukes* (Hrsg.), Ein EWG-Binnenmarkt für Elektrizität – Realität oder Utopie, 1988; *Meier*, Die Umformung des deutschen Branntweinmonopols durch Erhebung einer besonderen Ausgleichsabgabe auf eingeführten Branntwein?, AWD 1970, 498; *Noell*, Die staatlichen Handelsmonopole im gemeinsamen Markt nach Ablauf der Übergangszeit, 1977; *Otto*, Entmonopolisierung der Telekommunikation, 1989; *Pappalardo*, Die Umformung der staatlichen Handelsmonopole (Art. 37 EWG-Vertrag), WuW 1971, 235; *Schmidt*, Branntweineinfuhr und Branntweinmonopol – Umformung, AWD 1971, 480; *Theisen*, Die Stellung der staatlichen Handelsmonopole nach dem EWG-Vertrag unter besonderer Berücksichtigung des Tabakmarktes, 1975; *Zuleeg*, Die Umformung der Handelsmonopole, in: *Fuß* (Hrsg.), Der Beitrag des Gerichtshofes der Europäischen Gemeinschaften zur Verwirklichung des Gemeinsamen Marktes, 1981.

I. Normzweck und systematische Stellung

Ein Mitgliedstaat kann den Warenverkehr nicht nur durch Zölle und Kontingente, sondern auch durch von ihm geregelte oder abhängige Monopole beeinflussen und damit den freien Wettbewerb innerhalb des Binnenmarktes entgegen Art. 3 lit. g verfälschen. So ist z.b. die Festsetzung eines Kontingents überflüssig, wenn ein Monopolunternehmen über das ausschließliche Recht verfügt, darüber zu entscheiden, welche Mengen einer bestimmten Ware aus den anderen Mitgliedstaaten bezogen werden. Um derartige Auswirkungen auf den innergemeinschaftlichen Warenverkehr zu vermeiden, verpflichtet Art. 31 die Mitgliedstaaten dazu, ihre staatlichen Handelsmonopole so umzuformen, daß jede Diskriminierung in den Versorgungs- und Absatzbedingungen zwischen den Angehörigen der Mitgliedstaaten ausgeschlossen ist. Die ursprüngliche Fassung dieser Vorschrift hatte für diese Umformung eine Frist bis zum 31.12.1969 gesetzt. Seit dem Ablauf dieser Frist kann ein Verstoß gegen das Diskriminierungsverbot **vor Gericht geltend gemacht** werden (EuGH, Rs. 59/75, Manghera, Slg. 1976, 91; Rs. 91/78, Hansen/HZA Flensburg, Slg. 1979, 935). Staatliche Monopole als solche verstoßen also nicht gegen den Vertrag; dies ergibt sich bereits aus Art. 295 (ex-Art. 222), aufgrund dessen die Eigentumsordnung in den Mitgliedstaaten unberührt bleibt, und aus Art. 86 (ex-Art. 90), der das Bestehen öffentlicher Unternehmen sowie von Unternehmen, denen die Mitgliedstaaten besondere oder ausschließliche Rechte gewähren, nicht verbietet, sondern den allgemeinen Vertragsvorschriften sowie einer besonderen Aufsicht unterwirft (vgl. GA Tesauro, C-202/88, Frankreich/Kommission, Slg. 1991, I–1223). Ziel des Art. 31 ist es deshalb, die mit einem staatlichen Handelsmonopol typischerweise verbundenen schädlichen Auswirkungen auf den innergemeinschaftlichen Warenverkehr zu beseitigen. Diese Vorschrift geht dem Art. 25 (ex-Art. 12–17, Verbot der Zölle und Abgaben gleicher Wirkung) sowie den Art. 28 und 29 (ex-Art. 30 und 34, Verbot der mengenmäßigen Beschränkungen und Maßnahmen gleicher Wirkung) als eine für staatliche Handelsmonopole spezifische Regelung vor, allerdings nur insoweit, wie es um die **Ausübung der spezifischen Funktion eines Handelsmonopols** – also seines Ausschließlichkeitsrechts – geht, und nicht allgemein um die Herstellung oder Vermarktung von Waren (EuGH, Rs. 91/75, HZA Göttingen/Miritz, Slg. 1976, 217; Rs. 120/78, Rewe-Zentral/Bundesmonopolverwaltung für Branntwein, Slg. 1979, 649; C-189/95, Franzén, Slg. 1997, I–5909). Gleichwohl hat der EuGH in Zweifelsfällen die Art. 28 und 31 (ex-Art. 30 und 37) nebeneinander angewendet (EuGH, Rs. 90/82, Kommission/Frankreich, Slg. 1982, 2011; C-347/88, Kommission/Griechenland, Slg. 1990, I–4747).

1

2 Im übrigen kann Art. 31 neben anderen Bestimmungen des Vertrages angewendet werden, insbesondere in bezug auf

- die in Art. 86 (ex-Art. 90) festgelegten **Wettbewerbsvorschriften für
  Monopolunternehmen** (EuGH, Rs. 155/73, G. Sacchi, Slg. 1974, 409;
  C-179/90, Merci convenzionali porto di Genova/Siderurgica Gabrielli,
  Slg. 1991, I–5889),
- die in den Art. 87 und 88 (ex-Art. 92 und 93) geregelten **Beihilfen**
  (EuGH, Rs. 91/78, Hansen/HZA Flensburg, Slg. 1979, 935) und
- das **steuerliche Diskriminierungsverbot** des Art. 90 (ex-Art. 95,
  EuGH, Rs. 17/81, Pabst & Richarz/HZA Oldenburg, Slg. 1982, 1331).

Der EuGH läßt sogar zu, daß ein Mitgliedstaat sich auf Art. 86 (ex-Art. 90)
beruft, um einem **Unternehmen**, das mit **Dienstleistungen von allgemeinem wirtschaftlichem Interesse** betraut ist, gegen Art. 31 verstoßende
ausschließliche Rechte zu übertragen, soweit die Erfüllung der diesem
übertragenen besonderen Aufgaben nur durch die Einräumung solcher
Rechte gesichert werden kann und soweit die Entwicklung des Handelsverkehrs nicht in einem Ausmaß beeinträchtigt wird, das dem Interesse der
Gemeinschaft zuwiderläuft (EuGH, C-157/94, Kommission/Niederlande,
Slg. 1997, I–5699; C-158/94, Kommission/Italien, Slg. 1997, I–5789). Insofern kann **Art. 86** (ex-Art. 90) als **lex specialis** im Verhältnis zu Art. 31
angesehen werden (*Hochbaum* in: GTE, Art. 37 Rn. 5).

3 Ein **Dienstleistungsmonopol** fällt grundsätzlich nicht unter die Bestimmungen des Art. 31, weil diese Vorschrift entsprechend ihrer systematischen Stellung nur den Warenverkehr erfaßt (zur Abgrenzung zwischen Waren und Dienstleistungen s. Art. 23 Rn. 17–19). Eine Anwendung des
Art. 31 ist jedoch dann möglich, wenn ein Dienstleistungsmonopol mittelbar den Warenaustausch zwischen den Mitgliedstaaten beeinflußt, insbesondere dadurch, daß das Monopol zu einer Diskriminierung von Waren
aus anderen Mitgliedstaaten gegenüber einheimischen Erzeugnissen führt;
Voraussetzung hierfür ist freilich, daß das Monopolunternehmen die Voraussetzungen des Art. 31 Abs. 1 erfüllt (vgl. EuGH, Rs. 271/81, Société
coopérative d'amélioration de l'élevage et d'insémination artificielle du
Béarn/Mialocq, Slg. 1983, 2057; Rs. 30/87, Bodson/ Pompes funèbres des
régions libérées, Slg. 1988, 2479). Handelt es sich nicht um ein in Art. 31
Abs. 1 angesprochenes Handelsmonopol, so sind bei durch Dienstleistungsmonopole bewirkten Behinderungen des Warenverkehrs dagegen die Art.
28 und 29 (ex-Art. 30 und 34) anzuwenden (EuGH, C-202/88, Frank-
reich/Kommission, Slg. 1991, I–1223; C-260/89, Elliniki Radiophonia Ti-
leorassi/Dimotiki Etairia Pliroforissis, Slg. 1991, I2925; C-179/90, Merci
convenzionali porto di Genova/Siderurgica Gabrielli, Slg. 1991, I–5889).

Als Modell für diese Vorschrift hat Art. XVII GATT 1947/1994 gedient, der **4** Vertragsparteien, die Monopole errichten oder betreiben oder Unternehmen ausschließliche oder besondere Vorrechte gewähren, dazu verpflichtet sicherzustellen, daß bei Käufen oder Verkäufen, die Einfuhren oder Ausfuhren zur Folge haben, die allgemeinen Grundsätze der Nicht-Diskriminierung beachtet werden. Darüber hinaus verbietet Art. II Abs. 4 GATT 1947/1994, daß ein Einfuhrmonopol einen höheren Einfuhrschutz bewirkt als denjenigen, der in der Liste der Zugeständnisse festgelegt ist.

II. Die Adressaten des Diskriminierungsverbots

Das in Abs. 1 festgelegte Diskriminierungsverbot richtet sich an: **5**
– staatliche Handelsmonopole (Satz 1), einschließlich solcher für landwirtschaftliche Erzeugnisse, die mit einer Regelung zur Erleichterung des Absatzes oder der Verwertung landwirtschaftlicher Erzeugnisse verbunden sind (Abs. 3),
– Einrichtungen, durch die ein Mitgliedstaat den innergemeinschaftlichen Warenverkehr kontrolliert, lenkt oder merklich beeinflußt (Satz 2) und
– vom Staat an andere Rechtsträger übertragene Monopole (Satz 3).
Ein Unternehmen oder eine wie ein Unternehmen handelnde staatliche **6** Stelle übt dann ein Monopol aus, wenn es bzw. sie alleiniger Anbieter oder Nachfrager eines bestimmten Gutes ist. Eine solche ausschließliche Stellung kann sich aus tatsächlichen oder aus rechtlichen Gründen ergeben und in bezug auf das gesamte Staatsgebiet oder nur für ein Teilgebiet bestehen. Art. 31 erfaßt nur **durch** einen **staatlichen Akt geschaffene Monopole.**

1. Staatliche Handelsmonopole

Ein **staatliches** Monopol liegt vor, wenn der Staat sich selbst oder einer ihm **7** unterstellten Behörde die Produktion, den Einkauf oder Verkauf einer bestimmten Ware mittels eines Rechtsakts vorbehält (vgl. EuGH, C-347/88, Kommission/Griechenland, Slg. 1990, I–4747). Ein **Handelsmonopol** ist dann gegeben, wenn es Umsätze von Handelswaren zum Gegenstand hat, hinsichtlich deren ein Wettbewerb und ein zwischenstaatlicher Warenaustausch möglich ist, sofern dieser Warenaustausch zwischen den Angehörigen der Mitgliedstaaten tatsächlich von Bedeutung ist (EuGH, Rs. 6/64, Costa/E.N.E.L., Slg. 1964, 1253). **Waren** sind grundsätzlich bewegliche körperliche Gegenstände und Elektrizität (s. Rn. 3 in bezug auf Dienstleistungsmonopole sowie Art. 23 Rn. 17–19).

2. Handelslenkung durch staatliche Einrichtungen

8   Abs. 1 Satz 2 erstreckt den Geltungsbereich des Begriffs „staatliches Handelsmonopol" auf alle **Einrichtungen**, durch die ein **Mitgliedstaat** unmittelbar oder mittelbar den **Warenverkehr** zwischen den Mitgliedstaaten rechtlich oder tatsächlich kontrolliert, lenkt oder **merklich beeinflußt**. „Einrichtungen" im Sinne dieser Vorschrift sind staatliche Behörden und Institutionen einschließlich der Gebietskörperschaften, nicht aber staatliche Genehmigungs- oder Zulassungsregelungen über den Handel mit bestimmten Waren (EuGH, Rs. 161/82, Kommission/Frankreich, Slg. 1983, 2079; Rs. 30/87, Bodson/Pompes funèbres des régions libérées, Slg. 1988, 2479). Diese Voraussetzung ist dann nicht erfüllt, wenn der Staat zwar über eine bestimmte Einrichtung den Markt beeinflußt, gleichzeitig aber noch andere – vom Staat unabhängige – Wettbewerber auf dem Markt erfolgreich tätig sind (EuGH, Rs. 161/82 aaO). Die Behinderung des Wettbewerbs durch staatliche Einrichtungen muß im übrigen eine gewisse Intensität erreichen („merklich" beeinflußt), während es im Rahmen des Art. 28 (ex-Art. 30) nach der Dassonville-Formel genügt, daß eine Maßnahme geeignet ist, den innergemeinschaftlichen Handel unmittelbar oder mittelbar, tatsächlich oder potentiell zu behindern (s. Art. 28 Rn. 22).

3. Auf andere Rechtsträger übertragene Monopole

9   Abs. 1 Satz 3 erstreckt den Begriff „staatliches Handelsmonopol" auf **Monopole**, die der **Staat auf** andere Rechtsträger – insbesondere staatliche oder private **Unternehmen** – **überträgt** (z.B. Milchzentralen mit einem regionalen auschließlichen Bezugs- und Verkaufsrecht, vgl. EuGH, Rs. 82/71, Società agricola industria latte, Slg. 1972, 119). Eine derartige Übertragung liegt jedoch dann nicht vor, wenn eine bestimmte wirtschaftliche Betätigung (z.B. Verkauf von Arzneimitteln oder Tabakwaren, Entgegennahme von Abfall oder Altöl) zwar einer staatlichen Genehmigung bedarf, diese aber jedem Interessenten erteilt wird, der die geforderten Voraussetzungen erfüllt und die sich aus der staatlichen Regelung ergebenden Verpflichtungen anerkennt (EuGH, Rs. 172/82, Syndicat national des fabricants raffineurs d'huile de graissage/Inter-Huiles, Slg. 1983, 555; Rs. 118/86, Openbaar Ministerie/Nertsvoederfabrik Nederland, Slg. 1987, 3883; C-369/88, Delattre, Slg. 1991, I–1487; C-387/93, Banchero, Slg. 1995, I–4663). Ein Monopol liegt auch dann nicht vor, wenn Gemeinden durch staatliche Rechtsvorschriften mit einer bestimmten Wirtschaftstätigkeit betraut werden, es diesen aber freisteht, einem Privatunternehmen eine Konzession zu erteilen, die Ausübung dieser Tätigkeit völlig freizugeben oder sie selbst in die Hand zu nehmen (EuGH, Rs. 30/87, Bodson/Pompes funèbres des régions libérées, Slg. 1988, 2479). Bei einer Übertragung ausschließlicher Rechte auf Unternehmen, die mit Dienstleistungen von allgemeinem wirtschaftlichem Interesse betraut sind, gehen die Bestimmungen des Art. 86 (ex-Art. 90) Abs. 2 vor (s. Rn. 2).

4. Handelsmonopole für landwirtschaftliche Erzeugnisse

Abs. 3 legt in bezug auf staatliche Handelsmonopole, die mit einer Rege-   **10**
lung zur **Erleichterung des Absatzes** oder **der Verwertung landwirtschaftlicher Erzeugnisse** verbunden sind, als zusätzliche Bedingung fest, daß solche Monopole gleichwertige Sicherheiten für die Beschäftigung und Lebenshaltung der betreffenden Erzeuger gewährleisten müssen. Art. 37 (ex-Art. 43) Abs. 3 lit. a enthält eine gleichlautende Bestimmung in bezug auf die Ersetzung nationaler Marktordnungen durch eine gemeinsame Marktorganisation. Abs. 3 schränkt die Tragweite der Abs. 1 und 2 nicht ein, sondern erleichtert besondere Maßnahmen, um die Wirkungen auszugleichen, welche die Beseitigung der durch das Monopol bedingten Diskriminierungen für die Beschäftigung und Lebenshaltung der betreffenden Erzeuger haben kann (EuGH, Rs. 91/75, HZA Göttingen/Miritz, Slg. 1976, 217). Seit dem Ablauf der Übergangszeit unterliegen einzelstaatliche Marktordnungen den allgemeinen Bestimmungen der Art. 28–31 (ex-Art. 30–37) sowie den Art. 32–38, (ex-Art. 38–46; vgl. dazu EuGH, Rs. 48/78, Charmasson/Minister für Wirtschaft und Finanzen, Slg. 1974, 1383). Für Waren, die einer **gemeinsamen Marktorganisation** unterliegen, ist diese Regelung gemäß Art. 32 (ex-Art. 38) Abs. 2 **vorrangig**, mit der Folge, daß Art. 31 (ex-Art. 37) schon deshalb nicht anwendbar ist (EuGH, Rs. 83/78, Pigs Marketing Board/Redmond, Slg. 1978, 2347). Von dem Zeitpunkt des Inkrafttretens einer gemeinsamen Marktorganisation an ist es allein Sache der Gemeinschaftsorgane, über die vorläufige Beibehaltung einzelstaatlicher Organisations-, Interventions- und Kontrollsysteme aller Art für die fraglichen Erzeugnisse zu entscheiden (EuGH, Rs. 82/71, Società agricola industria latte, Slg. 1972, 119).

III. Das Umformungsgebot und das Verbot neuer Beschränkungen

Abs. 1 verpflichtet die Mitgliedstaaten **nicht** zu einer **Abschaffung** staatli-   **11**
cher Handelsmonopole, **sondern** lediglich zu deren **Umformung** in einer Weise, die eine Diskriminierung im innergemeinschaftlichen Warenverkehr ausschließt. Auch wenn diese Vorschrift als ein Gebot – und nicht als ein Verbot – formuliert ist, so muß doch seit dem Ende der Übergangszeit die

vollständige Beseitigung der hier angesprochenen Diskriminierungen gewährleistet sein (EuGH, Rs. 91/75, HZA Göttingen/Miritz, Slg. 1976, 217). Art. 31 bleibt auch nach Ablauf der Übergangszeit immer dann anwendbar, wenn die Wahrnehmung ausschließlicher Rechte durch ein staatliches Monopol trotz der durch den Vertrag vorgeschriebenen Umformung zu einer Diskriminierung oder Wettbewerbsverfälschung zwischen Angehörigen der Mitgliedstaaten führt, insbesondere, wenn es um Tätigkeiten geht, die in einem spezifischen Zusammenhang mit der **Ausübung** eines **ausschließlichen Rechts** auf dem Gebiet des Ankaufs, der Verarbeitung oder des Verkaufs geht (EuGH, Rs. 91/78, Hansen/HZA Flensburg, Slg. 1979, 935). Dagegen findet Art. 28 (ex-Art. 30) Anwendung in bezug auf nationale Handelsregelungen, die die Ausübung dieser spezifischen Funktion nicht betreffen, wie z.B. die Herstellung oder Vermarktung bestimmter Waren (EuGH, Rs. 120/78, Rewe-Zentral/Bundesmonopolverwaltung für Branntwein, Slg. 1979, 649; Rs. 119/78, Grandes Distilleries Peureux/Directeur des Services fiscaux de la Haute-Saône, Slg. 1979, 975; Rs. 17/81, Pabst & Richarz/HZA Oldenburg, Slg. 1982, 1331; C-189/95, Franzén, Slg. 1997, I–5909).

12   Abs. 2 ergänzt die in Abs. 1 enthaltene Verpflichtung um das Verbot, neue Maßnahmen zu erlassen, die zu einer Diskriminierung im Sinne des Absatzes 1 führen oder gegen die in den Art. 25 (ex-Art. 12), 28 (ex-Art. 30) und 29 (ex-Art. 34) festgelegten Verbote verstoßen. Da aber seit dem Ablauf der Übergangszeit das Diskriminierungsverbot des Abs. 1 unmittelbar gilt, und zwar einschließlich des Verbots mengenmäßiger Beschränkungen und Maßnahmen gleicher Wirkung und einschließlich des Verbots von Zöllen und Abgaben gleicher Wirkung, hat diese Vorschrift keine eigenständige Bedeutung mehr (vgl. EuGH, Rs. 91/75, HZA Göttingen/Miritz, Slg. 1976, 217).

IV. Das Diskriminierungsverbot

13   Staatliche Handelsmonopole sind gemäß Abs. 1 nur insoweit zulässig, als jede **Diskriminierung** in den Versorgungs- und Absatzbedingungen zwischen den Angehörigen der Mitgliedstaaten ausgeschlossen ist. Durch Monopole verursachte **rechtliche** oder **tatsächliche Benachteiligungen** für aus anderen oder in andere Mitgliedstaaten verbrachte Waren im Vergleich zu einheimischen Erzeugnissen sind damit verboten.

14   Ein staatliches Monopol für den Bezug von Waren aus anderen Mitgliedstaaten oder die Lieferung in andere Mitgliedstaaten (sog. **Einfuhr**- bzw. **Ausfuhrmonopol**) ist grundsätzlich unzulässig, weil es andere Wirt-

schaftsbeteiligte von entsprechenden Handelsgeschäften ausschließt (EuGH, Rs. 59/75, Manghera, Slg. 1976, 91; C-347/88, Kommission/Griechenland, Slg. 1990, I–4747). Allerdings kann ein solches Monopol dann zulässig sein, wenn es einem Unternehmen übertragen worden ist, das gemäß Art. 86 (ex-Art. 90) Abs. 2 mit **Dienstleistungen von allgemeinem wirtschaftlichem Interesse** betraut ist (EuGH, C-157/94, Kommission/ Niederlande, Slg. 1997, I–5699; C-158/94, Kommission/Italien, Slg. 1997, I–5789). Das Bestehen eines sonstigen **Dienstleistungsmonopols** (z.B. für die Ausstrahlung von Fernsehsendungen) hat zwar auch zur Folge, daß nur ein einziges Unternehmen als Käufer oder Verkäufer bzw. Vermieter der hierfür erforderlichen Waren (z.B. Filme, Tonträger) in Betracht kommt; die Bestimmungen über den freien Warenverkehr sind jedoch nur dann beeinträchtigt, wenn nationale Erzeugnisse zu Lasten von Waren aus anderen Mitgliedstaaten bevorzugt werden (EuGH, C-260/89, Elliniki Radiophonia Tileorassi/Dimotiki Etairia Pliroforissis, Slg. 1991, I–2925). Da Dienstleistungmonopole nicht Adressat des Art. 31 sind, ist insoweit Art. 28 (ex-Art. 30) anwendbar (vgl. EuGH, C-260/89 aaO).

Vermarktet ein Monopolunternehmen Erzeugnisse mit Hilfe öffentlicher   **15** Mittel zu einem **Verkaufspreis**, der so **niedrig** ist, daß Waren aus anderen Mitgliedstaaten einen Wettbewerbsnachteil erleiden, so verstößt dies gegen das Diskriminierungsverbot (EuGH, Rs. 91/78, Hansen/HZA Flensburg, Slg. 1979, 935). Eine solche Maßnahme kann gleichzeitig gegen das **Beihilfeverbot** des Art. 87 (ex-Art. 92) verstoßen (EuGH, Rs. 91/78 aaO). Die Festlegung von **Handelsspannen** verstößt nicht gegen das Diskriminierungsverbot, solange der aus einem niedrigeren Gestehungspreis resultierende Wettbewerbsvorteil einer aus einem anderen Mitgliedstaat gelieferten Ware nicht aufgehoben wird (EuGH, Rs. 78/82, Kommission/Italien, Slg. 1983, 1955). Die Festlegung eines **Mindestpreises** hat dagegen in der Regel eine solche diskriminierende Wirkung (EuGH, Rs. 90/82, Kommission/ Frankreich, Slg. 1983, 2011).

Diskriminierend ist auch eine unterschiedliche Behandlung von einem Mo-   **16** nopol unterworfenen Waren, je nachdem, ob sie aus dem betreffenden Mitgliedstaat erzeugten **Ausgangsstoffen** hergestellt worden sind, oder aber aus Ausgangsstoffen, die aus anderen Mitgliedstaaten stammen oder dort in den freien Verkehr übergeführt worden sind (EuGH, Rs. 119/78, Grandes Distilleries Peureux/Directeur des Services fiscaux de la Haute-Saône, Slg. 1979, 975).

Das Diskriminierungsverbot des Art. 31 erfaßt nicht diejenigen Fälle, in de-   **17** nen einheimische Erzeuger gegenüber denjenigen aus anderen Mitgliedstaaten benachteiligt werden (sog. **umgekehrte Diskriminierung**), z.B.

dadurch, daß diese ihre Waren zu einem bestimmten Preis abliefern müssen, Erzeuger aus anderen Mitgliedstaaten aber nicht; eine solche Benachteiligung ist lediglich die Konsequenz daraus, daß im betreffenden Mitgliedstaat – anders als in den übrigen Mitgliedstaaten – ein staatliches Handelsmonopol besteht (vgl. EuGH, Rs. 119/78 aaO). Auch eine höhere Abgabenbelastung einheimischer Erzeugnisse im Vergleich zu aus anderen Mitgliedstaaten gelieferten Waren verstößt weder gegen Art. 31 noch gegen Art. 90 (ex-Art. 95; vgl. dazu EuGH, Rs. 86/78, Grandes Distilleries Peureux/Directeur des Services fiscaux de la Haute-Saône, Slg. 1979, 897).

V. Warenverkehr mit den Überseeischen Ländern und Gebieten sowie Drittländern

18   Bei der Einfuhr präferenzberechtigter Ursprungserzeugnisse aus den **Überseeischen Ländern und Gebieten** ist eine auf einem staatlichen Handelsmonopol beruhende Diskriminierung aufgrund der Art. 182–188 (ex-Art. 131–136a) sowie des Beschlusses 91/482/EWG (ABl. 1991 L 263/1) unzulässig (EuGH, Rs. 91/78, Hansen/HZA Flensburg, Slg. 1979, 935). Im Warenverkehr zwischen der Gemeinschaft und **Drittländern** sind die Bestimmungen des Art. 31 nicht anwendbar (vgl. EuGH, Rs. 91/78 aaO). Ein entsprechendes Diskriminierungsverbot ist jedoch in das Abkommen über den Europäischen Wirtschaftsraum – **EWR** (ABl. 1994 L 1/3) aufgenommen werden (Art. 16 EWR-Abk.). Insoweit ist eine einheitliche Auslegung dieser dem Art. 31 entsprechenden Vorschrift vorgesehen (s. auch EFTA-Gerichtshof, Gutachten 1/94, ABl. 1994 C 398/18). Eine Umformung der staatlichen Handelsmonopole mit dem Ziel, jede Diskriminierung zwischen den Vertragsparteien abzuschaffen, ist auch vorgesehen

– im Assoziierungsabkommen mit der **Türkei** (Art. 42 des Beschlusses 1/95, ABl. 1996 L 35/1),

– in den **Europa-Abkommen** mit den mittel- und osteuropäischen Staaten (z.B. Art. 32 des Abkommens mit Polen, ABl. 1993 L 348/2) und

– in den **Europa-Mittelmeer-Abkommen** (z.B. Art. 37 des Abkommens mit Tunesien, ABl. 1998 L 97/2).

Anders als innerhalb des Binnenmarktes gelten diese Umformungsgebote bzw. – nach Ablauf der Übergangszeit – Diskriminierungsverbote nur in bezug auf die vom jeweiligen Abkommen erfaßten Waren. Im übrigen sind die nicht dem EWR angehörigen Länder keine Bindung an die Rechtsprechung des EuGH eingegangen.

Titel II. Die Landwirtschaft

Art. 32 (ex-Art. 38) (Gemeinsamer Markt für die Landwirtschaft)

(1) Der Gemeinsame Markt umfaßt auch die Landwirtschaft und den Handel mit landwirtschaftlichen Erzeugnissen. Unter landwirtschaftlichen Erzeugnissen sind die Erzeugnisse des Bodens, der Viehzucht und der Fischerei sowie die mit diesen in unmittelbarem Zusammenhang stehenden Erzeugnisse der ersten Verarbeitungsstufe zu verstehen.

(2) Die Vorschriften für die Errichtung des Gemeinsamen Marktes finden auf die landwirtschaftlichen Erzeugnisse Anwendung, soweit in den Artikeln 33 bis 38 nicht etwas anderes bestimmt ist.

(3) Die Erzeugnisse, für welche die Artikel 33 bis 38 gelten, sind in der diesem Vertrag als Anhang I beigefügten Liste aufgeführt.

(4) Mit dem Funktionieren und der Entwicklung des Gemeinsamen Marktes für landwirtschaftliche Erzeugnisse muß die Gestaltung einer gemeinsamen Agrarpolitik Hand in Hand gehen.

Literatur (allgemein): *Ahner*, Die gemeinsame Agrarpolitik-Herzstück und Sorgenkind, in: Röttinger/Weyringer (Hrsg.), Handbuch der europäischen Integration, 2. Aufl. 1996, S. 846; *Barents*, The Agricultural Law of the EC, 1994; *Blumann*, Politique agricole commune. Droit communautaire agricole et agri-alimentaire, Paris 1996; *Burbach/Mindermann*, Der „Vertrag von Amsterdam" – Neuerungen für das europäische Agrarrecht, AgrR 1998, 293–299; *Ehlermann*, Europäisches Agrarrecht als Instrument der Gemeinschaftspolitik, AgrarR 1989, 113 ff.; *Gilsdorf*, Der Grundsatz der Subsidiarität und die Gemeinsame Agrarpolitik, GS Grabitz 1995, 77 ff.; *Gilsdorf/Priebe/Booß*, Art. 38–47, in Grabitz/Hilf, Stand 1994; *Gottsmann*, Der Gemeinsame Agrarmarkt, Texte mit Kommentar (Loseblatt, 67. Lfg. 1995); *Grimm*, Agrarrecht, München 1995; *Kommission der EG*, Die Zukunft unserer Landwirtschaft, Europäische Dokumentation 1993; *dies.*, Die Lage der Landwirtschaft in der Europäischen Union, Bericht 1994; *Olmi*, Politique agricole commune, in Waelbroeck u.a., Commentaire Megret, Bd. 2 Brüssel 1991; *Priebe*, Einigung des Rates über die Agrarreform, EuZW 1992, 506; *Priebe*, Recht der Landwirtschaft, in Schmidt (Hrsg.), Öffentliches Wirtschaftsrecht, Besonderer Teil 2, Berlin 1996, 225 ff.; *Priebe/Scheper/Urff*, Agrarpolitik in der EG – Probleme und Perspektiven, 1984; *Raux*, Politique agricole commune et construction européenne, 1984; *Scherer*, Subsidiaritätsprinzip und EG-Agrarreform, DVBl. 1993, 281; *Snyder*, Droit de la politique agricole commune, 1987; *Snyder*, Law of the Common Agricultural Policy, 1985; *Tangermann*, Die Osterweiterung der Europäischen Union und die Zukunft der Landwirtschaft in Europa, AgrarR 1996, 381; *Usher*, Legal Aspects of Agriculture in the European Community, Oxford 1988.

I. Grundlagen der gemeinsamen Agrarpolitik (Abs. 1 und 4)

1. Einbeziehung der Landwirtschaft in den Gemeinsamen Markt (Abs. 1)

1   Angesichts ihrer strategischen und volkswirtschaftlichen Bedeutung war klar, daß die Landwirtschaft nicht von der europäischen Integration und der Schaffung eines Gemeinsamen Marktes ausgenommen werden konnte (vgl. in diesem Sinne auch den im Anschluß an die Messiner Konferenz erstellten „**Spaak-Bericht**"). Allerdings bestanden bei Gründung der EWG in den sechs Gründerstaaten ganz unterschiedliche wirtschaftspolitische Ausgangsbedingungen, welche die Herstellung eines Konsenses über die Art und den Umfang einer „Vergemeinschaftung" der nationalen Landwirtschaftspolitiken wesentlich erschwerten. So gab es zur damaligen Zeit Staaten, die ganz entscheidend vom Agrarexport lebten und folglich für eine möglichst weitgehende Öffnung der Agrarmärkte eintraten, während die anderen, stärker industriell orientierten Staaten nur bedingt bereit waren, ihren Handlungsspielraum in der traditionell einen Schwerpunkt staatlichen Handelns bildenden nationalen Landwirtschaftspolitik beschränken zu lassen.

2   Die daraus resultierende unterschiedliche Interessenlage hat ihren Ausdruck und zugleich ihre Regelung in der Einordnung der Landwirtschaft als Titel II zwischen dem freien Warenverkehr (Titel I) einerseits und der Personen- und Dienstleistungsfreiheit, der Kapitalverkehrsfreiheit sowie der Verkehrspolitik (Titel III) andererseits gefunden. Die Landwirtschaft wird damit in den Rang einer die „**Grundlagen der Gemeinschaft**" bildenden Gemeinschaftspolitik erhoben.

Diese hervorgehobene Stellung der Landwirtschaft nimmt Art. 32 Abs. 1 **3** auf und erklärt die Landwirtschaft und den Handel mit landwirtschaftlichen Erzeugnissen als vom Gemeinsamen Markt/Binnenmarkt mitumfaßt.

2. Einführung und Gestaltung einer gemeinsamen Politik (Abs. 4)

Die Einbeziehung der Landwirtschaft in den Gemeinsamen Markt konnte **4** vor dem dargestellten Hintergrund allerdings nicht im Wege der schlichten Anwendung der allg. marktwirtschaftlichen Regeln erfolgen. Vielmehr zwangen die vielfältigen strukturellen Unterschiede der nationalen Landwirtschaftspolitiken zur **Schaffung eines gemeinschaftlichen Konzepts**, das zudem den Besonderheiten der landwirtschaftlichen Produkte und ihrer Marktbedingungen, dem Verlangen nach Sicherstellung der Ernährung der Bevölkerung sowie den Erfordernissen des Landschaftsschutzes Rechnung zu tragen hatte.

Dieses Konzept umfaßt neben der Marktordnungspolitik auch die landwirt- **5** schaftliche Strukturpolitik sowie die Rechtsangleichung im Hinblick auf die landwirtschaftlichen Erzeugnisse. In Art. 32 Abs. 4 wird es mit „**Gestaltung einer gemeinsamen Agrarpolitik**" umschrieben.

3. Grundprinzipien der gemeinsamen Agrarpolitik

Die **Vorschriften des EGV** über die Landwirtschaft enthalten die allg. Re- **6** geln und Zielvorstellungen und geben damit lediglich den Rahmen für die gemeinsame Agrarpolitik vor, der vom Gemeinschaftsgesetzgeber auszufüllen ist. Als Eckpfeiler dieser Ausgestaltung gelten a) die Einheit des Marktes, b) die Gemeinschaftspräferenz und c) die finanzielle Solidarität.

a) Die Einheit des Marktes

Der Grundsatz der Einheit des Marktes bedeutet in erster Linie die Ge- **7** währleistung eines freien Warenverkehrs mit landwirtschaftlichen Erzeugnissen in der ganzen EG, d.h. Ersetzung der nationalen Märkte durch einen einzigen Binnenmarkt (grundlegend dazu EuGH, Rs. 80 u. 81/77, Ramel, Slg. 1978, 927). Dazu waren zunächst alle zwischen den Mitgliedstaaten bestehenden **Zölle** sowie **Handelshemmnisse** und **wettbewerbsverfälschenden Maßnahmen** anderer Art **abzuschaffen**. Sodann mußten ein **gemeinsames Agrarpreissystem** eingeführt und **gemeinsame Wettbewerbsregeln** aufgestellt werden. Ein gemeinsamer Binnenmarkt für landwirtschaftliche Produkte kann ferner nur dann reibungslos funktionieren, wenn auch die **verwaltungs- und gesundheitsrechtlichen Bestimmungen der Mitgliedstaaten** angeglichen und die Erzeuger und Händler vor allzu starken **Wechselkursschwankungen** geschützt werden.

8 Mit der Vereinheitlichung der Marktbedingungen im Innern mußte ein **gemeinschaftlicher Außenschutz** Hand in Hand gehen, der insbesondere durch einen einheitlichen Zolltarif gegenüber Drittländern sowie gemeinsame Regeln für die Ein- und Ausfuhr landwirtschaftlicher Produkte geschaffen wurde.

9 Dieser gemeinsame Agrarmarkt hat zum einen den Vorteil, daß das **Angebot an landwirtschaftlichen Erzeugnissen erweitert** wird und damit auch (z.B. witterungsbedingte) Produktionsschwankungen besser ausgeglichen werden können. Zum anderen können wegen der vervielfachten Gesamtnachfrage auch größere Mengen zu günstigeren Preisen erzeugt werden. In der Praxis haben allerdings unkontrollierte **Produktivitätssteigerungen** in der Vergangenheit bei manchen Erzeugnissen (Milch, Getreide, Rindfleisch, Wein) zu erheblichen Verwertungsproblemen und finanziellen Belastungen geführt, da zur Sicherung des Einkommens der Landwirte für die meisten Agrarprodukte von der öffentlichen Hand Mindestpreise garantiert werden mußten (vgl. dazu Art. 34 Rn. 8 ff.).

b) Das Prinzip der Gemeinschaftspräferenz

10 Das Prinzip der Gemeinschaftspräferenz sichert in gewissen Grenzen die **Bevorzugung der landwirtschaftlichen Erzeugnisse der EG** gegenüber Agrarprodukten, die aus Drittländern eingeführt werden (grundlegend dazu EuGH, C-353/92, Griechenland/Rat, Slg. 1994, I–3436 Rn. 50; Schlußanträge des GA Jacobs in der Rs. C-353/92, aaO, Slg. 1994, I–3414 Rn. 78–82; vgl. zuvor auch EuGH, Rs. 5/67, Beus, Slg. 1968, 125, wo der EuGH das Prinzip der Gemeinschaftspräferenz auf den früheren Art. 44 [jetzt weggefallen], in dem eine „natürliche Präferenz zwischen den Mitgliedstaaten bei der Festlegung der Mindestpreise in der Übergangszeit" erwähnt wird, gestützt hat. In der Schlußakte zum Amsterdamer Vertrag wird in der Erklärung Nr. 14 zum EGV ausdrücklich festgehalten, daß die Aufhebung des früheren Art. 44 keinerlei Auswirkung auf den Grundsatz der Gemeinschaftspräferenz hat, wie er in der Rechtsprechung des EuGH formuliert wurde).

11 Die Gemeinschaftspräferenz stellt allerdings **keinen allgemeinen Rechtsgrundsatz** dar, dessen Verletzung etwa die Ungültigkeit eines Rechtsaktes zur Folge haben könnte; vielmehr handelt es sich dabei lediglich um eines derjenigen **Mittel**, mit denen die in Art. 33 (ex-Art. 39) umschriebenen **Zie-**

le der gemeinsamen Agrarpolitik verwirklicht werden können. Die Gemeinschaftsorgane können folglich das Prinzip der Gemeinschaftspräferenz im Rahmen der gemeinsamen Agrarpolitik berücksichtigen, ohne daß die damit verbundene Bevorzugung der Gemeinschaftserzeugung automatisch als rechtswidrig angesehen werden muß. Eine allgemeine Verpflichtung, die Gemeinschaftserzeugung zu bevorzugen, ist aus diesem Prinzip jedoch nicht ableitbar.

Selbst der **Rückgriff** auf das Prinzip der Gemeinschaftspräferenz durch die **12** Gemeinschaftsorgane ist **nicht unbeschränkt** möglich. Die Gewährung einer Gemeinschaftspräferenz ist vielmehr nur nach Abwägung aller wirtschaftlichen Faktoren, die sich auf den Welthandel auswirken können, sowie unter Beachtung der internationalen Verpflichtungen der EG möglich. Aufgrund dieser Beschränkungen kann die Gewährung der Gemeinschaftspräferenz im Einzelfall zur Rechtswidrigkeit der betreffenden Maßnahme führen. Ein angemessener Ausgleich zwischen der Gewährung der Gemeinschaftspräferenz einerseits und den von der EG übernommenen internationalen Handelsverpflichtungen andererseits kann vor allem in der Weise hergestellt werden, daß die Beschränkungen im internationalen Handelsverkehr zwar schrittweise aufgehoben werden (vgl. Art. 131, ex-Art. 110), die EG ihre Interessen jedoch durch die Aufnahme besonderer Schutzklauseln in den Liberalisierungsabkommen sichert (vgl. zu diesem Ansatz EuGeI, T-483/93, Antillean Rice Mills/KOM, Slg. 1995, II–2305 betreffend die Einführung von Schutzklauseln bei der agrarrechtlichen Durchführung der Assoziierung der PTOM an die EG gem. Art. 187 [ex-Art. 136]).

c) Der Grundsatz der finanziellen Solidarität

Der Grundsatz der finanziellen Solidarität besagt, daß die **Kosten** des ge- **13** meinsamen Agrarmarkts **von allen Mitgliedstaaten gemeinsam zu tragen** sind. Zur Aufbringung und Verteilung der erforderlichen Mittel wurde mit der Schaffung der ersten Marktordnungen ein Ausrichtungs- und Garantiefonds für die Landwirtschaft (EAGFL) geschaffen (vgl. Art. 34 Rn. 87–100).

II. Sachlicher Anwendungsbereich (Abs. 1 und 3)

Der sachliche Geltungsbereich der Vertragsregeln über die Landwirtschaft **14** erstreckt sich gem. Abs. 1 auf „**die Landwirtschaft und den Handel mit landwirtschaftlichen Erzeugnissen**". Damit wird zum Ausdruck gebracht, daß sowohl die Erzeugung, als auch der Handel mit landwirtschaftlichen Erzeugnissen den agrarrechtlichen Gemeinschaftsregelungen unterworfen sind. Einer Abgrenzung zwischen den Begriffen der „Landwirtschaft" und dem „Handel mit landwirtschaftlichen Erzeugnissen" bedarf es folglich nicht.

15 Eine Definition des Begriffs „**Landwirtschaft**" enthält der EGV nicht. Begriffserklärungen, insbesondere im Zusammenhang mit den Ausdrücken „landwirtschaftlicher Betrieb" und „landwirtschaftlicher Erzeuger", sind deshalb den jeweiligen sekundärrechtlichen Einzelregelungen zu entnehmen (vgl. EuGH, Rs. 85/77, Azienda Avicola, Slg. 1978, 527/541). Fehlt es auch hier an Begriffsbestimmungen, können unter Beachtung der allgemeinen gemeinschaftsrechtlichen Vorgaben begriffliche Eingrenzungen von den zuständigen Behörden der Mitgliedstaaten im Rahmen ihrer Durchführungsbefugnisse vorgenommen werden (vgl. EuGH, Rs. 139/77, Denkavit, Slg. 1978, 1317/1332 – Ausschluß gewerblicher Tierhalter und Tierzüchter i.S.d. deutschen Steuerrechts von der Gewährung von Futtermittelbeihilfen; Rs. 312/85, Villa Banfi, Slg. 1986, 4039 – Gewährung von Strukturbeihilfen an „hauptberuflich tätige Betriebsinhaber"; Rs. 8/87, Omada Paragogon, Slg. 1988, 1001 – Produktionsbeihilfen für Erzeugergemeinschaften im Baumwollsektor).

16 Die „**landwirtschaftlichen Erzeugnisse**" werden in **Abs. 1** allgemein als alle Erzeugnisse des Bodens, der Viehzucht und der Fischerei sowie alle direkt daraus hergestellten Produkte der ersten Verarbeitungsstufe (z.B. Milcherzeugnisse, Wein, Zucker etc.) definiert. Einer **Abgrenzung zwischen Erzeugnissen des Bodens und der Viehzucht** bedarf es rechtlich gesehen nicht; vielmehr gibt es etwa beim Tierfutter derartig große Überschneidungen, daß selbst bestimmte Tierprodukte – wie z.B. Schweinefleisch, Eier oder Geflügelfleisch- in ihren entsprechenden Marktordnungen als „Verarbeitungserzeugnisse auf der Grundlage von Getreide" behandelt werden, d.h. die Marktordnungsmechanismen gleichen sich denjenigen der Marktorganisation für Getreide an. Ein **Abgrenzungsbedarf** besteht jedoch bei **Boden- und Viehzuchterzeugnissen einerseits und Fischereierzeugnissen andererseits**. Seit 1983 haben sich die Agrarpolitik und die Fischereipolitik in immer stärkerem Maße auseinanderentwickelt. Die Eigenständigkeit der Fischereipolitik wird insbesondere auch nach außen dadurch sichtbar, daß sie durch eine eigenständige Generaldirektion (GD XIV) verwaltet wird, Produktion, Verarbeitung, Vermarktung und Strukturmaßnahmen in besonderen Verordnungen geregelt sind und die Fischerei über eine eigenständige Haushaltslinie verfügt. Für die Fischerei hat damit die Nennung in Art. 32 Abs. 1 nur die Bedeutung, daß über die An-

wendung des Abs. 2 die Möglichkeit besteht, bei der Gestaltung der Fischereipolitik von den allgemeinen Regelungen über die Errichtung des
Gemeinsamen Marktes und den Regelungen des Entscheidungsverfahrens
nach Art. 37 (ex-Art. 43) abweichen zu können.

Der Begriff der mit den Grunderzeugnissen „in unmittelbarem Zusammen-   **17**
hang stehenden Erzeugnisse der ersten Verarbeitungsstufe" (sog. **Verarbei-
tungprodukte**) sieht ein offenkundiges wirtschaftliches Zuordnungsver-
hältnis zwischen Grunderzeugnis und den aus einem Herstellungsverfahren
hervorgegangenen Erzeugnis voraus, unabhängig davon, wieviele Bearbei-
tungsvorgänge dieses Verfahren umfaßt (Definition durch EuGH, Rs.
185/73, König, Slg. 1974, 619 „Sprit" = Äthylalkohol, dem nach dem Bren-
nen Wasser zugeführt wird). Deshalb scheiden Verarbeitungserzeugnisse
aus, die ein so kostenaufwendiges Herstellungsverfahren durchlaufen haben, daß demgegenüber der Preis der landwirtschaftlichen Ausgangsstoffe
als Kostenfaktor nur noch eine untergeordnete Rolle spielt.

Eine nach **Abs. 3** bindende und abschließende (eine Ergänzung ohne Ver-   **18**
tragsänderung konnte nur innerhalb von zwei Jahren nach Inkrafttreten des
EWGV, d.h. bis zum 31.12.1959 vorgenommen werden) Aufzählung dieser
Erzeugnisse findet sich im **Anhang I** (ex-Anhang II) **des EGV** (abgedruckt
im Anhang zu Art. 32), der damit praktisch den eigentlichen Geltungsbe-
reich der Vertragsregeln über die Landwirtschaft vorgibt (so auch EuGH,
Rs. 77/83, C.I.L.F.I.T., Slg. 1994, 1257). Dabei handelt es sich um die vom
Zollkooperationsrat ausgearbeitete Nomenklatur von Brüssel.

Ausdrücklich nicht erfaßt vom Anhang I (ex-Anhang II) werden Frucht-   **19**
säfte, denen Zucker zugesetzt ist, Liköre und Spirituosen; **implizite nicht
erfaßt** werden vor allem Baumwolle, Leinen, Holz, Jute oder Seide. Gerade im Hinblick auf die implizit vom Anhang I (ex-Anhang II) ausgenommenen Erzeugnisse ist der Ausschluß nur schwer verständlich, weil diese
Erzeugnisse sehr wohl die allg. Definition des Abs. 1 von Art. 32 erfüllen.
Für einige dieser Produkte war deshalb auch die Notwendigkeit gegeben,
sie ganz oder teilweise in die gemeinsame Agrarpolitik einzubeziehen. So
wurde zunächst für Seidenraupen und mit dem Protokoll Nr. 4 zur Beitrittsakte von 1979 auch für Baumwolle die Grundlage für eine marktord-
nungsähnliche Beihilferegelung geschaffen. Im übrigen erfolgt die rechtliche Einbeziehung der Nicht-Anhang I-Produkte auf der Grundlage von Art.
308 (ex-Art. 235), wobei allerdings nachgewiesen werden muß, daß die zu
treffenden Regelungen für die Verwirklichung der agrarpolitischen Ziele
notwendig sind. Verarbeitungserzeugnisse, die eng mit einem vom Anhang
I (ex-Anhang II) erfaßten Grundprodukt verbunden sind (z.B. chemisch reine Glucose und Lactose mit Getreide bzw. Milch), wurden so in die ent-

sprechenden Grundverordnungen der jeweiligen gemeinsamen Marktorganisation aufgenommen (vgl. für Glucose und Lactose, VO (EWG) Nr. 2730/75, ABl. L 281/20; Ovalbumine und Lactalbumine, VO (EWG) Nr. 2783/75, ABl. L 281/104). Verarbeitungserzeugnisse, die aus einem Grundprodukt mit hohem Preisniveau hervorgegangen sind, wurden mit der VO (EG) Nr. 3448/93 (ABl. 1993 L 318/8) dem Außenhandelsregime (Zölle und Erstattungen) der Anhang I-Produkte unterworfen.

III. Territorialer Anwendungsbereich

20 Der territoriale Anwendungsbereich deckt sich grundsätzlich mit **demjenigen des EGV**, wie er sich aus Art. 299 (ex-Art. 227) ergibt. Er umfaßt auch die **französischen überseeischen Departements** (Guyana, Guadeloupe, Martinique und Reunion; vgl. dazu EuGH Rs. 148/77, Hansen, Slg. 1978, 1787), die **portugiesischen Gebiete** (Madeira und die Azoren) sowie seit dem 1.7.1992 auch die **Kanarischen Inseln** (vgl. VO (EWG) Nr. 1911/91, ABl. 1991 L 171/1). Auf den **Kanalinseln** und der **Insel Man** findet die Agrarpolitik hingegen nur eingeschränkt Anwendung (vgl. Art. 299 Abs. 6 lit.c) [ex-Art. 227 Abs. 5] i.V.m. dem Protokoll Nr. 3 der Beitrittsakte von 1972). Die Regeln der Gemeinsamen Agrarpolitik finden überhaupt keine Anwendung auf die überseeischen Länder und Gebiete, mit denen die EG aufgrund von Art. 299 Abs. 3 (ex-Art. 227 Abs. 3) und Anhang II (ex-Anhang IV) zum EGV assoziiert ist. Die Einfuhren von Agrarprodukten mit Ursprung in diesen Ländern in die EG sind allerdings grundsätzlich von Zöllen und sonstigen Einfuhrabgaben befreit (vgl. Beschluß 91/482/EWG, ABl. 1991 L 263/1; dazu EuGeI, T-480/93 und T-483/93, Antillean Rice Mills u.a./KOM, Slg. 1995, II–2305). Aufgrund der besonderen Struktur der landwirtschaftlichen Betriebe in der ehemaligen DDR mußten bei der Vereinigung der beiden deutschen Staaten umfassende Übergangsregelungen getroffen werden, die die **Eingliederung der neuen Bundesländer** in die Gemeinsame Agrarpolitik, insbesondere den Marktorganisationen ermöglichte (vgl. VO [EWG] Nr. 3577/90, ABl. 1990, L 353/23; dazu *Priebe*, EuZW 1991, 113; *Eiden*, AgrarR 1991, 57).

21 Der territoriale Anwendungsbereich umfaßt auch die **Meeresgewässer**, in denen die Mitgliedstaaten Hoheits- oder Wirtschaftsrechte in Anspruch nehmen (zur Regelungsbefugnis im Hinblick auf die Fischerei auf hoher See, vgl. EuGH, verb. Rs. 3, 4 u. 6/76, Kramer, Slg. 1976, 1279).

IV. Verhältnis zu anderen Vertragsregelungen (Abs. 2)

1. Vorrang der Agrarregelungen

Nach Art. 32 **Abs.** 2 gelten für die landwirtschaftlichen Erzeugnisse die **22** allg. Bestimmungen über die Errichtung des Gemeinsamen Marktes, soweit nicht die Art. 33 bis 38 (ex-Art. 39–46) etwas besonderes bestimmen. Diese **Sonderregelungen gehen den allg. Vorschriften im Rang vor** (wie hier *Korte/van* Rijn, in GTE Art. 38 Rn. 10; *Gilsdorf/Priebe*, in Grabitz/Hilf, Art. 38 Rn. 32 ff. sprechen dagegen von der „Spezialität" und der „Priorität"). Zu nennen sind in diesem Zusammenhang vor allem Art. 36 (ex-Art. 42; Nichtanwendung der Wettbewerbsregeln) und Art. 38 (ex-Art. 46; Einfuhrabgaben bei Wettbewerbsverzerrungen).

Als Bestandteil des Gemeinsamen Marktes muß die Landwirtschaftspolitik **23** allerdings so gestaltet werden, daß weder die tragenden Grundsätze des Gemeinsamen Marktes noch das allg. Vertragsziel der Koordinierung der Wirtschaftspolitiken der Mitgliedstaaten beeinträchtigt werden. Dies ist vor allem im Verhältnis zum freien Warenverkehr von besonderer Bedeutung (vgl. EuGH, verb. Rs. 80 u. 81/77, Ramel, Slg. 1978, 927).

2. Verhältnis zum freien Warenverkehr

Einschränkungen oder Abweichungen von den Regelungen über den freien **24** Warenverkehr sind nur insoweit zulässig, als sie **aus spezifisch landwirtschaftspolitischen Gründen erforderlich** sind und die grundsätzliche Bedeutung der Warenverkehrsfreiheit für den Gemeinsamen Markt gebührend berücksichtigen. Im Kollisionsfall ist folglich eine **Güterabwägung** vorzunehmen, die auch die besonderen tatsächlichen Umstände berücksichtigt. Im Rahmen dieser Abwägung ist auf einen möglichst schonenden Ausgleich der sich gegenüberstehenden grundlegenden Werte hinzuwirken, indem etwa Einschränkungen des freien Warenverkehrs sowohl hinsichtlich ihrer sachlichen Tragweite, als auch hinsichtlich ihrer zeitlichen Dauer auf das unbedingt Erforderliche begrenzt werden.

Soweit agrarrechtliche Bestimmungen einen Sachverhalt erschöpfend regeln, bilden diese den alleinigen Maßstab für die Beurteilung innerstaatlicher Maßnahmen im Bereich des Handelsverkehrs von landwirtschaftlichen Erzeugnissen. So sind z.B. die Kriterien für den Erlaß von Einfuhrverboten oder sonsigen Maßnahmen zum Schutz der Gesundheit von Menschen, Tieren und Pflanzen, die den freien Warenverkehr beeinträchtigen, auf Gemeinschaftsebene durch zahlreiche Richtlinien (vgl. die Zusammenstellung der RLen durch die Kommission in dem „Leitfaden über bestimm- **25** te Sondervorschriften für die Erzeugung, die Vermarktung und die Einfuhr von zum Verzehr bestimmten Erzeugnissen tierischen Ursprungs", 1996) harmonisiert worden, wodurch es den Mitgliedstaaten grundsätzlich unmöglich geworden ist, solche Maßnahmen unter dem Schutz des Art. 30 (ex-Art. 36) aufrecht zu erhalten. Die notwendigen Maßnahmen sind vielmehr von der EG zu treffen; die Mitgliedstaaten dürfen nur noch in besonderen Ausnahmefällen vorläufige Sicherheitsmaßnahmen treffen (vgl. z.B. die Entscheidung 96/239/EG mit den zum Schutz gegen den „Rinderwahnsinn" („BSE") zu treffenden Dringlichkeitsmaßnahmen; dazu EuGH, C-180/96, Vereinigtes Königreich/KOM, Slg. 1998, I–2265; C-157/96, National Farmers Union, Slg. 1998, I–2211; siehe außerdem zu dieser Frage EuGH, C-102/96, KOM/Deutschland, Urt. v. 12.11.1998). Nur soweit die Agrarvorschriften keine erschöpfende Regelung enthalten, bleibt es bei der Anwendung des allg. Verbots staatlicher Beschränkungen des freien Warenverkehrs (vgl. EuGH, Rs. 48/74, Charmasson/ Frankreich, Slg. 1974, 1383). Dies gilt etwa im Hinblick auf den Handel mit Drittstaaten, für den es im Veterinär- und Pflanzenschutzbereich noch keine lückenlose Harmonisierung auf Gemeinschaftsebene gibt.

3. Verhältnis zu den anderen Politikbereichen

26 Das Verhältnis der agrarpolitischen Befugnisse zu den anderen Politikbereichen ist nur im Hinblick auf die allgemeinen **Wettbewerbsregeln** und dem **Gesundheitsschutz** durch ausdrückliche Vertragsvorschriften vorbestimmt.

– So sieht Art. 36 (ex-Art. 42) die Anwendung des Wettbewerbsrechts der Art. 81 ff. (ex-Art. 85 ff.) nur nach Maßgabe besonderer Vorschriften vor, die in Gestalt der Verordnung Nr. 26 vom 4. April 1962 erlassen worden sind (ABl. 1962, 993).

– Art. 152 Abs. 4 (ex-Art. 130b) unterstellt die Maßnahmen in den Bereichen Veterinärwesen und Pflanzenschutz, die unmittelbar den Schutz der Gesundheit der Bevölkerung zum Ziel haben, abweichend von Art. 37 (ex-Art. 43) dem Mitentscheidungsverfahren nach Art. 251 (ex-Art. 189b), wodurch vor allem das EP einen unmittelbaren Zugriff auf Bereiche der gemeinsamen Agrarpolitik erhält.

Andere Politiken, wie insbesondere die Regionalpolitik, die Umweltpolitik und die Entwicklungspolitik sind, nicht zuletzt aufgrund der dort geregelten Querschnittsklauseln (vgl. für die Regionalpolitik Art. 159 [ex-Art. 130b], für die Umweltpolitik Art. 6 [ex-Art. 130r Abs. 2], für die Entwicklungspolitik Art. 178 [ex-Art. 130v]), sind im Rahmen einer konkreten Güterabwägung zu berücksichtigen.

	Anhang I (ex-Anhang II): Liste zu Artikel 32 dieses Vertrages
Kapitel 1	*Lebende Tiere*
Kapitel 2	
	Fleisch und genießbarer Schlachtabfall
Kapitel 3	*Fische, Krebstiere und Weichtiere*
Kapitel 4	Milch und Milcherzeugnisse; Vogeleier; natürlicher Honig
Kapitel 5	
05.04	Därme, Blasen und Mägen von anderen Tieren als Fischen, ganz oder geteilt
05.15	Waren tierischen Ursprungs, anderweit weder genannt noch inbegriffen; nicht lebende Tiere des Kapitels 1 oder 3, ungenießbar
Kapitel 6	*Lebende Pflanzen und Waren des Blumenhandels*
Kapitel 7	*Gemüse, Pflanzen, Wurzeln und Knollen, die zu Ernährungszwecken verwendet werden*
Kapitel 8	*Genießbare Früchte; Schalen von Zitrusfrüchten oder von Melonen*
Kapitel 9	*Kaffee, Tee und Gewürze, ausgenommen Mate (Position 09.03)*
Kapitel 10	*Getreide*
Kapitel 11	*Müllereierzeugnisse; Malz; Stärke; Kleber; Inulin*
Kapitel 12	*Ölsaaten und ölhaltige Früchte; verschiedene Samen und Früchte; Pflanzen zum Gewerbe- oder Heilgebrauch; Stroh und Futter*
Kapitel 13	
Ex 13.03	Pektin
Kapitel 15	
15.01	Schweineschmalz; Geflügelfett, ausgepreßt oder ausgeschmolzen
15.02	Talg von Rindern, Schafen oder Ziegen, roh oder ausgeschmolzen, einschließlich Premier Jus
15.03	Schmalzstearin; Oleostearin; Schmalzöl, Oleomargarine und Talgöl, weder emulgiert, vermischt noch anders verarbeitet
15.04	Fette und Öle von Fischen oder Meeressäugetieren, auch raffiniert

15.07	Fette, pflanzliche Öle, flüssig oder fest, roh, gereinigt oder raffiniert
15.12	Tierische und pflanzliche Fette und Öle, gehärtet, auch raffiniert, jedoch nicht weiter verarbeitet
15.13	Margarine, Kunstspeisefett und andere genießbare verarbeitete Fette
15.17	Rückstände aus der Verarbeitung von Fettstoffen oder von tierischen oder pflanzlichen Wachsen
Kapitel 16	*Zubereitungen von Fleisch, Fischen, Krebstieren und Weichtieren*
Kapitel 17	
17.01	Rüben- und Rohrzucker, fest
17.02	Andere Zucker; Sirupe; Kunsthonig, auch mit natürlichem Honig vermischt; Zucker und Melassen, karamelisiert
17.03	Melassen, auch entfärbt
17.05[1]	Zucker, Sirupe und Melassen, aromatisiert oder gefärbt (einschließlich Vanille- und Vanillinzucker), ausgenommen Fruchtsäfte mit beliebigem Zusatz von Zucker
Kapitel 18	
18.01	Kakaobohnen, auch Bruch, roh oder geröstet
18.02	Kakaoschalen, Kakaohäutchen und anderer Kakaoabfall
Kapitel 20	*Zubereitungen von Gemüse, Küchenkräutern, Früchten und anderen Pflanzen oder Pflanzenteilen*
Kapitel 22	
22.04	Traubenmost, teilweise vergoren, auch ohne Alkohol stummgemacht
22.05	Wein aus frischen Weintrauben; mit Alkohol stummgemachter Most aus frischen Weintrauben
22.07	Apfelwein Birnenwein, Met und andere gegorene Getränke
ex 22.08[2]	Äthylalkohol und Spirit, vergällt und unvergällt, mit einem beliebigen Äthylalkoholgehalt, hergestellt aus landwirtschaftlichen Erzeugnissen, die in Anhang II des Vertrages aufgeführt sind

---

[1] Position eingefügt gemäß Artikel 1 der Verordnung Nr. 7a des Rates der Europäischen Wirtschaftsgemeinschaft vom 18. Dezember 1959 (Abl. Nr. 7 vom 30.1.1961, S. 71/61).

[2] Position eingefügt gemäß Artikel 1 der Verordnung Nr. 7a des Rates der Europäischen Wirtschaftsgemeinschaft vom 18. Dezember 1959 (Abl. Nr. 7 vom 30.1.1961, S. 71/61).

ex 22.09[3]	(ausgenommen Branntwein, Likör und andere alkoholische Getränke, zusammengesetzte alkoholische Zubereitungen – Essenzen – zur Herstellung von Getränken)
ex 22.10[4]	Speiseessig
Kapitel 23	*Rückstände und Abfälle der Lebensmittelindustrie; zubereitetes Futter*
Kapitel 24	
24.01	Naturkork, unbearbeitet, und Korkabfälle; Korkschrot, Korkmehl
Kapitel 54	
54.01	Flachs, roh, geröstet, geschwungen, gehechelt oder anders bearbeitet, jedoch nicht versponnen; Werg und Abfälle (einschließlich Reißspinnstoff)
Kapitel 57	
57.01	Hanf *(Cannabis sativa)*, roh, geröstet, geschwungen, gehechelt oder anders bearbeitet, jedoch nicht versponnen; Werg und Abfälle (einschließlich Reißspinnstoff)

[3] idem
[4] idem

Art. 33 (ex-Art. 39) (Gemeinsame Agrarpolitik)

(1) Ziel der gemeinsamen Agrarpolitik ist es,

a) **die Produktivität der Landwirtschaft durch Förderung des technischen Fortschritts, Rationalisierung der landwirtschaftlichen Erzeugung und den bestmöglichen Einsatz der Produktionsfaktoren, insbesondere der Arbeitskräfte, zu steigern;**

b) **auf diese Weise der landwirtschaftlichen Bevölkerung, insbesondere durch Erhöhung des Pro-Kopf-Einkommens der in der Landwirtschaft tätigen Personen, eine angemessene Lebenshaltung zu gewährleisten;**

c) **die Märkte zu stabilisieren;**

d) **die Versorgung sicherzustellen;**

e) **für die Belieferung der Verbraucher zu angemessenen Preisen Sorge zu tragen.**

(2) Bei der Gestaltung der gemeinsamen Agrarpolitik und der hierfür anzuwendenden besonderen Methoden ist folgendes zu berücksichtigen:

a) die besondere Eigenart der landwirtschaftlichen Tätigkeit, die sich aus dem sozialen Aufbau der Landwirtschaft und den strukturellen und naturbedingten Unterschieden der verschiedenen landwirtschaftlichen Gebiete ergibt;
b) die Notwendigkeit, die geeigneten Anpassungen stufenweise durchzuführen;
c) die Tatsache, daß die Landwirtschaft in den Mitgliedstaaten einen mit der gesamten Volkswirtschaft eng verflochtenen Wirtschaftsbereich darstellt.

I. Ziele der Gemeinsamen Agrarpolitik

1. Rechtliche Einordnung und Verhältnis zu den anderen Vertragszielen

1   Der Zielkatalog des Art. 33 Abs. 1 umfaßt sowohl Maßnahmen der Marktordnung, als auch solche der **Steuerung** des agrarpolitischen Prozesses. Als **verbindliche Ziele** der Gemeinsamen Agrarpolitik werden im einzelnen aufgeführt: die Erhöhung der Produktivität (lit. a), die Sicherung einer angemessenen Lebenshaltung (lit. b), die Stabilisierung der Märkte (lit. c), die Sicherung der Versorgung (lit. d) sowie die Gewährleistung angemessener Verbraucherpreise (lit. e).

2   In der Praxis werden sich kaum alle Ziele stets gleichmäßig verfolgen lassen, da z.B. eine Steigerung der Erzeugung mit einer Stabilisierung der Märkte für die jeweiligen Produkte im Widerspruch stehen kann. Die Gemeinschaftsorgane verfügen deshalb bei der Gestaltung der Agrarpolitik über einen **weiten Ermessensspielraum**, innerhalb dessen sie die einzelnen Ziele entsprechend den politischen und wirtschaftlichen Notwendigkeiten berücksichtigen können. Dies bedeutet vor allem, daß unter den Zielen **keine Rangordnung** besteht und einzelnen Zielen zeitweise Vorrang vor den anderen Zielen eingeräumt werden kann (so auch *Gilsdorf/Priebe*, in Grabitz/Hilf, Art. 39 Rn. 3; *Mögele*, in Dauses, Handbuch, G, Rn. 12). Allerdings sind die Gemeinschaftsorgane gehalten, bei ihrem Handeln stets um einen Ausgleich zwischen den Zielvorstellungen bemüht zu sein und eine isolierte Durchsetzung eines Ziels (z.b. Stabilisierung der Märkte) auf Kosten eines anderen (z.b. Steigerung der Produktivität) möglichst zu vermeiden. Diese Grenzen der Ausübung des Ermessens unterliegen der Kontrolle durch den EuGH (st. Rspr. EuGH, Rs. 5/67, Beus, Slg. 1968, 127/147, ferner insbes. EuGH, Rs. 63–69/72, Werhahn, Slg. 1973, 1229; Rs. 56–60/74, Kampffmeyer, Slg. 1976, 711/744; Rs. 197–200, 243, 245, 247/80, Ludwigshafener Walzmühle, Slg. 1981, 3211/3251; Rs. 59/83, Biovilac, Slg. 1984, 4057/4077; Rs. 27/85, Vandemoortele, Slg. 1987, 1129/1146; Rs. 265/87, Schräder, Slg. 1989, 2237).

Im **Verhältnis zu den allgemeinen Vertragszielen** (vgl. Art. 2, 3) nehmen **3** die spezifischen agrarpolitischen Zielsetzungen insofern eine Sonder- oder Vorrangstellung ein, als nur für ihre Verwirklichung auf die Verfahren und Instrumente der Gemeinsamen Agrarpolitik zurückgegriffen werden kann (vgl. Art. 34 Abs. 2 UAbs. 2, ex-Art. 40 III 2). Dies schließt freilich nicht aus, daß im Zuge der Verwirklichung der agrarpolitischen Zielsetzungen auch andere Vertragsziele zur Geltung gebracht werden können oder teilweise müssen, wie etwa die Wettbewerbspolitik (Art. 36, ex-Art. 42), die Erfordernisse des Umweltschutzes (Art. 6, ex-Art. 130r Abs. 2) oder die Erfordernisse des Allgemeininteresses, wie z.B. des Verbraucherschutzes oder des Schutzes der Gesundheit und des Lebens von Menschen und Tieren (EuGH, C-128/94, Hönig/Stadt Stockach, Slg. 1995, I–3389; Rs. 68/86, Vereinigtes Königreich/Rat, Slg. 1988, 855/896).

Das weite Ermessen bei der Verfolgung einzelner agrarpolitischer Zielsetzungen erlaubt es den Gemeinschaftsorganen auf Veränderungen der wirtschaftlichen und politischen Rahmenbedingungen wirksam zu reagieren. **4** Dabei sind **Neuorientierungen** aus Gründen eines überragenden öffentlichen Interesses grundsätzlich jederzeit möglich. Das **berechtigte Vertrauen der Marktteilnehmer** an den Bestand der rechtlichen Rahmenbedingungen, unter denen sie ihre Dispositionen getätigt haben, tritt in der Regel bei einer Güterabwägung hinter diese öffentlichen Interessen zurück (vgl. EuGH, Rs. 125/77, Scholten-Honig, Slg. 1978, 1991/2004; s. aber EuGH,

C-133/93, Crispoltoni II, Slg. 1994, I–4863; C-368/89, Crispoltoni I, Slg. 1991, I–3695; Rs. 120/86, Mulder, Slg. 1988, 2321; Rs. 170/86, von Deetzen, Slg. 1988, 2355; dazu *Borchardt*, EuGRZ 1988, 309 ff.). Demgegenüber setzen sich Vertrauensschutzinteressen gegenüber einfachen öffentlichen Interessen insoweit durch, als Anpassungen erst mit Beginn eines neuen Wirtschaftsjahres wirksam werden können (EuGH, C-133/93, Crispoltoni II, Slg. 1994, I–4863).

5   Die allgemeinen agrarpolitischen Zielsetzungen sind **vor ihrer Umsetzung** und Verwirklichung durch den Gemeinschaftsgesetzgeber **weder justitiabel noch** können aus ihnen **unmittelbare Rechte** der Marktteilnehmer abgeleitet werden. Rechtliche Bedeutung erlangen diese Zielsetzungen im wesentlichen als **Auslegungsmaßstäbe** für die im Rahmen der Gemeinsamen Agrarpolitik getroffenen Rechtsakte; ihre Sonderstellung gebietet eine Auslegung der jeweiligen Bestimmungen, die der Verwirklichung der angestrebten Ziele möglichst nahe kommt, (st. Rspr. EuGH, Rs. 159/73, Hannover'sche Zucker, Slg. 1974, 121; Rs. 68/76, Kommission/Frankreich, Slg. 1977, 515/531; Rs. 6/78, Union Française, Slg. 1978, 1675/1684; Rs. 147/81, Merkur, Slg. 1982, 1389). Daneben können sie im Einzelfall zusammen mit den in Art. 34 (ex-Art. 40) für ihre Verwirklichung vorgesehenen Verfahren und Instrumente **„Kriterien für die Beurteilung der Rechtmäßigkeit der einschlägigen Maßnahmen"** liefern (so EuGH, Rs. 114/76, Bela-Mühle, Slg. 1977, 1211/1221).

2. Die Ziele im einzelnen

a) Erhöhung der Produktivität (lit. a)

6   Erhöhung der Produktivität bedeutet nicht Steigerung der **„Produktion"**. Dies wird deutlich, wenn man sich die Mittel anschaut, mit denen die Produktivität gesteigert werden soll: technischer Fortschritt, Rationalisierung der Erzeugung und bestmöglicher Einsatz der Produktionsfaktoren. Dieses aus der Zeit der Formulierung der Agrarpolitik vertständliche Ziel wird heute zunehmend in Frage gestellt durch die Bekämpfung der Überproduktion mit Flächenstillegungsprogrammen, Mitverantwortungsabgaben und Quotensysteme, um nur einige wenige Maßnahmen zu nennen (vgl. dazu Art. 34 Rn. 34–36).

b) Sicherung einer angemessenen Lebenshaltung (lit. b)

7   Auch dieses Ziel spiegelt die Situation der 50iger Jahre wider, wo das landwirtschaftliche Einkommen bei lediglich 55 % des Durchschnittseinkom-

mens der Arbeitnehmer lag (in Italien sogar nur 38 %). Dies reichte bei weitem nicht, um die notwendigen Investitionen zur Modernisierung der Landwirtschaft bereitzustellen, die ihrerseits zur Erreichung der übrigen Ziele unverzichtbar sind. Deshalb rückte das Ziel der Garantie eines ausreichenden Einkommens sehr bald in den Vordergrund und erklärt die bereits 1962 getroffene Auswahl der agrarpolitischen Maßnahmen wie die Einführung (1) eines Systems gemeinsamer Preise mit ihrer jährlichen Festsetzung auf dem Niveau von annähernd dem zweifachen Weltmarktpreis, (2) eines Interventionssystems zum Ausgleich der Verluste infolge des Nichtabsatzes der landwirtschaftlichen Produkte auf dem freien Markt sowie (3) sonstiger Stützungsmaßnahmen. Diese Maßnahmen sind im Zuge verschiedener Reformen, insbesondere von 1983/1984 und von 1992 erheblich eingeschränkt worden (z.B. Einschränkung des Interventionssystems, Herabsetzung der Mindestpreise, Erweiterung des Systems der Mitverantwortungsabgabe). Im Gegenzug werden nach der Reform von 1992 verstärkt direkte Einkommensbeihilfen gewährt. Diese Tendenz wird durch die „Agenda 2000" weiter verstärkt, und zwar mit einer noch stärkeren Ausrichtung der Preise am Markt und weiterer Ausgleichszahlungen über direkte Einkommensbeihilfen mit Wirkung vom 1.1.2000 (Einzelheiten zu dieser neuerlichen Reform siehe bei Art. 34 Rn. 51–54).

c) Stabilisierung der Märkte (lit. c)

Die Stabilisierung der Märkte ist eng verbunden mit anderen Zielen der   **8**
Agrarpolitik (Einkommensgarantie, angemessene Verbraucherpreise) und
insbesondere mit dem Umfang und der Qualität der landwirtschaftlichen
Erzeugung. Grundproblem ist in diesem Zusammenhang die Herstellung
eines Gleichgewichts von Angebot und Nachfrage auf dem Markt. Die EG
hat im Laufe der Zeit erhebliche Anstrengungen zur Marktstabilisierung
unternommen: (1) Schaffung von Marktordnungen für einzelne Produkte
(nicht Globalansatz), um damit den Besonderheiten und Realitäten auf den
einzelnen Märkten besser Rechnung zu tragen, (2) Einflußnahme auf Umfang und Orientierung der Produktion durch das Interventionssystem: Möglichkeit, sowohl auf Überangebot (Ankauf in Intervention) wie auf Mangellage (Verkauf aus Intervention) zu reagieren.

d) Sicherung der Versorgung (lit. d)

Nach innen dient dieses Ziel der weitgehenden Sicherung der Autarkie in   **9**
der Versorgung mit Grundnahrungsmitteln, der Unterhaltung ausreichender
Vorräte und der Gewährleistung der Verteilung und Vermarktung. **Nach**

außen fordert dieses Ziel den Abschluß internationaler Argrarabkommen zur Sicherung der internen Versorgung dort, wo keine Autarkie möglich ist. Gleichzeitig wird dieses Ziel zur Unterstützung der Instrumente zur Regelung des Agrarhandels mit Drittländern eingesetzt, in jüngerer Zeit vor allem immer stärker auch im Hinblick auf die Stützung der Landwirtschaft (und Volkswirtschaft) in Drittländern durch Abschaffung von Kontingenten, Schutzmaßnahmen oder Abschöpfungen, wodurch den Drittländern Zugang zu einem „sicheren" Markt gewährt wird.

e) Gewährleistung angemessener Verbraucherpreise (lit. e)

10   Die Gewährleistung angemessener Verbraucherpreise ist ein ungeschriebenes Merkmal jeder einzelnen Marktorganisation und hat deshalb als eigenständiges Ziel darüber hinaus keine besondere Beachtung gefunden (Ausnahme: Streit um die Marktorganisation für Bananen, deren angebliche Rechtswidrigkeit auch mit dem Hinweis auf die erhebliche Erhöhung der Verbraucherpreise auf den traditionellen Drittlandsbananenmärkten in der EG begründet wurde, vgl. EuGH C-280/93R, Deutschland/Rat, Slg. 1993, I–3667). Die „Angemessenheit" der Verbraucherpreise beurteilt sich ausschließlich im Hinblick auf den Gemeinschaftsmarkt, nicht dagegen für jeden nationalen Markt gesondert (EuGH, C-280/93, Deutschland/Rat, Slg. 1994, I–4973/5058).

II. Differenzierungen im Rahmen der gemeinsamen Agrarpolitik

11   Die Maßnahmen zur Verwirklichung der agrarpolitischen Zielsetzungen, einschließlich die dafür angewendeten Verfahren, haben sich an den allgemeinen Rahmenbedingungen der Gemeinsamen Agrarpolitik auszurichten, die in Art. 33 Abs. 2 mit der Berücksichtigung der Eigenarten landwirtschaftlicher Erzeugung (lit. a), der Notwendigkeit stufenweiser Anpassung (lit. b) sowie der Berücksichtigung der Einbindung der Landwirtschaft in die Volkswirtschaften der Mitgliedstaaten (lit. c) umschrieben sind.

12   Damit erlaubt Art. 33 Abs. 2 sowohl Differenzierungen zwischen Erzeugern, die sonst im Hinblick auf das in Art. 34 Abs. 2 UAbs. 2 (ex-Art. 40 Abs. 3) niedergelegte spezifische Diskriminierungsverbot bedenklich wären, als auch regionale Differenzierungen, soweit deren Zweck in der Berücksichtigung sozialer, struktureller oder naturbedingter regionaler Unterschiede besteht. Im Agrarbereich wird folglich der Grundsatz der einheitlichen Geltung des Gemeinschaftsrechts zugunsten der Beseitigung objektiv bestehender, nachweisbarer Unterschiede sozialer, struktureller oder

regionaler Art eingeschränkt. Für den Bereich der Strukturpolitik ist dies auch allgemein anerkannt, da dort regionalpolitische Elemente eine immer größere Bedeutung erlangen. Im Bereich der Marktorganisationen wird von diesem Differenzierungspotential hingegen bisher nur zurückhaltend Gebrauch gemacht (Beispiele: VO (EWG) Nr. 1765/92 betreffend die Freistellung von Kleinerzeugern von der Flächenstilllegung; VO (EWG) Nr. 1035/72 betreffend die Förderung von Erzeugern über den Zusammenschluß in Erzeugergemeinschaften), da die Gefahr nicht auszuschließen ist, daß auch Differenzierungen aus sachfremden Gründen vorgenommen werden (vgl. auch *Korte/van Rijn*, in GTE, Art. 39 Rn. 13,14).

1. Eigenarten der landwirtschaftlichen Erzeugung

Zu den wesentlichen **Eigenarten landwirtschaftlicher Erzeugung**, die zugleich auch die Sonderstellung der Landwirtschaft gegenüber anderen Politikbereichen ausmachen, gehören zum einen die natürlichen Gegebenheiten des Bodens und des Klimas, die eine genaue Produktionsplanung nicht zulassen, und zum anderen ihre wirtschaftliche Verankerung vorwiegend in Familienbetrieben oder Betrieben mittelständischen Charakters, welche besonderen Schutz verdienen (*Gilsdorf/Priebe*, in Grabitz/Hilf, Art. 39 Rn. 35–38). Der überwiegend mittelständische Charakter der landwirtschaftlichen Produktionsstätten ist verantwortlich für eine weitere Eigenart landwirtschaftlicher Erzeugung, nämlich die vielfältigen Unterschiede in den Agrarstrukturen, und dies nicht nur im Vergleich der Mitgliedstaaten untereinander, sondern vor allem auch im Vergleich zwischen den einzelnen Regionen in der EG. Die Erwähnung auch dieser strukturellen Unterschiede bildet für die Gemeinschaftsorgane, angesichts des Fehlens eines spezifischen Instrumentariums zur Verbesserung der Struktur der Landwirtschaft, die einzige Grundlage, im Rahmen einer gemeinsamen Strukturpolitik auf die Verbesserung der landwirtschaftlichen Strukturen in der EG hinzuwirken (siehe dazu unter III). **13**

2. Stufenweise Anpassungen

Die Eigenarten der landwirtschaftlichen Erzeugung erlauben nur eine behutsame Anpassung an die sich verändernden politischen und wirtschaftlichen Rahmenbedingungen im Rahmen einer Gemeinsamen Agrarpolitik. Ausdrücklich gefordert wird deshalb ein **stufenweises Vorgehen**, um die notwendigen Anpassungen unter größtmöglicher Schonung der Interessen der Marktteilnehmer durchführen zu können. Die stufenweise Anpassung ist sowohl zeitlich wie geographisch zu verstehen. So kann den besonderen **14**

Strukturunterschieden durch zeitlich abgestufte Maßnahmen ebenso Rechnung getragen werden, wie durch den Erlaß regionaler Sondermaßnahmen.

3. Einbindung in die Gesamtwirtschaft

15   Die Vorgabe der Berücksichtigung der **Einbindung der Landwirtschaft in die Gesamtwirtschaft** ist für die Gestaltung der Gemeinsamen Agrarpolitik von großer Bedeutung, da Maßnahmen vor allem im Bereich der Wirtschafts-, Währungs- und Finanzpolitik der Mitgliedstaaten erhebliche Rückwirkungen auf die Agrarpolitik haben. Daneben bietet auch dieser Vorbehalt Möglichkeiten für regionale Differenzierungen.

III. Rechtliche Grundlage für eine gemeinsame Strukturpolitik

16   Die marktbezogenen Mechanismen (Preissystem, Interventionssystem, System der Ausfuhrerstattungen, System der Agrarbeihilfen etc.), auf die sich die Art. 34–37 (ex-Art. 40–43) im Hinblick auf die Gestaltung der gemeinsamen Agrarpolitik beschränken, sind allein nicht in der Lage, die Ziele der gemeinsamen Agrarpolitik zu verwirklichen. Höhere Produktivität und die Sicherung eines angemessenen Einkommens der Landwirte verlangen weitere Maßnahmen, um die Strukturen landwirtschaftlicher Betriebe zu verbessern, die Ausbildung der Landwirte zu fördern und die modernen Techniken in die Landwirtschaft einzuführen. Daneben hängt die Entwicklung der Landwirtschaft entscheidend von ihrem wirtschaftlichen Umfeld ab, insbesondere den ländlichen Infrastrukturen, dem allgemeinen Entwicklungsstand der betreffenden Regionen sowie dem Bereich der Verarbeitung und Vermarktung. Die gemeinsame Agrarpolitik muß deshalb auch auf die **Verbesserung der Strukturen** der landwirtschaftlichen Betriebe und ihres wirtschaftlichen Umfeldes einwirken. Gerade dieses Anliegen ist Gegenstand insbesondere des Art. 33 Abs. 2 lit. a, der den sozialen Aufbau sowie die strukturellen und naturbedingten Unterschiede der verschiedenen landwirtschaftlichen Gebiete maßgeblich in die Gestaltung der Gemeinsamen Agrarpolitik einbezogen sehen will, und der damit praktisch für den Agrarbereich die rechtliche Grundlage für eine gemeinsame Strukturpolitik der EG bildet (Einzelheiten zur konkreten Ausgestaltung und zum Stand dieser Politik vgl. die Erläuterungen zu Art. 161).

Art. 34 (ex-Art. 40) (Gemeinsame Organisation der Agrarmärkte)

(1) Um die Ziele des Artikels 33 zu erreichen, wird eine gemeinsame Organisation der Agrarmärkte geschaffen.

Diese besteht je nach Erzeugnis aus einer der folgenden Organisationsformen:
a) gemeinsame Wettbewerbsregeln;
b) bindende Koordinierung der verschiedenen einzelstaatlichen Marktordnungen;
c) eine Europäische Marktordnung.

(2) Die nach Absatz 1 gestaltete gemeinsame Organisation kann alle zur Durchführung des Artikels 33 erforderlichen Maßnahmen einschließen, insbesondere Preisregelungen, Beihilfen für die Erzeugung und die Verteilung der verschiedenen Erzeugnisse, Einlagerungs- und Ausgleichsmaßnahmen, gemeinsame Einrichtungen zur Stabilisierung der Ein- oder Ausfuhr.

Die gemeinsame Organisation hat sich auf die Verfolgung der Ziele des Artikels 33 zu beschränken und jede Diskriminierung zwischen Erzeugern oder Verbrauchern innerhalb der Gemeinschaft auszuschließen.

Eine etwaige gemeinsame Preispolitik muß auf gemeinsamen Grundsätzen und einheitlichen Berechnungsmethoden beruhen.

(3) Um der im Absatz 1 genannten gemeinsamen Organisation die Erreichung ihrer Ziele zu ermöglichen, können ein oder mehrere Ausrichtungs- oder Garantiefonds für die Landwirtschaft geschaffen werden.

Literatur: **Agrarmarktordnungen:** *Alexander*, Perte de la caution (ou acquisition de la garantie) en droit agricole communautaire, CahDrEuR 1988, 384; *Arndt/Haas*, EG-Abgaben; Normierung, Vollzug und Rechtsschutz, RIW 1989, 710; *Boest*, Die Agrarmärkte im Recht der EWG, 1984; *Börner*, Das Interventionssystem der landwirtschaftlichen Marktordnungen, KSE 10 (1969); *Eiden*, Die Agrarmarktordnungen der EG, DVBl. 1988, 1087 ff.; *Ehlermann*, Die wichtigsten Steuerungsmechanismen der gemeinsamen Organisation der Agrarmärkte, Integration 1969, 294 ff.; *Jäger,* Kautionen im Agrarrecht der Europäischen Wirtschaftsgemeinschaft, Baden-Baden 1994; *Karpenstein*, Zum Rechtsschutz im Bereich der gemeinsamen Marktorganisationen, in *Schwarze* (Hrsg.), Der Gemeinsame Markt, 1987, 85 ff.; *Nies*, Produktionsbeschränkungen in der Landwirtschaft, AgrarR 1994, Beilage I, 2 ff.; *Priebe*, Maßnahmen der Europäischen Gemeinschaften zur Beseitigung landwirtschaftlicher Überschüsse, FS Zeidler 1987, 1729; *Schrömbges*, Die Auswirkungen der Uruguay-Runde des GATT/WTO auf das Marktordnungsrecht, ZfZ 1996, 2; *Schrömbges/Stallkamp/Stanke*, CMA-Handbuch „Ausfuhrerstattungen", 1. Aufl. 1995; *Tiedemann*, Rechtsprobleme der Agrarmarktintervention, EuR 1980, 219; *Rahn*, Das Instrumentarium der Gemeinsamen Agrarpolitik, RIW 1980, 262 ff. **Innerstaatlicher Vollzug und Schutz der finanziellen Interessen der EG**: *Gaster*, Die Überwachung der Anwendung des Agrargemeinschaftsrechts durch die Mitgliedstaaten, Saarbrücken 1990; *Gilchrist*, L'application du droit agricole communautaire dans le cadre du système juridique allemand,

RMC 1991, 818; *Götz*, Probleme des Verwaltungsrechts auf dem Gebiet des gemeinsamen Agrarmarktes, EuR 1986, 29; *Goybet*, La fraude au budget communautaire: Mythes et réalités, RMC 1995, 281; *Klösters*, Kompetenzen der EG-Kommission im innerstaatlichen Vollzug von Gemeinschaftsrecht, Köln 1994; *Kommission der EG*, Schutz der finanziellen Interessen der Gemeinschaft. Betrugsbekämpfung, Bericht 1993, Dok. KOM (94) 94 endg.; *Mögele*, Die Behandlung fehlerhafter Ausgaben im Finanzierungssystem der gemeinsamen Agrarpolitik, München 1998; *Mögele,* Das integrierte Verwaltungs- und Kontrollsystem für Beihilfen im Bereich der Landwirtschaft, EWS 1993, 305; *Mögele*, Betrugsbekämpfung im Bereich des gemeinschaftlichen Agrarrechts, EWS 1998, 1; *Schrömbges*, Betrugsbekämpfung im europäischen Agrarbereich, ZfZ 1995, 130;. **Fischereipolitik:** *Booß*, La politique commune de la pêche: quelques aspects juridiques, in RMC 1983, 404 ff.; *Fischer*, in Grabitz/Hilf, nach Art. 47 Anhang A; *Hofmann*, Zur Rechtsprechung des EuGH in Fischereifragen, in ZaöRV 1981, 808 ff.; *Kommission der EG* (Hrsg.), Die gemeinsame Fischereipolitik, 1986; *Sack*, La nouvelle politique commune de la pêche, in CDE 1983, 437 ff.; *Schneider*, Die gemeinsame Fischereipolitik der EG, 1988; *Steiling*, Das Seefischereirecht der EG, 1989; *van Rijn*, in GTE, nach Art. 40.

I. Gemeinsame Organisation der Agrarmärkte (Abs. 1)

1. Allgemeines

1   Die „Gemeinsame Organisation der Agrarmärkte" ist auf die Verwirklichung der Ziele des Art. 33 (ex-Art. 39) ausgerichtet, was freilich nicht ausschließt, daß weitere Gesichtspunkte, wie z.B. der Umweltschutz, Verbraucherschutz, Konjunkturpolitik, Außenhandelspolitik usw., bei der jeweiligen Marktorganisation Berücksichtigung finden (vgl. Art. 33 Rn. 2,3).

2   Für die Organisation der – je nach Erzeugnis verschiedenen – Agrarmärkte stehen mit dem Erlaß gemeinsamer Wettbewerbsregeln (Abs. 1 lit. a), der Koordinierung der einzelstaatlichen Marktordnungen (Abs. 1 lit. b) sowie der Schaffung europäischer Marktordnungen (Abs. 1 lit. c) **drei Organisationsformen** zur Verfügung.

3   Diese Organisationsformen sind **abschließend**. Sie stehen untereinander insoweit in einer Rangordnung, als sie jeweils eine Steigerung in der Intensität und dem Ausmaß der Vergemeinschaftung eines Marktes für ein bestimmtes Erzeugnis verkörpern. Bei der **Wahl der Organisationsform** ist der Gemeinschaftsgesetzgeber grundsätzlich frei; sie richtet sich in erster Linie nach dem Regelungsbedürfnis des jeweiligen Erzeugnisses. Auch Mischformen sind grundsätzlich zulässig. Beschränkungen können sich allenfalls aus den Zielen der Agrarpolitik (Art. 33, ex-Art. 39), dem Diskriminierungsverbot (Art. 34 Abs. 2 UAbs. 2) sowie dem Grundsatz der Verhältnismäßigkeit und – damit verbunden – der Subsidiarität ergeben (vgl. dazu Art. 37 Rn. 14–17; *Gilsdorf/Priebe*, in Grabitz/Hilf, Art. 40 Rn. 4 ff.).

2. Gemeinsame Wettbewerbsregeln (lit. a)

4   Diese Form der Marktorganisation beschränkt sich allein auf die Verhinderung von Wettbewerbsverzerrungen im Bereich etwaig bestehender einzelstaatlicher Marktordnungen (zur Definition dieses Begriffs vgl. EuGH, Rs. 48/74, Charmasson, Slg. 1974, 1383) und stellt damit die schwächste Form der Vergemeinschaftung dar. Typischer Ausdruck dieser Organisationsform ist die **Koordinierung der nationalen Beihilfepolitiken** (Einzelheiten dazu bei Art. 35).

3. Bindende Koordinierung der einzelstaatlichen Marktordnungen (lit. b)

5   Diese Organisationsform geht über die gemeinschaftliche Festlegung gewisser Wettbewerbsregeln hinaus, indem sie eine generelle **Koordinierung** derjenigen staatlichen Regelungen zuläßt, auf denen die einzelstaatlichen Marktordnungen beruhen. Der Umfang dieser Koordinierung bestimmt sich

nach den allgemeinen, aus dem Gemeinsamen Markt/Binnenmarkt folgenden Anforderungen. Die praktische Bedeutung dieser wie auch der ersten Organisationsform (Rn. 4) ist freilich gering, da die wesentlichsten landwirtschaftlichen Produkte jeweils in einer gemeinsamen Marktorganisation geregelt sind (wichtigste Ausnahmen: Kartoffeln, Honig, landwirtschaftlicher Alkohol).

4. Europäische Marktordnungen (lit. c)

a) Erscheinungsformen

Die Errichtung europäischer Marktordnungen ist die weitestgehende und in der Praxis gebräuchlichste Form zur Verwirklichung der Gemeinsamen Organisation der Agrarmärkte. In der Gestalt von „Gemeinsamen Marktordnungen" bestehen sie heute praktisch für alle wesentlichen Agrarerzeugnisse (vgl. die Zusammenstellung der Marktordnungen bei *Gilsdorf/Priebe*, in Grabitz/Hilf, Anhang zu Art. 40). **6**

Die Gemeinsamen Marktordnungen sind zwar alle auf die Verwirklichung der durch Art. 33 (ex-Art. 39) vorgegebenen Zielsetzungen ausgerichtet und stimmen damit in ihrem Grundanliegen weitgehend überein, in ihrer konkreten rechtlichen Ausgestaltung sind sie jedoch den Produktions- und Marktbedingungen des jeweiligen Erzeugnisses angepaßt und weisen in dieser Hinsicht wesentliche Unterschiede auf. Vereinfachend lassen sich **vier Grundelemente** unterscheiden, die in unterschiedlicher Intensität und in ganz unterschiedlicher Kombination in den einzelnen Marktordnungen Aufnahme gefunden haben: das Preis- und Interventionssystem (dazu unter b), das System des Außenschutzes (dazu unter c) sowie die Beihilfensysteme (dazu unter d). Ergänzt werden diese Systeme durch punktuelle Maßnahmen zur Regelung der landwirtschaftlichen Überschußerzeugung (dazu unter e). **7**

b) Preis- und Interventionssystem

Das Preis- und Interventionssystem erfüllt zusammen mit dem System des Außenschutzes im wesentlichen **zwei Funktionen**: zum einen die Aufrechterhaltung eines einheitlichen Preisniveaus auf dem Binnenmarkt und zum anderen den Schutz dieses Preisniveaus im Verhältnis zu Drittländern. **8**
Im Mittelpunkt des Preis- und Interventionssystem steht der sog. **Richtpreis** (z.B. Getreide, Milch, Olivenöl, Raps), der in einigen Marktordnungen auch unter der Bezeichnung **Orientierungspreis** (z.B. Rindfleisch, Wein), **Grundpreis** (z.B. Schaffleisch, Schweinefleisch, Obst und Gemüse) oder **Zielpreis** (z.B. Soja, Trockenfutter) erscheint. Er ist ein „politi- **9**

scher Preis", der für jedes Landwirtschaftsjahr für jedes Erzeugnis vom Rat (gem. Art. 37, ex-Art. 43) festgesetzt wird. Er verkörpert den zur Sicherung des Einkommens der Landwirte **angestrebten Marktpreis** des betr. Erzeugnisses und drückt damit lediglich eine wirtschaftspolitische Zielsetzung aus und ist für die Marktbeteiligten folglich in keiner Weise bindend. Seine entscheidende Bedeutung gewinnt der Richtpreis in den Marktordnungen dadurch, daß bei seiner Unterschreitung Mechanismen ausgelöst werden, die sich sowohl auf die Stützung im Binnenmarkt (Intervention und Beihilfen), als auch auf den Außenhandel beziehen.

10   Die Stützung im Binnenmarkt erfolgt im Wege der **Intervention**. Intervention im engeren Sinne bedeutet dabei den **Ankauf landwirtschaftlicher Erzeugnisse** durch die zuständigen mitgliedstaatlichen Interventionsstellen (in Deutschland die BLE = Bundesanstalt für Landwirtschaft und Ernährung). Die Interventionsstellen sind zum Ankauf im Rahmen der jeweiligen Interventionsvorschriften verpflichtet; dieser Ankaufsverpflichtung korrespondiert ein subjektives Recht der Erzeuger, den nationalen Interventionsstellen ihre Produkte zum Ankauf anzubieten. Diese Ankaufsverpflichtung galt ursprünglich unbegrenzt, so daß sich im Laufe der Jahre das Interventionssystem zu einem eigenständigen Absatzweg entwickelt hat; um dieser für den Gemeinschaftshaushalt sehr kostspieligen Entwicklung entgegenzuwirken, wurde die Intervention teilweise ganz abgeschafft (z.B. Schweinefleisch), teilweise der Menge nach beschränkt (z.B. Rindfleisch, Milch).

11   Der Interventionsankauf erfolgt zum sog. **Interventionspreis**, der ebenfalls für die jeweiligen Erzeugnisse vom Rat jährlich festgelegt wird. Der Interventionspreis markiert dabei die Grenze, bis zu der die tatsächlichen Marktpreise unter den Richtpreis fallen dürfen und von wo an die EG ihre konkreten Stützungsmaßnahmen ergreift. Er liegt folglich unter dem Richtpreis (im allgemeinen 10 %–20 %) und drückt einen Mindestpreis aus, der zur Sicherstellung eines ausreichenden Einkommens der Landwirte erzielt werden muß. Daneben gelten für einzelne Produkte weitere **spezifische Ankaufsbedingungen**, wie z.B. zeitliche Beschränkungen der Intervention innerhalb eines Landwirtschaftsjahres, Beachtung von Mindestqualitäten, Zu- und Abschläge für von Standardqualitäten abweichende Erzeugnisse (vgl. dazu im einzelnen *Gilsdorf/Priebe*, in Grabitz/Hilf, Art. 40 Rn. 14–19).

12   Der **Verkauf der Interventionsbestände** erfolgt im günstigsten Fall, d.h. bei erhöhter Nachfrage nach dem Produkt auf dem Markt, zum Interventionspreis zzgl. eines geringen Aufschlages oder im Regelfall in Sonderverkäufen mit im voraus festgelegter Verwendungsbestimmung (z.B. Verarbeitung zu bestimmten Endprodukten; Ausfuhr in Drittländer) zu teilweise

erheblich unter dem Interventionspreis liegendem Preis. Die Einhaltung der Verkaufsbedingungen wird i.d.R. durch eine Kaution gesichert, die erst freigegeben wird, wenn der Nachweis über die Erfüllung der Verkaufsbedingungen vorliegt; die Nichteinhaltung der Verkaufsbedingungen führt zum (vollständigen oder teilweisen) Kautionsverfall. Bei irrtümlicher Freigabe der Kaution kann nicht mehr aus der Kaution vorgegangen werden; es bleibt dann nur ein Vorgehen aus dem Vertrag oder die Geltendmachung zivilrechtlicher Schadensersatzansprüche.

Ankauf und Verkauf der Interventionsware erfolgen durch Kaufverträ-   **13** ge, die dem jeweiligen **nationalen Kaufrecht** unterliegen, es sei denn das Gemeinschaftsrecht sieht besondere Regelungen oder Bedingungen vor. In aller Regel richten sich deshalb die Fragen des Eigentums- und Gefahrtragungsübergangs, der Mängeleinrede, der Zahlungsfristen, der Verjährung oder des Rechtsweges nach nationalem Recht. Eine Ausnahme bildet etwa die gemeinschaftsrechtliche Regelung des Gewährleistungsausschlusses beim Verkauf von Interventionsware.

Als Interventionen im weiteren Sinne können daneben auch die Beihilfen   **14** zur Marktentlastung angesehen werden, die Interventionsankäufe möglichst gering halten sollen (z.B. Rücknahme von Obst und Gemüse durch Erzeugerorganisationen, Destillation von Tafelwein durch Brennereien oder private Lagerhaltung bestimmter Erzeugnisse; vgl. auch Rn. 34–36).

c) System des Außenschutzes

Das System des Außenschutzes beruht im wesentlichen auf dem Grundsatz   **15** der „**Gemeinschaftspräferenz**", d.h. der Einräumung einer Präferenz der Gemeinschaftserzeuger gegenüber ihren Konkurrenten auf dem Weltmarkt. Diese Präferenz kommt zum einen darin zum Ausdruck, daß die Gemeinschaftserzeuger vor einer Vermarktung importierter Erzeugnisse unter dem im europäischen Binnenmarkt geltenden Richtpreis geschützt werden; zum anderen zeigt sich diese Präferenz auch darin, daß den Gemeinschaftserzeugern der Weg auf den Weltmarkt auch dann geöffnet wird, wenn dort niedrigere Preise als im europäischen Binnenmarkt erzielt werden können (vgl. auch Art. 32 Rn. 10).

aa) Abschöpfungen und Zölle

Zum Schutz vor der Vermarktung billigerer importierter Erzeugnisse wur-   **16** den **bis 1995** an der Gemeinschaftsgrenze sog. **Abschöpfungen** erhoben, die sich aus einem Vergleich zwischen dem jeweiligen Einfuhrpreis und dem vom Rat festgesetzten „Schwellenpreis" (= gemeinschaftlicher Richtpreis abzüglich der Transportkosten von Rotterdam (Einfuhrhafen) nach Duisburg (Hauptdefizitgebiet), der Löschkosten sowie der üblichen Handelsmarge) berechneten. Als Ergebnis der „Uruguay-Runde" wurden die Einfuhrabschöpfungen abgeschafft und durch feste im Rahmen des GATT 1994 konsolidierte Zölle für Agrarprodukte ersetzt (vgl. VO (EG) Nr. 3290/94 des Rates v. 22.12.1994 über erforderliche Anpassungen und Übergangsmaßnahmen im Agrarsektor zur Anwendung der im Rahmen der multilateralen Handelsverhandlungen der Uruguay-Runde geschlossenen Übereinkünfte, ABl. L 349/105; vgl. unter Rn. 111–112).

17   Nach wie vor existent sind hingegen die „**Ausfuhrabschöpfungen**", die in Zeiten, in denen der Weltmarktpreis über dem Marktpreis in der EG liegt, als Ausfuhrabgaben erhoben werden können, um eine ausreichende Versorgung des Gemeinschaftsmarktes sicherzustellen (zuletzt angewendet bei Getreide, vgl. VO (EG) Nr. 865/97 der Kommission zur Festsetzung einer Ausfuhrabgabe im Sektor Getreide, ABl. L 123/23).

bb) Ausfuhrerstattungen

18   Zur Erhaltung und Erschließung von Drittlandsmärkten für die Gemeinschaftserzeugung sehen eine Reihe von Marktordnungen zur Herstellung der Konkurrenzfähigkeit der Gemeinschaftserzeugnisse **Ausfuhrerstattungen** vor, die es den gemeinschaftlichen Exporteuren gestatten, ihre Erzeugnisse selbst dann auf den Drittlandsmärkten zu verkaufen, wenn die dort zu erzielenden Preise unter den Marktpreisen in der EG liegen (vgl. zur Zielsetzung EuGH, C-299/94, Anglo-Irish Beef Processors International, Slg. 1996, I–1925; Rs. 89/83, Dimex, Slg. 1984, 2815).

19   Die **rechtlichen Rahmenbedingungen** des gemeinschaftlichen Erstattungssystems sind in der **VO (EWG) Nr. 3665/87** der Kommission vom 27.11.1987 (ABl. L 351/1) niedergelegt. Diese VO wird gegenwärtig überarbeitet und soll unter Berücksichtigung aller bisherigen Änderung in einer konsolidierten Fassung mit Wirkung vom 1.7.1999 gelten. In seinen Grundzügen, die auch nach dieser Konsolidierung unverändert bleiben, stellt sich das gemeinschaftliche System der Ausfuhrerstattungen wie folgt dar (vgl. auch die weiterführende Gesamtdarstellung der *Centrale Marketing-Gesellschaft der deutschen Agrarwirtschaft (CMA)*, CMA-Handbuch „Ausfuhrerstattungen", 1996; *Prieß*, Aktuelle Rechtsfragen des Ausfuhrerstattungsrechts, ZfZ. 1996, 258–262 (Teil I) und 302–305 (Teil II)

(1) Formen der Ausfuhrerstattung

20   Zu unterscheiden ist zunächst zwischen der **einheitlichen Erstattung,** die gewährt wird, um den Unterschied zwischen den Preisen von Erzeugnissen

in der EG und ihrer Notierung im internationalen Handel auszugleichen, und deren Höhe deshalb einheitlich für alle Drittlandsmärkte festgesetzt wird, und der **differenzierten Erstattung,** die unter Berücksichtigung der Besonderheiten der jeweiligen Drittländsmärkte gewährt wird und deren Höhe deshalb je nach Bestimmungsland des Erzeugnisses unterschiedlich hoch festgesetzt wird.

(2) Erstattungsfähigkeit des Erzeugnisses

Für die Gewährung einer Ausfuhrerstattung muß das betreffende Erzeugnis **21** eine Reihe von Bedingungen erfüllen, die an seine rechtliche und tatsächliche Beschaffenheit anknüpfen. Die allgemeine Erstattungsregelung der VO Nr. 3665/87 verlangt die Freiverkehrseigenschaft und den Gemeinschaftsursprung (Art. 8 VO Nr. 3665/87). Von letzterem können die einzelnen Marktordnungsregelungen absehen. Die Erzeugnisse müssen von „gesunder und handelsüblicher Qualität" sein (Art. 13 VO Nr. 3665/87; dazu EuGH, C-371/92, Ellinika Dimitriaka, Slg. 1994, I–2391 Rn. 23). Darüber hinaus müssen bestimmte Anforderungen an die Zusammensetzung und die Beschaffenheit (z.B. Zuschnitt, feste oder flüssige Form), wie sie in der Erstattungsnomenklatur festgelegt sind (vgl. VO (EWG) Nr. 3846/87 [ABl. 1987 L 366/1], zuletzt geändert durch VO (EG) Nr. 2512/98 [ABl. 1998 L313/15), erfüllt werden. Zusätzlich können andere qualifizierende Merkmale, wie z.B. die Präsentation oder die Verpackung des Erzeugnisses verlangt werden.

(3) Entstehen eines Erstattungsanspruchs

Ein Anspruch auf eine **einheitliche Ausfuhrerstattung** entsteht grundsätz- **22** lich bereits in dem Zeitpunkt, in dem das fragliche Erzeugnis das **Zollgebiet der EG definitiv verläßt.** Das Erzeugnis darf folglich nicht in demselben oder nur unwesentlich veränderten Zustand später (d.h. innerhalb von 2 Jahren nach dem Tag ihrer Ausfuhr) wieder in die EG eingeführt werden (Art. 15 Abs. 2 UAbs. 2 VO Nr. 3665/87). Ein Anspruch auf eine **differenzierte Erstattung** entsteht hingegen nicht bereits mit dem Verlassen des Zollgebiets der EG, sondern erst dann, wenn das fragliche Erzeugnis **in das Bestimmungsland** unter Einhaltung der Zollförmlichkeiten **eingeführt** und dort **tatsächlich in den freien Verkehr gebracht** worden ist.

(4) Auszahlung der Erstattung

Die Auszahlung der Erstattung hängt von der **Erbringung des Nachweises** **23** ab, daß das Erzeugnis – im Fall der einheitlichen Erstattung – das Zollgebiet der EG innerhalb von 60 Tagen nach Annahme der Ausfuhrerklärung in unverändertem Zustand definitiv verlassen hat (Art. 4 VO Nr. 3665/87), und – im Fall der differenzierten Erstattung – unter Einhaltung der Zollförmlichkeiten für die Abfertigung zum freien Verkehr in ein Drittland innerhalb von 12 Monaten nach Annahme der Ausfuhranmeldung eingeführt wurde (Art. 16–18 VO Nr. 3665/87). Im Falle des Verdachts oder der Feststellung von Mißbräuchen des Erstattungssystems können/müssen die für die Zahlung der Ausfuhrerstattung zuständigen nationalen Behörden zusätzliche Beweise und Beweismittel verlangen (Art. 5 VO Nr. 3665/87). Für den Fall der einheitlichen Erstattung kann dies etwa bedeuten, daß auch hier über den Nachweis des Verlassens des Zollgebiets der EG hinaus dargelegt werden muß, daß das fragliche Erzeugnis in ein Drittland eingeführt worden ist (vgl. EuGH, C-347/93, Boterlux, Slg. 1994, I–3933). Für den Fall der differenzierten Erstattung kann dies bedeuten, daß etwa die Verzollungsbescheinigung, auch wenn sie grundsätzlich ein wichtiges Beweismittel dafür ist, daß eine Einfuhr im Bestimmungsland tatsächlich stattgefunden hat, doch keinen unwiderlegbaren Nachweis darstellt. Die Beweiskraft, die die Verzollungsbescheinigung normalerweise hat, kann daher entfallen, wenn begründete Zweifel aufkommen, ob die Waren tatsächlich auf den Markt des Bestimmungsgebiets gelangt sind, um dort vermarktet zu werden (EuGH, C-29/92, Möllmann-Fleisch, Slg. 1993, I–1701 Rn. 14).

(5) Rückforderung

24   Zu Unrecht gewährte Erstattungsbeträge sind vom Begünstigten zuzüglich Zinsen für die Zeit zwischen der Gewährung der Erstattung und ihrer Rückzahlung sowie der ggf. fälligen Sanktionen (s.u. Rn. 25) zurückzuzahlen (Art. 11 Abs. 3 VO Nr. 3665/87). Für das Vorliegen der Bedingungen für die Gewährung einer Ausfuhrerstattung trifft den begünstigten Ausführer grundsätzlich eine **objektive Einstandspflicht**, d.h. es kommt weder auf seine subjektiven Vorstellungen (z.B. im Hinblick auf die Zusammensetzung der Ware) an noch auf seine Absichten oder seine Gutgläubigkeit im Hinblick auf die Erfüllung der Erstattungsvoraussetzungen (vgl. allerdings EuGH, C-366/95, Landbrugsministeriet-EF Direktoratet/Steff-Houlberg Export I/S u.a., Slg. 1998, I–2661 Rn. 19 ff., der den guten Glauben gelten lassen will; zu beachten ist jedoch, daß der Sachverhalt des Verfahrens vor Inkrafttreten der Regelung des Art. 11 Abs. 3 VO Nr. 3665/87 gespielt hat). Deshalb verliert der Exporteur eines Erzeugnisses, das für ein Drittland bestimmt ist, seinen Erstattungsanspruch bei **betrügerischer Wiedereinfuhr**

dieses Erzeugnisses in die EG auch dann, wenn er an dem Betrug nicht beteiligt oder gutgläubig war (EuGH, C-347/93, Boterlux, Slg. 1994, I–3933 Rn. 36). Der Exporteur hat vielmehr geeignete Vorkehrungen zu treffen, daß die Käufer das Erzeugnis nicht in betrügerischer Weise der vorgeschriebenen Bestimmung entziehen, indem er entsprechende Klauseln in den Vertrag aufnimmt oder eine besondere Versicherung abschließt (EuGH, Rs. 109/86, Theodorakis, Slg. 1987, 4319 Rn. 8). Auch wenn im Fall einer differenzierten Erstattung die Einfuhr in das Bestimmungsland aufgrund **höherer Gewalt** (z.B. Einfuhrverbot, Embargo) nicht möglich ist, hat der Exporteur keinen Anspruch auf den für das Bestimmungsland festgesetzten Erstattungsbetrag. Wird das fragliche Erzeugnis in ein anderes Drittland mit einem niedrigeren Erstattungssatz eingeführt, hat der Exporteur den überschießenden Betrag zurückzuzahlen, wird das Erzeugnis in den Ausfuhrmitgliedstaat zurückbefördert, muß der gesamte Erstattungsbetrag zurückgezahlt werden (EuGH, C-263/97, First City Trading Ltd. [Einfuhrverbot für britisches Rindfleisch infolge der BSE-Krise], Urt. v. 29.9.1998; C-299/94, Anglo Irish Beef Processors International [Irak-Embargo], Slg. 1996, I–1925; C-321/91, Tara Meat Packers [Untergang der Ware], Slg. 1993, I–2811). Im Falle der **Abtretung des Erstattungsanspruchs**, etwa an eine Bank im Rahmen einer Vorfinanzierung, richtet sich der Rückforderungsanspruch sowohl gegen den Ausführer, als auch gegen die Bank, die beide als **Gesamtschuldner** für die Rückzahlung der zu Unrecht gezahlten Erstattung haften. Diese Regelung bereinigt die aus gemeinschaftsrechtlicher Sicht nicht vertretbare Konsequenz einer BFH-Rechtsprechung, wonach in Fällen der Sicherungsabtretung die Zahlung an den Zessionar (die Bank) konditionsrechtlich als Leistung an den Ausführer zu bewerten ist, so daß die Rückforderung gegenüber der Bank ausgeschlossen ist (vgl. BFH, Urt. v. 27.10.1992 VII R 46/92 mit Anm. *Voß*, ZfZ 1993, 111).

(6) Sanktionen

Die im Erstattungssystem vorgesehenen Sanktionen (vgl. Art. 11 Abs. 1 VO **25** Nr. 3665/87) sind als Bestandteil der Rückforderung konzipiert und stellen keine repressiv-strafrechtliche Sanktion dar. Gleichwohl können sie im Einzelfall zu außergewöhnlich hohen finanziellen Belastungen für den Exporteur führen. **Als Grundsatz gilt**, daß derjenige, der Angaben macht oder unterläßt, die zu einer höheren als der geschuldeten Erstattung führen, die Hälfte der Differenz zwischen beantragter und geschuldeter Erstattung zahlt. Auf die subjektiven Vorstellungen des Exporteurs (Vorsatz oder Fahrlässigkeit bei der Abgabe seiner Erklärungen) kommt es nicht an. Liegt auf

Seiten des Exporteurs Vorsatz vor, so werden 200 % der Differenz zwischen
beantragter und geschuldeter Erstattung zurückgefordert. Vor allem im letzten Fall kann es zu einer Rückforderung auch eines „Negativbetrages"
kommen, d.h. die größtmögliche Sanktion besteht nicht nur in der vollständigen Rückforderung des gewährten Erstattungsbetrages, sondern kann
auch darüber hinaus gehen. Die Sanktionsregelung findet insbesondere keine Anwendung in Fällen höherer Gewalt, bei Vorliegen von Umständen, für
die der Ausführer nicht verantwortlich ist und die nach Annahme der Ausfuhranmeldung eingetreten sind, und in den Fällen des Vorliegens eines offensichtlichen, von der zuständigen Behörde anerkannten Irrtums (sehr kritisch zu den Sanktionen *Schrömbges*, Betrugsbekämpfung im europäischen
Agrarrecht, ZfZ 1995, 130–144; teilweise in Erwiderung dazu *Duric/Senn*,
Rückforderung von zu Unrecht gezahlter Ausfuhrerstattung und Sanktionen
im Ausfuhrerstattungsbereich, ZfZ 1996, 98–104).

cc) Lizenzen

26 Lizenzen für die Ein- und Ausfuhr von landwirtschaftlichen Erzeugnissen
sind von den meisten gemeinsamen Marktordnungen vorgeschrieben (vgl.
Halla-Heißen, Grundzüge des Lizenzrechts im gemeinsamen Agrarmarkt,
ZfZ 1997, 74–80). Im wesentlichen dienen die Lizenzen der **Marktsteuerung** und der **Marktbeobachtung**; im Bereich der Ausfuhrerstattungen
werden sie daneben zur Vorausfestsetzung des Erstattungsbetrages eingesetzt. Ein- und Ausfuhrlizenzen unterliegen im wesentlichen denselben Regeln, die in der (horizontalen) **VO (EWG) Nr. 3719/88** der Kommission
(ABl. L 331/1) niedergelgt sind und nur punktuell durch die (sektoriellen)
Regelungen der jeweiligen Marktordnung ergänzt oder geändert werden.

27 Zur **Marktbeobachtung** werden Lizenzen eingesetzt, weil sie genaue Daten über die gehandelten Mengen landwirtschaftlicher Erzeugnisse liefern
und daneben Aussagen über traditionelle Handelsströme zulassen. Dies ermöglicht ein schnelles und sicheres Eingreifen im Falle von Markt- oder
Handelsstörungen. Als Instrument zur **Marktsteuerung** kommt den Lizenzen vor allem bei der Verwaltung des Zugangs zu (Zoll-)Kontingenten eine
wichtige Rolle zu.

28 **Grundlegende Rechtsprechung:**
   – C-364/95 und C-365/95, Port II, Slg. 1998, I–1023 (Bananenmarktord-
     nung; Rahmenabkommen über Bananen; Diskriminierung im System
     der Ausfuhrlizenen);
   – C-280/93, Deutschland/Rat, Slg. 1994, I–4973 (Bananenmarktordnung;
     Lizenzregelung für den Zugang zum Bananenkontingent; Vereinbarkeit
     mit dem Gemeinschaftsrecht; siehe aber die Entscheidung des „Dispu-

te Settlement Body" der Welthandelsorganisation vom 25.9.1997, in der insbesondere das Lizenzsystem der Bananenmarktordnung mit den Bestimmungen des GATT 1994 für unvereinbar erklärt wurde);

- C-187/91, Société Cooperative Belovo, Slg. 1992, I–4937 (Folgen der Berichtigung einer fehlerhaften Einfuhrlizenz von Amts wegen);
- C-106/90R, Emerald Meats, Slg. 1990, I–3377 (Verwaltung eines Zollkontingents durch Einfuhrlizenzen);
- Rs. 354/87, Weddel & Co., Slg. 1990, I–3847 (Einfuhrlizenzen für Rindfleisch);
- Rs. 217/87, Krohn, Slg. 1988, 4727 (Bedingungen für die Erteilung von Einfuhrlizenzen im Rahmen eines jährlichen Zollkontingents);
- Rs. 109/86, Theodorakis, Slg. 1987, 4319 (Verlust der Kaution für die Ausfuhrlizenz; höhere Gewalt);
- Rs. 137/85, Maizena, Slg. 1987, 4587 (Rechtsnatur der für eine Ausfuhrlizenz gestellten Kaution);
- Rs. 109/82, Compagnie Interagra, Slg. 1983, 127 (Voraussetzungen für die Erteilung von Ausfuhrlizenzen);
- Rs. 808/79, Fratelli Pardini, Slg. 1980, 2103 (Diebstahl von Ausfuhrlizenzen);
- Rs. 133/79, Sucrimex S.A. und Westzucker, Slg. 1980, 1299 (Verlust von Ausfuhrlizenzen).

dd) Schutzklausel

Einige Marktordnungen sehen schließlich auch sog. **Schutzklauseln** vor, **29** die bei Störungen des Gemeinschaftsmarktes im Handel mit Drittländern die Möglichkeit eröffnen, bis zur Behebung der tatsächlichen oder drohenden Störung alle geeigneten Maßnahmen zu ergreifen (vgl. z.B. Art. 17 der Getreidemarktorganisation, VO [EWG] Nr. 1766/92, ABl. 1992, L 181/21). Im Hinblick auf die Auswahl der Schutzmaßnahmen verfügen die Gemeinschaftsorgane über einen weiten Ermessensspielraum; eine wirksame Begrenzung dieses Ermessens stellt im wesentlichen nur der Grundsatz der Verhältnismäßigkeit dar (vgl. EuGH, C-64/95, Lubella, Slg. 1996, I–5105; C-296/94, Pietsch, Slg. 1996, I–3409; C-295/94, Hüpeden, Slg. 1996, I–3375).

d) Beihilfensysteme

Als **eigenständiges Instrument** der Marktstützung sehen verschiedene **30** Marktorganisationen (direkte) **Einkommensbeihilfen** (z.B. die Marktordnungen für Hartweizen, Olivenöl, Raps, Sonnenblumen, Baumwolle, Ta-

bak, Eiweiß, Trockenfutter) oder **Pauschalbeihilfen** (z.B. die Marktordnungen für Flachs, Hanf, Hopfen, Seidenraupen und Saatgut) vor.

31 Auf **Einkommensbeihilfen** wird im wesentlichen zurückgegriffen, wenn
aufgrund von Verbraucherinteressen oder aus handelspolitischen Gründen
ein möglichst niedriger Marktpreis angestrebt wird. In diesem Fall kann die
Stützung der Landwirte nur über einen Einkommensausgleich erfolgen. Zu
diesem Zweck wird für das jeweilige Erzeugnis ein sog. „**Orientierungspreis**" festgelegt, der das vom Erzeuger zu erzielende Einkommen vorgibt.
Die Differenz zwischen Orientierungspreis und tatsächlichem Marktpreis
wird den Erzeugern als Einkommensbeihilfe gezahlt. Die Höhe der Beihilfe kann dabei an die Entwicklung der Marktlage gekoppelt und dementsprechend variabel sein (sog. deficiency payment), in einigen Marktorganisationen wird sie aber auch auf einen bestimmten Stichtag bezogen für ein
ganzes Wirtschaftsjahr berechnet. Die Auszahlung erfolgt entweder direkt
an den Erzeuger (bzw. die Erzeugergemeinschaft) oder – aus Gründen der
besseren Kontrolle – häufiger auf der Verarbeitungsstufe, wobei der Verarbeiter den wirtschaftlichen Nutzen der Beihilfe in Form eines Mindestpreises an den Erzeuger weiterleiten muß (zu den Folgen einer Rückforderung
einer solchen Beihilfe vgl. EuGH, C-298/96, Ölmühle Hamburg, Slg. 1998,
I–4767).

32 Die **Pauschalbeihilfen** unterscheiden sich von den Einkommensbeihilfen
nur insoweit, als sie nicht am Preis ansetzen, sondern flächen- oder men-
genbezogen gewährt werden (vgl. VO (EWG) Nr. 1765/92 des Rates v.
30.11.1992 zur Einführung einer Stützungsregelung für die Erzeuger bestimmter landwirtschaftlicher Kulturpflanzen, ABl. L 181/12; dazu auch
EuGH, C-356/95, Witt, Slg. 1997, I–6589).

33 Neben diesen instrumentalisierten Grundformen gibt es weitere **ergänzende Beihilfen** mit ganz unterschiedlicher Zielrichtung. Zu nennen sind vor
allem die verschiedenen **Verbraucherbeihilfen** (z.B. Schulmilch, Weih-
nachts- und Sozialbutter) und die **Umstellungs- und Qualitätsbeihilfen**
(z.B. Umstellung auf neue Tabaksorten, Verwendung von Trauben und
Most bei der Anreicherung von Wein, Erforschung und Vermarktung von
landwirtschaftlichen Erzeugnissen) sowie **Verarbeitungsbeihilfen** (z.B.
Obst und Gemüse, Stärke).

e) Maßnahmen zur Regelung der Überschußerzeugung

34 Der Einsatz der verschiedenen Stützungssysteme hat im Laufe der Zeit bei
nahezu allen wichtigen landwirtschaftlichen Erzeugnissen (z.B. Milch, Getreide, Rindfleisch, Wein) zu **strukturellen Überschüssen** geführt. Die Ko-

sten für die Maßnahmen der Überschußverwertung (Ausfuhrerstattungen, Lagerhaltung, Vernichtung etc.) hatten dabei ein Ausmaß erreicht, das ihre Finanzierbarkeit in Frage stellte und das zu einer allg. Belastung für den Gemeinschaftshaushalt geworden war.

aa) Schaffung finanzieller Anreize zur Produktionsbeschränkung

Die EG hat zunächst versucht, über allg. strukturpolitische Maßnahmen so-   **35**
wie über die Schaffung finanzieller Anreize in Form von **Nichtvermark-tungs-, Stillegungs-, Umstellungs- oder Aufgabeprämien** die Überschußer-zeugung entscheidend einzudämmen. Im Rahmen der Reform von 1992 wur-den darüber hinaus Maßnahmen zum **Schutz der Umwelt** und zur Berück-sichtigung des Naturschutzes und der Landwirtschaftspflege im Rahmen der landwirtschaftlichen Tätigkeiten beschlossen, eine **Vorruhestandsregelung** für bestimmte Kategorien von Landwirten, deren Flächen auf andere Betrie-be übertragen werden, eingeführt und Maßnahmen zur **Umwidmung** land-wirtschaftlicher Nutzflächen für Aufforstungs- oder Freizeitzwecke vorgese-hen (vgl. zu diesen Maßnahmen *Priebe*, in Dauses, G, Rn. 81–98).

bb) Eingriffe in die Produktion

Der Erfolg dieser Maßnahmen war allerdings nur gering, so daß seit 1979   **36**
in verstärktem Maße auch **direkte Eingriffe in das Produktionsgesche-hen** vorgenommen werden (zum Folgenden vgl. vor allem *Priebe*, in Dau-ses, G, Rn. 65–80). Dabei lassen sich folgende Instrumente unterscheiden:
– **Einschränkung der Intervention** durch Senkung des Ankaufpreises (Getreide – 94 % des Interventionspreises; Butter – 92 % des Interven-tionspreises), durch Festlegung von Grundpreisen, deren Unterschrei-tung erst die Interventionsmechanismen auslösen (sog. „safety net" – Rindfleisch) oder durch Beschränkung der Interventionsankäufe auf be-stimmte Zeiträume eines Wirtschaftsjahres (z.B. Magermilchpulver oder Olivenöl);
– **Preissenkungen** für landwirtschaftliche Erzeugnisse und behutsame Annäherung an marktgerechte Preise. Den Auswirkungen dieser Preis-senkungen auf das Einkommen der Landwirte wird mit Hilfe produkti-onsunabhängiger Ausgleichszahlungen und Prämien begegnet;
– **Erhebung von Mitverantwortungsabgaben** (Milch, 1977–1993; Ge-treide, 1986–1992) bei allen Erzeugern, mit Ausnahmen der Kleiner-zeuger und Erzeuger in benachteiligten Gebieten; **Anpflanzungsver-bote**; **Höchstgarantiemengen** (Olivenöl, Obst und Gemüse, Baumwol-le, Schaffleisch), deren Überschreitung eine Verpflichtung zur Zahlung

einer zusätzlichen Mitverantwortungsabgabe oder eine Senkung der
Preise im folgenden Wirtschaftsjahr auslöst sowie – bei Einkommensbeihilfen – zu einer Kürzung der Beihilfen führt.

– **Zwangsweise Ablieferung von Erzeugnissen** (z.B. obligatorische Destillation von Tafelwein);

– **Begrenzung des Einsatzes der Produktionsfaktoren**, etwa durch die
   Stillegung landwirtschaftlich genutzter Flächen und die Reduzierung
   der Besatzdichte je Hektar Futterfläche;

– **Einführung von Quotensystemen** (Zucker, Fischerei, Milch, verarbeitete Tomaten).

cc) Probemfall: Milchquotensystem

37 Zur Bekämpfung der Überproduktion führte der Rat im Jahre 1984 (durch
VO (EWG) Nr. 857/84 [ABl. 1984 L 90/13], gestützt auf Art. 5c Grund-VO
(EWG) Nr. 804/68 [ABl. 1968 L 132/11], der seinerseits durch die VO
(EWG) Nr. 856/84 [ABl. 1984 L 90/10] in die Grund-VO eingefügt wurde)
eine „**Garantiemengenregelung für Milch**" (sog. Milchquotensystem)
ein, das 1993 um weitere 7 Jahre, wenngleich in vereinfachter Form, bis
zum 31.3.2000 verlängert worden ist. Den rechtlichen Rahmen bilden heute die **Rats-VO (EWG) Nr. 3950/92** (ABl. 1992 L 405/1) und die **Kom-
missions-Durchführungs-VO (EWG) Nr. 536/93** (ABl. 1993 L 57/12).

38 Das Quotensystem enhält kein Produktionsverbot und auch keine Beschränkung der Preisgarantie auf bestimmte Mengen. Vielmehr wird bei
Überschreitung der zugeteilten Referenzmenge „lediglich" eine Abgabe erhoben, dies allerdings in einer Höhe, die eine Produktion über die Quote
hinaus wirtschaftlich unsinnig macht. Die **abgabenfreien einzelbetriebli-
chen Referenzmengen** waren ursprünglich die Milchlieferungen von 1981
bzw. 1983 (+ 1 %), heute sind sie auf dem Niveau der zum 31. März 1993
zur Verfügung stehenden Mengen konsolidiert (**Problem:** lineare Kürzung,
zunächst nur vorübergehend und gegen Entschädigung, zuletzt 1992 dauerhaft und ohne Entschädigung, vgl. dazu Rs. C-186/96, Demand, Urt. v.
17.12.1998; EuGeI, T-119/95, Hauer, Slg. 1998, II–2713). Die **Abgabenschuld**, die einheitlich 115 % des Richtpreises bei Milch beträgt, wird (seit
1992) erst ausgelöst, wenn die individuell erzeugten Mengen auch zur
Überschreitung der „nationalen Quote" führen, d.h. eine individuelle Überschreitung führt nur dann zur Abgabenpflicht, wenn auch die nationale
Gesamtmenge überschritten wird. Die Mitgliedstaaten sollen über eine
nationale Reserve verfügen, die es ihnen ermöglicht, im Bedarfsfalle
flexibel auf regionale Gegebenheiten zu reagieren. Diese wird gespeist aus

den freigewordenen Mengen durch Betriebsaufgabe oder durch ungenutzt gebliebene Mengen. Auch kann der Mitgliedstaat die Referenzmengen linear kürzen, um so seine Reserve aufzustocken. Unter dem alten System konnten Milchquoten nur zusammen mit dem Boden, d.h. dem Betrieb oder Betriebsteil, in dem die Milchmengen produziert werden, übertragen werden. In dem seit 1992 geltenden neuen System ist dieser Grundsatz gelockert; nunmehr können auch Quoten unter den Milcherzeugern in bestimmtem Umfang gehandelt werden. Die **Anwendung und Durchführung des Quotensystems** liegt bei den Mitgliedstaaten. Diese verfügen bei der Anwendung und Durchführung des Quotensystems über einen erheblichen Gestaltungsspielraum (z.B. Ausgestaltung und Nutzung der nationalen Reserve; Möglichkeit zur Umstrukturierung der Milcherzeugung und zur Verbesserung der Umweltbedingungen, z.B. durch Aufgabeprämien oder Sonderregelungen bei Betriebs- oder Flächenübertragungen, vgl. Art. 8 VO Nr. 3950/92). Dieser große Gestaltungsspielraum hat zu der Frage geführt, ob die Dezentralisierung des Quotensystems nicht zu Diskriminierungen führt. In der Rs. „Klensch" (Rs. 201 u. 202/85, Slg. 1986, 3477) hat der EuGH die dezentrale Ausgestaltung zwar nicht grundsätzlich in Frage gestellt, aber betont, daß die MSt. bei Wahrnehmung der abgeleiteten Kompetenzen dem gemeinschaftsrechtlichen Diskriminierungsverbot unterliegen.

Problemfälle aus der Rechtsprechung des EuGH: **39**
- Kürzung der globalen Garantiemenge („nationale Quote"): C-311/90, Hierl (Slg. 1992, I–2061)
- Frage der Berücksichtigung produktionsmindernder Ereignisse während des Referenzzeitraums: Rs. 113/88, Leukhardt (Slg. 1989, 1991)
- Frage der Berücksichtigung produktionssteigernder Entwicklungspläne: C-16/89, Spronk (Slg. 1990, I–3185)
- Zuordnung der Milchquote im Falle der Beendigung eines Pachtverhältnisses, wobei der langjährige Pächter erst den Milchbetrieb aufgebaut oder wesentlich erweitert hat und mithin das „vermögenswerte" Quotenrecht selbst erwirtschaftet hat: Rs. 5/88, Wachauf (Slg. 1989, 2609) und C-2/92, Bostock (Slg. 1994, I–955)
- Betriebsübertragungen (Veräußerung, Erbschaft): C-121/90, Posthumus (Slg. 1991, I–5833), (Molkereiwechsel) C-90/90, Neu (Slg. 1991, I–3617).

Die Regelungen des Milchquotensystems, insbesondere betreffend die Berechnung der Quote auf der Grundlage der Produktion im Referenzjahr 1981 (1983), wurden auf alle Milcherzeuger gleichermaßen angewendet. **40**

Dies hatte für die Teilnehmer am 1977 aufgelegten Nichtvermarktungsprogramm (ca. 12.000 Milchbauern) die fatale Konsequenz, daß sie nach Ablauf des Nichtvermarktungszeitraums (nach jeweils 5 Jahren) keine Milchquote erhielten, weil ihre Referenzmenge infolge der Nichtvermarktung in
den Referenzjahren Null war. Einige Milchbauern wehrten sich gegen diese Nichtberücksichtigung vor den Gerichten, die letztlich den EuGH mit
der Frage nach der Gültigkeit der fraglichen Gemeinschaftsregelung befaßten. In seinen Urteilen vom 28. April 1988 (Rs.120/86, Mulder I, Slg. 1988,
2321; Rs. 170/86, von Deetzen, Slg. 1988, 2355) erklärte der EuGH das
Milchquotensystem (VO Nr. 857/84) insoweit für ungültig, als es keine Zuteilung einer Referenzmenge an Erzeuger vorsah, die in Erfüllung einer
Nichtvermarktungsverpflichtung in dem betr. Referenzjahr keine Milch geliefert hatten. Der EuGH begründete dies im wesentlichen damit, daß die
Teilnehmer am Nichtvermarktungsprogramm darauf vertrauen durften, daß
sie bei Auslaufen dieses Programms berechtigt sein würden, die Milcherzeugung wieder aufzunehmen. Nichts deutete i.ü. in der Nichtvermark-
tungsregelung darauf hin, daß die Teilnahme zu einem endgültigen Ausscheiden aus der Milchproduktion führen könnte.

41   *SLOM I*: Als Reaktion auf dieses Urteil wurde in das Quotensystem ein
neuer Art. 3 a eingefügt (VO (EWG) Nr. 764/89 [ABl. 1989 L 84/2] =
SLOM I), der die Grundsätze für die Neuzuteilung von Referenzmengen an
ehemalige Nichtvermarkter und ehemalige Umsteller regelt. **Drei Gesichtspunkte** dieser Regelung sind hervorzuheben: (1) erfaßt werden nur
solche Erzeuger, die noch keine reguläre Quote erhalten haben (führt zum
Ausschluß derjenigen Betriebe, die am Nichtvermarktungsprogramm teilgenommen hatten, danach von einem anderen Milcherzeuger, der bereits
reguläre Quote hatte, erworben oder gepachtet wurden), (2) Begrenzung der
Höhe der spezifischen Referenzmenge auf 60 % der ehemaligen „Nicht-
vermarktungsmenge", (3) Zuteilung einer nur vorläufigen spezifischen Referenzmenge, d.h. eine endgültige Zuteilung erfolgte erst, nachdem der
betr. Erzeuger innerhalb von 2 Jahren nachgewiesen hat, daß er die Milch-
produkltion tatsächlich wieder aufgenommen hat, und zwar mindestens in
Höhe von 80 % der vorläufig zugeteilten Referenzmenge.

42   *Ungültigkeit der 60 %-Regelung – SLOM II*: Als erstes wurde die 60 %-
Regelung angegriffen, die der EuGH wegen Verletzung des Diskriminierungsverbots (Kürzungssatz für sonstige Erzeuger betrug max. 17,5 %) und
des Vertrauensschutzgrundsatzes für ungültig erklärte (C-189/89, Spagl,
Slg. 1990, I–4539; C-217/89, Pastätter, Slg. 1990, I–4585). Der Gemeinschaftsgesetzgeber reagierte mit der Aufhebung des 60 %igen Kürzungs-
satzes und gab in der Neuregelung (VO (EWG) Nr. 1639/91 [ABl. 1991 L

150/35] = SLOM II) den Mitgliedstaaten auf, die Kürzung nach objektiven Kriterien vorzunehmen und an den anderen Kürzungssätzen auszurichten („repräsentative Kürzung"). Gleichzeitig wurde in dieser Regelung einem weiteren Urteil des EuGH Rechnung getragen (C-314/89, Rauh, Slg. 1991, I–1647), in dem der EuGH festgestellt hatte, daß auch der Erbe, der nach Auslaufen des Nichtvermarktungszeitraums im Wege der Erbschaft oder des erbähnlichen Übergangs den Betrieb übernommen hat, Anspruch auf eine vorläufige spezifische Referenzmznge hat. Nicht geändert wurde hingegen die Bedingung, wonach der betr. Erzeuger keine reguläre Quote erhalten haben durfte.

SLOM III: Diese „Antikumulierungsregelung" erklärte der EuGH in seinem Urteil in der Rs. Wehrs (C-264/90, Slg. 1992, I–6285) vor allem unter Hinweis darauf für ungültig, daß Erzeuger, die einen mit einer Nichtvermarktungsverpflichtung belasteten Betrieb mit den vom Rechtsvorgänger eingegangenen Verpflichtungen übernommen haben, so zu behandeln seien wie die Rechtsvorgänger auch. Auch sie könnten sich auf den gemeinschaftsrechtlichen Vertrauensschutzgrundsatz berufen und dürften deshalb nach dem Ende der übernommenen Verpflichtungen nicht Beschränkungen unterworfen werden, die sie wegen dieser Verpflichtungen in besonderer Weise beeinträchtigen. Der Gemeinschaftsgesetzgeber reagierte auf dieses Urteil mit einer SLOM III-Regelung (VO (EWG) Nr. 2055/93 [ABl. 1993 L 187/8]), nach der nun auch Übernehmern von Nichtvermarktungsbetrieben (-und prämien) eine vorläufige spezifische Referenzmenge zugeteilt werden kann. Insgesamt haben von den ca. 12.000 Teilnehmern am Nichtvermarktungs- und Umstellungsprogramm ca. 8.500 im Laufe der Jahre eine vorläufige spezifische Referenzmenge erhalten. **43**

Schadenserzatz: Es war klar, daß die Aufhebung einiger grundsätzlicher Voraussetzungen im Quotensystem durch den EuGH, die stets ex tunc erfolgte, das Begehren nach Schadensersatz bei den Erzeugern weckte. Mit dem Urteil vom 19. Mai 1992 in den verb. Rs. C-104/89 und C-37/90, „Mulder II" und „Heinemann" (Slg. 1992, I–3061), verurteilte der EuGH die EG denn auch, einzelnen Erzeugern gem. Art. 288 Abs. 2 (ex-Art. 215 II) den Schaden zu ersetzen, den diese durch die Anwendung des Quotensystems insoweit erlitten hatten, als dieses System ursprünglich keine Zuteilung einer Referenzmenge an Erzeuger, die am Nichtvermarktungs- oder Umstellungsprogramm teilgenommen hatten, zuließ. Allerdings lehnte der EuGH den Ersatz derjenigen Schäden ab, die diesen Erzeugern dadurch entstanden sind, daß im Zuge der Einführung eines „SLOM-Regimes" die Zuteilung der spezifischen Referenzmenge auf **60 %** der früheren Produktion beschränkt wurde. Der EuGH sah in dieser -rechtswidrigen- und von **44** ihm selbst aufgehobenen Beschränkung **keine hinreichend qualifizierte Verletzung** des Grundsatzes des Vertrauensschutzes, da die Erzeuger die Milchproduktion wieder aufnehmen konnten und der Rat sein Ermessen nicht erheblich und offenkundig überschritten hatte. Schadensersatz beanspruchten ca. 8.100 Landwirte. Im Anschluß an dieses Urteil veröffentlichte die Kommission am 5. August 1992 eine **Mitteilung**, mit der sie die Regelung der erforderlichen Modalitäten der Entschädigung ankündigte. In Erfüllung dieser Zusage erließ der Rat am 22. Juli 1993 die VO (EWG) Nr. 2187/93 (ABl. 1993 L 196/6), welche es den betroffenen Erzeugern ermöglichte, in den Genuß einer **Pauschalentschädigung** zu kommen. Diese VO bestimmt u.a. die entschädigungsfähige Jahresmenge und den entschädigungsfähigen Zeitraum. Von diesem Angebot haben ca. 7.000 Landwirte Gebrauch gemacht. Die übrigen 1.100 hielten das Angebot für zu niedrig oder erfüllten nicht die Voraussetzungen der Pauschalentschädigung. Hierzu gehören auch Herr Mulder und Herr Heinemann, die das Grundsatzurteil der Haftung erstritten hatten. Der EuGH muß nun selbst die Schadensberechnung vornehmen (C-104/89, Mulder II und C-37/90, Heinemann, noch beim EuGH anhängig). Weitere Schadensersatzprozesse sind beim EuGeI anhängig, das einige Musterprozesse ausgewählt hat, die die vielfältigen Detailfragen des konkreten Schadensersatzes und der Anwendung der Pauschalentschädigungs-VO betreffen.

5. Agromonetäre Regelungen

45 Um die Währungsprobleme im Landwirtschaftssektor in den Griff zu bekommen, hat man über die Jahre mehrere agromonetäre Regelungen konzipiert. Der Leitgedanke bei allen Regelungen war, daß die Währungsentwicklungen in der Landwirtschaft nur mit Verzögerung berücksichtigt werden sollten. Auf diese Weise sollten konjunkturelle Schwankungen vermieden werden, so daß sich die Produktionskosten an dauerhaftere Währungsentwicklungen anpassen konnten. Neben diesem Grundsatz der verzögerten Berücksichtigung der Währungsentwicklungen gibt es noch bestimmte Zwänge, die mit der Notwendigkeit zusammenhängen, agromonetäre Verzerrungen der Handelsströme, agromonetäre Einkommensverluste und agromonetäre Kosten für den Haushalt der EG zu vermeiden. Bis 1992 basierte das System der Währungsausgleichsbeträge auf landwirtschaftlichen Umrechnungskursen, die für lange Zeiträume, d.h. in der Regel für ein Jahr, festgesetzt wurden. Beim Handel mit sensiblen Erzeugnissen wurden auf Basis der sog. Währungsabweichung (d.h. des Abstandes zwischen dem landwirtschaftlichen Umrechnungskurs und dem Geldmarktkurs einer Währung) sog. Währungsausgleichsbeträge gewährt bzw. erhoben. Seit

1993 und der Vollendung des Binnenmarktes gibt es keine Möglichkeit mehr, Erzeugnisse im innergemeinschaftlichen Handel zu kontrollieren. Seither folgten die landwirtschaftlichen Umrechnungskurse innerhalb bestimmter Margen dem ECU-Tageskurs. Führte die Aufwertung zu einer spürbaren Verringerung des landwirtschaftlichen Umrechnungskurses und damit zu einem spürbaren Rückgang der Preise und Beträge in Landeswährung, konnten für einen befristeten Zeitraum Beihilfen zum Ausgleich der dadurch entstehenden Einkommensverluste gewährt werden.

Mit der **Einführung des Euro am 1. Januar 1999** werden für die **teilneh- 46 menden Mitgliedstaaten** die gemeinsamen Preise und Beträge nach festen, nicht mehr veränderbaren Wechselkursen umgerechnet. Die Gefahr agromonetär bedingter Handelsverzerrungen zwischen diesen Mitgliedstaaten entfällt damit ebenso wie die durch die Umrechnung der gemeinsamen Preise und Beträge in die Währung des betreffenden Landes verursachten Veränderungen der landwirtschaftlichen Einkommen. Infolgedessen können auch die Maßnahmen und Mechanismen aufgehoben werden, die zur Abfederung und zum Ausgleich dieser Risiken eingeführt wurden, was eine erhebliche Entlastung des EG-Haushalts mit sich bringen wird. Für die Landeswährungen der **Mitgliedstaaten, die am 1. Januar 1999 oder auf Dauer **nicht zur Euro-Zone gehören,** können jedoch auch weiterhin in mehr oder weniger regelmäßigen Abständen gegenüber dem Euro auf- oder abwerten. Die Währungsbewegungen könnten unter Umständen sogar noch heftiger sein als gegenüber dem ECU, weil der Euro, anders als der ECU, kein Währungskorb ist, in dem sich die Schwankungen der darin enthaltenen Währung bis zu einem gewissen Grad gegenseitig neutralisieren. Somit müssen, solange es in der Gemeinsamen Agrarpolitik Preise und Beträge gibt, die in Euro festgesetzt aber in Landeswährung umgerechnet werden und der Euro für die nicht teilnehmenden Mitgliedstaaten die gemeinsamen Rechnungseinheit ersetzt, die Mechanismen zur Behandlung der agromonetären Auswirkungen beibehalten werden.

Die Einführung des Euro erfolgt während einer **Übergangszeit,** die am 47 1. Januar 1999 begonnen hat und am 1. Januar 2002 endet. Während dieser Übergangszeit gelten die auf die früheren Landeswährungen lautenden Zahlungen als in einer Untereinheit des Euro ausgeführt, wobei diese nationalen Untereinheiten die gleiche Bezeichnung wie die früheren Landeswährungen tragen. Der Übergang von der derzeitigen agromonetären Regelung auf die nach dem 1. Januar 1999 geltende Regelung, d.h. die direkte Verwendung des Euro in bestimmten Mitgliedstaaten und die Anwendung neuer Regeln für die Umrechnung des Euro in die Währungen der anderen (nicht teilnehmenden) Mitgliedstaaten, wird ohne Übergangsmaß-

nahmen nicht möglich sein. Vor allem muß in den teilnehmenden Mitgliedstaaten die Fortgeltung der vor dem 1. Januar 1999 in Landeswährung
erworbenen Rechte gewährleistet sein. Können diese Rechte erst nach dem
1. Januar 1999 in Landeswährung geltend gemacht werden, so erfolgt die
Zahlung in nationalen Währungseinheiten oder in Euro, wobei die durch
den Umrechnungskurs des Euro definierte Parität zugrunde zu legen ist.
Dies bedeutet insbesondere, daß die in ECU festgesetzten Preise und Beträge, bei denen der maßgebliche Tatbestand für den landwirtschaftlichen
Umrechnungskurs vor dem 1. Januar 1999 eintritt, die Zahlung aber erst
nach diesem Datum erfolgt, in der ursprünglich in Landeswährung vereinbarten Höhe gezahlt werden. Infolgedessen werden auch nach dem 1. Januar 1999 bestimmte im Rahmen der Gemeinsamen Agrarpolitik an die
Endbegünstigten gezahlten Preise und Beträge noch während einiger Monate wie schon seit mehr als 30 Jahren Werten in einer gemeinsamen Rechnungseinheit entsprechen, die in den einzelnen Mitgliedstaaten unterschiedlich hoch sind. Diese Situation wird sich mit der Zeit immer mehr
verwischen und schließlich ganz verschwinden. Ein Blick auf die bestehenden maßgeblichen Tatbeständen zeigt, daß über 80 % ihrer Auswirkungen auf die Ausgaben des EAGFL für die betreffenden Mitgliedstaaten
nach einem Jahr verschwunden sein werden. So dürfte es am Ende der
Übergangszeit für die Einführung des Euro, d.h. am 1. Januar 2002, abgesehen von verhältnismäßig seltenen Fällen, wenn Restzahlungen erst sehr
spät erfolgen, beispielsweise bei strukturpolitischen Maßnahmen, die sich
über mehrere (oft fünf) Jahre erstrecken, keine Unterschiede in Euro mehr
geben.

48 Für den EG-Haushalt ergeben sich aus diesen Bestimmungen deutliche
Einsparungen, weil es künftig nur noch in vier Mitgliedstaaten Währungs-
schwankungen geben kann und weil die Auswirkung des doppelten Kurses,
der mit Kosten von Euro 600 Mio im Haushalts-Vorentwurf 1999 veranschlagt ist, (d.h. der Anstieg der Ausgaben für die Gemeinsame Agrarpolitik aufgrund positiver Währungsabstände) fast vollständig verschwinden
werden. Außerdem dürfte auch die Änderung der Kofinanzierungsmodalitäten verglichen mit den derzeitigen Bestimmungen zu Haushaltsein-
sparungen führen und somit zur Haushaltsdisziplin beitragen. Im Handel
wird die Verwendung der Marktkurse die Gefahr von Verkehrsverlagerungen und Wettbewerbsverzerrungen beseitigen, die sich durch das Bestehen
künstlicher Umrechnungskurse ergeben konnten.

49 Die VO (EG) Nr. 2799/98 (ABl. 1998 L 349/1 ff.) über die **agromonetären
Regelung nach Einführung des Euro** stellt sich in ihren Grundzügen wie
folgt dar:

– **Grundlagen:** Der Begriff des grünen Kurses verschwindet nicht nur für
  die teilnehmenden, sondern auch für die nicht teilnehmenden Mitgliedstaaten, für die er durch den Begriff des Wechselkurses ersetzt wird.
  Erstmals seit 1969 gibt es damit keinen spezifischen landwirtschaftlichen Umrechnungskurs mehr. Natürlich wird es auch künftig wegen der
  Beibehaltung des Prinzips des maßgeblichen Tatbestandes notwendig
  sein, für die nicht teilnehmenden Mitgliedstaaten einen Kurs zu verwenden, der sich von dem am Zahlungstag gültigen Kurs unterscheidet,
  aber dieser Kurs wird der auf den Devisenmärkten festgestellte Kurs
  sein und nicht ein völlig eigener, administrativ festgesetzter Kurs. Der
  Begriff der spürbaren Aufwertung wird entsprechend der neuen Situation angepaßt. In dem neuen System tritt die spürbare Aufwertung a
  priori nicht mehr an einem bestimmten Tag ein, der die Prüfung der
  Entwicklung in den drei vorangegangenen Jahren auslöst; auch beschließt man nicht mehr, daß eine Aufwertung stattgefunden hat (weil
  es keinen administrativ festgesetzten Kurs mehr gibt), sondern man beobachtet eine Entwicklung.

– **Umrechnungskurs:** Die Umrechnung der in Euro ausgedrückten Beträge in die nationale Währungseinheit eines **teilnehmenden Mitgliedstaats** erfolgt zu der vom Rat unwiderruflich festgelegten Parität, die
  seit dem 1. Januar 1999 bekannt ist. Für die **nicht teilnehmenden
  Mitgliedstaaten** erfolgt die Umrechnung in Landeswährung zum Euro-
  Wechselkurs. Eine Vorausfestsetzung des landwirtschaftlichen Umrechnungskurses gibt es künftig nicht mehr. Diese Möglichkeit war im
  wesentlichen dadurch gerechtfertigt, daß der landwirtschaftliche Umrechnungskurs abrupten und häufig starken Schwankungen unterlag,
  die sich künstlich auf einen Tag konzentrierten. In der neuen Regelung
  entsprechen diese Schwankungen denen, die es auf dem Devisenmarkt
  gibt.

– **Ausgleichsbeihilfen im Falle einer spürbaren Aufwertung:** Mit dieser Regelung werden die Bestimmungen über den Ausgleich spürbarer
  Aufwertungen, die sich bisher in der VO (EG) Nr. 724/97 (ABl. 1997 L
  108/9) fanden, in die Grund-VO einbezogen. Damit wird die bisherige
  Ausnahmeregelung zur Basisregelung. Daneben sind aber im Hinblick
  auf die neue Definition des Begriffs spürbare Aufwertung mehrere Änderungen bzw. Vereinfachungen notwendig. Speziell kann der Beob-
  achtungszeitraum künftig dem Kalenderjahr entsprechen, von dem auch
  für die Berechnung der spürbaren Aufwertung ausgegangen wird. Dadurch kann es künftig auch den Fall mehrerer aufeinanderfolgender
  spürbarer Aufwertungen nicht mehr geben.

– **Direkte Beihilfen**: Da der maßgebliche Tatbestand für die direkten Beihilfen im Prinzip an einem bestimmten Tag für das gesamte Wirtschaftsjahr eintritt, kann es vorkommen, daß der Wechselkurs für ein bestimmtes Wirtschaftsjahr niedriger ist als der für das vorangegangene Jahr. In diesem Fall kann eine Ausgleichsbeihilfe gewährt werden, die wie in der VO Nr. 724/97 vorgesehen berechnet wird. Ist hingegen der neue Wechselkurs höher als der in den 24 Monaten zuvor gültige Wechselkurs, so gelten die Beihilferegelungen nicht. Außerdem soll keine Beihilfe gewährt werden, wenn sie sich auf weniger als 0,5 % der spürbaren Aufwertung belaufen würde.

– **Kofinanzierung**: Als Grundregel bleibt erhalten, daß sich der EAGFL nur mit 50 % an den agromonetären Beihilfen beteiligt. Da es dem Mitgliedstaat freisteht, die agromonetäre Beihilfe anzubieten, soll die Einsparung, die sich aus der Entscheidung ergibt, daß die Beihilfe nicht in voller Höhe gewährt wird, zwischen dem EG-Haushalt und dem nationalen Haushalt des betreffenden Mitgliedstaats geteilt werden. Deshalb wird sich der EAGFL nach der neuen Regelung nur noch zu **50 % an den tatsächlich getätigten Ausgaben** beteiligen, was im übrigen auch eher den üblichen Kofinanzierungsmodalitäten entspricht.

– **Direkte Zahlung in Euro**: Im Normalfall werden die Zahlstellen der nicht teilnehmenden Mitgliedstaaten die Ausgaben in Landeswährung tätigen bzw. die Abgaben in Landeswährung erheben. Es wird allerdings auch Vorsorge für den Fall getroffen, daß ein nicht teilnehmender Mitgliedstaat in dem Maße, in dem die nationalen Rechtsvorschriften dies gestatten, Beträge in Euro zahlt oder erhebt. Die Verwendung des Euro durch die nicht teilnehmenden Mitgliedstaaten soll nicht erschwert werden, gleichzeitig darf sie für diese Länder jedoch nicht vorteilhafter sein als für die teilnehmenden Mitgliedstaaten. Deshalb muß der betreffende Mitgliedstaat der Kommission die Maßnahmen zur Genehmigung vorlegen, mit denen er gewährleisten will, daß der Gegenwert der in Euro gezahlten bzw. erhobenen Beträge in Landeswährung für den Endbegünstigten bzw. den Schuldner nicht vorteilhafter ist als eine Zahlung in Landeswährung.

50   In der VO (EG) Nr. 2800/98 (ABl. 1998 349/8) geht es um den **Abbau der Währungsabstände zum 1. Januar 1999**. Dabei wird vorgesehen, alle Abstände gleich zu behandeln, unabhängig davon, ob es sich um die Währungen der teinehmenden oder der nicht teilnehmenden Mitgliedstaaten handelt. Der Ausgleich erfolgt dabei auf sehr ähnliche Weise wie in der früheren Regelung, weil die Einführung der neuen Kurse zum 1. Januar 1999 technisch und wirtschaftlich wie eine letzte Änderung der grü-

nen Kurse behandelt werden kann. Dieser Ausgleich wird ebenfalls degressiv gestaltet, damit die Gefahr von Wettbewerbsverzerrungen zwischen
Mitgliedstaaten und innerhalb eines Mitgliedstaats nicht über Gebühr an-
dauert.

6. Reform der Agrarpolitik im Rahmen der Agenda 2000

Mit der Agenda 2000 werden die großen Reformen der Jahre 1984 und   **51**
1992 fortgesetzt; insbesondere sollen durch eine noch stärker am Markt
ausgerichtete Preispolitik die Wettbewerbsfähigkeit der gemeinschaftlichen
Erzeugnisse auf dem Weltmarkt verbessert werden. Darüber hinaus müssen
mit der neuerlichen Reform die agrarrechtlichen Voraussetzungen für den
geplanten Beitritt der ost-und mitteleuropäischen Staaten zur EU geschaffen werden. Schließlich muß die gemeinschaftliche Agrarpolitik auf die
neue „Agrarrunde" im Rahmen der WTO vorbereitet werden, da diese Verhandlungen weitere Liberalisierungen im Welthandel mit landwirtschaftlichen Erzeugnissen mit sich bringen werden, und dies mit allen damit verbundenen Folgen für den gemeinsamen Agrarmarkt.

Mit der Verwirklichung der Agenda 2000 soll ein **europäisches Agrarmo-**   **52**
dell entstehen, das im wesentlichen hervorgehen soll aus:

–   einer wettbewerbsfähigen Landwirtschaft, der es gelingt, sich auf dem
    Weltmarkt ohne übermäßige Subventionen zu behaupten, die weltweit
    immer weniger toleriert werden;

–   einer Landwirtschaft mit gesunden, umweltgerechten Produktionsver-
    fahren, die die von den Verbrauchern erwarteten Qualitätsprodukte lie-
    fert;

–   einer vielgestaltigen, traditionsreichen Landwirtschaft, deren Aufgabe
    nicht nur darin besteht zu erzeugen, sondern auch die Landschaften und
    Lebensräume zu erhalten, Arbeitsplätze zu schaffen und zu sichern;

–   einer einfacheren, verständlichen Agrarpolitik, die eine klare Tren-
    nungslinie zieht zwischen dem, was gemeinschaftlich zu entscheiden ist
    und was den Mitgliedstaaten vorbehalten sein soll;

–   einer Agrarpolitik, die in der Lage ist zu beweisen, daß die mit ihr ver-
    bundenen Ausgaben gerechtfertigt sind, weil sie es ermöglichen, Aufga-
    ben wahrzunehmen, die die Gesellschaft von den Landwirten erwartet.

Die **Vorschläge der Kommission** zur Umsetzung der Agenda 2000 (vgl.   **53**
KOM (98) 158 endg.) versuchen diese Anliegen durch folgende – hier lediglich abstrakt umschriebene – **Maßnahmen** in die Wirklichkeit umzusetzen:

(1) Preissenkungen

Die Wettbewerbsfähigkeit soll durch entsprechend umfangreiche **Preissen-kungen** sichergestellt werden, um das Wachstum der Binnenmärkte und eine stärkere Beteiligung der europäischen Landwirtschaft an der Entwicklung des Weltmarktes zu gewährleisten. Diese Preissenkung wird durch verstärkte direkte Beihilfen ausgeglichen (sog. Ausgleichszahlungen), um Einkommenseinbußen bei den Erzeugern zu vermeiden.

(2) Neuverteilung der Aufgaben zwischen der EG und den Mitgliedstaaten

Der Ausgleich in Form von Direktbeihilfen an die Erzeuger muß gegenüber 1992 anders gehandhabt werden. Für einen Teil dieses Ausgleichs werden nationale Plafonds festgesetzt, die voll vom EAGFL-Garantie finanziert und entsprechend dem Umfang der Erzeugung der Mitgliedstaaten zugewiesen werden. Jeder Mitgliedstaat kann dieses Geld nach eigenem Ermessen verteilen, muß dabei jedoch eine Reihe von Gemeinschaftskriterien beachten, um Wettbewerbsverzerrungen zu vermeiden. Jeder Mitgliedstaat hat die Mittel, um das von ihm gewünschte Gleichgewicht zwischen intensiver und extensiver Erzeugung festzulegen.

Die neue VO über die Entwicklung des ländlichen Raums, die in einem einheitlichen Rahmen sämtliche Maßnahmen zur Entwicklung des ländlichen Raums umfaßt, gibt den Mitgliedstaaten darüber hinaus die Möglichkeit, selbst ihre Prioritäten zu setzen und die in der Verordnung vorgesehenen Maßnahmen selbst auszuwählen. Diese Auswahl erfolgt im Rahmen einer Gesamtplanung.

(3) Vereinfachung der Rechtsvorschriften

Die Dezentralisierung geht zwangsläufig mit erheblichen Anstrengungen um Vereinfachung der Rechtsvorschriften einher. Ein Beweis dafür ist die neue Verordnung über die Entwicklung des ländlichen Raums, mit der eine Reihe komplizierter und häufig untereinander wenig kohärenter Regelungen aufgehoben wird. Dieselbe Entwicklung läßt sich bei den Verordnungen über die Marktorganisationen, namentlich die über die Kulturpflanzen, feststellen.

(4) Neue Aufgaben

Das Bestreben der Kommission, der Agrarpolitik neue Aufgaben zuzuweisen, die es ihr ermöglichen, den Erwartungen der Gesellschaft besser gerecht zu werden, findet in einer Reihe neuer Ausrichtungen ihren Niederschlag:

– Die **Maßnahmen zugunsten des Umweltschutzes** in der Landwirtschaft werden erheblich verstärkt. Die Mittel dafür werden aufgestockt
und die Beihilfen für die benachteiligten Gebiete in ein Instrument zur
Stabilisierung und sogar Förderung von standortgerechten Anbaume-
thoden umgewandelt. Besondere Anstrengungen werden zugunsten einer wirklich extensiven Rinderhaltung unternommen, indem die entsprechende Prämie nahezu verdreifacht wird. Schließlich müssen die
Mitgliedstaaten zweckdienliche Maßnahmen treffen, damit die Um-
weltvorschriften eingehalten werden, indem sie unter anderem die direkten Beihilfen absenken oder aufheben.

– Die neue VO zur **Entwicklung des ländlichen Raums** schafft die
Grundlagen für eine globale, kohärente Politik in diesem Bereich, deren Aufgabe darin besteht, die Marktpolitik zu ergänzen, indem sie sicherstellt, daß die Landwirtschaft mehr als bisher zur räumlichen Entwicklung und zum Schutz der Umwelt beiträgt.

– Die Entwicklung des ländlichen Raums wird somit zum zweiten Pfeiler
der Gemeinsamen Agrarpolitik. Diese wichtige Änderung wird durch
die **Gemeinschaftsfinanzierung von Entwicklungsmaßnahmen** in
sämtlichen ländlichen Gebieten und durch die Übertragung des größten
Teils der Ausgaben von der Abteilung Ausrichtung des EAGFL in die
Abteilung Garantie bekräftigt.

(5) Korrektur von Ungerechtigkeiten und Mißbräuchen

Schließlich sollen eine Reihe von Ungerechtigkeiten und Mißbräuchen korrigiert werden, die dem Ruf der Gemeinsamen Agrarpolitik erheblich schaden. Es wird z.B. vorgeschlagen, den Gesamtbetrag der Direktbeihilfen, die
ein Betrieb für Marktstützungsmaßnahmen erhalten kann, degressiv zu gestalten. Auf diese Weise soll vermieden werden, daß durch die Reform der
Gemeinsamen Agrarpolitik an bestimmte landwirtschafliche Betriebe zu
hohe Subventionen gezahlt werden. Die Mitgliedstaaten haben künftig
rechtlich die Möglichkeit, die Zahlung direkter Beihilfen solchen Landwirten vorzubehalten, die tatsächlich eine landwirtschaftliche Tätigkeit ausüben. Auf diese Weise ist es möglich, die seit 1992 beobachteten Mißbräuche zu unterbinden und zu vemeiden, daß durch juristische Kunstgriffe
auch Personen Agrarbeihilfen beziehen können, die keine Landwirte sind.
Die Mitgliedstaaten haben weiterhin die Möglichkeit, die den Betrieben gewährten direkten Beihilfen anzupassen, d.h. abzusenken, wobei nach Mitgliedstaaten festzulegende, an die Zahl der Arbeitskräfte je Betrieb gebun-
dene Kriterien zu berücksichtigen sind. Die Einsparungen aufgrund einer

solchen Anpassung bleiben beim Mitgliedstaat und sind für Agrarumwelt-
maßnahmen zu verwenden.

54 Konkrete Auswirkungen haben diese Maßnahmen insbesondere in den
Marktordnungen für landwirtschaftliche Kulturpflanzen, für Getreide, für
Rindfleisch, für Milch und Milcherzeugnisse. Bestimmte Aspekte, die alle
gemeinsamen Marktorganisationen mit **Direktzahlungen** betreffen, sind
darüber hinaus in einer **horizontalen VO** zusammengefaßt worden, die folgende Regeln enthält:

(a) Querschnittsaufgabe Umweltschutz

Im Hinblick auf eine verstärkte Integration von Umweltaspekten in die Gemeinsame Agrarpolitik sollten die Mitgliedstaaten im Rahmen der einzelnen Marktstützungsregelungen geeignete Umweltmaßnahmen ergreifen.
Sie werden außerdem ermächtigt, über geeignete und angemessene Strafen
bei Umweltvergehen zu entscheiden und Direktzahlungen zu kürzen oder
aufzuheben.

(b) Differenzierung

Die Verteilung der Direktzahlungen an die Landwirte kann in einigen Mitgliedstaaten zu spezifischen Problemen führen. Ein Subsidiaritätsansatz
scheint daher sinnvoll. Das landwirtschaftliche Einkommen einschließlich
der Direktzahlungen hat jedoch in ländlichen Gebieten einen sehr starken
Einfluß auf die Beschäftigungslage. Die Mitgliedstaaten sollen daher ermächtigt werden, die Direktzahlungen pro Betrieb innerhalb bestimmter
Grenzen und abhängig von den Beschäftigungszahlen des Betriebs zu differenzieren.

(c) Reduzierung der Beihilfen

Durch die Reduzierung der Beihilfen – entweder im Rahmen der „Querschnittsaufgabe Umweltschutz" oder durch Differenzierung – verfügbar
werdende Mittel bleiben dem betreffenden Mitgliedstaat als zusätzliche
Gemeinschaftsunterstützung für Umweltmaßnahmen im Agrarbereich erhalten.

(d) Höchstbeträge

Um die übermäßige Bereitstellung öffentlicher Mittel für einzelne Landwirte zu vermeiden, schlägt die Kommission vor, die Direktzahlungen degressiv zu gestalten. Dabei wird den je nach Produktionskapazität unterschiedlichen Anpassungsmöglichkeiten Rechnung getragen.

7. Vollzug der gemeinsamen Marktordnungen; Sanktionen

a) Zuständigkeit für die Durchführung der durch den EAGFL finanzierten
Maßnahmen

Es ist Sache der MSt. und ihrer Verwaltungen, in ihrem Hoheitsgebiet für   **55**
die Durchführung der gemeinschaftsrechtlichen Agrarregelungen zu sorgen
(sog. **indirekter** Verwaltungsvollzug). Die Durchführung umfaßt dabei sowohl den Erlaß der erforderlichen nationalen Ausführungsgesetzgebung,
als auch den verwaltungsmäßigen und richterlichen Vollzug der gemeinschaftsrechtlichen Vorgaben. Da der Verwaltungsvollzug des EG-Agrar-
rechts mit der Vergabe von Gemeinschaftsmitteln zusammenfällt, schließt
die nationale Durchführungszuständigkeit auch die Bewirtschaftung der
von der EG bereitgestellten Gelder ein. Als Teil der Durchführung ist die
Betrugsbekämpfung grundsätzlich und in erster Linie den nationalen Stellen übertragen. Rechtliche Grundlage der mitgliedstaatlichen Durch-
führungsverpflichtungen ist neben Art. 10 (ex-Art. 5) vor allem Art. 8 Abs. 1
VO (EWG) Nr. 729/70 über die Finanzierung der Gemeinsamen Agrarpolitik (ABl. 1970 L 94/13) und im Strukturbereich die gleichartige Regelung
des Art. 23 Abs. 1 VO (EWG) Nr. 4253/88 (ABl. 1988 L 374/1).

In Deutschland ist dieser Durchführungsverpflichtung mit dem **Gesetz für**   **56**
die Durchführung der gemeinsamen Marktorganisation (MOG; BGBl.
1986 I, 1397) nachgekommen worden, das im Rahmen der gemeinschaftsrechtlichen Bestimmungen Organisation und Verfahren zur Durchführung
der Marktordnungen regelt. Zuständige Behörde für die gemeinsame
Marktordnungen ist danach die Bundesanstalt für Landwirtschaft und
Ernährung (BLE), die der Aufsicht des Bundesministers für Ernährung,
Landwirtschaft und Forsten untersteht. Für Abgaben, Einfuhrzölle und Ausfuhrerstattungen ist die Bundesfinanzverwaltung (Hauptzollämter) zuständig (vgl. Art. 108 I GG).

Die **Aufwendungen der Mitgliedstaaten für Verwaltungs- und Perso-**   **57**
nalkosten bei der Durchführung der Agrarmarktordnungen werden von der
EG, d.h. vom EAGFL, grundsätzlich nicht übernommen (vgl. Art. 1 Abs. 4
VO (EWG) Nr. 729/70). Eine zudem zeitlich befristete (1997–2002) Ausnahme bildet die gemeinschaftliche Kofinanzierung der Kosten, die den
Mitgliedstaaten im Zusammenhang mit der Durchführung des neuen Aktionsprogramms zur Verbesserung der Struktur oder der Wirksamkeit der
Kontrollen der Ausgaben des EAGFL-Garantie entstehen (vgl. VO (EG) Nr.
723/97, ABl. 1997 L 108/6). Auch **gegenüber den begünstigten Land-**
wirten können die Mitgliedstaaten für die Tätigkeiten ihrer Verwaltungen
Gebühren nur dann erheben, wenn die Gemeinschaftsrechtsvorschriften

keine Auszahlung der Beträge in voller Höhe verlangen (sog. „**full-pay-ment-Klausel**"; dazu EuGH, C-36/97 und C-37/97, Kellinghusen und Ketelsen/Amt für Land- und Wasserwirtschaft Kiel, Urt. v. 22.10.1998) **und** soweit die erhobenen Gebühren den normalen Kosten von Tätigkeiten dieser Art entsprechen und ihrer Höhe nach nicht dazu geeignet sind, die Begünstigten von der Durchführung der Vorhaben abzuhalten, die durch die Gewährung der Begünstigung gefördert werden sollen (vgl. EuGH, Rs. 233/81, Denkavit/Deutschland, Slg. 1982, 2933).

b) Durchführung administrativer und physischer Kontrollen

58 Der Durchführung administrativer und physischer Kontrollen durch die national zuständigen Behörden kommt im Hinblick auf den Schutz der finanziellen Interessen der EG und der ordnungsgemäßen Anwendung der gemeinschaftlichen Agrarregelungen eine herausragende Bedeutung zu. Der rechtliche Rahmen dieser Kontrollen wird im wesentlichen durch folgende Gemeinschaftsregelungen vorgegeben:

59 Als eine der weitreichendsten und umfassendsten Regelungen ist das *„integrierte Verwaltungs- und Kontrollsystem"* („INVEKOS", VO (EWG) Nr. 3508/92, ABl. 1992 L 355/1, zuletzt geändert durch VO (EG) Nr. 1678/98, ABl. 1998 L 212/23) zu nennen, das im Rahmen der Agrarreform des Jahres 1992 geschaffen wurde. Es erfaßt vor allem die durch die Reform neu entwickelten bzw. umgestalteten Beihilferegelungen für landwirtschaftliche Kulturpflanzen, Rindfleisch, Schaffleisch, Reis, und damit einen ganz erheblichen Anteil der von der Abteilung Garantie des EAGFL finanzierten Ausgaben. Es schafft sektorübergreifend einheitliche Regeln für die Einreichung von Anträgen, die Identifizierung von landwirtschaftlichen Parzellen und Tieren, die Einrichtung von Datenbanken, die Durchführung der erforderlichen Verwaltungs- und Vor-Ort-Kontrollen sowie für die Verhängung von Sanktionen (s. dazu unter Rn. 66).

60 Zu erwähnen ist desweiteren die VO (EWG) Nr. 386/90 über Kontrollen im Bereich der **Ausfuhrerstattungen** (ABl. 1990 L 42/6, zuletzt geändert durch VO (EG) Nr. 163/94, ABl. 1994 L 24/2). Sie verpflichtet die Mitgliedstaaten, hinsichtlich jedes Produktsektors grundsätzlich **5 % der erstattungsbegünstigten Ausfuhren** körperlich, d.h. auf Menge und Qualität zu kontrollieren.

61 Eine wichtige Rolle spielt außerdem die VO (EWG) Nr. 4045/89 über sog. „**ex-post-Kontrollen**" im Bereich der Abteilung Garantie des EAGFL (ABl. 1989 L 388/18; zuletzt geändert durch VO (EG) Nr. 3094/94, ABl. 1994 L 328/1; Durchführungs-VO (EWG) 1863/90, ABl. 1990 L 170/23, zuletzt geändert durch VO (EG) Nr. 2278/96, ABl. 1996 L 308/30). Nach dieser VO müssen die Mitgliedstaaten nach der Auszahlung der Leistungen spezifische **Buchkontrollen** vornehmen, mittels derer die vor der Leistungsgewährung durchgeführten Prüfungen ergänzt werden sollen. Diese nachträglichen Kontrollen bestehen in einer systematischen Überprüfung der Geschäftsunterlagen einer bestimmten Anzahl von Leistungsempfängern und Zahlungspflichtigen mit dem Ziel, zu Unrecht getätigte Zahlungen zu identifizieren.

Schließlich verdienen die spezifischen, bis in den Bereich der nationalen **62** Verwaltungsorganisation hineinreichenden Kontrollregelungen in **speziellen Marktsektoren** Erwähnung (vgl. z.B. VO (EWG) Nr. 2048/89 des Rates v. 19.6.1989 mit Grundregeln über Kontrollen im Weinsektor, ABl. L 202/32; VO (EWG) Nr. 2251/92 der Kommission v. 29.7.1992 über die Qualitätskontrollen von frischem Obst und Gemüse, ABl. L 219/9, zuletzt geändert durch VO (EG) Nr. 766/97, ABl. 1997 L 112/10).

c) Verhinderung und Verfolgung von Unregelmäßigkeiten

Ein dritter Bereich der innerstaatlichen Durchführung der gemeinsamen **63** Marktorganisationen betrifft die **Aufklärung begangener Unregelmäßigkeiten** und damit einhergehend die **Schaffung und Verhängung wirksamer, verhältnismäßiger und abschreckender administrativer und strafrechtlicher Sanktionen**. Dabei muß gewährleistet sein, daß Verstöße gegen Gemeinschaftsbestimmungen unter materiellen und formellen Bedingungen geahndet werden, die denen ähnlich sind, die für Verstöße vergleichbarer Art und Schwere gegen nationales Recht gelten.

Um sicherzustellen, daß Betrügereien zu Lasten des EG-Haushalts wirksam **64** geahndet werden, hat die EG jedoch sowohl im Bereich der Verwaltungssanktionen, als auch auf strafrechtlichem Gebiet verschiedene gemeinschaftsrechtliche Vorgaben festgelegt:

(1) Konzept der Risikoanalyse

Im Hinblick auf die Betrugsbekämpfung besteht eines der wichtigsten Elemente der von der EG erlassenen Kontrollregelungen in der Durchsetzung **65** des Konzeptes der sog. „**Risikoanalyse**", das sowohl im integrierten Kontrollsystem, als auch bei den Ausfuhrerstattungs- und ex-post-Kontrollen seinen Niederschlag gefunden hat. Unter Risikoanalyse versteht man die Auswahl der zu kontrollierenden Operateure anhand abstrakter und konkreter Kriterien, die den spezifischen Unregelmäßigkeitsgefahren des jeweiligen Beihilferegimes Rechnung tragen. So sind etwa im integrierten

Kontrollsystem die Beihilfebeträge, die Zahl der Parzellen, deren Fläche, die Zahl der Tiere, für die Anträge gestellt werden, die Entwicklung gegenüber dem Vorjahr, die Kontrollergebnisse der Vorjahre sowie sonstige von den Mitgliedstaaten festzulegende Parameter zu berücksichtigen. Das in der Vergangenheit vielfach allein angewendete Zufallsprinzip wird damit zwar nicht ausgeschlossen, jedoch stark relativiert. Die Parallelregelung im Ausfuhrerstattungsbereich ist noch ausführlicher. Dort haben die Mitgliedstaaten im übrigen die Möglichkeit, in Produktsektoren, in denen sie sich der Risikoanalyse bedienen, den Kontrollsatz bis auf 2 % zu reduzieren, sofern sie in allen Produktsektoren zusammengenommen auf einen Kontrollsatz von 5 % kommen.

(2) Verwaltungssanktionen

66   Ein anschauliches und in der Praxis außerordentlich bedeutsames Beispiel für diese Art von Sanktionsregelungen bietet das **integrierte Verwaltungs- und Kontrollsystem**. So sehen die Artikel 9 und 10 der VO (EWG) Nr. 3887/92 die Ahndung von Verstößen objektiver wie subjektiver Natur vor, wobei die Maßnahmen bis zum vollständigen Verlust des Beihilfeanspruchs gehen können und in Fällen vorsätzlichen Fehlverhaltens sogar den Ausschluß des Betroffenen von der Beihilfegewährung für das folgende Beihilfenjahr auslösen. Im Anwendungsbereich des Art. 9 Abs. 2 sind **fünf verschiedene Kategorien** von Sanktionen zu unterscheiden:

– Flächenangabe, die die tatsächlich ermittelte Fläche um mehr als 2 %, aber um weniger als 10 % überschreitet: Kürzung der ermittelten Fläche um **das Doppelte der Überschreitung** (etwas anderes gilt, wenn die falschen Angaben absichtlich oder aufgrund grober Fahrlässigkeit gemacht wurden).

– Flächenangabe, die die tatsächlich ermittelte Fläche um mehr als 10 %, aber um weniger als 30 % überschreitet: Kürzung der ermittelten Fläche **um 30 %** (etwas anderes gilt, wenn die falschen Angaben absichtlich oder aufgrund grober Fahrlässigkeit gemacht wurden).

– Flächenangabe, die die tatsächlich ermittelte Fläche um mehr als 20 % überschreitet: **Verlust der flächenbezogenen Beihilfe für die betreffende Kultur** (etwas anderes gilt, wenn die falschen Angaben absichtlich oder aufgrund grober Fahrlässigkeit gemacht wurden).

– Unrichtige Flächenangaben aufgrund grober Fahrlässigkeit: **Ausschluß** von der Gewährung der betreffenden Beihilfe **für das betreffende Kalenderjahr**, d.h. Verlust sämtlicher Ausgleichszahlungen für die Kulturpflanzen.

– Absichtlich gemachte unrichtige Flächenangaben: **Ausschluß** von der
Gewährung der betreffenden Beihilfe **für das betreffende Kalenderjahr sowie Ausschluß** von der Gewährung **sämtlicher** dem integrierten
System unterliegenden **Beihilfesysteme für das folgende Kalenderjahr.**

Die **Verhältnismäßigkeit dieses Sanktionssystems** wurde vom EuGH erst
jüngst ausdrücklich bestätigt (C-354/95, National Farmers Union, Slg.
1997, I–4559).

Mit Art. **11 Abs. 1 der VO (EWG) Nr. 3665/87** gilt seit dem 1. April 1995   **67**
auch im Bereich der Ausfuhrerstattungen eine Sanktionsregelung, die jener
des integrierten Systems nachgebildet wurde. Danach gilt grundsätzlich
folgendes: Ist der tatsächlich geltende Erstattungsbetrag niedriger als der
beantragte, so wird der geltende Betrag um die Hälfte des Unterschieds vermindert, was auch zu einem negativen Erstattungsbetrag, sprich zu einer
Zahlungspflicht des Ausführers führen kann. Im Fall vorsätzlichen Handelns wird die geltende Erstattung sogar um das Doppelte des Unter-
schiedsbetrags vermindert (weitere Einzelheiten s. unter Rn. 25).

Als Ergänzung zu den bestehenden Sanktionsmechanismen wurden die un-   **68**
ter dem Stichwort „**Schwarze Liste**" bekannt gewordene VO (EG) Nr.
1469/95 (ABl. 1995 L 145/1) mit ihrer Durchführungs-VO (EG) Nr. 745/96
(ABl. 1996 L 102/15) erlassen, die sowohl Sanktions- als auch Kontrollas-
pekte aufweisen. Sie gelten für Ausschreibungen, Ausfuhrerstattungen und
den Verkauf von Interventionswaren zu reduzierten Preisen und verfolgen
im wesentlichen zwei Ziele: **Zum einen** soll wirksamer gegen Operateure
vorgegangen werden, deren Zuverlässigkeit aufgrund grob fahrlässiger oder
vorsätzlicher Rechtsverstöße in Zweifel gerät. **Zum anderen** sollen diese
Operateure – daher das Kürzel „Schwarze Liste" – nicht mehr nur im Be-
gehungsmitgliedstaat kontrolliert und sanktioniert werden können, sondern
auch in den anderen Mitgliedstaaten und der Kommission namhaft gemacht
werden. Solange gegen einen Operateur lediglich wegen einer möglicherweise begangenen Unregelmäßigkeit ermittelt wird – die VO (EG) Nr.
1469/95 spricht von einer „ersten amtlichen oder gerichtlichen Feststellung" – kommen verstärkte Kontrollmaßnahmen und die Aussetzung von
Zahlungen oder der Freigabe von Kautionen in Betracht. Ist die grob fahr-
lässige oder vorsätzliche Unregelmäßigkeit hingegen von der zuständigen
Verwaltungsbehörde oder durch ein Gericht definitiv festgestellt worden, so
kann der Wirtschaftsteilnehmer für einen festzulegenden Zeitraum von der
Gewährung von Gemeinschaftsleistungen ausgeschlossen werden. Abgesehen von außergewöhnlichen Fällen beträgt dieser Zeitraum mindestens 6
Monate; nach oben ist er auf 5 Jahre begrenzt. Die Mitgliedstaaten müssen

in bedeutenden Fällen die Aufnahme von Ermittlungen und die definitive Feststellung einer Unregelmäßigkeit an die Kommission und die übrigen Mitgliedstaaten weitermelden, die dann ihrerseits über die Anordnung der notwendigen Maßnahmen zu befinden haben.

69 Die zahlreichen **sektoriellen Sanktionsregelungen** sind durch die Verabschiedung der **VO (EG, Euratom) Nr. 2988/95** über den **Schutz der finanziellen Interessen** der EG (ABl. 1995 L 312/1) in einen horizontal geltenden rechtlichen Rahmen eingebunden worden. Diese VO enthält eine Legaldefinition des Unregelmäßigkeitsbegriffs, garantiert eine Reihe allgemeiner rechtsstaatlicher Prinzipien („nulla peona sine lege", „ne bis in idem", Verhältnismäßigkeit), stellt einheitliche Regeln für die Verfolgungs- und Vollstreckungsverjährung auf, verdeutlicht den Begriff der Verwaltungssanktion durch die Angabe von Regelbeispielen und präzisiert das Verhältnis zwischen Sanktions- und Strafverfahren. Besondere Aufmerksamkeit verdient außerdem der für das Gemeinschaftsrecht eher neuartige Mißbrauchstatbestand in Art. 4 Abs. 3 der VO Nr. 2988/95, wonach Handlungen, die nachgewiesenermaßen die Erlangung eines Vorteils, der den Zielsetzungen der einschlägigen Gemeinschaftsrechtsvorschrift zuwiderläuft, zum Ziel haben, indem künstlich die Voraussetzungen für die Erlangung dieses Vorteils geschaffen werden, zur Folge haben, daß der betreffende Vorteil nicht gewährt bzw. entzogen wird.

(3) Strafrechtliche Sanktionen

70 Die **strafrechtliche Verfolgung von Betrügereien** zu Lasten des EG-Haushalts durch die Mitgliedstaaten und die EG sind inzwischen ausdrücklich in Art. 280 (ex-Art. 209a) niedergelegt. Zuvor hatte bereits der EuGH die Verpflichtung der Mitgliedstaaten festgestellt, die Finanzinteressen der EG auch im Bereich des Strafrechts rechtlich und praktisch mindestens so wirksam zu schützen wie ihre eigenen finanziellen Belange (vgl. EuGH, Rs. 68/88, KOM/Griechenland, Slg. 1989, 2965). Diese generalklauselartigen Verpflichtungen bergen jedoch die Gefahr in sich, daß in verschiedenen Mitgliedstaaten ein und derselbe Verstoß unterschiedlich gewichtet und daher auch unterschiedlich strengen Sanktionen unterworfen wird. Außerdem verbleibt dem nationalen Gesetzgeber ein nicht unerhebliches Ermessen bei der Einstufung betrugsähnlicher Handlungen als Straftaten oder unterhalb der Strafbarkeitsschwelle liegender Delikte. Die daraus resultierenden Verzerrungen lassen sich letztlich nur durch eine gemeinschaftsrechtliche Angleichung der betreffenden strafrechtlichen Standards beseitigen. Einen ersten Ansatz in diese Richtung liefert das vom Rat am 26. Juli 1995 gebilligte Übereinkommen über den Schutz der finanziellen Interessen der EG (ABl. 1996 C 299/1), das den Mitgliedstaaten zur Ratifizierung vorliegt. Als Rechtsgrundlage diente Art. K.3 Abs. 2 lit. c (jetzt Art. 31) EUV. Bislang ist das Übereinkommen allerdings in keinem Mitgliedstaat ratifiziert worden. Das Abkommen sieht vor, daß die in seinem Art. 1 als „Betrug zum Nachteil der finanziellen Interessen der Europäischen Gemeinschaften" definierten Handlungen von den Mitgliedstaaten „als Straftaten umschrieben werden" und macht Vorgaben für die insoweit vorzusehenden Freiheits- und Geldstrafen. Darüber hinaus präzisiert der Text die strafrechtliche Verantwortung der Unternehmensleiter, enthält Vorgaben für den Umfang der zu begründenden Gerichtsbarkeit, für Auslieferung und Strafverfolgung, die Zusammenarbeit zwischen den Mitgliedstaaten und regelt Geltung und Tragweite des Grundsatzes „ne bis in idem".

d) Wiedereinziehung zu Unrecht gezahlter Leistungen

Was die Wiedereinziehung zu Unrecht geleisteter Zahlungen angeht, unterwirft das Gemeinschaftsrecht den mitgliedstaatlichen Vollzug heute deutlich stärkeren Bindungen als in der Vergangenheit. Auch in dieser Hinsicht mögen die im Rahmen des integrierten Systems und im Ausfuhrerstattungsbereich (vgl. Art. 11 Abs. 3 der VO (EWG) Nr. 3665/87 sowie dazu unter Rn. 24) eingeführten gemeinschaftsrechtlichen Rückforderungsvorschriften als Beleg dienen. Danach sind zu Unrecht gezahlte Beträge vom Begünstigten zuzüglich der Zinsen zurückzuzahlen, die für den Zeitraum zwischen der Zahlung und der Rückzahlung anfallen. Der Zinssatz bemißt sich nach dem nationalen Recht, er darf jedoch nicht niedriger sein als der bei der Rückforderung nationaler Beträge anwendbare Satz. Darüber hinaus haben die Mitgliedstaaten nach Art. 8 Abs. 1 der VO Nr. 729/70 die erforderlichen Maßnahmen zu treffen, um die infolge von Unregelmäßigkeiten oder Versäumnissen abgeflossenen Beträge wiedereinzuziehen. Die Ausübung eines Ermessens hinsichtlich der Frage, ob die Rückforderung der zu Unrecht oder vorschriftswidrig gewährten Gemeinschaftsmittel zweckmäßig ist, wäre mit dieser Verpflichtung unvereinbar (EuGH, C-298/96, Hamburger Ölmühle AG, Slg. 1998, I–4767 unter Hinweis auf Rs. 205/82–215/82, Deutsche Milchkontor, Slg. 1983, 2633). **71**

Die Rückforderung zu Unrecht gewährter Leistungen wirft gleichwohl in der Praxis vielfältige Probleme auf. Unter Hinweis auf die allgemeinen Grundsätze, auf denen das institutionelle System der EG beruht und die die Beziehungen zwischen der EG und den Mitgliedstaaten regeln, hat der **72**

EuGH wiederholt ausgesprochen (vgl. EuGH, Rs. 205/82–215/82, Deutsche Milchkontor, Slg. 1983, 2633), daß die nationalen Behörden und Gerichte, soweit das Gemeinschaftsrecht einschließlich der allgemeinen gemeinschaftsrechtlichen Grundsätze keine gemeinsamen Vorschriften enthält, bei der Rückforderung zu Unrecht gewährter Gemeinschaftsbeihilfen **grundsätzlich nach den formellen und materiellen Bestimmungen ihres nationalen Rechts** (vgl. für Deutschland etwa § 10 MOG und §§ 48, 48a VwVfG) vorgehen müssen. Dabei kann es grundsätzlich nicht als der Gemeinschaftsrechtsordnung widersprechend angesehen werden, wenn nationales Recht in einem Bereich wie dem der Rückforderung zu Unrecht gezahlter Gemeinschaftsbeihilfen berechtigtes Vertrauen und Rechtssicherheit schützt und damit Grundsätze anwendet, die auch Bestandteil der Gemeinschaftsrechtsordnung sind. Dies führt den EuGH zu der Feststellung, daß das Gemeinschaftsrecht grundsätzlich nationalen Rechtsvorschriften nicht entgegensteht, die für den Ausschluß einer Rückforderung von zu Unrecht gewährten Gemeinschaftsbeihilfen auf Kriterien abstellen wie den Vertrauensschutz (dazu EuGH, Rs. 205/82–215/82, Deutsche Milchkontor, Slg. 1983, 2633), den Ablauf einer Frist (dazu EuGH, Rs. 205/82–215/82, Deutsche Milchkontor, Slg. 1983, 2633), den Umstand, daß die Verwaltung wußte oder grob fahrlässig nicht wußte, daß die fragliche Beihilfe zu Unrecht gewährt wurde (dazu EuGH, C-366/95, Steff-Houlberg Export, Slg. 1998, I–2661), oder auch auf den Wegfall der ungerechtfertigten Bereicherung (dazu EuGH, C-298/96, Hamburger Ölmühle AG, Slg. 1998, I–4767, Urt. v. 16.7.1998).

73   Da diese Verweisung auf das nationale Recht dazu führen kann, daß sich die Voraussetzungen für die Rückforderung zu Unrecht gezahlter Gemeinschaftsbeihilfen von einem Mitgliedstaat zum anderen unterscheiden, hat der EuGH die Anwendung der im nationalen Recht für die Rückforderung zu Unrecht gewährter Beihilfen vorgesehenen Modalitäten **mit zwei aus dem Gemeinschaftsrecht folgenden Vorbehalten versehen** (vgl. EuGH, C-290/91, Peter, Slg. 1993, I–3002; Rs. 205/82–215/82, Deutsche Milchkontor, Slg. 1983, 2633):

(1) Die Anwendung der Rückforderungsmodalitäten des nationalen Rechts darf **erstens** nur in einer Weise erfolgen, wie dies auch im Falle der Rückforderung rein nationaler Beihilfen oder Geldleistungen der Fall ist (**Diskriminierungsverbot**; dazu EuGH, C-366/95, Steff-Houlberg Export, Slg. 1998, I–2661 Rn. 15 sowie hinsichtlich des nationalen Verfahrensrechts EuGH, C-312/93, Peterbroeck, Slg. 1995, I–4599 Rn. 12; C-430/93 und C-431/93, Van Schijndel und Van Veen, Slg. 1995, I–4705 Rn. 17).

(2) Die Anwendung der Rückforderungsmodalitäten des nationalen Rechts darf **zweitens** die Tragweite und die Wirksamkeit des Gemeinschaftsrechts nicht beeinträchtigen (**Wirksamkeitsgebot**). Dies wäre vor allem dann der Fall, wenn diese Anwendung die gemeinschaftsrechtlich gebotene Rückforderung praktisch unmöglich machen und das Gemeinschaftsinteresse nicht gebührend berücksichtigen würde (EuGH, C-298/96, Hamburger Ölmühle AG, Slg. 1998, I–4767; C-290/91, Peter, Slg. 1993, I–3002; Rs. 205/82–215/82, Deutsche Milchkontor, Slg. 1983, 2633).

Gelingt den Mitgliedstaaten die Wiedereinziehung einer zu Unrecht geleisteten Zahlung, können sie 20 % des Rückforderungsbetrages behalten. Außerdem kann sich die Kommission an den Verfahrenskosten beteiligen.   **74**

e) Kontrolle des dezentralen Vollzugs

Kommt ein Mitgliedstaat den gemeinschaftsrechtlichen Verpflichtungen   **75**
betreffend die Durchführung der Regelungen der gemeinschaftlichen Marktorganisationen nicht nach, steht es der Kommission frei, gegen ihn ein Vertragsverletzungsverfahren nach Art. 226 (ex-Art. 169) einzuleiten.

Ein noch wirksameres Mittel besitzt die Kommission allerdings im Rahmen   **76**
ihrer Entscheidung darüber, ob uneinbringliche Ausgaben von ihr selbst oder vom betreffenden Mitgliedstaat zu tragen sind. Die dafür geltenden Regeln sehen grundsätzlich vor, daß die Ausgabenlast bei der EG liegt, es sei denn, die Unregelmäßigkeiten oder Versäumnisse sind dem betreffenden Mitgliedstaat anzulasten. Ein Unterschied zwischen Markt- und Strukturbereich besteht insoweit, als bei Garantieausgaben die Beweislast für die Zurechenbarkeit bei der Kommission liegt, während bei Strukturmitteln der Mitgliedstaat den Nachweis dafür zu führen hat, daß ihn keine Verantwortung trifft (vgl. auch unter Rn. 94).

II. Ziele und Instrumente der Marktorganisation, Diskriminierungsverbot (Abs. 2)

1. Ziele und Instrumente

Die Gemeinsame Marktorganisation hat sich auf die Verfolgung der in Art.   **77**
33 Abs. 1 (ex-Art. 39 I) aufgeführten Ziele zu beschränken. Damit soll im wesentlichen nur ein Mißbrauch einer Gemeinsamen Marktorganisation für landwirtschaftsfremde, d.h. von Art. 33 (ex-Art. 39) nicht erfaßte Ziele verhindert werden. Dies schließt freilich nicht aus, daß im Zuge der Verwirklichung der agrarpolitischen Zielsetzungen auch andere, insbesondere han-

delspolitische, umweltpolitische oder sozial- und regionalpolitische Vertragsziele zur Geltung gebracht werden können (vgl. Art. 33 Rn. 3), wobei Zielkonflikte von Kommission und Rat im Rahmen des ihnen zustehenden Ermessens durch Abwägung gelöst werden müssen. Der EuGH überprüft in diesem Zusammenhang lediglich, ob die Abwägungsergebnisse nicht unter offensichtlicher Verkennung des Ermessensspielraums zustandegekommen sind (EuGH, Rs. 68/88, Vereinigtes Königreich/Rat, Slg. 1988, 655/696).

78 Die Aufzählung der zur Gestaltung der Gemeinsamen Marktorganisation zur Verfügung stehenden Instrumente ist lediglich beispielhaft. Auch insoweit verfügen Kommission und Rat im Hinblick auf die Auswahl der Instrumente über einen weiten Ermessensspielraum („alle erforderlichen Maßnahmen").

2. Diskriminierungsverbot

a) Inhalt

79 Als **spezifische Ausformung des allgemeinen Gleichheitssatzes** (vgl. dazu Art. 220 Rn. 38–42) verbietet Art. 34 Abs. 2 für den Agrarbereich jede Diskriminierung zwischen Erzeugern und Verbrauchern (zur Ableitung aus dem Gleichheitssatz vgl. EuGH, C-122/95, Deutschland/Rat, Slg. 1998, I–973 Rn. 62). Der EuGH umschreibt dieses Verbot dahingehend, daß es unzulässig sei vergleichbare Sachverhalte unterschiedlich und unterschiedliche Sachverhalte gleich zu behandeln, es sei denn, daß eine solche Behandlung objektiv gerechtfertigt wäre (EuGH, C-354/95, National Farmers' Union, Slg. 1997, I–4559 Rn. 61; C-56/94, SCAC, Slg. 1995, I–1769 Rn. 27; C-280/93, Deutschland/Rat [Bananenmarktordnung], Slg. 1994, I–4973 Rn. 67).

80 **Maßnahmen im Rahmen der gemeinsamen Marktorganisation**, namentlich deren Interventionsmechanismen, dürfen daher nur aufgrund objektiver Kriterien, die eine ausgewogene Verteilung der Vor- und Nachteile auf die Betroffenen gewährleisten, nach Regionen und sonstigen Produktions- oder Verbrauchsbedingungen differenzieren, ohne nach dem Hoheitsgebiet der Mitgliedstaaten zu unterscheiden (EuGH, Rs. 203/86, Spanien/Rat, Slg. 1988, 4563/4602 Rn. 25). Demgegenüber erstreckt sich das Diskriminierungsverbot **nicht** auf die **Gestaltung der Außenbeziehungen der EG**. Das Gemeinschaftsrecht kennt keinen allgemeinen Grundsatz, nach dem die EG in ihren Außenbeziehungen Drittländer unter allen Aspekten gleich behandeln müßte (EuGH, C-122/95, Deutschland/Rat, Slg. 1998, I–973 Rn. 56). Das bedeutet, daß immer dann, wenn eine unterschiedliche Behandlung von Drittländern nicht im Widerspruch zum Gemeinschaftsrecht steht, auch eine unterschiedliche Behandlung von Marktbeteiligten der EG, die nur eine zwangsläufige Folge der unterschiedlichen Behandlung der Drittländer ist, mit denen diese Marktbeteiligten Handelsbeziehungen angeknüpft haben, nicht als gemeinschaftsrechtswidrig angesehen werden kann (EuGH, C-364/95 und C-365/95, Port II, Slg. 1998, I–1023 Rn. 76 unter Hinweis auf Rs. 52/81, Faust/Kommission, Slg. 1982, 3745 Rn. 25).

b) Das Merkmal der „vergleichbaren Sachverhalte"

Im Hinblick auf die Feststellung „vergleichbarer Sachverhalte" gelten die   **81**
für den allgemeinen Gleichheitssatz entwickelten Kriterien (dazu Art. 220 Rn. 38–42), bei deren Anwendung allerdings auf die Besonderheiten des Landwirtschaftsrechts Rücksicht zu nehmen ist. Dabei ist vor allem von Bedeutung, daß sich das Diskriminierungsverbot zunächst nur auf die Situation der **Erzeuger** und **Verbraucher** innerhalb der EG bezieht. Ungleichbehandlungen sind folglich immer nur innerhalb der jeweiligen Gruppe (Erzeugergruppe/Verbrauchergruppe) zu untersuchen, nicht jedoch zwischen diesen beiden Gruppen von Wirtschaftsteilnehmern (so ausdrücklich EuGH, Rs. 5/73, Balkan I, Slg. 1973, 1091/1113). Der Interessenausgleich zwischen Erzeugern und Verbrauchern wird allein im Rahmen des Art. 33 (ex-Art. 39) hergestellt.

Die Gruppen von Erzeugern und Verbrauchern sind **weit zu fassen**, da si-   **82**
chergestellt werden muß, daß auch Diskriminierungen, die bei Wirtschaftsteilnehmern ansetzen, welche zwischen den Erzeugern und Endverbrauchern stehen, unterbunden werden; anderenfalls würde man die Endverbraucher mittelbaren Diskriminierungen aussetzen, da letztlich jede diskriminierende Maßnahme auf einer früheren Stufe negative Wirkungen auch für den Endverbraucher zeitigt. Deshalb gehören zur Gruppe der „Verbraucher" sämtliche Verarbeiter der verschiedensten Produktionsstufen zwischen Erzeuger und Endverbraucher, d.h. vor allem auch Händler, Exporteure oder Importeure (vgl. EuGH, Rs. 300/86, Van Landschoot/NV Mera, Slg. 1988, 3443). **Im Ergebnis** läuft diese Auslegung der Erzeuger- und Verbrauchergruppen darauf hinaus, daß das Diskriminierungsverbot für **sämtliche Gruppen von Wirtschaftsteilnehmern gilt, die einer gemeinsamen Marktorganisation unterliegen** (in diesem Sinne ausdrücklich EuGH, C-280/93, Deutschland/Rat [Bananenmarktordnung], Slg. 1994, I–4973 Rn. 68).

c) Rechtfertigung einer Diskriminierung

83 Liegt eine unterschiedliche Behandlung vergleichbarer Sachverhalte vor, ist zu prüfen, ob diese Ungleichbehandlung durch **objektive Gründe gerechtfertigt** ist (EuGH, C-280/93, Deutschland/Rat, Slg. 1994, I–4973 Rn. 67; Rs. 59/83, Biovilac, Slg. 1984, 4057). In diesem Zusammenhang räumt der EuGH dem Gemeinschaftsgesetzgeber einen weiten Beurteilungs- und Ermessensspielraum im Hinblick darauf ein, welche landwirtschaftlichen Ziele mit welchen Mitteln vorrangig verfolgt werden sollen. Von einer Verletzung des Diskriminierungsverbots kann danach erst bei einem fehlerhaften Gebrauch dieses Ermessensspielraums durch den Gemeinschaftsgesetzgeber ausgegangen werden. Bei den komplexen wirtschaftlichen Abwägungen im Landwirtschaftsbereich kann dies nur bei sehr schwerwiegenden und offensichtlichen Fehlern angenommen werden (so EuGH, C-267/88 und C-285/88, Wuidart/Laiterie coopérative, Slg. 1990 I–435 Rn. 13; Rs. 201/85, Klensch, Slg. 1986, 3477 Rn. 9). In einigen Urteilen geht der EuGH über diesen Ansatz sogar noch hinaus, indem er das Vorliegen einer Diskriminierung nur bei Feststellung eines willkürlichen Verhaltens von seiten eines Gemeinschaftsorgans annimmt (EuGH, Rs. 106/81, Kind/EG, Slg. 1982, 2885/2921; Rs. 114/81, Tunnel Refineries/Rat, Slg. 1982, 3189/3207).

84 Besondere Probleme werfen die **regionalen und sektoriellen Differenzierungen** auf. Nach der Rspr. des EuGH sind diese Differenzierungen nur dann mit dem Diskriminierungsverbot vereinbar, wenn sie eine ausgewogene Verteilung der Vor- und Nachteile auf die Betroffenen gewährleisten und nicht nach dem Hoheitsgebiet der Mitgliedstaaten unterscheiden (EuGH, Rs. 203/86, Spanien/Rat, Slg. 1988, 4563/4602 Rn. 25). Der geforderte ausgewogene Vor- und Nachteilsausgleich bezieht sich dabei nicht nur auf die Wirtschaftsbeteiligten eines einzelnen Erzeugnissektors, sondern auch auf ihre Lage im Vergleich mit derjenigen von Wirtschaftsbeteiligten anderer Sektoren. Deshalb verlangt das Diskriminierungsverbot in diesem Zusammenhang auch nicht eine gleichförmige Ausgestaltung der einzelnen Marktstützungsinstrumente, sondern lediglich eine Gleichstellung der Wirtschaftsbeteiligten insoweit, als die Vor- und Nachteile für die einzelnen Wirtschaftsbeteiligten möglichst in demselben Verhältnis stehen. Das Verbot der Unterscheidung nach dem Hoheitsgebiet der Mitgliedstaaten darf nicht wörtlich genommen werden; es soll lediglich verhindern, daß die auf ein gesamtes Staatsgebiet bezogene Differenzierungen auf politischen und nicht auf sachlichen Gründen beruhen (vgl. EuGH, C-181/88, C-182/88 und C-218/88, Dechamps u.a., Slg. 1989, I–4381 [Aufhebung der variablen Schlachtprämie für Schaffleisch für alle Erzeugungsgebiete mit Ausnahme Großbritanniens]; C-267/88 und C-285/88, Wuidart/Laiterie coopérative, Slg. 1990 I–435 [Differenzierung und Sonderregelungen für Italien und Griechenland im Rahmen des Milchquotensystems]; C-351/92, Graff, Slg. 1994, I–3361 [Differenzierungen aufgrund nationaler Quoten im Rahmen des Milchquotensystems]; C-375/96, Galileo Zaninotto, Urt. v. 29.10.1998 [Hoheitsgebiet eines Mitgliedstaates als einzige Erzeuger-region).

d) Adressaten des Diskriminierungsverbots

Im Hinblick auf die ausschließliche Regelungskompetenz der Gemein-schaftsorgane zur Gestaltung der gemeinsamen Marktorganisationen **richtet sich** das Diskriminierungsverbot in erster Linie **an die Gemeinschaftsorgane.** Gleichwohl sind auch die Mitgliedstaaten für das Funktionieren der gemeinsamen Marktorganisationen insoweit verantwortlich, als sie für die ordnungsgemäße Durchführung dieser Marktorganisationen Sorge zu tragen haben. Beim Erlaß der im Rahmen dieser „Ermächtigung" zu treffenden nationalen Maßnahmen sind nach der Rspr. des EuGH folglich **auch die Mitgliedstaaten** an das Diskriminierungsverbot gebunden (so ausdrücklich EuGH, C-351/92, Graff, Slg. 1994, I–3361/5063; verb. Rs. 201 u. 202/85, Klensch, Slg. 1986, 3477). **85**

e) Rechtsfolgen einer Verletzung

Die **Rechtsfolgen einer Verletzung des Diskriminierungsverbots** sind zweifacher Natur: Besteht die Ungleichbehandlung in einer Belastung, tritt als Rechtsfolge die Nichtigkeit dieser Regelung ein (vgl. EuGH, C-122/95, Deutschland/Rat, Slg. 1998, I–973; C-364/95 und C-365/95, Port II, Slg. 1998, I–1023). Besteht die Ungleichbehandlung hingegen in der Verweigerung einer Vergünstigung, so läßt der EuGH die Wirkungen der für nichtig erklärten Regelungen solange fortbestehen bis der Gemeinschaftsgesetzgeber sie durch eine diskriminierungsfreie Maßnahme ersetzt. Bis dahin sind die Vergünstigungen auch auf die benachteiligten Wirtschaftsteilnehmer auszudehnen (vgl. EuGH, Rs. 300/86, Van Landschoot, Slg. 1988, 3443/3460; Rs. 124/76 und 20/77, „Maisgritz", Slg. 1977, 1735; Rs. 117/76 und 16/7, „Quellmehl", Slg. 1977, 1753). **86**

III. Europäischer Ausrichtungs- und Garantiefonds (Abs. 3)

1. Struktur und Grundregeln

87 Der „Europäische Ausrichtungs- und Garantiefonds für die Landwirtschaft"
(EAGFL) wurde durch die VO (EWG) Nr. 25 aus dem Jahre 1962 (ABl. EG
1962, 991) eingerichtet. Der EAGFL ist kein Fonds im eigentlichen Sinne,
da er weder über eigene Rechtspersönlichkeit noch über eigene (Fonds-)
Mittel verfügt. Er ist vielmehr in den allg. EG-Haushalt eingegliedert und
unterliegt damit auch den allg. Haushaltsgrundsätzen.

88 Der EAGFL ist unterteilt in eine Abteilung Garantie, die die im Rahmen der
Marktordnungen anfallenden Ausgaben übernimmt, und eine Abteilung
Ausrichtung, die zur Finanzierung der Agrarstrukturpolitik beiträgt.

89 Die Grundregeln der Finanzierung der gemeinsamen Agrarpolitik sind in
der VO (EWG) Nr. 729/70 (ABl. 1970 Nr. L 94/13, zuletzt geändert durch
die VO [EG] Nr. 1287/95, ABl. 1995 Nr. L 125/1) und ihrer Durchführungs-
VO (EG) Nr. 1663/95 (ABl. 1995 L 158/6) niedergelegt. Für die Abteilung
Ausrichtung gelten nach der Reform der Strukturfonds von 1993 (vgl. dazu und zur Reform 1999 Art. 158–162) die Finanzierungsgrundsätze der
VO (EG) Nr. 2082/93 (ABl. 1993 L 193/20) zur Durchführung der VO (EG)
Nr. 2081/93 (ABl. 1993 L 193/5). Spezifische, allein den EAGFL, Abteilung Ausrichtung, betreffende Durchführungsbestimmungen finden sich in
der VO (EG) Nr. 2085/93 (ABl. 1993 L 193/44).

2. Abteilung Garantie

a) Mitgliedstaaten als Zahlstellen

90 Die Ausgaben des EAGFL, Abteilung Garantie, (Finanzierung der Inter-
ventionsmaßnahmen, direkte Einkommensbeihilfen, Prämien und Ausfuhrerstattungen) werden zunächst **national vorfinanziert** und nach Prüfung
durch den EAGFL **im Rechnungsabschlußverfahren** (s. unter Rn. 91–94)
zurückerstattet. Die Rückerstattung erfolgt dabei in Form monatlicher Ab-
schlagszahlungen (vgl. Einzelheiten dieser „Vorschußfinanzierung" in der
VO (EG) Nr. 296/96, ABl. 1996 L 39/5), die am Ende eines Rechnungsjah-
res in dem dann folgenden Rechnungsabschluß berücksichtigt werden. Die
direkten Zahlungen an die Begünstigten werden deshalb auch nicht durch
den EAGFL, sondern durch eigens dafür bestimmte **nationale „Zahlstellen"** vorgenommen. Mit dem Ausgabenjahr 1996 mußten diese Zahlstellen
zur Fortsetzung ihrer Tätigkeit von den jeweiligen Mitgliedstaaten förmlich
anerkannt werden, wobei diese Anerkennung an strenge gemeinschafts-

rechtlich vorgegebene Anforderungen geknüpft ist, die sich an den Prinzipien der internen Kontrolle und der Funktionentrennung orientieren (vgl. Art. 4 VO Nr. 729/70; Art. 1 VO Nr. 1663/95). Zahlungen durch nicht anerkannte Zahlstellen sind von der Finanzierung durch den EAGFL ausgeschlossen. In Deutschland wird die Funktion als Zahlstelle im wesentlichen vom Hauptzollamt Hamburg-Jonas (Ausfuhrerstattungen, Beitrittsausgleich) und der Bundesanstalt für Landwirtschaft und Ernährung (direkte Beihilfen und öffentliche Intervention) vorgenommen. Das bedeutet, daß alle Zahlungs- oder Rückforderungsansprüche gegenüber diesen nationalen Behörden vor den zuständigen nationalen Gerichten durchgesetzt werden müssen. Soweit das nationale Recht dies zuläßt, kann die Kommission an diesem Verfahren beteiligt werden (vgl. § 66 ZPO).

b) Finanzierungsfähigkeit der Ausgaben

Im Hinblick auf die **Finanzierungsfähigkeit der Agrarausgaben** ist zu   **91**
unterscheiden zwischen „fehlerhaften Ausgaben" einerseits, die nach den Art. 2 und 3 der VO Nr. 729/70 zu beurteilen sind, und „Unregelmäßigkeiten" andererseits, die der Regelung des Art. 8 der VO Nr. 729/70 unterliegen (vgl. EuGH, Rs. 11/76, Niederlande/KOM, Slg. 1979, 245; verb. Rs. 15 und 16/76, Frankreich/KOM, Slg. 1979, 321; Rs. 18/76, Deutschland/KOM, Slg. 1979, 343; kritisch zu dieser Unterscheidung *Carl*, NVwZ 1994, 947/948; eine eingehende Analyse vermittelt *Mögele*, Rechnungsabschluß, 1997, § 3 S. 41–51).

aa) Fehlerhafte Ausgaben

Eine **fehlerhafte Ausgabe** liegt vor, wenn die die Ausgabe verursachende   **92**
Maßnahme unter Mißachtung des materiellen oder formellen Gemeinschaftsrechts zustandegekommen ist oder durchgeführt wurde. Es genügt die objektive Feststellung eines Rechtsverstoßes durch die nationalen Stellen; auf subjektive Elemente, wie Verschulden oder Vetretbarkeit der gewählten Auslegung des Gemeinschaftsrechts kommt es ebensowenig an, wie auf interne Schwierigkeiten bei der Durchführung der betreffenden Gemeinschaftsmaßnahme (EuGH, C-50/94, Griechenland/KOM, Slg. 1996, I–3331 Rn. 39). Gerade die Rechtsauslegung spielt bei der Beurteilung der Fehlerhaftigkeit einer Ausgabe eine große Rolle, da die Kommission für sich eine sehr weitgehende Nachprüfungsbefugnis darüber in Anspruch nimmt, ob die von einer nationalen Stelle gewählte Auslegung eines unbestimmten gemeinschaftsrechtlichen Begriffs zutreffend ist oder nicht. Die Mitgliedstaaten verfügen folglich über keinen oder einen nur sehr geringen

Beurteilungsspielraum, was jedoch den Zwecken des Rechnungsabschlusses entspricht, der auf die Sicherung der Einheit des Agrarmarktes, die Wettbewerbsgleichheit und eine gerechte Lastenverteilung zwischen den Mitgliedstaaten ausgerichtet ist (vgl. EuGH, Rs. 56/83, Italien/KOM, Slg. 1985, 705/713). Die Kommission ihrerseits unterliegt der Auslegungskontrolle durch den EuGH. Die Finanzierung einer fehlerhaften Ausgabe darf jedoch dann nicht verweigert werden, wenn der durch die nationalen Stellen begangene Anwendungsfehler einem Gemeinschaftsorgan zuzurechnen oder anzulasten ist, wie etwa im Falle eines fehlerhaften Auslegungshinweises der Kommission (so EuGH, C-334/87, Griechenland/KOM, Slg. 1990, I–2849; C-56/91, Griechenland/KOM, Slg. 1993, I–3455/3466; vgl. weitere Einzelheiten zu den fehlerhaften Ausgaben bei *Mögele*, Rechnungsabschluß, 1997, § 9).

bb) Unregelmäßigkeiten

93   „Unregelmäßigkeiten" werden definiert als Verstöße „gegen eine Gemeinschaftsbestimmung als Folge einer Handlung oder Unterlassung eines Wirtschaftsteilnehmers, die einen Schaden für den Gesamthaushaltsplan der Gemeinschaften oder die Haushalte, die von den Gemeinschaften verwaltet werden, bewirkt hat bzw. haben würde, sei es durch die Verminderung oder den Ausfall von Eigenmitteleinnahmen, die direkt für Rechnung der Gemeinschaften erhoben werden, sei es durch eine ungerechtfertigte Ausgabe" (so die Legaldefinition in der VO (EG) Nr. 2988/95 des Rates v. 18.12.1995 über den Schutz der finanziellen Interessen der Europäischen Gemeinschaften, ABl. L 312/1). Im Rahmen des Rechnungsabschlusses ergeben sich die für die Mitgliedstaaten in diesem Zusammenhang **wesentlichen Verpflichtungen** aus Art. 8 Abs. 1 VO Nr. 729/70, wonach die Mitgliedstaaten gemäß den einzelstaatlichen Rechts- und Verwaltungsvorschriften die erforderlichen Maßnahmen treffen, um (1) sich zu vergewissern, daß die durch den EAGFL finanzierten Maßnahmen tatsächlich und ordnungsgemäß durchgeführt worden sind, (2) Unregelmäßigkeiten zu verhindern und zu verfolgen und (3) die infolge von Unregelmäßigkeiten oder Versäumnissen abgeflossenen Beträge wiedereinzuziehen (vgl. Einzelheiten zu den Kontrollverpflichtungen unter Rn. 58–62 sowie zu dem Problem der Wiedereinziehung zu Unrecht gewährter Leistungen unter Rn. 71–74).

cc) Beweislast

94   Die Grundsätze der Beweislast für die Rechtmäßigkeit und damit für das Vorliegen der Voraussetzungen für ihre Finanzierung durch den EAGFL hat der EuGH wie folgt umschrieben: Sache der **Kommission** ist „das Vorliegen einer Verletzung der Regeln der gemeinsamen Organisation der Agrarmärkte nachzuweisen (–). Hat die Kommission das Vorliegen einer solchen Verletzung dargetan, so hat der betroffene **Mitgliedstaat** gegebenenfalls nachzuweisen, daß der Kommission bezüglich der daraus zu ziehenden finanziellen Konsequenzen ein Irrtum unterlaufen ist" (so EuGH, C-281/89, Italien/KOM, Slg. 1991, I–359/364; vgl. auch C-48/91, Niederlande/KOM, Slg. 1993, I–5643/5648; C-55/91, Italien/KOM, Slg. 1993, I–4858/4863; weitere Einzelheiten s. bei *Mögele*, Rechnungsabschluß, 1997, § 10).

c) Bestimmung der Höhe der auszuschließenden Ausgaben

Die Bestimmung der Höhe des von der Finanzierung durch den EAGFL **95** auszuschließenden Ausgaben folgt je nach Verstoßart unterschiedlichen Regeln, die im einzelnen in den Richtlinien zur Berechnung der finanziellen Auswirkungen im Rahmen der Vorbereitung der Entscheidung über den Rechnungsabschluß des EAGFL-Garantie niedergelegt sind (vgl. Mitteilung an die Kommission, Dokument VI/5330/97). Zusammenfassend und vereinfacht (Einzelheiten bei *Mögele*, Rechnungsabschluß, 1997, § 9 S. 164–173) gilt:

(1) Bei **Verstößen im Einzelfall** oder bei Unregelmäßigkeiten sind sämtliche dabei anfallenden Ausgaben zurückzuweisen.

(2) Bei den sog. „**Systemmängeln**" können grundsätzlich ebenfalls sämtliche, in dem fraglichen System getätigte Ausgaben ausgeschlossen werden (vgl. EuGH, C-197/90, Italien/KOM, Slg. 1990, I–22; bestätigt durch EuGH, C-50/94, Griechenland/KOM, Slg. 1996, I–3331 Rn. 26). In der Entscheidungspraxis der Kommission hat sich jedoch die anteilige Korrektur durchgesetzt, wobei im Falle konkreter Systemmängel die **Extrapolation** zur Anwendung kommt (vgl. dazu EuGH, C-55/91, Italien/KOM, Slg. 1993, I–4858; C-385/89, Griechenland/KOM, Slg. 1992, I–3253; Rs. 214/86, Griechenland/KOM, Slg. 1989, 369), während abstrakte Systemmängel in der Regel je nach Schweregrad unterschiedlich hohe prozentuale **Pauschalkorrekturen** (2 %, 5 %, 10 %, 25 %) nach sich ziehen (vgl. dazu C-22/89, Niederlande/KOM, Slg. 1990, I–4810; C-8/88, Deutschland/KOM, Slg. 1990, I–2355).

d) Rechnungsabschlußverfahren

Die Feststellung der vom EAGFL zu finanzierenden Ausgaben erfolgt je- **96** weils für ein Rechnungsjahr (16.10 bis 15.10.) im Rahmen des **Rechnungsabschlusses** (Art. 5 VO Nr. 729/70). Der Rechnungsabschluß wird nach mehrfachen Reformen (vgl. dazu *Mögele,* Rechnungsabschluß, 1997) **seit dem Rechnungsjahr 1996 in zwei getrennten Verfahren** durchgeführt (Art. 5 Abs. 2 lit. b VO Nr. 729/70):

aa) Buchhalterischer Kontenabschluß

97   Das erste Verfahren besteht aus einem rein **buchhalterischen Kontenabschluß,** der die „Vollständigkeit, Genauigkeit und Richtigkeit" der von den Mitgliedstaaten übermittelten Jahreserklärungen zum Gegenstand hat, aber keine Aussagen zur Rechtmäßigkeit der getätigten Ausgaben trifft. Zu diesem Zweck muß der Kommission mit der Jahreserklärung auch eine „Bescheinigung über die Vollständigkeit, Genauigkeit und Richtigkeit der übermittelten Rechnungen" (sog. Ordnungsmäßigkeitsbescheinigung) vorgelegt werden, aus der zu ersehen ist, ob die Zahlstellen den ihnen übertragenen Überwachungsfunktionen tatsächlich gerecht geworden sind. Die Entscheidung über den „buchhalterischen Rechnungsabschluß" soll nach Anhörung des EAGFL-Ausschusses bis zum 30. April des Jahres, das auf das jeweilige Rechnungsjahr folgt, getroffen werden.

bb) Konformitätsentscheidungen

98   In dem zweiten Verfahren, das aus dem Kontext der jährlichen Rechnungsabschlußentscheidungen herausgelöst ist, wird die **Konformität der** von den nationalen Stellen für Rechnung des EAGFL **getätigten Ausgaben mit dem Gemeinschaftsrecht** geprüft (Art. 5 Abs. 2 lit. c VO Nr. 729/70). Die Kommission ist in der zeitlichen Gestaltung der Prüfungstätigkeit, anders als beim buchhalterischen Abschluß, weitgehend frei; sie kann die Ausgaben der nationalen Zahlstellen nicht mehr nur nachträglich, sondern auch begleitend prüfen. Zu beachten ist lediglich, daß die Kommission nicht die Finanzierung von Ausgaben verweigern kann, die 24 Monate vor dem Zeitpunkt getätigt wurden, zu dem die Kommission dem betroffenen Mitgliedstaat die Ergebnisse ihrer Überprüfungen betreffend eines konkreten Ausgabenkomplexes mitgeteilt hat (vgl. Art. 5 Abs. 2 lit .c UAbs. 5 VO 729/70). Die formelle Mitteilung der Prüfungsergebnisse ist damit ein wesentliches Verfahrenselement und dient daneben der Gewährung des rechtlichen Gehörs (vgl. Art. 5 Abs. 2 lit.c UAbs. 2 VO 729/70; Art. 8 Abs. 1 UAbs. 1 VO Nr. 1663/95). Für den Fall, daß der sich an die Mitteilung anschließende Dialog zwischen Kommission und betreffendem Mitgliedstaat zu keiner Einigung führt, kann der Mitgliedstaat die Durchführung eines Vermittlungsverfahrens verlangen (vgl. Art. 5 Abs. 2 lit. c UAbs. 2 VO 729/70), in dem eine unabhängige Schlichtungsstelle (5 Mitglieder aus verschiedenen

Mitgliedstaaten, die von der Kommission ernannt werden) die unterschiedlichen Standpunkte anzunähern versucht (vgl. Einzelheiten in der Entscheidung 94/442/EG der Kommission v. 1.7.1994, ABl. L 182/45). Der Standpunkt der Schlichtungsstelle bindet die Kommission nicht. Vielmehr stellt die Kommission in Kenntnis der Stellungnahme der Schlichtungsstelle in sog. „Konformitätsentscheidungen", die ebenfalls nach Anhörung des EAGFL-Ausschusses getroffen werden, fest, welche Ausgaben und in welcher Höhe von der gemeinschaftlichen Finanzierung nach den Art. 2 und 3 der VO Nr. 729/70 ausgeschlossen werden.

cc) Rechtsschutz

Die Entscheidungen der Kommission über den Rechnungsabschluß können **99** von den **Mitgliedstaaten** mit der **Nichtigkeitsklage** (Art. 230, ex-Art. 173) angegriffen werden. Da diese Entscheidungen keine unmittelbaren Rechtswirkungen gegenüber den einzelnen Marktbürgern entfalten, steht ein solches **Klagerecht den Einzelnen** nicht zu. Auch trifft der Rechnungsabschluß keine gegenüber Dritten verbindliche Aussage über das Vorliegen eines Anspruchs auf Gewährung von Leistungen, deren Finanzierung durch den EAGFL-Garantie verweigert wurde, und begründet weder eine Pflicht noch ein Recht zu deren Rückforderung.

3. Abteilung Ausrichtung

Die Abteilung Ausrichtung des EAGFL finanziert die Ausgaben für die ge- **100** meinsame Strukturpolitik (Einzelheiten zur gemeinsamen Strukturpolitik siehe bei Art. 161).

IV. GATT 1994 und WTO

1. Einbindung der gemeinsamen Agrarpolitik in das GATT 1994

Eines der **Ziele der Uruguay-Runde** des Allgemeinen Zoll- und Handels- **101** abkommens (GATT) (1986–1994) war die größere Liberalisierung des Agrarhandels und die Unterwerfung aller Maßnahmen über den Zugang zu den Märkten und den Wettbewerb bei der Ausfuhr unter die strengen Regeln und Disziplinen des GATT. Darüber hinaus sollten die Stützungs- und Schutzmaßnahmen im Agrarbereich durch eine schrittweise Reduzierung erheblich gesenkt werden.

Die Uruguay-Runde wurde formell am 15.12.1994 mit dem sog. „**Abkom-** **102** **men von Marrakesh**" (Schlußakte über die Ergebnisse der Multilateralen

Handelsverhandlungen der Uruguay-Runde (1986–1994), ABl. 1994 L 336) abgeschlossen. Bestandteil dieses Abkommens von Marrakesh ist auch ein „**Übereinkommen über die Landwirtschaft**" (ABl. 1994 L 336/22), das auch die Landwirtschaft in den neu geschaffenen institutionellen Rahmen der „**World Trade Organisation**" („**WTO**" – Welthandelsorganisation) einbindet.

103 Das Abkommen von Marrakesh unterwirft die gemeinsame Agrarpolitik **ganz erheblichen Bindungen** im Hinblick auf die internen Stützungsmaßnahmen (dazu unter 2.), die Ausfuhrsubventionen (dazu unter 3.) und im Hinblick auf den Zugang zum gemeinsamen Agrarmarkt (dazu unter 4.).

104 Noch vor dem Abschluß des Abkommens von Marrakesh wurde zwischen der EG und den USA am 20.11.1992 in Washington ein bilaterales Abkommen geschlossen (sog. „**Blair-House-Abkommen**", benannt nach dem Gebäude, in dem die Verhandlungen stattfanden), das als Vorstufe des endgültigen Abkommens im Rahmen des GATT dienen sollte und gleichzeitig den bilateralen Handelskonflikt im Bereich der Gemeinschaftsbeihilfen für Ölsaaten, der auf das gesamte Beihilfensystem überzugreifen drohte, bereinigte (vgl. Beschluß 93/355/EWG des Rates vom 8. Juni 1993 über den Abschluß eines erläuternden Vermerks zwischen der Europäischen Wirtschaftsgemeinschaft und den Vereinigten Staaten von Amerika über bestimmte Ölsaaten im Rahmen des GATT, ABl. L 147/21).

2. Interne Stützungsmaßnahmen

105 Die **internen Beihilfen** an die Landwirtschaft werden gegenüber dem Bezugszeitraum 1986–1988 **um 20 % verringert**, wobei als Berechnungsgrundlage des gesamten Beihilfenvolumens das sog. „aggregierte Stützungsmaß" („AMS") dient. Das AMS ist ein Gesamtindikator, der es ermöglicht, die verschiedenen Stützungsmaßnahmen auszudrücken und verschiedene Formen von Stützungsmaßnahmen mit Auswirkungen auf die Erzeugung und den Handel miteinander zu vergleichen. Das AMS entspricht dem Unterschied zwischen den internen Preisen und den Weltmarktpreisen multipliziert mit dem Produktionsvolumen.

106 Allerdings wurden die meisten **direkten Beihilfen von der Reduzierungsverpflichtung ausgenommen**. Zu unterscheiden sind in diesem Zusammenhang Beihilfen ohne Auswirkungen auf den Handel oder die Erzeugung, die von der Verpflichtung vollkommen freigestellt sind und in der sog. „grünen Box" enthalten sind, und Beihilfen im Zusammenhang mit Produktionsbeschränkungen, die nur unter bestimmten Bedingungen von der Reduzierungsverpflichtung ausgenommen sind und in der sog. „blauen Box" enthalten sind.

– **Grüne Box**: Forschung, Bekämpfung von Parasiten und Krankheiten, Ausbildung, Verbreitung von Kenntnissen und Beratung, Inspektion, Vermarktung und Absatzförderung, Infrastrukturen, interne Nahrungs-mittelhilfe, von der Erzeugung und Erträgen abgekoppelte Einkom-mensstützungen, Sicherheit der Einkommen, Hilfe bei Naturkatastro-phen, Aufgabe der Erwerbstätigkeit, Anpassung der Agrarstrukturen, Schutz der Umwelt, Regionalbeihilfe für benachteiligte Gebiete.

– **Blaue Box**: Beihilfen auf der Grundlage der Fläche und fester Beträge, Beihilfen auf der Grundlage von 85 % der Grunderzeugnismenge, Bei-hilfen für Lebendvieh auf der Grundlage einer festgesetzten Bestands-größe.

Vor allem für die im Rahmen der Agenda 2000 anstehende Reform der ge-meinsamen Agrarpolitik bedeutsam ist die Feststellung, daß die im Rahmen der Agrar-Reform 1992 beschlossenen **direkten Ausgleichszahlungen** ein-deutig den Kriterien der **blauen Box** entsprechen und daher **von jeder Ver-pflichtung zur Reduzierung** der Stützung im Rahmen des GATT **ausge-nommen** sind. Wird im Rahmen der nun anstehenden Reform diesen Kri-terien ebenfalls Rechnung getragen und überschreiten die Ausgleichszah-lungen bei einem bestimmten landwirtschaftlichen Erzeugnis dann nicht die für dieses Erzeugnis im Wirtschaftsjahr 1992 gewährte Stützung, so können sie während 9 Jahren nicht vor dem GATT angefochten werden (sog. „**Friedensklausel**"). **107**

3. Ausfuhrsubventionen

Die Ausfuhrsubventionen der EG müssen **innerhalb von 6 Jahren**, d.h. bis zum 1. Juli 2001, **um 21 % dem Volumen nach und um 36 % den Haus-haltsausgaben nach gesenkt werden**, wobei als Referenzzeitraum grundsätzlich die Jahre 1986–1990 gelten. Die Senkungen werden **linear** nach Jahren und Erzeugnisgruppen vorgenommen, d.h. **108**

– *Jahr für Jahr*, wobei jedoch eine jährliche Toleranzspanne von nicht mehr als 1,75 % bei der Mengenverpflichtung und nicht mehr als 3 % bei den Haushaltsausgaben vorgesehen ist; die kumulativen Verpflich-tungen müssen über die Jahre hinweg jedoch eingehalten werden;

– *Gruppe für Gruppe*, wobei bei den Ausfuhren insgesamt nach 20 Grup-pen von landwirtschaftlichen Erzeugnissen unterschieden wird (dies bedeutet, daß die Senkunken z.B. jeweils Butter, Magermilchpulver, Käse und andere Milcherzeugnisse betreffen und nicht die Milcher-zeugnisse in ihrer Gesamtheit).

Der **Senkungsverpflichtung unterliegen** konkret die **folgenden Ausfuhr-subventionen**: **109**

- direkte Subventionen, die einem Unternehmen, einem Wirtschaftszweig, landwirtschaftlichen Erzeugnissen, einem Verband dieser Erzeuger oder einer Vermarktungsstelle gewährt werden;
- Ausfuhr nicht kommerzieller Bestände (insbesondere Interventionsware) zu einem niedrigeren als dem internen Marktpreis;
- Subventionen bei der Ausfuhr eines Erzeugnisses, die durch Einfuhrabgaben auf dieses Erzeugnis oder ein Nebenerzeugnis desselben finanziert werden;
- Subventionen für Erzeugnisse, die sich im wege der Verarbeitung in dem zur Ausfuhr gestellten Endprodukt wiederfinden;
- Subventionen zur Verringerung der Kosten für die Marktbetreuung bei der Ausfuhr; interne Transport- und Frachtgebühren für Ausfuhrsendungen zu Bedingungen, die günstiger sind als die für den internen Versand.

Die *Nahrungsmittelhilfe* ist von der Senkungsverpflichtung hingegen freigestellt, soweit sie nicht im Rahmen kommerzieller Ausfuhren geleistet wird.

4. Zugang zum gemeinsamen Agrarmarkt

110   Den Vorschriften des GATT über den Zugang zu den Märkten liegen verschiedene Elemente zugrunde:

a) Tarifikation

111   Das **System der Tarifikation**, das zu den wesentlichen Grundsätzen des GATT gehört, ist der Schlüssel für den Zugang zu den Märkten. Die Tarifikation besteht dabei darin, daß alle Schutzmechanismen an der Grenze in feste Zölle, sog. Zolläquivalente, umgewandelt werden. Diese Zolläquivalente werden in 6 Jahren um 36 % gesenkt, wobei die Jahre 1986–1988 als Referenzzeitraum dienen. Dieser Senkungssatz ist ein mathematischer Durchschnitt für sämtliche Zolläquivalente, wobei die Senkung je nach Erzeugnis bei einem Mindestsatz von 15 % unterschiedlich moduliert wird.

112   Die Tarifikation hat für die gemeinsame Agrarpolitik der EG zur Folge, daß die bisher zum Schutz des gemeinsamen Agrarmarktes vor „Billigeinfuhren" erhobenen **veränderlichen Abschöpfungen** durch **feste Zölle** (genauer Zolläquivalente), ersetzt worden sind. Dadurch verliert die EG den bisher zur Durchsetzung des Grundsatzes der Gemeinschaftspräferenz (vgl. dazu Art. 32 Rn. 10–12) genutzten Handlungsspielraum, da Veränderungen der Zölle, anders als die Abschöpfungen, nicht mehr einseitig, sondern nur noch im Verhandlungswege im Rahmen des GATT durchgesetzt werden können. Störungen des gemeinsamen Agrarmarktes durch Einfuhren aus Drittländern kann nunmehr lediglich noch mit Schutzmaßnahmen begegnet werden (s. dazu Rn. 113–115).

b) Schutzmaßnahmen

Schutzklauseln können angewendet werden, wenn das Einfuhrvolumen eine bestimmte Schwelle überschreitet oder der Einfuhrpreis unter eine bestimmte Schwelle sinkt. In beiden Fällen dürfen zusätzliche Zölle erhoben werden.   **113**

Überschreiten des Einfuhrvolumens: Die Auslösungsschwelle der Schutzklausel liegt (1) bei 125 % des Durchschnitts der Einfuhren (1986–1988), wenn die Möglichkeiten des Zugangs zum Markt für ein Erzeugnis unter oder bei 10 % liegen, (2) bei 110 % des Durchschnitts der Einfuhren (1986–1988), wenn die Möglichkeiten des Zugangs zum Markt zwischen mehr als 10 % und 30 % liegen, (3) bei 105 % des Durchschnitts der Einfuhren (1986–1988), wenn die Möglichkeiten des Zugangs zum Markt bei mehr als 30 % liegen. Jeder Zusatzzoll darf nur bis zum Ende des betreffenden Jahres beibehalten und ein Drittel des normalerweise anwendbaren Zollsatzes nicht überschreiten.   **114**

Sinken der Einfuhrpreise: Die Schutzklausel kann angewandt werden, wenn der Einfuhrpreis unter einen Auslösepreis fällt, der dem durchschnittlichen Referenzpreis für den Zeitraum 1986–1988 entspricht. Ein Zusatzzoll kann nach den folgenden Modalitäten erhoben werden: (1) Beträgt der Unterschied zwischen dem Einfuhrpreis und dem Auslösungspreis nicht mehr als 10 % des Auslösungspreises, so wird kein Zusatzzoll erhoben. (2) Beträgt der Unterschied mehr als 10 %, jedoch höchstens 40 %, so beträgt der Zusatzzoll 30 % des Betrages, der über 10 % hinausgeht. (3)) Beträgt der Unterschied mehr als 40 %, jedoch höchstens 60 %, so beträgt der Zusatzzoll 50 % des Betrages, der über die 40 % hinausgeht, zuzüglich des nach (2) zulässigen Zollsatzes. (4) Beträgt der Unterschied mehr als 60 %, jedoch höchstens 75 %, so beträgt der Zusatzzoll 70 % des Betrages, der über die 60 % hinausgeht, zuzüglich der nach (2) und (3) zulässigen Zollsätze. (5) Beträgt der Unterschied mehr als 60 %, jedoch höchstens 75 %, so beträgt der Zusatzzoll 90 % des Betrages, der über die 75 % hinausgeht, zuzüglich der nach (2) bis (4) zulässigen Zollsätze.   **115**

c) Mindestzugang

Zur Sicherung der Öffnung der Märkte wird jedes GATT-Mitglied verpflichtet, den Drittländern Einfuhrkontingente zu eröffnen, die sich für je-   **116** de dem System der Tarifikation unterliegende Erzeugnisgruppe (für die EG also nicht Obst und Gemüse, Wein) auf zunächst 3 % des Verbrauchs im Referenzzeitraum 1986–1988 und am Ende der Übergangszeit von 6 Jahren (1.7.2001) auf 5 % beläuft. Dabei handelt es sich allerdings nicht um eine Verpflichtung zur Einfuhr, sondern lediglich um die Gewährung eines verminderten Zollsatzes für die betreffende Menge, der auf 32 % des Grundzolls festgesetzt wurde und zukünftig stetig weiter gesenkt werden soll.

117 Die bereits vor dem Inkrafttreten des Abkommens von Marrakesh gewährten Zollzugeständnisse bei der Einfuhr müssen mindestens auf dem Niveau von 1986–1988 aufrechterhalten werden.

V. Fischereipolitik

1. Die rechtlichen Grundlagen

118 Die Fischereipolitik ist **Bestandteil der Gemeinsamen Agrarpolitik** (Art. 32, ex-Art. 38); sie weist jedoch eine Reihe von Besonderheiten auf.

119 Die auf Art. 3 lit. e und den Art. 32 ff. (ex-Art. 38 ff.) beruhende **Zuständigkeit der EG für die Fischereipolitik** umfaßt „alles, was im internen Bereich der Gemeinschaft wie auch in den Beziehungen zu Drittländern den Schutz der Fischbestände und die Erhaltung der biologischen Schätze des Meeres betrifft" (so ausdrücklich EuGH, Rs. 141/78, Frankreich/Vereinigtes Königreich, [Cap Caval], Slg. 1979, 2923/2940). Diese primärrechtliche Zuständigkeit wird überlagert und teilweise sogar ergänzt durch die verschiedenen Beitrittsverträge (Beitrittsakte 1972: Art. 100–103; Beitrittsakte 1979: Art. 110–111; Beitrittsakte 1985: Art. 154–176, Art. 346–363; Beitrittsakte 1994: Art. 88–96, Art. 115–125). Im Verhältnis zu Drittstaaten sind darüber hinaus die Bestimmungen des Seerechts-Übereinkommens der Vereinten Nationen von Bedeutung, in dessen Rahmen die EG in Fischereiangelegenheiten anstelle der Mitgliedstaaten auftritt (vgl. Art. 305 i.V.m. Anhang IX, Art. 4 des Abkommens).

120 Den **rechtlichen Rahmen** der gegenwärtigen Fischereipolitik der EG **im internen Bereich** bilden die Grund-VO (EWG) Nr. 3760/92 des Rates vom 20.12.1992 zur Einführung einer gemeinschaftlichen Regelung für die Fischerei und die Aquakultur (ABl. L 389/1) sowie die Grund-VO (EWG) Nr. 3759/92 des Rates vom 17.12.1992 über die gemeinsame Marktorganisation für Fischereierzeugnisse und Erzeugnisse der Aquakultur (ABl. L 388/1). Im **externen Bereich** wird der rechtliche Rahmen durch ein dicht geflochtenes Netz bi- und multilateraler Fischereiabkommen bestimmt (vgl. unter Rn. 137–138).

2. *Die wichtigsten Instrumente der gemeinsamen Fischereipolitik*

a) Der Zugang zu den Fischereigründen

Nachdem noch in der EG der „Sechs" der Grundsatz des gleichen Zugangs   **121**
der Fischer zu allen der Hoheitsgewalt der sechs Mitgliedstaaten unterstehenden Gewässer garantiert war (vgl. Art. 2 der VO [EWG] Nr. 2141/70,
ABl. 1970 L 236/1), wurde dieser Grundsatz bereits mit der ersten Erweiterung der EG im Jahre 1973 (vgl. Art. 103 der Beitrittsakte 1972) entscheidend eingeschränkt. Diese Einschränkung wurde auch in die Grund-
VO Nr. 3760/92 übernommen (vgl. die Regelung des Art. 6). Danach dürfen die Mitgliedstaaten ihre **Küstengewässer bis zu 12 Seemeilen** ihren **eigenen Fischern** vorbehalten, in denen daneben nur noch die traditionelle
Fischerei anderer Mitgliedstaaten („historische Fangrechte") zugelassen
werden muß (siehe dazu *Fischer*, in Grabitz/Hilf, nach Art. 47, Anhang A,
Rn. 18–22). Dagegen ist der **Grundsatz des gleichen Zugangs** zu Fisch-
ereigebieten **außerhalb der 12 Seemeilen-Grenze** (vorbehaltlich der in
Art. 95 bzw. 123 der Beitrittsakte 1995 für Finnland und Schweden getroffenen Sonderbedingungen) zwischen den Mitgliedstaaten unbestritten (vgl.
hierzu auch EuGH, Rs. 61/77, Kommission/Irland, Slg. 1978, 417).

b) Erhaltung der Fischbestände

Die Bestandserhaltungspolitik der EG setzt nach Art. 4 VO Nr. 3760/92 an   **122**
drei Punkten an: (1) mengenmäßige Beschränkung der Fänge (TAC's und
Quoten), (2) Fischereiaufwandsbeschränkungen und (3) technische Erhaltungsmaßnahmen. Die Wirksamkeit dieser Maßnahmen wird durch (4) spezifische Kontrollen gewährleistet.

(1) Festlegung von Gesamtfangmengen und Quoten

Die jährlich durch den Rat (Notkompetenz der Kommission gem. Art. 15   **123**
VO Nr. 3760/92) festgesetzten **zulässigen Gesamtfangmengen** (Total Al-
lowable Catches – „TAC") schreiben die absolute Höchstmenge vor, die
aus jedem Bestand, d.h. einer Fischart, gefischt werden darf. Seit 1997 ist
es den Mitgliedstaaten jedoch unter gewissen Voraussetzungen möglich, einen Teil der Quoten auf das nächste Jahr zu übertragen oder einen Teil der
Quoten des nächsten Jahres schon im laufenden Jahr zu nutzen (vgl. VO
(EG) Nr. 847/96, ABl. 1996 L 115/3). Daneben können Änderungen an den
jährlichen Quoten vor allem infolge eines **Quotentauschs** zwischen den
Mitgliedstaaten eintreten (vgl. Art. 5 Abs. 1 VO Nr. 3760/92) oder sich aus
einer Neuverteilung von Quoten durch die Kommission ergeben, falls die

Überschreitung der Quote durch einen Mitgliedstaat dazu geführt hat, daß andere Mitgliedstaaten ihre Quote nicht mehr voll ausnutzen können, ohne den TAC zu überschreiten (vgl. VO (EWG) Nr. 493/87, ABl. 1987 L 50/13; Art. 11 Abs. 4 VO (EWG) Nr. 2241/87, ABl. 1987 L 207/1).

124 Die Gesamtfangmengen werden dann in Form von **Fangquoten** auf die einzelnen Mitgliedstaaten aufgeteilt. Die Aufteilung der Fangquoten erfolgt dabei unter Beachtung des „**Prinzips der relativen Stabilität** der Fischereitätigkeit bei jedem der betreffenden Bestände" (vgl. Art. 8 VO Nr. 3760/92), d.h. grundsätzlich nach einem festen prozentualen Verteilungsschlüssel (zur Zulässigkeit dieses Systems vgl. EuGH, Rs. 46/86, Romkes, Slg. 1987, 2671).

125 Die **Zuteilung der Fangquoten an die einzelnen Fischer** wird eigenverantwortlich durch die Mitgliedstaaten vorgenommen, die dabei allerdings die Grundsätze des Gemeinschaftsrechts zu beachten haben. Sie muß diskriminierungsfrei, d.h. nach objektiven Grundsätzen erfolgen, wobei insbesondere die bisher ausgeübte Fangtätigkeit sowie die Verarbeitungsmöglichkeiten zu berücksichtigen sind (vgl. EuGH, 3.10.85, 207/84, de Boer, Slg. 1985, 3203). Ein besonderes Problem stellt in diesem Zusammenhang das mit dem Schlagwort „**qouta-hopping**" bezeichnete Verhalten von Einzelfischern oder Unternehmen dar, ihre Schiffe in einem anderen Mitgliedstaat als dem ihrer Herkunft registrieren zu lassen, um so die Quoten dieses Staates ausnutzen zu können. Grundsätzlich ist dieses Verhalten als Ausübung der durch Art. 43 (ex-Art. 52) geschützte Niederlassungsfreiheit nicht zu beanstanden; gleichwohl hat der EuGH anerkannt, daß ein Mitgliedstaat im Rahmen der Zuteilung der Fangquoten verlangen kann, daß zwischen ihm und dem betreffenden Schiff ein „**real economic link**" besteht (EuGH, C-216/87, Jaderow, Slg. 1989, 4509/4544). Zum Nachweis dieser Verbindung kann etwa verlangt werden, daß das Schiff gewöhnlich, aber nicht ständig, von einem Hafen des Flaggen-Mitgliedstaates aus operiert, wofür ausreichend ist, daß das Schiff einen solchen Hafen regelmäßig anfährt (EuGH, C-216/87, Jaderow, Slg. 1989, 4509/4545). Hingegen kann nicht verlangt werden, daß das Schiff auch nur einen Teil seines Fangs im Flaggenstaat-Hafen anlandet (EuGH, C-216/87, Jaderow, Slg. 1989, 4509/4545).

126 Der Flaggen-Mitgliedstaat ist der EG gegenüber für die **Einhaltung der Quote** verantwortlich (Art. 21 VO (EWG) Nr. 2847/93). Eine Verletzung des Gemeinschaftsrechts liegt dabei nicht in der Überschreitung der Quote durch die Fischer, sondern in dem Umstand, daß der betreffende Flaggen-Mitgliedstaat nicht rechtzeitig vor der Ausfischung der Quote die Einstellung des Fischfangs verfügt hat. Zur Rechtfertigung dieses Unterlassens kann der Mitgliedstaat sich nicht auf die bloße Möglichkeit eines späteren Quotentausches berufen (vgl. EuGH, C-62/89, Kommission/Frankreich, Slg. 1990, 925). Daneben sind die Mitgliedstaaten verpflichtet, bei Nichtbeachtung einer von ihnen verfügten Einstellung des Fischfangs gegen den betreffenden Fischer ein Straf- oder Verwaltungsverfahren einzuleiten (vgl. EuGH, C-52/85, Kommission/Frankreich, Slg. 1995, I–4443/4467).

(2) Fischereiaufwandsbeschränkungen

Anstelle oder neben einem Quotensystem kann zur Erhaltung und ausge-   **127** wogenen Nutzung der Fischbestände der Fischereiaufwand beschränkt werden, und zwar insbesondere durch Begrenzung der auf See verbrachten Zeit oder von Zahl, Größe und Stärke der in einem Gebiet fischenden Schiffe. Nachdem ein solches System von der EG zunächst nur für küstennahe Gewässer rund um die Shetland-Inseln getroffen wurde (Art. 7 VO (EWG) Nr. 3760/92 i.V.m. Anhang II), ist ein neues in den Gewässern des West-Atlantiks anwendbares System für Schiffe von mehr als 15 Metern geschaffen worden (vgl. VO (EG) Nr. 685/95, ABl. 1995 L 199/1). Es beschränkt den Fischereiaufwand bezüglich der Grundfischarten auf das in der VO (EG) Nr. 2027/95 (ABl. 1995 L 338/20) bestimmte Niveau (vgl. Einzelheiten dazu bei *van Rijn*, GTE, nach Art. 40 Rn. 31–34).

(3) Technische Erhaltungsmaßnahmen

Die technischen Maßnahmen zur Erhaltung der Fischbestände sind **für das**   **128** **EG-Meer** mit **Ausnahme** von **Ostsee** (hiefür gilt die VO (EG) Nr. 88/98, ABl. 1998 L 9/16) und **Mittelmeer** (hierfür gilt die VO (EG) Nr. 1626/94, ABl. 1994 L 171/1) in der VO (EG) Nr. 894/97 (ABl. 1997 L 132/1) geregelt. Diese Maßnahmen erstrecken sich auf Mindestmaschenöffnungen zum Schutz der Jungfische, auf Mindestanlandungsgrößen und auf die zulässigen Beifangsätze für Speisefische, die mit anderen Fischarten an Bord geholt werden dürfen. Gleichzeitig werden die Gebiete aufgezählt, in denen der Fischfang zum Schutz der Laichplätze und der Aufwuchsgebiete verboten oder auf bestimmte Zeiten des Jahres beschränkt ist (Einzelheiten s. bei *Fischer*, Grabitz/Hilf, nach Art. 47 Anhang A Rn. 27–31).

(4) Kontrollmaßnahmen

Die **Einhaltung der Regelungen über die mengenmäßigen und techni-**   **129** **schen Fangbeschränkungen** werden durch ein Überwachungssystem gewährleistet (das derzeit geltende System wird durch die VO [EWG] Nr. 2847/93 des Rates vom 12. 10.1993 zur Einführung einer Kontrollregelung

für die gemeinsame Fischereipolitik, ABl. 1993 L 261/1 geregelt). Dieses
System verpflichtet die Inspektionsbehörden des (Küsten-)Mitgliedstaates
zur Durchführung von Kontrollen der Fischereifahrzeuge in ihren Häfen
und Gewässern, und zwar unbhängig unter welcher Flagge die Schiffe fahren (daneben bleiben die Flaggenstaaten für die Kontrolle ihrer Schiffe verantwortlich; zur gemeinsamen Verantwortlichkeit der Mitgliedstaaten vgl.
EuGH, C-9/89, Spanien/Rat, Slg. 1990, I–1383/1408). Über die Zahl der
durchgeführten Kontrollen, die Art der Verstöße sowie die ggf. eingeleiteten straf- und verwaltungsrechtlichen Verfahren unterrichten die Mitgliedstaaten in regelmäßigen Abständen die Kommission. Die Mitgliedstaaten
müssen darüber hinaus sämtliche Anlandungen in ihren Häfen oder Umla-
dungen auf See registrieren und die einzelnen Angaben der Kommission
monatlich übermitteln. Die Entscheidung, wann die Befischung eines bestimmten Bestandes eingestellt werden soll, obliegt zwar den einzelnen
Mitgliedstaaten, jedoch bestimmt die Kommission den Zeitpunkt, an dem
die Fangquoten für einen bestimmten Bestand als ausgeschöpft gelten (vgl.
Art. 21 Abs. 3 VO Nr. 2847/93. Um sicherzustellen, daß die staatlichen
Behörden die Kontroll- und Schutzmaßnahmen in gleicher Weise interpretieren und Verstöße nicht unterschiedlich geahndet werden, hat die Kommission einen eigenen Inspektionsdienst (z.Zt. 22 Personen) eingerichtet.
Dieser verfügt allerdings nicht über originäre Kontrollbefugnisse, sondern
er darf nur in Begleitung von nationalen Inspektoren tätig werden. Seine
Funktion ist deshalb lediglich die eines „Kontrolleurs der nationalen Kontrolleure" (weitere Einzelheiten s. bei *Fischer*, in Grabitz/Hilf, nach Art. 47
Anhang A Rn. 50–61).

130 Die **Kontrolle der Beschränkungen des Fischereiaufwandes** im West-
Atlantik wird im wesentlichen durch die Verpflichtung sichergestellt, daß
die Kapitäne von Fischereifahrzeugen ihre Einfahrt in Fanggebiete, für die
Fischereiaufwands- oder Kapazitätsgrenzen gelten, sowie ihre Ausfahrt aus
diesen Gebieten ebenso wie das Einlaufen in einen Hafen dieser Gebiete
oder das Auslaufen aus diesem ihrem Flaggenstaat und dem Küstenstaat
melden; außerdem sind diese Daten in das Logbuch einzutragen (VO (EG)
Nr. 2870/95, ABl. 1995 L 301/1).

c) Die gemeinsame Marktorganisation für Fischereierzeugnisse

131 Ein wesentlicher Bestandteil der Fischereipolitik ist die im Jahre 1970 eingeführte **gemeinsame Marktorganisation für Fischereierzeugnisse** (derzeit geregelt durch VO [EWG]) Nr. 3759/92 des Rates vom 17.12.1992 über
die gemeinsame Marktorganisation für Fischereierzeugnisse und Erzeug-

nisse der Aquakultur, ABl. L 388/1, zuletzt geändert durch VO (EG) Nr. 3318/94 [ABl. 1994 L 350/15]). Sie besteht im wesentlichen aus Preis-, Vermarktungs- und Außenhandelsregelungen (Einzelheiten dazu s. bei *Fischer*, in Grabitz/Hilf, nach Art. 47 Anhang A Rn. 90–93).

Vor Beginn eines jeden Fischwirtschaftsjahres wird vom Rat für die wich- **132** tigsten Fischarten ein **Orientierungspreis** festgesetzt, der an der voraussichtlichen Entwicklung der Erzeugung und der Nachfrage ausgerichtet ist und den Einkommensverhältnissen der Erzeuger sowie den Verbraucherinteressen Rechnung tragen soll. Mit Hilfe dieses Orientierungspreises wird der niedrigere **gemeinschaftliche Rücknahmepreis** berechnet, zu dem die Fischereierzeugnisse aus dem Markt genommen werden. In der Praxis erfolgt dies über Erzeugerorganisationen mit gemeinsamen Produktions- und Vermarktungsregeln, zu denen sich die Erzeuger zusammengeschlossen haben. Fällt der Marktpreis unter den Rücknahmepreis, so gewähren die Erzeugerorganisationen ihren Mitgliedern für alle aus dem Handel genommenen Mengen eine Entschädigung, die von der EG in Form von Beihilfen mitfinanziert wird.

Die **Vermarktung der Fischereierzeugnisse** wird durch Größen-, Aufma- **133** chungs-, Verpackungs- und Qualitätsnormen geregelt.

Der **Außenschutz** erfolgt über Zölle und ein Referenzpreissystem, mit dem **134** Störungen des Marktes für Gemeinschaftserzeugnisse durch Fischeinfuhren aus Drittländern verhindert werden sollen. Liegen die Einfuhrpreise unterhalb des Referenzpreises, kann die Kommission Ausgleichsabgaben erheben.

d) Strukturmaßnahmen

Durch verminderte Fangmöglichkeiten, schwindende Meeresressourcen **135** und Ausdehnung der Fischereizonen auf 200 Seemeilen wurden neue Realitäten in der Fischerei geschaffen, auf die die EG mit der **Einführung einer gemeinsamen Fischereistrukturpolitik** reagiert hat. Inzwischen ist diese in die allgemeine Strukturpolitik der EG (vgl. Art. 158–162, ex-Art. 130a-e) eingegliedert worden, deren **Grundlagen** durch die VO (EWG) Nr. 2052/88 i.d.F. der **VO (EWG) Nr. 2081/93** über Aufgaben und Effizienz des Strukturfonds und über die Koordinierung ihrer Interventionen untereinander sowie mit denen der Europäischen Entwicklungbank und der anderen vorhandenen Finanzinstrumente (ABl. 1993 L 193/5) geregelt sind (vgl. hierzu die Erläuterungen zu Art. 161). Die Strukturmaßnahmen im Fischereibereich haben sich danach an dem vorrangigen Ziel auszurichten, ein dauerhaftes Gleichgewicht zwischen Bestandserhaltung und -bewirtschaftung einerseits und zwischen Fischereiaufwand und dauerhafter und rationeller Nutzung der Ressourcen andererseits zustande zu bringen.

136   In diesem Rahmen wird den strukturpolitischen Anliegen der Fischerei durch das **„Finanzinstrument für die Ausrichtung der Fischerei"** („**FIAF**" – VO (EWG) Nr. 2080/93 des Rates v. 20.7.1993 zur Durchführung der VO (EWG) Nr. 2052/88 hinsichtlich des Finanzinstruments für die Ausrichtung der Fischerei, ABl. L 193/1) besonders Rechnung getragen. Die Schwergewichte der Förderung liegen dabei vor allem bei der Umstrukturierung und Modernisierung der Fischereiflotten, der Verbesserung der Verarbeitungs- und Vermarktungsbedingungen für Fischereierzeugnisse und Aquakulturen sowie den Ausbau der Versuchsfischerei und der Aquakulturen. Die spezifischen Kriterien und Bedingungen für die Strukturmaßnahmen der EG im Bereich der Fischerei und Aquakultur sowie der Verarbeitung und Vermarktung der entsprechenden Erzeugnisse sind in der VO (EG) Nr. 3699/93 des Rates vom 21.12.1993 (ABl. L 346/1) niedergelegt. Daneben gelten die allgemeinen Bedingungen und Regeln der gemeinschaftlichen Strukturpolitik, wie sie sich aus der Grund-VO Nr. 2052/88 i.d.F. der VO Nr. 2081/93 und ihrer Durchführungs-VO (EWG) Nr. 4253/88 i.d.F. der VO (EWG) Nr. 2082/93 (ABl. 1993 L 193/20) ergeben (vgl. die Erläuterungen zu Art. 161).

3. Die Außenbeziehungen in der Fischereipolitik

137   Für die Regelung der Außenbeziehungen in der Fischereipolitik besitzt die EG die **ausschließliche Zuständigkeit** (vgl. die Entschließung des Rates v. 3.11.1976, ABl. C 105/1). In Ausübung dieser Zuständigkeit verhandelt und schließt die EG (im Verfahren nach Art. 300, ex-Art. 228) Abkommen mit Drittstaaten über den Zugang von Fischern aus Drittstaaten zum EG-Meer und umgekehrt von EG-Fischer zu den Wirtschaftszonen der Drittstaaten (Art. 62 Seerechts-Übereinkommen) und beteiligt sich an Übereinkommen über die Fischerei auf der Hohen See (Art. 117–119 Seerechts-Übereinkommen). Soweit Mitgliedstaaten noch selbst Vertragspartei von Fischereiabkommen sind, wird die Verwaltung gleichwohl von der EG wahrgenommen (vgl. Beitrittsakte 1985: Art. 167 Abs. 1 und Art. 354 Abs. 1; Beitrittsakte 1994: Art. 96 Abs. 1 und Art. 124 Abs. 1). Auch in den meisten Fischereiorganisationen ist die EG an die Stelle der Mitgliedstaaten getreten (hierzu sowie zu den Ausnahmen *van Rijn*, in GTE, nach Art. 40 Rn. 42; vgl. auch *Fischer*, in Grabitz/Hilf, nach Art. 47 Anhang A Rn. 62–68).

138   Insgesamt besteht im Rahmen der Außenbeziehungen der EG im Bereich der Fischereipolitik ein **dichtes Netz bilateraler und multilateraler Fi-**

schereiabkommen, die entsprechend der jeweiligen Zielsetzung ganz unterschiedliche Formen annehmen können (eine Typologie findet sich bei *van Rijn*, in GTE, nach Art. 40 Rn. 43–52; ein Überblick über die von der EG geschlossenen Abkommen geben *van Rijn*, in GTE, nach Art. 40 Rn. 43–52, und *Fischer*, in Grabitz/Hilf, nach Art. 47, Anhang A, Rn. 69–83).

Art. 35 (ex-Art. 41) (Besondere agrarpolitische Maßnahmen)

Um die Ziele des Artikels 33 zu erreichen, können im Rahmen der gemeinsamen Agrarpolitik folgende Maßnahmen vorgesehen werden:
a) eine wirksame Koordinierung der Bestrebungen auf dem Gebiet der Berufsausbildung, der Forschung und der Verbreitung landwirtschaftlicher Fachkenntnisse; hierbei können Vorhaben oder Einrichtungen gemeinsam finanziert werden;
b) gemeinsame Maßnahmen zur Förderung des Verbrauchs bestimmter Erzeugnisse.

Diese Bestimmung eröffnet die Möglichkeit, einige **besondere agrarpolitische Maßnahmen** zu ergreifen, die zwar nicht zum Kernbereich der Agrarpolitik zählen, aber gleichwohl der Verwirklichung der agrarpolitischen Ziele dienen. Die ausdrücklich aufgeführten Maßnahmen zur Berufsausbildung, Agrarforschung sowie zur Verbrauchsförderung haben lediglich beispielhaften Charakter; sie können durch weitere flankierende Maßnahmen ergänzt werden (vgl. Art. 33 Rn. 3–5). **1**

Maßnahmen zur **Berufsausbildung** und Verbreitung landwirtschaftlicher Fachkenntnisse sind im Rahmen der gemeinsamen Strukturpolitik ergriffen worden (vgl. Art. 26 ff. VO [EG] Nr. 950/97 zur Verbesserung der Effizienz der Agrarstruktur, ABl. 1997, L 142/1; Einzelheiten hierzu siehe unter Art. 161). **2**

Die **Agrarforschung** erfolgt im wesentlichen im Rahmen der Gemeinsamen Forschungsstelle der EG (vgl. Art. 163 und 164, ex-Art. 130 f-g). **3**

Die grundlegenden Regelungen betr. die Maßnahmen zur **Verbrauchsförderung** enthält die VO (EG) Nr. 951/97 (ABl. 1997 L 142/22). Die gemeinschaftlichen Maßnahmen zur Verbrauchsförderung beschränken sich dabei im wesentlichen auf die Verbraucherbeihilfen im Rahmen der gemeinsamen Marktorganisationen (vgl. Art. 34 Rn. 33). Die Zulässigkeit der nationalen absatzfördernden Maßnahmen richtet sich nach den Beihilferegelungen der Art. 87 bis 89 (ex-Art. 92–94) in den von Art. 36 (ex-Art. 42) bestimmten Grenzen sowie den Regelungen über den freien Warenverkehr (dazu EuGH, Rs. 249/81, Kommission/Irland, Slg. 1982, 4005 „Buy-Irish-Kampagne"). **4**

Art. 36 (ex-Art. 42) (Eingeschränkte Anwendung der Wettbewerbsregeln und Beihilfen)

Das Kapitel über die Wettbewerbsregeln findet auf die Produktion landwirtschaftlicher Erzeugnisse und den Handel mit diesen nur insoweit Anwendung, als der Rat dies unter Berücksichtigung der Ziele des Artikels 33 im Rahmen des Artikels 37 Absätze 2 und 3 und gemäß dem dort vorgesehenen Verfahren bestimmt.

Der Rat kann insbesondere genehmigen, daß Beihilfen gewährt werden

a) zum Schutz von Betrieben, die durch strukturelle oder naturgegebene Bedingungen benachteiligt sind, oder

b) im Rahmen wirtschaftlicher Entwicklungsprogramme.

I. Allgemeines

1   Die allgemeinen Wettbewerbsregeln des EGV (Art. 81–86 [ex-Art. 85–91] für Unternehmen; Art. 87–89 [ex-Art. 92–94] betr. staatliche Beihilfen) finden auf die Produktion und den Handel mit landwirtschaftlichen Erzeugnissen nur Anwendung, wenn und soweit der Rat dies ausdrücklich bestimmt. In der Praxis ist dies weitgehend geschehen, und zwar einerseits durch die horizontale, für alle landwirtschaftlichen Erzeugnisse geltende VO (EWG) Nr. 26 (ABl. 1962 Nr. 30, 993) und andererseits im Rahmen der einzelnen Marktordnungen. Diese Regelungen haben dazu geführt, daß die Geltung der allgemeinen Wettbewerbsregeln die Regel bildet, während Abweichungen und Ausnahmen vom Rat in besonderen, auf Art. 36 gestützte Regelungen niedergelegt werden.

II. Wettbewerbsregeln für Unternehmen

2   Nach Art. 1 der VO Nr. 26 finden die Bestimmungen der Art. 81–86 (ex-Art. 85–90) **grundsätzlich** auf die Erzeugung und den Handel mit landwirtschaftlichen Erzeugnissen **Anwendung. Ausnahmen** von diesem Grundsatz sieht Art. 2 der VO Nr. 26 lediglich zugunsten nationaler Marktorganisationen sowie zugunsten von Sondervorschriften vor, die zur Verwirklichung der agrarpolitischen Zielsetzungen (Art. 33, ex-Art. 39) erforderlich sind. Die weitere in Art. 3 der VO Nr. 26 für den Dumpingbereich vorgesehene Ausnahme ist mit Ablauf der Übergangszeit gegenstandslos geworden.

3   Der **Vorbehalt zugunsten der nationalen Marktorganisationen** hat im Zuge der Schaffung gemeinsamer Marktordnungen für die meisten Agrar-

erzeugnisse (ausgenommen sind nur noch Kartoffeln, Honig, landwirtschaftlicher Alkohol, Zichorienwurzeln, frische Ananas, Kaffee, Kork und Pferdefleisch) seine praktische Bedeutung weitgehend eingebüßt.

Von erheblicher praktischer Bedeutung ist hingegen nach wie vor der **Vor-**   **4**
behalt zugunsten von Sondermaßnahmen zur Zielverwirklichung des Art. 33 (ex-Art. 39). In diesem Zusammenhang eröffnet Art. 2 I der VO (EWG) Nr. 26 der **Kommission** einen weiten Ermessensspielraum zum Erlaß wettbewerbsbeschränkender Maßnahmen, der seine Grenze im wesentlichen nur im Grundsatz der Verhältnismäßigkeit findet, d.h. die Einschränkungen des Wettbewerbs müssen zur Erreichung der landwirtschaftlichen Zielsetzungen tatsächlich notwendig und nicht nur nützlich sein (vgl. EuGH, Rs. 71/74, Frubo, Slg. 1975, 563; verb. Rs. 40–48, 50- 56, 111, 113, 114/73, Suiker-Unie u.a., Slg. 1975, 1663). Die Kommission greift auf diesen Vorbehalt in der Praxis auch nur dann zurück, wenn die Wettbewerbsbeschränkung das einzige oder beste Mittel zur Verwirklichung der Zielvorgaben des Art. 33 (ex-Art. 39) ist. Daneben hat auch der **Rat** in einigen Marktordnungen Sondervorschriften zur Beschränkung des Wettbewerbs vorgesehen.

Die Ausnahmebestimmung des Art. 2 Abs. 1 der VO Nr. 26 gilt nur für die   **5**
im Anhang I (ex-Anhang II) aufgeführten Produkte (vgl. EuGH, Rs. 61/80, Cooperatieve Stremsel-en Kleurstoffenfabriek/KOM, Slg. 1981, 851/869; EuGeI, T-61/89, Dansk Pelsdyravlerforening/KOM, Slg. 1992, II–1931/1947). Aber selbst für diese Produkte ist die Ausnahmebestimmung **nicht unmittelbar anwendbar** (ausdrücklicher Ausschluß der Direktwirkung durch Abs. 2). Gleichwohl kann ein nationales Gericht prüfen, ob die in der Satzung einer Erzeugergemeinschaft enthaltene Klausel von der Ausnahmebestimmung des Art. 2 Abs. 1 der VO Nr. 26 gedeckt ist, und falls dies nicht der Fall ist, diese Klausel nach Art. 81 Abs. 2 (ex-Art. 85 Abs. 2) für nichtig erklären (vgl. EuGH, C-319/93, C-40/94, C-224/94, Dijkstra u.a./Friesland u.a., Slg. 1995, I–4471 Rn. 31–32).

Die wichtigste Beschränkung sieht die horizontal geltende VO (EG)   **6**
Nr. 952/97 des Rates über **Erzeugergemeinschaften und ihre Vereinigungen** vor (ABl. 1997 L 142/30). Die Erzeuger bestimmter, im einzelnen aufgeführter Produkte in im einzelnen festgelegten (meist strukturschwachen) Regionen können verpflichtet werden, den durch die Erzeugergemeinschaft aufgestellten gemeinsamen Produktions-und Vermarktungsregeln nachzukommen und ihre gesamte Produktion durch die Gemeinschaft vermarkten zu lassen. Auch können die Erzeugergemeinschaften Empfänger bestimmter nationaler Beihilfen sein. Damit verbunden wird häufig der Einsatz des Instruments der **Ausdehnung der Disziplinen** (z.B. in den

Marktordnungen für Fisch sowie Obst und Gemüse), durch das unter bestimmten Voraussetzungen alle Erzeuger eines bestimmten Gebiets den
Vermarktungsregeln einer als repräsentativ anerkannten Erzeugergemeinschaft unterworfen werden, selbst wenn sie dieser nicht als Mitglied angehören. Angesichts des damit verbundenen Eingriffs in die Berufsausü-
bungsfreiheit und das Eigentumsrecht gelten hier besonders strenge Maßstäbe für die auch bei diesen Maßnahmen vorzunehmende Verhältnismäßigkeitsprüfung. In jedem Fall handelt es sich um abschließende Regelungen des Gemeinschaftsrechts, die nicht durch mitgliedstaatliche Maßnahmen erweitert werden dürfen (vgl. zu diesem Problemkreis EuGH, Rs.
218/85, Le Campion, Slg. 1986, 3513; Rs. 212/87, UNILEC, Slg. 1988,
5075).

III. Staatliche Beihilfen

7   Im Hinblick auf die Gewährung staatlicher Beihilfen erklären die gemeinsamen Marktordnungen die Art. 87–89 (ex-Art. 92- 94) ausdrücklich für
anwendbar. Soweit für ein Erzeugnis noch keine gemeinsame Marktordnung besteht (vgl. die Aufzählung unter Rn. 3), gelten die Regelungen der
VO (EWG) Nr. 26.

8   Art. 36 II erweitert den Katalog genehmigungsfähiger Beihilfen des Art. 87
Abs. 2 und 3 (ex-Art. 92 II und III) für die Landwirtschaft, indem er ausdrücklich strukturelle oder natürliche Betriebsschwächen sowie die Durchführung wirtschaftlicher Entwicklungsprogramme als Genehmigungsgrund
für staatliche Beihilfen aufführt. Diese Aufzählung ist nicht einmal abschließend, sondern kann vom Rat unter Ausnutzung eines weiten Ermessensspielraums erweitert werden. Dies ist auch in einigen Marktordnungen
geschehen (z.B. Milch, Zucker, Wein). Dabei geht der Rat teilweise bis an
die Grenzen seines Ermessens oder nach Auffassung der Kommission im
Hinblick auf die Genehmigung staatlicher Beihilfen im Weinsektor bei Vorliegen außergewöhnlicher Umstände auch einmal darüber hinaus (vgl. den
Bericht über die Landwirtschaft 1994, Nr. 92–93 sowie EuGH, C-122/94,
Kommission/Rat, Slg. 1996, I–881).

9   Die Kommission hat ihre Haltung betreffend die Vereinbarkeit verschiedener staatlicher Beihilfen mit den Art. 92 bis 94 (jetzt Art. 87–89) in der
Landwirtschaft in einer Reihe von Dokumenten der Öffentlichkeit zugänglich gemacht. Zu erwähnen sind vor allem die Rahmenregelungen für staatliche Beihilfen im Bereich der Werbung für landwirtschaftliche Erzeugnisse (ausgenommen Fischereierzeugnisse) (ABl. 1987 C 302/6) und für staatliche Investitionsbeihilfen für die Verarbeitung und Vermarktung landwirt-

schaftlicher Erzeugnisse (ABl. 1996 C 29/4) sowie die Mitteilung betreffend staatliche Beihilfen für kurzfristige Kredite in der Landwirtschaft (Betriebskredite) (ABl. 1996 C 44/2). Die Genehmigungspraxis staatlicher Beihilfen, die neben den soeben aufgeführten Rahmenregelungen von internen Leitlinien und Arbeitsdokumenten der Kommissionsdienststellen bestimmt wird, wird im einzelnen in den jährlichen Berichten über die Wettbewerbspolitik wiedergegeben. Danach gelten insbesondere Einkommensbeihilfen sowie Beihilfen zur Senkung der betriebswirtschaftlichen Kosten als nicht genehmigungsfähig. Auch mengenbezogene Beihilfen sind grundsätzlich verboten.

Unter Mißachtung des Gemeinschaftsrechts gewährte staatliche Beihilfen **10** müssen vom betreffenden Mitgliedstaat zurückgefordert werden (vgl. die Einzelheiten dazu bei Art. 88 Rn. 10). Außerdem kann eine gemeinschaftsrechtswidrige staatliche Beihilfe im Einzelfall auch die Verweigerung der Finanzierung bestimmter Ausgaben der Mitgliedstaaten im Rahmen des EAGFL zur Folge haben, nämlich dann, wenn im Namen und für Rechnung der EG von den Mitgliedstaaten getätigte Ausgaben in einem auch nur mittelbaren Zusammenhang mit der Gewährung der staatlichen Beihilfe stehen (bejaht von EuGH, Rs. 15 und 16/76, Frankreich/Kommission, Slg. 1979, 321; weitere Einzelheiten siehe bei *Korte/van Rijn* in GTE, Art. 42 Rn. 12–14).

Die Genehmigung der staatlichen Beihilfen für die Landwirtschaft im Rah- **11** men des Art. 36 erfolgt durch den Rat im Verfahren nach Art. 37 Abs. 2 und 3 (ex-Art. 43 II und III; vgl. Art. 37 Rn. 18–22).

Art. 37 (ex-Art. 43) (Kompetenzen und Entscheidungsverfahren)

(1) Zur Erarbeitung der Grundlinien für eine gemeinsame Agrarpolitik beruft die Kommission unmittelbar nach Inkrafttreten dieses Vertrags eine Konferenz der Mitgliedstaaten ein, um einen Vergleich ihrer Agrarpolitik, insbesondere durch Gegenüberstellung ihrer Produktionsmöglichkeiten und ihres Bedarfs, vorzunehmen.

(2) Unter Berücksichtigung der Arbeiten der in Absatz 1 vorgesehenen Konferenz legt die Kommission nach Anhörung des Wirtschafts- und Sozialausschusses binnen zwei Jahren nach Inkrafttreten dieses Vertrags zur Gestaltung und Durchführung der gemeinsamen Agrarpolitik Vorschläge vor, welche unter anderem die Ablösung der einzelstaatlichen Marktordnungen durch eine der in Artikel 34 Absatz 1 vorgesehenen gemeinsamen Organisationsformen sowie die Durchführung der in diesem Titel bezeichneten Maßnahmen vorsehen.

Diese Vorschläge müssen dem inneren Zusammenhang der in diesem Titel aufgeführten landwirtschaftlichen Fragen Rechnung tragen.

Der Rat erläßt mit qualifizierter Mehrheit auf Vorschlag der Kommission und nach Anhörung des Europäischen Parlaments Verordnungen, Richtlinien oder Entscheidungen, unbeschadet seiner etwaigen Empfehlungen.

(3) Der Rat kann mit qualifizierter Mehrheit die einzelstaatlichen Marktordnungen nach Maßgabe des Absatzes 2 durch die in Artikel 34 Absatz 1 vorgesehene gemeinsame Organisation ersetzen,

a) wenn sie den Mitgliedstaaten, die sich gegen diese Maßnahme ausgesprochen haben und eine eigene Marktordnung für die in Betracht kommende Erzeugung besitzen, gleichwertige Sicherheiten für die Beschäftigung und Lebenshaltung der betreffenden Erzeuger bietet; hierbei sind die im Zeitablauf möglichen Anpassungen und erforderlichen Spezialisierungen zu berücksichtigen, und

b) wenn die gemeinsame Organisation für den Handelsverkehr innerhalb der Gemeinschaft Bedingungen sicherstellt, die denen eines Binnenmarktes entsprechen.

(4) Wird eine gemeinsame Organisation für bestimmte Rohstoffe geschaffen, bevor eine gemeinsame Organisation für die entsprechenden weiterverarbeiteten Erzeugnisse besteht, so können die betreffenden Rohstoffe aus Ländern außerhalb der Gemeinschaft eingeführt werden, wenn sie für weiterverarbeitete Erzeugnisse verwendet werden, die zur Ausfuhr nach dritten Ländern bestimmt sind.

I. Bedeutung der Vorschrift

1   Praktische Bedeutung kommt heute lediglich noch dem Abs. 2 UAbs. 3 des Art. 37 zu. Diese Bestimmung beinhaltet die **zentrale Kompetenznorm der Gemeinsamen Agrarpolitik** (dazu unter II.) und legt zugleich die Ein-

zelheiten des Entscheidungsverfahrens fest (dazu unter III). Die übrigen
Regelungen des Art. 37 sind nur noch von historischer Bedeutung oder in
ihrem praktischen Anwendungsbereich zwischenzeitlich erheblich eingeschränkt.

Ausschließlich **historische Bedeutung** entfalten die in Abs. 1 und Abs. 2   **2**
UAbs. 1, 2 niedergelegten Vorschriften, die das Verfahren der Erarbeitung
und Inkraftsetzung der Grundlinien der Gemeinsamen Agrarpolitik vorgeben. Die Entwicklung der Gemeinsamen Agrarpolitik sollte bis zum Ende
der Übergangszeit, d.h. bis zum 31.12.1969, abgeschlossen sein. Die
Grundsätze einer Gemeinsamen Agrarpolitik sollten unmittelbar nach Inkrafttreten des EWG-Vertrages auf einer besonderen Konferenz von den
Mitgliedstaaten festgelegt werden. Diese Zusammenkunft fand vom
3.–12.7.1958 in Stresa/Italien statt; auf der Grundlage der dort gefaßten
Entschließung (abgedruckt im ABl. 1958, 281) unterbreitete die Kommission in den folgenden Jahren Vorschläge für die Ausgestaltung der Agrarpolitik (zur Geschichte und Entwicklung der Gemeinsamen Agrarpolitik
siehe *Gilsdorf/Priebe*, in Grabitz/Hilf, vor Art. 38 Rn. 11–18).

Die in Abs. 3 enthaltene **Garantie für diejenigen Mitgliedstaaten**, die   **3**
über ein ausgebautes Marktordnungssystem verfügen, sich gegen eine gemeinsame Marktorganisation aussprechen zu können, wenn nicht bestimmte Mindestvoraussetzungen erfüllt werden, hat aus **drei Gründen** seine
praktische Wirksamkeit eingebüßt: (1) Zunächst bestehen inzwischen für
die meisten landwirtschaftlichen Erzeugnisse gemeinsame Marktordnungen (Ausnahmen: Kartoffeln, Honig, landwirtschaftlicher Alkohol, Zichorienwurzeln, frische Ananas, Kaffee, Kork und Pferdefleisch). (2) Daneben
war gerade diese Bestimmung für ihre Entfaltung auf die Einhaltung der
Mehrheitsentscheidungen angewiesen, was jedoch lange Zeit als Folge der
„Luxemburger Vereinbarung" (vgl. dazu Rn. 22) nicht gewährleistet war.
(3) Schließlich haben die Mitgliedstaaten in den Bereichen, in denen keine
gemeinsamen Marktordnungen bestehen, mit dem Ablauf der Übergangszeit (31.12.69) die Regelungen über den freien Warenverkehr (Art. 28 ff.,
ex-Art. 30 ff.) zu beachten und eventuell entgegenstehende Bestimmungen
der eigenen Marktordnungen außer Anwendung zu lassen (vgl. EuGH, Rs.
48/71, Charmasson, Slg. 1974, 1383).

Die in Abs. 4 vorgesehene **Garantie des aktiven Veredelungsverkehrs** für   **4**
den Fall der Bildung gemeinsamer Marktorganisationen für Rohstoffe hat
keine praktische Bedeutung erlangt.

II. Agrarpolitische Zuständigkeiten der EG

1. Allgemeiner Kompetenzrahmen

5   Art. 37 ist die geeignete Rechtsgrundlage für jede Regelung über die Produktion und die Vermarktung der im Anhang I (ex-Anhang II) des EGV aufgeführten landwirtschaftlichen Erzeugnisse, die zur Verwirklichung eines oder mehrerer der in Art. 33 (ex-Art. 39) genannten Ziele der Gemeinsamen Agrarpolitik beiträgt (so ausdrücklich EuGH, Rs. 68/86, Vereinigtes Königreich/Rat, Slg. 1988, 855/896 Rn. 14).

6   Der allg. Kompetenzrahmen ist damit denkbar weit gefaßt und ermächtigt die EG letztendlich zum Erlaß sämtlicher, zur Gestaltung der Agrarpolitik notwendigen Rechtsakte. Dies wirft eine Reihe von Abgrenzungsfragen sowohl im Hinblick auf die anderen Kompetenzvorschriften des EGV, als auch im Hinblick auf die Zuständigkeiten der Mitgliedstaaten auf.

2. Abgrenzung zu anderen Kompetenzvorschriften

7   Die Abgrenzung der spezifisch landwirtschaftlichen Kompetenzgrundlage gegenüber den anderen Kompetenznormen des EGV erfolgt nach der sog. **„Intensitätsmethode"**. Danach sollen die Ermächtigungsnormen desjenigen Politikbereichs zur Anwendung kommen, die dem sachlichen Schwergewicht der Maßnahme am nächsten stehen (vgl. dazu *Ehlermann*, AgrR 1989, II, 113 ff.; ausführlich zu den Abgrenzungsfragen *Gilsdorf/Priebe*, in Grabitz/Hilf, Art. 38 Rn. 15–28; *Korte/van Rijn*, in GTE, Art. 43 Rn. 2–17).

8   Fällt die zu regelnde Sachfrage danach in den Bereich der Landwirtschaft, genießt Art. 37 aufgrund der Sonderstellung der Landwirtschaft im EGV (vgl. Art. 32 II, ex-Art. 38 II) als lex specialis **Vorrang** vor den anderen Kompetenznormen, und dies selbst dann, wenn die zu treffende Regelung auch andere im EGV genannten Ziele verfolgt (so unmißverständlich zum Verhältnis Art. 37/Art. 95 [ex-Art. 43/ex-Art. 100a] EuGH, Rs. 68/86, Vereinigtes Königreich/Rat, Slg. 1988, 855; in diesem Sinne auch EuGH, Rs.131/87, Kommission/Rat, Slg. 1989, 3743; Rs. 11/88, Kommission/Rat, Slg. 1989, 3799). Betrifft die zu regelnde Sachfrage hingegen **mehrere Sachbereiche in gleicher Intensität**, kann die zu treffende Maßnahme auch auf verschiedene Rechtsgrundlagen gestützt werden, wobei jedoch stets die strengeren Verfahrensvoraussetzungen (Einstimmigkeits- oder Mehrheitsentscheidung im Rat, Beteiligung des EP) zur Anwendung kommen (vgl. aber EuGH, Rs. 45/86, Kommission/Rat, Slg. 1987, 1517). **Nachrangig** ist Art. 37 hingegen gegenüber Art. 152 Abs. 4 lit. b (ex-Art. 129) im Bereich des Veterinärwesens und des Pflanzenschutzes, soweit

Maßnahmen aus diesen Bereichen unmittelbar den Schutz der Gesundheit der Bevölkerung zum Ziel haben.

Auf die **subsidiäre Handlungsermächtigung** des Art. 308 (ex-Art. 235) **9** kann im wesentlichen nur dann zurückgegriffen werden, wenn es um Regelungen für Erzeugnisse geht, die nicht im Anhang I (ex-Anhang II) des EGV aufgeführt sind und die allg. Voraussetzungen des Art. 308 (ex-Art. 235) vorliegen.

3. Abgrenzung zur Zuständigkeit der Mitgliedstaaten

Ungeachtet der umfassenden Handlungsbefugnisse der EG zur Gestaltung **10** der Gemeinsamen Agrarpolitik, begründet Art. 37 keine ausschließliche Zuständigkeit, sondern lediglich eine **konkurrierende Zuständigkeit** der EG (a.A. *Korte/van Rijn*, GTE, Art. 43 Rn. 36, die die gemeinsame Agrarpolitik pauschal dem ausschließlichen Gemeinschaftsbereich zuordnen). Das bedeutet, daß die Mitgliedstaaten im Bereich der Agrarpolitik grundsätzlich weiterhin solange eigenständig Regelungen treffen können bis die EG von ihrer Zuständigkeit Gebrauch gemacht hat. Ist letzteres der Fall, werden die Mitgliedstaaten in dem nunmehr von der EG geregelten Bereich unzuständig mit der Folge, daß die dem Gemeinschaftsrecht entgegenstehenden nationalen Rechtsvorschriften und Praktiken unanwendbar werden (vgl. EuGH, Rs. 51/74, van der Hulst, Slg. 1975, 79; Rs. 232/78, Kommission/Frankreich, Slg. 1979, 2729; Rs. 16/83, Prantl, Slg. 1984, 1299 „Bocksbeutel").

Im Zuge der fortschreitenden Gemeinschaftsgesetzgebung im Landwirt- **11** schaftsbereich hat sich diese konkurrierende Zuständigkeit teilweise zu einer **ausschließlichen Zuständigkeit** verdichtet. Dies gilt etwa für den gesamten Bereich der Marktstützungsmaßnahmen im Rahmen der verschiedenen gemeinsamen Marktordnungen (vgl. EuGH, Rs. 166/82, Kommission/Italien, Slg. 1984, 459; Rs. 177/78, Pigs and Bacon Commission, Slg. 1979, 2161) sowie für die Erhebung von Zöllen, zollgleichen Abgaben, Einfuhr- und Ausfuhrbeschränkungen sowie Maßnahmen gleicher Wirkung (vgl. dazu EuGH, Rs. 21/75, Schröder, Slg. 1975, 905; Rs. 70/77, Simmenthal, Slg. 1978, 1453; Rs. 88/82, Leonelli, Slg. 1983, 1061).

Umgekehrt hat jedoch auch die EG die für bestimmte Aufgabenbereiche **12** außerhalb der Agrarpolitik bestehende **ausschließliche oder konkurrierende Zuständigkeit der Mitgliedstaaten** zu respektieren (etwa in den Bereichen der Wirtschaftspolitik, der Konjunktur- und Steuerpolitik oder auch des Zivil- und des Strafrechts). Nach der Rspr. des EuGH bleiben die Mitgliedstaaten für den Erlaß von Regelungen in diesen Aufgabenbereichen selbst dann zuständig, wenn diese Regelungen mit denen der EG kollidieren. Eine gemeinschaftsrechtliche Grenze besteht für diese nationalen Regelungen nur insoweit, als sie nicht im Widerspruch zu den Gemeinschaftsmaßnahmen stehen und nicht deren Wirksamkeit beeinträchtigen dürfen (vgl. aus der Rspr. EuGH, Rs. 65/75, Tasca, Slg. 1976, 291; Rs. 5/79, Buys, Slg. 1979, 3203, – Festsetzung von Höchstpreisen; Rs. 116/84, Roelstrate, Slg. 1985, 1705; Rs. 188/86, Lefèvre, Slg. 1987, 2963, – Preismargen; Rs. 77/76, Cucchi, Slg. 1977, 987, – Steuerrecht; Rs. 85/78, Hirsch, Slg. 1978, 2517, – Zivilrecht; Rs. 237/82, Jongeneel Kaas, Slg. 1984, Slg. 1984, 483, – nationale Qualitätspolitik).

13 Der **Vollzug** des gemeinschaftlichen Agrarrechts, insbesondere des Marktordnungsrechts, liegt in der Zuständigkeit der Mitgliedstaaten. Bei Ausübung dieser Zuständigkeit sind die Mitgliedstaaten allerdings an die allg. Grundsätze des Gemeinschaftsrechts (z.B. Diskriminierungsverbot, einheitliche Geltung des Gemeinschaftsrechts etc.) ebenso gebunden wie an die teilweise bestehenden gemeinschaftlichen Vollzugsregeln (zu Einzelheiten zum Vollzug siehe Art. 34 Rn. 55–76 sowie bei *Gilsdorf/Booß*, in Grabitz/Hilf, Art. 43 Rn. 41- 44a).

4. Der Grundsatz der Subsidiarität

14 Gemäß Art. 5 Abs. 2 (ex-Art. 3 b II) wird die EG nach dem Subsidiaritätsprinzip in den Bereichen, die nicht in ihre ausschließliche Zuständigkeit fallen, nur tätig, sofern und soweit die Ziele der in Betracht gezogenen Maßnahmen auf der Ebene der Mitgliedstaaten nicht ausreichend erreicht werden können und daher wegen ihres Umfangs oder ihrer Wirkungen besser auf Gemeinschaftsebene erreicht werden können (vgl. zum Subsidiaritätsprinzip allgemein die Erläuterungen zu Art. 5). Auswirkungen kann das Subsidiaritätsprinzip danach nur auf Gemeinschaftsregelungen haben, die nicht im Rahmen der **ausschließlichen Gemeinschaftszuständigkeit** getroffen worden sind.

15 **Keine Anwendung** findet das Subsidiaritätsprinzip demnach auf alle diejenigen landwirtschaftlichen Regelungen, die **Bestandteil gemeinschaftsrechtlicher Marktordnungsmaßnahmen** sind, die – einmal erlassen – in die ausschließliche Zuständigkeit der EG fallen.

16 Etwas anderes gilt demgegenüber für die **gemeinschaftsrechtlichen Vollzugsregelungen** im Landwirtschaftsbereich, die von den Gemeinschaftsorganen nur im Rahmen der konkurrierenden Gemeinschaftskompetenz erlassen werden können, bei deren Inanspruchnahme der Grundsatz der Subsidiarität nach Art. 5 Abs. 2 (ex-Art. 3 b II) zu beachten ist (vgl. hierzu *Gilsdorf*, GS Grabitz 1995, 77 ff.).

Soweit das Subsidiaritätsprinzip der Sache nach Anwendung findet, ist sei- **17**
ne **beschränkte zeitliche Wirkung** zu beachten. Nach der Rechtsprechung
des EuGH findet das Subsidiaritätsprinzip des Art. 5 Abs. 2 (ex-Art.
3 b II) nämlich nur auf die nach seinem Inkrafttreten (1.11.1993) erlassenen
Rechtsakte Anwendung (EuGH, C-36/97 und C-37/97, Kellinghusen und
Ketelsen, Slg. 1998, I–6337, Urt. v. 22.10.1998, Rn. 35). Der EuGH geht
mit dieser zeitlichen Anwendungsbeschräkung offenbar davon aus, daß vor
der vertraglichen Regelung in Art. 5 Abs. 2 (ex-Art. 3 b II) das Subsidiaritätsprinzip nicht etwa bereits als allgemeiner Rechtsgrundsatz gegolten
hat und von den Gemeinschaftsorganen zu beachten war. Außerdem kommt
in dieser Beschränkung zum Ausdruck, daß mit dem Inkrafttreten des Subsidiaritätsprinzips keine rechtliche Verpflichtung der Gemeinschaftsorgane
verbunden ist, die bereits erlassenen Rechtsakte auf ihre „jetzige" Vereinbarkeit mit dem Subsidiaritätsprinzip zu überprüfen.

III. Entscheidungsverfahren

Gemäß Art. 37 II erfolgt die Agrarrechtsetzung im Wege des **Vorschlags-** **18**
verfahrens, d.h. der **Rat** beschließt die Rechtsakte auf Vorschlag der Kommission und nach Anhörung des EP. Bei der Ausübung dieser allg. Ermächtigung beschränkt sich der Rat allerdings auf den Erlaß der **Grund-**
verordnungen sowie der **allgemeinen Regeln** zur Durchführung dieser
Grundverordnungen.

Im übrigen überträgt der Rat die Befugnis zum Erlaß der Durchführungs- **19**
bestimmungen auf die **Kommission** (vgl. Art. 202, ex-Art. 145). In Wahrnehmung der ihr übertragenen Durchführungsbefugnisse darf die Kommission die auszuführenden Rechtsakte des Rates weder ändern noch ergänzen.
Die Modalitäten für die Ausübung der der Kommission übertragenen
Durchführungsbefugnisse hat der Rat im einzelnen in einem Beschluß vom
13.7.1987 (ABl. L 197/33) niedergelegt (sog. **„Komitologie-Beschluß";**
einen Vorschlag zur Änderung dieses Beschlusses hat die Kommission dem
Rat zugeleitet, ABl. 1998 C 279/5). Für den Bereich der Landwirtschaft (zu
den Wirkungen des Beschlusses allgemein siehe Art. 202 Rn. 4–7) gilt folgendes:

– Im Bereich der **Marktordnungen** werden die Durchführungsbestimmungen von der Kommission seit 1962 unter **Einschaltung eines Ver-**
  waltungsausschusses erlassen, der sich aus Vertretern der Mitgliedstaaten zusammensetzt. Der Ausschuß gibt zu den Maßnahmeentwür-
  fen der Kommission eine Stellungnahme ab, die der qualifizierten
  Mehrheit der Ausschußmitglieder bedarf (vgl. Art. 202 II, ex-Art. 148

II). Im Falle der Zustimmung des Ausschusses setzt die Kommission den geplanten Rechtsakt in Kraft. Lehnt der Ausschuß den beabsichtigten Rechtsakt hingegen ab, so ist die Kommission ermächtigt, sofort anwendbare Maßnahmen zu treffen. Diese müssen dem Rat unverzüglich mitgeteilt werden. Danach stehen zwei Verfahrensvarianten zur Verfügung: *Variante a)*: Die Kommission kann die Durchführung der von ihr beschlossenen Maßnahmen um einen Zeitraum von höchstens einem Monat von dieser Mitteilung an verschieben. Will der Rat die Maßnahmen und deren Durchführung verhindern, muß er innerhalb eines Monats mit qualifizierter Mehrheit einen anderslautenden Beschluß fassen. *Variante b)*: Die Kommission kann die Durchführung der von ihr beschlossenen Maßnahmen um einen vom Rat jeweils festzulegenden Zeitraum, der jedoch drei Monate von der Mitteilung gerechnet nicht überschreiten darf, verschieben. Will der Rat die Maßnahmen und deren Durchführung verhindern, muß er innerhalb der drei Monate mit qualifizierter Mehrheit einen anderslautenden Beschluß fassen.

– Im Bereich des **Pflanzenschutzes und des Veterinärwesens** wird die Kommission hingegen unter **Einschaltung eines Regelungsausschusses** tätig, der wie der Verwaltungsausschuß zusammengesetzt ist und im wesentlichen auch wie dieser funktioniert. Allerdings unterscheiden sich die bei Ablehnung einer Kommissionsmaßnahme durch den Ausschuß ausgelösten Verfahren. In diesem Fall kann die Kommission die von ihr beschlossenen Maßnahmen nicht zur Durchführung bringen, sondern muß sie sogleich dem Rat vorlegen. Auch hier stehen danach zwei Verfahrensvarianten zur Verfügung: *Variante a)*: Die Kommission kann die beabsichtigten Maßnahmen erlassen, wenn der Rat nicht innerhalb einer von ihm in der Grund-VO zu bestimmenden Frist, die jedoch drei Monate nicht überschreiten darf, keinen Beschluß gefaßt hat. *Variante b)*: Die Kommission kann die beabsichtigten Maßnahmen erlassen, wenn der Rat nicht innerhalb einer von ihm in der Grund-VO zu bestimmenden Frist, die jedoch drei Monate nicht überschreiten darf, keinen Beschluß gefaßt hat, es sei denn, der Rat hat sich mit einfacher Mehrheit gegen die genannten Maßnahmen ausgesprochen.

20   Eine Kompetenz zum Erlaß der dem Rat vorbehaltenen Regelungen kann die Kommission aus Art. 211 (ex-Art. 155) i.V.m. Art. 10 (ex-Art. 5) in den Fällen herleiten, in denen der Rat unfähig ist, rechtzeitig die für das Funktionieren der gemeinsamen Agrarpolitik und der gemeinsamen Fischereipolitik unerläßlichen Beschlüsse zu fassen (sog. **„Notkompetenz"** der Kommission). Die unter Ausnutzung dieser Notkompetenz von der Kom-

mission erlassenen Regelungen verlieren mit dem Inkrafttreten einer Regelung des Rates ihre Gültigkeit.

Als **verbindliche Handlungsformen** stehen dem Rat und der Kommission   **21** Verordnungen, Richtlinien und Entscheidungen (vgl. Art. 249, ex-Art. 189) zur Verfügung.

Die **Beschlußfassung im Rat** soll grundsätzlich mit **qualifizierter Mehr-**   **22** **heit** (vgl. Art. 205 II, ex-Art. 148 II) erfolgen. Aufgrund der **Luxemburger Vereinbarung** aus dem Jahre 1966 wurde diese vertraglich vorgesehene Mehrheitsregel in der politischen Praxis durch das Prinzip der Einstimmigkeit weitestgehend verdrängt. Erst seit 1982 und verstärkt seit dem Inkrafttreten der EEA im Jahre 1987 entscheidet der Rat wieder entsprechend der Mehrheitsregel. Für den Fall sehr knapper Mehrheiten wurde im sog. **„Kompromiß von Ioanina"** (Beschluß des Rates v. 29.3.1994 über die Beschlußfassung des Rates mit qualifizierter Mehrheit, ABl. C 105/1) eine Sicherung eingebaut. Falls Mitglieder des Rates, die über insgesamt 23 bis 25 Stimmen verfügen, erklären, daß sie sich einem mit qualifizierter Mehrheit gefaßten Beschluß des Rates widersetzen werden, so wird der Rat alles in seiner Macht Stehende tun, um innerhalb einer angemessenen Zeit eine zufriedenstellende Lösung zu finden, die mit mindestens 65 Stimmen angenommen werden kann. Die **Kommission** entscheidet grundsätzlich mit einfacher Mehrheit.

Art. 38 (ex-Art. 46) (Ausgleichsabgaben)

Besteht in einem Mitgliedstaat für ein Erzeugnis eine innerstaatliche Marktordnung oder Regelung gleicher Wirkung und wird dadurch eine gleichartige Erzeugung in einem anderen Mitgliedstaat in ihrer Wettbewerbslage beeinträchtigt, so erheben die Mitgliedstaaten bei der Einfuhr des betreffenden Erzeugnisses aus dem Mitgliedstaat, in dem die genannte Marktordnung oder Regelung besteht, eine Ausgleichsabgabe, es sei denn, daß dieser Mitgliedstaat eine Ausgleichsabgabe bei der Ausfuhr erhebt.

Die Kommission setzt diese Abgaben in der zur Wiederherstellung des Gleichgewichts erforderlichen Höhe fest; sie kann auch andere Maßnahmen genehmigen, deren Bedingungen und Einzelheiten sie festlegt.

Diese Bestimmung eröffnet der Kommission für den Fall, daß ein landwirt-   **1** schaftliches Erzeugnis (noch) nicht unter eine gemeinsame Marktorganisation fällt (gegenwärtig: Kartoffeln, Honig, landwirtschaftlicher Alkohol, Zichorienwurzeln, frische Ananas, Kaffee, Kork und Pferdefleisch), den erforderlichen Handlungsspielraum, um gegen von einem Mitgliedstaat verursachte Wettbewerbsverzerrungen sofortige Schutzmaßnahmen zu ergreifen. Als Instrument ist die **Festsetzung einer Ausgleichsabgabe** vorgesehen, die auch weiterhin normale Handelsströme zuläßt und auf diese Weise die Verwirklichung der Ziele des Art. 33 (ex-Art. 39), insbesondere die Stabilisierung der Märkte und die Gewährleistung einer angemessenen Lebenshaltung für die landwirtschaftliche Bevölkerung, nicht in Frage stellt.

2   Eine solche Ausgleichsabgabe kann – obwohl sie scheinbar ein Hemmnis für den innergemeinschaftlichen Handelsverkehr ist – nicht einer Abgabe mit gleicher Wirkung wie Zölle gleichgestellt werden. Es handelt sich um eine **Abgabe im allgemeinen Interesse,** deren Höhe von der Kommission und nicht einseitig von einem Mitgliedstaat festgesetzt wird. Sie ermöglicht es, Erzeugnisse aus Staaten, in denen die wettbewerbsverzerrenden Maßnahmen gelten, in die anderen Mitgliedstaaten auszuführen, ohne daß deren Markt gestört wird. Dadurch wird verhindert, daß der Handelsverkehr durch künstlich erzeugte Spannen zwischen den Preisen der Erzeugnisse des ausführenden Mitgliedstaats und jenen des einführenden Mitgliedstaats, die sich aus den Unterschieden der nationalen Märkte vor der Einrichtung einer gemeinsamen Marktorganisation ergeben, aus dem Gleichgewicht gebracht wird. Es obliegt in jedem Einzelfall der Kommission, darauf zu achten, daß die Ausgleichsabgabe nach ihrer Geltungsdauer und ihrer Höhe auf das zur Wiederherstellung dieses Gleichgewichts Notwendige beschränkt ist.

3   Aus diesen Gründen verliert Art. 38 seine **Existenzberechtigung** auch dann nicht, wenn andere Vertragsbestimmungen es erlauben, die geschaffenen Wettbewerbsverzerrungen teilweise zu mildern. Soweit eine Marktorganisation, die harmonische Wettbewerbsbedingungen herstellt, nicht geschaffen wurde, gibt Art. 38 im Gegenteil die Möglichkeit, innerhalb kürzester Fristen die durch bestimmte nationale Unterstützungsmaßnahmen verursachten Ungleichgewichte auszugleichen. Die Notwendigkeit zu einer solchen Regelung beruht allein auf der von einem Mitgliedstaat verursachten Wettbewerbsstörung. Die Kommission hat also unter der Kontrolle des EuGH gemäß Art. 38 nur zu prüfen, ob die Regelungen eines Mitgliedstaates eine gleichartige Erzeugung in einem anderen Mitgliedstaat in ihrer Wettbewerbslage beeinträchtigen und so die Festsetzung einer Ausgleichsabgabe rechtfertigen. Auf die Unterscheidung, ob die auszugleichenden Störungen die Folge gemeinschaftsrechtskonformer oder gemeinschaftsrechtswidriger Maßnahmen sind, kommt es deshalb auch nicht an (in diesem Sinne EuGH, Rs. 337/82, St. Nikolaus Brennerei/HZA Krefeld, Slg. 1984, 1051/1062).

Vor diesem Hintergrund hat Art. 38 praktische wie rechtliche Bedeutung   **4**
auch noch **nach Ablauf der Übergangszeit**. Eine zeitliche Begrenzung seiner Anwendung auf die Übergangszeit ist deshalb abzulehnen; sie ergibt
sich – anders als bei den Art. 44 und 45 (jetzt aufgehoben) – auch nicht etwa aus dem Wortlaut der Bestimmung. Letzterer schränkt den Anwendungsbereich der Bestimmung nur in dem Maße ein, in dem die gemeinsamen Marktorganisationen verwirklicht werden (siehe auch hierzu EuGH,
Rs. 337/82, St. Nikolaus Brennerei/HZA Krefeld, Slg. 1984, 1051/1062; C-
201/90, Gio Buton/Amministrazione delle finanze dello Stato, Slg. 1991,
I–2453).

Dritter Teil

Die Freizügigkeit, der freie Dienstleistungs und Kapitalverkehr

Kapitel 1. Die Arbeitskräfte.

Vorbemerkung zu Art. 39–41 (ex-Art. 48–50)

Literatur: *Everling*, Von der Freizügigkeit der Arbeitnehmer zum europäischen Bürgerrecht?, EuR 1990, Beiheft 1, 89; *Fischer*, Die Unionsbürgerschaft, Vorträge, Reden und Berichte aus dem Europa-Institut, Nr. 269, 1992; *Internationale Föderation für Europarecht* (Hrsg.), Die neuen Entwicklungen der Freizügigkeit für Personen: Auf dem Wege zu einer europäischen Staatsbürgerschaft, 1992; *Pechstein/Bunk*, Das Aufenthaltsrecht als Auffangrecht – Die fehlende unmittelbare Anwendbarkeit sowie die Reichweite des Art. 8a Abs. 1 EGV, EuGRZ 24 (1997), 547; Bericht der hochrangigen Arbeitsgruppe zu Fragen der Freizügigkeit unter dem Vorsitz von Frau Simone Veil, von der Kommission am 18. März 1997 vorgelegt (http://europa.eu.int/comm/dg15/de/people/hlp/hlphtml.htm)

Eine der **vier Grundfreiheiten** des Vertrages ist der freie Personenverkehr (Art. 3 lit. c), der im wesentlichen die Arbeitnehmerfreizügigkeit (Art. 39–41, ex-Art. 48–50) und die Niederlassungsfreiheit (Art. 43–48, ex-Art. 52–58) umfaßt. Darüber hinausgehende Freiheitsrechte für Personen können sich aus dem Vertrag – z.B. im Rahmen der Dienstleistungsfreiheit (Art. 49–55, ex-Art. 59–66) – bzw. dem Sekundärrecht ergeben (Aufenthaltsrichtlinien, RL 90/364/E(W)G – allgemeines Aufenthaltsrecht, RL 90/365/E(W)G – ehemalige Erwerbstätige, ABl. 1990 L 180/26 sowie 28; RL 93/96/E(W)G – Studenten, ABl. 1993 L 317/59).   **1**

In der ursprünglichen Fassung des Vertrages sahen sowohl Artikel 39, als auch 40 (ex-Art. 48 und 49) einen Rechtsetzungsauftrag an den Gemeinschaftsgesetzgeber vor, die Freizügigkeit der Arbeitnehmer bis zum Ende der Übergangszeit (31.12.1969; ex-Art. 7) fortschreitend herzustellen. Die grundlegenden Rechtsakte (VO (EWG) 1612/68 über die Freizügigkeit der Arbeitnehmer, ABl. 1968 L 257/2, zuletzt geändert ABl. 1992 L 245/1, RL 68/360/E(W)G „Aufenthaltsrichtlinie", ABl. 1968 L 257/13, zuletzt geändert ABl. 1994 C 241/114, RL 64/221/E(W)G zur Koordinierung der Sondervorschriften für Einreise und Aufenthalt aus Gründen der öffentlichen Ordnung, Sicherheit und Gesundheit, ABl. 1964 56/850) waren bereits vor dem Stichdatum erlassen. Mit Inkrafttreten des **Vertrages von Amsterdam**   **2**

enthält nunmehr Art. 39 Abs. 1 die Feststellung, daß die Freizügigkeit der
Arbeitnehmer gewährleistet ist. Inhaltlich führt diese Neufassung keine andere Rechtslage herbei, sie unterstreicht jedoch die Bedeutung der Unbe-
dingtheit dieser Freiheit im Grundsatz und schreibt insoweit die erzielten
Fortschritte der Integration fest.

3   Seit Ende der Übergangszeit sind die Art. 39 (ex-Art. 48) und 43 (ex-Art.
     52) **unmittelbar anwendbar** (EuGH, C-351/90, Kommission/Luxemburg,
     Slg. 1992, I–3945 Rn. 18), was jedoch wegen der detaillierteren Durch-
     führungsvorschriften keine große praktische Bedeutung für die Rechtsstel-
     lung der Arbeitnehmer entfaltete. Nicht unmittelbar aus dem Vertrag fol-
     gend sind die Bedingungen des Verbleiberechts (Art. 39 Abs. 3 lit. d, ex-
     Art. 48 III), so daß insofern eine Durchführungsverordnung der Kommissi-
     on unverzichtbar war und in Form der VO (EWG) 1251/70 (ABl. 1970 L
     142/24) erlassen wurde. Nach neuester Rechtsprechung kann sich aber
     auch der **Arbeitgeber** auf die unmittelbare Anwendbarkeit des Art. 39 Abs.
     1 und 2 (ex-Art. 48 I, II) berufen (EuGH, C-350/96, Clean Car Autoservi-
     ce, Slg. 1998, I–2521, Rn. 24f.).

4   Die **Freizügigkeit der Personen** nach dem EGV ist eine zweckgebundene
     Freiheit, d.h., das Recht auf Einreise und Aufenthalt wird den EG-Bürgern
     eingeräumt zur Ausübung einer Erwerbstätigkeit, sei es in abhängiger
     (Art. 39–42, ex-Art. 48–50) sei es in selbständiger (Art. 43–48, ex-Art.
     52–58) Arbeit.

     Das Kriterium der Aufnahme einer wirtschaftlichen Tätigkeit in einem an-
     deren MS dient dem Gerichtshof in st. Rspr. als Anknüpfungspunkt zur Be-
     stimmung und Eingrenzung des sachlichen Anwendungsbereichs (vgl. Art.
     39 Rn. 2ff.). Die **Unionsbürgerschaft**, durch den Vertrag von Maastricht
     eingeführt und in den Art. 17ff. (ex-Art. 8ff.) kodifiziert, wird demgegenü-
     ber dadurch gekennzeichnet, daß sich die Rechtsstellung des Unionsbürgers
     einerseits bereits aus den den Gemeinschaftsbürgern eingeräumten Rechts-
     positionen nach dem EGV (Arbeitnehmerfreizügigkeit, Niederlassungsfrei-
     heit, Dienstleistungsfreiheit) und den dazu erlassenen Rechtsakten ergibt,
     daß ihm andererseits aber unmittelbar politische Rechte eingeräumt wer-
     den. Dazu zählen das Kommunalwahlrecht und das Wahlrecht zum EP
     (Art. 19 (ex-Art. 8b); RL 94/80/EG, ABl. 1994 L 368/38 geändert durch RL
     96/30/EG, ABl. 1996 L 122/14 – Kommunalwahlrecht, RL 93/109, ABl.
     1993 L 329/34 – Wahlen zum EP), das Petitionsrecht beim Parlament und
     bei dem von diesem ernannten Bürgerbeauftragten (Art. 21 (ex-Art. 8d)
     i.V.m. Art 194f.) und der (subsidiär eingreifende) konsularische Schutz
     (Art. 20 (ex-Art. 8c) durch alle MS. Der materielle Inhalt des Freizügig-
     keitsrechts nach den Vorschriften über die Unionsbürgerschaft wird ge-

genüber dem der Personen allenfalls geringfügig verändert; eine spürbare politische Aufwertung erfährt jedoch die Unionsangehörigkeit, die insbesondere durch das Wahlrecht den Bürgern eine bessere Integration in das Gemeinwesen des Aufnahmelandes und zugleich eine Identifizierung mit der EU ermöglicht (vgl. dazu Art. 17ff.).

Die Arbeitnehmerfreizügigkeit nach dem Vertrag und die zu deren Herstel- **5** lung erlassenen Begleitmaßnahmen beschränken sich **nicht** auf die **reine Zweckerfüllung** der Mobilisierung des Humankapitals zu Erwerbszwecken, sondern verfolgt auch **politische** und **soziale Ziele**. Das „Grundrecht" (Präambel VO (EWG) 1612/68) auf Freizügigkeit umfaßt deshalb auch das Verbleiberecht der Arbeitnehmer in dem Mitgliedstaat ihrer Berufsausübung für die Zeit nach ihrem Ausscheiden aus dem Erwerbsleben. In diesem Kontext sind auch die den Familienangehörigen der Wanderarbeitnehmer sekundärrechtlich eingeräumten Positionen zu sehen. Sie genießen das Recht auf Einreise, Aufenthalt, Teilhabe an sozialen Vergünstigungen – in Abhängigkeit von der Rechtsstellung des Arbeitnehmers –, Ausbildung, Zugang zu einer Beschäftigung sowie ein Verbleiberecht.

Von wesentlicher Bedeutung für die Arbeitnehmerfreizügigkeit ist der **6** Rechtssetzungsauftrag des Art. 42 (ex-Art. 51) zur **Koordinierung der Systeme der sozialen Sicherheit**, dem der Gemeinschaftsgesetzgeber unverzüglich im Jahre 1958 zunächst durch die VOen 3 und 4 nachkam, die inzwischen durch die VOen (EWG) 1408/71 und 574/72 (konsolidierte Fassung der VOen, ABl. 1997 C 28/1) ersetzt worden sind (vgl. dazu Art. 42).

Die Vorschriften des Art. 39 EGV verhalten sich **zu denen der anderen** **7** **Gemeinschaftsverträge** wie folgt: Art. 69 § 1 EGKSV ist Spezialvorschrift für anerkannte Kohle- und Stahlfacharbeiter; einer auf ihrer Grundlage erlassenen Spezialnorm kommt jedoch nach deren Aufhebung keine praktische Bedeutung mehr zu, so daß wesentlich die VO (EWG) 1612/68 heranzuziehen sein dürfte (Art. 42 Abs. 1 UAbs. 2 der VO). Ähnlich verhält es sich mit der Spezialvorschrift des Art. 96 EAGV für qualifizierte Beschäftigte auf dem Gebiet der Kernenergie. Soweit die auf dessen Grundlage erlassene RL des Rates vom 5.3.1962 (ABl. 1962 57/1650) nicht eingreift, gelten die Vorschriften der VO.

Art. 39 (ex-Art. 48) (Freizügigkeit der Arbeitnehmer)

(1) Innerhalb der Gemeinschaft ist die Freizügigkeit der Arbeitnehmer gewährleistet.

(2) Sie umfaßt die Abschaffung jeder auf der Staatsangehörigkeit beruhenden unterschiedlichen Behandlung der Arbeitnehmer der Mit-

gliedstaaten in bezug auf Beschäftigung, Entlohnung und sonstige Arbeitsbedingungen.

(3) Sie gibt – vorbehaltlich der aus Gründen der öffentlichen Ordnung, Sicherheit und Gesundheit gerechtfertigten Beschränkungen – den Arbeitnehmern das Recht,

a) sich um tatsächlich angebotene Stellen zu bewerben;

b) sich zu diesem Zweck im Hoheitsgebiet der Mitgliedstaaten frei zu bewegen;

c) sich in einem Mitgliedstaat aufzuhalten, um dort nach den für die Arbeitnehmer dieses Staates geltenden Rechts- und Verwaltungsvorschriften eine Beschäftigung auszuüben;

d) nach Beendigung einer Beschäftigung im Hoheitsgebiet eines Mitgliedstaates unter Bedingungen zu verbleiben, welche die Kommission in Durchführungsverordnungen festlegt.

(4) Dieser Artikel findet keine Anwendung auf die Beschäftigung in der öffentlichen Verwaltung.

Überblick

Literatur: *Auneau*, Le mouvement sportif européen à l'épreuve du droit communautaire, RTD eur. 32 (1996), 101; *Badura*, Die Organisations- und Personalhoheit des Mitgliedstaats in der Europäischen Union, FS. Ulrich Everling, 1995, 33; *Baldus/Hölscheidt*, Unionsbürger im öffentlichen Dienst anderer Mitgliedstaaten, NWVBl. 1997, 41; *Bernard*, Discrimination and Free Movement in EC Law, ICQL 45 (1996), 82; *Böse*, Arbeitnehmerfreizügigkeit und öffentlicher Dienst, EuZW 1992, 639; *Dautzenberg*, Die Problematik der Grenzgängerregelungen nach dem Schumacker-Urteil des Europäischen Gerichtshofs, BB 1995, 2397; *Dörr*, Das deutsche Beamtenrecht und das europäische Gemeinschaftsrecht, EuZW 1990, 565; *Everling*, Zur Rechtsprechung des Europäischen Gerichtshofs über die Beschäftigung von EG-Ausländern in der öffentlichen Verwaltung, DVBl. 1990, 225; *Gesser*, Änderungen im Freizügigkeitsrecht der EG-Arbeitnehmer und ihrer Familienangehörigen, EuZW 1991, 435; *Hillgruber*, Die Entwicklung des deutschen Beamtenrechts unter der Einwirkung des europäischen Gemeinschaftsrechts, ZBR 1997, 1; *Hummer*, Flüchtlinge im europäischen Binnenmarkt, ZfRV 1991, 115; *Ketelsen*, Einreise, Aufenthalt und Ausweisung von Ausländern aus Drittstaaten, ZfRV 1991, 115; *Kluth*, Die Bindung privater Wirtschaftsteilnehmer an die Grundfreiheiten des EG-Vertrages, AöR 122 (1997), 557; *Lackhoff/Raczinski*, Umgekehrte Diskriminierung, EWS 1997, 109; *Lonbay*, Free Movement of Persons, Recognition of Qualifications, and Working Conditions, ICLQ 47 (1998), 224; ICQL 44 (1995), 705; *Nettesheim*, Die europarechtlichen Grundrechte auf wirtschaftliche Mobilität (Art. 48, 52 EGV), NVwZ 1996, 342; *Pflegerl*, Rechte integrierter Türken, ecolex 1997, 108; *Schotten*, Der Zugang der Unionsbürger zum deutschen Beamtenverhältnis, DVBl. 1994, 567; *Schrammel*, Freizügigkeit der Arbeitnehmer in der EU, ecolex 1996, 467; *Schwander*, Die Reichweite der Arbeitnehmerfreizügigkeit in der Europäischen Gemeinschaft: Art. 48 EGV – ein Beschränkungsverbot?, Zeitschrift f. jur. Ausbildung u. Praxis 1996, 54; *Steier*, Feststellungsbescheide bei Beschäftigung integrierter Türken, ecolex 1997, 108; *Wilkinson*, Towards European Citizenship? Nationality, Discrimination and Free Movement of Workers in the EU, EPL 1 (1995), 417; *Wittkowski*, Die Rechtsprechung des Europäischen Gerichtshofs zur Freizügigkeit und Gleichbehandlung von Angehörigen der EG-Mitgliedstaaten hinsichtlich des Besuchs von Ausbildungsstätten und deren Auswirkung für die Bundesrepublik Deutschland, Diss. Frankfurt (Main) 1991; *Ziekow*, Der gemeinschaftsrechtliche Status der Familienangehörigen von Wanderarbeitnehmern, DÖV 1991, 363; *Zuleeg*, Die Grundfreiheiten des gemeinsamen Marktes im Wandel, FS Ulrich Everling, 1995, S. 1717.

I. Anwendungsbereich der Vorschrift

1. Räumlicher Anwendungsbereich

1   Der **räumliche Anwendungsbereich der Vorschrift** entspricht grundsätzlich dem in Art. 299 Abs. 1 (ex-Art. 227) definierten Anwendungsbereich des Vertrages. Die VO 1612/68 gilt nach deren Art. 47 für die „Hoheitsgebiete der MS". Besonderheiten ergeben sich aus Art. 299 Abs. 4 bis 6 (vgl. dazu Art. 299). Die Art. 39 u. 40 finden gemäß dem auf der Grundlage des Art. 299 (ex-Art. 227) Abs. 2 Unterabsatz 2 erlassenen Beschluß des Rates

68/359/EWG (ABl. 1968 L 257/1) auf die französischen überseeischen Departements Anwendung. Der Anwendungsbereich erstreckt sich ebenso auf die Ålandinseln, da Finnland eine Erklärung gemäß ex-Art. 227 Abs. 5 lit. d) i.V.m. Protokoll Nr. 2 der Beitrittsakte (ABl. 1995 L 75/18; siehe jetzt Art. 299 Abs. 5) abgegeben hat. Nicht in den räumlichen Geltungsbereich einbezogen sind gemäß Art. 299 Abs. 6 (ex-Art. 227 Abs. 5) lit. c) i.V.m. Art. 2 des Protokolls Nr. 3 zur Akte über den Beitritt neuer Mitgliedstaaten v. 22.1.1972 die Kanalinseln. Dennoch kann der in Art. 4 des Protokolls Nr. 3 niedergelegte Gleichbehandlungsgrundsatz zugunsten aller juristischer und natürlicher Personen der Gemeinschaft auch für Arbeitnehmer aus anderen Mitgliedstaaten Bedeutung erlangen, wenngleich diese Bestimmung nicht so ausgelegt werden darf, daß sie als indirektes Mittel zur Anwendung des Gemeinschaftsrechts in vollem Umfang führt. So bewirkt dieser Grundsatz zwar nicht ein uneingeschränktes Verbot der Ausweisung, auch kann diese auf andere Gründe als solche des Art. 39 Abs. 3 i.V.m. der RL 64/221/E(W)G gestützt werden, jedoch darf sie nicht dergestalt begründet sein, daß eine willkürliche Unterscheidung zum Nachteil von Staatsangehörigen anderer Mitgliedstaaten die Folge wäre (EuGH, C-171/96, Pereira Roque, Slg. 1998, I–4607, Rn. 34ff.; vgl. auch unten Rn. 11).

Die gemeinschaftsrechtlichen Freizügigkeitsregeln können auch dann anwendbar sein, wenn zwar die fragliche **Tätigkeit außerhalb der Gemeinschaft** ausgeübt wird, das Arbeitsverhältnis dennoch einen räumlichen Bezug oder eine hinreichend enge Verbindung zum Gebiet der Gemeinschaft aufweist (bei teilweise oder vorübergehender beruflicher Tätigkeit außerhalb des Gebiets der Gemeinschaft für in einem anderen MS ansässige Unternehmen EuGH, Rs. 36/74, Walrave u. Koch, Slg. 1974, 1405, Rn. 28/29; EuGH, Rs. 237/83, Prodest, Slg. 1984, 3351; bei Staatsangehörigem eines Mitgliedstaats, der eine Dauertätigkeit an Bord eines Schiffes ausübt, das unter der Flagge eines anderen Mitgliedstaates fährt EuGH, Rs. 9/88, Lopes de Veija, Slg. 1989, 2989, Rn. 15f.). Ein solcher **hinreichend enger Bezug zum Gemeinschaftsgebiet** kann auch dann bestehen, wenn sich die arbeitsvertraglichen Regelungen in erster Linie an den in dem MS des Arbeitgebers geltenden Vorschriften orientieren und nur ergänzend auf diejenigen des Drittstaats verwiesen wird, ferner ein Gerichtsstand im MS vereinbart und der Arbeitnehmer in dessen Sozialversicherungssystem einbezogen wird und der dortigen Einkommenssteuerpflicht unterliegt (EuGH, C-214/94, Boukhalfa, Slg. 1996, I–2279, Rn. 15ff. – bei Anstellung von Ortskräften als Botschaftspersonal, folgend BAG, Urteil v. 8.8.96, EuZW 1997, 351).

2

2. Sachlicher Anwendungsbereich

a) Arbeitsverhältnis

3   Art. 39 findet **sachlich** nur Anwendung bei Vorliegen eines **Arbeitsver-hältnisses** eines Arbeitnehmers, welches ein **grenzüberschreitendes Element** aufweist. Rein interne Sachverhalte fallen nicht in den Anwendungsbereich der Vorschrift (st. Rspr., EuGH, Rs. 175/78, Saunders, Slg. 1979, 1129, Rn. 11; Rs. 35 und 36/82, Morson und Jhanjan, Slg. 1982, 3723, Rn. 16; Rs. 44/84, Hurd, Slg. 1986, 47, Rn. 55; Rs. 298/84, Iorio, Slg. 1986, 251, Rn. 14; C-332/90, Steen, Slg. 1992, I–341, Rn. 12; C-153/91, Camille Petit, Slg. 1992, I–4973, Rn. 8; C-206/91, Poirrez, Slg. 1992, I–6685, Rn. 11). An dieser Situation hat auch die Einführung der Unionsbürgerschaft (vgl. Vorbem. Rn. 4) nichts geändert, denn diese bezweckt nicht, den sachlichen Anwendungsbereich des Vertrages auf rein interne Sachverhalte auszudehnen (EuGH, C-64/96 und 65/96, Uecker und Jacquet, Slg. 1997, I–3182, Rn. 23). Über eine **Sondersituation** hatte der EuGH in der Entscheidung Scholz (EuGH, C-419/92, Slg. 1994, I–517) zu befinden: Die Klägerin des Ausgangsrechtsstreits, die ehemals die deutsche Staatsangehörigkeit besessen hatte und in der Bundesrepublik einer abhängigen Erwerbstätigkeit nachgegangen war, erwarb nach ihrem Wegzug nach Italien und dortiger Eheschließung die italienische Staatsangehörigkeit. Obwohl sie erst im Anschluß daran die Aufnahme einer Arbeitstätigkeit im öffentlichen Dienst des MS anstrebte, hielt der Gerichtshof die Freizügigkeitsregeln für anwendbar und bezog sich darauf, daß – bei Betrachtung der aktuellen Situation der Betroffenen – diese zuvor in einem anderen Mitgliedstaat als demjenigen ihrer jetzigen Zugehörigkeit erwerbstätig gewesen war. Mithin trat die eigentliche Motivation für die Grenzüberschreitung in den Hintergrund (EuGH, C-419/92, a.a.O., Rn. 8f.; vgl. auch *Nachbaur* EuZW 1994, 281f.).

b) Tätigkeit im Wirtschaftsleben

4   Von Artikel 39 werden grundsätzlich alle Tätigkeitsbereiche erfaßt. (Zu den Sondervorschriften des EGKSV und EAGV s. Vorbem. Art. 39–41 Rn. 7). Wesentlich ist die Ausübung einer **Tätigkeit im Wirtschaftsleben** (EuGH, Rs. 66/85, Lawrie-Blum, Slg. 1986, 2121, Rn. 20). Erfaßt werden daher auch die Beschäftigungsverhältnisse von **Berufssportlern** (EuGH, C-415/93, Bosman, Slg. 1995, I–5062, Rn. 70–75; Rs. 36/74 Walrave und Koch, Slg. 1974, 1405; Rs. 13/76, Dona Montero, Slg. 1976, 1333) sowie Arbeitsverträge mit **Kirchen** (EuGH, Rs. 300/84, van Roosmalen, Slg.

1986, 3067) und **weltanschaulichen Gruppierungen** (EuGH, Rs. 41/74, van Duyn/Home Office, Slg. 1974, 1337; EuGH, Rs. 196/87, Steymann, Slg. 1988, 6859). Selbst die Ausübung der **Prostitution** kann nach der Rechtsprechung des Gerichtshofes (EuGH, Rs. 115 und 116/81, Adoui und Cornaille/Belgien, Slg. 1982, 1665) in den Anwendungsbereich der Vorschrift fallen (zu der davon abweichenden Einschätzung deutscher Gerichte vgl. *Randelzhofer*, in Grabitz/Hilf, Art. 48 Rn. 6 und 6a). Auch Beschäftigungsverhältnisse im **öffentlichen Dienst** – jenseits der Ausnahme des Art. 39 Abs. 4 – werden erfaßt (EuGH, C-15/96, Schöning-Kougebetopoulou, Slg. 1998, I–47, Rn. 12ff.; Rs. 152/73, Sotgiu, Slg. 1974, 153; Rs. 66/85 Lawrie-Blum, Slg. 1986, 2121, Rn. 3; C-4/91, Bleis, Slg. 1991, I–5627). Maßgeblich ist allein die entgeltliche Arbeitsleistung.

c) Beschäftigung bei internationalen Organisationen

Für die Beschäftigungsverhältnisse von Bediensteten **internationaler Or-**   **5**
ganisationen gelten in der Regel Sondervorschriften. Dennoch werden sie
als Arbeitnehmer i.S. des Art. 39 betrachtet, so daß die Freizügigkeitsregelungen zumindest subsidiär gelten (EuGH, Rs. 152/82, Forcheri, Slg. 1983, 2323; Rs. 389 und 390/87, Echternach u. Moritz, Slg. 1989, 723; C-310/91, Schmid, Slg. 1993, I–3043; Schlußanträge GA *Lenz*, C-153/91, Camille Petit, Slg. 1992, I–4984).

3. Persönlicher Anwendungsbereich

a) Begriff des Arbeitnehmers

In den **persönlichen Anwendungsbereich** der Freizügigkeitsgewährlei-   **6**
stungen fallen grundsätzlich **Arbeitnehmer** sowie **Personen, die ihren**
Rechtsstatus von einem Arbeitnehmer ableiten. Art. 39 spricht ausdrücklich nur von der Freizügigkeit der Arbeitnehmer. Der Begriff des Arbeitnehmers wird im Vertrag nicht definiert. Es handelt sich notwendig um einen autonomen Rechtsbegriff des Gemeinschaftsrechts, sollen nicht die Ziele des Vertrages gefährdet werden (EuGH, Rs. 75/63, Unger, Slg. 1964, 379, 396; Rs. 53/81, Levin, Slg. 1982, 1035, Rn. 11ff.). Maßgeblich für die **Arbeitnehmereigenschaft** ist eine tatsächliche und echte Erwerbstätigkeit bzw. die Teilnahme am Wirtschaftsleben. Auf andere Motive der Ausübung der Freizügigkeit kommt es nicht an (EuGH, Rs. 53/81, a.a.O., Slg. 1982, 1035, Rn. 22). Der Arbeitnehmerbegriff i.V.m. dem Begriff der „Tätigkeit in Lohn- oder Gehaltsverhältnis" (Art. 1 Abs. 1 VO (EWG) 1612/68) legen den Geltungsbereich der Vorschriften über die Freizügigkeit der Arbeitneh-

mer fest und sind daher **weit** auszulegen (EuGH, Rs. 139/85, Kempf, Slg. 1986, 1749, Rn. 13).

b) Arbeitsverhältnis

7   Es muß sich um ein Verhältnis abhängiger Beschäftigung – im Gegensatz zu einer selbständigen Tätigkeit i.S. der Art. 43–48 – handeln, wobei es nicht auf die Rechtsnatur des Beschäftigungsverhältnisses ankommt (EuGH, Rs. 66/85, a.a.O., Slg. 1986, 2121, Rn. 20 u. 22). Maßgeblich für die Annahme eines Arbeitsverhältnisses ist die Gesamtheit der Umstände, die die Beziehungen zwischen den Parteien charakterisieren. Der Begriff des „**Arbeitsverhältnisses**" wurde durch die Rechtsprechung des EuGH dahin konkretisiert, daß ein Arbeitnehmer während einer bestimmten Zeit für einen anderen nach dessen Weisungen Leistungen erbringt, und als Gegenleistung eine Vergütung erhält (EuGH, Rs. 66/85, a.a.O., Slg. 1986, 2121, Rn. 17 zu Studienreferendaren; vgl. zu Rechtsreferendaren *Eriksen*, Die Anwendbarkeit des Art. 48 EWGV auf den deutschen juristischen Vorbereitungsdienst, NVwZ 1995, 1061). Allein die Beschäftigung im Aufnahmemitgliedstaat ist in Betracht zu ziehen (EuGH, C-357/89, Raulin, Slg. 1992, I–1027, Rn. 17). Weitere einschränkende Anforderungen dürfen an das Arbeitsverhältnis nicht gestellt werden (vgl. zusammenfassend zum Nachfolgenden: EuGH, C-444/93, Megner und Scheffel, Slg. 1995, I–4745, Rn. 16, 18ff.). Insbesondere darf keine Mindestdauer für das Bestehen des Arbeitsverhältnisses verlangt werden (EuGH, Rs. 157/84, Frascogna I, Slg. 1985, 1739). Eine **Teilzeitbeschäftigung**, aus der die Einkünfte nicht das in dem betreffenden MS festgelegte Existenzminimum erreichen, kann genügen (EuGH, Rs. 53/81, a.a.O., Slg. 1982, 1035, Rn. 17). Ebenso die Tätigkeit von zwölf Wochenstunden eines Musiklehrers, der seinen Lebensunterhalt neben den Einkünften aus seiner Erwerbstätigkeit aus öffentlichen Mitteln des WohnortMS bestreitet (EuGH, Rs. 139/85, Kempf, Slg. 1986, 1741, Rn. 14) oder **Gelegenheitsarbeiten** (EuGH, C-357/89, a.a.O., Slg. 1992, I–1027). Ein **Student**, der vor der Aufnahme eines Universitätsstudiums, jedoch allein aufgrund der Zulassung zu diesem, eine zwangsläufig zeitlich begrenzte Tätigkeit aufnimmt, wurde vom EuGH als Arbeitnehmer qualifiziert (EuGH, Rs. 197/86, Brown, Slg. 1988, 205, Rn. 20f.). Die Arbeitnehmereigenschaft kann schließlich unter bestimmten Umständen nach Beendigung des Beschäftigungsverhältnisses fortbestehen. Bei der Aufnahme eines Hochschulstudiums im Anschluß an eine Berufstätigkeit bleibt die Arbeitnehmereigenschaft dann erhalten, wenn ein Zusammenhang zwischen Berufstätigkeit und Studium besteht (EuGH, Rs. 39/86, Lair, Slg.

1988, 3161, Rn. 37). Selbst ein **Praktikant** im Rahmen einer Berufsausbildung, der nur gegen geringes Entgelt arbeitet, kann Arbeitnehmer sein, wobei u.a. darauf zu achten ist, daß die geleistete Stundenzahl geeignet ist, sich mit der Beschäftigung vertraut zu machen (EuGH, C-3/90, Bernini, Slg. 1992, I–1071, Rn. 16). Verneint hat der EuGH eine tatsächliche und echte Erwerbstätigkeit im Falle einer Beschäftigung nach dem niederländischen Gesetz über soziale Arbeitsbeschaffung, die als Mittel der Rehabilitation und der Wiedereingliederung eingesetzt wurde (EuGH, Rs. 344/87, Bettray, Slg. 1989, 1621, Rn. 17). Besonderheiten bei der Entlohnung im Wege einer Ertragsbeteiligung, die ggf. auf kollektiver Basis berechnet wird (EuGH, C-3/87, Agegate, Slg. 1989, I–4459, Rn. 16) sprechen ebensowenig gegen die Arbeitnehmereigenschaft wie ein gemeinschaftsrechtliches Verhältnis der Arbeitnehmer zu dem Unternehmen (EuGH, C-179/90, Merci convenzionali, Slg. 1991, I–5889, Rn. 2).

c) Staatsangehörigkeit

aa) Staatsangehörigkeitserfordernis

Art. 39 enthält keine eindeutige Aussage über die Anforderungen an die   **8**
Staatsangehörigkeit der Arbeitnehmer. In Art. 39 Abs. 2 klingt die Staatsangehörigkeit als Anknüpfungspunkt an. Art. 1 Abs. 2 der VO (EWG) 1612/68 setzt ausdrücklich die Staatsangehörigkeit eines MS für die Stellung der als Arbeitnehmer begünstigten Personen voraus. Für Familienangehörige der Arbeitnehmer, deren Berechtigtenstellung jedoch in Art. 42 vorausgesetzt wird, ist sekundärrechtlich ausdrücklich auf das Staatsangehörigkeitserfordernis verzichtet (Art. 10 und 11 VO (EWG) 1612/68), so daß als mittelbar Berechtigte auch Drittstaatsangehörige eine gemeinschaftsrechtliche Begünstigung genießen. Im übrigen können sich Angehörige eines Drittstaats nicht auf die vertragliche Freizügigkeit berufen.

bb) Voraussetzungen für den Erwerb

Die Festlegung der Voraussetzungen für Erwerb und Verlust der Staatsan-   **9**
gehörigkeit fällt entsprechend den Regeln des internationalen Rechts in die alleinige Kompetenz des MS. Vgl. auch die Erklärung zum EUV zur Staatsangehörigkeit eines MS (ABl. 1992 C 191/98). Die Zuständigkeit muß jedoch unter Beachtung des Gemeinschaftsrechts ausgeübt werden. Unzulässig ist es, die Wirkungen der Zuerkennung der Staatsangehörigkeit eines **anderen** MS dadurch zu beschränken, daß für deren Anerkennung im Hinblick auf die Ausübung der Grundfreiheiten eine zusätzliche Bedingung

aufgestellt wird (EuGH, C-369/90, Michelletti, Slg. 1992, I–4239, Rn. 10). Als gemeinschaftsrechtswidrig einzustufen wären nationale Vorschriften, die einschneidende negative Folgen an die Ausübung der Grundfreiheiten knüpften, wie etwa den Verlust der Staatsangehörigkeit oder den Ausschluß der im Ausland geborenen Kinder von der Staatsangehörigkeit (vgl. *Wölker*, in GTE, Vorbem. Art. 48–50 Rn. 44 und *Randelzhofer*, in Grabitz/Hilf, Art. 48 Rn. 8 jeweils m.w.N.).

cc) Deutsche Staatsangehörige

10 Die **Bundesrepublik Deutschland** hat bei Unterzeichnung des EWG- und des EAG-Vertrages eine Erklärung über die Bestimmung des Begriffs „deutsche Staatsangehörige" abgegeben. Danach gelten als Staatsangehörige der Bundesrepublik Deutschland „alle Deutschen im Sinne des Grundgesetzes für die Bundesrepublik Deutschland", womit die Definition des „Deutschen" nach Artikel 116 GG in Bezug genommen wurde. Über Rechtsnatur und Wirkungen der Erklärung herrscht Uneinigkeit (*Wölker*, in GTE, Vorbem. Art. 48–50 Rn. 45; *Randelzhofer*, in Grabitz/Hilf, Art. 48 Rn. 9, jeweils m.w.N.). Da auch die deutschen Staatsangehörigen im Sinne des Reichs- und Staatsangehörigkeitsgesetzes (RuStG) zur **Ausübung der Freizügigkeit** der Vorlage eines gültigen Personalausweises oder Reisepasses bedürfen (Art. 2 u. 3 RL 68/360), ließe sich vertreten, auch einem deutschen Volkszugehörigen die Ausübung der Freizügigkeit nur unter Vorlage eines deutschen Ausweispapieres zu gestatten. Die Angehörigen der ehemaligen DDR sind ihrerseits seit der Vereinigung Deutschlands am 3.10.1990 unmittelbar in die gemeinschaftsrechtlich gewährleistete Freizügigkeit einbezogen.

dd) Britische Staatsangehörige

11 Das **Vereinigte Königreich** hat anläßlich seines Beitritts zur Gemeinschaft ebenfalls eine Erklärung über die Bestimmung des Begriffs „Staatsangehörige" abgegeben. Im Anschluß an die Verabschiedung des „British Nationality Act 1981" gab die Regierung des Vereinigten Königreichs Großbritannien und Nordirland eine Erklärung mit Wirkung zum 1.1.1983 zur Ersetzung der früheren Erklärung ab (ABl. 1983 C 23/1; s. a. EuGeI, T-230/94, Farrugia, Slg. 1996, II–195). Von der britischen Staatsangehörigkeit werden bisher nach Maßgabe des Nationality Act die Einwohner der überseeischen Gebiete des Vereinigten Königreichs gemäß Art. 182 (ex-Art. 131) i.V.m. Anhang II zum EGV mangels Aufenthaltsrechts nicht erfaßt, so daß sich für den betroffenen Personenkreis nach der geplanten Zu-

erkennung des Anspruchs auf einen britischen Paß die Frage der Freizügigkeit innerhalb der Gemeinschaft neu stellen wird (vgl. dazu unten Rn. 14).
Die Angehörigen der Kanalinseln und der Insel Man genießen keine Freizügigkeit (Art. 2 Protokoll Nr. 3 betreffend die Kanalinseln und die Insel
Man zum Beitrittsvertrag Dänemark, Irland, Vereinigtes Königreich, ABl.
1972 L 73/164). Auch umgekehrt genießen Gemeinschaftsbürger in diesen
Gebieten keine Freizügigkeit (EuGH, C-355/89, Barr, Slg. 1991, I–3479).

ee) Dänische Staatsangehörige

Dänische Staatsangehörige, die auf den Färöer ansässig sind, genießen   **12**
gemäß Art. 4 des Protokolls Nr. 2 zum Beitrittsvertrag (ABl. 1972 L
73/163) keine Freizügigkeit, da Dänemark keine Erklärung nach ex-Art.
227 Abs. 5 lit. a) (jetzt Art. 299 Abs. 6 lit. a) abgegeben hat.

ff) Angehörige neuer MS

Beim **Beitritt neuer MS** gab es in der Vergangenheit regelmäßig Über-   **13**
gangszeiten bis zur vollen Wirksamkeit der Freizügigkeit (vgl. zu den diesbezüglichen Einschränkungen *Erhard*, Voraufl., Rn. 12.) Während der Übergangszeit konnten gewisse Beschränkungen der Freizügigkeit aufrechterhalten werden, wie z.B. innerstaatliche Vorschriften, welche Einreise und/oder
Zugang zur Beschäftigung von einer vorherigen Genehmigung abhängig
machen. Die Übergangsvorschriften, die als Ausnahme von Art. 39 eng auszulegen sind, lassen keinesfalls eine Verschärfung der Zugangsvoraussetz-
zungen zu (EuGH, Rs. 77/82, Pesceloglou, Slg. 1983, 1085). Die Aufrechterhaltung zulässiger Beschränkungen gilt nicht gegenüber Arbeitnehmern,
die bereits vor dem Beitritt im Gebiet eines anderen MS einer Beschäftigung
im Lohn- oder Gehaltsverhältnis nachgegangen sind (EuGH, Rs. 9/88, Lopes Da Veiga, Slg. 1989, 2989; Rs. 3/87, Agegate, Slg. 1989, 4459; C-
279/89, Kommission/Vereinigtes Königreich, Slg. 1992, I–5785). Das hat
zur Folge, daß sich sowohl der Arbeitnehmer, als auch seine Familienangehörigen auf die Vorschriften der VOen 1612/68 und 1251/70 in vollem
Umfang berufen können (EuGH, C-279/89, a.a.O., Slg. 1992, I–5785, Rn.
38). Anläßlich des Beitritts Österreichs, Finnlands und Schwedens wurden
derartige Regelungen nicht in die jeweiligen Beitrittsakte aufgenommen
(ABl. 1994 C 241/9, Anpassungsbeschluß des Rates ABl. 1995 L 1/1).

gg) Angehörige außereuropäischer Länder und Hoheitsgebiete

Angehörige außereuropäischer Länder und Hoheitsgebiete genießen   **14**
keine Freizügigkeit, weil keine Abkommen im Sinne des Art. 186 (ex-Art.

135) geschlossen wurden. Ob dieser Ausschluß von der Freizügigkeit auch dann gilt, wenn die Ansässigen dieser Gebiete – wie in der Regel (*Vedder*, in Grabitz/Hilf, Art. 136 Rn. 15) – die Staatsangehörigkeit des Mutterlandes besitzen, wird unterschiedlich beurteilt (*Wölker*, in GTE Vorbem., Art. 48–50 Rn. 50 m.w.N., *Randelzhofer*, in Grabitz/Hilf, Art. 48 Rn. 12 jeweils m.w.N.). Die Teilhabe an der Freizügigkeit wird insbesondere unter Hinweis auf Art. 1 Abs. 1 der VO 1612/68 bejaht, der eine Berechtigung im Sinne der Vorschrift für jeden Staatsangehörigen eines MS „ungeachtet seines Wohnsitzes" ausspricht. Andererseits wird für „Arbeitnehmer dieser Länder und Gebiete, die entsprechend dieser VO eine Tätigkeit in Lohn- und Gehaltsverhältnis im Hoheitsgebiet eines der betreffenden MS ausüben", die Berufung auf die VO im Hoheitsgebiet anderer MS ausdrücklich durch Art. 42 Abs. 3 UAbs. 2 der VO ausgeschlossen.

hh) Staatenlose und Flüchtlinge

15 **Staatenlose und Flüchtlinge** werden als solche nicht von den Freizügigkeitsregeln begünstigt (hinsichtlich ihrer Stellung auf dem Gebiet der sozialen Sicherheit s. Art. 42 Rn. 10). Gemäß einer Erklärung der im Rat vereinigten Vertreter der Regierungen der MS vom 25.3.64 (ABl. 1964 Nr. 78/1225) ist die Einreise anerkannter Flüchtlinge i.S.d. Genfer Flüchtlingskonvention (ABl. vom 28.7.51; BGBl. 1953 II, 559) in einen anderen MS zum Zweck der Ausübung einer Beschäftigung in Lohn- oder Gehaltsverhältnissen „besonders wohlwollend" zu prüfen.

d) Familienangehörige

16 Die **Familienangehörigen** der die Freizügigkeit in Anspruch nehmenden Arbeitnehmer werden in den Vertragsvorschriften nicht ausdrücklich als Begünstigte der Freizügigkeit erwähnt. Art. 42 (ex-Art. 51) geht hingegen implizit von ihrer Berechtigung aus. Ihre Rechtsstellung ergibt sich vornehmlich aus Art. 10–12 VO 1612/68. Die Gewährung der Freizügigkeit unter Ausschluß der Familienangehörigen wäre vor dem Hintergrund des im Gemeinschaftsrecht zu respektierenden Grundrechtsschutzes, insbesondere des Schutzes von Ehe und Familie (Schlußanträge GA *Lenz*, 236/87, Bergemann, Slg. 1988, 5132, 5137 Rn. 27), äußerst bedenklich. Der EuGH hat ausdrücklich einen Anspruch auf Achtung des Familienlebens i.S.d. Art. 8 EMRK als zu den gemeinschaftsrechtlich geschützten Grundrechten zählend anerkannt (EuGH, Rs. 249/86, Kommission/Deutschland, Slg. 1989, 1263 Rn. 10). In der Präambel der VO 1612/68 heißt es denn auch: *„Die Freizügigkeit ist ein Grundrecht der Arbeitnehmer und ihrer Famili-*

en". Zu beachten ist, daß die Familienangehörigen nicht unmittelbar Freizügigkeit i.S.d. Arbeitnehmerfreizügigkeit des EG-Vertrages genießen, sondern ihre Rechtsstellung von der des Arbeitnehmers ableiten (s.u. Rn. 51). Voraussetzung ist aber in jedem Fall, daß diese eine Tätigkeit im Hoheitsgebiet eines *anderen* Mitgliedstaats ausüben, auch wenn dies in der deutschen Fassung der VO 1612/68 nicht ausdrücklich Erwähnung findet (EuGH, C-64/96 und C-65/96, Uecker, Slg. 1997, I–3182, Rn. 20; s. LAG Hamm; Vorlagebeschluß vom 1.3.96, EuZW 1997, 287f.; VGH Mannheim, Beschluß vom 7.8.95, NJW 1996, 72ff. – zur Anwendung des Art. 3 Abs. 1 GG auf diese Fälle). Soweit das Merkmal der Unterhaltsgewährung durch den Arbeitnehmer in den Art. 10 und 11 der VO 1612/68 die Berechtigtenstellung der Verwandten in absteigender (älter als 21 Jahre) oder aufsteigender Linie vermittelt, hat der EuGH die tatsächliche Unterstützungsleistung, unabhängig von dem Bestehen eines Unterhaltsanspruchs, genügen lassen (EuGH, Rs. 316/85, Lebon, Slg. 1987, 2811, Rn. 21f.). Begünstigte Familienangehörige haben ihrerseits subjektive Rechte auf Einreise, Aufenthalt, Zugang und Ausübung einer Beschäftigung in Lohn- und Gehaltsverhältnis, Ausbildung und Verbleib (s.u. Rn. 51, 58, 71, 72).

e) Angehörige der Vertragsstaaten des EWR-Abkommens

Die Parteien des Abkommens über den EWR, das am 1.1.1994 in Kraft getreten ist (ABl. 1994 L 1/3) haben gemäß Art. 28 dieses Abkommens eine dem Art. 39 entsprechende Regelung getroffen. Sämtliche Bestimmungen über die Freizügigkeit, einschließlich der zu ihrer Durchführung erlassenen Sekundärrechtsakte (Anhänge V bis VII), sind daher auf die Angehörigen der nach dem jüngsten Beitritt zur Union als Partner des EWR verbliebenen Staaten Island, Norwegen und Liechtenstein (vgl. zum letztgenannten Staat: Beschluß des EWR-Rates Nr. 1/95, ABl. 1995 L 86/58, i.V.m. Anpassungsprotokoll ABl. 1994 L 1/572) anwendbar; die Änderungen der gemeinschaftsrechtlichen Bestimmungen werden fortlaufend in das Recht des EWR übernommen (vgl. ABl. 1998 L 193/52).   **17**

4. Assoziierungsabkommen mit der Türkei

Türkische Staatsangehörige sind Drittstaatsangehörige mit einem durch das Assoziierungsabkommen zwischen der EG und der Türkei (Abkommen vom 12.9.63, ABl. 217/3687) i.V.m. den zu dessen Durchführung gefaßten Beschlüssen des Assoziationsrates eingeräumten besonderen Status. Gemäß Art. 12 des Abkommens i.V.m. Art. 36 des Zusatzprotokolls vom 23.11.70 (ABl. L 293/3) war die Freizügigkeit der Arbeitnehmer zwischen   **18**

der Gemeinschaft und der Türkei bis zum 1.12.1986 herzustellen. Die dafür
erforderlichen Regelungen wurden nicht erlassen. Dennoch sind die
Freizügigkeitsregelungen des EGV nicht unmittelbar anwendbar. Die Vertragsparteien sind nach Art. 12 des Abkommens lediglich verpflichtet, sich
von den Freizügigkeitsregeln des EGV „leiten zu lassen", was gerade nicht
die inhaltliche Identität der Freizügigkeitsregeln impliziert, so daß die
Vorschriften schon deshalb für eine unmittelbare Anwendbarkeit zu **unbestimmt** sind (EuGH, Rs. 12/86, Demirel, Slg. 1987, 3719). Das hindert
jedoch nicht, daß die einzelnen Bestimmungen des Abkommens sowie der
Beschlüsse des Assoziationsrates, soweit sie „klare und eindeutige Verpflichtungen enthalten, deren Erfüllung und deren Wirkungen nicht vom
Erlaß eines weiteren Akts abhängen" (EuGH, Rs. 12/86, Demirel, a.a.O.,
Rn. 14; C-192/89, Sevince, Slg. 1990, I–3461, Rn. 15) **unmittelbare
Wirkung** haben können (EuGH, C-36/96, Günaydin, Slg 1997, I–5143,
Rn. 24). Daneben ist es nach Ansicht des EuGH insgesamt unabdingbar,
daß die im Rahmen der Art. 39 bis 41 (ex-Art. 48–50) geltenden Grundsät-
ze soweit wie möglich als Leitlinien für die Behandlung türkischer Arbeit-
nehmer, die die im Beschluß Nr. 1/80 eingeräumten Rechte besitzen, her-
angezogen werden (EuGH, C-36/96, a.a.O., Slg. 1997, I–5143, Rn. 19f.).
Unverändert ausgeschlossen ist jedoch die Freizügigkeit innerhalb der
Gemeinschaft (EuGH, C-171/95, Tetik, Slg. 1997, I–329, Rn. 20; zu den
Wirkungen des Beschlusses Nr. 3/80 des Assoziationsrates vom 19.9.1980
über die Anwendung der Systeme der sozialen Sicherheit auf türkische
Arbeitnehmer und ihre Familienangehörigen vgl. EuGH, C-277/94, Taflan-
Met, Slg. 1996, I–4085; *Hänlein*, Die Anwendung der Systeme der sozia-
len Sicherheit der EG Mitgliedstaaten auf türkische Arbeitnehmer, ZAR
1998, 21).

a) Zugang zur Beschäftigung

19   Im Mittelpunkt der einschlägigen Entscheidungen des EuGH stehen regelmäßig die Bestimmungen, die den türkischen Staatsangehörigen in abgestufter Form **Rechte auf Arbeitsaufnahme** bzw. deren Fortsetzung verleihen (Art. 6 Abs. 1 1. bis 3. Spiegelstrich Beschluß des Assoziationsrates Nr.
1/80).

aa) Regulärer Arbeitsmarkt

20   Danach ist zunächst die Frage zu beantworten, ob der türkische Arbeitnehmer dem **regulären Arbeitsmarkt** eines Mitgliedstaats angehört. Dies ist
dann der Fall, wenn das Arbeitsverhältnis im Hoheitsgebiet eines Mitglied-

staats lokalisiert werden kann oder eine **hinreichend enge Verbindung** mit diesem Gebiet aufweist. Kriterien zur Ermittlung der letztgenannten Alternative sind insbesondere der Ort der Begründung des Arbeitsverhältnisses, das Gebiet, in dem oder von dem aus die Tätigkeit ausgeübt wird, und die Vorschriften des nationalen Arbeitsrechts und der sozialen Sicherheit (EuGH, C-434/93, Bozkurt, Slg. 1995, I–1475, Rn. 22f. mit Anmerkung *Peers*, CMLR 33 (1996), 103; vgl. zum Merkmal der „hinreichend engen Verbindung" Rn. 2). Eine solche kann auch bestehen, wenn ein Arbeitnehmer im grenzüberschreitenden Güterfernverkehr für ein Unternehmen eines Mitgliedstaats tätig ist (EuGH, C-434/93, a.a.O., Slg. 1995, I–1475, Rn. 15ff.)

Ein **Arbeitsverhältnis** ist dann als „normal" anzusehen, wenn für den türkischen Arbeitnehmer die gleichen Arbeits- und Vergütungsbedingungen gelten wie für Arbeitnehmer, die in dem betreffenden Unternehmen gleiche oder gleichartige wirtschaftliche Tätigkeiten ausüben, und sich seine Situation somit objektiv nicht von derjenigen dieser Arbeitnehmer unterscheidet (EuGH, C-36/96, a.a.O., Slg. 1997, I. 5143, Rn. 33 – Beschäftigung zwecks Vorbereitung auf die Ausübung von Leitungsfunktionen; zur Definition des Begriffs „Arbeitsverhältnis" s. Rn. 7). Abweichende nationale Regelungen, die darüber hinausgehende Abgrenzungsmerkmale etablieren, sind demgegenüber unbeachtlich, wenn bei objektiver Betrachtung keine tatsächlichen Besonderheiten hinsichtlich der Vergleichbarkeit der Tätigkeiten festzustellen sind (zur deutschen Regelung, daß Spezialitätenköche die Staatsangehörigkeit des Landes besitzen müssen, auf dessen Küche das beschäftigende Restaurant spezialisiert ist, vgl. EuGH, C-98/96, Ertanir, Slg. 1997, I–5179, Rn. 41ff.). Erfolgt die Beschäftigung im Rahmen von nationalen Sonderregelungen zur Eingliederung von Arbeitnehmern in das Berufsleben und wird die Vergütung überwiegend aus öffentlichen Mitteln bestritten (sog. „Zweiter Arbeitsmarkt"), so ist eine Zugehörigkeit zum regulären Arbeitsmarkt nicht gegeben (EuGH, C-36/96, a.a.O., Slg. 1997, I–5143, Rn. 34).

bb) Zeiten ordnungsgemäßer Beschäftigung

Des weiteren muß der türkische Arbeitnehmer im Aufnahmemitgliedstaat **21** **ordnungsgemäß beschäftigt** gewesen sein. Maßgeblich zur Beurteilung der Ordnungsmäßigkeit sind die Vorschriften des Aufnahmemitgliedstaats. Erforderlich ist, daß der Arbeitnehmer eine **gesicherte** und **nicht lediglich vorläufige Position** auf dem Arbeitsmarkt eines Mitgliedstaats innegehabt hat und damit ein unbestrittenes Aufenthaltsrecht bestand. Art. 6 Abs. 1 des Beschlusses Nr. 1/80 setzt jedoch nicht voraus, daß der diesbezügliche

Nachweis mittels eines speziellen Verwaltungsdokuments des MS erbracht wird (EuGH, C-434/93, a.a.O., Slg. 1995, I–1475, Rn. 29).

22 Zeiten „ordnungsgemäßer Beschäftigung" sind nicht schon dann erfüllt, wenn dem Arbeitnehmer aufgrund einer nationalen Regelung während der Dauer des behördlichen Verfahrens über die Erteilung einer Aufenthaltsgenehmigung ein Recht auf Arbeitsaufnahme und Aufenthalt zuerkannt wird (EuGH, C-237/91, Kus, Slg. 1992, I–6781, Rn. 22) oder prozessual aufgrund der aufschiebenden Wirkung einer Klage gegen die Versagung der Aufenthaltsgenehmigung der Betreffende so gestellt wird, als sei über seinen Antrag noch nicht entschieden, und er daher einer Beschäftigung nachgehen konnte (EuGH, C-192/89, a.a.O., Slg. 1990, I–3461, Rn. 31). Zeiträume, in denen infolge der beschriebenen Konstellationen eine Tätigkeit ausgeübt wurde, können daher erst dann als ordnungsgemäß betrachtet werden, wenn endgültig fest steht, daß **von Rechts wegen** ein Aufenthaltsrecht vorlag; einem anderslautenden Urteil würde sonst jede Bedeutung genommen (EuGH, C-36/96, a.a.O., Slg. 1997, I–5143, Rn. 44; C-237/91, a.a.O., Slg. 1992, I–6781, Rn. 16f.). Wurden Beschäftigungszeiten während der Geltungsdauer einer aufgrund Täuschung durch den Arbeitnehmer erteilten Aufenthaltserlaubnis zurückgelegt, so scheidet eine Berücksichtigung aus, weil von Rechts wegen gerade keine entsprechende Gestattung bestanden hatte (EuGH, C-285/95, Kol, Slg. 1997, I–3069, Rn. 27).

23 Gleichgültig ist, zu welchem **Zweck** die zur Ausübung einer ordnungsgemäßen Beschäftigung erforderliche Aufenthaltsgenehmigung ursprünglich erteilt wurde, ebenso, aus welchem **Grund** die Einreise und Arbeitstätigkeit gestattet wurde (EuGH, C-355/93, Eroglu, Slg. 1994, I–5113, Rn. 22 mit Anmerkung *Zuleeg*, CMLR 33 (1996), 93). Die Mitgliedstaaten können zwar die Bedingungen festlegen, die die Beschäftigung bis zum Ablauf des in Art. 6 Abs. 1 1. Spiegelstrich des Beschlusses Nr. 1/80 genannten ersten Jahres betreffen, sie dürfen aber nicht einseitig den Inhalt des Systems der Eingliederung verändern, indem den betroffenen Arbeitnehmern die erworbenen Rechte vorenthalten werden (EuGH, C-36/96, a.a.O., Slg. 1997, I–5143, Rn. 35ff. – Unwirksamkeit einer Beschränkung der Arbeitserlaubnis auf einen bestimmten Arbeitgeber trotz Vollendung des im 2. Spiegelstrich aufgeführten Drei-Jahres-Zeitraums; EuGH, C-98/96 a.a.O., Slg 1997, I–5179, Rn. 34ff. – unzulässige Herausnahme eines gesamten Berufszweigs; zur Reichweite der Bestimmung des Art. 6 Abs. 1 1. Spiegelstrich siehe EuGH, C-355/93, Eroglu, Slg. 1994, I–5131, Rn. 13f.).

24 Die Berufung auf die aus Artikel 6 Abs. 1 des Beschlusses Nr. 1/80 fließenden Rechte ist dem Arbeitnehmer selbst dann nicht verwehrt, wenn er sich bei Erteilung der Aufenthalts- und Arbeitserlaubnisse mit der Beschrän-

kung des Aufenthaltsrechts für eine bestimmte Zeit einverstanden erklärt und weiter angegeben hatte, nach Ablauf der eingeräumten Frist in die Türkei zurückkehren zu wollen. Ein **Rechtsmißbrauch** kann darin jedenfalls dann nicht gesehen werden, wenn diese Erklärung nicht lediglich zur Erschleichung der Erlaubnisse gemacht worden war und sich in der Zwischenzeit die zugrundeliegende Motivation in einer nicht vorhergesehen und nachvollziehbaren Art und Weise verändert hat (EuGH, C-36/96, a.a.O., Slg. 1997, I–5143, Rn. 58ff.).

Der Beschluß Nr. 1/80 trifft **keine Aussage** darüber, wie Zeiträume zu be-   **25** handeln sind, in denen keine ordnungsgemäßen Aufenthalts- bzw. Arbeitserlaubnisse vorgelegen haben. Allein über die Berücksichtigung von **Zeiten der Nichtausübung einer Tätigkeit** hält Artikel 6 Abs. 2 des Beschlusses Nr. 1/80 eine Regelung bereit, derzufolge entweder eine Anrechnung vorgenommen wird oder wenigstens die aufgrund vorheriger Beschäftigungszeit erworbenen Ansprüche unberührt bleiben (EuGH, C-171/95, a.a.O., Slg. 1997, I–329, Rn. 36 bis 39). Der EuGH verneint eine Beeinträchtigung der Rechte der türkischen Arbeitnehmer jedenfalls für den Fall, daß nur für **kurze Zeit keine Erlaubnisse** vorlagen, wenn die Ordnungmäßigkeit des Aufenthalts nicht seitens der Behörden in Abrede gestellt, sondern jeweils rückwirkend zum Ablaufs der ursprünglichen eine neue Erlaubnis ausgestellt wurde (EuGH, C-98/96, a.a.O., Slg. 1997, I–5179, Rn. 66 bis 69). Des weiteren ist bei der Berechnung der Aufenthaltsdauer ein beschränkter Zeitraum zu berücksichtigen, in dem sich der Arbeitnehmer nicht im AufnahmeMS aufgehalten hat, zum Beispiel um für einen Urlaub in seine Heimat zurückzukehren, oder in dem die Abwesenheit nicht auf seinen freien Entschluß zurückzuführen war (EuGH, C-351/95, Kadiman, Slg. 1997, I–2133, Rn. 45ff. – für Familienangehörige i.S.d. Art. 7).

Kann sich der türkische Arbeitnehmer einmal auf Art. 6 des Beschlusses   **26** Nr. 1/80 zur Verlängerung seiner **Arbeitserlaubnis** berufen, so kann er dies auch zum Zwecke der Verlängerung seiner **Aufenthaltserlaubnis** (EuGH, C-237/91, a.a.O., Slg. 1992, I–6781).

b) Aufenthaltsrecht

Notwendige Voraussetzung für die Ausübung der den türkischen Arbeit-   **27** nehmern eingeräumten Befugnisse ist, daß ihnen ein **Aufenthaltsrecht** im jeweiligen Mitgliedsstaat zusteht. Beim derzeitigen Stand des Gemeinschaftsrechts verbleibt es zwar in der Kompetenz der Mitgliedstaaten, Vorschriften sowohl über die Bedingungen der Einreise in ihr Hoheitsgebiet als auch der ersten Arbeitsaufnahme zu erlassen (EuGH, C-36/96, a.a.O., Slg. 1997, I–5143, Rn. 23). Zu beachten ist aber, daß die Ansprüche aus Artikel 6 Abs. 1 des Beschlusses Nr. 1/80 zwangsläufig das Recht zum Aufenthalt erfordern, weil sonst das Recht auf Zugang zum Arbeitsmarkt und auf Ausübung einer Beschäftigung völlig wirkungslos wäre (EuGH, C-434/93, a.a.O., Slg. 1995, I–1475, Rn. 28).

28   Das Aufenthaltsrecht **endet nicht** dadurch, daß der Arbeitnehmer nach Beendigung einer Beschäftigung für eine bestimmte Zeit arbeitssuchend ist. Insbesondere die praktische Wirksamkeit des durch Art. 6 Abs. 1 3. Spiegelstrich des Beschlusses Nr. 1/80 verliehenen Rechts auf freien Zugang zu jeder von dem Betreffenden gewählten Erwerbstätigkeit im Lohn- oder Gehaltsverhältnis nach vierjähriger ordnungsgemäßer Beschäftigung erfordert, daß ein angemessener Zeitraum zur Suche einer neuen Arbeitsstelle zugestanden wird. Die Mitgliedstaaten sind in solchen Fällen nur berechtigt, den betreffenden türkischen Arbeitnehmer solchen Formalitäten zu unterwerfen, welche bspw. die Meldung als Arbeitsuchender und die Bedingung vorsehen, daß der Betroffene der Arbeitsverwaltung und -vermittlung dieses Mitgliedstaats zur Verfügung steht (EuGH, C-171/95, a.a.O., Slg. 1997, I–329, Rn. 28 bis 42).

29   Im Unterschied dazu besteht ein Recht auf **Verbleib** im MS nach Ausscheiden aus dem Erwerbsleben nicht, auch nicht bei Arbeitsunfähigkeit (EuGH, C-434/93, a.a.O., Slg. 1995, I–1475, Rn. 38 bis 40).

c) Familienangehörige

30   Den Familienangehörigen türkischer Arbeitnehmer wird im Beschluß Nr. 1/80 zwar ein **Anspruch auf Zuzug verwehrt**, gleichwohl werden aber bestimmte Rechte im Zusammenhang mit der Aufnahme einer Beschäftigung im MS, der ihnen den Nachzug gestattet hat, zuerkannt. Gemäß Art. 7 Satz 1 des Beschlusses Nr. 1/80 steht allen Familienangehörigen, wiederum in abgestufter Form, das Recht auf Arbeitsaufnahme zu; hinsichtlich der Kinder türkischer Staatsangehöriger bestimmt Satz 2, daß ihnen nach Abschluß einer Berufsausbildung im Aufnahmestaat – unabhängig von der Dauer ihres Aufenthalts – jede Beschäftigung offensteht.

31   Die Vorschrift des Art. 7 Satz 1 des Beschlusses Nr. 1/80 ist **unmittelbar anwendbar** und bewirkt, daß ein Aufenthaltsrecht des Bewerbers zwangsläufig anzuerkennen ist (EuGH, C-355/93, a.a.O., Slg. 1994, I–5131, Rn. 20). Unbeachtlich ist auch hier die Motivation für die frühere Gestattung der Einreise und den Aufenthalt (EuGH, ebenda, Rn. 22). Allerdings verbleibt den MS das Recht, die Erlaubnis an Bedingungen bezüglich des Aufenthalts bis zu dem Zeitpunkt zu knüpfen, zu dem die Rechte der Familienangehörigen entstehen. Zulässig ist daher die Forderung, daß der Betreffende auch tatsächlich bei dem Arbeitnehmer wohnt, sofern nicht objektive Gründe ein Getrenntleben erfordern, denn Zweck der Regelung des Art. 7 ist es gerade, die Familienzusammenführung und damit die Eingliederung in die Gemeinschaft des AufnahmeMS zu erleichtern (EuGH, C-352/95, Kadiman, Slg. 1997, I–2133, Rn. 32ff.).

II. Inhalt der Freizügigkeit

1. Reichweite des Freizügigkeitsrechts

a) Gleichbehandlungsgebot gemäß dem Vertrag

Das **Gleichbehandlungsgebot** nach Art. 39 Abs. 2 ist ein wesentliches Element der Freizügigkeit, erschöpft sie jedoch nicht. Das Eingreifen des Grundsatzes setzt beispielsweise das Recht auf Einreise, Aufenthalt und Zugang zur Beschäftigung voraus. Art. 39 Abs. 2 ist eine Spezialvorschrift zu dem allgemeinen Diskriminierungsverbot nach Art. 12 (ex-Art. 6). In ihrem Anwendungsbereich verdrängt sie Art. 12 Abs. 1 (ex-Art. 6), was jedoch einer Berufung auf das allgemeine gemeinschaftsrechtliche Diskriminierungsverbot aus Gründen der Staatsangehörigkeit jenseits der Grenzen des Art. 39 Abs. 2 nicht entgegensteht (EuGH, Rs. 305/87, Kommission/Griechenland, Slg. 1989, 1461, Rn. 12ff.; C-175/88, Biehl, Slg. 1990, I–1779; in seiner früheren Rechtsprechung hat der EuGH beide Vorschriften zusammen herangezogen: EuGH, Rs. 1/78, Kenny, Slg. 1978, 1489; Rs. 59/85, Reed, Slg. 1986, 1283). Art. 39 Abs. 2 erfährt eine Konkretisierung durch die Art. 7–9 der VO 1612/68; zum Gleichbehandlungsgebot im Rahmen des Verbleiberechts s. Art. 7 der VO 1251/70, vgl. auch EuGH, Rs. 32/75, Cristini, Slg. 1975, 1085.) **32**

Art. 39 Abs. 2 verbietet nicht nur offene Diskriminierungen aus Gründen der Staatsangehörigkeit, sondern auch sogenannte **verdeckte mittelbare Diskriminierungen**, die durch Anknüpfung an andere Voraussetzungen als die Staatsangehörigkeit – wie etwa den Herkunftsort oder Wohnsitz (EuGH, Rs. 152/73, Sotgiu, Slg. 1974, 153, Rn. 3; EuGH, C-175/88, a.a.O., Slg. 1990, I–1779), das Zurücklegen von Wohn- oder Erwerbszeiten, den Abschluß der Schulausbildung bzw. die Erfüllung bestimmter weiterer Sachverhalte im In- oder Ausland (EuGH, C-27/91, Le Manoir, Slg. 1991, I–5531, Rn. 10; C-278/94, Kommission/Belgien, Slg. 1996, I–4337, Rn. 27ff.; C-111/91, Kommission/Luxemburg, Slg. 1993, I–817) – zu dem **33**

gleichen Ergebnis führen (EuGH Rs. 33/88, Alluè I, Slg. 1989, I–1591;
EuGH, C-259/91, Alluè II, Slg. 1993, I–4309; C-272/92, Spotti, Slg. 1993,
I–5185; C-336/94, Dafeki, Slg. 1997, I–6761, Rn. 20 – geringere Beweiskraft ausländischer Personenstandsurkunden). Vor allem nationale Rechtsvorschriften, die Unterscheidungen aufgrund des **Kriteriums des Wohnsitzes** treffen, bergen die Gefahr, daß sie sich hauptsächlich zum Nachteil
der Angehörigen anderer Mitgliedstaaten auswirken, da Gebietsfremde
meist Ausländer sind. Generell sind solche unterschiedslos anwendbaren
Voraussetzungen verboten, die von inländischen Arbeitnehmern leichter erfüllt werden können (EuGH, C-278/94, Kommission/Belgien, Slg. 1996,
I–4328, Rn. 28; C-111/91, a.a.O., Slg. 1993, I–817, Rn. 10; C-266/95, Me-
rino Garcia, Slg. 1997, I–3301, Rn. 34ff.). Eine solche Gefahr, mithin die
potentielle Eignung einer Regelung, auf Wanderarbeitnehmer stärkere Auswirkungen zu haben als auf inländische, reicht bereits aus, ein **Nachweis**
tatsächlicher Benachteiligung ist **nicht erforderlich** (EuGH, C-237/94,
O'Flynn, Slg. 1996, I–2631, Rn. 21; C-278/94, Kommission/Belgien, Slg.
1996, I–4328, Rn. 20).

34 Eine **Diskriminierung** ist **dann gegeben**, wenn unterschiedliche Regelungen auf vergleichbare Sachverhalte oder dieselben Vorschriften auf ungleiche Sachverhalte angewendet werden. Im Bereich der direkten Besteuerung
eines Gebietsfremden ist zu beachten, daß dieser regelmäßig nur einen Teil
seiner Gesamteinkünfte, deren Schwerpunkt an seinem Wohnsitz liegt, im
Hoheitsgebiet eines anderen MS erzielen wird (vgl. zum Vorgesagten:
EuGH, C-279/93, Schumacker, Slg. 1995, I–266, Rn. 30 bis 33; zur möglichen Rechtfertigung von Beschränkungen siehe Rn. 38).

b) Behinderungsverbot

35 Nach neuerer Rechtsprechung des EuGH muß die **Tragweite** des Art. 39 jedoch **weitergehend interpretiert** werden. Die Vorschrift über die Freizügigkeit steht demnach all denjenigen Regelungen entgegen, die einen
Staatsangehörigen der Mitgliedstaaten daran hindern oder davon abhalten,
sein Herkunftsland zu verlassen und von der Freizügigkeit Gebrauch zu
machen, auch wenn sie unabhängig von der Staatsangehörigkei des betreffenden Arbeitnehmers Anwendung finden (EuGH, C-415/93, Bosman, Slg.
1995, I–4921, Rn. 95ff.). Eine derartige **Behinderung** ist unmittelbar dann
gegeben, wenn bereits die Möglichkeit des Zugangs zu einer Stelle in einem anderen Mitgliedstaat negativ beeinflußt wird (EuGH, ebenda, Rn.
97 – explizite Anwendung der „Daily Mail"-Entscheidung auch im Bereich
des Art. 39 – sowie Rn. 103; vgl. zu den Folgewirkungen des Bosman-Ur-

teils *Hilf/Pache*, NJW 1996, 1169; weitere Besprechungen: *Eberhartinger*, Konvergenz und Neustrukturierung der Grundfreiheiten, EWS 1997, 43; *Gramlich*, DÖV 1996, 801; *Hobe/Tie*tje, JuS 1996, 486; *Martin*, ELR 21 (1996), 313; *Palme*, JZ 1996, 238; *Trautwein*, JA 1996, 457; *Weatherill*, CMLR 33 (1996), 991; *Wertenbruch*, EuZW 1996, 82; EuGH, C-15/96, Schöning-Kougebetepoulou, Slg. 1998, I–47, Rn. 23); gleiches gilt in dem Fall, in dem sich nach Ausübung der Freizügigkeit eine Situation einstellen würde, die es als weniger attraktiv erscheinen läßt, den Herkunftsmitgliedstaat zwecks Nutzung der Grundfreiheiten der Personen zu verlassen (EuGH, C-19/92, Kraus, Slg. 1993, I–1663, Rn. 32; zur Annäherung der Rechtsprechung an die Entscheidungen im Zusammenhang mit der Warenverkehrs- und Dienstleistungsfreiheit vgl. dort sowie *Wölker* in GTE, Art. 48 Rn. 6 m.w.N., *Nettesheim*, NVwZ 1996, 342).

c) Bedeutung für die eigenen Staatsangehörigen

Bei der Behandlung der **eigenen Staatsangehörigen** sind die MS ver-   **36**
pflichtet, diesen die gleichen Vorteile einzuräumen wie anderen Gemeinschaftsbürgern, sofern und soweit sie einen gemeinschaftsrechtlich relevanten Sachverhalt erfüllen, etwa durch Ausübung einer Beschäftigung in einem anderen MS (sog. **„Rückkehrer"**, vgl. EuGH, C-370/90, Singh, Slg. 1992, I–4265 mit Anmerkung *Lüdke*, Inländerdiskriminierung in ausländerrechtlichen Vorschriften, NVwZ 1994, 1178; C-107/94, Asscher, Slg. 1996, I–3122, Rn. 32 – zur Beibehaltung der zusätzlichen Tätigkeit im Herkunftsmitgliedstaat nach Wohnsitzwechsel in anderen MS; C-18/95, Terhoeve, Urt. v. 26.1.1999, noch nicht in amtl. Slg.) oder durch den Erwerb eines als gleichwertig anzuerkennenden Befähigungsnachweises (s.u. Rn. 69, Art. 47 Rn. 3ff., Art. 49 Rn. 5) in einem anderen MS (EuGH, 246/80, Broekmeulen, Slg. 1981, 2311; C-19/92, a.a.O., Slg. 1993, I–1663 Rn. 23; zur Anwendung der gemeinschaftsrechtlichen Regelungen im Zusammenhang mit der Ausreise aus dem Herkunftsmitgliedstaat vgl. vorstehend Rn. 35 und Rn. 52.

Können sich Inländer jedoch nicht auf eine gemeinschaftsrechtliche   **37**
Anknüpfung berufen, ist ihre Schlechterstellung gegenüber anderen Gemeinschaftsangehörigen gemeinschaftsrechtlich irrelevant. Fälle **„umgekehrter Diskriminierung"** sind – aus dem Blickwinkel des Gemeinschaftsrechts betrachtet – zulässig. Sie gelten als rein **„interner Sachverhalt"** (EuGH, Rs. 35 u. 36/82, Morson u. Jhanjahn, Slg. 1982, 3723, Rn. 2; Rs. 180/83, Moser, Slg. 1984, 2539; C-297/88 und C-197/89, Dzodzi, Slg. 1990, I–1763). Den dieser Rechtslage entspringenden zweifellos unbefrie-

digenden Ergebnissen – etwa wenn ausländischen Familienangehörigen der eigenen Staatsangehörigen Einreise und Aufenthalt verwehrt wird, wohingegen bei sonst gleichem Sachverhalt die Angehörigen eines Arbeitnehmers der EG mit fremder Staatsangehörigkeit ein Aufenthaltsrecht nach Art. 10 der VO 1612/68 hätten geltend machen können – kann nach dem gegenwärtigen Stand des Gemeinschaftsrechts gegebenenfalls nur mit den innerstaatlichen Gleichheitssätzen abgeholfen werden (EuGH, C-132/93, Steen II, Slg. 1994, I–2720 – zur Anwendung des Art. 3 Abs. 1 GG im Falle einer „Inländerdiskriminierung"; Schlußanträge GA *Darmon* in dieser Rechtssache).

d) Rechtfertigung von Beschränkungen

38 Nach der Rechtsprechung des EuGH sind bei Vorliegen von Freizügigkeitsbeschränkungen mögliche **Rechtfertigungsgründe** zu prüfen, die auf objektiven, von der Staatsangehörigkeit der betroffenen Arbeitnehmer unabhängigen Gründen beruhen und in einem angemessenen Verhältnis zum verfolgten Zweck stehen müssen (EuGH, C-350/96, Clean Car Services, Slg. 1998, I–2521, Rn. 31; C-15/96, Schöning-Kougebetepoulou, Slg. 1998, I–47, Rn. 21.; C-415/93, Bosman, Slg. 1995, I–4921, Rn. 104.). Der EuGH hat als zwingende Gründe des Gemeinwohls u.a. anerkannt: die Kohärenz des Besteuerungssystems (EuGH, C-279/93, Schumacker, Slg. 1995, I–266, Rn. 40; C-80/94, Wielockx, Slg. 1995, I–2493, Rn. 23f.), Schutz der Öffentlichkeit vor dem mißbräuchlichen Führen akademischer Titel (EuGH, C-19/92, a.a.O., Slg. 1993, I–1663, Rn. 34f.), Aufrechterhaltung eines Gleichgewichts zwischen Sportvereinen und Förderung der Einstellung und Ausbildung junger Spieler (EuGH, C-415/93, a.a.O., Slg. 1995, I–4921, Rn. 106), im Grundsatz – unter Heranziehung von Art. 6 (ex-Art. F) Abs.1 EUV – auch den Schutz der nationalen Identität eines MS unter Berücksichtigung demographischer Besonderheiten (EuGH, C-473/93, Kommission/Luxemburg, Slg. 1996, I–3250, Rn. 35f.).

e) Konkretisierung des Gleichbehandlungsgrundsatzes durch die VO (EWG) 1612/68

39 Die Artikel 7–9 der VO 1612/68 **konkretisieren den Gleichbehandlungsgrundsatz** für Arbeitnehmer, die die Staatsangehörigkeit eines MS besitzen und im Hoheitsgebiet eines anderen MS beschäftigt sind („Wanderarbeitnehmer"). Wanderarbeitnehmer genießen danach **Inländergleichbehandlung** hinsichtlich

– der Beschäftigungs- und Arbeitsbedingungen (Art. 7 Abs. 1)
– sozialer und steuerlicher Vergünstigungen (Art. 7 Abs. 2)

– des Zugangs zu und Besuchs von Berufsschulen und Umschulungszentren (Art. 7 Abs. 3).

Diskriminierende Bestimmungen in Einzelarbeitsverträgen, Tarifverträgen **40** oder sonstigen Kollektivvereinbarungen sind kraft der VO **nichtig** (Art. 7 Abs. 4), der Gleichbehandlungsgrundsatz entfaltet insofern **Drittwirkung** (für Sportverbandsregelungen, EuGH, C-415/93, a.a.O., Slg. 1995, I–4921, Rn. 83f.; Rs. 36/74, Walrave, Slg. 1974, 1405, Rn. 20ff.; Rs. 13/76, Dona, Slg. 1976, 1333, Rn. 17). Wanderarbeitnehmer genießen Gleichbehandlung bei der Ausübung gewerkschaftlicher Rechte (Art. 8). Diese umfassen auch die Teilnahme an Einrichtungen, die, soweit sie keine Gewerkschaften im Rechtssinne sind, vergleichbare Funktionen der Verteidigung und Vertretung von Arbeitnehmerinteressen ausüben (EuGH, C-213/90, ASTI, Slg. 1991, I–3507 Rn. 16; C-118/92, Kommission/Luxemburg, Slg. 1994, I–1891, Rn. 5–7). Zu den Rechten zählt das Wahlrecht bei den Berufskammerwahlen (EuGH, C-213/90, a.a.O., Slg. 1991, I–3507) ebenso wie das aktive und passive Wahlrecht zu den Organen der Arbeitnehmervertretungen (Art. 8 Satz 3; EuGH, C-118/92, a.a.O., Slg. 1994, I–1891). Der Ausschluß der Wanderarbeitnehmer von der Verwaltung von Körperschaften des öffentlichen Rechts und von der Ausübung eines öffentlichen Amts entsprechen der Ausnahmeregelung des Art. 39 Abs. 4 (EuGH, C-213/90, a.a.O., Slg. 1991, I–3507, Rn. 19). Wanderarbeitnehmern wird schließlich Inländergleichbehandlung sowohl bei der Besitzerlangung, als auch dem Eigentumserwerb der von ihnen benötigten Wohnung eingeräumt (Art. 9; EuGH, Rs. 305/87, Kommission/Griechenland, Slg. 1989, 1461).

aa) Beschäftigungs- und Arbeitsbedingungen

Die **Beschäftigungs- und Arbeitsbedingungen** umfassen nach dem Wort- **41** laut des Art. 7 Abs. 1 Entlohnung, Kündigung und ggf. Wiedereingliederung bei Arbeitslosigkeit. Sie sind in einem weiten Sinne zu verstehen. Arbeitsbedingungen sind dabei alle gesetzlichen und vertraglichen Regelungen, die die Rechtsstellung und insbesondere die finanziellen Ansprüche der Arbeitnehmer regeln. Art. 7 erfaßt allein Fragen der **Ausübung** der Beschäftigung, nicht des Zugangs zu ihr (EuGH, C-290/94, Kommission/ Griechenland, Slg. 1996, I–3317, Rn. 38; C-173/94, Kommission/Belgien, Slg. 1996, I–3276, Rn. 23; C-473/93, Kommission/Luxemburg, Slg. 1996, I–3248, Rn. 49). Unzulässig ist beispielsweise die Beschäftigung von Wanderarbeitnehmern ausschließlich auf Zeitvertragsbasis, während unbefristete Arbeitsverträge und Dauerplanstellen für vergleichbare Tätigkeiten inländischen Arbeitnehmern vorbehalten bleiben (EuGH, Rs. 225/85, Kom-

mission/Italien, Slg. 1985, 2625; 33/88, Rs. Allué I, Slg. 1989, I–1591, Rn.
17; C-295/91, Allué II, Slg. 1993, I–4309, Rn. 17; C-272/92, Spotti, a.a.O.,
Rn. 14 und 16; Schlußanträge GA *Lenz* in dieser Rechtssache, Rn. 17).

42   Außerdem sind Regelungen gemeinschaftsrechtswidrig, die die **Anerken-
      nung** von in anderen MS zurückgelegten **Zeiten im öffentlichen Dienst**
      bei der Eingruppierung des Wanderarbeitnehmers in Vergütungssysteme
      des öffentlichen Dienstes des AufnahmeMS ausschließen (EuGH, C-15/96,
      Schöning-Kougebetepoulou, Slg. 1998, I–47, Rn. 22ff.; C-187/96, Kom-
      mission/Griechenland, Slg. 1998, I–1095, Rn. 20ff.). Für die mitgliedstaat-
      lichen Behörden kann daraus die Verpflichtung erwachsen, auf Antrag des
      Betroffenen die Möglichkeit der Berücksichtigung zu prüfen (EuGH, C-
      187/96, a.a.O., Slg. 1998, I–1095, Rn. 22). Die Frage, welche Auswirkun-
      gen sich aus der Nichtigkeit *de iure* derartiger Bestimmungen ergeben, hat
      der EuGH in Anlehnung an die Rechtsprechung zum Grundsatz des glei-
      chen Entgelts für Männer und Frauen (vgl. Art. 141 [ex-Art. 119]) dahin be-
      antwortet, daß – in Ermangelung einer die gemeinschaftsrechtlichen Vorga-
      ben berücksichtigenden Vorschrift des nationalen Rechts – auf die Mitglie-
      der der benachteiligten Gruppe dieselben Regelungen anzuwenden sind,
      die für die übrigen Arbeitnehmer gelten (EuGH, C-15/96, a.a.O., Slg. 1998,
      I–47, Rn. 33 und 35).

43   Die **Anrechnung von Wehrdienstzeiten auf die Betriebszugehörigkeit**
      muß auch dem Arbeitnehmer zugute kommen, der seine Tätigkeit bei einem
      Unternehmen zur Erfüllung seiner Wehrpflicht gegenüber seinem Heimat-
      staat unterbrechen mußte (EuGH, Rs. 15/69, Ugliola, Slg. 1969, 363). Ein
      Anspruch gegen den Arbeitgeber auf Weiterentrichtung sämtlicher Anteile
      zu einer zusätzlichen Alters- und Hinterbliebenenversorgung, den das na-
      tionale Recht seinen Staatsangehörigen für die Dauer der Einberufung zum
      Wehrdienst gewährt, zählt nicht zu den Arbeits- und Beschäftigungsbedin-
      gungen und ist deshalb auch nicht Arbeitnehmern aus anderen Mitglied-
      staaten einzuräumen, da in dieser Zeit das Arbeitsverhältnis ebenso ruht wie
      die Verpflichtung des Arbeitgebers zur Zahlung der Beiträge; die Verpflich-
      tung knüpft nämlich nicht an den Arbeitsvertrag an, sondern ist eine Ver-
      günstigung des Staates für seine Staatsangehörigen (EuGH, C-315/94, De
      Vos, Slg. 1996, I–1433, Rn. 15ff.)

44   **Kündigungsschutzvorschriften** müssen unterschiedslos angewendet wer-
      den (EuGH, Rs. 44/72, Marsman/Roßkamp, Slg. 1972, 1243). Die Gleich-
      behandlung gilt außer für gesetzlich festgelegte oder kollektivvertraglich
      ausgehandelte Arbeitsbedingungen auch für freiwillig gewährte Nebenlei-
      stungen (für Trennungsentschädigung vgl. EuGH, Rs. 152/73, Sotgiu, Slg.
      1974, 153; C-35/97, Kommission/Frankreich, Slg. 1998, I–5325).

bb) Soziale und steuerliche Vergünstigungen

Während die Arbeits- und Beschäftigungsbedingungen notwendig an das **45**
Arbeitsverhältnis anknüpfen, gilt für die **sozialen und steuerlichen Vergünstigungen** (Art. 7 Abs. 2), hinsichtlich derer Gleichbehandlung zu gewährleisten ist, eine wesentlich weitergehende Anknüpfung. Arbeits- und
Beschäftigungsbedingungen einerseits und soziale und steuerliche Vergünstigungen andererseits schließen sich nicht gegenseitig aus. Soziale und
steuerliche Vergünstigungen umfassen all jene Vergünstigungen, „die, ob
sie an einen Arbeitsvertrag anknüpfen oder nicht, den inländischen Arbeitnehmern im allgemeinen hauptsächlich wegen deren objektiver Arbeitnehmereigenschaft oder einfach wegen ihres Wohnsitzes im Inland gewährt
werden, und deren Ausdehnung auf die Arbeitnehmer, die Staatsangehörige eines anderen MS sind, deshalb als geeignet erscheint, deren Mobilität
innerhalb der Gemeinschaft zu fördern" (EuGH, Rs. 207/78, Even, Slg.
1979, 2019, Rn. 22; Rs. 94/84, Deak, Slg. 1985, 1873, Rn. 21; Rs. 39/86,
Lair, Slg. 1988, 3161, Rn. 21; C-310/91, Schmid, Slg. 1993, I–3011, Rn.
18; C-315/94, a.a.O., Slg. 1996, I–1433, Rn 20). Die Arbeitnehmereigenschaft ist allerdings unverzichtbar. Personen, die sich lediglich zur **Arbeit-
suche** in einem anderen MS aufhalten, genießen Inländergleichbehandlung
nicht hinsichtlich der sozialen Vergünstigungen, sondern allein in bezug auf
den Zugang zur Beschäftigung (EuGH, C-278/94, Kommission/Belgien,
Slg. 1996, I–4328, Rn. 39f.; Rs. 316/85, Lebon, Slg. 1987, 2811, Rn. 26f.).
Das Gleichbehandlungsgebot steht einer Aufenthaltspflicht bzw. einer Min-
destwohnzeit als Anspruchsvoraussetzung für ausländische Anspruchsteller
entgegen (EuGH, Rs. 249/83, Hoeckx, Slg. 1985, 973, Rn. 24; Rs. 157/84,
Frascogna I, Slg. 1985, 1739, Rn. 24; Rs. 256/86, Frascogna II, Slg. 1987,
3431, Rn. 7; C-308/89, Carmina di Leo, Slg. 1990, I–4185, Rn. 14; C-
326/90, Kommission/Belgien, Slg. 1992, I–5517, Rn. 1; C-3/90, Bernini,
Slg. 1992, I–1071, Rn. 28).

Als **soziale Vergünstigungen** i.S.d. Vorschrift hat der EuGH **anerkannt**: **46**
Fahrpreisermäßigung für kinderreiche Familien (EuGH, Rs. 32/75, Cristi-
ni/SNCF, Slg. 1975, 1085, Rn. 17), zinslose Geburtsdarlehen (EuGH, Rs.
65/81, Reina, Slg. 1982, 33) und Geburtsbeihilfen (EuGH, C-111/91, Kom-
mission/Luxemburg, Slg. 1993, I–817), Erziehungsgeld für Arbeitnehmer,
die nicht voll erwerbstätig sind (EuGH, C-85/96, Sala, Slg. 1998, I–2691,
Rn. 26), Ausbildungsförderung und Stipendien (EuGH, Rs. 39/86, a.a.O.,
Slg. 1988, 3161; Rs. 235/87, Matteucci, Slg. 1988, 5589; EuGH, Rs., 389,
u. 390/87, Echternach und Moritz, Slg. 1989, 723; EuGH, C-308/89, a.a.O.,
Slg. 1990, I–4185; EuGH, C-3/90, a.a.O., Slg. 1992, I–1071), Über-

brückungsgeld für junge Arbeitslose (EuGH, Rs. 94/84, a.a.O., Slg. 1985, 1873,), Unterstützungsleistungen bei Arbeitslosigkeit infolge von Flächenstillegungen in der Landwirtschaft (EuGH, C-57/96, Meints, Slg. 1997, I–6689, Rn. 41), Hilfe zum Lebensunterhalt (EuGH, Rs. 249/83, a.a.O., Slg. 1985, 973; Rs. 122/84, Scrivner, Slg. 1985, 1027), garantiertes Altersmindesteinkommen (EuGH, Rs. 157/84, a.a.O., Slg. 1985, 1739 und EuGH, Rs. 256/86, a.a.O., Slg. 1987, 3431), Behindertenbeihilfen (EuGH, Rs. 63/76, Inzirillo, Slg. 1976, 2057, Rn. 21; Schlußanträge GA *van Gerven* in der Rs. C-343/91, Taghavi, Slg. 1992, I–4401, 4407, Rn. 11) Betattungsgeld (EuGH, C-237/94, O'Flynn, Slg. 1996, I–2631, Rn. 14). Zur Abgrenzung von Leistungen der sozialen Sicherheit (s.u. Rn. 49). Eine Leistung, die als soziale Vergünstigung eingeordnet wird, kann zugleich eine solche sein, die in den Anwendungsbereich der (EWG) VO 1408/71 fällt (EuGH, C-85/96, a.a.O., Slg. 1998, I–2691, Rn. 27).

47   Für **steuerliche Vergünstigungen** ist hervorzuheben, daß der EuGH in st. Rspr. ausführt, der Grundsatz der Gleichbehandlung auf dem Gebiet der Entlohnung wäre seiner Wirksamkeit beraubt, wenn er durch diskriminierende nationale Vorschriften über die Einkommensteuer beeinträchtigt werden könnte (EuGH, C-279/93, Schumacker, Slg. 1995, I–266, Rn. 23; C-151/94, Kommission/Luxemburg, Slg. 1995, I–3699, Rn. 13). Vor diesem Hintergrund sind die mitgliedstaatlichen Regelungen über steuermindernde Tatbestände und die Geltendmachung besonderer persönlicher und familiärer Umstände auf ihre diskriminierungsfreie Anwendung hin zu beurteilen; insbesondere muß dann die Situation von Gebietsfremden, die ihr Einkommen überwiegend im Aufnahmemitgliedstaat erzielen und daher im Wohnsitzstaat keine ausreichende Steuerlast erreichen, um die genannten Faktoren zur Geltung zu bringen, bei der Besteuerung im Staat der Erwerbstätigkeit berücksichtigt werden (EuGH, C-279/93, a.a.O., Slg. 1995, I–266, Rn. 36–41).

48   Während es sich in allen aufgezählten Fällen um finanzielle Vergünstigungen handelt, können gelegentlich auch **immaterielle Vorteile** Vergünstigungen i.S.d. Vorschrift sein, wie etwa das Recht, vor Gericht eine andere Verfahrenssprache als die normalerweise verwendete zu wählen (EuGH, Rs. 137/84, Mutsch, Slg. 1985, 2681) oder ein Aufenthaltsrecht des nichtehelichen Lebensgefährten (EuGH, Rs. 59/85, Reed, Slg. 1986, 1283). Nicht in den Anwendungsbereich der VO fallen Rentensondervorteile, die ein MS seinen Angehörigen gewährt für Dienste, die sie in Kriegszeiten ihrem Land erwiesen haben und deren Zweck darin besteht, eine Vergünstigung im Hinblick auf die für das Land erduldeten Prüfungen zu gewähren (EuGH, Rs. 207/78, Even, Slg. 1979, 2019, Rn. 20f.).

Soziale Vergünstigungen i.S.d. Art. 2 Abs. 7 VO 1612/68 sind grundsätz- **49**
lich von **Leistungen der sozialen Sicherheit** i.S.d. Art. 42 (ex-Art.
51) und den dazu ergangenen Durchführungsvorschriften zu unterscheiden. Eine
Leistung ist zunächst stets auf ihre Eigenschaft als Leistung der sozialen Sicherheit zu prüfen (EuGH, Rs. 1/71, Frilli, Slg. 1972, 457, Rn. 4; EuGH,
Rs. 122/84, Scrivner, Slg. 1985, 1027, Rn. 16). Die Unterscheidung ist vor
allem deshalb bedeutsam, weil Leistungen der sozialen Sicherheit
grundsätzlich „exportfähig" sind, d.h., sie müssen bei einmal begründetem
Anspruch auch an außerhalb des Territoriums des Leistungsstaats ansässige Anspruchsteller geleistet werden, wohingegen bei sozialen Vergünstigungen eine Anspruchsberechtigung häufig erst durch die Ortsansässigkeit
gegeben ist (zur Zulässigkeit eines solchen Merkmals vor dem Hintergrund
des Diskriminierungsverbots vgl. EuGH, C-57/96, Meints, Slg. 1997,
I–6689, Rn. 43 bis 51). Maßgeblich für die Qualifizierung sind die Wesensmerkmale der einzelnen Leistung, insbesondere ihre Zweckbestimmung und die Voraussetzungen ihrer Gewährung (EuGH, Rs. 9/78, Gilliard,
Slg. 1978, 1661, Rn. 12; Rs. 207/78, a.a.O., Slg. 1979, 2019, Rn. 11).
Während Sozialhilfeleistungen nicht als solche der sozialen Sicherheit fi-
gurieren können (vgl. Art. 4 Abs. 4 der VO 1408/71), können sie dennoch
eine soziale Vergünstigung i.S.d. Artikels 7 Abs. 2 VO 1612/68 darstellen.

Leistungen mit Mischcharakter sind allenthalben einer allgemein gülti- **50**
gen Einordnung in die eine oder andere Kategorie entzogen, da sie nach
ihrem persönlichen Anwendungsbereich, ihren Zielen und den Einzelheiten
ihrer Anwendung beiden Kategorien gleich nahestehen können (für die vergleichbare Abgrenzung zwischen Leistungen der sozialen Sicherheit und
Sozialhilfeleistungen i.S.d. Art. 4 VO 1408/71, EuGH, Rs. 39/74,
Costa/Belgien, Slg. 1974, 1251, Rn. 5; Rs. 242/83, Hoeckx, Slg. 1985, 973,
Rn. 12; Rs. 122/84, Scrivner, Slg. 1985, 1027, Rn. 19). Bei der Qualifizierung der Leistung kommt es auf die konkreten Umstände des Falles an, die
insbesondere durch die Person des Anspruchstellers charakterisiert werden.
Daher ist es möglich, daß ein Leistungstyp in einem Fall als Leistung der
sozialen Sicherheit und in einem anderen als soziale Vergünstigung betrachtet werden kann. So z.B. Behindertenbeihilfen (soziale Sicherheit:
EuGH, Rs. 187/73, Callemeyn/Belgien, Slg. 1974, 553; EuGH, Rs. 39/74,
a.a.O., Slg. 1974, 1251; Rs. 7/75, Eheleute F./Belgien, Slg. 1975, 679; soziale Vergünstigung: EuGH, C-310/91, a.a.O., Slg. 1993, I–3011), garantiertes Altersmindesteinkommen (soziale Sicherheit: EuGH, Rs. 1/71,
a.a.O., Slg. 1972, 457; soziale Vergünstigung: EuGH, Rs. 157/84, a.a.O.,
Slg. 1985, 1739 und EuGH, Rs. 256/86, a.a.O., Slg. 1987, 3431; Hilfe zum
Lebensunterhalt (EuGH, C-326/90, Kommission/Belgien, Slg. 1992,

I–5517), Arbeitslosenunterstützung (EuGH, C-66/92, Acciardi, Slg. 1993, I–4567). In Grenzfällen ist sogar eine **Parallelität der Ansprüche** denkbar, d.h., eine Leistung ist sowohl der einen als auch der anderen Kategorie zuzuordnen (EuGH, C-111/91, Kommission/Luxemburg, Slg. 1993, I–817, Rn. 21; C-310/91, Schmid, Slg. 1993, I–3011, Rn. 17).

51 Die Möglichkeit der **Familienangehörigen**, sich auf Art. 7 Abs. 2 VO 1612/68 zu berufen, wurde zunächst vom EuGH verneint (EuGH, Rs. 76/72, Michel S., Slg. 1973, 457 Rn. 9). Seit dem Urteil in der Rechtssache „Cristini" (EuGH, Rs. 32/75, Slg. 1975, 1085) ist jedoch klar, daß sich auch Angehörige auf Art. 7 Abs. 2 berufen können (im konkreten Fall allerdings im Rahmen des den Art. 7 rezipierenden Art. 3 der VerbleibeVO 1251/70) was durch die spätere Rechtsprechung bestätigt wurde (EuGH, Rs. 63/76, Inzirillo, Slg. 1976, 2057; EuGH, Rs. 122/84, a.a.O., Slg. 1985, 1027). Bei der Person, von der die Angehörigen ihre Rechte ableiten, muß es sich jedoch um einen Arbeitnehmer im Sinne des Art. 39 und der VO 1612/68 handeln, d.h., es ist nicht ausreichend, daß eine Person, die die Staatsangehörigkeit eines späteren MS innehatte, in einem anderen MS tätig war, jedoch vor dem Beitritt des erstgenannten Staates zur Gemeinschaft verstorben ist (EuGH, C-131/96, Romero, Slg. 1997, I–3659, Rn. 17). Begünstigte Familienangehörige sind solche i.S.d. Art. 10 VO 1612/68, also Ehegatten und Kinder (EuGH, Rs. 32/75, a.a.O., Slg. 1975, 1085; EuGH, Rs. 122/84, a.a.O., Slg. 1985, 1027), Kinder (EuGH, Rs. 94/84, Deak, Slg. 1985, 1873; Rs. 316/85, Lebon, Slg. 1987, 2811; C-3/90, Bernini, Slg. 1992, I–1071; C-310/91, Slg. 1993, I–3011) und Eltern (EuGH, Rs. 261/83, Castelli, Slg. 1984, 3199; Rs. 157/84, Frascogna I, Slg. 1985, 1739; Rs. 256/86, Frascogna II, Slg. 1987, 3431). Die Begünstigung der Familienangehörigen ist nur eine mittelbare (EuGH, Rs. 94/84, a.a.O., Slg. 1985, 1873; EuGH, Rs. 316/85, a.a.O., Slg. 1987, 2811), d.h., die Vergünstigungen können zwar ggf. im eigenen Namen der Familienangehörigen beansprucht werden (EuGH, C-3/90, a.a.O., Slg. 1992, I–1071; C-310/91, a.a.O., Slg. 1993, I–3011), allerdings müssen sie dem Arbeitnehmer in irgendeiner Form zugute kommen, beispielsweise durch Ersparnisse bei der Unterhaltsgewährung. Der Begriff des Kindes i.S.d. Art. 12 der VO 1612/68 ist nicht auf solche i.S.d. Art. 10 Abs. 1 oder Art. 11 VO 1612/68 beschränkt, d.h. die noch nicht das 21. Lebensjahr vollendet haben oder denen Unterhalt gewährt wird (EuGH, C-7/94, Gaal, Slg. 1995, I–1031; Rn. 23ff.). Die Begünstigung als Familienmitglied eines Wanderarbeitnehmers ist grundsätzlich **unabhängig von der Staatsangehörigkeit** des Familienangehörigen, so daß auch ein Drittstaatsangehöriger in den Genuß der Leistung gelangen kann (EuGH, Rs. 94/84, a.a.O., Slg. 1985, 1873). Zur Änderung der VO vgl. ABl. 1998 C 344/9.

2. Einreise und Aufenthalt

a) Einreise

Die Freizügigkeit beginnt bereits im MS der Ausreise. Ohne daß es aus- **52**
drücklich im Vertrag stünde, setzt die Wahrnehmung des Aufenthaltsrechts
(Art. 39 Abs. 3 lit. b u. c) die freie **Einreise** in das Hoheitsgebiet eines MS
voraus. Für die Arbeitnehmer und ihre Familienangehörigen, die nach der
VO (EWG) 1612/68 begünstigt werden (EuGH, Rs. 9/88, Lopes da Veiga,
Slg. 1989, 2989; C-279/89, Kommission/Vereinigtes Königreich, Slg.
1992, I–5785) regelt die **RL 68/360/E(W)G** (Vorbem. Rn. 2) die „Aufhebung der Reise- und Aufenthaltsbeschränkungen" und konkretisiert damit
die vertraglichen Rechte (EuGH, Rs. 118/75, Watson u. Belmann, Slg.
1976, 1185). Hinsichtlich der vergleichbaren Einreisebedingungen auf dem
Gebiet der Niederlassung und des Dienstleistungsverkehrs vgl. **RL
73/148/E(W)G** (ABl. L 172/14). Für die Einreisebedingungen anderer
Gemeinschaftsbürger vgl. die Aufenthaltsrichtlinien **90/364/E(W)G,
90/365/E(W)G u. 93/96/E(W)G** (Vorbem. Rn. 1 sowie unten Rn. 61), die
in ihrem jeweiligen Art. 2 Abs. 2 auf die einschlägigen Vorschriften der
RL 68/360/E(W)G verweisen. Die Gemeinschaftsvorschriften haben in
Deutschland ihren Niederschlag in dem Aufenthaltsgesetz/EWG gefunden
(i.d.F. v. 31.1.1980 BGBl. I, 116, zuletzt geändert 24.2.1997, BGBl. I, 310
und 24.3.1997, BGBl. I, 709; ausführend Freizügigkeitsverordnung/EG,
BGBl. I 1997, 1810; vgl. *Schieffer*, Die neue Freizügigkeitsverordnung/EG
– Inhalt und Voraussetzungen des Aufenthaltsrechts nichterwerbstätiger
Unionsbürger und ihrer Familienangehörigen im Bundesgebiet, NVwZ
1998, 31). Zur Novellierung des RC vgl. ABl. 1998 C 344/12.

b) Bedingungen der Einreise

Zur Aus- bzw. Einreise bedarf es lediglich eines **gültigen Personalauswei-** **53**
ses oder **Reisepasses**, der – soweit er Bedingung für die Ausreise ist – eine
Gültigkeitsdauer von mindestens 5 Jahren haben muß (Art. 2 u. 3 der
RL 68/360/E(W)G). Die MS dürfen weder einen Sichtvermerk noch einen
gleichwertigen Nachweis verlangen (Art. 2 u. 3 RL 68/360/E(W)G). Von
diesem letzten Verbot sind Familienangehörige mit Drittstaatsangehörigkeit
grundsätzlich ausgenommen (Art. 3 Abs. 2 der RL). Das Verbot erfaßt
sämtliche Förmlichkeiten und sonstigen Anforderungen, mit denen die Einreise in das Hoheitsgebiet eines MS erlaubt werden soll und die zur Kontrolle des Ausweispapiers an der Grenze hinzukommen, unabhängig davon,
wo, wann und in welcher Form die Erlaubnis erteilt wird (EuGH, Rs.

157/79, Pieck, Slg. 1980, 2171; C-363/89, Roux, Slg. 1991, I–273). Fragen
nach Zweck und Dauer der Reise und nach den finanziellen Mitteln sind
unzulässig (EuGH, C-68/89, Kommission/Niederlande, Slg. 1991, I–2637).
Anders hinsichtlich der Anbringung eines Stempels im Reisepaß zur Kontrolle der Verbleibedauer eines Kraftfahrzeugs auf dem Gebiet des MS zu
steuerlichen Zwecken (EuGH, C-91/92, Kommission/Griechenland, Slg.
1993, I–4467, Rn. 37/39).

c) Aufenthalt

54   Da das **Aufenthaltsrecht** der Arbeitnehmer unmittelbar aus dem Vertrag
      folgt (EuGH, Rs. 48/75, Royer, Slg. 1976, 497; C-91/92, a.a.O., Slg. 1993,
      I–4467, Rn. 31), wirkt die Aufenthaltserlaubnis rein deklaratorisch (EuGH,
      Rs. 8/77, Sagulo, Slg. 1977, 1495; EuGH, Rs. 157/89, Pieck, Slg. 1980,
      2171; C-85/96, Sala, Slg. 1998-2691, Rn. 53) und würde treffender wie im
      Urteil Sagulo **Aufenthaltsbescheinigung** genannt. Die Modalitäten der
      Gewährung des Aufenthaltsrechts gegenüber Arbeitnehmern und ihren Familienangehörigen sowie der Ausstellung einer „Aufenthaltserlaubnis für
      Angehörige eines MS der EWG" (Art. 4) sind der **RL 68/360/E(W)G** zu
      entnehmen (vgl. zu dem Änderungsvorschlag der Kommission ABl. 1995 C
      307/18).

55   Die Aufenthaltserlaubnis wird dem Arbeitnehmer grundsätzlich erteilt auf
      Vorlage eines zur Einreise berechtigenden Ausweispapiers (EuGH, C-
      376/89, Giagounidis, Slg. 1991, I–1069) und einer Einstellungserklärung
      des Arbeitgebers bzw. einer Arbeitsbescheinigung (Art. 4 Abs. 3 1. Gedankenstrich der RL). Die Aufenthaltserlaubnis ist bei Ausübung einer wirtschaftlichen Tätigkeit zu erteilen, ohne daß es auf die Qualifizierung der
      Tätigkeit als abhängige oder selbständige ankäme (EuGH, C-363/89, Roux,
      Slg. 1991, I–273). Sie muß für das gesamte Hoheitsgebiet des MS erteilt
      werden (EuGH, Rs. 36/75, Rutili, Slg. 1975, 1219), mindestens fünf Jahre
      gelten und ohne weiteres verlängert werden können (Art. 6).

56   **Besonderheiten** gelten bei **befristeten Arbeitsverhältnissen** (Art. 6 Abs.
      3 UAbs. 1, Art. 8 Abs. 1 lit. a), Saisonarbeitern (Art. 6 Abs. 3 UA 2, 8, Abs.
      1 lit. c) und Grenzgängern (Art. 8 Abs. 1 lit. b) sowie für Arbeitnehmer, die
      als Personal eines Dienstleistungserbringers in einen anderen MS einreisen
      (EuGH, C-113/89, Rush Portuguesa, Slg. 1990, I–1417; C-43/93, Vander
      Elst, Slg. 1994, I–3818, Rn. 21 – für Drittstaatsangehörige, sowie RL
      97/16/EG über die Entsendung von Arbeitnehmern im Rahmen der Erbringung von Dienstleistungen, ABl. EG 1996 L 18/1; dazu *Pohl*, Grenzüberschreitender Einsatz von Personal und Führungskräften, NZA 1998, 735).

Gemäß Art. 8 Abs. 2 kann der AufnahmeMS bei Saisonarbeitnehmern und bei solchen, die im Rahmen eines voraussichtlich auf drei Monate begrenzten Beschäftigungsverhältnisses tätig werden, lediglich die Anzeige des Aufenthalts in seinem Hoheitsgebiet verlangen; alles darüber Hinausgehende ist unzulässig (EuGH, C-344/95, Kommission/Belgien, Slg. 1997, I–1046, Rn. 31), so auch das Erfordernis eines Aufenthaltstitels bei Empfängern von Leistungen mit einer Verweildauer von weniger als drei Monaten (Art. 4 Abs. 2 UAbs. 2 und 3 RL 73/148/E(W)G).

Hinsichtlich des Verwaltungsverfahrens im Aufnahme MS ist zu beachten, **57** daß dieses nicht derart ausgestaltet sein darf, daß die bereits bei erstmaliger Antragstellung vorliegenden Dokumente erst zu einem späteren Zeitpunkt Berücksichtigung finden können; außerdem dürfen keine **Gebühren** erhoben werden, die über denjenigen liegen, die Staatsangehörige des MS beispielsweise für die Ausstellung eines Personalausweises zu zahlen haben (EuGH, C-344/95, a.a.O., Slg. 1997, I–1046, Rn. 25f.). Die Dauer des Verfahrens muß so kurz sein, daß aus ihr kein Hindernis für die Freizügigkeit der Arbeitnehmer erwächst (EuGH, ebenda, Rn. 24).

d) Familienangehörige

Zur Erteilung der **Aufenthaltserlaubnis für Familienangehörige** i.S.d. **58** Art. 10 der VO 1612/68, wobei den in Abs. 1 genannten ein subjektives Recht auf **Einreise und Aufenthalt** zusteht, bedarf es der Vorlage des Ausweises, einer Bescheinigung des Herkunftsstaats über das Verwandtschaftsverhältnis und ggf. über die Gewährung von Unterhalt und Unterkunft (Art. 4 Abs. 3 2. Gedankenstrich VO 1612/68). Das Aufenthaltsrecht ist weder von der Erteilung einer an bestimmte Bedingungen geknüpften Aufenthaltserlaubnis abhängig (EuGH, Rs. 389 u. 390/87, Echternach u. Moritz, Slg. 1989, 723) noch davon, daß die Familienangehörigen ständig bei dem Wanderarbeitnehmer wohnen (EuGH, Rs. 267/83, Diatta, Slg. 1985, 567). Die **Verlängerung** der Arbeitserlaubnis darf auch nicht davon abhängig gemacht werden, daß die Familie in angemessenen Wohnverhältnissen lebt (EuGH, Rs. 249/86, Kommission/Deutschland, Slg. 1989, 1263). Ein Aufenthaltsrecht genießen auch die Familienangehörigen eines Wanderarbeitnehmers, der in seinen Herkunftsstaat zurückgekehrt ist (EuGH, C-370/90, Singh, Slg. 1992, I–4265).

e) Stellensuche

Das Recht auf Einreise und Aufenthalt wird auch zur **Stellensuche** gewährt **59** (Art. 39 Abs. 3 lit. a EGV, Art. 2 Abs. 1 RL 68/360/E(W)G, Art. 5 VO

(EWG) 1612/68; EuGH, Rs. 59/81, Levin, Slg. 1982, 1035; Rs. 316/85, Lebon, Slg. 1987, 2811; C-292/89, Antonissen, Slg. 1991, I–745 Rn. 13; C-171/91, Tsiotras, Slg. 1993, I–2925), ohne daß dafür eine Aufenthaltserlaubnis erlangt werden müßte. Dem Arbeitsuchenden muß eine angemessene Frist eingeräumt werden, um von den verfügbaren Stellen Kenntnis zu nehmen und sich ggf. zu bewerben. Als Leitlinie ist von einer Dreimonatsfrist auszugehen, auf die sich die MS in einer – allerdings nicht rechtsverbindlichen – Erklärung (wiedergegeben im Sitzungsbericht der Rs. 53/81, Levin, Slg. 1982, 1035, 1043; vgl. auch EuGH, C-292/89, a.a.O., Slg. 1991, I–745, Rn. 17; beachte aber nachstehend) geeinigt haben. Jedoch darf eine solche Fristbestimmung im nationalen Recht nicht mit einem Automatismus der Ausreiseverpflichtung gekoppelt sein (EuGH, C-344/95, Kommission/Belgien, Slg. 1997, I–1046, Rn. 16ff.). Bei Inanspruchnahme der Sozialhilfe kann sich, gemäß der Erklärung, der Zeitraum verkürzen. Eine nach nationalem Recht festgesetzte Frist von sechs Monaten hat der EuGH als grundsätzlich ausreichend betrachtet; allerdings darf der Betroffene auch nach Ablauf der Frist nicht ausgewiesen werden, wenn er nachweist, daß er weiterhin mit begründeter Aussicht auf Erfolg Arbeit sucht (EuGH, C-292/89, a.a.O., Slg. 1991, I–745, Rn. 21).

f) Arbeitslosigkeit

60   Unfreiwillige **Arbeitslosigkeit** bewirkt weder den Verlust des Aufenthaltsrechts noch der Aufenthaltserlaubnis (EuGH, C-357/89, Raulin, Slg. 1992, I–1027). Bei Arbeitslosigkeit von mehr als zwölf aufeinanderfolgenden Monaten kann die Aufenthaltserlaubnis anläßlich ihrer Verlängerung beschränkt werden (Art. 7 Abs. 2 RL). Selbst bei freiwilliger Arbeitslosigkeit geht das Aufenthaltsrecht nicht verlustig, wenn ernsthaft nach einer neuen Stelle gesucht wird (EuGH, Rs. 75/63, Unger, Slg. 1964, 379).

g) Gemeinschaftsbürger

61   Ein **Aufenthaltsrecht für andere Personen** als durch die Art. 39ff. und die zu deren Durchführung erlassenen Rechtsakte begünstigten Gemeinschaftsbürger gewähren die RL 90/364/E(W)G, 90/365/E(W)G, 93/96/E(W)G (Vorbem. Rn. 1) unter den dort näher umschriebenen Umständen. Sie konkretisieren insoweit die Bedingungen, unter denen gemäß Art. 18 (ex-Art. 8a) Abs. 1 den Unionsbürgern die (allgemeine) Freizügigkeit gewährt wird.

62   Die RL 93/96/E(W)G ersetzt die RL 90/366/E(W)G über das Aufenthaltsrecht der Studenten, die der EuGH auf Klage des EP gegen den Rat wegen

fehlerhaft gewählter Rechtsgrundlage aufgehoben hatte (EuGH, C-295/90, EP/Rat, Slg. 1992, I–4193), deren Wirkungen jedoch bis zum Erlaß der auf zutreffender Rechtsgrundlage erlassenen RL als fortgeltend erklärt worden waren. Die Anwendung der „**Studenten-RL**" erweist sich zunehmend in den Fällen als problematisch, in denen der AufnahmeMS über die bloße Erklärung der Betroffenen hinaus, über ausreichende Finanzmittel zur Bestreitung des Lebensunterhalts zu verfügen, entgegen Art. 2 Abs. 1 UAbs. 3 i.V.m. Art. 1 der RL weitergehende Nachweise verlangt (siehe ABl. 1998 C 21/68; zu den Anforderungen an die Umsetzung der Aufenthaltsrichtlinien vgl. EuGH, C-96/95, Kommission/Deutschland, Slg. 1997, I–1653, Rn. 36f.; zum Aufenthaltsrecht der Studenten vor Inkrafttreten der RL vgl. C-357/89, Raulin, Slg. 1992, I–1027, Rn. 17; zur Umsetzung in der Bundesrepublik Deutschland siehe *Schieffer*, NVwZ 1998, 31).

Im Hinblick auf die **beiden anderen Richtlinien zum Aufenthaltsrecht** **63** derjenigen Personen, die nicht oder nicht mehr am Wirtschaftsleben teilnehmen, stehen derzeit nationale Bestimmungen im Mittelpunkt der Diskussion, die die Aufenthaltserlaubnis von vornherein auf zwei Jahre begrenzen, während die Art. 2 Abs. 1 Satz 2 der RLen 90/364/E(W)G bzw. 90/365/E(W)G den Mitgliedstaaten lediglich die Befugnis einräumt, die Erneuerung der grundsätzlich auf fünf Jahre zu erteilenden Erlaubnis nach zwei Jahren zu verlangen, wenn sie dies für erforderlich halten.

h) Sanktionen bei Mißachtung der Förmlichkeiten

Die Beachtung der an das Aufenthaltsrecht geknüpften Förmlichkeiten, wie **64** z.B. der Besitz der Aufenthaltserlaubnis bzw. eine Meldepflicht (z.B. Art. 8 Abs. 2 RL 68/360/E(W)G) darf kontrolliert und deren Mißachtung geahndet werden. Die Kontrollen dürfen allerdings die Freizügigkeit nicht beeinträchtigen und die Sanktionen müssen verhältnismäßig sein (EuGH, Rs. 8/77, Sagulo, Slg. 1977, 1495; Rs. 321/87, Kommission/Belgien, Slg. 1989, 997; C-265/88, Messner, Slg. 1989, 4209). Sie müssen sich an Sanktionen für geringfügige Verfehlungen von Inländern orientieren (EuGH, Rs. 157/79, Pieck, Slg. 1980, 2171, Rn. 19; C-265/88, a.a.O., Slg. 1989, 4209, Rn. 14; C-24/97, Kommission/Deutschland, Slg. 1998, I–2133, Rn. 14). Die Ausweisung oder Haft wäre unverhältnismäßig, zumal die Formalitäten nicht konstitutiv für das Aufenthaltsrecht sind (EuGH, Rs. 48/75, Royer, Slg. 1976, 497; Rs. 118/75, Watson u. Belmann, Slg. 1976, 1185; erneut bekräftigt in EuGH, C-85/96, Sala, Slg. 1998, I–2691, Rn. 53).

3. Zugang zur Beschäftigung

a) Gleichbehandlungsgebot

65 Der freie **Zugang zur Beschäftigung** ist ein den Arbeitnehmern durch den Vertrag verliehenes **Grundrecht** (EuGH, Rs. 222/86, Heylens, Slg. 1987, 4097 Rn. 14). Das Recht wird in den Art. 1–6 VO 1612/68 näher ausgestaltet. Inhaltlich umfaßt es nach neuerer Rechtsprechung ein Behinderungsverbot, hinter welches in manchen Fallgestaltungen das Gebot der Inländergleichbehandlung zurücktreten kann (vgl. oben Rn 35). Gegenüber dem Gleichbehandlungsgebot hinsichtlich der Beschäftigungsbedingungen hat letzteres eine eigenständige Bedeutung (vgl. Art. 40 lit. b u. c). Der Zugang zu bestimmten Berufen für Staatsangehörige der anderen MS darf nicht von einer Bedingung der Gegenseitigkeit abhängig gemacht werden (EuGH in st. Rspr., C-58/90, Kommission/Italien, Slg. 1991, I–4193, Rn. 10; C-37/93, Kommission/Belgien, Slg. 1993, I–6295). Wanderarbeitnehmer genießen grundsätzlich den „gleichen Vorrang" beim Zugang zu verfügbaren Stellen wie Inländer (Art. 1 Abs. 2 der VO 1612/68).

66 Die **Reservierung von Stellen für Inländer** ist allenfalls in eng begrenzten Ausnahmefällen aus immateriellen Gründen, etwa bei sportlichen Wettkämpfen (EuGH, C-415/93, Bosman, Slg. 1995, I–5062; Rs. 36/74, Walrave, Slg. 1974, 1405; Rs. 13/76, Dona/Mantero, Slg. 1976, 1333) oder zur Förderung kultureller Leistungen, zulässig. In diesen Fällen kann eine Rechtfertigung in Betracht kommen. Wenngleich der EuGH diese Fragen zuletzt im Zusammenhang mit der Eröffnung des Anwendungsbereichs des Art. 39 bei sportlichen Tätigkeiten geprüft hat, so stellt er dabei doch die Kriterien in den Vordergrund, die üblicherweise bei der Prüfung von Rechtfertigungen aus Allgemeinwohlinteressen herangezogen werden (EuGH, C-415/93, a.a.O., Slg. 1995, I–5062, Rn. 76 und 82).

67 Der Zugang zur Beschäftigung kann von für die zu besetzende Stelle erforderlichen **Sprachkenntnissen** abhängig gemacht werden (Art. 3 Abs. 2 UAbs. 2 der VO; EuGH, C-379/87, Groener, Slg. 1989, 3967).

68 Nicht mehr vom Anwendungsbereich des Art. 3 Abs. 1 der VO 1612/68 erfaßt werden **Sonderprogramme** der Mitgliedstaaten, die aufgrund ihrer Eigenart dem Bereich **Arbeitslosigkeit** zuzurechnen sind, da sie über den Bereich des Zugangs zur Beschäftigung im eigentlichen Sinne hinausgehen (EuGH, C-278/94, Kommission/Belgien, Slg. 1996, I–4328, Rn. 38ff.)

b) Anerkennung der Diplome

In Ermangelung gemeinschaftlicher Regelungen über den Zugang zu be-   **69**
stimmten Berufen ist es Sache der MS, dessen Voraussetzungen zu regeln
und die Vorlage bestimmter Diplome zu verlangen. Die mitgliedstaatlichen
Stellen sind verpflichtet, die Freizügigkeit im Rahmen der nationalen Vorschriften zu fördern, insbesondere hinsichtlich der Verfahren zur **Anerkennung der Gleichwertigkeit der Diplome** und ggf. eine wirksame gerichtliche Kontrolle der Behördenentscheidungen vorzusehen (EuGH, Rs.
71/76, Thieffry, Slg. 1977, 765; Rs. 11/77, Patrick, Slg. 1977, 1199; Rs.
222/86, Heylens, Slg. 1987, 4097; C-58/90, Kommission/Italien, Slg. 1991,
I–4193; C-19/92, Kraus, Slg. 1993, I–1663; C-375/92, Kommission/Spani-
en, Slg. 1994, I–923, Rn. 12f.). Daraus leitet sich die Pflicht ab, die durch
in einem anderen Mitgliedstaat erworbene Diplome bescheinigten Fachkenntnisse mit den nach nationalem Recht vorgeschriebenen zu vergleichen
und dabei ausschließlich abzustellen auf das Maß an Kenntnissen und
Fähigkeiten, die dieses Diplom unter Berücksichtigung von Art und Dauer
des Studiums und der praktischen Ausbildung erwarten läßt (EuGH, C-
340/89, Vlassopoulou, Slg. 1991, I–2357, Rn. 16f.; C-375/92, a.a.O., Slg.
1994, I–923, Rn. 13). Auch im Bereich derjenigen beruflichen Tätigkeiten,
deren Aufnahme oder Ausübung nicht kraft rechtlicher Regelung des AufnahmeMS den Besitz eines Diploms voraussetzt, besteht für die Behörden
die Verpflichtung, die Diplome, Fertigkeiten und Kenntnisse zu berücksichtigen, die der Betroffenen zum Zwecke der Ausübung eines Berufes in
seinem HerkunftsMS erworben hat (EuGH, C-164/94, Aranitis, Slg. 1996,
I–135, Rn. 32; zu weiteren Fragen im Rahmen der Anerkennung gleichwertiger Diplome vgl. Art. 43 Rn. 8 und Art. 47 Rn. 3ff.). Die Verweigerung des Zugangs wegen einer bestehenden Zulassung in einem anderen
MS ist unzulässig (EuGH, Rs. 96/85, Kommission/Frankreich, Slg. 1986,
1475 – Ärzte u. Zahnärzte; C-351/90, Kommission/Luxemburg, Slg. 1992,
I–3945 – Ärzte, Zahnärzte, Tierärzte; C-106/91, Ramrath, Slg. 1992,
I–3351 – Rechnungsprüfer).

4. Ausübung einer Beschäftigung

Das Recht der **Arbeitnehmer** auf **Ausübung einer Beschäftigung** wird   **70**
weitgehend durch das spezielle **Diskriminierungsverbot** des Art. 39
Abs. 2 und die **Ausführungsvorschriften** zum Gebot der Inländergleichbehandlung (Art. 7ff. VO 1612/68) ausgefüllt (s. Rn. 39ff.).

5. Familienangehörige

71 Nahe **Familienangehörige** des Arbeitnehmers, d.h. sein Ehegatte und seine Kinder, die noch nicht 21 Jahre alt sind oder denen er Unterhalt gewährt,
haben ihrerseits ein subjektives Recht auf diskriminierungsfreien **Zugang
zu und Ausübung** einer Beschäftigung im Lohn- und Gehaltsverhältnis unabhängig von ihrer Staatsangehörigkeit (Art. 11 VO 1612/68; EuGH, Rs.
131/85, Gül, Slg. 1986, 1573). Die **Kinder** eines Arbeitnehmers genießen
gemäß Art. 12 VO 1612/68 das Recht auf gleichberechtigten Zugang und
Teilnahme am „allgemeinen Unterricht sowie an der Lehrlings- und Berufsausbildung", d.h., sämtliche Formen der Ausbildung. Dieses Recht besteht fort, wenn die Eltern den Aufnahmestaat verlassen (EuGH, Rs. 389 u.
390/87, Echternach u. Moritz, Slg. 1989, 723). Das Gleichbehandlungsgebot erstreckt sich auch auf die Inanspruchnahme von Ausbildungsförderung
(EuGH, Rs. 9/74, Casagrande, Slg. 1974, 773; Rs. 68/74, Alaimo, Slg.
1975, 109; C-308/89, Carmina Di Leo, Slg. 1990, I–4185; C-7/94, Gaal,
Slg. 1995, I–1031, Rn. 19).

6. Verbleiberecht

72 Nach Beendigung der aktiven Erwerbstätigkeit (in Ausnahmefällen auch
schon früher) steht sowohl dem **Arbeitnehmer** als auch seinen **Familienangehörigen** ein **Verbleiberecht** im Beschäftigungsmitgliedstaat zu
(Art. 39 Abs. 3 d), dessen Begleitumstände die VerbleibeVO 1251/70 (Vorbem. Rn. 3) regelt. Die entsprechenden Rechte für Selbständige regelt die
RL 75/34/E(W)G (ABl. 1975 L 14/10). Die Familienangehörigen genießen
i.d.R. ein abgeleitetes Verbleiberecht, das unter bestimmten Umständen
(Tod des Arbeitnehmers) zu einem eigenen wird.

III. Ausnahmen von der Freizügigkeit

1. Der Vorbehalt der öffentlichen Ordnung, Sicherheit und Gesundheit

a) Inhalt und Grenzen

73 Wesentliche, die Freizügigkeit der Arbeitnehmer ausmachende Rechte werden nur gewährt „vorbehaltlich der aus Gründen der öffentlichen Ordnung,
Sicherheit und Gesundheit gerechtfertigten Beschränkungen" (Art. 39
Abs. 3). Vergleichbare „ordre public"-Klauseln finden sich auch im Rahmen anderer vertraglich geregelter Materien, Art. 45, 55, 30 (ex-Art. 55, 66,
36). Der Vorbehalt ist als Ausnahme von einer Grundfreiheit **eng** auszule-

gen (EuGH, Rs. 41/74, van Duyn, Slg. 1974, 1337, Rn. 8). Er ist nicht geeignet, zusätzliche oder andere Voraussetzungen, z.B. den Anschluß an ein
System der sozialen Sicherheit (EuGH, C-363/89, Roux, Slg. 1991, I–273),
für die Ausübung der vertraglich eingeräumten Freiheitsrechte aufzustellen.
Zwar haben die mitgliedstaatlichen Behörden einen **Beurteilungsspiel-**   74
raum bei der Anwendung der Vorschrift, dieser stößt jedoch an gemeinschaftsrechtliche und damit **gemeinschaftseinheitliche Grenzen** (EuGH,
Rs. 41/74, a.a.O., Slg. 1974, 1337, Rn. 18/19). Inhalt und Grenzen des Vorbehalts werden durch Rechtsakte der Gemeinschaft und die diese verbindlich auslegende Rechtsprechung des EuGH konkretisiert. Die Koordinie-
rungsrichtlinie 64/221/E(W)G (ABl. 1964 56/850) der Sondervorschriften
für Einreise und Aufenthalt gilt für Arbeitnehmer, Selbständige, Dienstleistungsempfänger und deren Familienangehörige (Art. 1). Die Geltung der
RL wurde durch die RL 72/194/E(W)G (ABl. 1972 L 121/32) und
75/35/E(W)G (ABl. 1975 L 14/14) auf ihr Verbleiberecht ausübende Arbeitnehmer und Selbständige ausgedehnt.

b) Ausweisungsgründe

Gemäß Art. 2 Abs. 2 der RL 64/221/E(W)G darf der Vorbehalt **nicht für**   75
wirtschaftliche Zwecke geltend gemacht werden. Maßnahmen zur Durchführung des Vorbehalts dürfen gemäß Art. 3 Abs. 1 (dem der EuGH ausdrücklich unmittelbare Anwendbarkeit zugebilligt hat; EuGH, Rs. 41/74,
a.a.O., Slg. 1974, 1337) nur an das **persönliche Verhalten** der betroffenen
Person anknüpfen. In seiner frühen Rechtsprechung ließ der EuGH als zu
Einreise- bzw. Aufenthaltsbeschränkungen berechtigendes Verhalten die
Mitgliedschaft in einer unerwünschten Vereinigung oder Organisation
genügen (EuGH, Rs. 41/74, a.a.O., Slg. 1974, 1337). Die dadurch bedingte Ungleichbehandlung gegenüber Inländern, die einer solchen Vereinigung
ohne negative rechtliche Konsequenzen angehören können, ist durch die
spätere Rechtsprechung (EuGH, Rs. 115/81 u. 116/81, Adoui, Slg. 1982,
1665; Rs. 249/86, Kommission/Deutschland, Slg. 1989, 1263, Rn. 19) aufgehoben worden, die einen willkürlichen Unterschied in Bewertung und
Folgen des Verhaltens Angehöriger anderer MS verbietet. Generalpräventi-
ve Überlegungen sind also zur Rechtfertigung einer Maßnahme unzulässig
(EuGH, Rs. 67/74, Bonsignore, Slg. 1975, 297; Rs. 249/86, a.a.O., Slg.
1989, 1263, Rn. 18; zur Rechtsprechung des BVerwG vgl. *Erhard*, Voraufl.,
Rn. 42). Die Rechtfertigung einer Maßnahme (Art. 3 Abs. 2) allein wegen
einer **strafrechtlichen Verurteilung** ohne Würdigung der gegenwärtigen
und hinreichend schweren, ein Grundinteresse der Gesellschaft berühren-

den Gefahr für die öffentliche Ordnung, ist nicht zulässig (EuGH, Rs. 30/77, Bouchereau, Slg. 1977, 1999; Rs. 36/75, Rutili, Slg. 1975, 1219, Rn. 28; Rs. 249/86, a.a.O., Slg. 1989, 1263, Rn. 17; vgl. zur Rechtsprechung deutscher Gerichte *Erhard*, a.a.O.). Die Natur des Gesetzesverstoßes, die Prognose und ggf. eine Bewährungsaussetzung der Strafe können in die Beurteilung der Gefährdung einfließen (EuGH, C-348/96, (alfa, Urt. v. 19.1.1999, noch nicht in amtl. Slg).

76   Der **Ablauf der Gültigkeitsdauer eines Ausweispapieres** (Personalausweis, Reisepaß) rechtfertigt an sich nicht die Ausweisung (Art. 3 Abs. 3 RL 64/221/E(W)G). Ebensowenig stellt die **Mißachtung der Formvorschriften** für Einreise und Aufenthalt eine die Ausweisung rechtfertigende Gefahr für die öffentliche Ordnung und Sicherheit dar (EuGH, Rs. 157/79, Pieck, Slg. 1980, 2171; vgl. auch VG Düsseldorf, InfAuslR 86, 282). Räumlich beschränkte Aufenthaltsverbote sind grundsätzlich unzulässig und können allenfalls in den auch für Inländer geltenden Grenzen ausgesprochen werden (EuGH, Rs. 36/75, a.a.O., Slg. 1975, 1219, Rn. 46f.).

c) Krankheit und Gebrechen

77   Wegen **Krankheit oder Gebrechen** dürfen die Einreise und der erste Aufenthalt nur in den im Anhang zur RL 64/221/E(W)G aufgezählten Fällen verweigert werden (Art. 4 Abs. 1). Aufenthaltsbeendende Maßnahmen sind indes aus diesem Grunde nicht zulässig (Art. 4 Abs. 2). Die Aufzählung im Anhang ist grundsätzlich abschließend, wobei die in den internationalen Gesundheitsvorschriften Nr. 2 der WHO v. 25.5.51 genannten Krankheiten (A 1 des Anhangs) und potentiell uneinheitlichen und veränderbaren Vorschriften des Aufnahmelandes zum Schutz der Inländer gegen bestimmte Krankheiten und Leiden (A 4 des Anhangs) in Bezug genommen werden.

d) Verfahrensgarantien

78   Die Art. 5–9 der RL 64/221/E(W)G enthalten **verfahrensrechtliche Mindestgarantien** (EuGH, Rs. 131/79, Santillo, Slg. 1980, 1585, Rn. 12), die jedoch für die Bundesrepublik Deutschland keine praktischen Konsequenzen i.S. besonderer Rechtsschutzmöglichkeiten zeitigen, da die ohnehin bestehenden den Anforderungen genügen.

79   Der **Grundsatz effektiven Rechtsschutzes** gebietet, daß eine auf den Vorbehalt gestützte Maßnahme dem Betroffenen unter genauer und vollständiger Angabe der Gründe bekanntgegeben wird (EuGH, Rs. 36/75, a.a.O., Slg. 1975, 1219; Rs. 115/81 und 116/81, a.a.O., Slg. 1982, 1665), damit sich dieser angemessen verteidigen kann. Er muß vor dem Vollzug der

Maßnahme die Möglichkeit haben, die zur Einlegung eines Rechtsbehelfs erforderlichen Formalitäten zu erfüllen (EuGH, Rs. 48/75, Royer, Slg. 1976, 497, Rn. 52f.; vgl. auch BVerwG NJW 79, 2484; VGH Baden-Württemberg InfAuslR 92, 158). Sieht das nationale Recht keine besonderen Rechtsbehelfe für die von der RL geschützten Personen vor, so müssen zumindest Rechtsschutzmöglichkeiten allgemeiner Art gegeben sein (EuGH, C-65/95 und C-111/95, Shingara und Radiom, Slg. 1997, I–3343, Rn. 26).

Jedweder Rechtsbehelf muß nach Art und Umfang **den den Inländern ein-** **80** **geräumten Verteidigungsrechten** gegen Verwaltungsakte **entsprechen** (EuGH, Rs. 98/79, Pecastaing, Slg. 1980, 691; Rs. 115/81 u. 116/81, a.a.O., Slg. 1982, 1665; C-297/88, Dzodzi, Slg. 1990, I–1763). Sofern eigenen Staatsangehörigen bestimmte Verfahrensgarantien betreffend die rechtliche Überprüfung von Maßnahmen im Zuge ihrer Einreise zur Verfügung gestellt werden, so stehen diese nicht den Staatsangehörigen anderer Mitgliedstaaten offen, letzteren ist vielmehr ein Rechtsbehelf gegen Verwaltungsakte allgemeiner Art zu eröffnen (EuGH, C-65/95 u. C-111/95, a.a.O., Slg. 1997, I–3343, Rn. 31).

Im Hinblick auf die Systematik der verschiedenen Garantien in Art. 9 RL **81** 64/221/E(W)G ist dahin zu **differenzieren**, ob es sich um eine Person handelt, die sich **bereits rechtmäßig** im Hoheitsgebiet **aufhält** und auf die die Bestimmungen des Abs. 1 Anwendung findet, oder ob zunächst die **Einreise begehrt wird** (EuGH, C-175/94, Gallagher, Slg. 1995, I–4268, Rn. 14 mit Anmerkung *O'Leary*, CMLR 33 (1996), 777 und *White*, ELR 21 (1996), 241). Im ersten Fall muß die Befassung der zuständigen Stelle, hinsichtlich derer völlige Unabhängigkeit von der Kontrolle der über die Maßnahme befindenden Behörde zu gewährleisten ist, *vor* der Entscheidung erfolgen, anderenfalls genügt das nachträgliche Einholen der Stellungnahme (EuGH, C-175/94, a.a.O., Rn. 20 und 24–26). Eine vorherige Befassung der „unabhängigen Stelle" scheidet demgegenüber in den Konstellationen des Abs. 2 aus (EuGH, C-65/95 u. C-111/95, a.a.O., Slg. 1997, I–3343, Rn. 34–37). Nimmt ein Betroffener eine von den Behörden des Mitgliedstaats ergriffene Maßnahme hin, ohne dagegen Rechtsbehelfe zu ergreifen, so bedeutet dies nicht eine Verwirkung seiner Rechte für den Fall der später erneut begehrten Einreise- oder Aufenthaltserlaubnis; dies folgt bereits daraus, daß derartige Maßnahmen nicht auf unbegrenzte Zeit gelten, sondern vielmehr nach Ablauf einer angemessenen Frist überprüft werden müssen (EuGH, C-65/95 u. C-111/95, a.a.O., Rn. 40ff.).

Allerdings begründen die Verteidigungsrechte **kein Recht auf Aufenthalt** **82** **während des ganzen Rechtsmittelverfahrens** (EuGH, Rs. 98/79, a.a.O., Slg. 1980, 691; für den Sonderfall des Aufenthaltsrechts im Rahmen des

Assoziierungsabkommens EWG-Türkei, vgl. EuGH, C-192/89, Sevince, Slg. 1990, I–3461). In der Bundesrepublik haben die Rechtsbehelfe aufschiebende Wirkung (nach § 12 Abs. 9 Aufenthaltsgesetz/EWG, der die sofortige Vollziehbarkeit nach § 72 Abs. 1 Ausländergesetz abbedingt), so daß der Betreffende grundsätzlich – sofern nicht ausnahmsweise die sofortige Vollziehung der Maßnahme angeordnet wird – im Bundesgebiet verbleiben kann.

2. Die Beschäftigung in der öffentlichen Verwaltung

a) Begriffsinhalt

83   Art. 39 Abs. 4 enthält eine **Bereichsausnahme** für die „**Beschäftigung in der öffentlichen Verwaltung**". Eine vergleichbare, wenn auch nicht identische Ausnahme, enthält Art. 45 (ex-Art. 55). Es handelt sich hierbei um einen autonomen Rechtsbegriff, d.h. er wird rein gemeinschaftsrechtlich, ohne Rückgriff auf das mitgliedstaatliche Recht, bestimmt (EuGH, Rs. 149/79, Kommission/Belgien I, Slg. 1980, 3881, Rn. 12). Der Begriff der öffentlichen Verwaltung ist als Ausnahme von einem Grundprinzip der Gemeinschaft **eng** auszulegen (EuGH, Rs. 225/85, Kommission/Italien, Slg. 1987, 2625, Rn. 7). Die Inhaltsbestimmung durch den EuGH legt eine funktionelle Betrachtungsweise zugrunde (EuGH, Rs. 307/84, Kommission/Frankreich, Slg. 1986, 1725, Rn. 12). Eine rein institutionelle Sicht würde den MS ermöglichen, durch eine formale Zuordnung der Wahrnehmung bestimmter Aufgaben diese dem Anwendungsbereich des Vertrages zu entziehen (EuGH, Rs. 307/84, a.a.O., Slg. 1986, 1725, Rn. 8). Es kommt demnach nicht auf die Rechtsnatur des Beschäftigungsverhältnisses an, ob es nach öffentlichem oder privatem Recht ausgestaltet wird oder ob der Arbeitnehmer als Arbeiter, Angestellter oder Beamter beschäftigt wird (EuGH, Rs. 152/73, Sotgiu, Slg. 1974, 153; Rs. 307/84, a.a.O., Slg. 1986, 1725, Rn. 11). Allein maßgeblich ist die Natur der auszuübenden Tätigkeiten, die dann in den Bereich der Ausnahmen fallen, wenn sie „unmittelbare oder mittelbare **Teilnahme an der Ausübung hoheitlicher Befugnisse** und an der Wahrnehmung solcher Aufgaben mit sich bringen, die auf die **Wahrnehmung der allgemeinen Belange des Staates** oder anderen öffentlichen Körperschaften gerichtet sind" (EuGH, Rs. 149/79, a.a.O., Slg. 1980, 3881, Rn. 10). Die Erfüllung dieser Aufgaben setzt nämlich „ein Verhältnis besonderer Verbundenheit des jeweiligen Stelleninhabers zum Staat sowie die Gegenseitigkeit von Rechten und Pflichten voraus, die dem Staatsangehörigkeitsband zugrunde liegen" (EuGH, Rs. 149/79, a.a.O., Slg. 1980, 3881; C-290/94, Kommission/Griechenland, Slg. 1996, I–3317, Rn. 2).

b) Anwendungsbereich

Der Gefahr, daß nach dem freien Zugang zu einer Tätigkeit der Arbeitneh-   **84**
mer durch Beförderungs- oder Versetzungsentscheidungen mit für die öffentliche Verwaltung i.S.d. Gemeinschaftsrechts typischen Aufgaben betraut wird, ist nach Ansicht des EuGH dadurch zu begegnen, daß nur diese
Posten bzw. Funktionen den eigenen Staatsangehörigen vorbehalten werden können (EuGH, Rs. 225/85, a.a.O., Slg. 1987, 2625, Rn. 10). Für eine
erfolgreiche Berufung auf die Ausnahmevorschrift müssen nach ständiger
Rechtsprechung beide Elemente, „Teilnahme an der Ausübung hoheitlicher
Befugnisse" und „Wahrung der allgemeinen Belange des Staates", kumulativ erfüllt sein.

Insbesondere im Bereich der Leistungsverwaltung, d.h. in denjenigen Ein-   **85**
richtungen, die mit der Verwaltung und Erbringung kommerzieller Dienstleistungen der Daseinsvorsorge betraut sind, kann nur in seltenen Fällen angenommen werden, daß die Voraussetzungen für die Nichtzulassung der
Staatsangehörigen anderer MS gegeben sind. Die in diesem Zusammenhang relevanten Dienste werden durch unmittelbar dem öffentlichen Bereich im engeren Sinne zuzurechnende Anstalten, daneben in steigendem
Umfang durch Unternehmen, die staatlich oder von den Gebietskörperschaften (meist mehrheitlich) kontrolliert werden, angeboten. Die mit der
Erbringung derartiger Leistungen verbundenen Tätigkeiten sind grundsätzlich so weit von denen der öffentlichen Verwaltung entfernt, daß ein generelles Verbot des Zugangs von Wanderarbeitnehmern nicht zu rechtfertigen
ist (EuGH, C-290/94, a.a.O., Slg. 1996, I–3317, Rn. 34ff.; C-473/93, Kom-
mission/Luxemburg, Slg. 1996, I–3248; C-173/94, Kommission/Belgien,
Slg. 1996, I–3276). Zur Beurteilung von gemischt privat- und öffentlich-
rechtlichen Einrichtungen (Zweckverbände) vgl. EuGH, C-173/94, a.a.O.,
Slg. 1996, I–3276, Rn. 12ff. und 22). **Nicht in den Anwendungsbereich**
der Ausnahme fällt nach der Rechtsprechung des EuGH daher die Tätigkeit
von

–   Studienreferendaren für Fremdsprachenunterricht (EuGH, Rs. 66/85,
    Lawrie-Blum, Slg. 1986, 2121)

–   Fremdsprachenlektoren an Universitäten (EuGH, Rs. 33/88, Allué I,
    Slg. 1989, I–1591; C-259/91, C-331/91 u. C-332/91, Allué II, Slg.
    1993, I–4309)

–   Lehrern im Schuldienst (EuGH, C-4/91, Bleis, Slg. 1991, I–5627- Se-
    kundarunterricht; C-473/93, a.a.O., Slg. 1996, I–3248, Rn. 34 – Lehr-
    kräfte an Grundschulen)

– Forschern im nationalen Forschungsrat im Rahmen der zivilen Forschung (EuGH, Rs. 225/85, a.a.O., Slg. 1987, 2625, vgl. zum Vorbehalt staatlicher Leitungs- und Beratungsfunktionen für Inländer, Rn. 10)
– bestimmte Stellen bei der Stadtverwaltung von Brüssel (Leiter der technischen Kontrolle, Hauptarbeits- und Inventarkontrolleur, Nachtwächter, Architekt; EuGH, Rs. 149/79, Kommission/Belgien, Slg. 1982, 1845)
– Krankenpfleger und Krankenschwestern (EuGH, Rs. 307/84, a.a.O., Slg. 1986, 1725)
– Beschäftigten bei Versorgungsdiensten für Wasser, Gas und Elektrizität,
– Angestellten im öffentlichen Gesundheitsdienst, im öffentlichen Transportwesen,
– wissenschaftlichem und nicht-wissenschaftlichem Personal der zivilen Forschung an den Hochschulen, Universitäten und vergleichbaren Einrichtungen,
– sofern noch in öffentlicher Trägerschaft wahrgenommen, Unternehmen des Post-, Fernmelde- und Rundfunksektors,
– Musikern in den Orchestern der Theater und Opern (vgl. insgesamt EuGH, C-290/94, a.a.O., Slg. 1996, I–3317).

c) Grenzen

86 Die fehlende Berechtigung des Staates, sich auf Art. 39 Abs. 4 zu berufen und die damit einhergehende Pflicht, den freien Zugang zur Beschäftigung zu gewährleisten, geht nicht so weit, die Anstellungsverhältnisse ausländischer Arbeitnehmer der Gemeinschaft identisch mit den von Inländern auszugestalten i.S. einer Berufung in das Beamtenverhältnis auf Lebenszeit, solange im Ergebnis die Sicherheit des Arbeitsplatzes und die Entlohnung gleich und die sonstigen Vergünstigungen und Garantien gleichwertig sind (EuGH, Rs. 307/84, a.a.O., Slg. 1986, 1725; Rs. 225/85, a.a.O., Slg. 1987, 2625; Rs. 33/88, a.a.O., Slg. 1989, 1591; C-259/91, C-331/91 u. C-332/91, a.a.O., Slg. 1993, 4309). Diese, nach der Rechtsprechung des EuGH bestehende Notwendigkeit einer Differenzierung, hat mit fortschreitender Harmonisierung auch höchstrangiger nationaler Bestimmungen mit den gemeinschaftsrechtlichen Anforderungen (vgl. Aktion der Kommission zu Art. 39 (ex-Art. 48) Abs. 4, ABl. 1988 C 72/2) eine Vielzahl von Anpassungsbedürfnissen aufgezeigt, vgl. EuGH, C-473/93, a.a.O., Slg. 1996, I–3248ff., weitere Nachweise in Rn. 85).

Art. 40 (ex-Art. 49) (Herstellung der Freizügigkeit)

Der Rat trifft gemäß dem Verfahren des Artikels 251 und nach Anhörung des Wirtschafts- und Sozialausschusses durch Richtlinien oder Verordnungen alle erforderlichen Maßnahmen, um die Freizügigkeit der Arbeitnehmer im Sinne des Artikels 39 herzustellen, insbesondere

a) **durch Sicherstellung einer engen Zusammenarbeit zwischen den einzelstaatlichen Arbeitsverwaltungen;**

b) **durch die Beseitigung der Verwaltungsverfahren und -praktiken sowie der für den Zugang zu verfügbaren Arbeitsplätzen vorgeschriebenen Fristen, die sich aus innerstaatlichen Rechtsvorschriften oder vorher zwischen den Mitgliedstaaten geschlossenen Übereinkünften ergeben und deren Beibehaltung die Herstellung der Freizügigkeit der Arbeitnehmer hindert;**

c) **durch die Beseitigung aller Fristen und sonstigen Beschränkungen, die in innerstaatlichen Rechtsvorschriften oder vorher zwischen den Mitgliedstaaten geschlossenen Übereinkünften vorgesehen sind, und die den Arbeitnehmern der anderen Mitgliedstaaten für die freie Wahl des Arbeitsplatzes andere Bedingungen als den inländischen Arbeitnehmern auferlegen;**

d) **durch die Schaffung geeigneter Verfahren für die Zusammenführung und den Ausgleich von Angebot und Nachfrage auf dem Arbeitsmarkt zu Bedingungen, die eine ernstliche Gefährdung der Lebenshaltung und des Beschäftigungsstands in einzelnen Gebieten und Industrien ausschließen.**

Art. 40 ermächtigt und verpflichtet den Rat zum Erlaß verbindlicher Rechtsakte – Richtlinien oder Verordnungen (vgl. Art. 249 (ex-Art. 189 – um „alle erforderlichen Maßnahmen" zur Herstellung der Arbeitnehmerfreizügigkeit zu treffen. Während der Übergangszeit wurden Rechtsakte zur stufenweisen Verwirklichung der Freizügigkeit erlassen. Soweit die während dieser Zeit erlassenen Rechtsakte durch spätere ersetzt und inhaltlich erweitert wurden, sind sie nur mehr von historischer Bedeutung (zu der Abfolge der ergriffenen Maßnahmen vgl. *Wölker*, in GTE, Art. 49 Rn. 3). Derzeit noch gültige Rechtsakte sind die VO (EWG) 1612/68 und die RL 68/360/E(W)G (Vorbem. zu Art. 39–41 Rn. 2). Sie stellen die tragenden Pfeiler des abgeleiteten Rechts der Arbeitnehmerfreizügigkeit dar i.V.m. der den Vorbehalt der öffentlichen Ordnung nach Art. 39 Abs. 3 (ex-Art. 48) ausfüllenden RL 64/221/E(W)G (Vorbem. zu Art. 39–41 Rn. 2), der auf Art. 39 (ex-Art. 48) Abs. 3 d gestützten VerbleibeVO (EWG) 1251/70 (a.a.O., Vorbem. Rn. **1**

3) und den auf Art. 42 (ex-Art. 51) gestützten VO (EWG) über die Systeme der sozialen Sicherheit 1408/71 und 574/72 (Vorbem. zu den Art. 39–41 Rn. 6). Während noch die RL 64/221/E(W)G nicht auf Art. 40 gestützt wurde, wird die deren Anwendungsbereich auf Verbleibeberechtigte erweiternde RL 72/194 (vgl. Art. 39 Rn. 74) ausdrücklich auf Art. 40 gestützt.

2 Dem Umstand, daß die Anerkennung der Diplome nicht nur für die Niederlassungsfreiheit und den freien Dienstleistungsverkehr von Bedeutung ist, sondern auch der Arbeitnehmerfreizügigkeit förderlich sein kann, trägt die Praxis Rechnung, einzelne Anerkennungsrichtlinien auch auf Art. 40 zu stützen, vgl. z.B. RL 89/48/E(W)G über eine allgemeine Regelung zur Anerkennung der Hochschuldiplome, die eine mindestens dreijährige Berufsausbildung abschließen (ABl. 1989 L 19/16) und die zu deren Ergänzung ergangene RL 92/51/E(W)G (ABl. 1992 L 209/25) sowie die RL 98/5/EG zur Erleichterung der ständigen Ausübung des Rechtsanwaltsberufs in einem anderen Mitgliedstaat als dem, in dem die Qualifikation erworben wurde (ABl. 1998 L 77/36; vgl. auch den Anhang zu den Art. 43–55).

3 Die genannte Regelungsmaterie stellt den fortbestehenden Geltungsgrund des Art. 40 unter Beweis. Von dieser Betrachtungsweise sind auch die vertragsschließenden Parteien ausgegangen, als sie zuletzt im Rahmen der Anpassung der Vorschrift durch den Vertrag von Amsterdam die Rechtsgrundlage beibehalten und lediglich geringe redaktionelle Modifizierungen vorgenommen haben. Vgl. zu den bisherigen Änderungen mit Blick auf das Erlaßverfahren in der Vorauflage. Seit dem Vertrag von Maastricht gilt das Verfahren der Mitentscheidung des EP (Art. 251 (ex-Art. 189b) EGV).

4 Die einzelnen in Art. 40 aufgezählten Regeln und Gegenstände sind exemplarisch aufgeführt und daher nicht abschließend. Sie sind durch die VO 1612/68 geregelt. Seit der Gewährleistung des freien Zugangs zur Beschäftigung (Art. 1–6 VO 1612/68) sind die Buchstaben b und c des Art. 40 durchgeführt. Die Zusammenarbeit der mitgliedstaatlichen Arbeitsverwaltungen (lit. a) und die Verfahren zum Ausgleich von Angebot und Nachfrage auf dem Arbeitsmarkt (lit. d) werden im 2. u. 3. Teil der VO geregelt. Die einschlägigen Vorschriften wurden durch die VO 2434/92 (ABl. 1992 L 245/1) geändert.

Art. 41 (ex-Art. 50) (Austausch junger Arbeitskräfte)

Die Mitgliedstaaten fördern den Austausch junger Arbeitskräfte im Rahmen eines gemeinsamen Programms.

Stellung und Inhalt des Art. 41 legen nahe, daß durch den Austausch junger Arbeitskräfte die Arbeitnehmerfreizügigkeit gefördert werden soll und

zwar – orientiert an den Zielen der Gemeinschaft – sowohl aus wirtschaftlichen als auch aus politischen Gründen.

Der Wortlaut des Art. 41 gibt keine eindeutige Antwort auf die Frage, ob eine alleinige Verpflichtung der MS oder ob zumindest daneben noch eine
Gemeinschaftskompetenz begründet wird. Die Praxis hat die Zweifelsfrage
in der Weise beantwortet, daß das Erste Gemeinsame Programm zur Förderung des Austauschs junger Arbeitskräfte innerhalb der Gemeinschaft
(64/307/E(W)G, ABl. 1964 78/1226) als Beschluß der im Rat vereinigten
Vertreter der Regierungen des MS erging. Das Zweite Gemeinsame Programm (79/642/E(W)G, ABl. 1979 L 185/24) und das Dritte Gemeinsame
Programm (84/636/E(W)G, ABl. 1984 L 331/36) wurden vom Rat beschlossen. Das Dritte Gemeinsame Programm wurde durch den Beschluß
des Rates 90/268/E(W)GV, ABl. 1990 L 156/8) bis zum 31.12.91 verlängert. An dessen Stelle trat für eine Geltungsdauer von drei Jahren ab dem
1.1.93 das Programm PETRA (Beschluß des Rates 91/387/E(W)G, ABl.
1991 L 214/69). Mit Ablauf dieses Programmes wurden die Aktivitäten der
Gemeinschaft unter stärkerer Betonung des Engagements der MS in das
Aktionsprogramm LEONARDO DA VINCI überführt (Beschluß
94/819/EG des Rates, ABl. 1994 L 340/8). Seit Inkrafttreten des EUV sind
die Zuständigkeiten und Verfahren zum Abschluß neuer Programme neu
geregelt (vgl. Art. 149f. [ex-Art. 126f.] und ABl. 1998 C 309/9).

**Art. 42 (ex-Art. 51) (System zur Sicherstellung der Ansprüche und Lei-
stungen)**

**Der Rat beschließt gemäß dem Verfahren des Artikels 251 die auf dem
Gebiet der sozialen Sicherheit für die Herstellung der Freizügigkeit
der Arbeitnehmer notwendigen Maßnahmen; zu diesem Zweck führt
er insbesondere ein System ein, welches aus- und einwandernden Arbeitnehmern und deren anspruchsberechtigten Angehörigen folgendes
sichert:**

**a) die Zusammenrechnung aller nach den verschiedenen innerstaatli-
chen Rechtsvorschriften berücksichtigten Zeiten für den Erwerb
und die Aufrechterhaltung des Leistungsanspruchs sowie für die
Berechnung der Leistungen;**

**b) die Zahlung der Leistungen an Personen, die in den Hoheitsgebie-
ten der Mitgliedstaaten wohnen.**

**Der Rat beschließt im Rahmen des Verfahrens des Artikels 251 ein-
stimmig.**

Überblick

Literatur: *Berens,* Lohnfortzahlung an im Urlaub erkrankte Arbeitnehmer, DB 1992, 2442; *Eichenhofer*, Freizügigkeit und europäisches Arbeitsförderungsrecht, ZIAS 1991, 161; *ders.*, (Hrsg.), Reform des europäischen koordinierenden Sozialrechts, Osnabrücker rechtswissenschaftliche Abhandlungen, Bd. 63, 1992; *ders.*, Die sozialrechtliche Gleichstellung von Ausländern aus Nicht-EWR- und Nicht-Abkommens-

staaten, ZAR 1996, 62; *Hailbronner*, Die sozialrechtliche Gleichbehandlung von Dritt-
staatsangehörigen – ein menschenrechtliches Postulat, JZ 1997, 397; *Junker*, Arbeits-
und Sozialrecht in der Europäischen Union, JZ 1994, 277; *von Maydell* (Hrsg.), Soziale
Rechte in der EG, Bausteine einer zukünftigen europäischen Sozialunion, Beiträge zur
Sozialpolitik und zum Sozialrecht, Bd. 8, 1990; *ders*., Die sozialrechtliche Stellung von
Drittstaatern in den Mitgliedstaaten der EU und des EWR, FS Everling, 1995, 819;
Novak, EG-Grundfreiheiten und Europäisches Sozialrecht, EuZW 1998, 366; *Schmae-
hl* (Hrsg.), Soziale Sicherung im EG-Binnenmarkt, Aufgaben und Probleme aus deut-
scher Sicht, 1990; *Schriftenreihe des deutschen Sozialrechtsverbandes e.V. (SDSRV)*,
Bd. 36, Europäisches Sozialrecht, Bundestagung des deutschen Sozialrechtsverbandes,
Oktober 1991, 92; *Schulte/Zacher* (Hrsg.), Wechselwirkungen zwischen dem europäischen Sozialrecht und dem Sozialrecht der Bundesrepublik Deutschland, Schriftenreihe für internationales und vergleichendes Recht, Bd. 12, 1991; *Waltermann/Janke*,
Arbeitnehmerfreizügigkeit und Leistungen bei Arbeitslosigkeit in Europa, DB 1998,
1030; *Watson-Olivier*, Europäische Gemeinschaft und soziale Sicherheit, ZIAS 1991,
41; *Willms*, Soziale Sicherung durch europäische Integration, Auswirkungen des Gemeinschaftsrechts auf Ansprüche gegen deutsche Sozialleistungsträger, Diss. Bielefeld
1990; *Zuleeg*, Die Einwirkung des Europäischen Gemeinschaftsrechts auf die deutsche
Pflegeversicherung, DVBl. 1997, 445.

I. Grundlegender Regelungsgehalt

1. Zielsetzung

Art. 42 ist eine **elementare Ergänzung der Regeln über die Freizügigkeit**   1
der Arbeitnehmer. Ihr Ziel ist es, Wanderarbeitnehmer vor durch ihre Wan-
derungsbereitschaft bedingten Nachteilen im Bereich der sozialen Sicherheit zu schützen. Die Gewährleistung der Freizügigkeit wäre von nur zwei-
felhaftem Wert, müßten die Arbeitnehmer im Ergebnis mit einer Schlechterstellung rechnen (EuGH, C-10/90, Masgio, Slg. 1991, I–1119). Die
Art. 39–42 stehen daher einer innerstaatlichen Regelung entgegen, die zur
Folge hat, daß Wanderarbeitnehmer, die von ihrem Recht auf Freizügigkeit
Gebrauch gemacht haben, Vergünstigungen der sozialen Sicherheit verlieren, die ihnen die Rechtsvorschriften eines MS sichern (EuGH, C-349/87,
Paraschi, Slg. 1991, I–4501 Rn. 22; C-45/92 und C-46/92, Lepore, Slg.
1993, I–6497, Rn. 21; C-165/91, Van Munster, Slg. 1994, I–4686, Rn. 27;
zu Mehrbelastungen durch frühere Tätigkeit in anderem MS vgl. BSG, Vorlagebeschluß v. 13.5.98, B 8 KN 17/96 R). Gegenstand der Maßnahmen
nach Art. 42 ist lediglich die **Koordinierung der mitgliedstaatlichen Systeme**, nicht deren Angleichung; dennoch kann sich bereits unmittelbar aus
Art. 42 die Verpflichtung der nationalen Behörden und Gerichte ergeben,
auch unterschiedslos geltende Vorschriften daraufhin zu überprüfen und gegebenenfalls unangewendet zu lassen, ob nicht von ihnen ein Hindernis für

die Freizügigkeit ausgehen kann (EuGH, C-165/91, a.a.O., Slg. 1994, I–4697, Rn. 30ff.). Die Bedeutung des Art. 42 (ex-Art. 51) und der zu dessen Durchführung erlassenen Normen wird nicht zuletzt durch den Umfang der zu dieser Materie ergangenen Rechtsprechung deutlich. Bis Ende 1998 waren es annähernd 400 Urteile.

2   Art. 42 überträgt dem Rat – Beteiligungsrechte von EP und WSA sind nicht vorgeschrieben – die Zuständigkeit, durch einstimmig zu beschließende Rechtsakte (dieser Abstimmungsmodus ist über alle Vertragsänderungen hinweg beibehalten worden) die „notwendigen Maßnahmen" auf dem Gebiet der sozialen Sicherheit für die Herstellung der Freizügigkeit der Arbeitnehmer zu ergreifen, die folgenden Mindestanforderungen (insbesondere) genügen müssen: den **Arbeitnehmern** und ihren **anspruchsberechtigten Angehörigen** ist „**die Zusammenrechnung** aller nach den verschiedenen innerstaatlichen Rechtsvorschriften berücksichtigten **Zeiten** für den Erwerb eines Leistungsanspruchs, seine Aufrechterhaltung sowie die Berechnung der Leistung zu sichern" (lit. a). Auf diese Weise werden Zeiten als potentiell anspruchsbegründend bzw. leistungserhöhend in Anrechnung gebracht, selbst wenn sie allein in dem MS ihrer Erbringung nicht notwendig einen Leistungsanspruch begründen.
Außerdem ist die Auszahlung der Leistungen an anspruchsberechtigte Personen zu sichern, wenn sie in einem anderen MS als dem leistungspflichtigen wohnen (lit. b). Dieser sogenannte „**Leistungsexport**" soll den Anspruchsberechtigten in erster Linie die Rückkehr in ihren Herkunftsstaat oder einen andern MS erleichtern. Durch die Ausführung dieser Elemente tritt eine Entterritorialisierung leistungsbegründender Tatbestandsmerkmale und der Leistungsbedingungen ein.

2. Ausführungsbestimmungen

3   Der Rat ist dem Rechtssetzungsauftrag des Art. 42 zunächst durch den Erlaß der VOen Nrn. 3 und 4 (ABl. 1958 30/561 bzw. 597) nachgekommen, die zum 1.1.59 in Kraft traten. Sie wurden durch die VO (EWG) 1408/71 und 574/72 (i.d.F. VO (EWG) 2001/83, ABl. 1983 L 230) mit Wirkung zum 1.10.72 abgelöst. Durch die VO (EWG) 1390/81 (ABl. 1981 L 143/1) wurde die VO 1408/71 auf Selbständige ausgedehnt. Die VO 1408/71 hat eine Reihe von Änderungen erfahren, eine konsolidierte Fassung wurde zuletzt im ABl. 1997 C 28/1 veröffentlicht. Die neueren Änderungen ergingen im Zusammenhang mit der Erweiterung der EU und der dadurch bedingten Anpassungen der VO 1408/71 sowie vor allem in Folge der Fortentwicklungen der nationalen Sozialversicherungssysteme (vgl. VO (EWG)

1945/93, ABl. 1993 L 181/1; VO (EG) 3095/95, ABl. 1995 L 335/1; VO
(EG) 1290/97, ABl. 1997 L 176/1; VO (EG) 1223/98, ABl. 1998 L 168/1).
Nachdem der EuGH im Urteil „Vougioukas" (EuGH, C-443/93, Slg. 1995,   **4**
I–4052, Rn. 31ff.) festgestellt hatte, daß aufgrund des Ausschlusses der besonderen Systeme der sozialen Sicherheit, wie sie in den Mitgliedstaaten
für **Beamte** gelten, eine „erhebliche Lücke" in der gemeinschaftsrechtlichen Koordinierung bestehe, und damit der Rat seiner Verpflichtung aus
Art. 42 (ex-Art. 51) nicht in vollem Umfang nachgekommen sei, erließ dieser die VO (EG) 1606/98 zwecks Einbeziehung der Sondersysteme für Beamte und ihnen gleichgestellte Personen (ABl. 1998 L 209/1; zur dadurch
revidierten Einbeziehung durch die VO (EG) 1290/97, vgl. a.a.O.). Zudem
wurden auch Studierende einbezogen (VO (EG) 307/1999, ABl. 1999 L
38/1). Zum Vorschlag für eine völlige Neufassung vgl. ABl. 1998 C
38/10.Die Ausdehnung des Anwendungsbereichs der VO 1408/71 auf
Staatsangehörige aus Drittstaaten ist bislang noch nicht erfolgt (vgl. zum
Vorschlag der Kommission ABl 1998 C 6/15; zur Rechtsprechung des
EGMR vgl. *Hailbronner*, JZ 1997, 397).

Schließlich hat der Rat mit dem Erlaß der RL 98/49/EG (ABl. 1998 L   **5**
205/46) Vorschriften zur **Wahrung ergänzender Rentenansprüche** von
Arbeitnehmern und Selbständigen, die innerhalb der Europäischen Gemeinschaft zu- und abwandern, eingeführt. Vorrangig sind diese dazu bestimmt, Lücken im Schutzsystem der anspruchsberechtigten Personen zu
schließen in bezug auf betriebliche oder in anderer Weise begründete Ansprüche (Art. 2, 3 lit. a und b).

Durch die aufgrund des Art. 42 erlassenen Rechtsakte wird **kein gemein-**   **6**
schaftsrechtliches Sozialversicherungssystem geschaffen. Es handelt
sich um **Koordinierungsvorschriften**, die grundsätzlich die mitgliedstaatlichen Systeme der sozialen Sicherheit unberührt lassen (EuGH, Rs. 41/84,
Pinna I, Slg. 1986, 1; Rs. 313/86, Lenoir, Slg. 1988, 5391) und lediglich gemeinschaftsrechtliche Anknüpfungen zur Verbindung der Systeme untereinander schaffen sowie bestimmte Mindestanforderungen aufstellen (s.
Rn. 2). Ein Leistungsanspruch ergibt sich daher niemals allein aus Gemeinschaftsrecht, sondern immer nur in Verbindung mit mitgliedstaatlichem Recht. Die in der Form der VOen 1408/71 und 574/72 erlassenen
Durchführungsvorschriften gelten unmittelbar in allen MS (Art. 249, ex-
Art. 189). Bei sozialversicherungsrechtlichen Fallgestaltungen mit Aus-
landsberührung bestimmt das Gemeinschaftsrecht verbindlich die **anwend-**
bare Rechtsordnung (Art. 13–17a, 25 Abs. 2, 39, 71 u. 71a VO 1408/71).

II. Die Verordnung (EWG) Nr. 1408/71

1. Anwendungsbereich der Verordnung

7 Grundsätzlich sind die Rechtsvorschriften nur eines MS anwendbar (Art. 13 Abs. 1; EuGH, Rs. 60/85, Luijten, Slg. 1986, 2365; C-60/93, Aldewereld, Slg. 1994, I–2991). Ausnahmen gelten nur bei gleichzeitiger Tätigkeit in mehreren MS in abhängiger und/oder selbständiger Arbeit (Art. 14c, 14f.). Anwendbare Rechtsordnung ist regelmäßig die des **Beschäftigungsstaates** (Art. 13 Abs. 2 lit. a u. b; EuGH, Rs. 302/84, Ten Holder, Slg. 1986, 1821); zu Ausnahmen vgl. EuGH, C-198/90, Kommission/Niederlande, Slg. 1991, I–5799; C-57/90, Kommission/Frankreich, Slg. 1992, I–75; C-253/90, Kommission/Belgien, Slg. 1992, I–531; C-425/93, Calle Grenzshop, Slg. 1995, I–269 – zu Art. 14 Abs. 2 lit. b Ziffer i); C-308/94, Naruschawicus, Slg. 1996, I–3419, Rn. 19 – Art. 13 Abs. 2 lit. d; C-275/96, Kuusijärvi, Slg. 1998, I–3419, Rn. 28ff. – Arbeitnehmer, der nach Beendigung seiner Beschäftigung in einen anderen MS umzog, Art. 13 Abs. 2 lit. f.). **Drittstaatsberührungen** werden von der VO 1408/71 nicht erfaßt. Sie können nur dann in Betracht gezogen werden, wenn sie durch die einschlägige nationale Regelung Berücksichtigung finden (EuGH, Rs. 82 u. 103/86, Laborero u. Sabato, Slg. 1987, 3401).

a) Räumlicher Anwendungsbereich

8 Die VO 1408/71 enthält keine Regelung über ihren **räumlichen Anwendungsbereich.** Es ist deshalb die allgemeine Regel des Art. 299 (ex-Art. 227) maßgeblich. Danach gilt sie in den Hoheitsgebieten der MS (Abs. 1). Hinsichtlich der überseeischen französischen Departemente (Art. 299 Abs. 2, ex-Art. 227) hat der Rat zwar keine ausdrückliche Erklärung zur Einbeziehung der auf der Grundlage des Art. 42 erlassenen Rechtsakte abgegeben (anders für die Art. 39, 40 – s. Art. 39 Rn. 1). Gemäß dem Urteil in der Rechtssache „Hansen" (EuGH, Rs. 148/77, Slg. 1978, 1787, Rn. 8-12) ist jedoch ohne weiteres von der Geltung des vertraglichen und des abgeleiteten Gemeinschaftsrechts in den überseeischen Departementen auszugehen, wenngleich der Erlaß von Sondermaßnahmen möglich bleibt (Rn. 12 des Urteils).

b) Zeitlicher Anwendungsbereich

9 Das Inkrafttreten der VO 1408/71 am 1.10.72 ist für deren **zeitliche Geltung** insofern maßgeblich, als sie keine Ansprüche für Zeiten vor diesem

Datum begründet (Art. 94 Abs. 1 VO 1408/71). Für die Feststellung der Leistungsansprüche sind jedoch vorher zurückgelegte Zeiten zu berücksichtigen (Art. 94 Abs. 2 VO 1408/71). Die Vorschrift sichert die Kontinuität bei der Behandlung von sozialversicherungsrechtlichen Sachverhalten, soweit die VO 1408/71 an die Stelle der VO Nr. 3 getreten ist und zwischenstaatliche **Sozialversicherungsabkommen** ersetzt (Art. 6 VO 1408/71). Nur ausnahmsweise kann ein solches Abkommen Anwendung finden, wenn der Betroffene durch die Anwendung der VO 1408/71 schlechter gestellt würde (EuGH, C-227/89, Rönfeldt, Slg. 1991, I–323). Die Heranziehung eines solchen Abkommens setzt jedoch weiter voraus, daß der Arbeitnehmer von seinem Freizügigkeitsrecht bereits vor Inkrafttreten der VO 1408/71 Gebrauch gemacht hatte (EuGH, C-475/93, Thévenon, Slg. 1995, I–3813, Rn. 23; C-31/96, C-32/96 und C-33/96, Naranjo Arjona u.a., Slg. 1997, I–5501, Rn. 26; C-113/96, Gomez Rodriguez u.a., Slg. 1998, I–2461; zur Unanwendbarkeit eines Abkommens zwischen einem MS und einem Drittstaat vgl. EuGH, C-23/92, Grana-Novoa, Slg. 1993, I–4505). Im Geltungsbereich der VO 1408/71 zulässigerweise anwendbare Abkommen (Art. 7 Abs. 2 c, 8) gelten für alle in den Anwendungsbereich der VO 1408/71 fallende Personen (Art. 3 Abs. 3, s.u. Rn. 11f.). Ist bereits bei der ersten Leistungsberechnung ein Vergleich der Vorschriften der VO 1408/71 und des einschlägigen Abkommens vorgenommen und die VO 1408/71 als die günstigere Regelung herangezogen worden, kann nicht ein stets aktueller Vergleich bei Änderung der persönlichen Lage des Betroffenen verlangt werden (EuGH, C-113/96, a.a.O., Slg. 1998, I–2461, Rn. 46f.).

Die **Neuberechnung** von Leistungen nach Inkrafttreten der VO 1408/71 **10** zugunsten und auf Antrag der Betroffenen ist möglich (Art. 94 Abs. 5; EuGH, 32/76, Saieva, Slg. 1976, 1523), nicht jedoch von Amts wegen (EuGH, C- 307/96, Baldone, Slg. 1997, I–5123; C-366/96, Cordelle, Slg. 1998, I–583, Rn. 16, im Hinblick auf den durch VO 1248/92 eingefügten Art. 95a Abs. 4). Etwas anderes gilt für die Neuberechnung wegen Veränderung der persönlichen Verhältnisse (EuGH, Rs. 83/87, Viva, Slg. 1988, 2521).

c) Sachlicher und persönlicher Anwendungsbereich

aa) Sachlicher Anwendungsbereich

Der **sachliche** sowie der **persönliche** Anwendungsbereich der Vorschriften **11** über die soziale Sicherheit wird durch die VO 1408/71 bestimmt. Selbst wenn theoretisch eine von den existierenden Vorschriften abweichende Regelung zulässig und denkbar wäre, ist für die Praxis allein von den Bedin-

gungen und Grenzen der VO 1408/71 in der durch die Rechtsprechung des
EuGH gegebenen Formen auszugehen.

12 Der **Begriff der sozialen Sicherheit** wird weder im Vertrag noch im abgeleiteten Recht definiert. Der EuGH hat zu diesem Begriff vornehmlich im
Rahmen der Abgrenzung zwischen den von der VO 1408/71 erfaßten Vorschriften über Zweige der sozialen Sicherheit (Art. 4 Abs. 1) und der von
der VO 1408/71 ausgeschlossenen Sozialhilfe (Art. 4 Abs. 4) Stellung genommen. Es handelt sich um einen autonomen Rechtsbegriff des Gemeinschaftsrechts, der im wesentlichen durch den sachlichen Anwendungsbereich der VO 1408/71 ausgefüllt wird. Nach der neueren Rechtsprechung
kommt es zur Bestimmung des sachlichen Anwendungsbereichs der VO
1408/71 darauf an, ob eine Leistung u.a. einen Bezug zu einem der in Art. 4
Abs. 1 erschöpfend aufgezählten **Risiken** hat (EuGH, C-25/95, Otte, Slg.
1996, I–3745, Rn. 22; Rs. 249/83, Hoeckx, Slg. 1985, 973; Rs. 122/84,
Scrivner, Slg. 1985, 1027; Rs. 379–381/85 u. 93/86, Gilletti, Slg. 1987,
955; Rs. 147/87, Zaoui, Slg. 1987, 5511; C-356/89, Stanton, Slg. 1991,
I–3017; C-311/91, Kommission/Luxemburg, Slg. 1993, I–817; Rs. 65/92,
Levatino, Slg. 1993, I–2005).

13 Die in Art. 4 Abs. 1 genannten **Leistungsarten** sind folgende:
   a) Leistungen bei Krankheit und Mutterschaft,
   b) Leistungen bei Invalidität einschließlich der Leistungen, die zur Erhal-
       tung oder Besserung der Erwerbsfähigkeit bestimmt sind,
   c) Leistungen bei Alter,
   d) Leistungen an Hinterbliebene,
   e) Leistungen bei Arbeits- und Berufskrankheiten,
   f) Sterbegeld,
   g) Leistungen bei Arbeitslosigkeit,
   h) Familienleistungen.

14 Für die **Einordnung einer Leistung** in eine der Kategorien kommt es auf
ihre Wesensmerkmale, Zweckbestimmungen und die Voraussetzungen ihrer
Gewährung an (EuGH, Rs. 249/83, a.a.O., Slg. 1985, 973; Rs. 122/84,
a.a.O., Slg. 1985, 1027; Rs. 375/85, Campana, Slg. 1987, 2387; C-78/91,
Hughes, Slg. 1992, I–4839; C-66/92, Acciardi, Slg. 1993, I–4567; C-
160/96, Molenaar, Slg. 1998, I–843, Rn. 19; dazu: *Zuleeg*, DVBl. 1997,
445; *Eichenhofer*, NZA 98, 742; *Füßer*, NJW 98, 1762).

15 Gemäß Art. 5 VO 1408/71 geben die **MS** in **Erklärungen** jeweils die
Rechtsvorschriften und Systeme an, die unter Art. 4 Abs. 1 fallen. Die Benennung einer Leistung bewirkt nach der Rechtsprechung des EuGH
(EuGH, Rs. 35/77, Beerens, Slg. 1977, 2249; Rs. 237/78, Toia, Slg. 1979,
2645) unmittelbar deren Zugehörigkeit zu den Leistungen der sozialen Si-

cherheit, wohingegen eine Leistung, auch ohne genannt zu sein, in den Anwendungsbereich der VO 1408/71 fallen kann (EuGH, Rs. 35/77, a.a.O., Slg. 1977, 2249; Rs. 70/80, Vigier, Slg. 1981, 229). In die Beurteilung der Zugehörigkeit zu einer von der VO 1408/71 erfaßten Leistungsart können im Rahmen der Auslegung der VO systematische Überlegungen dahingehend einfließen, ob und inwieweit eine Leistung die Ausübung der Freizügigkeit beeinflussen kann (EuGH, Rs. 254/84, De Jong, Slg. 1986, 671; Rs. 284/84, Spruyt, Slg. 1986, 685; Rs. 43/86, De Rijke, Slg. 1987, 3611, Rn. 13).

bb) Wechselwirkungen zwischen sachlichem und persönlichem Anwendungsbereich

Der sachliche Anwendungsbereich der Vorschrift kann durch deren persön- **16** lichen Anwendungsbereich beeinflußt werden. Es sind Wechselwirkungen beider Bereiche möglich (vgl. Schlußanträge GA *Lenz* in der Rs. C-310/91, Hugo Schmid, Slg. 1993, I–3011, 3022; s.u. Rn. 17f.). Vor allem in Grenzbereichen von Leistungen der sozialen Sicherheit und Sozialhilfe kann es für die Einordnung der Leistung auf die konkrete Situation des Anspruchstellers ankommen. Die vor allem in der früheren Rechtsprechung gewählten Abgrenzungskriterien, gemäß deren eine Leistung dann keine der sozialen Sicherheit ist, wenn keinerlei Berufstätigkeits-, Mitgliedschafts- oder Beitragszeiten gefordert werden, eine Bedürftigkeitsprüfung im Einzelfall stattfindet und dem Betroffenen keine gesetzlich umschriebene Stellung eingeräumt wird (EuGH, Rs. 1/72, Frilli, Slg. 1972, 457; Rs. 24/74, Biason, Slg. 1974, 999; Rs. 79/76, Fossi, Slg. 1977, 667; Rs. 139/82, Piscitello, Slg. 1983, 1427; Rs. 379–381/85 u. 93/86, Gilletti, Slg. 1987, 955; Rs. 147/87, Zaoui, Slg. 1987, 5511; Rs. 9/78, Gillard, Slg. 1978, 1661; Rs. 207/78, Even, Slg. 1979, 2019; EuGH, C-160/96, a.a.O., Slg. 1998, I–843, Rn. 20), ist schon insofern nicht ganz unproblematisch, als häufig – jedenfalls in Deutschland – auch auf Sozialhilfeleistungen ein Rechtsanspruch besteht. Im übrigen fallen gemäß Art. 4 Abs. 2a der VO 1408/71 ausdrücklich auch beitragsfreie Systeme in ihren sachlichen Anwendungsbereich (vgl. zu den diesbezgl. Sonderregelungen, insbes. zum Verhältnis von Art. 10a zu Art. 10 der VO 1408/71 EuGH, C-297/96, Partridge, Slg. 1998, I–3467; C-20/96, Snares, Slg. 1997, I–6057). Schließlich ist darauf hinzuweisen, daß sich eine Leistung, die sich – ggf. aufgrund der persönlichen Situation des Betroffenen – nicht als eine der sozialen Sicherheit einordnen läßt, eine soziale Vergünstigung i.S.d. Art. 7 Abs. 2 der VO 1612/68 darstellen kann (EuGH, Rs. 1/72, a.a.O., Slg. 1972, 457 u. EuGH, Rs. 122/84, a.a.O., Slg. 1985, 1027).

cc) Persönlicher Anwendungsbereich

17 Den persönlichen Geltungsbereich der VO 1408/71 regelt Art. 2. Die VO
1408/71 gilt danach zunächst – wie von Art. 42 vorgesehen – für **Arbeitnehmer**, die Staatsangehörige eines MS sind und deren **Familienangehörige** (s.u. Rn. 20). Der Verlust der Staatsangehörigkeit muß nicht notwendig zum Verlust der Berechtigtenstellung führen, wenn der Arbeitnehmer sie nur während seiner zurückgelegten Beschäftigungszeiten innehatte
(EuGH, Rs. 10/78, Belbouab, Slg. 1978, 1915; C-105/89, Bouhari Haji,
Slg. 1990, I–4211). Außerdem gilt die VO 1408/71 seit 1982 (VO 1390/81)
auch für **Selbständige** (EuGH, Rs. 300/84, Van Roosmalen, Slg. 1986,
3097; für Selbständigen, der seine Erwerbstätigkeit zur Hälfte in einem anderen MS ausübt vgl. EuGH, C-121/92, Zinnecker, Slg. 1993, I–5023; für
Selbständigen mit zusätzlicher Tätigkeit für GmbH, deren Direktor und Al-
leingesellschafter er war vgl. EuGH, C-340/94, De Jaeck, Slg. 1997, I–495)
und deren **Familienangehörige**. Sie gilt ferner für Hinterbliebene beider
Personengruppen. Sind diese Staatsangehörige eines MS oder wohnen sie
als Staatenlose oder Flüchtlinge im Gebiet eines MS, so haben sie eine Berechtigtenstellung unabhängig von der Staatsangehörigkeit des Arbeitnehmers oder Selbständigen (EuGH, C-131/96, Mora Romero, Slg. 1997,
I–3659, Rn. 23, Art. 2 Abs. 2). Die VO 1408/71 gilt schließlich aufgrund ihrer jüngsten Änderung durch die VO (EG) 1606/98 (s. Rn. 3) de lege lata
auch für **Beamte** und ihnen Gleichgestellte, die im System des Vertrages als
Arbeitnehmer angesehen werden (s. a. EuGH, C-71/93, Van Poucke, Slg.
1994, I–1101), sowie für Studierende (s. Rn. 4).

18 Der Arbeitnehmerbegriff des Art. 42 EGV ist nicht identisch mit dem des
Art. 39 (ex-Art. 48). Es handelt sich vielmehr um einen **sozialversicherungsrechtlichen Arbeitnehmerbegriff**, der in Art. 1 lit. a VO 1408/71 definiert wird. Erfaßt werden danach Personen, „die gegen ein Risiko oder gegen mehrere Risiken, die von den Zweigen eines Systems der sozialen Sicherheit für Arbeitnehmer oder Selbständige erfaßt werden, pflichtversi-
chert oder freiwillig weiterversichert sind"; (zur freiwilligen Versicherung
vgl. EuGH, 82 u. 103/86, Laborero u. Sabato, Slg. 1987, 3401; Rs. 368/87,
Troiani, Slg. 1989, 1333; zur Konkretisierung der Begriffe „Arbeitnehmer"
und „Selbständiger" durch die Wendung „Person, die eine abhängige Beschäftigung" (Art. 14c Abs. 1 lit. b) bzw. „eine selbständige Tätigkeit" (Art.
14a Abs. 2) ausübt und ihrer Bestimmung durch die Rechtsvorschriften der
Mitgliedstaaten vgl. EuGH, C-340/94, a.a.O., Slg. 1997, I–495; C-221/95,
Hervein, Slg. 1997, I–609). Besonderheiten, die hinsichtlich der Systeme
gelten, die die gesamte Bevölkerung betreffen, werden in Art. 1 lit. a Zif-

fern ii) – iv) geregelt. Der Arbeitnehmer muß dann von den anderen Berechtigten unterschieden werden können. Begünstigt kann auch eine Person sein, die nicht (mehr) in einem Beschäftigungsverhältnis steht (EuGH, Rs. 17/76, Brack, Slg. 1976, 1429; Rs. 182/78, Pierick II, Slg. 1979, 1977; Rs. 82 u. 103/86, a.a.O., Slg. 1987, 3401; C-194/96, Kulzer, Slg. 1998, I–895, Rn. 26). Die Arbeitnehmereigenschaft geht selbst dann nicht verloren, wenn die Person bei Eintritt des Versicherungsfalles keine Beiträge entrichtete oder die für einen Anschluß an das System erforderlichen Schritte nicht unternommen hat (EuGH, Rs. 143/79, Walsh, Slg. 1980, 1639; Rs. 39/76, Mouthaan, Slg. 1976, 1901).

Es ist Sache der **MS** festzulegen, unter welchen Voraussetzungen eine Person einem **System der sozialen Sicherheit beitreten** kann oder muß (EuGH, Rs. 110/79, Coonan, Slg. 1980, 1445; Rs. 275/81, Koks, Slg. 1982, 3013; Rs. 254/84, De Jong, Slg. 1986, 671 Rn. 13; Rs. 43/86, a.a.O., Slg. 1987, 3611, Rn. 12; Rs. 368/87, a.a.O., Slg. 1989, 1333, Rn. 21), ebenso die Voraussetzungen zur **Beendigung der Zugehörigkeit** (EuGH, Rs. 276/78, Brunori, Slg. 1979, 2705; Rs. 43/86, a.a.O., Slg. 1987, 3611). Eine Wohnsitzvoraussetzung kann der Person allerdings nicht entgegengehalten werden, wenn sie eine Beschäftigung im Lohn- und Gehaltsverhältnis ausübt (EuGH, C-2/89, Kits van Heijningen, Slg. 1990, I–1769, Rn. 21; zum Eingreifen einer Wohnsitzvoraussetzung: EuGH, C-245/88, Daalmeijer, Slg. 1991, I–555, Rn. 9; C-275/96, Kuusijärvi, Slg. 1998, I–3419, Rn. 34). **19**

Die Stellung der **Familienangehörigen** wird durch ihre von einem Arbeitnehmer oder Selbständigen abgeleitete Stellung charakterisiert. Sie können daher durch die Vermittlung der VO 1408/71 ausschließlich solche Ansprüche geltend machen, die ihnen in ihrer von der begünstigten Person abhängigen Position zustehen (für Kinder vgl. EuGH, Rs. 157/84, Frascogna, Slg. 1985, 1739; Rs. 94/84, Deak, Slg. 1985, 1873 – auch mit Drittstaatsangehörigkeit; EuGH, Rs. 147/87, Zaoui, Slg. 1987, 5511; C-243/91, Taghavi, Slg. 1992, I–4401; Rs. 310/91, Schmid, Slg. 1993, I–3011; für Ehegatten EuGH, C-78/91, Hughes, Slg. 1992, I–4839). Die besagte Einschränkung wurde durch den EuGH dahingehend konkretisiert, daß von ihr nur die Fälle erfaßt werden, in denen sich der Angehörige auf ausschließlich für Arbeitnehmer geltende Bestimmungen zur Anspruchsbegründung beruft (EuGH, C-308/93, Cabanis-Issarte, Slg. 1996, I–2097, Rn. 34 mit Anmerkung *Moore*, CMLR 34 (1997), 727; C-245/94 und C-312/94, Hoever und Zachow, Slg. 1996, I–4895, Rn. 32f.). Der persönliche Anwendungsbereich kann durch Anwendung einer verdrängenden Definition unter Rückgriff auf Anhang I, auf den Art. 1 lit. a Ziffern ii) und iii) verweisen, eingeschränkt werden (vgl. EuGH, C-194/96, a.a.O., Slg. 1998, I–895, Rn. 35). **20**

2. *Allgemeine Anwendungsgrundsätze*

21 Im Rahmen der allgemeinen Vorschriften der VO 1408/71 (Titel I) sind folgende **Grundsätze** hervorzuheben: 1. der **Gleichbehandlungsgrundsatz** gemäß Art. 3 (s.u. Rn. 22), 2. die Aufhebung der Wohnortklauseln für die Gewährung der Leistungen gemäß Art. 10 – **Leistungsexport** – (s.u. Rn. 23). 3. die **Antikumulierungsvorschrift** nach Art. 12 (s.u. Rn. 24) und 4. das Prinzip der **Zusammenrechnung** leistungsbegründender Zeiten (sog. „pro-rata-temporis-Grundsatz") nach Art. 42 lit. a EGV (s.u. Rn. 25).

a) Diskriminierungsverbot

22 Eines der grundlegenden Strukturprinzipien ist das **Diskriminierungsverbot** aus Gründen der Staatsangehörigkeit gemäß Art. 3 VO 1408/71 (EuGH, C-10/90, Masgio, Slg. 1991, I–1119; C-307/89, Kommission/Frankreich, Slg. 1991, I–2903; Rs. 33/88, Allué I, Slg. 1989, 1591). Es konkretisiert den Gleichbehandlungsgrundsatz des Art. 12 (ex-Art. 6) für den Bereich der sozialen Sicherheit. Die Spezialvorschrift unterstreicht ebenso wie Art. 7 Abs. 2 der VO 1612/68 die Bedeutung der Inländergleichbehandlung für die Freizügigkeit der Personen und deren Integration. Der Gleichbehandlungsgrundsatz im Bereich der Sozialleistungen verbietet – ebenso wie in seinen allgemeinen Ausprägungen – sowohl **unmittelbare** als auch **mittelbare Diskriminierungen** (EuGH, Rs. 41/84, Pinna I, Slg. 1986, 1; Rs. 313/86, Lenoir, Slg. 1988, 5391; C-349/87, Paraschi, Slg. 1991, 4501). Gemäß der Rechtsprechung des EuGH liegt eine **versteckte Diskriminierung** dann vor, wenn mitgliedstaatliche Regelungen die Leistungsgewährung ohne rechtfertigenden Grund von Bedingungen oder Kriterien abhängig machen, die es zuwandernden Arbeitnehmern im Gegensatz zu eigenen Staatsangehörigen praktisch unmöglich machen, in den Genuß der Leistung zu kommen. Ein die Diskriminierung bewirkendes verbotenes Kriterium kann beispielsweise die Anknüpfung an den Wohnsitz sein (EuGH, Rs. 41/84, a.a.O., Slg. 1986, 1; C-2/89, a.a.O., Slg. 1990, I–1769; C-326/90, Kommission/Belgien, Slg. 1992, 5517). Keine Vergleichbarkeit der Sachverhalte liegt vor hinsichtlich des Erstattungsanspruchs von Pflichtbeiträgen anläßlich des Beitritts zu einem Versorgungssystem für Beamte in einem anderen MS (vgl. EuGH, C-28/92, Leguaye-Neelsen, Slg. 1993, I–6857).

b) Leistungsexport

23 Ein über die Inländergleichbehandlung hinausgehendes Recht gewährt der in Art. 42 angelegte, durch Art. 10 VO 1408/71 ausgeführte Grundsatz des

Leistungsexports. Bestimmte Geldleistungen, auf die der Berechtigte einen Anspruch erworben hat, müssen auch dann ausgezahlt werden, wenn er im Gebiet eines anderen MS wohnt als dem, in dem der zur Zahlung verpflichtete Träger seinen Sitz hat (EuGH, Rs. 284/84, Spruyt, Slg. 1986, 685; Rs. 379–381/85 u. 93/86, Gilletti, Slg. 1987, 955; Rs. 236/88, Kommission/Frankreich, Slg. 1990, I–3163 betreffend Zusatzrente; C-356/91, Stanton Newton, Slg. 1991, I–3017 zu Invalidenbeihilfen; C-160/96, Molenaar, Slg. 1998, I–843, Rn. 19 zum Pflegegeld). Die Aufhebung der Wohnortsklausel muß auch dann berücksichtigt werden, wenn der Anspruch bereits ohne Zusammenrechnung von Versicherungszeiten allein aufgrund der mitgliedstaatlichen Vorschriften besteht (EuGH, Rs. 32/77, Giuliani, Slg. 1977, 1857).

c) Kumulierungsverbot

Dadurch, daß die jeweils nach einem System zu berücksichtigenden Zeiten **24** allein nach mitgliedstaatlichem Recht bestimmt werden, ist eine Doppelbelegung für bestimmte Zeiträume möglich. Der Erwerb von mehreren gleichartigen Ansprüchen aus derselben Pflichtversicherungszeit widerspricht im Ergebnis dem durch die VO 1408/71 verfolgten Ziel, den Betroffenen so zu stellen, als hätte er die versicherungspflichtigen Zeiten nach **einem** System zurückgelegt. Art. 12 Abs. 1 enthält daher ein allgemeines Verbot des Zusammentreffens von Leistungen (**Kumulierungsverbot**), das jedoch nicht für Leistungen bei Invalidität, Alter, Tod oder Berufskrankheit gilt. Für diese Leistungen greifen **spezielle Antikumulierungsvorschriften** ein. Nach Art. 12 Abs. 2 werden **nationale Antikumulierungsvorschriften** ausdrücklich für anwendbar erklärt. Hinsichtlich der Doppelbelegung von Zeiten im Rahmen der Leistungen bei Krankheit und Mutterschaft (Art. 18), Invalidität (Art. 38), Alter und Tod (Art. 45, 64) sowie Arbeitslosigkeit (Art. 67) stellt Art. 15 der DurchführungsVO 574/72 zur VO 1408/71 eine Rangfolge der zu berücksichtigenden Zeiten auf. (Zur Rechtsprechung des EuGH und der nachfolgend vorgenommenen Anpassung der VO 1408/71 durch den Gemeinschaftsgesetzgeber in bezug auf die Rentenberechnung vgl. *Erhard*, a.a.O., Rn. 18).

d) Zusammenrechnung von Zeiten bei Leistungsbegründung und -berechnung

Für die Ermittlung der notwendigen Zeiten, die im Rahmen des Erwerbs **25** und der Aufrechterhaltung der Leistungsansprüche sowie deren Berechnung nach den mitgliedstaatlichen Systemen zur Voraussetzung der Leistungsgewährung gemacht werden, gilt der **pro-rata-temporis-Grundsatz**. Er wird lediglich grundlegend in Art. 42 eingeführt und erfährt seine Ausführung in unterschiedlicher Form durch spezielle Ausgestaltungen bei der Regelung der jeweiligen Leistungen (vgl. auch Rn. 21).

3. Die einzelnen Leistungsarten und ihre Besonderheiten

a) Krankheit und Mutterschaft (Art. 18–36 VO 1408/71)

26   Hinsichtlich der Leistungen bei **Krankheit und Mutterschaft** ist zunächst nach dem Ort des Versicherungsfalls zu unterscheiden. Die Vorschriften gehen vom Regelfall des Eintritts des Versicherungsfalles im Hoheitsgebiet des MS der Ansässigkeit des zur Leistung verpflichteten Trägers aus. Sie ziehen darüber hinaus den Eintritt des Versicherungsfalls in jedem anderen MS in Betracht (Art. 22 Abs. 1 lit. a). Für die Entscheidung darüber, wer welche Leistung an welchem Ort in Anspruch nehmen kann, ist außerdem nach der Natur der Leistung als **Sachleistung** oder **Geldleistung** zu unterscheiden. Zu den **Sachleistungen** gehören ambulante und stationäre Behandlungen sowie die Kostenübernahme für ärztliche Behandlungen und von Arzneimitteln. **Geldleistungen** sind demnach nur die Zahlungen, die keine Sachleistungen sind (Krankengeld, Lohnfortzahlung, Pflegegeld, Beiträge zur Krankenversicherung für Rentner). Ihnen kann damit der Charakter einer Ersatzleistung bspw. für den Verdienstausfall des erkrankten Arbeitnehmers zukommen (EuGH, Rs. 61/65, Vaassen-Göbbels, Slg. 1966, 583, 607), sie können aber auch allgemein den Zweck verfolgen, den Betroffenen durch Verbesserung des Lebensstandards zu unterstützen und dadurch krankheitsbedingte Mehraufwendungen auszugleichen (EuGH, C-160/96, Molenaar, Slg. 1998, I–843, Rn. 35). Geldleistungen sind grundsätzlich unabhängig von Wohn- oder Aufenthaltsort des Berechtigten vom zuständigen Träger nach dessen Vorschriften zu gewähren. In Ausnahmefällen kann der Träger des Wohn- oder Aufenthaltsstaats für Rechnung des zuständigen Trägers die Leistung gewähren (Art. 22 Abs. 1 Ziffer ii, 25 Abs. 1 lit. b). Ist die Leistung von der vorherigen Feststellung der Krankheit bzw. Arbeitsunfähigkeit abhängig, ist der zuständige Träger an die Feststellung des Trägers bzw. des behandelnden Arztes des Aufenthaltsstaats gebunden (EuGH, Rs. 22/86, Rindone, Slg. 1987, 1339; C-45/90, Paletta I, Slg. 1992, I–3423, vgl. dazu *Berenz*, DB 92, 2442 und *Abele*, EuZW 92, 482; EuGH, C-206/94, Palletta II, Slg. 1996, I–2357, Rn. 26f.). Der zuständige Träger behält jedoch das Recht, die Person durch einen Arzt seiner Wahl untersuchen zu lassen (Art. 18 Abs. 5 VO 574/72; EuGH, Rs. 22/86, a.a.O., Slg. 1987, 1339). Setzt die Gewährung der Leistung voraus, daß ei-

ne Erkrankung nicht bereits zum Zeitpunkt der Aufnahme in das Versicherungssystem bestanden hat, so sind auch nach den Rechtsvorschriften eines anderen MS zurückgelegte Versicherungszeiten zu berücksichtigen (EuGH, C-482/93, Klaus, Slg. 1995, I–3551).

Wohnt der Berechtigte im Gebiet eines anderen MS, erhält er Sachleistungen vom Träger dieses Staates für dessen Rechnung (Art. 19; EuGH, C-215/90, Twomey, Slg. 1992, I–1823; C-302/90, Faux, Slg. 1991, I–4875; C-451/93, Delavant, Slg. 1995, I–1545). Art. 22 regelt weitere Fallgruppen, in denen Leistungen in einem anderen MS zu erbringen sind als dem, in dem der zuständige Träger seinen Sitz hat: Erkrankung außerhalb des zuständigen Staates, d.h. bei dortigem Wohnort oder vorübergehendem Aufenthalt; Rückkehr in den Wohnstaat oder Wohnortwechsel in einen anderen als den zuständigen Staat bei bestehender Erkrankung; Notwendigkeit einer angemessenen Behandlung in einem anderen MS. In diesen Fällen ist grundsätzlich der vor Ort ansässige Träger nach dessen Regeln zur **Sachleistung** verpflichtet, der zuständige Träger ist erstattungspflichtig. Ähnlich verhält es sich bei Arbeitslosen, die sich zur Stellensuche in einem anderen MS aufhalten und ihren Familienangehörigen (Art. 25). Eine Sonderregelung gilt für Grenzgänger und deren Familienangehörige (Art. 20), die Sachleistungen wahlweise in ihrem Wohnsitzstaat oder Beschäftigungsstaat beanspruchen können. **27**

b) Arbeitsunfälle und Berufskrankheiten (Art. 52–63 VO 1408/71)

Die Vorschriften über **Arbeitsunfälle und Berufskrankheiten** weisen hinsichtlich der Unterscheidung von Sach- und Geldleistungen einerseits und zuständigem Staat und einem anderen Staat der Wohnung oder des Aufenthalts andererseits (Art. 52–55) Parallelitäten zu den Vorschriften über die Leistungsgewährung bei Krankheit auf. Darüber hinaus werden bestimmte anspruchsbegründende Tatbestandsmerkmale bei ihrer Verwirklichung in einem anderen MS als dem, in dem der zuständige Träger seinen Sitz hat, als erfüllt fingiert bzw. anerkannt (Wegeunfall, Art. 56; ärztliche Feststellung einer Krankheit, EuGH, Rs. 28/85, Deghillage, Slg. 1986, 991, Rn. 16; Ausübung bestimmter Tätigkeiten unterschieden nach ihrer Natur und Dauer, Art. 57 Abs. 2–4). Bei der Ausübung einer eine Berufskrankheit verursachenden Tätigkeit in mehreren MS, ist grundsätzlich der MS der letzten dieser Tätigkeiten leistungspflichtig (Art. 57 Abs. 1). Lediglich für sklerogene Pneumokoniose schreibt die VO 1408/71 eine anteilige Kostentragung vor (Art. 57 Abs. 5) mit der Möglichkeit, diese Regelung auf andere Fälle auszudehnen (Art. 57 Abs. 6). Eine anteilige Lastentragung ist auch bei der Verschlimmerung einer Berufskrankheit unter gewissen Umständen möglich (Art. 60). **28**

c) Invalidität (Art. 37–43 VO 1408/71)

29   Die Vorschriften über die **Leistungen bei Invalidität** haben im Zuge der VO 1248/92, die im wesentlichen eine Neuregelung der Antikumulierungsvorschriften im Bereich der Rentenberechnung (s.u. Rn. 32) zum Gegenstand hat, einige redaktionelle Änderungen erfahren. Art. 38, der die Anrechenbarkeit zurückgelegter Zeiten regelt, wurde zur Herstellung einer Übereinstimmung mit Art. 45, der eine vergleichbare Regelung für die Rentenberechnung enthält, dahingehend „präzisiert" (4. Erwägungsgrund der VO 1248/92), daß außer **Versicherungszeiten** auch **Wohnzeiten** angerechnet werden müssen. Im Rahmen der Vorschriften über die Feststellung der Leistung (Art. 39) wurde ein Verweis auf die für die Rentenberechnung maßgeblichen Vorschriften über das Vorgehen bei Zusammentreffen von Leistungen unterschiedlicher Art aufgenommen (Art. 39 Abs. 5).

30   Zu unterscheiden sind Vorschriften, nach denen die **Höhe** der Leistung von der **Dauer** zurückgelegter Zeiten **unabhängig** sind (Art. 37–39) und solche, deren Höhe von der Dauer der Versicherungs- oder Wohnzeit **abhängig** sind bzw. mit solchen der ersten Kategorie zusammentreffen (Art. 40 u. Anhang IV A: Belgien, Frankreich, Spanien, Griechenland, Irland, Niederlande, Vereinigtes Königreich). Gelten für den Betroffenen lediglich Vorschriften des ersten Typs, so ist der Träger des MS, dessen Rechtsvorschriften zum Zeitpunkt des Eintritts von Arbeitsunfähigkeit mit anschließender Invalidität anzuwenden waren, leistungspflichtig (Art. 39; EuGH, C-302/90, Faux, Slg. 1991, I–4875; C-287/92, Toosey, Slg. 1994, I–279, Rn. 14; C-12/93, Drake, Slg. 1994, I–4337). Die Zurücklegung anrechenbarer Versicherungs- oder Wohnzeiten bleibt von Bedeutung für Erwerb, Aufrechterhaltung oder Wiederaufleben eines Leistungsanspruchs. Gelten für den Betroffenen hingegen Vorschriften, nach denen zurückgelegte Zeiten auch für die **Höhe** des Leistungsanspruchs von Bedeutung sind bzw. treffen beide Regelungstypen zusammen, dann erfolgt die Leistungsberechnung in entsprechender Anwendung der Vorschriften zur Rentenberechnung (Art. 40 i.V.m. Art. 44–51; EuGH, C-199/88, Cabras, Slg. 1990, I–1023; C-193/92, Bogana, Slg. 1993, I–755; C-406/93, Reichling, Slg. 1994, I–4061; C-251/94, Lafuente Nieto, Slg. 1996, I–4187; C-31/96, C-32/96 und C-33/96, Naranjo Arjona u.a., Slg. 1997, I–5501; C-248/96, Grahame und Hollanders, Slg. 1997, I–6407). Dabei ist die Entscheidung eines Trägers über die Invalidität des Antragstellers dann auch für den Träger eines anderen MS **verbindlich**, wenn die Übereinstimmung der Tatbestandsmerkmale der Invalidität in Anhang V (Belgien, Frankreich, Italien, Luxemburg) festgestellt worden ist (Art. 40 Abs. 4). Ansonsten prüft der zuständige Träger eigenständig das Vorliegen des Versicherungsfalles (zu den Bedingungen einer medizinischen Kontrolle durch den zuständigen Träger EuGH, C-344/89, Vidal, Slg. 1991, I–3245; C-279/97, Voeten, noch nicht in amtl. Slg. **Sonderregelungen** gelten bei Wiedergewährung ruhender oder entzogener Leistungen (Art. 42) und Umwandlung von Leistungen bei Invalidität in Leistungen bei Alter (Art. 43; EuGH, C-275/91, Iacobelli, Slg. 1993, I–523).

d) Alter und Tod (Art. 44–51 VO 1408/71)

aa) Alters- und Hinterbliebenenrenten

Kapitel 3 der VO 1408/71 regelt die Leistungen bei **Alter und Tod.** Die **31** Vorschriften über die **Alters- und Hinterbliebenenrenten** erfuhren durch die VO 1248/92 eine Neuregelung, mit der weitgehend der Rechtsprechung des EuGH Rechnung getragen wurde – insbesondere hinsichtlich der beim Zusammentreffen von Leistungen anwendbaren Antikumulierungsvorschriften (vgl. u. Rn. 33). Die gemeinschaftlichen Regelungen der Rentenberechnung werden dominiert durch die Zusammenrechnung der Versicherungszeiten und deren Berechnungsmodalitäten. Der zuständige Träger ist demnach verpflichtet, sämtliche auch in einem anderen MS zurückgelegte Versicherungs- und Wohnzeiten für den Erwerb, die Aufrechterhaltung oder das Wiederaufleben eines Rentenanspruchs zu berücksichtigen (Art. 45, vgl. aber EuGH, C-146/93, McLachlan, Slg. 1994, I–3229 – Nichterreichen des Rentenalters in einem MS). Grundsätzlich werden keine Unterschiede gemacht, ob die Zeiten in einem allgemeinen oder in einem Sondersystem zurückgelegt wurden, es sei denn, ein MS verlangt für die Gewährung bestimmter Leistungen die Erbringung von Versicherungszeiten ausschließlich in einem Beruf oder einer Beschäftigung, für die ein Sondersystem gilt. Dann muß eine Entsprechung der in einem anderen MS geleisteten Zeiten vorliegen (Art. 45 Abs. 2 u. Abs. 3). Eine Neuregelung (anders vorher EuGH, Rs. 58/87, Rebmann, Slg. 1988, 3467) bringt Art. 45 Abs. 6 insofern, als für Grenzgänger Zeiten der Vollarbeitslosigkeit, während deren Leistungen vom Träger des Wohnstaats gewährt wurden, auch rentenrechtlich von diesem zu berücksichtigen sind.

bb) Berechnung

Die Gemeinschaftsregelung geht grundsätzlich davon aus, daß alle betei- **32** ligten Versicherungsträger anteilig für die Rente aufkommen müssen. Zur Bestimmung des jeweils geschuldeten Betrags sind komplizierte Berechnungen anzustellen (Art. 46 u. 46 a-c). Zunächst ist der Betrag der allein unter Anwendung der mitgliedstaatlichen Vorschriften und der allein unter diesem System abgeleisteten Zeiten zu errechnen (**autonome Rente** bzw. **selbständige Leistung** gemäß Art. 46 Abs. 1; EuGH, Rs. 58/84, Romano, Slg. 1985, 1679; Rs. 117/84, Ruzzu, Slg. 1985, 1697; Rs. 342/88, Spits, Slg. 1990, I–2259 Rn. 11 u. 12; C-325/93, Del Grosso, Slg. 1995, I–939; eine externe Antikumulierungsvorschrift darf bei dieser Berechnung nicht angewendet werden, EuGH, Rs. 296/84, Sinatra, 1986, 1047; C-31/92, Lavsy, Slg. 1993, I–4543). Sodann wird eine Berechnung auf der hypothetischen Grundlage der Erbringung aller anrechenbaren Zeiten (Zeiten, die in einem Drittstaat abgeleistet wurden und nur aufgrund eines bilateralen Abkommens nach mitgliedstaatlichem Recht zu berücksichtigen sind, brauchen in den anderen MS nicht in Anrechnung gebracht zu werden, EuGH, Rs. 21/87, Borowitz, Slg. 1988, 3715) unter dem betreffenden System vorgenommen, deren Ergebnis im Verhältnis zu den effektiv geleisteten Zeiten gekürzt wird (**pro-rata-temporis-Berechnung** gemäß Art. 46 Abs. 2; zur Berechnung bei Zusammentreffen verschiedenartiger Modelle der Versicherung vgl. die Nachweise unter Rn. 30). Der Zusammenrechnung bedarf es nicht, wenn der Berechtigte gemäß Art. 46 Abs. 1 bereits Anspruch auf eine einer vollen Rente entsprechende autonome Leistung hat (EuGH, C-113/92, C-114/92 u. C-156/92, Fabrizzi, Slg. 1993, I–6707). Der Rentenanwärter hat gegen den Träger jedes beteiligten MS Anspruch auf den jeweils höheren Betrag der beiden Berechnungen (Art. 46 Abs. 3; EuGH, C-45/92 u. C-46/92, Lepore, Slg. 1993, I–6497, Rn. 17; zur Anwendbarkeit der günstigeren Regeln vgl. EuGH, Rs. 197/85, Stefanutti, Slg. 1987, 3855; C-5/91, Di Prinzio, Slg. 1992, I–897). Eine Abweichung gilt für den Fall der Ableistung berücksichtigungsfähiger Zeiten von weniger als einem Jahr, die ihrerseits nicht anwartschaftsbegründend wirken. Diese Zeiten werden von dem Träger eines anderen MS im Rahmen der zeitanteiligen Berechnung in Ansatz gebracht, so daß keine Zeiten verloren gehen (Art. 48). Die Berechnungen erfolgen jeweils auf der Grundlage mitgliedstaatlicher Vorschriften, wobei gegebenenfalls alle Kürzungs-, Ruhens- und Entziehungsbestimmungen zur Anwendung kommen (Art. 46 Abs. 3; EuGH, C-90/91 u. C-91/91, Di Crescenzo, Slg. 1992, I–3851; C-143/97, Slg. 1998, I–6365).

cc) Antikumulierungsvorschriften

33   Durch die im Ansatz unterschiedliche Ausgestaltung der Systeme der MS ist es trotz der Anwendbarkeit der innerstaatlichen Kürzungsvorschriften denkbar, daß eine Person im Ergebnis wesentlich höhere Rentenzahlungen beanspruchen kann, als ihr nach der Zurücklegung der gesamten Erwerbstätigkeit unter einem System zustünden. Die zur Vermeidung dieses Ergebnisses gemeinschaftsrechtlich ursprünglich aufgenommene **Antikumulierungsvorschrift** des Art. 46 Abs. 3, wurde vom EuGH bereits durch das Urteil „Petroni" (Rs. 24/75, Slg. 1975, 1149) für nichtig erklärt, soweit sie vorschreibt, daß die Kumulierung zweier in verschiedenen MS erworbenen Leistungen durch eine Kürzung der in einem MS allein nach dessen Rechtsvorschriften erworbenen Leistung beschränkt wird; zur Unanwendbarkeit der Vorschrift auf gleichzeitig erworbene Leistungsansprüche vgl. EuGH, C-31/92, Lavsy, Slg. 1993, I–4543). Die Anrechnungsvorschriften (s. Rn. 24) wurden daher wie folgt angepaßt: **Art. 46a** definiert zunächst die Leistungen gleicher und unterschiedlicher Art (Abs. 1 u. 2). Einbezogen wird zugleich die Rechtsprechung des EuGH zu Art. 12 (vgl. EuGH, C-366/96, Cordelle, Slg. 1998, I–583, Rn. 12ff.; C-98/94, Schmidt, Slg. 1995, I–2559, Rn. 27 – Leistungen gleicher Art). Sodann werden nur die Antikumulierungsvorschriften für anwendbar erklärt, die das Zusammentreffen inländischer mit **ausländischen** Leistungen regeln (Abs. 3 lit. a). Schließlich werden die Bedingungen für die Berechnung des abzugsfähigen Betrags festgelegt (Abs. 3 lit. b-c). **Art. 46b** verbietet die Anwendung der Antikumulierungsvorschriften auf proratisierte Renten (Abs. 1); deren Anwendung auf autonome Renten ist nur in den Grenzen des Abs. 2 möglich. **Art. 46c** regelt schließlich das Vorgehen bei Zusammentreffen unterschiedlicher Antikumulierungsvorschriften. (Zu den einzelnen Schritten bei der Rentenberechnung vgl. *Borchardt*, in *Dauses* D.II, Rn. 21ff.)

e) Sterbegeld (Art. 64–66 VO 1408/71)

Das **Sterbegeld** ist eine einmalige Zahlung im Todesfall (Art. 1 lit. v). Die **34** für den Erwerb, die Aufrechterhaltung oder das Wiederaufleben des Anspruchs maßgeblichen Zeiten sind durch Zusammenrechnung zu ermitteln (Art. 64). Der zuständige Träger ist auch dann zur Leistung verpflichtet, wenn der Tod in einem anderen MS eintritt oder Berechtigte in einem anderen MS wohnen (Art. 65). Verstirbt ein Rentner, der in einem anderen MS wohnt als dem, in dem der ihm zu Sachleistungen verpflichtete Träger seinen Sitz hat, so ist dieser Träger auch für die Zahlung des Sterbegelds zuständig (Art. 66).

f) Arbeitslosigkeit (Art. 67–71 VO 1408/71)

aa) Zuständiger Träger

Für **Leistungen bei Arbeitslosigkeit** – zu denen auch Leistungen zur Förderung **35** der beruflichen Fortbildung zählen (EuGH, Rs. 375/85, Campana,

Slg. 1987, 2387) – ist grundsätzlich der **Träger der letzten Beschäftigung** zuständig (Art. 67 Abs. 3; zu Ausnahmen vgl. Art. 71; EuGH, Rs. 192/87, Vanhaeren, Slg. 1988, 2411; C-131/95, Huijbrechts, Slg. 1997, I–1409; s. u. Rn. 37). Zu beachten ist, daß Leistungen bei Arbeitslosigkeit auch dann vorliegen, wenn dem Arbeitnehmer anläßlich seines Ausscheidens eine Abfindung gezahlt wurde, derentwegen sein Anspruch auf Arbeitslosenunterstützung ruht (EuGH, C-243/94, Rincon Moreno, Slg. 1996, I–1887). Sind der Anspruch auf Leistungen bei Arbeitslosigkeit sowie die Dauer ihrer Gewährung von Versicherungs- bzw. Beschäftigungszeiten abhängig, gilt der Grundsatz der Zusammenrechnung (Art. 67 Abs. 1, 2 u. 4; EuGH, Rs. 388/87, Warmerdam-Steggerda, Slg. 1989, 1203). Soweit für die Höhe der Leistungen das frühere Entgelt maßgeblich ist, ist das der letzten Beschäftigung ausschlaggebend (EuGH, C-201/91, Grisvard, Slg. 1992, I–5009), es sei denn, diese hätte weniger als vier Wochen gedauert (Art. 68). In diesem Fall wird eine theoretische Berechnung angestellt (Art. 68 Abs. 1; EuGH, Rs. 67/79, Fellinger, Slg. 1980, 535). Wird die Höhe der Leistung durch die Zahl der Familienangehörigen beeinflußt, sind auch die in einem anderen MS ansässigen zu berücksichtigen, als ob sie im Gebiet des zuständigen Staates wohnten (Art. 68 Abs. 2; EuGH, C-66/92, Acciardi, Slg. 1993, I–4567).

bb) Arbeitssuche in einem anderen MS

36 Der Leistungsberechtigte hat die Möglichkeit, den Leistungsanspruch zum Zweck der **Arbeitssuche** in einen anderen MS mitzunehmen (Art. 69, 70). Allerdings werden dafür enge Grenzen gezogen, was scheinbar im Widerspruch zu dem Grundsatz des Leistungsexports steht (s. Rn. 23). Der EuGH hat dennoch Zweifel an der Gültigkeit der Vorschriften zurückgewiesen mit der Begründung, die Einschränkungen seien als Kompensation der durch Art. 69 Abs. 1 gewährten Begünstigung zulässig (EuGH, Rs. 41/79 u. 121/79, Testa u. Maggio, Slg. 1980, 1979). Der Anspruch, zu dessen Aufrechterhaltung eine Reihe von Fristen und Meldepflichten zu beachten sind, besteht maximal (abgesehen von einer im Ermessen der Behörde stehenden Ausnahme nach Art. 69 Abs. 2 2. Satz) während drei Monaten, nach deren Verstreichen der Berechtigte in den zuständigen Staat zurückkehren muß, um nicht sämtlicher Ansprüche verlustig zu gehen (EuGH, C-272/90, Jan van Noorden, Slg. 1991, I–2543; C-62/91, Gray, Slg. 1992, I–2737; zu Sonderregelungen in Belgien vgl. Art. 69 Abs. 4, EuGH, C-163/90, Di Conti, Slg. 1990, I–1829; zum Zusammenhang mit Art. 25 vgl. EuGH, C-391/93, Perrota, Slg. 1995, I–2079 – Ausführlich zu Leistungen bei Arbeitslosigkeit *Waltermann/Janke*, DB 1998, 1030). Es ist zu trennen zwischen der Frage des Wiederauflebens des Anspruchs und der erneuten Anspruchsentstehung (EuGH, C-170/95, Spataro, Slg. 1996, I–2921).

cc) Sonderregelungen für Personen, bei denen Wohn- und Beschäftigungsstaat auseinanderfallen

Eine Sonderregelung für Arbeitslose, die während ihrer letzten Beschäfti- **37** gung in einem anderen als dem zuständigen Staat wohnten, trifft Art. 71. **Grenzgänger (Art. 1lit. b)** erhalten danach Leistungen bei **Kurzarbeit** und **vorübergehendem Arbeitsausfall im Beschäftigungsstaat** (Art. 71 Abs. 1 lit. a Ziffer i). In Abweichung von der allgemeinen Regel (Art. 13 Abs. 2 lit. a u. b, 67 Abs. 3) erhalten sie jedoch Leistungen bei **Vollarbeitslosigkeit** vom Träger des **Wohnstaats** (Art. 71 Abs. 1 lit. a Ziffer ii); EuGH, Rs. 1/85, Miethe, Slg. 1986, 1837; C-201/91, a.a.O., Slg. 1992, I–5009). Nimmt der Grenzgänger nach Eintritt der Arbeitslosigkeit Wohnung im vormaligen Beschäftigungsstaat, so kann er dessen Leistungen beanspruchen (EuGH, Rs. 145/84, Cochet, Slg. 1985, 801; C-131/95, a.a.O., Slg. 1997, 1409). **Arbeitnehmer, die nicht Grenzgänger sind** und dennoch die Voraussetzungen der Trennung von Beschäftigungs- und Wohnstaat erfüllen (Arbeitnehmer, die formal als Grenzgänger einzustufen sind, dabei aber das Zentrum ihrer persönlichen beruflichen Bindungen im Beschäftigungsstaat unterhalten, können ggf. unter Art. 71 Abs. 1 lit. d fallen (EuGH, Rs. 1/85, a.a.O., Slg. 1986, 1837), erhalten Leistungen bei **Kurzarbeit**, vorübergehendem **Arbeitsausfall** und **Vollarbeitslosigkeit** vom Träger des **Beschäftigungsstaats,** wenn und soweit sie sich der dortigen **Arbeitsvermittlung zur Verfügung** stellen. Dieses Merkmal ist erfüllt, wenn der Arbeitnehmer sich bei den zuständigen Stellen arbeitssuchend gemeldet und ihrer Kontrolle unterworfen hat; der Umstand der Beibehaltung der Wohnung in einem anderen MS steht dem gerade nicht entgegen (Art. 71 Abs. 1 lit. b Ziffer i); EuGH, C-308/94, Naruschawicus, Slg. 1996, I–207, Rn. 25ff. – Zu einer Vereinbarung zwischen Mitgliedstaaten über die Zuständigkeit gemäß Art. 17 vgl. EuGH, C-454/93, Van Gestel, Slg. 1995, I–1707). Hinsichtlich der Leistungen bei **Vollarbeitslosigkeit** steht diesen Personen insofern ein Wahlrecht zu, als sie die Leistungen des Wohnstaates (EuGH, Rs. 76/76, Di Paulo, Slg. 1977, 315; C-216/89, Reibold, Slg. 1990, I–4153) in Anspruch nehmen können, indem sie sich dessen Arbeitsverwaltung zur Verfügung stellen (Art. 71 Abs. 1 lit. b Ziffer ii); EuGH, Rs. 227/81, Aubin, Slg. 1982, 1991; Rs. 236/87, Bergemann, Slg. 1988, 5125; C-216/89, a.a.O., Slg. 1990, I–4153; C-102/91, Knoch, Slg. 1992, I–4341). Letztere Regelung dient dem Zweck, Leistungen bei Arbeitslosigkeit unter

Bedingungen zu gewähren, die für die Arbeitsplatzsuche am günstigsten sind (EuGH, Rs. 236/87, a.a.O., Slg. 1988, 5125; C-216/89, a.a.O., Slg. 1990, I–4153).

g) Familienleistungen (Art. 72–76 VO 1408/71)

aa) Begriff und Umfang

38 Familienleistungen sind gemäß Art. 1 lit u Ziffer i) alle Sach- und Geldleistungen, die zum Ausgleich von Familienlasten bestimmt sind (EuGH, Rs. 313/86, Lenoir, Slg. 1988, 5391; C-78/91, Hughes, Slg. 1992, I–4839) mit Ausnahme der in Anhang II aufgeführten besonderen Geburtsbeihilfen (in Frankreich, Belgien und Luxemburg). Kapitel 7 der „Familienleistungen" wurde durch die VO (EWG) 3427/89 (ABl. 1989 L 331/1) neu gefaßt. Durch die ÄnderungsVO wurden zum einen Selbständige in das Kapitel einbezogen (EuGH, C-114/88, Delbar, Slg. 1989, 4067). Zum anderen wurden bestimmte Vorgaben der Rechtsprechung des EuGH umgesetzt (vgl. dazu *Erhard*, Vorauflage, Art. 51 Rn. 31).

bb) Zuständiger Staat

39 Zuständig für die Gewährung von Familienleistungen ist grundsätzlich der **Beschäftigungsstaat** bzw. der **Staat, in dem Arbeitslosenleistungen erbracht werden**, und zwar auch dann, wenn die Familienangehörigen in einem anderen Staat wohnen; deren Wohnsitz wird im Beschäftigungsstaat fingiert (Art. 73, 74; EuGH, C-321/93, Imbernon Martinez, Slg. 1995, I–2821, Rn. 21). Weitere formelle Anforderungen für die Leistungsgewährung, etwa die Arbeitslosmeldung nach § 2 Abs. 4 BKKG und die Verfügbarkeit für die deutsche Arbeitsvermittlung können durch entsprechenden Sachverhalt in einem anderen MS erfüllt werden (EuGH, C-228/88, Bronzino, Slg. 1990, I–531; C-12/89, Gatto, Slg. 1990, I–557). Zur **Vermeidung ungerechtfertigter Kumulierung** von Leistungen des Beschäftigungsstats mit Leistungen des Wohnstaats der Angehörigen, die etwa dadurch ausgelöst werden können, daß ein Elternteil im Wohnstaat der Kinder ebenfalls einer Erwerbstätigkeit nachgeht, enthält Art. 76 i.V.m. Art. 10 der VO 574/72 eine **Prioritätsregel** (EuGH, Rs. 149/82, Robards, Slg. 1983, 1071; Rs. 104/84, Kromhout, Slg. 1985, 2205; C-119/91, McMenamin, Slg. 1992, I–6393). Die Leistungen des Beschäftigungsstaats werden danach zugunsten derer des Wohnstaats ausgesetzt, allerdings nur in der Höhe der dort beanspruchten Leistungen, so daß ein Anspruch auf den möglicherweise verbleibenden Unterschiedsbetrag bestehen bleibt (EuGH,

Rs. 153/84, Ferraioli, Slg. 1986, 1401; C-168/88, Dammer, Slg. 1989, 4553; Rs. 24/88, Michel Georges, Slg. 1989, 1905).

cc) Sonderregelungen

Eine **Sonderregelung für Familienbeihilfen für Kinder von Rentnern**   **40**
(EuGH, Rs. 313/86, Lenoir, Slg. 1988, 5391; C-251/89, Athanasopoulos, Slg. 1991, I–2797; C-186/90, Durighello, Slg. 1991, I–5773), die Gewährung von **Beihilfen für Waisen** (EuGH, Rs. 1/88, Baldi, Slg. 1989, 667; C-188/90, Doriguzzi-Zordanin, Slg. 1992, I–2039; C-218/91, Gobbis, Slg. 1993, I–701) und **Waisenrenten** (EuGH, Rs. 269/87, Ventura, Slg. 1988, 6411; C-131/96, Mora Romero, Slg. 1997, I–3659) enthält Kapitel 8 (Art. 77–79). Die Leistungen gewährt grundsätzlich der MS, nach dessen Vorschriften der Rentner seine Rente bezieht (im Regelfall der Wohnsitzstaat). Unter Umständen können Zusatzleistungen gefordert werden, zum Ausgleich etwaiger Differenzen zu den Leistungen, die der Berechtigte von einem anderen MS verlangen könnte (EuGH, Rs. 733/79, Laterza, Slg. 1980, 1915; Rs. 807/79, Gravina, Slg. 1980, 2205; präzisiert in EuGH, C-59/95, Bastos Moriana u.a., Slg. 1997, I–1071; C-113/96, Gomez Rodriguez u.a., Slg. 1998, I–2461).

h) Schlußbestimmungen

Die VO 1408/71 enthält abschließend eine Reihe von Vorschriften über die   **41**
verwaltungsmäßige Zusammenarbeit der Behörden der MS (Art. 84f.) und bestimmte, zu diesem Zweck geschaffene Einrichtungen (**Verwaltungskommission**, Art. 80, 81; zu den Aufgaben der Verwaltungskommission und der rechtlichen Tragweite ihrer Entscheidungen vgl. EuGH, Rs. 21/87, Borowitz, Slg. 1988, 3715; Rs. 236/87, Bergemann, Slg. 1988, 5125; Rs. 236/88, Kommission/Frankreich, Slg. 1990, I–3163; C-251/89, a.a.O., Slg. 1991, I–2797; C-102/91, Knoch, Slg. 1992, I–4341; C-201/91, Grisvard, Slg. 1992, I–5009; **besonderer Ausschuß** Art. 82, 83). Hervorzuheben ist Art. 86, der die Einreichung von Anträgen, Erklärungen und Rechtsbehelfen bei einer zuständigen Behörde eines anderen MS als dem zuständigen **fristwahrend** ermöglicht.

Kapitel 2. Das Niederlassungsrecht

Vorbemerkung zu Art. 43–48 (ex-Art. 52–58)

1   Das Kapitel über die Niederlassungsfreiheit (Art. 43–48, ex-Art. 52–58) bildet zusammen mit dem Kapitel „Die Arbeitskräfte" (Art. 39–51, ex-Art. 48–51) den Kernbereich der Regelung zur Verwirklichung der Freizügigkeit der Personen (Art. 3 lit. c) in der Gemeinschaft. Während das Kapitel über die Arbeitskräfte den Status der abhängig beschäftigten Personen regelt, umfaßt die Niederlassungsfreiheit die Rechtsstellung der selbständig Erwerbstätigen und Unternehmen. Beide Regelungen basieren auf denselben Grundsätzen, es existieren gleiche oder zumindest inhaltlich vergleichbare ausführende Regelungen auf diesen Gebieten und in der Rechtsprechung des EuGH finden sich häufig Verweise auf Urteile, die Vorschriften des jeweils anderen Kapitels zum Gegenstand hatten. In diesem Sinne wird vertreten, daß die **Personenverkehrsfreiheiten „dogmatische Zwillinge"** darstellten (*Nettesheim*, NVwZ 1996, 342; *Troberg* in GTE, Vorbem. zu den Art. 52–58, Rn. 1f., m.w.N.).

2   Ein Wesensmerkmal der Niederlassungsfreiheit ist das **Gebot zur Inländerbehandlung**. Seit Ende der Übergangszeit (31.12.1969) ist dieser Grundsatz unmittelbar anwendbar. Jedoch auch unterschiedslos angewendete mitgliedstaatliche Vorschriften, etwa zum Erwerb beruflicher Qualifikationen, dem Berufszugang oder der Ausübung bestimmter Tätigkeiten, können sich faktisch als Beschränkungen auswirken. Daher besteht im Grundsatz ein Verbot von Beschränkungen (Art. 43 [ex-Art. 52]), daneben eine Handlungspflicht zu deren Abbau und zur Erleichterung der Aufnahme und Ausübung selbständiger Tätigkeiten (Art. 47 [ex-Art. 57]). Als Instrument zur Verwirklichung dieser Ziele durch die Gemeinschaft steht den rechtsetzenden Organen die Richtlinie zur Verfügung (Art. 44, 47 [ex-Art. 54, 57]).

3   Durch den **Vertrag von Amsterdam** haben die Vorschriften über das Niederlassungsrecht zahlreiche Änderungen erfahren, die überwiegend redaktioneller Art sind. Vor allem wurden die Bezugnahmen auf das jeweils anwendbare Regime vor Ende oder während der Übergangszeit gestrichen (ex-Art. 52 Abs. 1 Satz 1, 54 Abs. 1 u. 2, 56 Abs. 2, 57 Abs. 2); aufgehoben wurde zudem ex-Art. 53, dem nach allgemeiner Ansicht nach Ablauf der Übergangszeit ohnehin keine eigenständige Bedeutung mehr zukam (vgl. *Erhard*, Vorauflage, Art. 53).

4   Für natürliche Personen setzt die Ausübung der Freiheit das Recht auf Einreise und Aufenthalt voraus. Gesellschaften werden den natürlichen Perso-

nen für die Zwecke der Ausübung einer wirtschaftlichen Tätigkeit gleichgestellt (Art. 48 [ex-Art. 58]). Die Freiheit der Niederlassung ist Voraussetzung dafür, daß Unternehmer den nach ökonomischen, sozialen und rechtlichen Aspekten günstigsten Standort frei wählen können.
Bereits **vor Abschluß des EWGV** wurde die Ausübung selbständiger Er-   5
werbstätigkeit von Angehörigen anderer Staaten durch **Niederlassungsver-
träge** vorgesehen. Die häufig bilateralen Verträge bleiben in ihren Wirkungen regelmäßig hinter denen des Gemeinschaftsrechts zurück. Gegenseitigkeitserfordernis oder mögliche Vorbehalte bei der Gewährung des Aufenthaltsrechts der die Freiheit in Anspruch nehmenden Rechtssubjekte lassen
selbst eine formal verbriefte Inländerbehandlung als ein Recht von geringerer Tragweite als eine gemeinschaftsrechtlich eingeräumte vergleichbare
Berechtigung erscheinen. Das im Rahmen des Europarats abgeschlossene
europäische Niederlassungsabkommen (vom 13.12.55, BGBl. 1955 II,
997f.) geht zwar durch die Beteiligung einer Vielzahl von Vertragsstaaten in
seiner ähnliche Bedingungen schaffenden Wirkung über die bilateralen Abkommen hinaus, allerdings sind die vermittelten Rechtspositionen eher
schwächer, indem beispielsweise ein dauernder Aufenthalt oder der Zugang
zum Erwerbsleben unter dem Vorbehalt der dazu für geeignet erachteten
wirtschaftlichen und sozialen Verhältnisse eines Staates steht, die zu beurteilen Sache des jeweiligen Staates ist. Auch das Assoziierungsabkommen
mit der Türkei vermittelt keine in ihrer Intensität mit denen des EGV identischen Rechte.
Der **EGKSV** enthält gegenüber den niederlassungsrechtlichen Vorschriften   6
des EGV keine Spezialregelungen, so daß diese auch im Kohle- und Stahl-
bereich anwendbar sind. Der **EAGV** erfaßt hingegen in Art. 97 Vorgänge
mit niederlassungsrechtlichen Implikationen. Für Beteiligungen an der
Konstruktion von Atomanlagen geht die Vorschrift denen des EGV vor.

Art. 43 (ex-Art. 52) (Verbot von Beschränkungen des Niederlassungs-rechts)

**Die Beschränkungen der freien Niederlassung von Staatsangehörigen
eines Mitgliedstaates im Hoheitsgebiet eines anderen Mitgliedstaates
sind nach Maßgabe der folgenden Bestimmungen verboten. Das gleiche gilt für Beschränkungen der Gründung von Agenturen, Zweigniederlassungen oder Tochtergesellschaften durch Angehörige eines Mitgliedstaates, die im Hoheitsgebiet eines Mitgliedstaates ansässig sind.**

**Vorbehaltlich des Kapitels über den Kapitalverkehr umfaßt die Nie-
derlassungsfreiheit die Aufnahme und Ausübung selbständiger Er-**

werbstätigkeiten sowie die Gründung und Leitung von Unternehmen, insbesondere von Gesellschaften im Sinne des Artikels 48 Absatz 2, nach den Bestimmungen des Aufnahmestaates für seine eigenen Angehörigen.

Literatur: *Basedow*, Zwischen Amt und Wettbewerb, Perspektiven des Notariats in Europa, RabelsZ 1991, 409; *Eberhartinger*, Konvergenz und Neustrukturierung der Grundfreiheiten, EWS 1997, 43; *Errens*, Auswirkungen des GATS-Abkommens auf den Beruf des Rechtsanwalts, EuZW 1994, 460; *Hackl*, Die Auswirkungen des Rechts der Europäischen Gemeinschaften auf das Recht der freien Berufe, Diss. Bayreuth 1992; *Jarras*, Die Niederlassungsfreiheit in der Europäischen Gemeinschaft, RIW 93, 1; *ders.*, Grundstrukturen der Niederlassungsfreiheit in der europäischen Gemeinschaft, FS Lerche 93, 443; *Knobbe-Keuk*, Niederlassungsfreiheit, Diskriminierungs- oder Beschränkungsverbot – zur Dogmatik des Artikels 52 EWGV am Beispiel einiger gesellschaftsrechtlicher Beschränkungen, DB 1990, 2573; *Nachbaur*, Artikel 52 EWGV, mehr als nur ein Diskriminierungsverbot?, EuZW 1991, 470; *Papier*, Die überörtliche Anwaltssozietät aus der Sicht des Verfassungs- und Gemeinschaftsrechts, JZ 1990, 253; *Rabe*, Dienstleistungs- und Niederlassungsfreiheit der Rechtsanwälte in der EG, AnwBl. 1992, 147; *Ress/Ukrow*, Niederlassungsrecht von Apothekern in Europa, Europarechtliche und rechtsvergleichende Studie, 1991; *Roth*, Grundlagen des gemeinsamen europäischen Versicherungsmarktes, RabelsZ 1990, 63; *Wägenbaur*, Inhalt und Etappen der Niederlassungsfreiheit, EuZW 1991, 427.

I. Anwendungsbereich der Vorschrift

1. Räumlicher Anwendungsbereich

1   Der **räumliche Geltungsbereich** der Vorschrift entspricht dem des EGV gemäß Art. 299 (ex-Art. 227). Er umfaßt die Gesamtheit der Hoheitsgebiete der MS (Abs. 1). Für die französischen überseeischen Departemente be-

schloß der Rat gemäß Art. 299 (ex-Art. 227) Abs. 2 die Anwendbarkeit der
Art. 43–48 (Beschluß des Rates vom 25.2.64, ABl. 1964, 93/1484). In überseeischen Ländern und Gebieten, für die das besondere Assoziierungssystem des Vertrages gilt (Art. 299 [ex-Art. 227 Abs. 3]), wirkt sich das Gemeinschaftsrecht für Angehörige anderer MS als dem, der mit den betreffenden Gebieten besondere Beziehungen unterhält, im Bereich der Nieder-
lassungs- und Dienstleistungsfreiheit als Gleichbehandlungsgrundsatz aus
(EuGH, C-263/88, Kommission/Frankreich, Slg. 1990, I–4611; C-100 u.
101/89, Kaefer, Slg. 1990, I–4647 – zu weiteren Besonderheiten des räumlichen Anwendungsbereichs vgl. Art. 39 Rn. 1). Die im Verhältnis der EU
zu Liechtenstein, Island und Norwegen geltenden Bestimmungen des
EWR-Abkommens in dessen Art. 31–35 entsprechen denjenigen des vorliegenden Kapitels; lediglich in bezug auf den Erlaß von Koordinierungsrichtlinien gemäß Art. 47 (ex-Art. 57) EGV tritt die Übernahme des „acquis
communautaire" (vgl. beispielhaft Beschluß des Gemeinsamen EWR-Ausschusses Nr. 105/97, ABl. 1997 L 193/67).

2. Sachlicher Anwendungsbereich

Der **sachliche Anwendungsbereich** der Vorschrift erstreckt sich gemäß **2**
Art. 43 Abs. 2 auf die „Aufnahme und Ausübung selbständiger Erwerbstätigkeiten sowie die Gründung und Leitung von Unternehmen", ohne damit abschließend definiert zu sein. **Niederlassung** ist gemäß der Rechtsprechung des EuGH (EuGH, C-221/89, Factortame, Slg. 1991, I–3905;
C-55/94, Gebhard, Slg. 1995, I–4165, Rn. 25) die tatsächliche Ausübung
einer wirtschaftlichen Tätigkeit mittels einer festen Einrichtung in einem
anderen MS auf unbestimmte Zeit. Die Gemeinschaftsangehörigen haben
mithin die Möglichkeit, in stabiler und kontinuierlicher Weise am
Wirtschaftsleben eines anderen Mitgliedstaats teilzunehmen. Die Dauerhaftigkeit der Ansiedlung ist ein wesentliches Merkmal der Abgrenzung zur
Dienstleistungsfreiheit, die durch die vorübergehende grenzüberschreitende entgeltliche Leistungserbringung charakterisiert wird. Ob dieses Merkmal erfüllt ist, muß auch unter Heranziehung der Kriterien der Häufigkeit,
der regelmäßigen Wiederkehr sowie der Kontinuität beurteilt werden
(EuGH, C-55/94, a.a.O., Slg. 1995, I–4165, Rn. 27; vgl. Art. 50, Rn. 11).
Die Niederlassungsfreiheit betrifft Vorgänge der Gründung und des Betrei-
bens eines ständigen Unternehmens, das den Schwerpunkt der wirtschaftlichen Tätigkeit des Selbständigen darstellt – **Hauptniederlassung** – sowie
der Errichtung von **Zweitniederlassungen.** Solche (sekundären) Niederlassungen können sowohl in rechtlich unselbständiger Form (Agenturen

und Zweigniederlassungen) als auch selbständig (Tochtergesellschaften) betrieben werden. **Erwerbstätigkeit** ist jede Art wirtschaftlicher, d.h. entgeltlicher Tätigkeit, im Gegensatz zu rein karitativen Betätigungen, wobei es auf eine Gewinnerzielungsabsicht nicht ankommt. Erfaßt werden freie Berufe und gewerbliche Tätigkeiten. Beiden Freiheiten ist es gemeinsam, die Voraussetzungen für eine berufliche Tätigkeit selbständiger Erwerbstätiger in einem anderen MS zu schaffen. Wenngleich der Verkehrssektor und die Landwirtschaft speziellen Regelungen unterliegen, können die Vorschriften über die Niederlassungsfreiheit in diesen nachgeordneten Bereichen zur Anwendung kommen. In den Anwendungsbereich der Niederlassungsfreiheit fallen alle Vorschriften, die die Aufnahme und Ausübung der Tätigkeit unmittelbar oder auch nur mittelbar beeinflussen (Anmietung von Räumen zur beruflichen Nutzung, EuGH, Rs. 197/84, Steinhauser, Slg. 1985, 1819; Zugang zur Wohnung, EuGH, C-63/86, Kommission/Italien, Slg. 1988, 29).

3. Persönlicher Anwendungsbereich

3   **Begünstigte** der Niederlassungsfreiheit sind **natürliche Personen** und **Gesellschaften** (vgl. Art. 48). Zur Inanspruchnahme der Freiheit zur Errichtung einer Hauptniederlassung sind natürliche Personen berechtigt, die die **Staatsangehörigkeit** (mindestens) eines MS besitzen (EuGH, Rs. 292/86, Gullung, Slg. 1988, 111, Rn. 12; C-147/91, Ferrer Laderer, Slg. 1992, I–4097; C-369/90, Micheletti, Slg. 1992, I–4239) unabhängig davon, ob sie ihren Wohnsitz im Gebiet der Gemeinschaft oder in einem Drittstaat haben; hinsichtlich des Merkmals der Staatsangehörigkeit vgl. die Ausführungen unter Art. 39 Rn. 8ff.) Gleichgültig ist, zu welcher Zeit und in welcher Form diese Staatsangehörigkeit erworben wurde (vgl. EuGH, Rs. 136/78, Auer I, Slg. 1979, 437). Berechtigte sind nicht nur Personen, die sich zum Zweck der Niederlassung in einen anderen MS begeben, sondern auch solche, die sich bereits als Arbeitnehmer dort aufhalten und im Anschluß an ihre abhängige Beschäftigung eine selbständige Erwerbstätigkeit aufnehmen (Art. 44 Abs. 2 lit. d; ex-Art. 54). Personen, die die Freiheit zur Gründung einer **sekundären Niederlassung** beanspruchen, müssen außer dem Merkmal der Staatsangehörigkeit das der **Ansässigkeit** im Hoheitsgebiet eines MS erfüllen. Im Rahmen der Errichtung und Unterhaltung sekundärer Niederlassungen kann Personal der Hauptniederlassung die Freiheit insoweit in Anspruch nehmen, als deren Eintritt in Leitung und Überwachungsorgane der Agentur, Zweigniederlassung oder Tochtergesellschaft ermöglicht wird (Art. 44 Abs. 2 lit. f; ex-Art. 54). Begünstigte können

schließlich **Familienangehörige** der die Freiheit in Anspruch nehmenden natürlichen Personen in einer von diesen abgeleiteten Stellung sein.

II. Inhalt der Niederlassungsfreiheit

1. Inländergleichbehandlung und Diskriminierungsverbot

Der **Inhalt der Niederlassungsfreiheit** läßt sich zunächst beschreiben als 4 das Gebot zur **Inländergleichbehandlung** (EuGH, Rs. 197/84, Steinhauser, Slg. 1985, 1819 – Anmietung eines Geschäftslokals; Rs. 270/83, Kommission/Frankreich, Slg. 1986, 273, Rn. 24 – Körperschaftssteuer und Steuerguthaben; Rs. 221/85, Kommission/Belgien, Slg. 1987, 719, Rn. 10 – Laboratorien für klinische Biologie; Rs. 198/86, Conrady, Slg. 1987, 4469 – Groß- u. Einzelhandel; Rs. 305/87, Kommission/Griechenland, Slg. 1989, 1461, Rn. 20 – Erwerb und Verkauf von Immobilien; Rs. 93/89, Kommission/Irland, Slg. 1991, I–4569 – unzulässige Bedingung der Gründung einer Gesellschaft irischen Rechts zur Erlangung einer Meeresfischereilizenz; Registrierung von Schiffen: EuGH, C-221/89, Factortame, Slg. 1991, I–3905; C-246/89, Kommission/Vereinigtes Königreich, Slg. 1991, I–4585; C-279/89, Kommission/Vereinigtes Königreich, Slg. 1992, I–5785). Das Gleichbehandlungsgebot ist seit Ende der Übergangszeit unmittelbar anwendbar (EuGH, Rs. 2/74, Reyners, Slg. 1974, 631), d.h. **entgegenstehendes MS-Recht** muß **außer Anwendung** bleiben. Den MS obliegt die Pflicht, ihre Rechtsordnung anzupassen. Die Anwendbarkeit der Vorschriften zur Niederlassungsfreiheit darf auch nicht von einem Gegenseitigkeitserfordernis abhängig gemacht werden (EuGH, Rs. 270/83, Kommission/Frankreich, Slg. 1986, 273; Rs. 168/85, Kommission/Italien, Slg. 1986, 2945; C-38/89, Blanguernon, Slg. 1990, I–83; C-58/90, Kommission/Italien, Slg. 1991, I–4193; C-101/94, Kommission/Italien, Slg. 1996, I–2691, Rn. 27). Zur Durchführung der Niederlassungsfreiheit bedarf es insofern keiner weiteren Rechtsakte der Gemeinschaft. Daher zog die Kommission im Anschluß an das Urteil „Reyners" bis dahin vorgelegte Richtlinienvorschläge zurück (VIII. Gesamtbericht EG 1974, 80 Nr. 122).

Der EuGH sieht in Niederlassungsfreiheit der eine Ausprägung des **Diskri-** 5 **minierungsverbots** nach Art. 12 (ex-Art. 6; EuGH, Rs. 2/74, a.a.O. Slg. 1974, 631, Rn. 15/20; Rs. 136/78, Auer I, Slg. 1979, 437, Rn. 14; Rs. 63/86, Kommission/Italien, Slg. 1988, 29, Rn. 12; C-62/96, Kommission/Griechenland, Slg. 1997, I–6725), einem grundlegenden Rechtssatz der Gemeinschaft (EuGH, Rs. 11/77, Patrick, Slg. 1977, 1199, Rn. 9). Das Diskriminierungsverbot ist **weit** zu verstehen und erfaßt auch Umstände, die sich nicht unmittelbar auf die Erwerbstätigkeit auswirken (EuGH, Rs. 63/86, a.a.O., Slg. 1988, 29 – Zugang zu Sozialwohnungen und zinsverbilligte Immobiliarkredite; EuGH, Rs. 305/87, a.a.O., Slg. 1989, 1461, Rn. 21 – Erwerb und Nutzung von Immobilien; C-111/91, Kommission/Luxemburg, Slg. 1993, I–817 Rn. 17 – Geburtsbeihilfen; C-168/91, Christos Konstantinidis, Slg. 1993, I–1191 – Schreibweise eines griechischen Namens; C-193/94, Skanavi, Slg. 1996, I–943 – Führen eines Kraftfahrzeugs trotz Ablauf der Umtauschfrist für die Fahrerlaubnis; EuGH, C-62/96, a.a.O., Slg. 1997, I–6725; C-334/94, Kommission/Frankreich, Slg. 1996, I–1307, Rn. 21ff. – Registrierung eines Schiffes zu Freizeitzwecken). Es schließt auch **versteckte Formen der Diskriminierung** (EuGH, C-3/88, Kommission/Italien, Slg. 1989, 4035 Rn. 8) bzw. **mittelbare Diskriminierungen** (EuGH, Rs. 16/78, Choquet, Slg. 1978, 2293 Rn. 9; C-1/93, Halliburton Services, Slg. 1994, I–1137) ein. Ein Wohnsitzerfordernis kann sich als verbotene mittelbare Diskriminierung darstellen (EuGH, C-221/89, Factortame, Slg. 1991, I–3905), kann u.U. allerdings auch zulässig sein (EuGH, Rs. 182/83, Fearon, Slg. 1984, 3677, vgl. aber C-114/97, Kommission, Spanien, Slg. 1998, I–6717). Von Fällen mittelbarer Diskriminierung zu unterscheiden sind Hindernisse, die einem **öffentlichen Interesse** dienlich und objektiv sinnvoll sind (EuGH, C-19/92, Kraus, Slg. 1993, I–1663) und nur durch Koordinierungsmaßnahmen abgebaut werden können (Art. 44, 47; ex-Art. 54, 57). Unterscheidungskriterium ist der **Zweck** des jeweiligen Hindernisses.

6   Obwohl sich nach dem Wortlaut des Art. 43 nur Angehörige eines anderen MS auf die Vorschrift berufen können, können sich **Inländer**, die einen gemeinschaftsrechtlich relevanten Sachverhalt erfüllen (z.B. Erwerb eines ausländischen Diploms), ihrem Heimatstaat gegenüber auf die durch das Gemeinschaftsrecht gewährten Vorteile berufen (EuGH, Rs. 136/78, Auer I, Slg. 1979, 437; Rs. 115/78, Knoors, Slg. 1979, 399; C-61/89, Bouchoucha, Slg. 1990, I–3551; C-370/90, Singh, Slg. 1992, I–4265; C-19/92, a.a.O., Slg. 1993, I–1663; C-107/94, Asscher, Slg. 1996, I–3089; C-264/96, ICI, Slg., Rn. 22ff. – steuerliche Behandlung eines im MS ansässigen Unternehmens mit Zweigniederlassungen in der Gemeinschaft). Bei fehlender gemeinschaftsrechtlicher Anknüpfung ist die Behandlung von Inländern als **interner Sachverhalt** gemeinschaftsrechtlich unerheblich, so daß auch die Schlechterstellung von Inländern (**umgekehrte Diskriminierung** bzw. „discrimination à rebours") von der Warte des Gemeinschaftsrechts aus zulässig ist (EuGH, Rs. 20/87, Gauchard, Slg. 1987, 4879; Rs. 204/87, Bekaert, Slg. 1988, 2029; C-54/88 u.a., Nino, Slg. 1990, I–3537; C-60/91, Battista, Slg. 1992, I–2095; C-277, 318–319/91, Ligur Carni, Slg. 1993, I–6621, Rn. 41; C-29/94–35/94, Aubertin u.a., Slg. 1995, I–301). Das Diskriminie-

rungsverbot ist geeignet, **Drittwirkung** zu entfalten, soweit es ggf. auch von Privaten beachtet werden muß (EuGH, Rs. 36/74, Walrave, Slg. 1974, 1420), was insbesondere für Berufskammern und -verbände von Bedeutung sein kann (EuGH, Rs. 38/87, Kommission/Griechenland, Slg. 1988, 4415).

2. Verbot von Behinderungen

Die Niederlassungsfreiheit erschöpft sich nicht im Gleichbehandlungsgebot. Sie **verbietet** auch **Beschränkungen** der freien Niederlassung anderer Art, inzwischen – aufgrund der Neufassung von Art. 43 Abs. 1 – bereits dem Wortlaut nach. Zuvor wurden einige Urteile des EuGH (EuGH, Rs. 107/83, Klopp, Slg. 1984, 2971, Rn. 9; Rs. 96/85, Kommission/Frankreich, Slg. 1986, 1475, Rn. 11; Rs. 143/87, Stanton, Slg. 1988, 3877, Rn. 11; Rs. 154 u. 155/87, Wolf, Slg. 1988, 3897, Rn. 11) zum Anlaß genommen, die Frage zu diskutieren, inwiefern die Niederlassungsfreiheit über das Gebot zur Inländerbehandlung hinaus als ein **Behinderungsverbot** zu verstehen sei (vgl. *Randelzhofer*, in Grabitz/Hilf, Art. 52 Rn. 43f.; *Troberg*, in GTE Art. 52 Rn. 37f., *Roth*, in Dauses, E.I. Rn. 61f., jeweils m.w.N.), in Anlehnung an die Konzeption der Dienstleistungsfreiheit in ihrer durch die Rechtsprechung des EuGH verliehenen Form (vgl. Art. 49 u. 50 Rn. 23f.). **7**

Konstellationen, in denen es um die **Zulassung einer Zweitniederlassung** in der Gemeinschaft geht, wobei die Zweitniederlassung eine erste Niederlassung in einem anderen MS darstellt (EuGH, Rs. 107/83, a.a.O., Slg. 1984, 2971; Rs. 270/83, a.a.O., Slg. 1986, 273; Rs. 96/85, a.a.O., Slg. 1986, 1475; Rs. 143/87, a.a.O., Slg. 1988, 3877; C-106/91, Ramrath, Slg. 1992, I–3351; C-351/90, Kommission/Luxemburg, Slg. 1992, 3945), zeigen bereits den über das Gleichbehandlungsgebot hinausgehenden Gehalt der Grundfreiheit: Die Zweitniederlassung unter Hinweis auf die Erstniederlassung zu verweigern ist den MS versagt, da ansonsten das Recht zur Gründung einer sekundären Niederlassung seiner Wirksamkeit beraubt würde. Außerdem ging die Niederlassungsfreiheit auch aufgrund der Konzeption des Sekundärrechts in mancher Hinsicht über eine reine Inländerbehandlung hinaus (vgl. nachstehend zur Anerkennung der Befähigungsnachweise, Rn. 12ff.). **8**

Nach der jüngsten Rechtsprechung des EuGH muß der Streit als zugunsten eines **Behinderungsverbots** entschieden angesehen werden. In der Entscheidung „Futura" (C-250/95, Slg. 1997, I–2471), in der es um die steuerliche Behandlung ausländischer Zweigniederlassungen in Luxemburg ging, hat er in der Auferlegung einer zusätzlichen Buchhaltungspflicht am Ort **9** der Zweigstelle eine „Beschränkung" der Niederlassungsfreiheit gesehen (EuGH, a.a.O., Rn. 24ff.; vgl. auch Schlußanträge GA *Lenz* in dieser Sache, Slg. 1997, I–2471, Rn. 34ff.). Danach ist eine unzulässige Behinderung dann anzunehmen, wenn die Ausdehnung selbständiger Tätigkeiten über das Hoheitsgebiet eines anderen Mitgliedstaats hinaus aufgrund unterschiedslos anwendbarer Rechtsvorschriften des Aufnahmemitgliedstaats weniger attraktiv gestaltet ist, insbesondere durch das Entstehen zusätzlicher, nicht zu rechtfertigender Kosten (EuGH, C-53/96, Kemmler, Slg. 1996, I–703, Rn. 11ff.; C-250/95, a.a.O., Slg. 1997, I–2471, Rn. 25). Hier zeigt sich erneut die Parallelität der Regelungen über die Personenfreizügigkeit (Vorbem. zu Art. 43–48 Rn. 1, Art. 39 Rn. 35). Auch das Verbot des vorübergehenden Einsatzes von Arbeitskräften aus der Hauptniederlassung wird als unzulässige Beschränkung anzusehen sein (Schlußanträge GA *Jacobs* in der Rs. C-106/91, Ramrath, Slg. 1992, I–3351, Rn. 10).

10   Für den Bereich der Niederlassungsfreiheit ist ebenso wie für die anderen Gestaltungen der Personenfreizügigkeit anzunehmen, daß die Grundsätze der Keck- und Mithouard-Rechtsprechung (vgl. Art. 28, Rn. 19) nicht übertragen werden können (vgl. Art. 39 Rn. 35, Art. 49 Rn. 23). Die Ausführungen des EuGH in der Rs. „Semeraro Caso Uno u.a." (C-418–421/93, C-460–464/93, C-9/94–11/94, C-14–15/94, C-23–24/94 u. C-332/94, Slg. 1996, I–2975, Rn. 32) sollten daher in Anbetracht der besonderen Situation des Urteils nicht überbewertet werden.

11   Eine **Rechtfertigung** von Beschränkungen ist anhand der gleichen Kriterien zu prüfen, wie sie im Bereich der Arbeitnehmer- und Dienstleistungsfreiheit gelten (vgl. Art. 39 Rn. 38 u. insbesondere Art. 49 Rn. 26; ergänzend: EuGH, C-398/95, Sydesmos ton en Elladi kai Taisiotikon Grafeion, Slg. 1997, I–3091, Wahrung des Arbeitsfriedens als Grund wirtschaftlicher Art nicht anerkannt; C-70/95, Sodemare, Slg. 1997, I–3422, Organisation des Erbringers von Leistungen im Sozialhilfesystem zwingend in gemeinnütziger Form anerkannt). Nationale Maßnahmen müssen in nicht diskriminierender Weise angewandt werden, sie müssen aus zwingenden Gründen des Allgemeininteresses gerechtfertigt sein, sie müssen geeignet sein, die Verwirklichung des mit ihnen verfolgten Ziels zu gewährleisten, und sie dürfen nicht über das hinausgehen, was zur Erreichung dieses Ziels erforderlich ist (EuGH, C-55/94, Gebhard, Slg. 1995, I–4165, Rn. 37; C-250/95, Futura, Slg. 1997, I–2492, Rn. 26 – aufgrund der Bejahung einer Behinderung unter Auslassung der Bedingung der Nichtdiskriminierung). Vgl. zur Problematik des „Umgehungsschutzes" EuGH, Rs. 33/74, Van Binsbergen, Slg. 1974, 1299; C-23/93, TV 10, Slg. 1994, I–4795 und SchAGH *Lenz* in dieser Sache; C-212/97, Centros, Urt. v. 9.3.1999, noch nicht in amtl. Slg.

3. Anerkennung der Befähigungsnachweise

Ein anderer Bereich, in dem die Niederlassungsfreiheit über die Inländer-   **12**
behandlung hinaus geht, ist der der **Gleichwertigkeitsprüfung ausländischer Diplome**. Ein generelles Gebot zur Anerkennung der Gleichwertigkeit im Ausland erworbener Zeugnisse und Abschlüsse besteht zwar nicht.
Die gegenseitige Anerkennung ausländischer Diplome ist vielmehr sekundärrechtlich zu bewerkstelligen. Dazu wurden drei verschiedene Ansätze
verfolgt:
a) Anerkennungsrichtlinien basierend auf der Berufserfahrung (vgl. Art.
47 Rn. 4),
b) Sektorspezifische Richtlinien zur Koordinierung der Ausbildung (vgl.
Art. 47 Rn. 5) und
c) Richtlinien zur allgemeinen Anerkennung der beruflichen Befähigungsnachweise (vgl. Art. 47 Rn. 6).
In ungeregelten Bereichen besteht dennoch eine gemeinschaftsrechtliche   **13**
Pflicht (Art. 10 u. 43, ex-Art. 5 u. 52) der MS, im Rahmen vorhandener Anerkennungsverfahren die Anerkennung eines Diploms bei Gleichwertigkeit
in der Gemeinschaft erworbener Fähigkeiten und Kenntnisse auszusprechen (EuGH, Rs. 71/76, Thieffry, Slg. 1977, 765 – Rechtsanwälte; EuGH,
Rs. 11/77, Patrick, Slg. 1977, 1199 – Architekten; EuGH, Rs. 222/86, Heylens, Slg. 1987, 4097 – Trainer; C-340/89, Vlassopoulou, Slg. 1991, I–2357
– Juristen; C-104/91, Borrell, Slg. 1992, I–3003 – Immobilienmakler; C-
19/92, Kraus, Slg. 1993, I–1663 – Postgraduiertenstudium; C-375/92,
Kommission/Spanien, Slg. 1994, I–935 – Fremdenführer). Diese Pflicht
kann sich zu einer auf den Einzelfall bezogenen Gleichwertigkeitsprüfung
verdichten (EuGH, C-340/89, a.a.O., Slg. 1991, I–2357). **Entscheidungen**
im Anerkennungsverfahren sind zu begründen und müssen einer **Rechtmäßigkeitskontrolle** unterliegen (EuGH, Rs. 222/86, a.a.O., Slg. 1987,
I–4097; C-104/91, a.a.O., Slg. 1992, I–3003; C-340/89, a.a.O., Slg. 1991,
I–2357; C-19/92, a.a.O., Slg. 1993, I–1663).
In bezug auf die **in einem Drittstaat erworbenen Diplome** gilt ferner, daß   **14**
die Mitgliedstaaten nicht zur Anerkennung verpflichtet sind, auch nicht für
den Fall, daß ein MS die Anerkennung ausgesprochen hat (EuGH, C-319/92,
Haim, Slg. 1994, I–425; C-154/93, Tawil-Albertini, Slg. 1994, I–451).

4. Recht auf Einreise und Aufenthalt

Ein flankierendes Recht zur Niederlassung selbständig Erwerbstätiger bil-   **15**
det das Recht auf **Einreise** und **Aufenthalt**. Soweit es notwendige Voraussetzung für die Ausübung der Freiheit ist, ergibt sich unmittelbar aus dem

Vertrag. Eine **Aufenthaltserlaubnis** wirkt deshalb nur **deklaratorisch**. Die nähere Ausgestaltung der Aufhebung der Reise- und Aufenthaltsbeschränkungen für Staatsangehörige der MS innerhalb der Gemeinschaft auf dem Gebiet des Niederlassungs- und Dienstleistungsverkehrs erfolgte durch die RL 73/148/E(W)G (ABl. 1973 L 172), die die RL 64/220/E(W)G ablöste (vgl. Art. 1). Die **Ein- und Ausreisebedingungen** sind entsprechend denen der RL 68/360/E(W)G für Wanderarbeitnehmer und deren Familienangehörige erlassen worden; vgl. dazu Art. 39 Rn. 52ff. Auch die **Familienangehörigen** der die Freiheit in Anspruch nehmenden selbständigen Erwerbstätigen genießen in ihrer von dem Erwerbstätigen abgeleiteten Stellung (EuGH, C-370/90, Singh, Slg. 1992, I–4265) ein Recht auf Einreise und Aufenthalt.

5. Verbleiberecht

16   Nicht aus dem EGV folgt ein Recht der selbständig Erwerbstätigen bzw. ihrer Familienangehörigen, in dem MS der Erwerbstätigkeit zu verbleiben. Dennoch hat ihnen der Gemeinschaftsgesetzgeber ein **Verbleiberecht** in Übereinstimmung mit dem den Wanderarbeitnehmern und ihren Familienangehörigen durch die VO (EWG) 1251/70 (Art. 39 Rn. 72) gewährten Verbleiberecht durch die RL 75/34/E(W)G (ABl. 1975 L 14/10) eingeräumt. Mangels einer speziellen vertraglichen Ermächtigungsgrundlage hat er die RL auf Art. 308 (ex-Art. 235) des Vertrages gestützt. Inhaltlich entspricht sie im wesentlichen der VO (EWG) 1251/70.

6. Soziale Sicherheit

17   Im Bereich der **sozialen Sicherheit** wurden die selbständig Erwerbstätigen im Jahre 1982 durch die VO (EWG) 1390/81 (ABl. 1981 L 143/1) in den Anwendungsbereich der VO (EWG) 1408/71 mit einbezogen. Wenn es vorher fraglich sein konnte, ob sie u.U. als „Arbeitnehmern gleichgestellte Personen" unter die Vorschriften der VO 1408/71 fielen, wurde diese Unsicherheit durch die VO 1390/81 zugunsten einer vollständigen Anwendbarkeit der VO 1408/71 – bis auf einige Ausnahmen bei den Familienleistungen, die dann durch die VO (EWG) 3427/89 (ABl. 1989 L 331/1) beseitigt wurden – ausgeräumt (s. Art. 42 Rn. 17).

Art. 44 (ex-Art. 54) (Verwirklichung der Niederlassungsfreiheit)

(1) Der Rat erläßt gemäß dem Verfahren des Artikels 251 und nach Anhörung des Wirtschafts- und Sozialausschusses Richtlinien zur Verwirklichung der Niederlassungsfreiheit für eine bestimmte Tätigkeit.

(2) Der Rat und die Kommission erfüllen die Aufgaben, die ihnen auf Grund der obigen Bestimmungen übertragen sind, indem sie insbesondere

a) im allgemeinen diejenigen Tätigkeiten mit Vorrang behandeln, bei denen die Niederlassungsfreiheit die Entwicklung der Produktion und des Handels in besonderer Weise fördert;

b) eine enge Zusammenarbeit zwischen den zuständigen Verwaltungen der Mitgliedstaaten sicherstellen, um sich über die besondere Lage auf den verschiedenen Tätigkeitsgebieten innerhalb der Gemeinschaft zu unterrichten;

c) die aus innerstaatlichen Rechtsvorschriften oder vorher zwischen den Mitgliedstaaten geschlossenen Übereinkünften abgeleiteten Verwaltungsverfahren und -praktiken ausschalten, deren Beibehaltung der Niederlassungsfreiheit entgegensteht;

d) dafür Sorge tragen, daß Arbeitnehmer eines Mitgliedstaates, die im Hoheitsgebiet eines anderen Mitgliedstaates beschäftigt sind, dort verbleiben und eine selbständige Tätigkeit unter denselben Voraussetzungen ausüben können, die sie erfüllen müßten, wenn sie in diesen Staat erst zu dem Zeitpunkt einreisen würden, in dem sie diese Tätigkeit aufzunehmen beabsichtigen;

e) den Erwerb und die Nutzung von Grundbesitz im Hoheitsgebiet eines Mitgliedstaates durch Angehörige eines anderen Mitgliedstaates ermöglichen, soweit hierdurch die Grundsätze des Artikels 33 Absatz 2 nicht beeinträchtigt werden;

f) veranlassen, daß bei jedem in Betracht kommenden Wirtschaftszweig die Beschränkungen der Niederlassungsfreiheit in bezug auf die Voraussetzungen für die Errichtung von Agenturen, Zweigniederlassungen und Tochtergesellschaften im Hoheitsgebiet eines Mitgliedstaates sowie für den Eintritt des Personals der Hauptniederlassung in ihre Leitungs- oder Überwachungsorgane schrittweise aufgehoben werden;

g) soweit erforderlich die Schutzbestimmungen koordinieren, die in den Mitgliedstaaten den Gesellschaften im Sinne des Artikels 48 Absatz 2 im Interesse der Gesellschafter sowie Dritter vorgeschrieben sind, um diese Bestimmungen gleichwertig zu gestalten;

h) sicherstellen, daß die Bedingungen für die Niederlassung nicht durch Beihilfen der Mitgliedstaaten verfälscht werden.

Literatur: *Bach*, Die BGB-Gesellschaft als Mitglied einer europäischen wirtschaftlichen Interessenvereinigung (EWIV)?, BB 1990, 1432; *Eylis*, Das Niederlassungsrecht der Kapitalgesellschaften in der Europäischen Gemeinschaft, Die Überlagerung des deutschen Gesellschaftsrechts und Unternehmenssteuerrechts durch europäisches Gemeinschaftsrecht, Diss. Konstanz 1990; *Groß*, Deutsches Gesellschaftsrecht in Europa, EuZW 1994, 395; *Grüninger*, Die deutsche Rechtsanwaltssozietät als Mitglied einer europäischen wirtschaftlichen Interessenvereinigung (EWIV) DB 1990, 1449; *Heidenhain*, Fehlerhafte Umsetzung der Spaltungs-Richtlinie, EuZW 1995, 327; *Knobbe-Keuk*, Wegzug und Einbringung von Unternehmen zwischen Niederlassungsfreiheit, Fusionsrichtlinie und nationalen Steuerrecht, DB 1991, 298; *Lutter*, Europäisches Unternehmensrecht, Grundlagen, Stand und Entwicklung mit Texten und Materialien zur Rechtsangleichung, ZGR Sonderheft 1, 3. Aufl. 1991; *Steindorff*, Gesellschaftsrechtliche Richtlinien der EG und strengeres staatliches Recht, EuZW 1990, 251; s.a. die Nachweise im Anhang zu Art. 43–55 Rn. 3.

I. Neugefaßter Regelungsgehalt

1   Art. 44 Abs. 1 u. 2 (vormals Abs. 3) sind durch den Vertrag von Maastricht neu gefaßt worden. Der bisherige Abs. 1 ist entfallen; Abs. 1 n.F. sieht eine Kompetenz des Gemeinschaftsgesetzgebers zum Erlaß von die Niederlassungsfreiheit für bestimmte Tätigkeiten verwirklichenden Richtlinien vor.

Bei Betrachtung des Rechtssetzungsauftrags gemäß Art. 47 Abs. 2 Satz 1 (ex-Art. 57) stellt sich daher prima facie die Frage nach der Abgrenzung der beiden Vorschriften. Man wird jedoch davon auszugehen haben, daß die exemplarische Aufzählung gemäß Abs. 2 n.F. Leitlinie für die Bestimmung der in Abs. 1 angesprochenen Tätigkeiten ist; zur Altfassung vgl. *Erhard*, Vorauflage, Rn. 2 u. 3.).

II. Das Rechtsetzungsverfahren

Wenn auch die Ermächtigung zur Verwirklichung der Niederlassungsfrei-   **2**
heit nicht mehr zum Abbau von Beschränkungen, die in einer Ungleichbehandlung inländischer und ausländischer Erwerbstätiger bestehen, in Anspruch genommen zu werden braucht – insoweit hatte die Zuerkennung der
unmittelbaren Wirkung des Diskriminierungsverbots nach Ablauf der Übergangszeit durch den EuGH (Rs. 2/74, Reyners, Slg. 1974, 631) ausreichende Folgen gezeigt – können doch die Niederlassungsfreiheit **erleichtern-
de** Begleitregelungen und Koordinierungsvorschriften auf diese Rechtsgrundlage gestützt werden (vgl. zur Koordinierung Art. 47). Die im Katalog des Art. 44 Abs. 2 aufgeführten, von den Organen zu fördernden Zielvorgaben gehen stellenweise über die Durchführung einer reinen Inländerbehandlung hinaus (Abs. 2 lit. b, g, h). Seit dem Vertrag von Maastricht gilt
das **Mitentscheidungsverfahren** gemäß Art. 251 (ex-Art. 189b).

III. Die einzelnen Maßnahmen nach Abs. 2

Abs. 2 enthält eine Aufzählung der im Wege von RL (Abs. 1) durchzu-   **3**
führenden materiellen Inhalte, die teilweise die freie Niederlassung erst ermöglichen, teilweise darüber hinausgehend erleichtern und fördern sollen.
Die Liste der Maßnahmen ist nicht abschließend.

1. Lit. a

Die Regel der vorrangigen Behandlung der die Entwicklung der Produkti-   **4**
on und des Handels in besonderer Weise fördernden Tätigkeiten hat mit
dem Ende der Übergangszeit ihre Bedeutung verloren.

2. Lit. b

Rat und Kommission sollen im Interesse eines verstärkten Informations-   **5**
austauschs eine Zusammenarbeit der zuständigen Verwaltungen der MS sicherstellen, was eine Mitwirkungspflicht sowohl der Organe, als auch der
MS impliziert.

3. Lit. c

6 Zum einen wird klargestellt, daß nicht nur diskriminierende Rechtsvorschriften, sondern auch Verwaltungsverfahren und -praktiken ausgeschaltet
werden sollen (vgl. Anhang zu Art. 43- 55 „Öffentliches Auftragswesen"
Rn. 14), zum anderen wird der Vorrang des Gemeinschaftsrechts vor früheren zwischenstaatlichen Übereinkommen unterstrichen.

4. Lit. d

7 Dem Tatbestand der Einreise in einen anderen MS zum Zwecke der Aufnahme einer selbständigen Erwerbstätigkeit wird die Situation eines Wanderarbeitnehmers gleichgestellt, der in dem MS seiner Erwerbstätigkeit verbleibt, um einer selbständigen Tätigkeit nachzugehen (zur gleichzeitigen
Ausübung einer abhängigen und einer unabhängigen Erwerbstätigkeit vgl.
EuGH, Rs. 143/87, Stanton, Slg. 1988, 3877; Rs. 154/87, Wolf u.a., Slg.
1988, 3897.

5. Lit. e

8 Der Erwerb von Grund und Boden zur gewerblichen Nutzung kann eine
Bedingung der diskriminierungsfreien Ausübung einer unternehmerischen
Erwerbstätigkeit sein. Hinsichtlich der zu regelnden Materie sind Überschneidungen zu Art. 293 (ex-Art. 220) erster Gedankenstrich denkbar, wobei allerdings Art. 44 Abs. 2 lit. e die speziellere Vorschrift darstellt und
sich an die Organe der Gemeinschaft richtet, während sich Art. 293 (ex-Art.
220) in der Form eines „pactum de contrahendo" an die MS richtet. Die
Grunderwerbsfreiheit (EuGH, Rs. 305/87, Kommission/Griechenland, Slg.
1989, 1461) erfüllt ebenso wie der ungehinderte Eintritt des Personals i.S.d.
lit. f **Hilfsfunktionen** der Niederlassungsfreiheit.

6. Lit. f

9 **Sekundäre Niederlassungen** in der Form von Tochtergesellschaften,
Zweigniederlassungen und Agenturen (Art. 43 Rn. 2) sind bereits aufgrund
des unmittelbar anwendbaren Art. 43 (ex-Art. 52) unbeschränkt möglich.
Zu deren Förderung ist der beschränkungsfreie Eintritt des Personals der
Hauptverwaltung in die Leitungs- und Überwachungsorgane der sekundären Niederlassung zu gewährleisten. Die Vorschrift kann insofern einen
eigenen, über die Art. 43ff. (ex-Art. 52ff.) hinausgehenden Regelungsbereich erfassen, als auch Drittstaatsangehörige in ihren Anwendungsbereich
fallen können.

7. *Lit. g*

a) Koordinierung der Schutzbestimmungen

Art. 44 Abs. 2 lit. g bildet eine eigenständige Rechtsgrundlage für die **Ko-** **10**
ordinierung der Schutzbestimmungen, die für **Gesellschaften** (Art. 48
Abs. 2; ex-Art. 58) im Interesse der Gesellschafter sowie Dritter gelten.
„Koordinieren" bedeutet zunächst, daß keine Rechtsvereinheitlichung angestrebt wird. Die Bestimmungen sind ausdrücklich nur „**gleichwertig**" zu
gestalten und auch nur „**soweit erforderlich**". Die Formulierung hat eine
Streitfrage über das Ausmaß der Rechtsetzungsbefugnis ausgelöst (*Randelzhofer*, in Grabitz/Hilf, Art. 54 Rn. 31f. und *Troberg*, in GTE Art. 54 Rn.
13, jeweils m.w.N.). Gegenüber stehen sich eine Minimallösung, nach der
die Angleichung gesellschaftsrechtlicher Schutzbestimmungen nur dann
zulässig ist, wenn sie zur Aufhebung von Niederlassungsbeschränkungen
notwendig ist. Dagegen hat die Kommission einen weiten Ansatz verfolgt,
der sich außer an den Zielen der Niederlassungsfreiheit auch an denen der
anderen Vertragsziele orientiert. Richtigerweise ist die Vorschrift, getreu ihrer Stellung im Vertrag, im Rahmen der Niederlassungsfreiheit zu sehen
und auszulegen, wobei jedoch durch die Definition der mitgliedstaatlichen
Vorschriften, die als **Schutzbestimmungen** im Interesse der Gesellschafter
sowie Dritter (Gläubiger) anzusehen sind, ein weiter Anwendungsbereich
der Norm eröffnet ist, der dann zwangsläufig auch für andere Bereiche von
Bedeutung sein kann. So läßt sich mit Berechtigung die Ansicht vertreten,
daß einer Vielzahl gesellschaftsrechtlicher Vorschriften mittelbar oder unmittelbar Schutzcharakter zugebilligt werden kann, sei es zugunsten der
Gesellschafter, der Gläubiger oder des Publikums.

b) Verabschiedete Richtlinien

Die Kommission hat die Rechtsgrundlage in Anspruch genommen, um wei- **11**
te Teile des **Gesellschaftsrechts zu koordinieren**. Im einzelnen handelt es
sich um folgende RL, die im wesentlichen das Recht der Aktiengesellschaften sowie teilweise das GmbH-Recht zum Gegenstand haben:
– **Erste RL 68/151/E(W)G** (ABl. 1968 L 65/8) über die Publizitäts-
   pflichten der Kapitalgesellschaften, die Gültigkeit der von den Gesell-
   schaftsorganen eingegangenen Verpflichtungen sowie Nichtigkeitsgrün-
   de der Gesellschaft. In der Bundesrepublik umgesetzt durch Gesetz vom
   15.8.69 (BGBl. 1969 I 1146). Hinsichtlich der Grenzen ihrer Anwendbarkeit: EuGH, Rs. 136/87, Ubbink, Slg. 1988, 4665; C-97/96, Verband
   deutscher Daihatsu-Händler, Slg. 1997, I–6843, unzulässige Einengung

des Begriffs der „Dritten" durcht nationale Regelung. Zu den Nichtig-
keitsgründen vgl. EuGH, C-106/89, Marleasing, Slg. 1990, I–4135.

– **Zweite RL 77/91/E(W)G** (ABl. 1977 L 26/1, geändert durch RL
92/101/E(W)G, ABl. 1992 L 349/64) über die Gründung von Aktiengesellschaften sowie die Erhaltung und Änderung des Kapitals. Umgesetzt durch Gesetz vom 13.12.78 (BGBl. 1978 I 1959). Zur Unzulässigkeit der Kapitalerhöhung durch Verwaltungsakte: EuGH, C-19 u.
20/90, Karrella und Karrellas, Slg. 1991, I–2691; C-381/89, EPAS, Slg.
1992, I–2111; C-134 u. 135/91, Kerafina, Slg. 1992, I–5699 zu Art. 25
u. 41 der RL; C-441/93, Pafitis, Slg. 1996, I–1347 zur Anwendung auf
Banksektor, unmittelbaren Anwendbarkeit der Art. 25 Abs. 1 und 29
Abs. 3 und zu den Voraussetzungen der Bekanntmachung des Zeich-
nungsgebots; C-42/95, Siemens, Slg. 1996, I–6017, Anwendung des
Art. 29 Abs. 4 auf das Bezugsrecht bei Kapitalerhöhung durch Sacheinlagen, Regelungen des nationalen Rechts, durch welches deren Erhöhung der Rechtmäßigkeitskontrolle zugeführt wird; C-367/96, Ke-
falas, Slg. 1998, I–2843, zur Reichweite des Art. 25, insbesondere zu
nationalen Bestimmungen, die diese einschränken.

– **Dritte RL 78/855/E(W)G** (ABl. 1978 L 295/36) betreffend die Verschmelzung von Aktiengesellschaften. Umgesetzt durch Gesetz v. 25.
10.82 (BGBl. 1982 I, 1425).

– **Vierte RL 78/660/E(W)G** (ABl. 1978 L 222/11) geändert durch RL
90/694/E(W)G, ABl. 1990 L 317/57, 60 und RL 94/8/EG, ABl. 1994 L
82/33) über den Jahresabschluß von Kapitalgesellschaften. Umgesetzt –
ebenso wie die siebente und achte RL (s. unten) – durch das „Bilanzrichtliniengesetz" v. 9.12.85 (BGBl. 1985 I 2355). Zum Leitgrundsatz
der „Bilanzwahrheit" nach Art. 31 vgl. EuGH, C-234/94, Tomberger, Slg.
1996, I–3133; C–191/95, Kommission/Deutschland, Slg. 1998, I–5449.

– **Sechste RL 82/891/E(W)G** (ABl. 1982 L 378/47) betreffend die Spal-
tung von Aktiengesellschaften.

– **Siebente RL 83/349/E(W)G** (ABl. 1983 L 393/1 zuletzt geändert
durch RL 90/694/E(W)G, ABl. 1990 L 317/57, 60) über die Konzern-
bilanz umgesetzt durch „Bilanzrichtliniengesetz" s.o.

– **Achte RL 84/253/E(W)G** (ABl. 1984 L 126/20) über die Zulassung
von Abschlußprüfern, umgesetzt durch „Bilanzrichtliniengesetz" s.o.

– **Elfte RL 89/666/E(W)G** (ABl. 1989 L 395/36) über die Offenlegung
von Zweigniederlassungen.

– **Zwölfte RL 89/667/E(W)G** (ABl. 1989 L 395/40) betreffend die Ein-
mann-GmbH. Umgesetzt durch Gesetz v. 18.12.91 (BGBl. 1991 I
2206).

c) Unverabschiedete Richtlinien:

–   **Fünfte RL** über die Struktur der Aktiengesellschaft sowie die Befug-   **12**
    nisse und Verpflichtungen ihrer Organe; (ABl. 1983 C 240/2), geändert
    durch Vorschlag ABl. 1991 C 7/4);
–   **Zehnte RL** betreffend die grenzüberschreitende Verschmelzung, Vor-
    schlag v. 14.1.85 (ABl. C 1985 23/11);
–   **Dreizehnte RL** betreffend Übernahmeangebote; Vorschlag v. 14.9.90
    (ABl. 1990 C 240/7, zuletzt geändert ABl. 1997 C 378/10).

d) Vorentwürfe

Im **Vorentwurf** existieren: **Neunte RL** über das Konzernrecht und **vier-**   **13**
zehnte RL über Auflösung und Liquidation von Gesellschaften (abgedruckt bei *Lutter*, Europäisches Unternehmensrecht, 279 u. 331).

e) Unternehmensbesteuerung

–   RL 90/434/E(W)G (ABl. 1990 L 225/1) über das gemeinsame Steuer-   **14**
    system für **Fusionen, Spaltungen**, die **Einbringung** von Unterneh-
    mensteilen und den **Austausch von Anteilen**, die Gesellschaften ver-
    schiedener MS betreffen;
–   RL 90/435/E(W)G (ABl. 1990 L 225/6) über das gemeinsame Steuer-
    system der **Mutter- und Tochtergesellschaften** verschiedener MS.

f) EWIV

Eine **gemeinschaftsrechtliche Gesellschaftsform** ist die **europäische**   **15**
wirtschaftliche Interessenvereinigung (EWIV). Sie wurde gestützt auf
ex-Art. 235 (jetzt Art. 308) i.d. Form einer **VO** ins Leben gerufen (VO
(EWG) 2137/85 des Rates v. 25.7.85, ABl. 1985 L 199/1). Neben den Anforderungen an die Bestandteile des Titels einer Gesellschaft, die ihre Form
als EWIV wiedergeben (Abkürzung oder Langform, Art. 5 VO), sind Vorgaben über die weitere Bezeichnung nach nationalem Recht zulässig
(EuGH, C-402/96, European Information Technology Observatory, Slg.
1997, I–7515).

g) Societas Europeae

Die Vorbereitung zur Schaffung einer **europäischen Aktiengesellschaft**   **16**
(Societas Europeae – SE) reichen zurück bis zu einem Vorschlag aus dem
Jahre 1970 (ABl. 1970 C 124/1). Trotz häufiger Änderungen konnte die VO
bis heute nicht zur Verabschiedung gelangen, was nicht zuletzt auf der Un-

einheitlichkeit der Positionen zum Mitbestimmungsrecht beruht (vgl. dazu die letzte Änderung des Verordnungsvorschlags v. 16.5.91 [ABl. 1991 C 176/19] i.V.m. dem Vorschlag für eine RL zur Ergänzung des SE-Statuts hinsichtlich der Stellung der Arbeitnehmer v. 25.8. 89, ABl. 1989 C 263/69, geändert durch Vorschlag v. 6.5.91, ABl. 1991 C 138/8). Zum aktuellen Stand nach Wiederaufnahme des Vorhabens durch die luxemburgische Präsidentschaft im zweiten Halbjahr 1997 vgl. die Stellungnahme des WSA (ABl. 1998 C 129/1).

h) Verordnungsvorschläge für gemeinschaftsrechtliche Geschäftsformen

17 Schließlich sei noch auf die Verordnungsvorschläge v. 6.3.92 über das **Statut des Europäischen Vereins** (ABl. 1992 C 99/1, geändert ABl. 1993 C 236/1), über das **Statut der europäischen Genossenschaft** (ABl. 1992 C 99/14, geändert ABl. 1993 C 236/36) und über das **Statut der europäischen Gegenseitigkeitsgesellschaft** (ABl. 1992 C 99/40, geändert ABl. 1993 C 236/40) hingewiesen.

8. Lit. h

18 Bei dieser Vorschrift bedarf es einer Abgrenzung gegenüber Art. 87 (ex-Art. 92). Gewisse Überschneidungen des Anwendungsbereichs beider Vorschriften sind denkbar. Die Regelungsmaterie des Art. 44 Abs. 2 lit. h kann insofern über die des Art. 87 hinausgehen und dadurch eine eigenständige Bedeutung verkörpern, als **Auswanderungsbeihilfen** durch einen MS ohne Unterscheidung begünstigter Produktionszweige gewährt werden (sofern die Auswanderungsbereitschaft nicht das Merkmal der „bestimmten" Unternehmen i.S.d. Art. 87 erfüllt).

Art. 45 (ex-Art. 55) (Ausnahmen bei Tätigkeiten in Ausübung öffentlicher Gewalt)

Auf Tätigkeiten, die in einem Mitgliedstaat dauernd oder zeitweise mit der Ausübung öffentlicher Gewalt verbunden sind, findet dieses Kapitel in dem betreffenden Mitgliedstaat keine Anwendung.

Der Rat kann mit qualifizierter Mehrheit auf Vorschlag der Kommission beschließen, daß dieses Kapitel auf bestimmte Tätigkeiten keine Anwendung findet.

1 Artikel 45 umschreibt in Abs. 1 eine **Bereichsausnahme** von der Niederlassungsfreiheit und über Art. 55 (ex-Art. 66) von der Dienstleistungsfreiheit für Tätigkeiten, die in einem MS dauernd oder zeitweise mit der Aus-

übung öffentlicher Gewalt verbunden sind. Die Vorschrift ist verwandt mit
Art. 39 Abs. 4 (Art. 39 Rn. 83), ist mit ihr jedoch nicht identisch. Während
in Art. 39 Abs. 4 (ex-Art. 52) neben dem Merkmal „Teilnahme an der Ausübung hoheitlicher Befugnisse" das der „Wahrnehmung der allgemeinen
Belange des Staates" erfüllt sein muß, wird im Rahmen des Art. 45 darauf
verzichtet. Zur Abgrenzung des Anwendungsbereichs der Vorschrift bedarf
es daher der Definition des Begriffs „**Ausübung öffentlicher Gewalt**". Die
Frage, ob es sich um einen autonomen Rechtsbegriff des Gemeinschaftsrechts handelt oder ob der Inhalt des Begriffs durch Rückgriff auf die mitgliedstaatlichen Rechtsordnungen auszuführen ist (wofür die Wendung „in
einem MS" ein Anhaltspunkt sein könnte), läßt sich nach der Rechtsprechung des EuGH nicht mit der gleichen Deutlichkeit wie für Art. 39 Abs. 4
(ex-Art. 48) bejahen.

Der EuGH ist bei der Prüfung des Art. 45 bisher davon ausgegangen, daß die   **2**
in Abs. 1 vorgesehenen Beschränkungen der Niederlassungsfreiheit für jeden
MS gesondert anhand der nationalen Bestimmungen über die Struktur und
die Ausübung des betreffenden Berufes zu würdigen seien (EuGH, Rs. 2/74,
Reyners, Slg. 1974, 631, Rn. 48/50; Rs. 147/86, Kommission/ Griechenland,
Slg. 1988, 1637, Rn. 8; C-42/92, Thijssen, Slg. 1993, I–4047, Rn. 9f.). Da
bei dieser Prüfung jedoch nicht von nationalen Begriffsinhalten ausgegangen
wird, braucht dieser Ansatz nicht mehr zu bedeuten, als die Pflicht zu einer
individuellen Prüfung. Bei der Würdigung ist zu berücksichtigen, daß den
Ausnahmen gemäß Art. 45 **gemeinschaftsrechtliche Grenzen** gesetzt sind,
die verhindern sollen, daß der Vertrag durch einseitige Maßnahmen der MS
seiner Wirksamkeit beraubt wird (EuGH, Rs. 2/74, a.a.O., Slg. 1974, 631,
Rn. 48/50; Rs. 147/86, a.a.O., Slg. 1988, 1637, Rn. 8; C-114/97, Kommis-
sion/Spanien, Slg. 1998, I–6717).

Die Vorschrift ist als Ausnahme von einer Grundfreiheit **eng** auszulegen.   **3**
Die Ausnahmen können nicht weiter reichen, als der Zweck es erfordert,
um dessentwillen sie vorgesehen sind (EuGH, Rs. 2/74, a.a.O., Slg. 1974,
631, Rn. 42/43). Ihre Tragweite beschränkt sich auf das, was zur Wahrung
der den MS zu schützen erlaubten Interessen **unbedingt erforderlich ist**
(EuGH, Rs. 147/86, a.a.O., Slg. 1988, 1637, Rn. 7). Der Zweck ist erfüllt,
wenn ausländische Staatsangehörige von denjenigen Tätigkeiten ferngehal-
ten werden, die eine **unmittelbare und spezifische** Teilnahme an der Ausübung öffentlicher Gewalt darstellen (EuGH, Rs. 2/74, a.a.O., Slg. 1974,
631, Rn. 44/45; C-3/88, Kommission/Italien, Slg. 1989, 4035, Rn. 13; C-
42/92, a.a.O., Slg. 1993, I–4047, Rn. 9). Daher werden grundsätzlich nicht
ganze Berufsgruppen, sondern nur bestimmte **Tätigkeiten** von der Ausnahme erfaßt, es sei denn, die Berufsausübung sei dermaßen durch die ge-

kennzeichneten Tätigkeiten bestimmt, daß deren Abstraktion nicht möglich ist, mit der Folge, daß die Liberalisierung der Niederlassung die, wenn auch nur zeitweise, Ausübung öffentlicher Gewalt durch Ausländer bedingen würde (EuGH, Rs. 2/74, a.a.O., Slg. 1974, 631, Rn. 46/47).

4 **Nicht unter die Ausnahmevorschrift** fallen
   – der Anwaltsberuf, wenngleich Bereiche seiner Berufsausübung die Ausübung öffentlicher Gewalt mit sich bringen (EuGH, Rs. 2/74, a.a.O., Slg. 1974, 631]);
   – die Gründung bestimmter privater Unterrichtsanstalten in Griechenland, den sog. „fontistiria", private Musik- und Tanzschulen ebenso wie die Tätigkeit von Hauslehrern (EuGH, Rs. 147/86, a.a.O., Slg. 1988, 1637);
   – die Planung, Entwicklung von Software und Verwaltung von Datenverarbeitungssystemen im Rahmen von Verträgen über die Einrichtung von EDV-Systemen für Rechnung der öffentlichen Verwaltung in Italien (EuGH, Rs. 3/88, Kommission/Italien, Slg. 1989, 4035, Rn. 13; C-272/91, Kommission/Italien, Slg. 1994, I–1431, Rn. 6ff – automatisiertes System des Lottospiels);
   – die Tätigkeit der Sachverständigen für Verkehrsunfälle in Griechenland (EuGH, C-306/89, Kommission/Griechenland, Slg. 1991, I–5863 Rn. 6);
   – die Tätigkeit zugelassener Wirtschaftsprüfer in Belgien (EuGH, C-42/92, Thijssen, Slg. 1993, I–4047, vgl. auch Schlußanträge GA *Lenz* in dieser Rs.).

5 Die MS können auf die Inanspruchnahme der Ausnahmevorschrift **verzichten** (wie geschehen in der „Erklärung betreffend die Präventivmedizin und die Beschau von tierischen Nahrungsmitteln und Nahrungsmitteln tierischen Ursprungs", ABl. 1978 C 308/1).

6 Art. 45 Abs. 2 räumt dem Rat die Möglichkeit ein, mit qualifizierter Mehrheit auf Vorschlag der Kommission bestimmte Tätigkeiten von der Anwendung des Niederlassungskapitels auszunehmen. Eine derartige **Ausnahmevollmacht** ist im System des Vertrages ungewöhnlich und hat bisher keine praktische Anwendung gefunden.

Art. 46 (ex-Art. 56) (Vorschriften betreffend die öffentliche Ordnung)

(1) Dieses Kapitel und die auf Grund desselben getroffenen Maßnahmen beeinträchtigen nicht die Anwendbarkeit der Rechts- und Verwaltungsvorschriften, die eine Sonderregelung für Ausländer vorsehen und aus Gründen der öffentlichen Ordnung, Sicherheit oder Gesundheit gerechtfertigt sind.

(2) Der Rat erläßt gemäß dem Verfahren des Artikels 251 Richtlinien für die Koordinierung der genannten Vorschriften.

Art. 46 berechtigt die MS grundsätzlich – auch über Art. 55 (ex-Art. 66) –, **1** Sonderregelungen für selbständige erwerbstätige Ausländer aus Gründen der öffentlichen Ordnung, Sicherheit oder Gesundheit auch auf Gemeinschaftsbürger anzuwenden. Die Vorschrift ist als Abweichung von den Regeln über die Freizügigkeit **eng** auszulegen (EuGH, Rs. 67/74, Bonsignore, Slg. 1975, 297, Rn. 6). Sonderregelungen i.S. dieser Vorschrift sind nicht zu verwechseln mit den für die Niederlassungsfreiheit spezifischen Beschränkungen i.S.d. Art. 43 (ex-Art. 52), sondern sind im wesentlichen den für abhängig Beschäftigte in ähnlicher Weise geltenden ausländerpolizeilichen Vorschriften bezüglich Ein- und Ausreise, Aufenthalt und Verbleib vergleichbar.

Die „ordre-public"-Klausel des Art. 46 ist mit der Ausnahmevorschrift des **2** Art. 39 Abs. 3 (ex-Art. 48 III) verwandt, so daß Parallelen bei deren Anwendung und Auslegung sowie mit dem zu deren Durchführung erlassenen sekundären Gemeinschaftsrecht bestehen (Art. 39 Rn. 73ff.). Die mitgliedstaatlichen Behörden haben zwar einen **Beurteilungsspielraum** bei der Anwendung der Vorschrift, der jedoch an gemeinschaftsrechtliche und damit einheitliche Grenzen stößt. Insbesondere sind einschlägige Maßnahmen am Grundsatz der Verhältnismäßigkeit zu messen (EuGH, C-101/94, Kommission/Italien, Slg. 1996, I–2691, Rn. 26). Durch das Gemeinschaftsrecht ist den **Gemeinschaftsbürgern** ein **Sonderstatus** gegenüber dem allgemeinen mitgliedstaatlichen Ausländerrecht eingeräumt. Inhalt und Grenzen der gemeinschaftsrechtlichen Position werden durch den Vertrag, Rechtsakte der Gemeinschaft und die Rechtsprechung des EuGH konkretisiert.

Art. 46 Abs. 2 bildet die Rechtsgrundlage für den Erlaß von **Koordinie-** **3** **rungsrichtlinien**. Der EGV sieht das **Verfahren der Mitentscheidung des EP** nach Art. 251 (ex-Art. 189b) vor (zu den früheren Abstimmungsmodi vgl. *Erhard*, Vorauflage, Art. 56 Rn. 3).

Auf der Grundlage des Art. 46 Abs. 2 ist die in gleicher Weise für Ar- **4** beitnehmer, Selbständige und Dienstleistungsempfänger geltende RL 64/221/E(W)G (ABl. 1964 56/850) erlassen worden, die auch die berechtigten Familienangehörigen in ihren Anwendungsbereich miteinbezieht (vgl. Art. 1 Abs. 2 der RL). Die RL 64/221/E(W)G ist durch die RL 75/35/E(W)G (ABl. 1975 L 14/14) auf die ihr Verbleiberecht gemäß der RL 75/34/E(W)G (ABl. 1975 L 14/10) ausübenden Personen anwendbar (zu dem Inhalt der einzelnen Vorschriften der RL 64/221/E(W)G vgl. Art. 39 Rn. 75ff.; zum Recht auf Einreise und Aufenthalt vgl. auch Art. 39 Rn. 52ff., Art. 43 Rn. 15).

5   Die vorgenannten Vorschriften beziehen sich sämtlich auf natürliche Personen. Dennoch sind Sonderregelungen für die nach dem Recht eines anderen MS gegründeten Gesellschaften (Art. 48, ex-Art. 58) auf der Grundlage des Art. 46 denkbar (EuGH, Rs. 79/85, Segers, Slg. 1986, 2375, Rn. 17).

Art. 47 (ex-Art. 57) (Richtlinien zur Anerkennung von Diplomen und Zeugnissen)

(1) Um die Aufnahme und Ausübung selbständiger Tätigkeiten zu erleichtern, erläßt der Rat nach dem Verfahren des Artikels 251 Richtlinien für die gegenseitige Anerkennung der Diplome, Prüfungszeugnisse und sonstigen Befähigungsnachweise.

(2) Zu dem gleichen Zweck erläßt der Rat gemäß dem Verfahren des Artikels 251 Richtlinien zur Koordinierung der Rechts- und Verwaltungsvorschriften der Mitgliedstaaten über die Aufnahme und Ausübung selbständiger Tätigkeiten. Der Rat beschließt im Rahmen des Verfahrens des Artikels 251 einstimmig über Richtlinien, deren Durchführung in mindestens einem Mitgliedstaat eine Änderung bestehender gesetzlicher Grundsätze der Berufsordnung hinsichtlich der Ausbildung und der Bedingungen für den Zugang natürlicher Personen zum Beruf umfaßt. Im übrigen beschließt der Rat mit qualifizierter Mehrheit.

(3) Die schrittweise Aufhebung der Beschränkungen für die ärztlichen, arztähnlichen und pharmazeutischen Berufe setzt die Koordinierung der Bedingungen für die Ausübung dieser Berufe in den einzelnen Mitgliedstaaten voraus.

Literatur: *Bleckmann*, Zulassung eines deutschen Rechtsanwalts als „Avocat" in Frankreich, EuZW 1994, 337; *Berscheid*, Freie Berufe in der EG, Berufsausübung in einem anderen MS – Anerkennung von Berufsabschlüssen, Unternehmenspraxis in der EG,

Bd. 9, 1991; *Czybulka*, Die Entwicklung des Handwerksrechts, NVwZ 1991, 230; *Dörig*, Der Zugang zur Anwaltschaft nach der EG-Diplomsanerkennungsrichtlinie, EuZW 1991, 243; *Eberhartinger*, Europäisches Bankenrecht – Integrationsrechtliche Probleme, 1995; *Groß*, Deutsches Gesellschaftsrecht in Europa, EuZW 1994, 395; *Henninger*, Europäisches Berufsrecht, Allgemeine EG-Regelung zur Anerkennung von Berufsausbildungen, zur Gewährung der Freizügigkeit der Arbeitnehmer und der freien Niederlassung, BB 1990, 73; *Jeder*, Die Meisterprüfung auf dem Prüfstand zur Vereinbarkeit der Berufszulassungsvorschriften des deutschen Handwerksrechts mit dem Niederlassungsrecht des EWGV und den Grundrechten des GG, Diss. Marburg 1992; *Klinge*, Niederlassungs- und Dienstleistungsrecht für Handwerker und andere Gewerbetreibende in der EG, 1990; *Lechner*, Sechs Jahre Eignungsprüfung für die Zulassung zur Rechtsanwaltschaft, JZ 1997, 834; *Leibrock*, Stand und Perspektiven der gegenseitigen Anerkennung der Diplome, EuZW 1992, 465; *Steindorff*, Anerkennung im EG-Recht, FS Lorenz 91, 561; *von Wallenberg*, Die Bedeutung des Meisterbriefs in Zeiten von Qualitätsmanagment und Europäischen Normen, EuZW 1995, 396; *Wegerich*, Der „Qualified Lawyers Transfer Test" – Stolperstein für deutsche Bewerber bei der Zulassung als solicitor in England?, EuZW 1994, 275; *Wenckstern*, Die Anerkennung beruflicher Hochschuldiplome im Recht der Europäischen Gemeinschaft, Wissenschaftsrecht 1997, 1.

I. Richtlinien zur Erleichterung der Niederlassungsfreiheit

Der Abbau von Beschränkungen der Niederlassungsfreiheit, insbesondere **1** in der Form unmittelbarer oder mittelbarer Diskriminierungen, ist ein wesentliches Merkmal der Niederlassungsfreiheit, zu deren Durchführung seit dem Ende der Übergangszeit und der damit eingetretenen unmittelbaren Anwendbarkeit des Art. 43 (ex-Art. 52) (EuGH, Rs. 2/74, Reyners, Slg. 1974, 631) der Erlaß von Gemeinschaftsrechtsakten allenfalls zur Regelung der konkreten Begleitumstände erforderlich ist. Dennoch kann die Niederlassung eines selbständig Erwerbstätigen in einem anderen MS durch die zulässigerweise diskriminierungsfrei anwendbaren Berufszugangs- und -ausübungsvorschriften erschwert, wenn nicht unmöglich werden. Wenn beispielsweise die Absolvierung eines vollständigen inländischen Ausbildungsganges zur Voraussetzung der Niederlassung gemacht wird, wird es allenfalls in Ausnahmefällen zu der Inanspruchnahme der Freiheit kommen. Um die **Niederlassung** in einem andern MS faktisch zu **erleichtern**, enthält Art. 47 eine Rechtssetzungsermächtigung zur gegenseitigen **Anerkennung** der Diplome, Prüfungszeugnisse und sonstigen Befähigungsnachweise (Abs. 1) sowie zur **Koordinierung** mitgliedstaatlicher Rechts- und Verwaltungsvorschriften über die Aufnahme und Ausübung selbständiger Tätigkeiten (Abs. 2) durch RL (zum Ermessensspielraum der Institutionen beim Erlaß der Harmonisierungsrichtlinien, EuGH, C-63/89, Assurances du Crédit SA, Slg. 1991, I–1799; C-233/94, Deutschland/Parlament und Rat, Slg. 1997, I–2405, Rn. 43).

II. Richtlinien zur Anerkennung und Koordinierung

2   **Anerkennung** und **Koordinierung** sind zwei komplementäre Techniken zur Förderung desselben Ziels. Die Anerkennung bedeutet, daß ausländische Sachverhalte inländischen in ihren Wirkungen gleichgestellt werden. Die Koordinierung wirkt auf eine Anpassung eben dieser Sachverhalte hin und kann daher, muß jedoch keineswegs, eine Vorstufe der Anerkennung sein. In der Praxis wurden zur Regelung eines Sachgebiets oftmals Koordinierungs- und Anerkennungsrichtlinien gleichzeitig erlassen (vgl. auch Anhang Art. 43–55 „Architekten", „medizinische Berufe"). Es ist nur von geringem praktischen Nutzen, den Begriff der Koordinierung durch Abgrenzung von denen der Harmonisierung bzw. Rechtsangleichung abstrakt zu definieren, da diese Begriffe mit unterschiedlicher Bedeutung an verschiedenen Stellen des Vertrages gebraucht werden. Ihr Inhalt bestimmt sich nach dem jeweiligen Regelungszusammenhang. Die Instrumente müssen so eingesetzt werden können, daß sie den angestrebten Zweck zu verwirklichen geeignet sind. Festzuhalten ist, daß die Koordinierung grundsätzlich Eigenheiten des MS-Rechts bestehen läßt. Es geht daher nicht um die Vereinheitlichung der rechtlichen und tatsächlichen Umstände, wenngleich auch die Koordinierung vereinheitlichende Elemente aufweisen kann, da ansonsten eine gegenseitige Annäherung der Bedingungen mit dem Ziel ihrer Vergleichbarkeit und Gleichwertigkeit ausgeschlossen ist.

1. Anerkennung der Diplome

3   In Art. 47 Abs. 1 ist von der **gegenseitigen Anerkennung der Diplome, Prüfungszeugnisse und sonstigen Befähigungsnachweise** die Rede, was eine Umschreibung für **sämtliche berufsqualifizierenden Abschlüsse** bedeutet. Regelmäßig erfolgt die Anerkennung aufgrund spezieller RL (vgl. den Anhang zu Art. 43–55). Gelegentlich kann eine Pflicht zur Anerkennung direkt aus den unmittelbar anwendbaren Vorschriften der Niederlassungsfreiheit folgen (EuGH, Rs. 71/76, Thieffry, Slg. 1977, 765; vgl. Art. 43 Rn. 12). Bei der Anerkennung berufsqualifizierender Abschlüsse geht es um deren Wirkung im **staatlichen Bereich**. Die **akademische Anerkennung** bestimmter Qualifikationen, die häufig als Voraussetzung für eine sich daran anschließende Ausbildung erforderlich ist, kann ggf. ein Präjudiz für die Anerkennung im staatlichen Bereich sein (EuGH, Rs. 71/76, a.a.O., Slg. 1977, 765).

a) Anerkennung von Berufserfahrung

Nach Ende der ersten Stufe der Übergangszeit begann der Gemeinschafts- **4** gesetzgeber, gestützt auf das allgemeine Programm eine Reihe von Richtlinien zu erlassen, deren Gegenstand die Einrichtung eines Systems der Anerkennung von im Herkunftsmitgliedstaat erworbener **Berufserfahrung** war; zu den erfaßten Tätigkeiten zählten solche aus Handwerk und Industrie (z.B. Art. 3 RL 64/427; zum Nachweis allgemeiner, kaufmännischer oder fachlicher Kenntnisse, EuGH, Rs. 130/88, Bijl, Slg. 1989, 3039, C-193/97, Freitas, Sglg. 1998, I–6747). Diese Vorgehensweise erwies sich jedoch insofern als problematisch, als nur die in selbständiger Tätigkeit gewonnenen Kenntnisse und Fertigkeiten berücksichtigt werden, Zeiten abhängiger Beschäftigung dagegen nicht. Die letztgenannten Tätigkeiten können jedoch aufgrund der RL 92/51/E(W)G geltend gemacht werden (ABl. 1992 L 305/25; Art. 2 Abs. 3 i.V.m. Anhang B). Die Kommission hat jüngst einen Vorschlag unterbreitet, der die sog. Liberalisierungs- und Übergangsrichtlinien zusammenfaßt und die betreffenden Tätigkeiten einem ähnlichen Regime unterwirft, wie es im Bereich der allgemeinen Anerkennung gilt (vgl. Rn. 11). Vor allem aber wird die Rechtsprechung des EuGH, die die Verpflichtung der MS zur Prüfung der beigebrachten Befähigungsnachweise festgeschrieben hat (EuGH, C-340/89, Vlassopoulou, Slg. 1991, I–2357), sekundärrechtlich normiert (vgl. ABl. 1996 C 115/16 und ABl. 1997 C 264/5 sowie Gemeinsamer Standpunkt (EG) Nr. 42/98 des Rates, ABl. 1998 C 262/12 – mit Auflistung der Tätigkeiten gemäß der NICE-bzw. CITI-Nomenklatur in Anhang A und Aufstellung der aufzuhebenden Richtlinien in Anhang B). („Classification internationale type par industrie de toutes les branches d'activité économique [CITI]" des Statistischen Amts der Vereinten Nationen; für die EG existiert ein Verzeichnis der gewerblichen Tätigkeiten unter dem Namen „Nomenclature des industries établies dans les Communautés européennes [„NICE"]".)

b) Sektorspezifische Regelungen

Im Anschluß an die vorstehend beschriebenen Maßnahmen wurden RLen **5** in Kraft gesetzt, die für **bestimmte Berufe** (Arzt, allgemeine Krankenpflegeberufe, Tierarzt, Zahnarzt, Hebamme, Apotheker und Architekt) die Mindestvoraussetzungen der **Ausbildung** koordinieren. Ergänzung zur grundlegenden **Harmonisierung** ist weiter die Bestimmung, daß die entsprechende Abschlüsse dokumentierenden Diplome automatisch anzuerkennen sind (auch „vertikale Vorgehensweise" genannt; vgl. Anhang zu Art. 43–55, Rn. 13). Für den Arztberuf wurde die ursprüngliche Richtlinie mehrfach fortgeschrieben (RL 93/16/E(W)G, ABl. 1993 L 165/1, geändert durch RL 97/50/EG, ABl. 1997 L 291/35, RL 98/21/EG, ABl. 1998 L 119/15 und RL 98/63/EG, ABl. 1998 L 253/24). Die im Zuge der in diesem Bereich gemachten Erfahrungen haben die Kommission veranlaßt, eine Ausdehnung des **Systems der vereinfachten Anerkennung** auf die anderen Sektoren vorzuschlagen. Gleichzeitig soll eine für alle Tätigkeiten geltende Fristbestimmung aufgenommen werden, innerhalb derer die MS über die gestellten Anträge zu entscheiden haben, daneben eine Begründungspflicht sowie die Bereitstellung von Rechtsbehelfen (vgl. ABl. 1998 C 208/1). Schließlich ist vorgesehen, daß die Mitgliedstaaten die außerhalb der Gemeinschaft erworbenen und bereits in einem MS anerkannten Diplome und sonstigen Befähigungsnachweise „berücksichtigen", ebenso die darauf basierende Berufserfahrung – eine Pflicht, die in Anlehnung an die Rechtsprechung „Vlassopoulou" (C-340/89, Slg. 1991, I–2357) und Haim (C-319/92, Slg. 1994, I–425) die Ausübung der Personenfreizügigkeit erheblich erleichtert.

c) Allgemeine Anerkennung der Diplome

6   Drittes Element des Anerkennungssystems sind die sog. 1. und 2. **Anerkennungsrichtlinien** (vgl. RL 89/48/E(W)G, ABl. 1990 L 180/26, RL 92/51/E(W)G; Anhang zu Art. 43–55). In ihren Anwendungsbereich fallen grundsätzlich alle **reglementierten Berufe** und **Ausbildungen**, die **mindestens dreijährige akademische Ausbildungsgänge** abschliessen (RL 89/48/E(W)G bzw. **einjährige postsekundäre Ausbildungsgänge**. Die RL gilt nur für Bereiche, die nicht Gegenstand früherer RLen sind. Der hierbei verfolgte Weg unterscheidet sich insofern vom sektoriellen Ansatz, als nicht eine Harmonisierung der Berufsausbildung angestrebt, sondern vielmehr – in Anlehnung an den in der Rechtsprechung zur Warenverkehrsfreiheit (vgl. Art. 28 Rn. 22) entwickelten Grundsatz der gegenseitigen Anerkennung und der freien Zirkulierbarkeit der Waren (und Leistungen) im Binnenmarkt – an die Kompetenz angeknüpft wird, die eine Person innehat (auch „horizontale Vorgehensweise"). Die Mitgliedstaaten behalten jedoch das Recht, im Falle von divergierenden Voraussetzungen zwischen der erlangten und der im Aufnahmestaat vorgeschriebenen Ausbildung zusätzliche Bedingungen, wie Berufserfahrung, Eignungsprüfungen oder **Anpassungslehrgänge**, aufzustellen. Beide RL sehen dafür die Absolvierung eines mehrjährigen Anpassungslehrgangs vor (RL 89/48/E(W)G, Art. 4 Abs. 1 lit. b; RL 92/51/E(W)G, Art. 4 Abs. 1 lit. b, 5 Abs. 2, 7). Gegebenenfalls ist eine **Eignungsprüfung** abzulegen (RL 89/48/E(W)G, Art. 4 Abs. 1 lit. b, RL 92/51/E(W)G, Art. 4 Abs. 1 lit. b). Zur Anerkennung sonstiger Unterlagen wie Führungszeugnisse, Gesundheitszeugnisse u.ä. vgl. Art. 6 RL 89/48/E(W)G u. Art. 10 RL 92/51/E(W)G. Zu Nachweisen, Erklärungen und Bescheinigungen, die in den bis zum 1.6.79 vom Rat erlassenen RL vorgesehen sind, die sich auf die Zuverlässigkeit, Konkursfreiheit, die Art und Dauer der in den Herkunftsländern ausgeübten Berufstätigkeiten beziehen, vgl. Bekanntmachung der Kommission, ABl. 1974 C 81/1. Die im Rahmen der Übergangsregelungen verbreitete Technik der **Anerkennung von Zeiten der Berufsausübung** in einem anderen MS anstelle eines Diploms findet auch in der RL 92/51/E(W)G Anwendung (Art. 3 Abs. 1 lit. b, 5 Abs. 1 lit. b, 6 Abs. 1 lit. b). Nach dem vorstehend angesprochenen Vorschlag der Kommission (vgl. Rn. 5) soll auch in bezug auf die RL 89/48/E(W)G vorgesehen werden, daß die MS verpflichtet sind zu prüfen, ob Differenzen des Ausbildungsstandes nicht auch durch entsprechend nachgewiesene Berufserfahrung ausgeglichen werden können. Des weiteren soll die RL dergestalt ergänzt werden, daß in Anlehnung an die Vorschriften der 2. allgemeinen Richtlinie der Begriff der reglementierten Ausbildung einbezogen wird.

Für die dauerhafte Ausübung des **Rechtsanwaltsberufs** in einem anderen   **7** Mitgliedstaat (in selbständiger oder abhängiger Beschäftigung) trifft die RL 98/5/EG (ABl. 1998 L 77/36) nunmehr detailliertere Regelungen, die sich insbesondere auf die Anerkennung der im Aufnahmestaat erworbenen Berufserfahrung (Art. 10), das Recht der Berufsausübung unter der ursprünglichen Bezeichnung (Art. 2 u. 4) sowie das Zusammenwirken von zuständiger Stelle der Herkunftsstaats und derjenigen der Zweitniederlassung (Art. 3 u. 7) erstrecken. Der Erlaß der RL 98/5/EG stellt trotz sektorspezifischer Regelung keine Abkehr vom Ansatz der horizontalen Harmonisierung dar, sondern läßt die Ausbildungssysteme der MS unberührt (vgl. anschaulich zum Verfahren unter der RL 89/48/E(W)G: *Bleckmann*, EuZW 1994, 337; *Wegerich*, EuZW 1994, 275, sowie BGH, RIW 1998, 320, BGH, RIW 1997, 335 – Anwaltszulassung; VGH München, NJW 1998, 1006, Bay. VerwGH, BayVBl. 1997, 724 – Anerkennung des italienischen Studienabschlusses.

Nicht erfaßt wird die Problematik der **Berücksichtigung von Kenntnissen**   **8** **in nicht reglementierten Berufen** (vgl. zum Begriff des reglementierten Berufes EuGH, C-164/94, Aranitis, Slg. 1996, I–135 u. Schlußanträge GA *Léger* in dieser Rs.; vgl. auch EuGH, C-225/95, C-226/95 u. C-227/95, Kapasakalis u.a., Slg. 1998, I–4239. Hierbei ist jedoch auf die zu Art. 43 (ex-Art. 52) allgemein entwickelten Grundsätze zurückzugreifen (EuGH, C-164/94, a.a.O., Slg. 1996, I–135, Rn. 31f.; vgl. Art 43 Rn. 13).

2. Rechtsetzungsverfahren

9 Das Verfahren zum Erlaß der **Anerkennungsrichtlinien** ist gemäß dem Vertrag von Amsterdam das der Mitentscheidung des EP i.S.d. Art. 251 (ex-Art. 189b). Auch das Beschlußverfahren in den **Koordinierungsfällen** folgt den Grundsätzen der Mitentscheidung (Abs. 2). Die Einstimmigkeit der Beschlußfassung ist erforderlich, wenn die Umsetzung der RL eine Änderung bestehender gesetzlicher Grundsätze der Berufsordnung hinsichtlich Ausbildung und Berufszugangsvoraussetzungen natürlicher Personen in mindestens einem MS bedingt. Die Wendung, die in dieser Form durch die EEA in die Vorschrift Eingang gefunden hat, wurde auf Betreiben der deutschen Delegation gewählt in der Absicht, die deutsche Handwerksordnung zu schützen (vgl. *Randelzhofer*, in Grabitz/Hilf, Art. 57 Rn. 15a m.w.N.).

3. Zeitliche Abfolge der Maßnahmen nach Abs. 3

10 Was die zeitliche Abfolge der Koordinierungsmaßnahmen anbelangt, sieht Abs. 3 für die Bereiche der ärztlichen, arztähnlichen und pharmazeutischen Berufe eine **Rangfolge** dergestalt vor, daß die Koordinierung der Bedingungen für die **Berufsausübung** der schrittweisen **Aufhebung der Beschränkungen** voranzugehen hatte. Da auch für die von Art. 47 Abs. 3 erfaßten Bereiche die Niederlassungsfreiheit seit Ende der Übergangszeit unmittelbar anwendbar ist, Beschränkungen daher ohnehin unanwendbar sind, hat die vorgeschriebene zeitliche Abfolge keine praktische Bedeutung mehr. Im übrigen sind die Koordinierungsrichtlinien für diese Bereiche inzwischen flächendeckend ergangen (vgl. Anhang zu Art. 43–55 „medizinische Berufe").

Art. 48 (ex-Art. 58) (Gleichstellung der Gesellschaften)
Für die Anwendung dieses Kapitels stehen die nach den Rechtsvorschriften eines Mitgliedstaats gegründeten Gesellschaften, die ihren satzungsmäßigen Sitz, ihre Hauptverwaltung oder ihre Hauptniederlassung innerhalb der Gemeinschaft haben, den natürlichen Personen gleich, die Angehörige der Mitgliedstaaten sind.

Als Gesellschaften gelten die Gesellschaften des bürgerlichen Rechts und des Handelsrechts einschließlich der Genossenschaften und die sonstigen juristischen Personen des öffentlichen und privaten Rechts mit Ausnahme derjenigen, die keinen Erwerbszweck verfolgen.

Literatur: *Behrens*, Die grenzüberschreitende Sitzverlegung von Gesellschaften in der EWG, IPRax 1989, 354; *ders.*, Niederlassungsfreiheit und internationales Gesellschaftsrecht, RabelsZ 1988, 498; *Bukelmann*, Die Gründung von Zweigniederlassungen ausländischer Gesellschaften in Deutschland und das deutsche Firmenrecht unter besonderer Berücksichtigung des EWGV, DB 1990, 1021; *Drobnig*, Gemeinschaftsrecht und internationales Gesellschaftsrecht – „Daily Mail" und die Folgen, Europäisches Gemeinschaftsrecht und internationales Privatrecht, Osnabrücker rechtswissenschaftliche Abhandlungen, Bd. 26, 1991, 185; *Großfeld/König*, Das internationale Gesellschaftsrecht in der Europäischen Gemeinschaft, RIW 1992, 433; *Nowotny*, Niederlassungsfreiheit, insbesondere aus der Sicht des Gesellschaftsrechts, Der Weg in den Binnenmarkt, Schriften zum gesamten Werk der Wirtschaft, Bd. 23, 1991, 253; *Sandrock/Austmann*, Das internationale Gesellschaftsrecht nach der Daily-Mail-Entscheidung des EuGH: Quo Vadis?, RIW 1989, 249; *Schümann*, Die Vereinbarkeit der Sitztheorie mit dem europäischen Recht, EuZW 1994, 269; *Thömmes*, Identitätswahrende Sitzverlegung von Gesellschaften in Europa, DB 1993, 1021.

I. Gesellschaften i.S.d. Vorschrift

Art. 48 stellt **Gesellschaften und andere Personenverbände** unter gewissen Voraussetzungen den natürlichen Personen im Rahmen der Niederlassungsfreiheit gleich. Art. 48 Abs. 2 definiert den Kreis der Begünstigten als die Gesellschaften des bürgerlichen und des Handelsrechts einschl. der Genossenschaften und die sonstigen juristischen Personen des öffentlichen und privaten Rechts, die einen Erwerbszweck verfolgen. Trotz der mißverständlichen Formulierung („sonstige juristische Personen") werden nach einhelliger Meinung auch nicht-rechtsfähige Gesellschaften von der Vorschrift erfaßt, so daß nach verbreiteter Ansicht auch die BGB-Gesellschaft in den Genuß der Vorschriften kommen kann. **Zweck** der Niederlassungsfreiheit für Gesellschaften ist, wie bei der Niederlassungsfreiheit für natürliche Personen, die Voraussetzungen für eine freie Standortwahl zur Erwerbstätigkeit zu schaffen. Die Zweckbestimmung impliziert die Grenzen der Freiheit. Materielle Voraussetzung für die Identifizierung einer begünstigten Personenvereinigung ist die Verfolgung eines wirtschaftlichen **Erwerbszwecks**. Vergleichbar der weiten Auslegung der „Erwerbstätigkeit" natürlicher Personen im Rahmen des Art. 43 (ex-Art. 52) ist auch der „Erwerbszweck" in einem weiten Sinne zu verstehen. Es genügt eine entgeltliche wirtschaftliche Betätigung, ohne daß sie nach dem Prinzip der Gewinnmaximierung tätig sein müßte bzw. eine Gewinnerzielungsabsicht erforderlich wäre. Ein darüber hinausgehender andersartiger Gesellschaftszweck ist unschädlich. Die Aufnahme der Gesellschaftstätigkeit am Ort der Hauptniederlassung ist nicht Voraussetzung für die Gründung von Zweitniederlassungen (EuGH, C-212/97, Centros, Urt. v. 9.3.1999, noch nicht in amtl. Slg.).

1

II. Zugehörigkeit zur Gemeinschaft

2   Anstelle der Staatsangehörigkeit natürlicher Personen legt Art. 48 Abs. 1
die Kriterien fest, die die **Zugehörigkeit der Gesellschaft zur Rechtsordnung eines MS** bestimmen (EuGH, Rs. 79/85, Segers, Slg. 1986, 2375,
Rn. 13; C-330/91, Commerzbank, Slg. 1993, I–4017, Rn. 13) und damit die
Zugehörigkeit zur Gemeinschaft. Die Gesellschaft muß erstens nach
dem Recht eines MS **gegründet** sein **und** ihren **Sitz** innerhalb der Gemeinschaft haben. Als Gesellschaftssitz gelten alternativ der satzungsmäßige Sitz, die Hauptverwaltung (der Ort, an dem die unternehmerische
Leitung erfolgt) oder die Hauptniederlassung (der Ort des tatsächlichen
Geschäftsschwerpunkts, EuGH, C-330/91, a.a.O., Slg. 1993, I–4017). Zur
Bestimmung der Zugehörigkeit einer Gesellschaft zu einem Staat werden
gemeinhin drei Theorien vertreten: erstens, die vornehmlich im angelsäch-
sischem Rechtskreis vertretene **Gründungs- bzw. Inkorporationstheorie,**
nach der die Gründung einer Gesellschaft nach den Rechtsvorschriften eines Staates ihre Zugehörigkeit eben zu diesem Staat ausmacht; zweitens,
die überwiegend kontinental-europäischen Vorstellungen entsprechende
Sitztheorie, nach der der Satzungssitz bzw. der tatsächliche Gesellschaftssitz in der Form der Hauptverwaltung oder der Hauptniederlassung das Bin-
deglied zu einer Rechtsordnung herstellen; drittens, die **Kontrolltheorie,**
nach der die Staatsangehörigkeit der die Gesellschaft kontrollierenden Personen maßgeblich ist. Die Kriterien des Art. 48 Abs. 2 sind eine Verbindung
aus Gründungstheorie und Sitztheorie und bilden damit implizit eine Absage an die Kontrolltheorie. Da es folglich auf die Staatsangehörigkeit der
Gesellschafter bzw. Kapitaleigner nicht ankommt (EuGH, C-221/89,
Factortame, Slg. 1991, I–3509), bietet die Niederlassungsfreiheit der Gesellschaften natürlicher Personen eine über die natürlichen Personen nach
Art. 43 (ex-Art. 52) eingeräumte Niederlassungsfreiheit hinausgehende Dimension, indem auch **Drittstaatsangehörige** von ihr Gebrauch machen
können.

III. Inländergleichbehandlung als Inhalt der Freiheit

3   Der **Inhalt** der Niederlassungsfreiheit besteht einmal in der Gewährung der
Inländergleichbehandlung der Gesellschaft (EuGH, Rs. 270/83, Kom-
mission/Frankreich, Slg. 1986, 273; C-330/91, Commerzbank, Slg.1993,
I–4017). Die Niederlassungsfreiheit der Gesellschaften besteht sowohl in
einer **Hauptniederlassungsfreiheit,** als auch in der Freiheit **Zweitniederlassungen** zu errichten (Art. 43 Abs. 1 Satz 2). Eine Gesellschaft macht
im allgemeinen durch die Gründung von Agenturen, Zweigniederlassungen

und Tochtergesellschaften von ihrem Niederlassungsrecht Gebrauch
(EuGH, Rs. 81/87, Daily Mail, Slg. 1988, 5483, Rn. 17).

IV. Ansässigkeit

Zur **Errichtung von Zweitniederlassungen** muß bei Gesellschaften, wie   4
bei natürlichen Personen, das Merkmal der **Ansässigkeit** in einem MS erfüllt sein. Im allgemeinen Programm wird das umschrieben als tatsächliche
und dauerhafte Verbindung der Tätigkeit der Gesellschaft mit der Wirtschaft eines MS. Befinden sich Hauptverwaltung oder Hauptniederlassung
im Gebiet eines MS, so ist das Merkmal ohne weiteres erfüllt. Es ist unschädlich, wenn eine Gesellschaft ihre Tätigkeit ausschließlich durch eine
Agentur, Zweigniederlassung oder Tochtergesellschaft in einem anderen
MS ausübt (EuGH, Rs. 79/85, Segers, Slg. 1986, 2375, Rn. 16). Nur in Fällen, in denen sich allein der satzungsmäßige Sitz, nicht jedoch der effektive Sitz der Gesellschaft in der Gemeinschaft befindet (was nach niederländischem Recht möglich ist), ist die Verbindung zu prüfen. Die Verbindung
kann darin bestehen, daß die Gesellschaft eine Zweigniederlassung in der
Gemeinschaft unterhält, wichtige Absatzgebiete dort findet oder bedeutende Investititonen vornimmt (vgl. *Troberg*, in GTE, Art. 58 Rn. 8).

V. Anerkennung von Gesellschaften

Die **Freizügigkeit der Gesellschaften** ist trotz der rechtlichen Gleichstel-   5
lung mit natürlichen Personen nicht unproblematisch. Sie stößt an rechtliche und tatsächliche Grenzen. Denn jenseits der nationalen Rechtsordnung,
die Gründung und Existenz der Gesellschaften regelt, haben Gesellschaften
beim gegenwärtigen Stand des Gemeinschaftsrechts keine Realität (EuGH,
81/87, Daily Mail, Slg. 1988, 5483, Rn. 19). Um im Rahmen einer anderen
Rechtsordnung handlungsfähig zu sein – eine Voraussetzung beispielsweise
für die Errichtung von Zweitniederlassungen in einem anderen MS – bedarf
eine Gesellschaft der **Anerkennung**, die nicht automatisch durch die Niederlassungsfreiheit erfolgt. Eine gemeinschaftseinheitliche Regelung wurde
angestrebt durch ein Abkommen nach Art. 293 (ex-Art. 220) vom 29.2.68,
das jedoch mangels Ratifikation in den Niederlanden nie in Kraft getreten
ist (abgedruckt in Sonderbeilage, Bulletin der EG 1969 Nr. 2 und als Anlage zum Deutschen Ratifikationsgesetz, BGBl. 1972 II, 369f.). Es bleibt daher vorläufig bei den unterschiedlichen Regelungen in den einzelnen MS
aufgrund nationalen Rechts bzw. nur einzelne MS bindender Abkommen.

VI. Sitzverlegung

6 Für die **Sitzverlegung** einer Gesellschaft von einem MS in einen anderen gelten ebenfalls noch die unterschiedlichen mitgliedstaatlichen Rechtsordnungen, was erhebliche Behinderungen der Freizügigkeit der Gesellschaften mit sich bringt. Sie reichen von der Satzungsänderung über verfahrensrechtliche Hürden, wie die Auflösung und Besteuerung von Reserven bis zur völligen Auflösung der Gesellschaft und Neugründung nach anderen Vorschriften. Die vertragsschließenden Staaten haben diese Schwierigkeiten erkannt und sich in Art. 293 (ex-Art. 220) gegenseitig verpflichtet, im Verhandlungsweg die Probleme zu lösen. Ein Abkommen über die Beibehaltung der Rechtspersönlichkeit einer Gesellschaft bei deren Sitzverlegung ist bisher nicht zustande gekommen. Die Probleme werden nicht durch die Bestimmung über die Niederlassungsfreiheit gelöst, sondern bedürfen noch einer Lösung im Wege der Rechtsetzung oder des Vertragsschlusses (EuGH, Rs. 81/87, a.a.O., Slg. 1988, 5483, Rn. 23).

VII. Gemeinschaftsrechtliche Gesellschaftsformen

7 Probleme der Sitzverlegung und Anerkennung von Gesellschaften können durch die Schaffung gemeinschaftsrechtlicher Gesellschaftsformen umgangen werden (vgl. zur Europäischen wirtschaftlichen Interessenvereinigung und zur Societas Europeae Art. 44, Rn. 15/16).

Anhang zu Art. 43–55 (ex-Art. 52–66) Stand der Liberalisierung in einzelnen Bereichen

1 Die Fülle der Liberalisierungsrichtlinien im Niederlassungs- und Dienstleistungsrecht kann bei der Kommentierung zu Art. 43ff. und Art. 49ff. nicht im einzelnen behandelt werden. Da bei bestimmten Materien nähere Erläuterungen geboten sind, wird nachfolgend in **alphabetischer Reihenfolge** der **gegenwärtige Stand der Liberalisierung in ausgewählten Bereichen** dargestellt (s. im übrigen das Verzeichnis sämtlicher Sekundärrechtsakte der EG, den „Fundstellennachweis des geltenden Gemeinschaftsrechts", der in halbjährlichem Abstand von der Kommission herausgegeben wird, außerdem in elektronischer Form: http://europa.eu.int/eur-lex/de/lif/index.html). Gleichzeitig werden die wichtigsten Urteile des EuGH zu den einzelnen Gebieten hier aufgeführt, auch wenn sie in Teilen Gegenstand der allgemeinen Kommentierung waren.

Architekten: 2

- *RL 85/384/E(W)G des Rates vom 10. Juni 1985, (ABl. 1985 L 223/15)
  für die gegenseitige Anerkennung der Diplome, Prüfungszeugnisse und
  sonstigen Befähigungsnachweise auf dem Gebiet der Architektur und
  für Maßnahmen zur Erleichterung der tatsächlichen Ausübung des Niederlassungsrechts und des Rechts auf freien Dienstleistungsverkehr;*
- *EuGH, C-310/90, Egle, Slg. 1992, I–177 und C-166/91, Bauer,
  Slg. 1992, I–2797,* beide zur Anerkennung praktischer Ausbildungszei-
  ten im Rahmen eines Fachhochschulstudiums; *C-447/93, Dreessen, Slg.
  1994, I–4087,* zur Anerkennung eines in einer anderen Fachrichtung erworbenen Ingenieurdiploms.

Bankwesen: 3

Die Herstellung eines einheitlichen Bankenmarktes geschah hauptsächlich
durch die **Aufhebung von Zulassungsbeschränkungen**, also Maßnahmen
für eine erleichterte Niederlassung in einem anderen Mitgliedstaat. Grenzüberschreitende Dienstleistungen ohne eine Präsenz in dem jeweils anderen
Land sind in dieser Branche wesentlich seltener; dementsprechend ist die
Dienstleistungsfreiheit in den meisten Rechtsvorschriften weniger stark
artikuliert. Grundlegende Rechtsakte waren:
- *RL 73/183/E(W)G des Rates vom 28. Juni 1973, (ABl. 1973 L 194/1)
  zur Aufhebung der Beschränkungen der Niederlassungsfreiheit und des
  freien Dienstleistungsverkehrs für **selbständige Tätigkeiten der Kreditinstitute** und anderer finanzieller Einrichtungen,* in der das Diskriminierungsverbot ausländischer Institute festgeschrieben wurde, mithin
  die Gründung von Zweigstellen und Tochtergesellschaften zu gleichen
  wie im Gastland geltenden Bedingungen möglich wurde;
- *Erste RL 77/780/E(W)G des Rates vom 12. Dezember 1977, (ABl. 1977
  L 322/30) zur Koordinierung der Rechts- und Verwaltungsvorschriften
  über die Aufnahme und Ausübung der Tätigkeit der **Kreditinstitute**,* die
  heute noch als das „EG-Grundgesetz der Banken" angesehen wird, und
  die die Mindestvoraussetzungen für die grenzüberschreitende Zulassung festlegte (Mindestkapital, Zuverlässigkeit und Erfahrung der Ge-
  schäftsleiter, „4-Augen-Prinzip") und Bedürfnisprüfungen strengen
  Voraussetzungen unterwarf, geändert durch *RL 95/26/EG (ABl. 1995 L
  168/7) und RL 96/13/EG (ABl. 1996 L 66/15);*
- *RL 83/350/E(W)G des Rates vom 18. Juli 1983, (ABl. 1983 L 193/18)
  über die Beaufsichtigung der Kreditinstitute auf konsolidierter Basis
  für **Bankengruppen**, deren Muttergesellschaft ein Kreditinstitut ist* (die

Beaufsichtigung auf konsolidierter Basis obliegt der Bankenaufsichts-
behörde des Mitgliedstaates, in dem das Kreditinstitut, das die Beteiligung hält, seinen Sitz hat), die durch die *RL 92/30/E(W)G des Rates
vom 6. April 1992, (ABl. 1992 L 110/52)* aufgehoben wurde. Die durch
erstere eingeführten Maßnahmen wurden erweitert auf alle Unternehmen, zu deren Bereich ein Finanzinstitut gehört; *RL 92/30/E(W)G
geändert durch RL 93/6/E(W)G, (ABl. 1993 L 141/1)* zur Harmonisierung der Eigenkapitalbestimmungen von Kreditinstituten;

– *RL 86/635/E(W)G des Rates vom 8. Dezember 1986, (ABl. 1986 L
  372/1) über den **Jahresabschluß** und den konsolidierten Abschluß von
  Banken und anderen Finanzinstituten,* mit detaillierten Bilanzvorschrif-
  ten;

– *RL 89/117/E(W)G des Rates vom 13. Februar 1989 über die Pflichten
  der in einem anderen Mitgliedstaat eingerichteten **Zweigniederlassungen** von Kreditinstituten und Finanzinstituten mit Sitz außerhalb dieses
  Mitgliedstaats zur Offenlegung von **Jahresabschlußunterlagen**, (ABl.
  1989 L 44/40);*

– *RL 89/299/E(W)G des Rates vom 17. April 1989, (ABl. 1989 L 124/16)
  über die **Eigenmittel** von Kreditinstituten* (sie verwendet keinen einheitlichen Rechtsbegriff des Eigenkapitals, sondern legt enumerativ alle berücksichtigungsfähigen Komponenten fest), geändert durch *RL
  92/16/E(W)G, ABl. 1992 L 75/48, und RL 92/30/E(W)G;*

– *Zweite RL 89/646/E(W)G des Rates vom 15. Dezember 1989, (ABl.
  1989 L 386/1) zur Koordinierung der Rechts- und Verwaltungsvorschriften über die Aufnahme und Ausübung der Tätigkeit der Kreditinstitute und zur Änderung der RL 77/780/EWG,* die die „Erste
  Richtlinie" ergänzte und, was von erheblicher Bedeutung ist, das Prinzip der **Herkunftslandkontrolle** festschrieb, also die Erlaubnis der europaweiten Tätigkeit (bzgl. der Einzeltätigkeiten s. die im Anhang der
  Richtlinie aufgeführte Liste, die alle Tätigkeiten des normalen Bank-
  geschäfts umfaßt), sei es durch Zweigniederlassungen oder einzelne
  grenzüberschreitende Dienstleistungen, und zwar aufgrund der **alleinigen Zulassung im Heimatstaat**; daneben wird die Harmonisierung
  der nationalen Bankenaufsichtsrechte erweitert, geändert durch *RL
  92/30/E(W)G;*

– *RL 89/647/E(W)G des Rates vom 18. Dezember 1989, (ABl. 1989 L
  386/14) über einen **Solvabilitätskoeffizienten** für Kreditinstitute,* die einen gemeinsamen Kontrollstandard bezüglich der Risikopositionen eines Kreditinstitutes aufstellt; sie geht von einer Mindesteigenkapital-
  quote von 8 % aus, geändert durch RL 96/10/EG, (ABl. 1996 L 85/17);

- *RL 92/121/E(W)G des Rates vom 21. Dezember 1992 über die Überwachung und Kontrolle der **Großkredite** von Kreditinstituten, (ABl. 1993 L 29/1);*
- *RL 93/6/E(W)G des Rates vom 15. März 1993 über die angemessene **Eigenkapitalausstattung** von Wertpapierfirmen und Kreditinstituten;*
- *RL 94/19/EG des Europäischen Parlaments und des Rates vom 30. Mai 1994 über **Einlagensicherungssysteme**, (ABl.* 1994 L 89/17) zur Umsetzung in Deutschland vgl. Beschluß des Bundesrats v. 19.6.1998, BR-Dr 477/98;
- *RL 95/26/EG des Europäischen Parlaments und des Rates vom 29. Juni 1995 zwecks verstärkter **Beaufsichtigung** der Finanzunternehmen, (ABl. 1995 L 168/7);*
- *RL 97/5/EG des Europäischen Parlaments und des Rates vom 27. Januar 1997 über grenzüberschreitende **Überweisungen,** (ABl. 1997 L 43/25);*
- *RL 98/32/EG des Europäischen Parlaments und des Rates vom 22. Juni 1998 zur Änderung – im Hinblick auf Hypotheken – der RL 89/647/E(W)G des Rates über einen Solvabilitätskoeffizienten für Kreditinstitute, (ABl. 1998 L 204/26);*
- *RL 98/33/EG des Europäischen Parlaments und des Rates vom 22. Juni 1998* zur Änderung der RL 77/780/E(W)G, RL 89/647/E(W)G und RL 93/6/E(W)G, *(ABl. 1998 L 204/29);*
- *RL 98/31/EG des Europäischen Parlaments und des Rates vom 22. Juni 1998 zur Änderung der Richtlinie 93/6/E(W)G des Rates über die angemessene Eigenkapitalausstattung von Wertpapierfirmen und Kreditinstituten, (ABl. 1998 L 204/13)* zur Berücksichtigung von Warentermin- und Derivatengeschäften sowie der Berücksichtigung interner Modelle der Risikomanagementsysteme;
- *EuGH, C-233/94, Deutschland/Parlament und Rat, Slg. 1997, I–2405 –* keine Nichtigkeit der EinlagensicherungsRL; *C-222/95, Parodi, Slg. 1997, I–3899 –* Hypothekardarlehen i.F. einer mit dem Kapitalverkehr verbundenen Dienstleistung, Reichweite des Art. 49 (ex-Art. 59) vor Inkrafttreten der RL 89/646/E(W)G.
- Mit dem Vorschlag einer RL über die Aufnahme und Beaufsichtigung der Tätigkeit von E-Geldinstituten (ABl. 1998 C 317/7) strebt die EG eine Mindestharmonisierung in diesem Bereich an.

Zu den Chancen und Risiken der allgemeinen Liberalisierung s. *Weber*, EuZW 1993, 27, sowie *Zantis*, EuZW 1993, 31). Zur Einlagensicherungsrichtlinie s. *Hoeren*, Einlagensicherung in Europa, EuZW 1994, 750; zur Bankenaufsicht: *Schulte-Mattler*, Tendenzen und Entwicklungen im internationalen Recht der Bankenaufsicht, EuZW 1994, 494; allgemein: *Eber-hartinger*, Europäisches Bankenrecht – Integrationsrechtliche Probleme, 1995.

4 Börsen- und sonstige Wertpapiergeschäfte:

Ähnlich wie im Bankwesen waren hier zunächst nur vereinzelte Regelungen zu verzeichnen, die hauptsächlich dem Anlegerschutz dienten; s. hierzu insbesondere

– *RL 79/279/E(W)G des Rates vom 5. März 1979, (ABl. 1979 L 66/21) zur Koordinierung der Bedingungen für die **Zulassung von Wertpapieren** zur amtlichen Notierung an einer Wertpapierbörse*;

– *RL 80/390/E(W)G des Rates vom 17. März 1980, (ABl. 1980 L 100/1) zur Koordinierung der Bedingungen für die Erstellung, die Kontrolle und die Verbreitung des **Prospekts**, der für die Zulassung von Wertpapieren zur amtlichen Notierung an einer Wertpapierbörse zu veröffentlichen ist,* zuletzt geändert durch RL 94/18/EG, (ABl. 1994 L 135/1);

– *RL 89/298/E(W)G des Rates vom 17. April 1989, (ABl. 1989 L 124/8) zur Koordinierung der Bedingungen für die Erstellung, Kontrolle und Verbreitung des **Prospekts**, der im Falle öffentlicher Angebote von Wertpapieren zu veröffentlichen ist,* sowie

– *RL 89/592/E(W)G des Rates vom 13. November 1989, (ABl. 1989 L 334/30) zur Koordinierung der Vorschriften betreffend **Insider-Geschäfte***.

In jüngster Zeit ist nun eine allgemeine Liberalisierungsrichtlinie vorgelegt worden, die für den Wertpapiersektor – entsprechend der Regelung für Bankdienstleistungen – die einmalige Zulassung und Kontrolle im Heimatstaat vorsieht und den europaweiten Zugang zu allen Börsen und Termin- und Optionsmärkten für Wertpapierfirmen und Banken ermöglicht,

– *RL 93/22/E(W)G des Rates vom 10. Mai 1993, (ABl. 1993 L 141/27) über **Wertpapierdienstleistungen**,* geändert durch RL 93/26/E(W)G, u. RL 95/26/EG.

Die RL gibt u.a. einen „Code of Conduct" zu Verhaltenspflichten und Geschäftsregeln vor (zu Einzelheiten der RL s. *Grottke*, EuZW 1993, 440). Ergänzt wird sie durch die

– *RL 97/9/EG des Europäischen Parlaments und des Rates vom 3. März 1997 über Systeme für die Entschädigung der Anleger* (ABl. 1997 L 84/22).

Daneben wurden die Kapitalanforderungen für Wertpapierfirmen geregelt durch

– *RL 93/6/E(W)G des Rates vom 15. März 1993, über die angemessene* **Eigenkapitalausstattung** *von Wertpapierfirmen und Kreditinstituten,* zu den Änderungen vgl. Rn. 3;
– *EuGH, C-101/94, Kommission/Italien, Slg. 1996, I–2691* – Unzulässigkeit des Ansässigkeitserfordernisses für Wertpapiermakler.

Elektrizität, Gas, Wasser und sanitäre Dienste: 5

– *RL 66/162/E(W)G des Rates vom 28. Februar 1966, ABl. 1966 42/584, über die Verwirklichung der Niederlassungsfreiheit und des freien Dienstleistungsverkehrs auf dem Gebiet der selbständigen Berufstätigkeiten der Zweige Elektrizität, Gas, Wasser und sanitäre Dienste (Abteilung 5 ISIC).*

Filmwesen: 6

– *RL 63/607/E(W)G des Rates vom 15. Oktober 1963, (ABl. 1963 159/2661) zur Durchführung der Bestimmungen des Allgemeinen Programms zur Aufhebung der Beschränkungen des freien Dienstleistungsverkehrs auf dem Gebiet des* **Filmwesens;**
– *Zweite RL 65/264/E(W)G des Rates vom 13. Mai 1965, (ABl. 1965 85/1437) zur Durchführung der Allgemeinen Programme zur Aufhebung der Beschränkungen der Niederlassungsfreiheit und des freien Dienstleistungsverkehrs auf dem Gebiet des* **Filmwesens;**
– *RL 68/369/E(W)G des Rates vom 15. Oktober 1968, (ABl. L 260/22) über die Verwirklichung der Niederlassungsfreiheit für die selbständigen Tätigkeiten des* **Filmverleihs;**
– *RL 70/451/E(W)G des Rates vom 29. September 1970, (ABl. L 218/37) über die Verwirklichung der Niederlassungsfreiheit und des freien Dienstleistungsverkehrs für die selbständigen Tätigkeiten der* **Filmproduktion;**
– *EuGH, Rs. 62/79, Coditel I, Slg. 1980, 881* und *Rs. 262/81, Coditel II, Slg. 1982, 3381* bzgl. der Vorführungsrechte für Kinofilme bei Übertragung durch Kabelfernsehen in einem anderen Mitgliedstaat; *C-17/92, Federación de Distribuidores Cinematográficos, Slg. 1993, I–2239*: die Koppelung des Vertriebs von Filmen aus Drittländern mit dem Vertrieb von einer entsprechenden Anzahl von nationalen Filmen verstößt gegen Art. 49 (ex-Art. 59).

Friseure: 7

– *RL 82/489/E(W)G des Rates vom 19. Juli 1982, (ABl. 1982 L 218/24) über Maßnahmen zur Erleichterung der tatsächlichen Ausübung des*

*Niederlassungsrechts und des Rechts auf freien Dienstleistungsverkehr
für Friseure;*

– *EuGH, C-29/94, Aubertin u.a., Slg. 1995, I–301 – Richtlinie nicht gerichtet auf Harmonisierung der nationalen Vorschriften, umgekehrte
Diskriminierung.*

8   **Handel (Dienstleistungen im Groß- und Einzelhandel):**

– *RL 64/222/E(W)G des Rates vom 25. Februar 1964, (ABl. 1964 56/857)
über die Einzelheiten der Übergangsmaßnahmen auf dem Gebiet der
Tätigkeiten des **Großhandels** sowie der Vermittlertätigkeiten in Handel,
Industrie und Handwerk;*

– *RL 64/223/E(W)G des Rates vom 25. Februar 1964, (ABl. 1964 56/863)
über die Verwirklichung der Niederlassungsfreiheit und des freien
Dienstleistungsverkehrs für Tätigkeiten im **Großhandel**;*

– *RL 68/363/E(W)G des Rates vom 15. Oktober 1968, (ABl. 1968 L
260/1) über die Verwirklichung der Niederlassungsfreiheit und des frei-
en Dienstleistungsverkehrs für die selbständigen Tätigkeiten des **Einzelhandels** (aus CITI-Gruppe 612);*

– *EuGH, Rs. 198/86, Conradi, Slg. 1987, 4469* zur Abgrenzung Großhandel – Einzelhandel bei Ausübung der Niederlassungsfreiheit; *C-418/93,
Semeraro Caso Uno u.a., Slg. 1996, I–2975* – kein eigenständiger Anwendungsbereich der Richtlinie im Verhältnis zu Art. 43 (ex-Art. 52).

9   **Handelsvertreter:**

– *RL 86/653/E(W)G des Rates vom 18. Dezember 1986, (ABl. 1986
L 382/17) zur Koordinierung der Rechtsvorschriften der Mitgliedstaaten betreffend die selbständigen **Handelsvertreter**;*

– *EuGH, C-215/97, Bellone, Slg. 1998, I–2191* – Gültigkeit des Handels-
vertretervertrages nicht von dessen Aufnahme in Register abhängig; *C-
104/95, Kontogeorgas, Slg. 1996, I–6656* – Voraussetzungen, unter denen der Provisionsanspruch entsteht, Zugehörigkeit eines Kunden zum
Geschäftsbezirk des Vertreters.

10   **Hotel- und Gaststättengewerbe:**

– *RL 68/367/E(W)G des Rates vom 15. Oktober 1968, (ABl. 1968 L
260/16) über die Verwirklichung der Niederlassungsfreiheit und des
freien Dienstleistungsverkehrs für die selbständigen Tätigkeiten der
persönlichen Dienste (aus CITI-Hauptgruppe 85): 1. Restaurations-
und Schankgewerbe (CITI-Gruppe 852) 2. Beherbergungsgewerbe und
Zeltplatzbetriebe (CITI-Gruppe 853).*

Immobiliengeschäfte: **11**

– *RL 67/43/E(W)G des Rates vom 12. Januar 1967, (ABl. 1967 10/140) über die Verwirklichung der Niederlassungsfreiheit und des freien Dienstleistungsverkehrs für selbständige Tätigkeiten auf dem Gebiet 1. der „Immobiliengeschäfte (außer 6 401)" (Gruppe aus 640 ISIC) 2. einiger „sonstiger Dienste für das Geschäftsleben" (Gruppe 839 ISIC);*
– *EuGH, C-330/90 und C-331/90, Lopez Brea und Hidalgo Palacios, Slg. 1992, I–323 und C-147/91, Ferrer Laderer, Slg. 1992, I–4097:* nationale Regelungen können bestimmte Tätigkeiten ausschließlich Personen vorbehalten, die den gesetzlich geregelten Beruf des Immobilienmaklers ausüben.

Land- und Forstwirtschaft: **12**

– *RL 63/261/E(W)G des Rates vom 2. April 1963, (ABl. 1963 62/1323) über die Einzelheiten für die Verwirklichung der Niederlassungsfreiheit in der* **Landwirtschaft** *im Hoheitsgebiet eines Mitgliedstaats für Angehörige der anderen Länder der Gemeinschaft, die als landwirtschaftliche Arbeitnehmer zwei Jahre lang ohne Unterbrechung in diesem Mitgliedstaat gearbeitet haben;*
– *RL 63/262/E(W)G des Rates vom 2. April 1963, (ABl. 1963, 62, 1326) über die Einzelheiten für die Verwirklichung der Niederlassungsfreiheit für* **landwirtschaftliche Betriebe**, *die seit mehr als zwei Jahren verlassen sind oder brachliegen;*
– *RL 67/654/E(W)G des Rates vom 24. Oktober 1967, (ABl. 1967 263/6) über die Einzelheiten der Verwirklichung der Niederlassungsfreiheit und des freien Dienstleistungsverkehrs für die selbständigen Tätigkeiten in der* **Forstwirtschaft** *und der Holzgewinnung;*
– *RL 71/18/E(W)G des Rates vom 16. Dezember 1970, (ABl. 1971 L 8/24) über die Einzelheiten der Verwirklichung der Niederlassungsfreiheit für die selbständigen landwirtschaftlichen Dienste und die Dienste des Gartenbaus.*

Medizinische Berufe (Ärzte, Apotheker, medizinische Hilfstätigkeiten):   **13**

– *RL 93/16/E(W)G des Rates vom 5. April 1993, (ABl. 1993 L 165/1) zur Regelung der Freizügigkeit für* **Ärzte** *und zur gegenseitigen Anerkennung ihrer Diplome, Prüfungszeugnisse und sonstigen Befähigungsnachweise,* geändert durch die *RL 97/50/EG, ABl. 1997 L 291/35;*
– *RL 77/452/E(W)G des Rates vom 27. Juni 1977, (ABl. 1977 L 176/1) über die gegenseitige Anerkennung der Diplome, Prüfungszeugnisse*

und sonstigen Befähigungsnachweise der **Krankenschwester** und des **Krankenpflegers**, die für die allgemeine Pflege verantwortlich sind, und über Maßnahmen zur Erleichterung der tatsächlichen Ausübung des Niederlassungsrechts und des Rechts auf freien Dienstleistungsverkehr;

– RL 77/453/E(W)G des Rates vom 27. Juni 1977, (ABl. 1977 L 176/8) zur Koordinierung der Rechts- und Verwaltungsvorschriften für die Tätigkeiten der **Krankenschwester** und des **Krankenpflegers**, die für die allgemeine Pflege verantwortlich sind;

– RL 78/686/E(W)G des Rates vom 25. Juli 1978, (ABl. 1978 L 233/1) für die gegenseitige Anerkennung der Diplome, Prüfungszeugnisse und sonstigen Befähigungsnachweise des **Zahnarztes** und für Maßnahmen zur Erleichterung der tatsächlichen Ausübung des Niederlassungsrechts und des Rechts auf freien Dienstleistungsverkehr;

– RL 78/687/E(W)G des Rates vom 25. Juli 1978, (ABl. 1978 L 233/10) zur Koordinierung der Rechts- und Verwaltungsvorschriften für die Tätigkeiten des **Zahnarztes**;

– RL 78/1026/E(W)G des Rates vom 18. Dezember 1978, (ABl. 1978 L 362/1) für die gegenseitige Anerkennung der Diplome, Prüfungszeugnisse und sonstigen Befähigungsnachweise des **Tierarztes** und für Maßnahmen zur Erleichterung der tatsächlichen Ausübung des Niederlassungsrechts und des Rechts auf freien Dienstleistungsverkehr;

– RL 78/1027/E(W)G des Rates vom 18. Dezember 1978, (ABl. 1978 L 362/7) zur Koordinierung der Rechts- und Verwaltungsvorschriften für die Tätigkeiten des **Tierarztes**;

– RL 80/154/E(W)G des Rates vom 21. Januar 1980, (ABl. 1980 L 33/1) über die gegenseitige Anerkennung der Diplome, Prüfungszeugnisse und sonstigen Befähigungsnachweise für **Hebammen** und über Maßnahmen zur Erleichterung der tatsächlichen Ausübung des Niederlassungsrechts und des Rechts auf freien Dienstleistungsverkehr;

– RL 80/155/E(W)G des Rates vom 21. Januar 1980, (ABl. 1980 L 33/8) zur Koordinierung der Rechts- und Verwaltungsvorschriften betreffend die Aufnahme und Ausübung der Tätigkeiten der **Hebamme**;

– RL 81/1057/E(W)G des Rates vom 14. Dezember 1981, (ABl. 1981 L 385/25) zur Ergänzung der RLen 75/362/E(W)G, 77/452/E(W)G, 78/686/E(W)G und 78/1026/E(W)G über die gegenseitige Anerkennung der Diplome, Prüfungszeugnisse und sonstigen Befähigungsnachweise des **Arztes**, der **Krankenschwester** und des **Krankenpflegers**, die für die allgemeine Pflege verantwortlich sind, des **Zahnarztes** und des **Tierarztes** hinsichtlich der erworbenen Rechte;

– *RL 85/432/E(W)G des Rates vom 16. September 1985, (ABl. 1985 L 253/34) zur Koordinierung der Rechts- und Verwaltungsvorschriften über bestimmte **pharmazeutische** Tätigkeiten;*
– *RL 85/433/E(W)G des Rates vom 16. September 1985, (ABl. 1985 L 253/37) über die gegenseitige Anerkennung der Diplome, Prüfungszeugnisse und sonstigen Befähigungsnachweise des **Apothekers** und über Maßnahmen zur Erleichterung der tatsächlichen Ausübung des Niederlassungsrechts für bestimmte pharmazeutische Tätigkeiten;*
– *EuGH, Rs. 246/80, Broekmeulen, Slg. 1981, 2311, Rs. 131/85, Guel, Slg. 1986, 1573, C-61/89, Bouchoucha, Slg. 1990, I–3551* zur Zweckrichtung der Richtlinie 76/363/EWG und der Berufsausübung der Ärzte; *Rs. 98/85, 162/85 und 258/85, Bertini und Bisignani, Slg. 1986, 1885* zum Numerus clausus in medizinischen Fakultäten; *Rs. 96/85, Kommission/Frankreich, Slg. 1986, 1475* zur Berufsausübung der Zahnärzte; *Rs. 136/78, Auer I, Slg. 1979, 437, Rs. 271/82, Auer II, Slg. 1983, 2727 und Rs. 5/83, Rienks, Slg. 1983, 4233* zur Berufsausübung von Tierärzten unter Maßgabe der RLen 78/1026/E(W)G und 78/1027/E(W)G; *Rs. 29/84, Kommission/Deutschland, Slg. 1985, 1661* zu nationalen Einzelfallprüfungen bzgl. der Gleichwertigkeit von Diplomen bei Krankenpflegern; *C-351/90, Kommission/Luxemburg, Slg. 1992, I–3945* zum Verbot einer Zweitpraxis in einem anderen Mitgliedstaat bei Ärzten, Zahnärzten und Tierärzten; *C-154/93, Tawil-Albertini, Slg. 1994, I–451,* zur RL 78/686/E(W)G: Art. 7 der Richtlinie bindet die Mitgliedstaaten nicht an die Anerkennung eines in einem Drittstaat ausgestellten Befähigungsnachweises durch einen anderen Mitgliedstaat; ähnlich *C-319/92, Haim, Slg. 1994, I–425; C-277/93, Kommission/Spanien, Slg. 1994, I–5515,* zur Entlohnungspflicht für die Ausbildung an staatlichen Kliniken, RL 75/363/E(W)G u. RL 75/362/E(W)G; *C-40/93, Kommission/Italien, Slg. 1995, I–1319,* unzulässige Ausdehnung einer Ausnahmefrist für die Anerkennung der vor Schaffung des Zahnarztberufs in Italien erworbenen Diplome, RL 78/687/E(W)G u. RL 78/686/E(W)G; *C-307/94, Kommission/Italien, Slg. 1996, I–1011,* Mißachtung der Verpflichtungen gemäß der RL 85/432/E(W)G durch Nicht-Aufnahme einer Rückwirkungsbestimmung bei verspäteter Umsetzung; *C-69/96–79/96, Garofalo u.a., Slg. 1997, I–5603,* zum Recht auf Anerkennung wohlerworbener Rechte gemäß Art. 36 RL 93/16/E(W)G und zum Ermessen der MS, diese Rechte zu bestimmen; *C-158/96, Kohll, Slg. 1998, I–1931,* zur unzulässigen Einschränkung der Art. 49 u. 50 (ex-Art. 59, 60) durch Erstattungsvorbehalte im Sozialversicherungssystem anderer MS; *C-93/97,*

Fédération belge des chambres syndicales de médecins, Slg. 1998, I–4837 Voraussetzungen des Zugangs zur spezifischen Ausbildung in der Allgemeinmedizin nach Art. 31 RL 93/16/E(W)G.

14 Öffentliches Auftragswesen:

Die europaweite Marktöffnung in diesem Bereich wurde bereits seit 1970 betrieben und umfaßt mittlerweile alle Märkte mit Ausnahme des Rüstungssektors. Durch verschiedene Rlen wurden Vergabekriterien und Überwachungsmechanismen harmonisiert sowie vorgeschrieben, alle Ausschreibungen ab einer bestimmten Größenordnung im Amtsblatt der EG zu veröffentlichen, um Unternehmen aus allen Mitgliedstaaten gleichberechtigten Zugang zu verschaffen. Im einzelnen unterfallen dem Dienstleistungssektor folgende Richtlinien, die zum Teil in letzter Zeit neugefaßt wurden:

– *RL 93/37/E(W)G des Rates vom 14. Juni 1993, (ABl. 1993 L 199/54) zur Koordinierung der Verfahren zur Vergabe öffentlicher Bauaufträge* (**„Baukoordinierungsrichtlinie"**) für Bauvorhaben mit einem Volumen von über 5 Mio. ECU, mit der entsprechenden

– *RL 89/665/E(W)G des Rates vom 21. Dezember 1989, (ABl. 1989 L 395/33) zur Koordinierung der Rechts- und Verwaltungsvorschriften für die Anwendung der Nachprüfungsverfahren im Rahmen der Vergabe öffentlicher Liefer- und Bauaufträge* (**„Überwachungsrichtlinie"**);

– *RL 93/38/E(W)G des Rates vom 14. Juni 1993, (ABl. 1993 L 199/84) zur Koordinierung der Auftragsvergabe durch Auftraggeber im Bereich der Wasser-, Energie- und Verkehrsversorgung sowie im Telekommunikationssektor geändert RL 98/4/EG des Europäichen Parlaments und des Rates vom 16. Februar 1998 zur Änderung der RL 93/38/E(W)G (ABl. 1998 L 101/1), und RL 92/13/E(W)G des Rates vom 25. Februar 1992, (ABl. 1992 L 76/14) zur Koordinierung der Rechts- und Verwaltungsvorschriften für die im Bereich der Wasser-, Energie- und Verkehrsversorgung sowie im Telekommunikationssektor,* mit einem Volumen von über 400.000 ECU (**„Sektorenrichtlinien"**), sowie

– *RL 92/50/E(W)G des Rates vom 18.6.1992, (ABl. 1992 L 209/1) über die Koordinierung der Verfahren zur Vergabe öffentlicher Dienstleistungsaufträge* für alle sonstigen Aufträge der öffentlichen Hand im Bereich Reparaturen, Wartung und Personenbeförderung ab einer bestimmten Schwelle (**„Dienstleistungsrichtlinie"**).

– *RL 97/52/EG des Europäischen Parlaments und des Rates vom 13. Oktober 1997 zur Änderung der RLen 92/50/E(W)G, 93/36/E(W)G und 93/37/E(W)G über die Koordinierung der Verfahren zur Vergabe öffent-*

licher Dienstleistungs-, Liefer und Bauaufträge, (ABl. 1997 L 328/1) zur Einbeziehung des im Rahmen der Uruguay-Runde geschlossenen Übereinkommens über das öffentliche Beschaffungswesen

– *RL 93/36/E(W)G des Rates vom 14. Juni 1993, (ABl. 1993 L 199/1) über die Koordinierung der Verfahren zur Vergabe öffentlicher Lieferaufträge* („**Lieferkoordinierungsrichtlinie**") unterfällt begrifflich dem freien Warenverkehr und wird hier nur der Vollständigkeit halber erwähnt.

– Zur jüngsten Entwicklung vgl. Grundbuch der Kommission zum öffentlichen Auftragswesen, KOM (96) 583 endg. sowie die Mitteilung KOM (98) 143 endg.

– Der **EuGH** hat sich vielfach mit der Beschränkung der Dienstleistungsfreiheit durch die Bevorzugung nationaler Anbieter befaßt, s. etwa die Urteile *EuGH, C-3/88, Kommission/Italien, Slg. 1989, 4035; C-360/89, Kommission/Italien, Slg. 1992, I–3401* und *C-71/92, Kommission/Spanien, Slg. 1993, I–5923*; im übrigen sind Urteile ergangen zur Baukkoordinierungsrichtlinie *(EuGH, Rs. 76/81, Transporoute, Slg. 1982, 417, Rs. 45/87, Kommission/Irland, Slg. 1988, 4929* und *C-243/89, Kommission/Dänemark, Slg. 1993, I–3353, C-107/92, Kommission/Italien, Slg. 1993, I–4655; C-389/92, Ballast Nedam Groep I, Slg. 1994, I–1291* und *C-5/97, Ballast Nedam Groep II, Slg. 1997, I–7549; C-331/92, Gestión Hotelera Internacional, Slg. 1994, I–1329; C-57/94, Kommission/Italien, Slg. 1995, I–1249; C-433/93, Kommission/Deutschland, Slg. 1995, I–2303; C-143/93, Furlanis, Slg. 1995, I–3633; C-304/96, Hera, Slg. 1997, I–5685; C-44/96, Mannesmann Anlagenbau Austria, Slg. 1998, I–73; C-323/96, Kommission/Belgien, Slg. 1998, I–5063)*, zu den Sektoren-Richtlinien *(EuGH, C-392/93, British Telecommunications, Slg. 1996, I–1631; C-87/94, Kommission/Belgien, Slg. 1996, I–2043)*, der LieferkoordinierungsRL *(EuGH, C-54/96, Dorsch, Slg. 1997, I–4961* – Voraussetzungen für die Nachprüfungsinstanz als Gericht i.S.d. Art. 234 (ex-Art. 177) und *C-247/89, Kommission/Portugal, Slg. 1991, I–3659* – Anwendungsbereich).

– Aus der umfangreichen **Literatur** sind zu nennen: *Boesen*, Die Gerichtsqualität der Vergabeüberwachungsausschüsse i.S.d. Art. 177 EGV, EuZW 1996, 583; *Dreher*, Perspektiven eines europa- und verfassungsrechtskonformen Vergaberechtsschutzes, NVwZ 1996, 345; *ders.*, Der Rechtsschutz bei Vergabeverstößen nach „Umsetzung" der EG-Vergaberichtlinien, ZIP 1995, 1869; *Eidenmüller*, Einstweiliger Rechtsschutz und europäisches Vergaberecht, EuZW 1995, 632; *Faber*, Drittschutz bei der Vergabe öffentlicher Aufträge, DöV 1995, 403; *Gramlich*, Das

Recht der öffentlichen Aufträge nach Abschluß der Uruguay-Runde des GATT, RIW 1995, 793; *Grussmann*, Veränderungen des Rechtsschutzes im Vergabeverfahren, ecolex 1996, 68; *Hailbronner/Weber*, Der Begriff des öffentlichen Auftraggebers nach den EG-Richtlinien zur Vergabe öffentlicher Aufträge, EWS 1995, 285; *ders.*, Die Neugestaltung des Vergabewesens durch die Europäische Gemeinschaft, EWS 1997, 73; *von Korinek*, Der Stand des österreichischen Vergaberechts, ecolex 1996, 58; *Meybom/Byok*, Anmerkungen zur Notwendigkeit eines Vergabegesetzes in Deutschland, EuZW 1995. 629; *Pietzcker*, Die deutsche Umsetzung der Vergabe- und Nachprüfungsrichtlinien im Lichte der neuen Rechtsprechung, EuZW 1996, 313; *ders.*, Änderungen des Rechtsschutzes bei der Auftragsvergabe, FS für Konrad Redeker, 1993, S. 501; *Prieß*, Ubi Ius, Ibi Remedium!, Erwiderung auf Eidenmüller, EuZW 1995, 793; *Ruthig*, Rechtsschutz von Bietern bei der Vergabe öffentlicher Bauaufträge, DÖV 1997, 539; *Martin Ehlers*, Die Novellierung des deutschen Vergaberechts, EuR 1998 (Heft 5), 648.

15 Rechtsanwälte:

Für die Anwaltschaft gibt es zwei spezielle Regelungen
- RL 77/249/E(W)G des Rates vom 22. März 1977, (ABl. 1977 L 78/17) zur Erleichterung der tatsächlichen Ausübung des freien Dienstleistungsverkehrs der Rechtsanwälte und
- RL 98/5/EG des Europäischen Parlaments und des Rates vom 16. Februar 1998, (ABl. 1998 L 77/36) zur Erleichterung der ständigen Ausübung des Rechtsanwaltsberufs in einem anderen Mitgliedstaat als dem, in dem die Qualifikation erworben wurde.

Ansonsten hat neben den allgemeinen Vorschriften vor allem eine umfangreiche **Rechtsprechung** des EuGH Bedeutung. Nach den frühen Urteilen *EuGH, Rs. 2/74, Reyners, Slg. 1974, 631* und *Rs. 71/76, Thieffry, Slg. 1977, 765*, die allgemeine Aussagen zur grenzüberschreitenden Anwaltstätigkeit enthalten, wurde in der *Rs. 107/83, Klopp, Slg. 1984, 2971*, festgehalten, daß eine Zulassung in einem Mitgliedstaat nicht aus dem Grund versagt werden darf, weil bereits eine Zulassung und Niederlassung in einem anderen Mitgliedstaat besteht. Das Zulassungserfordernis wurde vom EuGH jedoch nicht grundsätzlich in Frage gestellt, wenn die Zulassung den Angehörigen aller Mitgliedstaaten ohne Diskriminierung offensteht (*EuGH, Rs. 292/86, Gullung, Slg. 1988, 111*). Zur Prüfung der Zulassungsvoraussetzungen s. *EuGH, C-340/89, Vlassopoulou, Slg. 1991, I–2357*. Die RL

77/249/E(W)G wurde in den beiden *Rs. 427/85, Kommission/Deutschland, Slg. 1988, 1123* und *C-294/89, Kommission/Frankreich, Slg. 1991, I–3591* näher erläutert. Danach gilt, daß die von Art. 4 der Richtlinie vorgesehene Möglichkeit, einem dienstleistenden Rechtsanwalt aus einem anderen Mitgliedstaat aufzuerlegen, seine Tätigkeit „im Benehmen mit einem zugelassenen nationalen Rechtsanwalt" auszuüben, sehr restriktiv gehandhabt werden muß: beispielsweise darf nicht verlangt werden, daß der nationale Rechtsanwalt bei dem Gericht zugelassen ist, an dem die Tätigkeit seines ausländischen Kollegen erfolgt, daß eine „physische Begleitung" erfolgt beim Auftreten vor Gericht, dem Besuch von Mandanten in Strafvollzugsanstalten etc. Ausgeschlossen ist das „Benehmen" mit einem nationalen Kollegen bei Tätigkeiten, für die ein Anwaltszwang nicht vorgesehen ist (vgl. auch *EuGH, C-55/94, Gebhard, Slg. 1995, I–4165*).

Reiseveranstaltung und -vermittlung: **16**

– *RL 82/470/E(W)G des Rates vom 29. Juni 1982, (ABl. 1982 L 213/1) über Maßnahmen zur Förderung der tatsächlichen Ausübung der Niederlassungsfreiheit und des freien Dienstleistungsverkehrs für die selbständigen Tätigkeiten bestimmter Hilfsgewerbetreibender des Verkehrs und der Reisevermittler (ISIC-Gruppe 718) sowie der Lagerhalter (ISIC-Gruppe 720);*
– *RL 90/314/E(W)G des Rates vom 13. Juni 1990, (ABl. 1990 L 158/59) über Pauschalreisen.*

An Entscheidungen des Gerichtshofs zum zweiten Bereich sind anzuführen:
– *EuGH, C-178/94, Dillenkofer u.a., Slg. 1996, I–4845*, zur Bestimmung eines den einzelnen eingeräumten Rechts nach Art. 7 der RL als Bedingung für den gemeinschaftsrechtlich begründeten Staatshaftungsanspruch; *C-364/96, Verein für Konsumenteninformation, Slg. 1998, I–2949*, zum Umfang des Art. 7; *C-410/96, Ambry*, noch nicht in amtl. Slg.

Rundfunk und Fernsehen: **17**

Der Rundfunk als Prototyp der grenzüberschreitenden Dienstleistung war erst in den 80er Jahren Gegenstand gemeinschaftsrechtlicher Überlegungen. Die Liberalisierung der europaweiten Herstellung und Verbreitung von Rundfunk- und Fernsehprogrammen wurde eingeleitet mit dem Grünbuch der Kommission „Fernsehen ohne Grenzen" vom 14.6.1984 (KOM [84] 300 endg.).

– *Die RL 89/552/E(W)G des Rates vom 3. Oktober 1989, (ABl. 1989 L 298/23) zur Koordinierung bestimmter Rechts- und Verwaltungsvorschriften der Mitgliedstaaten über die Ausübung der Fernsehtätigkeit* enthält nähere Regelungen zum Prinzip des freien Empfangs und der freien Weiterverbreitung und legt die Ausgestaltung von Werbesendungen, Sponsoring, Jugendschutz u.ä. sowie Quoten für europäische Produktionen fest. Sie wurde revidiert und ergänzt durch die *RL 97/36/EG des Europäischen Parlaments und des Rates vom 30.06.1997, (ABl. 1997 L 202/60).* Hervorzuheben sind die Neuregelungen zur Bestimmung des Mitgliedstaats, dessen Rechtshoheit der Veranstalter unterliegt (vgl. Art. 2, 2a der RL), mit denen die Rechtsprechung des EuGH umgesetzt wurde, und die den Mitgliedstaaten zugestandene Möglichkeit, Listen mit nicht exklusiv im Pay-TV auszustrahlenden Ereignissen besonderer gesellschaftlicher Bedeutung aufzustellen (Art. 3a der RL). Der **EuGH** hat in einer Fülle von Urteilen zu Einzelproblemen Stellung genommen und hierbei zur weiteren Liberalisierung beigetragen (s. *EuGH, Rs. 155/73, Sacchi, Slg. 1974, 409, Rs. 52/79, Debauve, Slg. 1980, 833, Rs. 62/79, Coditel I, Slg. 1980, 881, Rs. 262/81, Coditel II, Slg. 1982, 3381, Rs. 352/85, Bond van Adverteerders, Slg. 1988, 2085, C-260/89, Elliniki Radiophonia Tileorassi, Slg. 1991, I–2925, C-288/89, Stichting Gouda, Slg. 1991, I–4007; C-353/89, Kommission/Niederlande, Slg. 1991, I–4069; C-211/91, Kommission/Belgien, Slg. 1992, I–6757; C-148/91, Veronica Omroep, Slg. 1993, I–487; C-412/93, Leclerc-Siplec, Slg. 1995, I–179; C-23/93, TV10, Slg. 1995, I–4795; C-11/95, Kommission/Belgien, Slg. 1996, I–4115; C-222/94, Kommission/Vereinigtes Königreich, Slg. 1996, I–4025; C-320/94, Reti Televisive Italiane u.a., Slg. 1996, I–6471; C-56/96, VT4, Slg. 1997, I–3143; C-34/95, de Agostini u.a., Slg. 1997, I–3843; C-14/96, Denuit, Slg. 1997, I–2785* (s. im übrigen die Kommentierung zu Art. 49 u. 50 Rn. 13, 24 und 26). Vgl. einleitend zu den Regelungsbereichen der Fernseh-RL und dem Europäischen Übereinkommen über das grenzüberschreitende Fernsehen v. 5.5.1989 *Institut für Europäisches Medienrecht* (Hrsg.), Europäisches Medienrecht – Fernsehen und seine gemeinschaftsrechtliche Regelung, EMR-Schriftenreihe Band 18, 1998.
Für den gemeinschaftsweit an Bedeutung gewinnenden Sektor des **„Bezahlfernsehens"** mit seinen vielfältigen Ausprägungen, insbesondere mit Blick auf die Digitalisierung der Dienste, gilt es einige Sonderregelungen zu erwähnen:
– *RL 95/47/EG des Europäischen Parlaments und des Rates vom 24. Oktober 1995 über die Anwendung von Normen für die Übertragung von Fernsehsignalen, sowie*

– *RL 98/84/EG des Europäischen Parlaments und des Rates über den rechtlichen Schutz von zugangskontrollierten Diensten und von Zugangskontrolldiensten, ABl. 1998 L 320 54.*

Telekommunikation: **18**

Die Liberalisierung des von staatlichen Dienstleistungsmonopolen und Ausschließlichkeitsrechten geprägten Sektors kann in weiten Teilen als erreicht bezeichnet werden. Seit dem 1.1.1998 sind die grundlegenden Dienste vollständig liberalisiert. Tiefgreifende Umgestaltungen der nationalen Rechtsordnung gingen mit dieser Entwicklung einher. Nachdem mit

– der *RL 88/301/E(W)G der Kommission vom 16. Mai 1988, (ABl. 1988 L 131/73) über den Wettbewerb auf dem Markt für **Telekommunikations-Endgeräte*** sämtliche Endgerätemonopole beseitigt worden waren (s. hierzu auch *EuGH, C-202/88, Frankreich/Kommission, Slg. 1991, I–1223; C-91/94, Tranchant, Slg. 1995, I–3911)* - die RL wird ergänzt durch die *RL 98/13/EG des Europäischen Parlaments und des Rates vom 12. Februar 1998 über **Telekommunikationsendeinrichtungen** und Satellitenfunkanlagen und die gegenseitige Anerkennung ihrer Konformität* (ABl. 1998 L 74/1 – Ersetzung der RL 91/263/E(W)G u. 93/97/E(W)G, ABl. 1991 L 128/1 u. ABl. 1993 L 290/1) – konzentrierte sich die weitere Entwicklung zunächst darauf, die verbleibenden Probleme nicht harmonisierter technischer Bedingungen und der Ausschließlichkeitsrechte der nationalen Fernmeldeorganisationen als Dienstleistungsanbieter zu bewältigen. In weiteren Schritten erfolgten Ausdehnungen des Anwendungsbereichs des ONP-Grundsatzes auf bisher nicht liberalisierte Telekommunikationsdienste sowie harmonisierende Maßnahmen im Bereich der Zulassung von Anbietern. Entsprechend ergingen:

– *RL 90/387/E(W)G des Rates vom 28. Juni 1990, (ABl. 1990 L 192/1) zur Verwirklichung des Binnenmarktes für Telekommunikationsdienste durch Einführung eines **offenen Netzzugangs (Open Network Provision – ONP)**;*

– *RL 92/44/E(W)G des Rates vom 5. Juni 1992 zur Einführung des offenen Netzzugangs bei **Mietleitungen**,* (ABl. 1992 L 165/27) geändert durch die RL 97/51/EG (auch Änderung der RL 90/387/E(W)G), ABl. 1997 L 295/23);

– *RL 97/33/EG des Europäischen Parlaments und des Rates vom 30. Juni 1997 über die **Zusammenschaltung** in der Telekommunikation im Hinblick auf die Sicherstellung eines Universaldienstes und der Interoperabilität durch Anwendung der Grundsätze für einen offenen Netzzugang,* ABl. 1997 L 199/32, geändert RL 98/61/EG, ABl. 1998 L 268/37;

- *RL 98/10/EG des Europäischen Parlaments und des Rates vom 26. Februar 1998 über die Anwendung des offenen Netzzugangs (ONP) beim* **Sprachtelefondienst** *und den* **Universaldienst** *im Telekommunikationsbereich in einem wettbewerbsorientiertem Umfeld,* (ABl. 1998 L 101/24; (Ersetzung der RL 95/62/EG, ABl. 1995 L 321/6);

- *RL 90/388/E(W)G der Kommission vom 28. Juni 1990, (ABl. 1990 L 192/10) über den* **Wettbewerb** *auf dem Markt für Telekommunikationsdienste,* die als Rahmen-Richtlinie konzipiert war. Die Kommissions-Richtlinie wurde von einigen Mitgliedstaaten vor dem EuGH angefochten. Dieser bestätigte zwar in seinem Urteil in der Rs. *C-271/90, C-281/90 und C-289/90, Spanien, Belgien und Italien/Kommission, (Slg. 1992, I–5833)* daß die Kommission mit der Richtlinie die direkt aus Art. 49 (ex-Art. 59) abzuleitenden Pflichten der Mitgliedstaaten präzisieren durfte, hob jedoch Vorschriften der RL über Ausschließlichkeitsrechte auf. Änderungen der Richtlinie erfolgten durch die RLen 94/46/EG (auch Ergänzung der RL 90/388/E(W)G), (ABl. 1994 L 268/15), 95/51/EG, (ABl. 1995 L 256/49); 96/2/EG, (ABl. 1996 L 20/59); 96/19/EG, (ABl. 1996 L 74/13);

- *RL 97/13/EG des Europäischen Parlaments und des Rates vom 10. April 1997 über einen gemeinsamen Rahmen für* **Einzel- und Allgemeingenehmigungen** *für Telekommunikationsdienste,* (ABl. 1997 L 117/15).

- Der Vollständigkeit halber sei die *RL 97/66/EG des Europäischen Parlaments und des Rates vom 15. Dezember 1997 über die Verarbeitung personenbezogener Daten und den Schutz der Privatsphäre im Bereich Telekommunikation,* (ABl. 1998 L 24/1), erwähnt.

Die bisher weitgehend getrennt verlaufende Entwicklung in den Bereichen Telekommunikation, Medien und Informationsgesellschaft wird in Anbetracht des Zusammenwachsens der Übertragungswege und der schwindenden Unterscheidbarkeit der klassischen Formen und Inhalte in absehbarer Zeit zu einer **Konvergenz** der Regelungen führen (vgl. Grünbuch der Kommission KOM (97) 623 endg., ABl. 1997 C 296).

19 Vermittlertätigkeiten in Handel, Industrie und Handwerk:

- *RL 64/224/E(W)G des Rates vom 25. Februar 1964, (ABl. 1964 56/869) über die Verwirklichung der Niederlassungsfreiheit und des freien Dienstleistungsverkehrs für Vermittlertätigkeiten in Handel, Industrie und Handwerk.*

Versicherungswesen: **20**

Die Liberalisierung des Versicherungswesens ging in der Vergangenheit
sehr schleppend vor sich. Obwohl die „Allgemeinen Programme" zur Aufhebung der Beschränkungen der Niederlassungsfreiheit sowie des freien
Dienstleistungsverkehrs (s. Art. 44 Rn. 2 und Art. 53 Rn. 1) hierfür das
Ende der Übergangszeit vorsahen, ist ein „Versicherungsbinnenmarkt"
endgültig erst zum 1.7.1994 eingetreten. Bis dahin hatten die Mitgliedstaaten die letzten in den vergangenen Jahren erlassenen Richtlinien umzusetzen.

Die Entwicklung erfolgte getrennt für die Schadensversicherung mit Ausnahme der Lebensversicherung sowie für die Lebensversicherung; daneben
ist die Mitversicherung, also die Teilnahme an Konsortien, ein eigenständiger Regelungsbereich. Die wichtigsten Rechtsvorschriften waren:
– *Erste RL 73/239/E(W)G des Rates vom 24. Juli 1973, (ABl. 1973
   L 228/3) zur Koordinierung der Rechts- und Verwaltungsvorschriften
   betreffend die Aufnahme und Ausübung der Tätigkeit der **Direktversicherung** (mit Ausnahme der Lebensversicherung),* die zusammen mit
– *RL 73/240/E(W)G des Rates vom 24. Juli 1973, (ABl. 1973 L 228/20)
   zur Aufhebung der Beschränkungen der Niederlassungsfreiheit auf dem
   Gebiet der **Direktversicherung** mit Ausnahme der Lebensversicherung*
   die Niederlassungsfreiheit auf diesem Gebiet regelte; es wurden bestimmte Vorschriften des Versicherungsaufsichtsrechts vereinheitlicht,
   sowie Anforderungen an die Eigenkapitalausstattung und einen Min-
   destgarantiefonds harmonisiert;
– *RL 78/473/E(W)G des Rates vom 30. Mai 1978, (ABl. 1978 L 151/25)
   zur Koordinierung der Rechts- und Verwaltungsvorschriften auf dem
   Gebiet der **Mitversicherung** auf Gemeinschaftsebene*;
– *Erste RL 79/267/E(W)G des Rates vom 5. März 1979, (ABl. 1979
   L 63/1) zur Koordinierung der Rechts- und Verwaltungsvorschriften
   über die Aufnahme und Ausübung der Direktversicherung (**Lebensversicherung**),* die sodann eine erste Angleichung für die Lebensversiche-
   rungen in ähnlicher Weise wie die RL 73/239/E(W)G für die sonstigen
   Schadensversicherungen brachte. Sehr wichtig waren sodann
– *Zweite RL 88/357/E(W)G des Rates vom 22. Juni 1988, (ABl. 1988
   L 172/1) zur Koordinierung der Rechts- und Verwaltungsvorschriften
   für die **Direktversicherung** (mit Ausnahme der Lebensversicherung)
   und zur Erleichterung der tatsächlichen Ausübung des freien Dienstleistungsverkehrs sowie zur Änderung der RL 73/239/E(W)G,* die die volle
   Liberalisierung für „**Großrisiken**" (Versicherungsnehmer muß minde-

stens 500 Mitarbeiter, 25,6 Mio. ECU Umsatz und 12,4 Mio. ECU Bi-
lanzsumme haben), aber noch nicht für „Massenrisiken" brachte;

– *Zweite RL 90/619/E(W)G des Rates vom 8. November 1990, (ABl.
   1990 L 330/50) zur Koordinierung der Rechts- und Verwaltungsvorschriften
   für die Direktversicherung (**Lebensversicherung**) und zur Erleichterung der tatsächlichen Ausübung des freien Dienstleistungsverkehrs sowie zur Änderung der RL 79/267/E(W)G,* zur Umsetzung der RLen
   90/618/E(W)G, 90/619/E(W)G und 88/357(E(W)G (vgl. *EuGH, C-
   109/94, Kommission/Griechenland, Slg. 1995, I–1791*);

– *Dritte RL 92/49/E(W)G des Rates vom 18. Juni 1992, (ABl. 1992
   L 228/1) zur Koordinierung der Rechts- und Verwaltungsvorschriften
   für die **Direktversicherung** (mit Ausnahme der Lebensversicherung)
   sowie zur Änderung der RLen 73/239/E(W)G und 88/357/E(W)G* (zum
   Anwendungsbereich s. *EuGH, C-238/94, García, Slg. 1996, I–1673;*
   zur ordnungsgemäßen Umsetzung s. *EuGH, C-361/95, Kommission/
   Spanien, Slg. 1997, I–7351*);

– *Dritte RL 92/96/E(W)G des Rates vom 10. November 1992, (ABl. 1992
   L 360/1) zur Koordinierung der Rechts- und Verwaltungsvorschriften
   für die Direktversicherung (**Lebensversicherung**) sowie zur Änderung
   der RLen 79/267/E(W)G und 90/619/E(W)G,* die von den Mitgliedstaaten bis 1.7.1994 umgesetzt werden mußten; diese RLen schließen die
   Serie ab, indem sie die volle Liberalisierung bei Schadensversicherungen für Massenrisiken sowie bei Lebensversicherungen festschreiben.

– Ferner zu nennen ist die *RL 91/674/E(W)G des Rates vom 19. Dezember 1991 über den **Jahresabschluß** und den konsolidierten Abschluß
   von Versicherungsunternehmen,* (ABl. 1991 L 374/7) (vgl. zu den erforderlichen Umsetzungsmaßnahmen: *EuGH, C-360/95, Kommissi-
   on/Spanien, Slg. 1997, I–7337*) sowie die RL 98/78/EG des Europäischen Parlaments und des Rates vom 27. Oktober 1998 *über die zusätzliche Beaufsichtigung der einer **Versicherungsgruppe** angehörenden Versicherungsunternehmen,* (ABl. 1998 L 330/1).

Seit 1.7.1994 besteht damit die volle Öffnung der nationalen Versiche-
rungsmärkte für ausländische Anbieter, die wahlweise in Form von Niederlassungen im Bestimmungsland oder in Form von grenzüberschreitenden
Dienstleistungen ihre Tätigkeit entfalten können. Es gilt dann das Prinzip
der **einheitlichen**, in allen Mitgliedstaaten gültigen **Zulassung**, sowie, wie
bei den Banken, das Prinzip der **Herkunftslandskontrolle**, allerdings mit
der Einschränkung, daß im Massengeschäft nationale Behörden weiterhin
eine Rechtsaufsicht bezüglich „im Allgemeininteresse liegender Rechtsvorschriften" ausüben können und Einspruch gegen einen bestimmten Vertrag

erheben können (die Praktikabilität dieser Regelung wird sich erst zeigen müssen); bei Großrisiken können die Versicherungsnehmer das Land der Rechtsaufsicht bestimmen. Des weiteren gilt ein **Mindeststandard** bei versicherungstechnischen Rückstellungen und im Versicherungsvertragsrecht (ohne daß dieses im einzelnen koordiniert werden soll). In Deutschland wird damit das seit über 90 Jahren geltende System der präventiven Bedingungs- und Tarifgenehmigung zugunsten des grenzüberschreitenden Wettbewerbs aufgegeben (*Weiser*, EuZW 1993, 29).

Nur kurze Erwähnung soll hier noch eine **Urteils-Serie des EuGH** finden, die lange Zeit richtungsweisend auf dem Weg der Verwirklichung der Dienstleistungsfreiheit im Versicherungssektor war (*EuGH, Rs. 220/83, Kommission/Frankreich, Slg. 1986, 3663; Rs. 252/83, Kommission/Dänemark, Slg. 1986, 3713; Rs. 205/84, Kommission/Deutschland, Slg. 1986, 3755* und *Rs. 206/84, Kommission/Irland, Slg. 1986, 3817*). Der EuGH hatte es als gemeinschaftsrechtswidrig angesehen, die Tätigkeit von Versicherungsunternehmen in einem anderen Mitgliedstaat vom Erfordernis einer festen Niederlassung abhängig zu machen und so der vollumfänglichen Kontrolle des Bestimmungslandes zu unterwerfen; das Erfordernis einer gesonderten Zulassung wurde allerdings unter dem Blickwinkel von „zwingenden Gründen des Verbraucherschutzes" für zulässig erachtet. Mit Umsetzung der neuen Richtlinien ist dies überholt. Zu Behinderungen der Dienstleistungsfreiheit durch unterschiedliche Besteuerung von Kapitallebensversicherungen s. *EuGH, C-118/96, Safir, Slg. 1998, I–1897.* Stellvertretend sei aus der **Literatur** zitiert: *Hübner/Matuschke-Beckmann*, Auswirkungen des Gemeinschaftsrechts auf das Versicherungsrecht, EuZW 1995, 263; *Müller*, Versicherungsbinnenmarkt – Die europäische Integration im Versicherungswesen, 1995.

Kapitel 3. Dienstleistungen

Vorbemerkung zu Art. 49–55 (ex-Art. 59–66)

Literatur: *Adamson*, Free Movement of Lawyers, 1998; *Basedow*, Dienstleistungs- und Kabotagefreiheit im Rahmen von Transportketten, ArchVR 94, 450; *Bock*, Liberalization of Telecommunications and the Electronic Media, Media Law in Europe 94, 83; *Boyle/Prosser*, Universal Service in a Liberalized Europe, European Public Law 95, 541; *Deckert*, EG-Binnenmarkt für rechtsberatende Berufe, IStR 98, 121; *Doutrelepont*, La libre circulation des émissions de radiodiffusion dans l'Union européenne: l'harmonisation des règles relatives à la communication par satellites et à la retransmission par câble, Revue du marché unique européen 94, 83; *Everling*, Zum Begriff der Ware im Binnenmarkt der EG und sein Verhältnis zu den Dienstleistungen, FS Hahn, 1997, 365; *Fernández Martín/O'Leary*, Judicial Exceptions to the Free Provisions of Services, European Law Journal 95, 308; *Hempel*, Die rechtsberatenden Berufe im Europarecht, 1996; *Knobl*, Ein Meilenstein im Europarecht der Bank- und Wertpapierdienstleistungen sowie im Anwendungsbereich der Dienstleistungsfreiheit, Wirtschaftsrechtliche Blätter 95, 309; *Kort*, Schranken der Dienstleistungsfreiheit im europäischen Recht, JZ 96, 132; *Kunz*, Die Europäisierung des Berufsrechts der Rechtsanwälte: Rechtsfragen der Zulassung von EG-Anwälten bei grenzüberschreitender Berufsausübung, Diss. Würzburg, 1997; *Lanzke*, Umsetzung und Anwendung der europäischen Bankrichtlinien durch die Mitgliedstaaten, WM 94, 2001; *Mälzer*, Werbemöglichkeiten für Rechtsanwälte in der Europäischen Union, Diss. Köln, 1994/95; *Merle*, Freizügigkeit für Rechtsanwälte in der Europäischen Union: am Beispiel der Bundesrepublik Deutschland, Diss. Münster, 1994; *Mewes*, Internationales Versicherungsvertragsrecht unter besonderer Berücksichtigung der europäischen Dienstleistungsfreiheit im Gemeinsamen Markt, Diss. Hamburg, 1993; *Moitinho de Almeida*, La libre prestation de services dans la jurisprudence de la Cour de justice des Communautés européennes, FS Mancini, 1998, 643; *Mulas*, Freizügigkeit freier Berufe im europäischen Binnenmarkt: Grundprobleme aus deutscher Sicht, Diss. Tübingen, 1995; *Petersen*, Rundfunkfreiheit und EG-Vertrag: die Einwirkungen des europäischen Rechts auf die Ausgestaltung der nationalen Rundfunkordnungen, 1994; *Rabe*, Binnenmarkt für Rechtsanwälte, ZEuP 96, 1; *Rapp*, La politique de libéralisation des services en Europe, entre service public et service universel, Revue du marché commun 95, 352; *Sack*, Staatliche Werbebeschränkungen und die Art. 30 und 59 EG-Vertrag, WRP 98, 103; *St. Clair Renard*, Freizügigkeit für Selbständige und abhängige Beschäftigte und gegenseitige Anerkennung von Befähigungsnachweisen, Bd. 183 der Arbeiten zur Rechtsvergleichung, 1997, 45; *Scherer*, Telecommunications laws in Europe, 1998; *Streinz*, Stellung der Freien Berufe im europäischen Markt, Bd. 183 der Arbeiten zur Rechtsvergleichung, 1997, 57; *Strub*, Bankdienstleistungen im Binnenmarkt: die Verwirklichung des Europäischen Binnenmarktes der Bankdienstleistungen, 1994; *Sura*, Die grenzüberschreitende Veranstaltung von Glücksspielen im Europäischen Binnenmarkt, Diss. Saarbrücken, 1994; *Trautwein*, Grenzen der Dienstleistungsfreiheit im Fernsehbereich, ZUM 95, 324; *Usher*, The Law of Money and Financial Services in the European Community, 1994; *von Criegern*, Die Bedeutung der Dritten Schadenrichtlinie unter aufsichtsrechtlichen Gesichtspunkten für die Dienstleistungsfreiheit der Versicherungsunternehmen in dem Binnenmarkt, Diss. Hamburg, 1996; *Weber*, Die Dienstleistungsfreiheit nach den Art. 59ff. EG-Vertrag: einheitliche Schranken für alle Formen der Dienstleistung?, EWS 95, 292; *Wernicke*, Privates Bankvertragsrecht im EG-Binnenmarkt, Diss. München, 1995; *Zeiler*, Fernsehen ohne Grenzen: die Rechtsprechung des Europäischen Gerichtshofs zur Dienstleistungsfreiheit bei der Veranstaltung von Fernsehen, Ecolex 97, 619.

1   Die Vorschriften der Art. 49–55 (ex-Art. 59–66) regeln in Ausführung von Art. 3 c) den freien Dienstleistungsverkehr, eine der vier „**Grundfreiheiten**" des EG-Vertrages.

Unter dem Begriff der „**Dienstleistungsfreiheit**" versteht man das Recht, **unbehindert von einem Mitgliedstaat aus einzelne Dienstleistungstätigkeiten in einem anderen Mitgliedstaat zu erbringen, ohne dort eine ständige Niederlasssung zu unterhalten.** Im Gegensatz zur Niederlassungsfreiheit, die einen **dauerhaften** Zustand der Grenzüberschreitung regelt (z.b.: ein Unternehmen gründet eine Tochtergesellschaft in einem anderen Mitgliedstaat), betrifft die Dienstleistungsfreiheit Fälle einzelner **vorübergehender** Erwerbstätigkeiten auf dem Gebiet eines anderen Mitgliedstaates (z.b.: ein Unternehmen erfüllt einen Bauauftrag in einem anderen Mitgliedstaat). Zweck der Art. 49–55 (ex-Art. 59–66) ist es, Unternehmen und freien Berufen auf einfache Weise Zugang zu einem erweiterten europäischen Dienstleistungsmarkt zu ermöglichen, ohne hierfür das Instrumentarium von Gesellschaftsneugründungen, Agenturerrichtungen etc. in Anspruch nehmen zu müssen.   2

Mit dem außergewöhnlichen Wachstum des Dienstleistungssektors in den letzten Jahrzehnten und seinem inzwischen erheblichen Anteil an der Bruttowertschöpfung in der Gemeinschaft haben die ursprünglich nur als Auffangtatbestand zur Niederlassungsfreiheit vorgesehenen Vorschriften der Art. 49ff. (ex-Art. 59ff.) eine erhebliche selbständige Bedeutung erlangt und sich **von der Niederlassungsfreiheit weg** und eher **auf den freien Warenverkehr zu** entwickelt (s. auch Rn. 22ff. zu Art. 49, 50). Art. 49 (ex-Art. 59) ist entsprechend auch in Art. 14 (ex-Art. 7a) Abs. 2, der die Vorgaben zur Verwirklichung des Binnenmarktes regelt, als eine der wenigen Vorschriften gesondert genannt, und es sind in seiner Ausführung in der jüngeren Vergangenheit zahlreiche Rlen ergangen, die sowohl **allgemein** die Aufhebung von Beschränkungen, als auch **sektoriell** die Liberalisierung in einzelnen Sparten regeln (s. im einzelnen die Darstellung im Anhang zu Art. 43–55).   3

Die Vorschriften zur Dienstleistungsfreiheit sind von unterschiedlichem Gewicht. **Art. 49** (ex-Art. 59) ist die **Grundvorschrift**, in der allgemein die Aufhebung aller Beschränkungen festgeschrieben wird. In Ergänzung hierzu definiert **Art. 50** (ex-Art. 60) den **Begriff der Dienstleistung** sowie die nähere Ausgestaltung der Liberalisierung. Beide Vorschriften werden in der Regel gemeinsam zitiert und sind in der nachfolgenden Kommentierung zusammengefaßt (zu ausführlichen Erläuterungen einzelner Bereiche s. im übrigen die alphabetische Darstellung im Anhang zu Art. 43–55). **Art. 51** (ex-Art. 61) enthält Sondervorschriften für die Sektoren „**Verkehr**" und „**Tätigkeit der Banken und Versicherungen**". **Art. 52–54** (ex-Art. 62–65) sind Reminiszenzen aus der früheren Übergangszeit, die heute keine große Bedeutung mehr haben. **Art. 55** (ex-Art. 66) gibt wichtige Verweisungen   4 auf Vorschriften des Niederlassungsrechts, die insbesondere Ausnahmeregelungen sowie die Koordinierung und Anerkennung von Befähigungsnachweisen betreffen.

Art. 49 (ex-Art. 59) (Freier Dienstleistungsverkehr)

Die Beschränkungen des freien Dienstleistungsverkehrs innerhalb der Gemeinschaft für Angehörige der Mitgliedstaaten, die in einem anderen Staat der Gemeinschaft als demjenigen des Leistungsempfängers ansässig sind, sind nach Maßgabe der folgenden Bestimmungen verboten.

Der Rat kann mit qualifizierter Mehrheit auf Vorschlag der Kommission beschließen, daß dieses Kapitel auch auf Erbringer von Dienstleistungen Anwendung findet, welche die Staatsangehörigkeit eines dritten Landes besitzen und innerhalb der Gemeinschaft ansässig sind.

Art. 50 (ex-Art. 60) (Dienstleistungen)

Dienstleistungen im Sinne dieses Vertrags sind Leistungen, die in der Regel gegen Entgelt erbracht werden, soweit sie nicht den Vorschriften über den freien Waren- und Kapitalverkehr und über die Freizügigkeit der Personen unterliegen.

Als Dienstleistungen gelten insbesondere:
a) gewerbliche Tätigkeiten,
b) kaufmännische Tätigkeiten,
c) handwerkliche Tätigkeiten,
d) freiberufliche Tätigkeiten.

Unbeschadet des Kapitels über die Niederlassungsfreiheit kann der Leistende zwecks Erbringung seiner Leistungen seine Tätigkeit vorübergehend in dem Staat ausüben, in dem die Leistung erbracht wird, und zwar unter den Voraussetzungen, welche dieser Staat für seine eigenen Angehörigen vorschreibt.

I. Räumlicher und persönlicher Anwendungsbereich

1. Räumlicher Anwendungsbereich

Der **räumliche Anwendungsbereich** der Dienstleistungsfreiheit entspricht **1**
gem. Art. 299 (ex-Art. 227) Abs. 1 dem Staatsgebiet der Mitgliedstaaten;
über dessen Abs. 2 erstreckt er sich auf Algerien und die überseeischen Gebiete. In den **Abkommen von Lomé** (s. z.B. IV. Abkommen, Art. 52,
Rn. 24) wurde bezüglich der Dienstleistungsfreiheit die Meistbegünstigung
vereinbart. Im **EWR-Vertrag** fungiert die Dienstleistungsfreiheit unter
Art. 36–39 mit praktisch identischem Inhalt wie im EGV.

2. Persönlicher Anwendungsbereich

Der **persönliche Anwendungsbereich** umfaßt gem. Art. 49 (ex-Art. 59) **2**
Abs. 1 zunächst **Staatsangehörige** eines Mitgliedstaates, die dort auch **ansässig** sein müssen (nicht problematisiert wurde allerdings in der Rs. C-
484/93, Svensson [Slg. 1995, I–3955] daß die Dienstleistungsempfänger,
die in Luxemburg wohnten, schwedische Staatsangehörige waren, wobei
sich der Sachverhalt vor dem Beitritt Schwedens zugetragen hatte). Den
natürlichen Personen sind gem. Art. 55, 48 (ex-Art. 66, 58) die **juristischen
Personen** gleichgestellt; sie müssen nach den Rechtsvorschriften eines
Mitgliedstaates gegründet worden sein und eine tatsächliche und dauerhafte Verbindung mit der Wirtschaft dieses Staates aufweisen.

Von der Möglichkeit des Art. 49 (ex-Art. 59) Abs. 2, die Dienstleistungs- **3**
freiheit durch Ratsbeschluß auch auf Dienstleistende aus **Drittländern** zu
erweitern, die innerhalb der Gemeinschaft ansässig sind, wurde bisher noch
nicht Gebrauch gemacht.

4 Der persönliche Anwendungsbereich erstreckt sich weiter auf Personen, die die Staatsangehörigkeit **zweier** Mitgliedstaaten haben und sich in einem dieser Staaten auf die Dienstleistungsfreiheit berufen wollen (EuGH, Rs. 292/86, Gullung, Slg. 1988, 111). Des weiteren umfaßt er die Gesamtheit der **Beschäftigten von juristischen Personen**, die als solche die Dienstleistungsfreiheit in Anspruch nehmen, etwa einen Montagetrupp (EuGH, C-113/89, Rush Portuguesa, Slg. 1990, I–1417; Rs. 62/81 und 63/81, Seco, Slg. 1982, 223; C-43/93, Vander Elst, Slg. 1994, I–3803; C-272/94, Guiot, Slg. 1996, I–1905); das Recht wandelt sich dann praktisch in ein – vorübergehendes – Freizügigkeitsrecht der Arbeitnehmer um, unabhängig von deren Nationalität (s. zu diesem Komplex nun auch die RL über die Entsendung von Arbeitnehmern im Rahmen der Erbringung von Dienstleistungen – sog. „Entsenderichtlinie" – RL 96/71/EG, ABl. 1997 L 18/1).

5 Gleichgültig ist, ob die Person, die sich in einen anderen Mitgliedstaat begibt und sich dort auf die Dienstleistungsfreiheit beruft, **Dienstleistungserbringer** oder **Dienstleistungsempfänger** ist (EuGH, Rs. 286/82 und 26/83, Luisi und Carbone, Slg. 1984, 377; s. hierzu unten Rn. 18) und **aus welchen Gründen** sich ein Dienstleistungsempfänger in einen anderen Mitgliedstaat begeben hat: Tourismus, Geschäftsreise etc. (s. auch unten Rn. 17 zur Grenzüberschreitung der Leistung). Auch wenn Erbringer und Empfänger in **demselben** Mitgliedstaat niedergelassen sind, die Dienstleistung jedoch in einem **anderen** Mitgliedstaat erbracht wird, ist der Anwendungsbereich der Art. 49, 50 (ex-Art. 59, 60) eröffnet (s. die Fälle der Fremdenführer, die mit ihrer eigenen Reisegruppe in einem anderen Mitgliedstaat anreisen, EuGH, C-154/89, Kommission/ Frankreich, Slg. 1991, I–659; C-180/89, Kommission/Italien, Slg. 1991, I–709; C-198/89, Kommission/ Griechenland, Slg. 1991, I–727; C-398/95, Syndesmos ton en Elladi Touristikon kai Taxidiotikon Grafeion, Slg. 1997, I–3091). Dienstleistungsempfänger kann selbstverständlich auch die **öffentliche Hand** sein (EuGH, C-113/89, Rush Portuguesa, Slg. 1990, I–1417, Rn. 4; zur öffentlichen Auftragsvergabe s. Anhang zu Art. 43–55). Ob **Studenten** in bezug auf eine ausländische Hochschule als Dienstleistungsempfänger im Sinne des EGV anzusehen sind, wurde vom EuGH davon abhängig gemacht, daß die Hochschule nicht im wesentlichen aus öffentlichen Mitteln finanziert wird (EuGH, C-109/92, Wirth, Slg. 1993, I–6447).

II. Verhältnis zu den anderen Gemeinschaftsverträgen

Art. 49 und 50 (ex-Art. 59 und 60) können sich auch auf Dienstleistungen   **6**
beziehen, die im Rahmen von Tätigkeiten ergehen, die als solche dem
EGKS- oder dem **EAG-Vertrag** unterstehen. Dies gilt allerdings nicht,
wenn dort ausdrücklich **Sonderregeln** vorgesehen sind (wie in Art. 55
EGKSV sowie Art. 10, 12, 14, 15, 49, 75, 97, 98, 100 und 144 EAGV).

III. Begriff der Dienstleistung

1. Allgemeines zum Begriff der Dienstleistung

Der in Art. 49ff. (ex-Art. 59ff.) verwendete Begriff der Dienstleistung ist   **7**
spezifisch gemeinschaftsrechtlich definiert und deckt sich **nicht** mit ähnlichen Begriffen im nationalen Recht (etwa im deutschen Außenwirtschaftsrecht oder in internationalen Verträgen wie dem OECD-Abkommen)
und in den Wirtschaftswissenschaften („tertiärer Sektor"), oder gar dem
„Dienstvertrag" in § 611 BGB. Er ist in **Art. 50 (ex-Art. 60) Abs. 1** umfassend beschrieben mit **„Leistungen, die in der Regel gegen Entgelt erbracht werden, soweit sie nicht den Vorschriften über den freien Wa-
ren- und Kapitalverkehr und über die Freizügigkeit der Personen unterliegen"** und dient letztlich dazu, dem in Art. 3 c) festgeschriebenen Vertragsziel „Beseitigung der Hindernisse für den freien Dienstleistungsverkehr zwischen den Mitgliedstaaten" zur Wirksamkeit zu verhelfen. Art. 50
(ex-Art. 60) Abs. 2 zählt als Tätigkeiten beispielhaft auf **gewerbliche** (z.B.
Baugewerbe, Reiseveranstaltung, Filmwesen), **kaufmännische** (z.B. Bank-
und Börsenwesen, Versicherungen), **handwerkliche** (z.B. Friseure, sanitäre Dienste) und **freiberufliche** (z.B. Ärzte, Architekten, Rechtsanwälte).
Art. 49 (ex-Art. 59) Abs. 1 nennt als weitere Voraussetzung die Ausübung
der Tätigkeit **„innerhalb der Gemeinschaft"**, also die notwendige Grenzüberschreitung der Leistung.

2. Abgrenzung von den anderen Grundfreiheiten

Die negative Definition der Dienstleistungsfreiheit bringt mit sich, daß   **8**
zunächst überprüft werden muß, ob eine bestimmte Tätigkeit nicht **einer
der anderen Grundfreiheiten** zuzuordnen ist, deren Liberalisierung ggf.
in unterschiedlicher Weise geregelt sein kann. Die Dienstleistungsfreiheit
ist insoweit **subsidiär**. Zur Abgrenzung gilt folgendes:
a) Die Abgrenzung zum **freien Warenverkehr** kann notwendig werden,   **9**
wenn die grenzüberschreitende Lieferung einer Ware mit Dienstleistungen

verbunden ist, oder wenn bei einer gemischten Leistung nicht klar ist, welche Elemente überwiegen. Im **ersten Fall** des „Hintereinanderschaltens" beider Elemente ist entweder eine **Aufspaltung** der beiden Bereiche denkbar (s. EuGH, Rs. 155/73, Sacchi, Slg. 1974, 409) oder, wenn es sich bei der Dienstleistung um eine reine Annex-Tätigkeit handelt, so ist sie von der Freiheit des Warenverkehrs **mitumfaßt** (s. EuGH, C-202/88, Frankreich/Kommission, Slg. 1991, I–1223, für Errichtung, Inbetriebsetzung und Wartung von Telekommunikationsendgeräten). Im **zweiten Fall** der Vermischung beider Elemente kommt es auf den **Schwerpunkt** des bei der Tätigkeit jeweils im Vordergrund stehenden Inhaltes an; beim reinen Warenvertrieb tritt die Herstellertätigkeit in den Hintergrund, wohingegen z.B. bei der Veranstaltung von Lotterien trotz der Übersendung von Werbematerial und Losen die Dienstleistung das bestimmende Element ist (EuGH, C-275/92, Schindler, Slg. 1994, I–1039, Rn. 21ff.). Unter Art. 28ff. (ex-Art. 30ff.) und nicht unter Art. 49ff. (ex-Art. 59ff.) wurden subsumiert das Verbot ausländischer Druckerarbeiten für inländische Presseerzeugnisse (EuGH, Rs. 18/84, Kommission/Frankreich, Slg. 1985, 1339), das Verbot der Verwertung eines Filmwerkes durch Videocassetten (EuGH, Rs. 60/84 und 61/84, Cinethèque, Slg. 1985, 2605) sowie der Transport von gefährlichen Abfallstoffen (EuGH, C-2/90, Kommission/Belgien, Slg. 1992, I–4431). Für die Einordnung in den freien Warenverkehr spricht regelmäßig, daß die fertige Ware als körperlicher Gegenstand in den **Gemeinsamen Zolltarif** eingereiht ist (s. die beiden ersten vorgenannten Entscheidungen). Unter Art. 28ff. (ex-Art. 30ff.) fallen weiterhin Vorschriften über die Sonntagsarbeit, weil auch hier der Wettbewerb der auf diese Weise produzierten Waren im Vordergrund steht und nicht der Produktionsvorgang (EuGH, C-332/89, Marchandise, Slg. 1991, I–1027) sowie die Beschränkung der Versteigerung von Waren eines in einem anderen Mitgliedstaat ansässigen Händlers (EuGH, C-239/90, Boscher, Slg. 1991, I–2023).

10   b) Der **Kapitalverkehr**, der an sich dem Begriff der Dienstleistung unterfällt, wurde aus dem Anwendungsbereich der Art. 49ff. (ex-Art. 59ff.) **ausgegliedert** und ist als **selbständige Freiheit** in Art. 56ff. (ex-Art. 67ff.) geregelt (s. die Kommentierung dort; zur Abgrenzung s. EuGH, C-358/93 und C-416/93, Bordessa, Slg. 1995, I–361, Rn. 12ff.). Für die Tätigkeiten der **Banken und Versicherungen**, die über den reinen Kapitalverkehr hinausgehen und deshalb Art. 49ff. (ex-Art. 59ff.) unterfallen, gelten **gesonderte** Liberalisierungsvorschriften (s. die Anmerkungen zu Art. 51 (ex-Art. 61) Abs. 2 sowie im Anhang zu Art. 43–55 die Stichworte „Bankwesen" und „Versicherungswesen").

c) Gegenüber dem **freien Personenverkehr** (insbesondere der Niederlas-   **11**
sungsfreiheit) ist die Dienstleistungsfreiheit ebenfalls grundsätzlich subsidiär (EuGH, C-3/95, Reisebüro Broede, Slg. 1996, I–6511, Rn. 19). Die Abgrenzung ist jedoch besonders wichtig, da es dem Dienstleistungssektor vor
allem darum geht, schwerfälligen Vorschriften für Ausländer, die bei Gründung einer Niederlassung zu beachten sind – und die von Art. 43 (ex-Art. 52)
ggf. erlaubt sind –, zu entgehen, wenn nur vereinzelt eine grenzüberschreitende Tätigkeit erfolgt. Die Tätigkeit muß, um Art. 49ff. (ex-Art. 59ff.) zu
unterfallen, **zeitlich beschränkt bleiben**: Art. 50 (ex-Art. 60) Abs. 3 spricht
von „**vorübergehender**" Ausübung einer Dienstleistungstätigkeit. Dies
schließt es allerdings nicht aus, eine bestimmte Infrastruktur (Büro, Paxis
oder Kanzlei) im Dienstleistungsstaat zu unterhalten, falls dies für die Leistungserbringung erforderlich ist (EuGH, C-55/94, Gebhard, Slg. 1995,
I–4165, Rn. 27; C-3/95, Reisebüro Broede, Slg. 1996, I–6511, Rn. 21). Die
Abgrenzung kann im Einzelfall, vor allem bei sich wiederholenden Tätigkeiten, schwierig sein; sie wird unter Berücksichtigung von **Natur, Zweck
und Umfang der Dienstleistung** und dem **Tätigkeitsschwerpunkt** zu erfolgen haben, soweit konkrete vertragliche Abmachungen zwischen den Parteien keinen genaueren Aufschluß geben. Als Kriterien können herangezogen werden die Frage, wo das **Entgelt** bezahlt wird, die **Wohnsituation** des
Dienstleistungserbringers und seiner Familienangehörigen, die Aufrechterhaltung oder Aufgabe der ursprünglichen **Betriebsräume** etc.

3. Wirtschaftliche Tätigkeit

Es muß sich um eine **wirtschaftliche Tätigkeit** handeln, also eine Tätig-   **12**
keit, die auf einen **Erwerbszweck** gerichtet ist, nicht notwendigerweise einen Beruf. Unbeachtlich ist, wie die Tätigkeit **moralisch** oder **sozial** eingestuft wird (hierunter fällt also auch z.B. der Schwangerschaftsabbruch,
EuGH, C-159/90, Grogan, Slg. 1991, I–4685 und die Veranstaltung von
Lotterien, EuGH, C-275/92, Schindler, Slg. 1994, I–1039, Rn. 32); die reine Informationsverbreitung über die wirtschaftliche Tätigkeit eines Dritten,
ohne daß ein Zusammenhang zwischen beiden Personen besteht, fällt nicht
darunter (EuGH, C-159/90 Grogan, Slg. 1991, I–4685). Die Tätigkeit kann
auch von **geringer wirtschaftlicher Bedeutung** sein (EuGH, C-49/89,
Corsica Ferries, Slg. 1989, 4441 bezüglich unterschiedlicher Hafenbenut-
zungsgebühren für Schiffe je nach dem Land des Ausgangshafens) und umfaßt bereits Angebote, die in anderen Mitgliedstaaten ansässigen potentiellen Leistungsempfängern gemacht werden (EuGH, C-384/93, Alpine Investments, Slg. 1995, I–1141, Rn. 22).

13   Die wirtschaftliche Tätigkeit muß nicht notwendigerweise den von Art. 50 (ex-Art. 60) Abs. 2 genannten traditionellen Kategorien der **gewerblichen**, **kaufmännischen**, **handwerklichen** und **freiberuflichen** Tätigkeiten unterfallen. Viele moderne Tätigkeiten des „tertiären Sektors", die zum Zeitpunkt der Entstehung der Vorschriften nicht vorhersehbar waren, sind problemlos unter die Dienstleistungsfreiheit zu subsumieren, was zahlreiche Rundfunk- und sonstige Medienfälle belegen (grundlegend EuGH, Rs. 155/73, Sacchi, Slg. 1974, 409; Rs. 52/79, Debauve, Slg. 1980, 833; Rs. 62/79, Coditel I, Slg. 1980, 881; Rs. 262/81, Coditel II, Slg. 1982, 3381; C-148/91, Veronica Omroep, Slg. 1993, I–487; zur Fernsehwerbung EuGH, C-34/95, C-35/95 und C-36/95, De Agostini, Slg. 1997, I–3843, Rn. 48). Im Rundfunkbereich gilt die Qualifikation als Dienstleistung im Sinne von Art. 49 und 50 (ex-Art. 59 und 60) sowohl für die **terrestrische** wie **direktsatellitische** Ausstrahlung als auch die Übermittlung durch **Kabeleinspeisung** (EuGH, C-23/93, TV10, Slg. 1994, I–4795, Rn. 15ff.; die Einbeziehung ist unabhängig davon, welche Ziele mit der Verbreitung vom Ausland aus verfolgt werden).

14   Weiterhin wurden von der Rechtsprechung als Dienstleistungen qualifiziert **Immobiliengeschäfte** (EuGH, C-330/90 und C-331/90, Lopez Brea und Hidalgo Palacios, Slg. 1992, I–323; C-147/91, Ferrer-Laderer, Slg. 1992, I–4097), **Börsentermingeschäfte** (EuGH, Rs. 15/78, Koestler, Slg. 1978, 1971), **Telekommunikationsdienste** (EuGH, C-271/90, C-281/90 und C-289/90, Spanien, Belgien und Italien/Kommission, Slg. 1992, I–5833; C-202/88, Frankreich/Kommission, Slg. 1991, I–1223), sowie das **öffentliche Auftragswesen** (EuGH, C-360/89, Kommission/Italien, Slg. 1992, I–3401). Im übrigen wird bzgl. einzelner Tätigkeiten auf den Anhang zu Art. 43–55 (ex-Art. 52–66) verwiesen.

4. Entgeltlichkeit der Leistung

15   Die Leistung muß in der Regel **gegen Entgelt** erbracht werden. Der Begriff des Entgelts ist in den gesetzlichen Vorschriften **nicht definiert**; nach der Rechtsprechung des EuGH kann er aus Art. 50 (ex-Art. 60) Abs. 2 „erschlossen werden" in dem Sinne, daß das Entgelt die **wirtschaftliche Gegenleistung** für die ursprüngliche Leistung darstellen muß. Die Entgeltlichkeit muß lediglich „**in der Regel**" bestehen, d.h. es ist unschädlich, wenn im Einzelfall kein Honorar verlangt wird, oder bei der Veranstaltung von Glücksspielen der Unterhaltungscharakter im Vordergrund steht und der Gewinn vom Zufall abhängig ist (EuGH, C-275/92, Schindler, Slg. 1994, I–1039, Rn. 33f.). Nicht unter das Verbot der Dienstleistungsbeschränkungen fallen wegen fehlender Entgeltlichkeit vor allem **kirchliche und karitative Leistungen.** Die Entgeltszahlung muß **nicht** notwendigerweise **zwischen dem Dienst-** **16** **leistungserbringer und dem Dienstleistungsempfänger** fließen (EuGH, Rs. 352/85, Bond van Adverteerders, Slg. 1988, 2085: ein Kabelnetzbetreiber leistet u.a. den Programm-Produzenten Dienste, während sein Entgelt aus den Gebühren der Teilnehmer und aus Werbeeinnahmen besteht). Allerdings ist ein gewisses Maß an „**Stoffgleichheit**" zwischen Dienstleistung und Entgelt zu fordern: so fällt Unterricht, der im Rahmen eines nationalen Bildungssystems erteilt wird, unter anderem deshalb nicht unter die Dienstleistungsfreiheit, weil er aus dem Staatshaushalt finanziert wird, selbst wenn im Einzelfall – geringe – Gebühren von Schülern erhoben werden (EuGH, Rs. 263/86, Humbel, Slg. 1988, 5365). Dies schließt jedoch ggf. nicht aus, daß eigenfinanzierte Programme im Rahmen von Postgraduiertenstudien im Einzelfall als Dienstleistungen im Sinne von Art. 49, 50 (ex-Art. 59, 60) angesehen werden können (GA *van Gerven*, C-19/92, Kraus, Slg. 1993, I–1663; s. auch EuGH, C-109/92, Wirth, Slg. 1993, I–6447).

5. Grenzüberschreitung der Leistung

Der EG-Vertrag schützt den Dienstleistungsverkehr nur insoweit, als **17** ein Element der **Grenzüberschreitung** der Leistung hinzukommt. Nicht erfaßt werden daher Lebenssachverhalte, die nur **einen einzigen Mitgliedstaat** betreffen (EuGH, C-41/90, Macrotron, Slg. 1991, I–1979; C-134/95, USSL n° 47 di Biella, Slg. 1997, I–195, Rn. 19, zum Arbeitsvermittlungsmonopol eines Mitgliedstaats; s. im übrigen EuGH, C-70/95, Sodemare, Slg. 1997, I–3395). Anders ist es, wenn zwar Dienstleistungserbringer und Dienstleistungsempfänger im gleichen Staat niedergelassen sind, aber auf sonstige Weise ein „**ausländisches Moment**" hinzutritt, etwa das Anbieten der Leistung in einem anderen Mitgliedstaat (s. die oben Rn. 5 zitierten Fälle der Fremdenführer, die mit ihrer eigenen Reisegruppe in einem anderen Mitgliedstaat anreisen). Des weiteren reicht es aus, wenn die Leistung **auch** an Empfänger gerichtet ist, die in einem anderen Mitgliedstaat ansässig sind, obwohl Hauptrichtung die nationale Bevölkerung ist (für Kabelfernsehen EuGH, Rs. 352/85, Bond van Adverteerders, Slg. 1988, 2085, Rn. 16). Verboten sind dann nicht nur vom Staat des Leistungsempfängers, sondern auch vom Staat des Leistungserbringers auferlegte Beschränkungen (EuGH, C-384/93, Alpine Investments, Slg. 1995, I–1141, Rn. 30).

18 Folgende Kategorien sind denkbar:
– Der Dienstleistungserbringer begibt sich (vorübergehend) in einen anderen Mitgliedstaat (sog. „**aktive Dienstleistungsfreiheit**"). Typisches Beispiel ist ein Bauunternehmer, der ein Objekt in einem anderen Mitgliedstaat erstellt.
– Der Dienstleistungsempfänger begibt sich (vorübergehend) in einen anderen Mitgliedstaat (sog. „**passive Dienstleistungsfreiheit**"). Beispiele sind die Konsultation eines ausländischen Arztes durch einen Patienten (EuGH, Rs. 286/82 und 26/83, Luisi und Carbone, Slg. 1984, 377), Studien- und Geschäftsreisen, oder schlichter Besuchstourismus (EuGH, Rs. 186/87, Cowan, Slg. 1989, 195; C-45/93, Kommission/Spanien, Slg. 1994, I–911).
– Nur die Leistung selbst überschreitet die Grenze, entweder durch die Post oder andere Kommunikationsmittel (sog. „**Korrespondenzdienstleistungsfreiheit**"). Zu nennen sind hier die wichtigen Gebiete der Bank- und Versicherungsdienstleistungen (EuGH, Rs. 205/84, Kommission/Deutschland, Slg. 1986, 3755, Rn. 11), die telefonische Kundenwerbung (EuGH, C-384/93, Alpine Investments, Slg. 1995, I–1141, zum sog. „cold calling"), Rundfunk und Fernsehen (EuGH, Rs. 155/73, Sacchi, Slg. 1974, 409, Rn. 13; 62/79, Coditel I, Slg. 1980, 881; Rs. 262/81, Coditel II, Slg. 1982, 3381, Rn. 13; Rs. 52/79, Debauve, Slg. 1980, 833, Rn. 17 für Kabelfernsehen; Rs. 352/85, Bond van Adverteerders, Slg. 1988, 2085, Rn. 16), aber auch der Transport eines Gegenstandes in einen anderen Mitgliedstaat zum Zwecke der Bearbeitung o.ä.
Eine strikte Einordnung in diese Kategorien ist im Einzelfall nicht notwendig, zumal es angesichts der modernen Mittel der Telekommunikation oft unmöglich ist zu bestimmen, von welcher der beiden Parteien die „Grenzüberschreitung" ausging. Ganz generell hat sich die Grenzüberschreitung der Leistung „**am Bild eines gemeinsamen Marktes zu orientieren, in dem sämtliche wirtschaftlichen Betätigungen innerhalb der Gemeinschaft von allen Beschränkungen aus Gründen der Staatsangehörigkeit oder des Wohnsitzes befreit sind**" (GA *Lenz*, Rs. 186/87, Cowan, Slg. 1989, 205). Es ist daher im allgemeinen eine weite Auslegung geboten.

IV. Verbotene Beschränkungen der Dienstleistungsfreiheit

1. Vorbemerkung

19 Ähnlich wie im freien Warenverkehr sind Beschränkungen und Hemmnisse der Dienstleistungsfreiheit auf verschiedene Art und Weise denkbar:

- in Form der **Diskriminierung** des Dienstleistungserbringers aufgrund seiner Staatsangehörigkeit oder aufgrund des Umstandes, daß er in einem anderen Mitgliedstaat ansässig ist als dem, in dem die Dienstleistung erbracht wird, oder
- in Form **sonstiger Beschränkungen** aufgrund innerstaatlicher Vorschriften oder Praktiken, die zwar unterschiedslos auf alle Dienstleistungserbringer anwendbar sind, aber sich für die in einem anderen Mitgliedstaat ansässigen Dienstleistungserbringer erschwerend auswirken,
- sowie letztlich in Form von **Zugangserfordernissen** zu einzelnen Berufen und Tätigkeiten, die nur durch die Koordinierung der einzelstaatlichen Rechtsvorschriften bzw. die wechselseitige Anerkennung der Befähigungsnachweise aufgehoben werden können.

Art. 49 und 50 (ex-Art. 59 und 60) betreffen nur die **ersten beiden Alternativen**, die nachfolgend behandelt werden. Bezüglich der **dritten Alternative** verweist Art. 55 (ex-Art. 66) auf die entsprechende Anwendung von Art. 47 (ex-Art. 57), der die Rechtsangleichung für das Niederlassungsrecht regelt (s. Art. 55 Rn. 5). Beschränkungen sind also ggf. hier einstweilen in Kauf zu nehmen, bis eine Rechtsangleichung erfolgt ist. Bis dahin sind die Mitgliedstaaten jedoch trotzdem verpflichtet, in jedem Einzelfall zu prüfen, ob ausländische Befähigungsnachweise nicht bereits den inländischen Anforderungen genügen (s. bzgl. der Niederlassungsfreiheit EuGH, C-340/89, Vlassopoulou, Slg. 1991, I–2357, für die Berufsausübung der Rechtsanwälte).

In den Anfangsjahren der Gemeinschaft wurden Art. 49 und 50 (ex-Art. 59 **20** und 60) ausschließlich als Diskriminierungsverbot angesehen. Später wurden auch Beschränkungen „unterschiedsloser Art" darunter subsumiert, wobei eine strikte Unterscheidung erfolgte in der Weise, daß Diskriminierungen nur aus den in Art. 55, 46 (ex-Art. 66, 56) festgelegten Gründen gerechtfertigt werden konnten, während unterschiedslose Regelungen wegen verschiedenster „zwingender Erfordernisse" erlaubt werden konnten. Seit dem Urteil „Safir" (EuGH, C-118/96, Safir, Slg. 1998, I–1897, Rn. 24ff.) wurde diese strikte Unterscheidung aufgegeben, ein allgemeiner Begriff der **„Erschwerung des Marktzuganges"** eingeführt, der **auch** Diskriminierungen erfaßt, und eine immer größer werdende Palette zwingender Erfordernisse zur Rechtfertigung von Diskriminierungen anerkannt. Damit einher geht allerdings eine strengere Überprüfung dieser Erfordernisse durch den EuGH sowie eine verstärkte Verhältnismäßigkeitskontrolle. Da diese Neuorientierung der Rechtsprechung gegenwärtig methodisch noch nicht ganz eindeutig ist, soll einstweilen auch noch die früher geltende Rechtslage dargestellt werden.

2. Diskriminierungsverbot

21   Das **Diskriminierungsverbot** bedeutet, daß eine **absolute Gleichbehandlung von inländischen und ausländischen Dienstleistungserbringern** erfolgen muß (grundlegend EuGH, Rs. 33/74, Van Binsbergen, Slg. 1974, 1299). Insoweit ist Art. 49 (ex-Art. 59) *lex specialis* zu Art. 12 (ex-Art. 6) (EuGH, Rs. 186/87, Cowan, Slg. 1989, 195, Rn. 18). Grundsätzlich sind **Staatsangehörigkeitserfordernisse** für den Zugang zu bestimmten Tätigkeiten und deren Ausübung verboten (aus der Fülle der Rechtsprechung s. aus neuerer Zeit z.B. EuGH, C-375/92, Kommission/Spanien, Slg. 1994, I–923 für Fremdenführer und Fremdenführer-Dolmetscher; sowie EuGH, C-484/93, Svensson, Slg. 1995, I–3955, Rn. 12, zu einer Regelung, die die Gewährung von Zinsvergütungen bei einem Baudarlehen davon abhängig macht, daß das Darlehen bei einem im fraglichen Mitgliedstaat zugelassenen Kreditinstitut aufgenommen wurde). Des weiteren verstoßen gegen das Diskriminierungsverbot Erfordernisse einer **Residenzpflicht** (EuGH, Rs. 33/74, Van Binsbergen, Slg. 1974, 1299 und Rs. 427/85, Kommission/Deutschland, Slg. 1988, 1123 für den Beruf des Rechtsanwalts; EuGH, Rs. 39/75, Coenen, Slg. 1975, 1547 für den Beruf des Versicherungsvermittlers; EuGH, Rs. 205/84, Kommission/Deutschland, Slg. 1986, 3755, Rn. 11, für Versicherungsdienstleistungen).

22   Der Begriff der Diskriminierung umfaßt alle **offenen, aber auch versteckten bzw. indirekten Diskriminierungen**, wobei, wie in der Vorbemerkung erwähnt, diese Unterscheidungen heute so gut wie keine Rolle mehr spielen. Als diskriminierend wurden in der Vergangenheit auch Regeln angesehen, die eine **Verbürgung der Gegenseitigkeit** verlangen (EuGH, Rs. 168/85, Kommission/Italien, Slg. 1986, 2945 und C-58/90, Kommission/Italien, Slg. 1991, I–4193 bzgl. der Zulassung zu bestimmten Berufen und Anerkennung von Diplomen; EuGH, C-20/92, Hubbard, Slg. 1993, I–3777 bzgl. der Leistung einer Prozeßkostensicherheit durch EG-Ausländer; diese Fälle werden nach einer neueren Rechtsprechung allerdings direkt über Art. 12 (ex-Art. 6) Abs. 1 geregelt, vgl. EuGH, C-323/95, Hayes, Slg. 1997, I–1711, Rn. 16; s. auch EuGH, Rs. 186/87, Cowan, Slg. 1989, 195, Rn. 18, bzgl. der Beschränkung einer staatlichen Entschädigung der Opfer von Gewalttaten auf Angehörige eines Staates, mit dem ein Gegenseitigkeitsabkommen besteht). Andererseits gibt es jedoch keine Verpflichtung, ausländische Dienstleistungserbringer **günstiger** als inländische zu stellen – sog. „umgekehrte Diskriminierung" – (EuGH, Rs. 15/78, Koestler, Slg. 1978, 1971).

3. Verbot sonstiger Beschränkungen

Das Verbot bestimmter **sonstiger Beschränkungen** aufgrund „unter- **23**
schiedslos anwendbarer Regelungen", das für den Dienstleistungsverkehr
analog zur „Cassis-de-Dijon"-Rechtsprechung des EuGH im freien Warenverkehr entwickelt wurde (s. beispielsweise EuGH, Rs. 110/78 und
111/78, Van Wesemael, Slg. 1979, 35; Rs. 279/80, Webb, Slg. 1981, 3305;
aus der jüngeren Vergangenheit grundlegend EuGH, C-3/95, Reisebüro Broede, Slg. 1996, I–6511, Rn. 25ff.), umfaßt die Aufhebung aller Beschränkungen, die geeignet sind, die Tätigkeit des Dienstleistungserbringers, der in
einem anderen Mitgliedstaat ansässig ist und dort rechtmäßig ähnliche
Dienstleistungen erbringt, zu unterbinden, zu behindern oder weniger
attraktiv zu machen (EuGH, C-222/95, Parodi, Slg. 1997, I–3899, Rn. 18),
bzw. nach einer neueren „Kurz-Formel" jede Regelung, die die Leistung von
Diensten zwischen Mitgliedstaaten im Ergebnis gegenüber der Leistung von
Diensten im Inneren eines Mitgliedstaates erschwert (EuGH, C-118/96,
Safir, Slg. 1998, I–1897; C-158/96, Kohll, Slg. 1998, I–1931, Rn. 33). Es
betrifft insbesondere die Beeinträchtigung der **Mobilität potentieller
Dienstleistungserbringer** sowie **Regeln über die Zulassung** zu einer be-
stimmten Tätigkeit oder deren **Ausübung.** Typische Beispiele für „sonstige
Beschränkungen" sind das Erfordernis einer **behördlichen Erlaubnis** für
eine Dienstleistung, die in einem anderen Mitgliedstaat nicht erlaubnis-
pflichtig ist (EuGH, C-76/90, Säger, Slg. 1991, I–4221, zu einem Genehmi-
gungserfordernis für die Überwachung von Patentfristen), **arbeitsrechtliche
Erschwernisse** (EuGH, C-398/95, Syndesmos ton en Elladi Touristikon kai
Taxidiotikon Grafeion, Slg. 1997, I–3091, Rn. 15ff., zu einer Regelung, die
Tourismus- und Reisebüros dazu verpflichtet, nur Fremdenführer zu
beschäftigen, mit denen sie ein Arbeitsverhältnis unterhalten; EuGH, C-
375/92, Kommission/Spanien, Slg. 1994, I–923, zu einem Berufsausweis
für Fremdenführer) oder ein **Kostenelement** (EuGH, C-158/96, Kohll, Slg.
1998, I–1931, Rn. 34f., zur Genehmigungspflicht der Erstattung von Kran-
kenbehandlungskosten in einem anderen Mitgliedstaat; EuGH, C-272/94,
Guiot, Slg. 1996, I–1905, Rn. 14ff., für zusätzliche Arbeitgeberbeiträge).
Auch eine Beschränkung der **Werbung** für bestimmte Dienstleistungen
oder der Kontaktaufnahme mit Kunden reicht aus (EuGH, C-384/93, Alpine
Investments, Slg. 1995, I–1141, Rn. 33ff., für die telefonische Kontaktaufnahme des „cold calling"). Die für den freien Warenverkehr entwickelte
Rechtsprechung zu Verkaufsmodalitäten ist jedenfalls nicht entsprechend
anzuwenden (EuGH, C-384/93 Alpine Investments, Slg. 1995, I–1141,
Rn. 36).

24   In jüngerer Vergangenheit wurden zahlreiche Fälle aus dem Rundfunkbereich behandelt, in denen es meist darum ging, Sendeanstalten aus anderen Mitgliedstaaten, die ins Inland ausstrahlen, den im Inland geltenden Beschränkungen bezüglich Sendezeiten, Werbung etc. oder allgemein der Gesellschaftsstruktur zu unterwerfen und ihnen damit eine konkurrierende Tätigkeit unmöglich zu machen; derlei Auflagen wurden in der Regel als „sonstige Beschränkungen" im vorgenannten Sinn angesehen (EuGH, Rs. 155/73, Sacchi, Slg. 1974, 409; Rs. 52/79, Debauve, Slg. 1980, 833; Rs. 62/79, Coditel I, Slg. 1980, 881; Rs. 262/81, Coditel II, Slg. 1982, 3381; Rs. 352/85, Bond van Adverteerders, Slg. 1988, 2085, Rn. 16; C-288/89, Stichting Gouda, Slg. 1991, I–4007; C-353/89, Kommission/Niederlande, Slg. 1991, I–4069; C-34/95, C-35/95 und C-36/95, De Agostini, Slg. 1997, I–3843, Rn. 50), die nur in Ausnahmefällen gerechtfertigt sein können (s. unten Rn. 26). In der Zwischenzeit haben sich die Probleme durch die sog. „Fernsehrichtlinie" (RL 89/552/EWG, ABl. L 298/23, zur Koordinierung bestimmter Rechts- und Verwaltungsvorschriften der Mitgliedstaaten über die Ausübung der Fernsehtätigkeit) etwas entschärft, die eine doppelte Kontrolle einer Sendeanstalt durch zwei Mitgliedstaaten verbietet und grundsätzlich den Staat bestimmt, dessen Rechtshoheit die Anstalt unterliegt (s. hierzu die Grundsatzurteile EuGH, C-222/94, Kommission/Vereinigtes Königreich, Slg. 1996, I–4025 und C-11/95, Kommission/Belgien, Slg. 1996, I–4115).

4. Ausnahmen bzw. Rechtfertigungsgründe

25   a) Für alle Beschränkungen der Dienstleistungsfreiheit gelten zunächst die Rechtfertigungsgründe der Ausübung **öffentlicher Gewalt** sowie der Abwehr von Angriffen auf die **öffentliche Sicherheit und Ordnung**. Über Art. 55 (ex-Art. 66) gelten insoweit die Ausnahmevorschriften der Niederlassungsfreiheit (Art. 45 und 46, ex-Art. 55 und 56) entsprechend (s. im einzelnen die Kommentierung bei Art. 55 Rn. 2ff.). Diese Kategorien spielen heute in der Praxis so gut wie keine Rolle mehr.

26   b) Vielmehr wendet der EuGH nunmehr allgemein den Ausnahme- bzw. Rechtfertigungstatbestand der **„zwingenden Gründe des Allgemeininteresses"** an, der früher lediglich bei nichtdiskriminierenden, also „unterschiedslos anwendbaren" Regelungen in Frage kam, nach einer neueren Rechtsprechung jedoch auch diskriminierende Regelungen rechtfertigen kann (EuGH, C-484/93, Svensson, Slg. 1995, I–3955, Rn. 15ff.). Als zwingende Gründe in diesem Sinne wurden z.B. angesehen die zum Schutz der Empfänger von Dienstleistungen bestimmten **Berufs- und Standesregeln**

(dies betrifft insbesondere die Tätigkeit von Ärzten, Rechtsanwälten, Wirtschaftsprüfern u.ä., aber auch das Rundfunkgewerbe, s. EuGH, Rs. 110/78 und 111/78, Van Wesemael, Slg. 1979, 35, Rn. 27; C-106/91, Ramrath, Slg. 1992, I–3351; C-148/91, Veronica Omroep, Slg. 1993, I–487, Rn. 13; für Bankgewerbe EuGH, C-222/95, Parodi, Slg. 1997, I–3899, Rn. 31), sofern sie nicht soweit gehen, daß eine Zulassung im Herkunftsstaat rückgängig gemacht werden muß (für Ärzte und Zahnärzte s. EuGH, Rs. 96/85, Kommission/Frankreich, Slg. 1986, 1475), die **Funktionsfähigkeit der Rechtspflege** (EuGH, C-3/95, Reisebüro Broede, Slg. 1996, I–6511, Rn. 38ff., für die Forderungseinziehung durch Inkasso-Büros), **Anliegen der Sozialpolitik** und der **Betrugsbekämpfung** im Rahmen der Veranstaltung von Lotterien (EuGH, C-275/92, Schindler, Slg. 1994, I–1039, Rn. 37ff.), der **Schutz des geistigen Eigentums** (EuGH, Rs. 62/79, Coditel I, Slg. 1980, 881, Rn. 28), der **soziale Schutz der Arbeitnehmer** (EuGH, Rs. 279/80, Webb, Slg. 1981, 3305; Rs. 62/81 und 63/81, Seco, Slg. 1982, 223, Rn. 4; C-113/89, Rush Portuguesa, Slg. 1990, I–1417, Rn. 4; C-272/94, Guiot, Slg. 1996, I–1905, Rn. 16), die **Lauterkeit des Handelsverkehrs** und der **Verbraucherschutz** (EuGH, C-288/89, Stichting Gouda, Slg. 1991, I–4007; C-353/89, Kommission/Niederlande, Slg. 1991, I–4069, Rn. 28; C-34/95, C-35/95 und C-36/95, De Agostini, Slg. 1997, I–3843, Rn. 53), **kulturpolitische Belange** wie die Erhaltung des nationalen historischen und künstlerischen Erbes und das allgemeine Interesse an der Aufwertung historischer Reichtümer und der bestmöglichen Verbreitung von Kenntnissen über das künstlerische und kulturelle Erbe eines Landes (s. die bereits oben in Rn. 5 zitierten „Fremdenführerfälle"; in den konkreten Fällen wurde allerdings das Erfordernis eines besonderen Diploms für Fremdenführer aus einem anderen Mitgliedstaat, die mit ihrer eigenen Reisegruppe anreisen, als unverhältnismäßig zurückgewiesen), die **Erhaltung eines pluralistischen und nicht kommerziellen Hörfunk- und Fernsehwesens** (EuGH, C-23/93, TV10, Slg. 1994, I–4795, Rn. 18; allerdings abgelehnt, wenn alleinige Zielrichtung der Maßnahmen gegen die ausländischen Dienstleistungserbringer die Erhaltung des nationalen Rundfunkmonopols war in EuGH, C-260/89, ERT, Slg. 1991, I–2925, Rn. 21; s. auch EuGH, C-148/91, Veronica Omroep, Slg. 1993, I–487, Rn. 13), der **Schutz der Rundfunkteilnehmer vor übermäßiger Werbung** (EuGH, Rs. 52/79, Debauve, Slg. 1980, 833, Rn. 28), eine erhebliche Gefährdung des **finanziellen Gleichgewichts des Systems der sozialen Sicherheit** (EuGH, C-158/96, Kohll, Slg. 1998, I–1931, Rn. 41), die **Sicherheit des Straßenverkehrs** (EuGH, C-55/93, Van Schaik, Slg. 1994, I–4837, Rn. 19), die **Aufrechterhaltung des guten Rufes des nationalen Finanz-**

sektors (EuGH, C-384/93, Alpine Investments, Slg. 1995, I–1141, Rn. 44, zum Verbot der telefonischen Kundenwerbung für Warentermingeschäfte) sowie die **Kohärenz der nationalen Steuersysteme** (Rechtfertigung zugestanden in EuGH, C-204/90, Bachmann, Slg. 1992, I–249 und C-300/90, Kommission/Belgien, Slg. 1992, I–305; Rechtfertigung abgelehnt in EuGH, C-484/93, Svensson, Slg. 1995, I–3955, Rn. 18; s. auch EuGH, C-118/96, Safir, Slg. 1998, I–1897, Rn. 26ff.). **Nicht hierunter fallen rein wirtschaftliche Gründe** (EuGH, C-158/96, Kohll, Slg. 1998, I–1931, Rn. 41), etwa die Wahrung des Arbeitsfriedens als Mittel, einen Tarifkonflikt zu beenden und damit negative Auswirkungen auf die Wirtschaft eines Landes zu verhindern (EuGH, C-398/95, Syndesmos ton en Elladi Touristikon kai Taxidiotikon Grafeion, Slg. 1997, I–3091, Rn. 22ff.). Daneben dürfte die zu Art. 28 (ex-Art. 30) entwickelte Rechtsprechung der „zwingenden Erfordernisse" weitgehend auf die Dienstleistungsfreiheit zu übertragen sein. Ein **Niederlassungserfordernis**, das praktisch die Negation der Dienstleistungsfreiheit ist, kann allerdings so gut wie nie gerechtfertigt sein, außer es wird nachgewiesen, daß es eine unerläßliche Voraussetzung für die Erreichung des verfolgten Zieles ist (EuGH, C-222/95, Parodi, Slg. 1997, I–3899, Rn. 31).

27 c) Zu überprüfen ist jedenfalls in allen Fällen die **Verhältnismäßigkeit**, d.h. es muß festgestellt werden, ob das von den Mitgliedstaaten angestrebte Ergebnis nicht durch weniger einschneidende Regelungen erreicht werden kann (grundlegend EuGH, Rs. 205/84, Kommission/Deutschland, Slg. 1986, 3755, Rn. 31; s. auch die in Rn. 5 und 26 zitierten „Fremdenführer-Fälle"). Gegenwärtig ist eine verstärkte Prüfung dieses Elementses durch den EuGH zu beobachten (so z.B. EuGH, C-484/93, Svensson, Slg. 1995, I–3955; C-118/96, Safir, Slg. 1998, I–1897).

5. Unmittelbare Anwendbarkeit

28 Art. 49 (ex-Art. 59) Abs. 1 und 50 (ex-Art. 60) Abs. 3 sind, soweit sie das Verbot von Diskriminierungen und sonstigen Beschränkungen enthalten, nach der Rechtsprechung des EuGH seit Ablauf der Übergangszeit (31.12.1969) **unmittelbar anwendbar** und können infolgedessen vor den staatlichen Gerichten als **selbständige Rechtsgrundlage** herangezogen werden. Grundlegend hierfür war die Entscheidung des EuGH „Van Binsbergen" (EuGH, Rs. 33/74, Slg. 1974, 1299, Rn. 22) im Hinblick auf das Gebot der Inländergleichbehandlung. In dem Urteil „Van Wesemael" (EuGH, Rs. 110/78 und 111/78, Slg. 1979, 35), wonach beide Vorschriften eine Verpflichtung mit „klar umrissenem Ergebnis" enthalten, auf die sich die einzelnen Marktbürger berufen können, wurde dies erweitert auf das Verbot sonstiger Beschränkungen aufgrund unterschiedslos anwendbarer Maßnahmen. Diese Rechtsprechung wurde in zahlreichen späteren Urteilen bestätigt (s. etwa EuGH, Rs. 205/84, Kommission/Deutschland, Slg. 1986, 3755, Rn. 31; C-353/89, Kommission/Niederlande, Slg. 1991, I–4069, Rn. 28). Aus der Rechtsprechung des EuGH (Rs. 36/74, Walrave, Slg. 1974, 1405; Rs. 13/76, Donà, Slg. 1976, 1333) ist im übrigen zu entnehmen, daß sich die unmittelbare Wirkung auch **auf Rechtsbeziehungen unter Privaten** (sog. „**horizontale Wirkung**") erstrecken kann, soweit dies denkbar ist (z.b. bei Beschränkungen durch private Verbände und Berufsorganisationen, die in erheblicher Weise am Wirtschaftsleben teilnehmen).

V. Sonstige Rechte

Neben dem Verbot aller Beschränkungen resultiert aus der Dienstleistungs-   **29**
freiheit als begleitendes Recht auch ein **Aufenthaltsrecht** für die Dauer der Dienstleistung (s. z.b. EuGH, C-363/89, Roux, Slg. 1991, I–273). Dieses Recht besteht, wenn der Dienstleistungserbringer ein Unternehmen ist, auch für sämtliche von diesem Unternehmen entsandten Arbeitnehmer (EuGH, C-113/89, Rush Portuguesa, Slg. 1990, I–1417; s. hierzu bereits Rn. 4), unabhängig von ihrer Nationalität. Ein weiteres Annexrecht zur Dienstleistungsfreiheit ist etwa auch die **Freiheit der Kommunikation**, also ein ungehinderter Brief-, Telefon- und Telegrammverkehr.

Art. 51 (ex-Art. 61) (Dienstleistungen im Verkehr und Kapitalverkehr)

(1) Für den freien Dienstleistungsverkehr auf dem Gebiet des Verkehrs gelten die Bestimmungen des Titels über den Verkehr.

(2) Die Liberalisierung der mit dem Kapitalverkehr verbundenen Dienstleistungen der Banken und Versicherungen wird im Einklang mit der Liberalisierung des Kapitalverkehrs durchgeführt.

I. Die Dienstleistungsfreiheit im Transportwesen

1. Allgemeines

Art. 51 Abs. 1 nimmt die Dienstleistungen im Transportsektor von den Vor-   **1**
schriften der Art. 49ff. (ex-Art. 59ff.) aus (nicht allerdings von den Vorschriften zur Niederlassungsfreiheit der Art. 43ff., ex-Art. 52ff.) und weist sie einer **eigenen Politik** zu, und zwar der in Titel V (ex-Titel IV)

(Art. 70ff., ex-Art. 74ff.) geregelten Verkehrspolitik. Grund hierfür war, daß der Verkehrssektor ein politisch und auch strategisch besonders sensibler, in allen Mitgliedstaaten staatlich reglementierter Bereich ist, der große Unterschiede aufwies und eine langsame Anpassungspolitik erforderte. Tatsächlich ist eine Liberalisierung hier erst mit Inkrafttreten des Binnenmarktes am 1.1.1993, und auch dies nur in Teilbereichen, erfolgt.

2. Abgrenzungsfragen

2   Da der Begriff des „Verkehrs" in Art. 80 (ex-Art. 84) mit „Beförderungen im Eisenbahn-, Straßen- und Binnenschiffsverkehr" nur unzureichend definiert ist, können sich **Abgrenzungsfragen** ergeben. Unter die allgemeinen Regeln der Art. 49ff. (ex-Art. 59ff.) und nicht unter Art. 70ff. (ex-Art. 74ff.) fallen z.B. der Transport durch Fernleitungen sowie das Post- und Fernmeldewesen, des weiteren die Tätigkeiten der Hilfsberufe des Verkehrssektors (s. hierzu die RL 82/470/EWG, ABl. L 213/1, für die selbständigen Tätigkeiten bestimmter Hilfsgewerbetreibender des Verkehrs und der Reisevermittler – ISIC-Gruppe 718 – sowie der Lagerhalter – ISIC-Gruppe 720 – und das in einem Vertragsverletzungsverfahren wegen Nichtumsetzung der RL ergangene Urteil des EuGH, C-306/89, Kommission/Griechenland, Slg. 1991, I–5863). Vorzugstarife auf Lotsendienste im Hafen für Seeschiffe unterfahren den Vorschriften, die in Anwendung von Art. 80 (ex-Art. 84) Abs. 2 ergangen sind (EuGH, C-18/93, Corsica Ferries, Slg. 1994, I–1783, Rn. 23ff.; zur Seeschiffahrt im übrigen s. EuGH, C-379/92, Peralta, Slg. 1994, I–3453; C-381/93, Kommission/Frankreich, Slg. 1994, I–5145).

3. Gleichzeitige Anwendung der Vorschriften der Art. 49ff.

3   Nachdem die Liberalisierung des Transportsektors in der Vergangenheit nur sehr schleppend vor sich gegangen war, hatte das EP die Initiative eines **Vertragsverletzungsverfahrens gegen den Rat** ergriffen, der demgemäß durch ein Urteil des EuGH (Rs. 13/83, Parlament/Rat, Slg. 1985, 1513) zum Tätigwerden verpflichtet wurde. Die Liberalisierungsvorschriften stammen daher alle aus der jüngeren Vergangenheit. Bis dahin waren entgegenstehende nationale Vorschriften zwar **auch** an Art. 49ff. (ex-Art. 59ff.) zu messen (s. hierzu EuGH, C-49/89, Corsica Ferries, Slg. 1989, 4441); die Untätigkeit des Rates hatte allerdings **nicht** bewirkt, daß Art. 49 und 50 (ex-Art. 59 und 60) unmittelbare Anwendbarkeit im Verkehrssektor erlangt hätten (EuGH, Rs. 4/88, Lambregts, Slg. 1989, 2583; C-17/90, Pinaud Wieger, Slg. 1991, I–5253).

II. Die Dienstleistungsfreiheit der Banken und Versicherungen

1. Besonderheiten der Anwendung der Art. 49ff.

Im Gegensatz zum Transportsektor enthält Art. 51 Abs. 2 **keine Bereichs-** **4**
ausnahme für die Tätigkeit der Banken und Versicherungen, sondern unterstellt diese grundsätzlich den Vorschriften der Art. 49ff. (ex-Art. 59ff.),
aber mit der Maßgabe, daß bezüglich ihrer Tätigkeiten, die mit dem Kapitalverkehr verbunden sind, eine **zeitliche Verknüpfung mit der Liberali-**
sierung des Kapitalverkehrs (Art. 56ff., ex-Art. 67ff.) zu erfolgen hat
(EuGH, C-484/93, Svensson, Slg. 1995, I–3955, Rn. 11ff.; C-222/95, Parodi, Slg. 1997, I–3899, Rn. 9ff.). Da der Kapitalverkehr lange Zeit nicht
vollständig liberalisiert war, bestand demnach die unmittelbare Wirkung
der Art. 49ff. (ex-Art. 59ff.) für Banken und Versicherungen nicht (s. z.B.
EuGH, Rs. 267/86, Van Eycke, Slg. 1988, 4769, für die Einzahlung von
Spareinlagen). Grund hierfür waren die Besonderheiten dieser beiden Wirtschaftsbereiche, die sich durch eine erhöhte staatliche Kontrolle zum
Schutz der Kunden auszeichnen, und wiederum die erheblichen Unterschiede in den nationalen Strukturen. Die Tätigkeiten der **Banken**, die
nicht an den Kapitalverkehr gekoppelt sind (z.B. Vermietung von
Schließfächern, Beratung bei Immobilienprojekten etc.) unterfallen den allgemeinen Vorschriften der Art. 49ff. (ex-Art. 59ff.). Die Dienstleistungen
der **Versicherungen** sind praktisch immer dem Kapitalverkehr verbunden,
da als maßgebliches Element ihrer Tätigkeit der Kapitalfluß bei Eintritt des
Versicherungsfalles angesehen wird.

2. Liberalisierung

Mit der weitgehenden Liberalisierung des Kapitalverkehrs durch die RL **5**
88/361/EWG (ABl. 1988 L 178/5) zur Durchführung von ex-Art. 67 (jetzt
aufgehoben), und die RL 89/646/EWG (ABl. 1989 L 386/1) zur Koordinierung der Rechts- und Verwaltungsvorschriften über die Aufnahme und
Ausübung der Tätigkeit der Kreditinstitute und zur Änderung der RL
77/780/EWG, hat Art. 51 (ex-Art. 61) Abs. 2 praktisch seine Bedeutung
verloren (zu einem Sachverhalt, der vor Inkrafttreten der zweiten RL lag, s.
EuGH, C-222/95, Parodi, Slg. 1997, I–3899, Rn. 32); zu diesem Zeitpunkt
waren auch maßgebliche Richtlinien zur Liberalisierung im Bank- und Versicherungswesen ergangen. Da diese Regelungen für beide Bereiche sowohl Aspekte der Dienstleistungsfreiheit, wie auch der Niederlassungsfreiheit betreffen, wird, um Wiederholungen zu vermeiden, der Gesamtkom-
plex einheitlich im Anhang zu Art. 43–55 behandelt (s. dort die Stichworte
Bankwesen und **Versicherungswesen**).

Art. 52 (ex-Art. 63) (Aufhebung der Beschränkungen)

(1) Der Rat erläßt mit qualifizierter Mehrheit auf Vorschlag der Kommission und nach Anhörung des Wirtschafts- und Sozialausschusses und des Europäischen Parlamentes Richtlinien zur Liberalisierung einer bestimmten Dienstleistung.

(2) Bei den in Absatz 1 genannten Richtlinien sind im allgemeinen mit Vorrang diejenigen Dienstleistungen zu berücksichtigen, welche die Produktionskosten unmittelbar beeinflussen oder deren Liberalisierung zur Förderung des Warenverkehrs beiträgt.

I. Rechtsetzungsermächtigung

1   Art. 52 Abs. 1 enthält eine **Rechtsetzungsermächtigung** für den Rat, die notwendigen RLen zur Liberalisierung bestimmter Dienstleistungen zu erlassen. Die Vorschrift ersetzt den früheren Art. 63, der ein „Allgemeines Programm zur Aufhebung der Beschränkungen des freien Dienstleistungsverkehrs" aus dem Jahre 1961 zum Gegenstand hatte, welches in der Zwischenzeit durchgeführt und daher obsolet geworden war. Wegen der unmittelbaren Wirkung der Grundvorschriften der Art. 49 (ex-Art. 59) Abs. 1, 50 (ex-Art. 60) Abs. 3 wird Art. 52 (ex-Art. 63) wird diese Vorschrift wohl auch in der Folge keine große Bedeutung haben.

II. Dienstleistungen in Zusammenhang mit der Warenproduktion

2   Art. 52 Abs. 2 verfügt (entsprechend Art. 44 Abs. 2 a, ex-Art. 54 Abs. 3 a) für die zu erlassenden Rechtsakte eine bevorzugte Behandlung der Dienstleistungsbereiche, die in **direktem Zusammenhang mit der Warenproduktion** stehen, eine eher historische Reminiszenz aus der Zeit des EWG-Vertrages, der sehr stark auf den Warenhandel zentriert war.

Art. 53 (ex-Art. 64) (Weitergehende Liberalisierung)

Die Mitgliedstaaten sind bereit, über das Ausmaß der Liberalisierung der Dienstleistungen, zu dem sie auf Grund der Richtlinien gemäß Artikel 52 Absatz 1 verpflichtet sind, hinauszugehen, falls ihre wirtschaftliche Gesamtlage und die Lage des betreffenden Wirtschaftszweiges dies zulassen.

Die Kommission richtet entsprechende Empfehlungen an die betreffenden Staaten.

I. Absichtserklärung zu weitergehender Liberalisierung

Die Vorschrift beinhaltet eine unklar formulierte **Absichtserklärung** der **1**
Mitgliedstaaten, ggf. freiwillig über die Vorgaben des Art. 52 (ex-Art. 63)
hinauszugehen, indem sie **einseitig** und **rascher** als dort vorgesehen **weitergehende Liberalisierungen** des Dienstleistungssektors einführen. Da
bereits die Vorgabe des Art. 52 (ex-Art. 63) sehr vage gehalten ist und in der
Praxis so gut wie keine Bedeutung hat (s. die Kommentierung dort), dürfte
auch Art. 53 bedeutungslos bleiben. Empfehlungen der Kommission im
Sinne von Art. 53 Abs. 2, der insoweit Sondertatbestand zu Art. 211 (ex-
Art. 155) ist, sind bis dato nicht ergangen.

II. Wirkung

Manche Autoren wollen trotzdem Art. 53 eine verbindliche Wirkung zu- **2**
schreiben mit der Möglichkeit eines Vertragsverletzungsverfahrens bei einem Verstoß (s. die Nachweise bei *Randelzhofer*, in Grabitz/Hilf, Rn. 2f. zu
Art. 65), räumen jedoch ein, daß die offensichtlichen Beweisschwierigkei-
ten bezüglich der wirtschaftlichen Lage des betroffenen Mitgliedstaates ein
solches Vorgehen undurchführbar machen würden. Art. 53 kann heute allenfalls zu **Interpretationszwecken** herangezogen werden, etwa um festzustellen, ob und inwieweit ein Mitgliedstaat bei der Umsetzung von Richtlinien berechtigt ist, zum Vorteil der einen oder anderen Partei über den dort
vorgesehenen Standard hinauszugehen.

Art. 54 (ex-Art. 65) (Übergangsregelung)

**Solange die Beschränkungen des freien Dienstleistungsverkehrs nicht
aufgehoben sind, wendet sie jeder Mitgliedstaat ohne Unterscheidung
nach Staatsangehörigkeit oder Aufenthaltsort auf alle in Artikel 49 Absatz 1 bezeichneten Erbringer von Dienstleistungen an.**

I. Meistbegünstigungsregelung

Art. 54 ist eine **Übergangsregelung**, die die Mitgliedstaaten verpflichtet, **1**
„solange die Beschränkungen des freien Dienstleistungsverkehrs nicht aufgehoben sind", diese quasi im Sinne einer „Gleichbehandlung im Unrecht"
auf Betroffene aus allen anderen Mitgliedstaaten **gleichermaßen** (d.h. ohne Rücksicht auf Staatsangehörigkeit oder Aufenthaltsort) anzuwenden
bzw., wenn Betroffene aus einzelnen Mitgliedstaaten eine bevorzugte Behandlung erfahren, diese im Sinne einer „**Meistbegünstigung**" für alle anderen gelten zu lassen.

II. Wirkung

2 Die Vorschrift ist bereits in ihrer früheren Fassung seit Ablauf der Über-
gangszeit am 31.12.1969 **obsolet gewesen** (s. EuGH, Rs. 39/75, Coenen,
Slg. 1975, 1547), da die unmittelbare Anwendbarkeit der Art. 49 (ex-
Art. 59) Abs. 1 und 50 (ex-Art. 60) Abs. 3 seitdem alle noch bestehenden
Verstöße **direkt** sanktioniert. Es ist daher verwunderlich, daß sie in der
Neufassung überhaupt noch aufgenommen wurde.

III. Verhältnis zu Drittstaaten

3 Trotz der zweideutigen Formulierung „ohne Unterscheidung nach der
Staatsangehörigkeit" bezieht sich Art. 54 jedenfalls nach dem Sinn und
Zweck nur auf Angehörige von EG-Mitgliedstaaten und begründet kein all-
gemeines **Meistbegünstigungsgebot** im Verhältnis zu Angehörigen von
Drittstaaten (a.A. *Randelzhofer*, in Grabitz/Hilf, Rn. 6 zu Art. 66).

**Art. 55 (ex-Art. 66) (Anwendung von Vorschriften des Niederlassungs-
rechts)**

**Die Bestimmungen der Artikel 45 bis 48 finden auf das in diesem Ka-
pitel geregelte Sachgebiet Anwendung.**

1 Die Entwicklung von Dienstleistungs- und Niederlassungsfreiheit verlief
bekanntlich weitgehend parallel, so daß sich manche Vorschriften aus beiden Kapiteln ähneln oder ergänzen. Auf einige Vorschriften des Niederlassungsrechts wird durch Art. 55 (ex-Art. 66) direkt verwiesen, um Wiederholungen zu vermeiden, nämlich die Regelungen der Art. 45–48 (ex-
Art. 55–58).

I. Art. 45

2 Der Verweis auf **Art. 45** (ex-Art. 55) betrifft Ausnahmeregelungen bei
Tätigkeiten in Ausübung **öffentlicher Gewalt**. Danach ist der Ausschluß
ausländischer Dienstleistungsanbieter in Bereichen hinzunehmen, die traditionell der öffentlichen Gewalt vorbehalten sind. Das betrifft etwa Leistungen der **öffentlichen Gesundheitsdienste** (Seuchenvorsorge, Impfwesen,
Totenscheine etc.), des **öffentlichen Erziehungs- und Bildungswesens**
(hoheitliche Funktionen der Schulen und Universitäten, nicht aber die
Gründung privater Nachhilfeschulen, privater Musik- und Tanzschulen sowie die Tätigkeit eines Hauslehrers, s. EuGH, Rs. 147/86, Kommission/

Griechenland, Slg. 1988, 1637), der **öffentlichen Sicherheit** (Polizei und Überwachungsdienste), Funktionen der **Rechtspflege** (notarielle Beurkundungen durch Rechtsanwälte). Zu weiteren Fallbeispielen s. die Kommentierung zu Art. 45 (ex-Art. 55).

Um versteckte Diskriminierungen auf diese Art und Weise zu verhindern, **3** ist die Wirkung von Art. 55, 45 (ex-Art. 66, 55) strikt zu **begrenzen** auf „Tätigkeiten, die für sich genommen eine unmittelbare und spezifische Teilnahme an der Ausübung öffentlicher Gewalt mit einschließen" und kann **nicht auf Tätigkeiten rein technischer Natur** erstreckt werden (EuGH, C-3/88, Kommission/Italien, Slg. 1989, 4035: Tätigkeiten im Bereich der Planung, Softwareerstellung und Verwaltung von Datenverarbeitungssystemen sind rein technischer Natur und es besteht kein Grund, sie staatlichen Unternehmen vorzubehalten).

II. Art. 46

Art. 55 verweist weiterhin auf die „**ordre-public-Klausel**" des **Art. 46** (ex- **4** Art. 56), der die klassischen Ausnahmeregeln von den Grundfreiheiten, nämlich **öffentliche Ordnung, Sicherheit und Gesundheit** enthält. Diese Ausnahmen sind auch im Dienstleistungsbereich grundsätzlich **eng auszulegen** und, wie in einer neueren Rechtsprechung hervorgehoben wird, **im Lichte der Grundrechte und allgemeinen Rechtsgrundsätze, deren Wahrung der Gerichtshof zu sichern hat** (EuGH, C-260/89, ERT, Slg. 1991, I–2925, für die in Art. 10 der EMRK festgelegte Meinungsfreiheit); des weiteren müssen sie dem Verhältnismäßigkeitsgrundsatz entsprechen. Unter den Begriff der öffentlichen Ordnung in bezug auf die Dienstleistungsfreiheit wurde die Wahrung des nicht-kommerziellen, pluralistischen Charakters des inländischen Rundfunks subsumiert (EuGH, Rs. 352/85, Bond van Adverteerders, Slg. 1988, 2085; die Untersagung bestimmter Werbeprogramme war allerdings unverhältnismäßig), nicht jedoch der Zweck, Störungen des Rundfunkbetriebs infolge der beschränkten Zahl von verfügbaren Kanälen zu verhindern, wenn die staatliche Rundfunk(monopol)gesellschaft ohnehin nur eine bestimmte Anzahl von Kanälen benutzt (EuGH, C-260/89, ERT, Slg. 1991, I–2925), nicht allgemeine kulturpolitische (EuGH, C-17/92, Federación de Distribuidores Cinematográficos, Slg. 1993, I–2239) oder wirtschaftliche Ziele (EuGH, C-484/93, Svensson, Slg. 1995, I–3955, Rn. 15), nicht die Veranstaltung von Lottospielen (EuGH, C-272/91, Kommission/Italien, Slg. 1994, I–1409, Rn. 10). Die staatliche Kontrolle der Tätigkeit von Wertpapiermaklern außerhalb von Banken kann unter den Begriff der öffentlichen Ordnung fallen, ist jedoch dann unverhältnismäßig, wenn sie Maklergesellschaften aus anderen Mitgliedstaaten praktisch ausschließt (EuGH, C-101/94, Kommission/Italien, Slg. 1996, I–2691, Rn. 32, 26). Im übrigen, insbesondere bezüglich der Koordinierung der Rechtsvorschriften gem. Art. 46 (ex-Art. 56) Abs. 2, wird auf die Kommentierung zu Art. 46 verwiesen.

III. Art. 47

5   Die entsprechende Anwendung von **Art. 47** (ex-Art. 57) betrifft die **Anerkennung und Koordinierung der Befähigungsnachweise**, die zur vollständigen Liberalisierung des Dienstleistungssektors ebenso wie des Niederlassungssektors notwendig sind. In Ausführung von Art. 47 und 55 (ex-Art. 57 und 66) ist eine unüberschaubare Zahl von RLen ergangen, die zum Teil beide Grundfreiheiten gemeinsam behandeln, zum Teil gleichgerichtete Regelungen für beide Bereiche vorsehen. Zuständig ist jedenfalls nur der Rat, nicht die Kommission (EuGH, C-57/95, Frankreich/Kommission, Slg. 1997, I–1627, Rn. 24). Für Einzelheiten wird auf die Kommentierung zu Art. 47 sowie auf den Anhang zu Art. 43–55 verwiesen.

IV. Art. 48

6   Da der freie Dienstleistungsverkehr natürliche und juristische Personen gleichermaßen erfassen soll, war letztlich ebenfalls ein Verweis auf **Art. 48** (ex-Art. 58) notwendig, der festlegt, unter welchen Voraussetzungen eine **Gesellschaft** als „inländisch" angesehen werden kann. Zu Einzelheiten s. die Kommentierung dort.

Nach Art. 49–55 (ex-Art. 59–66) (Öffentliches Auftragswesen)

1   Einen besonderen Bereich des freien Dienstleistungsverkehrs sowie der Niederlassungfreiheit und des freien Warenverkehrs stellt das durch RLen geregelte öffentliche Auftragswesen dar. Bei diesen RLen handelt es sich einmal um sog. **„Koordinierungs-RLen"**, welche die staatlichen Verfahren zur Vergabe öffentlicher Bau-, Liefer- und Dienstleistungsaufträge und der Auftragsvergabe im Bereich der Wasser-, Energie- und Verkehrsversorgung sowie im Telekommunikationssektor koordinieren, und zum anderen um sog. **„Überwachungs-RLen"**, welche die Einführung von Verfahren zur Nachprüfung der Vergabeentscheidungen vorsehen. Ziel der Koordinierungs-RLen ist es, zur tatsächlichen Verwirklichung der Niederlassungs- und Dienstleistungsfreiheit auf dem Gebiet der öffentlichen Aufträge beizutragen. Im Hinblick auf dieses Ziel enthalten sie gemeinsame Vorschrif-

ten, insbesondere über die Veröffentlichung von und die Teilnahme an Ausschreibungen, die gewährleisten sollen, daß die öffentlichen Aufträge in den verschiedenen Mitgliedstaaten für alle Unternehmer in der EG zugänglich sind (EuGH, Rs. 199/85, Kommission/Italien, Slg. 1987, 1039, Rn. 12). Auf diese Weise soll ein echter Wettbewerb auf dem Gebiet der öffentlichen Aufträge entstehen (EuGH, C-243/89, Kommission/Dänemark, Slg. 1993, I–3353, Rn. 33). Allerdings schaffen die RLen **kein einheitliches und erschöpfendes Gemeinschaftsrecht**, sondern stellen rahmenartig Bedingungen auf, innerhalb deren die Mitgliedstaaten materiell- wie verfahrensrechtlich ihre Vorschriften zur Vergabe öffentlicher Aufträge beibehalten oder neue einführen können (EuGH, Rs. 31/87, Beentjes, Slg. 1988, 4635, Rn. 20). Die Vorgaben des Gemeinschaftsrechts sind jedoch nicht nur dann zu beachten, wenn an dem Wettbewerb zur Vergabe eines öffentlichen Auftrags in einem Mitgliedstaat auch Unternehmer aus anderen Mitgliedstaaten beteiligt sind, sondern auch dann, wenn sich der Wettbewerb auf inländische Bewerber beschränkt.

Die Vorschriften der Koordinierungs-RLen über die Teilnahme an und die **2** Publizität von öffentlichen Aufträgen sollen den Bieter vor der Willkür des öffentlichen Auftraggebers schützen und verleihen diesem Rechte, deren Verletzung er vor den nationalen Gerichten geltend machen kann (EuGH, Rs. 31/87, Beentjes, aaO, Rn. 42, 43). Hat ein Mitgliedstaat eine Koordinierungs-RL nicht rechtzeitig oder unvollständig in nationales Recht umgesetzt, erfüllen die Vorschriften über die Teilnahme und die Publizität die Voraussetzungen für die **unmittelbare Wirkung** von RLen, so daß sich ein Bieter auf diese Vorschriften unmittelbar gegenüber dem Mitgliedstaat berufen kann (EuGH, Rs. 103/88, Costanzo, Slg. 1989, 1839, Rn. 28ff.). Zum wirksamen Schutz der Bieter in ihren Rechten haben die Mitgliedstaaten ergänzend nach den Überwachungs-RLen sog. Nachprüfungsverfahren einzurichten, wonach auf Antrag eines Bieters besondere Stellen die Entscheidungen der Vergabebehörden auf Verstöße gegen die gemeinschaftsrechtlichen Vergaberegeln überprüfen, um ggfs. Abhilfe zu schaffen; die zur Nachprüfung berufenen Stellen müssen zumindest in letzter Instanz die Voraussetzungen für ein vorlageberechtigtes Gericht nach Art. 234 (ex-Art. 177) erfüllen.

Die **Umsetzung der Koordinierungs- und Überwachungs-RLen** in der **3** Bundesrepublik Deutschland wurde im Rahmen der sog. „**haushaltrechtlichen Lösung**" auf der Grundlage des **Haushaltsgrundsätzegesetzes** („HGrG") vorgenommen. Zentrale Regelung bilden die durch Gesetz v. 26.11.1993 (BGBl. I S. 1928) neu aufgenommenen §§ 57a – c HGrG, wobei § 57a in grundsätzlicher Weise die Vergabe von Aufträgen und §§ 57b und c ihre Nachprüfung regeln. In Ergänzung dazu wurden die Verordnung über die Vergabebestimmungen für öffentliche Aufträge („Vergabeverordnung – VgV") v. 24.2.1994 (BGBl. I S. 321 mit Änderung, BGBl. I 1997 S. 2384) und die Verordnung über das Nachprüfungsverfahren für öffentliche Aufträge (Nachprüfungsverordnung – NpV) v. 22.2.1994 (BGBl. I S. 324) erlassen. Das HGrG und die VgV enthalten jedoch selbst keine den Koordinierungs-RLen entsprechenden materiellen Vergabebestimmungen, sondern verpflichten die öffentlichen Auftraggeber lediglich darauf, die in verschiedene Verdingungsordnungen aufgenommenen Vergaberegeln bei der Auftragsvergabe anzuwenden. Bei diesen Verdingungsordnungen handelt es sich um die Verdingungsordnung für Bauleistungen, Teil A (VOL/A) in der zum 1.11.1997 in Kraft getretenen Neufassung (BAnz. Nr. 163 a v. 2.9.1997), der Verdingungsordnung für Leistungen – ausgenommen Bauleistungen, Teil A (VOL/A), i.d. Fassung der Bekanntmachung v. 3.8.1993 (BAnz. Nr. 175a v. 17.9.1993) und der Verdingungsordnung für freiberufliche Leistungen (VOF) (BAnz. Nr. 164a v. 3.9.1997).

4   Die in den §§ 57b und c HGrG und der NpV vorgesehene Nachprüfung von Vergabeentscheidungen erfolgt auf Bundes- wie Länderebene durch **Vergabeprüfstellen** und **Vergabeüberwachungsausschüsse** als bei Behörden eingerichteten Stellen. Die Vergabeprüfstellen überprüfen die Vergabeentscheidung von Amts wegen oder auf Antrag in tatsächlicher wie rechtlicher Hinsicht, während die Vergabeüberwachungsausschüsse als 2. Nachprüfungsinstanz lediglich angerufen werden können, die Entscheidungen der Vergabeprüfstelle in rechtlicher Hinsicht zu überprüfen. Bis zur Erteilung des Auftrags können die Vergabeüberwachungsausschüsse die Vergabeprüfstellen anweisen, unter Beachtung ihrer Rechtsauffassung erneut zu entscheiden, nach Vergabe des Auftrags nur noch die Rechtswidrigkeit der Entscheidung der Vergabeprüfstelle feststellen. Die Vergabeüberwachungausschüsse des Bundes und der Länder üben ihre Spruchtätigkeit seit 1994 aus (Abdruck der Spruchpraxis in *Fischer/Noch*, Entscheidungssammlung Europäisches Vergaberecht, ab 1996). Der EuGH hat den Vergabeüberwachungsausschuß des Bundes (für die Ausschüsse der Länder dürfte entsprechendes gelten) als Gericht i.S.v. Art. 234 (ex-Art. 177) qualifiziert (C-54/96, Dorsch Consult/Bundesbaugesellschaft, Slg. 1997, I–4961, Rn. 22ff.). Ungeachtet dieser Entscheidung bestehen jedoch erhebliche **Zweifel**, ob mit der haushaltsrechtlichen Lösung die RLen der EG zur Vergabe öffentlicher Aufträge **fehlerfrei in deutsches Recht umgesetzt** worden sind, da die gemeinschaftsrechtliche Konzeption darauf abzielt, den Bietern einklagbare subjektive Rechte einzuräumen, während das Konzept der haushaltsrechtlichen Lösung gerade zum Ziel hat, solche Rechte nicht ent-

stehen zu lassen, sondern die **Nachprüfung auf eine objektiv-rechtliche Kontrolle** der Vergaberegeln im Interesse einer sparsamen Haushaltsführung **beschränkt** (Vergabeüberwachungsausschuß des Bundes, Beschl. v. 12.4.1995 1 VÜ 1/95).

Der **Rechtsschutz im Vergaberecht** erfährt jedoch eine nachhaltige Änderung durch das Vergaberechtsänderungsgesetz (VgRÄG) v. 29.5.1998 (BGBl. I S. 2546). Das Gesetz tritt am 1.1.1999 in Kraft und fügt als vierten Teil in das Gesetz gegen Wettbewerbsbeschränkungen (GWB) die §§ 97 bis 129 unter dem Titel „Vergabe öffentlicher Aufträge" ein. In Abkehr von der bisherigen Rechtslage **erkennt** das VgRÄG **subjektive Rechte der Bieter** i.S. eines Anspruchs gegen die Vergabestelle auf Einhaltung der Vergaberegeln an. Die Nachprüfung in 1. Instanz obliegt nunmehr bei Bund und Ländern zu bildenden *Vergabekammern* als behördlichen Einrichtungen, die nur auf Antrag eines Verfahrensbeteiligten tätig werden und ihre Entscheidungen als Verwaltungsakt treffen. Als Rechtsmittel dagegen ist die sofortige Beschwerde vorgesehen, über die das für den Sitz der Vergabekammer zuständige *Oberlandesgericht* entscheidet. In materieller Hinsicht wird die Auftragsvergabe jedoch weiterhin unter Bindung an die in die Verdingungsordnungen inkorporierten Regeln vorgenommen.

5

Kapitel 4. Der Kapital- und Zahlungsverkehr

Literatur: *Assmann,* Kapitalmarkt in Europa, Bonn 1995; *EG-Kommission* (Hrsg.), Schaffung eines europäischen Finanzraumes, KOM (87), 550 endg. vom 4.11.1987; *Favre-Bulle,* Le droit communautaire du paiement électronique, 1992; *Gleske,* Liberalisierung des Kapitalverkehrs und Integration der Finanzmärkte, in FS von der Groeben, 1987, 131; *Hahn/Follak,* Kapital- und Zahlungsverkehr, in *Dauses* (1997), Teil F II; *Harz,* Die Schutzklauseln des Kapital- und Zahlungsverkehrs im EWG-Vertrag, 1985; *Hoffmann,* Bank- und Börsenrecht der EWG, 1990; *Horn,* Bankrecht auf dem Weg nach Europa, ZBB 1989, 107; *Huang,* Bankenregulierung und Wettbewerbsfähigkeit, 1992; *Juillard,* La libre circulation des capitaux, DPCI 1988, 621; *Kiemel,* in *von der Groeben/Thiesing/Ehlermann,* Bd. 1, Art. 67–73h; *Kümpel,* Bank- und Kapitalmarktrecht, Köln 1995; *Oliver/Baché,* Free Movements of Capital between the Member States, CMLR 1989, 61; *Pfisterer/Troberg,* Finanzinstitute, Wertpapiere, Versicherungen, in *Lenz* (1994), 295; *Potacs,* Devisenbewirtschaftung, 1991; *Ress/Ukrow,* in *Grabitz* (1992), Art. 73a–73h; *Seidel,* Freier Kapitalverkehr und Währungspolitik, FS Kutscher, 1981, 397; *Seidel,* Rechtliche Grundlagen eines einheitlichen Kapitalmarktes der Europäischen Gemeinschaft, FS Lukes, 1989, 575; *Seidel,* Recht und Verfassung des Kapitalmarktes als Grundlage der Währungsunion, GS Grabitz, 1995, 763; *Steindorff,* Kapitalverkehrsfreiheit in der EG nach Casati, FS Werner, 1984, 877; *Strivens,* The Liberalization of Banking Services in the Community, CMLR 1992, 283; *Usher,* The Law of Money and Financial Services in the European Community, 1994; *Van den Bempt/Quintyn,* Espace financier européen et coopération monétaire, 1989; *A. Weber,* Schutznormen und Wirtschaftsintegration, 1982; *R. Weber,* Der Kapital- und Zahlungsverkehr in der Europäischen Gemeinschaft, recht 1994, 156; *R. Weber,* Europarechtliche Aspekte des schweizerischen Kapitalmarktrechts, in *Zobl,* Aktuelle Fragen des Kapitalmarktrechts, Zürich 1996, 97; *S. Weber,* Kapitalverkehr und Kapitalmärkte im Vertrag über die Europäische Union, EuZW 1992, 561; weitere umfangreiche Lit. zit. bei *Ress/Ukrow, Kiemel* und *Hahn/Follak* sowie nachfolgend im Text.

Vorbemerkungen zu Art. 56–60 (ex-Art. 73b–g)

I. Neuregelung des Kapital- und Zahlungsverkehrs im Vertrag von Maastricht

1 Der Vertrag über die EU (Vertrag von Maastricht) hat als eines seiner Hauptziele die Verwirklichung einer Wirtschafts- und Währungsunion (WWU) angestrebt. Dieses währungspolitische Anliegen ist nicht ohne Einfluss auf die Bestimmungen zur Freiheit des Kapitalverkehrs geblieben. Zugleich sind die früheren Regeln des Zahlungsverkehrs (v.a. Art. 106 EWGV) sachlich zutreffend dem Kapitalverkehr zugeordnet und unter einen neuen Titel (Kapitel 4: „Der Kapital- und Zahlungsverkehr") gestellt worden. Die **Zusammenlegung** hat sich angesichts der nahen Beziehungen zwischen den Vorschriften über den **Kapital-** und den **Zahlungsverkehr** sowie des teilweisen Überschneidens der entsprechenden Bestimmungen im Hinblick auf die beabsichtigte Harmonisierung der Wirtschafts- und Währungspolitik der Mitgliedstaaten aufgedrängt. Formal hat das neue Konzept mit Wirkung auf den 1.1.1994 zu einer vollumfänglichen Aufhebung der ursprünglichen

Art. 67–73 und Art. 104–109 EWGV sowie zu einer Neuregelung des
Kapital- und Zahlungsverkehrs in ex-Art. 73b–73g (jetzt Art. 56–60)
geführt; Art. 73a (jetzt aufgehoben) legte das Inkrafttreten der neuen
Bestimmungen fest und Art. 73h (jetzt aufgehoben) regelte für eine Übergangsphase bis zum 1.1.1994 in Anlehnung an Art. 106 EWGV den
Zahlungsverkehr. Inhaltlich basierten diese Bestimmungen zu einem wesentlichen Teil auf den Grundsätzen der zweiten Kapitalverkehrs-RL 88/361
(dazu Art. 56 Rn. 20).

Die Währungsunion wird durch eine Verschmelzung der nationalen   2
Währungsgebiete zu einem **einheitlichen Währungsraum** verwirklicht.
Kompetenzrechtlich gehen die währungspolitischen Zuständigkeiten auf
die EU über (vom EuGH schon vor 20 Jahren als Voraussetzung eines vereinigten Wirtschaftsraumes formuliert: Rs. 9/73 (Schlüter), Slg. 1973,
1160). Materiell sind die Wechselkurse zwischen den Währungen der Mitgliedstaaten unwiderruflich festgelegt und die nationalen Währungen durch
eine Gemeinschaftswährung ersetzt (vgl. *Bleckmann*, DVBl 1992,
340–342). Die Festlegung der Rahmenbedingungen für den Übergang auf
die neue europäische Währung, den Euro, erfolgte am 15./16. Dezember
1995 in Madrid (ABl. 1996 C 22/2). Konkret hat sich die Verwirklichung
der Währungsunion in drei Stufen abgespielt; die Mitgliedstaaten sind dabei nur insoweit in das „Programm" eingebunden gewesen, als sie die Eingliederung in die Währungsunion verkraften konnten (eingehender
Hahn/Siebelt, Währungswesen, in *Dauses* (1997), Teil F I; *Heinemann/
Schröder* (Hrsg.), Europäische Währungsunion und Kapitalmärkte, Baden-
Baden 1997; *Schönfelder/Thiel*, Ein Markt – Eine Währung, Baden-Baden
1994; *Weber/Hirszowicz*, Perspektiven der Europäischen Währungsunion
und die Schweiz, Zürich 1997; *Selmayr*, EuZW 1998, 101).

– Die **erste Stufe** hat die Verpflichtung der Mitgliedstaaten betroffen, ab
  dem 1.7.1990 das Europäische Währungssystem (EWS) zu stärken; soweit im Übrigen die Vollendung des Binnenmarktes auf Ende 1992
  nicht voll hat verwirklicht werden können (z.B. im Bereich der Steuern), müssen die Harmonisierungsbemühungen andauern.

– Die **zweite Stufe** hat am 1.1.1994 mit dem Inkrafttreten der ex-Art.
  73b–73g und der Gründung eines Europäischen Währungsinstitutes
  (EWI) (ex-Art. 109e/f) begonnen; Aufgabe dieses Instituts war es, die
  Übereinstimmung der nationalen Währungspolitiken verstärken zu helfen.

– Die **dritte Stufe** lässt sich in die Phasen A (bis Ende 1998), B
  (1.1.1999–1.1.2002) und C (bis spätestens Mitte 2002) gliedern: Die
  wichtigsten Entscheidungen der **Phase A** sind bereits getroffen, nämlich

die Frage der Qualifikation der einzelnen EU-Länder für die WWU und damit die Bestimmung des Teilnehmerkreises, die Ernennung des sechsköpfigen Direktoriums der Europäischen Zentralbank (EZB), die Vorfixierung (2./3.5.1998) und anfangs 1999 die Fixierung der bilateralen Umtauschkurse, welche die Basis zur Festlegung der Wechselkurse zwischen den einzelnen Währungen per 1.1.1999 sind, die Errichtung der EZB in Frankfurt am Main als Nachfolgerin des EWI, die Gründung des Europäischen Systems der Zentralbanken (ESZB) (1.6.1998) sowie der Beginn der Herstellung der Euro-Noten und -Münzen. Die **Phase B** hat am 1.1.1999 begonnen mit der unwiderruflichen Fixierung der bilateralen Wechselkurse der teilnehmenden Mitgliedstaaten und der Umstellung der ECU auf den Euro im Verhältnis 1:1. Neben der Einführung des Euro als Buchgeldwährung bleiben die nationalen Währungen als Untereinheit zum Euro weiterhin bestehen. Die **Phase C** (ab 1.1.2002) beendet die Ära der nationalen Währungen, indem das umlaufende Bargeld eingezogen und durch Euro-Noten und -Münzen ersetzt wird. Spätestens per 1.7.2002 verlieren die nationalen Banknoten und Münzen ihre Eigenschaft als Zahlungsmittel endgültig; der Euro wird zum alleinigen gesetzlichen Zahlungsmittel in den an der Währungsunion teilnehmenden Ländern.

3   Ein **funktionstüchtiger Kapitalmarkt** mit integrierter Organisation läßt sich nur in einer echten WWU verwirklichen. Mit deren Schaffung wird die Möglichkeit devisenrechtlicher Beschränkungen entfallen. Der Kapital- und Zahlungsverkehr könnte aber weiterhin durch unterschiedliche Rechts- und Verwaltungsvorschriften der Mitgliedstaaten behindert werden (z.B. Genehmigungs- oder Formvorschriften für Emissionen oder Börsenzulassungen von Wertpapieren). Regelungsgegenstand der neuen Vorschriften zum Kapital- und Zahlungsverkehr sind deshalb – im Übergang von der Devisenbewirtschaftung zur Kapitalmarktregulierung – dessen Umfang und die Beschränkungsgründe sowie die Beseitigung einzelstaatlicher Behinderungsmaßnahmen. Als zentral erweisen sich die Verankerung der Kapital- und Zahlungsverkehrsfreiheit in Art. 56 (ex-Art. 73b) und die Nennung der besonderen Beschränkungsgründe in Art. 58 (ex-Art. 73d).

4   Der Vertrag von Maastricht hatte die früheren Bestimmungen zum Kapitalverkehr (Art. 67–73 EWGV) nicht eigentlich geändert (Text dieser Bestimmungen in 1. Aufl., nach Rn. 5 der Vorbem. zu Art. 67–73h). Art. 73a ordnete vielmehr ausdrücklich an, daß die Art. 67–73 EWGV mit Wirkung ab 1.1.1994 durch die Art. 73b–73g ersetzt werden, und zwar als Ausdruck des Beginns der 2. Stufe der WWU (Randtitel zu Art. 73a). Primärrechtlich ergab sich daher ein weitgehend neues Recht, welches sich durch folgende Merkmale auszeichnete:

- Art. 73b–73g regelten – unter einem neuen Gesamttitel – neben dem Kapitalverkehr auch den Zahlungsverkehr.
- Angesichts der angestrebten WWU betrafen die neuen Bestimmungen weniger die Devisenbewirtschaftung als die Kapitalmarktregulierung, mithin die übrigen Beschränkungen.

II. Formelle Bereinigung durch den Vertrag von Amsterdam

Mit dem Vertrag von Amsterdam wird das Kapitel 4 in formeller Hinsicht insoweit bereinigt, als die bis zum 31.12.1993 geltenden Art. 67–73 EWGV (zu den weggefallenen Regelungsaspekten vgl. 1. Aufl., Art. 73a Rn. 4) sowie die durch den Vertrag von Maastricht eingeführten (vornehmlich intertemporalen) Bestimmungen von Art. 73a, 73e und 73h (vgl. dazu die entsprechenden Aufführungen in der 1. Aufl.) gestrichen werden. Gleichzeitig finden sich die verbleibenden fünf Artikel (Art. 73b–73d, 73f und 73g EGV) fortan – inhaltlich unverändert – in den Art. 56–60 EGV wieder.   **5**

Weil der Vertrag von Amsterdam im Kapital- und Zahlungsverkehr nur eine formelle Bereinigung und eine neue Numerierung bewirkt, hat sich an den **materiellen Grundsätzen**, welche den Maastrichter Vertrag kennzeichneten, nichts geändert: **6**

- Die Kapital- und Zahlungsverkehrsfreiheit bleibt weiter liberalisiert und gilt im Grundsatz auch mit Bezug auf Drittstaaten (erga-omnes-Prinzip).
- Die Kapital- und Zahlungsverkehrsfreiheit ist auf primärrechtlicher, vertraglicher Ebene verwirklicht, nicht nur durch sekundärrechtliche Vorschriften.
- Die Kapitalmarktregulierung ist nicht zentraler Regelungsgegenstand der Bestimmungen über den Kapitalverkehr, sondern – zuständigkeitsmäßig gesehen – Querschnittsmaterie (*S. Weber*, 565).

Kompetenzrechtlich enthalten die Bestimmungen im Bereich des Kapital- und Zahlungsverkehrs keien allgemeine **Handlungszuständigkeit** für die EG-Organe, nur eine Ermächtigung für bestimmte Regulierungsmaterien (z.B. Art. 57 II [ex-Art. 73c II]: Kapitalverkehr mit Drittländern). Die allgemeine Zuständigkeit der Mitgliedstaaten zur Regelung des Kapitalverkehrs und der Kapitalmärkte bleibt erhalten (*S. Weber*, 565).   **7**

III. Begriffsbestimmungen

Kapital- und Zahlungsverkehr lassen sich wie folgt umschreiben: **8**
- **Kapitalverkehr** ist die einseitige Werteübertragung in Form von Sachkapital (Immobilien, Unternehmensbeteiligungen) oder in Form von

Geldkapital (Wertpapiere, mittel- und langfristige Kredite) aus einem Mitgliedstaat in einen anderen, die regelmäßig zugleich eine Vermögensanlage darstellt (dazu Art. 56 Rn. 4).

– **Zahlungsverkehr** ist die Übertragung von Zahlungsmitteln (bargeldlos oder in bar) über die Grenze i.S. einer Devisentransferierung, die eine Gegenleistung im Rahmen einer dieser Leistung zugrundeliegenden Transaktion (Warenlieferung, Dienstleistung) darstellt (EuGH, Rs. 286/82 und 26/83 Luisi/Carbone, Slg. 1984, 404; dazu Art. 56 Rn. 6).

9　Da es sich bei den Art. 56–60 – abgesehen von formellen Anpassungen – um die bisherigen Art. 73b, 73c, 73d, 73f und 73g handelt, ist für deren Auslegung die entsprechend verfügbare Rechtsprechung und Literatur zu beachten. Hingegen ist ein Rückgriff auf das **ursprüngliche Recht** (Art. 67–73 und Art. 106 EWGV) problematisch, abgesehen vom Sonderfall, daß diese Bestimmungen im Rahmen des EWR-Abkommens weiterhin anwendbar sind (vgl. dazu Rn. 15).

IV. Verhältnis zu anderen Grundfreiheiten

1. Warenverkehr

10　Überschneidungen mit dem Warenverkehr vermögen sich nur zu ergeben, soweit Kapital oder Zahlung in körperlicher Form vorliegen. **Münzen** sind **keine Waren**, solange sie ein **gesetzliches Zahlungsmittel** darstellen; der Begriff des gesetzlichen Zahlungsmittels wird extensiv ausgelegt und umfaßt auch englische Silbermünzen und Krüger-Rands (EuGH, Rs. 7/78 Thompson, Slg. 1978, 2275; dazu *Oliver*, ELR 1984, 412; *Everling*, EuR 1984, 364). Haben die Münzen hingegen die Eigenschaft als Zahlungsmittel verloren, unterstehen sie grundsätzlich dem freien Warenverkehr, mit dem Vorbehalt von Zirkulationsbeschränkungen aus Gründen der öffentlichen Ordnung gem. Art. 30 (ex-Art. 36; Rechtfertigung eines Ausfuhrverbotes zum Schutz des hoheitlichen Münzrechts oder eines archäologischen Wertes).

2. Niederlassungs- und Dienstleistungsfreiheit

11　Die **Tätigkeiten** von **Banken, Wertpapierfirmen, Börsen** und **Versicherungen** in der EU basieren nicht nur auf den Regeln des freien Kapital- und Zahlungsverkehrs, sondern auch auf den Bestimmungen zur Niederlassungs- und Dienstleistungsfreiheit; die entsprechenden Vorschriften ergänzen sich gegenseitig. Angesichts des unterschiedlichen Gegenstandes ist die Abgrenzung zwischen dem Kapitalverkehr und dem Niederlassungsrecht in

der Regel aber eindeutig. Bei der Dienstleistung erfolgt ein Austausch kör-
perloser Erzeugnisse i.S. einer „Produktlieferung", während der Kapital-
transfer eine Werteübermittlung beinhaltet. Im Falle der Begebung einer
Anleihe durch eine Bank auf dem Inlandmarkt für Gebietsfremde stellen
Plazierung der Papiere, Einkassierung des Gegenwertes beim Kunden und
Weiterleitung des Erlöses an den Schuldner Bestandteile des Kapitalverkehrs dar; hingegen sind zusätzliche Tätigkeiten der Bank (z.b. Einholung
von Bewilligungen, Werbung) Dienstleistungen (*R. Weber*, Dienstleistungs-
freiheit, in *Zäch/Thürer/Weber* (Hrsg.), EWR-Abkommen, 1992, 146). Im
Versicherungsbereich fällt die Überweisung der Versicherungssumme bei
Eintritt des Versicherungsfalles unter den Kapitalverkehr, während die Risikoübernahme eine Dienstleistung darstellt und die Prämienzahlung als
Entgelt den Grundsätzen des freien Zahlungsverkehrs unterliegt.

Besondere Probleme stellen sich, wenn einzelstaatliche **Maßnahmen** nicht   **12**
nur die Kapitalverkehrsfreiheit gemäß Art. 56 (ex-Art. 73b), sondern auch
die Niederlassungs- (Art. 43, ex-Art. 52) und/oder Dienstleistungsfreiheit
(Art. 49, ex-Art. 59) **beeinträchtigen** (z.B. Verbot freier Börsen, Börsen-
zulassung von Wertpapieren nur durch ein Börsenmitglied). Der EuGH hat
bisher nicht geklärt, welches konkrete Vorgehen zu wählen ist, wenn eine
solche Maßnahme mehrere Grundfreiheiten tangiert. Eine Zuordnung ist
u.U. notwendig, weil Prüfungsmaßstäbe und Schutzklauseln unterschiedlich ausgestaltet zu sein vermögen. Dabei ist vorerst zu prüfen, ob eine
Maßnahme objektiv geeignet ist, eine Grundfreiheit zu beschränken. Bei
der **Eignungsprüfung** ist auf die Wirkung der Maßnahme abzustellen; der
Zweck kann eine Indizwirkung haben. Wird bei mehreren Grundrechten die
Eignungsschwelle überschritten, ist zu beurteilen, ob sich die Maßnahme
durch ein Schutzziel (besondere Ausnahmebestimmung oder zwingendes
Erfordernis gemäß „Cassis-Rechtsprechung") rechtfertigen lässt (*S. Weber*,
565). Ist die Maßnahme durch Schutzziele bei allen betroffenen Grundfreiheiten gerechtfertigt oder nicht gerechtfertigt, stellen sich keine weiteren
Probleme. Bei einem Konflikt zwischen den legitimen Schutzzielen des
Kapitalverkehrs und des Niederlassungsrechts reicht das Vorliegen eines
Beschränkungsgrundes für die Abweichung vom Liberalisierugnsgrundsatz
aus (Art. 58 II [ex-Art. 73d] i.V.m. Art. 43 II [ex-Art. 52]). Bei einem Konflikt zwischen den legitimen Schutzzielen des Kapital- und des Dienstleistungsverkehrs erscheint eine parallele Vorgehensweise wie beim Niederlassungsrecht als angebracht, auch wenn Art. 51 II (ex-Art. 61) vom Wortlaut her weniger klar ist (vgl. *S. Weber*, 565).

V. Internationale Verträge

1. Internationaler Währungsfonds

13 Grundanliegen des Internationalen Währungsfonds (IWF) sind die Förderung der Stabilität der Währungen, die Aufrechterhaltung geordneter Währungsbeziehungen und die Vermeidung von Währungsabwertungen aus Wettbewerbsgründen (Art. I lit. iii IWFA) sowie die Mitwirkung bei der Errichtung eines multilateralen Zahlungssystems für die laufenden Geschäfte zwischen den Mitgliedern und bei der Beseitigung von Devisenverkehrsbeschränkungen, welche das Wachsen des Welthandels hemmen (Art. I lit. iv IWFA; allg. dazu *Gold*, International Capital Movements under the Law of the International Monetary Fund, 1977). Zielsetzung ist in erster Linie der **Abbau** von **Devisenrestriktionen** für den laufenden internationalen Handels- und Devisenverkehr; das Bestehen von Devisenbewirtschaftungsmaßnahmen wird damit aber nicht grundsätzlich ausgeschlossen (*Potacs*, 425; *Lucke*, Internationaler Währungsfonds, Münster 1997, 15f.). Unmittelbar anwendbar sind hingegen die Regelungen über die Beschränkungen der laufenden Zahlungen. Abgesehen von den Übergangsbestimmungen (Art. XIV Abs. 2 IWFA) können laufende Zahlungen zeitweilig beschränkt werden, wenn der Fonds der Beschränkung zustimmt oder wenn die Nachfrage nach einer Währung die Fähigkeit des betreffenden Mitgliedlandes, die Währung zur Verfügung zu stellen (Knappheitserscheinungen), ernstlich gefährdet (Art. VIII Abs. 2 lit. a i.V.m. Art. VII Abs. 2/3 IWFA; *Potacs*, 431).

14 Die **Kontrolle** von Kapitalübertragungen durch Erlaß von Devisenbewirtschaftungsmaßnahmen seitens der Mitgliedstaaten ist zulässig, wenn die Maßnahmen einer **Erforderlichkeitsprüfung** Genüge tun (Art. VI Abs. 3 IWFA; *Potacs*, 447). Durch die Kontrolle darf aber die Übertragung von Geldmitteln zur Erfüllung von Verbindlichkeiten nicht ungebührlich verzögert werden (vgl. *Gold*, The Fund Agreement in the Courts, Vol. II, 1982, 419). Zwar bestimmen die Mitgliedstaaten die Art der Wechselkursregelungen (Art. IV Abs. 2 IWFA), doch braucht sich ein Mitgliedstaat nicht auf diskriminierende Währungsregelungen oder multiple Kurspraktiken einzulassen (Art. VIII Abs. 3 IWFA; vgl. *Gold*, The Fund Agreement in the Courts, Vol. III, 1986, 687). Devisenbewirtschaftungsmaßnahmen gegenüber Nichtmitgliedstaaten sind zulässig, sofern solche Beschränkungen nicht den Zielen des IWF zuwiderlaufen (Art. XI Abs. 2 IWFA).

2. WTO/GATS

Das **GATT** hat **keine spezifischen Regeln** zum Kapital- und Zahlungsver- **15**
kehr enthalten; immerhin gilt der Grundsatz von Art. XV Abs.
1 GATT, daß
die Vertragsparteien bestrebt sein werden, mit dem IFW zusammenzuarbeiten, um u.a. bezüglich des Devisenverkehrs eine einheitliche Politik zu verfolgen. Des Weiteren untersagt Art. XV Abs. 9 lit. a GATT nicht die Anwendung von Devisenkontrollen oder -beschränkungen, soweit sie mit den
Bestimmungen des IWF in Einklang stehen. In dem am 1.1.1995 in Kraft
getretenen WTO-Abkommen sind die Dienstleistungen im Rahmen des
„Allgemeinen Übereinkommens über den Handel mit Dienstleistungen"
(**GATS**) geregelt. Mitte 1995 war zunächst ein Interimsabkommen über den
Handel mit Finanzdienstleistungen zustande gekommen (Inkrafttreten
1.9.1996; vgl. dazu im einzelnen *Bodmer/Kleiner/Lutz*, Kommentar zum
schweizerischen Bankengesetz, Zürich 1997, Vorbem. Rn. 37, 75–89); nach
weiteren Verhandlungen sind Ende 1997 im Rahmen des GATS neue Verpflichtungen im Bereich der Finanzdienstleistungen beschlossen worden.
Danach soll (abgesehen von wenigen Ausnahmen) grundsätzlich das **Prinzip der Meistbegünstigung** gelten; die neuen Verpflichtungen enthalten
wesentliche Erleichterungen/Verbesserungen bei der Dienstleistungserbrin-
gung (z.B. mit Bezug auf Beschränkungen in der juristischen Form der
wirtschaftlichen Tätigkeit [Filiale, Agentur etc.], Beschränkungen betreffend ausländisch beherrschte lokale Finanzinstitute etc.). Die Verbesserungen betreffen dabei nicht nur Finanzdienstleistungen im Bereich Banken,
Wertschriften und Versicherungen, sondern auch andere Dienstleistungen
wie bspw. die Versorgung mit Finanzinformationen. Die neuen Verpflichtungen sind am 1. März 1999 in Kraft getreten (vgl. dazu Beschluss des Rates vom 14.12.1998 über die Annahme, ABl. 1999 L 20/38).

3. OECD

Art. 1 des OECD-Abkommens umschreibt als Ziel, in den Mitgliedstaaten **16**
unter Wahrung der finanziellen Stabilität eine optimale Wirtschaftsentwicklung und Beschäftigung anzustreben. Zur Zielerreichung sind in Art. 2 lit. d
Maßnahmen vorgesehen, welche den Abbau oder die Abschaffung der Behinderungen des laufenden Zahlungsverkehrs und die Liberalisierung des
Kapitalverkehrs beinhalten. Gestützt darauf hat der Rat einen Kodex der Liberalisierung des Kapitalverkehrs („**Code of Liberalization of Capital
Movements**"; dazu *Grewlich*, RIW 1977, 252) und einen Kodex der Liberalisierung der laufenden unsichtbaren Operationen („**Code of Liberalization of Current Invisible Operations**") erlassen, die zwischenzeitlich

mehrfach revidiert worden sind. Diese beiden Kodices, die als Beschlüsse ergangen sind, entfalten zwar Rechtswirkungen gegenüber den Mitgliedstaaten, sind aber nicht unmittelbar für bestimmte Staatsorgane oder einzelne Rechtsunterworfene verbindlich (keine „Durchgriffswirkung"; vgl. *Hahn/A. Weber*, Die OECD, 1976, 96; *R. Weber*, SZIER 1996, 321, 340, 342f.). Die jeweiligen Art. 2 lit. a der beiden OECD-Kodices enthalten einen eigenen Liberalisierungsbegriff, der materiell aber im Wesentlichen darauf abzielt, daß die Mitgliedstaaten die erforderlichen Bewilligungen für den Abschluß oder die Durchführung von Transaktionen bzw. von laufenden unsichtbaren Operationen zu erteilen haben; in den Vorgehensweisen unterscheiden sich die beiden Kodices leicht. Als liberalisiert gelten alle Transaktionen, die keiner gesetzlichen Bewilligungspflicht unterliegen und solche, die durch Verordnungen der Devisenbehörden generell bewilligt sind, bzw. bei denen die Bewilligung bei Vorliegen OECD-kompatibler Voraussetzungen zugesagt ist (*Potacs*, 465). Maßnahmen mit beschränkendem Charakter sind zulässig, sofern sie sich als i.S.v. Art. 2 erforderlich erweisen (*Grewlich*, RIW 1977, 256f.; *OECD*, Introduction to the OECD Codes of Liberalisation, 1987, 12). Art. 3 der beiden Kodices enthält eine Schutzklausel der öffentlichen Ordnung und der Sicherheitsinteressen (ordre public: *Hahn/A. Weber*, 262). Zu beachten bleibt überdies, daß die Mitgliedstaaten gemäß Art. 7 der beiden Kodices das Recht der „derogation" haben, d.h. die Möglichkeit, in bestimmen Situationen – aber unter Beachtung des Diskriminierungsverbotes (Art. 9) – von den Liberalisierungsvorschriften der Kodices abzuweichen (dazu *Grewlich*, RIW 1977, 256).

17   Die im Rahmen der OECD geführten Verhandlungen zur Schaffung eines **Multilateralen Investitionsabkommens** (MAI) sind ins Stocken geraten. Mit dem MAI wird eine Gleichstellung der grenzüberschreitenden Investitionen angestrebt (*R. Weber*, SZIER 1996, 348ff.; vgl. auch http://www.oecd.org/daf/cmis/mai/reports.htm); ausländischen Investoren soll in den MAI-Signaturstaaten die gleiche Behandlung wie den einheimischen Investoren garantiert werden. Demgegenüber ging es bei den GATT-Verhandlungen um die Gewährleistung einer international möglichst gleichen und fairen Behandlung von grenzüberschreitenden Gütern und Dienstleistungen.

4. EFTA-Vertrag

18   Der EFTA-Vertrag sieht **keine eigenständige Regelung** des zwischenstaatlichen Kapitalverkehrs innerhalb der EFTA-Staaten vor; Art. 29 verweist immerhin auf die übernommenen internationalen Verpflichtungen (z.B.

OECD). Die meisten EFTA-Staaten haben in den letzten Jahren die Devisenkontrollen erheblich gelockert. Zudem sind die bilateralen Freihandelsabkommen verschiedener EFTA-Staaten mit der EG zu beachten (für Österreich vgl. *Potacs*, 475, für die Schweiz Art. 19 des Freihandels-Abkommens von 1972).

5. EWR-Abkommen

Das EWR-Abkommen von 1992, welchem die Mitgliedstaaten der EU sowie **19** heute noch das Fürstentum Liechtenstein, Norwegen und Island, nicht aber die Schweiz, angehören, umschreibt in Art. 40–45 die Kapitalverkehrsfreiheit im Lichte des damaligen Primärrechts und der Kapitalverkehrs-RL 88/361 (vgl. dazu Art. 56 Rn. 20). Der **Kapitalverkehr** ist **umfassend**, unter Verzicht auf Beschränkungen und Diskriminierungen, zu **liberalisieren** (Art. 40 EWRA). Auch die laufenden Zahlungen, die mit den übrigen Grundfreiheiten zusammenhängen, sind von Beschränkungen freizuhalten (Art. 41 EWRA); über Art. 106 I EWGV hinaus, der lediglich die Genehmigung von Zahlungen in der Währung des Mitgliedstaates, in welchem der Gläubiger oder Begünstigte ansässig ist, vorsieht, verbietet Art. 41 EWRA auch die Beschränkung von Zahlungen in der Währung des Schuldners oder in einer dritten Währung. Art. 42 Abs. 1 EWRA statuiert ein allgemeines Diskriminierungsverbot, Abs. 2 enthält eine Schutzvorschrift zugunsten wirtschaftlich schwächerer Mitgliedstaaten. Art. 43 EWRA regelt gewisse Schutzmaßnahmen und wird ergänzt durch Art. 45 EWRA, der sich zum konkreten Verfahren ihrer Einführung äußert (im einzelnen vgl. *Breining-Kaufmann/Merz*, Auswirkungen des freien Kapitalverkehrs im EWR-Vertrag, AJP 1992, 1258; *von der Crone*, Freier Kapital- und Finanzdienstleistungsverkehr, in *Zäch/Thürer/Weber* (Hrsg.), Das EWR-Abkommen, 1992, 173). Die meisten EWR-Staaten haben sich aber unterschiedlich lange Übergangsfristen zur Verwirklichung der vollen Kapital- und Zahlungsverkehrsfreiheit ausgehandelt (Überblick bei *Ress/Ukrow*, Art. 73b Rn. 66; *Kiemel*, Art. 73b Fn. 53).

Zu beachten ist, daß für die dem EWRA angehörenden EFTA-Staaten **20** weder die Bestimmungen des Vertrages von Maastricht (Art. 73c–73g) noch jene des Vertrages von Amsterdam (Art. 56–60) ausdrücklich gelten, sondern die Auslegung des EWRA hat auf den **alten Bestimmungen des EWGV** (Art. 67–73, Art. 106 EWGV) und der Kapitalverkehrs-RL 88/361 als Bestandteil des Acquis communautaire zu beruhen. Demgemäß findet – über Art. 43 EWRA hinaus – das noch recht differenzierte Schutzklauselsystem des bisherigen Rechts analoge Anwendung auf den Kapital- und Zahlungsverkehrs zwischen EU- und EFTA-Staaten, soweit das EWRA nicht selber die Liberalisierung des Kapitalverkehrs verwirklicht (im Einzelnen dazu *Kiemel*, Art. 73b Rn. 38f. mit weiteren Hinweisen).

Art. 56 (ex-Art. 73b) (Freier Kapital- und Zahlungsverkehr)

(1) Im Rahmen der Bestimmungen dieses Kapitels sind alle Beschränkungen des Kapitalverkehrs zwischen den Mitgliedstaaten sowie zwischen den Mitgliedstaaten und dritten Ländern verboten.

(2) Im Rahmen der Bestimmungen dieses Kapitels sind alle Beschränkungen des Zahlungsverkehrs zwischen den Mitgliedstaaten sowie zwischen den Mitgliedstaaten und dritten Ländern verboten.

Überblick

I. Historischer Normzweck und heutige Bedeutung von Art. 56

Art. 56 ist die Kernbestimmung des 4. Kapitels zum Kapital- und Zah-   **1**
lungsverkehrs, die anordnet, daß Beschränkungen des Kapital- und Zahlungsverkehrs zwischen den Mitgliedstaaten und gegenüber Drittländern
grundsätzlich verboten sind. Abs. 1 und 2 verwenden identische Formulierungen für den Kapital- und den Zahlungsverkehr. Die **Kapitalverkehrsfreiheit** ist – mehr als nur in ergänzender und dienender Form (so im Ergebnis auch EuGH, Rs. 203/80 Casati, Slg. 1981, 2595) – eine der vier
Grundfreiheiten (Art. 3 Abs. 1 lit. c [ex-Art. 3 lit. c] Art. 14 II [ex-Art. 7a]);
die mehr instrumentale **Zahlungsverkehrsfreiheit** wird ihr gleichgestellt.
Ausnahmen vom Beschränkungsverbot sind nur im Rahmen von Art. 57–60
(ex-Art. 73b–g) zugelassen. Art. 56 bildet somit die Grundlage für die Entwicklung zu einem europäischen Kapitalmarktrecht.

Art. 3 lit. c (neu: Art. 3 Abs. 1 lit. c) hat schon bisher als Aufgabe der EU   **2**
unter anderem die Beseitigung der Hindernisse für den freien Kapitalverkehr zwischen den Mitgliedstaaten genannt. Der freie Kapitalverkehr stellt
wie der Personen- und Dienstleistungsverkehr eine der **Grundfreiheiten**
der EU dar (EuGH, Rs. 203/80 Casati, Slg. 1981, 2595), weil die Freiheit
der Kapitalbewegungen eine Voraussetzung für die wirksame Ausübung der
anderen Rechte darstellt. Das Kapital soll ungehindert dorthin fließen können, wo es den höchsten Ertrag bringt (*Ress/Ukrow*, Art. 73b Rn. 2); eine
vernünftige Allokation des knappen Faktors Geld vermag zudem als markt-
wirtschaftliches und stabilitätspolitisches Disziplinierungsinstrument zu
dienen. Diese Erkenntnis widerspiegelt sich auch – seit der EEA – in der
Grundrechtsnrom von Art. 14 II (ex-Art. 7a II), welche den freien Kapitalverkehr den übrigen Grundfreiheiten gleichstellt.

Im Weißbuch zur „Vollendung des Binnenmarktes" hat die Kommission   **3**
festgestellt, daß im Bereich der **Liberalisierung** des **Bankwesens** ein
Nachholbedarf bestehe (KOM [85] 310 endg., No. 101). Das Weißbuch
spricht deshalb auch die für die Weiterentwicklung der EU erforderliche
Konvergenz der Wirtschafts- und Währungspolitiken sowie die minimale
Harmonisierung der Kapitalmarktregulierungen an (vgl. *Strivens*, 286).
Konkret nennt das Weißbuch drei Ziele: (1) Verwirklichung der finanziellen
Dimension zur Vollendung des Binnenmarktes (freier Zugang zu gut funk-
tionierenden Finanzdienstleistungen); (2) Geldwert- und Wechselkursstabi-
lität sowie konvergierende Wirtschaftspolitiken; (3) Vereinheitlichung der
Finanzmärkte (vgl. *Ress/Ukrow*, Art. 73b Rn. 33ff.; vgl. für weitere Litera-
tur 1. Aufl., Art. 73b Rn. 3). Auch der EuGH hat sich mehrfach mit den
Auswirkungen der unterschiedlichen Wechselkurse auf Ansprüche und Ver-

pflichtungen in der EU befaßt (vgl. Vorbem. Rn. 2 und *Everling*, Geld und Währung in der Rechtsprechung des EuGH, EuR 1984, 361).

4 Seit dem Beginn der Währungsunion am 1.1.1999 gibt es für deren Teilnehmer nur noch eine gemeinsame Währung, den Euro; devisenrechtliche Beschränkungen des Kapital- oder Zahlungsverkehrs zwischen den an der Währungsunion teilnehmenden Ländern sind nicht mehr möglich. Art. 56–60 (ex-Art. 73b–g) behalten aber ihre Bedeutung für Kapitalbewegungen zwischen Euro-Ländern und Drittländern sowie mit Bezug auf andere (z.B. verwaltungstechnische) Beschränkungen.

II. Verständnis des Kapital- und Zahlungsverkehrs

1. Kapitalverkehr

5 Die Begriffe „Kapital" und „Kapitalverkehr" werden im Vertrag von Amsterdam (wie bisher) nicht definiert; abzustellen ist weiterhin auf die Begriffsverwendung in der Kapitalverkehrs-RL 88/361, die zwar mit der Aufhebung der Art. 67ff. EWGV ihre ausdrückliche Rechtsgrundlage (Art. 69 und Art. 70 Abs. 1) verloren hat; insbesondere dient deren Anhang I, welcher eine (nicht abschließende) **Nomenklatur von Kapitalverkehrsgeschäften** mit 13 Unterpositionen enthält (Direkt-, Immobilieninvestitionen, Geschäfte mit Wertpapieren, Investmentanteilen, Geldmarktpapieren und Futures, Kontokorrent- und Termingeschäfte mit Finanzinstituten, Handelskredite, Darlehen und Finanzkredite, Bürgschaften und Garantien, Versicherungsleistungen, persönlicher Kapitalverkehr, Ein- und Ausfuhr von Vermögenswerten, sonstiger Kapitalverkehr), auch künftig als Hilfsinstrument zur Erfassung und Klassifizierung des Kapitalverkehrs (vgl. EuGH, C-163/94, C-165/94, C-250/94 Sanz de Lera, Slg. 1995, I–4827, 4839f.). Unter dem Kapitalverkehr wird die einseitige Werteübertragung in Form von Sach- oder Geldkapital, mithin Transaktionen, die zu Geldforderungen und -verpflichtungen führen, verstanden (*Ress/Ukrow*, Art. 73b Rn. 9; *Kiemel*, Art. 73b Rn. 1; *Hoffmann*, 41; vgl. auch *Börner*, EuR 1966, 111); das Kapital ist ein Produktionsfaktor, der Ertrag (als Zins auf Krediten, als Gewinn oder Dividende auf Kapitalmarktinvestitionen) bringt. Schon die enumerative Definition des Kapitalverkehrs in Anhang II zur ersten Kapitalverkehrs-RL von 1960 hat vor dem EuGH Bestand gehabt (EuGH, Rs. 203/80 Casati, Slg. 1981, 2614). In der Nomenklatur werden die Kapitalbewegungen – wie erwähnt – nach der ökonomischen Natur der Vermögenswerte und Verbindlichkeiten, ausgedrückt in Landeswährung oder in Fremdwährung, erfaßt; von besonderer Bedeutung sind die Immobilienin-

vestitionen (Grundstückserwerb unabhängig von Staatsangehörigkeit auch als reine Kapitalanlage), die Direktinvestitionen mit der Zielsetzung der Kontrolle/Einflußnahme (Gründung von und Beteiligung an Unternehmen, Erwerb und Veräußerung von Beteiligungspapieren) und die Kreditgeschäfte (vgl. *Eckhoff*, in *Bleckmann*, Rn. 1702). Anzumerken ist allerdings, daß die in der Zeit des nur teilweise liberalisierten Kapitalverkehrs wichtige Identifizierung der einzelnen Kapitalverkehrsgeschäfte an Bedeutung verloren hat. Künftig spielt eine Klassifizierung der Kapitalverkehrsgeschäfte wohl vor allem noch im Verhältnis zu Drittländern eine Rolle, sei es, weil nur eine eingeschränkte Liberalisierungspflicht besteht (Art. 57, ex-Art. 73c), sei es, weil mögliche Schutzmaßnahmen bzw. Sanktionen (Art. 59/60 [ex-Art. 73f/g]) zu spezifizieren sind (vgl. dazu im Einzelnen *Kiemel*, Art. 73b Rn. 2).

Art. 56 I ordnet die **Beseitigung aller direkten** und **indirekten** legislativen,   **6** administrativen und sonstigen **Beschränkungen**, denen grenzüberschreitende Kapitalbewegungen unterliegen könnten, an; liberalisiert wird somit der Kapitalzufluß, -durchfluß und -abfluß. Die Grenzüberschreitung von Kapital erfolgt in der Form von Geld oder Wertpapieren, die beweglicher sind als Waren, weshalb das Kapital selbst, nicht der Kapitalleistende oder -empfänger von Beschränkungen befreit wird. Die devisenrechtlichen Hindernisse verlieren angesichts der angestrebten Währungsunion zunehmend an Bedeutung; wichtiger wird deshalb die Beseitigung anderer Beschränkungen des nationalen Wertpapier-, Börsen-, Gesellschafts- oder Steuerrechts, z.B. hinsichtlich Zulassung von Wertpapieren zu Kapitalmärkten, Börsenmitgliedschaft, Gebot des Börsen- oder Transparenzzwanges, Verbot von freien Börsen, Regelungen über Investmentfonds, Wertpapieremissionen und Erbringung von Finanzdienstleistungen. Die Regelung des Unionvertrages dient der Überführung der verschiedenen Beschränkungsverbote in eine integrierte Kapitalmarktorganisation.

2. *Zahlungsverkehr*

Zahlungsverkehr meint **freier grenzüberschreitender Fluß** von **Zah-**   **7** **lungsmitteln** (Ein- und Ausfuhr); betroffen sind nicht nur Geldmittel, sondern auch Wechsel, Scheck, Akkreditive, elektronisches Geld usw. Der Begriff Zahlungsverkehr ist weit auszulegen, damit der Waren- und Dienstleistungsverkehr nicht eingeschränkt wird (*Börner*, EuR 1966, 99). Der Zahlungsverkehr war bis zum Vertrag von Maastricht in Art. 104–109 EWGV, v.a. Art. 106 EWGV, geregelt gewesen (Liste der sog. unsichtbaren Transaktionen bei *Smits*, in *von der Groeben/Thiesing/Ehlermann*, 4. Aufl. 1991,

Bd. 2, Art. 106 nach Rn. 57). Angesichts dieser systematischen Stellung ist in der Lehre eine heute nicht mehr relevante Kontroverse entstanden, ob es sich beim freien Zahlungsverkehr um eine fünfte Freiheit (*Börner*, Die fünfte Freiheit des Gemeinsamen Marktes, FS Ophüls 1965, 19; *Hahn/Follak*, Rn. 94; *Hoffmann*, 31) handle oder ob er die vier übrigen Grundfreiheiten nur ergänze (*Eckhoff*, in *Bleckmann*, Rn. 1703; *Harz*, 94); jedenfalls kommt der Zahlungsverkehrsfreiheit insofern eine instrumentale Funktion zu (Schlußanträge von GA *Capotorti* in Rs. 203/80 Casati, Slg. 1981, 2629; *Ress/Ukrow*, Art. 73b Rn. 68–70), als die Ausübung der anderen Grundfreiheiten einen freien Zahlungsverkehr voraussetzt (Abgeltung gelieferter Waren, geleisteter Dienste und zur Verfügung gestellten Kapitals: vgl. EuGH, Rs. 7/78 Thompson, Slg. 1978, 2247). Auch die frühere Einschränkung, daß die Mitgliedstaaten nicht verpflichtet sind, Zahlungen in der Währung des Schuldners oder in einer dritten Währung zu genehmigen, ist entfallen (so schon Art. 41 EWR-Abkommen).

8   Vom freien Zahlungsverkehr erfaßt werden **alle Zahlungsweisen** und **-arten** (z.B. Kaufpreis, Werklohn, Honorar) inkl. laufende Zahlungen (z.B. Dividenden, Zinsen, Gewinne, Mieten), Begleitzahlungen, Folgezahlungen (Surrogatsleistungen, z.B. Schadenersatz, Rückzahlung) und Gewinnrückführungsrechte (bei Auslandniederlassungen), soweit sie nicht Kapitalcharakter haben. Angesprochen sind somit – im Gegensatz zu Art. 106 EWGV nicht mehr ausdrücklich – Zahlungen, die sich auf den Waren- oder Dienstleistungsverkehr beziehen oder Arbeitsentgelte (Nettolohn) betreffen (*Ress/Ukrow*, Art. 73b Rn. 9, 71), wobei die Liberalisierung heute unabhängig vom Grund für den Zahlungsverkehr eintritt (*Ress/Ukrow*, Art. 73b Rn. 70; *Eckhoff*, in *Bleckmann*, 1704). Hingegen fallen Bürgschaften, sonstige Sicherheiten, Leistungen aus ungerechtfertigter Bereicherung und präparatorische Zahlungen angesichts der gegebenen Kapitalverkehrsregulierung eher unter den Kapitalverkehr als unter den Zahlungsverkehr (*Eckhoff*, in *Bleckmann*, Rn. 1702; a.A. *Börner* EuR 1966, 99, 106). Die konkrete Zuordnung hat aber an Bedeutung verloren, weil Art. 56 Abs. 2 die bisherige Einschränkung von Art. 106 EWGV, wonach sich der Geldfluß auf bestimmte Zwecke (Verwirklichung der anderen Grundfreiheiten) beziehen müsse, nicht mehr aufnimmt und auch vergleichbare Schranken bestehen.

9   Ein Vorbehalt gilt gemäß bisheriger Rechtsprechung für Banknoten: Der EuGH hat die Freiheit hinsichtlich der Mitnahme von **Bargeld** dadurch eingeschränkt, daß der Grenzübertritt von Banknoten nur „soweit notwendig" hingenommen werden muß (EuGH, Rs. 203/80 Casati, Slg. 1981, 2617; Rs. 308/86 Lambert, Slg. 1988, 4391); diese Rechtsprechung ist aber sowohl

im Urteil „Luisi/Carbone", der italienischen Touristen das Recht eingeräumt hat, im Ausmaße einer sinnvollen Pauschalgrenze Banknoten über
die Landesgrenze zu Zwecken des Tourismus und der medizinischen Behandlung mitzunehmen (EuGH, Rs. 286/82 und 26/83 Luisi/Carbone, Slg.
1984, 406; zum Reiseverkehr *Louis*, CMLR 1984, 625; *Smits*, ELR 1984,
192; *Hafke*, EuR 1984, 398 und WM 1985, 309; *Van der Woude/Mead*,
CMLR 1988, 117, 139), als auch in der Kapitalverkehrs-RL 88/361 liberalisiert worden. Anzuwenden ist eine auf dem Verhältnismäßigkeitsgrundsatz beruhende Erforderlichkeitsprüfung, die vernünftige Pauschalgrenzen
zwecks Verhinderung einer Kapitalflucht in Betracht zieht (EuGH, Rs.
157/85 Brugnoni/Ruffinengo, Slg. 1986, 2031; Rs. 124/85 Kommis-
sion/Griechenland, Slg. 1986, 3949). Münzen sind Gegenstand des Zahlungsverkehrs, nicht des Warenverkehrs, solange sie ein gesetzliches Zahlungsmittel darstellen (vgl. Vorbem. Rn. 6).

Angesichts des Wortlautes von Abs. 2 dürfte die frühere restriktive Recht- **10**
sprechung des EuGH zur Zahlungsverkehrsfreiheit („Casati", „Lambert")
überholt sein (vgl. auch *Ress/Ukrow*, Art. 73b Rn. 75; *Potacs*, 538). Jedenfalls sind Grenzkontrollen nur zur Verhinderung der Kapitalflucht einsetz-
bar, nicht aber zur Beschränkung der Freiheit des Waren- oder Dienstleistungsempfängers (*Ress/Ukrow*, Art. 73b Rn. 16). Die Pflicht, alle Behinderungen des Zahlungsverkehrs zu unterlassen, bedeutet auch, daß die **Einführung** eines **gespaltenen Devisenmarktes** (außer bei entsprechendem
Erlaubnisvorbehalt: z.B. für Luxembourg und Belgien bis 31.12.92 gemäß
Anhang V zur Kapitalverkehrs-RL 88/361) und das System der **Devisen-
zuteilung unzulässig** sind (Art. 1 Abs. 2 der Kapitalverkehrs-RL 88/361;
Oliver/Baché, 79; *Kiemel*, Art. 73b Rn. 14 m.Verw.; restriktiver EuGH, Rs.
308/86 Lambert, Slg. 1988, 4391). Dieser Grundsatz gilt für alle Währungen der EU-Mitgliedstaaten, einschließlich des Euro und der keine eigentliche Währung darstellenden ECU; demgemäß kann ein nationales Recht
auch eine Summe in Fremdwährung zusprechen (*Ress/Ukrow*, Art. 73b Rn.
75; *Mann*, The Legal Aspects of Money, 5. Aufl. 1992, 344, 351). Abzubauen sind ebenso alle anderen Arten von Beeinträchtigungen, z.B. Gebühren oder Abgaben.

Zu einem faktischen Abbau von Beschränkungen wird – neben der Ein- **11**
führung des Euro – wohl die immer stärkere Verbreitung des elektronischen Zahlungsverkehrs und die Zusammenarbeit der Börsen führen,
welche die staatliche Kontrolle von Geldflüssen zumindest faktisch
erschweren (*Kommission*, Stärkung des Vertrauens der Kunden in elektronische Zahlungsmittel im Binnenmarkt, KOM (97) 353 endg.; vgl. dazu
hinten Rn. 39).

12 Die **Abgrenzung** des **Zahlungsverkehrs** vom **Kapitalverkehr** hat nach
Gründung der EU an Bedeutung verloren, weil die gewichtigsten Beschränkungsgründe von Art. 58 (ex-Art. 73d) gleichartig für Kapitaltransfers und
Zahlungen gelten, d.h. die Schrankendivergenzen erheblich abgebaut sind.
In Einzelfällen kann die Abgrenzung imerhin noch eine Rolle spielen: Die
gemäß Art. 57 (ex-Art. 73c) und Art. 59 (ex-Art. 73f) zulässigen Beschränkungen betreffen nur den Kapitalverkehr, die Schutzmaßnahmen von
Art. 119/120 (ex-Art. 109h/i) nur den Zahlungsverkehr. Das Abgrenzungskriterium ist in der Bezugnahme auf ein Grundgeschäft zu sehen: Geschützt
ist nach Abs. 2 die Freiheit der Zahlungserbringung als Gegenleistung von
Waren-, Dienst- oder Kapitalgeschäften; der freie Kapitalverkehr nach Abs.
1 umfaßt demgegenüber das Grundgeschäft als auch dessen Ausführung,
d.h. den Transfer der Kapitalsumme (EuGH, Rs. 286/82 und 26/83
Luisi/Carbone, Slg. 1984, 404; *Kiemel*, Art. 73b Rn. 4; *Potacs*, 487, 532).

III. Beseitigung der Beschränkungen

1. Allgemeine Auslegungsgrundsätze

13 Art. 56 Abs. 1 und 2 sind Maßstab für gemeinschaftsrechtliche Rechtsakte
und für innerstaatliche Kapitalmarktregulierungen. Erfaßt werden **„alle Beschränkungen"** inkl. indirekte Beschränkungen, protektionistische Maßnahmen und sonstige Hindernisse des Kapital- und Zahlungsverkehrs
(*Potacs*, 505; *Hoffmann*, 44), wenn zwar nur im grenzüberschreitenden Kapitalverkehr. Etwaige Beschränkungen lassen sich nur durch zwingende
Gründe oder das Allgemeininteresse rechtfertigen (*Schöne*, WM 1989,
877). Materiell geht es nicht nur um die Aufhebung des Verbots bzw. der
Kontrolle von Devisentransfers, sondern auch um alle anderen Arten von
Beeinträchtigungen, etwa durch besondere Genehmigungs- und Formvorschriften, durch Zinsvergütungen (EuGH, Rs. 57/86 Kommission/Grie-
chenland, Slg. 1986, 1500) oder durch Abgaben/Gebühren (z.B. Datener-
fassungsgebühr, EuGH, Rs. 229/87 Kommission /Griechenland, Slg. 1988,
6347); dasselbe dürfte nach Art. 56 auch für Steuerbefreiungen auf solchen
Spareinlagen, die in nationaler Währung bei einem inländischen Geldinsti-
tut einbezahlt sind, gelten (a.A. noch EuGH, Rs. 267/86 Van Eycke/ASPA,
Slg. 1988, 4793). Zweck von Art. 56 ist die Beseitigung sämtlicher unnöti-
ger Hindernisse für den freien Kapital- und Zahlungsverkehr sowie die Verhinderung eines versteckten Protektionismus (vgl. *Ress/Ukrow*, Art. 73b
Rn. 16ff.; *Kiemel*, Art. 73b Rn. 14ff.). Die keine Eingriffsschwelle (de-minimis) enthaltende Verbotsregelung betrifft (1) den Zufluß, Durchfluß und

Abfluß von Kapital, (2) zeitmäßig auf Dauer oder vorübergehend geplante Kapital- und Zahlungstransaktionen, (3) Überweisungen unabhängig von der Art, dem Wert, der Form oder der Menge des Kapitals (4) in der Ausgestaltung der Behinderung, Begrenzung oder des völligen Verbots (*S. Weber*, 562). Der Grundsatz des freien Verkehrs bezieht sich auf das Kapital und die Zahlung selbst, nicht den Leistenden oder den Leistungsempfänger; Abs. 1 und 2 verweisen denn auch nicht (im Gegensatz zum Warenverkehr) auf die Gebietsansässigkeit. Vorbehalten bleiben nur die gemeinschaftsrechtlich anerkannten Schutzziele gemäß Art. 58 (ex-Art. 73d).

Für die konkretisierende Auslegung von Abs. 1 und 2 ist auf die **parallele** **14** **Rechtsprechung** zu den **anderen Grundfreiheiten** zurückzugreifen (so auch *Ress/Ukrow*, Art. 73b Rn. 6): Soweit Kapital oder Zahlung unkörperlich sind, überschreitet in der Regel nur die Leistung die Grenze, weshalb sich die Prinzipien der Dienstleistungsfreiheit heranziehen lassen (vgl. Vorbem. Rn. 11). Ist das Kapital in Wertpapieren oder Bargeld verkörpert, findet eine physische Verschiebung über die Grenze wie beim Warenverkehr statt. Für die Beschränkungsdiskussion ist auf die vom EuGH erarbeiteten Grundsätze zu den Maßnahmen gleicher Wirkung im Waren- und Dienstleistungsverkehr auch im Kapital- und Zahlungsverkehr zurückzugreifen. Gemäß der „Dassonville-Formel" ist jede Maßnahme untersagt, die geeignet ist, den freien Kapital- oder Zahlungsverkehr unmittelbar oder mittelbar, tatsächlich oder potentiell zu behindern (EuGH, Rs. 8/74 Dassonville, Slg. 1974, 837, 847). In Konkretisierung dieses Prinzips erachtet die „**Cassis-de-Dijon-Formel"** unterschiedslos anwendbare Beschränkungen für zulässig, wenn (1) keine Gemeinschaftsregelung besteht und (2) die Beschränkungen notwendig und aus zwingenden Erfordernissen gerechtfertigt sind (EuGH, Rs. 120/78 Cassis-de-Dijon, Slg. 1979, 649; vgl. auch *Ress/ Ukrow*, Art. 73b Rn. 11).

Zu (1): Im Bereich des Kapital- und Zahlungsverkehrs hat die EU schon in- **15** tensiv reguliert (Rn. 18); zentrale Bedeutung kommt der Kapitalverkehrs-RL 88/361 vom 24.6.1988 zu (Rn. 20).

Zu (2): Zwingende Erfordernisse ergeben sich gemäß EuGH aus dem **16** Schutz der öffentlichen Ordnung (z.B. Finanzbedarf der öffentlichen Hand) und der Gesundheit, der Lauterkeit des Handelsverkehrs, dem Verbraucherschutz (z.B. Vorschreiben einer bestimmten Vertragswährung) und der wirksamen Steuerkontrolle (vgl. Art. 28 [ex-Art. 30] und Art. 30 [ex-Art. 36]). Für den Kapitalverkehr steht die Lauterkeit des Börsengeschäfts und der Anlegerschutz im Vordergrund (*S. Weber*, 563). Ausschlaggebend sein muß – in Anwendung des Verhältnismäßigkeitsgrundsatzes (vgl. dazu *Schiller*, RIW 1983, 928) – die **Funktionsfähigkeit des Kapitalmarktes**.

17   Allgemein zu beachten ist des Weiteren das in den ursprünglichen Art. 67 I
und Art. 68 II EWGV noch ausdrücklich erwähnte **Diskriminierungsverbot**; die absolute Formulierung in Abs. 1 und 2 läßt sich als Konkretisierung
des bisher in Art. 7 (aufgehoben durch den Vertrag von Amsterdam) enthaltenen generellen Diskriminierungsverbotes verstehen (vgl. auch Schlußanträge von GA *Mayras* in der Rs. Nr. 22/80 Boussac, Slg. 1980, 3446). In
gleichen Situationen dürfen nicht unterschiedliche Kriterien zur Beurteilung der Zulässigkeit von Kapital- und Zahlungsverkehrstransaktionen zur
Anwendung kommen. Unzulässig ist eine Diskriminierung sowohl hinsichtlich Staatsangehörigkeit und Wohnort der Parteien, als auch bezüglich
Anlageort.

2. Bisherige sekundärrechtliche Bestimmungen

18   Zum Kapital- und Zahlungsverkehr sind im Wesentlichen folgende Sekundärrechtsakte ergangen (vgl. auch *Oliver/Baché*, 63ff.; *Ress/Ukrow*, Art.
73b Rn. 33ff.):

–   Erste RL des Rates vom 11.5.1960 zur Durchführung des Art. 67 des
    Vertrages (ABl. 1960 L 72/921).
–   Zweite RL 63/21 des Rates vom 18.12.1962 zur Ergänzung und Ände-
    rung der ersten Richtlinie zur Durchführung der Art. 67 des Vertrages
    (ABl. 1963 L 9/62).
–   RL 63/340 vom 31.5.1963 zur Aufhebung aller Verbote oder Behinde-
    rungen von Zahlungen für Leistungen, wenn der Dienstleistungsver-
    kehr nur durch Beschränkungen der damit verbundenen Zahlungen be-
    grenzt ist (ABl. 1963 L 86/1609).
–   RL 63/474 des Rates vom 30.7.1963 zur Liberalisierung der Transfer-
    zahlungen für unsichtbare Transaktionen, die nicht mit dem Waren-,
    Dienstleistungs-, Kapital- und Personenverkehr in Verbindung stehen
    (ABl. 1963 L 125/2240).
–   RL 72/156 vom 21.3.1972 zur Regulierung der internationalen Finanz-
    ströme und zur Neutralisierung ihrer unerwünschten Wirkungen auf die
    binnenwirtschaftliche Liquidität (ABl. 1972 L 91/13).
–   RL 85/583 des Rates vom 20.12.1985 zur Änderung der RL vom
    11.5.1960 zur Durchführung des Artikels 67 des Vertrages (ABl. 1985
    L 372/39) (vgl. auch die OGAW-Richtlinie 85/611, zit. in Rn. 35).
–   Dritte RL 86/566 des Rates vom 17.11.1986 zur Änderung der ersten
    RL vom 11.5.1960 zur Durchführung des Artikels 67 des Vertrages
    (ABl. 1986 L 332/22).
–   Vierte RL 88/361 des Rates vom 24.6.1988 zur Durchführung des Arti-
    kels 67 des Vertrages (ABl. 1988 L 178/5).

– VO Nr. 1969/88 des Rates vom 24.6.1988 zur Einführung eines einheitlichen Systems des mittelfristigen finanziellen Beistandes zur Stützung der Zahlungsbilanzen der Mitgliedstaaten (ABl. 1988 L 178/1) sowie geänderter Vorschlag (KOM [88] 279, ABl. 1988 C 183/11); vgl.
auch Bericht und Entschließung zu dem Bericht der Kommission an
den Rat und das EP „Überprüfung des Systems des mittelfristigen finanziellen Beistandes zur Stützung der Zahlungsbilanzen der Mitgliedstaaten – Verordnung 1969/88 des Rates" (KOM [96] 545 bzw. ABl.
1997 C 132/105).

Mit dem Inkrafttreten der Kapitalverkehrs-RL 88/361 (dazu Rn. 20) am   **19**
1.7.1990 sind die erste Kapitalverkehrs-RL von 1960 und die Änderungen
und Ergänzungen dazu von 1962, 1985 und 1986 sowie die Regulierungs-
RL von 1972 aufgehoben worden; das System der Aufteilung der Kapitalbewegungen gemäß unterschiedlichen Liberalisierungsgraden (ursprünglich
Listen A–D, ab 1986 Listen A–C) ist damit entfallen (dazu *Oliver/Baché*,
64, 67; *Kiemel*, Art. 67–73 Rn. 13, 16). Die Kapitalverkehrs-RL vom Juni
1988 war von den Mitgliedstaaten – soweit keine längere Übergangsfrist
eingeräumt worden ist – bis spätestens zum 1. Juli 1990 (Beginn der ersten
Stufe der WWU) in nationales Recht umzusetzen (vgl. zur vollständigen Liberalisierung des innergemeinschaftlichen Kapitalverkehrs in Deutschland
und den übrigen Mitgliedstaaten *Kiemel*, 67–73, Rn. 23f., 25ff.). Zwar sind
verschiedene Bestimmungen der Kapitalverkehrs-RL von 1988 in den EGV
übernommen worden, doch erfolgte keine förmliche Aufhebung des Sekundärrechts; entsprechend ist die RL 88/361 weiterhin ergänzend anwendbar
und die dazu ergangene Rechtsprechung auch für die Auslegung des neuen
Kapitalverkehrsrechts maßgeblich (vgl. dazu *Ress/Ukrow*, Art. 73a Rn. 4;
hernach Rn. 21). Die Zahlungsverkehrs-RLen 63/340 und 63/474 haben angesichts der EuGH-Rechtsprechung (EuGH, Rs. 286/82 und 26/83
Luisi/Carbone, Slg. 1984, 406) und der zwischenzeitlichen einzelstaatlichen
Liberalisierungen (für Deutschland und die übrigen Mitgliedstaaten vgl.
Ress, Art. 67 Rn. 42, 45 und *Kiemel*, Art. 67 bis 73 Rn. 23f.) keine große
praktische Bedeutung mehr (*Dassesse/Isaacs*, EEC Banking Law, 1985,
117; *Hoffmann*, 36); wichtiger werden hingegen unter Verbraucherschutz-
gesichtspunkten Erlasse zum elektronischen Zahlungsverkehr und zu den
Kartenzahlungssystemen (vgl. dazu unter Rn. 37).

3. Kapitalverkehrs-RL 88/361 im Besonderen

Mit der (vierten) Kapitalverkehrs-RL 88/361 (ABl. 1988 L 178/5) hat die   **20**
EU grundsätzlich die **Vertiefung** und Vollendung des Prozesses der **Libe-**

ralisierung des **Kapitalverkehrs** angestrebt. Mit dem Beginn der 2. Stufe der WWU am 1.1.1994 wurde die umfassende Liberalisierungspflicht vertraglich verankert, weil die volle Kapitalmarktfreiheit nach innen und nach aussen ein zentrales Element der WWU ist. Bis zur Einführung des Euro und einer gemeinschaftliche Geldpolitik hat eine gewisse Autonomie der Zentralbanken der Mitgliedstaaten in der Währungspolitik aber noch bestanden.

21   Die folgende Grundsätze der auch als **„Charta des freien Kapitalverkehrs"** bezeichneten Kapitalverkehrs-RL sind in den EGV aufgenommen worden (*Juillard*, 632; im Einzelnen dazu *Kiemel*, Art. 67–73 Rn. 16ff. und Art. 73b Rn. 24ff.; *Hahn/Follak*, Rn. 25ff.; *Oliver/Baché*, 68):

- Die verbindliche Liberalisierungspflicht von Art. 1 ist neu in Art. 56 (ex-Art. 73b) verankert.

- Art. 4 anerkennt das Fortbestehen des Rechts der Mitgliedstaaten, auf **steuerrechtlichem** oder **bankenaufsichtsrechtlichem Gebiet** die unerläßlichen Maßnahmen zu treffen, um Zuwiderhandlungen gegen ihre Rechts- und Verwaltungsvorschriften zu verhindern; diese Bestimmung wird von Art. 58 (ex-Art. 73d) aufgenommen.

- Art. 6 Abs. 2 enthält gewisse **Sonderregelungen** für Länder mit hoher Auslandsverschuldung oder schwachen Kapitalmärkten (Spanien, Portugal, Griechenland, Irland). Diese Regelung wurde durch ex-Art. 73e aufgefangen, welcher bestimmten Mitgliedstaaten die Beibehaltung von Ausnahmeregelungen zugestand, allerdings befristet bis längstens Ende 1995, weshalb der Vertrag von Amsterdam diese Bestimmung förmlich aufgehoben hat.

- Die Dänemark im Rahmen von Art. 6 Abs. 4 der Kapitalverkehrsrichtlinie zugestandene Sonderregelung betreffend den Erwerb von **Zweitwohnsitzen** (gemeint ist Erwerb von Zweitwohnungen) ist in einem Protokoll zum Maastricht-Vertrag (Protokoll Nr. 1) geregelt. Den drei der EU am 1.1.1995 beigetretenen Ländern Österreich, Finnland und Schweden wurde bzgl. Zweitwohnungen ein Übergangszeitraum von 5 Jahren für die Anpassung ihrer innerstaatlichen Rechtsvorschriften eingeräumt. Schließlich ist in einer Gemeinsamen Erklärung zu Zweitwohnungen festgehalten, daß alle Mitgliedstaaten Maßnahmen treffen können, sofern diese aus Gründen der Raumordnung, der Bodennutzung und des Umweltschutzes erforderlich sind und ohne Diskriminierung angewendet werden (*Kiemel*, Art. 73b Rn. 35).

- Art. 7 I enthält eine Absichtserklärung, die **Liberalisierung** auch **gegenüber Drittstaaten** voranzutreiben („erga omnes"-Prinzip); das Manko, daß Art. 7 I keine Verpflichtung der Mitgliedstaaten vorsieht,

wird nun durch Art. 56 (ex-Art. 73b), welcher die Grundsätze des freien
Kapital- und Zahlungsverkehrs auf Drittstaaten erstreckt (vgl. Rn. 25),
behoben.

– Die bisher in Art. 8 geregelte Prüfungspflicht des Währungsausschusses ist nun im Rahmen der institutionellen (Vertrags-)Bestimmungen
geregelt (Art. 114, ex-Art. 109c).

Folgende Bestimmungen sind zwar nicht in den EGV aufgenommen wor- **22**
den, doch erscheint weiterhin ein Rückgriff auf die Kapitalverkehrsrichtlinie als denkbar:

– Art. 6 Abs. 5 sieht Maßnahmen vor, um die Gefahr von **Steuerumge-
hungen**, Steuerflucht und Steuerhinterziehung infolge der Unterschiede in den nationalen Regelungen zur Besteuerung von Sparerträgen und
in der Kontrolle der Anwendung dieser Regelungen zu beseitigen oder
zu vermindern. Obwohl die Frist für die in Art. 6 Abs. 5 vorgesehenen
Maßnahmen abgelaufen ist, dürfte weiterhin von einer entsprechenden
Selbstbindung des Rates auszugehen sein (*Kiemel*, Art. 73b Rn. 26).

– Die **Nomenklatur** für den Kapitalverkehr (Anhang I der Kapitalverkehrs-RL) dient weiterhin zur Definition und Klassifizierung des Kapitalverkehrs (EuGH, C-163/94, C-165/94, C-250/94 Sanz de Lera, Slg.
1995, I–4827, 4839f.).

Nicht mehr vereinbar mit der in Art. 56 (ex-Art. 73b) festgelegten umfas- **23**
senden Liberalisierung ist die in Art. 3 RL enthaltene **Schutzklausel** für
kurzfristige Kapitalbewegunge. Umstritten ist, wie Maßnahmen zur **Steuerung** der **Bankenliquidität**, die sich auf den grenzüberschreitenden Kapitalverkehr auswirken, seit Ende 1993 zu behandeln sind. Fraglich ist insbesondere, ob – und wenn ja, gestützt auf welche Ausnahmeregelung – geldpolitische Maßnahmen (weiterhin) zulässig sein sollen (vgl. dazu *Kiemel*,
Art. 73b Rn. 27).

IV. Anwendbarkeit und Geltungsbereich

1. Unmittelbare Anwendbarkeit

Berechtigte i.S.v. Art. 56 sind nicht nur alle im Gebiet der Mitgliedstaaten **24**
ansässigen natürlichen Personen und (juristischen) Gesellschaften (Art. 39
Abs. 2, ex-Art. 48 II), sondern auch natürliche Personen und Gesellschaften, die in einem Drittstaat ansässig sind. Die Liberalisierung erstreckt sich
somit auch auf eine von außerhalb der EU ansässigen natürlichen oder juristischen Personen getätigte innergemeinschaftliche Kapitalverschiebung
(*Ress/Ukrow*, Art. 73b Rn. 28; vgl. auch *Kiemel*, Art. 73b Rn. 10ff.). Die

Staatsangehörigkeit der Personen spielt (anders als z.B. für die Niederlassung) keine Rolle; unzulässig ist auch eine Anknüpfung von Behinderungsmaßnahmen an den Anlageort. Die Streitfrage, ob der ursprünglich die Liberalisierung des Kapitalverkehrs regelnde Art. 67 I EWGV überhaupt oder zumindest seit der Kapitalverkehrs-RL 88/361 unmittelbar anwendbar sei (dazu *Ress/Ukrow*, Art. 73b Rn. 23ff.; *Kiemel*, Art. 67–73 Rn. 19 und Art. 73b Rn. 19; *Hahn/Follak*, Rn. 5; *Eckhoff*, in *Bleckmann*, Rn. 1699; für weitere Literatur vgl. 1. Aufl., Art. 73b Rn. 18), ist durch den (seit dem Vertrag von Maastricht unveränderten) Wortlaut von Art. 56 (ex-Art. 73b) obsolet geworden; das umfassende Beschränkungsverbot hat trotz der einzelstaatlichen Beschränkungsmöglichkeiten von Art. 57 (ex-Art. 73c) und Art. 58 (ex-Art. 73d) **unmittelbare Wirkung**. Art. 56 enthält – in struktureller Nachbildung von Art. 49 I (ex-Art. 59) – eine **Unterlassungspflicht zulasten** der **Mitgliedstaaten**, ohne daß es zusätzlicher Handlungen der EU-Organe bedürfte (*S. Weber*, 562). Art. 56 ist deshalb von den innerstaatlichen Gerichts- und Verwaltungsbehörden ohne weiteres zu beachten; widersprechende Vorschriften sind nicht länger anwendbar. Bestehen Zweifel, sind die Auslegungsfragen dem EuGH vorzulegen (Art. 234, ex-Art. 177); dem EuGH obliegt demgemäß die Weiterentwicklung der Norm und die konkrete künftige Ausgestaltung der Kapital- und Zahlungsverkehrsfreiheit (vgl. *S. Weber*, 562; EuGH, C-358/93 und C-416/93 Bordessa, Slg. 1995, I–385; EuGH, C-163/94, C-165/94 und C-250/94 Sanz de Lera, Slg. 1995, I–4822 und 4842ff.).

2. Liberalisierung gegenüber Drittländern

25 Das Verbot der Kapital- und Zahlungsverkehrsbeschränkungen als **bindende** und unmittelbar anwendbare (*S. Weber*, 564) **Verpflichtung** gilt nicht nur unter den Mitgliedstaaten, sondern – in Verwirklichung von Art. 4 I (ex-Art. 3a) WWU – auch **gegenüber Drittländern** (erga-omnes-Prinzip); Art. 70 EWGV hatte lediglich eine Koordination und Liberalisierungsabsicht der Devisenpolitik gegenüber Drittstaaten vorgesehen und Art. 106 I Satz 1 EWGV nur Zahlungen innerhalb der EG geregelt, der Zahlungsverkehr mit Drittstaaten ist unter Art. 113, 238 EWGV gefallen. Der Kapital- und Zahlungsverkehr mit Drittstaaten wird – vorbehaltlich Art. 57 und Art. 58 (ex-Art. 73c und d) – grundsätzlich in gleichem Umfang wie der innergemeinschaftliche Kapitalmarkt liberalisiert (zu den Liberalisierungspflichten im Rahmen des IWF, der OECD und des GATT vgl. Vorbem. Rn. 13ff.). Mit der Verankerung des „erga omnes"-Prinzips, d.h. mit der Liberalisierung des Kapitalverkehrs auch im Hinblick auf die Außengrenzen, geht Art. 56

über die in Art. 7 der Kapitalverkehrs-RL 88/361 enthaltene Absichtserklärung hinaus.

V. Begleitmaßnahmen zur Schaffung eines europäischen Finanzraumes

1. Überblick

Die Beseitigung aller Beschränkungen des Kapital- und Zahlungsverkehrs **26** führt noch nicht zu einem **integrierten europäischen Kapitalmarkt.** Durch zahlreiche gesetzliche und administrative Regelungen in einzelnen Mitgliedstaaten lassen sich der Kapitalverflechtung innerhalb der EU Grenzen setzen (Kredit- und Versicherungswesen, Steuer-, Börsen-, Wertpapier- und Gesellschaftsrecht; zum Stand des Unternehmensrechts [September 1998] vgl. *Wiesner*, EuZW 1998, 619). Ziel der EU ist es jedoch, durch eine Harmonisierung der relevanten Regulierungen, welche Finanzinstitute betreffen können, vergleichbare Rahmenbedingungen für die Teilnehmer der Finanzmärkte in den Mitgliedstaaten zu schaffen und damit die Austauschbarkeit der Finanzprodukte zu erleichtern (Weißbuch, KOM [85] 310 endg., No. 102; *Kiemel*, Art. 73b Rn. 48ff.; *Ress/Ukrow*, Art. 73b Rn. 2ff., 33ff.). Auch wenn das europäische Kapitalmarktrecht weder im Vertrag von Maastricht, noch im Vertrag von Amsterdam ausdrücklich erwähnt ist, ergibt sich dessen inhärente Existenz aus der Verwirklichung der Niederlassungs-, Dienstleistungs- und Kapitalverkehrsfreiheit; die Harmonisierung ist auch unabdingbar im Hinblick auf die Integration der Mitgliedstaaten in die WWU. Entsprechende Bemühungen laufen seit 1966 (z.B. Segré-Bericht, Werner-Bericht, Weißbuch von 1985; für weitere Literatur vgl. 1. Aufl., Art. 73b Rn. 20). Das Weißbuch hat insoweit ein neues Konzept vorgeschlagen, als nicht mehr die vollständige Harmonisierung, sondern lediglich noch eine Minimalkoordinierung angestrebt wird: Die unterschiedlichen einzelstaatlichen Vorschriften für die Geschäftstätigkeit und Beaufsichtigung von Banken und Versicherungen sollen angeglichen und die unterschiedlichen Steuervorschriften einander angenähert werden (Weißbuch, No. 130; Überblick bei *Hübner*, in *Dauses* [1996], Teil E IV 2/3; vgl. nun auch Mitteilung der Kommission, Finanzdienstleistungen: Abstecken eines Aktionsrahmens, KOM [1998] 625 endg. vom 28.10.1998).

Das Ziel eines **homogenen europäischen Kapitalmarktes** läßt sich nur er- **27** reichen, wenn die Finanzdienstleistungen europaweit angeboten werden können. Praktisch bedingt dieser Grundsatz das Recht auf Aufnahme und Ausübung der Tätigkeit im ganzen Gemeinsamen Markt; zugleich bedarf es eines einheitlichen Systems der Lizenzvergabe. Gestützt auf diese Erkenntnis strebt die Kommission eine Harmonisierung des Zulassungs- und Aufsichtsrechts der Banken sowie der Finanz- und Versicherungsdienste an:

Die Erteilung einer Betriebslizenz in einem Mitgliedstaat berechtigt auch zur Tätigkeitsentfaltung in anderen Mitgliedstaaten. Abgesehen von der Angleichung der Börsenregeln erweist es sich des Weiteren als notwendig, vergleichbare Standards zum Schutz der Sparer, Anleger und Verbraucher zu verwirklichen (*Kiemel*, Art. 73b Rn. 49; *Assmann*, 6ff.; *R. Weber*, in *Zobl*, 101ff., 108f.). Durch die **Globalisierung** der **Finanzmärkte** und die Volatilität der Kapitalbewegungen ist das Risikopotential für Kreditinstitute und Kunden stark gewachsen, was nach einer Mindestharmonisierung der Aufsichtsregeln ruft. Dieser Grundsatz gilt nicht nur für das klassische Bankgeschäft, sondern auch für die Behandlung bilanzneutraler, finanztechnologischer Neuerungen (dazu Rn. 33). Die Zahl der gemeinschaftsrechtlichen Sekundärrechtsakte in diesem Bereich ist fast unübersehbar geworden; zur Auswahl der nachfolgend erwähnten RLen, Empfehlungen und VOen kommen noch die Rechtsakte aus anderen Rechtsgebieten (z.B. Gesellschaftsrecht) hinzu.

2. Sekundärrecht im Bankenbereich

a) Verwirklichung der Niederlassungs- und Dienstleistungsfreiheit

28   –   RL 73/183 des Rates vom 28.6.1973 zur Aufhebung der Beschränkung der Niederlassungsfreiheit und des freien Dienstleistungsverkehrs für selbständige Tätigkeiten der Kreditinstitute und anderer finanzieller Einrichtungen (ABl. 1973 L 194/1).

      –   Erste RL 77/780 des Rates vom 12.12.1977 zur Koordinierung der Rechts- und Verwaltungsvorschriften über die Aufnahme und Ausübung der Tätigkeiten der Kreditinsitute (ABl. 1977 L 322/30) sowie RL 85/345 des Rates vom 8.7.1985 zur Änderung der RL 77/780 (ABl. 1985 L 183/19 [erneut in Änderung]).

      –   Zweite RL 89/646 des Rates vom 15.12.1989 zur Koordinierung der Rechts- und Verwaltungsvorschriften über die Aufnahme und Ausübung der Tätigkeit der Kreditinstitute und zur Änderung der RL 77/780 (ABl. 1989 L 386/1).

      –   Vorschlag für eine RL des EP und des Rates über die Aufnahme und Ausübung der Tätigkeit der Kreditinstitute (kodifizierte Fassung) (KOM [97] 706 endg.; vgl. dazu auch die Stellungnahme des WSA, ABl. 1998 C 157/13).

      –   Vorschlag für eine RL des EP und des Rates zur Änderung der RL 77/780 zur Koordinierung der Rechts- und Verwaltungsvorschriften über die Aufnahme und Ausübung der Tätigkeit der Kreditinstitute (KOM [98] 461 endg.; ABl. 1998 C 317/12).

b) Beaufsichtigung und Rechnungslegung

– Vorschlag für eine RL des Rates zur Koordinierung der Rechts- und **29** Verwaltungsvorschriften über die Sanierung und Liquidation der Kreditinstitute (KOM [85] 788 endg.; ABl. 1985 C 356/55) und geänderter Vorschlag für eine RL des Rates über die Sanierung und Liquidation der Kreditinstitute und die Einlagensicherungssysteme (KOM [88] 4 endg.; ABl. 1988 C 36/1).

– RL 86/635 des Rates vom 8.12.1986 über den Jahresabschluß und den konsolidierten Abschluß von Banken und anderen Finanzinstituten (ABl. 1986 L 372/1).

– RL 89/117 des Rates vom 13.2.1989 über die Pflichten der in einem Mitgliedstaat eingerichteten Zweigniederlassungen von Kreditinstituten und Finanzinstituten mit Sitz außerhalb dieses Mitgliedstaates zur Offenlegung von Jahresabschlußunterlagen (ABl. 1989 L 44/40).

– RL 89/299 des Rates vom 17.4.1989 über die Eigenmittel von Kreditinstituten (ABl. 1989 L 124/16), RL 91/633 vom 3.12.1991 zur Durchführung der RL 89/299 (ABl. 1991 L 339/33) und RL 92/16 vom 16.3.1992 zur Änderung der RL 89/299 (ABl. 1992 L 75/48).

– RL 89/647 des Rates vom 18.12.1989 für einen Solvabilitätskoeffizienten für Kreditinstitute (ABl. 1989 L 386/14, angepaßt durch diverse RLen; zur Zeit betr. derivative Finanzprodukte in Revision), sowie RL 98/32 des EP und des Rates vom 22.6.1998 zur Änderung – im Hinblick auf Hypotheken – der RL 89/647 (ABl. 1998 L 204/26).

– RL 91/31 des Rates vom 19.12.1990 zur technischen Anpassung der Definition der „multilateralen Entwicklungsbanken" in der RL 89/647 (ABl. 1991 L 17/20).

– Geänderter Vorschlag vom 31.1.1991 für eine VO des Rates über die von den Kreditinstituten und Versicherungsunternehmen geleisteten Sicherheiten (KOM [90] 567 endg.; ABl. 1991 C 53/74).

– RL 91/308 des Rates vom 10.6.1991 zur Verhinderung der Nutzung des Finanzsystems zum Zwecke der Geldwäsche (ABl. 1991 L 166/77).

– RL 92/30 des Rates vom 6.4.1992 über die Beaufsichtigung von Kreditinstituten auf konsolidierter Basis (ABl. 1992 L 110/52) als Folge-RL der gleichnamigen RL 83/350 vom 13.6.1983 (ABl. 1983 L 193/18).

– RL 92/121 des Rates vom 21.12.1992 über die Überwachung und Kontrolle der Großkredite von Kreditinstituten (ABl. 1993 L 29/1) (Ersatz der Empfehlung 87/62 vom 22.12.1986).

– RL 94/19 des EP und des Rates vom 30.5.1994 über Einlagesicherungssysteme (ABl. 1994 L 135/5) (Umwandlung der Empfehlung 87/63 vom 22.12.1986).

- RL 95/26 des EP und des Rates vom 29. Juni 1995 zur Änderung der RLen 77/780 und 89/646 betreffend Kreditinstitute, der RLen 73/239 und 92/49 betreffend Schadenversicherungen, der RLen 79/267 und 92/96 betreffend Lebensversicherungen, der RL 93/22 betreffend Wertpapierfirmen sowie der RL 85/611 betreffend bestimmte Organismen für gemeinsame Anlagen in Wertpapieren (OGAW) zwecks verstärkter Beaufsichtigung dieser Finanzunternehmen (ABl. 1995 L 168/7).

c) Hypothekar- und Exportkredite

30   – Vorschlag für eine RL des Rates über die Niederlassungsfreiheit und den freien Dienstleistungsverkehr auf dem Gebiet des Hypothekarkredits (KOM [84] 730 endg.; ABl. 1985 C 42/4).

     – Geänderter Vorschlag für eine RL des Rates (vom 22. Mai 1987) über die Niederlassungsfreiheit und den freien Dienstleistungsverkehr auf dem Gebiet des Hypothekarkredits (KOM [87] 255 endg.; ABl. 1987 C 161/4).

     – Vorschlag einer VO des Rates über die Einrichtung einer Europäischen Exportkreditversicherungs-Fazilität zur Gewährung einer Exportkreditversicherung für aus mehr als einem Mitgliedstaat stammende Ausfuhren in Drittländer (KOM [87] 251 endg.; ABl. 1987 C 230/4).

     – Vorschlag für eine VO des Rates über die Gründung eines Rückversicherungspools für Exportkredite an Länder in Mittel- und Osteuropa (SEK [90] 2123 endg.; ABl. 1990 C 302/6).

     – RL 98/29 des Rates vom 7. Mai 1998 zur Harmonisierung der wichtigsten Bestimmungen über die Exportkreditversicherung zur Deckung mittel- und langfristiger Geschäfte (ABl. 1998 L 148/22).

d) Überblicksmäßige Würdigung

31   Der Bankenbereich weist einen relativ **hohen Regulierungsgrad** insbesondere hinsichtlich der Zulassung zum Bankgeschäft und der Aufsicht über die Bankentätigkeit auf. Die Angleichung der europäischen Rechtsnormen hat sich nicht zuletzt deshalb als schwierig erwiesen, weil die **Aufsicht** sowohl die Ebene der **institutionellen Einheiten** (Bewilligung zum Geschäftsbetrieb, Rechnungslegung) als auch der **operationellen Risiken** im Bankgeschäft (Eigenmittelanforderungen, Verhinderung von Klumpenrisiken, Liquiditätsnormen) betrifft (*Hahn/Follak*, Rn. 67; *Hoffmann*, 97; *Huang*, 155). Ziel ist es, die Finanzprodukte wie Waren unbehindert vom Recht des Bestimmungslandes handelbar zu machen, außer wenn das Allgemeininteresse bzw. der Verbraucherschutz den Eingriff mittels einer vorherigen Prüfung rechtfertigt. Der Bankenbegriff wird relativ eng verstanden, das Universalbankensystem aber erhalten. Die bisherige Bankenkoordinierung ist vornehmlich institutionell erfolgt, d.h. als öffentlich-rechtliche Aufsicht über die Institute, und hat sich nicht mit der funktionalen Seite des Bankgeschäftes befaßt. Insoweit besteht z.b. im Hinblick auf Produktnormen und auf Vertriebsregeln ein Nachholbedarf (umfassend *Grundmann*, Das europäische Bankaufsichtsrecht wächst zum System, 1990; dazu *Troberg*, WM 1991, 1747; *Gruner-Schenk*, Harmonisierung des Bankaufsichtsrecht, Berlin 1995).

Zentrale Bedeutung hat die zweite **Bankrechtskoordinierungs-RL**   **32** 89/646, die den Grundsatz der „Einheitslizenz" im europäischen Bankenmarkt sowie den Grundsatz der Gleichbehandlung von In- und Ausländern verwirklicht (*Ress/Ukrow*, Art. 73b Rn. 37; *R. Weber*, in *Zobl*, 101f.; für weitere Literatur vgl. auch 1. Aufl., Art. 73b Rn. 26). Die wesentlichsten Grundsätze der zweiten Bankrechtskoordinierungs-RL 89/646 sind:

– **Gegenseitige Anerkennung** der Zulassung in einem Mitgliedstaat: Eine Betriebslizenz berechtigt zur Geschäftätigkeit im gesamten europäischen Markt. Die konkrete Zulassung läßt sich einzelstaatlich regeln, unzulässig wäre aber die Einführung einer Bedürfnisklausel (für die Auslegung von Art. 59 [ex-Art. 73f] in der Zeit vor dem Inkrafttreten der 2. RL 89l646 vgl. EuGH, C-222/95 Parodi/Banque de Bary et Cie, Slg. 1997, I–3899; EuZW 1998, 320). Nichtbanken dürfen kein Bankgeschäft tätigen (Art. 3 Satz 1).

– Prinzip der Herkunfts- oder **Sitzlandkontrolle**: Ungeachtet der Notwendigkeit vieler administrativer Formalitäten ist die Bankbehörde des Ursprungslandes für Aufsicht und Überwachung der Banktätigkeiten eines Finanzinstituts im ganzen Gemeinsamen Markt zuständig (Art. 19; dazu *Strivens*, 288, 295). Diese umfassende Überwachung wird von den Bankaufsichtsbehörden der anderen Mitgliedstaaten anerkannt (zur Problematik der Durchsetzung sowie des Art. 21 der RL 89/646 vgl. *Strivens*, 297). Verwirklicht werden soll das Prinzip des „full faith and credit", das letztlich auf der „Cassis-de Dijon"-Rechtsprechung beruht.

– **Harmonisierung** der **Bedingungen** für die Ausübung der Banktätigkeit: Ohne Angleichung der Vorschriften über operationelle Risiken ist der Harmonisierungsansatz zum Scheitern verurteilt (eingehend *Gaddum*, Harmonisierung der Bankenaufsicht in der EG, in *Duwendag* [Hrsg.], Europa-Banking, 1988, 111). Die Mitgliedstaaten können zwar trotz der Harmonisierung strengere Maßstäbe setzen (9. Vorbem. der RL 89/646), doch dürfen diese Normen nicht den freien Kapitalverkehr beschränken (*Strivens*, 302). Die Möglichkeit der „umgekehrten" Dis-

kriminierung zu Lasten einheimischer Finanzinstitute erzeugt überdies
einen Deregulierungsdruck (*Horn*, 112).

33 Zwecks **Harmonisierung** der einzelstaatlichen Regulierungssysteme
beschäftigt sich eine **Vielzahl** von **EU-Rechtsakten** z.B. mit den Eigenmittelanforderungen und zum Teil den Liquiditätsnormen (vgl. *Alsheimer*,
RIW 1993, 113; *Pfisterer/Troberg*, 299; *Hahn/Follak*, 68ff.; *Horn*, 114;
Huang, 155), den Großkrediten und der Verhinderung von Klumpenrisiken
(*Boos*, EuZW 1992, 574; *Huang*, 180), der Beaufsichtigung der Kreditinstitute auf konsolidierter Basis (*Boos*, EuZW 1992, 406) sowie dem Ein-
lagenschutz und den Einlagensicherungssystemen. Weitere umfassende
Regulierungen betreffen die Rechnungslegung (*Huang*, 124; *Hoffmann*, 79)
und die Offenlegungspflichten. Die Harmonisierung des Hypothekarmark-
tes ist hingegen nicht weiter verfolgt worden. Größere Beachtung findet
dafür in neuerer Zeit die Behandlung bilanzneutraler, finanztechnologischer Neuerungen, z.B. Absicherungsfazilitäten, Swap-Vereinbarun-
gen, Termingeschäfte, Optionsgeschäfte; sachlich geht es um die Erfassung
der Ausfallrisiken (z.B. durch Eigenmittel- und Solvenzanforderungen) und
der Marktrisiken (z.B. durch Kapitaladäquanzanforderungen, vgl. im Einzelnen *Pohl*, EuZW 1992, 203; *Niemann*, WM 1993, 777; *Pohl*, WM 1997,
1185).

3. Sekundärrecht im Wertpapierfirmen- und Börsenbereich

a) Börsen- und Wertschriftentransaktionen

34 – Empfehlung 77/534 der Kommission vom 25.7.1977 betreffend eu-
      ropäische Wohlverhaltensregeln für Wertpapiertransaktionen (ABl.
      1977 L 212/37).
    – RL 79/279 des Rates vom 5.3.1979 zur Koordinierung der Bedingun-
      gen für die Zulassung von Wertpapieren zur amtlichen Notierung an ei-
      ner Wertpapierbörse (ABl. 1979 L 66/21); geändert durch RL 82/148
      des Rates vom 3.3.1982 (ABl. 1982 L 62/22).
    – RL 80/390 des Rates vom 17.3.1980 zur Koordinierung der Bedingun-
      gen für die Erstellung, die Kontrolle und die Verbreitung des Prospekts,
      der für die Zulassung von Wertpapieren zur amtlichen Notierung an ei-
      ner Wertpapierbörse zu veröffentlichen ist (ABl. 1980 L 100/1), zuletzt
      geändert durch RL 94/18 vom 30.4.1994 (ABl. 1994 L 135/1) (geän-
      derter Vorschlag zur Änderung der RL 80/390, KOM [94] 33 endg.;
      ABl. 1994 C 88/3).
    – RL 82/121 des Rates vom 15.2.1982 über regelmäßige Informationen,
      die von Gesellschaften zu veröffentlichen sind, deren Aktien zur amtli-

chen Notierung an einer Wertpapierbörse zugelassen sind (ABl. 1982
L 48/26).

– RL 88/627 des Rates vom 12.12.1988 über die bei Erwerb und Veräußerung einer bedeutenden Beteiligung an einer börsennotierten Gesellschaft zu veröffentlichenden Informationen (ABl. 1988 L 348/62).

– RL 89/298 des Rates vom 17.4.1989 zur Koordinierung der Bedingun-
gen für die Erstellung, Kontrolle und Verbreitung des Prospekts, der im
Falle öffentlicher Angebote von Wertpapieren zu veröffentlichen ist
(ABl. 1989 L 124/8).

– RL 89/592 des Rates vom 13.11.1989 zur Koordinierung der Vorschriften betreffend Insider-Geschäfte (ABl. 1989 L 334/30).

– RL 93/6 des Rates vom 15.3.1993 über die angemessene Eigenkapitalausstattung von Wertpapierfirmen und Kreditinstituten (ABl. 1993 L
141/1, Kapitaladäquanz-RL); geändert durch RL 98/31 des EP und des
Rates vom 22. Juni 1998 (ABl. 1998 L 204/13).

– RL 93/22 des Rates vom 10.5.1993 über Wertpapierdienstleistungen
(ABl. 1993 L 141/27).

b) Investmentgeschäfte

– RL 85/611 des Rates vom 20.12.1985 zur Koordinierung der Rechts-   **35**
und Verwaltungsvorschriften betreffend bestimmte Organismen für gemeinsame Anlagen in Wertpapieren (OGAW) (ABl. 1985 L 375/3); vgl.
auch RL 95/26 (zit. unter Rn. 29).

– Vorschlag für eine RL des EP und des Rates zur Änderung der RL
85/611 (KOM [98] 449 eng.; ABl. 1998 C 280/6) sowie Vorschlag für
eine RL des EP und des Rates zur Änderung der RL 85/611 zwecks Regulierung der Verwaltungsgesellschaften und der vereinfachten Pro-
spekte für OGAW (KOM [98] 451 endg.; ABl. 1998 C 272/7).

c) Überblicksmäßige Würdigung

Bei den **Wertpapierfirmen** wird eine ähnliche Harmonisierung angestrebt   **36**
wie bei den Banken: Ziel ist eine **einheitliche Zulassung** und **Aufsicht** sowie insbesondere eine angemessene Eigenkapitalausstattung (ältere Literatur in 1. Aufl., Art. 73b Rn. 30; zur neueren Entwicklung *Wiesner*, EuZW
1998, 622). Wegen der einzelstaatlichen Unterschiede hat sich die Harmonisierung als schwieriger erwiesen und mehr Zeit in der Ausarbeitung beansprucht als im Bankenbereich. Mit der Kapitaladäquanz-RL ist aber ein
vergleichbarer Rechtsakt zur Eigenmittel- und Solvabilitäts-RL für Banken
verabschiedet worden; festgelegt werden darin die Eigenkapitalanforderun-

gen für Risiken (z.B. Positions-, Abwicklungs-, Erfüllungs-, Zinsände-
rungs- und Fremdwährungsrisiko), die sich aus den Wertpapierhandels- sowie Fremdwährungsgeschäften ergeben (inkl. Vorschriften zu Startkapital,
konsolidierter Aufsicht usw.). Die Zulassungsvoraussetzungen, die Kapitaladäquanzanforderungen sowie die vereinheitlichte Aufsicht dienen letztlich dem Anlegerschutz (*Pfisterer/Troberg*, 317ff.). Zu einem vereinheit-
lichten **Kapitalmarktrecht**, das formell und sachlich Querschnitts- und
Längsschnittsmaterie darstellt (vgl. *Meier-Schatz*, WuR 1989, 84), gehört
des Weiteren, daß die Wertpapiere behinderungsfrei zirkulieren können und
die **Börsen** als „Umschlagsinstitutionen" ohne Beschränkungswirkung
funktionieren (*von Rosen*, EuZW 1993, 26). Eine weitgehende Liberalisierung des Kapitalverkehrs mit Investmentanteilen hat die OGAW-RL 85/611
geschaffen, die gemeinsame Mindestvorschriften für die Zulassung, die
Aufsicht, die Struktur und die Investitionspolitik der „OGAW" mit dem
Ziel des Anlegerschutzes, der angesichts der modernen Finanzinstrumente
an Bedeutung gewinnt, enthält (*Hoffmann*, 111). Der Verwirklichung der
grenzüberschreitenden Dienstleistungsfreiheit für Wertpapierfirmen dient
die Wertpapierdienstleistungs-RL (*Pfisterer/Troberg*, 316f.). Bei der Bör-
senregulierung steht die **Transparenz** im Vordergrund (*Hahn/Follak*, Rn.
36; *Pfisterer/Troberg*, 323): Durch die Offenlegung von Informationen kraft
Publizitätsvorschriften und Kontrolle der gehandelten Titel, wie sie in verschiedenen Richtlinien gefordert werden, wird dem Schutze der Anleger
(Richter *L. Brandeis*: „sunlight is said to be the best of the desinfectants")
Genüge getan. Die Harmonisierung der Bestimmungen ist umso notwendiger, als die europäischen Börsen sich im Hinblick auf einen europäischen
Wertpapiermarkt elektronisch miteinander verbinden und für neue Produk-
te Gemeinschaftsunternehmen eingehen.

4. Sekundärrecht im Schutzbereich der Kapitalmarktteilnehmer

37   – RL 87/102 des Rates vom 22.12.1986 zur Angleichung der Rechts- und
       Verwaltungsvorschriften der Mitgliedstaaten über den Verbraucherkre-
       dit (ABl. 1987 L 42/48) und RL 90/88 des Rates vom 22.2.1990 zur Än-
       derung der RL 87/102 (ABl. 1990 L 61/14).

       – Vorschlag für eine RL des EP und des Rates zur Änderung der RL
       87/102 (in der durch die RL 90/88 geänderten Fassung) zur Anglei-
       chung der Rechts- und Verwaltungsvorschriften der Mitgliedstaaten
       über den Verbraucherkredit (KOM [96] 79 endg.; ABl. 1996 C 235/8).

       – Geänderter Vorschlag für eine RL des EP und des Rates zur Änderung
       der RL 87/102 (in der durch die RL 90/88 geänderten Fassung) zur An-
       gleichung der Rechts- und Verwaltungsvorschriften der Mitgliedstaaten

über den Verbraucherkredit: Einheitliche mathematische Formel für die Berechnung des effektiven Jahreszinses (KOM [97] 127 endg.; ABl. 1997 C 137/9).

– Empfehlung 87/598 der Kommission vom 8.12.1987 für einen Verhaltenskodex im Bereich des elektronischen Zahlungsverkehrs (Beziehungen zwischen Finanzinstituten, Händlern/Dienstleistungserbringern und Verbrauchern) (ABl. 1987 L 365/72).

– Empfehlung 88/590 der Kommission vom 17.11.1988 zu Zahlungssystemen, insbesondere zu den Beziehungen zwischen Karteninhabern und Kartenausstellern (ABl. 1988 L 317/55).

– Empfehlung 90/109 der Kommission vom 14.2.1990 zur Transparenz der Bankkonditionen bei grenzüberschreitenden Finanztransaktionen (ABl. 1990 L 67/39).

– RL 97/5 des EP und des Rates vom 27.1.1997 über grenzüberschreitende Überweisungen (ABl. 1997 L 43/25).

– RL 97/9 des EP und des Rates vom 3.3.1997 über Systeme für die Entschädigung der Anleger (ABl. 1997 L 84/22).

– Empfehlung 97/489 der Kommission vom 30.7.1997 zu den Geschäften, die mit elektronischen Zahlungsinstrumenten getätigt werden (besonders zu den Beziehungen zwischen Emittenten und Inhabern solcher Instrumente (ABl. 1997 L 208/52).

– Vorschlag für eine RL des EP und des Rates über die Endgültigkeit der Abrechnung und die Stellung von Sicherheiten in Zahlungssystemen (KOM [96] 193; ABl. 1996 C 207/13).

– Geänderter Vorschlag für eine RL des EP und des Rates über die Endgültigkeit der Abrechnung und die Stellung von Sicherheiten in Zahlungssystemen (umzubenennen in: „Richtlinie über die Begrenzung des Systemrisikos in Zahlungssystemen und Wertpapierabrechnungssystemen") (KOM [97] 345 endg.; ABl. 1997 C 259/6).

– RL 98/26 des EP und des Rates vom 19.5.1998 über die Wirksamkeit von Abrechnungen in Zahlungs- sowie Wertpapierliefer- und -abrechnungssystemen (ABl. 1998 L 166/45).

Bestandteil des Binnenmarkts ist auch der Verbraucherschutz auf einem hohen Schutzniveau (Art. 95 Abs. 3, ex-Art. 100a). Die Verbraucher-RL enthält eine Vielzahl von **Schutzvorschriften** zugunsten des regelmäßig unerfahreneren und **schwächeren Vertragspartners** (*Hoffmann*, 92; *Pfisterer/Troberg*, 307; zur RL 97/5 über grenzüberschreitende Überweisungen vgl. *Schneider*, EuZW 1997, 589; *Stauder*, in Liber Amicorum Reich, Baden-Baden 1997, 585ff.; zur Anwendung des Wettbewerbsrechts auf grenzüberschreitende Überweisungen vgl. Mitteilung der EFTA-Überwa- **38** chungsbehörde vom 4.6.1997, ABl. 1997 C 301/7). Der Verbraucher wird gegen Nachteile aus der Kombination von Kreditaufnahme und Waren- bzw. Dienstleistungsbezug geschützt. Die Kreditvermittler bedürfen für ihre Tätigkeit einer Genehmigung oder Überwachung bzw. es sind geeignete Einrichtungen zur Verbraucherberatung zu schaffen (*Hoffmann*, 94).

39 Zunehmende Bedeutung erlangt der **elektronische Zahlungsverkehr**, mit oder ohne Kreditkarten. Aus diesem Grunde hat die Kommission zugunsten der Verbraucher legiferiert (vgl. schon Grünbuch vom 26.9.1990, KOM [90] 447 endg.). Die vorerst erlassenen Empfehlungen stellen zwar „soft law"- Quellen dar, doch sind sie deswegen nicht bedeutungslos, sondern sie entfalten insoweit eine indirekte Wirkung, als die Gerichte sie bei der Normausle- gung zu berücksichtigen haben (*Favre-Bulle*, 63, 226; *Reich*, WM 1993, 875). Inhaltlich geht es vornehmlich um die Transparenz bei grenzüberschreitenden Banktransaktionen, die Einzelregelungen der Vornahme der Transaktionen sowie die Gebührenstruktur (eingehender dazu EuZW 1993, 586; 1994, 68; *Hartmann*, WM 1993, 982; *Kaiser*, EuZW 1991, 83; *Pfisterer/Troberg*, 247f.). Mit der RL 97/5 über grenzüberschreitende Überweisungen und der RL 98/26 über die Wirksamkeit in Abrechnungssystemen wird eine Harmonisierung sich widersprechender nationaler Rechtsvorschriften in Fragen der Transparenz der Gebührenstruktur sowie der Endgültigkeit und der Unwiderruflichkeit von Zahlungen erreicht (vgl. *Wiesner*, EuZW 1998, 622; zum Ganzen auch Favre-Bulle, JKR 1998, 115); in den nächsten Mona- ten sind in diesem Bereich wohl die meisten neuen Rechtsakte zu erwarten. Über die EU hinaus ist zudem von der UNCITRAL ein Modellgesetz zur einheitlichen Regelung des internationalen Überweisungsverkehrs ausgear- beitet worden (dazu *Hadding/Schneider*, WM 1993, 629; *Bischoff*, SZIER 1993, 285; *Hadding/Schneider*, Rechtsprobleme der Auslandüberweisung, 1992, 491).

5. Sekundärrecht im Versicherungsbereich

40 – Schadensversicherung
  – Erste RL 73/239 des Rates vom 24.7.1973 zur Koordinierung der Rechts- und Verwaltungsvorschriften betreffend die Aufnahme und Ausübung der Tätigkeit der Direktversicherung (mit Ausnahme der Lebensversicherung) (ABl. 1973 L 278/3) mit verschiedenen Än- derungen, z.B. in RL 76/580 vom 29.6.1976 (ABl. 1976 L 189/13), in RL 84/641 vom 10.12.1984 (ABl. 1984 L 339/21), in RL 87/343 vom 22.6.1987 (ABl. 1987 L 185/72), in RL 87/344 vom 22.6.1987 (Rechtsschutzversicherung) (ABl. 1987 L 185/77).

- RL 73/240 des Rates vom 24.7.1973 zur Aufhebung der Beschränkungen der Niederlassungsfreiheit auf dem Gebiet der Direktversicherung mit Ausnahme der Lebensversicherung (ABl. 1973 L
  228/20).
- Zweite RL 88/357 des Rates vom 22.6.1988 zur Koordinierung der
  Rechts- und Verwaltungsvorschriften für die Direktversicherung
  (mit Ausnahme der Lebensversicherung) und zur Erleichterung der
  tatsächlichen Ausübung des freien Dienstleistungsverkehr sowie
  zur Änderung der RL 73/239 (ABl. 1988 L 172/1) und Änderungen
  (v.a. Kraftfahrzeug-Haftpflichtversicherung) in RL 90/618 des Rates vom 8.11.1990 (ABl. 1990 L 330/44).
- RL 91/371 des Rates vom 20.6.1991 über die Anwendung des Abkommens zwischen der Europäischen Wirtschaftsgemeinschaft und
  der Schweizerischen Eidgenossenschaft betreffend die Direktversicherung mit Ausnahme der Lebensversicherung (ABl. 1991 L
  205/48).
- Dritte RL 92/49 des Rates vom 18.6.1992 zur Koordinierung der
  Rechts- und Verwaltungsvorschriften für die Direktversicherung
  (mit Ausnahme der Lebensversicherung) sowie zur Änderung der
  RLen 73/239 und 88/357 (ABl. 1992 L 228/1).
- Lebensversicherung
  - Erste RL 79/267 des Rates vom 5.3.1979 zur Koordinierung der Rechts-
    und Verwaltungsvorschriften über die Aufnahme und Ausübung der Di-
    rektversicherung (Lebensversicherung) (ABl. 1979 L 63/1).
  - Zweite RL 90/619 des Rates vom 8.11.1990 zur Koordinierung der
    Rechts- und Verwaltungsvorschriften für die Direktversicherung
    (Lebensversicherung) und zur Erleichterung der tatsächlichen Aus-
    übung des freien Dienstleistungsverkehrs sowie zur Änderung der
    RL 79/267 (ABl. 1990 L 330/50).
  - Dritte RL 92/96 des Rates vom 10.11.1992 zur Koordinierung der
    Rechts- und Verwaltungsvorschriften für die Direktversicherung
    (Lebensversicherung) sowie zur Änderung der RLen 79/267 und
    90/619 (ABl. 1992 L 360/1).
- Kfz-Versicherung
  - RL 72/166 des Rates vom 24.4.1972 betreffend die Angleichung der
    Rechtsvorschriften der Mitgliedsstaaten bezüglich der Kraftfahr-
    zeug-Haftpflichtversicherung und der Kontrolle der entsprechenden
    Versicherungspflicht (ABl. 1972 L 103/1) mit zahlreichen Entschei-
    dungen der Kommission zur Durchführung der RL 72/166, zuletzt
    Entscheidung 97/828 vom 27.10.1997 (ABl. 1997 L 343/25).

- Zweite RL 84/5 des Rates vom 30.12.1983 betreffend die Angleichung der Rechtsvorschriften der Mitgliedstaaten bezüglich der
  Kraftfahrzeug-Haftpflichtversicherung (ABl. 1990 1984 L 8/17).
- Dritte RL 90/232 des Rates vom 14.5.1990 betreffend die Anglei-
  chung der Rechtsvorschriften der Mitgliedsstaaten bezüglich der
  Kraftfahrzeug-Haftpflichtversicherung (ABl. 1990 L 129/33).
- RL 90/618 des Rates vom 8.11.1990 zur Änderung der RL 73/239
  und der RL 88/357 zur Koordinierung der Rechts- und Verwal-
  tungsvorschriften für die Direktversicherung (mit Ausnahme der
  Lebensversicherung), insbesondere bezüglich der Kraftfahrzeug-
  Haftpflichtversicherung (ABl. 1990 L 330/44).
- Vorschlag für eine RL des EP und des Rates zur Angleichung der
  Rechtsvorschriften der Mitgliedstaaten über die Kraftfahrzeug-
  Haftpflichtversicherung und zur Änderung der RLen 72/239 und
  92/49 (Vierte Kraftfahrzeughaftpflicht-RL) (ABl. 1997 C 343/11).
- Weitere Versicherungs-Richtlinien
  - RL 64/225 des Rates vom 25.2.1964 zur Aufhebung der Beschrän-
    kungen der Niederlassungsfreiheit und des freien Dienstleistungs-
    verkehrs auf dem Gebiet der Rückversicherung und Retrozession
    (ABl. 1964 56/878).
  - RL 78/473 des Rates vom 30.5.1978 zur Koordinierung der Rechts-
    und Verwaltungsvorschriften auf dem Gebiet der Mitversicherung
    auf Gemeinschaftsebene (ABl. 1978 L 151/25).
  - RL 87/344 des Rates vom 22.6.1987 zur Koordinierung der Rechts-
    und Verwaltungsvorschriften für die Rechtsschutzversicherung
    (ABl. 1987 L 185/77).
  - RL 91/674 vom 19.12.1991 über den Jahresabschluß und den konsoli-
    dierten Abschluß von Versicherungsunternehmen (ABl. 1991 L 374/7).

41 Die Liberalisierung des Versicherungswesens hat schon frühzeitig mit der international ausgerichteten Rückversicherung (1964) begonnen; anschließend
folgten – wie die vorerwähnte Auswahl zeigt – die RLen zur Haftpflichtversicherung für Motorfahrzeuge (1972), zur Schadensversicherung (1973), zur
Mitversicherung (1978) und zur Lebensversicherung (1979). Für die Versicherungen von Bedeutung ist die Verwirklichung der Niederlassungsfreiheit,
welche die Errichtung von Tochtergesellschaften und Zweigniederlassungen
ermöglicht, sowie das koordinierende Aufsichtsrecht im Schadens- und Le-
bensbereich. Die Versicherungen sind von den Banken zu „trennen", so daß
„Allfinanzgeschäfte" nur über den Aufbau von Konglomeraten, d.h. von zu
Konzernen verbundenen Unternehmen, getätigt werden können (*Pfisterer/
Troberg*, 340f.). Gesamthaft betrachtet erscheint die **Regulierung** im **Versi-**

cherungsbereich weiterhin als etwas **bruchstückhaft** (Überblick bei *Pfiste-rer/Troberg*, 336f.); die Liberalisierung des grenzüberschreitenden Dienstleistungsverkehrs für die Direktversicherung ist immerhin durch einen Grundsatzentscheid des EuGH aus dem Jahre 1986 vorangetrieben worden (EuGH, Rs. 205/84 Deutschland/Versicherungen, Slg. 1986, 3755).

Mit den RLen 92/49 und 92/96 (3. RL zur Schadens- bzw. Lebensversicherung), welche bis zum 31.12.1993 in nationales Recht umzusetzen und ab 1.7.1994 praktisch anzuwenden waren, wurde der **Durchbruch zum Binnenmarkt im Versicherungsbereich** sichergestellt. Wesentlichstes Elemente sind dabei die Einführung einer – dem Bankenbereich entsprechenden – einheitlichen, EU-weit gültigen Zulassung, welche es Versicherungsunternehmen ermöglicht, Niederlassungen in anderen Mitgliedstaaten ohne neue Genehmigung errichten zu können (sog. Europapaß), die Einführung des Prinzips der Herkunftslandkontrolle bei der Finanz- und Tätigkeitsaufsicht sowie die weitgehende Aufhebung der Lokalisierungspflicht für die Rückstellungen. Auch die Pflicht zur Vorlage und Genehmigung der Tarife und Versicherungsbedingungen darf nicht mehr vorgesehen werden. **42**

6. Sekundärrecht im Bereich der Steuern

Im Bereich der Steuern ist eine Vielzahl von RLen kapitalmarktrelevant; dies veranschaulicht folgende Auswahl (vgl. auch die Übersicht bei *Thömmes*, in *Lenz* [1994], 639ff.): **43**

– RL 69/335 des Rates vom 17.7.1969 betreffend die indirekten Steuern auf die Ansammlung von Kapital (ABl. 1969 L 249/25) sowie Änderungen durch RL 74/553 des Rates vom 7.11.1974 (ABl. 1974 L 303/9) und RL 85/303 des Rates vom 10.6.1985 (ABl. 1985 L 156/23); vgl. auch Vorschlag für eine RL des Rates zur Änderung der RL 59/335 (KOM [90] 94 endg.; ABl. 1990 C 111/12).

– Vorschlag für eine RL des Rates über die indirekten Steuern auf Geschäfte mit Wertpapieren (KOM [76] 124 endg.; ABl. 1976 C 133/1) und geänderter Vorschlag vom 14.4.1987 (KOM [87] 139 endg.; ABl. 1987 C 115/9).

– Vorschlag vom 24.7.1978 für eine RL des Rates über die Anwendung der RL des Rates zur Harmonisierung der Körperschaftsteuersysteme und der Regelungen der Quellensteuer auf Dividenden auf Investmenteinrichtungen (KOM [78] 340 endg.; ABl. 1978 C 184/8).

– Vorschlag vom 28.2.1989 für eine RL des Rates über ein gemeinsames System einer Quellensteuer auf Zinsen (KOM [89] 60 endg.; ABl. 1989 C 141/5).

- Sechste RL 77/388 des Rates vom 17.5.1977 zur Harmonisierung der Rechtsvorschriften der Mitgliedstaaten über die Umsatzsteuern/gemeinsames Mehrwertsteuersystem: Einheitliche steuerpflichtige Bemessungsgrundlage (ABl. 1977 L 145/1) (mit zahlreichen Änderungen) und Vorschlag für eine RL des Rates zur Änderung der Sechsten MwSt-RL 77/388 über das gemeinsame Mehrwertsteuersystem (Ausschuß für Mehrwertsteuer) (KOM [97] 325 endg.; ABl. 1997 C 278/6).
- RL 90/434 des Rates vom 23.7.1990 über das gemeinsame Steuersystem für Fusionen, Spaltungen, die Einbringung von Unternehmensteilen und den Austausch von Anteilen, die Gesellschaften verschiedener Mitgliedstaaten betreffen (ABl. 1990 L 225/1) und Vorschlag für eine RL des Rates zur Änderung der RL 90/434 (KOM [93] 293 endg.; ABl. 1993 C 225/3).
- RL 90/435 vom 23.7.1990 über das gemeinsame Steuersystem der Mutter- und Tochtergesellschaften verschiedener Mitgliedstaaten (ABl. 1990 L 225/6) und Vorschlag für eine RL des Rates zur Änderung der RL 90/435 (KOM [93] 293 endg.; ABl. 1993 C 225/5).

44   Die vorerwähnte (knappe) Auswahl aus den in der EU erlassenen Regelungen zur Harmonisierung des Steuerrechts zeigt, daß die Steuerordnungen der Mitgliedstaaten erst zu einem sehr **beschränkten Teil koordiniert** sind. Die RL 69/335 hat z.B. die Wertpapier-, nicht aber die Gesellschafts- bzw. Börsenumsatzsteuer abgeschafft. Unterschiedliche Steuervorschriften behindern weiterhin den freien Kapital- und Zahlungsverkehr; insbesondere die abweichenden Besteuerungen der Kapitalerträge (Zinsen, Dividenden) führen zu Verzerrungen im grenzüberschreitenden Kapitalverkehr und z.T. zur Kapitalflucht; deren Abbau ist erst in vagen Ansätzen erkennbar (*Kiemel*, Art. 73b Rn. 59; *Oppermann*, Rn. 1396). Am 8.2.1989 hat die Kommission zwar einen Bericht zur Liberalisierung des Kapitalverkehrs vorgelegt, der Vorschläge zum Erlaß einer RL betr. Quellensteuern und Zinsen sowie betr. Amtshilfe enthält (KOM [89] 60 endg.; ABl. 1989 C 141/5 vom 7.6.1989); eine RL, welche die Kapitalertragssteuer EU-weit harmonisiert, damit es nicht zu einem „Wettlauf" um Steuervergünstigungen kommt, ist aber noch nicht erlassen worden. Die Übergangsregelung, mit welcher zum Zwecke der Verwirklichung des Binnenmarktes im Mehrwertsteuersystem der endgültige Systemwechsel vom Bestimmungsland- zum Herkunftslandprinzip erfolgen sollte, hat sich – mangels Einigung über eine endgültige Regelung – automatisch über die ursprünglich vorgesehene Geltungsdauer hinaus verlängert. Der Erkenntnis der **mangelhaften Rechtsangleichung**, welcher die Kommission nun mit neuen Anstrengungen immerhin entgegentreten will, entspricht die durch den Vertrag von Maastricht vorgenommene Neuregelung in Art. 73d (und dessen Übernahme in den Vertrag von Amsterdam als Art. 58), welche den Mitgliedstaaten noch ein beachtliches Feld an Beschränkungsmöglichkeiten des Kapital- und Zahlungsverkehrs durch steuerrechtliche Vorschriften offenläßt.

Art. 57 (ex-Art. 73c) (Ausnahmsweise zulässige Beschränkungen)

(1) Artikel 56 berührt nicht die Anwendung derjenigen Beschränkungen auf dritte Länder, die am 31. Dezember 1993 aufgrund einzelstaatlicher oder gemeinschaftlicher Rechtsvorschriften für den Kapitalverkehr mit dritten Ländern im Zusammenhang mit Direktinvestitionen einschließlich Anlagen in Immobilien, mit der Niederlassung, der Erbringung von Finanzdienstleistungen oder der Zulassung von Wertpapieren zu den Kapitalmärkten bestehen.

(2) Unbeschadet der anderen Kapitel dieses Vertrags sowie seiner Bemühungen um eine möglichst weitgehende Verwirklichung des Zieles eines freien Kapitalverkehrs zwischen den Mitgliedstaaten und dritten Ländern kann der Rat auf Vorschlag der Kommission mit qualifizierter Mehrheit Maßnahmen für den Kapitalverkehr mit dritten Ländern im Zusammenhang mit Direktinvestitionen einschließlich Anlagen in Immobilien, mit der Niederlassung, der Erbringung von Finanzdienstleistungen oder der Zulassung von Wertpapieren zu den Kapitalmärkten beschließen. Maßnahmen nach diesem Absatz, die im Rahmen des Gemeinschaftsrechts für die Liberalisierung des Kapitalverkehrs mit dritten Ländern einen Rückschritt darstellen, bedürfen der Einstimmigkeit.

Art. 57 umschreibt die **ausnahmeweise zulässigen Beschränkungen** des   **1**
Kapitalverkehrs im Verhältnis zu Drittstaaten; der Zahlungsverkehr ist nicht Gegenstand der Bestimmung. Art. 57 statuiert Ausnahmen von dem in Art. 56 Abs. 1 (ex-Art. 73b) niedergelegten Grundsatz des freien Kapitalverkehrs in bestimmten wirtschaftspolitisch sensiblen Gebieten. Beschränkungen der Kapitalverkehrsfreiheit gegenüber Drittstaaten ermöglichen neben Art. 57 allerdings auch die Art. 58–60 (ex-Art. 73d, f, g): Art. 58 Abs. 1 lit. a (ex-Art. 73d) erlaubt eine Diskriminierung aus steuerlichen Gründen, Art. 59 (ex-Art. 73f) sieht befristete Schutzmaßnahmen vor und Art. 60 (ex-Art. 73g) Wirtschaftssanktionen. Bei den Maßnahmen gemäß Art. 57 handelt es sich einerseits um **Beschränkungen einzelner Mitgliedstaaten** aufgrund einzelstaatlicher oder gemeinschaftlicher Rechtsvorschriften (Rn. 2) und andererseits um **Gemeinschaftsmaßnahmen** (Rn. 4).

2   Art. 57 Abs. 1 ermöglicht mitgliedstaatliche Beschränkungen der Kapital-
      verkehrsfreiheit mit Drittstaaten aufgrund Vorschriften des einzelstaatli-
      chen oder gemeinschaftlichen Rechts. Beschränkungen können unter fol-
      genden Voraussetzungen zur Anwendung kommen (vgl. auch *Ress/Ukrow*,
      Art. 73c Rn. 3ff.; *Kiemel*, Art. 73c Rn. 2ff.):
      –   Die Beschränkungen müssen sich auf die **Regelungsbereiche** Direktin-
          vestitionen (inkl. Anlagen in Immobilien), Niederlassung, Erbringung
          von Finanzdienstleistungen oder Zulassung von Wertpapieren zu Kapi-
          talmärkten beziehen. Anwendung finden können deshalb weiterhin Re-
          ziprozitätsvorschriften gegenüber Drittländern, wie sie z.B. in der zwei-
          ten Bankrechtskoordinierung-RL, der Verkaufsprospekt-RL, der Wert-
          papierdienstleistungs-RL und verschiedenen Versicherungs-RLen vor-
          gesehen sind (*Geiger*, Rn. 2; *Kiemel*, Art. 73c Rn. 10).
      –   Die Beschränkungen müssen am 31.12.1993 tatsächlich bestanden ha-
          ben (sog. **Stillstandsklausel**); eine rückwirkende Einräumung der Be-
          schränkungsmöglichkeiten ist nicht zulässig („Versteinerungswirkung":
          Ress/Ukrow, Art. 73c Rn. 10), neue Beschränkungen dürfen ab
          1.1.1994 nur noch auf Gemeinschaftsebene (vgl. Rn. 4f.) eingeführt
          werden.

3   Zulässig sind überdies Kontroll- oder Statistikvorschriften, welche dazu
      dienen, Umgehungen von bestehenden Kapitalmarktbeschränkungen zu
      verhindern.

4   Art. 57 Abs. 2 räumt der EU eine besondere Handlungsermächtigung ein,
      in den in Art. 57 erwähnten Bereichen des Kapitalverkehrs mit Drittstaaten
      Maßnahmen zu treffen; eine zusätzliche Kompetenz kann sich aus anderen
      Grundfreiheiten ergeben (z.B. Erfüllung der Niederlassungsfreiheit gemäß
      Art. 44 II lit. g [ex-Art. 54 II lit. g]). Diese **Handlungsermächtigung** be-
      gründet aber keine ausschließliche Zuständigkeit i.S.v. Art. 5 (ex-Art. 3b);
      gemäß dem Subsidiaritätsprinzip darf die EU nur insofern und insoweit
      tätig werden, als die Ziele der in Betracht gezogenen Maßnahmen auf der
      Ebene der Mitgliedstaaten nicht angemessen erreicht werden können und
      z.B. wegen ihres Umfanges oder ihrer Wirkungen besser auf Gemein-
      schaftsebene zu verwirklichen sind (*S. Weber*, 566; *Kiemel*, Art. 73c Rn.
      16f. sowie die Erläuterungen zu Art. 5).

5   Über **Gemeinschaftsmaßnahmen** entscheidet der Rat mit qualifizierter
      Mehrheit (Art. 205 II, ex-Art. 148); Maßnahmen, die neue Beschränkungen
      einführen, bedürfen der Einstimmigkeit. Art. 57 klärt nicht, welcher Art
      diese Maßnahmen sein dürfen; insbesondere besteht keine Einschränkung
      auf Maßnahmen „zur Angleichung der Rechts- und Verwaltungsvorschrif-
      ten" (wie in Art. 95, ex-Art. 100a). Ebenso ist das einzusetzende Instru-

mentarium (RL, VO) nicht vorgegeben (*S. Weber*, 566). Aus diesen Gründen ist davon auszugehen, daß die konkrete Vorgehensweise im Rahmen von Abs. 1 im vernünftigen Ermessen der EU-Organe liegt.

Art. 58 (ex-Art. 73d) (Einzelstaatliche Beschränkungen)

(1) Artikel 56 berührt nicht das Recht der Mitgliedstaaten,

(a) die einschlägigen Vorschriften ihres Steuerrechts anzuwenden, die Steuerpflichtige mit unterschiedlichem Wohnort oder Kapitalanlageort unterschiedlich behandeln,

(b) die unerläßlichen Maßnahmen zu treffen, um Zuwiderhandlungen gegen innerstaatliche Rechts- und Verwaltungsvorschriften, insbesondere auf dem Gebiet des Steuerrechts und der Aufsicht über Finanzinstitute, zu verhindern, sowie Meldeverfahren für den Kapitalverkehr zwecks administrativer oder statistischer Information vorzusehen oder Maßnahmen zu ergreifen, die aus Gründen der öffentlichen Ordnung oder Sicherheit gerechtfertigt sind.

(2) Dieses Kapitel berührt nicht die Anwendbarkeit von Beschränkungen des Niederlassungsrechts, die mit diesem Vertrag vereinbar sind.

(3) Die in den Absätzen 1 und 2 genannten Maßnahmen und Verfahren dürfen weder ein Mittel zur willkürlichen Diskriminierung noch eine verschleierte Beschränkung des freien Kapital- und Zahlungsverkehrs im Sinne des Artikels 56 darstellen.

Überblick

I. Prinzip der Beschränkbarkeit des freien Kapital- und Zahlungsverkehrs

Art. 58 erlaubt den Mitgliedstaaten, unter gewissen Bedingungen (aber ohne Schaffung eines Souveränitätsvorbehaltes) den freien Kapital- und Zahlungsverkehr einzuschränken, und zwar zwischen den Mitgliedstaaten und im Verhältnis zu Drittstaaten. Inhaltlich geht es um den **Schutz bestimmter Rechtsgüter**. Die Beschränkungsmöglichkeiten ergeben sich i.S. eines „dualen Systems" aus den zwingenden Erfordernissen von Art. 56   **1** (ex-Art. 73b) und aus den Ausnahmebestimmungen von Art. 58 (*S. Weber*, 563).

2 Die Formulierung der Beschränkungsgründe in Abs. 1 lit. b ist Art. 30 Satz 1 (ex-Art. 36) und Art. 46 I (ex-Art. 56) nachgebildet, die Formulierung in Abs. 3 entspricht Art. 30 Satz 2 (ex-Art. 36). In der Beschränkungsdiskussion ergeben sich deshalb für **alle Grundfreiheiten parallele Entwicklungen**.

3 Art. 58 ist eine **Ausnahmebestimmung** für Tatbestände nichtwirtschaftlicher Art, weshalb sie in ihrem Anwendungsbereich **restriktiv auszulegen** ist (*S. Weber*, 563); die Ausnahmegründe sind abschließend aufgeführt. Wenn das Gemeinschaftsrecht ein in den Ausnahmegründen genanntes Rechtsgut abschließend regelt, haben die Mitgliedstaaten keine Befugnis mehr für den Erlaß einseitiger Maßnahmen. Insbesondere sind wirtschafts- oder währungspolitische Ziele oder verschleierte Marktbeeinflussungsabsichten kein Grund für die Beschränkung des Kapital- oder Zahlungsverkehrs durch innerstaatliche Maßnahmen. Derselbe Grundsatz gilt für Störungen im Funktionieren des Kapitalmarktes aufgrund von Kapitalbewegungen, soweit der EGV nicht eine spezifische Eingriffsermächtigung statuiert (Art. 59 [ex-Art. 73f], Art. 119/120 [ex-Art. 109h/i]). Hingegen fallen Verstaatlichungsvorschriften nicht in den Anwendungsbereich der Schutzmaßnahmen. Die Beweislast für die Rechtfertigung der getroffenen kapital- bzw. zahlungsverkehrsbeschränkenden Maßnahmen tragen die Mitgliedstaaten bzw. Verpflichteten (*Ress/Ukrow*, Art. 73d Rn. 1).

II. Einzelne Beschränkungsgründe

4 Zulässig ist die **unterschiedliche Behandlung** von **Steuerpflichtigen** mit unterschiedlichem Wohnort oder Kapitalanlageort auf Grund einschlägiger Vorschriften des Steuerrechts (Abs. 1 lit. a; eingehend dazu *Kiemel*, Art. 73d Rn. 4ff.). Gegenüber der Kapitalverkehrs-RL 88/361, welche keine entsprechende Ausnahmeregelung enthält, stellt Art. 58 Abs. 1 lit. a eine primärgemeinschaftsrechtliche Rücknahme eines bereits erreichten Liberalisierungsgrades dar (*Ress/Ukrow*, Art. 73d Rn. 5). Ohne Steuerharmonisierung in der EU lassen sich Unterscheidungen in Steuerinländer und -ausländer sowie in Kapitalanleger im In- und Ausland aufrechterhalten. Das Schlußprotokoll zum Vertrag von Maastricht enthält allerdings eine der Vertragsauslegung dienende Erklärung, wonach dieses Recht nur für den Kapital- und Zahlungsverkehr zwischen den Mitgliedstaaten betreffende nationale Steuervorschriften gilt, die Ende 1993 in Kraft stehen.

Einschränkbar ist der freie Kapital- und Zahlungsverkehr weiterhin durch   5
unerläßliche Maßnahmen zur Verhinderung von Zuwiderhandlungen gegen
innerstaatliche Rechts- und Verwaltungsvorschriften, insbesondere in den
Bereichen Steuerrecht und Aufsicht über Finanzinstitute (Abs. 1 lit. b Fall
1; sog. **Rechtsbruchverhinderung**). Diese Ausnahmebestimmung unterscheidet sich grundlegend von den Beschränkungsgründen anderer Grundfreiheiten: (1) Schutzgut ist (untypisch) die Achtung der Rechtsordnung i.S.
der Unzulässigkeit der Zuwiderhandlung gegen innerstaatliche Rechts- und
Verwaltungsvorschriften. (2) Nur beispielhaft, nicht abschließend werden
gewisse Bereiche der Rechtsordnung aufgezählt; wegen der gebotenen restriktiven Auslegung von Ausnahmebestimmungen ist aber lediglich die
Ausdehnung auf wesensähnliche Bereiche zulässig (S. *Weber*, 564; vgl.
auch Art. 4 der Kapitalverkehrs-RL 88/361 [Art. 56 Rn. 17]). Unter Art. 58
Abs. 1 lit. b fallen namentlich Maßnahmen zur Sicherstellung der Wirksamkeit der Steueraufsicht und zur Bekämpfung rechtswidriger Tätigkeiten, wie der Steuerhinterziehung, der Geldwäscherei, des Drogenhandels
und des Terrorismus (EuGH C-358/93 und C-416/93 Bordessa, Slg. 1995,
I–362, 384f.; C-163/94, C-165/94 und C-250/94 Sanz de Lera, Slg. 1995,
I–4822, 4836).

Ausdrücklich festgehalten wird, daß die Maßnahmen unerläßlich, d.h. **ver-**   6
hältnismäßig, zu sein haben (*Ress/Ukrow*, Art. 73d Rn. 7). Nach der
Rechtsprechung des EuGH müssen die Maßnahmen zur Erreichung des angestrebten Ziels **erforderlich** sein und das Ziel darf nicht mit den freien
Kapitalverkehr **weniger einschränkenden Maßnahmen** erreicht werden
können. Gegen den Verhältnismäßigkeitsgrundsatz verstößt beispielsweise
eine Genehmigungspflicht für Kapitalverkehrstransaktionen, da eine Meldepflicht als milderes Mittel zur Verfügung steht (EuGH, C-358/93 und C-
416/93 Bordessa, Slg. 1995, I–362, 385ff.; C-163/94, C-165/94 und C-
250/94 Sanz de Lera, Slg. 1995, I–4822, 4837ff.). Weil die Achtung der
Rechtsordnung geschützt werden soll, ist eine kapitalverkehrsbeschränken-
de Maßnahme schließlich „auf ihre **Eignung** als Instrument zur Kontrolle
und **vorbeugenden Verhinderung** von **Rechtsverletzungen**" zu überprüfen (*S. Weber*, 564). Beschränkungen müssen anderen Normen (flankie-
rend) zum Durchbruch verhelfen, insbesondere wenn dadurch eine mittelbare Durchsetzung von Rechtsnormen, deren Rechtsfolgen sonst nur
schwierig durchsetzbar sind, beabsichtigt wird. Abgesehen von der restriktiven Auslegung von Ausnahmebestimmungen und der Anwendung des
Verhältnismäßigkeitsprinzips müssen die zu verhindernden Rechtsverletzungen schwerwiegender Natur sein. Beschränkungen sind insbesondere
zulässig in Krisenzeiten und im Falle eines zeitlich befristeten Erlasses.

7   Zulässig sind unerläßliche Maßnahmen zur Einrichtung eines Meldeverfahrens für den Kapitalverkehr zwecks **administrativer** oder **statistischer Information** (Abs. 1 lit. b Fall 2). Materiell geht es bei diesem Beschränkungsgrund um die Möglichkeit der Mitgliedstaaten, Angaben zu statistischen Zwecken erhältlich zu machen. Der EuGH hat solche verwaltungstechnischen Beeinträchtigungen in der Regel anerkannt (EuGH, Rs. 251/78 Denkavit, Slg. 1979, 3369; Rs. 32/80 Kortmann, Slg. 1981, 267; Rs. 29/87 Dansk Denkavit, Slg. 1988, 2991).

8   Zulässig sind Beschränkungen des Kapital- und Zahlungsverkehrs aus Gründen der **öffentlichen Ordnung** und **Sicherheit** (Abs. 1 lit. b Fall 3). Durch diese Ausnahmebestimmung wird der freie Kapitalverkehr dem freien Warenverkehr (Art. 30, ex-Art. 36) und dem Niederlassungsrecht (Art. 46, ex-Art. 56) gleichgeordnet. Die Rechtsprechung zu den bisherigen Art. 36/56 (jetzt Art. 30/46) ist dementsprechend analog heranzuziehen. In Frage stehen hoheitlich festgelegte Grundregeln, welche wesentliche Interessen des Staates berühren (EuGH, Rs. 30/77 Bouchereau, Slg. 1977, 2013).

9   Zulässig sind schließlich der Liberalisierung des Kapital- und Zahlungsverkehrs widersprechende Maßnahmen, soweit sie als mit dem EGV vereinbare **Beschränkungen** des **Niederlassungsrechts** ergehen (Abs. 2; zum Vorgehen, wenn Beschränkungen des Niederlassungsrechts und des Kapitalverkehrs kollidieren vgl. Vorbem. Rn. 8). Das Verhältnis zwischen den beiden Grundrechten ist schon bisher nicht zweifelsfrei gewesen und wird durch Abs. 2 nicht klarer; eine Subsidiaritätsanordnung kann daraus jedenfalls nicht entnommen werden. Vielmehr geht es darum, daß Art. 56 (ex-Art. 73b) die Anwendung sonstiger, nicht tatbeständlicher Beschränkungen nicht zu verhindern vermag (*Ress/Ukrow*, Art. 73d Rn. 16f.). Hinsichtlich des Dienstleistungsverkehrs fehlt – abgesehen von den mit dem Kapitalverkehr verbundenen Dienstleistungen der Banken und Versicherungen (Art. 51 II, ex-Art. 61) – eine Art. 58 Abs. 2 entsprechende Regelung des Verhältnisses zwischen den Beschränkungen der Kapital- und Zahlungsverkehrsfreiheit und denjenigen der Dienstleistungsfreiheit (vgl. zum umstrittenen Meinungsstand *Ress/Ukrow*, Art. 73d Rn. 19).

III. Grenzen der Ausnahmeklausel gemäß Art. 58 Abs. 3

10   Die in Abs. 1 und 2 genannten Maßnahmen und Verfahren dürfen weder ein Mittel zur **willkürlichen Diskriminierung** noch eine **verschleierte Beschränkung** des freien Kapital- und Zahlungsverkehrs darstellen (Abs. 3). Der Wortlaut folgt damit Art. 30 Satz 2 (ex-Art. 36); entsprechend ist bei der Anwendung der Ausnahmeklauseln nach Art. 58 Abs. 1 und 2

der Verhältnismäßigkeitsgrundsatz zu beachten (vgl. *Ress/Ukrow*, Art. 73d
Rn. 23).

Unzulässig ist einerseits eine ungleiche Anwendung von Maßnahmen je   **11**
nach Wohnort bzw. Staatsangehörigkeit des Investors oder nach dem Kapitalanlageort, sofern sie nicht aus sachlichen Gründen gerechtfertigt ist. Bei
verschleierten Beschränkungen handelt es sich andererseits um als Schutzmaßnahmen getarnte Behinderungen des freien Kapital- oder Zahlungsverkehrs. Darunter fallen insbesondere auch (Kontroll-)Maßnahmen, die entweder gar nicht erforderlich sind oder solche, die über das erforderliche
Maß hinaus gehen (*Kiemel*, Art. 73d Rn. 39f.). Unzulässig ist es beispielsweise, die Ausfuhr von Hartgeld, Banknoten oder Inhaberchecks von einer
vorherigen Genehmigung – nicht aber von einer vorherigen Anmeldung –
abhängig zu machen (EuGH, C-358/93 und C-416/93 Bordessa, Slg. 1995,
I–362, 384ff.; C-163/94, C-165/94 und C-250/94 Sanz de Lera, Slg. 1995,
I–4822, 4836ff.).

Art. 59 (ex-Art. 73f) (Kurzfristige Schutzmaßnahmen)

**Falls Kapitalbewegungen nach oder aus dritten Ländern unter außer-
gewöhnlichen Umständen das Funktionieren der Wirtschafts- und
Währungsunion schwerwiegend stören oder zu stören drohen, kann
der Rat mit qualifizierter Mehrheit auf Vorschlag der Kommission und
nach Anhörung der EZB gegenüber dritten Ländern Schutzmaßnahmen mit einer Geltungsdauer von höchstens sechs Monaten treffen,
wenn diese unbedingt erforderlich sind.**

Art. 59 bezieht sich ausschließlich auf den **Kapitalvekehr** und auf **Schutz-**   **1**
maßnahmen, die **Drittländern** gegenüber eingesetzt werden; entsprechende Maßnahmen unter den Mitgliedstaaten sind nicht zulässig. Bei den Maßnahmen auf dem Gebiet des Kapitalverkehrs handelt es sich auch ausschließlich um **Maßnahmen auf Gemeinschaftsebene** (vgl. dagegen Art.
57 Rn. 2). Art. 59 erfaßt grundsätzlich alle Kapitalbewegungen nach oder
aus Drittländern, während Art. 57 (ex-Art. 73c) die Beibehaltung von Beschränkungen der Mitgliedstaaten bzw. Gemeinschaftsmaßnahmen (nur)
auf bestimmten Gebieten des Kapitalverkehrs mit Drittländern ermöglicht
(*Kiemel*, Art. 73f Rn. 1). Schließlich dürfen die kurzfristigen Schutzmaßnahmen von Art. 59 – im Unterschied beispielsweise zu den Maßnahmen
nach Art. 58 (ex-Art. 73d) oder 60 (ex-Art. 73g) – **nur aus wirtschaftli-**
chen, nicht aber aus politischen **Gründen** ergriffen werden (*Kiemel*, Art.
73f Rn. 2). Der Erlaß von Maßnahmen ist im Weiteren an verschiedene

Voraussetzungen geknüpft:
– Die grenzüberschreitenden Kapitalbewegungen müssen das Funktionieren der WWU **schwerwiegend stören** oder zu stören drohen; die Schutzmaßnahmen können also auch präventiv ergriffen werden. Keine Rolle spielt dabei, ob die Störung in der zweiten oder dritten Stufe der WWU auftritt (*Ress/Ukrow*, Art. 73f Rn. 3; *Kiemel*, Art. 73f Rn. 3 und 7).
– Die Störung hat auf **außergewöhnlichen Umständen** zu beruhen; solche sind beispielsweise bei Kapitalbewegungen von außergewöhnlichem Umfang gegeben (*Kiemel*, Art. 73f Rn. 6).
– Die ergriffenen Maßnahmen müssen **unbedingt erforderlich** sein.
Die genannten Voraussetzungen sind Ausdruck des **Grundsatzes der Verhältnismäßigkeit** und des Prinzips des schonenden Einsatzes der Mittel. Die Schutzklausel von Art. 59 ist eng auszulegen und restriktiv handzuhaben (*Ress/Ukrow*, Art. 73f Rn. 5; *Kiemel*, Art. 73f Rn. 8).

2 Die Maßnahmen sind mit qualifizierter Mehrheit (Art. 205 II, ex-Art. 148) auf Vorschlag der Kommission und nach Anhörung der Europäischen Zentralbank (EZB) anzuordnen (Art. 117 VIII, ex-Art. 109f.). Die Maßnahmen dürfen eine **maximale Laufzeit von sechs Monaten** haben, wobei eine Schutzmaßnahme durch Erlaß eines neuen Rechtsakts nach Ablauf ihrer Geltungsdauer verlängert werden kann (*Ress/Ukrow*, Art. 73f Rn. 7). Die Schutzklausel von Art. 59 ist unabhängig von den nach Art. 119/120 (ex-Art. 109h/i) einleitbaren Schutzmaßnahmen zur Abfederung von Zahlungsbilanzschwierigkeiten – welche allerdings auch den innergemeinschaftlichen Kapitalverkehr erfassen – anwendbar (kein ausschließlicher Charakter: vgl. schon Schlußanträge von GA *Darmon* in der Rs. 157/85 Brugnoni/Ruffinengo, Slg. 1986, 2018).

3 Grenzen werden dem Einsatz von Schutzmaßnahmen gegenüber Drittländern durch die Liberalisierungsverpflichtungen in internationalen Abkommen (OECD, WTO) gesetzt (vgl. im Einzelnen *Kiemel*, Art. 73f Rn. 16).

Art. 60 (ex-Art. 73g) (Sanktionen aufgrund GASP-Aktion)

(1) Falls ein Tätigwerden der Gemeinschaft in den in Artikel 301 vorgesehenen Fällen für erforderlich erachtet wird, kann der Rat nach dem Verfahren des Artikels 301 die notwendigen Sofortmaßnahmen auf dem Gebiet des Kapital- und Zahlungsverkehrs mit den betroffenen dritten Ländern ergreifen.

(2) Solange der Rat keine Maßnahmen nach Absatz 1 ergriffen hat, kann jeder Mitgliedstaat unbeschadet des Artikels 297 bei Vorliegen

schwerwiegender politischer Umstände aus Gründen der Dringlichkeit gegenüber dritten Ländern einseitige Maßnahmen auf dem Gebiet des Kapital- und Zahlungsverkehrs treffen. Die Kommission und die anderen Mitgliedstaaten sind über diese Maßnahmen spätestens bei deren Inkrafttreten zu unterrichten.

Der Rat kann mit qualifizierter Mehrheit auf Vorschlag der Kommission entscheiden, daß der betreffende Mitgliedstaat diese Maßnahmen zu ändern oder aufzuheben hat. Der Präsident des Rates unterrichtet das Europäische Parlament über die betreffenden Entscheidungen des Rates.

Art. 60 befaßt sich mit den **Embargomaßnahmen gegenüber Drittstaaten** und differenziert zwischen den Sofortmaßnahmen des Rates (Abs. 1) und den Sofortmaßnahmen eines Mitgliedstaates (Abs. 2).   **1**

Gemäß Abs. 1 kann der **Rat** einzelne **Sofortmaßnahmen** auf dem Gebiete des Kapital- und Zahlungsverkehrs durchführen. Vorausgesetzt ist aber, daß Embargomaßnahmen im Rahmen der Gemeinsamen Außen- und Sicherheitspolitik (GASP) (Art. 11–28, ex-Art. J.1–18 EUV) als gemeinsamer Standpunkt (Art. 15, ex-Art. J.5 EUV) oder als gemeinsame Aktion (Art. 14, ex-Art. J.4 EUV) beschlossen worden sind. Das Verfahren richtet sich nach Art. 301 (ex-Art. 228a), unabhängig vom Adressatenkreis (Staaten, internationale Organisationen; vgl. *Ress/Ukrow*, Art. 73g Rn. 4).   **2**

Abs. 2 statuiert gewisse **Handlungsermächtigungen** der **Mitgliedstaaten**, die neben deren Befugnise gemäß Art. 297 (ex-Art. 224) (Gemeinsames Vorgehen bei Beeinträchtigungen des Marktes durch innerstaatliche Störungen), die unberührt bleiben, treten (*Kiemel*, Art. 73g Rn. 8f.). Die Voraussetzungen für einseitige Maßnahmen eines Mitgliedstaates auf dem Gebiet des Kapital- und Zahlungsverkehrs sind   **3**

– formell: Der Rat hat selber noch keine Sofortmaßnahme gemäß Abs. 1 getroffen.

– materiell: Der Erlaß einseitiger Maßnahmen ist dringlich und es liegen schwerwiegende politische Umstände vor.

Spätestens bei Inkrafttreten einseitiger Maßnahmen sind die Kommission und die anderen Mitgliedstaaten zu informieren. Hierauf hat der Rat die Möglichkeit, auf Vorschlag der Kommission mit qualifizierter Mehrheit (Art. 205 II, ex-Art. 148) die Änderung oder Aufschiebung der Maßnahmen anzuordnen. Über einen solchen Beschluß ist das EP zu benachrichtigen. Die Ermächtigung der Mitgliedstaaten zu autonomen Sofortmaßnahmen auf dem Gebiet des Kapital- und Zahlungsverkehrs ist insbesondere im   **4**

Hinblick auf die Endstufe der WWU kritisch zu beurteilen, d.h. problematisch (*Seidel*, GS Grabitz, 774; *Kiemel*, Art. 73g Rn. 7 und 9).

5   Die Dringlichkeitsmaßnahmen (vgl. *Ress/Ukrow*, Art. 73g Rn. 11) aufgrund des Art. 60 unterscheiden sich von den Schutzmaßnahmen nach Art. 59 (ex-Art. 73f) dadurch, daß sie

- sich nicht nur auf den **Kapital-,** sondern auch auf den **Zahlungsverkehr** erstrecken;
- aus **politischen Gründen** und
- sowohl auf Gemeinschaftsebene, als auch von jedem einzelnen Mitgliedstaaten ergriffen werden können;
- nur gegen einzelne oder mehrere Drittländer gerichtet sein können, während sich die Schutzmaßnahmen von Art. 59 i.d.R. auf den Kapitalverkehr nach oder aus Drittländern *generell* beziehen (*Kiemel*, Art. 73g Rn. 3).

Titel IV.
Visa, Asyl, Einwanderung und andere Politiken betreffend den freien Personenverkehr

Literatur : *Boer*, Justice and Home Affairs Cooperation in the Treaty on European Union: More Complexity Despite Communitarisation, Maastricht Journal of European and Comparitive Law 1997, 310–316 ; *Bribosia*, Liberté, securité et justice: l'imbroglio d'un nouvel espace, Revue du Marché Unique Eurpéen 1998, 27–54 ; *Bunyan*, Key texts on justice and home affairs in the European Union, London 1997, Bd. 1 (1976–1993) from Trevi to Maastricht ; *Colvin/Noorlander*, Human Rights and Accountability after the Treaty of Amsterdam, European Human Rights Law Review 1998, 191–203 ; *Curti Gialdino*, Schengen et le troisième pilier: le contrôle juridictionnel organisé par le traite d'Amsterdam, Revue du March é Unique Européen 1998, 89–124 ; *Daujac*, La coopération européenne en matière d'asile et d'immigration, Hommes et Migration 1998, 20–126 ; *Hailbronner/Thierry*, Amsterdam – Vergemeinschaftung der Sachbereiche Freier Personenverkehr, Asylrecht und Einwanderung sowie Überführung des Schengen-Besitzstandes auf EU-Ebene, EuR Heft 5, 1998, S. 583; *Harings*, Die Zusammenarbeit in den Bereichen Justiz und Inneres-Konsolidierung und Kohärenz des Primärrechts nach Amsterdam, EuR Beiheft 2/1998, 81–97 ; *Kortenberg*, Closer cooperation in the Treaty of Amsterdam, CMLRev. 1998, 833–854 ; *Labayle*, La libre circulation des personnes dans l'Union européenne, de Schengen à Amsterdam, Actualité Juridique Droit Administratif 1997, 923–435 ; *Monar*, Justice and Home Affairs in the Treaty of Amsterdam: Reform at the Price of Fragmentation, ELRev. 1998,320–335 ; *ders.*, Justice and Home Affairs, Journal of Common Market

Studies 1998, 131–142 ; *Müller-Graff,* Justiz und Inneres nach Amsterdam – Die Neuerungen in erster und dritter Säule, Integration 1997, 271–284 ; *Pechstein,* Amsterdamer Vertrag und Grundgesetz, DÖV 1998, 69–576 ; *Rouchereau,* L'espace judiciaire européen, Regards sur l'Actualité 1997, 12–30 ; *Rupprecht,* Justiz und Inneres nach dem Amsterdamer Vertrag, Integration 1997, 264–270 ; *Tandonnet,* Libre circulation et securité en Europe, Défense Nationale 1998, 120–130; *Tibedas,* Police, justice: la réforme du „3e pilier" de l'Union européenne, Regards sur l'Actualité 1997, 3–11 ; *Weber,* Möglichkeiten und Grenzen europäischer Asylrechtsharmonisierung vor und nach Amsterdam, Zeitschrift für Ausländerrecht und Ausländerpolitik 1998, 147–152 ; *Welte,* Beschlüsse zum Ausländer- und Asylrecht auf der Regierungskonferenz am 16./17. Juni 1997 in Amsterdam, Zeitschrift für Ausländerrecht und Ausländerpolitik 1998, 67–69 ; *Zimmermann,* Die Vertrag von Amsterdam und das deutsche Asylrecht, NVwZ 1998, 450–456.

Vorbemerkung zu den Art. 61–69 (ex-Art. 73i-73q)

I. Verlauf der Regierungskonferenz

Aus dem **Maastricht-Vertrag** selbst ergab sich der Auftrag, die mit ihm   **1** eingeführte intergouvernementale **Zusammenarbeit in den Bereichen Justiz und Inneres („ZBJI")** bei der nächsten Regierungskonferenz 1996/97 neu zu überarbeiten und im Hinblick auf ihre Funktionsweise weiterzuentwickeln (vgl. Art. B fünfter Gedankenstrich i.V.m. Art. N Absatz 2 des damaligen EUV [jetzt Art. 2 und 48]). Bereits mit dem Abschluß der Verhandlungen 1991/92 war man sich also der Unzulänglichkeit der Ausgestaltung der ZBJI bewußt. Hierin lag einer der Hauptgründe (neben der Überarbeitung der GASP), nach so kurzer Zeit überhaupt schon wieder eine Regierungskonferenz einzuberufen.

Durch die Praxis ist diese Einsicht bestätigt worden: Die der eigentlichen   **2** Regierungskonferenz vorgeschaltete Reflexionsgruppe faßte in ihrem Bericht vom Dezember 1995 zusammen, daß das Ausmaß der Herausforderungen, die sich der EU in den Bereichen Justiz und Inneres stellen, in keinem Verhältnis zu den seit dem Inkrafttreten des Maastrichter Vertrags (November 1993) erzielten Ergebnissen stehe. Die **Charakteristika der intergouvernementalen Zusammenarbeit** seien: das Fehlen genauer Ziele, eines echten institutionellen, impulsgebenden Mechanismus sowie die Ineffizienz der Rechtsinstrumente, die den für ganz andere Aufgaben konzipierten Instrumenten aus der GASP nachempfunden worden waren.

Die **Kommission** wies schon im Mai 1995 in ihrem Bericht zur Refle-   **3** xionsgruppe darauf hin, daß das Erfordernis der Einstimmigkeit möglicherweise der Hauptgrund für die Wirkungslosigkeit der ZBJI, im Maastricht-Vertrag war. In ihrer Stellungnahme zur Regierungskonferenz vom Februar 1996 schlug sie vor, die Unzulänglichkeiten des EUV in den Bereichen Justiz und Inneres – insbesondere die mangelnde Effizienz und das Fehlen einer demokratischen und gerichtlichen Kontrolle – durch klare Zielsetzungen sowie angemessene Methoden und Rechtsinstrumente zu beseitigen.

4   **Seit dem Beginn der Regierungskonferenz** im März 1996 in Turin war die **Weiterentwicklung der intergouvernementalen Zusammenarbeit in den Bereichen Justiz und Inneres** das die Verhandlungen **beherrschende Thema:** Der Europäische Rat stellte fest, daß „die Bürger Europas den Fragen der Bereiche Justiz und Inneres wachsende Aufmerksamkeit schenken. In einer Region des freien Personenverkehrs (…) wie der Union muß die Ausübung dieser Rechte im Einklang mit den Bestimmungen des Vertrags mit einem angemessenen Schutz einhergehen. Hierzu trägt eine verstärkte Kontrolle der Außengrenzen der Union bei".

In diesem Sinne bestätigte der Europäische Rat von Florenz im Juni 1996 die Notwendigkeit, den Fragen der inneren Sicherheit einen herausragenden Platz einzuräumen. Der außerordentliche Europäische Rat von Dublin vom Oktober 1996 unterstrich erneut, daß ein Raum der Freiheit und der Sicherheit zu den Kernthemen der Konferenz gehört.

5   Die Verhandlungen zur Vergemeinschaftung eines großen Teils der im Maastricht-Vertrag geregelten dritten Säule wurden bis zu ihrem Abschluß im Juni 1997 auf der Grundlage des Vorschlags der Kommission vom 18. September 1996 geführt (Ratsdok. CONF/3912/96). Die Kommission schlug einen neuen Titel im dritten Teil des EGV im Rahmen der Gemeinschaftspolitiken vor. Die Struktur dieses Titels, den sie „Raum der Freiheit, der Sicherheit und der Justiz" nannte, wurde im Grundsatz nicht mehr geändert. Hierauf aufbauend, brachte die damalige irische Präsidentschaft am 11. November 1996 eine dem Stand der Diskussion angepaßte Version in die Verhandlungen ein (Ratsdok. CONF/3976/96). Diese Fassung wurde vom Ratssekretariat am 14. November 1996 durch nähere Begründungen der einzelnen Artikel vervollständigt.

Die ursprünglichen Texte enthielten noch Vorschriften zur Vergemeinschaftung der in der ZBJI enthaltenen Bestimmungen über Drogen- und Betrugsbekämpfung (Art. K.1 Nr.4 und 5 des Maatrichter EUV), sowie über die Zusammenarbeit im Zollwesen (Art. K.1 Nr.8 des Maastrichter EUV). Diese Vorschriften sind im Laufe der Verhandlungen aus dem vorliegenden Titel herausgenommen, allerdings gleichwohl in den EGV – und zwar in ihren jeweiligen Zusammenhang – eingearbeitet worden (vgl. Art. 152 bzw. Art. 280 EGV). Die Zusammenarbeit im Zollwesen ist durch einen eigenen Titel X mit einem Art. 135 in den EGV aufgenommen worden. Für die Betrugsbekämpfung und die Zusammenarbeit im Zollwesen ist sogar das Mitentscheidungsverfahren gemäß Art. 251 (ex-Art. 189b) eingeführt worden. Die strafrechtlichen Aspekte der Kriminalitätsbekämpfung, d.h. die Bekämpfung des illegalen Drogenhandels und des Betrugs sowie damit zusammenhängende Fragen der Zusammenarbeit im Zollwesen, werden allerdings von der „polizeilichen und justitiellen Zusammenarbeit in Strafsachen" gemäß Art. 29ff. (ex-Art. K.1ff.) EUV erfaßt. Insofern bleibt es bei einem Nebeneinander von EGV und dritter Säule des EUV.

Im Rahmen der Verhandlungen des vorliegenden Gemeinschaftstitels waren der institutionelle Teil über das **Beschlußfassungsverfahren** und die **Rolle des EuGH** (Art. 67 und 68) bis zum Ende **umstritten.** Ebenso ist die Integration Schengens in den EGV sowie der jeweilige Sonderstatus Dänemarks bzw. Großbritanniens und Irlands erst ganz am Schluß der Regierungskonferenz entschieden worden (siehe Protokolle bei und nach der Kommentierung zu Art. 69).

II. Ergebnisse

Um das Verhandlungsergebnis in den vertraglichen Kontext zu setzen, legt   6
Art. 2 vierter Gedankenstrich des EUV (ex-Art. B) als Ziel der EU fest: „die Erhaltung und Weiterentwicklung der Union als Raum der Freiheit, der Sicherheit und des Rechts, in dem in Verbindung mit geeigneten Maßnahmen in bezug auf die Kontrollen an den Außengrenzen, das Asyl, die Einwanderung sowie die Verhütung und Bekämpfung der Kriminalität der freie Personenverkehr gewährleistet ist."

Die ehemals durch den Maastricht-Vertrag eingeführte intergouvernementale **Zusammenarbeit in den Bereichen Justiz und Inneres** ist **durch den Amsterdamer Vertrag** folgendermaßen **weiterentwickelt** worden: Wesentliche, unmittelbar mit der Freizügigkeit zusammenhängende Bereiche sind in diesen neuen Titel des EGV (Art. 61–69) übernommen worden. Die die innere Sicherheit betreffenden Fragen sind in der dritten Säule geblieben und ihrerseits überarbeitet worden (Titel VI, Art. 29–42 EUV). Außerdem wurden vier Protokolle angenommen, die die Einbeziehung des Schengen-Besitzstands in die Verträge und nationale Besonderheiten einiger Mitgliedstaaten betreffen; ein Protokoll hinsichtlich des Überschreitens der Außengrenzen, sowie sieben Erklärungen (Nr. 15 bis 21), die sich auf einzelne Vorschriften dieses Titels beziehen und weitere vier Erklärungen (Nr. 44 bis 47), die das Protokoll zur Einbeziehung Schengens betreffen. Darüber hinaus wurde ein Protokoll (und zwei Erklärungen Nr. 48, 49) über die Asylgewährung für Mitgliedstaatsangehörige verabschiedet.

7　Die **Gesamtarchitektur der Verträge** ist durch den Amsterdamer Vertrag **unverändert** geblieben. Neben den EG-Verträgen gibt es auch weiterhin eine dritte, eher durch zwischenstaatliche Kooperation geprägte, Säule. Diese erfaßt jetzt allerdings nur noch die „polizeiliche und justitielle Zusammenarbeit in Strafsachen", die Vorschriften zur Kriminalitätsbekämpfung, Europol, Auslieferung, etc. und ist ihrerseits dadurch an das Gemeinschaftsrecht angenähert worden, daß Kommission, EuGH und EP dort eine größere Rolle spielen als vorher. Bei den vergemeinschafteten Bereichen handelt es sich um die die Binnen- und Außengrenzen betreffenden Vorschriften über Visa, Asyl, Einwanderung und andere mit dem freien Personenverkehr zusammenhängende Politiken, wie die Zusammenarbeit der Justizbehörden in Zivilsachen. Hierauf finden – unter Berücksichtigung der in den Art. 67 und 68 geregelten Besonderheiten – grundsätzlich die Vorschriften und Verfahren der EG Anwendung.

8　Durch die sachliche Nähe der früheren ZBJI zu dem im EGV in Art. 14 (ex-Art. 7a) geregelten Binnenmarkt, insbesondere des darin gewährleisteten freien Personenverkehrs, sahen alle Mitgliedstaaten die Notwendigkeit, die hiermit zusammenhängenden Fragen wie Asyl und Einwanderung auch institutionell gemeinsam, also durch einen neuen gemeinschaftsrechtlichen Titel zu regeln. Die **Vergemeinschaftung** dieser Gebiete wird in Zukunft ein einheitliches Vorgehen in all den Fragen gewährleisten, die mit dem freien Personenverkehr zusammenhängen. Zum ersten Mal ist auch ein globaler, systematischer Ansatz für eine Politik in bezug auf einen kurz- bzw. langfristigen Aufenthalt von Drittstaatsangehörigen in der EU gefunden worden (Art. 62 und 63).

9　Dieses Ergebnis, Vergemeinschaftung und klare Abgrenzung zur verbesserten dritten Säule, zusammen mit der Einbeziehung Schengens in den EGV (siehe nach Art. 69 zum „Protokoll zur Einbeziehung des Schengen-Besitzstands in den Rahmen der Europäischen Union") ist schon deswegen ein großer Erfolg der Regierungskonferenz, da es während der Verhandlungen lange so aussah, als ob für die in diesem Titel geregelten Bereiche eine zusätzliche Säule zwischen dem EG-Recht einerseits und der intergouvernementalen Zusammenarbeit andererseits geschaffen werden sollte. Der letztlich gefundene Kompromiß und die gegenwärtige Struktur des Vertrags entsprechen also dem Geist der Verhandlungen und reihen sich insgesamt in die charakteristische – stufenweise – Entwicklung der EU ein. Damit ist von der EEA über den Maastricht-Vertrag nun mit dem Amsterdamer Vertrag ein **qualitativer Sprung** vollzogen worden.

10　Die genaue Stellung und Formulierung des Titels im EGV wurde erst nach dem Abschluß der eigentlichen Verhandlungen am 17. Juni 1997 in Amsterdam entschieden. Im Juli folgte man dem Vorschlag der die Unterzeichnung im Oktober 1997 vorbereitenden Präsidentschaft, dem bis dahin als „Raum der Freiheit, der Sicherheit und des Rechts" verhandelten Titel die Formulierung „Visa, Asyl, Einwanderung und andere Politiken betreffend den freien Personenverkehr" zu geben und ihn im Dritten Teil bei den Gemeinschaftspolitiken, nach dem Titel über die Freizügigkeit, als neuen Titel IV einzufügen.

Die Praxis wird zeigen, welche konkreten Ergebnisse bei der Anwendung **11** der folgenden Artikel auf der Grundlage des neuen gemeinschaftsrechtlichen Titels erzielt werden. Gerade in der **Phase bis zum Inkrafttreten des Amsterdamer Vertrags** sind intensive Vorbereitungen getroffen worden, die eine **erfolgreiche Anwendung dieses EG-Titels gewährleisten** sollen: Der Europäische Rat von Cardiff hat im Juni 1998 den Rat und die Kommission beauftragt, einen **Aktionsplan** zu der Frage vorzulegen, „wie die Bestimmungen des Amsterdamer Vertrags über den Aufbau eines Raums der Freiheit, der Sicherheit und des Rechts am besten umzusetzen sind". Die Kommission hat den ersten Schritt getan und am 14. Juli 1998 eine entsprechende Mitteilung vorgelegt (KOM, 1998, 459 endg.). Unter anderem befaßt sie sich mit Übergangsfragen im Hinblick auf das Inkrafttreten des Amsterdamer Vertrags. Dabei geht es z.B. darum, wie die Vorschläge, die die Kommission aufgrund früherer Rechtsgrundlagen schon vorbereitet hatte, und die sich inhaltlich mit den in diesem Titel erfaßten Bereichen decken, mit der neuen Rechtslage in Übereinstimmung gebracht werden können, damit die entsprechenden Rechtsakte bei Inkrafttreten des vorliegenden Titels umgehend vorgelegt werden können. Der Ministerrat hat, unter österreichischer Präsidentschaft, einen Aktionsplan zur bestmöglichen Umsetzung dieses Titels am 3. Dezember 1998 angenommen (ABl. 1999 C 19/1ff.; s. auch Schlußfolgerungen des Europäischen Rates vom 11./12.1998, SN 300/98 Rn. 83). Hierin verpflichten sich die Mitgliedstaaten ihre Prioritäten innerhalb von zwei bzw. fünf Jahren nach Inkrafttreten des Amsterdamer Vertrags zu konkretisieren. Darüber hinaus sind die sich aus der Vergemeinschaftung ergebenden Konsequenzen für die Organisationsstruktur und die Arbeitsmethoden im Rat zu ziehen. Außerdem ist bis zum Inkrafttreten des Amsterdamer Vertrags über die konkrete Ausgestaltung der Einbeziehung des Schengener Übereinkommens in den EG- (bzw. EU-)Vertrag zu entscheiden (siehe dazu unten die Kommentierung des entsprechenden Protokolls, Rn.6 und 8).

Art- 61 (ex-Art. 73i) (Maßnahmen zum Aufbau eines Raumes der Freiheit, der Sicherheit und des Rechts)

Zum schrittweisen Aufbau eines Raums der Freiheit, der Sicherheit und des Rechts erläßt der Rat

a) **innerhalb eines Zeitraums von fünf Jahren nach Inkrafttreten des Vertrags von Amsterdam Maßnahmen zur Gewährleistung des freien Personenverkehrs nach Artikel 14 in Verbindung mit unmittelbar damit zusammenhängenden flankierenden Maßnahmen in bezug auf die Kontrollen an den Außengrenzen, Asyl und Einwanderung nach Artikel 62 Nummern 2 und 3, Artikel 63 Nummer 1 Buchstabe a und Nummer 2 Buchstabe a sowie Maßnahmen zur Verhütung und Bekämpfung der Kriminalität nach Artikel 31 Buch-stabe e des Vertrags über die Europäische Union;**

b) **sonstige Maßnahmen in den Bereichen Asyl, Einwanderung und Schutz der Rechte von Staatsangehörigen dritter Länder nach Artikel 63;**

c) **Maßnahmen im Bereich der justitiellen Zusammenarbeit in Zivilsachen nach Artikel 65;**

d) **geeignete Maßnahmen zur Förderung und Verstärkung der Zusammenarbeit der Verwaltungen nach Artikel 66;**

e) **Maßnahmen im Bereich der polizeilichen und justitiellen Zusammenarbeit in Strafsachen, die durch die Verhütung und Bekämpfung der Kriminalität in der Union nach dem Vertrag über die Europäische Union auf ein hohes Maß an Sicherheit abzielen.**

1   Dieser Artikel gibt eine **allgemeine Einführung in den Titel** „Visa, Asyl, Einwanderung und andere Politiken betreffend den freien Personenverkehr". Er knüpft an Art. 2 (ex-Art. B) des EUV an, in dem „die Erhaltung und Weiterentwicklung der Union als Raum der Freiheit, der Sicherheit und des Rechts..." als Ziel der Union festgelegt wird (vgl. Vorbem. Rn. 6). In den Buchstaben a) bis d) gibt dieser Artikel einen Überblick über die Bereiche, die im einzelnen erschöpfend von den darauf folgenden Artikeln erfaßt werden. Er kündigt so diejenigen Sachbereiche an, in denen die EG handeln muß. Es sind nur die Gebiete von der ehemals dritten Säule des EUV in diesen Titel übertragen worden, in denen ein Handeln der EG unbedingt notwendig ist, um das in Art. 2 (ex-Art. B) EUV erklärte Ziel zu verwirklichen. Darüber hinaus wird in Buchstabe e) der Zusammenhang zu Fragen der inneren Sicherheit, und somit zur dritten Säule hergestellt.

Buchstabe a) stellt durch den Verweis auf Art. 14 (ex-Art. 7a) die Verbin- **2**
dung her zu dem schon seit der EEA von 1987 bestehenden Binnenmarktziel der Verwirklichung des freien Personenverkehrs. Der „schrittweise
Aufbau eines Raums der Freiheit, der Sicherheit und des Rechts", der durch
Art. 61 angestrebt wird, ist also nichts völlig Neues. Er gliedert sich ein in
den Raum ohne Binnengrenzen, der durch die EEA damals in den EGV
aufgenommen worden ist. Durch den Verweis auf Art. 14 (ex-Art. 7a) wird
der gemeinschaftliche Bestand im Bereich des freien Personenverkehrs gewahrt.

Die **Festsetzung von einem Zeitpunkt** („innerhalb eines Zeitraums von
fünf Jahren..."), der in den Art. 62 und 63 wiederholt wird, stellt eine **politische Verpflichtung** dar, die die Mitgliedstaaten mit Inkrafttreten des
Amsterdamer Vertrags eingehen. Durch sie wird keine unmittelbare Rechtswirkung herbeigeführt. Es handelt sich vielmehr um einen programmatischen Termin, wie er von der Verwirklichung des Binnenmarktprogramms
(1992) her bekannt ist. Die Mitgliedstaaten haben sich in ihrem Aktionsplan vom Dezember 1998 (vgl. Vorbem. Rn. 11) einen noch detaillierteren
Zeitplan gesetzt und diesen auf alle mit diesem Titel zusammenhängende
Bereiche ausgerechnet.

Der Rat soll Maßnahmen zur Verwirklichung des freien Personenverkehrs **3**
erlassen „in Verbindung mit unmittelbar damit zusammenhängenden flankierenden Maßnahmen...". Es wird also noch einmal eine Auswahl der für
die Verwirklichung der Freizügigkeit am aller wichtigsten Maßnahmen getroffen. Hier findet ein Gedanke seinen Niederschlag, der bereits 1989 im
sogenannten **„Palma-Dokument"** seinen Ursprung hatte. In jenem Bericht
über den freien Personenverkehr, der vom Europäischen Rat in Rhodos
1988 in Auftrag gegeben worden war, wurde von einer Gruppe eingesetzter
Koordinatoren eine erschöpfende Liste der für einen Raum ohne Binnengrenzen „unerläßlichen" Maßnahmen aufgestellt. Ausgangspunkt dieser
Überlegungen war und ist, daß die Schaffung eines Raums ohne Binnengrenzen gemeinsame Regeln über das Überschreiten der Außengrenzen sowie verstärkte Außengrenzkontrollen erfordert. Da letztere für alle Mitgliedstaaten gelten sollen, müssen sie so ausgestaltet sein, daß sich alle Mitgliedstaaten darauf verlassen können, damit die Situation der Drittstaatsangehörigen auf dem Gemeinschaftsgebiet einheitlichen Grundsätzen unterliegt. Dementsprechend kündigt Buchstabe a) die während der Verhandlungen als wesentlich befundenen Bereiche an, welche unmittelbar zur Beseitigung der Binnengrenzen notwendig sind.

Das **Schengener Durchführungsübereinkommen** von 1990 (BGBl. 1993
II S. 1010; welches das Abkommen von 1985 ergänzt) beruhte auf dem

gleichen Grundgedanken und legte demzufolge diejenigen Begleitmaßnahmen fest, die für die Aufhebung der Binnengrenzkontrollen – auch im Bereich der inneren Sicherheit – notwendig sind, z.B.:

– Regeln für die Aufhebung aller Personenkontrollen an den Binnengrenzen – entspricht jetzt Art. 62 Nr.1;

– Grenzübergang an den Außengrenzen (Kontrollen, Zugangsbedingungen) – entspricht jetzt Art. 62 Nr. 2 a);

– Visaspolitik – entspricht jetzt Art. 62 Nr. 2 b);

– Bedingungen für die Freizügigkeit von Drittstaatsangehörigen in der EG und für deren Aufenthaltserlaubnis – entspricht heute den Art. 62 Nr. 3 und 63 Nr.3 a);

– Verantwortung der Mitgliedstaaten für die Bearbeitung von Asylanträgen – entspricht heute Art. 63 Nr. 1 a);

– Zusammenarbeit der Polizeidienststellen (Nacheile, etc) – ist jetzt in der dritten Säule in Art. 30 (ex-Art. K.2) EUV geregelt;

– Stärkung der justitiellen Zusammenarbeit bei Auslieferungen und Rechtshilfe in Strafverfahren – ist jetzt in der dritten Säule in Art. 31 (ex-Art. K.3) EUV geregelt.

Diese Themen stimmen prinzipiell mit den schon im sog. „Palma-Dokument" erarbeiteten Bereichen überein. Sie decken sich nun mit den vergemeinschafteten (und teils mit den in der dritten Säule belassenen) Gebieten. Die Tatsache, daß der Inhalt dieser Begleitmaßnahmen („flankierende Maßnahmen") bei den Verhandlungen als bekannt vorausgesetzt werden konnte und nicht erneut erarbeitet werden mußte, erleichterte die ohnehin schon schwierige Diskussion zur Vergemeinschaftung des mit der Personenfreizügigkeit zusammenhängenden Teils der dritten Säule des Maastricht-Vertrags.

4   Die **Buchstaben b), c) und d)** verweisen jeweils auf die in den Art. 63, 65 und 66 erfaßten Bereiche, die der EG weitere Tätigkeitsfelder, wie z.B. die **justitielle Zusammenarbeit in Zivilsachen,** zuweisen.

Die in diesem Artikel vorgenommene **Kompetenzzuweisung** ist klar und legt eindeutige Ziele fest. Dies ist insofern ein großer Fortschritt, als es die Grundlage für ein effizienteres Handeln der EG schafft. Die systematische Zuweisung von Zuständigkeiten steht in krassem Gegensatz zu der noch im Maastricht-Vertrag bestehenden lockeren Aufzählung von „Angelegenheiten von gemeinsamem Interesse" (vgl. ex-Art. K.1 EUV).

5   In **Buchstabe e)** wird der innere Zusmmenhang hergestellt zwischen den nunmehr in diesen Titel eingegliederten Bereichen und der „polizeilichen und justitiellen Zusammenarbeit in Strafsachen", die in Titel VI EUV geregelt ist. Ebenso wie in Art. 2 (ex-Art. B) EUV soll durch Buchstabe e) fest-

geschrieben werden, daß es insgesamt um ein gemeinsames Ziel, die Verwirklichung des „Raumes der Freiheit, der Sicherheit und des Rechts", geht
(siehe auch Buchstabe a) am Ende). Dies erfordert eine kohärente Vorgehensweise, auch wenn die unmittelbar mit der Personenfreizügigkeit zusammenhängenden Fragen im EGV und die „polizeiliche und justitielle Zusammenarbeit in Strafsachen" in der dritten Säule des EUV geregelt sind.
Die vorliegende Vorschrift ist somit Teil des allgemeinen Kohärenzprinzips
von Art. 1 (ex-Art. A) EUV: „Grundlage der Union sind die Gemeinschaften, ergänzt durch die mit diesem Vertrag eingeführten Politiken und Formen der Zusammenarbeit".

**Art. 62 (ex-Art. 73j) (Maßnahmen bezüglich Grenzkontrollen und
kurzfristigen Aufenthalt)**

**Der Rat beschließt nach dem Verfahren des Artikel 67 innerhalb eines
Zeitraums von fünf Jahren nach Inkrafttreten des Vertrags von Amsterdam**

1. **Maßnahmen, die nach Artikel 14 sicherstellen, daß Personen, seien
es Bürger der Union oder Staatsangehörige dritter Länder, beim
Überschreiten der Binnengrenzen nicht kontrolliert werden;**

2. **Maßnahmen bezüglich des Überschreitens der Außengrenzen der
Mitgliedstaaten, mit denen folgendes festgelegt wird:**

   a) **Normen und Verfahren, die von den Mitgliedstaaten bei der
   Durchführung der Personenkontrollen an diesen Grenzen einzuhalten sind;**

   b) **Vorschriften über Visa für geplante Aufenthalte von höchstens
   drei Monaten einschlielich**

      i) **der Liste der Drittländer, deren Staatsangehörige beim
      Überschreiten der Außengrenzen im Besitz eines Visums
      sein müssen, sowie der Drittländer, deren Staatsangehörige
      von dieser Visumpflicht befreit sind;**

      ii) **der Verfahren und Voraussetzungen für die Visumerteilung
      durch die Mitgliedstaaten;**

      iii) **der einheitlichen Visumgestaltung;**

      iv) **der Vorschriften für ein einheitliches Visum.**

3. **Maßnahmen zur Festlegung der Bedingungen, unter denen Staatsangehörige dritter Länder im Hoheitsgebiet der Mitgliedstaaten
während eines Aufenthalts von höchstens drei Monaten Reisefreiheit genießen.**

1   Art. 62 weist – ebenso wie die Art. 63 und 65 – den Gemeinschaftsinstitutionen eindeutige Aufgaben zu, die nach einem bestimmten, in Art. 67 geregelten Verfahren erlassen werden müssen.

2   **Nr. 1** betrifft die **tatsächliche Aufhebung der Binnengrenzkontrollen.** Auch wenn dieses Prinzip der Abschaffung der Personenkontrollen beim Überschreiten der Binnengrenzen seit der EEA im EGV verankert ist, muß es allerdings noch tatsächlich umgesetzt werden. Die völlige Abschaffung dieser Binnengrenzkontrollen erfordert die Harmonisierung und Koordinierung einiger Aspekte der nationalen Rechtsvorschriften, wie z.b. die **Bestimmung des Begriffs „Binnengrenze"** für Flug- und Seehäfen oder die Festlegung, inwieweit Kontrollen und Förmlichkeiten an diesen Grenzen verboten sind. Die Maßnahmen für die Aufhebung der Personenkontrollen an den Binnengrenzen gelten nicht nur für Unionsbürger, sondern auch für die Staatsangehörigen dritter Länder im Unionsgebiet. Nach der *Erklärung Nr. 15* müssen solche gemeinschaftsrechtlichen Maßnahmen, soweit sie „die im Schengener Übereinkommen von 1990 enthaltenen Bestimmungen über die Abschaffung von Kontrollen an den gemeinsamen Grenzen [ersetzen], zumindest dasselbe Maß an Schutz und Sicherheit [wie diese Bestimmungen bieten] „.

Hierunter werden demnach Bestimmungen erfaßt, die im Richtlinienvorschlag zur „Aufhebung der Personenkontrollen an den Binnengrenzen" (KOM/95/347 endg. vom 12.7.1995) enthalten sind und diesen Grundsatz konkretisieren sollen. Der vorliegende Artikel wird deshalb als „lex specialis" die Rechtsgrundlage des Kommissionsvorschlags (ex-Art. 100, jetzt Art. 94) ersetzten.

3   **Nr. 2** betrifft das **Überschreiten der Außengrenzen.** Der freie Personenverkehr ist ohne ein gemeinsames Konzept für das Überschreiten der Außengrenzen weder denk- noch durchführbar. Ein Verzicht auf Grenzkontrollen im Innern der EU ist nur vertretbar, wenn bei der Kontrolle der Außengrenzen gewährleistet ist, daß keine Sicherheitsdefizite eintreten. Daß Freizügigkeit nach innen und Grenzsicherheit nach außen zwei Seiten ein und derselben Medaille sind, findet in diesem Artikel unter Nr. 2 nun auch praktisch seinen Niederschlag. Hier sollen alle bisher unter Art. K.1 Nr.2 (jetzt Art. 30) EUV und Art. 100c (jetzt aufgehoben) EGV fallenden Fragen des Überschreitens der Außengrenzen in einem Absatz zusammengefaßt werden.

4   **Buchstabe a)** betrifft die Fragen des Überschreitens der Außengrenzen, d.h. die Regeln, die die Mitgliedstaaten bei der **Durchführung der Personenkontrollen** an diesen Grenzen einhalten müssen (einschließlich der Begriffbestimmung der Außengrenzen, der Außengrenzkontrollen und des

Grundsatzes der Gleichwertigkeit zwischen Aufenthaltstitel und Visum für das Überschreiten der Außengrenzen). Das *Protokoll „über die Außenbeziehungen der Mitgliedstaaten hinsichtlich des Überschreitens der Außengrenzen"* bestimmt, daß „entsprechende Maßnahmen nicht die Zuständigkeit der Mitgliedstaaten für die Aushandlung und den Abschluß von Übereinkünften mit Drittländern [berühren], sofern sie mit den gemeinschaftlichen Rechtsvorschriften und anderen in Betracht kommenden internationalen Übereinkünften in Einklang stehen."

Der frühere Art. K.1 Nr.2 (jetzt Art. 30) EUV umfaßte darüber hinaus den   **5** wichtigsten Teil, der zur Verwirklichung einer **Visapolitik** erforderlich ist. Diese materiellen Aspekte der Visapolitik waren demzufolge in Art. 100c (jetzt aufgehoben) EGV nicht enthalten. Es handelt sich um das Verfahren und die Voraussetzungen für die Visumerteilung, die Wirkungen eines Visums und den Grundsatz der gegenseitigen Anerkennung. All das wird jetzt einheitlich und, soweit es um ein Visum für einen Aufenthalt von drei Monaten geht, unter **Buchstabe b)** erfaßt. (Die Visumerteilung für langfristige Aufenthalte ist bei der Einwanderungspolitik geregelt; vgl. Art. 63 Nr.3.) Fragen hinsichtlich der Liste der visumpflichtigen Drittländer und der einheitlichen Visumgestaltung fallen von nun an unter Buchstabe b) i) und iii). Der frühere Art. 100c, der diese beiden Teilaspekte der Visapolitik enthielt, wurde daher aufgehoben. Im übrigen ist eine *Erklärung Nr.16* angenommen worden, die besagt, daß bei der Anwendung von Art. 62 Nr.2 b „außenpolitische Überlegungen der Union und der Mitgliedstaaten berücksichtigt werden".

Der große Vorteil der Vergemeinschaftung dieser Bereiche ist, daß hier-   **6** durch erstmals eine **gemeinsame europäische Visapolitik** möglich wird, aufgrund derer jeder Mitgliedstaat die Gültigkeit der von den anderen Mitgliedstaaten erteilten Visa anerkennt. Damit entfällt das Phänomen des „visa-shopping", infolgedessen sich Staatsangehörige dritter Länder bisher an die Mitgliedstaaten mit den günstigsten Visabedingungen wenden konnten.

Nr. 3 erfaßt die **Reisefreiheit von Staatsangehörigen dritter Länder.** Die   **7** in Art. 14 (ex-Art. 7a) garantierte Freiheit der Unionsbürger, sich innerhalb der EU frei zu bewegen, wird heute nur noch durch die fortbestehenden Binnengrenzkontrollen beeinträchtigt. Anders ist die Situation für Drittstaatsangehörige, deren Aufenthaltsrecht im Hoheitsgebiet eines Mitgliedstaats sich nach dem Recht eines jeden Mitgliedstaats richtet. Die jeweiligen Rechtslagen sind bislang jedoch weder angeglichen noch koordiniert worden.

Um die Personenkontrollen an den Binnengrenzen aufheben zu können, muß das Recht für Drittstaatsangehörige, sich im Unionsgebiet zu bewegen, auch für Ausländer, die sich nur kurzfristig in der EU aufhalten, unabhängig davon geregelt werden, ob sie visumpflichtig sind oder nicht. Da in diesem Zusammenhang die Gleichwertigkeit von Aufenthaltstitel und Visum von entscheidender Bedeutung ist, wird sie an dieser Stelle mit erfaßt. Der vorliegende Absatz betrifft somit die Bedingungen für die Freizügigkeit von Staatsangehörigen dritter Länder in der EU. Er erfaßt eine Frage, die weder unter die Aufhebung der Grenzkontrollen (vgl. Nr. 1 dieses Art.) noch unter die Integrationspolitik im Rahmen der Einwanderung in Art. 63 Nr.4 fällt. Es handelt sich um den Inhalt der bis heute nicht über das Stadium des Vorschlags hinausgekommenen „Reiserecht"-RL (KOM 95/346 endg. vom 12. Juli 1995), welche die Bedingungen für die Freizügigkeit von Staatsangehörigen dritter Länder im Hoheitsgebiet der Mitgliedstaaten regeln soll. Dieser auf Art. 100 (jetzt Art. 94) beruhende Richtlinienvorschlag wird Art. 62 Nr.3 als spezielle Rechtsgrundlage erhalten.

Art. 63 (ex-Art. 73k) (Maßnahmen der Asyl- und Einwanderungspolitik)

Der Rat beschließt nach dem Verfahren des Artikel 67 innerhalb eines Zeitraums von fünf Jahren nach Inkrafttreten des Vertrags von Amsterdam

1. **in Übereinstimmung mit dem Genfer Abkommen vom 28. Juli 1951 und dem Protokoll vom 31. Januar 1967 über die Rechtsstellung der Flüchtlinge sowie einschlägigen anderen Verträgen Asylmaßnahmen in folgenden Bereichen:**

   a) **Kriterien und Verfahren zur Bestimmung des Mitgliedstaats, der für die Prüfung eines Asylantrags zuständig ist, den ein Staatsangehöriger eines dritten Landes in einem Mitgliedstaat gestellt hat;**

   b) **Mindestnormen für die Aufnahme von Asylbewerbern in den Mitgliedstaaten;**

   c) **Mindestnormen für die Anerkennung von Staatsangehörigen dritter Länder als Flüchtlinge;**

   d) **Mindestnormen für die Verfahren in den Mitgliedstaaten zur Zuerkennung oder Aberkennung der Flüchtlingseigenschaft;**

2. **Maßnahmen in bezug auf Flüchtlinge und vertriebene Personen in folgenden Bereichen:**

   a) **Mindestnormen für den vorübergehenden Schutz von vertriebenen Personen aus dritten Ländern, die nicht in ihr Herkunftsland zurückkehren können, und von Personen, die anderweitig internationalen Schutz benötigen;**

   b) Förderung einer ausgewogenen Verteilung der Belastungen, die mit der Aufnahme von Flüchtlingen und vertriebenen Personen und den Folgen dieser Aufnahme verbunden sind, auf die Mitgliedstaaten;

3. einwanderungspolitische Maßnahmen in folgenden Bereichen:

   a) Einreise- und Aufenthaltsvoraussetzungen sowie Normen für die Verfahren zur Erteilung von Visa für einen langfristigen Aufenthalt und Aufenthaltstiteln, einschließlich solcher zur Familienzusammenführung, durch die Mitgliedstaaten;

   b) illegale Einwanderung und illegaler Aufenthalt, einschließlich der Rückführung solcher Personen, die sich illegal in einem Mitgliedstaat aufhalten;

4. Maßnahmen zur Festlegung der Rechte und der Bedingungen, aufgrund derer sich Staatsangehörige dritter Länder, die sich rechtmäßig in einem Mitgliedstaat aufhalten, in anderen Mitgliedstaaten aufhalten dürfen.

Maßnahmen, die vom Rat nach den Nummern 3 und 4 beschlossen worden sind, hindern die Mitgliedstaaten nicht daran, in den betreffenden Bereichen innerstaatliche Bestimmungen beizubehalten oder einzuführen, die mit diesem Vertrag und mit internationalen Übereinkünften vereinbar sind.

Der vorgenannte Fünfjahreszeitraum gilt nicht für nach Nummer 2 Buchstabe b, Nummer 3 Buchstabe a und Nummer 4 zu beschließende Maßnahmen.

Art. 63 erfaßt die **Asyl- und Einwanderungspolitik**, sowie weitere Themen, die mit der Politik in bezug auf Drittstaatsangehörige zusammenhängen. Hierdurch werden die im Maastrichter Vertrag in der dritten Säule in Art. K.1 Nr. 1 und Nr. 3 geregelten Bereiche vergemeinschaftet. Der vorliegende Artikel ermöglicht es, alle wesentlichen asyl- und einwanderungspolitischen Fragen einheitlich in Angriff nehmen zu können, wie z.B. den Einwanderungsdruck, unbegründete Asylanträge, Aufnahmegrundsätze und die Eingliederung von Staatsangehörigen dritter Länder. Durch eine erschöpfende Aufzählung wird festgehalten, in welchen Bereichen innerhalb eines Zeitraums von fünf Jahren der Rat tätig werden muß (s.o. bei Art. 61, Rn. 2). Art. 63 bestimmt am Ende allerdings, daß dieser programmatische Termin nicht für die in unter Nr. 2b (Lastenverteilung), Nr. 3a (Einreise- und Aufenthaltsbedingungen) und Nr. 4 (Integrationspolitik) zu beschließenden Maßnahmen gilt. Dieser Zusatz ist ein Teil des Gesamtkompromisses, der   **1** aber die durch die Vergemeinschaftung ausgelöste grundsätzliche Dynamik nicht in Frage stellen dürfte.

Die Notwendigkeit, die Asyl- und Einwanderungspolitik zu harmonisieren und in einen institutionellen Rahmen zu stellen, der für rechtliche Klarheit sorgt, war bereits im Bericht der für die Einwanderungspolitik zuständigen Minister an den Europäischen Rat von Maastricht (Dezember 1991) hervorgehoben worden. Schon damals erkannten die Staats- und Regierungschefs, daß die Internationalisierung der Probleme ein gemeinsames Vorgehen erfordere, und daß die Asyl- und Einwanderungsfragen ein solches Ausmaß angenommen hatten, daß einzelne Mitgliedstaaten nicht länger auf Kosten anderer Mitgliedstaaten im Alleingang handeln sollen. Bekanntlich sind aber die instutionellen Konsequenzen daraus im Maatricht-Vertrag noch nicht gezogen worden. Der entscheidende Schritt wurde erst durch die Vergemeinschaftung dieser Politikbereiche im Amsterdamer Vertrag getan. Zur konkreten Umsetzung dieses Artikels hat die Kommission am 3. März 1999 ein Arbeitspapier über „gemeinsame Normen für Asylverfahren" angenommen (SEC 1999, 271 final), mit dem sie die Diskussion über die zukünftigen bindenden Rechtsinstrumente begonnen hat.

2   **Nr. 1: „Asylpolitik":** In dem Bericht der für Einwanderungsfragen zuständigen Minister an den Europäischen Rat in Maastricht 1991 wird die Asylpolitik als Bereich „par excellence" bezeichnet, in dem auf gemeinsame Herausforderungen gemeinsame Antworten gefunden werden müßten. Daher hatten die Mitgliedstaaten in einer Erklärung zum Maastrichter Vertrag über die Asylpolitik (Nr. 31) festgehalten, daß zuallererst die Fragen der Asylpolitik (ex-Art. K.1 Nr. 1 EUV) in den gemeinschaftlichen Rahmen übertragen werden sollten. Dies sollte mit Hilfe des damaligen Art. K.9 EUV, der sog. „Passarelle", geschehen, der ein schwerfälliges Verfahren vorsah, das quasi einer Verfassungsänderung gleichkam. Mit dem vorliegenden Art. 63 ist diese – nie in Anspruch genommene – Hilfskonstruktion nun obsolet geworden.

3   In Nr.1 a) bis d) werden die unter die Asylpoilitk fallenden Bereiche im einzelnen aufgezählt, in denen der Rat unter Anwendung des Beschlußfassungsverfahrens gemäß Art. 67 **„Mindestnormen"** beschließt. Es sollen also nur die zur Verwirklichung der gemeinschaftlichen Asylpolitik notwendigen Maßnahmen erlassen werden. Nicht auszuschließen ist, daß es hier im Einzelfall zu **Abgrenzungsproblemen** kommen kann. Allerdings sind die in a) bis d) aufgezählten Themen nicht willkürlich aneinandergereiht worden, sondern stellen das Ergebnis langjähriger Erfahrung mit einer gemeinschaftlichen Asylpolitik dar. Sie spiegeln den Bestand wider, der in gemeinsamer Arbeit entwickelt worden ist. Diese Teile der Asylpolitik sind

bereits in den Arbeitsprogrammen enthalten, die die Europäischen Räte von 1991 und 1993 gebilligt hatten. Außerdem entsprechen sie der Mitteilung, die die Kommission 1994 an den Rat und das EP über die Einwanderungs- und Asylpolitik geschrieben hat (KOM (94) 23 endg.). Gemeinsame Basis für eine europaweite Flüchtlingsregelung ist das **Genfer Übereinkommen** von 1951. Dementsprechend hält *Erklärung Nr. 17* fest, daß „in asylpolitischen Angelegenheiten [] Konsultationen mit dem Hohen Kommissar der Vereinten Nationen für Flüchtlinge und anderen internationalen Organisationen aufgenommen" werden.

Buchstabe a) erfaßt die **Kriterien und Verfahren zur Festlegung des Mitgliedstaats, der für die Prüfung eines** in einem Mitgliedstaat gestellten **Asylantrags zuständig** und somit verantwortlich ist. Dabei handelt es sich um die Bestimmungen des völkerrechtlichen Übereinkommens von Dublin, das im Juni 1990 unterzeichnet worden war, und beim Abschluß der Verhandlungen zum Amsterdamer Vertrag immer noch nicht in Kraft getreten war. Letzteres sowie die Notwendigkeit der Umsetzung des Übereinkommens für die Praxis trugen mit zu der Einsicht bei, daß der Inhalt des Dubliner Übereinkommens in den rechtlichen und institutionellen Rahmen des Vertrags einbezogen werden müsse. Außerdem wird ein im Dezember 1998 angenommenes, allerdings zurückgestelltes, Übereinkommen („Eurodac") über digitale Fingerabdrücke von Asylbewerbern als Gemeinschaftsinstrument unter Buchstaben a) fallen. Die Bestimmung des für den Asylantrag zuständigen Mitgliedstaats ist wesentliche Voraussetzung dafür, gegenseitiges Vertrauen der Mitgliedstaaten in ihre jeweilige Asylpolitik zu schaffen. Dies widerum ist die Grundlage für die konkrete Ausgestaltung einer gemeinschaftsrechtlichen Asylpolitik. **4**

Unter **Buchstabe b)** werden die **Bedingungen** geregelt, **unter denen ein Asylbewerber aufgenommen** wird. Die Bedingungen, unter denen Asylbewerber aufgenommen werden, wiesen bisher je nach Mitgliedstaat erhebliche Unterschiede auf. Dies hatte zur Folge, daß Asylanträge eher in einem als in einem anderen Mitgliedstaat gestellt wurden. Um diesen „Asyltourismus" zu verhindern, müssen in der EG einheitlich geltende Mindestbedingungen für die Aufnahme festgelegt werden. Hierunter fallen Fragen bzgl. Unterkunft, Ausbildung, Beschäftigung, etc. **5**

Die **Buchstaben c) und d)** umfassen die **materiellrechtlichen und verfahrensrechtlichen Vorschriften des Asylrechts**, die notwendig sind, um das Dubliner Übereinkommen zu vervollständigen und das dort geschaffene gegenseitige Vertrauen in die Behandlung der jeweiligen Asylanträge zu untermauern. Hierfür müssen sowohl die Grundregeln des materiellen Asylrechts (z.B. Kriterien für die Beurteilung offensichtlich unbegründeter **6**

Asylanträge, sicheres Herkunftsland, sicheres Drittland, Auslegung der Genfer Konvention 1951 über den Flüchtlingsstatus), als auch die Grundsätze des Asylverfahrens (einschließlich des beschleunigten Verfahrens) angeglichen werden.

7 Aufgrund des *Protokolls „über die Gewährung von Asyl für Staatsangehörige von Mitgliedstaaten der Europäischen Union"* gelten die Mitgliedstaaten untereinander als sichere Herkunftsländer. Asylanträge eines Staatsangehörigen eines Mitgliedstaats dürfen daher grundsätzlich von einem anderen Mitgliedstaat nicht berücksichtigt oder zur Bearbeitung zugelassen werden. Eine der *Erklärungen (Nr. 48)* zu diesem Protokoll bestimmt, daß hierdurch nicht das Recht eines jeden Mitgliedstaats berührt wird, die organisatorischen Maßnahmen zu treffen, „die er zur Erfüllung seiner Verpflichtungen aus dem Genfer Abkommen von 1951 über die Rechtsstellung der Flüchtlinge für erforderlich hält". Gemäß des einzigen Artikels des Protokolls, Buchstabe d), ist bei der Prüfung eines Antrags von der Vermutung einer offensichtlichen Unbegründetheit dieses Antrags auszugehen (siehe hierzu auch *Erklärung Nr. 49*).

8 **Nr. 2: „Andere Maßnahmen in bezug auf Flüchtlinge und vertriebene Personen":** Unter **Buchstabe a)** werden Personen erfaßt, die nicht als Flüchtlinge im Sinne des Art. 1 Abschnitt A der Genfer Flüchtlingskonvention von 1951 gelten, und für die somit die Genfer Konvention kein Schutz bietet, die jedoch aus humanitären Gründen oder aufgrund der in ihrem Land herrschenden Situation (Bürgerkrieg, ökologische Katastrophen, usw.) dorthin nicht zurückkehren können. Der hierfür vorgesehene vorübergehende oder länger gewährte Schutz tritt ergänzend zu dem unter Nr. 1 geregelten Asylrecht hinzu. Er stellt keine Alternativlösung für die Personen dar, die einer Verfolgung im Sinne der Genfer Konvention von 1951 ausgesetzt sind und einen Flüchtlingsstatus geltend machen können.

9 Die Erfahrung mit Konflikten in Krisengebieten haben deutlich gemacht, daß es rechtlicher Instrumente und bestimmter Mechanismen bedarf, um Personen, die aus Katastrophengebieten fliehen, einen unmittelbaren Schutz zu garantieren (Buchstabe a). Gleichzeitig muß für die einzelnen Mitgliedstaaten eine ausgewogene Verteilung der mit der Aufnahme verbundenen Belastungen erzielt werden **(Buchstabe b).** Hiermit können z.B. Maßnahmen zur Koordinierung der Aufnahme der Flüchtlinge in den Mitgliedstaaten oder die Einführung eines finanziellen Ausgleichsmechanismus gemeint sein.

10 **Nr. 3: „Einwanderungspolitik":** In Nr. 3 des Art. 63 sind die früher von Art. K.1 Nr. 3 EUV erfaßten einwanderungspolitischen Maßnahmen aufgenommen worden. Dieser Abschnitt regelt die Zulassung von Drittstaatsan-

gehörigen. Er umfaßt **zwei Gesichtspunkte**: Zunächst geht es unter **Buchstabe a)** darum, die Voraussetzungen zu präzisieren, unter denen Drittstaatsangehörige für einen Aufenthalt von über drei Monaten in der EG zugelassen werden können (Art. 62 Nr. 2b und Nr. 3 gelten nur für einen Aufenthalt bis zu drei Monaten). Hierunter fallen die zur Einreise und zum Aufenthalt berechtigenden Umstände sowie die Erteilung von Visa für einen langfristigen Aufenthalt. Besonders zu berücksichtigen ist die Familienzusammenführung. Ziel ist, die erheblichen Unterschiede zwischen den jeweiligen nationalen Aufenthaltsgenehmigungen und -titeln zu beseitigen. Eine hierzu ergangene *Erklärung (Nr. 18)* besagt, daß die Mitgliedstaaten in diesem Bereich „Übereinkünfte mit Drittländern aushandeln und schließen können, sofern diese Übereinkünfte mit dem Gemeinschaftsrecht in Einklang stehen". Darüber hinaus soll unter **Buchstabe b)** die illegale Einwanderung und der illegale Aufenthalt durch ein gemeinschaftliches Vorgehen bekämpft werden. Sobald Einreise- und Aufenthaltsrechte innerhalb der EG harmonisiert werden, wird die EG auch gegenüber Drittstaaten überzeugender auftreten können. So dürften dadurch beispielsweise Rückübernahmeabkommen leichter zustande kommen können. Unter die vorliegende Regelung fallen ebenfalls die Maßnahmen zur Rückführung von Asylbewerbern, deren Antrag abgelehnt worden ist.

Nr. 4 betrifft, nach den einwanderungspolitischen Maßnahmen unter Nr. 3, **11** die **Integrationspolitik in Bezug auf Drittstaatsangehörige**. Die Bewältigung der Wanderungsströme ist nämlich nur dann sinnvoll, wenn diese durch eine verstärkte Integration derjenigen Drittstaatsangehörigen, die sich rechtmäßig in der EG aufhalten, ergänzt wird.

Integrationsbemühungen tragen dazu bei, die Ausgrenzung bestimmter Personengruppen zu vermeiden und sind somit eine Garantie für die innere Sicherheit in den Mitgliedstaaten. Die EG hat im übrigen schon immer im Rahmen der Sozialpolitik nicht nach Staatsangehörigkeit unterschieden. Das Gemeinschaftsrecht erfaßt also bereits Situationen von Staatsangehörigen dritter Länder, die sich rechtmäßig in einem Mitgliedstaat aufhalten. Es ist demnach nur konsequent, alle hier relevanten Fragen in einem kohärenten Rahmen zu behandeln, der es ermöglicht, einen einheitlichen Ansatz bei der Ausformulierung der Rechte für Drittstaatsangehörige zu finden.

Ursprünglich sollte diese Regelung auch den **Zugang Drittstaatsan- 12 gehöriger zum Arbeitsmarkt** erfassen. Dieser Aspekt wurde aber im Laufe der Verhandlungen wieder herausgenommen, da er auf heftigen Widerstand seitens einer Mehrheit der Delegationen stieß, die den Zugang zum Arbeitsmarkt, vor allem in Verbindung mit der Freizügigkeit von Drittstaatsangehörigen innerhalb der EU als eine rein nationale Sache ansahen.

Der frühere Art. K.1 Nr. 3b) EUV umfaßte allerdings neben dem Aufenthaltsrecht auch den „Zugang zur Beschäftigung" von Drittstaatsangehörigen. In bezug auf Art. 63 Nr. 4 hat die Bundesregierung der damaligen britischen Präsidentschaft in einem Schreiben vom 13.3.1998 mitgeteilt, daß
sie diesen Artikel so auslegt, daß es insbesondere möglich bleibt, Drittstaatsangehörigen ein Aufenthaltsrecht zu verweigern, die Zugang zum Arbeitsmarkt suchen oder mangels ausreichender Existenzmittel der Sozialhilfe zur Last fallen würden. Sie beruft sich dafür auf den letzten Abschnitt
des vorliegenden Artikels. Demzufolge hindern Maßnahmen, die vom Rat
nach den Nr. 3 und 4 beschlossen worden sind, die Mitgliedstaaten nicht
daran, in den betreffenden Bereichen innerstaatliche Bestimmungen zu haben, die mit dem EGV und mit internationalen Übereinkünften vereinbar
sind.

Art. 64 64 (ex-Art. 73l) (Schutzklausel)

**(1) Dieser Titel berührt nicht die Wahrnehmung der Zuständigkeiten
der Mitgliedstaaten für die Aufrechterhaltung der öffentlichen Ordnung und den Schutz der inneren Sicherheit.**

**(2) Sehen sich ein oder mehrere Mitgliedstaaten einer Notlage auf-
grund eines plötzlichen Zustroms von Staatsangehörigen dritter Länder gegenüber, so kann der Rat unbeschadet des Absatzes 1 auf Vorschlag der Kommission mit qualifizierter Mehrheit zugunsten der betreffenden Mitgliedstaaten vorläufige Maßnahmen mit einer Geltungsdauer von höchstens sechs Monaten beschließen.**

1   Art. 64 ist eine **Schutzklausel**, die sich auf die in den vorausgehenden Artikeln geregelten Bereiche (Visa- Asyl- und Einwanderungspolitik, etc.) bezieht. Sie erfaßt zwei unterschiedliche Situationen und Verfahren. Während
nach Abs. 1 die Anwendung der dort geregelten Schutzklausel direkt in die
Zuständigkeit der Mitgliedstaaten fällt, sieht Abs. 2 ein Gemeinschaftsverfahren vor.

2   **Absatz 1** läßt nationale Ausnahmen aus Gründen der Aufrechterhaltung der
öffentlichen Ordnung und zum Schutz der inneren Sicherheit zu. Es handelt
sich um eine Schutzklausel, die sich entsprechend in dem früheren Art. K.2
Abs. 2 EUV und bereits im völkerrechtlichen Schengener Übereinkommen
von 1990 bezüglich der Abschaffung der Binnengrenzkontrollen befand
(Art. 2 Abs. 2 des Übereinkommens). Sie ist mit der gleichen Formulierung
auch in den neuen Titel über die „polizeiliche und justitielle Zusammenar-

beit in Strafsachen" in Art. 33 (ex-Art. K.5) EUV aufgenommen worden.
Im übrigen wird in der *Erklärung Nr. 19* festgehalten, „daß die Mitgliedstaaten bei der Wahrnehmung ihrer Zuständigkeiten [nach diesem Absatz]
außenpolitische Überlegungen berücksichtigen können". Was die Besonderheiten der gerichtlichen Kontrolle dieser Schutzklausel angeht, siehe unten bei Art. 68 Abs. 2.

Absatz 2 regelt, in Anlehnung an die im früheren Art. 100c Abs. 2 (jetzt   **3**
aufgehoben) erfaßte Situation, das anzuwendende Gemeinschaftsverfahren
bei einer in einem oder mehreren Mitgliedstaaten entstandenen Notlage
aufgrund eines plötzlichen Zustroms von Staatsangehörigen dritter Länder.
Während es beim früheren Art. 100c um Maßnahmen bezüglich eines kurzfristig einzuführenden Visumzwangs ging, sieht Abs. 2 allgemein den **Erlaß vorläufiger Maßnahmen** durch den Rat vor, die allerdings auch auf
sechs Monate beschränkt sind. Die Kommission hat hier - im Gegensatz zur
früheren bloßen Empfehlung - ein Vorschlagsrecht, aufgrund dessen der Rat
mit qualifizierter Mehrheit entscheidet.

Art. 65 (ex-Art. 73m) (Justitielle Zusammenarbeit in Zivilsachen)

**Die Maßnahmen im Bereich der justitiellen Zusammenarbeit in Zivil-
sachen mit grenzüberschreitenden Bezügen, die, soweit sie für das reibungslose Funktionieren des Binnenmarktes erforderlich sind, nach
Artikel 67 zu treffen sind, schließen ein:**
a) Verbesserung und Vereinfachung
   **– des Systems für die grenzüberschreitende Zustellung gerichtli-
      cher und außergerichtlicher Schriftstücke;**
   – der Zusammenarbeit bei der Erhebung von Beweismitteln;
   **– der Anerkennung und Vollstreckung gerichtlicher und außerge-
      richtlicher Entscheidungen in Zivil- und Handelssachen;**
**b) Förderung der Vereinbarkeit der in den Mitgliedstaaten geltenden
   Kollisionsnormen und Vorschriften zur Vermeidung von Kompetenzkonflikten;**
**c) Beseitigung der Hindernisse für eine reibungslose Abwicklung von
   Zivilverfahren, erforderlichenfalls durch Förderung der Vereinbarkeit der in den Mitgliedstaaten geltenden zivilrechtlichen Verfahrensvorschriften.**

Es war bis zuletzt umstritten, ob die justitielle Zusammenarbeit in Zivilsa-   **1**
chen überhaupt in das Gemeinschaftsrecht übertragen werden sollte, oder
ob dieses Thema nicht besser weiterhin im Rahmen der intergouvernemen-

talen Zusammenarbeit, d.h. in der dritten Säule, zu behandeln sei (früher
Art. K.1 Nr. 6 EUV). Mit der Entscheidung, die justitielle Zusammenarbeit
in Zivilsachen von der dritten Säule **in den gemeinschaftsrechtlichen Titel zu übertragen**, ist inhaltlich endgültig eine klare Trennung zwischen
dem Gemeinschaftsrecht und der „polizeilichen und justitiellen Zusammenarbeit in Strafsachen" geschaffen worden. Letztere wird hierdurch mit
den dort verbleibenden Vorschriften zur Kriminalitätsbekämpfung und zur
strafprozessualen Zusammenarbeit auf Maßnahmen zur Wahrung der inneren Sicherheit beschränkt. Gleichzeitig wird es der EG mit der Eingliederung dieser Vorschrift in den EGV ermöglicht, die noch bestehenden Hindernisse auszuräumen, die sich für Personen und Unternehmen im Binnenmarkt aufgrund der bestehenden unterschiedlichen Justizsysteme ergeben.
Die Schwierigkeit, den genauen vertraglichen Ort dieser Vorschrift zu bestimmen, spiegelte sich auch im Verhandlungsverlauf wider: Die Präsidentschaft hatte in ihrem Vorschlag vom 11. November 1996 (s.o. Vorbem.
Rn. 4) den Artikel über die justitielle Zusammenarbeit in Zivilsachen, im
Vergleich zu dem ursprünglichen Kommissionsvorschlag vom September
(s.o. Vorbem. Rn. 5), als einzigen aus den zu vergemeinschaftenden Themen zunächst herausgenommen.

2   Neben der institutionellen Eingliederung blieb auch die genaue **inhaltliche
Ausgestaltung** dieses Artikels lange offen. Hauptargument und letztlich
ausschlaggebend für die Vergemeinschaftung der justitiellen Zusammenarbeit in Zivilsachen war die sachliche Nähe dieses Bereichs zur Verwirklichung des Binnenmarktes. Mit dieser Vorschrift ist ein entscheidender
Schritt zur Schaffung eines Europäischen Rechtsraums getan. Sie steckt
den Rahmen ab, in dem sich in der Gemeinschaft eine umfassende Rechts-
pflegepolitik entwickeln kann, ohne daß allerdings ein neues Zivil- oder Zivilprozeßrecht geschaffen werden soll. Ziel ist, dem von der Freizügigkeit
Gebrauch machenden einzelnen die Ausübung seiner Rechte zu erleichtern.

3   Im Gegensatz zu den Art. 62 und 63 werden hier die **zu regelnden Bereiche nicht abschließend aufgezählt** („Maßnahmen...schließen ein"). Die
Erleichterung der Rechtsausübung soll durch gleichen Zugang zum Recht
sowie mittels einer besseren Zusammenarbeit zwischen den nationalen Justizbehörden bei z.B. der Zustellung von Schriftstücken, Anerkennung und
wirksamen Vollstreckung von Urteilen, erreicht werden. Außerdem soll eine gemeinsame Lösung in bezug auf Normenkollisionen gefunden werden.
So besteht schon seit längerem die Notwendigkeit, Kompetenzkonflikte
zwischen Gerichtsbarkeiten bereichsspezifisch im jeweiligen Sekundärrecht zu regeln (z.B. sieht die RL 89/552/EWG „Fernsehen ohne Grenzen"
von 1989 entsprechende Bestimmungen vor). Solche Einzelfallregelungen

sollen von nun an durch ein einheitliches, kohärentes Vorgehen auf der Grundlage dieses Artikels ersetzt werden.

Wesentliche unter diesen Artikel fallende Aspekte finden sich bislang in der Konvention von Brüssel 1968 (über gerichtliche Zuständigkeit und Vollstreckung in Zivil- und Handelssachen; vgl. bezüglich der Einbeziehung des EuGH: Zusatzprotokoll über die Kompetenz des Gerichtshofs, ABl. 1990 C 189/25ff.) sowie in der Konvention von Rom 1980 (über das auf vertragliche Schuldverhältnisse anzuwendende Recht; ABl. 1980 L 266/1ff.). Diese beiden Übereinkommen beruhen auf Art. 220 vierter Gedankenstrich (jetzt Art. 293), der lediglich eine Kompetenz zum Abschluß völkerrechtlicher Verträge gibt. Es ist deswegen nicht verwunderlich, daß die im Gange befindlichen Änderungsarbeiten nur schleppend voran kommen. Art. 65 wird in Zukunft das schwerfällige und dem Gemeinschaftsrecht ohnehin systemfremde Verfahren des Art. 220 (jetzt Art. 293) EGV, für die hier relevanten Bereiche ersetzten. Art. 220 vierter Gedankenstrich (jetzt Art. 293) EGV ist dadurch obsolet geworden und hätte konsequenterweise gestrichen werden müssen.

Fraglich könnte sein, ob der ganz am Schluß der Verhandlungen hinzugefügte Halbsatz: „Maßnahmen…, soweit sie für das reibungslose Funktionieren des Binnenmarktes erforderlich sind,…" den Anwendungsbereich des Art. 65 einzuschränken vermag. Dies ist jedoch bei den von diesem Artikel erfaßten Aspekten mit „grenzüberschreitenden Bezügen", die also mit der Verwirklichung der Freizügigkeit zusammenhängen, nicht zu befürchten. Der Verweis auf das „Funktionieren des Binnenmarktes" ist ein häufig anzutreffender Gemeinschaftsbegriff (vgl. Art. 95, ex-Art. 100a) und wird ohnehin weit auszulegen sein. Vor allem aber ordnet dieser Halbsatz die Zusammenarbeit in Zivilsachen in den allgemeinen Rahmen des EGV ein. Gegen Ende der Konferenz sind im Wege des Kompromisses noch vage Formulierungen wie „Förderung der Vereinbarkeit" (unter b und c) oder „Beseitigung der Hindernisse" (unter c) aufgenommen worden. Der ursprüngliche Kommissionsvorschlag vom September 1996 (oben Vorbem. Rn. 5) sah in den Buchstaben b) und c) das Wort „Angleichung" vor. An der Reichweite der gemeinschaftsrechtlichen Kompetenz dürfte dies allerdings nichts geändert haben. Hinzuweisen ist noch auf die *Erklärung Nr. 20*, nach der die unter diesem Art. beschlossenen Maßnahmen die Mitgliedstaaten nicht daran hindern, „ihre Verfassungsvorschriften über Pressefreiheit und die Freiheit der Meinungsäußerung in anderen Medien anzuwenden".

4

Art. 66 (ex-Art. 73n) (Zusammenarbeit der Behörden)

Der Rat beschließt gemäß dem Verfahren des Artikels 67 Maßnahmen, um die Zusammenarbeit zwischen den entsprechenden Dienststellen der Behörden der Mitgliedstaaten in den Bereichen dieses Titels sowie die Zusammenarbeit zwischen diesen Dienststellen und der Kommission zu gewährleisten.

1   Dieser Artikel soll eine intensivere Zusammenarbeit der zuständigen Behörden der Mitgliedstaaten in den von diesem Titel erfaßten Bereichen ermöglichen. Er hat vor allem zum Ziel, diese Zusammenarbeit sowie diejenige zwischen den Behörden der Mitgliedstaaten und der Kommission durch finanzielle Mittel unterstützen zu können (Austausch von Beamten, etc.).

Art. 67 (ex-Art. 73o) (Beschlußfassungsverfahren)

(1) Der Rat handelt während eines Übergangszeitraums von fünf Jahren nach Inkrafttreten des Vertrags von Amsterdam einstimmig auf Vorschlag der Kommission oder auf Initiative eines Mitgliedstaats und nach Anhörung des Europäischen Parlaments.

(2) Nach Ablauf dieser fünf Jahre
- **handelt der Rat auf der Grundlage von Vorschlägen der Kommission; die Kommission prüft jeden Antrag eines Mitgliedstaats, wonach sie dem Rat einen Vorschlag unterbreiten soll;**
- **faßt der Rat einstimmig nach Anhörung des Europäischen Parlaments einen Beschluß, wonach auf alle Bereiche oder Teile der Bereiche, die unter diesen Titel fallen, das Verfahren des Artikels 251 anzuwenden ist und die Bestimmungen über die Zuständigkeit des Gerichtshofs angepaßt werden.**

(3) Abweichend von den Absätzen 1 und 2 werden die in Artikel 62 Nummer 2 Buchstabe b Ziffern i und iii genannten Maßnahmen vom Zeitpunkt des Inkrafttretens des Vertrags von Amsterdam an vom Rat mit qualifizierter Mehrheit auf Vorschlag der Kommission und nach Anhörung des Europäischen Parlaments beschlossen.

(4) Abweichend von Absatz 2 werden die in Artikel 62 Nummer 2 Buchstabe b Ziffern ii und iv genannten Maßnahmen nach Ablauf von fünf Jahren nach Inkrafttreten des Vertrags von Amsterdam vom Rat gemäß dem Verfahren des Artikels 251 beschlossen.

I. Bedeutung der Regelung

Dieser Artikel regelt das **Beschlußfassungsverfahren**. Er war, zusammen 1
mit dem folgenden Art. 68 über die Zuständigkeit des EuGH, verständli-
cherweise die am heftigsten umstrittene Vorschrift dieses Titels. Anläßlich
der Überführung der Bereiche Justiz und Inneres in den EGV sind die Zuständigkeiten der Institutionen teil- und zeitweise geändert worden, wodurch allerdings der Gesamtcharakter der Vergemeinschaftung nicht in Frage gestellt wird. Die durch die Vergemeinschaftung entstandenen institutionellen Unterschiede gegenüber den klassischen Kompetenzzuweisungen
der Gemeinschaftsorgane im EGV waren im Hinblick auf eine stufenweise
Integration dieser Themen hinzunehmen.

II. Absätze 1 und 2

Die Besonderheit dieses Beschlußfassungsverfahrens besteht darin, daß es 2
dynamisch ausgestaltet worden ist. Die zum Teil eingeschränkten Kompetenzen der einzelnen Organe sind nicht endgültig festgeschrieben worden. Nach Ablauf eines Übergangszeitraum von fünf Jahren ändert sich die
Situation automatisch was das Initiativrecht der Kommission betrifft. Bezüglich der Zuständigkeiten des Rates, des EP und des EuGH ist eine Ermächtigung zur Weiterentwicklung des Beschlußfassungsverfahrens vorgesehen. Die im Vergleich zum klassischen Gemeinschaftsrecht teilweise
geänderte Zuständigkeit der Organe stellt sich wie folgt dar:

1. Rolle des Rates:

Der Rat beschließt, mit Ausnahme eines Teils der Visapolitik (Abs. 3), die 3
ersten fünf Jahre nach Inkrafttreten des Amsterdamer Vertrags nicht mit qualifizierter Mehrheit, sondern mit Einstimmigkeit. Letztere ist auch für den
nach diesem Zeitraum vom Rat zu beschließenden Übergang zur qualifizierten Mehrheit, erforderlich. Mit diesem einstimmig zu fassenden Beschluß muß der Rat bestimmen, welche Bereiche in das Mitentscheidungsverfahren gemäß Art. 251 (ex-Art. 189b) EGV und damit in die qualifizierte Mehrheit übergehen (vgl. Abs. 2 zweiter Gedankenstrich). Daß diese Entwicklung bereits mit Inkrafttreten des Amsterdamer Vertrags anzustreben ist,
ergibt sich aus der *Erklärung Nr. 21*, die bestimmt, daß der Rat vor Ablauf
der Fünfjahresfrist die Einzelheiten prüfen soll, „damit er diesen Beschluß
unmittelbar nach Ablauf dieses Zeitraums fassen und anwenden kann".
Ursprünglich, d.h. bis kurz vor dem abschließenden Europäischen Rat im
Juni 1997 in Amsterdam, hatten sich die Mitgliedstaaten nach langen Ver-

handlungen auf einen automatischen Übergang nach drei Jahren von der Einstimmigkeit zur qualifizierten Mehrheit geeinigt. Im letzten Augenblick wurde dieses Ergebnis verhindert, da Bedenken gegen eine Gemeinschaftskompetenz insbesondere in Einwanderungsfragen geäußert wurden. Aus diesem Grunde einigte man sich für alle Bereiche dieses Titels, mit Ausnahme der Visapolitik, auf die in Abs. 1 und 2 geregelte Lösung, mit der sowohl der Übergangszeitraum auf fünf Jahre verlängert, als auch das Erfordernis eines einstimmigen Ratsbeschlusses für die Entscheidung über den Übergang zur qualifizierten Mehrheit festgesetzt wurde. Allerdings wird für keinen Bereich die Einstimmigkeit endgültig festgeschrieben, was bei der ursprünglich verhandelten Lösung für die von Art. 63 Nr. 2b) und Nr. 3a) erfaßten Aspekte der Fall gewesen wäre.

2. Rolle des Europäischen Parlaments:

4   Das EP hat nach Abs. 1, jedenfalls in den ersten fünf Jahren, lediglich ein Anhörungsrecht. Die Rolle, die den nationalen Parlamente in der früheren intergouvernementalen Zusammenarbeit in den Bereiche Justiz und Inneres zukam, ist demnach nicht durch eine entsprechende Zuständigkeit des EP in den vergemeinschafteten Bereichen ausgeglichen worden.

3. Initiativrecht der Kommission:

5   In den ersten fünf Jahren teilt die Kommission das Initiativrecht mit den Mitgliedstaaten (Abs. 1). Es wird also von entscheidender Bedeutung sein, daß zwischen der Kommission und den Mitgliedstaaten ein konstruktiver Dialog geführt wird (so die Kommission in ihrer Mitteilung, s.o. Vorbem. Rn. 11). Nach diesem Übergangszeitraum gilt - automatisch – das ausschließliche Vorschlagsrecht. Das dem Gemeinschaftsrecht systemfremde gemeinsame Initiativrecht von Kommission und Mitgliedstaaten stammt aus der früheren intergouvernementalen Zusammenarbeit. Die Erfahrung dort hatte gezeigt, daß das Initiativrecht für die Mitgliedstaten in der Praxis wegen mangelnder Abstimmung der Mitgliedstaaten untereinander sowie fehlender Mittel beim Rat nicht zu zufriedenstellenden Ergebnissen geführt hat. Das EP sprach sich aus diesem Grunde schon immer gegen ein (Co-)Initiativrecht für sich oder für den Rat aus. Es schien jedoch lange so, als ob dieses gemeinsame Initiativrecht für Kommission und Mitgliedstaaten im Rahmen der Vergemeinschaftung auch dauerhaft festgeschrieben würde. Die Kommission brachte ein nach dem Vorbild des früheren Art. 100c Abs. 4 (i.V.m. Abs. 1) [jetzt aufgehoben] ausgestaltetes Initiativrecht in die Verhandlungen ein. Danach behielt die Kommission in Visafragen das Mo-

nopol über die Ausarbeitung eines Vorschlags, war aber verpflichtet, jedem von den Mitgliedstaaten gestellten Antrag nachzugehen. Man einigte sich schließlich auf ein in ähnlicher Weise formuliertes ausschließliches Initiativrecht, das allerdings erst nach dem Übergangszeitraum von fünf Jahren eintritt (vgl. Abs. 2 erster Gedankenstrich).

4. Rolle des Europäischen Gerichtshofs:

Zum ersten Mal gibt es in den Bereichen der Asyl- und Einwanderungspo-   6
litik überhaupt eine gerichtliche Kontrolle (siehe dazu im einzelnen die Kommentierung zu Art. 68).

Bezüglich der **Rechtsinstrumente** gelten die allgemeinen Regeln des   7
EGV: statt der in diesen Bereichen bislang üblichen zwischenstaatlichen Übereinkommen, gemeinsamer Standpunkte etc., gelten nunmehr RLen und VOen i.S. des Art. 249 (ex-Art. 189).

III. Absätze 3 und 4

Diese beiden Absätze sehen für die Visapolitik **Ausnahmen** von dem in den   8
Abs. 1 und 2 geregelten Beschlußfassungsverfahren vor.
– **Abs. 3** betrifft die Teile der Visapolitik, die schon gemäß des Maastricht-Vertrags (Art. 100c Abs. 1 und 3) zumindest seit 1996 mit qualifizierter Mehrheit entschieden werden. Da kein Rückschritt im Verhältnis zu der schon bestehenden Gesetzeslage gemacht werden sollte, werden die jetzt in Art. 62 Absatz 2 i) und iii) erfaßten Listen bezüglich visumpflichtiger Drittstaatsangehöriger sowie die einheitliche Visumgestaltung von vornherein mit qualifizierter Mehrheit und dem Initiativmonopol der Kommission entschieden. Das EP hat nur ein Anhörungsrecht.
– Gemäß **Abs. 4** wird für die anderen beiden Vorschriften zur Visapolitik, insbesondere für die Verfahren und materiellen Voraussetzung einer Visumerteilung, nach Ablauf von fünf Jahren – automatisch – das Mitentscheidungsverfahren gemäß Art. 251 (ex-Art. 189b) gelten.

Art. 68 (ex-Art. 73p) (Rechtsschutz)

(1) Artikel 234 findet auf diesen Titel unter folgenden Umständen und Bedingungen Anwendung: Wird eine Frage der Auslegung dieses Titels sowie der Gültigkeit oder Auslegung von auf diesen Titel gestützten Rechtsakten der Organe der Gemeinschaft in einem schwebenden Ver-

fahren bei einem einzelstaatlichen Gericht gestellt, dessen Entscheidungen selbst nicht mehr mit Rechtsmitteln des innerstaatlichen
Rechts angefochten werden können, so legt dieses Gericht dem Gerichtshof die Frage zur Entscheidung vor, wenn es eine Entscheidung
darüber zum Erlaß seines Urteils für erforderlich hält.

(2) In jedem Fall ist der Gerichtshof nicht für Entscheidungen über
Maßnahmen oder Beschlüsse nach Artikel 62 Nummer 1 zuständig, die
die Aufrechterhaltung der öffentlichen Ordnung und den Schutz der
inneren Sicherheit betreffen.

(3) Der Rat, die Kommission oder ein Mitgliedstaat können dem Gerichtshof eine Frage der Auslegung dieses Titels oder von auf diesen Titel gestützten Rechtsakten der Organe der Gemeinschaft zur Entscheidung vorlegen. Die Entscheidung, die der Gerichtshof auf dieses Ersuchen hin fällt, gilt nicht für Urteile von Gerichten der Mitgliedstaaten,
die rechtskräftig geworden sind.

I. Bedeutung der Regelung

1   Ebenso wie Art. 67 Besonderheiten des Beschlußfassungsverfahrens speziell für diesen Titel regelt, sieht Art. 68 bezüglich der Zuständigkeit des
EuGH **Abweichungen von den allgemein Vorschriften** vor. Die Änderungen betreffen vor allem das Vorlageverfahren (s. Abs. 1). Grundsätzlich
finden die Bestimmungen der Art. 220ff. (ex-Art. 164ff.) auch für die von
diesem neuen Titel erfaßten Bereiche Anwendung. Der diesen Titel betreffende Rechtsschutz, so wie er hier ausgestaltet worden ist, gilt allerdings
nur für einen Übergangszeitraum von fünf Jahren, nach dessen Ablauf der
Rat über eine Anpassung entscheidet ohne daß eine Änderung des EGV
notwendig ist (vgl. Art. 67 Abs. 2 zweiter Gedankenstrich a.E.).

II. Absatz 1

2   Gemäß Art. 68 Abs. 1 können **Vorabentscheidungsersuchen** (Art. 234, ex-
Art. 177) nur von den in der konkreten Rechtssache letztinstanzlich entscheidenden nationalen Gerichten unterbreitet werden. Dies ist insofern eine Abschwächung gegenüber dem allgemeinen Gemeinschaftsrechtsschutz,
als in den Bereichen Asyl, Visa, etc. keine Vorlageberechtigung unterin-
stanzlicher Gerichte im Sinne des Art. 234 Abs. 2 (ex-Art. 177 Abs. 2) besteht. Allerdings ist dieser Absatz, der eine Vorlagepflicht für letztinstanzlich entscheidende Gerichte vorsieht, in Anlehnung an Art. 234 Abs. 3 (ex-

Art. 177 III) formuliert worden, wobei jedoch des Kompromisses wegen der Halbsatz hinzugefügt wurde: „wenn es eine Entscheidung darüber zum Erlaß seines Urteils für erforderlich hält". Letzteres macht an sich nur dann Sinn, wenn ein nationales Gericht zur Vorlage berechtigt ist.

Im Rahmen der Entstehungsgeschichte ist hervorzuheben, daß die Einführung einer gerichtlichen Kontrolle überhaupt, vor allem in bezug auf das Vorlageverfahren, bis zuletzt sehr umstritten war. Hauptargument gegen das Vorlageverfahren waren Befürchtungen, daß dieses Rechtsschutzmittel aufgrund der hohen Anzahl nationaler Asylverfahren zu einer Überlastung des EuGH führen würde. Daß solche Bedenken jedoch nicht berechtigt sind, hat die Erfahrung aus anderen Politikbereichen gezeigt, in denen ein naturgemäß zeitweiser Anstieg neuer Rechtsfragen später wieder abnahm, da sich eine europäische Rechtsprechung herausgebildet hatte. Durch die vorliegende Beschränkung der Vorlageverfahren auf in der Sache letztinstanzlich entscheidende Gerichte ist man diesen Bedenken allerdings doch ein wenig entgegengekommen. Im übrigen dürften derartige Befürchtungen, selbst wenn sie zuträfen, kein Argument für einen Ausschluß gerichtlicher Kontrolle sein. Eventuellen prozessualen Anforderungen könnte durch eine Anpassung der Verfahrensordnung des EuGH Rechnung getragen werden. **3**

Im Rahmen der strittigen Verhandlungen um die grundsätzliche Einführung eines Vorlageverfahrens für diesen Titel war bis zuletzt auch das Verhältnis des Vorlageverfahrens zu dem in Abs. 3 geregelten **„Auslegungsersuchen"** unklar. Letztendlich hat man sich auf das Vorlageverfahren in Form der Vorlagepflicht für letztinstanzlich entscheidende nationale Gerichte und ein neuartiges „Auslegungsersuchen" geeinigt, welches nur vom Rat, der Kommission oder einem Mitgliedstaat gestellt werden kann (näher dazu unter Rn. 7, 8). **4**

Was die Kompetenz des EuGH für Vorlageverfahren betrifft, sei in diesem Zusammenhang erwähnt, daß der EuGH jetzt auch für die **„polizeiliche und justitielle Zusammenarbeit in Strafsachen"** zuständig sein kann, was vorher in der intergouvernemental geprägten Zusammenarbeit völlig ausgeschlossen war. **5**

Darüber hinaus sieht Art. 35 (ex-Art. K.7) EUV nunmehr auch in den Bereichen der dritten Säule, unter bestimmten Voraussetzungen, die Zuständigkeit des EuGH für Vorlagefragen vor. Dies ist ein Ergebnis der Bemühungen, Kohärenz zwischen dem vorliegenden Titel und den Fragen der inneren Sicherheit herzustellen (vgl. auch Art. 61 Buchstabe a) und e)).

III. Absatz 2

6   Ein Vergleich zu der Formulierung in Abs. 1 („Art. 234 findet … unter folgenden Umständen … Anwendung") ergibt, daß Abs. 2, der diesen Hinweis
nicht enthält, die **Zuständigkeit des EuGH hinsichtlich der Aufrechterhaltung der öffentlichen Ordnung** und des **Schutzes der inneren Sicherheit** allgemein und nicht nur für Vorlageverfahren einschränkt. Durch
Abs. 2 wird die Zuständigkeit des EuGH für die Überprüfung der in Art. 64
Absatz 1 geregelten Schutzklausel insoweit eingeschränkt, als es um nationale Maßnahmen zur Aufrechterhaltung der öffentlichen Ordnung geht, die
die tatsächliche Abschaffung der Kontrollen an den Binnengrenzen gemäß
Art. 62 Nr. 1 betreffen. Demgegenüber schließt Art. 35 Abs. 5 (ex-Art. K.7)
EUV die Prüfungskompetenz des EuGH für eine entspreche Schutzklausel
in der dritten Säule völlig aus. Die durch Abs. 2 eingeschränkte Kontrollbefugnis des EuGH ist im Rahmen der Vergemeinschaftung als bedenklich
anzusehen. Hierdurch wird, auch nach der Integration Schengens in den
EGV und EUV, eine Situation des Schengener Übereinkommens (s.o.
Art. 61 Rn. 3) aufrecht erhalten. Das Schengener Übereinkommen enthielt
für die Abschaffung der Binnengrenzkontrollen die gleiche Schutzkausel
wie heute Art. 64 Abs. 1 und unterlag naturgemäß keiner gerichtlichen Kontrolle. Dementsprechend regelt auch Art. 2 Abs. 1 UAbs. 3 Satz 2 des Protokolls zur Einbeziehung Schengens, im Rahmen der Verteilung des Schen-
gen-„Acquis" auf die Verträge, daß die Zuständigkeit des EuGH für aus
Gründen der öffentlichen Ordnung und inneren Sicherheit erlassenen Maßnahmen ausgeschlossen ist. Über die Reichweite der im vorliegenden Absatz geregelten Zuständigkeitsbeschränkung wird allerdings der EuGH
selbst zu entscheiden haben.

IV. Absatz 3

7   Durch diesen Absatz wird eine **neue Form der gerichtlichen Kontrolle**
eingeführt, die dem Gemeinschaftsrecht an sich fremd ist. Unabhängig von
einem konkret anhängigen Fall können der Rat, die Kommission oder ein
Mitgliedstaat (die nationalen Gerichte sind ausgenommen) dem EuGH
**Fragen zur Auslegung dieses Titels oder eines hierauf beruhenden Se-
kundärrechtsaktes stellen**. Eine danach ergangene Entscheidung ist zwar
bindend, hat aber gemäß Satz 2 keine Auswirkung auf bereits in den Mitgliedstaaten rechtskräftig gewordene Urteile. Die Gültigkeit eines Rechtsaktes kann nicht Gegenstand eines solchen Ersuchens sein. Diese abstrakte
Auslegungskompetenz – dem deutschen Recht in dieser Form unbekanntes
Gutachterverfahren – beruht auf dem Vorbild des französischen Rechtssy-

stems („recours dans l'intérêt de la loi") und kann als **„Auslegungsersuchen im Interesse des Gesetzes"** bezeichnet werden.

Im Laufe der schwierigen Verhandlungen über die grundsätzliche Ausge-   **8**
staltung des Rechtsschutzes für diesen Titel war ursprünglich strittig, ob
nicht auch oder nur nationale Gerichte dieses Ersuchen stellen können. Damit wollten die Gegner eines umfassenden Rechtsschutzes das Vorlageverfahren
nach Abs. 1 ausschließen und die gerichtliche Kontrolle auf ein
„Auslegungsersuchen" für nationale Gerichte i.S. des Abs. 3 beschränken.
Schließlich hat man sich aber doch auf eine klare Trennung geeinigt: einerseits das durch Gerichte aufgrund eines konkreten Rechtsstreits einzuleitende Vorlageverfahren und andererseits das „Auslegungsersuchen"
i.S. dieses Absatzes. Durch ein auf ein solches Ersuchen hin erlassenes Urteil wird allerdings – im Gegensatz zum Vorlageverfahren - letztlich keine
einheitliche Anwendung des Gemeinschaftsrechts gewährleistet (vgl. auch
Satz 2). Das „Auslegungsersuchen" kann demnach nur als **Ergänzung zu
dem traditionellen Vorlageverfahren** angesehen werden. Ob seine Einführung notwendig war, ist allerdings sehr fraglich. Dieses neue Verfahren
könnte hingegen für die Rechtsanwendung der Verwaltungen hilfreich sein.
Es ist auch nicht ausgeschlossen, daß über diesen Umweg, durch entsprechende nationale Praxis, Fragen, die sich in einem frühen Stadium des Ge-
richtsprozesses stellen, mittels eines Ersuchens nach dem Verfahren dieses
Absatzes, also über einen Mitgliedstaat, an den EuGH herangetragen werden.

Art. 69 (ex-Art. 73q) (Protokolle über die Position des Vereinigten Königreichs, Irlands und Dänemarks)

**Für die Anwendung dieses Titels gelten unbeschadet des Protokolls
über die Anwendung bestimmter Aspekte des Artikels 14 des Vertrags
zur Gründung der Europäischen Gemeinschaft auf das Vereinigte Königreich und auf Irland die Bestimmungen des Protokolls über die Position des Vereinigten Königreichs und Irlands und des Protokolls über
die Position Dänemarks.**

Die Protokolle sind von Bedeutung:

PROTOKOLL (Nr. 3)
ÜBER DIE ANWENDUNG BESTIMMTER ASPEKTE
DES ARTIKELS 7 a DES VERTRAGS ZUR GRÜNDUNG
DER EUROPÄISCHEN GEMEINSCHAFT AUF DAS
VEREINIGTE KÖNIGREICH UND AUF IRLAND

DIE HOHEN VERTRAGSPARTEIEN –
IN DEM WUNSCH, bestimmte das Vereinigte Königreich und Irland betreffende Fragen zu regeln,
IM HINBLICK darauf, daß seit vielen Jahren zwischen dem Vereinigten Königreich und Irland besondere Reiseregelungen bestehen -
SIND über folgende Bestimmungen ÜBEREINGEKOMMEN, die dem Vertrag zur Gründung der Europäischen Gemeinschaft und dem Vertrag über die Europäische Union beigefügt sind:

ARTIKEL 1

Das Vereinigte Königreich darf ungeachtet des Artikels 14 des Vertrags zur Gründung der Europäischen Gemeinschaft, anderer Bestimmungen jenes Vertrags oder des Vertrags über die Europäische Union, im Rahmen dieser Verträge beschlossener Maßnahmen oder von der Gemeinschaft oder der Gemeinschaft und ihren Mitgliedstaaten mit einem oder mehreren Drittstaaten geschlossener internationaler Übereinkünfte an seinen Grenzen mit anderen Mitgliedstaaten bei Personen, die in das Vereinigte Königreich einreisen wollen, Kontrollen durchführen, die nach seiner Auffassung erforderlich sind
a) zur Überprüfung des Rechts auf Einreise in das Vereinigte Königreich bei Staatsangehörigen von Staaten, die Vertragsparteien des Abkommens über den Europäischen Wirtschaftsraum sind, und ihren unterhaltsberechtigten Angehörigen, welche die ihnen nach dem Gemeinschaftsrecht zustehenden Rechte wahrnehmen, sowie bei Staatsangehörigen anderer Staaten, denen solche Rechte aufgrund einer Übereinkunft zustehen, an die das Vereinigte Königreich gebunden ist, und
b) zur Entscheidung darüber, ob anderen Personen die Genehmigung zur Einreise in das Vereinigte Königreich erteilt wird.
Artikel 14 des Vertrags zur Gründung der Europäischen Gemeinschaft oder die anderen Bestimmungen jenes Vertrags oder des Vertrags über die Eu-

ropäische Union oder die im Rahmen dieser Verträge beschlossenen Maßnahmen berühren in keiner Weise das Recht des Vereinigten Königreichs,
solche Kontrollen ein- oder durchzuführen. Wird im vorliegenden Artikel
auf das Vereinigte Königreich Bezug genommen, so gilt diese Bezugnahme
auch für die Gebiete, für deren Außenbeziehungen das Vereinigte Königreich verantwortlich ist.

ARTIKEL 2

Das Vereinigte Königreich und Irland können weiterhin untereinander Regelungen über den freien Personenverkehr zwischen ihren Hoheitsgebieten
(„einheitliches Reisegebiet") treffen, sofern die Rechte der in Artikel 1 Absatz 1 Buchstabe a dieses Protokolls genannten Personen in vollem Umfang
gewahrt bleiben. Dementsprechend findet, solange sie solche Regelungen
beibehalten, Artikel 1 dieses Protokolls unter denselben Bedingungen und
Voraussetzungen wie im Falle des Vereinigten Königreichs auf Irland Anwendung. Artikel 14 des Vertrags zur Gründung der Europäischen Gemeinschaft oder andere Bestimmungen jenes Vertrags oder des Vertrags über die
Europäische Union oder im Rahmen dieser Verträge beschlossene Maßnahmen berühren diese Regelungen in keiner Weise.

ARTIKEL 3

Die übrigen Mitgliedstaaten dürfen an ihren Grenzen oder an allen Orten,
an denen ihr Hoheitsgebiet betreten werden kann, solche Kontrollen bei
Personen durchführen, die aus dem Vereinigten Königreich oder aus Gebieten, deren Außenbeziehungen für die in Artikel 1 dieses Protokolls genannten Zwecke in seiner Verantwortung liegen, oder aber, solange Artikel 1 dieses Protokolls für Irland gilt, aus Irland in ihr Hoheitsgebiet einreisen wollen.
Artikel 14 des Vertrags zur Gründung der Europäischen Gemeinschaft oder
andere Bestimmungen jenes Vertrags oder des Vertrags über die Europäische Union oder im Rahmen dieser Verträge beschlossene Maßnahmen
berühren in keiner Weise das Recht der übrigen Mitgliedstaaten, solche
Kontrollen ein- oder durchzuführen.

PROTOKOLL (Nr. 4)
ÜBER DIE POSITION DES VEREINIGTEN
KÖNIGREICHS UND IRLANDS

DIE HOHEN VERTRAGSPARTEIEN -
IN DEM WUNSCH, bestimmte das Vereinigte Königreich und Irland betreffende Fragen zu regeln,
UNTER BERÜCKSICHTIGUNG des Protokolls über die Anwendung bestimmter Aspekte des Artikels 14 des Vertrags zur Gründung der Europäischen Gemeinschaft auf das Vereinigte Königreich und auf Irland -
SIND über folgende Bestimmungen ÜBEREINGEKOMMEN, die dem Vertrag zur Gründung der Europäischen Gemeinschaft und dem Vertrag über die Europäische Union beigefügt sind:

ARTIKEL 1

Vorbehaltlich des Artikels 3 beteiligen sich das Vereinigte Königreich und Irland nicht an der Annahme von Maßnahmen durch den Rat, die nach Titel IVdes Vertrags zur Gründung der Europäischen Gemeinschaft vorgeschlagen werden. Abweichend von Artikel 205 Absatz 2 des Vertrags zur Gründung der Europäischen Gemeinschaft gilt als qualifizierte Mehrheit derselbe Anteil der gewogenen Stimmen der Mitglieder des Rates, der in dem genannten Artikel 245 Absatz 2 festgelegt ist. Für Beschlüsse des Rates, die einstimmig angenommen werden müssen, ist die Zustimmung der Mitglieder des Rates mit Ausnahme der Vertreter der Regierungen des Vereinigten Königreichs und Irlands erforderlich.

ARTIKEL 2

Entsprechend Artikel 1 und vorbehaltlich der Artikel 3, 4 und 6 sind Vorschriften des Titels IV des Vertrags zur Gründung der Europäischen Gemeinschaft, nach jenem Titel beschlossene Maßnahmen, Vorschriften internationaler Übereinkünfte, die von der Gemeinschaft nach jenem Titel geschlossen werden, sowie Entscheidungen des Gerichtshofs, in denen solche Vorschriften oder Maßnahmen ausgelegt werden, für das Vereinigte Königreich oder Irland nicht bindend oder anwendbar; und diese Vorschriften, Maßnahmen oder Entscheidungen berühren in keiner Weise die Zuständigkeiten, Rechte und Pflichten dieser Staaten; ebensowenig berühren diese Vorschriften, Maßnahmen oder Entscheidungen in irgendeiner Weise den gemeinschaftlichen Besitzstand oder sind sie Teil des Gemeinschaftsrechts, soweit sie auf das Vereinigte Königreich und Irland Anwendung finden.

ARTIKEL 3

(1) Das Vereinigte Königreich oder Irland kann dem Präsidenten des Rates innerhalb von drei Monaten nach der Vorlage eines Vorschlags oder einer Initiative gemäß Titel IV des Vertrags zur Gründung der Europäischen Gemeinschaft beim Rat schriftlich mitteilen, daß es sich an der Annahme und Anwendung der betreffenden Maßnahme beteiligen möchte, was dem betreffenden Staat daraufhin gestattet ist. Abweichend von Artikel 205 Absatz 2 des Vertrags zur Gründung der Europäischen Gemeinschaft gilt als qualifizierte Mehrheit derselbe Anteil der gewogenen Stimmen der Mitglieder des Rates, der in dem genannten Artikel 205 Absatz 2 festgelegt ist. Für Beschlüsse des Rates, die einstimmig angenommen werden müssen, ist die Zustimmung aller Mitglieder des Rates mit Ausnahme der Mitglieder, die keine solche Mitteilung gemacht haben, erforderlich. Eine nach diesem Absatz beschlossene Maßnahme ist für alle an der Annahme beteiligten Mitgliedstaaten bindend.

(2) Kann eine Maßnahme nach Absatz 1 nicht innerhalb eines angemessenen Zeitraums mit Beteiligung des Vereinigten Königreichs oder Irlands angenommen werden, so kann der Rat die betreffende Maßnahme nach Artikel 1 ohne Beteiligung des Vereinigten Königreichs oder Irlands annehmen. In diesem Fall findet Artikel 2 Anwendung.

ARTIKEL 4

Das Vereinigte Königreich oder Irland kann nach der Annahme einer Maßnahme gemäß Titel IV des Vertrags zur Gründung der Europäischen Gemeinschaft durch den Rat dem Rat und der Kommission jederzeit mitteilen, daß es die Maßnahme anzunehmen wünscht. In diesem Fall findet das in Artikel 5 a Absatz 3 des Vertrags zur Gründung der Europäischen Gemeinschaft vorgesehene Verfahren sinngemäß Anwendung.

ARTIKEL 5

Ein Mitgliedstaat, der durch eine nach Titel IV des Vertrags zur Gründung der Europäischen Gemeinschaft beschlossene Maßnahme nicht gebunden ist, hat außer den für die Organe sich ergebenden Verwaltungskosten keine finanziellen Folgen dieser Maßnahme zu tragen.

ARTIKEL 6

In Fällen, in denen nach diesem Protokoll das Vereinigte Königreich oder Irland durch eine vom Rat nach Titel IV des Vertrags zur Gründung der Europäischen Gemeinschaft beschlossene Maßnahme gebunden ist, gelten hinsichtlich dieser Maßnahme für den betreffenden Staat die einschlägigen Bestimmungen des genannten Vertrags, einschließlich des Artikels 68.

ARTIKEL 7

Die Artikel 3 und 4 berühren nicht das Protokoll über die Einbeziehung des Schengen-Besitzstands in den Rahmen der Europäischen Union.

ARTIKEL 8

Irland kann dem Präsidenten des Rates schriftlich mitteilen, daß dieses Protokoll nicht mehr für Irland gelten soll. In diesem Fall gelten für Irland die üblichen Vertragsbestimmungen.

PROTOKOLL (Nr. 5)
ÜBER DIE POSITION DÄNEMARKS

DIE HOHEN VERTRAGSPARTEIEN –
UNTER BERUFUNG auf den Beschluß der am 12. Dezember 1992 in Edinburgh im Europäischen Rat vereinigten Staats- und Regierungschefs zu bestimmten von Dänemark aufgeworfenen Problemen betreffend den Vertrag über die Europäische Union,
IN KENNTNIS der in dem Beschluß von Edinburgh festgelegten Haltung Dänemarks in bezug auf die Unionsbürgerschaft, die Wirtschafts- und Währungsunion sowie auf die Verteidigungspolitik und die Bereiche Justiz und Inneres,
EINGEDENK des Artikels 3 des Protokolls über die Einbeziehung des Schengen-Besitzstands in den Rahmen der Europäischen Union –
SIND über folgende Bestimmungen ÜBEREINGEKOMMEN, die dem Vertrag zur Gründung der Europäischen Gemeinschaft und dem Vertrag über die Europäische Union beigefügt sind:

TEIL I

ARTIKEL 1

Dänemark beteiligt sich nicht an der Annahme von Maßnahmen durch den Rat, die nach Titel IV des Vertrags zur Gründung der Europäischen Gemeinschaft vorgeschlagen werden. Abweichend von Artikel 205 Absatz 2 des Vertrags zur Gründung der Europäischen Gemeinschaft gilt als qualifizierte Mehrheit derselbe Anteil der gewogenen Stimmen der Mitglieder des Rates, der in dem genannten Artikel 205 Absatz 2 festgelegt ist. Für Beschlüsse des Rates, die einstimmig angenommen werden müssen, ist die Zustimmung der Mitglieder des Rates mit Ausnahme des Vertreters der Regierung Dänemarks erforderlich.

ARTIKEL 2

Vorschriften des Titels IV des Vertrags zur Gründung der Europäischen Gemeinschaft, nach jenem Titel beschlossene Maßnahmen, Vorschriften internationaler Übereinkünfte, die von der Gemeinschaft nach jenem Titel geschlossen werden, sowie Entscheidungen des Gerichtshofs, in denen solche Vorschriften oder Maßnahmen ausgelegt werden, sind für Dänemark nicht bindend oder anwendbar; und diese Vorschriften, Maßnahmen oder Entscheidungen berühren in keiner Weise die Zuständigkeiten, Rechte und Pflichten Dänemarks; ebensowenig berühren diese Vorschriften, Maßnahmen oder Entscheidungen in irgendeiner Weise den gemeinschaftlichen Besitzstand oder sind sie Teil des Gemeinschaftsrechts, soweit sie auf Dänemark Anwendung finden.

ARTIKEL 3

Dänemark hat außer den für die Organe sich ergebenden Verwaltungskosten keine finanziellen Folgen von Maßnahmen nach Artikel 1 zu tragen.

ARTIKEL 4

Die Artikel 1, 2 und 3 finden keine Anwendung auf Maßnahmen zur Bestimmung derjenigen Drittländer, deren Staatsangehörige beim Überschreiten der Außengrenzen der Mitgliedstaaten im Besitz eines Visums sein müssen, sowie auf Maßnahmen zur einheitlichen Visumgestaltung.

ARTIKEL 5

(1) Dänemark beschließt innerhalb von 6 Monaten, nachdem der Rat über einen Vorschlag oder eine Initiative zur Ergänzung des Schengen-Besitzstands nach den Bestimmungen des Titels IV des Vertrags zur Gründung der Europäischen Gemeinschaft beschlossen hat, ob es diesen Beschluß in einzelstaatliches Recht umsetzt. Faßt es einen solchen Beschluß, so begründet dieser eine Verpflichtung nach dem Völkerrecht zwischen Dänemark und den übrigen Mitgliedstaaten, die in Artikel 1 des Protokolls über die Einbeziehung des Schengen-Besitzstands in den Rahmen der Europäischen Union genannt sind, sowie gegenüber Irland oder dem Vereinigten Königreich, falls diese Mitgliedstaaten an den betreffenden Bereichen der Zusammenarbeit teilnehmen.

(2) Beschließt Dänemark, einen Beschluß des Rates nach Absatz 1 nicht umzusetzen, so werden die Mitgliedstaaten, die in Artikel 1 des Protokolls über die Einbeziehung des Schengen-Besitzstands in den Rahmen der Europäischen Union genannt sind, prüfen, welche Maßnahmen zu treffen sind.

TEIL II

ARTIKEL 6

Hinsichtlich der vom Rat im Bereich des Artikels 13 Absatz 1 und des Artikels 17 des Vertrags über die Europäische Union angenommenen Maßnahmen beteiligt sich Dänemark nicht an der Ausarbeitung und Durchführung von Beschlüssen und Maßnahmen der Union, die verteidigungspolitische Bezüge haben; es wird allerdings die Mitgliedstaaten auch nicht an der Entwicklung einer engeren Zusammenarbeit auf diesem Gebiet hindern. Dänemark nimmt daher nicht an der Annahme dieser Maßnahmen teil. Dänemark ist nicht verpflichtet, zur Finanzierung operativer Ausgaben beizutragen, die als Folge solcher Maßnahmen anfallen.

TEIL III

ARTIKEL 7

Dänemark kann den übrigen Mitgliedstaaten im Einklang mit seinen verfassungsrechtlichen Vorschriften jederzeit mitteilen, daß es von diesem Protokoll insgesamt oder zum Teil keinen Gebrauch mehr machen will. In diesem Fall wird Dänemark sämtliche im Rahmen der Europäischen Union getroffenen einschlägigen Maßnahmen, die bis dahin in Kraft getreten sind, in vollem Umfang anwenden.

Die Vergemeinschaftung des wesentlichen Teils der **Innen- und Justizpo-**   **1**
litik war nur unter der Voraussetzung möglich, daß – zumindest vorläufig –
ihr **territorialer Anwendungsbereich beschränkt** wird. Diese Vorschrift
verweist dementsprechend auf die beiden Protokolle (Nr. 4 und 5), die die
nationalen Besonderheiten Großbritanniens und Irlands sowie Dänemarks
im Verhältnis zu diesem neuen Titel im EGV regeln. Ziel der beiden Protokolle ist, daß diese drei Staaten, die nicht in vollem Umfang an der Vergemeinschaftung teilnehmen, die anderen 12 Mitgliedstaaten nicht daran hindern, in den Visa-, Asyl- und Einwanderungsfragen den Integrationsprozeß
zu vertiefen. Gleichzeitig wird den drei Staaten die Möglichkeit eröffnet, an
dieser Entwicklung teilzunehmen. Es waren schon deswegen zwei unterschiedliche Protokolle nötig, da Großbritannien und Irland bzw. Dänemark
sich innerstaatlich in einer jeweils anderen verfassungsrechtlichen Lage befinden und somit ihre Teilnahmemöglichkeit unterschiedlich ausgestaltet
werden mußte. Im übrigen sind Großbritannien und Irland keine Mitglieder
des Schengener Übereinkommens, das teilweise in den vorliegenden Titel
des EGV eingegliedert wird (siehe dazu unten), während Dänemark das
Schengener Übereinkommen am 30. Mai 1997, also kurz vor dem Abschluß
der Verhandlungen zum Amsterdamer Vertrag, ratifiziert hatte.

Hiervon unberührt bleibt das nur **für Großbritannien und Irland gelten-**
de Protokoll (Nr. 3) „über die Anwendung bestimmter Aspekte des Ar-
tikels 14 EGV" (früher Art. 7a). In diesem wird der spezifischen geographischen Lage Irlands und Großbritanniens Rechnung getragen, indem ihr
einheitliches Gebiet für den Reiseverkehr anerkannt wird, und diese Länder
die Möglichkeit erhalten, ihre geltenden Rechts- und Verwaltungsvorschriften in bezug auf die Personenkontrollen an ihren Außengrenzen beizubehalten. Dadurch wird Art. 14 EGV nachträglich dahingehend eingeschränkt
ausgelegt, daß – jedenfalls für die Binnengrenzkontrollen zwischen Großbritannien und Irland einerseits und der übrigen Mitgliedstatten andererseits – für Drittlandsangehörige keine Kontrollfreiheit besteht.

Was das Verhältnis zur Anwendung dieses Titels betrifft, so sieht das **Pro-**   **2**
tokoll (Nr. 4) „über die Position des Vereinigten Königreichs und Ir-
lands" in seinem Art. 1 zunächst vor, daß diese beiden Länder sich
grundsätzlich nicht an den Maßnahmen beteiligen, die der Rat nach diesem
neuen Titel über Visa, Asylrecht und Einwanderung beschließt. In einem
solchen Fall ist dieser Titel für sie nicht bindend. Allerdings können Groß-

britannien oder Irland innerhalb von drei Monaten nach Vorlage eines Vorschlags dem Ratspräsidenten mitteilen, daß sie sich an der Annahme und
Anwendung einer Maßnahme beteiligen möchten. Ist die Annahme unter
Beteiligung einer der beiden Staaten innerhalb eines „angemessenen Zeitraums" nicht möglich, so kann der Rat die betreffende Maßnahme ohne ihre
Beteiligung annehmen (vgl. Art. 3). Das Protokoll regelt außerdem, daß
sich Großbritannien oder Irland später einer schon angenommenen Maßnahme anschließen können (vgl. Art. 4). In diesem Fall findet das Verfahren nach der Vorschrift zur „verstärkten Zusammenarbeit" (Art. 11 Abs. 3
[ex-Art. 5a] EGV). Anwendung. Darüber hinaus hat sich Irland gemäß
Art. 8 die Möglichkeit vorbehalten, von dem Protokoll insgesamt zurückzutreten, was zur Folge haben würde, daß der neue Gemeinschaftstitel und
die Integration des Schengener Übereinkommens in vollem Umfang auf Irland Anwendung finden.

3   Das **Protokoll (Nr. 5) „über die Position Dänemarks"** sieht in Art. 1 vor,
daß Dänemark sich – vorbehaltlos – nicht an den Maßnahmen des neuen
Gemeinschaftstitels beteiligt und dieser Titel folglich keinerlei Bindungswirkung entfaltet. Eine Ausnahme besteht nur für einen Teil der Visapolitik
(vgl. Art. 4). Vorschriften, die den Art. 3 und 4 des Protokolls zu Großbritannien und Irland entsprechen, gibt es nicht. Dänemark kann jedoch innerhalb von sechs Monaten nach der Annahme eines Rechtsaktes durch den
Rat beschließen, einen aufgrund dieses neuen Titels gefaßten Ratsbeschluß
in nationales Recht umzusetzen. Dies würde eine völkerrechtliche Verpflichtung zwischen Dänemark und den übrigen 12 Schengen-Staaten
begründen (vgl. Art. 5 Abs. 1). Diese rechtlich einmalige Lösung trägt der
besonderen Situation Dänemarks Rechnung, das einerseits das Schengener
Übereinkommen ratifiziert hat und andererseits verfassungsrechtlich nicht
an den neuen Gemeinschaftstitel teilnehmen kann, da es an die 1992 vom
Maastricht-Vertrag erlangte Ausnahme bezüglich einer möglichen Vergemeinschaftung von Asyl- und Einwanderungsfragen gebunden ist („Dänemark und der Vertrag über die Europäische Union", Anlage 3; Europäischer
Rat Edinburg, Dezember 1992, ABl. 1992 C/348/1). Allerdings behält sich
Dänemark gemäß Art. 7 vor, jederzeit „im Einklang mit seinen verfassungsrechtlichen Vorschriften" von diesem Protokoll und damit der Ausnahme zurücktreten zu können.

PROTOKOLL (NR. 2)
ZUR EINBEZIEHUNG DES SCHENGEN-BESITZSTAND
IN DEN RAHMEN DER EUROPÄISCHEN UNION

DIE HOHEN VERTRAGSPARTEIEN –
ANGESICHTS dessen, daß die von einigen Mitgliedstaaten der Europäischen Union am 14. Juni 1985 und am 19. Juni 1990 in Schengen unterzeichneten Übereinkommen betreffend den schrittweisen Abbau der Kontrollen an den gemeinsamen Grenzen sowie damit zusammenhängende Übereinkommen und die auf deren Grundlage erlassenen Regelungen darauf abzielen, die europäische Integration zu vertiefen und insbesondere der Europäischen Union die Möglichkeit zu geben, sich schneller zu einem Raum der Freiheit, der Sicherheit und des Rechts zu entwickeln,

IN DEM WUNSCH, die genannten Übereinkommen und Regelungen in den Rahmen der Europäischen Union einzubeziehen,

IN BEKRÄFTIGUNG dessen, daß die Bestimmungen des Schengen-Besitzstands nur in dem Maße anwendbar sind, in dem sie mit den Rechtsvorschriften der Europäischen Union und der Gemeinschaft vereinbar sind,

MIT RÜCKSICHT auf die besondere Position Dänemarks,

MIT RÜCKSICHT darauf, daß Irland und das Vereinigte Königreich Großbritannien und Nordirland nicht Vertragsparteien der genannten Übereinkommen sind und diese nicht unterzeichnet haben, daß es diesen Mitgliedstaaten jedoch ermöglicht werden sollte, einzelne oder alle Bestimmungen dieser Übereinkommen anzunehmen,

IN DER ERKENNTNIS, daß es infolgedessen erforderlich ist, auf die im Vertrag über die Europäische Union und im Vertrag zur Gründung der Europäischen Gemeinschaft enthaltenen Bestimmungen über eine verstärkte Zusammenarbeit zwischen einigen Mitgliedstaaten zurückzugreifen, und daß diese Bestimmungen nur als letztes Mittel genutzt werden sollten,

MIT RÜCKSICHT darauf, daß es notwendig ist, ein besonderes Verhältnis zur Republik Island und zum Königreich Norwegen aufrechtzuerhalten, nachdem diese beiden Staaten ihre Absicht bekräftigt haben, sich durch die obengenannten Bestimmungen auf der Grundlage des am 19. Dezember 1996 in Luxemburg unterzeichneten Übereinkommens zu binden –

SIND über folgende Bestimmungen ÜBEREINGEKOMMEN, die dem Vertrag über die Europäische Union und dem Vertrag zur Gründung der Europäischen Gemeinschaft beigefügt sind:

ARTIKEL 1

Das Königreich Belgien, das Königreich Dänemark, die Bundesrepublik Deutschland, die Griechische Republik, das Königreich Spanien, die Französische Republik, die Italienische Republik, das Großherzogtum Luxemburg, das Königreich der Niederlande, die Republik Österreich, die Portugiesische Republik, die Republik Finnland und das Königreich Schweden als Unterzeichner der Schengener Übereinkommen werden ermächtigt, untereinander eine verstärkte Zusammenarbeit im Rahmen dieser Übereinkommen und damit zusammenhängender Bestimmungen, die im Anhang zu diesem Protokoll aufgeführt sind, – im folgenden als „Schengen-Besitzstand" bezeichnet – zu begründen. Diese Zusammenarbeit erfolgt innerhalb des institutionellen und rechtlichen Rahmens der Europäischen Union und unter Beachtung der einschlägigen Bestimmungen des Vertrags über die Europäische Union und des Vertrags zur Gründung der Europäischen Gemeinschaft.

ARTIKEL 2

(1) Ab dem Zeitpunkt des Inkrafttretens des Vertrags von Amsterdam ist der Schengen-Besitzstand, der auch die vor diesem Zeitpunkt erlassenen Beschlüsse des durch die Schengener Übereinkommen eingesetzten Exekutivausschusses umfaßt, unbeschadet des Absatzes 2 dieses Artikels für die in Artikel 1 aufgeführten dreizehn Mitgliedstaaten sofort anwendbar. Ab demselben Zeitpunkt wird der Rat an die Stelle des genannten Exekutivausschusses treten.

Der Rat trifft durch einstimmigen Beschluß seiner in Artikel 1 genannten Mitglieder alle Maßnahmen, die für die Durchführung dieses Absatzes erforderlich sind. Der Rat legt einstimmig gemäß den einschlägigen Bestimmungen der Verträge die Rechtsgrundlage für jede Bestimmung und jeden Beschluß fest, die den Schengen-Besitzstand bilden.

Hinsichtlich solcher Bestimmungen und Beschlüsse nimmt der Gerichtshof der Europäischen Gemeinschaften im Einklang mit dieser Festlegung die Zuständigkeit wahr, die ihm nach den einschlägigen geltenden Bestimmungen der Verträge zukommt. Der Gerichtshof ist keinesfalls zuständig für Maßnahmen oder Beschlüsse, die die Aufrechterhaltung der öffentlichen Ordnung und den Schutz der inneren Sicherheit betreffen.

Solange die genannten Maßnahmen nicht getroffen worden sind, gelten die Bestimmungen und Beschlüsse, die den Schengen-Besitzstand bilden, unbeschadet des Artikels 5 Absatz 2 als Rechtsakte, die auf Titel VI des Vertrags über die Europäische Union gestützt sind.

(2) Absatz 1 gilt für diejenigen Mitgliedstaaten, die Protokolle über den Beitritt zu den Schengener Übereinkommen unterzeichnet haben, jeweils ab dem Zeitpunkt, der vom Rat mit einstimmigem Beschluß seiner in Artikel 1 genannten Mitglieder festgelegt wird, sofern die Bedingungen für den Beitritt eines dieser Staaten zum Schengen-Besitzstand nicht schon vor Inkrafttreten des Vertrags von Amsterdam erfüllt sind.

ARTIKEL 3

Im Anschluß an die Festlegung nach Artikel 2 Absatz 1 Unterabsatz 2 behält Dänemark in bezug auf diejenigen Teile des Schengen-Besitzstands, für die Titel IV des Vertrags zur Gründung der Europäischen Gemeinschaft als Rechtsgrundlage festgelegt ist, dieselben Rechte und Pflichten im Verhältnis zu den übrigen Unterzeichnern der Schengener Übereinkommen wie vor dieser Festlegung.

In bezug auf diejenigen Teile des Schengen-Besitzstands, für die Titel VI des Vertrags über die Europäische Union als Rechtsgrundlage festgelegt ist, behält Dänemark dieselben Rechte und Pflichten wie die übrigen Unterzeichner der Schengener Übereinkommen.

ARTIKEL 4

Irland und das Vereinigte Königreich Großbritannien und Nordirland, die durch den Schengen-Besitzstand nicht gebunden sind, können jederzeit beantragen, daß einzelne oder alle Bestimmungen dieses Besitzstands auch auf sie Anwendung finden sollen.

Der Rat beschließt einstimmig über einen solchen Antrag, wobei die Einstimmigkeit mit den Stimmen seiner in Artikel 1 genannten Mitglieder und der Stimme des Vertreters der Regierung des betreffenden Staates zustandekommt.

ARTIKEL 5

(1) Vorschläge und Initiativen auf der Grundlage des Schengen-Besitzstands unterliegen den einschlägigen Bestimmungen der Verträge.

In diesem Zusammenhang gilt, sofern Irland oder das Vereinigte Königreich oder beide Länder dem Präsidenten des Rates nicht innerhalb eines vertretbaren Zeitraums schriftlich mitgeteilt haben, daß sie sich beteiligen möchten, die Ermächtigung nach Artikel 11 des Vertrags zur Gründung der Europäischen Gemeinschaft und Artikel 40 des Vertrags über die Europäische Union gegenüber den in Artikel 1 genannten Mitgliedstaaten sowie gegenüber Irland oder dem Vereinigten Königreich als erteilt, sofern eines dieser beiden Länder sich in den betreffenden Bereichen der Zusammenarbeit beteiligen möchte.

(2) Die einschlägigen Bestimmungen der Verträge nach Absatz 1 Unterabsatz 1 finden auch dann Anwendung, wenn der Rat die in Artikel 2 Absatz 1 Unterabsatz 2 genannten Maßnahmen nicht beschlossen hat.

ARTIKEL 6

Die Republik Island und das Königreich Norwegen werden bei der Durchführung des Schengen-Besitzstands und bei seiner weiteren Entwicklung auf der Grundlage des am 19. Dezember 1996 in Luxemburg unterzeichneten Übereinkommens assoziiert. Die entsprechenden Verfahren hierfür werden in einem Übereinkommen mit diesen Staaten festgelegt, das vom Rat mit einstimmigem Beschluß seiner in Artikel 1 genannten Mitglieder geschlossen wird. Das Übereinkommen enthält auch Bestimmungen über den Beitrag Islands und Norwegens zu etwaigen finanziellen Folgen der Durchführung dieses Protokolls.

Mit Island und Norwegen schließt der Rat mit einstimmigem Beschluß ein gesondertes Übereinkommen zur Festlegung der Rechte und Pflichten zwischen Irland und dem Vereinigten Königreich Großbritannien und Nordirland einerseits und Island und Norwegen andererseits in den für diese Staaten geltenden Bereichen des Schengen-Besitzstands.

ARTIKEL 7

Der Rat beschließt mit qualifizierter Mehrheit die Einzelheiten der Eingliederung des Schengen-Sekretariats in das Generalsekretariat des Rates.

ARTIKEL 8

Bei den Verhandlungen über die Aufnahme neuer Mitgliedstaaten in die Europäische Union gelten der Schengen-Besitzstand und weitere Maßnahmen, welche die Organe im Rahmen seines Anwendungsbereichs getroffen haben, als ein Besitzstand, der von allen Staaten, die Beitrittskandidaten sind, vollständig zu übernehmen ist.

ANHANG

SCHENGEN-BESITZSTAND

1. Das am 14. Juni 1985 in Schengen unterzeichnete Übereinkommen zwischen den Regierungen der Staaten der Benelux-Wirtschaftsunion, der Bundesrepublik Deutschland und der Französischen Republik betreffend den schrittweisen Abbau der Kontrollen an den gemeinsamen Grenzen.

2. Das am 19. Juni 1990 in Schengen unterzeichnete Übereinkommen zwischen dem Königreich Belgien, der Bundesrepublik Deutschland, der Französischen Republik, dem Großherzogtum Luxemburg und dem Königreich der Niederlande zur Durchführung des am 14. Juni 1985 in Schengen unterzeichneten Übereinkommens betreffend den schrittweisen Abbau der Kontrollen an den gemeinsamen Grenzen mit der dazugehörigen Schlußakte und den dazu abgegebenen gemeinsamen Erklärungen.

3. Die Beitrittsprotokolle und -übereinkommen zu dem Übereinkommen von 1985 und dem Durchführungsübereinkommen von 1990, die mit Italien (unterzeichnet am 27. November 1990 in Paris), Spanien und Portugal (unterzeichnet am 25. Juni 1991 in Bonn), Griechenland (unterzeichnet am 6. November 1992 in Madrid), Österreich (unterzeichnet am 28. April 1995 in Brüssel) sowie Dänemark, Finnland und Schweden (unterzeichnet am 19. Dezember 1996 in Luxemburg) geschlossen wurden, mit den dazugehörigen Schlußakten und Erklärungen.

4. Beschlüsse und Erklärungen des aufgrund des Durchführungsübereinkommens von 1990 eingesetzten Exekutivausschusses sowie Rechtsakte zur Durchführung des Übereinkommens, die von den Organen erlassen worden sind, denen der Exekutivausschuß Entscheidungsbefugnisse übertragen hat.

I. Einbeziehung des Schengen-Besitzstandes in den EGV

Die Einbeziehung des völkerrechtlichen Schengener Übereinkommens von 1990 in den EGV ist als **eine der bedeutensten Errungenschaften des Amsterdamer Vertrags** anzusehen. Bis zur Unterzeichnung des Amsterdamer Vertrags im Oktober 1997 hatten 13 (von 15) Mitgliedstaaten durch das Schengener Übereinkommen einen Raum des freien Personenverkehrs geschaffen (Großbritannien und Irland beteiligten sich nicht). Da sich die Ziele dieses Übereinkommens mit den Zielen des Amsterdamer Vertrags

1

decken, lag es an sich nahe, den Inhalt des Schengener Übereinkommens auch institutionell in die EU einzugliedern. Bis zum endgültigen Beschluß über diese Eingliederung bedurfte es allerdings viel Verhandlungsgeschick und Rücksichtnahme auf nationale Besonderheiten (siehe auch die Protokolle bezüglich der Position Dänemarks bzw. Großbritanniens und Irlands im Verhältnis zum neuen Titel IV des EGV; Art. 69).

2   Die **Zusammenarbeit der Schengen-Staaten** hatte sich seit 1985 **außerhalb des institutionellen Rahmens** der EU entwickelt. Es ist fast in Vergessenheit geraten, daß das Schengener Übereinkommen ursprünglich nur als „Laboratorium" gedacht und seine Eingliederung in den EGV von Anfang an konzeptionell angelegt war. Die Regierungskonferenz, die zum Amsterdamer Vertrag führte, bot nun die wohl einzigartige Gelegenheit, diese Eingliederung zu beschließen und rechtstechnisch auszugestalten. Andernfalls hätten beide rechtlich völlig unterschiedlichen Systeme nebeneinander weiter bestanden, sich getrennt weiterentwickelt und überschnitten, obwohl sie doch dasselbe Ziel verfolgten: die Verwirklichung des freien Personenverkehrs.

3   Eine Eingliederung Schengens in den EGV war im Laufe der Verhandlungen aus zwei Gründen in immer greifbarere Nähe gerückt: Erstens stimmten der EGV und das Schengener Übereinkommen in den relevanten Bereichen inhaltlich überein (siehe oben bei Art. 61 Rn. 3). Zweitens war im Laufe der Verhandlungen das Konzept einer gewissen „Flexibilität", d.h., ein Vorangehen in mehreren Geschwindigkeiten, grundsätzlich akzeptiert worden; vgl. Art. 11 (ex-Art. 5a) EGV und Art. 40 (ex-Art. K.12) EUV zur „verstärkten Zusammenarbeit", jeweils i.V.m. den allgemeinen Vorschriften zur verstärkten Zusammenarbeit, Art. 43 (ex-Art. K.15) EUV.

4   Vor diesem Hintergrund wurde es möglich, daß sich schließlich alle 15 Mitgliedstaaten auf die Form eines Protokolls einigten, durch das für die 13 Schengenstaaten die Eingliederung des Schengen-Besitzstands in den EGV und den EUV entschieden wird. In Art. 1 heißt es: die „Unterzeichner des Schengener Übereinkommens werden ermächtigt, untereinander eine verstärkte Zusammenarbeit … zu begründen". Die Einbeziehung des Schengen-Besitzstands durch 13 Mitgliedstaaten stellt somit den ersten – gesetzlich festgesetzten – **Anwendungsfall der Flexibilitätsklausel** bzw. der „verstärkten Zusammenarbeit" dar.

Im Anhang des Protokolls wird auf die Rechts- bzw. Verwaltugsakte verwiesen, die den Schengen-Besitzstand ausmachen. Inhaltlich gehen die Schengener Vorschriften in dem neuen Gemeinschaftstitel „Visa, Asyl, Einwanderung und andere Politiken betreffend den freien Personenverkehr" und in der dritten Säule „polizeiliche und justitielle Zusammenarbeit in Strafsachen" auf.

II. Ausgestaltung der Einbeziehung des Schengen-Besitzstands

Das Protokoll zur Einbeziehung des Schengen-Besitzstands bestimmt in   **5**
seinem Art. 1, daß die verstärkte Zusammenarbeit der 13 Mitgliedstaaten
„innerhalb des institutionellen und rechtlichen Rahmens" der EU und unter
Beachtung der einschlägigen Bestimmungen des EUV und des EGV erfolgt. Diese institutionelle Klammer ermöglicht endgültig die **einheitliche
Entwicklung** aller mit der Personenfreizügigkeit zusammenhängenden
Fragen, die bislang auf die unterschiedlichen Vertragstexte (EGV, EUV,
völkerrechtliches Schengener Übereinkommen) verteilt waren.

Großbritannien, Irland und **Dänemark** behalten durch dieses Protokoll
sowie zwei weitere Protokolle (s.o. Art. 69) ihren jeweiligen **Sonderstatus**
und nehmen zu Anfang jedenfalls grundsätzlich noch nicht an der Integration Schengens in die Verträge teil.

Rechtstechnisch wird die Einbeziehung des Schengen-Besitzstands in den   **6**
institutionellen Rahmen der EU wie folgt geregelt: Alle 15 Mitgliedstaaten
müssen einstimmig durch einen Ratsbeschluß über die Zuordnung des Inhalts des Schengener Übereinkommens zu den entsprechenden Rechtsgrundlagen im EGV bzw. der dritten Säule EUV beschließen; Art. 2 Abs. 1
UAbs. 2 Satz 2. Der genaue Inhalt des aktuellen Schengener Besitzstands
wird dagegen nur von den 13 Schengen-Staaten festgelegt. Für diese wird
der Schengen-„Acquis" mit Inkrafttreten des Amsterdamer Vertrags unmittelbar anwendbar; Art. 2 Abs. 1 UAbs. 1 und UAbs. 2 Satz 1. Die unterschiedliche Abstimmungsmodalität im Rat ist gerechtfertigt. Während nur
die 13 Mitglieder des Schengener Übereinkommens den Inhalt ihres
„Acquis" festsetzten können, muß die grundsätzliche Entscheidung über
die Zuordnung dieses „Acquis" zu der jeweiligen Rechtsgrundlage von
allen 15 Mitgliedstaaten getroffen werden. Denn die Weiterentwicklung der
Bereiche des Schengen-Bestitzstands wird sich auf der Grundlage der „einschlägigen Bestimmungen der Verträge", d.h. des EGV- und EUV, unter
Berücksichtigung aller Mitgliedstaaten vollziehen (vgl. Art. 5 Abs. 1).

Was die **Organe** betrifft, so tritt der Rat mit Inkrafttreten des Amsterdamer
Vertrags an die Stelle des Schengener Exekutivausschusses (vgl. Art. 2 Abs.
1 Satz 2). Die Einzelheiten der Eingliederung des Schengen-Sekretariats in
das Generalsekretariat des Rates werden gemäß Art. 7 mit qualifizierter
Mehrheit beschlossen.

Großbritannien und **Irland** steht es offen, jetzt und in Zukunft einzelnen   **7**
oder allen Bestimmungen beizutreten. Art. 4 des Schengen-Protokoll
(i.V.m. *Erklärung Nr. 45*) sieht für Großbritannien und Irland ein Verfahren
vor, durch das diese beiden Länder „jederzeit", d.h. bereits mit Inkrafttre-

ten des neuen Vertrags oder zu jedem späteren Zeitpunkt, „einzelne oder alle Bestimmungen" des Schengen-Besitzstands übernehmen können. Praktisch wird diese Vorschrift insbesondere dann, wenn Großbritannien und Irland die ihnen hierdurch gegebene Möglichkeit nutzen, um sich z.B. am Schengener Informationssystem (Fahndungssystem) zu beteiligen. Ursprünglich war umstritten, ob eine solche selektive Auswahl an der Beteiligung der sog. Ausgleichsmaßnahmen zugelassen werden sollte, ohne daß die Grundprinzipien des freien Personenverkehrs gem. Art. 14 EGV und der Vergemeinschaftung sowie der Integration des Schengener Übereinkommens anerkannt werden. Großbritannien und Irland können bis zum Inkrafttreten des Amsterdamer Vertrags einzelne Bereiche übernehmen. Großbritanien hat am 12. März 1999 angekündigt, einen Antrag gem. Art. 4 Abs. 1 zu stellen, mit dem Ziel, sich an all denjenigen Aspekten zu beteiligen, die nicht die Grenzkontrollen betreffen. Es bleibt abzuwarten, ob ein solcher Antrag gem. Art. 4 Abs. 2 vom Rat angenommen wird.

Darüber hinaus ermöglicht es Art. 5 Abs. 1 UAbs. 2 diesen beiden Staaten, sich an zukünftigen Vorschlägen und Initiativen aufgrund des neuen Titels des EGV und der dritten Säule der EU zu beteiligen. Hierzu müssen sie dem Präsidenten des Rates innerhalb eines „vertretbaren Zeitraums" mitteilen, daß sie sich an einer solchen Initiative beteiligen wollen.

Für **Dänemark** ist eine derartige Beteiligung an der Integration Schengens in den EGV aus internen verfassungsrechtlichen Gründen nicht möglich (s.o. Art. 69 Rn. 3). Gleichzeitig ist Dänemark in der besonderen Situation, Mitglied des Schengener Übereinkommens zu sein. Dementsprechend bestimmt Art. 3, daß Dänemark in bezug auf diejenigen Teile des Schengen-Besitzstands, für die der neue Titel des EGV als Rechtsgrundlage festgelegt worden ist, dieselben Rechte und Pflichten im Verhältnis zu den übrigen Schengenstaaten beibehält, wie vor dieser Zuordnung.

8   Wesentlich für den Gesamtzusammenhang ist der grundsätzliche Gedanke, daß sich alle Mitgliedstaaten anläßlich der Einbeziehung Schengens in die EU verpflichten, letztlich auf ein einheitliches Vorgehen, „unter Beteiligung aller Mitgliedstaaten", hinzuwirken (vgl. *Erklärung Nr. 46* zu Art. 5 des Schengen-Protokolls). Dies soll insbesondere dann gelten, wenn Großbritannien und Irland gemäß Art. 4 einzelne oder alle Bestimmungen des Besitzstands übernommen haben. Anstatt eines negativen Ansatzes eines „opt-out" hat man sich also für die positive Möglichkeit eines **„opt-in"** der drei Mitgliedstaaten im Hinblick auf eine gemeinschaftsweite Entwicklung der Integration Schengens und somit des neuen EG-Titels entschieden.

9   Die **Kommission** ist in die Gesamtheit der Vorbereitungsarbeiten einbezogen. Die auf Arbeitsebene stattfindende Sondierung zur Verteilung des

Schengen-„Acquis" (s.o. Rn.6) hat nach der Unterzeichnung des Amsterdamer Vertrags im Oktober 1997 begonnen und soll vor seinem Inkrafttreten abgeschlossen sein, damit „der Rat zum Zeitpunkt des Inkrafttretens des
Amsterdamer Vertrags" die erforderlichen Beschlüsse treffen kann. Dieses
Verfahren wird durch die *Erklärung Nr. 44* zu Art. 2 des Schengen-Protokolls festgelegt. Nach dem Abschluß der technischen Arbeiten bereits im
Oktober 1998 warten die beiden zur politischen Diskussion stehenden Be-
schlußentwürfe des Rates sowohl hinsichtlich der Festlegung des Schengener Besitzstands, als auch hinsichtlich der Zuordnung der Rechtsgrundlagen auf ihre endgültige Entscheidung. Letztere wird zur Zeit durch die Forderung eines Mitgliedstaates verhindert, eine Klausel aufzunehmen die die
ausschließliche Zuständigkeit der Mitgliedstaaten bekräftigen soll, andere
Staaten und Gebietseinheiten sowie deren Befugnisse anzuerkennen, Pässe,
Reise- und Identitätsdokumente auszustellen. Das EP soll jedenfalls vor der
endgültigen Entscheidung über die Bestimmung der Rechtsgrundlagen
konsultiert werden, da alle zukünftigen Entscheidungen bzw. Änderungen
der jetzt festgelegten Sekundärrechtsakte im Rahmen der Verfahren des
EGV bzw. des EUV getroffen werden (s. auch Empfehlung des EP Zur Integration Schengens, A4-0006/99 vom 14.1.1999).
Sollte über die Aufteilung des Schengen-Besitzstands bis zum Inkrafttreten
des Amsterdamer Vertrags keine Einigung erzielt werden, so sieht Art. 2
Abs. 1 UAbs. 4 als **Auffanglösung** vor, daß der gesamte „Acquis" als in die
neue dritte Säule des EUV aufgenommen gilt. Die Kommission bezeichnet
ein solches Ergebnis als nicht akzeptabel und schlägt vor, daß es in einem
solchen Fall durch die Annahme geeigneter Gemeinschaftsrechtsakte korrigiert werden müßte, um diejenigen Teile des Schengen-Besitzstands zu
übernehmen, die dem neuen EG-Titel zuzuordnen sind (vgl. oben Mitteilung, Vorbem. Rn. 11). Letztlich entscheidend ist allerdings, daß zukünftige, den Schengener Besitzstand weiterentwickelnde Vorschläge auch dann
den einschlägigen Bestimmungen des EGV bzw. EUV unterliegen, wenn
der Rat den Beschluß über die Verteilung des Schengen-Besitzstands auf
die jeweilige Rechtsgrundlage der Verträge nicht getroffen haben sollte
(vgl. Art. 5 Abs. 2).

III. Norwegen/Island

Norwegen und Island haben 1996 ein **Assoziierungsabkommen** mit den **10**
Schengenstaaten abgeschlossen. Um diese beiden Staaten auch an der
weiteren Entwicklung, insbesondere der Einbeziehung Schengens in den
EGV zu beteiligen, sieht Art. 6 des Schengenprotokolls den **Abschluß von**

zwei Übereinkommen vor: ein Übereinkommen, das zwischen den 13
Schengenstataaten und den beiden assoziierten Statten abgeschlossen wird,
regelt das Verfahren, durch das Norwegen und Island an der Einbeziehung
und der Weiterentwicklung des Schengen-Besitzstands beteiligt werden.
Außerdem werden etwaige finanzielle Folgen berücksichtigt. Das zweite
Übereinkommen, das die beiden Staaten mit allen 15 Mitgliedstaaten abschließen, sieht die Beziehung zu Großbritannien und Irland hinsichtlich
der für letztere geltenden Bereiche des Schengen-„Acquis" vor. Ebenso wie
bei der Einbeziehung des Schengen-„Acquis" nach Art. 2 sollen die entsprechenden Beschlüsse auch hier zum Zeitpunkt des Inkrafttretens des
Amsterdamer Vertrags gefaßt werden (vgl. *Erklärung Nr. 47*). Der Rat hat
am 25. August 1998 das Verhandlungsmandat erteilt. Auf der Basis dieser
Vorschläge haben die Verhandlungen zwischen der Ratspräsidentschaft und
der Kommission einerseits mit Norwegen und Island andererseits am 7. Oktober 1998 begonnen. Die Verhandlungen zu den o.g. ersten Übereinkommen konnten bereits am 18. Dezember 1998 abgeschlossen werden. Mit der
endgültigen Unterzeichnung wird bis zum Inkrafttreten des Amsterdamer
Vertrags gewartet.

Titel V. (ex-Titel IV.) Der Verkehr

Vorbemerkungen

Literatur: *Basedow (Hrsg.)*, Europäische Verkehrspolitik, 1987; *Lenz,* Die Verkehrspolitik im Lichte der Rechtsprechung des Gerichtshofs, EuR 88,158; *Dolfen,* Der Verkehr im europäischen Wettbewerbsrecht, 1991; *Schmuck,* Die Eisenbahnen in der gemeinsamen Verkehrspolitik, TranspR 92,41; *Baumann,* Die Luftverkehrspolitik der
Europäischen Union, 1995; *EVP-Fraktion im Europäischen Parlament,* EVP-Gruppe
im Verkehrsausschuß, Die Europäische Verkehrspolitik, Bestandsaufnahme und Perspektiven, 1998

Übersicht

I. Stellung der Vorschriften über den Verkehr im Vertrag

Eine gemeinsame Politik auf dem Gebiet des Verkehrs gehört nach **Art. 3**   **1**
lit. f zu den Tätigkeiten, die der Gemeinschaft zur Erfüllung ihrer Aufgaben nach Art. 2 obliegen. Die gemeinsame Verkehrspolitik ist notwendiger Bestandteil der Verwirklichung eines europäischen Binnenmarktes; dies stellt **Art. 14 (ex-Art. 7 a)** durch Verweisung auf Art. 80 (ex-Art. 84) ausdrücklich klar.

Die Vorschriften über die gemeinsame Verkehrspolitik gehen als Sonderre-   **2**
gelungen den Vorschriften über den freien Dienstleistungsverkehr vor, **Art. 51 (ex-Art. 61) Abs. 1**. Die traditionell starke Reglementierung und die gemeinwirtschaftlichen Bindungen weiter Bereiche des Verkehrs ließen es nicht ohne weiteres zu, den Verkehr in gleicher Weise wie andere Dienstleistungsbereiche einfach zu liberalisieren. Das Ziel des freien Dienstleistungsverkehrs ist in Art. 51 (ex-Art. 61) Abs. 1 auch für die Verkehrswirtschaft vorgegeben, aber es soll mit den besonderen Mitteln einer gemeinsamen Verkehrspolitik erreicht werden.

Die Bedeutung der Vorschriften über den Verkehr geht jedoch über einen   **3**
Beitrag zum freien Dienstleistungsverkehr und zum Binnenmarkt hinaus. Dafür sprechen der erweiterte Zusammenhang, in den die Vorschriften über den Verkehr durch den EG-Vertrag gestellt wurden, und die erweiterten Zielsetzungen, die die Gemeinschaft zunächst durch die Einheitliche Europäische Akte, dann durch die Verträge von Maastricht und Amsterdam erfahren hat und denen die gemeinsame Verkehrspolitik verpflichtet ist. Im EWG-Vertrag gehörte die gemeinsame Verkehrspolitik neben den Grundfreiheiten des gemeinsamen Marktes (freier Warenverkehr, Freizügigkeit der Arbeitskräfte, Niederlassungsrecht, freier Dienstleistungs- und Kapitalverkehr) und der gemeinsamen Landwirtschaftspolitik zu den „Grundlagen der Gemeinschaft". Die im EWG-Vertrag unterschiedenen Teile „Die Grundlagen der Gemeinschaft" und „Die Politik der Gemeinschaft" sind im EG-Vertrag zu einem gemeinsamen Teil „Die Politiken der Gemeinschaft" zusammengefaßt. Klarer als dem EWG-Vertrag ist damit dem EG-Vertrag zu entnehmen, daß die gemeinsame Verkehrspolitik **in sich als Gesamtheit und gleichzeitig als Teil der gesamten Politik der Gemeinschaft** zu verstehen ist.

Mit Ausnahme der Vorschriften über den freien Dienstleistungsverkehr gel-   **4**
ten die **allgemeinen Regeln des Vertrages** auch für den Verkehr. Die Vorschriften über den Verkehr dienen dazu, den Grundsatzbestimmungen Wirksamkeit zu verleihen und sie durch gemeinsame Aktionen auszufüllen (EuGH, Rs. 167/73, Kommission/Frankreich, Slg. 1974,359,370). Dies gilt

ausdrücklich auch für die Wettbewerbsregeln (EuGH, Rs. 209/84 bis 213/84, Ministre public/Asjes „Festsetzung von Flugtarifen", Slg. 1986, 1425,1466; Rs. 66/86, „Ahmed Saeed", Slg. 1989, 838,845,848).

5 Die Bestimmungen über die gemeinsame Verkehrspolitik sind gegenüber den Bestimmungen über die **transeuropäischen Netze, Art. 154–156 (ex-Art. 129 b-129 d)**, subsidiär (näheres zur Abgrenzung s. Art. 70 Rn. 4).

6 Für **Verkehrsabkommen der Gemeinschaft mit Drittstaaten** und für die **Wahrnehmung von Gemeinschaftszuständigkeiten auf dem Gebiet des Verkehrs in internationalen Organisationen** sind **grundsätzlich Art. 71, 80 Abs. 2** (ex-Art. 75, 84 Abs. 2) zutreffende Rechtsgrundlage (implizierte Zuständigkeit, EuGH, Rs. 22/70, KOM/Rat „Europäisches Übereinkommen über Straßenverkehr", Slg. 1971,263,274,275; Gutachten 1/76, „Stillegungsfonds für die Binnenschiffahrt", Slg. 1977,741,756; Gutachten 1/94, „Zuständigkeit der Gemeinschaft für den Abschluß völkerrechtlicher Abkommen auf dem Gebiet der Dienstleistungen und des Schutzes des geistigen Eigentums", Slg. 1995 I–1). **Ausnahmsweise** kann der Rat nach **Art. 133 V** (ex-Art. 113) auf Vorschlag der Kommission und nach Anhörung des Europäischen Parlaments durch einstimmigen Beschluß die Anwendung der Absätze 1 bis 4 des Art. 133 (ex-Art. 113) auf internationale Verhandlungen und Übereinkünfte über Dienstleistungen, d.h. auch über den Verkehr, ausdehnen. Zum Ausmaß der EG-Zuständigkeiten aufgrund von Art. 71,80 (ex-Art. 75,84) s. Art. 71 Rn. 19–21.

II. Konkurrenz zu anderen Verträgen

7 Den Bestimmungen des EG-Vertrages über die gemeinsame Verkehrspolitik geht, soweit die Tarife bei Beförderungen von **Kohle und Stahl** betroffen sind, Art. 70 des EGKS-Vertrages vor, Art. 305 (ex-Art. 232).

8 Eigenständigkeit gegenüber den Bestimmungen des EG-Vertrages hat ferner die **Mannheimer Rheinschiffahrtsakte** (BGBl. 1969 II,597, zuletzt geändert durch 4. Zusatzprotokoll, BGBl. 1990 II,615), Art. 307 (ex-Art. 234; im einzelnen dazu *Zuleeg,* „Verkehrspolitische Außenbeziehungen der Europäischen Gemeinschaft" in *Basedow,* Europäische Verkehrspolitik, S. 74f. m.w.N). Allerdings erlegen Beschlüsse, die die Organe der Gemeinschaft aufgrund des EG-Vertrages getroffen haben, sowie Art. 10 (ex-Art. 5) den Mitgliedstaaten auch in ihrem Verhalten in der Zentralkommission für die Rheinschiffahrt Bindungen auf. Insbesondere dürfen die Mitgliedstaaten die Mannheimer Akte nicht zum Vorwand nehmen, um mögliche Entwicklungen zur Binnenschiffahrt in der Gemeinschaft zu verhindern.

III. Aufbau des Titels über die gemeinsame Verkehrspolitik

Grundlegend ist die Unterscheidung zwischen den drei Binnenverkehrsträ- **9**
gern (Eisenbahn, Straßenverkehr, Binnenschiffahrt) einerseits und See- und
Luftverkehr andererseits. Art. 70 bis 79 (ex-Art. 74 bis 83) gelten nur für
die Binnenverkehrsträger, **Art. 80** (ex-Art. 84) **Abs. 1**. Die Einbeziehung
von See- und Luftverkehr in eine gemeinsame Verkehrspolitik ist besonderen Entscheidungen des Rates vorbehalten, Art. 80 (ex-Art. 84) Abs. 2; zu
den Gründen s. Art. 80 Rn. 1 sowie Rn. 3–5.

Für die **Binnenverkehrsträger** sieht Art. 70 (ex-Art. 74) zur Erreichung **10**
der Ziele des Vertrages eine gemeinsame Verkehrspolitik vor. Art. 71 (ex-
Art. 75) beschreibt die hierzu vorgesehenen Maßnahmen und Verfahren.
Art. 72–74 (ex-Art. 76–78) enthalten Einzelregelungen für den Wettbewerb
zwischen den Verkehrsunternehmen. Art. 75–77 (ex-Art. 79–81) verbieten
bestimmte Maßnahmen der Mitgliedstaaten und der Verkehrsunternehmen,
die den freien Warenverkehr beeinträchtigen können. Art. 78 (ex-Art. 82)
enthält einen Vorbehalt für die durch die Teilung Deutschlands betroffenen
Gebiete. Art. 79 (ex-Art. 83) setzt für die Verkehrspolitik einen besonderen
beratenden Ausschuß ein.

IV. Stand der gemeinsamen Verkehrspolitik

Bis 1985 konnten bei der Verwirklichung einer gemeinsamen Verkehrspoli- **11**
tik nur **wenig Erfolge** verzeichnet werden. Die Entwicklung wurde gehemmt durch grundlegende Gegensätze zwischen Mitgliedstaaten, in denen
der Verkehr traditionell stark reglementiert ist oder war (Deutschland,
Frankreich, Italien), und Mitgliedstaaten mit einer liberalen Verkehrspolitik, ferner durch das bis 1986 praktizierte Konsensprinzip, vielleicht auch
weil der Verkehrspolitik im Vergleich zu anderen Tätigkeitsfeldern der Gemeinschaft geringere Priorität eingeräumt wurde.

Seit 1985 führten das sog. „Untätigkeitsurteil" des EuGH v. 22.5.85 **12**
(Rs. 13/83, EP/Rat „Gemeinsame Verkehrspolitik", Slg. 1985,1513), die
Mailänder Beschlüsse des Europäischen Rates v. 28./29.6.85 (Bull. EG Nr.
78,681) und die seit Inkrafttreten der EEA 1987 im Rat zunehmend praktizierte Mehrheitsregel zu **schnellen Fortschritten.** Insbesondere ist der
Binnenmarkt im Verkehr inzwischen weitgehend erreicht (s. Art. 71 Rn. 8,
11, Art. 80 Rn. 8). Am 25.10.93 hat der Rat auch erste Schritte zur Angleichung der Wettbewerbsbedingungen im Bereich der Steuern und Abgaben
auf den Straßengüterverkehr beschlossen (s. Art. 71 Rn. 18, Art. 72 Rn. 2).
Schwerpunkte in den letzten Jahren sind geworden: **13**

–   die Verbesserung der **Verkehrssicherheit,**

- der **Umweltschutz** im Verkehr,
- die in Art. Art. 154–156 (ex-Art. 129 b-129 d) geregelte **Verkehrsinfrastrukturpolitik,**
- Fragen der **Verteilung knapper Infrastrukturkapazitäten** (einschl. **Gebühren**).

14 Noch nicht so erfolgreich waren die Bemühungen der Kommission um die **Entwicklung gemeinschaftlicher Außenbeziehungen** auf dem Gebiet des Verkehrs; diese dürften aber in den nächsten Jahren ein weiterer Schwerpunkt der gemeinsamen Verkehrspolitik werden. Skepsis dagegen erscheint trotz wiederholter Ansätze der Kommission (insbesondere: Mitteilung der Kommission „Die künftige Entwicklung der gemeinsamen Verkehrspolitik–Globalkonzept einer Gemeinschaftsstrategie für eine auf Dauer tragbare Mobilität", Dok. KOM 92/494 endg. v. 2.12.92) angezeigt, ob es in naher Zukunft gelingen wird, eine gemeinsame Verkehrspolitik, die einem Gesamtkonzept folgt, zu entwickeln.

V. Verkehr im Europäischen Wirtschaftsraum

15 Zu einer gemeinsamen Verkehrspolitik verpflichten sich die EWR-Vertragsstaaten nicht. Art. 70, 71 und 80 (ex-Art. 74, 75 und 84) des EG-Vertrages wurden in den EWR-Vertrag nicht übernommen. Der **EWR-Vertrag, Art. 48–52**, übernimmt nur die in Art. 72–77 (ex-Art. 76–81) des EG-Vertrages enthaltenen Grundsätze.

16 Die dem EWR beigetretenen EFTA-Staaten übernehmen jedoch weitgehend das bis August 1991 in Kraft getretene sekundäre Gemeinschaftsrecht, soweit es für den Binnenmarkt im Verkehr bedeutsam ist (Art. 47 Abs. 2 mit **Anhang XIII des EWR-Vertrages**). Die Übernahme späterer EG-Rechtsakte ermöglicht Art. 102 EWR-Vertrag.

Art. 70 (ex-Artikel 74) (Gemeinsame Verkehrspolitik)

Auf dem in diesem Titel geregelten Sachgebiet verfolgen die Mitgliedstaaten die Ziele dieses Vertrags im Rahmen einer gemeinsamen Verkehrspolitik.

I. Verpflichtung zu einer gemeinsamen Verkehrspolitik

1 Art. 70 begründet eine Verpflichtung zur Einführung einer gemeinsamen Verkehrspolitik. Wie sich aus Art. 71 (ex-Art. 75) ergibt, sind – abweichend von dem etwas mißverständlichen Wortlaut des Art. 70 („die Mitgliedstaa-

ten") – die dafür notwendigen **Entscheidungen durch die Gemein-schaftsorgane** zu treffen; die Verkehrspolitik fällt unter die Zuständigkeiten der Gemeinschaft. Solange und soweit die Gemeinschaftsorgane (wie z.B. weitgehend noch zur Herstellung des Binnenmarktes im Eisenbahnbereich) keine verkehrspolitischen Entscheidungen getroffen haben, behalten die Mitgliedstaaten ihre Zuständigkeit zu einer nationalen Verkehrspolitik (**konkurrierende Zuständigkeit; a. A.** – teilweise ausschließliche Zuständigkeit – *Frohnmeyer* in Grabitz/Hilf, Art. 75 Rn. 1). Die gemeinsame Verkehrspolitik steht damit unter dem Vorbehalt des Subsidiaritätsprinzips, Art. 5 (ex-Art. 3 b). Die Mitgliedstaaten müssen allerdings die Verpflichtungen des Art. 10 (ex-Art. 5) beachten.

Da der Inhalt der zu treffenden Entscheidungen im Vertrag nur teilweise 2
näher festgelegt ist, ist die Verpflichtung zu einer gemeinsamen Verkehrspolitik auch nur teilweise i.S. von Art. 232 (ex-Art. 175) justiziabel. Hinreichend bestimmt und damit justiziabel sind lediglich aufgrund von Art. 71 (ex-Art. 75) Abs. 1 lit. a und b die Verpflichtungen zur Herstellung der **Dienstleistungsfreiheit im internationalen Verkehr** und zur Regelung der **Bedingungen für die Kabotage.** Begleitmaßnahmen sind in das Ermessen des Rates gestellt (EuGH, Rs. 13/83, EP/Rat „Gemeinsame Verkehrspolitik", Slg. 1985,1513,1596,1599–1601).

II. Sachgebiet der gemeinsamen Verkehrspolitik

Eine gemeinsame Verkehrspolitik ist vorgesehen auf dem im Vertragstitel 3
„Der Verkehr" geregelten Sachgebiet. Dieses umfaßt nach Art. 80 (ex-Art. 84) Abs. 1 Beförderungen im **Eisenbahn-, Straßen- und Binnenschiffsverkehr.** Nicht einbezogen sind –vorbehaltlich besonderer Entscheidungen des Rates gemäß Art. 80 (ex-Art. 84) Abs. 2 – der See- und Luftverkehr. Nicht zum Verkehr i.S. des Vertrages gehören der Rohrleitungsverkehr sowie die Übermittlung von elektrischer Energie und Nachrichten (*Erdmenger* in GTE, Art. 74 Rn. 2).

Im Bereich des Eisenbahn-, Straßen- und Binnenschiffsverkehrs gehört 4
zum Gegenstand der gemeinsamen Verkehrspolitik nicht nur, wie der Wortlaut von Art. 51 (ex-Art. 61) Abs. 1 und Art. 80 (ex-Art. 84) Abs. 1 es nahelegen könnte, die Regelung der Erbringung von Transportdienstleistungen. Vielmehr gehören dazu **alle hoheitlichen Maßnahmen, die auf ein ordnungsgemäßes Funktionieren des Verkehrs gerichtet sind** (s. Vorbem. zu Art. 70 Rn. 3).

Die Praxis der gemeinsamen Verkehrspolitik ist von Anfang an über die Re- 5
gelung der Erbringung von Transportdienstleistungen hinausgegangen:

– Bereits die *Erste RL des Rates über die Aufstellung gemeinsamer Regeln für bestimmte Beförderungen im Güterkraftverkehr zwischen den Mitgliedstaaten vom 23.7.62 (ABl. 70 v. 6.8.62)* hat den **Werkverkehr** einbezogen.

– Die *VO (EWG) Nr. 543/69 des Rates v. 25.3.69 (ABl. L 77/49)*, inzwischen ersetzt *durch VO (EWG) Nr. 3820/85 des Rates v. 20.12.85 (ABl. L 375/1)*, hat wichtige **Sozialvorschriften** für den Straßenverkehr harmonisiert (dazu EuGH, Rs. 97/78, „Schumalla", Slg. 1978,2311).

– Die *Erste RL des Rates Nr. 80/1263/EWG zur Einführung eines EG-Führerscheins v. 4.12.80 (ABl. L 375/1)*, inzwischen fortgeführt durch *RL des Rates Nr. 91/439/EWG v. 29.7.91 (ABl. L 237/1)*, hat erste Regelungen über den **Individualverkehr mit Pkw** getroffen (zur Bedeutung des Führerscheins für Freizügigkeit und Dienstleistungsfreiheit: EuGH, Rs. 16/78 „Choquet", Slg. 1978,2293).

– Auch der durch den Vertrag über die EU eingefügte lit. c **(Verkehrssicherheit)** in Art. 71 (ex-Art. 75) Abs. 1 entspricht einer schon vorher geübten Praxis (s. Art. 71 Rn. 14 und 15).

6 Seit 1978 wurden, gestützt auf Art. 71 (ex-Art. 75), auch Fragen der **Verkehrsinfrastrukturpolitik** einbezogen (s. *Entscheidung des Rates Nr. 78/174/EWG zur Einführung eines Beratungsverfahrens und zur Schaffung eines Ausschusses auf dem Gebiet der Verkehrsinfrastruktur v. 20.2.78 [ABl. L 54/16]; VO [EWG] Nr. 3359/90 des Rates zur Durchführung eines Aktionsprogrammes auf dem Gebiet der Verkehrsinfrastruktur im Hinblick auf die Vollendung des integrierten Verkehrsmarktes bis 1992 v. 20.11.90 [ABl. L 326/1]*, fortgeführt durch *VO [EWG] Nr. 1738/93 des Rates v. 25.6.93 [ABl. L 161/4]*. Im EGV wurden für die Netzplanung (Leitlinien) und für die Herstellung der Interoperabilität der nationalen Netze gesonderte Regelungen geschaffen (Art. 154–156 [ex-Art. 129 b-129 d]; s. Vorbem. zu Art. 70 Rn. 5). Art. 154 (ex-Art. 129 b) Abs. 2 nennt unter den Zielen der Gemeinschaft auch die Förderung des Zugangs zu den nationalen Netzen; Art. 155 (ex-Art. 129 c) schweigt insoweit jedoch über konkrete Maßnahmen. Regelungen, die etwa die Verteilung knapper Kapazitäten betreffen, wie z.B. Art. 10 der *RL des Rates Nr. 91/440/EWG über die Entwicklung der Eisenbahnunternehmen v. 29.7.91 (ABl. L 237/254)*, oder Regelungen über Benutzungsgebühren werden eher zur Ordnungspolitik und damit auch künftig zum Gegenstand der gemeinsamen Verkehrspolitik i.S. der Art. 70ff. (ex-Art. 74ff.) zu rechnen sein.

III. Inhalt der gemeinsamen Verkehrspolitik

Die gemeinsame Verkehrspolitik hat zur Erreichung der **Ziele des Vertra-** 7
ges beizutragen. Diese sind vor allem in der Präambel zum Vertrag über die
EU und in Art. 2 benannt. Als wichtigste Ziele des Vertrages für die gemeinsame Verkehrspolitik werden anzusehen sein:
- der **Binnenmarkt**, der nach Art. 14 (ex-Art. 7 a) auch für den Verkehr
  herzustellen ist;
- die **Wirtschafts- und Währungsunion** mit einer Wirtschaftspolitik,
  die dem **Grundsatz einer offenen Marktwirtschaft mit freiem Wett-**
  bewerb verpflichtet ist, Art. 2, Art. 4 (ex-Art. 3 a) Abs. 1;
- die **Umweltverträglichkeit**, Art. 2, Art. 3 lit. l (ex-lit. k), Art. 6 (ex-Art.
  3c);
- **hohes Beschäftigungsniveau und sozialer Schutz** (soweit im Vertrag
  näher konkretisiert), Art. 2, 3 lit. i, j.

Die gemeinsame Verkehrspolitik hat ferner für die Verkehrsunternehmen 8
die **Dienstleistungsfreiheit** zu verwirklichen, Art. 51 (ex-Art. 61) Abs. 1,
und zwar im internationalen Verkehr (Art. 71 [ex-Art. 75] Abs. 1 lit. a) und
im nationalen Verkehr (Art. 71 [ex-Art. 75] Abs. 1 lit. b). Dienstleistungsfreiheit bedeutet **Verbot jeder Diskriminierung** des Leistungserbringers
aufgrund seiner Staatsangehörigkeit oder des Umstandes, daß er in einem
anderen Mitgliedstaat als demjenigen ansässig ist, in dem die Dienstleistung erbracht werden soll (EuGH, Rs. 13/83, EP/Rat „Gemeinsame Verkehrspolitik", Slg. 1985, 1513,1599). Erlaubt sind demnach nicht diskriminierende, aus öffentlichem Interesse gerechtfertigte Beschränkungen.

Einer der Inhalte der gemeinsamen Verkehrspolitik ist auch die Verbesse- 9
rung der **Verkehrssicherheit** (Art. 71 [ex-Art. 75] Abs. 1 lit. c). Einzelregelungen zur gemeinsamen Verkehrspolitik enthalten Art. 72–77 (ex-Art.
76–81, s. Vorbem. zu Art. 70 Rn. 10).

Im übrigen hat der Vertrag **auf inhaltliche Bestimmungen der gemeinsa-** 10
men Verkehrspolitik verzichtet. Insbesondere fehlen Hinweise zu bestimmten Fragen, die seit langem im Mittelpunkt der deutschen Verkehrspolitik stehen, namentlich zur Aufgabenteilung zwischen den Verkehrsträgern, völlig. Art. 71 (ex-Art. 75) hat die Ausgestaltung der gemeinsamen
Verkehrspolitik im wesentlichen der Rechtsetzung durch die Gemeinschaftsorgane überlassen (zu den Gründen: s. Vorbem. zu Art. 70 Rn. 11).

Art. 71 (ex-Artikel 75) (Maßnahmen)

(1) Zur Durchführung des Artikels 70 wird der Rat unter Berücksich-
tigung der Besonderheiten des Verkehrs gemäß dem Verfahren des Ar-

tikels 251 und nach Anhörung des Wirtschafts- und Sozialausschusses
sowie des Ausschusses der Regionen

a) für den internationalen Verkehr aus oder nach dem Hoheitsgebiet
eines Mitgliedstaats oder für den Durchgangsverkehr durch das
Hoheitsgebiet eines oder mehrerer Mitgliedstaaten gemeinsame
Regeln aufstellen;

b) für die Zulassung von Verkehrsunternehmern zum Verkehr innerhalb eines Mitgliedstaats, in dem sie nicht ansässig sind, die Bedingungen festlegen;

c) Maßnahmen zur Verbesserung der Verkehrssicherheit erlassen;

d) alle sonstigen zweckdienlichen Vorschriften erlassen.

(2) Abweichend von dem in Absatz 1 vorgesehenen Verfahren werden
die Vorschriften über die Grundsätze der Verkehrsordnung, deren Anwendung die Lebenshaltung und die Beschäftigungslage in bestimmten
Gebieten sowie den Betrieb der Verkehrseinrichtungen ernstlich beeinträchtigen könnte, vom Rat auf Vorschlag der Kommission und nach
Anhörung des Europäischen Parlaments und des Wirtschafts- und Sozialausschusses einstimmig erlassen; dabei berücksichtigt er die Notwendigkeit einer Anpassung an die sich aus der Errichtung des Gemeinsamen Marktes ergebende wirtschaftliche Entwicklung.

Übersicht

I. Allgemeines

1   Art. 71 bestimmt im Bereich des Eisenbahn-, Straßen- und Binnenschiffsverkehrs (Art. 80 Abs. 1 [ex-Art. 84 Abs. 1]) **die zur Durchführung der
gemeinsamen Verkehrspolitik vorgesehenen Maßnahmen** und regelt

hierfür das Verfahren. Auf Art. 71 (ex-Art. 75) sind die meisten verkehrspolitischen Maßnahmen der Gemeinschaft gestützt.

Durch den **Vertrag über die EU** wurden im neuen lit. c des Abs. 1 **Maß-**   **2**
nahmen zur Verbesserung der Verkehrssicherheit in Art. 71 (ex-Art. 75)
aufgenommen.

Durch den **Vertrag von Amsterdam** wurden für Beschlüsse zur gemeinsa-   **3**
men Verkehrspolitik als Regelfall das Verfahren der **Mitentscheidung des**
EP (Art. 251 [ex-Art. 189 b]) und die **obligatorische Anhörung des AdR**
eingeführt. Die frühere Bestimmung, daß die Maßnahmen nach Abs. 1 im
Laufe der Übergangszeit zu treffen sind (ex-Art. 75 Abs. 2), wurde gestrichen. Die Bestimmung hatte auch nach dem Ablauf der Übergangszeit ihre
Bedeutung nicht verloren: wegen Nichteinhaltung der Frist hatte der EuGH
am 22.5.85 das Untätigkeitsurteil gegen den Rat erlassen (s. Vorbem. zu
Art. 70 Rn. 12). Die Parteien des Vertrages von Amsterdam haben sich dennoch zur Streichung des früheren Art. 75 Abs. 2 (wie auch ähnlicher Bestimmungen an anderen Stellen der Gemeinschaftsverträge) entschlossen.
Art. 10 des Vertrages von Amsterdam stellt jedoch klar, daß die Rechtswirkung der im früheren Art. 75 Abs. 2 enthaltenen Frist erhalten bleibt.

II. Besonderheiten des Verkehrs

Bei Maßnahmen nach Art. 71 (ex-Art. 75) hat die Gemeinschaft die Be-   **4**
sonderheiten des Verkehrs zu berücksichtigen. Worin diese bestehen, ist
umstritten (vgl. *Erdmenger* in GTE Art. 75 Rn. 22–23; *Frohnmeyer* in Gra-
bitz/Hilf Art. 75 Rn. 23–24; *Everling* in WEGS Art. 75 Anm. 2). Gewisse
Andeutungen enthält der Vertrag selbst:
– **Bedeutung des Verkehrs für Lebenshaltung und Beschäftigung**
    (Art. 71 Abs. 2 [ex-Art. 75 Abs. 3]),
– Erfordernisse der **Koordinierung des Verkehrs** und
– **gemeinwirtschaftliche Funktion bestimmter Verkehrsleistungen**
    (Art. 73 [ex-Art. 77]).
Überkommen sind ferner die **Eigentümerstellung des Staates an den Ei-**
senbahnen und die **Bereitstellung der Infrastruktur durch den Staat.**

Die Berücksichtigung der Besonderheiten des Verkehrs hat teilweise zu be-   **5**
sonderen **Strukturregelungen** geführt, so vor allem die *RL des Rates Nr.*
91/440/EWG über die Entwicklung der Eisenbahnunternehmen v. 29.7.91
(ABl. L 237/25), teilweise auch zu langfristigen Übergangsregelungen. Die
Regelungen dienten vielfach dazu, Besonderheiten so weit abzubauen oder
auszugleichen, daß der Verkehr schrittweise an die Dienstleistungsfreiheit
herangeführt werden kann.

III. Gemeinsame Regeln für den internationalen Verkehr (Abs. 1 lit. a)

6   Gemeinsame Regeln sind aufzustellen für den internationalen Verkehr aus oder nach dem Hoheitsgebiet eines Mitgliedstaates (sog. **Wechselverkehr**); dies ist sowohl der Verkehr zwischen mehreren Mitgliedstaaten als auch – für den innergemeinschaftlichen Streckenanteil – der Verkehr zwischen Mitgliedstaaten und Drittstaaten (EuGH, Rs. 22/70, KOM/Rat „Europäisches Übereinkommen über Straßenverkehr", Slg. 1971, 263,275). Gemeinsame Regeln sind ferner aufzustellen für den internationalen Verkehr durch einen Mitgliedstaat (**Transitverkehr**). Dies kann sowohl Transitverkehr von und nach einem Mitgliedstaat, als auch Transitverkehr aus oder nach einem Drittstaat sein. Soweit Regelungen sowohl den internationalen als auch den nationalen Verkehr betreffen, finden sie ihre Rechtsgrundlage neben Art. 71 (ex-Art. 75) Abs. 1 lit. a auch in Art. 71 (ex-Art. 75) Abs. 1 lit. d.

7   Der **Inhalt der gemeinsamen Regeln** ist in Art. 51 (ex-Art. 61) Abs. 1 insoweit näher bestimmt, als die Dienstleistungsfreiheit herzustellen ist (EuGH, Rs. 13/83, EP/Rat „Gemeinsame Verkehrspolitik", Slg. 1985, 1513,1599, s. auch Art. 70 Rn. 6,9).

8   Der Auftrag zur Herstellung der Dienstleistungsfreiheit ist im wesentlichen erfüllt:

– im **internationalen Straßengüterverkehr,** *VO (EWG) Nr. 881/92 des Rates über den Zugang zum Güterkraftverkehrsmarkt in der Gemeinschaft für Beförderungen aus oder nach einem Mitgliedstaat oder durch einen oder mehrere Mitgliedstaaten v. 26.3.92 (ABl. L 95/1),*

– im **internationalen Omnibusverkehr,** *VO (EWG) Nr. 684/92 des Rates zur Einführung gemeinsamer Regeln für den grenzüberschreitenden Personenverkehr mit Kraftomnibussen v. 16.3.92 (ABl. L 74/1), zuletzt geändert durch VO (EG) Nr. 11/98 v. 11.12.97 (ABl. 1998 L 4/1),* und

– in der **internationalen Binnenschiffahrt,** *VO (EG) Nr. 1356/96 des Rates über gemeinsame Regeln zur Verwirklichung der Dienstleistungsfreiheit im Binnenschiffsgüter- und -personenverkehr zwischen Mitgliedstaaten v. 8.7.96 (ABl. L 175/7).*

Für die Verwirklichung der Dienstleistungsfreiheit im **internationalen Eisenbahnverkehr** bedarf es zunächst der Regelung des Zuganges zu den Netzen; hierzu wurde mit der *RL des Rates Nr. 91/440/EWG über die Entwicklung der Eisenbahnunternehmen v. 29.7.91 (ABl. L 237/25)* und mit der *RL des Rates Nr. 95/19/EG über die Zuweisung von Fahrwegkapazität der Eisenbahn und die Berechnung von Wegeentgelten v. 19.6.95 (ABl. L 143/75)* ein Anfang gemacht.

Daneben hat die Gemeinschaft eine Reihe weiterer Regelungen für den in-   **9**
ternationalen Verkehr getroffen, z.B. über **Preise, Gewichte und Abmes-**
sungen.

IV. Bedingungen für die Zulassung von nicht ansässigen Unterneh-men (Kabotage, Abs. 1 lit. b)

Festlegung der Bedingungen bedeutet, daß die Kabotage nicht schlechthin   **10**
freigegeben werden muß *(Frohnmeyer* in Grabitz/Hilf, Art. 75 Rn. 30).
Es gilt aber auch hier das Gebot der Dienstleistungsfreiheit, d.h. das **Ver-**
bot jeder Diskriminierung aufgrund der Staatsangehörigkeit oder aufgrund des Mitgliedstaates, in dem das Unternehmen niedergelassen ist
(EuGH, Rs. 13/83, EP/Rat „Gemeinsame Verkehrspolitik", Slg. 1985,
1513,1599–1603). In seinem Urteil v. 7.11.91 (C-17/90, „Pinaud Wieger",
Slg. 1991 I–5253) hat der EuGH bei der Verwirklichung des freien Dienstleistungsverkehrs im Bereich der Straßenkabotage besondere Schwierigkeiten anerkannt; die Verwirklichung dieses Ziels könne nur im Rahmen einer gemeinsamen Verkehrspolitik erfolgen, bei der die wirtschaftlichen, sozialen und ökologischen Probleme berücksichtigt und gleiche Wettbewerbsbedingungen gewährleistet werden. Der EuGH hat deshalb die
schrittweise Liberalisierung der Kabotage für zulässig erklärt (Rn.
11,12,14). Ähnliche Überlegungen könnten künftig auch für die noch ausstehende Erweiterung der Dienstleistungsfreiheit im Eisenbahnverkehr gelten.

Inzwischen hat der Rat endgültige Regelungen zur Kabotage verabschiedet: **11**
– für den **Straßengüterverkehr**, *VO (EWG) Nr. 3118/93 des Rates zur*
    Festlegung der Bedingungen für die Zulassung von Verkehrsunterneh-
    men zum Güterkraftverkehr innerhalb eines Mitgliedstaats, in dem sie
    nicht ansässig sind, v. 25.10.93 (ABl. L 279/1),
– für die **Binnenschiffahrt**, *VO (EWG) Nr. 3921/91 des Rates über die*
    Bedingungen für die Zulassung von Verkehrsunternehmen zum Binnen-
    schiffsgüter- und personenverkehr innerhalb eines Mitgliedstaats, in
    dem sie nicht ansässig sind, v. 16.12.91 (ABl. 373/1),
– und im wesentlichen für den **Omnibusverkehr**, *VO (EG) Nr. 12/98 des*
    Rates über die Bedingungen für die Zulassung von Verkehrsunterneh-
    men zum Personenverkehr mit Kraftomnibussen innerhalb eines Mit-
    gliedstaats, in dem sie nicht ansässig sind, v. 11.12.97 (ABl. 1998 L
    4/10).
Für die **Eisenbahnen** gilt gleiches wie im internationalen Verkehr (s. Rn.
8,10).

V. Maßnahmen zur Verbesserung der Verkehrssicherheit (Abs. 1 lit. c)

12   Die Erweiterung des Art. 71 (ex-Art. 75) um Maßnahmen zur Verbesserung der **Verkehrssicherheit** durch den Vertrag über die EU war dazu bestimmt, Klarheit zu schaffen, daß die Gemeinschaft Maßnahmen zur Verbesserung der Verkehrssicherheit **generell und nicht nur im Zusammenhang mit der Verwirklichung wirtschaftspolitischer Ziele** erlassen darf (s. Vorbem. zu Art. 70 Rn. 3). Allerdings werden häufig geographische und klimatische Bedingungen sowie die Lebensgewohnheiten in den Mitgliedstaaten unterschiedliche Regelungen zur Verkehrssicherheit nahelegen. Das **Subsidiaritätsprinzip**, Art. 5 (ex-Art. 3 b), wird deshalb hier besonders zu beachten sein (vgl. zu diesem Prinzip die Erl. bei Art. 5).

13   Neben **Rechtsvorschriften** kommen auch **andere Maßnahmen** der Gemeinschaft in Betracht, etwa Informationskampagnen, Forschung, Anlegung von Dokumentationen und Datenbanken. Maßnahmen zur Verbesserung der Verkehrssicherheit können sich u.a. erstrecken auf die Fahrzeugsicherheit, die Ausbildung und das Verhalten der Fahrer, das Fahrerlaubnisrecht, die Infrastruktur.

14   Bereits recht früh hat die Gemeinschaft Rechtsakte erlassen, die neben der Verwirklichung des Gemeinsamen Marktes auch die Verbesserung der Verkehrssicherheit zum Ziel hatten. Neben den bereits genannten Sozialvorschriften und Führerscheinrichtlinien (Art. 70 Rn. 3) seien genannt:
–   *RL des Rates Nr. 96/96/EG zur Angleichung der Rechtsvorschriften der Mitgliedstaaten über die **technische Überwachung der Kraftfahrzeuge und Kraftfahrzeuganhänger** v. 20.12.96 (ABl. 1997 L 46/1)* und
–   *RL des Rates Nr. 92/6/EWG über Einbau und Benutzung von **Geschwindigkeitsbegrenzern** für bestimmte Fahrzeugklassen in der Gemeinschaft v. 10.2.92 (ABl. L 57/27).*

15   Mit der *RL des Rates Nr. 91/671/EWG zur Angleichung der Rechtsvorschriften der Mitgliedstaaten über die **Gurtanlegepflicht** in Kraftfahrzeugen mit einem Gewicht von weniger als 3,5 t v. 16.12.91 (ABl. L 373/26)* hat die Gemeinschaft zum ersten Male den Bereich der Verkehrswirtschaft verlassen. Am 9.6.93 und am 9.4.97 hat die Kommission Mitteilungen über **Aktionsprogramme im Bereich der Straßenverkehrssicherheit** (Ratsdokumente 8096/93 TRANS 95, 7447/97 TRANS 51) vorgelegt. Sie betreffen durchweg nicht legislative Maßnahmen (s. Rn. 13). Das erste Programm (1993–46) ist inzwischen durchgeführt, über die Umsetzung des zweiten Programms (1997–2001) wird im Rat auf Fachebene weiter beraten.

VI. Sonstige zweckdienliche Vorschriften (Abs. 1 lit. d)

Mit der Ermächtigung, alle sonstigen (zur Erreichung der Ziele des Vertra- **16**
ges, Art. 70, ex-Art. 74) **zweckdienlichen Vorschriften** zu erlassen, hat
Art. 71 (ex-Art. 75) Abs. 1 lit. d der Gemeinschaft – vor allem im Hinblick
auf die erweiterten Zielsetzungen des Vertrages (s. Vorbem. zu Art. 70 Rn.
3) – auf dem Gebiet der drei Binnenverkehrsträger eine nahezu unbegrenzte Zuständigkeit eingeräumt. Sie kommt vor allem als ergänzende Ermächtigung zu lit. a und b in Betracht, d.h. für Vorschriften, die nicht unmittelbar die Herstellung der Dienstleistungsfreiheit im internationalen Verkehr
oder die Regelung der Bedingungen der Kabotage zum Inhalt haben, aber
geeignet sind, die Verwirklichung dieser Ziele in geordneter Form vorzubereiten oder zu begleiten.

Die Ermächtigung des Art. 71 (ex-Art. 75) Abs. 1 lit. d ist u.a. genutzt wor- **17**
den für Vorschriften

– zur Einrichtung von **Konsultationsverfahren,**
– zur **Harmonisierung der Wettbewerbsbedingungen** auf technischem
    und sozialem Gebiet,
– über den **Zugang zum Beruf** (Straßengüter- und -personenverkehr,
    Binnenschiffahrt) und
– zur **Struktur der Unternehmen** (Eisenbahnen s. Rn. 5; *VO (EWG) Nr.*
    1101/89 des Rates über die Strukturbereinigung in der Binnenschiffahrt
    v. 27.4.89, ABl. L 116/25).

Aus deutscher Sicht besonders bedeutsam ist die *RL Nr. 93/89/EWG des* **18**
Rates über die **Besteuerung bestimmter Kraftfahrzeuge zur Güterbeför-**
derung *sowie die* **Erhebung von Maut- und Benutzungsgebühren** *für be-*
stimmte Verkehrswege durch die Mitgliedstaaten v. 25.10.93 (ABl. L
279/32). Die Richtlinie sieht im wesentlichen vor:
– (niedrige) Mindestsätze in allen Mitgliedstaaten für die Kraftfahrzeug-
    steuer,
– Recht der Mitgliedstaaten zur Erhebung entfernungs- oder zeitabhängi-
    ger Autobahngebühren, jedoch Beschränkung zeitabhängiger Gebühren
    auf einen Jahreshöchstbetrag von Euro 1250.

Der EuGH (C-21/94, EP/Rat, Slg. 1995 I–1827) hat am 5.7.95 die RL wegen mangelhafter Beteiligung des EP für nichtig erklärt, ihre Wirkungen jedoch als fortgeltend betrachtet, bis der Rat in diesem Bereich eine neue RL
erlassen hat. Der Rat hat am 18.1.99 einen gemeinsamen Standpunkt zur
Neufassung der RL erlassen (ABl. C 58/1). Dieser sieht geänderte Höchstsätze für zeitabhängige Gebühren vor, läßt jedoch die Struktur des RL
93/89/EWG im wesentlichen unangetastet. Deutschland, die Benelux-Staa-

ten und Dänemark erheben gemeinsam eine zeitabhängige Gebühr („Euro-vignette"), die Entrichtung der Gebühr berechtigt zur Benutzung der ge-bührenpflichtigen Straßen in allen diesen Ländern (*Übereinkommen über die Erhebung von Gebühren für die Benutzung bestimmter Straßen mit schweren Nutzfahrzeugen v. 9.2.94, BGBl.II,1768*). Mit Schweden ist der Beitritt zu dem gemeinsamen System vereinbart (Prot. v.18.9.97, BRat-Drs. 855/97), aber bisher noch nicht wirksam geworden.

VII. EG-Außenbeziehungen auf dem Gebiet des Verkehrs

19 Die Zuständigkeit der Gemeinschaft, **einseitige („autonome") Maßnah-men** auf dem Gebiet der Verkehrspolitik für die Binnenverkehrsträger zu treffen, ergibt sich unmittelbar aus Art. 71 (ex-Art. 75), vgl. EuGH, Rs. 22/70, KOM/Rat „Europäisches Übereinkommen über Straßenverkehr", Slg. 1971, 263,275; *Zuleeg* in Basedow, Europäische Verkehrspolitik, S. 59,71).

20 Eine Zuständigkeit der Gemeinschaft zum Abschluß **internationaler Ver-träge** hat der EuGH in Art. 71 (ex-Art. 75) nicht unmittelbar begründet ge-sehen. Er hat jedoch bereits in seinem Urteil v. 31.3.71 aus Regelungen, die die Gemeinschaft intern auf der Grundlage von Art. 71 (ex-Art. 75) getrof-fen hatte, die ausschließliche Zuständigkeit der Gemeinschaft hergeleitet, das betreffende Sachgebiet gegenüber Drittstaaten vertraglich zu regeln (EuGH, Rs. 22/70, Slg. 1971, aaO 276). In einem weiteren Urteil v. 14.7.76 (Rs. 3/76, 4/76, 6/76, „Cornelis Kramer", Slg. 1976, 1279,1309–1313) und in einem Gutachten v. 26.4.77 (1/76, „Stillegungsfonds für die Binnenschif-fahrt", Slg. 1977, 741,755) hat der EuGH allgemein aus der Zuständigkeit der Gemeinschaft, bestimmte Sachgebiete intern zu regeln, auch die Zu-ständigkeit der Gemeinschaft zum Vertragsschluß nach außen für die glei-chen Sachgebiete entnommen. Er hat dabei den Mitgliedstaaten das Recht zugebilligt, übergangsweise selbst noch Verträge abzuschließen. Diese dür-fen allerdings nicht so abgeschlossen werden, daß sie die Gemeinschaft auf längere Zeit an der Verwirklichung ihrer Zielsetzungen hindern. Diese Rechtsprechung hat der EuGH zuletzt in seinem Gutachten v.15.11.94 (1/94, Slg. 1995 I–1, s. Vorbem. zu Art. 70 Rn. 6) nochmals bekräftigt.

21 Gestützt auf Art. 71 (ex-Art. 75) hat die Gemeinschaft inzwischen einige in-ternationale Verträge geschlossen. Zu nennen sind namentlich:
– **Übereinkommen** über den **grenzüberschreitenden Personengelegen-heitsverkehr mit Kraftomnibussen** v. 12.7.82 (ABl. L 230/38),
– **Abkommen** mit der **Schweiz** über den **Güterverkehr** auf **Schiene und Straße** v. 2.5.92 (ABl. L 373/26),

– **Verkehrsabkommen** mit **Slowenien** v. 5.4.93 (ABl. L 189/60) und Zusatzprotokoll v. 11.12.97 (ABl L 351/62)
– **Verkehrsabkommen** mit der Ehemaligen Jugoslawischen Republik **Mazedonien** v. 29.4.97 (ABl. L 348/169).

Der Rat hat die Kommission zu Verhandlungen über u.a. folgende Abkommen ermächtigt: **22**

– am 7.12.92 zur Aushandlung eines **Binnenschiffahrtsabkommens** mit **Polen und bestimmten Donauländern** (Dok. 10828/92 TRANS 178),
– am 14.3.95 zur Aushandlung von Abkommen mit der **Schweiz** über den **Land- und Luftverkehr** (Dok. 5824/95 TRANS 39),
– am 7.12.95 zur Aushandlung von Verträgen **mit bestimmten mittel- und osteuropäischen Staaten** über den **Straßengüterverkehr** (Dok. 12019/95 TRANS 181 + COR 1, 12505/95 TRANS 189) und über den **Straßenpersonenverkehr** (Ratsdokumente 12010/95 TRANS 180, 12505 TRANS 189/95),
– am 17.6.96 zur Aushandlung eines Rahmenabkommens mit den **USA** über den **Luftverkehr** (Dok. 7803/96 AVIATION, 8196/96 TRANS 87),
– am 3.10.96 zur Aushandlung von Abkommen mit einigen **mittel- und osteuropäischen Staaten** über den **Luftverkehr** (Dok. 10101/96 AVIATION 17, 10295/96 TRANS 131).

Die Abkommen mit der Schweiz über den Land- und Luftverkehr wurden am 26.2.99 peraphiert. Im übrigen sind die Verhandlungen sind teilweise weit fortgeschritten, ein zeichnungsreifer Abkommensentwurf liegt aber noch in keinem der genannten Bereiche vor.

VIII. Verfahren (Abs. 1, 2)

Als Maßnahmen kommen Rechtsakte (Verordnungen, Richtlinien oder Entscheidungen), aber auch Empfehlungen oder Stellungnahmen in Betracht (Art. 249 [ex-Art. 189]). Die Maßnahmen werden im **Regelfall (Abs. 1)** vom **Rat** auf **Vorschlag der Kommission** und nach **Anhörung des WSA und des AdR** im Verfahren der **Mitentscheidung des EP**, Art. 251 (ex-Art. 189 b), beschlossen. **23**

Ausnahmsweise (Abs. 2) einstimmig, auf **Vorschlag der Kommission** und nach bloßer **Anhörung des EP und des WSA** entscheidet der **Rat**, wenn Vorschriften über die **Grundsätze der Verkehrsordnung** erlassen werden, deren Anwendung die **Lebenshaltung und** die **Beschäftigungslage in bestimmten Gebieten** (also nicht lediglich bestimmter Wirtschaftszweige) oder den **Betrieb der Verkehrseinrichtungen** (z.B. Verkehrsträ- **24**

ger, Verkehrswege, Verkehrsbedienung) ernstlich beeinträchtigen könnte. Ob diese Voraussetzungen vorliegen, entscheidet der Rat. Entscheidet er im Verfahren des Abs. 1, so kann ein Mitgliedstaat, der überstimmt worden ist, gegen den Beschluß Klage nach Art. 230 (ex-Art. 173) erheben, wenn er der Auffassung ist, daß die Voraussetzungen des Abs. 2 gegeben sind. Umgekehrt kann ein Mitgliedstaat oder das EP Klage erheben, wenn seiner Meinung nach zu Unrecht die Voraussetzungen des Abs. 2 angenommen wurden und deshalb ein Beschluß in der Sache mangels Einstimmigkeit nicht zustande kommt bzw. bei einem Beschluß das Verfahren des Art. 251 (ex-Art. 189 b) nicht eingehalten wurde.

Art. 72 (ex-Artikel 76) (Verbot der Schlechterstellung)

Bis zum Erlaß der in Artikel 71 Absatz 1 genannten Vorschriften darf ein Mitgliedstaat die verschiedenen, am 1. Januar 1958 oder, im Falle später beigetretener Staaten, zum Zeitpunkt ihres Beitritts auf diesem Gebiet geltenden Vorschriften in ihren unmittelbaren oder mittelbaren Auswirkungen auf die Verkehrsunternehmer anderer Mitgliedstaaten im Vergleich zu den inländischen Verkehrsunternehmern nicht ungünstiger gestalten, es sei denn, daß der Rat einstimmig etwas anderes billigt.

1   Art. 72 enthält eine **Stillhalteverpflichtung**. *„Mit dieser Vorschrift soll verhindert werden, daß die Einführung der gemeinsamen Verkehrspolitik durch den Rat dadurch erschwert oder behindert wird, daß ohne Billigung des Rates nationale Maßnahmen erlassen werden, die unmittelbar oder mittelbar bewirken würden, daß die Lage, in der sich in einem Mitgliedstaat die Verkehrsunternehmen der anderen Mitgliedstaaten befinden, im Vergleich zu den inländischen Verkehrsunternehmen in einem für erstere ungünstigen Sinne verändert wird"* (EuGH, C-195/90, KOM/Deutschland „Straßenbenutzungsgebühren für schwere Lastfahrzeuge, Slg. 1992 I–3141, mit krit. Anm. *Basedow*, JZ 92,870).

2   Das Verbot des Art. 72 (ex-Art. 76) gilt nach dessen Wortlaut **„bis zum Erlaß der in Artikel 71** (ex-Art. 75) **Absatz 1 genannten Vorschriften"**. Es betrifft also nur Sachgebiete, die auf der Grundlage von Art. 71 (ex-Art. 75) geregelt werden können (wie hier *Erdmenger* in GTE, Art. 76 Rn. 2). Der Vorbehalt zu Gunsten der in Art. 71 (ex-Art. 75) genannten Vorschriften bedeutet ferner, daß der Rat auf Grund von Art. 71 (ex-Art. 75) Vorschriften erlassen darf, die einem Mitgliedstaat auf Grund von Art. 72 (ex-Art. 76) verboten wären. Dies ist geschehen mit der *RL Nr. 93/89/EWG des Rates*

über die Besteuerung bestimmter Kraftfahrzeuge zur Güterbeförderung so-
wie die Erhebung von Maut- und Benutzungsgebühren für bestimmte Ver-
kehrswege durch die Mitgliedstaaten v. 25.10.93 (ABl. L 279/32, s. Art. 71
Rn. 18). Diese RL ist auf Art. 71 und 93 (ex-Art. 75 und 99) gestützt. Sie
gestattet es den Mitgliedstaaten, Autobahngebühren einzuführen und diese
für einheimische Verkehrsunternehmen durch Senkung der Kraftfahrzeugsteuer bis auf den vorgesehenen EG-Mindestsatz ganz oder teilweise auszugleichen, d.h. die Wettbewerbsbedingungen zu Gunsten einheimischer
Verkehrsunternehmen zu verbessern.

Die Stillhalteverpflichtung gilt zu Gunsten von **Verkehrsunternehmen „an-** 3
derer Mitgliedstaaten", d.h. zu Gunsten von Verkehrsunternehmen, die in
anderen Mitgliedstaaten niedergelassen sind (wie hier *Frohnmeyer* in Gra-
bitz/Hilf, Art. 76 Rn. 3, **a.A.** – *Erdmenger* in GTE, Art. 76 Rn. 7, Verkehrsunternehmen, die sich ganz oder überwiegend in der Hand von Staatsangehörigen anderer Mitgliedstaaten befinden *Geiger*, Art. 76 Rn. 4, soweit
natürliche Personen betroffen sind). Darauf deutet auch die einstweilige Anordnung des EuGH v. 12.7.90 (C-195/90, KOM/Deutschland, Slg. 1990,
I–2715 und I–3351), mit der die Erhebung einer Straßenbenutzungsgebühr in
Deutschland *für die in den anderen Mitgliedstaaten zugelassenen Fahrzeuge*
ausgesetzt wurde. Art. 72 (ex-Art. 76) gilt zu Gunsten dieser Verkehrsunternehmen unmittelbar, d.h. diese können sich wegen Verstoßes gegen Art. 72
(ex-Art. 76) direkt an die nationalen Gerichte des Mitgliedstaates, dem ein
Verstoß zur Last gelegt wird, wenden (*Erdmenger* in GTE, Art. 76 Rn. 15;
Frohnmeyer in Grabitz/Hilf, Art. 76 Rn. 7; *Geiger,* Art. 76 Rn. 2).

Die lange ungeklärte Frage, ob Art. 72 (ex-Art. 76) den Abbau von Besser- 4
stellungen von Verkehrsunternehmen anderer Mitgliedstaaten zuläßt, oder
ob auch ein zu Lasten inländischer Verkehrsunternehmen bestehender Unterschied beibehalten werden muß, dürfte durch das Urteil des EuGH vom
19.5.92 im letzteren Sinne entschieden worden sein. Danach *„würde das*
Ziel...,..dem Rat die Einführung der gemeinsamen Verkehrspolitik zu er-
leichtern, gefährdet, wenn Art. 76 es den Mitgliedstaaten erlauben würde,
den Verkehrsunternehmen der anderen Mitgliedstaaten den Vorteil etwaiger
Maßnahmen zu entziehen, durch die die Lage dieser Unternehmen im Ver-
gleich zur Lage der inländischen Verkehrsunternehmen günstiger gestaltet
werden soll" (EuGH, C-195/90, KOM/Deutschland Slg. 1992, I–3141, aaO
Rn. 26). Das Urteil gibt keinerlei Hinweise darauf, daß die den Mitgliedstaaten für nationale Maßnahmen durch Art. 72 (ex-Art. 76) auferlegte Beschränkung zeitlich begrenzt wäre.

Das Verschlechterungsverbot richtet sich nach dem Wortlaut des Art. 72 5
(ex-Art. 76) gegen **„Vorschriften"**. Nach dem Sinn des Art. 72 (ex-Art. 76)

ist jedoch generell die Einführung neuer Maßnahmen zum Nachteil der Verkehrsunternehmen aus anderen Mitgliedstaaten verboten. Eine solche kann auch in der **Änderung einer Verwaltungspraxis** bestehen (EuGH, C-184/91 und C-221/91, „Oorburg" und „Van Messem", Slg. 1993 I–1633).

6   Der Rat kann auch, ohne eine Regelung nach Art. 71 (ex-Art. 75) zu beschließen, einstimmig eine Ausnahme von Art. 72 (ex-Art. 76) billigen. Formelle oder materielle Voraussetzungen dafür enthält Art. 72 (ex-Art. 76) nicht.

Art. 73 (ex-Artikel 77) (Beihilfen)

Mit diesem Vertrag vereinbar sind Beihilfen, die den Erfordernissen der Koordinierung des Verkehrs oder der Abgeltung bestimmter, mit dem Begriff des öffentlichen Dienstes zusammenhängender Leistungen entsprechen.

1   Art. 73 erweitert über Art. 87 (ex-Art. 92) Abs. 2 hinaus den Bereich der **Ausnahmen vom Beihilfeverbot** des Art. 87 (ex-Art. 92) Abs. 1. Die zwei Ausnahmen des Art. 73 (ex-Art. 77) haben in der Praxis Bedeutung vor allem für den Eisenbahnverkehr, seit einigen Jahren auch für den kombinierten Verkehr.

2   Beihilfen zur **Koordinierung des Verkehrs** dienen dem Ziel, eine sinnvolle Aufgabenteilung zwischen den Verkehrsträgern sicherzustellen. Dazu sehen die *VO (EWG) Nr. 1192/69 des Rates über gemeinsame Regeln für die Normalisierung der Konten der Eisenbahnunternehmen v. 26.6.69 (ABl. L 156/8)* und die *VO (EWG) Nr. 1107/70 des Rates über Beihilfen im Eisenbahn-, Straßen- und Binnenschiffsverkehr v. 4.6.70 (ABl. L 130/1)*, zuletzt geändert durch *VO (EG) Nr.543/97 des Rates v. 17.3.97 (ABl. L 84/6)*, vor allem Hilfen zur Beseitigung von Wettbewerbsverzerrungen und zur Behebung struktureller Schwächen im Verkehrssystem vor. Bis Ende 1997 fielen darunter auch Beihilfen zur Förderung des kombinierten Verkehrs (Art. 3 Nr. 1 lit. e). Es steht zu erwarten, daß die Kommission Verlängerung oder doch inhaltliche Weiterführung der entsprechenden Regelung vorschlagen wird.

3   Beihilfen zur **Abgeltung bestimmter mit dem Begriff des öffentlichen Dienstes zusammenhängender Leistungen** sind Ausgleichsleistungen für die Auferlegung gemeinwirtschaftlicher Verpflichtungen, d.h. von Verpflichtungen, die ein Verkehrsunternehmen im eigenwirtschaftlichen Interesse überhaupt nicht, nicht im gleichen Umfang oder nicht zu gleichen Bedingungen übernehmen würde. Die *VO (EWG) Nr. 1191/69 des Rates über*

das Vorgehen der Mitgliedstaaten bei mit dem Begriff des öffentlichen Dienstes verbundenen Verpflichtungen auf dem Gebiet des Eisenbahn-, Straßen- und Binnenschiffsverkehrs v. 26.6.69 (ABl. 156/1, geändert durch *VO 1893/91 v. 20.6.91, ABl. 169/1)* versteht darunter Betriebs-, Beförderungs- und Tarifpflichten.

Art. 3 der VO Nr. 1107/70 bestimmt, daß die Mitgliedstaaten über die in **4** VOen. Nrn. 1191/69, 1192/69 und 1107/70 festgelegten Tatbestände hinaus keine weiteren Maßnahmen zur Koordinierung des Verkehrs treffen oder gemeinwirtschaftliche Leistungen auferlegen dürfen, die Beihilfen i.S. des Art. 73 (ex-Art. 77) zur Folge haben. Die Kommission hat allerdings eine in der VO 1107/70 seit Ende 1997 entstandene Regelungslücke beim kombinierten Verkehr (s. Rn. 2) dadurch gefüllt, daß sie Beihilfen unmittelbar auf der Grundlage des Art. 73 (ex-Art. 77) genehmigt hat.

Die in Art. 88 (ex-Art 93) vorgesehenen **Verfahren und Kontrollen** **5** sind grundsätzlich auch im Rahmen des Art. 73 (ex-Art. 77) anwendbar (EuGH, Rs. 156/77, Kommission/Belgien, Slg. 1978, 1881). Die VOen. Nrn. 1191/69 und 1192/69 haben jedoch gegenüber dem Verfahren des Art. 88 (ex-Art. 93) Abs. 3 gewisse Abweichungen festgelegt.

Art. 74 (ex-Artikel 78) (Wirtschaftliche Lage der Verkehrsunternehmer)

Jede Maßnahme auf dem Gebiet der Beförderungsentgelte und -bedingungen, die im Rahmen dieses Vertrags getroffen wird, hat der wirtschaftlichen Lage der Verkehrsunternehmer Rechnung zu tragen.

Art. 74 schützt die **eigenwirtschaftliche Stellung der Verkehrsunterneh-** **1** **men** gegenüber Eingriffen der Gemeinschaft und der Mitgliedstaaten in die Preise und Beförderungsbedingungen *(Tarife).* Eingriffe sind zwar nicht ausgeschlossen, dürfen jedoch die wirtschaftliche Existenz durchschnittlich gesunder Verkehrsunternehmen nicht gefährden.

Den Zielen des Art. 74 (ex-Art. 78) entspricht es, daß **gemeinwirtschaftli-** **2** **che Tarifauflagen** an die Verkehrsunternehmen **ausgeglichen** werden (s. Art. 73 Rn. 3; ebenso *Erdmenger* in GTE, Art. 78 Rn. 8–10).

Die Vorschrift ist für die Verkehrsunternehmen vor den Gerichten **nicht** **3** **durchsetzbar** *(Frohnmeyer* in Grabitz/Hilf, Art. 78 Rn. 2, *Geiger*, Art. 78 Rn. 1).

Art. 75 (ex-Artikel 79) (Beseitigung von Diskriminierungen)

(1) Im Verkehr innerhalb der Gemeinschaft werden die Diskriminierungen beseitigt, die darin bestehen, daß ein Verkehrsunternehmer in

denselben Verkehrsverbindungen für die gleichen Güter je nach ihrem Herkunfts- oder Bestimmungsland unterschiedliche Frachten und Beförderungsbedingungen anwendet.

(2) Absatz 1 schließt sonstige Maßnahmen nicht aus, die der Rat gemäß Artikel 71 Absatz 1 treffen kann.

(3) Der Rat trifft mit qualifizierter Mehrheit auf Vorschlag der Kommission und nach Anhörung des Wirtschafts- und Sozialausschusses eine Regelung zur Durchführung des Absatzes.
Er kann insbesondere die erforderlichen Vorschriften erlassen, um es den Organen der Gemeinschaft zu ermöglichen, für die Beachtung des Absatzes 1 Sorge zu tragen, und um den Verkehrsnutzern die Vorteile dieser Bestimmung voll zukommen zu lassen.

(4) Die Kommission prüft von sich aus oder auf Antrag eines Mitgliedstaats die Diskriminierungsfälle des Absatzes 1 und erläßt nach Beratung mit jedem in Betracht kommenden Mitgliedstaat die erforderlichen Entscheidungen im Rahmen der gemäß Absatz 3 getroffenen Regelung.

1   Art. 75 ist eine Sonderregelung zum allgemeinen **Diskriminierungsverbot** des Art. 12 (ex-Art. 6). Die Vorschrift will verhindern, daß der freie Warenverkehr durch diskriminierende Preise oder Beförderungsbedingungen (*Tarife*) seitens der Verkehrsunternehmen beeinträchtigt wird.

2   Die Regelung gilt für die Beförderung **aller Güter mit Ausnahme von Kohle und Stahl**, für letztere gilt Art. 70 Abs. 2 EGKS-Vertrag (vgl. Art. 305 [ex-Art. 232]). Sie gilt für **alle Beförderungen innerhalb der Gemeinschaft**, d.h. für alle Beförderungen, bei denen der Versand- oder Bestimmungsort in der Gemeinschaft liegt, bei Beförderungen zwischen Mitglied- und Drittstaaten jedoch nur für den Streckenanteil innerhalb der Gemeinschaft. Das Diskriminierungsverbot richtet sich an **alle Verkehrsunternehmen**, traditionell besonders an die Eisenbahnen (*Frohnmeyer* in Grabitz/Hilf, Art. 79 Rn. 1). Das Diskriminierungsverbot betrifft jeweils **gleiche Güter und gleiche Verkehrsverbindungen**, d.h. Herkunfts- und Bestimmungsort müssen jeweils gleich sein. Es verbietet unterschiedliche Tarife **wegen des Herkunftslandes** („Ursprungsland", vgl. *Erdmenger* in GTE, Art. 79 Rn. 14) **oder des Bestimmungslandes**.

3   Die Diskriminierungen waren bis spätestens Ende 1965 zu beseitigen. Der Rat hat entsprechend Abs. 3 die **VO Nr. 11** *über die Beseitigung von Diskriminierungen auf dem Gebiet der Frachten und Beförderungsbedingungen v. 27.6.60 (ABl. 1121/60 v. 16.8.60)* erlassen. Die VO konkretisiert das

Diskriminierungsverbot sowie die in Abs. 3, 4 vorgesehenen Kontroll- und Durchsetzungsbefugnisse der Kommission.

Abs. 2 stellt klar, daß der Rat **gemäß Art. 71** (ex-Art. 75) **auch Maßnah- 4 men gegen Diskriminierungen** ergreifen kann, **die nicht unter Art. 75** (ex-Art. 79) **fallen.**

Art. 76 (ex-Artikel 80) (Verbot von Unterstützungsmaßnahmen)

(1) Im Verkehr innerhalb der Gemeinschaft sind die von einem Mitgliedstaat auferlegten Frachten und Beförderungsbedingungen verboten, die in irgendeiner Weise der Unterstützung oder dem Schutz eines oder mehrerer bestimmter Unternehmen oder Industrien dienen, es sei denn, daß die Kommission die Genehmigung hierzu erteilt.

(2) Die Kommission prüft von sich aus oder auf Antrag eines Mitgliedstaats die in Absatz 1 bezeichneten Frachten und Beförderungsbedingungen; hierbei berücksichtigt sie insbesondere sowohl die Erfordernisse einer angemessenen Standortpolitik, die Bedürfnisse der unterentwickelten Gebiete und die Probleme der durch politische Umstände schwer betroffenen Gebiete als auch die Auswirkungen dieser Frachten und Beförderungsbedingungen auf den Wettbewerb zwischen den Verkehrsarten.

Die Kommission erläßt die erforderlichen Entscheidungen nach Beratung mit jedem in Betracht kommenden Mitgliedstaat.

(3) Das in Absatz 1 genannte Verbot trifft nicht die Wettbewerbstarife.

Art. 76 ist eine Sonderregelung zum **Beihilfeverbot** des Art. 87 (ex-Art. 1 92). Wie Art. 75 (ex-Art. 79) will auch Art. 76 (ex-Art. 80) Beeinträchtigungen des freien Warenverkehrs verhindern, und zwar durch wettbewerbsverzerrende **Unterstützungstarife.** Für Kohle und Stahl gilt Art. 70 Abs. 2 EGKS-Vertrag, Art. 305 (ex-Art. 232).

Das Verbot des **Abs. 1** ist wirksam seit Anfang 1962. Es betrifft **auferleg- 2 te Tarife,** d.h. auf staatliche Einwirkung zurückzuführende Tarife, die objektiv geeignet sind, bestimmte Unternehmen oder „Industrien" (gemeint sind bestimmte Wirtschaftszweige, z.B. auch die Landwirtschaft) gegenüber anderen Unternehmen oder Wirtschaftszweigen zu begünstigen. Die Begünstigung kann u.a. nach regionalen oder sektoralen Gesichtspunkten erfolgen.

Nach **Abs. 2** hat die Kommission die unter Abs. 1 fallenden Tarife von 3 Amts wegen oder auf Antrag eines Mitgliedstaates zu prüfen, um entweder einen Verstoß gegen das Verbot des Abs. 1 festzustellen oder – was Abs. 1 zuläßt – eine Ausnahme zu genehmigen. Die Entscheidung hierüber liegt im pflichtgemäßen Ermessen der Kommission, insbes. kann eine **Ausnahmegenehmigung** befristet werden, um eine Strukturanpassung zu erzwingen (EuGH, Rs. 1/69, Italien/Kommission, Slg. 1969, 277,285). Im Falle der Unterstützungstarife für die Beförderung von Kohle und Stahl von und nach dem Saarland hat der EuGH (Rs. 28/66, Niederlande/Kommission, Slg. 1968, 2, 22) sogar auf eine Verpflichtung der Kommission erkannt, die Ausnahmegenehmigung zu befristen. Bei der Ausübung ihres Ermessens muß die Kommission **regionalpolitische Gesichtspunkte**, u.a. die **Probleme unterentwickelter** oder **durch politische Umstände besonders betroffener Regionen** berücksichtigen. Ferner sind die **Auswirkungen** der Entscheidungen **auf den Wettbewerb** zwischen den Verkehrsträgern zu beachten; Ausnahmegenehmigungen sollen also Wettbewerbsverzerrungen zwischen den Verkehrsträgern vermeiden.

4 Nach **Abs. 3** gilt das Verbot des Abs. 1 nicht für **Wettbewerbstarife**, d.h. für Tarife, die das Verkehrsunternehmen im eigenwirtschaftlichen Interesse anwendet, um sich gegen vorhandene oder (nicht nur entfernt) mögliche Wettbewerber auf dem Markt zu behaupten. Der Wettbewerb kann auch gegen eine andere Verkehrsverbindung, die für das Verkehrsunternehmen weniger vorteilhaft ist, aufgenommen werden. Deshalb werden z.B. die Ausnahmetarife, die die Deutsche Bahn AG zu Gunsten ihrer Transporte von und nach den deutschen Seehäfen und im Wettbewerb gegen Verbindungen von und nach den Rheinmündungshäfen anwendet, als Wettbewerbstarife behandelt.

Art. 77 (ex-Artikel 81) (Abgaben und Gebühren bei Grenzübergang)

Die Abgaben oder Gebühren, die ein Verkehrsunternehmer neben den Frachten beim Grenzübergang in Rechnung stellt, dürfen unter Berücksichtigung der hierdurch tatsächlich verursachten Kosten eine angemessene Höhe nicht übersteigen.
Die Mitgliedstaaten werden bemüht sein, diese Kosten schrittweise zu verringern.
Die Kommission kann zur Durchführung dieses Artikels Empfehlungen an die Mitgliedstaaten richten.

1 Art. 77 will Beeinträchtigungen des freien Warenverkehrs entgegenwirken, die durch unangemessen hohe **Entgelte der Verkehrsunternehmen für den Grenzübergang** entstehen würden. Die Entgelte, die die Verkehrsunternehmen neben dem Beförderungsentgelt für den Grenzübergang in

Rechnung stellen, müssen in angemessenem Verhältnis zu den durch den Grenzübergang tatsächlich anfallenden Kosten stehen.
Die **Mitgliedstaaten** sind verpflichtet, sich um die schrittweise **Verringerung** der beim **Grenzübergang** zwischen ihnen entstehenden **Kosten** zu bemühen (**Abs. 2**). Mit der Beseitigung der Grenzkontrollen im Zuge der Verwirklichung des Binnenmarktes (Art. 14, ex-Art. 7 a) wird dieser Verpflichtung Rechnung getragen.
Empfehlungen der Kommission an die Mitgliedstaaten (**Abs. 3**) sind **nicht ergangen**.

Art. 78 (ex-Artikel 82) (Ausnahmen für teilungsbedingte Nachteile in Deutschland)

Die Bestimmungen dieses Titels stehen Maßnahmen in der Bundesrepublik Deutschland nicht entgegen, soweit sie erforderlich sind, um die wirtschaftlichen Nachteile auszugleichen, die der Wirtschaft bestimmter, von der Teilung Deutschlands betroffener Gebiete der Bundesrepublik aus dieser Teilung entstehen.

Art. 78 ermöglicht es der **Bundesrepublik Deutschland**, zum Ausgleich von Nachteilen für die Wirtschaft in bestimmten, von der **Teilung Deutschlands** betroffenen Gebieten (Zonenrandgebiet, Berlin) **Maßnahmen** zu erlassen oder aufrechtzuerhalten, **die von den Vorschriften der Art. 70ff.** (ex-Art. 74ff.) **abweichen.** 1

Die Folgen der Teilung Deutschlands wirken auch nach deren Beendigung nach. Es spricht deshalb einiges dafür, daß die Vorschrift auch nach der Wiederherstellung der deutschen Einheit ihre Bedeutung behalten hat. **Praktische Bedeutung** hat die Vorschrift **nie erlangt**. Mit der *VO (EWG) Nr. 3572/90 des Rates zur Änderung bestimmter Richtlinien, Entscheidungen und Verordnungen auf dem Gebiet des Straßen-, Eisenbahn- und Binnenschiffsverkehrs aufgrund der Herstellung der deutschen Einheit v. 4.12.90 (ABl. L 353/12)* wurden für das Gebiet der ehemaligen DDR eine Reihe von Anpassungs- und Übergangsvorschriften zum Gemeinschaftsrecht auf dem Gebiet des Verkehrs erlassen. 2

Art. 79 (ex-Artikel 83) (Beratender Ausschuß bei der Kommission)

Bei der Kommission wird ein beratender Ausschuß gebildet; er besteht aus Sachverständigen, die von den Regierungen der Mitgliedstaaten ernannt werden. Die Kommission hört den Ausschuß je nach Bedarf in Verkehrsfragen an; die Befugnisse des Wirtschafts- und Sozialausschusses bleiben unberührt.

1   Der **Beratende Ausschuß** soll der Unterstützung der Kommission insbesondere bei der Vorbereitung von Vorschlägen dienen. Er soll aus Sachverständigen bestehen, die von den Regierungen der Mitgliedstaaten ernannt werden; in der Zeit der bisherigen Tätigkeit des Ausschusses waren dies Sachverständige aus den Regierungen selbst, aus dem Eisenbahn-, Straßenverkehrs- und Binnenschiffahrtsgewerbe sowie aus der verladenden Wirtschaft. Seit etwa Mitte der 80er-Jahre ist der Beratende Ausschuß nicht mehr zusammengetreten (zu den Gründen s. *Erdmenger* in GTE, Art. 83 Rn. 9–12). Die Kommission hat in zunehmendem Maße zur Vorbereitung ihrer Vorschläge ad hoc für das jeweilige Sachgebiet Sitzungen von Regierungssachverständigen einberufen sowie Verbände und Gewerkschaften angehört.

2   Die Befugnisse der **fachlichen Gruppe Verkehr des WSA** bleiben unberührt; diese bereitet die Stellungnahmen des WSA zu Vorschlägen der Kommission im Rahmen von dessen Anhörung (z.B. nach Art. 71 [ex-Art. 75] vor.

Art. 80 (ex-Artikel 84) (Betroffene Verkehrsmittel)

(1) Dieser Titel gilt für die Beförderungen im Eisenbahn-, Straßen- und Binnenschiffsverkehr.

(2) Der Rat kann mit qualifizierter Mehrheit darüber entscheiden, ob, inwieweit und nach welchen Verfahren geeignete Vorschriften für die Seeschiffahrt und Luftfahrt zu erlassen sind.
Die Verfahrensvorschriften des Artikels 71 finden Anwendung.

I. Geltungsbereich der Art. 70–79 (Abs. 1)

1   **Abs. 1** beschränkt die Geltung der **Art. 70 bis 79** (ex-Art. 74 bis 83) auf den **Eisenbahn-, Straßen- und Binnenschiffsverkehr**. Die sechs Gründerstaaten der Gemeinschaft sahen zunächst die Regelung des Verkehrs zwischen ihnen, der sich ganz überwiegend über die Binnenverkehrsträger abspielte, als vordringlich an. Die Regelung des See- und Luftverkehrs erschien weniger dringlich und wegen der für diese Verkehrsträger geltenden weltweiten Regelungen besonders schwierig. Diese Unterschiede haben mit der gewachsenen Bedeutung des See- und Luftverkehrs innerhalb der erweiterten Gemeinschaft und mit der zunehmenden Wahrnehmung ihrer Zuständigkeiten auf dem Gebiet der verkehrspolitischen Außenbeziehungen durch die Gemeinschaft weitgehend ihr Gewicht verloren.

II. Regeln für den See- und Luftverkehr (Abs. 2)

Nach **Abs.** 2 kann der Rat darüber entscheiden, „ob, inwieweit und nach **2** welchen Verfahren" geeignete Regeln für die **Seeschiffahrt** und die **Luftfahrt** zu erlassen sind. Der damit dem Rat eingeräumte Ermessensspielraum ist jedoch materiell aufgrund anderer Vorschriften des Vertrages und hinsichtlich des Verfahrens durch den zweiten Unterabsatz stark eingeschränkt.

Die **allgemeinen Regeln des Vertrages**, insbes. auch die Wettbewerbsre- **3** geln, gelten auch für See- und Luftverkehr (EuGH, Rs. 167/73, Kommission/Frankreich, Slg. 1974, 359,370; Rs. 209/84–213/84, Ministre public/ Asjes „Festsetzung von Flugtarifen", Slg. 1986, 1425,1466; Rs. 66/86, „Ahmed Saeed", Slg. 1989, 838, 845, 848).

Das **Ziel einer gemeinsamen Verkehrspolitik**, Art. 3 lit. f, und das Gebot **4** der **Verwirklichung des Binnenmarktes**, Art. 14 (ex-Art. 7 a), betreffen auch See- und Luftverkehr.

Trotz der etwas mißverständlichen Fassung des Abs. 1 fallen auch See- und **5** Luftverkehr unter den Titel „Verkehr" (*Frohnmeyer* in Grabitz/Hilf, Art. 84 Rn. 19; *Erdmenger* in GTE, Art. 84 Rn. 5). **Art. 51** (ex-Art. 61) Abs. 1 gilt also auch für See- und Luftverkehr. Damit ist (wie für die Binnenverkehrsträger) auch für See- und Luftverkehr die Geltung der Art. 49ff.(ex-Art. 59ff.) ausgeschlossen. Jedoch ist, obwohl das Urteil des EuGH vom 22.5.85 (Rs. 13/83, EP/Rat „Gemeinsame Verkehrspolitik", Slg. 1985, 1513) sich zum See- und Luftverkehr nicht äußert, auch für diese Verkehrsträger der freie Dienstleistungsverkehr ggf. mit den Mitteln einer gemeinsamen Verkehrspolitik zu verwirklichen.

Der Handlungsspielraum des Rates ist (wie bei den Binnenverkehrsträgern) **6** auch beim See- und Luftverkehr nicht auf Herstellung des Binnenmarktes und der Dienstleistungsfreiheit beschränkt, sondern erstreckt sich u.a. auch auf **Verkehrssicherheit, Umweltschutz, soziale Fragen** (vgl. Art. 70 Rn. 4, 5) sowie auf die **Außenbeziehungen** (s. Art. 71 Rn. 19–22). Maßnahmen zur Verbesserung der Infrastruktur (Seehäfen, Flughäfen, Navigationseinrichtungen für See- und Luftverkehr) werden vorrangig auf Art. 154–156 (ex-Art. 129 b-129 d) zu stützen sein (s. Art. 70 Rn. 6).

III. Verfahren bei Beschlüssen über den See- und Luftverkehr (Abs. 2)

Die Verfahrensvorschriften des Art. 80 (ex-Art. 84) Abs. 2 wurden durch **7** die EEA (Art. 16 Ziff. 5 und 6) geändert. Die vorher ausnahmslos verlangte Einstimmigkeit für Beschlüsse des Rates wurde für den Regelfall durch die qualifizierte Mehrheit ersetzt. Ferner wurden die **Verfahrensvorschrif-**

ten des **Art. 71** (ex-Art. 75) für anwendbar erklärt. Nach der Änderung, die die Verfahrensvorschriften des Art. 71 (ex-Art. 75) durch den Vertrag von Amsterdam erfahren haben (Art. 71 Rn. 3), entscheidet also nunmehr im **Regelfall** der **Rat** mit **qualifizierter Mehrheit** auf **Vorschlag der Kommission**, im Verfahren der **Mitentscheidung des EP** (Art. 251, ex-Art. 189 b) und nach **Anhörung des WSA sowie des AdR**. Liegen ausnahmsweise die Voraussetzungen des Art. 71 Abs. 2 (ex-Art. 75 Abs. 3) vor (s. Art. 71 Rn. 24), so entscheidet der Rat abweichend vom Wortlaut des Abs. 2, 1.UAbs., einstimmig, und zwar auf Vorschlag der Kommission und nach Anhörung des EP sowie des WSA. Für ein Ermessen, nach welchen Verfahren zu entscheiden ist, bleibt damit so gut wie kein Raum mehr (vgl. *Erdmenger* in GTE, Art. 84 Rn. 34).

IV. Maßnahmen aufgrund von Art. 80 Abs. 2

8   Gestützt auf Art. 80 (ex-Art. 84) Abs. 2 hat der Rat seit 1986 im Seeverkehr und seit 1987 im Luftverkehr Regelungen erlassen, mit denen für diese Verkehrsträger der **Binnenmarkt** schrittweise und inzwischen **nahezu vollständig verwirklicht** wurde.

9   Auf dem Gebiet des **Seeverkehr**s sind insoweit bedeutsam vor allem

– *VO (EWG) Nr. 4055/86 des Rates zur Anwendung des Grundsatzes des freien Dienstleistungsverkehrs auf die Seeschiffahrt zwischen Mitgliedstaaten sowie zwischen Mitgliedstaaten und Drittländern v. 22.12.86 (ABl. L 378/1)*, geändert durch *VO (EWG) Nr. 3573/90 v. 4.12.90 (ABl. L 353/16), und*

– *VO (EWG) Nr. 3577/92 des Rates zur Anwendung des Grundsatzes des freien Dienstleistungsverkehrs auf den Seeverkehr in den Mitgliedstaaten (Seekabotage) v. 7.12.92 (ABl. L 364/7).*

10   Beim **Luftverkehr** handelt es sich insbesondere um drei VOen. des Rates vom 23.7.92 (Nrn. 2407/92, 2408/92 und 2409/92, sog. *„drittes Luftverkehrspaket"*, ABl. L 240/1, L 240/8, L 240/15). Zu beiden Verkehrsträgern sind aber besonders in den letzten Jahren die Regeln zur Verbesserung der **Verkehrssicherheit** und des **Umweltschutzes** zu einem weiteren Schwerpunkt ausgebaut worden. Wie bei den Binnenverkehrsträgern zeichnet sich auch beim See- und Luftverkehr mit der Entwicklung der Außenbeziehungen eine zusätzliche Erweiterung der verkehrspolitischen Aktivitäten der Gemeinschaft ab.

Titel VI. Gemeinsame Regeln betreffend Wettbewerb, Steuerfragen und Angleichung der Rechtsvorschriften

Kapitel 1. Wettbewerbsregeln

Abschnitt 1. Vorschriften für Unternehmen

Vorbemerkung zu Art. 81–86 (ex-Art. 85–90)

Literatur: Kommentare und zusammenfassende Darstellungen: Vgl. allg. Literaturverzeichnis und zusätzlich *Bellamy/Child*, Common Market Law of Competition, 4. Aufl. 1993 und First Supplement 1996; *Braakman/Schröter*, Einleitung [in das EG-Wettbewerbsrecht], in: *Kommission* (Hrsg.), Die Anwendung der Artikel 85 und 86 des EG-Vertrags durch die Gerichte der Mitgliedstaaten, Luxemburg 1997, 1–133; *Emmerich*, Kartellrecht, 7. Aufl. 1994; *Gleiss/Hirsch*, Kommentar zum EWG-Kartellrecht, 3. Aufl. 1978; *dies.*, Kommentar zum EG-Kartellrecht, Band 1, 4. Aufl. 1993; *Immenga/Mestmäcker* (Hrsg.), EG-Wettbewerbsrecht. Kommentar, 1997; *Jestaedt*, EU-Kartellrecht. Ein Leitfaden für deutsche und österreichische Unternehmen, 1996; *Jones/van der Woude/Lewis*, E.C. Competition Law Handbook, mehrere Ausgaben seit 1990 (zuletzt 1996/97 Edition, 1997); *Koppensteiner*, Österreichisches und europäisches Wettbewerbsrecht, 3. Aufl. 1997; *Langen/Bunte*, Kommentar zum deutschen und europäischen Kartellrecht, 8. Aufl. 1997; *Mailänder*, Kommentierung der Art. 85 und 86 und der VO Nr. 17, in *Müller-Henneberg/Schwartz* (Hrsg.), GWB und Europäisches Kartellrecht, Gemeinschaftskommentar, 3. Aufl. 3. Lieferung 1972 (bis Art. 85 EWGV) und 11. Lieferung 1978 (Art. 85 Forts., Art. 86, VO Nr. 17); *Mestmäcker*, Europäisches Wettbewerbsrecht, 1974; *Ritter/Braun/Rawlinson*, EEC Competition Law, A Practitioner's Guide, 1991; *Rittner*, Wettbewerbs- und Kartellrecht. Eine systematische Darstellung des deutschen und europäischen Rechts für Studium und Praxis, 5. Aufl. 1995; *van Bael/Bellis*, Competition Law of the EEC, 3. Aufl. 1994; *Zäch*, Wettbewerbsrecht der Europäischen Union. Praxis von Kommission und Gerichtshof, 1994. Sonstiges: *Bach*, Wettbewerbsrechtliche Schranken für staatliche Maßnahmen im europäischem Gemeinschaftsrecht, 1992; *Bechtold*, Durchsetzung europäischen Kartellrechts durch Zivilgerichte, ZHR 160 (1996), 660; *Bunte*, Das Verhältnis von deutschem zu europäischem Kartellrecht, WuW 89, 7; *Dolfen*, Der Verkehr im europäischen Wettbewerbsrecht, Diss. Augsburg, 1991; *Knebel*, Die Extraterritorialität des europäischen Kartellrechts, EuZW 91, 265; *Koenigs*, Die Beeinträchtigung des Handels zwischen Mitgliedstaaten als Abgrenzungskriterium zwischen dem EWG-Kartellrecht und dem nationalen Recht der Mitgliedstaaten, FS Pfeiffer, 1988, 569; *Kommission* (Hrsg), Die Anwendung der Artikel 85 und 86 des EG-Vertrags durch die Gerichte der Mitgliedstaaten, 1997; *Lieberknecht*, Zum Vorrang positiver Maßnahmen des EWG-Kartellrechts gegenüber dem Recht der Mitgliedstaaten, FS Pfeiffer, 1988, 589; *Maitland-Walker*, Competition Laws of Europe, 1995; *Mestmäcker*, Wettbewerbsrecht und Wettbewerbspolitik in der Europäischen Union, in: Gerken (Hrsg.), Europa zwischen Ordnungswettbewerb und Harmonisierung, 1995, 191; *Pietrek*, Durchsetzung des EG-Kartellrechts durch deutsche Gerichte, RIW 90, 611; *Reich*, Die Bedeutung der Binnenmarktkonzeption für die Anwendung der EWG-Wettbewerbsregeln, FS Steindorff, 1990, 1065; *K. Schmidt*, EG-Kartellrecht vor Zivilgerichten, NJW 90, 2109; *Van der Esch*, Die Artikel 5, 3f., 85/86 und 90 EWGV als Grundlage der wettbewerbsrechtlichen Verpflichtungen der Mitgliedstaaten, ZHR 91, 274; *Wils*, La compatibilité des procédures communautaires en matière de concurrence avec la Convention européenne des droits de l'homme, CDE 1996, 329.

I. Überblick

Art. 81 I (ex-Art. 85 I) verbietet Vereinbarungen zwischen Unternehmen, **1**
Beschlüsse von Unternehmensvereinigungen und aufeinander abgestimmte
Verhaltensweisen, die den Handel zwischen MS zu beeinträchtigen geeignet sind und eine Beschränkung des Wettbewerbs innerhalb des GM bezwecken oder bewirken. Vereinbarungen und Beschlüsse, die gegen Art. 81
I verstoßen, sind nichtig (**Art. 81 II**). Nach **Art. 81 III** können einzelne
oder ganze Gruppen solcher Vereinbarungen, Beschlüsse oder aufeinander
abgestimmten Verhaltensweisen jedoch vom Verbot des Art. 81 I befreit
werden („Freistellung"). **Art. 82** (ex-Art. 86) verbietet die mißbräuchliche
Ausnutzung einer beherrschenden Stellung auf dem GM oder auf einem
wesentlichen Teil desselben durch ein oder mehrere Unternehmen, soweit
dies den Handel zwischen MS beeinträchtigen kann. **Art. 86** (ex-Art. 90)
enthält besondere Vorschriften in bezug auf öffentliche Unternehmen und
auf Unternehmen, denen die MS besondere Rechte oder Aufgaben übertragen haben. Art. 2 III der **VO (EWG) Nr. 4064/89** – der Fusionskontroll-VO
– verbietet Zusammenschlüsse von gemeinschaftsweiter Bedeutung, die eine beherrschende Stellung begründen oder verstärken, durch die wirksamer
Wettbewerb im GM oder in einem wesentlichen Teil desselben erheblich
behindert wird. Die wichtigsten Verfahrensvorschriften sind in der auf der
Grundlage von Art. 83 (ex-Art. 87) erlassenen **VO Nr. 17** sowie in der Fusionskontroll-VO enthalten.

II. Zweck der Wettbewerbsvorschriften und Verhältnis zu anderen Vorschriften

Die Wettbewerbsvorschriften des EGV bilden einen wesentlichen Bestand-   **2**
teil des „Systems, das den Wettbewerb innerhalb des Binnenmarkts vor Verfälschungen schützt", dessen Errichtung **Art. 3 lit. g** fordert. Es handelt
sich dabei um ein grundlegendes Ziel des EGV, dem zwingende Geltung
zukommt (EuGH, Rs. 6/72, Continental Can, Slg. 1973, 215 Rn. 25). Der
Verkehr von Waren, Personen, Dienstleistungen und Kapital soll primär
durch den Wettbewerb – und nicht durch Eingriffe der EG oder der MS –
gesteuert werden. Man durfte darin allen (insb. auf Art. 295 [ex-Art. 222]
gestützten) Einwänden zum Trotz bereits von Anfang an ein Bekenntnis zu
einer marktwirtschaftlichen Ordnung sehen (so auch *Schröter* in GTE, Vorbem. zu Art. 85–94 Rn. 9). Später eingefügte Vorschriften haben dies bekräftigt. So spricht etwa Art. 98 (ex-Art. 102 a) mit aller wünschenswerten
Deutlichkeit aus, daß die MS und die EG im Bereich der Wirtschaftspolitik

„im Einklang mit dem Grundsatz einer offenen Marktwirtschaft mit freiem
Wettbewerb" handeln (vgl. auch Art. 105 I und 154).

3 Der von Art. 3 geforderte unverfälschte **Wettbewerb** setzt das Vorhandensein eines „wirksamen Wettbewerbs" auf dem Markt voraus, d.h. es muß in
jedem Falle „soviel Wettbewerb vorhanden sein, daß die grundlegenden
Forderungen des Vertrages erfüllt und seine Ziele, insbesondere die Bildung
eines einzigen Marktes mit binnenmarktähnlichen Verhältnissen, erreicht
werden" (EuGH, Rs. 26/76, Metro I, Slg. 1977, 1875 Rn. 20).

4 Die vordringliche Aufgabe der EG besteht nach wie vor in der Durchsetzung bzw. Sicherung des **Binnenmarktes**. Die Wettbewerbsregeln spielen
dabei eine wichtige Rolle. Sie sollen verhindern, daß der vom EGV angestrebte Abbau der Schranken im Handel zwischen den MS dadurch unterlaufen wird, daß die Unternehmen (z.B. durch Absprachen über die Aufteilung der Märkte) ihrerseits Hindernisse dieser Art schaffen (EuGH, Rs.
32/65, Italien/Kommission, Slg. 1966, 457, 486).

5 Diese beiden grundlegenden Zwecke – Schutz des Wettbewerbs und Verschmelzung der Märkte der MS – sind bei der Auslegung und Anwendung
der Wettbewerbsregeln des EGV stets zu beachten.

6 Der Wettbewerb stellt jedoch keinen Selbstzweck dar, sondern er ist – wie
die Errichtung des GM als solche – ein Mittel zur Erreichung der in Art. 2
beschriebenen Ziele der EG. Der Erreichung dieser Ziele dienen auch die
anderen in Art. 3 und 4 (ex-Art. 3a) genannten Politiken. In bestimmten
Fällen kann daher der Schutz des Wettbewerbs gegenüber anderen Erwägungen zurücktreten. Als Beispiele sind etwa die Möglichkeit einer Freistellung vom Kartellverbot gemäß Art. 81 III (ex-Art. 85 III), die Bestimmung des Art. 86 II (ex-Art. 90 II) und die Sonderregelung des Art. 36 (ex-
Art. 42) für die Landwirtschaft zu nennen. Es ist jedoch zu beachten, daß
der Wettbewerb, der nach Art. 3 lit. g schon vor Verfälschungen zu schützen ist, erst recht nicht ausgeschaltet werden darf (EuGH, Rs. 6/72 Continental Can, a.a.O., Rn. 24). Der Wettbewerb als **Institution** steht daher
nicht zur Disposition des Gemeinschaftsgesetzgebers.

7 Die Einführung der Bestimmungen über die Industriepolitik (Art. 3 lit. m
und Art. 157 [ex-Art. 130]; vgl. auch Art. 163 [ex-Art. 130f.]) durch den
Vertrag von Maastricht hat sich bislang auf die Wettbewerbspolitik der EG
nicht nachteilig ausgewirkt. Manchen Befürchtungen zum Trotz ist Art. 157
III UAbs. 2 (ex-Art. 130), dem zufolge die genannten Vorschriften keine
Grundlage dafür bieten, „daß die Gemeinschaft irgendeine Maßnahme einführt, die zu Wettbewerbsverzerrungen führen könnte", beim Wort genommen worden. Es steht zu hoffen, daß sich die Erkenntnis, daß eine konsequente Anwendung der Wettbewerbsregeln das beste und wirksamste Mit-

tel zur Stärkung der Wettbewerbsfähigkeit der Industrie darstellt (vgl. 21.
WB [1991]), Ziff. 45 und 22. WB [1992], Ziff. 15), auch in allen Mitgliedstaaten durchsetzen wird.

Das seit dem Vertrag von Maastricht im EGV verankerte **Subsidiaritäts-**   **8**
prinzip des Art. 5 (ex-Art. 3b) ist für die Anwendung der Wettbewerbsvorschriften in der Praxis **ohne größere Bedeutung**. Die Kommission hat zu
Recht darauf hingewiesen, daß dieses Prinzip bereits von Anfang an den
Regeln über den Schutz des Wettbewerbs sowohl in der EG wie in den MS
zugrunde lag (23. WB [1993], Ziff. 189). So unterliegen wettbewerbsbeschränkende Praktiken nur dann den Art. 81 und 82 (ex-Art. 85 und 86),
wenn sie den Handel zwischen MS tangieren (s. Rn. 13). Die Fusionskontrollverordnung ist grundsätzlich nur auf Zusammenschlüsse von gemeinschaftsweiter Bedeutung anwendbar. Die Kommission bemüht sich im übrigen seit langem, die Anwendung der Art. 81 und 82 (ex-Art. 85 und 86) zu
dezentralisieren (s. Art. 83 Rn. 3).

III. Unmittelbare Geltung der Art. 81 I und 82

Die Art. 81 I und 82 (ex-Art. 85 I und 86) entfalten **unmittelbare Wir-**   **9**
kungen für und gegen jedes Unternehmen. Sie begründen Rechte, die die
Gerichte der MS zu wahren haben (EuGH, Rs. 127/73, BRT/SABAM, Slg.
1974, 51 Rn. 15/17; ständige Rechtsprechung). Die unmittelbare Wirkung
des Art. 81 I (nicht aber die des Art. 82) ist nur in den Bereichen eingeschränkt, in denen es noch keine Durchführungsvorschriften gibt (s. Art. 84
Rn. 3). Die Erteilung von **Freistellungen** nach Art. 81 III gehört jedoch zur
ausschließlichen Zuständigkeit der Kommission (s. Art. 9 I VO Nr. 17 und
die entsprechenden Vorschriften im Verkehrsbereich; vgl. aber Art. 81 Rn.
49 und Art. 84 Rn. 2).

Die Anwendung der EG-Wettbewerbsregeln durch die Kommission stößt   **10**
aufgrund der beschränkten Ressourcen dieser Behörde zwangsläufig auf
Grenzen, die zur Festlegung von Prioritäten zwingen (so ergingen z.B.
1997 nur 27 förmliche Entscheidungen zu Art. 81/82). Die Kommission ist
daher bestrebt, die Betroffenen dazu zu bewegen, von der Möglichkeit der
Anrufung nationaler Gerichte verstärkt Gebrauch zu machen. Dies ist für
die Betroffenen insoweit vorteilhaft, als nur die nationalen Gerichte in der
Lage sind, ihnen Schadenersatz zuzusprechen und ggf. die unterlegene Partei zur Kostentragung zu verurteilen. Außerdem sind die nationalen Gerichte in der Regel in der Lage, einstweilige Verfügungen schneller zu erlassen als die Kommission. Schließlich können vor nationalen Gerichten
zugleich auch auf nationale Wettbewerbsvorschriften gestützte Ansprüche

geltend gemacht werden. Die Kommission bemüht sich, die Anwendung der Art. 81 I und 82 durch die (in dieser Hinsicht bislang sehr zurückhaltenden) nationalen Gerichte dadurch zu fördern, daß sie diesen ihren Beistand (insb. in Gestalt von Auskünften zum Stand von Verfahren und zu Rechtsfragen) anbietet.

11 In diesem Zusammenhang ist die von der Kommission im Jahre 1993 veröffentlichte **Bekanntmachung über die Zusammenarbeit zwischen der Kommission und den Gerichten der MS bei der Anwendung der Art. 85 und 86** (jetzt Art. 81 und 82) (ABl. 1993 C 39, 6) von besonderer Bedeutung. Ausgehend von der Rechtsprechung des EuGH (insbes. im Fall *Delimitis*, vgl. Art. 81 Rn. 34; s. auch EuGH, C-250/92, Gøttrup-Klim, Slg. 1994, I–5641 Rn. 58) gibt die Kommission den nationalen Gerichten dort Hinweise, wie sie in einem konkreten Fall, in dem Vorschriften des EG-Wettbewerbsrechts (allerdings mit der Ausnahme der im Verkehrsbereich geltenden Regeln, vgl. Rn. 45 der Bek.) zu prüfen sind, vorgehen können. Wie bereits oben erwähnt, sind die nationalen Gerichte berechtigt (und verpflichtet), die *Art. 81 I und 82* anzuwenden. Sie können dabei den von der Kommission insoweit erlassenen Entscheidungen und Stellungnahmen (auch in Gestalt von Verwaltungsschreiben) „wichtige Hinweise" entnehmen, wenngleich sie an diese nicht gebunden sind (vgl. zu dieser wichtigen Frage Art. 81 Rn. 33). Entsprechendes gilt für die Bekanntmachungen der Kommission zu bestimmten Gruppenfreistellungsverordnungen, die von den nationalen Gerichten angewandt werden können (vgl. hierzu Art. 81 Rn. 50). Auf dieser Grundlage dürften die nationalen Gerichte in der Regel in der Lage sein, sich ein Urteil zu bilden. Hat die Kommission bereits ein Verfahren eingeleitet, das den gleichen Sachverhalt betrifft, können die nationalen Gerichte jedoch das bei ihnen anhängige Verfahren aussetzen, um die Entscheidung der Kommission abzuwarten (vgl. Rn. 20–23 der Bek.). Wesentlich schwieriger verhält es sich, soweit es um die **Anwendung von Art. 81 III** (ex-Art. 85 III) geht. Die nationalen Gerichte sind nämlich an Entscheidungen der Kommission, durch die eine Freistellung vom Verbot des Art. 81 I gewährt wird, gebunden. In solchen Fällen hat der nationale Richter zunächst festzustellen, ob die verfahrensmäßigen Voraussetzungen einer Freistellung (insbes. – soweit erforderlich – ein entsprechender Antrag) gegeben sind. Ist dies der Fall, so hat der nationale Richter anhand der in der Rechtsprechung des EuGH/EuGeI und der Entscheidungspraxis der Kommission entwickelten Maßstäbe zu prüfen, ob im konkreten Fall eine Freistellung als möglich erscheint. Gelangt der nationale Richter zu dem Schluß, daß dies nicht der Fall ist, so hat er die zur Durchführung von Art. 81 I und II erforderlichen Maßnahmen zu treffen. Hält er hingegen eine Freistellung für möglich, kann er sein Verfahren bis zur Entscheidung der Kommission aussetzen. Darüber hinaus besteht natürlich die Möglichkeit, dem EuGH ein Ersuchen um Vorabentscheidung nach Art. 234 (ex-Art. 177) vorzulegen (s. Rn. 24–32 der Bek.). Um den nationalen Gerichten ihre Aufgabe zu erleichtern, ist die Kommission bereit, ihnen mit bestimmten Auskünften zu helfen. Es handelt sich dabei um Auskünfte zum Stand von Verfahren (Rn. 37 der Bek.), zu konkreten Rechtsfragen (Rn. 38 der Bek.) sowie um Unterlagen wie z.B. Statistiken, Marktstudien und Wirtschaftsanalysen (Rn. 40 der Bek.). Nützliche Informationen über die Anwendung der EG-Wettbewerbsregeln durch die Gerichte der einzelnen Mitgliedstaaten finden sich in einem von der Kommission im Jahre 1997 veröffentlichten Bericht (s. Lit.verz.), der allerdings die 1995 beigetretenen MS noch nicht berücksichtigt. Für den Fall, daß ein nationales Gericht in einem solchen Verfahren ein Urteil erlassen hat, bleibt jedoch zu beachten, daß die Kommission sich für befugt hält, eine von diesem Urteil abweichende Entscheidung zu treffen, wenn dies durch ein ausreichendes Gemeinschaftsinteresse gerechtfertigt ist (E v. 11.3.98, ABl. 1998 L 246, 1 Rn. 279 – Van den Bergh Foods Limited).

Die **Ausgestaltung der Verfahrensmodalitäten** ist Sache der internen   **12** Rechtsordnung jedes einzelnen Mitgliedstaats. Diese Modalitäten dürfen jedoch weder ungünstiger sein als bei entsprechenden Klagen, die nationale Vorschriften betreffen, noch die Ausübung der durch die Gemeinschaftsrechtsordnung verliehenen Rechte praktisch unmöglich machen oder übermäßig erschweren (EuGH, C-242/95, GT-Link, Slg. 1997, I–4449 Rn. 27).

IV. Anwendungsbereich

1. Eignung zur Beeinträchtigung des Handels zwischen MS

Art. 81 (ex-Art. 85) I ist anwendbar auf Vereinbarungen, Beschlüsse und   **13** aufeinander abgestimmte Verhaltensweisen, die „den Handel zwischen MS zu beeinträchtigen geeignet sind". Art. 82 (ex-Art. 86) erfaßt den Mißbrauch einer marktbeherrschenden Stellung, soweit dies „dazu führen kann, den Handel zwischen MS zu beeinträchtigen". Diese **Zwischenstaatlichkeitsklausel** hat den Zweck, den Geltungsbereich des Gemeinschaftsrechts von demjenigen des innerstaatlichen Rechts abzugrenzen (EuGH, Rs. 22/78, Hugin, Slg. 1979, 1869 Rn. 17). Die Art. 81 und 82 erfassen alle Kartelle und Mißbräuche, „die geeignet sind, die Freiheit des Handels zwischen MS in einer Weise zu gefährden, die der Verwirklichung eines einheitlichen Marktes zwischen MS nachteilig sein kann" (EuGH, Rs.

22/78, Hugin a.a.O., Rn. 17). Tatbestände, deren Auswirkungen sich auf das Gebiet eines einzigen MS beschränken, fallen hingegen in den Geltungsbereich der Wettbewerbsregeln des betreffenden MS.

14 Eine **„Beeinträchtigung"** liegt nicht nur dann vor, wenn der Handel zwischen MS eingeschränkt oder behindert wird. Entscheidend ist vielmehr, ob die betroffene Maßnahme geeignet ist, die „natürlichen Handelsströme in andere Richtungen zu lenken" (EuGH, Rs. 71/74, Frubo, Slg. 1975, 563 Rn. 37/38), d.h., ob sich der Handelsverkehr ohne die Beeinflussung durch die wettbewerbsbeschränkende Maßnahme anders entwickelt hätte können. Der Begriff des „Handels" ist weit zu verstehen. Er umfaßt nicht nur den Warenverkehr, sondern den gesamten Wirtschaftsverkehr zwischen den MS (vgl. etwa EuGH, Rs. 172/80, Züchner/Bayerische Vereinsbank, Slg. 1980, 2021 Rn. 18 – Geldverkehr; Rs. 45/85, Verband der Sachversicherer, Slg. 1987, 405 – Versicherungen).

15 Der Begriff der **„Eignung zur Beeinträchtigung des Handels zwischen MS"** wird in der Praxis außerordentlich weit ausgelegt. Es genügt, daß „sich mit hinreichender Wahrscheinlichkeit voraussehen läßt, daß die Vereinbarung unmittelbar oder mittelbar, tatsächlich oder potentiell den Warenverkehr zwischen MS beeinflussen kann" (EuGH, Rs. 31/80, L'Oréal, Slg. 1980, 3775 Rn. 18). Im Bereich des Art. 82 (ex-Art. 86) betont der EuGH dabei insb. die Auswirkungen auf die Wettbewerbsstruktur im GM: Zielt das Verhalten eines Unternehmens in marktbeherrschender Stellung darauf ab, einen Konkurrenten in mißbräuchlicher Weise vom Markt zu verdrängen und steht fest, daß dies Auswirkungen auf den Wettbewerb im GM hätte, so ist es unerheblich, daß sich dieses Verhalten auf das Gebiet eines MS beschränkt (EuGH, Rs. 6–7/73, Commercial Solvents, Slg. 1974, 223 Rn. 33; st.Rspr.).

16 Auch Vereinbarungen, an denen nur **Unternehmen aus einem einzigen MS** beteiligt sind, können den Handel zwischen MS beeinträchtigen, wenn sie sich – und sei es auch nur teilweise – auf Importe aus anderen MS oder den Export in andere MS auswirken (vgl. EuGH, Rs. 240–242/82 u.a., SSI, Slg. 1985, 3831 Rn. 49). Gleiches gilt, wenn sich ein Kartell auf das gesamte Gebiet eines MS erstreckt, da ein solches Kartell schon seinem Wesen nach die Wirkung hat, die Abschottung der Märkte auf nationaler Ebene zu verfestigen (EuGH, Rs. 8/72, Cementhandelaren, Slg. 1972, 977 Rn. 28/30; Rs. 246/86, Belasco, Slg. 1989, 2117 Rn. 33ff.). Es genügt sogar, wenn durch eine auf einen MS beschränkte Abrede die finanziellen Beziehungen zwischen einer dort aktiven Zweigniederlassung und ihrer ausländischen Muttergesellschaft berührt oder der Marktzugang solcher Zweigniederlassungen erschwert wird (EuGH, Rs. 45/85 Verband der Sachversicherer a.a.O., Rn. 48–50). Vereinbarungen, die sich auf Importe oder Reimporte aus **Drittstaaten** beziehen, können den Handel zwischen MS beeinträchtigen, wenn sich ihre Folgen nicht ausschließlich auf das Gebiet eines MS beschränken (vgl. EuGH, Rs. 22/71, Béguelin, Slg. 1971, 949 Rn. 10–12; Rs. 71/74, Frubo, Slg. 1975, 563 Rn. 37–38; Rs. 28/77, Tepea, Slg. 1978, 1391 Rn. 48–51). In einem solchen Fall ist jedoch sorgfältig zu prüfen, ob die betreffende Vereinbarung unter Berücksichtigung der Bedeutung der Stellung des Herstellers der fraglichen Produkte, des Umfangs seiner Erzeugung und seines Absatzes in den MS tatsächlich die Gefahr einer spürbaren (s. Rn. 18) Beeinträchtigung des innergemeinschaftlichen Handels heraufbeschwört. Dies ist nicht der Fall, wenn die zur Ausfuhr auf Märkte außerhalb der EU bestimmten Erzeugnisse, deren Reimport in die EU verboten wird, nur einen unbedeutenden Prozentsatz des Gesamtmarkts dieser Erzeugnisse in der EU ausmachen (EuGH, C-306/96, Javico, Slg. 1998, I–1997 Rn. 26).

Nach der Auffassung des EuGH ist es nicht erforderlich, daß die Wirkung **17** auf den Handel zwischen MS gerade von der den Wettbewerb beschränkenden Klausel einer Vereinbarung ausgeht, wenn die Vereinbarung als solche geeignet ist, den Handel zwischen MS zu beeinträchtigen (EuGH, Rs. 193/83, Windsurfing International, Slg. 1986, 611 Rn. 96). Es genügt, daß sich eine Vereinbarung auf ein Zwischenprodukt bezieht, das selbst nicht Gegenstand des Handels zwischen MS ist, wenn das Endprodukt in andere MS exportiert wird (EuGH, Rs. 136/86, BNIC/Aubert, Slg. 1987, 4789 Rn. 18; C-89/85 u.a., Ahlström II, Slg. 1993, I–1307 Rn. 142).

Die Beeinträchtigung des Handels zwischen MS muß allerdings – zumin- **18** dest was die Anwendbarkeit von Art. 81 I Rs. 28/77 betrifft – **spürbar** sein (EuGH, (ex-Art. 85) Tepea, a.a.O., Rn. 46–47). Insoweit kann auf die Ausführungen zur Spürbarkeit der Wettbewerbsbeschränkung verwiesen werden (Art. 81 Rn. 17). Der bloße Umstand, daß in einem konkreten Fall die von der Kommission in ihrer **Bagatellbekanntmachung** (s. Art. 81 Rn. 18) aufgestellten Schwellenwerte überschritten sind, bedeutet allerdings nicht automatisch, daß eine spürbare Beeinträchtigung des innergemeinschaftlichen Handels vorliegt (EuGeI, T-9/93 Schöller, Slg. 1995, II–1611 Rn. 75). Zu beachten ist, daß eine **potentiell** spürbare Beeinträchtigung genügt (EuGH, Rs. 19/77, Miller, Slg. 1978, 131 Rn. 14–15; vgl. insb. E v. 4.12.91, ABl. 1992 L 66, 1 Rn. 23 – Eco System/Peugeot) und daß jeweils zu prüfen ist, ob eine einzelne Vereinbarung nicht Teil eines Systems gleichartiger Vereinbarungen ist, das als ganzes den Handel zwischen MS beeinträchtigen kann (EuGH, Rs. 23/67, Brasserie de Haecht I, Slg. 1967, 543, 556; C-234/89, Delimitis, Slg. 1991, I–935 Rn. 14).

19 Insgesamt ist festzustellen, daß die Bedeutung dieser Klausel heute nur noch sehr gering ist. Der EuGH hat eine Beeinträchtigung des Handels zwischen MS bislang sehr selten verneint (EuGH, Rs. 22/78, Hugin, Slg. 1979, 1869; vgl. auch EuGH, C-60/91, Batista Morais, Slg. 1992, I–2085 Rn. 13, EuGH, C-306/96, Javico, Slg. 1998, I–1997 und EuGeI, T-77/94, VGB u.a., Slg. 1997, II–759 Rn. 139ff.).

2. Örtlicher Anwendungsbereich – extraterritoriale Anwendung

20 Der räumliche Geltungsbereich der Wettbewerbsregeln ergibt sich aus Art. 299 (ex-Art. 227). In den neuen Bundesländern sind sie seit dem 3.10.1990 in vollem Umfang anwendbar (zur Rechtslage vor diesem Zeitpunkt vgl. 20. WB [1990], Ziff. 34). Nach dem **Territorialitätsprinzip** sind auch Unternehmen aus Drittstaaten den Wettbewerbsregeln der EG unterworfen, soweit sie in der EG Handlungen vornehmen.

21 Die Kommission geht in ihrer ständigen Entscheidungspraxis davon aus, daß es für die Anwendbarkeit der EG-Wettbewerbsregeln ausreicht, daß das betroffene Verhalten Auswirkungen auf dem GM nach sich zieht (vgl. etwa E v. 19.12.84, ABl. 1985 L 92, 1 Rn. 14.6 – Aluminiumeinfuhren aus Osteuropa). Dieses sog. **Auswirkungsprinzip** stellt in der Tat „die einzig sinnvolle Anknüpfung" des internationalen Kartellrechts dar (*Koch* in *Grabitz/Hilf*, vor Art. 85 Rn. 14). Es ist allerdings heftig umstritten, da seine Anwendung unweigerlich die Interessen von Drittstaaten berührt. Grenzen für die Anwendung des Auswirkungsprinzips ergeben sich insb. aus dem Grundsatz der völkerrechtlichen Courtoisie („Comity", vgl. Rn. 25). Es kann daher nicht jedwede Auswirkung genügen. Sinnvoll erscheint es, die Anwendung der EG-Wettbewerbsregeln in solchen Fällen davon abhängig zu machen, daß eine wesentliche, unmittelbare, sofortige und hinreichend vorhersehbare Auswirkung vorliegt (GA *Darmon*, Rs. 89/85 u.a., Ahlström I, Slg. 1988, 5214, 5226).

22 Der EuGH hat es bislang vermieden, sich in seinen wettbewerbsrechtlichen Entscheidungen auf das Auswirkungsprinzip zu stützen. Er hat stattdessen in Fällen, in denen die wettbewerbsbeschränkenden Handlungen von einem in der EG ansässigen Tochterunternehmen vorgenommen wurden und dieses Unternehmen zusammen mit seiner Muttergesellschaft, die ihren Sitz in einem Drittstaat hatte, eine „**wirtschaftliche Einheit**" (s. Rn. 35) bildete, die Handlungen der Muttergesellschaft zugerechnet (EuGH, Rs. 48/69, ICI, Slg. 1972, 619 Rn. 132–141; Rs. 6–7/73, Commercial Solvents, Slg. 1974, 223 Rn. 41). Dieser Ansatz erlaubt es, die Zuständigkeit der EG formal auf der Basis des Territorialitätsprinzips zu begründen.

Auch in seinem Urteil im **Zellstoff-Fall** (EuGH, Rs. 89/85 u.a., Ahlström I,   **23**
Slg. 1988, 5193) hat sich der EuGH auf das Territorialitätsprinzip berufen.
Er unterscheidet dort zwischen dem Ort, an dem eine wettbewerbsbeschränkende Abrede getroffen wird und dem Ort, an dem sie „durchgeführt" wird. Wird sie im GM durchgeführt, so sind die Wettbewerbsregeln
des EGV anwendbar, ohne daß es auf den Sitz der Unternehmen oder den
Ort, an dem die Vereinbarung geschlossen wurde, ankäme (a.a.O., Rn.
16–17). Es ist allerdings kaum zu verkennen, daß der EuGH hier letztendlich doch das Auswirkungsprinzip anwendet.

Von der Frage der **Anwendbarkeit** zu unterscheiden ist das Problem der   **24**
Durchsetzung der EG-Wettbewerbsregeln im Ausland. Die EG ist nicht berechtigt, außerhalb ihres Gebietes hoheitliche Handlungen (z.B. Nachprüfungen) vorzunehmen. Bloße Mitteilungen und Auskunftsersuchen dürfen
allerdings an Adressaten in Drittstaaten gerichtet werden (str.). Der EuGH
hat es für die Zustellung einer Verbotsentscheidung ausreichen lassen, daß
diese dem Drittstaatsunternehmen zugeht (auch auf dem einfachen Post-
weg) und das Unternehmen von ihr Kenntnis erlangen konnte (EuGH, Rs.
6/72, Continental Can, Slg. 1973, 215 Rn. 10). Eine Zustellung an ein Tochterunternehmen in der EU ist zulässig.

Den Konflikten, die sich aus der Anwendung der Wettbewerbsvorschriften   **25**
auf Unternehmen aus Drittstaaten ergeben können, versucht die Kommission vor allem durch grenzüberschreitende Zusammenarbeit mit den Kartellbehörden anderer Staaten zu begegnen. Das bekannteste Beispiel für eine
solche Zusammenarbeit stellt das Abkommen zwischen den Gemeinschaften und der US-Regierung vom 23.9.1991 über die Anwendung der Wett-
bewerbsgesetze dar (zusammen mit dem diesbezüglichen interpretativen
Briefwechsel zwischen den Parteien abgedruckt in ABl. 1995 L 95, 45 und
L 131, 38). Dieses Abkommen wurde unlängst durch ein Abkommen vom
3./4.6.1998 über die Anwendung der „Positive Comity"-Grundsätze bei der
Durchsetzung der Wettbewerbsregeln ergänzt und verstärkt (ABl. 1998 L
173, 26). Mit Kanada soll demnächst ein entsprechendes Abkommen abgeschlossen werden (WB [1997], Ziff. 329).

3. Sachlicher Anwendungsbereich

a) Allgemeines

Die Wettbewerbsregeln des EGV **gelten für alle Wirtschaftsbereiche**, die   **26**
der EGV nicht ausdrücklich von ihrer Anwendung ausnimmt (EuGH, Rs.
209–213/84, Asjes, Slg. 1986, 1425 Rn. 40), also z.B. auch für **Banken**
(EuGH, Rs. 172/80, Züchner/Bayerische Vereinsbank, Slg. 1981, 2021 Rn.

6–9) und **Versicherungen** (EuGH, Rs. 45/85, Verband der Sachversicherer, Slg. 1987, 405 Rn. 12). Für die öffentlich-rechtlichen Kreditinstitute in Deutschland gilt nichts anderes. Die auf Drängen der deutschen Regierung (und der hinter ihr stehenden Interessenverbände) in den Vertrag von Amsterdam aufgenommene Erklärung Nr. 37 vermag hieran nichts zu ändern (s. auch Art. 86 Rn. 22; vgl. in diesem Zusammenhang auch die Bek. der Kommission über die Anwendung der EG-Wettbewerbsregeln auf grenzüberschreitende Überweisungssysteme, ABl. 1995 C 251, 3). Zur Frage der Anwendbarkeit des EG-Kartellrechts im Bereich des **Berufssports** vgl. GA *Lenz*, C-415/93, Bosman, Slg. 1995, I–4930, 5026ff (der EuGH ist auf diese Frage in seinem Urteil nicht eingegangen). Für den Bereich der **Telekommunikation** vgl. die – freilich zum Teil durch die Entwicklung überholten – Leitlinien für die Anwendung der EG-Wettbewerbsregeln im Telekommunikationsbereich (ABl. 1991 C 233, 2). Wichtig nunmehr die Bek. der Kommission über die Anwendung der Wettbewerbsregeln auf den **Postsektor** und über die Beurteilung bestimmter staatlicher Maßnahmen betreffend Postdienste (ABl. 1998 C 39, 2; zur Anwendung der Wettbewerbsregeln im Bereich von Telekommunikation und Post s. auch Art. 86 Rn. 30 und 34). Zur Frage der Anwendbarkeit des EG-Kartellrechts auf kollektive Absprachen im Bereich des Arbeitsrechts vgl. die Schlußanträge von GA Jacobs vom 28.1.1999, C-67/96, C-115/97, C-116/97, C-117/97 und C-219/97, Albany u.a., noch nicht in Slg., Ziff. 131ff.

b) Kohle und Stahl sowie Atombereich

27   Die **Art. 65 und 66 EGKSV** enthalten Wettbewerbsvorschriften für EGKS-Unternehmen (zum Begriff s. Art. 80 EGKSV). Der EGV läßt diese Bestimmungen unberührt (Art. 305 I, ex-Art. 232). Soweit die Art. 65f. EGKSV anwendbar sind, gehen sie den Art. 81ff. daher als Spezialvorschriften vor. Zu beachten ist, daß der EGKSV nicht für Kohle und Stahl allgemein, sondern nur für die in Anlage I zum EGKSV näher bestimmten Erzeugnisse gilt (Art. 81 EGKSV). Es ist durchaus möglich, daß ein Sachverhalt sowohl in den Anwendungsbereich der Art. 65f. EGKSV wie in denjenigen der Art. 81ff. (ex-Art. 85ff.) fällt (s. z.B. die E v. 22.12.92, ABl. 1993 L 50, 14 – Jahrhundertvertrag; zu den Einzelheiten vgl. die Kommentierung dieser Vorschriften durch *Grill* in GTE, 5. Aufl.). Nach dem Auslaufen des EGKSV im Jahre 2002 werden auch die EGKS-Unternehmen den Wettbewerbsregeln des EGV unterliegen. Auch die Vorschriften des **EAGV** werden vom EGV ebenfalls nicht berührt (Art. 305 II, ex-Art. 232). Da der EAGV jedoch keine Wettbewerbsregeln enthält, sind die Art. 81ff. (ex-Art. 85ff.) ohne weiteres anwendbar.

c) Landwirtschaft

Für die **Landwirtschaft** gelten die Wettbewerbsregeln gem. Art. 36 (ex-   **28**
Art. 42) I nur insoweit, als der Rat dies bestimmt. Art. 1 der VO Nr. 26 des
Rates v. 4. 4. 1962 (ABl. 1962, 993) erklärt die Wettbewerbsregeln in diesem Bereich für anwendbar. Nach Art. 2 I 1 der VO gilt **Art. 81 I** (ex-Art.
85) jedoch nicht für Vereinbarungen, Beschlüsse und Verhaltensweisen, die
einen wesentlichen Bestandteil einer einzelstaatlichen Marktordnung darstellen oder zur Verwirklichung der Ziele des Art. 33 (ex-Art. 39) notwendig sind. Im letztgenannten Fall muß die fragliche Absprache grundsätzlich
zur Verwirklichung *aller* Ziele des Art. 33 beitragen (EuGeI, T-70/92 und
T-71/92, Florimex, Slg. 1997, II–697 Rn. 153). Gemäß Art. 2 I 2 der VO ist
Art. 81 I „insbesondere" nicht anwendbar auf Vereinbarungen, Beschlüsse
und Verhaltensweisen, die landwirtschaftliche Betriebe oder Genossenschaften aus nur einem Mitgliedstaat betreffen, soweit sie ohne Preisbin-
dung die Erzeugung oder den Absatz landwirtschaftlicher Erzeugnisse oder
die Benutzung gemeinschaftlicher Einrichtungen für die Lagerung, Be-
oder Verarbeitung solcher Erzeugnisse betreffen, es sei denn, die Kommission stellt fest, daß dadurch der Wettbewerb ausgeschlossen wird oder die
Ziele der gemeinsamen Agrarpolitik gefährdet werden. Wie der EuGH festgestellt hat, enthält Art. 2 I 2 der VO eine eigenständige Ausnahme vom allgemeinen Kartellverbot, die von den beiden in Satz 1 genannten Fällen zu
unterscheiden ist (EuGH, C-319/93, C-40/94 und C-224/94, Dijkstra, Slg.
1995, I–4471 Rn. 20). Diese drei Ausnahmen sind jedoch eng auszulegen
(EuGH, C-399/93, Oude Luttikhuis, Slg. 1995, I–4515 Rn. 23; EuGeI, T-
70/92 und T-71/92, Florimex, a.a.O. Rn. 152). Art. 2 I 2 der VO enthält lediglich eine Umkehr der Beweislast zugunsten der landwirtschaftlichen Erzeuger; der Vorschrift kann aber nicht entnommen werden, daß Vereinbarungen, die unter diese Bestimmung fallen, als gültig anzusehen wären, solange nicht die Kommission eine gegenteilige Feststellung getroffen hat
(EuGH, C-319/93, C-40/94 und C-224/94, Dijkstra, a.a.O., Rn. 21). Die Le-
galausnahme des Art. 2 I gilt selbstverständlich nur für landwirtschaftliche
Erzeugnisse i.S.d. EGV (EuGH, Rs. 61/80, Coöperative Stremselen Kleur-
selfabriek, Slg. 1981, 851 Rn. 21). Nach Art. 2 II der VO ist die Kommission (vorbehaltlich der Nachprüfung durch den EuGH) ausschließlich zuständig, festzustellen, welche Vereinbarungen, Beschlüsse und Verhaltensweisen die Voraussetzungen des Art. 2 I erfüllen. Ein nationales Gericht
kann jedoch auch ohne eine entsprechende Entscheidung der Kommission
die Nichtigkeit einer Vereinbarung feststellen, wenn es die Voraussetzungen
des Art. 81 I (ex-Art. 85 I) für gegeben ansieht und zu der Überzeugung ge-

langt, daß weder die Voraussetzungen für eine Ausnahme nach Art. 2 I der VO noch die für eine Freistellung nach Art. 81 III (ex-Art. 85 III) erfüllt sind. Ist es hingegen der Auffassung, daß die fragliche Vereinbarung unter Art. 2 I der VO fallen könnte, kann es das Verfahren aussetzen, um die Kommission um Informationen zu ersuchen oder den Parteien die Möglichkeit zu geben, eine Entscheidung der Kommission herbeizuführen (EuGH, Dijkstra, a.a.O., Rn. 31–36; C-399/93, Oude Luttikhuis, a.a.O., Rn. 30; vgl. hierzu auch Rn. 11 und Art. 81 Rn. 34; zu weiteren Einzelheiten s. *Winkler* in *Immenga/Mestmäcker*, 2166ff.). Die vorstehenden Ausführungen betreffen nicht den **Art. 82**, der auch im landwirtschaftlichen Bereich ohne Einschränkungen anwendbar ist (s. die E vom 14.5.97, ABl. 1997 L 258, 1, Rn. 115 – Irish Sugar plc).

d) Verkehr

29   Die Wettbewerbsregeln gelten auch im Verkehrsbereich (EuGH, Rs. 209–213/84, Asjes, Slg. 1986, 1425 Rn. 42; vgl. bereits EuGH, Rs. 167/73, Kommission/Frankreich, Slg. 1974, 359 Rn. 29/33). Die Anwendung der Wettbewerbsregeln auf dem Gebiet des **Eisenbahn-, Straßen- und Binnenschiffsverkehrs** wurde in der VO (EWG) Nr. 1017/68 v. 19.7.68 (ABl. L 175, 1) geregelt. Nunmehr sind auch der **Seeverkehr** (VO [EWG] Nr. 4056/86 v. 22.12.86, ABl. L 378, 4) und der **Luftverkehr** (VO [EWG] Nr. 3975/87 v. 14.12.87, ABl. L 374, 1; zuletzt geändert durch VO (EWG) Nr. 2410/92 v. 23.7.92, ABl. L 240, 18) weitgehend geregelt (vgl. aber Art. 84 Rn. 1). Diese VO enthalten Legalausnahmen vom Verbot des Art. 81 I (Art. 3 und 4 VO 1017/68; Art. 2 VO 4056/86; Art. 2 VO 3975/87), eine Gruppenfreistellung (Art. 3–6 VO 4056/86) für bestimmte Vereinbarungen, Beschlüsse und Verhaltensweisen und Verfahrensvorschriften. Weitere Vorschriften über die Form, den Inhalt und die anderen Einzelheiten der Anträge und Anmeldungen in diesen Bereichen sind nunmehr in der VO (EG) Nr. 2843/98 v. 22.12.1998 (ABl. L 354, 22) zu finden. Die allgemeine **VO Nr. 17 des Rates v. 6.2.1962** über das Verfahren in Kartellsachen gilt in diesen Bereichen nicht (s. Art. 85 Rn. 1), soweit der Anwendungsbereich dieser speziellen Verordnungen reicht (zu den daraus resultierenden Abgrenzungsschwierigkeiten vgl. die E v. 13.12.94, ABl. 1994 L 354, 66 – Eurotunnel [der zufolge Eisenbahnverkehrsleistungen unter die VO Nr. 1017/68 fallen, während auf das Anbieten von Infrastruktur die VO Nr. 17 Anwendung findet] und EuGeI, T-14/93, Union internationale des chemins de fer, Slg. 1995, II–1503 Rn. 54; bestätigt durch EuGH, C-264/95 P, UIC, Slg. 1997, I–1287, wonach (nur) die VO Nr. 1017/68 anwendbar ist, wenn der betreffende Sachverhalt in seinen „wesentlichen Aspekten" in den Gel-

tungsbereich dieser VO fällt, auch wenn er sich möglicherweise auf den Wettbewerb auf benachbarten Märkten auswirkt. Vgl. außerdem die Erläuterung der Empfehlungen der Kommission zur Anwendung der Wettbewerbsregeln auf neue Verkehrsinfrastrukturprojekte, ABl. 1997 C 298, 5). Darüber hinaus gibt (bzw. gab) es eine Reihe von **Gruppenfreistellungen.** **30** Im Bereich des Luftverkehrs waren dies die VO (EG) Nr. 3652/93 v. 22.12.93 (ABl. L 333, 37, – computergestützte Buchungssysteme) und die VO (EWG) Nr. 1617/93 v. 25.6.93 (ABl. L 155, 18 – gemeinsame Planung und Koordinierung von Flugplänen, gemeinsamer Betrieb von Flugdiensten, Tarifkonsultationen und Zuweisung von Zeitnischen, geändert durch die VO [EG] Nr. 1523/96 v. 24.7.96, ABl. L 190, 11), beide erlassen auf der Grundlage der VO (EWG) Nr. 3976/87 v. 14.12.87 (ABl. L 374, 9; zuletzt geändert durch VO [EWG] Nr. 2411/92 v. 24.7.92, ABl. L 240, 19). Beide Gruppenfreistellungs-VOen sind am 30.6.1998 ausgelaufen; eine (teilweise) Verlängerung der in der VO Nr. 1617/93 enthaltenen Regelung ist jedoch geplant (s. den entsprechenden Vorentwurf der Kommission in ABl. 1998 C 369, 2). Im Bereich des Seeverkehrs hat der Rat die Kommission durch die VO (EWG) Nr. 479/92 v. 25.2.92 (ABl. L 55, 3 – Konsortien) zum Erlaß einer entsprechenden Gruppenfreistellungs-VO ermächtigt. Die Kommission hat auf dieser Grundlage die VO (EG) Nr. 870/95 v. 20.4.95 zur Anwendung von Art. 85 Abs. 3 (jetzt Art. 81 III) auf bestimmte Gruppen von Vereinbarungen, Beschlüssen und aufeinander abgestimmten Verhaltensweisen zwischen Seeschiffahrtsunternehmen (Konsortien) erlassen (ABl. 1995 L 89, 7).

Die Kommission bemüht sich seit mehreren Jahren verstärkt um die Durch- **31** setzung der Wettbewerbsvorschriften im Verkehrsbereich (s. E v. 26.2.92, ABl. 1992 L 96, 34 – British Midland/Aer Lingus; E v. 21.12.93, ABl.1994 L 15, 8 – Sea Containers/Stena Sealink). In mehreren Fällen wurden Geldbußen wegen Verstößen gegen die Wettbewerbsvorschriften verhängt, die zum Teil eine beträchtliche Höhe erreichten (s. E v. 29.3.94, ABl. 1994 L 104, 34 – HOV-SVZ/MCN: ECU 11 Mio [Deutsche Bahn AG], bestätigt durch EuGeI, T-229/94, Deutsche Bahn, Slg. 1997, II–1689; E v. 23.12.92, ABl. 1993 L 34, 20 – CEWAL: Insgesamt knapp ECU 10 Mio., weitgehend bestätigt durch EuGeI, T-24–26/93 und T-28/93, Compagnie maritime belge, Slg. 1996, II–1201).

V. Adressaten der Art. 81 und 82

1. Unternehmen

a) Ausübung einer wirtschaftlichen Tätigkeit

32   Der im EGV nicht definierte Begriff des „Unternehmens" hat in Art. 81 (ex-Art. 85) und in Art. 82 (ex-Art. 86) denselben Inhalt (EuGeI, T-68/89 u.a., SIV, Slg. 1992, II–1403 Rn. 358). Er umfaßt „jede eine **wirtschaftliche Tätigkeit** ausübende Einheit, unabhängig von ihrer Rechtsform und der Art ihrer Finanzierung" (EuGH, C-41/90, Höfner und Elser, Slg. 1991, I–1979 Rn. 21). Es muß sich dabei um eine einheitliche Organisation personeller, materieller und immaterieller Faktoren handeln, mit der auf Dauer ein bestimmter wirtschaftlicher Zweck angestrebt wird (EuGeI, T-11/89, Shell, Slg. 1992, II–757 Rn. 311). Diese Definition entspricht dem Regelfall. Liegt eine wirtschaftliche Tätigkeit vor, so sind die Voraussetzungen des Unternehmensbegriffs freilich selbst dann erfüllt, wenn die Tätigkeit geistiger Natur ist und sie ohne eine Zusammenfassung personeller, materieller und immaterieller Elemente ausgeübt werden kann, so wie dies z.B. bei Zollspediteuren der Fall ist (EuGH, C-35/96, Kommission/Italien, Slg. 1998, I–3851 Rn. 37–38). Die Größe des Betriebes ist irrelevant (vgl. aber Art. 81 Rn. 55 zur bevorzugten Behandlung von KMU). Auch eine Gewinnerzielungsabsicht ist nicht erforderlich. Unternehmen sind danach z.B. auch Erfinder, Künstler oder Sportler, die ihre Leistungen gewerblich verwerten (E v. 2.12.75, ABl. 1976 L 6, 8 – AOIP/Beyrard; E v. 26. 5. 78, ABl. 1978 L 157, 39 – RAI/UNITEL), Fernsehanstalten (EuGH, Rs. 155/73, Sacchi, Slg. 1974, 409), Handelsvertreter, Genossenschaften (EuGeI, T-61/89, Dansk Pelsdyravlerforening, Slg. 1992, II–1931 Rn. 50), staatliche Arbeitsvermittlungsstellen (EuGH, C-55/96, Job Centre, Slg 1997, I–7119 Rn. 25), das Lotsenkorps des Hafens von Genua (EuGH, C-18/93, Corsica Ferries, Slg. 1994, I–1783 Rn. 40; E v. 21.10.97, Lotsentarife im Hafen von Genua, ABl. 1997 L 301, 27 Rn. 6) und die übrigen Angehörigen der freien Berufe (h.M.; ebenso E v. 30.6.93, ABl. 1993 L 203, 27 Rn. 40 – CNSD). Auch Unternehmensvereinigungen und Verbände werden als Unternehmen betrachtet, soweit sie selbst wirtschaftlich tätig werden (vgl. E v. 27.10.92, ABl. 1992 L 326, 31 – Fußballweltmeisterschaft 1990). Die bloße Deckung des eigenen Bedarfs begründet hingegen die Unternehmenseigenschaft ebensowenig wie die Tätigkeit eines Arbeitnehmers.

33   Dieser **funktionale Unternehmensbegriff** setzt nicht voraus, daß das Unternehmen eigene Rechtspersönlichkeit besitzt (s. EuGeI, T-11/89, Shell a.a.O., Rn. 311; anders wohl E v. 11.6.93, ABl. 1993 L 179, 23 Rn. 45 –

EBU/Eurovisions-System; str.), obwohl dies meist der Fall sein dürfte. Es ist daher z.B. auch möglich, mehrere rechtlich selbständige Gesellschaften als ein Unternehmen anzusehen, wenn sie eine wirtschaftliche Einheit (s. Rn. 35) bilden (EuGH, Rs. 170/83, Hydrotherm/Compact, Slg. 1984, 2999 Rn. 11 – für den Bereich einer GVO; EuGeI, T-11/89 Shell a.a.O., Rn. 312). Adressat einer Kommissionsentscheidung (z.b. über Bußgelder) kann dagegen nur eine Einheit mit eigener Rechtspersönlichkeit sein (s. z.B. E v. 21.12.88, ABl. 1989 L 74, 21 Rn. 55 – LDPE), so daß in solchen Fällen zu fragen ist, wem das Verhalten des „Unternehmens" zuzurechnen ist. Anders allerdings die E v. 17.6.1998 (ABl. 1998 L 252, 47 Rn. 21, 62 – Amministrazione Autonoma dei Monopoli di Stato), wo der Verwaltung der italienischen Staatsmonopole, die der Entscheidung zufolge keine vom Staat getrennte eigene Rechtspersönlichkeit besitzt, eine Geldbuße auferlegt wurde. Allerdings dürfte es sich hier nur um eine scheinbare Ausnahme handeln, verfügte die betreffende Verwaltung doch nach den Feststellungen der Kommission über eine eigene Geschäftsfähigkeit und Vermögensautonomie. Die Frage nach der Zurechnung stellt sich auch, wenn sich die Unternehmensstruktur im Laufe eines Verfahrens ändert (zu diesem Problem der **Unternehmenskontinuität** vgl. EuGeI, T-6/89, Enichem Anic, Slg. 1991, II–1623 Rn. 237, E v. 2.8.89, ABl. 1989 L 260, 1, Rn. 194 – Betonstahlmatten und insbesondere EuGeI, T-38/92, All Weather Sports Benelux, Slg. 1994, II–211 Rn. 30).

b) Wirtschaftliche Betätigung der öffentlichen Hand

Öffentliche Unternehmen sind Unternehmen i.S. der EG-Wettbewerbsregeln (z.B. die Bundesanstalt für Arbeit, s. EuGH, C-41/90, Höfner und Elser, Slg. 1991, I–1979; s. auch Art. 86 Rn. 4). Betätigt sich der **Staat selbst wirtschaftlich**, so ist er insoweit als Unternehmen anzusehen (str.). Davon zu unterscheiden sind die Fälle, in denen der **Staat als öffentliche Hand** handelt (EuGH, C-343/95, Diego Calì, Slg. 1997, I–1547 Rn. 16). Die Abgrenzung ist schwierig. Nicht erfaßt wird die Erhebung einer zur Finanzierung von Beihilfen bestimmten Abgabe durch eine öffentlichrechtliche Körperschaft (EuGH, Rs. 2/73, Geddo/Ente Nazionale Risi, Slg. 1973, 865 Rn. 9; Rs. 94/74, IGAV/ENCC, Slg. 1975, 699 Rn. 33/35). Auch die ausschließlich sozialen Zwecken dienende Tätigkeit der auf dem Grundsatz der Solidarität beruhenden **Systeme der sozialen Sicherheit** ist nicht als wirtschaftliche Tätigkeit anzusehen (EuGH, C-159 und 160/91, Poucet, Slg. 1993, I–637 Rn. 18–19). Diese Rechtsprechung vermag nicht zu befriedigen. Überzeugender erscheint demgegenüber der von GA *Jacobs* gewählte

34

Ansatz, wonach im Falle von Sozialversicherungsträgern der Unternehmensbegriff (lediglich) hinsichtlich des Verhältnisses zu den Versicherten zu verneinen ist (C-430/93 und C-431/93, Van Schijndel, Slg. 1995, I–4705, Ziff. 64–65). Andererseits wurde eine Einrichtung ohne Gewinnerzielungsabsicht, die ein zur Ergänzung der Grundpflichtversicherung durch Gesetz geschaffenes, auf Freiwilligkeit beruhendes Rentenversicherungssystem verwaltete, als Unternehmen angesehen, obwohl das fragliche System Elemente der Solidarität aufwies (EuGH, C-244/95, Fédération française des sociétés d'assurance, Slg. 1995, I–4013 Rn. 17–22). Von besonderer Bedeutung scheint für den EuGH in diesem (durch eine Klage anderer Versicherungsunternehmen ausgelösten) Fall der Umstand gewesen zu sein, daß das System nach dem Kapitalisierungsprinzip funktionierte (d.h., die Leistungen richteten sich nach den gezahlten Beiträgen). Eine **Gemeinde,** die in ihrer Eigenschaft als Trägerin öffentlicher Gewalt ein Unternehmen mit der Wahrnehmung einer öffentlichen Aufgabe betraut, handelt nicht als „Unternehmen" i.S. der Wettbewerbsregeln (EuGH, Rs. 30/87, Bodson, Slg. 1988, 2479 Rn. 18). Auch eine internationale Organisation wie die **Europäische Organisation für Flugsicherung** stellt nach der Rechtsprechung kein „Unternehmen" dar (EuGH, C-364/92, SAT/Eurocontrol, Slg. 1994, I–43 Rn. 31). Einer (fragwürdigen) neueren Entscheidung zufolge stellt eine **privatrechtliche Einrichtung,** die mit einer Überwachungstätigkeit **zur Bekämpfung der Umweltverschmutzung** in einem Erdölhafen betraut ist, kein Unternehmen dar, da es sich um einen im Allgemeininteresse stehenden Auftrag handele und die fragliche Tätigkeit mit der Ausübung von Vorrechten zusammenhänge, die typischerweise hoheitlicher Natur seien. Dies gelte ungeachtet der Tatsache, daß für diese Tätigkeit eine Gebühr erhoben wird (EuGH, C-343/95 Diego Calì a.a.O., Rn. 22–24). Vgl. nunmehr auch die Schlußanträge von GA Jacob vom 28.1.1999, C-67/96, C-115/97, C-116/97, C-117/97 und C-219/97, Albany u.a., noch nicht in Slg, Ziff. 306ff.

c) Verbundene Unternehmen

35   Das Verhalten einer Konzerngesellschaft kann der Muttergesellschaft (oder einer anderen Konzerngesellschaft) zugerechnet werden, wenn diese Gesellschaften eine **wirtschaftliche Einheit** bilden, in der die Tochtergesellschaft „trotz eigener Rechtspersönlichkeit ihr Marktverhalten nicht autonom bestimmt, sondern im wesentlichen Weisungen der Muttergesellschaft befolgt" (EuGH, Rs. 48/69, ICI, Slg. 1972, 619 Rn. 132/135). Ob die Muttergesellschaft tatsächlich von ihrer Weisungsbefugnis Gebrauch gemacht hat, braucht nicht geprüft zu werden, wenn es sich um eine hundertprozentige Tochtergesellschaft handelt (EuGH, Rs. 107/82, AEG, Slg. 1983, 3151 Rn. 50). Eine Zurechnung wird jedoch nicht vorgenommen, wenn die hundertprozentige Tochtergesellschaft aus eigenem Antrieb handelt oder als getrennte Einheit operiert (s. z.B. E v. 23.12.77, ABl. 1978 L 46, 33 – BMW Belgien; E v. 23.4.86, ABl. 1986 L 230, 1 Rn. 99 – Polypropylen). Bei einer geringeren Beteiligung (z.B. 51 %) ist erforderlich, daß die Muttergesellschaft die Möglichkeit der Kontrolle über die Tochtergesellschaft hat und von dieser Möglichkeit tatsächlich Gebrauch macht (E v. 14.12.72, ABl. 1972 L 299, 51, 54 – Zoja/CSC-ICI; bestätigt durch EuGH, Rs. 6–7/73, Commercial Solvents, Slg. 1974, 223 Rn. 36–38). Keine wirtschaftliche Einheit in dem genannten Sinne liegt vor, wenn lediglich eine Beteiligung von 25,001 % vorliegt (EuGeI, T-141/89, Tréfileurope, Slg. 1995, II–791 Rn. 129). Eine wirtschaftliche Einheit kann auch vorliegen, wenn die leitenden Organe zweier Unternehmen aus denselben Personen bestehen (vgl. E v. 21.12.93, ABl. 1994 L 15, 8 Rn. 7 – Sea Containers/Stena Sealink). Aus der Rechtsprechung ergibt sich, daß der Kommission bei der Bestimmung des für den Verstoß gegen die Wettbewerbsvorschriften verantwortlichen Unternehmens ein gewisser Beurteilungsspielraum eingeräumt ist (s. EuGeI, T-65/89, BPB Industries und British Gypsum, Slg. 1993, II–389 Rn. 154). Die Zurechnung an die Muttergesellschaft (oder eine andere Konzerngesellschaft) hat zur Folge, daß diese für das wettbewerbsbeschränkende Verhalten und seine Folgen (z.B. Geldbußen) einzustehen hat (vgl. etwa E v. 10.1.96, ADALAT, ABl. 1996 L 201, 56 Rn. 224; E v. 28.1.98, VW, ABl. 1998 L 124, 60 Rn. 205). Zu dem Fall, daß ein Unternehmen in zurechenbarer Weise den Eindruck erweckt, für das Verhalten seiner Tochterunternehmen die Verantwortung übernehmen zu wollen, vgl. EuGeI, T-354/94, Stora Kopparsbergs Bergslags, Slg. 1998, II–2111. Neben der Muttergesellschaft kann auch die Tochtergesellschaft selbst zur Verantwortung gezogen werden (s. EuGH, Rs. 6–7/73 Commercial Solvents a.a.O.). Ein entsprechendes Resultat ergibt sich, wenn man die Konzerngesellschaften zusammen als **ein** Unternehmen betrachtet (s. Rn. 33).

Vereinbarungen und abgestimmte Verhaltensweisen zwischen Unternehmen, die als Mutter- oder Tochtergesellschaften demselben Konzern angehören, fallen nicht unter Art. 81 (ex-Art. 85), „vorausgesetzt daß die Unternehmen eine wirtschaftliche Einheit bilden, in deren Rahmen die Tochtergesellschaft ihr Vorgehen auf dem Markt nicht wirklich autonom bestimmen kann" (EuGH, Rs. 30/87 Bodson, Slg. 1988, 2479 Rn. 19). Die vom EuGH in diesem Urteil aufgestellte zusätzliche Bedingung, „daß diese Vereinbarungen oder Verhaltensweisen dem Zweck dienen, die interne Aufga- **36**

benverteilung zwischen den Unternehmen zu regeln", war überflüssig (und
falsch – s. *Gleiss/Hirsch*, 4. Aufl., Art. 85 Rn. 199). Das EuGeI hat sie nunmehr fallen gelassen (T-102/95, Viho, Slg. 1995, II–17). Der EuGH hat dies
zu Recht gebilligt (C-73/95 P, Viho, Slg. 1996, I–5457). Der Grund für die
Privilegierung konzerninterner Absprachen ist darin zu sehen, daß die
Muttergesellschaft das mit ihnen verfolgte Ziel auch durch (von Art. 81ff.
[ex-Art. 85ff.] nicht erfaßte) Weisungen oder sonstige Ausübung ihrer Kontrolle über das beherrschte Unternehmen erreichen könnte; es fehlt daher an
einem zu schützenden Wettbewerb zwischen diesen Unternehmen. Art. 81
I (ex-Art. 85) ist jedoch anwendbar, wenn es an einer (alleinigen) Kontrolle fehlt (so z.B. bei einer bloßen Beteiligung von 25,001 %, s. E v. 2.8.89,
ABl. 1989 L 260, 1 Rn. 178 – Betonstahlmatten – und bei gemeinsamer
Kontrolle über eine Tochtergesellschaft, s. E v. 15.5.91, ABl. 1991 L 185,
23 Rn. 30 – Gosme/Martell-DMP). Die Privilegierung dürfte aber nicht nur
für Absprachen zwischen Mutter- und Tochtergesellschaft gelten, sondern
auch Vereinbarungen und abgestimmte Verhaltensweisen zwischen Tochtergesellschaften ein und desselben Konzerns erfassen.

2. Unternehmensvereinigungen

37   Zu den **Unternehmensvereinigungen**, an die sich Art. 81 (ex-Art. 85) richtet, gehören auch Vereinigungen von Unternehmensvereinigungen (E v.
24.9.71, ABl. 1971 L 227, 26, 29 – CEMATEX; GA Slynn, 123/83,
BNIC/Clair, Slg. 1985, 392, 396). Meist wird es sich um privatrechtliche
Vereinigungen handeln. Der Umstand, daß es sich um eine Einrichtung öffentlich-rechtlicher Natur handelt, schließt jedoch die Anwendbarkeit von
Art. 81 (ex-Art. 85) nicht aus (EuGH, C-35/96, Kommission/Italien, Slg.
1998, I–3851 Rn. 40). Die Tatsache, daß die Mitglieder der Vereinigung auf
Vorschlag von Berufsorganisationen durch den Staat ernannt werden, ändert nichts an deren Charakter als Unternehmensvereinigung (s. EuGH, Rs.
123/83, BNIC/Clair, Slg. 1985, 391 Rn. 19). Bei eigener wirtschaftlicher
Betätigung sind die Unternehmensvereinigungen selbst als Unternehmen
anzusehen (s. Rn. 32). Da Art. 81 (ex-Art. 85) sowohl für Unternehmensvereinigungen wie für Unternehmen gilt, kommt der Unterscheidung in der
Praxis keine besondere Bedeutung zu.

3. Pflichten der MS

38   Die Art. 81 und 82 (ex-Art. 85 und 86) gelten nur für Unternehmen. Der
EuGH folgert jedoch aus Art. 10 (ex-Art. 5) II i.V.m. Art. 3 lit. g und den
Art. 81/82, daß die MS keine Maßnahmen ergreifen oder beibehalten dür-

fen, die die „**praktische Wirksamkeit**" der für die Unternehmen geltenden Wettbewerbsregeln ausschalten könnten (st. Rspr. seit EuGH, Rs. 13/77, INNO/ATAB, Slg. 1977, 2115 Rn. 30/35). Dieser Grundsatz ließe sich grundsätzlich auf eine Fülle von staatlichen Maßnahmen anwenden. Es ist daher erforderlich, den Kreis der staatlichen Maßnahmen, die anhand dieses Maßstabs zu prüfen sind, sinnvoll einzugrenzen. Nach der Rechtsprechung verstößt ein MS dann gegen seine Verpflichtungen aus Art. 10 II (ex-Art. 5 II) i.V.m. den Wettbewerbsregeln, wenn er gegen Art. 81 (ex-Art. 85) verstoßende Kartellabsprachen „vorschreibt, erleichtert oder deren Auswirkungen verstärkt oder wenn er der eigenen Regelung dadurch ihren staatlichen Charakter nimmt, daß er die Verantwortung für in die Wirtschaft eingreifende Entscheidungen privaten Wirtschaftsteilnehmern überträgt" (EuGH, Rs. 267/86, Van Eycke/ASPA, Slg. 1988, 4769 Rn. 16; C-2/91, Meng, Slg. 1993, I–5751 Rn. 14; C-245/91, Ohra, Slg. 1993, I–5851 Rn. 10). Dies gilt z.b. für die staatliche Genehmigung einer Absprache über Fluglinientarife (Rs. 66/86, Ahmed Saeed Flugreisen, Slg. 1989, 803, Rn. 49). Einen besonders anschaulichen Beispielsfall bietet ein italienisches Gesetz, durch das eine Unternehmensvereinigung angewiesen wurde, eine Gebührenordnung für Zollabfertigungen festzulegen, die nach dem Gesetz für alle Wirtschaftsteilnehmer verbindlich sein sollte, ohne daß der Staat auf die auf diese Weise festgelegten Tarife Einfluß genommen oder sie überprüft hätte (EuGH, C-35/96, Kommission/Italien, Slg. 1998, I–3851 Rn. 52ff.). Die Festsetzung der Tarife durch Tarifkommissionen auf der Grundlage der Vorschriften des deutschen Güterkraftverkehrsgesetzes stellt hingegen keinen Verstoß gegen diesen Grundsatz dar, da die Beteiligten hierbei verpflichtet sind, die Interessen der Allgemeinheit und die Interessen anderer Wirtschaftssektoren zu berücksichtigen (EuGH, C-185/91 Reiff Slg. 1993, I–5801 Rn. 23–24). Art. 10 II (ex-Art. 5) i.V.m. den Wettbewerbsregeln ist außerdem nicht anwendbar, wenn „jeder Zusammenhang" zwischen der staatlichen Maßnahme und einem nach Art. 81/82 verbotenen Verhalten von Unternehmen fehlt (EuGH, C-2/91, Meng, a.a.O., Rn. 22). Die Abgrenzung im einzelnen bereitet Schwierigkeiten. Sinnvollerweise wird man darauf abzustellen haben, daß es darum geht, Umgehungen der in Art. 81 und 82 (ex-Art. 85 und 86) niedergelegten Verbote zu verhindern. Staatliche Maßnahmen sind daher unzulässig, wenn sie wettbewerbswidrigen Verhaltensweisen von Unternehmen eine gesetzliche Deckung gewähren oder sie dadurch überflüssig machen, daß die betroffenen Unternehmen selbst mit der Regelung des Marktes betraut werden. Die neuere Rechtsprechung neigt deutlich zu einer restriktiven Handhabung dieses Grundsatzes (s. insb. das Urteil im Fall „Meng", a.a.O., zur Frage des Ver-

botes der Weitergabe von Provisionen im Versicherungsbereich, in dem der
EuGH auf den Umstand abstellte, daß im betroffenen Bereich keine Kartellabsprachen vorlagen, obwohl solche in anderen Versicherungsbereichen
gegeben waren). Dagegen wird zu Recht eingewandt, daß diese Praxis des
EuGH letztlich darauf hinausläuft, daß die Kontrolldichte des Gemeinschaftsrechts um so geringer ist, je stärker die MS den Wettbewerb durch
staatliche Maßnahmen beschränken (*Emmerich* in *Dauses*, H.I. Rn. 17; zur
verwandten Problematik im Bereich der öffentlichen Unternehmen s.
Art. 86 Rn. 10ff.).

39   Verstößt ein MS gegen die sich aus Art. 10 II (ex-Art. 5 II) i.V.m. Art. 3 lit.
g und den Art. 81/82 (ex-Art. 85/86) ergebenden Pflichten (z.B. indem er
ein Kartell für allgemeinverbindlich erklärt), bleiben daneben die Art. 81/82
(ex-Art. 85/86) auf das Verhalten der Unternehmen anwendbar (s. E v.
30.1.95, COAPI, ABl. 1995 L 122, 37 Rn. 48). Ein solcher Verstoß kann
dem oder den Unternehmen jedoch nicht mehr angelastet werden, wenn er
von einem MS vorgeschrieben oder erzwungen wird. Angesichts der unmittelbaren Anwendbarkeit der Art. 81/82 (ex-Art. 85/86) (und des Vorrangs des Gemeinschaftsrechts) ließe sich zwar erwägen, daß auch in einem
solchen Fall die Unternehmen den EG-Wettbewerbsvorschriften Gefolg-
schaft leisten müßten (so etwa der Vortrag der Kommission im Verfahren C-
359/95 P und C-379/95 P, Kommission/Ladbroke Racing, Slg. 1997,
I–6265 Rn. 20). Der EuGH beharrt jedoch zu Recht darauf, daß diese Vorschriften nicht auf Unternehmen angewandt werden können, wenn ein MS
diesen Unternehmen sämtliche Möglichkeiten, Wettbewerb zu liefern, genommen hat (EuGH, C-359/95 P und C-379/95 P, Kommission/Ladbroke
Racing, Slg. 1997, I–6265 Rn. 33). In einem solchen Fall kann die Wettbewerbsbeschränkung den Unternehmen nämlich nicht zugerechnet werden
(EuGH ebenda).

VI. Verhältnis zum nationalen Recht

1. Vorrang des Gemeinschaftsrechts

40   Aus der Rechtsprechung ergibt sich, daß das nationale Kartellrecht
grundsätzlich neben dem Gemeinschaftskartellrecht angewendet werden
kann (EuGH, Rs. 14/68, Walt Wilhelm, Slg. 1969, 1 Rn. 3–4; Rs. 253/78
und 1- 3/79, Guerlain, Slg. 1980, 2327 Rn. 15). Diese **parallele Anwendung** des nationalen Rechts ist aber nur statthaft, soweit sie nicht die einheitliche Anwendung und die volle Wirksamkeit des Gemeinschaftskartell-
rechts beeinträchtigt. Im Konfliktfall setzt sich das EG-Kartellrecht auf-

grund seines **Vorrangs** durch (EuGH, Rs. 14/68 Walt Wilhelm a.a.O., Rn. 4–5; vgl. auch EuGeI, T-149/89, Sotralentz, Slg. 1995, II–1127 Rn. 26). Am Vorrang des Gemeinschaftsrechts nehmen nicht nur die im EGV enthaltenen oder auf seiner Grundlage erlassenen gesetzlichen Vorschriften teil. Die Anwendung des nationalen Kartellrechts darf auch die Wirksamkeit der zum Vollzug des EG-Kartellrechts erlassenen oder zu treffenden Maßnahmen nicht beeinträchtigen (zur Fusionskontroll-VO s. Art. 83 Rn. 73).

2. Konfliktfälle

Ein Konflikt zwischen EG-Kartellrecht und nationalem Kartellrecht ist aus-   **41**
geschlossen, wenn beide Rechte ein bestimmtes Verhalten übereinstimmend als erlaubt oder verboten betrachten. Werden Bußgelder verhängt, so
gebietet ein allgemeiner Billigkeitsgedanke, die zuerst verhängte Sanktion
bei der Bemessung der späteren Sanktion zu berücksichtigen (EuGH, Rs.
14/68, Walt Wilhelm a.a.O., Rn. 11). Ein Konflikt ergibt sich jedoch, wenn
das Kartellrecht eines MS ein nach Gemeinschaftsrecht erlaubtes Verhalten
verbietet. Zu den Maßnahmen zum Vollzug des EG-Kartellrechts, deren
Wirksamkeit durch die Anwendung des nationalen Kartellrechts nicht beeinträchtigt werden darf, zählt der EuGH insb. „gewisse positive, obgleich
mittelbare Eingriffe zur Förderung einer harmonischen Entwicklung des
Wirtschaftslebens innerhalb der Gemeinschaft" (EuGH, Rs. 14/68, Walt
Wilhelm a.a.O., Rn. 5). Damit sind ersichtlich **Freistellungen** nach Art. 81
III (ex-Art. 85 III) gemeint. Die MS dürfen daher eine nach Gemeinschaftsrecht – durch Einzelfallentscheidung oder in einer Gruppenfreistellungs-VO – freigestellte Absprache nicht auf der Grundlage ihres nationalen Rechts verbieten und mit Sanktionen belegen, soweit das Gemeinschaftsrecht dies nicht ausdrücklich (vgl. die 19. Begründungserwägung
der VO Nr. 1984/83, s. Art. 81 Rn. 88) gestattet (s. BGH, NJW 93, 2446).
Ein **Negativattest**, in dem die Kommission feststellt, daß kein Verstoß gegen die Art. 81 oder 82 (ex-Art. 85 und 86) vorliegt (s. Art. 83 Rn. 38), hindert die MS hingegen nicht daran, auf den betroffenen Sachverhalt ihr eigenes Kartellrecht anzuwenden. Gleiches gilt, wenn die Kommission das
von ihr betriebene Verfahren durch Versendung eines Verwaltungsschreibens (sog. „**comfort letter**", s. Art. 83 Rn. 41) abgeschlossen hat (EuGH,
Rs. 253/78 und 1–3/79, Guerlain a.a.O., Rn. 18). Erlaubt das nationale Kartellrecht ein Verhalten, das nach EG-Kartellrecht verboten ist, setzt sich dieses aufgrund seines Vorrangs durch.

VII. Verhältnis zu anderen Rechtsordnungen

1. Freihandels- und Europa-Abkommen

42   Die von der EG mit Drittstaaten geschlossenen **Freihandelsabkommen** und
das Abkommen zwischen der EG und Israel enthalten (zum Teil unter aus-
drücklichem Verweis auf die sich aus den Art. 81 und 82 [ex-Art. 85 und 86]
ergebenden Kriterien) Vorschriften über den Wettbewerb, nach denen wettbewerbsbeschränkende Praktiken, die den Warenverkehr zwischen der EG
und dem betreffenden Land beeinträchtigen, unvereinbar mit dem guten
Funktionieren der Abkommen sind. Ob diese Vorschriften unmittelbar gelten, ist bislang nicht geklärt. Die Bedeutung dieser Frage ist gering, da die
Freihandelsabkommen jedenfalls die Anwendung der Art. 81 und 82 (ex-Art.
85 und 86) nicht ausschließen (EuGH, Rs. 89/85 u.a., Ahlström I, Slg. 1988,
5193 Rn. 31). Wettbewerbsvorschriften enthalten auch die seit 1991 mit
mehreren Staaten Mittel- und Osteuropas geschlossenen **Europa-Abkommen**. Bislang wurden entsprechende Abkommen mit Ungarn (ABl. 1993 L
347, 2), Polen (ABl. 1993 L 348, 2), der Tschechischen Republik (ABl. 1994
L 360, 1), der Slowakischen Republik (ABl. 1994 L 359, 1), Rumänien
(ABl. 1994 L 357, 1), Bulgarien (ABl. 1994 L 358, 1), Slowenien, Litauen
(ABl. 1998 L 51, 1) und Estland (ABl. 1998 L 68, 1) abgeschlossen. Diese
Abkommen sehen den Erlaß von Durchführungsbestimmungen zu den darin
enthaltenen Wettbewerbsvorschriften durch einen Assoziationsrat vor. Für
die mit der Tschechischen Republik (ABl. 1996 L 31, 22), Polen (ABl. 1996
L 208, 24), der Slowakischen Republik (ABl. 1996 L 295, 25), Ungarn (ABl.
1996 L 295, 29) und Bulgarien (ABl. 1998 L 15, 37) geschlossenen Abkommen sind diese Bestimmungen bereits erlassen worden.

2. EWR-Abkommen

43   Am 2.5.1992 wurde zwischen den (damaligen) EFTA-Staaten, der E(W)G,
der EGKS und den MS das **Abkommen über den Europäischen Wirtschaftsraum** (EWR) geschlossen (abgedruckt in ABl. 1994 L 1, 3; in Kraft
getreten am 1.1.1994 für alle Vertragsparteien mit Ausnahme von Liechtenstein, für das das Abkommen am 1. Mai 1995 in Kraft trat). Eines der
wichtigsten Ziele dieses Abkommens besteht in der Gewährleistung gleicher Wettbewerbsbedingungen in diesem Wirtschaftsraum, der das Gebiet
der (heutigen) MS, Liechtensteins, Islands und Norwegens umfaßt. Zu diesem Zweck wurden die Wettbewerbsregeln der EG (und diejenigen der
EGKS) auf das EWR-Abkommen übertragen. Die Art. 53, 54 und 59 des
EWR-Abkommens sind nahezu wortgleich mit Art. 81, 82 und 86 (ex-

Art. 85, 86 und 90). Vereinbarungen, Beschlüsse und abgestimmte Verhaltensweisen sowie Mißbräuche marktbeherrschender Stellungen werden allerdings nur dann vom EWR-Abkommen erfaßt, wenn sie den Handel „**zwischen den Vertragsparteien**" (vgl. dazu Art. 2 lit. c des EWR-Abkommens) beeinträchtigen können; wird nur der Handel zwischen MS beeinträchtigt, gelten allein die Art. 81 und 82 (ex-Art. 85 und 86). Art. 57 des EWR-Abkommens regelt die Fusionskontrolle. Die Anwendung und Überwachung der EWR-Wettbewerbsregeln ist auf seiten der EG der Kommission und auf seiten der beteiligten EFTA-Staaten einer neugegründeten **EFTA-Überwachungsbehörde** anvertraut, die die gleichen Befugnisse wie die Kommission hat (Art. 55, 108 I des EWR-Abkommens). Zuständig ist jeweils nur **eine** dieser beiden Behörden. Die zuständige Behörde wird gemäß Art. 56 und 57 II des EWR-Abkommens bestimmt. Für die Gewährung von Rechtsschutz gegen die EFTA-Überwachungsbehörde ist ein **EFTA-Gerichtshof** zuständig (Art. 108 II des EWR-Abkommens). Infolge des am 1.1.1995 erfolgten EU-Beitritts Österreichs, Schwedens und Finnlands, die ursprünglich der EFTA angehört hatten, hat das EWR-Abkommen allerdings beträchtlich an Bedeutung eingebüßt.

3. EMRK

Von stetig zunehmender Bedeutung ist die Frage nach der Relevanz der Europäischen Konvention zum Schutze der Menschenrechte und Grundfreiheiten (EMRK) für die Anwendung der EG-Wettbewerbsregeln. Nach ständiger Rechtsprechung verbürgt das Gemeinschaftsrecht den Schutz der Grundrechte, wobei deren Inhalt insbesondere unter Anlehnung an die EMRK bestimmt wird (s. Art. 220 – ex-Art. 164 – Rn. 27ff.). Art. 6 (ex-Art. F) EUV bestimmt dementsprechend, daß die Union die Grundrechte achtet, wie sie in der EMRK gewährleistet sind. Besonders bedeutsam ist in diesem Zusammenhang die Frage nach der **Anwendbarkeit von Art. 6 I EMRK**. Dieser Vorschrift zufolge hat jedermann Anspruch darauf, daß seine Sache „in billiger Weise (–) innerhalb einer angemessenen Frist gehört wird, und zwar von einem unabhängigen und unparteiischen, auf Gesetz beruhenden Gericht, das über (–) die Stichhaltigkeit der gegen ihn erhobenen strafrechtlichen Anklage zu entscheiden hat". Art. 15 IV der VO Nr. 17 bestimmt zwar, daß die auf der Grundlage der Absätze 1 und 2 dieser Vorschrift erlassenen Entscheidungen zur Verhängung von Geldbußen „nicht strafrechtlicher Art" seien. Daran kann jedoch angesichts der neueren Rechtsprechung des EuGMR zu EMRK nicht festgehalten werden. Es ist daher GA Léger beizupflichten, dem zufolge es im Hinblick auf die Recht-**44** sprechung des EuGMR (s. vor allem das Urteil in der Sache Société Stenuit/Frankreich, Serie A, Nr. 232, Ziff. 65) unbestreitbar ist, daß ein von der Kommission durchgeführtes Verfahren zur Abstellung eines Wettbewerbsverstoßes und zur Verhängung einer Geldbuße strafrechtlichen Charakter habe (3.2.1998, C-185/95 P, Baustahlgewebe/Kommission, noch nicht im Slg.). Dies bedeutet jedoch nicht, daß das EG-Kartellverfahren aus dem Grund gegen Art. 6 verstieße, daß die Kommission sowohl die Ermittlungen führt als auch die Entscheidung erläßt (EuGH, Rs. 101–103/80, Musique Diffusion Française, Slg. 1983, 1880 Rn. 7–8). Den Erfordernissen der genannten Vorschrift ist vielmehr Genüge getan, wenn die in diesem Verfahren erlassenen Entscheidungen der Prüfung durch ein Gericht unterworfen sind, das den Anforderungen dieser Vorschrift entspricht. Dies ist der Fall. Die Entscheidungen der Kommission in Wettbewerbssachen unterliegen der Nachprüfung durch das EuGeI und den EuGH (vgl. Art. 230 [ex-Art. 173]ff.). Entscheidungen, durch die ein Zwangsgeld oder eine Geldbuße festgesetzt wird, unterliegen dabei der unbeschränkten Nachprüfung durch diese Gerichte. Der EuGH und das EuGeI haben in ständiger Rechtsprechung die Frage, ob die Kommission ein „Gericht" im Sinne von Art. 6 der EMRK sei, verneint (s. etwa EuGeI, C-348/94, Enso Española, Slg. 1998, II–1875 Rn. 56). Dies bedeutet jedoch nicht, daß die übrigen Verfahrensgarantien des Art. 6 auf das Verfahren vor der Kommission nicht anwendbar wären. Diese anderen Garantien sind vielmehr auch von der Kommission zu beachten (vgl. *Wils*, CDE 1996, 339f.). In diesem Zusammenhang ist von Interesse, daß das Gemeinschaftsrecht nach der Rechtsprechung der EuGH einen allgemeinen Rechtsgrundsatz enthält, dem zufolge die Kommission ihre Entscheidungen innerhalb einer angemessenen Frist zu erlassen habe (s. EuGeI, T-213/95 und T-18/96, SCK u.a., Slg. 1997, II–1739 Rn. 56, wo die Frage nach der Anwendbarkeit des Art. 6 EMRK offen gelassen wird; s. auch Art. 83 Rn. 26. Zu weiteren Problemen im Hinblick auf die EMRK s. Art. 83 Rn. 14, 18 und 25ff.).

4. Sonstiges

45 Für das Verhältnis der EG-Wettbewerbsregeln **zu internationalen Vereinbarungen** gelten die allgemeinen Regeln des Art. 307 (ex-Art. 234). Auf die Kommentierung dieser Vorschrift kann verwiesen werden. Ein Beispiel für die Anwendung dieser Vorschrift ist in der „*Magill*-Entscheidung" zu finden (EuGH, C-241/91 P und C-242/91 P, Radio Telefis Eireann, Slg. 1995, I–Rn. 84 – im Hinblick auf die Berner Übereinkunft zum Schutz von Werken der Literatur und Kunst von 1886).

Die EG-Wettbewerbsregeln sind auch dann anwendbar, wenn das **Recht ei-**
nes Drittstaats das betroffene Verhalten **erlaubt**, ohne es den Unternehmen vorzuschreiben (EuGH, Rs. 89/85 u.a., Ahlström I, Slg. 1988, 5193
Rn. 20). Sie sind dagegen nicht anwendbar, wenn ein Staat die betroffenen
Unternehmen **zwingt**, wettbewerbsbeschränkende Absprachen einzugehen
(E v. 29.11.74, ABl. 1974 L 343, 19, 23 – Französisch-japanische Absprache über Kugellager; vgl. oben Rn. 39).

VIII. Informationsquellen

Die für den Wettbewerbsbereich relevanten Vorschriften und weitere wich-   **46**
tige Dokumente (wie z.b. Bekanntmachungen) sind von der Kommission in
einer drei Bände umfassenden Reihe **Wettbewerbsrecht in den Europäi-**
schen Gemeinschaften zusammengefaßt worden. Band IA (Brüssel, Luxemburg, 1994 [Stand 30.6.94]; Ergänzungsheft, Brüssel, Luxemburg,
1995 [Stand 1.3.95]) enthält die Wettbewerbsregeln für Unternehmen, Band
IIA (Brüssel, Luxemburg, 1995) die Wettbewerbsregeln für staatliche Beihilfen (s. hierzu auch Band IIB, Erläuterungen zu den Wettbewerbsregeln
für staatliche Beihilfen, Luxemburg, 1997 [Stand Dezember 1995]) und
Band IIIA (Luxemburg, 1997 [Stand 31.12.96]) die im internationalen Bereich geltenden Regeln. Der neueste Stand der geltenden Regeln des Sekundärrechts kann seit einiger Zeit auch über die DG IV home page im Internet (**http://europa.eu.int/comm/dg04/index_de.htm**) abgefragt werden. Nützlich sind auch einige von der Kommission zu bestimmten Teilbereichen veröffentlichte Hefte (s. etwa Recht der Kontrolle von Unternehmenszusammenschlüssen in der EU, Brüssel, Luxemburg, 1998 [Stand
März 1998]; Kontakte mit der Kommission. Anmeldungen, Beschwerden,
Nachprüfungen und Ermittlungsbefugnisse im Rahmen der Artikel 85 und
86 des EG-Vertrags, Luxemburg, 1997). Die wichtigsten Entscheidungen
der Kommission werden im Amtsblatt (Reihe L) veröffentlicht. Seit kurzem kann das Amtsblatt für einen Zeitraum von 20 Tagen nach der Publikation über die neu eingerichtete Website **EUR-Lex** im Internet abgerufen
werden (**http://europa.eu.int/eur-lex**). *EUR-Lex* bietet außerdem Zugang
zu neueren Urteilen des EuGH/EuGeI und zu konsolidierten Fassungen von
Texten des Sekundärrechts. Die Rechtsprechung des EuGH/EuGeI ist im
übrigen über die Amtliche Sammlung und (wesentlich schneller) über die
Website **CELEX** (**http://europa.eu.int/celex**) zugänglich, deren Benutzung allerdings gebührenpflichtig ist (zur Zeit ECU 960 pro Jahr). Nur wenige der in Verfahren nach der Fusionskontrollverordnung erlassenen abschließenden Entscheidungen werden im ABl. veröffentlicht. Nichtvertrau-

liche Fassungen aller Entscheidungen (auf Papier) sind jedoch über die Verkaufsstellen des Amtes für Amtliche Veröffentlichungen der EG und den
EUDOR-Dienst (European Union Document Delivery Service) erhältlich.
Ein Jahresabonnement kostet derzeit ECU 300 (Sendungen alle 2 Monate).
Die Kommission hat im übrigen *Sammlungen* ihrer bisher auf dem Gebiet
der Art. 81 und 82 (ex-Art. 85 und 86) erlassenen Entscheidungen herausgegeben (die bisher veröffentlichten Bände decken die Jahre 1964–72,
1973–80, 1981–85, 1986–88, 1989–90, 1990–92 und 1993–94 ab). Eine
wichtige Informationsquelle stellen die **jährlichen Berichte der Kommission über die Wettbewerbspolitik** dar. Sehr nützlich ist weiterhin der von
der GD IV dreimal im Jahr veröffentlichte **Competition Policy Newsletter**,
der nur auch englisch erscheint und auch über die home page der GD IV im
Internet abgerufen werden kann.

**Art. 81 (ex-Art. 85) (Verbot wettbewerbsbeschränkender Vereinbarun-
gen und Verhaltensweisen)**

**(1) Mit dem Gemeinsamen Markt unvereinbar und verboten sind alle
Vereinbarungen zwischen Unternehmen, Beschlüsse von Unternehmensvereinigungen und aufeinander abgestimmte Verhaltensweisen,
welche den Handel zwischen Mitgliedstaaten zu beeinträchtigen geeignet sind und eine Verhinderung, Einschränkung oder Verfälschung des
Wettbewerbs innerhalb des Gemeinsamen Marktes bezwecken oder
bewirken, insbesondere**

**a) die unmittelbare oder mittelbare Festsetzung der An- oder Ver-
kaufspreise oder sonstiger Geschäftsbedingungen;**

**b) die Einschränkung oder Kontrolle der Erzeugung, des Absatzes,
der technischen Entwicklung oder der Investitionen;**

c) die Aufteilung der Märkte oder Versorgungsquellen;

**d) die Anwendung unterschiedlicher Bedingungen bei gleichwertigen
Leistungen gegenüber Handelspartnern, wodurch diese im Wettbewerb benachteiligt werden;**

**e) die an den Abschluß von Verträgen geknüpfte Bedingung, daß die
Vertragspartner zusätzliche Leistungen annehmen, die weder sachlich noch nach Handelsbrauch in Beziehung zum Vertragsgegenstand stehen.**

**(2) Die nach diesem Artikel verbotenen Vereinbarungen oder Be-
schlüsse sind nichtig.**

**(3) Die Bestimmungen des Absatzes 1 können für nicht anwendbar er-
klärt werden auf**

– Vereinbarungen oder Gruppen von Vereinbarungen zwischen Unternehmen,
– Beschlüsse oder Gruppen von Beschlüssen von Unternehmensvereinigungen,
– aufeinander abgestimmte Verhaltensweisen oder Gruppen von solchen,

die unter angemessener Beteiligung der Verbraucher an dem entstehenden Gewinn zur Verbesserung der Warenerzeugung oder -verteilung oder zur Förderung des technischen oder wirtschaftlichen Fortschritts beitragen, ohne daß den beteiligten Unternehmen

a) Beschränkungen auferlegt werden, die für die Verwirklichung dieser Ziele nicht unerläßlich sind, oder
b) Möglichkeiten eröffnet werden, für einen wesentlichen Teil der betreffenden Waren den Wettbewerb auszuschalten.

Überblick

Literatur: Vgl. allgemeines Literaturverzeichnis, Vorbemerkung zu Art. 85–90 und zusätzlich *Baur*, Schadensersatz- und Unterlassungsansprüche bei Verstößen gegen die Kartellrechtsvorschriften des EWG-Vertrags, EuR 88, 257; *Bunte*, Empfehlungen im europäischen Kartellrecht, FS Everling 1995, 163; *Bunte/Sauter*, EG-Gruppenfreistellungsverordnungen, Kommentar, 1988; *Dresel*, Die Verbraucherbeteiligung am Gewinn als Freistellungsvoraussetzung nach Art. 85 Abs. 3 EWGV, Diss. 1994; *Everling*, Zur Wettbewerbskonzeption in der neueren Rechtsprechung des Gerichtshofs der Europäischen Gemeinschaften, WuW 90, 995; *Freund*, Handelsvertreterverträge und EG-Kar-

tellrecht, EuZW 92, 408; *Gayk*, Restriktionen des Tatbestandes des Art. 85 Abs. 1
EWG-Vertrag. Anwendungsfälle einer Rule of Reason in der Entscheidungspraxis des
Gerichtshofes der Europäischen Gemeinschaften?, Diss. Tübingen, 1991; *Jung*, Die
Verordnung (EWG) Nr. 151/93 – ein gefährlicher Weg zur Harmonisierung von Kar-
tellaufsicht und Fusionskontrolle, EuZW 93, 690; *Lübbig*, Einseitige Maßnahmen als
Vereinbarungen im Sinne von Art. 85 Abs. 1 EWG-Vertrag?, WuW 91, 561; *Müller-
Graff*, Die Freistellung vom Kartellverbot, EuR 92, 1; *Pelster*, Wettbewerbsverbote in
Unternehmensveräußerungsverträgen nach EG-Recht, Diss. Münster, 1992; *Schütz* und
Hootz, EG-Gruppenfreistellungen – Branchen-Regelungen, in: Benisch (Hrsg.), Gesetz
gegen Wettbewerbsbeschränkungen und Europäisches Kartellrecht, Gemeinschafts-
kommentar, 4. Aufl., 14. Lieferung 1991; *Veelken*, Zum Verhältnis der Gruppenfrei-
stellungsverordnungen zueinander, FS Mestmäcker 1996, 789; *Wiedemann*, Kommen-
tar zu den Gruppenfreistellungsverordnungen des EWG-Kartellrechts, Band I 1989,
Band II 1990; *Ziegenhain*, Marktinformationsverfahren im deutschen und europäischen
Kartellrecht, EWS 93, 50.

I. Kartellverbot (Art. 81 I)

1. Verbotenes Zusammenwirken

a) Vereinbarungen von Unternehmen

Unter einer **Vereinbarung** ist eine Übereinkunft zwischen zwei oder mehr   **1**
Parteien zu verstehen, durch die sich wenigstens einer der Beteiligten zu einem bestimmten Tun oder Unterlassen verpflichtet. Die Frage, ob eine solche Übereinkunft für die Beteiligten – wenigstens faktisch – bindend sein
muß (so die h.M.), hat jedenfalls nur theoretisches Interesse, da auch lediglich aufeinander abgestimmte Verhaltensweisen verboten sind (s. Rn. 5). Es
ist daher z.B. ohne Bedeutung, ob ein sog. „gentlemen's agreement" als
Vereinbarung oder als abgestimmte Verhaltensweise qualifiziert wird (vgl.
hierzu EuGH, Rs. 41/69, ACF Chemiefarma, Slg. 1970, 661 Rn. 110/114).
Nach der Rechtsprechung genügt es, „wenn die betreffenden Unternehmen
ihren gemeinsamen Willen zum Ausdruck gebracht haben, sich auf dem
Markt in einer bestimmten Weise zu verhalten" (EuGeI, T-347/94, Mayr-
Melnhof Kartongesellschaft/Kommission, Slg. 1998, II–1751 Rn. 65; ständige Rechtsprechung). Für die Frage der Anwendbarkeit des Art. 81
„kommt es auf die wirtschaftlichen Ergebnisse von Vereinbarungen oder
ähnlichen Formen der Abstimmung an, nicht aber auf ihre Rechtsform"
(EuGH, Rs. 243/83, Binon/AMP, Slg. 1985, 2015 Rn. 17). Eine besondere
Form ist daher nicht erforderlich. Vereinbarungen können schriftlich,
mündlich oder konkludent abgeschlossen werden (vgl. EuGH, Rs. 107/82,
AEG, Slg. 1983, 3151 Rn. 38). Auch ein Prozeßvergleich kommt als Ver-

einbarung in Betracht (EuGH, Rs. 258/78, Nungesser, Slg. 1982, 2015 Rn. 87–88; Rs. 65/86, Bayer/Süllhöfer, Slg. 1988, 5249 Rn. 15). Komplexe Kartelle enthalten nicht selten sowohl Elemente, die als Vereinbarungen anzusehen sind, als auch solche, die als aufeinander abgestimmte Verhaltensweisen zu werten sind. In solchen Fällen läßt es die Rechtsprechung zu, das Kartell als eine „Vereinbarung und aufeinander abgestimmte Verhaltensweise" zu qualifizieren (EuGeI, T-1/89, Rhône-Poulenc, Slg. 1991, II–867 Rn. 127).

2   Der Tatbestand umfaßt **sowohl horizontale wie vertikale Vereinbarungen** (EuGH, Rs. 32/65, Italien/Kommission, Slg. 1966, 457, 485). Erfaßt werden nicht nur Vereinbarungen zwischen Unternehmen, sondern auch solche zwischen oder mit Unternehmensvereinigungen (EuGH, Rs. 71/74, Frubo, Slg. 1975, 563 Rn. 30/31; E v. 30.7.92, ABl. 1992 L 246, 37 Rn. 18 – Scottish Salmon Board). Art. 81 I ist auch auf außer Kraft getretene Vereinbarungen anwendbar, deren Wirkungen über das formelle Außerkrafttreten hinaus fortbestehen (EuGH, Rs. 51/75, EMI/CBS, Slg. 1976, 811 Rn. 30/32; EuGeI, T-15/89, Chemie Linz, Slg. 1992, II–1275 Rn. 302). Vereinbarungen liegen auch dann vor, wenn der Vertragsinhalt – z.B. bei Verwendung allgemeiner Geschäftsbedingungen (vgl. EuGH, C-277/87, Sandoz, Slg. 1990, I–45; E v. 28.11.90, ABl. 1990 L 351, 46 – Bayer Dental) – von einer Partei bestimmt wird oder wenn die anderen Vertragsparteien von dieser wirtschaftlich abhängig sind, sofern sie die Möglichkeit hatten, den Vertragsschluß zu verweigern (EuGH, Rs. 32 und 36–82/78, BMW Belgium, Slg. 1979, 2435 Rn. 36). Art. 81 I ist allerdings nicht anwendbar, wenn ein MS die Unternehmen dazu zwingt, eine wettbewerbswidrige Vereinbarung zu schließen; eine bloße Begünstigung oder Ermunterung durch die MS ändert hingegen nichts an der Anwendbarkeit des Art. 81 (EuGeI, T-7/92, Asia Motor, Slg. 1993, II–669 Rn. 71; s. Vorbem. zu Art. 81–86 Rn. 39).

3   Nicht erfaßt werden **einseitige** Maßnahmen. Es ist jedoch stets sorgfältig zu prüfen, ob sich die betreffende Handlung nicht in ein bestehendes Vertragsverhältnis einordnen läßt. Verweigert z.B. ein Hersteller in der Absicht, ein hohes Preisniveau aufrechtzuerhalten, bestimmten Händlern die Zulassung zu seinem selektiven Vertriebssystem, so fügt sich diese Maßnahme „in die vertraglichen Beziehungen ein, die das Unternehmen mit seinen Wiederverkäufern unterhält" (EuGH, Rs. 107/82, AEG, Slg. 1983, 3151, Rn. 38). Gleiches gilt, wenn ein Autohersteller zum Schutz des britischen Markts die Belieferung deutscher Vertragshändler mit Fahrzeugen mit Rechtslenkung einstellt (EuGH, Rs. 25–26/84, Ford, Slg. 1985, 2725 Rn. 21), seine Vertragshändler in einem Rundschreiben dazu auffordert, keine weiteren Verkäufe an ein bestimmtes Unternehmen zu tätigen (E v. 4.12.91, ABl. 1992

L 66, 1 Rn. 23 – Eco System/Peugeot; bestätigt durch EuGeI, T-9/92, Peugeot, Slg. 1993, II–493) oder seinen Vertriebshändlern den Export in andere MS verbietet oder diese Exporte Beschränkungen unterwirft (E v.
28.1.1998, ABl. 1998 L 124, 60 Rn. 121, 128 – VW).

b) Beschlüsse von Unternehmensvereinigungen

Beschlüsse von Unternehmensvereinigungen sind Willensäußerungen   **4**
der nach der Satzung zuständigen Organe der Vereinigung, die im Einklang
mit den Vorschriften der Satzung zustande gekommen sind. Eine staatliche
Genehmigung ändert nichts am Charakter der Maßnahme als Beschluß einer Unternehmensvereinigung (E v. 30.6.93, ABl. 1993 L 203, 31 Rn. 42 –
CNSD; vgl. auch – zum selben Sachverhalt – EuGH, C-35/96, Kommis-
sion/Italien, Slg. 1998, I–3851). Nach h.M. werden nur verbindliche
Beschlüsse erfaßt (so wohl auch EuGH, Rs. 209–215 und 218/78, van Landewyck, Slg. 1980, 3125 Rn. 89; Rs. 45/85, Verband der Sachversicherer,
Slg. 1987, 405 Rn. 30). Die Abgrenzung hat auch hier nur geringe Bedeutung, da im Falle unverbindlicher Akte (z.B. bloßer Empfehlungen) jedenfalls eine Abstimmung des Verhaltens vorliegen kann (s. *Koch* in *Grabitz/
Hilf*, Art. 85 Rn. 24). Der EuGH unterscheidet dabei nicht streng zwischen
Beschluß und aufeinander abgestimmter Verhaltensweise, sondern stellt bei
unverbindlichen Beschlüssen darauf ab, ob diese Empfehlungen durch einige oder alle Mitglieder befolgt worden sind (EuGH, Rs. 209–215 und
218/78, van Landewyck a.a.O., Rn. 89; Rs. 96–102/82 u.a., IAZ, Slg. 1983,
3369 Rn. 20–21).

c) Aufeinander abgestimmte Verhaltensweisen

Der Begriff der aufeinander abgestimmten Verhaltensweise wird von   **5**
Art. 81 als **Auffangtatbestand** verwendet, um „eine Form der Koordinierung zwischen Unternehmen zu erfassen, die zwar noch nicht bis zum Abschluß eines Vertrages im eigentlichen Sinne gediehen ist, jedoch bewußt
eine praktische Zusammenarbeit an die Stelle des mit Risiken verbundenen
Wettbewerbs treten läßt" (EuGH, Rs. 48/69, ICI, Slg. 1972, 619 Rn. 64/67).
Die Kriterien der Koordinierung und Zusammenarbeit sind dabei „im Sinne des Grundgedankens der Wettbewerbsvorschriften des Vertrages zu verstehen, wonach jeder Unternehmer selbständig zu bestimmen hat, welche
Politik er auf dem GM zu betreiben gedenkt" (EuGH, Rs. 40–48/73 u.a.,
Suiker Unie, Slg. 1975, 1663 Rn. 173/174; ständige Rechtsprechung, s. aus
neuerer Zeit EuGH, C-89/85 u.a., Ahlström II, Slg. 1993, I–1307 Rn. 63).
Dieses **Selbständigkeitspostulat** beseitigt zwar nicht das Recht der Unter-

nehmen, „sich dem festgestellten oder erwarteten Verhalten ihrer Konkurrenten mit wachem Sinn anzupassen; es steht jedoch streng jeder unmittelbaren oder mittelbaren Fühlungnahme zwischen Unternehmen entgegen,
die bezweckt oder bewirkt, entweder das Marktverhalten eines gegenwärtigen oder potentiellen Konkurrenten zu beeinflussen oder einen solchen
Konkurrenten über das Marktverhalten ins Bild zu setzen, das man selbst an
den Tag zu legen entschlossen ist oder in Erwägung zieht" (ständige Rechtsprechung seit EuGH, Rs. 40–48/73, Suiker Unie a.a.O., Rn. 173/174; zitiert aus EuGeI, T-2/91, Petrofina, Slg. 1991, II–1087 Rn. 213). Es ist nicht
erforderlich, daß die Beteiligten einen Plan ausarbeiten und nach ihm vorgehen (EuGH, Rs. 40–48/73, Suiker Unie a.a.O., Rn. 173/174).

6   Das „Mittel der Verhaltensabstimmung par excellence" (*Schröter* in GTE,
Art. 85 Rn. 56) ist der **Austausch wettbewerbsrelevanter Informationen**
(z.B. über Preise oder Mengen) zwischen Konkurrenten, durch den diese
das Ziel verfolgen, die Ungewißheit über ihr künftiges Wettbewerbsverhalten zu beseitigen. Ein solcher Austausch von Informationen dient meist der
Absicherung wettbewerbswidriger Abreden (wie z.B. von Absprachen über
die Aufteilung von Märkten) und ist als Bestandteil dieser Abreden ebenfalls als wettbewerbswidrig anzusehen. Ein System für den Austausch vertraulicher Informationen unter Konkurrenten kann jedoch auch für sich genommen einen Verstoß gegen Art. 81 darstellen. Zu beachten ist dabei, daß
es jeweils entscheidend auf die Art der ausgetauschten Informationen und
die Struktur des Marktes ankommt. Auf die Bedeutung der tatsächlichen
Verhältnisse auf dem jeweiligen Markt dürfte auch jene Aussage des EuGH
hinweisen, wonach das Selbständigkeitspostulat jeder Fühlungnahme zwischen Unternehmen entgegensteht, „die bezweckt oder bewirkt, daß Wettbewerbsbedingungen entstehen, die im Hinblick auf die Art der Waren oder
erbrachten Dienstleistungen, die Bedeutung und Anzahl der beteiligten Unternehmen sowie den Umfang des in Betracht kommenden Marktes nicht
den normalen Bedingungen dieses Marktes entsprechen" (EuGH, Rs.
172/80, Züchner/Bayerische Vereinsbank, Slg. 1981, 2021 Rn. 14).
Während bei einem geringen Grad von Konzentration die Förderung von
Markttransparenz den Wettbewerb anregen kann, führt ein Austausch vertraulicher Informationen auf einem hochgradig konzentrierten oligopolistischen Markt in aller Regel zu einem Nachlassen des Wettbewerbs – und
zwar um so mehr, je genauer und aktueller die ausgetauschten Informationen sind. In einer 1992 erlassenen Entscheidung, die landwirtschaftliche
Nutzfahrzeuge betraf, hat die Kommission auf dieser Grundlage zum erstenmal ein **Informationsaustauschsystem** verboten, das nicht sonstigen
wettbewerbswidrigen Abreden zu dienen bestimmt war (E v. 17.2.92, ABl.

L 68, 19 Rn. 35ff. – UK Agricultural Tractor Registration Exchange; s. bereits 7. WB [1977], Ziff. 5ff.). Das EuGeI hat die gegen diese Entscheidung erhobenen Klagen zurückgewiesen (EuGeI, T-34/92, Fiatagri UK Limited u.a./Kommission, Slg. 1994, II–905 und EuGeI, T-35/92, John Deere Limited/Kommission, Slg. 1994, II–957. Der EuGH hat dies bestätigt (EuGH, C-7/95 P, John Deere Limited/Kommission, Slg. 1998, I–3138; C-8/95 P, New Holland Ford Ltd/Kommission, Slg. 1998, I–3198). Ein Austausch von wettbewerbsrelevanten Informationen dürfte jedoch zulässig sein, wenn die betreffenden Informationen mindestens ein Jahr alt sind (vgl. die E v. 17.2.92 a.a.O., Rn. 50 und die – auf der Grundlage von Art. 65 EGKSV erlassene – E v. 26.11.97, Wirtschaftsvereinigung Stahl, ABl. 1998 L 1, 10 Rn. 52).

Eine abgestimmte Verhaltensweise scheint nach dem Wortlaut nur dann **7** vorzuliegen, wenn zunächst eine Abstimmung erfolgt, die dann in die Tat umgesetzt wird. Art. 81 I ist jedoch bereits dann anwendbar, wenn eine Wettbewerbsbeschränkung lediglich **bezweckt** wird (s. die in Rn. 5 a.E zitierte Rechtsprechung). Das Kartellverbot erfaßt daher bereits die Abstimmung als solche, ohne daß es darauf ankäme, ob sie in die Tat umgesetzt worden ist (GA *Cosmas*, C-49/92 P, Kommission/Enichem Anic, 15.7.1997, noch nicht im Slg.; Rn. 30, *Schröter* in GTE, Art. 85 Rn. 61; *Koch* in *Grabitz*, Art. 85 Rn. 28; str.). Die Tatsache, daß ein Unternehmen die Ergebnisse von Treffen mit offensichtlich wettbewerbsfeindlichem Gegenstand, an denen es teilgenommen hat, nicht beachtet, ist daher nicht geeignet, es von der Verantwortung zu entlasten, wenn es sich nicht offen vom Inhalt dieser Treffen distanziert hat (EuGeI, T-141/89, Tréfileurope/Kommission, Slg. 1995, II–791 Rn. 85; EuGeI, T-347/94, Mayr-Melnhof Kartongesellschaft/Kommission, Slg. 1998, II–1751 Rn. 135). Zu einem ähnlichen Ergebnis gelangt man, wenn man sich auf den Standpunkt stellt, daß eine Abstimmung „eine Art automatischer Wirkung" (GA Vesterdorf, T-1/89, Rhône-Poulenc, Slg. 1991, II–869, 943) hat: Ein Austausch wettbewerbsrelevanter Informationen hat zur Folge, daß die Unternehmen die von den Konkurrenten erhaltenen Angaben „zwangsläufig unmittelbar oder mittelbar" bei der Festlegung ihres Verhaltens auf dem Markt berücksichtigen (so EuGeI, T-1/89, Rhône-Poulenc, Slg. 1991, II–867 Rn. 123; anders etwa *Müller-Graff* in *Hailbronner/Klein/Magiera/Müller-Graff*, Art. 85 Rn. 54, der auf die „Erwartbarkeit" der Befolgung der Abstimmung abstellt).

Läßt sich keine Abstimmung zwischen den Unternehmen nachweisen, so **8** kann eine abgestimmte Verhaltensweise auch auf der Grundlage von **Indizien** bewiesen werden (s. hierzu z.B. das Urteil in der Rs. 48/69, „ICI" Slg. 1972, 619, Rn. 83–119). Ein bloßes **Parallelverhalten** kann jedoch nur dann als Beweis für das Vorliegen einer abgestimmten Verhaltensweise angesehen werden, wenn es sich **allein** durch eine Abstimmung plausibel erklären läßt (EuGH, C-89/85 u.a., Ahlström II, Slg. 1993, I–1307 Rn. 71; vgl. auch EuGH, 29–30/83, CRAM und Rheinzink, Slg. 1984, 1679 Rn. 16–20). Die Beweislast liegt bei der Kartellbehörde. Der EuGH hat an diesen Nachweis insb. im *„Zellstoff-Fall"* (EuGH, C-89/85, Ahlström II a.a.O.) strenge Anforderungen gestellt. Weniger stringente Anforderungen müssen jedoch sinnvollerweise gelten, wenn sich (anders als in dem soeben genannten Fall) außerdem eine unmittelbare und geheime Fühlungnahme zwischen den betroffenen Unternehmen nachweisen läßt (so zu Recht GA Cosmas, 15.7.1997, C-49/92 P, Kommission/Enichem Anic, nocht nicht im Slg. Rn. 34–36).

2. Wettbewerbsbeschränkung

a) Begriff des Wettbewerbs

9   Der Begriff des Wettbewerbs wird im EGV nicht definiert. Der EuGH hat es bislang vermieden, eine erschöpfende Begriffsbestimmung vorzunehmen. Er hat jedoch entschieden, daß Art. 81 dem Schutz des **wirksamen** Wettbewerbs dienen soll (s. Vorbem. zu Art. 81–86 Rn. 3). Auf die besondere Bedeutung des **Selbständigkeitspostulats** wurde bereits hingewiesen (Rn. 5). In seiner Rechtsprechung zu Art. 82 (ex-Art. 86) stellt der EuGH auch auf den Schutz des „normalen Produkt- und Dienstleistungswettbewerbs auf der Grundlage der Leistungen der Marktbürger" ab (s. z.B. EuGH, Rs. 85/76, Hoffmann-La Roche, Slg. 1976, 461 Rn. 91).

10   Eine Beschränkung des Wettbewerbs setzt voraus, daß die **Handlungsfreiheit** eines oder mehrerer Beteiligter beeinträchtigt wird. Eine solche Beeinträchtigung ist nur relevant, wenn sie sich (und sei es mittelbar) auf das Marktverhalten bezieht. Nicht jede wettbewerbsrelevante Einschränkung der Handlungsfreiheit ist allerdings bereits als Wettbewerbsbeschränkung anzusehen (s. Rn. 20). Die Auswirkungen dieser Beeinträchtigung auf **Dritte** sind stets zu berücksichtigen (s. z.B. E v. 11.6.93, ABl. 1993 L 179, 23 Rn. 50–52 – EBU/Eurovisions-System). Str. ist, ob es genügt, daß die Wettbewerbsfreiheit Dritter beeinträchtigt wird (so z.B. *Schröter* in GTE, Art. 85 Rn. 14; a.A. *Gleiss/Hirsch*, 4. Aufl., Art. 85 Rn. 136). Diese Frage ist vor allem bei **Austauschverträgen** von Bedeutung. Der Kauf eines Autos verpflichtet den Verkäufer zur Übereignung. Die Erfüllung macht es ihm unmöglich, den Wagen an andere Interessenten zu verkaufen, während der Käufer für andere Händler (wenigstens vorläufig) als möglicher Kunde ausscheidet. Es handelt sich hier jedoch nicht um Wettbewerbsbeschrän-

kungen. Die Wettbewerbsteilnehmer haben vielmehr von ihrer Handlungsfreiheit Gebrauch gemacht (s. auch EuGH, Rs. 22/71, Béguelin, Slg. 1971,
949 Rn. 31/31). Austauschverträge können daher nur bei Vorliegen besonderer Umstände als Wettbewerbsbeschränkungen betrachtet werden. Die
Veräußerung eines Warenzeichens ist – anders als dies der EuGH im Falle
„Sirena" (Rs. 40/70, Slg. 1971, 69 Rn. 11) offensichtlich annimmt –
grundsätzlich keine wettbewerbsbeschränkende Vereinbarung, kann aber
aufgrund der Begleitumstände (insb. wenn sie eine Marktaufteilung sichern
soll, vgl. EuGH, Rs. 56 und 58/64, Consten und Grundig, Slg. 1966, 321,
393f.) gegen Art. 81 I verstoßen.

Der Wettbewerb wird durch Art. 81 I umfassend geschützt. Das Verbot un-   **11**
terscheidet nicht danach, ob die Beteiligten auf der gleichen Wirtschafts-
stufe (**horizontale** Absprachen) oder auf verschiedenen Stufen (**vertikale**
Absprachen, s. hierzu auch Rn. 54) tätig sind (EuGH, Rs. 32/65,
Italien/Kommission, Slg. 1966, 457, 485). Geschützt wird daher nicht nur
der Wettbewerb zwischen verschiedenen Herstellern (**Interbrand-Wettbewerb**), sondern auch der Wettbewerb beim Absatz von Erzeugnissen desselben Herstellers (**Intrabrand-Wettbewerb**). Art. 81 I schützt nicht nur
den tatsächlich bestehenden, sondern auch den **potentiellen** Wettbewerb (s.
z.B. E v. 18.10.91, ABl. 1991 L 306, 22 Rn. 11 – Eirpage); dabei ist allerdings ein realistischer Maßstab anzulegen (vgl. z.B. für GU den 13. WB
[1983], Ziff. 55). Wird der Wettbewerb auf einem bestimmten Markt durch
staatliche Maßnahmen eingeschränkt, schützt Art. 81 I den verbleibenden
Restwettbewerb (s. EuGH, Rs. 40–48/73 u.a., Suiker Unie, Slg. 1975,
1663 Rn. 19–24; Rs. 209–215 und 218/78, van Landewyck, Slg. 1980, 3125
Rn. 131- 134).

Nicht geschützt wird jedoch der **unlautere** oder sonst gesetzlich verbotene   **12**
Wettbewerb (s. E v. 13.12.89, ABl. 1990 L 21, 71 Rn. 40 – Bayo-n-ox; vgl.
auch die Präambel des Vertrages, in der vom „redlichen" Wettbewerb die
Rede ist). Ob ein solcher Tatbestand vorliegt, ist dem – gemeinschaftsrechtskonform interpretierten – nationalen Recht zu entnehmen. Dabei ist
ein strenger Maßstab anzulegen. Die bloße Einfuhr einer Ware, die in einem
anderen MS rechtmäßig in den Verkehr gebracht worden ist, kann daher z.
B. als solche nicht als unlautere Handlung angesehen werden (EuGH, Rs.
58/80, Dansk Supermarked/Imerco, Slg. 1981, 181 Rn. 16). Absprachen
von Unternehmen, die vorgeblich dem Schutz des lauteren Wettbewerbs
dienen, sind sorgfältig darauf zu untersuchen, ob sie nicht vielmehr Wettbewerbsbeschränkungen enthalten (s. z.B. E v. 15.7.75, ABl. 1975 L 228, 3
– IFTRA-Hüttenaluminium). Verbieten es die Bestimmungen eines Ver-
triebssystems einem Großhändler, direkt an private Endverbraucher zu lie-

fern, so verstößt dies jedoch nicht gegen Art. 81 (E v. 15.12.75, ABl. 1976 L 28, 19 Rn. 34 – SABA; bestätigt durch EuGH, Rs. 26/76, Metro I, Slg. 1977, 1875 Rn. 29). Der bloße Umstand allein, daß eine Maßnahme die Existenz eines Konkurrenten gefährdet, rechtfertigt nicht die Annahme eines unlauteren Wettbewerbs. Es ist nämlich zu beachten, daß jeder Wettbewerb für die weniger leistungsstarken Unternehmen „potentiell ruinös" ist (EuGeI, T-29/92, SPO/Kommission, Slg. 1995, II–289 Rn. 294. Zur Frage des Wettbewerbs im **Konzern** s. Vorbem. zu Art. 81–86 Rn. 35f.).

b) Verhinderung, Einschränkung oder Verfälschung des Wettbewerbs

13 Nach Art. 3 lit. g ist der Wettbewerb vor „Verfälschungen" zu schützen. Es ist daher anzunehmen, daß die „Verfälschung" in Art. 81 den Oberbegriff darstellt, während mit „Einschränkung" und „Verhinderung" besondere Formen der Wettbewerbsbeschränkung bezeichnet werden (str.). In der Praxis hat die Unterscheidung keinerlei Bedeutung.

3. Bezweckte oder bewirkte Wettbewerbsbeschränkung

14 Die Wettbewerbsbeschränkung muß entweder den Zweck oder die Wirkung der Vereinbarung, des Beschlusses oder der abgestimmten Verhaltensweise darstellen (EuGH, Rs. 56/65, LTM/Maschinenbau Ulm, Slg. 1966, 281, 303). Der Begriff „Bezwecken" hat in diesem Kontext eine **objektive** Bedeutung; auf die von den Parteien subjektiv verfolgte Absicht kommt es nicht an (E v. 13. 12. 89, ABl. 1990 L 21, 71 Rn. 45 – Bayo-n-ox). Auch der Umstand, daß ein Unternehmen sich an einer wettbewerbsbeschränkenden Abrede nur aufgrund des von anderen Unternehmen ausgeübten Drucks beteiligt hat, ist insoweit irrelevant (E v. 28.1.98, ABl. 1998 L 124, 60 Rn. 129 – VW). Allerdings wird dieser Umstand bei der Festsetzung von Sanktionen in der Regel zugunsten des betroffenen Unternehmens berücksichtigt werden (vgl. etwa E v. 28.1.98 a.a.O., Rn. 208). Die Absprache muß unmittelbar oder mittelbar das Ziel verfolgen, den Wettbewerb zu beschränken. Unerheblich ist, wenn daneben andere Ziele angestrebt werden (s. EuGH, Rs. 96- 102/82 u.a., IAZ, Slg. 1983, 3369 Rn. 25). Die Unterscheidung zwischen Zweck und Wirkung ist insofern wichtig, als nach ständiger Rechtsprechung die tatsächlichen Auswirkungen einer Absprache nicht geprüft werden müssen, wenn diese eine Beschränkung des Wettbewerbs bezweckt (s. z.B. EuGH, Rs. 45/85, Verband der Sachversicherer, Slg. 1987, 405 Rn. 39; EuGeI, T-39/92 und T-40/92, Groupement des cartes bancaires „CB" und Europay International, Slg. 1994, II–49 Rn. 87). Ein Verstoß gegen Art. 81 I liegt daher auch dann vor, wenn eine solche Absprache nicht

angewandt wird (s. EuGH, C-89/85 u.a., Ahlström II, Slg. 1993, I–1307 Rn.
175).

Bei der Frage nach den Wirkungen einer Absprache ist der wirtschaftliche   **15**
und rechtliche Zusammenhang zu berücksichtigen (EuGH, Rs. 56/65,
LTM/Maschinenbau Ulm a.a.O., 304; Rs. 23/67, Brasserie de Haecht I, Slg.
1967, 543, 556). Dies setzt die Bestimmung des sachlich und örtlich **relevanten Marktes** voraus (EuGH, C-234/89, Delimitis, Slg. 1991, I–935 Rn.
16; s. hierzu im einzelnen Art. 82 Rn. 4). Zu berücksichtigen sind nicht nur
die unmittelbaren, sondern auch die möglichen Wirkungen (E v. 24.7.74,
ABl. 1974 L 237, 12, 14 – Advocaat Zwarte Kip). Nach der Rechtsprechung des EuGH ist insb. zu prüfen, ob eine Absprache zusammen mit
gleichartigen Vereinbarungen eine Wettbewerbsbeschränkung bewirkt
(EuGH, Rs. 56/65, LTM/Maschinenbau Ulm a.a.O., 304; Rs. 23/67 Brasserie de Haecht I, Slg. 1967, 556; C-234/89 Delimitis Slg. 1991, I–935 Rn.
14). Im Falle *Delimitis* hat der EuGH die Anwendung dieser **Bündeltheorie** (im Hinblick auf einen Bierlieferungsvertrag zwischen einer Brauerei
und einem Gastwirt) erläutert: Danach ist zunächst zu prüfen, ob der Zugang von Konkurrenten zum betroffenen Markt beeinträchtigt ist. Das Bestehen eines Bündels gleichartiger Verträge, die „eine bedeutende Zahl von
Verkaufsstellen an einige inländische Erzeuger binden" und der Umfang
dieser Bindung stellen einen der zu prüfenden Faktoren dar. Ergibt die Prüfung, daß der relevante Markt schwer zugänglich ist, so ist zu untersuchen,
inwieweit die Verträge der betroffenen Brauerei zu der kumulativen Wirkung beitragen. Ist dieser Beitrag unerheblich, fallen die Verträge dieser
Brauerei nicht unter das Verbot des Art. 81 I (EuGH a.a.O., Rn. 19–26). Andernfalls ist zu prüfen, ob der fragliche Einzelvertrag „in erheblichem
Maße" zur Abschottung des Marktes beiträgt, wobei die Bedeutung des jeweiligen Vertrages von der Stellung der Vertragspartner auf dem Markt und
von der Vertragsdauer abhängt (EuGH a.a.O., Rn. 27). Es ist unverkennbar,
daß die Anwendung dieser Rechtsprechung in der Praxis mit großen
Schwierigkeiten verbunden ist (vgl. die eigenwillige Auslegung dieser
Rechtsprechung durch BGH, RIW 92, 148; s. auch OLG Nürnberg, RIW
93, 327 und allgemein *Emmerich* in *Dauses*, H.I. Rn. 89a). Die Kommission hat versucht, der sich daraus ergebenden Gefährdung der Rechtssicherheit durch eine Bek. über Bierlieferungsverträge (ABl. 1992 C 121, 2; s.
Rn. 83) zu begegnen. Die Kommission hat die Bündeltheorie zum erstenn-
mal im Jahre 1992 angewandt, als sie eine Reihe von Vereinbarungen, die
zwei Hersteller von Speiseeis mit ihren Verkäufern geschlossen hatten, als
wettbewerbswidrig verurteilte (ABl. 1993 L 183, 19 – Langnese-Iglo; ABl.
1993 L 183, 1 – Schöller Lebensmittel). Das EuGeI hat die dagegen ge-

richteten Klagen im wesentlichen abgewiesen (EuGeI, T-7/93, Langnese-Iglo, Slg. 1995, II–1533 und T-9/93, Schöller Lebensmittel, Slg. 1995, II–1611) und ist darin vom EuGH bestätigt worden (EuGH, 1.10.1998, C-279/95 P, Langnese-Iglo, noch nicht in Slg.).

16 An sich unbedenkliche **akzessorische** Klauseln eines Vertrages (wie z.B. eine Schiedsklausel) teilen das Schicksal der vertraglichen Hauptpflichten, zu denen sie gehören. Klauseln, mit denen die Einhaltung der Bedingungen für ein mit Art. 81 im Einklang stehendes selektives Vertriebssystem (s. Rn. 88ff.) ermöglicht werden soll, verstoßen daher z.B. nicht gegen Art. 81 I, es sei denn, sie gingen über die Erfordernisse einer angemessenen Aufsicht hinaus (EuGH, Rs. 26/76, Metro I, Slg. 1977, 1875 Rn. 27; E v. 16.12.91, ABl. 1992 L 12, 24, 31 – YSL Parfums).

4. Spürbarkeit

17 Art. 81 I ist nur anwendbar, wenn sowohl die Beeinträchtigung des Handels zwischen MS (s. Vorbem. zu Art. 81–86 Rn. 10) wie die Wettbewerbsbeschränkung **spürbar** sind (s. EuGH, Rs. 5/69, Völk/Vervaecke, Slg. 1969, 295, 302; Rs. 260/82, NSO, Slg. 1985, 3801 Rn. 49). Dabei sind das Vorhandensein gleichartiger Vereinbarungen und die daraus resultierende kumulative Wirkung zu berücksichtigen (s. bereits Rn. 15; EuGeI, T-7/93, Langnese-Iglo/Kommission, Slg. 1995, II–1533 Rn. 120; E v. 11.1.91, ABl. L 75, 57 Rn. 19 – Vichy). Bewirkt ein Netz von Ausschließlichkeitsbindungen eines Lieferanten eine spürbare Wettbewerbsbeschränkung, so verstoßen sämtliche dieser Abreden (und nicht etwa nur ein Teil davon) gegen Art. 81 I und sind (vorbehaltlich einer Freistellung nach Art. 81 III) nichtig (E v.11.3.98, ABl. 1998 L 246, 1 Rn. 206 – Van den Bergh Foods Limited).

18 Die Kommission hat den Begriff der Spürbarkeit in der sog. **Bagatellbekanntmachung** (Bek. über Vereinbarungen von geringer Bedeutung, die nicht unter Art. 85 I [jetzt Art. 81] fallen, ABl. 1997 C 372, 13) unter Zuhilfenahme quantitativer Kriterien zu konkretisieren gesucht (zu Bierlieferungsverträgen vgl. außerdem Rn. 84). Von Art. 81 I werden demnach in der Regel nicht erfaßt Absprachen unter Unternehmen, deren Geschäftsbetrieb auf die Erzeugung oder den Absatz von Waren oder auf die Erbringung von Dienstleistungen gerichtet ist, wenn die die von allen beteiligten Unternehmen zusammen gehaltenen Marktanteile auf keinem der betroffenen Märkte 5 % (bei horizontalen Vereinbarungen) oder 10 % (bei vertikalen Vereinbarungen) übersteigen. Der Marktanteil verbundener Unternehmen ist dabei mitzuzählen. Die in der bis 1997 geltenden Bagatellbekanntmachung außerdem aufgestellte Bedingung, wonach der jährliche Gesamtumsatz der beteiligten Unternehmen 200 Millionen ECU nicht überschreiten durfte, ist in der neuen Bek. fallengelassen worden. Die Bek. hat lediglich „**Hinweischarakter**" und schließt nicht aus, daß es im Einzelfall auch bei Überschreiten der Schwellenwerte an einer spürbaren Beeinträchtigung des Handels zwischen MS bzw. einer spürbaren Wettbewerbsbeschränkung fehlen kann. Die Bek. ist nicht anwendbar, wenn sich die Wettbewerbsbeschränkung aus einem Netz gleichartiger Vereinbarungen ergibt (Ziff. 18 der Bek.). Besonders aufgeschlossen steht die Kommission Vereinbarungen zwischen KMU gegenüber, wie sie im Anhang zur Empfehlung 96/280/ EWG definiert werden (s. hierzu Rn. 55). Solche Vereinbarungen fallen der Bek. zufolge in aller Regel nicht unter das Verbot des Art. 81 I. Sollte dies gleichwohl der Fall sein, besteht nach Ansicht der Kommission kein ausreichendes Interesse der EG, das ihr Einschreiten rechtfertigen würde (Ziff. 19 der Bek.).

Diese Bek. liefert nützliche Anhaltspunkte für die Prüfung des ungeschrie- **19** benen Tatbestandsmerkmals der Spürbarkeit. Die Befugnis der nationalen Gerichte, Art. 81 anzuwenden, wird durch sie nicht tangiert. Allerdings stellt die Bek. ein „Element" dar, das die nationalen Gerichte berücksichtigen können. Schließlich greift die Bek. der Auslegung des Art. 81 durch den EuGH und das EuGeI nicht vor (vgl. Ziff. 7 der Bek.). Der Rechtsprechung des EuGH ist zu entnehmen, daß bereits bei einem Marktanteil der Beteiligten von etwa 5 % Spürbarkeit vorliegen kann (EuGH, Rs. 19/77, Miller, Slg. 1978, 131 Rn. 9- 10; Rs. 107/82, AEG, Slg. 1983, 3151 Rn. 58).

5. Grenzen des Tatbestands

a) Allgemeines

Der Tatbestand des Art. 81 I ist nur erfüllt, wenn eine Vereinbarung, ein Be- **20** schluß oder eine abgestimmte Verhaltensweise **tatsächlich** den Zweck oder die Wirkung haben (oder haben können), den Wettbewerb zu beschränken. Bei dieser Prüfung ist auf den Wettbewerb abzustellen, wie er ohne die fragliche Absprache bestehen würde (EuGH, Rs. 56/65, LTM/Maschinenbau Ulm, Slg. 1966, 281, 304). Gäbe es den angeblich eingeschränkten Wettbewerb ohne die fragliche Abrede überhaupt nicht, so wäre es verfehlt, darauf abzustellen, daß die Abrede die Handlungsfreiheit der Beteiligten oder Dritter in irgendeiner Weise einschränkt. Ist eine Absprache objektiv das einzig mögliche Mittel, um Wettbewerb zu schaffen, fällt sie nicht unter das Verbot des Art. 81 I. Der EuGH hat dies bereits in seiner Entscheidung im Falle „*LTM/Maschinenbau Ulm*" unterstrichen, wo er darauf hinwies, daß eine Alleinvertriebsvereinbarung erforderlich sein kann, um ei-

nem Unternehmen das Eindringen in einen neuen Markt zu ermöglichen
(EuGH Rs. 56/65, a.a.O., 304). Diese Betrachtungsweise hat bedeutsame
Konsequenzen: Eine Absprache, die nicht unter Art. 81 I fällt, ist eo ipso
wirksam, ohne daß es einer Freistellung im Einzelfall nach Art. 81 III – die
allein die Kommission gewähren kann – bedürfte. Dies mag erklären, warum die Kommission (wenigstens in der Vergangenheit) bisweilen die Anwendbarkeit des Art. 81 I auch dann bejaht hat, wenn ohne die Absprache
kein Wettbewerb zustande gekommen wäre, und diese dann nach Art. 81 III
freigestellt hat. Zu beachten ist allerdings, daß Art. 81 I nur dann nicht anwendbar ist, wenn der Wettbewerb nicht durch andere, weniger restriktive
Formen der Zusammenarbeit hätte hergestellt werden können (vgl. E v.
14.1.92, ABl. 1992 L 37, 16 Rn. 30 – Assurpol). Außerdem dürfte davon
auszugehen sein, daß es eine Reihe von offensichtlichen Wettbewerbsbeschränkungen gibt (insbesondere Absprachen zur Festsetzung von Preisen,
zur Aufteilung von Märkten oder zur Kontrolle des Absatzes), die ungeachtet der tatsächlichen Verhältnisse auf dem betroffenen Markt stets unter
Art. 81 I fallen (soweit dessen übrige Voraussetzungen gegeben sind) und
deren mögliche wettbewerbsfördernden Wirkungen nur im Rahmen von
Art. 81 III berücksichtigt werden können (EuGeI, T-147/89, Société métallurgique de Normandie, Slg. 1995, II–1057 Rn. 90; 15.9.1998, T-374/94,
T-375/94, T-384/94 und T-388/94, European Night Services, noch nicht im
Slg., Rn. 136).

21   Der EuGH und die Kommission haben eine Reihe von Tatbeständen herausgearbeitet, in denen deshalb das Kartellverbot nicht anwendbar ist. Neben den bereits erwähnten **Alleinvertriebsvereinbarungen** (vgl. im einzelnen Rn. 78) werden auch sonstige Formen der Zusammenarbeit – z.B. **Gemeinschaftsunternehmen** (vgl. Rn. 66) – nicht von Art. 81 I erfaßt, *soweit*
sie erforderlich sind, um den Beteiligten den Zutritt zu einem neuen Markt
zu ermöglichen (E v. 13.7.90, ABl. 1990 L 209, 15 Rn. 24–28 – Elo-
pak/Metal Box – Odin; E v. 27.7.90, ABl. 1990 L 228, 31, 33 – Konsorti-
um ECR 900; E v. 15.12.94, ABl. 1994 L 354, 75 Rn. 55 – International Private Satellite Partners; E v. 18.12.96, ABl. 1997 L 16, 87 Rn. 40 – Iridium;
vgl. aber andererseits E v. 27.7.94, ABl. 1994 L 223, 36 Rn. 43 – BT-MCI).
Entsprechendes gilt für **Arbeitsgemeinschaften** von Unternehmen, die allein nicht in der Lage wären, einen bestimmten Auftrag zu erfüllen (s. Ziff.
II.5 der Kooperationsbekanntmachung von 1968 – vgl. hierzu Rn. 55).
Landwirtschaftliche **Genossenschaften**, die für ihre Mitglieder Futter- und
Düngemittel erwerben, können je nach der Zahl ihrer Mitglieder ein Ge-
gengewicht zu der Marktmacht großer Hersteller bilden und damit einem
wirksamen Wettbewerb förderlich sein. Diejenigen Beschränkungen, die

den Mitgliedern in der Satzung auferlegt werden, die notwendig sind, um das ordnungsgemäße Funktionieren einer solchen Genossenschaft sicherzustellen und ihre Vertragsgestaltungsmacht gegenüber den Erzeugern zu erhalten, fallen dann nicht unter Art. 81 I (EuGH, C-250/92, Gøttrup-Klim, Slg. 1994, I–5641 Rn. 32–35; vgl. auch Vorbem. zu Art. 81–86 Rn. 28). **Selektive Vertriebssysteme** sind unter bestimmten Voraussetzungen (s. Rn. 89ff.) ebenso mit Art. 81 I vereinbar (EuGH, Rs. 26/76, Metro I, Slg. 1977, 1875) wie **Franchisevereinbarungen ohne Preis- und Marktabsprachen** (EuGH, Rs. 161/84, Pronuptia, Slg. 1986, 353). **Ausschließliche, offene Lizenzen** an Sortenschutzrechten (EuGH, Rs. 258/78, Nungesser, Slg. 1982, 2015) und Patenten werden von Art. 81 I nicht erfaßt, wenn sie zur Verwertung der Rechte und damit zur Verbreitung neuer Technologien erforderlich sind (vgl. Rn. 111). Die Einräumung einer **ausschließlichen Lizenz an Filmurheberrechten** verstößt als solche nicht gegen Art. 81 I (EuGH, Rs. 262/81, Coditel, Slg. 1982, 3381).

Nicht gerechtfertigt wäre es allerdings, aus diesen und den nachstehend beschriebenen Restriktionen des Tatbestands des Art. 81 I zu schließen, daß auch im EG-Kartellrecht eine „**rule of reason**" Anwendung fände (der zufolge der Tatbestand einer Wettbewerbsbeschränkung nicht vorliegt, wenn die wettbewerbsbeschränkenden Wirkungen einer Abrede durch ihre wettbewerbsförderlichen Wirkungen überwogen werden), wie sie das Wettbewerbsrecht der USA kennt. Die Unterschiede der beiden Rechtssysteme (insb. die dem amerikanischen Recht fremde Trennung zwischen Art. 81 I und Art. 81 III) stehen einer Übertragung dieser Betrachtungsweise im Wege (hM, s. etwa *Müller-Graff*, in Hailbronner/Klein/Magiera/Müller-Graff, Art. 85 Rn. 84). **22**

b) Unternehmensveräußerung

Verträge über die Veräußerung (oder Verpachtung) von Unternehmen enthalten meist ein Wettbewerbsverbot für den Veräußerer (bzw. Verpächter). Ohne eine solche Klausel wäre der mit dem Vertrag verfolgte Zweck in der Regel gefährdet, da der Veräußerer andernfalls seine frühere Kundschaft sogleich zurückgewinnen und damit dem übertragenen Unternehmen die Existenzgrundlage entziehen könnte. Solche Wettbewerbsverbote verstoßen daher nicht gegen Art. 81 I, soweit sie für die Übertragung des Unternehmens „erforderlich und in ihrer Geltungsdauer und ihrem Anwendungsbereich strikt auf diesen Zweck beschränkt" sind (EuGH, Rs. 42/84, Remia, Slg. 1985, 2545 Rn. 20). Der zulässige Umfang hängt von den Umständen des Einzelfalls ab. Nach der Praxis der Kommission und Ziff. III A ihrer **23** (zur Auslegung der Fusionskontroll-VO erlassenen) **Bekanntmachung über Nebenabreden** (s. Rn. 75) ist eine Dauer von zwei (bei Übertragung des Kundenstamms) bis fünf Jahren (bei Übertragung von Kundenstamm und Know-how) angemessen. Die Kommission ist der Ansicht, daß sich diese Rechtsprechung des EuGH nicht auf den Fall eines dem **Käufer** zugunsten des Veräußerers auferlegten Wettbewerbsverbots übertragen läßt, kommt jedoch im Ergebnis zu vergleichbaren Ergebnissen (s. E v. 27.7.92, ABl. 1992 L 235, 9 Rn. 42 – Quantel International; zu Wettbewerbsverboten bei der Gründung von **Gemeinschaftsunternehmen** s. Rn. 75).

c) Handelsvertreter

24   Aus der **Bekanntmachung über Alleinvertriebsverträge mit Handelsvertretern** (ABl. 1962, S. 2921) ergibt sich, daß Art. 81 I auf Verträge mit Handelsvertretern (und Kommissionären) grundsätzlich nicht anwendbar ist. Der Grund dafür besteht darin, daß der Handelsvertreter auf dem Markt für die betroffenen Produkte nicht selbst als Anbieter oder Nachfrager tätig wird, sondern lediglich als Hilfsorgan des Geschäftsherrn fungiert, an dessen Weisungen er gebunden ist. Für die Abgrenzung kommt es nicht auf die Bezeichnung, sondern auf die tatsächlichen Verhältnisse an. Der Handelsvertreter darf lediglich mit dem Provisions- und ggf. dem Delkredererisiko (vgl. § 86b HGB), nicht aber mit dem Absatzrisiko belastet sein (s. EuGH, Rs. 40–48/73 u.a., Suiker Unie, Slg. 1975, 1663 Rn. 542). Die Rechtsprechung stellt zudem darauf ab, ob der Handelsvertreter als ein in das Unternehmen des Geschäftsherrn „eingegliedertes" Hilfsorgan anzusehen ist, das mit dem Geschäftsherrn eine wirtschaftliche Einheit bildet (EuGH, Rs. 32/65, Italien/Kommission, Slg. 1966, 457, 485; Rs. 40–48/73, Suiker Unie a.a.O., Rn. 540; Rs. 311/85, Vlaamse Reisbureaus, Slg. 1987, 3801 Rn. 20). Ein Reisevermittler, der für eine Vielzahl von Reiseunternehmen tätig wird, die sich ihrerseits einer größeren Zahl von Reisevermittlern bedienen, ist demnach nicht als „integriertes Hilfsorgan" zu betrachten (EuGH, Rs. 311/85, Vlaamse Reisbureaus a.a.O., Rn. 20; E v. 25.11.92, ABl. 1992 L 366, 47 Rn. 46 – Eisenbahnfahrkartenverkauf durch Reisebüros). Ist der „Handelsvertreter" ein bedeutendes Unternehmen, das in bezug auf dieselbe Ware nicht nur als eingegliedertes Hilfsorgan, sondern in den vom Geschäftsherrn gezogenen Grenzen auch als Eigenhändler auftritt, so ist Art. 81 I auf die Begründung eines Verhältnisses mit „derartiger Doppelprägung" anwendbar (EuGH, Rs. 40–48/73, Suiker Unie a.a.O., Rn. 547). Die Relevanz des Kriteriums der „Eingliederung" ist freilich schwer zu begreifen. Richtiger dürfte es sein, darauf abzustellen, ob die fragliche Ver-

einbarung dem besonderen Wesen der Beziehung zwischen Prinzipal und Handelsvertreter – insb. der Pflicht des Handelsvertreters zur Wahrung der Interessen des Geschäftsherrn – angemessen ist (ähnlich *Rittner*, WuW 93, 598). Nicht von Art. 81 I erfaßt wird demnach ein angemessenes Wettbewerbsverbot, während das Verbot der Provisionsweitergabe den Wettbewerb beschränkt (s. EuGH, Rs. 311/85, Vlaamse Reisbureaus a.a.O.). Die Kommission hat ihre seit langem angekündigte Absicht, die aus dem Jahre 1962 stammende Bekanntmachung durch eine neue zu ersetzen, bis jetzt nicht wahrgemacht.

6. Beispielskatalog des Art. 81 I

a) Allgemeines

Wie der Wortlaut („insbesondere") zeigt, sind die in Art. 81 I aufgeführten **25** Tatbestände nur **Beispiele**, die den Inhalt der Generalklausel des Art. 81 I nicht erschöpfen. In der Praxis spielt die Frage, ob ein bestimmtes Verhaltens unter einen dieser Tatbestände oder unter die Generalklausel fällt, bei der Anwendung des Art. 81 I kaum eine Rolle. Nach Auffassung der Kommission stellen jedoch Preis- und Marktaufteilungsabsprachen (s. lit. a und c) „schwere Wettbewerbsbeschränkungen" (E v. 23.4.86, ABl. 1986 L 230, 1 Rn. 108 – Polypropylen) dar, die mit besonders hohen Geldbußen geahndet werden können. Zu beachten ist allerdings, daß auch ein Verhalten, das einem dieser besonderen Tatbestände entspricht, **nur** dann gegen Art. 81 I verstößt, wenn die übrigen Voraussetzungen für die Anwendbarkeit dieser Vorschrift (Eignung zur Beeinträchtigung des Handels zwischen MS; Spürbarkeit) gegeben sind.

b) Festsetzung von Preisen und Geschäftsbedingungen

Die herausragende Bedeutung von Preisen und Geschäftsbedingungen für **26** den Wettbewerb ist offensichtlich. Vereinbarungen, Beschlüsse und aufeinander abgestimmte Verhaltensweisen zur Festsetzung von **Preisen** werden daher von Art. 81 I erfaßt. Dies gilt unabhängig davon, ob die Beteiligten **Festpreise** (vgl. EuGH, Rs. 243/83, Binon/AMP, Slg. 1985, 2015; E v. 5.2.92, ABl. 1992 L 92, 1 – Niederländische Bauwirtschaft), **Mindest-** oder **Höchstpreise** (EuGH, Rs. 123/83, BNIC/Clair, Slg. 1985, 391 Rn. 22; E v. 30.7.92, ABl. 1992 L 246, 37 Rn. 20 – Scottish Salmon Board; E v. 30.6.93, ABl. 1993 L 203, 27 Rn. 45 – CNSD) oder **Zielpreise** (E v. 23.4.86, ABl. 1986 L 230, 1 Rn. 80, 89 – Polypropylen; EuGeI, T-1/89, Rhône-Poulenc, Slg. 1991, II–867 Rn. 120ff.) festsetzen. Auch eine Vereinbarung mit dem

Inhalt, daß von den Kunden der Vertragsparteien für bestimmte Leistungen ein Entgelt zu verlangen ist (ohne daß die Höhe dieses Entgelts in der Vereinbarung festgelegt würde), verstößt gegen Art. 85 I lit. a (EuGeI, T-39/92 und T-40/92, Groupement des cartes bancaires „CB" und Europay International, Slg. 1994, II–49 Rn. 86). Erfaßt werden horizontale wie vertikale Absprachen. Besonders gefährlich für den Wettbewerb sind kollektive Preisbindungssysteme, mittels derer Hersteller (oder Hersteller und Händler) verbindliche Wiederverkaufspreise festlegen (s. EuGH, Rs. 73/74, Papiers Peints, Slg. 1975, 1491 Rn. 10/12; Rs. 43 und 63/82, VBVB und VBBB, Slg. 1984, 19 Rn. 45). Absprachen über **Preisbestandteile** – insb. Rabatte und Provisionen – fallen ebenfalls unter Art. 81 I. Verboten sind daher z.B. Absprachen, durch die Preisnachlässe verboten (EuGH, Rs. 311/85, Vlaamse Reisbureaus, Slg. 1987, 3801 Rn. 17) oder deren Umfang beschränkt wird (EuGH, Rs. 240–242/82 u.a., SSI, Slg. 1985, 3831 Rn. 36; Rs. 246/86, Belasco, Slg. 1989, 2117 Rn. 12). Nach der Auffassung der Kommission werden auch **Prämienempfehlungen** von Versicherungsverbänden erfaßt (E v. 4.12.92, ABl. 1993 L 4, 26 Rn. 32 – Lloyd's). Auch **mittelbare** Preisfestsetzungsabsprachen – wie z.B. Absprachen über den Austausch von Informationen über Preise und Kosten (vgl. E v. 15.5.74, ABl. 1974 L 160, 1, 13 – IFTRA-Verpackungsglas) – fallen unter Art. 81 I. Eine Freistellung solcher Preisabsprachen nach Art. 81 III wird nur in den seltensten Fällen in Betracht kommen (vgl. aber Rn. 130 zu Absprachen im Versicherungsbereich).

27 Unter Art. 81 I lit. a fallen auch Absprachen zur Festlegung von **Geschäftsbedingungen**. Dies gilt z.B. für Absprachen über Zahlungsfristen (EuGH, Rs. 209–215 und 218/78, van Landewyck, Slg. 1980, 3125 Rn. 154), sonstige Zahlungs- oder Lieferbedingungen (E v. 13.7.83, ABl. 1983 L 200, 44 Rn. 35 – Vimpoltu) oder Öffnungszeiten (E v. 30.9.86, ABl. 1986 L 295, 28 Rn. 16 – Irische Banken). Absprachen über die Bedingungen für die Zulassung zu Messen oder Ausstellungen und deren Durchführung beschränken in der Regel den Wettbewerb, sind aber wegen der mit ihnen verbundenen Rationalisierungseffekte freistellungsfähig (EuGH, Rs. 43/85, Ancides, Slg. 1987, 3131; E v. 15.2.91, ABl. 1991 L 60, 19 – SIPPA).

c) Einschränkung oder Kontrolle der Erzeugung, des Absatzes, der technischen Entwicklung oder der Investitionen

28 Absprachen über **Produktions-** bzw. **Lieferquoten** sind zur Einschränkung (oder Kontrolle) der Erzeugung oder des Absatzes besonders geeignet (ein

eindrückliches Beispiel in EuGeI, T-7/92, Asia Motor, Slg. 1993, Slg. 1993, II–669 Rn. 41). Solche für den Wettbewerb besonders gefährlichen Kartelle sehen oft Kontrollmechanismen (z.b. Ausgleichszahlungen) vor, die die Einhaltung der Quoten sicherstellen sollen (s. z.B. E v. 2.8.89, ABl. 1989 L 260, 1 Rn. 61 – Betonstahlmatten), ohne daß dies für die Anwendbarkeit von Art. 81 I erforderlich wäre. Ein **Strukturkrisenkartell**, das zur Überwindung der Krise in einem bestimmten Wirtschaftszweig notwendig ist und sich darauf beschränkt, den erforderlichen Abbau von Kapazitäten zu koordinieren, fällt unter Art. 81 I, kann jedoch von der Kommission nach Art. 81 III freigestellt werden (s. 12. WB (1982), Ziff. 38ff.; E v. 4.7.84, ABl. 1984 L 207, 17 – Kunstfasern; ein Beispiel bietet die E v. 29.4.94, ABl. 1994 L 131, 15 – Stichting Baksteen). Eine Einschränkung von Produktion und Absatz bewirken auch **Spezialisierungsvereinbarungen** (s. hierzu Rn. 60). Die Vereinbarung bestimmter **Standards** kann die Erzeugung beschränken, sofern die Beteiligten übereinkommen, keine Produkte mehr herzustellen, die den Standards nicht entsprechen (s. E v. 20.12.77, ABl. 1978 L 47, 42 Rn. 42 – Videorecorder). Aufgrund der Vorteile, zu denen die Entwicklung solcher Standards oft führt, ist jedoch eine Freistellung möglich (s. z.B. E v. 15.12.86, ABl. 1987 L 35, 36 – X/Open Group). Der Absatz kann insb. durch Vereinbarungen zwischen Konkurrenten über **gemeinsamen Verkauf** (s. hierzu Rn. 62) eingeschränkt werden. Auch Beschränkungen, die dem Abnehmer hinsichtlich der Verwendung oder des Weiterverkaufs der Ware auferlegt werden, stellen in der Regel Wettbewerbsbeschränkungen dar (s. EuGH, Rs. 319/82, Soc. de vente de ciments et bétons/Kerpen & Kerpen, Slg. 1983, 4173 Rn. 6). Eine Wettbewerbsbeschränkung liegt auch vor, wenn Konkurrenten langfristige Vereinbarungen über gegenseitige Aushilfslieferungen („Kollegenlieferungen") beträchtlichen Umfangs schließen, die nicht auf Fälle höherer Gewalt oder vergleichbare Situationen beschränkt sind (E v. 14.12.82, ABl. 1982 L 362, 40, 47 – Zinkbleche; gebilligt von EuGH, Rs. 29–30/83, CRAM und Rheinzink, Slg. 1984, 1679 Rn. 35).

d) Aufteilung der Märkte und Versorgungsquellen

Der klassische Fall einer von diesem Tatbestand erfaßten Marktaufteilung **29** ist die Aufteilung des Marktes nach **Gebieten** (s. z.B. E v. 19.12.90, ABl. 1991 L 152, 16 – Solvay/CFK; E v. 21.12.94, ABl. 1994 L 378, 45 – Tretorn u.a.). Auf die Mittel, die von den Beteiligten benutzt werden, um diesen Zweck zu erreichen, kommt es nicht an; in Frage kommen z.B. Exportverbote (E v. 15.7.92, ABl. 1992 L 233, 27 Rn. 16 – Viho/Parker Pen; E v.

10.1.96, ABl. 1996 L 201, 1 – ADALAT), die Verpflichtung zu Ausgleichszahlungen (E v. 17.10.83, ABl. 1983 L 317, 1 Rn. 48 – Gußeisenwalzen)
und die Überwachung der Händler durch den Hersteller mittels der Kontrolle der Auftragseingänge und Verkäufe (s. die E v. 10.1.98, ABl. 1998 L
124, 60 – VW, die auch noch eine Reihe anderer Möglichkeiten aufzeigt).
Solche Absprachen kommen – insb. wenn die Marktaufteilung entlang der
Grenzen der MS erfolgt und damit das Funktionieren des Binnenmarktes
behindert wird – nur unter besonderen Umständen für eine Freistellung in
Frage. Erfaßt werden hier – wie stets – nicht nur horizontale, sondern auch
vertikale Absprachen. Möglich ist auch eine Aufteilung des Marktes nach
Produkten (zu Spezialisierungsvereinbarungen s. Rn. 59) oder nach **Kun-
den**.

30   Eine Aufteilung der Versorgungsquellen liegt vor, wenn die Freiheit der Beteiligten, sich die benötigten Erzeugnisse bei einem Lieferanten ihrer Wahl
zu besorgen, eingeschränkt wird; zum Fall des **gemeinsamen Einkaufs** s.
Rn. 63.

e) Diskriminierungen

31   Die Anwendung diskriminierender Bedingungen ist einem einzelnen Unternehmen nur untersagt, wenn es eine marktbeherrschende Stellung hat (s.
Art. 82 Rn. 34). Allen sonstigen Unternehmen sind nur solche Diskriminierungen verboten, die sich aus einer Vereinbarung, einem Beschluß oder
einer abgestimmten Verhaltensweise ergeben. Eine Diskriminierung liegt
nur vor, wenn es sich um „gleichwertige" Leistungen handelt und die unterschiedliche Behandlung nicht aus sachlichen Gründen gerechtfertigt ist.
Erfaßt werden insb. Absprachen, durch die sich Hersteller verpflichten, bestimmten Abnehmern günstigere Preise zu berechnen als sonstigen Kunden
(s. z.B. E v. 15.7.82, ABl. 1982 L 232, 1, 22 Rn. 99 – SSI). Auch Fälle kollektiver Lieferverweigerung dürften unter diesen Tatbestand fallen.

f) Koppelungsgeschäfte

32   Angesichts des zu Art. 81 I lit. d Gesagten (s. Rn. 31) wäre es naheliegend
zu vermuten, daß auch die hier zu betrachtende – mit Art. 82 lit. d (ex-Art.
86 lit. d) übereinstimmende – Vorschrift nur für Absprachen gilt, künftig
Koppelungsgeschäfte abzuschließen, nicht aber für einfache Koppelungsgeschäfte (so auch *Gleiss/Hirsch*, 4. Aufl., Art. 85 Rn. 400; **str.**). Erfaßt
wird danach z.B. eine Absprache, wonach der Lizenznehmer die auf der
Basis des Patents hergestellten Teile nicht separat verkaufen darf, sondern
seinen Kunden komplette Surfbretter anbieten muß (EuGH, Rs. 193/83,

Windsurfing International, Slg. 1986, 611 Rn. 54ff.). Ein verbotenes Koppelungsgeschäft liegt nicht vor, wenn die zusätzliche Leistung sachlich oder nach Handelsbrauch zum Vertragsgegenstand in Beziehung steht (s. z.B. E v. 23.3.90, ABl. 1990 L 100, 32 Rn. 15 – Moosehead/Whitbread: Eine Verpflichtung zum ausschließlichen Bezug von Hefe vom Lizenzgeber verstößt nicht gegen Art. 81, wenn nur so die sachgemäße Verwertung des überlassenen Know-hows gewährleistet werden kann).

II. Rechtsfolgen (Art. 81 II)

1. Nichtigkeit

a) Teil- und Vollnichtigkeit

Vereinbarungen und Beschlüsse, die gegen Art. 81 verstoßen, sind **nichtig** (Art. 81 II). Eine nichtige Vereinbarung erzeugt „in den Rechtsbeziehungen zwischen den Vertragspartnern keine Wirkungen und kann Dritten nicht entgegengehalten werden" (EuGH, Rs. 22/71, Béguelin, Slg. 1971, 949 Rn. 29); Entsprechendes gilt für Beschlüsse. Aufeinander abgestimmte Verhaltensweisen werden in Art. 81 II nicht erwähnt, da sie bereits aufgrund ihrer Natur keine rechtlich verbindlichen Beziehungen erzeugen. Die Nichtigkeitsfolge tritt **automatisch** ein, ohne daß es einer vorherigen Entscheidung der Kommission oder nationaler Behörden bedürfte (vgl. aber Art. 84 Rn. 3). Aufgrund der unmittelbaren Geltung des Art. 81 I können die nationalen Gerichte selbständig entscheiden, ob der Tatbestand dieser Vorschrift erfüllt ist (s. Vorbem. zu Art. 81–86 Rn. 9ff.). Sie sind dabei nicht an eine Entscheidung der Kommission gebunden, in der diese festgestellt hat, daß nach ihrer Auffassung die Voraussetzungen des Art. 81 I nicht erfüllt sind (**Negativattest** nach Art. 2 VO 17). Es handelt sich dabei (ebenso wie bei einem bloßen **comfort letter**) um einen tatsächlichen Umstand, den die nationalen Gerichte berücksichtigen können, aber nicht müssen (vgl. Art. 83 Rn. 38). Gleiches gilt, wenn die Kommission eine auf die Feststellung eines Verstoßes gegen die Art. 81/82 gerichtete Beschwerde zurückweist (vgl. etwa EuGeI, T-114/92, BEMIM, Slg. 1995, II–147 Rn. 65). Ob dies auch gilt, wenn die Kommission einen Verstoß gegen Art. 81 I in einer **Verbotsentscheidung** festgestellt hat, ist noch nicht abschließend geklärt. Im Interesse der Wahrung einer einheitlichen Auslegung sollte es den nationalen Gerichten aber verwehrt sein, von einer solchen Entscheidung abzuweichen (vgl. EuGH, C-234/89, Delimitis, Slg. 1991, I– 935 Rn. 47).

33

34 Zu beachten ist, daß die Nichtigkeit einen Verstoß gegen **Art. 81** voraussetzt. Eine gegen Art. 81 I verstoßende Abrede ist daher nur dann „ohne
weiteres" nichtig, wenn eine Freistellung gem. Art. 81 III nicht in Betracht
kommt (EuGH, Rs. 99/79, Lancôme, Slg. 1980, 2511 Rn. 15). Eine Freistellung kann andererseits (sofern die Abrede nicht unter eine Gruppenfreistellungs-VO fällt, s. Rn. 51) nur von der Kommission erteilt werden. Diese Sachlage stellt die nationalen Gerichte vor schwierige Probleme. Sie haben die Aufgabe, Art. 81 I und II anzuwenden, müssen aber zugleich vermeiden, sich zu einer eventuellen Freistellungsentscheidung der Kommission in Widerspruch zu setzen (EuGH, C-234/89, Delimitis a.a.O., Rn. 47).
In seinem „*Delimitis*-Urteil" hat der EuGH entschieden, daß das nationale
Gericht in solchen Fällen das Verfahren fortsetzen und eine Entscheidung
erlassen kann, wenn die Voraussetzungen des Art. 81 I „offensichtlich"
nicht erfüllt sind oder wenn ein Verstoß gegen Art. 81 I „außer Zweifel"
steht und eine Freistellung durch die Kommission im Lichte der GVO und
der bisherigen Praxis der Kommission „keinesfalls" in Betracht kommt
(EuGH a.a.O., Rn. 50). Hat das nationale Gericht jedoch Zweifel, so „kann"
es das Verfahren aussetzen oder einstweilige Maßnahmen treffen (EuGH
a.a.O., Rn. 52). Es hat dann die Möglichkeit, sich an die Kommission zu
wenden, die gem. Art. 10 (ex-Art. 5) zur loyalen Zusammenarbeit mit den
nationalen Gerichten verpflichtet ist, um von ihr Informationen über den
Stand eines ggf. eingeleiteten Verfahrens und sonstige wirtschaftliche und
rechtliche Auskünfte zu erlangen (EuGH a.a.O., Rn. 53). Die Kommission
hat dieses Verfahren inzwischen in ihrer **Bekanntmachung über die Zusammenarbeit zwischen der Kommission und den Gerichten der MS
bei der Anwendung der Art. 85 und 86** (ABl. 1993 C 39, 6) näher erläutert (s. hierzu Vorbem zu Art. 81–86, Rn 11). In den Fällen, in denen eine
gegen Art. 81 I verstoßende Abrede noch freigestellt werden kann, ist es daher angemessen, von **schwebender Unwirksamkeit** zu sprechen, die – je
nachdem, ob eine Freistellung gewährt oder versagt wird – in Gültigkeit
oder Nichtigkeit übergehen kann.

35 Die Nichtigkeit erfaßt nur diejenigen Bestimmungen einer Vereinbarung
oder eines Beschlusses, die gegen Art. 81 I verstoßen (EuGH, Rs. 56/65,
LTM/Maschinenbau Ulm, Slg. 1966, 281, 304; Rs. 319/82, Société de vente de ciments et bétons/Kerpen & Kerpen, Slg. 1983, 4173 Rn. 11). Die gesamte Vereinbarung oder der gesamte Beschluß sind nur dann nichtig, wenn
sich die gegen Art. 81 I verstoßenden Teile nicht von den übrigen trennen
lassen (EuGH, Rs. 56/65, LTM/Maschinenbau Ulm a.a.O., 304). Im übrigen sind die Auswirkungen der Nichtigkeit von Teilen einer Absprache auf
deren übrige Bestandteile nach nationalem Recht zu beurteilen (EuGH, Rs.

319/82 Kerpen & Kerpen a.a.O., Rn. 12; Rs. 10/86, VAG France/Magne, Slg. 1986, 4071 Rn. 15), im deutschen Recht also nach § 139 BGB. Dies gilt auch für auf der Grundlage einer solchen Absprache eingegangene Folgeverträge mit Dritten (EuGH, Rs. 319/82 Kerpen & Kerpen a.a.O., Rn. 12). Dabei ist zum Schutz der Dritten davon auszugehen, daß diese Folgeverträge grundsätzlich wirksam sind (es sei denn, die Beseitigung des Wettbewerbsverstoßes mache auch ihre Anpassung erforderlich, s. E v. 23.12.92, ABl. 1993 L 20, 23 Rn. 33 – Astra).

b) Vorläufige Gültigkeit

Aus Gründen der Rechtssicherheit und des Vertrauensschutzes geht der **36** EuGH davon aus, daß bestimmten Absprachen bis zu einer Entscheidung der Kommission **vorläufige Gültigkeit** zuzuerkennen ist. Diese Rechtsprechung (die in der Vergangenheit einigen Schwankungen ausgesetzt war), hat heute nur noch geringe Bedeutung (vgl. aber Art. 84 Rn. 3; s. auch EuGH, C-39/96, KVBB/Free Record Shop, Slg. 1997, I–2303, wo es um eine 1962 angemeldete Vereinbarung ging, über die zum Zeitpunkt des Urteils des EuGH immer noch nicht entschieden worden war). Sie gilt für **Altkartelle**, d.h. für Absprachen, die zum Zeitpunkt des Inkrafttretens der VO Nr. 17 – dem 13.3.1962 – bereits bestanden und ordnungsgemäß angemeldet worden sind (EuGH, Rs. 48/72, Brasserie de Haecht II, Slg. 1973, 77, Rn. 8–9; C-234/89, Delimitis, Slg. 1991, I–935 Rn. 48). Diese vorläufige Gültigkeit kommt auch Verträgen zugute, die nach dem Inkrafttreten der VO Nr. 17 geschlossen wurden, jedoch einem Mustervertrag entsprechen, der selbst den genannten Bedingungen entspricht (EuGH, Rs. 1/70, Rochas/Bitsch, Slg. 1970, 515 Rn. 6). Auch diejenigen Altkartelle, die gem. Art. 4 II der VO Nr. 17 von der Anmeldepflicht befreit sind und nicht angemeldet wurden, sind als vorläufig gültig anzusehen (str.). Die vorläufige Gültigkeit endet, sobald die Kommission zur Behandlung der Absprache – und sei es vorläufig (EuGH, Rs. 10/69, Portelange, Slg. 1969, 309 Rn. 17/19) oder mittels comfort letter (EuGH, Rs. 99/76, Lancôme, Slg. 1980, 2511 Rn. 18) – Stellung genommen hat. Von diesem Zeitpunkt an ist die Absprache wie jede andere Absprache zu behandeln.

Die Rechtsprechung zur vorläufigen Gültigkeit behält eine gewisse Bedeu- **37** tung, da sie auf Absprachen, die zum Zeitpunkt des Beitritts neuer MS bereits bestanden (sog. **Beitrittskartelle**), entsprechend angewendet werden kann (h.M.).

*2. Ansprüche auf Unterlassung und Schadenersatz sowie sonstige
Sanktionen*

38   Art. 81 ist (ebenso wie Art. 82) ein Schutzgesetz i.S. von § 823 II BGB, dessen Verletzung zur Leistung von Schadenersatz verpflichtet. Entsprechendes dürfte in Österreich gelten (*Koppensteiner*, § 17 Rn. 148). Daneben
kommen Ansprüche auf Unterlassung (auf der Grundlage von § 823 II BGB
und des UWG) in Betracht. Die Rechtsprechung ist bislang allerdings eher
noch zurückhaltend (vgl. BGH WuW 80, 191, 193 und GRUR 88, 327, 330;
vgl. ausführlich den Länderbericht Deutschland von *Canenbley/Klingbeil*
in *Kommission* (Hrsg.), Die Anwendung der Artikel 85 und 86 des EG-Vertrags durch die Gerichte der Mitgliedstaaten, Luxemburg 1997, 191ff.). Ein
Verstoß gegen Art. 81 kann zur Verhängung von **Bußgeldern** führen (s.
hierzu Art. 83 Rn. 43).

III. Freistellung vom Kartellverbot (Art. 81 III)

1. Allgemeines

39   Vereinbarungen, Beschlüsse und abgestimmte Verhaltensweisen, die unter
das Verbot des Art. 81 I fallen, können von diesem Verbot gem. Art. 81 III
freigestellt werden. Möglich ist sowohl eine Freistellung im Einzelfall, als
auch eine Freistellung für ganze Gruppen von Absprachen (zur Gruppenfreistellung s. Rn. 49). Eine Freistellung kann nur gewährt werden, wenn die
betreffende Absprache **allen** in Art. 81 III genannten Kriterien entspricht
(EuGeI, T-66/89, Publishers Association, Slg. 1992, II–1995 Rn. 69). Bei
der Prüfung der Frage, ob eine Abrede die beiden positiven und die beiden
negativen Bedingungen des Art. 81 III erfüllt, kommt der Kommission ein
gewisser **Beurteilungsspielraum** zu (EuGH, Rs. 56 und 58/64, Consten
und Grundig, Slg. 1966, 321, 396; Rs. 71/74, Frubo, Slg. 1975, 563 Rn. 43).
Sind die Bedingungen allerdings erfüllt, besteht ein **Anspruch auf Freistellung** (h.M.). Da der Art. 81 III (anders als – wenigstens seinem Wortlaut nach – Art. 65 § 2 EGKSV) insoweit keine Einschränkungen macht,
kommen grundsätzlich alle Arten wettbewerbsbeschränkender Abreden für
eine Freistellung in Betracht. Das Gemeinschaftsrecht kennt daher (anders
als das amerikanische Kartellrecht) keine Wettbewerbsbeschränkungen, die
an sich („per se") rechtswidrig und einer Freistellung nicht zugänglich
wären (EuGeI, T-17/93, Matra, Slg. 1994, II–595 Rn. 85). Der Unterschied
ist allerdings nicht sehr groß, ist doch nach der Entscheidungspraxis der
Kommission die Möglichkeit, daß für besonders handfeste und schädliche
Wettbewerbsbeschränkungen (wie etwa Absprachen zur Festsetzung von

Preisen, zur Aufteilung von Märkten oder zur Kontrolle des Absatzes) eine
Freistellung nach Art. 81 III gewährt werden könnte, äußerst gering.
Die Kommission darf sich nicht darauf beschränken, von den Beteiligten   **40**
den Nachweis des Vorliegens der Freistellungsvoraussetzungen zu verlangen, sondern muß in zumutbarem Maße zur Aufklärung des Sachverhaltes
beitragen (EuGH, Rs. 56 u. 58/64, Consten und Grundig a.a.O., 395f.). Die
Beweislast liegt jedoch gleichwohl letztendlich bei den Unternehmen und
Unternehmensvereinigungen selbst: Läßt sich nicht feststellen, daß eine
Abrede den in Art. 81 III gestellten Anforderungen gerecht wird, kann keine Freistellung erteilt werden (vgl. EuGH, Rs. 42/84, Remia, Slg. 1985,
2545 Rn. 47; Rs. 262/82, NSO, Slg. 1985, 3801 Rn. 62). Ist eine Absprache nicht freistellungsfähig, so kann die Kommission den Betroffenen Alternativen vorschlagen, die für eine Freistellung in Betracht kommen; verpflichtet ist sie hierzu freilich nicht (EuGH, Rs. 43 und 63/82, VBVB und
VBBB, Slg. 1984, 19 Rn. 52). Maßstäbe für die Beurteilung der Frage, ob
eine Freistellung erteilt werden kann, lassen sich den verschiedenen Gruppenfreistellungsverordnungen (s. Rn. 49) entnehmen.
Eine Freistellung setzt zunächst voraus, daß eine Absprache zur **Verbesse-**   **41**
rung der Warenerzeugung oder -verteilung oder zur **Förderung des**
technischen oder wirtschaftlichen Fortschritts beiträgt. Dies ist nur der
Fall, wenn die Absprache „spürbare objektive Vorteile" hervorbringt, die
geeignet sind, die mit der Wettbewerbsbeschränkung verbundenen Nachteile auszugleichen (EuGH, Rs. 56 und 58/64, Consten und Grundig a.a.O.,
397). Erforderlich ist somit eine **Abwägung der Vor- und Nachteile** (s.
EuGH, Rs. 25–26/84, Ford, Slg. 1985, 2725 Rn. 33–34; E v. 24.7.92, ABl.
1992 L 236, 11, 19 – Parfums Givenchy). Da es sich hier notwendigerweise um eine Prognose handelt, genügt es, daß eine **hohe Wahrscheinlichkeit**
für das Eintreten der erwarteten Vorteile besteht. Vorteile, die ausschließlich
den Beteiligten selbst zugute kommen, sind nicht zu berücksichtigen (vgl.
EuGH, Rs. 240–242/82 u.a., SSI, Slg. 1985, 3831 Rn. 85). Obwohl grundsätzlich Absprachen aller Art für eine Freistellung in Betracht kommen, ist
bei Absprachen, die zur Abschottung der Märkte führen oder Preise festlegen, die Wahrscheinlichkeit, daß sie als Verbesserungen i.S. des Art. 81 III
angesehen werden können, sehr gering.
Als objektive Vorteile kommen insb. in Betracht Einsparungen von Kosten   **42**
in Produktion oder Vertrieb, z.B. durch bessere Ausnutzung vorhandener
Kapazitäten und Abbau von Überkapazitäten, Einsparung mehrfacher For-
schungsaufwendungen, Reduktion der Kosten für Werbung oder Transport
(vgl. E v. 13.7.83, ABl. L 224, 19, 25 – Rockwell/Iveco; E v. 16.12.91, ABl.
1992 L 12, 24, 32 – YSL Parfums). Auch die Verbesserung des Warenan-

gebots und der Wahlmöglichkeiten der Verbraucher ist zu berücksichtigen (s. E v. 23.3.90, ABl. 1990 L 100, 32 – Moosehead/Whitbread; E v. 18.10.91. ABl. 1991 L 306, 22 Rn. 14–15 – Eirpage), wobei jedoch zu beachten ist, daß die Erhöhung der Zahl der Händler und der vertriebenen Marken nicht notwendigerweise mit einer Verbesserung des Vertriebs gleichzusetzen ist (EuGH, Rs. 209–215 und 218/78, van Landewyck, Slg. 1980, 3125, Rn. 184: Vor allem die Qualität des Vertriebs ist maßgebend). Einen Sonderfall der Verbesserung des Warenangebots stellt die Erschließung neuer Märkte dar, die in der Regel besonders positiv bewertet wird (vgl. etwa E v. 25.7.77, ABl. 1977 L 215, 11, 17 – De Laval/Stork).

43   Ein zu beachtender Vorteil kann darin bestehen, daß eine Absprache zu schnelleren und effizienteren Ergebnissen führt, als sie sich bei getrenntem Vorgehen der Beteiligten eingestellt hätten (s. z.B. E v. 12.1.90, ABl. 1990 L 32, 19 Rn. 18 – Alcatel/ANT). Die Stärkung des Interbrand-Wettbewerbs (zum Begriff s. Rn. 11) stellt einen Vorteil dar, es sei denn, die Absprache stärke die Position eines marktstarken Unternehmens (s. E v. 23.12.92, ABl. 1993 L 183, 1 Rn. 118 – Schöller). Auch die Schaffung neuer Arbeitsplätze (vgl. E v. 23.12.92, ABl. 1993 L 20, 14 Rn. 36 – Ford/Volkswagen), die Sicherung der Energieversorgung (E v. 22.12.92, ABl. 1993 L 50, 14 Rn. 31 – Jahrhundertvertrag) und die Förderung des Umweltschutzes (E v. 11.10.88, ABl. 1988 L 301, 68 Rn. 23 – BBC Brown Boveri) wurden bereits als Verbesserungen i.S. des Art. 81 III gewertet.

44   Art. 81 III fordert darüber hinaus, daß die Verbraucher an dem entstehenden Gewinn angemessen beteiligt werden. Der Begriff „**Verbraucher**" ist nicht wörtlich zu verstehen; er umfaßt vielmehr alle unmittelbaren und mittelbaren Abnehmer (z.B. Händler, Weiterverarbeiter, Endverbraucher). Unter dem Begriff „**Gewinn**" sind alle Vorteile zu verstehen, die den Verbrauchern aus der Absprache erwachsen. Erfaßt werden sowohl unmittelbare wie auch mittelbare Vorteile, z.B. Preissenkungen (E Rockwell/Iveco a.a.O., 25–26), Zugang zu technologisch hochwertigen Produkten (ebd., 25), ein breiteres, auf die Bedürfnisse der Verbraucher zugeschnittenes Angebot (E v. 18.10.91, ABl. 1991 L 306, 22 Rn. 16 – Eirpage; E v. 14.1.92, ABl. 1992 L 37, 16 Rn. 39 – Assurpol) und eine regelmäßige Versorgung (EuGH, Rs. 26/76, Metro I, Slg. 1977, 1875 Rn. 48). Als Vorteile für die Verbraucher werden auch die Umweltfreundlichkeit des zu entwickelnden Produkts (E v. 12.12.90, ABl. 1991 L 19, 25 Rn. 27 – KSB/Goulds/Lowara/ITT) und sogar die Erhaltung seines Charakters als Luxusprodukt (E v. 16.12.91, ABl. 1992 L 12, 24, 32 – YSL Parfums) betrachtet. Es genügt, daß die Beteiligung der Verbraucher am Gewinn **hinreichend wahrscheinlich** ist. Die Kommission stellt dabei insb. – manchmal sehr pauschal – auf den Wettbewerbsdruck ab, der die Unternehmen ggf. dazu zwingt, Kosteneinsparungen an die Verbraucher weiterzugeben (vgl. E v. 11.6.93, ABl. 1993 L 179, 23 Rn. 68 – EBU/Eurovisions-System; kritisch dazu EuGH, Rs. 26/76, Metro I a.a.O., Rn. 48). Eine **angemessene** Beteiligung der Verbraucher ist gegeben, wenn den Verbrauchern ein erheblicher Vorteil erwächst, der die Nachteile, die sich für sie aus der Wettbewerbsbeschränkung ergeben, übertrifft.

Die Wettbewerbsbeschränkung muß zur Erreichung der angestrebten Verbesserungen **unerläßlich** sein. Gehen die Wettbewerbsbeschränkungen über das erforderliche Maß hinaus, kann keine Freistellung erteilt werden (EuGH, Rs. 45/85, Verband der Sachversicherer, Slg. 1987, 405 Rn. 58). Die Absprache ist daher am Maßstab des **Verhältnismäßigkeitsgrundsatzes** daraufhin zu überprüfen, ob die Verbesserungen nicht auch durch andere, den Wettbewerb weniger stark beschränkende und den Beteiligten zumutbare Mittel hätten erreicht werden können. Bei dieser anhand objektiver Kriterien durchzuführenden Prüfung ist allerdings ein realistischer Maßstab anzulegen. So kann die Gründung eines Gemeinschaftsunternehmens unerläßlich sein, wenn der angestrebte Erfolg mittels anderer, weniger wettbewerbsbeschränkender Alternativen erst wesentlich später erreicht werden könnte (s. etwa E v. 27.7.94, ABl. 1994 L 223, 36 Rn. 58 – BT/MCI; bedenklich aber E v. 21.12.92, ABl. 1993 L 20, 10 Rn. 27 – Fiat/Hitachi, wo eine Wettbewerbsbeschränkung freigestellt wurde, die für den Betrieb des GU „mehr oder weniger" notwendig zu sein „scheint"). Ist die Unerläßlichkeit nur für einen bestimmten Zeitraum zu bejahen (z.B. die Anlaufphase eines GU), ist die Freistellung entsprechend zu befristen. **45**

Eine Freistellung darf nicht erteilt werden, wenn die Absprache den Beteiligten die Möglichkeit eröffnet, für einen **wesentlichen Teil der betreffenden Waren** den Wettbewerb auszuschalten. Der **Fortbestand wirksamen Wettbewerbs** auf dem Markt muß in jedem Falle gesichert sein. Erforderlich ist daher zunächst die Bestimmung des relevanten Marktes (s. Rn. 15) und der Stellung der beteiligten Unternehmen auf diesem Markt. Wird durch eine Absprache der Intrabrand-Wettbewerb beschränkt, so ist darauf abzustellen, ob wirksamer Interbrand-Wettbewerb besteht (zu den Begriffen Rn. 11). Dabei ist von den Marktanteilen der Beteiligten auszugehen. Ein Marktanteil von 30 % steht einer Freistellung in der Regel nicht im Wege (E v. 15.12.75, ABl. 1976 L 30, 13, 20 – Bayer/Gist-Brocades). Beläuft sich der Marktanteil auf mehr als 50 %, sind Zweifel am Fortbestehen wirksamen Wettbewerbs angebracht (E v. 22.12.76, ABl. 1977 L 16, 8, 12 – Gerofabriek), die sich bei Anteilen von über 90 % in der Regel zur Gewißheit verdichten (E v. 13.7.83, ABl. 1983 L 200, 44, 50 – Vimpoltu). Zu **46** berücksichtigen sind jedoch stets auch die sonstigen Gegebenheiten des Marktes, insb. die Marktmacht der Konkurrenten und der Marktgegenseite sowie ggf. der kumulative Effekt ähnlicher Absprachen (EuGH, Rs. 26/76, Metro I a.a.O., Rn. 50; Rs. 75/84, Metro II, Slg. 1986, 3021 Rn. 88). Nach der Praxis der Kommission können allerdings auch bereits weitgehende Beschränkungen des Intrabrand-Wettbewerbs – insb. die Gewährung **absoluten Gebietsschutzes** – dazu führen, daß eine Freistellung verweigert wird (zu den Gründen hierfür vgl. Vorbem. Art. 81–86 Rn. 4–5).

47   Eine Freistellung kann (außer im Verkehrsbereich) nur erteilt werden, wenn die Absprache zuvor bei der Kommission angemeldet worden ist (vgl. EuGH, Rs. 243/83, Binon/AMP, Slg. 1985, 2015 Rn. 30; EuGeI, T-14/89, Montedipe, Slg. 1992, II–1155 Rn. 271), es sei denn, sie gehört zu den gem. Art. 4 II VO Nr. 17 vom Erfordernis der Anmeldung befreiten Absprachen. Die Entscheidung ist zu befristen, kann jedoch verlängert werden; sie kann mit Auflagen und Bedingungen versehen werden (Art. 8 II VO Nr. 17; vgl. Art. 83 Rn. 39). Die Kommission hat es in einem Fall, in dem es sich um ein Bündel von Vereinbarungen handelte, abgelehnt, wenigstens einen Teil dieser Verträge freizustellen (E v. 23.12.92, ABl. 1993 L 183, 1 Rn. 147 – Schöller).

48   Die Wirkung einer Freistellung erschöpft sich in der Befreiung vom Verbot des **Art. 81 I**. Sie steht der Anwendung des **Art. 82** (ex-Art. 86) daher nicht im Wege (EuGeI, T-51/89, Tetra Pak, Slg. 1990, II–309 Rn. 25).

2. Gruppenfreistellung

49   Art. 81 III sieht vor, daß auch ganze Gruppen von Vereinbarungen, Beschlüssen oder aufeinander abgestimmten Verhaltensweisen freigestellt werden können. Eine solche **Gruppenfreistellung** erfolgt durch eine VO i.S.v. Art. 249 (ex-Art. 189). Eine Gruppenfreistellungs-VO (GVO) kann unmittelbar vom Rat erlassen werden (vgl. Vorbem. zu Art. 81–86 Rn. 29); in der Regel ermächtigt der Rat jedoch die Kommission zum Erlaß der GVO. Auf der Grundlage der Ermächtigung durch die VO Nr. 19/65/EWG v. 2. 3. 1965 (ABl. 1965, 533), die VO (EWG) Nr. 2821/71 v. 20. 12. 1971 (ABl. L 285, 46) und die VO (EWG) Nr. 1534/91 v. 31. 5. 1991 (ABl. L 143, 1) hat die Kommission bislang folgende GVO erlassen, die noch in Kraft sind (zu den GVO im Verkehrsbereich s. Vorbem. zu Art. 81–86 Rn. 29–30):

– VO (EWG) Nr. 1983/83 v. 22. 6. 1983 (ABl. L 173, 1) für Alleinvertriebsvereinbarungen (s. Rn. 79);

– VO (EWG) Nr. 1984/83 v. 22. 6. 1983 (ABl. L 173, 5) für Alleinbezugsvereinbarungen (s. Rn. 85);

– VO (EWG) Nr. 417/85 v. 19. 12. 1984 (ABl. 1985 L 53, 1; geändert
  durch VO Nr. 151/93 v. 23. 12. 1992, ABl. 1993 L 21, 8.) für Speziali-
  sierungsvereinbarungen (s. Rn. 60);
– VO (EWG) Nr. 418/85 v. 19. 12. 1984 (ABl. 1985 L 53, 5; geändert
  durch VO Nr. 151/93 a.a.O.) für Vereinbarungen über Forschung und
  Entwicklung (s. Rn. 58);
– VO (EWG) Nr. 4087/88 v. 30. 11. 1988 (ABl. L 359, 46) für Franchi-
  severeinbarungen (s. Rn. 100);
– VO (EWG) Nr. 3932/92 v. 21. 12. 1992 (ABl. L 398, 7) für Vereinba-
  rungen in der Versicherungswirtschaft (s. Rn. 130);
– VO (EG) Nr. 1475/95 v. 28. 6. 1995 (ABl. L 145, 25) für Vertriebs- und
  Kundendienstvereinbarungen über Kraftfahrzeuge (s. Rn. 93); und
– VO (EG) Nr. 240/96 v. 31. 1. 1996 (ABl. L 31, 2) für Technologie-
  transfer-Vereinbarungen (s. Rn. 121).

Die Kommission hat eine **Bekanntmachung** zu den VO Nr. 1983/83 und   **50**
Nr. 1984/83 (ABl. 1984 C 101, 2; geändert in ABl. 1992 C 121, 2) und einen Leitfaden zur VO Nr. 1475/95 veröffentlicht. Diese Dokumente geben
wertvolle Hinweise für die Auslegung der betreffenden GVO; sie binden jedoch weder die nationalen Gerichte noch EuGH und EuGeI.

Die GVO können von den nationalen Gerichten **unmittelbar angewandt**   **51**
werden (EuGH, Rs. 63/75, Fonderies Roubaix/Fonderies Roux, Slg. 1976,
111 Rn. 10/11; C-234/89, Delimitis, Slg. 1991, I–935 Rn. 46). Erfüllt eine
Absprache die in einer GVO aufgestellten Bedingungen, so kommt sie daher unmittelbar in den Genuß einer Freistellung vom Kartellverbot gem.
Art. 81 III. Die Unternehmen sind daher gut beraten, wenn sie ihre Absprachen – wo dies möglich ist – so gestalten, daß sie einer GVO entsprechen; verpflichtet sind sie dazu natürlich nicht (EuGH, Rs. 10/86, VAG
France/Magne, Slg. 1986, 4071 Rn. 12). Erfüllt eine Absprache nicht die in
einer GVO gestellten Bedingungen, so verstößt sie damit noch **nicht** automatisch gegen Art. 81 I; vielmehr ist in diesen Fällen sorgfältig zu prüfen,
ob die Tatbestandsvoraussetzungen dieser Vorschrift gegeben sind (EuGH,
Rs. 10/86, VAG France/Magne a.a.O., Rn. 12). Verstößt die Abrede gegen
Art. 81 I (und wird sie auch nicht durch eine andere GVO gedeckt), können
die Beteiligten immer noch eine Einzelfreistellung beantragen (EuGH, C-
234/89, Delimitis a.a.O., Rn. 41).

Die GVO wenden zum Teil unterschiedliche Regelungstechniken an. Die   **52**
meisten GVO (VO Nr. 1983/83, 1984/83, 3932/92 und 1475/95) zählen die
freigestellten Klauseln abschließend auf. Andere GVO (VO Nr. 4087/88,
418/85 und 240/96) zählen dagegen sowohl die freigestellten („weiße Liste"), als auch diejenigen Klauseln auf, die einer Freistellung im Wege ste-

hen („schwarze Liste"). In der Regel werden darüber hinaus auch Klauseln aufgeführt, die „in der Regel nicht wettbewerbsbeschränkend" sind; für den Fall, daß diese ausnahmsweise den Wettbewerb beschränken, werden auch sie vorsorglich freigestellt. Für Klauseln, die weder in der einen noch in der anderen Liste aufgeführt werden, sehen diese GVO ein **Widerspruchsverfahren** vor. Wird die fragliche Vereinbarung bei der Kommision angemeldet und macht diese nicht binnen sechs Monaten (vier Monate im Falle der VO Nr. 240/96) Bedenken geltend, kommt ihr der Vorteil der Gruppenfreistellung zugute. Einen Sonderfall stellt die VO Nr. 417/85 dar, die nur Spezialisierungsvereinbarungen zwischen Unternehmen erfaßt, deren Umsatz eine bestimmte Schwelle nicht übersteigt. Für den Fall, daß diese Schwelle überschritten wird, stellt die VO jedoch ein Widerspruchsverfahren bereit, das es auch solchen Vereinbarungen ermöglicht, in den Genuß der Gruppenfreistellung zu kommen.

53 Die GVO machen die Anwendbarkeit der Freistellung darüber hinaus vom Vorliegen oder Nichtvorliegen weiterer Umstände (z.B. bestimmter Marktanteile) abhängig und enthalten Vorschriften über den Widerruf bzw. die Rücknahme der Freistellung. Die **Geltungsdauer** der GVO ist beschränkt.

54 Am 30.9.1998 veröffentlichte die Kommission eine **Mitteilung über die Anwendung der EG-Wettbewerbsvorschriften auf vertikale Wettbewerbsbeschränkungen** (s. ABl. C 365, S. 38), die zu größeren Veränderungen im Bereich der GVO führen wird, falls der Rat sich die Auffassung der Kommission zu eigen machen sollte. Die Kommission schlägt in diesem Dokument vor, für alle vertikalen Wettbewerbsbeschränkungen im Vertriebsbereich außerhalb des Automobilsektors eine einheitliche GVO zu schaffen, die an die Stelle der VOen Nr. 1983/83, 1984/83 und 4087/88 treten soll. Diese neue GVO soll sich im wesentlichen auf eine Aufzählung derjenigen Klauseln beschränken, die einer Freistellung im Wege stünden („schwarze Liste"). Nach den Vorstellungen der Kommission soll diese GVO Anwendung finden, wenn der Marktanteil der beteiligten Unternehmen unterhalb einer bestimmten Schwelle liegt (erwogen werden 25–35 %). Zu den von der Kommission vorgeschlagenen Begleitmaßnahmen (ABl. 1998 C 365, S. 30) gehört eine Änderung von Art. 4 II der VO Nr. 17 (vgl. Art. 83 Rn. 5), die dazu führen würde, daß vertikale Vertriebsvereinbarungen nicht mehr bei der Kommission angemeldet werden müßten, um in den Genuß einer Freistellung zu gelangen. Diese Reformvorschläge sind zu begrüßen. Sie würden die Rechtslage in diesem Bereich wesentlich vereinfachen und es der Kommission (und den Gerichten und Wettbewerbsbehörden der MS) erlauben, sich auf die bedeutsameren Wettbewerbsbeschränkungen zu konzentrieren. Durch die Beschränkung der vorgeschlagenen GVO auf eine „schwarze Liste" würde auch der den geltenden GVO gegenüber oft (und nicht zu Unrecht) erhobene Vorwurf, sie entfalteten (durch die Aufzählung der erlaubten Klauseln) in der Vertragsgestaltungspraxis die Wirkung einer Art von „Zwangsjacke", in diesem Bereich hinfällig werden.

IV. Fallgruppen

1. Kooperation von Unternehmen

a) Allgemeines

Wichtige Hinweise in bezug auf diejenigen Arten der Kooperation zwischen Unternehmen, die mit Art. 81 I im Einklang stehen, sind der im Jahre 1968 veröffentlichten **Kooperationsbekanntmachung** (Bek. über Vereinbarungen, Beschlüsse und aufeinander abgestimmte Verhaltensweisen, die eine zwischenbetriebliche Zusammenarbeit betreffen, ABl. 1968 C 75, 3, berichtigt in ABl. 1968 C 93, 3) zu entnehmen. Dieser Bekanntmachung zufolge verstoßen z.b. Absprachen, die „**lediglich**" den Austausch von Meinungen und Erfahrungen, eine Inkassogemeinschaft, die gemeinsame Benutzung von Produktionsanlagen sowie von Lager- und Transporteinrichtungen, einen gemeinsamen Kunden- und Reparaturdienst (wenn die Beteiligten nicht miteinander im Wettbewerb stehen), die Durchführung gemeinschaftlicher Werbung (soweit die Beteiligten nicht gehindert werden, auch eigene Werbung zu treiben) oder die Verwendung eines gemeinsamen Gütezeichens zum Gegenstand haben, nicht gegen Art. 81 I. Die Bekanntmachung greift **nicht** ein, wenn die zwischenbetriebliche Zusammenarbeit über die dort genannten Bereiche hinausgeht (z.B. wenn die Verwendung eines gemeinsamen Gütezeichens mit Verpflichtungen hinsichtlich der Preisgestaltung verbunden ist). Die Bekanntmachung gilt für **alle** Unternehmen ohne Unterschied der Größe. Die Kommission steht jedoch – s. Ziff. I der Bek. – einer Zusammenarbeit zwischen **kleinen und mittleren Unternehmen** (KMU) besonders aufgeschlossen gegenüber (vgl. hierzu die von der Kommission herausgegebene Broschüre „KMU und Wettbewerb – ein praktischer Leitfaden", 1991). Der Begriff der KMU wird im Anhang zu der Empfehlung der Kommission vom 3.4.1996 betreffend die Definition der kleinen und mittleren Unternehmen näher erläutert. KMU sind danach Unternehmen, die weniger als 250 Personen beschäftigen (wobei Teilzeitbeschäftigte und Saisonarbeitnehmer anteilsmäßig berücksichtigt werden), einen Jahresumsatz von höchstens ECU (Euro) 40 Mio. oder

55

eine Jahresbilanzsumme von höchstens ECU (Euro) 27 Mio. haben und nicht zu 25 % oder mehr im Besitz von Unternehmen stehen, die keine KMU sind. Die Nützlichkeit der Kooperationsbekanntmachung wird dadurch beeinträchtigt, daß die Kommission z.T. zu einer sehr restriktiven Auslegung neigt (insb. bei Absprachen über den Austausch von Informationen, s. bereits Rn. 6).

56   Überläßt ein Auftraggeber seinem Zulieferer bestimmte Kenntnisse oder Betriebsmittel, die für die Ausführung des Auftrags erforderlich sind, hat er ein berechtigtes Interesse daran, daß diese Kenntnisse oder Betriebsmittel nur zu diesem Zweck verwendet werden und der Zulieferer die ihm mitgeteilten Informationen vertraulich behandelt. In ihrer **Bekanntmachung über Zulieferverträge** (ABl. 1979 C 1, 2) führt die Kommission aus, daß entsprechende Klauseln (und eine Reihe weiterer Bestimmungen) in einem Zuliefervertrag nicht gegen Art. 81 I verstoßen. Ein gewöhnlicher Lizenzvertrag und ein sog. OEM-Vertrag („Original equipment manufacturer") sind jedoch keine Zulieferverträge i.S.d. Bekanntmachung.

b) Gemeinsame Forschung und Entwicklung

57   In ihrer **Kooperationsbekanntmachung** (s. Rn. 55) geht die Kommission davon aus, daß eine gemeinsame Forschung und Entwicklung (F&E) bis zur Produktionsreife grundsätzlich nicht gegen Art. 81 I verstößt, wenn die Beteiligten keine Bindungen eingehen, durch die die Verwertung der Ergebnisse oder ihre eigene F&E-Tätigkeit beschränkt werden (s. hierzu und zu weiteren Kautelen Ziff. II.3 der Bek.). Dieser großzügige Ansatz wird jedoch dadurch relativiert, daß die Kommission eine solche Beschränkung bereits dann bejaht, wenn aus tatsächlichen Gründen anzunehmen ist, daß ein Beteiligter neben der gemeinsamen Forschung keine individuelle F&E-Tätigkeit mehr entfalten wird (z.B. wegen des Umfangs des Aufwandes für die gemeinsame F&E oder weil die eigene Forschung bisher erfolglos war, vgl. E 23.12.71, ABl. 1972 L 14, 14, 16 – Henkel/Colgate).

58   Durch die **VO (EWG) Nr. 418/85** v. 19.12.1984 (ABl. 1985 L 53, 5), deren Geltungsdauer durch die VO (EG) Nr. 2236/97 (ABl. 1997 L 306, 12) bis zum 31.12.2000 verlängert worden ist, hat die Kommission bestimmte Vereinbarungen über gemeinsame F&E und/oder die Verwertung der Ergebnisse gemeinsamer F&E vom Verbot des Art. 81 I freigestellt. Seit der Änderung durch die VO (EWG) Nr. 151/93 v. 23.12.1992 (ABl. 1993 L 21 8) kommen auch Absprachen, die sich auf den gemeinsamen Vertrieb erstrecken, in den Genuß der Freistellung (s. aber Rn. 59). Die Anwendbarkeit der GVO setzt u.a. voraus, daß die gemeinsame F&E im Rahmen eines

konkreten Programms durchgeführt wird, ihre Ergebnisse allen Beteiligten zugänglich sind (Art. 2 lit. a und b) und die Beteiligten nicht daran gehindert sind, Lizenzen an Dritte zu erteilen, wenn keine gemeinsame Verwertung der Ergebnisse der F&E vorgesehen ist oder stattfindet (Art. 6 lit. g). Freigestellt werden insb. die Verpflichtung, während der Durchführung des Programms weder allein noch mit Dritten F&E im Programmbereich oder in eng verwandten Bereichen zu betreiben (Art. 4 I lit. a und b) und die Verpflichtung, während eines Zeitraums von fünf Jahren nach dem ersten Verkehrbringen der entwickelten Produkte keine **aktive** Vertriebspolitik (insb. keine besondere Werbung) in Gebieten zu betreiben, die anderen Vertragspartnern vorbehalten sind (Art. 4 lit. f; zu den Grenzen des somit Erlaubten s. Art. 6 lit. h). Eine Beschränkung der Preisgestaltungsfreiheit der Beteiligten hat in jedem Fall die Unanwendbarkeit der GVO zur Folge (Art. 6 lit. d; s. z.B. E v. 12.1.90, ABl. 1990 L 32, 19 Rn. 17 – Alcatel/ANT). Die Vertragspartner können einen der Beteiligten sowie ein oder mehrere Gemeinschaftsunternehmen oder dritte Unternehmen mit dem Vertrieb der entwickelten Erzeugnisse betrauen (Art. 4 lit. fa-fc).

Sind die Vertragspartner keine Konkurrenten, so gilt die Freistellung (wenn **59** der Tatbestand des Art. 81 I überhaupt erfüllt ist) für die Dauer der Durchführung des F&E-Programms und im Falle gemeinsamer Verwertung der Ergebnisse für einen zusätzlichen Zeitraum von **fünf** Jahren, beginnend mit dem ersten Inverkehrbringen des Produktes im GM (Art. 3 I). Sind die Vertragspartner hingegen Wettbewerber, gilt dies nur, wenn ihr Anteil an dem relevanten Markt bei Vertragsschluß insgesamt nicht mehr als **20 %** beträgt (Art. 3 II). Die Freistellung gilt in beiden Fällen über das Ende dieses Zeitraums hinaus weiter, solange der Marktanteil der Beteiligten 20 % nicht überschreitet (Art. 3 III). Vereinbaren die Beteiligten einen **gemeinsamen Vertrieb** (s. Rn. 58), so gilt das soeben Gesagte entsprechend mit der Maßgabe, daß der Marktanteil der Beteiligten bei Vertragsschluß bzw. am Ende der Fünfjahresfrist nicht mehr als **10 %** beträgt. Dem liegt die Erwägung zugrunde, daß Absprachen um so eher wettbewerbsrechtlichen Bedenken begegnen können, je größer ihre Nähe zur Stufe der Vermarktung ist. Eine Vereinbarung, die den Voraussetzungen der GVO nicht entspricht und der auch das Widerspruchsverfahren (Art. 7; vgl. Rn. 52) nicht zu einer Freistellung verhilft, kommt für eine Freistellung durch Einzelfallentscheidung in Betracht (s. E v. 12.12.90, ABl. 1991 L 19, 25 – KSB/Goulds/Lowara/ ITT).

c) Spezialisierung

60   Eine Spezialisierung liegt vor, wenn Unternehmen sich gegenseitig verpflichten, bestimmte Erzeugnisse nicht selbst zu produzieren oder produzieren zu lassen, sondern dies einem Vertragspartner überlassen. Die Anwendung des Art. 81 I kommt nur dann in Betracht, wenn die Vertragspartner zumindest potentielle Konkurrenten sind. Die **VO (EWG) Nr. 417/85**
(ABl. 1985 L 53, 1), deren Geltungsdauer durch die VO (EG) Nr. 2236/97
(ABl. 1997 L 306, 12) bis zum 31.12.2000 verlängert worden ist, stellt Vereinbarungen über die **gegenseitige** Spezialisierung vom Verbot des Art. 81
I frei. Auch hier hat die Änderung durch die VO (EWG) Nr. 151/93 (s. Rn.
58) dazu geführt, daß nun auch der **gemeinsame Vertrieb** der betroffenen
Erzeugnisse von der GVO erfaßt wird (Art. 2 lit. d, e und f). Die Freistellung gilt nur, wenn die beteiligten Unternehmen einen Marktanteil von
höchstens **20 %** haben **und** ihr Umsatz **ECU (Euro) 1 Mrd.** nicht übersteigt (Art. 3 I). Im Falle **gemeinsamen Vertriebs** beträgt die Marktan-
teilsschwelle **10 %** (Art. 3 II). Spezialisierungsvereinbarungen zwischen
Unternehmen, deren Gesamtumsatz mehr als ECU (Euro) 1 Mrd. beträgt,
können in den Genuß der Freistellung kommen, wenn sie angemeldet werden und die Kommission nicht binnen sechs Monaten Widerspruch erhebt
(Art. 4).

61   Vereinbarungen, die den Bedingungen der GVO nicht entsprechen – z.B.
einseitige Spezialisierungen (s. etwa E v. 8.10.73, ABl. 1973 L 296, 24 –
Prym/Beka) – haben in der Regel gute Aussichten, in den Genuß einer Einzelfreistellung zu kommen, da sie zur Rationalisierung und letztlich zur
Senkung der Preise beitragen können (s. z.B. E v. 22.12.87, ABl. 1988 L 50,
18 – Enichem/ICI).

d) Gemeinsamer Verkauf oder Einkauf

62   Ein gemeinsamer Verkauf durch Unternehmen, die nicht miteinander im
Wettbewerb stehen, ist unbedenklich (Kooperationsbek. v. 1968, Ziff.
II.6a). Vereinbaren jedoch zwei oder mehr Konkurrenten, ihre Produkte gemeinsam zu verkaufen, läßt sich ein Verstoß gegen Art. 81 I mit Sicherheit
nur dann ausschließen, wenn die Marktstellung der Beteiligten so schwach
ist, daß die Absprache zu keiner spürbaren Beeinträchtigung des Wettbewerbs führt (s. E v. 16.12.71, ABl. 1972 L 13, 44 – Safco). Von diesen Ausnahmefällen abgesehen verstößt der gemeinsame Verkauf durch Konkurrenten jedoch gegen Art. 81 I, wenn er zu einer Beschränkung des Preis-
und Konditionenwettbewerbs zwischen den Beteiligten führt. Eine solche
Wirkung ist naheliegend. Darüber hinaus beschränkt der gemeinsame Ver-

kauf die Wahlmöglichkeiten der Abnehmer, da ihnen nicht mehr die einzelnen Anbieter, sondern die gemeinsamen Verkaufsorganisationen gegenüberstehen. Gemeinsamer Verkauf von Konkurrenten in andere MS wird praktisch stets als Verstoß gegen Art. 81 I angesehen, sogar wenn die Beteiligten die Möglichkeit behalten, daneben auch selbst zu exportieren (s. insb. E v. 28.11.79, ABl. 1980 L 39, 51 – FLORAL). Auch ein auf den MS, in dem die Beteiligten ansässig sind, beschränkter gemeinsamer Verkauf kann jedoch unter Art. 81 I fallen (vgl. Vorbem. zu Art. 81–86 Rn. 16). Unerheblich ist, in welcher Form der Verkauf im einzelnen durchgeführt wird. Eine **Freistellung** nach Art. 81 III kommt nur in besonders gelagerten Fällen in Betracht (etwa wenn es sich um Produkte handelt, die nicht als homogene Erzeugnisse angesehen werden können – z.B. Spielfilme, vgl. E v. 12.7.89, ABl. 1989 L 226, 25 Rn. 53 – UIP). Zum gemeinsamen Vertrieb im Rahmen von Vereinbarungen, für die eine **GVO** besteht, s. dort (Rn. 59 und 60).

Vereinbarungen über **gemeinsamen Einkauf** begegnen so lange keinen Bedenken, als es wegen der schwachen Marktstellung der Beteiligten und des geringen Umfangs der betroffenen Produkte an einer spürbaren Wettbewerbsbeschränkung fehlt. Gleiches gilt, wenn den Nachfragern Anbieter mit einer besonders großen Marktmacht gegenüberstehen (vgl. zu landwirtschaftlichen Genossenschaften Rn. 21). In den sonstigen Fällen ist es von besonderer Bedeutung, ob die Beteiligten verpflichtet sind, ihren Bedarf (ausschließlich oder teilweise) über die gemeinsame Einkaufsstelle zu decken. Ist dies der Fall, liegt eine Wettbewerbsbeschränkung vor. Zu beachten ist auch, daß ein gemeinsamer Einkauf faktisch die Verkaufspreise der Beteiligten beeinflussen und einander annähern kann (und zwar um so mehr, je bedeutender z.B. der Anteil des gemeinsam eingekauften Rohstoffs für die Herstellungskosten des Endproduktes ist). Wegen der Rationalisierungsvorteile, die der gemeinsame Einkauf bewirken kann, kommt eine Freistellung in Betracht, wenn sich der Bezugszwang auf das unerläßliche Maß beschränkt (vgl. E v. 9.6.89, ABl. 1989 L 190, 22 – National Sulphuric Acid Association: Bezugspflicht für 25 % des Bedarfs freigestellt). **63**

2. Gründung von Unternehmen und Erwerb von Beteiligungen

Literatur: *Hawk*, Joint ventures under EEC law, Fordham International Law Journal vol. 15/1991–1992, 303; *Scherf*, Kooperative Gemeinschaftsunternehmen im europäischen Wettbewerbsrecht, RIW 93, 297; *Schröter*, Gemeinschaftsunternehmen im EWG-Kartellrecht, in: FIW (Hrsg.), Gemeinschaftsunternehmen deutsches und EG-Kartellrecht, 1987, 67; *Zonnekeyn*, The treatment of joint ventures under the amended E.C. Merger Regulation, [1998] ECLR, 414.

a) Erwerb von Beteiligungen

64 Der Erwerb eines Anteils an einem Konkurrenzunternehmen (oder einem sonstigen Unternehmen) stellt „für sich genommen" keine Wettbewerbsbeschränkung dar (EuGH, Rs. 142 und 156/84, BAT und Reynolds, Slg. 1987, 4487 Rn. 37 – Philip Morris). Verschafft der Erwerb dem Käufer die **Kontrolle** über das betreffende Unternehmen, liegt ein Zusammenschluß i.S. der Fusionskontrolle vor, der anhand der einschlägigen Vorschriften (Fusionskontroll-VO oder nationale Fusionskontrollvorschriften; ggf. Art. 82 [ex-Art. 86]) zu beurteilen ist. Art. 81 ist hier nicht anwendbar (vgl. aber sogleich Rn. 66ff. für Gemeinschaftsunternehmen). Die gegenteilige Auffassung des EuGH (a.a.O., Rn. 38) ist abzulehnen; seit dem Erlaß der Fusionskontroll-VO („FKV") dürfte sie ohnehin überholt sein.

65 Der Erwerb einer **Minderheitsbeteiligung** kann jedoch gegen Art. 81 I verstoßen, wenn die Vereinbarung eine geschäftliche Zusammenarbeit zwischen den Unternehmen vorsieht (EuGH Rs. 142 und 156/84, BAT und Reynolds, a.a.O., Rn. 38). Beabsichtigen die Unternehmen eine wettbewerbsbeschränkende Kooperation, so stellt der Erwerb einer Beteiligung u.U. ein praktisches Hilfsmittel dar (eines Austausches von Informationen z.B. bedarf es nicht mehr, wenn ein Unternehmen einen Vertreter in die Gremien eines anderen Unternehmens entsenden kann); dies gilt um so mehr bei gegenseitigem Beteiligungserwerb. Die Anwendung des Art. 81 I setzt jedoch voraus, daß eine solche Absprache – und sei es auf der Grundlage von Indizien – nachgewiesen wird (vgl. die ursprünglichen Vereinbarungen im „Philip Morris-Fall", Rs. 142 u. 156/84, BAT und Reynolds, Slg. 1987, 4493; s. auch E v. 10.11.92, ABl. 1993 L 116, 21 Rn. 35 – Warner-Lambert/Gillette). Auf der Grundlage der Rechtsprechung des EuGH, wonach es genügt, daß der Anteilserwerb „Strukturen schafft, die einer solchen Zusammenarbeit förderlich sein können" (EuGH a.a.O., Rn. 38), ließe sich freilich die Auffassung vertreten, daß Art. 81 I auch bei Fehlen einer Absprache zwischen dem Erwerber und dem Beteiligungsobjekt anwendbar sei. Dies ginge zu weit (vgl. auch *Montag/Dohms*, WuW 93, 97).

b) Gemeinschaftsunternehmen

66 Gemeinschaftsunternehmen („joint ventures"; „GU") stellen ein für die Zusammenarbeit von Unternehmen besonders geeignetes Vehikel dar. Es handelt sich dabei um Unternehmen, die von mehreren anderen Unternehmen **gemeinsam kontrolliert** werden. Unter „Kontrolle" ist die Möglichkeit zu verstehen, unmittelbar oder mittelbar einen bestimmenden Einfluß auf die Tätigkeit des GU auszuüben (Art. 3 III FKV). Eine „gemeinsame" Kontrolle liegt vor, wenn die Anteilseigner (die Muttergesellschaften) bei allen wichtigen Entscheidungen, die das beherrschte Unternehmen (das GU) betreffen, Übereinstimmung erzielen müssen (s. Ziff. 18 der zur FKV ergangenen **Mitteilung der Kommission über den Begriff des Zusammenschlusses** [ZSchlußMit.], ABl. 1998 C 66, 5.). Bestimmender Einfluß bedeutet dabei in der Regel die Möglichkeit, Aktionen blockieren zu können, die das „strategische Wirtschaftsverhalten" eines Unternehmens bestimmen (ZSchlußMit. Ziff. 19). Dies ist z.b. der Fall, wenn es nur zwei Muttergesellschaften mit gleichen Stimmrechten im GU gibt. Gemeinsame Kontrolle kann aber auch vorliegen, wenn ein Minderheitsgesellschafter zusätzliche Rechte hat, die über die einem solchen Gesellschafter üblicherweise eingeräumten Vetorechte (etwa für den Fall von Kapitalerhöhungen) hinausgehen. Solche Vetorechte, die eine gemeinsame Kontrolle begründen, „betreffen in der Regel Entscheidungen über Budget, Geschäftsplan, größere Investitionen und die Besetzung der Unternehmensleitung" (ZSchlußMit. Ziff. 21–24). Dies folgt in der Regel aus einer Absprache zwischen den Beteiligten; fehlt es daran, kann sich gemeinsame Kontrolle auch „faktisch aus den Verhältnissen" ergeben, wenn starke gemeinsame Interessen dafür sorgen, daß die betreffenden Gesellschafter bei der Ausübung ihrer Stimmrechte nicht gegeneinander handeln (ZSchlußMit. Ziff. 30, 32). Keine gemeinsame Kontrolle liegt vor, wenn eines der beteiligten Unternehmen die wirtschaftliche Tätigkeit des GU allein bestimmen kann. Liegt für eine Anlaufzeit (von höchstens 3 Jahren) zunächst eine gemeinsame Kontrolle vor, die jedoch aufgrund einer verbindlichen Vereinbarung dazu bestimmt ist, in die alleinige Kontrolle eines Gesellschafters überzugehen, wird in der Regel von einem unmittelbaren Erwerb alleiniger Kontrolle durch ein Unternehmen auszugehen sein (ZSchlußMit. Ziff. 38). Unerheblich ist, ob die gemeinsame Kontrolle von Anfang an (bei gemeinsamer Gründung eines GU) besteht oder nachträglich (durch Erwerb von Anteilen an einem bestehenden Unternehmen) auftritt.

Von fundamentaler Bedeutung war nach der bis zum 1. März 1998 geltenden Rechtslage die Unterscheidung zwischen **konzentrativen GU** und **kooperativen GU**. Die Unterscheidung war in Art. 3 II UnterAbs. 2 a.F. der FKV angelegt, wonach diese nur für ein GU galt, das „keine Koordinierung des Wettbewerbsverhaltens der Gründerunternehmen im Verhältnis zueinander oder im Verhältnis zu dem Gemeinschaftsunternehmen" mit sich brachte. Konzentrative GU wurden (bei Erreichen der Schwellenwerte) von der FKV erfaßt, während kooperative GU am Maßstab des Art. 81 zu messen waren. Die Unterscheidung hatte daher beträchtliche Konsequenzen: Die Prüfung eines Vorhabens anhand der FKV muß innerhalb knapp be-

67

messener Fristen abgeschlossen werden und führt zu einem dauerhaften Ergebnis (Genehmigung oder Untersagung). Die Prüfung am Maßstab des Art. 81 kann dagegen geraume Zeit in Anspruch nehmen und allenfalls zu einer Freistellung nach Art. 81 III führen, die zeitlich befristet werden muß. Den daraus resultierenden Schwierigkeiten versuchte die Kommission dadurch zu begegnen, daß sie verpflichtete, den Beteiligten im Falle der Anmeldung eines kooperativen GU innerhalb von zwei Monaten nach Eingang aller erforderlichen Angaben mitzuteilen, ob gegen das Vorhaben wettbewerbsrechtliche Bedenken bestanden oder nicht (22. WB [1992], Ziff. 124). Der Beitrag dieser auf dem „Prinzip der Selbstdisziplin" (a.a.O., Ziff. 124) beruhenden Reform zur angestrebten Rechtssicherheit war allerdings notwendigerweise beschränkt.

68   Die Änderung der FKV durch die **VO (EG) Nr. 1310/97** des Rates vom 30.6.1997 (ABl. L 180, 1; berichtigt in ABl. 1998 L 3, 16 und L 40, 17) hat dieses Problem nunmehr entschärft, indem die in Art. 3 II UnterAbs. 2 a.F. der FKV enthaltene Beschränkung aufgehoben wurde. Seit dem Inkrafttreten dieser VO am 1.3.1998 ist die FKV auch auf ein GU anwendbar, das „die Koordinierung des Wettbewerbsverhaltens unabhängig bleibender Unternehmen bezweckt oder bewirkt" (s. nunmehr Art. 3 IV FKV). Die Anwendbarkeit der FKV setzt jedoch nach wie vor voraus, daß es sich dabei um ein **Vollfunktionsgemeinschaftsunternehmen** handelt. Dies bedeutet nach der **Mitteilung der Kommission über den Begriff des Vollfunktionsgemeinschaftsunternehmens** [VollFunktionsMit.] (ABl. 1998 C 66, 1), daß das GU auf einem Markt alle Funktionen ausüben muß, die auch von den anderen Unternehmen auf diesem Markt wahrgenommen werden (a.a.O., Ziff. 12). Dies setzt voraus, daß das GU „über ein sich dem Tagesgeschäft widmendes Management und ausreichende Ressourcen wie finanzielle Mittel, Personal, materielle und immaterielle Vermögenswerte" verfügt, um langfristig seine Tätigkeiten ausüben zu können (VollFunktionsMit. Ziff. 12). Dies ist in der Regel der Fall, wenn die Gründerunternehmen umfangreiche finanzielle Mittel für die Gründung des GU aufwenden, ihm bereits bestehende Unternehmen oder Betriebe übertragen oder wesentliches Know-how einbringen (vgl. E v. 18.1.93 – Philips/Thomson/SAGEM; E v. 10.5.93 – Hoechst/Wacker). Gegen die Annahme eines VollfunktionsGU spricht z.B. der Umstand, daß die Gründerunternehmen dem GU nur jederzeit widerrufbare Lizenzen erteilen (s. E v. 6.2.91, WuW 91, 501 – Baxter/Nestlé/Salvia) oder die Tatsache, daß das GU hinsichtlich der Forschungs- und Entwicklungstätigkeit nur ein eingeschränktes Mitspracherecht hat (s. E v. 5.7.93 – Pasteur-Mérieux/Merck). Kein VollfunktionsGU liegt vor, wenn das GU im wesentlichen auf den Vertrieb der

Erzeugnisse der Muttergesellschaften beschränkt ist. Eine vorübergehende Abhängigkeit von Verkäufen an oder Käufen von den Muttergesellschaften während der Anlaufphase (die in der Regel 3 Jahre nicht überschreiten darf) ist hingegen unschädlich (VollFunktionsMit. Ziff. 13–14).
Schließlich muß das GU **auf Dauer** angelegt sein (vgl. E v. 20.12.74, ABl.
1975 L 38, 14 – S.H.V./Chevron: Eine Dauer von 50 Jahren reicht aus).
Dies ist nicht der Fall, wenn das GU nur für einen kurzen Zeitraum (z.b.
zum Zwecke der Errichtung eines Kraftwerks) gegründet wird (VollFunktionsMit. Ziff. 15).

Für VollfunktionsGU in dem soeben beschriebenen Sinn, welche die   **69**
Schwellenwerte der FKV erfüllen, gelten danach die allgemeinen Vorschriften der FKV (s. hierzu Art. 83 Rn. 49ff.). Bezwecken oder bewirken
diese GU die **Koordinierung des Wettbewerbsverhaltens unabhängig
bleibender Unternehmen** (d.h., von zwei oder mehr Muttergesellschaften), ist *außerdem* Art. 2 IV der FKV anwendbar, wonach diese Koordinierung nach den Kriterien von Art. 81 I und III beurteilt wird, um festzustellen, ob das Vorhaben mit dem Gemeinsamen Markt vereinbar ist. Bei dieser Prüfung des Vorliegens sog. **Gruppeneffekte** oder **spill-over-Effekte**
berücksichtigt die Kommission „insbesondere, ob es auf dem Markt des
Gemeinschaftsunternehmens oder auf einem diesem vor- oder nachgela-
gerten Markt oder auf einem benachbarten oder eng mit ihm verknüpften
Markt eine nennenswerte und gleichzeitige Präsenz von zwei oder mehr
Gründerunternehmen gibt" und ob „die unmittelbar aus der Gründung des
Gemeinschaftsunternehmens erwachsende Koordinierung den beteiligten
Unternehmen die Möglichkeit eröffnet, für einen wesentlichen Teil der betreffenden Waren und Dienstleistungen den Wettbewerb auszuschalten".
Der von der Kommission anzuwendende Maßstab wird in der 5.Begrün-
dungserwägungder VO Nr. 1310/97 prägnant zum Ausdruck gebracht, der
zufolge es darauf ankommt, ob die Gründung des GU „direkt eine spürbare Einschränkung des Wettbewerbs zwischen unabhängig bleibenden Unternehmen zur Folge hat." Die Kommission hat die in der VollFunktions-
Mit. (in Fn 3.) zum Ausdruck gebrachte Absicht, so bald wie möglich Leitlinien für die Anwendung von Art. 2 IV der FKV herauszugeben, bislang
noch nicht verwirklicht. Für die Zeit bis zur Veröffentlichung entsprechender Leitlinien verweist die Kommission auf die Prinzipien, die sie in Ziff.
17–20 der – durch die VollFunktionsMit. ersetzten – Bekanntmachung über
die Unterscheidung zwischen konzentrativen und kooperativen Gemeinschaftsunternehmen (ABl. 1994 C 385, 1) dargelegt hat. Die Kommission
hat den neuen Art. 2 IV der FKV bereits in einer Reihe von Fällen geprüft,
ohne allerdings bislang eine für diese Vorschrift relevante Koordinierung

des Wettbewerbsverhaltens von Muttergesellschaften festzustellen. Sie hat sich dabei darauf gestützt, daß eine entsprechende Koordinierung nicht wahrscheinlich (s. E v. 18.8.98, JV.9 – Telia/Sonera/Motorola/UAB Omnitel, Rn. 31) oder nicht spürbar (vgl. E v.27.5.98, JV.1 – Telia/Telenor/Schibsted, Rn. 41) war oder nicht kausal auf die Gründung des GU zurückgeführt werden konnte (s. etwa E v. 22.6.98, JV.2 – ENEL/FT/DT, Rn. 39).

70   VollfunktionsGU mit gemeinschaftsweiter Bedeutung, die die Koordinierung des Wettbewerbsverhaltens unabhängig bleibender Unternehmen bezwecken oder bewirken, unterliegen daher nunmehr der FKV. Sie fallen daher nicht mehr in den Anwendungsbereich der VO Nr. 17 und der im Verkehrsbereich geltenden Verfahrensvorschriften (Art. 22 I, II FKV; vgl. die Mitteilung der Kommission über die Beurteilung von VollfunktionsGU nach den Wettbewerbsregeln der EG, ABl. 1998 C 66–38). Gleiches gilt für VollfunktionsGU *ohne* gemeinschaftsweite Bedeutung, auf die die Fusionskontrollvorschriften der MS Anwendung finden (vgl. Art. 21 II FKV; zu der Frage, ob auf solche GU gleichwohl auch Art. 81 angewendet werden kann, s. Art. 83 Rn. 71f.).

71   Art. 81 und die VO Nr. 17 (sowie die Verfahrensvorschriften im Verkehrsbereich) sind jedoch anwendbar auf alle anderen GU, d.h. GU, die nicht wie ein VollfunktionsGU alle Funktionen eines gewöhnlichen Unternehmens auf dem Markt ausüben, sondern sich auf bestimmte Aufgaben beschränken (**TeilfunktionsGU**). Für die Beurteilung dieser GU liefert die **Bekanntmachung über die Beurteilung kooperativer GU** (ABl. 1993 C 43, 2), in der die Kommission ihre bisherige Verwaltungspraxis zusammengefaßt hat, wichtige Anhaltspunkte. Allerdings ist dabei zu beachten, daß diese Bek. aus dem Jahre 1993 stammt und ihr (wie bereits ihr Titel zeigt) noch die nach der bis zum 1.3.1998 geltenden Fassung der FKV entscheidenden Abgrenzung zwischen konzentrativen und kooperativen GU zugrunde liegt. Teile dieser Bekanntmachung (insbesondere etwa deren Ziff. 41) sind daher überholt.

72   Die Kommission weist in dieser Bekanntmachung darauf hin, daß das Kartellverbot auf bestimmte Gruppen von GU keine Anwendung findet (Ziff. 15). Es handelt sich dabei um (1) GU, deren Gründer ein und demselben Konzern angehören und die ihr Wettbewerbsverhalten nicht frei bestimmen können (vgl. hierzu Vorbem. zu Art. 81–86 Rn. 36), (2) GU, die unter die Bagatellbekanntmachung fallen (s. Art. 81 Rn. 18) sowie (3) GU mit wettbewerbsneutralen Aufgaben im Sinne der Kooperationsbekanntmachung (vgl. hierzu Art. 81 Rn. 55).

73   Außerdem erläutert die Kommission in dieser Bekanntmachung die Kriterien, die bei der Frage nach den Auswirkungen eines GU auf den Wettbewerb zwischen den Gründern (Ziff. 18ff.) und auf die Stellung Dritter (Ziff. 23ff.) zu prüfen sind. Ein **Netz von GU** kann den Wettbewerb in besonderem Maße beschränken, da es die von dem einzelnen GU ausgehenden Auswirkungen auf das Wettbewerbsverhalten der Gründer und die Marktstellung Dritter verstärkt (Ziff. 27). Nach Auffassung der Kommission gilt dies auch, wenn das einzelne GU selbst keine Wettbewerbsbeschränkung zur Folge hat, sofern der Wettbewerb zwischen den verschiedenen dem Netz angehörenden GU beschränkt wird (Ziff. 30; vgl. E v. 14.7.86, ABl. 1986 L 236, 30 Rn. 52ff. – Lichtwellenleiter).

Im übrigen ist für die Behandlung von TeilfunktionsGU insb. auf die Aus-   **74** führungen der Bek. zu ProduktionsGU hinzuweisen. Werden diese von Art. 81 I erfaßt, können nach Ansicht der Kommission für eine Freistellung zwar keine allgemeingültigen Obergrenzen aufgestellt werden; die in verschiedenen GVO verwendete Marktanteilsgrenze von **20 %** kann jedoch als „**Orientierungspunkt**" dienen (Ziff. 63).

Handelt es sich um ein in den Anwendungsbereich der FKV fallendes **Voll-   **75** funktionsGU**, so unterliegen auch **Nebenabreden**, die mit seiner Durchführung unmittelbar verbunden und für sie notwendig sind, ausschließlich den Fusionskontrollvorschriften (s. Art. 6 I lit. b und 8 II Unterabs. 2 FKV) und nicht Art. 81. Dies gilt z.B. für ein den Gründerunternehmen zugunsten des GU auferlegtes Wettbewerbsverbot, soweit dieses „Ausdruck des endgültigen Rückzugs der Gründer von dem Markt des GU sind" (vgl. hierzu und zu anderen Nebenabreden Ziff. V der **Bekanntmachung über Nebenabreden**, ABl. 1990 C 203, 5; s. z.B. E v. 17.3.93, WuW 93, 1063 – Matra/Cap Gemini Sogeti). Allerdings ist in diesem Bereich eine Einschränkung der früher eher großzügigen Praxis unverkennbar. Aus neueren Entscheidungen ergibt sich, daß ein Wettbewerbsverbot nur dann eine Nebenabrede in dem genannten Sinn darstellt, wenn es auf den Zeitraum beschränkt ist, während dessen das betroffene Unternehmen das GU kontrolliert (s. etwa die E v. 19.5.98, M.1177 – Belgacom/Tele Danmark/Tulip, Rn. 29).

Entsprechendes gilt für die Beurteilung von TeilfunktionsGU am Maßstab   **76** des Art. 81. Absprachen, die mit dem GU unmittelbar verbunden und für dessen Existenz notwendig sind, sind als Nebenabreden zu behandeln, wenn sie „eine dem Hauptgegenstand des GU untergeordnete Funktion erfüllen" (Ziff. 66 der **Bekanntmachung über kooperative GU**, s. Rn. 71). Ist das GU mit Art. 81 vereinbar, gilt dies daher auch für solche Nebenabreden. Fällt das GU als solches nicht unter Art. 81 I, so werden auch Nebenabreden, die an sich Wettbewerbsbeschränkungen darstellen würden, nicht von dieser Vorschrift erfaßt (Ziff. 67).

77   Wettbewerbsbeschränkungen, die anläßlich der Gründung eines VollfunktionsGU vereinbart werden, *ohne* allerdings mit der Durchführung dieses GU unmittelbar verbunden und für sie notwendig zu sein, sind nach wie vor gesondert am Maßstab des Art. 81 zu prüfen.

3. Vertriebsvereinbarungen

Literatur: *Kirchhoff*, Die kartellrechtliche Beurteilung vertikaler Vertriebsverträge. Intrabrand- und Interbrand-Wettbewerb als Kriterien in den USA, Deutschland und der EG, 1990; *Korah/Rothnie*, Exclusive distribution and the EEC competition rules. Regulations 1983/83 & 1984/83, 2. Aufl. 1992; *Möschel/Bach*, Selektive Vertriebssysteme im EG-Recht. Zum Automobilvertrieb in Europa, GRUR Int. 90, 505; *Weltrich*, Franchising im EG-Kartellrecht, Diss. Köln, 1992.

a) Alleinvertriebs- und Alleinbezugsvereinbarungen

78   Vereinbarungen, in denen der eine Vertragspartner (der Lieferant) dem anderen Vertragspartner (dem Wiederverkäufer) ein bestimmtes Gebiet zuweist, auf das dieser seine Absatzbemühungen zu konzentrieren hat, und sich seinerseits verpflichtet, in diesem Gebiet keinen anderen Wiederverkäufer zu beliefern (**Alleinvertriebsvereinbarungen**), bewirken im allgemeinen eine Verbesserung des Vertriebs. Der Lieferant kann seine Verkaufstätigkeit auf einen einzigen Händler konzentrieren, der selbst wiederum ein Interesse daran hat, den ihm zugewiesenen Markt intensiv zu bearbeiten. Dadurch wird zugleich der Wettbewerb zwischen den Erzeugnissen verschiedener Hersteller (Interbrand-Wettbewerb) gestärkt (vgl. die 5.-7. Begründungserwägung der VO Nr. 1983/83 – s.Rn. 79). Ein Händler wird oft nicht bereit sein, die für die Lancierung eines neuen Produktes erforderlichen Investitionen (z.B. für die Werbung) vorzunehmen, wenn ihm der Lieferant nicht im Gegenzug einen bestimmten Schutz einräumt, da er andernfalls gewärtigen müßte, daß andere Wiederverkäufer ohne eigenen Aufwand von seinen Anstrengungen profitieren würden (sog. „free rider-Effekt"). Eine Alleinvertriebsvereinbarung ist daher für einen Hersteller – wie auch die Kommission anerkennt – „oft das wirksamste und manchmal sogar das einzige Mittel, um in einen Markt einzudringen" (a.a.O., 6. Begründungserwägung; vgl. Rn. 20). Gleichwohl geht die Kommission in ständiger Praxis davon aus, daß Alleinvertriebsverträge den Wettbewerb i.S.v. Art. 81 I beschränken, jedoch wegen ihrer positiven Auswirkungen gem. Art. 81 III freigestellt werden können. Dieser Ansatz ist theoretisch fragwürdig; angesichts des Umfangs der bestehenden GVO hat diese Frage aber in der Praxis keine sonderliche Bedeutung (vgl. de lege ferenda Rn. 54).

Durch die **VO (EWG) Nr. 1983/83 v. 22.6.1983** (ABl. L 173, 1), deren Gel-   **79**
tungsdauer durch die VO (EG) Nr. 1582/97 v. 30.7.1997 (ABl. L 214, 27) bis
zum 31.12.1999 verlängert wurde, werden Vereinbarungen, „an denen nur
zwei Unternehmen beteiligt sind, und in denen sich der eine Vertragspartner
dem anderen gegenüber verpflichtet, zum Zwecke des Weiterverkaufs im
Gesamtgebiet oder in einem abgegrenzten Teilgebiet der EG bestimmte Waren nur an ihn zu liefern", vom Verbot des Art. 81 I freigestellt (Art. 1). Wichtige Hinweise zur Auslegung sind der **Bekanntmachung zu den VO
(EWG) 1983/83 und 1984/83** (ABl. 1984 C 101, 2) zu entnehmen. Hinsichtlich der Beschränkung auf „zwei" Unternehmen ist daran zu erinnern,
daß mehrere Konzerngesellschaften, die eine wirtschaftliche Einheit bilden,
als ein einziges Unternehmen angesehen werden können (EuGH, Rs. 170/83,
Hydrotherm/Compact, Slg. 1984, 2999; s. Vorbem. zu Art. 81–86, Rn. 33).
Die GVO ist nur anwendbar, wenn lediglich **ein** Wiederverkäufer mit dem
Vertrieb der Waren im Vertragsgebiet betraut wird. Wird im gleichen Gebiet
ein Händler für den normalen Markt und ein anderer für den abgabenfreien
Verkauf („duty free") ernannt, ist nach Ansicht der Kommission die GVO an-
wendbar, da es sich um zwei Märkte handele (21. WB [1991], Ziff. 112;
zweifelhaft). Unschädlich ist es, wenn sich das Vertragsgebiet auch auf Gebiete außerhalb der EG erstreckt (EuGH Rs. 170/83, a.a.O., Rn. 15).
Es muß sich um in der Vereinbarung bezeichnete **Waren** handeln; für   **80**
Dienstleistungen gilt die GVO nicht (E v. 27.10.92, ABl. 1992 L 326, 31
Rn. 105 – Fußballweltmeisterschaft 1990; s. aber Ziff. 11 der Bek. hinsichtlich Kundendienstleistungen im Zusammenhang mit dem Weiterver-
kauf). Ungeklärt ist noch, ob auch Software als Ware angesehen werden
kann (s. hierzu *Gleiss/Hirsch*, 4. Aufl., Art. 85 Rn. 1060). Für den **Weiter-
verkauf** kommt es darauf an, ob die „wirtschaftliche Identität" (Ziff. 9f. der
Bek.) gewahrt bleibt; ein geringfügiger Wertzuwachs (z.B. durch Rost-
schutzbehandlung von Metallen) ist unbeachtlich. Der Vertrieb kann (wenn
der Kunde die Ware letztlich erwerben soll) auch im Wege des Leasings erfolgen. Eine Vermietung kann jedoch nicht als „Wiederverkauf" angesehen
werden (a.A. *Kommission*, s. Ziff. 12 der Bek.). Nach Ansicht der Kommission darf der Lieferant auch an andere Wiederverkäufer **innerhalb** des
Vertragsgebiets verkaufen, solange er nur auf Anfrage liefert, die Übergabe
außerhalb des Vertragsgebiets erfolgt und der Käufer die Transportkosten
trägt (Ziff. 27 der Bek.). Diese Auslegung würde den Nutzen der Vereinbarung für den Alleinvertriebshändler ganz beträchtlich mindern (abl. auch
Wiedemann a.a.O., Art. 1 GVO 1983/83 Rn. 18).
Neben dem Verbot der Belieferung anderer Wiederverkäufer im Vertrags-   **81**
gebiet darf der **Lieferant** – soll die GVO anwendbar bleiben – lediglich die

Verpflichtung übernehmen, keine Verbraucher im Vertragsgebiet zu beliefern (Art. 2 I; die Belieferung bestimmter Verbraucher darf er sich jedoch
vorbehalten, s. Ziff. 30 der Bek.). Dem **Wiederverkäufer** kann lediglich
ein Konkurrenzverbot zugunsten des Lieferanten (Art. 2 II lit. a), eine Verpflichtung zum ausschließlichen Bezug der Waren vom Lieferanten (Art. 2
II lit. b) und das Verbot, außerhalb des Vertragsgebiets Kunden zu werben
und Niederlassungen oder Auslieferungslager zu unterhalten (Art. 2 II lit.
c), auferlegt werden. Der Anwendbarkeit der GVO steht es nicht entgegen,
wenn der Wiederverkäufer verpflichtet wird, vollständige Sortimente oder
Mindestmengen abzunehmen, die Waren unter den vom Lieferanten vorgeschriebenen Warenzeichen oder in der von diesem bestimmten Ausstattung
zu verkaufen und vertriebsfördernde Maßnahmen (z.b. Werbung, Kunden-
dienst) zu ergreifen (Art. 2 III lit. a-c). Im Rahmen der zuletzt genannten
Verpflichtung kann dem Wiederverkäufer auch aufgegeben werden, nicht
an „ungeeignete" Händler zu liefern (Ziff. 20 der Bek.). Es ist daher möglich, die Alleinvertriebsvereinbarung mit einem selektiven Vertriebssystem
zu kombinieren (s. dazu im einzelnen Rn. 89ff.).

82   **Nicht** zulässig sind hingegen Klauseln, durch die dem Wiederverkäufer ein
absoluter Gebietsschutz eingeräumt werden soll, insb. mittels (dem Lieferanten und den anderen Wiederverkäufern auferlegter) **Exportverbote**
(vgl. EuGH, Rs. 25/75, Van Vliet Kwastenfabriek/Dalle Crode, Slg. 1975,
1103 Rn. 12/15; C-279/87, Tipp-Ex, Slg. 1990, I–261; E v. 18.3.92, ABl.
1992 L 131, 32 Rn. 63 – Newitt/Dunlop Slazenger). **Parallelimporte** müssen in jedem Fall zulässig sein, d.h., die Verbraucher müssen die Möglichkeit haben, die betroffenen Waren auch aus einer anderen Bezugsquelle zu
erhalten (vgl. Art. 3 lit. c-d; s. EuGH, Rs. 86/82, Hasselblad, Slg. 1984, 883
Rn. 35). Unzulässig sind auch Klauseln, durch die der Wiederverkäufer in
seiner Freiheit zur Festsetzung der **Verkaufspreise** beschränkt wird (s. den
8. Erwägungsgrund der GVO).

83   Unzulässig ist es, eine **Herstellergarantie** denjenigen Kunden vorzubehalten, die die Waren beim Alleinvertriebshändler gekauft haben, da eine solche
Regelung eine Benachteiligung von Parallelimporteuren bezweckt oder bewirkt und damit den Wettbewerb beschränkt (EuGH, Rs. 31/85, ETA/DK Investment, Slg. 1985, 3933 Rn. 14; C-373/90, X, Slg. 1992, I–131 Rn. 18).
Zulässig ist es jedoch, daß der Alleinvertriebshändler eine **zusätzliche Händ-
lergarantie** den Kunden vorbehält, die bei ihm gekauft haben (Vgl. EuGH,
Rs. 86/82, Hasselblad a.a.O., Rn. 34). Für Alleinvertriebsvereinbarungen
zwischen Konkurrenten gilt die GVO nur eingeschränkt (s. Art. 3 lit. a-b).

84   Auch Vereinbarungen, in denen sich Wiederverkäufer verpflichten, bestimmte Waren zum Zwecke des Wiederverkaufs ausschließlich vom Liefe-

ranten zu beziehen (**Alleinbezugsvereinbarungen**), haben in der Regel eine Verbesserung des Vertriebs zur Folge. Sie ermöglichen u.a. dem Lieferanten eine genauere und langfristigere Planung, während sie zugleich die Deckung des Bedarfes des Wiederverkäufers sichern (vgl. die 5.-7. Begründungserwägung der VO 1984/83). Auch können sie „oft das wirksamste und manchmal sogar das einzige Mittel" zur Erschließung eines Marktes darstellen (a.a.O., 6. Begründungserwägung). Die Feststellung eines Verstoßes gegen Art. 81 I bereitet bei solchen Vereinbarungen nicht selten Schwierigkeiten. Es ist daran zu erinnern, daß bei der Frage nach dem Vorliegen einer spürbaren Beeinträchtigung des Handels zwischen MS und einer spürbaren Wettbewerbsbeschränkung der gesamte wirtschaftliche und rechtliche Hintergrund der jeweiligen Vereinbarung und insb. die Existenz ähnlicher Vereinbarungen auf dem Markt (**Bündeltheorie**) zu berücksichtigen sind (s. Vorbem. zu Art. 81–86 Rn. 18 und Art. 81 Rn. 15). Für die Fälle des Alleinbezugs von **Bier** durch Gaststätten hat die Kommission versucht, durch eine **Ergänzung** der Bek. zu den VO (EWG) Nr. 1983/83 und 1984/83 (ABl. 1992 C 121, 2) etwas mehr Klarheit zu schaffen. Nach Ansicht der Kommission fallen demnach auschließliche Bierlieferungsverträge i.S. der VO Nr. 1984/83 (s.u.) „generell" nicht unter Art. 81 I, wenn der Anteil der Brauerei auf dem nationalen Markt für den Absatz von Bier in Gaststätten höchstens 1 % beträgt, die Brauerei nicht mehr als 200 000 hl Bier im Jahr herstellt und die Laufzeit der Vereinbarung 15 Jahre (7 1/2 Jahre bei Alleinbezug von Bier und anderen Getränken) nicht übersteigt (s. im einzelnen *Jakob-Siebert/Reichl*, EuZW 92, 433). Die Bekanntmachung bindet weder den EuGH noch die nationalen Gerichte, liefert aber nützliche Richtwerte.

Die **VO (EWG) Nr. 1984/83 v. 22.6.1983** (ABl. L 173, 5), deren Geltungsdauer durch die VO (EG) Nr. 1582/97 v. 30.7.1997 (ABl. L 214, 27) bis zum 31.12.1999 verlängert wurde, stellt Vereinbarungen vom Verbot des Art. 81 I frei, an denen nur zwei Unternehmen beteiligt sind und in denen sich der Wiederverkäufer verpflichtet, zum Zwecke des Wiederverkaufs bestimmte im Vertrag genannte Waren nur vom Lieferanten, einem mit diesem verbundenen Unternehmen oder von einem sonstigen Unternehmen zu beziehen, das der Lieferant mit dem Vertrieb seiner Waren betraut hat (Art. 1). Die GVO gilt nicht für Alleinvertriebsvereinbarungen (s. Art. 16; vgl. auch Art. 8 der VO Nr. 1983/83). Eine ausschließliche Bezugspflicht für mehrere Waren wird von der GVO nur gedeckt, wenn zwischen ihnen sachlich oder nach Handelsbrauch eine Beziehung besteht (vgl. Art. 3 lit. c; s. auch Ziff. 38 der Bek.). Die GVO gilt nicht für Vereinbarungen, die für einen Zeitraum von mehr als **fünf** Jahren oder einen unbestimmten Zeitraum geschlossen werden (Art. 3 lit. d; nach Ansicht der Kommission gelten Ver- **85**

träge mit einer festen Laufzeit, die sich mangels Kündigung automatisch
verlängern, als auf unbestimmte Zeit abgeschlossen, s. Ziff. 39 der Bek.;
vgl. jedoch Rn. 87 für Bierlieferungs- und Tankstellenverträge).

86 Dem **Lieferanten** darf – soll die GVO anwendbar sein – lediglich ein (auf
das hauptsächliche Absatzgebiet und die Vertriebsstufe des Wiederverkäufers beschränktes) Wettbewerbsverbot auferlegt werden (Art. 2 I). Der **Wiederverkäufer** darf außer der Alleinbezugsverpflichtung lediglich die Verpflichtung übernehmen, keine mit den Vertragswaren in Wettbewerb stehenden Waren herzustellen oder zu vertreiben (Art. 2 II). Der Anwendbarkeit der GVO steht es nicht entgegen, wenn der Wiederverkäufer bestimmte zusätzliche Verpflichtungen (z.B. zur Abnahme von Mindestmengen)
eingeht, die den in Art. 2 III der VO Nr. 1983/83 genannten entsprechen
(Art. 2 III). (Zur Frage der Zulässigkeit von Alleinbezugsvereinbarungen
zwischen Konkurrenten nach der GVO s. Art. 3 lit. a-b).

87 Die GVO enthält besondere Regeln für **Bierlieferungsverträge** (Art. 6–9)
und **Tankstellenverträge** (Art. 10–13). Vereinbarungen, durch die sich ein
Wiederverkäufer gegen „Gewährung besonderer wirtschaftlicher oder finanzieller Vorteile" (z.B. die Überlassung von Räumlichkeiten, vgl. die 13.
Begründungserwägung) zum Alleinbezug bestimmter Biere (oder bestimmter Biere und anderer Getränke) zum Zwecke des Weiterverkaufs in einer
Gaststätte verpflichtet, sind gem. Art. 6 vom Verbot des Art. 81 I freigestellt. Darüber hinaus darf der Wiederverkäufer lediglich verpflichtet werden, in der Gaststätte keine von Dritten angebotenen Biere und Getränke
derselben Sorte zu vertreiben, andere Sorten von Bier grundsätzlich nur in
Flaschen, Dosen oder Kleinpackungen anzubieten und für die von Dritten
bezogenen Waren nur in einem angemessenen Umfang zu werben (Art. 7 I
lit. a-c). Bezieht sich die Alleinbezugsverpflichtung allein auf Bier, kann sie
für einen Zeitraum von nicht mehr als **10 Jahren** geschlossen werden
(Art. 8 I lit. d). Hat der Lieferant dem Wiederverkäufer die Gaststätte zur
Verfügung gestellt, wird die Vereinbarung auch dann von der GVO gedeckt,
wenn die Alleinbezugsverpflichtung und die Wettbewerbsverbote für den
gesamten Zeitraum, in dem die Gaststätte betrieben wird, gelten. Die Vereinbarung muß sich jedoch auf „bestimmte", in der Vereinbarung spezifizierte Getränke beziehen; der Verweis auf eine Liste, die der Lieferant be-
liebig ändern kann, genügt daher nicht (EuGH, C-234/89, Delimitis, Slg.
1991, I–935 Rn. 36; großzügiger [und realistischer] – zum Bestimmtheits-
erfordernis nach Art. 1 – E v. 23.12.92, ABl. 1993 L 183, 1 Rn. 111 – Schöller).

88 Vereinbarungen, durch die sich ein Wiederverkäufer zum ausschließlichen
Bezug bestimmter Kraftstoffe (oder bestimmter Kraft- und Brennstoffe)

zum Zwecke des Verkaufs an einer Tankstelle verpflichtet, sind gem.
Art. 10 vom Verbot des Art. 81 I befreit, wenn sie für einen Zeitraum von
nicht mehr als **10 Jahren** (Art. 12 I lit. c) bzw. – wenn der Lieferant die
Tankstelle zur Verfügung stellt – für die **Dauer der Benutzung** (Art. 12 II)
abgeschlossen werden. Strengere nationale Vorschriften sind zulässig (s.
die 19.Begründungserwägung der GVO).

b) Selektive Vertriebssysteme

aa) Einfache Fachhandelsbindung

Es gibt legitime Beweggründe, die einen Hersteller dazu veranlassen kön-   **89**
nen, den Vertrieb seiner Waren nur einer begrenzten Zahl von qualifizierten
Händlern anzuvertrauen. Es ist daher anerkannt, daß **selektive Vertriebssysteme** mit Art. 81 I vereinbar sind, sofern vier Voraussetzungen erfüllt
sind (vgl. hierzu EuGeI, T-19/92, Leclerc/Kommission, Slg. 1996, II–1851
Rn. 112): (1) Die Eigenschaften des Produkts machen einen selektiven Vertrieb erforderlich, um die Qualität und den richtigen Gebrauch des Produkts
zu gewährleisten; (2) die Auswahl der Wiederverkäufer erfolgt „aufgrund
objektiver Gesichtspunkte qualitativer Art (–), die sich auf die fachliche
Eignung des Wiederverkäufers, seines Personals und seiner sachlichen Ausstattung beziehen, (–) sofern diese Voraussetzungen einheitlich für alle in
Betracht kommenden Wiederverkäufer festgelegt und ohne Diskriminierung angewendet werden" (EuGH, Rs. 26/76, Metro I, Slg. 1977, 1875 Rn.
20); (3) das betreffende Vertriebssystem dient der Verbesserung des Wettbewerbs, um die dieser Vertriebsart innewohnende Beschränkung des Preis-
wettbewerbs aufzuwiegen und (4) die festgelegten Kriterien (für die Zulassung als Händler) gehen nicht über das notwendige Maß hinaus. Man
spricht hier von einer **einfachen Fachhandelsbindung.** Ein selektives Vertriebssystem führt zwar in der Regel zu einer Dämpfung des Preiswettbe-
werbs, da sich die von den Fachhändlern angewendeten Preise zwangsläufig innerhalb einer engeren Spanne bewegen, als dies bei einem Wettbewerb
zwischen Fachhändlern und nicht spezialisierten Händlern der Fall wäre;
diese Beschränkung wird jedoch durch den Wettbewerb hinsichtlich der
Qualität der den Kunden erbrachten Leistungen – und die Verstärkung des
Interbrand-Wettbewerbs – aufgewogen (s. EuGH, Rs. 26/76 Metro I a.a.O.,
Rn. 21; Rs. 107/82, AEG, Slg. 1983, 3151 Rn. 42). Spezifische Maßnahmen des Herstellers zur Beeinflussung der Wiederverkaufspreise werden
freilich dadurch nicht gedeckt. Die Lückenlosigkeit eines selektiven Ver-
triebssystems ist keine Voraussetzung für seine Rechtswirksamkeit nach
Art. 81 (EuGH, C-376/92, Metro/Cartier, Slg. 1994, I–15, Rn. 28). Zu be-

achten ist auch, daß der EuGH die Anerkennung der Vereinbarkeit von solchen selektiven Vertriebssystemen mit dem EG-Kartellrecht mit dem Vorbehalt versehen hat, daß ein Verstoß gegen Art. 81 I vorliegen kann, wenn die Zahl dieser Systeme keinen Raum mehr für andere Vertriebsformen läßt oder wenn sie zu einer Erstarrung der Preisstruktur führen, die nicht durch sonstigen Intrabrand-Wettbewerb oder das Bestehen eines wirksamen Wettbewerbs zwischen verschiedenen Marken aufgewogen wird (s. EuGH, Rs. 26/76, Metro I a.a.O., Rn. 22, 50; Rs. 75/84, Metro II, Slg. 1986, 3021 Rn. 40).

90   Die Vereinbarkeit mit Art. 81 I setzt zunächst voraus, daß die Eigenschaften des fraglichen Produkts ein selektives Vertriebssystem „zur Wahrung seiner Qualität und zur Gewährleistung seines richtigen Gebrauchs" **erfordern** (EuGH, Rs. 31/80, L'Oréal, Slg. 1980, 3775 Rn. 16; EuGeI, T-19/91, Vichy, Slg. 1992, II–415 Rn. 65). Dies wurde z.b. für Geräte der Unterhaltungselektronik (EuGH, Rs. 210/81, Demo-Studio Schmidt, Slg. 1983, 3045), Computer (E v. 18.4.84, ABl. 1984 L 118, 24 Rn. 14 – IBM-Personalcomputer), hochwertigen Schmuck (E v. 5.12.83, ABl. 1983 L 348, 20 Rn. 14 – Murat) und hochwertige Uhren (E v. 21.12.76, ABl. 1977 L 30, 10 Rn. 22 – Junghans; nicht dagegen für Massenfabrikate der Marke „Swatch", s. EuGH, Rs. 31/85, ETA/DK Investment, Slg. 1985, 3933 Rn. 16) bejaht. Auch die Erhaltung des Charakters von Erzeugnissen (insb. Parfüms und Kosmetika) als Luxusprodukten rechtfertigt nach Ansicht der Kommission und des EuGeI eine einfache Fachhandelsbindung (grundlegend E v. 16.12.91, ABl. 1992 L 12, 24, 29 – **YSL Parfums** und das auf die Klage gegen diese Entscheidung ergangene Urteil des EuGeI, T-19/92, Leclerc/Kommission, Slg. 1996, II–1851 Rn. 114–115.). Auch Presseerzeugnisse rechtfertigen aufgrund ihrer Besonderheiten ein selektives Vertriebssystem (EuGH, Rs. 243/83, Binon/AMP, Slg. 1985, 2015 Rn. 32).

91   Mit Art. 81 I vereinbar ist nur die Aufstellung objektiver **qualitativer** Kriterien. Es darf daher verlangt werden, daß der Wiederverkäufer die für einen sachgerechten Absatz erforderlichen Fachkenntnisse besitzt und sein Geschäft über eine ausreichende personelle und materielle Ausstattung verfügt. Dabei ist jeweils zu prüfen, ob die mit diesen Anforderungen angestrebten Ziele nicht bereits durch Vorschriften des nationalen Rechts (insb. Vorschriften über den Zugang zu bestimmten Berufen) erreicht werden und ob die Anforderungen nicht über das erforderliche Maß hinausgehen (EuGH, Rs. 31/80, L'Oréal a.a.O., Rn. 16). Für die Frage, welche Kriterien im Einzelfall zulässig sind, liefert die Entscheidung der Kommission im Fall YSL und das hierzu ergangene Urteil des EuGeI (s. u. Rn. 90) wertvolle Anhaltspunkte. Besonders aufschlußreich ist die Haltung des Gerichts zu

dem Erfordernis, daß andere Produkte nicht mehr als 40 % der Verkaufs-
fläche des Händlers einnehmen dürfen. Während die Kommission dieses
Kriterium in ihrer Entscheidung gar nicht erörtert hatte, kam das Gericht zu
dem (zutreffenden) Schluß, daß diese Bedingung lediglich der Eliminie-
rung nicht genehmer Vertriebshändler (insb. von Warenhäusern) diente und
mit dem legitimen Schutz des Luxuscharakters der Produkte in keinerlei
Zusammenhang stand (EuGeI T-19/92, a.a.O., Rn. 148–151). Zulässig ist es
natürlich, den zugelassenen Wiederverkäufern aufzugeben, Verkäufe an
nicht zugelassene Händler zu unterlassen. Nicht mit Art. 81 I vereinbar sind
hingegen **quantitative** Kriterien (zur Abgrenzung s.u. Rn. 92; lehrreich E
v. 21.12.93, ABl. 1994 L 20, 15 Rn. 23ff., 35 – Grundig-EG-Vertriebsbin-
dung). Die qualitativen Selektionskriterien müssen einheitlich festgelegt
und ohne Diskriminierung angewandt werden. Dem Zulassungsverfahren
kommt daher besondere Bedeutung zu. Die Kommission verlangt in der Regel, daß der Hersteller über einen Antrag auf Zulassung als Fachhändler
binnen vier Wochen entscheidet und (bei einem mehrstufigen Vertriebssystem) auch Großhändler berechtigt sind, geeignete Händler anzuerkennen
(s. E v. 21.12.83, ABl. 1983 L 376, 41, 47 – SABA II). Die Pflicht zur
Gleichbehandlung aller Bewerber bedeutet nicht, daß der Hersteller alle geeigneten Händler auch beliefern müßte. Unzulässig ist es jedoch, wenn der
Hersteller in der Absicht, ein hohes Preisniveau aufrechtzuerhalten, bestimmten Händlern, die den qualitativen Anforderungen entsprechen, die
Zulassung verweigert (EuGH, Rs. 107/82, AEG a.a.O., Rn. 37). Das Vertriebssystem verstößt in solchen Fällen insgesamt gegen Art. 81 I, sofern es
sich nicht um einseitige Maßnahmen des Herstellers handelt (s. hierzu Rn.
3). Erfüllt ein selektives Vertriebssystem die in der Rechtsprechung aufgestellten Kriterien für seine Vereinbarkeit mit Art. 81, so ist nach Ansicht des
EuGH auch eine Beschränkung der Herstellergarantie auf bei zugelassenen
Händlern erworbene Produkte zulässig (EuGH, Rs. 75/84, Metro/Cartier
a.a.O., Rn. 32ff.).

bb) Qualifizierte Selektion

Ein Vertriebssystem, das Anforderungen aufstellt, die nicht durch die Ei-   **92**
genschaften des Produktes gerechtfertigt werden oder das den Wiederverkäufern oder dem Lieferanten weitergehende Beschränkungen auferlegt,
verstößt gegen Art. 81 I und bedarf einer Freistellung nach Art. 81 III. Dies
ist insb. der Fall, wenn dem Wiederverkäufer zusätzliche Vertriebsförde-
rungspflichten auferlegt oder besondere Absatzleistungen (z.B. die Abnahme von Mindestmengen oder das Erreichen bestimmter Mindestumsätze)

abverlangt werden (sog. **qualifizierte Fachhandelsbindung**). Gleiches gilt, wenn der Lieferant die Zahl der belieferten Händler beschränkt (**quantitative** Selektion). Dies soll auch gelten, wenn ein Hersteller von Kosmetika nur zugelassene Apotheker als Wiederverkäufer akzeptiert, da deren Zahl durch die Gesetzgebung der meisten MS beschränkt wird (E v. 11.1.91, ABl. 1991 L 75, 57 Rn. 18 – T-19/91, Vichy; bestätigt durch EuGeI, Vichy a.a.O., Rn. 68; zweifelhaft). Der Übergang ist fließend (die Festsetzung eines Mindestumsatzes hat in der Regel zur Folge, daß nur eine beschränkte Zahl von Wiederverkäufern den Zulassungsanforderungen entspricht). Ein Vertriebssystem mit einer qualifizierten Fachhandelsbindung hat gute Aussichten, eine Freistellung zu erlangen. Voraussetzung ist allerdings, daß die Fachhändler frei sind, ihre **Wiederverkaufspreise** selbständig festzusetzen und **Querlieferungen** innerhalb des Systems (zwischen zugelassenen Händlern) möglich sind. Jegliche Versuche, den einzelnen Händlern einen **absoluten Gebietsschutz** zu gewähren (insb. durch die Behinderung von Parallelimporten) stehen einer Freistellung regelmäßig im Wege. Auch Systeme mit **quantitativer** Selektion können freigestellt werden, wenn die betreffende Ware ein solches Vertriebssystem erfordert (z.B. beim Absatz von Zeitungen; offen gelassen in EuGH, Rs. 243/83, Binon/AMP, Slg. 1985, 2015 Rn. 30).

c) Vertrieb von Kraftfahrzeugen

93   Eine Gruppenfreistellung für Vertriebssysteme mit quantitativer Selektion enthält die **VO (EG) Nr. 1475/95 v. 28.6.1995** (ABl. L 145, 25; gültig bis zum 30. 9. 2002) für den Kfz-Bereich. Für die Auslegung der VO ist ein von der Kommission (GD IV) herausgegebener Leitfaden von Nutzen. Von der VO erfaßt werden Vereinbarungen für den Vertrieb von Kraftfahrzeugen (nicht jedoch landwirtschaftlicher Maschinen, s. E v. 15.12.92, ABl. 1993 L 20, 1 Rn. 18 – Ford Agricultural) und deren Ersatzteilen (Art. 1). Die GVO krankt (wie schon ihre Vorgängerin, die VO (EWG) Nr. 123/85, ABl. 1985 L 15, 16) daran, daß sie sich nicht auf wettbewerbsrechtliche Regelungen beschränkt, sondern auch das Vertragsverhältnis zwischen Kfz-Hersteller und Händler zu gestalten versucht (vgl. Art. 5 II und die 17. Begründungserwägung). Die Hersteller hatten ihre Vertriebssysteme an die früher geltende (und mit der VO Nr. 1475/95 weitgehend übereinstimmende) VO Nr. 123/85 angepaßt (17. WB [1987], Ziff. 34). Die Hoffnung, daß durch die GVO auch die Preisunterschiede zwischen den MS beseitigt werden könnten, erfüllte sich jedoch nicht, wie die von der Kommission regelmäßig durchgeführten Untersuchungen deutlich belegen (vgl. die von der

Kommission zweimal im Jahr veröffentlichten Pressemitteilungen zu diesem Thema, die über das Internet abgerufen werden können, vgl. Vorbem. zu Art. 81–86 Rn. 47). Art. 10 Nr. 3 der VO Nr. 123/85 (dem zufolge die Freistellung bei „erheblichen" Preisunterschieden ggf. entzogen werden konnte) ist toter Buchstabe geblieben. Auch der entsprechende Art. 8 Nr. 3 der VO Nr. 1475/95 ist noch nicht angewendet werden.

Nach Art. 3 Nr. 11 gilt die Freistellung auch, wenn die Händler verpflichtet **94** werden, an Endverbraucher, die einen **Vermittler** eingeschaltet haben, nur zu verkaufen, wenn dieser eine schriftliche Vollmacht vorweist. Angesichts der Beschränkungen, die durch die in der GVO freigestellten Vertriebssysteme herbeigeführt werden, leisten professionelle Vermittler einen entscheidenden Beitrag zur Ermöglichung von Parallelimporten und erlauben damit dem Verbraucher, von günstigeren Preisen in anderen MS zu profitieren (s. E v. 4.12.91, ABl. 1992 L 66, 1 Rn. 23, 27 – Eco System/Peugeot). Die Kommission hat die Versuche von Herstellern, die Tätigkeit solcher Vermittlers zu unterbinden, als Verstoß gegen Art. 81 gewertet (Eco System/Peugeot a.a.O.). Sowohl das EuGeI (T-23/90, Peugeot [einstweilige Maßnahmen], Slg. 1991, II–653; T-9/92, Peugeot, Slg. 1993, II–493) wie auch der EuGH (C-322/93 P, Peugeot, Slg. 1994, I–2727) haben die Auffassung der Kommission bestätigt. Der Vermittler muß sich jedoch auf eine Tätigkeit als Vermittler beschränken; er darf nicht selbst die Rolle eines Händlers übernehmen (zur Abgrenzung s. EuGeI a.a.O. und die von der Kommission veröffentlichte **Klarstellung der Tätigkeit von Kraftfahrzeugvermittlern**, ABl. 1991 C 329, 20).

Die früher geltende VO Nr. 123/85 hatte die Frage, ob eine Vereinbarung, die **95** eine von der GVO nicht gedeckte Klausel enthielt, insgesamt nicht mehr in den Genuß der Freistellung kam oder ob nur die fragliche Klausel von Art. 81 I erfaßt wurde (so der 17. WB [1987], Ziff. 34), offen gelassen. Die VO 1475/95 hat diese Frage nunmehr geklärt. Nach ihrem Art. 6 Abs. 1 Nr. 3 gilt die Freistellung nicht, wenn die Parteien Wettbewerbsbeschränkungen vereinbaren, „die in dieser Verordnung nicht ausdrücklich freigestellt sind".

d) Franchisevereinbarungen

Franchisevereinbarungen sind Vereinbarungen, in denen ein Unterneh- **96** men (der Franchisegeber) es einem anderen Unternehmen (dem Franchisenehmer) gegen Vergütung gestattet, eine Gesamtheit von Know-how und Lizenzen an gewerblichen Rechten (die „Franchise") in seinem Geschäftsbetrieb zu nutzen, wobei der Franchisegeber dem Franchisenehmer während der Laufzeit der Vereinbarung eine kontinuierliche kommerzielle

oder technische Unterstützung gewährt. Der Franchisenehmer ist ein selbständiges Unternehmen, das jedoch Namen oder Warenzeichen des Franchisegebers benutzt und sich damit in der Sicht der Verbraucher als Teil einer
einheitlichen Organisation präsentiert. Man unterscheidet zwischen Pro-
duktions-, Vertriebs- und Dienstleistungsfranchising. Nur die zuletzt genannten Formen werden hier behandelt (für ein Beispiel einer Produktions-
franchise s. E v. 23.12.77, ABl. 1978 L 70, 69 – Campari; damals jedoch
als Warenzeichenlizenz behandelt).

97   Vereinbarungen über Vertriebs- und Dienstleistungsfranchising ermöglichen es dem Franchisegeber, mit begrenztem Aufwand ein einheitliches
Händlernetz aufzubauen. Dies erleichtert den Marktzutritt neuer Anbieter,
insb. von KMU. Den Händlern ermöglicht ein solches System den Zugang
zu den Erfahrungen und der Unterstützung des Franchisegebers, was ihnen
die Aufnahme des Geschäftsbetriebs wesentlich erleichtern kann. Für die
Verbraucher hat dieses System den Vorteil, daß die stete Zusammenarbeit
zwischen Franchisegeber und Franchisenehmer eine gleichbleibende Qualität der Waren bzw. Dienstleistungen garantiert (s. hierzu die 7.-8. Begründungserwägung der VO Nr. 4087/88).

98   Der EuGH hat im Falle **Pronuptia** entschieden, daß ein Vertriebsfranchi-
singsystem den Wettbewerb „an sich" nicht beeinträchtigt (EuGH, Rs.
161/84, Pronuptia, Slg. 1986, 353 Rn. 15); diese Rechtsprechung läßt sich
auch auf Fälle des Dienstleistungsfranchising übertragen. Die Funktionsfähigkeit eines solchen Systems hängt von zwei Bedingungen ab: Der Franchisegeber muß in der Lage sein, dem Franchisenehmer sein Know-how
und seine Unterstützung zuteil werden zu lassen, ohne befürchten zu müssen, daß Konkurrenten von ihnen profitieren könnten. Daher sind „alle Bestimmungen, die zur Vermeidung dieser Gefahr unerläßlich sind", mit
Art. 81 I vereinbar (EuGH Rs. 161/84, a.a.O., Rn. 16). Dies gilt insb. für ein
Wettbewerbsverbot zu Lasten des Franchisenehmers während der Vertragsdauer und eines „angemessenen" Zeitraums danach (EuGH Rs. 161/84,
a.a.O., Rn. 16; vgl. E v. 13.7.87, ABl. 1987 L 222, 12 Rn. 22 – Computer-
land, wo ein räumlich beschränktes und auf ein Jahr befristetes nachver-
tragliches Wettbewerbsverbot für zulässig erachtet wurde) und für eine Verpflichtung des Franchisenehmers, sein Geschäft nicht ohne Zustimmung
des Franchisegebers an Dritte zu übertragen.

99   Außerdem muß es dem Franchisegeber möglich sein, die zum Schutz der
Identität und des Namens der Vertriebsorganisation erforderlichen Maßnahmen zu treffen (EuGH, Rs. 161/84, a.a.O., Rn. 17). Keine Wettbewerbsbeschränkungen sind daher insb. die dem Franchisenehmer auferlegten Verpflichtungen, das Know-how und die Geschäftsmethoden des Fran-

chisegebers zu verwenden, die Franchise nur in einem Geschäftslokal zu nutzen, dessen Einrichtung und Lage den Wünschen des Franchisegebers entsprechen (EuGH, Rs. 161/84, a.a.O., Rn. 19) sowie Werbung nur mit Zustimmung des Franchisegebers durchzuführen (EuGH, Rs. 161/84, a.a.O., Rn. 22). Soweit die Aufstellung objektiver Qualitätsnormen nicht möglich ist oder ihre Überwachung zu kostspielig wäre, ist auch eine Verpflichtung des Franchisenehmers zulässig, nur Waren des Franchisegebers oder von diesem ausgewählter Lieferanten zu verkaufen (EuGH, Rs. 161/84, a.a.O., Rn. 21). Der Franchisegeber darf auch **unverbindliche** Richtpreise aufstellen (EuGH, Rs. 161/84, a.a.O., Rn. 25). Wettbewerbsbeschränkungen liegen jedoch vor, wenn die Märkte zwischen Franchisegeber und Franchisenehmer (oder zwischen Franchisenehmern) aufgeteilt werden oder wenn der Preiswettbewerb zwischen den Franchisenehmern verhindert wird (EuGH; Rs. 161/84, a.a.O., Rn. 23).

Die Praxis der Kommission und die **VO (EWG) Nr. 4087/88 v. 30.11.1988** **100** über die Anwendung von Art. 81 III auf Franchisevereinbarungen (ABl. L 359, 46; gültig bis 31.12.1999) sind diesen Vorgaben gefolgt. Die GVO gilt für Vertriebs- und Dienstleistungsfranchisevereinbarungen. Der **Franchisegeber** darf sich verpflichten, im Vertragsgebiet keinem anderen Unternehmen die Nutzung der Franchise zu gestatten, diese dort auch selbst nicht zu nutzen und nicht selbst an Dritte im Vertragsgebiet zu liefern (Art. 2 lit. a). Freigestellt werden u.a. auch die Verpflichtungen des **Franchisenehmers**, die Franchise **nur** von dem im Vertrag festgelegten Geschäftslokal aus zu nutzen und außerhalb des Vertragsgebiets keine aktive Kundenwerbung zu betreiben (Art. 2 lit. c und d). Die Freistellung gilt jedoch nicht, wenn dem Franchisenehmer verboten wird, Endverbraucher im GM aufgrund ihres Wohnsitzes nicht zu beliefern (Art. 5 lit. g). Eine Verpflichtung des Franchisenehmers zum ausschließlichen Bezug der „Waren des Franchisegebers" (s. Art. 1 III lit. d) ist nicht freigestellt. Durch das Verbot der Herstellung und des Verkaufs konkurrierender Waren (freigestellt durch Art. 2 lit. e) und die Verpflichtung zum Verkauf von Waren, die vom Franchisegeber selbst oder von einem von ihm benannten Unternehmen hergestellt worden sind (freigestellt durch Art. 3 I lit. b für den Fall, daß es praktisch unmöglich ist, objektive Qualitätskriterien aufzustellen), wird allerdings (auf Umwegen) ein entsprechendes Ergebnis erreicht. Der Franchisenehmer muß freilich die Möglichkeit haben, die Waren auch von anderen Franchisenehmern oder zugelassenen Händlern zu beziehen (Art.4 lit. a).

Enthält eine Vereinbarung Wettbewerbsbeschränkungen, die von der GVO **101** nicht ausdrücklich freigestellt werden und die nicht von dem in Art. 6 geregelten **Widerspruchsverfahren** profitieren können (s. Rn. 52), entfällt die Gruppenfreistellung für die gesamte Vereinbarung. Die Parteien haben dann immer noch die Möglichkeit, eine Freistellung durch Einzelentscheidung zu beantragen.

4. Vereinbarungen über gewerbliche Schutzrechte, Urheberrechte und Know-how

Literatur: *Axter*, Die EG-Gruppenfreistellungsverordnungen für Patent- und Know-how-Verwertungsverträge im Vergleich und im Verhältnis zueinander, FS von Gamm, 1990, 505; *Kiourtsoglou*, Der Know-how-Vertrag im deutschen und europäischen Kartellrecht, 1990; *Kleinmann*, Die neue EG-Gruppenfreistellungsverordnung für Technologietransfer-Vereinbarungen, EWS 1996, 149; *Korah*, Patent licensing and EEC competition rules – Regulation 2349/84, 1985; *dies.*, Know-how licensing agreements and the EEC competition rules: Regulation 556/89, 1989; *Loewenheim*, Warenzeichen, freier Warenverkehr, Kartellrecht, FS Deutsche Vereinigung für gewerblichen Rechtsschutz und Urheberrecht, 1991, Band II, 1051; *Meyer*, Die EG-Gruppenfreistellungsverordnung zum Technologietransfer, GRUR Int. 1997, 498; *Sack*, Der „spezifische Gegenstand" von Immaterialgüterrechten als immanente Schranke des Art. 85 Abs. 1 EG-Vertrag bei Wettbewerbsbeschränkungen in Lizenzverträgen, RIW 1997, 449; *Waelbroeck*, Know-how licensing and EEC competition rules: A commentary on regulation no. 556/89, Antitrust Bulletin vol. XXXVII/1992, 1047.

a) Art. 30 (ex-Art. 36) und der Erschöpfungsgrundsatz

102 Wettbewerbsrechtliche Probleme können sich im Bereich der **Immaterialgüterrechte** aus dem Nebeneinander von jeweils auf einen MS begrenzten Rechten ergeben, die eine Marktaufteilung erleichtern. Diese Probleme stellen sich daher nicht, wo ein gemeinschaftsweites Schutzrecht existiert. Hier ist insbesondere auf die Gemeinschaftsmarke hinzuweisen, die durch die VO (EG) Nr. 40/94 des Rates v. 20.12.1993 (ABl. 1994 L 11, 1; geändert durch die VO (EG) Nr. 3288/94, ABl. 1994 L 349, 83) geschaffen wurde. Soweit jedoch Immaterialgüterrechte betroffen sind, die auf nationalem Recht beruhen, sind zunächst die Schranken zu beachten, die sich aus den Art. 28 (ex-Art. 30)ff. ergeben. Die Voraussetzungen und die Modalitäten des Schutzes dieser Rechte bestimmen sich nach nationalem Recht, solange und soweit es auf der Gemeinschaftsebene an einer Rechtsvereinheitlichung oder -angleichung fehlt (EuGH, Rs. 238/87, Volvo/Veng, Slg. 1988, 6211 Rn. 7; ständige Rechtsprechung). Der EGV läßt den **Bestand** dieser Rechte unberührt, setzt jedoch ihrer **Ausübung** Grenzen. Art. 30 (ex-Art. 36) gestattet Beschränkungen des freien Warenverkehrs, die durch den Schutz des gewerblichen und kommerziellen Eigentums gerechtfertigt sind. Nach der ständigen Rechtsprechung des EuGH erlaubt Art. 30 (ex-Art. 36) jedoch nur solche Beschränkungen, die zur Wahrung derjenigen Rechte notwendig sind, die den

spezifischen Gegenstand dieser Immaterialgüterrechte ausmachen (s. z.B.
EuGH, Rs. 58/80, Dansk Supermarked/Imerco, Slg. 1981, 181 Rn. 11).
Nicht gedeckt von Art. 30 (ex-Art. 36) ist daher insb. die Ausübung von Im-   **103**
materialgüterrechten zur Verhinderung der Einfuhr oder des Vertriebs eines
Erzeugnisses, das auf dem Markt eines anderen MS von dem Rechtsinhaber selbst, mit seiner Zustimmung oder von einer rechtlich oder wirtschaftlich von ihm abhängigen Person rechtmäßig in den Verkehr gebracht worden ist (ständige Rechtsprechung, vgl. EuGH, Rs. 78/70, Deutsche Gram-
mophon/Metro, Slg. 1971, 487 Rn. 13; C-10/89, HAG II, Slg. 1990, I–3711
Rn. 12). Dieser **Erschöpfungsgrundsatz** gilt jedoch nur für den Handel
zwischen den MS; Art. 30 (ex-Art. 36) hindert daher den Inhaber eines solchen Rechtes nicht daran, sich unter Berufung auf dieses Recht Importen
aus Drittstaaten zu widersetzen (EuGH, Rs. 96/75, EMI/CBS Schallplatten,
Slg. 1976, 913 Rn. 21; vgl. auch EuGH, C-191/90, Generics und Harris
Pharmaceuticals, Slg. 1992, I–5335 Rn. 17). In einem kürzlich ergangenen
Urteil hat der EuGH entschieden, daß Art. 7 der RL 89/104/EWG über die
Angleichung der Rechtsvorschriften der MS im Bereich des Markenrechts
(ABl. 1989 L 40, 1) es den MS sogar verbiete, die Erschöpfung des Markenrechts vorzusehen, wenn die Ware mit der Zustimmung des Schutz-
rechtsinhabers außerhalb des EWR in den Verkehr gebracht worden ist (C-
355/96, Silhouette, Slg. 1998, I–4799; fragwürdig). Erforderlich für die Erschöpfung des betreffenden Rechtes ist in jedem Fall, daß der Rechtsinhaber dem Inverkehrbringen in dem anderen MS **zugestimmt** hat. Der bloße
Ablauf der Schutzfrist für das Recht in dem betroffenen MS reicht nicht aus
(EuGH, Rs. 341/87, EMI Electrola/Patricia Im- und Export, Slg. 1989, 79
Rn. 14; vgl. auch BGH NJW 93, 2185). Der Rechtsinhaber kann sich auch
gegen Importe eines Unternehmens wehren, dem in einem anderen MS eine Zwangslizenz an dem Recht erteilt wurde (EuGH, Rs. 19/84, Phar-
mon/Hoechst, Slg. 1985, 2281 Rn. 27).
Der spezifische Gegenstand eines **Patents** besteht in dem ausschließlichen   **104**
Recht des Inhabers, eine Erfindung im Hinblick auf die Produktion und das
erste Inverkehrbringen industrieller Erzeugnisse unmittelbar selbst oder
mittels Vergabe von Lizenzen an Dritte zu verwerten sowie sich gegen jede
Verletzung seines Rechtes zur Wehr zu setzen (ständige Rechtsprechung, s.
zuletzt EuGH, C-191/80, Generics und Harris Pharmaceuticals a.a.O., Rn.
23). Ob der Rechtsinhaber allerdings tatsächlich einen angemessenen Lohn
für seine Erfindung erzielen konnte, spielt keine Rolle. Der Rechtsinhaber
muß sich daher den Erschöpfungsgrundsatz auch dann entgegenhalten lassen, wenn in dem anderen MS, in dem die Erzeugnisse mit seiner Zustimmung in den Verkehr gebracht wurden, nur ein weniger weit reichender

oder gar kein Patentschutz gewährt wird (EuGH, Rs. 15/74,
Centrafarm/Sterling Drug, Slg. 1974, 1147 Rn. 13/14; Rs. 187/80, Merck,
Slg. 1981, 2063 Rn. 10ff.; vgl. auch E v. 13.12.89, ABl. 1990 L 21, 71 Rn.
59 – Bayo-n-ox). Im Jahre 1996 hat der EuGH diese Auffassung noch einmal bekräftigt (C-267/95, Merck/Primecrown, Slg. 1996, I–6285), obwohl
gute Gründe für die gegenteilige Auffassung sprechen (s. GA Fennelly, Slg.
1996, I–6288).

105 Der Erschöpfungsgrundsatz dürfte keine Anwendung finden, wenn ein Unternehmen, dem der Inhaber des Patents eine Lizenz für einen bestimmten
MS erteilt hat, direkt in andere MS exportiert, ohne die Erzeugnisse vorher
in den Verkehr gebracht zu haben (so auch *Gleiss/Hirsch*, 4. Aufl., Art. 85
Rn. 710). Haben Lizenzgeber und Lizenznehmer jedoch eine Marktaufteilung vereinbart, kann ein ein Verstoß gegen Art. 81 I vorliegen (vgl. aber
Rn. 122f.).

106 Die Substanz von **Geschmacks-** und **Gebrauchsmusterrechten** besteht
darin, daß der Rechtsinhaber Dritte an der Herstellung, dem Verkauf oder
der Einfuhr von Erzeugnissen hindern kann, die das Muster verkörpern
(EuGH, Rs. 53/87, CICRA u.a./Renault, Slg. 1988, 6039 Rn. 10; Rs.
238/87, Volvo/Veng, Slg. 1988, 6211 Rn. 8).

107 Der Kern des **Urheberrechts** besteht in dem ausschließlichen Recht der
Aufführung und in dem ausschließlichen Recht der Vervielfältigung des geschützten Werks (s. z.B. EuGH, Rs. 158/86, Warner Brothers/Christiansen,
Slg. 1988, 2605 Rn. 13), also in dem ausschließlichen Recht zur körperlichen und unkörperlichen Verwertung. Einen besonderen Schutz genießen
dabei die Urheberrechte an **Filmen**. Der Inhaber des ausschließlichen
Rechtes zur Vorführung eines Films in einem MS kann sein Recht gegen eine Kabelfernsehgesellschaft geltend machen, die den Film in diesem MS
ausstrahlt, nachdem sie ihn von einem Fernsehsender in einem anderen MS
erhalten hat (EuGH, Rs. 62/79, Coditel/Ciné Vog Films I, Slg. 1980, 881
Rn. 17). Erlaubt es das Recht eines MS dem Rechtsinhaber, die Vermietung
von Videokassetten von seiner Zustimmung abhängig zu machen, so kann
dieses Recht auch dann geltend gemacht werden, wenn die betroffenen Videokassetten mit der Zustimmung des Rechtsinhabers in einem anderen MS
in den Verkehr gebracht worden sind, dessen Rechtsvorschriften eine entsprechende Befugnis des Rechtsinhabers nicht anerkennen (EuGH, Rs.
158/86, Warner Brothers a.a.O., Rn. 13ff.).

108 Der spezifische Gegenstand eines **Warenzeichenrechtes** besteht darin, daß
seinem Inhaber das ausschließliche Recht gegeben wird, das Warenzeichen
beim erstmaligen Inverkehrbringen eines Erzeugnisses zu benutzen und er
dadurch vor Konkurrenten geschützt wird, die die Stellung und den Ruf des

Warenzeichens durch den Vertrieb widerrechtlich mit diesem Zeichen ver-
sehener Produkte mißbrauchen. Bei der Bestimmung des Umfangs dieses
Rechtes ist die Hauptfunktion des Warenzeichens zu berücksichtigen, die
darin besteht, dem Verbraucher oder Endabnehmer die Ursprungsidentität
des gekennzeichneten Erzeugnisses zu garantieren (EuGH, Rs. 102/77,
Hoffmann-La Roche/Centrafarm, Slg. 1978, 1139 Rn. 7; C-10/89, HAG II,
Slg. 1990, I–3711 Rn. 14). Verwendet der Inhaber eines in einem MS geschützten Warenzeichens für die Vermarktung seiner Erzeugnisse in einem
anderen MS ein anderes Warenzeichen, so kann er sich dagegen wehren,
daß ein Dritter ohne seine Zustimmung die Erzeugnisse mit dem im erstgenannten MS verwendeten Warenzeichen versieht und dann dort vertreibt
(EuGH, Rs. 3/78, Centrafarm/American Home Products, Slg. 1978, 1823
Rn. 18). In solchen Fällen ist jedoch besonders sorgfältig zu prüfen, ob die
Ausübung des Rechtes nicht eine „verschleierte Beschränkung des Handels
zwischen den MS" i.S.v. Art. 30 (ex-Art. 36) darstellt (EuGH, Rs. 3/78,
a.a.O., Rn. 19/22). Entsprechendes gilt, wenn das mit dem geschützten Warenzeichen versehene Produkt von einem Dritten in einer neuen Verpackung auf den Markt gebracht wird (s. EuGH, Rs. 102/77, Hoffmann-La
Roche/Centrafarm a.a.O., Rn. 14).

Der Inhaber darf sich auf sein Recht berufen, um die Einfuhr von Waren zu   **109**
verhindern, die von Dritten in einem anderen MS mit dem gleichen oder einem verwechslungsfähigen Warenzeichen versehen worden sind. Dies gilt
auch dann, wenn das Warenzeichen, mit dem die einzuführenden Waren gekennzeichnet sind, ursprünglich einer Tochtergesellschaft des Rechtsinhabers gehörte und nach deren Enteignung von einem dritten Unternehmen
erworben wurde (EuGH, C-10/89, HAG II a.a.O.; anders noch EuGH, Rs.
192/73, HAG I, Slg. 1974, 731). In der Rs. „Quattro" hat der EuGH insoweit ausgeführt, der spezifische Gegenstand des Warenzeichenrechts bestehe darin, daß der Inhaber des Warenzeichens „gegen die Gefahr von Verwechslungen geschützt wird, mittels derer Dritte widerrechtlich aus dem
Ruf der Waren des Zeicheninhabers Vorteile ziehen könnten" (C-317/91,
Deutsche Renault/Audi, Slg. 1993, I–6227 Rn. 30). Die Verwechslungsgefahr ist dabei nach nationalem Recht zu bestimmen. Das Gemeinschaftsrecht gebietet es nicht, den Begriff der Verwechslungsgefahr eng auszulegen (EuGH a.a.O., Rn. 32).

Die Kommission war der Ansicht, daß der Erschöpfungsgrundsatz einer   **110**
Geltendmachung des Warenzeichenrechts entgegenstehe, wenn der Rechtsinhaber sein Recht für einen oder mehrere MS an ein anderes Unternehmen
abgetreten hatte (vgl. 22. WB [1992], Ziff. 173 – Chiquita/Fyffes). Diese
Auffassung ist verfehlt, da im Falle einer Abtretung (anders als bei der Ge-

währung einer Lizenz) der Zedent keinen Einfluß auf die Qualität der Produkte des Zessionars ausüben kann und er daher zum Schutz der Stellung und des Rufes seines Warenzeichens die Möglichkeit haben muß, sich der Einfuhr von Erzeugnissen des Zessionars zu widersetzen. Der EuGH hat nunmehr entschieden, daß in einem solchen Fall keine unzuläsige Behinderung des innergemeinschaftlichen Handels vorliegt, wenn dem Inhaber des Warenzeichenrechts in einem MS dessen Verwendung in einem anderen MS wegen Verwechslungsgefahr untersagt wird (C-9/93, IHT/Ideal Standard, Slg. 1994, I–2789 Rn. 60). Wird mit der Teilabtretung eine Marktabschottung bezweckt, ist freilich Art. 81 anwendbar (s. Rn. 111).

b) Anwendung von Art. 81

111 Auch Art. 81 I läßt den **Bestand der Immaterialgüterrechte unberührt.** Nach der ständigen Rechtsprechung des EuGH fällt jedoch die Ausübung dieser Rechte unter dieses Verbot, wenn sie „Gegenstand, Mittel oder Folge einer Kartellabsprache" ist (EuGH, Rs. 78/70, Deutsche Grammophon/Metro, Slg. 1971, 487 Rn. 6). Diese Formulierung ist ungenau, denn das Verbot des Art. 81 I erfaßt nur Vereinbarungen, Beschlüsse und aufeinander abgestimmte Verhaltensweisen, nicht aber die bloße Ausübung eines solchen Rechtes (mißverständlich daher z.B. EuGH, Rs. 40/70, Sirena, Slg. 1971, 69 Rn. 11). Gemeint ist, daß die Ausübung des Rechtes und die ihr zugrunde liegende Absprache als Einheit betrachtet werden. Das Kartellverbot kann nicht dadurch umgangen werden, daß die Parteien einer gegen Art. 81 verstoßenden Absprache die wettbewerbsbeschränkenden Wirkungen durch den abgesprochenen Einsatz gewerblicher Schutzrechte oder ähnlicher Rechte herbeizuführen oder abzusichern versuchen (s. bereits EuGH, Rs. 56 und 58/64, Consten und Grundig, Slg. 1966, 321, 393f.). Bei der zugrunde liegenden Absprache kann es sich auch um eine Vereinbarung über die Abtretung eines Schutzrechtes handeln, wenn durch sie eine Wettbewerbsbeschränkung bezweckt oder bewirkt wird. Dabei ist jedoch eine kritische Prüfung erforderlich. Die bloße Übertragung eines solchen Rechtes verstößt nicht gegen Art. 81 (s. bereits Rn. 10 a.E.).

112 Die Anwendung des Art. 81 auf **Lizenzvereinbarungen** war starken Schwankungen unterworfen. In ihrer sog. „Weihnachtsbekanntmachung" über Patentlizenzverträge (ABl. 1962, 2922) hatte die Kommission noch die Ansicht vertreten, daß die Verpflichtung des Lizenzgebers, keinem anderen Lizenznehmer die Benutzung der Erfindung zu gestatten und diese auch nicht selbst zu benutzen, nicht gegen Art. 81 I verstoße. Diese allzu großzügige Haltung hat sich dann im Laufe der Jahre in ihr Gegenteil verkehrt. Der EuGH hat zu dieser Frage im Jahre 1982 in einem Fall Stellung genommen, der eine ausschließliche Lizenz an einem Sortenschutzrecht (zum Anbau und Vertrieb von Maissaatgut) betraf. Er führte aus, daß ein Lizenznehmer ohne einen gewissen Schutz vor anderen Lizenznehmern möglicherweise nicht bereit sein würde, die mit dem Anbau und dem Vertrieb des Saatguts verbundenen Risiken auf sich zu nehmen. Ein solches Ergebnis wäre der Verbreitung einer „neuen Technologie" abträglich (EuGH, Rs. 258/78, Nungesser, Slg. 1982, 2015 Rn. 57). „In Anbetracht der Besonderheit der fraglichen Erzeugnisse" entschied der EuGH daher, daß die Vergabe einer **offenen** ausschließlichen Lizenz – durch die sich der Lizenzgeber lediglich verpflichtet, keine weiteren Lizenzen für dasselbe Gebiet zu erteilen und dem Lizenznehmer in diesem Gebiet nicht selbst Konkurrenz zu machen – als solche nicht gegen Art. 81 I verstößt (EuGH a.a.O., Rn. 58). Ein Verstoß gegen Art. 81 I liegt dagegen vor, wenn eine ausschließliche Lizenz mit **absolutem Gebietsschutz** (sog. **geschlossene** Lizenz) erteilt wird, bei der die Vertragsparteien die Absicht verfolgen, für die betreffenden Erzeugnisse und das fragliche Gebiet jeden Wettbewerb Dritter (z.B. von Parallelimporteuren oder Lizenznehmern für andere Gebiete) auszuschließen (s. EuGH a.a.O., Rn. 53).

Die Erteilung einer ausschließlichen Vorführungslizenz für einen **Film** verstößt „als solche" nicht gegen Art. 81 I (EuGH, Rs. 262/81, Coditel/Ciné-Vog Films II, Slg. 1982, 3381 Rn. 16). Da diese Lizenz dem Lizenznehmer das Recht verleiht, die Ausstrahlung des Films in dem betreffenden Gebiet durch Dritte zu verbieten, betrachtet der EuGH in diesem Bereich im Ergebnis also auch die Einräumung absoluten Gebietsschutzes als zulässig. Es handelt sich um einen von den Besonderheiten der Filmindustrie geprägten Ausnahmefall, dessen Ergebnis nicht auf andere Bereiche übertragen werden kann. Auch nach Ansicht des EuGH kann jedoch in solchen Fällen ein Verstoß gegen Art. 81 I gegeben sein, wenn „aufgrund wirtschaftlicher oder rechtlicher Begleitumstände" eine Wettbewerbsbeschränkung vorliegt (EuGH, Rs. 262/81, a.a.O., Rn. 17; vgl. E v. 15.9.89, ABl. 1989 L 284, 36 Rn. 42ff. – Filmeinkauf deutscher Fernsehanstalten: Verstoß gegen Art. 81 I wegen der Anzahl der lizenzierten Filme und der Dauer – 15 Jahre – der Lizenzen). Ein Verstoß gegen Art. 81 kann auch vorliegen, wenn die betreffenden Unternehmen vereinbaren, keine Lizenzen an Dritte zu erteilen (EuGeI, T-504/93, Tiercé Ladbroke, Slg. 1997, II–923 Rn. 157–159). **113**

Bei der Prüfung von Lizenzverträgen ist von der Frage auszugehen, ob eine Wettbewerbsbeschränkung vom spezifischen Gegenstand des Schutzrechts gedeckt und daher zulässig ist. Die Verpflichtung des Lizenznehmers, das ihm zur Verfügung gestellte Know-how geheimzuhalten, ist da- **114** her z.B. rechtmäßig. Ein klarer Verstoß liegt hingegen vor, wenn der Lizenznehmer verpflichtet wird, beim Verkauf des Lizenzerzeugnisses einen Mindestpreis einzuhalten (EuGH, Rs. 27/87, Erauw-Jacquery/La Hesbignonne, Slg. 1988, 1919 Rn. 15). Es ist nicht zu verkennen, daß es sich hier letztlich um eine **Wertungsfrage** handelt, deren Beantwortung im Einzelfall Schwierigkeiten bereiten kann.

115 Der bisherigen Praxis und den GVO lassen sich aber einige allgemeine Richtwerte entnehmen. Ein Verstoß gegen Art. 81 I liegt danach vor, wenn der Lizenznehmer nur bestimmte **Höchstmengen** produzieren darf oder in seiner Freiheit zur Festsetzung seiner **Preise** beschränkt wird. Gleiches gilt, wenn ihm ein Wettbewerbsverbot zugunsten des Lizenzgebers auferlegt (vgl. E v. 2.12.75, ABl. 1976 L 6, 8, 14 – AOIP/Beyrard) oder verboten wird, seine Erzeugnisse an Abnehmer außerhalb des Lizenzgebiets zu liefern (vgl. aber für einen Sonderfall – Lizenz zur Vermehrung von Saatgut – EuGH, Rs. 27/87, Erauw-Jacquery a.a.O., Rn. 10).

116 Eine **Nichtangriffsklausel**, in der sich der Lizenznehmer verpflichtet, die Gültigkeit des lizenzierten Rechtes nicht anzugreifen, gehört nicht zum spezifischen Gegenstand des Schutzrechts (EuGH, Rs. 193/83, Windsurfing International, Slg. 1986, 611 Rn. 92). Sie stellt jedoch nicht notwendigerweise einen Verstoß gegen Art. 81 I dar. Unbedenklich ist eine Nichtangriffsabrede nach Ansicht des EuGH z.B., wenn die Lizenz kostenlos erteilt wird oder sich auf ein technisch überholtes Verfahren bezieht, von dem der Lizenznehmer keinen Gebrauch gemacht hat (EuGH, Rs. 65/86, Bayer u.a./Süllhöfer, Slg. 1988, 5249 Rn. 16–18). Außerdem ist stets zu prüfen, ob eine solche Klausel eine spürbare Wettbewerbsbeschränkung bewirkt (EuGH, Rs. 65/86, a.a.O., Rn. 19). An der Spürbarkeit fehlt es z.B., wenn ein Warenzeichen im Lizenzgebiet noch relativ neu ist (E v. 23.3.90, ABl. 1990 L 100, 32 Rn. 15 – Moosehead/Whitbread).

117 Die Verpflichtung des Lizenznehmers, dem Lizenzgeber die Nutzung der von ihm entwickelten **Verbesserungserfindungen** zu gestatten, ist unbedenklich, wenn nur einfache (also nicht ausschließliche) Lizenzen zu gewähren sind und die Gegenseitigkeit gewahrt bleibt. Die Pflicht zur Zahlung von **Lizenzgebühren** kann nur insoweit gegen Art. 81 I verstoßen, als sie sich auch auf nicht geschützte Erzeugnisse erstreckt (es sei denn, daß dies der Erleichterung der Berechnung der Gebühren dient, vgl. EuGH, Rs. 193/83, Windsurfing a.a.O., Rn. 66–67) oder über das Erlöschen des Schutzrechts hinausreicht (wenn dem Lizenznehmer kein Kündigungsrecht eingeräumt wurde, s. EuGH, Rs. 320/87, Ottung/Klee & Weilbach, Slg. 1989, 1177 Rn. 13).

c) Vereinbarungen über Warenzeichen

Warenzeichenlizenzen sind oft Teil umfassenderer Vereinbarungen (vgl.   **118**
Rn. 81, 96 und 123). Mit Art. 81 I vereinbar sind alle Klauseln in solchen
Lizenzen, die notwendig sind, um eine übereinstimmende Qualität der unter dem Warenzeichen vertriebenen Waren zu gewährleisten und das Mar-
kenimage zu sichern. Dies gilt insb. für die Verpflichtungen des Lizenznehmers, bestimmte Vorgaben des Lizenzgebers hinsichtlich der Qualität einzuhalten und einzelne Vorprodukte oder Rohstoffe ausschließlich vom Lizenzgeber zu beziehen, wenn diese geheim sind (E v. 23.12.77, ABl. 1978
L 70, 69, 74f. – Campari) oder ihre Verwendung für die Gewährleistung der
Qualität der Ware notwendig ist (s. E v. 23.3.90, ABl. 1990 L 100, 32 Rn.
15 – Moosehead/Whitbread).

Sog. **Abgrenzungsvereinbarungen**, durch die Inhaber von Warenzeichen   **119**
im beiderseitigen Interesse den jeweiligen Benutzungsumfang ihrer Warenzeichen festlegen, um Verwechslungen oder Konflikte zu vermeiden, sind
„zulässig und zweckmäßig" (EuGH, Rs. 35/83, BAT, Slg. 1985, 363 Rn.
33). Dies gilt jedoch nur, wenn die betreffenden Warenzeichen tatsächlich
zu Verwechslungen oder Konflikten Anlaß geben und die Parteien sich auf
die Regelung dieser Streitigkeiten beschränken (vgl. E v. 16.12.82, ABl.
1982 L 379, 19, 25 – Toltecs/Dorcet: Keine Gefahr einer Verwechslung
zwischen den Zeichen „Toltecs" und „Dorcet"). Unzulässig wäre es, wenn
diese nur als Vorwand benutzt würden, um Marktaufteilungen oder sonstige Wettbewerbsbeschränkungen zu vereinbaren (EuGH, Rs. 35/83, a.a.O.,
Rn. 33; s. auch E v. 5.3.75, ABl. 1975 L 125, 27, 29 – Sirdar/Phildar). Ist
eine Abgrenzungsvereinbarung zulässig, müssen die Parteien unter den
möglichen Lösungen die für den GM am wenigsten einschränkende wählen
(s. z.B. E v. 23.12.77, ABl. 1978 L 60, 19, 25 – Penneys), insb. indem sie
vereinbaren, ihre jeweiligen Zeichen in einer unterschiedlichen Aufmachung zu verwenden (vgl. z.B. 7. WB [1977] Ziff. 140 – Persil).

d) Vereinbarungen über Software

Vereinbarungen, die ausschließlich die Erteilung von Lizenzen an **Software**   **120**
zum Gegenstand haben, werden von keiner der derzeit bestehenden GVO
erfaßt (vgl. aber Rn. 80). Weder EuGH noch Kommission haben sich bisher
eingehend mit der kartellrechtlichen Behandlung solcher Verträge befaßt.
Entsprechende Anhaltspunkte sind jedoch der RL des Rates vom 14.5.1991
über den Rechtsschutz von Computerprogrammen (ABl. 1991 L 122, 42;
umgesetzt durch §§ 69a-69g UrhG) zu entnehmen. Untersagt der Lizenzvertrag dem Lizenznehmer Handlungen, die diesem durch die RL erlaubt

werden, liegt eine Wettbewerbsbeschränkung vor. Dies gilt insb. für die Vervielfältigung oder Übersetzung eines Programms, soweit sie zur Herstellung der Interoperabilität mit anderen Programmen unerläßlich ist (sog. „reverse engineering", Art. 6 der RL; vgl. 20. WB [1990], Ziff. 83).

e) Gruppenfreistellungsverordnung für Technologietransfer-Vereinbarungen

aa) Hintergrund

121 Bis zum 1.4.1996 gab es im Bereich der Technologietransfer-Vereinbarungen zwei GVO. Die VO (EWG) Nr. 2349/84 (ABl. 1984 L 219 15; geändert durch die VO (EWG) Nr. 151/93 ABl. 1993 L 21 8) enthielt eine GVO für Patentlizenzvereinbarungen. Die VO (EWG) Nr. 556/89 (ABl. 1989 L 61 1; geändert durch die VO (EWG) Nr. 151/93, ABl. 1993 L 21 8) stellte bestimmte Know-how-Vereinbarungen und gemischte Know-how- und Patentlizenzvereinbarungen vom Verbot des Art. 81 (ex-Art. 85) I frei. An die Stelle dieser beiden GVO ist mit Wirkung zum 1.4.1996 die **VO (EG) Nr. 240/96 v. 31.1.1996** über Technologietransfer-Vereinbarungen (ABl. 1996 L 31 2) getreten. Vereinbarungen, die am 31.3.1996 bestanden und die Voraussetzungen für eine Freistellung nach der VO Nr. 2349/84 oder nach der VO Nr. 556/89 erfüllten, bleiben aber auch weiterhin freigestellt (Art. 11 III).

bb) Anwendungsbereich und Inhalt

122 Die GVO gilt für reine Patentlizenz- oder Know-how-Vereinbarungen sowie für gemischte Patentlizenz- und Know-how-Vereinbarungen sowie für Vereinbarungen mit Nebenbestimmungen über andere Rechte als Patente. Voraussetzung ist jeweils, daß an der Vereinbarung nur zwei Unternehmen beteiligt sind (Art. 1 I und 10 Nr. 15). **Know-how** ist dabei eine Gesamtheit technischer Kenntnisse, die „geheim, wesentlich und in einer geeigneten Form identifiziert" sind (Art. 10 Nr. 1; vgl. auch die Erläuterung der einzelnen Begriffe in Art. 10 Nr. 2–4). **Patenten** werden u.a. Patentanmeldungen, Gebrauchsmuster, Gebrauchsmusteranmeldungen und Sortenschutzrechte gleichgestellt (Art. 8 I). Art. 5 zählt bestimmte Vereinbarungen auf, die von der GVO nicht erfaßt werden. Die GVO gilt insbes. nicht für Lizenzvereinbarungen, die *ausschließlich* den Vertrieb betreffen (Art. 5 I Nr. 5). Außerdem sind vom Anwendungsbereich der GVO u.a. Vereinbarungen zwischen Mitgliedern einer Patent- oder Know-how-Gemeinschaft und Vereinbarungen zwischen Wettbewerbern ausgeschlossen, bei denen eine Lizenz im Austausch gegen andere Lizenzen erteilt wird (Art. 5 I Nr. 1 und 3;

vgl. aber auch Art. 5 II Nr. 2 sowie die 8.Begründungserwägungder VO).
Grundsätzlich sind auch Lizenzvereinbarungen zwischen Wettbewerbern,
die an einem **GU** beteiligt sind, sowie Lizenzvereinbarungen zwischen einem dieser Unternehmen und dem GU vom Anwendungsbereich der GVO
ausgeschlossen, wenn sich diese Vereinbarungen auf die Tätigkeit des GU
beziehen (Art. 5 I Nr. 2). Nach Art. 5 II Nr. 1 findet die GVO aber *gleichwohl* Anwendung auf Vereinbarungen i.S.v. Art. 5 I Nr. 2, wenn der Marktanteil der betroffenen Unternehmen insgesamt **20 %** (bei einer auf die Herstellung beschränkten Lizenz) bzw. **10 %** (bei einer Lizenz zur Herstellung
und zum Vertrieb) nicht überschreitet.

Freigestellt werden von der GVO die Verpflichtungen des **Lizenzgebers**, in   **123**
dem dem Lizenznehmer vorbehaltenen Gebiet keinem anderen Unterneh-
men die Benutzung der überlassenen Technologie zu gestatten (Art. 1 I Nr.
1) und diese dort auch nicht selbst zu benutzen (Art. 1 I Nr. 2). Der **Lizenznehmer** darf verpflichtet werden, die überlassene Technologie in den
dem Lizenzgeber vorbehaltenen Gebieten innerhalb des GM nicht zu benutzen (Art. 1 I Nr. 3), die Herstellung oder den Gebrauch des Lizenzerzeugnisses oder den Gebrauch des in der Vereinbarung bezeichneten Verfahrens in Vertragsgebieten anderer Lizenznehmer zu unterlassen (Art. 1 I
Nr. 4), in Vertragsgebieten anderer Lizenznehmer keine **aktive** Vertriebspolitik zu betreiben (Art. 1 I Nr. 5), auch auf von ihm nicht veranlaßte Liefer-
anfragen hin das Lizenzerzeugnis nicht in Vertragsgebieten anderer Lizenznehmer in Verkehr zu bringen (Art. 1 I Nr. 6, sog. Verbot **passiver** Verkäufe), zur Kennzeichnung des Lizenzerzeugnisses eine bestimmte Marke
oder Aufmachung zu verwenden (Art. 1 I Nr. 7) und die Herstellung der Li-
zenzerzeugnisse auf die Mengen zu beschränken, die er zur Herstellung seiner eigenen Erzeugnisse braucht und jene nur in Verbindung mit den eigenen Erzeugnissen zu veräußern (Art. 1 I Nr. 8). Die Möglichkeit der Verwendung dieser Klauseln wird jedoch durch die in **Art. 1 II–IV** enthaltenen Qualifikationen (s. dazu sogleich Rn. 124–126) stark eingeschränkt.

Bei **reinen Patenlizenzvereinbarungen** werden gemäß **Art. 1 II** die in   **124**
Art. 1 I genannten Verpflichtungen nur soweit und solange freigestellt, als
das Lizenzerzeugnis im Gebiet des Lizenznehmers (Art. 1 I Nr. 1, 2, 7 und
8), des Lizenzgebers (Art. 1 I Nr. 3) und der anderen Lizenznehmer (Art. 1
I Nr. 4 und 5) durch Patente geschützt ist. Besonders wichtig ist, daß das
Verbot passiver Verkäufe (Art. 1 I Nr. 6) in jedem Fall nur für einen Zeitraum von höchstens **fünf** Jahren nach dem ersten Inverkehrbringen im GM
freigestellt wird.

Bei **reinen Know-how-Vereinbarungen** wird die Freistellung der in Art. 1   **125**
I Nr. 1–5 genannten Verpflichtungen gemäß **Art. 1 III** lediglich für

einen Zeitraum von höchstens **zehn** Jahren nach dem ersten Inverkehrbringen des Lizenzerzeugnisses im GM gewährt. Das Verbot passiver Verkäufe wird auch hier nur für einen Zeitraum von höchstens **fünf** Jahren nach dem ersten Inverkehrbringen im GM freigestellt. Die Freistellung der in Art. 1 I Nr. 7 und 8 genannten Verpflichtungen gilt hingegen für die gesamte Dauer der Vereinbarung, solange das Know-how geheim und wesentlich bleibt.

126 Im Falle **gemischter Patentlizenz- und Know-how-Vereinbarungen** gilt nach **Art. 1 IV** die Freistellung der in Art. 1 I Nr. 1–5 genannten Verpflichtungen so lange, wie das Lizenzerzeugnis in diesen MS patentrechtlich geschützt ist. Das Verbot passiver Verkäufe wird auch hier nur für maximal fünf Jahre freigestellt (s. Rn. 124 und 124). gilt zulässig. Voraussetzung ist in jedem Fall, daß die Patente gültig sind und das identifizierte Know-how geheim und wesentlich ist.

127 Eine Reihe von Vertragsbedingungen, die in der Regel nicht wettbewerbsbeschränkend sind und der Anwendbarkeit von Art. 1 der GVO nicht im Wege stehen, wird in Art. 2 aufgezählt („**weiße Liste**"). Zu erwähnen sind die Verpflichtung des Lizenznehmers, dem Lizenzgeber (auf der Grundlage der Gegenseitigkeit und der Nichtausschließlichkeit) eine Lizenz an von ihm entwickelten Verbesserungen oder neuen Anwendungen zu gewähren (Art. 2 I Nr. 4; vgl. aber Art. 3 Nr. 6), die Verpflichtung des Lizenznehmers, die Nutzung der überlassenen Technologie auf einen oder mehrere technische Anwendungsbereiche oder auf einen oder mehrere Produktmärkte zu beschränken (Art. 2 I Nr. 8) und die Verpflichtung des Lizenznehmers, nur eine begrenzte Menge des Lizenzerzeugnisses an einen bestimmten Abnehmer zu liefern, wenn die Lizenz erteilt worden ist, um für den Abnehmer eine zweite Lieferquelle zu schaffen (Art. 2 I Nr. 13; vgl. aber Art. 3 Nr. 5).

128 Die in Art. 1 ausgesprochene Freistellung findet hingegen keine Anwendung, wenn die betreffende Vereinbarung eine der in Art. 3 aufgezählten Klauseln enthält („**schwarze Liste**"). Dazu gehören insbesondere Beschränkungen der Freiheit zur Festsetzung der Preise (Art. 3 Nr. 1), Wettbewerbsverbote (Art. 3 Nr. 2; vgl. auch EuGH, Rs. 320/87, Ottung/Klee & Weilbach, Slg. 1989, 1177 Rn. 18; allerdings kann sich der Lizenzgeber vorbehalten, die dem Lizenznehmer gewährte Ausschließlichkeit zu beenden, wenn der Lizenznehmer mit ihm in Wettbewerb tritt, s. Art. 2 Abs. I Nr. 18) und Regelungen, die zu einer Abschottung der Märkte und damit zu einem absoluten Gebietsschutz führen könnten (Art. 3 Nr. 3). *Nicht* mehr aufgeführt wird – im Gegensatz zur VO Nr. 2349/84 – das Verbot, die Schutzrechte des Lizenzgebers anzugreifen (vgl. hierzu auch Art. 2 Nr. 15:

Der Lizenznehmer kann sich vorbehalten, im Falle eines solchen Angriffs
die Vereinbarung zu beenden; vgl. hierzu Rn. 116).

Für Klauseln, die von der GVO weder freigestellt noch ausdrücklich ver- **129**
boten werden, ist ein **Widerspruchsverfahren** vorgesehen (Art. 4; s.
Rn. 52). Die Frist, innerhalb derer die Kommission Widerspruch erheben
muß, beträgt hier *vier* Monate. Zu erwähnen ist schließlich die in Art. 7 vorgesehene Möglichkeit der Kommission, den Rechtsvorteil der Freistellung
im Einzelfall zu **entziehen**. Diese Möglichkeit ist u.a. dann eröffnet, wenn
die Vereinbarung zum Wegfall wirksamen Wettbewerbs führt, was nach der
VO insbes. dann eintreten könnte, wenn der Lizenznehmer einen Marktanteil von mehr als 40 % hat (Art. 7 Nr. 1).

5. Vereinbarungen im Versicherungsbereich

Literatur: *Kahlenberg*, Die EG-Gruppenfreistellungsverordnung für die Versicherungswirtschaft, WuW 1994, 985.

Durch die **VO (EWG) Nr. 3932/92** v. 21.12.1992 (ABl. 1992 L 398 7) hat **130**
die Kommission eine GVO für bestimmte Vereinbarungen in der Versicherungswirtschaft erteilt. Es handelt sich dabei zum einen um Vereinbarungen
(bzw. Beschlüsse von Unternehmensvereinigungen oder aufeinander abgestimmte Verhaltensweisen), die sich auf die **gemeinsame Festsetzung von
Risikoprämientarifen** beziehen, die auf gegenseitig abgestimmten Statistiken oder der Anzahl der Schadensfälle beruhen (Art. 1 lit. a) und
Art. 2–4). Dies setzt jedoch u.a. voraus, daß die Berechnungen unverbindlich sind und keine Identifizierung der beteiligten Unternehmen ermöglichen (s. Art. 3 lit. a) und Art. 4 sowie Art. 3 lit. c). Nicht freistellungsfähig
ist hingegen eine Absprache über Bruttoprämien (Art. 3 lit. b). Weiterhin
werden von der GVO Abreden erfaßt, die der Aufstellung und Bekanntgabe von **Mustern allgemeiner Versicherungsbedingungen für die Direktversicherung** dienen (Art. 1 Buchstabe b) und Art. 5–9). Auch hier ist Voraussetzung, daß die betreffenden Bedingungen unverbindlich sind (Art. 6 I
lit. a und b). Die Freistellung gilt nicht, wenn die betreffenden Bedingungen die Deckung bestimmter Schäden ausschließen, die zu der in Frage stehenden Risikosparte gehören, ohne darauf hinzuweisen, daß es jedem Ver-
sicherer freigestellt ist, die Deckung auf diese Schäden auszudehnen (Art. 7
I lit. a). Außerdem gilt die GVO für Abreden zur **gemeinsamen Deckung
bestimmter Arten von Risiken** (Art. 1 lit. c) und Art. 10–13). Hier ist insbesondere zu beachten, daß die Freistellung nur gilt, wenn die Beteiligten
im Falle von Mitversicherungsgemeinschaften auf keinem relevanten
Markt einen Anteil von mehr als 10 % und bei Mit-Rückversicherungsge-

meinschaften von mehr als 15 % haben (Art. 11 I lit. a); bestimmte Ausnahmen finden sich in Art. 11 II). Schließlich umfaßt die GVO Absprachen über die gemeinsame Aufstellung von Regeln für die Prüfung und Anerkennung von **Sicherheitsvorkehrungen** (Art. 1 lit. d) und Art. 14–15).

Art. 82 (ex-Art. 86) (Mißbrauch einer marktbeherrschenden Stellung)

Mit dem Gemeinsamen Markt unvereinbar und verboten ist die mißbräuchliche Ausnutzung einer beherrschenden Stellung auf dem Gemeinsamen Markt oder auf einem wesentlichen Teil desselben durch ein oder mehrere Unternehmen, soweit dies dazu führen kann, den Handel zwischen Mitgliedstaaten zu beeinträchtigen.

Dieser Mißbrauch kann insbesondere in folgendem bestehen:

a) der unmittelbaren oder mittelbaren Erzwingung von unangemessenen Einkaufs- oder Verkaufspreisen oder sonstigen Geschäftsbedingungen;

b) der Einschränkung der Erzeugung, des Absatzes oder der technischen Entwicklung zum Schaden der Verbraucher;

c) der Anwendung unterschiedlicher Bedingungen bei gleichwertigen Leistungen gegenüber Handelspartnern, wodurch diese im Wettbewerb benachteiligt werden;

d) der an den Abschluß von Verträgen geknüpften Bedingung, daß die Vertragspartner zusätzliche Leistungen annehmen, die weder sachlich noch nach Handelsbrauch in Beziehung zum Vertragsgegenstand stehen.

Literatur: *Beier*, Mißbrauch einer beherrschenden Stellung durch Ausübung gewerblicher Schutzrechte?, FS Quack, 1991, 15; *Eilmansberger*, Der Umgang marktbeherrschender Unternehmen mit Immaterialgüterrechten im Lichte des Art. 86 EWGV, EuZW 92, 625; *Gyselen*, Abuse of Monopoly Power within the Meaning of Article 86 of the EEC Treaty: Recent Developments, in: *Hawk* (Hrsg.), Annual Proceedings of the Fordham Corporate Law Institute 1989, 1990, 597; *Kulka*, Das Verhältnis von Artikel 85 und 86 EWG-Vertrag, FS Rittner, 1991, 343; *Mennicke*, „Magill" – von der Unterscheidung zwischen Bestand und Ausübung von Immaterialgüterrechten zur „essential facilities"-Doktrin in der Rechtsprechung des Europäischen Gerichtshofes ?, ZHR 160 (1996), 626; *Möschel*, Preis- und Konditionendifferenzierung durch marktbeherrschende Unternehmen nach EG-Recht, RIW 88, 501; *Montag*, Gewerbliche Schutzrechte, wesentliche Einrichtungen und Normung im Spannungsfeld zu Art. 86 EGV, EuZW 97, 71; *Ridyard*, Essential Facilities and the obligation to supply competitors under UK and EC competition law, [1996] ECLR 438; *Weiser*, Preismißbrauch nach Artikel 86 EWG-Vertrag, 1987.

I. Allgemeines

Die **unmittelbar geltende** (s. Vorbem. zu Art. 81–86 Rn. 9) Vorschrift des **1** Art. 82 verbietet die **mißbräuchliche Ausnutzung** einer marktbeherrschenden Stellung. Sie richtet sich daher an sich nicht gegen den **Bestand** oder den **Erwerb** einer solchen Stellung (vgl. z.B. EuGH, Rs. 311/84, CBEM/CLT und IPB, Slg. 1985, 3261 Rn. 17; C-260/89, ERT, Slg. 1991, I–2925 Rn. 32). Die Grenze ist jedoch fließend (s. vor allem Rn. 28 und 40). Handelt es sich um eine beherrschende Stellung, die einem Unternehmen durch die Verleihung ausschließlicher oder besonderer Rechte durch den Staat verschafft wurde, ist nach der neueren Rechtsprechung bei der Untersuchung der betreffenden staatlichen Maßnahmen am Maßstab von Art. 81 (ex-Art. 85) in Verbindung mit **Art. 86** (ex-Art. 90) allerdings auch die Exi-

stenzberechtigung dieser beherrschenden Stellung als solche zu prüfen (s.
Art. 86 Rn. 12ff.).

2 Bei der Prüfung der Frage nach dem Vorliegen einer beherrschenden Stellung ist der Umfang der wirtschaftlichen Macht des betreffenden Unternehmens auf dem **relevanten Markt** zu ermitteln, der sowohl in sachlicher
als auch in räumlicher (und bisweilen auch in zeitlicher) Hinsicht der Abgrenzung bedarf (EuGH, Rs. 247/86, Alsatel/Novasam, Slg. 1988, 5987 Rn.
13; EuGeI, T-68/89 u.a., SIV, Slg. 1992, II–1403 Rn. 159; s. Rn. 4). Zu beachten ist allerdings, daß ein Verstoß gegen Art. 82 unter bestimmten Umständen auch dann vorliegen kann, wenn der Mißbrauch nicht den Markt
betrifft, auf dem das Unternehmen eine beherrschende Stellung hat (s. Rn.
26). Die Anwendbarkeit des Art. 82 hängt außerdem davon ab, ob das zu
prüfende Verhalten den **Handel zwischen MS** beeinträchtigen kann, was
insb. dann der Fall ist, wenn es Auswirkungen auf die Wettbewerbsstruktur
hat (vgl. EuGH, Rs. 30/87, Bodson, Slg. 1988, 2479 Rn. 24; EuGeI, T-
69/89, RTE, Slg. 1991, II–485 Rn. 77); potentielle Auswirkungen reichen
aus (EuGH, C-41/90, Höfner und Elser, Slg. 1991, I–1979 Rn. 32; vgl. allgemein Vorbem. zu Art. 81–86 Rn. 13ff.).

3 Anders als Art. 81 (ex-Art. 85) sieht Art. 82 **keine** Möglichkeit einer Freistellung vom Verbot des Mißbrauchs einer marktbeherrschenden Stellung
vor (vgl. EuGH, Rs. 66/86, Ahmed Saeed Flugreisen, Slg. 1989, 803 Rn.
32). Art. 81 und 82 können ggf. **nebeneinander** angewandt werden (EuGH
Rs. 66/86, a.a.O., Rn. 37; EuGeI, T-51/89, Tetra Pak, Slg. 1990, II–309 Rn.
21). Eine von der Kommission erteilte **Freistellung** gem. Art. 81 III steht
der Anwendung des Art. 82 **nicht im Wege** (EuGeI, T-51/89, a.a.O., Rn. 25;
EuGeI, T-65/89, BPB Industries und British Gypsum, Slg. 1993, II–389 Rn.
75; s. auch E v. 23.12.92, ABl. 1993 L 34, 20 Rn. 87 – CEWAL).

II. Relevanter Markt

1. Allgemeines

4 Die Kommission hat im Jahre 1997 eine **Bekanntmachung über die Definition des relevanten Marktes** (ABl. 1997 C 372, 5) veröffentlicht, in der
sie erläutert, wie sie die Begriffe des sachlich und räumlich relevanten
Marktes bei der Durchsetzung des EG-Wettbewerbsrechts verwendet. Diese Bekanntmachung, die sich auf die bisherige Entscheidungspraxis der
Kommission und die Urteile des EuGH und des EuGeI stützt, liefert nützliche Anhaltspunkte. Für den Wettbewerb zwischen den Unternehmen sind
dieser Bek. zufolge hauptsächlich drei Faktoren maßgebend: Die Nachfra-

gesubstituierbarkeit, die Angebotssubstituierbarkeit und der potentielle Wettbewerb. Die „unmittelbarste und wirksamste disziplinierende Kraft" stellt dabei die Möglichkeit der **Nachfragesubstitution** (d.h. die Möglichkeit der Kunden, auf andere Produkte auszuweichen) dar (Bek. Rn. 13). Einen wichtigen Anhaltspunkt für die Bestimmung der Austauschbarkeit liefert der Umfang der **Kreuzpreiselastizität**. Führt bereits eine geringfügige, jedoch merkliche Änderung des Preises für ein bestimmtes Erzeugnis zu einer spürbaren Verlagerung der Nachfrage (hin zu einem anderen Produkt), legt dies die Vermutung nahe, daß beide Erzeugnisse zu ein und demselben Markt gehören (vgl. EuGeI, T-30/91, Hilti, Slg. 1991, II–1439 Rn. 75). Nach der Bekanntmachung ist in diesem Zusammenhang danach zu fragen, ob die Kunden „als Reaktion auf eine angenommene kleine, bleibende Erhöhung der relativen Preise (im Bereich zwischen 5 und 10 %) für die betreffenden Produkte und Gebiete auf leicht verfügbare Substitute ausweichen würden" (Bek. Rn. 17). Die Fähigkeit von Herstellern anderer Erzeugnisse, ihre Produktion relativ kurzfristig auf das betreffende Erzeugnis umzustellen (**Angebotssubstitution**), kann bereits bei der Bestimmung des relevanten Marktes berücksichtigt werden (EuGH, Rs. 6/72, Continental Can, Slg. 1973, 215 Rn. 33; Rs. 322/81, Michelin, Slg. 1983, 3461 Rn. 41). Nach der Auffassung der Kommission wird die Angebotssubstituierbarkeit bei der Definition des relevanten Marktes jedoch nicht zu berücksichtigen sein, „wenn sie erhebliche Anpassungen bei den vorhandenen Sachanlagen und immateriellen Aktiva, zusätzliche Investitionen, strategische Entscheidungen oder zeitliche Verzögerungen mit sich brächte" (Bek. Rn. 23). Die Angebotssubstituierbarkeit wird dann jedoch bei der Frage nach dem Vorliegen einer beherrschenden Stellung zu berücksichtigen sein. Die Möglichkeit **potentiellen Wettbewerbs** wird bei der Marktdefinition nicht herangezogen, sondern (soweit erforderlich) bei der Prüfung der Frage nach dem Vorliegen einer marktbeherrschenden Stellung berücksichtigt (Bek. Rn. 24).

2. Sachlich relevanter Markt

Der **sachlich** relevante Markt umfaßt sämtliche Erzeugnisse, „die sich aufgrund ihrer Merkmale zur Befriedigung eines gleichbleibenden Bedarfs besonders eignen und mit anderen Erzeugnissen nur in geringem Maße austauschbar sind" (EuGH, Rs. 31/80, L'Oréal, Slg. 1980, 3775 Rn. 25; vgl. auch EuGH, Rs. 85/76, Hoffmann-La Roche, Slg. 1979, 461 Rn. 28; EuGeI, T-30/91, Hilti, Slg. 1991, II–1439 Rn. 64). Im Mittelpunkt steht somit (wie bereits erwähnt) die Frage nach der **Austauschbarkeit** der betreffenden

5

Produkte oder Dienstleistungen mit anderen. Die Bekanntmachung der Kommission (s. Rn. 4) gibt nützliche Hinweise, welche Umstände berücksichtigt werden können, wenn die Merkmale und der Verwendungszweck eines Produkts für die Definition des relevanten Produktmarkts nicht ausreichen. Neben der bereits erwähnten Nachfragesubstitution (s. Rn. 4) können insoweit u.a. auch die folgenden Kriterien von Bedeutung sein: Der Standpunkt von Kunden und Wettbewerbern, Verbraucherpräferenzen und das Vorliegen bestimmter Kundengruppen (s. Rn. 36–43 der Bek. zu diesen und weiteren Kriterien). Falls die Definition des relevanten Marktes für das Ergebnis ohne Bedeutung ist (z.B. weil in jedem Fall keine marktbeherrschende Stellung vorläge), kann die Frage offen gelassen werden (Bek. Rn. 27).

6   Die Bestimmung des sachlich relevanten Marktes hängt weitgehend von den Umständen des Einzelfalles ab. Im Falle *„United Brands"* hat der EuGH den Markt für Bananen als einen vom Markt für frisches Obst hinreichend abgesonderten, eigenständigen Markt bezeichnet (EuGH, Rs. 27/76, Slg. 1978, 215 Rn. 34/35). Bestimmte Vitamine (z.B. A und H) bilden jeweils einen eigenen Markt (EuGH, Rs. 85/76, Hoffmann-La Roche a.a.O., Rn. 24ff.). Im Falle *„Michelin"* hat der EuGH der Auffassung der Kommission zugestimmt, der zufolge sich der relevante Markt in diesem Fall auf Ersatzreifen für Lkw, Omnibusse u.ä. beschränkte und weder Ersatzreifen für Pkw noch runderneuerte Reifen umfaßte (EuGH, Rs. 322/81, Slg. 1983, 3461, Rn. 45, 49). In der Rs. *„Hilti"* hat das EuGeI den Markt für Bolzen, die zur Verwendung in Bolzenschußgeräten der Firma Hilti bestimmt sind, als relevanten Markt betrachtet (EuGeI, T-30/91, a.a.O., Rn. 77, 94; bestätigt durch EuGH, C-53/92 P, Hilti, Slg. 1994 I–667 Rn. 11ff.). Eine unterschiedliche Preislage kann ein Indiz für die Existenz getrennter Märkte darstellen (insb. bei Luxuserzeugnissen, vgl. E v. 16.12.91, ABl. 1992 L 12, 24, 29 – YSL Parfums). Zu beachten ist, daß identische Produkte zu verschiedenen Märkten gehören können (EuGH, Rs. 85/76, Hoffmann-La Roche a.a.O., Rn. 28). Der sachlich relevante Markt wird oft sehr eng definiert (vgl. hierzu auch Bek. Rn. 56). Die Erteilung von Konformitätsbescheinigungen für die Zulassung von Fahrzeugen einer bestimmten Marke in einem MS ist kein Nebenbereich des Kfz-Marktes, sondern stellt einen eigenen Markt dar (EuGH, Rs. 26/75, General Motors, Slg. 1975, 1367 Rn. 7/9; Rs. 226/84, British Leyland, Slg. 1986, 3263 Rn. 5). Im Falle *„Hugin"* wurden die Erzeugnisse eines einzigen Herstellers (Ersatzteile für die von Hugin hergestellten Registrierkassen) als relevanter Markt betrachtet (EuGH, Rs. 22/78, Slg. 1979, 1869 Rn. 7–8). Im Fall *„Magill"* wurden sogar die Informationen eines Fernsehsenders über sein eigenes

Programm als relevanter Markt betrachtet (EuGeI, T-69/89, RTE, Slg. 1991, II–485 Rn. 62).

3. Räumlich und zeitlich relevanter Markt

Der **räumlich** relevante Markt ist der Bereich, in dem die betreffenden Er- 7
zeugnisse vertrieben werden und „in dem die Wettbewerbsbedingungen hinreichend homogen sind, um eine Einschätzung der wirtschaftlichen Macht des betroffenen Unternehmens zu ermöglichen" (EuGH, Rs. 27/76, United Brands, Slg. 1978, 207 Rn. 10/11; vgl. auch Art. 83 Rn. 59). Bei seiner Bestimmung sind insb. die Transportkosten, die Gewohnheiten der Verbraucher und die wirtschaftlichen Möglichkeiten der Anbieter sowie nach wie vor bestehende staatliche Handelsschranken zu berücksichtigen (vgl. EuGH, Rs. 40/73 u.a., Suiker Unie, Slg. 1975, 1663 Rn. 371/372; EuGeI, T-30/89, Hilti, Slg. 1991, II–1439 Rn. 81). Für die von der Kommission geprüften Merkmale liefert die bereits erwähnte Bekanntmachung über die Definition des relevanten Marktes (oben Rn. 4) nützliche Hinweise (Bek. Rn. 44–50). Bei den relevanten Märkten kann es sich um lokale bis hin zu globalen Märkten handeln (Bek. Rn. 51). Die Bestimmung des geographisch relevanten Marktes fällt i.d.R. mit der Prüfung der Frage zusammen, ob die beherrschende Stellung sich auf einen „wesentlichen Teil" des GM erstreckt (s.u. Rn. 9).

Die **zeitliche** Abgrenzung des relevanten Marktes kann z.B. notwendig 8
werden, wenn die Austauschbarkeit des betreffenden Erzeugnisses saisonalen Schwankungen unterworfen ist (vgl. EuGH, Rs. 27/76, United Brands, Slg. 1978, 207 Rn. 23ff.).

III. Wesentlicher Teil des GM

Art. 82 ist nur anwendbar, wenn sich die beherrschende Stellung auf den 9
GM oder einen **wesentlichen Teil** des GM erstreckt. Einzelne MS (s. EuGH, Rs. 322/81, Michelin, Slg. 1983, 3461 Rn. 28; C-260/89, ERT, Slg. 1991, I–2925 Rn. 31) oder Gebiete, die sich über das Territorium eines MS hinaus erstrecken (s. z.B. EuGeI, T-69/89, RTE, Slg. 1991, II–485 Rn. 64: Irland und Nordirland), werden als wesentlicher Teil des GM angesehen. Aus der neueren Rechtsprechung ergibt sich, daß es dabei nicht allein auf die Größe des betroffenen Gebietes, sondern auch (und vor allem) auf seine wirtschaftliche Bedeutung ankommt. So hat der EuGH den Hafen von Genua angesichts seiner Bedeutung für den Verkehr als wesentlichen Teil des GM betrachtet (EuGH, C-179/90, Merci, Slg. 1991, I–5889 Rn. 15; ebenso EuGH, C-163/96, Silvano Raso, Slg. 1998, I–533 Rn. 26: Hafen von La

Spezia; EuGH, C-266/96, Corsica Ferries, Slg. 1998, I–3949 Rn. 38: Häfen
von Genua und La Spezia; entsprechend z.B. E v. 21.12.93, ABl. 1994 L 15,
8 Rn. 77 – Sea Containers/Stena Sealink – für den Hafen von Holyhead).

IV. Beherrschende Stellung

1. Begriff

10   Mit der **beherrschenden Stellung** i.S.v. Art. 82 ist nach der ständigen
Rechtsprechung des EuGH „die wirtschaftliche Machtstellung eines Unternehmens gemeint, die dieses in die Lage versetzt, die Aufrechterhaltung eines wirksamen Wettbewerbs auf dem relevanten Markt zu verhindern, indem sie ihm die Möglichkeit verschafft, sich seinen Wettbewerbern, seinen
Abnehmern und letztlich den Verbrauchern gegenüber in einem nennenswerten Umfang unabhängig zu verhalten" (EuGH, Rs. 85/76, Hoffmann-La
Roche, Slg. 1979, 461 Rn. 38; vgl. auch EuGH, Rs. 247/86, Alsatel/Nova-
sam, Slg. 1988, 5987 Rn. 12). Ein marktbeherrschendes Unternehmen verfügt über ein solches Maß an Marktmacht, daß kein **wirksamer** Wettbewerb mehr gewährleistet ist (vgl. auch Art. 81 III lit. b und hierzu Art. 81
Rn. 46). Das Bestehen einer marktbeherrschenden Stellung setzt nicht voraus, daß der Wettbewerb völlig ausgeschaltet wird (s. EuGH, Rs. 85/76,
Hoffmann-La Roche a.a.O., Rn. 39); ist dies jedoch der Fall (wie bei einem
Monopol), liegt auf jeden Fall eine beherrschende Stellung vor. Auch ein
Nachfrager kann selbstverständlich eine marktbeherrschende Stellung in-
nehaben (vgl. EuGH, Rs. 298/83, CICCE, Slg. 1985, 1105 Rn. 22ff.).

11   Diese Machtstellung verschafft dem Unternehmen die Möglichkeit, die Bedingungen, unter denen sich der Wettbewerb entwickeln kann, „zu bestimmen oder wenigstens merklich zu beeinflussen" und hierauf jedenfalls
weitgehend keine Rücksicht zu nehmen, ohne daß ihm dies zum Schaden
gereiche (EuGH, Rs. 85/76, a.a.O., Rn. 39). Das wesentliche Merkmal einer beherrschenden Stellung besteht in der **Preisbestimmungsmacht**, d.h.
der Fähigkeit des Unternehmens, die Preise „in einer Höhe festzusetzen, die
sich merklich von der Höhe unterscheidet, auf der sie sich eingependelt hätten, wenn sie ausschließlich vom Wettbewerb bestimmt worden wären"
(EuGH, Rs. 13/60, Geitling, Slg. 1962, 177, 215; dieses Urteil betraf die
Auslegung von Art. 65 EGKSV) und in der Möglichkeit, die Erzeugung
oder die Verteilung zu kontrollieren.

12   Die vom EuGH verwendete **zweigliedrige Definition** enthält neben dem
soeben behandelten **positiven** (Fähigkeit zu unabhängigem Verhalten) auch
ein **negatives Kriterium** (Möglichkeit zur Verhinderung wirksamen Wett-

bewerbs). Ein Unternehmen, das sich weitgehend unabhängig verhalten kann, ohne auf die anderen Marktteilnehmer Rücksicht nehmen zu müssen, hat damit die Möglichkeit, wirksamen Wettbewerb zu verhindern; insoweit dürfte es sich also um zwei Aspekte desselben Tatbestandes handeln. Nicht überzeugend erscheint die Ansicht, bei der Frage nach dem Vorliegen einer beherrschenden Stellung könne „alternativ" auf das eine oder das andere dieser beiden Merkmale abgestellt werden (so *Schröter,* in GTE, Art. 86 Rn. 59). Eine besonders hohe Finanzkraft z.B. kann einem Unternehmen die Möglichkeit geben, die Konkurrenz – etwa durch die Anwendung von Kampfpreisen (s. Rn. 41) – zu behindern, ohne daß daraus bereits auf das Vorliegen einer beherrschenden Stellung geschlossen werden kann (so zutreffend *Koch,* in Grabitz/Hilf, Art. 86 Rn. 15).

Eine beherrschende Stellung liegt vor, wenn einem Unternehmen durch **13** staatliche Regelungen ein **Monopol** eingeräumt wird (z.B. das ausschließliche Recht der Post zur Beförderung von Briefen bis zu einer bestimmten Gewichtsgrenze). Die Existenz solcher staatlichen Regelungen schließt die Anwendbarkeit von Art. 82 nicht aus (EuGH, Rs. 311/84, CBEM/CLT und IPB, Slg. 1985, 3261 Rn. 16; vgl. hierzu eingehend Art. 86 Rn. 2 u. 12ff.). Eine beherrschende Stellung liegt auch vor, wenn ein Unternehmen über ein **faktisches Monopol** verfügt (insb. Urheberrechtsverwertungsgesellschaften; vgl. auch EuGH, Rs. 226/84, British Leyland, Slg. 1986, 3263 Rn. 9, wo effektiv nur der Hersteller von Fahrzeugen in der Lage war, die für die Zulassung erforderlichen Bescheinigungen auszustellen). Eine beherrschende Stellung kann auch auf der überlegenen Leistungsfähigkeit (insb. einem technologischen Vorsprung) des Unternehmens selbst beruhen. Bei einer entsprechend engen Definition des relevanten Marktes kann sich die Marktmacht eines Unternehmens auch aus der Abhängigkeit seiner Kunden (hinsichtlich der Wartung bzw. der Belieferung mit Ersatzteilen) nach dem Kauf ergeben (wie im Falle „Hugin", s. Rn. 6 a.E.). Es reicht jedoch (im Unterschied zu § 20 II 2 GWB) nicht aus, daß ein Händler sich aufgrund der Qualität der betreffenden Erzeugnisse genötigt sieht, auch Waren dieses Herstellers (neben denen anderer Hersteller) in sein Sortiment aufzunehmen (EuGH, Rs. 26/76, Metro I, Slg. 1977, 1875 Rn. 17; vgl. aber Art. 83 Rn. 61 zur Relevanz des sog. Portfolio-Effekt nach der FKV).

2. Nachweis

Eines besonderen Nachweises für das Vorliegen einer beherrschenden Stel- **14** lung bedarf es nicht, wenn das Unternehmen ein **Monopol** auf dem Markt besitzt (EuGH, Rs. 26/75, General Motors, Slg. 1975, 1367 Rn. 7/9; C-

260/89, ERT, Slg. 1991, I–2925 Rn. 31; C-320/91, Corbeau, Slg. 1993, I–2533 Rn. 9). Dies gilt auch im Falle eines **faktischen Monopols** (EuGH, Rs. 7/82, GVL, Slg. 1983, 483 Rn. 44–45; Rs. 226/84, British Leyland, Slg. 1986, 3263 Rn. 9). In allen sonstigen Fällen sind die Gegebenheiten des Marktes und die Struktur des betreffenden Unternehmens zu betrachten (s. EuGH, Rs. 27/76, United Brands, Slg. 1978, 207 Rn. 67/68).

15   Bei dieser Prüfung kommt dem **Marktanteil** eine besondere Bedeutung zu (s. EuGH, Rs. 85/76, Hoffmann-La Roche, Slg. 1979, 461 Rn. 39; Rs. 247/87, Alsatel/Novasam, Slg. 1988, 5987 Rn. 19). Anders als § 19 III GWB sieht Art. 82 zwar keine an das Erreichen bestimmter Marktanteile (oder Umsatzerlöse) geknüpften Vermutungen für das Vorliegen einer beherrschenden Stellung vor. Ein beträchtlicher Marktanteil kann jedoch ein „erhebliches Indiz" sein, das allerdings „für sich genommen nicht entscheidend ist, sondern im Zusammenhang mit anderen Faktoren gesehen werden muß" (EuGH, Rs. 247/87 Alsatel/Novasam a.a.O., Rn. 19).

16   Im Fall „Hoffmann-La Roche" hat der EuGH entschieden, daß „besonders hohe" Marktanteile gewöhnlich „ohne weiteres" den Beweis für das Vorliegen einer beherrschenden Stellung liefern (EuGH a.a.O., Rn. 41) und dies für Marktanteile von über **80 %** bejaht (a.a.O., Rn. 56). Im Fall „AKZO" vertrat der EuGH sogar die Ansicht, daß bereits ein (über mehrere Jahre konstant gebliebener) Marktanteil von **50 %** ohne weiteres das Vorliegen einer beherrschenden Stellung bestätige (C-62/86, AKZO, Slg. 1991, I–3359). Auch bei Marktanteilen unter 50 % kann eine marktbeherrschende Stellung gegeben sein, wenn weitere Umstände (s. dazu Rn. 17) hinzutreten, insb. wenn die Marktanteile der Konkurrenten bedeutend geringer sind (vgl. EuGH, Rs. 27/76, United Brands a.a.O., Rn. 111/120, wo der Marktanteil des führenden Unternehmens ein Vielfaches desjenigen seines nächsten Konkurrenten ausmachte; E v. 24.7.91, ABl. 1992 L 72, 1 Rn. 100 – Tetra Pak II). Marktbeherrschung wurde verneint bei Marktanteilen von weniger als **10 %** (EuGH, Rs. 26/76, Metro I, Slg. 1977, 1875 Rn. 17). I.d.R. dürfte es an einer marktbeherrschenden Stellung bereits fehlen, wenn der Marktanteil 25 % nicht übersteigt (vgl. die 15. Begründungserwägung der FKV, s. Art. 83 Rn. 61).

17   Die Marktmacht eines Unternehmens ist nicht nur von der Stärke der tatsächlichen Konkurrenten (und der Marktgegenseite) abhängig, sondern auch vom Umfang des **potentiellen** Wettbewerbs. Die Existenz von Unternehmen, die nicht auf dem relevanten Markt tätig sind, jedoch in der Lage sind, dort tätig zu werden, vermag das Wettbewerbsverhalten der auf diesem Markt bereits aktiven Unternehmen zu beeinflussen. Der Umfang dieses Einflusses hängt davon ab, wie einfach – oder wie schwierig – es für

solche Unternehmen ist, auf dem relevanten Markt Fuß zu fassen. Zu den **Marktzutrittsschranken**, die den Zugang potentieller Konkurrenten zum Markt erschweren oder gar verhindern können, zählen insb. rechtliche Hindernisse (z.B. die Existenz eines gesetzlichen Monopols oder eine Beschränkung der Zahl der zugelassenen Anbieter, vgl. E v. 26.2.92, ABl. 1992 L 96, 34 Rn. 19 – British Midland/Aer Lingus). Kann ein Unternehmen auf einem Markt nur dann bestehen, wenn es eine bestimmte Mindestgröße im Verhältnis zum gesamten Markt aufweist, stellt auch dies ein zu berücksichtigendes Hindernis für einen Markteintritt dar. Kommission und Rechtsprechung betrachten allerdings auch andere Umstände wie z.B. die Notwendigkeit ungewöhnlich umfangreicher Investitionen, Größenvorteile des bereits auf dem Markt tätigen Unternehmens, hohe Anlaufkosten (EuGH, Rs. 27/76, United Brands a.a.O., Rn. 121/124) und ungenutzte Produktionskapazitäten der auf dem Markt aktiven Unternehmen (EuGH, Rs. 85/76, Hoffmann-La Roche a.a.O., Rn. 48) als Marktzutrittsschranken. Diese Praxis ist zweifelhaft. Entscheidend sollte vielmehr sein, ob einem Unternehmen durch einen Marktzutritt höhere Kosten verursacht werden, als sie die bereits auf dem Markt tätigen Unternehmen zu tragen haben und ob es die Vorteile dieser Unternehmen durch eigene Anstrengungen aufholen kann (s. *Koch* in Grabitz/Hilf, Art. 86 Rn. 31; a.A. die wohl h.M., vgl. *Schröter,* in GTE, Art. 86 Rn. 85).

18 Zu den sonstigen Umständen, aus denen sich der Entscheidungspraxis zufolge das Bestehen einer beherrschenden Stellung ableiten läßt, zählen u.a. eine weitgehende vertikale Integration eines Unternehmens (EuGH, Rs. 27/76, United Brands a.a.O., Rn. 69ff.; E v. 19.12.90, ABl. 1992 L 152, 21 Rn. 45 – Solvay), sein technologischer Vorsprung (EuGH ebd., Rn. 82ff.) und ein besonders gut ausgebautes Vertriebsnetz (EuGH, Rs. 85/76, Hoffmann-La Roche a.a.O., Rn. 48; Rs. 322/81, Michelin, Slg. 1983, 3461 Rn. 58). Die Größe eines Unternehmens und seines Umsatzes stellt allerdings kein Indiz dar (EuGH, Rs. 85/76 Hoffmann-La Roche a.a.O., Rn. 47).

19 Der Besitz oder die Ausübung **gewerblicher Schutzrechte** begründen als solche noch keine beherrschende Stellung (EuGH, Rs. 24/67, Parke, Davis, Slg. 1968, 85, 112; Rs. 40/70, Sirena, Slg. 1971, 69 Rn. 16; Rs. 51/75, EMI/CBS, Slg. 1976, 811 Rn. 36). Dies kann allerdings anders sein, wenn der Zugang zum relevanten Markt nur für den Inhaber dieses Rechtes möglich ist (s. EuGeI, T-69/89, RTE, Slg. 1991, II–485 Rn. 63).

20 Auch das **Verhalten** des betreffenden Unternehmens auf dem Markt kann u.U. ein Indiz darstellen für das Vorliegen einer marktbeherrschenden Stellung sein, wenn es sehr unwahrscheinlich ist, daß sich ein Unternehmen in nichtbeherrschender Stellung ebenso verhalten hätte (vgl. EuGeI, T-30/89,

Hilti, Slg. 1991, II–1439 Rn. 93). Bei dieser Prüfung ist allerdings aus naheliegenden Gründen große Vorsicht geboten.

3. Marktbeherrschung durch mehrere Unternehmen

21 **Mehrere Unternehmen** können zusammen eine marktbeherrschende Stellung einnehmen, wenn zwischen ihnen aus tatsächlichen Gründen kein wesentlicher Wettbewerb besteht. Das Fehlen des **Innenwettbewerbs** kann
sich daraus ergeben, daß die Unternehmen zum selben Konzern gehören (s.
EuGH, Rs. 247/86, Alsatel/Novasam, Slg. 1988, 5987 Rn. 20). Dies setzt jedoch voraus, daß die Unternehmen so eng miteinander verbunden sind, daß
sie auf dem Markt in gleicher Weise vorgehen können (EuGH, C-393/92,
Gemeinde Almelo, Slg. 1994, I–1477 Rn. 42). Sehr instruktiv ist in diesem
Zusammenhang der Fall *„Irish Sugar"* (E v. 14.5.97, ABl. 1997 L 258, 1).
Dieses Unternehmen besaß im fraglichen Zeitraum 51 % der Anteile der
Muttergesellschaft von SDL, ohne aber dessen Geschäftsleitung zu kontrollieren. Irish Sugar war in den Vorständen von SDL und ihrer Muttergesellschaft vertreten. Zwischen diesen Unternehmen fanden regelmäßig Treffen
und Besprechungen statt. SDL war verpflichtet, seinen gesamten Zuckerbe-
darf bei Irish Sugar zu decken. Irish Sugar bezahlte die gesamte Verkaufsförderung von SDL sowie Rabatte, die SDL Einzelkunden gewährte. Die
Kommission folgerte, daß aufgrund dieser Verbindungen eindeutig gleich-
gelagerte Interessen vorlagen. Irish Sugar und SDL waren daher in Anbetracht ihrer Marktmacht gemeinsam marktbeherrschend (a.a.O. Rn.
111–113). Eine gemeinsame marktbeherrschende Stellung kann auch auf
einer Kartellabsprache zwischen diesen Unternehmen beruhen (EuGeI, T-
68/89 u.a., SIV, Slg. 1992, II–1403 Rn. 359; E v. 1.4.92, ABl. 1992 L 134,
1 Rn. 56, 58 – Französisch-westafrikanische Reederkonferenzen). Das Eu-
GeI bestätigte im Fall CEWAL, daß die Mitglieder einer Reederkonferenz
aufgrund der engen Beziehungen, die zwischen ihnen bestehen, und ihres
gemeinsamen Auftretens auf dem Markt als gemeinsam marktbeherrschend
angesehen werden können (EuGeI, T-24/93, Compagnie Maritime Belge,
Slg. 1996, II–1201 Rn. 64–66). Die bloße „Reaktionsverbundenheit im engen Oligopol" (*Schröter,* in GTE, Art. 86 Rn. 68) begründet allerdings allein
noch keine kollektive marktbeherrschende Stellung (vgl. EuGeI, T-24/93,
a.a.O., Rn. 358). Einen eigenartig gelagerten Fall betraf das Urteil des
EuGH im Fall *„La Crespelle"* (C-323/93, Slg. 1994, I–5077). Nach franzö-
sischem Recht war die künstliche Befruchtung von Tieren 51 Besamungs-
stationen vorbehalten. Jeder dieser Einheiten war ein Gebiet zugewiesen, in
dem allein diese Station tätig werden durfte. Der EuGH entschied, daß

durch die Nebeneinanderstellung territorial begrenzter Monopole, die in ihrer Gesamtheit das ganze Hoheitsgebiet eines Mitgliedstaats erfassen, eine
beherrschende Stellung i.S.v. Art. 82 geschaffen wird (EuGH, ebd., Rn. 17).

V. Mißbräuchliche Ausnutzung einer marktbeherrschenden Stellung

1. Begriff

Der Begriff der **mißbräuchlichen Ausnutzung** ist ein **objektiver** Begriff;   **22**
Verschulden ist nicht erforderlich. Er „erfaßt die Verhaltensweisen eines
Unternehmens in beherrschender Stellung, die die Struktur eines Marktes
beeinflussen können, auf dem der Wettbewerb gerade wegen der Anwesenheit des fraglichen Unternehmens bereits geschwächt ist, und die die Aufrechterhaltung des auf dem Markt noch bestehenden Wettbewerbs oder dessen Entwicklung durch die Verwendung von Mitteln behindern, welche von
den Mitteln eines normalen Produkt- oder Dienstleistungswettbewerbs auf
der Grundlage der Leistungen der Marktbürger abweichen" (EuGH, Rs.
85/76, Hoffmann-La Roche, Slg. 1979, 461 Rn. 91; C-62/86, AKZO, Slg.
1991, I–3359 Rn. 69). Entscheidend ist daher, ob sich das Verhalten des Unternehmens in den Grenzen des zulässigen (und wünschenswerten) **Leistungswettbewerbs** hält oder darüber hinausgeht. Ein Unternehmen in einer marktbeherrschenden Stellung trägt eine **besondere Verantwortung**
dafür, „daß es durch sein Verhalten einen wirksamen und unverfälschten
Wettbewerb auf dem GM nicht beeinträchtigt" (EuGH, Rs. 322/81, Michelin, Slg. 1983, 3461 Rn. 57; EuGeI, T-65/89, BPB Industries und British
Gypsum, Slg. 1993, II–389 Rn. 67). Eine Verhaltensweise eines marktbeherrschenden Unternehmens kann deshalb auch dann einen Mißbrauch
i.S.v. Art. 82 darstellen, wenn sie an sich – d.h. bei Unternehmen, die nicht
über eine marktbeherrschende Stellung verfügen – keinen Bedenken begegnete (s. z.B. Rn. 31). Der Tatbestand setzt außerdem nicht voraus, daß
die von dem marktbeherrschenden Unternehmen angewendeten Maßnahmen, die dem Zweck dienten, einen Konkurrenten vom Markt zu verdrängen, ihr Ziel auch tatsächlich erreicht haben (EuGeI, T-24/92, Compagnie
maritime belge, Slg. 1996, II–1201 Rn. 149).

Art. 82 verbietet es einem marktbeherrschenden Unternehmen (natürlich)   **23**
nicht, in einem vernünftigen Maße seine eigenen Interessen zu verteidigen,
wenn diese angegriffen werden (EuGH, Rs. 27/76, United Brands, Slg.
1978, 207 Rn. 184/194; EuGeI, T-65/89, Slg. 1993, II–389 Rn. 69). Die Gegenmaßnahmen müssen jedoch in einem „angemessenen Verhältnis" zu der
Bedrohung stehen und dürfen nicht auf eine Verstärkung der beherrschen-

den Stellung abzielen (EuGH und EuGeI, jeweils ebd.). Versucht ein Unternehmen, den Vertrieb von Produkten anderer Hersteller zu unterbinden, die von den Kunden zusammen mit den von ihm selbst verkauften Erzeugnissen verwendet werden, kann es sich zur Rechtfertigung dieses Verhaltens nicht auf angebliche Gefahren für die Sicherheit der Verbraucher oder eine ihm ggf. drohende Produzentenhaftung berufen, wenn es sich nicht der vom nationalen Recht bereitgestellten Rechtsschutzmöglichkeiten bedient (EuGeI, T-30/89, Hilti, Slg. 1991, II–1439 Rn. 117ff.).

24 Eine allgemeine Formel für die von Art. 82 erfaßten Mißbräuche dürfte sich kaum finden lassen. Der EuGH hat ausgeführt, daß Art. 82 sowohl die Verhinderung von Praktiken bezwecke, die den Verbraucher **unmittelbar** schädigen wie auch die von Verhaltensweisen, die den Verbraucher **mittelbar** schädigen (EuGH, Rs. 85/76, Hoffman-La Roche a.a.O., Rn. 125). Üblicherweise unterscheidet man zwischen Mißbräuchen, die eine **Behinderung** von Konkurrenten bezwecken (z.B. Kampfpreise) und Mißbräuchen, die in der **Ausbeutung** von Verbrauchern bestehen (insb. mittels unangemessener Preise; zum sog. **Marktstrukturmißbrauch** s. Rn. 42). Die in Art. 82 II enthaltene Aufzählung von Mißbräuchen ist nicht abschließend. Eine genaue Abgrenzung zwischen den dort genannten Beispielen und den von der Generalklausel des Art. 82 I erfaßten Mißbräuchen ist nicht erforderlich, da sich hinsichtlich der Rechtsfolgen kein Unterschied ergibt.

2. Frage der Kausalität

25 Nach der Rechtsprechung ist es nicht erforderlich, daß der Mißbrauch unter Einsatz der Machtstellung des marktbeherrschenden Unternehmens erfolgt (s. EuGH, Rs. 85/76, Hoffmann-La Roche, Slg. 1979, 461 Rn. 91 und – allerdings für einen Sonderfall – EuGH, Rs. 6/72, Continental Can, Slg. 1973, 215 Rn. 27; vgl. auch GA *Lenz*, C-62/86, AKZO, Slg. 1991, I–3404). In der Literatur ist die Auffassung, wonach zwischen Marktbeherrschung und Mißbrauch kein **Kausalzusammenhang** bestehen muß, allerdings umstritten (zustimmend *Schröter*, in GTE, Art. 86 Rn. 130, dem zufolge die marktbeherrschende Stellung lediglich eine „objektive Voraussetzung" der Anwendbarkeit des Art. 82 ist; a.A. z.B. *Koch*, in Grabitz/Hilf, Art. 86 Rn. 45; differenzierend *Gleiss/Hirsch*, Art. 86 Rn. 56f.). In den meisten Fällen dürfte die Frage allerdings keine Rolle spielen, da dem beherrschenden Unternehmen seine Marktmacht „schattengleich" folgt (*Emmerich*, in Dauses, H.I. Rn. 220). Das Beispiel der Ausschließlichkeitsbindungen zeigt, daß es auf die Frage der Kausalität nicht ankommen sollte: Ein marktbeherrschendes Unternehmen wird seiner „besonderen Verant-

wortung" für die Aufrechterhaltung des Wettbewerbs nicht gerecht, wenn es
einen wesentlichen Teil der Nachfrage an sich bindet, mag dies unter Einsatz seiner Marktmacht oder auf Wunsch der Kunden selbst geschehen (s.
Rn. 31).

Der beherrschte Markt und der Markt, auf dem das mißbräuchliche Verhal-   **26**
ten stattfindet, brauchen nicht völlig identisch zu sein (vgl. EuGH, Rs.
6–7/73, Commercial Solvents, Slg. 1974, 223 Rn. 21; C-62/86, AKZO, Slg.
1991, I–3359 Rn. 45). Die Anwendbarkeit des Art. 82 setzt jedoch einen
**Zusammenhang zwischen der beherrschenden Stellung und dem Miß-
brauch** voraus, der in der Regel fehlt, wenn sich das Verhalten auf einem
von dem beherrschten Markt verschiedenen Markt auswirkt (EuGH,
C-333/94 P, Tetra Pak, Slg. 1996, I–5951 Rn. 27). Es kann jedoch „besondere Umstände" geben, welche die Anwendung von Art. 82 in einem
solchen Fall rechtfertigen (EuGH ebd.). Das Vorliegen solcher Umstände
hat der EuGH im Fall „Tetra Pak", in dem es um die Märkte für aseptische
Kartonverpackungen (auf denen Tetra Pak eine beherrschende Stellung
hatte) einerseits und den Märkten für nichtaseptische Kartonverpackungen
(wo dies nicht der Fall war) andererseits ging, angesichts der engen Beziehungen zwischen den betroffenen Märkten bejaht (EuGH ebd. Rn.
28–31).

3. Mißbrauchstatbestände

a) Erzwingung unangemessener Preise oder Geschäftsbedingungen

Die Erzwingung von **unangemessenen Einkaufs- oder Verkaufspreisen**   **27**
durch ein marktbeherrschendes Unternehmen (Art. 82 II lit. a) ist ein ebenso naheliegender wie schwer zu beweisender Fall eines Mißbrauchs i.S.v.
Art. 82. Hohe Preise können ein Indiz sein, beweisen aber allein noch nicht
notwendigerweise, daß ein Mißbrauch vorliegt (EuGH, Rs. 40/70, Sirena,
Slg. 1971, 69 Rn. 17). Entscheidend ist der **Wert der Gegenleistung**; steht
der Preis „in keinem angemessenen Verhältnis" zu diesem Wert (vgl.
EuGH, Rs. 27/76, United Brands, Slg. 1978, 207 Rn. 248/257) oder ist er
im Vergleich zu diesem „stark überhöht" (EuGH, Rs. 26/75, General Motors, Slg. 1975, 1367 Rn. 15/16), liegt ein Mißbrauch vor. Die von anderen
Unternehmen oder auf vergleichbaren Märkten erzielten Preise können dabei als Anhaltspunkt dienen (vgl. EuGH, Rs. 30/87, Bodson, Slg. 1988,
2479 Rn. 31; Rs. 110/88 u.a., Lucazeau u.a./SACEM, Slg. 1989, 2811 Rn.
25). Mitunter wird auch auf die Kosten des Unternehmens abgestellt und
ein Mißbrauch bejaht, wenn der Preis zu diesen in keinem angemessenen

Verhältnis steht (s. z.B. EuGH, Rs. 66/86, Ahmed Saeed Flugreisen, Slg,
1989, 803 Rn. 43). Angesichts der Schwierigkeiten, denen die Berechnung
in beiden Fällen begegnet, ist es nicht verwunderlich, daß der Nachweis des
Vorliegens unangemessener Preise in der Praxis nur in seltenen Fällen gelingt (s. aber die E v. 24.7.91, ABl. 1992 L 72, 1 Rn. 160–161 – Tetra Pak
II). Interessant ist in diesem Zusammenhang der von der Kommission in einem die *„Deutsche Telekom"* betreffenden Fall angewandte Ansatz, dem
zufolge ein Mißbrauch anzunehmen ist, wenn die Preise des betroffenen
Unternehmens um 100 % über denen in vergleichbaren Märkten liegen (s.
den 27. WB [1997], Rn. 77).

28   In zwei Urteilen vom 13.7.1989, die die französische Gesellschaft zur Verwertung von Musikurheberrechten betrafen, hat der EuGH ausgeführt, daß
Tarife, die „erheblich höher" sind als die in anderen MS angewendeten Tarife, ein Indiz für einen Mißbrauch darstellen, wenn sie nicht durch objektive Unterschiede gerechtfertigt sind (EuGH, Rs. 395/87, Tournier, Slg.
1989, 2521 Rn. 38; Rs. 110/88, Lucazeau a.a.O., Rn. 25). Überhöhte Verwaltungskosten könnten jedoch nicht zur Rechtfertigung herangezogen
werden, da sie möglicherweise gerade aus dem Mangel an Wettbewerb re-
sultierten (EuGH ebd., Rn. 42 bzw. 29). Die Bejahung eines Mißbrauchs
führt hier dazu, daß die Existenzberechtigung des Monopols selbst in Frage gestellt wird (so auch *Koch,* in Grabitz/Hilf, Art. 86 Rn. 61).

29   Die Erzwingung **unangemessener Geschäftsbedingungen** hat in der Praxis bislang vor allem im Zusammenhang mit den Praktiken der Urheberrechtsverwertungsgesellschaften eine Rolle gespielt. Angemessen sind hier
nur diejenigen Bedingungen, die zur Erreichung des legitimen Ziels (des
Schutzes der Interessen der durch das Urheberrecht geschützten Personen)
„unentbehrlich" sind und die Freiheit der Mitglieder der Gesellschaft nicht
„unbillig beeinträchtigen" (EuGH, Rs. 127/73, BRT/SABAM und Fonior,
Slg. 1974, 313 Rn. 15; vgl. auch EuGH, Rs. 395/87, Tournier, Slg. 1989,
2521 Rn. 45). Auch in anderen Bereichen ist zu prüfen, ob die betreffenden
Geschäftsbedingungen **verhältnismäßig** sind (s. GA *Kirschner*, T-51/89,
Slg. 1990, II–333; vgl. auch E v. 24.7.91, ABl. 1992 L 72, 1 Rn. 119 – Tetra Pak II). Unangemessen sind z.B. Klauseln, wonach der Käufer das Produkt nur mit Genehmigung des Herstellers weiterverkaufen darf, die einen
Kunden durch eine lange Laufzeit des Vertrages „ungebührlich stark" an
das marktbeherrschende Unternehmen binden oder es diesem erlauben,
nach eigenem Ermessen Vertragsstrafen zu verhängen (E im Fall Tetra Pak
II a.a.O., Rn. 123, 140 und 142, bestätigt durch EuGeI, T-83/91, Tetra Pak,
Slg. 1994, II–755; weitere Beispiele in EuGH, Rs. 247/86, Alsatel/Nova-
sam, Slg. 1988, 5987 Rn. 10). Der Begriff der Geschäftsbedingungen um-

faßt auch **Handlungsbeschränkungen**, die das marktbeherrschende Unternehmen seinen Vertragspartnern auferlegt (h.M.).

b) Einschränkung der Erzeugung, des Absatzes oder der technischen Entwicklung

Ein Mißbrauch mittels **Einschränkung der Erzeugung, des Absatzes**   **30**
oder der technischen Entwicklung zum Schaden der Verbraucher (Art. 82
II lit. b) kann im wesentlichen zwei Formen annehmen. Das marktbeherrschende Unternehmen kann seine **eigene** Produktion oder Tätigkeit beschränken. Nach Ansicht des EuGH ist dieser Tatbestand auch gegeben,
wenn ein mit einem Monopol ausgestattetes Unternehmen „offenkundig"
nicht in der Lage ist, die Nachfrage nach den betreffenden Leistungen zu
erfüllen (EuGH, C-41/90, Höfner und Elser, Slg. 1991, I–1979 Rn. 30–31;
C-55/96, Job Centre, Slg. 1997, I–7119 Rn. 27); tatsächlich läuft die Qualifizierung als Mißbrauch hier allerdings auf eine Verurteilung der beherrschenden Stellung als solcher hinaus. Ein marktbeherrschendes Unternehmen kann aber auch die Tätigkeit **anderer Unternehmen** beschränken, sei
es direkt (durch die Auferlegung von Handelsbeschränkungen, vgl. EuGH,
Rs. 40/73 u.a., Suiker Unie, Slg. 1975, 1663 Rn. 482/483) oder indirekt
(z.B. durch die Beschränkung der Absatzmöglichkeiten von Konkurrenten).
Ein Beispiel für einen solchen Mißbrauch liefert der bekannte „*Magill*-
Fall". Dort verhinderte eine Fernsehgesellschaft durch die Weigerung, Informationen über ihr Programm zur Verfügung zu stellen, das Erscheinen
eines umfassenden wöchentlichen Fernsehprogrammführers, den sie selbst
nicht anbot, nach dem aber Nachfrage bestand. Der EuGH wertete dies (wie
zuvor schon Kommission und EuGeI) als Verstoß gegen Art. 82 II lit. b
(EuGH, C-241/91 P und C-242/91 P, Radio Telefis Eireann, Slg. 1995,
I–743 Rn. 54; s. unten Rn. 40).

Ein Mißbrauch liegt daher vor, wenn ein marktbeherrschendes Unterneh- **31**
men Abnehmer durch die Verpflichtung, ihren gesamten Bedarf oder einen
beträchtlichen Teil desselben ausschließlich bei ihm zu decken, an sich bindet (EuGH, Rs. 85/76, Hoffmann-La Roche, Slg. 1979, 461 Rn. 89; C-
62/86, AKZO, Slg. 1991, I–3359 Rn. 149; s. auch E v. 19.12.90, ABl. 1991
L 152, 21 Rn. 57 – Solvay). Der Grund dafür liegt darin, daß solche **Bezugsbindungen** die Absatzmöglichkeiten der Konkurrenten erheblich beschneiden und potentielle Konkurrenten von einem Marktzutritt abschrecken können (s. EuGeI, T-65/89, BPB Industries und British Gypsum,
Slg. 1993, II–389 Rn. 68). Ein Verstoß gegen Art. 82 liegt daher **auch** dann
vor, wenn die Bezugsbindung auf **Wunsch der Kunden** zustande gekom-

men ist (EuGH a.a.O.). Ein anschauliches Beispiel bieten die Speiseeis-
fälle, in denen der Lieferant dem Einzelhändler kostenlos eine Kühltruhe
zur Verfügung stellt und daran die Bedingung knüpft, daß diese ausschließlich für die Lagerung seiner eigenen Produkte benutzt wird (s. aus neuerer
Zeit E v. 11.3.98, ABl. 1998 L 246, 1 Rn. 263ff. – Van den Bergh Foods
Limited).

32 Entsprechende Wirkungen haben auch **Treuerabatte**, die ein marktbeherrschendes Unternehmen gewährt. Dabei sind mehrere Ausgestaltungen
möglich; so kann dem Kunden z.B. ein besonderer Rabatt dafür versprochen werden, daß er über einen bestimmten Prozentsatz seines Bedarfs hinaus bei dem marktbeherrschenden Unternehmen Einkäufe tätigt. Dies
macht es für andere Konkurrenten sehr schwer (wenn nicht gar unmöglich),
mit diesem Kunden ins Geschäft zu kommen. Solche Rabatte zielen daher
darauf ab, den Kunden die Wahl zwischen mehreren Bezugsquellen unmöglich zu machen oder zu erschweren und Konkurrenten den Zugang zum
Markt zu verwehren und stellen somit einen Mißbrauch i.S.v. Art. 82 dar
(EuGH, Rs. 85/76, Hoffmann-La Roche a.a.O., Rn. 90; Rs. 322/81, Michelin, Slg. 1983, 3461 Rn. 71; vgl. auch die E im Fall Solvay a.a.O., Rn. 51).
Einfache **Mengenrabatte**, die ausschließlich an den Umfang der von einem
Kunden getätigten Käufe anknüpfen, sind dagegen unbedenklich (EuGH,
Rs. 85/76, Hoffmann-La Roche a.a.O., Rn. 90; Rs. 322/81, Michelin a.a.O.,
Rn. 71). Entscheidend ist allerdings nicht die Bezeichnung, sondern die
konkrete Ausgestaltung eines Rabattsystems.

33 Eine Vertragsbestimmung, wonach der Kunde berechtigt ist, von günstigeren Angeboten von Konkurrenten des marktbeherrschenden Unternehmens
Gebrauch zu machen, wenn dieses nicht bereit ist, dieselben Preise zu gewähren (sog. **englische Klausel**; der Wortlaut einer solchen Klausel findet
sich in der E im Fall Solvay a.a.O., Rn. 35), könnte an sich die sich aus ausschließlichen Bezugsverpflichtungen oder Treuerabattsystemen ergebenden
unbilligen Folgen mindern (EuGH, Rs. 85/76, Hoffmann-La Roche a.a.O.,
Rn. 104). Eine solche Klausel verpflichtet jedoch die Kunden dazu, das
marktbeherrschende Unternehmen über die betreffenden Angebote Dritter
zu unterrichten und informiert dieses Unternehmen daher über das Verhalten der Konkurrenz. Eine solche Klausel bezweckt und bewirkt somit letztlich, Konkurrenten vom Markt fernzuhalten und verstärkt daher den
mißbräuchlichen Charakter der Ausnutzung der beherrschenden Stellung
(EuGH Rs. 85/76, a.a.O., Rn. 107; E im Fall Solvay a.a.O., Rn. 60; E im
Fall Tetra Pak II a.a.O., Rn. 132).

c) Diskriminierung

Mißbräuchlich ist auch die „Anwendung unterschiedlicher Bedingungen **34** bei gleichwertigen Leistungen gegenüber Handelspartnern, wodurch diese im Wettbewerb benachteiligt werden" (Art. 82 II lit. c). Dieses **Diskriminierungsverbot** wird z.b. durch die bereits erwähnten Treuerabatte verletzt, da diese dazu führen, daß zwei Abnehmer der gleichen Menge eines Erzeugnisses unterschiedliche Preise zu zahlen haben, je nachdem, ob sie ausschließlich bzw. vorwiegend bei dem beherrschenden Unternehmen kaufen oder die Waren von mehreren Lieferanten beziehen (EuGH, Rs. 85/76, Hoffmann-La Roche, Slg. 1979, 461 Rn. 90; E im Fall Solvay a.a.O., Rn. 62). Mißbräuchlich ist die Anwendung **unterschiedlicher Preise** für vergleichbare Transaktionen (z.B. in verschiedenen MS), wenn es für diese Unterschiede keine objektive wirtschaftliche Erklärung (z.b. unterschiedliche Transportkosten) gibt (vgl. EuGH, Rs. 27/76, United Brands, Slg. 1978, 207 Rn. 227–234; E im Fall Tetra Pak II a.a.O., Rn. 154, 160; E v. 21.10.97, ABl. 1997 L 301, 27 – Lotsendienste im Hafen von Genua, Rn. 21). Eine Vorzugsbehandlung für „loyale" Kunden (d.h. Kunden, die ihren Bedarf ausschließlich beim marktbeherrschenden Unternehmen decken) verstößt gegen dieses Gebot der Gleichbehandlung (EuGeI, T-65/89, BPB Industries und British Gypsum, Slg. 1993, II–389 Rn. 94; vgl. aber unten Rn. 37 a.E.).

d) Koppelungsgeschäfte

Mißbräuchlich sind auch Praktiken, durch die ein Vertragspartner des be- **35** herrschenden Unternehmens dazu angehalten wird, von diesem zusätzliche Leistungen anzunehmen, die „weder sachlich noch nach Handelsbrauch in Beziehung zum Vertragsgegenstand stehen" (Art. 82 II lit. d). Das Vorliegen eines solches **Koppelungsgeschäftes** wurde z.B. bejaht in einem Fall, in dem der führende Hersteller von Getränkeabfüllanlagen seine Abnehmer verpflichtete, nur die von ihm hergestellten Kartons zu benutzen und diese nur bei ihm zu kaufen (E im Fall Tetra Pak II a.a.O., Rn. 117; vgl. auch EuGeI, T-30/89, Hilti, Slg. 1991, II–1439 Rn. 16 i.V.m. Rn. 101). Ein Mißbrauch liegt nicht nur dann vor, wenn der Kunde zur Abnahme der zusätzlichen Leistungen verpflichtet ist. Es genügt vielmehr, daß die Vereinbarung (insb. durch eine entsprechende Ausgestaltung des Rabattsystems) für ihn einen so starken Anreiz zum ausschließlichen Bezug beim beherrschenden Unternehmen schafft, daß dessen Konkurrenten nicht zum Zuge kommen können (vgl. EuGH, Rs. 85/76, Hoffmann-La Roche Slg. 1979, 461 Rn. 111; E 19.12.90, ABl. 1992 L 152, 40 Rn. 54 – ICI). Zu beachten ist, daß die in Art. 82 II lit. d enthaltene Aufzählung nicht abschließend ist.

Art. 82 kann daher auch dann verletzt sein, wenn der Koppelungsverkauf dem Handelsbrauch entspricht oder wenn zwischen den Erzeugnissen sachlich eine Beziehung besteht, „es sei denn, daß er objektiv gerechtfertigt ist" (EuGH, C-333/94 P, Tetra Pak, Slg. 1996, I–5951 Rn. 37).

e) Geschäftsverweigerung

36 Ein Sonderfall der Diskriminierung liegt vor, wenn ein marktbeherrschendes Unternehmen sich weigert, mit einem möglichen Abnehmer eine Geschäftsverbindung aufzunehmen oder wenn es die Belieferung eines Kunden einstellt. Eine solche **Geschäftsverweigerung** ist kein Mißbrauch, wenn sie durch besondere Umstände (z.B. das Verhalten des Kunden) **sachlich gerechtfertigt** wird und eine angemessene Reaktion auf diese Umstände darstellt. An der erforderlichen **Verhältnismäßigkeit** fehlt es z.B., wenn die Belieferung eines Kunden eingestellt wird, weil er verstärkt für Waren eines konkurrierenden Herstellers Werbung betreibt (s. EuGH, Rs. 27/76, United Brands, Slg. 1978, 207 Rn. 184/194). Auf die Staatsangehörigkeit oder den Wohnsitz der betreffenden Personen kann sich das marktbeherrschende Unternehmen zur Rechtfertigung einer Geschäftsverweigerung (natürlich) nicht berufen (EuGH, Rs. 7/82, GVL, Slg. 1983, 483 Rn. 56).

37 Ein Unternehmen, das den Markt für einen Rohstoff beherrscht, handelt auch dann mißbräuchlich, wenn es in der Absicht, sich diese Ware für die Herstellung seiner eigenen Derivate vorzubehalten, die Belieferung eines Abnehmers einstellt und diesen dadurch auszuschalten droht (EuGH, Rs. 6-7/73, Commercial Solvents, Slg. 1974, 223 Rn. 25). Dies gilt auch für ein Unternehmen, das eine beherrschende Stellung auf dem Markt für eine Dienstleistung innehat, die für die Tätigkeit eines anderen Unternehmens auf einem anderen Markt unerläßlich ist (EuGH, Rs. 311/84, CBEM/CLT und IPB, Slg. 1985, 3261 Rn. 26). Die **Ausschaltung eines Konkurrenten** auf dem abgeleiteten Markt wäre mit dem von **Art. 3 lit. g** geforderten System unverfälschten Wettbewerbs nicht vereinbar (EuGH, Rs. 6-7/73, Commercial Solvents a.a.O., Rn. 25). Das Unternehmen hat daher alle Handlungen zu **unterlassen**, die auf die Ausschaltung eines Konkurrenten zielen, wenn sie sich nicht im Rahmen des gewöhnlichen Leistungswettbewerbs halten. In Zeiten allgemeiner Verknappung ist es dem marktbeherrschenden Unternehmen allerdings nicht verwehrt, seine Stammkunden gegenüber Gelegenheitskunden bevorzugt zu behandeln und die Belieferung der letzteren ggf. ganz einzustellen (vgl. EuGH, Rs. 77/77, BP, Slg. 1978, 1513 Rn. 29/34; EuGeI, T-65/89, BPB Industries und British Gypsum, Slg. 1993, II–389 Rn. 94).

Die Frage, ob und ggf. inwieweit ein marktbeherrschendes Unternehmen **38** darüber hinaus auch verpflichtet sein kann, seine **Konkurrenten aktiv zu unterstützen**, um ihnen die Teilnahme am Wettbewerb zu ermöglichen, ist noch weitgehend offen. Im IBM-Fall betrachtete die Kommission u.a. den Umstand als Mißbrauch, daß das marktbeherrschende Unternehmen es unterlassen hatte, anderen Herstellern rechtzeitig die erforderlichen technischen Informationen zu seinem Produkt zu liefern, um ihnen dadurch die Verwendung von Konkurrenzerzeugnissen in Verbindung mit diesem Produkt zu ermöglichen (14. WB [1984], Ziff. 94). Im Fall *„British Midland/Air Lingus"* bezeichnete die Kommission die Weigerung der irischen Fluggesellschaft, ihrer Konkurrentin das Recht des „Interlining" (die Befugnis, Leistungen für andere Fluggesellschaften zu verkaufen) einzuräumen, als mißbräuchlich (E v. 26.2.92, ABl. 1992 L 96, 34 Rn. 25). In der Sache *„Sea Containers/Stena Sealink"* betrachtete die Kommission die Weigerung, eine *wesentliche Einrichtung* (d.h. eine Einrichtung oder Infrastruktur, ohne deren Nutzung ein Konkurrent seinen Kunden keine Dienste anbieten kann) zu nicht diskriminierenden Bedingungen zur Verfügung zu stellen, als Mißbrauch (ABl. 1994 L 15, 8 Rn. 66). Diese (aus dem amerikanischen Kartellrecht stammende) **essential facility-Doktrin** gewinnt zusehends an Bedeutung. Die Kommission hat in ihrer Mitteilung über die Anwendung der Wettbewerbsregeln auf Zugangsvereinbarungen im Telekommunikationsbereich (ABl. 1998 C 265, 2) die Anwendung dieser Doktrin auf den Telekommunikationsbereich näher erläutert (a.a.O. Ziff. 87–98). Die Frage nach dem Umfang der daraus abzuleitenden Pflichten hat vor kurzem auch den EuGH beschäftigt. In dem betreffenden Fall ging es um die Frage, ob Art. 82 einem Verleger einen Anspruch geben kann, sich für die Zustellung seiner Presseerzeugnisse an seine Kunden des landesweiten Botensystems eines Konkurrenten zu bedienen (Urteil v. 26.11.1998, C-7/97, Oskar Bronner GmbH, nocht nicht im Slg.). Der EuGH hat dies verneint, da nicht nachgewiesen worden sei, daß die Nutzung jenes Systems für Konkurrenten unentbehrlich sei. Insbesondere bestünden keine Hindernisse, die den Aufbau eines eigenen Bestellungssystems unmöglich oder unzumutbar machen würden, wobei auf einen Konkurrenten mit einer vergleichbaren Auflagenhöhe abzustellen sei, wie sie die Betreiber des bestehenden Systems haben (Rn. 41–47). Eine gesetzliche Ausprägung hat die „essential facility-Doktrin" nunmehr in § 19 IV Nr. 4 (n.F.) GWB gefunden. Das Problem stellt sich mit besonderer Schärfe im Bereich der gewerblichen Schutzrechte (s. Rn. 39).

Weder der bloße Erwerb von **gewerblichen Schutzrechten** noch deren **39** Ausübung (sowie die Verweigerung der Erteilung einer Lizenz) stellen für

sich einen Mißbrauch i.S.v. Art. 82 dar (s. EuGH, Rs. 53/87, CICRA
u.a./Renault, Slg. 1988, 6039 Rn. 15–16; Rs. 238/87, Volvo/Veng, Slg.
1988, 6211 Rn. 8–9). Dies ist anders, wenn das Schutzrecht als **Mittel** zur
mißbräuchlichen Ausnutzung einer marktbeherrschenden Stellung eingesetzt wird (EuGH, Rs. 102/77, Hoffmann-La Roche/Centrafarm, Slg. 1978,
1139 Rn. 16). In zwei Urteilen aus dem Jahre 1988, die ein Geschmacks-
musterrecht an Kfz-Ersatzteilen betrafen, hat der EuGH einen Mißbrauch
bejaht, wenn der Berechtigte sich willkürlich weigert, unabhängige Repa-
raturwerkstätten mit diesen Teilen zu beliefern, unangemessene Preise festsetzt oder die Herstellung einstellt, obwohl noch viele Fahrzeuge des betreffenden Modells verkehren (EuGH, Rs. 53/87, CICRA u.a./Renault
a.a.O., Rn. 16; Rs. 238/87, Volvo/Veng a.a.O., Rn. 9). Ein Mißbrauch liegt
auch vor, wenn der Berechtigte die Erteilung einer Zwangslizenz verzögert
(EuGeI, T-30/89, Hilti, Slg. 1991, II–1439 Rn. 99) oder ein marktbeherrschendes Unternehmen eine ausschließliche Patentlizenz erwirbt und dadurch der Markteintritt neuer Konkurrenten verhindert oder zumindest erheblich verzögert wird (EuGeI, T-51/89, Tetra Pak, Slg. 1990, II–309 Rn.
23).

40 Der Fall *„Magill"* betraf die Praxis von Fernsehgesellschaften in Irland und
Großbritannien, Informationen (die nach nationalem Recht Urheberschutz
genießen) über ihre Fernsehprogramme jeweils in eigenen Programmzeit-
schriften zu vertreiben; daneben wurde der Tagespresse erlaubt, Informa-
tionen über das Programm des jeweiligen Tages zu veröffentlichen. Die Fir-
ma Magill beabsichtigte, eine umfassende Programmzeitschrift mit *allen*
Wochenprogrammen auf den Markt zu bringen. Die Kommission hielt die
Weigerung der Fernsehgesellschaften, der Firma Magill eine Lizenz an den
Urheberrechten zu gewähren, für einen Mißbrauch i.S.v. Art. 82. Das Eu-
GeI wies die gegen diese Entscheidung gerichteten Klagen am 10.7.91 ab
(T-69/89, RTE, Slg. 1991, II–485; T-70/89, BBC, Slg. 1991, II–535 und T-
76/89, ITP, Slg. 1991, II–575). Das Gericht begründete dies im wesentlichen mit der Erwägung, daß das Verhalten der Fernsehgesellschaften dazu
führe, die Herstellung und den Vertrieb eines *neuen* Erzeugnisses zu verhindern, nach dem eine potentielle Nachfrage der Verbraucher bestehe und
damit jeden Wettbewerb auf dem Markt der Fernsehprogrammführer aus-
schlösse; eine solche Verhaltensweise werde durch die „Funktion des Urheberrechts" nicht gedeckt (EuGeI a.a.O., Rn. 73). Damit stellt das Gericht
jedoch in Wirklichkeit nicht die Ausübung des Schutzrechts, sondern dessen Bestand selbst in Frage (so auch *Eilmannsberger*, a.a.O., 633). Der
EuGH hat die gegen diese Urteile eingelegten Rechtsmittel zurückgewiesen
(C-241/91 P und C-242/91 P, RTE und ITP/Kommission, Slg. 1995, I–743).

Er bestätigte dabei, daß das ausschließliche Recht zur Vervielfältigung zu den Vorrechten des Urhebers gehört und die Verweigerung einer Lizenz daher als solche keinen Mißbrauch i.S.v. Art. 82 darstellen kann (Rn. 49). Die Ausübung eines solchen ausschließlichen Rechtes könne jedoch „unter außergewöhnlichen Umständen" mißbräuchlich sein (Rn. 50). Solche besonderen Umstände lagen nach Ansicht des EuGH hier vor. Der EuGH verwies dabei auf drei Umstände: Erstens gab es für keinen tatsächlichen oder potentiellen Ersatz für einen wöchentlichen Fernsehprogrammführer, der es den Fernsehzuschauer gestattete, im voraus zu entscheiden, welche Sendungen sie ansehen wollten und gegebenenfalls ihre Freizeitaktivitäten für die Woche entsprechend zu planen. Zweitens war die Verweigerung der Lizenz weder durch die Tätigkeit der Ausstrahlung von Fernsehprogrammen noch durch die der Herausgabe von Programmzeitschriften gerechtfertigt. Schließlich behielten sich die betroffenen Unternehmen durch die Verweigerung der Lizenzvergabe einen abgeleiteten Markt vor, indem sie jeglichen Wettbewerb ausschlossen (a.a.O. Rn. 52–56). Dieser Entscheidung ist zuzustimmen. Ihre Auswirkungen dürften sich jedoch in Grenzen halten, da bei der gebotenen objektiven Betrachtung (s. Rn. 38) die Fälle, in denen ein gewerbliches Schutzrecht als eine „essential facility" zu betrachten ist, wenig zahlreich sein dürften (vgl. zur Abgrenzung etwa EuGeI, T-504/93, Tiercé Ladbroke, Slg. 1997, II–923 Rn. 132). Im übrigen ist darauf hinzuweisen, daß die Berechtigung der Gewährung von Urheberrechtsschutz für solche Programminformationen in der Tat äußerst fragwürdig ist.

f) Kampfpreise

Kampfpreisunterbietungen stellen einen besonders markanten Fall des **41** Behinderungsmißbrauchs dar. Ein marktbeherrschendes Unternehmen kann versucht sein, sich eines lästigen Konkurrenten dadurch zu entledigen, daß es vorübergehend bewußt mit Verlust verkauft. Im Fall „*AKZO*" hat der EuGH entschieden, daß die Anwendung von Preisen, die unter den durchschnittlichen variablen Kosten liegen „und mit deren Hilfe ein beherrschendes Unternehmen versucht, einen Konkurrenten auszuschalten", mißbräuchlich ist (C-62/86, Slg. 1991, I–3359 Rn. 71; s. auch E v. 24.7.91, ABl. 1992 L 72, 1 Rn. 149 – Tetra Pak II). Gleiches gilt für die Anwendung von Preisen, die über den durchschnittlichen variablen Kosten, aber unter den durchschnittlichen Gesamtkosten liegen, wenn sie im Rahmen eines Plans zur Ausschaltung eines Konkurrenten festgesetzt wurden (EuGH a.a.O., Rn. 72). In beiden Fällen sind daher Kosten und Strategie des betreffenden Unternehmens zu untersuchen; ein Vergleich mit anderen Unternehmen ist nicht erforderlich (EuGH a.a.O., Rn. 74). Die Ermittlung der Kosten bereitet jedoch i.d.R. beträchtliche Schwierigkeiten (vgl. die E im Fall Tetra Pak II a.a.O., Rn. 149 Fn. 2). Nicht erforderlich ist es, daß die mit der Anwendung von Kampfpreisen verfolgte Absicht, ein anderes Unternehmen vom Markt zu drängen, auch erfolgreich ist (EuGH, T-333/94 P, Tetra Pak, Slg. 1996, I–5951 Rn. 44).

g) Marktstrukturmißbrauch

42   Im Jahre 1973 hat der EuGH entschieden, daß ein marktbeherrschendes Unternehmen einen Mißbrauch begehen kann, indem es ein anderes Unternehmen erwirbt und dadurch seine beherrschende Stellung auf dem Markt noch verstärkt (Rs. 6/72, Continental Can, Slg. 1973, 215 Rn. 26). Soweit ein solcher Erwerb einen **Zusammenschluß** i.S. der FKV darstellt (s. hierzu Art. 83 Rn. 50), ist diese Rechtsprechung seit dem Inkrafttreten der FKV weitgehend überholt (s. Art. 83 Rn. 71f.). Ein **Marktstrukturmißbrauch** kann nach der Rechtsprechung jedoch bereits dann vorliegen, wenn das marktbeherrschende Unternehmen zwar nicht die Kontrolle über ein anderes Unternehmen erwirbt, aber zumindest „Einfluß auf dessen Geschäftspolitik" erlangt (EuGH, Rs. 142 und 156/84, BAT und Reynolds, Slg. 1987, 4487 Rn. 65). Ein anschauliches Anwendungsbeispiel bietet die E v. 10.11.92 im Fall „*Warner-Lambert/Gillette*", in dem ein marktbeherrschendes Unternehmen eine Minderheitsbeteiligung an seinem größten Konkurrenten erworben hatte (ABl. 1993 L 116, 21 Rn. 23ff.).

h) Sonstiges

43   Ein marktbeherrschendes Unternehmen kann z.B. auch dadurch gegen Art. 82 verstoßen, daß es von Konkurrenten vertriebene Anlagen bei den Kunden aufkauft und stillegt oder verhindert, daß Fachzeitschriften Werbeanzeigen von Konkurrenten veröffentlichen (E v. 24.7.91, ABl. 1992 L 72, 1 Rn. 165 – Tetra Pak II). Ein Mißbrauch kann vorliegen, wenn ein marktbeherrschendes Unternehmen auf ein anderes Unternehmen Druck ausübt, um zu erreichen, daß dieses nicht mit Konkurrenten des marktbeherrschenden Unternehmens kontrahiert (vgl. EuGeI, T-24/93, Compagnie maritime belge, Slg. 1996, II–1201 Rn. 108–109). Schon der bloße Mangel an Transparenz des Rabattsystems eines Unternehmens kann einen Mißbrauch i.S.v. Art. 82 darstellen (s. E v. 14.5.97, ABl. 1997 L 258, 1 Rn. 150 – Irish Sugar). Der Phantasie scheinen hier keine Grenzen gesetzt zu sein. Die Erhebung einer Klage gegen einen Konkurrenten durch ein marktbeherrschendes Unternehmen kann jedoch (da der Zugang zu den Gerichten als Grun-

drecht und allgemeiner Rechtsgrundsatz aufzufassen ist) nur unter ganz
außergewöhnlichen Umständen als Mißbrauch i.S.v. Art. 82 qualifiziert
werden (EuGeI, T-111/96, Promedia, Slg. 1998, II–2937 Rn. 60). Hinzuweisen ist auf die Rechtsprechung des EuGH, wonach ein Verstoß gegen
Art. 82 vorliegt, wenn ein Unternehmen das Monopol, das es auf einem bestimmten Markt besitzt, **ohne objektive Rechtfertigung** auf einen anderen
Markt auszudehnen versucht (EuGH, C-18/88, GB-INNO-BM, Slg. 1991,
I–5941 Rn. 24; C-271/90 u.a., Spanien u.a./Kommission, Slg. 1992, I–5833
Rn. 36; vgl. bereits EuGH, Rs. 311/84, CBEM/CLT und IPB, Slg. 1985,
3261 Rn. 26; E v. 20.12.89, ABl. 1990 L 10, 47 Rn. 11 – Eil-Kurierdienst-
leistungen in den Niederlanden). Der rechtswidrigen *Ausdehnung* des Monopols steht die rechtswidrige *Aufrechterhaltung* eines solchen Monopols
gleich. Ein gutes Beispiel bietet der Fall *„Flughafen Frankfurt/Main AG"*,
die ihr Monopol hinsichtlich der Bereitstellung der Flughafeneinrichtungen
für Start und Landung von Flugzeugen dadurch mißbrauchte, daß sie sich
den Markt für die Erbringung von Vorfeldabfertigungsdiensten vorbehielt
(E v. 14.1.98, ABl. 1998 L 72, 30 Rn. 98). Entsprechende Fragen stellen
sich vor allem im Rahmen der Prüfung eines Verstoßes gegen **Art. 86 (ex-
Art. 90) i.V.m. Art. 82** (s. Art. 86 Rn. 15).

VI. Rechtsfolgen

Ein Verstoß gegen Art. 82 kann zur Verhängung von **Bußgeldern** durch die   **44**
Kommission führen (s. Art. 83 Rn. 43). Ein Verstoß gegen Art. 82 verpflichtet zum Ersatz des dadurch entstandenen Schadens (**§ 823 II BGB**).
Daneben kommen Ansprüche auf Unterlassung in Betracht. Verträge, die
unter Verstoß gegen Art. 82 zustande gekommen sind, können gem. **§ 138
BGB** nichtig sein. Nach wohl überwiegender (und zutreffender) Auffassung
sind solche Verträge auch wegen Verstoßes gegen **§ 134 BGB** nichtig
(*Schröter,* in GTE, Art. 86 Rn. 47; a.A. *Koch,* in Grabitz/Hilf, Art. 86 Rn.
87). Vgl. außerdem Art. 81 Rn. 38.

Art. 83 (ex-Art. 87) (Verordnungen und Richtlinien)

**(1) Die zweckdienlichen Verordnungen oder Richtlinien zur Verwirkli-
chung der in den Artikeln 81 und 82 niedergelegten Grundsätze werden vom Rat mit qualifizierter Mehrheit auf Vorschlag der Kommission und nach Anhörung des Europäischen Parlaments beschlossen.**

**(2) Die in Absatz 1 vorgesehenen Vorschriften bezwecken insbesondere,
a) die Beachtung der in Artikel 81 Absatz 1 und Artikel 82 genannten**

Verbote durch die Einführung von Geldbußen und Zwangsgeldern zu gewährleisten;

b) **die Einzelheiten der Anwendung des Artikels 81 Absatz 3 festzulegen; dabei ist dem Erfordernis einer wirksamen Überwachung bei möglichst einfacher Verwaltungskontrolle Rechnung zu tragen;**

c) **gegebenenfalls den Anwendungsbereich der Artikel 81 und 82 für die einzelnen Wirtschaftszweige näher zu bestimmen;**

d) **die Aufgaben der Kommission und des Gerichtshofs bei der Anwendung der in diesem Absatz vorgesehenen Vorschriften gegeneinander abzugrenzen;**

e) **das Verhältnis zwischen den innerstaatlichen Rechtsvorschriften einerseits und den in diesem Abschnitt enthaltenen oder aufgrund dieses Artikels getroffenen Bestimmungen andererseits festzulegen.**

Überblick

Literatur: *Bechtold*, Die Stellung der Kommission und der Unternehmen im EWG-Kartellverfahren, EuR 92, 41; *Bronett*, Eröffnung und Abschluß von Wettbewerbsverfahren im Anwendungsbereich der VO Nr. 17 des Rates, WuW 89, 459; *Bunte*, Zur verstärkten Anwendung des EG-Kartellrechts durch die nationalen Kartellbehörden, FS Helmrich, 1994, 315; *Ehricke*, Die Bindungswirkung von Negativattesten und Verwaltungsschreiben im Gemeinschaftsrecht, ZHR 158 (1994), 194; *Gyselen*, Die Bemessung von Geldbußen im EG-Kartellrecht, WuW 93, 561; *Kerse*, EEC Antitrust Procedure, 3. Aufl. 1994; *Ortiz Blanco*, European Community Competition Procedure, 1996; *Schödermaier/Wagner*, Rechtsschutz gegen Verwaltungsschreiben der EG-Kommission, WuW 1994, 403; *Schroth*, Economic offences in EEC law, 1983; *Schriefers*, Die Ermittlungsbefugnisse der EG-Kommission in Kartellverfahren, WuW 93, 98; *Steindorff*, Aufgaben und Zuständigkeiten im europäischen Kartellverfahren, ZHR 162 (1998), 290; *Stevens*, The „comfort letter": old problems, new developments, ECLR 1994, 81; *Winterfeld*, Ermittlungsbefugnisse der EG-Kommission gegenüber Unternehmen am Beispiel des Kartellrechts, RIW 92, 524.

I. Ermächtigung zum Erlaß von Durchführungsbestimmungen (Art. 83)

Art. 83 ermächtigt den Rat, alle zweckdienlichen VO und RL zur Verwirklichung der in den Art. 81 und 82 (ex-Art. 85 und 86) niedergelegten Grundsätze zu erlassen. Der wichtigste der auf dieser Grundlage erlassenen Rechtsakte ist die **VO Nr. 17 des Rates v. 6.2.1962** (ABl. 1962, 204; zuletzt geändert durch den Beschluß des Rates vom 1.1.1995 zur Anpassung der Dokumente betreffend den Beitritt neuer MS zur EU, ABl. 1995 L 1 1), in der das Verfahren für die Anwendung und Durchsetzung der Art. 81 und 82 durch die Kommission geregelt ist. Die VO Nr. 17 galt ursprünglich auch für den Bereich des Verkehrs. Durch die **VO Nr. 141** des Rates v. 26.11.1962 (ABl. 1962, 2751; zuletzt geändert durch VO Nr. 1002/67/ **1**

EWG, ABl. 1967 L 306 1) wurde die VO Nr. 17 jedoch insoweit für unanwendbar erklärt. Die Regeln für das Verfahren in diesem Bereich finden sich nunmehr in den jeweiligen Sonderbestimmungen (s. Vorbem. zu Art. 81–86 Rn. 29); sie entsprechen inhaltlich weitgehend den Bestimmungen der VO Nr. 17. (Zum Verfahren nach der **FKV** s. Rn. 66).

2 Die VO Nr. 17 betraut die Kommission mit der Anwendung und Durchsetzung der Art. 81 und 82 (ex-Art. 85 und 86) im Einzelfall. Der Rat war zur Übertragung dieser Zuständigkeit an die Kommission nicht nur ermächtigt, sondern auch verpflichtet (EuGH, Rs. 16/88, Kommission/Rat, Slg. 1989, 3457 Rn. 10). Art. 83 II lit. e erlaubt es der EG, das Verhältnis zwischen dem nationalen Kartellrecht und dem EG-Kartellrecht zu regeln. Die EG hat von dieser Befugnis bislang keinen Gebrauch gemacht (vgl. zur Sache Vorbem. zu Art. 81–86 Rn. 40).

II. Verfahren in Kartellsachen

1. Zuständigkeiten

3 Zuständig für die Anwendung der Art. 81 und 82 (ex-Art. 85 und 86) sind hauptsächlich die Kommission und die nationalen Gerichte. Die **Kartellbehörden der MS** sind im Geltungsbereich der VO Nr. 17 für die Anwendung der Art. 81 I und 82 zuständig, solange die Kommission kein Verfahren eingeleitet hat (Art. 9 III VO Nr. 17). Für die Erteilung einer Freistellung nach Art. 81 III ist jedoch **ausschließlich** die Kommission zuständig (Art. 9 I; vgl. aber Art. 84 Rn. 1 und 2). Die Kommission hat im Jahre 1997 eine **Bekanntmachung über die Zusammenarbeit mit den Wettbewerbsbehörden der MS** im Bereich der Anwendung der Art. 81 und 82 (mit Ausnahme des Verkehrsbereichs, s. Ziff. 67 der Bek.) veröffentlicht (ABl. 1997 C 313, 3). Dieser Bekanntmachung liegt die Absicht zugrunde, die Dezentralisierung der Anwendung der Wettbewerbsvorschriften zu fördern, um eine bessere Aufgabenteilung zu erreichen, die Wirksamkeit der Art. 81 und 82 zu stärken und zugleich zur Bürgernähe der Entscheidungen beizutragen (vgl. Ziff. 2–6 der Bek.). Die Kommission appelliert in diesem Zusammenhang an die MS, die Voraussetzungen für die Anwendung der Art. 81 und 82 durch die nationalen Wettbewerbsbehörden zu schaffen, wo dies noch nicht geschehen ist (Ziff. 65). Nach Ansicht der Kommission soll nach Möglichkeit jeweils nur *eine* Behörde entscheiden. Die Kommission soll demnach tätig werden, wenn ein Fall aufgrund seines Umfangs oder seiner Auswirkungen besser auf der Gemeinschaftsebene behandelt wird; ansonsten ist es Sache der nationalen Behörden, tätig zu werden (Ziff. 2 und 10 der Bek.).

Die Bekanntmachung enthält nützliche Anhaltspunkte für die Entscheidung der Frage, welche Behörde in einem konkreten Fall tätig werden soll. So hat die Kommission zu entscheiden, wenn ein Antrag auf Freistellung eingereicht worden ist (Ziff. 38). Gleiches wird in der Regel gelten, wenn Unternehmen aus mehreren MS beteiligt sind (Ziff. 24). Schließlich greift die Kommission auch Fälle auf, die für die EG „von besonderem Interesse" sind. Dies ist z.b. der Fall, wenn eine neue Rechtsfrage aufgeworfen wird oder wenn die Anwendung von Art. 86 (ex-Art. 90) zu prüfen ist (Ziff. 33–34 und 36 der Bek.). Die nationalen Behörden sollen hingegen grundsätzlich dann tätig werden, wenn die Auswirkungen eines Falles sich im wesentlichen auf den betroffenen MS beschränken und Art. 81 III voraussichtlich nicht zur Anwendung gelangt (Ziff. 26). Dies setzt allerdings voraus, daß die nationalen Behörden über alle für die sachgerechte Behandlung eines Falles erforderlichen Mittel (einschließlich der Befugnis, einstweilige Anordnungen zu erlassen, falls diese Befugnis nicht nationalen Gerichten vorbehalten ist) verfügen (Ziff. 25). Wird zunächst die *Kommission* mit einem Fall befaßt, kann sie im Falle einer Beschwerde diese wegen mangelnden Gemeinschaftsinteresses (vgl. unten Rn. 8) zurückweisen, wenn sich die Auswirkungen im wesentlichen auf einen MS beschränken und die Wettbewerbsbehörde dieses MS in der Lage und bereit ist, die Beschwerde zu prüfen (Ziff. 45–46 der Bek.). Wird zuerst eine *nationale Behörde* aktiv, sollte sie die Kommission davon unterrichten. Stellt sich heraus, daß die Kommission möglicherweise eine abweichende Entscheidung erlassen wird, sollen die nationalen Wettbewerbsbehörden „geeignete Maßnahmen" ergreifen, um die uneingeschränkte Wirksamkeit der Art. 81 und 82 zu gewährleisten, indem sie ihr Verfahren aussetzen oder die Kommission vor dem Erlaß einer Entscheidung konsultieren (Ziff. 49–53). Wichtig für die Praxis sind die Ausführungen zu sog. **dilatorischen Anmeldungen** (die nur dem Zweck dienen, die Durchführung eines nationalen Verfahrens zu verzögern). Die Kommission behält sich vor, in solchen Fällen die Anmeldung nicht als vorrangig zu behandeln, so daß die nationale Behörde ihr Verfahren fortsetzen kann (Ziff. 55ff.). Die Kommission wird in ein und derselben Angelegenheit nur in Ausnahmefällen ein eigenes Verfahren einleiten, insbes. wenn die nationale Behörde wider Erwarten zu dem Schluß gelangen sollte, daß kein Verstoß gegen die Art. 81 oder 82 (oder das nationale Kartellrecht) vorliegen sollte oder wenn sich das nationale Verfahren „über Gebühr" hinauszögert (Ziff. 62 der Bek.). Zur Anwendung der Art. 81 und 82 durch deutsche Kartellbehörden vgl. nunmehr das wichtige Urteil des BGH v. 7.10.1997 (JZ 1998, 960). Aufgrund der **unmittelbaren Geltung** der Art. 81 I und 82 können – und müssen – diese Vorschriften auch von den **na-**

tionalen Gerichten angewendet werden (vgl. Vorbem. zu Art. 81–86 Rn. 9ff.). Die folgenden Ausführungen behandeln ausschließlich das in der VO Nr. 17 geregelte Verfahren in Kartellsachen vor der **Kommission**.

4 Innerhalb der Kommission ist die Generaldirektion Wettbewerb (GD IV) mit dieser Materie betraut (der Organisationsplan der GD IV ist jeweils abgedruckt in dem von der GD IV herausgegebenen Competition Policy Newsletter, vgl. zuletzt Nr. 2 vom Juni 1998, S. 93f.). Alle in der VO Nr. 17 vorgesehenen förmlichen Entscheidungen der Kommission werden grundsätzlich durch das Kollegium erlassen. Bestimmte Entscheidungen (insb. über Auskunftsverlangen und Nachprüfungen gem. Art. 11 V und 14 III der VO Nr. 17) werden jedoch von dem hierzu ermächtigten, für die Wettbewerbsfragen zuständigen Mitglied der Kommission getroffen (vgl. nunmehr Art. 11 der GO der Kommission v. 17.2.1993, ABl. 1993 L 230, 15). Der EuGH hat diese „auf bestimmte Arten von laufenden Angelegenheiten" beschränkte **Ermächtigungsregelung** gebilligt (EuGH, Rs. 5/85, AKZO Chemie, Slg. 1986, 2585 Rn. 35ff.; Rs. 46/87 und 227/88, Hoechst, Slg. 1989, 2859 Rn. 44). Eine **Übertragung der Zeichnungsberechtigung** (insb. das dem Generaldirektor der GD IV eingeräumte Recht zur Unterzeichnung der Mitteilung der Beschwerdepunkte – s. hierzu Rn. 30) stellt eine zulässige „interne Geschäftsverteilungsmaßnahme" dar (EuGH, Rs. 48/69, ICI, Slg. 1972, 619 Rn. 12/14; ständige Rechtsprechung).

2. Einleitung des Verfahrens

a) Antrag und Anmeldung

5 Ein Negativattest (hierzu Rn. 38) wird auf **Antrag** der beteiligten Unternehmen oder Unternehmensvereinigungen erteilt (Art. 2 VO Nr. 17). Eine Freistellung nach Art. 81 III (ex-Art. 85 III) kann erst erteilt werden, wenn die betreffenden Vereinbarungen, Beschlüsse oder aufeinander abgestimmten Verhaltensweisen bei der Kommission **angemeldet** worden sind (Art. 4 I VO Nr. 17). Dieses Anmeldeerfordernis gilt nach Art. 4 II nicht für bestimmte Kartelle, die als „weniger gefährlich für die Entwicklung des GM" angesehen werden (s. die 2. Begründungserwägung der VO Nr. 17). Dabei handelt es sich um Kartelle, an denen nur Unternehmen aus einem MS beteiligt sind und die nicht die Ein- und Ausfuhr zwischen MS betreffen (Nr. 1; vgl. hierzu EuGH, Rs. 43/69, Bilger/Jehle, Slg. 1970, 127 Rn. 5), Vertriebs- bzw. Lizenzvereinbarungen, an denen nur zwei Unternehmen beteiligt sind und in denen nur dem Vertriebsunternehmen bzw. dem Lizenznehmer bestimmte Beschränkungen auferlegt werden (Nr. 2a und b) sowie Kartelle, die **ausschließlich** die Entwicklung oder einheitliche Anwendung von

Normen und Typen (Nr. 3a), die gemeinsame Forschung und Entwicklung (Nr. 3b) oder eine Spezialisierung bei der Herstellung von Erzeugnissen (Nr. 3c – vorausgesetzt, die beteiligten Unternehmen haben einen Jahresumsatz von nicht mehr als ECU (Euro) 200 Mio. und einen Marktanteil von höchstens 15 %) zum Gegenstand haben. Solche Kartelle **können** (müssen aber nicht) bei der Kommission angemeldet werden (Art. 4 II a.E.). Die Befreiung vom Anmeldeerfordernis präjudiziert die Frage nach der Gültigkeit dieser Kartelle nach Art. 81 in keiner Weise (s. die 3. Begründungserwägung der VO Nr. 17). Diese Vereinbarungen, Beschlüsse und Verhaltensweisen können allerdings **mit unbeschränkter Rückwirkung** freigestellt werden (s. Art. 6 II). Außerdem hat die Kommission bei der Untersuchung solcher Kartelle **von Amts wegen** zu prüfen, ob die Voraussetzungen des Art. 81 III erfüllt sind (EuGH, Rs. 240-242/82 u.a., SSI, Slg. 1985, 3831 Rn. 75).

Die Einzelheiten hinsichtlich der Stellung eines Antrags nach Art. 2 und der Anmeldung nach Art. 4 sind in der **VO (EG) Nr. 3385/94** der Kommission v. 21.12.1994 über die Form, den Inhalt und die anderen Einzelheiten der Anträge und Anmeldungen nach der VO Nr. 17 (ABl. L 377 28) geregelt. Die Benutzung des in der Anlage zu der VO abgedruckten (und über das Internet – vgl. Vorbem. zu Art. 81–86 Rn. 47 – abrufbaren) Formblatts A/B ist „**zwingend vorgeschrieben**" (EuGH, Rs. 209–215 und 218/78, van Landewyck, Slg. 1980, 3125 Rn. 62). Wird der Inhalt einer Vereinbarung im Formblatt zwar nicht vollständig, aber „in redlicher und zutreffender Weise" wiedergegeben, so liegt eine gültige Anmeldung vor, wenn der vollständige Text der Vereinbarung als Anlage zum Formblatt eingereicht wird (EuGH, Rs. 106/79, VBBB/Eldi Records, Slg. 1980, 1137 Rn. 10–11). Werden unrichtige oder entstellte Angaben gemacht, kann die Kommission Geldbußen von ECU (Euro) 100 bis 5000 festsetzen (Art. 15 I lit. a der VO Nr. 17).   **6**

Eine ordnungsgemäße Anmeldung hat zur Folge, daß die Kommission gem.   **7**
Art. 15 V VO Nr. 17 für die nach der Anmeldung (und vor der Entscheidung nach Art. 81 III) vorgenommenen Handlungen keine Geldbußen wegen eines Verstoßes gegen Art. 81 I festsetzen darf, soweit diese Handlungen durch die Anmeldung gedeckt werden. Diese **Immunität** entfällt, sobald die Kommission den Beteiligten gem. Art. 15 VI mitteilt, daß sie nach vorläufiger Prüfung der Auffassung ist, daß ein Verstoß gegen Art. 81 I vorliegt und eine Freistellung nach Art. 81 III (ex-Art. 85 III) nicht gerechtfertigt ist. Es handelt sich dabei um eine (anfechtbare) **Entscheidung**, da in die Rechtsstellung der Beteiligten eingegriffen wird, indem ihnen der aus Art. 15 V folgende Vorteil entzogen wird (EuGH, Rs. 8–11/66, Cimenteries,

Slg. 1967, 99, 122). Sie setzt voraus, daß „offensichtlich ein so schwerwiegender Verstoß gegen das Verbot des Artikels 8[1] Abs. 1 vorliegt, daß eine Befreiung nach Art. 8[1] Abs. 3 ausgeschlossen erscheint" (EuGH ebd., 123; EuGeI, T-19/91, Vichy, Slg. 1992, II–415 Rn. 111). Dritte haben keinen Anspruch darauf, daß die Kommission von der ihr in Art. 15 VI eingeräumten Möglichkeit Gebrauch macht (EuGeI, T-3/90, Prodifarma, Slg. 1991, II–1 Rn. 43).

b) Tätigwerden von Amts wegen und Beschwerden

8   Verfahren zur Feststellung und Abstellung von Zuwiderhandlungen gegen Art. 81 und 82 (ex-Art. 85 und 86) können von der Kommission **von Amts wegen** oder **auf Antrag** eingeleitet werden (Art. 3 I der VO Nr. 17). Zur Stellung eines solchen Antrags berechtigt sind die MS sowie Personen und Personenvereinigungen, die „ein berechtigtes Interesse darlegen" (Art. 3 II). Der Begriff des **berechtigten Interesses** wird weit ausgelegt. Der Antragsteller hat darzulegen, daß er durch den behaupteten Verstoß gegen das EG-Kartellrecht in seinen Interessen beeinträchtigt wird. Ein Beschwerdeführer hat jedoch keinen Anspruch darauf, daß die Kommission eine abschließende Entscheidung über das Vorliegen oder Nichtvorliegen des behaupteten Verstoßes trifft (EuGH, Rs. 125/78, GEMA, Slg. 1979, 3173 Rn. 18; ständige Rechtsprechung) oder überhaupt ein Verfahren einleitet, es sei denn, die Beschwerde beträfe die ausschließlichen Zuständigkeiten der Kommission, z.B. die Befugnis zum Widerruf einer Freistellung (EuGeI, T-24/90, Automec II, Slg. 1992, II–2223 Rn. 75–76). In allen anderen Fällen ist es der Kommission angesichts des Umfangs ihrer Aufgaben erlaubt, Prioritäten zu setzen und die Einleitung eines Verfahrens gegebenenfalls wegen **fehlenden Gemeinschaftsinteresses** abzulehnen (EuGeI ebd., Rn. 77, 85). Die Kommission hat dabei insb. die Bedeutung des behaupteten Verstoßes für das Funktionieren des GM, die Wahrscheinlichkeit, daß dieser Verstoß nachgewiesen werden kann und den erforderlichen Untersuchungsaufwand gegeneinander abzuwägen (EuGeI a.a.O., Rn. 86). Am Gemeinschaftsinteresse kann es insb. dann fehlen, wenn bereits nationale Gerichte mit dem Fall befaßt sind und diese im konkreten Fall einen ausreichenden Rechtsschutz zu gewähren vermögen (vgl. EuGeI a.a.O., Rn. 87ff.; vgl. auch 21. WB [1991], 375 – New Focus Health Care). Dies ist zum Beispiel dann nicht der Fall, wenn der nationale Richter angesichts des Komplexität eines Falles nicht in der Lage wäre, das Tatsachenmaterial zusammenzutragen, das für die Entscheidung der Frage nach dem Vorliegen eines Verstoßes gegen die Wettbewerbsvorschriften erforderlich ist (EuGeI, T-

114/92, BEMIM, Slg. 1995, II–147 Rn. 88). Die Kommission hat nach der
Rechtsprechung des EuGeI auch die Möglichkeit, eine Beschwerde zurückzuweisen, wenn sie inzwischen beendete Praktiken betrifft (EuGeI, T-
77/95, SFEI, Slg. 1997, II–1 Rn. 58). Das Gericht begründet dies mit der
Erwägung, daß in einem solchen Fall ein Eingreifen der Kommission nicht
mehr dazu beitrage, den Wettbewerb innerhalb des Binnenmarktes vor Verfälschungen zu schützen (s. Art. 3 lit. g), sondern im wesentlichen lediglich
dem Beschwerdeführer die Erhebung einer Klage auf Schadenersatz vor nationalen Gerichten erleichtere (ebd. Rn. 58). Im Rechtsmittelverfahren hat
der EuGH dieses Urteil aufgehoben (Urteil v. 4.3.1999, C-119/97 P, UFEX/
Kommission, noch nicht in Slg.). Die Kommission habe zu prüfen, ob die
wettbewerbswidrigen Wirkungen der gerügten Praktiken fortdauern und ob
diese Wirkungen oder die Schwere der geltend gemachten Wettbewerbsbeschränkungen ein Gemeinschaftsinteresse an der Prüfung der Beschwerde
begründen (Rn. 94f.). In einem neueren Urteil bestätigt das EuGeI sogar die
Auffassung der Kommission, sie konne eine Beschwerde zurückweisen,
wenn Grund zu der Annahme besteht, daß die betroffenen Unternehmen ihr
Verhalten in einer dem allgemeinen Wohl dienlichen Weise ändern werden
(EuGeI, 16.9.1998 T-110/95, IECC, noch nicht im Slg., Rn. 57). Nach der
Auffassung des EuGH (C-59/96 P, Koelman, Slg. 1997, I–4809 Rn. 42)
kann eine Beschwerde auch zurückgewiesen werden, wenn die fragliche
Abrede nach Art. 81 III (ex-Art. 85 III) freigestellt hätte werden können
(dies jedoch tatsächlich nicht geschehen ist).

Die Kommission ist jedoch in jedem Fall verpflichtet, die von einem Be-   **9**
schwerdeführer vorgetragenen Umstände sorgfältig zu prüfen (EuGH, Rs.
210/81, Demo-Studio Schmidt, Slg. 1983, 3045 Rn. 19; EuGeI, T-24/90,
Automec II, Slg. 1992, II–2223, Rn. 79; T-7/92, Asia Motor, Slg. 1993, Slg.
1993, II–669 Rn. 35). Beabsichtigt die Kommission, einer Beschwerde
nicht stattzugeben, muß sie den Beschwerdeführer zuvor anhören. Dabei
sind drei Verfahrensstufen zu unterscheiden: Die Kommission ermittelt
zunächst die Umstände, die ihr die Entscheidung darüber ermöglichen, wie
die Beschwerde zu behandeln ist. Sodann teilt sie dem Beschwerdeführer
gem. Art. 6 der VO Nr. 2842/98 (s. hierzu Rn. 30) die Gründe mit, aus denen sie der Beschwerde nicht stattgeben will und setzt ihm eine Frist zur
Stellungnahme. Reagiert der Beschwerdeführer auf dieses Schreiben nicht,
kann die Kommission (wenn sie dies in dem Schreiben angekündigt hatte)
das Verfahren einstellen (EuGeI, T-77/94, VGB/Kommission, Slg. 1997,
II–759 Rn. 75). Das Schreiben gem. Art. 6 der VO Nr. 2842/98 ist kein anfechtbarer Rechtsakt, sondern nur ein vorbereitender Rechtsakt (EuGH, C-
282/95 P, Guérin, Slg. 1997, I–1503 Rn. 34f.). In der letzten Phase nimmt

die Kommission von den Äußerungen des Beschwerdeführers Kenntnis. Wenn sie bei ihrer Meinung bleibt, kann sie die Beschwerde durch eine Entscheidung zurückweisen (EuGeI, T-64/89, Automec I, Slg. 1990, II–367 Rn. 45ff.). Nur diese abschließende Entscheidung ist anfechtbar. Der Rechtsprechung ist zu entnehmen, daß die Kommission gem. Art. 253 (ex-Art. 190) die Gründe darlegen muß, aus denen sich ihres Erachtens ergibt, daß es an einem ausreichenden Gemeinschaftsinteresse fehlt, und daß diese Begründung vom EuGeI bzw. vom EuGH auf ihre Rechtmäßigkeit hin überprüft werden kann (EuGeI, T-24/90, Automec II a.a.O., Rn. 85; zum – beschränkten – Umfang dieser Nachprüfung s. EuGeI, Asia Motor a.a.O., Rn. 33). Ist eine Beschwerde sowohl auf Art. 81 wie auf Art. 82 gestützt worden und entschließt sich die Kommission, nur eine dieser Vorschriften zu prüfen, muß sie dem Beschwerdeführer diese Entscheidung mitteilen und ihm ihre Gründe darlegen (EuGeI, T-74/92, Ladbroke Racing, Slg. 1995, II–115 Rn. 60). Zu beachten ist, daß die Kommission nicht nur die Möglichkeit („kann") hat, eine Beschwerde letztendlich durch eine Entscheidung abzuweisen, sondern daß der Beschwerdeführer auch einen **Anspruch** auf den Erlaß einer solchen Entscheidung hat, die er dann anfechten kann (vgl. EuGH, C-282/95 P, Guérin, Slg. 1997, I–1503 Rn. 36) und daß diese Entscheidung innerhalb einer angemessenen Frist nach dem Eingang der Stellungnahme des Beschwerdeführers zu dem Schreiben gem. Art. 6 der VO Nr. 2842/98 erlassen werden muß (EuGH ebd. Rn. 37). Legt die Kommission eine Beschwerde ganz oder teilweise zu den Akten, trifft sie notwendigerweise eine Maßnahme, die Rechtswirkungen erzeugt und daher angefochten werden kann (EuGH, C-19/93 P, Rendo, Slg. 1995, I–3319 Rn. 28).

3. Einstweilige Maßnahmen

10   Obwohl die VO Nr. 17 eine solche Befugnis nicht ausdrücklich vorsieht, hat der EuGH in seinem Urteil im Fall „**Camera Care**" anerkannt, daß die Kommission gem. Art. 3 I VO Nr. 17 das Recht hat, einstweilige Maßnahmen zu ergreifen (EuGH, Rs. 792/79 R, Slg. 1980, 119 Rn. 12ff.). Im Bereich des Luftverkehrs ist diese Befugnis nunmehr ausdrücklich geregelt (s. Art. 4a VO [EWG] Nr. 3975/87, eingefügt durch VO [EWG] Nr. 1284/91 v. 14.5.1991, ABl. 1991 L 122, 2).

11   Einstweilige Maßnahmen können **von Amts wegen** oder auf einen **Antrag** hin erlassen werden. Ihr Erlaß setzt zunächst voraus, daß nach einer vorläufigen Prüfung auf den ersten Blick (prima facie) ein **Verstoß** gegen Art. 81 (ex-Art. 85) oder 82 (ex-Art. 86) vorliegt (EuGeI, T-44/90, La Cinq,

Slg. 1992, II–1 Rn. 28). An diese Feststellung sind geringere Anforderungen zu stellen als an die im Rahmen einer endgültigen Entscheidung erforderliche Feststellung (EuGeI, T-23/90, Peugeot, Slg. 1991, II–653 Rn. 61; T-44/90, La Cinq, a.a.O., Rn. 61). Entsprechende Maßnahmen dürfen jedoch außerdem nur im Fall **erwiesener Dringlichkeit** erlassen werden, d.h., wenn andernfalls eine Situation entstünde, die geeignet ist, dem Antragsteller „einen schweren und nicht wiedergutzumachenden Schaden" zuzufügen oder die „für die Allgemeinheit unerträglich ist" (EuGeI, T-44/90, La Cinq a.a.O., Rn. 28; ebenso bereits EuGH, Rs. 729/792, Camera Care a.a.O., Rn. 19). Entscheidend ist dabei hinsichtlich des dem Antragsteller drohenden Schadens, ob dieser durch die endgültige Entscheidung der Kommission beseitigt werden könnte; andere Ausgleichsmöglichkeiten bleiben außer Betracht (s. EuGeI, T-44/90, La Cinq a.a.O., Rn. 80).

Die Betroffenen sind vor dem Erlaß einstweiliger Maßnahmen anzuhören **12** (s. Rn. 27). Lehnt die Kommission den Erlaß solcher Maßnahmen ab, kann diese Entscheidung angefochten werden (s. EuGeI, T-44/90, La Cinq a.a.O.). Angesichts der Dauer der gerichtlichen Verfahren dürfte diese Möglichkeit allerdings für einen Antragsteller nur in seltenen Fällen von Nutzen sein. Wenig befriedigend (wenngleich konsequent) ist es daher, daß das EuGeI es ablehnt, eine einstweilige Anordnung nach Art. 243 (ex-Art. 186) (durch die der Kommission aufgegeben würde, den Antrag auf einstweilige Maßnahmen neu zu bescheiden) zu erlassen, bevor die Ablehnung des Erlasses solcher Maßnahmen aufgehoben worden ist (EuGeI, T-131/89 R, Cosimex, Slg. 1990, 1).

4. Ermittlungsbefugnisse

a) Auskunftsverlangen

Gem. **Art. 11 I** der VO Nr. 17 kann die Kommission von Unternehmen und **13** Unternehmensvereinigungen sowie von den MS alle erforderlichen **Auskünfte** einholen. Sie kann auch verlangen, daß ihr bestimmte Unterlagen übermittelt werden (EuGH, Rs. 374/87, Orkem, Slg. 1989, 3283 Rn. 14 und 34). Die Kommission kann nur solche Auskünfte verlangen, die ihr die Prüfung derjenigen Vereinbarungen, Beschlüsse oder Verhaltensweisen ermöglichen können, die den Gegenstand des Verfahrens bilden (EuGeI, T-39/90, SEP, Slg. 1991, II–1497 Rn. 25). Es ist grundsätzlich Sache der Kommission, zu beurteilen, ob eine Auskunft notwendig ist (EuGH ebd., Rn. 15). Diese Beurteilung unterliegt jedoch gerichtlicher Kontrolle (EuGeI, T-39/90 R, SEP, Slg. 1990, II–649 Rn. 21). Der Grundsatz der Verhältnismäßigkeit ist in jedem Falle zu beachten (EuGeI, T-39/90, SEP, Slg. 1991, II–1497 Rn. 51).

14   Die VO Nr. 17 sieht **kein allgemeines Recht zur Aussageverweigerung** vor. Der Adressat eines Auskunftsverlangens kann dessen Erfüllung daher nicht mit der Begründung verweigern, die angeforderten Auskünfte könnten von der Kommission zum Nachweis eines Verstoßes gegen die Wettbewerbsregeln benutzt werden (EuGH, Rs. 374/87, Orkem a.a.O., Rn. 27). Die Erforderlichkeit der Wahrung der Grundrechte (s. Rn. 25) verbietet es jedoch der Kommission, einem Unternehmen die Verpflichtung aufzuerlegen, Antworten zu erteilen, durch die es das Vorliegen eines Verstoßes gegen das EG-Kartellrecht **eingestehen** müßte (EuGH, Rs. 374/87 Orkem a.a.O., Rn. 35). Auf Verfahren in EG-Kartellsachen vor nationalen Gerichten, die nicht (unmittelbar oder mittelbar) zur Verhängung von Sanktionen durch eine Behörde führen können, ist diese Rechtsprechung nicht anzuwenden (EuGH, C-60/92, Otto, Slg. 1993, I–5683 Rn. 16–17). Auskünfte können allerdings verweigert werden, soweit sie am Schutz der Vertraulichkeit des Schriftverkehrs zwischen Anwalt und Mandant („legal privilege") teilhaben (s. im einzelnen Rn. 21). Der EuGMR hat in seinem Urteil vom 25.2.1993 im Fall *„Funke"* (Serie A, Nr. 256-A, S. 22, § 44) hinsichtlich einer auf der Grundlage des französischen Zollrechts auferlegten Verpflichtung zur Vorlage von Dokumenten (es handelte sich dabei um Bankauszüge) einen Verstoß gegen Art. 6 der EMRK bejaht. Das Gericht hat dies damit begründet, daß dadurch das Recht, zu schweigen und nicht zur eigenen Beschuldigung („incrimination") beizutragen, verletzt werde. Daraus dürfte jedoch nicht abzuleiten sein, daß Art. 11 der VO Nr. 17 in der Auslegung, die er durch den EuGH erfahren hat, mit Art. 6 der EMRK nicht zu vereinbaren wäre (so auch *Wils* a.a.O. [Lit.verz. vor Art. 81–86], S. 345; a.A. *Overbeek*, ECLR 1994, 127). Andernfalls würde sich im übrigen die paradoxe Konsequenz ergeben, daß sich die Kommission genötigt sehen könnte, verstärkt auf das einschneidendere Mittel der Nachprüfung nach Art. 14 zurückzugreifen, um sich die für ihre Arbeit erforderlichen Unterlagen zu verschaffen.

15   Art. 11 sieht ein **zweistufiges** Verfahren vor (EuGH, Rs. 136/79, National Panasonic, Slg. 1980, 2033 Rn. 10). Die Kommission richtet zunächst ein **Auskunftsverlangen** an das Unternehmen oder die Unternehmensvereinigung (Art. 11 II). Werden unrichtige Auskünfte erteilt, können Geldbußen in Höhe von ECU (Euro) 100 bis 5000 verhängt werden (Art. 15 I lit. b). Werden die verlangten Auskünfte nicht oder nicht rechtzeitig erteilt, fordert die Kommission sie durch **Entscheidung** an, in der dem Adressaten eine angemessene Frist gesetzt wird (Art. 11 V). Werden die Auskünfte nicht innerhalb der gesetzten Frist eingereicht oder werden unrichtige Auskünfte erteilt, können Geldbußen in Höhe von ECU (Euro) 100 bis 5000 verhängt werden. Zur Erzwingung der Erteilung vollständiger und richtiger Auskünfte kann sie auch Zwangsgelder in Höhe von ECU (Euro) 50 bis 1000 für jeden Tag des Verzuges festsetzen (Art. 16 I lit. c). Sowohl in dem Auskunftsverlangen wie in der Entscheidung müssen die verlangten Auskünfte klar bestimmt sowie der von der Kommission verfolgte Zweck angegeben werden. Anzugeben ist auch die Rechtsgrundlage, auf die sich die Kommission stützt; auf die möglichen Sanktionen für den Fall der Nichtbefolgung (und die Möglichkeit der Anfechtung einer Entscheidung) ist hinzuweisen.

Art. 12 gibt der Kommission die Möglichkeit, eine allgemeine Untersu-   **16**
chung eines ganzen **Wirtschaftszweiges** durchzuführen. Von dieser Befugnis wird allerdings sehr selten Gebrauch gemacht.

b) Nachprüfungen

Nach **Art. 14** kann die Kommission zur Erfüllung ihrer Aufgaben alle er-   **17**
forderlichen **Nachprüfungen** vornehmen. Eine solche Maßnahme wird insb. dann in Betracht kommen, wenn die Kommission bereits über Informationen verfügt, deren Richtigkeit und Tragweite zu überprüfen sind (s. EuGH, Rs. 136/79, National Panasonic, 2033 Rn. 13). Eine ohne konkreten Anfangsverdacht in der bloßen Hoffnung, etwaiges Beweismaterial zu entdecken, durchgeführte Nachprüfung (sog. „fishing expedition") ist unzulässig. Die in Art. 11 und 14 geregelten Verfahren sind **voneinander unabhängig** (EuGH, Rs. 374/87, Orkem, Slg. 1989, 3283 Rn. 14). Die Kommission kann daher Nachprüfungen durchführen, ohne zuvor von der Möglichkeit eines Auskunftsverlangens nach Art. 11 Gebrauch gemacht zu haben.

Die Anwendung des Art. 14 darf nicht zu Ergebnissen führen, die mit den   **18**
allgemeinen Grundsätzen des Gemeinschaftsrechts und insb. den **Grundrechten** unvereinbar wären (EuGH, Rs. 46/87 und 227/88, Hoechst, Slg. 1989, 2859 Rn. 12). Dabei ist jedoch zu berücksichtigen, daß der Umfang des durch die Grundrechte des Gemeinschaftsrechtes gewährten Schutzes nicht notwendigerweise demjenigen des nationalen Rechts entspricht. So wird das Grundrecht der Unverletzlichkeit der Wohnung im EG-Recht zwar für die Privatwohnungen natürlicher Personen anerkannt, **nicht** aber für die **Geschäftsräume** von Unternehmen (EuGH, Rs. 46/87 u. 227/88 Hoechst a.a.O., Rn. 17; Rs. 97–99/87, Dow Chemical Ibérica, Slg. 1989, 3165 Rn. 14). Bei der Würdigung der Grundrechte ist auch zu berücksichtigen, daß die der Kommission durch die VO Nr. 17 übertragenen Befugnisse der Auf-

rechterhaltung der „vom Vertrag gewollten" und von den Unternehmen zu beachtenden Wettbewerbsordnung dienen (EuGH, Rs. 136/79, National Panasonic a.a.O., Rn. 20; weitere Einzelheiten zu den Verfahrensgrundrechten siehe unter Art. 220 Rn. 55–63).

19 Eine Nachprüfung kann auf der Grundlage eines einfachen **Prüfungsauftrags** (Art. 14 II) oder einer (verbindlichen) **Entscheidung** (Art. 14 III) durchgeführt werden. Anders als im Rahmen des Art. 11 handelt es sich hierbei um zwei Alternativen, zwischen denen die Kommission je nach den Umständen des Einzelfalls **wählen** kann (EuGH, Rs. 136/79 National Panasonic a.a.O., Rn. 12). Vor dem Erlaß einer solchen Entscheidung müssen die Betroffenen nicht gehört werden; die Durchführung der Nachprüfung kann jedoch vorher angekündigt werden. Zum Mittel einer nicht angekündigten und auf der Grundlage einer Entscheidung durchgeführten Nachprüfung (sog. „dawn raid") wird die Kommission vor allem dann greifen, wenn zu besorgen steht, daß die Betroffenen Beweismaterial beseitigen oder vernichten würden. Gegen Unternehmen und Unternehmensvereinigungen, die während einer Nachprüfung – und sei es auch nur vorübergehend (vgl. E v. 7.10.92, ABl. 1992 L 305, 16 – CSM NV) – nicht alle angeforderten Unterlagen vorlegen oder sich weigern, sich einer durch eine **Entscheidung** angeordneten Nachprüfung zu unterwerfen, können Bußgelder zwischen ECU (Euro) 100 und 5000 verhängt werden (Art. 15 I lit. c; s. z.B. E v. 14.10.94, ABl. 1994 L 294, 31 – Akzo Chemicals BV). Im letztgenannten Fall kann die Kommission auch Zwangsgelder in Höhe von ECU (Euro) 50 bis 1000 je Tag festlegen, um die Betroffenen zur Duldung der Nachprüfung anzuhalten (Art. 16 I lit. d).

20 Gegenstand und Zweck der Nachprüfung müssen im Prüfungsauftrag bzw. in der Nachprüfungsentscheidung angegeben werden (EuGH, Rs. 46/87 u. 227/88, Hoechst a.a.O., Rn. 29). Es handelt sich dabei um eine „grundlegende Garantie für die Verfahrensrechte der betroffenen Unternehmen" (EuGH, Rs. 97–99/87, Dow Chemical Ibérica a.a.O., Rn. 45). Eine präzise rechtliche Qualifizierung der vermuteten Verstöße gegen das EG-Kartellrecht ist zwar nicht erforderlich, doch muß die Kommission klar angeben, welchen Vermutungen sie nachzugehen beabsichtigt (EuGH ebd., Rn. 45). Die Kommission braucht sich jedoch nicht darauf zu beschränken, die Vorlage bestimmter Unterlagen zu verlangen, die sie genau bezeichnen kann. Vielmehr hat sie auch das Recht, nach anderen Informationsquellen zu suchen, die ihr noch nicht bekannt sind (EuGH, Rs. 46/87 u. 227/88, Hoechst a.a.O., Rn. 27). Die Kommission muß auch auf die möglichen Sanktionen sowie auf die Möglichkeit, eine Entscheidung anzufechten, hinweisen. Wird eine Entscheidung vom EuGeI/EuGH aufgehoben, können die im Zuge der Nachprüfung gesammelten Beweise von der Kommission nicht verwendet werden (EuGH, Rs. 46/87 R, Hoechst, Slg. 1987, 1549 Rn. 34). Unregelmäßigkeiten bei der **Durchführung** der Nachprüfung beeinträchtigen jedoch die Gültigkeit der Nachprüfungsentscheidung nicht (EuGH, Rs. 97–99/87, Dow Chemical Ibérica a.a.O., Rn. 35); sie sind selbständig anzugreifen.

Die Nachprüfung wird von Beamten der Kommission durchgeführt, die von   **21** Bediensteten der Wettbewerbsbehörden des jeweiligen MS unterstützt werden können. Art. 14 I verleiht der Kommission weitreichende Befugnisse: Sie kann alle Räumlichkeiten, Grundstücke und Transportmittel der Unternehmen betreten, die Bücher und Geschäftsunterlagen (zu denen auch Computerprogramme u.ä. zählen) prüfen und Abschriften oder Auszüge anfertigen (s. die Erläuterungen im 13. WB [1983], 282f.). Die Kommission hat auch das Recht, mündliche Erklärungen an Ort und Stelle zu verlangen. Ob ein Dokument den Prüfern vorzulegen ist, entscheidet grundsätzlich (vorbehaltlich der Kontrolle durch EuGeI/EuGH) die Kommission selbst (EuGH, Rs. 155/79, AM & S, Slg. 1982, 1575 Rn. 17). Werden bestimmte Unterlagen an einem anderen Ort (z.B. in der Privatwohnung eines Vorstandsmitglieds) aufbewahrt, müssen sie ggf. herbeigeschafft werden. Die Kommission hat jedoch die **Vertraulichkeit des Schriftverkehrs zwischen Rechtsanwalt und Mandant** („**legal privilege**") zu respektieren. **Nicht** vorgelegt zu werden braucht deshalb der Schriftverkehr mit **unabhängigen** (im Gegensatz zu fest angestellten) und in einem **MS** zugelassenen Rechtsanwälten, der „im Rahmen und im Interesse des Mandanten auf Verteidigung" in dem von der Kommission eröffneten Kartellverfahren geführt wird oder mit dessen Gegenstand im Zusammenhang steht (EuGH, Rs. 155/79 AM & S a.a.O., Rn. 21ff.; vgl. dagegen E v. 28.1.98, ABl. 1998 L 124, 60 Rn. 198f.: Schriftstücke bei dem betroffenen Unternehmen angestellter Rechtsanwälte werden nicht geschützt). Nach Ansicht des EuGeI gilt dies auch für firmeninterne Aufzeichnungen, die den Inhalt einer solchen Rechtsberatung wiedergeben (EuGeI, T-30/89, Hilti, Slg. 1990, II–163 Rn. 18).

Art. 14 berechtigt die Kommission **nicht**, sich gewaltsam Zutritt zu den Rä-   **22** umlichkeiten eines Unternehmens zu verschaffen und ohne dessen Einwilligung eine Durchsuchung vorzunehmen (EuGH, Rs. 46/87 u. 227/88, Hoechst a.a.O., Rn. 31). Weigert sich ein Unternehmen, sich einer durch eine Entscheidung angeordneten Nachprüfung zu unterwerfen, kann die Kommission die Hilfe des betreffenden MS in Anspruch nehmen. Die MS sind **verpflichtet**, der Kommission die erforderliche Unterstützung zu gewähren (Art. 14 VI; vgl. EuGH, Rs. 46/87 u. 227/88, Hoechst a.a.O., Rn.

32–33). In Deutschland nimmt diese Aufgabe das BKartA wahr. Dabei hat die Kommission die im nationalen Recht vorgesehenen Verfahrensgarantien zu beachten (EuGH, Rs. 46/87 u. 227/88, Hoechst a.a.O., Rn. 34). Die für die Anordnung von Zwangsmaßnahmen zuständige Stelle – in Deutschland also die Gerichte – sind befugt, die Echtheit der Nachprüfungsentscheidung der Kommission festzustellen sowie zu prüfen, ob die beantragten Zwangsmaßnahmen „nicht willkürlich oder, gemessen am Gegenstand der Nachprüfung, unverhältnismäßig sind". Die Beurteilung der **Notwendigkeit** der Nachprüfung obliegt hingegen allein der Kommission und dem Gerichtshof (EuGH, Rs. 46/87 u. 227/88, Hoechst a.a.O., Rn. 35; Rs. 85/87, Dow Benelux, Slg. 1989, 3137 Rn. 46).

23   Art. 13 der VO Nr. 17 erlaubt es der Kommission, die zuständigen Behörden der MS zu ersuchen, Nachprüfungen durchzuführen. Angesichts der beschränkten personellen Ressourcen der Kommission ist es verwunderlich, daß von dieser Möglichkeit bislang kaum Gebrauch gemacht worden ist.

c) Grenzen der Verwertung von Informationen

24   Die Art. 11 und 14 der VO Nr. 17 erlegen den Unternehmen und ihren Vereinigungen weitreichende Handlungs- und Mitwirkungspflichten auf. Das (notwendige) Gegenstück hierzu stellt die Verpflichtung dar, die dergestalt erlangten **Kenntnisse nur zu dem** mit der Auskunft oder Nachprüfung **verfolgten Zweck zu verwerten** (**Art. 20 I**). Diese Beschränkung gilt nicht nur für die Kommission, sondern auch für die Behörden der MS (EuGH, C-67/91, Asociación Española de Banca Privada, Slg. 1992, I–4785 Rn. 37; vgl. bereits EuGeI, T-39/90 R, SEP, Slg. 1990, II–649 Rn. 30). Dies hindert die Kommission freilich nicht daran, auf der Grundlage von Informationen, die sie im Rahmen einer Nachprüfung **zufällig** erlangt hat, ein neues Verfahren einzuleiten (s. EuGH, Rs. 85/87, Dow Benelux a.a.O., Rn. 19). Entsprechendes gilt für die Behörden der MS (EuGH, C-67/91, Asociación Española a.a.O., Rn. 39). Dies relativiert den durch Art. 20 I gewährten Schutz.

5. Allgemeine Verfahrensvorschriften

a) Rechtsstaatlichkeit und Verteidigungsrechte

25   Nach ständiger Rechtsprechung handelt es sich bei dem Kartellverfahren nach der VO Nr. 17 um ein **Verwaltungsverfahren**, auch wenn es zur Verhängung von Geldbußen führen kann (s. z.B. EuGH, Rs. 44/69, Buchler,

Slg. 1970, 733 Rn. 20). Der EuGH hält es für unbedenklich, daß die Kommission sowohl die Ermittlungen führt als auch in der Sache entscheidet, da sie kein „Gericht" sei (EuGH, Rs. 100–103/80, Musique Diffusion Française, Slg. 1983, 1825 Rn. 7; vgl. zu der Problematik und zur Vereinbarkeit mit der EMRK Vorbem. zu den Art. 81–86 Rn. 44). Die Kommission ist allerdings verpflichtet, die sich aus dem Gemeinschaftsrecht ergebenden Verfahrensgarantien zu beachten (EuGH ebd., Rn. 8). Sie hat dabei insb. die **Verteidigungsrechte** der Unternehmen und ihrer Vereinigungen zu wahren (s. z.B. EuGeI, T-10/92 u.a., Cimenteries CBR, Slg. 1992, II–2667 Rn. 39). Eine „grundlegende Garantie" für diese Rechte ist die Verpflichtung der Kommission, ihre Entscheidungen gem. Art. 253 (ex-Art. 190) zu **begründen** (s. z.B. EuGH, Rs. 46/87 und 227/88, Hoechst, Slg. 1989, 2859 Rn. 41). Die Ausgestaltung des EG-Kartellverfahrens als „kontradiktorisches Verfahren" (EuGH, Rs. 100–103/80, Musique Diffusion Française a.a.O., Rn. 9) erlaubt es, die **Grundrechte** der Unternehmen und ihrer Vereinigungen zu schützen und zugleich einen angemessenen Ausgleich zwischen den Interessen der Betroffenen an der Wahrung ihrer Rechte und dem Allgemeininteresse an der Durchsetzung der Wettbewerbsregeln zu finden.

Ein besonders heikles Problem stellt seit jeher die **Verfahrensdauer** dar. **26** Die von der Kommission durchgeführten Verfahren nehmen erfahrungsgemäß in vielen Fällen einige Zeit in Anspruch. Dies liegt natürlich nicht zuletzt an den Schwierigkeiten, denen sich die GD IV bei ihrer Arbeit ausgesetzt sieht (z.B. beschränkte personelle Ressourcen, Notwendigkeiten von Übersetzungen, Gebot der Konsultation der MS). Aus der Rechtsprechung der Gemeinschaftsgerichte ergibt sich, daß die Kommission „innerhalb einer angemessenen Frist" tätig werden muß (EuGH, C-282/95 P, Guérin, Slg. 1997, I–1503 Rn. 37). Es handelt sich dabei um einen allgemeinen Rechtsgrundsatz des Gemeinschaftsrechts (EuGeI, T-213/95 und T-18/96, SCK/Kommission, Slg. 1997, II–1739 Rn. 56). Welche Frist als angemessen zu betrachten ist, ist naturgemäß von Fall zu Fall verschieden. Wichtig ist, daß für jede Verfahrensphase getrennt zu prüfen ist, ob die Kommission schnell genug gehandelt hat (EuGeI ebd. Rn. 60). Ein Zeitraum von etwa 37 Monaten zwischen der Einreichung der Beschwerde und der Versendung von Beschwerdepunkten wurde vom EuGeI in Anbetracht der Komplexität des Falles und der Zahl und Verschiedenartigkeit der Verstöße als angemessen betrachtet (T-24/93, Compagnie maritime belge, Slg. 1996, II–1201 Rn. 244). In einem anderen Fall befand das Gericht, daß die Kommission in der Lage hätte sein müssen, innerhalb von gut 19 Monaten auf eine Beschwerde hin Stellung zu beziehen (T-38/96, Guérin, Slg. 1997, II–1223 Rn. 26). Sehr großzügig ist ein neueres Urteil, in dem wegen der besonderen Umstände des Falles ein Zeitraum von knapp fünf Jahren zwischen der Einreichung der Beschwerde und der Versendung von Beschwerdepunkten und ein Zeitraum von weiteren knapp zwei Jahren bis zur Zurückweisung der Beschwerde durch die Kommission als nicht zu lang betrachtet wurden (EuGeI, 16.9.1998, T-110/95, IECC/Kommission, noch nicht im Slg., Rn. 85). In seinem Urteil vom 17.12.1998 in der Rs. C-185/95 P hat sich der EuGH für befugt betrachtet, die von der Kommission verhängte Geldbuße mit der Begründung (geringfügig) zu kürzen, das Verfahren vor dem EuGeI habe zu lange gedauert (noch nicht im Slg., Rn. 47f., 141).

b) Rechtliches Gehör

27 Die Gewährung des **rechtlichen Gehörs** stellt einen „fundamentalen Grundsatz des Gemeinschaftsrechts" dar, der auch im Verwaltungsverfahren zu beachten ist (EuGH, Rs. 85/76, Hoffmann-La Roche, Slg. 1979, 461 Rn. 9). Sie ist von besonderer Bedeutung in Verfahren, die zu Sanktionen (Geldbußen oder Zwangsgeldern) führen können. Rechtliches Gehör ist darüber hinaus aber grundsätzlich (vgl. aber etwa Rn. 19) vor allen Entscheidungen zu gewähren, die den Adressaten **beschweren** (insb. vor der Ablehnung eines Negativattestes oder einer Freistellung, der Erteilung einer Freistellung unter Bedingungen oder Auflagen, dem Widerruf einer Freistellung, der Feststellung einer Zuwiderhandlung nach Art. 3 I, dem Erlaß einer Abstellungsverfügung nach Art. 3 I und der Ablehnung eines Antrags nach Art. 3 II). Bei der Festsetzung von **Zwangsgeldern** nach Art. 16 sind zwei Verfahrensschritte zu unterscheiden – die Festsetzung eines bestimmten Betrages für jeden Tag des Verzuges und die Festsetzung der endgültigen Höhe des Zwangsgeldes, nachdem die zu erzwingende Verpflichtung erfüllt worden ist (vgl. Art. 16 II). Es genügt, wenn rechtliches Gehör erst vor dieser endgültigen Entscheidung gewährt wird (EuGH, Rs. 46/87 u. 227/88, Hoechst a.a.O., Rn. 56). (Zum rechtlichen Gehör bei einstweiligen Maßnahmen s. Rn. 12).

28 **Beschwerdeführer** haben in einem gegen andere Unternehmen oder Vereinigungen gerichteten Verfahren nur einen begrenzten Anspruch auf rechtliches Gehör. Auf sie wird Art. 19 II VO Nr. 17 angewandt, wonach eine Anhörung Dritter auf Antrag gestattet wird, wenn diese ein ausreichendes Interesse glaubhaft machen. Sie müssen zwar die Möglichkeit erhalten, ihre berechtigten Interessen im Verwaltungsverfahren zu schützen. Ihre verfahrensmäßigen Rechte gehen jedoch nicht so weit wie diejenigen der Unternehmen oder Vereinigungen, gegen die sich das Verfahren richtet und enden

jedenfalls „dort, wo sie den Anspruch auf rechtliches Gehör dieser Unternehmen zu beeinträchtigen beginnen" (EuGH, Rs. 142 und 156/84, BAT und Reynolds, Slg. 1984, 4487 Rn. 20). Es genügt, wenn die Beschwerdeführer die Möglichkeit erhalten, ihren Standpunkt schriftlich darzulegen (s. EuGH, Rs. 43/85, Ancides, Slg. 1987, 3131 Rn. 10).

Beabsichtigt die Kommission, ein Negativattest oder eine Freistellung zu **29** erteilen, hat sie gem. Art. 19 III den wesentlichen Teil des Antrags bzw. der Anmeldung im Amtsblatt zu veröffentlichen und Dritte aufzufordern, ihr etwaige Bemerkungen mitzuteilen. Beabsichtigt die Kommission, ein Verfahren durch ein Verwaltungsschreiben (s. hierzu Rn. 41) abzuschließen, macht sie dies grundsätzlich auf die gleiche Weise publik. Seit einigen Jahren veröffentlicht die Kommission in manchen Fällen auch bereits kurz nach dem Eingang einer Anmeldung eine kurze Notiz im Amtsblatt, um Dritte zur Stellungnahme aufzufordern; dies gilt insbes. für die Anmeldung bestimmter Gemeinschaftsunternehmen (zuerst in ABl. 1992 C 97, 21 – Carlsberg/Tetley). Eine Veröffentlichung nach Art. 19 III der VO Nr. 17 stellt keinen anfechtbaren Rechtsakt dar (EuGeI, T-74/92, Ladbroke Racing, Slg. 1995, I–115 Rn. 72).

Das Anhörungsverfahren ist in Art. 19 und der zu dessen Ausführung erlas- **30** senen **VO Nr. 2842/98** v. 22.12.1998 (ABl. L 354, S. 18) geregelt, welche die zuvor geltende VO Nr. 99/63 abgelöst hat. Nach Art. 19 I gibt die Kommission den beteiligten Unternehmen und Vereinigungen vor Entscheidungen aufgrund der Art. 2, 3, 6, 7, 8, 15 und 16 Gelegenheit, sich zu den von der Kommission in Betracht gezogenen Beschwerdepunkten zu äußern. Bei dieser „**Mitteilung der Beschwerdepunkte**" handelt es sich um ein vorbereitendes Schriftstück (s. z.B. EuGH, Rs. 142 u. 156/84, BAT und Reynolds a.a.O., Rn. 70), das daher nicht Gegenstand einer Anfechtungsklage sein kann (EuGH, Rs. 60/81, IBM, Slg. 1981, 2639 Rn. 21). Die Kommission muß darin – und sei es auch nur in gedrängter Form – den Adressaten alle Angaben zur Verfügung stellen, deren diese bedürfen, um sich wirksam verteidigen zu können (ständige Rechtsprechung, s. etwa EuGH, C-89/85 u.a., Ahlström II, Slg. 1993, I–1307 Rn. 42). Die Kommission hat daher in diesem (in der Sprache des Adressaten abzufassenden) Dokument alle Tatsachen und rechtlichen Erwägungen mitzuteilen, auf die sie ihre Entscheidung zu stützen beabsichtigt. Die Kommission kann in ihrer Entscheidung nur diejenigen Beschwerdepunkte berücksichtigen, zu denen sie den Betroffenen Gelegenheit zur Äußerung gegeben hat (Art. 2 II VO Nr. 2842/98). Die Entscheidung muß allerdings nicht notwendigerweise ein „Abbild" der Mitteilung der Beschwerdepunkte sein. Die Kommission hat die Ergebnisse des Anhörungsverfahrens zu berücksichtigen und kann daher ihre Argumente in tatsächlicher oder rechtlicher Hinsicht neu ordnen oder ergänzen sowie ggf. bestimmte Beschwerdepunkte fallen lassen (s. z.B. EuGH, Rs. 209–215 und 218/78, van Landewyck, Slg. 1980, 3125 Rn. 68). Sind mehrere Unternehmen oder Vereinigungen an dem Verstoß gegen das EG-Kartellrecht beteiligt, kann die Kommission eine gemeinsame Mitteilung der Beschwerdepunkte versenden (vgl. etwa EuGeI, T-6/89, Enichem Anic, Slg. 1991, II–1623 Rn. 37). In jedem Fall ist darauf zu achten, daß die Mitteilung so **klar** abgefaßt ist, daß die Beteiligten tatsächlich erkennen können, welches Verhalten ihnen die Kommission zur Last legt (EuGH, C-89/85, Ahlström II a.a.O., Rn. 42). Werden mit den Beschwerdepunkten auch Dokumente versandt, auf welche die Kommission ihre Vorwürfe stützt, sind diese Dokumente in der Form beizulegen, in der sie die Kommission erhalten hat; eine Übersetzung in die Sprache des Adressaten der Beschwerdepunkte ist daher nicht erforderlich (EuGeI, T-147/89, Société métallurgique de Normandie, Slg. 1995, II–1057 Rn. 21).

31 Den Betroffenen ist auch Gelegenheit zu geben, zu den von der Kommission als Beweis für die behauptete Zuwiderhandlung gegen das EG-Kartellrecht herangezogenen **Unterlagen** Stellung zu nehmen (s. z.B. EuGH, Rs. 322/81, Michelin, Slg. 1983, 3461 Rn. 7). Die Kommission kann den Betroffenen zu diesem Zweck Kopien der fraglichen Dokumente zusenden (in der Anlage zur Mitteilung der Beschwerdepunkte oder auf Anfrage) oder ihnen gestatten, in den Büros der GD IV in Brüssel in die Unterlagen Einsicht zu nehmen. Der Umfang dieses Recht auf **Akteneinsicht** ist allerdings begrenzt. Die Kommission ist nicht verpflichtet, den Betroffenen den vollständigen Inhalt der Akten bekanntzugeben (EuGH, Rs. 43 und 63/82, VBVB und VBBB, Slg. 1984, 19 Rn. 25; C-62/86, AKZO, Slg. 1991, I–3359 Rn. 16). Grenzen ergeben sich insb. aus der Notwendigkeit, die Geschäftsgeheimnisse anderer Unternehmen zu schützen, die mit dem Anspruch auf rechtliches Gehör in Einklang gebracht werden muß (EuGH, Rs. 85/76, Hoffmann-La Roche, Slg. 1979, 461 Rn. 13). Unterlagen oder Teile davon, die solche Geschäftsgeheimnisse enthalten, interne Schriftstücke der Kommission und andere vertrauliche Angaben (insb. Auskünfte von Informanten, die nach deren Willen vertraulich zu behandeln sind, vgl. hierzu EuGH, Rs. 145/83, Adams, Slg. 1985, 3539 Rn. 34) können nicht eingesehen werden (12. WB [1982] Ziff. 35). Die **Rechtsprechung des EuGeI** hat die an die Kommission in diesem Zusammenhang zu stellenden **Anforderungen** im Laufe der Jahre **merklich verschärft**. Einem 1991 erlassenen Urteil zufolge müssen alle anderen (belastenden oder entlastenden) Dokumente den Betroffenen zugänglich gemacht werden (EuGeI, T-7/89, Hercules, Slg. 1991, II–1711 Rn. 53). Im Jahre 1995 entschied das EuGeJ, daß im Kar-

tellverfahren vor der Kommission ein allgemeiner Grundsatz der Waffengleichheit gelte, dem zufolge das betroffene Unternehmen die im Verfahren herzngezogenen Unterlagen „in gleicher Weise kennen muß wie die Kommission" (T-36/91, ICI/Kommission, Slg. 1995, II–1847 Rn. 93). Die Kommission muß daher den betroffenen Unternehmen auch jene Dokumente zugänglich machen, die für deren Verteidigung „eventuell hätten dienlich sein können" (EuGeI, T-30/91, Solvay/Kommission, Slg. 1995, II–1775 Rn. 84). Enthalten diese Dokumente Geschäftsgeheimnisse anderer Unternehmen, sind nichtvertrauliche Fassungen vorzulegen (a.a.O. Rn. 92). Wo dies zu schwierig ist, kann die Kommission stattdessen ein Verzeichnis der betroffenen Schriftstücke vorlegen, das hinreichend klar ist, um den Unternehmen zu erlauben, festzustellen, ob diese Dokumente für ihre Verteidigung relevant sein könnten (a.a.O. Rn. 93–44). Dies bedeutet für die Kommission – wie das EuGeI nicht verkennt (s. a.a.O. Rn. 102) – „einen erheblichen Verwaltungsaufwand". Kein Verstoß gegen die Verteidigungsrechte liegt vor, wenn die Kommision sich auf ein Dokument stützt, das sie dem Unternehmen zwar nicht zugänglich gemacht hat, das dieses aber ohnehin in seinen Händen hatte (EuGeI, T-147/89, Société métallurgique de Normandie, Slg. 1995, II–1057 Rn. 29). Ebensowenig wird der Grundsatz der Waffengleichheit verletzt, wenn die Kommission sich weigert, einem Unternehmen Einblick in die Kopien von Dokumenten zu gewähren, die es im Zuge einer Nachprüfung bei eben diesem Unternehmen erlangt hat, da die Originale ja bei dem Unternehmen verblieben (s. EuGeI, T-37/91, ICI/Kommission, Slg. 1995, II–1901 Rn. 64).

Anfang 1997 hat die Kommission eine **Mitteilung** betreffend die **Behand-** **32** **lung von Anträgen auf Akteneinsicht** veröffentlicht, die das Ziel verfolgt, die Verwaltungspraxis der Kommission an die Vorgaben der Rechtsprechung anzupassen. Die Kommission erläutert dort zunächst, welche Dokumente sie für nichteinsehbar hält, weil sie Geschäftsgeheimnisse enthalten (I.A.1 der Mitt.), vertraulicher Natur sind (I.A.2.) oder interne Schriftstücke (I.A.3.) darstellen. Die internen Schriftstücke sollen in Zukunft getrennt von der Hauptakte verwahrt werden (I.A.3. und II.A.2. der Mitt.). Außerdem skizziert die Mitteilung das Verfahren in den Fällen, in denen ein Unternehmen nicht damit einverstanden ist, daß ein von ihm stammendes Dokument anderen Parteien zugänglich gemacht wird. Falls keine Einigung erzielt wird, wendet sich die zuständige Dienststelle an den Anhörungsbeauftragten (s. unten Rn. 34). Schließlich kann nach Art. 5 Abs. 4 des Beschlusses über das Mandat des Anhörungsbeauftragten entschieden werden, daß das fragliche Dokument weitergegeben werden darf. Dies darf jedoch frühestens eine Woche nach dem Tag der Mitteilung dieser Entscheidung geschehen, um dem betroffenen Unternehmen die Möglichkeit zu geben, dagegen vor dem EuGeI vorzugehen (II.A.1.3. der Mitt.). Außerdem gibt die Kommission in der Mitt. bekannt, daß die Einsicht in die Akten grundsätzlich in den Räumlichkeiten der Kommission erfolgen soll. Der Mitteilung der Beschwerdepunkte (bzw. dem Schreiben nach Art. 6 der VO 2842/98) sollen nur noch diejenigen Unterlagen beigefügt werden, auf die sich die Kommission darin stützt (II.C. der Mitt.).

33 **Beschwerdeführer** haben nur ein sehr beschränktes Recht auf Akteneinsicht (s. bereits Rn. 28). In keinem Falle darf ihnen Einblick in Unterlagen gestattet werden, die Geschäftsgeheimnisse (der unmittelbar Betroffenen) enthalten (EuGH, Rs. 53/85, AKZO Chemie, Slg. 1986, 1965 Rn. 28). Entscheidet die Kommission, bestimmte Unterlagen an Beschwerdeführer weiterreichen, hat sie zunächst die betroffenen Unternehmen oder Unternehmensvereinigungen zu hören und ihnen die Möglichkeit zu geben, diese Entscheidung **vor ihrem Vollzug** beim EuGH anzufechten (EuGH ebd., Rn. 29; s. oben Rn. 32).

34 Die Betroffenen sind nicht verpflichtet, auf die Mitteilung der Beschwerdepunkte zu antworten (EuGeI, T-30/89, Hilti, Slg. 1991, II–1439 Rn. 37), tun dies aber aus naheliegenden Gründen in aller Regel. Sie können ihrer schriftlichen Stellungnahme alle zweckdienlichen Unterlagen beifügen und die Anhörung von Zeugen vorschlagen (Art. 4 II VO Nr. 2842/98). Geht es um die Festsetzung einer Geldbuße bzw. eines Zwangsgeldes oder wird ein ausreichendes Interesse glaubhaft gemacht, gibt die Kommission den Betroffenen Gelegenheit zur **mündlichen** Erläuterung (Art. 5 VO Nr. 2842/98). Für die Durchführung dieser mündlichen Anhörung ist ein **Anhörungsbeauftragter** zuständig, dessen Mandat sich aus dem Beschluß der Kommission v. 12.12.1994 (ABl. L 330, 67) ergibt. Obwohl diese Person verwaltungstechnisch zur GD IV zählt, übt sie ihr Amt in voller Unabhängigkeit aus und verfügt zu diesem Zweck über das Recht, sich unmittelbar an das für Wettbewerbsfragen zuständige Mitglied der Kommission zu wenden. Der Anhörungsbeauftragte achtet insb. darauf, daß die Rechte der Verteidigung gewahrt bleiben. Die Anhörung selbst ist nicht öffentlich. Es ist nicht erforderlich, daß die Mitglieder der Kommission persönlich anwesend sind (EuGH, Rs. 44/69, Buchler, Slg. 1970, 733 Rn. 20). Am Ende der Anhörung erstellt der Anhörungsbeauftragte einen Bericht über deren Ablauf und seine Schlußfolgerungen. Die Kommission ist nicht verpflichtet, diesen Bericht den Betroffenen zugänglich zu machen (ständige Rechtsprechung, s. etwa EuGeI, T-15/89, Chemie Linz, Slg. 1992, II–1275 Rn. 83).

c) Vertraulichkeit

Art. 20 II verpflichtet die Kommission und die MS, Kenntnisse nicht preis-   **35**
zugeben, die sie bei Anwendung der VO Nr. 17 erlangt haben und die „unter das Berufsgeheimnis fallen". Die Vorschrift bekräftigt die ohnehin bestehende **Verschwiegenheitspflicht** der Bediensteten der EG und erstreckt
diese auch auf die Bediensteten der Behörden der MS (s. aber unten Rn.
36). Unter das **Berufsgeheimnis** fallen grundsätzlich alle nicht allgemein
zugänglichen Informationen, die diese Bediensteten in Ausübung ihres Amtes erlangt haben. Art. 20 II läßt die Pflicht der Kommission zur Gewährung
rechtlichen Gehörs (Art. 19) und zur Veröffentlichung bestimmter Entscheidungen (Art. 21) unberührt (s. Art. 20 II a.E.). Einen besonders weitgehenden Schutz genießen jedoch die **Geschäftsgeheimnisse** (EuGH, Rs.
53/85, AKZO Chemie, Slg. 1986, 1965 Rn. 28). Art. 19 III und 21 II, wonach den berechtigten Interessen an der Wahrung der Geschäftsgeheimnisse Rechnung zu tragen ist, sind Ausdruck eines allgemeinen Grundsatzes,
der für das gesamte Verfahren gilt (EuGH ebd.). Zu diesen Geschäftsgeheimnissen gehören neben den in Art. 287 (ex-Art. 214) ausdrücklich genannten Angaben über Unternehmen und ihre Geschäftsbeziehungen oder
Kostenelemente auch sonstige wettbewerbsrelevante interne Daten (s. im
einzelnen *Pernice*, in Grabitz/Hilf, Art. 20 VO Nr. 17 Rn. 11; s. auch bereits
Rn. 31–32). Ein Verstoß gegen die Verschwiegenheitspflicht verpflichtet
die Gemeinschaft zum Ersatz des entstehenden Schadens (EuGH, Rs.
145/83, Adams, Slg. 1985, 3539 Rn. 44).

d) Beteiligung der MS

Die Kommission führt ihre Verfahren „in enger und stetiger Verbindung"   **36**
mit den zuständigen Behörden der MS durch (Art. 10 II). Diesen wird eine
Kopie aller Anträge und Anmeldungen sowie der wichtigsten sonstigen
Schriftstücke zugeleitet (Art. 10 I). Macht ein Unternehmen geltend, daß
ein Dokument Geschäftsgeheimnisse enthalte und deshalb nicht an den
oder die MS weitergeleitet werden sollte, muß die Kommission (wenn sie
das Schriftstück gleichwohl weiterleiten will) zunächst eine entsprechende
Entscheidung erlassen, die das Unternehmen anfechten kann (EuGH, C-
36/92 P, SEP/Kommission, Slg. 1994, I–1911 Rn. 38–40). Vor einer Entscheidung, durch die ein Verfahren zur Erteilung eines Negativattestes, ein
Verfahren nach Art. 81 III (ex-Art. 85 III) oder ein Verfahren zur Feststellung eines Verstoßes gegen Art. 81 (ex-Art. 85) oder 82 (ex-Art. 86) abgeschlossen wird, hat die Kommission den **Beratenden Ausschuß für Kar-
tell- und Monopolfragen** zu konsultieren, der sich aus Vertretern der MS

zusammensetzt (Art. 10 III–IV). Die Stellungnahme dieses Ausschusses ist für die Kommission allerdings nicht verbindlich.

e) Verjährung

37 Die Frage der Verjährung ist in der **VO (EWG) Nr. 2988/74** v. 26.11.1974 geregelt (ABl. L 319, 1). Die Befugnis der Kommission, Geldbußen oder Sanktionen wegen Verstößen gegen das EG-Kartellrecht **festzusetzen**, verjährt danach in **3** (Verfahrensverstöße) bzw. **5** (Verstöße gegen das materielle Recht) **Jahren** (Art. 1 I). Die Verjährung beginnt mit dem Tag der Begehung, bei dauernden oder fortgesetzten Zuwiderhandlungen jedoch erst mit deren Beendigung (Art. 1 II). Zur Unterbrechung der Verjährung durch Ermittlungsmaßnahmen u.ä. s. Art. 2 der VO. Die Befugnis zur **Vollstreckung** von Entscheidungen verjährt in 5 Jahren (Art. 4).

6. Abschluß des Verfahrens

a) Negativattest und Freistellung

38 Gem. Art. 2 kann die Kommission auf Antrag in einer Entscheidung feststellen, daß nach den ihr vorliegenden Tatsachen keine Zuwiderhandlung gegen Art. 81 I (ex-Art. 85 I) oder 82 (ex-Art. 86) vorliegt. Ein solches **Negativattest** hat nur beschränkten Wert. Es bindet lediglich die Kommission selbst, nicht aber die Gerichte der MS (vgl. Art. 81 Rn. 33). Im Falle einer wesentlichen Änderung der tatsächlichen oder rechtlichen Umstände entfällt auch die Bindung der Kommission. Die Anfechtung eines Negativattestes durch seinen Adressaten ist mangels Beschwer auch dann unzulässig, wenn er sich durch die Begründung dieser Entscheidung für benachteiligt hält (EuGeI, T-138/89, NBV und NVB, Slg. 1992, II–2181 Rn. 31).

39 Eine **Freistellung** gem. Art. 81 III (ex-Art. 85 III) ist hingegen auch für die nationalen Gerichte verbindlich (zum Recht der MS vgl. Vorbem. zu Art. 81–86 Rn. 41). Die Begünstigten können sich daher vor ihnen gegenüber Dritten auf diese Freistellung berufen (EuGH, Rs. 31/80, L'Oréal, Slg. 1980, 3775 Rn. 8). Auf die Erteilung einer Freistellung besteht bei Vorliegen ihrer Voraussetzungen ein – angesichts des Beurteilungsspielraums der Kommission jedoch begrenzter – **Anspruch**. Die Freistellung ist für einen bestimmten Zeitraum abzugeben (Art. 8 I der VO Nr. 17), der **angemessen** sein muß (EuGH, Rs. 26/76, Metro I, Slg. 1977, 1875 Rn. 22). Liegen am Ende dieses Zeitraums die Voraussetzungen für die Freistellung weiterhin vor, ist diese – auf einen einfachen schriftlichen Antrag hin (EuGH, Rs. 75/84, Metro II, Slg. 1986, 3021 Rn. 31) – zu verlängern (Art. 8 II). Die Freistellung kann mit Bedingungen und Auflagen versehen werden

(Art. 8 I). Die Kommission kann die Freistellung zurückziehen oder ändern oder den Beteiligten bestimmte Handlungen untersagen, wenn eine wesentliche Änderung der tatsächlichen Umstände eintritt, die Freistellung auf unrichtigen Angaben beruht oder arglistig herbeigeführt worden ist, die Beteiligten einer Auflage zuwiderhandeln oder sie die Freistellung mißbrauchen (Art. 8 III).

Zur **Zurückweisung von Beschwerden** s. oben Rn. 8–9.   **40**

b) Verwaltungsschreiben

Nach der VO Nr. 17 werden Verfahren auf Erteilung eines Negativattestes   **41**
oder einer Freistellung durch eine **Entscheidung** der Kommission abgeschlossen. Die Wirklichkeit sieht anders aus. Angesichts der beschränkten Ressourcen der Kommission ist es nicht verwunderlich, daß die Zahl der förmlichen Entscheidungen sehr gering ist; im Jahre 1997 z.B. wurden nur 27 förmliche Entscheidungen erlassen. In der weitaus überwiegenden Zahl der Fälle (490 im Jahre 1997, vgl. 27. WB [1997], S. 37) beendet die Kommission das Verfahren, ohne eine förmliche Entscheidung zu erlassen. In vielen Fällen erfolgt die Verfahrensbeendigung durch Versendung eines **Verwaltungsschreibens** (sog. „**comfort letter**"). Diese Schreiben binden die nationalen Gerichte in keiner Weise, stellen aber einen „tatsächlichen Umstand" dar, den diese Gerichte „berücksichtigen können" (EuGH, Rs. 253/78 u.a., Guerlain, Slg. 1980, 2327 Rn. 13). Umstände, die bereits zum Zeitpunkt der Erteilung eines solchen Schreibens vorlagen, der Kommission aber nicht bekannt waren, können von der Kommission später noch berücksichtigt werden (EuGH, C-279/95 P, Langnese-Iglo/Kommission, Slg. 1998, I–5609 Rn. 30). Die Praxis der Kommission ist unter dem Blickwinkel der Rechtssicherheit bedenklich. Dies gilt insb. für Verwaltungsschreiben, in denen die Kommission feststellt, daß ein Verstoß gegen Art. 81 I (ex-Art. 85 I) vorliegt, die betreffende Absprache jedoch von ihr als freistellungswürdig angesehen (aber eben nicht freigestellt) wird. Die von der Kommission nunmehr in „geeigneten Fällen" (vgl. 12. WB [1982], Ziff. 30 und 13. WB [1983], Ziff. 72) praktizierte vorherige Veröffentlichung des wesentlichen Inhalts einer angemeldeten Vereinbarung im Amtsblatt gem. Art. 19 III und die damit verbundene Aufforderung an Dritte, zu der betreffenden Absprache Stellung zu nehmen, vermag diese Bedenken nicht auszuräumen. Allerdings ist darauf hinzuweisen, daß diese Schwierigkeiten letztlich nicht der Kommission anzulasten sind, sondern durch das in Art. 81 (ex-Art. 85) niedergelegte System eines Verbotes mit Ausnahmevorbehalt heraufbeschworen werden.

c) Verbotsentscheidungen und Geldbußen

42 Stellt die Kommission eine Zuwiderhandlung gegen Art. 81 oder 82 (ex-Art. 85, 86) fest, kann sie die beteiligten Unternehmen und Unternehmensvereinigungen verpflichten, diese Zuwiderhandlung abzustellen (Art. 3 I der VO Nr. 17). Eine solche **Abstellungsentscheidung** muß einen klaren, vollziehbaren Inhalt haben (vgl. EuGH, Rs. 25–26/84, Ford, Slg. 1985, 2725 Rn. 42). Die Kommission kann den Beteiligten ggf. auch die Vornahme bestimmter Handlungen vorschreiben (s. EuGH, Rs. 6–7/73, Commercial Solvents, Slg. 1974, 223 Rn. 45; C-89/85 u.a., Ahlström II, Slg. 1993, I–1307 Rn. 181). Ist die Zuwiderhandlung bereits beendet, kann eine **Feststellungsentscheidung** erlassen werden, wenn ein berechtigtes Interesse an einer solchen Entscheidung besteht, was insb. bei Wiederholungsgefahr zu bejahen ist (s. EuGH, Rs. 7/82, GVL, Slg. 1983, 483 Rn. 27–28; E v. 30.7.92, ABl. 1992 L 246, 37 Rn. 24 – Scottish Salmon Board).

43 Im Falle eines **vorsätzlichen** oder **fahrlässigen** Verstoßes gegen Art. 81 I (ex-Art. 85 I) oder 82 (ex-Art. 86) (oder gegen eine mit einer Freistellungsentscheidung verbundene Auflage) kann die Kommission **Geldbußen** in Höhe von ECU (Euro) 1000 bis 1 Mio. oder darüber hinaus bis zu 10 % des Jahresumsatzes festsetzen (Art. 15 II; s. hierzu *Gyselen* a.a.O.). Die zuletzt genannte Obergrenze ist auf der Grundlage des **Gesamt**umsatzes zu berechnen (EuGH, Rs. 100–103/80, Musique Diffusion Française, Slg. 1983, 1825 Rn. 119; EuGeI, T-13/89, ICI, Slg. 1992, II–1021 Rn. 376). Die Obergrenze von 10 % gilt auch für **Unternehmensvereinigungen**; in diesen Fällen ist der Gesamtumsatz die Summe der Umsätze der Mitgliedsunternehmen (EuGeI, T-39/92 und T-40/92, Groupement des cartes bancaires „CB" und Europay International, Slg. 1994, II–49 Rn. 136). Eine **Untergrenze** sieht das Gesetz nicht vor. Die Kommission geht jedoch in allen Fällen, in denen der finanzielle **Gewinn**, den die Beteiligten aus der Zuwiderhandlung ziehen, wenigstens annähernd ermittelt werden kann, von diesem Betrag aus (21. WB [1991], Ziff. 139). Eine vorsätzliche Zuwiderhandlung liegt nicht nur dann vor, wenn sich der Betroffene des Verstoßes bewußt gewesen ist; es genügt vielmehr, daß er sich nicht in Unkenntnis darüber befinden konnte, daß sein Verhalten eine Einschränkung des Wettbewerbs bezweckte (st.Rspr., s. z.B. EuGH, Rs. 246/86, Belasco, Slg. 1989, 2117 Rn. 41). Art. 15 II ermächtigt die Kommission darüber hinaus, auch Verzugszinsen festzusetzen und gegebenenfalls eine Sicherheitsleistung zu verlangen (EuGeI, T-275/94, Groupement des Cartes Bancaires ‚CB'/ Kommission, Slg. 1995, II–2169 Rn. 47–53).

44 Bei der Bestimmung der Höhe der Geldbuße sind insb. die **Schwere des Verstoßes** und seine **Dauer** zu berücksichtigen (Art. 15 II 2). Die Kommission darf bei der Festsetzung der Geldbuße auch das Ziel der **Abschreckung** verfolgen (s. EuGH, Rs. 100–103/80, Musique Diffusion Française a.a.O., Rn. 105–109; EuGeI, T-14/89, Montedipe, Slg. 1992, II–1155 Rn. 346; T-347/94, Mayr-Melnhof Kartongesellschaft, Slg. 1998, II–1751 Rn. 259). In den letzten Jahren hat die Kommission beträchtliche Geldbußen verhängt (s. insb. E v. 24.7.91, ABl. 1992 L 72, 1 – Tetra Pak II: ECU 75 Mio., und E v.28.1.98, ABl. 1998 L 124, 60 VW: ECU 102 Mio.). Als **mildernde** Faktoren kommen z.B. die begrenzten Auswirkungen einer Zuwiderhandlung (s. z.B. EuGH, C-62/86, AKZO, Slg. 191, I–3359 Rn. 163) und eine besonders weitgehende Kooperation des betroffenen Unternehmens mit der Kommission (vgl. EuGeI, T-13/89, ICI a.a.O., Rn. 393) in Betracht. In der Vergangenheit wurde es bisweilen positiv bewertet, daß ein Unternehmen Maßnahmen ergriff, um neue Verstöße gegen das EG-Kartellrecht zu vermeiden (insb. mittels eines sog. „compliance programme"). Inzwischen scheint sich jedoch die Auffassung durchzusetzen, daß es sich dabei um eine selbstverständliche Pflicht der Unternehmen handelt, deren Erfüllung für die Bewertung früherer Zuwiderhandlungen ohne Bedeutung ist (vgl. EuGeI, T-7/89, Hercules, Slg. 1991, II–1711 Rn. 357). Den Unternehmen muß nach der neueren Rechtsprechung in der Entscheidung detailliert erläutert werden, wie die Kommission die Geldbußen berechnet hat (vgl. etwa EuGeI, T-348/94, Enso Española, Slg. 1998, II–1875 Rn. 253).

Die Kommission selbst hat sich in mehreren Dokumenten zu ihrer Politik **45** auf diesem Gebiet und den von ihr in Betracht gezogenen Kriterien geäußert (s. die **Mitteilung der Kommission über ihre Politik im Bereich der Geldbußen** [ABl. 1995 C 341 13], die **Mitteilung über die Nichtfestsetzung oder niedrigere Festsetzung von Geldbußen** [ABl. 1996 C 207 4] und die **Leitlinien für das Verfahren zur Festsetzung von Geldbußen** [ABl. 1998 C 9 3]).

d) Publikation

Nach Art. 20 I hat die Kommission Entscheidungen über Negativatteste, **46** Freistellungen, Beschwerden und die Feststellung oder Abstellung von Zuwiderhandlungen zu veröffentlichen. Sie ist nicht gehindert, auch Entscheidungen über Geldbußen zu publizieren. Der durch ihre Veröffentlichung bewirkte Abschreckungseffekt kann sogar dazu beitragen, die Einhaltung der Vorschriften des EG-Kartellrechts zu gewährleisten (EuGH, Rs. 41/69, ACF Chemiefarma, Slg. 1970, 661 Rn. 101/104).

7. Rechtsschutz

47   Die im Kartellverfahren ergangenen **Entscheidungen** der Kommission können vor dem Gerichtshof nach Maßgabe des **Art. 230** (ex-Art. 173) angefochten werden. Dies gilt auch für Verpflichtungserklärungen, die die Beteiligten gegenüber der Kommission abgegeben haben (EuGH, C-89/85 u.a., Ahlström II, Slg. 1993, I–1307 Rn. 181). [Zur **Klagebefugnis** (insb. von Beschwerdeführern) s. die Kommentierung zu Art. 230.] [Zu den Folgen, die sich aus der teilweisen Aufhebung einer Entscheidung auf die Klage einiger Adressaten für die Situation der übrigen Unternehmen ergeben können, vgl. EuGeI, T-227/95, Slg. 1997, II–1185]. Entscheidungen, in denen **Geldbußen** oder Zwangsgelder festgesetzt werden, können **unbeschränkt** nachgeprüft werden (Art. 229 [ex-Art. 172]; Art. 17 VO Nr. 17). Das EuGeI könnte daher an sich auch eine Geldbuße erhöhen. Nach der bisherigen Rechtsprechung dürfte es sich dabei jedoch um eine rein theoretische Möglichkeit handeln (vgl. EuGeI, T-348/94, Enso Española, Slg. 1998, II–1875 Rn. 301 und 319). In allen anderen Fällen ist die Überprüfung von Entscheidungen, in denen es um die „Würdigung komplexer wirtschaftlicher Gegebenheiten" geht, auf die Frage beschränkt, „ob die Verfahrensvorschriften eingehalten worden sind, ob die Begründung ausreichend ist, ob der Sachverhalt zutreffend festgestellt worden ist und ob keine offensichtlich fehlerhafte Würdigung des Sachverhalts und kein Ermessensmißbrauch vorliegen" (ständige Rechtsprechung, vgl. EuGH, Rs. 142 und 156/84, BAT und Reynolds, Slg. 1987, 4487 Rn. 62). Zuständig ist in erster Instanz das **EuGeI** (Art. 225 [ex-Art. 168a] i.V.m. Art. 3 I lit. c des Beschlusses des Rates vom 24.10.1988 über die Errichtung eines Gerichts erster Instanz der EG, ABl. 1988 L 319 1). Gegen die Entscheidungen des EuGeI kann binnen zweier Monate nach deren Zustellung ein Rechtsmittel zum **EuGH** eingelegt werden; dieses Rechtsmittel ist auf **Rechtsfragen** beschränkt (Art. 49 und 51 der Satzung EuGH).

48   Verfahrensfehler können zur (vollständigen oder teilweisen) Aufhebung einer Entscheidung der Kommission führen. Die Rechtsprechung des EuGH stellte jedoch in der Vergangenheit i.d.R. darauf ab, ob die Entscheidung ohne diesen Verfahrensfehler anders ausfallen hätte können. War dies nicht der Fall, war der Fehler unbeachtlich (EuGH, Rs. 30/78, Distillers, Slg. 1980, 2229 Rn. 26; Rs. 209–215 und 218/78, van Landewyck, Slg. 1980, 3125 Rn. 47). In einem Fall hat der EuGH sogar die Auffassung vertreten, eine Verletzung des Anspruchs auf rechtliches Gehör könne im Verfahren vor dem EuGH geheilt werden (EuGH, Rs. 85/76, Hoffmann-La Roche, Slg. 1979, 461 Rn. 15). Dem ist nicht zu folgen, wenigstens was die Verletzung der Verteidigungsrechte der Unternehmen anlangt. Den Vorzug verdient eindeutig die vom EuGeI vertretene Auffassung, wonach eine solche Verletzung im gerichtlichen Verfahren nicht mehr geheilt werden kann (EuGeI, T-30/91, Solvay/Kommission, Slg. 1995, II–1775 Rn. 98). Ist eine Entscheidung „offenkundig mit einem derart schweren Fehler behaftet", daß „die Gemeinschaftsrechtsordnung ihn nicht tolerieren kann", ist sie nicht mehr (nur) anfechtbar, sondern sogar „rechtlich inexistent". Dies kann jedoch nur „für ganz außergewöhnliche Fälle" gelten (EuGH, C-137/92 P, Kommission/BASF u.a., Slg. 1994, I–2555 Rn. 49–50).

III. Fusionskontrolle

Literatur: *Bechtold*, Zwischenbilanz zum EG-Fusionskontrollrecht, EuZW 94, 918; *Cook/Kerse*, EC Merger Control, 1996; *Drauz/Schroeder*, Praxis der europäischen Fusionskontrolle, 3. Aufl. 1995; *Ebenroth/Lange*, Zukunftsmärkte in der europäischen Fusionskontrolle, EWS 1995, 1; *Einsele*, Auswirkungen der europäischen Fusionskontrollverordnung auf Gemeinschaftsunternehmen, RIW 92, Beilage 2 zu Heft 8, 1; *Heidenhain*, Zusagenpraxis in der EG-Fusionskontrolle, EuZW 94, 135; *Krimphove*, Europäische Fusionskontrolle, Diss. Münster 1992; *Miersch*, Kommentar zur EG-Verordnung Nr. 4064/89 über die Kontrolle von Unternehmenszusammenschlüssen, 1991; *Montag/Heinemann*, Die europäische Fusionskontrolle in der Fallpraxis, ZIP 92, 1367; *Niederleithinger*, Das Verhältnis nationaler und europäischer Kontrolle von Zusammenschlüssen, WuW 90, 721; *Niemeyer*, Die europäische Fusionskontrollverordnung, 1991; *Siragusa/Subiotto*, Ein Jahr EG-Fusionskontrolle. Eine Zwischenbilanz aus der Sicht des Praktikers, WuW 91, 872; *Staudenmayer*, Das Verhältnis der Art. 85, 86 EWGV zur EG-Fusionskontrollverordnung, WuW 92, 475; *Veelken/Karl/Richter*, Die europäische Fusionskontrolle. Grundzüge und Einzelfragen zur Verordnung (EWG) Nr. 4064/ 89, 1992. S. außerdem die Literatur vor Art. 81 Rn. 64.

1. Rechtsgrundlage

Anders als der EGKS-Vertrag (s. Art. 66 EGKSV) enthält der EGV keine **49** Bestimmungen über die Kontrolle von Zusammenschlüssen. Das Fehlen entsprechender Vorschriften war mit der von Artikel 3 lit. g geforderten Errichtung eines Systems unverfälschten Wettbewerbs auf Dauer nicht zu vereinbaren. Die Vorschläge der Kommission zur Einführung einer EG-Fusionskontrolle fanden jedoch im Rat (und bei den MS) lange Zeit kein Gehör. Einen gewissen Fortschritt brachte das Urteil des EuGH im Fall „*Continental Can*", dem zufolge der Erwerb eines Unternehmens durch ein marktbeherrschendes Unternehmen einen Verstoß gegen Art. 82 (ex-Art. 86) darstellen kann (EuGH, Rs. 6/72, Slg. 1973, 215 Rn. 26; vgl. Art. 82 Rn. 42). Den entscheidenden Anstoß scheint freilich erst das Urteil des EuGH im „*Philip Morris-Fall*" (EuGH, Rs. 142 und 156/84, BAT und Reynolds, Slg. 1987, 4487; s. Art. 81 Rn. 64) gegeben zu haben, das zu verstehen gab, daß Art. 81 (ex-Art. 85) auch auf Zusammenschlüsse angewandt werden könnte. Am 21. 12. 1989 erließ der Rat auf der Grundlage der Art. 83 und 308 (ex-Art. 235) die **VO (EWG) Nr. 4064/89 über die Kontrolle von Unternehmenszusammenschlüssen** (Fusionskontroll-VO, „FKV", berichtigte Fassung in ABl. 1990 L 257, 14). Eine wichtige Änderung brachte die **VO (EG) Nr. 1310/97** des Rates vom 30.6.1997 (ABl. L 180 1; berichtigt in ABl. 1998 L 3 16 und L 40 17).

2. Formelle Voraussetzungen

a) Zusammenschluß

50   Die FKV gilt für alle Zusammenschlüsse von gemeinschaftsweiter Bedeutung (Art. 1 I). Ein **Zusammenschluß** liegt nach Art. 3 I lit. a vor bei einer **Fusion** von zwei oder mehr „bisher voneinander unabhängigen" Unternehmen. Eine konzerninterne Fusion wird daher nicht erfaßt. Ein Zusammenschluß liegt auch vor, wenn eine oder mehrere Personen, die bereits mindestens ein Unternehmen kontrollieren oder ein oder mehrere Unternehmen die unmittelbare oder mittelbare **Kontrolle** über die Gesamtheit oder Teile eines oder mehrerer anderer Unternehmen **erwerben** (Art. 3 I lit. b). Der Erwerb der Kontrolle kann durch den Erwerb von Anteilsrechten oder Vermögenswerten, durch Vertrag oder in sonstiger Weise erfolgen. Kontrolle bedeutet die **Möglichkeit**, einen **bestimmenden Einfluß** auf die Tätigkeit des kontrollierten Unternehmens auszuüben (Art. 3 III). Bei der Frage nach dem Vorliegen von Kontrolle sind nach Art. 3 III alle tatsächlichen und rechtlichen Umstände zu berücksichtigen (vgl. zu den sich hier stellenden Fragen die **Mitteilung der Kommission über den Begriff des Zusammenschlusses** [ZSchlußMit.], ABl. 1998 C 66 5).

51   Ein **Erwerb von Anteilen** verschafft dem Erwerber die Kontrolle über ein Unternehmen, wenn er die Mehrheit des stimmberechtigten Kapitals erwirbt. Auch der Erwerb einer Minderheitsbeteiligung kann jedoch im Einzelfall zur Kontrolle führen, wenn die übrigen Anteile unter einer Vielzahl von Eigentümern gestreut sind (s. E v. 10.12.90, WuW 91, 350 – Arjomari-Prioux/Wiggins Teape Appleton: Erwerb von 39 %, während kein anderer Aktionär mehr als 4 % besaß) oder wenn dem Käufer zusätzliche Rechte eingeräumt werden (vgl. E v. 25.9.92 – CCIE/GTE: Erwerb von 19 %, verbunden mit weitreichenden Rechten). Ein **Erwerb von Vermögenswerten** führt nur dann zur Kontrolle, wenn es sich um einen **wesentlichen** Teil des Unternehmens (oder Unternehmensteils) handelt. Zu den **Verträgen**, die ei-

ne Kontrolle begründen können, zählen z.B. Beherrschungs- oder Ge-
schäftsführungsverträge. Als Beispiele für einen Kontrollerwerb **in sonstiger Weise** dürften vor allem Fälle personeller Verflechtungen oder wirtschaftlicher Abhängigkeit (vgl. Art. 1 Nr. 5 der Entscheidung Nr.
24/54/EGKS v. 6.5.54, ABl. 1954, 345 für den EGKS-Bereich) in Betracht
kommen. Art. 3 V enthält Ausnahmen für bestimmte Transaktionen (z.B.
den vorübergehenden Erwerb von Anteilen durch Banken).

Ein Zusammenschluß kann auch beim Erwerb **gemeinsamer Kontrolle**   **52**
vorliegen. Von praktischer Bedeutung sind hier insb. die Fälle der Gründung von **Gemeinschaftsunternehmen** (vgl. hierzu ausführlich Art. 81 Rn.
66ff.). Gemeinsame Kontrolle kann auch durch den Erwerb wechselseitiger
Kapitalbeteiligungen entstehen (s. E v. 6.11.90, WuW 91, 338 – Renault/
Volvo). Erwirbt einer der Partner, die zunächst ein Gemeinschaftsunternehmen gemeinsam kontrolliert haben, die **alleinige** Kontrolle, liegt ein Zusammenschluß i.S.d. FKV vor (E v. 26.5.92, WuW 92, 1061 – ABB/Brel);
gleiches gilt, wenn einer dieser Partner wechselt.

Liegen mehrere Transaktionen zwischen denselben Parteien vor, die jeweils   **53**
einen Teil einer übergreifenden Absprache darstellen, kann darin unter Umständen **ein** einziger Zusammenschluß gesehen werden (s. E v. 12.11.92,
ABl. 1993 L 114, 34 Rn. 4 – Mannesmann/Hoesch).

b) Gemeinschaftsweite Bedeutung

Ein Zusammenschluß hat nach Art. 1 II FKV **gemeinschaftsweite Bedeu-**   **54**
tung, wenn der weltweite Gesamtumsatz aller beteiligten Unternehmen
mehr als **ECU (Euro) 5 Mrd.** beträgt und mindestens zwei der beteiligten
Unternehmen einen Gesamtumsatz von jeweils mehr als **ECU (Euro) 250
Mio.** in der EU haben. Dies gilt nicht, wenn die beteiligten Unternehmen
jeweils mehr als **zwei Drittel ihres gemeinschaftsweiten Umsatzes** in ein
und demselben MS erzielen. Sind diese Anforderungen nicht erfüllt, kann
ein Zusammenschluß gleichwohl nach dem 1997 eingefügten Art. 1 III
FKV gemeinschaftsweite Bedeutung haben. Dies setzt voraus, daß (a) der
weltweite Gesamtumsatz aller beteiligten Unternehmen mehr als **ECU
(Euro) 2,5 Mrd.** beträgt, (b) der Gesamtumsatz aller beteiligten Unternehmen in mindestens 3 MS jeweils **ECU (Euro) 100 Mio** übersteigt, (c) in jedem von mindestens drei von lit. (b) erfaßten MS der Gesamtumsatz von
wenigstens zwei beteiligten Unternehmen jeweils mehr als **ECU (Euro) 25
Mio.** beträgt und (d) der gemeinschaftsweite Gesamtumsatz von wenigstens zwei beteiligten Unternehmen jeweils **ECU (Euro) 100 Mio.** übersteigt. Dies gilt wiederum nicht, wenn die beteiligten Unternehmen jeweils

mehr als **zwei Drittel ihres gemeinschaftsweiten Umsatzes** in ein und demselben MS erzielen. Die Einzelheiten der Berechnung der Umsatzzahlen sind in Art. 5 FKV geregelt; insb. werden konzerninterne Umsätze und die MwSt. nicht berücksichtigt, während die Umsätze verbundener Unternehmen addiert werden (s. Art. 5 IV). Zu den Einzelheiten vgl. die **Mitteilung** der Kommission **über den Begriff der beteiligten Unternehmen** einerseits (ABl. 1998 C 66, 14) und die **Mitteilung** der Kommission **über den Begriff des Umsatzes** nach der FKV (ABl. 1998 C 66, 25) andererseits.

55   Da die Anwendbarkeit der FKV somit ausschließlich vom Erreichen dieser **Schwellenwerte** abhängt, werden auch Zusammenschlüsse zwischen Unternehmen aus Drittstaaten erfaßt, die möglicherweise keinerlei Beziehung zum GM aufweisen (s. insb. E v. 30.6.93 – JCSAT/SAJAC: Auf den japanischen Markt beschränktes Gemeinschaftsunternehmen). Ob diese Praxis mit den für die extraterritoriale Anwendbarkeit der Wettbewerbsregeln geltenden Vorschriften (s. Vorbem. zu Art. 81–86, Rn. 20ff.) vereinbar ist, ist zweifelhaft.

56   Gemäß Art. 1 IV der FKV hat die Kommission dem Rat bis zum 1.7.2000 einen **Bericht über die Anwendung** der in Art. 1 II und Art. 1 III Schwellenwerte und Kriterien zu erstatten. Der Rat kann dann auf einen entsprechenden Vorschlag der Kommission hin die Schwellenwerte und Kriterien des *Art. 1 III* abändern.

3. Materielle Kriterien

a) Relevanter Markt

57   Art. 2 III FKV stellt darauf ab, ob ein Zusammenschluß eine **beherrschende Stellung** im GM oder in einem wesentlichen Teil desselben begründet oder verstärkt. Es ist daher notwendig, zunächst den **relevanten Markt** zu bestimmen. Dabei gelten grundsätzlich dieselben Regeln wie im Rahmen des Art. 82 (ex-Art. 86) (s. Art. 82 Rn. 4ff.). Insbesondere ist also auch hier die von der Kommission veröffentlichte **Bekanntmachung über die Definition des relevanten Marktes** (ABl. 1997 C 372 5) heranzuziehen.

58   Der **sachlich relevante Markt** „umfaßt all jene Erzeugnisse, die vom Verbraucher hinsichtlich ihrer Eigenschaften, Preise und ihres vorgesehenen Verwendungszwecks als austauschbar oder substituierbar angesehen werden" (E v. 2.10.91, ABl. 1991 L 334 42 Rn. 13 – Aerospatiale-Alenia/de Havilland). Auch wenn **Austauschbarkeit** im genannten Sinne vorliegt (vgl. dazu etwa E v. 30.9.92, ABl. 1993 L 7 13 – Du Pont/ICI), können aufgrund besonderer Umstände unterschiedliche Märkte vorliegen (s. z.B. E v.

28.4.92, ABl. 1992 L 204 1 – Accor/Wagons-Lits: Autobahngaststätten stellen einen von den übrigen Gaststätten getrennten Markt dar). Bei der Bestimmung des sachlich relevanten Markts ist auch zu prüfen, ob Anbieter in benachbarten Sparten ihre Produktion rasch auf das betreffende Produkt umstellen können (**Angebotssubstitution**; s. z.B. E v. 24.2.92, WuW 92, 689 – Torras/Sarrio).

Der **räumlich relevante Markt** wird in Art. 9 VII FKV definiert. Er stellt   **59** demnach das Gebiet dar, „auf dem die betroffenen Unternehmen als Anbieter oder Nachfrager von Waren oder Dienstleistungen auftreten, in dem die Wettbewerbsbedingungen hinreichend homogen sind und das sich von den benachbarten Gebieten unterscheidet", weil sich die „in ihm herrschenden Wettbewerbsbedingungen von denen in den letztgenannten Gebieten deutlich unterscheiden" (E v. 20.12.90, WuW 91, 1003 – Cargill/Unilever; 21. WB [1991], 403). Zu den Faktoren, die bei dieser Prüfung zu beachten sind, gehören u.a. der Umfang von Importen und Exporten (s. E v. 10.8.92, WuW 93, 455 – Rhône Poulenc/SNIP), Marktzutrittsschranken (s. z.B. E v. 14.7.92, WuW 93, 451 – Thomas Cook/LTU/West LB), Verbraucherpräferenzen (s. E v. 22.7.92, ABl. 1992 L 356 1 Rn. 28 – Nestlé/Perrier) und Transportkosten (s. z.B. Nestlé/Perrier a.a.O., Rn. 25). Die Kommission vertritt dabei eine „dynamische", den Fortschritt der Marktintegration berücksichtigende Betrachtungsweise (22. WB [1992], Ziff. 236). Entsprechend heißt es in der Bekanntmachung der Kommission (Rn. 57), der räumlich relevante Markt könne im Rahmen einer im wesentlichen zukunftsbezogenen Untersuchung anders zu definieren sein als im Rahmen einer Prüfung auf der Grundlage von Art. 82 (ex-Art. 86) (a.a.O., Ziff. 12). In Betracht kommen z.B. der Weltmarkt (E v. 21.12.92 – Sextant/BGT-VDO) oder die EG als ganze, einzelne MS (s. z.B. Nestlé/Perrier a.a.O.), aber auch regionale und lokale Märkte (E v. 13.7.92, WuW 93, 349 – Promodes/BRMC).

Die Kommission läßt die Frage nach dem sachlich oder räumlich relevan-   **60** ten Markt aus verfahrensökonomischen Gründen häufig offen, wenn feststeht, daß auch bei Zugrundelegung der engsten möglichen Definition keine Bedenken bestehen.

b) Art. 2 III FKV

Ein Verbot eines Zusammenschlusses nach Art. 2 III FKV setzt die Be-   **61** gründung oder Verstärkung einer **beherrschenden Stellung** auf dem relevanten Markt voraus. Eine beherrschende Stellung liegt vor, wenn sich ein Unternehmen in spürbarem Maße unabhängig von Konkurrenten und Ver-

brauchern verhalten kann (s. 21. WB [1991], 406; vgl. E v. 19.7.91, ABl.
1991 L 290 35, 39 – Tetra Pak/Alfa-Laval). Bei der Prüfung ist von der
Marktstellung der Beteiligten auszugehen, d.h. es sind der Marktanteil und
etwaige Vorteile gegenüber Konkurrenten zu untersuchen. Der **Marktanteil** ist ein wichtiges, aber nicht unbedingt ausschlaggebendes Indiz. Hohe
Marktanteile auf einem ausgereiften Markt sind ein Anzeichen für Marktmacht; ein hoher Anteil auf einem neuen Markt kann hingegen auch einen
nur vorübergehenden Wettbewerbsvorsprung widerspiegeln. Bei einem
Marktanteil von nicht mehr als 25 % dürfte in der Regel keine marktbeherrschende Stellung gegeben sein (s. die 15. Begründungserwägung der
FKV). Auch bei Marktanteilen von 81–83 % wurde Marktbeherrschung jedoch bereits verneint (E v. 12.4.91, ABl. 1991 L 122 48 Rn. 37f. – Alca-
tel/Telettra). Zu den Vorteilen, die die Stellung eines Unternehmens auf
dem Markt stärken und hier zu berücksichtigen sind, zählen u.a. Kostenvorteile (Du Pont/ICI a.a.O.), technologische Ressourcen (E v. 30.4.92,
WuW 92, 1041 – Solvay-Laporte/Interox), Zugang zu staatlich finanzierter
Forschung und Entwicklung (E v. 30.7.97, ABl. 1997 L 336 16 Rn. 83 –
Boeing/McDonnell Douglas), sog. Portfolio-Effekte (vgl. E v. 15.10.97,
ABl. 1998 L 288 24 Rn. 38ff., 94ff. – Guiness/Grand Metropolitan; 27. WB
[1997], Ziff. 176f.) und – nach Ansicht der Kommission – die Finanzstärke
des Unternehmens (Accor/Wagons-Lits a.a.O.). Zu prüfen sind darüber hinaus **Angebots-** und **Nachfragestruktur** (d.h. die Stärke der Konkurrenten
und die Nachfragemacht der Abnehmer) sowie der **potentielle Wettbewerb**
durch andere Anbieter.

62   Zusammenschlüsse tragen zum Strukturwandel bei und sind daher positiv
zu bewerten, da sie den „Erfordernissen eines dynamischen Wettbewerbs"
entsprechen (vgl. die 3. und 4. Begründungserwägung der FKV). Ein Zusammenschluß ist daher gem. **Art. 2 III FKV** nur zu untersagen, wenn der
Wettbewerb durch ihn „**erheblich behindert würde**". Diese Formulierung
zwingt dazu, die absehbare Entwicklung zu berücksichtigen (vgl. EuGH,
C-68/94 und C-30/95, Frankreich/Kommission [„Kali+Salz"], Slg. 1998,
I–1375 Rn. 221). Nach der Entscheidungspraxis der Kommission ist daher
ein Zusammenschluß, der zu einer beherrschenden Stellung führt oder eine
solche verstärkt, gleichwohl mit dem GM vereinbar, wenn es deutliche
Hinweise dafür gibt, daß die beherrschende Stellung nur für eine begrenzte Zeit erhalten bleibt, bevor sie vom potentiellen Wettbewerb ausgehöhlt
wird (Aerospatiale-Alenia/de Havilland a.a.O., Rn. 53; Mannesmann/
Hoesch a.a.O., Rn. 114). Die Prüfung ist daher hier „mehr struktur- und zu-
kunftsorientiert" als im Rahmen von Art. 82 (21. WB [1991], 406). Erforderlich ist weiterhin, daß die Begründung oder Verstärkung einer beherr-

schenden Stellung durch den Zusammenschluß *verursacht* wird (EuGH C-68/94, a.a.O. Rn. 110). An dieser Kausalität fehlt es, „wenn der Erwerber im Fall einer Untersagung des Zusammenschlusses zwangsläufig ebenfalls eine marktbeherrschende Stellung erlangen würde", weil das übernomme-ne Unternehmen andernfalls aus dem Markt ausscheiden würde (*„failing company defence"*). Dies setzt allerdings voraus, daß feststeht, daß die Marktanteile des übernommenen Unternehmens in diesem Fall dem über-nehmenden Unternehmen zugefallen wären und daß es „keine weniger wettbewerbsschädliche Erwerbsalternative" gibt. Die Beweislast für einen fehlenden Kausalzusammenhang trifft dabei die fusionierenden Unterneh-men (E v. 14.12.93, ABl. 1994 L 186 38 Rn. 70–72; insoweit bestätigt durch EuGH C-68/54 a.a.O. Rn. 111ff.).

Wie Art. 82 (ex-Art. 86) (s. Rn. 21) erfaßt auch die FKV – obwohl sich dies   **63** aus dem Wortlaut nicht unmittelbar ergibt – die Begründung oder Verstär-kung einer marktbeherrschenden Stellung durch **mehrere Unternehmen** in einem oligopolistischen Markt (Nestlé/Perrier a.a.O., Rn. 115). Der EuGH hat dies in seinem Urteil im *„Kali+Salz"*-Fall nunmehr bestätigt (EuGH, C-68/94 und C-30/95, Frankreich/Kommission, Slg. 1998, I–1375 Rn. 165ff., insbes. 171 u. 178).

Das unmittelbare Ziel der FKV besteht in der **Aufrechterhaltung und Ent-**   **64** **wicklung wirksamen Wettbewerbs** im GM (Art. 2 I lit. a). Nach Art. 2 I lit. b ist außerdem zu berücksichtigen, ob der Zusammenschluß der „**Ent-** **wicklung des technischen und wirtschaftlichen Fortschritts**" dient. Die 13. Begründungserwägung verweist auch noch auf die grundlegenden Ver-tragsziele einschließlich des wirtschaftlichen und sozialen Zusammenhalts. Darin darf jedoch „kein Einfallstor für industrie-, regional- und sozialpoli-tische Ziele" gesehen werden (so zu Recht *Schröter,* in GTE, Art. 87 Rn. 274). Die Kommission hat sich anderslautenden Forderungen bisher erfol-greich zu erwehren gewußt (s. insb. die E im Fall Aerospatiale-Alenia/de Havilland).

c) Art. 2 IV FKV

Bei der Prüfung von Gemeinschaftsunternehmen, die unter die FKV fallen,   **65** sind nunmehr nach **Art. 2 IV FKV** auch die **Auswirkungen auf das Wett-** **bewerbsverhalten der Muttergesellschaften** zu untersuchen (vgl. hierzu die Ausführungen zu Art. 81 Rn. 69).

4. Verfahren

a) Anmeldung und allgemeine Verfahrensvorschriften

66   Zusammenschlüsse von gemeinschaftsweiter Bedeutung sind gem. Art. 4 I FKV innerhalb **einer Woche** (nach dem Vertragsabschluß, der Veröffentlichung des Kaufangebots oder dem Beteiligungserwerb) unter Benutzung des Formblatts CO bei der Kommission anzumelden (zu den Einzelheiten s. VO [EG] Nr. 447/98 v. 1.3.1998 über die Anmeldungen, die Fristen und die Anhörung nach der FKV, ABl. L 61 1). Die Anmeldung wird im Amtsblatt angezeigt (Art. 4 III). Ein solcher Zusammenschluß darf nach Art. 7 I weder vor der Anmeldung noch so lange vollzogen werden, bis er mit dem GM für vereinbar erklärt worden ist; bestimmte Ausnahmen und Befreiungen von diesem **Vollzugsverbot** sind vorgesehen (Art. 7 III–IV). Art. 11–20 der FKV enthalten allgemeine Verfahrensvorschriften zu Auskunftsverlangen (Art. 11), Nachprüfungen (Art. 12–13), Geldbußen (Art. 14) und Zwangsgeldern (Art. 15), der Nachprüfung von Buß- und Zwangsgeldentscheidungen durch den Gerichtshof (Art. 16), dem Berufsgeheimnis (Art. 17), der Anhörung Beteiligter und Dritter (Art. 18), der Verbindung mit den Behörden der MS (Art. 19) und der Veröffentlichung von Entscheidungen (Art. 20). Diese Vorschriften stimmen weitgehend mit den entsprechenden Bestimmungen der VO Nr. 17 (vgl. zu diesen Rn. 13ff.) überein.

b) Vorabprüfung

67   Im Rahmen der **Vorabprüfung** hat die Kommission nach dem Eingang der **vollständigen** Anmeldung zu entscheiden,
- ob das angemeldete Vorhaben unter die FKV fällt: Ist dies nicht der Fall, stellt sie dies durch Entscheidung fest (Art. 6 I lit. a);
- ob ein unter die FKV fallender Zusammenschluß zu ernsthaften Bedenken hinsichtlich seiner Vereinbarkeit mit dem GM Anlaß gibt: Ist dies nicht der Fall (wobei die Parteien die Möglichkeit haben, etwaige Bedenken der Kommission durch Änderungen oder Verpflichtungserklärungen auszuräumen, vgl. Art. 6 II), erklärt sie den Zusammenschluß für vereinbar mit dem GM (Art. 6 I lit. b), wobei sie durch Bedingungen und Auflagen sicherstellen kann, daß die Unternehmen den Verpflichtungen nachkommen, die sie gegenüber der Kommission eingegangen sind (Art. 6 II); andernfalls beschließt sie die Eröffnung des Hauptverfahrens (Art. 6 I lit. c).

Die Kommission hat für den Erlaß dieser Entscheidungen eine Frist von **einem Monat**, die sich im Falle der Stellung eines Verweisungsantrags durch einen MS auf sechs Wochen verlängert (s. Art. 10 I). Gleiches gilt nunmehr, wenn die Parteien nach Art. 6 II Verpflichtungen anbieten, um bestehende Bedenken der Kommission auszuräumen und eine Entscheidung nach Art. 6 I lit. b zu erlangen. Hat die Kommission innerhalb dieses Zeitraums keine Entscheidung erlassen, **gilt** der Zusammenschluß – vorausgesetzt, er fällt unter die FKV und die Kommission hat ihn nicht an die Behörden eines MS verwiesen (s. Rn. 74) – als mit dem GM vereinbar (Art. 10 VI).

c) Hauptverfahren

Eröffnet die Kommission das Hauptverfahren, hat sie **vier Monate** (ge-   **68**
rechnet vom Zeitpunkt der Verfahrenseröffnung nach Art. 6 I lit. c an) Zeit, um das Vorhaben auf seine Vereinbarkeit mit dem GM hin zu überprüfen (Art. 10 III). Das Verfahren wird durch eine Entscheidung abgeschlossen, in der die Kommission den Zusammenschluß für mit dem GM vereinbar erklärt (Art. 8 II) oder seine Unvereinbarkeit mit dem GM feststellt (Art. 8 III). Ergeht innerhalb der vorgesehenen Frist keine Entscheidung und wird der Fall auch nicht an die nationalen Behörden verwiesen, **gilt** der Zusammenschluß als mit dem GM vereinbar (Art. 10 VI). Die Kommission hat bislang erst in relativ wenigen (aber wichtigen) Fällen einem Zusammenschluß die Genehmigung versagt (s. E v. 2.10.91, ABl. 1991 L 334, 42 Rn. 13 – Aerospatiale-Alenia/de Havilland und aus neuerer Zeit E v. 27.5.98 – Bertelsmann/Kirch/Première).

Eine positive Entscheidung kann mit Bedingungen oder Auflagen verbun-   **69**
den werden (Art. 6 II, 2. Unterabs. und Art. 8 II, 2. Unterabs.). Die Genehmigung erstreckt sich auch auf Nebenabreden, die mit dem Zusammenschluß unmittelbar verbunden und für ihn notwendig sind (Art. 6 I, letzter Unterabs. und Art. 8 II, 2. Unterabs.; vgl. die **Bekanntmachung über Nebenabreden**, ABl. 1990 C 203 5 und Art. 81 Rn. 75).

Die auf der Grundlage der FKV erlassenen Entscheidungen der Kommissi-   **70**
on sind für alle Betroffenen verbindlich; auch die Behörden und Gerichte der MS haben sie zu beachten. Die Klageberechtigung (Art. 230, ex-Art. 173) und die Zuständigkeit (EuGeI/EuGH) richten sich nach den allgemeinen Grundsätzen (s. Rn. 47; vgl. EuGeI, T-83/92, Zunis, Slg. 1993, II–1169). Klageberechtigt sind daher auch Dritte, die sich aktiv am Verfahren beteiligt haben (so auch *Sedemund/Montag*, in Dauses, H.I. Rn. 329). Im Jahre 1995 entschied das EuGeI, daß die in Art. 18 IV genannten Vertreter der Arbeitnehmer (hier der Betriebsrat) in dem betroffenen Fall nicht klageberechtigt waren, da sie zwar individuell, nicht aber unmittelbar betroffen waren (vgl. EuGeI, T-96/92, CCC de la Société Générale des Gran-

des Sources, Slg. 1995, II–1213 Rn. 25ff.). Die Zulässigkeit der Klage setzt nicht voraus, daß der Kläger sich am Verwaltungsverfahren vor der Kommission beteiligt hat (EuGeI, T-12/93, Comité central d'entreprise Vittel, Slg. 1995, II–1247 Rn. 46).Angefochten werden können nicht nur formelle Entscheidungen, sondern auch die gem. Art. 10 VI fingierten Entscheidungen. Die Entscheidung zur Einleitung des Hauptverfahrens (Art. 6 I lit. c) dürfte als Zwischenmaßnahme jedoch unanfechtbar sein (vgl. Rn. 30).

5. Verhältnis zu Art. 81/82 (ex-Art. 85/86) und zum Recht der MS

71   Für **Zusammenschlüsse i.S.d. Art. 3** (also auch solche, die die Schwellenwerte des Art. 1 nicht erreichen) gilt allein die FKV (Art. 22 I). Da die FKV den EGV als höherrangige Rechtsnorm nicht ändern kann, bleibt eine Anwendung der Art. 81 und 82 (ex-Art. 85 und 86) zwar theoretisch möglich. Die Kommission hat jedoch erklärt, daß sie von dieser Möglichkeit „normalerweise" keinen Gebrauch zu machen beabsichtigt, soweit Zusammenschlüsse mit gemeinschaftsweiter Bedeutung betroffen sind (s. Protokollerklärung zu Art. 22, abgedruckt im 19. WB [1989], 278). Bei sonstigen Zusammenschlüssen wolle sie keinesfalls tätig werden, wenn der weltweite Gesamtumsatz weniger als ECU (Euro) 2 Mrd. oder der gemeinschaftsweite Gesamtumsatz weniger als ECU (Euro) 100 Mio. betrage (a.a.O.).

72   Dabei ist in jedem Fall zu beachten, daß Art. 22 II die VO Nr. 17 und die übrigen Durchführungsvorschriften für auf **Zusammenschlüsse i.S.d. Art. 3** unanwendbar erklärt hat. Der Kommission verbleiben damit nur noch die begrenzten Mittel des Art. 85 (ex-Art. 89). Hinsichtlich der Anwendbarkeit der Art. 81 und 82 (ex-Art. 85 und 86) durch die Gerichte der MS ist in diesem Zusammenhang auf Art. 84 (Rn. 1) zu verweisen.

73   Nach **Art. 21 II** wenden die MS ihre innerstaatlichen Wettbewerbsvorschriften nicht auf Zusammenschlüsse von gemeinschaftsweiter Bedeutung an. Zuständig ist daher insoweit **allein** die Kommission (sog. Prinzip des **„one stop shopping"**). Zusammenschlüsse, die unter die FKV fallen, müssen daher weder beim BKartA noch bei den Behörden sonstiger MS angemeldet oder angezeigt werden. Die MS behalten allerdings die Möglichkeit, unter der Kontrolle der Kommission Maßnahmen zum Schutze von Interessen (z.B. der Erhaltung der Medienvielfalt) zu treffen, die in der FKV nicht berücksichtigt werden (**Art. 21 III**). Der im Jahre 1996 bei der Kommission angemeldete Fall „*P&O Stena Line*" zeigt die Schwierigkeiten auf, die sich in diesem Zusammenhang ergeben können. Da es sich nicht um einen Zusammenschluß i.S.d. FKV handelte, war Art. 81 (ex-Art. 85) anwendbar. Dieselbe Transaktion wurde jedoch von den Wettbewerbsbehörden Frankreichs und Großbritanniens nach nationalem Recht als Zusammenschluß betrachtet (WB [1997], Ziff. 85; vgl. auch die Veröffentlichung im ABl. 1998 C 39 21).

Schließlich ermöglicht es Art. 9 der Kommission, ein Verfahren an die **74** Behörden eines MS zu verweisen, wenn der Zusammenschluß eine beherrschende Stellung zu begründen oder zu verstärken droht, durch die wirksamer Wettbewerb auf „einem Markt in diesem MS, der alle Merkmale eines gesonderten Markts aufweist", erheblich behindert würde oder wenn der Wettbewerb auf einem Markt in einem MS beeinträchtigt würde, „der alle Merkmale eines gesonderten Marktes aufweist und keinen wesentlichen Teil des Gemeinsamen Marktes darstellt" (Art. 9 II) und der MS der Kommission eine entsprechende Mitteilung macht. Die Kommission hat von dieser sog. „**deutschen**" Klausel bereits mehrfach Gebrauch gemacht (s. aus neuerer Zeit z.B. E v. 23.7.98 – Alliance Unichem/Unifarma).

Art. 84 (ex-Art. 88) (Entscheidung über wettbewerbsrechtliche Vereinbarungen)

Bis zum Inkrafttreten der gemäß Artikel 83 erlassenen Vorschriften entscheiden die Behörden der Mitgliedstaaten im Einklang mit ihren eigenen Rechtsvorschriften und den Bestimmungen der Artikel 81, insbesondere Absatz 3, und 82 über die Zulässigkeit von Vereinbarungen, Beschlüssen und aufeinander abgestimmten Verhaltensweisen sowie über die mißbräuchliche Ausnutzung einer beherrschenden Stellung auf dem Gemeinsamen Markt.

Art. 84 stellt eine **Übergangsregelung** dar, die die Anwendung der Art. 81 **1** und 82 (ex-Art. 85 und 86) bereits vom Inkrafttreten des EGV an gewährleisten sollte. Zu diesem Zweck weist er den Behörden der MS die Aufgabe zu, bis zum Inkrafttreten der in Art. 83 (ex-Art. 87) vorgesehenen Durchführungsvorschriften für die Anwendung der Art. 81 und 82 (ex-Art. 85 und 86) zu sorgen. Die Behörden der MS dürften hierzu nicht nur berechtigt, sondern auch verpflichtet sein (vgl. EuGH, Rs. 209- 213/84, Asjes, Slg. 1986, 1425 Rn. 54). Die Vorschrift hat heute unmittelbar nur noch Bedeutung für diejenigen Teilbereiche, für die es noch an Durchführungsvorschriften fehlt, d.h. für die **Trampdienste im Seeverkehr** und den Seeverkehr innerhalb eines MS (Art. 1 II VO [EWG] Nr. 4056/86, ABl. 1986 L 378 4) sowie den **Luftverkehr** zwischen der EG und dritten Staaten (Art. 1 II VO [EWG] Nr. 3975/87, ABl. 1987 L 374 1 in seiner durch die VO [EWG] Nr. 2410/92, ABl. 1992 L 240, 18 geänderten Fassung). Die Kommission hat im Jahre 1997 einen Entwurf für eine VO des Rates vorgelegt, durch die der Anwendungsbereich der VO Nr. 3975/87 auch auf den Luftverkehr mit Drittstaaten ausgedehnt werden würde (ABl. 1997 C 165 13; vgl. auch den darauf abgestimmten Entwurf einer VO des Rates, durch welche die Kommission zum Erlaß einer GVO ermächtigt werden würde, ABl. 1997 C 165 14). Dieser Entwurf ist vom Rat noch nicht verabschiedet worden. Art. 84 hat außerdem Bedeutung für Zusammenschlüsse i.S.v. Art. 3 der VO (EWG) Nr. 4064/89 (ABl. 1990 L 257 14), die keine gemeinschaftsweite Bedeutung i.S.v. Art. 1 dieser VO haben, da nach Art. 22 II der VO die auf der Grundlage von Art. 83 (ex-Art. 87) erlassenen Durchführungsvorschriften auf solche Zusammenschlüsse keine Anwendung finden.

2   Darüber hinaus bleibt Art. 84 im Geltungsbereich der Durchführungsvorschriften teilweise anwendbar. Solange die Kommission nicht förmlich ein Verfahren eingeleitet hat, das auf den Erlaß einer materiellrechtlichen Einzelfallentscheidung zielt, bleiben die Behörden der MS zuständig, die Art. 81 I (ex-Art. 85 I) und 82 (ex-Art. 86) (bzw. die entsprechenden Bestimmungen der Durchführungsvorschriften) nach Art. 84 anzuwenden (Art. 9 III VO Nr. 17, ABl. 1962, 204; Art. 15 VO [EWG] Nr. 1017/68, ABl. 1968 L 175 1; Art. 14 VO 4056/86; Art. 7 VO 3975/87). Diese Zuständigkeit der Behörden der MS umfaßt allerdings – anders als die Zuständigkeit nach Art. 84 – nicht die Befugnis zur Erteilung von Freistellungserklärungen.

3   Der Begriff der „**Behörden der MS**" erfaßt sowohl die Verwaltungsbehörden, denen die Anwendung und Durchsetzung des nationalen Wettbewerbsrechts obliegt (in Deutschland also das Bundeskartellamt), als auch die Gerichte, die in manchen Mitgliedstaaten „besonders mit dieser Aufgabe betraut sind" (EuGH, Rs. 209–213/84, Asjes a.a.O., Rn. 55). Art. 84 gilt dagegen **nicht** für die sonstigen Gerichte. Die Zuständigkeit dieser Gerichte zur Anwendung der Art. 81 I (ex-Art. 85 I) und 82 (ex-Art. 86) ergibt sich bereits aus der unmittelbaren Geltung dieser Vorschriften (EuGH, Rs. 127/73, BRT/SABAM, Slg. 1974, 51 Rn. 15/17). Die Befugnisse dieser Gerichte sind allerdings nach der Rechtsprechung des EuGH in den Bereichen, in denen es keine Durchführungsvorschriften gibt, beschränkt. Die nationalen Gerichte können – und müssen (EuGH, Rs. 209–213/84, Asjes a.a.O., Rn. 69) – danach Vereinbarungen oder Beschlüsse **erst dann** als nichtig i.S.v. Art. 81 II (ex-Art. 85 II) betrachten, wenn die Behörden der MS aufgrund von Art. 84 entschieden haben, daß sie unter Art. 81 I (ex-Art. 85 I) fallen und nicht nach Art. 81 III (ex-Art. 85 III) freigestellt werden können oder die Kommission gemäß Art. 85 II (ex-Art. 89 II) einen Verstoß gegen

Art. 81 (ex-Art. 85) festgestellt hat (EuGH, 13/61, Bosch, Slg. 1962, 97, 113; EuGH, Rs. 209–213/84, Asjes a.a.O., Rn. 65). Der EuGH hat dies damit begründet, daß andernfalls Vereinbarungen und Beschlüsse als nichtig behandelt würden, ohne daß vorher geprüft werden könnte, ob sie nach Art. 81 III (ex-Art. 85 III) freigestellt werden könnten. An einer solchen Freistellungsmöglichkeit fehlt es hingegen im Bereich des **Art. 82** (ex-Art. 86). Die nationalen Gerichte können daher Art. 82 (ex-Art. 86) anwenden, ohne daß es einer vorherigen Entscheidung der Behörden der MS nach Art. 84 oder der Kommission nach Art. 85 II (ex-Art. 89 II) bedürfte (EuGH, Rs. 66/86, Ahmed Saeed Flugreisen, Slg. 1989, 803 Rn. 30–33). Art. 84 steht der Anwendung der nationalen Wettbewerbsvorschriften neben den Art. 81 und 82 (ex-Art. 85 und 86) nicht entgegen. Im Falle eines Konfliktes geht das Gemeinschaftsrecht vor (EuGH, Rs. 14/68, Walt Wilhelm, Slg. 1969, 1).   **4**

Art. 85 (ex-Art. 89) (Zuwiderhandlungen)

(1) Unbeschadet des Artikels 84 achtet die Kommission auf die Verwirklichung der in den Artikeln 81 und 82 niedergelegten Grundsätze. Sie untersucht auf Antrag eines Mitgliedstaates oder von Amts wegen in Verbindung mit den zuständigen Behörden der Mitgliedstaaten, die ihr Amtshilfe zu leisten haben, die Fälle, in denen Zuwiderhandlungen gegen diese Grundsätze vermutet werden. Stellt sie eine Zuwiderhandlung fest, so schlägt sie geeignete Mittel vor, um diese abzustellen.

(2) Wird die Zuwiderhandlung nicht abgestellt, so trifft die Kommission in einer mit Gründen versehenen Entscheidung die Feststellung, daß eine derartige Zuwiderhandlung vorliegt. Sie kann die Entscheidung veröffentlichen und die Mitgliedstaaten ermächtigen, die erforderlichen Abhilfemaßnahmen zu treffen, deren Bedingungen und Einzelheiten sie festlegt.

Art. 85 stellt wie Art. 84 (ex-Art. 88) eine **Übergangsvorschrift** dar und ist daher heute nur noch in den Teilbereichen bedeutsam, für die es an Durchführungsvorschriften i.S.v. Art. 83 (ex-Art. 87) fehlt (s. Art. 84 Rn. 1). Er läßt die Zuständigkeit der Behörden der MS nach Art. 84 (ex-Art. 88) unberührt. Dieses Nebeneinander der Kompetenzen macht eine enge Zusammenarbeit zwischen der Kommission und den Behörden der MS sowie gegenseitige Rücksichtnahme erforderlich. Art. 85 gibt der Kommission nicht die Befugnis, Freistellungserklärungen nach Art. 81 III (ex-Art. 85 III) zu erteilen (EuGH, Rs. 13/61, Bosch, Slg. 1962, 97, 112). Die Kommission   **1** wird sich daher sinnvollerweise auf die Verfolgung von Absprachen konzentrieren, die offensichtlich nicht für eine Freistellung in Frage kommen.

2   Die Kommission wird auf Antrag eines MS oder von Amts wegen tätig. Privatpersonen haben dagegen keinen Anspruch darauf, daß die Kommission auf ihre Beschwerde hin ein Verfahren nach Art. 85 einleitet (EuGH, Rs. 246/81, Lord Bethell, Slg. 1982, 2277 Rn. 16; zur teilweise abweichenden Rechtslage im Bereich der Durchführungsvorschriften vgl. Art. 83 Rn. 8f.).

3   Art. 85 I 2 ermächtigt die Kommission, Fälle zu untersuchen, in denen Zuwiderhandlungen gegen die in den Art. 81 und 82 (ex-Art. 85 und 86) niedergelegten Grundsätze vermutet werden. Die Untersuchung erfolgt in Verbindung mit den zuständigen Behörden der MS. Einer vorherigen Zustimmung der betroffenen MS bedarf es nach dem Wortlaut des Art. 85 I 2 allerdings nicht. Die Kommission entscheidet, ob und wie eine Untersuchung durchgeführt wird. Sie verfügt jedoch im Rahmen des Art. 85 nicht über Zwangsmittel und ist insoweit auf die Amtshilfe der Behörden der MS angewiesen. Ergibt die Untersuchung, daß eine Zuwiderhandlung vorliegt, schlägt die Kommission zunächst geeignete Mittel vor, um diese abzustellen. Diese Empfehlungen (s. Art. 249 V [ex-Art. 189 V]) können nicht nur an die MS, sondern auch unmittelbar an die betroffenen Unternehmen gerichtet werden (**str.**). Wird die Zuwiderhandlung nicht abgestellt, so erläßt die Kommission eine Entscheidung, in der sie das Vorliegen der Zuwiderhandlung mit verbindlicher Wirkung (s. Art. 84 Rn. 3) feststellt. Die Kommission kann diese Entscheidung veröffentlichen und die MS erforderlichenfalls zu Abhilfemaßnahmen ermächtigen.

4   Die der Kommission in Art. 85 eingeräumten Befugnisse haben insb. im Bereich des Luftverkehrs eine nicht zu unterschätzende Rolle gespielt (vgl. etwa das im 17. WB [1987], Ziff. 46, geschilderte Verfahren) und tun dies auch heute noch. Dies gilt insb. für die Allianzen, die mehrere Luftlinien in neuerer Zeit eingegangen sind (vgl. die Mitteilungen der Kommission in ABl. 1997 C 117 8 – KLM/Northwest Airlines, in ABl. 1998 C 239 5 – Lufthansa/SAS/United Airlines und in ABl. 1998 C 239 10 – British Airways/American Airlines). Im Jahre 1996 eröffnete die Kommission in insgesamt 6 Fällen Verfahren nach Art. 85; in zwei dieser Fälle eröffneten MS parallele Verfahren nach Art. 84 (ex-Art. 88) (s. den 27. WB [1997], Ziff. 90).

Art. 86 (ex-Art. 90) (Öffentliche und Monopolunternehmen)

(1) Die Mitgliedstaaten werden in bezug auf öffentliche Unternehmen und auf Unternehmen, denen sie besondere oder ausschließliche Rechte gewähren, keine diesem Vertrag und insbesondere dessen Artikeln 12 und 81 bis 89 widersprechende Maßnahmen treffen oder beibehalten.

(2) Für Unternehmen, die mit Dienstleistungen von allgemeinem wirtschaftlichem Interesse betraut sind oder den Charakter eines Finanzmonopols haben, gelten die Vorschriften dieses Vertrages, insbesondere die Wettbewerbsregeln, soweit die Anwendung dieser Vorschriften nicht die Erfüllung der ihnen übertragenen besonderen Aufgabe rechtlich oder tatsächlich verhindert. Die Entwicklung des Handelsverkehrs darf nicht in einem Ausmaß beeinträchtigt werden, das dem Interesse der Gemeinschaft zuwiderläuft.

(3) Die Kommission achtet auf die Anwendung dieses Artikels und richtet erforderlichenfalls geeignete Richtlinien oder Entscheidungen an die Mitgliedstaaten.

Überblick

Literatur: *Benesch*, Die Kompetenzen der EG-Kommission aus Art. 90 Abs. 3 EWG-V, Diss. Münster, 1993; *Burchard*, Die Kompetenzen der EG-Kommission nach Art. 90 III EWGV, EWiR 91, 339; *Ehlermann*, Telekommunikation und Europäisches Wettbewerbsrecht, EuR 93, 134; *Ehricke*, Der Art. 90 EWGV – eine Neubetrachtung, EWiR 93, 211; *Fesenmair*, Öffentliche Dienstleistungsmonopole im europäischen Recht, 1996; *Grabitz*, Dienstleistungsmonopole im Binnenmarkt, EWS 90, 4; *Haar*, Marktöffnung in der Telekommunikation, 1995; *Hailbronner*, Öffentliche Unternehmen im Binnenmarkt – Dienstleistungsmonopole und Gemeinschaftsrecht, NJW 91, 593; *Heinemann*, Grenzen staatlicher Monopole im EG-Vertrag, 1996; *Mestmäcker*, Staat und Unternehmen im europäischen Gemeinschaftsrecht. Zur Bedeutung von Art. 90 EWG-Vertrag, RabelsZ 88, 526; *ders.*, Gemeinschaftsrechtliche Schranken für die Begründung und Ausübung besonderer oder ausschließlicher Rechte nach Art. 90 Abs. 1 EWG-Vertrag, FS Deringer 1993, 79; *Müller*, Dienstleistungsmonopole im System des EWGV, Diss. Bayreuth, 1988; *Schulte-Braucks*, Die Liberalisierung des Fernmeldemarktes: Ein Vorbild für den Markt der Postdienste?, EWS 90, 11; *Wilmowsky*, Mit besonderen Aufgaben betraute Unternehmen unter dem EWG-Vertrag, ZHR 91, 545.

I. Einleitung

1   Art. 86 befaßt sich mit der Frage, wie öffentliche Unternehmen und Unternehmen, denen die MS besondere Rechte oder Aufgaben zugewiesen haben, zu behandeln sind. Angesichts der unterschiedlichen Traditionen und Interessen der MS in diesem Bereich ist es nicht verwunderlich, daß die Vorschrift **„Kompromißcharakter"** (*Ipsen*, NJW 64, 2337) aufweist. Wie heikel diese Materie in politischer Hinsicht ist, verdeutlicht u.a. der Umstand, daß die Kommission erst Anfang der achtziger Jahre ernsthaft damit begonnen hat, von den ihr in Art. 86 III eingeräumten Befugnissen Gebrauch zu machen.

2   Artikel 86 geht von dem Grundsatz aus, daß die Wettbewerbsregeln des EGV sowohl auf private wie auch auf öffentliche Unternehmen angewandt werden können. Art. 86 II bestätigt dieses heute selbstverständliche Prinzip für die dort genannten Unternehmen; von ihm kann nur abgewichen werden, wenn die Voraussetzungen der in Art. 86 II eng umschriebenen Ausnahme erfüllt sind. Nach der ständigen Rechtsprechung des EuGH (s. Vorbem. zu Art. 81–86 Rn. 38) dürfen die Mitgliedstaaten aufgrund der Art. 81 (ex-Art. 85) und 82 (ex-Art. 86) i.V.m. Art. 10 (ex-Art. 5) keine Maßnahmen treffen oder beibehalten, die „die praktische Wirksamkeit der für die Unternehmen geltenden Wettbewerbsregeln aufheben könnten" (EuGH, C-332/89, Marchandise, Slg. 1991, I–1027 Rn. 22). Die den MS in Art. 86 I hinsichtlich der dort genannten Unternehmen auferlegte Pflicht, keine dem EGV widersprechenden Maßnahmen zu treffen oder beizubehalten, stellt insoweit eine **lex specialis zu Art. 10** (ex-Art. 5) dar (vgl. EuGH, C-41/90, Höfner und Elser, Slg. 1991, I–1979 Rn. 26). Die

sich aus Art. 86 I ergebenden Pflichten zum Schutz des Wettbewerbs dürften dabei über das Maß, das ihnen Art. 10 (ex-Art. 5) i.V.m. Art. 81 und 82 (ex-Art. 85 und 86) hinsichtlich der sonstigen Unternehmen abverlangt, hinausgehen (vgl. unten Rn. 12ff.; in diesem Sinne auch GA *Tesauro*, C-2/91, Meng, und C-245/91, Ohra, Slg. 1993, I–5773 Ziff. 26). Der EuGH hat betont, daß Art. 86 zusammen mit anderen Bestimmungen des EGV das Ziel verfolgt, daß auf den jeweiligen Märkten „ein wirksamer, unverfälschter Wettbewerb hergestellt wird" (EuGH, Rs. 85/76, Hoffmann-La Roche, Slg. 1976, 461 Rn. 132). Diese besondere Bedeutung der Wettbewerbsvorschriften im Rahmen des Art. 86 I mag auch erklären, warum diese Vorschrift in Abschnitt 1 („Vorschriften für Unternehmen") des Kapitels „Wettbewerbsregeln" steht, obwohl sie sich an die MS richtet und diesen ganz allgemein Maßnahmen verbietet, die dem Vertrag widersprechen.

Eng damit verbunden ist der weitere Zweck des Art. 86 I, eine **mittelbare** **3** Verletzung des EGV durch die MS zu verhindern (*Pernice* in Grabitz/Hilf, Art. 90 Rn. 6). Die MS sollen sich nicht durch die Zwischenschaltung von Unternehmen, zu denen sie in besonderen Beziehungen stehen, den Verpflichtungen entziehen können, die sich für sie aus dem Vertrag ergeben. Der Grund für die Aufnahme des Artikels 86 ist gerade in dem Einfluß zu sehen, den die MS auf das Verhalten der dort genannten Unternehmen ausüben können (EuGH, Rs. 188–190/80, Frankreich, Italien und Vereinigtes Königreich/Kommission [„*Transparenzrichtlinie*"], Slg. 1982, 2545 Rn. 26). Art. 86 „unterstreicht, daß für diese Unternehmen vorbehaltlich der in Absatz 2 getroffenen näheren Bestimmungen sämtliche Vorschriften des Vertrages gelten; er verpflichtet die Mitgliedstaaten zur Einhaltung dieser Vorschriften in ihren Beziehungen zu diesen Unternehmen, und überträgt der Kommission insoweit eine Überwachungsaufgabe, die erforderlichenfalls durch den Erlaß von Richtlinien und Entscheidungen an die Mitgliedstaaten erfüllt werden kann" (EuGH ebd., Rn. 12). Der EuGH scheint demnach davon auszugehen, daß alle in Art. 86 erwähnten Unternehmen (und nicht nur die in Art. 86 II genannten) unmittelbar den Bestimmungen des EGV unterliegen. Angesichts der unmittelbaren Anwendbarkeit des Art. 86 I (s. Rn. 20) kommt dieser Frage keine besondere Bedeutung zu.

II. Art. 86 I

1. Öffentliche Unternehmen

Nach der Rechtsprechung des EuGH umfaßt der Begriff des **Unterneh-** **4** **mens** „jede eine wirtschaftliche Tätigkeit ausübende Einheit, unabhängig von ihrer Rechtsform und der Art ihrer Finanzierung" (EuGH, C-41/90,

Höfner und Elser, Slg. 1991, I–1979 Rn. 21; vgl. Vorbem. zu Art. 81–86 Rn. 32). Wird ein MS selbst unmittelbar wirtschaftlich tätig, so können die Art. 81–82 (ex-Art. 85–90) ohne weiteres angewandt werden; eines Rückgriffs auf Art. 86 I bedarf es in solchen Fällen nicht (s. aber unten Rn. 5). Mitgliedstaaten und sonstige öffentlich-rechtlichen Körperschaften und Einrichtungen sind jedoch nicht als Unternehmen zu betrachten, soweit sie hoheitlich oder ausschließlich zu sozialen Zwecken tätig werden (vgl. EuGH, Rs. 94/74, IGAV/ENCC, Slg. 1975, 699 Rn. 33/35; C-159–160/91, Poucet, Slg. 1993, I–637 Rn. 18; vgl. Vorbem. zu Art. 81–86 Rn. 34).

5   Der EGV definiert nicht, was unter einem „**öffentlichen**" Unternehmen zu verstehen ist. Nach Art. 2 der sog. Transparenzrichtlinie (s.u. Rn. 33) ist ein öffentliches Unternehmen i.S. der RL „jedes Unternehmen, auf das die öffentliche Hand aufgrund Eigentums, finanzieller Beteiligung, Satzung oder sonstiger Bestimmungen, die die Tätigkeit des Unternehmens regeln, unmittelbar oder mittelbar einen **beherrschenden Einfluß** ausüben kann." Nach Art. 2 II wird ein solcher Einfluß vermutet, wenn die öffentliche Hand unmittelbar oder mittelbar die Mehrheit des Kapitals besitzt, über die Mehrheit der Stimmrechte verfügt oder mehr als die Hälfte der Mitglieder des Verwaltungs-, Leitungs- oder Aufsichtsorgans des betreffenden Unternehmens bestellen kann. Der EuGH hat die Rechtmäßigkeit dieser Vorschrift bestätigt, zugleich jedoch betont, daß es sich dabei um eine Begriffsbestimmung für die Zwecke der RL und nicht um eine allgemein für Art. 86 geltende Definition handle (EuGH, Rs. 188–190/80, Frankreich, Italien und Vereinigtes Königreich/Kommission [„*Transparenzrichtlinie*"], Slg. 1982, 2545 Rn. 24). Ein öffentliches Unternehmen i.S. dieser RL liegt auch dann vor, wenn das Unternehmen keine eigene, von der des Staates getrennte Rechtspersönlichkeit besitzt, sondern in die staatliche Verwaltung eingegliedert ist (EuGH, Rs. 118/85, Kommission/Italien, Slg. 1987, 2599 Rn. 8–15; bestätigt durch EuGH, C-69/91, Decoster, Slg. 1993, I–5335 Rn. 15 und C-92/91, Taillandier, Slg. 1993, I–5383 Rn. 14). Diese Rechtsprechung läßt die Möglichkeit offen, daß der Begriff des öffentlichen Unternehmens in anderen als den von der Transparenzrichtlinie erfaßten Bereichen enger – oder weiter – definiert werden könnte. Wesentliche Unterschiede dürften sich dabei jedoch nicht ergeben. Ausschlaggebend ist daher, ob ein MS in der Lage ist, einen beherrschenden Einfluß auf das betroffene Unternehmen auszuüben. Im Hinblick auf den Zweck der Vorschrift dürfte ein öffentliches Unternehmen auch dann vorliegen, wenn mehrere Träger öffentlicher Verwaltung zusammen einen entsprechenden Einfluß auf ein Unternehmen ausüben (ähnlich *Pernice*, in Grabitz/Hilf, Art. 90 Rn. 21). Die Möglichkeit der Einflußnahme genügt.

2. Unternehmen mit besonderen oder ausschließlichen Rechten

Der EGV geht in Art. 86 I von der Existenz von – privaten oder öffentlichen **6**
– Unternehmen aus, die besondere oder ausschließliche Rechte innehaben
(vgl. auch Art. 295, ex-Art. 222). Dies bedeutet jedoch nicht, daß alle besonderen oder ausschließlichen Rechte notwendigerweise mit dem EGV
vereinbar sind. Dies „hängt vielmehr von den einzelnen Vorschriften ab, auf
die Art. 86 I verweist" (EuGH, C-202/88, Frankreich/Kommission, Slg.
1991, I–1223 Rn. 22; C-353/89, Kommission/Niederlande, Slg. 1991,
I–4069 Rn. 34). Insbesondere die weitgehende Auslegung der Vorschriften
über den freien Dienstleistungsverkehr und den Wettbewerb durch den
EuGH schränkt die Befugnisse der MS, einem Unternehmen ausschließliche Rechte zu verleihen und damit den Bereich dieses Monopols dem Wettbewerb zu entziehen, merklich ein. So sind z.B. nach der ständigen Rechtsprechung des EuGH Beschränkungen der Dienstleistungsfreiheit nach
Art. 49 (ex-Art. 59) verboten, wenn sie nicht durch zwingende Gründe des
Allgemeininteresses gerechtfertigt sind oder die Anwendung der entsprechenden Bestimmungen nicht erforderlich ist, weil bereits die Vorschriften
des Staates, aus dem der Leistungserbringer stammt, eine ausreichende
Kontrolle gewährleisten. Ein MS darf daher einem Unternehmen das Recht
zur ausschließlichen Erbringung einer Dienstleistung nur dann gewähren,
wenn diese Bedingungen erfüllt sind (EuGH, C-353/89, Kommission/Nie-
derlande a.a.O., Rn. 35; vgl. bereits EuGH, Rs. 155/73, Sacchi, Slg. 1974,
409 Rn. 14, wonach die MS aus Gründen, die „im öffentlichen Interesse liegen", einem oder mehreren Unternehmen das ausschließliche Recht zur
Verbreitung von Fernsehsendungen verleihen können; zu den Wettbewerbsvorschriften s.u. Rn. 12ff.).

Aus dem Zweck der Regelung ergibt sich, daß es sich bei diesen Unterneh- **7**
men – wie bei den öffentlichen Unternehmen – um Unternehmen handeln
muß, auf deren Tätigkeit die MS einen besonderen Einfluß ausüben können
(vgl. EuGH, 188–190/80, [Transparenzrichtlinie] a.a.O., Slg. 1982, 2545
Rn. 12 und EuGH, C-202/88, Frankreich/Kommission, Slg. 1991, 1223 Rn.
24).

Die Fälle, in denen MS einem Unternehmen **ausschließliche Rechte** i.S.v. **8**
Art 86 I gewähren (etwa im Bereich der Post) dürften sich unschwer feststellen lassen. Die Anerkennung gewerblicher Schutzrechte gehört allerdings nicht hierher. Ein Patent z.B. gewährt dem Berechtigten zwar ein ausschließliches Recht. Es fehlt jedoch an der erforderlichen besonderen Beziehung zwischen MS und Unternehmen. Soweit es um staatliche Handelsmonopole geht, ist **Art. 31** heranzuziehen.

9   Noch weitgehend ungeklärt ist hingegen, was unter der Gewährung „**be-sonderer**" **Rechte** zu verstehen ist. Sicherlich nicht erfaßt sind die sog. unechten Konzessionen, auf deren Erteilung bei Erfüllung der gesetzlich festgelegten Bedingungen ein Anspruch besteht (z.B. Gewerbekonzession). Der EuGH hat es als fraglich bezeichnet, ob eine gesetzliche Regelung, die einer „unbestimmten Anzahl von Unternehmen" eine Befugnis einräumt, als Verleihung von besonderen oder gar ausschließlichen Rechten aufgefaßt werden kann (EuGH, Rs. 13/77, INNO/ATAB, Slg. 1977, 2115 Rn. 40/42). Sowohl die RL Nr. 88/301/EWG, als auch die RL Nr. 90/388/EWG über den Wettbewerb auf dem Markt für Telekommunikations-Endgeräte bzw. für Telekommunikationsdienste (s.u. Rn. 34) verpflichteten die MS zur Aufhebung der besonderen Rechte, die sie in diesen Bereichen gewährten. Der EuGH hat die RL insoweit aufgehoben, als sie weder eine Definition des Begriffs der besonderen Rechte enthielten noch erläuterten, aus welchem Grunde deren Bestehen gegen den Vertrag verstoße (EuGH, C-202/88, Frankreich/Kommission, Slg. 1991, I–1223 Rn. 45; C-271, 281 und 289/90, Spanien u.a./Kommission, Slg. 1992, I–5833 Rn. 29–31). Eine Definition „besonderer Rechte" im Bereich der Telekommunikation findet sich in dem durch die RL 94/46 geänderten Art. 1 der RL 90/388 (s. Rn. 34).

3. Pflichten der MS

a) Begriff der Maßnahmen

10   Die MS dürfen in bezug auf öffentliche Unternehmen und Unternehmen, denen sie besondere oder ausschließliche Rechte gewähren, keine Maßnahmen treffen oder beibehalten, die dem EGV widersprechen. Der Begriff der MS umfaßt auch alle sonstigen Träger öffentlicher Gewalt wie z.B. Länder und Gemeinden (EuGH, Rs. 30/87, Bodson, Slg. 1988, 2479 Rn. 33). Der Begriff der „**Maßnahmen**" ist weit auszulegen. Es spielt daher keine Rolle, ob die Einflußnahme auf das Verhalten der betroffenen Unternehmen in privatrechtlicher (z.B. Ausübung von Stimmrechten) oder öffentlichrechtlicher (z.B. Verwaltungsakt) Form erfolgt. Auch Gesetze kommen als Maßnahmen in Frage (*Hochbaum,* in GTE, Art. 90 Rn. 35; **str**.). Die notwendige Abgrenzung ergibt sich aus dem Erfordernis, daß es sich bei diesen Maßnahmen um spezielle, auf die betroffenen Unternehmen bezogene („in bezug auf") Akte handeln muß (ähnlich insoweit *Pernice,* in Grabitz/Hilf, Art. 90 Rn. 42f.). Die Vorschrift zielt auf das Handeln der MS; es ist daher nicht erforderlich, daß die vertragswidrigen Maßnahmen von den Unternehmen befolgt werden.

Welche Maßnahmen der MS gegen die Bestimmungen des EGV verstoßen, **11**
ergibt sich aus diesen Vorschriften selbst. Art. 86 I ist z.b. verletzt, wenn
ein MS seine öffentlichen Unternehmen verpflichtet, sich nur von Versicherungsunternehmen des öffentlichen Sektors dieses MS versichern zu
lassen (E v. 24.4.85, ABl. 1985 L 152 25 – Griechenland) oder seine Beamten anweist, nach Möglichkeit ausschließlich Flüge der nationalen Fluggesellschaft zu benutzen (20. WB [1991], Ziff. 357 – Bundesrepublik). Einen klaren Verstoß gegen Art. 86 I stellt es auch dar, wenn ein MS seine öffentlichen Verkehrsunternehmen dazu anhält, den Angehörigen dieses MS
günstigere Tarife zu gewähren als Bürgern anderer MS (E v. 22.6.87, ABl.
1987 L 194 28 – Spanien; 17. WB [1988], Ziff. 286 – Portugal) oder gegen
solche Praktiken nicht einschreitet (s. 21. WB [1991], Ziff. 334 und 22. WB
[1992], Ziff. 523 – Spanien).

Von besonderer Bedeutung – und Brisanz – ist die Anwendung von Art. 86 **12**
I im Hinblick auf die **Wettbewerbsvorschriften**. Die Verleihung oder Erweiterung eines Monopols steht zwar nicht im Widerspruch zu Art. 82 (ex-
Art. 86) (EuGH, Rs. 155/73, Sacchi, Slg. 1974, 409 Rn. 14; bezeichnend ist
allerdings, daß der EuGH dies vom Vorliegen „im öffentlichen Interesse"
liegender Gründe „de nature non économique" – dieser Zusatz fehlt in der
deutschen Fassung – abhängig machte; vgl. auch EuGH, Rs. 311/84,
CBEM/CLT und IPB, Slg. 1985, 3261 Rn. 17; C-271, 281 und 289/90, Spanien u.a./Kommission, Slg. 1992, I–5833 Rn. 35), da Art. 82 (ex-Art. 86)
den Mißbrauch, nicht aber das Bestehen einer beherrschenden Stellung verbietet (EuGH, C-260/89, ERT, Slg. 1991, I–2925 Rn. 32). Aus der Entscheidungspraxis des EuGH ergibt sich jedoch, daß bereits die **Begründung (oder Aufrechterhaltung) einer marktbeherrschenden Stellung**
gegen Art. 86 I verstoßen kann. Am deutlichsten kommt dies in dem noch
ausführlicher zu besprechenden Urteil „*Corbeau*" zum Ausdruck (s. Rn.
17). Meistens wird dabei darauf abgestellt, daß die staatliche Maßnahme einen Verstoß gegen Art. 82 (ex-Art. 86) herbeiführt (Rn. 13f.) oder die Ausdehnung eines Monopols auf andere Bereiche ohne objektive Rechtfertigung sei (Rn. 15).

Ein Verstoß gegen Art. 86 I i.V.m. Art. 82 (ex-Art. 86) liegt vor, wenn ein **13**
MS ein Unternehmen, dem er ausschließliche Rechte gewährt hat, dazu
zwingt, unangemessene und damit gegen Art. 82 (ex-Art. 86) verstoßende
Preise zu verlangen (EuGH, Rs. 30/87, Bodson, Slg. 1988, 2479 Rn. 33).
Ein MS verstößt auch dann gegen Art. 86 I, wenn die Übertragung eines
ausschließlichen Rechtes an ein Unternehmen dazu führt, daß dieses Un-
ternehmen „zwangsläufig" gegen Artikel 82 (ex-Art. 86) verstoßen muß
(EuGH, C-41/90, Höfner und Elser, Slg. 1991, I–1979, Rn. 34; C-179/90,

Merci convenzionali porto di Genova, Slg. 1991, I–5889 Rn. 17; C-242/95, GT-Link, Slg. 1997, I–4449 Rn. 33). Dies gilt insbesondere, wenn das Monopolunternehmen offenkundig nicht in der Lage ist, die Nachfrage nach den betroffenen Leistungen zu erfüllen (EuGH, C-41/90, Höfner und Elser a.a.O.; s. zur Abgrenzung EuGH, C-387/93, Banchero, Slg. 1995, I–4663 Rn. 53). Ein Verstoß liegt daher vor, wenn die staatliche Maßnahme zu einer Einschränkung der Erzeugung, des Absatzes oder der technischen Entwicklung i.S.v. Art. 82 lit. b (ex-Art. 86) führt (E v. 4.10.95, ABl. 1995 L 280 49 Rn. 17 – zweite GSM-Lizenz in Italien). Gleiches gilt für eine Maßnahme, die eine Diskriminierung i.S.v. Art. 82 lit. c (ex-Art. 86) bewirkt (E v. 30.6.95, ABl. 1995 L 216 8 Rn. 13 – Start- und Landegebühren am Flughafen Brüssel; E v. 21.10.97, ABl. 1997 L 301 27 Rn. 21 – Lotsentarife im Hafen von Genua) führt. Aus einigen Entscheidungen des EuGH ergibt sich, daß bereits die **Möglichkeit** eines Verstoßes gegen Art. 82 (ex-Art. 86) für die Anwendbarkeit des Art. 86 I ausreicht. Im Falle *„ERT"*, der das Monopol der griechischen Fernsehanstalt zur Ausstrahlung und Übertragung von Fernsehsendungen betraf, entschied der EuGH, daß ein Verstoß gegen Art. 86 I vorliegt, wenn durch die Gewährung des ausschließlichen Rechts eine Lage „geschaffen werden könnte", in der das Unternehmen gegen Art. 82 (ex-Art. 86) verstößt (ebenso z.B. EuGH, C-203/96, Chemische Afvalstoffen Dusselsdorp, Slg. 1998, I–4075 Rn. 61). Danach scheint bereits die **Gefahr eines Mißbrauchs** i.S. des Art. 82 (ex-Art. 86) für die Anwendung von Art. 86 I auszureichen. Die Rechtsprechung ist allerdings nicht einheitlich. So heißt es etwa in dem Urteil im Fall *„La Crespelle"*, ein MS verstoße „nur dann" gegen Art. 86 I und 82 (ex-Art. 86), wenn „das betreffende Unternehmen durch die bloße Ausübung des ihm übertragenen ausschließlichen Rechts seine beherrschende Stellung mißbräuchlich ausnutzt" (EuGH, C-323/93, Centre d'insémination de la Crespelle/Coopérative de la Mayenne, Slg. 1994, I–5077 Rn. 18, 20; ebenso EuGH, C-387/93, Banchero, Slg. 1995, I–4663 Rn. 51, C-55/96, Job Centre, Slg. 1997, I–7119 Rn. 31).

14   Führt eine staatliche Maßnahme für ein Unternehmen einen **Interessenkonflikt** herbei, der dieses Unternehmen dazu bewegen kann, seine Stellung zu mißbrauchen, liegt ein Verstoß gegen Art. 86 I vor (EuGH, C-163/96, Silvano Raso, Slg. 1998, I–533 Rn. 28–30; so zu derselben Problematik auch bereits E v. 21.10.97, ABl. 1997 L 301 17 Rn. 30 – italienisches Hafenarbeitsgesetz). In dem konkreten Fall ging es um ein Unternehmen, das das ausschließliche Recht hatte, anderen Unternehmen vorübergehend Arbeitskräfte für die Durchführung von Hafenarbeiten zur Verfügung zu stellen, das aber zugleich selbst auf eben diesem Markt tätig war. Diese Rechtsprechung

beruht auf auf der Einsicht, daß das vom EGV gewollte System unverfälschten Wettbewerbs nur gewährleistet ist, „wenn die Chancengleichheit
der einzelnen Wirtschaftsteilnehmer sichergestellt ist" (EuGH, C-18/88,
GB-INNO-BM, Slg. 1991, I–5941 Rn. 25). Aus diesem Grunde dürfen einem Monopolunternehmen auch nicht zugleich Aufsichts- oder Kontrollbefugnisse übertragen werden, die die Gefahr einer Benachteiligung der Konkurrenz heraufbeschwören (vgl. u. Rn. 34 zum Bereich der Telekommunikation). Eine nationale Regelung, die Herstellung, Import, Verkauf oder Vertrieb von Telekommunikations-Endgeräten nur unter der Bedingung erlaubt,
daß eine Bescheinigung über die Erfüllung bestimmter Anforderungen (z.B.
hinsichtlich ihrer Sicherheit) erteilt wurde, verstößt gegen die Art. 3 lit. f, 82
(ex-Art. 86) und 86, wenn die Stelle, die die Anforderungen festlegt und die
Bescheinigungen erteilt, nicht von allen Wirtschaftsteilnehmern, die im Telekommunikationsbereich Waren oder Dienstleistungen anbieten, unabhängig ist (EuGH, C-69/91, Decoster, Slg. 1993, I–5335 Rn. 22).

Nach Art. 86 I ist auch die **Ausdehnung eines Monopols „ohne objektive** **15**
Rechtfertigung" verboten ist (EuGH, C-18/88, GB-INNO-BM, Slg. 1991,
I–5941 Rn. 24; C-271, 281 und 289/90, Spanien u.a./Kommission, Slg.
1992, I–5833 Rn. 36; zu demselben Ergebnis gelangt der EuGH auf der
Grundlage der Art. 28 [ex-Art. 30] und 30 [ex-Art. 36] – i.V.m. Art. 86 I –
in EuGH, C-202/88, Frankreich/Kommission, Slg. 1991, I–1223 Rn. 42).
Dies ist z.B. der Fall, wenn ein Unternehmen, das über eine wesentliche
Einrichtung (zum Begriff s. Art. 82 Rn. 38) verfügt, anderen Unternehmen
den Zugang zu dieser Einrichtung verweigert und der betroffene MS dies
unterstützt (E v. 21.12.93, ABl. 1994 L 55 53 – Hafen von Rødby) oder
wenn ein Telekommunikationsunternehmen seine beherrschende Stellung
im Festnetzbereich auf das Gebiet der mobilen Kommunikation ausdehnt
(E v. 4.10.95, ABl. 1995 L 280 49 Rn. 17 – zweite GSM-Lizenz in Italien).
Von besonderer Bedeutung sind in neuerer Zeit die Versuche von Flugha-
fenbetreibern, ihr Monopol auf die Erbringung bestimmter Dienste (z.B.
Vorfeldabfertigungsleistungen) auszudehnen (vgl. die – auf der Grundlage
von Art. 82 [ex-Art. 86] erlassene – E v. 14.1.98, ABl. 1998 L 72 30 Rn.
70ff. – Flughafen Frankfurt).

Es fällt schwer, der Entscheidungspraxis des EuGH eine einheitliche Linie **16**
zu entnehmen. Unverkennbar ist jedoch, daß in manchen Fällen nicht die
Frage nach einem möglichen Mißbrauch i.S.v. Art. 82 (ex-Art. 86) geprüft,
sondern die Existenzberechtigung des Monopols selbst in Frage gestellt
wird. Ein eindrückliches Beispiel bietet das Urteil im Fall „*Chemische Afvalstoffen Dusseldorp*", in dem es um eine niederländische Vorschrift ging,
der zufolge bestimmte Abfallstoffe einem holländischen Unternehmen zur

Entsorgung übergeben werden mußten, obwohl (wie der EuGH feststellte) diese Entsorgung ebensogut durch Unternehmen aus anderen MS durchgeführt werden hätte können. Der EuGH schloß daraus, daß die streitige Vorschrift gegen Art. 86 I i.V.m. Art. 82 (ex-Art. 86) verstieß, da sie zu einer „Beschränkung der Absatzmärkte" führte (EuGH, C-203/96, Slg. 1998, I–4075 Rn. 63; vgl. auch die E v. 14.1.98, ABl. 1998 L 72 30 Rn. 98. – Flughafen Frankfurt, wo ein Mißbrauch i.S.v. Art. 82 [ex-Art. 86] darin gesehen wurde, daß ein Monopol „*aufrechterhalten*" wurde).

17 In seinem Urteil im Fall „*Corbeau*" (EuGH, C-320/91, Slg. 1993, I–2533) hat der EuGH deutlich zum Ausdruck gebracht, daß in der Tat auch die Begründung einer marktbeherrschenden Stellung durch eine staatliche Maßnahme am Maßstab des Art. 86 zu messen ist. Dieser Fall betraf einen belgischen Staatsangehörigen, der in Lüttich bestimmte Kurierdienste anbot und deshalb wegen Verstoßes gegen das Monopol der belgischen Post angeklagt wurde. Der EuGH betont in seinem Urteil (ohne auf die Wettbewerbsvorschriften näher einzugehen), daß bei der Auslegung von Art. 86 I der Zusammenhang mit Art. 86 II zu beachten sei. Die MS können einem Unternehmen daher ausschließliche Rechte erteilen und damit den Wettbewerb ausschließen, *soweit* dies erforderlich ist, um die Erfüllung der diesem Unternehmen übertragenen besonderen Aufgabe sicherzustellen (EuGH a.a.O., Rn. 13–14). Zu prüfen ist daher, in welchem Umfang die Einschränkung des Wettbewerbs erforderlich ist, „um dem Inhaber des ausschließlichen Rechts zu ermöglichen, seine im allgemeinen Interesse liegende Aufgabe zu erfüllen, und zwar unter wirtschaftlich tragbaren Bedingungen" (EuGH a.a.O., Rn. 16). Würde man privaten Konkurrenten gestatten, mit dem Monopolisten in Bereichen ihrer Wahl in Wettbewerb zu treten, würde man ihnen ermöglichen, sich auf die rentablen Tätigkeiten zu konzentrieren und dort die Tarife des Monopolisten zu unterbieten, da dieser mit seinen Tarifen zugleich die Verluste aus unrentablen Bereiche ausgleichen muß. Ein bestimmter Schutz des Monopolisten ist daher legitim. Der Ausschluß des Wettbewerbs ist jedoch dann nicht gerechtfertigt, wenn es sich um spezifische, von den Dienstleistungen von allgemeinem Interesse trennbare Dienstleistungen handelt, die der herkömmliche Postdienst nicht anbietet und soweit durch das Angebot dieser Dienstleistungen das wirtschaftliche Gleichgewicht der vom Monopolisten übernommenen Dienstleistung von allgemeinem wirtschaftlichem Interesse nicht in Frage gestellt wird (EuGH a.a.O., Rn. 18–19).

18 Denkt man den im Urteil „*Corbeau*" gewählten Ansatz zu Ende, bedeutet dies, daß die Zulässigkeit von Dienstleistungsmonopolen ausschließlich anhand von **Art. 86 II** zu beurteilen ist. Monopole sind demnach nur noch zulässig, wenn sie zur Erfüllung von Aufgaben von allgemeinem wirtschaftlichen Interesse erforderlich sind und soweit es keine milderen Mittel gibt, diese Ziele zu erreichen (so auch *Emmerich,* in Dauses, H.II Rn. 80). Die Zulässigkeit solcher Monopole wird damit dem **Verhältnismäßigkeitsgrundsatz** unterworfen. Dem entspricht die von der Kommission vertretene Auffassung, daß ausschließliche Rechte, „für die keine Gründe vorliegen", abgeschafft werden müssen (24. WB [1994], Ziff. 216). In ihrer Mitteilung über Leistungen der Daseinsvorsorge in Europa (ABl. 1996 C 281 3 Rn. 21) hat die Kommission ausgeführt, daß der Verhältnismäßigkeitsgrundsatz in Art. 86 verankert sei. In ihrer Bekanntmachung über die Anwendung der Wettbewerbsregeln auf den Postsektor und über die Beurteilung bestimmter staatlicher Maßnahmen betreffend Postdienste (ABl. 1998 C 39 2) hat die Kommission bekräftigt, daß für Art. 86 II der Verhältnismäßigkeitsgrundsatz maßgebend ist (a.a.O. S. 4; über die sich daraus für die Zulässigkeit der Reservierung bestimmter Bereiche ergebenden Fragen s. ebendort S. 11ff., insbes. Ziff. 8.3 auf S. 15).

b) Aufsichtspflicht

Wie sich aus den vorstehenden Erläuterungen und Beispielen bereits ergibt, **19** erschöpft sich die den MS nach Art. 86 I obliegende Pflicht nicht darin, vertragswidrige Maßnahmen zu unterlassen oder aufzuheben. Die MS sind vielmehr verpflichtet, die Beachtung der Vorschriften des EGV im Bereich der von Art. 86 I erfaßten Unternehmen zu überwachen und erforderlichenfalls aktiv einzugreifen (*Hochbaum* in GTE, Art. 90 Rn. 37). Dies rechtfertigt sich durch die Überlegung, daß den MS aufgrund der Schaffung öffentlicher Unternehmen bzw. der Gewährung von Vorrechten eine **besondere Einstandspflicht** zukommt.

4. Unmittelbare Geltung

Soweit die Bestimmungen des EGV, auf die Art. 86 I verweist, selbst **un** **20** **mittelbar anwendbar** sind, gilt dies auch für Art. 86 I i.V.m. diesen Vorschriften (EuGH, Rs. 155/73 Sacchi, Slg. 1974, 409, Rn. 18). Im Fall „*Corbeau*" ging der EuGH von der unmittelbaren Geltung von Art. 86 I aus, ohne auf andere Vorschriften des EGV abzustellen.

III. Ausnahmen gemäß Art. 86 II

1. Mit Dienstleistungen von allgemeinem wirtschaftlichem Interesse be *traute Unternehmen*

Art. 86 II enthält eine **Sonderregelung für Finanzmonopole** und für Un **21** ternehmen, die mit **Dienstleistungen von allgemeinem wirtschaftlichem**

Interesse betraut sind. In der Regel wird es sich dabei zugleich um öffentliche Unternehmen oder Unternehmen mit besonderen oder ausschließlichen Rechten i.S.v. Art. 86 I handeln; notwendig ist dies freilich nicht (EuGH, Rs. 52/76, Benedetti/Munari, Slg. 1977, 163 Rn. 20/22). Der Begriff der Dienstleistungen ist weit zu verstehen und nicht auf die in Art. 50 (ex-Art. 60) genannten Tätigkeiten beschränkt. So scheint es z.B. nicht ausgeschlossen, eine staatliche Raffinerie, mittels derer ein MS die Sicherheit der Versorgung dieses Staates mit Erdölprodukten sicherstellen will, als Unternehmen i.S.d. Art. 86 II anzusehen (vgl. EuGH, Rs. 72/83, Campus Oil Limited, Slg. 1984, 2727 Rn. 19). Wichtig ist die Abgrenzung gegenüber Handelsmonopolen (vgl. zu diesen Art. 31). Besonders im Bereich der Telekommunikation und der Post hat sich für diese Dienstleistungen von allgemeinem wirtschaftlichem Interesse der Begriff des **Universaldienstes** eingebürgert (vgl. die Mitteilung der Kommission über Leistungen der Daseinsvorsorge in Europa (ABl. 1996 C 281 3).

22   Die Bedeutung dieser Dienstleistungen von allgemeinem wirtschaftlichem Interesse ist durch den Vertrag von Amsterdam noch unterstrichen worden. Der durch diesen Vertrag in den EGV eingefügte **Art. 16** verpflichtet die EG und die MS dazu, im Rahmen ihrer jeweiligen Befugnisse dafür Sorge zu tragen, daß die „Grundsätze und Bedingungen für das Funktionieren dieser Dienste so gestaltet sind, daß sie ihren Aufgaben nachkommen können" (vgl. hierzu auch die Mitteilung über Leistungen der Daseinsvorsorge in Europa, ABl. 1996 C 281 3). In diesem Zusammenhang ist auch die **Erklärung Nr. 37** zum Vertrag von Amsterdam zu erwähnen, die auf Drängen der deutschen Regierung dort Aufnahme gefunden hat. Diese bewußt undeutlich formulierte Erklärung betrifft die Tätigkeit der öffentlich-rechtlichen Kreditinstitute in Deutschland. Nach der in der Erklärung erwähnten Auffassung der Kommission lassen die EG-Wettbewerbsregeln es zu, daß diesen Kreditinstituten zum Ausgleich für die von ihnen erbrachten Dienstleistungen im öffentlichen Interesse bestimmte Vorteile gewährt werden. Am bedeutsamsten ist in diesem Zusammenhang die Einstandspflicht der öffentlichen Hand für diese Banken, die damit im Wettbewerb mit privaten Banken über einen bedeutsamen Vorteil verfügen. Es erscheint sehr fraglich, ob (und gegebenenfalls in welchem Umfang) diese Einstandspflicht mit Art. 86 vereinbar ist. Die Erklärung kann der Anwendung der EG-Wettbewerbsvorschriften auf diese Kreditinstitute nicht im Wege stehen. Es handelt sich um eine **Erklärung rein politischen Inhalts**, deren Aufnahme in den Vertrag zu bedauern ist.

23   Es muß sich um Dienstleistungen von **wirtschaftlichem** Interesse handeln. Ausschließlich kulturelle oder soziale Belange sind also nicht ausreichend.

An diesen Begriff sollten jedoch keine zu hohen Anforderungen gestellt werden. So können auch Rundfunk- und Fernsehanstalten unter Art. 86 II fallen (EuGH, Rs. 155/73, Sacchi, Slg. 1974, 409 Rn. 14–15; Rs. 311/84, CBEM/CLT und IPB, Slg. 1985, 3261 Rn. 17; C-260/89, ERT, Slg. 1991, I–2925 Rn. 10–11). Wichtig ist hingegen, daß das Unternehmen mit Dienstleistungen von **allgemeinem** wirtschaftlichen Interesse betraut ist. Da Art. 86 II eine Ausnahmebestimmung darstellt, ist hier ein strenger Maßstab anzulegen (vgl. EuGH, C-179/90, Merci convenzionali porto di Genova, Slg. 1991, I–5889 Rn. 27 und insbesondere C-18/88, GB-INNO-BM, Slg. 1991, I–5941 Rn. 22). Nicht ausreichend ist die Wahrnehmung von Privatinteressen, auch wenn es sich dabei um gesetzlich geschützte geistige Eigentumsrechte handelt (EuGH, Rs. 127/73, BRT/SABAM und Fonior, Slg. 1974, 313 Rn. 23 – Urheberrechtsgesellschaft). Es muß sich nicht notwendigerweise um das Interesse des gesamten MS handeln; es genügt z.B. das Interesse einer einzelnen Gemeinde.

Das Unternehmen muß mit der Erbringung dieser Dienstleistungen „**betraut**" sein. Dies ist bei Privatunternehmen nur der Fall, wenn die Übertragung dieser Aufgabe durch einen „Hoheitsakt der öffentlichen Gewalt" erfolgt (EuGH, Rs. 127/73, BRT/SABAM und Fonior a.a.O., Rn. 19/22; Rs. 172/80, Züchner/Bayerische Vereinsbank, Slg. 1981, 2021 Rn. 7; C-159/94, Kommission/Frankreich, Slg. 1997, I–5815 Rn. 65). Die deutsche Gesetzgebung, die die Tätigkeit von Urheberrechtsgesellschaften und ähnlichen Unternehmen regelt, betraut diese nicht i.S.v. Art. 86 II mit der Wahrnehmung der betroffenen Rechte (EuGH, Rs. 7/82, GVL, Slg. 1983, 483 Rn. 31–32). Auch für öffentliche Unternehmen wird man im Interesse der Rechtssicherheit einen „formal eindeutigen Anknüpfungspunkt" (*Pernice* in Grabitz/Hilf, Art. 90 Rn. 34) verlangen müssen. Übertriebener Formalismus ist freilich nicht angebracht, da sich die Aufgabenzuweisung auch aus dem Gesamtzusammenhang der Regelung ergeben kann. So sind auch die deutschen Energieversorgungsunternehmen als Unternehmen i.S.v. Art. 86 II anzusehen (E v. 22.12.92, ABl. 1993 L 50 14 Rn. 28 – Jahrhundertvertrag; a.A. *Hochbaum,* in GTE, Art. 90 Rn. 78 und *Emmerich,* in Dauses, H.II Rn. 157; für die EVU der Niederlande bereits bejaht durch E v. 16.1.91, ABl. 1991 L 28 32 Rn. 40 – Ijsselcentrale und EuGH, C-393/92, Gemeinde Almelo, Slg. 1994, I–1477 Rn. 47–50), obwohl es an einer ausdrücklichen Betrauung fehlt.

Neben Energieversorgungsunternehmen und Rundfunk- und Fernsehanstalten können daher insb. die folgenden Unternehmen unter Art. 86 II fallen: **Post** (EuGH, C-320/91, Corbeau, Slg. 1993, I–2533 Rn. 15), **Telekommunikationsunternehmen** (EuGH, Rs. 41/83, Italien/Kommission, Slg. 1985,

24

25

873 Rn. 33; C-18/88, GB-INNO-BM, Slg. 1991, I–5941 Rn. 22), **öffentlichrechtliche Arbeitsvermittlungsanstalten** (EuGH, C-41/90, Höfner
und Elser, Slg. 1991, I–1979 Rn. 24), **Verkehrsunternehmen,** die von den
Behörden dazu verpflichtet worden sind, aus Gründen des Allgemeinwohls
unrentable Strecken zu betreiben (EuGH, Rs. 66/89, Ahmed Saeed Flugreisen, Slg. 1989, 803 Rn. 55), **Wasserversorgungsunternehmen** und landwirtschaftliche Forschungs- und Versuchsanstalten (EuGH, Rs. 258/78,
Nungesser, Slg. 1982, 2015 Rn. 9). Fraglich ist, ob (und gegebenenfalls inwieweit) **Hafenunternehmen oder -betriebsgesellschaften** unter Art. 86
II fallen (bejahend EuGH, Rs. 10/71, Muller, Slg. 1971, 723 Rn. 8/12; zwei-
felnd jedoch EuGH, C-179/90, Merci convenzionali porto di Genova, Slg.
1991, I–5889 Rn. 27–28 und C-242/95, GT-Link, Slg. 1997, I–4449 Rn.
52–53). Erfaßt werden jedenfalls Unternehmen, die Festmacherdienste
(„mooring services") anbieten (EuGH, C-266/96, Corsica Ferries, Slg.
1998, I–3949 Rn. 45). **Nicht unter Art. 86 II** fallen neben den **Urheberrechtsgesellschaften** (EuGH, Rs. 127/73, BRT/SABAM und Fonior a.a.O.,
Rn. 23; Rs. 7/82, GVL a.a.O., Rn. 30–32) in der Regel die **Banken,** soweit
sie nicht nachweisen, mit einer Dienstleistung von allgemeinem wirtschaftlichem Interesse betraut zu sein (EuGH, Rs. 172/80, Züchner/Bayerische
Vereinsbank a.a.O., Rn. 7; s. auch oben Rn. 22).

2. Finanzmonopole

26 Ein **Finanzmonopol** liegt vor, wenn einem Unternehmen oder einer Einrichtung zum Zwecke der Erzielung von Einnahmen für den Staatshaushalt
ein ausschließliches Recht zugewiesen wird. Soweit ein Finanzmonopol als
Handelsmonopol ausgestaltet ist, fällt es unter Art. 31 (ex-Art. 37).

3. Verhinderung der Erfüllung der übertragenen Aufgaben

27 Die in Art. 86 II genannten Unternehmen sind der Anwendung der Vorschriften des EGV und insb. der Wettbewerbsregeln nur insoweit enthoben,
als durch diese die Erfüllung der den Unternehmen übertragenen Aufgaben
rechtlich oder tatsächlich „**verhindert**" würde. Art. 86 II ist als Ausnahmebestimmung „eng auszulegen" (EuGH, Rs. 127/73, BRT/SABAM und Fonior a.a.O., Rn. 19/22; C-157/94, Kommission/Niederlande, Slg. 1997,
I–5699 Rn. 37; C-242/95, GT-Link, Slg. 1997, I–4449 Rn. 50). Eine bloße
Erschwerung oder Behinderung der Aufgabenerfüllung reicht für die Anwendung des Art. 86 II nicht aus. Die Anwendung der Wettbewerbsvorschriften und der anderen Bestimmungen des EGV muß mit diesen Aufgaben „nachweislich unvereinbar" sein (EuGH, Rs. 155/73 Sacchi Slg. 1974,

409 Rn. 15; 41/83, Italien/Kommission, Slg. 1985, 873 Rn. 33; C-41/90,
Höfner und Elser a.a.O., Rn. 24; Rs. 260/89, ERT a.a.O., Rn. 33; E v.
11.6.93, ABl. 1993 Nr. L 179 23 Rn. 79 – EBU/Eurovisions-System). Die
Beweislast liegt bei den betroffenen Unternehmen bzw. MS (vgl. EuGeI, T-
69/89, RTE, Slg. 1991, II–485 Rn. 83; s. auch E v. 14.1.98, ABl. L 72 30
Rn. 102 – Flughafen Frankfurt). Eine Berufung auf Art. 86 II kommt erst in
Frage, wenn feststeht, daß auch unter Berücksichtigung der in Art. 81 III
(ex-Art. 85 III) vorgesehenen Ausnahmemöglichkeit die Anwendung der
Wettbewerbsvorschriften die genannten nachteiligen Wirkungen hätte (s.
Emmerich, in Dauses, H.II Rn. 161). Dabei ist allerdings der besonderen
Lage von Unternehmen Rechnung zu tragen, die aus Gründen des Allgemeinwohls mit der Erbringung unrentabler Dienstleistungen betraut sind
(z.B. Bahn, Post), wobei die daraus entstehenden Verluste durch Gewinne
aus rentablen Sektoren kompensiert werden. Die Anwendung von Art. 86 II
darf nicht dazu führen, daß andere Unternehmen sich einfach die rentablen
Dienstleistungen (die „Rosinen") heraussuchen und auf diesen Gebieten
ungehindert mit dem mit Sonderaufgaben betrauten Unternehmen konkurrieren, wenn es dadurch diesem Unternehmen unmöglich gemacht wird,
seine im allgemeinen Interesse liegende Aufgabe unter wirtschaftlich tragbaren Bedingungen zu erfüllen (grundlegend EuGH, C-320/91, Corbeau,
Slg. 1993, I–2533 Rn. 16–18; s. oben Rn. 17). Für die Anwendbarkeit des
Art. 86 II ist es allerdings nicht erforderlich, daß das Überleben des betroffenen Unternehmens auf dem Spiel steht (EuGH, C-157/94, Kommissi-
on/Niederlande, Slg. 1997, I–5699 Rn. 43). Ein Unternehmen, das ein Monopol für Festmachdienste in einem Hafen hat, kann in den Preis für diese
Dienstleistung einen Bestandteil aufnehmen, durch den die mit der Verpflichtung zur Bereitstellung eines allgemeinen Festmacherdienstes verbundenen Kosten abgedeckt werden, „sofern der über die tatsächlichen Kosten der Leistung hinausgehende Teil des Entgelts tatsächlich den zusätzlichen Kosten entspricht" (EuGH, Corsica Ferries, C-266/96, Slg. 1998,
I–3949 Rn. 46 und 60).

4. Grenze des Gemeinschaftsinteresses

Sogar wenn in einem konkreten Fall nachgewiesen werden sollte, daß die **28**
Anwendung bestimmter Vertragsvorschriften die Erfüllung der den in
Art. 86 II genannten Unternehmen übertragenen Aufgaben verhindern soll-
te, ist die in Art. 86 II 2 gezogene Grenze zu beachten. Die Entwicklung des
Handelsverkehrs darf keinesfalls in einem dem Interesse der Gemeinschaft
zuwiderlaufenden Maße beeinträchtigt werden. Diese Bestimmung macht

daher eine **am Verhältnismäßigkeitsgrundsatz orientierte Abwägung** zwischen den Interessen der MS und dem Interesse der EG erforderlich (*Pernice,* in Grabitz/Hilf, Art. 90 Rn. 59). Eine Verletzung des für die EG fundamentalen Diskriminierungsverbotes des Art. 12 (ex-Art. 6) dürfte aber in jedem Falle unzulässig sein (so auch *Hochbaum,* in GTE, Art. 90 Rn. 60).

5. Unmittelbare Geltung

29   Die Rechtsprechung zur Frage der unmittelbaren Anwendbarkeit von Art. 86 II wies längere Zeit keine klare Linie auf (**verneint** von EuGH, Rs. 10/71, Muller, Slg. 1971, 723 Rn. 13/16; Rs. 172/82, Fabricants raffineurs d'huile de graissage/Inter-Huiles, Slg. 1983, 555 Rn. 15; im Ergebnis **bejaht** von EuGH, Rs. 127/73, BRT/SABAM und Fonior, Slg. 1974, 313, Rn. 19/22). Inzwischen steht fest, daß auch die nationalen Gerichte Art. 86 II anwenden können (EuGH, Rs. 66/89, Ahmed Saeed Flugreisen, Slg. 1989, 803, Rn. 55–57; EuGH, ERT a.a.O., Rn. 34; EuGH, C-393/92, Gemeinde Almelo, Slg. 1994, I–1477 Rn. 50). Daraus ergibt sich, daß Art. 86 II **unmittelbare Geltung** besitzt.

IV. Kompetenzen der Kommission nach Art. 86 III

1. Aufgaben und Mittel

30   Art. 86 III überträgt der Kommission die Aufgabe, die Anwendung von Art. 86 I und II zu überwachen und zu gestalten. Zu diesem Zwecke gewährt er ihr die Befugnis, gegebenenfalls RL oder Entscheidungen an die MS zu richten. Es handelt sich dabei um RL und Entscheidungen i.S.v. Art. 249 (ex-Art. 189) (EuGH, 188–190/80, *Transparenzrichtlinie* Slg. 1982, 2545, Rn. 6- 7), für die die allgemeinen Anforderungen (s. insb. Art. 253, ex-Art. 190) gelten. Die Kommission hat (von der Transparenzrichtlinie abgesehen) von der Möglichkeit zum Erlaß von RL nur im Bereich der Telekommunikation (s. Rn. 34) Gebrauch gemacht. In anderen Bereichen ist die Kommission hingegen nicht in ähnlicher Weise tätig geworden, sondern hat die Regelung anderen Organen überlassen (vgl. etwa die RL 97/67/EG des EP und des Rates vom 15.12.1997 – ABl. 1998 Nr. L 15 14 – für den Postbereich [s. aber die Bek. der Kommission über die Anwendung der Wettbewerbsregeln auf den Postsektor und über die Beurteilung bestimmter staatlicher Maßnahmen betreffend Postdienste (ABl. 1998 C 39 2)] und die RL 98/30/EG des EP und des Rates vom 22.6.1998 – ABl. 1998 Nr. L 204 1 – für den Erdgasbinnenmarkt). Von der Möglichkeit zum Erlaß von Einzelfal-

lentscheidungen hingegen hat die Kommission in den letzten Jahren auch in anderen Bereichen mehrmals Gebrauch gemacht (E v. 21.12.93, ABl. 1994 L 55 53 – Hafen von Rødby; E v. 30.6.95, ABl. 1995 L 216 8 Rn. 13 – Start- und Landegebühren am Flughafen Brüssel; E v. 4.10.95, ABl. 1995 L 280 49 Rn. 17 – zweite GSM-Lizenz in Italien; E v. 26.6.97, ABl. 1997 L 244 18 – Fernsehwerbung in Flandern; E v. 21.10.97, ABl. 1997 L 301 27 Rn. 17 – italienisches Hafenarbeitsgesetz; E v. 21.10.97, ABl. 1997 L 301 27 Rn. 21 – Lotsentarife im Hafen von Genua). Daneben behält die Kommission ihr allgemeines Recht zur Abgabe von Empfehlungen und Stellungnahmen (Art. 211, ex-Art. 155). Die RL oder Entscheidungen müssen erforderlich sein, „um die der Kommission in diesem Absatz übertragene Überwachungsaufgabe wirkungsvoll zu erfüllen" (EuGH, Rs. 188–190/80, a.a.O., Rn. 13). Wie bereits der Wortlaut zeigt, räumt Art. 86 III dabei der Kommission ein – begrenztes – „**Ermessen**" ein (EuGH, Rs. 188–190/80, a.a.O., Rn. 18). Allerdings hat der EuGH entschieden, daß Ausnahmefälle vorliegen können, in denen ein Einzelner gegen die Kommission klagen kann, wenn diese in einem konkreten Fall entschieden hat, von ihrer Befugnis nach Art. 86 III keinen Gebrauch zu machen (EuGH, C-107/95 P, Bundesverband der Bilanzbuchhalter, Slg. 1997, I–947 Rn. 25; nach EuGeI, T-32/93, Ladbroke Racing, Slg. 1994, II–1015 Rn. 38 ist hingegen eine Untätigkeitsklage in einem solchen Fall unzulässig).

Art. 86 III verleiht der Kommission die Befugnis, die sich aus Art. 86 ergebenden Verpflichtungen „allgemein durch den Erlaß von Richtlinien zu präzisieren" (EuGH, C-202/88, Frankreich/Kommission, Slg. 1991, I–1223 Rn. 17). Ein anschauliches Beispiel für dieses präventive Tätigwerden ist der Erlaß der Transparenzrichtlinie, die zur Aufhellung der finanziellen Beziehungen zwischen den MS und ihren öffentlichen Unternehmen beitragen sollte (s. Rn. 33). Die Kommission kann aber auch repressiv tätig werden, indem sie – ähnlich wie nach Art. 88 (ex-Art. 93) – in einer Entscheidung die Gemeinschaftsrechtswidrigkeit einer nationalen Regelung feststellt und die zur Abhilfe gebotenen Schritte aufzeigt (EuGH, C-48 und 66/90, Niederlande u.a./Kommission, Slg. 1992, I–565 Rn. 27–32; ein Beispiel ist die diesem Urteil zugrundeliegende Entscheidung vom 20.12.89, ABl. 1990 L 10 47 – Eilkurierdienstleistungen). Die Kommission hat dem betroffenen MS und den Unternehmen, die durch die staatliche Maßnahme unmittelbar begünstigt werden, vor dem Erlaß der Entscheidung **rechtliches Gehör** zu gewähren (EuGH, C-48 u. 66/90, a.a.O., Rn. 44–46, 50–51). Entsprechendes gilt, wenn die Kommission eine RL zu erlassen beabsichtigt. Art. 86 verleiht der Kommission Befugnisse nur im Hinblick auf staatliche Maßnahmen; wettbewerbswidrige Verhaltensweisen der Unternehmen selbst,

31

die von den MS weder angeregt noch erzwungen wurden, können von der
Kommission nur auf der Grundlage von Art. 81 (ex-Art. 85) oder 82 (ex-
Art. 86) angegriffen werden (EuGH, C-202/88, Frankreich/Kommission,
Slg. 1991, 1223 Rn. 55; C-271, 281 und 289/90, Spanien u.a./Kommission,
Slg. 1992, I–5833 Rn. 24).

2. Verhältnis zu anderen Bestimmungen

32 Der Umstand, daß der Rat aufgrund allgemeiner Vorschriften (wie z.B.
Art. 83 [ex-Art. 87], 89 [ex-Art. 94] und 95 [ex-Art. 100a]) Regelungen erlassen könnte, die den besonderen Bereich des Art. 86 berühren, steht der
Ausübung der der Kommission in Art. 86 III übertragenen Befugnisse nicht
entgegen (EuGH, Rs. 188–190/80 *Transparenzrichtlinie* Slg. 1982, 2545,
Rn. 14; ebenso die beiden bereits zitierten Urteile im Telekommunikationsbereich in der Rs. C-202/88 – Rn. 25–26 – und in den Rs. C-271, 281 und
289/90 – Rn. 14). Auch die Möglichkeit der Erhebung einer Vertragsverletzungsklage nach Art. 226 (ex-Art. 169) läßt die Befugnisse der Kommission nach Art. 86 III unberührt (EuGH, C-48 und 66/90, Niederlande
u.a./Kommission, Slg. 1992, I–565 Rn. 34- 36). Kann die Kommission auch
unmittelbar (nach Art. 81–82, ex-Art. 85–86) gegen das betroffene Unternehmen selbst vorgehen, so dürfte die Kommission die Wahl haben, ob sie
sich an das Unternehmen oder (nach Art. 86 III) an den MS hält oder gegen
beide zugleich vorgeht. Sinnvollerweise wird sie dabei berücksichtigen, wo
der „Schwerpunkt der Verantwortlichkeit" liegt (*Pernice,* in Grabitz/Hilf,
Art. 90 Rn. 65).

3. Transparenzrichtlinie

33 Die erste auf der Basis von Art. 86 III getroffene und immer noch grundlegende Maßnahme stellt die RL Nr. 80/723/EWG v. 25.6.1980 über die
Transparenz der finanziellen Beziehungen zwischen den MS und den öffentlichen Unternehmen dar (ABl. L 195 35; erweitert durch RL Nr.
85/413/EWG, ABl. 1985 L 229 20; geändert durch RL 93/84/EWG, ABl.
1993 L 254 16). Diese „**Transparenzrichtlinie**" verfolgt das Ziel, die finanziellen Beziehungen zwischen den MS und ihren öffentlichen Unternehmen zu erhellen, um eine effiziente Anwendung der Beihilfevorschriften (Art. 87ff., ex-Art. 92f.) zu ermöglichen. Der EuGH hat die Angriffe
mehrerer MS gegen diese RL zurückgewiesen (EuGH, Rs. 188–190/80,
Frankreich, Italien und Vereinigtes Königreich/Kommission, Slg. 1982,
2545). Die RL scheint das mit ihr verfolgte Ziel jedoch nicht vollständig erreicht zu haben. Dies zeigt sich daran, daß die Kommission 1991 versuch-

te, den MS weitergehende Informationspflichten aufzuerlegen. Merkwürdigerweise bediente sie sich dazu einer „Mitteilung" an die MS (ABl. 1991 C 273 2), in der vorgeblich nur die sich aus Art. 5 der RL bereits ergebenden Pflichten der MS klargestellt wurden. Der EuGH hat diese Bekanntmachung wegen des Fehlens einer Rechtsgrundlage aufgehoben (EuGH, C-325/91, Frankreich/Kommission, Slg. 1993, I–3283).

4. Telekommunikation

Am bedeutsamsten waren die Befugnisse nach Art. 86 III im Bereich der **34** **Telekommunikation**. Grundlegend waren die RL Nr. 88/301/EWG vom 16.5.1988 über den Wettbewerb auf dem Markt für Telekommunikations-Endgeräte (ABl. L 131 73) und die RL Nr. 90/388/EWG vom 28.6.1990 über den Wettbewerb auf dem Markt für Telekommunikationsdienste (ABl. 1990 Nr. L 192 10). Diese RLen verfolgten insbesondere den Zweck, die hoheitlichen Befugnisse (z.B. Zulassung und Überwachung von Geräten) der Telekommunikationsunternehmen der MS von ihren unternehmerischen Tätigkeiten zu trennen. Dieses Prinzip ist – wie die Kommission in ihren Leitlinien für die Anwendung der EG-Wettbewerbsregeln im Telekommunikationsbereich (ABl. 1991 Nr. C 233 2) zu Recht feststellt – für die Anwendung von Art. 82 (ex-Art. 86) „von ausschlaggebender Bedeutung" (a.a.O., Ziff. 87; vgl. oben Rn. 14). Der EuGH hat die Klagen verschiedener MS gegen diese RL weitgehend (vgl. aber Rn. 9) abgewiesen (EuGH, C-202/88, Frankreich/Kommission, Slg. 1991, I–1223; C-271, 281 und 289/90, Spanien u.a./Kommission, Slg. 1992, I–5833). Durch die RL 94/46/EG vom 13.10.1994 (ABl. Nr. L 268 15) wurde die Satellitenkommunikation in den Anwendungsbereich der genannten RLen einbezogen. Der Herbeiführung der vollen Liberalisierung im Bereich der Telekommunikation dienten schließlich drei RLen der Kommission zur Änderung der RL 90/388, nämlich die RL 95/51/EG vom 18.10.1995 (ABl. Nr. L 256 49) zur Öffnung der Kabelfernsehnetze für die Erbringung von Telekommunikationsdiensten, die RL 96/2/EG vom 16.1.1996 (ABl. Nr. L 20 59) zur Liberalisierung der Mobilkommunikation und die RL 96/19/EG vom 13.3.1996 (ABl. Nr. L 74 13) zur Einführung vollständigen Wettbewerbs auf den Telekommunikationsmärkten (vgl. nunmehr auch den von der Kommission vorgelegten Vorschlag für eine RL betreffend die Trennung von Telekommunikations- und Kabelfernsehnetzen, ABl. 1998 Nr. C 71 23; s. auch die begleitende Mitteilung der Kommission a.a.O., S. 4). Diese Rechtsetzung durch die Kommission auf der Grundlage von Art. 86 III wird komplementiert durch eine Reihe weiterer Maßnahmen, von denen hier nur die RL 90/387/EWG des Rates vom 28.6.1990 zur Verwirklichung des Binnenmarktes für Telekommunikationsdienste durch Einführung eines offenen Netzzugangs (ABl. L 192 1), die RL 97/33/EG vom 30.6.1997 (ABl. Nr. L 199 32) über die Zusammenschaltung in der Telekommunikation durch Anwendung der Grundsätze für einen offenen Netzzugang (ONP) und die RL 98/10/EG vom 26.2.1998 (ABl. Nr. L 101 24) über die Anwendung des offenen Netzzugangs beim Sprachtelephondienst und den Universaldienst in einem wettbewerbsorientierten Umfeld genannt seien.

Abschnitt 2. Staatliche Beihilfen

Literatur: *Bishop,* The European Commission's policy towards state aid : A role for rigorous competitive analysis, ECLR, 2/1997; *Börner/Neundörfer,* Recht und Praxis der Beihilfen im gemeinsamen Markt, 1984; *Bundesverband der Deutschen Industrie,* EG-Beihilfenpolitik im Prozeß der europäischen Integration, 1993; *Crocioni,* The GATT rules on industrial subsidies, Austrian Journal of Public and International Law, 1994, 49; *EG-Kommission,* Wettbewerbsrecht in den europäischen Gemeinschaften. Bd. II: Regeln über staatliche Beihilfen, 1995 (zitiert als „Wettbewerbsrecht Bd. II"; letzter Stand vom GD IV-Website zu ersehen, http//europa, eu.int/somm/dg04) Bd. II B: *dies.* Bd. II B: Erläuterungen zu den Wettbewerbregeln für staatliche Beihilfen; *dies.,* Sechster Bericht über staatliche Beihilfen in der EG, 1998; *Ehlermann,* State aids under European Community competition law, Fordham International Law Journal, 1994, 410; *Hancher/Slot,* Recente ontwikkelingen op het gebied van steunmaatregelen, SEW 1995, 307; *Hancher/Ottervanger/Slot,* EC State Aids, 1993; *Harden* (Hrsg.), Staatliche Beihilfen: Gemeinschaftsrecht und Gemeinschaftspolitik, Schriftenreihe der Europäischen Rechtsakademie Trier, 1993; *Immenga,* Nationale Beihilfen an Unternehmen im Widerspruch zur Europäischen Wettbewerbspolitik, FIW-Schriftenreihe 1992; *Neven,* The political economy of state aids in the European Community: some econometric evidence, Centre for Economic Policy Research, 1994; *Schütterle,* Die Beihilfenkontrollpraxis der Europäischen Kommission im Spannungsfeld zwischen Recht und Praxis, EuZW 1995, 391; *ders.,* Wende in der europäischen Beihilfenkontrollpolitik, EuZW 1997, 33; *OECD,* Spotlight on public support to industry, 1998; *Wyatt/Dashwood,* European Community Law, 1993, Chapter 18.

Vorbemerkung zu Art. 87–89 (ex-Art. 92–94)

I. Inhalt und Zweck der Vorschriften über staatliche Beihilfen

Art. 87 I (ex-Art. 92 I) verbietet staatliche Beihilfen an Unternehmen, so- **1** fern sie den Wettbewerb verfälschen und den Handel zwischen MS beeinflussen können. **Art. 87 II und III** (ex-Art. 92 II und III) sehen jedoch Ausnahmen vor. **Art. 88** (ex-Art. 93) regelt das Verfahren für die Prüfung staatlicher Beihilfen durch die Kommission im Hinblick auf die Anwendung dieser Ausnahmen. Schließlich sieht **Art. 89** (ex-Art. 94) die Möglichkeit des Erlasses von Durchführungsverordnungen durch den Rat vor.

So wie die Wettbewerbsvorschriften für Unternehmen in den Art. 81–86 **2** (ex-Art. 85–90) stellen die Vorschriften über staatliche Beihilfen einen Teil der Wettbewerbsregeln dar, die auf **Art. 3 lit. g** zurückgehen (s. Vorbem. zu Art. 81–86 Rn. 2–6). Die Kontrolle von Beihilfen ist ebenso notwendig, um einen wirksamen **Wettbewerb** als wesentlichen Bestandteil der marktwirtschaftlichen Ordnung aufrechtzuerhalten, wie die Kontrolle von wettbewerbsbeschränkenden Praktiken von Unternehmen. Darüber hinaus trägt die Kontrolle von Beihilfen ebenfalls zur Vollendung des **Binnenmarktes** bei. Durch Subventionen kann nämlich die fortschreitende Integration der EG gestört werden.

II. Anwendungsbereich

1. Örtlicher Anwendungsbereich

Die Beihilfenkontrolle gem. Art. 87–89 (ex-Art. 92–94) kann sich nur auf **3** Subventionen erstrecken, die im **Geltungsbereich des EGV**, also in den Mitgliedstaaten, vergeben werden (vgl. zur extraterritorialen Anwendung von Art. 81–82 Vorbem. zu Art. 81–86 Rn. 20–25). In den EFTA-Staaten, die Mitglieder des **EWR** und nicht der EU beigetreten sind (nämlich seit dem 1.1.1994: Island und Norwegen, und seit dem 1.5.1995: Liechtenstein), werden Beihilfen entsprechend den EG-Regeln einschließlich der darauf beruhenden Durchführungsbestimmungen von der EFTA-Aufsichtsbehörde kontrolliert (s. 23. WB [1993], Ziff. 557; 25. WB [1995] Ziff. 220). Vor dem Inkrafttreten des EWR-Abkommens hat die EG durch Anwendung der Abkommen mit einzelnen EFTA-Ländern auf Beihilfen in diesen Ländern eingewirkt (s. 23. WB [1993], Ziff. 98–100). Im Jahre 1994 waren die

EWR-Beihilferegeln auch auf Finnland, Österreich" und Schweden anwendar. Gemäß den **„Europa-Abkommen"**, die die EG mit zentral- und osteuropäischen Staaten abgeschlossen hat, von denen einige nunmehr den Beitritt zur EU anstreben, wird in diesen Ländern ebenfalls allmählich eine Beihilfenkontrolle nach EG-Recht eingeführt (s. 23. WB [1993], Ziff. 101–104; 25. WB [1995], Ziff. 221–222; 26. WB [1996], Ziff. 230).

4 Auf die Vergabe von Subventionen in anderen Drittstaaten kann die EG anhand des **WTO-Abkommens** über Subventionen und Retortionsmaßnahmen (s. 23. WB [1995], Ziff. 228; 26. WB [1996], Ziff. 237) Einfluß nehmen oder zu Anti-Dumping-Maßnahmen greifen (s. Art. 133 Rn. 55ff.). Vergünstigte Exportkredite sind dem **OECD-Konsens** unterworfen (OECD, Arrangement on Guidelines for Officially Supported Export Credits, Paris, 1992). Über Subventionen zur Entwicklung von Flugzeugtypen haben die EG und die Vereinigten Staaten 1992 ein bilaterales Abkommen geschlossen (22. WB [1992], Ziff. 356). Im Jahre 1995 wurde ein internationales Abkommen über die Abschaffung von Subventionen an den Schiffbau abgeschlossen, das aber 1998 wegen mangelnder Ratifizierung noch nicht in Kraft war (s. Art. 87 Rn. 50). Ferner gibt es Bestrebungen, zu einem internationalen Abkommen zur Kontrolle von Subventionen an die Stahlindustrie zu kommen (21. WB [1991], Ziff. 188 und 209; 23. WB [1993], Ziff. 498).

2. Sachlicher Anwendungsbereich

5 Für **Kohle** und **Stahl** (zum Begriff s. Anlage I zum EGKSV) hat die Kommission angesichts des Verbotes von Beihilfen in Art. 4 lit. c EGKSV Beihilferegeln aufgrund von Entscheidungen nach Art. 95 EGKSV festgelegt. Die geltenden Stahl- bzw. Kohlebeihilfe-„Kodices" sind Entscheidung Nr. 2496/96/EGKS (ABl. 1996 L 338/42, s. 27. WB [1997], Ziff. 236) und Entscheidung Nr. 3632/93/EGKS (ABl. 1993 L 329/12, s. WB [1997], Ziff. 237–241). Wenn Beihilfen an Stahlunternehmen nicht durch den Beihilfekodex gedeckt sind, kann die Kommission sie ausnahmsweise im Wege einer Entscheidung nach Art. 95 EGKSV genehmigen (so für Sanierungsbeihilfen, s. 23. WB [1993], Ziff. 480–493).

6 Für die **Landwirtschaft** gelten Art. 87–89 (ex-Art. 92–94) gem. Art. 36 Abs. 1 (ex-Art. 42) nur insoweit, als der Rat dies bestimmt. Der Rahmen für die Vergabe nationaler Beihilfen wird überwiegend durch VO des Rates über die gemeinsamen Marktorganisationen für einzelne landwirtschaftliche Produkte abgesteckt. Diese decken ungef. 90 % der Landwirtschaftsproduktion ab (Liste in „Wettbewerbsrecht Bd. II"). Sie erklären Art. 87–89 (ex-Art. 92–94) für anwendbar, „soweit nicht etwas anderes bestimmt ist".

Konkret bedeutet dies, daß die Verfahrensvorschriften nach Art. 88 (ex-Art. 93) unberührt bleiben, die Regeln der Marktorganisation aber den Ausnahmebestimmungen von Art. 87 III (ex-Art. 92 III) vorgehen (EuGH, Rs. 83/78, Pigs Marketing Board/Redmond, Slg. 1978, 2347; Rs. 177/78, Pigs and Bacon Commission/McCarren, Slg. 1979, 2161; Rs. 72/79, Kommission/Italien, Slg. 1980, 1411). Der Rat kann aber durch eine Entscheidung gem. Art. 36 Abs. 2 (ex-Art. 42) oder Art. 88 II 3 (ex-Art. 93) eine Ausnahme machen (s. Art. 88 Rn. 14). Für Beihilfen in Sektoren, die nicht durch eine gemeinsame Marktorganisation geregelt sind, gilt gem. Art. 4 der VO Nr. 26 des Rates v. 4.4.1962 (ABl. 1962/993) Art. 87 (ex-Art. 92) nicht, sondern nur Art. 88 I und III Satz 1 (ex-Art. 93 I und III). Das bedeutet, daß die Kommission darüber nur Empfehlungen an die MS richten kann (s. 16. WB [1986], Ziff. 283–284; 20. WB [1990], Ziff. 337).

Außer den in den VOen über gemeinsame Marktorganisationen festgesetz- **7** ten Regeln hat der Rat für Beihilfen **zugunsten von Strukturmaßnahmen horizontale Rahmenregelungen** herausgebracht (s. insb. VO Nr. 2328/91 v. 15.7.91, ABl. L 218/1, VO Nr. 866/90 v. 29.3.1990, ABl. L 91/1, beide geändert durch VO Nr. 3669/93 v. 22.12.1993, ABl. L 338/26). Ferner hat die Kommission durch Mitteilungen an die MS ihre Genehmigungspraxis in bezug auf Beihilfen für bestimmte Zwecke erläutert (so z.B. für Investitionen im Milchsektor, ABl. 1987 C 302/4; Absatzförderung und Werbung, ABl. 1987 C 302/6; Rettung und Umstrukturierung von Unternehmen, ABl. 1997 C 283/2; s. ebenfalls „Wettbewerbsrecht Bd. II").

Ähnlich wie in der Landwirtschaft wird im **Fischereisektor** der Rahmen **8** für die Vergabe nationaler Beihilfen weitgehend durch eine RatsVO abgesteckt (VO Nr. 3944/90 v. 20.12.1990, ABl. L 380/1; s. E v. 25.6.1986, D/Fischereibeihilfen, ABl. L 327/44). Die Genehmigungspraxis der Kommission wird in Leitlinien erläutert (ABl. 1994 C 260/2; s. auch WB [1997], Ziff. 271).

Gem. Art. 73 (ex-Art. 77) i.V.m. Art. 80 (ex-Art. 84) sind Beihilfen, die der **9** Koordinierung des **Eisenbahn-, Straßen- und Binnenschiffsverkehrs** oder der Abgeltung von Verpflichtungen des öffentlichen Dienstes in diesen Sektoren dienen, mit dem EGV vereinbar. Diese Ausnahmen sind in mehreren RatsVO präzisiert worden: VO Nr. 1191/69 (geändert durch VO Nr. 1893/91 – ABl. 1991 L 169/1 und 8) und 1192/69 (ABl. 1969 L 156/1) über die Abgeltung von Verpflichtungen des öffentlichen Dienstes im allgemeinen bzw. spezifisch bei Eisenbahnunternehmen; VO Nr. 1107/70 (ABl. 1970 L 130/1, geändert durch VO Nr. 1473/75, ABl. 1975 L 152/1) über Beihilfen zur Koordinierung des Verkehrs und zur Abgeltung von Leistungen, die nicht von VO 1191/69 erfaßt sind. Die VOen nehmen solche Bei-

hilfen von der vorherigen Notifizierung nach Art. 88 III (ex-Art. 93) aus
und unterwerfen sie lediglich einer nachträglichen Berichtspflicht. Beihilfen zugunsten des Eisenbahn-, Straßen- und Binnenschiffsverkehrs, die
nicht durch die Ausnahmen von Art. 73 gedeckt sind, unterliegen vollständig den Art. 87–89 (ex-Art. 92–94) (EuGH, Rs. 156/77, Kommission/Bel-
gien, Slg. 1978, 1881, 1895 Rn. 9–13). Gleiches gilt, solange der Rat gem.
Art. 80 II (ex-Art. 84) nichts anderes bestimmt hat, für Beihilfen im **See-
und Luftverkehrssektor** (EuGH, C-49/89, Corsica Ferries, Slg. 1989,
I–4441; Rs. 167/73, Kommission/Frankreich, Slg. 1974, 359; verb.
Rs. 209/84 u.a., Asjes, Slg. 1986, 1425). Für ihre Prüfung von Beihilfen in
diesen Sektoren hat die Kommission nunmehr ebenfalls Leitlinien herausgebracht (ABl. 1997 C 205/5 bzw. ABl. 1994 C-350/5). Über die Entscheidungspraxis der Kommission im Verkehrssektor s. jährliche WB (15. WB
[1985], Ziff. 242–248; 16. WB [1986], Ziff. 280–282; 17. WB [1987], Ziff.
256–258; 18. WB [1988], Ziff. 267–269; 19. WB [1989], Ziff. 210–212; 20.
WB [1990], Ziff. 334–336; 21. WB [1991], Ziff. 302–312; 22. WB [1992],
Ziff. 518–523; 23. WB [1993], Ziff. 534–539; 24. WB [1994], Ziff.
373–376; 25. WB [1995], Ziff. 173–189; 26. WB [1996], Ziff. 195–204; 27.
WB [1997], Ziff. 260–267).

10   Trotz der Aufgabe gem. Art. 1 EAGV, für die Entwicklung von Kernindu-
strien die erforderlichen Voraussetzungen zu schaffen, sind Art. 87–89 (ex-
Art. 92–94) gem. Art. 305 II (ex-Art. 232) anwendbar auf die **Kernenergie**,
da sie die Erfüllung dieser Aufgabe nicht beeinträchtigen (Schlußanträge
GA *Reischl*, Rs. 188/80, Frankreich u.a./Kommission, Slg. 1982,
2598–2599). Im Bereich der **Kernforschung** trägt die Kommission den Bestimmungen des EAGV Rechnung (Gemeinschaftsrahmen für FuE-Beihilfen, ABl. 1996 C 45/5, Ziff. 8.1). 1990 genehmigte sie aufgrund von
Art. 87–89 (ex-Art. 92–94) Beihilfen an den britischen Kernenergiesektor
(20. WB [1990], Ziff. 293).

11   Gem. Art. 86 I (ex-Art. 90) und trotz Art. 295 (ex-Art. 222) finden die Beihilfevorschriften ebenso auf **staatliche Unternehmen** Anwendung wie auf
private (s. Rn.16 sowie Art.87 Rn. 48).

III. Verhältnis zu anderen Vorschriften

12   Beihilferegelungen können nicht genehmigt werden, wenn sie das Verbot
der **Diskriminierung** gem. **Art. 12** (ex-Art. 6) verletzen. Das heißt, daß
Angehörige anderer MS, sofern sie im Hoheitsgebiet des die Beihilfe ge-
währenden MS ansässig sind, ebenso wie Angehörige letzteren MS an-
spruchsberechtigt sein müssen (dazu *von Wallenberg*, in Grabitz/Hilf,

Art. 92 Rn. 88). Die Diskriminierung bringt oft eine Verletzung der Freizügigkeit der Arbeitnehmer (**Art. 39**, ex-Art. 48), der Niederlassungs- (**Art.
43**, ex-Art. 52) bzw. der Dienstleistungsfreiheit (**Art. 49**, ex-Art. 59) mit
sich, die ebenfalls eine Beihilferegelung von der Genehmigung ausschließt
(s. E v. 21.12.1988, G/Filmbeihilfen, ABl. 1989 L 208/38; 23. WB [1993],
Ziff. 394).

Beihilferegelungen, die aus **Abgaben** gespeist werden, die auch auf aus an-   13
deren MS importierte Waren erhoben werden, sind nicht genehmigungsfähig, weil die Abgaben entgegen **Art. 23** und **25** (ex-Art. 9 und 12) sowie
den Bestimmungen über die schrittweise Abschaffung von Zöllen wie Einfuhrzölle wirken (EuGH, Rs. 77/72, Capolongo/Maya, Slg. 1973, 611,
622–624 Rn. 7–14; s. Art. 87 Rn. 19). Gleiches gilt für Beihilfesysteme, die
entgegen **Art. 90** (ex-Art. 95) mit **diskriminierenden Steuern** im Zusammenhang stehen (EuGH, Rs. 73/79, Kommission/Italien, Slg. 1980, 1533,
1548–1550 Rn. 12–23; Rs. 17/81, Pabst & Richarz/HZA Oldenburg, Slg.
1982, 1331).

Beihilfen sind nicht *eo ipso* **Maßnahmen gleicher Wirkung wie men-**   14
genmäßige Einfuhrbeschränkungen und somit gem. **Art. 28** (ex-Art. 30)
verboten, obwohl sie in gewissem Maße den Ersatz von Einfuhren zur Folge haben können (EuGH, Rs. 74/76, Iannelli, Slg. 1977, 557, 575
Rn. 9–10). Trotzdem können Beihilferegelungen wegen Verletzung von
Art. 28 (ex-Art. 30) nicht genehmigungsfähig sein, wenn sie den ausdrücklichen Zweck verfolgen, Importe fernzuhalten (EuGH, Rs. 249/81, Kom-
mission/Irland, Slg. 1982, 4005), oder den Erwerb oder Gebrauch einheimischer Waren an die Vergabe der Beihilfe als Bedingung knüpfen (EuGH,
Rs. 18/84, Kommission/Frankreich, Slg. 1985, 1339; Rs. 103/84, Kommis-
sion/Italien, Slg. 1986, 1759; C-21/88, Du Pont de Nemours, Slg. 1990,
I–889; Entscheidung v. 3.5. 1989, I/Papierabgabe, ABl. 1990 L 114/25).
Diese Voraussetzung wird in Art. 87 II lit. a) (ex-Art. 92) bezüglich **Beihil-**
fen sozialer Art ausdrücklich genannt (s. Art. 87 Rn. 23). Ebenso bleibt
Art. 31 (ex-Art. 37) auch auf ein **staatliches Monopol** anwendbar, das Beihilfen vergibt (EuGH, Rs. 91/78, Hansen/HZA Flensburg, Slg. 1979, 935,
953 Rn. 9).

Derselbe Fall kann sowohl eine Kontrolle von Beihilfen, als auch die Prü-   15
fung einer Absprache nach **Art. 81** (ex-Art. 85) oder eines **Zusammen-**
schlusses nach der **FusionskontrollVO** erfordern. Wegen ihres verschiedenen Prüfungsgegenstandes können beide Prüfungen zu unterschiedlichen
Ergebnissen kommen (s. EuGH, C-225/91, Matra/Kommission, Slg. 1993,
I–3203, I–3260–3262 Rn. 40–47). Aus praktischen Gründen sollten aber
die Genehmigungsverfahren zeitlich koordiniert werden.

16   Für Unternehmen, die mit **Dienstleistungen von allgemeinem wirtschaftlichem Interesse** betraut sind and deren Kosten vergütet bekommen, stellt **Art. 86 II** (ex-Art. 90) eine weitere Ausnahme von Art. 87 I (ex-Art. 92 I) über diejenigen von Art. 87 II und III (ex-Art. 92 II und III) hinaus (EuGH, Rs. 78/76, Steinike und Weinlig, Slg. 1977, 595; C-387/92, Banco Exterior de España SA/Ayuntamiento de Valencia, Slg. 1994, I–877; EuGeI, T-106/95, Fédération française des sociétés d'assurance/Kommission, Slg. 1997, II–229; s. auch Art. 86 Rn. 21ff., Art. 87 Rn. 3 und 52, sowie Art. 88, Rn. 15).

17   Bei der Führung ihrer **Wirtschafts- und Währungspolitik** im Rahmen der ihnen gem. **Art. 98ff.** (ex-Art. 102a) zustehenden Möglichkeiten müssen die MS die Beihilfevorschriften beachten (EuGH, Rs. 57/86, Griechenland/Kommission, Slg. 1988, 2855, 2871–2872 Rn. 7–10; Rs. 310/85, Deufil, Slg. 1987, 901, 923–424 Rn. 7–8; E v. 19.2.1986, D/Regionalförderung, ABl. 1987 L 12/17). Ferner können **Art. 96 und 97** (ex-Art. 101 und 102) auf finanzielle Vergünstigungen von Unternehmen angewandt werden, die nicht die nötige „Selektivität" aufweisen, um unter Art. 87 (ex-Art. 92) zu fallen (s. Art. 87 Rn. 8).

18   **Art. 132** (ex-Art. 112) , der die Vereinheitlichung von Beihilfen für die **Ausfuhr nach Drittstaaten** fordert, und **Art. 133** (ex-Art. 113) über die **gemeinsame Handelspolitik** stehen der Anwendung von Art. 87ff. (ex-Art. 92ff.) auf Beihilfen für Ausfuhren außerhalb der EG wegen der indirekten Auswirkungen solcher Beihilfen auf den Wettbewerb innerhalb der EG nicht entgegen (EuGH, C-142/87, Belgien/Kommission, Slg. 1990, I–959, I–1013–1015, Rn. 31–40; 1. WB [1970], Ziff. 187; s. Art. 87 Rn. 37–38). Die Schiffbaubeihilferichtlinien des Rates werden auf Art. 133 (ex-Art. 113) i.V.m. Art. 87 (ex-Art. 92) gestützt (s. Art. 87 Rn. 50).

19   Die **gemeinschaftlichen Strukturfonds** (**Art. 158ff.**, ex-Art. 130a–e), die **Europäische Investitionsbank** (**Art. 266ff., ex-Art. 198d–e**) und die sonstigen **Finanzierungsinstrumente** der EG fördern neben Infrastruktur- und sozialen Maßnahmen auch Vorhaben von Unternehmen. Die Förderung von Unternehmensvorhaben mit Gemeinschaftsmitteln stellt zwar selber keine staatliche Beihilfe nach Art. 87 dar (EuGH, verb. Rs. 213/81 u.a., Norddeutsches Vieh- und Fleischkontor, Slg. 1982, 3583; vgl. aber GA VerLoren van Themaat, verb. Rs. 218/81u.a., Slg. 1982, 3617–3618, bezüglich des Ermessensspielraumes von MS bei der Verteilung von Gemeinschaftsmitteln). Sie muß jedoch im Einklang mit den Regeln für ausschließlich nationale Beihilfemaßnahmen erfolgen, zumal die Gemeinschaftsmittel meistens einzelstaatliche Programme kofinanzieren (s. VO Nr. 2081/93 des Rates vom 20.7.1993, ABl. L 193/5, Art. 7). So wendet die Kommission bei

der Beurteilung von durch die Strukturfonds kofinanzierten Regionalförderprogrammen die Förderhöchstsätze an, die in Fördergebieten für rein nationale Investitionsförderprogramme gelten (24. WB [1994], Ziff. 355; zur
angestrebten Angleichung der Fördergebietskulissen nach den Strukturfonds bzw. nach nationalen Regionalbeihilfensystemen s. Bekanntmachung
der Kommission, ABl. 1998 C 90/3). Ähnliches gilt auch für **gemeinschaftliche FuE-Programme** nach **Art. 163ff.** (ex-Art. 130f–q), wobei
aber wegen ihres grenzüberschreitenden und prioritären Charakters diese
etwas großzügiger behandelt werden als rein nationale Förderungspro-
gramme (s. Art. 87 Rn. 40).

Gem. **Art. 296 I lit. b** (ex-Art. 223) können u.a. Beihilfen, die im Zusam-   **20**
menhang mit der Erzeugung von **Waffen, Munition und Kriegsmaterial**
vergeben werden, vom Anwendungsbereich von Art. 87ff. (ex-Art. 92ff.)
ausgenommen werden, soweit sie die Wettbewerbsbedingungen hinsichtlich der nicht eigens für militärische Zwecke bestimmten Waren nicht beeinträchtigen. Diese Ausnahmemöglichkeit wird in den Leitlinien für FuE-
Beihilfen (ABl. 1996 C 45/5, Ziff. 8.1, s. Art. 87 Rn. 40) ausdrücklich erwähnt.

IV. Unmittelbare Geltung

Das Verbot staatlicher Beihilfen gem. **Art. 87 I** (ex-Art. 92) hat **keine un-**   **21**
mittelbare Wirkung, weil nur die Kommission und nicht etwa nationale
Behörden – die wohl parteiisch sein dürften! – oder nationale Gerichte über
die Anwendbarkeit der Ausnahmen gem. Art. 87 II und III befinden kann
(EuGH, Rs. 77/72, Capolongo/Maya, Slg. 1973, 611, 622 Rn. 4–6;
Rs. 78/76, Steinike und Weinlig, Slg. 1977, 595, 610 Rn. 15). Diese Zentralisierung der Anwendung zeichnet die Beihilferegeln gegenüber den
Möglichkeiten der **dezentralen Anwendung** von Art. 81 I (ex-Art. 85) und
Art. 82 (ex-Art. 86) durch nationale Behörden und Gerichte aus (s. Vorbem.
zu Art. 81–86 Rn. 10–11). Die einzige Vorschrift der Beihilferegeln, die **un-**
mittelbar wirksam ist, ist **Art. 88 III Satz 3** (ex-Art. 93), der die Vergabe
von Beihilfen ohne Genehmigung durch die Kommission verbietet. Dritte
können gegen illegale Beihilfen verschiedene Arten von **Schutzmaßnah-**
men von ihren nationalen Gerichten einklagen (s. Art. 88 Rn. 19).

Art. 87 (ex-Art. 92) (Verbot von Beihilfen, Ausnahmen)

**(1) Soweit in diesem Vertrag nicht etwas anderes bestimmt ist, sind
staatliche oder aus staatlichen Mitteln gewährte Beihilfen gleich welcher Art, die durch die Begünstigung bestimmter Unternehmen oder**

Produktionszweige den Wettbewerb verfälschen oder zu verfälschen drohen, mit dem Gemeinsamen Markt unvereinbar, soweit sie den Handel zwischen Mitgliedstaaten beeinträchtigen.

(2) Mit dem Gemeinsamen Markt vereinbar sind

a) Beihilfen sozialer Art an einzelne Verbraucher, wenn sie ohne Diskriminierung nach der Herkunft der Waren gewährt werden;

b) Beihilfen zur Beseitigung von Schäden, die durch Naturkatastrophen oder sonstige außergewöhnliche Ereignisse entstanden sind;

c) Beihilfen für die Wirtschaft bestimmter durch die Teilung Deutschlands betroffener Gebiete der Bundesrepublik Deutschland, soweit sie zum Ausgleich der durch die Teilung verursachten wirtschaftlichen Nachteile erforderlich sind.

(3) Als mit dem Gemeinsamen Markt vereinbar können angesehen werden:

a) Beihilfen zur Förderung der wirtschaftlichen Entwicklung von Gebieten, in denen die Lebenshaltung außergewöhnlich niedrig ist oder eine erhebliche Unterbeschäftigung herrscht;

b) Beihilfen zur Förderung wichtiger Vorhaben von gemeinsamem europäischem Interesse oder zur Behebung einer beträchtlichen Störung im Wirtschaftsleben eines Mitgliedstaates;

c) Beihilfen zur Förderung der Entwicklung gewisser Wirtschaftszweige oder Wirtschaftsgebiete, soweit sie die Handelsbedingungen nicht in einer Weise verändern, die dem gemeinsamen Interesse zuwiderläuft;

d) Beihilfen zur Förderung der Kultur und der Erhaltung des kulturellen Erbes, soweit sie die Handels- und Wettbewerbsbedingungen in der Gemeinschaft nicht in einem Maß beeinträchtigen, das dem gemeinsamen Interesse zuwiderläuft;

e) sonstige Arten von Beihilfen, die der Rat durch eine Entscheidung mit qualifizierter Mehrheit auf Vorschlag der Kommission bestimmt.

Literatur: *Evans/Martin,* Socially Acceptable Distortion of Competition, Community Policy on State Aids, ELR 1992, 79; *Faber,* Europarechtliche Grenzen kommunaler Wirtschaftsförderung, Schriftenreihe des Frh.-v.-Stein-Institutes, 1992; *Mederer,* Auswirkungen des EWR auf staatliche Beihilfen, in *Hummer,* Auswirkungen des Europäischen Wirtschaftsraums auf Österreich, 1993; *Müller-Graff,* Regionalförderung im vereinigten Deutschland, Schriftenreihe Arbeitskr. Eur. Integ., 1991; *Quigley,* The Notion of State Aid in the EEC, ELR 1988, 242; *Wishlade,* Competition policy, cohesion and the co-ordination of regional aids in the European Community, ECLR 1993, 143; *Stein-*

dorff, State subsidies for steel: A record of failure?, CMLRev. 1994, 959; *Habersack*, Staatsbürgschaften und EG-vertragliches Beihilfenverbot, ZHR, 1995, 663; *Houtman*, Entreprises en difficulté et règles communautaires en matière d'aides d'état, Revue internationale de droit économique 1995, 331; *Jestaedt/Budde*, Beihilfen für den Umweltschutz im Rahmen des EG-Vertrags, WuW 1995, 196; *Jestaedt/Miehle*, Rettungs- und Umstrukturierungsbeihilfen für Unternehmen in Schwierigkeiten, EuZW 1995, 659; *Koenig/Schneider/Busch*, Öffentlich-rechtliche Anstaltslast und Gewährträgerhaftung als staatliche Beihilfen gem. Art. 92 EGV, EuZW 1995, 595; *Schütte/Hix*, The application of the EC state aid rules to privatizations: the East German example, CMLRev. 1995, 215; *Slotboom*, State aid in Community law: A broad or narrow definition?, ELR 1995, 289; *von Wallenberg*, Die Vereinbarkeit der staatlichen Finanzierung öffentlich-rechtlicher Fernsehanstalten mit Art. 92 EGV, in : GS Grabitz, 1995; *Abbamonte*, Market economy investor principle: A legal analysis of an economic problem, ECLR 1996, 258; *Ehlermann/Schütterle*, Vollzugsdefizit der europäischen Beihilfenkontrollregeln?, EuZW 1996, 234; *Eisermann*, Gemeinschaftsrechtliche Beihilfenkontrolle bei staatlich unterstützten Forschungs- und Entwiclungsvorhaben, EuZW 1996, 683; *Schütte/Kirchhoff*, Staatliche Bürgschaften und EG-Beihilferecht, EWS 1996, 189; *Evans*, Privatisation and state aid control under EC law, ECLR 1997, 264; *Gruson*, Zum Fortbestehen von Anstaltslast und Gewährträgerhaftung zur Sicherung der Anleihen von Landesbanken, EuZW 1997, 357 und 429; *Klein/Haratsch*, Mitgliedstaatliche Regionalförderung insbesondere zugunsten kleiner und mittlere Unternehmer (KMU) aus der Sicht des EG-Rechts, EWS 1997, 410; *Steindorff*, Nichtigkeitsrisiko bei Staatsbürgschaften, EuZW 1997, 7.

I. Verbot staatlicher Beihilfen (Art. 87 I)

1. Verbot

1   **Art. 87 I** charakterisiert **staatliche Beihilfen**, die die darin festgelegten
Voraussetzungen erfüllen, nicht als „verboten", so wie Art. 4 lit. c EGKSV,
sondern **als „mit dem GM unvereinbar"**. Der Unterschied ist jedoch irrelevant. Gemäß Art. 88 III Satz 3 (ex-Art. 93) sind Beihilfen durchaus ver-

boten und illegal, es sei denn, die Kommission hat sie gem. Art. 87 II bzw.
III als mit dem GM vereinbar erklärt (EuGH, Rs. 78/76, Steinike und Weinlig, Slg. 1977, 595, 609 Rn. 8).

2. Begriff „staatliche Beihilfe" – Allgemeines

a) Zuweisung eines wirtschaftlichen Vorteils an Unternehmen

So wie der Zusatz **„gleich welcher Art"** andeutet, ist der Begriff „Beihil- **2**
fe" **in einem weiten Sinne** zu verstehen. Er umfaßt nicht nur positive
Transfers an den Begünstigten, also Geld- oder Sachleistungen, an die der
Begriff „Subvention" (jedenfalls im umgangsprachlichen Gebrauch) denken läßt, sondern auch den Verzicht auf Leistungen, z.b. Steuern, die normalerweise vom Begünstigten zu erbringen wären (EuGH, Rs. 30/59,
Steenkolenmijnen, Slg. 1961, 1, 42–43; zu den unterschiedlichen Formen
von Beihilfen s. Rn. 15). Nicht auf den **Zweck** der Begünstigung kommt es
an, sondern auf deren **Wirkung** (EuGH, Rs. 173/73, Italien/Kommission,
Slg. 1974, 709, 718–719 Rn.13; Rs. 310/85, Deufil, Slg. 1987, 901,
923–924 Rn. 7–8). Allgemein zu den bei Beihilfen zu erfüllenden Kriteri-
en s. 26. WB [1996], Ziff. 167–174; 27. WB [1997], Ziff. 214–230.
Beihilfen sind dadurch gekennzeichnet, daß sie dem Begünstigten einen **un-** **3**
entgeltlichen wirtschaftlichen Vorteil verschaffen (EuGH, Rs. 78/76,
a.a.O., 611 Rn. 22). Keine Beihilfe ist daher die **Vergütung von Dienstlei-**
stungen, die ein Unternehmen im Auftrag der öffentlichen Hand verrichtet,
wie z.B. das Sammeln und Beseitigen von Altöl (EuGH, Rs. 240/83, ADB-
HU, Slg. 1985, 531, 550 Rn. 16–21; s. RL Nr. 75/439/EWG des Rates v.
16.6.1975, ABl. L 194/31, geändert durch RL Nr. 87/101/EWG des Rates v.
22.12.1986, ABl. 1987 L 42/43, und 23. WB [1993], Ziff. 389; s. auch
Rs. 30/59, a.a.O.; für weitere Beispiele im Post- und Bankensektor sowie im
öffentlich-rechtlichen Fernsehen s. Rn. 52 sowie Vorbem. Art 87 Rn. 16).
Zuschüsse an Verbraucher (auch Unternehmen), die den Preis eines kost-
spieligeren umweltfreundlichen Produktes dem eines konventionellen sonst
gleichwertigen Produktes angleichen, sind ebenfalls keine Beihilfen, sofern
daraus kein Vorteil für Hersteller oder Händler entsteht, der ihre Wettbewerbsposition verstärkt (s. 23. WB [1993], Ziff. 384; s. ferner Rn. 41). Ebensowenig eine Beihilfe ist die **Erstattung von zu Unrecht erhobenen**
Beiträgen (EuGH, Rs. 61/79, Denkavit, Slg. 1980, 1205, 1227–1228 Rn.
29–32) oder die **Leistung von berechtigtem Schadenersatz** (EuGH, Rs.
106/87ff., Asteris/Griechenland, Slg. 1988, 5515, 5539–5540 Rn. 21–24).
Kapitalzuführungen durch den Staat an Unternehmen enthalten Beihilfe-

elemente, wenn ein rational handelnder Kapitalgeber in vergleichbaren Umständen keine Mittel investiert hätte. Verhält sich der Staat aber als marktwirtschaftlich handelnder Kapitalgeber, so ist die Kapitalzuführung keine Beihilfe (s. Rn. 21). Das gleiche gilt für **Strom- und Gastarife**, die staatlich kontrollierte Anbieter in Rechnung stellen. Wenn die Tarife kommerziell begründet sind, dann enthalten sie keine Beihilfe (s. 13. WB [1983], Ziff. 235; 15. WB [1985], Ziff. 182; EuGH, verb. Rs. 67/85 u.a., Van der Kooy/Kommission, Slg. 1988, 219, 270–271 Rn. 30; 19. WB [1989], Ziff. 168; 20. WB [1990], Ziff. 185–186; 22. WB [1992], Ziff. 434–437; 23. WB [1993], Ziff. 388 und 533). Schließlich sind staatliche Zuwendungen für **Infrastrukturmaßnahmen** in Zusammenhang mit der Erschließung von Industriegeländen keine Beihilfen, sofern sie nicht für einzelne Unternehmen bestimmt sind (17. WB [1987] Ziff. 220; E v. 26.3.1991, F/Saint Gobain, ABl. 215/1; EuGH, C-225/91, Matra/Kommission, Slg. 1993, I–3203, I–3257 Rn. 29; 26. WB [1996], Ziff. 167).

4   Nur Maßnahmen, die **Unternehmen** wirtschaftliche Kostenvorteile zuteil werden lassen, sind staatliche Beihilfen im Sinne von Art. 87 I (zum Unternehmensbegriff s. Vorbem. zu Art. 81–86 Rn. 32ff.). Folglich sind Beihilfen zur Ausbildung, Umschulung oder Beratung von Arbeitslosen keine Beihilfen i.S.v. Art. 87 I (s. Gemeinschaftsrahmen für Beschäftigungsbeihilfen, ABl. 1995, C-334/4, sowie Ausbildungsbeihilfen, ABl. 1998, C343/10). Finanzielle Zuwendungen an Körperschaften des öffentlichen Rechts, privatrechtliche Vereine u.ä., die keine wirtschaftlichen Tätigkeiten ausüben, können keine Beihilfen sein (s. aber 26. WB [1996], Ziff. 173).

b) Staatliche Mittel

5   Der Transfer eines wirtschaftlichen Vorteils, der eine Beihilfe ausmacht, muß unmittelbar oder mittelbar **durch den Staat** erfolgen. Der Beihilfegeber kann dementsprechend Teil der öffentlichen Verwaltung sein, auf welcher Ebene auch immer (Bund, Länder, Gemeinden – s. EuGH, Rs. 248/84, Deutschland/Kommission, Slg. 1987, 4013, 4041 Rn. 17), aber auch eine öffentliche oder gar private Einrichtung, die damit beauftragt worden ist (EuGH, Rs. 78/76, Steinike und Weinlig, Slg. 1977, 611 Rn. 21; Rs. 290/83, Kommission/Frankreich, Slg. 1985, 439, 449 Rn. 15; 16. WB [1986], Ziff. 223 – Unterstützung belgischer Pharmahersteller). Der Beihilfegeber kann auch ein Unternehmen sein, das im Staatsbesitz ist oder vom Staat kontrolliert wird (s. 21. WB [1991], Ziff. 221 – Crédit Lyonnais; EuGH, Rs. 67/85, Van der Kooy, Slg. 1988, 219, 271–272 Rn. 32–38; 27. WB [1997], Ziff. 225 – Riedel-de Haën AG).

Die Finanzierung der Beihilfe muß **nicht unbedingt eine Belastung des**   **6**
Staatshaushalts bedeuten, sondern kann über eine **Abgabe** erfolgen, die
vom Staat angeordnet, aber von einer separaten Einrichtung eingetrieben
wird (EuGH, Rs. 47/69, Frankreich/Kommission, Slg. 1970, 487; EuGH,
Rs. 78/76, Steinike und Weinlig a.a.O.; E v. 5.6.1985, F/Textilabgabe,
ABl. L 217/20; E v. 30.3.1989, D/Kohlepfennig, ABl. L 116/52; E v.
11.3.1992, NL/Tiermistentsorgung, ABl. L 170/34). Zuwendungen aus völ-
lig privat organisierten Abgaben stellen demgegenüber keine Beihilfen dar
(EuGH, Rs. 222/82, Apple and Pear Development Council, Slg. 1983,
4083, 4122–4123 Rn. 29–32). **Vorzugstarife für Strom und Gas**, die vom
Staat für bestimmte gewerbliche Verbraucher angeordnet werden, ohne den
Staatshaushalt direkt zu belasten, können auch Beihilfen sein (s. Rn. 3 sowie GA VerLoren van Themaat, Rs. 213/81, Norddeutsches Vieh- und
Fleischkontor, Slg. 1982, 3617). Ebenfalls Beihilfen sind aus Vergütungen
von öffentlichen Aufgaben gespeisten **Quersubventionen** zugunsten von
Tätigkeiten, bei denen das Unternehmen im Wettbwerb steht (EuGH, C-
39/94, SFEI/La Poste, Slg. 1996, I–3547; EuGeI T-106/95, Fédération
française des sociétés d'assurance/Kommission, Sg. 1997, II–229; dazu s.
Rn. 52 und 48). Gleiches gilt für Quersubventionen zugunsten Verluste ma-
chender Tätigkeiten, die ein Unternehmen durch staatlich gebilligte (z.B.
Strom-)Preiserhöhungen zu Lasten von Verbrauchern finanziert (24. WB
[1994], Ziff. 342).
Nicht jede staatliche Maßnahme, die zu einer Einkommenssteigerung oder   **7**
einer Minderbelastung von Unternehmen führt, ist aber eine Beihilfe. Der
EuGH hat entschieden, daß staatlich festgesetzte **Mindestpreise** zur Unterstützung des Einzelhandels keinen Einsatz von staatlichen Mitteln beinhalten und daher nicht unter Art. 87 I fallen, obwohl sie als eine indirekte Ein-
fuhrbeschränkung gegen Art. 27 (ex-Art. 30) verstoßen (EuGH, Rs. 82/77,
Van Tiggele, Slg. 1978, 25, 41 Rn. 24–25). Gleiches gilt für die Verteilung
von **Zollkontingenten** (EuGH, Rs. 213/81, Norddeutsches Vieh- und
Fleischkontor, Slg. 1982, 3582, 3602 Rn. 23), für die Einführung eines Internationalen **Seeschiffahrtsregisters**, das die Lohnkosten von Reedereien
und indirekt das öffentliche Steueraufkommen vermindert (EuGH, C-
72/91, Sloman Neptun, Slg. 1993, I–887, I–932–934 Rn. 14–22), sowie für
die Freistellung von kleineren Unternehmen von den Vorschriften über den
Kündigungsschutz (EuGH, C-189/91, Kirsammer-Hack, Slg. 1993,
I–6185, Rn. 12–19) oder von Umweltbestimmungen (27. WB [1997],
Ziff. 224).

c) Begünstigung bestimmter Unternehmen oder Produktionszweige

8 Art. 87 I ist nicht anwendbar auf **allgemeine Maßnahmen** der Konjunktur-
oder Wirtschaftspolitik, wie eine generelle Senkung des Körperschaftssteu-
ersatzes, Zuschüsse für die Einstellung von Langzeitarbeitslosen oder eine
Möglichkeit der beschleunigten Abschreibung von Investitionsausgaben,
die von allen Unternehmen unabhängig von ihrer Größe, ihrer Branchenzugehörigkeit und ihrem Standort beansprucht werden kann. Nur Maßnahmen, die bestimmte Unternehmen oder Gruppen davon **selektiv begünstigen**, fallen unter Art. 87 I. Diese Einschränkung ist dadurch gerechtfertigt,
daß die Auswirkungen von allgemeinen wirtschaftlichen Maßnahmen weit
verstreut auftreten und in der Vielfalt anderer wirtschaftlicher Maßnahmen
weitgehend untergehen oder durch Wechselkursschwankungen ausgeglichen werden (s. Kommission, 2. Beihilfenbericht 1990, Ziff. 6). Sie verursachen daher in geringem Maße eindeutige Wettbewerbsverzerrungen. Hinzu kommt, daß eine systematische Kontrolle allgemeiner wirtschaftspolitischer Maßnahmen durch die Kommission der Führung einer eigenständigen Wirtschaftspolitik durch die MS entgegenstünde. Notfalls kann die
Kommission Wettbewerbsverzerrungen, die aus allgemeinen wirtschaftlichen Maßnahmen herrühren, anhand von Art. 96 und 97 (ex-Art. 101 und
102) bekämpfen (s. Vorbem. zu Art. 87–89 Rn. 17).

9 Wenn der oder die Begünstigten ausdrücklich genannt oder nach Größe,
Branchenzugehörigkeit oder Standort bestimmt werden, so ist die **Selektivität der Maßnahme** offensichtlich. In der Praxis kann eine Maßnahme
aber bestimmte Unternehmen oder Sektoren auch dann besonders fördern,
wenn sie nach allgemeinen Kriterien angewandt wird. So werden Unternehmen, die im Export tätig sind, durch einen Vorzugsrediskontsatz für
Ausfuhren (EuGH, Rs. 6 und 11/69, Kommission/Frankreich, Slg. 1969,
523; 8. WB [1978], Ziff. 223–224) begünstigt. Eine Ermäßigung von Sozialbeiträgen zugunsten von Sektoren, die im verstärktem Maße dem internationalen Wettbewerb ausgesetzt sind, begünstigt ebenfalls eine identifizier-
bare Unterkategorie von Unternehmen (s. 26. WB [1996], Ziff. 172; vgl.
aber Ermäßigungen von Sozialbeiträgen zugunsten von Unternehmen, die
einen hohen Anteil von Arbeitern beschäftigen – 27. WB [1997], Ziff. 229).
Ähnlich bevorzugt eine höhere Ermäßigung der Arbeitgeberbeiträge zur
Krankenversicherung für weibliche als für männliche Arbeitnehmer Unternehmen in Sektoren, die einen hohen Prozentsatz von Frauen beschäftigen,
insb. der Textil- und Bekleidungs-, Schuh- und Lederwarenindustrie (E v.
15.9.1980, I/Arbeitgeberbeiträge zur Krankenversicherung, ABl. L 264/28;
s. auch 27. WB [1997], Ziff. 292). Ferner war die Kommission der Auffas-

sung, daß ein Pauschaleinkommensteuersatz von 30 %, der für in Dänemark beschäftigtes ausländisches Forschungspersonal und Manager eingeführt wurde, eine Beihilfe für besondere, an der grenzüberschreitenden Forschung und am Export beteiligte Unternehmen darstelle (Pressemitlg. Nr. IP [91] 118 v. 13.2.1991). Gelegentlich stellt sich eine „allgemeine" Maßnahme als in Wirklichkeit auf bestimmte oder sogar ein einziges Unternehmen gemünzt heraus (E v. 25.7.1990, I/Montedison, ABl. L 207/47). Um wirklich **als allgemein zu gelten**, sind Maßnahmen nach völlig objektiven Kriterien und vollkommen automatisch und ohne jeden Ermessensspielraum auf alle Unternehmen, die im Geltungsbereich der betreffenden Behörde ansässig sind, anzuwenden (s. 23. WB [1993], Ziff. 390; 24. WB [1994], Ziff. 347 und 349; EuGH, C-241/94, Frankreich/Kommission, Slg. 1996, I–4551). Zur Abgrenzung von allgemeinen Maßnahmen gegenüber Beihilfen bei Beschäftigungsmaßnahmen s. Gemeinschaftsrahmen für Beschäftigungshilfen (ABl. 1995, C 344/4) sowie Bekanntmachung über die Beihilfenbewachung und Senkung der Arbeitskosten (ABl. 1997, C 1/10; s. auch 24. WB [1994], Ziff. 202–204)

3. Verfälschung des Wettbewerbs

Beihilfen verschaffen Unternehmen einen **unverdienten Kostenvorteil** (s.   **10**
Rn. 3). Stehen die Unternehmen im Wettbewerb, so stärkt ein solcher Vorteil ihre Position gegenüber ihren Mitwettbewerbern (EuGH, Rs. 730/79, Philip Morris, Slg. 1980, 2671, 2688–2689 Rn. 11; C-142/87, Belgien/Kommission, Slg. 1990, I–959, I–1015 Rn. 40). Die **Wettbewerbsverfälschung** durch einen solchen direkten Eingriff in die Wettbewerbsverhältnisse ist unmittelbar einleuchtend, ja sogar selbstverständlich (s. 11. WB [1981], Ziff. 176). Sie spielt sich vor dem Hintergrund der Konkurrenz zwischen MS und Regionen als Standorte für Wirtschaftstätigkeit und Beschäftigung ab (s. E v. 15.7.1987, DA/Regionalbeihilfen, ABl. L 347/64, 66). Es kommt nicht auf den Marktanteil des Unternehmens oder die Intensität der Beihilfe an (EuGH, Rs. 310/85, Deufil, Slg. 1987, 901, 924–929 Rn. 9–12; Rs. 259/85, Frankreich/Kommission, Slg. 1987, 4393, 4416–4417 Rn. 15–20; C-142/87, Belgien/Kommission, Slg. 1990, I–959, I–1015 Rn. 42–43). Situationen, in denen der Wettbewerb nicht durch eine Beihilfe verfälscht wird, bleiben – zumindest im rein gewerblichen, im Gegensatz etwa zum kulturellen, Bereich (s. Rn. 32–33) – die Ausnahme (so z.B. E v. 25.3.1987, F/Usinor, ABl. L 209/21 – Fall eines in der Liquidation befindlichen Bauunternehmens, das gerade seine letzten Verträge außerhalb der EG abwickelt).

11 Der **Nachweis** der Wettbewerbsverfälschung braucht daher **nicht so aus-führlich** zu sein wie bei Art. 81 und 82 (ex-Art. 85 und 86), insbesondere was die Abgrenzung des relevanten Marktes angeht (EuGH, Rs. 730/79 Philip Morris Slg. 1980, 2688–2689 Rn. 9–12). Die Wettbewerbsverfäl-schung kann nur **potentiell** sein („zu verfälschen drohen"), z.b. indem die Beihilfe den Marktzutritt für neue Unternehmen erschwert. Trotzdem darf es für die Beurteilung an einer Beschreibung der Wettbewerbsverhältnisse auf dem Markt nicht ganz fehlen (EuGH, Rs. 296 u. 318/82, Leeuwarder Papierwarenfabrik/Kommission, Slg. 1985, 809, 824 Rn. 24; GA *Slynn*, Rs. 223/86, RSV Machinefabrieken, Slg. 1987, 4648–4649).

12 Eine Wettbewerbsverfälschung kann nicht mit dem Argument geleugnet werden, daß die Beihilfe nur Beihilfen oder sonstige Wettbewerbsvorteile in anderen MS ausgleicht. Bei der Beurteilung muß nämlich von der Situa-tion vor Gewährung der Beihilfe ausgegangen werden (EuGH, Rs. 173/73, Italien/Kommission, Slg. 1974, 709, 720 Rn. 17). Wettbewerbsverfälschun-gen gleichen einander nicht aus, sondern der Effekt steigert sich (EuGH, Rs. 78/76, Steinike und Weinlig, Slg. 1977, 612 Rn. 23–24; s. auch EuGH, Rs. 6 u. 11/69, Kommission/Frankreich, Slg. 1969, 523, 540 Rn. 18–20; 8. WB. [1978], Ziff. 225).

4. Beeinträchtigung des zwischenstaatlichen Handels

13 „Beeinträchtigung" des Handels zwischen MS ist i.S.v. **„Beeinflussung"** zu verstehen (s. Vorbem. zu Art. 81–86 Rn. 14). Es genügt eine **Wahr-scheinlichkeit** oder Möglichkeit **der Beeinflussung** (EuGH, Rs. 730/79, Philip Morris, Slg. 1980, 2688–2689 Rn. 11–12). Diese Möglichkeit liegt in gewissem Maße immer vor, wenn Beihilfen die Wettbewerbsposition von bestimmten Unternehmen oder Standorten verstärken. Deswegen werden die Tatbestandsmerkmale „Wettbewerbsverfälschung" und „Handelsbeein-trächtigung" oft zusammen behandelt (s. z.B. EuGH, Rs. 730/79, Philip Morris a.a.O.; Rs. 11/69, Frankreich/Kommission a.a.O.; s. auch 26. WB [1996], Ziff. 173). Der Handel kann auch dann beeinflußt werden, wenn die Produktion des Unternehmens, das die Beihilfe erhält, nicht exportiert wird, sondern nur auf dem Heimatmarkt mit Einfuhren aus anderen MS konkur-riert, und wenn keine Überkapazität im betreffenden Sektor besteht (EuGH, Rs. 102/87, Frankreich/Kommission, Slg. 1988, 4067, 4087–4088 Rn. 19). Eine Handelsbeeinträchtigung liegt nahe, wenn die Beihilfe eine Kapa-zitätserweiterung beim begünstigten Unternehmen ermöglicht (EuGH, Rs. 730/79, Philip Morris a.a.O.). Sie ist unbestreitbar, wenn im betreffen-den Sektor Überkapazität herrscht (EuGH, C-305/89, Italien/Kommission,

Slg. 1991, I–1603, I–1641–1642 Rn. 25–28). Unter solchen Umständen
spielt es keine Rolle, daß der Anteil des Unternehmens am innergemeinschaftlichen Handel sehr gering ist (E v. 17.11.1987, D/BUG-Alutechnik,
ABl. 1988 L 79/29; bestätigt EuGH, C-5/89, Kommission/Deutschland,
Slg. 1990, I–3437). Ebensowenig läßt sich eine Beeinflussung des Handels
unter Berufung auf den Umstand abstreiten, daß die Einfuhren in den
betreffenden MS nicht abnehmen (E v. 2.5.1979, GB/Kapitalgüter für
Nordseeölproduktion, ABl. L 127/50) oder gar zunehmen (E v. 9.3.1983,
I/Fischereibeihilfen, ABl. L 137/28, 29). Der innergemeinschaftliche Han-
del kann ebenfalls durch Beihilfen an ein Unternehmen beeinflußt werden,
das den überwiegenden Teil seiner Produktion nach Drittländern exportiert
(EuGH, Rs. 142/87, Belgien/Kommission, Slg. 1990, I–959, I–1013–1015
Rn. 31–40; C-42/93, Spanien/Kommission, Slg. 1995, I–4175; gleichfalls
bei der öffentlichen Förderung von Auslandsinvestitionen – 27. WB [1997],
Ziff. 230).

Die Kommission geht davon aus, daß Beihilfen nicht unter Art. 87 I fallen,   **14**
wenn die Auswirkungen auf den innergemeinschaftlichen Handel als sehr
gering eingeschätzt werden können. Dies trifft vor allem für Beihilfen zu,
die in geringen Beträgen, oft von Gemeinde-, Kreis oder Landesverwaltun-
gen, an kleine und mittlere Unternehmen, z.B. für Dienstleistungen von
rein lokaler Bedeutung, gewährt werden (s. 24. WB [1994], Ziff. 352; 26.
WB [1996], Ziff. 173 und 221; sowie Leitlinien für Beschäftigungsbeihilfen, ABl. 1995, C 334/4, und Leitlinien für Beihilfen an kleine und mittlere Unternehmen, ABl. 1996, C 213/4). Diese Betrachtungsweise wird auch
durch den praktischen Gesichtspunkt bedingt, daß der Verwaltungsaufwand
für die Kontrolle solcher Beihilfen, sowohl bei den nationalen Behörden als
auch bei der Kommission, durch die von ihnen ausgehende (geringe) Gefahr für den Wettbewerb kaum gerechtfertigt ist. Obwohl die Rechtsprechung des EuGH überwiegend gegen eine **Spürbarkeitschwelle** für Art. 87
I zu sprechen scheint (s. insb. EuGH, Rs. 142/87, Belgien/Kommission,
Slg. 1990, I–959, I–1015 Rn. 43; s. auch GA *Lenz*, Rs. 234/84, Belgien/
Kommission, Slg. 1986, 2272–2274), fehlt es nicht ganz an Anhaltspunkten für diese These (EuGH, Rs. 47/69 Frankreich/Kommission, Slg. 1970,
487, 496 Rn. 16–17; Rs. 248/84, Deutschland/Kommission, Slg. 1987,
4013, 4041 Rn. 18). Auf jeden Fall hat die Kommission erstmals in ihren
1992 veröffentlichten Leitlinien für Beihilfen an kleine und mittlere Unternehmen mit der Begründung, daß nicht alle Beihilfen spürbare Auswirkungen auf den zwischenstaatlichen Handel und Wettbewerb haben, eine
„**Bagatellgrenze**" festgesetzt, unterhalb derer die MS auf die Notifizierung
von Beihilfeprogrammen zur Kontrolle an die Kommission verzichten kön-

nen. Diese Grenze liegt jetzt bei einem Betrag von Euro 100.000 pro Unternehmen und während einer Dreijahresperiode (s. Bekanntmachung über
„de-minimis"-Beihilfen, ABl. 1996 C 68/9). Neben diesem Betrag an
„de-minimis"-Beihilfen kann ein Unternehmen gleichzeitig unbeschränkt
Beihilfen nach notifizierten· und bewilligten Beihilferegelungen erhalten.
Der Ratsbeschluß nach Art. 89 (ex-Art. 94) über die Ermächtigung der
Kommission zum Erlaß von Gruppenfreistellungen für bestimmte Arten
von Beihilfen hat nunmehr eine rechtliche Grundlage für die Spürbarkeits-
schwelle geschaffen (s. Art. 89 Rn. 1).

5. Formen staatlicher Beihilfen

15   Folgende **Aufzählung von Beihilfeformen** hat die Kommission 1963 in einer Antwort auf die Frage eines EP-Abgeordneten gegeben: „Zuschüsse,
Befreiungen von Steuern und Abgaben, Befreiungen von parafiskalischen
Abgaben, Zinszuschüsse, Übernahme von Bürgschaften zu besonders günstigen Bedingungen, unentgeltliche oder besonders preiswerte Überlassung
von Grundstücken oder Gebäuden, Lieferung von Gütern oder Dienstleistungen zu Vorzugsbedingungen, Übernahme von Verlusten oder jede andere Maßnahme gleicher Wirkung" (Antwort auf schriftl. Anfrage Nr. 48,
ABl. 1963, 2235). Nach heutigen Erkenntnissen fehlt in dieser Liste als eine der Hauptformen subventionshaltiger Transfers an Unternehmen die **Kapitalzuführung** (s. Rn. 2–3 und 21; s. auch die Liste in den Leitlinien für
die Beurteilung von Beihilfen im Fischereisektor, ABl. 1994 C 260/3). In
engem Zusammenhang damit müssen Privatisierungen genannt werden, die
ebenfalls Anlaß zu Beihilfen geben können (s. Rn. 49). Wie oben erwähnt
(s. Rn. 3), sind **Energiepreise** ein häufiges Problemfeld im Bereich der
öffentlichen Versorgung mit Gütern und Dienstleistungen. Nicht erwähnt in
der Liste, aber bisher ein seltenes Gebiet der Beihilfenkontrolle, ist die **Vergabe öffentlicher Aufträge** (vgl. aber Leitlinien für FuE-Beihilfen, ABl.
1996 C 45/5, Ziff. 9.3, wo von subventionierten FuE-Aufträgen die Rede
ist; s. auch Vorbem. zu Art. 87–89 Rn. 14). Dazu gehört auch der unentgeltliche oder verbilligte **Zugang zu öffentlichen Forschungseinrichtungen** (s. Leitlinien für FuE-Beihilfen a.a.O., Ziff. 4.3.2). Im folgenden wird
auf einige Beihilfetypen eingegangen, die Besonderheiten aufweisen oder
bei der Beurteilung Schwierigkeiten bereiten.

a) Verbilligte Darlehen oder Kredite, Zinszuschüsse

16   **Verbilligte Darlehen oder Kredite** werden von öffentlichen Krediteeinrich-
richtungen zu Zinssätzen, die unter dem Marktniveau liegen, und zusam-

men mit anderen Vergünstigungen wie Tilgungsaufschub gewährt (z.b. ERP-Darlehen der Deutschen Ausgleichsbank, 22 WB [1992], Ziff. 468). Eine Variante davon ist die Bereitstellung von Zinszuschüssen zur Verbilligung von kommerziellen Bankdarlehen (s. z.B. E v. 29.7.1986, B/Flachglas, ABl. L 342, 32). Die verschiedenen Formen von Kreditverbilligung werden zu ihrem Gegenwert als einmaligem Zuschuß (**„Subventionsäquivalent"**) umgerechnet, wenn es darum geht, zu kontrollieren, ob sie unterhalb der Förderhöchstsätze bleiben, die in vielen Bereichen der Beihilfenkontrolle (s. Rn. 39–42, 44, 47, 50) angewendet werden. Zur Berechnungsweise s. Anlage II.B. zum 23. WB [1993] und Bekanntmachung über „de-minimis-Beihilfen", a.a.O, (Bruttowert, d.h. vor Steuern) und Anlage I zum Gemeinschaftsrahmen für Regionalbeihilfen, ABl. 1998 C 74/9 (Nettowert, d.h. nach Steuern). Bei der Berechnung wird, da der Marktzinssatz je nach den Umständen des Unternehmens schwankt und deshalb nicht in jedem Einzelfall feststellbar ist, ein einheitlicher Referenzzinssatz zugrundegelegt, der für jeden MS mindestens einmal jährlich festgesetzt wird (s. Methode zur Festsetzung der Referenz- und Abzinsungssätze, ABl. 1997 C 273/3). Bei der Behandlung von Einzelfällen, die bestimmte Unternehmen betreffen, wird ein den Umständen entsprechender Marktzins angesetzt, der vom Referenzzinssatz abweichen kann (s. z.B. 23. WB [1993], Ziff. 483).

b) Steuerermäßigung

Freistellungen und Ermäßigungen aller **Steuern** und **steuerähnlichen** **17** **Pflichtzahlungen** wie Abgaben, Gebühren und Sozialbeiträge kommen als mögliche Beihilfe in Betracht (s. z.B. EuGH, Rs. 70/72, Kommission/ Deutschland, Slg. 1973, 813; C-387/92, Banco Exterior de España SA/Ayuntamiento de Valencia, Slg. 1994, I–877; C-241/94, Frankreich/ Kommission, Slg. 1996 I–4551 – verschiedene Steuern; E v. 29.7.1986, B/Flachglas, ABl. 1986 L 342/32, und 22. WB [1992], Ziff. 481 – Grundbesitzsteuer; EuGH, Rs. 173/73, Italien/Kommission, Slg. 1974, 709, und Rs. 301/87 Frankreich/Kommission, Slg. 1990, I–307, I–362 Rn. 41 – Sozialbeiträge; E v. 19.12.1984, F/FIM-Darlehen, ABl. 1985 L 216/12 – Kapitalzinssteuer; E v. 31.7.1992, D/Investitionszulagen, Pressemtlg. Nr. IP [92] 670 – Gesellschaftssteuer). Die **Stundung** einer Zahlung ohne Verzinsung kommt einem zinslosen Darlehen gleich (s. E v. 22.9.1993, F/PMU, ABl. L 300/15; E v. 10.6.1992, E/Fundix, ABl. C 198/9; vgl. E v. 9.3.1993, GB/BAe/Rover, ABl. L 143/7). Bei manchen Steuervergünstigungen stellt sich die Frage, ob sie nicht eine allgemeine wirtschaftliche Maßnahme und keine Beihilfe i.S.v. Art. 87 I darstellen. Neben den oben (Rn. 8–9) genannten Kriterien ist ein wichtiger Gesichtspunkt, inwieweit die Sonderbehandlung mit der inneren Logik des Steuersystems im Einklang steht oder eher eine Abweichung davon darstellt (letzteres in bezug auf Verminderung einer CO_2-Steuer für Großenergieverbraucher, s. 22. WB [1992], Ziff. 451). Der Wettbewerb kann auch durch eine besonders niedrige Unternehmensbesteuerung verfälscht werden, die als allgemeine Maßnahme einzustufen ist (s. Rn. 8 sowie E v. 22.7.1998, Irl/International Financial Services Centre, ABl. C 395/14). Der Rat hat dazu einen Verhaltenskodex beschlossen (Ratsentschließung vom 1.12.1997, ABl. 1998 C 2/2; s. auch 27. WB [1997], Ziff. 231).

c) Bürgschaften, Rückbürgschaften, Garantien

18 Durch eine Bürgschaft gewährleistet der Staat direkt oder mittelbar über Finanzinstitute die Rückzahlung von Bankkrediten, Darlehen oder Obligationen. I.d.R. enthält eine **Staatsbürgschaft** deswegen Beihilfeelemente, weil ohne sie in Ermangelung ausreichender Sicherheiten ein privater Kreditgeber die Mittel entweder überhaupt nicht oder nur zu einem höheren Zinssatz bereitstellen würde (s. Mitteilung über öffentliche Unternehmen, ABl. 1993 C 307/3, 13 Ziff. 38; 24. WB [1994], Ziff. 346). Dies trifft auch dann zu, wenn Prämien oder Gebühren für die Bürgschaft bezahlt werden, denn sie sind meistens weniger als die Verbilligung des Zinssatzes, welche aus der Bürgschaft resultiert (s. NL/Regeling Bijzondere Financering, ABl. 1992 C 22/6; s. auch 27. WB [1997], Ziff. 219). Das Beihilfeelement entspricht dem Unterschiedsbetrag zwischen dem vom Kreditnehmer zu bezahlenden Zinssatz auf dem freien Markt und dem aufgrund der Bürgschaft tatsächlich gezahlten Zinssatz abzüglich der für die Bürgschaft gezahlten Prämie (Mitteilung über öffentliche Unternehmen a.a.O.). Staatsbürgschaften werden oft an Unternehmen in Schwierigkeiten gewährt (s. Rn. 46). Sie können ernsthafte Wettbewerbsverfälschungen verursachen, wenn sie wiederholt an nicht lebensfähige Unternehmen gewährt werden und diese dadurch künstlich ohne Umstrukturierung am Leben erhalten werden. Um dies zu vermeiden, hat die Kommission den MS mitgeteilt, daß sie Einzelbürgschaften oder Bürgschaftsprogramme nur insofern genehmigen wird, als die Inanspruchnahme der Bürgschaft durch den Kreditgeber an die Bedingung geknüpft ist, daß er vorher seine Forderungen als ordentlicher Kaufmann verwertet und es wo nötig zu einem Vergleichs- oder Konkursverfahren kommen läßt (Schreiben an die MS v. 5.4.1989 und 12.10.1989, s. „Wettbewerbsrecht Bd. II"). Wird von dieser Bedingung abgewichen, so wird es als eine neue Beihilfe angesehen. Die gesetzliche Garantie aller

Schulden von Staatsunternehmen gem. Art. 2362 des italienischen Codice Civile hatte in der Vergangenheit viele Probleme bereitet, die aber im Zuge der Entscheidung im Fall EFIM (ABl. 1993 C 349/2) gelöst wurden (s. auch EuGH, C-303/88 Italien/Kommission, Slg. 1991, I–1433, I–1474 Rn. 13). Verhältnismäßig unbedenklich sind dagegen staatliche Bürgschaftssysteme zugunsten kleiner und mittlerer Unternehmen, die auch unter normalen Umständen Probleme bei der Kreditbeschaffung haben. Manchmal nehmen sie die Form von Rückbürgschaften (Rückversicherung von privaten Kreditversicherungsgesellschaften von KMU) an. **Wechselkursrisikogarantien** sind von der Kommission als verbotene **Ausfuhrbeihilfen** untersagt worden (8. WB [1978], Ziff. 223–224; E v. 18.5.1979, F/Ausfuhrsteigerungsdarlehen, ABl. L 138/30; E v. 27.6.1984, F/Wechselkursgarantie für Kraftwerk in Griechenland, ABl. L 230/25). **Garantien von Exportkrediten** hat die Kommission jedoch bisher geduldet (s. Rn. 38).

d) Beihilfen, die durch Abgaben finanziert werden

Die Förderung von Tätigkeiten zugunsten eines bestimmten Sektors mittels **19** vom Sektor selbst entrichteter zweckgebundener **Abgaben** stellt i.d.R. eine Beihilfe dar (EuGH, Rs. 259/85, Frankreich/Kommission, Slg. 1987, 4393, 4418 Rn. 23; C-78/90, Compagnie Commerciale de l'Ouest, Slg. 1992, I–1847; E v. 11.3.1992, NL/Tiermistentsorgung, ABl. L 170/34). Nur wenn die durch das Abgabenaufkommen finanzierten Tätigkeiten so allgemeiner Natur sind, daß sie dem Sektor als Ganzem zugute kommen, handelt es sich nicht um eine Beihilfe. Die Genehmigung solcher Regelungen setzt voraus, daß die Abgaben nicht auf importierte Waren, und zwar weder bei der Einfuhr noch bei der Vermarktung, erhoben und Ausfuhren nicht freigestellt werden, da dies gegen die Vertragsvorschriften über den freien Warenverkehr verstoßen würde (s. Vorbem. zu Art. 87–89 Rn. 13; E v. 1.12.1990, F/Zierpflanzenabgabe, ABl. 1991 L 123/51; E v. 24.4.1991, I/Papierabgabe, ABl. 1992 L 47/19; 20. WB [1990], Ziff. 338; 21. WB [1991], Ziff. 315; 22. WB [1992], Ziff. 507; 23. WB [1993], Ziff. 391 und 551; 26. WB [1996], Ziff. 173).

e) Verbilligte Grundstückpreise, Mieten

Der Verkauf von **Industriegeländen** unter ihrem Marktwert (s. 1. WB **20** [1971], Ziff. 158–159; 21. WB [1991], Ziff. 239; 22. WB. [1992], Ziff. 345 und 408; 23. WB [1993], Ziff. 393; 24. WB [1994], Ziff. 345; 25. WB [1995], Ziff. 158; 26. WB [1996], Ziff. 168) bzw. der Ankauf zu einem überhöhten Preis (25. WB [1995], Ziff. 159) ist oft nur anhand von unab-

hängigen Gutachten nachzuweisen. Diese läßt die Kommission daher in
größeren Fällen anfertigen (s. diesbezügliche Mitteilung, ABl. 1997 C
209/3). Einen ähnlichen Anreiz können billige Mietpreise für Fabrikgelän-
de sowie ermäßigte Erschließungs- oder Versorgungsgebühren darstellen
(10. WB [1980], Ziff. 177; E v. 11.2.1987, D/Fischereibeihilfen ABl.
L 295/25, 27; 25. WB [1995], Ziff. 158; vgl. auch 25. WB [1995], Ziff. 175
(öffentliche Verkehrsinfrastruktur)).

f) Kapitalzuführungen

21 Die Zuführung von Kapital durch den Staat an ein Unternehmen ist eine
Beihilfe, wenn die Zukunftsaussichten des Unternehmens eine einem privaten Kapitalgeber akzeptable Rendite (entweder durch Dividendenzah-
lung oder Kapitalzuwachs) in einem absehbaren Zeitraum nicht erwarten
lassen. Dieser **Grundsatz des marktwirtschaftlich handelnden Kapital-
gebers**, der bereits in den 1981 verabschiedeten Stahl- und Schiffbaubei-
hilfenkodices (ABl. 1981 L 137/39, und L 228/14) erschien, wurde 1984
von der Kommission in einer Mitteilung ausführlich dargelegt (Bull. EG
9–1984; s. „Wettbewerbsrecht Bd. II"). Kapitalzuführungen sind genauso
nach Rentabilitätsgesichtspunkten zu beurteilen wie Darlehen (EuGH, Rs.
323/82, Intermills/Kommission, Slg. 1984, 3809, 3830 Rn. 31). Es handelt
sich sowohl um Kapitaltransfers an öffentliche Unternehmen, die schon
ganz oder mehrheitlich im Staatsbesitz oder vom Staat kontrolliert sind, als
auch um solche an bisher private Unternehmen, in denen der Staat eine Beteiligung erhält (zu öffentlichen Unternehmen s. Rn. 48). Vom EuGH ist regelmäßig bestätigt worden, daß bei der Beurteilung des Beihilfecharakters
von der Frage auszugehen ist, ob sich das Unternehmen die betreffenden
Mittel auf den privaten Kapitalmärkten hätte beschaffen können (s. z.B.
EuGH, Rs. 40/85, Belgien/Kommission, Slg. 1986, 2321, 2345 Rn. 13–14;
Rs. 142/87, Belgien/Kommission, Slg. 1990, I–959, I–1012 Rn. 26–29; C-
278 und 280/92, Spanien/Kommission, Slg. 1994, I–4103; C-42/93, Spa-
nien/Kommission, Slg. 1994, I–4175). Längerfristige strategische Überlegungen, die auch einen privaten Investor veranlassen würden, zeitweilig
Verluste von bestimmten Geschäftsbereichen auszugleichen, müssen
berücksichtigt werden; wird aber Kapital (evtl. auch wiederholt) ohne alle
auch langfristigen Rentabilitätsaussichten zugeführt, so handelt es sich um
eine Beihilfe (EuGH, C-303/88, Italien/Kommission, Slg. 1991, I–1433,
I–1476 Rn. 21–22; Mitteilung über öffentliche Unternehmen, ABl. 1993 C
307/3, 9–11 Ziff. 27–31; 24. WB [1994], Ziff. 344; 25. WB [1995], Ziff.
159; 26. WB [1996], Ziff. 170; s. auch Rettungs- und Umstrukturierungsbeihilfen, Rn. 46). Gleiches gilt, wenn Darlehen in Kapital umgewandelt

werden und der Staat dabei auf eine angemessene Verzinsung seiner Investition verzichtet (s. Mitteilung über öffentliche Unternehmen a.a.O. 14 Ziff. 43) oder wenn der Staat einem Staatsunternehmen für die Aktien eines anderen Staatunterhenmens einen überhöhten Preis zahlt (27. WB [1997], Ziff. 217).

II. Legalausnahmen (Art. 87 II)

Art. 87 II sieht **Ausnahmen für drei Kategorien von Beihilfen** vor. Selbst-   **22**
verständlich betrifft die Vorschrift nur Beihilfen, die unter Art. 87 I fallen und somit einer Ausnahme bedürfen (s. Rn. 23 zu Art. 87 II lit. a). Die Ausnahmen sind automatisch anwendbar, sofern die jeweiligen Voraussetzungen erfüllt sind. Die Kommission hat nur zu prüfen, ob dies der Fall ist; sie besitzt also keinen Ermessensspielraum wie bei Art. 87 III.

1. Lit. a – Verbraucherbeihilfen

Beihilfen an Verbraucher für den Kauf bestimmter Erzeugnisse können   **23**
unter Art. 87 I fallen, wenn sie den Herstellern der geförderten Produkte gegenüber den Produzenten von damit konkurrierenden Erzeugnissen einen Vorteil verschaffen. Wenn sie dies nicht tun, fallen sie nicht unter Art. 87 I und bedürfen nicht der Freistellung. Die Einschränkung **„sozialer Art"** schließt die Anwendung dieser Ausnahme auf Verbraucherbeihilfen zu Umweltschutzzwecken aus (s. 15. WB [1985], Ziff. 225; Leitlinien für die Beurteilung von Umweltschutzbeihilfen, ABl. 1994 C 72/3, Ziff. 3.5). Die Ausnahme ist wohl für **Lebensmittelsubventionen** gedacht, jedoch sind Anwendungsfälle nicht bekannt (s. aber 5. WB [1975], Ziff. 126–129; EuGH, Rs. 52/76, Benedetti/Munari, Slg. 1977, 163; zur Bedingung der Nichtdiskriminierung, s. Vorbem. zu Art. 87–89 Rn. 14 (s. 24. WB [1994], Ziff. 354).

2. Lit. b – Katastrophenbeihilfen

Die Ausnahme ist auf Beihilfen zum Ausgleich der unmittelbaren Schäden,   **24**
die durch **Naturkatastrophen** wie schwere Unwetter, Überschwemmungen und Erdbeben entstanden sind, anwendbar (s. 8. WB [1978], Ziff. 164; 16. WB [1986], Ziff. 291; E v. 11.10.1982, ABl. L 315/21). Die Beihilfen dürfen nicht über die Beseitigung von unmittelbaren Schäden hinausgehen und etwa auf den wirtschaftlichen Wiederaufbau gerichtet sein (s. E v. 25.7.1990, I/Mezzogiorno, ABl. 1991 L 86/23; EuGH, C-364/90, Italien/Kommission, Slg. 1993, I–2097, I–2124 Rn. 14–17). Als Beispiele von „außergewöhnlichen Ereignissen" wären Krieg oder Terroranschläge zu

nennen, nicht aber plötzlich auftretende Begebenheiten im Wirtschafts-
oder Währungsbereich. Zur Behebung der Folgen letzterer Ereignisse können andere Ausnahmen angewendet werden (z.B. Art. 87 III lit. b – s. Rn.
31; s. auch 22. WB [1992], Ziff. 470).

3. Lit. c – Beihilfen aufgrund der Teilung Deutschlands

25   Bis zur Wiedervereinigung wurde diese Ausnahme auf Beihilfen im „Zonenrandgebiet" und in West-Berlin angewandt. Danach war die Kommission zunächst der Auffassung, daß die Bestimung hinfällig geworden war
(s. 20. WB [1990], Ziff. 178; 22. WB [1992], Ziff. 408 und 483–485). Die
Ausnahme ist dennoch bei der Änderung des EGV durch den Vertrag von
Maastricht **beibehalten** worden und wird **gelegentlich angewandt**
(24. WB [1994], Ziff. 354).

III. Ausnahmen, die im Ermessen der Kommission liegen (lit. a bis d) oder vom Rat bestimmt werden können (lit. e)

1. Lit. a bis d – Allgemeines

26   Die Ausnahmen, die in **lit. a–c** vorgesehen sind und deren Anwendung im
Ermessen der Kommission liegt, bilden die Grundlage für die große Mehrheit aller Entscheidungen über Beihilfen, die dem EGV unterliegen. Davon
entfällt weit über die Hälfte allein auf lit. c. Es ist sinnvoll, diese Entscheidungspraxis nach Förderzwecken und Begünstigtenkreisen, wonach sie
auch weitgehend kodifiziert worden ist, darzustellen (s. Rn. 36–51).
Zunächst sollen aber die allgemeinen Beurteilungsgrundsätze, die zu der
Anwendung der Ausnahmen a–c entwickelt worden sind, und dann der Reihe nach die Anwendungsbereiche der einzelnen Vorschriften sowie der
lit. d (Kulturförderung) und e **(Schiffbaubeihilferichtlinien)** beschrieben
werden.

27   Die Anwendung der in lit. a bis c vorgesehenen Ausnahmen liegt im **Ermessen** der Kommission. Bei der Prüfung, ob die Beihilfe zur Verwirklichung eines der in der Ausnahmevorschrift genannten Ziele beiträgt, muß
die Kommission aus der Sicht der **EG** vorgehen (EuGH, Rs. 730/79, Philip
Morris/Kommission, Slg. 1980, 2671, 2690–2691 Rn. 17 und 24). Um im
Gemeinschaftsinteresse zu sein, muß die Beihilfe zur Erreichung der o.g.
Ziele **notwendig** sein, denn sonst würden Wettbewerbsverzerrungen hinge-
nommen, die hätten vermieden werden können (EuGH, Rs. 730/79, Philip
Morris a.a.O. 2690 Rn. 16–17; 10 WB [1980], Ziff. 213; 12. WB [1982]
Ziff. 160; 14. WB [1984], Ziff. 202; s. auch E v. 29.7.1986, D/Betzdorf,

ABl. 1987 L 40/17). Erst recht darf eine Beihilfe **nicht gegen das Gemeinschaftsinteresse** gerichtet sein, etwa weil sie ein Unternehmen in
einem Sektor, der Überkapazitäten hat, künstlich am Leben erhält (E v.
15.7.1987, F/Boussac, ABl. L 352/42) oder dem Funktionieren einer gemeinsamen Marktorganisation für landwirtschaftliche Produkte entgegenwirkt (E v. 25.6.1986, D/Fischereibeihilfen, ABl. L 327/44).

2. Lit. a – Regionalbeihilfen in weniger entwickelten Gebieten

Genauso wie lit. c, enthält **lit. a** eine Ausnahme für **Regionalförderung**.
Schon der Wortlaut der Vorschrift deutet an, daß sie nur auf extrem unter-
entwickelte Gebiete anwendbar ist. Dies ist nicht am nationalen Durchschnitt, sondern am Gemeinschaftsniveau zu messen (EuGH, Rs. 730/79,
Philip Morris a.a.O. 2691–2692 Rn. 25; Rs. 248/84, Deutschland/Kommis-
sion, Slg. 1987, 4013, 4042 Rn. 19). Gebiete, die als förderungswürdig
gem. lit. a eingestuft werden, werden bei der Entscheidungspraxis der
Kommission gegenüber nach lit. c geförderten Gebieten bevorzugt (s.
Rn. 44). Die EG hat sich nämlich gem. Art. 158 (ex-Art. 130a) das Ziel gesetzt, „die Unterschiede im Entwicklungsstand der verschiedenen Regionen
und den Rückstand der am stärksten benachteiligten Gebiete, einschließlich
der ländlichen Gebiete, zu verringern". Dennoch wird die Kommission
nicht der Aufgabe enthoben, die Auswirkungen von Beihilfen, die an Unternehmen in nach lit. a bestimmten Fördergebieten gewährt werden, auf
dem relevanten gemeinschaftlichen Markt vorsichtig zu prüfen (EuGH, C-
169/95, Spanien/Kommission, Slg. 1997, I–135). Dies gilt, trotzdem bei lit.
a im Gegensatz zu lit. c die Bedingung fehlt, daß die Beihilfe „die Handelsbedingungen nicht in einer Weise verändern [darf], die dem gemeinsamen Interesse zuwiderläuft". Wegen der Wettbewerbsverzerrungen, die von
Beihilfen in Regionalfördergebieten ausgehen können, ist die Kommission
dabei, auch in nach lit. a eingestuften Gebieten die höchstzulässigen För-
dersätze herabzusetzen (s. Rn. 44). Die nach lit. a eingestuften nationalen
Fördergebiete entsprechen den „Ziel-1-Gebieten" der Strukturfonds (s. Bekanntmachung der Kommission, ABl. 1998 C 90/3).

3. Lit. b

a) Förderung wichtiger Vorhaben von gemeinsamem europäischem
Interesse

Ein Vorhaben eines Einzelunternehmens kann normalerweise nicht in den
Genuß dieser Ausnahme kommen, sondern nur ein **Vorhaben transnationalen Charakters** (EuGH, Rs. 62 u. 72/87, Exécutif régional wallon/Kom-

28

29

mission, Slg. 1988, 1573, 1594–1595 Rn. 20–23). Früher hat die Kommission diese Ausnahme auf **Energieeinsparungs-** (s. 7. WB [1977], Ziff. 250; E v. 15.12.1981, NL/Gartenbau, ABl. 1982 L 37, 29) und **Umweltschutzvorhaben** (hier sogar auf Investitionsvorhaben von einzelnen Unternehmen – s. 4. WB [1974], Ziff. 181; 10. WB [1980], Ziff. 225; 16. WB [1986], Ziff. 259) angewandt. Gemäß dem Beurteilungsrahmen für Umweltschutzbeihilfen soll sich die Kommission nur in Sonderfällen auf diese Ausnahmevorschrift berufen (ABl. 1994 C 72/3, Ziff. 3.6; s. „Wettbewerbsrecht Bd. II"). Beihilfen für den Airbus wurden auch einmal aufgrund von Art. 92 III lit. b (jetzt Art. 87 III lit. b) zugelassen (s. Bull.EG 4/1974, Ziff. 2112). Heutzutage ist der Hauptanwendungsbereich **FuE**, weil die meisten transnationalen Vorhaben auf diesem Gebiet zu finden sind (s. z.B. 19. WB [1989], Ziff. 144).

b) Behebung einer beträchtlichen Störung im Wirtschaftsleben eines MS

30 Mit dieser Ausnahmevorschrift wird wegen der gefährlichen Präzedenzfallwirkung sehr **sparsam umgegangen.** So wurde sie seit der Anwendung auf die Wirtschaftskrise, die in verschiedenen MS nach der sprunghaften Erhöhung von Erdölpreisen 1973–74 ausbrach (s. 5. WB [1975], Ziff. 133), erst wieder 1987 und 1991 auf Griechenland angewandt (s. E v. 7.10.1987, G/Einrichtung für den industriellen Wiederaufbau, ABl. 1988 L 76/18; 17. WB. [1987], Ziff. 186; 21. WB [1991], Ziff. 251). 1985 berief sich die Kommission zur Genehmigung der zeitweiligen Fortsetzung von Ausfuhrbeihilfen in Griechenland stattdessen auf den damaligen Art. 108 III E(W)GV (s. Rn. 37). In anderen Fällen wurde die Anwendung verweigert (s. EuGH, Rs. 730/79, Philip Morris, Slg. 1980, 2692 Rn. 25; E v. 27.10.1982, B/Erdölraffinerie, ABl. L 350/36; s. auch D/Opel, ABl. 1993 C 43/14).

4. Lit. c – Entwicklung gewisser Wirtschaftszweige, Regionalförderung in höher entwickelten Gebieten

31 Die Entwicklung eines Sektors oder Gebietes im betreffenden MS darf nicht einfach Probleme auf andere MS verlagern (EuGH, Rs. 730/79, Philip Morris a.a.O. 2692 Rn. 26). Deswegen muß das nationale gegen das Gemeinschaftsinteresse abgewogen werden (s. oben Rn. 28 und 29). Ferner muß die Beihilfe wirklich einen Beitrag zur **Entwicklung** des Sektors leisten, und nicht der Erhaltung nicht wettbewerbsfähiger Strukturen dienen (s. z.B. EuGH, Rs. 301/87, Frankreich/Kommission, Slg. 1990, I–307, I–307–308 Rn. 52–57).

5. Lit. d – Kulturförderung

Die in **lit. d** vorgesehene Ausnahme für **Kulturförderung** und Beihilfen   **32**
zum Schutz des kulturellen Erbes wurde durch den Vertrag von Maastricht
in den EGV eingefügt. Bis dahin wurden Beihilfen für Tätigkeiten, die einen Bezug zur Kultur haben, aufgrund der in lit. c vorgesehenen Ausnahme
für Beihilfen zur Entwicklung bestimmter Wirtschaftsbereiche genehmigt.

Lit. d hat nicht zu einer Änderung der Entscheidungspraxis der Kommissi-   **33**
on in bezug auf Beihilfen mit kultureller Zielsetzung (wie. z.B. die Film-
förderung) geführt, sondern hat eher diese bestätigt. Die Kommission hat
nämlich schon immer gegenüber Kulturbeihilfen auf der Grundlage von
Art.87 III lit. c eine **positive Haltung** eingenommen und ist nur dann gegen sie eingeschritten, wenn in der Beihilferegelung Staatsangehörige anderer Mitgliedstaaten diskriminiert wurden (9. WB [1979], Ziff. 239; E v.
21.12.1988, G/Filmförderung, ABl. 1989 L 208/28; 22. WB [1992], Ziff.
441–444; 23. WB [1993], Ziff. 172–174 und 543–544; s. 27. WB [1997],
Ziff. 283). Das Erfordernis der Abwägung des Gemeinschaftsinteressses erscheint in der lit. d mit einem mit lit. c identischen Wortlaut. Andererseits
ist mit dem durch den Vertrag von Maastricht eingefügten Art. 151 (ex-Art.
128) die Kulturförderung zu einer Gemeinschaftspolitik erhoben worden
(zum öffentlich-rechtlichen Rundfunk s. Rn. 52).

6. Lit. e (früher d) – vom Rat bestimmte Ausnahmen

Diese Bestimmung wird seit 1969 zum Erlaß von Rats-RLen über Beihil-   **34**
fen für den Schiffbau herangezogen (s. Rn. 50). Sonst hat es keine Anwendungsfälle gegeben.

IV. Heutige Genehmigungspraxis

Die Genehmigungspraxis der Kommission aufgrund der Ausnahmebestim-   **35**
mungen von Art. 87 II und III läßt sich am übersichtlichsten **nach Sachgebieten** beschreiben. Im Folgenden werden die Sachgebiete nach zwei
Hauptkriterien, dem **Förderzweck** auf der einen und dem **Begünstigten-
kreis** auf der anderen Seite, gegliedert. In den meisten Bereichen ist die
Beihilfenkontrollpraxis im Laufe der Zeit in Form von Rahmenregelungen
oder Leitlinien kodifiziert worden (s. Sammlung in „Wettbewerbsrecht Bd.
II"). Der Prozeß der Kodifizierung wird durch Gruppenfreistellungen fortgesetzt (s. Art. 89 Rn. 1).

1. Förderzweck

a) Betriebskostenbeihilfen

36 Betriebsbeihilfen senken die allgemeinen Betriebskosten eines Unternehmens, ohne an irgendein konkretes Vorhaben geknüpft zu sein. Sie sind einfach auf den Erhalt des betreffenden Unternehmens, d.h. weder auf die Entwicklung eines Unternehmens noch auf die eines Sektors gerichtet. Deswegen sind sie i.d.R. dem Wettbewerb **schädlich und nicht zulässig** (s. E v. 15.7.1987, F/Boussac, ABl. L 352/42; E v. 25.7.1990, I/Montedison, ABl. 1992 L 207/47). Unter bestimmten Umständen können jedoch **Ausnahmen** gemacht werden, so z.B. bei der Regionalförderung in nach Art. 87 III. lit a. eingestuften Gebieten (s. Gemeinschaftsrahmen über Regionalbeihilfen, ABl. 1998 C 74/9, der Transportkostenzuschüsse auch in spärlich besiedelten lit. c Gebieten zuläßt), zur Erhaltung von Arbeitsplätzen nach Katastrophen oder anderen außerordentlichen Ereignisses nach Art. 87 III lit. b. sowie in lit. a-Gebieten (s. Leitlinien über Beschäftigungsbeihilfen, ABl. 1995 C 334/4), im Umweltschutzbereich für den Betrieb von Abfallbeseitigungsanlagen (E v. 11.3.1992, NL/Tiermistentsorgung, ABl. L 170/34) oder zur zeitweiligen Ermäßigung von neuen Ökosteuern (22. WB [1992], Ziff. 451; Gemeinschaftsrahmen für Umweltschutzbeihilfen, ABl. 1994 C 72/3, Ziff. 3.4), sowie für die Verwendung von erneuerbaren Energien (23. WB [1993], Ziff. 532; 27. WB [1997], Ziff. 285–286; s. auch Rn 51). Betriebsbeihilfen in Form von Produktionshilfen werden nach dem EGKSV in der Kohleindustrie massiv zugelassen (Vorb. zu Art. 87–89, Rn. 5) sowie in geringerem Maße noch für den Schiffbau (s. Rn. 50).

b) Ausfuhrbeihilfen

37 **Beihilfen für Ausfuhren nach anderen MS** sind streng verboten (EuGH, Rs. 6 u. 11/69, Kommission/Frankreich, Slg. 1969, 523, 540 Rn. 20; 1. WB [1971], Ziff. 187; 2. WB [1972], Ziff. 112; WB [1977], Ziff. 242). In welcher Form sie auch immer auftraten, hat die Kommission gegen sie eingegriffen, so z.B. bei einem Vorzugsrediskontsatz für Ausfuhren (EuGH, Rs. 6 u. 11/69, Kommission/Frankreich a.a.O.), bei vergünstigten Exportkrediten im innergemeinschaftlichen Handel (7. WB [1977], Ziff. 243–244; 9. WB [1979], Ziff. 190; 16. WB [1986], Ziff. 257), subventionierten Werbekampagnen in anderen MS (E v. 8.9.1976, I/Spielwarenwerbung, ABl. L 270/39; 6. WB[1976], Ziff. 243–245), Kostensteigerungsgarantien (1. WB [1971], Ziff. 188; 6. WB [1976], Ziff. 242), Wechselkursrisikogarantien (E v. 27.6.1984, F/Kraftwerk in Griechenland, ABl. L 230, 25), Gesellschaftssteuerermäßigung für ausländische Niederlassungen (E v. 25.7.1973, ABl. L 253/10; 6. WB. [1976], Ziff. 242), Steuerrückerstattung bei Ausfuhren (E v. 3.5.1989, G/Steuerrückerstattung, ABl. L 394/1; EuGH, C-183/91, Kommission/Griechenland, Slg. 1993, I–3131), Abgabenrückerstattung (E v. 24.4.1991, I/Papierabgaben, ABl. 1992 L 47/19), ausschließlich für Unternehmen, die ihre Ausfuhren steigerten (E v. 18.5.1979, F/Ausfuhrsteigerungsdarlehen, ABl. L 138/30; 8. WB [1978], Ziff. 223–226; 9. WB [1979], Ziff. 191). In einem einzigen Fall wurden Ausfuhrbeihilfen mittels Steuerrückerstattung in Griechenland zugelassen, aber aufgrund von dem damaligen Art. 108 III E(W)GV (Zahlungsbilanzschwierigkeiten), und nicht von Art. 87 (15. WB [1985], Ziff. 227–228; 16. WB [1986], Ziff. 258). Ausfuhrbeihilfen werden nicht von der „de-minimis"-Bekanntmachung gedeckt (s. Rn. 14).

Demgegenüber hatte die Kommission bis vor kurzem nicht gegen Beihilfen **38** im Bereich der **Exportkreditversicherung** innerhalb der EG eingegriffen. Dies ist jetzt durch die Veröffentlichung von Leitlinien (ABl. 1997 C 281/4) nachgeholt worden (s. 27 WB [1997], Ziff. 303–305; s. ebenfalls 22. WB [1992], Ziff. 339; 23. WB [1993], Ziff. 382, und 24. WB [1994], Ziff. 390, gestützt auf EuGH, C-63/89, Assurances du Crédit und Cobac/Rat und Kommission, Slg. 1991, I–1799, I–1849 Rn. 24). Beihilfen für Unternehmensberatung und Ausbildung, um die Exportfähigkeit von insb. KMU zu steigern, steht die Kommission heutzutage eher positiv gegenüber (22. WB [1992], Anlage III.B.1; 25. WB [1995], Ziff. 208, vgl. 9. WB [1979], Ziff. 188–189). Beihilfen für Auslandsinvestitionen, insb. in Mittel- und Osteuropa, werden bei Großunternehmen von Fall zu Fall geprüft, während bei kleinen und mittleren Unternehmen der Gemeinschaftsrahmen für KMU-Beihilfen (s. Rn. 47) angewandt wird (25. WB [1995], Ziff. 209; 26. WB [1996], Ziff. 224). Obwohl Art. 87 zusammen mit Art. 132 (ex-Art. 112) auch auf **Beihilfen zugunsten außergemeinschaftlicher Ausfuhren** anwendbar ist (EuGH, C-142/87, Belgien/Kommission, Slg. 1990, I–959, I–1015 Rn. 40; 1. WB [1971], Ziff. 187), ist die Kommission bisher nur vereinzelt gegen Außenausfuhrbeihilfen vorgegangen. Im Jahre 1994 hat sie dem Rat einen RL-Vorschlag zur Harmonisierung der Bedingungen von mittel- und langfristigen Exportkreditgarantien vorgelegt (ABl. 1994, C 272/2; s. auch Vorb. zu Art. 87–89, Rn. 4).

c) Investitionsbeihilfen

Die Bereitstellung von Finanzhilfen für **Investitions**vorhaben ist eine der **39** häufigsten Formen der Wirtschaftsförderung. Früher hat die Kommission

allgemeine Investitionsbeihilferegelungen, d.h. solche, die Investitionen aller Arten unabhängig von der Größe oder dem Standort des Unternehmens
förderten, vorbehaltlich der Einzelnotifizierung größerer Fälle genehmigt
(s. 2. WB [1972], Ziff. 116–117; 9. WB [1979], Ziff. 184; 10. WB [1980],
Ziff. 212). Solche allgemeinen Regelungen untergraben jedoch die Effekti-
vität von Investitionshilfen, die auf KMU, Regionalfördergebiete oder besondere Förderzwecke wie den Umweltschutz beschränkt sind (s. Leitlini-
en für Beihilfen zugunsten von KMU, ABl. 1996 C 213/4). Aus diesem
Grunde genehmigt die Kommission Investitionsbeihilfen nur noch im Rahmen der Regional- und KMU-Förderung (s. Rn. 44 und 47) und für Son-
derförderzwecke wie den Umweltschutz (s. Rn. 41). Gegen Beihilfen für
einzelne Investitionsvorhaben von großen Unternehmen außerhalb von Fördergebieten ging die Kommission bereits seit Ende der 70er Jahre vor (s.
z.B. E v. 27.7.1979, NL/Philip Morris, ABl. L 217/17; bestätigt vom EuGH,
730/79, Philip Morris/Kommission, Slg. 1980, 2671, 2692 Rn. 26; E v.
12.11.1986, F/Glas, ABl. 1987 L 77/43). Inzwischen sind allgemeine Investitionsförderprogramme umgewandelt oder abgeschafft worden (21. WB
[1991], Ziff. 240–241; 22. WB [1992], Ziff. 455–463). In Sektoren, die Pro-
duktionskapazitätsüberhänge aufweisen und daher besonderen Regeln
unterliegen, werden Investitionsbeihilfen auch in Fördergebieten streng
kontrolliert (s. 45 und Rn. 50). Diese Kontrolle wurde 1998 auf in Fördergebieten belegene Großinvestitionsprojekte von Unternehmen ausgedehnt,
die in anderen Sektoren tätig sind (ABl. 1998 C 107/7; s. auch Rn. 43).

d) FuE-Beihilfen

40 Wegen der Bedeutung von **Forschung und technischer Entwicklung** für
die Wettbewerbsfähigkeit steht die Kommission der Förderung von FuE-
Vorhaben positiv gegenüber. Nach den geltenden Regeln (ABl. 1996 C
45/5) darf industrielle Grundlagenforschung i.d.R. bis zu 50 %, angewandte Forschung und Entwicklung bis zu 25 % der Kosten (beide Prozentsätze
brutto, d.h., vor Besteuerung der Zuwendungen), gefördert werden. Höhere Beihilfesätze dürfen u.a. kleinen und mittleren Unternehmen und in anderen Ausnahmefällen gewährt werden; bezüglich der Anwendung von
Art. 87 III lit. b s. Rn. 29.

e) Umweltschutzbeihilfen

41 Seit 1994 hat die Kommission die Rahmenregelung für die Kontrolle von
Umweltschutzbeihilfen, die aus den 70er Jahren stammte (s. Rn. 29),
durch neue detaillierte Regeln ersetzt (ABl. 1994 C 72/3). Danach dürfen

Investitionsvorhaben, die die Anpassung von bestehenden Anlagen an neue Normen oder sonstige zwingende Bestimmungen bezwecken, bis zu 15 % der Kosten (Bruttowert), und solche, die über die Erfüllung von Normen oder Bestimmungen hinausgehen, bis zu 30 % der Kosten gefördert werden. Die Regeln geben auch einen Rahmen für die Beurteilung von **Betriebsbeihilfen** in bestimmten Bereichen (s. Rn. 36) sowie von Anreizen für den Kauf von umweltfreundlichen Erzeugnissen durch Verbraucher (zur Anwendung des Beihilferahmens s. 24. WB [1994], Ziff. 384–389, 25. WB [1995], Ziff. 206, 26. WB [1996], Ziff. 217, sowie 27. WB [1997], Ziff. 296). In Einzelfällen hat die Kommission Beihilfen für Investitionsvorhaben, die angeblich Vorteile für den Umweltschutz lieferten, untersagt, weil sie wettbewerbsverzerrende Wirkungen besorgen ließen (s. z.B. E v. 24.1.1991, B/MACTAC, ABl. L 156/39; E v. 22.7.1993, I/Cartiere del Garda, ABl. L 273/51; s. auch 26. WB [1996], Ziff. 217). **Energieeinsparungsinvestitionen** können ähnlich wie Umweltschutzvorhaben gefördert werden, wenn sie zur Erreichung einer Umweltverbesserung notwendig sind und nicht schon durch die daraus resultierende Verringerung der Betriebskosten veranlaßt würden. Ansonsten werden sie wie normale Investitionsvorhaben behandelt (s. „Umweltschutzbeihilferahmen" Ziff. 2.3; s. auch 22. WB [1992], Ziff. 451 und 453; 23. WB [1993], Ziff. 384; vgl. aber 21. WB [1991], Ziff. 266).

f) Zuwendungen für Unternehmensberatungen, Ausbildung u.ä.

Die **Unternehmensberatung**, Ausbildung und ähnliche Tätigkeiten, die **42** auf die Vermittlung von neuem Wissen an Unternehmer und ihre Belegschaft hinzielen, um deren Wettbewerbstätigkeit zu erhöhen, können bis zu relativ hohen Prozentsätzen gefördert werden. Bei den KMU können die öffentlichen Zuwendungen für solche Maßnahmen (auch „Soft-Beihilfen" genannt) bis zu 50 % der Kosten decken (s. Gemeinschaftsrahmen für KMU-Beihilfen, ABl. 1996 C 213/4; s. auch 21. WB [1991] Ziff. 294; 23. WB [1993], Ziff. 430–438; zur Exportberatung s. Rn. 38). Im Jahr 1998 veröffentlichte die Kommission Leitlinien für die Beurteilung von **Ausbildungsbeihilfen** (ABl. 1998 C 343/10).

g) Beschäftigungsbeihilfen

Zuwendungen an Unternehmen, die für Arbeitslose neue **Arbeits- und** **43** **Ausbildungsplätze schaffen**, sind zulässig, vorausgesetzt, es handelt sich wirklich um eine Zunahme der Beschäftigung im betreffenden Unternehmen. Der Beitrag zu den Lohnkosten seitens der öffentlichen Hand kann relativ hoch sein (s. Leitlinien für Beschäftigungsbeihilfen, ABl. 1995 C 334/4; s. auch 23. WB [1993], Ziff. 439–440). Auf die Schaffung von Arbeitsplätzen bei Investitionen sind die betreffenden Investitionsregeln (KMU- oder Regionalbeihilderegeln, s. Rn. 39 und 44) anwendbar. Beihilfen zur **Erhaltung** von Arbeitsplätzen, die Unternehmen abstoßen wollen, sind nur unter besonderen Umständen und für kurze Zeit zulässig (s. Leitlinien, a.a.O. sowie Bekanntmachung über die Reduktion von Arbeitskosten, ABl. 1997 C 1/10). Bei der Umstellung von notleidenden Unternehmen gilt der diesbezügliche Gemeinschaftsrahmen (s. Rn. 46; s. auch Rn. 36; 8. WB [1978], Ziff. 178; 22. WB [1992], Ziff. 470; 25. WB [1995], Ziff. 203; 26. WB [1996], Ziff. 216; 27. WB [1997], Ziff. 290).

2. *Begünstigtenkreis*

a) Regionalförderung

44 Beihilfen für die Entwicklung wirtschaftsschwacher Gebiete machen 56 % aller von den MS an die Industrie gewährten Beihilfen aus (Kommission, 6. Beihilfenbericht, 1998, 26). **1998** hat die Kommission **neue Regeln für die Regionalförderung** herausgebracht, die sie **ab 1.1.2000** anwenden wird (ABl. 1998 C 74/9). Bis zu diesem Zeitpunkt kommt auf bestehende Regionalbeihilfesysteme noch die 1988 veröffentlichte Beurteilungsmethode (ABl. 1988 C 212/2) zur Anwendung, die auf der 1979 herausgebrachten Koordinierungsgrundsätze (E v. 21.12.1978, ABl. 1979 C 31/9) basiert. Die neuen Regeln sollen die alten nicht-konsolidierten Regeln vollkommen ersetzen. Nach den neuen Regeln wird ein Bevölkerungsplafond für Regionalfördergebiete in der ganzen EU für einen mit der Programmperiode der Strukturfonds gleichen Zeitraum festgesetzt. Auf Grund von 1998 gemachten Schätzungen läge der Gesamtplafonds für die Programmperiode 2000–2006 bei 42,7 %. Auf der Basis von EUROSTAT-Daten über das regionale Bruttosozialprodukt sind Gebiete, die ein BSP nach Kaufkraftparitäten pro Kopf der Bevölkerung von unter 75 % des Gemeinschaftsdurchschnitts aufweisen, automatisch nach Art. 87 III lit. a förderungsfähig. Nachdem die Bevölkerung in diesen lit a-Gebieten vom Gesamtplafonds abgezogen worden ist, wird der Rest des Gesamtplafonds zwischen den MS für ihre nach lit. c förderfähigen Gebiete aufgrund von im Anhang näher beschriebenen Kriterien aufgeteilt. Letztere Gebiete werden vom betreffenden MS im Rahmen des ihm für lit. c-Gebiete zur Verfügung stehenden Plafonds vorgeschlagen. Der neue Beurteilungsrahmen legt auch maximale Förderintensitäten im Verhältnis zu Gesamtinvestitionskosten und neu geschaffenen Arbeitsplätzen für lit. a- und c-Gebiete.

Nach **Genehmigung eines Regionalförderprogramms** durch die Kom-   **45**
mission hatte der betreffende MS früher Einzelvorhaben gem. dem Programm nur in sog. „sensiblen", d.h. besonderen Beihilferegeln unterliegenden, Sektoren der Kommission zur Prüfung vorzulegen (s. EuGH, Rs. 166
u. 220/86, Irish Cement/Kommission, Slg. 1988, 6473; C-47/91, Italien/
Kommission, Slg. 1992, I–4145, I–4161–4162 Rn. 26; C-313/90, CIRFS/
Kommission, Slg. 1993, I–1125, I–1184 Rn. 25; s. auch Art. 88 Rn. 16). Mit
dem Inkrafttreten des multisektoralen Regionalbeihilferahmens für große
Investitionsvorhaben (s. ABl. 1998 C 107/7, und Rn. 39) wird die Notifizierungspflicht auf Großvorhaben in anderen Sektoren ausgedehnt.

b) Unternehmen in Schwierigkeiten (Rettungs- und Umstrukturierungsbeihilfen)

Den Wettbewerb im höchsten Maß verfälschen können staatliche Eingriffe,   **46**
die verhindern sollen, daß ein Unternehmen, das in ernsthafte finanzielle
Schwierigkeiten geraten ist, vom Markt verschwindet. Sie kommen nämlich oft in Wirtschaftsbranchen vor, die allgemein an strukturellen Problemen leiden. Rettungsaktionen verlagern dann diese Probleme und den damit verbundenen Bedarf an Kapazitäts- und Beschäftigungsabbau auf andere Unternehmen und MS. Deswegen müssen staatliche Zuwendungen an
Unternehmen in Schwierigkeiten genau kontrolliert werden. Die Kommission hat erstmals in ihrem 8. WB (Ziff. 227–228) Leitlinien für die Beurteilung solcher Beihilfen erarbeitet. Nach ihrem 1994 veröffentlichten Beurteilungsrahmen (ABl. 1994 C 368/12) darf der Staat zur **vorläufigen
Fortführung** der Unternehmenstätigkeit nur **Überbrückungsdarlehen zu
Marktkonditionen** oder eine **Bürgschaft auf Bankkredite** gewähren.
Diese Phase, die normalerweise nicht mehr als sechs Monate dauern soll,
muß dazu genutzt werden, die Sanierung der Finanzen zu erzielen oder einen Umstrukturierungsplan auszuarbeiten. Falls eine **Umstrukturierung**
notwendig ist, muß der dafür vorgelegte Plan die **Wiederherstellung der
Wettbewerbsfähigkeit** innerhalb eines angemessenen Zeitraums **sicherstellen.** Eine Zusage zur Privatisierung wird als wichtige Absicherung im
Falle von Staatsunternehmen angesehen. Beihilfen müssen auf das notwendige Mindestmaß beschränkt werden. Außerdem werden dem begünstigten
Unternehmen als Gegenleistung für die Beihilfen größere Opfer in Form
von Kapazitätsabbau abverlangt als die, die von nicht geförderten Wettbewerbern erbracht werden. Diese Grundsätze sind zur festen Genehmigungspraxis der Kommission geworden und durch die ständige Rechtsprechung des EuGH bestätigt worden (s. z.B. E v. 15.7.1987, F/Boussac, ABl.

L 352/42; bestätigt vom EuGH, C-301/87, Frankreich/Kommission, Slg.
1990, I–307; E v. 3.2.1988, F/Pechiney, ABl. L 121/57; E v. 26.7.1988,
I/ENI–Lanerossi, ABl. 1989 L 16/52; bestätigt vom EuGH, C-303/88, Ita-
lien/Kommission, Slg. 1991, I–1433; E v. 28.6.1989, F/Stahlverarbeitung,
ABl. 1990 L 47/28; E v. 25.3.92, E/Intelhorce, ABl. L 176/57; E v.
27.6.1994, Kimberly Clark, 24. WB [1994], Ziff. 167; E v. 30.4.1996, La
Seda de Barcelona, ABl. L 298/14; EuGeI, T-149/95, Ducros/Kommission,
Slg. 1997, II–2031; s. auch 23. WB [1993], Ziff. 444–453; 24. WB [1994],
Ziff. 360; 25. WB [1995], Ziff. 212–214; 26. WB [1996], Ziff. 160 und 193;
27. WB [1997], Ziff. 300–302). Für den Landwirtschafts- und Fischerei-
sektor sind ähnliche Leitlinien veröffentlicht (ABl. 1997, C 283/2; zum
Luftverkehr s. 24. WB [1994], Ziff. 375).

c) Kleine und mittlere Unternehmen (KMU)

47 1992 hat die Kommission Leitlinien zur Beurteilung von Beihilfen an KMU
herausgebracht, die 1996 in einer Neufassung erschienen (ABl. 1996 C
213/4). Aufgrund der Schwierigkeiten, denen KMU bei der Kapitalbe-
schaffung begegnen, werden **Investitionsbeihilfen** für diese Unterneh-
menskategorie auch außerhalb von regionalen Fördergebieten zugelassen
(s. Rn. 39), und zwar bis zu einem Höchstsatz von 15 % brutto (s. Rn. 40)
für „kleine" Unternehmen (definiert als unabhängige Unternehmen, die
nicht mehr als 50 Beschäftigte und einen Jahresumsatz von nicht mehr als
Euro 7 Mio. haben) und bis zu einem Höchstsatz von 7,5 % für „mittlere"
Unternehmen (bis zu 250 Beschäftigten und Euro 40 Mio. Umsatz). In Fördergebieten dürfen KMU 10 bzw. 15 Bruttoprozentpunkte über dem jeweils
zugelassenen Höchstsatz der Regionalförderung erhalten, je nachdem, ob
es sich um „lit.-a-" oder „lit.-c-Gebiete" handelt (s. Rn. 44). Für **„Soft-Beihilfen"** (Unternehmensberatung u.ä. – s. Rn. 42) ist ein Höchstsatz von
50 % brutto festgesetzt.

d) Öffentliche Unternehmen

48 Die Kontrolle von Beihilfen an **Unternehmen**, die **im Staatsbesitz** sind,
hat der Kommission immer große Schwierigkeiten bereitet. Einerseits können Finanztransfers an solche Unternehmen der Aufmerksamkeit leichter
entgehen als die zugunsten privater Unternehmen; sie können z.B. über andere öffentliche Unternehmen oder Staatsbanken vorgenommen werden.
Andererseits handelt es sich häufig um Kapitalzuführungen seitens des
Staatsaktionärs, die hinsichtlich der Beihilfekontrolle sehr schwer zu beurteilen sind (s. Rn. 21). Aus diesen Gründen hat die Kommission 1980 die

sog. „**Transparenzrichtlinie**" erlassen, wonach die MS auf Anfrage der Kommission nachträglich Auskünfte über die Zuweisung von Finanzmitteln an öffentliche Unternehmen erteilen müssen (s. Art. 86 Rn. 4). Darin wird ein öffentliches Unternehmen als ein Unternehmen definiert, „auf das die öffentliche Hand aufgrund Eigentums, finanzieller Beteiligung, Satzung oder sonstiger Bestimmungen, die die Tätigkeit des Unternehmens regeln, unmittelbar oder mittelbar einen beherrschenden Einfluß ausüben kann". Im Jahre 1993 wurde, nachdem der EuGH eine Mitteilung in diesem Sinne aus verfahrensrechtlichen Gründen aufgehoben hatte (EuGH, C-325/91, Frankreich/Kommission, Slg. 1993, I–3283), eine geänderte RL herausgebracht, wodurch den MS eine **systematische Berichterstattungspflicht bezüglich Finanztransfers** an alle grösseren Staatsunternehmen der verarbeitenden Industrie auferlegt wurde (RL v. 30.9.1993, ABl. L 254/16). Die die RL begleitende Mitteilung über öffentliche Unternehmen (ABl. 1993 C 307/3) faßt die Entscheidungspraxis der Kommission in bezug auf Kapitalzuführungen und andere Finanztransfers an öffentliche Unternehmen (u.a. Darlehen, Bürgschaften und Kapitalverzinsung) zusammen (s. auch 24. WB [1994], Ziff. 347).

Schwierigkeiten in der Beurteilung bereiten ebenfalls oft Finanzgeschäfte **49** im Zusammenhang mit der **Privatisierung** von Staatsunternehmen. Während der Verkauf solcher Unternehmen über die Börse oder direkt nach öffentlicher Ausschreibung normalerweise aus der Sicht der Beihilfenkontrolle unproblematisch ist, müssen bei freihändigem Verkauf nach direkten Verhandlungen mit einem einzelnen Anbieter mögliche Beihilfeelemente genau geprüft werden (s. E v. 13.7.1988, GB/Rover, ABl. 1989 L 25/92; E v. 25.3.1992, E/Imepiel, ABl. L 172/76; zu den dabei angewandten Grundsätzen s. 23. WB [1993], Ziff. 403; sowie 26. WB [1996], Ziff. 169–170. S. auch Rn. 46).

e) Bestimmte Wirtschaftssektoren

Für bestimmte Wirtschaftssektoren bestehen wegen ihrer besonderen Probleme Sonderregeln (zu den Sondervorschriften für **Kohle** und **Stahl** nach dem EGKSV, s. Vorbem. zu Art. 87–89 Rn. 5; zu den Regeln für **Landwirtschaft**, **Fischerei** und **Verkehr**, s. Vorbem. zu Art. 87–89 Rn. 6–9). Ansonsten gibt es Sonderregeln für den **Schiffbau** (RL Nr. 90/684/EWG des Rates v. 21.12.1990, ABl. L 380/27, verlängert in Erwartung der Ratifizierung von OECD-Regeln bis Ende 1998 durch RL Nr. 97/2600/EG, ABl. 1997 L 351/18; s. 22. WB [1992], Ziff. 376; 23. WB [1993], Ziff. 497–504; 25. WB [1995], Ziff. 163; 26. WB [1996], Ziff. 175; 27. WB [1997], Ziff. 233), die **Kunstfaserindustrie** (ABl. 1996 C 94/11; s. EuGH, C-313/90, **50**

CIRFS/Kommission, Slg. 1993, I–1125), und die **Automobilindustrie** (ABl. 1997 C 279/1). Die früheren Sonderregeln für die **Textil- und Bekleidungsindustrie** sind nicht mehr in Kraft (EuGH, C-135/93, Spanien/Kommission, Slg. 1995 I–1673; s. 27. WB [1997], Ziff. 258; s. auch Rn. 45). Den Vorschriften für die Stahl-, Schiffbau-, Kunstfaser- und Automobilindustrien gemeinsam sind eine **strenge Notifizierungspflicht** und die genaue Prüfung oder völlige Ablehnung von Beihilfen für Investitionsvorhaben, die die Produktionskapazität vergrößern würden. Z.T. ist **Kapazitätsabbau** Voraussetzung (s. auch Rn. 46). Um der Konkurrenz mit Drittländern standzuhalten, werden nach der Schiffbaurichtlinie noch Produktionsbeihilfen in Höhe von gegenwärtig 9 % zugelassen (s. 23. WB [1993], Ziff. 497; s. auch Rn. 36). In der Kohlewirtschaft werden extrem hohe Beihilfen zugelassen, um den regionalpolitischen und Beschäftigungsproblemen des notwendigen Kapazitätsabbaus gerecht zu werden. Für die konkrete Anwendung dieser sektoralen Rahmenregelungen wird auf die detaillierten Ausführungen in den jährlichen WB der Kommission verwiesen.

51   Im **Energiesektor** hat die Kommission 1990 eine Politik angekündigt, wonach der Schutz von einheimischen Primärenergien zur Verstromung mittels Beihilfen oder langfristiger Bezugsvereinbarungen auf 20 % des inländischen Stromverbrauchs beschränkt werden soll. Dieser zur Begleitung der Strommarktliberalisierung dienende Ansatz hat sich in mehreren Beihilfeentscheidungen im Kohle- und Kernkraftbereich niedergeschlagen (20. WB [1990], Ziff. 293; 22. WB [1992], Ziff. 433; 23. WB [1993], Ziff. 532, ist aber seither nicht fortgesetzt worden. Für die Erzeugung von Energie aus erneuerbaren Quellen werden Produktionsbeihilfen zugelassen (s. Rn 36 und 27. WB [1997], Ziff. 285 und 297–298).

52   Demgegenüber ist die Kommission in den letzten Jahren bei der Kontrolle von Beihilfen an öffentliche **Banken** und **Postunternehmen** zunehmend aktiv geworden (s. z.B. E v. 26.7.1998, Crédit Lyonnais, ABl. 1995 L 308/92; 24. WB [1994], Ziff. 378; 25. WB [1995], Ziff. 197–198; 26. WB [1996], Ziff. 214; 27. WB [1997], Ziff. 274–276 und 284). Die Untersuchungen werden hauptsächlich wegen des Verdachts von Quersubventionen zwischem im öffentlichen Auftrag betriebenen und im Wettbewerb stehenden Tätigkeiten solcher Unternehmen ausgelöst (EuGH, C-39/94, SFEI/La Poste, Slg. 1996, I–3547; EuGeI, T-106/95, Fédération française des sociétés d'assurance/Kommission, Slg. 1997, II–229; s. auch Vorb. Art. 87–89 Rn 16). Wegen Beschwerden untersucht die Kommission neuerdings auch die Finanzierung des **öffentlich-rechlichen Rundfunks** (s. 25. WB [1995], Ziff. 200; 26. WB [1996], Ziff. 213; 27. WB [1997], Ziff. 282; s. auch diesbezügliches Protokoll zum EGV, ABl. 1997, C 340/109).

Art. 88 (ex-Art. 93) (Verfahrensregeln in Beihilfesachen)

(1) Die Kommission überprüft fortlaufend in Zusammenarbeit mit den Mitgliedstaaten die in diesen bestehenden Beihilferegelungen. Sie schlägt ihnen die zweckdienlichen Maßnahmen vor, welche die fortschreitende Entwicklung und das Funktionieren des Gemeinsamen Marktes erfordern.

(2) Stellt die Kommission fest, nachdem sie den Beteiligten eine Frist zur Äußerung gesetzt hat, daß eine von einem Staat oder aus staatlichen Mitteln gewährte Beihilfe mit dem Gemeinsamen Markt nach Artikel 87 unvereinbar ist oder daß sie mißbräuchlich angewandt wird, so entscheidet sie, daß der betreffende Staat sie binnen einer von ihr bestimmten Frist aufzuheben oder umzugestalten hat.

Kommt der betreffende Staat dieser Entscheidung innerhalb der festgesetzten Frist nicht nach, so kann die Kommission oder jeder betroffene Staat in Abweichung von den Artikeln 226 und 227 den Gerichtshof unmittelbar anrufen.

Der Rat kann einstimmig auf Antrag eines Mitgliedstaates entscheiden, daß eine von diesem Staat gewährte oder geplante Beihilfe in Abweichung von Artikel 87 oder von den nach Artikel 89 erlassenen Verordnungen als mit dem Gemeinsamen Markt vereinbar gilt, wenn außergewöhnliche Umstände eine solche Entscheidung rechtfertigen. Hat die Kommission bezüglich dieser Beihilfe das in Unterabsatz 1 dieses Absatzes vorgesehene Verfahren bereits eingeleitet, so bewirkt der Antrag des betreffenden Staates an den Rat die Aussetzung dieses Verfahrens, bis der Rat sich geäußert hat.

Äußert sich der Rat nicht binnen drei Monaten nach Antragstellung, so entscheidet die Kommission.

(3) Die Kommission wird von jeder beabsichtigten Einführung oder Umgestaltung von Beihilfen so rechtzeitig unterrichtet, daß sie sich dazu äußern kann. Ist sie der Auffassung, daß ein derartiges Vorhaben nach Artikel 89 mit dem Gemeinsamen Markt unvereinbar ist, so leitet sie unverzüglich das in Absatz 2 vorgesehene Verfahren ein. Der betreffende Mitgliedstaat darf die beabsichtigte Maßnahme nicht durchführen, bevor die Kommission eine abschließende Entscheidung erlassen hat.

Literatur: *Europäische Kommission,* Leitfaden zu Verfahren in Beihilfesachen, in : Wettbewerbsrecht in den europäischen Gemeinschaften. Bd. II: Regeln über staatliche Beihilfen, 1995; *Bast,* Beihilfen in der EG und Rechtsschutzmöglichkeiten für Wettbewerber, WuW 1993, 181; *Bentley,* State Aid: Subsidies and Complainants, European Business Law Review 1990, 91; *Flynn,* State Aids: Recent Case Law of the European Court, ELR 1987, 124; *Gyselen,* La transparence en matière d'aides d'Etat, CDE 1993, 417; *Lasok,* State Aids and Remedies under the EEC Treaty, ECLR 1986, 53; *Leibrock,* Der Rechtsschutz im Beihilfeaufsichtsverfahren des EWG-Vertrags, EuR 1990, 20; *Ross,* Challenging State Aids, CMLR 1986, 867; *Slot,* Procedural Aspects of State Aids, CMLR 1990, 741; *Steindorff,* Rückabwicklung unzulässiger Beihilfen nach Gemeinschaftsrecht, ZHR 1988, 474; *Fruithof,* Procedural anomalies in state aid cases, European Business Law Review 1994, 227; *Hancher,* State aids and judicial control in the European Community, ECLR 1994, 134; *Mederer,* The position of parties concerned in state aid proceedings, in : Konkurrensreglerna i det integrerade Europa (EU/EES), Helsinki 1994; *Packe,* Rechtsfragen der Aufhebung gemeinschaftsrechtswidriger nationaler Beihilfenbescheide, NVzW 1994, 318; *Jestaedt/Häsemeyer,* Die Bindungswirkung von Gemeinschaftsrahmen und Leitlinien im EG-Beihilferecht, EuZW 1995, 659; *Sinnaeve,* Der Konkurrent im Beihilfeverfahren nach der neuesten EuGH-Rechtsprechung, EuZW 1995, 172; *Müller-Ibold,* The AEA proposal for a regulation on state aid procedure, EuZW 1996, 677; *Polley,* Die Konkurrentenklage im europäischen Beihifenrecht, EuZW 1996, 300; *Prieß,* Recovery of illegal state aids: an overview of recent developments in case law, CMLRev. 1996, 69; *Abbamonte,* Competitors' rights to challenge illegally granted aid and the problem of conflicting decisions in the field of competition law, ECLR 1997, 87; *Maselis/Gilliams,* Rights of complainants in Community law, ELR 1997, 103; *Schohe/Hoenike,* Die Anforderungsfrist bei der Konkurrentenklage im Beihilferecht nach Art. 173, EuZW 1997, 398.

Überblick

I. Überblick

Art. 88 regelt in knapper Form das **Verfahren,** das bei der Kontrolle staat-   1
licher Beihilfen auf ihre Vereinbarkeit mit dem GM gem. Art. 87 (ex-
Art. 92) zu verfolgen ist. Diese Kontrolle obliegt grundsätzlich der Kommission (s. aber Rn. 14). Die MS müssen der Kommission Beihilfevorhaben zur Prüfung anmelden, bevor sie durchgeführt werden. Beihilfen, die
ohne Genehmigung durch die Kommission gewährt werden, sind unrechtmäßig (Art. 88 III). Hat die Kommission keine Bedenken, daß die Beihilfe
mit dem GM vereinbar ist, so genehmigt sie diese. Hat sie aber Zweifel, so
muß sie das Hauptprüfverfahren nach Art. 88 II einleiten. Beim **Hauptprüfverfahren** werden der betreffende MS, das begünstigte Unternehmen
sowie andere MS und Unternehmen zur Stellungnahme aufgefordert. Falls
die Bedenken der Kommission im Laufe des Verfahrens ausgeräumt werden, genehmigt sie das Beihilfevorhaben. Im entgegengesetzten Fall verbietet sie die Beihilfe und, falls die Beihilfe schon ausgezahlt wurde, gibt
sie dem MS auf, sie zurückzufordern. Gemäß Art. 88 I kann die Kommission jederzeit schon genehmigte Beihilfeprogramme einer erneuten Prüfung unterwerfen. Als Ergebnis dieser Prüfung kann sie dem MS empfehlen, die Beihilferegelung umzugestalten oder abzuschaffen.

Art. 88 bildet **nur** das **Gerüst** für die Verfahrensregeln in Beihilfesachen.   2
Mangels einer **Verfahrensordnung** wie VO Nr. 17 für Kartellsachen (s.
Art. 83 Rn.1) ist hauptsächlich dem EuGH die Aufgabe zugefallen, diesen
Rahmen auszufüllen (s. aber Art. 89 Rn. 1).

II. Prüfung bestehender Beihilfen (Art. 88 I)

1. Zweck und praktische Anwendung

Art. 88 I gibt der Kommission die Möglichkeit, Entscheidungen, durch die sie   3
einzelne Beihilferegelungen genehmigt hat, zu überprüfen. Im Laufe der
Zeit können nämlich Veränderungen wie die fortschreitende Integration der
EG dazu führen, daß Beihilfen nunmehr unakzeptable Wettbewerbsverzerrungen verursachen. Dasselbe gilt für alte Beihilfeprogramme, die MS bei der
Gründung der EG oder bei ihrem Beitritt bereits durchführten. Die Kommission führt ein Inventar aller in den MS bestehenden Beihilfeprogramme (18.

WB [1988], Ziff. 165) und fordert systematisch Berichte über deren Durchführung an. Anhand von diesen Quellen wählt sie Programme zur Überprüfung aus (s. 20. WB [1990], Ziff. 171; 21. WB [1991], Ziff. 240–241).

4   Art. 88 I ermöglicht es auch der Kommission, pauschal **Beihilfeprogramme einer bestimmten Art** einer Prüfung zu unterziehen und Anpassungen aller in den MS bestehenden Regelungen dieser Art zur veranlassen. So wurden die strengeren Regeln für Beihilfen an die Chemiefaser- und Automobilindustrien, die eine Notifizierungspflicht für bestimmte Beihilfen gem. genehmigten Regionalförderprogrammen vorsehen, sowie nunmehr die Regeln für Großinvestitionsprojekte (s. Art. 87 Rn. 39) auf diese Weise durchgesetzt (s. EuGH, C-313/90, CIRFS/Kommission, Slg. 1993, I–1125, I–1186–1187, Rn. 32–36; C-135/93, Spanien/Kommission, Slg. 1995 I–1651; C-292/95, Spanien/Kommission, Slg. 1997 I–1931; 19. WB [1989], Ziff.127; 21. WB [1991], Ziff. 228).

2. Begriff „bestehende Beihilfen"

5   „Bestehende Beihilfen" sind einerseits Beihilfeprogramme, die schon vor dem Inkrafttreten des EGV für den betreffenden MS (gegebenfalls vor dessen Beitritt) in Kraft waren (bzw. Beihilfen, die einem einzelnen Unternehmen vor dem Inkrafttreten des Vertrags oder vor dem Beitritt des betreffenden MS zugesagt wurden), und andererseits Beihilfeprogramme oder Beihilfen an Einzelunternehmen, die die Kommission genehmigt hat (EuGH, Rs. 84/82, Deutschland/Kommission, Slg. 1984, 1451, 1488 Rn. 12; C-47/91, Italien/Kommission, Slg. 1992 I–4145, I–4161–4162 Rn. 26; C-287/92, Banco Exterior de España/Ayuntamieto de Valencia, Slg. 1994 I–4103). Genehmigten Beihilfen gleichgestellt sind solche, die der Kommission ordnungsgemäß angemeldet wurden, zu welchen diese aber innerhalb der ihr zustehenden Prüffrist von zwei Monaten nicht Stellung genommen und auch nicht auf eine Anzeige des betreffenden MS, daß er die Maßnahmen durchzuführen beabsichtigt, reagiert hat (EuGH, Rs. 120/73, Lorenz/Deutschland, Slg. 1973, 1471, 1481–148 Rn. 4–6; Rs. 171/83R, Kommission/Frankreich, Slg. 1983, 2621, 2628 Rn. 13–15; C-312/90, Spanien/Kommission, Slg. 1992, I–4117, I–4142, Rn. 18–20; GA *Darmon*, Rs. 166 u. 220/86, Irish Cement/Kommission, Slg. 1988, 6494–6495; s. auch Rn. 18).

3. Verfahrensverlauf

6   Um fehlende Informationen über das Beihilfeprogramm oder das einzelne Beihilfevorhaben einzuholen, richtet die Kommission ein **Auskunftsersu-**

chen an den betreffenden MS. Dieser ist zur Zusammenarbeit verpflichtet. Kommt die Kommission zum Schluß, daß die Beihilferegelung umgestaltet oder gar aufgehoben werden sollte, so richtet sie eine **Empfehlung an den MS**, diese „zweckdienlichen Maßnahmen" durchzuführen. Falls der MS der Empfehlung nicht nachkommt, kann die Kommission das **Hauptprüfverfahren** nach Art. 88 II einleiten, um gegebenenfalls die Änderung der Beihilferegelung durch eine formelle Entscheidung zu erzwingen (s. Rn. 8). Bis zu dieser Entscheidung dürfen die Beihilfen weiterhin gewährt werden. Die Einleitung des Hauptprüfverfahrens hat nämlich bei bestehenden Beihilfen **keine „Sperrwirkung"** (s. Rn. 7). Im Zweifelsfalle muß sich die Kommission versichern, daß sie es nicht mit einer bestehenden Beihilfe zu tun hat (EuGH, C-47/91, Italien/Kommission, Slg. 1994 I–4145).

III. Hauptprüfverfahren – bei neuen und bestehenden Beihilfen (Art. 87 II)

1. Bedeutung

Art. 88 III Satz 2 stellt klar, daß das Verfahren nach Art. 88 II **nicht nur auf** „bestehende" Beihilfen (s. Rn. 5), sondern **auch auf „neue" Beihilfen anwendbar** ist. „Neue" Beihilfen sind Beihilfeprogramme oder Beihilfevorhaben, die nicht bereits von der Kommission genehmigt wurden, noch sonst als „bestehende" Beihilfen einzustufen sind (s. Rn. 5). Die Kommission hat neue Beihilfen binnen einer Frist von (meistens) zwei Monaten nach der Anmeldung zu prüfen, um zu entscheiden, ob sie gem. Art. 87 II oder III (ex-Art. 92 II, III) mit dem GM vereinbar sind. Sie muß das Verfahren gem. Art. 88 II jedesmal einleiten, wenn sie nach dieser Prüfung zu der Ansicht gelangt, daß die Beihilfen mit dem GM unvereinbar sind, oder wenn sie noch ernsthafte Schwierigkeiten bei der Beurteilung empfindet (EuGH, Rs. 84/82, Deutschland/Kommission, Slg. 1984, 1451, 1488–1490 Rn. 12–17; C-198/91, Cook/Kommission, Slg. 1993, I–2487, I–2529–2531 Rn. 29–38; C-225/91, Matra/Kommission, Slg. 1993, I–3203, I–3258–3260 Rn. 33–39). **Zweck des Hauptprüfverfahrens** nach Art. 88 II ist es, durch die Einholung zusätzlicher Auskünfte und der Stellungnahmen aller Beteiligten sowie Dritter die Prüfung zu vervollständigen (EuGH, Rs. 84/82, Deutschland/Kommission a.a.O.; C-294/90 British Aerospace und Rover/Kommission, Slg. 1992, I–493, I–522 Rn. 13–14). Bei der **Verfahrenseröffnung** kann die Kommission ggf. die erforderlichen Auskünfte durch formelle Entscheidung einholen sowie die Aussetzung der Beihilfegewährung anordnen (EuGH, C-324 und C-342/90, Deutschland und Pleu-

7

ger Worthington/Kommission, Slg. 1992 I–1173; Mitteilung über unrechtmäßig gewährte Beihilfen, ABl. 1995 156/5. Weigert sich die Kommission,
das Verfahren einzuleiten, wenn sie durch die Beschwerde eines interessierten Dritten dazu aufgefordert worden ist, so kann ihre Untätigkeit gem.
Art. 233 (ex-Art. 175) angefochten werden (EuGH, C-39/94, SFEI/La
Poste, Slg. 1996, I–3547; EuGeI, T-95/94, Systraval/Kommission, Slg.
1995, II–2651; EuGeI, T-49/93, SIDE/Kommission, Slg. 1995, II–2501;
EuGeI, T-95/95, Gestevision Telecinco/Kommission, Slg. 1998, II).

8   Bei „**bestehenden**" **Beihilfen** kommt das Verfahren nach Art. 88 II in zwei-
erlei Fällen zur Anwendung: wenn die Kommission erfolglos Empfehlun-
gen zur Aufhebung oder Umgestaltung der Beihilfe an den MS gerichtet hat
(s. Rn. 6), und wenn sie meint, daß eine genehmigte Beihilfe mißbräuchlich
angewandt wird (s. z.B. D/Leuna, ABl. 1993 C 220/31; s. auch 24. WB
[1994], Ziff. 214).

9   *2. Verfahrensverlauf*

Die Kommission setzt die „**Beteiligten**" von der Verfahrenseinleitung in
Kenntnis, indem sie ein Schreiben an den die Beihilfe gebenden MS richtet
und eine Bekanntmachung im ABl. der EG („C"-Reihe) veröffentlicht. Mit
„Beteiligten" sind nicht nur die Unternehmen, die die Beihilfe erhalten sollen, gemeint, sondern auch einzelne Dritte, Unternehmen und Verbände, deren Interessen durch die Gewährung der Beihilfe beeinträchtigt werden
können, insbesondere konkurrierende Unternehmen und Branchenverbände
(EuGH, Rs. 323/82, Intermills/Kommission, Slg. 1984, 3809, 3826–3826
Rn. 16). Dritte müssen nicht einzeln über die Verfahrenseröffnung benach-
richtigt werden, sondern eine einmalige Bekanntmachung im ABl. genügt
(EuGH, Rs. 323/82, Intermills a.a.O. 827 Rn. 17). Sowohl dem MS, als
auch beteiligten Dritten wird eine **Frist zur Äußerung** von i.d.R. einem
Monat gesetzt. Die Bekanntmachung im ABl. gibt das Schreiben an den
MS wieder. Eine Entscheidung, das Verfahren nach Art. 88 II einzuleiten,
kann u.U. angefochten werden. Dies kann in den Fällen geschehen, wenn
sie sich gegen Beihilfen richtet, die als bestehende Beihilfen betrachtet werden müssen, bei denen die Kommission aber in der Annahme, es handle
sich um neue Beihilfen, die **Aussetzung der Beihilfenvergabe** bis zu der
abschließenden Entscheidung angeordnet hat (EuGH, C-312/90, Spani-
en/Kommission, Slg. 1992, I–4117; C-47/91, Italien/Kommission, C-47/91,
Slg. 1992, I–4145; C-47/91, Italien/Kommission, Slg. 1994 I–4145).

3. Entscheidung der Kommission

Nach Abschluß des Verfahrens **entscheidet** die Kommission, entweder das **10**
Beihilfevorhaben zu genehmigen oder es zu untersagen (bzw.
bei einer bestehenden Beihilfe anordnen, daß sie aufgehoben oder umgestaltet wird).
Beide Entscheidungen werden im ABl. der EG bekanntgegeben (resp. „C"-
und „L"-Reihe). Die Entscheidungen müssen begründet werden (EuGH,
Rs. 323/82, Intermills/Kommission, Slg. 1984, 3809, 3828–3832 Rn.
23–39; Rs. 295 und 318/82, Leeuwarder Papierwarenfabriek/Kommission,
Slg. 1985, 809, 824–826 Rn. 22–29). Die Kommission kann Auflagen daran verbinden oder Bedingungen stellen (24. WB [1994], Ziff. 396). Falls
der MS eine Beihilfe, die die Kommission für unvereinbar mit dem GM
hält, schon ausgezahlt hat, so gibt die Kommission dem MS auf, die Beihilfe **zurückzufordern** (Befugnis erstmals bestätigt vom EuGH, Rs. 70/72,
Kommission/Deutschland, Slg. 1973, 812, 829 Rn. 73; erstmals angewandt
in E v. 10.3.1982, B/Wandverkleidung, ABl. 1982 L 138/18; seitdem ständige, vom EuGH bestätigte Praxis; s. Bek. ABl. 1983 C 318/3, sowie Mitteilung ABl. 1995 C 156/5; EuGH, C-142/87, Belgien/Kommission, Slg.
1990, I–959, I–1020 Rn. 65–66; C-278–280/92, Spanien/Kommission, Slg.
1994, I–4103; EuGeI, T-244/93 und T-486/93, Deggendorf/Kommission,
Slg. 1995, II–2265; s. auch 24. WB [1994], Ziff. 346; 26. WB [1996],
Ziff.162). Unrechtmäßig ausgezahlte Beihilfen sind bei der Rückzahlung
vom Datum der Gewährung ab zu verzinsen (EuGeI, T-459/93,
Siemens/Kommission, Slg. 1995 II–1675; Mitteilung ABl. 1995 C 156/5).

Bei **Verbots- und Rückforderungsentscheidungen** wird eine **Frist** ge- **11**
setzt, bis wann der MS die Kommission über die Maßnahmen, die er zur
Durchführung der Entscheidung ergriffen hat, unterrichten muß. I.d.R. beträgt diese Frist einen Monat. Die Rückforderung findet **nach Maßgabe
nationalen Rechts** statt; jedoch darf dessen Anwendung den Erfolg der
Rückforderung nicht praktisch unmöglich machen (EuGH, Rs. 5/89, Kommission/Deutschland, Slg. 1990, I–3437, I–3456 Rn. 12). Die Kommission
ist berechtigt, die Gewährung weiterer Beihilfen an ein Unternehmen, das
eine zurückgeforderte Beihilfe noch nicht zurückgezahlt hat, zu verweigern
(EuGH, C-355/95, Textil Deggendorf/Kommission, Slg. 1997, I–2549).
Der **Vertrauensschutz** kann der Rückforderung unrechtmäßig bezahlter
nationaler wie auch Gemeinschaftsbeihilfen nicht entgegengehalten werden
(EuGH, Rs. 5/89, Kommission/Deutschland a.a.O. I–3456–3458 Rn.
13–19; C-102/92, Ferriere Acciaierie Sarde/Kommission, Slg. 1993, I–801,
I–806 Rn. 13; C-183/91, Kommission/Griechenland, Slg. 1993, I–3131,
I–3150–3151 Rn. 8; C-169/95, Spanien/Kommission, Slg. 1997 I–135; C-
24/95, Land Rheinland-Pfalz/Alcan Deutschland, Slg. 1997, I–1591).

12 Alle MS sowie die anderen „Beteiligten" i.S.v. Art. 88 II (s. Rn. 9) können
eine nach Abschluß des Hauptprüfverfahrens getroffene **Entscheidung** der
Kommission vor dem EuGH bzw. bei Klagen Privater nunmehr vor dem
EuGeI gem. Art. 230 (ex-Art. 173) **anfechten.** Es gelten die üblichen
Fristen (EuGH, C-188/92, Deggendorf/Deutschland, Slg. 1994 I–833). Klageberechtigt ist ebenfalls eine Gebietskörperschaft, deren Beihilfe untersagt wurde (EuGH, Rs. 62 und 72/87, Exécutif régional wallon/Kommissi-
on, Slg. 1988, 1573). Dritte können sich bei **Klagen vor nationalen Gerichten** auf eine solche Kommissionsentscheidung (wie auch auf eine Entscheidung, eine Beihilfe ohne Einleitung des Hauptprüfverfahrens zu
genehmigen – s. Rn. 18) berufen (EuGH, Rs. 77/72 Capolongo/Maya,
Slg. 1973, 611, 622 Rn. 6; EuGeI, T-178/94, Asociación Telefónica de
Mutualistas/Kommission, Slg. 1997 II–2529).

4. Anrufung des EuGH bei Nichtbeachtung der Entscheidung (Art.88 II 2)

13 Kommt der MS, an den die Entscheidung gerichtet wurde, dieser innerhalb
der festgesetzten Frist nicht nach, so kann die Kommission oder jeder MS,
der durch die Beihilfe betroffen wird, den EuGH unmittelbar anrufen (s.
z.B. EuGH, C-5/89, Kommission/Deutschland, Slg. 1990 I–3437).

5. Ausnahmsweise Genehmigung durch den Rat (Art. 88 II 3 und 4)

14 In **außergewöhnlichen Umständen** kann der **Rat** auf Antrag des betref-
fenden MS **eine Beihilfe genehmigen**, die nicht die Voraussetzungen von
Art. 88 II oder III bzw. die Voraussetzungen von gem. Art. 89 (ex-Art. 94)
erlassenen VOen (in der Praxis nur für den Verkehrssektor – s. Vorbem. zu
Art. 87–89 Rn. 9, Art. 89 Rn. 1) erfüllt. Falls die Kommission schon ein
Hauptprüfverfahren gem. Art. 88 II eingeleitet hat, wird dieses durch den
Antrag des MS ausgesetzt. Hat der Rat binnen drei Monaten nach Antragstellung nicht entschieden, so fällt die Entscheidung wieder der Kommission zu. Von dieser Befugnis des Rates wird fast ausschließlich im **Landwirtschaftsbereich** Gebrauch gemacht (s. z.B. 22. WB [1992], Ziff. 502).

IV. Notifizierung, Prüfung neuer Beihilfen (Art. 88 III)

1. Notifizierungspflicht

15 Gem. Art. 88 III Satz 1 sind die MS verpflichtet, der Kommission ihre Beihilfevorhaben anzumelden. Dies gilt auch für Beihilfen, die die Voraussetzungen für die Legalausnahmen gem. Art. 87 II (ex-Art. 92 II) erfüllen dürften, denn die Kommission muß dies kontrollieren (s. Art. 87 Rn. 22). **Ka-**

pitalzuführungen, die unter derartigen Umständen vorgenommen werden, daß darin eine Beihilfe vermutet werden kann, unterliegen ebenfalls der Notifizierungspflicht (s. Mitteilung über öffentliche Unternehmen, ABl. 1993 C 307, 3, Ziff. 33; Bek. über Kapitalzuführungen, Bull.EG 9–1984, Ziff. 4.3). Das gleiche gilt für **Finanztransfers an öffentliche Unternehmen**, die möglicherweise gem. Art. 86 II (ex-Art. 90) eine Vergütung von Leistungen darstellen, mit denen das Unternehmen betraut ist (EuGH, C-387/92, Banco Exterior de España SA/Ayuntamiento de Valencia, Slg. 1994, I–877). Eine nichtnotifizierte Beihilfe kann nicht rückwirkend durch eine später bewilligte Beihilfenregelung regularisiert werden (EuGH, C-165/95, Spanien/Kommission, Slg. 1997 I–135; hinsichtlich der Möglichkeit des Vertrauensschutzes bei nichtnotifizierten Beihilfen s. Rn. 11; zur „*de-minimis*"-Regel s. Art. 87 Rn. 14). MS dürfen Beihilfen i.S.v. Art. 87 I (ex-Art. 92 I) erst gewähren, wenn die Kommission sie genehmigt hat. Entgegen dem Wortlaut von Art. 88 III Satz 3 trifft diese **Sperrwirkung** nicht nur Beihilfevorhaben, gegen die die Kommission das Hauptprüfverfahren eröffnet hat, sondern auch Vorhaben, die noch nicht notifiziert wurden oder die notifiziert wurden, aber noch von der Kommission der Vorprüfung unterzogen werden (EuGH, Rs. 120/73, Lorenz/Deutschland, Slg. 1973, 1471, 1481, Rn. 4; Rs. 310/85, Deufil, Slg. 1985, 1315, 1327 Rn. 35). Änderungen eines notifizierten Vorhabens müssen ebenfalls der Kommission zur Kenntnis gebracht werden (EuGH, Rs. 91 u. 127/83, Heineken Brouwerijen/Inspekteur der Vennootschapsbelasting, Slg. 1984, 3435, 3453–3454 Rn. 19–22).

Sowohl Beihilfevorhaben zugunsten einzelner Unternehmen als auch **Beihilfeprogramme** zugunsten ganzer Gruppen von Unternehmen (z.B. KMU) oder ganzer Gebiete oder Wirtschaftszweige können angemeldet und genehmigt werden. In der Wirklichkeit geht es bei der überwiegenden Mehrzahl von Genehmigungsentscheidungen um Beihilfeprogramme. Nach Genehmigung eines Programms müssen Beihilfevorhaben zugunsten einzelner Unternehmen gem. dem Programm nur notifiziert werden, soweit der Genehmigungsbescheid oder ein übergeordneter Rechtsakt (z.B. Schiffbau-, Stahlbeihilfekodices, Gemeinschaftsrahmen für Großinvestitionsvorhaben, s. Art. 87 Rn. 45) dies bestimmen. In der Anmeldung müssen alle Auskünfte übermittelt werden, die die Kommission zur Prüfung des Vorhabens benötigt. 1993 hat die Kommission **standardisierte Anmeldeformulare** eingeführt, die seit 1995 auch für Meldungen an die WTO gebraucht werden (25. WB [1995], Ziff. 228).

16

2. Prüfung

17 Die Kommission muß die Prüfung des Beihilfevorhabens innerhalb einer **Frist von zwei Monaten** mit einer Entscheidung abschließen, entweder die Beihilfe zu genehmigen oder gegen sie das Hauptprüfverfahren einzuleiten (EuGH, Rs. 120/73, Lorenz/Deutschland, Slg. 1973, 1471, 1481 Rn. 4; Rs. 84/82, Deutschland/Kommission, Slg. 1984, 1451, 1488 Rn. 11). Für bestimmte KMU-Beihilferegelungen und die Erneuerung von schon genehmigten Programmen hat die Kommission ein **beschleunigtes Verfahren** eingeführt (Entscheidung innerhalb von 20 Arbeitstagen, ABl. 1992 C 213/10; Leitlinien für Beschäftigungsbeihilfen, ABl. 1995 C 334/4). Falls die Notifizierung unvollständig ist, fordert die Kommission die ihr fehlenden Auskünfte an. I.d.R. wird die Prüffrist dabei ausgesetzt und beginnt nach Erhalt der vollständigen Auskünfte wieder von neuem zu laufen.

3. Entscheidung; Untätigkeit der Kommission

18 In der überwiegenden Mehrzahl notifizierter Beihilfevorhaben trifft die Kommission die Entscheidung, das Vorhaben zu genehmigen. Diese **„positiven" Entscheidungen** ohne Hauptprüfverfahren sind vor dem EuGH anfechtbar (s. z.B. EuGH, C-225/91, Matra/Kommission, Slg. 1993, I–3203; zu Entscheidungen, das Hauptprüfverfahren einzuleiten, bzw. dies trotz einer Beschwerde zu unterlassen, s. Rn. 8 und 10). **Äußert sich die Kommission** innerhalb der ihr zugewiesenen Prüffrist **nicht,** so darf der MS, nachdem er die Kommission von seiner Absicht in Kenntnis gesetzt hat, das Beihilfevorhaben nunmehr durchführen (EuGH, Rs. 120/73, Lorenz a.a.O. 1481 Rn. 4–5; Rs. 84/82, Deutschland/Kommission, Slg. 1984, 1451, 1488 Rn. 12; C-312/90, Spanien/Kommission, Slg. 1992, I–4117). Dadurch wird die Beihilfe zu einer **„bestehenden" Beihilfe** (s. Rn. 7). Nach Ansicht der Kommission besteht die Möglichkeit, binnen einer zusätzlichen angemessenen Frist nach Erhalt der Absichtserklärung (etwa 14 Tage) doch noch gegen das Beihilfevorhaben das Hauptprüfverfahren einzuleiten (s. „Leitfaden für die Verfahrensregeln in Beihilfesachen"). In äußerst geringfügigen Fällen hat die Kommission gelegentlich die Prüffrist bewußt ohne Reaktion verstreichen lassen (s. auch Art. 89 Rn. 1 hinsichtlich der beabsichtigen Freistellungen von der Notifizierungspflicht).

4. Mißachtung der Notifizierungspflicht

19 Kommt ein MS seinen Pflichten nicht nach, Beihilfevorhaben anzumelden oder sie vor Genehmigung durch die Kommission nicht durchzuführen, so kann das verschiedene Rechtsfolgen haben. Zunächst kann die Kommissi-

on die **Rückforderung** anordnen, wenn die Beihilfe nicht genehmigungsfähig ist (s. Rn. 10). Zum zweiten kann sie gegen die weitere Vergabe von
Beihilfen eine **einstweilige Verfügung** erlassen (EuGH, Rs. 70/72, Kom-
mission/Deutschland, Slg. 1973, 813, 831 Rn. 20; C-301/87, Frankreich/
Kommission, Slg. 1990, I–307, I–356–357 Rn. 18–23; E v. 11.6.1991,
F/PMU, ABl. 1992 L 14/35). Schließlich haben Dritte, deren Interessen
durch eine unrechtmäßig gewährte Beihilfe beeinträchtigt werden, aufgrund der unmittelbaren Wirkung von Art. 88 III Satz 3 (ex-Art. 93 III Satz
3) **Klagerechte vor** ihren **nationalen Gerichten.** Diese können einstweilige Verfügungen aussprechen, die Rückzahlung anordnen, sowie zu Schadenersatz verurteilen (EuGH, Rs. 6/64, Costa/ENEL, Slg. 1964, 1252,
1272; Rs. 120/73, Lorenz/Deutschland, Slg. 1973, 1471, 1483 Rn. 8–9; C-
354/90, Fédération nationale du commerce extérieur des produits alimentaires, Slg. 1991, I–5505, I–5527–5528 Rn. 11–14; s. Bek. über nichtnotifizierte Beihilfen, ABl. 1995 156/5, und Bek. über die Zusammenarbeit mit
nationalen Gerichten, ABl. 1995 C 312/8).

Art. 89 (ex-Art. 94) (Durchführungsverordnungen)

**Der Rat kann auf Vorschlag der Kommission und nach Anhörung des
Europäischen Parlaments mit qualifizierter Mehrheit alle zweckdienlichen Durchführungsverordnungen zu den Artikeln 87 und 88 erlassen
und insbesondere die Bedingungen für die Anwendung des Artikels 88
Absatz 3 sowie diejenigen Arten von Beihilfen festlegen, die von diesem Verfahren ausgenommen sind.**

Über lange Jahre hinweg waren die einzigen VOen, die der Rat auf Vorschlag
der Kommission aufgrund von Art. 89 i.V.m. Art. 73 (ex-Art. 77) erlassen hat,
diejenigen im **Verkehrsbereich** (s. Vorbem. zu Art. 87–89, Rn. 9). Der
EuGH hat gelegentlich auf das Fehlen von Durchführungsverordnungen über
Verfahren hingewiesen, zu deren Erlaß der Rat gem. Art. 89 befugt gewesen
wäre (EuGH, Rs. 84/82, Deutschland/Kommission, Slg. 1984, 1451, 1487
Rn. 10; C-301/87, Frankreich/Kommission, Slg. 1990, I–307, I–355 Rn. 14).
In den 60er und 70er Jahren hat die Kommission mehrere VO-Vorschläge zur
Durchführung von Art. 89 dem Rat vorgelegt. Dieser hat sie aber nicht verabschiedet und die Kommision hat sie zurückgezogen. Erst im Jahre 1996
hat die Kommission es gewagt, eine VO vorzuschlagen, die sie ermächtigt,
bestimmte Arten von Beihilfen von der Notifizierungspflicht freizustellen
und sie somit von der Kontrolle durch die Kommission auszunehmen. 1997
hat der Rat diesen Vorschlag gebilligt. Gem. der neuen VO beabsichtigt die

Kommission, sog. Gruppenfreistellungen für bestimmte Bedingungen erfüllende Beihilfeprgramme zugunsten von KMU sowie in den Bereichen FuE, Umweltschutz, Beschäftigung und Ausbildung zu erlassen (s. 26. WB [1996], Ziff. 158; 27. WB [1997], Ziff. 202–204). Ferner beabsichtigt die Kommission, dem Rat eine **Verfahrensverordnung** vorzulegen (ebenda).

Kapitel 2. Steuerliche Vorschriften

Literatur: *Birk* (Hrsg.), Handbuch des Europäischen Steuer- und Abgabenrechts, 1994; *Gassner/Lang/Lechner* (Hrsg.), *Österreich – Der steuerrechtliche EU-Nachbar, 1996; Balke,* Steuerliche Gestaltungsfreiheit der Mitgliedstaaten und freier Warenverkehr im Europäischen Binnenmarkt, 1998; *Biehl*, Ausfuhrland-Prinzip, Einfuhrland-Prinzip und Gemeinsamer-Markt-Prinzip, 1969; *Hahn*, Steuerpolitische Willensbildungsprozesse in der Europäischen Gemeinschaft, 1988; *Meerpohl*, Die Mutter-/Tochter-Richtlinie der Europäischen Gemeinschaft und ihre Umsetzung in das Recht der Mitgliedstaaten, 1997; *Mick*, Die Steuerkonzeption der Europäischen Union, 1995; *Nowack*, Vereinbarkeit der Vorschriften über die Besteuerung beschränkt Steuerpflichtiger mit den Personenverkehrsfreiheiten des EWG-Vertrages, 1994; *Tumpel*, Harmonisierung der direkten Unternehmensbesteuerung in der EU, 1994. Aufsätze: *Birk,* Besteuerungsgleichheit in der Europäischen Union, DStJG 19 (1996), 63; *Birkenfeld,* Der Einfluß des Gemeinschaftsrechts auf die Rechtsverwirklichung im Steuerrecht, StuW 98, 55; *Blumenberg*, Mitteilung der EG-Kommission zu den Empfehlungen des Ruding-Komitees, EWS 92, 28; *Ebenroth/Parche*, Der Verordnungsentwurf einer europäischen Fusionskontrolle und seine Auswirkungen auf nationales und internationales Kartellrecht, BB 88, Beilage 18, 1; *Everling*, Aktuelle Fragen der europäischen Steuergerichtsbarkeit, Steuerberatung 88, 281; *Everling*, Abgrenzung der Rechtsangleichung zur Verwirklichung des Binnenmarkts nach Art. 100a EWGV durch den Gerichtshof, EuR 91, 179; *Evertz*, Denkavit und die Folgen – Die Auslegung des europäischen Steuerrechts durch den EuGH, IStR 97, 289; *Förster*, Die steuerlichen Diskriminierungsverbote des EWG-Vertrages, IWB Fach 5 Gruppe 2, 129; *Förster*, Reaktion der EG-Kommission auf den Ruding-Bericht, IWB Fach 5 Gruppe 2, 211; *Förster*, Das EG-Schiedsübereinkommen, Betriebswirtschaftliche Forschung und Praxis (BFuP) 93, 487; *Haarmann/Schüppen*, Die Entscheidung des EuGH vom 17.10.1996 zur Mutter-/Tochterrichtlinie – ein „historisches Ereignis" wirft Schatten, DB 96, 2569; *Herzig*, Steuergestaltung im Binnenmarkt, DB 1993, 1; *Herzig*, Besteuerung der Unternehmen in Europa – Harmonisierung im Wettbewerb der System, DStJG 19 [1996], 121; *Hirsch*, Wichtige Einflüsse der EuGH-Rechtsprechung auf das deutsche Steuerrecht, DStZ 98, 489; *Klein*, Probleme einer europäischen Finanzverfassung, FS von Wallis, 1985, 491; *Klein*, Zur Frage der künftigen Steuerhoheit der Europäischen Gemeinschaft, FS Wöhe, 1989, 191; *Krabbe,* Das Schiedsübereinkommen zwischen den Mitgliedstaaten der Europäischen Union, IStR 96, 5; *Kuttin*, Der steuerliche Verhaltenskodex der Europäischen Union, ÖStZ 98, 22; *Lenz*, Bedeutung der EG-Richtlinien und der EuGH-Entscheidungen für das deutsche Steuerrecht, IWB Fach 5 Gruppe 2, 117; *Lenz*, Neuere Rechtsprechung des Gerichtshofes der Europäischen Gemeinschaften auf dem Gebiet der direkten Steuern, DStZ 97,

541; *McGowan/Koenig*, Direct Taxation and Member State Liability in the European Community, The International Lawyer Vol. 31 [1997], 163; *Mann*, Ansätze und Stand der Bestrebungen zur Harmonisierung der direkten und indirekten Steuern in der EG, DB 90, 1735; *Mette*, Die Steuerpolitik der Europäischen Kommission seit 1995, IWB Fach 11 Gruppe 2, 269; *Mössner/Kellersmann*, Grenzenlose Steuern – Fiktion oder Wirklichkeit?, DVBl. 95, 968; *Möhrle*, Harmonisierung der internationalen Unternehmensbesteuerung in der EG, IWB Fach 5 Gruppe 2 S. 205; *Narraina* u.a., Vergleichende Darstellung der Umsetzung der Mutter-Tochter- und Fusionsrichtlinie, IWB Fach 10 Gruppe 2, 903; *Nussbaum*, Parafiskalische Abgaben und EG-Wettbewerbsrecht, DVBl. 94, 1174; *Odenthal*, Besteuerung von Kapitalerträgen in der EG, Steuer und Studium 93, 15; *Rainer*, Behaltefrist und Quellensteuerreduzierung nach der Mutter-/Tochterrichtlinie, EWS 95, 137; *Rädler*, Perspektiven der Unternehmensbesteuerung im Binnenmarkt, Steuerberater-Jahrbuch 1992/93, 31; *Reiche*, Das Diskriminierungsverbot des Art. 95 EWGV und deutsche Steuervergünstigungen beim Branntweinexport, RIW 90, 557; *Ruding*, After the euro: corporation tax harmonization?, EC Tax Review 98, 72; *Saß*, Steuerharmonisierung in der EG – Perspektiven für eine Harmonisierung der Körperschaftsteuer und der Gewinnermittlung, DB 93, 113; *Saß*, Probleme der Umsetzung der steuerlichen EG-Fusionsrichtline, DB 93, 1892; *Saß*, Anmerkung zu EuGH-Urteil vom 17.10.96, DB 96, 2316; *Saß*, Zur Rechtsprechung des EuGH und einigen Folgerungen für das deutsche Steuerrecht, FR 98, 1; *Schmidhuber*, Das Subsidiaritätsprinzip im Vertrag von Maastricht, DVBl. 93, 417; *Schön*, Neue Wege im Europäischen Steuerrecht, EuZW 98, 129; *Sedemund*, Wettbewerbsneutralität als Verfassungsgebot bei der Steuerharmonisierung für alkoholische Getränke, EuZW 91, 658; *Seibel*, Miles & More via Brüssel – Versteckte Diskriminierungen in § 37a EStG?, FR 97, 889; *Stockmann*, Möglichkeiten und Grenzen der Steuerharmonisierung in der Europäischen Gemeinschaft, FR 96, 693; *Stumpf*, Neuere Entwicklungen zu Diskriminierungsverbot und Harmonisierungsgebot im europäischen Mehrwertsteuerrecht, EuZW 91, 713; *Thömmes*, Verbote der Diskriminierung von Steuerausländern und Steuerinländern, DStJG 19 (1996), 81; *Tumpel*, Umsetzung der Mutter-/Tochterrichtlinie in Österreich, IStR 95, 113; *Voss*, Europäisches und nationales Steuerrecht, StuW 93, 155; *Wattel*, The EC Court's attempts to reconcile the treaty freedoms with international tax law, CML Rev. Vol. 33 (1996), 223; *Zach*, EU-Richtlinienvorschlag: Quellensteuerfreiheit für Zinsen und Lizenzgebühren, ÖStZ 98, 453; *Zeitler/Jüptner*, Europäische Steuerharmonisierung und direkte Steuern, BB 88, Beilage 17, 1. Sonstiges: Die Schlußfolgerungen und Empfehlungen des Ruding-Ausschusses, DB 92, Beilage Nr. 5, 1.

Überblick

I. Bedeutung der Art. 90–93 (ex-Art. 95–99) im Binnenmarkt

1. Normzweck der Art. 90–93 (ex-Art. 95–99)

1   Das Ziel der EG, die Errichtung eines Gemeinsamen Marktes und einer Wirtschafts- und Währungsunion (Art. 2), wird maßgeblich von den nationalen Steuerordnungen der Mitgliedstaaten beeinflußt. Unterschiedliche Steuersysteme und -regeln behindern die wirtschaftliche Entwicklung und Integration der EG und verhindern einen „Raum ohne Binnengrenzen" (Art. 14, ex-Art.7a). Die **Beseitigung innergemeinschaftlicher Steuergrenzen** ist daher für das Funktionieren eines Binnenmarktes unerläßlich. Der EGV unterscheidet im Kapitel „Steuerliche Vorschriften" (Art. 90–93) zwischen den steuerlichen **Diskriminierungsverboten** der Art. 90–92 (ex-Art. 95, 96, 98) und dem **Steuerharmonisierungsgebot** des Art. 93 (ex-Art. 99). Während das Diskriminierungsverbot die Mitgliedstaaten bindet, richtet sich der Auftrag zur Steuerharmonisierung primär an die Organe der EG.

2   Die Beseitigung steuerlicher Diskriminierungen und die Erreichung steuerlicher Harmonisierung dienen der Durchsetzung der vertraglichen Grundfreiheiten und der Gewährleistung des ungehinderten Wettbewerbs. Während die Mitgliedstaaten von Anfang an verpflichtet waren, die Zölle und Abgaben gleicher Wirkung sowie die mengenmäßigen Beschränkungen schrittweise untereinander abzubauen, haben sie auf dem Gebiet der inländischen Abgaben grundsätzlich das Recht behalten, ihre **Steuerpolitik**

selbständig zu gestalten. Die einzelstaatliche Autonomie wird nur insoweit eingeschränkt, als dies zur Erreichung der allgemeinen Ziele des Vertrages erforderlich ist. Für die Beseitigung steuerlicher Ungleichheiten, die sich aus den verschiedenen mitgliedstaatlichen Steuersystemen ergeben, ist daher grundsätzlich gemäß Art. 93 (ex-Art. 99) das Harmonisierungsgebot gegeben.

Den steuerpolitischen Maßnahmen der EG kommt eine **Hilfs- und Ergän-** **3** **zungsfunktion** im Hinblick auf die Verwirklichung der übrigen Vertragspolitiken zu, vor allem des **Prinzips des freien Warenverkehrs** (EuGH, Rs. 2 u. 3/62, Kommission/Luxemburg, Belgien, „Lebkuchen", Slg. 1962, 867; Rs. 168/78, Kommission/Frankreich, „Branntwein", Slg. 1980, 347). Daher sehen die Art. 90–93 fast ausschließlich steuerpolitische Maßnahmen zu den indirekten (produkt- oder warenbezogenen) Abgaben vor. Diese wirken sich unmittelbar auf die Preise aus und sind somit geeignet, den freien Warenverkehr zwischen den Mitgliedstaaten nachhaltig zu stören (*Oppermann*, Rn. 1016).

2. Steuergrenzen im Binnenmarkt

Der Abbau der Binnenzollschranken seit 1968 im Rahmen der Zollunion (s. **4** Art. 23 Rn. 1ff.) ließ die **Steuerschranken** zwischen den Mitgliedstaaten bestehen. Die unterschiedlichen Steuersysteme blieben wegen des weiterhin bestehenden Grenzausgleichs unberührt. Soweit inländische Abgabensysteme diskriminierende oder protektionistische Wirkung in bezug auf den innergemeinschaftlichen Handel entfalteten, konnten sie über die abgabenrechtlichen Diskriminierungsverbote der Art. 90–92 (ex-Art. 95–98) sanktioniert werden. Darüber hinaus entfaltete Art. 93 (ex-Art. 99), insbesondere im Vorfeld des Binnenmarkts, Harmonisierungsdruck.

Mit Beginn des **Binnenmarkts** zum 1.1.93 sind diese Vertragsbestimmun- **5** gen nicht obsolet geworden. Zwar sind die Grenzkontrollen weggefallen, die Steuergrenzen sind aber noch nicht aufgehoben. Die angestrebte Harmonisierung der indirekten Abgaben ist noch nicht verwirklicht. Während der **Reiseverkehr** allerdings umsatz- und verbrauchsteuerlich fast völlig liberalisiert wurde, unterliegt der **kommerzielle Warenverkehr** weiterhin einem steuerlichen Grenzausgleich, nunmehr jedoch durchgeführt in den Unternehmen (s. Art. 93 Rn. 13ff.). Hinzu kommt, daß die Mitgliedstaaten noch eigene Verbrauchsteuern auf andere als in den EG-Richtlinien erfaßte Waren erheben dürfen, wenn sie den grenzüberschreitenden Warenverkehr innerhalb der EG nicht beeinträchtigen (Art. 3 III RL 92/12/EWG des Rates v. 25.2.92 über das allgemeine System, den Besitz, die Beförderung und

die Kontrolle verbrauchsteuerpflichtiger Waren, ABl. 1992 L 76/1). Die abgabenrechtlichen Diskriminierungsverbote (Art. 90–92) und das steuerliche
Harmonisierungsgebot (Art. 93) behalten ihre Bedeutung im Binnenmarkt.

3. Steuerhoheit der Mitgliedstaaten

6   Das Kapitel „Steuerliche Vorschriften" des EGV enthält keine Regelungen
zu einer **Steuer- bzw. Ertragshoheit der EG**. Die Schaffung und Nutzung
einer solchen läßt sich nicht auf die Art. 90–93 (ex-Art. 95–99) stützen. Dazu bedürfte es einer Vertrags- und Finanzreform. Soll die Gemeinschaft
mehr aus der Abhängigkeit von den Mitgliedstaaten gelöst werden, müssen
die Eigenmittel der EG verstärkt werden. Auf dem Weg zu einer europäischen Einigung darf das Thema „eigene Steuereinnahmen der EG" auf
Dauer nicht tabu sein. (Zur EG-Steuerhoheit vgl. *Klein*, FS von Wallis, 491;
Klein, FS Wöhe, 191).

II. Diskriminierungsverbote

7   Bei den abgabenrechtlichen Diskriminierungsverboten der Art. 90–92 (ex-
Art. 95–98) handelt es sich um einen *„Mindestkodex von Regeln, der für
den innergemeinschaftlichen Warenverkehr sicherstellen soll, daß die inländischen Abgabensysteme neutral wirken und den inländischen Waren
nicht zum Vorteil gereichen"* (*Wägenbaur*, in Grabitz/Hilf vor Art. 95
Rn. 2).

1. Rechtswirkungen

8   Der EuGH hat in zahlreichen Judikaten die Diskriminierungsverbote zur
Prüfung mitgliedstaatlichen Verhaltens herangezogen und dadurch wesentlich zu deren Bedeutung in der Praxis beigetragen. Besonders hervorzuheben ist, daß der EuGH insbesondere Art. 90 (ex-Art. 95) die Eigenschaften
zuerkennt, unmittelbare Wirkungen zwischen den Mitgliedstaaten und den
ihrem Recht unterworfenen Personen zu erzeugen und individuelle, von
den nationalen Gerichten zu beachtende **Rechte des Einzelnen** zu begründen (EuGH, Rs. 57/65, Lütticke GmbH/HZA Saarlouis, Slg. 1965, 257;
Rs. 27/67, Fink-Frucht GmbH/HZA München, Slg. 1968, 333; Rs. 28/67,
Molkerei-Zentrale/HZA Paderborn, Slg. 1968, 215).

2. Verbotskatalog

9   Zur Gewährleistung der Neutralität der inländischen Abgabensysteme enthalten die Art. 90–92 (ex-Art. 95, 96, 98) einen Katalog von Verboten:

– Verbot einer im Verhältnis zu gleichartigen inländischen Waren höheren Abgabenerhebung auf aus anderen Mitgliedstaaten eingeführte Waren (Art. 90 [ex-Art.95] Abs. 1).

– Verbot einer aus protektionistischen Gründen veranlaßten Abgabenerhebung auf aus anderen Mitgliedstaaten eingeführte Waren (Art. 90 [ex-Art. 95] Abs. 2).

– Verbot der überhöhten Rückvergütung inländischer Abgaben bei Ausfuhren in andere Mitgliedstaaten (Art. 91, ex-Art. 96).

– Grundsätzliches Verbot eines Grenzausgleichs für direkte Steuern (Art. 92, ex-Art.98).

3. Bestimmungslandprinzip

Die Diskriminierungsverbote beziehen sich vorrangig auf die indirekten, produktbezogenen Abgaben und orientieren sich am **Bestimmungslandprinzip**. Das Prinzip ist international gebräuchlich und anerkannt (vgl. Nachw. bei *Wägenbaur*, in Grabitz/Hilf vor Art. 95 Rn. 5). Es beruht darauf, produktbezogene Steuern bei der Ausfuhr nicht zu erheben bzw. erhobene zu erstatten. Im Gegenzug erfolgt die Besteuerung bei der Einfuhr. Dadurch ist es möglich, Wettbewerbsverzerrungen durch unterschiedliche Abgabenbelastungen zu vermeiden. Inländische Produkte und eingeführte Waren werden steuerlich gleichgestellt. Das Bestimmungslandprinzip hat den Vorteil, die Finanzautonomie der Mitgliedstaaten unberührt zu lassen, da national unterschiedliche steuerliche Maßnahmen neutralisiert werden. Allerdings ist es nur praktikabel, wenn Ausgleichsmaßnahmen und Kontrollen an der Grenze oder im Inland durchgeführt werden. **10**

III. Steuerharmonisierung

1. Integrationsfördernde Wirkung der Steuerharmonisierung

Die **Steuerharmonisierung** in der EG zielt darauf ab, die Verwirklichung einer echten Wirtschaftsgemeinschaft zu fördern (*Wägenbaur*, in Grabitz/Hilf vor Art. 95 Rn. 14). Insofern muß sie in erster Linie erreichen, daß unterschiedliche Steuervorschriften der Mitgliedstaaten nicht zum Hemmschuh der Integration werden, indem sie die Verwirklichung der vertraglichen Grundfreiheiten vereiteln (*Wägenbaur*, in Grabitz/Hilf vor Art. 95 Rn. 15). Alle Institutionen der EG sind gehalten, im Rahmen ihrer Kompetenzen die Steuerharmonisierung voranzutreiben. Insofern kommt nicht nur der Legislative (Rat, Kommission, Parlament), sondern auch der Judikative eine maßgebliche Stellung zu, wie die zahlreichen Urteile des EuGH zur se- **11** kundärrechtlich umfassend geregelten Umsatzsteuer zeigen (*Everling*, Steuerberatung 88, 286). Seitens der Kommission gibt es zahlreiche Anläufe und Vorschläge zu einer europäischen Steuerpolitik. In einem **Diskussionspapier** der Kommission vom 20.3.96 wird jedoch konstatiert: „Die Koordinierung der Steuerpolitik auf EU-Ebene leidet unter zwei wesentlichen Erschwernissen – den Entscheidungsverfahren und dem Fehlen einer Gesamtperspektive, die die negativen wirtschaftlichen und sozialen Auswirkungen beim Ausbleiben entsprechender Entscheidungen aufzeigt" (SEK [97] 487 endg.; Nachweis bei *Mette*, IWB Fach 11 Gruppe 2, 270). Die Kommission definiert für die Zukunft **drei Ziele** europäischer Steuerpolitik: Stabilisierung der Steuereinnahmen der Mitgliedstaaten; reibungsloses Funktionieren des Binnenmarktes und Förderung der Beschäftigung. Erreichen will sie diese Ziele durch **Harmonisierungsmaßnahmen** bei der Umsatzsteuer, bei den Verbrauchsteuern und bei grenzüberschreitenden Problemen der direkten Steuern.

2. Differenzierung nach Steuerarten

12 Wie Art. 93 (ex-Art. 99) belegt, der ausdrücklich die indirekten Steuern erwähnt, nimmt der EGV im Bereich der steuerlichen Vorschriften die Aufteilung in direkte und indirekte Steuern vor, ohne diese im einzelnen zu definieren. Diese Differenzierung ist in der Steuer- und Finanzwissenschaft nicht unumstritten (vgl. *Schmölders*, Handwörterbuch). **Direkte Steuern** belasten den Vermögenszuwachs und die Vermögensbestände natürlicher Personen und von Institutionen unter Berücksichtigung der Leistungsfähigkeit des Steuerschuldners (z.B. Einkommen-, Körperschaft-, Vermögen- oder Ertragsteuer). Der Steuerschuldner ist auch gleichzeitig der wirtschaftliche Träger der Steuerlast. **Indirekte Steuern** hingegen knüpfen nur mittelbar an die Leistungsfähigkeit des Steuerbürgers an. Sie haben einen starken Produkt- und Konsumausgabenbezug. Mittels Preisgestaltung der Steuergegenstände wird die Steuerlast übergewälzt. Der Steuerschuldner ist nicht der wirtschaftliche Träger der Steuerlast (z.B. Umsatz- oder Verbrauchsteuer).

3. Indirekte Steuern

13 Die Angleichung der Vorschriften über die indirekten Steuern ist in Art. 93 (ex-Art. 99) ausdrücklich vorgesehen und bisher am weitesten vorangeschritten. Allerdings konnten sich die Mitgliedstaaten selbst unter dem Druck der Verwirklichung des Binnenmarkts zum 1.1.93 nicht dazu durchringen, im gewerblichen innergemeinschaftlichen Warenverkehr zugunsten des Ursprungslandprinzips vom Bestimmungslandprinzip abzuweichen (zu den Begriffen vgl. *Mick* in Birk, 663). So erfolgt die Besteuerung von Gemeinschaftswaren weiterhin in dem Mitgliedstaat, in dessen Wirtschaftskreislauf die Waren eingebracht werden. Für die besonderen Verbrauchsteuern ist dieses Prinzip auf Dauer angelegt und wird durch ein kompliziertes Steueraussetzungsverfahren verwirklicht (s. Art. 93 Rn. 27ff.). Die Erhebung der Umsatzsteuer richtet sich zumindest vorübergehend noch nach dem Bestimmungslandprinzip (s. Art. 93 Rn. 16).

4. Direkte Steuern

Steuerpolitische Maßnahmen der EG zur Harmonisierung der direkten Steuern können nicht auf Art. 93 (ex-Art. 99), wohl aber auf Art. 94 (ex-Art. 100), Art. 96 (ex-Art. 101) und Art. 308 (ex-Art. 235) gestützt werden, wobei Art. 94 (ex-Art. 100) eine zentrale Stellung einnimmt (*Förster* in Birk, 766; *Wägenbaur*, in Grabitz/Hilf vor Art. 95 Rn. 1; *Thömmes* in Lenz, EG-Handbuch, 567). Soweit es um die Beseitigung der Doppelbesteuerung innerhalb der Gemeinschaft geht, kann auch Art. 293 (ex-Art. 220) zweiter Anstrich als Ermächtigungsgrundlage des EGV herangezogen werden. Insbesondere auf der Grundlage des Art. 94 (ex-Art. 100) dürfen Maßnahmen der Steuerharmonisierung aber nur erfolgen, wenn die unterschiedlichen steuerlichen Belastungen durch die nationalen Steuerordnungen den gemeinsamen Binnenmarkt unmittelbar behindern (so Birk, DStJG 19 [1996], 75). **14**

a) Durchgeführte Harmonisierung

Im Mittelpunkt der Bemühungen zur Harmonisierung der direkten Steuern stand seit Jahren die in den Mitgliedstaaten unterschiedlich ausgeformte **Unternehmensbesteuerung.** Nach mehr als zwanzigjährigen Verhandlungen wurde 1990 ein Richtlinienpaket mit drei unabhängigen Regelungsbereichen verabschiedet (vgl. *Stobbe*, DStZ 93, 716; *Narraina* u.a., IWB Fach 10 Gruppe 2, 903; umfassend *Tumpel*, Harmonisierung, passim). **15**

aa) Fusionsrichtlinie

Die **Fusionsrichtlinie** (RL 90/434/EWG des Rates v. 23.7.90 über das gemeinsame Steuersystem für Fusionen, Spaltungen, die Einbringung von Unternehmensteilen und den Austausch von Anteilen, die Gesellschaften verschiedener Mitgliedstaaten betreffen, ABl. 1990 L 225/1) sieht die Einführung materiell gleichen Rechts für Verschmelzungen und Spaltungen von Unternehmen sowie die Einbringung von Unternehmensteilen und den Austausch von Anteilen vor, die Unternehmen in verschiedenen Mitglied- **16** staaten betreffen. Damit sollen grenzüberschreitende Umstrukturierungen ermöglicht werden, ohne stille Reserven aufdecken zu müssen. Bewirkt wird ein Steueraufschub, das Besteuerungsrecht bleibt bei dem jeweiligen Mitgliedstaat. Das übertragene Vermögen wird als Betriebsstätte im bisherigen Staat betrachtet, der bei einer Gewinnrealisierung das ihm verbliebene Besteuerungsrecht ausübt. Die Umsetzung dieser RL erfolgte in Deutschland durch Art. 18 Steueränderungsgesetz v. 25.2.92 (BGBl. I 1992, 297, 325 vgl. *Saß*, DB 93, 1892; zur Umsetzung in Österreich vgl. *Staringer* in *Gassner/Lang/Lechner*, 109). Der EuGH hat sich in einer ersten Entscheidung zu der Richtlinie mit der Umsetzung in den Niederlanden befaßt (EuGH, C-28/95, Leur-Bloem/Inspecteur der Belastingdienst-Ondernemingen Amsterdam, Slg. 1997, I–4161).

bb) Mutter-/Tochterrichtlinie

17 Die **Mutter-/Tochterrichtlinie** (RL 90/435/EWG des Rates v. 23.7.90 über das gemeinsame System der Mutter- und Tochtergesellschaften verschiedener Mitgliedstaaten, ABl. 1990 L 225/6) bezweckt die Beseitigung der **Doppelbesteuerung**, die bei grenzüberschreitenden Gewinnausschüttungen einer Tochtergesellschaft an ihre Muttergesellschaft ansonsten entsteht. Die RL setzt voraus, daß die verbundenen Unternehmen die Rechtsform einer Kapitalgesellschaft haben und die Beteiligung mindestens 25 % umfaßt. Der Sitzstaat der Muttergesellschaft stellt alternativ die Dividendenausschüttungen von der inländischen Besteuerung frei oder rechnet die ausländischen Steuern an. Der Sitzstaat der Tochtergesellschaft verzichtet grundsätzlich auf die Erhebung einer Quellensteuer (zur Umsetzung der RL in den Mitgliedstaaten der EU s. umfassend *Meerpohl*, passim; zur Umsetzung in Österreich vgl. *Widhalm* in *Gassner/Lang/Lechner*, 89; *Tumpel*, IStR 95, 113). Wegen des gespaltenen Körperschaftsteuersatzes durfte in Deutschland vorübergehend bis zum 30.6.96 eine ermäßigte Kapitalertragsteuer von 5 % erhoben werden. In Deutschland erfolgte die Umsetzung der RL durch § 44d Einkommensteuergesetz, der für Verbindungen innerhalb der EG neben den Doppelbesteuerungsabkommen eine zweite Rechtsgrundlage für Entlastungen bei den Quellensteuern darstellt. Mit der Umsetzung der RL in das deutsche Recht hat der EuGH sich in einer Grundsatzentscheidung befaßt und die in § 44d Abs. 2 Einkommensteuergesetz verlangte Mindestbesitzzeit von 12 Monaten im Zeitpunkt der Entstehung der Kapitalertragsteuer für richtlinienwidrig befunden (EuGH, C-283/94 u.a., Denkavit International u.a./Bundesamt für Finanzen, Slg. 1996, I–5063; dazu *Rainer*, EWS 95, 137; *Saß*, DB 96, 2316; *Haarmann/Schüppen*, DB 96, 2569; *Evertz*, IStR 97, 289).

cc) Schiedsübereinkommen

Das auf Art. 293 (ex-Art. 220) gestützte **EG-Schiedsübereinkommen**   **18**
(Übereinkommen 90/436/EWG über die Beseitigung der Doppelbesteuerung im Falle von Gewinnberichtigungen zwischen verbundenen Unternehmen, ABl. 1990 L 225/10) soll bei Gewinnberichtigungen die Anerkennung einheitlicher **Verrechnungspreise** zwischen verbundenen Unternehmen durch die Steuerverwaltungen der Mitgliedstaaten gewährleisten. Führt die Finanzverwaltung eines Mitgliedstaates eine Gewinnberichtigung durch und unterbleibt im anderen Staat eine Gegenberichtigung, entsteht eine Doppelbesteuerung. Da die bestehenden Doppelbesteuerungsabkommen diesen Fall nur unzulänglich regeln, sieht das EG-Schiedsübereinkommen ein Einigungsverfahren zwischen den betroffenen Finanzverwaltungen vor. Kommt es zu keiner Übereinstimmung, wird das Verfahren an einen beratenden Ausschuß überwiesen, der eine verbindliche Stellungnahme abgibt (vgl. zum Übereinkommen umfassend *Förster*, BFuP 93, 487; *Krabbe*, IStR 96, 5). Das Übereinkommen ist nach Hinterlegung der Ratifikationsurkunden zum 1.1.95 in Kraft getreten, allerdings vorerst nur mit Geltung für die frühere 12er-Gemeinschaft. Für die Neumitglieder Österreich, Schweden und Finnland gilt es erst nach Durchführung der nationalen Ratifizierungsverfahren (vgl. *Heydt*, EuZW 94, 706). Art. 20 des Übereinkommens sieht eine vorläufige Geltungsdauer von fünf Jahren vor. Vorbehaltlich einer möglichen Verlängerung tritt es daher zum 31.12.1999 außer Kraft.

b) Geplante Harmonisierungsmaßnahmen

Neben dem bereits verabschiedeten Richtlinienpaket befinden sich weitere   **19**
Regelungen vor allem zur Unternehmensbesteuerung und zur Besteuerung der Kapitalerträge in Vorbereitung, die aber über Jahre hinweg nur eine schleppende Behandlung erfahren haben.

aa) Unternehmensbesteuerung

In den von der EG-Kommission veröffentlichten „Leitlinien zur **Unterneh-**   **20**
mensbesteuerung" vom 30.4.90 (BR-Drucks. 360/90) kündigte die Kommission eine Neuorientierung ihrer Politik im Bereich der direkten Steuern an. In Umsetzung des **Subsidiaritätsprinzips** sollten die Mitgliedstaaten in der Ausgestaltung ihrer nationalen Steuersysteme souverän bleiben, sofern dies nicht zu meßbaren Wettbewerbsverzerrungen führte („Wettbewerb der Systeme"). In drei Maßnahmebereichen, für die Richtlinienvorschläge vorgelegt wurden, sah die Kommission konkreten Handlungsbedarf:

– Vorschlag für eine Richtlinie des Rates über eine Regelung für Unternehmen zur Berücksichtigung der Verluste ihrer in anderen Mitgliedstaaten belegenen Betriebsstätten (KOM [90] 595 endg.; ABl. 1991 C 53/30)

– Vorschlag für eine Richtlinie des Rates zur Harmonisierung der steuerlichen Rechtsvorschriften der Mitgliedstaaten zur Übertragung von Unternehmensverlusten (KOM [85] 319 endg.; ABl. 1984 C 253/5; BT-Drucks. 10/2594)

– Vorschlag für eine Richtlinie des Rates über die gemeinsame Steuerregelung für Zahlungen von Zinsen und Lizenzgebühren zwischen Mutter- und Tochtergesellschaften verschiedener Mitgliedstaaten (KOM [90] 571 endg.; ABl. 1991 C 53/26).

21 Aufgrund der „Leitlinien zur Unternehmensbesteuerung" hatte die Kommission 1990 einen Ausschuß unabhängiger Experten eingesetzt. Dieser nach seinem Vorsitzenden benannte sog. **RUDING-Ausschuss** (Bericht in DB 92, Beilage Nr. 5, S. 6 und in BT-Drucks. 13/4138) befand 1992 in seinem Bericht, daß sich die Steuerunterschiede zwischen den Mitgliedstaaten verzerrend auf die Standortwahl multinationaler Unternehmen auswirkten und vor allem in der Finanzwirtschaft zu Wettbewerbsverfälschungen führten. Der Ausschuß empfahl folgende Maßnahmen, verteilt auf drei Durchführungsphasen:

– Beseitigung diskriminierender und wettbewerbsverzerrender Effekte der einzelstaatlichen Steuervorschriften, die grenzüberschreitende Unternehmensinvestitionen und -beteiligungen behindern.

– Festlegung eines Mindestwertes für den Körperschaftsteuer-Regelsatz von 30 % sowie die Festlegung gemeinsamer Mindestvorschriften für die steuerliche Bemessungsgrundlage, um eine übermäßige Steuerkonkurrenz zwischen den Mitgliedstaaten zu verhindern.

– Förderung eines Höchstmaßes an Transparenz bei den Steueranreizen, die die Mitgliedstaaten zur Investitionsförderung gewähren.

– Einführung eines Körperschaftsteuer-Höchstsatzes von 40 % sowie langfristig die Schaffung eines gemeinsamen Körperschaftsteuersystems

(vgl. *Förster* in Birk, 800; *Mick*, 150; *Möhrle*, IWB Fach 5 Gruppe 2, 207; *Saß*, DB 93, 113).

22 Die Kommission begrüßte die vorgeschlagenen Maßnahmen zur Beseitigung der Diskriminierung grenzüberschreitender Tätigkeiten zwar grundsätzlich, meldete aber gegen die Vorschläge zur Harmonisierung der Körperschaftsteuer, insbesondere unter dem Gesichtspunkt der **Subsidiarität**, Bedenken an (*Förster* in Birk, 809; *Mick*, 155). Der Ministerrat nahm die

Ausschußempfehlungen sehr zurückhaltend auf. Er betonte in seiner Stellungnahme, daß *„ein Tätigwerden der Gemeinschaft im Bereich der Unternehmensbesteuerung auf das Minimum beschränkt werden sollte, das für das Funktionieren des Binnenmarkts erforderlich ist"* (zitiert nach *Saß*, DB 93, 115).

Um die mit dem ungezügelten Wettbewerb der Steuersysteme einhergegangenen nachteiligen Folgen zu mildern, hat sich der Rat der Finanzminister am 1.12.97 auf ein **Maßnahmepaket** zur Bekämpfung des schädlichen Steuerwettbewerbs geeinigt (KOM [97] 495 endg., ABl. 1998 C 2/1, BR-Drucks. 814/97; *Kuttin*, ÖStZ 98, 22). Mit ihm sollen besonders unfaire Formen des Steuerwettbewerbs innerhalb der Europäischen Union bekämpft werden. Das Paket umfaßt folgende Elemente: **23**

– Verhaltenskodex für die Unternehmensbesteuerung und parallel dazu eine Mitteilung der Kommission über staatliche Beihilfen auf steuerlichem Gebiet;

– Maßnahmen zur Beseitigung von Verzerrungen bei der Besteuerung von Kapitalerträgen;

– Maßnahmen zur Abschaffung der Quellensteuer auf die grenzübergreifende Zahlung von Zinsen und Lizenzgebühren zwischen Unternehmen;

– Maßnahmen zur Beseitigung erheblicher Verzerrungen bei den indirekten Steuern.

Der am 1.12.97 bereits verabschiedete **Verhaltenskodex** ist eine politische Vereinbarung ohne rechtliche Sanktionsmöglichkeit. Er beschränkt sich auf die Unternehmensbesteuerung. Die Definition des steuerschädlichen Verhaltens ist sehr allgemein gehalten. Bekämpft werden sollen Praktiken, die zu einer gegenüber der Normalbesteuerung nicht gerechtfertigten niedrigeren Effektivbesteuerung führen (Verhinderung des Steuerdumpings zu Lasten anderer Mitgliedstaaten). **24**

Im Zuge des Maßnahmepakets (Rn. 23) ist auch der bereits 1990 vorgelegte Vorschlag zur Besteuerung bestimmter Zahlungen zwischen verbundenen Unternehmen (Rn. 20) wiederaufgelebt. Am 4.3.98 hat die Kommission einen neuen Richtlinienvorschlag über eine gemeinsame Steuerregelung für Zahlungen von Zinsen und Lizenzgebühren zwischen verbundenen Unternehmen verschiedener Mitgliedstaaten eingebracht (KOM [98] 67 endg., BT-Drucks. 256/98; Zach, ÖStZ 98, 453). Ziel ist, eine Quellensteuerfreiheit für Zins- und Lizenzgebührenzahlungen zwischen Konzerngesellschaften aus verschiedenen Mitgliedstaaten einzuführen, um eine Doppelbesteuerung zu vermeiden. **25**

bb) Besteuerung der Kapitalerträge

26   Neben der Unternehmensbesteuerung ist die harmonisierte Besteuerung der **Kapitalerträge** für das Funktionieren des Binnenmarkts von Bedeutung. In den Mitgliedstaaten der EG gibt es erhebliche Unterschiede, die zu Kapitalverkehrsverlagerungen führen (*Odenthal*, Steuer und Studium 93, 15). Der Vorschlag der Kommission aus dem Jahre 1989 über ein gemeinsames System einer **Quellensteuer** auf Zinsen mit einem Mindestquellensteuersatz in Höhe von 15 % ist u.a. auch wegen des Widerstandes Deutschlands erfolglos geblieben (KOM [89] 60 endg.; ABl. 1989 C 141/5; BR-Drucks. 114/89). Im Zuge des Maßnahmepakets (Rn. 23) hat die Kommission am 4.6.98 einen neuen Richtlinienvorschlag zur Besteuerung der Kapitalerträge vorgelegt (KOM [98] 295 endg., ABl. 1998 C 212/13). Mit der Richtlinie soll ein Minimum an effektiver Besteuerung von Zinserträgen innerhalb der Gemeinschaft gewährleistet werden. Grundlage des Vorschlags ist das Koexistenzmodell. Danach verpflichten sich die Mitgliedstaaten, entweder den anderen Mitgliedstaaten Informationen über Zinserträge im Ausland ansässiger Sparer zu übermitteln oder eine Quellensteuer auf derartige Zinszahlungen zu erheben.

c) Zukünftige Entwicklung

27   Es ist davon auszugehen, daß die Harmonisierung der direkten Steuern die Gemeinschaft noch lange beschäftigen wird. Vor allem die stärkere Betonung des Subsidiaritätsprinzips (Art. 5, ex-Art. 3b) wird die Angleichung der Unternehmensbesteuerung zu einem langwierigen und nur politisch lösbaren Thema werden lassen. Das **Subsidiaritätsprinzip** verlangt von allen für die Gemeinschaft Handelnden einen neuen Denkansatz: die zentrale Frage lautet nicht mehr, was die Gemeinschaft tun könnte, sondern was sie unbedingt tun sollte (*Schmidhuber*, DVBl. 93, 420; vgl. auch die Kommentierung bei Art. 5). Nach diesem Grundsatz sind Harmonisierungsmaßnahmen auf das Wesentliche zu beschränken. Bei den Überlegungen wird zu berücksichtigen sein, daß die Steuerbelastung in einem Mitgliedstaat zwar die Anlageentscheidung ausländischer Investoren beeinflussen kann, daß in diese Entscheidung aber auch andere Faktoren einfließen, wie z.B. Lohnkosten, Sozialabgaben, Arbeitnehmermitbestimmung, Umweltschutzauflagen, Ausbildungsniveau der Arbeitnehmer oder Marktnähe. Insofern können die nationalen Steuersysteme durchaus dem **Wettbewerb** der Marktkräfte ausgesetzt werden (*Herzig*, DStJG 19[1996], 121). Auswüchsen kann durch Regulierungen wie jetzt im Maßnahmepaket (Rn. 23) vorgesehen begegnet werden. Ob die Wirtschafts- und Währungsunion in den nächsten Jahren einen Harmonisierungsschub auslösen wird, läßt sich noch nicht absehen (*Stockmann*, FR 96, 698; *Ruding*, EC Tax Review 98, 72). Zu berücksichtigen ist aber, daß die Steuersysteme nicht mehr nur einem europäischen sondern mittlerweile einem globalen Wettbewerb ausgesetzt sind (Schön, EuZW 98, 129).

d) Bedeutung der Grundfreiheiten für nationale Steuerregelungen

Abgesehen von den oben dargestellten Materien fällt der Bereich der direkten Steuern beim gegenwärtigen Stand des Gemeinschaftsrechts auch nach dem Amsterdamer Vertrag (noch) nicht in die Zuständigkeit der Gemeinschaft. Der EuGH hat jedoch in mehreren Judikaten der letzten Jahre betont, daß die Mitgliedstaaten die ihnen verbliebene Steuerhoheit unter Wahrung der im Gemeinschaftsrecht verbürgten Grundfreiheiten ausüben müssen. Die wichtigsten Urteile zu den direkten Steuern sind (vgl. *Saß*, FR 98, 1; *Birkenfeld*, StuW 98, 55; *Hirsch*, DStZ 98, 489; *Lenz*, DStZ 97, 541; *McGowan/Koenig*, The International Lawyer Vol. 31 [1997], 163; *Thömmes*, DStJG 19[1996], 81; *Wattel*, CML Rev. Vol. 33 [1996], 223):   **28**

– EuGH, Rs. 270/83, Kommission/Frankreich, „avoir fiscal", Slg. 1986, 273;
– EuGH, C-81/87, „Daily mail", Slg. 1988, 5483;
– EuGH, C-75/88, Biehl/Administration de Grand-Duché de Luxembourg, Slg. 1990, I–1779,
– EuGH, C-204/90, Bachmann/Belgien, Slg. 1992, I–249;
– EuGH, C-112/90, Werner/Finanzamt Aachen-Innenstadt, Slg. 1993, I–429;
– EuGH, C-330/91, Commerzbank/Inland Revenue Commissioners, Slg. 1993, I–4017;
– EuGH, C-1/93, Halliburton Services BV/Staatssecretaris von Financien, Slg. 1994, I–1137;
– EuGH, C-279/93, Schumacker/Finanzamt Köln-Altstadt, Slg. 1995, I–225;
– EuGH, C-80/94, Wielockx/Inspecteur der directe belastingen, Slg. 1995, I–2493;
– EuGH, C- 484/93, Svennson und Gustavsson/Ministre de Logement, Slg. 1995, I–3955;
– EuGH, C-107/94, Asscher/Staatssekretaris van Financien, Slg. 1996, I–3089;
– EuGH, C-250/97, Futura Participations, Singer/Administration des Contributions, Slg. 1997, I–2471;

- EuGH, C-118/96, Safir/Skattemyndigheten i Dalarnas län; Slg. 1998, I-1897;
- EuGH, C-336/96, Gilly/Directeur des services fiscaux du Bas-Rhin, Slg. 1998, I-2793.

29 Mit Bezug auf die direkten Steuern hat der EuGH aus den Grundfreiheiten vor allem Grundsätze zur Auslegung des Diskriminierungsverbots entwickelt. Ob nationale Steuerregelungen Diskriminierungen ausländischer Unionsbürger hervorrufen oder zulassen, muß dementsprechend kritisch im Einzelfall hinterfragt werden (*Seibel*, FR 97, 890). Entscheidend ist regelmäßig, ob sich der Ausländer in der gleichen steuerlichen Ausgangslage wie der vergleichbare Inländer (Ansässige) befindet. Bei „vergleichbarer Lage" ist eine Benachteiligung in der Regel nicht gerechtfertigt.

Art. 90 (ex-Art. 95) (Keine höheren Abgaben für Waren aus anderen Mitgliedstaaten)

Die Mitgliedstaaten erheben auf Waren aus anderen Mitgliedstaaten weder unmittelbar noch mittelbar höhere inländische Abgaben gleich welcher Art, als gleichartige inländische Waren unmittelbar oder mittelbar zu tragen haben.

Die Mitgliedstaaten erheben auf Waren aus anderen Mitgliedstaaten keine inländischen Abgaben, die geeignet sind, andere Produktionen mittelbar zu schützen.

Spätestens mit Beginn der zweiten Stufe werden die Mitgliedstaaten die bei Inkrafttreten dieses Vertrages geltenden Bestimmungen aufheben oder berichtigen, die den obengenannten Vorschriften entgegenstehen.

Literatur: Vgl. vor Art. 90–93

I. Normzweck

Der maßgebliche Zweck des Art. 90 (ex-Art. 95) besteht darin, jegliche **1**
Diskriminierung im Handel zwischen den Mitgliedstaaten zu beseitigen
(EuGH, Rs. 148/77, Hansen & Balle/HZA Flensburg, Slg. 1978, 1787).
Durch die Beseitigung steuerlicher Hindernisse soll der **freie Warenver-
kehr** zwischen den Mitgliedstaaten unter normalen Wettbewerbsbedingun-
gen dadurch gewährleistet werden, daß jede Form des Schutzes, die aus ei-
ner diskriminierenden inländischen Besteuerung der aus anderen Mitgliedstaaten eingeführten Waren folgen könnte, beseitigt wird (EuGH,
Rs. 168/78, Kommission/Frankreich, „Branntwein", Slg. 1980, 347).
Art. 90 soll die vollkommene **Wettbewerbsneutralität** der inländischen
Besteuerung für inländische und eingeführte Erzeugnisse sicherstellen
(EuGH Rs. 168/78, a.a.O.; Rs. 323/87, Kommission/Italien, Slg. 1989,
2275). Das in ihm enthaltene Verbot greift daher immer dann ein, wenn eine abgabenrechtliche Maßnahme geeignet ist, die Einfuhr von Gütern aus
anderen Mitgliedstaaten zugunsten inländischer Waren zu erschweren
(EuGH, Rs. 252/86, Bergandi/Directeur général des impôts, Slg. 1988,

1343, Rn. 24,25; C-45/94, Camara de Comercio, Industria y Navegación de Ceuta/Ayuntamiento de Ceuta, Slg. 1995, I–4385, Rn. 29).

II. Anwendungsbereich

1. Verhältnis zu anderen Vertragsvorschriften

a) Allgemeines Diskriminierungsverbot (Art. 12 [ex-Art. 6])

2   Art. 90 ist lex specialis gegenüber dem **allgemeinen Diskriminierungsverbot** des Art. 12 (ex-Art. 6). Für den Bereich der inländischen Abgaben auf Waren kann er als Konkretisierung des allgemeinen Diskriminierungsverbots angesehen werden (*Wägenbaur*, in Grabitz/Hilf Art. 95 Rn. 75).

b) Zollunion (Art. 23ff. [ex-Art. 9ff])

3   Art. 90 ergänzt die in den Art. 23 (ex-Art. 9), Art. 25 (ex-Art. 12) und Art. 28 (ex-Art. 30) für die **Zollunion** getroffenen Regeln (EuGH, Rs. 168/78, Kommission/Frankreich, „Branntwein", Slg. 1980, 347). Er soll die Lücke schließen, die nach dem Abbau der Zölle und Abgaben gleicher Wirkung sowie dem Wegfall der mengenmäßigen Beschränkungen den Mitgliedstaaten zur Errichtung neuer Hindernisse verblieben sein könnte (EuGH, Rs. 24/68, Kommission/Italien, Slg. 1969, 193).

4   Die Art. 23ff. (ex-Art. 9ff.) und Art. 90 können nicht auf denselben Sachverhalt angewandt werden (st. Rspr. seit EuGH, Rs. 57/65, Lütticke/HZA Saarlouis, Slg. 1966, 258; Rs. 94/74, IGAV/ENCC, Slg. 1975, 699; zuletzt bestätigt durch EuGH, C-212/96, Chevassus-Marche/Conseil régional de la Réunion, Slg. 1998, I–0743). Insofern ist eine Unterscheidung zwischen **„zollgleichen Abgaben"** und **„inländischen Abgaben"** zwingend. Maßgebliches Element der Abgrenzung ist, daß erstere einseitig auferlegte, wegen der Einfuhr geforderte Abgaben sind, die nur das eingeführte Erzeugnis erfassen, während letztere Teil eines allgemeinen Abgabensystems sind, das sowohl einheimische als auch eingeführte Waren belastet (EuGH, Rs. 77/76, Gebr. Cucchi/Avez, Slg. 1977, 987; Rs. 15/81, Gaston Schul/Inspecteur der invoerrechten und accijnzen, Slg. 1982, 1409; Rs. 193/85, Cooperativa Co-Frutta/Amministrazione delle finanze dello Stato, Slg. 1987, 2085).

5   Diese grundsätzliche Differenzierung wird jedoch vom EuGH im Einzelfall modifiziert. Sofern eine Belastung Teil eines allgemeinen Abgabensystems ist, handelt es sich z.B. auch dann um eine an Art. 90 zu messende Abgabe, wenn der eingeführten Ware im Einzelfall keine gleichartige inländische

Ware zugeordnet werden kann (EuGH, Rs. 24/68, Kommission/Italien, Slg. 1969, 193). Auch wenn eine Abgabe faktisch ausschließlich auf eingeführte Erzeugnisse erhoben wird, weil die inländische Produktion außerordentlich gering ist, liegt keine zollgleiche Abgabe im Sinne des Art. 25 (ex-Art. 12) vor, wenn sie sich in ein allgemeines System inländischer Abgaben einfügt, das systematisch Kategorien von Erzeugnissen umfaßt, die unabhängig vom Ursprung der Erzeugnisse angewandt werden (EuGH, Rs. 193/85, Cooperativa Co-Frutta/Amministrazione delle finanze dello Stato, Slg. 1987, 2085; C-343/90, Manuel Dias/Direktor für das Zollwesen, Portugiesische Kraftfahrzeugsteuer, Slg. 1992, I–4673).

Andererseits kann eine Belastung, die Teil eines allgemeinen Abgabensystems ist, dann eine Abgabe mit gleicher Wirkung wie ein Einfuhrzoll und an den Vorschriften über die Zollunion zu messen sein, wenn   **6**
– sie ausschließlich zur Finanzierung von Tätigkeiten bestimmt ist, die dem erfaßten einheimischen Erzeugnis in spezifischer Weise zugute kommen,
– das belastete Erzeugnis identisch ist mit dem begünstigten einheimischen Erzeugnis und
– die auf dem einheimischen Erzeugnis ruhenden Belastungen vollständig ausgeglichen werden
(EuGH, Rs. 77/76, Gebr. Cucchi/Avez, Slg. 1977, 987; C-266/91, CELBI/Fazenda Publica, Slg. 1993, I–4337). Ein solches System erweckt nämlich nur den Anschein der allgemeinen inländischen Besteuerung, tatsächlich hat es aber den Schutzcharakter einer zollgleichen Abgabe. Findet jedoch kein vollständiger Ausgleich der Belastungen statt, richtet sich der Prüfungsmaßstab nur nach den Voraussetzungen des Art. 90 (EuGH, C-78–83/90, Compagnie Commerciale de l'Ouest u.a./Receveur principal des douanes de La Pallice Port, Slg. 1992, I–1847; C-17/91, Lornoy en Zonen u.a./Belgien, Slg. 1992, I–6523; C-28/96, Fazenda Pública/Fricarnes, Slg. 1997, I–4939, Rn. 33). Nicht Art. 90 sondern Art. 25 (ex-Art. 12) ist dann berührt, wenn Einfuhrabgaben in einen Teil eines Mitgliedstaates sowohl aus Drittländern, anderen Mitgliedstaaten als auch anderen Teilen desselben Mitgliedstaates erhoben werden (EuGH, C-363/93 u.a., Lancry u.a./Direction générale des douanes u.a., „octroi de mer", Slg. 1994, I–3957, Rn. 32). Gebühren für systematische Kontrollen bei dem Verbringen in einen anderen Mitgliedstaat sind ebenfalls zollgleiche Abgaben und nicht an Art. 90 zu messen (EuGH, C-426/92, Deutschland/Deutsches Milch-Kontor I, Slg. 1994, I–2757, Rn. 54, EuGH,), selbst wenn die Kontrollen nicht an der Grenze sondern im Inland durchgeführt werden (EuGH, C-272/95, Bundesanstalt für Landwirtschaft und Ernährung/Deutsches Milch-Kontor,

Slg. 1997, I–1905, Rn. 39).

7   Auch Art. 28 (ex-Art. 30) findet neben Art. 90 keine Anwendung. Das **Verbot mengenmäßiger Einfuhrbeschränkungen** ist dann nicht Prüfungsmaßstab, wenn die Vertragskonformität der Besteuerung aus anderen Mitgliedstaaten eingeführter Waren an Art. 90 zu messen ist (EuGH, Rs. 252/86, Bergandi/Directeur général des impôts, Slg. 1988, 1343; C-17/91, Lornoy en Zonen u.a./Belgien, Slg. 1992, I–6523).

c) Handelsmonopole (Art. 31, ex-Art. 37)

8   Das in Art. 31 (ex-Art. 37) bezüglich staatlicher **Handelsmonopole** niedergelegte Diskriminierungsverbot kann sich auch auf diskriminierende Abgabenerhebungen erstrecken. Voraussetzung ist, daß die Abgabenregelung mit der Ausübung der spezifischen Funktion des Monopols, insbesondere seinem Ausschließlichkeitsrecht, verbunden ist, also nur in Verbindung mit dem Monopol bestehen kann (EuGH, Rs. 148/77, Hansen & Balle/HZA Flensburg, Slg. 1978, 1787; differenzierend aber EuGH, Rs. 4/81, HZA Flensburg/Andresen, Slg. 1981, 2835). Ob Art. 31 (ex-Art. 37) gegenüber Art. 90 die speziellere Regelung ist oder umgekehrt, wird zwar in der Literatur diskutiert (s. *Schröer-Schallenberg*, in Birk, Handbuch, S. 428), der EuGH geht darauf aber nicht ein, sondern wendet bei steuerlichen Sachverhalten immer Art. 90 an (EuGH, Rs. 4/81, HZA Flensburg/Andresen, Slg. 1981, 2835).

d) Verkehrspolitik (Art. 72 [ex-Art. 76])

9   Eine Abgabe, die von einem Mitgliedstaat im Rahmen seiner **Verkehrspolitik** eingeführt wird (z.B. eine Schwerverkehrsabgabe), kann im Hinblick auch die Vereinbarkeit mit Gemeinschaftsrecht sowohl an den Maßstäben des Art. 72 (ex-Art. 76), als auch des Art. 90 geprüft werden (EuGH, C-195/90, Kommission/Deutschland, Slg. 1992, I–3175).

e) Staatliche Beihilfen (Art 87f., ex-Art. 92f.)

10   Die Regeln über die Zulässigkeit **staatlicher Beihilfen** (Art 87f., ex-Art. 92f.) zielen wie das Diskriminierungsverbot des Art. 90 darauf ab, Wettbewerbsverzerrungen im Handel zwischen den Mitgliedstaaten zu verhindern. Sie schließen sich nicht aus, sondern können im Einzelfall nebeneinander Anwendung finden (EuGH, Rs. 47/69, Frankreich/Kommission, Slg. 1970, 487; Rs. 148/77, Hansen & Balle/HZA Flensburg, Slg. 1978, 1787; Rs. 73/79, Kommission/Italien, Slg. 1980, 1533; C-149/91, Sander Adour/Directeur des services fiscaux, Slg. 1992, I–3899).

f) Steuerharmonisierung (Art. 93, ex-Art. 99)

Die Durchführung der in Art. 93 (ex-Art. 99) vorgesehenen **Steuerharmo-**   **11**
nisierung ist keine Vorbedingung für die Anwendung des Art. 90 (EuGH,
Rs. 55/79, Kommission/Irland, Slg. 1980, 481; Rs. 171/78, Kommissi-
on/Dänemark, Slg. 1980, 447). Art. 90 enthält ungeachtet der Unterschiede
zwischen den nationalen Steuerregelungen ein Grunderfordernis, das unmittelbar mit dem Verbot der Zölle und Abgaben gleicher Wirkung zwischen den Mitgliedstaaten zusammenhängt und auch bereits vor jeder Harmonisierung auf die Beseitigung aller nationalen Steuerpraktiken zielt, die
eingeführte Erzeugnisse diskriminieren oder bestimmte nationale Produktionen schützen können. Die Vertragsbestimmungen verfolgen unterschiedliche Ziele: Zweck des Art. 90 ist es, diskriminierende oder protektionistische steuerliche Praktiken sofort zu beseitigen; Zweck des Art. 93 ist, auf
Unterschieden der nationalen Steuerregelungen beruhende Handelshinder-
nisse abzuschwächen, auch wenn diese nicht diskriminierend angewandt
werden (EuGH, C-171/78, Kommission/Dänemark, Slg. 1980, 447). Insofern verliert Art. 90 auch in den harmonisierten Steuerbereichen nicht an
Bedeutung. Die von den Mitgliedstaaten erlassenen Umsetzungsregeln
müssen dem Maßstab des Art. 90 genügen. So lassen die Richtlinien zur
Verbrauchsteuerharmonisierung (vgl. Art. 93 Rn. 28ff.) den nationalen Gesetzgebern Gestaltungsräume (z.B. bei den Sicherheitsleistungen), die Diskriminierungen zur Folge haben können.

2. Binnenhandel und Gemeinschaftswaren

Das Diskriminierungsverbot des Art. 90 gilt nur im **Binnenhandel,** also   **12**
dem Verkehr zwischen den Mitgliedstaaten (EuGH, Rs. 7/67, Milchwerke
Wöhrmann/HZA Bad Reichenhall, Slg. 1968, 267; Rs. 148/77, Hansen &
Balle/HZA Flensburg, Slg. 1978, 1787). Es findet allerdings entgegen dem
Wortlaut des Art. 90 nicht nur auf Einfuhren aus anderen Mitgliedstaaten
Anwendung, sondern auch auf Ausfuhren in andere Mitgliedstaaten, da sich
aus dem Gesamtsystem der steuerlichen Vorschriften des EGV ergibt, daß
die Neutralität der inländischen Abgabensysteme in allen Fällen grenzüber-
schreitenden Warenverkehrs gewährleistet werden soll (EuGH, Rs. 142/77,
Statens Kontrol med aedle Metaller/Preben Larsen, Slg. 1978, 1543).
Zu beachten ist allerdings der Geltungsbereich des EG-Vertrags (Art. 299,   **13**
ex-Art. 227). Auf Gemeinschaftsrecht beruhende Sonderregeln können insbesondere für die französischen überseeischen Departemente, die Azoren,
Madeira und die Kanarischen Inseln erlassen werden (Art. 299 II, ex-Art.
227). **Befreiungsregeln** sind jedoch an strenge Voraussetzungen zu knüp-

fen; sie müssen erforderlich, verhältnismäßig und genau bestimmt sein
(EuGH, C-212/96, Chevassus-Marche/Conseil régional de la Réunion, Slg.
1998, I–0743, Rn. 49). Für die auf afrikanischem Boden liegende spanische
Exklave Ceuta gab es vor dem Amsterdamer Vertrag keine Ausnahmeregelung (EuGH, C-45/94, Cámara de Comercio, Industria y Navegación de
Ceuta/Ayuntamiento de Ceuta, Slg. 1995, I–4385, Rn. 42). Daran hat sich
durch die Neufassung des Art. 299 (ex-Art. 227) nichts geändert.

14   Die Diskriminierungs- und Protektionsverbote des Art. 90 lassen sich nicht
auf das Vierte **AKP**-EWG-Abkommen übertragen (EuGH, C-469/93, Amministrazione delle finanze dello Stato/Chiquita Italia, Slg. 1995, I–4533,
Rn. 42).

15   Dem Schutzbereich des Art. 90 unterliegen alle **Gemeinschaftswaren.** Dazu zählen nicht nur die aus einem Mitgliedstaat stammenden Waren, sondern auch solche, die ihren Ursprung außerhalb der Gemeinschaft haben,
sich aber innerhalb der Gemeinschaft nach zollrechtlicher Einfuhrabfertigung im **freien Verkehr** befinden (Art. 24 [ex-Art. 10]; EuGH, Rs. 193/85,
Cooperativa Co-Frutta/Amministrazione delle finanze dello Stato, Slg.
1987, 2085). Sofern ein Mitgliedstaat Einfuhrabgaben auf direkt aus **Drittländern** eingeführte Erzeugnisse erhebt, ist die Schutzregelung des Art. 90
nicht einschlägig (EuGH, C-228–234/90, Simba/Ministero delle finanze,
Slg. 1992, I–3713, Rn. 14; C-130/92, OTO SpA/Ministero delle finanze,
Slg. 1994, I–3281, Rn. 18; C-284/96, Didier Tabouillot/Directeur des services fiscaux de Meurthe-et-Moselle, Slg. 1997, I–7471, Rn. 27). Allerdings ist in solchen Fällen ein Verstoß gegen die Grundsätze der Zollunion
oder sonstiges Gemeinschaftsrecht denkbar (z.B. Handelsabkommen der
EG).

3. Erfaßter Abgabenkreis

16   Die in Art. 90 verwendete Formulierung *„Abgaben gleich welcher Art"* läßt
den Schluß zu, daß der von der Regelung erfaßte Abgabenkreis weit gezogen sein soll (EuGH, Rs. 20/76, Schöttle/FA Freudenstadt, Slg. 1977, 247).
Es kommt weder auf die Bezeichnung und die Art der Erhebung an noch
darauf, ob der Erlös in den staatlichen Haushalt fließt, ob es sich um eine
Sonderabgabe handelt oder ob sie einem besonderen Zweck dient (EuGH,
Rs. 74/76, Ianelli/Meroni, Slg. 1977, 557, Rn. 9; C-90/94, Haahr Petrole-
um/Abenra Havn, Slg. 1997, I–4085, Rn. 37). Allerdings muß es sich um
„Abgaben auf Waren" handeln. Erforderlich ist insoweit eine Produktbezogenheit der Abgabe, die z.B. bei der steuerlichen Behandlung von Spargut-
haben fehlt (EuGH, Rs. 267/86, Van Eycke/ASPA, Slg. 1988, 4769). Eine

Warenbezogenheit ist aber gegeben bei Abgaben, die auf die Benutzung eingeführter Waren gelegt sind (EuGH, Rs. 252/86, Bergandi/Directeur général des impôts, Slg. 1988, 1343) oder wegen des Transports und der Benutzung von Seehäfen erhoben werden (EuGH, C-90/94, Haahr Petroleum/Abenra Havn, Slg. 1997, I–4085, Rn. 38).

Die erhobene Abgabe muß **Inlandscharakter** haben. Soweit die Abgabe   **17** Teil eines allgemeinen inländischen Abgabensystems ist, ist diese Eigenschaft unproblematisch. Der Inlandscharakter wird aber auch bei Abgaben angenommen, die im Rahmen der Beförderung eingeführter Waren im Inland anfallen (EuGH, Rs. 20/76, Schöttle/FA Freudenstadt, Slg. 1977, 247) oder die nur auf eingeführte Waren erhoben werden, jedoch die Wirkung einer inländischen Abgabe ausgleichen sollen (EuGH, Rs. 57/65, Lütticke/ HZA Saarlouis, Slg. 1966, 258).

Aus der Verwendung der Begriffe „mittelbar" und „unmittelbar", bezogen   **18** auf die erhobene Abgabe, wird ebenfalls der weite Anwendungsbereich des Art. 90 deutlich. Erfaßt werden alle Abgaben, die das inländische Produkt auf allen Fertigungs- und Vertriebsstufen, welche derjenigen der Einfuhr gleichartiger Erzeugnisse aus anderen Mitgliedstaaten vorangehen oder entsprechen, tatsächlich und spezifisch treffen (EuGH, Rs. 28/67, Molkerei-Zentrale/HZA Paderborn, Slg. 1968, 215; Rs. 20/76, Schöttle/FA Freudenstadt, Slg. 1977, 247).

a) Steuern

Aufgrund der geforderten Produktbezogenheit der Abgabe scheiden die **di-**   **19** **rekten Steuern** aus dem Kreis der von Art. 90 erfaßten Steuern bereits aus. Eine eventuell diskriminierende Wirkung dieser Steuern ist nur am Maßstab des Art. 92 (ex-Art. 98) zu messen.

Die **indirekten Steuern** unterliegen als warenbezogene Abgaben dem Dis-   **20** kriminierungsverbot des Art. 90. Zu ihnen zählen die **Umsatzsteuer** und die besonderen **Verbrauchsteuern**, aber auch sonstige Steuern, die sich zumindest mittelbar auf den Preis einer Ware auswirken (**Stempelsteuer**: EuGH, Rs. 77/69, Kommission/Belgien, Slg. 1970, 237; **Sonderumsatzsteuer** auf Ausfuhrwaren: EuGH, Rs. 27/74, Demag/FA Duisburg-Süd, Slg. 1974, 1037; **Straßengüterverkehrsteuer**: EuGH, Rs. 20/76, Schöttle/FA Freudenstadt, Slg. 1977, 247; **Kraftfahrzeugsteuer**: EuGH, Rs. 112/84, Humblot/Directeur des services fiscaux, Slg. 1985, 1367; **Bananensteuer**: EuGH, Rs. 184/85, Kommission/Italien, Slg. 1987, 2013; Rs. 193/85, Cooperativa Co-Frutta/Amministrazione delle finanze dello Stato, Slg. 1987, 2085; **Spielautomatensteuer**: EuGH, C-252/86, Bergandi/Directeur

général des impôts, Slg. 1988, 1343; **Kraftfahrzeugzulassungssteuer**:
EuGH, C-47/88, Kommission/Dänemark, Slg. 1990, I–4509; **Getreide-
steuer**: EuGH, C-149/91, Sander Adour/Directeur des services fiscaux,
Slg. 1992, I–3899; **Kraftfahrzeugsteuer**: EuGH, C-343/90, Manuel
Dias/Direktor für das Zollwesen, Slg. 1992, I–4673; **Kraftfahrzeugsteuer**:
EuGH, C-105/91, Kommission/Griechenland, Slg. 1992, I–5871). **Ge-
brauchwagensteuer**: EuGH, C-375/95, Kommission/Griechenland, Slg.
1997, I–5983; **Elektrizitätssteuer**: EuGH, C-213/96, Outokumpu Oy/
Piiritullikamari Helsinki, Slg. 1998, I–1777; **Steuer auf audiovisuelle und
photo-optische Erzeugnisse**: EuGH, C-68/96, Grundig Italiana/Minstero
delle Finanze, Slg. 1998, I–3775).

b) Sonstige Abgaben

21   Unter den Anwendungsbereich des Art. 90 fallen auch alle sonstigen Abgaben, soweit sie sich auf Waren beziehen und nicht unter das Verbot zollgleicher Abgaben (s. Rn. 3f.) fallen. Im Rahmen des herkömmlichen deutschen Abgabensystems kommen insoweit **Beiträge** (= Gegenleistung für
die mögliche Inanspruchnahme einer staatlichen Leistung) und **Gebühren**
(= Gegenleistung für eine bestimmte staatliche Leistung) in Betracht.

22   EuGH-Rechtsprechung zu Beiträgen: Rs. 94/74, IGAV/ENCC, Slg. 1975,
699; Rs. 78/76, Steinike u. Weinlig/Deutschland, Slg. 1977, 595; Rs. 74/76,
Ianelli/Meroni, Slg. 1977, 557; Rs. 212/87, Unilec/Larroche, Slg. 1988,
5075; C-17/91, Lornoy en Zonen u.a./Belgien, Slg. 1992, I–6523.

23   EuGH-Rechtsprechung zu Gebühren: Rs. 24/68, Kommission/Italien, Slg.
1969, 193; Rs. 29/72, Marimex/Italienische Finanzverwaltung, Slg. 1972,
1309; Rs. 35/76, Simmenthal/Italienisches Finanzministerium, Slg. 1976,
1871; Rs. 46/76, Bauhuis, Slg. 1977, 6; Rs. 32/80, Kortmann, Slg. 1981,
251; Rs. 29/87, Dansk Denkavit, Slg. 1988, 2965; C-195/90, Kommissi-
on/Deutschland, Slg. 1992, I–3141; C-90/94, Haahr Petroleum/Abenra
Havn, Slg. 1997, I–4085.

4. Abgrenzung zwischen Abs. 1 und Abs. 2

24   Art. 90 will, insgesamt gesehen, die Wettbewerbsneutralität der inländischen Steuersysteme sicherstellen. Ob diese im Einzelfall verletzt ist, ist
nach Abs. 1 anhand eines **Belastungsvergleichs** der eingeführten mit
gleichartigen inländischen Waren vorzunehmen. Läßt sich eine **Gleichartigkeit** nicht feststellen, kann jedoch ein Verstoß gegen Abs. 2 vorliegen,
wenn die Abgabe auf die eingeführten Waren geeignet ist, inländische Produktionen zu schützen, insoweit also **protektionistische Wirkung** entfaltet

(EuGH, Rs. 185/85, Kommission/Italien, Slg. 1987, 2023). Der Abs. 2 ist somit Auffangvorschrift und notwendige Ergänzung des Abs. 1. Ob ein Fall des Abs. 1 oder des Abs. 2 vorliegt, bleibt in der Rechtsprechung manchmal offen (EuGH, Rs. 168/78, Kommission/Frankreich, Slg. 1980, 347; Schlußanträge GA *Lenz*, 16.10.86, 184/85, Kommission/Italien, Slg. 1987, 2018).

Gibt es keine gleichartige oder konkurrierende inländische Produktion, mit   **25** denen die eingeführten Waren in Wettbewerb treten können, scheidet die Anwendung des Art. 90 insgesamt aus (EuGH, C-47/88, Kommission/Dänemark, Slg. 1990, I–4509).

III. Diskriminierungsverbot (Art. 90 Abs. 1)

Art. 90 I ist weit auszulegen in dem Sinne, daß er alle steuerlichen Maß-   **26** nahmen erfaßt, die die **Gleichbehandlung** von inländischen und einge- führten Erzeugnissen berühren könnten (EuGH, Rs. 168/78, Kommission/ Frankreich, „Branntwein", Slg. 1980, 347).

1. Gleichartigkeit der Waren

Der Begriff der „**gleichartigen Waren**" ist flexibel auszulegen. Als gleich-   **27** artig sind Waren anzusehen, die in den Augen des Verbrauchers die gleichen Eigenschaften haben und denselben Bedürfnissen dienen (EuGH, Rs. 168/78, aaO, Slg. 1980, 347). Es kommt somit nicht auf strenge Identität, sondern auf gleiche oder vergleichbare Verwendung an (EuGH, 15.7.82, 216/81, COGIS/Staatliche Finanzverwaltung, Slg. 1982, 2701). Als Beurtei- lungskriterien können objektive typische Merkmale herangezogen werden (z.B. Ausgangsstoff, Herstellungsverfahren, organoleptische Eigenschaften, Alkohol- oder Wassergehalt). Entscheidend kann aber auch sein, ob die Wa- ren aus Verbrauchersicht denselben Bedürfnissen dienen. Nach diesen Kri- terien hat der EuGH Gleichartigkeit **bejaht** bei Obstwein und Traubenwein (Tafelwein): EuGH, Rs. 106/84, Kommission/Dänemark, Slg. 1986, 833, Rn. 33; C-367/93 bis C-377/93, Roders u.a./Inspecteur der Invoerrechten en Accijnzen, Slg. 1995, I–2248, Rn. 30, **offengelassen** bei Obstwein und Traubenwein (Qualitätswein) sowie Champagner: EuGH,C-367/93–C- 377/93 a.a.O., Slg. 1995, I–2248, Rn. 31, 35; **verneint** bei Whisky und Li- körwein: EuGH, Rs. 243/84, John Walker, Slg. 1986, 875; **verneint** bei Obstwein und Likörwein (Sherry, Madeira) sowie Wermut: EuGH, C- 367/93 bis C-377/93, Roders u.a./Inspecteur der Invoerrechten en Accijnzen, Slg. 1995, I–2248, Rn. 32, 33). Trinkgewohnheiten sind allerdings nicht als zulässiges Beurteilungskriterium anzuerkennen (EuGH, Rs. 168/78, Kom-

mission/Frankreich, „Branntwein", Slg. 1980, 347). Auch die zolltarifliche
Position wird als Kriterium für die Gleichartigkeit abgelehnt, da sie für den
Drittlandshandel bestimmt ist (EuGH, Rs. 168/78 a.a.O., Slg. 1980, 347).

2. Belastungsvergleich

28 Der **Belastungsvergleich** mit gleichartigen inländischen Waren richtet sich
nicht nur nach dem Abgabensatz, der die inländischen und die eingeführten
Erzeugnisse unmittelbar oder mittelbar belastet, sondern auch nach deren
Bemessungsgrundlage und den Einzelheiten ihrer Erhebung (EuGH,
Rs. 74/76, Ianelli/Meroni, Slg. 1977, 557; Rs. 55/79, Kommission/Irland,
Slg. 1980, 481). Ist eine Abgabe Bestandteil einer allgemeinen inländischen
Abgabenregelung, die einheimische und eingeführte Erzeugnisse systematisch nach denselben Merkmalen erfaßt, so kann sie dennoch gegen Art. 90
verstoßen, wenn sie einheimische und eingeführte Erzeugnisse in bezug auf
die Höhe der Abgabe, ihre Festsetzung oder die Art und Weise ihrer Erhebung unterschiedlich trifft (EuGH, C-212/96, Chevassus-Marche/Conseil
régional de la Réunion, Slg. 1998, I–0743, Rn. 25).

29 Zwar läßt Art. 90 den Mitgliedstaaten die Freiheit, das **Besteuerungssy-
stem** zu wählen, welches ihnen als das angemessenste erscheint. Diese
Freiheit kann aber nur innerhalb bestimmter Grenzen ausgeübt werden. Insbesondere muß das in jedem Mitgliedstaat angewandte Steuersystem trans-
parent sein, jedenfalls soweit dies notwendig ist, um objektiv feststellen zu
können, ob die steuerliche Belastung eingeführter Waren höher ist als die
gleichartiger inländischer Waren (Schlußanträge GA *Jacobs*, C-152/89,
Kommission/Luxemburg, „Biersteuer", Slg. 1991, I–3147). Ferner muß das
Steuersystem für inländische und für eingeführte Erzeugnisse gerecht gehandhabt werden können (Schlußanträge GA *Jacob*s a.a.O.). Allerdings ist
ein Steuersystem nicht allein deswegen als diskriminierend anzusehen, weil
nur – insbesondere aus anderen Mitgliedstaaten- eingeführte Erzeugnisse in
die am höchsten besteuerte Gruppe fallen (EuGH, C-132/88, Kommissi-
on/Griechenland, Slg. 1990, I–1567, Rn. 18; C-113/94, Elisabeth Casarin,
verheiratete Jacquier/Directeur général des impôts, Slg. 1995, I–4023,
Rn. 21)

30 Haben in dem jeweiligen Abgabensystem bestehende Unterschiede zur Folge, daß das eingeführte Erzeugnis gegenüber dem vergleichbaren inländischen Erzeugnis auf derselben Produktions- oder Handelsstufe höher belastet wird, so liegt unabhängig von der Häufigkeit und dem Umfang der beanstandeten Sachverhalte ein Verstoß gegen das Diskriminierungsverbot
vor. Beispiele aus der EuGH-Rechtsprechung:

– Unterstellung eines Mindestalkoholgehaltes von 70 % auf jeglichen eingeführten Branntwein: EuGH, Rs. 16/69, Kommission/Italien, Slg. 1969, 377;

– Anwendung eines progressiven Tarifs einerseits und pauschalen Tarifs andererseits: EuGH, Rs. 45/75, Rewe-Zentrale/HZA Landau, Slg. 1976, 181; Rs. 127/75, Bobie/HZA Aachen-Nord, Slg. 1976, 1079;

– unterschiedliche Stundungsregeln: EuGH, Rs. 55/79, Kommission/Irland, Slg. 1989, 481;

– unterschiedliche Besteuerungsfristen zum Nachteil eingeführter Waren: EuGH, Rs. 42/83, Dansk Denkavit/Ministeriet for skatter og afgifter, Slg. 1984, 2649;

– Steuererleichterungen für einheimische Erzeugnisse mit nur schwacher diskriminierender Wirkung: EuGH, Rs. 277/83, Kommission/Italien, „Marsala", Slg. 1985, 2049;

– progressiv gestaffelte Kraftfahrzeugsteuer zum Nachteil eingeführter Kraftfahrzeuge: EuGH, Rs. 112/84, Humblot/Directeur des services fiscaux, Slg. 1985, 1367; Rs. 433/85, Feldain/Directeur des services fiscaux, Slg. 1987, 3521; C-132/88, Kommission/Griechenland, Slg. 1990, I–1567;

– Festlegung der steuerlichen Nutzleistung zum Nachteil eingeführter Fahrzeuge: EuGH, Rs. 76/87 u.a., Seguela u.a./Administration des impôts, Slg. 1988, 2397;

– Anwendung unterschiedlicher Mehrwertsteuersätze zum Nachteil eingeführter alkoholischer Getränke: EuGH, C-230/89, Kommission/Griechenland, Slg. 1990, I–1909;

– Erhebung einer Zulassungssteuer für eingeführte Fahrzeuge aufgrund generell überhöhter Pauschalwerte: EuGH, C-47/88, Kommission/Dänemark, Slg. 1990, I–4509;

– Anwendung unterschiedlicher Verbrauchsteuersätze zum Nachteil eingeführter Fahrzeuge: EuGH, C-327/90, Kommission/Griechenland, Slg. 1992, I–3033; C-105/91, Kommission/Griechenland, Slg. 1992, I–5871;

– Erhebung einer Gebrauchtwagensteuer ohne Berücksichtigung des Wertverlustes eingeführter Gebrauchtwagen: EuGH, C-345/93, Fazenda Pública und Ministério Público/Américo Joao Nunes Tadeu, Slg. 1995, I–479, Rn. 20;

– Befreiung im Benelux-Gebiet erzeugter Obstweine von der Weinsteuer: EuGH, C-367/93 bis C-377/93, Roders u.a./Inspecteur der Invoerrechten en Accijnzen, Slg. 1995, I–2248, Rn. 23;

– Erhebung eines Zuschlags auf Hafenabgaben für eingeführte Waren:EuGH, C-90/94, Haahr Petroleum/Abenra Havn, Slg. 1997, I–4085, Rn. 29;

– Unterschiedliche Modalitäten bei der Berechnung der Besteuerungsgrundlagen für inländische und eingeführte Gebrauchtwagen (EuGH,
  C-375/95, Kommission/Griechenland, Slg. 1997, I–5981, Rn. 49);
– Anwendung eines einheitlichen Steuersatzes auf eingeführte Elektrizität; Anwendung differenzierter Steuersätze je nach Art der Erzeugung
  auf inländische Elektrizität (EuGH, C-213/96, Outokumpu Oy/Piiritul-
  likamari Helsinki, Slg. 1998, I–1777, Rn. 41);
– Unterschiede bei der Berechnung der Besteuerungsgrundlagen und den
  Modalitäten der Erhebung einer Abgabe (EuGH, C-68/96, Grundig Ita-
  liana/Ministero delle Finanze, Slg. 1998, I–3775).

31 Ein Verstoß gegen das Diskriminierungsverbot liegt bereits dann vor, wenn
ein Steuersystem nicht so ausgestaltet ist, daß es eine Höherbelastung eingeführter Waren *„unter allen Umständen"* ausschließt (zur Anwendung
pauschaler Steuersätze: EuGH, C-152–153/89, Kommission/Belgien, Luxemburg, Slg. 1991, I–3141, I–3171). Selbst wenn eine Regelung nur in bestimmten Fällen zu einer höheren Belastung führt, ist sie mit Art. 90 unvereinbar (EuGH, C-213/96, Outokumpu Oy/Piiritullikamari Helsinki, Slg.
1998, I–1777, Rn. 41).

32 Eine Höherbelastung eingeführter Waren kann sich daraus ergeben, daß ein
Doppelbesteuerungseffekt auftritt. Wenn nämlich Waren bei ihrer Ausfuhr
im Exportland von einer bestimmten Steuer nicht entlastet worden sind und
im Einfuhrland eine erneute Besteuerung erfolgt. Ein solcher Fall unterliegt
aber grundsätzlich nicht dem Diskriminierungsverbot des Art. 90, da er
nicht eine Doppelbesteuerung, sondern eine im Vergleich zu inländischen
Erzeugnissen höhere Belastung verhindern will. In den Anwendungsbereich des Art. 90 können diese Fälle erst gelangen, wenn im Verhältnis zur
Einfuhrware der gleiche wirtschaftliche Vorgang bei der Inlandsware steuerlich anders behandelt wird. Doch auch dann gilt, daß Doppelbesteue-
rungseffekte grundsätzlich durch Harmonisierung der nationalen Abgabensysteme nach Art. 93 (ex-Art. 99) oder Art. 94 (ex-Art. 100) zu beheben
sind (EuGH, Rs. 142/77, Statens Kontrol med aedle Metaller/Preben Larsen, Slg. 1978, 1543). Die doppelte Besteuerung allein verstößt noch nicht
gegen Art. 90 (EuGH, C-72/92, Scharbatke/Deutschland, Slg. 1993,
I–5509). Anders aber, wenn eine Doppelbelastung innerhalb eines bereits
gemeinschaftsweit geregelten Steuersystems erfolgt, da das Diskriminierungsverbot dann auch die Fälle der mittelbaren Höherbelastung erfaßt
(EuGH, Rs. 15/81, Gaston Schul/Inspecteur der invoerrechten en accijnzen,
Slg. 1982, 1409: Kürzung der Einfuhrumsatzsteuer um den Restbetrag der
im Ausfuhrmitgliedstaat gezahlten und nicht erstatteten Mehrwertsteuer;
vgl. dazu vertiefend EuGH, Rs. 39/85, Bergeres-Becque/Chef de service in-

terrégional des douanes, Slg. 1986, 259; Rs. 299/86, Drexl, Slg. 1988, 1213). Die im Zusammenhang mit dem Binnenmarkt erfolgte Harmonisierung der Umsatzsteuer hält vorerst weiter am Bestimmungslandprinzip fest (s. Art. 93 Rn. 20f.). Das Problem der Doppelbelastung entfällt erst, wenn das Ursprungslandprinzip durchgesetzt ist.

IV. Protektionsverbot (Art. 90 Abs. 2)

Art. 90 Abs. 2 ergänzt die Schutzbestimmung in Abs. 1. Sofern die Gleich-   **33**
artigkeit eingeführter Waren mit inländischen Waren nicht belegbar ist, findet Abs. 2 Anwendung. Ansonsten kommt Abs. 1 als Spezialregelung Anwendungsvorrang zu.

1. Wettbewerbsverhältnis

Art. 90 Abs. 2 soll jede Form einer mittelbaren steuerlichen Schutzpolitik   **34**
bei Erzeugnissen erfassen, die zwar nicht gleichartig im Sinne des Abs. 1 sind, die aber doch mit bestimmten Erzeugnissen des Einfuhrlandes wenigstens teilweise, mittelbar oder potentiell im Wettbewerb stehen (EuGH, Rs. 168/78, Kommission/Frankreich, Slg. 1980, 347; Rs. 184/85, Kommission/Italien, Slg. 1987, 2013). Ob Waren miteinander im Wettbewerb stehen, richtet sich nicht nur nach dem jeweiligen Zustand des Marktes. Abzustellen ist auch auf die im Rahmen des freien Warenverkehrs auf Gemeinschaftsebene gegebenen Entwicklungsmöglichkeiten und auf neue Anreize für die Substitution von Erzeugnissen, die sich aus einem verstärkten Handel ergeben können (EuGH, Rs. 170/78, Kommission/Vereinigtes Königreich, Slg. 1980, 417). Bestehende Verbrauchergewohnheiten sind kein Kriterium für das Bestehen oder Fehlen eines Wettbewerbsverhältnisses. Gerade der freie Handel kann sie erheblich verändern (EuGH, Rs. 170/78, aaO, Slg. 1980, 417). Ziel der EG ist auch, allen Verbrauchern gleichen Zugang zu den Waren aus anderen Mitgliedstaaten zu verschaffen (EuGH, Rs. 319/81, Kommission/Italien, Slg. 1983, 601).

2. Protektionistische Wirkung

Eine Verletzung des Art. 90 Abs. 2 kommt nur in Betracht, wenn die Abga-   **35**
benerhebung eine Schutzwirkung zugunsten einheimischer Produktionen entfalten kann (EuGH, Rs. 193/85, Cooperativa Co-Frutta/Amministrazione delle finanze dello Stato, Slg. 1987, 2085). Eine **protektionistische Wirkung** ist anzunehmen, wenn die auf den Einfuhrwaren ruhende Abgabenbelastung dazu führen kann, daß der potentielle Verbrauch der einge-

führten Waren zugunsten der mit ihnen im Wettbewerb stehenden inländischen Erzeugnisse beeinflußt wird, also Auswirkung auf das Verbraucherverhalten haben kann (EuGH, Rs. 356/85, Kommission/Belgien, Slg. 1987, 3299, Rn. 15; Rs. 323/89, Kommission/Italien, Slg. 1989, 2275). Die Auswirkungen lassen sich im Einzelfall nur aufgrund eines Abwägungsprozesses prognostizieren. Statistische Daten können darin einfließen, sind aber nicht zwingend erforderlich (EuGH, Rs. 170/78, Kommission/Vereinigtes Königreich, Slg. 1980, 417; ein nationales Rechtsprechungsbeispiel findet sich in BFH, 15.2.95, VII B 100/94, BFH/NV 1995, 830). Es können auch wirtschaftliche Erwägungen maßgebend sein. So kann wegen der unterschiedlich hohen Verkaufspreise der miteinander im Wettbewerb stehenden Waren (Bier-Wein) die konkrete Besteuerung für den potentiellen Verbraucher unerheblich sein (EuGH, Rs. 170/78, Kommission/Vereinigtes Königreich, Slg. 1980, 417 und 1983, 2265; Rs. 356/85, Kommission/Belgien, Slg. 1987, 3299). Die Besteuerungslast bei eingeführten Produkten kann aber auch gerade den für den Verbraucher maßgeblichen Preisnachteil ausmachen (EuGH, C-367/93 bis C-377/93, Roders u.a./Inspecteur der Invoerrechten en Accijnzen, Slg. 1995, I–2248, Rn. 39).

V. Zulässigkeit differenzierender Besteuerung

1. Steuervergünstigungen für inländische Produkte

36 Bei strikter Anwendung der dargestellten Voraussetzungen wäre eine steuerliche Begünstigung inländischer Produkte immer als Verstoß gegen Art. 90 zu werten. Der EGV beläßt den Mitgliedstaaten aber die Steuerhoheit im Bereich der indirekten Steuern. Sie können grundsätzlich autonom darüber befinden, aus welchen wirtschaftlichen oder sozialen Gründen sie **Steuervergünstigungen** für inländische Erzeugnisse gewähren wollen. Im Bereich der teilharmonisierten Umsatzsteuer und besonderen Verbrauchsteuern erfährt die Steuerhoheit jedoch erhebliche gemeinschaftsrechtliche Einschränkungen. Den Mitgliedstaaten werden nur insoweit zusätzliche besondere Verbrauchsteuern gestattet, als die Besteuerung im Handelsverkehr zwischen den Mitgliedstaaten keine mit dem Grenzübertritt verbundenen Formalitäten nach sich zieht (Art. 3 III RL 92/12/EWG des Rates v. 25.2.92 über das allgemeine System, den Besitz, die Beförderung und die Kontrolle verbrauchsteuerpflichtiger Waren, ABl. 1992 L 71/1). Soweit die Mitgliedstaaten in diesem Rahmen noch über Gestaltungsmöglichkeiten verfügen, darf die verbliebene Steuerautonomie nicht zu Steuerregelungen mißbraucht werden darf, die eingeführte Waren diskriminiert und dadurch den freien Warenverkehr innerhalb der Gemeinschaft behindert.

Eine **differenzierende Besteuerung** inländischer Erzeugnisse ist mit dem   **37**
Gemeinschaftsrecht vereinbar, wenn sie Ziele verfolgt, die mit den Erfordernissen des EGV oder abgeleitetem Recht in Einklang stehen (EuGH, Rs.
148/77, Hansen & Balle/HZA Flensburg, Slg. 1978, 1787; Rs. 26/80,
Schneider-Import/HZA Mainz, Slg. 1980, 3469; Rs. 140/79, Chemial Far-
maceutici/DAF, Slg. 1981, 1; Rs. 153/80, Rumhaus Hansen/HZA Flensburg, Slg. 1981, 1165; Rs. 46/80, Vinal/Orbat, Slg. 1981, 77; Rs. 196/85,
Kommission/Frankreich, Slg. 1987, 1597; Rs. 252/86, Bergandi/Directeur
général des impôts, Slg. 1988, 1343; Rs. 317/86, Lambert u.a./Directeur
des services fiscaux, Slg. 1989, 787; Rs. C-213/96, Outokumpu Oy/Piiri-
tullikamari Helsinki, Slg. 1998, I–1777, Rn. 30). Differenzierungen können
gerechtfertigt sein aus Gründen der **Wirtschaftspolitik** (z.B. EuGH, C-
90/94, Haahr Petroleum/Abenra Havn, Slg. 1997, I–4085, Rn. 29), der **Sozialpolitik** oder der **Umweltschutzpolitik** (z.B. EuGH, C-213/96, Outokumpu Oy/Piiritullikamari Helsinki, Slg. 1998, I–1777, Rn. 30). Das Gemeinschaftsrecht verbietet keine Besteuerung, die auf inländische Erzeugnisse höher ist als auf eingeführte; Art. 90 greift insoweit nicht ein (EuGH,
Rs. 86/78, Grandes Distilleries Peureux/Directeur des Services fiscaux, Slg.
1979, 897).

Jede unmittelbare oder mittelbare **Diskriminierung** von Einfuhren aus an-   **38**
deren Mitgliedstaaten und jeder Schutz inländischer konkurrierender Produktionen muß aber unter allen Umständen ausgeschlossen sein (ständige
Rechtspr.; s. zuletzt EuGH, C-213/96, Outokumpu Oy/Piiritullikamari Helsinki, Slg. 1998, I–1777, Rn. 30). Steuerbefreiungen und Steuerermäßigun-
gen für inländische Produkte sind daher dann nicht zu beanstanden, wenn
sie in nicht diskriminierender Weise auch auf eingeführte Erzeugnisse in
gleicher Lage angewandt werden (EuGH, Rs. 148/77, Hansen &
Balle/HZA Flensburg, Slg. 1978, 1787; Rs. 26/80, Schneider-Import/HZA
Mainz, Slg. 1980, 3469; Rs. 153/80, Rumhaus Hansen/HZA Flensburg,
Slg. 1981, 1165; Rs. 38/82, HZA Flensburg/Hansen GmbH, Slg. 1983,
1271; Rs. 277/83, Kommission/Italien, „Marsala", Slg. 1985, 2049;
Rs. 196/85, Kommission/Frankreich, Slg. 1987, 1597). In verfahrensmäßiger Hinsicht muß aber sichergestellt sein, daß für das eingeführte Erzeugnis der praktische Nachweis einer Erfüllung der Begünstigungsvorausset-
zungen unter angemessenen Bedingungen möglich ist (EuGH, Rs. 142,
143/80, Amministrazione delle Finanze dello Stato/Essevi u. Salengo, Slg.
1981, 1413; Rs. 196/85, Kommission/Frankreich, Slg. 1987, 1597). Im
Zweifelsfall muß ein Mitgliedstaat beweisen, daß die von ihm eingeführte
Steuerregelung keine diskriminierende Wirkung hat (EuGH, C-152/89,
Kommission/Luxemburg, Slg. 1991, I–3141). Diese Beweislastregel gilt

auch vor den nationalen Gerichten (Schlußanträge GA *Tesauro*, C-200/90, Dansk Denkavit u. P. Poulsen Trading/Skatteministeriet, Slg. 1992, I–2217).

2. Höherbesteuerung von Luxusgütern

39   Die den Mitgliedstaaten belassene Steuerautonomie räumt ihnen die Möglichkeit ein, bestimmte **Luxusgüter** höher zu besteuern als gewöhnliche Verbrauchsgüter. Objektive Kriterien für die Bestimmung eines Luxusgutes gibt es jedoch nicht (denkbar z.b: Hubraum eines Fahrzeugs oder Preis einer Ware; unzulässig: ausländischer Ursprung einer Ware). Auf jeden Fall darf eine Höherbesteuerung von als Luxusgütern angesehenen Waren nicht zu einer diskriminierenden Besteuerung eingeführter Produkte führen (EuGH, Rs. 319/81, Kommission/Italien, Slg. 1983, 601; Rs. 278/83, Kommission/Italien, Slg. 1985, 2503; Rs. 200/85, Kommission/Italien, Slg. 1986, 3953).

VI. Wirkungen

1. Normadressaten

a) Mitgliedstaaten

40   Adressaten der in Art. 90 enthaltenen Verbote sind primär die **Mitgliedstaaten**. Die in dem früheren Art. 95 Abs. 3 enthaltene Fristenbestimmung zur Aufhebung oder Berichtigung diskriminierender oder protektionistischer Maßnahmen war bereits zum 1.1.62 obsolet geworden (EuGH, Rs. 142, 143/80, Amministrazione delle Finanze dello Stato/Essevi u. Salengo, Slg. 1981, 1413) und ist folglich nicht in die EGV-Neufassung durch den Amsterdamer Vertrag übernommen worden.

b) Gemeinschaftsorgane

41   Normadressaten des Art. 90 sind aber auch die **Gemeinschaftsorgane.** Sie werden vor allem im Rahmen der Steuerharmonisierung angesprochen. Falls in einem harmonisierten Steuersystem Differenzierungen möglich sind, dürfen diese die vom Diskriminierungsverbot gezogenen Grenzen nicht verletzen (*Wägenbaur*, in Grabitz/Hilf Art. 95 Rn. 72). Allerdings werden diese Grenzen dem Gemeinschaftsgesetzgeber gegenüber nicht so eng zu ziehen sein wie den nationalen Gesetzgebern. Die EG-Legislative wird vorrangig die Gemeinschaftsinteressen verfolgen. Ihr ist daher unter

Beachtung der Zielsetzung des Art. 90 ein größerer **Gestaltungsspielraum** einzuräumen.

c) Marktteilnehmer

Das Diskriminierungsverbot des Art. 90 I erzeugt auch **Rechtswirkungen** **42** **zugunsten des Einzelnen** und begründet individuelle Rechte, da es eine klare und unbedingte Verpflichtung enthält, rechtlich vollkommen ist und zu seiner Durchführung und Wirksamkeit keiner weiteren Maßnahmen der Gemeinschaftsorgane oder der Mitgliedstaaten bedarf (EuGH, Rs. 57/65, Lütticke/HZA Saarlouis, Slg. 1966, 258; Rs. 28/67, Molkerei-Zentrale/ HZA Paderborn, Slg. 1968, 215). Eine solche unmittelbare Wirkung kommt ebenso dem Protektionsverbot des Art. 90 II zu (EuGH, Rs. 27/67, Fink-Frucht/HZA München, Slg. 1968, 333).

2. Nationale Rechtsordnungen

Die Mitgliedstaaten haben in ihren **nationalen Rechtsordnungen** Rege- **43** lungen zu schaffen, die eine gegen das Diskriminierungs- und Protektions- verbot verstoßende Besteuerung verhindern (EuGH, C-120/88, Kommiss- ion/Italien, Slg. 1991, I–621). Dabei müssen die innerstaatlichen Vorschrif- ten aus Gründen der Rechtssicherheit und des Rechtsschutzes so eindeutig gefaßt sein, daß sie keine vertragswidrige Anwendung ermöglichen (EuGH, Rs. 257/86, Kommission/Italien, Slg. 1988, 3249). Die Verbotswirkung er- streckt sich nicht nur auf die unmittelbare Abgabenerhebung, sondern auch auf das damit im Zusammenhang stehende Recht. So dürfen Verstöße ge- gen steuerliche Einfuhrvorschriften nicht unverhältnismäßig strenger ge- ahndet werden, als Verstöße gegen die entsprechenden steuerlichen In- landsvorschriften (EuGH, Rs. 299/86, Drexl, Slg. 1988, 1213; C-276/91, Kommission/Frankreich, Slg. 1993, I–4413). Die Mitgliedstaaten haben die Pflicht, gegen Art. 90 verstoßende Rechtsvorschriften aus ihren nationalen Rechtsordnungen zu entfernen, um Unklarheiten bei den Rechtsunterwor- fenen zu verhindern (EuGH, Rs. 104/86 Kommission/Italien, Slg. 1988, 1799). Vertragswidrige mitgliedstaatliche Maßnahmen dürfen weder ange- wendet noch umgesetzt werden (EuGH, Rs. 34/67, Gebr. Lück/HZA Köln- Rheinau, Slg. 1968, 363; Rs. 15/81, Gaston Schul/Inspecteur der invor- rechten en accijnzen, Slg. 1982, 1409).

Die **nationalen Gerichte** haben dafür Sorge zu tragen, daß die individuel- **44** len Rechte der Marktteilnehmer gewahrt werden (EuGH, Rs. 68/79, Hans Just/Ministerium für das Steuerwesen, Slg. 1980, 501; C-17/91, Lornoy/ Belgien, Slg. 1992, I–6523). Soweit sie die gemeinschaftsrechtlichen Vorgaben beachten, insbesondere die individuellen Rechte schützen, bleibt den Gerichten die Befugnis, das Ausmaß eines Verstosses gegen Gemeinschaftsrecht zu bestimmen (EuGH, C-34/67, Gebr. Lück/HZA Köln-Rheinau, Slg. 1968, 363). Wenn bestimmte Vorschriften oder Anwendungsmodalitäten eines Systems inländischer Abgaben diskriminierend wirken, hat dies nämlich nicht die zwingende Folge, daß das gesamte Steuersystem mit Art. 90 unvereinbar ist (EuGH, C-343/90, Manuel Dias/Direktor für das Zollwesen, Slg. 1992, I–4673).

3. Erstattung unrechtmäßig erhobener Abgaben

45 Unter Verstoß gegen Art. 90 erhobene Abgaben können zu erstatten sein. Mangels gemeinschaftsrechtlicher Regelung obliegt es den Mitgliedstaaten, die **Erstattung** der unrechtmäßig erhobenen Abgaben nach ihrem nationalen Recht sicherzustellen (EuGH, Rs. 68/79, Hans Just/Ministerium für das Steuerwesen, Slg. 1980, 501; C-367/93 bis C-377/93, Roders u.a./Inspecteur der Invoerrechten en Accijnzen, Slg. 1995, I–2248, Rn. 49; C-114/95 und 115/95, Texaco/Middelfaart Havn, Olieselskabet Danmark/Trafikministeriet, Slg. 1997, I–4263, Rn. 41). Das Gemeinschaftsrecht stellt aber einige Anforderungen an die Anwendung nationalen Rechts.

a) Verfahrensanforderungen

46 Die Mitgliedstaaten dürfen die formellen Voraussetzungen (Gerichte, Verfahren, Fristen) nicht ungünstiger ausgestalten als bei entsprechenden innerstaatlichen Klagen (EuGH, Rs. 68/79 a.a.O., Slg. 1980, 501; EuGH, C-114/95 und C-115/95, a.a.O., Slg. 1997, I–4263, Rn. 41. Insbesondere ist ihnen untersagt, praktisch nicht zu erfüllende Beweislastgrundsätze aufzustellen (EuGH, Rs. 104/86, Kommission/Italien, Slg. 1988, 1799) oder nach Feststellung der Unvereinbarkeit einer Regelung mit Art. 90 durch den EuGH eine Verfahrensregel zu erlassen, die die Erstattungsmöglichkeit einschränkt (EuGH, Rs. 240/87, Deville/Administration des impôts, Slg. 1988, 3513).

b) Materielle Anforderungen

47 Das Gemeinschaftsrecht verpflichtet nicht in allen Fällen zur Erstattung zwar unrechtmäßig, aber bestandskräftig erhobener Abgaben (EuGH, C-163/90, Administration des douanes et droits indirects/Legros, Slg. 1992, I–4625). Gründe der Rechtssicherheit können es ausschließen, Rechtsverhältnisse, die ihre Wirkungen in der Vergangenheit erschöpft haben, in Frage zu stellen, z.B. weil das staatliche Finanzierungssystem dann in seinen

Grundlagen erschüttert würde (EuGH, C-163/90, aaO, Slg. 1992, I–4625, Rn. 34). Dabei handelt es sich aber um eine Ausnahme. Grundsätzlich wirken sich die möglichen finanziellen Konsequenzen der Rechtswidrigkeit einer Steuer für einen Mitgliedstaat nicht rechtfertigend aus (EuGH, C-367/93 bis C-377/93, Roders u.a./Inspecteur der Invoerrechten en Accijnzen, Slg. 1995, I–2248, Rn. 48). Eine Erstattung ist nach Gemeinschaftsrecht dann nicht zwingend geboten, wenn der Anspruchsberechtigte **ungerechtfertigt bereichert** würde, weil er die rechtswidrig erhobenen Steuern z.B. bereits auf andere Unternehmen oder die Verbraucher abgewälzt hat (EuGH, Rs. 68/79, Hans Just/Ministerium für das Steuerwesen, Slg. 1980, 501; Rs. 142, 143/80, Amministrazione delle Finanze dello Stato/Essevi u. Salengo, Slg. 1981, 1413; Rs. 199/82, Amministrazione delle Finanze dello Stato/San Giorgio, Slg. 1983, 3595; bestätigt in EuGH, C-192/95 – C-218/95, Comateb u.a./Directeur général des douanes et droits indirects, Slg. 1997, I–165). Ob eine Abwälzung tatsächlich erfolgt ist, ist Tatfrage und vom nationalen Gericht zu entscheiden; es gibt keine Vermutung für eine Abwälzung; die Beweislast liegt auch nicht beim Anspruchsberechtigten (EuGH, Rs. 331/85 u.a., Les Fils de J. Bianco und J. Girard Fils/Directeur général des douanes et droits indirects, Slg. 1988, 1099; bestätigt in EuGH, C-192/95–C-218/95, a.a.O., Slg. 1997, I–165).

Soweit ein Importeur dadurch einen Schaden erlitten hat, daß die Einfuhren **48** aufgrund der diskriminierenden oder protektionistischen Maßnahmen zurückgegangen sind, entspricht der Ersatz dieses Schadens gemeinschaftsrechtlichen Grundsätzen (EuGH, Rs. 142,143/80, Amministrazione delle Finanze dello Stato/Essevi u. Salengo, Slg. 1981, 1413). Dies gilt auch in den Fällen, in denen der Anspruchsberechtigte die Abgabe zwar abgewälzt hat, aber aufgrund der Abgabenlast Umsatzeinbußen oder sonstige Nachteile hinnehmen mußte (EuGH, Rs. 68/79, Hans Just/Ministerium für das Steuerwesen, Slg. 1980, 501, C-192/95–C-218/95, Comateb u.a./Directeur général des douanes et droits indirects, „Octroi de mer", Slg. 1997, I–165). Fehlt eine nationale Entschädigungsregelung, kann der **Schadensersatzanspruch** unmittelbar im Gemeinschaftsrecht begründet sein (EuGH, C-6/90 u. 9/90, Francovich u.a./Italien, Slg. 1991, I–5357).

Art. 91 (ex-Art. 96) (Rückvergütung inländischer Abgaben)

Werden Waren in das Hoheitsgebiet eines Mitgliedstaates ausgeführt, so darf die Rückvergütung für inländische Abgaben nicht höher sein als die auf die ausgeführten Waren mittelbar oder unmittelbar erhobenen inländischen Abgaben.

Literatur: Vgl. vor Art. 90–93

I. Normzweck

1   Das durch Art. 91 normierte Verbot überhöhter **Rückvergütungen** bei der Warenausfuhr hat wie das durch Art. 90 (ex-Art. 95) geregelte Verbot erhöhter Einfuhrabgaben den Zweck, die **Wettbewerbsneutralität** zwischen den Mitgliedstaaten zu sichern. Beide Vorschriften wollen verhindern, daß die Staaten den einheimischen Unternehmen mit Hilfe des Abgabenrechts Vorzugsbehandlungen zuteil werden lassen (Schlußanträge GA *Gand*, Rs. 45/64, Kommission/Italien, Slg. 1965, 1141). Während sich das Verbot erhöhter Einfuhrabgaben jedoch gegen den Vorteil einheimischer Produkte auf dem nationalen Markt wendet, versucht das Verbot überhöhter Abgabenerstattungen bei der Ausfuhr Marktverzerrungen in anderen Mitgliedstaaten zu verhindern.

II. Anwendungsbereich

1. Verhältnis zu anderen Vertragsvorschriften

2   Das Verbot überhöhter Rückvergütungen bei der Ausfuhr steht in Zusammenhang mit dem Verbot staatlicher **Exportbeihilfen** gemäß Art. 87 (ex-Art. 92). Die Möglichkeit der Mitgliedstaaten, ihre Exportwirtschaft mit staatlichen Subventionen zu unterstützen und so den Zugang auf die Märkte der anderen Mitgliedstaaten zu erleichtern, wird durch Art. 87 (ex-Art. 92) beschnitten. Art. 91 verhindert die Umgehung dieser Regelung. Während Art. 87 (ex-Art. 92) aber nur relativ wirkt, insbesondere Ausnahmen zuläßt, ist das Verbot des Art. 91 absolut.

2. Binnenhandel und Gemeinschaftswaren

3   Art. 91 betrifft nur den **Binnenhandel**, wie die Formulierung *„Ausfuhr in das Hoheitsgebiet eines Mitgliedstaates"* belegt. Soweit Mitgliedstaaten ihrer Exportwirtschaft durch überhöhte Abgabenerstattungen einen Vorteil im Extrahandel, also dem Handel mit Nicht-EG-Staaten, einräumen wollen, greift die Verbotswirkung des Art. 91 nicht. Allerdings wäre ein solches Verhalten auf seine Vereinbarkeit mit bereits harmonisierten Steuersystemen (z.B. Umsatzsteuer) und sonstigen Vertragsvorschriften (z.B. Art. 87, [ex-Art. 92]) zu überprüfen.

4   Das Verbot überhöhter Rückvergütungen bezieht sich auf alle **Gemeinschaftswaren** (Art. 24, ex-Art. 10), also solche, die ihren Ursprung in dem

Ausfuhrmitgliedstaat haben oder als Drittlandswaren dort zum zollrechtlich freien Verkehr abgefertigt worden sind und nunmehr in einen anderen Mitgliedstaat verbracht werden sollen (vgl. Art. 24).

3. Erfaßter Abgabenkreis

Art. 91 verbietet die überhöhte Rückvergütung aller Abgaben, die auf die   5
ausgeführten Waren erhoben worden sind. Die ausdrückliche Warenbezogenheit in der Vorschrift macht deutlich, daß in die Rückerstattung nur die **indirekten Abgaben** einfließen dürfen. Entsprechend der in Art. 90 (ex-Art. 95) enthaltenen und auch für Art. 91 geltenden Systematik ist die Erstattung auf den Betrag der indirekten Abgaben beschränkt, die mittelbar oder unmittelbar in den Preis der ausgeführten Ware eingegangen sind, unabhängig davon, auf welcher Produktions- oder Handelsstufe sie angefallen sind (*Wägenbaur*, in Grabitz/Hilf, Art. 96 Rn. 4).

Soweit Abgaben ihrem Gegenstand und ihrer Natur nach das Produktions-   6
unternehmen belasten, nicht aber die Waren selbst auf ihren einzelnen Fertigungsstufen oder als Endprodukt, unterliegen sie nicht dem Anwendungsbereich des Art. 91 (EuGH, Rs. 45/64, Kommission/Italien, Slg. 1965, 1125). Bei der Berechnung der Rückvergütung scheiden damit die **direkten Steuern** wie die Körperschaft- oder Gewerbesteuer aus. Für sie gilt insoweit Art. 92 (ex-Art. 98).

Der EuGH hat die Erstattung von Eintragungs-, Stempel- und Hypotheken-   7
steuern, Abgaben für Lizenzen und Konzessionen sowie von Kraftfahrzeug- und Werbungsteuern für unzulässig erklärt (EuGH, Rs. 45/64, a.a.O., Slg. 1965, 1125).

III. Wirkungen

1. Berechnung der Rückvergütung

Das Verbot überhöhter Rückvergütungen bei der Warenausfuhr zeigt die   8
Obergrenze der Erstattung auf. Die Mitgliedstaaten können unterhalb dieser Grenze bleiben, soweit aus dem sekundären Gemeinschaftsrecht keine bindenden Vorgaben folgen, wie z.B. im Rahmen der teilharmonisierten Umsatzsteuer die Steuerbefreiung für innergemeinschaftliche Lieferungen (s. Art. 93 Rn. 20).

Die inländischen Abgaben dürfen im Rahmen einer **Pauschalmethode** er-   9
stattet werden, eine auf die einzelnen Ausfuhrwaren durchgeführte spitze Abrechnung ist nicht erforderlich. Allerdings muß der diese Methode wählende Mitgliedstaat den Nachweis erbringen, daß er dabei sowohl nach

der Art der erstattungsfähigen Abgaben als auch nach der Höhe der Erstattung bei jedem in das Pauschalsystem einbezogenen Erzeugnis die zwingenden Grenzen des Art. 91 einhält (EuGH, Rs. 45/64, a.a.O., Slg. 1965, 1125). Ein Verstoß liegt bereits dann vor, wenn auch nur in einer beschränkten Zahl von Fällen die Rückvergütung höher ist als die erhobene Steuer (EuGH, C-152–153/89, Kommission/Luxemburg, Belgien, „Biersteuer", Slg. 1991, I–3141, I–3171).

2. Normadressaten

10   Die Adressaten des Art. 91 sind die **Mitgliedstaaten**. Sie müssen eventuell auf Betreiben der Kommission zur Einhaltung der Verpflichtungen gezwungen werden.

11   Die Vorschrift erzeugt aber auch unmittelbare **Rechtswirkung zugunsten des Einzelnen** und begründet individuelle Rechte, welche die innerstaatlichen Gerichte zu beachten haben, da sie klar, eindeutig und rechtlich vollkommen ist (*Wägenbaur*, in Grabitz/Hilf, Art. 96 Rn. 11).

Art. 92 (ex-Art. 98) (Genehmigung gewisser Rückvergütungen)

Für Abgaben außer Umsatzsteuern, Verbrauchsabgaben und sonstigen indirekten Steuern sind Entlastungen und Rückvergütungen bei der Ausfuhr nach anderen Mitgliedstaaten sowie Ausgleichsabgaben bei der Einfuhr aus den Mitgliedstaaten nur zulässig, soweit der Rat sie vorher mit qualifizierter Mehrheit auf Vorschlag der Kommission für eine begrenzte Frist genehmigt hat.

Literatur: Vgl. vor Art. 90–93

I. Normzweck

1   Art. 92 stellt ein relatives Verbot der Entlastung und Rückvergütung **direkter Abgaben** auf und ergänzt insoweit die Art. 90 (ex-Art. 95) und 91 (ex-Art.96). Das Verbot überhöhter Abgabenerhebung bei der Einfuhr (Art. 90) und das Verbot überhöhter Rückvergütung bei der Ausfuhr (Art. 91) beziehen sich nur auf die indirekten Abgaben. Diese können als produktbezogene Abgaben bestimmten Waren zugeordnet und so im Rahmen eines Steuerausgleichs erfaßt werden. Bei den direkten Steuern, wie z.B. der Körperschaft- oder Gewerbesteuer, ist ein warenbezogener Ausgleich nicht möglich. Es handelt sich bei ihnen um faktorbezogene Abgaben, die nicht oder nur sehr pauschal bestimmten Waren zugeordnet werden können. Um even-

tuellen Manipulationen der Mitgliedstaaten vorzubeugen, untersagt Art. 92 (ex-Art. 98) deshalb grundsätzlich jegliche Kompensation bei den direkten Steuern. Ausnahmen sind nur aufgrund vorheriger Genehmigung durch den Rat zulässig.

II. Anwendungsbereich

Art. 92 enthält ein **Kompensationsverbot** für alle direkten Abgaben. Anders als in den Art. 90 (ex-Art. 95) und Art. 91 (ex-Art.96) für die indirekten Abgaben ist in Art. 92 ein **Ausnahmetatbestand** vorgesehen. Eine Kompensation direkter Abgaben ist danach zulässig, wenn der Rat sie vorher mit qualifizierter Mehrheit auf Vorschlag der Kommission für eine begrenzte Frist – wohl in Form einer Richtlinie oder Entscheidung – genehmigt hat. Der Ausnahmetatbestand hat bisher keine praktische Bedeutung erlangt.

2
3

Art. 93 (ex-Art. 99) (Harmonisierung der indirekten Steuern)

Der Rat erläßt auf Vorschlag der Kommission und nach Anhörung des Europäischen Parlaments und des Wirtschafts- und Sozialausschusses einstimmig die Bestimmungen zur Harmonisierung der Rechtsvorschriften über die Umsatzsteuern, die Verbrauchsabgaben und sonstige indirekte Steuern, soweit diese Harmonisierung für die Errichtung und das Funktionieren des Binnenmarktes innerhalb der in Artikel 14 gesetzten Frist notwendig ist.

Literatur: *Dauses* (Hrsg.), Handbuch des EU-Wirtschaftsrechts, Loseblatt; *Gassner/Lang/Lechner* (Hrsg.), *Österreich – Der steuerrechtliche EU-Nachbar, 1996; Klein,* Kapitalverkehrsteuergesetz, 2. Aufl. 1980; *Nicolaysen,* Europarecht II, Das Wirtschaftsrecht im Binnenmarkt, 1996; *Röttinger/Weyringer* (Hrsg.), Handbuch der europäischen Integration, 2. Aufl. 1996. Lehrbücher: *Bleckmann* (Hrsg.), Europarecht, 6. Aufl. 1997; *Oppermann,* Europarecht, 1991; *Witte/Wolffgang* (Hrsg.), Europäisches Zollrecht, 3. Aufl. 1998. Monographien: *Arndt,* Rechtsfragen einer deutschen CO_2-/Energiesteuer entwickelt am Beispiel des DIW-Vorschlags, 1995; *Balke,* Steuerliche Gestaltungsfreiheit der Mitgliedstaaten und freier Warenverkehr im Europäischen Binnenmarkt, 1998; *Förster,* Die Verbrauchsteuern, 1989; *Hahn,* Steuerpolitische Willensbildungsprozesse in der Europäischen Gemeinschaft, 1988; *Jatzke,* Das System des deutschen Verbrauchsteuerrchts, 1996; *Mick,* Die Steuerkonzeption der Europäischen Union, 1995; *Müller,* Struktur, Entwicklung und Begriff der Verbrauchsteuern, 1997; Aufsätze: *Bach,* Wirschaftliche Auswirkungen und rechtlich-institutionelle Aspekte einer ökologischen Steuerreform, StuW 95, 264; *Beermann,* Zölle und Verbrauchsteuern im EG-Binnenmarkt, Steuerberaterkongreß-Report 91, 347; *Beermann,* Das Verbrauchsteuer-Binnenmarktgesetz, DStZ 93, 257; *Beermann* (Hrsg.), Steuerliches Verfahrensrecht, Loseblatt;

Birkenfeld, Deutsches Umsatzsteuerrecht und Umsatzsteuerrecht der EG, UR 89, 329; *Birk,* Besteurungsgleichheit in der Europäischen Union, DStJG 19 (1996), 63; *Birk* (Hrsg.), Handbuch des Europäischen Steuer- und Abgabenrechts, 1994; *Birkenfeld,* Der Einfluß des Gemeinschaftsrechts auf die Rechtsverwirklichung im Steuerrecht, StuW 98, 55; *Birkenfeld,* Das große Umsatzsteuer-Handbuch, Loseblatt; *Breuer,* Umweltrechtliche und wirtschaftslenkende Abgaben im europäischen Binnenmarkt, DVBl. 92, 485; *Dziadkowski/Robisch,* Gutachten zur Harmonisierung der Umsatzbesteuerung in Europa vorgelegt, BB 94, 1065; *Derks,* Gemeenschapsrecht en de bijdragen Handelsregister, Weekblad voor fiscaal recht 93, 1694; *Everling,* Aktuelle Fragen der europäischen Steuergerichtsbarkeit, Steuerberatung 88, 281; *Everling,* Abgrenzung der Rechtsangleichung zur Verwirklichung des Binnenmarkts nach Art. 100a EWGV durch den Gerichtshof, EuR 91, 179; *Förster,* Die steuerlichen Diskriminierungsverbote des EWG-Vertrages, IWB Fach 5 Gruppe 2, 129; *Forst,* Umsatzsteuerharmonisierung in der EG – ein dorniger, zielgerichteter Weg, DStZ 92, 651; *Friedrich,* Das neue Verbrauchsteuerrecht ab 1993, DB 92, 2000; *Giesberts,* Die CO_2-/Energiesteuer der EG, RIW 95, 847; *Hicks,* Versicherungsteuerrechtliche Probleme im Rahmen der EG-Harmonisierung, UVR 90, 271; *Hirsch,* Wichtige Einflüsse der EuGH-Rechtsprechung auf das deutsche Steuerrecht, DStZ 98, 489; *Huschens,* Die Entwicklung des EG-Umsatzsteuerrechts im Jahr 1996, EuZW 97, 261; *Jatzke,* Das neue Verbrauchsteuerrecht in EG-Binnenmarkt, BB 93, 41; *Kilches,* Europaweite Harmonisierung der Mehrwertsteuersätze, ÖStZ 98, 331; *Kirchhof,* Verfassungsrechtliche Grenzen von Umweltabgaben, DStJG 15 (1993), 3; *Kloepfer/Thull,* Rechtsprobleme einer CO_2-Abgabe, DVBl. 92, 195; *Knudsen/Schwitalla,* Harmonisierung der Verbrauchsteuern, ZfZ 92, 220; *Lang,* Verwirklichung von Umweltschutzzwecken im Steuerrecht, DStJG 15 (1993), 115; *Langer,* Neue Änderungen bei der befristeten umsatzsteuerlichen Übergangsregelung ab 1.1.1993, DB 93, 602; *Lenz,* Bedeutung der EG-Richtlinien und der EuGH-Entscheidungen für das deutsche Steuerrecht, IWB Fach 5 Gruppe 2, 117; *Mann,* Ansätze und Stand der Bestrebungen zur Harmonisierung der direkten und indirekten Steuern in der EG, DB 90, 1735; *Mössner/Kellersmann,* Grenzenlose Steuern – Fiktion oder Wirklichkeit?, DVBl. 95, 968; *Nieskens,* Das Umsatzsteuer-Binnenmarktgesetz, BB 92, Beilage 17; *Nieskens,* Die Richtlinie 92/111/EWG des Rates vom 14.12.92 zur Änderung der Richtlinie 77/388/EWG und zur Einführung von Vereinfachungsmaßnahmen im Bereich der Mehrwertsteuer (sog. Vereinfachungsrichtlinie), BB 93, 623; *Nussbaum,* Parafiskalische Abgaben und EG-Wettbewerbsrecht, DVBl. 94, 1174; *Pernice,* Auswirkungen des europäischen Binnenmarktes auf das Umweltrecht – Gemeinschafts(verfassungs-)rechtliche Grundlagen, NVwZ 90, 201; *Pohmer/Pflugmann-Hohlstein,* 25 Jahre Nettoumsatzsteuer in Deutschland, UR 93, 37; *Rau,* Harmonisierung der Verbrauchsteuern, ZfZ 92, 225; *Rädler,* Die Grundzüge der Umsatzbesteuerung im Binnenmarkt ab 1. Januar 1993, IStR 92, 2; *Reiß,* Thesen zur Umsatzbesteuerung im europäischen Binnenmarkt, UR 97, 22; *Rendels,* Schwerpunkte des Verbrauchsteuer-Binnenmarktgesetzes, DStR 93, 114; *Schlienkamp,* EG-Binnenmarkt-Richtlinie vom 16.12.1991: Endgültige Regelungen zur Änderung des gemeinsamen Mehrwertsteuersystems, UR 92, 157; *Schlienkamp,* EG-Richtlinie vom 19.10.1992 zur Annäherung der Mehrwertsteuersätze, UR 93, 3; *Schlienkamp,* Vorstellungen der Europäischen Kommission für ein endgültiges Mehrwertsteuersystem nach dem Ursprungslandprinzip, UR 96, 326; *Schlienkamp,* Erste Vorschläge der EG-Kommission für ein endgültiges Mehrwertsteuersystem nach dem Ursprungslandprinzip, UR 97, 365; *Schröder*, Zusammenwirken von Gemeinschaftsrecht und nationalem Recht auf dem Gebiet der Umweltabgaben, DStJG 15 (1993), 87; *Stobbe*, Harmonisierung des Steuerrechts in der EG in den Jahren 1992 und 1993, DStZ 93, 716; *Stockmann*, Möglichkeiten und Grenzen der Steuerharmonisierung in der Europäischen Gemeinschaft, FR 96, 693; *Stumpf*, Neuere Entwicklungen zu Diskriminierungsverbot und Harmonisierungsgebot im europäischen Mehrwertsteuerrecht, EuZW 91, 713; *Widmann*, Das Umsatzsteuer-Binnenmarktgesetz, UR 92, 249; *Widmann*, Die Entwicklung der Umsatzsteuer im Europäischen Binnemarkt – Fehlentwicklungen und Perspektiven, DStJG 19 (1996), 219.

Überblick

I. Normzweck

1   Art. 93 ist die zentrale Vertragsvorschrift für die **Harmonisierung der indirekten Steuern**. Bereits in der Erstfassung des Vertrages enthielt er den Auftrag an die Kommission zu prüfen, wie die indirekten Steuern im Interesse des Gemeinsamen Marktes harmonisiert werden können (vgl. dazu Neumark-Bericht von 1962). Mit der Fassung, die ex-Art. 99 (jetzt Art. 93) durch die Einheitliche Europäische Akte und den Unionsvertrag erhalten hat, wird die instrumentale Rolle der Steuerharmonisierung für die Vollendung des Binnenmarkts unterstrichen (*Wägenbaur*, in Grabitz/Hilf, Art. 99 Rn. 2). Der Amsterdamer Vertrag hat keine inhaltliche Änderung gebracht, nur der Bezug auf die Binnenmarktvorschrift wurde angepaßt (statt ex-Art. 7a, jetzt Art. 14).

II. Norminhalt

2   Art. 93 enthält zum einen die formellen Voraussetzungen, denen das Rechtsetzungsverfahren beim Erlaß von Harmonisierungsvorschriften genügen muß (Vorschlag der Kommission, Anhörung von EP und WSA, einstimmiger Ratsbeschluß). Zum anderen legt er den materiellen Rahmen der Harmonisierungsbestimmungen fest (Steuerarten, Regelungsumfang).

1. Begriff der Harmonisierung

3   Der Begriff „**Harmonisierung**" wird im EGV nicht ausdrücklich definiert. Er ist zumindest gleichbedeutend mit „**Koordinierung**" (vgl. Art. 46 [ex-Art. 56] Abs. 2; Art. 47 [ex-Art. 57] Abs. 2) und „**Rechtsangleichung**" (vgl. Art. 94, ex-Art. 100). Ob er auch im Sinne von „**Vereinheitlichung**" (vgl. Art. 132 [ex-Art. 112] Abs. 1) verstanden werden kann, ist umstritten (zustimmend *Wägenbaur*, in Grabitz/Hilf, Art. 99 Rn. 7; ablehnend *Oppermann*, Rn. 1039). In Art. 93 wird unter Harmonisierung bisher der Vorgang verstanden, wonach in einem geordneten Verfahren und mit dem Ziel der Schaffung des Binnenmarkts Gemeinschaftsrecht verabschiedet wird, das den Maßstab für die einschlägigen innerstaatlichen Steuervorschriften bildet (*Wägenbaur*, in Grabitz/Hilf, Art. 99 Rn. 3). Korrespondierend zu der fortschreitenden Integration der Gemeinschaft kann es zur Vereinheitlichung der Steuerrechtsysteme kommen. An dem Begriff „Harmonisierung" muß die Schaffung unmittelbar geltender Gemeinschaftsvorschriften nicht scheitern (vgl. aber die Bedenken aus Sicht des Subsidiaritätsprinzips Rn. 6, 10).

2. Autonome Rechtsgrundlage

Art. 93 bildet seit der Neufassung durch die EEA die **autonome Rechts-** 4 **grundlage** für die Harmonisierung der indirekten Steuern (*Wägenbaur*, in Grabitz/Hilf, Art. 99 Rn. 20). Eine ergänzende Bezugnahme auf andere Vertragsvorschriften ist nicht erforderlich, aber möglich (z.B. Art. 96, ex-Art. 101). Die Loslösung des Art. 93 von Art. 94 (ex-Art. 100) läßt den Schluß zu, daß dem Gemeinschaftsgesetzgeber alle EG-Rechtsnormformen (Verordnung, Richtlinie, Entscheidung) bei der Steuerharmonisierung zur Verfügung stehen (*Lenz*, IWB Fach 5 Gruppe 2, 120).

Soweit Regelungen der Gemeinschaftspolitiken steuerrelevante Inhalte ha- 5 ben (z.B. bei der Verkehrspolitik – Art. 71 [ex-Art. 75] –, beim Umweltschutz – Art. 174 [ex-Art. 130r] –), ist es möglich, Art. 93 als ergänzende vertragliche Rechtsgrundlage in Bezug zu nehmen (**Doppelgrundlage**). Allerdings ist darauf zu achten, daß die verfahrensmäßigen Anforderungen übereinstimmen. Fallen sie auseinander, findet grundsätzlich das strengere Verfahren Anwendung, es sei denn, daß einer Vertragsvorschrift Vorrang zukommt (EuGH, C-300/89, Kommission/Rat, „Titandioxid", Slg. 1991, I–2867 mit kritischer Anmerkung von *Everling*, EuR 92, 179).

3. Harmonisierungsinstrumente

Typisches Instrument der Harmonisierung ist die Richtlinie, die zwar den 6 Mitgliedstaat im Hinblick auf das Ziel bindet, ihm jedoch bei der Umsetzung in das jeweilige nationale Recht einen Gestaltungsspielraum läßt. Art. 93 schreibt diese Rechtsnormform jedoch nicht vor. Dem neutralen Ausdruck **„Bestimmungen"** ist vielmehr zu entnehmen, daß alle in Art. 249 (ex-Art. 189) aufgeführten Rechtsnormformen zulässig sind (*Wägenbaur*, in Grabitz/Hilf, Art. 99 Rn. 24). Die Wahl der Rechtsform wird einerseits von dem Kriterium **„Integration"**, andererseits von dem Kriterium **„Subsidiarität"** beeinflußt. Mit fortschreitender Integration wird das für die Rechtsform der Richtlinie sprechende Argument des nationalen Gestaltungsspielraums (vgl. dazu *Bleckmann/Förster*, Rn. 2015) an Gewicht verlieren und trotz des damit verbundenen Eingriffs in die Finanzhoheit der

Mitgliedstaaten das Erfordernis einer gemeinschaftweit einheitlichen Regelung zunehmen. Diesem wird regelmäßig durch Erlaß einer Verordnung Rechnung zu tragen sein. Andererseits verlangt das in Art. 5 (ex-Art. 3b) verankerte Subsidiaritätsprinzip eine Beschränkung auf das Wesentliche (vgl. auch Art. 5). Solange die Verwirklichung des Binnenmarkts durch Erlaß von Richtlinien möglich ist, besteht keine Notwendigkeit für Verordnungen.

4. Initiativrecht

7   Das Initiativrecht für Harmonisierungsbestimmungen liegt bei der Kommission. Sie erarbeitet im Rahmen ihrer allgemeinen Organisationskompetenz die Vorschläge für Rechtsakte, die vom Rat erlassen werden. Vor Erlaß hat der Rat das EP und den WSA anzuhören. Die vorherige Anhörung ist in Art. 93 rechtlich verbindlich vorgeschrieben. Die Abstimmung über die Vorschläge der Kommission muß im Rat einstimmig erfolgen. Das im Rahmen der Steuerharmonisierung noch bestehende Einstimmigkeitsprinzip (vgl. auch Art. 94 [ex-Art. 100a] Abs. 2) verzögert die Abschaffung der Steuerschranken, ist aber wegen des mit der Gemeinschaftsregelung verbundenen Eingriffs in die Steuerhoheit der Mitgliedstaaten gerechtfertigt.

5. Harmonisierungsauftrag

8   Der Harmonisierungsauftrag des Art. 93 ist thematisch beschränkt. Er gilt nur für die Angleichung der Rechtsvorschriften über die **indirekten Steuern**, von denen die **Umsatzsteuer** und die **Verbrauchsabgaben** ausdrücklich genannt sind (zum Begriff s. vor Art. 90 Rn. 12). Zu den indirekten Steuern zählen auch **Kapitalverkehr-, Beförderung- oder Versicherungsteuern** (*Wägenbaur*, in Grabitz/Hilf, Art. 99 Rn. 13). Produktbezogene **Gebühren** oder **Beiträge** werden ebenfalls vom Harmonisierungsauftrag erfaßt (a.A. *Wägenbaur*, in Grabitz/Hilf, Art. 99 Rn. 15 unter Hinweis auf die unterschiedliche Verwendung des Begriffs „inländische Abgaben" in Art. 95 und „indirekte Steuern" in Art. 99). Die im deutschen Abgabenrecht vorgenommene Unterscheidung von Steuern, Gebühren und Beiträgen kann nicht ohne weiteres auf die EG-rechtliche Terminologie übertragen werden. Entscheidend ist die Zielsetzung und Wirkungsweise einer Abgabe. Der EGV wechselt die Begriffe „Steuer" und „Abgabe" sogar aus (vgl. einerseits Art. 90 [ex-Art. 95], Art. 91 [ex-Art. 96]: „Abgaben"; andererseits Art. 92 [ex-Art. 98]: „indirekte Steuern").

9   Der Harmonisierungsauftrag des Art. 93 erstreckt sich nicht auf die **direkten Steuern** (s. vor Art. 90 Rn. 14). Daran hat sich auch durch den Amsterdamer Vertrag nichts geändert.

6. Regelungsintensität

Art. 93 beschränkt den Regelungsumfang insoweit, als die angestrebte **10**
„Harmonisierung für die Errichtung und das Funktionieren des Binnen-markts.... notwendig" sein muß. Der sich in dieser Formulierung wider-spiegelnde **Verhältnismäßigkeitsgrundsatz** (vgl. zu diesem Grundsatz Art. 220) verdeutlicht, daß die Steuerharmonisierung kein Selbstzweck ist. Sie ist vielmehr eingebunden in den Integrationsprozeß der Gemeinschaft. Damit ist sie dynamisch und darf umso intensiver und umfassender sein, je weiter die Integration fortschreitet. Der EG-Legislative, vor allem also dem Rat, wird insofern ein sich erweiternder Gestaltungsspielraum eröffnet, korrespondierend zu dem jeweiligen Entwicklungsstand der Gemeinschaft. Allerdings können den Harmonisierungsmaßnahmen durch das **Subsi-diaritätsprinzip** (Art. 5 [ex-Art. 3b]), das eine Beschränkung der Regelun-gen unter Beachtung der nationalen Gesellschaftsordnungen auf das We-sentliche fordert, vom EG-Gesetzgeber zu beachtende Grenzen gezogen sein (für die Harmonisierung des Steuerrechts wie hier *Lang* in *Baur/ Watrin*, 78). Eine weitere Vorgabe für Harmonisierungsmaßnahmen enthal-ten die Diskriminierungsverbote der Art. 90 (ex-Art. 95) und Art. 91 (ex-Art. 96). Im Rahmen der Steuerharmonisierung ist darauf zu achten, daß es zu keinen Durchbrechungen der Diskriminierungsverbote kommt (EuGH, Rs. 15/81, Gaston Schul/Inspecteur der invoerrechten en accijnzen, Slg. 1982, 1409). Im übrigen ist darauf hinzuweisen, daß die zur Harmonisie-rung erlassenen Rechtsakte begründet werden müssen (vgl. Art. 253, ex-Art. 190). Die Notwendigkeit der Regelung für die Errichtung und das Funktionieren des Binnenmarkts muß deutlich werden.

7. Harmonisierungszeitraum

Soweit Art. 93 in seinem Wortlaut auf die „innerhalb der in Art. 14 gesetz- **11**
ten Frist" (also auf den 31.12.1992) Bezug nimmt, wird damit auf die Be-deutung der Steuerharmonisierung für den Binnenmarkt hingewiesen. Die Rechtsgrundlage des Art. 93 bleibt jedoch über diesen Termin hinaus be-stehen (*Wägenbaur*, in Grabitz/Hilf, Art. 99 Rn. 12).

8. Umsetzung der Harmonisierungsmaßnahmen in die mitgliedstaatlichen Rechtsordnungen

Die Mitgliedstaaten sind verpflichtet, die von der EG vertragsgemäß zu- **12**
standegekommenen Harmonisierungsvorschriften fristgerecht in ihre inner-staatlichen Rechtsordnungen umzusetzen. Dies folgt für die insoweit erlas-

senen Richtlinien unmittelbar aus Art. 249 (ex-Art. 189) Abs. 3, da diese
hinsichtlich des zu erreichenden Zieles verbindlich sind. Nach Art. 10 (ex-
Art. 5) Abs. 1 haben sie alle geeigneten Maßnahmen allgemeiner oder besonderer Art zur Erfüllung der Verpflichtungen zu treffen, die sich aus dem
Vertrag oder aus Handlungen der Organe der Gemeinschaft ergeben.
Kommt ein Mitgliedstaat diesen Verpflichtungen nicht nach, kann er sich zu
seiner Rechtfertigung nicht auf Bestimmungen, Übungen oder Umstände
seiner internen Rechtsordnung berufen (EuGH, Rs. 124–125/86, Kommis-
sion/Italien, Slg. 1987, 4661, 4669).

III. Durchgeführte Harmonisierungsmaßnahmen bei den indirekten Steuern

13 Die sich über mehrere Jahrzehnte hinschleppenden Harmonisierungsbemühungen konnten trotz der Verwirklichung des Binnenmarkts für die
Umsatzsteuer und die Verbrauchsabgaben nur zu einem Zwischenergebnis
gebracht werden. Bei der Kapitalverkehrsteuer, der Versicherungssteuer, im
Drittlandshandel und bei der Amtshilfe unter Steuerbehörden ist jedoch ein
fortgeschrittener Harmonisierungsstand erreicht.

1. Harmonisierung der Umsatzsteuer

14 Die Harmonisierung der Umsatzsteuer ist zum Beginn des Binnenmarkts
noch nicht verwirklicht. Vorläufig wird das bisherige System der Besteuerung im **Bestimmungsland** aufrechterhalten. Die für einen wirklichen Binnenmarkt erforderliche Systemumstellung zur Besteuerung im **Ursprungsland** war für 1997 vorgesehen, ist jedoch vorerst verschoben worden (zu
den Begriffen vgl. *Mick* in Birk, 663).

a) Rechtsvorschriften

15 Die Rechtsvorschriften zur Harmonisierung der Umsatzsteuer innerhalb der
EG wurden in mehreren Stufen erlassen (vgl. *Forst*, DStZ 1992, 651; *Mick*
in Birk, 679; *Pohmer/Pflugmann-Hohlstein*, UR 93, 37). Die erste Stufe
schloß mit der 1. und der 2. Umsatzsteuerrichtlinie ab (RL 67/227/EWG
des Rates v. 11.4.67 zur Harmonisierung der Rechtsvorschriften der Mitgliedstaaten über die Umsatzsteuer, ABl. 1967 L 71/1301; RL 67/228/EWG
des Rates v. 11.4.67 zur Harmonisierung der Rechtsvorschriften der Mitgliedstaaten über die Umsatzsteuern – Struktur und Anwendungsmodalitäten des gemeinsamen Mehrwertsteuersystems, ABl. 1967 L 71/1303). Die
1. RL verpflichtete die damaligen sechs Mitglieder der Gemeinschaft dazu,

ihr Umsatzsteuersystem durch ein **gemeinsames Mehrwertsteuersystem mit Vorsteuerabzug** zu ersetzen. Die 2. RL legte Struktur und Modalitäten für die Anwendung der Mehrwertsteuer fest, ließ den Mitgliedstaaten in wichtigen Bereichen (z.b. Höhe und Zahl der Steuersätze, Steuerbefreiungen) jedoch noch erheblichen Spielraum. Die zweite Stufe der Harmonisierung wurde mit der 6. Umsatzsteuerrichtlinie erreicht (RL 77/388/EWG des Rates v. 17.5.77 zur Harmonisierung der Rechtsvorschriften der Mitgliedstaaten über die Umsatzsteuern – Gemeinsames Mehrwertsteuersystem: einheitliche steuerpflichtige Bemessungsgrundlage, ABl. 1977 L 145/1). Zwar definierte sie den Anwendungsbereich der Umsatzsteuer und führte zu einer erheblichen Vereinheitlichung der Bemessungsgrundlage, ließ den Mitgliedstaaten aber immer noch weiten Raum für eigene Regelungen (Zahl und Höhe der Steuersätze, Steuerbefreiungen).

Mit der **Binnenmarkt-Richtlinie** (RL 91/680/EWG des Rates v. 16.12.91   **16** zur Ergänzung des gemeinsamen Mehrwertsteuersystems und zur Änderung der RL 77/388/EWG im Hinblick auf die Beseitigung der Steuergrenzen, ABl. 1991, L 376/1, geändert durch die RL 92/111/EWG des Rates v. 14.12.92, ABl. 1992 L 384/47, zuletzt geändert durch RL 96/95/EG des Rates v. 20.12.96, ABl. 1996 L 338/89) wurde die 6. RL entscheidend fortentwickelt. Sie markiert ein wesentliches Zwischenergebnis der Umsatzsteuerharmonisierung. Neben Neuregelungen vor allem im Zusammmenhang mit Einfuhren aus Drittländern (dazu *Schlienkamp*, UR 92, 157) enthält sie als Kernstück eine Übergangsregelung für die Besteuerung des Handels zwischen den Mitgliedstaaten, die bis zum 31.12.96 – mit automatischer Verlängerungsmöglichkeit – befristet ist und weiterhin vom Bestimmungslandprinzip ausgeht (Art. 28a-Art. 28m RL 91/680/EWG). Bereits 1997 sollte die Übergangsregelung durch eine endgültige, auf dem Ursprungslandprinzip beruhende Regelung abgelöst werden, die von dem Grundsatz ausgeht, daß die gelieferten Gegenstände und die erbrachten Dienstleistungen im Ursprungsmitgliedstaat zu besteuern sind (Art. 281 RL 91/680/EWG). Da die Umsatzsteuer aber eine wichtige Bedeutung für die Finanzierung der nationalen Haushalte darstellt und die z.B. mit dem gemeinschaftsweit möglichen Vorsteuerabzug einhergehenden Einnahmeunsicherheiten bisher nicht abschätzbar erschienen, war eine wirkliche Harmonisierung bisher nicht möglich (zu den neuen Vorschlägen s. Rn. 26).

Die Binnenmarkt-RL wurde in Deutschland durch das **Umsatzsteuer-Bin-**   **17** **nenmarktgesetz** v. 25.8.92 (BGBl. I 1992, 1548) in nationales Recht umgesetzt (vgl. UStG v. 27.4.93, BGBl. I 1993, 565, 1160, zuletzt geändert durch Gesetz v. 19.12.97, BGBl. I 1993, 3121; zur Umsetzung in Österreich vgl. *Haunold* in *Gassner/Lang/Lechner*, 125).

18 Die beabsichtigte Harmonisierung der **Umsatzsteuersätze** hat nur zu einer
Annäherung der gemeinschaftsweit unterschiedlich hohen Sätze geführt.
Die Steuersatz-Richtlinie (RL 92/77/EWG des Rates v. 19.10.92 zur Ergänzung des gemeinsamen Mehrwertsteuersystems und zur Änderung der
RL 77/388/EWG; ABl. 1992 L 316/1) legt den Normaltarif auf den Mindestsatz von 15 % fest. Außerdem können die Mitgliedstaaten einen oder
zwei ermäßigte Steuersätze anwenden, die nicht niedriger als 5 % sein dürfen. Allerdings sind die ermäßigten Steuersätze nur auf die Lieferungen von
Gegenständen und Dienstleistungen anwendbar, die in einem der RL ange-
fügten Verzeichnis aufgeführt sind (Anhang H RL 92/77/EWG; z.B. Nah-
rungs- und Futtermittel, Bücher, Arzneimittel, Personenbeförderungen oder
Eintritt bei Sportveranstaltungen). Problematisch ist aber vor allem, daß die
RL zahlreiche Ausnahmen teils für bestimmte Umsätze, teils für bestimmte Mitgliedstaaten zuläßt (vgl. *Schlienkamp*, UR 93, 3). Die Kommission
hält eine Vereinheitlichung der ermäßigten Steuersätze innerhalb der EG für
erforderlich, um Wettbewerbsverzerrungen zu vermeiden (vgl. KOM [97]
559 endg. v. 13.11.97; dazu *Kilches*, ÖStZ 98, 331). In der Bundesrepublik
Deutschland war der Normaltarif bereits im Vorgriff mit Wirkung zum
1.1.93 auf 15 % erhöht worden (Art. 12 Nr. 3 Steueränderungsgesetz 1992
v. 25.2.92, BGBl. I 1992, 297, 317). Zum 1.4.98 ist der gemeinschaftsweite Mindeststeuersatz mit der Erhöhung auf 16 % in Deutschland sogar überschritten worden.

b) Wesentliche Inhalte der Übergangsregelung

aa) Reiseverkehr

19 Die Umsatzbesteuerung von Waren im nichtkommerziellen innergemeinschaftlichen **Reiseverkehr** richtet sich bereits nach dem **Ursprungslandprinzip.** Der private Abnehmer kann Waren in anderen Mitgliedstaaten
grundsätzlich ohne wertmäßige und mengenmäßige Beschränkungen erwerben und sie in einen anderen Mitgliedstaat verbringen. Eine Steuerent-
lastung findet nicht statt.

bb) Handel mit vorsteuerabzugsberechtigten Unternehmen

20 Im innergemeinschaftlichen Handel mit **vorsteuerabzugsberechtigten
Unternehmen** gilt wie vor Beginn des Binnenmarkts auch weiterhin das
Bestimmungslandprinzip. Zwar sind die Grenzkontrollen zu umsatzsteuerlichen Zwecken an den innergemeinschaftlichen Grenzen entfallen, dennoch wird auch weiterhin an einen Verbringungstatbestand angeknüpft. Der

Besteuerungstatbestand „Einfuhr" lautet nunmehr **„innergemeinschaftli-cher Erwerb"** (§ 1a UStG). Entsprechend sind **„innergemeinschaftliche Lieferungen"** vom Inland in das übrige Gemeinschaftsgebiet wie „Ausfuhren" steuerfrei (§ 4b i.V.m. 6a UStG).

cc) Handel mit sonstigen Unternehmen

Das **Bestimmungslandprinzip** gilt im innergemeinschaftlichen Handel **21** auch bei Lieferungen von verbrauchsteuerpflichtigen Waren oder Fahrzeugen durch Unternehmer an sog. **opake** (= undurchsichtige, vgl. *Nieskens*, BB 92, Beilage 17, 6) **Unternehmer** (= steuerbefreite Unternehmer ohne Vorsteuerabzugsberechtigung, Kleinunternehmer, pauschalierende Land- und Forstwirte und juristische Personen als Nichtunternehmer). Auch bei der Lieferung anderer Waren gilt dieses Prinzip, wenn der opake Unternehmer eine (in den Mitgliedstaaten unterschiedlich hohe [Übersicht in UR 92, 367]) Erwerbsschwelle überschreitet oder für die Erwerbsbesteuerung optiert (§ 1a III, IV UStG). In diesen Fällen liegt ein innergemeinschaftlicher Erwerb vor, die Besteuerung erfolgt im Bestimmungsland. Damit korrespondiert die innergemeinschaftliche steuerfreie Lieferung (wegen der steuerlichen Gefahren für den liefernden Unternehmer kritisch *Nieskens*, BB 92, Beilage 17, 8).

dd) Versandhandelsregelung

Sofern Unternehmer innergemeinschaftliche Lieferungen an Privatleute **22** oder opake Unternehmer bewirken, die nicht die für einen innergemeinschaftlichen Erwerb maßgebende Erwerbsschwelle überschreiten oder zur Erwerbsbesteuerung optiert haben, greift ebenfalls das **Bestimmungslandprinzip** (§ 3c II UStG). Voraussetzung ist allerdings, daß der liefernde Unternehmer in bezug auf das Bestimmungsland eine Lieferschwelle (zur gemeinschaftsweit unterschiedlichen Höhe vgl. Übersicht in UR 92, 367) überschreitet (§ 3c III UStG). In dieser als Versandhandelsregelung bezeichneten Ausgestaltung wird der Ort der Lieferung abweichend von den sonstigen Fällen (vgl. § 3 VI, VII UStG) in das Bestimmungsland verlegt (§ 3c UStG). Damit soll gewährleistet werden, daß das für Privateinkäufe geltende Ursprungslandprinzip nur in Abholfällen gilt, nicht aber in Versendungsfällen (*Widmann*, UR 92, 249, 258). Konsequenz ist jedoch, daß der liefernde Unternehmer die in den einzelnen Mitgliedstaaten unterschiedlichen Schwellen kennen und für die Erfüllung der steuerlichen Verpflichtungen in diesen Ländern sorgen muß.

ee) Handel von Fahrzeugen

23 Durch die Sonderregelungen über die Fahrzeugeinzelbesteuerung wurde sichergestellt, daß das **Bestimmungslandprinzip** beim innergemeinschaftlichen Erwerb (§ 1b UStG) und bei der innergemeinschaftlichen Lieferung (§ 2a UStG) neuer Fahrzeuge nicht durchbrochen wird (vgl. dazu *Widmann*, UR 92, 249, 254). Weitere Sonderregelungen bestehen für die Fälle der Lohnveredelung und der unternehmensinternen Verbringung von Gegenständen (vgl. dazu *Widmann*, UR 92, 249, 255).

ff) Kontrollsystem

24 Das neue System der Erwerbsbesteuerung auf dem Binnenmarkt ist in einen komplexen Kontrollmechanismus eingebunden (vgl. dazu *Nieskens*, BB 92, Beilage 17, 26). Alle Unternehmen, die am Handel mit Mitgliedstaaten beteiligt sind, erhalten eine **Umsatzsteueridentifikationsnummer** (§ 27a UStG). Der Zweck dieser Nummer ist vor allem, die Übereinstimmung innergemeinschaftlicher (steuerfreier) Lieferungen mit den innergemeinschaftlichen (zu versteuernden) Erwerben im Rahmen der Verwaltungszusammenarbeit der Mitgliedstaaten überprüfen zu können. Lieferer und Erwerber haben sich gegenseitig ihre Nummern bekanntzugeben und quartalsweise ihre jeweiligen Umsätze an die mitgliedstaatlichen Verwaltungen zu melden (§ 18a UStG). Da die Umsatzsteueridentifikationsnummer nicht nur formelle, sondern auch materielle Rechtswirkung in bezug auf die Steuerpflicht erzeugen kann, wird für die Praxis als Grundregel empfohlen, steuerfreie innergemeinschaftliche Lieferungen nur an Abnehmer mit Umsatzsteueridentifikationsnummer zu bewirken (*Widmann*, UR 92, 249, 261).

c) Bewertung der Übergangsregelung und weitere Entwicklung

25 Die Übergangsregelung der Umsatzbesteuerung auf dem Binnenmarkt zeigt, daß die nicht vollendete Harmonisierung zu einem komplizierten, schwer verständlichen und Wirtschaft sowie Finanzverwaltung belastenden System der **Erwerbsbesteuerung** geführt hat, das gleichzeitig eine hohe Anfälligkeit für Unregelmäßigkeiten und Betrügereien zu Lasten der staatlichen Haushalte birgt (vgl. etwa die Stellungnahme des Wirtschafts- und Sozialausschusses zum Thema „Ein gemeinsames Mehrwertsteuersystem – ein Programm für den Binnenmarkt", ABl. 1997 C 296/1, Rn. 1.7). Zwar sind die Kontrollen an den innergemeinschaftlichen Grenzen weggefallen, nicht aber die Steuergrenzen. Die Folge ist, daß ein Grenzausgleich nunmehr faktisch in den Unternehmen stattfindet und dort auch kontrolliert wird.

Es bleibt zu hoffen, daß die eigentlich bis Ende 1996 befristete, aber von   **26** Anfang an mit einer automatischen Verlängerungsoption versehene Übergangsregelung in den nächsten Jahren im Rahmen einer **Systemumstellung** vom Bestimmungslandprinzip zum Ursprungslandprinzip ersetzt wird und damit ein gemeinschaftsweit geltendes System der **Nettoumsatzsteuer mit Vorsteuerabzug** zum Zuge kommt. In diese Richtung zielt auch der Vorschlag einer vom Bundesfinanzminister eingesetzten Kommission, die im März 1994 ihr Gutachten vorlegte (BMF Schriftenreihe, Heft 52 [1994]; Teilabdruck in UR 94, 213; dazu *Dziadkowski/Robisch*, BB 94, 1605). Mitte 1996 veröffentlichte die Europäische Kommission ihre Vorstellungen über die Grundzüge des endgültigen Mehrwertsteuersystems auf der Grundlage des Ursprungslandprinzips unter dem Titel „Ein gemeinsames Mehrwertsteuersystem – Ein Programm für den Binnenmarkt" (KOM [96] 328 endg. v. 22.7.96, BR-Drucks. 637/96; vgl. dazu *Mette*, IWB Fach 11 Gruppe 2, 272; *Schlienkamp*, UR 96, 326; *Huschens*, EuZW 97, 261). Die Vorschläge zielen darauf ab, alle Umsätze am Sitzort des Unternehmers zu besteuern und die Möglichkeit zu schaffen, daß ein Unternehmer die ihm von einem anderen Unternehmer in Rechnung gestellte Umsatzsteuer bei seinem inländischen Finanzamt als Vorsteuer geltend machen kann. Um dem Mitgliedstaat, in den die Lieferung oder die Leistung erfolgte, das ihm zustehende Steueraufkommen zu sichern, soll ein makroökonomisches **Clearingverfahren** auf Basis statistischer Daten entwickelt werden (zu diesem bereits in den achtziger Jahren vorgeschlagenen Modell vgl. KOM [87] 323 endg. v. 4.8.87; *Klein*, FS Wöhe, 191; *Birkenfeld*, UR 89, 329; *Mick*, 90; *Pohmer/Pflugmann-Hohlstein*, UR 93, 47; kritisch *Reiß*, UR 97, 22). Des weiteren soll die Spanne der Normalsteuersätze maximal 2 % betragen. Die Kommission will die Systemumstellung in insgesamt fünf Etappen verwirklichen, deren zeitlicher Rahmen (Erreichen der letzten Etappe Mitte 1999) allerdings schon überzogen ist (Übersicht bei *Mette*, IWB Fach 11 Gruppe 2, 277).

Bisher **umgesetzte** Maßnahme ist:

– Gemeinschaftliches Aktionsprogramm (FISCALIS-Programm) zur Verbesserung der Systeme der indirekten Besteuerung im Binnenmarkt (Entscheidung Nr. 888/98/EG, ABl. 1998 L 126/1; Durchführungsvorschriften der Kommission in ABl. 1998 L 206/43). Ziel: Verbesserung der Kommunikation zwischen den Verwaltungen; Durchführung von Schulungen.

Vorschläge liegen vor für:

– Veränderung des Status des Ausschusses für Mehrwertsteuer, d.h. Umwandlung des beratenden Ausschusses in einen Regelungsausschuß, der seine rechtlich bindenden Stellungnahmen mit qualifizierter Mehrheit beschließt (KOM [97] 325 endg. v. 25.6.97, BR-Drucks. 520/97). Ziel: Erlaß von Durchführungsvorschriften zu den Richtlinien durch die Kommission.

– Vereinfachung der Erstattung der Vorsteuer an gebietsfremde Steuerpflichtige (KOM [98] 377 endg. v. 17.6.98, ABl. 1998 C 219/16 = BR-Drucks. 668/98). Ziel: Verfahrensvereinfachung und Rechtsangleichung bei Vorsteuererstattungen.

– Verbesserung der Kontrollen im Rahmen von Vorsteuererstattungen (KOM [98] 377 endg. v. 17.6.98, ABl 1998 C 219/20 = BR-Drucks. 668/98). Ziel: Einführung neuer Kontrollmaßnahmen und Verbesserung der Verwaltungszusammenarbeit.

2. Harmonisierung der besonderen Verbrauchsteuern

27   Für die besonderen Verbrauchsteuern hat die EG zum Beginn des Binnenmarktes ein umfangreiches Regelungswerk in Kraft gesetzt, das aus einer Vielzahl von Richtlinien besteht. Ob damit allerdings eine wirkliche Harmonisierung erreicht ist, darf bezweifelt werden, da das **Bestimmungslandprinzip** auf Dauer festgeschrieben ist und durch ein komplexes Kontrollsystem sichergestellt wird (vgl. umfassend *Schröer-Schallenberg* in Birk, 709).

a) Rechtsvorschriften

28   Auf der Grundlage des Weißbuchs der Kommission an den Europäischen Rat von 1985 (KOM [85] 310 endg.) legte die Kommission 1987 Richtlinienvorschläge vor, die eine punktgenaue Angleichung der Steuersätze für Tabakwaren, Alkohol und alkoholische Getränke und Mineralöle vorsahen (KOM [87] 320 endg.).

29   Starker Widerstand der Mitgliedstaaten, die Anpassungsschwierigkeiten und Haushaltsrisiken befürchteten, veranlaßten die Kommission dazu, in den Jahren 1989 und 1990 neue Richtlinienvorschläge vorzulegen. Nunmehr wurde ein Konzept der Flexibilität vertreten, das Mindeststeuersätze und Bandbreiten vorsah. Nach langwierigen Verhandlungen kam es Anfang 1992 zur Verabschiedung der sogenannten **Systemrichtlinie**, die die Regeln über das allgemeine System, den Besitz, die Beförderung und die Kontrolle verbrauchsteuerpflichtiger Waren enthält (RL 92/12/EWG des Rates v. 25.2.92, ABl. 1992 L 76/1; zuletzt geändert durch RL 96/99/EG des Rates v. 30.12.96, ABl. 1997 L 8/12).

Die Verhandlungen über die Richtlinienentwürfe zu den Strukturen (Steu- **30** ergegenstände) und Steuersätzen erwiesen sich wegen der mitgliedstaatlichen Bedenken als äußerst schwierig. Erst im Oktober 1992 gelang es auf dem ECOFIN-Rat, ein Paket von **Satz- und Strukturrichtlinien** und eine Entscheidung zu Mineralölsteuerbefreiungen zu verabschieden (RL 92/78/ EWG des Rates v. 19.10.92 zur Änderung der RL 72/464/EWG und 79/32/EWG über die anderen Verbrauchsteuern auf Tabakwaren als die Umsatzsteuer, ABl. 1992 L 316/5, ersetzt durch RL 95/59/EG v. 27.11.95, ABl. 1995 L 291/40; RL 92/79/EWG des Rates v. 19.10.92 zur Annäherung der Verbrauchsteuern auf Zigaretten, ABl. 1992 L 316/8, berichtigt in ABl. 1995 L 19/52; RL 92/80/EWG des Rates v. 19.10.92 zur Annäherung der Verbrauchsteuern auf andere Tabakwaren als Zigaretten, ABl. 1992 L 316/10; RL 92/81/EWG des Rates v. 19.10.92 zur Harmonisierung der Struktur der Verbrauchsteuern auf Mineralöle, ABl. 1992 L 316, 12, zuletzt geändert durch RL 94/74/EG v. 22.11.94, ABl. 1995 L 365/46; RL 92/82/EWG des Rates v. 19.10.92 zur Annäherung der Verbrauchsteuersätze auf Mineralöle, ABl. 1992 L 316/19, geändert durch RL 94/74/EG v. 22.12.94, ABl. 1994 Nr. L 365/46; RL 92/83/EWG des Rates v. 19.10.92 zur Harmonisierung der Verbrauchsteuern auf Alkohol und alkoholische Getränke, ABl. 1992 L 316/21; Entscheidung des Rates v. 19.10.92 zur Ermächtigung der Mitgliedstaaten, gemäß dem Verfahren in Art. 8 Abs. 4 der RL 92/81/EWG ermäßigte Verbrauchsteuersätze oder Verbrauchsteuerbefreiungen auf Mineralöle, die zu bestimmten Zwecken verwendet werden, beizubehalten, ABl. 1992 L 316/16, berichtigt in ABl. 1995 L 19/52).

Die Umsetzung der Richtlinien in nationales Recht erfolgte in Deutschland **31** mit dem Gesetz zur Anpassung von Verbrauchsteuer- und anderen Gesetzen an das Gemeinschaftsrecht sowie zur Änderung anderer Gesetze v. 21.12.92 (**Verbrauchsteuer-Binnenmarktgesetz**, BGBl. I 1992, 2150). Es enthält als Artikelgesetz das Tabaksteuergesetz (TabStG, zuletzt geändert durch Gesetz v. 12.7.96, BGBl. I 1996, 962), das Biersteuergesetz 1993 (BierStG 1993, zuletzt geändert durch Gesetz v. 12.7.96, BGBl. I 1996, 962), Änderungen des Gesetzes über das Branntweinmonopol (BranntwMonG, zuletzt geändert durch Gesetz v. 12.7.96, BGBl. I 1996, 962), das Gesetz zur Besteuerung von Schaumwein und Zwischenerzeugnissen (SchaumwZwStG), das Mineralölsteuergesetz (MinöStG, zuletzt geändert durch Gesetz v. 20.12.96, BGBl. I 1996, 2049/2074) und das Kaffeesteuergesetz (KaffeeStG, geändert durch Gesetz v. 12.7.96, BGBl. I 1996, 962).

b) Wesentliche Inhalte

aa) Steuergegenstände

32 Harmonisiert wurden die Verbrauchsteuern auf **Tabakwaren, Alkohol und alkoholische Getränke sowie Mineralöl** (Art. 3 I RL 92/12/EWG). Daneben werden den Mitgliedstaaten weitere Verbrauchsteuern gestattet, sofern diese im Handelsverkehr zwischen den Mitgliedstaaten keine mit dem Grenzübertritt verbundenen Formalitäten nach sich ziehen (Art. 3 III RL 92/12/EWG). So wurden in Deutschland zwar die Verbrauchsteuern auf Leuchtmittel, Salz, Zucker und Tee zum 1.1.93 abgeschafft, die Kaffee- und auch die Erdgassteuer jedoch beibehalten (Art. 5, Art. 6 Verbrauchsteuer-Binnenmarktgesetz). Die einzelnen Steuergegenstände werden in den Struktur-Richtlinien durch Verweise auf die Tarifpositionen der Kombinierten Nomenklatur bestimmt. Die Struktur-Richtlinien sehen auch für bestimmte Erzeugnisse Steuerbefreiungen vor.

33 Bei den **Tabakwaren** (RL 95/59/EG) unterliegen Zigaretten, Zigarren, Zigarillos und Rauchtabak der Tabaksteuer (TabStG). Schnupf- und Kautabak sind nicht mehr verbrauchsteuerpflichtig.

34 **Alkohol und alkoholhaltige Getränke** werden in der Alkohol-StrukturRL (RL 92/83/EWG) nach ihrem ansteigenden Alkoholgehalt in fünf Gruppen unterteilt: Bier, Wein, andere gegorene Getränke, Zwischenerzeugnisse und Äthylalkohol. Alkoholfreies Bier ist steuerfrei, da als Bier nur solche Erzeugnisse gelten, deren Alkoholgehalt 0,5 % vol. übersteigt. Bier aus kleinen unabhängigen Brauereien unterliegt in Deutschland ermäßigten Steuersätzen (§ 2 II BierStG 1993). Diese nach Art. 4 RL 92/83/EWG zulässige Differenzierung ist maßgeblich auf das Betreiben der deutschen Delegation im Hinblick auf die Förderung der mittelständischen Brauereiwirtschaft zurückzuführen (*Jatzke*, BB 93, 43). Die Verbrauchsteuerharmonisierung führt zur Einführung der Weinsteuer auf Schaumwein und nicht schäumenden Wein. Während die Schaumweinbesteuerung wie bisher erfolgt, wird in Deutschland jedoch keine **Weinsteuer** erhoben. Aufgrund der Ermächtigung in der Alkohol-Steuersatz-RL (RL 92/84/EWG) wird Wein nicht zum Steuergegenstand; zur Sicherung des Steueraufkommens in anderen Mitgliedstaaten, die eine Weinsteuer erheben, unterliegt der innergemeinschaftliche Verkehr mit Wein jedoch der Steueraufsicht und findet das innergemeinschaftliche Beförderungsverfahren Anwendung (§ 27 SchaumwZwStG). Als Zwischenerzeugnisse gelten alle alkoholischen Getränke, die weder Wein noch Bier sind und deren Alkoholgehalt 22 % vol. nicht übersteigt. Getränke mit einem höheren Alkoholgehalt gelten neben dem reinen Alkohol als Äthylalkohol (Art. 20 RL 92/83/EWG). Die Besteuerungsgrundlagen dafür finden sich in Deutschland im Gesetz über das Branntweinmonopol (in der Fassung des Verbrauchsteuer-Binnenmarktgesetzes).

Der **Mineralölbesteuerung** (RL 92/81/EWG) unterliegen alle Erzeugnisse, **35** die zur Verwendung als Kraftstoffe bestimmt sind, auch Ersatzkraftstoffe aus nachwachsenden Rohstoffen (für Biokraftstoffe sollen besondere Ermäßigungen möglich sein, vgl. RL-Vorschlag der Kommission über den Verbrauchsteuersatz auf Kraftstoffe aus landwirtschaftlichen Rohstoffen, KOM [92] 36 endg. v. 28.2.92). Erdgas ist zwar grundsätzlich aus dem Anwendungsbereich der RL ausgenommen, als mitgliedstaatlich mögliche Ausnahmeregelung (vgl. Art. 3 III RL 92/81/EWG) fällt es in Deutschland jedoch unter die Besteuerung (§ 1 II Nr. 6 MinöStG).

bb) Steuersätze

Wie die **Steuersatz-Richtlinien** (RL 92/79/EWG; RL 92/80/EWG; RL **36** 92/82/EWG; RL 92/84/EWG) zeigen, ist eine Harmonisierung der Steuersätze nicht gelungen. Fast allen Mitgliedstaaten wird eingeräumt, für bestimmte Produkte oder in bestimmten Regionen ermäßigte Steuersätze anzuwenden.

cc) Steuertatbestand

In Anwendung des Bestimmungslandprinzips, das bei den Verbrauchsteu- **37** ern als endgültiges System vorgesehen ist, werden die verbrauchsteuerpflichtigen Waren grundsätzlich in dem Mitgliedstaat versteuert, in dem sie in den freien Verkehr entnommen werden bzw. gelangen.

Verbrauchsteuerpflichtig werden die Waren mit ihrer Herstellung im Ge- **38** meinschaftsgebiet oder ihrer Einfuhr in das Gemeinschaftsgebiet (Art. 5 I 1 RL 92/12/EWG). Eine Zahlungsverpflichtung ist damit noch nicht verbunden. Nach deutscher Terminologie liegt erst ein Fall der Steuerbarkeit vor, der zur Entstehung einer Verbrauchsteuerschuld führen kann (*Friedrich*, ZfZ 92, 2001). Die Steuerschuldentstehung steht im Regelfall im Zusammenhang mit dem Verfahren der Steueraussetzung.

dd) Steueraussetzungsverfahren

Das **Steueraussetzungsverfahren** bildet den Kernbereich des harmonisier- **39** ten Verbrauchsteuerrechts. Solange sich die verbrauchsteuerpflichtigen Waren in diesem Verfahren befinden, entsteht noch keine Steuerschuld. Die Steuer entsteht grundsätzlich erst dadurch, daß die verbrauchsteuerpflichtigen Erzeugnisse in den freien Verkehr entnommen werden (Art. 6 I RL

92/12/EWG). Bei solchen Waren, die einer steuerbegünstigten Verwendung zugeführt werden sollen, entsteht die Steuer unbedingt in Höhe des ermäßigten Satzes. Eine zweckwidrige Verwendung führt zur Entstehung einer neuen Steuerschuld in Höhe des Differenzbetrages zwischen dem ermäßigten und dem normalen Steuersatz. Insofern ist das Institut der bedingten Steuer (vgl. § 50 AO) überholt (*Jatzke*, BB 93, 48).

40 Das Steueraussetzungsverfahren besteht aus einem **Lagerverfahren** und einem **Beförderungsverfahren** (Art. 4 Buchst. c RL 92/12/EWG). Das Lagerverfahren regelt die Voraussetzungen, unter denen verbrauchsteuerpflichtige Waren in Steuerlagern unversteuert hergestellt, gewonnen, gelagert, verwendet und be- oder verarbeitet werden dürfen (Art. 11 RL 92/12/EWG). Der Oberbegriff Steuerlager umfaßt sowohl Herstellungsbetriebe (z.B. Brauereien, Verschlußbrennereien, Raffinerien), als auch die zugelassenen Lagerstätten, die der Lagerung einschließlich der üblichen Lagerbehandlung dienen (*Jatzke*, BB 93, 46). Das Beförderungsverfahren findet Anwendung auf verbrauchsteuerpflichtige Waren, die sich im Verfahren der Steueraussetzung befinden und zwischen Steuerlagern befördert werden (Art. 15 I RL 92/12/EWG).

ee) Kontrollsystem

41 Zur Bestimmung der Herkunft und zur Sicherung der Besteuerung hat der Versender ein **Begleitdokument** auszustellen, das die Ware begleitet (VO [EWG] Nr. 2719/92 der Kommission v. 11.9.92 zum begleitenden Verwaltungsdokument bei der Beförderung verbrauchsteuerpflichtiger Waren unter Steueraussetzung, ABl. 1992 L 276/17, geändert durch VO [EG] 2225/93 v. 27.7.93, ABl. 1993 L 198/5). Befinden sich verbrauchsteuerpflichtige Waren bereits im freien Verkehr eines Mitgliedstaats und sollen diese in einen anderen Mitgliedstaat verbracht werden, kann der Versender ein vereinfachtes Begleitdokument verwenden, damit sichergestellt ist, daß die Waren in dem anderen Mitgliedstaat der Besteuerung zugeführt werden und die bereits entrichtete Verbrauchsteuer in dem Abgangsmitgliedstaat erstattet wird (Art. 7 RL 92/12/EWG; VO [EWG] Nr. 3649 der Kommission über ein vereinfachtes Begleitdokument von verbrauchsteuerpflichtigen Waren, die sich bereits im steuerrechtlich freien Verkehr des Abgangsmitgliedstaats befinden, ABl. 1992 L 369/17).

3. Kapitalverkehrsteuern

42 Die indirekten Steuern auf die Ansammlung von Kapital (**Gesellschaftsteuer, Börsenumsatzsteuer**) waren für die Gesellschaftsteuer auf

Gemeinschaftsebene durch die RL 69/335/EWG des Rates v. 17.7.69 (ABl. 1969 L 249/25) harmonisiert worden (*Voß* in Dauses, Kap. J, Rn. 278). Das Ziel war die Beseitigung von Diskriminierungen und die Verhinderung von Doppelbesteuerungen, die den freien Kapitalverkehr behinderten. Da sich zeigte, daß die wirtschaftlichen Auswirkungen der Gesellschaftsteuer für den Zusammenschluß und die Entwicklung der Unternehmen ungünstig waren, strebte die EG Mitte der achtziger Jahre die Abschaffung der Gesellschaftsteuer an. Da einige Mitgliedstaaten jedoch nicht auf die Einnahmen aus dieser Steuer verzichten wollten, kam es nur zu einer Befreiungsvorschrift (RL 85/393/EWG des Rates v. 10.6.85, ABl. L 156/23), die in Deutschland zur Aufhebung des Kapitalverkehrsteuergesetzes führte (Gesetz v. 22.2.90, BGBl. I 1990, 266). Damit wurde in Deutschland auch gleichzeitig die Börsenumsatzsteuer abgeschafft. In anderen Mitgliedstaaten hat die Gesellschaftsteuer jedoch ihre Bedeutung behalten und die Anwendung der RL 69/335/EWG zu mehreren Rechtsstreitigkeiten geführt (vgl. EuGH, C-164/90, Muwi Bouwgroep/Staatssecretaris van Financien, Slg. 1991, I–6049; C-71/91, C-178/91, Ponente Carni u.a./Amministrazione delle Finanze dello Stato, Slg. 1993, I–1915; zur Rechtslage in den Niederlanden vgl. *Derks*, Weekblad 93, 1694).

4. Versicherungsteuer

Der Binnenmarkt erstreckt sich auch auf das Versicherungswesen. Versicherungsunternehmen mit Geschäftssitz in der Gemeinschaft können ihre Dienstleistungen in allen Mitgliedstaaten erbringen. Begleitend dazu ist es erforderlich, die Versicherungsteuern zu harmonisieren (*Hicks*, UVR 90, 271). In einigen Mitgliedstaaten gibt es keine solche indirekte Steuer auf Versicherungsverträge. In den Mitgliedstaaten, die Versicherungsteuern oder vergleichbare Abgaben erheben, bestehen erhebliche Unterschiede hinsichtlich deren Voraussetzungen und der Abgabensätze. Um zu verhindern, daß diese Unterschiede zu Wettbewerbsverzerrungen führen, ist in einem ersten Harmonisierungsschritt vorgesehen, die Abgabenregeln des Mitgliedstaates anzuwenden, in dem das versicherte Risiko belegen ist (Art. 25 RL 88/357/EWG des Rates v. 22.6.88 zur Koordinierung der Rechts- und Verwaltungsvorschriften für die Direktversicherung [mit Ausnahme der Lebensversicherung] und zur Erleichterung der tatsächlichen Ausübung des freien Dienstleistungsverkehrs sowie zur Änderung der RL 73/239/EWG, ABl. 1988 L 172/1). **43**

5. Harmonisierungen im Drittlandshandel

44   Die EG stellt eine **Zollunion** (Art. 24 [ex-Art. 9]) dar, in der die Einfuhren aus Drittländern im Rahmen eines einheitlichen Zollrechts unabhängig vom jeweiligen Einfuhrmitgliedstaat nach derselben Rechtsgrundlage abgewickelt werden (VO [EWG] 2913/92 des Rates v. 12.10.92 zur Festlegung des Zollkodex der Gemeinschaft, ABl. L 302/1). Für **außertarifliche Zollbefreiungen** gibt es gestützt auf die EG-Kompetenz (Art. 26, ex-Art. 28) ebenfalls gemeinschaftsweit geltende Regelungen (VO[EWG] 918/83 des Rates v. 23.3.83 über das gemeinschaftliche System der Zollbefreiungen, ABl. L 105/1, zuletzt geändert durch VO [EWG] 3357/91 des Rates v. 7.11.91, ABl. L 318/3). Die EG-Rechtsvorschriften erstrecken sich aber wegen der nationalen Kompetenzen für die Umsatzsteuer und die besonderen Verbrauchsteuern nur auf die Zölle und sonstigen EG-Abgaben. Es ist jedoch weltweit üblich, bestimmte Einfuhren nicht nur von Zollabgaben, sondern auch sonstigen Einfuhrabgaben zu befreien. Dies gilt insbesondere für **Reiseverkehr** und private **Kleinsendungen**. Bereits vor Verwirklichung des Binnenmarkts waren für die **Einfuhrumsatzsteuer** und die **Einfuhrverbrauchsteuern** EG-Richtlinien geschaffen worden, die bis zum 31.12.92 auch den innergemeinschaftlichen Warenverkehr erfaßten, seit dem 1.1.93 aber nur noch Einfuhren aus Drittländern in die EG betreffen (vgl. zu den RL *Müller-Eiselt*, in *Bail/ Schädel/Hutter*, E Rn. 45, E II Rn. 6). In Deutschland sind die EG-Regelungen durch mehrere Rechtsverordnungen in nationales Recht umgesetzt worden (Einfuhrumsatzsteuer-BefreiungsVO v. 11.8.92, BGBl. I 1992, 1526, zuletzt geändert durch VO v. 9.2.94, BGBl. I 1994, 302, berichtigt BGBl. I 1994, 523; Einreise-Freimengen-VO v. 3.12.74, BGBl. I 1974, 3377, zuletzt geändert durch VO v. 22.12.94, BGBl. I 1994, 3978; Kleinsendungs-Einfuhrfreimengen-VO v. 11.1.79, BGBl. I 1979, 73, zuletzt geändert durch VO v. 3.8.93, BGBl. I 1993, 1461; Einfuhr-VerbrauchsteuerbefreiungsVO v. 3.8.93, BGBl. I 1993, 1461).

6. Amtshilfe unter Finanzbehörden

45   Um den mit dem Zusammenwachsen der Märkte in der EG verbundenen Gefahren von Steuerflucht und Steuerhinterziehungen zu begegnen, wurde ein gemeinschaftliches **Amtshilfesystem** (*Wolffgang/Hendricks*, in Beermann, § 117 AO, Rn. 172) geschaffen, das sich mittlerweile auf alle direkten und indirekten Steuern erstreckt (RL 77/799/EWG des Rates v. 19.12.77, ABl. 1977 L 336/15, geändert durch RL 79/1070/EWG v. 6.12.79, ABl. 1979 L 331/8, und RL 92/12/EWG v. 25.2.92, ABl. 1992 L

76/13, über die gegenseitige Amtshilfe zwischen den zuständigen Behörden der Mitgliedstaaten im Bereich der direkten und indirekten Steuern, zuletzt geändert durch Beitrittsakte 1995, ABl. 1995 L 1/181). In Deutschland wurde es durch das **EG-Amtshilfegesetz** umgesetzt (Art. 2 des Steuerbereinigungsgesetzes 1986 v. 19.12.85, BGBl. I 1985, 2436, 2441; zuletzt geändert durch das Jahressteuergesetz 1997 v. 20.12.1996, BGBl. I 1996, 2049).

Für die Zusammenarbeit der Finanzverwaltungen auf dem Gebiet des **46** Umsatzsteuerrechts, vor allem der Besteuerung des innergemeinschaftlichen Erwerbs, wurde im Rahmen der Umsatzsteuerharmonisierung eine unmittelbar in allen Mitgliedstaaten geltende Regelung getroffen (VO [EWG] 218/92 des Rates v. 27.1.92, ABl. 1992 L 24/1 über die Zusammenarbeit der Verwaltungsbehörden auf dem Gebiet der indirekten Besteuerung).

Um die **Vollstreckung** von nationalen Steuerbescheiden in allen EG- **47** Mitgliedstaaten zu ermöglichen, wurde die EG-BeitreibungsRL geschaffen (RL 76/308/EWG des Rates v. 15.3.76, ABl. 1976 L 73/18, geändert durch RL 79/1071/EWG des Rates v. 6.12.79, ABl. 1979 L 331/10 und 92/108/EWG des Rates v. 14.12.92, ABl. 1992 L 390/124 über die gegenseitige Unterstützung bei der Betreibung von Forderungen im Zusammenhang mit Maßnahmen, die Bestandteil des Finanzierungssystems des Europäischen Ausrichtungs- und Garantiefonds für die Landwirtschaft sind, sowie von Abschöpfungen und Zöllen und bezüglich der Mehrwertsteuer und bestimmter Verbrauchsteuern, zuletzt geändert durch Beitrittsakte 1995, ABl. 1995 L 1/181). Diese wurde durch das EG-Betreibungsgesetz in deutsches Recht übertragen (Gesetz v. 10.8.79, BGBl. I 1979, 1429, geändert durch Gesetz v. 7.8.81, BGBl. I 1981, 807, und Art. 11 Verbrauchsteuer-Binnenmarktgesetz v. 21.12.92, BGBl. I 1992, 2150, 2206).

IV. Geplante Harmonisierungsmaßnahme – CO_2- und Energiesteuer

Die Kommission verfolgt seit einigen Jahren das Ziel, den **Kohlendioxyd-** **48** **ausstoß** und den **Energieverbrauch** mittels einer Ökosteuer zu belasten, um auf diese Weise die für den **Treibhauseffek**t verantwortlichen Emissionen zu reduzieren. Die Einführung einer CO_2-/Energiesteuer ist wesentlicher Bestandteil einer Gesamtstrategie zur Förderung des rationellen Energieeinsatzes sowie zur Herbeiführung von Änderungen beim Einsatz der verschiedenen Energieträger, durch die umweltfreundlichere Energiequellen bevorzugt werden.

49 Die Kommission hatte im Juni 1992 einen Vorschlag für eine Richtlinie des Rates zur Einführung einer Steuer auf Kohlendioxidemissionen und Energie vorgelegt (ABl. 1992 C 196/1). Geplant war, die Energieerzeugnisse fossilen Ursprungs (z.B. Kohle, Erdgas, Mineralöle) mit einer indirekten Steuer zu belasten, wobei die Einnahmen den Mitgliedstaaten zustehen sollten. Gleichzeitig sollten steuerliche Anreize für Investitionen zur Energieeinsparung und zur Verringerung des CO_2-Ausstoßes geschaffen werden. Die Steuer war insgesamt so ausgestaltet, daß sie sich an das System der besonderen Verbrauchsteuern anlehnte, insbesondere hinsichtlich des gemeinschaftsweiten Überwachungssystems (vgl. Rn. 37f.).

50 Der Richtlinienentwurf stützte sich sowohl auf Art. 93, als auch Art. 175 (ex-Art. 130s). Gegen die Heranziehung des Art. 175 (ex-Art.130s) wurde geltend gemacht, daß er nur zu solchen Maßnahmen ermächtige, die dem Umweltschutz in spezifischer Weise zugute kämen, nicht aber zu solchen, die zur – wenn auch umweltpolitisch motivierten – Finanzierung der Haushalte dienten (so *Schröder*, 93). Desweiteren wurde als bedenklich angeführt, daß die EG mit der CO_2-Steuer auf dem Gebiet des Abgabenrechts rechtsschöpferisch tätig werden würde, da eine entsprechende Abgabe in den meisten Mitgliedstaaten bis dahin nicht eingeführt worden sei (*Kirchhof*, 26; *Schröder*, 94). Die Kommission hat Mitte 1995 den Vorschlag erheblich modifiziert (KOM [95] 172 endg. v. 10.5.95, BR-Drucks. 383/95 v. 22.6.95). Wesentliche Änderung ist die nunmehr fakultative Einführung der Steuer. Jeder Mitgliedstaat soll nach seinen umwelt- bzw. steuerpolitischen Prämissen die Entscheidung über das „ob" der Ökosteuer treffen können. Bei der Ausgestaltung müßte der Mitgliedstaat sich dann allerdings an der Gemeinschaftsregelung orientieren (kritisch *Giesberts*, RIW 95, 847). Die gemeinschaftsrechtliche Zulässigkeit einer nationalen CO_2-Steuer ist wegen der damit möglichen Beeinträchtigung des grenzüberschreitenden Wettbewerbs aber umstritten (vgl. *Arndt*, Rechtsfragen, passim; *Bach*, StuW 95, 264; *Lang*, DStJG 15[1993], 150; *ders.*, in Baur/Watrin, 84).

51 Nach dem Richtlinienentwurf von 1992 sollte eine gemeinschaftsweite Ökosteuer erst dann erhoben werden, wenn andere **OECD-Länder** eine ähnliche Regelung einführten. Ziel war, die Wettbewerbsfähigkeit der EG-Wirtschaft zu wahren. Im geänderten Entwurf ist die Junktimklausel nicht mehr enthalten. Im übrigen sieht der Entwurf von 1995 vor, nationale Alleingänge nur bis zum Jahr 2000 zu dulden und dann durch eine harmonisierte Steuer abzulösen. Dieser Zeitrahmen ist nicht realistisch, da in absehbarer Zeit keine europaweite politische Einigung zu erzielen sein wird.

Kapitel 3. Angleichung der Rechtsvorschriften

Art. 94 (ex-Art. 100) (Richtlinien zur Angleichung von Rechtsvorschriften für den Gemeinsamen Markt)

Der Rat erläßt einstimmig auf Vorschlag der Kommission und nach Anhörung des Europäischen Parlaments und des Wirtschafts- und Sozialausschusses Richtlinien für die Angleichung derjenigen Rechts- und Verwaltungsvorschriften der Mitgliedstaaten, die sich unmittelbar auf die Errichtung oder das Funktionieren des Gemeinsamen Marktes auswirken.

Literatur: *Bruha*, Rechtsangleichung in der Europäischen Wirtschaftsgemeinschaft – Deregulierung durch „neue Strategie"?, ZaöRV 1986, 1; *Eiden*, Die Rechtsangleichung gemäß Art. 100 des EWG-Vertrages 1984; *Eiden*, Abgestufte Integration in der EG: Risiken für Rechtsangleichung und Gemeinsamen Markt, EA 1984, 365; *Ernsthaler* (Hrsg.) Europäischer Binnenmarkt – Stand und Zukunftsperspektiven der Rechtsharmonisierung (1990); *Everling*, Zur Funktion der Rechtsangleichung in der Europäischen Gemeinschaft, FS Pescatore, 1987, 227; *Fiedler*, Die Funktion des Rechts in der Europäischen Einigungsbewegung, JZ 1986, 60; *Gormley*, Harmonization of Laws. Art. 100 EEC Treaty, ELRev 1987, 132; *Großfeld/Bilda*, Europäische Rechtsangleichung, ZfRV 1992, 421; *Gutknecht*, Instrumente und Programmatik der Rechtsangleichung, in *Korinek/Rill* (Hrsg.), Österreichisches Wirtschaftsrecht und das Recht der EG, 1990; *Hayder*, Neue Wege zur europäischen Rechtsangleichung? Die Auswirkungen der Einheitlichen Europäischen Akte, RabelsZ 1989, 622; *Kötz*, Rechtsvereinheitlichung – Nutzen, Kosten, Methoden, Ziele, RabelsZ 1986, 1; *Langeheine*, Abgestufte Integration, EuR 1983, 227; *Mattera*, Le marché unique européen, 2. Aufl. (1990); *Max-Planck-Institut für ausländisches und internationales Privatrecht* (Hrsg.), Rechtsvereinheitlichung und Rechtsangleichung, RabelsZ 1986, 1; *Müller-Graff*, Die Rechtsangleichung zur Verwirklichung des Binnenmarktes, EuR 1989, 107; *Nentwich*, Institutionelle und verfahrensrechtliche Neuerungen im Vertrag über die Europäische Union, EuZW 1992, 235; *Schwarz*, 30 Jahre EG-Rechtsangleichung, in FS von der Groeben 1987; *Schwartz*, Perspektiven der Angleichung des Privatrechts in der EG, ZeuP 1994, 559; *Schwartz*, EG-Kompetenzen für den Binnenmarkt: Exklusiv oder konkurrierend/subsidiär? FS Everling (1995) 1331; *Seidel*, Ziele und Ausmaß der Rechtsangleichung in der EWG – Zur britischen Auffassung, EuR 1979, *Strömholm*, Rechtsvergleichung und Rechtsangleichung. Theoretische Möglichkeiten und praktische Grenzen in der Gegenwart, RabelsZ 1992, 6, 11; *Taschner*, Rechtsangleichung in der Bewährung, GS L.-J. Constantinesco 1983, 765; *Taschner*, Mittelbare Rechtsangleichung?, FS von der Groeben, 1987, 407.

I. Einleitung

1   Art. 94 ist die ursprüngliche **Grundbestimmung zur Angleichung der Rechtsvorschriften**. Allerdings hat er gegenüber anderen Bestimmungen des EGV (Art. 37 [ex-Art. 43], Art. 40 [ex-Art. 49], Art. 44 [ex-Art. 54], Art. 46 Abs. 2 [ex-Art. 56], Art. 47 Abs. 2 [ex-Art. 57], Art. 55 [ex-Art. 66], Art. 71 [ex-Art. 75], Art. 93 [ex-Art. 99] und Art. 133 [ex-Art. 113]) subsidiären Charakter; auch Art. 95 (ex-Art. 100a) geht ihm vor. Andererseits steht Art. 308 (ex-Art. 235) hinter Art. 94 (und den anderen genannten Bestimmungen) zurück. Inhaltlich erfuhr er indirekt seine erste Änderung durch den durch die EEA eingefügten Art. 95 (ex-Art. 100a), formal wurde er erstmals durch den Vertrag von Maastricht dadurch ergänzt, daß dem EP und dem WSA ein unbeschränktes Anhörungsrecht eingeräumt wird; davor mußten sie nur zu jenen RL gehört werden, „deren Durchführung in einem oder mehreren Mitgliedstaaten eine Änderung von gesetzlichen Vorschriften zur Folge hätte".

II. Rechtsangleichung

1. Begriff

2   Im EGV werden die Begriffe **„Angleichung"**, **„Koordinierung"** und **„Harmonisierung"** der Rechtsvorschriften der Mitgliedstaaten in gleicher Weise verwendet. Die herrschende Lehre ist zum Ergebnis gekommen, daß sie den gleichen Inhalt und synonyme Bedeutung haben (statt vieler *Taschner*, in GTE, Art. 100 Rn. 1 m.w.N.; *Langeheine*, in *Grabitz/Hilf*, Art. 100 Rn. 1 m.w.N.). Abzugrenzen sind diese Begriffe von der **„Rechtsvereinheitlichung"**, die auf die Schaffung eines einheitlichen europäischen Rechts abzielt, was aber nicht durch eine RL, sondern nur bzw. eher durch eine VO erreicht werden kann (*Schweitzer/Hummer*, Europarecht, 4. Aufl. 647; mißverständlich *Seidel*, KSE Bd. 11, 175, der vom „Ersetzen von zumeist unterschiedlichen nationalen Rechtsvorschriften durch eine von den

Gemeinschaftsorganen angeordnete einheitliche Regelung" spricht).
Rechtsangleichung ist Bestandteil der Politik bzw. der Tätigkeit der EG und **3**
hat ihre **Grundlage in Art. 3 lit. h**. Art. 94 ist ebenso wie die anderen in
Rn. 1 genannten Bestimmungen die konkrete Ausformung dieser Pro-
grammbestimmung. Rechtsangleichung auf der Grundlage von Art. 94 darf
daher auch nicht über den von Art. 3 lit. h gesetzten Rahmen hinausgehen
(siehe unten Rn. 6).

Unter **anzugleichenden nationalen Rechtsvorschriften** ist die Gesamtheit **4**
aller Rechtsvorschriften eines Mitgliedstaates zu verstehen, für die ein solcher Bedarf besteht – unabhängig von ihrer innerstaatlichen Rechtsnatur
(Gesetze oder Verwaltungsvorschriften) oder dem innerstaatlichen Kompetenzgefüge (Bundes- oder Landesrecht) (*Gutknecht*, a.a.O. 141; *Ress*, Die
Europäischen Gemeinschaften und der deutsche Förderalismus. EuGRZ
1986, 549). Auch das durch die Rechtsprechung der nationalen Gerichte geschaffene Recht fällt unter diesen Begriff und kann daher Gegenstand der
Rechtsangleichung sein, da solche von der Rechtsprechung geschaffene
Rechtsregeln sich in gleicher Weise wie gesatzes Recht auf die Errichtung
und das Funktionieren des Gemeinsamen Marktes auswirken können (so
auch *Taschner*, in GTE, Art. 100 Rn. 29; *Langeheine*, in *Grabitz/Hilf*,
Art. 100 Rn. 16; *Behrens*, Rechtsgrundlagen der Umweltpolitik der Europäischen Gemeinschaften, 1976, 243; *Eiden*, a.a.O. 16; a.A. *Goldmann*, Le rap-
prochement des législations, in Les Nouvelles – Droit des Communautés européennes, 1969, 885). Es darf auch nicht vergessen werden, daß das Recht
zweier Mitgliedstaaten (Vereinigtes Königreich und Irland) in überwiegen-
dem Maße nicht Gesetzes-, sondern Richterrecht ist. Auch Gewohnheitsrecht, Kollektivverträge und die Verwaltungspraxis ist grundsätzlich einer
Angleichung zugänglich (*Oppermann*, Europarecht, Rn. 1071, Die Quelle einer Rechtsnorm ist also unbeachtlich (*Taschner*, in GTE, Art. 100 Rn. 29).

Ob eine „Rechtsangleichung" dann zulässig ist, wenn es in keinem Mit- **5**
gliedstaat entsprechende Rechtsvorschriften gibt, wenn es sich also um
„präventive Rechtsangleichung" handelt, die letztlich auf eine Rechts-
schöpfung hinausläuft, ist umstritten (dafür *Taschner*, in GTE, Art. 100
Rn. 33; *Eiden*, a.a.O. 19; *Langeheine*, in *Grabitz/Hilf*, Art. 100 Rn. 20;
Bleckmann, Europarecht, 1985, 440; dagegen *Goldmann*, Europäisches
Handelsrecht, 1973, 479). Ein Größenschluß ergibt, daß, wenn Art. 94 die
Angleichung unterschiedlicher Rechtsvorschriften erlaubt, damit auch die
Angleichung inhaltlich gleichwertiger Normen umfaßt ist. Dies bezieht
sich insbesondere auf die gegenseitige Anerkennung von Verwaltungsakten.
Diese Interpretation zwingt sich bei einer weiten Interpretation des Begriffs
„Gemeinsamer Markt" geradezu auf.

2. Zweck

6   **Zweck** der Rechtsangleichung **im allgemeinen** ist „die Beseitigung der
Auswirkungen [der einzelstaatlichen Rechtsvorschriften], soweit sie die Errichtung oder das Funktionieren des Gemeinsamen Marktes beeinträchtigen
oder stören, weil sie beides ihrer Natur nach nicht berücksichtigen, sondern
ausschließlich nationalen Interessen dienen, sowie die Ersetzung dieser Regelungen durch neue, den Erfordernissen des Gemeinsamen Marktes entsprechende Normen" (*Taschner*, in GTE, Art. 100 Rn. 4). Ziel ist die „Verringerung oder Abschaffung von Unterschieden zwischen den Rechts- und
Verwaltungsvorschriften der Mitgliedstaaten, welche die Schaffung bin-
nenmarktähnlicher Verhältnisse beeinträchtigen" (*Hummer/Schweitzer*,
Österreich und die EWG, 1987, 92). Die Unterschiedlichkeit von nationalen Rechtsvorschriften ist als solche noch keine Rechtfertigung für eine gemeinschaftliche Rechtsangleichung.

7   Rechtsangleichung darf aber **kein Selbstzweck** sein. Sie ist Mittel zur Zielerreichung und daher **ausschließlich funktional** zu sehen. Aus Art. 3 lit. h
ergibt sich der allgemeine Rahmen der Rechtsangleichung, der zugleich
Auftrag und Grenze ist. Dieser Rahmen wird schließlich in den verschiedenen Bestimmungen zur Rechtsvereinheitlichung ausgefüllt und eingeschränkt.

III. Umfang und Grenzen von Art. 94

1. Der Gemeinsame Markt

8   Die grundsätzliche Zulässigkeit der Rechtsangleichung auf der Grundlage
des Art. 94 orientiert sich am entsprechenden Erfordernis im Hinblick auf
den Gemeinsamen Markt. Dieses Erfordernis ist an Hand der jeweiligen
Entwicklung bzw. des Zustandes des Gemeinsamen Marktes festzustellen;
es handelt sich um einen **dynamischen Prozeß**, der stets auf das Ziel der
Errichtung und des Funktionierens des Gemeinsamen Marktes ausgerichtet
sein muß. Eine entsprechende Rechtsangleichung kann auch nie erschöpft
sein, da sich immer wieder neue Konstellationen im Rahmen des Gemeinsamen Marktes ergeben, die die EG zu einer solchen Tätigkeit verpflichten.
Dies gilt in besonderer Weise für die Auswahl der anzugleichenden Materien, die von den Gemeinschaftsinstitutionen aufgrund pragmatischer Überlegungen durchgeführt wird (*Gutknecht*, a.a.O. 142).

9   Ausgangspunkt der Überlegungen zum Umfang der Befugnisse, die Art. 94
einräumt, muß der Begriff des Gemeinsamen Marktes sein, der als solcher
selbst nicht Endzweck der EG, sondern nur Garantie für die in Art. 2 ge-

nannten Ziele ist. Eine **Definition des Gemeinsamen Marktes** gibt es –
anders als für den Binnenmarkt – nicht; Art. 3 umfaßt abschließend die
Tätigkeiten der EG, die auf die Errichtung eines Gemeinsamen Marktes
und einer Wirtschafts- und Währungsunion (vgl. Art. 2) gerichtet sind. Der
Gemeinsame Markt ist durch eine Zollunion und eine Gemeinsame Handelspolitik Drittstaaten gegenüber gekennzeichnet und bezieht sich also in
erster Linie auf den freien Verkehr von Waren und Leistungen (vgl. auch
EuGH, Rs. 199/84, Slg. 1985, 3317). Sehr umfassend interpretiert ist unter
dem Gemeinsamen Markt zu verstehen, „daß das Angebot und die Nachfrage nach allen Waren und Produktionsfaktoren in der gesamten EG auf-
einanderstoßen sollen, weil nur dann die vom Vertrag vorausgesetzten Ziele des EWG-Vertrages nach der Theorie der Freien Marktwirtschaft maxi-
miert werden können" (*Bleckmann*, Europarecht, 1985, 442). Die Definition des Gemeinsamen Marktes ist im Zusammenhang mit Art. 94 insofern
wichtig, als sich daraus auch der Interpretationsumfang der „unmittelbaren
Auswirkung" ergibt.

Sofern der EGV keine anderen Bestimmungen zur Rechtsangleichung auf   **10**
den in Art. 3 genannten Gebieten vorsieht, ist grundsätzlich Art. 94 als
Rechtsgrundlage heranzuziehen.

2. Unmittelbare Auswirkung

Bedingung und gleichzeitig **Grenze für die Anwendung von Art. 94** ist,   **11**
daß die anzugleichenden Rechtsvorschriften der Mitgliedstaaten „sich unmittelbar auf die Errichtung oder das Funktionieren des Gemeinsamen
Marktes auswirken". Diese Bedingung ist enger gefaßt als Art. 3 lit. h, der
allgemein die Erforderlichkeit für das Funktionieren (und – in Verbindung
mit Art. 2 – die Errichtung) des Gemeinsamen Marktes verlangt, während
Art. 94 eine „unmittelbare Auswirkung" fordert. Gleichzeitig ist Art. 94
durch den Wortlaut von Art. 3 lit. h insoweit eingeschränkt, als eine Rechtsangleichung generell nur in dem Maße zulässig ist, „soweit dies für das
Funktionieren des Gemeinsamen Marktes erforderlich ist". Das bedeutet,
daß unterschiedliche Rechtsvorschriften, die eine unmittelbare Auswirkung
auf den Gemeinsamen Markt haben, jedoch sein Funktionieren nicht beeinträchtigen, nicht harmonisiert werden dürfen. Damit sind der EG die
Grenzen der „Regelungswut" gesetzt, was vermeiden soll, daß sie zu einer
„Harmonisierungsdampfwalze" (*Mattera*, a.a.O. 165) wird. Andererseits
hat die EG bei Vorliegen der Voraussetzungen des Art. 94 die **Pflicht zum
Handeln** (*Mattera*, a.a.O. 166).

Der **Begriff der „unmittelbaren Auswirkung"** ist nicht sehr aussagekräf-   **12**
tig und daher **auslegungsbedürftig**. Auf den ersten Blick könnte man einen

engen Kausalzusammenhang zwischen einer oder mehreren bestimmten nationalen Rechtsvorschriften und einer Störung des Gemeinsamen Marktes vermuten. Nach dieser Auffassung müßten sich durch die nationalen Rechtsvorschriften ernsthafte Schwierigkeiten für das wettbewerbsgerechte Funktionieren des Gemeinsamen Marktes ergeben (*Bruha*, a.a.O.; *Seidl-Hohenveldern*, KSE Bd. 11, 190). In der Praxis wird es aber häufig schwierig sein, einen solchen direkten Zusmamenhang festzustellen. Es ist vielmehr ausreichend, wenn sich ganz allgemein nationale Regeln „in spürbarer Weise negativ auf das Funktionieren des Gemeinsames Marktes" (*Oppermann*, Europarecht, Rn. 1072) auswirken. Die tatsächliche „Spürbarkeit von Rechtsgegensätzen aufgrund der Unterschiedlichkeit oder der territorialen Beschränkung der Rechtssysteme" (*Beutler/Bieber/Pipkorn/Streil*, Die Europäische Union, 4. Aufl., 376) ist ausreichend. Es muß nur eine geschlossene Kausalkette zwischen den Rechtsvorschriften der Mitgliedstaaten und den Auswirkungen auf den Gemeinsamen Markt vorliegen, ohne daß ein strikter Kausalzusammenhang zu fordern wäre, bei dem zwischen Ursache und Wirkung kein weiteres Element treten darf (*Langeheine*, in *Grabitz/Hilf*, Art. 100 Rn. 33). Somit ergibt sich für die EG ein **nur begrenzt überprüfbarer Handlungsspielraum**, der nur durch das Subsidiaritätsprinzip und das Verhältnismäßigkeitsprinzip beschränkt ist (*Oppermann*, Europarecht, Rn. 1072). Es ist sogar denkbar, daß ein Handeln der EG schon dann zulässig ist, wenn die Rechtsangleichung für das Funktionieren des Gemeinsamen Marktes nützlich und förderlich ist (*Ipsen*, Gemeinschaftsrecht, 690; a.A. *Langeheine*, in *Grabitz/Hilf*, Art. 100 Rn. 32). Der Auffassung, daß „die Gemeinschaft zu einer Angleichung der Rechtsordnungen im Sinne einer auf die Funktionselemente des Gemeinsamen Marktes bezogenen gemeinsamen Rechtsfortbildung" berechtigt ist (*Beutler/Bieber/Pipkorn/Streil*, a.a.O. 375), ist zuzustimmen. Jedenfalls hat sich dabei die EG am jeweiligen Integrationsstand zu orientieren, was bedeutet, daß mit fortschreitender Entwicklung des Gemeinsamen Marktes der Anwendungsumfang von Art. 94 dadurch größer wird, als zusätzliche Rechtsmaterien davon betroffen sein können. Schon der neben „Errichtung" stehende Begriff des „Funktionierens" des Gemeinsamen Marktes macht deutlich, daß Rechtsangleichung eine – entsprechend den Notwendigkeiten – zeitlich unbeschränkte Aufgabe der EG zur Erreichung der sich mit fortschreitender Integration ändernden Ziele der EG ist (*Taschner*, in GTE Art. 100 Rn. 40).

13   Schon eine **potentielle Auswirkung** ist nach der Rechtsprechung ausreichend: Es genügt, daß Unterschiede in den nationalen Rechtsordnungen „das Funktionieren des Gemeinsamen Marktes zu beeinträchtigen geeignet sind" (EuGH, Rs. 33/76, Slg. 1976, 1989).

Die „unmittelbare Auswirkung" ist ferner durch Rückgriff auf die Einzel- **14**
bestimmungen des EGV, aufgrund derer die Ziele und Inhalte des Gemeinsamen Marktes zu analysieren sind, auszufüllen.

Art. 94 verpflichtet die Mitgliedstaaten aber nicht, sich wettbewerbsverzer- **15**
render oder mit den Grundprinzipien des Gemeinsamen Marktes im Widerspruch stehender neuer Rechtsetzungsakte zu enthalten. (Dies gilt vorbehaltlich von Art. 97 [ex-Art. 102]). Sofern die EG einen Bereich nicht geregelt hat, behalten die Mitgliedstaaten ihre volle Handlungsfähigkeit. Ob
sich dann, wenn die Kommission einen Richtlinienvorschlag angenommen
hat, aus dem Prinzip der Gemeinschaftstreue ergibt, daß die **Mitgliedstaaten zur Stillhaltung verpflichtet** sind (so *Bleckmann*, Europarecht 443),
ist nicht eindeutig, erscheint aber in der Praxis vernünftig.

IV. Instrumente der Rechtsangleichung gemäß Art. 94

Art. 94 sieht als **Mittel zur Rechtsangleichung** ausschließlich **RL**, nicht **16**
aber VO vor. Dadurch, daß RL die Mitgliedstaaten nur im Ergebnis, nicht
aber in der genauen Formulierung binden, erweist sich die RL bei der
Rechtsangleichung als ein flexibles Instrument. Zudem entspricht sie auch
dem Wesen der Angleichung (bestehender) nationaler Rechtsnormen, d.h.
daß sie die Mitgliedstaaten zu einer Änderung ihres Rechts entsprechend
den Gemeinschaftsvorgaben zwingt, das nationale Recht also bloß geändert, nicht aber durch Gemeinschaftsrecht ersetzt wird. Diese Eigenschaft
von RL hat andererseits aber auch dazu geführt, daß sie bisweilen als politische Kompromisse nur als Rahmen-RL konzipiert wurden, deren Ausfüllung den Mitgliedstaaten auch inhaltlich sehr weitgehend überlassen blieb,
was erst recht wieder zu unterschiedlichen und häufig auch wettbewerbsverzerrenden nationalen Regelungen geführt hat. Im Gegensatz dazu stehen
jene RL, die überaus genau jedes Detail regeln und damit einen der VO ähnlichen Charakter haben. Diese Lösung ist dem Funktionieren des Gemeinsamen Marktes und der Rechtssicherheit zuliebe vorzuziehen.

Aus der im EGV jeweils genau genannten Type des anzuwendenden **17**
Rechtsaktes wird außerdem deutlich, daß sich das **Subsidiaritätsprinzip
nicht auf die Wahl der gemeinschaftsrechtlichen Rechtsakte bezieht** (so
auch *Heydt,* Über die Notwendigkeit von (EG-)Verordnungen im europäischen Binnenmarkt, EuZW 1991, 513).

V. Verfahren

Art. 94 sieht die **Beschlußfassung durch den Rat** auf der Grundlage eines **18**
Vorschlags der Kommission nach obligatorischer **Anhörung** des EP und

des WSA vor. Diese allgemeine obligatorische Anhörung wurde durch den Vertrag von Maastricht eingeführt; davor war die Anhörung dieser beiden Institutionen nur erforderlich, wenn es sich um Richtlinien handelte, deren Durchführung in einem oder mehreren Mitgliedstaaten eine Änderung von gesetzlichen (im formellen Sinn, also nicht auch von verwaltungsrechtlichen) Vorschriften zur Folge hatte. Eine solche Anhörung war schon in der Vergangenheit die Praxis. Sie stellt wohl die mindeste Voraussetzung für eine demokratische Legitimierung eines Gemeinschaftsrechtsaktes dar. Würde das EP oder der WSA nicht angehört werden, so wäre dies ein wesentlicher Formfehler und damit eine gemäß Art. 230 (ex-Art. 173) zu ahndende Vertragsverletzung (EuGH, Rs. 139/79, Slg. 1980, 3393; *Borchardt*, Die rechtlichen Grundlagen der Europäischen Gemeinschaften – Rechtsquellen, Rechtshandlungen, Rechtssetzung, in *Röttinger/Weyringer* [Hrsg.], Handbuch der europäischen Integration, 1996, 102).

19   Der Rat muß **mit Einstimmigkeit** beschließen. Da eine RL einen Eingriff in die nationale Rechtsordnung der Mitgliedstaaten darstellt, bedeutet sie gleichzeitig die Aufgabe eines Teiles der Souveränität. In diesem Sinne wird Rechtsangleichung als ein „permanenter Prozeß von ‚Souveränitätspreisgaben'" (*Ipsen*, Gemeinschaftsrecht 699) bzw. als „wohl wichtigste Ergänzung" des Vertrags durch die ihr obliegende „Konkretisierung und Verwirklichung" (*Schwartz*, FS Hallstein, 477) seiner Ziele angesehen. Insofern ist das Erfordernis der Einstimmigkeit verständlich und auch gerechtfertigt (so die herrschende Lehre, statt vieler *Taschner*, in GTE, Art. 100 Rn. 54 und *Langeheine*, in *Grabitz/Hilf*, Art. 100 Rn. 45).

20   Eine mit Einstimmigkeit beschlossene RL kann aber eine Bestimmung enthalten, wonach sie teilweise im **Regelungsausschußverfahren** mit Mehrstimmigkeit abgeändert werden kann (vgl. dazu *Borchardt*, Die rechtlichen Grundlagen der Europäischen Gemeinschaften – Rechtsquellen, Rechtshandlungen, Rechtssetzung, in *Röttinger/Weyringer* [Hrsg.], Handbuch der europäischen Integration, 1996, 111). Dies kommt insbesondere bei der Harmonisierung technischer Vorschriften zur Anwendung.

Art. 95 (ex-Art. 100a) (Beschlußverfahren; einzelstaatliche Bestimmungen; Schutzklausel)

(1) Soweit in diesem Vertrag nichts anderes bestimmt ist, gilt abweichend von Art. 94 für die Verwirklichung der Ziele des Art. 14 die nachstehende Regelung. Der Rat erläßt gemäß dem Verfahren des Art. 251 und nach Anhörung des Wirtschafts- und Sozialausschusses die Maßnahmen zur Angleichung der Rechts- und Verwaltungsvorschrif-

ten der Mitgliedstaaten, welche die Errichtung und das Funktionieren des Binnenmarktes zum Gegenstand haben.

(2) Abs. 1 gilt nicht für die Bestimmungen über die Steuern, die Bestimmungen über die Freizügigkeit und die Bestimmungen über die Rechte und Interessen der Arbeitnehmer.

(3) Die Kommission geht in ihren Vorschlägen nach Abs. 1 in den Bereichen Gesundheit, Sicherheit, Umweltschutz und Verbraucherschutz von einem hohen Schutzniveau aus und berücksichtigt dabei insbesondere alle auf wissenschaftliche Ergebnisse gestützten neuen Entwicklungen. Im Rahmen ihrer jeweiligen Befugnisse streben das Europäische Parlament und der Rat dieses Ziel ebenfalls an.

(4) Hält es ein Mitgliedstaat, wenn der Rat oder die Kommission eine Harmonisierungsmaßnahme erlassen hat, für erforderlich, einzelstaatliche Bestimmungen beizubehalten, die durch wichtige Erfordernisse im Sinne des Art. 30 oder in bezug auf den Schutz der Arbeitsumwelt oder den Umweltschutz gerechtfertigt sind, so teilt er diese Bestimmungen sowie die Gründe für ihre Beibehaltung der Kommission mit.

(5) Unbeschadet des Abs. 4 teilt ein Mitgliedstaat, der es nach dem Erlaß einer Harmonisierungsmaßnahme durch den Rat oder die Kommission für erforderlich hält, auf neue wissenschaftliche Kenntnisse gestützte einzelstaatliche Bestimmungen zum Schutz der Umwelt oder der Arbeitsumwelt aufgrund eines spezifischen Problems für diesen Mitgliedstaat, das sich nach dem Erlaß der Harmonisierungsmaßnahme ergibt, einzuführen, die in Aussicht genommenen Bestimmungen sowie die Gründe für ihre Einführung der Kommission mit.

(6) Die Kommission beschließt binnen sechs Monaten nach den Mitteilungen nach den Abs. 4 und 5, die betreffenden einzelstaatlichen Bestimmungen zu billigen oder abzulehnen, nachdem sie geprüft hat, ob sie ein Mittel zur willkürlichen Diskriminierung oder eine verschleierte Beschränkung des Handels zwischen den Mitgliedstaaten darstellen und ob sie das Funktionieren des Binnenmarkts behindern.

Trifft die Kommission innerhalb dieses Zeitraums keine Entscheidung, so gelten die in den Abs. 4 und 5 genannten einzelstaatlichen Bestimmungen als gebilligt.

Die Kommission kann, sofern dies aufgrund des schwierigen Sachverhalts gerechtfertigt ist und keine Gefahr für die menschliche Gesundheit besteht, dem betreffenden Mitgliedstaat mitteilen, daß der in diesem Absatz genannte Zeitraum gegebenenfalls um einen weiteren Zeitraum von bis zu sechs Monaten verlängert wird.

(7) Wird es einem Mitgliedstaat nach Abs. 6 gestattet, von der Harmonisierungsmaßnahme abweichende einzelstaatliche Bestimmungen beizubehalten oder einzuführen, so prüft die Kommission unverzüglich, ob sie eine Anpassung dieser Maßnahme vorschlägt.

(8) Wirft ein Mitgliedstaat in einem Bereich, der zuvor bereits Gegenstand von Harmonisierungsmaßnahmen war, ein spezielles Gesundheitsproblem auf, so teilt er dies der Kommission mit, die dann umgehend prüft, ob sie dem Rat entsprechende Maßnahmen vorschlägt.

(9) In Abweichung von dem Verfahren der Art. 226 und 227 kann die Kommission oder ein Mitgliedstaat den Gerichtshof unmittelbar anrufen, wenn die Kommission oder der Staat der Auffassung ist, daß ein anderer Mitgliedstaat die in diesem Artikel vorgesehenen Befugnisse mißbraucht.

(10) Die vorgenannten Harmonisierungsmaßnahmen sind in geeigneten Fällen mit einer Schutzklausel verbunden, die die Mitgliedstaaten ermächtigt, aus einem oder mehreren der in Art. 30 genannten nichtwirtschaftlichen Gründen vorläufige Maßnahmen zu treffen, die einem gemeinschaftlichen Kontrollverfahren unterliegen.

Literatur: *Langeheine*, Rechtsprobleme der Anwendung des Art. 100a Abs. 4 EG-Vertrag, in GS *Grabitz* (1995) 369; *Reich*, PCP-Verbot und Binnenmarkt, NJW 1994, 3334; *Schnutenhaus*, Das Urteil des EuGH zum deutschen PCP-Verbot – schwere Zeiten für den nationalen Alleingang im Umweltrecht, NVwZ 1994, 875; *Ernsthaler* (Hrsg.), Europäischer Binnenmarkt – Stand und Zukunftsperspektiven der Rechtsharmonisierung 1990; *Mattera*, Le marché unique européen, 2. Aufl. 1990; *Bruha*, Rechtsangleichung in der Europäischen Wirtschaftsgemeinschaft – Deregulierung durch „neue Strategie"? ZaöRV 1986, 1; *Flynn*, How will Article 100a (4) work?, CMLR 1987, 689; *Glaesner*, L'article 100a: Un nouvel Instrument pour la réalisation du Marché Commun, CDT 1989, 617; *Großfeld/Bilda*, Europäische Rechtsangleichung, ZfRV 1992, 421; *Jacqué*, L'Acte Unique Européen, RTDE 1986, 575; *Kötz*, Rechtsverein-

heitlichung – Nutzen, Kosten, Methoden, Ziele, RabelsZ 1986, 1; *Langeheine*, Rechtsangleichung unter Art. 100a EWG-Vertrag, EuR 1988, 235; *Meier*, Einheitliche Europäische Akte und freier Warenverkehr, NJW 1987, 537; *Möller*, Binnenmarkt und
Umweltschutz. Art. 100a der Einheitlichen Europäischen Akte, EA 1987, 497; *Montag*,
Umweltschutz, freier Warenverkehr und Einheitliche Europäische Akte, RI:W 1987,
107; *Müller-Graff*, Die Rechtsangleichung zur Verwirklichung des Binnenmarktes,
EuR 1989, 107.

I. Einleitung

Art. 95 wurde durch die EEA 1986 eingeführt. **Beweggrund** dafür war, ei-   **1**
ne Rechtsgrundlage zu schaffen, die ein Beschlußfassungsverfahren vorsieht, das einerseits nicht der oft mühsamen und zeitraubenden Einstimmigkeit bedarf und andererseits der wachsenden Rolle des EP und des
WSA besser gerecht wird. Eine geringfügige Änderung des Abs. 1 erfolgte
durch den Vertrag von Maastricht; eine tiefergreifende Änderung erfolgte
durch den Vertrag von Amsterdam.

II. Umfang und Abgrenzung zu Art. 94 (ex-Art. 100)

Art. 95 kann nur für Rechtsakte, die der **Verwirklichung des Binnen-**   **2**
marktes dienen, als Rechtsgrundlage herangezogen werden, da er auf die
Ziele des Art. 14 (ex-Art. 7a) verweist. Dieser Verweis bezieht sich daher in
erster Linie auf den 2. Abs. von Art. 14 (ex-Art. 7a), der die Definition des
Binnenmarktes enthält. Eine **weitere Einschränkung** erfährt Art. 95 durch
die Bestimmung des **Abs. 2**, der seine Anwendung für die Rechtsangleichung auf dem Gebiet der Steuern, der Freizügigkeit sowie der Rechte und
Interessen der Arbeitnehmer ausschließt. Die Harmonisierung der indirekten Steuern erfolgt auf der Grundlage von Art. 93 (ex-Art. 99), die Harmonisierung der direkten Steuern auf der Basis von Art. 94 (ex-Art. 100) jeweils im Anhörungsverfahren mit Einstimmigkeit. Für Regelungen im Bereich der Freizügigkeit kommen insbesondere die Art. 12 (ex-Art. 6),
Art. 39 (ex-Art. 48), Art. 40 (ex-Art. 49), Art. 46 (ex-Art. 56), Art. 47 (ex-
Art. 57), Art. 49 (ex-Art. 59) und ggf. Art. 94 (ex-Art. 100) und Art. 308
(ex-Art. 235) in Frage. Rechtsgrundlage für Regelungen betreffend die
Rechte und Interessen der Arbeitnehmer ist vorrangig Art. 94 (ex-Art. 100).
Dies bedeutet, daß eine RL, die zur Verwirklichung des Binnenmarktes notwendig und geeignet ist, aber gleichzeitig auch eine Bestimmung enthält,
die zumindest eines der drei ausgeschlossenen Anwendungsgebiete betrifft,
weder ausschließlich auf Art. 95 noch ausschließlich auf Art. 94 (ex-Art.
100) noch auf beide gestützt sein darf. Bei einer solchen Sachlage müßten

zwei voneinander formell unabhängige RL erlassen werden (vgl. dazu die Antwort der Kommission vom 12.5.92 auf die schriftliche Anfrage der Abgeordneten Marijke Van Helmendonck vom 30.10.91, ABl. C 202/16). Dies ist abgesehen von den unterschiedlichen Anwendungsbereichen von Art. 94 (ex-Art. 100) und Art. 95 auch aus verfahrensrechtlichen und damit demokratiepolitischen Gründen geboten, da beide Bestimmungen unterschiedliche Beschlußfassungsverfahren vorsehen. Sofern es sich aber um Regelungen handelt, die gegenüber den wesentlichen auf die Errichtung des Binnenmarktes abzielenden und daher in Art. 95 begründeten Regelungen bloß akzessorischen oder nebensächlichen Charakter haben, ist die Anwendung von Art. 95 nicht ausgeschlossen (*Bardenhewer/Pipkorn*, in GTE Art. 100a Rn. 25 und 46).

3   Art. 95 stellt zwar die zentrale Rechtsgrundlage für Rechtsakte zur Verwirklichung des Binnenmarktes dar, sofern nicht die drei Ausnahmebereiche betroffen sind, und schließt die Anwendung von Art. 94 (ex-Art. 100) in diesem Bereich aus. Er ist aber wegen seiner eingeschränkten Anwendbarkeit nicht als allgemeine Grundnorm für die Rechtsangleichung anzusehen. Wenn man Art. 94 (ex-Art. 100) als allgemeine Generalklausel bezeichnet, kann man **Art. 95 als spezielle Generalklausel** sehen. Art. 94 (ex-Art. 100) ist lex generalis absoluta, Art. 95 lex generalis relativa und die weiteren Sondernormen leges speciales. Art. 95 ist seinerseits gegenüber den Spezialkompetenzen subsidiär.

4   Während Art. 94 (ex-Art. 100) nur als Rechtsgrundlage für RL herangezogen werden kann, spricht Art. 95 von **Maßnahmen**. Dieser Begriff umfaßt die gesamte Palette der in Art. 249 (ex-Art. 189) vorgesehenen Rechtsakte: RL, VO, Entscheidungen, Empfehlungen und Stellungnahmen. Allerdings heißt es in der in die Schlußakte der EEA aufgenommenen Erklärung der Konferenz der Regierungen der Mitgliedstaaten, daß die Form der RL zu bevorzugen sei, wenn die Rechtsangleichung eine Änderung der Gesetze eines oder mehrerer Mitgliedstaaten zur Folge hat. Diese Erklärung hat allenfalls interpretativen Charakter; es ist auch darauf hinzuweisen, daß in der Regel wohl jede Rechtsharmonisierung die Änderung nationaler Vorschriften nach sich zieht.

5   Aus dem Verweis auf Art. 14 (ex-Art. 7a), der als **Zieldatum** zur Verwirklichung des Binnenmarktes den **31.12.1992** nennt, kann nicht geschlossen werden, daß Art. 95 seit dem 1.1.1993 nicht mehr angewendet werden könnte. Das „magische" Datum 31.12.1992 hat ausschließlich **programmatischen Charakter**. Zudem wurde Art. 95 nach den Revisionen von Maastricht und Amsterdam nicht nur beibehalten, sondern auch redaktionell angepaßt.

III. Qualitative Maßstäbe für Maßnahmen gemäß Art. 95

Gemäß Abs. 3 ist die Kommission verpflichtet, bei ihren Vorschlägen von **6** einem **hohen Schutzniveau in den Bereichen Gesundheit, Sicherheit, Umweltschutz und Verbraucherschutz** auszugehen. Dies ist eine Garantie für jene Mitgliedstaaten, die bereits ein hohes Schutzniveau in dem betreffenden Bereich haben und infolge des Merheitsprinzips Gefahr laufen würden, eine Verschlechterung in Kauf nehmen zu müssen. Diese Bestimmung hat nicht nur programmatischen Charakter, sondern stellt eine Rechtspflicht für die Gemeinschaftsinstitutionen – und insbesondere für die Kommission – dar. Es ist dies eine besondere Sicherheitsvorkehrung bei der Rechtsetzung im Hinblick auf das Mehrstimmigkeitsprinzip. Das hohe Schutzniveau, von dem die EG auszugehen hat, muß nicht notwendigerweise das höchste bestehende oder mögliche sein. Wirtschaftliche und politische Aspekte sind bei der Bewertung des Schutzniveaus zu berücksichtigen, in erster Linie sind aber die auf wissenschaftliche Ergebnisse gestützten neuen Entwicklungen zu berücksichtigen.

Der Begriff des Umweltschutzes ist entsprechend Art. 30 (ex-Art. 36) und **7** Art. 174 bis 176 (ex-Art. 130r bis 130t) zu interpretieren. Der Begriff der Gesundheit entspricht jenem in Art. 30 (ex-Art. 36), Verbraucherschutz ist im Zusammenhang mit Art. 153 (ex-Art. 129a) zu verstehen. Der Begriff der Sicherheit bezieht sich nach h.M. nicht auf den der öffentlichen Sicherheit wie in Art. 30 (ex-Art. 36), sondern betrifft die technische Sicherheit von Produkten, Dienstleistungen und Produktionsmitteln.

IV. Nationale Sonderregeln

Die Bestimmungen von Abs. 4 stellen ebenfalls eine **Garantie zum Schutz** **8** **von Mitgliedstaaten** dar, die ihre Interessen durch das Mehrstimmigkeitsprinzip nicht durchsetzen konnten. Danach kann ein Mitgliedstaat entgegen einer gemeinschaftlichen Harmonisierungsmaßnahme eine einzelstaatliche Bestimmung anwenden, wenn er dies für erforderlich hält. Diese Erforderlichkeit muß sich allerdings an den Kriterien des Art. 30 (ex-Art. 36) orientieren oder auf den Schutz der Arbeitsumwelt oder den Umweltschutz richten und dadurch gerechtfertigt sein. Die Hinzufügung des Schutzes der Arbeitsumwelt ist eine Reaktion auf die Ausklammerung der Bestimmungen über die Rechte und Interessen der Arbeitnehmer in Abs. 2 und wurde insbesondere auf Drängen Deutschlands und Dänemarks bei den Verhandlungen über die EEA aufgenommen.

Eine wichtige Voraussetzung für die Anwendung von Abs. 4 ist, daß es sich **9** um eine vom Rat oder der Kommission verabschiedete Harmonisierungsmaßnahme handelt. Es stellt sich nun die **Frage, ob auch ein Staat, der im Rat für diese Maßnahme gestimmt hat, berechtigt ist, entgegenstehende einzelstaatliche Bestimmungen anzuwenden.** Aus mehreren Gründen ist dies zu verneinen (vgl. *Vignes*, Commentaire Mégret, Bd. 5, 2. Aufl., 324; anders allerdings der EuGH in seiner Entscheidung Rs. 166/78, Italien/Rat, Slg. 1979, 2575). Abs. 4 stellt einen Ausgleich für den Verzicht auf Einstimmigkeit dar und soll den „unterlegenen" Mitgliedstaat schützen; eine entsprechende Rechtfertigung hätte aber ein Mitgliedstaat, der für die Maßnahme gestimmt hat, nicht. Auch gibt es eine ähnliche Schutzbestimmung nicht für Maßnahmen, die nur mit Einstimmigkeit (z.B. aufgrund von Art. 94, ex-Art. 100) beschlossen werden können. Im übrigen handelt es sich bei Abs. 4 um eine Ausnahmebestimmung, die schon aufgrund dieses Charakters restriktiv zu interpretieren ist. Da bei Abstimmungen im Rat ausschließlich die positiven Stimmen zählen und eine Unterscheidung zwischen Gegenstimmen und Enthaltungen für das Abstimmungsergebnis irrelevant ist, wird man die in Abs. 4 enthaltenen Rechte wohl auch Mitgliedstaaten zugestehen müssen, die im Rat zwar nicht gegen die Maßnahme gestimmt haben, sich aber der Stimme enthalten haben.

10   Aus dem Wortlaut von Abs. 4 geht nicht klar hervor, ob der dissentierende Mitgliedstaat nur bereits bestehende einzelstaatliche Bestimmungen anwenden darf oder ob es ihm auch erlaubt ist, solche **strengere Bestimmungen neu zu schaffen**. Auch eine Interpretation im Zusammenhang mit ähnlichen Vertragsbestimmungen hilft nicht weiter. Abs. 4 spricht neutral vom Anwenden einzelstaatlicher Bestimmungen. Es ist einem Mitgliedstaat wohl zuzugestehen, während der Umsetzungsfrist neue einzelstaatliche Maßnahmen zu setzen; danach allerdings kann er nur mehr bestehende Regelungen anwenden. Bei diesen Überlegungen ist auch auf den Charakter des fraglichen Rechtsaktes als Harmonisierungsmaßnahme zu beachten.

11   Etwas anders liegt der Fall, wenn ein Mitgliedstaat es nach dem Erlaß einer Harmonisierungsmaßnahme für erforderlich hält, auf **neue wissenschaftliche Erkenntnisse gestützte einzelstaatliche Bestimmungen** zum Schutz der Umwelt oder der Arbeitsumwelt aufgrund eines spezifischen Problems für diesen Mitgliedstaat einzuführen. In einem solchen Fall ist also die Einführung von neuen, nach Erlaß der Harmonisierungsmaßnahme zu treffenden nationalen Bestimmungen möglich.

12   Der betreffende Mitgliedstaat muß ein **bestimmtes Verfahren einhalten** und hat die entsprechende Bestimmung samt den Gründen für ihre Beibehaltung der Kommission mitzuteilen, die nun ihrerseits die Berechtigung anhand zweier Kriterien prüft: Es darf sich nicht um ein Mittel zur willkürlichen Diskriminierung handeln und keine verschleierte Beschränkung des

Handels zwischen den Mitgliedstaaten darstellen sowie das Funktionieren des Binnenmarktes nicht behindern. Treffen nach Ansicht der Kommission alle Kriterien zu, so bestätigt sie die entsprechenden Bestimmungen innerhalb von 6 Monaten. Diese Frist kann die Kommission um ein weiteres halbes Jahr verlängern, wenn dies aufgrund des schwierigen Sachverhalts gerechtfertigt ist und keine Gefahr für die menschliche Gesundheit besteht. Äußert sich die Kommission in den ersten 6 Monaten nicht, so gelten die einzelstaatlichen Maßnahmen als gebilligt.

Wenn die Kommission die einzelstaatliche Maßnahme billigt, so ist sie verpflichtet, unverzüglich zu prüfen, ob sie eine Anpassung der Harmonisierungsmaßnahme vorschlägt. Dies gilt insbesondere bei Auftauchen von speziellen Gesundheitsproblemen in einem Mitgliedstaat.   **13**

Lehnt die Kommission allerdings eine Rechtfertigung ab oder ist ein anderer Mitgliedstaat der Auffassung, daß mit der weiteren Anwendung der betreffenden Bestimmung die Befugnisse, die Abs. 4 verleiht, mißbraucht werden, so steht ihnen der Weg zum EuGH offen, wobei abweichend von Art. 226 und 227 (ex-Art. 169 und 170) der **EuGH unmittelbar angerufen** werden kann. Die Kommission muß also nicht zuvor eine begründete Stellungnahme abgeben und dem betroffenen Mitgliedstaat Gelegenheit zur Stellungnahme geben, und der andere Mitgliedstaat muß nicht zuvor die Kommission befassen. Diese Vereinfachung des Verfahrens erklärt sich daraus, daß die Meinung des betroffenen Mitgliedstaates bereits bekannt ist und die Kommission eine Prüfung bereits vorgenommen hat. Es besteht dabei eine Parallelität zum vereinfachten Verfahren des Art. 298 (ex-Art. 225).   **14**

V. Schutzklauseln

Abs. 10 sieht vor, daß die von Art. 95 erfaßten Harmonisierungsmaßnahmen in geeigneten Fällen mit einer Schutzklausel zu verbinden sind, die die Mitgliedstaaten ermächtigt, aus einem oder mehreren der in Art. 30 (ex-Art. 36) genannten nichtwirtschaftlichen Gründe vorläufige Maßnahmen zu treffen. Wesentlich ist, daß es sich – im Gegensatz zu Abs. 4 und 5 – ausschließlich um **vorläufige Maßnahmen** handeln darf und daß sie nur aus nichtwirtschaftlichen Gründen des Art. 30 (ex-Art. 36) gerechtfertigt sein dürfen, wobei es sich in Art. 30 (ex-Art. 36) – vielleicht mit einer gewissen Ausnahme des Schutzes des gewerblichen und kommerziellen Eigentums – ohnedies um nichtwirtschaftliche Gründe handelt.   **15**

Trotz des imperativen Charakters des Abs. 10 handelt es sich nur um einen **Appell an die Kommission** und den Gemeinschaftsgesetzgeber, nicht aber   **16** um eine einklagbare Rechtspflicht. Zudem sind Schutzklauseln nur in „geeigneten Fällen" vorzusehen.

17 Abs. 10 schließt die Anwendung von Abs. 4 und 5 nicht aus, d.h. daß auch bei Vorhandensein einer Schutzklausel ein Mitgliedstaat gemäß Abs. 4 und 5 vorgehen kann.

18 Die Inanspruchnahme einer Schutzklausel durch einen Mitgliedstaat unterliegt der **gemeinschaftlichen Kontrolle** insbesondere durch die Kommission und in letzter Konsequenz durch den EuGH, wobei umstritten ist, ob dann das in Abs. 9 genannte vereinfachte Verfahren Anwendung findet.

Art. 96 (ex-Art. 101) (Behandlung wettbewerbsverfälschender Vorschriften)

Stellt die Kommission fest, daß vorhandene Unterschiede in den Rechts- und Verwaltungsvorschriften der Mitgliedstaaten die Wettbewerbsbedingungen auf dem Gemeinsamen Markt verfälschen und dadurch eine Verzerrung hervorrufen, die zu beseitigen ist, so tritt sie mit den betreffenden Mitgliedstaaten in Beratungen ein.

Führen diese Beratungen nicht zur Beseitigung dieser Verzerrungen, so erläßt der Rat mit qualifizierter Mehrheit auf Vorschlag der Kommission die erforderlichen Richtlinien. Die Kommission und der Rat können alle sonstigen, in diesem Vertrag vorgesehenen zweckdienlichen Maßnahmen treffen.

I. Einleitung

1 Art. 96 ist die Grundlage für Harmonisierungsmaßnahmen besonderer Dringlichkeit zur **Beseitigung von wettbewerbsverfälschenden Verzerrungen** in einem vereinfachten Verfahren. Er ist subsidiär zu allen anderen Vertragsbestimmungen und ist eine **Ausnahmebestimmung**.

II. Tatbestand

2 Art. 96 Abs. 1 enthält mehrere Tatbestandsmerkmale, die **kumulativ** vorliegen müssen, wenn die Maßnahmen gem. Abs. 2 in dem dort vorgesehenen vereinfachten Verfahren getroffen werden sollen:

– bestehende Unterschiede in den Rechts- und Verwaltungsvorschriften der Mitgliedstaaten,

– Verfälschung der Wettbewerbsbedingungen auf dem Gemeinsamen Markt sowie

– eine zu beseitigende Verzerrung.

Vorausgesetzt werden **bereits vorhandene Unterschiede** in den Rechts-   **3**
und Verwaltungsvorschriften der Mitgliedstaaten; sie müssen also schon im
Zeitpunkt der Verfälschung der Wettbewerbsbedingungen bestehen. Art. 96
kann daher nicht zur Harmonisierung künftiger Unterschiede herangezogen
werden. Um den nachteiligen Auswirkungen geplanter wettbewerbsverzerrender innerstaatlicher Vorschriften vorzubeugen, ist in den dort vorgesehenen Fällen auf Art. 97 (ex-Art. 102) zurückzugreifen.

Die vorhandenen Unterschiede in den Rechts- und Verwaltungsvorschriften   **4**
der Mitgliedstaaten müssen **ursächlich** für die Verfälschung der Wettbewerbsbedingungen auf dem Gemeinsamen Markt sein. Die Beseitigung von
Wettbewerbsverfälschungen ist eine der Hauptaufgaben des EGV. Zur Interpretation dieses Begriffs ist daher insbesondere auf die wettbewerbsrechtlichen Vorschriften des EGV (Art. 81, 87 und auch 298, ex-Art. 85, 92
und 225) zurückzugreifen. Unter **Wettbewerbsverfälschung** ist die „Beeinflussung der Wettbewerbsbedingungen zum Vor- oder Nachteil einzelner
Wirtschaftszweige durch staatliche Maßnahmen" (*Langeheine*, in *Gra-
bitz/Hilf*, Art. 101 Rn. 5) zu verstehen. Ziel ist es, eine größtmögliche Chancengleichheit der Unternehmen und Wirtschaftszweige auf dem Gemeinsamen Markt herzustellen (vgl. *Schröter*, in GTE Art. 85). Auf einen Ge-
samtkostenvergleich der beteiligten Unternehmen kommt es bei der Beurteilung der Wettbewerbsverfälschung nicht an. (Zur Interpretation durch
den EuGH siehe insbesonders verb. Rs. 6 und 11/69, Kommission/Frank-
reich, Slg. 1969, 546 [vor allem die Schlußanträge von GA *Roemer*]; Rs.
173/73, Italien/Kommission, Slg. 1974, 709; Rs. 730/79 – Philip Morris –
Slg. 1980, 2671).

Durch die Wettbewerbsverfälschung müssen die Unterschiede der Rechts-   **5**
und Verwaltungsvorschriften der Mitgliedstaaten zu **Verzerrungen** führen,
die es zu beseitigen gilt. Auch hier wird Kausalität verlangt. Eine Verzerrung ist in diesem Zusammenhang eine objektiv intensive und nachhaltige
negative Auswirkung. Die Verzerrung ist eine zusätzliche Qualifizierung
der Wettbewerbsverfälschung (so u.a. *Bardenhewer/Pipkorn*, in GTE
Art. 101 Rn. 7; *Langeheine*, in *Grabitz/Hilf*, Art. 101 Rn. 6). Die an der Differenzierung des Spaak-Berichts zwischen allgemeiner und spezifischer
Verzerrung anknüpfende Interpretation scheint nicht zielführend zu sein. Es
sollte verstärkt auf die Intensität der Wettbewerbsverfälschung abgestellt
werden (so *Langeheine*, in *Grabitz/Hilf*, Art. 101 Rn. 9). Zudem spricht
Art. 96 nicht bloß von einer Verzerrung, sondern von einer zu beseitigen-
den Verzerrung, was auf eine besondere, nicht mehr tolerierbare Intensität
hinweist, aufgrund derer eine besondere Eilbedürftigkeit vorliegt. Beseiti-
gungsbedürftig ist eine Verzerrung jedenfalls dann, wenn dadurch das

Funktionieren des Binnenmarktes derart stark gestört wird, daß ein gemeinschaftliches Eingreifen zur Sicherung der harmonischen Wirtschaftsentwicklung unbedingt erforderlich ist.

III. Verfahren

6   Es obliegt der Kommission als Hüterin des Vertrages und als einzige kom-
petente Gemeinschaftsinstitution, die Wirtschaftsentwicklung in der EG
und den Mitgliedstaaten zu beobachten und ggf. den in Art. 96 Abs. 1 genannten Tatbestand festzustellen. In diesem Fall ist sie verpflichtet, mit den
betroffenen Mitgliedstaaten in **Beratungen** mit dem Ziel zu treten, daß die
Verzerrungen beseitigt werden. Es handelt sich dabei um ein **informelles
und flexibles Verfahren**, das der Eilbedürftigkeit der Beseitigung der
Wettbewerbsverzerrung entspricht. So soll „auf kurzem Wege" eine Bereinigung der Situation ermöglicht werden. Es ist der Kommission überlassen,
in welcher Weise sie diese Beratungen führt. Eine Beseitigung der Verzerrung kann durch die Änderung von Rechts- und Verwaltungsvorschriften in
einem, in mehreren oder in allen der betroffenen Mitgliedstaaten erfolgen.
Diese Beratung der Kommission mit den betroffenen Mitgliedstaaten ist eine einklagbare Voraussetzung zum Erlaß von RL gem. Abs. 2.

7   Gelingt es der Kommission in den Beratungen nicht, den bzw. die betroffenen Mitgliedstaaten zu entsprechenden Maßnahmen zu bewegen, sodaß die
Verzerrung weiter besteht, so erläßt der **Rat mit qualifizierter Mehrheit**
auf Vorschlag der Kommission die entsprechenden RL. Bei diesem Verfahren sind das EP und der WSA im Gegensatz zum Verfahren von Art. 94 und
95 (ex-Art. 100 und 100a) **nicht beteiligt**. Dies rechtfertigt sich in der
Dringlichkeit, mit der die RL verabschiedet werden müssen, um die Wettbewerbsverzerrung zu beseitigen. Die erforderlichen RL richten sich an
jene Mitgliedstaaten, deren Vorschriften zur Wettbewerbsverzerrung geführt haben und deren Harmonisierung notwendig ist; Adressaten können
wohl nur jene Mitgliedstaaten sein, mit denen die Kommission gem. Abs. 1
Beratungen geführt hat.

IV. Praxis

8   Art. 96 (ex-Art. 101) hat in der Praxis bisher **keine große Bedeutung** erlangt. Die in Abs. 1 vorgeschriebenen Beratungen haben bisweilen stattgefunden und ergaben meistens, daß keine Verzerrung vorlag, oder führten zu
einseitigen Gesetzesänderungen der betroffenen Mitgliedstaaten. RL wurden auf der Grundlage von Art. 96 Abs. 2 noch keine erlassen; der einzige

dem Rat von der Kommission vorgelegte Vorschlag aus dem Jahr 1967 wurde nie vom Rat beschlossen. (Zur Praxis siehe insbesondere *Vignes*, in Commentaire *Mégret*, Bd. 5, 2. Aufl. 1993, 333 Rn. 39.) Der Grund dieser relativen Bedeutungslosigkeit dieser Vorschrift in der Praxis sind einerseits Interpretationsprobleme bei den Tatbestandselementen und andererseits wohl auch demokratiepolitische Überlegungen, sieht sein Abs. 2 doch ein Beschlußfassungsverfahren ohne Beteiligung des EP und des WSA vor.

Art. 97 (ex-Art. 102) (Geplante wettbewerbsverzerrende Vorschriften)

(1) Ist zu befürchten, daß der Erlaß oder die Änderung einer Rechts- oder Verwaltungsvorschrift eine Verzerrung im Sinne des Art. 96 verursacht, so setzt sich der Mitgliedstaat, der diese Maßnahme beabsichtigt, mit der Kommission ins Benehmen. Diese empfiehlt nach Beratung mit den Mitgliedstaaten den beteiligten Staaten die zur Vermeidung dieser Verzerrung geeigneten Maßnahmen.

(2) Kommt der Staat, der innerstaatliche Vorschriften erlassen oder ändern will, der an ihn gerichteten Empfehlung der Kommission nicht nach, so kann nicht gemäß Art. 96 verlangt werden, daß die anderen Mitgliedstaaten ihre innerstaatlichen Vorschriften ändern, um die Verzerrung zu beseitigen. Verursacht ein Mitgliedstaat, der die Empfehlung der Kommission außer acht läßt, eine Verzerrung lediglich zu seinem eigenen Nachteil, so findet Art. 96 keine Anwendung.

I. Einleitung

Art. 97 ist in gewissem Sinn ein Pendant zu Art. 96 (ex-Art. 101) und betrifft jene Fälle, in denen für die Zukunft Wettbewerbsverzerrungen zu erwarten sind, die auf künftige Änderungen der Rechtsordnung eines Mitgliedstaates zurückzuführen sein werden. Art. 97 hat also **präventiven Charakter** und „soll verhindern, daß die Unterschiede noch vergrößert werden, die unter dem Gesichtspunkt der Vertragsziele zwischen den innerstaatlichen Rechtsordnungen bestehen" (EuGH Rs. 6/64, Costa/ENEL, Slg. 1964, 1254). Art. 97 ist auch als Konkretisierung von Art. 10 (ex-Art. 5) zu verstehen, wonach die Mitgliedstaaten alle Maßnahmen zu unterlassen haben, die die Verwirklichung der Vertragsziele gefährden könnten.

1

II. Tatbestand

Voraussetzung für die Anwendung von Art. 97 ist eine zu befürchtende Verzerrung im Sinne von Art. 96 (ex-Art. 101), die im Erlaß oder in der Ände-

2

rung einer Rechts- oder Verwaltungsvorschrift eines Mitgliedstaates begründet ist. Das **Tatbestandselement der Verzerrung** ist in gleicher Weise wie in Art. 96 (ex-Art. 101) zu interpretieren (siehe Art. 96 Rn. 5). Obwohl Art. 97 nicht von der Verfälschung der Wettbewerbsbedingungen spricht, ergibt sich aus dem Verweis auf Art. 96 (ex-Art. 101) trotzdem, daß die Verzerrung eine Folge einer Verfälschung der Wettbewerbsbedingungen auf dem gemeinsamen Markt sein muß. Ebenso muß es sich um Verzerrungen handeln, die beseitigt werden müssen.

3   Ebenso wie in Art. 96 (ex-Art. 101) muß in Art. 97 der Unterschied in den Rechts- und Verwaltungsvorschriften der Mitgliedstaaten für die Verzerrung **ursächlich** sein, allerdings mit dem wichtigen Unterschied, daß im Fall von Art. 97 beides, d.h. sowohl die Unterschiede in den Rechtsordnungen, als auch die Verzerrung, noch nicht eingetreten sein darf. Aus Abs. 1 Satz 2 ergibt sich, daß ein Mitgliedstaat die Änderung seiner Rechtsordnung vorerst nur beabsichtigt, also noch nicht durchgeführt hat. Eine Wettbewerbsverzerrung ist daher noch nicht eingetreten. Es muß aber befürchtet werden, daß sie dann eintritt, wenn die Änderung der Rechts- oder Verwaltungsvorschriften dieses Mitgliedstaates in Kraft tritt, und daß diese Änderung ursächlich für die Verzerrung ist. Zu „befürchten" ist eine Verzerrung schon dann, wenn die Gesetzgebungspläne eines Mitgliedstaates „auch nur entfernt die Gefahr von Verzerrungen mit sich bringen können" (EuGH, Rs. 6/64, Costa/ENEL, Slg. 1964, 1254).

III. Pflicht des betroffenen Mitgliedstaates

4   Jener Mitgliedstaat, der eine tatbestandsmäßige Maßnahme beabsichtigt, hat vor deren Erlaß **Kontakt mit der Kommission** aufzunehmen und sie so ausreichend und rechtzeitig zu informieren, daß sie in die Lage versetzt wird, die Tatbestandsmäßigkeit der in Aussicht genommenen Maßnahmen zu überprüfen (EuGH, verb. Rs. 181 und 229/78, van Paassen, Slg. 1979, 2063; Rs. 5/84, Direct Cosmetics gegen Commissioner of Customs and Excise, Slg. 1985, 631). Selbstverständlich kann die Kommission von sich aus mit dem betreffenden Mitgliedstaat Kontakt aufnehmen, sobald sie von der geplanten Rechtsänderung erfährt (vgl. GA *Lagrange* in Rs. 6/64, Costa/ENEL, Slg. 1964, 1254; *Bardenhewer/Pipkorn*, in GTE, Art. 102 Rn. 3 m.w.N.; *Langeheine*, in *Grabitz/Hilf*, Art. 102 Rn. 3 m.w.N.). Aus dem Text des Abs. 1 geht nicht klar hervor, ob die Kommission berechtigt ist, nach von ihr selbst eingeleiteten Beratungen eine Empfehlung auf der Basis von Art. 97 Abs. 1 an die beteiligten Mitgliedstaaten zu richten (**dafür** *Bardenweher/Pipkorn*, in GTE, Art. 102 Rn. 3 m.w.N.; *Langeheine*,

in *Grabitz/Hilf*, Art. 102 Rn. 3 m.w.N.; **dagegen** *Vignes*, in Commentaire *Mégret*, 334); zweifellos kann die Kommission in jedem Fall auf der Basis von Art. 211 (ex-Art. 155) eine RL erlassen, doch wäre in diesem Fall dann Art. 97 Abs. 2 nicht anwendbar.

Ein Mitgliedstaat, der seiner Informations- und Benachrichtigungspflicht 5 nicht nachkommt, begeht eine **Vertragsverletzung**, die Grundlage eine Klage gem. Art. 226 oder 227 (ex-Art. 169 oder 170) sein kann (GA *Lagrange* in EuGH Rs. 6/64, Costa/ENEL, Slg. 1964, 1254).

Abs. 1 sieht eine Pflicht für die Mitgliedstaaten vor, hat aber **keine Direkt-** 6 **wirkung** zugunsten Einzelner (EuGH, Rs. 6/64, Costa/ENEL, Slg. 1964, 1254).

IV. Verfahren

Nach der Kontaktaufnahme des betroffenen Mitgliedstaates tritt die **Kom-** 7 **mission** in Beratungen mit allen – nicht nur den betroffenen – Mitglied- staaten ein und **empfiehlt** schließlich den beteiligten – also den betroffen- bevorteilten und benachteiligten – Staaten, die zur Vermeidung der Verzer- rung geeigneten Maßnahmen; dabei muß es sich um **Harmonisierungs-** **maßnahmen** handeln.

Art. 97 sieht **keine Sanktionen** gegen jenen Mitgliedstaat vor, der inner- 8 staatliche Vorschriften erlassen oder ändern will, die eine Verzerrung gem. Abs. 1 befürchten lassen, und der den von der Kommission nach den Bera- tungen an ihn gerichteten Empfehlungen nicht nachkommt.

Im Fall, daß es zu entsprechenden Wettbewerbsverzerrungen aufgrund der 9 Unterschiede in den Rechtsordnungen der Mitgliedstaaten kommt, die auf die **Änderung** oder den Erlaß von innerstaatlichen Vorschriften **in einem** **Staat** zurückzuführen sind, die dieser unter Mißachtung der von der Kom- mission an ihn gerichteten Empfehlungen erlassen hat, kann gem. Art. 97 Abs. 2 vorgegangen werden. Dabei kann der Mitgliedstaat, der aus diesem vertragswidrigen Verhalten Anlaß für das Verfahren nach Art. 97 Abs. 2 ge- boten hat, nicht von den übrigen Mitgliedstaaten verlangen, ihrerseits ihre innerstaatlichen Vorschriften zu ändern, um die Wettbewerbsverzerrung zu beseitigen. In einem solchen Fall würde der Rat daher eine Harmonisie- rungsrichtlinie erlassen, die ausschließlich an den ursächlichen Mitglied- staat gerichtet ist. (Auch die Anwendung von Art. 94 oder 95 [ex-Art. 100 oder 100a] ist denkbar.)

Gleiches muß wohl für den Fall gelten, daß ein Mitgliedstaat **vor Erlaß** oder 10 Änderung der relevanten nationalen Vorschriften die **Kontaktaufnahme** mit der Kommission **unterlassen** hat, da es sich in der Auswirkung um zwei gleiche Verfehlungen des Mitgliedstaates handelt (a.A. *Bardenweher/Pipkorn*, in GTE Art. 102 Rn. 10; *Langeheine*, in *Grabitz/Hilf*, Art. 102 Rn. 8).

11 Lediglich in dem Fall, in dem ein Mitgliedstaat unter Mißachtung der von der Kommission an ihn gerichteten Empfehlung eine **Maßnahme** setzt, die zu einer Wettbewerbsverzerrung ausschließlich **zu seinem eigenen Nachteil** führt, ist die Anwendung von Art. 97 ausgeschlossen.

12 Art. 97 sagt nichts zu dem Fall, daß ein Mitgliedstaat zwar der Empfehlung der Kommission nachkommt, diese aber trotzdem eine Wettbewerbsverzerrung hervorruft, und zu dem Fall, daß die Kommission keine Empfehlung abgibt, weil sie – fälschlicherweise – in den Beratungen zur Auffassung gelangt, daß keine Verzerrung zu befürchten ist. Argumento e contrario zu Abs. 2 Satz 1 muß Art. 96 (ex-Art. 101) in solchen Fällen uneingeschränkt anwendbar sein (so auch *Langeheine*, in *Grabitz/Hilf*, Art. 102 Rn. 7; *Bardenweher/Pipkorn*, in GTE, Art. 102 Rn. 9).

V. Praxis

13 Art. 97 wurde in der Praxis nur selten angewandt (vgl. die Beispiele bei *Bardenweher/Pipkorn*, in GTE, Art. 102 Rn. 11 bis 13 und bei *Vignes*, in Commentaire *Mégret*, 335). Die Gründe dafür sind ähnlich wie im Fall von Art. 96 (ex-Art. 101) (siehe Art. 96 Rn. 8); außerdem sehen mehrere RL einen präventiven Informationsmechanismus vor.

Titel VII (ex-Titel VI). Die Wirtschafts- und Währungspolitik

Vorbemerkung zu Titel VII (ex-Titel VI)

Literatur: *von Borries/Repplinger-Hach*, Auf dem Weg zur „Euro-Verordnung", NJW 1996, 3111; *Deutsche Bundesbank*, Informationsbrief zur Europäischen Wirtschaft- und Währungsunion, Das Europäische Währungssytem in der WWU-Endstufe, Nr. 2, Oktober 1996, S. 5–9; *dies.:* Euro-Banknoten und -Münzen, Nr. 3, Januar 1997, S. 11–15; *dies.:* Der rechtliche Rahmen für den Übergang von den nationalen Währungen auf den Euro, Nr. 5, April 1997, S. 5–20; *dies.:* Umrechnungs- und Rundungsregeln im Euro-Währungsraum, ebenda, S. 21–27; *dies.:* Wichtige Elemente des Stabilitäts- und Wachstumspakts, Nr. 6, Mai 1997, S. 3–4; *dies.:* Einführung des Euro in Gesetzgebung und öffentliche Verwaltung, Gemeinsamer Zwischenbericht des Arbeitsstabes Europäische Wirtschafts- und Währungsunion des Bundesministeriums der Finanzen und der Bundesministerien vom 28. April 1997, Nr. 7, Juni 1997; S. 5–22; *dies.*: Wirtschaftspolitische Koordinierung, Wechselkurspolitik und Außenvertretung der Europäischen Gemeinschaft, Nr. 10, Februar 1998, S. 13–21; *dies.:* Stellungnahmen der Deutschen Bundesbank zur Europäischen Währungsunion, Nr. 11, April 1998, S. 5–64; *dies.:* Die Einführung des Euro in Gesetzgebung und öffentlicher Verwaltung, Zweiter Bericht des Arbeitsstabes Europäische Wirtschafts- und Währungsunion des Bundesministeriums der Finanzen und der Bundesministerien vom 27. März 1998, Nr. 12, April 1998, S. 3–39; *dies.:* Endumtausch des DM-Bargeldes, Nr. 14, Juli 1998, S. 4. *Europäisches Währungsinstitut,* Jahresbericht 1994, April 1995, *dass.*: Jahresbericht 1995, April 1996; *dass.*: Die einheitliche Geldpolitik in Stufe 3 – Festlegung des Handlungsrahmens, Januar 1997; *dass:* Jahresbericht 1996, April 1997; *dass.:* Die einheitliche Geldpolitik in Stufe 3 – Allgemeine Regelungen für die geldpolitischen Instrumente und Verfahren des ESZB, September 1997; *dass.:* Das Europäische Währungsinstitut, September 1997; *dass.:* Konvergenzbericht – Nach Artikel 109 j des Vertrags zur Gründung der Europäischen Gemeinschaft vorgeschriebener Bericht, März 1998; *dass.:* Jahresbericht 1997, Juni 1998; *dass.:* EWI-Website: Die Internetseite des EWI und der EZB (http://www.ecb.int). *Hahn,* Das Entstehen der Europawährung ¥– Szenarien ihrer Einführung, JZ 1996, 321; *ders.,* Der Stabilitätspakt für die Europäische Währungsunion, JZ 1997, 1188; *Heun,* Die Europäische Zentralbank in der Europäischen Währungsunion, JZ 1998, 866; *Meier,* Die Europäische Währungsunion als Stabilitätsgemeinschaft und das Grundgesetz, NJW 1996, 1027; *Scheller,* Von der Wechselkursfixierung zum Euro als gesetzliches Zahlungsmittel, Beihefte zu Kredit und Kapital, H. 14, Europäische Währungsunion. *Schneider,* Die Vereinbarung und die Erfüllung von Geldschulden in Euro, DB 1996, 2477; *Weber,* Die Wirtschafts- und Währungsunion nach dem Maastricht-Urteil des BVerfG, JZ 1994, 53.

Überblick

I. Inhalt der Art. 98–124 (ex-Art. 102a–109m)

1. Ordnungspolitische Grundsätze und vertragsprägende Prinzipien

Die Artikelfolge 98–124 konkretisiert die bereits in den Grundsatzartikeln 2   **1**
und 4 (ex-Art. 3a) erfolgten vertraglichen Festlegungen. In Art. 2 wird der
EG die Aufgabe zugewiesen, u.a. durch die Errichtung einer WWU ein um-

fassendes Spektrum von wirtschafts-, sozial- und allgemeinpolitischen Zielen zu fördern. Art. 4 (ex-Art. 3a) legt bereits richtungweisend die Tätigkeit der EG in der WWU fest. Die dort genannten Eckpunkte sind folgende, wobei in Klammern jeweils der oder die entsprechenden Artikel des Titels VII (ex-Titel VI) hinzugefügt sind, in denen diese Grundsätze weiter vertieft werden:

– Grundsatz einer offenen Marktwirtschaft mit freiem Wettbewerb (Art. 98, ex-Art. 102a).

– Enge Koordinierung der Wirtschaftspolitik (Art. 99 und Art. 100, ex-Art. 103 und 103a).

– Ziel gesunder öffentlicher Finanzen und monetärer Rahmenbedingungen (Art. 101-Art. 104, ex-Art. 104–104c).

– Vorrangiges Ziel der Preisstabilität und Unabhängigkeit für das ESZB (Art. 105 und Art. 108, ex-Art. 105 und Art. 107).

– Festlegung und Durchführung einer einheitlichen Geld- und Währungspolitik (Art. 105 und Art. 111, ex-Art. 105 und 109).

– Unwiderrufliche Festlegung der Wechselkurse im Hinblick auf die Einführung einer einheitlichen Währung, des Euro (Art. 123, ex-Art. 109l).

– Zeitliche Abfolge und Verfahrensweise für den Weg zur WWU (Art. 116-Art. 124, ex-Art. 109e–m).

2   Mit dem Titel VII (ex-Titel VI) werden wesentliche Bereiche einer Wirtschafts-, ganz besonders aber die Eckpfeiler einer Währungsverfassung konkretisiert. Hinsichtlich der **Wirtschaftsverfassung** verpflichten sich die Mitgliedstaaten grundsätzlich auf ein liberales und nach außen offenes Wirtschaftssystem, und sie treffen Vorkehrungen für die Einhaltung der Haushaltsdisziplin. Darüber hinaus verabreden sie Mechanismen der **wirtschaftspolitischen Koordinierung**. Mit Recht läßt sich sagen, daß die Vertragstexte zur Wirtschaftspolitik einen vergleichsweise niedrigen Grad der Vergemeinschaftung vorschreiben. In Konkurrenz standen hier zwei Prinzipien – das der generellen Vergemeinschaftung der Wirtschafts- und Währungspolitik und das der Subsidiarität. Gemäß dem Prinzip der **Vergemeinschaftung von Wirtschafts- und Währungspolitik** in strenger Auslegung würde mit der Vereinheitlichung der Währungspolitik auch die Wirtschaftspolitik der Gemeinschaftsverantwortung unterworfen, entsprechend dem Prinzip der **Subsidiarität** hingegen würde die EG nur tätig, „sofern und soweit die Ziele der in Betracht gezogenen Maßnahmen auf Ebene der Mitgliedstaaten nicht ausreichend erreicht werden können und daher wegen ihres Umfangs oder ihrer Wirkungen besser auf Gemeinschaftsebene erreicht werden können" (vgl. Art. 5). Aufgrund der in Art. 98–104 (ex-Art. 102a–104c) erfolgten Richtungsentscheidung zugunsten einer fortbestehenden Alleinverantwortung der nationalen Staaten für die Wirtschaftspoli-

tik, unter Beachtung der vertraglich fixierten Grundsätze und Koordinie-
rungsverpflichtungen, hat sich das Subsidiaritätsprinzip klar erkenntlich
durchgesetzt.

In deutlichem Gegensatz hierzu trat das Subsidiaritätsprinzip bei der Ge- **3**
staltung der **Währungsverfassung** zurück, und im Vordergrund stand das
Prinzip der **Einheitlichkeit der Geldpolitik**. Mit dem Erreichen der Endstufe der Währungsunion ging die Kompetenz für geld- und währungspolitische Entscheidungen auf das ESZB über. Dieses ist vorrangig dem Ziel
der Preisstabilität verpflichtet und in seinen geldpolitischen Entscheidungen unabhängig. Durch diese vollständige Übertragung der Entscheidungs-
kompetenzen in der Geld- und Währungspolitik auf supranationales Niveau
und die vertragliche Fixierung institutioneller Qualitätsmerkmale ergibt
sich zwangsläufig erheblich größerer Regelungsbedarf als im Falle der subsidiär verteilten Verantwortlichkeiten in der Wirtschaftspolitik. Entsprechend sind die die Währungspolitik betreffenden Vertragsteile erheblich
umfassender, detaillierter und in großen Teilen technisch erheblich genauer
abgefaßt als die Teile zur Wirtschaftspolitik. Damit wird nachhaltig dokumentiert, daß der qualitative Sprung in der Erweiterung des Kompetenz-
und Tätigkeitsbereichs der EG mit dem Inkrafttreten der Währungsunion
zum 1. Januar 1999 erfolgte.

2. Ausgestaltung der Wirtschaftspolitik in der WWU

Eine **Wirtschaftsunion** ist gemeinhin definiert als eine Gemeinschaft von **4**
Staaten, die im Binnenhandel weder Zölle erheben noch mengenmäßige
Beschränkungen aufrechterhalten sowie ein gemeinsames Außenzollregime
besitzen (Zollunion); darüber hinaus haben sie die Faktormärkte liberalisiert, Grenzkontrollen abgeschafft und wettbewerbsrelevante Normen und
Regulierungen harmonisiert oder gegenseitig anerkannt (Binnenmarkt) sowie schließlich zusätzlich vereinbart, ihre Wirtschaftspolitik in der einen
oder anderen Form zu koordinieren. Wesentlich an dieser Stelle ist, daß der
Koordinierungsgrad diskretionär festgelegt werden kann, wodurch der Begriff der Wirtschaftsunion unscharf wird. Eine sehr schwache Form der Koordinierung, etwa auf Basis bestimmter Grundsätze und im Grunde freiwilliger Art, ist ebenso unter dem Begriff der Wirtschaftsunion einzuordnen
wie eine sehr weitgehende Koordinierung mit bindenden Regeln und zentralen Instanzen mit weitreichender Verantwortung. Die Ausgestaltung der
Wirtschaftsunion im EGV entspricht mehr ersterem als letzterem, also einem Binnenmarkt mit koordinativen Elementen der Wirtschaftspolitik. Bezieht man die vertraglichen Regelungen im EGV über die Zollunion und

den Binnenmarkt mit in die Betrachtung ein, so wird allerdings deutlich, daß eine wie oben definierte Wirtschaftsunion (bestehend aus Zollunion, Binnenmarkt und abgestimmter Wirtschaftspolitik) äußerst umfänglich geregelt ist und nur eben ein Teilbereich der Wirtschaftsunion – die wirtschaftspolitische Koordinierung – relativ knapp abgehandelt wird.

5   Die im EGV niedergelegte Form der wirtschaftspolitischen Koordinierung in der Wirtschaftsunion besteht im wesentlichen aus zwei Elementen: **Allgemeine wirtschaftspolitische Koordinierung** und **besondere Überwachung der staatlichen Haushaltspolitik**. Die allgemeine Koordinierung ist kodifiziert in Art. 99 (ex-Art. 103), demzufolge die Mitgliedstaaten ihre Wirtschaftspolitik als Angelegenheit von gemeinsamem Interesse betrachten und sie im Rat koordinieren. Hierfür ist ein mehrstufiges Verfahren vorgesehen: Erarbeitung von **Grundzügen für die Wirtschaftspolitik** im Rat (auf Empfehlung der Kommission), Beratung dieser Grundzüge im Europäischen Rat und Verabschiedung einer Empfehlung an die Mitgliedstaaten. Hinzu tritt ein ausgebautes System der multilateralen Überwachung im Hinblick auf die Vereinbarkeit der Wirtschaftspolitiken miteinander und die Prüfung, ob die Wirtschaftspolitik der Länder den vom Rat festgelegten wirtschaftspolitischen Empfehlungen entspricht. Ist letzteres nicht der Fall, kann der Rat konkrete Empfehlungen an das betreffende Mitgliedsland richten (und diese ggf. veröffentlichen), nicht aber z.B. bindende Entscheidungen vorgeben.

6   Die **besondere Überwachung der staatlichen Haushaltspolitik** ist hingegen nach einem eigenen Verfahren geordnet. Der hier vorherrschende Grundsatz nach Art. 104 Abs. 1 (ex-Art. 104c) ist, daß die Mitgliedstaaten übermäßige öffentliche Defizite vermeiden. Die anzuwendenden Kriterien, anhand derer die Kommission die Haushaltsentwicklung überwacht, sind in einem dem EGV beigefügten Protokoll über das Verfahren bei einem übermäßigen Defizit konkretisiert. Das für das Folgejahr geplante oder das für das laufende Jahr erwartete Defizit aller öffentlichen Haushalte eines Landes soll dem Protokoll zufolge grundsätzlich nicht mehr als 3 % des Bruttoinlandsprodukts betragen, und die öffentliche Gesamtverschuldung (brutto und zu Marktwerten gerechnet) soll grundsätzlich nicht über 60 % des Bruttoinlandsprodukts hinausgehen. Ansonsten kommt es zu einem Prüfungsverfahren, in dem unter Berücksichtigung weiterer Faktoren, darunter der Verschuldungstrends, der Rat mit qualifizierter Mehrheit ein sog. übermäßiges Defizit feststellen kann. Ist dies der Fall, stehen ihm mehrere Instrumente zur Verfügung, um auf die Haushaltspolitik der Mitgliedstaaten einzuwirken. Die schärfsten Mittel sind eine Reihe von Sanktionen, einschließlich der Verhängung von Geldstrafen. Die im EGV

enthaltenen Bestimmungen zur Koordinierung und Überwachung der Wirtschafts- und Finanzpolitik sowie zur Möglichkeit von Sanktionen wurden im Rahmen des Stabilitäts- und Wachstumspaktes weiter konkretisiert und die Verfahrensabläufe wurden gestrafft. (Siehe Kommentierung zu Art. 104).

Neben dieser laufenden Überwachung der Haushaltspolitik sind zwei ordnungspolitische Festschreibungen von besonders hohem Gewicht: Das **Verbot der monetären Finanzierung staatlicher Haushalte,** sei es direkt durch die Notenbank oder indirekt durch bevorrechtigten Zugang öffentlicher Einrichtungen zu Finanzinstitutionen (Art. 101 und 102a, ex-Art. 104 und 104a) sowie der **Haftungsausschluß** der EG und der Mitgliedstaaten für Verbindlichkeiten öffentlicher Haushalte anderer Mitgliedstaaten nach Art. 103 (ex-Art. 104b).   **7**

Die **konstitutiven Merkmale der Wirtschaftspolitik** in der WWU sind somit zum Teil konventioneller Art (wie die Koordinierung nach Art. 99, ex-Art. 103), zum Teil wird wirtschaftspolitisches Neuland betreten (wie bei Art. 104 [ex-Art. 104c] und seiner Konkretisierung durch den Stabilitäts- und Wachstumspakt). Allen Artikeln gemein ist, daß die Wirtschafts- und Haushaltspolitik nicht vergemeinschaftet wird; wohl aber werden unterschiedliche Einflußmöglichkeiten der EG angewandt. Alles in allem gesehen sind die vorgesehenen Gemeinschaftsmaßnahmen (Empfehlungen für die allgemeinen Grundlinien in der Wirtschaftspolitik, mögliche konkrete Empfehlungen an einzelne Mitgliedstaaten, Prüfungsverfahren in der Haushaltspolitik, Möglichkeit von Sanktionen) darauf ausgerichtet, im Falle des Fehlverhaltens einzelner Mitgliedsländer „Gruppendruck" auszuüben, sei es intern, sei es öffentlich. Grundsätzlich baut die im EGV gewählte Form der wirtschaftspolitischen Koordinierung jedoch auf ein ex-ante-Wohlverhalten der Mitgliedstaaten. Unter Berücksichtigung der wichtigen ordnungspolitischen Einschränkungen gemäß Art. 101, 102 und 103 (ex-Art. 104, 104a und 104b) und neuer Elemente in den stark intensivierten Überwachungs- und Prüfungsverfahren (insbesondere nach Art. 104, ex-Art. 104c) geht die wirtschaftspolitische Koordinierung in der EG zwar einerseits über Mechanismen hinaus, die außerhalb der EU praktiziert werden (wie zum Beispiel auf globaler Ebene unter dem Dach des IWF), sie stellt aber andererseits keine völlig neue Form der zwischenstaatlichen Zusammenarbeit in der Wirtschaftspolitik dar.   **8**

3. Ausgestaltung der Währungspolitik in der WWU

Eine **Währungsunion** umfaßt nach geläufiger Auffassung alle Definitionsmerkmale einer Wirtschaftsunion, bestimmt sich aber darüber hinaus durch   **9** die unwiderrufliche Festlegung der Wechselkurse zwischen den Währungen der Mitgliedstaaten (bzw. die Einführung einer Einheitswährung) und die Errichtung einer gemeinsamen Notenbankbehörde. Beide Definitionsmerkmale finden sich wortwörtlich auch im EGV (Art. 123, ex-Art. 109l; Errichtung von ESZB und EZB, unwiderrufliche Festlegung der Wechselkurse). In der Sache von besonderer Bedeutung sind die im Vertrag niedergelegten Qualitätsmerkmale der Währungsunion. Diese beziehen sich zum einen auf die Aufgaben und die Stellung der Währungspolitik (Art. 105–111 [ex-Art. 105–109] des Kapitels 2) und zum anderen auf die institutionelle Struktur der Europäischen Zentralbankbehörde (Art. 112–113 [ex-Art. 109a–109b] des Kapitels 3).

10   Grundlagen der Währungspolitik in der Wirtschafts- und Währungsunion sind

– das vorrangige Ziel der Preisstabilität für das ESZB,

– die Unabhängigkeit der EZB und der nationalen Notenbanken,

– und der föderative Aufbau des ESZB mit grundsätzlicher Stimmengleichheit der Mitglieder in den geld- und währungspolitischen Entscheidungsinstanzen.

11   Überragendes Ziel der Geld- und Währungspolitik in der Währungsunion ist die **Preisstabilität.** Nur soweit es ohne Beeinträchtigung dieses Ziels möglich ist, unterstützt das ESZB die allgemeine Wirtschaftspolitik der Gemeinschaft (Art. 105 Abs. 1, ex-Art. 105).

12   Um es dem ESZB zu ermöglichen, diesem Ziel gerecht zu werden, enthält der EGV eine Vielzahl von Regelungen, die die Notenbank vor äußeren Einflußnahmen schützen. Ein wesentliches Element ist hierbei die **Unabhängigkeit** der EZB und der nationalen Zentralbanken gemäß Art. 108 (ex-Art. 107). Darüber hinaus wurden weitere Vorkehrungen getroffen, um „offene Flanken" der Stabilitätspolitik zu schließen und damit die formale Unabhängigkeit auch materiell zu sichern. Auf einen dieser Aspekte wurde bereits hingewiesen: das **Verbot der monetären Haushaltsfinanzierung** (Art. 101, ex-Art. 104). Dahinter steht die Erfahrung, daß eine stabilitätsgerechte Kontrolle der Zentralbankgeldschöpfung auf Dauer nicht möglich ist, wenn die Notenbank zur Kreditgewährung an den Staat – in welcher Weise auch immer – gezwungen werden kann. Ein zweiter Aspekt in diesem Zusammenhang ist die **Wechselkurspolitik** der WWU gegenüber Drittwährungen, die nicht dem Ziel der Preisstabilität zuwiderlaufen darf. Der hier zugrundeliegende Gedanke ist, daß Interventionsverpflichtungen der Notenbank ebenfalls zum Verlust der binnenwirtschaftlichen Kontrolle über die monetäre Entwicklung beitragen können. Die Unabhängigkeit in der Geldpolitik könnte durch die Abhängigkeit von außenwirtschaftlichen

Interventionsverpflichtungen ausgehöhlt werden. Es bedarf entsprechender Vorkehrungen, die dem entgegenwirken (Art. 111, ex-Art. 109). Der Wahrung der Unabhängigkeit dienen auch die langen **Amtszeiten der Mitglieder des EZB-Direktoriums** (acht Jahre) und der Ausschluß der Wiederernennung (Art. 112 Abs. 2b, ex-Art. 109a) sowie weitere Regelungen in der Satzung des ESZB (wie zum Beispiel nur sehr eingeschränkte Möglichkeiten zur Amtsenthebung oder die finanzielle Unabhängigkeit).

Gegenstück der Unabhängigkeit des **ESZB** ist seine **Einbindung in das Institutionengeflecht** der EG. So regelt Art. 113 (ex-Art. 109b) die Teilnahmerechte (ohne Stimmrecht) des Ratspräsidenten und von Kommissionsmitgliedern an Sitzungen des ESZB und des EZB-Präsidenten an Ratssitzungen. Außerdem unterbreitet die EZB den EG-Organen einen Jahresbericht, und der Präsident der EZB legt den Bericht dem Rat und dem EP vor, das auf dieser Grundlage eine allgemeine Aussprache durchführen kann. Darüber hinaus können der EZB-Präsident und andere Mitglieder des Direktoriums von den zuständigen Ausschüssen des EP gehört werden.   **13**

Drittes konstitutives Element der im EGV ausformulierten Währungsunion ist die **föderative Organisationsform**. Das zentrale Entscheidungsgremium, der EZB-Rat, besteht zum einen aus den Mitgliedern des Direktoriums und zum anderen aus den Präsidenten der nationalen Zentralbanken solcher Länder, die an der Währungsunion teilnehmen. Die Zentralisierung der Entscheidungskompetenz ergibt sich aus dem oben erwähnten Prinzip der „Einheitlichkeit der Geldpolitik", die Zusammensetzung des EZB-Rates aber reflektiert den föderativen Aufbau des europäischen Notenbanksystems. Jedes Ratsmitglied hat bei geldpolitischen Entscheidungen eine Stimme. Das Prinzip der grundsätzlichen Stimmengleichheit der Mitglieder des EZB-Rates steht als Sinnbild dafür, daß die Präsidenten der nationalen Notenbanken nicht Vertreter der nationalen Interessen sein sollen, sondern die in Art. 105 (ex-Art. 105) niedergelegten Ziele und Aufgaben des ESZB für das Euro-Währungsgebiet als Ganzes, unabhängig von Weisungen und mit großen persönlichen Freiheitsräumen zu verfolgen haben.   **14**

4. Festlegung des Stufenprozesses, der Übergangsregeln und des Inkrafttretens der WWU

Nach den Festlegungen des EGV, daß eine WWU zu schaffen ist, und einer detaillierten Ausgestaltung der Definitions- und Qualitätsmerkmale dieser Union sind in Kapitel 4 des Titels VII (ex-Titel VI) eingehend die **Entwicklungsstufen zur WWU** geregelt. Nachdem der Rat bei seinem Treffen in der Zusammensetzung der Staats- und Regierungschefs am 2./3. Mai   **15**

1998 einstimmig beschlossen hatte, daß elf Mitgliedstaaten (Belgien, Deutschland, Spanien, Frankreich, Irland, Italien, Luxemburg, die Niederlande, Österreich, Portugal und Finnland) die notwendigen Voraussetzungen für die Einführung der einheitlichen Währung am 1. Januar 1999 erfüllen, beschränkt sich die Gültigkeit (soweit anwendbar) der Artikelfolge 116–124 (ex-Art. 109e–109m) auf diejenigen EU Mitgliedstaaten, die nicht von Anfang an der Einführung der einheitlichen Währung teilnehmen (Dänemark, Griechenland, Großbritannien und Schweden). [Hinsichtlich weiterer Einzelheiten siehe Vorauflage.]

II. Praktische Fragen des Übergangs von der nationalen Währung zum Euro

16 Der Titel VII (ex-Titel VI) konzentriert sich ganz überwiegend auf die wirtschafts- und währungspolitischen Aspekte der WWU sowie auf die institutionellen Vorgaben für die Errichtung einer EZB und des ESZB. Er enthält hingegen nur wenige Hinweise darüber, wie der **Übergang von der nationalen Währung zum Euro aus praktischer Sicht** erfolgt und wie die dabei vielfältig auftretenden rechtlichen und logistischen Probleme gelöst werden. Art. 123 Abs. 4 (ex-Art. 109l) bestimmt lediglich, daß der Rat alle sonstigen Maßnahmen trifft, die für die rasche Einführung des Euro als einheitlicher Währung dieser Mitgliedstaaten erforderlich sind. Vor diesem Hintergrund wurden in Verlauf der Stufe Zwei (also ab 1994) umfangreiche Vorarbeiten des EWI und der Kommission zur Konkretisierung des Übergangsszenariums durchgeführt. Diese Vorarbeiten fanden ihren Abschluß in zwei Verordnungen, wodurch der primärrechtliche Rahmen der Währungsunion durch sekundäres Gemeinschaftsrecht ergänzt wurde.

17 Die „Verordnung (EG) Nr. 1103/97 des Rats über bestimmte Vorschriften in Zusammenhang mit der Einführung des Euro" (im folgenden „VO 1"; ABl. L 162/1; in Kraft getreten am 20. Juni 1997), basiert auf Art. 308 ex-Art 235) und regelt eine Reihe von Fragen, die bereits vor Inkrafttreten der Stufe Drei von besonderer Bedeutung waren, nicht zuletzt aus Sicht der Finanzmärkte. Insbesondere sichert sie die **Kontinuität der Verträge**, indem sie bestimmt, daß „die Einführung des Euro weder eine Veränderung von Bestimmungen in Rechtsinstrumenten oder eine Schuldbefreiung [bewirkt] noch rechtfertigt sie die Nichterfüllung rechtlicher Verpflichtungen noch gibt sie einer Partei das Recht, ein Rechtsinstrument einseitig zu ändern oder zu beenden". Darüber hinaus enthält die VO 1 Regeln für die Umrechnung und Rundung von Währungsbeträgen in nationalen Währungen und Euro. Insgesamt betrachtet stellt die VO1 klar, daß die Einführung des

Euro lediglich eine **Währungsumstellung, nicht hingegen eine Währungsreform** darstellt. Zum Zeitpunkt der endgültigen Umstellung werden Forderungen, Verbindlichkeiten, laufende Zahlungen (z.B. Löhne, Renten) und sämtliche Preise mittels des am ersten Tag der dritten Stufe unwiderruflich festgelegten Umrechnungskurses in Euro konvertiert. Was sich mithin ändert sind die Rechengrößen, nicht hingegen die Einkommens- oder Vermögenspositionen. Ebensowenig wird in Leistungsverpflichtungen aus bestehenden Verträgen eingegriffen, etwa in Form von Zinssätzen von Anleihen oder Hypotheken, es sei denn die Vertragsparteien habe eine abweichende Regelung getroffen. Die Betonung des Grundsatzes der Kontinuität sollte im übrigen dazu führen, daß dieser auch in Verträgen und anderen Rechtsinstrumenten in der Rechtsprechung dritter Länder anerkannt wird.

Die „Verordnung (EG) Nr. 974/98 des Rats vom 3. Mai 1998 über die Einführung des Euro" (im folgenden „VO 2") enthält die zentralen währungs- und umstellungsrechtlichen Regelungen für den **Übergang zum Euro**. Gestützt auf Art. 109l Abs. 4 (jetzt Art. 123) wurde sie am 3. Mai 1998, also im Zusammenhang mit den Entscheidungen über die Teilnehmerländer am Euro-Währungsgebiet, verabschiedet. Sie trat am 1.1.1999 in Kraft (ABl. L 139/1). Im Zentrum der VO 2 stehen die währungs- und umstellungsrechtlichen Regelungen für die Einführung des Euro und die Ersetzung der nationalen Währungen. Die Umstellung erfolgt „automatisch" in dem Sinne, als daß die VO 2 verbindlich und unmittelbar in jedem Mitgliedstaat gilt. Eine Umsetzung dieser Bestimmungen in nationales Recht ist nicht erforderlich, d.h. Gesetze, Rechtsverordnungen, Satzungen oder Verträge bedürfen keiner Änderung (wobei allerdings etwaige Abweichungen während eines angemessenen Zeitraumes im Wege der Rechtsbereinigung anzugleichen sind). **18**

Die **Kernelemente** der VO 2 lassen sich folgendermaßen zusammenfassen:
- Der **Euro ist ab 1. Januar 1999 die Währung der teilnehmenden Mitgliedstaaten** und er ist in 100 Cent unterteilt. Zu den am ersten Tag der Stufe Drei vom Rat festgelegten Umrechnungskursen tritt er an die Stelle der Währungen der teilnehmenden Mitgliedsländer und wird Recheneinheit der EZB und der Zentralbanken der Mitgliedsländer. Während einer Übergangszeit vom 1. Januar 1999 bis zum 31. Dezember 2001, in der es **noch keine Euro-Banknoten und -münzen** gibt, wird der Euro auch in nationalen Währungseinheiten ausgedrückt. Für diese Zeit der **Koexistenz von Euro-Währungseinheit und nationalen Währungseinheiten** gilt der **Grundsatz „keinerlei Zwang und keinerlei Verbot"**. Da Identität besteht zwischen dem Euro als

Währung und den nationalen Währungseinheiten, bleibt es den Parteien im privaten oder kaufmännischen Rechtsverkehr freigestellt, Verträge in Euro oder in nationaler Währung abzuschließen. Gleichzeitig gilt das nationale Währungsrecht weiter und die z.B. auf DM lautenden Banknoten und Münzen bleiben weiterhin gesetzliches Zahlungsmittel.

– Ausgenommen vom Prinzip „keinerlei Zwang keinerlei Verbot" sind die **„Umstellung der Altschulden"** sowie die Geschäfte an organisierten Märkten oder im Bereich von Zahlungsverkehrssystemen. Im Hinblick auf die Altschulden war vorgesehen worden, daß jeder teilnehmende Mitgliedstaat die auf nationale Währungseinheiten laufenden Schuldtitel schon vor Abschluß des Übergangszeitraumes auf Euro umstellt und seine Neuverschuldung in Euro emittieren kann. Mit dem zweiten Ausnahmetatbestand ist insbesondere das Geschäft an Wertpapierbörsen angesprochen, das frühzeitig auf Euro umgestellt werden kann. Eine gewisse Sonderstellung nimmt darüber hinaus auch der unbare Zahlungsverkehr ein. Hier sind Vorkehrungen getroffen worden, die eine Parallelverwendung von Euro und nationaler Währungseinheit erlauben, wobei die Gutschrift auf dem Konto des Gläubigers stets in der Währungseinheit erfolgt, in der sein Konto geführt wird. Die Währungseinheit, in der das Konto geführt wird, schränkt aber die Verwendung der jeweils anderen Einheit (Euro oder nationale Währung) nicht ein.

– Mit dem **1. Januar 2002 endet diese Übergangszeit** und der Euro tritt an die Stelle der nationalen Währungseinheiten. Fortan ist in allen Rechtsinstrumenten die Bezugnahme auf die nationale Währung identisch mit einer Bezugnahme auf den Euro (entsprechend den Anfang 1999 unwiderruflich festgesetzten Umrechnungskursen). Gleichzeitig wird zu diesem Zeitpunkt auch mit der **Einführung des Bargeldes** begonnen. Nach gegenwärtigem Stand ist in Deutschland damit zu rechnen, daß zum gleichen Zeitpunkt die auf DM lautenden Banknoten und Münzen ihre Eigenschaft als gesetzliches Zahlungsmittel verlieren (sog. juristischer Big Bang), so daß eine umfangreiche Doppelkassenhaltung und die damit verbundenen Kosten vermieden werden. Allerdings werden wohl dennoch nicht unmittelbar und vollständig sämtliche Noten und Münzen aus dem Umlauf gezogen werden. Insbesondere könnten eng befristete Übergangsregelungen dafür sorgen, daß DM Münzen zeitweilig im Umlauf bleiben, um noch nicht umgestellte Münzautomaten weiter benutzen zu können. Auf jeden Fall ist aber auch diese Befristung nur bis zum 30. Juni 2002 möglich, dem spätesten Zeitpunkt bis zu dem ein potentieller de facto Parallelumlauf von nationalem und auf

Euro lautendem Bargeld abgeschlossen sein muß. In diesem Zusammenhang mag der Hinweis angebracht sein, daß auch nach dem Juni 2002 auf nationale Währung lautende Banknoten und Münzen nicht ihren Wert verlieren, sondern weiterhin von den nationalen Notenbanken gegen Eurobanknoten und -münzen umgetauscht werden.

Insgesamt betrachtet stellt dieses „gestaffelte Übergangsszenarium" auf einen Interessenausgleich zwischen Überlegungen ab, die einerseits für einen sofortigen und allumfassenden Übergang (super big bang) oder andererseits für einen verzögerten allumfassenden Übergang zur einheitlichen Währung (delayed big bang) sprachen. Beide Extremszenarien wären mit Nachteilen verbunden gewesen, die eine zeitliche Staffelung des Übergangs zu vermeiden oder zumindest abzumildern sucht. So trägt der gestaffelte Übergang dem Argument Rechnung, daß sich die Wirtschaftssubjekte nur mit unterschiedlicher Geschwindigkeit an die neue Währungseinheit anpassen können und daher die Einführungsmodalitäten für den Euro die Wettbewerbspositionen innerhalb einzelner Sektoren beeinflussen könnten. Desweiteren konnte berücksichtigt werden, daß der Zeitraum zwischen der Auswahl der Teilnehmerländer im Mai 1998 und dem Start der Währungsunion am 1.1.1999 erheblich zu kurz gewesen wäre, um eine vollständige Umstellung bereits zu Beginn des Jahres 1999 zu realisieren. Auf der anderen Seite gibt die zeitliche Streckung des Übergangs gewissen Sektoren (Banken, Finanzmärkten, Großunternehmen) durchaus die Möglichkeit einer frühzeitigen Umstellung, zwingt sie also nicht in einen Konvoi, in dem der langsamste Sektor den betrieblichen Umstellungszeitpunkt bestimmt. Nicht zuletzt ist darüber hinaus von erheblicher Bedeutung, daß das gewählte Übergangsszenarium von tiefgreifenden regulativen Vorschriften für einzelne Wirtschaftsbereiche oder für den Verkehr zwischen Privatpersonen absieht. Die behördlichen Eingriffe konzentrieren sich weitgehend darauf, Rechtssicherheit für den Übergangsprozeß zu gewährleisten (siehe Euro-Verordnungen 1 und 2) sowie wenige Start- und Endtermine für einzelne Übergangsschritte vorzugeben. **19**

Die weitreichende Gestaltungsfreiheit im Prozeß des Übergangs zur einheitlichen Währung hat zur Folge, daß eine **systematische Behandlung praktischer Aspekte** der Übergangszeit nur bedingt möglich ist. Diese richten sich weitestgehend danach, welche „Zielgruppe" näher beleuchtet werden soll (Privatpersonen, Klein- und Mittelbetriebe, Großbetriebe, Baugewerbe, Verarbeitendes Gewerbe, Dienstleistungsbereiche wie Banken und Versicherungen, öffentliche Verwaltungen etc.,) oder ob auf innerstaatliche, innergemeinschaftliche oder internationale Zahlungsvorgänge oder Rechtsinstrumente abgestellt wird. Ein weiterer Aspekt, der in diesem Zu- **20**

sammenhang eine Rolle spielt, liegt darin, daß die Umstellung in den einzelnen Mitgliedstaaten durchaus unterschiedliche Profile entwickeln kann,
nämlich insoweit, als daß der im Grundsatz „keinerlei Zwang, keinerlei
Verbote" angelegte Gestaltungsspielraum unterschiedlich ausgenutzt wird.
Wichtige Quellen, die über den jeweils neuesten Stand der Einführungsmodalitäten des Euro Aufschluß geben, sind im Falle Deutschlands die Berichte des „Arbeitsstabes Europäische Wirtschafts- und Währungsunion des
Bundesministerium für Finanzen". Im Hinblick auf die Entwicklungen in
anderen Mitgliedstaaten sei auf die einschlägigen Publikationen der Kommission sowie auf die Website der EZB (http:/www.ecb.int) hingewiesen.

21   Die folgende tabellarische Darstellung faßt eine Reihe **praktischer Informationen** zusammen, wie sie für Deutschland im „Zweiten Bericht des Arbeitsstabes Europäische Wirtschafts- und Währungsunion des Bundesministeriums der Finanzen vom 27. März 1998" ausführlich dargelegt wurden.

Thematik	Sachverhalt
Völkerrechtliche und internationale Verträge	Besondere Vertragsklauseln über künftige Verwendung des Euro erscheinen entbehrlich. Es ist davon auszugehen, daß der Grundsatz der Vertragskontinuität auch von anderen Rechtsordnungen respektiert wird.
Einführung des Euro-Bargeldes ab 1.1.2002	Bundesregierung sondiert Bereitschaft von Kreditinstituten, Einzelhandel und Automatenwirtschaft zu einer „ausgewogenen Behandlung" von noch im Umlauf befindlichen DM Noten und Münzen nach dem 1.1.2002 für einen befristeten Zeitraum.
Doppelte Preisauszeichnung	Gemeinschaftsrechtliche Regelung durch Kommission ist nicht wahrscheinlich. Unternehmen wollen auf freiwilliger Basis bereits während des dreijährigen Übergangszeitraumes eine ihren Möglichkeiten entsprechende und den Verbraucher informierende Gegenüberstellung von DM- und

	Europreisen vornehmen (Preistafeln, Kassenbons mit Endsumme in DM und Euro; Währungstabellen).
Umrechnungs- und Rundungsregeln	Es gelten Artikel 4 und 5 der Verordnung 1. Insbesondere Umrechnungskurse zwischen nationaler Währung und Euro haben sechs signifikante Ziffern. Umrechnung von einer nationalen Währung in andere muß über Umrechnung in Euro-Betrag erfolgen. Die Verwendung bilateraler Umrechnungskurse ist problematisch. Behandlung von Summen von konkretem Sachverhalt abhängig.
Wahlfreiheit bei Inlandszahlungen	Kreditinstitute ermöglichen DM-Zahlungen von einem Euro-Konto und Euro-Zahlungen von einem DM-Konto. Gleiches gilt für Gutschriften. Es ist keine doppelte Kontoführung erforderlich.
Überleitung von Referenzzinsen	Bezugnahmen auf den Diskontsatz der Deutschen Bundesbank in Gesetzen, Verträgen und Vollstreckungstiteln sollen für dreijährige Übergangszeit durch Bezugnahmen auf (noch genau zu definierenden) Basissatz ersetzt werden. Höhe des Basiszinssatzes bestimmt sich durch Gesetz. Bezugnahme auf den Lombardsatz der Deutschen Bundesbank ist zu ersetzen durch EURIBOR bzw. EONIA-Satz.
Öffnung des Gesellschaftsrechts für den Euro	Gesellschaften sollen mit Beginn des Übergangszeitraumes in Euro gegründet und das Kapital und die Anteile bestehender Gesellschaften auf Euro umgestellt werden können.

Öffnung des Bilanzrechts für den Euro	Bilanzierende Unternehmen sollen weitgehende Wahlrechte erhalten. Besondere Regelungen sind für die Bilanzierung von Umrechnungsgewinnen und Umstellungskosten vorgesehen.
Betriebliches Rechnungswesen in Euro	Einigkeit bei obersten Finanzbehörden des Bundes und der Länder, daß ab 1.1.1999 Rechnungslegung in Euro zulässig ist. Jedoch ist kein Wechsel der Rechnungslegung innerhalb des Wirtschaftsjahres möglich, und die Rechnungslegung in Euro muß in den Folgejahren fortgesetzt werden.
Öffnung des gerichtlichen Mahnverfahrens für den Euro	Voraussetzungen hierfür sollen bis 1.1.1999 geschaffen werden.
Grundpfandrechte in Euro	Voraussetzungen hierfür sind erfüllt.
Börsennotierungen in Euro	Börsen können ab 1.1.1999 auch eine Notierung von Wertpapieren in Euro vornehmen.
Umstellung bestehender Schuldverschreibungen auf Euro	Bestehende Bundesanleihen, Bundesobligationen und Bundesschatzanweisungen sollen ab 1.1.1999 auf Euro umgestellt werden. Möglichkeit der Umstellung soll auch für andere Emittenten geschaffen werden. Keine Umstellung bis 1.1.2002 von nicht börsengehandelten Bundesschatzbriefen und Finanzierungsschätzen. Meinungsbildung im Länderbereich ist noch nicht abgeschlossen.
Schutz der Euro Münzen	Bezeichnung Euro oder Cent auf Medaillen soll mit Verkündung des Euro-Einführungsgesetzes unzulässig sein.
Wegfall/Einschränkung des Indexierungsverbots	§ 3 Währungsgesetz (Genehmigungspflicht von Indexierungsvereinbarun-

	gen durch Deutsche Bundesbank) muß mit Beginn der Währungsunion aufgehoben werden.
Amtliche Statistik in Euro	Ab 1.1.1999 soll die Möglichkeit bestehen, im Rahmen von Meldepflichten sowohl DM oder Euro zu verwenden.
Öffentliches Auftragswesen in Euro	Bund will in der Übergangszeit Wahlrecht bei Angebotsabgabe zwischen DM und Euro einräumen.
Euro im Versicherungsrecht	In der Übergangsphase können die Parteien die Verwendung des Euro frei vereinbaren. Ab 1.1.2002 müssen alle Leistungen und Verpflichtungen in Euro erfüllt werden. Keine Änderungen im Versicherungsvertragsgesetz aufgrund der Währungsumstellung. Für Versicherungsverträge gilt das Prinzip der Vertragskontinuität. (Verordnung 1).
Bankenentgelte bei der Euro-Umstellung	Bundesregierung erwartet, daß einmalige Kontenumstellung von DM auf Euro sowie Umrechnungen im Zahlungsverkehr kostenfrei erfolgen. Gleiches gilt für Umtausch von Banknoten und -münzen bei Einführung des Euro-Bargeldes. Für den Umtausch von nationalen Währungen während der Übergangszeit sind jedoch Gebühren zu erwarten.
Umstellung der öffentlichen Verwaltung	Ein bundeseinheitliches Vorgehen aller Verwaltungsebenen wird angestrebt. Die DM wird während der Übergangszeit auf allen Verwaltungsebenen maßgebliche interne Verrechnungseinheit bleiben. In Einzelberei-

	chen wird dem Privatsektor eine Euro-Verwendung angeboten. Unbare Zahlungen gegenüber den öffentlichen Verwaltungen werden ab 1.1.1999 auch in Euro möglich sein. Eine Vielfalt von Einzelfragen war bei Abfassung des Beitrages noch im Stadium der Prüfung.

Kapitel 1. Die Wirtschaftspolitik

Art. 98 (ex-Art. 102a) (Marktwirtschaftliche Ausrichtung)

Die Mitgliedstaaten richten ihre Wirtschaftspolitik so aus, daß sie im Rahmen der in Artikel 99 Absatz 2 genannten Grundzüge zur Verwirklichung der Ziele der Gemeinschaft im Sinne des Artikels 2 beitragen. Die Mitgliedstaaten und die Gemeinschaft handeln im Einklang mit dem Grundsatz einer offenen Marktwirtschaft mit freiem Wettbewerb, wodurch ein effizienter Einsatz der Ressourcen gefördert wird, und halten sich dabei an die in Artikel 4 genannten Grundsätze.

Art. 99 (ex-Art. 103) (Koordinierung der Wirtschaftspolitik)

(1) Die Mitgliedstaaten betrachten ihre Wirtschaftspolitik als eine Angelegenheit von gemeinsamem Interesse und koordinieren sie im Rat nach Maßgabe des Artikels 98.

(2) Der Rat erstellt mit qualifizierter Mehrheit auf Empfehlung der Kommission einen Entwurf für die Grundzüge der Wirtschaftspolitik der Mitgliedstaaten und der Gemeinschaft und erstattet dem Europäischen Rat hierüber Bericht.

Der Europäische Rat erörtert auf der Grundlage dieses Berichts des Rates eine Schlußfolgerung zu den Grundzügen der Wirtschaftspolitik der Mitgliedstaaten und der Gemeinschaft.

Auf der Grundlage dieser Schlußfolgerung verabschiedet der Rat mit qualifizierter Mehrheit eine Empfehlung, in der diese Grundzüge dargelegt werden. Der Rat unterrichtet das Europäische Parlament über seine Empfehlung.

(3) Um eine enge Koordinierung der Wirtschaftspolitik und eine dauerhafte Konvergenz der Wirtschaftsleistungen der Mitgliedstaaten zu gewährleisten, überwacht der Rat anhand von Berichten der Kommission die wirtschaftliche Entwicklung in jedem Mitgliedstaat und in der Gemeinschaft sowie die Vereinbarkeit der Wirtschaftspolitik mit den in Absatz 2 genannten Grundzügen und nimmt in regelmäßigen Abständen eine Gesamtbewertung vor.

Zum Zwecke dieser multilateralen Überwachung übermitteln die Mitgliedstaaten der Kommission Angaben zu wichtigen einzelstaatlichen Maßnahmen auf dem Gebiet ihrer Wirtschaftspolitik sowie weitere von ihnen für erforderlich erachtete Angaben.

(4) Wird im Rahmen des Verfahrens nach Absatz 3 festgestellt, daß die Wirtschaftspolitik eines Mitgliedstaates nicht mit den in Absatz 2 genannten Grundzügen vereinbar ist oder das ordnungsgemäße Funktionieren der Wirtschafts- und Währungsunion zu gefährden droht, so kann der Rat mit qualifizierter Mehrheit auf Empfehlung der Kommission die erforderlichen Empfehlungen an den betreffenden Mitgliedstaat richten. Der Rat kann mit qualifizierter Mehrheit auf Vorschlag der Kommission beschließen, seine Empfehlungen zu veröffentlichen.

Der Präsident des Rates und die Kommission erstatten dem Europäischen Parlament über die Ergebnisse der multilateralen Überwachung Bericht. Der Präsident des Rates kann ersucht werden, vor dem zuständigen Ausschuß des Europäischen Parlaments zu erscheinen, wenn der Rat seine Empfehlungen veröffentlicht hat.

(5) Der Rat kann nach dem Verfahren des Artikels 252 die Einzelheiten des Verfahrens der multilateralen Überwachung im Sinne der Absätze 3 und 4 festlegen.

Art. 100 (ex-Art. 103a) (Maßnahmen bei gravierenden Schwierigkeiten)

(1) Der Rat kann auf Vorschlag der Kommission unbeschadet der sonstigen in diesem Vertrag vorgesehenen Verfahren einstimmig über die der Wirtschaftslage angemessenen Maßnahmen entscheiden, insbesondere falls gravierende Schwierigkeiten in der Versorgung mit bestimmten Waren auftreten.

(2) Ist ein Mitgliedstaat aufgrund außergewöhnlicher Ereignisse, die sich seiner Kontrolle entziehen, von Schwierigkeiten betroffen oder von gravierenden Schwierigkeiten ernstlich bedroht, so kann der Rat einstimmig auf Vorschlag der Kommission beschließen, dem betreffenden Mitgliedstaat unter bestimmten Bedingungen einen finanziellen Beistand der Gemeinschaft zu gewähren. Sind die gravierenden Schwierigkeiten auf Naturkatastrophen zurückzuführen, so beschließt der Rat mit qualifizierter Mehrheit. Der Präsident des Rates unterrichtet das Europäische Parlament über den Beschluß.

1   Art. 98–100 können als **Einheit** angesehen werden, die den **Generalrahmen für die Wirtschaftspolitik** bestimmen. Unter **Wirtschaftspolitik** sind hier nur die Kernbereiche der Wirtschaftspolitik zu verstehen (insbesondere die Haushaltspolitik), nicht aber die Geld- und Währungspolitik sowie die anderen im EGV geregelten Bereiche der Wirtschaftspolitik im weiteren Sinne. Im Vordergrund der Art. 98–100 stehen Mechanismen, die zu einer Verklammerung der Wirtschaftspolitik der Mitgliedsländer beitragen sollen. Diese Mechanismen sind bereits in Art. 2 und Art. 4 (ex-Art. 3a) aufgeführt (Ziele der Wirtschaftspolitik und Grundsätze der wirtschaftspolitischen Ausrichtung) und beide Aspekte werden in Art. 98 nochmals wiederholt. Festzuhalten bleibt, daß sich die Mitgliedstaaten auf den Grundsatz der „offenen Marktwirtschaft" und „freien Wettbewerb" verpflichten, was nicht nur auf die Mitgliedstaaten untereinander zu beziehen ist, sondern auch auf die EG gegenüber den Drittstaaten (erga omnes-Prinzip).

2   Den eigentlichen Kern dieser Artikelfolge bildet die **Koordinierung der Wirtschaftspolitik**. Normzweck von Art. 99 ist die Festlegung eines Verfahrens zur wirtschaftspolitischen Zusammenarbeit, das bereits mit Inkrafttreten des EGV Gültigkeit erlangte und sich auch nach Beginn der dritten Stufe zur WWU im Grundsatz nicht änderte. Entsprechend wird damit eine Koordinierung der Wirtschaftspolitik kodifiziert, die sich auf Dauer als tragfähig erweisen muß.

3   Allein Art. 100, der als flankierende Norm für Notfälle angesehen werden kann, sieht in Abs. 2 **finanzielle Beistandsregeln** vor, die mit Beginn der dritten Stufe in Kraft traten. Die Kompetenz des Rats wurde damit graduell vergrößert. Hatte er im Falle gravierender Schwierigkeiten auch zuvor schon die Befugnis zu bindenden Beschlüssen u.U. weitreichender Natur (allerdings nur auf Grundlage der Einstimmigkeit), so kann er im Falle gravierender Schwierigkeiten infolge von Naturkatastrophen nunmehr auch mit qualifizierter Mehrheit über eine Mobilisierung des finanziellen Beistands beschließen.

Entscheidend ist, daß es gemäß EGV keine genuine Wirtschaftspolitik der **4**
EG gibt, sondern weiterhin eine genuine Wirtschaftspolitik der Mitgliedsländer. Die Wirtschaftspolitik verbleibt in der Zuständigkeit der Mitgliedstaaten. Allerdings betrachten die Mitgliedstaaten ihre Wirtschaftspolitik
als eine **Angelegenheit von gemeinsamem Interesse** und koordinieren sie.
Diese Allgemeinverpflichtung zu gegenseitigem Wohlverhalten und abge-
stimmtem Handeln (insbesondere zur Gewährleistung einer dauerhaften
Konvergenz der Wirtschaftsleistungen der Mitgliedstaaten) findet ihren
Niederschlag in einer Prozedur von wirtschaftspolitischer ex-ante- und ex-
post-Koordinierung. Ex-ante verabschiedet der Rat eine Empfehlung über
die Grundzüge der Wirtschaftspolitik, ex-post erfolgt eine multilaterale
Überwachung, d.h. die wirtschaftliche Entwicklung in jedem Mitgliedsland
und in der EG wird beobachtet und auf die Vereinbarkeit mit den „Grundzügen" überprüft.

Diese zweistufige Form der Koordinierung kann in ihrer Intensität durch- **5**
aus als anspruchsvoll gewertet werden. Die Schwelle zur Aufgabe nationaler Gestaltungsspielräume wird aber nicht überschritten. Insbesondere hat
die wirtschaftspolitische Koordinierung keine Bindungswirkung in dem
Sinne, daß der Rat einzelne wirtschaftspolitische Maßnahmen der Mitgliedstaaten (verbindlich) einfordern könnte. Unstrittig bleibt jedoch – wie
auch schon in der früheren Fassung des EGV – die **Leitlinienkompetenz
des Rats**. Seine Möglichkeiten zur Durchsetzung dieser „Grundzüge" werden graduell vergrößert, indem Art. 99 Abs. 3 und Abs. 4 ein Verfahren normiert, wonach der Rat im Falle eines festgestellten Fehlverhaltens „Empfehlungen" an den betreffenden Mitgliedstaat richten und veröffentlichen
kann. Von einer veritablen Sanktionsmöglichkeit kann diesbezüglich zwar
nicht gesprochen werden, wohl aber liegt hierin ein Instrument eines gesteigerten „Gruppendrucks" auf einzelne Mitgliedsländer, den Empfehlungen des Rates über die Grundzüge der Wirtschaftspolitik Folge zu leisten.

Für den weiteren Verlauf der Stufe Drei der WWU ist allerdings auch zu er- **6**
warten, daß die **Volkswirtschaften der Teilnehmerländer stärker zusammenwachsen**. Dies ist eine wichtige Grundlage für ein reibungsloses
Nebeneinander von einheitlicher Währung und einheitlicher Geldpolitik
auf der einen Seite und weiterhin dezentraler Gestaltungsvollmacht in anderen Bereichen der Wirtschaftspolitik, insbesondere der Lohnpolitik und
der Finanzpolitik, auf der anderen Seite. Allerdings bedeutet eine tiefere Integration auch, daß Fehlentwicklungen in einem Partnerstaat stärker auf die
anderen Teilnehmerstaaten ausstrahlen. Um derartigen Fehlentwicklungen
bereits im Vorfeld entgegenzuwirken, ist eine intensivere wirtschaftliche
Koordinierung sinnvoll und wünschenswert.

7   Auf Grundlage eines Mandats des Europäischen Rats von Amsterdam (Mitte Juni 1997) wurde daher untersucht, wie die **wirtschaftspolitische Koordinierung in der dritten Stufe verbessert** werden kann. Die Ergebnisse dieser Untersuchung sind in der „Entschließung des Europäischen Rats" vom 12./13. Dezember 1997 in Luxemburg zusammengefaßt. Im einzelnen sind folgende **Kernaspekte** hervorzuheben:

–   Stärkere Einbeziehung nationaler struktureller Maßnahmen in die wirtschaftspolitische Überwachung. Hierbei handelt es sich um den Versuch, strukturelle Hemmnisse zu identifizieren, die sich nachteilig auf das Produktionspotential und die Schaffung neuer wettbewerbsfähiger Arbeitsplätze auswirken.

–   Verbesserte Nutzung bestehender Koordinierungsinstrumente. Der Ansatzpunkt in diesem Bereich liegt darin, etwa die Grundsätze der Wirtschaftspolitik genauer zu formulieren und ggf. stärkeren Gebrauch von speziellen Empfehlungen an Mitgliedstaaten zu machen. Darüber hinaus soll die Überwachung der wirtschaftlichen Entwicklung im Sinne eines Frühwarnsystems ausgebaut und der Informationsaustausch verbessert werden.

–   Effiziente Durchführung der Koordinierungsverfahren. Ein Aspekt in diesem Zusammenhang ist die Möglichkeit von (formellen) ECOFIN-Tagungen auch im engeren Kreis (d.h. ohne Teilnahme von Fachbeamten), zwecks intensiverer und offener Bewertung wirtschaftlicher und wirtschaftspolitischer Fragen. Ein zweiter Aspekt ist die Möglichkeit von informellen Treffen der Minister des Euro-Währungsgebiets, d.h. unter Ausschluß der noch nicht an der einheitlichen Geldpolitik teilnehmenden Mitgliedsländer. Diese Frage war lange Zeit besonders umstritten, weil zum einen die Nichtteilnehmer darin eine Benachteiligung sahen, zum anderen gemutmaßt wurde, daß sich daraus eine „Wirtschaftsregierung" entwickeln könnte, die sich gewissermaßen in Frontstellung zur EZB positionieren würde.

8   Insgesamt betrachtet sind die in Luxemburg vereinbarten Regelungen nicht als gravierende Veränderungen der Vertragsvorgaben im Bereich der Koordinierung der Wirtschaftspolitik anzusehen. Einzig die Möglichkeit zu informellen Treffen der Wirtschafts- und Finanzminister der Euro-Teilnehmerländer stellt eine Innovation dar. Dem EGV entsprechend bleibt allerdings der Rat der Wirtschafts- und Finanzminister aller EU Mitgliedsländer die allein entscheidungsberechtigte Instanz, so daß auch in diesem Falle nicht von einer substantiellen Veränderung des EGV gesprochen werden kann.

Art. 101 (ex-Art. 104) (Verbot von Kreditfazilitäten bei der EZB für öffentliche Einrichtungen in der EG)

(1) Überziehungs- oder andere Kreditfazilitäten bei der EZB oder den Zentralbanken der Mitgliedstaaten (im folgenden als „nationale Zentralbanken" bezeichnet) für Organe oder Einrichtungen der Gemeinschaft, Zentralregierungen, regionale oder lokale Gebietskörperschaften oder andere öffentlich-rechtliche Körperschaften, sonstige Einrichtungen des öffentlichen Rechts oder öffentliche Unternehmen der Mitgliedstaaten sind ebenso verboten wie der unmittelbare Erwerb von Schuldtiteln von diesen durch die EZB oder die nationalen Zentralbanken.

(2) Die Bestimmungen des Absatzes 1 gelten nicht für Kreditinstitute in öffentlichem Eigentum; diese werden von der jeweiligen nationalen Zentralbank und der EZB, was die Bereitstellung von Zentralbankgeld betrifft, wie private Kreditinstitute behandelt.

Art. 102 (ex-Art. 104a) (Verbot von Maßnahmen des Zugangs zu Finanzinstitutionen für öffentliche Einrichtungen in der EG)

(1) Maßnahmen, die nicht aus aufsichtsrechtlichen Gründen getroffen werden und einen bevorrechtigten Zugang der Organe und Einrichtungen der Gemeinschaft, der Zentralregierungen, der regionalen oder lokalen Gebietskörperschaften oder anderen öffentlich-rechtlichen Körperschaften, sonstiger Einrichtungen des öffentlichen Rechts oder öffentlicher Unternehmen der Mitgliedstaaten zu den Finanzinstituten schaffen, sind verboten.

(2) Der Rat legt vor dem 1. Januar 1994 nach dem Verfahren des Artikels 252 die Begriffsbestimmungen für die Anwendung des in Absatz 1 vorgesehenen Verbots fest.

Art. 103 (ex-Art. 104b) (Keine Haftung der Gemeinschaft für Verbindlichkeiten der Mitgliedstaaten)

(1) Die Gemeinschaft haftet nicht für die Verbindlichkeiten der Zentralregierungen, der regionalen oder lokalen Gebietskörperschaften oder anderen öffentlich-rechtlichen Körperschaften, sonstiger Einrichtungen des öffentlichen Rechts oder öffentlicher Unternehmen von Mitgliedstaaten und tritt nicht für derartige Verbindlichkeiten ein; dies gilt unbeschadet der gegenseitigen finanziellen Garantien für die gemeinsame Durchführung eines bestimmten Vorhabens. Ein Mitgliedstaat haftet nicht für die Verbindlichkeiten der Zentralregierungen, der regionalen oder lokalen Gebietskörperschaften oder anderen öffentlich-rechtlichen Körperschaften, sonstiger Einrichtungen des öffentlichen Rechts oder öffentlicher Unternehmen eines anderen Mitgliedstaats und tritt nicht für derartige Verbindlichkeiten ein; dies gilt unbeschadet der gegenseitigen finanziellen Garantien für die gemeinsame Durchführung eines bestimmten Vorhabens.

(2) Der Rat kann erforderlichenfalls nach dem Verfahren des Artikels 252 Definitionen für die Anwendung der in Artikel 101 und in diesem Artikel vorgesehenen Verbote näher bestimmen.

Art. 104 (ex-Art. 104c) (Vermeidung übermäßiger Defizite, Haushaltsdisziplin)

(1) Die Mitgliedstaaten vermeiden übermäßige öffentliche Defizite.

(2) Die Kommission überwacht die Entwicklung der Haushaltslage und der Höhe des öffentlichen Schuldenstands in den Mitgliedstaaten im Hinblick auf die Feststellung schwerwiegender Fehler. Insbesondere prüft sie die Einhaltung der Haushaltsdisziplin anhand von zwei Kriterien, nämlich daran,

a) ob das Verhältnis des geplanten oder tatsächlichen öffentlichen Defizits zum Bruttoinlandsprodukt einen bestimmten Referenzwert überschreitet, es sei denn, daß

 – entweder das Verhältnis erheblich und laufend zurückgegangen ist und einen Wert in der Nähe des Referenzwerts erreicht hat

 – oder der Referenzwert nur ausnahmsweise und vorübergehend überschritten wird und das Verhältnis in der Nähe des Referenzwerts bleibt,

b) ob das Verhältnis des öffentlichen Schuldenstands zum Bruttoinlandsprodukt einen bestimmten Referenzwert überschreitet, es sei denn, daß das Verhältnis hinreichend rückläufig ist und sich rasch genug dem Referenzwert nähert.

Die Referenzwerte werden in einem diesem Vertrag beigefügten Protokoll über das Verfahren bei einem übermäßigen Defizit im einzelnen festgelegt.

(3) Erfüllt ein Mitgliedstaat keines oder nur eines dieser Kriterien, so erstellt die Kommission einen Bericht. In diesem Bericht wird berücksichtigt, ob das öffentliche Defizit die öffentlichen Ausgaben für Investitionen übertrifft; berücksichtigt werden ferner alle sonstigen ein-

schlägigen Faktoren, einschließlich der mittelfristigen Wirtschafts-
und Haushaltslage des Mitgliedstaats.

Die Kommission kann ferner einen Bericht erstellen, wenn sie ungeachtet der Erfüllung der Kriterien der Auffassung ist, daß in einem
Mitgliedstaat die Gefahr eines übermäßigen Defizits besteht.

(4) Der Ausschuß nach Artikel 114 gibt eine Stellungnahme zu dem Bericht der Kommission ab.

(5) Ist die Kommission der Auffassung, daß in einem Mitgliedstaat ein
übermäßiges Defizit besteht oder sich ergeben könnte, so legt sie dem
Rat eine Stellungnahme vor.

(6) Der Rat entscheidet mit qualifizierter Mehrheit auf Empfehlung
der Kommission und unter Berücksichtigung der Bemerkungen, die
der betreffende Mitgliedstaat gegebenenfalls abzugeben wünscht, nach
Prüfung der Gesamtlage, ob ein übermäßiges Defizit besteht.

(7) Wird nach Absatz 6 ein übermäßiges Defizit festgestellt, so richtet
der Rat an den betreffenden Mitgliedstaat Empfehlungen mit dem
Ziel, dieser Lage innerhalb einer bestimmten Frist abzuhelfen. Vorbehaltlich des Absatzes 8 werden diese Empfehlungen nicht veröffentlicht.

(8) Stellt der Rat fest, daß seine Empfehlungen innerhalb der gesetzten
Frist keine wirksamen Maßnahmen ausgelöst haben, so kann er seine
Empfehlungen veröffentlichen.

(9) Falls ein Mitgliedstaat den Empfehlungen des Rates weiterhin nicht
Folge leistet, kann der Rat beschließen, den Mitgliedstaat mit der Maßgabe in Verzug zu setzen, innerhalb einer bestimmten Frist Maßnahmen für den nach Auffassung des Rates zur Sanierung erforderlichen
Defizitabbau zu treffen.

Der Rat kann in diesem Fall den betreffenden Mitgliedstaat ersuchen,
nach einem konkreten Zeitplan Berichte vorzulegen, um die Anpas-
sungsbemühungen des Mitgliedstaates überprüfen zu können.

(10) Das Recht auf Klageerhebung nach den Artikeln 226 und 227
kann im Rahmen der Absätze 1 bis 9 dieses Artikels nicht ausgeübt
werden.

(11) Solange ein Mitgliedstaat einen Beschluß nach Absatz 9 nicht befolgt, kann der Rat beschließen, eine oder mehrere der nachstehenden
Maßnahmen anzuwenden oder gegebenenfalls zu verschärfen, nämlich

- von dem betreffenden Mitgliedstaat verlangen, vor der Emission von Schuldverschreibungen und sonstigen Wertpapieren vom Rat näher zu bezeichnende zusätzliche Angaben zu veröffentlichen,
- die Europäische Investitionsbank ersuchen, ihre Darlehenspolitik gegenüber dem Mitgliedstaat zu überprüfen,
- von dem Mitgliedstaat verlangen, eine unverzinsliche Einlage in angemessener Höhe bei der Gemeinschaft zu hinterlegen, bis das übermäßige Defizit nach Ansicht des Rates korrigiert worden ist,
- Geldbußen in angemessener Höhe verhängen.

Der Präsident des Rates unterrichtet das Europäische Parlament von den Beschlüssen.

(12) Der Rat hebt einige oder sämtliche Entscheidungen nach den Absätzen 6 bis 9 und 11 so weit auf, wie das übermäßige Defizit in dem betreffenden Mitgliedstaat nach Ansicht des Rates korrigiert worden ist. Hat der Rat zuvor Empfehlungen veröffentlicht, so stellt er, sobald die Entscheidung nach Absatz 8 aufgehoben worden ist, in einer öffentlichen Erklärung fest, daß in dem betreffenden Mitgliedstaat kein übermäßiges Defizit mehr besteht.

(13) Die Beschlußfassung des Rates nach den Absätzen 7 bis 9 sowie 11 und 12 erfolgt auf Empfehlung der Kommission mit einer Mehrheit von zwei Dritteln der gemäß Artikel 205 Absatz 2 gewogenen Stimmen der Mitgliedstaaten mit Ausnahme der Stimmen des Vertreters des betroffenen Mitgliedstaats.

(14) Weitere Bestimmungen über die Durchführung des in diesem Artikel beschriebenen Verfahrens sind in dem diesem Vertrag beigefügten Protokoll über das Verfahren bei einem übermäßigen Defizit enthalten.

Der Rat verabschiedet einstimmig auf Vorschlag der Kommission und nach Anhörung des Europäischen Parlaments sowie der EZB die geeigneten Bestimmungen, die sodann das genannte Protokoll ablösen.

Der Rat beschließt vorbehaltlich der sonstigen Bestimmungen dieses Absatzes vor dem 1. Januar 1994 mit qualifizierter Mehrheit auf Vorschlag der Kommission und nach Anhörung des Europäischen Parlaments nähere Einzelheiten und Begriffsbestimmungen für die Durchführung des genannten Protokolls.

I. Normzweck

Die Artikelfolge 101–104 ist der Versuch, gerade soviel Gemeinschafts-   **1**
recht in der Finanzpolitik zu verankern, wie für eine stabilitätsorientierte
WWU nötig erscheint, und ansonsten die **nationalen Kompetenzen in der**
Finanzpolitik möglichst zu wahren. Zum einen werden Regelungen getroffen, die die materielle Unabhängigkeit der einheitlichen Geldpolitik
sichern sollen (Art. 101 und Art. 102); sie sind von daher als unverzichtbare
Voraussetzungen für die WWU anzusehen. Zum anderen wird die Eigen-
verantwortlichkeit der Mitgliedsländer für ihre Verschuldung vertraglich
festgelegt (Art. 103), und darüber hinaus werden die Befugnisse der Gemeinschaftsorgane in der Beeinflussung der nationalen Finanzpolitik kodifiziert (Art. 104). Normzweck des Art. 104 ist, den Ausgleich herbeizuführen im Spannungsfeld gemeinschaftlicher Regelvorgaben in der Finanzpolitik und nationaler Gestaltungskompetenz. Diese Vorkehrungen wurden
im Rahmen des Stabilitäts- und Wachstumspaktes weiter konkretisiert.

II. Art. 101 und Art. 102 als Mechanismen zur Wahrung der Unab-
hängigkeit der Notenbanken und Förderung der Haushaltsdisziplin

Um die monetäre Finanzierung von öffentlichen Defiziten umfassend aus-   **2**
zuschließen, bezieht sich das **Kreditgewährungsverbot** nach Art. 101 sowohl auf die nationalen Notenbanken als auch auf die EZB, und zwar gegenüber dem gesamten Staatssektor der EG und der Mitgliedstaaten, einschließlich sonstiger Einrichtungen des öffentlichen Rechts und öffentlicher Unternehmen. Verboten ist den Zentralbankinstitutionen demgemäß
die Vergabe von Bankkrediten (Überziehungs- oder andere Kreditfazilitä-

ten, einschließlich Kassenkrediten) sowie der unmittelbare Erwerb von Schuldtiteln, d.h. der Kauf staatlicher Wertpapiere am Primärmarkt. Erlaubt ist den Zentralbanken hingegen der mittelbare Erwerb von Schuldtiteln, also der Kauf von Staatsanleihen am Sekundärmarkt für Staatspapiere. Hintergrund hierfür ist, daß die Zentralbanken in ihrer Geldpolitik zunehmend auf das Instrument der Offenmarktpolitik zurückgreifen und in diesem Zusammenhang vom Staatssektor emittierte Wertpapiere befristet in ihren Bestand aufnehmen (wie im Falle des Wertpapierpensionsgeschäfts) oder solche Papiere als Absicherung für verauslagte Kredite akzeptieren. Da dem öffentlichen Sektor hierdurch keine direkten Vorteile erwachsen, die die Haushaltsdisziplin schwächen würden, ist in der Möglichkeit von Offenmarktgeschäften grundsätzlich kein Durchbrechen des Verbots der monetären Finanzierung zu sehen. Aus den gleichen - nämlich geldpolitischen – Gründen gelten die in Art. 101 Abs. 1 niedergelegten Verbote nicht für Kreditinstitute in öffentlichem Eigentum, die hinsichtlich der Bereitstellung von Zentralbankgeld wie private Kreditinstitute behandelt werden (Art. 101 Abs. 2).

3   Art. 102 greift die gleiche Problematik der **nicht-marktgemäßen Finanzierung staatlicher Kreditaufnahme** auf, hier allerdings nicht mit Blick auf die Zentralbank, sondern auf Finanzinstitute. Hintergrund hierfür waren Regelungen in einzelnen Mitgliedstaaten, wonach Finanzinstitute oder bestimmte Gruppen von Finanzinstituten quasi auf gesetzgeberischem Wege verpflichtet wurden, staatliche Wertpapiere anzukaufen, und dies zu Bedingungen, die als nicht-marktgemäß angesehen werden konnten. Damit entstand dem Staat ein Zinsvorteil, oder umgekehrt ausgedrückt, ging von der Zinslast ein geringerer Druck zur Haushaltsdisziplin aus, als dies bei marktmäßiger Verschuldung zu erwarten gewesen wäre. Ein solcher „bevorrechtigter Zugang" öffentlicher Organe der EG und der nationalen Staaten wird durch das Verbot gemäß Art. 102 ausgeschaltet, so daß die Geldpolitik und die Marktkräfte über den Zins Einfluß auf das öffentliche Haushaltsgebaren nehmen können.

4   Die Grundsatzregelungen nach Art. 101 und 102 traten bereits mit Beginn der zweiten Stufe in Kraft (Art. 116 Abs. 3, ex-Art. 109e).

III. Art. 103 als Verankerung der Eigenverantwortlichkeit der Mitgliedstaaten

5   Art. 103 verfügt den **Haftungsausschluß** der EG und der Mitgliedsländer für die Verbindlichkeiten einzelner Mitgliedstaaten, unabhängig davon, auf welcher staatlichen Ebene die Verschuldung eingegangen wurde. Die EG ist

damit im Hinblick auf die Bedienung von Krediten jeder Art kein Solidarverbund. Ausgenommen davon sind finanzielle Garantien für die gemeinsame Durchführung bestimmter Vorhaben.

IV. Art. 104 als Ausdruck des Spannungsfeldes supranationaler Regelvorgaben und nationaler Kompetenz in der Finanzpolitik

Art. 104 verpflichtet die Mitgliedstaaten grundsätzlich   6
– zur Einhaltung der Haushaltsdisziplin (Abs. 1, gültig seit Beginn der Stufe Drei)
– zur Zugrundelegung vorab festgelegter Kriterien bei der Überprüfung der Haushaltsdisziplin (Abs. 2; vgl. hierzu das dem Vertrag beigefügte „Protokoll über das Verfahren bei einem übermäßigen Defizit", wonach der Referenzwert für das laufende Defizit bei 3 % des BIP liegt und für den Schuldenstand bei 60 % des BIP. Absatz 2 und folgende – mit Ausnahme von 9, 11 und 14 – galten bereits ab Beginn der zweiten Stufe; hierin spiegelte sich die Maßgabe nach Art. 116 Abs. 4 [ex-Art. 109e] wider).
Die Kommission ist gehalten, bei Nichterfüllung dieser Vorgaben ein Prüfungsverfahren einzuleiten (Abs. 3–5), das im Rat zur Feststellung eines übermäßigen Defizits und zu Empfehlungen an das Mitgliedsland führen können (Abs. 6–7); diese wiederum können veröffentlicht werden (Abs. 8).

Die Grundsatzverpflichtung nach Art. 104 Abs. 1 (ex-Art. 109e Abs. 4)   7
i.V.m. den Referenzwerten des Abs. 2 reicht somit aus, den Anfangsverdacht einer Vertragsverletzung zu begründen, dem von der EG nachgegangen wird. Gleichwohl setzt ein Überschreiten der Referenzwerte noch keine Automatik in Gang. So prüft die Kommission nach Abs. 3 auch alle anderen einschlägigen Faktoren, einschließlich der mittelfristigen Wirtschafts- und Haushaltslage des Mitgliedslandes. Überdies wird das Land nach Abs. 6 zusätzlich gehört. Erst auf dieser Grundlage findet der Rat zu einem abschließenden Votum, was ggf. die in Abs. 7–8 festgelegten Konsequenzen hat.

Durch die Regelungen des Art. 104 Abs. 1–8 wird die Finanzpolitik eines   8
Landes letztlich in stärkerem Maße als sonst international üblich quantifizierten Beurteilungskriterien ausgesetzt und im Grundsatz zur **Haushaltsdisziplin** verpflichtet. Eine Garantie für haushaltspolitisches Wohlverhalten und eine Unterwerfung der Finanzpolitik unter einen strengen Regelmechanismus ist damit aber nicht verbunden. Insbesondere stellt Abs. 10 klar, daß die Kommission oder einzelne Mitgliedstaaten **kein Recht zur Klage-**

erhebung wegen Vertragsverletzung beim EuGH hinsichtlich Art. 104 Abs. 1–9 besitzen. Die Mißachtung der Haushaltsdisziplin wird jedoch nach einem bestimmten Verfahren verfolgt und kann mit speziellen Sanktionen geahndet werden.

9   Mit Eintritt in die dritte Stufe der WWU wurde das Arsenal gemeinschaftlicher Einflußmaßnahmen vergrößert. Beschränkte es sich in der zweiten Stufe praktisch allein auf die Möglichkeit des **„Gruppendrucks"** (Art. 104 Abs. 1–8 sind als Spiegelbild der Koordinierungsmechanismen des Art. 99 anzusehen), so gibt es mit Beginn der dritten Stufe die Möglichkeit, eine **„Abmahnung"** nach Abs. 9 zu erlassen sowie **Sanktionen** zu verhängen (Abs. 11). Letztere reichen von bestimmten Publikationspflichten bei der Emission staatlicher Schuldtitel bis hin zu Geldbußen. Abs. 12–13 regeln die Verfahrensweise nach erfolgter Haushaltskorrektur und Abstimmungsmodalitäten, Abs. 14 eröffnet die Möglichkeit, Einzelheiten und nähere Begriffsbestimmungen für die Durchführung des Protokolls über das Verfahren bei einem übermäßigen Defizit zu beschließen (vgl. Verordnung [EG] Nr. 3605/93 des Rates vom 22.11.1993, ABl. L 332/7).

10   **Art. 104 Abs. 2–11** stehen gewissermaßen als **Symbol für die Gesamtkonzeption** der Regelungen zur Wirtschafts- und insbesondere Finanzpolitik: Gemeinschaftliche Regelvorgaben und Prüfungsrechte, gepaart mit abgestuften Sanktionsmöglichkeiten, die den Außendruck auf sich fehlverhaltende Länder steigern, ohne dabei die Schwelle zur genuinen Gemeinschaftszuständigkeit zu überschreiten.

V. Konkretisierung des Art. 104 im Rahmen des Stabilitäts- und Wachstumspaktes

11   Im Vorfeld der im Frühjahr 1998 durchgeführten **Konvergenzprüfungen** der Mitgliedstaaten, insbesondere der Überprüfung dauerhafter Finanzdisiplin, sowie auf Grundlage der konkreten Erfahrungen bei der Feststellung „übermäßiger Defizite", zeichnete sich zunehmend ein Bedarf ab, die Zielsetzungen des Art. 104 nochmals politisch zu bekräftigen, die Überwachung der Haushaltspolitik zu intensivieren und wichtige Elemente des Verfahrens gemäß Art. 104 zu konkretisieren und zu straffen. Über einen längeren Prozeß hinweg mündeten die vor allem von deutscher Seite betriebenen Bemühungen im Abschluß eines **„Stabilitäts- und Wachstumspaktes"**. Niedergelegt ist dieser Pakt in einer „Entschließung des Europäischen Rates über den Stabilitäts- und Wachstumspakt" (förmlich angenommen auf der Tagung des Europäischen Rats in Juni 1997 in Amsterdam), einer „Verordnung über den Ausbau der haushaltspolitischen Überwachung und

der Überwachung und Koordinierung der Wirtschaftspolitik" (EG Nr. 1466/97 vom 7.7.1997, ABl. L 209/1), sowie einer „Verordnung über die Beschleunigung und Klärung des Verfahrens bei einem übermäßigen Defizit (EG Nr 1467/97 vom 7.7.1997, ABl. L 209/6–11).

In der **„Entschließung des Europäischen Rates über den Stabilitäts- und Wachstumspakt"** verpflichten sich die Mitgliedstaaten u.a. zu unverzüglichen Korrekturmaßnahmen in der Haushaltspolitik, wenn sich Zielverfehlungen abzeichnen; die Kommission verpflichtet sich u.a., im Falle einer möglichen Überschreitung des 3 % Referenzwertes das Verfahren bei einem übermäßigen Defizit durch Abfassung eines entsprechenden Berichts auszulösen, und der Rat verpflichtet sich u.a., die Beschlüsse zur strengen Anwendung des Paktes so schnell wie möglich zu fassen, in der Regel zu empfehlen, daß übermäßige Defizite spätestens im Jahr nach ihrer Feststellung zu beseitigen sind, und bei mangelnden Korrekturmaßnahmen stets Sanktionen zu verhängen. Eine zeitweilig diskutierte „Sanktionsautomatik", d.h. die Verhängung von Sanktionen ohne entsprechenden Ratsbeschluß, scheiterte an den durch das Primärrecht des EGV gesetzten Grenzen. **12**

Die **„Verordnung über den Ausbau der haushaltspolitischen Überwachung und die Koordinierung der Wirtschaftspolitik"** verpflichtet die Mitgliedstaaten vor allem auf das mittelfristige Ziel eines nahezu ausgeglichenen oder überschüssigen Haushalts und zur Auflegung und Erläuterung von detaillierten Stabilitätsprogrammen (im Falle der Euro-Teilnehmerländer) oder Konvergenzprogrammen (im Falle der Nicht-Teilnehmerländer). Außerdem wird ein Verfahren präzisiert, das die Prüfung und Überwachung der Programme durch die Kommission, den Wirtschafts- und Finanzausschuß und den Rat innerhalb vorgegebener Fristen gewährleistet sowie rechtzeitige Empfehlungen des Rats an das Mitgliedsland im Sinne eines funktionierenden „Frühwarnsystems" ermöglicht. **13**

Die **„Verordnung über die Beschleunigung und Klärung des Verfahrens bei einem übermäßigen Defizit"** konkretisiert einzelne Begriffe im Zusammenhang mit Art. 104, und damit die Umstände unter denen eine Abweichung vom 3 % Referenzwert hingenommen werden kann. Darüber hinaus präzisiert sie Fristen für den Ablauf des Verfahrens bei einem übermäßigen Defizit, die im Regelfall gewährleisten sollen, daß das übermäßige Defizit in dem Jahr korrigiert ist, das dem Jahr seiner Feststellung folgt. Schließlich wird auch festgelegt, daß der Rat zehn Monate nach Notifizierung eines übermäßigen Defizits Sanktionen verhängt, wenn das Mitgliedsland keine geeigneten Maßnahmen zum Abau des Defizits getroffen haben sollte. Die Sanktionen erfolgen in der Regel im Form einer unverzinslichen Einlage, die in der Regel in eine Geldbuße umgewandelt wird, wenn das **14** übermäßige Haushaltsdefizit nach zwei Jahren fortbesteht. Die Obergrenze für jede einzelne Sanktion wurde auf 0.5 % des BIP festgesetzt, und ihre genaue Höhe ist abhängig vom Ausmaß des Überschreitens des Referenzwertes.

15 Insgesamt betrachtet hat der Stabilitäts- und Wachstumspakt **wichtige Orientierungen** vorgegeben, die auf Dauer stabilitätspolitisch u.U. noch höher zu bewerten sind als verfahrensmäßige Präzisierungen und Beschleunigungen. Im Vordergrund steht hierbei die Verpflichtung auf das mittelfristige Ziel eines nahezu ausgeglichenen oder überschüssigen Haushalts. Zwar ist die Erfüllung dieses Ziels nicht einklagbar und für die Mitgliedstaaten nur in dem Sinne verbindlich als sie eine politische Selbstverpflichtung eingegangen sind. Gleichwohl aber kommen sie – ganz im Sinne der Koordinierungsphilosophie des EGV – bei Nichteinhaltung unter Rechtfertigungsdruck und ggf. in die öffentliche Kritik. Geht man gleichzeitig davon aus, daß die Finanzmärkte haushaltspolitisches Fehlverhalten mit gewissen Risikoprämien auf Staatsanleihen „sanktionieren", so kann diese Form der Koordinierung durchaus wirkungsvoll dazu beitragen, ein ex-ante Wohlverhalten der Mitgliedstaaten herbeizuführen. Für ein reibungsloses Funktionieren der Währungsunion ist diese Art des Wohlverhaltens ohnehin ungleich bedeutender als mögliche „ex-post" Strafaktionen, d.h. im Nachgang zu haushaltspolitischem Fehlverhalten, ohne hierbei die möglicherweise „abschreckende" Funktion spürbarer Sanktionen abwerten zu wollen.

Kapitel 2. Die Währungspolitik

Art. 105 (ex-Art. 105) (Ziele und Aufgaben des ESZB)

(1) Das vorrangige Ziel des ESZB ist es, die Preisstabilität zu gewährleisten. Soweit dies ohne Beeinträchtigung des Zieles der Preisstabilität möglich ist, unterstützt das ESZB die allgemeine Wirtschaftspolitik in der Gemeinschaft, um zur Verwirklichung der in Artikel 2 festgelegten Ziele der Gemeinschaft beizutragen. Das ESZB handelt im Einklang mit dem Grundsatz einer offenen Marktwirtschaft mit freiem Wettbewerb, wodurch ein effizienter Einsatz der Ressourcen gefördert wird, und hält sich dabei an die in Artikel 3a genannten Grundsätze.

(2) Die grundlegenden Aufgaben des ESZB bestehen darin,
– **die Geldpolitik der Gemeinschaft festzulegen und auszuführen,**
– **Devisengeschäfte im Einklang mit Artikel 111 durchzuführen,**

– die offiziellen Währungsreserven der Mitgliedstaaten zu halten und
  zu verwalten,
– das reibungslose Funktionieren der Zahlungssysteme zu fördern.

(3) Absatz 2 dritter Gedankenstrich berührt nicht die Haltung und
Verwaltung von Arbeitsguthaben in Fremdwährungen durch die Regierungen der Mitgliedstaaten.

(4) Die EZB wird gehört
– zu allen Vorschlägen für Rechtsakte der Gemeinschaft im Zuständigkeitsbereich der EZB,
– von den nationalen Behörden zu allen Entwürfen für Rechtsvorschriften im Zuständigkeitsbereich der EZB, und zwar innerhalb
  der Grenzen und unter den Bedingungen, die der Rat nach dem
  Verfahren des Artikels 106 Absatz 6 festlegt.

Die EZB kann gegenüber den zuständigen Organen und Einrichtungen
der Gemeinschaft und gegenüber den nationalen Behörden Stellungnahmen zu in ihren Zuständigkeitsbereich fallenden Fragen abgeben.

(5) Das ESZB trägt zur reibungslosen Durchführung der von den zuständigen Behörden auf dem Gebiet der Aufsicht über die Kreditinstitute und der Stabilität des Finanzsystems ergriffenen Maßnahmen bei.

(6) Der Rat kann durch einstimmigen Beschluß auf Vorschlag der
Kommission nach Anhörung der EZB und nach Zustimmung des Europäischen Parlaments der EZB besondere Aufgaben im Zusammenhang mit der Aufsicht über Kreditinstitute und sonstige Finanzinstitute mit Ausnahme von Versicherungsunternehmen übertragen.

Art. 105 leitet die Vertragsbestimmungen zur Geld- und Währungspolitik   1
ein. Diese ist auf das vorrangige Ziel der Preisstabilität festgelegt. Die Verantwortung für die Geld- und Währungspolitik ging mit Beginn der dritten
Stufe von den nationalen Zentralbanken auf das gemeinschaftliche **ESZB**
über. Die nationalen Entscheidungsträger verloren in der Geld- und
Währungspolitik ihre Entscheidungsbefugnisse. Abs. 2–5 legen dementsprechend die Aufgaben und Befugnisse des ESZB fest. In engem Zusammenhang mit den einschlägigen Regelungen zur Geld- und Währungspolitik steht die ESZB-Satzung, die dem EGV als Protokoll anliegt.
Eine entscheidende Voraussetzung dafür, daß eine Notenbank den von ihr   2
geforderten Beitrag zur **Preisstabilität** auch leisten kann, liegt darin, daß
sie im Konfliktfall nicht mehreren Zielen gleichzeitig oder etwa gar stabi-
litätswidrigen Zielen dienlich sein muß. Die gesetzliche Verpflichtung auf

das vorrangige Ziel der Preisstabilität kann daher als wesentliche Abwehrwaffe gegen den Mißbrauch der Geldpolitik angesehen werden. Art. 105 Abs. 1 geht in gewisser Weise sogar noch weiter, indem er als Ziel des ESZB festlegt, die Preisstabilität zu **gewährleisten**. Dies muß dahingehend ausgelegt werden, daß das ESZB im Falle von Stabilitätsgefahren durch Art. 105 nicht etwa nur berechtigt ist, Gegenmaßnahmen zu ergreifen, sondern vielmehr die Pflicht dazu hat. Gleichwohl bietet die vorrangige Verpflichtung auf das Ziel der Preisstabilität aus sich selbst heraus noch keine Garantie für Geldwertstabilität. Hierzu bedarf es zum einen weiterer institutioneller Absicherungen und zum anderen eines gesellschaftlichen Konsenses.

3   Eine wichtige Grundlage für die Stabilitätspolitik ist vor allem ein Konsens darüber, wie der **Begriff der Preisstabilität** inhaltlich ausgefüllt wird. Da der EGV keine Definition der Preisstabilität vorgibt, blieb dies dem EZB-Rat vorbehalten. Im Oktober 1998 verständigte sich der EZB-Rat darauf, Preisstabilität als einen Anstieg des Preisniveaus von weniger als 2 % p.a. zu definieren, und zuvor auf Grundlage des sog. Harmonisierten Indexes der Verbraucherpreise (HIVP), der monatlich von Eurostat berechnet und veröffentlicht wird. Zu berücksichtigen bleiben freilich alle praktischen Probleme bei der Messung der Inflation sowie bei der Beurteilung kürzerfristiger Abweichungen vom Ziel der Preisstabilität aufgrund von unter Unsicherheit getroffenen geldpolitischen Entscheidungen oder einschneidender überraschender Veränderungen der Umfeldbedingungen (z.B. abrupten Rohstoffpreissteigerungen). Vor diesem Hintergrund hat der EZB-Rat auch darauf hingewiesen, daß Preisstabilität auf mittlere Sicht zu gewährleisten ist.

4   Art. 105 Abs. 2 legt mit der Verteilung der **Aufgaben** zugleich einen weiteren Grundstein für die Gewährleistung der Geldwertstabilität: Die Einheitlichkeit der Geld- und Währungspolitik. Mit Beginn der WWU verloren die nationalen Notenbanken ihre souveränen Entscheidungsbefugnisse in diesen Politikbereichen und ihre geldpolitischen Kompetenzen gingen auf das ESZB über.

5   Die konkrete **Arbeitsteilung zwischen EZB und nationalen Notenbanken** ist in einem Handlungsrahmen festgehalten, der vom EWI vorbereitet und dessen genaue Spezifikation von der EZB im zweiten Halbjahr 1998 beschlossen wurde. Das ESZB wird sich in der Hauptsache auf Offenmarktgeschäfte stützen, aber auch zwei ständige Fazilitäten anbieten. Von den Kreditinstituten wird verlangt, daß sie im Rahmen der Mindestreservevorschriften der ESZB (verzinsliche) Mindestreserven auf Konten der nationalen Zentralbanken halten. Innerhalb des Euro-Währungsgebiets erhält

ein großer Kreis von Teilnehmern Zugang zur Notenbank unter Zugrundelegung einheitlicher von der EZB aufgestellter Kriterien. Gemäß Art. 18.1
der ESZB-Satzung sind für alle Kreditgeschäfte des ESZB ausreichende Sicherheiten zu stellen. Ähnlich umfangreiche Detailregelungen wurden für
die Ausführung von Devisenmarktoperationen, die Verwaltung von
Währungsreserven und zur Förderung des reibungslosen Funktionierens
der Zahlungssysteme vorbereitet und beschlossen. (Zu Einzelfragen siehe
einschlägige Publikationen des EWI und der EZB).

Die Einheitlichkeit der Geldpolitik wird schließlich auch daraus deutlich,   6
daß nur die EZB (nicht die nationalen Zentralbanken), ein **Anhörungsrecht**
hinsichtlich der EG und der nationalen Behörden bei allen Fragen hat, die
in ihre Zuständigkeit fallen (Abs. 4).

Nicht übertragen wurde der ESZB hingegen die Aufgabe der **Bankenauf-**   7
sicht. Das ESZB trägt allerdings zur reibungslosen Durchführung der von
den zuständigen Behörden ergriffenen Maßnahmen bei (Abs. 5). Gemäß
Abs. 6 können der EZB aber durch einstimmigen Ratsbeschluß (weitere)
besondere Aufgaben in diesem Zusammenhang übertragen werden.

Art. 106 (ex-Art. 105a) (Ausgabe von Banknoten und Münzen)

**(1) Die EZB hat das ausschließliche Recht, die Ausgabe von Banknoten
innerhalb der Gemeinschaft zu genehmigen. Die EZB und die nationalen Zentralbanken sind zur Ausgabe von Banknoten berechtigt. Die
von der EZB und den nationalen Zentralbanken ausgegebenen Banknoten sind die einzigen Banknoten, die in der Gemeinschaft als gesetzliches Zahlungsmittel gelten.**

**(2) Die Mitgliedstaaten haben das Recht zur Ausgabe von Münzen, wo-
bei der Umfang dieser Ausgabe der Genehmigung durch die EZB bedarf. Der Rat kann nach dem Verfahren des Artikels 252 und nach Anhörung der EZB Maßnahmen erlassen, um die Stückelung und die
technischen Merkmale aller für den Umlauf bestimmten Münzen so
weit zu harmonisieren, wie dies für deren reibungslosen Umlauf innerhalb der Gemeinschaft erforderlich ist.**

Die Ausgabe von **Banknoten** unterliegt im Sinne der Einheitlichkeit der   1
Geldpolitik der Genehmigung der EZB; unter Berücksichtigung der Modalitäten unmittelbar nach Eintritt in die WWU (mit nach wie vor noch um-
laufenden nationalen Währungen und späterer Bargeldeinführung der Gemeinschaftswährung, siehe Art. 123 Abs. 4) sind allerdings EZB und nationale Notenbanken gleichermaßen zur Ausgabe von Banknoten berechtigt,

nationale Notenbanken allerdings nur mit Einverständnis der EZB. In ähnlicher Weise verbleibt das **Münzregal** bei den Mitgliedstaaten, der Umfang der Münzausgabe bedarf aber der Genehmigung der EZB.

Art. 107 (ex-Art. 106) (Struktur der EZB und des ESZB)

(1) Das ESZB besteht aus der EZB und den nationalen Zentralbanken.

(2) Die EZB besitzt Rechtspersönlichkeit.

(3) Das ESZB wird von den Beschlußorganen der EZB, nämlich dem EZB-Rat und Direktorium, geleitet.

(4) Die Satzung des ESZB ist in einem diesem Vertrag beigefügten Protokoll festgelegt.

(5) Der Rat kann die Artikel 5.1, 5.2, 5.3, 17, 18, 19.1, 22, 23, 24, 26, 32.2, 32.3, 32.4, 32.6, 33.1.a und 36 der Satzung des ESZB entweder mit qualifizierter Mehrheit auf Empfehlung der EZB nach Anhörung der Kommission oder einstimmig auf Vorschlag der Kommission nach Anhörung der EZB ändern. Die Zustimmung des Europäischen Parlaments ist dabei jeweils erforderlich.

(6) Der Rat erläßt mit qualifizierter Mehrheit entweder auf Vorschlag der Kommission und nach Anhörung des Europäischen Parlaments und der EZB oder auf Empfehlung der EZB und nach Anhörung des Europäischen Parlaments und der Kommission die in den Artikeln 4, 5.4, 19.2, 20, 28.1, 29.2, 30.4 und 34.3 der Satzung des ESZB genannten Bestimmungen.

1   Art. 107 bestimmt die **Struktur der EZB und des ESZB**. Die eigentliche Organisation des ESZB regelt gemäß Abs. 4 die Satzung des ESZB.

2   Das ESZB besteht zum einen aus der EZB; sie besitzt **Rechtspersönlichkeit** und damit in jedem Mitgliedstaat die weitestgehende Rechts- und Geschäftsfähigkeit, die juristischen Personen nach diesen Rechtsvorschriften zuerkannt ist (Art. 9.1 ESZB-Satzung). Zum anderen sind die nationalen Notenbanken integraler Bestandteil des ESZB; sie handeln gemäß den Leitlinien und Weisungen der EZB (Art. 14.3 ESZB-Satzung). Zu konstatieren ist folglich, daß das ESZB selbst keine rechtliche Eigenständigkeit besitzt. Vermieden wurde damit letztlich eine „Doppelzuständigkeit" im Währungsbereich durch ESZB und EZB.

3   Des weiteren bestimmt Art. 107 Abs. 3 die **Beschlußorgane**, den EZB-Rat und das Direktorium (näheres siehe Art. 112 und Art. 12 der ESZB-Satzung).

Die **ESZB-Satzung** hat die gleiche Rechtskraft wie der EGV. Sie kann **4**
grundsätzlich nur in gleicher Weise wie der EGV selbst geändert werden,
d.h. durch Ratifikation einer Vertragsänderung in allen Mitgliedstaaten.
Eine Reihe **technischer und organisatorischer Bestimmungen** kann aber **5**
durch den Rat verändert werden (wie z.B. die über währungspolitische Aufgaben und Operationen des ESZB; Art. 17–19.1 der ESZB-Satzung); diese
Veränderungen bedürfen nach Art. 107 Abs. 5 aber der Einstimmigkeit im
Rat, sofern nicht die Initiative von der EZB ausgeht. Abs. 6 ermächtigt den
Rat dagegen mit qualifizierter Mehrheit und nach Anhörungen entweder
von Kommission oder EZB sowie des EP nähere Bestimmungen zu genau
festgelegten Artikeln der ESZB-Satzung zu erlassen. Die Zustimmung
durch das EP ist in beiden Fällen erforderlich.

Art. 108 (ex-Art. 107) (Unabhängigkeit der EZB)

**Bei der Wahrnehmung der ihnen durch diesen Vertrag und die Satzung
des ESZB übertragenen Befugnisse, Aufgaben und Pflichten darf weder die EZB noch eine nationale Zentralbank noch ein Mitglied ihrer
Beschlußorgane Weisungen von Organen oder Einrichtungen der Gemeinschaft, Regierungen der Mitgliedstaaten oder anderen Stellen einholen oder entgegennehmen. Die Organe und Einrichtungen der Gemeinschaft sowie die Regierungen der Mitgliedstaaten verpflichten
sich, diesen Grundsatz zu beachten und nicht zu versuchen, die Mitglieder der Beschlußorgane der EZB oder der nationalen Zentralbanken bei der Wahrnehmung ihrer Aufgaben zu beeinflussen.**

Art. 109 (ex-Art. 108) (Pflichten der Mitgliedstaaten)

**Jeder Mitgliedstaat stellt sicher, daß spätestens zum Zeitpunkt der
Errichtung des ESZB seine innerstaatlichen Rechtsvorschriften einschließlich der Satzung seiner Zentralbank mit diesem Vertrag sowie
mit der Satzung des ESZB im Einklang stehen.**

Art. 108 untersagt den Beschlußorganen der EZB und den nationalen No- **1**
tenbanken ausdrücklich, **Weisungen** von Organen der EG oder von Regierungen der Mitgliedstaaten einzuholen oder entgegenzunehmen. **Art. 109**
verpflichtete die Mitgliedstaaten darüber hinaus, bis spätestens zum Beginn
der dritten Stufe ihre innerstaatlichen Rechtsvorschriften einschließlich der
Satzungen ihrer Zentralbank mit diesem Vertrag sowie mit der Satzung des
ESZB in Einklang zu bringen. Der EGV legt die Mitgliedstaaten damit auf
ein konkretes Modell zur Eingliederung der Zentralbank in die wirtschafts-

politische Rollenverteilung fest. In sachlogischem Zusammenhang gesehen sind Art. 108 und 109 zwangsläufige Folgen der Verpflichtung des ESZB auf das vorrangige Ziel der Preisstabilität.

2   Die in Art. 108 und 109 formal niedergelegte **Unabhängigkeit** der EZB und der nationalen Zentralbanken ist in mehrerer Hinsicht materiell weiter abgesichert. Diese materielle Absicherung geht teilweise über das zuvor in Deutschland bestehende Maß hinaus.

3   Von Bedeutung ist in diesem Zusammenhang erstens, daß die Unabhängigkeit im EGV einen **verfassungsmäßigen Rang** hat, während sie im Falle der Deutschen Bundesbank auf einem einfachen Gesetz, dem Bundesbankgesetz, beruhte. Für die Praxis heißt dies, daß die Unabhängigkeit der EZB und der nationalen Zentralbanken ungleich schwieriger abzuändern oder aufzuheben wäre, als dies gesetzgeberisch bis zum Beginn der dritten Stufe in Deutschland der Fall war. Zweitens sind die Artikel über die Unabhängigkeit in engem Zusammenhang zu sehen mit dem (wie in Rn. 1 erwähnt) prioritären Ziel der Geldwertstabilität, dem Verbot der Kreditvergabe an staatliche Stellen nach Art. 102 (ex-Art. 104a), dem Gebot der Vermeidung übermäßiger Defizite nach Art. 104 (ex-Art. 104c), den Regelungen über die Amtszeiten der Mitglieder des EZB-Direktoriums nach Art. 112 (ex-Art. 109a) sowie nicht zuletzt mit den Kompetenzen in der Währungspolitik gegenüber Drittwährungen gemäß Art. 111 (ex-Art. 109). In diesen Artikeln drückt sich aus, daß die Unabhängigkeit der Notenbank in der Wahrung der ihr übertragenen Befugnisse, Aufgaben und Pflichten nicht allein formal betrachtet werden kann, sondern durch weitere Schutzvorschriften vor einer de facto-Aushöhlung bewahrt werden muß.

4   Ebenso wie bei der Erörterung des Ziels der Preisstabilität (siehe Art. 105 Rn. 2–3) gilt auch im Hinblick auf die Unabhängigkeit, daß der EGV letztlich nur die rechtlichen und institutionellen Grundlagen legen kann, nicht aber die Alltagspraxis definitiv vorweg bestimmt. Gerade in Deutschland wurde daher auch stets betont, daß eine unabhängige Notenbank im gesamtpolitischen Raum kein Fremdkörper sein darf. Dies impliziert einerseits einen über die Tagespolitik hinausgehenden Grundkonsens in dieser Frage und fordert andererseits die Zentralbank auf, „erzieherische" Aufgaben zugunsten einer dauerhaften **Akzeptanz** des stabilitätspolitischen Ziels einer unabhängigen Notenbank wahrzunehmen.

Art. 110 (ex-Art. 108a) (Verordnungen, Entscheidungen, Empfehlungen und Stellungnahmen der EZB)

(1) Zur Erfüllung der dem ESZB übertragenen Aufgaben werden von der EZB gemäß diesem Vertrag und unter den in der Satzung des ESZB vorgesehenen Bedingungen

– **Verordnungen erlassen, insoweit dies für die Erfüllung der in Artikel 3.1 erster Gedankenstrich, Artikel 19.1, Artikel 22 oder Artikel 25.2 der Satzung des ESZB festgelegten Aufgaben erforderlich ist; sie erläßt Verordnungen ferner in den Fällen, die in den Rechtsakten des Rates nach Artikel 107 Absatz 6 vorgesehen werden,**

– **Entscheidungen erlassen, die zur Erfüllung der dem ESZB nach diesem Vertrag und der Satzung des ESZB übertragenen Aufgaben erforderlich sind,**

– **Empfehlungen und Stellungnahmen abgegeben.**

(2) Die Verordnung hat allgemeine Geltung. Sie ist in allen ihren Teilen verbindlich und gilt unmittelbar in jedem Mitgliedstaat.

Die Empfehlungen und Stellungnahmen sind nicht verbindlich.

Die Entscheidung ist in allen ihren Teilen für diejenigen verbindlich, an die sie gerichtet ist.

Die Artikel 253, 254 und 256 des Vertrags gelten für die Verordnungen und Entscheidungen der EZB.

Die EZB kann die Veröffentlichung ihrer Entscheidungen, Empfehlungen und Stellungnahmen beschließen.

(3) Innerhalb der Grenzen und unter den Bedingungen, die der Rat nach dem Verfahren des Artikels 107 Absatz 6 festlegt, ist die EZB befugt, Unternehmen bei Nichteinhaltung der Verpflichtungen, die sich aus ihren Verordnungen und Entscheidungen ergeben, mit Geldbußen oder in regelmäßigen Abständen zu zahlenden Zwangsgeldern zu belegen.

Mit Art. 110 erfolgt die Eingliederung der EZB in das Gebäude der gemeinsamen Vorschriften für mehrere Organe der EG (siehe Art. 249). Ebenso wie in Art. 249 (ex-Art. 189) gehören zum **Rechtsaktekatalog** Verordnungen, Entscheidungen, Empfehlungen und Stellungnahmen; nicht genannt ist jedoch der Erlaß von Richtlinien. Verordnungen und Entscheidungen sind nur eingeschränkt möglich, und zwar im Hinblick auf die im EGV oder näher in der ESZB-Satzung festgelegten Aufgaben. Im übrigen gelten   1

für die EZB die gleichen allgemeinen Bestimmungen für Rechtsakte wie
für Rat und Kommission (Art. 253–256, ex-Art. 190–192). Überdies verfügt die EZB nach Abs. 3 über die Möglichkeit, Zwangsmaßnahmen zu ergreifen (siehe auch Art. 107, Rn. 2).

**Art. 111 (ex-Art. 109) (Wechselkursfestlegung gegenüber dritten Län-
dern, Auftreten in internationalen Organisationen)**

**(1) Abweichend von Artikel 300 kann der Rat einstimmig auf Empfeh-
lung der EZB oder der Kommission und nach Anhörung der EZB in
dem Bemühen, zu einem mit dem Ziel der Preisstabilität im Einklang
stehenden Konsens zu gelangen, nach Anhörung des Europäischen
Parlaments gemäß den in Absatz 3 für die Festlegung von Modalitäten
vorgesehenen Verfahren förmliche Vereinbarungen über ein Wechselkurssystem für die ECU gegenüber Drittlandswährungen treffen. Der
Rat kann mit qualifizierter Mehrheit auf Empfehlung der EZB oder
der Kommission und nach Anhörung der EZB in dem Bemühen, zu einem mit dem Ziel der Preisstabilität im Einklang stehenden Konsens
zu gelangen, die ECU-Leitkurse innerhalb des Wechselkurssystems
festlegen, ändern oder aufgeben. Der Präsident des Rates unterrichtet
das Europäische Parlament von der Festlegung, Änderung oder Aufgabe der ECU-Leitkurse.**

**(2) Besteht gegenüber einer oder mehrerer Drittlandswährungen kein
Wechselkurssystem nach Absatz 1, so kann der Rat mit qualifizierter
Mehrheit entweder auf Empfehlung der Kommission und nach Anhörung der EZB oder auf Empfehlung der EZB allgemeine Orientierungen für die Wechselkurspolitik gegenüber diesen Währungen aufstellen. Diese allgemeinen Orientierungen dürfen das vorrangige Ziel
des ESZB, die Preisstabilität zu gewährleisten, nicht beeinträchtigen.**

**(3) Wenn von der Gemeinschaft mit einem oder mehreren Staaten oder
internationalen Organisationen Vereinbarungen im Zusammenhang
mit Währungsfragen oder Devisenregelungen auszuhandeln sind, beschließt der Rat abweichend von Artikel 300 mit qualifizierter Mehrheit auf Empfehlung der Kommission und nach Anhörung der EZB die
Modalitäten für die Aushandlung und den Abschluß solcher Vereinbarungen. Mit diesen Modalitäten wird gewährleistet, daß die Gemeinschaft einen einheitlichen Standpunkt vertritt. Die Kommission wird
an den Verhandlungen in vollem Umfang beteiligt.**

Die nach diesem Absatz getroffenen Vereinbarungen sind für die Organe der Gemeinschaft, die EZB und die Mitgliedstaaten verbindlich.

(4) Vorbehaltlich des Absatzes 1 befindet der Rat auf Vorschlag der Kommission und nach Anhörung der EZB mit qualifizierter Mehrheit über den Standpunkt der Gemeinschaft auf internationaler Ebene zu Fragen, die von besonderer Bedeutung für die Wirtschafts- und Währungsunion sind, sowie einstimmig über ihre Vertretung unter Einhaltung der in den Artikeln 99 und 105 vorgesehenen Zuständigkeitsverteilung.

(5) Die Mitgliedstaaten haben das Recht, unbeschadet der Gemeinschaftszuständigkeit und der Gemeinschaftsvereinbarungen über die Wirtschafts- und Währungsunion in internationalen Gremien Verhandlungen zu führen und internationale Vereinbarungen zu treffen.

Wechselkurs- und Interventionsverpflichtungen der Notenbank sind   **1** eine potentiell „offene Flanke" der Geldpolitik; sie können dazu führen, daß die Notenbank die Kontrolle über den Geldschöpfungsprozeß im Inland verliert oder zumindest ernsthafte Probleme bei der Steuerung der Bankenliquidität entstehen. Die Unabhängigkeit in der binnenwirtschaftlichen Geldpolitik kann folglich durch die Abhängigkeit von außenwirtschaftlichen Interventionsverpflichtungen ausgehöhlt werden. Dies gilt umso mehr, als die Kompetenz zum Abschluß formeller Wechselkursabkommen mit Drittländern traditionell in den Zuständigkeitsbereich der allgemeinen Politik fällt. **Art. 111** enthält eine insgesamt recht **komplexe Formel**, welche die Ansprüche an eine stabilitätsgerechte Notenbankpolitik mit Beginn der WWU unter Maßgabe der Unabhängigkeit berücksichtigt. Während die Letztverantwortung für strukturelle Entscheidungen in der Wechselkurspolitik dem Rat überlassen wird, ist gleichwohl eine enge Kooperation zwischen Rat und EZB vorgesehen. Darüber hinaus ist das ESZB verantwortlich für die Durchführung der Devisengeschäfte und die Verwaltung der Währungsreserven (bzgl. der Wechselkurspolitik bis zum Beginn der Stufe Drei vgl. Art. 124).

Die Trennungslinie für die Zuständigkeit zwischen Rat und EZB ist vor-   **2** rangig durch den Begriff der „**förmlichen Vereinbarung über ein Wechselkurssystem**" (zwischen der Gemeinschaftswährung, dem Euro, und Drittlandswährungen) gezogen. In der Praxis der Währungspolitik bedeutet dies, daß hier auf ein System grundsätzlich fester Wechselkurse abgestellt wird, d.h. Leitkurse oder Paritäten zwischen Euro und Drittwährungen vereinbart werden, Interventionsverpflichtungen greifen und im Voraus Festlegungen über die Modalitäten zur Anpassung der Leitkurse und sonstige einschlägige Regelungen zu treffen sind. Als **Beispiel** eines solchen Systems kann das **Bretton-Woods-System** angesehen werden. Die Zuständigkeit über die Beteiligung der EG an einem solchen Verbund von Euro und Drittwährungen liegt beim Rat. Er kann hierüber jedoch nur einstimmig befinden (Abs. 1). Einmal vereinbarte Paritäten können dagegen mit qualifizierter Mehrheit modifiziert werden, um die Handlungsfähigkeit der EG im Rahmen eines Wechselkurssystems zu gewährleisten. In beiden Fällen muß dem jedoch eine Empfehlung der EZB vorausgehen, oder – wenn die Empfehlung von der Kommission kommt – eine Anhörung der EZB „in dem Bemühen, zu einem mit dem Ziel der Preisstabilität in Einklang stehenden Konsens zu gelangen". Zudem ist in erstem Falle auch das EP anzuhören, im zweiten Falle zu unterrichten.

3   Besteht hingegen kein Wechselkurssystem i.o.S., so steht dem Ministerrat zwar anheim, **allgemeine Orientierungen für die Wechselkurspolitik** aufzustellen, diese dürfen jedoch das Ziel der Preisstabilität nicht beeinträchtigen (Abs. 2). Um mögliche Konflikte zwischen der Geldpolitik des ESZB und wechselkurspolitischen Orientierungen des Rates zu vermeiden, hat sich der ER von Luxemburg (13.12.1997) in einer „Entschließung über die wirtschaftspolitische Koordinierung in der dritten Stufe der WWU und zu den Artikeln 109 (alt–jetzt Art. 111) und 109b (alt–jetzt Art. 113)..." darauf verständigt, „allgemeine Orientierungen" nur unter außergewöhnlichen Umständen, wie z.B. bei gravierenden Verzerrungen der Wechselkurse, aufzustellen. Solche Orientierungen würden die vertraglichen Grundsätze bezüglich der Preisstabilität nicht beeinträchtigen dürfen.

4   Insgesamt betrachtet hat somit der **Rat die Führungskompetenz bei offiziellen Wechselkursverabredungen mit Drittstaaten**, und zwar sowohl was die Festlegungen anbetrifft als auch den Verhandlungsprozeß selbst (Abs. 3). Er ist dabei zu einer engen Koordinierung mit der EZB unter Einbeziehung der Kommission und des EP gehalten. Unterhalb der Schwelle offizieller Wechselkurssysteme auf weltweiter Ebene (also etwa im Falle des status quo) liegt die Devisenpolitik in der WWU in Händen der EZB. Gewisse Unschärfen weist allerdings das vom Europäischen Rat formulierte Verständnis der **„allgemeinen Orientierung für die Wechselkurspolitik"** auf, insbesondere für den Fall, daß eindeutige Wechselkursverzerrungen quantifiziert und daraus politische Schlußfolgerungen gezogen werden müßten. Solche Unschärfen spiegeln sich auch in der Regelung der Vertretung der EG in Wechselkursfragen nach außen wider, die eine gemeinsame Verantwortung von Rat und EZB vorsehen, unter Einbeziehung der Kommission. Art. 111 trägt damit den Charakter eines Kompromisses, der sich

in der Praxis zu bewähren hat. Unter Zugrundelegung heutiger Umfeldbedingungen ist die EZB aber keinen einschränkenden Zwängen in der Wechselkurspolitik ausgesetzt. In der Zukunft könnte sich der Rat in Grundsatzfragen der Wechselkurspolitik nur einstimmig Vorrang verschaffen, und die EZB besitzt gewisse, wenn auch a priori nicht genau einschätzbare Einflußmöglichkeiten im Rahmen der Anhörung und mit Bezugnahme auf die im EGV niedergelegten Grundsätze.

Kapitel 3. Institutionelle Bestimmungen

Art. 112 (ex-Art. 109a) (Zusammensetzung der EZB)

(1) Der EZB-Rat besteht aus den Mitgliedern des Direktoriums der EZB und den Präsidenten der nationalen Zentralbanken.

(2)
a) **Das Direktorium besteht aus dem Präsidenten, dem Vizepräsidenten und vier weiteren Mitgliedern.**
b) **Der Präsident, der Vizepräsident und die weiteren Mitglieder des Direktoriums werden von den Regierungen der Mitgliedstaaten auf der Ebene der Staats- und Regierungschefs auf Empfehlung des Rates, der hierzu das Europäische Parlament und den EZB-Rat anhört, aus dem Kreis der in Währungs- oder Bankfragen anerkannten und erfahrenen Persönlichkeiten einvernehmlich ausgewählt und ernannt.**
Ihre Amtszeit beträgt acht Jahre; Wiederernennung ist nicht zulässig.
Nur Staatsangehörige der Mitgliedstaaten können Mitglieder des Direktoriums werden.

Art. 113 (ex-Art. 109b) (Teilnahmerechte, Jahresbericht)

(1) Der Präsident des Rates und ein Mitglied der Kommission können ohne Stimmrecht an den Sitzungen des EZB-Rates teilnehmen.

Der Präsident des Rates kann dem EZB-Rat einen Antrag zur Beratung vorlegen.

(2) Der Präsident der EZB wird zur Teilnahme an den Tagungen des Rates eingeladen, wenn dieser Fragen im Zusammenhang mit den Zielen und Aufgaben des ESZB erörtert.

(3) Die EZB unterbreitet dem Europäischen Parlament, dem Rat und der Kommission sowie auch dem Europäischen Rat einen Jahresbericht über die Tätigkeit des ESZB und die Geld- und Währungspolitik im vergangenen und im laufenden Jahr. Der Präsident der EZB legt den Bericht dem Rat und dem Europäischen Parlament vor, das auf dieser Grundlage eine allgemeine Aussprache durchführen kann.

Der Präsident der EZB und die anderen Mitglieder des Direktoriums können auf Ersuchen des Europäischen Parlaments oder auf ihre Initiative hin von den zuständigen Ausschüssen des Europäischen Parlaments gehört werden.

Art. 114 (ex-Art. 109c) (Währungsausschuß, Wirtschafts- und Finanzausschuß)

(1) Um die Koordinierung der Politiken der Mitgliedstaaten in dem für das Funktionieren des Binnenmarkts erforderlichen Umfang zu fördern, wird ein Beratender Währungsausschuß eingesetzt.

Dieser hat die Aufgabe,
– die Währungs- und Finanzlage der Mitgliedstaaten und der Gemeinschaft sowie den allgemeinen Zahlungsverkehr der Mitgliedstaaten zu beobachten und dem Rat und der Kommission regelmäßig darüber Bericht zu erstatten,
– auf Ersuchen des Rates oder der Kommission oder von sich aus Stellungnahmen an diese Organe abzugeben,
– unbeschadet des Art. 207 an der Vorbereitung der in Art. 59, Art. 60, Art. 99 Absätze 2, 3, 4 und 5, Art. 100, Art. 102, Art. 103, Art. 104, Art. 116 Abs. 2, Art. 117 Abs. 6, Art. 119, Art.120, Art. 121 Abs. 2 sowie Art. 122 Abs. 1 genannten Arbeiten des Rates mitzuwirken,
– mindestens einmal jährlich die Lage hinsichtlich des Kapitalverkehrs und der Freiheit des Zahlungsverkehrs, wie sie sich aus der Anwendung dieses Vertrags und der Maßnahmen des Rates ergeben, zu prüfen; die Prüfung erstreckt sich auf alle Maßnahmen im Zusammenhang mit dem Kapital- und Zahlungsverkehr; der Ausschuß erstattet der Kommission und dem Rat Bericht über das Ergebnis dieser Prüfung.

Jeder Mitgliedstaat sowie die Kommission ernennen zwei Mitglieder des Währungsausschusses.

(2) Mit Beginn der dritten Stufe wird ein Wirtschafts- und Finanzausschuß eingesetzt.

Der in Abs. 1 vorgesehene Währungsausschuß wird aufgelöst.

Der Wirtschafts- und Finanzausschuß hat die Aufgabe,
–   auf Ersuchen des Rates oder der Kommission oder von sich aus Stellungnahmen an diese Organe abzugeben,
–   die Wirtschafts- und Finanzlage der Mitgliedstaaten und der Gemeinschaft zu beobachten und dem Rat und der Kommission regelmäßig darüber Bericht zu erstatten, insbesondere über die finanziellen Beziehungen zu dritten Ländern und internationalen Einrichtungen,
–   unbeschadet des Artikels 207 an der Vorbereitung der in Art. 59, Art. 60, Art. 99 Abs. 2, 3, 4 und 5, Art. 100, Art. 102, Art. 103, Art. 104, Art. 105 Abs. 6, Art. 106 Abs. 2, Art. 107 Abs. 5 und 6, Art. 111, Art. 119, Art. 120 Abs. 2 und 3, Art. 122 Abs. 2, Art. 123 Abs. 4 und 5 genannten Arbeiten des Rates mitzuwirken und die sonstigen ihm vom Rat übertragenen Beratungsaufgaben und vorbereitenden Arbeiten auszuführen.
–   mindestens einmal jährlich die Lage hinsichtlich des Kapitalverkehrs und der Freiheit des Zahlungsverkehrs, wie sie sich aus der Anwendung dieses Vertrags und der Maßnahmen des Rates ergeben, zu prüfen; die Prüfung erstreckt sich auf alle Maßnahmen im Zusammenhang mit dem Kapital- und Zahlungsverkehr; der Ausschuß erstattet der Kommission und dem Rat Bericht über das Ergebnis dieser Prüfung.

Jeder Mitgliedstaat sowie die Kommission und die EZB ernennen jeweils höchstens zwei Mitglieder des Ausschusses.

(3) Der Rat legt mit qualifizierter Mehrheit auf Vorschlag der Kommission und nach Anhörung der EZB und des in diesem Artikel genannten Ausschusses im einzelnen fest, wie sich der Wirtschafts- und Finanzausschuß zusammensetzt. Der Präsident des Rates unterrichtet das Europäische Parlament über diesen Beschluß.

(4) Sofern und solange es Mitgliedstaaten gibt, für die eine Ausnahmeregelung nach den Art. 122 und 123 gilt, hat der Ausschuß zusätzlich zu den in Abs. 2 beschriebenen Aufgaben die Währungs- und Finanzlage sowie den allgemeinen Zahlungsverkehr der betreffenden Mitgliedstaaten zu beobachten und dem Rat und der Kommission regelmäßig darüber Bericht zu erstatten.

Art. 115 (ex-Art. 109d) (Aufforderung an die Kommission, Vorschlag vorzulegen)

Bei Fragen, die in den Geltungsbereich von Art. 99 Abs. 4, Art. 104 mit Ausnahme von Abs. 14, Art. 111, Art. 121, Art. 122 und Art. 123 Abs. 4 und 5 fallen, kann der Rat oder ein Mitgliedstaat die Kommission ersuchen, je nach Zweckmäßigkeit eine Empfehlung oder einen Vorschlag zu unterbreiten. Die Kommission prüft dieses Ersuchen und unterbreitet dem Rat umgehend ihre Schlußfolgerungen.

1   Kapitel 3 enthält vor allem die **wichtigsten institutionellen Bestimmungen** über Zusammensetzung, Amtszeit, Teilnahmerechte, Aufgaben und Berichtspflichten des EZB-Rates sowie einschlägige Bestimmungen für den neu geschaffenen Wirtschafts- und Finanzausschuß. Art. 112 und 113 werden ergänzt durch Art. 107 (ex-Art. 106) und die einschlägigen Artikel in der ESZB-Satzung (insbesondere Art. 10, 11 und 15). Kapitel 3 kann damit als institutionelles Gerüst der **wirtschafts- und währungspolitischen Zusammenarbeit** in der WWU angesehen werden.

2   **Art. 112** definiert die Zusammensetzung der beiden bereits in Art. 107 (ex-Art. 106) erwähnten EZB-Gremien, **EZB-Rat** und **EZB-Direktorium**. Der EZB-Rat besteht aus den Mitgliedern des Direktoriums der EZB (Präsident, Vizepräsident und bis zu vier weiteren Mitgliedern) und den Präsidenten der nationalen, an der dritten Stufe teilnehmenden Notenbanken. Außerdem wird die Ernennung und Amtszeit des Direktoriums geregelt.

3   **Art. 113** bringt sodann weitere Instanzen ins Spiel, mit denen der EZB-Rat zusammenarbeitet. So können der Ratspräsident und ein Mitglied der Kommission (jeweils ohne Stimmrecht) an den Sitzungen des EZB-Rats teilnehmen und umgekehrt wird der EZB-Präsident zu Ratstagungen eingeladen, wenn einschlägige Fragen beraten werden. Schließlich wird die EZB zur Unterbreitung eines Jahresberichts verpflichtet, der – außer dem Rat und Kommission – dem EP vorgelegt wird. Das EP ist insoweit in die Geld- und Währungspoliitik einbezogen, als es hierüber eine allgemeine Aussprache durchführen kann und überdies den EZB-Präsidenten oder andere Direktoriumsmitglieder vor seinen zuständigen Ausschüssen hören kann. Art. 113 regelt insoweit die sog. **Rechenschaftspflicht der EZB gegenüber** exekutiven und legislativen Organen in der EG.

4   Vervollständigt wird der institutionelle Rahmen – über das Zusammenwirken von EZB, Rat und EP hinaus – durch die Schaffung eines neuen Gremiums in der dritten Stufe: den **Wirtschafts- und Finanzausschuß (Art. 114 Abs. 2).** Die Nebeneinanderstellung von EZB und Wirtschafts- und Finanzausschuß in Kapitel 3 könnte den Eindruck der „Gleichrangig-

keit" vermitteln, was jedoch nicht der Fall ist. Während die EZB Entschei-
dungs- und Beschlußkompetenz als Rechtspersönlichkeit besitzt, hat der
Wirtschafts- und Finanzausschuß vorrangig **Berichts- und Beratungsaufgaben** gegenüber dem Ministerrat. Dies geht unzweideutig aus der Aufga-
benliste entsprechend Art. 114 Abs. 2 hervor. Gleichzeitig wird dort seine
Zusammensetzung niedergelegt; danach bildet dieser Ausschuß das Forum,
auf dem die nationale, die Kommissions- und die EZB-Administration auf
hochrangiger Ebene vertreten sind. Insgesamt betrachtet ist also festzuhalten, daß der Wirtschafts- und Finanzausschuß weder eine „Wirtschaftsregierung" noch ein „wirtschaftspolitisches Korrelat" zur EZB darstellt, welche einen Einfluß nehmen könnte auf die Unabhängigkeit des ESZB bei
geldpolitischen Entscheidungen.

Art. 115 schließt das Kapitel 3 mit Bestimmungen ab über **Initiativrechte**   **5**
des Rates und einzelner Mitgliedstaaten hinsichtlich von Verfahren, für
die eine Empfehlung oder ein Vorschlag der Kommission Voraussetzung
sind. Hierbei handelt es sich um Empfehlungen an einzelne Mitgliedstaaten
betreffend die Unvereinbarkeit der Wirtschaftspolitik mit dem Funktionieren der WWU nach Art. 99 Abs. 4 (ex-Art. 103), die Vermeidung übermäßiger Defizite nach Art. 104, Wechselkursfestlegungen gegenüber Drittländern nach Art. 111 (ex-Art. 109), den Eintritt in die dritte Stufe nach
Art. 121 (ex-Art. 109j), Verfahren in bezug auf Mitgliedstaaten mit Ausnahmeregelungen nach Art. 122 (ex-Art. 109k) und die unwiderrufliche
Festsetzung der Wechselkurse nach Art. 123 Abs. 4 und 5 (ex-Art. 109l).

Kapitel 4. Übergangsbestimmungen

Art. 116 (ex-Art. 109e) (Zweite Stufe der WWU)

**(1) Die zweite Stufe für die Verwirklichung der Wirtschafts- und
Währungsunion beginnt am 1. Januar 1994.**

(2) Vor diesem Zeitpunkt wird

a) jeder Mitgliedstaat

– **soweit erforderlich, geeignete Maßnahmen erlassen, um die Beachtung der Verbote sicherzustellen, die in Art. 56 – unbeschadet des (Art. 73e) – sowie Art. 101 und Art. 102 Abs. 1 niedergelegt sind,**

– **erforderlichenfalls im Hinblick auf die unter Buchstabe b vorgesehene Bewertung mehrjährige Programme festlegen, die die
für die Verwirklichung der Wirtschafts- und Währungsunion**

notwendige dauerhafte Konvergenz, insbesondere hinsichtlich der Preisstabilität und gesunder öffentlicher Finanzen, gewähr- leisten sollen,

b) der Rat auf der Grundlage eines Berichts der Kommission die Fort- schritte bei der Konvergenz im Wirtschafts- und Währungsbereich, insbesondere hinsichtlich der Preisstabilität und gesunder öffentli- cher Finanzen, sowie bei der Umsetzung der gemeinschaftlichen Rechtsvorschriften über den Binnenmarkt bewerten.

(3) Art. 101, Art. 102 Abs. 1, Art. 103 Abs. 1 und Art. 104 mit Ausnah- me der Abs.1, 9, 11 und 14 gelten ab Beginn der zweiten Stufe.

Art. 100 Abs. 2, Art. 104 Abs. 1, 9 und 11, Art. 105, Art. 106, Art. 108, Art. 111, Art. 112, Art. 113 und Art. 114 Abs. 2 und 4 gelten ab Beginn der dritten Stufe.

(4) In der zweiten Stufe sind die Mitgliedstaaten bemüht, übermäßige öffentliche Defizite zu vermeiden.

(5) In der zweiten Stufe leitet jeder Mitgliedstaat, soweit angezeigt, nach Art. 109 das Verfahren ein, mit dem die Unabhängigkeit seiner Zentralbank herbeigeführt wird.

1 Wie schon einleitend zum Kapitel 2 erwähnt, beziehen sich Kapitel 2 und 3 des Titels VII (ex-Titel VI) ganz überwiegend auf die Endstufe der WWU, während Kapitel 4 die Übergangszeit beginnend mit dem Inkrafttreten des EGV umfaßt. Dabei ist daran zu erinnern, daß der **Stufenplan zur WWU** von Anfang an de facto dreigeteilt war. Die erste Stufe hatte allerdings be- reits vor Inkrafttreten des EGV begonnen (am 1.7.1990). Der Art. 116 legt fest, daß die zweite Stufe am 1.1.1994 begann und welche Anforderungen die Mitgliedstaaten noch vor dem Beginn der zweiten Stufe bzw. mit ihrem Inkrafttreten erfüllen mußten.

2 Der gesamte Zeitraum bis zum Eintritt in die dritte Stufe war als **Vorberei- tungs- und Bewährungszeit** anzusehen, jedoch unterscheidet der EGV zwischen dem Zeitraum vor und nach dem 1.1.1994.

3 **Bis zum Eintritt in die zweite Stufe** mußten die Mitgliedsländer insbe- sondere die nationalen Rechtsvorschriften über den Kapitalverkehr (Art. 73b [alt–jetzt Art. 56], Art. 73e [alt–jetzt aufgehoben]) und – soweit notwendig – die Notenbankkredite an öffentliche Stellen sowie den bevor- rechtigten Zugang öffentlicher Stellen zu den Finanzinstituten den Ver- tragsbedingungen anpassen (Art. 116 Abs. 2a). Außerdem mußten sie Pro- gramme festlegen, welche die erforderliche Konvergenz, insbesondere hin-

sichtlich Preisstabilität und gesunder öffentlicher Finanzen, gewährleisten sollen (Art. 116 Abs. 2b). Darüber hinaus hatte mit Inkrafttreten des EGV bereits eine Reihe von Vertragsartikeln, insbesondere zur wirtschaftspolitischen Koordinierung (Art. 103, ex-Art. 104b) Rechtskraft erlangt; die Anpassungen daran sind ebenfalls der ersten Stufe zuzurechnen.

Mit Beginn der zweiten Stufe mußten die Mitgliedstaaten insbesondere   **4** die **wirtschaftspolitischen Verpflichtungen** des EGV, einschließlich der Maßgaben für die Haushaltspolitik, beachten. Hierauf verweist Art. 116 Abs. 3. Der Verweis auf die Art. 101, 102 Abs. 1, 103 Abs. 1 und 104 (mit Ausnahme der Abs. 1, 9, 11 und 14) bedeutet, daß die Mitgliedstaaten die monetäre Finanzierung staatlicher Haushalte einstellen und sich „bemühen", Haushaltsdefizite zu vermeiden (siehe auch Art. 116 Abs. 4). Allerdings traten die Sanktionsmöglichkeiten bei Verletzung der Haushaltsdisziplin noch nicht in Kraft. Außerdem begann mit dem 1.1.1994 der Zeitraum, in dem die Mitgliedstaaten ihr Notenbankrecht an die Erfordernisse der Endstufe anpassen mußten (Art. 116 Abs. 5). Es stand den Mitgliedstaaten aber die Möglichkeit offen, diese Rechtsanpassungen zu einem früheren oder späteren Zeitpunkt der zweiten Stufe vorzunehmen.

Art. 116 Abs. 3 verweist gleichzeitig ausdrücklich darauf, daß entscheiden-   **5** de währungspolitische Regelungen noch nicht mit dem 1.1.1994 in Kraft getreten waren. Es waren dies im wesentlichen die Artikel des Kapitels 2 und 3, soweit diese nicht vorbereitenden Übergangscharakter hatten. Die Geld- und Währungspolitik blieb damit in der zweiten Stufe in der alleinigen Kompetenz der Mitgliedstaaten.

Art. 117 (ex-Art. 109f.) (Europäisches Währungsinstitut)

(1) Zu Beginn der zweiten Stufe wird ein Europäisches Währungsinstitut (im folgenden als „EWI" bezeichnet) errichtet und nimmt seine Tätigkeit auf; es besitzt Rechtspersönlichkeit und wird von einem Rat geleitet und verwaltet; dieser besteht aus einem Präsidenten und den Präsidenten der nationalen Zentralbanken, von denen einer zum Vizepräsidenten bestellt wird.

Der Präsident wird von den Regierungen der Mitgliedstaaten auf der Ebene der Staats- und Regierungschefs auf Empfehlung des Ausschusses der Präsidenten der Zentralbanken der Mitgliedstaaten (im folgenden als „Ausschuß der Präsidenten der Zentralbanken" bezeichnet) bzw. des Rates des EWI und nach Anhörung des Europäischen Parlaments und des Rates einvernehmlich ernannt. Der Präsident wird aus dem Kreis der in Währungs- oder Bankfragen anerkannten und er-

fahrenen Persönlichkeiten ausgewählt. Nur Staatsangehörige der Mitgliedstaaten können Präsident des EWI sein. Der Rat des EWI ernennt den Vizepräsidenten.

Die Satzung des EWI ist in einem diesem Vertrag beigefügten Protokoll festgelegt.

Der Ausschuß der Präsidenten der Zentralbanken wird mit Beginn der zweiten Stufe aufgelöst.

(2) Das EWI hat die Aufgabe,
– die Zusammenarbeit zwischen den nationalen Zentralbanken zu verstärken;
– die Koordinierung der Geldpolitiken der Mitgliedstaaten mit dem Ziel zu verstärken, die Preisstabilität aufrechtzuerhalten;
– das Funktionieren des Europäischen Währungssystems zu überwachen;
– Konsultationen zu Fragen durchzuführen, die in die Zuständigkeit der nationalen Zentralbanken fallen und die Stabilität der Finanzinstitute und -märkte berühren;
– die Aufgaben des Europäischen Fonds für währungspolitische Zusammenarbeit, der aufgelöst wird, zu übernehmen; die Einzelheiten der Auflösung werden in der Satzung des EWI festgelegt;
– die Verwendung der ECU zu erleichtern und deren Entwicklung einschließlich des reibungslosen Funktionierens des ECU-Verrechnungssystems zu überwachen.

(3) Bei der Vorbereitung der dritten Stufe hat das EWI die Aufgabe,
– die Instrumente und Verfahren zu entwickeln, die zur Durchführung einer einheitlichen Geld- und Währungspolitik in der dritten Stufe erforderlich sind,
– bei Bedarf die Harmonisierung der Bestimmungen und Gepflogenheiten auf dem Gebiet der Erhebung, Zusammenstellung und Weitergabe statistischer Daten in seinem Zuständigkeitsbereich zu fördern,
– die Regeln für die Geschäfte der nationalen Zentralbanken im Rahmen des ESZB auszuarbeiten,
– die Effizienz des grenzüberschreitenden Zahlungsverkehrs zu fördern,
– die technischen Vorarbeiten für die ECU-Banknoten zu überwachen.

Das EWI legt bis zum 31. Dezember 1996 in regulatorischer, organisa-
torischer und logistischer Hinsicht den Rahmen fest, den das ESZB zur
Erfüllung seiner Aufgaben in der dritten Stufe benötigt. Dieser wird der
EZB zum Zeitpunkt ihrer Errichtung zur Beschlußfassung unterbreitet.

(4) Das EWI kann mit der Mehrheit von zwei Dritteln der Mitglieder
seines Rates

– Stellungnahmen oder Empfehlungen zu der allgemeinen Orientierung der Geld- und der Wechselkurspolitik der einzelnen Mitgliedstaaten sowie zu deren diesbezüglichen Maßnahmen abgeben,

– den Regierungen und dem Rat Stellungnahmen oder Empfehlungen zu Maßnahmen unterbreiten, die die interne oder externe
Währungssituation in der Gemeinschaft und insbesondere das
Funktionieren des Europäischen Währungssystems beeinflussen
könnten,

– den Währungsbehörden der Mitgliedstaaten Empfehlungen zur
Durchführung ihrer Währungspolitik geben.

(5) Das EWI kann einstimmig beschließen, seine Stellungnahmen und
Empfehlungen zu veröffentlichen.

(6) Das EWI wird vom Rat zu allen Vorschlägen für Rechtsakte der
Gemeinschaft in seinem Zuständigkeitsbereich angehört.

Innerhalb der Grenzen und unter den Bedingungen, die der Rat mit
qualifizierter Mehrheit auf Vorschlag der Kommission und nach Anhörung des Europäischen Parlaments und des EWI festlegt, wird das
EWI von den Behörden der Mitgliedstaaten zu allen Entwürfen für
Rechtsvorschriften in seinem Zuständigkeitsbereich angehört.

(7) Der Rat kann auf Vorschlag der Kommission und nach Anhörung
des Europäischen Parlaments und des EWI diesem durch einstimmigen Beschluß weitere Aufgaben im Rahmen der Vorbereitung der dritten Stufe übertragen.

(8) In den Fällen, in denen dieser Vertrag eine beratende Funktion für
die EZB vorsieht, ist vor der Errichtung der EZB unter dieser das EWI
zu verstehen.

In Fällen, in denen dieser Vertrag eine beratende Funktion für das
EWI vorsieht, ist vor dem 1. Januar 1994 unter diesem der Ausschuß
der Präsidenten der Zentralbanken zu verstehen.

(9) Für die Dauer der zweiten Stufe bezeichnet der Ausdruck „EZB" in
den Art. 230, 232, 233, 234, 237 und 288 das EWI.

1   Mit Gründung der EZB am 1. Juli 1998 ging das EWI gemäß Art. 123 Abs.
2 (ex-Art. 109l) in Liquidation. Für weiterführende Darlegungen über die
Ziele, Aufgaben und Tätigkeiten des EWI siehe die Kommentierung zu
Art. 109f in der Vorauflage sowie die einschlägigen Publikationen des EWI.

Art. 118 (ex-Art. 109g) (Keine Änderung des ECU-Währungskorbs)

Die Zusammensetzung des ECU-Währungskorbs wird nicht geändert.

**Mit Beginn der dritten Stufe wird der Wert des ECU nach Art. 123
Abs. 4 unwiderruflich festgesetzt.**

1   Art. 118 Satz 1 verweist darauf, daß es bis zum Beginn der dritten Stufe einen **ECU-Währungskorb** gab, der mit bestimmten Beträgen sämtlicher
Währungen der EG-Mitgliedsländer (mit Ausnahme der erst zum 1. Januar
1995 beigetretenen Staaten Finnland, Österreich und Schweden) definiert
war. Mit Inkrafttreten des EGV wurde seine betragsmäßige Zusammensetzung eingefroren. Art 118 Satz 2 legt fest, daß die Umrechnungskurse der
an der WWU teilnehmenden Währungen gegenüber dem ECU erst mit Beginn der dritten Stufe festgelegt wurden. Zum Verständnis sei in Erinnerung
gerufen, daß (i) gemäß VO 1 (vgl. Vorbem. zu Titel VII, Rn. 17) der Euro
die Währung der teilnehmenden Länder ist, und der Ausdruck ECU nur
eine Gattungsbezeichnung war, und (ii), gemäß VO 2 (vgl. Vorbem. zu Titel
VII, Rn. 18) jede Bezugnahme auf den ECU in einem Rechtsinstrument
durch eine Bezugnahme auf den Euro zum Kurs 1 Euro für 1 ECU ersetzt
wurde (soweit dem im privatrechtlichen Bereiche keine gegensätzlichen
Vereinbarungen entgegenstehen).

**Art. 119 (ex-Art. 109h) (Zahlungsbilanzschwierigkeiten eines Mitglied-
staats)**

**(1) Ist ein Mitgliedstaat hinsichtlich seiner Zahlungsbilanz von Schwie-
rigkeiten betroffen oder ernstlich bedroht, die sich entweder aus einem
Ungleichgewicht seiner Gesamtzahlungsbilanz oder aus der Art der
ihm zur Verfügung stehenden Devisen ergeben, und sind diese Schwierigkeiten geeignet, insbesondere das Funktionieren des Gemeinsamen
Marktes oder die schrittweise Verwirklichung der gemeinsamen Handelspolitik zu gefährden, so prüft die Kommission unverzüglich die Lage dieses Staates sowie die Maßnahmen, die er getroffen hat oder unter Einsatz aller ihm zur Verfügung stehenden Mittel nach diesem Vertrag treffen kann. Die Kommission gibt die Maßnahmen an, die sie
dem betreffenden Staat empfiehlt.**

Erweisen sich die von einem Mitgliedstaat ergriffenen und die von der Kommission angeregten Maßnahmen als unzureichend, die aufgetretenen oder drohenden Schwierigkeiten zu beheben, so empfiehlt die Kommission dem Rat nach Anhörung des in Art. 114 bezeichneten Ausschusses einen gegenseitigen Beistand und die dafür geeigneten Methoden.

Die Kommission unterrichtet den Rat regelmäßig über die Lage und ihre Entwicklung.

(2) Der Rat gewährt den gegenseitigen Beistand mit qualifizierter Mehrheit; er erläßt Richtlinien oder Entscheidungen, welche die Bedingungen und Einzelheiten hierfür festlegen. Der gegenseitige Beistand kann insbesondere erfolgen

a) durch ein abgestimmtes Vorgehen bei anderen internationalen Organisationen, an die sich die Mitgliedstaaten wenden können;

b) durch Maßnahmen, die notwendig sind, um Verlagerungen von Handelsströmen zu vermeiden, falls der in Schwierigkeiten befindliche Staat mengenmäßige Beschränkungen gegenüber dritten Ländern beibehält oder wieder einführt;

c) durch Bereitstellung von Krediten in begrenzter Höhe seitens anderer Mitgliedstaaten; hierzu ist ihr Einverständnis erforderlich.

(3) Stimmt der Rat dem von der Kommission empfohlenen gegenseitigen Beistand nicht zu oder sind der gewährte Beistand und die getroffenen Maßnahmen unzureichend, so ermächtigt die Kommission den in Schwierigkeiten befindlichen Staat, Schutzmaßnahmen zu treffen, deren Bedingungen und Einzelheiten sie festlegt.

Der Rat kann mit qualifizierter Mehrheit diese Ermächtigung aufheben und die Bedingungen und Einzelheiten ändern.

(4) Unbeschadet des Art. 122 Abs. 6 endet die Geltungsdauer dieses Artikels zum Zeitpunkt des Beginns der dritten Stufe.

Art. 120 (ex-Art. 109i) (Plötzliche Zahlungsbilanzkrise, Schutzmaßnahmen)

(1) Gerät ein Mitgliedstaat in eine plötzliche Zahlungsbilanzkrise und wird eine Entscheidung im Sinne des Art. 119 Abs. 2 nicht unverzüglich getroffen, so kann der betreffende Staat vorsorglich die erforderlichen Schutzmaßnahmen ergreifen. Sie dürfen nur ein Mindestmaß an Störungen im Funktionieren des Gemeinsamen Marktes hervorrufen

und nicht über das zur Behebung der plötzlich aufgetretenen Schwierigkeiten unbedingt erforderliche Ausmaß hinausgehen.

(2) Die Kommission und die anderen Mitgliedstaaten werden über die Schutzmaßnahmen spätestens bei deren Inkrafttreten unterrichtet. Die Kommission kann dem Rat den gegenseitigen Beistand nach Art. 119 empfehlen.

(3) Nach Stellungnahme der Kommission und nach Anhörung des in Art. 114 bezeichneten Ausschusses kann der Rat mit qualifizierter Mehrheit entscheiden, daß der betreffende Staat diese Schutzmaßnahmen zu ändern, auszusetzen oder aufzuheben hat.

(4) Unbeschadet des Art. 122 Abs. 6 endet die Geltungsdauer des Artikels zum Zeitpunkt des Beginns der dritten Stufe.

1   Art. 119 und Art. 120 sind von der Befürchtung geprägt, daß **Zahlungsbilanz- und Devisenprobleme** einzelner Länder zu einem Integrationsrückschritt führen können, wenn diese Länder unter dem Druck außenwirtschaftlicher Schwierigkeiten zu Beschränkungen greifen, die den erreichten Freizügigkeitsgrad gefährden. Unter grundsätzlicher Anerkennung, daß derartige Situationen entstehen können, solche Probleme aber nicht nur das einzelne Land, sondern die Gesamtgemeinschaft betreffen, wurde ein gemeinschaftlich geregeltes **Verfahren zur Ergreifung von Schutzmaßnahmen** auch entgegen den vertraglichen Verpflichtungen vereinbart. Ergänzt wird dieses Gemeinschaftsverfahren durch die vertraglich offenstehende Möglichkeit, im Extremfall unvorhergesehener und tiefgreifender Zahlungsbilanzkrisen auch ohne vorherige Einschaltung der Kommission Maßnahmen auf nationaler Ebene zu ergreifen (Art. 120).

2   Beide Artikel waren spätestens **mit Beginn der dritten Stufe der WWU** als nicht mehr akzeptable **Fremdkörper** anzusehen; dementsprechend endete ihre Geltungsdauer auch mit Beginn der dritten Stufe für solche Länder, die in die WWU eingetreten sind (Art. 119 Abs. 4 und Art. 120 Abs. 4).

Art. 121 (ex-Art. 109j) (Konvergenzkriterien, Eintritt in die dritte Stufe)

(1) Die Kommission und das EWI berichten dem Rat, inwieweit die Mitgliedstaaten bei der Verwirklichung der Wirtschafts- und Währungsunion ihren Verpflichtungen bereits nachgekommen sind. In ihren Berichten wird auch die Frage geprüft, inwieweit die innerstaatlichen Rechtsvorschriften der einzelnen Mitgliedstaaten einschließlich der Satzung der jeweiligen nationalen Zentralbank mit Art. 108 und

Art. 109 dieses Vertrags sowie der Satzung des ESZB vereinbar sind. Ferner wird darin geprüft, ob ein hoher Grad an dauerhafter Konvergenz erreicht ist; Maßstab hierfür ist, ob die einzelnen Mitgliedstaaten folgende Kriterien erfüllen:

– Erreichung eines hohen Grades an Preisstabilität, ersichtlich aus einer Inflationsrate, die der Inflationsrate jener – höchstens drei – Mitgliedstaaten nahe kommt, die auf dem Gebiet der Preisstabilität das beste Ergebnis erzielt haben;

– eine auf Dauer tragbare Finanzlage der öffentlichen Hand, ersichtlich aus einer öffentlichen Haushaltslage ohne übermäßiges Defizit im Sinne des Art. 104 Abs. 6;

– Einhaltung der normalen Bandbreiten des Wechselkursmechanismus des Europäischen Währungssystems seit mindestens zwei Jahren ohne Abwertung gegenüber der Währung eines anderen Mitgliedstaats;

– Dauerhaftigkeit der von dem Mitgliedstaat erreichten Konvergenz und seiner Teilnahme am Wechselkursmechanismus des Europäischen Währungssystems, die im Niveau der langfristigen Zinssätze zum Ausdruck kommt.

Die vier Kriterien in diesem Absatz sowie die jeweils erforderliche Dauer ihrer Einhaltung sind in einem diesem Vertrag beigefügten Protokoll näher festgelegt. Die Berichte der Kommission und des EWI berücksichtigen auch die Entwicklung der ECU, die Ergebnisse bei der Integration der Märkte, den Stand und die Entwicklung der Leistungsbilanzen, die Entwicklung bei den Lohnstückkosten und anderer Preisindizes.

(2) Der Rat beurteilt auf der Grundlage dieser Berichte auf Empfehlung der Kommission mit qualifizierter Mehrheit,

– ob die einzelnen Mitgliedstaaten die notwendigen Voraussetzungen für die Einführung einer einheitlichen Währung erfüllen,

– ob eine Mehrheit der Mitgliedstaaten die notwendigen Voraussetzungen für Einführung einer einheitlichen Währung erfüllen,

und empfiehlt seine Feststellungen dem Rat, der in der Zusammensetzung der Staats- und Regierungschefs tagt. Das Europäische Parlament wird angehört und leitet seine Stellungnahme dem Rat in der Zusammensetzung der Staats- und Regierungschefs zu.

(3) Unter gebührender Berücksichtigung der Berichte nach Abs. 1 sowie der Stellungnahme des Europäischen Parlaments nach Abs. 2 verfährt der Rat, der in der Zusammensetzung der Staats- und Regie-

rungschefs tagt, spätestens am 31. Dezember 1996 mit qualifizierter
Mehrheit wie folgt:

– er entscheidet auf der Grundlage der in Abs. 2 genannten Empfehlungen des Rates, ob eine Mehrheit der Mitgliedstaaten die notwendigen Voraussetzungen für die Einführung einer einheitlichen
  Währung erfüllt;

– er entscheidet, ob es für die Gemeinschaft zweckmäßig ist, in die
  dritte Stufe einzutreten;

sofern dies der Fall ist,

– bestimmt er den Zeitpunkt für den Beginn der dritten Stufe.

(4) Ist bis Ende 1997 der Zeitpunkt für den Beginn der dritten Stufe
nicht festgelegt worden, so beginnt die dritte Stufe am 1. Januar 1999.
Vor dem 1. Juli 1998 bestätigt der Rat, der in der Zusammensetzung
der Staats- und Regierungschefs tagt, nach einer Wiederholung des in
den Abs. 1 und 2 – mit Ausnahme von Abs. 2 zweiter Gedankenstrich –
vorgesehenen Verfahrens unter Berücksichtigung der Berichte nach
Abs. 1 sowie der Stellungnahme des Europäischen Parlaments mit qualifizierter Mehrheit auf der Grundlage der Empfehlungen des Rates
nach Abs. 2, welche Mitgliedstaaten die notwendigen Voraussetzungen
für die Einführung einer einheitlichen Währung erfüllen.

1   Grundgedanke des EGV ist, daß die **WWU** nur **als Stabilitätsunion** in
    Kraft treten soll. Dies bedingt, daß sich die Mitgliedsländer in stabilitäts-
    politischer Hinsicht einem Prüfungsverfahren unterziehen müssen. Mit Ab-
    lauf der Übergangsphase und dem bevorstehenden Eintritt in die dritte Stu-
    fe gewann damit der Aspekt der **Konvergenz** zentrale Bedeutung. Sowohl
    der EGV (mit Art. 121) als auch ein einschlägiges, dem EGV beigefügtes
    Protokoll legen ein genaues Verfahren über die für den Eintritt in die dritte
    Stufe notwendige Erfüllung der **Konvergenzkriterien** fest.

2   Basis für dieses **Prüfungsverfahren** vor Eintritt in die Endstufe waren Be-
    richte der Kommission und des EWI an den Rat über die Fortschritte der
    Mitgliedsländer bei der Erfüllung der vertraglichen Verpflichtungen sowie
    insbesondere der Konvergenzbedingungen. Diese Berichte wurden Ende
    März 1998 zeitgleich veröffentlicht und bildeten die Grundlage für die Be-
    urteilungen des Rates und seine Empfehlungen an die Staats- und Regie-
    rungschefs. Anfang Mai 1998 entschied letztlich der Europäische Rat „un-
    ter gebührender Berücksichtigung der Berichte" sowie der Stellungnahme
    des EP über den Beginn der Währungsunion am 1. Januar 1999 und dar-
    über, daß **elf Mitgliedstaaten** die notwendigen Voraussetzungen für die

Einführung einer einheitlichen Währung erfüllten (Belgien, Deutschland, Spanien, Frankreich, Irland, Italien, Luxemburg, die Niederlande, Österreich, Portugal und Finnland). Am Ende des Gesamtverfahrens stand somit eine Entscheidung auf höchster staatlicher Ebene, nachdem zuvor Kommission, EWI, Rat und EP hierzu Ausarbeitungen erstellt und/oder Voten abgegeben hatten.

Die **Konvergenzfortschritte** waren nach folgenden **Konvergenzkriterien**   **3**
zu beurteilen:

– niedrige Preissteigerungsrate, wobei diese um nicht mehr als 1,5 Prozentpunkte über der Inflationsrate der – höchstens drei – stabilsten Länder liegen darf;

– Haushaltsdisziplin, wobei das Haushaltsdefizit und die öffentliche Gesamtverschuldung, gemessen an den vertraglich festgelegten Bezugsgrößen, nicht übermäßig sein soll;

– Wechselkursstabilität, d.h. Mitgliedschaft im normalen Band des EWS für mindestens zwei Jahre ohne größere Spannungen und ohne Abwertung;

– Zinskonvergenz, d.h. gegenüber den – höchstens drei – stabilsten Ländern soll die Zinsdifferenz im langfristigen Bereich nicht mehr als 2 Prozentpunkte betragen.

Bei dem erstmals **im Jahre 1996** durchgeführten **Prüfungsverfahren** nach   **4**
Art. 121 Abs. 3 bewertete der Rat

– ob die einzelnen Mitgliedstaaten die Voraussetzungen erfüllen und

– ob dies für eine Mehrheit der Mitgliedstaaten zutrifft.

Auf Grundlage der Berichte von Kommission und EWI vom November 1996 und nach Anhörung des EP stellte der Rat in der Zusammensetzung der Staats- und Regierungschefs am 13./14. Dezember 1996 in Dublin fest, daß keine Mehrheit der Mitgliedstaaten der EG die erforderlichen Bedingungen für die Einführung der einheitlichen Währung erfüllt. Die EG trat demnach 1997 nicht in die dritte Stufe ein (s. Art. 121. Abs. 3), sondern der Rat legte fest, daß das Prüfverfahren für den Eintritt in die dritte Stufe so früh wie möglich unter Zugrundelegung der konkreten Zahlen für 1997 durchgeführt werden soll (s. Art. 121 Abs. 4). Entscheidender Unterschied zwischen Abs. 3 und Abs. 4 ist, daß letzterer keine „Mehrheit der Mitgliedstaaten" verlangt, die die Konvergenzkriterien erfüllen.

Nach den Entscheidungen gemäß Art. 121 (ex-Art. 109j) Anfang Mai 1998,   **5**
ernannten die Regierungen der qualifizierten Länder den Präsidenten, den Vizepräsidenten und die vier weiteren Mitglieder des Direktoriums der EZB. Mit Wirkung vom 1. Juni 1998 traten die Ernennungen in Kraft und das ESZB und die EZB wurden errichtet (Art. 123, ex-Art. 109l). Die un-

widerrufliche Festlegung der Wechselkurse zwischen den Mitglieds-
währungen sowie die Festlegung der Umrechnungskurse, zu denen diese
Währungen durch den Euro als eigenständige Währung ersetzt wurden, erfolgten mit Beginn der dritten Stufe, nachdem bereits Anfang Mai 1998 die
bilateralen Wechselkurse, die als Grundlage für die Festlegung der **Euro-
Umrechnungskurse** dienten, bekanntgegeben wurden.

6   Eine auch nur annähernd angemessene Beschreibung und Beurteilung des
Gesamtverfahrens würde erhebliche mehr Platz beanspruchen als im Rahmen dieses Kommentars zur Verfügung steht. **Zusammenfassend** festgehalten werden soll daher lediglich, daß alle Instanzen gleichermaßen zu der
Schlußfolgerung kamen, daß in den vorangegangenen Jahren erhebliche
Konvergenzfortschritte erreicht worden waren. Insbesondere herrschte in
den meisten Mitgliedstaaten **annähernd Preisstabilität**, die **langfristigen
Zinsen** hatten sich ebenfalls in der Mehrheit der Mitgliedstaaten **auf nied-
rigem** Niveau zusammengefunden, und obwohl nicht alle Mitgliedstaaten
zwei Jahre lang – wie im EGV vorgegeben – am Wechselkursmechanismus
teilgenommen hatten, war die Wechselkursentwicklung gleichwohl zunehmend stabiler geworden.

7   Erheblich **kritischer** hingegen wurde die **Entwicklung der öffentlichen
Haushalte** kommentiert, und zwar insbesondere seitens des EWI. Aus
deutscher Sicht wurde dies nochmals in der Stellungnahme des Zentral-
bankrats der Deutschen Bundesbank zur Konvergenzlage vom 26. März
1998 und der ihres Präsidenten vor dem Finanzausschuß und dem Ausschuß für die Angelegenheiten der EU des Deutschen Bundestages am 3.
April 1998 akzentuiert. Besonders kritisch vermerkt wurden in all diesen
Stellungnahmen der Einfluß von Einmalmaßnahmen auf die günstigen
Daten über die Haushaltsdefizite für das Jahr 1997, die noch nicht ausreichenden Fortschritte in Hinblick auf die Maßgabe des Stabilitäts- und
Wachstumspaktes, im konjunkturellen Normalfall einen nahezu ausgeglichenen Haushaltssaldo oder Überschüsse zu erzielen, sowie die hohen
Staatsschulden, vor allem in Falle Belgiens und Italiens, in denen die Schul-
denquote doppelt so hoch lag wie der im EGV vorgesehene Referenzwert
von 60 % des BIP. Insbesondere im Hinblick auf Länder mit **Schulden-
quoten von über 100 %** wurde vom EWI eingefordert, daß diese über
einen längeren Zeitraum hinweg ihre Haushalte konsolidieren und erhebliche jährliche Überschüsse erzielen müssen. Des weiteren wurde vom EWI
hervorgehoben, daß der Beginn der gemeinsamen Geldpolitik einschneidende Veränderungen für die Finanz- und Wirtschaftspolitik der Mitgliedstaaten mit sich bringt, und zwar insoweit als diese maßgeblich am dauerhaften Zusammenhalt der Währungsunion als Stabilitätsgemeinschaft mit-

wirken müssen. Dies verlange u.a., sich frühzeitig auf absehbare Risiken einzustellen (wie die im Zusammenhang mit der demographischen Entwicklung und deren Auswirkungen auf die staatlichen Haushaltsdefizite und Schuldenstände), aktuelle Fehlentwicklungen nachhaltig zu korrigieren (wie die an den Arbeitsmärkten), und ausreichend Flexibilität und Reaktionsspielräume zu schaffen, die es den Ländern ermöglichen auf allgemeine oder länderspezifische Wirtschaftsschwächen zu reagieren (nicht zuletzt im Rahmen der Finanzpolitik) ohne dadurch die Stabilitätsvorgaben des EGV zu verletzen.

Art. 122 (ex-Art. 109k) (Mitgliedstaaten mit Ausnahmeregelung)

(1) Falls der Zeitpunkt nach Art. 121 Abs. 3 bestimmt wurde, entscheidet der Rat auf der Grundlage der in Art. 121 Abs. 2 genannten Empfehlungen mit qualifizierter Mehrheit auf Empfehlung der Kommission, ob – und gegebenenfalls welchen – Mitgliedstaaten eine Ausnahmeregelung im Sinne des Absatzes 3 gewährt wird. Die betreffenden Mitgliedstaaten werden in diesem Vertrag als „Mitgliedstaaten, für die eine Ausnahmeregelung gilt" bezeichnet.

Falls der Rat nach Art. 121 Abs. 4 bestätigt hat, welche Mitgliedstaaten die notwendigen Voraussetzungen für die Einführung einer einheitlichen Währung erfüllen, wird den Mitgliedstaaten, die die Voraussetzungen nicht erfüllen, eine Ausnahmeregelung im Sinne des Abs. 3 gewährt. Die betreffenden Mitgliedstaaten werden in diesem Vertrag ebenfalls als „Mitgliedstaaten, für die eine Ausnahmeregelung gilt" bezeichnet.

(2) Mindestens einmal alle zwei Jahre bzw. auf Antrag eines Mitgliedstaats, für den eine Ausnahmeregelung gilt, berichten die Kommission und die EZB dem Rat nach dem Verfahren des Art. 121 Abs. 1.

Der Rat entscheidet nach Anhörung des Europäischen Parlaments und nach Aussprache im Rat, der in der Zusammensetzung der Staats- und Regierungschefs tagt, auf Vorschlag der Kommission mit qualifizierter Mehrheit, welche der Mitgliedstaaten, für die eine Ausnahmeregelung gilt, die auf den Kriterien des Art. 121 Abs. 1 beruhenden Voraussetzungen erfüllen, und hebt die Ausnahmeregelung der betreffenden Mitgliedstaaten auf.

(3) Eine Ausnahmeregelung nach Abs. 1 hat zur Folge, daß die nachstehenden Artikel für den betreffenden Mitgliedstaat nicht gelten: Art.

104 Abs. 9 und 11, Art. 105 Abs. 1, 2, 3 und 5, Art. 106, Art. 110, Art. 111 sowie Art. 112 Abs. 2 Buchstabe b. Der Ausschluß des betreffenden Mitgliedstaats und seiner Zentralbank von den Rechten und Verpflichtungen im Rahmen des ESZB wird in Kapitel IX der Satzung des ESZB geregelt.

(4) In Art. 105 Abs. 1, 2 und 3, Art. 106, Art. 110, Art. 111 sowie Art. 112 Abs. 2 Buchstabe b bezeichnet der Ausdruck „Mitgliedstaaten" die Mitgliedstaaten, für die keine Ausnahmeregelung gilt.

(5) Das Stimmrecht der Mitgliedstaaten, für die eine Ausnahmeregelung gilt, ruht bei Beschlüssen des Rates gemäß den in Abs. 3 genannten Artikeln. In diesem Fall gelten abweichend von Art. 205 und Art. 250 Abs. 1 zwei Drittel der gemäß Art. 205 Abs. 2 gewogenen Stimmen der Vertreter der Mitgliedstaaten, für die keine Ausnahmeregelung gilt, als qualifizierte Mehrheit; ist für die Änderung eines Rechtsakts Einstimmigkeit vorgeschrieben, so ist die Einstimmigkeit dieser Mitgliedstaaten erforderlich.

(6) Art. 119 und Art. 120 finden weiterhin auf Mitgliedstaaten Anwendung, für die eine Ausnahmeregelung gilt.

1   Art. 122 ist die logische Folge des Verfahrens nach Art. 121 (ex-Art. 109j). Länder, die nicht am Euro-Währungsgebiet teilnehmen, erhalten den Status eines **Mitgliedstaates mit Ausnahmeregelung.** Hierzu zählen Griechenland und Schweden sowie die beiden Länder, die sich durch Zusatzprotokolle zum EGV nicht zur Teilnahme an der WWU verpflichtet haben (Dänemark [Protokoll Nr. 12] und Großbritannien [Protokoll Nr. 11]). Mindestens alle zwei Jahre bzw. auf Antrag eines Mitgliedstaates kann für die Länder mit Ausnahmeregelung das Verfahren des Art. 121 Abs. 1 wiederholt werden.

2   Der Ausnahmestatus hat zur **Folge,** daß diese Länder von den Rechten und Pflichten der Währungsunion ausgeschlossen sind. Die Rechtsvorschriften für die dritte Stufe treffen auf diese Länder nicht zu. In der dritten Stufe der WWU setzt sich für diese Länder der Rechtszustand der zweiten Stufe fort. Insbesondere treten sie keine währungspolitischen Befugnisse ab und besitzen keine Stimmrechte bei der Gestaltung der gemeinschaftlichen Geld- und Währungspolitik, sei es innerhalb der ESZB (siehe ESZB-Satzung Kapitel IX), sei es bei einschlägigen Beschlüssen des Rates (Art. 122, Abs. 5 und 3). Für die Zeit des Nebeneinanders von Mitgliedstaaten und Mitgliedstaaten mit Ausnahmeregelungen i.S.d. Art. 122 wird gemäß Art. 45 ESZB-

Satzung der Erweiterte EZB-Rat als drittes Beschlußorgan der EZB eingesetzt. Er übernimmt im wesentlichen die Aufgaben des EWI und seine
Kompetenzen liegen vor allem im Beratungsbereich.

**Art. 123 (ex-Art. 109l) (Errichtung von ESZB und EZB, unwiderrufli-
che Festlegung der Wechselkurse)**

**(1) Unmittelbar nach dem gemäß Art. 122 Abs. 3 gefaßten Beschluß
über den Zeitpunkt für den Beginn der dritten Stufe bzw. unmittelbar
nach dem 1. Juli 1998**

**– verabschiedet der Rat die in Art. 107 Abs. 6 genannten Bestim-
mungen;**

**– ernennen die Regierungen der Mitgliedstaaten, für die keine Aus-
nahmeregelung gilt, nach dem Verfahren des Artikel 50 der Satzung des ESZB den Präsidenten, den Vizepräsidenten und die weiteren Mitglieder des Direktoriums der EZB. Bestehen für Mitgliedstaaten Ausnahmeregelungen, so kann sich das Direktorium
aus weniger Mitgliedern als in Art. 11.1 der Satzung des ESZB vorgesehen zusammensetzen; auf keinen Fall darf es jedoch aus weniger als 4 Mitgliedern bestehen.**

**Unmittelbar nach Ernennung des Direktoriums werden das ESZB und
die EZB errichtet und von diesen Vorkehrungen für die Aufnahme ihrer vollen Tätigkeit im Sinne dieses Vertrags und der Satzung des
ESZB getroffen. Sie nehmen ihre Befugnisse ab dem ersten Tag der
dritten Stufe in vollem Umfang wahr.**

**(2) Unmittelbar nach Errichtung der EZB übernimmt diese erforder-
lichenfalls die Aufgaben des EWI. Dieses wird nach Errichtung der
EZB liquidiert; die entsprechenden Einzelheiten der Liquidation werden in der Satzung des EWI geregelt.**

**(3) Sofern und solange es Mitgliedstaaten gibt, für die eine Ausnahme-
regelung gilt, wird unbeschadet des Art. 107 Abs. 3 der in Art. 45 der
Satzung des ESZB bezeichnete Erweiterte Rat der EZB als drittes Beschlußorgan der EZB errichtet.**

**(4) Am ersten Tag der dritten Stufe nimmt der Rat aufgrund eines ein-
stimmigen Beschlusses der Mitgliedstaaten, für die keine Ausnahmeregelung gilt, auf Vorschlag der Kommission und nach Anhörung der EZB
die Umrechnungskurse, auf die ihre Währungen unwiderruflich festgelegt werden, sowie die unwiderruflich festen Kurse, zu denen diese**

Währungen durch die ECU ersetzt werden, an und wird die ECU zu einer eigenständigen Währung. Diese Maßnahme ändert als solche nicht den Außenwert der ECU. Der Rat trifft ferner nach dem gleichen Verfahren alle sonstigen Maßnahmen, die für die rasche Einführung der ECU als einheitlicher Währung dieser Mitgliedstaaten erforderlich sind.

(5) Wird nach dem Verfahren des Art. 122 Abs. 2 beschlossen, eine Ausnahmeregelung aufzuheben, so legt der Rat aufgrund eines einstimmigen Beschlusses der Mitgliedstaaten, für die keine Ausnahmeregelung gilt, und des betreffenden Mitgliedstaats auf Vorschlag der Kommission und nach Anhörung der EZB den Kurs, zu dem dessen Währung durch die ECU ersetzt wird, fest und ergreift die sonstigen erforderlichen Maßnahmen zur Einführung der ECU als einheitliche Währung in dem betreffenden Mitgliedstaat.

1   Art. 123 kann als **Durchführungsregelung für den Eintritt in die Währungsunion** angesehen werden. Normiert wurde die weitere Verfahrensweise nach dem Beschluß über den definitiven Zeitpunkt des Beginns der dritten Stufe.

2   Mit den Entscheidungen über Beginn und Zusammensetzung der Währungsunion Anfang Mai 1998 wurden eine Reihe von Folgeentscheidungen durch den Rat fällig. Es sind dies die sog. **„Ergänzenden Rechtsvorschriften"** nach Art. 42 der ESZB-Satzung im Zusammenhang mit den währungspolitischen Aufgaben und dem Kapital und den Währungsreserven sowie der Ernennung der EZB-Führungsgremien. Hervorzuheben ist, daß unmittelbar danach das ESZB und die EZB errichtet wurden. (Da Ausnahmeregelungen gemäß Art. 122 fortbestehen, wurde auch der Erweiterte Rat der EZB errichtet.) Deren Aufgaben erstreckten sich jedoch bis Ende 1998 noch auf die gleichen Bereiche wie die des EWI, das mit der Schaffung von ESZB und EZB in Liquidation ging. Für eine kurze Übergangszeit bestanden somit bereits ESZB und EZB, ohne bereits die vollen Befugnisse zu besitzen. Diese erlangten sie erst mit dem Beginn der dritten Stufe am 1. Januar 1999. Der Stichtag für den Übergang der geldpolitischen Verantwortung auf die Gemeinschaftsebene war mithin der Beginn der dritten Stufe, nicht der Errichtungszeitpunkt von ESZB und EZB.

3   Die materiell herausragende Stellung des ersten Tages der dritten Stufe wird auch dadurch unterstrichen, daß erst dann die **unwiderrufliche Festlegung der Wechselkurse** unter den Teilnehmerwährungen und gegenüber dem Euro erfolgte. Gleichzeitig wurde der Euro zur eigenständigen Währung (siehe Vorbem. zu Titel VII, Rn. 18).

Vorrangig ist festzuhalten, daß der **Beschluß über die unwiderrufliche**   **4**
Festlegung der Wechselkurse der **Einstimmigkeit** unter den Mitgliedstaaten bedurfte, für die keine Ausnahmeregelung besteht.

Abschließend regelt Art. 123 Abs. 5 das **Verfahren für die spätere Festle-**   **5**
gung der Wechselkurse von Währungen solcher Länder, denen zu Beginn
der dritten Stufe der Status der Ausnahmeregelung zuerkannt worden war.

**Art. 124 (ex-Art. 109m) (Wechselkurspolitik der Mitgliedstaaten bis
zum Beginn der dritten Stufe)**

**(1) Bis zum Beginn der dritten Stufe behandelt jeder Mitgliedstaat sei-
ne Wechselkurspolitik als eine Angelegenheit von gemeinsamem Interesse. Er berücksichtigt dabei die Erfahrungen, die bei der Zusammenarbeit im Rahmen des Europäischen Währungssystems (EWS) und bei
der Entwicklung der ECU gesammelt worden sind, und respektiert die
bestehenden Zuständigkeiten.**

**(2) Mit Beginn der dritten Stufe sind die Bestimmungen des Abs. 1 auf
die Wechselkurspolitik eines Mitgliedstaates, für den eine Ausnahmeregelung gilt, für die Dauer dieser Ausnahmeregelung sinngemäß anzuwenden.**

Art. 124 Abs. 1 weist – in Analogie zur Geldpolitik – die **Zuständigkeit für**   **1**
die Wechselkurspolitik in der zweiten Stufe den Mitgliedstaaten zu. Damit wurde dem Prinzip der Einheitlichkeit der Geldpolitik auch in diesem
Zusammenhang Ausdruck verliehen. Gleichzeitig wurden die Mitgliedstaaten auf die Zusammenarbeit in der Wechselkurspolitik verpflichtet („Angelegenheit von gemeinsamem Interesse").

Mit Beginn der dritten Stufe trat an die Stelle des bisherigen Wechselkurs-   **2**
mechanismus der sogenannte **Wechselkursmechanismus II (WKM II)**.
Dieser regelt die devisenpolitische Zusammenarbeit zwischen dem Euro-
Währungsgebiet und den EU-Ländern mit einer Ausnahmeregelung gemäß
Artikel 122 (ex-Art. 109k). Die Funktionsweise des WKM II ist in einem
vom EWI vorbereiteten Abkommen zwischen der EZB und den nationalen
Zentralbanken der nicht dem Euro-Währungsgebiet angehörenden Mit-
gliedstaaten festgelegt.

Titel VIII. Beschäftigung

Literatur: *Dohse/Krieger/Boden*, Währungsunion und Arbeitsmarkt, 1998; *Coen*, Wirtschafts- und Währungsunion und Beschäftigungspolitik, EuroAS 3/1996,43; *Hofmann*, Vollbeschäftigungsperspektive der WWU, BArbBl 4/1998, 13; *Barth*, Beschäftigungspolitik in der EU, BArbBl 7/8/1996,8 und 9/1996, 9; *Feldmann*, Die neue gemeinschaftliche Beschäftigungspolitik, Integration 1/1998, 43; *Welzmüller*, Zu den Folgen der Globalisierung für die nationalen Güter, Finanz- und Arbeitsmärkte, Das Parlament, 33/34/1997, 20; *Mäder*, Europäische Arbeitsmarktpolitik – rechtlicher Rahmen des EG-Vertrages, ZfSH/SGB 1997, 3,71; *Europäische Kommission*, Beschäftigung in Europa 1997, 1998; Gemeinsamer Bericht (Kommission/Rat) zur Beschäftigung 1997, 1998; *Hemman*, Abstimmung durch gemeinsame Leitlinien, BArbBl 9/1998, 5; *Rubery/Fagan*, Chancengleichheit und Beschäftigung in der Europäischen Union, (Hrsg.) Bundesministerium für Arbeit, Gesundheit und Soziales u.a. BR Österreich, 1998; *Buti, Pench, Sestito*, European Unemployment Contending Theories and Institutional Complexitics, EIB Report 98/01; *Buti/Sapir*, Economic Policy in EMU, A Study by the European Commission Services, 1998, EZB, Monatsbericht 1/1999; *Addison/Siebert*, Regulating European Labour Markets. More costs than benefits, 1998; Europäische Kommission. Bericht über die Entwicklung der Erwerbsquoten 1998, Beschäftigungsleistung in den Mitgliedstaaten; *ders.* Jahreswirtschaftsbericht 1999. Die Wirtschaft der EU bei der Einführung des Euro: Förderung von Wachstum. Beschäftigung und Stabilität.

Vorbemerkung zu Art. 125–130 (ex-Art. 109n–109m)

I. Hintergrund

1   Ursprünglich sollte sich die Regierungskonferenz von 1996 nicht mit den Kompetenzen der EG befassen. Die hohe Arbeitslosigkeit und das Fehlen jeglichen Hinweises auf die Beschäftigung im Vertrag über die EU (1992) haben die Beschäftigung jedoch zu einer der Prioritäten der Regierungskonferenz gemacht.

2   Die Einfügung eines neuen Kapitels über die Beschäftigung ist das Ergebnis kontroverser Verhandlungen, das zwischen unterschiedlichen Konzepten über die erfolgreiche Bekämpfung der Arbeitslosigkeit vermittelt.

3   Auf der Tagung des Rates in Amsterdam am 16./17. Juni 1997 hat der Europäische Rat beschlossen, die neuen beschäftigungspolitischen Bestimmungen des Vertrags von Amsterdam bereits vor dessen Inkrafttreten umzusetzen (vgl. Art. 128 Rn. 22).

4   Das Beschäftigungskapitel geht über die vom Europäischen Rat in Essen (1994) vereinbarte und vom Europäischen Rat in Madrid, Cannes und Dublin fortentwickelte **Europäische Beschäftigungsstrategie** hinaus, die das

beschäftigungspolitische Defizit des Vertrages über die EU noch durch unverbindliche Kooperationsformen beheben wollte (**Essen-Prozeß**).

II. Ziele und Aufgaben

Der Vertrag von Amsterdam macht demgegenüber die Förderung eines   **5**
„**hohen Beschäftigungsniveaus**" in Art. 2 (ex-Art. B) EUV ausdrücklich
zu einem der Ziele der EU und nach Art. 2 (ex-Art. 2) EGV zur Aufgabe
der EG, zu dessen Verwirklichung die EG neue Zuständigkeiten erhalten
hat, die die Kompetenz der Mitgliedstaaten ergänzt. Nach Art. 3 (ex-Art. 3)
Abs. 1 lit. i soll die EG durch die Entwicklung einer „**koordinierten Beschäftigungsstrategie**" die Abstimmung der Beschäftigungspolitik der
Mitgliedstaaten stärken und ihre Wirksamkeit fördern.
Der nach dem Kapitel über die Wirtschafts- und Währungspolitik und vor   **6**
der Sozialpolitik neu eingefügte Titel VIII präzisiert diese Ziele und die
Mittel dazu und schafft eine Vertragsgrundlage für eine Strategie, die die
Organe der EG zu „Hütern" der Beschäftigungspolitik macht, die bisher eine nationale Angelegenheit war und jetzt eine „**Angelegenheit von gemeinsamem Interesse**" ist. Das Beschäftigungskapitel stellt damit die
Grundlage für eine Gemeinschaftskompetenz in der Beschäftigungspolitik
dar, ohne jedoch deren Vergemeinschaftung zu bezwecken.

III. Mittel

Die Europäische Beschäftigungsstrategie sieht eine gemeinschaftsweite   **7**
Koordinierung der Beschäftigungspolitik vor, die den Erlaß von **Beschäftigungsleitlinien** und eine jährliche Prüfung der nationalen Beschäftigungspolitiken im Rahmen der „**multilateralen Überwachung**" auf ihre
Vereinbarkeit mit den Leitlinien normiert.
Der Beschäftigungstitel gibt der Koordinierung der Beschäftigungspolitik   **8**
gemeinschaftliche Ziele vor und führt mit den Leitlinien ein Instrument ein,
das einen gemeinschaftsrechtlichen Rahmen für die nationalen Beschäftigungspolitiken darstellt. Diese Vorschriften sind die operative Instrumente in der Hand der Gemeinschaftsorgane, mit denen die Gemeinschaftsdisziplin im Bereich der Beschäftigungspolitik durchgesetzt werden soll.
Hinzu kommt die Einsetzung eines **Beschäftigungsausschußes** zur Koor-   **9**
dinierung der Beschäftigungs- und Arbeitsmarktpolitik der Mitgliedstaaten
sowie in Ablehnung großer Ausgabenprogramme **Anreizmaßnahmen** zur
Förderung der Zusammenarbeit zwischen den Mitgliedstaaten und zur Unterstützung innovativer Aktionen in diesem Bereich.

10   Zwar bleibt die Zuständigkeit für die Beschäftigungsfragen danach im we-
      sentlichen auf der Ebene der Mitgliedstaaten, doch zur Unterstützung der
      einzelstaatlichen Maßnahmen wird die Förderung der Beschäftigung nach
      Art. 126 (ex-Art. 109o) Abs. 2 eine „Angelegenheit von gemeinsamem
      Interesse" und die Gemeinschaft erhält nach Art. 127 (ex-Art. 109p) Abs. 1
      eine **fördernde** und **ergänzende** Rolle zu den Politiken der Mitgliedstaa-
      ten.

11   Die notwendige Ausrichtung der einzelnen Politikbereiche auf das Be-
      schäftigungsziel wird dadurch gewährleistet, daß Abs. 2 der Vorschrift alle
      Gemeinschaftspolitiker und Massnahmen auf das Beschäftigungsziel ver-
      pflichtet (**mainstreaming employment politics**).

IV. Bewertung

12   Das Beschäftigungskapitel bildet einen Rahmen, der die in der Wirtschafts-
      und Währungsunion (WWU) vorgesehene Koordinierung und Konvergenz
      der Wirtschaftspolitik um die Beschäftigungspolitik ergänzen soll und den
      bisher allein an nominalen Größen orientierten Konvergenzprozeß auf die
      realwirtschaftliche Ebene erweitert. Die Beschäftigung wird danach zwar
      kein formales Konvergenzkriterium, muß aber in Zukunft bei der Koordi-
      nierung der Wirtschaftspolitiken berücksichtigt werden. Der Vertrag von
      Amsterdam ergänzt damit die makroökonomischen Bestimmungen des Ver-
      trages von Maastricht sowie den Stabilitäts- und Wachstumspakt um Maß-
      nahmen zur Bekämpfung der Arbeitslosigkeit.

13   Dem Titel Beschäftigung liegt die Annahme zugrunde, daß in einem inte-
      grierten Wirtschaftsraum mit einheitlicher Währung die unzureichende
      Bekämpfung der Arbeitslosigkeit in einem Land negative Folgen für die
      Wirtschaft und den Arbeitsmarkt aller Mitgliedstaaten hat und die WWU
      kaum noch asymmetrische Antworten der Mitgliedstaaten zum Abbau der
      Arbeitslosigkeit zuläßt. Da jedoch eine einheitliche Währung und ein ein-
      heitlicher Zins bei **unterschiedlichen Wirtschaftsleistungen** in den Mit-
      gliedstaaten und Regionen weniger zentrale als **dezentrale** Beschäfti-
      gungspolitiken erfordert (vgl. dazu die Studie der Kommission, Economic
      Policy in EMU, S. 173ff. und Buti/Pench/Sestiter, a.a.O. fordern daher gar
      eine teilweise Regeneralisierung der Beschäftigungspolitik, erste Regiona-
      lisierungsansätze finden sich auch in der Empfehlung der Kommission zu
      den Grundzügen der Wirtschaftspolitik der Mitgliedstaaten und der Ge-
      meinschaft vom 30.3.1999, S. 15), können die Ziele des Beschäftigungska-
      pitels nur dann erreicht werden, wenn der Handlungs- und Gestaltungs-
      spielraum der Mitgliedstaaten, Regionen und Sozialpartner gewahrt bleibt.

Art. 125 (ex-Art. 109a) (Koordinierte Beschäftigungsstrategie)

Die Mitgliedstaaten und die Gemeinschaft arbeiten nach diesem Titel auf die Entwicklung einer koordinierten Beschäftigungsstrategie und insbesondere auf die Förderung der Qualifizierung, Ausbildung und Anpassungsfähigkeit der Arbeitnehmer sowie der Fähigkeit der Arbeitsmärkte hin, auf die Erfordernisse des wirtschaftlichen Wandels zu reagieren, um die Ziele des Art. 2 des Vertrages über die Europäische Union und des Art. 2 des vorliegenden Vertrags zu erreichen.

Die Vorschrift verpflichtet die Mitgliedstaaten und die EG auf die Ent- **1** wicklung einer **koordinierten Beschäftigungsstrategie** mit dem Ziel die Anhebung der Beschäftigungsquote in Europa deutlich anzuheben (Schlussfolgerungen des Europäischen Rates von Luxenburg, Ziff). Dazu soll insbesondere die Bildung eines qualifizierten und anpassungsfähigen Arbeitskräftepotentials und die Fähigkeit der Arbeitsmärkte gefördert werden, rasch auf die Erfordernisse des wirtschaftlichen Wandels zu reagieren. Der Beschäftigungsstrategie liegt damit ein angebotsorientiertes Konzept der Wirtschaftspolitik zugrunde, umso die Angebotsbedingungen für die Entstehung von mehr Arbeit zu verbessern.

Im Euro-Währungsraum kommt der beruflichen Qualifizierung und der **2** Fähigkeit der Arbeitsmärkte, auf die Erfordernisse des wirtschaftlichen Wandels zu reagieren, um die Ziele der Art. 2 EUV und Art. 3 zu erreichen, eine besondere Bedeutung zu, denn im einheitlichen Währungsraum können unterschiedliche Entwicklungen der Wirtschaftsleistungen, nicht mehr durch Anpassung der nominalen Wechselkurse abgefedert werden. Funktioniert danach das Scharnier der Wechselkurse nicht mehr bei unterschiedlichen Konjunkturzyklen oder autonomen Bewegungen in der Einkommens- oder Fiskalpolitik, müssen in der WWU die Preise der Güter und der Produktionsfaktoren die Anpassung übernehmen (Studie der Kommission „Ein Markt eine Währung", Europäische Wirtschaft Nr. 44, 1990). Dies setzt Arbeitsmärkte voraus, die auf unterschiedliche Produktivitätsentwicklungen und Marktveränderungen reagieren können.

Der Europäische Rat hat deshalb in seiner **Entschließung über Wachstum** **3** **und Beschäftigung** die Schaffung eines qualifizierten und gut ausgebildeten und anpassungsfähigen Arbeitskräftepotentials und die Schaffung von Arbeitsmärkten, die flexibel auf die wirtschaftlichen Veränderungen reagieren, zu einem vorrangigen Ziel gemacht (ABl. 1997 C 236/3), welches durch die Erklärung des Rates (Wirtschaft und Finanzen) und der in diesem Rat vereinigten Minister über Haushaltsstabilität, Beschäftigung und Strukturreformen ergänzt wird, die die Notwendigkeit von Strukturreformen wie **Steigerung der Effizienz der Arbeitsmärkte und Verbesserung der Flexibilität der Arbeitsmärkte,** damit Lohn- und Produktivitätsentwicklungen besser Rechnung getragen wird, betont (ABl. 1998 L 139/28).

4 Die Entwicklung einer koordinierten Beschäftigungsstrategie, die effiziente und flexible Arbeitsmärkte im gemeinsamen Währungsraum erstrebt, kann so einen Konflikt zwischen Geld- und Beschäftigungspolitik zum Nachteil der Geldwertstabilität begrenzen.

Art. 126 (ex-Art. 109 o) (Beschäftigungspolitik der Mitgliedstaaten)

(1) Die Mitgliedstaaten tragen durch ihre Beschäftigungspolitik im Einklang mit den nach Art. 99 Abs. 2 verabschiedeten Grundzügen der Wirtschaftspolitik der Mitgliedstaaten und der Gemeinschaft zur Erreichung der in Art. 125 genannten Ziele bei.

(2) Die Mitgliedstaaten betrachten die Förderung der Beschäftigung als Angelegenheit von gemeinsamem Interesse und stimmen ihre diesbezüglichen Tätigkeiten nach Maßgabe des Art. 128 im Rat aufeinander ab, wobei die einzelstaatlichen Gepflogenheiten in Bezug auf die Verantwortung der Sozialpartner berücksichtigt werden.

1 Abs. 1 enthält zunächst eine Grundaussage für die Beschäftigungspolitik, und zwar, daß die Mitgliedstaaten für „ihre" Beschäftigungspolitik zuständig und verantwortlich sind, aber zur Verwirklichung der Ziele der EG im Sinne des Art. 2, beitragen müssen. Für die im Prinzip nationalen Beschäftigungspolitiken gelten danach gemeinschaftsrechtliche Vorgaben und Verpflichtungen. Sie sind in die Gemeinschaftsziele eingebunden und unterliegen einer **Gemeinschaftsdisziplin,** die in Art. 125–128 (ex-Art. 109n–109u) konkretisiert wird. Danach ändert der EGV nicht die primäre Verantwortlichkeit der Mitgliedstaaten für die Beschäftigung, begründet aber gemeinschaftsrechtliche Rahmenbedingungen und aktiv einsetzbare Instrumente (Art. 128 [ex-Art. 109q] Abs. 2), mit denen die Beachtung der Gemeinschaftsdisziplin bis zu einem gewissen Grade durchgesetzt werden kann.

2 Abs. 1 verpflichtet weiterhin die Mitgliedstaaten, mit ihrer Beschäftigungspolitik zur Verwirklichung der Vertragsziele der **koordinierten Beschäftigungsstrategie** beizutragen. Mit der Verweisung auf die Ziele des Art. 2 werden die Beschäftigungspolitiken der Mitgliedstaaten in umfassender Weise in die Gemeinschaftsziele eingebunden. Die jeweiligen nationalen Strategien müssen hierbei im Einklang mit den gemeinschaftlichen Grundzügen der Wirtschaftspolitik stehen, die der Rat einmal jährlich in Form ei-

ner Empfehlung verabschiedet. Wie in Art. 128 (ex-Art. 109q) Abs. 2 Satz 2 wird dabei ein Gleichgewicht zwischen makroökonomischen und arbeitsmarktpolitischen Aspekten bei der Verwirklichung der Europäischen Beschäftigungsstrategie normiert.

Gemäß Abs. 2 wird mit der Formulierung „die Mitgliedstaaten betrachten **3** die Förderung der Beschäftigung" – zunächst zum Ausdruck gebracht, daß grundsätzlich die Zuständigkeit und Verantwortung für die Beschäftigungspolitik bei den Mitgliedstaaten liegt (Art. 127 [ex-Art. 109p] Abs. 1 Satz 3). Gleichzeitig wird jedoch gesagt, daß die Förderung der Beschäftigung „**eine Angelegenheit von gemeinsamem Interesse**" ist.

Dieser Begriff befand sich bereits in Art. 103 EWGV a. F. für die Kon- **4** junkturpolitik und in Art. 107 EWGV a. F. für die Wechselkurspolitik und findet sich auch in Art. 99 Abs. 1 (ex-Art. 103) für die Koordinierung der Wirtschaftspolitik. Er beinhaltet die Pflicht zur Rücksichtnahme auf die Belange der anderen Mitgliedstaaten und der EG und im Konfliktfall die Verpflichtung unter mehreren beschäftigungspolitischen Maßnahmen diejenigen zu wählen, die den Interessen der Partner am wenigsten schaden. Außerdem ergibt sich daraus das Recht für die Mitgliedstaaten und die Kommission die beschäftigungspolitischen Aktivitäten anderer Mitgliedstaaten zum Gegenstand von Erörterungen im Rat zu machen und somit auf die Gemeinschaftsverträglichkeit der nationalen Politiken zu drängen.

Die **Abstimmungspflicht** erfolgt nach Maßgabe des Art. 128 (ex-Art. **5** 109q) unter Berücksichtigung der einzelstaatlichen Gepflogenheiten in Bezug auf die Verantwortung der Sozialpartner für den Arbeitsmarkt und die Beschäftigung. Wenn damit auch das Beschäftigungskapitel die Tarifautonomie nicht auf der Ebene des Vertrages verankert, so kommt damit doch zum Ausdruck, daß die europäische Beschäftigungsstrategie die Rechte der Sozialpartner berücksichtigt.

Art. 127 (ex-Art. 109p) (Förderung des Beschäftigungsniveaus)

(1) Die Gemeinschaft trägt zu einem hohen Beschäftigungsniveau bei, indem sie die Zusammenarbeit zwischen den Mitgliedstaaten fördert und deren Maßnahmen in diesem Bereich unterstützt und erforderlichenfalls ergänzt. Hierbei wird die Zuständigkeit der Mitgliedstaaten beachtet.

(2) Das Ziel eines hohen Beschäftigungsniveaus wird bei der Festlegung und Durchführung der Gemeinschaftspolitiken und -maßnahmen berücksichtigt.

1   Abs. 1 beschreibt – unter Betonung der Wahrung der nationalen Kompetenz – die **Aufgaben der EG in der Beschäftigungspolitik**. Diese sind beschränkt auf die **Förderung der Zusammenarbeit** der Mitgliedstaaten sowie gegebenenfalls die flankierende **Unterstützung** und **Ergänzung** einzelstaatlicher Aktivitäten. Dabei muß sich die Unterstützung und Ergänzung im **kompetenzrechtlichen Rahmen des Beschäftigungskapitels** halten.

2   Abs. 2 macht deutlich, dass es sich bei der Beschäftigungspolitik um einen horizontalen Politikbereich handelt, der deshalb alle Gemeinschaftspolitiker auf das Beschäftigungsziel (mainstreaming employment politics) verpflichtet. Auf diesem Weg wird eine **Kohärenz** der Gemeinschaftspolitik erreicht, die eine **Gesamtstrategie** zur Bekämpfung der Arbeitslosigkeit ermöglicht. Auch Struktur- (vgl. dazu Art. 146 Rn. 13ff.) und Wettbewerbspolitik (Beihilfenkontrolle) stehen im Dienste der Beschäftigung (Mitteilung der Kommission „Die Gemeinschaftspolitiken im Dienste der Beschäftigung", KOM (98) 354 v. 03.06.1998). Europäische Beschäftigungspolitik hat dadurch auch Auswirkungen auf den Gestaltungsspielraum **nationaler** und **regionaler Wirtschaftsförderung**. Die **Berücksichtigungspflicht** nach Abs. 2 gilt auch für die Bestimmungen des EGV über die Wirtschaftspolitik und die **Grundzüge der Wirtschaftspolitik** im Sinne des Art. 99 (ex-Art. 103), deren beschäftigungspolitische Ausrichtung nach Ziff. 5 der Entschließung des Europäischen Rates über „Wachstum und Beschäftigung", ABl. 1998 C 236/02 gestärkt werden soll und die **Währungspolitik des ESZB** nach Art. 105 (ex-Art. 105).

3   Da deren vorrangiges Ziel nach Art. 127 Abs. 1 S. 1 jedoch darin besteht, „die **Preisstabilität** zu gewährleisten", kann die Währungspolitik „die allgemeine Wirtschaftspolitik" in der EG nur soweit unterstützen, wie dies „ohne Beeinträchtigung des Zieles der Preisstabilität", möglich ist. Die Geldpolitik kann danach die Beschäftigung nur unter der Vorbedingung unterstützen, daß Preisstabilität bereits erreicht wurde. (Primat der Preisstabilität EZB Monatsbericht 1/1995, S. 41). Nach dem EGV besteht die Rolle der Geldpolitik in der Wirtschaftspolitik und der Bekämpfung der Arbeitslosigkeit danach zunächst im Erreichen der Preisstabilität (vgl. Empfehlungen der Kommission für die Grundzüge der Wirtschaftspolitik der Mitgliedstaaten und der Gemeinschaften v. 30.3.1999).

4   Wenn auch die Entschließung des Europäischen Rates über „Wachstum und Beschäftigung" die Verbindung zwischen Beschäftigungspolitik und dem **„Stabilitäts- und Wachstumspakt"** (ABl 1997 L 209/1) zur WWU hergestellt hat, werden wirtschafts- und beschäftigungspolitische Zielkonflikte im Vertrag dennoch zu Gunsten der Preisstabilität entschieden. Nur innerhalb der Grenzen der Preisstabilität gibt es danach Raum zur Verfolgung anderer Vertragsziele. Dem EGV liegt die Auffassung zur Grunde, daß Preisstabilität zu den besten Bedingungen für Wachstum und Beschäftigung führt und die Lösungen des Arbeitslosenproblems in der Durchführung der Europäischen Beschäftigungsstrategie (Luxemburger-Prozess), der Koodinierung der Wirtschaftspolitik durch die Grundzüge der Wirtschaftspolitik und der vom Europäischen Rat in Cardift (Schlussfolgerungen des Vertrages Ziff. 11) vereinbarten Wirtschaftsreformen besteht. Die hohe Arbeitslosigkeit in einem Mitgliedstaat kann danach nicht die Verletzung der Stabilitätskriterien der WWU und des „Stabilitäts- und Wachstumspaktes" rechtfertigen. Trotz der Pflicht der Fiskalpolitik, das Ziel eines hohen Beschäftigungsniveaus zu berücksichtigen, bleibt es bei den Ausnahmeregelungen nach Art. 101 (ex-Art. 104) und dem zugehörigen Protokoll Nr. 5, die in Maastricht vereinbart wurden. Ein übermäßiges Haushaltsdefizit im Sinne des Art. 101 (ex-Art. 104) kann danach kaum mit arbeitsmarktpolitischen Zwängen gerechtfertigt werden, denn nach dem ausdrücklichen Wortlaut des Art. 2 Abs. 1 VO (EG) Nr. 1467/97 über die Beschleunigung und Klärung des Verfahrens bei einem übermäßigen Defizit (ABl. L 209/6), wird nur „ein außergewöhnliches Ereignis, das sich der Kontrolle des betreffenden Mitgliedstaates entzieht und die staatliche Finanzlage erheblich beeinträchtigt, oder auf einen schwerwiegenden Wirtschaftsabschwung zurückzuführen ist", anerkannt.

Gleichwohl wird das Ziel eines hohen Beschäftigungsniveaus de facto zu einem **Konvergenzkriterium** der WWU, zu deren Einhaltung der „Stabilitäts- und Wachstumspakt" die Euro-Teilnehmer dauerhaft verpflichtet. 5

Art. 128 (ex-Art. 109q) (Leitlinien, Jahresbericht)

(1) Anhand eines gemeinsamen Jahresberichts des Rates und der Kommission prüft der Europäische Rat jährlich die Beschäftigungslage in der Gemeinschaft und nimmt hierzu Schlußfolgerungen an.

(2) Anhand der Schlußfolgerungen des Europäischen Rates legt der Rat auf Vorschlag der Kommission und nach Anhörung des Europäischen Parlaments, des Wirtschafts- und Sozialausschußes, des Ausschusses der Regionen und des in Art. 130 genannten Beschäftigungsausschußes jährlich mit qualifizierter Mehrheit Leitlinien fest welche die Mitgliedstaaten in ihrer Beschäftigungspolitik berücksichtigen. Diese Leitlinien müssen mit denen nach Art. 99 Abs. 2 verabschiedeten Grundzügen in Einklang stehen.

(3) Jeder Mitgliedstaat übermittelt dem Rat und der Kommission jährlich einen Bericht über die wichtigsten Maßnahmen, die er zur Durchführung seiner Beschäftigungspolitik im Lichte der beschäftigungspolitischen Leitlinien nach Abs. 2 getroffen hat.

(4) Anhand der in Abs. 3 genannten Berichte und nach Stellungnahme des Beschäftigungsausschußes unterzieht der Rat die Durchführung der Beschäftigungspolitik der Mitgliedstaaten im Lichte der beschäftigungspolitischen Leitlinien jährlich einer Prüfung. Der Rat kann dabei auf Empfehlung der Kommission mit qualifizierter Mehrheit Empfehlungen an die Mitgliedstaaten richten, wenn er dies auf Grund der Ergebnisse dieser Prüfung für angebracht hält.

(5) Auf der Grundlage der Ergebnisse der genannten Prüfung erstellen der Rat und die Kommission einen gemeinsamen Jahresbericht für den Europäischen Rat über die Beschäftigungslage in der Gemeinschaft und über die Umsetzung der beschäftigungspolitischen Leitlinien.

I. Allgemeines

1   Die Vorschrift beschreibt das **Gemeinschaftsverfahren zur Zusammenarbeit und Koordinierung** im Bereich der Beschäftigungspolitik der Mitgliedstaaten auf Gemeinschaftsebene. Es weist eine Reihe von Parallelen, aber auch gewisse Unterschiede zum wirtschaftlichen Koordinations- und Überwachungsverfahren nach Art. 99 (ex-Art. 103) auf (vgl. dazu *Bandilla* in Grabitz/Hilf, Art. 103) und wurde durch die Entschließung des Rates vom 15.12.1997 zu den beschäftigungspolitischen Leitlinien für 1998 (ABl. 1998 C 30/1) und durch die Entschliessung des Rates v. 12.3.1999 zu den beschäftigungspolitischen Leitlinien für 1995 (Abl. 1999 C 72/33) ergänzt.

2   Zusammenarbeit und Koordinierung erfolgen hierbei über die Festlegung beschäftigungspolitischer Leitlinien auf Gemeinschaftsebene (Abs. 2), die jährliche Vorlage eines nationalen **beschäftigungspolitischen Aktionsplans** zur Umsetzung der Leitlinien (Ziff. 4 der Entschließung des Rates vom 15. Dezember 1997 zu den beschäftigungspolitischen Leitlinien für 1998, ABl. 1998 C 30/1) und die Vorlage von **Berichten der Mitglied-**

staaten über die Bedingungen seiner Durchführung (Abs. 3), die jährliche Überprüfung der Beschäftigungspolitik der Mitgliedstaaten durch den Rat (Abs. 4) sowie den von Rat und Kommission gemeinsam zu erstellenden **Jahresbericht** über die Beschäftigungslage in der EG und die Umsetzung der beschäftigungspolitischen Leitlinien (Abs. 5).

Um die notwendige Kohärenz der Beschäftigungspolitik mit der allgemei- 3 nen Wirtschaftspolitik zu gewährleisten, ist in Art. 128 Abs. 2 Satz 2 darüber hinaus festgeschrieben, daß die beschäftigungspolitischen Leitlinien mit den ebenfalls vom Rat zu verabschiedenden Grundzügen der Wirtschaftspolitik vereinbar sein müssen, die ihrerseits nach Art. 127 (ex-Art. 109p) Abs. 2 an das Beschäftigungsziel gebunden sind. Damit wird ein Gleichgewicht zwischen den makroökonomischen und arbeitsmarktpolitischen Aspekten bei der Verwirklichung der „Europäischen Strategie" begründet.

Grundsätzlich handelt es sich bei der Koordinierung um ein gegenseitiges 4 Informieren und Abstimmen, wodurch eine gewisse Annäherung der Politiken erreicht werden soll, die jedoch grundsätzlich nicht mit Rechtsmitteln erzwungen werden kann.

Der Grundsatz der **Koordinierung** der nationalen Beschäftigungspolitiken 5 schränkt im Prinzip die Möglichkeit einer eigenen Beschäftigungspolitik der Gemeinschaftsorgane im Sinne eines Eingreifens in die Beschäftigungspolitik der Mitgliedstaaten ein. Gleichzeitig wird jedoch auch der Gestaltungsspielraum nationaler Beschäftigungspolitik eingeschränkt, da diese nur noch im Rahmen der gemeinschaftlichen Zielvorgaben nach Art. 2 und der dazu vom Rat festgelegten Leitlinien nach Art. 128 Abs. 2 Satz 1 möglich ist.

Um der **Überprüfung der nationalen Beschäftigungspolitiken** zusätzli- 6 ches Gewicht zu verleihen, kann der Rat mit qualifizierter Mehrheit auf Empfehlung der Kommission Empfehlungen an die Mitgliedstaaten richten (Abs. 4 Satz 2).

Die wesentliche Neuerung des Vertrages von Amsterdam gegenüber 7 dem „Essen Prozeß" besteht darin, daß der Koordinierung verbindliche gemeinschaftliche Ziele gesetzt werden: sie hat nach Art. 126 (ex-Art. 109 o) im Einklang mit den nach Art. 99 Abs. 2 (ex-Art. 103) verabschiedeten Grundzügen der Wirtschaftspolitik der Mitgliedstaaten und der EG zur Erreichung der in Art. 125 (ex-Art. 109n) genannten Ziele, sowie der Vertragsziele des Art. 2 EGV und Art. 2 (ex-Art. B) EUV beizutragen.

Mit der Einigung des Beschäftigungsgipfels von Luxemburg auf die „be- 8 schäftigungspolitischen Leitlinien für 1998" ist dieses Verfahren erstmals

praktiziert und vom Europäischen Rat in Cardiff am 15./16. Juni 1998 geprüft (Ziff. 12 der Schlußfolgerungen des Vorsitzes) und vom Europäischen
Rat in Wien am 11./12. Dezember 1998 bewertet und fortentwickelt worden (Ziff. 30ff. der Schlußfolgerungen des Vorsitzes). Zur Verstärkung und
Vertiefung dieser Entwicklung hat der Europäische Rat den Rat gleichzeitig mit der Ausarbeitung eines Europäischen Beschäftigungspaktes im Rahmen des Luxenburger Prozesses beauftragt (Schlussfolgerungen Ziff. 2 und
26ff.), den der Europäische Rat im Juni 1999 in Köln verabschieden will.
Der Pakt soll zu einer stärkeren Verzahnung der Beschäftigungspolitik mit
der Koodinierung der Wirtschaftspolitik führen, damit Lohn- Geld- und
Fiskalpolitik stärker als bisher der Schaffung von Arbeitsplätzen dienen.
Gleichzeitig sollen die vom Europäischen Rat in Cardiff vereinbarten Wirtschaftsreformen voran getrieben werden (vgl. dazu die Berichte der Kommission Kom (1999) 1 Verdg. v. 20.1.1999 und Kom (1999) G1 endg. v.
17.2.1999).

II. Die Leitlinien

9 Die beschäftigungspolitischen Leitlinien nach Art. 128 Abs. 2 Satz 1 sind
das entscheidende Instrument, mit dem der Koordinierung der Beschäftigungspolitiken ein konkretes Ziel gegeben wird, das es erlauben soll, Abweichungen festzustellen und zu ahnden. Der Begriff Leitlinien wurde gewählt, um dieses neue Instrument von den Grundzügen der Wirtschaftspolitik im Sinne des Art. 99 (ex-Art. 103) zu unterscheiden.

10 Wichtig für das Verständnis des Abs. 2 ist, daß die Leitlinien politisch gesehen vom Europäischen Rat angenommen werden, was die besondere Bedeutung, die der Vertrag diesem Instrument beimißt, widerspiegelt. Ausgangspunkt ist die Kommission, die dem Rat nach **Anhörung** des EP, des
WSA und des AdR einen Vorschlag für die Leitlinien vorlegt. Es gibt damit
kein **Mitentscheidungsverfahren** des EP nach Art. 251 (ex-Art. 189b) und
auch kein **Zusammenarbeitsverfahren** nach Art. 251 (ex-Art. 189c). Nach
Überarbeitung durch den Beschäftigungsausschuß (Art. 130, ex-Art. 109s),
den Ausschuß für Wirtschaftspolitik (Ziff. 6 Entschließung des Europäischen Rates über „Wachstum und Beschäftigung", ABl. 1997 C 236/3) sowie den Ständigen Ausschuß für Beschäftigungsfragen (vgl. dazu Art. 130
Rn. 4 und Art. 138 Rn. 3) stellt der Rat, und zwar in der Zusammensetzung
der Arbeits- und Sozialminister und der Wirtschafts- und Finanzminister, in
einem ersten Durchgang den Entwurf für die Leitlinien auf und legt diese
dem Europäische Rat vor. Das EP fordert darüber hinaus die Einbeziehung
des nach Art. 114 (ex-Art. 109c) in der dritten Stufe der WWU für die Ko-

ordinierung der Wirtschafts- und Finanzpolitik zuständigen Wirtschafts-
und Finanzausschusses (PE 226.977).

Der Europäische Rat erörtert auf der Grundlage dieses Entwurfs eine **11**
Schlußfolgerung zu den Leitlinien. Die Leitlinien sind damit als eines der
zentralen Instrumente der Beschäftigungspolitik in der WWU mit der höchsten politischen Autorität in der EG ausgestattet, was ihre Durchsetzung gegenüber nationalen Regierungen und Parlamenten erleichtern soll. Die in
Art. 4 (ex-Art. D) EUV umschriebene Rolle des Europäischen Rates, wonach er „der Union die für ihre Entwicklung erforderlichen Impulse gibt
und die allgemeinen politischen Zielvorstellungen für diese Entwicklung
festlegt" wird hier konkret umgesetzt.

Daraus folgt eine gewisse **politische Bindung** für die Organe der EG, zu- **12**
mal **für die Kommission**, denn ihr Präsident nimmt an der Konsensbildung
im Europäischen Rat nach Art. 4 (ex-Art. D) Abs. 2 EUV teil.

Fraglich ist, ob eine politische Bindung auch **gegenüber den Organen des** **13**
ESZB angenommen werden kann. Rechtlich sind diese jedenfalls nach Art.
108 (ex.-Art. 107) von allen Weisungen unabhängig. Gegen eine Bindung
dürfte auch Art. 105 Abs. 1 (ex-Art. 105) sprechen, wonach das vorrangige
Ziel des ESZB ist, die Preisstabilität zu gewährleisten und die ESZB die allgemeine Wirtschaftspolitik in der EG nur unterstützt, um zur Verwirklichung der in Art. 2 festgelegten Ziele der Gemeinschaft beizutragen, soweit
dies „ohne Beeinträchtigung des Ziels der Preisstabilität möglich ist". Die
beschäftigungspolitische Aufgabe des ESZB nimmt damit in dem Umfang
ab, in dem die Gefahren für die Preisstabilität zunehmen.

Da der Europäische Rat keine Entscheidungsgewalt im Sinne des Gemein- **14**
schaftsrechts hat, kann er selbst keine Beschlüsse im Rechtssinne fassen.
Um den Leitlinien aber einen eindeutigen Status im Sinne des Gemeinschaftsrechts zu geben, insbesondere als Grundlage für die multilaterale
Überwachung des Abs. 4, ist ein **zweiter Durchgang im Rat** vorgesehen.
„Anhand der Schlußfolgerungen des Europäischen Rates", in der Praxis
aber nach neuerlichem Vorschlag von Seiten der Kommission, **verabschie-**
det der Rat – in der Zusammensetzung der Arbeits- und Sozialminister –
mit qualifizierter Mehrheit die Leitlinien. Da der Rat auf Vorschlag der
Kommission tätig wird, kann er Abänderungen von dem Vorschlag nach
Art. 250 (ex-Art. 1989a) Abs. 1 nur einstimmig beschließen. Findet sich für
den Vorschlag nicht die qualifizierte Mehrheit, ist er gänzlich abgelehnt.

Die Vorschrift läßt die Möglichkeit offen, daß der Rat noch inhaltlich Än- **15**
derungen oder Präzisierungen beschließt, die sich auf technische oder redaktionelle Fragen in der Regel beschränken dürften. Es ist rechtlich auch
denkbar, daß die Erörterungen im Europäische Rat nicht zu einem vollen

Konsens über alle Punkte führen, und daß dann der Rat die noch offenen Fragen und den endgültigen Text mit **qualifizierter Mehrheit** beschließt. In welcher Form im Sinne des Art. 249 (ex-Art. 189) der Rat die Leitlinien festlegt, wird in Art. 128 nicht ausdrücklich geregelt. Da die Mitgliedstaaten jedoch verpflichtet sind, die Leitlinien in ihrer Beschäftigungspolitik zu **berücksichtigen** und ihr Inhalt dann, wenn die Leitlinien konkrete Zielvorgaben enthalten, für die Mitgliedstaaten verbindlich ist, sind die Leitlinien **Rechtsakte** im Sinne von Art. 251 (ex-Art. 189b), die der Rat deshalb anders als die Grundzüge der Wirtschaftspolitik, die nach Art. 99 (ex-Art. 103) in der Rechtsform der Empfehlung im Sinne des Art. 249 (ex-Art. 189), Abs. 5 verabschiedet werden, in der Form einer **Entscheidung** i.S. des Art. 249 (ex-Art. 189), Abs. 4 annimmt (a.A. Hemmann, BArbBl 9/1998 5,7).

III. Multilaterale Überwachung

16 Die multilaterale Überwachung der Umsetzung der beschäftigungspolitischen Leitlinien ist ein wesentlicher Bestandteil des auf der Grundlage des Beschäftigungskapitels eingeleiteten Luxemburger Prozesses. Der Europäische Rat von Wien hat deshalb die Kommission und die Mitgliedstaaten ersucht sich auf eine Definition aller dazu einschlägigen Leistungs- und Politikindikatoren zu einigen (vgl. dazu auch den Bericht der Kommission über Möglichkeiten zur Verbesserung der Vergleichbarkeit der Statistiken für die Überwachung und Bewertung der Fortschritte bei der Europäischen Beschäftigungsstrategie, KOM (1998) 698 endg. v. 1.12.).

Die Mitgliedstaaten übermitteln dem Rat und der Kommission jährlich ihren nationalen beschäftigungspolitischen Aktionsplan mit einem Bericht über die Bedingungen seiner Durchführung (Abs. 3), der in der ersten Jahreshälfte zunächst von der Kommission (vgl. dazu die Mitteilung der Kommission „Von Leitlinien zu Maßnahmen" KOM (98)316 endg. vom 13.05.98), dem Beschäftigungsausschuß, dem wirtschaftspolitischen Ausschuß, dem EG-Ausschuß für Bildungsfragen und dem Ständigen Ausschuß für Beschäftigungsfragen nach Maßgabe der einzelnen Leitlinien bewertet wird. In diesem Prozeß der multilateralen Überwachung ist das EP anders als bei der multilateralen Überwachung nach Art. 99 (ex-Art. 103) Abs. 4 2.UAbs. nicht einbezogen. Auf dieser Grundlage prüft der Rat jeweils in der zweiten Jahreshälfte, in welcher Weise die Mitgliedstaaten die Leitlinien in ihrer einzelstaatlichen Politik umgesetzt haben und übermittelt zusammen mit der Kommission einen **Gemeinsamen Jahresbericht** (Abs. 5) an den Europäischen Rat, der auch die Zielvorstellungen für die Festlegung der Leitlinien für das Folgejahr enthält.

Sanktionen für den Fall von Verstößen gegen die beschäftigungspoliti- **17**
schen Leitlinien sind anders als im Stabilitätspakt nicht vorgesehen. Um der
Überprüfung der nationalen Beschäftigungspolitiken jedoch zusätzliches
Gewicht zu verleihen, kann der Rat nach Art. 128 Abs. 4 auf Empfehlung
der Kommission **Empfehlungen** an die Mitgliedstaaten richten. Diese
Empfehlungen sind nach Art. 249 (ex-Art. 189) allerdings nicht verbindlich. Anders als im Konvergenzverfahren für die Wirtschaftspolitik in Art.
99 Abs. 4 S. 2 (ex-Art. 103) ist nicht vorgesehen, daß diese Empfehlungen
der Öffentlichkeit zugänglich gemacht werden.

Weigert sich jedoch ein Mitgliedstaat grundsätzlich die Leitlinien in seiner **18**
Beschäftigungspolitik zu berücksichtigen, kann die Umsetzung mit dem
Vertragsverletzungsverfahren des Art. 226 (ex-Art. 169) und 227 (ex-
Art. 170) verfolgt werden (ebenso *Thun-Hohenstein*, Der Vertrag von Amsterdam, 1997 S. 83), obwohl der Konvergenzprozeß zur Beschäftigungspolitik eher als **politischer Prozeß** konzipiert und deshalb weniger ver-
rechtlicht ist.

Darüber hinaus sieht die Reform der Strukturfonds **positive Sanktionen** in **19**
dem Sinne vor, daß finanzielle Unterstützungen in Zukunft vornehmlich im
Rahmen der von den Mitgliedstaaten zur Umsetzung der beschäftigungspolitischen Leitlinien nach Art. 128 (ex-Art. 109q) Abs. 2 verabschiedeten
beschäftigungspolitischen Mehrjahresaktionspläne gewährt werden, denn
die Hauptaufgabe der Strukturpolitik besteht in Zukunft darin, die Reform
der Arbeitsmarktstrategien – und praktiken zu unterstützen, die zur Umsetzung der Beschäftigungsstrategie im Sinne der Art. 3 Abs. 1 lit i und
Art. 125 (ex-Art. 109n) notwendig sind (vgl. dazu Art. 146 Rn. 3ff.).

IV. Inhalt der Leitlinien

Die Leitlinien sind **Bestandteil eines integrierten Ansatzes**. Dieser Ansatz **20**
beruht auf der Verfolgung einer gesunden makroökonomischen Politik, einem reibungslosen Funktionieren des Binnenmarktes, einer tiefgreifenden
Reform des Arbeitsmarktes sowie auf der systematischen Berücksichtigung
der Beschäftigung im Rahmen aller Gemeinschaftspolitiken und insbesondere der Strukturpolitik, die ein wirksames Instrument zur Erreichung dieser Ziele werden soll.

Über den möglichen Inhalt der Leitlinien sagt der EGV nichts. Aus dem **21**
Gesamtzusammenhang läßt sich jedoch entnehmen, daß sich die Leitlinien
als Instrument einer koordinierten Beschäftigungsstrategie, die die Zielsetzungen und Maßnahmen einer zukünftigen Beschäftigungspolitik konkretisieren, im Rahmen des Art. 125 (ex-Art. 109n) bewegen müssen und damit

insbesondere auf die Förderung der Qualifizierung, Ausbildung und Anpassungsfähigkeit der Arbeitnehmer sowie der Fähigkeit der Arbeitsmärkte auf die Erfordernisse des wirtschaftlichen Wandels zu reagieren, um die Ziele des Art. 2 (ex-Art. B.) EUV und des Art. 2 (ex-Art. 2) EGV zu erreichen. Dazu müssen sie mit den wirtschaftspolitischen Grundzügen in Einklang stehen, die im Rahmen der WWU jährlich nach Art. 99 (ex-Art. 103) festgelegt werden. Darüber hinaus verpflichtet Art. 3 (ex-Art. 3) Abs. 2 die Beschäftigungspolitik (Art. 3 Abs. 1 lit. i) auf die Beseitigung der Ungleichheiten und die Förderung der Gleichstellung von Männern und Frauen hinzuwirken. Die gemeinsamen Leitlinien sehen nicht die Harmonisierung der nationalen Bestimmungen vor, ihre Ziele sind jedoch nach Ziff. 2 der Entschließung des Rates v. 15.12.1997 zu den beschäftigungspolitischen Leitlinien für 1998 (Abl. 1998 L 30/1) und bestimmen daher in Zukunft die Auslegung des nationalen Rechts in einzelstaatliche Rechtsvorschriften umzusetzen. Aus dem Umstand, daß die Leitlinien de facto vom Europäischen Rat angenommen werden, könnte man auf eher allgemein gehaltene Forderungen schließen, jedoch zeigt das breite Verständnis von Beschäftigungspolitik, wie es in den Schlußfolgerungen der Europäischen Räte zum Ausdruck kommt, daß dies nicht der Fall ist.

22 Die im Anschluß an die Sondertagung des Europäischen Rates zur Beschäftigung am 20./21. November in Luxemburg (Bull 11–1997, Ziff. I.1 bis I.10) vom Rat nach diesem Verfahren erstmals im Dezember 1997 festgelegten 19 **beschäftigungspolitischen Leitlinien** für 1998 (ABl. 1998 C 30/1; die durch die Entschließung des Rates v. 22.2.1999 durch die beschäftigungspolitischen Leitlinien für 1999 fortentwickelt wurden (Abl. 1999 C 72/33) fördern einen Konvergenzprozeß, der auf vereinbarten, quantifizierbaren und vergleichbaren Zielvorgaben beruht und die Verbesserung der **Beschäftigungsfähigkeit** (insbesondere durch Bekämpfung der Jugendarbeitslosigkeit, Verhinderung von Langzeitarbeitslosigkeit und stärkere Betonung aktiver Maßnahmen zugunsten von Arbeitslosen), die **Entwicklung des Unternehmergeistes** (durch die leichtere Gründung und Förderung von Unternehmen, die Ausschöpfung der Möglichkeiten für die Schaffung neuer Arbeitsplätze, durch ein beschäftigungsfreundlicheres Steuersystem), die **Förderung der Anpassungsfähigkeit der Unternehmen und ihrer Arbeitnehmer** sowie den **Ausbau der Maßnahmen für Chancengleichheit** vorsieht.

23 Diese vor Inkrafttreten des Vertrages von Amsterdam noch in Form einer **Entschließung** angenommenen und deshalb rechtlich **unverbindlichen** beschäftigungspolitischen Leitlinien für 1998 gehen in ihren Vorgaben zur Fiskal- und allgemeinen Bildungspolitik zum Teil über die Kompetenzen der Gemeinschaft hinaus. Auch wenn es sich bei der Beschäftigungspolitik um einen **horizontalen Politikbereich** handelt, der Aktivitäten in verschiedenen Politikfeldern erfordern kann, relativiert das Beschäftigungskapitel nicht das **Prinzip der begrenzten Einzelermächtigung nach** Art. 5 (ex-Art. 3b). Die europäische Beschäftigungsstrategie begründet nämlich keine **Allzuständigkeit** der EG zur Förderung eines hohen Beschäftigungsniveaus. Vielmehr handelt es sich um eine **gemischte Zuständigkeit**, die den Vorrang nationaler Beschäftigungspolitik respektiert und in Art. 2 (ex-Art. B) EUV ausdrücklich betont, daß das Beschäftigungsziel unter Beachtung des **Subsidiaritätsprinzips** verwirklicht wird. Ein „**Recht auf Arbeit**" durch verbindliche quantifizierte Zielvorgaben zugunsten besonders schutzbedürftiger Gruppen des Arbeitsmarktes, wie Jugendliche oder Langzeitarbeitslose mit weitreichenden Auswirkungen auf die nationalen Haushalte, wäre deshalb ein tiefer Einschnitt in die bisherige Kompetenzordnung.

Überschreitet der Rat bei der Festlegung der verbindlichen Leitlinien den 24
kompetenzrechtlichen Rahmen des Beschäftigungskapitels, verletzt er deshalb den EGV. In diesem Fall kann ein Mitgliedstaat auf der Grundlage von Art. 230 (ex-Art. 173) Abs. 2 gegen die Entscheidung des Rates i. S. des Art. 249 (ex-Art. 189) **Klage erheben**.

Dieses **Klagerecht** kann auch den Sozialpartnern und Regionen zustehen, 25
wenn sie durch die Entscheidung des Rates unmittelbar und direkt betroffen sind Art. 230 (ex-Art. 173) Abs. 4.

Art. 129 (ex-Art. 109r) (Förderung der Zusammenarbeit zwischen Mitgliedstaaten)

Der Rat kann gemäß dem Verfahren des Art. 251 und nach Anhörung des Wirtschafts- und Sozialausschußes sowie des Ausschusses der Regionen Anreizmaßnahmen zur Förderung der Zusammenarbeit zwischen den Mitgliedstaaten und zur Unterstützung ihrer Beschäftigungsmaßnahmen durch Initiativen beschließen, die darauf abzielen, den Austausch von Informationen und bewährten Verfahren zu entwickeln, vergleichende Analysen und Gutachten bereitzustellen sowie innovative Ansätze zu fördern und Erfahrungen zu bewerten, und zwar insbesondere durch den Rückgriff auf Pilotvorhaben.

Diese Maßnahmen schließen keinerlei Harmonisierung der Rechts- und Verwaltungsvorschriften der Mitgliedstaaten ein.

1   Nach Art. 129 wird der Rat ermächtigt, zur Förderung der Zusammenarbeit
    und zur Unterstützung nationaler Beschäftigung **Anreizmaßnahmen** ins-
    besondere in Form von **Pilotvorhaben** zu beschließen. Diese Maßnahmen
    sollen die Entwicklung und Umsetzung einer koordinierten Beschäfti-
    gungsstrategie in den Mitgliedstaaten fördern, sowie die Zusammenarbeit
    zwischen den Mitgliedstaaten bezüglich dieser Strategie begünstigen und
    sind ein Analyseinstrument zur Politikerneuerung. Als Gegenstand solcher
    gemeinschaftlicher Initiativen kommen der Austausch von Informationen
    und bewährten Praktiken, die Bereitstellung vergleichbarer Analysen und
    Gutachten, die Förderung innovativer Ansätze sowie die Evaluierung der
    Erfahrungen in Betracht. Darüber hinaus ist in einer der Schlußakte beige-
    fügten Erklärung festgehalten, daß die Geltungsdauer derartiger Gemein-
    schaftsinitiativen fünf Jahre nicht überschreiten sollte. Sie schließen kein-
    erlei Harmonisierung der Rechts- und Verwaltungsvorschriften der Mit-
    gliedstaaten ein, allerdings dürften sie einen indirekten Einfluß darauf
    haben. Auch haben sich die Mitgliedstaaten in einer weiteren Erklärung
    darauf verständigt, daß Ausgaben nach Art. 129 (ex-Art. 109r) unter Rubrik
    3 der finanziellen Vorausschau fallen, in der die sog. internen Politikberei-
    che, wie z.B. Forschung und technologische Entwicklung, Bildung, Kultur
    geregelt sind, und die etwa 5 % des Gemeinschaftshaushalts abdecken.

2   Das Verfahren richtet sich nach Art. 251 (ex-Art. 189b), während der Rat
    über finanzielle Beiträge zur Förderung der Beschäftigung und zur Schaf-
    fung von Arbeitsplätzen im Rahmen der Sozialpolitik (Titel XI) auf der
    Grundlage von Art. 137 Abs. 3 fünfter Spiegelstrich (ex-Art. 118) einstim-
    mig nach dem Verfahren des Art. 250 (ex-Art. 189a) beschließt.

3   Die sich aus diesen Bestimmungen ergebende inhaltliche, zeitliche und fi-
    nanzielle Eingrenzung der Maßnahmen auf Gemeinschaftsebene verdeut-
    licht den **flankierenden Charakter** der in Rede stehenden Initiativen und
    steht in Einklang mit dem Subsidiaritätsprinzip, auf das sich die primäre
    Verantwortung der Mitgliedstaaten für die Bekämpfung der Arbeitslosig-
    keit und die Erreichung eines hohen Beschäftigungsniveaus gründet. Sie
    steht überdies in Übereinstimmung mit dem Gebot der Haushaltsdisziplin,
    das ausgabenwirksamen Maßnahmen enge Grenzen setzt.

4   Nach der **Interinstitutionellen Vereinbarung über die Rechtsgrundla-
    gen und die Ausführung des Haushaltsplans** vom 13.10.1998 (ABl. 1998
    C 344/1) im Anschluß an das Urteil des EuGH (C-106/96, Vereinigtes
    Königreich/Rat, Slg. 1998 I–2729) können jedoch auch von der Kommis-
    sion in den Rubriken 3 und 4 **Pilotvorhaben** und **vorbereitende Maßnah-
    men** in den in der Vereinbarung festgelegten zeitlichen und finanziellen
    Grenzen ohne Ratsbeschluß finanziert werden, sofern die Maßnahmen, zu

deren Finanzierung sie bestimmt sind, in die Gemeinschaftzuständigkeit fallen.
Mit dem auf Art. 308 (ex-Art. 235) gestützten Beschluß des Rates (ABl.   **5**
1998 L 63/26) über Gemeinschaftstätigkeiten in Bezug auf Analyse, Forschung und Zusammenarbeit im Bereich der Beschäftigung und des Arbeitsmarktes werden die Gemeinschaftsorgane und die Mitgliedstaaten bereits vor Inkrafttreten des Vertrages von Amsterdam bei der Umsetzung der beschäftigungspolitischen Leitlinien unterstützt. Dazu werden vom 1. Januar 1998 bis zum 31. Dezember 2000 Gemeinschaftstätigkeiten in Bezug auf die Analyse, die Forschung und die Zusammenarbeit zwischen den Mitgliedstaaten im Bereich der Beschäftigung und des Arbeitsmarktes durchgeführt.

Art. 130 (ex-Art. 109s) (Beschäftigungsausschuß)

Der Rat setzt nach Anhörung des Europäischen Parlaments einen Beschäftigungsausschuß mit beratender Funktion zur Förderung der Koordinierung der Beschäftigungs- und Arbeitsmarktpolitik der Mitgliedstaaten ein. Der Ausschuß hat folgende Aufgaben:

– Er verfolgt die Beschäftigungslage und die Beschäftigungspolitik in den Mitgliedstaaten und der Gemeinschaft;

– Er gibt, unbeschadet des Art. 207 auf Ersuchen des Rates oder der Kommission oder von sich aus Stellungnahmen ab und trägt zur Vorbereitung der in Art. 128 genannten Beratungen des Rates bei.

Bei der Erfüllung seines Auftrages hört der Ausschuß die Sozialpartner.

Jeder Mitgliedstaat und die Kommission entsenden zwei Mitglieder in den Ausschuß.

Bereits vor Inkrafttreten des Vertrages von Amsterdam hat der Rat durch   **1**
Beschluß (EG) Nr. 97/16 (ABl. 1997 L 6/32) im Dezember 1996 einen „Ausschuß für Beschäftigung und Arbeitsmarkt" eingesetzt, der die Beschäftigungs- und Arbeitsmarktpolitiken der Mitgliedstaaten überprüfen sowie den Informations- und Erfahrungsaustausch der Mitgliedstaaten untereinander und mit der Kommission in diesen Bereichen erleichtern soll.
An seiner Stelle sieht Art. 130 vor, daß der Rat nach dem Muster des   **2**
Währungsausschußes im Rahmen der WWU einen Ausschuß mit der Bezeichnung **Beschäftigungsausschuß** einsetzt. Dieser beratende Ausschuß des Rates soll die Koordinierung der Beschäftigungs- und Arbeitsmarktpolitik der Mitgliedstaaten fördern. Zu seinen Aufgaben gehört die Analyse

von Beschäftigungslage und -politik in den Mitgliedstaaten der Gemeinschaft, die Vorbereitung der Beratungen des Rates sowie auf Ersuchen des
Rates, der Kommission oder auch auf eigene Initiative die Erarbeitung von
Stellungnahmen zu beschäftigungs- und arbeitsmarktpolitischen Fragestellungen.

3   Um das Gleichgewicht zwischen den makroökonomischen und arbeitsmarktpolitischen Aspekten der europäischen Beschäftigungsstrategie i.S.d.
Art. 128 (ex-Art. 109q) Abs. 2 S. 2 herzustellen, soll nach Ziff. 6 der Entschließung des Europäischen Rates über Wachstum und Beschäftigung
(ABl. 1997 C-236/3) der Ausschuß eng mit dem **Ausschuß für Wirtschaftspolitik** zusammenarbeiten.

4   Bei seiner Auftragserfüllung hat der Ausschuß die **Sozialpartner** zu hören.
Wenn der EGV damit auch nicht die Koalitionsfreiheit oder Tarifautonomie
anerkennt, so weist er den Sozialpartnern doch eine wichtige Rolle im Rahmen der europäischen Beschäftigungsstrategie zu. Diese Rolle begründet
nicht nur Anhörungsrechte, sondern ggf. auch Pflichten zur Umsetzung der
Leitlinien, die in ein Spannungsverhältnis zur nationalen Tarifautonomie
geraten können. Damit die Sozialpartner die vom Europäischen Rat in Luxemburg (Ziff. 19 Schlußfolgerungen des Vorsitzes) im Bereich der Beschäftigung präzisierte Rolle, die der Europäische Rat auf die in Cardiff beschlossene Wirtschaftsreform ausgedehnt hat (Ziff. 8 und 14 Schlußfolgerungen), wahrnehmen können, wurde durch Beschluß des Rates v. 9.3.1999
der „**Ständige Ausschuß für Beschäftigungsfragen**" reformiert (ABl.
1999 L 72/33) (vgl. Art. 138 Rn. 3). Nach Art. 2 ist es Aufgabe des Ausschlusses unter Einhaltung des Vertrages und der Zuständigkeiten der Organe und Stellen der Gemeinschaft ständig den Dialog, die Konzentierung
und die Konsultation zwischen dem Rat, der Kommission und den Sozialpartnern (je 10 Vertreter der Arbeitnehmer und 10 Vertreter der Arbeitgeber)
zu ermöglichen, einen Beitrag zur koordinierten Beschäftigungsstrategie zu
leisten, und um den Mitgliedstaaten die Koordinierung ihrer Politik auf diesem Gebiet zu erleichtern, wobei den wirtschaftlichen und sozialen Zielen
der Gemeinschaft, wie sie sowohl in den beschäftigungspolitischen Leitlinien als auch in den Grundzügen der Wirtschaftspolitik zum Ausdruck
kommen, Rechnung zu tragen ist. Der Ausschuß soll jeweils vor den Sitzungen der Staats- und Regierungschefs am Ende jeder Präsidentschaft zusammentreten. Darüber hinaus sollen die Fachtagungen der Lenkungsgrup-
pe des Ausschusses für Beschäftigung und Arbeitsmarkt und der Sozialpartner, die in Art. 1 Abs. 3 des Statuts des Ausschusses (Beschluß Nr.
97/16, ABl. 1997 L 6/32) vorgesehen sind, direkt mit dem im Zusammenhang mit den beschäftigungspolitischen Leitlinien vorgesehenen jährlichen

Prozeß verknüpft werden. Die Kommission schlägt dazu vor, diese Sitzungen abzuhalten, bevor der Ausschuß für Beschäftigung und Arbeitsmarkt jeweils seine Stellungnahmen abgibt, und zwar zu der Mitteilung der Kommission zu den nationalen Aktionsplänen in der ersten Jahreshälfte und zu der jährlich von der Kommission aktualisierten Fassung der beschäftigungspolitischen Leitlinien in der zweiten Jahreshälfte. Auf seiner Tagung in Wien hat der Europäische Rat (Ziff. 29 der Schlußfolgerungen) noch einmal betont, dass die Sozialpartner im Rahmen des Luxemburger-Prozesses stärker beteiligt werden und mehr Verantwortung zeigen müssen. Damit ist insbesondere die Umsetzung der Leitlinien gemeint, die sich auch unmittelbar an die Sozialpartner wenden. Mit der Europäischen Beschäftigungsstrategie sind damit grundlegende Fragen des Verhältnisses der primarrechtlichen Beschäftigungspolitik zur bisher allein national geschützten Tarifautonomie angesprochen, denn trotz konkreter Vorschläge der deutschen Delegation wurde die Tarifautonomie weiter im Rahmen der in Maestricht beschlossenen Wirtschafts- und Währungsunion noch im Amsterdamer Beschäftigungskapitel verankert.

Titel IX (ex-Titel VII). Gemeinsame Handelspolitik

Vorbemerkung zu Art. 131–134 (ex-Art. 110–115)

Literatur zu Art. 131–134: *Adamantopoulos*, Subsidies in External Trade Law of the EEC: Towards a Stricter Legal Discipline, ELRev 1990, 427; *Appella*, Constitutional Aspects of Opinion 1/94 of the ECJ Concerning the WTO Agreement, ICLQ 1996, 440; *Auvret-Finck*, Avis 1/94 de la Cour, RTDE 1995, 322; *van Bael/Bellis*, International Trade Law and Practice of the European Community, Anti-Dumping and other Trade Protection Laws of the EEC, 3. Aufl. 1996; *Beneyto*, The EU and the WTO – Direct Effect of the New Dispute Settlement System?, EuZW Sonderdruck 1996, 295; *Bernet*, A la suite du double non Suisse à l'EEE, RDAI 1992, 945; *Beseler*, Die Abwehr von Dumping und Subventionen durch die Europäischen Gemeinschaften, 1980; *Blin*, L'article 113 CE après Amsterdam, RMC 1998, 447; *von Bogdandy/Nettesheim*, Strukturen des gemeinsamen Außenhandelsrecht, EuZW 1993, 465; *Bourgeois*, The EC in the WTO and Advisory Opinion 1/94: An Echternach Procession, CMLRev 1995, 763; *Bronckers*, WTO Implementation in the European Community – Antidumping, Safeguards and Intellectual Property, JWT 1995 [Nr. 5], 73; *Bronckers*, Private Participation in the enforcement of WTO Law: The New EC Trade Barriers Regulation, CMLRev 1996, 299; *Classen*, Die Bananenmarktordnung der EG – ein Fall für das Bundesverfassungsgericht?, JZ 1998, 454; *Castillo de la Torre*, The Status of Gatt in EC Law, Revisited – The Consequences of the Judgement on the Banana Import Regime for the En-forcement of the Uruguay Round Agreements, JWT 1995 [Nr. 1], 53; *Cottier*, Dispute Settlement in the World Trade Organisation: Characteristics and Structural Implications for the European Union, CMLRev 1998, 325; *Cremona*, Community relations with the Visegrad group, ELRev 1993, 345; *Eeckhout*, The Domestic Legal Status of the WTO Agreement: Interconnecting Legal Systems, CMLRev 1998, 11; *Eggers*, Die Entschei-dung des WTO Appellate Body im Hormonfall – Doch ein Recht auf Vorsorge?, EuZW 1998, 147; *Ehlermann*, The Scope of Article 113 of the EEC-Treaty, Mélanges (Fest-schrift) offerts à P.H. Teitgen, 1984, 145; *Everling*, Will Europe Slip on Bananas? The Bananas Judgement of the Court of Justice and National Courts, CMLRev 1996, 401; *Flaesch-Mougin*, Le Traité des Maastricht et les compétences externes de la Commun-auté européenne: la recherche d'une politique externe de l'union, CDE 1993, 351; *Gils-dorf*, Die Außenkompetenzen im Wandel – Eine kritische Auseinandersetzung mit Pra-xis und Rechtsprechung, EuR 1998, 145; *Govaere/Eeckhout*, On dual use goods and dualist case law: The Aimé Richardt judgment on export controls, CMLRev 1992, 941; *Hailbronner/Bierwagen*, Neuere Entwicklung im Außenwirtschaftsrecht der Europäi-schen Gemeinschaften, NJW 1989, 1385; *Hilf*, EG-Außenkompetenzen in Grenzen – Das Gutachten des EuGH zur Welthandelsorganisation, EuZW 1995, 7; *Hilf/Eggers*, Der WTO-Panelbericht im EG/USA-Hormonstreit, EuZW 1997, 559; *Hilpold*, Regio-nale Integrationszonen und GATT- Die Neuerungen der Uruguay-Runde, RIW 1993, 657; *Hix*, Das Recht auf Akteneinsicht, 1992; *Hoekman*, Rules of Origin for Goods and Services – Conceptual Issues and Economic Considerations, JWT 1993 [Jg. 27/1], 81; *Horlick*, How the GATT Became Protectionist, JWT 1993 [Jg. 27/5], 5; *Karl*, Zur Mul-tilateralisierung bilateraler Abkommen in der Europäischen Gemeinschaft, EuZW 1991, 363; *Kißler*, Die Zulässigkeit von Wirtschaftssanktionen der Europäischen Gemeinschaft gegenüber Drittstaaten, 1984; *Koutrakos*, Exports of Dual-use Goods Under the Lax of the European Union, ELRev 1998, 235; *Krenzler/da Fonseca-Woll-heim*, Die Reichweite der gemeinsamen Handelspolitik nach dem Vertrag von Amster-dam – eine Debatte ohne Ende?, EuR 1998, 223; *Kulms*, Competition, Trade policy and competition policy in the EEC: the example of antidumping, CMLRev 1990, 285; *Kuijper*, The New WTO Dispute Settlement System – The Impact on the European Community, JWT 1995 [Nr. 6], 49; *Kuschel*, Die Bananenmarktordnung vor deutschen Gerichten, EuZW 1995, 689; *ders.*, Wie geht es weiter mit der Bananenmarktordnung?, EuZW 1998, 645; *Lux*, Ausschluß von der Gemeinschaftsbehandlung bei Umwegein-fuhren, EuR 1979, 359; *Manin*, A propos de l'accord instituant l'Organisation mondia-le du commerce et de l'accord sur les marchés publics: la question de l'invocabilité des accords internationaux conclus par la Communauté européenne, RTDE 1997, 399; *Meessen*, Das Abkommen von Lomé als gemischter Vertrag, EuR 1980, 36; *Meier*, Der Endbericht des WTO-Panels im Bananenrechtsstreit, EuZW 1997, 566; *ders.*, WTO-Revisionsentscheidung zur EG-Bananenmarktverordnung, EuZW 1997, 719; *Montag*, Die Außendimension des Binnenmarktes, EuZW 1990, 112; *Müller-Huschke*, Eine „Festung Europa"? Das EG-Handelsschutzrecht als Instrument zur Sicherung des Europäischen Binnenmarktes, 1991; *Nicolaysen*, Zum Anti-Dumping Recht der EWG, EuR 1991, 224; *Olbertz*, Zollrechtsprechung des EuGH im Jahre 1997, EuZW 1998, 11; *Perreau de Penninck*, Les compétences communautaires dans les négociations sur le commerce de services, CDE 1991, 390; *Petersmann*, Book review: International and

European Trade and Environmental Law after the Uruguay Round, CMLRev 1996, 1291; *ders.*, Darf die EG das Völkerrecht ignorieren?, EuZW 1997, 325; *ders.*, GATT/WTO-Recht: Duplik, EuZW 1997, 651; *Priess/Pethke*, The Pan-European Rules of Origin: The Beginning of a New Era in European Free Trade, EuZW 1997, 650; *Rabe*, Rechtsschutz im Außenwirtschaftsrecht der EG, EuR 1991, 236; *Reich*, Nationale Rechtskontrolle der Unionskompetenzen?, EuZW 1998, 321; *Rieck*, Zur Weiterentwicklung der EG-Dual-Use-Verordnung, RJW 1999, 115; *Rupp*, Ausschaltung des Bundesverfassungsgerichts durch den Amsterdamer Vertrag?, JZ 1998, 213; *Sack*, Von der Geschlossenheit und den Spannungsfeldern in einer Weltordnung des Rechts, EuZW 1997, 640; *ders.*, Noch einmal: GATT/WTO und europäisches Rechtsschutzsystem, EuZW 1997, 688; *Sánchez-Rydelski*, Das handelspolitische Schutzinstrument der Antisubventions-Verordnung, EuZW 1996, 423; *ders.*, The Community's new Anti-Dumping Practice towards China and Russia, EuZW 1998, 586; *Sandner*, Probleme des vorläufigen Rechtsschutzes gegen Gemeinschaftsrecht vor nationalen Gerichten, DVBl 1998, 262; *Scheffler*, Juristische Aspekte der Subventionsproblematik im GATT, RIW 1993, 401; *Schroeder/Selmayr*, Die EG, das GATT und die Vollzugslehre – oder: Warum der EuGH manchmal das Völkerrecht ignoriert, JZ 1998, 344; *Stein*, „Bananen-Split"? – Entzweien sich BVerfG und EuGH über den Bananenstreit?, EuZW 1998, 261; *Torremans*, Anti-circumvention duties after the Screwdriver Panel Report, ELRev 1993 [Jg. 18], 288; *Vander Schueren*, New Anti-Dumping Rules and Practice: Wide Discretion Held on a Tight Leash?, CMLRev 1996, 271; *Vermulst/Waer*, The Post-Uruguay Round EC Anti-Dumping Regulation, JWT 1995 [Nr. 2], 53; *Waer*, Constructed Normal Values in EC Dumping Calculations – Fiction, or a Realistic Approach?, JWT 1993 [Jg. 27/1], 47; *Weber, Albrecht*, Die Bedeutung des Art. 115 EWGV für die Freiheit des Warenverkehrs, EuR 1979, 30; *ders.*, Die Bananenmarktordnung unter Aufsicht des BVerfG?, EuZW 1997, 165; *Weber, Claus*, Das Verhältnis der Kompetenzen von europäischen und nationalen Gerichten – Neue Konflikte zwischen Europäischem Gerichtshof und nationalen Gerichten, DÖV 1997, 624; *Weiss*, The General Agreement on Trade in Services 1994; CMLRev 1995, 1177.

Überblick

I. Stellung, Sinn und Zweck der Handelspolitik im System der Verträge

Titel IX (ex-Titel VII) des EGV dient dazu, die EG in die Lage zu verset- **1**
zen, sowohl im internationalen Bereich als handlungsfähiger Partner die ge-

meinsame Handelspolitik nach außen zu vertreten als auch diese Politik intern umzusetzen. Dieses Ziel sollte es der EG erlauben, in all jenen Bereichen tätig zu werden, die auch international zur Handelspolitik zählen. Mit
der Gründung der EWG haben die Mitgliedstaaten eine Zollunion geschaffen, in der Waren frei zirkulieren, ohne daß es auf ihren Ursprung ankommt.
Der freie Warenverkehr mit eingeführten Waren kann nur störungsfrei funktionieren, wenn an allen Außengrenzen die gleichen materiellen Regeln gelten. Diese Einheitlichkeit sowohl durch interne Regelungen als auch durch
internationale Vereinbarungen zu erreichen, war die klassische **Aufgabe
der gemeinsamen Handelspolitik** sowie des gemeinsamen Zollrechts
(Art. 23ff. (ex-Art. 9ff.) EGV). Der Titel IX (ex-Titel VII) ergänzt deshalb
die Bestimmungen über die Zollunion und den gemeinsamen Zolltarif im
Titel I über den freien Warenverkehr. Seit der Gründung der E(W)G haben
sich allerdings die Gewichte im Welthandel verlagert. Der Handel mit
Dienstleistungen und der Schutz der mit den Dienstleistungen verknüpften
Immaterialgüterrechte („geistiges Eigentum" wie Patente, Warenzeichen,
etc.) sowie Direktinvestitionen von Unternehmen in Drittstaaten zur Herstellung der Produkte und Dienstleistungen, mit denen früher Handel getrieben wurde, stellen heute einen Großteil des Außenhandelsvolumens dar
und werden – namentlich im Rahmen der Welthandelsorganisation (World
Trade Organisation, „WTO") – durch multilaterale Abkommen geregelt.
Ohne kohärente Politik der EG drohen hier – wie im Fall des Warenhandels
– Wettbewerbsverzerrungen in der EG und Handlungsunfähigkeit im
Außenverhältnis. Die jüngere Rechtsprechung (insbesondere das Gutachten
1/94, GATS/TRIPS, Slg. 1994, I–5276, Rn. 35ff.) hat die Erreichbarkeit der
im EGV angelegten Kohärenz allerdings erheblich erschwert (s. Rn. 7); die
Ergänzung von Art. 133 (ex-Art. 113) um den neuen Abs. 5 durch den Ver-
trag von Amsterdam bereinigt diese Schwierigkeiten nur teilweise (vgl.
Krenzler/da Fonseca-Wollheim, EuR 1998, 223).

2   Zur Wahrung der Einheitlichkeit ist die **Handelspolitik** (zum Begriff s. Rn.
4) **als gemeinsame Politik** ausgestaltet, d.h. die EG selbst erläßt die erforderlichen Regelungen unmittelbar und ist nicht auf die Harmonisierung der
bestehenden mitgliedstaatlichen Regelungen beschränkt. Sie kann zu diesem Zweck auch Verträge mit Drittstaaten schließen. Trotz der Übertragung
der Zuständigkeit auf die EG war absehbar, daß unterschiedliche mitgliedstaatliche Regelungen fortbestehen würden. Insbesondere soweit sie auf
vertraglichen Absprachen der einzelnen Mitgliedstaaten mit ihren Handelspartnern beruhen (s. Art. 133, Rn. 2), können diese Regelungen einseitig
nicht geändert werden. Führen solche Diskrepanzen zu wirtschaftlichen
Schwierigkeiten, so ermöglicht Art. 134 (ex-Art. 115) notfalls Einschrän-

kungen des freien Warenverkehrs mit eingeführten Waren. Die Bedeutung
dieses Notbehelfs hat nach der Verwirklichung des Binnenmarktes allerdings erheblich abgenommen.

Titel IX (ex-Titel VII) des EGV enthält mit die bedeutendste ausdrückliche   **3**
Gemeinschaftskompetenz zur Regelung von Außenbeziehungen. Durch die
Rechtsprechung wurden die Kompetenzen der EG zur Regelung ihrer
Außenbeziehungen über den Bereich ausdrücklich geregelter Zuständigkei-
ten auf solche Bereiche ausgedehnt, für die die EG intern (also gegenüber
den Mitgliedstaaten) entweder ausschließlich zuständig ist oder ihre Zuständigkeit intern ausgeübt hat (EuGH, Gutachten 2/91, ILO Konvention
Nr. 170, Slg. 1993, I–1061; siehe auch EuGH, Gutachten 1/94, „GATS/
TRIPs", Slg. 1994, I–5276; s. Kommentierung zu Art. 300, Rn 2–6). Die
Vorschriften der Handelspolitik müssen sich deshalb als Teil dieser Außenkompetenzen in die Gesamtstruktur der Außenbeziehungen einordnen lassen. Dabei ist die schwierige Abgrenzung der Außen*handels*politik, für die
die EG zuständig ist, von der Außenpolitik, die in die Zuständigkeit der
Mitgliedstaaten fällt, von besonderer Bedeutung. Durch die Koordinierung
der Außenpolitik im Rahmen der EPZ und deren Institutionalisierung im
Rahmen des Maastrichter Vertrages (Titel V, Art. 11ff. [ex-Art. J] EUV) ist
das Konfliktpotential in der Praxis geringer geworden. Hinsichtlich eines
Hauptstreitpunktes, nämlich der Einordnung von politisch motivierten Han-
delsembargos ist durch Art. 301 (ex-Art. 228a) eine besondere gemeinschaftliche Zuständigkeit begründet worden (s. dort). Schließlich sind die
Entwicklungshilfepolitik und die Beziehungen zu den überseeischen Ländern und Gebieten besondere Politikbereiche mit oft außenwirtschaftspoli-
tischer Zielsetzung, so daß es zwischen diesen Politikbereichen und der
Handelspolitik oft zu Überschneidungen kommt.

II. Der Begriff und der sachliche Regelungsbereich der Handels-
politik

1. Begriffsbestimmung

Der Streit über den **Begriff der Handelspolitik** gehört zu den klassischen   **4**
Rechtsfragen des Gemeinschaftsrechts. Ausgangspunkt für die Definition
ist die (nicht abschließende) Aufzählung („insbesondere") in Art. 133 (ex-
Art. 113) Abs. 1 (Änderung von Zollsätzen, Abschluß von Zoll- und Handelsabkommen, Vereinheitlichung der Liberalisierungsmaßnahmen, Ausfuhrpolitik und handelspolitische Schutzmaßnahmen). Nach Meinung des
Rates sind deshalb solche Rechtsakte „handelspolitischer" Natur, deren *Ziel*

die Beeinflussung der Handelsströme ist (Stellungnahme zum Gutachten 1/78, „Naturkautschuk", Slg. 1979, 2871, 2887; s. auch *Vedder*, in *Grabitz/Hilf*, Art. 113, Rn. 38). Demgegenüber war die Kommission ursprünglich der Auffassung, daß der Einsatz handelspolitischer *Instrumente* die Natur eines Rechtsaktes determiniert (Stellungnahme zum Gutachten 1/78, „Naturkautschuk", Slg. 1979, 2871, 2884, sowie in der Rs. C-62/88, Griechenland/Rat, Slg. 1990, I–1527, Rn. 39f.). Die in der Literatur wohl vorherrschende Meinung berücksichtigte sowohl finale wie instrumentale Elemente (*Ehlermann*, in FS Teitgen 1984, 145; s. auch *Vedder*, in *Grabitz/Hilf*, Art. 113, Rn. 40), dies hatte sich auch in der Praxis der Gemeinschaftsorgane zunehmend durchgesetzt. Danach gehörten zur Handelspolitik alle Maßnahmen, die den Handelsverkehr mit dritten Staaten offen und spezifisch regeln, sowie zusätzlich solche Maßnahmen, deren Hauptzweck in der Beeinflussung der Handelsströme oder des Handelsvolumens besteht (*Ehlermann*, in FS Teitgen 1984, 145, sowie *J. Bourgeois*, GTE, Art. 113, Rn. 5, 6; *Vedder*, in *Grabitz/Hilf*, Art. 113, Rn. 40; *P. Koutrakos*, ELRev 1998, 235, 250).

5   Der EuGH hat sich bisher auf keine Definition festgelegt. Er hatte ursprünglich mehr pragmatisch darauf hingewiesen, daß der Begriff der Handelspolitik nicht starr, sondern „in einer offenen Perspektive ... zu regeln ist" (EuGH, Gutachten 1/78, „Naturkautschuk", Slg. 1979, 2871, 2913): eine Perspektive, die es der EG erlauben sollte, sich einerseits den sich auch international wandelnden Vorstellungen vom Gegenstand der Handelspolitik und deren Instrumentarien anzupassen und sich an entsprechenden Abkommen zu beteiligen sowie andererseits sicherstellen sollte, daß die interne Umsetzung, insbesondere im Hinblick auf Zollunion und freien Warenverkehr reibungslos funktioniert (EuGH, 8/73, HZA Bremerhaven/Massey-Ferguson, Slg. 1973, 897, 908; EuGH, Gutachten 1/78, „Naturkautschuk", Slg. 1979, 2871, 2913; *v. Bogdandy/Nettesheim*, EuZW 1993, 465 [m.w.N.]).

6   In seiner jüngeren Rechtsprechung ist der **EuGH** demgegenüber **restriktiver**. Obwohl Dienstleistungen, der Schutz geistigen Eigentums und Direktinvestitionen heute eine bedeutende Rolle im internationalen Handelsverkehr spielen und obwohl die Handelspartner der EG diese als Teil eines einheitlichen Welthandelssystems begreifen (wie u. a. die Uruguay-Runde des GATT (siehe Art. 133, Rn. 56f.), das Lomé IV-Abkommen (siehe Art. 133, Rn. 68) und das EWR-Abkommen (siehe Art. 133, Rn. 62) gezeigt haben), hat der EuGH seine bisherige, am dynamischen, internationalen Verständnis des Begriffs orientierte Rechtsprechung aufgegeben und einer **statischen Interpretation** den Vorzug gegeben. Erstmals im Gutachten 1/94

(GATS/TRIPS, Slg. 1994, I–5276, Rn. 35ff.) stellte der EuGH recht apo-
diktisch fest, daß Regelungen über Dienstleistungen (das „GATS"-Abkom-
men) und den Schutz geistigen Eigentums („TRIPS") nur zum Teil unter
den Begriff der Handelspolitik i.S.v. Art. 133 (ex-Art. 113) EGV fallen (s.u.
Rn. 10), weil sie nicht den freien Warenverkehr beträfen, sondern andere
Grundfreiheiten. Der EuGH knüpfte damit an Stimmen an, die Regelungen
über Niederlassungsfreiheit und Freizügigkeit als nicht zur Handelspolitik
gehörig ansehen (s. Rn. 12). Noch weiter ging der EuGH im später erstatteten Gutachten 2/92, (*OECD Beschluß zur Inländerbehandlung*, Slg. 1995,
I–525, Rn. 24ff.), in dem er auch soweit der Warenverkehr betroffen war,
Art. 133 (ex-Art. 113) für unanwendbar erklärte mit dem Argument, es gehe im konkreten Fall mehr um den Binnenmarkt und weniger um den
Außenhandel. Doch ist die Interdependenz von freiem Warenverkehr und
Außenhandel gerade die Grundlage für Art. 133 (ex-Art. 113), die Trennung von Warenhandel in einen (internen) Binnenmarktteil und einen (externen) Außenhandelsteil entspricht nicht der Logik, die Art. 133 (ex-
Art. 113) zugrundeliegt. In Zukunft besteht daher die Gefahr, daß Abkommen, die Regelungen enthalten, die sich nicht ausschließlich auf den Handelsverkehr mit Drittstaaten beziehen, nicht mehr allein auf Art. 133 (ex-
Art. 113) gestützt werden können, selbst wenn der Regelungsgegenstand
international der Außenhandelspolitik zugeordnet wird (vergl. auch EuGH,
C-360/93, EP/Rat, Slg. 1996, I–1195, Rn. 14; *Krenzler/da Fonseca-Wollheim*, EuR 1998, 223, 229).

Die Konsequenzen des Gutachtens 1/94 sind von der **Literatur überwie-**   7
gend kritisch beurteilt worden (vergl. *Blin*, RMC 1998, 447; *Krenzler/da
Fonseca-Wollheim*, EuR 1998, 223, 229; *Auvret-Finck*, RTDE 95, 322;
Gilsdorf, EuR 1996, 145, 147; *Appella*, ICLQ 1996, 440; *Beneyto*, EuZW
Sonderdruck 1996, 295, 299; *Bourgeois*, CMLRev 1995, 65f.). Es führt zu
einer wesentlichen Verstärkung der intergouvernementalen Elemente im
Außenhandelsrecht. Bisher konnte die Kommission die Interessen der EG
im Außenhandelsrecht kohärent wahrnehmen und ggf. die Partikularinteressen der Mitgliedstaaten ausgleichen. Die durch das Gutachten wiederer-
starkte Teilkompetenz der Mitgliedstaaten führt dazu, daß die Kommission
keine selbständige Politik mehr betreiben kann. Die zukünftigen Außen-
handelsabkommen werden überwiegend als „gemischte Abkommen" abzuschließen sein und daher Einstimmigkeit erfordern. Angesichts der entstandenen Unsicherheiten werden Drittstaaten die gleichzeitige Beteiligung von
Mitgliedstaaten und EG geradezu fordern. Die Handelspartner werden im
übrigen, etwa im Bereich der WTO, geneigt sein, die Mitgliedstaaten und
die EG gegeneinander auszuspielen. Besonders schwierig wird die Situati-

on, wenn einzelne Mitgliedstaaten ihren Verpflichtungen im Rahmen ihres Zuständigkeitsbereichs nicht nachkommen und die Handelspartner ihre nach WTO-Recht zulässigen Retorsionsmaßnahmen gegen die EG insgesamt richten. Zwar hat der EuGH eine wenig konkrete Verpflichtung der Mitgliedstaaten zur Zusammenarbeit mit der Kommission statuiert (EuGH, Gutachten 1/94, Slg. 1994, I–5276, Rn. 104ff.). Doch bleibt die Rechtsgrundlage dafür unklar (nach Aufhebung des Art. 116 a.f. durch den Vertrag von Maastricht kommt wohl nur Art. 10 (ex-Art. 5) in Betracht; vgl. *Krenzler/da Fonseca-Wollheim*, EuR 1998, 223, 229). Es kommt hinzu, daß der EuGH in dem fast gleichzeitig ergangenen ersten Urteil im „Bananenfall" (EuGH, C-280/93, Deutschland/Rat, Slg. 1994, I–4973, Rn. 9f.) festgestellt hat, daß sich Mitgliedstaaten zur Anfechtung von Gemeinschaftsakten nicht auf Verstöße der EG gegen das GATT 1947 berufen können. Es droht der Umkehrschluß, daß auch die EG sich nicht ohne weiteres auf GATT-Verstöße der Mitgliedstaaten in deren Zuständigkeitsbereich berufen kann. Immerhin hat der EuGH in einer Plenarentscheidung vom 16.6.1998 entschieden, daß nach Ratifizierung des WTO-Abkommens, durch EG und Mitgliedstaaten, der EuGH zur Auslegung auch der Teile des Abkommens zuständig ist, die nicht in die Zuständigkeit der EG fallen (EuGH, C-53/96, Hermès/FHT, Slg. 1998, I–3606, Rn. 22–29). Die weitere Entwicklung der Rechtsprechung bleibt abzuwarten. Gegenwärtig fehlt es insoweit aber an einer kohärenten Linie.

8   Das Gutachten 1/94 ist durch Vertragsänderung nur teilweise korrigiert worden. Die Kommission hatte im Rahmen der Regierungskonferenz zum Vertrag von Amsterdam vorgeschlagen, die Regelungen über die Handelspolitik so abzuändern, daß die Bereiche, die auch international zur Handelspolitik gezählt werden, wieder unter den Begriff der Handelspolitik gefallen wären. Demgegenüber wurde durch den Vertrag von Amsterdam mit Art. 133 Abs. 5 eine Regelung in den EGV aufgenommen, die die Möglichkeit eröffnet, durch einstimmigen Ratsbeschluß die Anwendung von Art. 133 Abs. 1 bis 4 (ex-Art. 113) auf internationale Verhandlungen und Übereinkünfte im Bereich von Dienstleistungen und geistigem Eigentum (d.h. gewerbliche Schutzrechte, nicht aber im Bereich der Direktinvestitionen) auszudehnen, soweit diese nach dem Gutachten 1/94 von ex-Art. 113 nicht erfaßt waren. Der einstimmige Ratsbeschluß erfordert keine Ratifizierung durch die Mitgliedstaaten (*Krenzler/da Fonseca-Wollheim*, EuR 1998, 223, 224; *Blin*, RMC 1998, 447). Die Konsequenzen eines solchen Ratsbeschlusses sind nicht völlig eindeutig geregelt, doch sprechen die besseren Argumente dafür, daß mit einem solchen Ratsbeschluß eine Kompetenzerweiterung der EG eintritt, die es nicht nur ermöglicht, das internatio-

nale Übereinkommen abzuschließen, sondern die auch gemeinschaftsinterne Regelungen in dem vom Ratsbeschluß erfaßten Bereich umfaßt.

2. Regelungsbereich der gemeinsamen Handelspolitik

Der Regelungsbereich der gemeinsamen Handelspolitik ist nach der Änderung der Rechtsprechung seit dem Gutachten 1/94 (Slg. 1994, I–5276) nicht mehr in allen Bereichen aus den Überlegungen von Literatur und Rechtsprechung von vor 1994 abzuleiten. Jedenfalls gehören Regelungen des **Warenaustauschs mit Drittstaaten zur Handelspolitik.** Entsprechend der historischen Funktion der „Handelspolitik" liegt auch der Schwerpunkt der bestehenden handelspolitischen Regelungen auf solchen Maßnahmen. Landwirtschaftliche Produkte unterfallen der gemeinsamen Handelspolitik, soweit nicht Sonderregelungen gemäß Art. 32 (ex-Art. 38) Abs. 2 und Art. 37 (ex-Art. 43) bestehen (häufig!) (vgl. EuGH, 63/74, Cadsky/Istituto nazionale, Slg. 1975, 281, 291; EuGH, Gutachten 1/94, GATS/TRIPS, Slg. 1994, I–5276, Rn. 31). Die Handelspolitik erfaßt auch solche Waren, die unter den EAGV bzw. den EGKSV fallen (EuGH, Gutachten 1/94, GATS/TRIPS, Slg. 1994, I–5276, Rn. 24 und 27). Angesichts von Art. 296 (ex-Art. 223) Abs. 1 lit. b fallen militärische Gegenstände nicht unter die gemeinsame Handelspolitik, während „Dual-Use"-Güter darunter fallen (s.u. Art. 133, Rn. 52). Handelspolitische Regelungen sind auch insoweit auf Art. 133 (ex-Art. 113) zu stützen, als sie gegenüber Entwicklungsländern ergehen oder sich auf Bereiche erstrecken, die von der Entwicklungshilfepolitik erfaßt werden (s. *Flaesch/Mougin*, CDE 1993, 351, 364).   **9**

Der Begriff der Handelspolitik umfaßt aber auch bestimmte Regelungen über den Austausch von **Dienstleistungen.** Traditionell anerkannt war dies für bestimmte akzessorische Dienstleistungen zum Warenhandel (etwa Montagedienstleistungen, in Waren enthaltene Software, etc.). Solche Dienstleistungen werden auch zollrechtlich als Bestandteil der Ware angesehen. Ebenfalls zum Bereich der Handelspolitik gehören solche Dienstleistungen, die grenzüberschreitend erbracht werden, d.h. der Dienstleistungen, die in einem Drittstaat „erbracht" und in der EG „empfangen" werden (EuGH, Gutachten 1/94, GATS/TRIPS, Slg. 1994, I–5276, Rn. 44).   **10**

Demgegenüber fallen nach dem Gutachten 1/94 Regelungen zu folgenden Dienstleistungstypen nicht unter den Begriff der Handelspolitik und können deshalb ohne einen Beschluß i.S.v. Art. 133 Abs. 5 nicht auf der Grundlage von Art. 133 (ex-Art. 113) beschlossen werden: **11**

– Dienstleistungen, zu deren Erbringung der Leistende sich in das Land des Dienstleistungsempfängers begibt (d.h. dem Äquivalent der Dienstleistungsfreiheit),

– Dienstleistungen, zu deren Erbringung ein Unternehmen im Land des
   Dienstleistungsempfängers eine dauernde Niederlassung errichtet (d.h.
   dem Äquivalent der Niederlassungsfreiheit),
– Dienstleistungen, zu deren Erbringung sich eine natürliche Person zum
   Zwecke des dauernden Aufenthalts in das Land des Dienstleistungs-
   empfängers begibt.

Dienstleistungen dieser Art nicht als unter die gemeinsame Handelspolitik
fallend anzusehen, führt zu den oben beschriebenen Problemen hinsichtlich
der Kohärenz der Außenhandelspolitik. Immerhin muß dem EuGH zugute
gehalten werden, daß Regelungen, die letztlich die Niederlassungsfreiheit
und die Freizügigkeit der Arbeitnehmer betreffen, auch schon früher als
nicht unter die gemeinsame Handelspolitik fallend angesehen wurden (s.u.
Rn. 12). Hinsichtlich der Dienstleistungsfreiheit sind aber als Folge der
Entscheidung Wettbewerbsverzerrungen im Binnenmarkt zu erwarten, mindestens insofern ist das Gutachten 1/94 auch vor dem Hintergrund der Auswirkungen auf den Binnenmarkt abzulehnen.

12   Regelungen über die **Freizügigkeit** oder die **Niederlassungsfreiheit** von
     Arbeitnehmern aber auch von Selbständigen sind nicht Teil der Handelspo-
     litik und können nicht auf Art. 133 (ex-Art. 113) gestützt werden (*Vedder,*
     in *Grabitz/Hilf,* Art. 113, Rn. 35; *Perreau de Pinninck,* CDE 1991, 390).
     Transportdienstleistungen und **Verkehr**sfragen im allgemeinen werden
     in Art. 71 (ex-Art. 75) besonders geregelt, auch sie fallen deshalb nicht un-
     ter Art. 133 (ex-Art. 113) (EuGH, Rs. 22/70, Kommission/Rat [AETR],
     Slg. 1971, 263, 280; Gutachten 1/94, GATS/TRIPS, Slg. 1994, I–5276,
     Rn. 48ff.).

13   Regelungen des **Zahlungsverkehrs** mit Drittstaaten fallen unter den Be-
     griff der Handelspolitik, soweit die Zahlungen im Zusammenhang mit von
     Art. 133 (ex-Art. 113) erfaßtem Waren- oder Dienstleistungsverkehr erfol-
     gen (*Vedder,* in *Grabitz/Hilf,* Art. 113, Rn. 34 [m.w.N.]).

III. Ausschließliche Zuständigkeit und Subsidiarität

14   Gemäß Art. 5 (ex-Art. 3b) gilt das **Subsidiaritätsprinzip** in Bereichen, die
     nicht in den ausschließlichen Zuständigkeitsbereich der EG fallen. Welche
     Zuständigkeiten ausschließlich sind, wird im EGV selbst nicht geregelt.
     Der EuGH hat, wenn auch ohne Bezug zu Art. 5 (ex-Art. 3b), in ständiger
     Rechtsprechung festgestellt, daß eine ausschließliche Zuständigkeit der EG
     begründet ist, soweit durch die Handelspolitik der Warenverkehr mit Dritt-
     staaten geregelt wird (EuGH, Gutachten 1/75, „lokale Kosten", Slg. 1975,
     1355, 1363; *Vedder,* in *Grabitz/Hilf,* Art. 113, Rn. 3 [m.w.N.]; s.a. *v. Bog-*

dandy/Nettesheim, EuZW 1993, 465, 466f. m.w.N., die mit beachtlichen Argumenten eine ausschließliche Kompetenz nur für die vertragliche [s.u. Art. 133, Rn. 11] und nicht für die autonome Handelspolitik [s.u. Art. 133, Rn. 12] annehmen). Gegen eine ausschließliche Zuständigkeit spricht nicht, daß Art. 134 (ex-Art. 115) die Existenz mitgliedstaatlicher Regelungskompetenzen voraussetzt. Deren Existenz folgt aus der Tatsache, daß vertragliche Bindungen der Mitgliedstaaten gegenüber Drittstaaten nicht einseitig durch die EG beseitigt werden konnten. Mitgliedstaatliche Beschränkungen des Warenverkehrs führen aber automatisch zu Störungen der Zollunion. Die Zollunion gibt der EG ihr Gepräge, so daß die Regelung des Warenverkehrs mit dritten Staaten zu den ausschließlichen Kompetenzen der EG gehören muß. Deshalb gilt das Subsidiaritätsprinzip nicht für handelspolitische Maßnahmen zur Regelung des Warenverkehrs mit Drittstaaten (sowie den damit verbundenen Zahlungsverkehr). Dies gilt trotz der insoweit unklaren Regelung in Art. 177–181 (ex-Art. 130u–130y) auch soweit Maßnahmen gegen Entwicklungsländer oder in Bereichen getroffen werden, die von der Entwicklungshilfepolitik erfaßt sind (s. *Flaesch-Mougin*, CDE 1993, 351, 364, 370).

Soweit Regelungen über Dienstleistungen nach dem Gutachten 1/94 der ge- **15** meinsamen Handelspolitik unterfallen, ist die EG auch insoweit ausschließlich zuständig (EuGH, Gutachten 1/94, GATS/TRIPS, Slg. 1994, I–5276, Rn. 53). Demgegenüber ist die potentielle Zuständigkeit hinsichtlich der Materien, die erst nach Einbeziehungsbeschluß des Rates gemäß Art. 133 Abs. 5 (ex-Art. 113) in die Zuständigkeit fallen, jedenfalls so lange nicht ausschließlich, als ein Beschluß nach Art. 133 Abs. 5 (ex-Art. 113) noch nicht ergangen ist. Insoweit gilt das Subsidiaritätsprinzip. Wesentlich schwieriger zu beantworten ist die Frage, welche Situation entsteht, wenn ein Beschluß zur Einbeziehung einer Regelungsmaterie einmal gefaßt wurde. Viel spricht dafür, dann eine ausschließliche Zuständigkeit anzunehmen. Schon bisher galt, daß sobald die EG intern die Voraussetzungen für die Erbringung von Dienstleistungen durch Angehörige von Drittstaaten regelt, nach außen eine ausschließliche Regelungsbefugnis entsteht (vgl. EuGH, Rs. 22/70, Kommission/Rat [„AETR"], Slg. 1971, I–263, 276; Gutachten 2/91, „ILO Konvention Nr. 170", Slg. 1993, I–1061, Rn. 9). Daß insbesondere die AETR-Rechtsprechung durch den Maastrichter Vertrag nicht angetastet werden sollte, kommt auch dadurch zum Ausdruck, daß in den Anhängen zum Vertrag mehrfach auf diese Rechtsprechung Bezug genommen und deren uneingeschränkte Fortgeltung bestätigt wird (s. *Flaesch-Mougin*, CDE 1993, 351, 370, auch zu dem im Subsidiaritätsprinzip angelegten Widerspruch zur AETR-Rechtsprechung und zu einem dar-

aus folgenden möglichen anderen Verständnis). Es wäre schwer verständlich, wenn ein ausdrücklicher Beschluß nach Art. 133 Abs. 5 (ex-Art.
113) andere Konsequenzen hätte als die Ausübung der internen Zuständigkeit.

16   Soweit das Subsidiaritätsprinzip anwendbar ist, werden handelspolitische
      Regelungen über den Austausch von Dienstleistungen mit Drittstaaten in
      der Regel besser auf Gemeinschaftsebene erfolgen und sind deshalb jeden-
      falls gemäß Art. 5 (ex-Art. 3b) Abs. 2 zulässig. Eine gemeinschaftseinheit-
      liche Lösung bewirkt nämlich in der Praxis, daß die Unionsbürger umge-
      kehrt in den von vertraglichen oder autonomen Regelungen erfaßten Dritt-
      staaten gleich behandelt werden, so daß bestehende Unterschiede im
      Marktzugang für Unionsbürger im Dienstleistungsbereich in Drittländern
      abgebaut werden.

Art. 131 (ex-Art. 110) (Ziele der Handelspolitik)

**Durch die Schaffung einer Zollunion beabsichtigen die Mitgliedstaa-
ten, im gemeinsamen Interesse zur harmonischen Entwicklung des
Welthandels, zur schrittweisen Beseitigung der Beschränkungen im internationalen Handelsverkehr und zum Abbau der Zollschranken beizutragen.**

**Bei der gemeinsamen Handelspolitik werden die günstigen Auswir-
kungen berücksichtigt, welche die Abschaffung der Zölle zwischen den
Mitgliedstaaten auf die Steigerung der Wettbewerbsfähigkeit der Unternehmen dieser Staaten haben kann.**

1   Mit dem Bekenntnis zu einer **liberalen Außenhandelspolitik** leitet
     Art. 131 den Titel IX (ex-Titel VII) des EGV ein. Der Welthandel (= Außen-
     handel) soll intensiviert und die Zollschranken sollen abgebaut werden, wo-
     bei unterstellt wird, daß die Unternehmen in der Gemeinschaft durch Schaf-
     fung des Gemeinsamen Marktes wettbewerbsfähiger geworden sind. Histo-
     risch sollten so die Einhaltung der Voraussetzungen des GATT für die Er-
     richtung einer Zollunion dokumentiert (insb. Art. XXIV.5 GATT) sowie die
     schon früh bestehende Befürchtung der Handelspartner zerstreut werden,
     die Errichtung einer Zollunion werde zur Abschottung des europäischen
     Marktes führen. Trotz Art. 131 (sowie ähnlicher Bekenntnisse in der Präam-
     bel und in Art. 27 [ex-Art. 29]) ist die Furcht vor der „Festung Europa" bis
     heute ein ständiges Thema in den Außenbeziehungen der EG.

2   Art. 131 enthält in Abs. 1 und 2 zwei Programmsätze, die als Absichtser-
     klärung der Mitgliedstaaten formuliert, aber von Rat und Kommission bei
     der Gestaltung der gemeinsamen Handelspolitik gemäß Art. 133 (ex-

Art. 113) und anderen Vorschriften zu berücksichtigen sind. Sie begründen eine **rechtliche Verpflichtung** der EG gegenüber Mitgliedstaaten und Unionsbürgern, nicht aber gegenüber Drittstaaten. Die Unvereinbarkeit von Einzelmaßnahmen mit diesen Vorschriften ist allerdings – angesichts der sehr weiten Formulierung – nur in Ausnahmefällen denkbar. Art. 131 enthält weder die einzigen programmatischen Erwägungen, die im Rahmen der Handelspolitik zu berücksichtigen wären, noch höherrangiges Recht. Im Rahmen des weiten Ermessens, das Rat und Kommission bei der Umsetzung der Handelspolitik zusteht, sind einzelne Schutzmaßnahmen, die die EG ergreift, deshalb trotz ihrer „protektionistischen Tendenz" nicht grundsätzlich unzulässig, sondern vielfach als Verwirklichung anderer Vertragsziele und zur Sicherung eines ausgeglichenen fairen Welthandels zulässig. Nur in Extremfällen kann ein Verstoß gegen Art. 131 die Rechtswidrigkeit der Maßnahme bewirken.

Der EuGH hat mittelbar anerkannt, daß Art. 131 eine verbindliche Rechts-   **3** norm ist, indem er die Vereinbarkeit von handelspolitischen Schutzmaßnahmen mit dem Gemeinschaftsrecht anhand von Art. 131 geprüft hat, selbst wenn er es bisher mit Rücksicht auf das weite Ermessen der Organe und das sonstige Gemeinschaftsrecht abgelehnt hat, diese unter Hinweis auf Art. 131 für unzulässig zu erklären (EuGH, Rs. 112/80, Dürbeck/HZA Frankfurt Flughafen, Slg. 1981, 1095, Rn. 42ff.; Rs. 245/81, Edeka/ Deutschland, Slg. 1982, 2745, Rn. 22). Demgegenüber wird in der Literatur vertreten, Art. 131 enthalte nur politische Programmsätze ohne Rechtsnormqualität (*Müller-Huschke*, 40; *Vedder,* in *Grabitz/Hilf,* Art. 110, Rn. 1). Dagegen und für die rechtliche Verbindlichkeit von Art. 131 spricht indessen, daß Art. 131 zusätzlich zu ähnlichen Formulierungen in der Präambel (dem geeigneten Ort für nur politische Programmsätze) in den EGV aufgenommen wurde (wie hier *Bourgeois,* in GTE, Art. 110, Rn. 8; ähnlich *Sciolla-Lagrange,* in *Smit-Herzog,* Art. 110.04).

Art. 132 (ex-Art. 112) (Vereinheitlichung von Ausfuhrbeihilfen)

(1) Unbeschadet der von den Mitgliedstaaten im Rahmen anderer internationaler Organisationen eingegangenen Verpflichtungen werden die Systeme der von den Mitgliedstaaten für die Ausfuhr nach dritten Ländern gewährten Beihilfen schrittweise vereinheitlicht, soweit dies erforderlich ist, um eine Verfälschung des Wettbewerbs zwischen den Unternehmen der Gemeinschaft zu vermeiden.

Auf Vorschlag der Kommission erläßt der Rat die hierzu erforderlichen Richtlinien mit qualifizierter Mehrheit.

(2) Die vorstehenden Bestimmungen gelten nicht für die Rückvergütung von Zöllen oder Abgaben gleicher Wirkung sowie von indirekten Abgaben, einschließlich der Umsatzsteuer, der Verbrauchsabgaben und der sonstigen indirekten Steuern bei der Ausfuhr einer Ware eines Mitgliedstaats nach einem dritten Land, soweit derartige Rückvergütungen nicht höher sind als die Belastungen, welche die ausgeführten Waren unmittelbar oder mittelbar treffen.

I. Allgemeines

1   Art. 132 regelt einen Teilbereich der Ausfuhrpolitik, indem er die **Harmonisierung** der mitgliedstaatlichen **Ausfuhrbeihilfesysteme** fordert. Die Ausfuhrpolitik umfaßt daneben die Regelungen über die Freiheit, in der EG hergestellte Waren und Dienstleistungen auszuführen (s. dazu Art. 133, Rn. 51) sowie die gemeinschaftseigenen Ausfuhrbeihilfen (s. dazu Art. 133, Rn. 53). Die Ausfuhrpolitik ist insgesamt notwendiger Teil der Handelspolitik der EG (EuGH, Gutachten 1/75, „lokale Kosten", Slg. 1975, 1355, 1362), so daß seit dem Ende der Übergangszeit Maßnahmen der Ausfuhrpolitik überwiegend auf der Grundlage von Art. 133 (ex-Art. 113) getroffen wurden, während Maßnahmen hinsichtlich der Ausfuhrbeihilfen erst in jüngerer Zeit auch auf Art. 87 und 88 (ex-Art. 92 und 93) gestützt werden (siehe unten, Rn. 6).

II. Regelung der mitgliedstaatlichen Ausfuhrbeihilfen gemäß Art. 132 (ex-Art. 112) EGV

1. Anwendungsvoraussetzungen

Mitgliedstaatliche Vorschriften über Beihilfen zur Förderung der Ausfuhr in   2
Drittstaaten sollen harmonisiert werden. Der **Begriff der Beihilfe** entspricht dem der Art. 87ff. (ex-Art. 92ff.) (*Vedder,* in *Grabitz/Hilf,* Art. 112, Rn. 3), d.h. es muß sich um vermögenswerte Leistungen (einschl. der Verringerung von Belastungen) handeln, die bestimmte Empfänger oder Gruppen von Empfängern „spezifisch" begünstigt und die diesen direkt oder indirekt aus staatlichen Mitteln gewährt werden (s. Art. 87 (ex-Art. 92) sowie EuGH, C-387/92, Banco de Crédito/Valencia, Slg. 1994, I–877, Rn. 13; C-72/91, Neptun/Seebetriebsrat, Slg. 1993, I–887, Rn. 19ff.). Nicht als Beihilfe gelten gemäß Abs. 2 Rückvergütungen von Zöllen bzw. indirekten Steuern, soweit die Rückerstattung nicht über die wahre Abgabenbelastung hinausgeht. Hinsichtlich der indirekten Steuern (einschl. der Mehrwertsteuer) ist die Vorschrift mit Art. 91 (ex-Art. 96) vergleichbar. Sie hat nur noch klarstellende Bedeutung, nachdem die Erstattungsvoraussetzungen der indirekten Steuern harmonisiert worden sind.

Die Vereinheitlichung soll erfolgen, um Wettbewerbsverzerrungen zwi-   3
schen in der EG ansässigen Unternehmen auf Drittlandsmärkten zu vermeiden (*Vedder,* in *Grabitz/Hilf,* Art. 112, Rn. 5). Tritt eine Wettbewerbsverzerrung im Binnenmarkt ein, so gelten zusätzlich Art. 87ff. (ex-Art. 92ff.) (s. Rn. 6).

2. Bestehende Regelungen

Auf der Grundlage von Art. 132 sind bisher praktisch keine Regelungen   4
wirklich in Kraft getreten. Insbesondere hinsichtlich der Export-Kreditversicherungssysteme sind verschiedene Versuche gescheitert, verbindliche Regelungen zu schaffen. Drei RLen aus den Jahren 1970/71 konnten nicht in Kraft treten, weil zu einzelnen Detailfragen (an deren Lösung das Inkrafttreten gekoppelt war) eine Einigung nicht zustande kam (vgl. *Sciolla-Lagrange/Herzog,* in *Smit/Herzog,* Art. 112.06). Nur eine RL über Exportbeihilfen im Schiffbau wurde gemäß Art. 87 (ex-Art. 92) und 132 (ex-Art. 112) beschlossen (ABl. 1969 L 209/25), die Nachfolgerichtlinien wurden demgegenüber nicht auf Art. 132 (ex-Art. 112), sondern auf Art. 133 (ex-Art. 113) gestützt (ABl. 1981 L 137/39).

III. Regelungen mitgliedstaatlicher Ausfuhrförderung auf anderer Basis

1. Regelungen auf der Grundlage von Art. 133 (ex-Art. 113)

5

Art. 132 ist gegenüber Art. 133 (ex-Art. 113) keine lex specialis. Deshalb können Regelungen mitgliedstaatlicher Exportförderung auch nach Art. 133 (ex-Art. 113) beschlossen werden (EuGH, Gutachten 1/75, „lokale Kosten", Slg. 1975, 1355, 1362; str., wie hier *Vedder,* in *Grabitz/Hilf,* Art. 112, Rn. 2 m.w.N.). Auf dieser Rechtsgrundlage wurden die staatlichen Exportkreditgarantie-Organisationen (z.b. in Deutschland die Hermes Kreditversicherung) verpflichtet, Deckung in bestimmten Fällen nicht deshalb zu verweigern, weil Teile der zu exportierenden Waren in anderen Mitgliedstaaten hergestellt werden. Außerdem werden den Versicherern gegenseitige Zusammenarbeitspflichten auferlegt (Entscheidung (EWG) Nr. 54/82, ABl. 1982 L 357/20 und RL (EWG) Nr. 568/84, ABl. 1984 L 314/24). Auch die Beteiligung der EG am OECD Exportkredit-Arrangement wurde auf dieser Grundlage beschlossen (s. Rn. 8). Der Rat hat jüngst auf dieser Basis durch die RL (EG) Nr. 29/98 hinsichtlich von mittel- und langfristigen Exportkreditversicherungen das Kostendeckungsprinzip eingeführt (ABl. 1998 L 148/22), um so Anforderungen des Subventionskodex des GATT 1994 gerecht zu werden (s.u. Rn. 7).

2. Anwendbarkeit von Art. 87 (ex-Art. 92)

6

Durch Gewährung von Ausfuhrbeihilfen verbessern die Mitgliedstaaten die Wettbewerbsposition „ihrer" Unternehmen. Dies hat zunächst Auswirkungen auf dem Markt des Exportlandes. Hinzu kommt, daß das exportierende Unternehmen auf der Grundlage einer durch subventionierte Exporte gesicherten Kapazitätsauslastung im Binnenmarkt die Restkapazität billiger anbieten und so im Einzelfall auch im Binnenmarkt einen Wettbewerbsvorteil haben kann. In solchen Fällen haben die Gemeinschaftsorgane Art. 87 (ex-Art. 92) neben Art. 132/133 (ex-Art. 112/113) angewendet (*Sciolla-Lagrange/Herzog,* in *Smit/Herzog,* Art. 112.04. [m.w.N.]). Dies hat der EuGH gebilligt (EuGH, Rs. 142/87, Belgien/Kommission [„Tubemeuse"], Slg. 1990, I–959, Rn. 31). Die Kritik der Literatur (*Vedder,* in *Grabitz/Hilf,* Art. 112, Rn. 6ff.), die Art. 132 (ex-Art. 112) als Sonderregel i.S.v. Art. 87 (ex-Art. 92) Abs. 1 1. Halbsatz sieht, ist unbegründet, weil Art. 132 (ex-Art. 112) die Auswirkungen auf einem anderen Markt regelt als Art. 87 (ex-Art. 92). Die Anwendbarkeit von Art. 87 und 88 (ex-Art. 92 und 93) ist im Hinblick auf Art. 88 (ex-Art. 93) Abs. 3 von Bedeutung, der die Gewährung

von neuen, von der Kommission nicht genehmigten Beihilfen untersagt.
Ein Verstoß gegen Art. 88 Abs. 3 (ex-Art. 93) kann von Dritten geltend und
auch zur Grundlage von Unterlassungs- oder Schadensersatzansprüchen
gemacht werden (EuGH, C-354/90, Fédération nationale du commerce extérieur des produits alimentaires, Slg. 1991, I–5505, Rn. 11f.) (siehe Kommentierung von Art. 88, Rn. 19. Allerdings hat die Kommission jüngst hervorgehoben, daß sie Art. 87 und 88 (ex-Art. 92 und 93) bisher nicht systematisch auf Exportsubventionen angewendet hat, weil Wettbewerb auch innerhalb der EG durch Exportsubventionen von Drittstaaten verfälscht wird
(so daß die Art. 87 und 88 [ex-Art. 92 u. 93] der komplexen Gemengelage
nicht ganz gerecht werden). Sie hat aber hinsichtlich der Absicherung von
kurzfristigen Exportrisiken Maßnahmen angekündigt, weil diese kommerziell absicherbar seien. Solche kurzfristigen Exportkreditversicherungen
sollen ab 1.1.1999 nicht mehr durch staatliche Beihilfen (einschl. staatlicher Bürgschaften) gestützt werden (Pressemitteilung der Kommission
IP/97/538).

3. Regelungen auf internationaler Ebene

a) GATT

Eine wesentliche Einschränkung des Rechts der Mitgliedstaaten und der   **7**
EG selbst, Ausfuhrbeihilfen zu gewähren, ergibt sich aus Art. VI, XVI, und
XXIII GATT 1994 sowie dem **GATT-Subventionskodex** (ABl. 1994 L
336/156), dessen Mitglied die EG ist (s. Art. 133, Rn. 56f.), der aber auch
die Mitgliedstaaten bindet. Insbesondere der Subventionskodex verbietet
Ausfuhrbeihilfen durch Industriestaaten in vielen Bereichen (mit Ausnahme der meisten landwirtschaftlichen Grundstoffe). Exportkreditversicherungen dürfen ebenfalls keine versteckten Exportsubventionen enthalten.
Die Prämien müssen daher so bemessen werden, daß sie langfristig kosten-
deckend sind (siehe Art. 3.1(a) und Anhang I Abs. j) des Subventionskodex
GATT 1994, ABl. 1994 L 336/156). Ein Konkurrent wird sich im Rahmen
einer Konkurrentenklage indessen nicht auf den Subventionskodex berufen
können, der als Rechtsfolge des Verstoßes nur Schutzmaßnahmen anderer
Staaten, nicht aber die Rechtswidrigkeit der Subventionsgewährung als solche vorsieht.

b) OECD

Angesichts der weitgehenden Unzulässigkeit von Exportsubventionen   **8**
kommt dem Instrument der Gewährung von Exportkrediten in der Praxis al-

ler industrialisierten Staaten besonderes Gewicht zu. Einerseits sind diese
Kredite wegen politischer Risiken oft nur von staatlichen Stellen zu erhal-
ten, andererseits lassen sich hinter besonders günstigen Bedingungen auch
Exportsubventionen verstecken. Vor diesem Hintergrund haben die Indu-
striestaaten im Rahmen der **OECD** ein **Arrangement** getroffen, das die
Bedingungen und Voraussetzungen **für Exportkredite** durch staatliche
Stellen näher regelt (vgl. den auf Art. 133 (ex-Art. 113) gestützten Beschluß
des Rates 93/112 vom 14.12.1992, ABl. 1993 L 44/1, der darin erwähnte
Beschluß vom 4.4.1978 und der vorherige Text waren nicht amtlich be-
kanntgemacht worden; vgl. aber Bull. EG 1978, Nr. 2, Punkt 2.2.35). Der
Rat hat der Kommission jüngst ein Verhandlungsmandat für eine Neuauflage des Arrangements erteilt (Communiqué 2091/98, Industrierat v.
7.5.1998). Diese Regelungen haben aber keine unmittelbare Wirkung, so
daß Konkurrentenklagen nicht auf den Verstoß gegen das Arrangement gestützt werden können.

Art. 133 (ex-Art. 113) (Grundsätze der gemeinsamen Handelspolitik)

**(1) Die gemeinsame Handelspolitik wird nach einheitlichen Grundsät-
zen gestaltet; dies gilt insbesondere für die Änderung von Zollsätzen,
den Abschluß von Zoll- und Handelsabkommen, die Vereinheitlichung
der Liberalisierungsmaßnahmen, die Ausfuhrpolitik und die handelspolitischen Schutzmaßnahmen, zum Beispiel im Fall von Dumping und
Subventionen.**

**(2) Die Kommission unterbreitet dem Rat Vorschläge für die Durch-
führung der gemeinsamen Handelspolitik.**

**(3) Sind mit einem oder mehreren Staaten oder internationalen Orga-
nisationen Abkommen auszuhandeln, so legt die Kommission dem Rat
Empfehlungen vor; dieser ermächtigt die Kommission zur Einleitung
der erforderlichen Verhandlungen.**

**Die Kommission führt diese Verhandlungen im Benehmen mit einem
zu ihrer Unterstützung vom Rat bestellten besonderen Ausschuß nach
Maßgabe der Richtlinien, die ihr der Rat erteilen kann.**

Die einschlägigen Bestimmungen des Artikels 300 finden Anwendung.

**(4) Bei der Ausübung der ihm in diesem Artikel übertragenen Befug-
nisse beschließt der Rat mit qualifizierter Mehrheit.**

**(5) Der Rat kann auf Vorschlag der Kommission und nach Anhörung
des Europäischen Parlaments durch einstimmigen Beschluß die An-**

wendung der Absätze 1 bis 4 auf internationale Verhandlungen und Übereinkünfte über Dienstleistungen und Rechte des geistigen Eigentums ausdehnen, soweit sie durch diese Absätze nicht erfaßt sind.

I. Allgemeines

1. Art. 133 als zentrale Kompetenznorm

a) Kompetenzzuweisung an die EG

1   Die Handelspolitik verfolgt zwei Ziele: Zum einen soll intern das reibungslose Funktionieren von Zollunion und freiem Warenverkehr sichergestellt werden, zum anderen soll die EG in die Lage versetzt werden, in ihren
internationalen Beziehungen im Bereich der Handelspolitik ein handlungsfähiger Partner zu sein (s. Vorbem. zu Art. 131, Rn. 1, 4). Art. 133 enthält
die zentrale Kompetenznorm zur Verwirklichung der gemeinsamen Handelspolitik. Der EG wird die ausschließliche Zuständigkeit sowohl hinsichtlich der autonomen (also der einseitigen) handelspolitischen Maßnahmen
zugewiesen, als auch die ausschließliche Zuständigkeit, über die Gegenstände der Handelspolitik einschließlich des Zollrechts mit Drittstaaten Verträge abzuschließen (s. zu Einschränkungen und zur geringen Bedeutung
des Subsidiaritätsprinzips für die Handelspolitik, Vorbem. vor Art. 131,
Rn. 14–16). Art 133 Abs. 5 erlaubt es der EG durch Beschluß des Rates ihre Zuständigkeit auf bestimmte Bereiche auszudehnen, die nach dem Gutachten 1/94 des EuGH (GATS/TRIPS, Slg. 1994, I–5276) nicht in den Bereich der Handelspolitik im Sinne von ex-Art. 113 fielen (s.o. Vorbem. zu
Art. 131–134, Rn. 6f. (m.w.N.).

b) Verbleibende Zuständigkeiten der Mitgliedstaaten

2   Aus der ausschließlichen Zuständigkeit der EG folgt, daß die Mitgliedstaaten einseitige (autonome) Regelungen der Handelspolitik nicht mehr treffen
können, es sei denn, sie seien durch den EGV (etwa Art. 296 ex-Art. 223)
oder die EG durch besonderen Rechtsakt dazu ermächtigt (EuGH,
Rs. 174/84, Bulk Oil/Sun, Slg. 1986, 559, Rn. 31; C-70/94, Werner/
Deutschland, Slg. 1995, I–3231, Rn. 18). Teilweise sind noch nach Inkrafttreten des EWGV handelspolitische Abkommen von den Mitgliedstaaten
geschlossen worden. Dies war insbesondere dann erforderlich, wenn der
Vertragspartner die partielle Völkerrechtsfähigkeit der EG nicht anerkennen
oder aus politischen Gründen mit dieser keine Verträge schließen wollte (so
die UdSSR bis etwa 1988) (*Sciolla-Lagrange/Herzog,* in *Smit/Herzog,* Art.
113, Rn. 113.09) oder bestehende Abkommen der Mitgliedstaaten verlängert werden sollten. Die dafür erforderliche Genehmigung der EG wird für
immer weniger Abkommen erteilt (vgl. dazu die Entscheidung (EWG) Nr.
69/494 des Rates, ABl. 1969 L 326/39, mit der Entscheidung (EWG) Nr.
92/487 des Rates, ABl. 1992 L 292/27).

c) Gemischte Abkommen

Abkommen mit Drittstaaten betreffen nicht selten Gegenstände, die weder **3**
vollständig in den Kompetenzbereich der EG noch in den der Mitgliedstaaten fallen. In diesem Fall können Abkommen mit Drittstaaten unter Beteiligung von EG und Mitgliedstaaten geschlossen werden. An der Zulässigkeit solcher **„gemischter Abkommen"** bestehen keine grundsätzlichen Zweifel, wenn die Mitwirkung der Mitgliedstaaten kompetenzrechtlich erforderlich ist (EuGH, Gutachten 2/91, „ILO Konvention 170", Slg. 1993, I–106; EuGH, Gutachten 1/78, „Naturkautschuk", Slg. 1979, 2871, Rn. 60; *Meessen*, EuR 1980, 36, 40; s. auch Kommentierung zu Art. 300).

Sowohl Handelsabkommen als auch Assoziierungsabkommen enthalten oft **4**
entwicklungspolitische Elemente. Die Mitgliedstaaten waren der Auffassung, daß die Entwicklungs(hilfe)politik in ihrer Zuständigkeit verblieben war (insbesondere deren Finanzierung). Verträge mit entwicklungspolitischen Komponenten wurden deshalb zusätzlich auf Art. 308 (ex-Art. 235) gestützt und zumeist als gemischte Abkommen von EG und Mitgliedstaaten gemeinsam geschlossen. Die bisherige Notwendigkeit für die unmittelbare Beteiligung der Mitgliedstaaten an **entwicklungspolitischen Abkommen** ist durch Art. 181 (ex-Art. 130y) entfallen, weil die EG jetzt über eine ausdrückliche Vertragsschlußkompetenz für die Entwicklungspolitik verfügt (s. Kommentierung zu Art. 181, s. auch Schlußakte zum Vertrag von Maastricht, Erklärung zu den Art. 111, 174, 181 [ex-Art. 109, 130r, 130y]). Angesichts der Regelung des Art. 181 (ex-Art. 130y) Abs. 2 (und der finanziellen Lage der EG) ist aber nicht auszuschließen, daß die Mitgliedstaaten auf eine Fortsetzung der bisherigen Praxis drängen werden (s. *Flaesch/Mougin*, CDE 1993, 351, 364ff.).

d) Räumlicher Regelungsbereich

Regelungen der Handelspolitik nach Art. 131, 133 (ex-Art. 110, 113) be- **5**
treffen den Austausch von Waren und Dienstleistungen (s.o. Vorbem. Art. 131–134, Rn. 1f.) mit Drittstaaten, d.h. Nicht-Mitgliedstaaten der EG (s. auch *Müller-Huschke*, 36). Zu den Drittstaaten gehören auch gemäß Art. 310 (ex-Art. 238) assoziierte Länder. Demgegenüber sind die europäischen Hoheitsgebiete, deren auswärtige Beziehungen ein Mitgliedsstaat wahrnimmt, gemäß Art. 299 (ex-Art. 227) Abs. 4 in den EGV einbezogen und keine Drittstaaten. Gleiches gilt für die französischen überseeischen Departements (Art. 299 [ex-Art. 227] Abs. 2) sowie diejenigen überseeischen Länder und Gebiete i.S.v. Art. 299 (ex-Art. 227) Abs. 3, die in Anhang II (ex-Anhang IV) zum EGV aufgeführt sind. Jedoch sind die Mit-

gliedstaaten des britischen Commonwealth gemäß Art. 299 (ex-Art. 227)
Abs. 3 2. Unterabsatz, Drittstaaten, es sei denn, sie wären in Anhang II (ex-
Anhang IV) aufgeführt (s. im einzelnen die Kommentierung zu Art. 299).
Soweit zur Durchführung der Handelspolitik zollrechtliche Regelungen er-
lassen werden, sind bei deren Durchführung die Bestimmungen über das
Zollgebiet der EG zu beachten (Art. 3 des Zollkodex, s. Rn. 16).

2. Instrumente der gemeinsamen Handelspolitik

6   Die EG kann mit Drittstaaten oder Staatengruppen Verträge zur Regelung
handelspolitischer Fragen abschließen (**vertragliche Handelspolitik**). Sie
hat von dieser Kompetenz in großem Umfang Gebrauch gemacht (s.u. Rn.
54ff.). Das **Vertragsschlußverfahren** des Art. 133 ist jetzt an die Regelung
des Art. 300 (ex-Art. 228) angepaßt worden, wobei die Beteiligungsrechte
des EP bei Verträgen zur Handelspolitik eingeschränkt sind (Art. 300 [ex-
Art. 228] Abs. 3). Ein Anhörungsrecht für das EP besteht, soweit der Bereich der Handelspolitik betroffen ist, nur im Rahmen des durch den Vertrag von Amsterdam neu eingefügten Abs. 5 des Art. 133, der zur Erweiterung der handelspolitischen Kompetenzen einen einstimmigen Ratsbeschluß nach Anhörung des EP erfordert. Hinsichtlich der verfahrensrechtlichen Einzelheiten sei auf die Kommentierung zu Art. 300 (ex-Art. 228) verwiesen.

7   Soweit Fragen nicht vertraglich geregelt sind sowie zur Umsetzung vertraglicher Regelungen kann die EG gestützt auf Art. 133 eine **autonome
Handelspolitik** betreiben (s.u. Rn. 14ff.). Maßnahmen werden in aller Regel als VO beschlossen (ausnahmsweise auch als RL). Ermächtigungen an
Mitgliedstaaten, handelspolitische Abkommen zu schließen oder zu verlängern (s. Rn. 2), ergehen als Entscheidung. Maßnahmen nach Art. 132 (ex-
Art. 112) können auch in Form von RLen ergehen, während die Kommission die Mitgliedstaaten auf der Grundlage von Art. 134 (ex-Art. 115) durch
Entscheidung zum Erlaß von Schutzmaßnahmen ermächtigt.

8   Grundsätzlich kann die EG beide Instrumente parallel verwenden; es können also vertragliche und autonome Maßnahmen gleichzeitig eingesetzt
werden. Dabei darf die EG nicht mit autonomen Maßnahmen gegen vertragliche Verpflichtungen verstoßen. Der EuGH hat die Verbindlichkeit vertraglicher Regelungen betont. Spätestens sobald der Rat ein Abkommen
durch einen entsprechenden Rechtsakt für die EG für verbindlich erklärt
hat, wird ein Abkommen zu einem integralen Bestandteil des Gemeinschaftsrechts (EuGH, Rs. 181/73, Haegemann/Belgien, Slg. 1974, 459,
Rn. 3–5; C-207/91, Eurim Pharm/BGA, Slg. 1993, I–3723, Rn. 23ff.). So-

weit die EG autonome Regelungen zur Umsetzung der Abkommen erläßt, sind diese Regelungen so auszulegen, daß sie vertragskonform sind (EuGH, C-69/89, Nakajima/Rat, Slg. 1991, I–2069, Rn. 29ff.; Rs. 113/77, NTN Toyo Bearing/Rat, Slg. 1979, 1185, Rn. 21). Allerdings schließt das nicht aus, daß ein Begriff in einem internationalen Abkommen anders ausgelegt werden kann als der gleiche Begriff im internen Gemeinschaftsrecht (EuGH, C-312/91, Metalsa, Slg. 1993, I–3751, Rn. 10ff.; Gutachten 1/91 [„EWR I"], Slg. 1991, I–6079, Rn. 4ff.; Rs. 104/81, HZA Mainz/Kupferberg, Slg. 1982, 3641, Rn. 30f.).

II. Die autonome Handelspolitik

Die EG erläßt autonome handelspolitische Maßnahmen zur Umsetzung   **9** völkerrechtlicher Verträge in Gemeinschaftsrecht oder soweit sie durch völkerrechtliche Verträge nicht gebunden ist. Regelungen des Außenhandels und insbesondere solche zu seiner Beschränkung werden traditionell in tarifäre und nicht-tarifäre Maßnahmen eingeteilt. Die **tarifären Maßnahmen** regeln die Zollbelastung, insbesondere den Zollsatz der einzuführenden Waren. Das autonome und vertragliche Zollrecht ist in Art. 133 Abs. 1 ausdrücklich erwähnt, obwohl das Zollrecht sonst in Titel I des dritten Teils des EGV geregelt ist. Abgesehen von wenigen handelspolitischen Grundbegriffen wird das Zollrecht deshalb bei Art. 23ff. (ex-Art. 9ff.) kommentiert.

Hinsichtlich der **nicht-tarifären Beschränkungen** hat die EG mit wenigen   **10** Ausnahmen die Ein- und Ausfuhr **gegenüber den WTO-Mitgliedstaaten** liberalisiert, indem sie mengenmäßige Beschränkungen und nahezu alle Maßnahmen gleicher Wirkung aufgehoben hat (s. Rn. 46, 51). Verbleibende nicht-tarifäre Hemmnisse entziehen sich insoweit einer Kommentierung in diesem Rahmen, weil sie in der Regel Folge und nicht Ziel technisch motivierter Regelungen sind oder nur Sonderbereiche betreffen. In der praktischen Rechtsanwendung sind deshalb vor allem die Ausnahmen von der Liberalisierung (durch Quoten oder Sonderzölle) von Bedeutung, die die EG als Reaktion auf Störungen der Markt- oder Wettbewerbsverhältnisse erläßt (**handelspolitische Schutzmaßnahmen**). Am häufigsten kommt es in der Praxis zu Antidumping-Verfahren. Antisubventionsverfahren, Beschränkungen aufgrund der Einfuhr- oder Ausfuhrregelung oder Maßnahmen nach der sog. „Trade Barriers Regulation" sind demgegenüber selten. Dementsprechend wird hier das Antidumping-Verfahren exemplarisch dargestellt, während die anderen Verfahren und Voraussetzungen zum Erlaß von Schutzmaßnahmen auch aus Raumgründen nur kurz erwähnt werden.

1. Zollrecht

11 Zur einheitlichen Gestaltung der gemeinsamen Handelspolitik einer Zollunion gehört die einheitliche Gestaltung des Zollrechts nach außen durch den **gemeinsamen Zolltarif** (GZT) (s. Art. 23, Rn. 30; VO (EWG) Nr. 2658/87, ABl. 1987 L 256/1, mit jährlich neu erlassenem Anhang [für das Jahr 1999: ABl. 1998 L 292/1; s.a. den sog. Gebrauchszolltarif (TARIC) ABl. 1998 C 115/1) und (seit 1.1.1994) den **Zollkodex** (VO (EWG) Nr. 2913/92 über die Schaffung eines Gemeinschaftszollkodex, ABl. 1992 L 302/1, zul. geändert durch VO (EG) Nr. 82/97, ABl. 1997 L 17/1). Nähere Einzelheiten zum Zollkodex sind in einer Durchführungsverordnung (VO (EWG) Nr. 2454/93) niedergelegt, ABl. 1993 L 253/1; zuletzt geändert durch VO (EG) Nr. 1677/98, ABl. 1998 L 212/18). Die Ermittlung der konkreten Zollbelastung von Waren erfolgt durch Anwendung des Zollsatzes (der sich je Ware und Land aus dem GZT ergibt) auf den Zollwert der Ware. Der Zollwert sowie alle sonstigen wesentlichen allgemeinen zollrechtlichen Fragen, die zur Anwendung des GZT erforderlich sind, sind seit 1.1.94 im Zollkodex geregelt (s. Art. 23, Rn. 29). Die bisher bestehende Rechtszersplitterung wird damit beendet.

12 Von besonderer Bedeutung für die Handelspolitik sind die zollrechtlichen **Ursprungsregeln**. Diese bestehen bisher vor allem für Waren, während für den Ursprung von Dienstleistungen bisher nur Ansätze für Regelungen bestehen (s. *Hoekman*, JWT 1993 [Jg. 27/1], 81). Da der Ursprung einer Ware mit der Abfertigung zum freien Verkehr irrelevant wird (vgl. Art. 23, Rn. 5 sowie zu den Ausnahmen Art. 134 [ex-Art. 115]), sind länderspezifische Unterschiede spätestens bei der zollamtlichen Abfertigung zum freien Verkehr zu berücksichtigen. Dies gilt insbesondere, weil die meisten handelspolitischen Maßnahmen, speziell die handelspolitischen Schutzmaßnahmen, fast immer länderspezifisch sind. Dabei sind zwei verschiedene Ursprungsregelungen zu unterscheiden, nämlich die autonomen Regeln, die in Art. 22–26 des Zollkodex enthalten sind, sowie die präferenziellen Ursprungsregeln im Rahmen des APS (Rn. 13) und von Abkommen mit Drittstaaten. Die autonomen Ursprungsregeln sind u.a. für die Frage der Anwendung von handelspolitischen Schutzmaßnahmen von Bedeutung, während die meist strengeren präferenziellen Ursprungsregeln nur im Rahmen der jeweiligen Präferenzregelung gelten.

13 Die EG hat einer Reihe von Handelspartnern **Zollpräferenzen** gewährt, die – soweit nicht Sonderregelungen eingreifen – auf Art. 133 beruhen (s. Art. 26, Rn. 21–23). Solche Präferenzen sind wegen der Meistbegünstigungsklausel im GATT 1994 nur eingeschränkt zulässig, dürfen aber gerade zugunsten der Entwicklungsländer eingeräumt werden (Art. XXXVIff. GATT 1994). Dementsprechend ist das **allgemeine Präferenzsystem** („APS") geschaffen worden, mit dem Entwicklungsländern eine Reihe von handelspolitischen Vorteilen für gewerbliche und bestimmte Agrarprodukte eingeräumt wird. Die besonderen Zollsätze und -kontingente werden jeweils für mehrere Jahre auf der Grundlage von VOen eröffnet (vgl. zuletzt VO (EG) Nr. 328/94, ABl. 1994 L 348/1, zul. geänd. d. VO (EG) Nr. 1154/98, ABl. 1998 L 160/1; sowie VO (EG) Nr. 1256/96, ABl. 1996 L 160/1, zul. geänd. d. VO (EG) Nr. 1154/98 aaO.). Das APS ist ein zentrales Instrument der Entwicklungshilfepolitik (siehe dazu unter Art. 178).

2. Abwehr von Dumping

a) Allgemeines

Die Regeln über die **Abwehr von Dumping** sind in der VO (EG) Nr.   **14** 384/96 enthalten (ABl. 1996 L 56/1, zuletzt geändert durch VO (EG) Nr. 905/98, ABl. 1998 L 128/18, Artikelangaben ohne Gesetzesbezeichnung beziehen sich in diesem Abschnitt 2 auf die VO (EG) Nr. 384/96). Für den EGKS-Bereich gilt die weitgehend ähnliche Entscheidung EGKS/2277/96 (ABl. 1996 L 308/11). Diese Regelungen stellen eine Weiterentwicklung der Vorgänger-VO (EWG) Nr. 459/68, Nr. 3017/79, Nr. 2176/84 und Nr. 2433/88 dar. Die auf der Grundlage jener Verordnungen entstandene Gemeinschaftspraxis sowie die Rechtsprechung des EuGH sind daher grundsätzlich auf die VO (EG) Nr. 384/96 übertragbar. Die VO (EG) Nr. 384/96 setzt die Vorschriften des GATT 1994 (insb. Art. VI sowie des GATT 1994-Antidumping-Kodex [ABl. 1994 L 336/103]) in Gemeinschaftsrecht um, an das die EG gebunden ist (s. unten Rn. 55). Daß dies nicht immer perfekt gelungen ist, zeigt der Bericht des GATT Panels „audio tapes" vom 28.4.1995, das auf Antrag Japans feststellte, daß die Beschränkung von Art. 2 Abs. 10 a.F. auf bestimmte, abschließend aufgezählte „Adjustments" (zum Begriff s.u. Rn. 19) unzulässig war. Selbst wenn der Bericht nicht förmlich angenommen wurde, hat die EG durch Änderung des Artikels reagiert (VO (EG) Nr. 2331/96, ABl. 1996 L 317/1) (s.a. Panel Report vom 16.5.1990 [„Screwdriver case"] BISD 37th Supplement (1991), 132; *Torremans*, ELRev 1993 [Jg.18], 288).

Der wirtschaftspolitische Sinn solcher Schutzzölle ist umstritten, weil zu-   **15** mindest bestimmte Dumpingpraktiken zu einem dauerhaften Ressourcentransfer zugunsten des Importlandes führen (s. dazu *Nicolaysen*, EuR 91, 224 [m.w.N.]). Es stellt sich die allgemeine Frage, ob die Preisdiskriminierung, die mit Dumpingverfahren bekämpft wird, nicht besser als Problem des (internationalen) Wettbewerbsrechts betrachtet werden sollte (vgl. *Hailbronner/Bierwagen*, NJW 1989, 1385, 1393 [m.w.N.]). Da es aber wohl auch langfristig schädigendes Dumping gibt und da die Kriterien für ein mögliches Eingreifen durch das GATT 1994 festgelegt sind, spielt die wirtschaftswissenschaftliche Analyse von Vor- und Nachteilen eines konkreten Dumpingvorwurfs sowie die Frage der Auswirkungen auf einen „fairen" Wettbewerb in der Rechtspraxis der EG bisher keine Rolle, obwohl das Kriterium „Interesse der Gemeinschaft" (s.u. Rn. 31) eine Rechtsgrundlage für die Berücksichtigung solch wirtschaftlicher Vor- und Nachteile bietet.

b) Materielle Voraussetzungen für die Verhängung von Schutzzöllen

16 Die Verhängung von Antidumping-Zöllen setzt voraus, daß erstens Dumping-Praktiken bestehen, daß diese zweitens zu einer Schädigung in der EG führen und, daß drittens das Interesse der EG Schutzmaßnahmen erfordert.

aa) Dumping

17 **Dumping** liegt vor, wenn der „**Ausfuhrpreis**" in die EG geringer ist als der „**Normalwert**" einer Ware. Beide Preise müssen so ermittelt werden, daß sie vergleichbar sind (Art. 1 Abs. 2), wenn auch das EuGeI Preise schon dann für „vergleichbar" hält, wenn die Preise im ordentlichen Geschäftsgang erzielt wurden (EuGeI, T-159/94 u.a., Ajinomoto u.a./Rat, Slg. 1997, II–2461, Rn. 126ff., str.). Der Unterschied wird als **Dumpingspanne** bezeichnet und bildet die Obergrenze für die Höhe des Ausgleichszolls. Die Spanne wird für jedes beteiligte Unternehmen separat ermittelt, nur hinsichtlich von Staatshandelsländern ist dieses „individual treatment" nicht erforderlich (EuGeI, T-155/94, Climax/Rat, Slg. 1996, II–873, Rn. 92). Normalwert ist in erster Linie der Inlandsmarktpreis im Ausfuhrland (Art. 2 Abs. 1). Wenn dieser Preis als Vergleichsmaßstab ungeeignet ist (z.B. weil er dem Unternehmen keinen Gewinn ermöglicht oder die Verkäufe vom Umfang her nicht vergleichbar sind) wird als Normalwert entweder der Ausfuhrpreis nach Drittstaaten oder (in der Regel) ein aus Herstellungskosten, anteiligen Gemeinkosten und „angemessenem" Gewinn ermittelter, „rechnerischer Normalwert" zugrundegelegt (Art. 2 Abs. 2 bis 4) (s. *Waer*, JWT 1993 [Jg. 27/1], 47). Ähnliches gilt, wenn der Verkauf über Tochtergesellschaften erfolgt. Bei Exporten aus Staatshandelsländern ohne „Markt" kann der Normalwert auch anhand des Inlandpreises auf dem Markt eines „vergleichbaren" marktwirtschaftlichen Staates ermittelt wer-

den (Art. 2 Abs. 7; s. GA *Lenz*, C-75/92, Gao Yao/Rat, Slg. 1994, I–3142, Rn. 74ff.). Hinsichtlich von Rußland und China hat die EG die Anwendung der normalen Regeln akzeptiert, wenn im Einzelfall ausreichende Daten für Preise und Kosten ermittelt werden können (Art. 2 Abs. 7 lit. b) i.d.F. der VO (EG) Nr. 905/98; *Sánchez-Rydelski*, EuZW 1998, 586).

Der **Ausfuhrpreis** (Art. 2 Abs. 8 bis 9) ist der tatsächlich gezahlte oder zu   **18** zahlende Preis zur Ausfuhr in die EG. Ist ein solcher Preis nicht als Geldwert zu ermitteln (Tausch- oder Kompensationsgeschäfte) oder bietet der Preis keinen sicheren Anhaltspunkt für den wahren Transferwert (z.B. bei Transferpreisen zwischen exportierender Mutter- und importierender Tochtergesellschaft), wird der Ausfuhrpreis rechnerisch ermittelt (etwa aus dem innergemeinschaftlichen Verkaufspreis an unabhängige Dritte abzüglich von Transportkosten, Zöllen, Kosten und einem Gewinnanteil).

Der **Preisvergleich** (Art. 2 Abs. 10) muß beide Preise in gleichen Zeiträu-   **19** men betreffen (s. GA *Lenz*, C-216/91, Rima/Rat, Slg. 1993, I–6303f., Rn. 63–43) und muß Unterschiede hinsichtlich der zu vergleichenden Inlands- und Auslandsmodelle, der Verkaufshandelsstufe, der Verkaufsmenge, etc. berücksichtigen, die sich auf die Preisgestaltung auswirken. Hinsichtlich von quantifizierbaren Unterschieden ist eine Kompensationsrechnung (durch sog. „adjustments") erforderlich, die aber nur auf durch konkrete Beweismittel untermauerten Antrag des Betroffenen erfolgt (Art. 2 Abs. 10; EuGeI, T-118/96, Thai Bicycle/Rat, Slg. 1998, II–2991). Der Vergleich wird inzwischen (zur früheren Praxis siehe Vorauflage) in der Mehrzahl der Verfahren auf der Basis eines gewichteten Mittels des Normalwertes mit dem gewichteten Mittel des Ausfuhrpreises vorgenommen. Nur ausnahmsweise erfolgt der Vergleich durch Gegenüberstellung des gewichteten Normalwertes mit jeder einzelnen Ausfuhr(preis-)transaktion. Transaktionen, bei denen der Ausfuhrpreis höher ist als der Normalwert (negative Dumpingspanne) werden zur Ermittlung eines gewichteten Durchschnitts der Dumpingspanne dann nicht voll berücksichtigt. Statt der negativen Dumpingspanne (die ein Dumping bei anderen Transaktionen ausgleichen könnte) wird eine Dumpingspanne von „null" angesetzt. Transaktionen ohne Dumping verbessern den Durchschnittswert daher unverhältnismäßig wenig, was nach der Rechtsprechung (EuGH, Rs. 225/84, Nachi/Rat, Slg. 1987, 1861, Rn. 20ff.) zwar früher zulässig war, angesichts der üblichen Mischkalkulation für Verkaufspreise aber systemwidrig ist. Der neue GATT 1994 Antidumping-Kodex (Art. 2.4.2.) hat die Zulässigkeit dieser Rechenmethode eingeschränkt. Der EuGH hat bisher nur eine begrenzte Kontrolle hinsichtlich der Frage ausgeübt, welche Kompensationselemente in welchem Umfang berücksichtigt werden müssen. Insoweit hat der EuGH, jedenfalls im praktischen Ergebnis, der Kommission die Bestimmung der wesentlichen Faktoren überlassen.

bb) Schädigung

20 Art. 3 VO (EG) Nr. 384/96 fordert in Übereinstimmung mit Art. 3 sowie der (amtlichen) Fußnote 1 des GATT 1994 Antidumping-Kodex eine bedeutende **Schädigung** eines Wirtschaftszweigs der EG als kausale Folge des Dumpings als Voraussetzung für die Festsetzung von Ausgleichszöllen. Dabei genügt es, wenn eine solche Schädigung (konkret vorhersehbar) droht oder die Errichtung eines Wirtschaftszweigs erheblich verzögert wird (vgl. Art. 3 Abs. 1) (siehe zur drohenden Schädigung: EuGeI, T-163/94 u.a., NTN/Rat, Slg. 1995, II–1381, Rn. 122ff.).

21 Für die Feststellung von **Schädigung** und **Kausalität** enthält Art. 3 Abs. 2 bis 6 verschiedene Kriterien. Die Schädigung ergibt sich vor allem aus konkreten negativen Auswirkungen auf dem betroffenen Markt für den Wirtschaftszweig in der EG, der gleichartige Waren herstellt. Was die Vergleichbarkeit der Waren und damit die Festlegung des relevanten Marktes angeht, hat der EuGH Rat und Kommission einen Beurteilungsspielraum zugebilligt und einen weiten Vergleichsrahmen zugelassen (EuGH, C-171/87, Canon/Rat, Slg. 1992, I–1237, Rn. 56). Die Marktabgrenzung erfolgt in der Praxis nach anderen Kriterien als sie etwa im Bereich des Wettbewerbsrechts gelten; sie erfolgt insbesondere auf der Grundlage der Außenhandelsstatistik, die ihrerseits der Feingliederung des TARIC folgt, weil die relevanten Daten sich in der Regel für eine in der Außenhandelsstatistik beschriebene Warengruppe separat erheben lassen (vgl. Artikel 3 Abs. 8). Von Bedeutung ist dabei die Entwicklung (insb. Steigerung) der Einfuhren im Vergleich zur Entwicklung des Gesamtmarktes sowie die Preisentwicklung. Besonders ein gezieltes oder erhebliches Unterbieten der Preise der EG-Hersteller für gleichartige Waren (speziell der rechnerisch zu ermittelnden **Zielpreise**) gilt als Beweisanzeichen für eine durch Dumping bewirkte Schädigung (Art. 3 Abs. 3); (s.a. EuGH, Rs. 273/85 u.a., Silver Seiko/Rat, Slg. 1988, 5927, Rn. 38ff.). Die Schädigung muß bedeutend sein. Hinsichtlich der Feststellung einer Schädigung sowie der Beurteilung, ob sie bedeutend ist, verfügen Rat und Kommission nach der Rechtsprechung über einen Beurteilungsspielraum (EuGH, Rs. 239/82 u.a., Allied Corp./Kommission, Slg. 1984, 1005, Rn. 30ff.; Rs. 156/87, Gestetner/Kommission und Rat, Slg. 1990, I–781, Rn. 43; Rs. 175/87, Matsushita/Rat, Slg. 1992, I–1409, Rn. 55ff.), der aber wirkliche Fehlbeurteilungen nicht deckt (EuGeI, T-163/94 u.a., NTN/Rat, Slg. 1995, II–1381, Rn. 122ff.).

Die bedeutende Schädigung muß einen **Wirtschaftszweig der Gemein-**   **22**
schaft betreffen. Das sind gemäß Art. 4 Abs. 1 alle Hersteller gleichartiger
Waren in der EG (auch Montagehersteller bei ausreichender Wertschöpfung). Rat und Kommission können (Ermessen!) (EuGH, Rs. 175/87, Mat-
sushita/Rat, Slg. 1992, I–1409, Rn. 62; EuGeI, T-163/94 u.a., NTN/Rat,
Slg. 1995, II–1381, Rn. 122ff.) aber solche Hersteller unberücksichtigt lassen, die „besondere Beziehungen" zu Exporteuren haben (also insbesondere deren Tochterunternehmen) oder selbst gedumpte Waren einführen. Die
von der Rechtsprechung (EuGH, Rs. 260/85 u.a., TEC/Rat, Slg. 1988,
5855, Rn. 49ff.; 156/87, Gestetner/Rat und Kommission, Slg. 1990, I–781,
Rn. 43ff.; Rs. 273/85 u.a., Silver Seiko/Rat, Slg. 1988, 5927, Rn. 39) gebilligte Gemeinschaftspraxis (VO (EWG) Nr. 550/93, 13. Erwägungsgrund,
ABl. 1993 L 58/12) läßt solche Unternehmen nicht unberücksichtigt, die
zur „Selbstverteidigung" oder aus vergleichbaren anerkennenswerten wirtschaftlichen Interessen gedumpte Waren importieren. Eine Beschränkung
ist auch insofern möglich, als in Sonderfällen die Schädigung nur für einen
geographischen Teil der EG festgestellt werden kann (Art. 4 Abs. 1 lit. b).

cc) Interesse der Gemeinschaft

Die Festsetzung von Ausgleichszöllen setzt drittens voraus (Art. 9 Abs. 4,   **23**
Art. 21), daß ein Eingreifen im **Interesse der Gemeinschaft** liegt. Dieses
Kriterium ermöglicht eine politische Bewertung der Situation, sie erlaubt es
den Organen der EG insbesondere aus politischen Gründen keine Zölle zu
verhängen. Dementsprechend hat der EuGH (Rs. 191/82, FEDIOL/Kom-
mission, Slg. 1983, 2913, Rn. 23) dem Rat und der Kommission ein besonders weites Ermessen bei der Feststellung dieses Interesses zugebilligt.
Schließlich werden Antidumping-Zölle nicht verhängt, wenn entweder die   **24**
Importe aus dem betroffenen Land oder die Dumpingspannen nur einen
sehr geringen Umfang haben (*de minimis*-Regeln) (Marktanteil der Importe unter 1 %, Dumpingspanne kleiner als 2 %). Die Einzelheiten sind in
Art. 9 Abs. 3 und 5 Abs. 7 geregelt.

c) Verfahrensablauf, vorläufige Maßnahmen

Anders als im Kartellverfahrensrecht nach der VO (EWG) Nr. 17/62 sind   **25**
die Handelsschutzverfahren einschließlich des Antidumpingverfahrens als
kontradiktorische Verfahren ausgestaltet (vgl. GA *Lenz*, Rs. 53/85, Ak-
zo/Kommission, Slg. 1986, 1965, 1979; vgl. *Müller-Huschke*, 141
[m.w.N.]), in denen der gemeinschaftliche Wirtschaftszweig einerseits und
die Exporteure (sowie Importeure) bzw. Drittstaaten andererseits ihre je-

weiligen Interessen vor der Kommission vertreten. Diesem Idealbild entspricht die Wirklichkeit nur unvollständig: die Kommission kann keine un-
parteiische Rolle spielen, weil sie das gemeinschaftliche Interesse zur Verfolgung festzustellen und zu vertreten hat. Mit diesem Leitbild verträgt es
sich auch nicht, daß Verfahren theoretisch von Amts wegen oder auf Antrag
der Mitgliedstaaten eingeleitet werden können.

26 Weder der Gemeinschaftswirtschaftszweig noch die Exporteure sind zur
Mitwirkung oder Zurverfügungstellung von Daten verpflichtet. Die **Mitwirkung** ist eher eine **Obliegenheit**, weil die Verweigerung der Mitwirkung oder die Zurverfügungstellung von falschen oder irreführenden Daten
dazu führt, daß Rat und Kommission ihre Entscheidung auf der Grundlage
der verfügbaren Informationen (also insbesondere der von der Gegenseite
behaupteten Tatsachen) treffen können (Art. 18). In der Praxis ist deshalb
die Mitwirkung im Verfahren **regelmäßig empfehlenswert**. Offenkundige
oder sonst allgemein bekannte, unbestrittene Tatsachen muß die Kommission aber auch dann berücksichtigen, wenn sie von den Verfahrensbeteiligten nicht vorgetragen oder von solchen Verfahrensbeteiligten vorgetragen
werden, die nicht „kooperativ" sind und deren Angaben die Kommission
deshalb grundsätzlich als nicht verifizierbar unberücksichtigt lassen kann.

27 Ein Antidumping-Verfahren beginnt in der Praxis immer auf **Antrag des
betreffenden Wirtschaftszweigs (oder seiner Mitglieder)**, der zu begründen und durch geeignete Beweismittel zu untermauern ist (Art. 5 Abs. 1 bis
4). Die Kommission darf das Verfahren (nach Konsultation der Mitgliedstaaten) nur einleiten, wenn die von den Antragstellern vorgelegten oder
sonst vorliegenden Beweismittel prima facie die Feststellung von Dumping,
einer Schädigung und der Kausalität erlauben (EuGH, C-216/91, Rima/Rat,
Slg. 1993, I–6303, Rn. 14; C-245/95P, NTN u.a./Rat, Slg. 1998, I–401, Rn.
38). Ein Verfahren wird nur eingeleitet, wenn der Antrag von mehr Unternehmen des betroffenen Wirtschaftszweigs unterstützt wird als Unternehmen vorhanden sind, die ihn bekämpfen, jedenfalls müssen die Antragsteller mehr als 25 % des Produktionsvolumens repräsentieren (Art. 5 Abs. 4).
Der verfahrenseinleitende Beschluß wird im Amtsblatt (Teil C) veröffentlicht. Gleichzeitig mit der Veröffentlichung informiert die Kommission die
ihr bekannten Exporteure und Importeure und übersendet ihnen Fragebögen, mit denen eine große Vielzahl komplexer Unternehmensdaten für einen bestimmten Untersuchungszeitraum erhoben wird (nicht unter 6 Monate, in der Regel ein Jahr für Dumping, drei bis fünf Jahre für Schädigung
(Art. 6 Abs. 1). Ein Großteil der Daten muß in computerlesbarer Form übermittelt werden. Die Beteiligten, die sich innerhalb der Monatsfrist zur Abgabe von Stellungnahmen bei der Kommission gemeldet haben, können auf

Antrag **Akteneinsicht** nehmen (nur hinsichtlich der nicht vertraulichen Unterlagen) (Art. 6 Abs. 7). Außenstehende haben bisher kein Akteneinsichtsrecht (EuGH, C-170/89, BEUC/Kommission, Slg. 1991, I–5709, Rn. 15ff.; vgl. aber *Hix*, 146 [Ermessen der Kommission!]). Allerdings wurde den Verbrauchern der jeweiligen Produkte in der EG und ihren Verbänden inzwischen durch Art. 6 Abs. 7 der „interested party" status verliehen, so daß sie jetzt ein Akteneinsichtsrecht haben (anders noch EuGH, C-170/89, a.a.O.). Die Haltung der Kommission ist aber nach wie vor restriktiv (vgl. EuGeI, T-84/97 und T-256/97, BEUC/Kommission, Slg. 1998, II–795).

Sowohl der Antrag auf Verfahrenseinleitung, als auch die Antworten auf die   **28** Fragebögen enthalten regelmäßig sehr vertrauliche Daten. Die EG ist gemäß Art. 287 (ex-Art. 214) zur **Wahrung von Geschäftsgeheimnissen** verpflichtet, bei Verstößen drohen Schadensersatzansprüche (EuGH, Rs. 145/83, S. Adams/Kommission, Slg. 1985, 3539, Rn. 34f.). Die EG darf die Unterlagen nur für Zwecke des Antidumping-Verfahrens nutzen (Art. 19 Abs. 6). In einem kontradiktorischen Verfahren muß aber auch die Gegenseite das Datenmaterial prüfen können. Art. 6 Abs. 7 i.V.m. Art. 19 versucht, das Spannungsfeld zwischen Schutz der Vertraulichkeit und effektivem Rechtsschutz dadurch aufzulösen, daß vom Urheber als vertraulich bezeichnete Daten und Unterlagen nur von der Kommission und nicht von der Gegenseite eingesehen werden dürfen. Dafür muß der Urheber, der sich auf die Vertraulichkeit seiner Daten beruft, eine **nicht-vertrauliche Zusammenfassung** der Daten vorlegen oder begründen, warum eine solche Zusammenfassung nicht möglich ist. Fehlt es daran, kann die Kommission die vertraulichen Daten unberücksichtigt lassen. Die nicht vertrauliche Zusammenfassung ist der Gegenseite zugänglich. Dieses Verfahren, das die Problematik theoretisch elegant löst (*Hix*, 155–166), hat dazu geführt, daß recht nichtssagende „nicht vertrauliche Zusammenfassungen" präsentiert werden, die keine geeignete Grundlage für die Kontrolle der Kommissionsentscheidung durch die Gegenseite bieten. Deshalb ist das geschilderte Spannungsverhältnis entgegen der in Art. 8 angelegten Struktur weitgehend zu Lasten eines effektiven Rechtsschutzes aufgelöst worden. Weder die Kommission noch der EuGH haben bisher aus der Vorlage nur nichtssagender, nicht vertraulicher Zusammenfassungen Konsequenzen gezogen (vgl. etwa EuGeI, T-159/94 u.a., Ajinomoto u.a./Rat, Slg. 1997, II–2461, Rn. 90), wenn auch die Kommission in jüngerer Zeit gelegentlich die Beteiligten zur Vorlage aussagekräftigerer Zusammenfassungen auffordert.

Die Kommission wertet die Fragebögen aus und verifiziert die Richtigkeit   **29** der Angaben meist durch eine Prüfung vor Ort (Art. 6 Abs. 8). Aus den so überprüften Daten werden die Dumpingspanne und der Grad der Schädigung ermittelt. Darauf gestützt kann die Kommission **vorläufige Dumpingzölle** festsetzen, die die Importeure nicht sofort bezahlen müssen, sondern für die Sicherheiten zu stellen sind. Vorläufige Zölle werden für sechs Monate festgesetzt. Sie können um drei Monate verlängert oder für neun Monate festgesetzt werden, wenn ein signifikanter Teil der betroffenen Exporteure dies beantragt oder dem nicht widerspricht (Art. 7 Abs. 7). Fehlt es an Dumping oder Schädigung, wird das Verfahren eingestellt (Art. 9). Spätestens nach Festsetzung der vorläufigen Zölle muß die Kommission die Betroffenen auf deren Antrag über das wesentliche Ergebnis der Ermittlungen, die Berechnungen und die Gründe für ihr Vorgehen unterrichten (sog. **disclosure**) und Gelegenheit zur Stellungnahme bieten (Art. 20). In dieser Phase des Verfahrens werden oft **Verpflichtungen** (sog. **undertakings**) angeboten (*Frist*: bis zum Ablauf der Frist zur Stellungnahme zur Kommissionsbegründung für die vorgeschlagenen endgültigen Maßnahmen, Art. 8 Abs. 2 i.V.m. Art. 20 Abs. 5). Darin verpflichten sich die Exporteure (in der Regel nicht Importeure), die Dumpingspanne oder die Schädigung meist durch entsprechende Preisgestaltung, insbesondere auf dem EG-Markt, auszugleichen (Art. 8 Abs. 1). Die Annahme solcher Verpflichtungen steht im Ermessen der Kommission (Art. 8 Abs. 3) (EuGH, Rs. 294/86, Technointorg/Kommission und Rat, Slg. 1988, 6077, Rn. 44).

30   Schon der Antidumping-Kodex fordert, ein Antidumping-Verfahren innerhalb eines Jahres abzuschließen (Art. 5 Abs. 10); diese Zielvorgabe wird in Art. 6 Abs. 9 der VO (EG) Nr. 384/96 wiederholt. Der EuGH hat bei einem Verstoß gegen diese Zielvorgabe endgültige Maßnahmen, die nach Ablauf der Jahresfrist beschlossen wurden, nicht aufgehoben und zwar selbst dann nicht, wenn die Überschreitung erheblich war (EuGH, Rs. 246/87, Continentale/HZ München West, Slg. 1989, 1151, Rn. 9 [Verfahrensdauer 32 Monate]; C-121/86, Epicheirison Metalleftikon/Rat, Slg. 1989, 3919, Rn. 21 [Verfahrensdauer 4 Jahre]). Als Konsequenz der Kritik an der langen Verfahrensdauer hat der Rat **zwingende Verfahrensfristen** beschlossen. Danach muß innerhalb von 45 Tagen nach Eingang eines Antrags über die Verfahrenseinleitung entschieden sein (Art. 5 Abs. 9). Sodann müssen vorläufige Maßnahmen innerhalb von neun Monaten nach der förmlichen Verfahrenseinleitung getroffen werden (Art. 7 Abs. 1), während über endgültige Maßnahmen oder die Verfahrenseinstellung spätestens 15 Monate nach Verfahrenseinleitung entschieden werden muß (Art. 6 Abs. 9).

d) Endgültige Maßnahmen, Überprüfung, Umgehungsschutz

Nach Abschluß der Untersuchung und unter Berücksichtigung der Stellung-   **31**
nahmen der Beteiligten schlägt die Kommission dem Rat (der zum Erlaß
endgültiger Maßnahmen zuständig ist) ggf. vor, eine Verordnung zur Festsetzung **endgültiger Zölle** und zur (ggf. teilweisen) endgültigen Verein-
nahmung der vorläufigen Zölle zu erlassen (Art. 9 Abs. 4, 10 Abs. 2). Dabei werden in der Regel für jeden „kooperativen" Exporteur, der sich am
Verfahren beteiligt hat, spezielle Zollsätze festgelegt sowie ein oft höherer
Zollsatz für diejenigen Exporteure aus einem Ursprungsland, die sich an
dem Verfahren nicht beteiligt haben oder deren Angaben nicht verifiziert
werden konnten. Der Rat entscheidet seit März 1994 mit einfacher Mehrheit. Die durch den Rat festgesetzten Zölle gelten für höchstens fünf Jahre
(Art. 11 Abs. 2), der Rat kann eine kürzere Laufzeit beschließen (EuGeI, T-
232/95, Cecom/Rat, Slg. 1998, II–2679). Bis zur Entscheidung des Rates
kann (und muß!) das Verfahren noch eingestellt werden, wenn die materiellen Voraussetzungen für Schutzzölle nicht gegeben sind. Die Schutzzölle
(vorläufige und endgültige) werden nicht rückwirkend erlassen, nur ausnahmsweise ist eine **Rückwirkung** von bis zu 90 Tagen möglich (Art. 10
Abs. 4).

Art. 11 Abs. 3 (bei laufendem Verfahren) und Art. 11 Abs. 2 (bei bevorste-   **32**
hendem Außerkrafttreten) erlauben erneute Untersuchungen (sog. **Überprüfung**) mit dem Ziel, Schutzzölle zu verlängern, zu ändern oder aufzuheben, wenn sich die ursprünglich zugrundeliegenden Tatsachen geändert
haben. Bestehende Zölle gelten während des Verfahrens weiter, auch wenn
die 5-Jahres-Grenze des Art. 11 Abs. 2 überschritten wird. Überprüfungs-
verfahren bei laufenden Verfahren werden insbesondere auf Antrag einer
betroffenen Partei durchgeführt, wenn seit dem Erlaß der Maßnahme mehr
als ein Jahr vergangen ist und der Antragsteller über Beweismittel für veränderte Umstände verfügt. Überprüfungen bei bevorstehendem Außerkrafttreten bedürfen in aller Regel eines Antrages der Gemeinschaftsindustrie,
die wiederum Beweismittel dafür vorlegen muß, daß das Auslaufen der
Maßnahme die Gefahr von erneutem Dumping und Schädigungen bewirkt
(EuGH, C-245/95-P, NTN/Rat, Slg. 1998, I–401, Rn. 42). Auch Exporteure, die sich an dem ursprünglichen Verfahren nicht beteiligen konnten (sog.
Newcomer) sollen Gelegenheit haben, ihre konkreten Daten vorzulegen,
damit für sie ein spezieller Zollsatz festgesetzt werden kann (auch ein
„Null-Zoll") (Art. 11 Abs. 4). Darüber hinaus kann der einzelne Importeur
die Rückerstattung von Schutzzöllen gemäß Art. 11 Abs. 8 verlangen, wenn
er dies innerhalb von sechs Monaten nach Zollfestsetzung im Einzelfall

durch die nationalen Zollbehörden beantragt und nachweist, daß der erhobene Zoll höher ist als die durchschnittliche tatsächliche Dumpingspanne (z.B. wegen veränderter Wechselkurse, höherer Exportpreise oder eines verminderten Normalwerts) (vgl. Bekanntmachung der Kommission, ABl. 1986 C 266/2). Für den Importeur ist dieser Nachweis in der Praxis ohne Mitwirkung des Herstellers kaum zu führen. Für mit dem Hersteller verbundene Importeure kommt hinzu, daß die Kommission früher den Schutzzoll zur Ermittlung des rechnerischen Exportpreises als Kostenelement vom Wiederverkaufspreis abzog, so daß der Importeur seinen Wiederverkaufspreis um das Doppelte des Schutzzolls erhöhen mußte, um in den Genuß einer Rückerstattung zu kommen (vgl. EuGH, Rs. 188/88, NMB/Kommission, Slg. 1992, I–1689, Rn. 39; EuGeI, T-162/94, NNB/Kommission, Slg. 1996, II–427, Rn. 73). Diese Praxis ist seit Inkrafttreten des GATT Antidumping-Kodex 1994 so nicht mehr zulässig (vgl. dort, Art. 9.3.3–str.). Art. 11 Abs. 10 der VO (EG) Nr. 384/96 regelt deshalb, daß ein Abzug des Schutzzolls unzulässig ist, sofern „schlüssige Beweise dafür vorgelegt werden, daß sich der Zoll in den Wiederverkaufspreisen (…) ordnungsgemäß niederschlägt".

33   Zum **Schutz gegen Umgehung** der Schutzzölle sind neben dem allgemeinen zollrechtlichen Instrumentarium der Mitgliedstaaten zwei Vorschriften vorhanden. Art. 13 ermöglicht es, den Anwendungsbereich von Antidumping-Zöllen auszudehnen. Eine Ausdehnung in geographischer Hinsicht ist möglich, wenn Exporteure im Zusammenhang mit dem Antidumping-Verfahren die Montage ihrer Produktion ohne große Wertschöpfung in Drittländer verlegen (sog. **screwdriver-assembly**). Unter den in Art. 13 Abs. 1 und Abs. 2 genannten Voraussetzungen können Antidumping-Zölle auf solche Waren mit Ursprung in einem Drittland ausgeweitet werden. Eine Ausdehnung ist auch in sachlicher Hinsicht (nämlich auf die beim Zusammenbau verwendeten Teile) möglich, wenn eine solche Montage ohne große Wertschöpfung in der EG stattfindet. Art. 12 verbietet es dem Exporteur, den Antidumping-Zoll selbst zu tragen (und so das Dumping noch zu verstärken) und erlaubt es, den Zoll in einem vereinfachten Verfahren entsprechend zu erhöhen. Dabei besteht eine (widerlegliche) gesetzliche Vermutung dafür, daß der Exporteur den Antidumping-Zoll trägt, wenn sich die Verkaufspreise in der EG nicht um den Zoll erhöhen.

e) Rechtsschutz

34   Schutzzölle sind Zölle; sie werden zwar durch EG-Recht (VO) festgesetzt, aber durch Zollbescheid nach nationalem Recht gegenüber dem Importeur

angefordert. Der jeweilige Adressat des Zollverwaltungsaktes, also in
aller Regel der Importeur, hat dagegen **Rechtsschutz nach nationalem
Recht** (Art. 243 Zollkodex; [s. Art. 23, Rn. 42–45). Fehler der VO oder
im Verfahren zu ihrem Erlaß können im Rahmen des nationalen Rechtsstreits gerügt werden. Das Gericht ist zur Vorlage an den EuGH berechtigt
oder verpflichtet (Art. 234 [ex-Art. 177], s. dort). Allerdings besteht die
Gefahr, daß der Kläger vor dem EuGH mit Vorbringen präkludiert ist, wenn
er eine Klagemöglichkeit nach Art. 230 (ex-Art. 173) Abs. 4 (s. Rn. 35)
ungenutzt verstreichen läßt (vgl. EuGH, C-24/95, Rheinland-Pfalz/Alcan,
Slg. 1997, I–1591, Rn. 24, zu ähnlichen Überlegungen im Beihilferecht der
EG).

Neben diesem indirekten Rechtsschutz sind für bestimmte Gruppen von   **35**
Verfahrensbeteiligten **direkte Klagen** gemäß Art. 230 (ex-Art. 173) Abs. 4
möglich und dann auch erforderlich (s.o., Rn. 34 a.E. sowie Art. 230
Rn. 37; s. auch *Rabe*, EuR 1991, 236). Insbesondere Exporteure (EuGH,
Rs. 119/77, Nippon Seiko/Rat und Kommission, Slg. 1979, 1303, Rn. 18ff.;
Rs. 240/84, NTN Toyo/Rat, Slg. 1987, 1809, Rn. 4ff.) und antragstellende
Gemeinschaftsindustrie (EuGH, Rs. 264/82, Timex/Rat und Kommission,
Slg. 1985, 849, Rn. 8ff.), die keine nationale Rechtsschutzmöglichkeit haben, können unmittelbar gemäß Art. 230 (ex-Art. 173) Abs. 4 klagen,
soweit die VO ihren Einzelfall regelt, insbesondere soweit sie namentlich
erwähnt sind. Klagebefugt sind auch Unternehmen aus Staatshandelsländern, diese sind mit dem Staat nicht ohne weiteres gleichzusetzen (EuGeI,
T-161/94, Sinochem/Rat, Slg. 1996, II–695, Rn. 37, 45ff.). Theoretisch
denkbar sind auch Schadensersatzklagen gemäß Art. 288 (ex-Art. 215) Abs.
2. Die Rechtsprechung behandelt Antidumping-Verfahren aber als Legisla-
tivverfahren, hinsichtlich derer Schadensersatz nur unter besonders engen
Voraussetzungen zugesprochen wird (siehe Art. 288 [ex-Art. 215] Abs. 2,
Rn. 21–23; EuGeI, T-167/94, Nölle/Rat, Slg. 1995, II–2589, Rn. 51
m.w.N.).

Für Importeure hatte der EuGH zunächst allgemein ein Klagerecht abge-   **36**
lehnt (EuGH, Rs. 307/81, Alusuisse/Rat und Kommission, Slg. 1982, 3463,
Rn. 9; Rs. 239/82 u.a., Allied Corporation u.a./Kommission, Slg. 1984,
1005, Rn. 7ff.). Diese Haltung ist inzwischen durch die Zulassung von Klagen bestimmter Gruppen von Importeuren aufgeweicht, aber nicht
grundsätzlich aufgegeben worden (EuGH, 205/87, Nuova Ceam/Kommis-
sion, Slg. 1987, 4427, Rn. 9ff. m.w.N.). Der EuGH hat Klagen abhängiger
Importeure zugelassen, wenn der Ausfuhrpreis auf der Grundlage ihrer
Wiederverkaufspreise ermittelt wurde; er hat außerdem Klagen von Importeuren zugelassen, die vom Exporteur als sog. OEM-Hersteller gekauft hat-

ten, wenn diese Sonderrolle im Verfahren berücksichtigt wurde (EuGH, C-133/87 u.a., Nashua/Rat und Kommission, Slg. 1990, I–719, Rn. 8f.).

37 Bei der Begründetheit der Klage (anhand der Klagegründe des Art. 230 [ex-Art. 173] Abs. 2) ist deutlich zu unterscheiden: Während die materielle Richtigkeit der Entscheidung von Rat und Kommission nur sehr eingeschränkt geprüft wird (eingeschränkte Ermessenskontrolle), führen Verfahrensfehler, die zumindest möglicherweise das Verfahrensergebnis beeinflußt haben könnten, zur Aufhebung der erlassenen VO (vgl. *Rabe*, EuR 1991, 236).

38 Direkte Klagen sind seit dem 15.3.1994 an das EuGeI zu richten, wenn Exporteure, Importeure oder die Gemeinschaftsindustrie klagen, während der EuGH nur für Rechtsmittel, erstinstanzlich für Klagen von Mitgliedstaaten und Institutionen sowie Vorabentscheidungsverfahren zuständig ist (Beschluß des Rates 93/350, ABl. 1993 L 144/21, i.d.F. des Beschlusses 94/149, ABl. 1994 L 66/29). Die Übertragung der gerichtlichen Kontrolle auf das EuGeI hat aber bisher keine wesentlich detailliertere Kontrolle der materiellen Richtigkeit der Entscheidung und der Ermessensausübung durch Rat und Kommission zur Folge gehabt, trotz der anderslautenden Erwartungen bei Einführung der Neuregelung (vgl. GA *Lenz*, C-75/92, Gao Yao/Rat, Slg. 1994, I–3142, Rn. 95) und eines ersten, aber isoliert gebliebenen, Urteils (EuGeI, T-163/94 u.a., NTN/Rat, Slg. 1995, II–1381, Rn. 70).

3. Andere handelspolitische Schutzmaßnahmen

a) Abwehr von Subventionen

39 In der Vergangenheit waren die Voraussetzungen für die Verhängung von Ausgleichszöllen gegenüber Waren, denen in Drittstaaten Subventionen zugute kamen und die deshalb zur Schädigung eines Wirtschaftszweiges in der EG führten, in den VOen zur Bekämpfung des Dumpings mitgeregelt. Nach Abschluß der Uruguay-Runde, der Annahme des GATT 1994 und dem Beitritt der EG zur WTO (s.u. Rn. 56) wurden neue Regelungen über die Bekämpfung von Dumping verabschiedet (s.o. Rn. 14ff.). Die alten Regelungen (die VO (EWG) Nr. 2423/88, bzw. die Entscheidung 2424/88/EGKS für den Bereich der EGKS) blieben zunächst hinsichtlich der Bekämpfung von Subventionen anwendbar. Da im Rahmen der Uruguay-Runde aber eine Reihe von Neuerungen in diesem Bereich vereinbart wurde, bedurften die Altregelungen (siehe dazu die Vorauflage) der GATT-konformen Auslegung. Inzwischen hat der Rat durch die VO (EG) Nr. 2026/97 (ABl. 1997 L 288/1) (bzw., für den EGKS Bereich, die Kommission durch Entscheidung (EG) Nr. 1889/98, ABl. 1998 L 245/3) Neuregelungen verabschiedet, die sich im Wortlaut eng an den neuen **Subventionskodex des GATT 1994** (ABl. 1994 L 336/156) anlehnen. Die Unterschiede zur bisherigen Rechtslage beziehen sich vor allem auf die Beurteilung der Subventionen. Demgegenüber haben sich die beiden anderen Voraussetzungen für die Verhängung von Ausgleichszöllen, nämlich das Vorliegen einer Schädigung eines Wirtschaftszwigs in der EG und eines Gemeinschaftsinteresses an der Verhängung von Maßnahmen (Art. 15 Abs. 1 VO (EG) Nr. 2026/97) gegenüber der früheren Situation (und gegenüber der Situation im Antidumping-Bereich (s.o., Rn. 20–24) nicht wesentlich verändert. Insoweit ist auch die Gemeinschaftspraxis nach der VO (EWG) Nr. 2423/88 und ihren Vorgängern weiter von Bedeutung.

Erste Voraussetzung für die Verhängung von Ausgleichszöllen ist die **Existenz einer „Subvention**, die mittelbar oder unmittelbar für die Herstellung, die Produktion, den Export oder den Transport" einer Ware gewährt wird, die in der EG eine Schädigung bewirkt (Art. 1 Abs. 1 VO Nr. 2026/97). Der Begriff der **Subvention** in Art. 2 VO Nr. 2026/97 ist weitgehend mit dem Begriff der **staatlichen Beihilfe** in Art. 87 (ex-Art. 92) und Art. 132 (ex-Art. 112) identisch. Dies ist die Konsequenz des starken Einflusses der EG auf die Formulierung des GATT Subventionskodex und ergibt sich aus der Definition in Art. 2, die ausdrücklich den Verzicht auf staatliche Ansprüche als möglichen Subventionstatbestand erwähnt. Frühere Hinweise des EuGH (allerdings in anderem Zusammenhang), daß der Begriff der Subvention in erster Linie positive Zuschüsse umfasse (EuGH, C-387/92, Banco de Crédito/Valencia, Slg. 1994, I–877, Rn. 13; Rs. 30/59, De Gezamenlijke Steenkolenmijnen/Hohe Behörde, Slg. 1961, 1) sind deshalb im Rahmen des Subventionsbegriffs der VO Nr. 2026/97 irrelevant. Subventionen müssen staatliche Träger direkt oder indirekt belasten und dem Begünstigten einen wirtschaftlichen Vorteil zuwenden (EuGH, Rs. 187/85, FEDIOL/Kommission, Slg. 1988, 4155, Rn. 11–14., sowie aus der Rechtsprechung zu Art. 87 (ex-Art. 92): EuGH, C-72/91 u.a. Neptun/Seebetriebsrat, Slg. 1993, I–887, Rn. 19ff.). Nicht als Subvention gelten Erstattung oder Befreiung von Einfuhrabgaben oder indirekten Steuern, solange die Erstattung nicht höher ist als die tatsächliche Belastung (Art. 2 Abs. 1 lit. ii) der VO Nr. 2026/97). Sog. „upstream"-Beihilfen, die Vorprodukten des in die EG eingeführten Produkts zugute kommen, fallen nicht unter den Begriff; dies gilt jedenfalls für solche „upstream"-Beihilfen, die nicht im Ursprungs- oder Ausfuhrland gegeben wurden (Art. 1 Abs. 3 VO Nr. 2026/97).

Nicht jede Subvention berechtigt zur Einführung von Ausgleichszöllen. Wie der Subventionskodex des GATT 1994 unterscheidet die VO Nr.

40

41

2026/97 zwischen **Subventionen**, die „anfechtbar" (engl. *„actionable"*)
und solchen, die **nicht anfechtbar** (*„non-actionable"*) sind. Nur bestimmte Subventionen sind anfechtbar. **Anfechtbarkeit** setzt zunächst voraus,
daß Subventionen „spezifisch" sind, also nur einzelnen Unternehmen oder
Gruppen von Unternehmen zugewendet werden (Art. 3 der VO Nr.
2026/97). Maßnahmen zugunsten aller Unternehmen eines Landes sind als
allgemeine Maßnahmen der Wirtschaftspolitik nicht anfechtbar. Dies ist im
EG-Beihilfenrecht nicht anders (s. Art. 87). Spezifische Subventionen sind
nicht anfechtbar, wenn sie (i) für bestimmte Forschungs- und Entwick-
lungsleistungen bestimmt sind, (ii) für die Erreichung bestimmter Umwelt-
schutzziele gewährt werden, oder (iii) die regionale Entwicklung benachteiligter Regionen fördern sollen (siehe im einzelnen Art. 4 der VO Nr.
2026/97). Auch bestimmte landwirtschaftliche Beihilfen sind nicht anfechtbar (Anhang IV der VO Nr. 2026/97). Demgegenüber sind Ausfuhr-
oder **Exportbeihilfen** und Beihilfen, die an die bevorzugte Verwendung
einheimischer Vorprodukte gebunden sind, immer anfechtbar (Art. 3 Abs. 4
VO Nr. 2026/97).

42   Die **Subventionsspanne**, die die Obergrenze des möglichen Ausgleichszolls bildet, ist die je Einheit der importierten Waren gezahlte Subvention.
Dabei sind Subventionen, die nicht pro Einheit gezahlt werden, pro Geschäftsjahr (oder im Falle von Subventionen für Güter des Anlagevermö-
gens über deren typische Nutzungsdauer) auf die während dieser Zeit produzierten Einheiten zu verteilen (Art. 3 Abs. 4 VO Nr. 2026/97).

43   Die Anforderung an die Schädigung eines Wirtschaftszweigs in der EG
(s.o. Rn. 22), sowie die Anforderungen an die Feststellung, daß das Interesse der EG ein Eingreifen erfordert (s.o. Rn. 23), ähneln weitgehend denen, die im Antidumping-Recht bestehen. Gleiches gilt für den Ablauf des
Verwaltungsverfahrens (s.o. Rn. 25ff.) und die Rechtsschutzmöglichkeiten
(s.o. Rn. 34ff.). Auf die entsprechenden Ausführungen wird deshalb verwiesen.

b) Die „Trade Barriers Regulation"

44   Die sog. „Trade Barriers Regulation" („TBR") (VO (EG) Nr. 3286/94, ABl.
1994 L 348/71) ersetzt das sog. „neue handelspolitische Instrument"
(„NHPI"), das durch die VO (EWG) Nr. 2641/84 (ABl. 1984 L 252/1) geschaffen worden war. Wie dieses soll die TBR eine flexible Ergänzung des
handelspolitischen Instrumentariums bewirken, ist aber teilweise technisch
anders strukturiert als das NHPI, das in den zehn Jahren seiner Existenz nur
selten genutzt wurde. Die TBR soll sicherstellen, daß die EG ihre Rechte

aus völkerrechtlichen Vereinbarungen im Bereich des Handelsrechts nutzt, um zu verhindern, daß EG-Unternehmen auf Drittmärkten nicht unzulässig behindert werden. Insbesondere Handelshemmnisse von Drittstaaten sollen so bekämpft werden. Die TBR ist ein wesentlicher Teil der „Marktzugangsstrategie" der Kommission, durch die die Kommission EG-Unternehmen den Zugang zu Drittmärkten erleichtern will (vgl. z.b. Kommissions-Pressemitteilung IP/98/512). Teil dieser Strategie ist neben der TBR eine „Marktzugangsdatenbank", mit der die Kommission Informationen über Import-Formalitäten in Drittstaaten, aber eben auch bekannt gewordene Marktzugangsprobleme, dokumentiert. Die Datenbank ist im Internet öffentlich zugänglich (http:\\mkaccdb.eu.int).

Ein **TBR-Verfahren** setzt einen Antrag von berechtigten Antragstellern **45** voraus. Eine Verfahrenseröffnung von Amts wegen ist nicht vorgesehen, in geeigneten Fällen kann die Kommission die Interessen international ohne ein TBR-Verfahren wahrnehmen. Eine bestimmte Antragsform ist nicht vorgesehen. Die TBR kennt **drei Gruppen von berechtigten Antragstellern**, die die Gemeinschaftsinstitutionen auffordern können, die völkervertragsrechtlich vorgesehenen Rechte der EG gegenüber Drittstaaten auszuüben: (i) ein Wirtschaftszweig der EG (vertreten durch einen entsprechenden Verband), (ii) einzelne Unternehmen und (iii) Mitgliedstaaten. Das Antragsrecht einzelner Unternehmen ist eingeschränkt: sie können nur tätig werden, wenn sich die Rechtsverletzung aus multilateralen oder plurilateralen Abkommen ergibt (Art. 4 Abs. 1 VO Nr. 3286/94, zum Begriff s.u. Rn. 57 a.E.), während die Mitgliedstaaten und Wirtschaftszweige auch die Verletzung bilateraler Verpflichtungen von Drittstaaten rügen können. Außerdem müssen einzelne Unternehmen sog. „handelsschädigende Auswirkungen" der Maßnahme des Drittstaats darlegen. Dazu genügt es nicht, nachzuweisen, daß sie selbst Schäden erlitten haben. Demgegenüber genügt es für Anträge von Wirtschaftszweigen, wenn konkrete Anhaltspunkte für eine „bedeutende Schädigung" eines Handelszweiges vorgelegt werden, wobei der Begriff der Schädigung der des Antidumping-Rechts entspricht (s.o. Rn. 20–22). Nach Eingang einer Beschwerde prüft die Kommission unter Beteiligung der Mitgliedstaaten, ob die Voraussetzungen für eine Verfahrenseinleitung erfüllt sind. Wird ein Verfahren eingeleitet, so muß die Kommission innerhalb von fünf Monaten (in komplexen Fällen sieben Monaten) einem beratenden Ausschuß mit Vertretern der Mitgliedstaaten einen Bericht vorlegen. Auf der Grundlage dieses Berichts wird das **Verfahren** entweder (i) **eingestellt,** wenn die weitere Befassung mit der Sache nicht im Interesse der EG ist oder (ii) **ausgesetzt,** wenn der betroffene Drittstaat Abhilfe versprochen hat oder darüber verhandelt, bis Abhilfe tatsächlich geschaffen ist **oder** (iii) in der Weise **fortgeführt,** daß die EG **Streitschlichtungsverfahren** (insb. im Rahmen der WTO) einleitet und/oder Schutzmaßnahmen insb. in Form von **Retorsion** oder **Repressalien** erläßt. Antragsteller können die ordnungsgemäße Durchführung des Verfahrens im Klagewege erzwingen, allerdings ist die Kontrolldichte angesichts des weiten Ermessens der Kommission gering (vgl. EuGH, Rs. 70/87, FEDIOL/Kommission, Slg. 1989, 1781, Rn. 14ff.). Die TBR wird wesentlich häufiger in Anspruch genommen als das NHPI (bis Oktober 1998 wurden zehn Verfahren anhängig). Dennoch wird die Kommission in weitaus mehr Fällen von Amts wegen oder auf informelle Aufforderung durch die Mitgliedstaaten tätig (nach der Pressemitteilung der Kommission IP/98/512 ist diese in 296 Fällen bilateral zur Marktöffnung tätig geworden und hat sich an 25 Streitschlichtungsverfahren nach dem GATT 1994 („Panels") beteiligt). Eine Vielzahl von Maßnahmen kann am Ende des Verfahrens durch VO des Rates ergriffen werden, u.a. können Sonderzölle oder mengenmäßige Beschränkungen in dem Rahmen beschlossen werden, die nach den internationalen Verpflichtungen der EG zulässig sind. Rechtsschutz für von Maßnahmen Betroffene ist allenfalls in besonderen Ausnahmefällen durch direkte Klage nach Art. 230 Abs. 4 (ex-Art. 173) denkbar. In der Regel ist nur indirekter Rechtsschutz (Klage gegen den Zollverwaltungsakt, Vorlage gemäß Art. 234 [ex-Art. 177]) möglich.

c) Die Einfuhrregelung

46　Die VO (EG) Nr. 3285/94 (ABl. 1994 L 349/53 zul. geänd. d. VO (EG) Nr. 2315/96 (ABl. 1996 L 314/1) über die **gemeinsame Einfuhrregelung** enthält den **Grundsatz der Einfuhrfreiheit,** d.h. das Recht auf Einfuhr von Waren, ohne mengenmäßigen Beschränkungen oder Maßnahmen gleicher Wirkung unterworfen zu sein (Art. 1 Abs. 2). Die VO dient somit zur Umsetzung des Liberalisierungsgebots (Art. XI GATT 1994) und, soweit Ausnahmen bestehen, der Umsetzung des Transparenzgebotes (Art. X GATT 1994). Zugleich soll die VO **Schutzmaßnahmen** im Sinne des Art. XIX GATT 1994 ermöglichen (Titel V der VO, Art. 16ff.), also „Schädigungen" verhindern, die durch objektive, GATT-konforme und unvorhergesehene Entwicklungen entstehen. Sie ersetzt seit Januar 1995 die VO (EG) Nr. 518/94 (ABl. 1994 L 67/77) bzw. VO (EWG) Nr. 288/82 (ABl. 1982 L 35/1, mit Änderungen). Die Neuregelung erfolgte zur Anpassung der gemeinsamen Einfuhrregelung an die Ergebnisse der GATT-Uruguay Runde und des im Rahmen des GATT 1994 vereinbarten „Übereinkommen über Schutzmaßnahmen" (ABl. 1994 L 336/184). Die VO Nr. 3285/94 hebt alle allgemeinen Einfuhrkontingente auf, nur Schutzmaßnahmen und Sonderregelungen hinsichtlich bestimmter Länder und Produkte führen zu Ausnahmen (s. Rn. 51f.). Die früher bestehenden nationalen Einfuhrbeschränkungen oder -kontingente wurden abgeschafft. Die VO schließt auf regionale Teilgebiete der EG beschränkte Schutzmaßnahmen nicht aus, die aber nur in besonderen Ausnahmefällen in Betracht kommen sollen (Art. 18).

Die VO Nr. 3285/94 regelt in Titel II ein Konsultationsverfahren gegenüber **47** den Mitgliedstaaten und in Titel III ein **Untersuchungsverfahren** für den Erlaß von Schutzmaßnahmen, das eine Reihe von Verfahrensfristen enthält, die zu einer Verfahrensbeschleunigung beitragen sollen. Dem betroffenen Wirtschaftszweig wird allerdings kein förmliches Antragsrecht und kein Anspruch auf Durchführung eines Verfahrens eingeräumt. Dies schließt aber nicht aus, daß der betroffene Wirtschaftszweig sein Anliegen (in möglichst detaillierter Form) als Anregung an die Kommission heranträgt, die ggf. von Amts wegen tätig wird. Die Verfahrenseröffnung wird im Amtsblatt (Teil C) bekannt gemacht. Alle interessierten Parteien können sodann – innerhalb einer vor der Kommission bei Verfahrenseinleitung festzulegenden Frist – Stellung nehmen und der Kommission dazu (auch vertraulich zu behandelnde) Daten übermitteln (Art. 6, 9).

Schutzmaßnahmen können unter den materiellen Voraussetzungen des Titel **48** V der VO Nr. 3285/94 erlassen werden, wenn eine Ware in derart erhöhten Mengen oder zu derartigen Bedingungen in die EG eingeführt wird, daß den Erzeugern gleichartiger (oder unmittelbar konkurrierender) Waren in der EG ein ernsthafter Schaden entsteht oder ein solcher Schaden droht. Die Schadenskriterien, die durch Art. 10 der VO Nr. 3285/94 präzisiert wurden, ähneln denen im Antidumping-Recht (oben Rn. 20–22), wenn auch Schutzmaßnahmen nur bei Vorliegen einer „bedeutenden Schädigung" zulässig sind (Art. 16 Abs. 1), so daß höhere Anforderungen gestellt werden als im Antidumping-Recht (vgl. zur VO (EWG) Nr. 288/82 *Bourgeois*, GTE, Art. 113, Rn. 69 [m.w.N.]). Gegenüber WTO-Mitgliedstaaten, die Entwicklungsländer sind, dürfen Schutzmaßnahmen nur unter besonderen Einschränkungen beschlossen werden (Art. 19). Im allgemeinen kommen als Schutzmaßnahmen mengenmäßige Beschränkungen (Einfuhrkontingente) oder die Festsetzung von Mindestpreisen in Betracht. Ein direktes Klagerecht betroffener Unternehmen gegen auf dieser Grundlage erlassene VOen ist allenfalls in besonderen Ausnahmefällen denkbar. **Rechtsschutzmöglichkeiten** über Art. 234 (ex-Art. 177) bestehen daher nur für Importeure, die gegen den Zollverwaltungsakt Rechtsmittel einlegen können.

Als Vorstufe zum Erlaß von Schutzmaßnahmen kann die EG nach den Re- **49** geln des Titels IV der VO Nr. 3285/94 zunächst ein **Überwachungssystem** einführen, um die Markt- und Einfuhrentwicklung im einzelnen festzustellen, wenn ein Schaden (nicht: ernsthafter Schaden) besteht oder droht. Während die nachträgliche Überwachung auf statistischen Meldungen der Mitgliedstaaten zu bestimmten Waren beruht, ist bei der vorherigen Überwachung eine Einfuhr nur möglich, wenn eine Einfuhrlizenz vorgelegt wird. Diese muß aber kostenlos für jede beantragte Menge innerhalb von höchstens fünf Arbeitstagen durch die Mitgliedstaaten erteilt werden. Die Lizenz verbrieft allerdings i.d.R. (bei einer späteren Einführung von Schutzmaßnahmen) keinen Rechtsanspruch auf Abfertigung der Waren zum freien Verkehr.

50 Schutzmaßnahmen gegenüber Staaten, die der WTO (und damit dem GATT 1994) nicht angehören, sind unter erleichterten Bedingungen möglich. Die Einfuhrregelung für Waren mit Ursprung in **Staatshandelsländern** ist deshalb in der VO (EG) Nr. 519/94 (ABl. 1994 L 67/89, zul. geänd. d. VO (EG) Nr. 1138/98, ABl. 1998 L 159/1) besonders geregelt; Anhang I zählt die betroffenen Staatshandelsländer auf. Auch hinsichtlich dieser Länder sind jetzt die Importkontingente (nicht aber bestehende Schutzmaßnahmen) im wesentlichen aufgehoben worden, mit Ausnahme von einzelnen Importkontingenten gegenüber China, die als Gemeinschaftskontingente (und nicht als einzelstaatliche Maßnahmen) ausgestaltet worden sind. Einfuhren aus ehemaligen Staatshandelsländern, mit denen die EG sog. „Europaabkommen" abgeschlossen hat, fallen nicht unter die VO (EG) Nr. 519/94 (vgl. VO (EG) Nr. 839/95, ABl. 1995 L 85/9). Die bisherigen Einfuhrregelungen gegenüber Staatshandelsländern (VO (EWG) Nr. 1765/82, [ABl. 1982 L 195/1], VO (EWG) Nr. 1766/82, [ABl. 1982 L 195/21] sowie VO (EWG) Nr. 3420/83, [ABl. 1983 L 346/6]) sind seit März 1994 aufgehoben. Sonderregelungen zu den VOen Nr. 3285/94 und Nr. 519/94 bestehen hinsichtlich des Handels mit **Agrarprodukten**, für die die Marktordnungen maßgeblich bleiben und für **Textilwaren**, die wegen der Ergebnisse der GATT Uruguay-Runde (Rn. 57) und der besonderen Sensibilität des Sektors in besonderen VOen zusammengefaßt wurden (VO (EWG) Nr. 3030/93 [ABl. L 275/1], i.d.F. der VO (EG) Nr. 2315/96, [ABl. 1996 L 314/1] und VO (EG) Nr. 517/94 [ABl. 1994 L 67/1], zul. geänd. d. VO (EG) Nr. 1138/98, [ABl. 1998 L 159/1]). Die Struktur der VO Nr. 517/94 ähnelt derjenigen der VO Nr. 3285/94, obwohl die EG im Bereich der Textilien weitergehende Einschränkungen der Einfuhrfreiheit verfügt hat.

d) Die Ausfuhrregelung

51 Im Arsenal handelspolitischer Schutzmaßnahmen schlummert noch die VO (EWG) Nr. 2603/69 (ABl. 1969 L 324/25, mit Änderungen) über die **gemeinsame Ausfuhrregelung**, die den **Grundsatz der Ausfuhrfreiheit** ent-

hält (Art. 1). Dieser Grundsatz gilt nicht für die in Anhang I der VO aufgeführten Waren. Zugleich ermöglicht die VO Nr. 2603/69 - ähnlich der Einfuhrregelung – die Überwachung und Kontingentierung von Ausfuhren
zum Schutz gegen „eine durch einen Mangel lebenswichtiger Güter bedingte Krisenlage" (Art. 6 Abs. 1) oder zur „Erfüllung von (…) internationalen Verpflichtungen" (Art. 7 Abs. 1). Diese Einschränkungen der Ausfuhrfreiheit haben nur geringe praktische Bedeutung. Bedeutsamer sind die
Vorbehalte mitgliedstaatlicher Maßnahmen gemäß Art. 11 zum Schutz der
öffentlichen Ordnung. Art. 11 erlaubt Einschränkungen der Ausfuhrfreiheit
gegenüber Drittstaaten in dem Maße, in dem Art. 30 (ex-Art. 36) Beschränkungen des freien Warenverkehrs auch gegenüber anderen Mitgliedstaaten erlauben würde (vgl. EuGH, C-367/89, A. Richardt, Slg. 1991,
I–4621, Rn. 54f.; C-70/94, Werner/Deutschland, Slg. 1995, I–3189, Rn. 25;
C-83/94, P. Leifer, Slg. 1995, I–3231, Rn. 26).

Angesichts von Art. 296 (ex-Art. 223) Art. 1 lit. b fallen die in der dazu er- **52**
stellten, aber nicht amtlich veröffentlichten Liste aufgeführten **militärischen Gegenstände** und Kriegswaffen nicht unter die gemeinsame Handelspolitik und damit auch nicht unter die in der VO Nr. 2603/69 geregelte
Ausfuhrfreiheit (zu Fundstellen der Liste s. *Koutrakos*, ELRev 1998, 235,
247, Fn. 64). Die Ausfuhr dieser Produkte ist vielmehr durch Vorschriften
der Mitgliedstaaten geregelt und nicht auf Gemeinschaftsebene harmonisiert. Eine Harmonisierung erfolgt auf internationaler Ebene durch das sog.
*Wassenaar Arrangement on export control for conventional arms and dual-
use goods and technologies.* Demgegenüber verfügt die EG durch die
VO (EG) Nr. 3381/94 (ABl. 1994 L 367/1) seit dem 1. Juli 1995 (vgl.
VO (EG) Nr. 837/95, ABl. 1995 L 90/1) über eine auf Art. 133 (ex-Art. 113)
gestützte Mindestregelung hinsichtlich der Ausfuhr von sog. **„dual-use"**
Gütern, also von Gütern die sowohl zu zivilen als auch militärischen
Zwecken verwendet werden können. Die betroffenen Güter sind im Beschluß 94/942/GASP des Rates aufgeführt (ABl. 1994 L 367/8, zuletzt
geändert durch Beschluß 98/232/GASP, ABl. 1998 L 92/1), doch handelte
der Rat insoweit nicht auf der Grundlage von Art. 133 (ex-Art. 113), sondern durch Beschluß im Rahmen einer gemeinsamen Aktion i.S.v. Art. 13
Abs. 3 (ex-Art. J.3 Abs. 3) des EUV. „Dual-use" Güter bedürfen danach einer Ausfuhrgenehmigung (Art. 3 Abs. 1 VO Nr. 3381/94). Die Mitgliedstaaten können entweder im Einzelfall (Art. 4) oder generell (Art. 5) Güter,
die in der Liste nicht enthalten sind, als „dual-use" Güter bezeichnen und
so der Genehmigungspflicht unterwerfen. Die Zulässigkeit der Einbeziehung von „dual-use" Gütern in die gemeinsame Handelspolitik war umstritten (zu den vielfältigen Problemen s. EuGH, C-367/89, A. Richardt,

Slg. 1991, I–4621, Rn. 26; *Collet*, RDE 1990, 75; *Govaere/Eeckhout*, CMLRev 1992, 941; *P. Koutrakos*, ELRev 1998, 235ff.). Aus der jüngeren Rechtsprechung (EuGH, C-70/94, Werner/Deutschland. Slg. 1995, I–3189, Rn. 8–10; C-83/94, P. Leifer, Slg. 1995, I–3231, Rn. 8–10) folgt, daß „dual-use" Güter von der gemeinsamen Handelspolitik erfaßt sind, daß aber die Mitgliedstaaten zur Wahrung der öffentlichen Sicherheit und Ordnung einseitig Ausfuhrbeschränkungen (i.S.v. Art. 11 VO Nr. 2603/69, s.o. Rn. 51) beschließen können. Es ist zweifelhaft, ob vor diesem Hintergrund zur Lösung der „dual-use" Problematik neben der VO Nr. 3381/94 eine Regelung nach Art. 13 Abs. 3 (ex-Art. J.3 Abs. 3) EUV überhaupt erforderlich (und zulässig) ist (kritisch, *P. Koutrakos*, ELRev 1998, 235). Die Kommission hat daher dem Rat einen Vorschlag zur Neuregelung der „dual-use" Ausfuhren gemacht (Abl. 1988 C 399/1), mit dem die Liste der betroffenen Güter in den Bereich von Art. 133 (ex-Art. 113) einbezogen würde und zugleich eine Reihe von praktischen Problemen ausgeräumt werden soll (u.a. wird die Exportkontrolle auf den „Export" auf elektronischem Wege ausgedehnt) (siehe auch den Bericht der Kommission (KOM(1998)258 endg., sowie H. Rieck, RIW 1999, 115).

4. EG-Ausfuhrförderung

53 Die EG ist wie die Mitgliedstaaten an die GATT 1994-Vorschriften, den Subventionskodex (s. Art. 132, Rn. 7; Art. 133, Rn. 33ff. 57) und das OECD-Arrangement gebunden (s. Art. 132, Rn. 8), wenn auch der Einzelne im Gegensatz zu den Mitgliedstaaten gegen einen Verstoß kaum Rechtsschutzmöglichkeiten hat. Echte Ausfuhrförderung findet deshalb vor allem im Bereich der landwirtschaftlichen Grundprodukte statt, die den vorgenannten Regeln nicht unterfallen und deren Ausfuhr im Rahmen der landwirtschaftlichen Marktordnungen durch sog. Erstattungen massiv gefördert wird (s. dazu Art. 34, Rn. 18–25). Die Grenzen mitgliedstaatlicher Ausfuhrförderung sind bei Art. 132 (ex-Art. 112) kommentiert.

III. Vertragliche Regelungen der Handelspolitik

54 Die EG ist mit vielen Staaten durch bilaterale oder multilaterale völkerrechtliche Verträge verbunden. Viele dieser Verträge enthalten handelspolitische Regelungen und sind deshalb zumindest auch auf Art. 133 (ex-Art. 113) gestützt. Eine vergleichbare große Gruppe von Verträgen mit auch politischem Einschlag wurde demgegenüber als Assoziierungsabkommen im Sinne von Art. 310 (ex-Art. 238) abgeschlossen. Wieder andere Verträge zollrechtlichen Inhalts wurden auf Art. 26 (ex-Art. 28) gestützt (s.

Art. 26, Rn. 4). Dennoch ist Art. 133 (ex-Art. 113) grundsätzlich die zentrale Kompetenznorm zum Abschluß von zollrechtlichen und handelspolitischen Vereinbarungen (EuGH, Rs. 165/87, Kommission/Rat, Slg. 1988,
5545, 5560; Rs. 275/87, Kommission/Rat, Slg. 1989, 259), soweit nicht
Sonderregelungen wie Art. 37 (ex-Art. 43) im Bereich der Landwirtschaft
oder Art. 310 (ex-Art. 238 – Assoziierungsabkommen) vorgehen.

Der Wortlaut einzelner Teile von handelspolitischen Abkommen ist oft mit   **55**
dem des EGV identisch oder diesem zumindest sehr ähnlich. Die Zielsetzungen von handelspolitischen Abkommen (einschließlich der Freihandelsabkommen) einerseits und des EGV andererseits unterscheiden sich aber
stark. Diese Unterschiede in Sinn und Zweck haben den EuGH veranlaßt,
bei der **Auslegung von völkerrechtlichen Verträgen** deren internationalen
(nicht supranationalen) Charakter hervorzuheben. So hat der EuGH trotz
der Ähnlichkeit im Wortlaut zwischen EG-EFTA-Freihandelsabkommen
und EGV betont, daß die Bestimmungen der Abkommen nicht notwendig
ebenso ausgelegt werden können, wie die vergleichbaren Bestimmungen
des E(W)G-Vertrages (EuGH, Rs. 270/80, Polydor/Harlequin, Slg. 1982,
329, Rn. 18f.; s. unten Rn. 60; ähnlich auch für den EWR, EuGH, Gutachten 1/91 [EWR I], Slg. 1991, I–6079, Rn. 14ff.). Allerdings ist eine unterschiedliche Auslegung nicht zwingend. So hat der EuGH etwa den Begriff
„Abgabe zollgleicher Wirkung" auch im Bereich von völkerrechtlichen Verträgen ebenso interpretiert wie im EGV selbst (s. Art. 25 Rn. 25).

1. GATT

a) Rolle der EG im GATT

Hinsichtlich des GATT ist zwischen dem GATT 1947 (d.h. dem ursprüng-   **56**
lichen, aufgrund eines provisorischen Anwendungsprotokolls geltenden
Regelwerk sowie den dazu ergangenen Ergänzungsabkommen) und dem
GATT 1994 zu unterscheiden. Die EG war de facto Mitglied des GATT
1947. Völkerrechtlich, also gegenüber den anderen Vertragsparteien des
GATT 1947, war die EG spätestens seit der Einführung des gemeinsamen
Zolltarifs an das GATT 1947 gebunden, weil sie die Aufgaben der Mit-
gliedstaaten im Bereich der Zoll- und Handelspolitik übernommen hat
(Art. 307 [ex-Art. 234]; EuGH, Rs. 21/72 u.a., International Fruit/Produkt-
schap, Slg. 1972, 1219, Rn. 10f.; Rs. 267/81 u.a., Amministrazione delle Fi-
nanze/SPI and SAMI, Slg. 1983, 801, Rn. 19, st. Rspr.; s. auch Art. 23
Rn. 24). Die EG war auch de jure Vertragspartei einer Reihe von GATT
Kodizes und Nebenabkommen (siehe zu den Einzelheiten die Voraufl., Art.

113, Rn. 55f.). Dem GATT 1947 fehlte eine institutionelle Struktur, weil
Übereinkommen zur Gründung einer „International Trade Organisation"
nicht ratifiziert wurden. Das GATT 1947 ist durch das Gründungsübereinkommen zur WTO (s.u. Rn. 57) nicht aufgehoben worden, es galt bis zum
31.12.1995 neben dem GATT 1994 weiter. Die Kodizes der sog. Tokyo-
Runde blieben noch bis zum 31.12.1996 in Kraft.

57   Als Ergebnis der sog. Uruguay-Runde zum GATT 1947 (siehe dazu
KOM(94) 134 endg.) wurde völkerrechtlich mit dem Übereinkommen über
die Gründung der Welthandelsorganisation („WTO") (ABl. 1994, L 336/1)
ein neues und vom GATT 1947 rechtlich unabhängiges Regelwerk geschaffen. Das GATT 1994 (General Agreement on Tariffs and Trade 1994,
[ABl. 1994 L 336/11] das, von einigen Änderungen abgesehen, das GATT
1947 materiell im wesentlich dupliziert) und eine Vielzahl anderer Abkommen sind als Anlagen Teil des WTO-Gründungsübereinkommens. Das neue
GATT-System verfügt durch die WTO über eine **institutionelle Struktur**.
Besonders wichtig ist der **obligatorische Streitschlichtungsmechanismus**, der zu einer wesentlichen „Verrechtlichung" des GATT 1994 beigetragen hat. Hinsichtlich des WTO-Gründungsübereinkommens, einschl. des
GATT 1994, sind sowohl die EG als auch die Mitgliedstaaten Vertragsparteien, nachdem der EuGH im Gutachten 1/94 festgestellt hatte, daß der EG
insbesondere die Vertragsschlußkompetenz für einige der Nebenabkommen, wie für „GATS" und „TRIPS" fehlte (EuGH, Gutachten 1/94,
„GATS/TRIPS", Slg. 1994, I–5276, Rn. 53; s.o. Vorbem. z. Art. 131 bis
134, Rn. 7). Dennoch hat der EuGH jüngst in einer Plenarentscheidung entschieden, daß die EG und die Mitgliedstaaten das WTO-Abkommen (einschl. GATT, GATS und TRIPS) gemeinschaftlich ratifiziert haben, daß also eine Aufteilung in einen „Gemeinschafts-"Teil und einen „mitgliedstaatlichen" Teil nicht erfolgt ist. Deshalb erstreckt sich die Zuständigkeit des
EuGH zur Auslegung auf das gesamte WTO-Abkommens einschl. der Teile, die der Vertragsschlußkompetenz der Mitgliedstaaten unterliegen
(EuGH, C-53/96, Hermès/FHT, Slg. 1998, I–3603, Rn. 24–29). Neben dem
GATT 1994 wurden mit dem WTO-Gründungsübereinkommen folgende
wesentliche Handelsübereinkommen beschlossen, die zum 1.1.1995 in
Kraft traten (mit Ausnahme der später beschlossenen GATS Protokolle):
–   Multilaterale Übereinkommen zum Warenhandel (Multilateral Agree-
    ments on Trade in Goods), ABl. 1994 L 336/11;
    –   Übereinkommen über die Landwirtschaft (Agreement on Agricultu-
        re), ABl. 1994 L 336/22;
    –   Übereinkommen über technische Handelshemmnisse (Agreement
        on Technical Barriers to Trade), ABl. 1994 L 336/86;

- Übereinkommen über handelsbezogene Investitionsmaßnahmen (Agreement on Trade-Related Investment Measures), ABl. 1994 L 336/100;
- Übereinkommen zur Durchführung des Artikels VI des Allgemeinen Zoll- und Handelsübereinkommens 1994 = „Antidumpingkodex" (Agreement on the Implementation of Article VI of the General Agreement on Tariffs and Trade 1994), ABl. 1994 L 336/103;
- Übereinkommen über Ursprungsregeln (Agreement on Rules of Origin), ABl. 1994 L 336/144;
- Übereinkommen über Subventionen und Ausgleichsmaßnahmen = „Subventionskodex" (Agreement on Subsidies and Countervailing Measures), ABl. 1994 L 336/156;
- Übereinkommen über Schutzmaßnahmen (Agreement on Safeguards), ABl. 1994 L 336/184;
- Allgemeines Übereinkommen über den Handel mit Dienstleistungen (General Agreement on Trade in Services/GATS), ABl. 1994 L 336/190, s.a. BGBl. (D), 1994, II–1643. Nach Abschluß der Uruguay-Runde wurde im Bereich des GATS weiterverhandelt und folgende weitere Protokolle vereinbart:
  - Finanzdienstleistungen (Financial Services, zweites GATS-Nebenabkommen), ABl. 1996, L 167/23;
  - Basis-Telekommunikation (Basic Telecommunication), ABl. 1997 L 347/45;
- Übereinkommen über handelsbezogene Aspekte der Rechte des geistigen Eigentums (Agreement on Trade-Related Aspects of Intellectual Property Rights/TRIPS), ABl. 1994 L 336/213, s.a. BGBl. (D), 1994, II–1730;
- Vereinbarung über Regeln und Verfahren zur Beilegung von Streitigkeiten (Understanding of Rules and Procedures Governing the Settlement of Disputes), ABl. 1994 L 336/234, s.a. BGBl. (D), 1994, II–1749;
- Mechanismus zur Überprüfung der Handelspolitik (Trade Policy Review Mechanism), ABl. 1994 L 336/251;
- Übereinkommen zum öffentlichen Auftragswesen (Agreement on Government Procurement), (ABl. 1994 L 336/273).

Daneben gibt es noch verschiedene andere multilaterale Übereinkommen sowie plurilaterale Handelsübereinkommen (Plurilateral Trade Agreements), an die im Gegensatz zu den vorgenannten mulilateralen Abkommen nicht alle WTO-Mitglieder automatisch gebunden sind. Die Bedeutung dieser Übereinkommen ist erheblich. Ihre Bedeutung wird noch weiter zunehmen, weil viele der Übereinkommen (ähnlich wie ursprünglich das GATT

1947) Grundsätze niederlegen, die erst in Zukunft wirklich an Bedeutung
gewinnen, wenn die Staaten im Rahmen von Anhängen (Schedules) konkrete Liberalisierungspflichten übernehmen.

b) Rechtsschutz

58 Die besseren Argumente sprechen für die Auffassung, daß die **Mitgliedstaaten** sich gegenüber der EG und insbesondere in Verfahren vor dem
EuGH uneingeschränkt auf das WTO-Gründungsübereinkommen und das
GATT 1994 berufen können, weil sie selbst (neben der EG) Vertragsparteien der Abkommen sind. Sie müssen deshalb befugt sein, ihre mögliche
völkerrechtliche Haftung durch Rechtsbehelfe (etwa Klage gemäß Art. 230
[ex-Art. 173]) zu vermeiden. Dafür spricht auch, daß der EuGH einerseits
die Vertragsschlußkompetenz der Mitgliedstaaten in Teilbereichen betont
hat (Gutachten 1/94, Slg. 1994, I–5276, Rn. 53) und andererseits hervorgehoben hat, daß das WTO Gründungsübereinkommen von Mitgliedstaaten
und EG „ungeteilt" angenommen wurde (C-53/96, Hermès/FHT, Slg. 1998,
I–3606, Rn. 24). Hinsichtlich des GATT 1947 hat der EuGH allerdings im
ersten sog. „Bananenfall" die gegenteilige Auffassung vertreten (C-280/93,
Deutschland/Rat [„Bananen"], Slg. 1994, I–4973 Rn. 109, GA Gulman,
ibid., Rn. 144f.). Dabei hatten sowohl der EuGH als auch der Generalanwalt auf die fehlenden rechtlichen Sanktionsmechanismen des GATT 1947
Bezug genommen. Angesichts der Verrechtlichung des GATT 1994 (insbesondere durch den bindenden Streitschlichtungsmechanismus) sind Zweifel
daran erlaubt, daß dieses Urteil auf das GATT 1994 uneingeschränkt übertragbar ist. Aus der Praxis des EuGH muß allerdings befürchtet werden, daß
wenig Neigung besteht, auf der Basis des GATT zu judizieren.

59 Ob Betroffene sich zur Begründung eines **Rechtsbehelfs** gegen Gemeinschaftsakte auf einen **GATT-Verstoß** berufen können, ist umstritten. Der
EuGH hat dies überwiegend abgelehnt (EuGH, Rs. 267/81 u.a., Ammini-
stratione delle Finanze/SPI and SAMI, Slg. 1983, 801, Rn. 15). Dabei wies
der EuGH darauf hin, daß sich der Einzelne vor Gerichten der Mitgliedstaaten nur dann auf Bestimmungen des GATT 1947 berufen könne, wenn
diesen unmittelbare Wirkung zukomme (EuGH, Rs. 21/72 u.a., International Fruit Company/Produktschap, Slg. 1972, 1219, Rn. 10f.). Dies hat der
EuGH jüngst für das GATT 1947 bestätigt, wobei er darauf hinwies, daß die
Besonderheiten dieses Abkommens, das durch große Flexibilität seiner Bestimmungen gekennzeichnet sei, der Begründung derartiger Rechte entgegen stünden (EuGH, C-469/93, Amministrazione delle Finanze dello Stato/
Chiquita Italia SpA, Slg. 1995, I–4533, Rn. 25ff.). Um die Fortsetzung die-

ser Rechtsprechung auf das GATT 1994 zu sichern, enthält die Entscheidung des Rates zur Annahme des WTO – Gründungsübereinkommens den ausdrücklichen Hinweis, daß ihm keine unmittelbare Wirkung zukomme (ABl. 1994, L 336/1). Der EuGH hat allerdings in anderen Entscheidungen auf die Rüge eines Betroffenen die Vereinbarkeit der Antidumping-Verordnung mit dem GATT 1947 Antidumping-Kodex materiell geprüft und damit die Berufung auf das GATT 1947 als höherrangiges Recht mittelbar zugelassen (EuGH, C-69/89, Nakajima/Rat, Slg. 1991, I–2069, Rn. 31; Rs. 70/87, FEDIOL/Kommission, Slg. 1989, 1781, Rn. 19ff.; vgl. Art. 23 Rn. 24 [m.w.N.]), wobei die Frage der unmittelbaren Wirkung offen gelassen wurde. Der EuGH stellte vielmehr darauf ab, daß die EG durch GATT 1947, Kodizes und Nebenabkommen gebunden sei und daß die zur Umsetzung verabschiedeten innergemeinschaftlichen Rechtsakte sich deshalb an diesen Vorschriften messen lassen müßten (EuGH, C-69/89, Nakajima/Rat, Slg. 1991, I–2069, Rn. 31; vgl. auch GA *Lenz*, ibid.; I–2128, Rn. 55f.). Vorläufig läßt sich der Rechtszustand wie folgt zusammenfassen: Eine unmittelbare Berufung auf das GATT 1947 (und wohl auch des GATT 1994) ist privaten Betroffenen nicht möglich, sie können das GATT allerdings heranziehen, um die „GATT-konforme" Auslegung von Maßnahmen der EG zur Umsetzung des GATT sicherzustellen.

2. *Andere multilaterale Abkommen*

Die EG ist an einer Anzahl anderer weltweiter multilateraler Abkommen beteiligt. Dies gilt insbesondere für die Serie von Abkommen zur Stabilisierung des Handels mit Rohstoffen (z.B. Kakao, ABl. 1987 L 69/24 und ABl. 1992 L 89/30; Naturkautschuk, ABl. 1988 L 58/21 und ABl. 1992 L 219/56; Jute, ABl. 1991 L 29/1). **60**

3. *EFTA/EWR*

a) Freihandelsabkommen

Die Beziehungen der **EFTA**-Mitgliedstaaten zur EG wurden seit dem Beitritt der ehemaligen EFTA-Mitglieder Großbritannien, Irland und Dänemark zur EG und bis zum Inkrafttreten des EWR durch im wesentlichen gleichlautende Freihandelsabkommen geregelt (vgl. z.B. das Abkommen EG-Schweiz, ABl. 1972 L 300/189). Durch sie wurde, jedenfalls für industrielle und verarbeitete Agrarprodukte, eine **Freihandelszone** zwischen EFTA und EG geschaffen. Zugleich wurden Zölle, Abgaben gleicher Wirkung, mengenmäßige Beschränkungen sowie Maßnahmen gleicher Wir- **61** kung aufgehoben. Steuerliche Diskriminierungen und steuerliche Ausfuhrerstattungen, die die inländische Steuerbelastung des exportierten Produkts überschreiten, wurden verboten. Nur das Abkommen mit der Schweiz bleibt nach der Ablehnung des EWR durch die Schweiz (Volksabstimmung vom 6.12.1992) in Kraft (*Bernet*, A la suite du double non Suisse à l'EEE, RDAI 1992, 945, 946). Selbst wenn die Freihandelsabkommen – mit Ausnahme des mit der Schweiz abgeschlossenen – seit dem Inkrafttreten des EWR-Abkommens nicht mehr anwendbar sind, ist die dazu ergangene Rechtsprechung nach wie vor für die Auslegung von ähnlichen Übereinkommen mit anderen Staaten von Bedeutung (z.B. Europaabkomen und Euro-mediterane Abkommen, s. Rn. 66–67). Der Wortlaut der Freihandelsabkommen kam dem des E(W)G-Vertrages z.T. sehr nahe, dennoch müssen die Bestimmungen der Abkommen nicht notwendig ebenso ausgelegt werden, wie die vergleichbaren Bestimmungen des E(W)G-Vertrags (EuGH, C-312/91, Metalsa, Slg. 1993, I–3751, Rn. 9ff.; Rs. 270/80, Polydor/Harlequin, Slg. 1982, 329, Rn. 14ff.; Rs. 104/81, HZA Mainz/Kupferberg (I), Slg. 1982, 3641, Rn. 28ff.; s. aber EuGH, C-207/91, Eurim Pharm/BGA, Slg. 1993, I–3723, Rn. 21ff.; *Bourgeois* in GTE, Art. 113, Rn. 149). Das gilt auch für die Regelungen des freien Wettbewerbs, einschließlich eines Verbots staatlicher Beihilfen. Allerdings schließen die Freihandelsabkommen die unmittelbare Anwendbarkeit des Gemeinschaftsrechts nicht aus (EuGH, Rs. 89/85 u.a., Ahlström/Kommission, Slg. 1988, 5193, Rn. 20ff.).

b) Der Europäische Wirtschaftsraum

62 Die Freihandelsabkommen sind mit Wirkung vom 1.1.1994 durch das Abkommen zur Gründung des **Europäischen Wirtschaftsraums** („EWR" – ABl. 1994 L1/1) abgelöst worden. Hinsichtlich von Schweden, Finnland und Österreich stellte der EWR eine Übergangsphase zum vollen Beitritt dar, der am 1.1.1995 erfolgt ist. Nach dem Beitritt Liechtensteins zum EWR (Beschluß des EWR-Rates v. 10.3.1995, ABl. 1995 L 86/58–84) gilt das EWR Abkommen heute zwischen der EG einerseits und Norwegen, Island und Liechtenstein andererseits.

63 Das **EWR-Abkommen** soll den *acquis communautaire*, so wie er beim EWR-Vertragsschluß bestand, soweit wie möglich auf die EWR-Mitgliedstaaten übertragen (EuGeI, T-115/94, Opel Austria/Rat, Slg. 1997, II–39, Rn. 115f.). Insbesondere die Regelungen über die vier Grundfreiheiten des Gemeinsamen Marktes sowie das Wettbewerbsrecht (einschl. der Zusammenschlußkontrolle und der Regeln über staatliche Beihilfen) sollen unter den EWR-Mitgliedstaaten gelten. Die Rolle der Kommission übernimmt

für die EFTA-Staaten die sog. EFTA-Überwachungsbehörde, die des EuGH
der EFTA-Gerichtshof. Die Einbeziehung des *acquis communautaire* erfolgte in voluminösen Anhängen zum Abkommen durch ausdrückliche Bezugnahme auf wesentliche Teile des Sekundärrechts. Spätere Anpassungen
des Sekundärrechts werden durch Beschlüsse des Gemeinsamen EWR-
Ausschusses auch im Bereich des EWR verbindlich. Dazu ist Einstimmigkeit im Ausschuß erforderlich. Da der EWR nur eine Freihandelszone und
keine Zollunion begründet, werden der gemeinsame Zolltarif, die Handelspolitik, die Steuerharmonisierung und (aus anderen Gründen) das Argrar-
recht nicht übernommen, der insoweit bestehende *acquis communautaire*
gilt also nicht. Der EuGH hat in seinem ersten Gutachten zum EWR
(EuGH, Gutachten 1/91, „EWR I", Slg. 1991, I–6079, Rn. 14ff.) zwar deutlich gemacht, daß der EWR (wie die Freihandelsabkommen) auf völkerrechtlichen Strukturen beruht und daß es deshalb nicht völlig ausgeschlossen ist, daß EG-Recht und gleichlautende Bestimmung im Rahmen des
EWR anders ausgelegt werden könnten. Doch ist die gleichlautende Auslegung Vertragziel, so daß – im Gegensatz zu den Freihandelsabkommen – in
aller Regel Bestimmungen materiell gleichen Inhalts im EWR und im EG-
Recht gleich auszulegen sind (EuGeI, T-115/94, Opel Austria/Rat, Slg.
1997, I–39, Rn. 115f.).

Das EWR Abkommen ist in der schließlich geschlossenen Form mit dem   **64**
EGV vereinbar (EuGH, Gutachten 1/92, „EWR II", Slg. 1992, I–2821). Anders als in der ersten Fassung des EWR-Abkommens sieht die zweite Fassung keine zwingende **Streitschlichtung** zwischen EG und anderen EWR-
Mitgliedstaaten durch ein Gericht vor, sondern erlaubt die Befassung eines
gemeinsamen EWR-Ausschusses mit dem Ziel der politischen Streitbeilegung. Kommt es zu keiner Einigung, können Teile des EWR einseitig vorläufig außer Kraft gesetzt werden.

4. Beziehungen mit Ost-Europa

Die EG war vor 1988 von den Staaten Osteuropas nicht als geeignetes Völ-   **65**
kerrechtssubjekt für den Abschluß von Verträgen anerkannt worden, weil
die EG sich ihrerseits weigerte, den Rat für gegenseitige Wirtschaftshilfe
(**RGW, Comecon**) als Vertragspartner zu akzeptieren (s. aber die gemeinsame Erklärung von 1988, ABl. 1988 L 157/35). Mit einer Vielzahl von osteuropäischen Ländern wurden nachfolgend in den Jahren 1988–1990 Kooperationsabkommen auf der Grundlage von Art. 133 (ex-Art. 113) und
Art. 308 (ex-Art. 235) geschlossen (z.B. UdSSR [ABl. 1990 L 68/3]). Nach
der Auflösung des RGW und in der Folge der politischen Umwälzungen

sind inzwischen eine Reihe von bilateralen Kooperationsabkommen zwischen der EG und osteuropäischen Staaten zustandegekommen, so etwa mit Albanien (ABl. 1992 L 343/2) und Slowenien (ABl. 1993 L 189/2). Mit weiteren Staaten sind Abkommen geschlossen worden oder es wird über solche Abkommen verhandelt.

66 Besonders weitgehende Regelungen enthalten die **Europaabkommen** (Assoziierungsabkommen der „2. Generation"). Solche Abkommen bestehen mit folgenden Ländern:
  – Bulgarien (ABl. 1994 L 358/1, Inkrafttr. 1.2.1995),
  – Estland (ABl. 1998 L 26/1, Inkrafttr. 1.2.1998),
  – Lettland (ABl. 1998 L 68/1, Inkrafttr. 1.2.1998),
  – Litauen (ABl. 1998 L 51/1, Inkrafttr. 1.2.1998),
  – Polen (ABl. 1993 L 348/2, Inkrafttr. 1.2.1994),
  – Rumänien (ABl. 1994 L 357/1, Inkrafttr. 1.2.1995),
  – Slowakische Republik (ABl. 1994 L 357/1, Inkrafttr. 1.2.1995),
  – Slowenien (Europaabkommen v. 31.12.1996 wurde am 14.7.1997 von Slowenien ratifiziert, ist aber noch nicht in Kraft getreten),
  – Tschechische Republik (ABl. 1994 L 360/1, Inkrafttr. 1.2.1995),
  – Ungarn (ABl. 1993 L 347/1, Inkrafttr. 1.2.1994).
Diese inhaltlich weitgehend übereinstimmenden Abkommen gemäß Art. 310 (ex-Art. 238) begründen mittelfristig eine Freihandelszone mit diesen Staaten. Der Wortlaut der Abkommen ähnelt oft dem des EGV, doch bedeutet dies nicht immer, daß sie ebenso wie dieser ausgelegt werden müssen. Die diesbezügliche Rechtsprechung zu den ehemaligen EFTA – Freihandelsabkommen (Rn. 61) wird auf diese Abkommen übertragbar sein. Da die Abkommen auch Bereiche der mitgliedstaatlichen Zuständigkeit umfassen, wurden sie als gemischte Abkommen (Rn. 3f.) geschlossen (zum Inhalt der Abkommen vgl. *Cremona*, ELRev 1993, 345). Bis zu ihrem Inkrafttreten führen Interimsabkommen zu Handelserleichterungen, die von der EG gemäß Art. 133 (ex-Art. 113) geschlossen wurden (z.B. Slowenien, ABl. 1997 L 151/38, Inkrafttr. 1.7.1997).

5. Euro-mediterrane Beziehungen

67 Nach der Süderweiterung der EG hat insbesondere Spanien auf den Ausbau der Beziehungen der EG mit den Anrainerstaaten des Mittelmeers gedrängt. Als Ergebnis hat die EG neben einem verstärkten politischen Dialog eine Reihe von sog. „Euro-mediterranen Abkommen" mit Mittelmeeranrainern vereinbart, die den Europaabkommen in Aufbau und Struktur ähneln (s.o. Rn. 66). Folgende Euro-mediterrane Abkommen bestehen:

– Israel (Vertragsschluß 20.11.1995, Inkrafttr. des Interimsabkommens 1.1.1996),
– Jordanien (Vertragsschluß 24.11.1997, noch nicht in Kraft),
– Marokko (Vertragsschluß 26.2.1996, noch nicht in Kraft),
– PLO (Vertragsschluß 24.2.1997, noch nicht in Kraft),
– Tunesien (Vertragsschluß 17.7.1995, Inkrafttr. 1.3.1998, ABl. 1998 L 97/2, L 132/14).

Weitere Euro-mediterrane Abkommen sind geplant bzw. in Vorbereitung mit Syrien, Algerien, Ägypten und dem Libanon.

6. Andere Abkommen mit regionalen Staatengruppen

Das für die EG wohl wichtigste Abkommen mit regionalem Charakter ist **68** das inzwischen **Vierte AKP-Abkommen** vom 15.12.1989 mit ca. 70 Staaten aus dem afrikanischen, karibischen und pazifischem Raum (auch **Abkommen von Lomé** genannt) (Beschluß des Rates 91/400, ABl. 1991 L 229/1 i.d.F. der Abkommen von Mauritius vom 04.11.1995 ([Beschluß des Rates 98/344, ABl. 1998, L 156/1]). Dieses Abkommen hat im wesentlichen entwicklungspolitischen Charakter und wird daher an dieser Stelle nicht näher erläutert (s. dazu Art. 179, Rn. 21–26. Dieses Abkommen sieht nach Konsultationen die Möglichkeit einseitiger Schutzmaßnahmen vor. Die EG hat dazu eine VO zur Regelung des internen Verfahrens bei Anträgen von Mitgliedstaaten auf Schutzmaßnahmen erlassen (VO (EWG) Nr. 3705/90, ABl. 1990 L 358/4).

Mit dem **Andenpakt** und seinen Mitgliedstaaten (Bolivien, Equador, Kolumbien, Peru und Venezuela) besteht seit 1984 ein Abkommen (ABl. 1984 **69** L 153/2) über die handelspolitische und wirtschaftliche Zusammenarbeit, das eine Meistbegünstigungsklausel enthält und auch eine entwicklungspolitische Zusammenarbeit vorsieht. Ein Kooperationsrahmenabkommen vom 15.12.1995 besteht auch mit **Mercosur** und den Staaten, die sich im Rahmen des **Mercosur** zu einer Zollunion zusammengeschlossen haben (das sind Argentinien, Brasilien, Paraguay und Uruguay). Teile dieses Abkommens gelten auf der Grundlage eines Interimsabkommens zwischen der EG und **Mercosur** (ABl. 1996 L 69/1). Auch mit den **ASEAN**-Gründungsstaaten (Indonesien, Malaysia, Philippinen, Singapur und Thailand) besteht ein vergleichbares Rahmenabkommen (ABl. 1980 L 144/1), das auf die neu hinzugekommenen ASEAN-Staaten Brunei seit 1984 (ABl. 1985 L 81/1) und Vietnam seit 1997 (ABl. 1997 L 325/16) anwendbar ist. Mit dem ASEAN-Staat Laos wurde 1997 ein bilaterales Kooperationsabkommen (ABl. 1997 L 334/15) abgeschlossen. Kein Abkommen besteht bisher mit dem ASEAN-Staat Myanmar (Burma).

7. Bilaterale Abkommen

70 Die EG unterhält mit einer großen Zahl ausländischer Staaten **bilaterale vertragliche Beziehungen**. Eine Zusammenstellung dieser Verträge findet sich im vom Amt für amtliche Veröffentlichungen der EG halbjährlich herausgegebenen „Verzeichnis des geltenden Gemeinschaftsrechts" im Kapitel „auswärtige Beziehungen" (Kapitel 11.40). Verträge mit einzelnen Staaten sind auch über CELEX zu ermitteln. Die große Zahl der Verträge und der zu deren Umsetzung erlassenen Rechtsakte erlaubt es nicht, auf bilaterale Verträge hier näher einzugehen.

Art. 134 (ex-Art. 115) (Verhinderung der Verlagerung von Handelsströmen)

Um sicherzustellen, daß die Durchführung der von den Mitgliedstaaten im Einklang mit diesem Vertrag getroffenen handelspolitischen Maßnahmen nicht durch Verlagerungen von Handelsströmen verhindert wird, oder wenn Unterschiede zwischen diesen Maßnahmen zu wirtschaftlichen Schwierigkeiten in einem oder mehreren Staaten führen, empfiehlt die Kommission die Methoden für die erforderliche Zusammenarbeit der Mitgliedstaaten. Genügt dies nicht, so kann sie die Mitgliedstaaten ermächtigen, die notwendigen Schutzmaßnahmen zu treffen, deren Bedingungen und Einzelheiten sie festlegt.

Im Dringlichkeitsfall ersuchen die Mitgliedstaaten die Kommission, die umgehend entscheidet, um die Ermächtigung, selbst die erforderlichen Maßnahmen zu treffen, und setzen sodann die anderen Mitgliedstaaten davon in Kenntnis. Die Kommission kann jederzeit entscheiden, daß die betreffenden Mitgliedstaaten diese Maßnahmen zu ändern oder aufzuheben haben.

Es sind mit Vorrang solche Maßnahmen zu wählen, die das Funktionieren des Gemeinsamen Marktes am wenigsten stören.

I. Allgemeines

1. Die Bedeutung von Art. 134

Den Mitgliedstaaten sind einzelne Regelungskompetenzen im Außenhandelsbereich verblieben (s. Art. 133, Rn. 2). Art. 134 ermächtigt nicht selbst zu solchen Regelungen, er setzt vielmehr das Bestehen von gemeinschaftsrechtskonformen mitgliedstaatlichen Regelungen voraus und bildet die Rechtsgrundlage zur **Regelung** sich daraus ergebender **Schwierigkeiten**. Die Vorschrift ermöglicht **Ausnahmen von den Grundsätzen des freien Warenverkehrs** (Art. 28ff. [ex-Art. 30ff.]) durch Abschottung nationaler Märkte hinsichtlich von solchen Produkten, die ihren Ursprung außerhalb der Gemeinschaft haben. Auch wenn die Vorschrift primär auf Ausnahmen vom freien Warenverkehr abzielt, läßt der Wortlaut (in der deutschen Fassung jetzt „Verlagerung von Handelsströmen" statt „Verkehrsverlagerung") prinzipiell auch die Abschottung von Märkten im Bereich von Dienstleistungen zu. **1**

Die **Bedeutung der Vorschrift** war während der Übergangszeit und in den 80er Jahren erheblich. Im Hinblick auf Art. 14 (ex-Art. 7a) Abs. 2 erklärte die Kommission zunächst, Maßnahmen auf der Grundlage von Art. 134 müßten bis zum 31.12.92 beseitigt sein. Bestehende Ermächtigungen für Maßnahmen gemäß Art. 134 wurden bis zum 31.12.92 befristet. Die Vorschrift hat deshalb erheblich an Bedeutung verloren (s. auch Rn. 5). Die Kommission hat aber noch im Jahr 1993 im „Bananenfall" Schutzmaßnahmen Englands und Frankreichs für die Zeit bis zum Inkrafttreten einer Marktordnung für Bananen gemäß Art. 134 zugelassen (zum „Bananenfall" siehe auch EuGH, C-280/93, Deutschland/Rat, Slg. 1993, I–3667, Rn. 44f.). **2**

Art. 134 ist durch den Vertrag von Maastricht und mithin nach Verwirklichung des Binnenmarktes geändert worden (Erweiterung des Handlungsermessens der Kommission [„so kann sie ermächtigen"]). Dies spricht dafür, daß auch weiterhin Ausnahmen vom Binnenmarkt und vom freien Warenverkehr möglich sein sollen. Die Vorschrift, die schon bisher als **Ausnahmevorschrift** eng auszulegen war (EuGH, Rs. 62/70, Bock/Kommission, Slg. 1971, 897, 909; Rs. 41/76, Donckerwolcke/Procureur, Slg. 1976, 1921, **3**

1937), wird in Zukunft noch restriktiver zu handhaben sein. Ein allgemeiner Rückgriff auf Art. 134 wäre mit der Grundkonzeption des Binnenmarktes unvereinbar.

2. Verhältnis zu anderen Schutzklauseln

4   Neben Art. 134 gibt es eine Reihe **weiterer Schutzklauseln** im EGV
(Art. 100 [ex-Art. 103a] Abs. 1, Art. 119 [ex-Art. 109h], Art. 120 [ex-
Art. 109i]). Deren Verhältnis zu Art. 134 bestimmt sich nach dem **Grundsatz der Spezialität**, d.h. Maßnahmen sind grundsätzlich nach der Schutzklausel zu treffen, die auf die Ursache des konkreten Problems zugeschnitten ist (*Weber*, EuR 1979, 30, 44). In Extremfällen ist die Anwendung von
Art. 30 (ex-Art. 36) neben Art. 134 denkbar.

II. Genehmigung von Schutzmaßnahmen

1. Voraussetzungen

a) Handelspolitische Maßnahmen der Mitgliedstaaten

5   Art. 134 setzt voraus, daß eine **mitgliedstaatliche handelspolitische Maßnahme** besteht. Diese muß mit EG-Recht vereinbar sein (EuGH, Rs. 41/76,
Donckerwolcke/Procureur, Slg. 1976, 1921, 1937; *Lux*, EuR 1979, 359,
362), d.h. auf eine gemeinschaftsrechtliche Ermächtigung zurückgeführt
werden können (s. Art. 133, Rn. 2). Nach Einführung des GZT handelte es
sich bei den handelspolitischen Maßnahmen der Mitgliedstaaten meist um
mengenmäßige Beschränkungen oder Maßnahmen gleicher Wirkung, soweit die Einfuhr bestimmter Produkte noch nicht auf Gemeinschaftsebene
liberalisiert war, zur Kontrolle nationaler Quoten im Rahmen von Gemeinschaftszollkontingenten (Art. 26, Rn. 19) oder zur Überwachung von
Selbstbeschränkungsabkommen. Inzwischen sind, u.a. durch die neue Einfuhrregelung (VO (EG) Nr. 3285/94, ABl. 1994 L 349/53; vgl. oben
Art. 133, Rn. 46ff.) nahezu alle Einfuhren (mit Ausnahme des Agrarbe-
reichs) liberalisiert und nationale Quoten aufgehoben worden. Auch vor
diesem Hintergrund hat Art. 134 erheblich an Bedeutung verloren.

b) Wirtschaftliche Schwierigkeiten

6   Die so beschriebenen mitgliedstaatlichen handelspolitischen Maßnahmen
können nur dann durch Schutzmaßnahmen abgesichert werden, wenn infolge der mitgliedstaatlichen Regelungen ernsthafte **wirtschaftliche**

Schwierigkeiten entstehen (EuGH, Rs. 62/70, Bock/Kommission, Slg. 1971, 897, 909; Rs. 29/75, Kaufhof/Kommission, Slg. 1976, 434, 443). Der Begriff der ernsthaften wirtschaftlichen Schwierigkeiten ist ähnlich zu interpretieren wie der Begriff der Schädigung im Antidumping-Recht (*Vedder,* in *Grabitz/Hilf,* Art. 115, Rn. 21 [m.w.N.]; s. Art. 133, Rn. 20–22). Diese Schwierigkeiten sind meist die Folge der Verlagerung von Handelsströmen (sog. Verkehrsverlagerung). Diese Verlagerung folgt aus der Tatsache, daß aufgrund von Unterschieden zwischen den handelspolitischen Regelungen der Mitgliedstaaten, Waren in einem Mitgliedstaat leichter in den freien Verkehr überführt werden können als in anderen. Importe in die anderen Mitgliedstaaten erfolgen dann auf dem Umweg über den Staat mit der weniger restriktiven Regelung, weil Waren, die zum freien Verkehr abgefertigt sind, grundsätzlich in allen Mitgliedstaaten frei zirkulieren können.

Verkehrsverlagerungen rechtfertigen Schutzmaßnahmen nur, wenn diese   **7** zugleich wirtschaftliche Schwierigkeiten hervorrufen (Entscheidung der Kommission v. 22.07.1987, KOM 87/433 [insb. im 8. Erwägungsgrund], ABl. 1987 L 238/26). Zwar ist die **„Verlagerung von Handelsströmen"** nach dem Wortlaut von Art. 134 eine alternative Voraussetzung zum Entstehen von „wirtschaftlichen Schwierigkeiten", und diese Alternativität ist bei der Änderung des Wortlauts von Art. 134 bestehen geblieben. Doch ist die restriktive Haltung der Kommission durch den Verhältnismäßigkeitsgrundsatz gerechtfertigt.

c) Grundsatz der Verhältnismäßigkeit

Schon aus Art. 134 Abs. 3 ist abzuleiten, daß unter den möglichen Maß-   **8** nahmen das mildeste (nämlich den Binnenmarkt am wenigsten störende) Mittel zu wählen ist. Der EuGH hat darüber hinaus schon früh entschieden, daß auch bei der Prüfung der Frage, ob überhaupt Schutzmaßnahmen erforderlich sind, der **Grundsatz der Verhältnismäßigkeit** berücksichtigt werden muß, so daß bei nur geringen wirtschaftlichen Störungen Schutzmaßnahmen nicht zulässig sind (EuGH, Rs. 62/70, Bock/Kommission, Slg. 1971, 897, 909).

2. Mögliche Maßnahmen

Die Kommission soll, wenn die Voraussetzungen des Art. 134 vorliegen, in   **9** erster Linie den Mitgliedstaaten ein gemeinsames Vorgehen durch unverbindliche Empfehlungen nahelegen. Angesichts der meist gegebenen Eilbedürftigkeit sind solche Empfehlungen in der Praxis selten (*Sciolla-Lagrange/Herzog,* in *Smit/Herzog,* Art. 115.07). Reichen Empfehlungen nicht aus,

so kann die Kommission die Mitgliedstaaten **zu Schutzmaßnahmen ermächtigen**. Der durch den Vertrag von Maastricht geänderte Wortlaut von
Art. 134 („so kann sie ... ermächtigen") stellt klar, daß die Kommission
nicht nur auf der Tatbestandsseite einen Beurteilungsspielraum hinsichtlich
des Bestehens von wirtschaftlichen Schwierigkeiten hat (dazu schon
EuGH, Rs. 29/75, Kaufhof/Kommission, Slg. 1976, 431, 443; sowie *Weber*,
EuR 1979, 30, 38), sondern daß die Rechtsfolge, also das „Ob" und „Wie"
der Ermächtigung im Ermessen der Kommission steht. In der Praxis kommen nur die beiden in der Entscheidung (EWG) Nr. 87/433 erwähnten
Maßnahmen in Betracht, nämlich die „innergemeinschaftliche Überwachung" und der „Ausschluß von der Gemeinschaftsbehandlung". Die innergemeinschaftliche Überwachung erlaubt – ähnlich der entsprechenden
„Überwachung" im Rahmen der Einfuhrregelung (s.o. Art. 133, Rn. 49) –
nur die statistische Erfassung der Warenströme. Beim Ausschluß von der
Gemeinschaftsbehandlung kann der ermächtigte Mitgliedstaat die konkreten Waren auch bei der „Einfuhr" aus anderen Mitgliedstaaten so behandeln, als würden sie direkt vom Drittland aus eingeführt. Beide Verfahren
führen nach Abschaffung der Binnen(Zoll-)grenzen zu erheblichen Schwierigkeiten bei der tatsächlichen Umsetzung. Dies erklärt, warum Art. 134
jüngst nur noch im Bereich der Bananen eine Rolle gespielt hat.

III. Rechtsschutz

10   Grundsätzlich ist die Ermächtigung der Mitgliedstaaten, Schutzmaßnahmen zu erlassen, eine Entscheidung, die nur an den betroffenen Mitgliedstaat gerichtet ist. Die importierenden Unternehmen werden dadurch nicht
„unmittelbar und individuell" betroffen. Der EuGH hat daher ein direktes
Klagerecht der Unternehmen gemäß Art. 230 (ex-Art. 173) Abs. 4 verneint
(EuGH, Rs. 231/82, Spijker Kwasten/Kommission, Slg. 1983, 2559,
Rn. 7f.; Rs. 191/88, Co-Frutta/Kommission, Slg. 1989, 793, Rn. 21f.), so
daß nur ein indirekter Rechtsschutz gegen den Einzelverwaltungsakt des er-
mächtigten Mitgliedstaates möglich ist. Nur ausnahmsweise, wenn die Ge-
nehmigung von Schutzmaßnahmen rückwirkend bereits vorher gestellte
Einfuhranträge betrifft, hat der EuGH direkte Klagen für zulässig gehalten
(EuGH, Rs. 62/70, Bock/Kommission, Slg. 1971, 897, Rn. 12ff.; Rs. 1/84-
R, Ilford/Kommission, Slg. 1984, 423, Rn. 22).

Titel X. Zusammenarbeit im Zollwesen

Art. 135 (ex-Art. 116) (Zusammenarbeit im Zollwesen)

Der Rat trifft im Rahmen des Geltungsbereichs dieses Vertrags gemäß den Verfahren des Art. 251 Maßnahmen zum Ausbau der Zusammenarbeit im Sollwesen zwischen den Mitgliedstaaten sowie zwischen den Mitgliedstaaten und der Kommission. Die Anwendung des Strafrechts der Mitgliedstaaten und ihre Strafrechtspflege bleibt von diesen Maßnahmen unberührt.

Literatur: *Bardong*, Worauf es bei Zoll 2000 wirklich ankommt, AW-Prax 1996, 301; *ders.*, „Zoll 2000", AW-Prax 1997, 369; *Faucherand*, La lutte contre la fraude douanière: un impératif pour l'Union européenne, Revue du Marché Unique Européen 1995, 75; *Lenaerts*, Sanktionen der Gemeinschaftsorgane gegenüber natürlichen und juristischen Personen, EuR 1997, 17; *Ruimschotel*, The EC Budget: Ten Per Cent Fraud? A Policy Analysis Approach, Journal of Common Market Studies 1994, 319; *Sherlock*, Controlling Fraud within the European Community, European Law Review 1991, 20, *Wolffgang/Ulrich*, Schutz der finanziellen Interessen der Europäischen Gemeinschaften, EuR 1998, 616.

I. Normzweck

In Art. 23 (ex-Art. 9) wird die Zollunion als „Grundlage der Gemeinschaft" **1** bezeichnet. Während die **Gesetzgebungskompetenz** für diesen Bereich bei den **Gemeinschaftsorganen** (Rat, EP, Kommission) liegt, wird die **Verwaltung der Zollunion** gemäß Art. 10 (ex-Art. 5) im wesentlichen von den **Mitgliedstaaten** durchgeführt. Dies erfordert eine enge Zusammenarbeit, um

– eine einheitliche Anwendung des Zollrechts zu gewährleisten,
– ein reibungsloses Ineinandergreifen solcher Zollverfahren zu ermöglichen, die auf dem Gebiet mehrerer Mitgliedstaaten abgewickelt werden

(z. B. Versandverfahren, grenzüberschreitende Bewilligung für ein Zollagerverfahren oder die aktive Veredelung),
– wirksame Maßnahmen gegen Betrug zu treffen, da dieser an den nationalen Grenzen nicht halt macht.

2   Schon die Verfasser des EWG-Vertrages hatten die Notwendigkeit einer Angleichung der Rechts- und Verwaltungsvorschriften auf dem Gebiet des Zollwesens erkannt und die Kommission in ex-Art. 27 (jetzt aufgehoben) ermächtigt, während der ersten Stufe der Übergangszeit die hierfür erforderlichen Empfehlungen an die Mitgliedstaaten auszusprechen (Empfehlungen haben sich in der Folgezeit als ein ungeeignetes Mittel zur Angleichung des Zollrechts und der Verwaltungspraktiken erwiesen, vgl. die 1. Aufl. dieses Kommentars, Art. 27 aaO). Die Vereinheitlichung des Zollrechts konnte mit der Vollendung des Binnenmarktes und der dazu gehörenden Annahme des **Zollkodex** (VO [EG] Nr. 2913/92, ABl. 1992 L 302/1, s. hierzu Art. 23 Rn. 29) weitgehend abgeschlossen werden. Die Förderung der Zusammenarbeit der nationalen Zollverwaltungen erwies sich aufgrund unterschiedlicher Traditionen, Sprachen und eines unterschiedlichen Verwaltungsaufbaus als eine sehr viel schwierigere Aufgabe (zur Kritik an der mangelhaften Verwaltungszusammenarbeit und der uneinheitlichen Anwendung des Gemeinschaftsrechts s. beispielhaft die Berichte des Rechnungshofs im ABl. 1998 C 349/15, ABl. 1996 C 340/34, ABl. 1995 C 303/37, ABl. 1991 C 324/42ff.).

3   Mit dem Vertrag von Maastricht wurde der Art. K.1 (jetzt Art. 29) EUV eingefügt, der unter
– Ziffer 8 die „Zusammenarbeit im Zollwesen" und unter
– Ziffer 9 die „polizeiliche Zusammenarbeit zur Verhütung und Bekämpfung des Terrorismus, des illegalen Drogenhandels und sonstiger schwerwiegender Formen der internationalen Kriminalität, erforderlichenfalls einschließlich bestimmter Aspekte der Zusammenarbeit im Zollwesen, in Verbindung mit dem Aufbau eines unionsweiten Systems zum Austausch von Informationen im Rahmen eines Europäischen Polizeiamts (Europol)" vorsah.

4   Auch ohne eine ausdrückliche Erwähnung im EGV waren jedoch die Bestimmungen dieses Vertrages anwendbar für die nicht-repressive Zollzusammenarbeit, die z.B. geregelt ist
– in Art. 250 Zollkodex in bezug auf die Geltung der von einer Zollbehörde getroffenen Entscheidungen und Feststellungen in den anderen Mitgliedstaaten,
– in der VO (EG) Nr. 515/97 (ABl. 1997 L 82/1) über die gegenseitige Amtshilfe,

– im Aktionsprogramm „Zoll 2000" (Entscheidung Nr. 210/97/EG, ABl. 1997 L 33/24).

Die Kommission hatte während der Revision der Verträge vorgeschlagen,   **5**
diese Zweigleisigkeit im Bereich der Zollzusammenarbeit (die eine Quelle von Kompetenzstreitigkeiten darstellt) dadurch zu beenden, daß dieser Bereich vollständig in den EGV übernommen wird, zumal mit ex-Art. 209 a (jetzt Art. 280) bereits eine Modellvorschrift für die Zusammenarbeit (hier: zum Schutze der finanziellen Interessen der Gemeinschaft) bestand. Zu einer Übertragung dieses Modells auf die Zusammenarbeit im Zollwesen waren die Mitgliedstaaten jedoch nicht bereit mit der Folge, daß Art. 135 nur im „Geltungsbereich dieses Vertrags" (d.h. des EGV) anwendbar ist. Im übrigen wurde klargestellt, daß die „Anwendung des Strafrechts der Mitgliedstaaten und ihre Strafrechtspflege" unberührt bleiben. Gleichzeitig wurde in der Neufassung des EUVdie Zollzusammenarbeit als eigenständiges Thema fallen gelassen und statt dessen in die Bestimmungen über die polizeiliche Zusammenarbeit integriert, die eine Einschaltung von Europol einschließt (Art. 29, 30 EUV).

Somit läßt sich der **Zweck des Art. 135** wie folgt zusammenfassen: Diese   **6**
Vorschrift ermächtigt zu Maßnahmen, die eine Zusammenarbeit im Zollwesen zwischen den Mitgliedstaaten sowie zwischen den Mitgliedstaaten und der Kommission fördern, soweit die Bestimmungen des EGV anwendbar sind. Wenn allerdings die Zollzusammenarbeit nur ein relativ unbedeutender Aspekt einer – im wesentlichen andere Ziele verfolgenden – Zollregelung ist, dann deckt die für die betreffende Maßnahme einschlägige Rechtsgrundlage des EGV auch die zur Durchführung der Regelung erforderliche Zusammenarbeit ab mit der Folge, daß auf eine Kumulierung der Ermächtigungsnormen verzichtet werden kann (vgl. EuGH, Rs. 275/87, Kommission/Rat, Slg. 1989, 259). Im übrigen erfaßt die Zusammenarbeit im Zollwesen nicht die Ermittlung und Ahndung strafrechtlicher Verstöße gegen das Zollrecht.

II. Abgrenzung zu anderen Normen des EG-Vertrages (1. Pfeiler)

Der **Zollkodex** – ZK (VO [EG] Nr. 2913/92 ABl. 1992, L302/1, s. hierzu   **7**
Art. 23 Rn. 29), der auf die ex-Art. 28, 100 a und 113 (jetzt Art. 26, 95 und 133) gestützt ist, enthält zahlreiche Bestimmungen über die Zusammenarbeit im Zollwesen, z. B.

– kann eine verbindliche Zolltarif- oder Ursprungsauskunft gemäß Art. 12 ZK, die von einer nationalen Zollbehörde erteilt worden ist, in jedem anderen Mitgliedstaat geltend gemacht werden,

- kann ein externes Versandverfahren gemäß den Art. 91, 92 ZK in einem
  Mitgliedstaat begonnen und in einem anderen beendet werden,
- regelt Art. 215 ZK, wie die Zollbehörden verfahren, wenn an mehr als
  einem Ort in der Gemeinschaft die Voraussetzungen für die Entstehung
  einer Zollschuld erfüllt sind; da der Zoll nur einmal erhoben werden
  darf, ist insoweit eine Zusammenarbeit erforderlich,
- legt Art. 250 ZK fest, daß die von den Zollbehörden eines Mitgliedstaats getroffenen Entscheidungen, Nämlichkeitsmaßnahmen und ausgestellten Papiere in einem anderen Mitgliedsstaat die gleichen Rechtswirkungen haben wie die von dessen Zollbehörden erlassenen Entscheidungen, Maßnahmen oder ausgestellten Papiere; die in einem Mitgliedstaat bei einer Prüfung getroffenen Feststellungen haben in einem
  anderen Mitgliedstaat die gleiche Beweiskraft wie die von dessen Zollbehörden getroffenen Feststellungen.

8   Die für das **Zollrecht** einschlägigen Ermächtigungsgrundlagen (Art. 26, 95
    und 133) erlauben auch in Zukunft derartige Regelungen, ohne daß es eines
    Rückgriffs auf Art. 135 bedarf.

9   Für auf Art. 37 (ex-Art. 43) **gestützte Agrarverordnungen**, mit denen u. a.
    die Zusammenarbeit zwischen den Verwaltungsbehörden geregelt wird, gilt
    – auch wenn es um zollrelevante Sachverhalte geht – das gleiche. Die VO
    (EWG) Nr. 386/90 (ABl. 1990 L 42/6, Änderung im ABl. 1994 L 24/2) re-
    gelt z. B. die Kontrolle von Ausfuhrerstattungswaren durch die Binnen- und
    Ausgangszollstellen. Auch soweit dadurch eine Zusammenarbeit zwischen
    nationalen Zollbehörden geregelt wird, bedarf es nicht eines Rückgriffs auf
    Art. 135.

10 Für Regelungen über den **Schutz der finanziellen Interessen** der Gemein-
    schaft gegen Betrug liegt mit Art. 280 (ex-Art. 209a) eine speziellere Re-
    gelung vor, die gegenüber Art. 215 vorrangig ist. Da ex-Art. 209a keine Er-
    mächtigung zur Rechtsetzung enthielt, wurden die betreffenden Rechtsakte
    auf ex-Art. 235 (jetzt Art. 308) gestützt (s. z.B. VO [EG, EURATOM] Nr.
    2988/95, ABl. 1995 L 312/1 und VO [EG, EURATOM] Nr. 2988/95, ABl.
    1995 L 312/1).

11 Bevor Art. 135 angewendet werden kann, ist also sorgfältig zu ermitteln, ob
    nicht die übrigen Ermächtigungsgrundlagen des EGV bereits die für die
    Anwendung der betreffenden Regelung erforderliche Zusammenarbeit im
    Zollwesen abdecken. Dies wird insbesondere dann der Fall sein, wenn eine
    solche Zusammenarbeit eine unabdingbare Voraussetzung oder eine im Ge-
    samtzusammenhang relativ unbedeutende Ergänzung der betreffenden Re-
    gelung ist. Umgekehrt ist Art. 135 immer dann anwendbar, wenn Zielset-
    zung und Schwerpunkt der Regelung die Zusammenarbeit im Zollwesen

ist, soweit es sich nicht um die im 3. Pfeiler geregelten repressiven Maßnahmen handelt.

III. Abgrenzung zu den Art. 29–34 EU-Vertrag (3. Pfeiler)

Titel VI EUV (Art. 29–42) regelt die **polizeiliche und justitielle Zusam-**   **12**
menarbeit in Strafsachen. Dabei erwähnt Art. 29 (ex-Art. K.1) ausdrücklich eine engere Zusammenarbeit der Polizei-, Zoll- und anderer zuständiger Behörden der Mitgliedstaaten untereinander und im Verhältnis zu Europol. Diese Vorschrift hat eine horizontale Zusammenarbeit sämtlicher mit
der Verbrechensbekämpfung befaßten Behörden zum Ziel und nicht eine
Privilegierung der Zusammenarbeit bestimmter Verwaltungsbehörden (wie
z.B. der Zollbehörden). Art. 30 (ex-Art. K.2) nennt folgende Aktivitäten im
Bereich dieser Zusammenarbeit:
– die operative Zusammenarbeit bei der Verhütung, Aufdeckung und Ermittlung von Straftaten,
– das Einholen, Speichern, Verarbeiten, Analysieren und Austauschen
   sachdienlicher Informationen,
– die Aus- und Weiterbildung, den Austausch von Verbindungsbeamten,
   Abordnungen, den Einsatz von Ausrüstungsgegenständen und die kriminaltechnische Zusammenarbeit,
– die gemeinsame Bewertung von Ermittlungstechniken.

Ferner kann der Rat gemäß Art. 32 (ex-Art. K.4) festlegen, inwieweit die   **13**
Polizei- und Zollbehörden im Gebiet eines anderen Mitgliedstaats tätig
werden dürfen. Schließlich sieht Art. 34 (ex-Art. K.6) eine Koordinierung
der Mitgliedstaaten im Rat über die Zusammenarbeit dieser Behörden vor.

Soweit sich zwischen den Art. 29 und 30 EUV einerseits und Art. 135 EGV   **14**
andererseits Überschneidungen ergeben (das ist im Zollbereich überall dort
der Fall, wo es nicht um die Verfolgung von Straftaten geht), dürfte das Verhältnis zwischen diesen Vorschriften wie folgt zu bestimmen sein:
1. Die Zusammenarbeit im Zollwesen ist mit dem Vertrag von Amsterdam
   grundsätzlich dem 1. Pfeiler (d.h. dem EGV) zugeordnet worden und es
   ist für sie in Art. 135 eine eindeutige Rechtsgrundlage geschaffen worden. Diese Vorschrift ermöglicht Maßnahmen, die von den für Zollfragen zuständige Behörden der Mitgliedstaaten und der Kommission im
   Rahmen des Gemeinschaftsrechts getroffen werden, wobei Maßnahmen in Strafsachen ausgeschlossen sind.
2. Soweit es um Maßnahmen in Strafsachen geht, beteiligen sich die für
   Zollfragen zuständigen Behörden an der im 3. Pfeiler geregelten polizeilichen Zusammenarbeit, ohne daß durch eine solche Zusammenar-

beit die im 1. Pfeiler geregelten Gemeinschaftszuständigkeiten beeinträchtigt werden dürfen.

3. Die Beteiligung und Integration der Zollbehörden im Rahmen der polizeilichen Zusammenarbeit gemäß den Art. 29 und 30 EUV schließt nicht aus, daß die Zollbehörden bei Bedarf auf der Grundlage von Art. 135 koordinierte Aktionen durchführen, die speziell zollorientierte Zielsetzungen – mit Ausnahme strafrechtlicher Angelegenheiten – verfolgen (z. B. Maßnahmen zur Verhütung und Aufdeckung von Einfuhrschmuggel).

15 Angesichts der weitgehenden Gemeinschaftskompetenz hat das zur Zeit in der Ratifizierung befindliche auf den 3. Pfeiler gestützte **Übereinkommen** über die gegenseitige Amthilfe und Zusammenarbeit der Zollverwaltungen (ABl. 1998 C 24/2, erläuternder Bericht im ABl. 1998 C 189/1) einen ergänzenden Charakter, indem es diejenigen Rechtsbereiche abdeckt, die nicht vom 1. Pfeiler erfaßt werden, also insbesondere die Strafverfolgung sowie Maßnahmen der Zollbehörden, die nicht das Zollrecht betreffen, wie z. B. die Verhütung und Aufdeckung von Verstößen gegen (vgl. ABl. 1998 C 189/5)

– nationale Verbote und Beschränkungen (z.B. Drogen, Waffen, Pornographie),

– die steuerlichen Freimengenregelungen für die Einfuhr von Tabak und Alkohol durch Reisende,

– die Mehrwert- und Verbrauchsteuerregelungen, auch soweit diese gemeinschaftsrechtlich harmonisiert sind.

Ergänzt wird dieses Übereinkommen durch das Übereinkommen über den Einsatz der Informationstechnologie im Zollbereich – das ZIS-Übereinkommen (ABl. 1995 C 316/33). Ein weiteres Übereinkommen dient dem Schutz der finanziellen Interessen der EG sowie der Bekämpfung der Bestechung von Beamten der EU und der Mitgliedstaaten (ABl. 1996 C 313/1, 1997 C 195/1 und C 221/11, erläuternder Bericht im ABl. 1997 C 191/1, 1998 C 11/5 und C 391/1).

16 Im Rahmen des 3. Pfeilers hat der Rat zahlreiche **gemeinsame Maßnahmen** beschlossen, z. B. in bezug auf

– den Drogenhandel (ABl. 1996 L 342/6 und ABl. 1997 L 167/1),

– gezielte Kontrollen und strukturierte Selektionsmethoden (ABl. 1997 L 159/1),

– die Strafbarkeit der Beteiligung an kriminellen Vereinigungen (ABl. 1998 L 351/1, s. auch die Entschließung zur Prävention organisierter Kriminalität im ABl. 1998 C 408/1),

– die Bestechung im privaten Sektor (ABl. 1998 L 358/2).

Ferner haben der Rat und die Kommission einen **Aktionsplan** zur best-   **17**
möglichen Umsetzung der Bestimmungen des Amsterdamer Vertrags über
den Aufbau eines Raums der Freiheit, der Sicherheit und des Rechts angenommen (ABl. 1999 C 19/1), der auch Maßnahmen im Bereich der polizeilichen und zollbehördlichen Zusammenarbeit vorsieht, und zwar insbesondere

– eine gemeinsame Bewertung einzelner Ermittlungstechniken für die
  Aufdeckung schwerwiegender Formen der organisierten Kriminalität,

– eine Prüfung der Bedingungen, unter denen eine nationale Strafverfol-
  gungsbehörde im Hoheitsgebiet eines anderen Mitgliedstaats tätig werden darf,

– die Entwicklung und Ausweitung der operativen und technischen Zusammenarbeit.

IV. Zollzusammenarbeit mit Drittländern

Art. 135 erfaßt nach seinem Wortlaut nur die Zusammenarbeit zwischen   **18**
den Mitgliedstaaten und der Kommission. Soll eine **Zollzusammenarbeit
mit Drittländern** vereinbart werden, so sind andere Rechtsgrundlagen einschlägig, und zwar insbesondere Art. 133 (ex-Art. 113) in Verbindung mit
Art. 300 (ex-Art. 228); die v.a. den Abschluß **handelspolitischer Abkommen** betreffen. Dementsprechend stützen sich auf diese Vorschriften die
Abkommen über

– Grundstoffe und chemische Stoffe, die häufig für die unerlaubte Herstellung von Suchtstoffen oder psychotrophen Substanzen verwendet
  werden, z.B. mit Kolumbien (ABl. 1995 L 324/11) und den USA (ABl.
  1997 L 164/22),

– eine Zusammenarbeit auf dem Gebiet des Zollwesens, die eine Anwendung des Gemeinschaftsrechts durch Drittländer einschließt, wie z.B.
  das Abkommen mit Norwegen (ABl. 1997 L 105/13),

– eine Zusammenarbeit und Amtshilfe im Zollbereich, wie z. B. mit Süd-
  korea (ABl. 1997 L 121/13).

Eine Zollzusammenarbeit kann im übrigen auch im Rahmen eines Assozi-   **19**
ierungsabkommens (Art. 310, ex-Art. 238) vereinbart werden (s. z.B. das
Protokoll Nr. 6 über Amtshilfe im Zollbereich zum Europa-Abkommen mit
Polen, ABl. 1993 L 348/169).

In bezug auf die im 3. Pfeiler geregelte Zusammenarbeit der Polizei- und   **20**
Zollbehörden besteht in Art. 38 (ex-Art. K.10) EUV gleichfalls eine
Rechtsgrundlage für den Abschluß internationaler Übereinkommen gemäß
dem in Art. 24 (ex-Art. J. 14) EUV geregelten Verfahren. So hat die EU mit

den beitrittswilligen Ländern Mittel- und Osteuropas sowie Zypern eine
Vorbeitrittsvereinbarung über die Bekämpfung der organisierten Kriminalität getroffen (ABl. 1998 C 220/1).

V. Möglicher Inhalt von auf Art. 135 gestützten Normen, Rechtsetzungsverfahren

21   Von den vor dem Inkrafttreten des Vertrages von Amsterdam erlassenen
Rechtsakten fallen möglicherweise folgende in den Anwendungsbereich
des Art. 135:

– die auf Art. 100 (jetzt Art. 94) gestützte Richtlinie 76/368/EWG über
die gegenseitige Unterstützung bei der Betreibung von Forderungen im
Zusammenhang mit Maßnahmen des Europäischen Landwirtschafts-
fonds sowie von Abschöpfung und Zöllen (Abl. 1976 L 73/18),

– die unter Berufung auf die ex-Art. 43 und 235 (jetzt Art. 37 und 308)
erlassene VO (EG) Nr. 515/97 über die gegenseitige Amtshilfe zwischen Verwaltungsbehörden der Mitgliedstaaten und die Zusammenarbeit dieser Behörden mit der Kommission im Hinblick auf die ordnungsgemäße Anwendung der Zoll- und der Agrarregelung (ABl. 1997
L 81/1),

– die auf ex-Art. 100 a (jetzt Art. 95) gestützte Entscheidung Nr.
210/97/EG über ein Aktionsprogramm für das Zollwesen in der Gemeinschaft „Zoll 2000" (ABl. 1997 Nr. L 33/24) sowie

– das durch die auf ex-Art. 100a (jetzt Art. 95) gestützte Entscheidung
91/341/EWG festgelegte gemeinschaftliche Aktionsprogramm zur beruflichen Aus- und Fortbildung der Zollbeamten – MATTHAEUS-Pro-
gramm (ABl. 1991 L 187/41).

22   Im übrigen könnten folgende Arten von Maßnahmen auf Art. 135 gestützt
werden:

– der das Zollrecht und die Anwendung des Zollrechts betreffende Informationsaustausch über Betrügereien und Unregelmäßigkeiten, Risiko-
analysekriterien, effektive Arbeitsmethoden einschließlich der Informa-
tionstechnik,

– der Austausch von Zollbeamten, einschließlich einer Regelung der
Wirksamkeit der von diesen vorgenommenen Amtshandlungen,

– die mehrere Mitgliedstaaten übergreifende oder gemeinschaftsweite Informatisierung von Zollverfahren (mit dem Aktionsplan für das Versandverfahren, ABl. 1997 C 176/3, wird insoweit ein Anfang gemacht),

– gemeinsame Zollkontrollaktionen (s. hierzu die keine Rechtsgrundlage
angebende Entschließung des Rates vom 9.6.1997, ABl. C 193/4),

– die Einrichtung eines Aus- und Fortbildungszentrums für das Zollwesen (eine sog. virtuelle Zollschule besteht bereits im Rahmen des
MATTHAEUS-Programms, d.h. an wechselnden Orten werden Lehr-
gänge für Zollbeamte durchgeführt).

Soweit der betreffende Rechtakt dies vorsieht, können an derartigen Aktio-   **23**
nen auch Zollbeamte aus Drittländern – insbesondere solchen, mit denen
Abkommen über eine Zollzusammenarbeit bestehen – beteiligt werden.

In verfahrensmäßiger Hinsicht verweist Art. 135 auf das in Art. 251 (ex-Art.   **24**
189 b) geregelte **Mitentscheidungsverfahren** zwischen dem Rat und dem
Europäischen Parlament. Dies stellt für die bisher auf ex-Art. 100 a (jetzt
Art. 95) gestützten Rechtsakte keine Änderung dar (abgesehen von der Änderung des Mitentscheidungsverfahrens selbst). Soweit bisher ex-Art. 113
(jetzt Art. 133) oder ex-Art. 235 (jetzt Art. 308) verwendet wurde, ergibt
sich eine Stärkung der Stellung des EP.

Titel XI (ex-Titel VIII). Sozialpolitik, allgemeine und berufliche Bildung und Jugend

Kapitel 1. Sozialvorschriften

Literatur: *Annuß*, Der Betriebsübergang in der neuesten Rechtsprechung des Bundes-
arbeitsgerichts, BB 1998, 1582; *Baeck/Lingemann*, Auftragsübergang als Betriebsübergang ?" Neues vom EuGH, NJW 1997, 2492; *Bieback*, Europäischer Gerichtshof und
nationales Sozialrecht. Die Kontrolle des nationalen Sozialrechts in der neueren EuGH-
Rechtsprechung und indirekten Diskriminierung, EuR 1998, 399; *Birk*, Das Nachweisgesetz zur Umsetzung der Richtlinie 91/533 EWG in das deutsche Recht, NZA 1996,
281; *Birk*, Vereinbarungen der Sozialpartner im Rahmen des sozialen Dialogs und ihre
Durchführung, EuZW 1997, 453; *Blanpain*, European Labour Law, 5. Aufl. 1998;
Blank, Europäische Kollektivverträge und sozialer Dialog, FS Gnade, 1992, 649;
Buchner, Die Rolle des Gerichtshofs bei der Entwicklung des Arbeitsrechts, ZfA 1993,
279; *Bundesarbeitsgericht/Dt. Arbeitsgerichtverband*, 1. Europarechtssymposium
„Europäischer Gerichtshof und nationale Arbeitsgerichte, Verhältnisse und Formen des
Zusammenwirkens", RdA 1996, 66; *Bundesarbeitsgericht/Dt. Arbeitsgerichtverband*,
2. Europarechtssymposium, Arbeitsrecht in Europa, RdA 1998, 194; *Classen*, Wie viele Wege führen zur Gleichberechtigung von Männern und Frauen. Gemeinsamkeiten
und Unterschiede von deutschem und europäischem Recht, JZ 1996, 921; *Coen*, EG-
und Tarifautonomie, BB 1992, 2068, *Coen*, Sozialpolitik, in: Bleckmann, Europarecht,
6. Aufl. 1997, S. 862; *Coen*, The European Dimension to Collective Barganing Post-
Maastricht, in Lecher/Platzer (Hrsg.), European Union – European Industrial Rela-

tions? 1997; 2492; *Commentaire J. Mégret*, Bd. 7: Politique Sociale, Education et Jeunesse, 2. Aufl. 1998; *Däubler*, Europäische Tarifverträge nach Maastricht, EuZW 1992, 329; *Dieterich*, Die Arbeitsgerichte zwischen Bundesverfassungsgericht und Europäischem Gerichtshof NZA 1996, 673; *Engelbrecht*, „Barber" und die Folgen, EuZW 1996, 395; *Europäische Kommission*, (Hrsg.) Bericht des Kommitees der Weisen „Für ein Europa der politischen und sozialen Grundrechte 1996; *Europäische Kommission*, Bericht über die demographische Lage, 1997; 1997; *Europäische Kommission*, Chancengleichheit für Frauen und Männer in der Europäischen Union, Jahresbericht 1997; *Europäische Kommission*, (Hrsg.), Die Gemeinschaftscharta der sozialen Grundrechte der Arbeitnehmer 1990; *Europäische Kommission* (Hrsg.), Eine Europäische Informationsgesellschaft für alle, Abschlußbericht der Gruppe hochrangiger Experten, 1998; *Europäische Kommission*, (Hrsg.), Gruppe hochrangiger Sachverständiger für die wirtschaftlichen und sozialen Auswirkungen industrieller Wandlungsprozesse 1998; *Europäische Kommission*, Sachverständigengruppe „European Systems of Worker Involvement", 1997; *Europäische Kommission*, Sozialschutz in Europa, 1997; *Eser*, Europarechtliche Aspekte der Arbeitnehmermitbestimmung in multinationalen Unternehmen, AuR 1994, 91; *Gassner*, Dimensionen des allgemeinen Diskriminierungsverbots im Europäischen Sozialrecht, VSSR 1995, 255; *Gaul*, Aktuelle Entwicklungen im Europäischen Arbeitsrecht, NZA 1997, 1029; *Gaul*, Die Einrichtung europäischer Betriebsräte, NJW 1995, 228; *Hailbronner*, Die sozialrechtliche Gleichbehandlung von Drittstaatsangehörigen – Ein menschenrechtliches Postulat? JZ 1997, 397; *Hanau*, Neuer Anlauf zur mitbestimmten SE, RdA 1998, 231; *Hanau/Steinmeyer/Wank* (Hrsg.) Handbuch des Europäischen Arbeits- und Sozialrechts, 1999; *Heinze*, Die Europäische Aktiengesellschaft, AG 7/1997, 209; *Henssler*, Aktuelle Rechtsprobleme des Betriebsübergangs, NZA 1994, 913; *Hohmeister*, EuGH-konforme Gesetzesänderungen zu Geschlechtsdiskriminierung und Nachweisrichtlinie, BB 1998, 1790; *Hohmeister*, Nochmals: Beweislastumkehr durch das Nachweisgesetz, BB 1998, 587; *Holmann/Schulz-Weidner*, der Einfluß der EG auf das Gesundheitswesen der Mitgliedstaaten, ZIAS 1998, 180; *Junker*, Arbeits- und Sozialrecht in der Europäischen Union, JZ 1994, 277; *Kolvenbach*, Die weitere Entwicklung der Betriebsverfassung und Unternehmensmitbestimmung in den Mitgliedstaaten der Europäischen Union, FS Everling 1995, 669; *Koenig*, Die Europäische Sozialunion als Bewährungsprobe der supranationalen Gerichtsbarkeit, EuR 1994, 175; *Konstanty/Zwingmann*, Perspektiven des Arbeitsschutzes und der betrieblichen Gesundheitsförderung nach der Arbeitsschutzgesetzgebung, WSI-Mitt. 1997, 817; *Kretz*, Arbeitnehmerentsendegesetz, 1996; *Langenbrinck*, Europäische Aspekte kollektiven Arbeitsrechts DB 1998, 1081; *Kurt*, Zur Gleichbehandlung im deutschen und europäischen Arbeitsrecht, insbesondere beim Arbeitsentgelt teilzeitbeschäftigter Betriebsratsmitglieder, RdA 1998, 277; *Marschall*, Ergebnisse der Novellierung des Arbeitnehmerentsendegesetzes, NZA 1998, 633; *Müller*, Europäische Betriebsräte – Gesetz (EBRG) 1997; *Nagel*, Der EG-Richtlinienentwurf zum Europäischen Betriebsrat, AuR 1991, 161; *Novak*, EG-Grundfreiheiten und Europäisches Sozialrecht, EuZW 1998, 366; *Oetker/Preis* (Hrsg.) Europäisches Arbeits- und Sozialrecht, Loseblatt, 1991-EAS; *Pape*, Von Kalanke zu Marschall – Ein Erfolg für die Gleichberechtigung, AuR 1998, 14; *Schelter*, Fundstellen und Inhaltsnachweis – Arbeits- und Sozialrecht der Europäischen Union, Stand 1. Januar 1999; *Schiefer*, Europäisches Arbeitsrecht, NJW 1995, 160; *Schiek*, Draehmpaehl und die

Folgen, BB 1998, 586; *Schiek*, Europäisches Arbeitsrecht 1997; *Schmähl/Rische* (Hrsg.) Europäische Sozialpolitik 1997; *Schmidt*, Defizite im Jugendarbeitsschutzgesetz, BB 1998, 1362; *Schmidt*, Die neue EG-Rahmenrichtlinie zur Teilzeitarbeit, NZA 1998 576; *Schulz*, Auf dem Weg zur Sozialunion, Sozialer Fortschritt, 1992, 79; *Schulte*, Sozialrecht, in: Lenz (Hrsg.), EG-Handbuch Recht im Binnenmarkt, 2. Aufl. 1994, 408; *Schnorr*, Arbeits- und sozialpolitische Fragen der europäischen Integration, 1974; *Schnorr*, Entwicklungstendenzen des Europäischen Gemeinschaftsrechts auf arbeitsrechtlichem Gebiet, RdA 1981, 345; *Seehr*, Grenzen der Gleichbehandlung : Zur Vereinbarkeit von Frauenquoten mit dem Gemeinschaftsrecht, EuGRZ 1998, 121; *Waas*, Betriebsübergang durch Funktionsnachfolge, EuZW 1994, 528; *Theis*, Zur jüngeren Entwicklung des Rechts zum Betriebsübergang in contracting out Fällen in Großbritanien – der Court of Appeal in Anwendung von Ayse Süzen, ZIAS 1998, 228; *Waas*, Richtlinienvorschlag zum Betriebsübergang, EuZW 1995, 52; *Waltermann/Janke*, Arbeitnehemerfreizügigkeit und Leistungen bei Arbeitslosigkeit in Europa, DB 1998, 1030; *Wank,* Das Nachweisgesetz, RdA 1996, 21;*Wank*, Der Übergang „durch Rechtsgeschäft" beim Betriebsübergang, DB 1997, 1229; *Weber*, Arbeitnehmerschutz kontra Sanierung? EuZW 1998, 583; *Weth/Kerwer*, Grenzgänger, RdA 1998, 233; *Weiss*, Die Bedeutung von Maastricht für die EG-Sozialpolitk, in: FS Gnade, 1992, 649; *Weiss*, Die europarechtliche Regelung der Massenentlassung, RdA 1992, 367; *Wolff*, Auswirkungen der Rechtsprechung des Europäischen Gerichtshofs auf die Rechtsprechung der deutschen Sozialgerichte, VSSR 1996, 205; *Wollenschläger*, Die Gast- und Wanderarbeitnehmer im deutschen Arbeitsrecht, RdA 1994, 193. *Schlachter*, Die Richtlinie über die Beweislast bei Diskriminierung, RdA, 1998, 321; *Erfurter Kommentar* zum Arbeitsrecht, 1998; *Otting*, In dubio pro Europa, Barbl 11/1998, 14; 12/1998, 16; *Koll,* Arbeitsschutzgesetz 1998; *Kittner/Pieper*, Arbeitsschutzrecht, 1998; *Freis,* Das Gesetz zur Änderung des Bürgerlichen Gesetzbuches und des arbeitsgerichtsgesetzes, NJW 1998, 2279; *Gaul*, Die neue EG-Richtline zum Betriebs- und Unternehmensübergang, BB 1999, 526, 582, *Weyand,* Europäische Integration und kollektives Arbeitsrecht, 1999; *Hailbronner/Thicry,* Amsterdam-Vergemeinschaftung der Sachbereiche Freier Personenverkehr, Asylrecht und Einwanderung sowie Überführung der Schengen Besitzstands auf EU-Ebene, EuR, 1998, 583; *Europäische Kommission,* 6. Bericht über die wirtschaftliche und soziale Situation in den Regionen der EU, 1999; *Schnellenbach,* Einige Bemerkungen zur Frauenförderung, NWVBl 1998, 417; *Burmeister,* Quoten Querelen auf verschlungenen Prozeßpfaden, NWVBl 1998, 419; *Reermann,* 30 Jahre Freizügigkeit in Europa – Perspektiven, Probleme und Defizite bei der Umsetzung des EG-Freizügigkeitsrechts in Deutschland, ZFSH/SGB 1998, 515; *Röthel,* Beweislast und Geschlechterdiskriminierung, NJur 1999, 61; Internationales Arbeitsamt, Weltarbeitsbericht 1997/98, Arbeitsbeziehungen, Demokratie und soziale Stabilität.

Vorbemerkung zu Art. 136–145 (ex-Art. 117–122)

Die Sozialvorschriften definieren den **Begriff der Sozialpolitik**, der in den **1** Mitgliedstaaten unterschiedliche Bedeutung hat, nicht. Aufgabe der Sozialpolitik ist es nach dem EGV nicht nur, wie es bereits in der Präambel heißt, „die stetige Besserung der Lebens- und Beschäftigungsbedingungen" als wesentliches Ziel anzustreben und nach Art. 2 „*...ein hohes Beschäfti-*

gungsniveau, ein hohes Maß an sozialem Schutz, die Gleichstellung von Männern und Frauen, die Hebung der Lebenshaltung und der Lebensqualität, den wirtschaftlichen und sozialen Zusammenhalt und die Solidarität zwischen den Mitgliedstaaten zu fördern", sondern auch zur Erreichung der weitergefaßten Ziele der EU beizutragen. Dazu gehören auch die Stärkung der Wettbewerbsfähigkeit der Industrie der EG nach Art. 2 und die Verwirklichung der in Art. 2 festgelegten Ziele der EG, wie die Errichtung des Binnenmarktes und der WWU, deren Verwirklichung die Rahmenbedingungen der Sozialpolitik nachhaltig verändert, weil der Wechselkurs als Anpassungsinstrument unterschiedlicher Entwicklungen der nationalen Volkswirtschaften mit der Einführung des Euro entfällt.

2   Der **Vertrag von Amsterdam** erweitert deshalb die Ziele der Sozialpolitik und die Handlungsbefugnisse der EG, nachdem in Maastricht noch nicht alle Mitgliedstaaten zu den auf Grund der WWU notwendigen sozialpolitischen Anpassungen des EGV bereit waren. Zwar verpflichtete der Vertrag von Maastricht die Währungspolitik und ESZB in Art. 105 (ex-Art. 105) Abs. 1 zur Verwirklichung der sozialen Ziele in Art. 2 beizutragen, jedoch waren diese weder als Konvergenzziel benannt noch waren der EG die zur Verwirklichung der Vertragsziele notwendigen sozialpolitischen Handlungsbefugnisse übertragen worden, sondern der EGV beschränkte sich in Art. 3. lit i darauf, die Sozialpolitik erstmals zu einer der Tätigkeiten der EG zu machen, ohne diese jedoch durch entsprechende Kompetenzen auszufüllen. Demgegenüber sichert der Vertrag von Amsterdam nicht nur in Art. 105 (ex-Art. 105) das zwischen den monetären und den haushaltspolitischen Indikatoren der Währungsunion sowie dem Beschäftigungsniveau und dem sozialen Schutz vorausgesetzte Gleichgewicht, sondern **erweitert auch die Ziele und sozialpolitischen Handlungs- und Rechtsetzungsbefugnisse** der EG.

3   Dazu werden die bisher im **Abkommen über die Sozialpolitik** enthaltenen Regelungen in die Sozialvorschriften des EGV (Art. 136 [ex-Art. 117] – 145 [ex-Art. 122]) eingefügt und weiterentwickelt. Der Vertrag stellt dadurch sicher, daß die Regelungen des in Maastricht 1991 beschlossenen, dem Vertrag beigefügten Abkommens, das bisher im Vereinigten Königreich Großbritannien und Nordirland keine Geltung beanspruchte, jetzt auf alle Mitgliedstaaten anwendbar ist, nachdem noch vor Inkrafttreten des Vertrages von Amsterdam der Geltungsbereich aller bisher auf der Grundlage des Abkommens angenommen Richtlinien (Europäische Betriebsräte, Beweislast, Erziehungsurlaub, Teilzeit) durch auf Art. 94 (ex-Art. 100) gestützte Richtlinien auf das Vereinigte Königreich von Großbritannien und Nordirland ausgedehnt wurden.

Zukünftig ist somit wieder eine **einheitliche**, alle Mitgliedstaaten umfas-   **4**
sende **europäische Sozialpolitik möglich**. Die Sozialvorschriften begründen weitergehende Befugnisse der EG im sozialpolitischen Bereich als der
bisherige Vertrag, wonach die Sozialpolitik Sache der Mitgliedstaaten war,
während die EG jetzt befugt ist, die Tätigkeit der Mitgliedstaaten zu **unterstützen** und zu **ergänzen**. Damit wird die Sozialpolitik von einer **nationalen Zuständigkeit** zu einer **gemischten Zuständigkeit**.

Der EGV gibt dem Rat das Recht, im **Mitentscheidungsverfahren**   **5**
(Art. 251, ex-Art. 189b) verbindliche **Mindeststandards** im Bereich des
Arbeitsschutzes, der **Arbeitsbedingungen**, der **Unterrichtung und An-
hörung der Arbeitnehmer**, der **beruflichen Eingliederung der aus dem
Arbeitsmarkt ausgegrenzten Personen** und der **Chancengleichheit von
Männern und Frauen auf dem Arbeitsmarkt** festzulegen, wohingegen es
in finanzwirksamen und besonders sensiblen Bereichen wie der **Sozialen
Sicherheit**, dem **Kündigungsschutz**, der **Mitbestimmung**, den **Beschäftigungsbedingungen der Drittstaatsangehörigen** sowie der **Beschäfti-
gungsförderung bei der Einstimmigkeit** verbleibt. Weitergehende Befugnisse erhält die EG auch zur Bekämpfung **sozialer Ausgrenzung** und zur
**Sicherstellung der Anwendung des Grundsatzes der Chancengleichheit
und der Gleichbehandlung von Männern und Frauen am Arbeitsplatz**
einschließlich des Grundsatzes des gleichen Entgelts bei gleicher oder
gleichwertiger Arbeit, und der EGV macht in Art. 2 die Gleichstellung von
Männern und Frauen zur **Aufgabe** der EG, die nach Art. 3 Abs. 2 auch die
Sozialpolitik **verpflichtet**, darauf hinzuwirken, Ungleichheiten zu beseitigen und die **Gleichstellung** von Männern und Frauen zu **fördern**. Auch
werden die Rechte der Sozialpartner im Rahmen des **sozialen Dialogs** erweitert.

In der Präambel bringt der EUV nunmehr durch den Hinweis auf die **Eu-**   **6**
ropäische Sozialcharta und die **Gemeinschaftscharta** der **sozialen
Grundrechte der Arbeitnehmer** zum Ausdruck, daß die EG die Vertragsziele im Rahmen der in Bezug genommenen **sozialen Grundrechte** verfolgt und betont dies noch einmal ausdrücklich in den Sozialvorschriften
für deren Anwendungsbereich. Diese Grundrechte können zur Bekämpfung
von Diskriminierungen aus Gründen des Geschlechts, der Rasse, der ethnischen Herkunft, der Religion oder Weltanschauung, der Behinderung, des
Alters oder sexuellen Ausrichtung durch geeignete Vorkehrungen des Rates
nach Art. 13 (ex-Art. 6a) konkretisiert werden, während bisher der Art. 6
a.F. (jetzt Art. 12) nur das Verbot der Diskriminierung aus Gründen der
Staatsangehörigkeit vorsah, der zusammen mit der Unionsbürgerschaft aus
Art. 17–22 (ex-Art. 8–8e) im Anwendungsbereich des EGV auch für die so-

zialen Rechte der Unionsbürger von Bedeutung ist (EuGH, C-85/69, Sala/Freistaat Bayern, Slg. 1998, I–2691).

7 Die EG-Sozialpolitik wird damit nicht nur durch die Weiterentwicklung der Sozialvorschriften, sondern auch durch **Änderungen anderer EG-Politiken** im EGV gestärkt. Dies gilt in besonderem Maße für die **Vorschriften zur Beschäftigung**, die die Mitwirkung an der Förderung eines „hohen Beschäftigungsniveaus" nach Art. 2 (ex-Art. B) EUV zu den Zielen der EU und nach Art. 2 und 3 lit i EGV zu den Aufgaben und Tätigkeitsbereichen der EG machen. Um dieses Ziel zu erreichen räumt der neu aufgenommene Titel „Beschäftigung" der EG zur Ergänzung der wirtschaftspolitischen Koordinierung Handlungsbefugnisse zur Konvergenz beschäftigungsrelevanter Politikbereiche ein und verpflichtet in Art. 127 (ex-Art. 109p) Abs. 2 auch die Sozialpolitik auf das Beschäftigungsziel des EGV und macht dieses nach den Schlußfolgerungen des Europäischen Rates von Wien zur **„Grundlage des europäischen Sozialmodells"** (Ziff. 26).

8 Die im Rahmen der wirtschafts- und beschäftigungspolitischen Koordinierung vom Rat jährlich verabschiedeten **Grundzüge der Wirtschaftspolitik** nach Art. 99 (ex-Art. 103) Abs. 2 UAbs. 3 werden daher gemeinsam mit den beschäftigungspolitischen Leitlinien nach Art. 123 (ex-Art. 109 q) Abs. 2 die Zukunft des Sozialstaates in der WWU mitbestimmen.

Art. 136 (ex-Art. 117) (Verbesserungen der Lebens- und Arbeitsbedingungen)

Die Gemeinschaft und die Mitgliedstaaten verfolgen eingedenk der sozialen Grundrechte, wie sie in der am 18. Oktober 1961 in Turin unterzeichneten Europäischen Sozialcharta und in der Gemeinschaftscharta der sozialen Grundrechte der Arbeitnehmer von 1989 festgelegt sind, folgender Ziele: die Förderung der Beschäftigung, die Verbesserung der Lebens- und Arbeitsbedingungen, um dadurch auf dem Wege des Fortschritts ihre Angleichung zu ermöglichen, einen angemessenen sozialen Schutz, den sozialen Dialog, die Entwicklung des Arbeitskräftepotentials im Hinblick auf ein dauerhaft hohes Beschäftigungsniveau und die Bekämpfung von Ausgrenzungen.

Zu diesem Zweck führen die Gemeinschaft und die Mitgliedstaaten Maßnahmen durch, die der Vielfalt der einzelstaatlichen Gepflogenheiten, insbesondere in den vertraglichen Beziehungen, sowie der Notwendigkeit, die Wettbewerbsfähigkeit der Wirtschaft der Gemeinschaft zu erhalten, Rechnung tragen.

Sie sind der Auffassung, daß sich eine solche Entwicklung sowohl aus dem eine Abstimmung der Sozialordnungen begünstigenden Wirken des Gemeinsamen Marktes als auch aus den in diesem Vertrag vorgesehenen Verfahren sowie aus der Angleichung ihrer Rechts- und Verwaltungsvorschriften ergeben wird.

I. Ziele und Grundlagen

Art. 136 übernimmt Art. 1 des Abkommens über die Sozialpolitik sowie **1** den zweiten Unterabsatz des bisherigen Art. 117. **Abs. 1** knüpft an die Ziele der Präambel und der Aufgabenbestimmung des Art. 2 an, geht aber inhaltlich darüber hinaus, indem die Ziele einerseits ausgeweitet und andererseits ausdrücklich als solche der EG und der Mitgliedstaaten bezeichnet werden. Während der alte **Programmsatz** in Art. 117 bisher nur die **Verbesserung der Lebens- und Arbeitsbedingungen** der **Arbeitskräfte** im Gemeinsamen Markt vorsah will der Vertrag jetzt die Verbesserung der Lebens- und Arbeitsbedingungen **aller Unionsbürger** verfolgen und legt weitergehende Ziele im Einklang mit der Europäischen Sozialcharta und der Gemeinschaftscharta der sozialen Grundrechte der Arbeitnehmer und zwar **die Förderung der Beschäftigung und Entwicklung des Arbeitskräftepotentials, einen angemessenen sozialen Schutz,** den **sozialen Dialog** und die **Bekämpfung von Ausgrenzungen** fest. Adressat der EG-Sozialpolitik wird damit erstmals der Unionsbürger, und zwar selbst dann, wenn er nicht Arbeitnehmer ist. Möglich wird damit eine eigenständige Sozialpolitik, deren Handlungsbefugnisse nicht mehr allein den Erfordernissen des Gemeinsamen Marktes und dem Wirtschaftsrecht unterworfen sind.

Abs. 2 legt fest, daß die zur Zielerreichung von der EG und den Mitglied- **2** staaten durchgeführten Maßnahmen den einzelstaatlichen Gepflogenheiten, insbesondere in den vertraglichen Beziehungen der Tarifparteien, sowie der Notwendigkeit, die Wettbewerbsfähigkeit der Wirtschaft der EG zu erhalten, Rechnung tragen. Der Anwendungsbereich der EG-Sozialpolitik wird damit sowohl durch das **Subsidiaritätsprinzip,** als auch den Erhalt der **Wettbewerbsfähigkeit** begrenzt. Gleichzeitig macht die Begrenzung der Sozialpolitik durch den Erhalt der Wettbewerbsfähigkeit der Wirtschaft deutlich, daß nach dem EGV die Aufgabe der Sozialpolitik nicht nur darin besteht, marktbedingte Fehlentwicklungen auszugleichen, sondern ihr auch eine aktive Rolle bei der Förderung der Wirtschaftsentwicklung und nach Art. 127 (ex-Art. 109p) Abs. 2 der **Beschäftigung** zukommt. Aufgrund der in Art. 2 (ex-Art. B) EUV der Union gesetzten Ziele, die die Gleichrangigkeit des Fortschritts sowohl im wirtschaftlichen, als auch im sozialen Be-

reich hervorheben, ist die Sozialpolitik jedoch trotz ihrer Begrenzung durch
die Wettbewerbsfähigkeit nicht Hindernis, sondern Voraussetzung für ein
erfolgreiches Wirtschaftssystem. Der Anwendungsbereich der Vorschrift
umfaßt auch Arbeitskräfte aus Drittstaaten im Gemeinsamen Markt (vgl.
Currall/Pipkorn, in GTE Art. 117 Rn. 19), soweit es um deren Beteiligung
am sozialen Fortschritt oder um Störungen des Arbeitsmarktes geht, die
sich auf die Freizügigkeit der EG Wanderarbeitnehmer auswirken.

3 **Abs.** 3 dokumentiert den Kompromiß zwischen den unterschiedlichen Auffassungen der Gründerstaaten über die Wettbewerbsneutralität der sozialen
Kosten und der Gefahr des „**sozialen Dumpings**" durch das Wirken des
Gemeinsamen Marktes oder durch Harmonisierung der sozialen Standards
entgegenzuwirken. Trotz des unveränderten Wortlauts wird jedoch mehr als
bei Gründung der EG auf die Sozialintervention durch die EG abgestellt, denn bei der Gründung der EG wurden die unterschiedlichen Konzeptionen der Sozialintegration nur deshalb als gleichwertig in den Vertrag
aufgenommen, weil die Vertragsparteien davon ausgingen, daß die Sozial-
kosten zusammen mit den direkten Steuern zu den globalen Kostenbela-
stungen der einzelnen Volkswirtschaften führen, deren Unterschied im allgemeinen den Wettbewerb deshalb nicht verfälschten, weil sie in der Regel
durch die allgemeinen Außenhandelsbeziehungen insbesondere aber den
Wechselkurs ausgeglichen wurden. Dies trifft jedoch mit der Einführung
des Euro nicht mehr zu (vgl. dazu *Coen,* in Bleckmann, S. 902 Rn. 2546ff.).

II. Zuständigkeiten der EG und der Mitgliedstaaten

4 Art. 136 begründet keine Zuständigkeit der EG, sondern beläßt die Zuständigkeit wie der Art. 117 a.F. grundsätzlich bei den Mitgliedstaaten, macht
jedoch die benannten Ziele zu einer gemeinsamen Aufgabe von EG und
Mitgliedstaaten und führt so zu einer **gemischten Zuständigkeit**. Die
Rechtsgrundlagen für ein Tätigwerden der EG sind in den Kompetenznormen des EGV zu suchen, die mit dem Vertrag von Amsterdam im Bereich
der Sozialpolitik so ausgeweitet wurden, daß sich die Tätigkeit der EG im
Bereich der Sozialpolitik nicht weiterhin im wesentlichen darauf beschränken muß, eine enge Zusammenarbeit zwischen den Mitgliedstaaten zu fördern, sondern zur Verwirklichung der sozialpolitischen Vertragsziele die
Tätigkeiten der Mitgliedstaaten auch **unterstützt** und **ergänzt**.

5 Art. 136 hat, wie schon Art. 117 a.F. im wesentlichen **programmatischen
Charakter** (EuGH, Rs. 149/77, Defrenne/Sabena (III), Slg. 1978, 1365
(1378)) und begründet insbesondere keine Rechte des Einzelnen (vgl. *Cur-
rall/Pipkorn,* in GTE, Art. 117 Rn.29). Dies bedeutet aber nicht, daß die in

dieser Bestimmung aufgezählten Ziele keinerlei Rechtswirkung entfalten. Sie stellen nämlich wichtige **Anhaltspunkte für die Auslegung** anderer Vorschriften des EGV und des sekundären Gemeinschaftsrechts im Sozialbereich dar (vgl. *Zuleeg,* EuGRZ 92, 329). Dies gilt um so mehr, als Art. 136 die **Europäische Sozialcharta** und die **Gemeinschaftcharta der sozialen Grundrechte** der Arbeitnehmer von 1989 ausdrücklich zum Referenzrahmen der EG Sozialpolitik macht, die damit im Wege der Auslegung, den Inhalt und die Grenzen des gemeinschaftlichen Arbeits- und Sozialrechts in Zukunft mitbestimmen. Während insoweit der Gemeinschaftcharta der sozialen Grundrechte der Arbeitnehmer von 1989 als politische Absichtserklärung weniger rechtliche Bedeutung zukommt, verleiht die Europäische Sozialcharta, die die Europäische Menschenrechtskonvention von 1950 ergänzt, den Bürgern der vertragsschließenden Staaten soziale und ökonomische Grundrechte. Durch den ausdrücklichen Hinweis auf die sozialen Grundrechte, wie sie in der am 18. Oktober 1961 unterzeichneten Europäischen Sozialcharta festgelegt sind, kann hingegen die revidierte Charta von 1996 bzw. das zur Unterzeichnung eröffnete Ergänzungs- (1991) oder Zusatzprotokoll (1998) nicht als Auslegungshilfe herangezogen werden. Die Verwirklichung der Ziele nach Art. 136 muß jedoch das Ergebnis einer Sozialpolitik sein, deren Festlegung, wie schon im Rahmen des Art. 117 a.F. auch in Zukunft Sache der zuständigen Stellen ist (EuGH, Rs. 126/86, Giménez Zaera/Instituto Nacional de la Seguridad Social, Slg. 1987, 3697, 3716; C-72 und 73/91, Sloman Neptun Schiffahrts AG/Seebetriebsrat Bodo Ziesemer; Slg. 1993, I–887). Eine **Sperrwirkung gegenüber nationalen Maßnahmen**, die zu einer Absenkung des Niveaus von Sozialleistungen führen, kann daher aus Art. 136 wie schon aus dem Art. 117 a.F. **nicht abgeleitet werden.**

III. Verfahren

Der in **Abs. 1** manifestierte Wille der Mitgliedstaaten, vor dem Hintergrund der sozialen Grundrechte auf eine Verbesserung der Lebens- und Arbeitsbedingungen der Unionsbürger hinzuwirken, verfolgt das Ziel der **Angleichung im Wege des Fortschritts. Abs. 3** nennt **drei Verfahren**, die die Angleichung bewirken sollen: **6**

- das Wirken des Gemeinsamen Marktes,
- die im EGV vorgesehenen Verfahren (z.B. Art. 13 (ex-Art. 6a); Art. 39 (ex-Art. 48) bis Art. 42 (ex-Art. 51), Art. 137 (ex-Art. 118) sowie
- die Angleichung der Rechts- und Verwaltungsvorschriften (Art. 94 [ex-Art. 100] – 97 [ex-Art. 102]). Die in Abs. 1 „Angleichung auf dem Weg

des Fortschritts" und „Entwicklung" verwendeten Begriffe unterstreichen den dynamischen Charakter des Angleichungsprozesses.

Art. 137 (ex-Art. 118) (Zusammenarbeit in sozialen Fragen)

**(1) Zur Verwirklichung der Ziele des Art. 136 unterstützt und ergänzt
die Gemeinschaft die Tätigkeit der Mitgliedstaaten auf folgenden Gebieten:**

– **Verbesserung insbesondere der Arbeitsumwelt zum Schutz der Ge-
  sundheit und der Sicherheit der Arbeitnehmer,**
– **Arbeitsbedingungen,**
– **Unterrichtung und Anhörung der Arbeitnehmer,**
– **berufliche Eingliederung der aus dem Arbeitsmarkt ausgegrenzten
  Personen, unbeschadet des Art. 150,**
– **Chancengleichheit von Männern und Frauen auf dem Arbeits-
  markt und Gleichbehandlung am Arbeitsplatz.**

**(2) Zu diesem Zweck kann der Rat unter Berücksichtigung der in den
einzelnen Mitgliedstaaten bestehenden Bedingungen und technischen
Regelungen durch Richtlinien Mindestvorschriften erlassen, die
schrittweise anzuwenden sind. Diese Richtlinien sollen keine verwaltungsmäßigen, finanziellen oder rechtlichen Auflagen vorschreiben, die
der Gründung und Entwicklung von kleinen und mittleren Unternehmen entgegenstehen.**

**Der Rat beschließt gemäß dem Verfahren des Art. 251 nach Anhörung
des Wirtschafts- und Sozialausschusses sowie des Ausschusses der Regionen.**

**Der Rat kann zur Bekämpfung sozialer Ausgrenzung gemäß diesem
Verfahren Maßnahmen annehmen, die dazu bestimmt sind, die Zusammenarbeit zwischen den Mitgliedstaaten durch Initiativen zu fördern, die die Verbesserung des Wissensstandes, die Entwicklung des
Austausches von Informationen und bewährten Verfahren, die Förderung innovativer Ansätze und die Bewertung von Erfahrungen zum
Ziel haben.**

**(3) In folgenden Bereichen beschließt der Rat dagegen einstimmig auf
Vorschlag der Kommission nach Anhörung des Europäischen Parlaments und des Wirtschafts- und Sozialausschusses sowie des Ausschusses der Regionen.**

– **soziale Sicherheit und sozialer Schutz der Arbeitnehmer,**
– **Schutz der Arbeitnehmer bei Beendigung des Arbeitsvertrags,**

– Vertretung und kollektive Wahrnehmung der Arbeitnehmer- und Arbeitgeberinteressen, einschließlich der Mitbestimmung, vorbehaltlich des Absatzes 6,

– Beschäftigungsbedingungen der Staatsangehörigen dritter Länder, die sich rechtmäßig im Gebiet der Gemeinschaft aufhalten,

– finanzielle Beiträge zur Förderung der Beschäftigung und zur Schaffung von Arbeitsplätzen, und zwar unbeschadet der Bestimmungen über den Sozialfonds.

(4) Ein Mitgliedstaat kann den Sozialpartnern auf deren gemeinsamen Antrag die Durchführung von auf Grund der Absätze 2 und 3 angenommenen Richtlinien übertragen.

In diesem Fall vergewissert sich der Mitgliedstaat, daß die Sozialpartner spätestens zu dem Zeitpunkt, zu dem eine Richtlinie nach Art. 249 umgesetzt sein muß, im Weg einer Vereinbarung die erforderlichen Vorkehrungen getroffen haben, dabei hat der Mitgliedstaat alle erforderlichen Maßnahmen zu treffen, um jederzeit gewährleisten zu können, daß die durch diese Richtlinie vorgeschriebenen Ergebnisse erzielt werden.

(5) Die auf Grund dieses Art. erlassenen Bestimmungen hindern die Mitgliedstaaten nicht daran, strengere Schutzmaßnahmen beizubehalten oder zu treffen, die mit diesem Vertrag vereinbar sind.

(6) Dieser Art. gilt nicht für das Arbeitsentgelt, das Koalitionsrecht, das Streikrecht sowie das Aussperrungsrecht.

Überblick

I. Ziel

1   Die Vorschrift entspricht Art. 2 des Abkommens über die Sozialpolitik und stärkt die Handlungsbefugnisse der Gemeinschaft zur Verwirklichung der Ziele des Art. 136 (ex-Art. 117).

2   Bereits der Wortlaut macht in Abs. 1 deutlich, daß keine umfassende Vergemeinschaftung der Sozialpolitik bezweckt wird sondern die **Gemeinschaft** die Tätigkeit der Mitgliedstaaten lediglich „**unterstützt**" und „**ergänzt**".

3   Wenn die Sozialpolitik damit auch gestärkt wird, ist auch nach dem Vertrag von Amsterdam davon auszugehen, daß die **Hauptverantwortung** für die Sozialpolitik in erster Linie **bei den Mitgliedstaaten** liegt: auch in der Wirtschafts- und Währungsunion bleibt der Sozialstaat damit national, wird allerdings mehr als zuvor von der Gemeinschaft unterstützt.

II. Rechtsetzungsbefugnis

4   Abs. 3 gibt dem Rat die Möglichkeit über den Bereich des Arbeitsschutzes hinaus, der auf der Grundlage des alten Art. 118a in Abs. 1 der Vorschrift integriert worden ist, trotz des unveränderten Art. 95 (ex-Art. 100a Abs. 2) Abs. 2 durch Richtlinien **Mindestvorschriften** auf dem Gebiet der **Arbeitsbedingungen** der **Unterrichtung und Anhörung der Arbeitnehmer, der Chancengleichheit von Männern und Frauen auf dem Arbeitsmarkt und die Gleichbehandlung am Arbeitsplatz** sowie der **beruflichen Eingliederung der aus dem Arbeitsmarkt ausgegrenzten Personen** mit **qualifizierter Mehrheit** (62 von 78 gewichteten Stimmen) im Verfahren der Mitentscheidung mit dem EP gemäß Art. 251 (ex-Art. 189b) zu beschließen, welche das bisher in Art. 2 des Sozialabkommens vorgesehene Zusammenarbeitsverfahren (Art. 252, ex-Art. 189c) mit dem EP ersetzt; außerdem ist jetzt eine Anhörung des AdR vorgesehen.

5   Abs. 2 orientiert sich an dem Art. 118a a.F.. Die auf Grund von Art. 137 verabschiedeten Maßnahmen können nur in der Rechtsform der **Richtlinie** ergehen und dürfen nur **Mindestvorschriften** festlegen. Mit der Vorschrift erhält die EG in den in Abs. 1 vorgesehenen Bereichen die Möglichkeit eine eigenständige Sozialpolitik zu betreiben, deren Rechtsetzungsbefugnisse nicht den Erfordernissen des Gemeinsamen Marktes/Binnenmarktes unterworfen sind. Bei Erlaß der Mindestvorschriften hat der Rat nicht nur die in den Mitgliedstaaten bestehenden Bedingungen und technischen Regelungen zu berücksichtigen, sondern nach Abs. 2 sollen die Mindestvorschriften auch **keine Auflagen** vorschreiben, die der Gründung und Entwicklung von **KMU** entgegenstehen. Wie schon in der Erklärung zum Art.

118a Abs. 2 a.F. bestand nach der von der Konferenz angenommenen Erklärung zu dieser Vorschrift Einverständnis darüber, daß die EG nicht beabsichtigt, Arbeitnehmer in KMU bei der Festlegung von Mindestvorschriften zum Schutz der Sicherheit und Gesundheit in sachlich nicht begründeter Weise schlechter zu stellen. Angesichts der weiten Fassung dieser Bestimmung und der Unbestimmtheit der hieraus abzuleitenden Pflichten kann die Vorschrift allein als **Programmsatz** verstanden werden (*Langenfeld/Jansen,* in Grabitz/Hilf, Art. 118a Rn. 11), dessen rechtliche Konkretisierung dem Gemeinschaftsgesetzgeber obliegt (vgl. auch EuGH, C-189/91, Kirsammer-Hack/Nurhan Sidal, Slg. 1993, I–6185, 6223, Rn. 34).

III. Mindestvorschriften

Das Konzept der **Mindestvorschriften** entspricht dem Grundsatz der Subsidiarität nach Art. 5 (ex-Art. 3b). Durch die Handlungsform der RL, die den Mitgliedstaaten das zu erreichende Ziel verbindlich vorgibt, den innerstaatlichen Stellen jedoch die Wahl der Form und der Mittel überläßt, wurde das mildere und den Mitgliedstaat weniger als die in all ihren Teilen verbindliche und unmittelbar geltende VO belastende Mittel gewählt. Dadurch wird dem Mitgliedstaat ein Freiraum eröffnet, um die gemeinschaftliche Mindestregelung mit dem in ihrer Verantwortung verbliebenen Zuständigkeitsbereich angemessen abzustimmen (vgl. *Pipkorn,* in GTE, Art. 118a Rn. 34). Das Konzept der Mindestnormen darf nicht mit einer Harmonisierung auf dem niedrigsten Niveau verwechselt werden, da **Mindestvorschriften keine Minimalvorschriften** sind, sondern solche, die günstigere Regelungen erlauben, ohne sich notwendig auf dem kleinsten gemeinsamen Nenner zu bewegen (EuGH, C-84/94, Vereinigtes Königreich/Rat, Slg. 1996, I–5755, Rn. 42). **6**

Beim Erlaß von Mindestvorschriften hat der Rat nach Abs. 2 Satz 1 die in den einzelnen Mitgliedstaaten bestehenden Bedingungen und **technischen Regelungen zu berücksichtigen**. Durch dieses Erfordernis soll der Überforderung wirtschaftlich schwächerer Mitgliedstaaten oder Regionen vorgebeugt werden. Durch Übergangszeiten sollen diese „schrittweise an das gemeinschaftsweit geltende Mindestschutzniveau herangeführt" werden. Dies könnte, wie schon bei der deutschen Einheit, vor allem bei der Osterweiterung eine Rolle spielen. **7**

IV. Sicherheit und Gesundheit

Der **persönliche Anwendungsbereich** der Vorschrift umfaßt alle Arbeitnehmer, die in der EG beschäftigt sind, gleichgültig welche Staatsangehörigkeit sie besitzen. Aus dem Charakter der Bestimmung als soziales **8**

Grundrecht (vgl. *Pipkorn,* in GTE, Art. 118a Rn. 8 u. 17) folgt, daß sie auf Arbeitnehmer des öffentlichen ebenso wie den privaten Sektors Anwendung findet und auch nicht nach einer Beschäftigung als Arbeiter, Angestellter oder Beamter unterschieden wird. Besondere Bedeutung gewinnen Mindestvorschriften zum Schutz der Gesundheit und der Sicherheit nach Abs. 2 für besonders schutzbedürftige Arbeitnehmergruppen, z.b. Jugendliche, weibliche Arbeitnehmer, Arbeitnehmer mit befristeten Arbeitsverträgen, Leiharbeitnehmer, Teilzeitbeschäftigte, Saisonarbeitnehmer und Arbeitnehmer von Berufsgruppen, die besonderen berufsbedingten Gefahren ausgesetzt sind, so daß die EG gerade zu ihrem Schutz in der Vergangenheit tätig geworden ist (vgl. Rn. 13).

9   Der Begriff der „**Arbeitsumwelt**" stammt aus dem skandinavischen Arbeitsschutzrecht und geht auf einen dänischen Vorschlag zurück (vgl. dazu *Coen,* in Bleckman, S. 832 Rn. 2500). Der Begriff nimmt also einerseits die bereits in Art. 140 (ex-Art. 118c 5. Spiegelstrich) enthaltenen Ziele der Verhütung von Berufsunfällen und Berufskrankheiten sowie des Gesundheitsschutzes bei der Arbeit mit den Begriffen „Sicherheit und Gesundheit" auf, geht aber andererseits darüber hinaus. Der **Begriff der „Arbeitsumwelt"** reduziert sich danach keineswegs auf Arbeitsschutz und Hygiene im engeren Sinne, wie z.B. Anforderungen an Arbeitsstätten, den Schutz vor gefährlichen Stoffen oder arbeitsbezogene Verhaltensvorschriften für Arbeitgeber und Beschäftigte. Arbeitsschutz umfaßt auch Elemente etwa der Arbeitsorganisation, insbesondere auch der humanen Gestaltung des Arbeitsablaufs und der Mitwirkungs- und Informationsrechte der Arbeitnehmer über Fragen der Sicherheit und des Gesundheitsschutzes am Arbeitsplatz. Nach Ansicht des EuGH (C-84/94, Vereinigtes Königreicht/Rat, Slg. 1996, I–5755, Rn. 15) spricht nicht für eine enge Auslegung, maßgebend ist vielmehr der Gesundheitsbegriff der Präambel der Weltgesundheitsorganisation, wonach Gesundheit ein Zustand vollkommenen Wohlbefindens in physischer, mentaler und sozialer Hinsicht ist. Es ergibt sich somit ein **breiter Anwendungsbereich** der Vorschrift, der auch den sozialen Arbeitsschutz umfaßt und auch die Arbeitsbedingungen gestalten kann, solange der zentrale Regelungsinhalt den Arbeitsschutz betrifft.

10   Besondere Schwierigkeiten bereitete in der Praxis das **Verhältnis des Art. 118a a.F. zu Art. 95 (ex-Art. 100a).** Auch im Rahmen der auf Art. 100a gestützten Binnenmarktrichtlinien werden immer wieder arbeitsschutzrelevante Maßnahmen der Rechtsangleichung getroffen. Die Herstellung des freien Warenverkehrs macht es erforderlich, einheitliche Voraussetzungen für die Markteinführung von Maschinen und Geräten ebenso wie von gefährlichen Stoffen festzulegen. Eine nicht geringe Zahl von verab-

schiedeten Binnenmarktrichtlinien trifft daher abschließende Regelungen für die Sicherheit von technischen Arbeitsmitteln und Arbeitsstoffen (z.b. Gefahrenstoffe, elektrische Betriebsmittel und -geräte, Druckbehälter, Maschinen und sonstige technische Arbeitsmittel). Das Schutzniveau der Binnenmarktrichtlinie darf durch die Mitgliedstaaten nicht verschärft werden (vgl. *Rohndorf/Wittrock,* BArbBl. 12/1992, 8).

Es ist daher fraglich, ob Mindestvorschriften in auf **Abs. 2** gestützten RLen   **11** oder nationale Vorschriften, die nach **Abs.** 5 ein verstärktes Schutzniveau beibehalten oder einführen, strengere Vorschriften zum Gesundheitsschutz der Arbeitnehmer bei der Arbeit treffen können als zum Zwecke der Vermarktung erlassene Regelungen der auf Art. 95 (ex-Art. 100a) gestützten Richtlinien. Wie bereits der 118a a.F. steht Abs. 2 dabei zu Art. 95 (ex-Art. 100a) im **Verhältnis einer funktionalen Spezialität.** Während beide Vorschriften im Verhältnis zu der Generalklausel zur Rechtsangleichung des Art. 94 (ex-Art. 100) legis specialis sind (vgl. *Langenfeld/Jansen,* in Grabitz/Hilf, Art. 118a Rz. 13) stehen Art. 95 (ex-Art. 100a) Abs. 2 durch Art. 14 (ex-Art. 7a) in Beziehung zueinander. Nach Art. 14 (ex-Art. 7a) trifft die EG die erforderlichen Maßnahmen nach Art. 95 (ex-Art. 100a), um den Binnenmarkt zu verwirklichen, „unbeschadet der sonstigen Bestimmungen" des EGV. Zu diesen Bestimmungen zählt auch Art. 138 (ex-Art. 118a), dem eine wichtige Rolle bei der Verwirklichung der sozialen Dimension des Binnenmarktes zukommt.

Sofern die auf **Abs. 2** gestützten **Arbeitsschutzrichtlinien** andere, weiter-   **12** gehende Ziele verfolgen als die produktorientierten Marktrichtlinien gemäß Art. 95 (ex-Art. 100a), stoßen letztere an ihre funktionale Grenze. Während dem Wortlaut des Art. 95 (ex-Art. 100a) Abs. 3 zufolge sich der Schutz der Gesundheit und Sicherheit auf die öffentliche Gesundheit im Sinne der Gesundheit der Allgemeinheit und auf die Verbraucher erstreckt, trägt Abs. 2 durch eine eigene Regelung den Gefahren, den die Arbeitnehmer bei der Arbeit ausgesetzt sind und den vielen Besonderheiten der Arbeitsumwelt neben der Vorschrift zur Verwirklichung des Binnenmarktes Rechnung. Hätten die Mindestvorschriften nach Abs. 2 das gleiche Schutzniveau wie Art. 95 (ex-Art. 100a) Abs. 3 zum Ziel, hätten die Vertragsparteien des EGV und des Vertrages von Amsterdam auf die Verabschiedung der Sonderregelungen zum Arbeitsschutz gemäß Art. 138 (ex-Art. 118a) und Abs. 2 verzichten können. Zu Recht hatten die Vertragsparteien demgegenüber wegen des erhöhten Risikos aufgrund der beruflichen Nutzung einer Handelsware den Arbeitnehmern einen höheren Gesundheitsschutz zugestehen wollen als dem Endverbraucher, der in aller Regel nur einen Gebrauch der Ware im privaten Bereich vorsieht.

13 Im **Bereich des Arbeitsschutzes** ist **Abs. 2** somit **neben Art. 95** (ex-Art. 100a) **anwendbar**. Dies bedeutet, daß für Zwecke des Arbeitsschutzes eine strengere Einstufung von Stoffen und Zubereitungen durch Gemeinschaftsrichtlinien nach Abs. 2 oder durch die Mitgliedsstaaten nach Abs. 5 erfolgen darf, als dies nach den auf Art. 95 (ex-Art. 100a) gestützten Vermarktungsrichtlinien der Fall ist.

14 Die Wahl der gemeinschaftlichen Rechtsgrundlage sollte sich nach der **Schwerpunkttheorie** richten, d.h. eine RL soll immer dann auf Abs. 2 gestützt werden, wenn arbeitsschutzrechtliche Erwägungen den Hauptzweck der Regelung bilden. Die Festlegung von Höchstarbeitszeit, Nacht- oder Schichtarbeit aus sicherheits- und gesundheitsbezogenen Erwägungen auf der Grundlage von Abs. 2 ist damit zulässig, solange das wesentliche Ziel in der Verbesserung der Sicherheit und Gesundheit der Arbeitnehmer besteht und nicht als **arbeitsmarktpolitisches** Instrument aufgefaßt werden muß. Der Versuch des Vereinigten Königreichs die Richtlinie 93/104/EG des Rates über bestimmte Aspekte der Arbeitszeitgestaltung (Rn. 20) vor dem EuGH anzugreifen, da sie zu Unrecht auf den bisherigen 118a gestützt worden sei, konnte daher im wesentlichen keinen Erfolg haben (EuGH, C-84/94, Vereinigtes Königreich/Rat, Slg. 1996, I–5755). Allerdings hat der Rat nach Auffassung des EuGH nicht dargetan, warum der Sonntag (Art. 5 Abs. 2 der RL) als wöchentlicher Ruhetag im engeren Zusammenhang mit der Gesundheit und Sicherheit der Arbeitnehmer stehe als ein anderer Wochentag. Art. 5 Abs. 2 der RL wurde deshalb für nichtig erklärt.

V. Arbeitsschutzrichtlinien in der Praxis

15 Bereits vor Inkrafttreten der EEA hat die EG **RLen** im Bereich des **Arbeitsschutzes** verabschiedet, die auf dem Art. 100 a.F. (jetzt Art. 94), zum Teil in Verbindung mit dem Art. 235 a.F. (jetzt Art. 308) gestützt wurden und deshalb **nur einstimmig** angenommen werden konnten.

16 Zu einer größeren Dynamik im Bereich des Arbeitsschutzes hat jedoch erst der durch die EEA eingeführte Art. 118a (jetzt Art. 138), der nicht nur die Kompetenzen der EG im Bereich des Arbeitsschutzes erweitert hat, sondern auch bestimmt hat, daß die im Bereich des Arbeitsschutzes zu erlassenden RLen mit **qualifizierter Mehrheit** verabschiedet werden konnten. Die auf den Art. 118a gestützten RLen zur Verbesserung des betrieblichen Arbeitsschutzes betreffen die Bereiche **technischer Arbeitsschutz, Gefahrstoffrecht** und **sozialer Arbeitsschutz**.

17 Im Bereich des **technischen Arbeitsschutzes** (vgl. dazu *Wank*, EAS, B 6000) ist die **RL 89/391/EWG** des Rates über die Durchführung von Maßnahmen zur Verbesserung der Sicherheit und des Gesundheitsschutzes am Arbeitsplatz vom 12.06.1989 (ABl. L 183/1) besonders hervorzuheben. Sie ist als **Rahmenrichtlinie** (vgl. dazu *Kohte,* EAS, B 6100) konzipiert und gilt von ihrer Bedeutung her als „**Grundgesetz des Europäischen Arbeitsschutzes**" (vgl. *Rohndorf/Wittrock* BArbBl. 12/1992, 8). Sie regelt die grundlegenden Pflichten von Arbeitgebern und Beschäftigten im betrieblichen Arbeitsschutz und geht von einem weiten Arbeitsschutzbegriff aus, der alle Maßnahmen umfaßt, die dazu beitragen, Leben und Gesundheit der Arbeitnehmer zu schützen, ihre Arbeitskraft zu erhalten und die Arbeit menschengerecht zu gestalten. Die Umsetzung der Arbeitsschutz-Rahmenrichtlinie und der sie ergänzenden Einzelrichtlinien hat dazu geführt, daß die grundlegenden Regelungen zum Gesundheitsschutz der Arbeitnehmer, die in Deutschland bis dahin in verschiedenen Vorschriften enthalten waren, in einem Gesetz mit umfassenden Geltungsbereich, dem **Arbeitsschutzgesetz** (ArbSchG. vom 7. August 1996, BGBl. I S. 1246, zuletzt geändert durch Art. 18 des Gesetzes vom 16. Dezember 1997, BGBl. I S. 2970) festgelegt wurden. Dadurch wurde in Deutschland erstmals im betrieblichen Arbeitsschutz ein einheitliches Recht für die gewerbliche Wirtschaft und den öffentlichen Dienst geschaffen (vgl. *Wlotzke,* NZA 1996, 1017; *Konstanty,* SozSich 1996, 361), welches noch durch auf das Gesetz gestützte Verordnungen ergänzt wurde.

Nach Verabschiedung der Arbeitsschutzrahmenrichtlinie hat der Rat nach **18** Art. 16 der RL **Einzelrichtlinien** (vgl. dazu *Börgmann,* EAS, B 6200) erlassen, von denen wegen ihrer Vielzahl **nur einige genannt** werden können:

– **RL 89/654 EWG** des Rates über Mindestvorschriften für Sicherheit und Gesundheitsschutz in Arbeitsstätten vom 30.11.1989 (ABl. L 393/1), die in Deutschland durch die **Arbeitsstättenverordnung** vom 20. März 1975 – zuletzt geändert durch Art. 4 der „Verordnung zur Umsetzung von EG-Einzelrichtlinien zur „EG-Rahmenrichtlinie Arbeitsschutz" vom 4. Dezember 1996 (BGBl. I S. 1841) umgesetzt wurde.

– **RL 89/655/EWG** des Rates über Mindestvorschriften für Sicherheit und Gesundheitsschutz bei Benutzung von Arbeitsmitteln durch Arbeitnehmer bei der Arbeit vom 30.11.1989 (ABl. L 393/13), die in Deutschland durch die **Arbeitsmittelbenutzungsverordnung** vom 11. März 1997 (BGBl. I S. 450) umgesetzt wurde.

– **RL 89/656/EWG** des Rates über Mindestvorschriften für Sicherheit und Gesundheitsschutz bei Benutzung persönlicher Schutzausrüstungen durch Arbeitnehmer bei der Arbeit vom 30.11.1989 (ABl. L 393/18), die in Deutschland durch die **Verordnung über Sicherheit und Gesundheitsschutz bei der Benutzung persönlicher Schutzaus-**

rüstungen **(PSA) bei der Arbeit** (Art. 1 der „Verordnung zur Umsetzung von EG Einzelrichtlinien zur EG Rahmenrichtlinie Arbeitsschutz" vom 4. Dezember 1996, (BGBl. I S. 1841) umgesetzt wurde.

–   **RL 90/269/EWG** des Rates über Mindestvorschriften bezüglich der Sicherheit und des Gesundheitsschutzes bei der manuellen Handhabung von Lasten, die für die Arbeitnehmer insbesondere eine Gefährdung der Lendenwirbelsäule mit sich bringt, vom 29.05.1990 (ABl. L 156/9), die in Deutschland durch die **Verordnung über Sicherheit und Gesundheitsschutz bei der manuellen Handhabung von Lasten bei der Arbeit** in Art. 2 der „Verordnung zur Umsetzung von EG-Einzelrichtlinien zur EG-Rahmenrichtlinie Arbeitsschutz" vom 4. Dezember 1996 (BGBl. I S. 1841) umgesetzt wurde.

–   **RL 90/270/EWG** des Rates über Mindestvorschriften bezüglich der Sicherheit und des Gesundheitsschutzes bei der Arbeit an Bildschirmgeräten vom 29.05.1990 (ABl. L 156/14), in Deutschland umgesetzt durch die **Verordnung über Sicherheit und Gesundheitsschutz bei der Arbeit an Bildschirmgeräten** in Art. 3 der „Verordnung zur Umsetzung von EG-Einzelrichtlinien zur EG-Rahmenrichtlinie Arbeitsschutz" vom 4. Dezember 1996 (BGBl. I S. 1841). Die Richtlinie gilt für **alle** Bildschirmarbeitsplätze und nicht etwa nur für solche, die von Arbeitnehmern besetzt werden, die gewöhnlich einen wesentlichen Teil ihrer Arbeitszeit am Bildschirm verbringen gelten (EuGH, C-74/95 und C-129/95, Strafverfahren gegen X, Slg. 1996, I–6609).

–   **RL 90/394/EWG** des Rates über den Schutz der Arbeitnehmer gegen Gefährdung durch Karzinogene bei der Arbeit vom 20.06.1990 (ABl. L 196/1), geändert durch RL des Rates zur **ersten** Änderung der RL 90/394/EWG über den Schutz der Arbeitnehmer gegen Gefährdung durch Karzinogene bei der Arbeit vom 27. Juni 1997 (ABl. L 179/4); Vorschlag der Kommission vom 18.03.1998 zur **zweiten** Änderung der RL (ABl. C 123/21).

–   **RL 90/679/EWG** des Rates über den Schutz der Arbeitnehmer gegen Gefährdung durch biologische Arbeitsstoffe bei der Arbeit vom 26.11.1990 (ABl. L 374/1), geändert durch RL Nr. 93/88/EWG vom 12.10.1993, (ABl. L 268/71) und RL 95/30/EG vom 30.06.1995 (ABl. L 155/41);

–   **RL 92/57/EWG** des Rates über die auf zeitlich begrenzten oder ortsveränderlichen Baustellen anzuwendenden Mindestvorschriften für die Sicherheit und den Gesundheitsschutz der Arbeitnehmer vom 24.06.1992 (ABl. L 245/6); umgesetzt durch **Gesetz zur Umsetzung der EG-Rahmenrichtlinie Arbeitsschutz** und weiterer **Arbeits-**

schutzrichtlinien (BGBl. I S. 1246) und **VO über Sicherheit und Gesundheitsschutz auf Baustellen** (BGBl. 1283) (vgl. dazu Pieper, AuR 1999),

– Gemeinsamer Standpunkt (EG) Nr. 12/1999 v. 22.12.1998 im Hinblick **19**
auf den Erlaß der RL des Rates zur Zweiten Änderung der RL
90/394/EWG über den Schutz der Arbeitnehmer gegen Gefährdung
durch Karzinogene bei der Arbeit und ihrer Ausdehnung auf Mutagene
(ABl 1999 (55/3),

– Gemeinsamer Standpunkt (EG) Nr. 13/1999 v. 22.12.1998 im Hinblick
auf den Erlaß der Richtlinie des Rates über Mindestvorschriften zur
Verbesserung des Gesundheitsschutzes und der Sicherheit der Arbeitnehmer, die durch explosionsfähige Atmosphären gefährdet werden
können (Fünfzehnte Einzelrichtlinie i.S.v. Artikel 16 Abs. 1 der Richtlinie 89/391 EWG).

Weitere Richtlinien, die den **technischen Arbeitsschutz** betreffen, sind:

– **RL 88/610/EWG** des Rates zur Änderung der Richtlinie 82/501 über
die Gefahren schwerer Unfälle bei bestimmten Industrietätigkeiten vom
24.11.1988 (ABl. L 336/14) (vgl. dazu GA Jacobs, 21.1.1999, C-
192/97, Kommission Deutschland, wonach die RL in Deutschland bisher durch die Neufassung der VO zur Durchführung des Bundesimmis-
sionsschutzgesetzes, der Störfall-VO v. 20.9.1991 (BGBl 1999 S. 1891)
nur unzureichend umgesetzt wurde),

– **RL 91/383/EWG** des Rates zur Ergänzung von Maßnahmen zur Verbesserung der Sicherheit und des Gesundheitsschutzes von Arbeitnehmern mit befristetem Arbeitsverhältnis oder Leiharbeitsverhältnis vom
25.06.1991 (ABl. L 206/19),

– **RL 96/82/EG** des Rates zur Beherrschung der Gefahren bei schweren
Unfällen und gefährlichen Stoffen (ABl. L 10/13).

Ein weiteres Sachgebiet betrifft den **Schutz vor gefährlichen Agenzien** am **20**
Arbeitsplatz. Gestützt auf die Rechtsgrundlage des Art. 118a (jetzt Art. 138)
wurde **RL 88/642/EWG** des Rates zur Änderung der RL 80 1107/EWG
zum Schutz der Arbeitnehmer vor der Gefährdung durch chemische, physikalische und biologische Arbeitsstoffe bei der Arbeit vom 16.12.1988 (ABl.
L 356/74) erlassen, die in der Folgezeit durch auf Art. 118a (jetzt Art. 138)
gestützte **Einzelrichtlinien** ergänzt wurde:

– **RL 98/24 EG** des Rates zum Schutz der Gesundheit und Sicherheit der
Arbeitnehmer vor der Gefährdung durch chemische Arbeitsstoffe bei
der Arbeit vom 7.4.1998 (ABl. 1998 L 131/1).

– **RL 91/382/EWG** des Rates zur Änderung der RL 83/477 über den
Schutz der Arbeitnehmer gegen Gefährdung durch Asbest am Arbeits-

platz vom 25.06.1991 (ABl. L 206/16); vgl. dazu auch die Mitteilung
der Kommission über die Ergebnisse der Bewertung gemäß der RL des
Rates über den Schutz der Arbeitnehmer gegen Gefährdung durch Asbest am Arbeitsplatz (KOM (96) 426 vom 5. September 1996) sowie
Schlußfolgerungen des Rates vom 07.04.1998 zum Schutz der Arbeitnehmer gegen Gefährdung durch Asbest (ABl. 1998 C 142/1).

– Vorschlag für eine **RL 93/C 77/02** des Rates über Mindestvorschriften
zum Schutz von Sicherheit und Gesundheit der Arbeitnehmer vor der
Gefährdung durch physikalische Einwirkungen vom 08.02.1993 (ABl.
1993 C 77/12).

– **RL 96/29/EG** des Rates zur Festlegung der grundlegenden Sicherheits-
normen für den Schutz der Gesundheit der Arbeitskräfte und der Bevölkerung gegen die Gefahren durch ionisierende Strahlen vom
13.05.1996 (ABl. L 159/1).

21 Im Bereich des **sozialen Arbeitsschutzes** (vgl. dazu *Balze,* EAS, B 5000)
wurden bisher folgende RLen verabschiedet:

– **RL 92/85/EWG** des Rates über die Durchführung von Maßnahmen zur
Verbesserung der Sicherheit und des Gesundheitsschutzes von schwangeren Arbeitnehmerinnen, Wöchnerinnen und stillenden Arbeitnehmerinnen am Arbeitsplatz vom 19.10.1992 (ABl. L 348/1), die einen bezahlten Mutterschutzurlaub von insgesamt 14 Wochen, eine Beschränkung der Nachtarbeit sowie Mindestanforderungen bei der Arbeit mit
gefährlichen Stoffen und bei gefährlichen Produktionsverfahren festlegt
und Entlassungen während der Schwangerschaft und des Mutterschaftsurlaubs nur in extremen Ausnahmefällen zuläßt (vgl. dazu
Zmarzlik, DB 1994, 96; *Marburger,* DB 1997, 521). In Deutschland
wurde die RL umgesetzt durch **Mutterschutzgesetz** i.d.F. vom 17. Januar 1997 (BGBl. I S. 22, berichtigt mit BGBl. I 1997 S. 293, Gesetz
zur Änderung des Mutterschutzrechts vom 20. Dezember 1996 (BGBl.
I S. 2110)), VO zur ergänzenden Umsetzung der EG-Mutterschutz-
richtlinie **(Mutterschutzrichtlinienverordnung)** vom 15. April 1997
(BGBl. I S. 782) und dritte VO zur Änderung mutterschutz- und ur-
laubsrechtlicher Vorschriften vom 18. April 1997 (BGBl. I S. 810).

– **RL 93/104/EG** des Rates über bestimmte Aspekte der Arbeitszeitgestaltung vom 23.11.1993 (ABl. L 307/18), die Mindestbestimmungen
in Bezug auf die täglichen und wöchentlichen Ruhezeiten sowie den
Jahresurlaub, die Ruhepausen, die wöchentliche Höchstarbeitszeit sowie bestimmte Aspekte der Nacht- und Schichtarbeit und den Arbeits-
rythmus enthält. Die RL wurde in Deutschland durch das **Arbeitszeit-
gesetz** umgesetzt (vgl. dazu *Balze,* EuZW, 1994, 205; *Lörcher,* AuR

1994, 49; *Anzinger,* RdA 1994, 11; zu den vom sachlichen Geltungsbereich der RL ausgenommenen Sektoren hat die Kommission 1997 ein
Weißbuch vorgelegt (KOM (97) 334 v. 15. Juli 1997) und 1998 RL-Vor-
schläge zu den Sektoren und Tätigkeitsbereichen, die von der Arbeits-
zeitrichtlinie ausgeschlossen sind, vorgelegt (KOM (1998) 662 endg. v.
18.11.1998), soweit die Sozialpartner nicht eine Vereinbarung im Rahmen des sozialen Dialogs geschlossen haben (vgl. dazu Art. 138 Rn.8).

– **RL 94/33/EG** des Rates über den Jugendarbeitschutz vom 22.06.1994
(ABl. L 216/12) (vgl. dazu *Balze,* EAS, B 5200). Die RL sieht ein
grundsätzliches Verbot der Kinderarbeit vor und enthält Bestimmungen
über allgemeine Pflichten des Arbeitgebers bezüglich des Schutzes der
Sicherheit und Gesundheit junger Menschen, zu Arbeitsverboten sowie
zu Arbeits-, Ruhe und Pausenzeiten, Nachtarbeit und Jahresurlaub. In
Deutschland wurde sie durch das **Zweite Gesetz zur Änderung des
Jugendarbeitsschutzgesetzes** (BGBl. I 1997, 311) umgesetzt (vgl. dazu *Schlüter,* BARBl. 11/1994, 5; *Taubert,* BB 1997, 575; *Schmidt,* BB
1998, 1362).

Zur Unterstützung der Kommission bei ihrer Tätigkeit sowie zur Verbrei-   **22**
tung von Informationen im Bereich des Arbeitsschutzes in technischer und
wissenschaftlicher Hinsicht wurde die **Europäische Agentur für Sicherheit und Gesundheitsschutz am Arbeitsplatz** mit Sitz in Bilbao/Spanien
durch auf Art. 308 (ex-Art. 235) gestützte VO Nr. 2062/94/EG (ABl. 1994
L 216/1) errichtet.

1993 hat die Kommission einen „allgemeinen Rahmen" für ihre künftige   **23**
Tätigkeit im Bereich **Sicherheit, Arbeitshygiene** und **Gesundheitsschutz
am Arbeitsplatz** (1994–2000) vorgelegt (KOM (93) 560 endg. v.
19.11.1993), der die Verbesserung des Arbeitsschutzes vor allem durch eine bessere Umsetzung des geltenden Rechts, als durch dessen Ausbau erstrebt. Vorschläge der Kommission für einen Beschluß des Rates über ein
Programm mit nicht-legislativen Maßnahmen zur Erhöhung der Sicherheit
und des Gesundheitsschutzes am Arbeitsplatz vom 12. Juli 1995 (ABl.
1995 C 262/18) sowie über ein Gemeinschaftsprogramm (SAFE-Sicher-
heitsaktion für Europa) zur Verbesserung der Sicherheit, der Hygiene und
des Gesundheitsschutzes am Arbeitsplatz (geänderter Vorschlag vom 9. Januar 1997, ABl. 1997 C 92/3) wurden im Rat bisher nicht verabschiedet.

VI. Arbeitsbedingungen

Das Gebiet der **Arbeitsbedingungen** betrifft vor allem das Arbeitsrecht,   **24**
kann jedoch nach seinem Wortlaut darüber hinaus gehen. Obwohl Art. 95

(ex-Art. 100a), wonach Regelungen, die die Rechte und Interessen der Arbeitnehmer betreffen, der Einstimmigkeit bedürfen, nicht geändert wurde, können in Zukunft RLen zum Arbeitsrecht **mit qualifizierter Mehrheit** angenommen werden, wenn es sich nicht um Arbeitsbedingungen handelt, die in Abs. 3 und Abs. 6 ausdrücklich geregelt sind.

VII. Unterrichtung und Anhörung

25 Auf der Grundlage von Art. 2 Abs. 1 3. Spiegelstrich des Sozialabkommens, der 137 Abs. 1 3. Spiegelstrich entspricht, wurde am 22.09.1994 die **RL 94/45 EG** über die **Einsetzung eines Europäischen Betriebsrats** oder die **Schaffung eines Verfahrens zur Unterrichtung und Anhörung der Arbeitnehmer in gemeinschaftsweit operierenden Unternehmen und Unternehmensgruppen** verabschiedet (ABl. L 245/64), womit langjährige Arbeiten, die 1980 mit dem Vorschlag zur Vredeling-RL (ABl. 1980 C 297/3; geändert durch ABl. 1983 C 217/3) ihren Anfang nahmen, abgeschlossen wurden. Mit der RL besitzt der Europäische Betriebsrat nur ein **Recht auf Information und Konsultation bei länderübergreifenden Sachverhalten**, die die Belange der Arbeitnehmer in mehr als einem Mitgliedstaat berühren (vgl. dazu *Wirmer,* DB, 1994, 2134; *Kolvenbach,* FS Everling, 669; *Gaul,* NJW 1995, 228). Im Anschluß an die Verabschiedung der RL haben die Sozialpartner in den betreffenden Unternehmen bereits vor deren Inkrafttreten mehr als 400 Vereinbarungen geschlossen. Auch diese freiwilligen Vereinbarungen, die nach Art. 13 der RL von deren Geltungsbereich ausgenommen sind, sind jedoch im Lichte der RL auszulegen (Tribunal de Grande Instance Nanterre v. 04.04.1997 – Renault Vilvoorde, EuroAS 5/97, 68f. m. Anm. *Coen*). Die RL sieht in Art. 15 vor, daß die Kommission spätestens bis zum 22. September 1999 ihre Anwendung überprüft um gegebenenfalls Änderungen vorzuschlagen. In **Deutschland** wurde die RL durch das **Gesetz über die Europäischen Betriebsräte** ins deutsche Recht umgesetzt (BGBl. I, 1548ff.) (vgl. dazu *Weiss,* AuR 1995, 438; 520; *Mayer,* BB 1995, 1794). Bis Anfang 1999 haben erst etwa ein Drittel der 1500 unter die Richtlinie fallenden Unternehmen Europäische Betriebsräte eingerichtet.

26 Für die **Abgrenzung** von Regelungen zur **Unterrichtung und Anhörung der Arbeitnehmer** nach Art. 137 Abs. 1 3. Spiegelstrich von Regelungen im Bereich der **Vertretung und kollektiven Wahrung der Arbeitnehmer- und Arbeitgeberinteressen** einschließlich der Mitbestimmung nach Art. 137 Abs. 3 3. Spiegelstrich, die der Rat nur einstimmig beschließen kann, ist auf das Ziel und den Gegenstand der RL abzustellen. Besteht das

Ziel der RL in der Stärkung des Rechts auf Unterrichtung und Anhörung der Arbeitnehmer und wird nur zu dessen Verwirklichung in die Repräsentationsstruktur der betreffenden Unternehmen eingegriffen, so kann der Rat mit qualifizierter Mehrheit beschließen (vgl. dazu auch *Langenfeld*, in Grabitz/Hilf, nach Art. 122, Rn. 4 und *Weiss* FS Gnade, 583, 588). Dies gilt auch für den RL-Vorschlag der Kommission **zur Festlegung eines Allgemeinen Rahmans für die Information und Konsultation auf nationaler Ebene**, den die Kommission im November 1998 vorgelegt hat (ABl 1999 C 2/3, vgl. dazu COEN, EuroAS 11/12/1998, 136), nachdem die Europäischen Sozialpartner der Kommission mitgeteilt hatten, daß sie den Prozeß nach Art. 139 (ex-Art. 118b) nicht Ingangsetzen wollten. Hingegen bedarf der **RL-Vorschlag über die Beteiligung der Arbeitnehmer in der Europäischen Aktiengesellschaft** (vgl. dazu *Kolvenbach*, BB 1983, 2235; *von Maydell*, AG 1990, 442; *Heinze*, AG 1997, 289; *Hanau*, RdA 1998, 231), den die deutsche Präsidentschaft auf der Grundlage des Davignon Berichts (Sachverständigengruppe „European Systems of Worker Involvment, Abschlußbericht Mai 1997) weiterverfolgt, der Einstimmigkeit nach Abs. 3.

VIII. Berufliche Eingliederung

Die Maßnahmen der Gemeinschaft zur **beruflichen Eingliederung** der aus   27
dem Arbeitsmarkt ausgegrenzten Personen dürfen auf Grund von Art. 150
(ex-Art. 127) Abs. 4 **keine Harmonisierung** der nationalen Maßnahmen
vorsehen.

IX. Chancengleichheit

Die Regelungsbefugnis der EG auf dem Gebiet der **Chancengleichheit** von   28
Männern und Frauen nach Abs. 1 5. Spiegelstrich und Abs. 2 betrifft die
Chancengleichheit von Männern und Frauen und unterscheidet sich damit
nur dem Wortlaut nach von Art. 141 (ex-Art. 119) Abs. 3, der Maßnahmen
zur Förderung der Chancengleichheit und der Gleichbehandlung von Männern und Frauen in Arbeits- und Beschäftigungsfragen vorsieht (so auch
Langer, Sozialpolitik II 5). Da nach Art. 3 Abs. 2 auch die Sozialpolitik darauf hinwirken muß, Ungleichheiten zu beseitigen und die Gleichstellung
von Männern und Frauen zu fördern ist, muß der Anwendungsbereich der
Vorschrift **weit ausgelegt** werden.

X. Differenzierungen zugunsten der KMU, Abs. 2 Satz 2

29   Abs. 2 Satz 2 enthält eine Formulierung, die für den Arbeitsschutz bisher in Art. 118a Abs. 2 UAbs. 2 a.F. (jetzt Art. 138) vorgesehen war, jetzt aber für **alle** Gebiete gilt, in denen die EG die Mitgliedstaaten nach Abs. 1 unterstützt. Auf Grund ihrer Unbestimmtheit handelt es sich um einen **Programmsatz**. Danach sind vom Gemeinschaftsgesetzgeber **Differenzierungen zugunsten von KMK** immer dann vorzusehen, wenn diese durch die Besonderheiten gerechtfertigt sind, welche diese Unternehmen von anderen Unternehmen (Großunternehmen) unterscheiden. Die EG hat danach in diesen Grenzen die Möglichkeit, unterschiedliches Recht für Arbeitnehmer zu schaffen, welches sich danach richtet, ob sie in „kleinen" oder „großen" Unternehmen arbeiten. In Anbetracht der zunehmenden Ausdifferenzierung des Arbeitsrechts und der Arbeitsverhältnisse kann dieser Vorschrift bei der Diskussion um die Zukunft der Arbeit und des Arbeitsrechts größere Bedeutung als bisher zukommen.

XI. Bekämpfung sozialer Ausgrenzung

30   Abs. 2 u. Abs. 3 schafft eine **Rechtsgrundlage** für Maßnahmen zur Bekämpfung sozialer Ausgrenzung, die das Gemeinschaftsrecht für derartige Aktionen fordert, wenn es sich nicht um **„bedeutende" Maßnahmen** handelt (EuGH, C-106/96, Vereinigtes Königreich und Nordirland/Rat, Slg. 1998, I–2729) und Deutschland nicht weiter bereit war, **Armutsprogramme** auf der Grundlage von Art. 308 (ex-Art. 235) anzunehmen. Der Rat beschließt nach dem Verfahren des Art. 251 (ex-Art. 189b). In einer Erklärung wird festgehalten, daß auch Ausgaben nach diesem Artikel unter Rubrik 3 der finanziellen Vorausschau fallen sollen. Nicht klar ist nach dem Wortlaut der Vorschrift, ob die EG damit auch soziale Aktionsprogramme für ältere Menschen und Behinderte beschließen kann. Allerdings kann die Kommission im Rahmen der **Interinstitutionellen Vereinbarung über die Rechtsgrundlagen und die Ausführung des Haushalts** v. 13.10.1998 (ABl. 1998 C 344/1) unter den dort festgelegten zeitlichen und finanziellen Voraussetzungen auch ohne Ratsbeschluß **Pilotvorhaben** und **vorbereitende Maßnahmen** durchführen, sofern die Maßnahmen, zu deren Finanzierung sie bestimmt sind, in die **Gemeinschaftszuständigkeit** fallen.

XII. Einstimmigkeit nach Abs. 3

31   Nach Abs. 3 gilt weiterhin **Einstimmigkeit** in sensiblen Bereichen wie der **sozialen Sicherheit** und dem **sozialen Schutz der Arbeitnehmer**, beim

Kündigungsschutz, bei **Vertretung und kollektiver Wahrnehmung der Arbeitnehmer- und Arbeitgeberinteressen,** einschließlich der **Mitbestimmung,** den **Beschäftigungsbedingungen von Drittstaatsangehörigen** sowie den **finanziellen Beiträgen zur Arbeitsförderung.** Auf dieser Rechtsgrundlage, die Art. 2 Abs. 3 des Sozialabkommens entspricht, wurde bisher keine Maßnahme verabschiedet.

Obwohl damit z.b. durchaus **Mindestvorschriften** im Bereich des Sozial- **32** versicherungsrechts **möglich** gewesen wären, hat die EG sich bisher auf **unverbindliche Empfehlungen** über die „Annäherung der Ziele und der Politiken im Bereich des sozialen Schutzes" **(Konvergenz)** (ABl. 1992 L 245/49) und über „Gemeinsame Kritiken für ausreichende Anwendungen und Leistungen im Rahmen der Systeme des sozialen Schutzes (ABl 1992 L 245/46, vgl. dazu den Bericht der Kommission v. 5.2.1999 KOM (1998) 774), sowie Mitteilungen zur „Zukunft des Sozialschutzes" (KOM (95) 446 endg v. 31.10.1995) und „Modernisierung und Verbesserung des sozialen Schutzes" (KOM (97) 102 v. 12.03.1997) beschränkt, um eine Debatte anzuregen zur beschäftigungsfreundlicheren Gestaltung des Sozialschutzes, zur Anpassung der Sozialschutzsysteme an die Alterung der Bevölkerung, zur Anpassung des Arbeitslebens an das neue Gleichgewicht der Geschlechter sowie zur Reform der Koordinierung der Sozialversicherungssysteme für Menschen, die von der Freizügigkeit innerhalb der EU Gebrauch machen. Ob es hierbei in einem Binnenmarkt mit einheitlicher Währung bleiben kann, ist fraglich (*Bergmann/Lenz,* in Langer, Der Amsterdamer Vertrag, 1998, Kapitel 4 Rn. 20), da die Europäischen Sozialsysteme einer Anpassung bedürfen, um den neuen Bedürfnissen und Anforderungen und der Auswirkungen des Stabilitätspaktes in der WWU sowie der wirtschafts- und beschäftigungspolitischen Koordinierung gerecht zu werden und die Marktfreiheiten des Binnenmarktes auch zunehmend die sozialen Sicherungssysteme tangieren (EuGH, C-120/95, Decker und C-158/96, Kohll, Slg. 1998, I–1831 bzw. I–1931; vgl. dazu *Novak* EuZW 1998, 366).

Abs. 3 macht die Beschäftigungsbedingungen der **Staatsangehörigen** **33** **dritter Länder,** die sich bereits rechtmäßig in der EG aufhalten, ausdrücklich zum **Gegenstand gemeinschaftlicher Regelungsbefugnis,** nachdem der Anwendungsbereich der EG-Sozialpolitik nach der Rspr. (EuGH, Rs. 281, 283 bis 285 und 287/85, Bundesrepublik Deutschland u.a./Kommission, Slg. 1987, 3245) auch Arbeitskräfte aus Drittstaaten im Binnenmarkt erfaßte, soweit es um deren Beteiligung am sozialen Fortschritt oder um Störungen des Arbeitsmarktes ging, die sich auf die Freizügigkeit der EG-Wanderarbeitnehmer auswirken konnte. Die Vorschrift betrifft aber nicht den **Zugang zum Arbeitsmarkt**, der nicht Bestandteil der gemeinschaftlichen **Einwanderungspolitik** nach Art. 63 (ex-Art. 73k) geworden ist.

XIII. Durchführung der RLen durch die Sozialpartner, Abs. 4

34   Die in Abs. 4 vorgesehene Möglichkeit eines Mitgliedstaates, den Sozialpartnern auf deren gemeinsamen Antrag die Durchführung der angenommenen RL zu übertragen, trägt der gesteigerten Bedeutung der Sozialpartner Rechnung und entspricht der Rechtsprechung des EuGH, die jedoch voraussetzt, daß die Verträge flächendeckend gelten, was in Deutschland nur dann der Fall ist, wenn sie für allgemeinverbindlich erklärt werden.

XIV. Strengere Schutzmaßnahmen der Mitgliedstaaten, Abs. 5

35   Abs. 5 räumt den Mitgliedstaaten die Möglichkeit ein, strengere Schutzmaßnahmen beizubehalten oder zu treffen, jedoch nur dann, wenn diese mit dem EGV vereinbar sind. Nach der Ansicht von GA Mischo (SA vom 28.04.1998, C-2/97 – Societa Italiana Petroli SpA/Bossana Srl. ist dies nur der Fall, wenn die strengere Schutzmaßnahme mit dem **Verhältnismäßigkeitsgrundsatz** vereinbar ist. Dieser Grundsatz verlangt nicht nur, daß die den Adressaten auferlegten Maßnahmen zur Verwirklichung eines legitimen Zwecks geeignet und erforderlich sind, sondern auch, daß dann, wenn mehrere geeignete Maßnahmen zur Wahl stehen, auf die am wenigsten einschränkende Maßnahme zurückgegriffen wird und die Eingriffe nicht unverhältnismäßig im eigentlichen Sinne sind. Nach dem EuGH (C-29/95, Pastoors u. Trans-Cap/Belgien, Slg. 1997, I–285) gilt der Verhältnismäßigkeitsgrundsatz nicht nur für den Gemeinschaftsgesetzgeber, sondern auch den nationalen Gesetzgeber, wenn er in einem durch das Gemeinschaftsrecht ausgestalteten Bereich tätig wird. Dieser Ansicht ist der EuGH nicht gefolgt, sondern hat nur geprüft, ob der verstärkte Schutz der Arbeitsbedingungen durch das nationale Recht diskriminierend sei und die Ausübung der durch den Vertrag gewährleisteten Grundfreiheiten behindere (EuGH, 17.12.1998 – RS C 2/97 – Rn. 38).

Art. 138 (ex-Art. 118a) (Anhörung der Sozialpartner)

(1) Die Kommission hat die Aufgabe, die Anhörung der Sozialpartner auf Gemeinschaftsebene zu fördern, und erläßt alle zweckdienlichen Maßnahmen, um den Dialog zwischen den Sozialpartnern zu erleichtern, wobei sie für Ausgewogenheit bei der Unterstützung der Parteien sorgt.

(2) Zu diesem Zweck hört die Kommission vor Unterbreitung von Vorschlägen im Bereich der Sozialpolitik die Sozialpartner zu der Frage, wie eine Gemeinschaftsaktion gegebenenfalls ausgerichtet werden sollte.

(3) Hält die Kommission nach dieser Anhörung eine Gemeinschaftsmaßnahme für zweckmäßig, so hört sie die Sozialpartner zum Inhalt des in Aussicht genommenen Vorschlags. Die Sozialpartner übermitteln der Kommission eine Stellungnahme oder gegebenenfalls eine Empfehlung.

(4) Bei dieser Anhörung können die Sozialpartner der Kommission mitteilen, daß sie den Prozeß nach Art. 139 in Gang setzen wollen. Die Dauer des Verfahrens darf höchstens neun Monate betragen, sofern die betroffenen Sozialpartner und die Kommission nicht gemeinsam eine Verlängerung beschließen.

I. Entwicklung

Der WSA der EG zeigt, daß bereits bei **Verabschiedung der Römischen** **Verträge** als wichtig angesehen wurde, den verschiedenen sozioökonomischen Gruppen Einfluß bei der Ausarbeitung der gemeinschaftlichen Rechtsvorschriften einzuräumen, nachdem schon im EGKS-Vertrag (Art. 18) die Rolle der Sozialpartner anerkannt worden war.   1

In der **Folgezeit** wurde dieser Einfluß der Sozialpartner verstärkt. Seit den 60er Jahren gibt es auf Gemeinschaftsebene beratende Ausschüsse, ad-hoc Arbeitsgruppen usw. für die einzelnen Branchen wie Kohle und Stahl, Landwirtschaft, Hochseefischerei, Strassen- und Güterverkehr, Binnenschifffahrt, Bahnverkehr, Textilindustrie, Bauindustrie, usw., wo die Vertreter von Arbeitnehmern und Arbeitgebern paritätisch vertreten sind. In diesen Ausschüssen bemühen sich die Sozialpartner und die Kommission gemeinsame Lösungen für wirtschaftliche und soziale Fragen von spezifischen Belangen für die jeweilige Branche zu finden.   2

1970 wurde der **Ständige Ausschuß für Beschäftigungsfragen** eingesetzt (ABl. 1970 L 273/70, geändert durch ABl. 1975 **L 21**). Seine Aufgabe besteht nach Art. 2 des Ratsbeschlusses darin, „Dialog, Konzertierung und Konsultation zwischen Rat, Kommission und den Sozialpartnern zu gewährleisten, damit die Beschäftigungspolitik in den Mitgliedstaaten besser koordiniert wird, und zwar durch ihre Ausrichtung auf Gemeinschaftsziele". Dieser Ausschuß wurde durch Beschluß des Rates v. 9.3.1999 reformiert, um ihn in die Lage zu versetzen, seine Aufgabe im Rahmen der Euro-   3 päischen Beschäftigungsstrategie wahrzunehmen und die Sozialpartner in die Lage zu versetzen, möglichst effektiv zur Entwicklung und Umsetzung der Beschäftigungsleitlinien und der wirtschaftspolitischen Leitlinien beizutragen (ABl. 1999 L 72/33). Der reformierte Ständige Ausschuß für Beschäftigungsfragen setzt sich aus dem Rat der Kommission und den beiden Delegationen der Sozialpartner, höchstens 20 Vertreter, zusammen.

II. Ziel

4   Der **soziale Dialog**, wie er 1987 in die EEA Eingang gefunden hat, hat zum Ziel, den zuvor üblichen **informellen** Konsultationen der Sozialpartner eine neue Dimension zu eröffnen und sie zu Beschlüssen auf Gemeinschaftsebene zur Erreichung der sozialen Ziele der EG zu ermuntern. Dies gilt insbesondere bei der Erreichung einer wachstums- und beschäftigungsfördernden Politik in der Euro-Zone (EU-11) und in der EG.

5   Um dieses Ziel zu erreichen, übernimmt die Vorschrift Art. 3 des Sozialabkommens und ist im Zusammenhang mit Art. 139 (ex-Art. 118b) zu sehen, der Art. 4 des Sozialabkommens entspricht. Die Vorschriften gehen damit auf die bisherigen Erfahrungen mit dem **sozialen Dialog** zurück, der mit der EEA in Art. 118b a.F. institutionalisiert wurde und in dem Abkommen über die Sozialpolitik erweitert wurde. Die Neuregelung des Sozialen Dialogs beruht auf einer Einigung der am sozialen Dialog beteiligten Dachverbände der Europäischen Sozialpartner – EGB, UNICE und CEEP – vom 31.10.1991 und wurde fast wortgleich in Art. 3 und 4 des Sozialabkommens übernommen.

6   Der **soziale Dialog** ist **Ausdruck des Subsidiaritätsprinzips** und der Erkenntnis, daß Sozialpolitik auch auf Gemeinschaftsebene nicht allein vom Gesetzgeber gestaltet werden kann (vgl. *Schulz*, Sozialer Fortschritt, 1992, 82). Die Vorschriften begründen einen europäischen **Verhandlungs- und Tarifraum** und tragen den veränderten Rahmenbedingungen einer WWU Rechnung, die die Tarifpolitik vor Aufgaben stellt, die sie national nicht mehr hinreichend lösen kann. WWU und die Einführung des Euro machen daher eine bessere Koordinierung der nationalen Tarifverhandlungen auf sektorieller und branchenübergreifender europäischer Ebene notwendig. In diesem Zusammenhang einigten sich die niederländischen, belgischen, luxemburgischen und deutschen Gewerkschaften am 06.09.1998 in Doorn auf eine Tarifpolitik, die in Zukunft verpflichtet, die Summe aus Preisentwicklung und Steigerung der Arbeitsproduktivität auszuschöpfen. Diese Strategie bekräftigte der Europäische Metallgewerkschaftsbund in seiner Entschließung zur „Tarifpolitik mit dem Euro" auf seiner 3. Tarifpolitischen

Konferenz in Frankfurt am 9./10.12.1998 hier die Tarifverhandlungen in
der europäischen Metallwirtschaft (vgl. dem gegenüber die Empfehlung
des Rates v. 6.7.1998 über die Grundzüge der Wirtschaftspolitik (ABl. 1998
L 200/34). **Europäische Verhandlungsstrukturen** sind damit **Voraussetzung der WWU.** In einem ersten Schritt in diese Richtung hat der EGB
daher 1995 seine Satzung geändert und festgelegt, daß er für die Konvergenz der Forderungs- und Tarifvertragspolitik der Mitgliedsorganisationen
auf europäischer Ebene sorgt.

III. Rechtsanspruch auf Anhörung, Abs. 1

Abs. 1 begründet einen **Rechtsanspruch** der Sozialpartner auf **Anhörung**   7
und macht die **Forderung** des sozialen Dialogs zu einer **Aufgabe der
Kommission,** indem sie diese verpflichtet, alle zweckdienlichen Maßnahmen zur Erleichterung des Dialogs zwischen den Sozialpartnern zu erlassen. Aus der Anerkennung der Sozialpartner als Akteure auf der europäischen Ebene ist die EG verpflichtet, den Sozialpartnern zu diesem Zweck
ein funktionsfähiges Instrumentarium zur Verfügung zu stellen. Dazu kann
auch ein **gemeinschaftliches Tarifvertragsrecht** gehören (Buchner, RdA
1993, 193, 200).

Die **Anhörung** gestaltet die Kommission bisher **nach drei Kriterien,** die   8
sie in ihrer Mitteilung vom Dezember 1993 zur „Anwendung des Protokolls über die Sozialpolitik" (KOM (93) 600 endg. v. 14.12.1993) festgelegt
hat. Danach sollen die angehörten Organisationen (1) „branchenübergrei-
fend, sektor- oder berufsspezifisch sein und über eine Struktur auf europäischer Ebene verfügen; (2) aus Verbänden bestehen, die in ihrem Land integraler und anerkannter Bestandteil des Systems der Arbeitsbeziehungen
sind, Vereinbarungen aushandeln können und soweit wie möglich die Mitgliedstaaten vertreten sowie (3) über die geeigneten Strukturen verfügen,
um effektiv an dem Anhörungsprozeß teilnehmen zu können".

IV. Konsultationsverfahren

Abs. 2 bis 4 sehen ein **mehrstufiges Konsultationsverfahren** vor, welches   9
bisher auf der Grundlage der Mitteilung der Kommission vom 14.12.1993
über die „Anwendung des Protokolls über die Sozialpolitik" erfolgte. Hieran will die Kommission nach ihrer Mitteilung zur „Anpassung und Förderung des Sozialen Dialogs auf Gemeinschaftsebene" (KOM (98) 322endg.
V. 20.05.1998) im Prinzip festhalten. Auf der Grundlage ihres Beschlusses
vom 20.05.1998 über die Einsetzung von Ausschüssen für den sektoralen

Dialog zur Förderung des Dialogs zwischen den Sozialpartnern auf europäischer Ebene (ABl. L 225/27) will die Kommission jedoch in Zukunft vor allem den **sektoralen Dialog** stärken und die vorhandenen Strukturen auf sektoraler Ebene durch neue flexiblere Gremien des sozialen Dialogs ersetzen. Obwohl gerade der sektorale Dialog eine effektive Interventionsebene zu Fragen der Beschäftigung, der Arbeitsorganisation und der Verbesserung der Arbeitsbedingungen ist, da er der Basis am nächsten und am besten in der Lage ist, auf die Bedürfnisse der verschiedenen Branchen zu reagieren, ist es bisher hier **kaum zu nennenswerten Vereinbarungen gekommen.** Erstmals 1998 haben die Sozialpartner des Seeverkehrssektors auf europäischer Ebene eine Vereinbarung über die Arbeitszeit getroffen. Verhandlungen über eine ähnliche Vereinbarung im Sektor des Strassenverkehrs blieben hingegen erfolglos.

10   Zur **Stärkung des sozialen Dialogs** paßt die Kommission die **Liste der anzuhörenden Organisationen** mit einem Verzeichnis der bisher auf der Grundlage von Art. 3 des Sozialabkommens angehörten europäischen Organisationen der Sozialpartner an, um dem sozialen Dialog eine größere **Repräsentativität** zu geben. Um diese auch in Zukunft sicherzustellen, wird die Kommission 1999 dazu einen Bericht vorlegen, der in den Folgejahren jeweils aktualisiert werden soll.

V. Eröffnung der Verhandlungen, Abs. 4

11   Abs 4 legt fest, daß die gemäß Abs. 2 und 3 konsultierten Sozialpartner die Kommission während des Anhörungsverfahrens darüber unterrichten können, daß sie in einen Verhandlungsprozeß eintreten möchten. Es liegt danach ausschließlich bei den Sozialpartnern, ob Verhandlungen eröffnet werden und der Verhandlungsprozeß basiert auf den **Grundsätzen der Autonomie** und der gegenseitigen Anerkennung der Verhandlungspartner. Auch wenn der Repräsentativität der beteiligten Sozialpartnerorganisationen eine Schlüsselfunktion für den Erfolg des sozialen Dialogs zukommt, da nur eine ausgewogene Teilnehmerstruktur auf Dauer die Legitimität von Vereinbarungen der Sozialpartner auf Gemeinschaftsebene und die Akzeptanz bei den betroffenen Bürgern sicherstellen kann, ist die Kommission jedoch zu Recht der Ansicht, daß sie nicht in die **freie Wahl der Verhandlungspartner** eingreifen kann (Mitteilung der Kommission zur „Anpassung und Förderung des sozialen Dialogs auf Gemeinschaftsebene", aaO, S. 17). Einen Rechtsanspruch auf Teilnahme an dieser Verhandlung kann es deshalb nicht geben.

Art. 139 (ex-Art. 118b) (Dialog zwischen den Sozialpartnern)

(1) Der Dialog zwischen den Sozialpartnern auf Gemeinschaftsebene kann, falls sie es wünschen, zur Herstellung vertraglicher Beziehungen, einschließlich des Abschlusses von Vereinbarungen, führen.

(2) Die Durchführung der auf Gemeinschaftsebene geschlossenen Vereinbarungen erfolgt entweder nach den jeweiligen Verfahren und Gepflogenheiten der Sozialpartner und der Mitgliedstaaten oder – in den durch Art. 137 erfaßten Bereichen – auf gemeinsamen Antrag der Unterzeichnerparteien durch einen Beschluß des Rates auf Vorschlag der Kommission.

Sofern nicht die betreffende Vereinbarung eine oder mehrere Bestimmungen betreffend einen der in Art. 137 Abs. 3 genannten Bereiche enthält und somit ein einstimmiger Beschluß erforderlich ist, beschließt der Rat mit qualifizierter Mehrheit.

I. Ziel

Ziel des sozialen Dialogs nach Art. 139 ist die Entwicklung einer **Verhandlungsstruktur** zwischen Arbeitgeber- und Arbeitnehmerschaft, die zu gemeinsamen Absprachen, Zielen und Verpflichtungen führt. Dazu schafft die Vorschrift einen **Verhandlungsraum**, in dem europäische sozialpolitische Bestimmungen im Rahmen von Verhandlungen ausgearbeitet werden können. Die Vorschrift basiert auf dem bisherigen Art. 118b a.F. über den sozialen Dialog und dessen Weiterentwicklung in Art. 4 des Sozialabkommens. Abs. 1 präzisiert, daß „der Dialog zwischen den Sozialpartnern auf Gemeinschaftsebene, wenn sie dies wünschen, zur Herstellung **vertraglicher Beziehungen** einschließlich des Abschlusses von **Vereinbarungen"** führen kann. Die Handlungsautonomie, die die Sozialpartner in den Mitgliedstaaten auf Grund der Koalitionsfreiheit und Tarifautonomie besitzen, wird danach nicht eingeschränkt, da „vertragliche Beziehungen" und „Vereinbarungen" nur dann das Ergebnis des sozialen Dialogs sind, wenn die Sozialpartner dies für wünschenswert halten. Die Sozialpartner haben damit die Möglichkeit zu verhindern, daß die EG von ihren sozialpolitischen Kompetenzen Gebrauch macht und in Bereiche interveniert, die auf nationaler Ebene zum Teil der Tarifautonomie unterliegen.

II. Mittel

Die Begriffe „**vertragliche Beziehungen**" und „**Vereinbarungen**" sind nicht mit europäischen Tarifverträgen gleichzusetzen. Realistisch dürften

zunächst vor allem Vereinbarungen der Sozialpartner auf Gemeinschaftsebene sein, die dann jeweils auf der Ebene der Mitgliedstaaten von den nationalen Gewerkschaften und Arbeitgeberverbänden innerhalb der dort geltenden Verfahren und innerhalb der einzelnen staatlichen Rechtsordnungen
verwirklicht werden können (vgl. *Schulz,* BArbBl. 11/1986, 18). Damit
sind die Möglichkeiten der vertraglichen Beziehungen „jedoch nicht ausgeschöpft". Trotz der in den Mitgliedstaaten bestehenden Unterschiede hinsichtlich der Rechte und Pflichten der Tarifvertragsparteien und vor allem
des Verhältnisses von Gesetz und Tarifverträgen, gehört die Freiheit der Sozialpartner, Tarifverträge abzuschließen, zu den nationalen Verfassungstraditionen der Mitgliedstaaten und damit auch zu den im Wege der wertenden
Rechtsvergleichung zu ermittelnden allgemeinen Rechtsgrundsätzen des
Gemeinschaftsrechts. Es erscheint aber erst auf längere Sicht vorstellbar,
über die Rechtsfigur einer schuldrechtlichen Vereinbarung des Gemeinschaftsrechts zu Abmachungen der Sozialpartner auf europäischer Ebene zu
gelangen, die nicht mehr dem nationalen Recht unterliegen (vgl. *Däubler,*
EuZW, 1992, 331f.).

III. Umsetzung

3 Nach Abs. 2 können die **Vereinbarungen** im Sinne des Abs. 1 **nach den jeweiligen Verfahren und Gepflogenheiten der Sozialpartner und Mitgliedstaaten durchgeführt werden.** Nach der Erklärung 27 der Regierungskonferenz zu dieser Vorschrift verpflichtet diese die Mitgliedstaaten
weder diese Vereinbarungen unmittelbar anzuwenden oder diesbezügliche
Umsetzungsregeln zu erarbeiten noch zur Erleichterung ihrer Anwendung
die geltenden innerstaatlichen Rechtsvorschriften zu ändern.

4 In den durch Art. 137 (ex-Art. 118) erfaßten Bereichen können die Sozialpartner aber auch **gemeinsam beantragen,** daß ihre Vereinbarungen auf
Vorschlag der Kommission **„durch einen Beschluß des Rates" durchgeführt** werden. Diese Durchführung der Vereinbarung auf Gemeinschaftsebene durch Ratsbeschluß führt zur Setzung von Gemeinschaftsrecht, an dem eine Mitwirkung des EP nicht vorgesehen ist. Die Wahrung
des demokratischen Prinzips, auf dem die Union beruht, macht es nach dem
EuGe erforderlich, daß die Beteiligung der Völker an diesem Verfahren auf
andere Weise sichergestellt wird, im Rahmen des Sozialen Dialogs durch
Vermittlung der Sozialpartner, die die Vereinbarung geschlossen haben, der
der Rat durch einen mit qualifizierter Mehrheit gefaßten Beschluß eine legislative Grundlage auf Gemeinschaftsebene verleiht. Um die Einhaltung
dieses Erfordernisses zu kontrollieren, haben Kommission und Rat die Re-

präsentativität der betreffenden Sozialpartner zu überprüfen (EuGe, 17.7.1998, T-125/96, UEAPME/Rat, Slg. 1998 II 2338 Rn. 89). Unabhängig von der Teilnehmerstruktur am sozialen Dialog stellt sich die Frage, ob die Sozialpartner die Repräsentativität für gemeinschaftliche Sozialbestimmungen haben, wenn sich der Trend fortsetzt, wonach der Anteil der Gewerkschaftsmitglieder unter den Arbeitnehmern nach dem Weltarbeitsbericht 1997/98 („Arbeitsbeziehungen, Demokratie und soziale Stabilität", a.a.O.) in den letzten zehn Jahren in Westeuropa dramatisch (−15,6 %) zurückgegangen ist und in einigen Mitgliedstaaten wie z.B. in Frankreich nur noch weniger als 10 % der Arbeitnehmer gewerkschaftlich organisiert sind. Wenn ein Abkommen auf dem Gesetzgebungsweg vom Rat für verbindlich erklärt wurde, ohne daß in Anbetracht der Reichweite der Vereinbarung eine ausreichende Repräsentanz der Unterzeichnerparteien gegeben ist, so kann der Rechtsakt des Rates von den Sozialpartnern, die am Abschluß der betreffenden Vereinbarung nicht beteiligt waren und deren eigene Repräsentativität im Hinblick auf den Inhalt der Vereinbarung zur Herstellung der Gesamtrepräsentativität notwendig ist, mit der Nichtigkeitsklage nach Art. 230 (ex-Art. 173) angegriffen werden (EuGe, a.a.O., Rn. 90). Neben der Repräsentativität und dem Mandat nimmt die Kommission für sich das Recht in Anspruch, die Rechtmäßigkeit jeder einzelnen Klausel des Tarifvertrages nach Gemeinschaftsrecht und der nach Art. 137 (ex-Art. 118) Abs. 2 S. 2 gebotenen Berücksichtigung der Belange der kleinen und mittleren Betriebe zu überprüfen (Mitteilung der Kommission zur „Anpassung und Forderung des Sozialen Dialogs auf Gemeinschaftsebene", a.a.O. S. 18).

Der **Rat** ist bei seiner Beschlußfassung **an das Gemeinschaftsrecht ge-** **5** **bunden** und muß deshalb im Rahmen seiner Entscheidung prüfen, ob es sich bei der Vereinbarung um eine Angelegenheit im **sachlichen Geltungsbereich des Art. 137** (ex-Art. 118) handelt und das **Subsidiaritätsprinzip** gewahrt ist. Nach Auffassung der Kommission ist der Rat nicht befugt, den zwischen den Parteien vereinbarten Wortlaut zu ändern. Es bleibt dem Rat jedoch unbenommen, den Sozialpartern Gelegenheit zur Änderung ihrer Vereinbarung zu geben, sofern er nur unter diesen Umständen zur Beschlußfassung bereit ist.

Hinsichtlich der **Handlungsform** und des **Entscheidungsverfahrens** be- **6** stehen Unklarheiten (vgl. *Däubler,* EuZW 92, 334; *Schulz,* Sozialer Fortschritt 92, 82; *Weiss,* FS Gnade, 593; *Birk,* EuZW 1997, 453). Die Verwendung des Wortes „Beschluß" könnte dafür sprechen, daß die Handlungsformen der VO und RL ausgeschlossen sein sollen. Demgegenüber hat der Rat jedoch die bisherigen Vereinbarungen der Sozialpartner auf **sektorüber-**

greifender Ebene über den **Elternurlaub** (ABl. 1996 L 145/4; vgl. dazu Art. 141 Rn. 58) und zur **Teilzeit** (ABl. 1998 L 14/9; vgl. dazu Art. 140 Rn. 30) durch eine **RL** angenommen. Zur Begründung hat er dabei lediglich darauf hingewiesen, daß der geeignete Rechtsakt zur Durchführung der jeweiligen Rahmenvereinbarung eine RL im Sinne von Art. 249 (ex-Art. 189) sei. Viel spricht daher für die Ansicht, daß der Rat die Rechtsform wählen kann, die dem Inhalt der Vereinbarung angemessen ist (*Konzen*, EuZW 1994, 39, 48; *Däubler*, EuZW 1992, 329, 334).

7   Zur **Beschlußfassung** verweist Abs. 2 S. 2 auf die beiden von Art. 137 (ex-Art. 118) erfaßten Abstimmungbereiche, nicht jedoch auf die unterschiedlichen Beschlußverfahren nach Art. 137 (ex-Art. 118) Abs. 2 und 3. Eine Beteiligung des EP oder des WSA ist damit weiterhin, wie bereits in Art. 4 Abs. 2 des Sozialabkommens, nicht ausdrücklich vorgesehen. Die Ansicht von *Schulz* (Sozialer Fortschritt 1992, 82), wonach es sich hierbei um ein redaktionelles Versehen handelt, da es nicht gewollt sein könne, daß der Rat im Sozialrecht im Bereich der qualifizierten Mehrheit außerhalb des Verfahrens des Art. 252 (ex-Art. 189c) beschließe, was zu einer Beschränkung der Mitwirkungsrechte des EP und des WSA führe, ist mit dem Wortlaut kaum zu vereinbaren. Soweit diese Auffassung zu Art. 4 des Sozialabkommens zutreffend gewesen sein mag, spricht jedoch vieles dafür, daß nunmehr von dem Wortlaut auszugehen ist, da der Vertrag von Amsterdam diesen nicht korrigiert hat.

8   Unabhängig davon will die Kommission das **EP** jedoch weiterhin über die Einleitung von Anhörungen und die Eröffnung sowie die Beendigung von Verhandlungen gemäß Art. 138 (ex-Art. 118a) **unterrichten** und das EP informieren, sobald die Sozialpartner die Kommission bitten, einen Vorschlag für eine Rechtsvorschrift zur Umsetzung einer Vereinbarung nach Art. 139 Abs. 2 aufzusetzen, um ihnen die Möglichkeit zu einer rechtzeitigen Stellungnahme zu dem Vorschlag zu geben, bevor der Rat einen offiziellen Beschluß faßt (Mitteilung der Kommission zur „Anpassung und Förderung des Sozialen Dialogs auf Gemeinschaftsebene, aaO, S. 19). Eine Interinstitutionelle Vereinbarung mit der Festschreibung einer Beteiligung des EP bei Rechtsakten, die auf Sozialpartnervereinbarungen basieren, ist demgegenüber vertragswidrig.

IV. Bewertung

9   Trotz der Fortschritte des sozialen Dialogs ist festzustellen, daß dieser bisher lediglich ein Dialog und **kein Steuerungsinstrument** ist. Ein Instrument, das es ermöglicht, über Verhandlungen die sozialen Auswirkungen

des Binnenmarktes und der WWU zu behandeln, vorauszusehen und zu beherrschen, kann der soziale Dialog erst dann sein, wenn er zu echten Verpflichtungen der Sozialpartner über Rahmenabkommen führt, die allgemeine Prinzipien und Orientierungen festlegen, die auch von den nationalen Mitgliedsorganisationen der Europäischen Sozialpartner umgesetzt werden und so zu einem **Raum Europäischer Arbeit- und Sozialbeziehungen** führen. Dazu fehlen jedoch bisher die Voraussetzungen. Dies gilt in besonderem Maße für den sektoralen Dialog, wo die Unterschiedlichkeit der Systeme industrieller Beziehungen in den Mitgliedstaaten noch immer so groß sind, daß bisher auf europäischer Ebene nur sehr langsam Strukturen entstehen, die gemeinsames Handeln ermöglichen. Solche Strukturen verbieten auch Vetorechte der Mitgliedsorganisationen der Sozialpartner, die jedoch überwiegend in den Satzungen der Sozialpartner noch vorgesehen sind.

Art. 140 (ex-Art. 118c) (Förderung der Zusammenarbeit zwischen den Mitgliedstaaten)

Unbeschadet der sonstigen Bestimmungen dieses Vertrags fördert die Kommission im Hinblick auf die Erreichung der Ziele des Art. 136 die Zusammenarbeit zwischen den Mitgliedstaaten und erleichtert die Abstimmung ihres Vorgehens in allen unter dieses Kapitel fallenden Bereichen der Sozialpolitik, insbesondere auf dem Gebiet

– **der Beschäftigung,**

– **des Arbeitsrechts und der Arbeitsbedingungen,**

– **der beruflichen Ausbildung und Fortbildung,**

– **der sozialen Sicherheit,**

– **der Verhütung von Berufsunfällen und Berufskrankheiten,**

– **des Gesundheitsschutzes bei der Arbeit,**

– **des Koalitionsrechts und der Kollektivverhandlungen zwischen Arbeitgebern und Arbeitnehmern.**

Zu diesem Zweck wird die Kommission in enger Verbindung mit den Mitgliedstaaten durch Untersuchungen, Stellungnahmen und die Vorbereitung von Beratungen tätig, gleichviel ob es sich um innerstaatliche oder um internationalen Organisationen gestellte Probleme handelt.

Vor Abgabe der in diesem Artikel vorgesehenen Stellungnahmen hört die Kommission den Wirtschafts- und Sozialausschuß.

I. Ziel

1 Die Vorschrift entspricht dem bisherigen Art. 118 sowie Art. 5 des Sozialabkommens über die Sozialpolitik und hat wie dieser und Art. 136 (ex-Art.
117) im wesentlichen **programmatischen Charakter** (EuGH, Rs. 156/78,
149/77, Defrenne/Sabena (III), Slg. 1978, 1365 (1378 und enthält keine eigenständige Ermächtigung zum Erlaß verbindlichen materiellen Gemeinschaftsrechts. Es bleibt bei der grundsätzlichen Zuständigkeit der Mitgliedstaaten und deren Hauptverantwortung für die Sozialpolitik. Eine Gemeinschaftszuständigkeit kann aber, wie sich aus dem Wortlaut der Vorschrift ergibt, „unbeschadet der sonstigen Bestimmungen dieses Vertrages" die insoweit an Art. 136 Abs. 3 (ex-Art. 117) anknüpft, aus anderen Vorschriften
des EGV z.B. über die Freizügigkeit der Arbeitnehmer, die gemeinsame
Agrar- oder Verkehrspolitik und Art. 137 (ex-Art. 118) Abs. 2, insbesondere jedoch aus den allgemeinen funktionalen Kompetenznormen folgen.
Darüber hinaus sieht die Vorschrift weiterhin, wie bereits Art. 118a F., eine
Kompetenz der Kommission zur Zusammenarbeit in allen unter die Sozialvorschriften des EGV, fallende Bereiche der Sozialpolitik, insbesondere jedoch auf einer Reihe von Gebieten (Beschäftigung, Arbeitsrecht, berufliche Bildung, Soziale Sicherheit, Verhütung von Arbeitsunfällen, Gesundheitsschutz bei der Arbeit und Koalitionsrecht), zur Erreichung der
Ziele des Art. 136 (ex-Art. 117) vor. Die Zuständigkeit der Mitgliedstaaten
in sozialen Fragen muß jedoch nach Art. 140 Abs. 1 im Rahmen einer **Zusammenarbeit zwischen den Mitgliedstaaten** ausgeübt werden, deren
Durchführung die Kommission sicherstellt (EuGH, Rs. 281, 283–285 u.
287/85, Bundesrepublik Deutschland u.a./Kommission, Slg. 1987, 3245

(3251); Rs. 126/86, Giménez Zaera/Instituto Nacional de la Seguridad Social, Slg. 1987, 3697 (3717.

II. Befugnisse der Kommission

Zur **Wahrnehmung ihrer Koordinierungsfunktion** in bezug auf die Zu-   2
sammenarbeit wird die Kommission im Wege der Durchführung von „Untersuchungen, Stellungnahmen und die Vorbereitung von Beratungen" tätig.
Die der Kommission dazu zustehenden Durchführungsbefugnisse hat der
EuGH in den verb. Rs. 281, 283–285 und 287/85, Slg. 1987, 3245, denen
die Entscheidung 85/381/EWG der Kommission zur Einführung eines Mitteilungs- und Abstimmungsverfahrens über die Wanderungspolitik gegenüber Drittländern vom 8.7.1985 (ABl. L 217/25) zugrundelag, näher präzisiert. Danach enthält Art. 118a. F. eine spezifische Rechtsgrundlage für eine verbindliche Entscheidung der Kommission zur Einführung eines Informations- und Konsultationsverfahren. Die Befugnis der Kommission beschränkt sich aber auf die **Organisation des Verfahrens zur Mitteilung
von Information und Konsultation.** Sie kann daher weder das Ergebnis
vorschreiben, das mit dieser Konsultation erreicht werden soll, noch die
Mitgliedstaaten daran hindern, Vorhaben, Abkommen und Vorschriften in
Kraft zu setzen, die sie als nicht in Einklang mit der Politiken und Maßnahmen der EG stehend ansieht (EuGH, aaO, Slg. 1987, 3245).

Eine bedeutende Rolle spielt die Kommission bei der Koordinierung der   3
Haltung der Mitgliedstaaten **im Rahmen internationaler Organisationen,**
insbesondere der internationalen Arbeitsorganisation (vgl. *Langenfeld/Jansen,* in Grabitz/Hilf, Art. 118 Rn. 6). Eine enge Zusammenarbeit findet auch
mit den Sozialpartnern **im Rahmen des sozialen Dialogs** statt. Anders als
die verfahrensrechtlichen Entscheidungen nach Art. 140 können die rechtlich nicht verbindlichen Untersuchungen, Stellungnahmen und die Vorbereitung von Beratungen, auch materiellrechtliche Fragen betreffen (vgl. *Curall,* in GTE, Art. 118 Rn. 16). Doch auch hier verfügt die Kommission
nicht über die Möglichkeit zur Schaffung verbindlicher Instrumente, die ihr
nunmehr der EGV erstmals in Art. 137 (ex-Art. 118 Abs. 2) einräumt. Welche Rolle die Vorschrift vor diesem Hintergrund in Zukunft haben wird,
hängt davon ab, ob die Kommission die Ziele des Art. 136 (ex-Art. 117)
mehr durch Rechtsinstrumente als durch Koordinierung der Politiken der
Mitgliedstaaten zu erreichen versucht und welcher Spielraum der sozialpolitischen Koordinierung auf der Grundlage von Art. 140 in Anbetracht der
Koordinierung der nationalen Beschäftigungspolitik auf der Grundlage des
Beschäftigungskapitels verbleibt.

III. Sozialpolitik in der Praxis

4   In der Praxis hat sich im Anschluß an die Konferenzen der Staats- und Regierungschefs in Den Haag im Dezember 1969 und Paris im Oktober 1972
zur Weiterentwicklung der Sozialpolitik die Verfahrensweise herausgebildet, daß der Rat zu Aktionsprogrammen der Kommission Entschließungen
faßt und diese beauftragt, Entwürfe für Rechtsakte der EG zu erarbeiten,
die bis zum Inkrafttreten der EEA 1987 vor allem auf die allgemeinen
Kompetenznormen der Art. 94 (ex-Art. 100) und Art. 308 (ex-Art. 235) gestützt wurden.

5   Einen bedeutenden Schritt zur Konkretisierung einer an der Zielbestimmung des Art. 136 (ex-Art. 117) ausgerichteten Sozialpolitik auf Gemeinschaftsebene stellten die Verabschiedung der Ratsentschließung über das
sozialpolitische Aktionsprogramm der Gemeinschaft vom 21.01.1974
(ABl. C 13/1) und die in der Folgezeit ergangenen Richtlinien dar:

–   **RL 75/129/EWG** des Rates zur Angleichung der Rechtsvorschriften
der Mitgliedstaaten über **Massenentlassungen** vom 17.02.1975 (ABl.
L 48/29);

–   **RL 77/187/EWG** des Rates zur Angleichung der Rechtsvorschriften
der Mitgliedstaaten über die Wahrung von Ansprüchen der Arbeitnehmer beim **Übergang von Unternehmen, Betrieben oder Betriebsteilen** vom 14.02.1977 (ABl. L 61/26);

–   **RL 80/987/EWG** des Rates zur Angleichung der Rechtsvorschriften
der Mitgliedstaaten über den Schutz der Arbeitnehmer bei **Zahlungsunfähigkeit des Arbeitgebers** vom 20.10.1980 (ABl. L 283/23).

6   Institutionelle Folge des Aktionsprogramms war die **Einrichtung des Zentrums für die Förderung der Berufsausbildung** in Berlin, jetzt Thessaloniki, durch die VO (EWG) Nr. 337/75 des Rates vom 10.02.1975 (ABl. L
39/1) und der **Europäischen Stiftung zur Verbesserung der Lebens- und
Arbeitsbedingungen** in Dublin durch die VO (EWG) Nr. 1365/75 des Rates vom 26.5.1975 (ABl. L 139/1), die jeweils auf die allgemeine Rechtsgrundlage des Art. 308 (ex-Art. 235) gestützt wurden.

7   Zu nennen sind neben dem sozialpolitischen Aktionsprogramm vom
21.1.1974 das Aktionsprogramm zugunsten der Wanderarbeitnehmer und
ihrer Familienangehörigen vom 9.2.1976 (ABl. C 34/2), die Aktionsprogramme für Sicherheit und Gesundheitsschutz am Arbeitsplatz vom
29.06.1978 (ABl. C 165/1) und vom 27.2.1984 (ABl. 1984 C 67/2) über Sicherheit, Arbeitshygiene und Gesundheitsschutz am Arbeitsplatz vom
21.12.1987 (ABl. 1988 C 28/1), das Aktionsprogramm zur Bekämpfung der
Arbeitslosigkeit vom 12.7.1982 (ABl. C 186/1), das Aktionsprogramm zur

Förderung des Beschäftigungswachstums vom 22.12.1986 (ABl. C 340/2), das Aktionsprogramm zum Europäischen Jahr für Sicherheit, Arbeitshygiene und Gesundheitschutz am Arbeitsplatz vom 25.6.1991 (ABl. L 214/77), die Aktionsprogramme zur Förderung der Chancengleichheit von Männern und Frauen vom 12.7.1982 (ABl. C 186/3) vom 24.7.1986 (ABl. C 203/2), vom 21.5.1991 (ABl. C 142/1) und vom Dezember 1995 (ABl. L 335/37) und schließlich der Aktionsplan zur Förderung der Freizügigkeit der Arbeitnehmer (KOM (97) 586).

Einen weiteren wichtigen Impuls erhielt die Sozialgesetzgebung auf Gemeinschaftsebene durch das umfangreiche Aktionsprogramm der Kommission zur **Anwendung der Gemeinschaftscharta der sozialen Grundrechte der Arbeitnehmer** (KOM (89) 568endg. v. 29.11.1989). Die von den Staats- und Regierungschefs von 11 Mitgliedstaaten am 8.12.1989 angenommene Gemeinschaftscharta enthält eine Auflistung von 26 politischen, aber rechtlich nicht verbindlichen Forderungen und Verpflichtungen, die in ihrem Titel I als „soziale Grundrechte der Arbeitnehmer" bezeichnet werden (vgl. *Ketelsen,* DAngVers. 90, 139; *Berié,* Kompaß 90, 109; *Clever,* ZfSH/SGB 1990,225). **8**

Im Juni 1994 legte die Kommission ein **Weißbuch über die Europäische Sozialpolitik** vor (KOM (94) 333 v. 27.07.1994), um die von ihr mit dem Grünbuch (KOM (93) 551) eingeleitete Diskussion über die Umsetzung der Gemeinschaftscharta der sozialen Grundrechte der Arbeitnehmer fortzusetzen und den sozialpolitischen Herausforderungen insbesondere der Beschäftigungskrise, zu begegnen. Vor dem Hintergrund der Annahme, daß wirtschaftlicher und sozialer Fortschritt miteinander verbunden sind, unterbreitet das Weißbuch Vorschläge, die die Grundlage für die Ausarbeitung des neuen sozialen Aktionsprogramms darstellen, das die Kommission (KOM (95) 134) im April 1995 für die Jahre 1995 bis 1997 angenommen und im April 1998 (KOM (98) 259) bis zum Jahr 2000 ergänzt hat. Die Verbindung von Wirtschafts- und Sozialpolitik betont auch die **Entschließung des Rates über die Perspektiven einer Sozialpolitik der Europäischen Union** (ABl. 1994 C 358/6). **9**

IV. Einzelne Bereiche der Sozialpolitik

1. Beschäftigung

Entsprechend der Kompetenzordnung der EG liegt die **Zuständigkeit für die Arbeitsmarktpolitik** nach wie vor hauptsächlich **bei den Mitglied-staaten** (vgl. Titel VIII). Rechtsvorschriften der EG mit Auswirkungen auf **10**

die Arbeitsmarktpolitik sind die VO **(EWG) Nr. 1612/68** des Rates über die
Freizügigkeit der Arbeitnehmer vom 15.12.1968, die vor allem die Abschaffung der auf der Staatsangehörigkeit beruhenden unterschiedlichen
Behandlung der Arbeitnehmer der Mitgliedstaaten in bezug auf Beschäftigung, Entlohnung und sonstige Arbeitsbedingungen vorsehen (vgl. dazu
Reemann ZFSH/SGB 1998, 51); um die noch verbleibenden Hemmnisse
bei der Freizügigkeit von Arbeitnehmern auszuräumen und zur Verbesserung der Arbeitsmarktflexibilität durch die Förderung der Freizügigkeit beizutragen, hat die Kommission dreißig Jahre nach der Anwendung der Vorschrift einen Vorschlag zur Änderung der VO 1612/68 und der RL
68/360/EWG vorgelegt (ABl. 1998 C 344/12). Die **Vorschläge** sollen den
Grundsatz von Gleichbehandlung von EU-Arbeitnehmern stärken, das Aufenthaltsrecht klarstellen und vereinfachen sowie die Rechte der Familienangehörigen von EU-Arbeitnehmern ausweiten, einschließlich ihres Zu-
zugsrechts in den Mitgliedstaat, in dem der Arbeitnehmer beschäftigt ist.
Um die Mobilität der Arbeitnehmer zur Verbreitung von Stellenangeboten
und -gesuchen zu fördern und zum Entstehen eines europäischen Arbeitsmarktes beizutragen, wurde die VO 1612/68 über den Ausgleich von Stellenangeboten und Arbeitsgesuchen überarbeitet und ein Stelleninformati-
onssystem mit der Bezeichnung EURES (European Employment Services)
errichtet (ABl. 1992 L 245/1).

2. Arbeitsrecht und Arbeitsbedingungen

11 Mit den auf der Rechtsgrundlage des Art. 94 (ex-Art. 100) verabschiedeten
arbeitsrechtlichen RLen bezweckt die EG **gemeinsame Mindestnormen
des rechtlichen Schutzes der Arbeitnehmer** festzulegen (vgl. *Curall,* in
GTE, Art. 118 Rn. 10). Diese betreffen bisher vor allem die Rechte der Arbeitnehmer bei der Umstrukturierung von Unternehmen sowie die Gleichbehandlung von Männern und Frauen, ohne daß bisher auch nur annähernd
ein **Europäisches Arbeitsrechtssystem** entstanden ist. Zu nennen sind
hier:

12 a) **RL 75/129/EWG** des Rates zur Angleichung der Rechtsvorschriften der
Mitgliedstaaten über **Massenentlassungen** vom 17.02.1975 (ABl. L 48/29,
geändert durch ABl. 1992 L 245/3). Aus Gründen der Übersichtlichkeit und
der Klarheit hat der Rat die RL mit ihren Änderungen in **RL 98/59/EG** des
Rates v. 20.07.1998 zur Angleichung der Rechtsvorschriften der Mitgliedstaaten über Massenentlassungen kodifiziert (ABl. 1998 L 225/16). Die RL
sieht Konsultationen des Arbeitgebers mit den Arbeitnehmervertretern über
Massenentlassungen mit dem Ziel ihrer Vermeidung oder ihrer Einschrän-

kung sowie die Anzeige bei der zuständigen Behörde vor (vgl. *Langenfeld/Jansen,* in Grabitz/Hilf, Art. 118 Rn.; *Weiss* RdA 1992, 367). Die RL soll einen vergleichbaren Schutz der Arbeitnehmer gewährleisten und die Belastungen der Unternehmen durch Massenentlassungen einander angleichen. Die in der RL vorgesehenen **Informations- und Konsultationsrechte** können deshalb auch Einfluß auf die Struktur der industriellen Beziehungen der Mitgliedstaaten haben. Wenn sich nach Art. 1 Abs. 1 lit. d auch nach den Rechtsvorschriften oder der Praxis der Mitgliedstaaten bestimmt, wer Arbeitnehmervertreter ist, so kann dies jedoch dann nicht gelten, wenn den Art. 2 und 3 der RL aufgrund der nationalen Gepflogenheiten die volle Wirkung genommen wird (EuGH, C-383/92, Kommission/Vereinigtes Königreich, Slg. 1994, I–2479). Schwierigkeiten warf wiederholt auch die Frage der Auslegung des Begriffs „**Betrieb**" in Art. 1 der RL auf, da die in der RL verwendeten unterschiedlichen Begriffe in den unterschiedlichen Sprachen von Fall zu Fall Betrieb, Niederlassung und Unternehmen, Arbeitsmittelpunkt, räumliche Einheit oder Arbeitsort bedeuten. Diese Schwierigkeiten löst der **EuGH** unter Zugrundelegung der **teleologischen Auslegung** des Begriffs nach dem Sinn der RL, wonach nach dem „effet utile" Normen des Gemeinschaftsrechts so auszulegen sind, daß das Gemeinschaftsrecht insgesamt die größtmögliche Wirkung entfaltet (EuGH, C-449/93, Rockfon A/S/Specialarbejderforbundet i Danmark, Slg. 1995, I–4291).

Die in Ausführung des Aktionsprogramms der Kommission zur Umsetzung der Gemeinschaftscharta ergangene **RL 92/56/EWG** des Rates zur Änderung der RL 75/129 zur Angleichung der Rechtsvorschriften der Mitgliedstaaten über Massenentlassungen vom 24.06.1992 (ABl. L 245/3) (vgl. dazu *Weiss* RdA 1992, 367) soll nach mehreren Anwendungsjahren der ursprünglichen Regelungen den sozialen und wirtschaftlichen Veränderungen und der Schaffung des Europäischen Binnenmarktes Rechnung tragen (vgl. *Rohndorf/Wittrock,* BArbBl. 12/1992, 8). Dazu wurde vor allem der **Begriff der Massenentlassung erweitert** und die **Informations- und Konsultationsrechte intensiviert.** Nach Art. 2 Abs. 4 sollen die Informations- und Konsultationspflichten unabhängig davon gelten, ob die Entscheidung über Massenentlassungen von dem Arbeitgeber selber oder von einem den Arbeitgeber beherrschenden Unternehmen getroffen wurde. Hingegen macht ein fehlerhaftes Konsultationsverfahren die Massenentlassung nicht unwirksam, wie dies der Kommissionsvorschlag noch vorgesehen hatte. Demgegenüber sieht Art. 5a vor, daß die Mitgliedstaaten den Arbeitnehmervertretungen oder den Arbeitnehmern **gerichtlich durchsetzbare Rechte** im Fall der Nichteinhaltung der RL verleihen. In Deutschland wurde die RL

13

durch **§ 17 Abs. 2 und 3 Kündigungsschutzgesetz** und ihre Änderung durch **Art. 5 des Gesetzes zur Anpassung arbeitsrechtlicher Bestimmungen an das EG-Recht** vom 20.07.1995 (BGBl. I S. 946) umgesetzt. Zweifel an dieser Umsetzung äußert *Wissmann* (RdA 1998, 221) insbesondere im Hinblick auf die Begriffe des Arbeitnehmers und des Betriebes sowie die Sanktion bei Verstößen (Unwirksamkeit der Kündigung bei Verletzung des § 17 KSchG? Unterlassungsanspruch im Rahmen des § 113 Abs. 3 BetrVG, Nichtanrechnung der Abfindung gemäß § 113 Abs. 1, 3 BetrVG auf den Sozialplan?).

14 b) **RL 77/187/EWG** des Rates zur Angleichung der Rechtsvorschriften der Mitgliedstaaten über die **Wahrung von Ansprüchen der Arbeitnehmer beim Übergang von Unternehmen, Betrieben oder Betriebsteilen** v. 14.02.1977 (ABl. L 61/26, geändert durch **RL 98/50/EG** des Rates v. 29.06.1998, ABl. L 201/88). Die RL sieht entsprechend ihren Erwägungsgründen vor, „die Arbeitnehmer bei einem Inhaberwechsel zu schützen und insbesondere die Wahrung ihrer Ansprüche zu gewährleisten". Zu diesem Zweck bestimmt die RL, daß die Rechte und Pflichten des Veräußerers aus einem Arbeitsvertrag oder Arbeitsverhältnis aufgrund des Übergangs auf den Erwerber übergehen. Weiterhin sieht die RL den Schutz der betreffenden Arbeitnehmer gegen Kündigung durch den Veräußerer oder den Erwerber vor. Sie steht jedoch „etwaigen Kündigungen aus wirtschaftlichen, technischen oder organisatorischen Gründen, die Änderungen im Bereich der Beschäftigung mit sich bringen", nicht entgegen. Außerdem wird dem Veräußerer und dem Erwerber in Art. 6 der RL vorgeschrieben, die Vertreter der von einem Übergang betroffenen Arbeitnehmer zu konsultieren und zu unterrichten. Der **grundlegende Zweck** der RL besteht darin, sicherzustellen, daß die Umstrukturierung von Unternehmen innerhalb der EG keine negativen Auswirkungen für die in den betreffenden Unternehmen beschäftigten Arbeitnehmer mit sich bringt. Dazu wird auf eine **Harmonisierung der Wahrung der Ansprüche und Rechte der Arbeitnehmer** hingewirkt; Veräußerer und Erwerber werden aufgefordert, die Vertreter der Arbeitnehmer rechtzeitig zu unterrichten und anzuhören. Die RL hat zu zahlreichen Rechtstreitigkeiten vor dem EuGH insbesondere zum sachlichen Anwendungsbereich der Richtlinie geführt. In seinen bisher etwa **dreißig Urteilen** hat der EuGH insbesondere den **Begriff des Übergangs** erläutert; er hat festgelegt, daß keine vertragliche Bindung zwischen dem Veräußerer und dem Erwerber erforderlich ist, damit die RL angewandt werden kann. Er hat die Auflösungsverfahren, jedoch nicht die Zahlungsaussetzungsverfahren vom Anwendungsbereich der RL ausgeschlossen; er hat den **persönlichen Anwendungsbereich** der RL erläutert und erklärt, daß die Arbeitnehmer

und ihre Vertreter nicht auf die Rechte verzichten können, die ihnen durch
die RL, wie sie in den nationalen Rechtsvorschriften umgesetzt ist, zugebilligt werden. Um die Information und die Orientierung über die Anwendung der RL unter Berücksichtigung der Urteile des EuGH zu vergrößern,
hat die Kommission diese Rechtsprechung in einem „**Memorandum zu
den erworbenen Ansprüchen der Arbeitnehmer beim Übergang von
Unternehmen**" (KOM (97) 85endg. v. 04.03.1997) zusammengefaßt und
unter Berücksichtigung dieser Rechtsprechung einen Vorschlag zur Änderung der RL vorgelegt, den der Rat durch **RL 98/50/EG** angenommen hat.
Die überarbeitete RL (vgl. dazu Gaul, BB 1999, 526, 582) berücksichtigt
die Tendenzen der Gesetzgebung der Mitgliedstaaten hinsichtlich der Sanierung von Unternehmen in wirtschaftlichen Schwierigkeiten, die geänderte Massenentlassungs-RL und klärt insbesondere aus Gründen der
Rechtssicherheit und Transparenz den juristischen Begriff des „**Übergangs**" ohne dadurch „den Anwendungsbereich der Richtlinie gemäß der
Auslegung durch den Gerichtshof zu ändern" (Erwägungsgrund 4).

Der **persönliche Anwendungsbereich** der RL wurde durch die **Definition**   **15**
des Arbeitnehmerbegriffs abgegrenzt. Der EuGH verzichtet dabei auf die
Entwicklung eines autonomen gemeinschaftsrechtlichen Arbeitnehmerbegriffs und verweist auf das **innerstaatliche Recht** der Mitgliedstaaten. Danach ist der Begriff der „Arbeitnehmer" im Sinne der RL so zu verstehen,
daß er alle Personen erfaßt, die in dem betreffenden Mitgliedstaat als Arbeitnehmer auf Grund der nationalen arbeitsrechtlichen Vorschriften geschützt sind. Es ist Sache des nationalen Gerichts, festzustellen, ob dies im
konkreten Fall zutrifft (EuGH, Rs. 105/84, Foreningen af Arbejdsledere i
Danmark/A/S Damnols Inventar i.L., Slg. 1985, 2639). Art. 2 Abs. 2 RL
98/50/EG untersagt es den Mitgliedstaaten jetzt allerdings, Teilzeitbeschäftigte, befristet beschäftigte und Leiharbeitnehmer aus dem Anwendungsbereich auszunehmen.

In den Urteilen zum **sachlichen Anwendungsbereich** hat der EuGH sich   **16**
mit dem **Begriff der „vertraglichen Übertragung"** und den „**Voraussetzungen eines Übergangs von Unternehmen, Betrieben oder Betriebsteilen**" auseinandergesetzt. Dabei hat der EuGH einen **weiten Übertra-
gungsbegriff** zugrunde gelegt, der keinen Eigentumsübergang an den Betriebsmitteln voraussetzt (EuGH, Rs. 287/86, Landsorganisationen i Danmark for Tjenerforbundet i Danmark/Ny Moelle Kro, Slg. 1987, 5465; zuletzt EuGH, C-382/92, Kommission/Vereinigtes Königreich, Slg. 1994,
I–2435). Es ist deshalb anerkannt, daß auch die **Verpachtung des Unternehmens,** einschließlich seiner Rückgabe an den Veräußerer, in den Anwendungsbereich der RL fällt (EuGH Rs. 287/86, Landsorganisationen i

Danmark for Tjenerforbundet i Danmark/Ny Moelle Kro, Slg. 1987, 5465).
Auch die vom Eigentümer vorgenommene **Weiterverpachtung** fällt nach
dem EuGH in den Anwendungsbereich der RL (EuGH, Rs. 324/86, Foreningen af Arbejdsledere i Danmark/Daddy's Dance Hall, Slg. 1988, 739).
In der Rs. „Borg" (EuGH, Rs. 101/87, Slg. 1988 3057) führte der EuGH
diesen Ansatz fort und unterwarf auch die **nach Beendigung eines Miet-
verhältnisses erfolgte Veräußerung des Unternehmens** an einen Dritten
dem Anwendungsbereich der RL. Eine hinreichende vertragliche Basis er-
blickte der EuGH auch in der durch Gerichtsbeschluß erfolgten Auflösung
eines Mietkaufvertrages als einen dem Anwendungsbereich der RL unterliegenden Sachverhalts (EuGH, Rs. 144 und 145/87, Berg und Bus-
schers/Besselsen, Slg. 1988, 2559). Aus der Rechtsprechung des EuGH ergibt sich danach, daß die RL auch **indirekte vertragliche Übertragungen**
erfaßt, d.h. Fälle wo die Übertragung in Ermangelung jeglicher rechtlicher
Beziehung zwischen aufeinanderfolgenden Arbeitgebern über einen Dritten, den Eigentümer erfolgt, sofern die fragliche Einheit zwischenzeitlich
ihre Identität wahrt (EuGH, Rs. 324/86, Foreningen af Arbejdsledere i Dan-
mark/Daddy's Dance Hall, Slg. 1988, 739; C-171/94 u. C-172/94, Merckx
und Neuhuys, Slg. 1996, I–1253).

17 Entscheidend für einen **Übergang** im Sinne der RL ist, ob die **fragliche
Einheit ihre Identität bewahrt.** Dies nimmt der EuGH namentlich dann
an, wenn der Betrieb tatsächlich weitergeführt oder wieder aufgenommen
wird (EuGH, Rs. 24/85, Spijkers/Gebroeders Benedik Abattoir CV u.a.,
Slg. 1986, 1119, Rn. 11 u. 12; C-171/94 u. C 172/94, Merckx u. Neuhuys,
Slg. 1996, I–1253, Rn. 16).
– Allgemeine Voraussetzungen des Betriebsübergangs
Danach müssen für einen Übergang **kumulativ zwei Voraussetzungen** er-
füllt sein: (1) Einmal muß in dem **bisherigen Unternehmen**, Betrieb oder
Betriebsteil eine **wirtschaftliche Einheit mit eigener Identität bestanden
haben**, und (2) diese wirtschaftliche Einheit und deren Identität muß auch
nach dem Übergang noch gegeben sein.
– Bewertungselemente
Die tatsächlichen und zur Festlegung des Vorhandenseins/Nichtvorhanden-
seins eines Übergangs im genannten Sinne erforderlichen Bewertungen obliegt der Zuständigkeit der nationalen Rechtsprechung, wobei **spezifische
Auslegungselemente** für eine solche Bewertung zu berücksichtigen sind:
die Art des Unternehmens oder des Betriebs, der Übergang oder die Nichtübergang von Sachwerten, beispielsweise von Gebäuden und Immobilien;
der Wert der immateriellen Bestandteile zum Zeitpunkt des Übergangs; die
Übernahme oder Nichtübernahme des größten Teils des Personals durch

den Inhaber, wobei eine qualitative Bewertung vorgenommen werden muß; der Übergang oder Nichtübergang der Kundschaft, der Grad der Ähnlichkeit der vor und nach dem Übergang durchgeführten Tätigkeiten, die Dauer einer möglichen Einstellung der Tätigkeit.

– Notwendigkeit einer Gesamtbewertung
Der EuGH betont jedoch, daß diese Elemente nur **Teilaspekte** einer **Gesamtbewertung** darstellen und nicht getrennt bewertet werden dürfen (EuGH, Rs. 24/85, Spijkers/Gebroeders Benedik Abattoir CV u.a., Slg. 1986, 1119, Rn. 13; C-29/91, Redmond Stichting/Bartol u.a., Slg. 1992, I–3189, Rn. 24). Damit der Übergang eines Unternehmens in den Anwendungsbereich der RL fallen kann, sollte er **vom Übergang einer organisierten Einheit von Elementen** begleitet sein, wodurch die Fortsetzung der Tätigkeiten oder bestimmter Tätigkeiten des abtretenden Unternehmens in stabiler Art und Weise möglich wird (EuGH, C-48/94, Rygaard, Slg. 1995, I–2745). Dies ist insbesondere dann der Fall, wenn die Geschäftstätigkeit tatsächlich weitergeführt oder wieder aufgenommen wird (EuGH, C-209/91, Watson Rask u. Christensen/ISS Kantinenservice, Slg. 1992, I–5755, Rn. 19). Danach ist die **Weiterführung der Tätigkeit** ein Kriterium, anhand dessen der Übergang eines Betriebes oder Betriebsteiles festgestellt wird. Dies ist jedoch allein nicht ausreichend, um einen Betriebsübergang annehmen zu können. Vielmehr ist auch die Weiterführung der Tätigkeit nur eines neben anderen Kriterien, die das nationale Gericht heranziehen kann, das für die Feststellung, ob die Voraussetzungen für den Betriebsübergang erfüllt sind, sämtliche den Vorgang kennzeichnenden Tatsachen im Rahmen einer qualitativen Bewertung berücksichtigen muß und nicht isoliert beurteilen darf. Allein der Umstand, daß die von dem alten und dem neuen Auftragnehmer erbrachten Dienstleistungen ähnlich sind, läßt nicht den Schluß zu, daß der Übergang einer wirtschaftlichen Einheit vorliegt. Eine Einheit darf nämlich nicht als bloße Tätigkeit verstanden werden. Ihre Identität ergibt sich auch aus **anderen Merkmalen**, wie ihrem **Personal**, ihren **Führungskräften**, ihrer **Arbeitsorganisation**, ihren **Betriebsmethoden** und gegebenenfalls den ihr **zur Verfügung stehenden Betriebsmitteln** (EuGH, C-13/95, Süzen/Zehnacker Gebäudereinigung GmbH, Slg. 1997, I–1259, Rn. 15).

– Das Problem der Funktionsnachfolge
Wenn der EuGH danach wie in der Rs. „**Christel Schmidt**" (EuGH, C-392/92, Schmidt/Bordesholm u.a., Slg. 1994, I–1311, 1326, Rn. 16) die Übertragung von Betriebsmitteln nicht zur Voraussetzung eines Betriebsübergangs macht, so heißt dies nicht, daß immer schon dann, wenn die bisherige Tätigkeit fortgesetzt wird, also eine reine **Funktionsnachfolge** vor-

liegt, auch schon ein Betriebsübergang gegeben ist. In der Rs. „Christel
Schmidt" folgt dies aus dem verwendeten Begriff „u.a." („... die Wahrung
dieser Identität (der Einheit) ergibt sich u.a. daraus, daß dieselbe oder eine
gleichartige Geschäftstätigkeit vom neuen Inhaber tatsächlich weitergeführt
oder wieder aufgenommen wird", die in dem Urteil **„Süzen"** (aaO) bestätigt
wurde. Zu den Umständen, die danach bei der Feststellung eines Übergangs
im Sinne der RL zu berücksichtigen sind, gehört außer dem Grad der Ähnlichkeit zwischen den vor und nach dem Übergang verrichteten Tätigkeiten,
der Art des betreffenden Unternehmens oder Betriebes u.a. die Übernahme
oder Nichtübernahme der Hauptbelegschaft durch den neuen Unternehmen-
sinhaber. Soweit in bestimmten Branchen, wie **Handels- und Dienstlei-
stungsunternehmen**, in denen es anders als in Produktionsunternehmen im
Wesentlichen **auf die menschliche Arbeitskraft** ankommt, eine Gesamtheit von Arbeitnehmern, die durch eine gemeinsame Tätigkeit dauerhaft
verbunden sind, eine wirtschaftliche Einheit darstellt, kann eine solche Einheit ihre Identität über ihren Übergang hinaus bewahren, wenn der neue Un-
ternehmensinhaber nicht nur die betreffende Tätigkeit weiterführt, sondern
auch **nach Zahl- und Sachkunde wesentliche Teile des Personals** übernimmt, das sein Vorgänger gezielt bei dieser Tätigkeit eingesetzt hatte
(EuGH, C-13/95, Süzen/Zehnacker Gebäudereinigung GmbH, Slg. 1997,
I–1259, Rn. 21). Für den „Übergang" im Sinne der RL reicht demnach die
bloße Funktionsnachfolge nicht aus, wie dies nach dem Urteil des EuGH
in der Rs. „Christel Schmidt" (EuGH, C-392/92, Schmidt/Bordesholm u.a.,
Slg. 1994, I–1311, 1326) zum Teil angenommen worden war. Auch wenn
ein Unternehmen beschließt, eine Tätigkeit für die es bislang einen Unter-
auftrag vergeben hatte, wieder selbst zu übernehmen, so kann eine vertragliche Übertragung i.S. der RL vorliegen (EuGH, 10.12.1998, Rs-C 229/96,
Santer/Höchst AG, A.A. GA Cosmos, 24.9.1998). Auch das **Bundesar-
beitsgericht** hat die Entscheidung des EuGH in der Rs. **„Süzen"** zum Anlaß für eine Revision seiner Rechtsprechung genommen und den im Anwendungsbereich des § 613a BGB bisher für maßgeblich gehaltenen „be-
triebsmittelorientierten" Betriebsbegriff aufgegeben und sich der „struktu-
rorientierten" Betrachtung des EuGH angeschlossen (vgl. dazu *Annuß,* BB
1998, 1581, ErfK/Preis (613a Rn. 15).

18 Nach **Art. 1 Abs. 1 lit b** der RL 98/50/EG, gilt als Übergang im Sinne der
Richtlinie „der Übergang einer ihre Identität bewahrenden wirtschaftlichen
Einheit im Sinne einer organisierten Zusammenfassung von Resourcen zur
Verfolgung einer wirtschaftlichen Haupt- oder **Nebentätigkeit.**"

19 **Art. 1 Abs. 1c** RL 98/50 EG stellt klar, daß die Aufgabenübertragung von
einer staatlichen Behörde auf eine andere staatliche Behörde kein Betrieb-

sübergang ist (EuGH, C-298/94, Henke/Schierke u. Brocken, Slg. 1996, I–4989; vgl. dazu *Kohte,* BB 1997, 1738).

Nach Art. 3 Abs. 1 RL 98/50/EG vollzieht sich der **Übergang der Ar-** **20** **beitsverhältnisse** automatisch auf Grund des Betriebsübergangs. Ein Arbeitnehmer kann selbst dann nicht auf die Rechte verzichten, die ihm auf Grund zwingender Vorschriften der RL zustehen, wenn die sich für ihn aus diesem Verzicht ergebenden Nachteile durch Vorteile solcher Art ausgeglichen werden, daß er insgesamt nicht schlechter gestellt ist (EuGH, Rs. 324/86, Foreningen af Arbejdsledere i Danmark/Daddy's Dance Hall, Slg. 1988, 739; Rs. 144 und 145/87, Berg und Busschers/Besselsen, Slg. 1988, 2559). Auf die Vorlagen mehrerer deutscher Arbeitsgerichte (vgl. ArbG Bamberg, EuZW 1992, 160; ArbG Hamburg, EuZW 1992, 31) hatte sich der EuGH mit dem in der Rechtsprechung des BAG entwickelten **Widerspruchsrecht des Arbeitnehmers** auseinanderzusetzen, demzufolge der Übergang des Arbeitsverhältnisses nicht eintritt, wenn der Arbeitnehmer dem widerspricht. Er entschied, daß Art. 3 RL 77/187/EWG es einem Arbeitnehmer nicht verwehrt, dem Übergang seines Arbeitsvertrages oder Arbeitsverhältnisses auf den Erwerber zu widersprechen (EuGH, C-132, 138 u. 139/91, Katsikas/Konstantinidis u.a., Slg. 1992, I–6577, 6610 Rn. 37). Ob in dem Widerspruchsrecht der Arbeitnehmer eine „günstigere" Vorschrift i.S.d. Art. 7 RL 77/187/EWG zu sehen ist, beantwortet der EuGH – von seinem Ansatz her konsequent – nicht (kritisch *Birk,* EuZW 1993, 156).

Bisher war auf europäischer Ebene nur die **Rechtsprechung des EuGH** für **21** den Bereich **Insolvenz und Betriebsübergang** – mangels einer diesbezüglichen RL-bestimmung – maßgeblich. Danach ist **im Konkursfall** Art. 1 Abs. 1 der RL nicht anwendbar (EuGH, Rs. 135/83, Abels/Bestuur van de Bedrijfsvereiniging voor de Metaalindustrie en de Electrotechnische Industrie, Slg. 1985, 469, bestätigt in den Urteilen vom selben Tage: Rs. 19/83, Wendelboe u.a./Konkursbo L.J. Music ApS, Slg. 1985, 457; Rs. 179/83, Industriebond FNV u.a./Niederländischer Staat, Slg. 1985, 511; Rs. 186/83, Botzen u.a./Rotterdamsche Droogdok Maatschappij BV, Slg. 1985, 519; Rs. 105/84, Foreningen af Arbejdsledere i Danmark/A/S Damnols Inventar i.L., Slg. 1985, 2639). Demgegenüber ist die RL im italienischen **Verfahren der außerordentlichen Verwaltung** „großer Unternehmen anwendbar, solange die Fortsetzung der Geschäftstätigkeit angeordnet wurde" (EuGH, C-362/89, d'Urso u.a./Ercole Marelli Elettromeccanica Generale SpA u.a., Slg. 1991, I–4105). Hingegen ist die RL beim Übergang eines Unternehmens, das sich im **Zustand der gerichtlichen Liquidation** befindet, anwendbar, wenn die Tätigkeit des Unternehmens weitergeführt wird (EuGH,

C-319/94, Dethier Equipement SA./J. Dassy u. Sovam SPRL, Slg. 1998,
I–1061 = EuZW 1998 594 m. Anm. Weber, 583). Zur Frage der Anwendbarkeit der RL im **Gesamtvollstreckungsverfahren in Ostdeutschland**
(vgl. *Langer-Stein,* EuZW 1992, 505).

22 Gemäß **Art. 4a Abs. 1 der RL 98/50/EG** sollen die Betriebsübergangsre-
gelungen nicht gelten, wenn gegen den Veräußerer unter der Aufsicht einer
zuständigen öffentlichen Stelle (worunter auch ein von einer zuständigen
Behörde ermächtigter Insolvenzverwalter verstanden werden kann) ein
Konkursverfahren oder ein **entsprechendes Verfahren mit dem Ziel der
Auflösung des Vermögens des Veräußerers** eröffnet wurde. Bei sonstigen
Zahlungsunfähigkeitsverfahren, die zwar unter staatlicher Aufsicht stehen
müssen, jedoch nicht der Auflösung des Vermögens zu dienen brauchen,
sieht Art. 4 a Abs. 2 folgende **Erleichterungen** vor: gemäß **lit. a** kann geregelt werden, daß die im Zeitpunkt des Betriebsübergangs bereits fälligen
Verbindlichkeiten nicht auf den Erwerber übergehen, sofern ein Insolvenz-
und Entgeltsicherungssystem entsprechend der RL 80/987/EWG (ABl.
1980 L 283/23) die Ansprüche der Arbeitnehmer deckt. **Lit b** läßt Änderungen der Arbeitsbedingungen zu, wenn dies der Erhaltung von Arbeitsplätzen dient. Die RL sieht damit eine **Trennung zwischen Liquidations-
und sonstigen Sanierungsverfahren** vor. Nur bei Liquidationsverfahren
ist der gänzliche Ausschluß der Betriebsübergangsregelungen zulässig. In
diesem Zusammenhang hat **Deutschland zu Protokoll** gegeben, daß die
RL 98/50/EG **keine Änderung der** am 01.01.1999 in Kraft getretenen **In-
solvenzordnung,** die sowohl die Liquidation als auch die Sanierung der
Unternehmen erlaubt und damit ergebnisoffen ist, erforderlich macht. Damit Zahlungsunfähigkeitsverfahren nicht in mißbräuchlicher Weise in Anspruch genommen werden, um den Arbeitnehmern die in der Richtlinie vorgesehenen Rechte vorzuenthalten, verpflichtet Abs. 4 die Mitgliedstaaten
jedoch dazu, die erforderlichen Maßnahmen zu treffen, damit Zahlungsunfähigkeitsverfahren nicht mißbraucht werden.

23 Nach **Art. 5 Abs. 2 RL 98/50/EG** sind die Mitgliedstaaten zur Regelung eines **Übergangsmandats der Arbeitnehmervertretung** beim Veräußerer
für die erforderliche Zeit bis zur Neubildung einer Arbeitnehmervertretung
verpflichtet, wenn ein Betrieb oder ein Betriebsteil nach seinem Übergang
den neuen Inhaber über keine eigene Arbeitnehmervertretung mehr verfügt.

24 **Teil III der L 98/50/EG** sieht in Art. 6 **ergänzende Regelungen zur Information und Konsultation der Arbeitnehmervertretung/**und auch der
Arbeitnehmer selbst vor. Danach ist der Veräußerer/der Erwerber zur rechtzeitigen Information der Arbeitnehmervertretung über einen vorgesehenen
Übergang und dessen Folgen auch dann verpflichtet, wenn die Entschei-

dung nicht vom Arbeitnehmer selbst, sondern von einem den Arbeitgeber kontrollierenden Unternehmen getroffen wird. Diese Regelung betrifft, wie bereits Art. 2 Abs. 4 RL 98/59/EG (Massenentlassungs-RL) **grenzüberschreitende Umstrukturierungen innerhalb eines Konzerns**. Auch sind die Mitgliedstaaten verpflichtet, die Information der betroffenen Arbeitnehmer selbst vorzusehen, wenn unabhängig vom Willen der Arbeitnehmer im Betrieb keine Arbeitnehmervertretung besteht und begründet danach auch Informationsrechte der Arbeitnehmer in nicht betriebsratsfähigen Betrieben. Bereits vor der Änderung der RL entschied der EuGH, daß die Mitgliedstaaten dafür Sorge zu tragen haben, daß Arbeitnehmervertreter zur Verfügung stehen (EuGH, C-383/92, Kommission/Vereinigtes Königreich, Slg. 1994, I–2479, 2489, Rn. 19ff.). Die Information ist rechtzeitig vor dem Vollzug des Übergangs zu übermitteln, auf jeden Fall aber bevor die Arbeitnehmer des Erwerbers von dem Übergang hinsichtlich ihrer Beschäftigungs- und Arbeitsbedingungen unmittelbar betroffen werden. Während die Verpflichtung zur Information von allgemeiner Tragweite ist, hat die Konsultation eine eingeschränkte Tragweite. Der EuGH hat eine ähnliche Bestimmung der Richtlinie 75/179/EWG (Massenentlassungen) so ausgelegt, daß sie keine Verpflichtung zu einem Ergebnis schafft (EuGH, C-382/92, Kommission/Vereinigtes Königreich, Slg. 1994, I–2435). Versäumt es der Arbeitgeber, die Vertreter der Arbeitnehmer zu informieren und zu konsultieren, so müssen die nationalen Rechtsvorschriften eine Strafe **effektiver, verhältnismäßiger** und **abschreckender** Art vorsehen (EuGH, aaO, Slg. 1994, I–2435 RZ 40).

Die RL wurde durch das Gesetz zur Gleichbehandlung von Männern und Frauen am Arbeitsplatz und über die Erhaltung von Ansprüchen bei Betriebsübergang (**Arbeitsrechtliches EG-Anpassungsgesetz** v. 13.08.1980, BGBl. I S. 1380) in das deutsche Recht übernommen (vgl. § 613a BGB i.d.F. des Art. 1 des arbeitsrechtlichen EG-Anpassungsgesetzes). **25**

c) **RL 80/987/EWG** des Rates zur Angleichung der Rechtsvorschriften der Mitgliedstaaten über den **Schutz der Arbeitnehmer bei Zahlungsunfähigkeit des Arbeitgebers** vom 20.10.1980 (ABl. L 283/23). Die RL hat zum Ziel, die Ansprüche der Arbeitnehmer auf das Arbeitsentgelt während des Zeitraums vor Eintritt der Zahlungsunfähigkeit des Arbeitgebers bzw. der Kündigung aus diesem Grund zu sichern. Art. 3 der RL sieht die Schaffung von Garantieeinrichtungen dafür vor (vgl. *Langenfeld/Jansen*, in Grabitz/Hilf Art. 118, Rn. 31). **26**

Die nicht vollständige Umsetzung der RL 80/987/EWG durch Italien bildete den Anlaß für das vielbeachtete Staatshaftungs-Urteil des EuGH betreffend die Haftung der Mitgliedstaaten wegen Nicht- oder fehlerhafter **27**

Umsetzung von RLen (EuGH, C-6 und 9/90, Francovich und Bonifaci/Italienische Republik Slg. 1991, I–5357, 5413ff. Rn. 28ff.). Danach gehört der Grundsatz der Haftung für Schäden, die dem einzelnen durch dem Mitgliedstaat zurechenbare Verstöße gegen das Gemeinschaftsrecht entstehen, untrennbar zu der durch den E(W)G-Vertrag geschaffenen Rechtsordnung. Der EuGH begründet diesen im Primärrecht nicht vorgesehenen gemeinschaftsrechtlichen Staatshaftungsanspruch aus dem Prinzip der vollen Wirksamkeit des Gemeinschaftsrechts und dem Prinzip des Schutzes der durch das Gemeinschaftsrecht begründeten Individualrechte. Unterstützend zieht er in diesem Zusammenhang auch die Pflicht zur Gemeinschaftstreue heran (vgl. zur Problematik des Urteils u.a. *Karl,* RIW 92, 440; *Ossenbühl,* DVBl. 92, 993; *Dänzer-Vanotti,* RIW 93, 733; *Schlemmer-Schulte/Ukrow,* EuR 92, 82; vgl. auch die Erläuterung der Haftung der Mitgliedstaaten im Anhang zu Art. 288).

28   **d) RL 91/533/EWG** des Rates über die **Pflicht des Arbeitgebers zur Unterrichtung des Arbeitnehmers über die für seinen Arbeitsvertrag oder sein Arbeitsverhältnis geltenden Bedingungen** vom 14.10.1991 (ABl. L 288/32). Die RL, die sich in ihren Erwägungsgründen ausdrücklich auch auf die von den Staats- und Regierungschefs der Mitgliedstaaten angenommene Gemeinschaftscharta der sozialen Grundrechte der Arbeitnehmer bezieht, gibt dem Arbeitnehmer das Recht, vom Arbeitgeber schriftlich Auskunft über die wesentlichen Punkte des Arbeitsvertrages oder des Arbeitsverhältnisses zu verlangen, so über Arbeitsinhalt, Arbeitsentgelt, Arbeitszeit, Dauer des Jahresurlaubs und Kündigungsfrist (vgl. *Rohndorf/Wittrock,* BArbBl. 12/1992, 5; *Däubler,* NZA 1992, 577; *Birk,* NZA 1996, 281; *Wank,* RdA 1996, 21; *Kliemt,* EAS, B 3050). Nach Art. 6 der RL werden die **nationalen Beweislastregeln nicht berührt,** jedoch müssen die nationalen Gerichte die nationalen Beweislastregeln „im Lichte des Zwecks der Richtlinie" anwenden und auslegen, was dazu führt, daß die schriftliche Mitteilung des Arbeitgebers eine starke Vermutung der Richtigkeit in sich tragen. Wegen einer fehlenden Beweislastregelung kann der Nachweis der wesentlichen Rechte des Arbeitsvertrages nicht ausschließlich auf die Mitteilung des Arbeitgebers gestützt werden; vielmehr ist der Beweis des Gegenteils durch den Arbeitgeber zulässig (EuGH, C-253 bis 258/96, Kampelmann u.a./Landschaftsverband Westfalen-Lippe u.a., Slg., 1997, I–6907; vgl. dazu *Hohmeister,* BB 1998, 587). In Deutschland führt dies zu einer veränderten Beweislast in Eingruppierungsstreitigkeiten von Arbeitnehmern im Öffentlichen Dienst.

29   Die RL wurde durch das Gesetz über den Nachweis für im Arbeitsverhältnis geltenden wesentlichen Bedingungen – **Nachweisgesetz** – (BGBl. I 1995 946ff.), geändert durch das Gesetz zur Änderung des Bürgerlichen

Gesetzbuchs und des Arbeitsgerichtsgesetzes (BGBl. I 1998, 1694f.; vgl. dazu *Hohmeister,* BB 1998, 1790) umgesetzt.

e) RL 97/81/EG des Rates zu der von UNICE, CEEP und EGB geschlos-   **30** senen **Rahmenvereinbarung über Teilzeitarbeit** vom 15.12.1997 (ABl. 1998 L 14/9; vgl. dazu *Schmidt,* NZA 1998 576). Ziel der Rahmenvereinbarung ist die **Beseitigung von Diskriminierung von Teilzeitbeschäftigten** und die **Verbesserung der Qualität der Teilzeitarbeit** sowie deren Förderung auf freiwilliger Basis. Die Vereinbarung erstreckt sich allein auf die Beschäftigungsbedingungen von Teilzeitbeschäftigten. Die Fragen der gesetzlichen Regelung der sozialen Sicherheit unterliegen danach weiterhin der Entscheidung der Mitgliedstaaten. Neben dem **Grundsatz der Nichtdiskriminierung** gegenüber Vollzeitbeschäftigten enthält die RL, die bis zum 20. Januar 2000 von den Mitgliedstaaten umgesetzt werden muß, einige Empfehlungen an die Mitgliedstaaten, Sozialpartner und Arbeitgeber. Nach § 4 Abs. 1 der Rahmenvereinbarung dürfen Teilzeitbeschäftigte ohne objektiven Grund und allein auf Grund ihrer Eigenschaft als Teilzeitbeschäftigte nicht schlechter behandelt werden als vergleichbare Vollzeitbeschäftigte. Nach Abs. 2 gilt der Pro-rata-temporis-Grundsatz. Nach Abs. 4 können die Mitgliedstaaten und/oder Sozialpartner den Zugang zu besonderen Beschäftigungsbedingungen allerdings von der Betriebszugehörigkeitsdauer, der Arbeitszeit oder Lohn- und Gehaltsbedingungen abhängig machen, ohne daß deshalb eine **mittelbare Diskriminierung** vorliegen kann. Die RL enthält darüber hinaus noch eine Reihe von Zielbestimmungen. So sollen die Mitgliedstaaten Beschränkungen der Teilzeitarbeitsmöglichkeiten beseitigen, den Wechsel von Vollzeit auf Teilzeitbeschäftigung oder umgekehrt erleichtern, eine Ablehnung des Wechsels sollte kein Kündigungsgrund darstellen. Zu der von UNICE, CEEP und EGB am 16.3.1999 geschlossenen **Rahmenvereinbarungen über die Befristung von Arbeitsverhältnissen** (vgl. dazu COEN, EuroAS 3/1999, 30) hat die Kommission einen Richtlinienvorschlag angekündigt.

f) RL 96/71/EG des EP und des Rates über die **Entsendung von Arbeit-**   **31** **nehmern im Rahmen der Erbringung von Dienstleistungen** vom 16.12.1996 (ABl. 1997 L 18/1). Die auf Art. 47 (ex-Art. 57) Abs. 2 und Art. 55 (ex-Art. 66) gestützte RL erfaßt die **grenzüberschreitende Arbeitnehmerüberlassung** und sieht vor, daß im anderen Mitgliedstaat eingesetzte Arbeitnehmer in bestimmten Bereichen Anspruch auf diejenigen **Arbeitsbedingungen** haben, die am Arbeitsort für die betreffende Tätigkeit und das betreffende Gewerbe zwingend gelten (zur **sozialrechtlichen** Stellung der entsandten Arbeitnehmer, vgl. Beschluß Nr. 162 v. 31.05.1996 der Verwaltungskommission der EG für die Soziale Sicherheit der Wanderarbeitnehmer, ABl. L 241/28; Fitzwilliams/Technical Vervices GA Jobobs Colomer, v. 26.11.1998, RS-.C 178/97, Banks u.a./Théâtre Royal de Ru Monnaie; *Cornellissen*, RdA 1996, 329; *Hohnerlein*, ZIAS 1996, 187 und *Mankowiski*, BB 1997, 465). Bei den genannten Bereichen handelt es sich vor allem um die Bedingungen für die Arbeitnehmerüberlassung, die Arbeitsschutzvorschriften, den Mindesturlaub und den Mindestlohn, sofern dieser durch Rechtsvorschriften oder Allgemeinverbindlichkeitserklärung eines Tarifvertrages für die inländischen Unternehmen verbindlich ist. **Kern des Vorschlags** ist die Bestimmung, daß **zwingende Mindestlöhne von ausländischen Wettbewerbern nicht unterschritten werden dürfen.** Die RL hat einen weiten, nicht nach Sektoren beschränkten Anwendungsbereich, soweit es um Arbeits- und Beschäftigungsbedingungen geht, die in Rechts- oder Verwaltungsvorschriften der Mitgliedstaaten enthalten sind. Soweit es dagegen um **Arbeits- und Beschäftigungsbedingungen** geht, die in für allgemein verbindlich erklärten Tarifverträgen enthalten sind, ist die Anwendung auf den von der Entsendeproblematik besonders betroffenen **Baubereich beschränkt.** Die Regelungen finden grundsätzlich ab dem ersten Tag einer Entsendung Anwendung. Jedoch kann der nationale Gesetzgeber eine generelle Schwellenfrist bis zu einem Monat, eine Öffnungsklausel für entsprechende Vereinbarungen der Sozialpartner oder Ausnahmen für Arbeiten geringeren Umfangs einführen. Auch für **Montagearbeiten** ist außerhalb des den Kernbereich der RL ausmachenden Baubereichs eine Ausnahme vorgesehen.

Um die Durchführung der RL in der Praxis zu gewährleisten, ist eine Zusammenarbeit der zuständigen nationalen Behörden wie die Einrichtung von Verbindungsbüros vorgesehen. Die Durchsetzung der zwingenden Arbeits- und Beschäftigungsbedingungen wird zusätzlich dadurch erleichtert, daß in Abweichung von bestehenden internationalen Gerichtsstandsübereinkommen eine **zusätzliche Klagemöglichkeit** für Arbeitnehmer und Unternehmen auch bei den für den Arbeitsort zuständigen Gerichten eröffnet wird.

32 Die RL war und ist unter den Mitgliedstaaten umstritten, weil sie zum Teil als zu weitgehende Einschränkung der Marktfreiheiten des Binnenmarktes gesehen wird. Auf Vorlage des Arbeitsgerichts Wiesbaden wird der EuGH erstmals Gelegenheit haben, einige der Rechtsprobleme zu klären (vgl. *Gastel*, EuroAS. 6/98, 71). Zu den spezifischen Problemen der Sozialkassenverfahren der Bauwirtschaft bei der Entsendung innerhalb der EU (vgl. EuGH, C-272/94, Strafverfahren gegen Guiot, Slg. 1996, I–1995 sowie GA Ruiz-Jarabo Colomer vom 25. Juni 1996, C-369/96 und C-376/96, EuroAS 7–8/98, 101).

Die RL wurde in Deutschland durch das **Arbeitnehmerentsendegesetz**			**33**
vom 26.2.1996 (BGBl. I. S. 227), geändert durch Gesetz vom 16.12.1997
(BGBl. I. S. 2970) und Gesetz vom 28.12.1998 (BGBl. I S. 3843) umgesetzt; zu der RL vgl. *Kretz,* Arbeitnehmerentsendegesetz; *Koberski/Sahl/
Holt,* Arbeitnehmerentsendegesetz; *Marschall,* NZA 1998, 633 *und Wie-
sehügel/Sahl* (Hrsg.) Die Sozialkassen der Bauwirtschaft und die Entsendung innerhalb der Europäischen Union). Da der freie Dienstleistungsverkehr das Recht der Dienstleistungserbringer einschließt, ihre Arbeitskräfte
in einen anderen Mitgliedstaat zu entsenden, selbst wenn es sich dabei um
Personen handelt, die nicht Unionsbürger sind, sondern die Staatan-
gehörigkeit eines anderen Landes besitzen und sich rechtmäßig innerhalb
der Gemeinschaft aufhalten (EuGH, C 43/92, van der Elst/OMI, Slg. 1994
I 3803) hat die Kommission einen Vorschlag für eine Richtlinie des EP und
des Rates über die Bedingungen für die Entsendung von Drittstaatsangehörigen im Rahmen der grenzüberschreitenden Erbringung von Dienstleistungen vorgelegt (ABl 1999 C 67/12).

g) Sonstiges. Neben diesen im Bereich des Arbeitsrechts ergangenen RLen			**34**
hat der Rat auf der Rechtsgrundlage des Art. 71 (ex-Art. 75) Rechtsakte zur
Harmonisierung bestimmter Sozialvorschriften im Straßenverkehr erlassen (vgl. VO (EWG) Nr. 543/69, ABl. 1969 L 77/49; VO (EWG) Nr.
3280/85, ABl. 1985 L 370/1 sowie RL 88/599/EWG, ABl. 1988 L 325/55).
Andere Regelungen der rechtlichen Arbeitsbedingungen sind ebenfalls
durch verschiedene Vorschriften des Sekundärrechts erfolgt (vgl. Art. 7
Abs. 1–4 VO. (EWG) Nr. 1612/68). Auch mehrere Bestimmungen der **Gemeinschaftscharta** befaßten sich mit den Arbeitsbedingungen (vgl. Art.
4–6 zu Beschäftigungs- und Arbeitsentgelt; Art. 7–9 zur Verbesserung der
Lebens- und Arbeitsbedingungen; Art. 16 zur Gleichbehandlung von Männern und Frauen).

3. Berufliche Ausbildung und Fortbildung

Durch die Regierungskonferenz über die Politische Union wurde in den			**35**
Maastrichter Vertrag über die Gründung der EU ein eigenes **Kapitel „All-
gemeine und berufliche Bildung und Jugend"** beschlossen (vgl. dazu
Art. 149 (ex-Art. 126) und Art. 150 (ex-Art. 127.

4. Soziale Sicherheit

Rechtsgrundlagen für verbindliche Gemeinschaftsrechtsakte im Bereich			**36**
der Sozialen Sicherheit bilden Art. 137 (ex-Art. 118) Abs. 3 1. Spiegelstrich
sowie Art. 40 (ex-Art. 49) und Art. 42 (ex-Art. 51) sowie die auf diesen

Rechtsgrundlagen ergangenen sekundärrechtlichen VOen, die dazu dienen, bei Wanderungen von Arbeitnehmern innerhalb der EG die Wahrung erworbener Rechte und Anwartschaftsrechte zu sichern und im jeweiligen Aufenthaltsstaat die Inländergleichbehandlung zu gewährleisten (vgl. Art. 7 Abs. 2 VO (EWG) Nr. 1612/68 und Art. 3 VO (EWG) Nr. 1408/71). Im Einzelnen ist hier auf die Erläuterungen zu Art. 39 (ex-Art. 48) bis Art. 42 (ex-Art. 51) zu verweisen.

37   An dieser Stelle ist lediglich auf die **RL 98/49/EG** des Rates zur **Wahrung ergänzender Rentenansprüche von Arbeitnehmern und Selbständigen, die innerhalb der EG zu- und abwandern** vom 29.06.1998 (ABl. L 209/46 einzugehen. Ziel der RL ist es, Ansprüche von Anspruchsberechtigten ergänzender Rentensysteme, die von einem Mitgliedstaat in einen anderen abwandern, zu schützen und dadurch dazu beizutragen, Hindernisse für die Freizügigkeit von Arbeitnehmern und Selbständigen innerhalb der EU zu beseitigen. Um dieses Ziel zu erreichen, sieht die RL in **Art. 4** vor, daß die Mitgliedstaaten die erforderlichen Maßnahmen zu treffen haben, um sicherzustellen, daß die Zusatzrentenansprüche für Personen, die von einem Mitgliedstaat in den anderen wechseln, im gleichen Umfang aufrecht erhalten bleiben wie die Ansprüche von Personen, die in einem Mitgliedstaat verbleiben, dort aber den Arbeitgeber wechseln. **Art. 5** verpflichtet die Mitgliedstaaten sicherzustellen, daß die Auszahlung von Zusatzrenten in jedem Mitgliedstaat erfolgt und nach **Art. 6** haben die Mitgliedstaaten im Fall der Entsendung im Sinne der VO 1408/71 die erforderlichen Maßnahmen zu treffen, damit für den entsandten Arbeitnehmer weiterhin Beiträge in das Zusatzrentensystem bezahlt werden können, welche sich im Entsendemitgliedstaat befindet; in diesen Fällen ist sicherzustellen, daß der entsandte Arbeitnehmer von einer etwaigen Pflicht zur Beitragszahlung in eines Zusatzrentensystem des Aufnahmemitgliedstaates freigestellt wird. **Zwei Probleme** werden durch die RL **nicht gelöst**: Arbeitnehmer, die ihre Beiträge außerhalb des Landes zahlen, in dem sie arbeiten, werden auch künftig steuerlich diskriminiert. Ferner bestehen die Mindestbeitragszeiten weiter, die in vielen Zusatzrentensystemen wie in Deutschland nach § 1 BetrAVG Voraussetzung für den Bezug der Rente sind und die diejenigen benachteiligen, die im Laufe ihres Berufslebens das Land wechseln.

38   Der **Stand des sozialen Schutzes** und das Verfahren für dessen Gewährleistung bleibt danach **Sache des Mitgliedstaates**, wobei lediglich die **Diskriminierungsverbote** und die **Vorschriften über die Koordinierung der innerstaatlichen Systeme** zugunsten der Wanderarbeitnehmer zu beachten sind. Von einer eigenständigen Politik der EG auf dem Gebiet der sozialen Sicherheit kann unter diesen Umständen noch nicht gesprochen werden. Ob

es dabei im Hinblick auf die notwendige Konvergenz in der WWU und die Stabilitätsanforderungen auf der Grundlage des Stabilitätspaktes verbleiben kann, ist fraglich zumal auch das Spannungsverhältnis zwischen den Grundfreiheiten des EGV und der Sozialen Sicherheit im Binnenmarkt sichtbarer wird (vgl. dazu Art. 137 (ex-Art. 118) Rn. 31).

5. Verhütung von Berufsunfällen und Berufskrankheiten; Gesundheitsschutz bei der Arbeit

Eine größere Anzahl von diese Bereiche betreffenden RLen wurde zunächst   **39**
auf Art. 94 (ex-Art. 100) oder teilweise auch auf Art. 95 (ex-Art. 100a) und 308 (ex-Art. 235) gestützt. Seit Inkrafttreten der EEA 1987 war Art. 118a, der jetzt in Art. 137 (ex-Art. 118) Abs. 1 1. Spiegelstrich übernommen wurde, die zutreffende Rechtsgrundlage.

6. Koalitionsrecht und Kollektivverhandlungen zwischen Arbeitgebern und Arbeitnehmern

Nach dem Scheitern der sogenannten **„Vredeling-Initiative"** (vgl. ABl.   **40**
1986 C 203/1) wurde die RL Nr. 94/45/EG des Rates über die Einsetzung eines Europäischen Betriebsrats oder die Schaffung eines Verfahrens zur Unterrichtung und Anhörung gemeinschaftsweit operierenden Unternehmen und Unternehmensgruppen (ABl. L 254/64) verabschiedet (vgl. dazu Art. 137, ex-Art. 118 Rn. 24f.). In der Gemeinschaftscharta sind die Bereiche der Koalitionsrechte und Kollektivverhandlungen in den Art. 11, 12, 13, 17 und 18 sowie der Ausnahmevorschrift des Art. 14 behandelt.

7. Sonstiges

Die **Aufzählung der Gebiete der Sozialpolitik** in Art. 140 ist **nicht ab-**   **41**
schließend („insbesondere"). Eine Reihe zumeist nicht verbindlicher Rechtsakte von Rat und Kommission befassen sich mit der Wanderungspolitik gegenüber Drittländern, der beruflichen und sozialen Eingliederung Behinderter, Maßnahmen zur Bekämpfung der Armut sowie der wirtschaftlichen und sozialen Eingliederung benachteiligter Personengruppen, der öffentlichen Gesundheit, sozialen Rechten Nichtbeschäftigter sowie Rassenhaß und Fremdenfeindlichkeit (vgl. *Currall*, in GTE, Art. 118 Rn. 71). Sie sind Bestandteil eines sich auch in den unter den Rn. 1–6 behandelten Bereichen immer mehr ausbreitenden aus Entschließungen, Leitlinien, Aktionsprogrammen und u.ä. bestehenden nicht verbindlichen „EG-soft-law".

Art. 141 (ex-Art. 119) (Gleiches Entgelt für Männer und Frauen)

(1) Jeder Mitgliedstaat stellt die Anwendung des Grundsatzes des gleichen Entgelts für Männer und Frauen bei gleicher oder gleichwertiger Arbeit sicher.

(2) Unter „Entgelt" im Sinne dieses Art. sind die üblichen Grund- oder Mindestlöhne und -gehälter sowie alle sonstigen Vergütungen zu verstehen, die der Arbeitgeber auf Grund des Dienstverhältnisses dem Arbeitnehmer unmittelbar oder mittelbar in bar oder in Sachleistungen zahlt.

Gleichheit des Arbeitsentgelts ohne Diskriminierung aufgrund des Geschlechts bedeutet,

a) daß das Entgelt für eine gleiche nach Akkord bezahlte Arbeit aufgrund der gleichen Maßeinheit festgesetzt wird,

b) daß für eine nach Zeit bezahlte Arbeit das Entgelt bei gleichem Arbeitsplatz gleich ist.

(3) Der Rat beschließt gemäß dem Verfahren des Art. 251 und nach Anhörung des Wirtschafts- und Sozialausschusses Maßnahmen zur Gewährung der Anwendung des Grundsatzes der Chancengleichheit und der Gleichbehandlung von Männern und Frauen in Arbeits- und Beschäftigungsfragen, einschließlich des Grundsatzes des gleichen Entgelts bei gleicher oder gleichwertiger Arbeit.

(4) Im Hinblick auf die effektive Gewährleistung der Gleichstellung von Männern und Frauen im Arbeitsleben hindert der Grundsatz der Gleichbehandlung die Mitgliedstaaten nicht daran, zur Verhinderung bzw. zum Ausgleich von Benachteiligungen in der beruflichen Laufbahn spezifische Vergünstigungen beizubehalten oder zu beschließen.

Überblick

I. Ziele und Grundlagen

1. Wirtschaftliche und soziale Zielrichtung

Art. 141 entspricht dem bisherigen Art. 119 bzw. Art. 6 des Sozialabkom- **1**
mens, verändert und ergänzt jedoch diese Vorschriften. Wie bereits Art. 119
gehört die Vorschrift zu den Grundlagen der EG, verfolgt aber stärker als
diese neben einer **wirtschaftlichen** vor allen Dingen eine **soziale Zielrichtung**. Während der erste Beweggrund für die Aufnahme des Grundsatzes
des gleichen Entgelts für Männer und Frauen bei gleicher Arbeit in den ursprünglichen EWG-Vertrag die **Vermeidung von Wettbewerbsverzerrungen** war (EuGH, Rs. 43/75, Defrenne/Sabena (II), Slg. 1976, 455 Rn. 9),
trat in der Folgezeit zunehmend die **sozialpolitische Zielsetzung** in den
Vordergrund (vgl. *Curall,* in GTE Art. 119 Rn. 21; *Langenfeld/Jansen,* in
Grabitz/Hilf Art. 119 Rn. 3). Dies betonte der EuGH bereits in der Grundsatzentscheidung Defrenne (II) (EuGH, aaO, Slg. 1976, 455, Rn. 10). Da
der Vertrag „die Gleichstellung von Männern und Frauen" in Art. 2 zur **Aufgabe** der EG macht und diese in Art. 3 Abs. 2 verpflichtet, im Rahmen aller in der Vorschrift genannten Tätigkeiten darauf hinzuwirken, „Ungleichheiten zu beseitigen und die **Gleichstellung** von Männern und Frauen zu
fördern" tritt neben die wirtschaftliche und soziale Zielrichtung eine **men-
schenrechtliche** Dimension der Vorschrift.

2. Unmittelbare Anwendbarkeit, subjektives Recht, horizontale Wirkung

2   Art. 141 ist **unmittelbar anwendbar** und verleiht dem einzelnen Arbeitnehmer ein **subjektives Recht** auf gleiches Entgelt bei gleicher und jetzt
auch bei **gleichwertiger Arbeit**, auf das er sich vor innerstaatlichen Gerichten berufen kann (EuGH Rs. 43/75, aaO, Slg. 1976, 455, 476). Die Vorschrift wendet sich nur an die Mitgliedstaaten. Der EuGH hat jedoch bereits
dem früheren Art. 119 Abs. 1 auch **horizontale** Wirkung beigemessen. Das
Verbot von Diskriminierung ist daher nicht nur für öffentliche Behörden
verbindlich, sondern erstreckt sich auch auf alle kollektiven Tarifverträge
sowie auf die Verträge zwischen Privatpersonen, die die abhängige Erwerbstätigkeit regeln (EuGH, Rs. 43/75, aaO, Slg. 1976, 455, 476; C-33/89, Ko-
walska/Freie und Hansestadt Hamburg, Slg. 1990, I–2591, 2611; C-184/89,
Nimz/Freie und Hansestadt Hamburg, Slg. 1991, I–297, 318; C-173/91,
Kommission/Belgien, Slg. 1993, I–673).

3. Gemeinschaftsgrundrecht

3   Art. 141 ist wie bereits Art. 119 ein **Gemeinschaftsgrundrecht** (EuGH,
Rs. 149/77, Defrenne/Sabena (III), Slg. 1978, 1365; Rs. 75 und 117/82, Ra-
zzouk u. Beydoun/Kommission, Slg. 1984, 1509) und kann – wie auch das
Diskriminierungsverbot des Art. 12 (ex-Art. 6) – als **spezielle Ausprägung**
des auch in der Gemeinschaftsrechtsordnung geltenden **allgemeinen
Gleichheitssatzes** (EuGH, Rs. 13/63, Italien/Kommission, Slg. 1963, 357;
Rs. 117/76, Ruckdeschel u.a./Hauptzollamt Hamburg, Slg. 1977, 1753; C-
267 bis 285/88, Wiudart u.a./Genossenschaft Laiterie u.a., Slg. 1990,
I–435) angesehen werden. Dieses Gemeinschaftsgrundrecht ist gestärkt
worden, indem die Gleichstellung von Männern und Frauen nach Art. 2 Gemeinschaftsziel geworden und die EG nach Art. 3 Abs. 2 verpflichtet ist, bei
allen Tätigkeiten die **Gleichstellung** von Männern und Frauen zu **fördern.**
Dieses **Förderungsgebot** geht weiter als die **Gleichberechtigung.** Das
Gleichbehandlungsrecht wird damit von einem **Abwehrrecht** zu einem
Teilhaberecht, welches **Förderpflichten** zur Verwirklichung des Vertrags-
ziels der Gleichstellung begründen kann.

4. Grundsatz des gleichen Entgelts/Gleichheit der Arbeitsbedingungen

4   Der unmittelbar anwendbare Art. 141 Abs. 1 umfaßt allein **den Grundsatz des gleichen Entgelts bei gleicher oder gleichwertiger Arbeit.** Er
kann als Sondervorschrift wie bereits Art. 119 **nicht** dahingehend weit ausgelegt werden, daß er über die Gleichheit des Arbeitsentgelts hinaus auch
die **Gleichheit der sonstigen Arbeitsbedingungen** für männliche und

weibliche Arbeitnehmer gewährleistet (EuGH, Rs. 149/77, Defrenne/Sabena (III), Slg. 1978, 1365, 1378). Durch die Verabschiedung von auf die Rechtsgrundlagen der Art. 94 (ex-Art. 100) und Art. 308 (ex-Art. 235) gestützter RLen ist sein Anwendungsbereich teilweise konkretisiert und erweitert worden, teilweise regeln diese Materien, die nicht unter die Vorschrift fallen. In den siebziger und achtziger Jahren hat der Rat **5 RLen** erlassen:

- **RL 75/117/EWG** des Rates zur Angleichung der Rechtsvorschriften der Mitgliedstaaten über die Anwendung des Grundsatzes des gleichen Entgelts für Männer und Frauen vom 10.2.1975 (ABl. L 45/19),
- **RL 76/207/EWG** des Rates zur Verwirklichung des Grundsatzes der Gleichbehandlung von Männern und Frauen hinsichtlich des Zugangs zur Beschäftigung, zur Berufsbildung und zum beruflichen Aufstieg sowie in Bezug auf die Arbeitsbedingungen vom 9.2.1976 (ABl. L 39, 40),
- **RL 79/7/EWG** des Rates zur schrittweisen Verwirklichung des Grundsatzes der Gleichbehandlung von Männern und Frauen im Bereich der sozialen Sicherheit vom 19.12.1978 (ABl. 1979 L 6/29).
- **RL 86/378/EWG** des Rates zur Verwirklichung des Grundsatzes der Gleichbehandlung von Männern und Frauen beim betrieblichen System der sozialen Sicherheit vom 24.7.1986 (ABl. L 225, 40, geändert durch RL 96/97/EG des Rates vom 20.12.1996, ABl. 1997 L 46/20),
- **RL 86/613/EWG** des Rates zur Verwirklichung des Grundsatzes der Gleichbehandlung von Männern und Frauen, die eine selbständige Erwerbstätigkeit – auch in der Landwirtschaft – ausüben, sowie über den Mutterschutz vom 11.12.1986 (ABl. L 359, 56).

Diese RLen wurden in den neunziger Jahren **ergänzt** durch: 5
- **RL 92/85/EWG** des Rates vom 19.10.1992 über die Durchführung zu Maßnahmen zur Verbesserung der Sicherheit und des Gesundheitsschutzes von schwangeren Arbeitnehmerinnen, Wöchnerinnen und stillenden Arbeitnehmerinnen am Arbeitsplatz (10. Einzelrichtlinie i.S. des Art. 16 der RL 86/391/EWG, ABl. L 348/1),
- **RL 96/34/EG** des Rates v. 3.6.1996 zu der von UNICE, CEET und EGB geschlossenen Rahmenvereinbarung über Elternurlaub (ABl. L 145/4),
- **RL 97/80/EG** des Rates v. 15.12.1997 über die Beweislast bei Diskriminierung aufgrund des Geschlechts (ABl. 1998 L 14/6).

II. Voraussetzungen

1. Begriff des „Entgelts"

6   **Der Begriff des „Entgelts"** i.S. von Art. 141 Abs. 2 umfaßt nach ständiger Rechtssprechung des EuGH zu dem bisherigen Art. 119 alle gegenwärtigen oder künftigen, in bar oder in Sachleistungen gewährten Vergütungen, vorausgesetzt, daß sie der Arbeitgeber dem Arbeitnehmer wenigstens mittelbar aufgrund des Dienstverhältnisses gewährt, sei es aufgrund eines Arbeitsvertrages, aufgrund von Rechtsvorschriften oder freiwillig (EuGH, Rs. 171/88, Rinner-Kühn/FWW Spezial-Gebäudereinigung GmbH, Slg. 1989, 2743; C-262/88, Barber/Guardian Royal Exchange Insurance Group, Slg. 1990, I–1889; C-360/90, Bötel/Stadt Berlin, Slg. 1992, I–3589).

a) Entgelt

7   Der EuGH hat daher **als Entgelt angesehen**: den im Krankheitsfall fortgezahlten Arbeitnehmerlohn (EuGH, Rs. 171/88, Rinner-Kühn/FWW Spezial-Gebäudereinigung GmbH, Slg. 1989, 2743), tarifvertragliche Vorschriften über den quasi automatischen Aufstieg in eine höhere Vergütungsgruppe (EuGH, C-184/89, Nimz/Freie und Hansestadt Hamburg, Slg. 1991, I–297), Betriebsratsmitgliedern aufgrund von Rechtsvorschriften und eines Arbeitsverhältnisses bezahlte Vergütungen für die Teilnahme an Schulungsveranstaltungen (EuGH, C-360/90, Bötel/Stadt Berlin, Slg. 1992, I–3589), nach Beendigung des Arbeitsverhältnisses aufgrund eines Tarifvertrags gezahltes Übergangsgeld (EuGH, C-33/89, Kowalska/Freie und Hansestadt Hamburg, Slg. 1990, I–2591), Zusatzleistungen im Falle der Arbeitslosigkeit (EuGH, C-173/91, Kommission/Belgien, Slg. 1993, I–673), Entschädigungsleistungen bei betriebsbedingter Entlassung (EuGH, C-262/88, Barber/Guardian Royal Exchange Insurance Group, Slg. 1990, I–1889), ohne vertragliche Verpflichtung nach Eintritt in den Ruhestand gewährte Fahrpreisermässigungen für Eisenbahnpersonal (EuGH, Rs. 12/81, Garland/British Rail Engineering Ltd., Slg. 1982, 359); sowie tarifvertragliche Überstundenvergütungen (EuGH, C-399, 409 u. 425/92; C-34, 50 u. 78/93, Stadt Lengerich u.a./A. Helmig u.a., Slg. 1994, I–5727).

b) Reichweite des Entgeltbegriffs

8   Zweifel über die **Reichweite des Entgeltbegriffs** tauchten in der Vergangenheit zum bisherigen Art. 119 immer wieder im Zusammenhang mit Beiträgen zum Rentenversicherungssystems, Leistungen beim Eintritt in

den Ruhestand und unterschiedlichen Rentenzugangsaltern für Männer und
Frauen auf, die jedoch weitgehend geklärt sind (vgl. EuGH, Rs. 80/70, De-
frenne/Belgien [Sabena (I)], Slg. 1971, 445; Rs. 43/75, Defrenne/Sabena
(II), Slg. 1976, 455; Rs. 149/77, Defrenne/Sabena (III), Slg. 1978, 1365;
Rs. 69/80, Worringham & Humphreys/Lloyds Bank, Slg. 1981, 767; Rs.
19/81, Burton/British Railways Board, Slg. 1982, 555; Rs. 170/84, Bil-
ka/Weber von Hartz, Slg. 1986, 1607; Rs. C-262/88, Barber/Guardian Royal Insurance Group, Slg. 1990, I–1889). Ausgangspunkt für die Rechtsprechung bildete **eine Differenzierung zwischen gesetzlichen und betrieblichen Altersversorgungssystemen**. Während auf gesetzliche Altersversi-
cherungssysteme der Entgeltbegriff nicht anzuwenden ist (EuGH, Rs.
80/70, Defrenne/Belgien [Sabena (I)], Slg. 1971, 445), bildet diese Vertragsbestimmung nach anfänglichen Unsicherheiten nunmehr aber den Prüfungsmaßstab für betriebliche Altersversorgungssysteme, nachdem der
EuGH in der Rs. **„Barber"** (EuGH, Rs. 262/88, Barber/Guardian Royal Insurance Group, Slg. 1990, I–1889) anerkannt hat, daß alle Formen von Betriebsrenten Bestandteil des Entgelts i.S. des EGV sind und mit diesem und
nachfolgenden Urteilen klargestellt hat, daß die Ungleichbehandlung von
Männern und Frauen bei betrieblichen Systemen der sozialen Sicherheit generell verboten ist (EuGH, C-110/91, Moroni/Collo GmbH, Slg. 1993,
I–6591). Der wesentliche Grund für die unterschiedliche Behandlung bestand für den EuGH darin, daß Leistungen der gesetzlichen Rentenversicherung überwiegend auf sozialpolitischen, vom Arbeitsverhältnis losgelö-
sten Erwägungen beruhen. Nicht in den Anwendungsbereich des bisherigen
Art. 119 fällt auch die gesetzlich zwingend vorgeschriebene Entrichtung eines Beitrags zum Pensionfonds für Witwen durch männliche Arbeitnehmer
eines betrieblichen Systems (EuGH, Rs. 192/85, Newstead/Department of
Transport, Slg. 1987, 4753).

Demgegenüber sind Beiträge zu einem **betrieblichen Altersversorgungs-** 9
systems, die ein Arbeitgeber im Namen der Arbeitnehmer in Form eines
Zuschlags zum Bruttolohn zahlt, „Entgelt" i.S.d. Art. 119 Abs. 2 (EuGH,
Rs. 69/80, Worringham & Humphreys/Lloyds Bank, Slg. 1981, 767). Dies
gilt auch, soweit Arbeitnehmerbeiträge zu einem gesetzlichen Rentensystem vom Arbeitgeber übernommen und im Namen des Arbeitnehmers ab-
geführt werden und dies zu einem unterschiedlichen Bruttolohn für Männer
und Frauen führt (EuGH, Rs. 23/83, Liefting u.a./Directie van het Acade-
misch Ziekenhuis bij de Universiteit van Amsterdam, Slg. 1984, 3225). Das
für das deutsche Zusatzsystem der betrieblichen Altersversorgung besonders bedeutsame **Bilka-Urteil** betraf den **Zugang von Teilzeitbeschäftigten zu Leistungen einer auf Tarifvertrag beruhenden betrieblichen**

Versorgungsordnung. Dabei ging der EuGH davon aus, daß es sich bei Leistungen aufgrund eines nicht unmittelbar durch Gesetz geregelten Sozialversicherungssystems um eine Vergütung handelt, die der Arbeitgeber dem Arbeitnehmer gemäß Art. 119 Abs. 2 aufgrund des Dienstverhältnisses zahlt (EuGH, Rs. 170/84, Bilka/Weber von Hartz, Slg. 1986, 1607). Auch eine ausschließlich von Arbeitnehmern und Arbeitgebern ohne finanzielle Beteiligung der öffentlichen Hand aufgrund eines für obligatorisch erklärten betrieblichen Altersversorgungssystems gewährte Hinterbliebenenrente ist Entgelt i.S.d. früheren Art. 119 (EuGH, C-109/91, Ten Oever/ Stichting Bedrijfspensioensfonds voor het Glazenwassers- en Schoonmaakbedrijf, Slg. 1993, I–4879).

10   **Kriterien** für die Einordnung der Leistungen aus einem betrieblichen Altersversorgungssystems unter Art. 141 lassen sich wie folgt umschreiben:

–   Die betreffende **Versorgungsordnung darf nicht gesetzlichen Ursprungs** sein, sondern muß auf einer Vereinbarung zwischen Arbeitgeber und Arbeitnehmer oder jedenfalls auf einer einseitigen Entscheidung des Arbeitgebers beruhen, die zugleich Bestandteil des Arbeitsvertrages sein muß.

–   Die **Finanzierung der Versorgungsordnung** muß entweder insgesamt durch den Arbeitgeber oder durch den Arbeitgeber und die Arbeitnehmer gemeinsam erfolgen, wobei die Beiträge primär vom Dienstverhältnis zwischen Arbeitgeber und Arbeitnehmer und weniger von sozialpolitischen Erwägungen abhängen dürfen (*Borchardt* Versicherungswirtschaft 92, 92; *ders*. BetrAV 93, 1.).

c) Unterschiedliche Altersgrenzen

11   Anlaß zu Kontroversen, Diskussionen und unterschiedlichen Bewertungen gab die Rechtsprechung des EuGH in bezug auf **unterschiedliche Altersgrenzen** für Männer und Frauen **in betrieblichen Altersversorgungssystemen**, die nach dem Wortlaut der Ausnahmebestimmung des Art. 9 lit. a RL 86/378 EWG vor dessen Änderungen durch RL 96/97/EG (Rn. 53) des Rates zulässig waren.

12   Da das Gemeinschaftsrecht die **generelle Gleichbehandlung** von Frauen und Männern in den betrieblichen Systemen der sozialen Sicherheit **gebietet** und nicht nur hinsichtlich der Festsetzung des Rentenalters oder der Zahlung einer betrieblichen Rente als Entschädigung für eine betriebsbedingte Entlassung (EuGH, C-110/91, Moroni/Collo GmbH, Slg. 1993, I–6591) wurde die RL 86/378/EWG dem EGV und der Rechtsprechung des EuGH in der Rs. „**Barber**" und den Nachfolgeverfahren in Art. 9 lit. a an-

gepaßt. Bezogen auf das Rentenalter bedeutet dies, daß eine Gleichbehandlung entweder durch Festlegung des gleichen Rentenalters für Männer und Frauen oder durch die Einführung einer flexiblen Regelung für das Ausscheiden aus dem Erwerbsleben unter den gleichen Bedingungen für beide Geschlechter erfolgen kann.

d) Unterschiedliche versicherungsmathematische Faktoren

Die Verwendung je nach Geschlecht **unterschiedlicher versicherungsma-** **13** **thematischer Faktoren** im Rahmen der durch Kapitalansammlung erfolgenden Finanzierung von betrieblichen Versorgungssystemen mit feststehenden Leistungen fällt nicht in den Anwendungsbereich des bisherigen Art. 119 (EuGH, C-152/91, Neath/Hugh Steeper Ltd., Slg. 1993, I–6953). Der EuGH knüpft in den Erwägungsgründen an die seitens des Arbeitgebers gegenüber seinen Arbeitnehmern eingegangene Verpflichtung auf die Zahlung einer Rente ab einem bestimmten Zeitpunkt an, die nach Kriterien festgesetzt ist, die bereits bei der Übernahme der Verpflichtung bekannt waren, und die Entgelt i.S. des EGV darstellt. Demgegenüber erstreckt sich diese Verpflichtung nach Ansicht des EuGH nicht notwendig auf die „Modalitäten der Finanzierung, die zur Gewährleistung der regelmässigen Zahlung der Rente gewählt werden" (Rn 30). Während also Arbeitnehmerbeiträge für männliche und weibliche Arbeitnehmer gleich hoch sein müssen, gilt dies nicht für Arbeitgeberbeiträge, die dazu bestimmt sind, die zur Deckung der Kosten der zugesagten Renten unerläßliche finanzielle Grundlage zu ergänzen, und die damit deren zukünftige Zahlung gewährleisten, die den Gegenstand der vom Arbeitgeber eingegangenen Verpflichtung bildet.

2. Gleiche und gleichwertige Arbeit

Art. 141 Abs. 1 stellt klar, daß der Grundsatz des gleichen Entgelts für Män- **14** ner und Frauen nicht nur bei gleicher, sondern auch bei **gleichwertiger Arbeit** gilt. Insofern wurde das Primärrecht dem in Art. 1 der RL 75/117/EWG vom 10.2.1975 (ABl. L 45/19) garantierten Rechtszustand sowie dem Übereinkommen 100 der Internationalen Arbeitsorganisation (IOA) über die Gleichheit des Entgelts männlicher und weiblicher Arbeitskräfte für gleichwertige Arbeit von 1951 (BGBl. 1956 II S.24) angepaßt. Es ist damit klargestellt, daß die Entgeltgleichheit bei gleichwertiger Arbeit auch im Privatrechtsverhältnis gilt.

Ebenfalls ist der Fall erfaßt, daß eine Frau eine Arbeit mit einem anerkann- **15** termaßen höheren Wert als die Arbeit eines männlichen Kollegen ausübt, aber dennoch ein niedrigeres Entgelt erhält (EuGH, Rs. 157/86, Murphy u.a./An Bord Telecom Eireann, Slg. 1988, 673). Für die **Definition einer „gleichwertigen Arbeit"** hat die Kommission ein umfassendes Klassifikationsschema entwickelt, das ständig korrigiert wird, um den technologischen und sozialen Entwicklungen im Berufsleben Rechnung zu tragen (Memorandum über gleiches Entgelt für gleichwertige Arbeit, KOM (94) 6 endg., welches durch einen Leitfaden, KOM (96) 336 vom 17.7.1996 zur Anwendung des Grundsatzes des gleichen Entgelts für Männer und Frauen bei gleichwertiger Arbeit, ergänzt wird).

3. Vergleichsgrundlage bzw. Vergleichsperson

16 Die Frage der **Vergleichsgrundlage bzw. Vergleichsperson** hat in mehreren Urteilen eine Rolle gespielt. Der Grundsatz des gleichen Entgelts beschränkt sich nicht auf Fälle, in denen Männer und Frauen gleichzeitig die gleiche Arbeit für den selben Arbeitgeber leisten, sondern greift auch ein, wenn nachgewiesen wird, daß eine Arbeitnehmerin unter Berücksichtigung der Art ihrer Tätigkeit ein geringeres Entgelt erhalten hat als ein Arbeitnehmer, der vor ihr Einstellungszeit eingestellt war und der für den Arbeitgeber die gleiche Arbeit geleistet hat (EuGH, Rs. 129/79, McCarthy/Smith, Slg. 1980, 1275). Der **Vergleich mit einem männlichen Arbeitnehmer** ist erforderlich, wenn die Diskriminierung nur auf der Grundlage einer unterschiedlichen Behandlung von Männern und Frauen nachgewiesen werden kann, er ist jedoch **kein absolutes Erfordernis** (vgl. *Banks*, Soziales Europa 3/91, 61). Auf den Vergleich kann dann verzichtet werden, wenn eine Frau durch Geltendmachung eines geschlechtsbezogenen Kriteriums wie dem Bestehen einer Schwangerschaft benachteiligt wurde, d.h. durch eine Situation, die einem Mann niemals zum Nachteil gereichen kann (EuGH, C-177/88, Decker/Stichting Vormingscentrum voor Jong Volwassenen Plus, Slg. 1990, I–3941). Das Prinzip der Lohngleichheit soll die Unterbewertung von vorwiegend durch Frauen ausgeübten Tätigkeiten beseitigen, und zwar insbesondere in denjenigen Fällen, in denen sie den Anforderungen anderer Beschäftigungen entsprechen, die vorwiegend von Männern ausgeführt werden (EuGH, Rs. 43/75, Defrenne/Sabena (II), Slg. 1976, 455). Das Konzept gilt danach auch für den Vergleich **grundverschiedener Beschäftigungen**, und zwar selbst dann, wenn deren Bewertung von den Tarifvertragsparteien in verschiedenen Tarifverhandlungen erfolgt ist (EuGH, C-127/92, PM Enderby/Frenchay Health Authority, Slg. 1993, I–5535; kritisch dazu *Clever,* ZfSH/SGB 1995, 1, 15; dieses Konzept ist nunmehr auch vom BAG übernommen worden, BB 1996, 380). Dabei kann die Gleichwertigkeit einer Arbeit nur nach einem Vergleich der Tätigkeit der Frau und der ihres männlichen Vergleichspartners hinsichtlich der Anforderungen der Beschäftigung und der Art der Aufgaben festgestellt werden (EuGH, 157/86, Murphy/An Bord Telecom Eireann, Slg. 1988, 673); hierzu gehören Kenntnisse, Leistung, Verantwortung usw. nicht jedoch z.b. die Tatsache, daß eine Teilzeitbeschäftigung ausgeführt wird (EuGH, Rs. 96/80, Jenkins/Kingsgate, Slg. 1981, 911). Eine „gleiche Arbeit" oder ein „gleicher Arbeitsplatz" liegt nicht vor, wenn die gleiche Tätigkeit über einen erheblichen Zeitraum von Arbeitnehmern mit unterschiedlicher Berufsberechtigung ausgeübt wird, sofern die Arbeitnehmer im Hinblick auf die jeweilige spezielle Berechtigung eingestellt worden sind und diese Berechtigung im Zusammenhang mit der von ihn ihnen ausgeübten Tätigkeit steht (GA Cosmas, v. 19.1.1999, Rs. C-309/97, Angestelltenbetriebsrat der Wiener Gebietskrankenkasse/Wiener Gebietskrankenkasse).

4. Unmittelbare und mittelbare Diskriminierung

Der Wortlaut des Art. 141 unterscheidet, wie schon Art. 119, nicht zwischen **17** **unmittelbarer und mittelbarer Diskriminierung.** Auch die RL 75/117/EWG des Rates spricht nicht von der mittelbaren Diskriminierung. Alle anderen einschlägigen RLen, die später in den siebziger und achtziger Jahren erlassen wurden, verbieten hingegen sowohl die unmittelbare, als auch die mittelbare oder indirekte Diskriminierung aufgrund des Geschlechts. Während die Rechtsprechung zunächst davon auszugehen schien, daß der bisherige Art. 119 nur dann **unmittelbare Geltung** vor den innerstaatlichen Gerichten hätte, wenn es sich um offene Diskriminierung handle, die sich anhand der Tatbestandsmerkmale „gleiches Entgelt und gleiche Arbeit" ohne weitere Untersuchung ermitteln ließ (vgl. EuGH, Rs. 43/75, Defrenne/Sabena (II), Slg. 1976, 455, 474; EuGH, 129/79, McCarthy/Smith, Slg. 1980, 1275, 1298), hat der EuGH in späteren Fällen die Vorschrift auch auf Sachverhalte angewandt, bei denen es sich um mittelbare Diskriminierungen handelte (vgl. EuGH, Rs. 96/80, Jenkings/Kingsgate, Slg. 1981, 911).

Vom Vorliegen einer **unmittelbaren Diskriminierung** kann ausgegangen **18** werden, wenn es sich um Situationen handelt, in denen Männer und Frauen für dieselbe Arbeit unterschiedlich bezahlt werden und das unterschiedliche Entgelt ausdrücklich mit dem Geschlechtsunterschied begründet wird (vgl. *Curall,* in GTE, Art. 119 Rn. 35).

Obwohl das sekundäre Gemeinschaftsrecht auch die **mittelbare Diskri-** **19** **nierung** untersagt, fehlte es bisher an einer **gemeinschaftsrechtlichen De-**

finition des Begriffs. Der EuGH (EuGH, Rs. 96/80, Jenkins/Kingsgate, Slg. 1981, 111; Rs. 170/84, Bilka/Weber von Hartz, Slg. 1986, 1607; Rs. 237/85, Rummler/Dato Druck, Slg. 1986, 2101; Rs. 30/85, Teuling/Bestuur van de Bedrijfsvereniging voor de Chemische Industrie, Slg. 1987, 2497; Rs. 171/88, Rinner-Kühn/FWW Spezial-Gebäudereinigung, Slg. 1989, 2743; Rs. 102/88, Ruzius-Wilbring & Bedrijfsvereniging voor Overheidsdiensten, Slg. 1989, 4311; Rs. 109/88, Handels- og Kontorfunktionaerernes Forbund i Danemark/Dansk Arbeijdsgiverforening (für Danfoss A/S), Slg. 1989, 3199; C-33/89, Kowalska/Freie und Hansestadt Hamburg, Slg. 1990, I–2591; C-184/89, Nimz/Hansestadt Hamburg, Slg. 1991, I–322; C-360/90, Bötel/Stadt Berlin, Slg. 1992, I–3589; C-226/91, Molenbroek/Bestuur van de Sociale Verzekeringsbank, Slg. 1992, I–5963, 5943; C-328/91, Secretary of State for Social Security/Thomas u.a., Slg. 1993, I–1247; C-343/92, Roks u.a./Bestuur van de Bedrijfsvereniging voor de Gezondheit u.a., Slg. 1994, I–571; C-317/93, Nolte/LVA Hannover, Slg. 1995, I–4625; C-399, 409 und 425/92, C-34, 50 und 78/93, Stadt Lengerich u.a./Helming u.a.,- Slg. 1994, I–5727; C-444/93, Megner/Scheffel/Innungskrankenkasse Vorderpfalz, Slg. 1995, I–4741) hat diesen Begriff in einer erheblichen Anzahl von Urteilen, in denen er jegliche Form der Diskriminierung untersagt, näher bestimmt. Danach muß die Diskriminierung ein Ergebnis der Anwendung eines **dem Anschein nach neutralen Kriteriums** sein, die mehr Angehörige des einen als des anderen Geschlechts betrifft. Auf der Grundlage dieser Rechtsprechung bestimmt Art. 2 Abs. 2 der RL 97/80/EG über die Beweislast bei Diskriminierung aufgrund des Geschlechts (Rn 56), daß eine mittelbare Diskriminierung vorliegt, **wenn dem Anschein nach neutrale Vorschriften, Kriterien oder Verfahren einen wesentlich höheren Anteil der Angehörigen eines Geschlechts benachteiligen, es sei denn, die betreffenden Vorschriften, Kriterien oder Verfahren sind angemessen und notwendig und sind durch nicht auf das Geschlecht bezogene sachliche Gründe gerechtfertigt.** Die Diskriminierung muß damit ein Ergebnis der Anwendung eines dem Anschein nach neutralen Kriteriums sein, die mehr Angehörige des einen als des anderen Geschlechts betrifft. **Beispiele** für solche Kriterien, deren Berücksichtigung zu einer Ungleichbehandlung führen kann, sind Familienstand, die Tatsache einer Teilzeitbeschäftigung, Mobilität oder Beschäftigungsdauer. Nach der zum Grundsatz der Lohngleichheit ergangenen Rechtsprechung des EuGH (EuGH, Rs. 96/86, Jenkins/Kingsgate, Slg. 1981, 111; Rs. 170/84, Bilka/Weber von Hartz, Slg. 1986, 1607) ist davon auszugehen, daß eine Benachteiligung von Teilzeitarbeitnehmern im Vergleich zu Vollzeitarbeitnehmern im Grundsatz nicht als Benachteiligung aufgrund des Geschlechts angesehen werden kann. Stellt sich jedoch heraus, daß von dieser Benachteiligung wesentlich mehr Frauen als Männer betroffen sind, so liegt eine Diskriminierung vor, wenn die Maßnahme nicht durch Umstände zu erklären ist, die eine Diskriminierung aufgrund des Geschlechts ausschließen. Zu der Frage, ob bei der Anwendung des neutralen Kriteriums mehr Angehörige eines Geschlechts betroffen sind, hat der EuGH entschieden, daß es sich hierbei um eine Tatfrage handelt, die von den einzelstaatlichen Gerichten zu würdigen ist.

Über Fälle mittelbarer Diskriminierung hat der EuGH bisher ebenso wie in **20**
der Rs. „Jenkins" vor allem im Zusammenhang mit Teilzeitbeschäftigungen entschieden. In seinem **Bilka-Urteil** (EuGH, Rs. 170/84, Slg. 1986, 1607) entschied der EuGH, daß ein Unternehmen gegen Art. 119 verstößt, daß Teilzeitarbeitnehmerinnen vom betrieblichen Altersversorgungssystem ausschließt, wenn davon wesentlich mehr Frauen betroffen sind, es sei denn, das Unternehmen erbringt den Nachweis, daß der Ausschluß auf objektiv gerechtfertigten, nicht mit Diskriminierung aufgrund des Geschlechts zusammenhängenden Faktoren beruht. Hingegen eine Vergütungspraxis, wonach Überstunden von Teilzeitbeschäftigten erst dann mit Überstundenzuschlägen vergütet werden, wenn die Regelarbeitszeit für Vollzeitbeschäftigte überschritten wird, keine unzulässige Diskriminierung von teilzeitarbeitenden Frauen gegenüber Vollzeitbeschäftigten (EuGH, C-399, 409 und 425/92, C-34, 50 und 78/93, Stadt Lengerich u.a./A. Helmig u.a., Slg. 1994, I–5727; vgl. dazu *Verschüren*, EuroAS 1/1995, 6).

5. Objektive Rechtfertigungsgründe

Die Feststellung objektiver Rechtfertigungsgründe ist **Sache des nationa-** **21**
len Gerichts (EuGH, Rs. 170/84, Bilka/Weber von Hartz, Slg. 1986, 1607, 1628; Rs. 171/88, Rinner-Kühn/FWW Spezial-Gebäudereinigung, Slg. 1989, 2743, 2761; C-33/89, Kowalska/Freie und Hansestadt Hamburg, Slg. 1990, I–2591, 2612; C-184/89, Nimz/Hansestadt Hamburg, Slg. 1991, I–319; C-360/90, Bötel/Stadt Berlin, Slg. 1992, I–3589; C-127/92, Enderby, Slg. 1993, I–5535).

Eine Ungleichbehandlung aufgrund der Anwendung eines an sich neutralen **22**
Kriteriums kann dann **gerechtfertigt** sein, wenn die beklagte Partei nachweisen kann, daß sie mit der Anwendung dieses Kriteriums ein **wichtiges Ziel** verfolgt. Dieses Ziel muß als solches erhaltenswert sein, und es muß wichtig genug sein, um ein im Vergleich zum Gleichheitsgrundsatz vorrangig Berücksichtigung zu rechtfertigen. **Beispiele für Ziele**, die eine Abweichung vom Grundsatz der Gleichbehandlung rechtfertigen können, sind

ein tatsächlicher Bedarf auf Seiten des Unternehmens, die Garantie eines sozial annehmbaren Mindesteinkommens für Personen mit unterhaltsberechtigten Ehegatten oder unterhaltsberechtigten Kindern (in den Mitgliedstaaten, in denen dieser Begriff existiert) oder aber Ziele im Rahmen der Sozialpolitik der Mitgliedstaaten.

23 Die Rechtfertigung für die unterschiedliche Behandlung muß einem **wirklichen Bedürfnis des Unternehmens** dienen und die unterschiedliche Behandlung muß für die Erreichung diese Ziels geeignet und erforderlich sein (EuGH, Rs. 170/84, Bilka/Weber von Hartz, Slg. 1986, 1607, 1629). Dies kann der Fall sein, wenn die diskriminierende Maßnahme für den Fortbestand des Unternehmens wesentlich ist (vgl. *Currall,* in GTE, Art. 119 Rn. 45). Beruht die unterschiedliche Behandlung auf der Anwendung innerstaatlicher Rechtsvorschriften, hat der Mitgliedstaat darzulegen, daß die gewählten Mittel einem **notwendigen Ziel der Sozialpolitik** dienen und für die Erreichung dieses Ziels **geeignet** und **erforderlich** sind.

24 Beim **Ausschluß der geringfügigen Beschäftigungen** von der gesetzlichen Kranken- und Rentenversicherung ist dies der Fall, weil die entsprechenden Rechtsvorschriften zur Erreichung von sozial- und beschäftigungspolitischen Zielen erforderlich sind (EuGH, C-317/93, Nolte/LVA Hannover, Slg. 1995, I–4625; C-444/93, Megner/Scheffel/Innungskrankenkasse Vorderpfalz, Slg. 1995, I–4741; vgl. dazu *Rombach,* BArbBl. 1996, 19). Allgemeine Behauptungen, daß eine bestimmte Maßnahme zur Förderung von Einstellungen geeignet sei, reichen allerdings nicht aus und decken vernünftigerweise nicht die Annahme, daß die gewählten Mittel zur Verwirklichung des erstrebten Ziels geeignet sind (EuGH, 9.2.1999, Rs. C-167/97, Regina/Secretary of Stat for Employment). Auch die **Befreiung** kleiner Betriebe **von einer nationalen Kündigungsschutzregelung** kann daher durch objektive Faktoren gerechtfertigt sein, die nichts mit einer Diskriminierung aufgrund des Geschlechts zu tun haben, selbst wenn die der Regelung nicht unterliegenden Unternehmen erheblich mehr Frauen als Männer beschäftigen; dafür genügt, daß die Regelung die den kleinen Unternehmen auferlegten Lasten erleichtern soll, da der bisherige Art. 118a nach Ansicht des EuGH (EuGH, C-189/91, Kirsammer-Hack/Nurhan Sidal, Slg. 1993, I–6185) ausdrücklich vorsieht, daß für Kleinbetriebe besondere wirtschaftliche Regelungen getroffen werden können. Zu beachten ist jedoch, daß Arbeitnehmer kleiner und mittlerer Unternehmen aufgrund der Erklärung zu Art. 137 (ex-Art. 118) Abs. 2 des EGV nicht in einer den Umständen nach nicht gerechtfertigten Weise benachteiligt werden dürfen. Auch das Prinzip der **Unentgeltlichkeit des Betriebsratsamtes** kann eine nach dem Gemeinschaftsrecht verbotene mittelbare Lohndiskriminierung

rechtfertigen, wenn dies einem legitimen Ziel der Sozialpolitik dient und sich dazu nach Auffassung des vorlegenden Gerichts als geeignet und erforderlich erweist (EuGH, C-457/93, Kuratorium für Dialyse und Nierentransplantation/Lewark, Slg. 1996, I–243; so nun BAG vom 5.3.1997–7 AZR 581/92; vgl. *Kurt* RdA 1998, 227; vgl. auch EuGH, C-278/93, Freers u. Speckmann/Deutsche Bundespost, Slg. 1996, I–1165; C-360/90, Bötel/ Stadt Berlin, Slg. 1992, I–3589).

Nicht geklärt ist bisher, ob sich die **Rechtfertigungsproblematik** auch im   **25** Zusammenhang mit **unmittelbaren Diskriminierungen** stellen kann (vgl. *Currall,* in GTE Art. 119 Rn. 50).

6. Beweisfragen

Der EuGH hat als **Beweis des ersten Anscheins** für das Vorliegen einer   **26** mittelbaren Diskriminierung grundsätzlich die **Vorlage statistischen Materials** zugelassen, mit Hilfe dessen dargelegt werden kann, daß „ein erheblich geringerer Prozentsatz" bzw. „prozentual erheblich weniger" Frauen als Männer bevorzugt behandelt werden, oder die benachteiligte Gruppe „wesentlich mehr" oder „eine wesentlich größere Anzahl" von Frauen umfaßt (vgl. EuGH, Rs. 96/80, Jenkins/Kingsgate, Slg. 1981, 111, 125; Rs. 170/84, Bilka/Weber von Hartz, Slg. 1986, 1607, 1627; Rs. 171/88, Rinner-Kühn/FWW Spezial-Gebäudereinigung, Slg. 1989, 2743, 2726; C-184/89, Nimz/Hansestadt Hamburg, Slg. 1991, I–319; C-360/90, Bötel/Stadt Berlin, Slg. 1992, I–3589; C-127/92, Enderby, Slg. 1993, I–5535). Statistiken können jedoch nur dann einen Beweis für das Vorliegen einer Diskriminierung darstellen, wenn sie ein signifikantes Mißverhältnis darlegen können (vgl. *Currall,* in GTE, Art. 119 Rn. 40).

Der Arbeitgeber ist verpflichtet, sein Entlohnungssystem durchschaubar zu   **27** machen. Bei **mangelnder Transparenz des Entlohnungssystem** kommt es zu einer **Beweislastumkehr** (EuGH, Rs. 109/88, Handels- og Kontorfunktionaerernes Forbund i Danemark/Dansk Arbeijdsgiverforening (Für Danfos A/S), Slg. 1989, 3199). Wenn in einem Unternehmen ein Entlohnungssystem angewandt wird, dem jede Durchschaubarkeit fehlt, obliegt dem Arbeitgeber der Nachweis, daß seine Lohnpolitik nicht diskriminierend ist, sofern der weibliche Arbeitnehmer auf der Grundlage einer relativ großen Zahl von Arbeitnehmern belegt, daß das durchschnittliche Entgelt der weiblichen Arbeitnehmer niedriger ist als das der männlichen Arbeitnehmer. Diese Rechtsprechung hat der EuGH in der Rs. „Enderby" (EuGH, C-127/92, Slg. 1993, I–5535) weiterentwickelt und unterstrichen (Rn. 18), daß *„wenn der erste Anschein für eine Diskriminierung spricht,*

der Arbeitgeber nachzuweisen hat, daß es sachliche Gründe für den festge-
stellten Unterschied beim Entgelt gibt. Den Arbeitnehmern stünde kein
wirksames Mittel zur Verfügung, um die Einhaltung des Grundsatzes des
gleichen Entgelts vor den nationalen Gerichten durchzusetzen, wenn dieser
Nachweis nicht dazu führen würde, dem Arbeitgeber die Beweislast dazu
aufzuerlegen, daß seine Lohnpolitik in Wirklichkeit nicht diskriminierend
ist". Damit kann die **Beweislast auf den Arbeitgeber übergehen,** wenn
sich nicht feststellen läßt, welche Faktoren bei der Festsetzung des Entgelts
ausschlaggebend waren (EuGH, C-400/93, Spezial Arbejderforbundet i
Danemark/Dansk Industrie für die Royal Copenhagen A/S, Slg. 1995,
I–1275). Darüber hinaus verpflichtet die wirksame Durchführung des
Gleichheitsgrundsatzes die Mitgliedstaaten, sicherzustellen, daß ihre **natio-
nalen Bestimmungen über die Beweislast** so ausgestaltet sind, daß der
Grundsatz der Gleichbehandlung voll zum Tragen kommt (EuGH, 109/88,
Handels- og Kontorfunktionaerernes Forbund i Danemark/Dansk Arbeijds-
giverforening (Für Danfos A/S), Slg. 1989, 3199). Auch im Fall „Barber"
(EuGH, C-262/88, Barber/Guardian Royal Exchange Insurance Group Ltd.,
Slg. 1990, I–1949) schrieb der EuGH der Durchschaubarkeit des Entgelts
besondere Bedeutung zu und stellte fest, daß der Grundsatz des gleichen
Entgelts **für jeden einzelnen Bestandteil des Entgelts** und nicht nur nach
Maßgabe einer Gesamtbewertung der den Arbeitnehmern gezahlten Vergütungen gewährleistet sein müsse. Es reicht danach nicht, wenn die Gesamt-
summe von Lohn und Zuschlägen von Frauen und Männern, die gleiche Arbeit leisten, identisch ist. Nach der Rechtsprechung des EuGH zur Beweislast ist danach deren **Verteilung** geboten, sobald **dem Anschein nach eine
Diskriminierung besteht,** die gegebenenfalls noch mit einer **fehlenden
Durchschaubarkeit** des betreffenden Systems einhergeht. In einem solchen Fall ist es zur Durchsetzung des Gleichheitsgrundsatzes notwendig,
die Beweislast auf die beklagte Partei zu übertragen. Auf der Grundlage
dieser Rechtsprechung hat der Rat in der RL 97/80/EG (ABl. 1998 L 14/6)
(vgl. dazu Rn. 56) über die Beweislast bei Diskriminierung auf Grund des
Geschlechts in Art. 4 Abs. 1 bestimmt, daß die Mitgliedstaaten im Einklang
mit dem System ihrer nationalen Gerichtsbarkeit die erforderlichen Maßnahmen, nach denen dann, wenn Personen, die sich durch die Verletzung
des Gleichbehandlungsgrundsatzes für beschwert halten und bei einem Gericht bzw. bei einer anderen zuständigen Stelle Tatsachen glaubhaft machen, die das Vorlegen einer unmittelbaren oder mittelbaren Diskrimini-
rung vermuten lassen, es dem Beklagten obliegt zu beweisen, daß keine
Verletzung des Gleichbehandlungsgrundsatzes vorgelegen hat.

III. Rechtsfolgen

Differenziert zu beurteilen ist die Frage, welche Rechtsfolgen sich aus ei- **28**
ner Verletzung des Gleichbehandlungsgrundsatzes ergeben. Art. 141 regelt
selbst nicht unmittelbar, auf welchem Niveau die **Herstellung der Gleichbehandlung** zu erfolgen hat.

In der **Rs. „Defrenne (II)"** (EuGH, Rs. 43/75, Slg. 1976, 473) hat der **29**
EuGH festgestellt, die Verknüpfung des bisherigen Art. 119 mit der Verbesserung der Lebens- und Arbeitsbedingungen auf dem Wege des Fortschritts (Art. 136 [ex-Art. 117] Abs. 1) erlaube es, den Einwand zurückzuweisen, daß dieser Artikel auf andere Weise als durch eine Anhebung der
niedrigeren Löhne und Gehälter befolgt werden könne. Die Angehörigen
einer durch eine verbotene Diskriminierung benachteiligten Gruppe haben
danach entsprechend dem Umfang ihrer Beschäftigung **Anspruch auf die
gleiche Behandlung entsprechend der gleichen Regelung wie die übrigen Arbeitnehmer** (vgl. *Zuleeg,* EuGRZ 1992, 333; differenzierend *Currall,* in GTE, Art. 119 Rn. 59). Dabei mag dahingestellt bleiben, ob diese
Rechtsfolge aus dem Programmsatz des Art. 136 (ex-Art. 117) Abs. 1 abgeleitet werden kann, die wichtige Anhaltspunkte für die Auslegung anderer Vorschriften des EGV und des sekundären Gemeinschaftsrechts im Sozialbereich gibt (EuGH, Rs. 126/87, Giménez Zaera/Instituto Nacional de
la Seguridad Social, Slg. 1987, 3712; C-72 und 73/91, Sloman Neptun
Schiffahrts AG/Seebetriebsrat Bodo Ziesemer, Slg. 1993, I–887), da die
Anpassung jedenfalls solange nach oben, d.h. auf dem Wege des Fortschritts zu erfolgen hat, bis die Bestimmungen für die begünstigte Gruppe
das einzig gültige Bezugssystem sind (EuGH, C-184/89, Nimz/Hansestadt
Hamburg, Slg. 1991, I–319, 321; C-200/91, Coloroll Pension Trustees
Ltd./Russell, Slg. 1994, I–4389). Danach entspricht es grundsätzlich auch
dem Gebot der Gleichbehandlung, dem **bisher begünstigten Geschlecht
die bestehenden Begünstigungen zu nehmen** bzw. diese auf das Lei-
stungsniveau des benachteiligten Geschlechts abzusenken. Ebenso ist ein
Kompromiß zwischen beiden Extremen denkbar. Der Prüfungsmaßstab
muß dabei in jedem konkreten Einzelfall dem aus den allgemeinen Rechtsgrundsätzen abgeleiteten **Prinzip des Vertrauens- und Bestandschutzes**,
das auch in der Gemeinschaftsrechtsordnung gilt (vgl. *Griebeling,* FS Gnade, 597), entwickelt werden. Bei diskriminierenden Tarifverträgen können
die nationalen Gerichte, die gemeinschaftsrechtswidrige Bestimmung für
unwirksam erklären, und zwar ohne eine Konsultation zwischen den Sozialpartnern abwarten zu müssen (EuGH, C-33/89, Kowalska/Freie und Hansestadt Hamburg, Slg. 1990, I–2591).

30 Der EuGH hat unter Hinweis auf Erwägungen der **Rechtssicherheit** wiederholt die **zeitliche Wirkung** seiner Urteile **begrenzt** (EuGH, Rs. 43/75, Defrenne/Sabena (II), Slg. 1976, 454; C-262/88, Barber/Guardian Royal Exchange Insurance Group Ltd., Slg. 1990, I–1957). So entschied der EuGH in der **Rs. „Barber"**, niemand könne sich auf die unmittelbare Wirkung des früheren Art. 119 berufen, um mit Wirkung von einem vor Erlaß dieses Urteils liegenden Zeitpunkt einen Rentenanspruch geltend zu machen. Nur bei Rechtshängigkeit gelte eine Ausnahme. Die Mitgliedstaaten und die Betroffenen hätten aufgrund der durch die dritte und vierte Gleichbehandlungsrichtlinie erlaubten unterschiedlichen Grenzen für das Rentenalter für Männer und Frauen vertrauen dürfen, daß hinsichtlich des Rentenalters Unterschiede zwischen Männer und Frauen zulässig seien. Daraus zog der EuGH den Schluß, daß „Rechtsverhältnisse, deren Wirkungen sich in der Vergangenheit erschöpft haben", nicht in Frage gestellt werden dürfen (EuGH, C-262/88, Slg. 1990, I–1957). Die Regierungskonferenz über die Politische Union (Maastricht) hat daraufhin in einem **Protokoll zu dem bisherigen Art. 119** die zeitliche Wirkung des Urteils begrenzt. In der Folgezeit hat der EuGH bekräftigt, daß gemäß dem Urteil vom 17.5.1990 in der **Rs. „Barber"** die unmittelbare Wirkung des bisherigen Art. 119 zur Stützung der Forderung nach Gleichbehandlung auf dem Gebiet der Betriebsrenten nur für Leistungen geltend gemacht werden kann, die für Beschäftigungszeiten nach dem 17.5.1990 geschuldet werden, vorbehaltlich der Ausnahme, die für Arbeitnehmer oder deren anspruchsberechtigte Angehörige vorgesehen ist, die vor diesem Zeitpunkt nach dem anwendbaren innerstaatlichen Recht Klage erhoben oder einen entsprechenden Rechtsbehelf eingelegt haben (EuGH, C-109/91, Ten Oever/Stichting Bedrijfspensioen voor het Glazenwassers- en Schoonmaakbedrijf, Slg. 1993, I–4879, 4939; C-110/91, Moroni/Collo GmbH, Slg. 1993, I–6591, 6609; C-152/91, Neath/Hugh Steeper Ltd., Slg. 1993, I–6953; C-200/91, Coloroll Pension Trustees Ltd./Russell u.a., Slg. 1994, I–4389). Mit den vorgenannten Urteilen in den **Rs. „Ten Oever"** und **„Coloroll"** bekräftigt der EuGH, daß die zeitliche Beschränkung der Wirkungen des Urteils **„Barber"** für Hinterbliebenenrenten gilt und daß infolgedessen die Gleichbehandlung in diesem Bereich nur für Beschäftigungszeiten nach dem 17.5.1990 gefordert werden kann, vorbehaltlich der Ausnahme, die für Personen vorgesehen ist, die vor diesem Zeitpunkt nach dem anwendbaren innerstaatlichen Recht Klage erhoben oder einen entsprechenden Rechtsbehelf eingelegt haben.

31 Während somit für die Vergangenheit Vertrauensschutzgesichtspunkte zu einer Begrenzung der Rückwirkung des Urteils führen und damit einer An-

hebung des Leistungsniveaus entgegenstehen können, dürfte dies für eine
Absenkung des Leistungsniveaus des begünstigten Geschlechts generell
zutreffen. Praktisch ist der Gesetzgeber bzw. Arbeitgeber daher erst für die
Zukunft frei, eine Anpassung des Leistungsniveaus durch die Ausübung
seines Gestaltungsermessens vorzunehmen.

IV. Richtlinien

Den **Gleichbehandlungsrichtlinien** kommt im Gegensatz zu Art. 141   **32**
selbst **keine horizontale Wirkung oder Direktwirkung** gegenüber privaten Arbeitgebern zu. Ihre Wirkungen richten sich nach Art. 249 (ex-Art.
189). Gegenüber dem Mitgliedstaat kann der Einzelne Bestimmungen einer
nicht fristgemäß oder unzutreffend in nationales Recht umgesetzten RL unmittelbar anrufen, wenn diese inhaltlich unbedingt und hinreichend genau
sind. Es ist insoweit ohne Bedeutung, ob der Mitgliedstaat in seiner Eigenschaft als Hoheitsträger oder fiskalisch als Arbeitgeber handelt. Auch in seiner Eigenschaft als Arbeitgeber kann er aus der Nichtumsetzung der RL
keinen Nutzen ziehen (EuGH, Rs. 152/84, Marshall/Southampton and
South-West Hampshire Area Health Authority, Slg. 1986, 723). Als vom
Staat abgeleitete Einrichtung gilt dabei auch ein Unternehmen, das kraft
staatlichen Rechtsakts unter staatlicher Aufsicht eine Dienstleistung im öffentlichen Interesse zu erbringen hat und dazu mit besonderen Rechten ausgestattet ist, die über das hinausgehen, was für die Beziehungen zwischen
Privatpersonen gilt (EuGH, C-188/89, Foster u.a./British Gas plc, Slg.
1990, I–3313).

1. RL 75/117/EWG des Rates zur Angleichung der Rechtsvorschriften der   **33**
Mitgliedstaaten über die **Anwendung des Grundsatzes des gleichen Entgelts für Männer und Frauen** vom 10.2.1975 (ABl. L 45/19). Diese RL
konkretisiert das Diskriminierungsverbot des Art. 141 und hat in der Rechtsprechung nur noch begrenzte Bedeutung (vgl. *Banks,* Soziale Sicherheit
3/91, 67; *Langenfeld/Jansen,* in Grabitz/Hilf, Art. 119 Rn. 47).

In einem Verfahren betreffend die berufliche Einstufung zur Bestimmung   **34**
des Entgelts entschied der EuGH (EuGH, Rs. 237/85, Rummler/Dato
Druck, Slg. 1986, 2101), daß nach der RL 75/117/EWG zwar zulässig ist,
die physische Anstrengung oder die Muskelermüdung zu berücksichtigen,
jedoch nur dann, wenn diese Anstrengung notwendig ist und weitere Kriterien vorliegen, die jede auf dem Geschlecht beruhende Diskriminierung
ausschließen. Das nationale Gericht hat deshalb zu prüfen, ob maschinen-
gesteuerte Arbeiten, die Anforderungen an die Körperkraft einer Arbeitnehmergruppe stellen, und Handarbeit, die insbesondere Geschicklichkeit

erfordert, gleichwertig sind, wobei auch bezahlte Pausen, Freiheit der individuellen Arbeitsorganisation sowie Belästigungen, die von der Arbeit ausgehen, in die Prüfung mit einzubeziehen sind (EuGH, Rs. 109/88, Handelsog Kontorfunktionaerernes Forbund i Danemark/Dans Arbeijdsgiverforening (für Danfoss A/S), Slg. 1989, 3199).

35 2. **RL 76/207/EWG** des Rates zur Verwirklichung des Grundsatzes der Gleichbehandlung von Männern und Frauen hinsichtlich des **Zugangs zur Beschäftigung, zur Berufsbildung und zum beruflichen Aufstieg sowie in bezug auf die Arbeitsbedingungen** vom 9.2.1976 (ABl. L 39/40). Die RL betrifft die **arbeitsrechtliche Seite des Gleichbehandlungsgrundsatzes.** Sie erfaßt alle beruflichen Tätigkeiten, ob es sich um abhängige oder selbständige Beschäftigungen, privatrechtliche oder öffentlich-rechtliche Dienst- oder Arbeitsverhältnisse handelt (EuGH, Rs. 248/83, Kommission/Deutschland, Slg. 1985, 1459). Die RL definiert den Grundsatz der Gleichbehandlung als „Nicht-Bestehen jeder unmittelbaren oder mittelbaren Diskriminierung auf Grund des Geschlechts – insbesondere unter Bezugnahme auf den Ehe- oder Familienstand". Zum ersten Mal nimmt das Gemeinschaftsrecht mit der RL auf die **mittelbare Diskriminierung** Bezug und gestattet den Mitgliedstaaten nach Art. 2 Abs. 4 **„positive Maßnahmen"** durchzuführen.

36 In den **sachlichen Anwendungsbereich** der RL fällt eine bei Beendigung des Arbeitsverhältnisses geltende Altersgrenze, wenn diese als Entlassungsvoraussetzung anzusehen ist und sie nicht die Gewährung der Leistung als solche betrifft (EuGH, Rs. 19/81, Burton/British Railways Board, Slg. 1982, 555; Rs. 151/84, Roberts/Tate and Lyle Industries Ltd., Slg. 1986, 703; Rs. 152/84, Marshall/Southampton and South-West Hampshire Area Health Authority, Slg. 1986, 723; Rs. 262/84, Beets-Proper/Van Lanschot Bankiers NV, Slg. 1986, 773). In den Anwendungsbereich der RL fallen nicht nur **arbeitsvertragliche Leistungen**, sondern auch **Sozialleistungen**, die den Zugang zur Beschäftigung, die Arbeitsbedingungen zum Gegenstand haben (EuGH, C-116/94, Mayors/Adjudication Officer, Slg. 1995, I–2131). Im Zusammenhang mit der Durchführung dieser RL hat die Kommission 1987 dem Rat und dem EP eine **Mitteilung zur Überprüfung der Arbeitsschutzbestimmung für Frauen** vorgelegt (KOM (87) 105 endg. 13.3.1987). Nach Auffassung der Kommission neigen diese Gesetze dazu, Frauen mehr als Männer zu schützen, „indem sie ihnen den Zugang zu bestimmten Berufen verbieten, oder besondere Zugangsbedingungen festlegen". Die Mitteilung zieht den Schluß, daß diese Bestimmungen ihre ursprüngliche Rechtfertigung verloren haben und heute auf Grund von neuen Formen der Arbeitszeiteinteilung negative Auswirkungen auf die Frauenbeschäftigung haben. Sie fordert die Mitgliedstaaten auf, ihre Verpflichtungen aufgrund der RL zu erfüllen und zwar entweder durch eine Ausweitung der Schutzmaßnahmen auf beide Geschlechter oder durch deren Aufheben. Nach dem EuGH (EuGH, C-345/89, Strafverfahren gegen Stoeckel, Slg. 1991, I–4074; C-197/96 Kommission/Frankreich, Slg. 1997, I–1489) verstößt das **Verbot der Nachtarbeit** für Frauen gegen Art. 5 der Gleichbehandlungsrichtlinie. Einige Mitgliedstaaten waren daher gemeinschaftsrechtlich gezwungen, die Konvention Nr. 89 der Internationalen Arbeitsorganisation, die das Verbot für Nachtarbeit für Frauen vorsieht, zu kündigen, sofern nicht der Mitgliedstaat dem Abkommen vor Inkrafttreten des EGV beigetreten war, vgl. Art. 307 (ex-Art. 237) (EuGH, C-58/91, Levy, Slg. 1993, I–4287; C-13/93, Office national de l'emploi (ONEM)/Minne, Slg. 1994, I–371). Die Bundesrepublik Deutschland war daher gezwungen, die Konvention Nr. 89 zu kündigen (BGBl. 1992 II, 1118). Die Anwendung des Grundsatzes der Gleichbehandlung hinsichtlich der **Entlassungsbedingungen** im Sinne des Art. 2 Abs. 1 und 5 Abs. 1 der RL steht der Anwendung einer nationalen Bestimmung, wie der des § 22 Abs. 1 Satz 3 des Kündigungsschutzgesetzes die bei der Feststellung, ob ein Unternehmen der Kündigungsschutzregelung unterliegt, Arbeitnehmer nicht berücksichtigt, die wöchentlich 10 Stunden oder monatlich 45 Stunden oder weniger arbeiten, nicht entgegen, wenn nicht nachgewiesen ist, daß die die Regelung nicht unterliegenden Unternehmen erheblich mehr Frauen als Männer beschäftigen (EuGH, C-189/91, Kirsammer-Hack/Nurhan Sidal, Slg. 1993, I–6185). Dabei ist jedoch zu beachten, daß Arbeitnehmer kleinerer und mittlerer Unternehmen aufgrund der Erklärung zu Art. 137 Abs. 2 nicht in einer der Umständen nach nicht gerechtfertigten Weise benachteiligt werden dürfen.

In mehreren Entscheidungen befaßte sich der EuGH mit den **Ausnahmevorschriften** der RL. Diese sind **eng auszulegen**. Nach dem Grundsatz der Verhältnismäßigkeit ist der Ausschluß von Frauen vom Tragen von Schußwaffen und Wahrnehmung bestimmter Polizeiaufgaben auf das für die Erreichung der angestrebten Sicherheitsziele objektiv notwendige Ausmaß zu beschränken (EuGH, Rs. 222/84, Johnston/RUC, Slg. 1986, 1651). Weitere Urteile betrafen den Ausschluß von Personen aus der Gesetzgebung über die Gleichheit, die in Haushalten oder Unternehmen mit höchstens 5 beschäftigten Personen angesiedelt sind (EuGH, Rs. 165/82, Kommission/Vereinigtes Königreich, Slg. 1983, 3431), getrennte Einstellungslisten für Männer und Frauen bei Beschäftigungen als Leiter einer Strafanstalt bzw. Polizeibeamten (EuGH, Rs. 318/86, Kommission/Frankreich, Slg. 1988, 3559) und die fehlende Durchschaubarkeit der Einstellungskriterien (EuGH, Rs. 284/83, Kommission/Bundesrepublik Deutschland, Slg. 1985, 1459).

38   Die RL steht nach Art. 2 Abs. 3 nicht den Vorschriften zum Schutz der Frau
insbesondere bei **Schwangerschaft und Mutterschaft**, entgegen. Mit der
ausdrücklichen Erwähnung von Schwangerschaft und Mutterschaft will die
RL zum einen die körperliche Verfassung der Frau und zum anderen die besondere Beziehung zwischen Mutter und Kind schützen (EuGH, Rs.
222/88, Johnston/RUC, Slg. 1986, 1651, 1688). Der Gleichbehandlungsgrundsatz wurde daher nicht durch ein italienisches Gesetz verletzt, daß im
Falle der Adoption dem Adoptivvater dem Mutterschaftsurlaub entsprechende Leistungen verweigerte (EuGH, Rs. 163/82, Kommission/Italien,
Slg. 1983, 3273). Ebenfalls nicht zu beanstanden war ein deutsches Gesetz,
nach dem die Mutter im Gegensatz zum Vater nach der Geburt des Kindes
im Anschluß an den gesetzlichen Mutterschaftsurlaub Anspruch auf weitere vier Monate Urlaub und Mutterschaftsgeld hatte, bis das Kind das Alter
von 6 Monaten erreichte (EuGH, Rs. 184/83, Hofmann/Barmer Ersatzkas-
se, Slg. 1984, 3047). Um einen Verstoß gegen das Gleichbehandlungsgebot
handelt es sich, wenn ein Arbeitgeber es ablehnt, mit einer von ihm für geeignet befundenen Bewerberin einen Arbeitsvertrag zu schließen, weil der
wegen der Einstellung einer schwangeren Frau Nachteile zu befürchten hat,
die sich aus einer staatlichen Regelung über die Arbeitsunfähigkeit ergeben,
wonach eine mit Schwangerschaft und Entbindung zusammenhängende
Verhinderung an der Arbeitsleistung einer Verhinderung wegen Krankheit
gleichsteht (EuGH, C-177/88, Decker/Stichting Vormingscentrum voor
Jong Volwassenen Plus, Slg. 1990, I–3941).

39   Nach ständiger Rechtsprechung des EuGH stellt eine **Entlassung wegen
Schwangerschaft** oder aus einem im wesentlichen auf der Schwangerschaft beruhenden Grund eine **unmittelbare Diskriminierung** auf Grund
des Geschlechts dar, weil sie nur bei weiblichen Arbeitnehmern in Betracht
kommt (EuGH, C-421/92, Habermann-Beltermann/Arbeiterwohlfahrt, Slg.
1994, I–1657, Rn. 15; C-32/93, Webb, Slg. 1994, I–3567, Rn. 19). In Anbetracht der Gefahr, die eine mögliche Entlassung für die physische und
psychische Verfassung von schwangeren Arbeitnehmerinnen, Wöchnerinnen oder stillenden Arbeitnehmerinnen darstellt, einschließlich des besonders schwerwiegenden Risikos, daß eine schwangere Arbeitnehmerin zum
freiwilligen Abbruch ihrer Schwangerschaft veranlaßt wird, hat der Gemeinschaftsgesetzgeber in Art. 10 der RL 92/85/EWG des Rates vom
19.10.1992 über die Durchführung von Maßnahmen zur Verbesserung der
Sicherheit und des Gesundheitsschutzes von schwangeren Arbeitnehmerinnen, Wöchnerinnen und stillenden Arbeitnehmerinnen am Arbeitsplatz
(ABl. L 384/1), der die Mitgliedstaaten spätestens zwei Jahre nach ihrem
Erlaß nachzukommen hatten, später einen besonderen Schutz der Frau vor-

gesehen, indem er für die Zeit vom Beginn der Schwangerschaft bis zum
Ende des Mutterschaftsurlaubs ein Kündigungsverbot verfügt hat. Art. 10
der RL 92/85 sieht keine Ausnahme von dem Verbot vor, einer schwangeren Frau in diesem Zeitraum zu kündigen. Davon ausgenommen sind die
nicht mit dem Zustand der Betroffenen in Zusammenhang stehenden Ausnahmefälle (EuGH, C- 32/93, Slg. 1994, I–3567 Rn. 21 und 22).

Danach verbieten Art. 2 Abs. 1 und Art. 5 Abs. 1 der Gleichbehandlungs-   **40**
richtlinie die **Entlassung** einer Arbeitnehmerin **zu irgendeinem Zeitpunkt**
während ihrer Schwangerschaft aufgrund von Fehlzeiten infolge einer
durch die Schwangerschaft verursachten Krankheit. Ohne Belang ist dabei,
daß die Arbeitnehmerin gemäß einer Vertragsbestimmung entlassen wird,
nach der der Arbeitgeber berechtigt ist, Arbeitnehmer ungeachtet ihres Geschlechts nach einer vertraglich festgelegten Zahl von Wochen ununterbro-
chener Fehlzeiten zu entlassen (EuGH, C-394/96, Brown/Rentokil Ltd.,
Slg. 1998, I–4185). Entgegen der Entscheidung des EuGH (EuGH, C-
400/95, Larsson, Slg. 1997, I–2757, Rn. 23) dürfen dann, wenn eine Arbeitnehmerin wegen einer durch die Schwangerschaft oder durch die Nie-
derkunft bedingten Krankheit fehlt, die im Laufe der Schwangerschaft aufgetreten ist und während des Mutterschaftsurlaubs und danach fortbestan-
den hat, nicht nur die während des Mutterschaftsurlaubes, sondern auch die
bereits vom Anfang der Schwangerschaft bis zum Beginn des Mutterschaftsurlaubs eingetretenen Fehlzeiten nicht bei der Berechnung des Zeitraums berücksichtigt werden, der zu einer Entlassung nach nationalem
Recht berechtigt. Die nach dem Mutterschaftsurlaub eingetretene Fehlzeit
einer Arbeitnehmerin darf unter den gleichen Voraussetzungen berücksichtigt werden wie die Fehlzeiten eines Mannes wegen einer ebenso langen Arbeitsunfähigkeit (EuGH, C-394/96, Brown/Rentokil Ltd., Slg. 1998,
I–4185 Rn. 26).

In einem weiteren Fall hatte der EuGH die Frage zu entscheiden, ob nach   **41**
der RL eine Entlassung aus Gründen zulässig ist, die auf Schwanger- oder
Mutterschaft zurückzuführen war, und wenn ja, ob der **Kündigungsschutz
zeitlich unbegrenzt gilt**. Der EuGH entschied, bei Krankheiten, die erst
nach dem Mutterschaftsurlaub auftreten, bestehe kein Anlaß, zwischen
durch Schwangerschaft oder Entbindung verursachten Krankheiten und anderen Krankheiten zu unterscheiden. Solche Zustände fielen unter die allgemeine Regelung für Krankheitsfälle, die durch die RL nicht betroffen sei
(EuGH, C-179/88, Handels- og Kontorfunktionaererernes Forbund i Dan-
mark/Dansk Arbejdsgiverforening, Slg. 1990, I–3979).

Von großer Bedeutung für die Verwirklichung der Gleichbehandlung sind   **42**
die Urteile zur **Umsetzung der Gleichbehandlungsrichtlinien durch die**

Bundesrepublik Deutschland in § 611 Abs. 2 BGB betreffen (EuGH, Rs. 14/83, von Colson und Karmann/Land Nordrhein-Westfalen, Slg. 1984, 1891; vgl. *Bleckmann,* DB 1983, 1103 und EuGH, Rs. 79/83, von Hartz/ Deutsche Tradax, Slg. 1984, 1921; *Bertelsmann/Zarr,* DB 1984, 1297; *Eckertz-Höfer,* JuS 1987, 611; *Zuleeg,* RdA 1984, 325). Danach sind die Mitgliedstaaten verpflichtet, Verstöße gegen den Gleichbehandlungsgrundsatz mit angemessenen Sanktionen zu ahnden, die eine hinreichende Wirkung entfalten. Die Mitgliedstaaten müssen damit im Hinblick auf Art. 10 (ex-Art. 5) alle Maßnahmen ergreifen, um die Durchführung des Gemeinschaftsrechts zu ermöglichen. Dazu gehören ein **„effektiver gerichtlicher Rechtsschutz"** (EuGH, Rs. 22/84, Johnston/RUC, Slg. 1986, 1651) **und wirkungsvolle, verhältnismäßige und abschreckende Sanktionen** (EuGH, Rs. 68/88, Kommission/Griechenland, Slg. 1989, 2965; zur Erläuterung durch die Kommission ABl. 1990 C 147/3).

43 Art. 6 der Gleichbehandlungsrichtlinie läßt es auch nicht zu, daß der Einsatz des einer Person durch eine diskriminierende Entlassung entstandenen **Schadens** durch eine im voraus **festgelegte Obergrenze** und dadurch begrenzt wird, daß **keine Zinsen** zum Ausgleich des Verlustes gewährt werden, der dem Inhaber des Entschädigungsanspruchs durch den Zeitablauf des bis zur tatsächlichen Zahlung des ihm zuerkannten Kapitalbetrags entsteht (EuGH, C-271/91, Marshall II, Slg. 1993, I–4367). Auch eine **Höchstgrenze von drei Monatsverdiensten** für die Entschädigung, wie bisher in § 611 a, Abs. 2 BGB oder im Fall von mehreren Bewerbern auf sechs Monatsverdienste nach § 61 b Abs. 2 ArbGG bis zum Inkrafttreten des Gesetzes zur Änderung des BGB und des ArbGG vom 29.6.1998 (BGBl II 1998, 1694f.; vgl. dazu *Hohmeister,* BB 1998, 1790, Freis, NJW 1998, 2279) ist nach dem EuGH (EuGH, C-180/95, Draehmpaehl/Urania, Slg. 1997, I–2195) unzulässig.

44 Nach Art. 2 Abs. 4 steht die RL nicht den **Maßnahmen zur Förderung der Chancengleichheit für Männer und Frauen**, insbesondere durch Beseitigung der tatsächlich bestehenden Ungleichheiten entgegen; mit der **Empfehlung 84/635/EWG zur Förderung positiver Maßnahmen für Frauen** vom 13.12.1984 (ABl. 1985 L 331/34) legt der Rat den Mitgliedstaaten nunmehr eine Politik nahe, positive Maßnahmen anzunehmen, um die faktischen Ungleichheiten, mit denen die Frauen im Berufsleben konfrontiert sind, zu beseitigen sowie die Aufhebung der Geschlechtertrennung am Arbeitsmarkt zu fördern. Wenige Jahre später stellte der EuGH (EuGH, Rs. 312/86, Kommission/Französische Republik, Slg. 1988, 6315) fest, daß Art. 2 Abs. 4 der RL einen bestimmten und begrenzten Zweck hat, nämlich die Zulassung von Maßnahmen, die zwar nach ihrer äußeren Erscheinung

diskriminierend sind, tatsächlich aber in der sozialen Wirklichkeit bestehende faktische Ungleichheiten beseitigen oder verringern sollen. Was die
Stellen angeht, in denen Frauen unterrepräsentiert sind, könnte **„die positive Diskriminierung"** zu einer besseren Verteilung der Stellen zwischen
beiden Geschlechtern führen. Dabei befand der EuGH, daß ein nationales
Gesetz, wonach allgemeine Klauseln in Tarifverträgen, die Sonderrechte
für Frauen festschreiben, die Grenzen der „positiven Diskriminierung"
überschreiten. Obwohl eine solche Maßnahme auf den ersten Blick als Anwendung des Grundsatzes der „positiven Diskriminierung" gelten und in
gewissem Sinne die Gleichbehandlung fördern könnte, fürchtete der EuGH,
daß derartige Maßnahmen einmal mehr der Ungleichbehandlung von Männern und Frauen Tür und Tor öffne. Da nach dem EuGH in der **Rs. „Kalanke"** (EuGH, C-450/93, Kalanke/Hansestadt Bremen, Slg. 1995, I–3096;
vgl. dazu die Mitteilung der Kommission über die Auslegung des Urteils,
KOM (96) 88 vom 27.3.1996) zu den **„positiven Maßnahmen"**, die Art. 2
Abs. 4 gestattet, nicht solche Maßnahmen gehören, die Frauen bei Ernennungen oder Beförderungen **absolut** und **unbedingt** den Vorrang gegenüber gleichqualifizierten Männern einräumen, weil das Ziel der „Ergebnis-
gleichheit" von Art. 2 Abs. 4 nicht umfaßt sei, hat die Kommission einen
Vorschlag zur Änderung von Art. 2 Abs. 4 vorgelegt (ABl. 1996 C 176/8;
vgl. dazu *Hasselbach,* NZA 1996, 1308), der klarstellen soll, daß nach dieser Bestimmung eingeleitete Schritte auch Maßnahmen umfassen, die die
Einstellung oder Beförderung von Angehörigen desjenigen Geschlechts,
das unterrepräsentiert ist, fördern, vorausgesetzt, daß der Arbeitgeber immer die Möglichkeit hat, die besonderen Umstände im Einzelfall zu berücksichtigen. Nachden die Vertragsparteien auf dem Europäischen Rat von
Amsterdam zur Gewährleistung der vollen Gleichstellung von Männern
und Frauen im Arbeitsleben in Art. 141 (ex-Art. 119) Abs. 4 „positive Aktionen" vorgesehen hatten, entschied der EuGH in der Rs. **„Marschall"**
(EuGH, C-409/95, Marschall/Land Nordrhein-Westfalen, Slg. 1997,
I–6363; vgl. dazu *Coen,* EuroAS 1998, 12), daß ein nationales Gesetz, nach
dem Frauen im öffentlichen Dienst im Falle gleicher Qualifikation von
Mann und Frau bevorzugt zu befördern sind, unter bestimmten Bedingungen mit dem Gemeinschaftsrecht vereinbar ist. Allerdings darf die Beförderung eines männlichen Kandidaten nicht von vornherein ausgeschlossen
sein. Mit seinem Urteil präzisiert der EuGH seine Rechtsprechung zu **Quotenregelungen** und stellt klar, daß sich der in der Rs. **„Kalanke"** festgestellt Verstoß gegen die EG-Gleichbehandlungsrichtlinie nur auf die Teile
des Gesetzes des Landes Bremen bezog, die Frauen ein absolutes und un-
bedingtes Recht auf Einstellung gegenüber Männern in Sektoren zuspre-

chen, in denen sie unterrepräsentiert sind, nicht aber auf eine grundsätzliche Bevorzugung durch Quotenregelungen. Im Hinblick auf dieses Urteil und die Ergebnisse der Regierungskonferenz hat die Kommission angekündigt, daß sie auf der Grundlage der neuen legislativen Kompetenzen des Vertrages von Amsterdam einen weitergehenden Vorschlag unterbreiten will, wie dies vom Europäischen Parlament am 8.3.1999 gefordert worden war.

45 Bei der Anwendung entsprechender **Frauenförderungsgesetze** kann es aus der Sicht des Gemeinschaftsrechts **in Zukunft** nur noch um die **Klärung der Kriterien** gehen, aufgrund derer der den weiblichen Bewerbern eingeräumte Vorrang entfällt, weil eines oder mehrere dieser Kriterien zugunsten des männlichen Bewerbers überwiegt, denn nach dem EuGH (EuGH, C-409/95, aaO, Slg. 1997, I–6363) kann der Beförderungsvorrang für Frauen im öffentlichen Dienst nur bei Wahrung der Beförderungschancen für gleichqualifizierte männliche Bewerber durch **objektive Einzelfallprüfung sämtlicher personenbezogener Beurteilungskriterien** bestehen, weil es sich bei den positiven Aktionen im Sinne des Art. 2 Abs. 4 der RL um **Ausnahmen** (EuGH, C-409/95, aaO, Slg. 1997, I–6363, Rn. 32) von dem in der RL verankerten **Individualrecht** auf Gleichbehandlung von Frauen und Männern handelt (vgl. auch GA Saggier, v. 22.4.1999, Rs. C-158/97, Badeck u.a., Hessen). Diese Kriterien dürfen gegenüber den weiblichen Bewerbern ihrerseits nicht wiederum eine diskriminierende Wirkung haben, zumal der EuGH in der Rs. „Marschall" noch davon abgesehen hat, derartige Kriterien beispielhaft zu benennen oder Anhaltspunkte dazu zu entwickeln. Diskriminierungsfrei könnte zum Beispiel der Beförderungsvorrang von weiblichen Bewerbern ohne Kinder gegenüber ihrem männlichen Mitbewerbern mit Kindern entfallen, denn nach Art. 136 (ex-Art. 117) werden die in den Art. 16 und 17 der Europäischen Sozialcharta geschützten sozialen Grundrechte der Familien und Kinder Referenzrahmen des gemeinschaftlichen Arbeits- und Sozialrechts. Sie sind deshalb auch bei der Auslegung der Gleichbehandlungsrichtlinie zu beachten und bestimmen Inhalt und Grenzen positiver Aktionen für Frauen mit.

46 Die RL bezieht sich auf den Grundsatz der Gleichbehandlung „von Männern und Frauen" und verbietet deshalb jede Diskriminierung auf Grund des Geschlechts. Sie erkennt damit die völlige Unerheblichkeit des Geschlechts in der Regelung der zwischenmenschlichen Beziehungen an und steht deshalb auf der Entlassung einer **transsexuellen** Person aus einem mit der Umwandlung ihres Geschlechts zusammenhängenden Grund entgegen (EuGH, C-13/94, O.S. u Cornwall County Council, Slg. 1996, I–2143); hingegen fällt eine Diskriminierung auf Grund der **sexuellen Orientierung**

gegenwärtig nicht unter das Gemeinschaftsrecht (EuGH, C-249/96, Grant/South-West Trains Ltd., Slg. 1998, I–621), so daß einer Arbeitnehmerin eine Fahrvergünstigung für ihre Lebensgefährtin des gleichen Geschlechts verweigert werden kann. Nach Ansicht der Kommission beruht die Diskriminierung nicht auf der sexuellen Neigung, sondern auf der Tatsache, daß die Klägerin nicht in einer soliden Lebensgemeinschaft im Sinne der nationalen Gesetzgebung lebt. Für die Kommission ist die sexuelle Neigung daher kein Argument (a.A. GA Elmer, SA in der Rs. C-13/94, aaO, Slg. 1998, I–614). Im Hinblick auf diese Rechtsprechung hat das Gericht Erster Instanz (EuGe, 28.1.1999, T 264/97) einen EG-Beamten der in einer gleichgeschlechtlichen Partnerschaft lebt eine Haushaltszulage verwehrt, auf die Ehepaare nach dem Beamtenstatut einen Anspruch haben.

3. RL 79/7/EWG des Rates zur schrittweisen Verwirklichung des Grund-   **47**
satzes der Gleichbehandlung von Männern und Frauen im **Bereich der sozialen Sicherheit** vom 19.12.1978 (ABl. 1979 L 6 24). Diese RL zielt auf die schrittweise Verwirklichung des Grundsatzes der Gleichbehandlung von Männern und Frauen in den gesetzlichen Systemen der sozialen Sicherheit ab.

Der **persönliche Anwendungsbereich** der RL umfaßt die **gesamte Er-**   **48**
werbsbevölkerung (einschließlich der Selbständigen und der Arbeitsuchenden) sowie die im Ruhestand befindlichen oder arbeitsunfähigen Arbeitnehmer und Selbständigen. Der EuGH hat die RL auf eine Leistung aufgrund von Invalidität für anwendbar erklärt, die nicht für den Invaliden selbst vorgesehen war, sondern für die Person, die ihn betreute (EuGH, Rs. 150/85, Drake/Chief Adjudication Officer, Slg. 1986, 1995). In einer späteren Entscheidung stellte der EuGH jedoch fest, daß nur jene Person der Personengruppe zuzurechnen sei, auf die die RL Anwendung findet, die zum Zeitpunkt des Risikoeintritts tatsächlich Mitglied der Erwerbsbevölkerung war (EuGH, Rs. 48/106 und 107/88, Achterberg u.a./Sociale Verzekeringsbank, Slg. 1989, 1963).

Der **sachliche Anwendungsbereich** umfaßt den gesetzlichen Schutz gegen   **49**
Krankheit, Invalidität, Alter, Arbeitsunfall und Berufskrankheit, Arbeitslosigkeit und Sozialhilferegelungen, soweit sie die vorgenannten Systeme ergänzen oder ersetzen (vgl. *Langenfeld/Jansen,* in Grabitz/Hilf, Art. 119 Rz. 71; *Kontizas,* Soziales Europa 3/91, 78). Die RL ist nicht auf eine Leistung wie die Ergänzungszulage oder Einkommensbeihilfe britischen Rechts anzuwenden, die in bestimmten persönlichen Situationen Personen gewährt werden kann, deren Mittel nicht ausreichen, um ihre Bedürfnisse im Sinne des Gesetzes zu decken (EuGH, C-63 und 64/91, Jackson & Cresswell/ Chief Adjudication Officer, Slg. 1992, I–4737).

50 Der EuGH hat Art. 4 Abs. 1 der RL **unmittelbare Wirkung** zugesprochen (EuGH, Rs. 7/85, Niederländischer Staat/FNV, Slg. 1986, 3855; Rs. 286/85, McDermott & Cotter/Minister for Social Welfare and Attorney General, Slg. 1987, 1453; Rs. 384/85, Borrie Clarke/Chief Adjudication Officer, Slg. 1987, 2865; Rs. 80/87, Dik u.a./College van Burgemeesters en Wethouders Arnheim u.a., Slg. 1988, 1601; C-154/92, Van Cant/Rijksdienst voor pensioenen, Slg. 1993, I–3811). Art. 4 Abs. 1 der RL steht deshalb einer nationalen Bestimmung entgegen, die Witwen Arbeitsunfähigkeitsleistungen entzieht, wenn ihnen eine Hinterbliebenenrente gewährt wird, sofern der Entzug nicht aus einem freiwilligen Verzicht der Begünstigten beruht und die Bestimmung nicht ebenso für Witwer anwendbar ist (EuGH, C-337/91, Van Gemert-Derks/Bestuur van de Nieuwe Industriële bedrijfsvereniging, Slg. 1993, I–5435).

51 Die RL 70/7/EWG ist so auszulegen, daß sie es den Mitgliedstaaten nicht gestattet, nach **Ablauf der Umsetzungsfrist** die Folgen früherer nationaler Rechtsvorschriften aufrechtzuerhalten, die verheiratete Frauen unter bestimmten Voraussetzungen von der Altersversicherung ausschlossen (EuGH, C-87, 88 und 89/90, Verhoelen u.a./Sociale Verzekeringsbank, Slg. 1991, I–3757). Durch dieses Urteil ist klargestellt, daß ein nationales Gericht befugt ist, **von Amts wegen** eine nicht umgesetzte Richtlinienbestimmung **zu berücksichtigen**, ohne daß sich der Betroffene ausdrücklich auf die RL beruft. Mit dem Gemeinschaftsrecht unvereinbar ist es auch, daß die zuständigen Behörden eines Mitgliedstaates innerstaatliche **Verfahrensvorschriften über die Berufungsfrist** im Rahmen eines Rechtsstreits gegen einen Einzelnen vor dem innerstaatlichen Gericht geltend machen, solange dieser Staat Bestimmungen dieser RL nicht ordnungsgemäß in seiner innerstaatlichen Rechtsordnung umgesetzt hat (EuGH, C-208/90, Emmott/Minister for Social Welfare and Attorney General, Slg. 1991, I–4269). Demgegenüber hat der EuGH eine nationale Vorschrift, die die **Rückwirkung von Ansprüchen auf Arbeitsunfähigkeitsleistungen** auf ein Jahr vor Antragstellung begrenzt, wegen des Normzwecks, eine solide Verwaltung sicherzustellen und das finanzielle Gleichgewicht des Systems zu erhalten, unbeanstandet gelassen (EuGH, C-338/91, Steenhorst-Neerings/Bestuur van de Bedrijfsvereniging voor Detailhandel, Ambachten en Huisvrouwen, Slg. 1993, I–5475; a.A.: Schlußanträge GA Darmon in dieser Rs. Slg. 1993, I–5488).

52 In mehreren Urteilen befaßte sich der EuGH mit **objektiven Rechtfertigungsgründen** (vgl. EuGH, Rs. 30/85, Teuling/Bestuur van de Bedrijfsvereniging voor de Chemische Industrie, Slg. 1987, 2497; C-102/88, Ruzius-Wilbring/Bestuur van de Bedrijfsvereniging voor Overheidsdiensten,

Slg. 1989, 4311; C-229/89, Kommission/Belgien, Slg. 1991, I–2205). Dies ist der Fall, wenn die gewählten Mittel einem legitimen Zweck der Sozialpolitik des Mitgliedstaates dient, um dessen Rechtsvorschriften es geht, und zur Erreichung dieses Ziels geeignet und erforderlich sind (EuGH, C-226/91, Molenbroek/Bestuur van de Sociale Verzekeringsbank, Slg. 1992, I–5963; C-343/92, Roks/Bestuur van de Bedrijfsvereniging voor de Gezondheid u.a., Slg. 1994, I–571). Als **legitime Ziele der Sozialpolitik** hat der EuGH in diesem Zusammenhang **anerkannt** : Gewährleistung der Strukturprinzipien des jeweiligen Sozialversicherungssystems, Förderung der Existenz des Angebots geringfügiger Beschäftigungen im Rahmen der nationalen Sozialpolitik, um auf diesem Weg der sozialen Nachfrage nach diesen Beschäftigungen zu entsprechen, Ausschluß von der Versicherungspflicht als einziges Mittel, um im strukturellen Rahmen des nationalen Sozialversicherungssystems derartige Beschäftigungen zu fördern, keine automatische Ersetzung der wegfallenden Beschäftigungsverhältnisse durch versicherungspflichtige Teilzeit- oder Vollzeitarbeitsplätze (EuGH, C-317/93, Nolte/LVA Hannover, Slg. 1995, I–4625; C-444/93, Megner u.a./Scheffel/Innungskrankenkasse Vorderpfalz, Slg. 1995, I–4741; kritisch *Colneric,* EuroAS 1/1996, 12). Dagegen hat der EuGH **Haushaltserwägungen** die **Legitimität** zur Rechtfertigung von Diskriminierungen abgesprochen (EuGH, C-343/92, Roks/Bestuur van de Bedrijfsvereniging voor de Gezondheid u.a., Slg. 1994, I–571).

In ihrem **sozialpolitischen Aktionsprogramm** 1998–2000 hat die Kommission die Vorlage eines Vorschlags zur Aktualisierung und Vervollständigung des gesetzlichen Rahmens für die Gleichbehandlung von Frauen und Männern bei den Sozialversicherungssystemen angekündigt, wobei insbesondere den Entscheidungen des EuGH Rechnung getragen werden soll.   **53**

4. RL 86/378/EWG des Rates zur Verwirklichung des Grundsatzes der   **54** Gleichbehandlung von Männern und Frauen bei den **betrieblichen Systemen der sozialen Sicherheit** vom 24.7.1986 (ABl. L 225/48, geändert durch **RL 96/97/EG** des Rates vom 20.12.1996, ABl. 1997 L 46/20). Die RL erweitert den Gleichbehandlungsgrundsatz auf den Bereich betrieblicher Systeme der sozialen Sicherheit. **Persönlicher und sachlicher Anwendungsbereich** entsprechen im wesentlichen der RL 79/7/EWG (*Langenfeld/Jansen,* in Grabitz/Hilf, Art. 119 Rn. 83; *Kontizas,* Soziales Europa 3/91, 80). Mit der RL 96/97/EG wurde die RL 86/378/EWG sowohl den Erfordernissen des Art. 141, als auch der Rechtsprechung des EuGH (EuGH, C-262/88, Barber/Guardian Royal Exchange Insurance Group, Slg. 1990, I–1889) angepaßt, wonach das Gemeinschaftsrecht die **generelle Gleich-**

behandlung von Frauen und Männern in den betrieblichen Systemen der sozialen Sicherheit verlangt (vgl. Rn. 7ff.).

55   **Regelungsgegenstand** : Gegenstand der RL ist das Verbot jeglicher Diskriminierung aufgrund des Geschlechts, und hier insbesondere im Hinblick auf den Anwendungsbereich der betrieblichen Systeme und ihrer Zugangsbedingungen, die Beitragspflicht und die Berechnung der Beiträge sowie die Berechnung der Leistungen und die Bedingungen betreffend die Geltungsdauer und die Aufrechterhaltung des Leistungsanspruchs (Art. 5). Als diskriminierende Arten von Bestimmungen werden in der Richtlinie in Art. 6 ausdrücklich genannt :

a)   die Festlegung der Personen, die zur Mitgliedschaft in einem betrieblichen System zugelassen sind,

b)   die Regelung der Zwangsmitgliedschaft oder der freiwilligen Mitgliedschaft in einem betrieblichen System;

c)   die Festlegung unterschiedlicher Regeln über das Alter für den Beitritt zum System oder für die Mindestdauer der Beschäftigung oder Zugehörigkeit zum System, um einen Leistungsanspruch zu begründen;

d)   die Festlegung der Anspruchsvoraussetzungen in Form unterschiedlicher Regeln über das Beitrittsalter, die Mindestdauer der Beschäftigung oder der Zugehörigkeit zum betrieblichen System,

e)   die Festlegung unterschiedlicher Regeln für die Beitragserstattung im Falle des Ausscheidens bei Nichterfüllung der Bedingungen für eine „aufgeschobene Leistungsgewährung";

f)   die Festlegung unterschiedlicher Bedingungen für die Leistungsgewährung oder -beschränkung auf eines der beiden Geschlechter;

g)   die Festsetzung unterschiedlicher Altersgrenzen für den Eintritt in den Ruhestand;

h)   die Unterbrechung der Aufrechterhaltung oder des Erwerbs von Ansprüchen während eines gesetzlich oder tarifvertraglich festgelegten Mutterschaftsurlaubs oder Urlaubs aus familiären Gründen, der vom Arbeitgeber gezahlt wird;

i)   die Festlegung unterschiedlicher Leistungsniveaus, es sei denn, daß dies aufgrund versicherungsmathematischer Berechnungsfaktoren unumgänglich ist;

j)   die Festlegung unterschiedlicher Höhen für die Beiträge der Arbeitnehmer;

k)   die Festlegung unterschiedlicher oder nur für Arbeitnehmer eines der Geschlechter geltender Regelungen hinsichtlich der Garantie oder der Erhaltung des Anspruchs auf verspätete Leistungen, wenn der Arbeitnehmer aus dem betrieblichen System ausscheidet.

5. RL 97/80/EG des Rates über die **Beweislast bei Diskriminierung auf-**   **56**
grund des Geschlechts vom 15.12.1997 (ABl. 1998 L 14/6). Die RL über
die Beweislast (vgl. dazu Schlachter RdA 1998, 321; Rüthel, NJW 1999,
611) verbessert die Wirksamkeit der Durchführung der Maßnahmen, die
von den Mitgliedstaaten in Anwendung des Gleichbehandlungsgrundsatzes
getroffen werden. Aufgrund dieser Maßnahmen kann jeder, der sich für ein
Opfer der Nichtanwendung des genannten Grundsatzes hält, seine Rechte
(ggf. nach Befassung anderer zuständiger Stellen) gerichtlich geltend machen. Die RL hat zur Folge, daß die Rechtsprechung des EuGH durch die
Umkehrung der Beweislast bei Diskriminierungen aufgrund des Ge-
schlechts konsolidiert wird; dies bedeutet, daß nicht mehr die klagende
Partei (Arbeitnehmer) das Vorliegen einer Diskriminierung beweisen muß,
was in der Praxis zum Teil unüberwindliche Probleme aufgeworfen hat,
sondern die beklagte Partei (Arbeitgeber) die augenscheinliche ungleiche
Behandlung rechtfertigen muß. Nach der RL ergreifen die Mitgliedstaaten
spätestens **bis zum 1. Januar 2001** im Einklang mit dem System ihrer nationalen Gerichtsbarkeit die erforderlichen Maßnahmen, nach denen dann,
wenn Personen, die sich durch die Verletzung des Gleichbehandlungsgrundsatzes für beschwert halten bei einem Gericht bzw. einer anderen zuständigen Stelle Tatsachen glaubhaft machen, die das Vorliegen einer unmittelbaren oder mittelbaren Diskriminierung vermuten lassen, es dem Beklagten obliegt, zu beweisen, daß keine Verletzung des Gleichbehandlungsgrundsatzes vorgelegen hat (Art. 4 Abs. 1).

Die RL erfaßt sowohl den Aspekt der unmittelbaren, als auch den der mit-   **57**
telbaren Diskriminierung. Eine **mittelbare Diskriminierung** liegt nach
Art. 2 Abs. 2 vor, wenn dem Anschein nach neutrale Vorschriften, Kriteri-
en oder Verfahren einen wesentlich höheren Anteil von Angehörigen eines
Geschlechts benachteiligen, es sei denn, die betreffenden Vorschriften, Kriterien oder Verfahren sind angemessen und notwendig und sind durch nicht
auf das Geschlecht bezogene sachliche Gründe gerechtfertigt. Nach Art. 3
Abs. 1 a findet die RL Anwendung auf die Situationen, die von Art. 141 und
den RLen 75/117/EWG (s. Rn. 33) und 76/207/EWG (s. Rn. 35) über den
Grundsatz des gleichen Entgelts und über den gleichen Zugang zur Beschäftigung und – sofern die Frage einer Diskriminierung aufgrund des Geschlechts angesprochen ist – den RL 92/85/EWG (s. Rn. 39 sowie Art. 137
Rn. 20) und 96/34/EWG erfaßt werden.

7. RL 96/34/EG des Rates zu der von UNICE, CEEP und EGB geschlos-   **58**
senen **Rahmenvereinbarung über Elternurlaub** vom 3.6.1996 (ABl. L
145/4). Die RL sieht bei Geburt oder Adoption eines Kindes einen Min-
destzeitraum von 3 Monaten unbezahlten Urlaubs für männliche wie für

weibliche Arbeitnehmer bis zum 8. Lebensjahr des Kindes vor. Die Einzelheiten sind den Mitgliedstaaten überlassen. Das Rahmenabkommen regelt gleichfalls das Recht der Arbeitnehmer auf Fernbleiben vom Arbeitsplatz wegen höherer Gewalt aus dringenden familiären Gründen, wie Krankheit oder Unfall, die ihre sofortige Anwesenheit zwingend erfordern.

V. Handlungsbefugnisse

59   Art. 141 Abs. 3 sieht eine Rechtsgrundlage für die Verwirklichung der Chancengleichheit und der Gleichbehandlung von Männern und Frauen im Mitentscheidungsverfahren nach Art. 251 (ex-Art. 189 b) vor. Danach kann der Rat Maßnahmen zur Förderung der **Chancengleichheit und der Gleichbehandlung von Männern und Frauen in Arbeits- und Beschäftigungsfragen** beschließen. In Zukunft ist damit Rechtsetzung auf allen Gebieten, die im weitesten Sinne Einfluß auf die Gleichbehandlung haben können, möglich. Zu denken ist dabei an soziale Sicherheit, Vereinbarkeit von Familie und Beruf, Kinderbetreuung, Teilzeitbeschäftigung, Elternurlaub, Mobbing und sexuelle Belästigung. Demgegenüber mußte bisher auf andere Rechtsgrundlagen ausgewichen werden, wenn nicht der Bereich des Entgelts selbst betroffen war.

VI. Positive Aktionen

60   Art. 141 Abs. 4 stellt klar, daß spezifische **Fördermaßnahmen der Mitgliedstaaten** im Hinblick auf die effektive Gewährleistung der vollen **Gleichstellung von Männern und Frauen im Arbeitsleben** mit dem Gleichbehandlungsgrundsatz vereinbar sind. In der Erklärung Nr. 28 für die Schlußakte zum Amsterdamer Vertrag wird darüber hinaus klargestellt, daß die nach Abs. 4 zu ergreifenden Maßnahmen in erster Linie **der Verbesserung der Lage der Frauen auf dem Arbeitsmarkt dienen sollen**. Ob diese Fördermaßnahme auch die Besserstellung einer Frau gegenüber einen höher qualifizierten männlichen Mitbewerber rechtfertigen kann, wie dies der Supreme Court hier das US amerikanische Recht bejaht (vgl. dazu COEN DB 1987, 2041) entscheidet der EuGH in der Rechtssache Anderson (C-407/98, ABl 1999 C 1).

61   Die Vorschrift ist eine Reaktion auf die Rechtsprechung des EuGH zu positiven Fördermaßnahmen und insbesondere zur Quotenregelung in der Rs. „Kalanke" (EuGH, C-450/93, Slg. 1995, I–3096), wonach die Quotenregelung des Bremischen Gleichstellungsgesetzes eine Diskriminierung darstellte, die mangels Rechtfertigung unzulässig war. Die **Gleichstellung von**

Männern und Frauen ist jedoch nun Aufgabe der EG im Sinne des Art. 2
und nach Art. 3 Abs. 2 integraler Bestandteil **aller** Gemeinschaftspolitiken
geworden, wonach die EG bei all ihren Tätigkeiten darauf hinwirkt, **Ungleichheiten zu beseitigen und die Gleichstellung von Männern und
Frauen zu fördern.** Die EG ist damit von einer Politik der **Gleichberechtigung** zu einer Politik der **Gleichstellung** von Männern und Frauen übergegangen (in der englischen Fassung heißt es: equality in practice), die weitergehende Fördermaßnahmen zur Erleichterung der Berufstätigkeit des un-
terrepräsentierten Geschlechts oder zur Verhinderung bzw. zum Ausgleich
von Benachteiligungen in der beruflichen Laufbahn zulassen, als die bisherigen vertraglichen Grundlagen.

VII. Protokoll zu Art. 141

Die Regierungskonferenz über die Politische Union hat dem Art. 141   62
(ex-Art. 119) ein Protokoll beigefügt, das gemäß Art. 311 (ex-Art. 239) **Bestandteil des EGV** ist. Hierin ist der Versuch des gemeinschaftlichen Ver-
fassungsgebers zu sehen, die Rückwirkung des **Barber-Urteils** (C-262/88
Slg. 1990, I–1889) im Wege einer **„authentischen" Auslegung** (vgl.
Borchardt Versicherungswirtschaft 1992, 935; *ders.* BetrAV 1993, 6) zu begrenzen. Dieses Vorgehen ist zum Teil heftig als Eingriff in die rechtsprechende Gewalt und Verletzung des auch in der Gemeinschaftsrechtsordnung geltenden Gewaltenteilungsprinzips kritisiert worden. In den bereits
erwähnten **„Post-Barber-Urteilen"** (Rn. 29), nahm der EuGH die im Protokoll zum bisherigen Art. 119 formulierte Auslegung auf und entschied,
daß gemäß dem Urteil in der Rs. **„Barber"** die unmittelbare Wirkung von
Art. 119 zur Stützung der Forderung nach Gleichbehandlung auf Gebiet der
betrieblichen Altersversorgung nur für Leistungen geltend gemacht werden
kann, die für Beschäftigungszeiten nach dem 17.05.1990 geschuldet werden, vorbehaltlich der Ausnahme, die für Arbeitnehmer oder deren anspruchsberechtigte Angehörige vorgesehen ist, die vor diesem Zeitpunkt
nach dem anwendbaren innerstaatlichen Recht Klage erhoben oder einen
entsprechenden Rechtsbehelf eingelegt haben (EuGH, C-109/91, Ten Oe-
ver/Stichting Bedrijfspensioenenfonds voor het Glazenwassers en Schoonmaakbedrijf, Slg. 1993, I–4879; C-110/91, Moroni/Collo GmbH, Slg.
1993, I–6609; C-152/91, Neath/Hugh Steeper Ltd., Slg. 1993, I–6953; C-
200/91, Coloroll Pension Trustees Ltd./Russell u.a., Slg. 1994, I–4389). Jedoch hat das Protokoll keinerlei Auswirkungen auf das **Recht auf Anschluß** an ein betriebliches Rentensystem, das sich weiterhin nach dem Urteil in der Rs. **„Bilka"** (Rs. 170/84 Slg. 1986, I–1607) richtet. Teilzeitbe-

schäftigte Arbeitnehmer, die eine verbotene Diskriminierung nach dem früheren Art. 119 erlitten haben, können sich danach hinsichtlich ihres Rechts auf Anschluß an das betriebliche Rentensystem und die Zahlung von Leistungen aufgrund dieses Systems auf die unmittelbare Wirkung des Art. 119 gegenüber entgegenstehenden nationalen Maßnahmen rückwirkend ab dem 8. April 1976, dem Tag der Verkündung des Urteils des EuGH in der Rs. **Defrenne II** berufen. Insoweit stehen weder Art. 119 a.F. noch eine andere Vorschrift oder ein allgemeiner Grundsatz des Gemeinschaftsrechts der Anwendung von **nationalen Maßnahmen** entgegen, mit denen eine gegen Art. 119 verstoßende Diskriminierung von einem **vor** Erlaß des Urteils „Defrenne II" liegenden Zeitpunkt an rückwirkend abgeholfen wird (GA Cosmas, v. 8.10.1998 C-234, 235/96, Vick u. Conze/Telekom und C-270/97 – Deutsche Post AG/Sievers). Auch das BAG entnimmt Wortlaut und Entstehungsgeschichte des Protokolls, dass die Mitgliedstaaten lediglich die zeitliche Wirkung des Art. 119 a.f. eingeschränkt, aber nicht darüber hinaus auf die nationalen Rechtsordnungen eingewirkt haben und nach Ansicht des Bundesverfassungsgerichts ist diese Rechtsprechung von Verfassungs wegen nicht zu beanstanden (BVerfG, Beschluß v. 05.08.1998 gem. § 93a Abs. 2 BVerfGG, EuGRZ 1998, 537). Im **Urteil „Neath"** (C-152/91, Slg. 1993, I–6953) dehnt der EuGH diese zeitliche Beschränkung auf die Übertragung von Ansprüchen und Kapitalumwandlung aus. Optiert ein Leistungsempfänger dann für eine Auszahlung statt einer Rentenleistung oder überträgt er seine erworbenen Ansprüche auf eine andere Rentenkasse, muß die Höhe des Kapitalbetrags oder der übertragenen Rechte objektiv nur bei Rentenansprüchen, die nach dem 17.05.1990 erworben wurden, für beide Geschlechter gleich sein.

Art. 142 (ex-Art. 119a) (Bezahlte Freizeit)

Die Mitgliedstaaten sind bestrebt, die bestehende Gleichwertigkeit der Ordnungen über die bezahlte Freizeit beizubehalten.

1   Die Vorschrift entspricht dem bisherigen Art. 120 und hat wie dieser **programatischen Charakter**. Weder begründet sie Verpflichtungen für die Mitgliedstaaten noch entfaltet sie unmittelbare Wirkung zugunsten des Einzelnen (vgl. *Currall,* in GTE, Art. 120 Rn. 1; *Langenfeld/Jansen,* in Grabitz, Art. 120 Rn. 1).

2   Die **Gemeinschaftcharta** behandelt in Art. 8 den Anspruch der Arbeitnehmer auf die wöchentliche Ruhezeit und auf einen bezahlten Jahresurlaub.

3   **Hintergrund** des bisherigen Art. 120 waren befürchtete **Wettbewerbsnachteile** aufgrund großzügiger Regelungen über bezahlte Freizeit. Ob vor

diesem Hintergrund für die unveränderte Übernahme der Vorschrift in Anbetracht neuer Gemeinschaftskompetenzen für bindende Mindestnormen auf diesem Gebiet im neuen Art. 137 (ex-Art. 118a) noch ein Bedürfnis bestand, muß bezweifelt werden (vgl. *Bergmann/Lenz* – Der Amsterdamer Vertrag 4 Rn. 42); außerdem handelt es sich in diesem Bereich weitgehend um Tarifrecht, so daß Wettbewerbsnachteile mit den Instrumenten des sozialen Dialogs verhindert werden können.

Art. 143 (ex-Art. 120) (Berichtspflichten der Kommission)

Die Kommission erstellt jährlich einen Bericht über den Stand der Verwirklichung der in Art. 136 genannten Ziele sowie über die demographische Lage in der Gemeinschaft. Sie übermittelt diesen Bericht dem Europäischen Parlament, dem Rat und dem Wirtschafts- und Sozialausschuß.

Das Europäische Parlament kann die Kommission um Berichte zu Einzelproblemen ersuchen, welche die soziale Lage betreffen.

Die Vorschrift entspricht dem Art. 7 des Sozialabkommens und enthält eine dem Art. 145 (ex-Art. 122) entsprechende **Berichtspflicht der Kommission** über den Stand der Verwirklichung der in Art. 136 (ex-Art. 117) benannten Ziele. Darüber hinaus begründet er eine Berichtspflicht der Kommission hinsichtlich der demographischen Lage in der EG.   **1**

In Anbetracht der größeren Rolle des EP im Bereich der Sozialpolitik kommt dem Satz 2 Bedeutung zu, wonach das EP die Kommission um über Satz 1 hinausgehende **Berichte zu Einzelproblemen** ersuchen, welche die soziale Lage betreffen. Die Vorschrift übernimmt den bisherigen Art. 121 und ist wie diese von geringer praktischer Bedeutung (vgl. *Langenfeld/Jansen,* in Grabitz, Art. 121 Rn. 1). Lediglich die Einsetzung des Sekretariats der Verwaltungskommission für die Soziale Sicherheit der Wanderarbeitnehmer erfolgte auf der Grundlage des alten Art. 121.   **2**

Art. 144 (ex-Art. 121) (Übertragung von Aufgaben auf die Kommission)

Nach Anhörung des Wirtschafts- und Sozialausschusses kann der Rat einstimmig der Kommission Aufgaben übertragen, welche die Durchführung gemeinsamer Maßnahmen insbesondere auf dem Gebiet der sozialen Sicherheit der in den Art. 39 bis 42 erwähnten aus- oder einwandernden Arbeitskräfte betreffen.

Art. 145 (ex-Art. 122) (Bericht über die soziale Lage)

Der Jahresbericht der Kommission an das Europäische Parlament hat stets ein besonderes Kapitel über die Entwicklung der sozialen Lage in der Gemeinschaft zu enthalten.

Das Europäische Parlament kann die Kommission auffordern, Berichte über besondere, die soziale Lage betreffende Fragen auszuarbeiten.

1   Die Vorschrift übernimmt unverändert den alten Art. 122 und unterstreicht die besondere Bedeutung der Sozialpolitik. Der jährliche **Gesamtbericht der Kommission** über die Tätigkeit der EG nach Art. 212 (ex-Art. 156) enthält jeweils ein besonderes Kapitel über Beschäftigung und Sozialpolitik. Außerdem erscheinen jährlich Berichte über Chancengleichheit für Frauen und Männer in der EU, den Stand der Sozialen Sicherheit in Europa und die Beschäftigung.

2   Das **Informationsrecht des EP** nach Abs. 2 unterstreicht die besondere Bedeutung der parlamentarischen Diskussion der Sozialpolitik, allerdings hat das EP bisher nur selten von diesem Recht Gebrauch gemacht.

Kapitel 2. Der Europäische Sozialfonds

Vorbemerkung zu Art. 146 (ex-Art. 123) – 148 (ex-Art. 125)

I. Bedeutung und Stellung des ESF

1   Der Europäische Sozialfonds (ESF) wurde gemäß Art. 146 (ex-Art. 123) als einziger der Strukturfonds **unmittelbar durch den EGV errichtet** und gehört nach Art. 3j (ex-Art. 3i) zu den Tätigkeiten der EG. Unterstrichen wird seine Bedeutung noch durch Art. 3k (ex-Art. 3j), der die Stärkung des wirtschaftlichen und sozialen Zusammenhalts zur Aufgabe der EG macht, zu der der Sozialfonds nach Art. 159 (ex-Art. 130b) beiträgt.

II. Entwicklung und Aufgaben

2   Der ESF wurde vor 40 Jahren als **soziale Unterstützung des Gemeinsamen Marktes** errichtet, um die Beschäftigungsmöglichkeiten der Arbeitskräfte zu verbessern und damit zur Hebung der Lebenshaltung beizutragen. Nach dem EGV ist er ein Instrument gemeinschaftlicher Arbeitsmarktpolitik und erfaßt daher nicht alle denkbaren sozialpolitischen Aktivitäten. Die

Bezeichnung „Sozialfonds" ist daher eher mißverständlich (*Schulz,* in GTE Art. 123 Rn. 1).

Mit der Veränderung der wirtschaftlichen und sozialen Situation in den Mit-   **3** gliedstaaten und der Weiterentwicklung der europäischen Integration wurden die Aufgaben des ESF seit seiner Errichtung 1958 **vielfältigen Veränderungen** unterzogen. Die Reformen des ESF (1971, 1977, 1983, 1988 u. 1993) standen unter der Prämisse, eine aktive, auf den Binnenmarkt ausgerichtete Arbeitsmarktpolitik zu betreiben, um den Anpassungsprozeß hin zum Gemeinsamen Markt/Binnenmarkt arbeitsmarktpolitisch zu unterstützen.

Die gemeinschaftliche Arbeitsmarktpolitik konnte dabei jedoch **nur ergän-   4 zend** neben die nationalen Arbeitsmarktpolitiken treten, die schon vom Finanzumfang her gesehen ein wesentlich stärkeres Gewicht haben.

Der ESF fördert nach Art. 146 (ex-Art. 123) innerhalb der EG die berufli-   **5** che Verwendbarkeit und die örtliche und berufliche Freizügigkeit der Arbeitskräfte. Anders als dem erst 1976 eingerichteten Regionalfonds obliegen ihm als Arbeitsmarktfonds keine investiven Aufgaben zur Schaffung von Arbeitsplätzen, sondern er gibt der EG die Möglichkeit, **aktiv Arbeitsmarktpolitik zu betreiben**, wenn diese sich auch auf eine Flankierung nationaler Arbeitsmarktpolitik beschränken muß.

Dazu gewährt der ESF **Zuschüsse**, um Interventionen der Mitgliedstaaten   **6** in Gebieten besonders hoher Arbeitslosigkeit oder zugunsten von Problemgruppen zu unterstützen.

Seit der EEA, die die bis dahin verschiedenen strukturpolitischen Instrumen-   **7** te der EG zu einer „gemeinschaftlichen Politik" zusammengeführt und unter dem Titel „Der wirtschaftliche und soziale Zusammenhalt in der EG" als eigenständiges Kapitel in den EGV eingeführt hat, handelt es sich hierbei neben dem Fonds für regionale Entwicklung (EFRE) und dem landwirtschaftlichen Ausrichtungsfonds (EAGFL) um einen der Strukturfonds, die den wirtschaftlichen und sozialen Zusammenhalt in der EG fördern sollen. Die Fonds sind als eine zusammengehörende Aktion der EG anzusehen, um den unter Titel XVII (ex-Titel XIV) angestrebten wirtschaftlichen und sozialen Zusammenhalt zu stärken und das in Art. 158 (ex-Art. 130a) genannte Ziel der Kohäsion zu erreichen. Der ESF ist danach eingebunden in die Strukturpolitik der EG und aufgrund seiner hohen Finanzausstattung das **wichtigste Finanzinstrument für arbeitsmarktpolitische und berufsbildende Maßnahmen** (Einzelheiten zur Politik des wirtschaftlichen und sozialen Zusammenhalts sowie zum Beitrag des ESF siehe bei Art. 158, 159 und 161).

III. Reform

8 Im Vertrag von Amsterdam wurde die Kohäsionspolitik durch die Aufnahme eines **neuen Titels über Beschäftigung** unterstrichen und ergänzt. Mit dem Ziel, vor der Jahrhundertwende eine WWU zu errichten und die EG in den ersten Jahren des nächsten Jahrhunderts nach Osten zu erweitern, hat das Konzept des wirtschaftlichen und sozialen Zusammenhalts eine neue Dimension und einen anderen Inhalt erfahren, da ein Fortbestehen übermäßiger wirtschaftlicher und sozialer Disparitäten zwischen den Mitgliedstaaten das Gelingen dieser neuen Stufe der EU schwer belasten könnte. Der EGV billigt danach dem Kampf für die Beschäftigung, der nachhaltigen Entwicklung sowie der Gleichstellung von Männern und Frauen einen noch höheren Stellenwert zu. Diese veränderten Rahmenbedingungen sowie die in der Mitteilung der Europäischen Kommission „Agenda 2000 eine stärkere und erweiterte Union" genannten drei Grundsätze Konzentration, Vereinfachung und klare Aufteilung der Zuständigkeiten liegen der Strukturreform (1999) zugrunde, die den Rechtsrahmen für die Unterstützung aus den Strukturfonds im Programmplanungszeitraum 2000–2006 zugrunde liegen (Einzelheiten dazu bei Art. 161).

9 Der auf Art. 146 (ex-Art. 123) gestützte VO-Vorschlag über den Europäischen Sozialfonds (ABl. 1998 C 176/39) entspricht den mit dem Vertrag von Amsterdam veränderten Rahmenbedingungen, wonach eine der Hauptaufgaben der Strukturpolitik darin besteht, die **Reform der Arbeitsmarktstrategien und -praktiken** zu unterstützen und sie an die Europäische Beschäftigungsstrategie, deren wichtigstes Finanzinstrument der ESF mit dem Vertrag von Amsterdam geworden ist. Die Strukturfonds sollen danach zur Förderung der vier Schwerpunkte der Europäischen Beschäftigungsstrategie (Unternehmergeist, Beschäftigungsfähigkeit, Anpassungsfähigkeit und Gleichstellung, vgl. Art. 128 Rn. 22) beitragen. Diese Schwerpunkte werden in Zukunft die Grundlage für die Humanressourcen der EU bilden.

Art. 146 (ex-Art. 123) (Errichtung und Ziel des Europäischen Sozialfonds)

Um die Beschäftigungsmöglichkeiten der Arbeitskräfte im Binnenmarkt zu verbessern und damit zur Hebung der Lebenshaltung beizutragen, wird nach Maßgabe der folgenden Bestimmungen ein Europäischer Sozialfonds errichtet, dessen Ziel es ist, innerhalb der Gemeinschaft die berufliche Verwendbarkeit und die örtliche und berufliche Mobilität der Arbeitskräfte zu fördern sowie die Anpassung an die in-

dustriellen Wandlungsprozesse und an Veränderungen der Produktionssysteme insbesondere durch berufliche Bildung und Umschulung
zu erleichtern.

I. Ziel und Aufgaben

Art. 146 (ex-Art. 123) definiert **Ziel und Aufgaben** des ESF. Um zur Ver-   **1**
wirklichung der in der Vorschrift festgelegten Ziele „der Verbesserung der
Beschäftigungsmöglichkeiten der Arbeitskräfte im Binnenmarkt und damit
zur Hebung der Lebenshaltung" beizutragen, legt die Vorschrift zugleich
dessen Aufgaben fest, nämlich „die Förderung der beruflichen Verwendbarkeit" und „die örtliche und berufliche Mobilität der Arbeitskräfte" sowie
die „Erleichterung der Anpassung an die industriellen Wandlungsprozesse
und an Veränderungen an die Produktionssysteme insbesondere durch berufliche Bildung und Umschulung".

Ziel und Aufgaben des ESF bestimmen so dessen **Auftrag, Anwendungs-**   **2**
bereich und **förderungswürdige Tätigkeiten.** Dem ESF können damit
auch im Rahmen seiner 1999 vorgesehenen Reform nur Aufgaben in diesem Rahmen zugewiesen werden, denn trotz in der WWU veränderter wirt-
schafts- und beschäftigungspolitischer Rahmenbedingungen ist die Vorschrift unverändert geblieben, wenn auch ein Zusammenhang mit dem neu-
en Titel Beschäftigung besteht.

II. ESF-Reform '99

Als Teil der **Agenda 2000** hat die Kommission Vorschläge für eine Reform   **3**
der Strukturfonds und des Kohäsionsfonds vorgelegt. Mit dieser Reform
soll die Wirksamkeit der Strukturpolitik der EU in bezug auf die Verringerung der Entwicklungsunterschiede in der EU erhöht und sichergestellt
werden, daß das im EGV festgelegte Ziel des wirtschaftlichen und sozialen
Zusammenhalts weiterverfolgt wird und die mit dem Vertrag von Amsterdam verstärkten Grundsätze, insbesondere die Priorität der Beschäftigung,

der Gleichstellung von Männern und Frauen und der nachhaltigen Entwicklung unterstützt werden (vgl. auch Art. 158 Rn. 8, 9 11).

4 Nach den Vorschlägen der Kommission in der Allgemeinen Verordnung (ABl. 1998 C 176/1) und dem auf Art. 146 (ex-Art. 123) gestützten VO-Entwurf betreffend den Europäischen Sozialfonds (ABl. 1998 C 176/39) soll der ESF grundlegend geändert werden, um ihn **als Finanzinstrument zur Unterstützung der beschäftigungspolitischen Aktionspläne** der Mitgliedstaaten zu aktualisieren. Den Vorschlägen zufolge soll die Tätigkeit des ESF im Rahmen des neuen Ziels 3 neu geordnet werden und nach Art. 1 Ziff. 3 des Vorschlags für eine Verordnung des Rates mit allgemeinen Bestimmungen zu den Strukturfonds zur „Anpassung und Modernisierung der Ausbildungs-, Berufsbildungs- und Beschäftigungspolitiken und -systeme der EU" beitragen (Einzelheiten dazu siehe bei Art. 161 Rn. 17–20, 23).

5 Der ESF soll der **Finanzierung von Maßnahmen** außerhalb der unter die Ziele-1 und -2 fallenden Regionen und Gebiete dienen. In den Fördergebieten bildet das neue Ziel-3 den Bezugsrahmen für Interventionen des ESF im Rahmen der Ziele-1 und -2 und soll so sicherstellen, daß das Konzept der gemeinschaftlichen und einzelstaatlichen Strategien zur Entwicklung von Humanressourcen mit den regionalen Interventionen in Einklang steht.

6 Für den ESF werden zur **Ergänzung** und **Unterstützung der Tätigkeiten der Mitgliedstaaten** im Kontext der einzelstaatlichen beschäftigungspolitischen Mehrjahresaktionspläne nach Art. 2 Abs. 1 des VO-Entwurfs **fünf Tätigkeitsbereiche** vorgeschlagen:
   – aktive Arbeitsmarktpolitik zur Bekämpfung der Arbeitslosigkeit
   – Bekämpfung der sozialen Ausgrenzung
   – lebenslanges Lernen
   – Fortbildungssysteme zur Verbesserung der Beschäftigungsfähigkeit
   – Antizipation und Erleichterung des wirtschaftlichen und sozialen Wandels
   – Verbesserung der Einbeziehung von Frauen in den Arbeitsmarkt

7 Darüber hinaus soll der ESF nach Art. 2 Abs. 2 zur stärkeren **Berücksichtigung lokaler Beschäftigungsinitiativen** einschließlich territorialer Beschäftigungspakte beitragen und nach Abs. 3 der sozialen und **arbeitsmarktspezifischen Dimension der Informationsgesellschaft** Rechnung tragen.

8 Insgesamt soll der ESF nach Art. 4 Abs. 2 des VO-Entwurfs einen Mindestbeitrag zu allen fünf Bereichen leisten, während gleichzeitig jeder Mitgliedstaat seine eigenen Prioritäten für die Interventionen des Fonds aufstellen

kann. Dabei legt der Entwurf jedoch besonderes Gewicht auf die **Verbesserung der Systeme zur Antizipation und Erleichterung des wirtschaftlichen und sozialen Wandels** (altes Ziel-4) sowie auf die bessere **Einbeziehung von Frauen** in den Arbeitsmarkt. Hierzu hat die Kommission in der Begründung zur Reform der Strukturfonds indikative Vorgaben angekündigt, die jedoch nicht in dem VO-Entwurf aufgenommen wurden.

Im Rahmen des ESF **förderfähige Maßnahmen** sind nach Art. 3 des VO-Entwurfs in **drei Kategorien** aufgeteilt:

9

– **Unterstützung der Personen:** Erziehung und berufliche Bildung, Beschäftigungshilfen, Hochschulausbildung im Bereich der Forschung und Wissenschaft, Schaffung neuer Arbeitsplätze,

– **Unterstützung der Strukturen und Systeme:** Verbesserung der Erziehungs- und Ausbildungssysteme, Modernisierung der Arbeitsvermittlungsdienste, Antizipierungssysteme für Qualifizierungsbedürfnisse,

– **Begleitende Ausschüsse:** Sensibilisierung, Bereitstellung von Dienstleistungen.

Neben diesen allgemeinen Handlungsfeldern sieht der VO-Entwurf im Hinblick auf die Einzelheiten der förderfähigen Ausgaben die **Anwendung nationaler Regelungen** vor, soweit die Kommission gemeinsame Vorschriften aufstellt.

10

Darüber hinaus schlägt die Kommission vor, die **Interventionsformen auszuweiten.** So weist der Vorschlag zur Allgemeinen Verordnung darauf hin, daß neben der Unterstützung in Form direkter Zuschüsse andere Verfahrensweisen genutzt werden, wie rückzahlbare Hilfen, Zinsgutschreibung, Garantieprämien und Teilhabungen.

11

Der VO-Entwurf sieht, wie auch schon in der Agenda 2000 erwähnt, vor, daß der **Gesamtbetrag der Zuwendungen** an den ESF für den Zeitraum 2000–2006 Euro 218,4 Mrd. beträgt (Preise von 1999), wenn auch der Europäische Rat noch keine finanzielle Leitlinie bezüglich der den Strukturfonds zur Verfügung stehenden Mittel erlassen hat. Die ESF-Mittel sollen etwa 35 % des Haushalts für sämtliche Strukturfonds in dem neuen siebenjährigen Programmplanungszeitraum ausmachen, d.h. etwa Euro 70 Mrd., während der ESF im Programmplanungszeitraum 1993–1999 mit etwa Euro 40 Mrd. dotiert war. Davon erhielt Deutschland im Zeitraum von 1994–1999 Euro 6,7 Mrd. ohne Gemeinschaftsinitiativen, von denen mehr als die Hälfte in die Ziel-1 Gebiete in Ostdeutschland flossen. In Ziel-2 und Ziel-5b Gebieten in Deutschland kofinanziert der ESF beschäftigungsfördernde Maßnahmen in Höhe von Euro 472 Mio. bzw. Euro 231 Mio.. Auf Ziel-3 entfielen in Deutschland Euro 1,682 Mrd. und Ziel-4 Euro 260 Mio..

12

Auf die aus dem ESF finanzierten Gemeinschaftsinitiativen Beschäftigung und Adapt flossen Euro 448,7 Mio. nach Deutschland (zu den einzelnen gemeinschaftlichen Förderkonzepten in Deutschland siehe Art. 161 Rn. 42).

III. Innovative Maßnahmen und Pilotprojekte

13   Darüber hinaus sollen nach Art. 6 des VO-Entwurfs auch weiterhin innovative Maßnahmen und Pilotprojekte gefördert werden.

IV. Gemeinschaftsinitiativen

14   Der VO-Entwurf begrenzt die Anzahl von bisher dreizehn auf **drei Gemeinschaftsinitiativen** von denen die Initiative zur transnationalen Zusammenarbeit für neue Praktiken zur Bekämpfung der Diskriminierung jeglicher Art und ungleicher Chancenverteilung beim Zugang zum Arbeitsmarkt (Equal) von dem ESF finanziert werden soll. Im Hinblick auf die zahlenmäßige Verringerung der Initiativen befürwortet der VO-Entwurf den **Finanzrahmen der Gemeinschaftsinitiative** auf 5 % gegenüber bisher 9 % des für den Programmplanungszeitraum vorgesehenen Gesamtbetrags zu reduzieren (Einzelheiten dazu siehe bei Art. 161 Rn. 40).

V. Bewertung

15   Die Reform macht den ESF zu einem **Instrument der Europäischen Beschäftigungsstrategie** und erstrebt dazu statt einer „Zusätzlichkeit" der Programme und Vorhaben eine „Zusätzlichkeit der Politiken", die mit den beschäftigungspolitischen Leitlinien festgelegt werden. Dazu will die breit angelegte Definition des neuen Ziels-3 und der erweiterte Anwendungsbereich des ESF auch allgemeine sozial- und bildungspolitische Maßnahmen ermöglichen. Ob diese Ausweitung des ESF durch Sekundärrecht noch mit den in Art. 146 (ex-Art. 123) bestimmten Zielen und Aufgaben des ESF zu vereinbaren ist, ist nicht unzweifelhaft, zumal der VO-Entwurf noch zusätzlich ausdrücklich auf die nationalen beschäftigungspolitischen Aktionspläne bezug nimmt, die sich aber auf der Grundlage der beschäftigungspolitischen Leitlinien in jedem Jahr verändern. Trotz des damit in gewisser Weise unbestimmten Anwendungsbereichs des ESF ist in Rechnung zu stellen, daß das Beschäftigungskapitel in Art. 127 (ex-Art. 109p) Abs. 2 die Gemeinschaftspolitik und damit auch die Kohäsionspolitik, deren Instrument der ESF ist, auf das Beschäftigungsziel verpflichtet.

16   Zwar bleibt es auch mit der Reform 1999 dabei, daß die Gemeinschaftsaktionen, die Maßnahmen der Mitgliedstaaten ergänzen und unterstützen

sollen, jedoch gilt dies nur noch dann, wenn sich diese im Rahmen der Europäischen Beschäftigungsstrategie bewegen. Wenn eigenständige Ziel-3 Planungen zur Entwicklung der Humanressourcen nach den Plänen der Kommission in Zukunft nur außerhalb der Ziel-1 und Ziel-2 Gebiete unterstützt werden, der ESF aber auch in Zukunft zur Finanzierung von Maßnahmen in den Fördergebieten beitragen soll, werden die aus dem ESF geförderten arbeitsmarktpolitischen Maßnahmen **integraler Bestandteil der strukturpolitischen Entwicklungskonzepte und Programmplanungen** in den Förderregionen. Dies würde eine Integration von Arbeitsmarkt- und Strukturpolitik zur Folge haben und den Schwerpunkt der Arbeitsmarktpolitik von einem **zielgruppenspezifischen Ansatz** hin zu einem eher **gesamtwirtschaftlichen** regionalpolitischen Ansatz verlagern, der integrierte Regionalentwicklungsstrategien mit Infrastrukturmaßnahmen, die der Förderung von Privatinvestitionen und die Entwicklung des Humankapitals als Bestandteil eines **regionalen Entwicklungskonzepts** zusammenfaßt.

Art. 147 (ex-Art. 124) (Verwaltung des Europäischen Sozialfonds)

Die Verwaltung des Fonds obliegt der Kommission.

Die Kommission wird hierbei von einem Ausschuß unterstützt, der aus Vertretern der Regierungen sowie der Arbeitgeber- und der Arbeitnehmerverbände besteht; den Vorsitz führt ein Mitglied der Kommission.

I. Verwaltung

Die **Kommission** ist für die Verwaltung des ESF **zuständig**. Sie genehmigt die Fondsmittel aufgrund der von den Mitgliedstaaten vorgelegten Entwicklungsplänen und den auf deren Grundlage von der Kommission beschlossenen gemeinschaftlichen Förderkonzepten (Einzelheiten zur Programmplanung siehe bei Art. 161 Rn. 39–46). 1

Fondsverwalter in Deutschland ist das **Bundesministerium für Arbeit und Sozialordnung**. 2

Die **Entwicklungspläne** enthalten eine Beschreibung der bestehenden bzw. erwarteten Lage auf dem Arbeitsmarkt und der Ergebnisse der Aktivitäten des vorherigen Planungszeitraums, der beabsichtigten Strategie und Förderschwerpunkte zur Erreichung der angestrebten Ziele sowie einen Finanzierungsplan. Die Kommission legt daraufhin einen **indikativen Finanzierungsplan** fest, der den finanziellen Rahmen für die Ausschöpfung durch die Interventionsformen vorgibt. Diese geben eine detaillierte Übersicht 3 über die beabsichtigten Maßnahmen. Sie können, zusammen mit den Entwicklungsplänen eingereicht werden, um den Aufwand des drei- auf ein zweistufiges Verfahren zu beschränken.

4   Die **Umsetzung der Fondsmittel** verläuft in den einzelnen Mitgliedstaaten unterschiedlich. In Deutschland haben sich Bund und ostdeutsche Länder einschließlich Ostberlin bisher auf eine Verteilung der Mittel im Verhältnis 25:75 für das Ziel-1 Gebiet verständigt. In Westdeutschland ist das Verhältnis 51:49. Während alle Länderprogramme über den Bund an die Kommission weitergeleitet werden müssen, sind die Länder in deren Ausgestaltung relativ frei. Hier wird dem Subsidiaritätsprinzip große Beachtung geschenkt. Manche Bundesländer bedienen sich zur Verwaltung des Fonds weiterer Organisationseinheiten, z.B. die Landesversorgungsämter oder Einrichtungen der sogenannten technischen Hilfe. Generell sind aber die Arbeits- und Sozialministerien der Länder Ansprechpartner. Die auf den Bund entfallenden Mittel werden zum allergrößten Teil über die Bundesanstalt für Arbeit umgesetzt. Lediglich einige länderübergreifende Modellprojekte und Maßnahmen der technischen Hilfe werden vom Bundesministerium für Arbeit und Sozialordnung selbst betreut.

5   Der **Begleitausschuß**, bestehend aus Vertretern von Kommission, Bund und Ländern, unter Vorsitz des Fondsverwalter trägt für die **laufende Bewertung der Interventionsformen** Verantwortung. In festgelegten finanziellen Grenzen ist es ihm möglich, Anpassungen der Interventionsformen vorzunehmen, um den sich verändernden Realitäten im Laufe der Programmumsetzung Rechnung zu tragen. Darüber hinausgehende Änderungen werden mit einer Empfehlung der Kommission zur Entscheidung vorgelegt. Als Zeichen der wachsenden Bedeutung der Begleitausschüsse sieht der VO-Entwurf der Kommission vor, daß diese Ausschüsse ihre Zustimmung zu den Programmergänzungen geben, bevor diese an die Kommission weitergeleitet werden und daß sie jegliche Änderung der Programme bzw. der Ergänzungen zu den Programmplanungen bewilligen (Einzelheiten siehe bei Art. 161 Rn. 52, 53).

II. ESF-Ausschuß

6   Der Ausschuß **setzt sich zusammen aus** Vertretern der Regierung, zwei Vertretern der Arbeitgeberverbände und zwei Vertreter der Arbeitnehmerverbände je Mitgliedstaat. Den Vorsitz führt ein Mitglied der Kommission, das sich durch einen hohen Beamten vertreten lassen kann. Mitglieder und Stellvertreter sind vom Rat auf Vorschlag der Kommission für die Dauer von drei Jahren ernannt. Ihr Mandat kann erneuert werden. Der Ausschuß

gibt eine **Stellungnahme mit absoluter Mehrheit** über die **Entwürfe der gemeinschaftlichen Förderkonzepte** der Kommission in bezug auf den ESF ab. Die Kommission muß den Ausschuß davon in Kenntnis setzen, wie sie den Stellungnahmen Rechnung getragen hat bzw. begründen, wenn sie seiner Auffassung nicht folgt.

III. Kontrolle

Neben der Kontrolle im Rahmen der Begleitung der verschiedenen Inter- **7** ventionsformen, besitzt die Kommission die Möglichkeit, **Prüfungen bei den Zuwendungsempfängern vor Ort** vorzunehmen. Hiervon macht sie in Form von Stichproben Gebrauch. In Folge größerer Dezentralisierung der Programme sieht der VO-Entwurf der Kommission in Zukunft eine Definition der Begleitindikatoren sowie einen jährlichen Durchführungsbericht für jedes Programm vor, der die Qualität der vorhandenen Informationen garantieren soll und eine Begleitung auf Gemeinschaftsebene durch Bemerkungen der Kommission gegenüber der Verwaltungsbehörde oder Empfehlungen erlaubt. Für durch Unregelmäßigkeiten oder Fahrlässigkeiten verlorengegangene Beträge haftet der Mitgliedstaat subsidiär, sofern er und/oder der Träger nicht nachweisen kann, daß sie ihm nicht anzulasten sind (Einzelheiten zur Finanzkontrolle siehe bei Art. 161 Rn. 54–57).

Gegen die gänzliche oder **teilweise Ablehnung einer Zahlung** bzw. eines **8** Zuschußantrages kann sowohl der betroffene Mitgliedstaat nach Art. 230 (ex-Art. 173) **Nichtigkeitsklage** beim EuGH erheben, als auch die betroffene natürliche oder juristische Person beim EuGeI, auch wenn die Entscheidung an den Mitgliedstaat ergangen ist (vgl. EuGH, Rs. 44/81, BR Deutschland/Kommission, Slg.1982, 1855).

Die Kommission erstellt im Rahmen des Art. 159 (ex-Art. 130b) 3-Jahres- **9** berichte über die Durchführung der Fonds, die dem EP, dem Rat, dem WSA und dem AdR unterbreitet werden. Die Berichte enthalten u.a. eine Bilanz der Tätigkeiten der verschiedenen Fonds sowie der Verwendung ihrer Haushaltsmittel, die Ergebnisse der Beurteilung, Begleitung und Bewertung, die Stellungnahmen der Ausschüsse, die Ergebnisse der Kontrollen sowie eine Bilanz der Koordinierung der Fonds untereinander und mit den sonstigen Finanzinstrumenten.

Der ESF ist **Bestandteil des allgemeinen Haushaltsplans** der EG Art. 268 **10** (ex-Art. 199). Er besitzt keine Rechtspersönlichkeit. Im Rahmen der Haushaltsplanung Art. 272 (ex-Art. 203) und der Haushaltsordnung Art. 279 (ex-Art. 209) können Rat und EP Mittelansätze und Kontrollmaßnahmen beeinflussen.

Art. 148 (ex-Art. 125) (Durchführungsbeschlüsse des Rates)

Der Rat erläßt gemäß dem Verfahren des Art. 251 und nach Anhörung des Wirtschafts- und Sozialausschusses sowie des Ausschusses der Regionen die den Europäischen Sozialfonds betreffenden Durchführungsbeschlüsse.

1   Diese Vorschrift ermächtigt den Rat, **Durchführungsvorschriften** für den ESF zu erlassen. Sie werden nach Anhörung des WSA Art. 262 (ex-Art. 198) und des AdR Art. 263 (ex-Art. 198a) unter Beteiligung des EP entsprechend dem Verfahren des Art. 251 (ex-Art. 189b) erlassen. Dieses **Verfahren der Mitentscheidung** eröffnet dem EP größere Einflußmöglichkeiten als bisher.

Kapitel 3. Allgemeine und berufliche Bildung und Jugend

Literatur: *Beckedorf/Henze*, Neuere Entwicklungen in der Bildungspolitik der Europäischen Gemeinschaft, NVwZ 1993, 125; *Berggreen*, Das Bildungswesen in Europa nach Maastricht, RdJB 1992, 436; *dies.*, Die Kulturhoheit der Länder – in den Mühlen der EG ?, in: *Evers* (Hrsg.) Chancen des Föderalismus in Deutschland und Europa, 1994, 121; *dies.*, Europäische Harmonisierung auf dem Gebiet des Bildungswesens, RdJB 1998, 18; *Blanke*, Europa auf dem Weg zu einer Bildungs- und Kulturgemeinschaft, 1994; *Caspar*, Von ERASMUS zu SOKRATES – neue Wege in der europäischen Bildungspolitik, ZEuP 1997, 910; *Dittmann/Fehrenbacher*, Die bildungsrechtlichen Harmonisierungsverbote (Art. 126 Abs. 4, 127 Abs. 4 EGV) und ihre Bedeutung für die nationale „Bildungshoheit", RdJB 1992, 478; *Dohms*, Die Kompetenz der EG im Bereich der allgemeinen Bildung nach Art. 126 EGV, RdBJ 1992, 441; *Feuchthofen*, Die Neuordnung der europäischen Bildungspolitik, RdBJ 1994, 326; *Hablitzel*, Subsidiaritätsprinzip und Bildungskompetenzen im Vertrag über die Europäische Union, 1994; *Hailbronner/Weber*, Die Hochschulen vor den Herausforderungen von Europäisierung, Zentralisierung und Regionalisierung, WissR 1997, 298; *Hilpold*, Bildung in Europa, 1995; *Hochbaum*, Nationales und gemeinschaftliches Interesse, RdJB 1992, 505; *Maurer*, Socrates, Erasmus und Comenius – Die Reform der Bildungsprogramme der Europäischen Union, integration 2/95, 117; *Renner-Loquenz*, Bildungspolitik, in:*Röttinger/Weyringer* (Hrsg.), Handbuch der europäischen Integration, 1996, 1054; *Schneider*, Bildungs- und Kulturpolitik, in: *Bleckmann*, Europarecht, 6. Aufl., 1997, 935; *Schweitzer/Hummer*, Europarecht, 5. Aufl., 1996, § 14 G. XIII 1. Die Bildungspolitik, 492 (Rn 1626ff.); *Seidel/Beck*, Rechtliche Aspekte der Bildungspolitik der EG, Jura 1997, 393; *Staudenmeyer*, Europäische Bildungspolitik, BayVBl. 1995, 321; *Wittkowski*, Bildungsrechtliche Folgen des Maastricht-Vertrages aus deutscher Sicht, RdJB 1994, 317.

Vorbemerkungen zu Art. 149 und 150 (ex-Art. 126 und 127)

I. Rechtsgrundlagen der Bildungspolitik der Gemeinschaft

Nach Art. 3 I lit.q umfaßt die Tätigkeit der EG einen Beitrag zu einer qua- **1**
litativ hochstehenden allgemeinen und beruflichen Bildung sowie die Entfaltung des Kulturlebens in den Mitgliedstaaten. Die Tätigkeitsbereiche
„Allgemeine und berufliche Bildung und Jugend" sind in den Art. 149 und
150 näher geregelt. Nach diesen Vorschriften ist das Handeln der EG konzeptionell so angelegt, daß sie mit ihren Maßnahmen die **nationalen Politiken** der Mitgliedstaaten im Bildungsbereich in **komplementärer Weise
unterstützt und ergänzt** (*Blanke* in *Grabitz/Hilf,* vor Art. 126, 127, Rn. 7).
Einen **Ansatzpunkt für die Bildungspolitik** der EG bildete ursprünglich **2**
Art. 128 EWGV, wonach der Rat allgemeine Grundsätze zur Durchführung einer gemeinsamen Politik in bezug auf die Berufsausbildung aufstellen konnte. Diese Vorschrift hat der EuGH dahingehend interpretiert,
daß auf ihrer Grundlage der Rat Aktionsprogramme zur Förderung der Berufsausbildung mit einfacher Mehrheit beschließen könne und den Mitgliedstaaten entsprechende Mitwirkungspflichten auferlegt werden können
(EuGH, Rs. 242/87, ERASMUS, Slg. 1989, 1425; Rs. 56/88, PETRA, Slg.
1989, 1615). Den Begriff **„Berufsausbildung"** hat er so ausgelegt, daß dieser nicht nur die bloße Berufsausbildung, sondern alle berufsqualifizierenden Aus- und Fortbildungsgänge einschließlich des Hochschulbereichs umfasse, dabei aber betont, daß die Organisation des Bildungswesens und die
Bildungspolitik als solche nicht in den Zuständigkeitsbereich der EG fielen
(EuGH, Rs. 293/83, „Gravier", Slg. 1985, 593; Rs. 24/86, „Blaizot", Slg.
1988, 379). Dementsprechend wurden bildungspolitische Maßnahmen der
EG, insbesondere Aktionsprogramme als konkrete Fördermaßnahmen, soweit sie die Berufsausbildung in dem vorbezeichneten Sinne betrafen, auf
Art. 128 EWGV als Rechtsgrundlage gestützt, soweit sie mit der beruflichen Bildung weitere Bereiche wie Forschung, Jugend oder Beziehungen
zu Drittstaaten erfaßten, auf Art. 128 und 235 EWGV oder allein auf letztere Vorschrift gestützt. Bildungspolitische Maßnahmen mit Bezug zur allgemeinen Bildung wurden nach der sog. „gemischten Formel" als Beschlüsse des Rates und der im Rat vereinigten Minister für das Bildungswesen angenommen (zur Bildungspolitik der EG s. nachfolgend unter II).
Durch die **Neufassung des EGV** im Rahmen des Vertrages über die EU **3**
vom 7. Februar 1992 wurde die Bildungspolitik der EG um die Bereiche
allgemeine Bildung und Jugend erweitert und Art. 128 EWGV durch die
(jetzt ex-) Art. 126, 127 abgelöst. Diese formulieren die Ziele und Tätig-

keit der EG im Sinne eines fördernden und unterstützenden Beitrags im
Hinblick auf die im Kern nicht antastbare Verantwortung der Mitgliedstaaten für den Bildungsbereich. Gegenüber diesen Artikeln enthalten die
Art. 149, 150 inhaltlich keine Veränderungen; zur Abgrenzung beider Artikel s. Art. 150 Rn. 3.

4 Neben den Art. 149 und 150 i.V.m. 3 lit q enthält der EGV verschiedene
weitere Vorschriften mit Bezug zum Bereich der Bildung. Das in Art. 12
(ex-Art. 6) geregelte **allgemeine Diskriminierungsverbot** spielt eine zentrale Rolle beim Zugang von Unionsbürgern zu Bildungseinrichtungen (s.
dazu unter III). In seiner früheren Regelung (Art. 7 Abs. 2 EWGV) bildete es die Rechtsgrundlage für den Erlaß der RL 93/96 v. 29.10.1993 über
das Aufenthaltsrecht der Studenten (ABl. 1993 L 317/59), nachdem der
EuGH die ursprünglich auf Art. 235 EWGV (jetzt Art. 308) gestützte RL
für nichtig erklärt hatte (EuGH, C-295/90, EP/Rat, Slg. 1992, I–4193). Art.
40 (ex-Art. 49) ermöglicht Maßnahmen zur Herstellung der **Freizügigkeit
der Arbeitnehmer**. Dazu zählen die VO Nr. 1612/68 v. 15.10.1968 über
die Freizügigkeit der Arbeitnehmer (ABl. 1968 L 257/2, zuletzt geändert
durch VO Nr. 2434/92 v. 27.7.1992, ABl. 1992 L 245/1) und die RL 77/486
v. 25.7.1977 über die schulische Betreuung der Kinder von Wanderarbeitnehmern (ABl. 1977 L 199/32). Von besonderer Bedeutung ist Art. 47 (ex-
Art. 57) i.V.m. Art. 55 (ex-Art. 66), nach dessen Abs. 1 der Rat RLen für
die gegenseitige Anerkennung der Diplome, Prüfungszeugnisse und sonstigen Befähigungsnachweise erlassen kann. Von den zahlreichen auf dieser
Grundlage erlassenen Richtlinien seien hervorgehoben die RL 89/48 v.
21.12.1988 über eine allgemeine Regelung zur Anerkennung der Hochschuldiplome, die eine mindestens dreijährige Berufsausbildung abschließen (ABl. 1989 L 19/16) und die sie ergänzende RL 92/51 v.
18.6.1992 über eine zweite allgemeine Regelung zur Anerkennung beruflicher Befähigungsnachweise (ABl. L 1992 209/25, geändert durch RL 94/38
v. 26.7.1994, ABl. 1994 L 217/8). Auf dem Gebiet der **Sozialpolitik** (Art.
136ff.) unterstützt und ergänzt die EG nach Art. 137 (ex-Art. 118) die
Tätigkeit der Mitgliedstaaten im Hinblick auf die berufliche Eingliederung
der aus dem Arbeitsmarkt ausgegrenzten Personen; nach Art. 140 (ex-Art.
118c) fördert die Kommission die Zusammenarbeit zwischen den Mitgliedstaaten u.a. auf dem Gebiet der beruflichen Ausbildung und Fortbildung. Der Europäische Sozialfonds hat nach Art. 146 (ex.-Art. 123)
u.a.zum Ziel, innerhalb der EG die berufliche Verwendbarkeit und die örtliche und berufliche Mobilität der Arbeitskräfte zu fördern sowie die Anpassung an die industriellen Wandlungsprozesse und an Veränderungen der
Produktionssysteme insbesondere durch berufliche Bildung und Umschu-

lung zu erleichtern. Die EG kann auf der Grundlage von Art. 163 (ex-Art. 130f.) Forschungszentren und Hochschulen bei ihren Bemühungen auf dem Gebiet der **Forschung und technologischen Entwicklung** unterstützen und besitzt im Hinblick auf dieses Ziel die Zuständigkeit zur Durchführung von Forschungsprogrammen (Art. 164 lit. a, ex-Art. 130g) und zur Förderung der Ausbildung und der Mobilität der Forscher aus der EG (Art. 164 lit. d, ex-Art. 130g). Art. 35 erlaubt im Rahmen der gemeinsamen Agrarpolitik eine wirksame Koordinierung der Bestrebungen auf dem Gebiet der Berufsausbildung und der Verbreitung landwirtschaftlicher Fachkenntnisse. An Rechtsgrundlagen außerhalb des EGV kommen abschließend **Art. 9 EAGV** (Schulen für Fachkräfte im Atombereich) und **Art. 56 EGKSV** (Beihilfen für die Umschulung von Arbeitnehmern) in Betracht.

II. Bildungspolitik der Gemeinschaft

Die EG hat ihre Bildungspolitik seit 1963 zunächst in Form allgemeiner   5 Grundsätze, Leitlinien und Rahmenprogramme entwickelt und auf dieser Grundlage ihre Politik durch konkrete Aktionen, insbesondere durch das Aufstellen von Förderprogrammen, kontinuierlich verwirklicht (zur Entwicklung näher *Blanke* in *Grabitz/Hilf*, vor Art. 126, 127 Rn. 8ff.). Seit der Entschließung des Rates und der im Rat vereinigten Minister für Bildungswesen vom 9.2.1976 mit einem Aktionsprogramm im Bildungsbereich (ABl. 1976 C 38/1) erstreckt sich die Politik der EG über die Berufsausbildung hinausgehend auf den **Bildungsbereich** schlechthin. Zu den konkreten Maßnahmen gehören die Errichtung eines Beratenden Ausschusses für die Berufsausbildung (ABl. 1963 190/3090), eines Ausschusses für Bildungsfragen (ABl. 1974 C 98/2) und des Europäischen Zentrums für die Förderung der Berufsausbildung (CEDEFOP) (VO 337/75, ABl. 1975 L 39/1) mit Sitz in Thessaloniki (VO 1131/94, ABl. 1994 L 127/1). Den wesentlichen Inhalt der Bildungspolitik bilden jedoch die von der EG beschlossenen Aktionsprogramme zur finanziellen Förderung unterschiedlicher Aktivitäten im Bildungsbereich. Für den Zeitraum 1986/87 bis 1994 wurden an bedeutsamen Aktionsprogrammen beschlossen: ERASMUS zur Förderung der Mobilität im Hochschulbereich insbesondere von Studenten (I: ABl. 1987 L 166/20; II: ABl. 1989 L 395/23); PETRA für die Berufsausbildung Jugendlicher (I: ABl. 1987 L 346/31; II: ABl. 1991 L 214/69); COMMETT für die Zusammenarbeit von Hochschule und Wirtschaft im Bereich technischer Bildung (I: ABl. 1986 L 222/17; II: ABl. 1989 L 13/28); LINGUA zur Förderung der Fremdsprachenkenntnisse in der Gemeinschaft (ABl. 1989 L 239/24); FORCE zur Förderung der beruflichen

Weiterbildung (ABl. 1990 L 1156/1); EUROTECNET zur Förderung von Innovationen in der Berufsbildung (ABl. 1989 L 393/29); Programm „Jugend für Europa" für die Zusammenarbeit in Jugendfragen einschließlich des Austausches von Jugendlichen (I: ABl. 1988 L 1988 158/42; II: ABl. 1991 L 217/25). Einem speziellen Zweck dient das Programm TEMPUS mit Förder- und Austauschmaßnahmen auf dem Gebiet des Hochschulwesens für die mittel- und osteuropäischen Reformstaaten im Hinblick auf die seit 1990 veränderte politische Lage (I: ABl. 1990 L 131/21; II: ABl. 1993 L 112/34).

6   Die Fortführung der 1994 ausgelaufenen Programme erfolgt durch die neu strukturierten, teilweise inhaltlich erweiterten Programme **SOKRATES** (für den Hochschulbereich) und **LEONARDO DA VINCI** (für die Berufsausbildung). Beide Programme haben eine Laufzeit von fünf Jahren. Das Programm SOKRATES (Beschluß 819/95 v. 14.3.1995, ABl. 1995 L 87/10) führt ERASMUS und LINGUA fort und umfaßt an Aktionsbereichen: Hochschulbildung (ERASMUS); Schulbildung (COMENIUS); Förderung der Fremdsprachenkenntnisse (LINGUA); offener Unterricht und Fernlehre sowie Informations- und Erfahrungsaustausch (EURYDICE und ARION). Die Mittelausstattung für die gesamte Laufzeit beträgt 850 Mio. ECU. Das Programm LEONARDO DA VINCI (Beschluß 94/118 v. 6.12.1994, ABl. 1994 L 340/8) löst die Programme COMMETT, PETRA, FORCE und EUROTECNET ab und dient mit einer Mittelausstattung von 620 ECU der Unterstützung bei der Verbesserung der Berufsbildungssysteme in den Mitgliedstaaten, der Verbesserung der Berufsbildungsmaßnahmen für Unternehmen und Arbeitnehmer sowie der Unterstützung beim Ausbau der Sprachkenntnisse und der Kenntnisse über die Berufsbildung. Ebenfalls für die Dauer von fünf Jahren wird in einer 3. Phase das Programm „Jugend für Europa" (ABl. 1995 L 87/1) fortgeführt.

III. Zugang zu Bildungseinrichtungen

7   Für den Zugang zu Bildungseinrichtungen, insbesondere für Zwecke der Berufsausbildung, gilt das **Diskriminierungsverbot** oder Gebot der Inländergleichbehandlung. Danach haben Angehörige anderer Mitgliedstaaten unter den gleichen Bedingungen ein Recht auf Zugang zu Bildungseinrichtungen und -veranstaltungen wie Inländer. Teilweise ergibt sich das Recht auf Gleichbehandlung bereits aus speziellen Vorschriften des Sekundärrechts. So können nach Art. 7 Abs. 3 der VO 1612/68 Wanderarbeitnehmer unter den gleichen Voraussetzungen wie inländische Arbeitnehmer Berufsschulen und Umschulungszentren in Anspruch nehmen, ihre Kinder können

nach Art. 12 der VO unter den gleichen Bedingungen wie Inländer am allgemeinen Unterricht sowie an der Lehrlings- und Berufsausbildung teilnehmen. Im übrigen gilt das allgemeine Diskriminierungsverbot nach Art. 12 (ex-Art. 6), ggfs. spezielle Diskriminierungsverbote wie in Art. 39 Abs. 2 (ex-Art. 48). Danach sind unterschiedliche Bedingungen beim Zugang zur Bildungseinrichtung unzulässig, beispielsweise beim Besuch einer Hochschule speziell von ausländischen Studenten zu entrichtende Gebühren oder andere Formen der Zulassungsbeschränkung (EuGH, Rs. 293/93, Gravier, Slg. 1985, 593; Rs. 309/85, Barra, Slg. 1988, 355; Rs. 42/87, Kommission/Belgien, Slg. 1988, 5445; st. Rspr.). Unzulässig ist der Ausschluß eines Unionsbürgers von der Teilnahme am staatlichen Vorbereitungsdienst zur Vorbereitung auf das Lehramt (EuGH, Rs. 66/85, Lawrie-Blum, Slg. 1986, 2121).

Die Frage, ob das gemeinschaftsrechtliche Gleichstellungsgebot auch einen   **8**
Anspruch auf die im Aufenthaltsstaat gewährte **Ausbildungsförderung**
gibt, ist differenziert zu beantworten. Ein solcher Anspruch besteht, soweit diese Förderung dazu dient, Kosten abzudecken, die beim Zugang zum Studium entstehen wie z.B. Einschreibgebühren. Ein solcher Anspruch besteht hingegen nicht, wenn die Förderung Studenten für den Lebensunterhalt und für die Ausbildung gewährt wird wie z.B. die Ausbildungsförderung in Deutschland nach BaföG (EuGH, Rs. 39/86, Lair, Slg. 1988, 3161; Rs. 197/84, Brown, Slg. 1988, 3161). Ein Anspruch auf Ausbildungsförderung im umfassenden Sinne kann sich jedoch aus der Eigenschaft als Arbeitnehmer ergeben. Nach Art. 7 Abs. 2 der VO 1612/68 genießen Arbeitnehmer mit der Staatsangehörigkeit eines Mitgliedstaates im Aufenthaltsstaat die gleichen sozialen und steuerlichen Vergünstigungen wie inländische Arbeitnehmer. Eine derartige soziale Vergünstigung ist die Förderung, die für den Lebensunterhalt und die Ausbildung zur Durchführung eines Hochschulstudiums gewährt wird (EuGH, Rs. 39/86, Lair, aaO, Rn. 23). Die Förderung ist zu gewähren, wenn zwischen der früheren beruflichen Tätigkeit des Arbeitnehmers und dem Gegenstand des angestrebten Studiums ein sachlicher Zusammenhang besteht oder der Arbeitnehmer unfreiwillig arbeitslos geworden ist und durch die Lage auf dem Arbeitsmarkt zu einer beruflichen Umschulung gezwungen wird (EuGH, Rs. 39/86, Lair, aaO, Rn. 37). Kein Anspruch besteht hingegen, wenn die berufliche Tätigkeit erst infolge der Zulassung zum Studium aufgenommen wird und im Verhältnis zu diesem nur von untergeordneter Bedeutung ist (EuGH, Rs. 197/84, Brown, aaO, Rn. 27). Soll aufgrund eines bilateralen Kulturabkommens zwischen Mitgliedstaaten der EG ein Stipendium nur Staatsangehörigen der Vertragsparteien zum Aufenthalt im jeweils anderen Staat gewährt werden, haben unter dem

Aspekt der Inländergleichbehandlung bei sozialen Vergünstigungen auch Angehörige eines dritten Mitgliedstaates der EG Anspruch auf dieses Stipendium bei einem Aufenthalt in einem der Vertragsstaaten (EuGH, Rs. 235/87, Matteucci, Slg. 1988, 5589).

9   Zu Art. 12 der VO 1612/68 hat der EuGH entschieden, daß die Kinder eines Wanderarbeitnehmers den Inländern hinsichtlich der Ausbildungsförderung auch dann gleichgestellt werden müssen, wenn sie nicht im Wohnsitzstaat, sondern in ihrem Heimatstaat studieren wollen, da andernfalls eine umfassende Gleichstellung mit inländischen Staatsangehörigen nicht gewährleistet sei (EuGH, C-308/89, Di Leo, Slg. 1981, 4185). Der Begriff des Kindes in Art. 12 wird dabei entgegen den Anforderungen in Art. 10 Abs. 1, 11 der VO 1612/68 weder durch eine Altersgrenze noch durch das Erfordernis einer Unterhaltsgewährung eingeschränkt (EuGH, C-7/94, Lubor Gaal, Slg. 1995, I–1031).

Art. 149 (ex-Art. 126) (Bildung, Beitrag der Gemeinschaft, Ziele)

(1) Die Gemeinschaft trägt zur Entwicklung einer qualitativ hochstehenden Bildung dadurch bei, daß sie die Zusammenarbeit zwischen den Mitgliedstaaten fördert und die Tätigkeit der Mitgliedstaaten unter strikter Beachtung der Verantwortung der Mitgliedstaaten für die Lehrinhalte und die Gestaltung des Bildungssystems sowie der Vielfalt ihrer Kulturen und Sprachen erforderlichenfalls unterstützt und ergänzt.

(2) Die Tätigkeit der Gemeinschaft hat folgende Ziele:

- **Entwicklung der europäischen Dimension im Bildungswesen, insbesondere durch Erlernen und Verbreitung der Sprachen der Mitgliedstaaten;**
- **Förderung der Mobilität von Lernenden und Lehrenden, auch durch die Förderung der akademischen Anerkennung der Diplome und Studienzeiten;**
- **Förderung der Zusammenarbeit zwischen den Bildungseinrichtungen;**
- **Ausbau des Informations- und Erfahrungsaustausches über gemeinsame Probleme im Rahmen der Bildungssysteme der Mitgliedstaaten;**
- **Förderung des Ausbaus des Jugendaustausches und des Austausches sozialpädagogischer Betreuer;**
- **Förderung der Entwicklung der Fernlehre.**

(3) Die Gemeinschaft und die Mitgliedstaaten fördern die Zusammenarbeit mit dritten Ländern und den für den Bildungsbereich zuständigen internationalen Organisationen, insbesondere dem Europarat.

(4) Als Beitrag zur Verwirklichung der Ziele dieses Artikels erläßt der Rat

– gemäß dem Verfahren des Art. 251 und nach Anhörung des Wirtschafts- und Sozialausschusses und des Ausschusses der Regionen Fördermaßnahmen unter Ausschluß jeglicher Harmonisierung der Rechts- und Verwaltungsvorschriften der Mitgliedstaaten;

– mit qualifizierter Mehrheit auf Vorschlag der Kommission Empfehlungen.

I. Handlungsermächtigung

Art. 149 beinhaltet die **abschließende Handlungsermächtigung** der EG **1**
auf dem Gebiet der allgemeinen Bildung und Jugend. Ziel ihres Handelns
ist die Entwicklung einer **qualitativ hochstehenden Bildung**. Zur Erreichung dieses Ziels kann sie einen Beitrag in dem Sinne leisten, daß sie die
Zusammenarbeit zwischen den Mitgliedstaaten fördert und die Tätigkeit
der Mitgliedstaaten erforderlichenfalls unterstützt und ergänzt. Ihr Handeln
ist jedoch nur innerhalb der Grenze einer strikten Beachtung der Verantwortung der Mitgliedstaaten für die Lehrinhalte und die Gestaltung des Bildungssystems sowie die Vielfalt ihrer Kulturen und Sprachen möglich; diese Grenze wird durch das Harmonisierungsverbot in Abs. 4 nochmals betont (mit entsprechenden Regelungen in Art. 150 [ex-Art. 127] und 151 [ex-
Art. 128]). Dadurch, daß der Kompetenzbereich der Mitgliedstaaten ausdrücklich festgeschrieben wird, soll ein Einbruch in diesen Bereich durch
eine dynamische Handhabung des Gemeinschaftsrechts vermieden werden
(*Blanke* in *Grabitz/Hilf*, Art. 126,127 Rn. 1). Damit liegt den bildungsrechtlichen Regelungen des EGV ein System paralleler Zuständigkeiten zugrunde, das der EG gegenüber der den Mitgliedstaaten vorbehaltenen

Tätigkeit lediglich eine unterstützende Rolle zuweist. Dieses System kann als eine **Ausprägung des Subsidiaritätsprinzips** in Art. 5 (ex-Art. 3b) begriffen werden.

2   Innerhalb der aufgezeigten Grenze kann die EG die **Zusammenarbeit zwischen den Mitgliedstaaten fördern** und deren Tätigkeit unterstützen und ergänzen. Am Beispiel des Programms SOKRATES wird deutlich, daß die Fördertätigkeit der EG im wesentlichen darin besteht, durch Bereitstellung finanzieller Mittel „Anreize" für die Zusammenarbeit zu schaffen, womit zugleich auch der zulässige Rahmen für eine Förderung abgesteckt sein dürfte (*Schneider/Bleckmann*, S. 965). Ihre unterstützende oder ergänzende Tätigkeit setzt von den Mitgliedstaaten zu verantwortende Maßnahmen voraus, wobei sie bei ihrem ergänzenden Handeln auch eigene Ziele verfolgen kann, sofern zu den Maßnahmen der Mitgliedstaaten ein sachlicher Zusammenhang besteht. Ein auch nur ansatzweise erfolgender Aufbau eines gemeinschaftlichen Bildungswesen ist jedoch wegen der alleinigen Verantwortlichkeit der Mitgliedstaaten ausgeschlossen. Diese sind allerdings nach dem Grundsatz der Gemeinschaftstreue (Art. 10, ex-Art. 5) verpflichtet, die Maßnahmen der EG zu unterstützen und umzusetzen, weshalb ihnen entsprechende Mitwirkungspflichten obliegen (EuGH, Rs. 242/87, ERASMUS, Slg. 1989, 1425; C-51/89, C-90/89 u. C-94/89, COMMETT II, Slg. 1991, I–2757). Insbesondere müssen sie interessierten Personen und Einrichtungen die Teilnahme an den Programmen der EG ermöglichen, zum Vollzug dieser Programme geeignete Verwaltungsstrukturen schaffen und die damit verbundenen Kosten tragen.

II. Abgrenzung zu Art. 150 (ex-Art. 127)

3   Die Zuständigkeit der EG für den Bereich der *beruflichen Bildung* nach Art. 150 (ex-Art. 127) erfordert eine Abgrenzung zwischen beiden Vorschriften. Diese Abgrenzung ist schwierig, da der **Begriff der allgemeinen Bildung** im EGV nicht definiert, sondern vorausgesetzt wird. Umstritten ist insbesondere die **Zuordnung des Hochschulwesens**, da der EuGH den Besuch von Hochschulen, soweit er der Vorbereitung auf einen Beruf dient, als Berufsausbildung i.S.v. Art. 128 EWGV interpretiert hat (s. Vorbemerkungen zu Art. 149, 150 Rn. 2). Deshalb wird angenommen, daß in den Art. 149, 150 (ex-Art. 126,127) lediglich die Gemeinschaftspraxis vor Inkrafttreten des EUV fortgeschrieben worden sei und die jetzigen Bestimmungen im Lichte dieser Praxis auszulegen seien (*Geiger*, Art. 127 Rn. 3f.; *Classen*/GTE, vor Art. 126, 127 Rn. 4; Art. 127 Rn. 2ff.). Den Art. 149, 150 liegt jedoch konzeptionell eine **Neuordnung** in dem Sinne zugrunde, daß

Art. 149 generell eine Zuständigkeit der EG für den Bildungsbereich begründet, der in Art. 150 (ex-Art. 127) durch den speziellen Bereich der beruflichen Bildung ergänzt wird (*Blanke* in *Grabitz/Hilf*, Art. 126,127 Rn. 5; *Schweitzer/Hummer*, Europarecht, 5. Aufl. 1996, Rn. 1635). Der Hochschulbereich ist schon deshalb nicht von vornherein dem Anwendungsbereich des Art. 149 entzogen, weil sich nach dessen Abs. 2 die fördernde Tätigkeit der EG auf für den Hochschulbereich charakteristische Elemente erstreckt (2. Spiegelstrich: „Förderung der Mobilität von Lernenden und Lehrenden, auch durch die Förderung der akademischen Anerkennung der Diplome und Studienzeiten"; 6. Spiegelstrich: „Förderung der Entwicklung der Fernlehre"). Dementsprechend stützt sich das Programm SOKRATES im wesentlichen auf ex-Art. 126 (jetzt Art. 149) als Rechtsgrundlage, in welchem Zusammenhang Rat und EP als beschließende Organe deutlich gemacht haben, daß die Abstützung des Programms auf (ex-) Art. 126 *und* (ex-) Art. 127 (jetzt Art. 149 und 150) nicht die Bedeutung habe, daß es sich bei dem Programm um eine Maßnahme zur Durchführung der Politik der beruflichen Bildung i.S. des (ex-) Art. 127 handle (Beschluß 819/95 v. 14.3.1995, 7. Erwägungsgrund, ABl. 1995 L 87/10). In Übereinstimmung mit dieser Gemeinschaftspraxis ist neben dem Bereich der allgemeinbildenden Schulen im Vorschul-, Primar- und Sekundarbereich auch das Hochschulwesen der allgemeinen Bildung i.S. v. Art. 149 zuzuordnen, während die berufliche Bildung i.S.v. Art.150 (ex-Art. 127) lediglich die berufliche Erstausbildung, die berufliche Weiterbildung und die berufliche Umschulung erfaßt (*Blanke*, aaO Rn. 6; *Schweitzer/Hummer*, Rn. 1638f.; *Beckedorf/Heinze* NVwZ 1993, 127). Das schließt nicht aus, spezifische berufsbezogene Lehrangebote der Hochschulen aus- oder weiterbildender Art der beruflichen Bildung zuzuordnen. Die hier vorgenommene Zuordnung steht nicht in Widerspruch zu dem Gebot der vollen Wahrung des gemeinschaftlichen Besitzstand nach Art. 2 (ex-Art. B) 5. Spiegelstrich EUV, denn durch die Zuordnung des Hochschulbereichs zu Art. 149 im allgemeinen werden die vom EuGH zum ursprünglichen Art. 128 EWGV entwickelten Grundsätze (Diskriminierungsverbot beim Zugang zu Hochschuleinrichtungen, Befugnis der Gemeinschaft zum Erlaß von Programmen zur Förderung der Mobilität im Hochschulbereich) nicht in Frage gestellt (*Schweitzer/Hummer*, Rn. 1639).

III. Tätigkeitsfelder

1. Einzelne Sachgebiete (Art. 149 Abs. 2)

4   In Abs. 2 werden die Tätigkeitsfelder der EG auf dem Gebiet der allgemeinen Bildung und Jugend konkretisiert; es handelt sich um einen abschließend und nicht bloß beispielhaft formulierten **Katalog von Handlungszielen** (*Blanke* in *Grabitz/Hilf,* Art. 126,127 Rn. 17; *Schweitzer/ Hummer,* Rn. 1633; *Schneider/*Bleckmann, S. 964). Das in Art. 5 (ex-Art. 3b) verankerte **Prinzip der begrenzten Ermächtigung** schließt ein Handeln außerhalb dieses Katalogs aus (s. aber auch nachfolgend Rn. 13).

5   Die **Entwicklung der europäischen Dimension im Bildungswesen** (1. Spiegelstrich) zielt auf die Aufnahme dieser Dimension in den nationalen Bildungssystemen der Mitgliedstaaten auf allen Ebenen ab. Dies geschieht insbesondere durch das Erlernen und die Verbreitung der Sprachen der Mitgliedstaaten. Bei dem inhaltlich nur schwer ausdeutbaren Begriff der europäischen Dimension im Bildungswesen handelt es sich um eine von den Mitgliedstaaten bei der Gestaltung ihrer Bildungssysteme zu berücksichtigende pädagogische Leitvorstellung. In Anlehnung daran, daß eine immer engere Union der Völker Europas angestrebt wird (Art. 1, ex-Art. A EUV), sollen die nationalen Bildungssysteme zur Bildung eines europäischen Bewußtseins im Sinne einer Überzeugung von der Notwendigkeit der europäischen Zusammenarbeit beitragen. Die konkrete Ausfüllung dieses Auftrags bleibt freilich den Mitgliedstaaten vorbehalten, die EG ist auf die schon beschriebene fördernde oder unterstützende Rolle beschränkt. Das Erlernen und die Verbreitung der Sprachen der Mitgliedstaaten fördert sie durch das Programm LINGUA.

6   Die **Mobilität von Lernenden und Lehrenden** (2. Spiegelstrich) wird durch die Programme ERASMUS und COMENIUS gefördert (s. Vorbemerkungen zu Art. 149,150, Rn. 6). Die in diesem Zusammenhang eingeräumte Befugnis, die akademische Anerkennung der Diplome und Studienzeiten zu fördern, ist von der Handlungsermächtigung in Art. 47 (ex-Art. 57) zu unterscheiden, wonach die EG RLen für die gegenseitige Anerkennung der Diplome, Prüfungszeugnisse und sonstigen Befähigungsnachweise erlassen kann, um die Aufnahme und Ausübung selbständiger Tätigkeiten zu erleichtern (s. Vorbemerkungen, Rn. 4). Die akademische Anerkennung nach dem 2. Spiegelstrich wird im Wege des Informationsaustausches gefördert, zu welchem Zweck ein gemeinschaftsweites Netz von Informationszentren für Äquavilenzfragen (NARIC) geschaffen wurde (s. Aktionprogramm SOKRATES, Aktion 3 Ziff. 4, ABl. 1995 L 87/24). Das

ebenfalls im Programm SOKRATES unter dem Dach der Hochschulkoope-
ration angesiedelte „European Credit Transfer System (ECTS)" stellt in
Form eines Punkteschlüssels ein Evaluierungsschema zur Verfügung, womit Zertifikate und Abschlüsse an europäischen Hochschulen bewertet und
verglichen werden können (s. SOKRATES, Aktion 1 aaO; ferner
Keller/Maurer, integration 3/96, 180ff., 184). Darüberhinaus ist die EG als
befugt anzusehen, die Mitgliedstaaten zu bi- oder multilateralen Verträgen
oder die Hochschulen in den Mitgliedstaaten zu Vereinbarungen auf dem
Gebiet der akademischen Anerkennung von Diplomen und Studienzeiten
anzuregen (*Blanke* in *Grabitz/Hilf*, Art. 126, 127 Rn. 23). Eine Regelungsbefugnis auf diesem Gebiet besitzt sie jedoch nicht.

Die **Förderung der Zusammenarbeit zwischen den Bildungseinrich-** 7
tungen (3. Spiegelstrich) umfaßt sowohl den Hochschul- wie den Schulbe-
reich. In letzterem wird der transnationale Aufbau von Schulpartnerschaf-
ten gefördert durch Zahlung von Zuschüssen zur Durchführung gemeinsamer Bildungsprojekte einschließlich des Austauschs von Unterrichtsmate-
rial (s. Programm COMENIUS, Aktion 1, ABl. 1995 L 87/19; ferner *Mau-*
rer, integration 2/95, 121f.).

Der **Ausbau des Informations- und Erfahrungsaustauschs** über gemein- 8
same Probleme im Rahmen der Bildungssysteme der Mitgliedstaaten
(4. Spiegelstrich) betrifft die Förderung von Maßnahmen zur Qualifizierung
von Lehrpersonal (Aktion 3 des Programms COMENIUS, ABl. 1995 L
87/20) sowie der Maßnahmen im Rahmen der Programme EURYDICE und
ARION (Aktion 3 des Programms SOKRATES, ABl.1995 L 87/23f.; diese
Aktion erstreckt sich auch auf die Erwachsenenbildung). Der im 5. Spiegelstrich angesprochene **Austausch von Jugendlichen und sozialpädago-**
gischen Betreuern bildet die vertragliche Grundlage für das nunmehr in
dritter Phase fortgeführte Programm „Jugend für Europa" (s. Vorbemerkungen, Rn. 6).

Die Fernlehre (6. Spiegelstrich) und der „offene Unterricht" bilden „fle- 9
xible Bildungsformen, mit oder ohne Einsatz von Informations- und Kommunikationstechnologien und -systemen" (Programm SOKRATES, Art. 2
Abs. 1, 6. Spiegelstrich, ABl. 1995 L 87/12). Ihre Förderung dient dem Einstieg in die Informationsgesellschaft und soll insbesondere diejenigen begünstigen, die auf Grund ihrer geographischen oder persönlichen Situation
über keine anderen Bildungsangebote verfügen. Im Rahmen des Programms SOKRATES (Kap. III Aktion 2, ABl. 1995 L 16/22) werden Angebote der Fernlehre und des Fernunterrichts unter dem Gesichtspunkt ihrer Benutzerfreundlichkeit und Innovativkraft finanziert.

2. Internationale Zusammenarbeit (Art. 149 Abs. 3)

10 Die Vorschrift ermöglicht der EG die Zusammenarbeit mit Drittstaaten und internationalen Organisationen, insbesondere dem Europarat (zu letzterem vgl. Art. 303). Sie ist neben den Mitgliedstaaten zu einer eigenen **auswärtigen Bildungspolitik** berechtigt, kann die Zusammenarbeit also nicht notwendigerweise nur gemeinsam mit den Mitgliedstaaten wahrnehmen. Obwohl nicht ausdrücklich in Art. 149 Abs. 3 normiert, besitzt sie insoweit auch die Kompetenz zum Abschluß völkerrechtlicher Verträge, denn nach der Rspr. des EuGH verfügt sie über diese Außenkompetenz auch ohne ausdrückliche Ermächtigung implizit dann, wenn sie von einer Innenkompetenz Gebrauch gemacht hat (EuGH, Gutachten 1/94, Slg. 1994, I–5267; Gutachten 2/92, Slg. 1995, I–521). Unter dieser Voraussetzung kann die EG also zur Förderung der internationalen Zusammenarbeit Verträge mit Drittstaaten und internationalen Organisationen abschließen (zum Verfahren s. Art. 300). Für diese Abkommen gelten die auf die Mitgliedstaaten bezogenen Beschränkungen ihres Handelns nicht für die Bildungssysteme dritter Staaten, jedoch dürfen sich diese Abkommen nicht reflexartig auf die Lehrinhalte und die Gestaltung der Bildungssysteme in den Mitgliedstaaten auswirken (*Blanke* in *Grabitz/Hilf*, Art. 126,127 Rn. 38). Dahingehende Konflikte mit den Mitgliedstaaten können durch den Abschluß sog. **gemischter Verträge** vermieden werden, an denen neben der EG auch die Mitgliedstaaten beteiligt sind (*Geiger*, Art. 228 Rn. 29f.).

IV. Handlungsformen; Verfahren

11 Zulässige Handlungsformen sind nach Abs. 4 **Fördermaßnahmen** und **Empfehlungen**. Die begrifflich nicht definierte „Fördermaßnahme" zählt zu den sog. ungekennzeichneten Rechtshandlungen, da sie im Katalog der Handlungsformen nach Art. 249 (ex-Art. 189) nicht aufgeführt ist, dieser Katalog jedoch anerkanntermaßen keine abschließende Aufzählung enthält. Fördermaßnahmen sind in erster Linie die bereits vorgestellten verschiedenen Förderprogramme, die vom Rat in Form von „Beschlüssen" angenommen werden und deshalb rechtliche Wirkungen entfalten. Wegen des bloß fördernden Charakters der Politik der EG auf dem Gebiet der allgemeinen Bildung erlaubt Abs. 4 jedoch nicht den Rückgriff auf gemeinschaftliche Maßnahmen mit allgemeinen Regelungscharakter i.S. des Handlungskataloges nach Art. 249 (ex-Art. 189) (*Blanke* in *Grabitz/Hilf*, Art. 126,127, Rn. 43; *Schneider*/Bleckmann, S. 965). Entsprechend der Verantwortung der Mitgliedstaaten für die Lehrinhalte und die Gestaltung des Bildungssystems nach Abs. 1 ist bei Fördermaßnahmen jegliche Harmonisierung der

Rechts- und Verwaltungsvorschriften der Mitgliedstaaten ausgeschlossen. Der Rat erläßt die Fördermaßnahmen im Verfahren des Art. 251 (ex-Art. 189b) unter Mitentscheidung des EP und nach Anhörung des WSA und des AdR. Demnach reicht für die Annahme einer Fördermaßnahme die qualifizierte Mehrheit im Rat aus.

Weiterhin kann der Rat mit qualifizierter Mehrheit auf Vorschlag der Kommission **Empfehlungen** erlassen. Empfehlungen legen dem Adressaten ein bestimmtes Verhalten nahe, ohne ihn rechtlich zu binden. Allerdings haben die Gerichte der Mitgliedstaaten Empfehlungen bei der Rechtsauslegung zu berücksichtigen (EuGH, Rs. 322/88, Grimaldi, Slg. 1989, 4407). Wegen der Unverbindlichkeit und dem besonderem politischen Charakter von Empfehlungen sind das EP, der WSA und der AdR an ihrem Erlaß nicht beteiligt.   **12**

V. Abgrenzung zu anderen Vorschriften

Das **Harmonisierungsverbot** in Abs. 4 schließt es aus, die der EG in Art. 149 gesetzten Ziele durch Rückgriff auf Rechtsangleichungsvorschriften allgemeiner (Art. 94, 95, ex-Art. 100, 100a) oder spezieller Art zu verwirklichen. Die Generalermächtigung des Art. 308 (ex-Art. 235) erfaßt zwar sämtliche Ziele des EGV, also auch die des Art. 149, jedoch ist ein Handeln der EG auf der Grundlage von Art. 308 (ex-Art. 235) dann ausgeschlossen, wenn andere vertragliche Vorschriften den Gemeinschaftsorganen die Befugnis zum Erlaß entsprechender Rechtshandlungen verleihen (EuGH, Gutachten 2/92, Slg. 1995, I–525,560). Art. 149 verleiht eine derartige Befugnis, so daß im Anwendungsbereich dieser Vorschrift für eine Anwendung von Art. 308 (ex-Art. 235) kein Raum ist (*Blanke* in *Grabitz/Hilf*, Art. 126,127 Rn. 54; *Schweitzer/Hummer*, Rn. 1634). Das schließt es allerdings nicht aus, zur Verfolgung *anderer* Vertragsziele auf der Grundlage von Art. 308 (ex-Art. 235) zu handeln, auch wenn dies mit harmonisierenden Wirkungen in dem von Art. 149 erfaßten Bildungsbereich verbunden ist (*Blanke*, aaO Rn. 55; *Classen*/GTE, Art. 126 Rn. 29; *Beckedorf/Henze* NVwZ 1993, 128f.; a.A. *Pernice*, DVBl. 1993,913). Insoweit bildet das Harmonisierungsverbot des Art. 149 keine generelle Schranke für die Anwendung von Art. 308 (ex-Art. 235), da im Hinblick auf das Erfordernis einstimmigen Handelns nach Art. 308 (ex-Art. 235) jeder Mitgliedstaat selbständig entscheiden kann, ob er zur Verfolgung anderer Ziele als solche der Bildungspolitik den Bestand seines Bildungswesens zur Disposition stellt. Wegen des abschließend geregelten Verhältnisses zwischen den Mitgliedstaaten und der EG läßt Art. 149 jedoch keinen Raum   **13** mehr für Beschlüsse nach der sog. gemischten Formel (*Blanke*, aaO Rn. 56; *Schmidhuber/Hitzler* NVwZ 1992, 723).

Art. 150 (ex-Art. 127) (Berufliche Bildung, Ziele)

(1) Die Gemeinschaft führt eine Politik der beruflichen Bildung, welche die Maßnahmen der Mitgliedstaaten unter strikter Beachtung der Verantwortung der Mitgliedstaaten für Inhalt und Gestaltung der beruflichen Bildung unterstützt und ergänzt.

(2) Die Tätigkeit der Gemeinschaft hat folgende Ziele:
– Erleichterung der Anpassung an die industriellen Wandlungsprozesse, insbesondere durch berufliche Bildung und Umschulung;
– Verbesserung der beruflichen Erstausbildung und Weiterbildung zur Erleichterung der beruflichen Eingliederung und Wiedereingliederung in den Arbeitsmarkt;
– Erleichterung der Aufnahme einer beruflichen Bildung sowie Förderung der Mobilität der Ausbilder und der in beruflicher Bildung befindlichen Personen, insbesondere der Jugendlichen;
– Förderung der Zusammenarbeit in Fragen der beruflichen Bildung zwischen Unterrichtsanstalten und Unternehmen;
– Ausbau des Informations- und Erfahrungsaustausches über gemeinsame Probleme im Rahmen der Berufsbildungssysteme der Mitgliedstaaten.

(3) Die Gemeinschaft und die Mitgliedstaaten fördern die Zusammenarbeit mit dritten Ländern und den für die berufliche Bildung zuständigen internationalen Organisationen.

(4) Der Rat erläßt gemäß dem Verfahren des Art. 251 und nach Anhörung des Wirtschafts- und Sozialausschusses sowie des Ausschusses der Regionen Maßnahmen, die zur Verwirklichung der Ziele dieses Artikels beitragen unter Ausschluß jeglicher Harmonisierung der Rechts- und Verwaltungsvorschriften der Mitgliedstaaten.

I. Handlungsermächtigung

1   Art. 150 gibt der EG die Befugnis, eine **Politik der beruflichen Bildung** zu führen. Auch bei dieser Bildung ist nach Art. 3 Abs. 1 lit. q ein **qualitativ hochstehendes Niveau** anzustreben. Zur beruflichen Bildung gehören berufliche Erstausbildung, Weiterbildung und Umschulung (vgl. Abs. 2; zur Abgrenzung von der allgemeinen Bildung s. Erläuterungen zu Art. 150,

Rn. 3). Aus den dort angeführten Gründen ist die Rspr. des EuGH zum früheren Art. 128 EWGV nur eingeschränkt auf den Begriff der beruflichen Bildung übertragbar.

Nach Abs. 1 liegt die **Verantwortung für Inhalt und Gestaltung** der beruflichen Bildung bei den **Mitgliedstaaten**, was die EG strikt zu beachten hat. Sie kann daher die Maßnahmen der Mitgliedstaaten nur unterstützen und ergänzen, weshalb ihr nach Abs. 4 jegliche Harmonisierung der Rechts- und Verwaltungsvorschriften der Mitgliedstaaten verwehrt ist. Im Vergleich zur allgemeinen Bildung sind ihre Handlungsbefugnisse im Bereich der beruflichen Bildung jedoch stärker ausgeprägt, was in der Formulierung, daß sie „eine Politik führt" sowie darin zum Ausdruck kommt, daß sie nach Abs. 4 „Maßnahmen" erlassen kann (dazu unter III). 2

Die Politik der beruflichen Bildung ist zugleich ein **Teilbereich der Sozialpolitik** der EG, denn nach Art. 140 (ex-Art. 118c) umfaßt die Sozialpolitik u.a. das Gebiet der beruflichen Ausbildung und Fortbildung. Dies liefert die Erklärung dafür, daß die EG die Zusammenarbeit zwischen den Mitgliedstaaten auf dem Gebiet der beruflichen Bildung nicht auf der Grundlage von Art. 150, sondern nach Art. 140 (ex-Art. 118c) fördert. Wegen dieses Zusammenhangs sind insbesondere dem Europäische Sozialfonds nach Art. 146 (ex-Art. 123) teilweise dieselben Ziele gesetzt sind wie der Politik der beruflichen Bildung, so daß bei Identität der Ziele Maßnahmen der beruflichen Bildung aus Mitteln dieses Fonds finanziert werden können (*Blanke* in *Grabitz/Hilf*, Art. 126,127 Rn. 31; *Curall* /GTE Art. 128 Rn. 62). Eng verknüpft ist die berufliche Bildung auch mit der durch den Amsterdamer Vertrag neu geschaffenen Politik der Beschäftigung, denn nach Art. 125 (ex-Art. 109n) zielt die von den Mitgliedstaaten und der EG zu entwickelnde koordinierte Beschäftigungsstrategie insbesondere darauf ab, die Qualifizierung, Ausbildung und Anpassungsfähigkeit der Arbeitnehmer zu fördern. Die Übereinstimmung in den Zielen liegt darin begründet, daß alle genannten Politiken Instrumente zur Anpassung an den wirtschaftlichen Strukturwandel darstellen (vgl. Art. 125 [ex-Art. 109n], 146 [ex-Art. 123], 150 Abs. 2 [ex-Art. 127]). Unterschiede bestehen jedoch in der Art des Handelns in dem jeweiligen Politikbereich (s. unten unter III.). 3

II. Tätigkeitsfelder (Art. 150 Abs. 2, 3)

Wie in Art. 149 Abs. 2 (ex-Art. 126) stellen auch die in Art. 150 Abs. 2 genannten **Handlungsziele** einen **abschließenden Katalog** dar (*Blanke* in *Grabitz/Hilf*, Art. 126,127 Rn. 17; *Schweitzer/Hummer*, Rn. 1633; *Schneider*/Bleckmann, S. 965). 4

5   Das im 1. Spiegelstrich beschriebene Ziel **„Erleichterung der Anpassung an die industriellen Wandlungsprozesse, insbesondere durch berufliche Bildung und Umschulung"** ist identisch mit der Zielsetzung des Europäischen Sozialfonds nach Art. 149 (ex-Art. 123) und fügt sich in die allgemeiner formulierter Zielsetzung der Beschäftigungspolitik ein. Leitend ist die Vorstellung eines lebenslangen Lernprozesses, der eine kontinuierliche Anpassung der Kenntnisse und Fähigkeiten bewirken soll (vgl. Entschließung des Rates v. 5.12.1994 zur Qualität und Attraktivität beruflicher Bildung, ABl. C 374/1/2). Die im 2. und 3. Spiegelstrich aufgeführten Ziele **„Verbesserung der beruflichen Erstausbildung und Weiterbildung zur Erleichterung der beruflichen Eingliederung und Wiedereingliederung in den Arbeitsmarkt"** sowie **„Erleichterung der Aufnahme einer beruflichen Bildung"** hat der Rat in seiner Entschließung v. 5.12.1994 so beschrieben, daß die Berufsausbildung zur Ausübung einer qualifizierten Berufstätigkeit befähigen, Arbeitsmarktchancen eröffnen, den Neigungen und Fähigkeiten der Jugendlichen entsprechen und die Bereitschaft und Fähigkeit zur beruflichen Weiterbildung während des gesamten Berufslebens fördern soll. Die im 3. Spiegelstrich vorgesehene Förderung der Mobilität der Ausbilder und der beruflich Auszubildenden, insbesondere der Jugendlichen, erfaßt sowohl die grenzüberschreitende wie die Mobilität auf nationaler Ebene (*Blanke* aaO Rn. 34). Hinsichtlich der vorgenannten Ziele ergeben sich ebenfalls Überschneidungen mit den Förderzielen des Europäischen Sozialfonds und der Beschäftigungspolitik. Demgegenüber sind die Förderung der Zusammenarbeit zwischen Unterrichtsanstalten und Unternehmen in Fragen der beruflichen Bildung (4. Spiegelstrich) und der Ausbau des Informations- und Erfahrungsaustauschs über die Berufsbildungssysteme der Mitgliedstaaten (5. Spiegelstrich) der beruflichen Bildung vorbehaltene Zielsetzungen i.S. spezifischer Komponenten der Bildungspolitik der Gemeinschaft.

6   Alle in Art. 150 Abs. 2 genannten Ziele werden durch entsprechende Maßnahmen im Rahmen des Aktionsprogramms **LEONARDO** gefördert (s. Vorbemerkungen zu Art. 149,150, Rn. 6).

7   Für die in Abs. 3 vorgesehene **internationale Zusammenarbeit** gelten die gleichen Grundsätze wie im Bereich der allgemeinen Bildung; auf die Ausführungen zu Art. 149 wird verwiesen (Art. 149 Rn. 10).

III. Handlungsformen, Abgrenzung zu anderen Rechtsvorschriften

8   Der Rat kann gem. Art. 150 Abs. 4 Maßnahmen erlassen. Der Begriff **„Maßnahme"** wird im EGV nicht definiert. Aus dem Umstand, daß Art. 149 (ex-

Art. 126) nur „Fördermaßnahmen" und als einzige gekennzeichnete Rechtshandlung nur die Empfehlung zuläßt, ist zu schließen, daß unter Maßnahme sämtliche in Art. 249 (ex-Art. 189) aufgeführten Handlungsformen einschließlich ungekennzeichneter Rechtshandlungen zu verstehen sind (*Blanke* in *Grabitz/Hilf,* Art. 126,127 Rn. 47; *Schneider*/Bleckmann, S. 965; *Staudenmeyer*, BayVBl 1995, 329). Somit ist neben Beschlüssen über Förderprogramme auch der Erlaß von VOen und RLen möglich.

Dabei ist jegliche Harmonisierung der Rechts- und Verwaltungsvorschrif-   **9** ten der Mitgliedstaaten unter der Voraussetzung ausgeschlossen, daß solche Vorschriften existieren. Fehlen sie, gilt das **Harmonisierungsverbot** nicht (*Blanke* aaO Rn. 51). Da die berufliche Bildung jedoch im Regelfall innerstaatlich reglementiert ist, kann die inhaltliche Gestaltung dieses Bereichs durch VOen oder RLen praktisch als ausgeschlossen gelten. Möglich ist aber, auf der Grundlage von VO'en Einrichtungen der EG zur Förderung der beruflichen Bildung zu schaffen, wie z.B. die Europäische Stiftung für Berufsbildung (VO 1360/90, ABl. 1990 L 131/1, geändert durch VO 2063/94, ABl. 1994 L 216/9).

Seine Maßnahmen erläßt der Rat gemäß dem Verfahren des Art. 251 (ex-   **10** Art. 189b) unter Mitentscheidung des EP und nach Anhörung des WSA sowie des AdR. Der Unterschied in den ex-Art. 126 und 127, wonach im Bereich der allgemeinen Bildung das Verfahren der Mitentscheidung galt, im Bereich der beruflichen Bildung hingegen das für das EP weniger günstige Verfahren der Zusammenarbeit (Art. 252, ex-Art. 189c), wurde im Amsterdamer Vertrag aufgehoben.

Abgesehen von der gleichgerichteten Förderpolitik des Europäischen Sozi-   **11** alfonds bezieht sich die bereits angesprochene **Überschneidung der beruflichen Bildung mit der Sozial- und Beschäftigungspolitik** nur auf die Ziele, nicht auf die Art des Handelns. Nach Art. 140 (ex-Art. 118c) besteht die fördernde Tätigkeit der Kommission im Bereich der Sozialpolitik in Untersuchungen, Stellungnahmen und der Vorbereitung von Beratungen. Damit vergleichbar läßt Art. 129 (ex-Art. 109r) im Bereich der Beschäftigung „Anreizmaßnahmen" in Gestalt von Initiativen zum Zweck des Austausch von Informationen, der Bereitstellung von Analysen und Gutachten usw. zu. Demnach hat die EG im Bereich der beruflichen Bildung in Form von „Maßnahmen" die weitestreichende Handlungsmöglichkeit. Hinsichtlich der Abgrenzung von Art. 150 zu anderen vertraglichen Vorschriften gilt das zu Art. 149 Gesagte (vgl. Art. 149 Rn. 13).

Titel XII. Kultur

Art. 151 (ex-Art. 128) (Beitrag der Gemeinschaft, einstimmige Beschlußfassung)

(1) Die Gemeinschaft leistet einen Beitrag zur Entfaltung der Kulturen der Mitgliedstaaten unter Wahrung ihrer nationalen und regionalen Vielfalt sowie gleichzeitiger Hervorhebung des gemeinsamen kulturellen Erbes.

(2) Die Gemeinschaft fördert durch ihre Tätigkeit die Zusammenarbeit zwischen den Mitgliedstaaten und unterstützt und ergänzt erforderlichenfalls deren Tätigkeit in folgenden Bereichen:
– Verbesserung der Kenntnis und Verbreitung der Kultur und Geschichte der europäischen Völker,
– Erhaltung und Schutz des kulturellen Erbes von europäischer Bedeutung,
– nicht kommerzieller Kulturaustausch,
– künstlerisches und literarisches Schaffen, einschließlich im audiovisuellen Bereich.

(3) Die Gemeinschaft und die Mitgliedstaaten fördern die Zusammenarbeit mit dritten Ländern und den für den Kulturbereich zuständigen internationalen Organisationen, insbesondere mit dem Europarat.

(4) Die Gemeinschaft trägt bei ihrer Tätigkeit aufgrund anderer Bestimmungen dieses Vertrages den kulturellen Aspekten Rechnung, insbesondere zur Wahrung und Förderung der Vielfalt der Kulturen.

(5) Als Beitrag zur Verwirklichung der Ziele dieses Artikels erläßt der Rat
– gemäß dem Verfahren des Artikels 251 und nach Anhörung des Ausschusses der Regionen Fördermaßnahmen unter Ausschluß jeglicher Harmonisierung der Rechts- und Verwaltungsvorschriften der Mitgliedstaaten. Der Rat beschließt im Rahmen des Verfahrens des Artikels 251 einstimmig;
– einstimmig auf Vorschlag der Kommission Empfehlungen.

Literatur: *Berggreen/Merkel*, Die rechtlichen Aspekte der Kulturpolitik nach dem Maastrichter Vertrag, Vorträge, Reden und Berichte aus dem Europa-Institut der Universität des Saarlandes, 1995, Heft 329; *Blanke*, Europa auf dem Weg zu einer Bildungs- und Kulturgemeinschaft, 1994; *Bleckmann*, Die Wahrung der „nationalen Identität" im

Unions-Vertrag, JZ 1997, 265; *Bohr/Albert*, Die Europäische Union – das Ende der eigenständigen Kulturpolitik der deutschen Bundesländer ?, ZRP 1993, 61;*Ende*, Kulturelle Identität als notwendige Ergänzung des gemeinschaftsrechtlichen Gleichheitssatzes – Die UN-Kinderkonvention im Kontext der Unionsbürgerschaft, IPRax 1998, 244; *Eberl*, Probleme und Auswirkungen der EG-Vorschriften zum Kulturgüterschutz, NVwZ 1994, 729; *Geißler*, Staatliche Kunstförderung nach Grundgesetz und Recht der EG, 1995; *Hailbronner/Weber*, Möglichkeiten zur Förderung der europäischen Kultur in Rundfunk und Fernsehen anhand der Fernsehrichtlinie der Europäischen Gemeinschaft, DÖV 1997, 561; *Hochbaum*, Der Begriff der Kultur im Maastrichter und Amsterdamer Vertrag, BayVBl 1997, 641, 680; *Kruse*, Das gemeinschaftsrechtliche Beihilfenverbot und die für „Kultur" und „kulturelles Erbe" bestehende Befreiungsmöglichkeit, EWS 1996, 113; *Niedobitek*, Kultur und Europäisches Gemeinschaftsrecht, 1992; *ders.*, Die kulturelle Dimension im Vertrag über die Europäische Union, EuR 1995, 349; *Ress*, Die neue Kulturkompetenz der EG, DÖV 1992, 944; *ders.*, Die Zulässigkeit von Kulturbeihilfen in der Europäischen Union, in: GS für *Grabitz*, 1995, 595; *Schneider*, Bildungs- und Kulturpolitik, in: *Bleckmann*, Europarecht, 6. Aufl., 1997, 972; *Schwartz*, Subsidiarität und EG-Kompetenzen. Der neue Titel „Kultur". Medienvielfalt und Binnenmarkt, Archiv für Presserecht 1993, 349; *Schwarz*, Literaturpolitik in der Europäischen Union, EuR 1994, 470; *Schweitzer/Hummer*, Europarecht, 5. Aufl., 1996, Die Kulturpolitik, 499 (Rn 1651ff.); *Strohmeyer*, Kulturpolitik, in: *Röttinger/Weyringer* (Hrsg.), Handbuch der europäischen Integration, 2. Aufl., 1997, 1079: *Wägenbaur*, Auf dem Wege zur Bildungs- und Kulturgemeinschaft, in: GS für *Grabitz*, 1995, 851; *Wemmer*, Die neuen Kulturklauseln des EG-Vertrages. Eine Analyse der Art. 128 EGV und Art. 92 Abs. 3 lit. d) EGV, 1996.

I. Vorbemerkung

Nach Art. 3 Abs. 1 lit. q umfaßt die Tätigkeit der EG einen **Beitrag zur** **1** **Entfaltung des Kulturlebens** in den Mitgliedstaaten. Dieser Beitrag wird in seinen Einzelheiten in Art. 151 festgelegt. Die dadurch begründete Zuständigkeit für den Bereich der Kultur wurde erstmals im Rahmen des Vertrages von Maastricht durch ex-Art. 128 EGV geschaffen.

Die EG hat jedoch auch schon zuvor **kulturpolitische Aktivitäten** entfaltet **2** und Regelungen mit Auswirkung auf den kulturellen Sektor getroffen. Diese betrafen insbesondere den Medienbereich (Film, Rundfunk, Fernsehen), das Buch- und Bibliothekswesen, den Schutz nationaler Kulturgüter sowie das Urheberrecht in bezug auf künstlerische Tätigkeiten. Rechtsgrundlagen ihres Handelns waren entweder vertragliche Vorschriften zur Erreichung anderer Ziele oder die Generalermächtigung in Art. 235 (jetzt Art. 308). Wegen des Fehlens einer eigenen Gemeinschaftskompetenz wurden zahlreiche Beschlüsse nach der sog. „gemischten Formel" durch die für Kulturfragen zuständigen Minister als Mitglieder des Rates und zugleich in ihrer Eigenschaft als die im Rat vereinigten Minister der Mitgliedstaaten gefaßt wie z.B. die symbolische Aktion für die alljährliche Benennung einer „Kulturstadt Europas" gem. Entschließung v. 13.6.1985 (ABl.1985 C 153/2). Wichtige Regelungen des Sekundärrechts vor Inkrafttreten des EUV sind die VO 3911/92 v. 9.12.1992 über die Ausfuhr von Kulturgütern (ABl. 1992 L 395/1), die Richtlinie 93/7 v. 15.3.1993 über die Rückgabe von Kulturgütern (ABl. 1993 L 74/74) und die sog. EG-Fernsehrichtlinie (89/552) v. 3.10.1989 (ABl. 1989 L 298/23, geändert durch RL 97/36 v. 30.6.1997, ABl. 1997 L 202/60; zur Fernseh-RL s. auch BVerfG, Urt. v. 22.3.1995, EuZW 1995, 277).

3   Neben Art. 3 Abs. 1 lit q i.V. m. Art. 151 enthält der EGV Vorschriften, die kulturelle Angelegenheiten betreffen, in Art. 30 (ex-Art. 36), 95 (ex-Art. 100a) Abs. 4 (nationales Kulturgut als Reservat für die Gesetzgebung der MS) und Art. 149 (ex-Art. 126) Abs. 1 (Erhalt der Vielfalt der Kulturen der MS im Bereich der allgemeinen Bildung). Erwähnenswert ist insbesondere Art. 87 (ex-Art. 92) Abs. 3 lit. d, wonach Beihilfen zur Förderung der Kultur und der Erhaltung des kulturellen Erbes mit dem Gemeinsamen Markt als vereinbar angesehen werden können.

II. Handlungsermächtigung

4   Art. 151 räumt der EG auf dem Gebiet der Kultur eine eigene Zuständigkeit ein, die neben die der Mitgliedstaaten tritt. Nach Abs. 1 leistet sie einen Beitrag zur Entfaltung der Kulturen der Mitgliedstaaten. Dieser Beitrag besteht nach Abs. 2 darin, daß sie die Zusammenarbeit zwischen den Mitgliedstaaten fördert und deren Tätigkeit in bestimmten kulturellen Bereichen erforderlichenfalls unterstützt oder ergänzt. Das Handeln der EG hat demnach eine **komplementäre Funktion**, was durch das **Harmonisierungsverbot** in Abs. 5 noch unterstrichen wird.

5   Der in unterschiedlichen Formulierungen verwandte **Begriff der Kultur** wird im EGV nicht definiert, sondern vorausgesetzt (*Schweitzer/Hummer,* Rn. 1654; *Hochbaum,* BayVBl 1997, 680). Seine inhaltliche Bestimmung ist jedoch erforderlich, um den Anwendungsbereich von Art. 151 sinnvoll

abzugrenzen. Auszugehen ist von einem **engen Kulturbegriff**; Wissenschaft und Bildung als im EGV selbständig geregelte Bereiche gehören nicht dazu. Da Anknüpfungspunkt für das Handeln der EG die Kulturen der oder in den Mitgliedstaaten sind, ist in pragmatischer Vorgehensweise auf die Bereiche abzustellen, die herkömmlich den Gegenstand der nationalen Kulturpolitik bilden. Dazu gehören Literatur, Musik, bildende und darstellende Kunst, Film, Rundfunk und Fernsehen, Museen, Theater, und Bibliotheken wie auch Denkmalpflege und Brauchtum (zur Gemeinschaftspraxis i. einzelnen vgl. *Hochbaum* aaO). Auszugehen ist jedoch nicht von einem statischen, sondern einem Kulturbegriff, der offen ist für die **dynamische Wandlung** und **Entwicklung der Kultur**, so daß auch neueste Erscheinungsformen wie CD-ROM's, Videospiele, digitales Fernsehen usw. und ihre weitere Entwicklung unter den Kulturbegriff fallen (*Ress/Ukrow* in *Grabitz/Hilf*, Art. 128 Rn. 13).

Ziel des gemeinschaftlichen Handelns ist die Entfaltung der Kulturen der   **6** Mitgliedstaaten. Mit der Wahl dieser Kulturen als Bezugspunkt wird der Entwicklung einer einheitlichen „Europäischen Kultur" eine Absage erteilt (*Ress/Ukrow*, aaO Rn. 22). Die **Kulturen der Mitgliedstaaten** sollen gerade nicht angeglichen, sondern mit Hilfe der EG **in ihrer spezifischen Eigenart erhalten** und entwickelt werden. Dementsprechend hat die EG als Schranke ihres Handelns die nationale und regionale Vielfalt dieser Kulturen zu wahren. Dieses Gebot gewährleistet die **Achtung der nationalen Identität der Mitgliedstaaten** i.S. von Art. 6 (ex-Art. F) Abs. 2 EUV auf kulturellem Gebiet. Leitlinie für die Kulturpolitik der EG ist aber nicht nur die Wahrung der kulturellen Vielfalt, sondern zugleich auch die **Hervorhebung des gemeinsamen kulturellen Erbes**. Zu diesem Erbe gehören kulturelle Errungenschaften, in denen gemeinsame Züge der Kulturen in Europa in Erscheinung treten beispielsweise in dem Sinne, daß die nationalen Kulturen gleichzeitig Kulturepochen wie Mittelalter, Renaissance, Aufklärung, Romantik usw. durchlaufen haben und durch sie in spezifischer Weise geprägt wurden. Zulässig sind demnach – allerdings immer im Zusammenhang mit der Entfaltung der Kulturen der Mitgliedstaaten – Fördermaßnahmen zur Hervorhebung des gemeinsamen kulturellen Erbes, wobei es ausreicht, wenn die Förderung nur einzelnen Mitgliedstaaten zugute kommt (*Ress/Ukrow*, aaO Rn. 25; a.A. *Hochbaum*, aaO, S. 681). Zur Bestimmung dessen, was im Einzelfall dem gemeinsamen kulturellen Erbe angehört, verfügt die EG über einen weiten Beurteilungsspielraum, dessen einseitige oder mißbräuchliche Handhabung durch das Einstimmigkeitserfordernis nach Abs. 5 ausbalanciert wird.

Art. 151 ermächtigt nur zu Maßnahmen, die ausschließlich die in der Vor-   **7** schrift beschriebenen kulturellen Ziele verwirklichen. Soll eine Maßnahme als sog. „gemischter Rechtsakt" auch anderen Zielen dienen, insbesondere solchen wirtschaftlicher Art, kommt es für die Wahl der Rechtsgrundlage auf die objektive Sachnähe der geplanten Maßnahme zum Regelungsinhalt einer Kompetenznorm im Vertrag an. Diese Wahl muß sich auf objektive, gerichtlich nachprüfbare Umstände gründen (EuGH, Rs. 45/86, Kommission/Rat, Slg. 1987, 1493; C-187/93, EP/Rat, Slg. 1994, I–2857; st. Rspr.). Als Kompetenznormen, die auf die vorgenannte Weise von Art. 151 abzugrenzen sind, kommen in Betracht die der Rechtsangleichung dienenden Art. 47 (ex-Art. 57), 55 (ex-Art. 66), 93 (ex-Art. 99), 94 (ex-Art. 100) und 95 (ex-Art. 100a), Art. 133 (ex-Art. 113 – gemeinsame Handelspolitik), Art. 149 (ex-Art. 126), und 150 (ex-Art. 127) (allgemeine und berufliche Bildung), Art. 157 (ex-Art. 130) (Industrie) und Art. 158 (ex-Art. 130a) (Wirtschaftlicher und sozialer Zusammenhalt). Soweit rein kulturelle Ziele verfolgt werden, scheidet ein Rückgriff auf die Generalermächtigung in Art. 308 (ex-Art. 235) aus, da mit Art. 151 eine abschließende Handlungsbefugnis im Hinblick auf diese Ziele gegeben ist (vgl. Art. 149 Rn. 13). Zur Relativierung des Harmonisierungsverbots s. anschließend unter VI.

III. Handlungsbefugnisse

8   Nach Art. 151 Abs. 2 fördert die EG die Zusammenarbeit zwischen den Mitgliedstaaten und unterstützt und ergänzt erforderlichenfalls deren Tätigkeit in den im 1. bis 4. Spiegelstrich genannten Bereichen. Dieser Katalog bezieht sich nur auf die **unterstützende und ergänzende**, **nicht** auch auf die **fördernde Tätigkeit** der EG (*Ress/Ukrow* in *Grabitz/Hilf*, Art. 128, Rn. 27, 28).

9   Die **fördernde Tätigkeit** setzt eine **grenzüberschreitende Zusammenarbeit der Mitgliedstaaten** in kulturellen Angelegenheiten voraus, wobei es genügt, wenn einzelne Mitgliedstaaten zusammen arbeiten. Die Mitgliedstaaten sind nicht verpflichtet, eine Zusammenarbeit zu begründen; die EG kann aber eine solche anregen. In jedem Fall bleiben die Mitgliedstaaten verantwortlich für die inhaltliche Bestimmung einer Zusammenarbeit, die mit Hilfe der EG einen höheren Grad an Wirksamkeit erhalten soll. Dementsprechend besteht die Tätigkeit der EG typischerweise in der Förderung des grenzüberschreitenden Informations- und Erfahrungsaustauschs oder der Teilnahme an gemeinsam durchgeführten kulturellen Veranstaltungen oder Projekten wie es beispielsweise im Rahmen des Förderprogramms KALEIDOSKOP geschieht (s. dazu unter VII).

10 Neben der Förderung der Zusammenarbeit kann die EG die Tätigkeit der Mitgliedstaaten unterstützen und ergänzen. Dies bezieht sich nicht notwen-

digerweise auf die Tätigkeit aller Mitgliedstaaten, es kann auch die Tätigkeit eines einzelnen Mitgliedstaates unterstützt und ergänzt werden, so daß eine **Kulturpolitik der EG mit regionaler Ausrichtung** möglich ist. Die „Unterstützung" ist nicht an eine bestimmte Form gebunden, im Mittelpunkt stehen aber finanzielle Zuschüsse auf der Grundlage von Förderprogrammen. Unter der Voraussetzung, daß die Mitgliedstaaten ihre kulturpolitischen Befugnisse nicht oder nur unzureichend ausüben, kann die EG die mitgliedstaatliche Tätigkeit auch „ergänzen". Aus dem Umstand, daß sie im Bereich der allgemeinen und beruflichen Bildung die Verantwortung der Mitgliedstaaten für Inhalt und Gestaltung der Bildungssysteme strikt zu beachten hat (vgl. Art. 149, 151), sie im Bereich der Kultur jedoch einer derartigen Pflicht nicht unterliegt, ist zu schließen, daß sie mit ihrem ergänzenden Handeln auch **eigene kulturpolitische Zielsetzungen** verfolgen darf (*Ress/Ukrow* in *Grabitz/Hilf*, Art. 128 Rn. 32; *Schweitzer/Hummer*, Rn. 1654). Die kulturelle Vielfalt in den Mitgliedstaaten darf auf diese Weise jedoch nicht angetastet werden.

Mit Rücksicht auf das Prinzip der begrenzten Ermächtigung (Art. 5 I, ex-Art. 3b) stellen die in Abs. 2 genannten Tätigkeitsfelder einen **abschließenden Handlungskatalog** dar (*Ress/Ukrow*, aaO Rn. 27; *Schweitzer/Hummer*, Rn. 1655). Die unterstützende und ergänzende Tätigkeit umfaßt die Verbesserung der Kenntnis und Verbreitung der Kultur und Geschichte der europäischen Völker (1. Spiegelstrich) sowie die Erhaltung und den Schutz des kulturellen Erbes von europäischer Bedeutung (2. Spiegelstrich). Im Vergleich zum „gemeinsamen kulturellen Erbe" (Abs. 1) ist „kulturelles Erbe von europäischer Bedeutung" der engere Begriff, der sich in erster Linie auf den Erhalt historischer Baudenkmäler bezieht. Unter den nicht kommerziellen Kulturaustausch (3. Spiegelstrich) fällt der Austausch kultureller Darbietungen, die sich im allgemeinen finanziell nicht selbst tragen, sondern, um erbracht werden zu können, einer finanziellen Förderung bedürfen (z.B. der Austausch von Orchestern). Schließlich kann die EG zum künstlerischen und literarischen Schaffen beitragen, das solches *im* audiovisuellen Bereich einschließt (4. Spiegelstrich). Die Förderung des audiovisuellen Sektors als solchem ist eine von ihr nach Art. 157 (ex-Art. 130) wahrzunehmende industriepolitische Aufgabe. **11**

IV. Internationale Zusammenarbeit

Art. 151 Abs. 3 ergänzt die in Abs. 2 eingeräumte Innenkompetenz um eine **Außenkompetenz**. Innerhalb des ihr zugewiesenen Zuständigkeitsbereichs kann die EG auf dem Gebiet der Kultur die Zusammenarbeit mit **12**

Drittstaaten und internationalen Organisationen fördern; die Zuständigkeit der Mitgliedstaaten für die auswärtige Kulturpolitik bleibt davon unberührt. Die Förderung ist an keine Form gebunden und umfaßt aus den zu Art. 149 (ex-Art. 126) Abs. 3 dargestellten Grundsätzen auch den Abschluß völkerrechtlicher Verträge (vgl. Art. 149 Rn. 10). Aufgrund der Kongruenz von Innen- und Außenkompetenz ist der zulässige Inhalt solcher Verträge auf fördernde, unterstützende und ergänzende Maßnahmen im i.S.v. Abs. 2 und 5 beschränkt (*Ress/Ukrow* in *Grabitz/Hilf*, Art. 128 Rn. 46). Die Beschränkungen zugunsten der Mitgliedstaaten in Abs. 1,2 und 5 gelten nicht für die Zusammenarbeit mit dritten Staaten und internationalen Organisationen, setzen dieser jedoch dort eine Grenze, wo diese reflexartig die Kulturpolitik der Mitgliedstaaten in einer mit Art. 151 nicht vereinbaren Weise relativieren würde (vgl. Art. 149 Rn. 10). Verträge werden daher in der Regel als sog. **gemischte Abkommen** abgeschlossen. Für eine Zusammenarbeit mit für den Kulturbereich zuständigen internationale Organisationen kommen in erster Linie die Organisation der Vereinten Nationen für Erziehung, Wissenschaft und Kultur (UNESCO) und der namentlich genannte Europarat in Betracht.

V. Querschnittsklausel

13		Nach der sog. Querschnittsklausel in Abs. 4 trägt die EG bei ihrer Tätigkeit nach anderen Vorschriften des EGV den kulturellen Aspekten Rechnung, insbesondere zur Wahrung und Förderung der kulturellen Vielfalt. Hierbei handelt es sich nicht um eine unverbindliche bloße Willensbekundung, sondern um das rechtlich verpflichtende, daher auch gerichtlich nachprüfbare Gebot zur Berücksichtigung kultureller Belange (*Ress/Ukrow* in *Grabitz/Hilf*, Art. 128 Rn. 56). Vergleichbare Querschnittsklauseln weisen auch andere vertragliche Vorschriften auf (vgl. Art. 152 I [ex-Art. 129], 157 III [ex-Art. 130], 159 I [ex-Art. 130b]). Mit der **Querschnittsklausel im Kulturbereich** soll erreicht werden, daß bei der Verfolgung anderer vertraglicher Ziele, insbesondere bei Harmonisierungsmaßnahmen im Binnenmarkt, im Interesse der Mitgliedstaaten liegende kulturelle Aspekte nicht in unverträglicher Weise relativiert und ausgehöhlt werden. Das Berücksichtigungsgebot ist demnach ein Steuerungsinstrument zum Ausgleich von Zielkonflikten nach dem Grundsatz, Auswirkungen auf den kulturellen Bereich möglichst schonend zu gestalten (*Ress/Ukrow,* aaO Rn. 58). Das Gebot der Rücksichtnahme gilt für alle Tätigkeiten der EG, nicht nur für den Erlaß von Vorschriften, sondern auch für ihre fördernde Tätigkeit, und ist auch vom EuGH bei der Auslegung von Gemeinschaftsrecht heranzuziehen. Im

Hinblick auf die Justitiabilität der Klausel ist allerdings in Rechnung zu stellen, daß der EuGH den Gemeinschaftsorganen, wenn bei der Verfolgung vertraglicher Ziele gegenläufige Interessen abzuwägen sind, einen weiten Beurteilungsspielraum zubilligt, den er nur auf die Einhaltung grundlegender Anforderungen überprüft (vgl. allgemein EuGH, C-280/93, Bundesrepublik Deutschland/Rat, Slg. 1994, I–4973; st. Rspr.).

VI. Handlungsformen, Verfahren

Zulässige Handlungsformen sind nach Abs. 5 **Fördermaßnahmen** und **14** **Empfehlungen**. Wie in Art. 149 (ex-Art. 126) IV gehören Fördermaßnahmen, insbesondere Beschlüsse über Förderprogramme, zu den im Handlungskatalog des Art. 249 (ex-Art. 189) nicht aufgeführten sog. ungekennzeichneten Rechtshandlungen (vgl. Art. 149 Rn. 11). Wie der Vergleich zu der weiter gefaßten „Maßnahme" in Art. 150 (ex-Art. 127) IV ergibt, ist bei Fördermaßnahmen ein Rückgriff auf die Handlungsformen des Art. 249 (ex-Art. 189), insbesondere auf Regelungen allgemeingültiger Art, ausgeschlossen (*Schweitzer/Hummer,* Rn. 1657; vgl. Art. 150 Rn. 11; a.A. *Ress/Ukrow* in *Grabitz/Hilf,* Art. 128 Rn. 64). Der Rat erläßt Fördermaßnahmen gemäß dem Verfahren nach Art. 251 (ex-Art. 189b) unter Mitentscheidung des EP und nach Anhörung des AdR, wobei er – entgegen der regulär in Art. 205 (ex-Art. 148) vorgesehenen Beschlußfassung – nur **einstimmig** beschließen kann.

Das **Harmonisierungsverbot** in Abs. 5 gilt nur, wenn die EG im Anwen- **15** dungsbereich von Art. 151 handelt. Wäre es eine Sperre für das Handeln aufgrund anderer vertraglicher Bestimmungen, würde die Querschnittsklausel in Abs. 4 ins Leere laufen. Gehen demnach bei Maßnahmen zur Verfolgung anderer Vertragsziele harmonisierende Wirkungen auf die Rechts- und Verwaltungsvorschriften der Mitgliedstaaten im Bereich der Kultur aus, ist ein Ausgleich über diese Klausel herbeizuführen. Dies gilt auch dann, wenn zur Verfolgung anderer Ziele auf Art. 308 (ex-Art. 235) zurückgegriffen wird (vgl. Art. 149 Rn. 13).

Neben Fördermaßnahmen kann der Rat einstimmig auf Vorschlag der Kom- **16** mission Empfehlungen aussprechen (vgl. dazu Art. 149 Rn. 12).

VII. Konkrete Aktionen

An konkreten Aktionen auf dem Gebiet der Kultur kommen **Förderpro-** **17** **gramme** (vgl. *Strohmeier* in *Röttinger/Weyringer,* S. 1083ff.) und **symbolische Aktionen** in Betracht. Programme: KALEIDOSKOP zur Förderung

künstlerischer Tätigkeiten (ABl. L 99/20); RAPHAEL zum Erhalt des kulturellen Erbes (ABl. 1997 L 305/41); ARIANE betreffend die Bereiche
Buch und Lesen einschließlich Übersetzungen (ABl. 1997 L 291/26). Das
Programm MEDIA II zur Förderung des audiovisuellen Sektors erfaßt auch
kulturelle Aspekte dieses Bereichs (ABl. 1995 L 321/25; ABl. 1995 L
321/33). Symbolische Aktionen betreffen u.a. Entschließungen zur Ernennung der „Kulturstadt Europas" (ABl. 1985 C 153/2; 1990 C 162/1; 1992
C 336/3) sowie die Auswahl des „Europäischen Kulturmonats" (ABl. 1990
C 162/1; 1992 C 151/1).

Titel XIII. Gesundheitswesen

**Art. 152 (ex-Art. 129) (Beitrag der Gemeinschaft zur Krankenverhü-
tung)**

**(1) Bei der Festlegung und Durchführung aller Gemeinschaftspolitiken
und -maßnahmen wird ein hohes Gesundheitsschutzniveau sichergestellt.**

**Die Tätigkeit der Gemeinschaft ergänzt die Politik der Mitgliedstaaten
und ist auf die Verbesserung der Gesundheit der Bevölkerung, die Verhütung von Humankrankheiten und die Beseitigung von Ursachen für
die Gefährdung der menschlichen Gesundheit gerichtet. Sie umfaßt die
Bekämpfung der weitverbreiteten schweren Krankheiten; dabei werden die Erforschung der Ursachen, der Übertragung und der Verhütung dieser Krankheiten sowie die Gesundheitsinformation und -erzie-
hung gefördert.**

**Die Gemeinschaft ergänzt die Maßnahmen der Mitgliedstaaten
zur Verringerung drogenkonsumbedingter Gesundheitsschäden einschließlich der Informations- und Vorbeugungsmaßnahmen.**

**(2) Die Gemeinschaft fördert die Zusammenarbeit zwischen den Mit-
gliedstaaten in den in diesem Artikel genannten Bereichen und unterstützt erforderlichenfalls deren Tätigkeit.**

**Die Mitgliedstaaten koordinieren untereinander im Benehmen mit der
Kommission ihre Politiken und Programme in den in Absatz 1 genannten Bereichen. Die Kommission kann in enger Verbrindung mit**

den Mitgliedstaaten alle Initiativen ergreifen, die dieser Koordinierung förderlich sind.

(3) Die Gemeinschaft und die Mitgliedstaaten fördern die Zusammenarbeit mit dritten Ländern und den für das Gesundheitswesen zuständigen internationalen Organisationen.

(4) Der Rat trägt gemäß dem Verfahren des Artikels 251 und nach Anhörung des Wirtschafts- und Sozialausschusses sowie des Ausschusses der Regionen mit folgenden Maßnahmen zur Verwirklichung der Ziele dieses Artikels bei:

a) Maßnahmen zur Festlegung hoher Qualitäts- und Sicherheitsstandard für Organe und Substanzen menschlichen Ursprungs sowie für Blut und Blutderivate; diese Maßnahmen hindern die Mitgliedstaaten nicht daran, strengere Schutzmaßnahmen beizubehalten oder einzuführen;

b) abweichend von Artikel 37 Maßnahmen in den Bereichen Veterinärwesen und Pflanzenschutz, die unmittelbar den Schutz der Gesundheit der Bevölkerung zum Ziel haben;

c) Fördermaßnahmen, die den Schutz und die Verbesserung der menschlichen Gesundheit zum Ziel haben, unter Ausschluß jeglicher Harmonisierung der Rechts- und Verwaltungsvorschriften der Mitgliedstaaten.

Der Rat kann ferner mit qualifizierter Mehrheit auf Vorschlag der Kommission für die in diesem Artikel genannten Zwecke Empfehlungen erlassen.

(5) Bei der Tätigkeit der Gemeinschaft im Bereich der Gesundheit der Bevölkerung wird die Verantwortung der Mitgliedstaaten für die Organisation des Gesundheitswesens und die medizinische Versorgung in vollem Umfang gewahrt. Insbesondere lassen die Maßnahmen nach Absatz 4 Buchstabe a die einzelstaatlichen Regelungen über die Spende oder die medizinische Verwendung von Organen und Blut unberührt.

Literatur: *Becker*, Gesetzliche Krankenversicherung zwischen Markt und Regulierung – Reformen des Gesundheitssystems und ihre europäischen Perspektiven, JZ 1997, 534; *Berg*, Gesundheitsschutz als Aufgabe der EU, 1997; *Mäder*, Gesundheitspolitische Aktionen der Europäischen Gemeinschaft, ZfSH/SGB 1993, 449; *ders.*, Integrations- und Gesundheitspolitik der Europäischen Gemeinschaft, 1994; *Pieper,* Gesundheitswesen und Verbraucherschutz, in: Bleckmann, Europarecht, 1997, 983; *Pitschas*, Inhalt und Reichweite des Mandats der Europäischen Gemeinschaft auf dem Gebiet der Gesundheitspolitik, Zeitschrift für Sozialreform 1993, 468; *von Schwanenflügel*, Die neuen Kompetenzen der EG im Bereich der Gesundheitspolitik, JZ 1993, 551; *ders.*, Die Entwicklung der Kompetenzen der EU im Gesundheitswesen, 1996; *ders.*, Gesundheit in Europa, EuR 1998, 210; *Schweitzer/Hummer*, Europarecht 1996, Die Gesundheitspolitik, 503.

I. Vorbemerkungen

1. Allgemeines

1 Art. 152 räumt der EG i.V.m. Art. 3 I lit. p (Beitrag zur Erreichung eines hohen Gesundheitsschutzniveaus) eine Zuständigkeit auf dem Gebiet des Gesundheitswesens ein. Dieses Gebiet betrifft, wie sich aus den verschiedenen Formulierungen in Art. 152 I Unterabs. 2 unmißverständlich ergibt, den **Schutz der menschlichen Gesundheit**. Die Bekämpfung von Krankheiten bei Tieren und Pflanzen ist Aufgabe der Landwirtschaftspolitik gem. Art. 32ff. (ex-Art. 38ff.) Maßnahmen in den Bereichen Veterinärwesen und Pflanzenschutz, die unmittelbar den Schutz der Gesundheit der Bevölkerung zum Ziel haben, sind jedoch auf der Grundlage von Art. 152 IV lit. b zu treffen.

2 **Ursprünglich** fehlte es der EG an einer eigenen Zuständigkeit für das Gesundheitswesen. Dies wurde erstmals durch ex-Art. 129 im Zusammenhang mit dem Vertrag zur Gründung der EU (sog. Maastricht-Vertrag) geschaffen. Gleichwohl hat die EG auch schon vorher, gestützt auf anderen vertragliche Bestimmungen, zahlreiche Regelungen mit Auswirkungen auf den Gesundheitsbereich erlassen. Diese betrafen vor allem die Harmonisierung in den Bereichen des Arznei-, Lebensmittel-, Veterinär- und Medizinprodukterechts, den Arbeitsschutz, die gegenseitige Anerkennung von Abschlüssen der medizinischen Berufe sowie die Bereiche Forschung, Umwelt und Verbraucherschutz.

Art. 152 führt ex-Art. 129 mit **inhaltlichen Änderungen** fort. Diese betreffen eine Neuformulierung der Ziele und der sog. **Querschnittsklausel** (Abs. 1), die **Erweiterung der Handlungsbefugnisse** (Abs. 4) sowie die **Wahrung der Verantwortung der Mitgliedstaaten** für die Organisation des Gesundheitswesens und die medizinische Versorgung (Abs. 5). **3**

2. Rechtsgrundlagen

Neben Art. 152 können Maßnahmen gesundheitspolitischen Inhalts auch auf andere Bestimmungen des EGV gestützt werden. In Betracht kommen die Handlungsermächtigungen zur Rechtsangleichung im Gemeinsamen Markt bzw. Binnenmarkt nach Art. 94 (ex-Art. 100), 95 (ex-Art. 100a), wobei die Kommission bei ihren Vorschlägen zur Rechtsangleichung im Binnenmarkt im Bereich Gesundheit von einem hohen Schutzniveau auszugehen hat (Art. 95 [ex-Art. 100a] III). Auf dem Gebiet der Sozialpolitik kann die Gemeinschaft nach Art. 137 (ex-Art. 118) Mindestvorschriften zum Schutz der Gesundheit und der Sicherheit der Arbeitnehmer erlassen und nach Art. 140 (ex-Art. 118c) die Zusammenarbeit zwischen den Mitgliedstaaten im Hinblick auf die Verhütung von Berufsunfällen und Berufskrankheiten sowie den Gesundheitsschutz bei der Arbeit fördern. Im Bereich des Verbraucherschutzes erlaubt Art. 153 (ex-Art. 129a) Beiträge der EG zum Schutz der Gesundheit, soweit der einzelne als Verbraucher Waren und Dienstleistungen für den persönlichen Bedarf erwirbt. Art. 47 und 55 (ex-Art. 57 und 66) bilden die Rechtsgrundlagen zum Erlaß von Richtlinien für die gegenseitige Anerkennung der Befähigungsnachweise der medizinischen Berufe und die erforderliche Koordinierung der Bedingungen für die Ausübung dieser Berufe. Maßnahmen mit Relevanz für die Gesundheit können sich auch in den Bereichen Forschung (Art. 163, ex-Art. 130f.) und Umweltschutz (Art. 174, 175, ex-Art. 130r, 130s) ergeben. Außerhalb des EGV können auf der Grundlage von Art. 30 EAGV Maßnahmen zum Gesundheitsschutz von Bevölkerung und Arbeitskräften gegen die Gefahr atomarer Strahlung getroffen werden. Gesundheitspolitische Aspekte weist auch als sog. 3. Säule des EUV die polizeiliche und justitielle Zusammenarbeit in Strafsachen auf, als sie die Verhütung und Bekämpfung des illegalen Drogenhandels umfaßt (Art. 29 [ex-Art. K.1], 31 lit. e [ex-Art. K3] EKV). Die Aufzählung der Rechtsgrundlagen macht deutlich, daß Art. 152 dem Schutz der Gesundheit nicht in speziellen Bereichen, sondern *im allgemeinen* dient. Zur Problematik der Abgrenzung von anderen Vorschriften des EGV s. anschließend unter V. **4**

II. Die Gesundheitspolitik der Gemeinschaft

1. Hohes Gesundheitsschutzniveau

5   Art. 152 I UAbs. 1 verpflichtet die EG darauf, bei der Festlegung und Durchführung aller ihrer Politiken und Maßnahmen ein hohes Gesundheitsschutzniveau sicherzustellen. Es handelt sich um eine **Querschnittsklausel** in Gestalt eines verbindlichen Handlungsauftrags. In ihrer jetzigen Fassung läßt die Klausel den hohen Rang der menschlichen Gesundheit als Schutzgut noch stärker in Erscheinung treten als die ursprüngliche Klausel in ex-Art. 129 I UAbs. 3. Das folgt sowohl aus ihrer Stellung an der Spitze von Art. 152, wie aus ihrer inhaltlichen Formulierung („Sicherstellung eines hohen Gesundheitsschutzniveaus" im Unterschied zu „Die Erfordernisse im Bereich des Gesundheitsschutzes sind Bestandteil der übrigen Politiken der Gemeinschaft"). **„Sicherstellen"** bedeutet nicht, daß der Gesundheitsschutz bei den anderen Politiken (lediglich) zu „berücksichtigen" ist (so hinsichtlich ex-Art. 129 *Schmidt am Busch* in *Grabitz/Hilf*, Art. 129 Rn. 24). Die EG hat ihr Handeln vielmehr so auszurichten, daß ein hohes Gesundheitsschutzniveau auch wirklich erreicht wird. Demnach obliegt ihr in bezug auf den Gesundheitsschutz ein **Prüf- und Handlungsauftrag** in dem Sinne, daß sie ihre übrigen Politiken und Maßnahmen auf Übereinstimmung mit einem hohen Schutzniveau prüft und diese inhaltlich so gestaltet, daß ein hohes Schutzniveau gewährleistet ist. Kollidiert der Gesundheitsschutz mit anderen Zielen, darf zum Zweck des Ausgleichs nicht so abgewogen werden, daß ein hohes Schutzniveau unterschritten wird (*Pieper*/Bleckmann, S. 984; *Schweitzer/Hummer,* Rn. 1670). Die geplante Maßnahme ist dann ggfs. zu unterlassen. In diesem Zusammenhang ist zu bedenken, daß die EG ein hohes, aber nicht das höchstmögliche Schutzniveau sicherzustellen hat.

6   Die Pflicht zur Sicherstellung eines hohen Gesundheitsschutzniveaus ist von *allen* Organen der EG zu erfüllen, einschließlich des EuGH, und erfaßt alle Tätigkeitsbereiche. Nach der Gemeinschaftspraxis unter dem Regime von ex-Art. 129 war die Gesundheit in folgenden Bereichen von besonderer Bedeutung: Sozialpolitik; Landwirtschaft, Ernährung und Fischerei; BSE und Creutzfeld-Jakob-Krankheit; Binnenmarkt; Forschung und Entwicklung; Umwelt und Energie; Transport und Verkehr; Internationale Zusammenarbeit (Entschließung des Rates v. 20.12.1995, ABl. C 350/2; Kommission, 3. Bericht über die Integration der Gesundheitsschutzerfordernisse in die Gemeinschaftspolitiken v. 27.1.1998, KOM (1998) 34 endg.).

2. Ziele und Handlungsfelder

Art. 152 I UAbs.2 ermächtigt die EG dazu, die **Politik der Mitgliedstaa-**   7
ten auf dem Gebiet des Gesundheitswesens **zu ergänzen.** Damit wird eine
eigene begrenzte Zuständigkeit der EG begründet, welche die Zuständigkeit der Mitgliedstaaten unberührt läßt; diese sind weiterhin für das Gesundheitswesen hauptverantwortlich (*v. Schwanenflügel*, EuR 1998, 211).
Ziele der ergänzenden Tätigkeit sind die Verbesserung der Gesundheit der
Bevölkerung, die Verhütung von Humankrankheiten und die Beseitigung
von Ursachen für die Gefährdung der menschlichen Gesundheit. Insoweit
ist die Tätigkeit der EG wie bisher in ex-Art. 129 auf den Bereich der
Prävention ausgerichtet und erfaßt **nicht** den Bereich der **Behandlung**
(*Schmidt am Busch* in *Grabitz/Hilf*, Art. 129 Rn. 15,16; *v. Schwanenflügel*,
aaO, 211). Im Vergleich zu ex-Art. 129 gehört zu ihrer Tätigkeit jetzt auch
die Beseitigung der Ursachen für die Gefährdung der menschlichen Gesundheit, so daß aufgrund dieser Erweiterung auch Unfälle und Gewalt zu
diesen Ursachen zu zählen sind (*v.Schwanenflügel*, aaO, 211; a.A. *Schmidt
am Busch*, aaO, Rn. 18). Ziel ihrer Tätigkeit ist weiterhin die Bekämpfung
der weitverbreiteten schweren Krankheiten. Da in ex-Art. 129 die Tätigkeit
der EG ausschließlich darauf ausgerichtet war, Krankheiten, auch solche
schwerer Art, zu *verhüten*, erfaßt „bekämpfen" als weitergehender Begriff
auch den Bereich der Behandlung innerhalb der dem Handeln der EG in
Art. 152 gezogenen Grenzen (s. Rn. 9, 17). Zu den weitverbreiteten schweren Krankheiten gehören z.B. Krebs und AIDS. Das Merkmal „weitver-
breitet" ist jedoch nicht eng i.S. eines häufigen Auftretens der Krankheit,
sondern so zu verstehen, daß die Krankheit sich weit verbreiten kann, so
daß hierunter auch selten auftretende Krankheiten wie die Creutzfeld-
Jacob-Krankheit fallen (*Schmidt am Busch* in *Grabitz/Hilf*, Art. 129 Rn.
19). Der Bekämpfung schwerer Krankheiten dient insbesondere die Erforschung der Ursachen, der Übertragung und der Verhütung dieser Krankheiten sowie die Gesundheitsinformation und -erziehung.

Nach Abs. 1 UAbs. 3 ergänzt die EG die Maßnahmen der Mitgliedstaaten zur   8
Verringerung drogenkonsumbedingter Gesundheitsschäden einschließlich
der Informations- und Vorbeugungsmaßnahmen. Die Bekämpfung der Drogenabhängigkeit bildete seit jeher einen Schwerpunkt der gemeinschaftlichen
Tätigkeit, was sich u.a. in der Errichtung der **Europäischen Beobachtungsstelle für Drogen und Drogensucht** ausdrückt (VO 302/93 v. 8.2.1993, ABl.
1993 L 36/1). Aus dem Umstand, daß nach ex-Art. 129 die EG nur tätig werden konnte, um die Drogenabhängigkeit zu *verhüten*, Ansatzpunkt ihres Handelns im Drogenbereich jetzt aber auch Gesundheits*schäden* sind, ergibt sich,
daß auch in dieser Beziehung der Bereich der Behandlung erfaßt wird.

3. Tätigkeit der Gemeinschaft und der Mitgliedstaaten

9 Die EG übt ihre ergänzende Tätigkeit dadurch aus, daß sie in den von Art. 152 erfaßten Bereichen die Zusammenarbeit zwischen den Mitgliedstaaten fördert und deren Tätigkeit erforderlichenfalls unterstützt. Die **Förderung ist an keine bestimmte Form gebunden**; sie kann erfolgen z.b. durch die Gewährung von Zuschüssen im Rahmen von Förderprogrammen oder den Aufbau von Netzwerken zum Zweck des Informations- und Erfahrungsaustauschs. Die Unterstützung soll die Effizienz der nationalen Gesundheitspolitik verstärken. Dies bezieht sich nicht notwendigerweise auf die Mitgliedstaaten in ihrer Gesamtheit; es können auch einzelne Mitgliedstaaten unterstützt werden (*Schmidt am Busch* in *Grabitz/Hilf.* Art. 129 Rn. 14). Der fördernden oder unterstützenden Tätigkeit der EG sind jedoch Grenzen gesetzt. Durch Fördermaßnahmen i.S.v. Art. 152 III lit. c dürfen in keiner Weise die Rechts- und Verwaltungsvorschriften der Mitgliedstaaten harmonisiert werden. Ferner wird nach 152 V bei der Tätigkeit der EG im Bereich der öffentlichen Gesundheit die Verantwortung der Mitgliedstaaten für die Organisation des Gesundheitswesens und die medizinische Versorgung in vollem Umfang gewahrt. Diese Grenzen des gemeinschaftlichen Handelns sind Ausprägungen des Subsidiaritätsprinzips nach Art. 5 (ex-Art. 3b).

10 Entsprechend ihrer Verantwortung für die Gesundheitspolitik koordinieren die Mitgliedstaaten ihre Politiken und Programme in den in Abs. 1 genannten Bereichen. Diese inhaltliche Abstimmung ist aber nicht in das Belieben der Mitgliedstaaten gestellt, sondern ein verbindlicher Handlungsauftrag, denn ohne eine **Abstimmung der nationalen Gesundheitspolitiken** könnte die EG ihre fördernde oder unterstützende Tätigkeit zur Sicherstellung eines hohen Gesundheitsschutzniveaus nicht sinnvoll entfalten (*Mäder*, Integrations-und Gesundheitspolitik der EG, S. 56; *v. Schwanenflügel*, EuR 1998, 213). Eine mangelnde Beteiligung an der Koordinierung widerspricht dem in Art. 10 (ex-Art. 5) niedergelegten Grundsatz der *Gemeinschaftstreue*. Die Koordinierung ist allerdings vom Ergebnis her als offen zu betrachten. An ihr ist die EG nur insoweit beteiligt, als die Koordinierung im Benehmen mit der Kommission erfolgt, diese also anzuhören ist, und die Kommission in enger Verbindung mit den Mitgliedstaaten alle der Koordinierung förderlichen Initiativen ergreifen kann.

III. Internationale Zusammenarbeit

11 Abs. 3 begründet eine **Außenkompetenz der EG** zur Förderung der Zusammenarbeit mit dritten Ländern und den für das Gesundheitswesen zuständigen internationalen Organisationen wie z.B. der Weltgesundheitsor-

ganisation (WHO) und dem Europarat. Die Förderung ist an keine Form gebunden. Sie umfaßt insbesondere den Abschluß völkerrechtlicher Verträge,
denn nach der „implied-powers"-Lehre in der vom EuGH vertretenen Version besitzt die EG implizit dann eine Vertragsabschlußkompetenz, wenn
ihr der EGV für ein bestimmtes Gebiet eine Innenkompetenz zuweist und
sie von dieser Kompetenz Gebrauch gemacht hat (EuGH, Gutachten 1/94,
Slg. 1994, I–5267; Gutachten 2/92, Slg. 1995, I–521). Unter dieser Voraussetzung kann sie demnach völkerrechtliche Verträge auf den in Art. 152 genannten Gebieten schließen. Wegen der gleichzeitigen Zuständigkeit der
Mitgliedstaaten für die auswärtige Gesundheitspolitik wird es sich dabei im
Regelfall um sog. „gemischte Verträge" unter Beteiligung der Mitgliedstaaten und der EG handeln. Beim Handeln im Außenbereich braucht die
EG die Begrenzungen im Verhältnis zu den Mitgliedstaaten nur insoweit zu
beachten, als von ihren Maßnahmen im Außenbereich nicht reflexartig Auswirkungen auf die Gesundheitspolitik der Mitgliedstaaten ausgehen dürfen,
die nach Art. 152 unzulässig sind (vgl. Art. 149 Rn. 10).

IV. Handlungsformen, Verfahren, Abgrenzung von anderen
Vorschriften

1. Handlungsformen, Verfahren

Zulässige Handlungsformen sind nach Abs. 4 Maßnahmen, Fördermaß-   12
nahmen und Empfehlungen. Im Unterschied zu Art. 152 waren in ex-Art.
129 nur Fördermaßnahmen und Empfehlungen vorgesehen. Der Amsterdamer Vertrag bewirkt also eine Erweiterung um „Maßnahmen" in den in lit.
a und b angesprochenen Bereichen. Der **Begriff „Maßnahme"** ist weit zu
verstehen und umfaßt alle in Art. 249 (ex-Art. 189) aufgeführten Handlungsformen, insbesondere Verordnungen und Richtlinien (vgl. Art. 150
Rn. 7). Das folgt aus der Gegenüberstellung von „Maßnahmen" und „Fördermaßnahmen" sowie daraus, daß die in lit. a und b vorausgesetzten
Schutzzwecke wirkungsvoll nur durch Maßnahmen mit Regelungscharakter erreicht werden können. Bei den **Fördermaßnahmen** handelt es sich
hingegen um sog. ungekennzeichnete Rechtshandlungen, die in Form von
Beschlüssen ergeben; ein Rückgriff auf die Handlungsformen des Art. 249
(ex-Art. 189) ist hier grundsätzlich nicht möglich (*Schmidt am Busch* in
Grabitz/Hilf, Art. 129 Rn. 10). Ausnahmsweise können Fördermaßnahmen
dann in die Form einer VO gekleidet werden, wenn es um rein organisatorische Maßnahmen geht, die mit keinerlei Harmonisierung der Rechts- und
Verwaltungsvorschriften der MS verbunden sind wie z.B. die Errichtung
der Europäischen Beobachtungsstelle für Drogen und Drogensucht; insoweit

ist von den gleichen Handlungsbefugnissen wie in Art. 150 (ex-Art. 127) auszugehen (vgl. Art. 150 Rn. 7).

13 Maßnahmen sind einmal möglich, um hohe Qualitäts- und Sicherheitsstandards für Organe und Substanzen menschlichen Ursprungs sowie für Blut und Blutprodukte festzulegen (lit. a). Motiv für die Aufnahme dieser Vorschrift war, das Vertrauen der Bürger in die medizinische Verwendung der beschriebenen Mittel zu stärken und ihren grenzüberschreitenden Austausch zu fördern. Erlassene Maßnahmen hindern die Mitgliedstaaten nicht daran, strengere Schutzmaßnahmen beizubehalten oder einzuführen. Außerdem können durch Maßnahmen nach lit. a nicht die Spende oder die medizinische Verwendung von Organen und Blut geregelt werden (Abs. 5 Satz 2).

14 Nach Abs. 4 lit. b können ferner abweichend von Art. 37 (ex-Art. 43) in den Bereichen Veterinärwesen und Pflanzenschutz Maßnahmen getroffen werden, die unmittelbar den Schutz der menschlichen Gesundheit zum Ziel haben. Diese Regelung ist vor dem Hintergrund der BSE-Erkrankung von Rindern in Großbritannien und der zur Bekämpfung dieser und der Creutzfeld-Jacob-Erkrankung von der EG verfügten Verbote der Einfuhr von Rindern und Rindfleisch aus Großbritannien in die übrigen Mitgliedstaaten und Drittländer zu sehen; diese Maßnahmen stützen sich auf Sekundärrecht, das auf der Grundlage von ex-Art 43 (jetzt Art. 37) erlassen wurde (vgl. EuGH, C-180/96, Vereinigtes Königreich u. Nordirland/Kommission, Slg. 1996, I–3903). Es kommen jedoch nur Maßnahmen in Betracht, die *unmittelbar* dem Schutz der Gesundheit dienen; ist dieser Schutz nur die Folge unmittelbar auf Ziele im Veterinär- oder Pflanzenschutzbereich gerichteter Maßnahmen, ist Art. 37 (ex-Art. 43) die richtige Rechtsgrundlage.

15 Möglich sind nach Abs. 4 lit. c schließlich Fördermaßnahmen, die den Schutz und die Verbesserung der menschlichen Gesundheit zum Ziel haben. Damit wird der EG ein alle Aspekte der menschlichen Gesundheit umfassendes Betätigungsfeld eröffnet, allerdings nur in dem Maße, daß sie auf Fördermaßnahmen beschränkt ist und ihre jegliche Harmonisierung der Rechts- und Verwaltungsvorschriften der Mitgliedstaaten verwehrt ist.

16 Die in Abs. 4 lit. a bis c vorgesehenen Maßnahmen erläßt der Rat gemäß dem **Verfahren des Art. 251** (ex-Art. 189b) unter Mitentscheidung des EP und nach Anhörung des WSA sowie des AdR. Daneben kann der Rat mit qualifizierter Mehrheit auf Vorschlag der Kommission Empfehlungen für alle in Art. 152 aufgeführten Zwecke erlassen.

17 Eine weitere Grenze für das Handeln der EG ergibt sich aus Abs. 5. Soweit sie im Bereich der Gesundheit der Bevölkerung tätig wird, also im Bereich der *öffentlichen* Gesundheit, wird die Verantwortung der Mitgliedstaaten für die Organisation des Gesundheitswesen und die medizinische Versor-

gung in vollem Umfang gewahrt. Dazu zählt auch die Finanzierung des Gesundheitswesens, so daß der EG jede Einflußnahme auf die sozialen Sicherungssysteme der Mitgliedstaaten verwehrt ist (*Schmidt am Busch* in *Gra-
bitz/Hilf*, Art. 129 Rn. 14; *Schweitzer/Hummer*, Rn. 1669). Auswirkungen
auf diese Systeme ergeben sich jedoch dadurch, daß es gegen die Grundsätze des freien Waren- und Dienstleistungsverkehr im Binnenmarkt verstößt,
wenn ein Versicherungsnehmer mit der Staatsangehörigkeit eines Mitgliedstaates im Hinblick auf die Kostenerstattung für Heilbehandlungen in einem anderen Mitgliedstaat der Genehmigung dieser Behandlung durch den
nationalen Sozialversicherungsträgers bedarf (EuGH, C-120/95, Decker/
Caisse de maladie des employés privés, Slg. 1998, I–1831; C-158/96,
Kohll/Union des caisses de maladie, Slg. 1998, I–1931).

2. Abgrenzung des Art. 152 zu anderen Vorschriften

Kommen für eine Maßnahme mit gesundheitspolitischer Zielsetzung oder **18**
Auswirkung mehrere Vorschriften des EGV als Rechtsgrundlage in Betracht, richtet sich die Zuordnung nach der objektiven Sachnähe der Maßnahme zum Regelungsinhalt einer Kompetenznorm. Die **Wahl der Rechtsgrundlage** muß sich auf objektive, gerichtlich nachprüfbare Umstände
gründen, die sich aus Ziel und Inhalt der Maßnahme ergeben (EuGH,
Rs. 45/86, Kommission/Rat, Slg. 1987, 1493; C-187/93, EP/Rat, Slg. 1994,
I–2857; st. Rspr.). Nach diesem Maßstab ist insbesondere die Abgrenzung
zwischen Art. 152 und Art. 95 (ex-Art. 100a – Rechtsangleichung im Binnenmarkt) vorzunehmen. Verfolgt eine Maßnahme neben dem Gesundheitsschutz zugleich auch das Ziel, die Wettbewerbsverhältnisse im Binnenmarkt zu ordnen, kommt ausschließlich Art. 95 (ex-Art. 100a) als
Rechtsgrundlage in Betracht (EuGH, C-300/89, Titandioxyd, Slg. 1991,
I–2867). Art. 152 ermächtigt demnach nur zu Maßnahmen mit ausschließlich gesundheitspolitischer Zielsetzung. Für derartige Maßnahmen kann
Art. 308 (ex-Art. 235) nicht herangezogen werden, weil ein Handeln auf
der Grundlage dieser Vorschrift voraussetzt, daß vertraglich geregelte Befugnisse fehlen (EuGH, Gutachten 2/92, Slg. 1995, I–525). Diese sind aber
in Gestalt von Art. 152 vorhanden, so daß die in dieser Vorschrift eingeräumten Handlungsbefugnisse nicht über Art. 308 (ex-Art. 235) erweitert
werden können (*Schmidt am Busch* in *Grabitz/Hilf*, Art. 129 Rn. 10). Bei
Verfolgung anderer Vertragsziele als solche rein gesundheitspolitischer Natur ist aber ein Rückgriff auf Art. 308 (ex-Art. 235) möglich, auch wenn
dies mit nach Art. 152 unzulässigen Auswirkungen auf die Gesundheitspolitik der Mitgliedstaaten verbunden ist (vgl. Art. 149 Rn. 13).

V. Konkrete Aktionen

19 Bei den noch unter dem Regime von ex-Art. 129 getroffenen Maßnahmen
handelt es sich in erster Linie um **Aktionsprogramme**. Dazu gehören: Aktionsprogramm zur Gesundheitsförderung, – aufklärung, -erziehung und
-ausbildung (Beschluß 96/645 v.29.3.1996, ABl. L 95/1); Aktionsprogramm
zur Prävention von Aids und bestimmten übertragbaren Krankheiten (Beschluß 96/647 v. 29.3.1996, ABl. L 95/16); Dritter Aktionsplan zur Krebs-
bekämpfung (Beschluß 96/646 v. 29.3.1996, ABl. L 95/9); Aktionsprogramm
zur Suchtprävention (Beschluß v. 16.12.1996, ABl. L 342/1); Aktionsprogramm für Gesundheitsberichterstattung (Beschluß v. 30.6.1997, ABl. L
193/1). Zur Bekämpfung der Suchtgefahren im Drogenbereich wurde im
Rahmen der Zusammenarbeit in den Bereichen Justiz und Inneres die Gemeinsame Maßnahme 96/750/JI v. 17.12.1996 angenommen (ABl. L 342/6).

Titel XIV. (ex-Titel XI.). Verbraucherschutz

**Art. 153 (ex-Art. 129a) (Beitrag der Gemeinschaft, strengere Schutz-
vorschriften**

**(1) Die Gemeinschaft leistet einen Beitrag zur Erreichung eines hohen
Verbraucherschutzniveaus durch**

**a) Maßnahmen, die sie im Rahmen der Verwirklichung des Binnen-
markts nach Art. 100a erläßt;**

**b) spezifische Aktionen, welche die Politik der Mitgliedstaaten zum
Schutz der Gesundheit, der Sicherheit und der wirtschaftlichen Interessen der Verbraucher und zur Sicherstellung einer angemessenen Information der Verbraucher unterstützen und ergänzen.**

**(2) Der Rat beschließt gemäß dem Verfahren des Art. 189b und nach
Anhörung des Wirtschafts- und Sozialausschusses die spezifischen Aktionen im Sinne des Absatzes 1 Buchstabe b.**

**(3) Die nach Absatz 2 beschlossenen Aktionen hindern die einzelnen
Mitgliedstaaten nicht daran, strengere Schutzmaßnahmen beizubehalten oder zu ergreifen. Diese Maßnahmen müssen mit diesem Vertrag
vereinbar sein. Sie werden der Kommission notifiziert.**

Literatur: *Micklitz/Reich*, Verbraucherschutz im Vertrag über die Europäische Union, Perspektiven für 1993, EuZW 1992, 593; *Reich*, Europäisches Verbraucherrecht, 3. Aufl., Baden-Baden 1996; *Reich*, Zur Theorie des Europäischen Verbraucherrechts, ZEuP 1994, 381; *v. Schwanenflügel*, Die Entwicklung der Kompetenzen der Europäischen Union im Gesundheitswesen, Berlin 1996; *Stein*, Die Querschnittsklausel zwischen Maastricht und Karlsruhe, FS Everling, S. 1439; *Tenreiro*, Un code de la consommation ou un code autour du consommateur ? Quelques réflexion critiques sur la codification et la notion du consommateur, in Recht und diffuse Interessen in der Europäischen Rechtsordnung, Baden-Baden 1997, 339; *Van der Haegen*, Konsumentenpolitik, in Röttinger/Weyringer (Hrsg.), Handbuch der Europäischen Integration, 2. Aufl., Wien 1996, 995.

I. Verbraucherschutz im EGV und in der Gemeinschaft

1. Verbraucherschutz im EGV

1   Zur Erfüllung der Aufgaben des Art. 2 zählt es gemäß Art. 3 lit. t zu den Tätigkeiten der EG, einen „Beitrag zur Verbesserung des Verbraucherschutzes" zu leisten. Mit (ex-) Art. 129a, der durch den Maastrichter-Vertrag über die Europäische Union eingeführt worden war, wurde erstmalig eine **Rechtsgrundlage und Kompetenznorm für die Verbraucherpolitik** geschaffen. Art. 153, der nun im Dritten Teil (Die Politiken der Gemeinschaft) des durch den Vertrag von Amsterdam reformierten EGV den Titel XIV (Verbraucherschutz) bildet, ist gegenüber der alten Fassung deutlich verändert und wertet die Verbraucherpolitik der EG auf. Die Verbraucherpolitik wird gegenüber anderen Zielen des EGV herausgestellt und gleichzeitig, vor allem durch die Aufnahme der **Querschnittsklausel** (Abs. 2), die Einwirkungsmöglichkeiten des als horizontale Aufgabe angelegten Verbraucherschutzes gegenüber anderen Politikbereichen verstärkt. Verbraucherpolitik ist nun kein Annex anderer Politiken mehr, sondern eigenständiger Bestandteil der Gemeinschaftspolitik.

2   Bevor eine eigenständige Rechtsgrundlage für den Verbraucherschutz bestand, konnte die EG auf der Grundlage des ex-Art. 100a (jetzt Art. 95) rechtsverbindliche Regelungen zum Verbraucherschutz als Teil einer für den Binnenmarkt erforderlichen Rechtsharmonisierung erlassen. Andere Aktionen zum Verbraucherschutz konnten nach ex-Art. 235 (jetzt Art. 300) einstimmig beschlossen werden.

Der EGV enthält nur wenige weitere Vorschriften, die den Verbraucher oder den Verbraucherschutz betreffen, so Art. 33 lit. e (ex-Art. 39), Art. 34 Abs. 2 (ex-Art. 40), Art. 81 Abs. 1, 3 (ex-Art. 85), Art. 82 lit. b (ex-Art. 86) und Art. 95 Abs. 3 (ex-Art. 100a). Mit Ausnahme des ex-Art. 100a, der bestimmt, daß die Kommission, und im Rahmen ihrer Befugnisse jetzt auch das EP und der Rat, bei der Angleichung nationaler Rechtsvorschriften in den Bereichen Gesundheit, Sicherheit, Umweltschutz und Verbraucherschutz von einem hohen Schutzniveau auszugehen haben, besitzen die genannten Vorschriften für eine selbständige Verbraucherpolitik keine Bedeutung.

2. Verbraucherpolitische Aktivitäten der Gemeinschaft

3   Obwohl der E(W)GV wegen seiner anbieterorientierten Ausrichtung ursprünglich keine Politiken zur Förderung des Verbraucherschutzes kannte, und auch die Struktur der gemeinschaftlichen Institutionen anfangs hierzu

nicht geschaffen war, etablierte sich dennoch seit Beginn der 70-er Jahre eine eigenständige EG-Verbraucherpolitik. 1975 verabschiedete der Rat das **„Erste Programm für eine Politik zum Schutz und zur Unterrichtung der Verbraucher"** (ABl. 1975 C 92/1), in dem fünf fundamentale Rechte der Verbraucher formuliert sind (Recht auf Schutz der Gesundheit und Sicherheit, Recht auf Schutz der wirtschaftlichen Interessen, Recht auf Wiedergutmachung erlittenen Schadens, Recht auf Bildung und Unterrichtung, Recht auf Vertretung). Im Zweiten **Verbraucherprogramm** von 1981 (ABl. 1981 C 133/1) wurden diese grundlegenden Garantien wieder aufgenommen und auf andere Bereiche (z.B. Industrie-, Landwirtschafts- und Wettbewerbspolitik) ausgeweitet. 1985 verabschiedete die Kommission eine Mitteilung an den Rat über einen „Neuen Impuls für die Politik zum Schutz der Verbraucher" (KOM (85) 314 endg. vom 23.7.1985). Es folgte 1986 die Entschließung des Rates über die „Künftige Ausrichtung der Politik der EWG zum Schutz und zur Förderung der Interessen der Verbraucher" (ABl. 1986 C 167/1) sowie 1989 die Entschließung des Rates betreffend „Künftige Prioritäten bei der Neubelebung der Verbraucherpolitik" (ABl. 1989 C 294/1). Im März 1990 beschloß die Kommission einen dreijährigen verbraucherpolitischen Aktionsplan für die EWG 1990–1992 (KOM (90) 98 endg. vom 3.5.1990). Der Plan zielte insbesondere darauf ab, die Verbraucherinformation zu verbessern, Mindestsicherheitsanforderungen bei der Produktherstellung zu gewährleisten und die Verbraucher im Kreditbereich und bei Pauschalreisen besser abzusichern. Der Rat verfolgte 1992 den Verbraucherschutz weiter durch die Entschließung über künftige Prioritäten für den Ausbau der Verbraucherpolitik (ABl. 1992 C 186/1), der vorrangige Maßnahmen in sechs Politikbereichen anführt, die denen aus dem Jahre 1975 weitgehend entsprechen. In Fortführung des ersten Aktionsplans wurde 1993 der zweite verbraucherpolitische Aktionsplan der Kommission 1993–1995 (KOM (93) 378 endg. vom 28.7.1993) veröffentlicht, dessen wesentliche Ziele die Konsolidierung der bereits bestehenden gemeinschaftlichen Rechtsvorschriften und die Entwicklung von Prioritäten waren, mit denen das Verbraucherschutzniveau angehoben und den Verbrauchern ihre Rechte besser bewußt gemacht werden sollten. Bezweckt waren Maßnahmen zur Verbesserung der **Verbraucherinformation**, die Intensivierung der Abstimmung mit den Verbraucherorganisationen sowie die Erleichterung des Zugangs zum Recht. Ferner wurde in diesem Aktionsplan ein Grünbuch über **Verbrauchsgüter**garantie und Kundendienstbedingungen angekündigt, welches am 15.11.1993 erschienen ist (KOM (93) 509 endg.). Im Anschluß an ihre beiden vorherigen Initiativen legte die Kommission einen dritten Dreijahresplan „Verbraucherpolitische Aktivitäten

1996–1998" am 31.10.1995 vor (KOM (95) 519), der als vorrangige Aktionen zehn allerdings sehr allgemein gehaltene Hauptpunkte benennt: Verbesserung der **Verbrauchererziehung** und -information, Vervollständigung und Aktualisierung der erforderlichen Rahmenbedingungen zur voll-
en Berücksichtigung von Verbraucherinteressen im Binnenmarkt, Verbraucher und Finanzdienstleistungen, Schutz der Verbraucherinteressen bei es-
sentiellen Leistungen der öffentlichen Versorgung, Maßnahmen zur Nutzung der Chancen in der Informationsgesellschaft, Maßnahmen zur Stärkung des Vertrauens in Nahrungsmittel, Förderung eines praktischen Ansatzes in der Frage eines auf Dauer umweltverträglichen Konsums, Konsolidierung und Ausweitung der Vertretung der Verbraucherinteressen, Unterstützung der MOE-Staaten bei der Ausgestaltung der Verbraucherpolitik
und verbraucherpolitische Erwägungen in den Entwicklungsländer. Derzeit
erarbeitet die Kommission den **Verbraucherpolitischen Aktionsplan** für
die Jahre 1999–2001 auf Basis des Dokuments **„Verbraucherpolitik: Bisherige Errungenschaften"** (SEK (98) 564 vom 26.3.1998), welches knapp
die Entwicklung der gemeinschaftlichen Verbraucherpolitik insbesondere
in den 1975 festgelegten und stets noch gültigen Hauptbereichen beschreibt. Hinzuweisen ist insbesondere auch auf zahlreiche verbindliche
Rechtsakte der EG, die unten (II. 2) näher angeführt und dargestellt werden.
Sie können grob eingeteilt werden in solche, die den **Schutz der wirtschaftlichen Interessen der Verbraucher** einschließlich einer für sinnvolle wirtschaftliche Entscheidungen notwendigen und angemessenen
Information betreffen und in solche zum **Schutz ihrer Sicherheit und
Gesundheit**.

3. Begriffsbestimmungen

a) Verbraucherbegriff

4 Das Gemeinschaftsrecht kennt **keinen einheitlichen Verbraucherbegriff**.
Je nach konkreter Zielsetzung einer Maßnahme werden teilweise unterschiedliche Verbraucherdefinitionen verwandt (*Reich*, S. 64, Rn. 15; *Tenreiro*, S. 348ff.). Dennoch läßt sich ein Kern des gemeinschaftlichen Verbraucherbegriffs herausarbeiten, der durch gemeinsame Elemente gekennzeichnet ist. Danach ist der Verbraucher grundsätzlich eine natürliche Person, die nicht zu geschäftlichen oder beruflichen Zwecken im Rechtsverkehr handelt. Diese Definition findet sich nahezu ausnahmslos in RLen, die
(auch) dem Verbraucherschutz im Vertragsrecht dienen (z.B. RL über
mißbräuchliche Klauseln in Verbraucherverträgen, außerhalb von Geschäftsräumen geschlossenen Verträgen, Fernabsatz, Preisangaben und der

geplanten RL über Verbrauchsgüterkauf und -garantien). Fast gleichlautend wird der Verbraucherbegriff in einem Definitionsvorschlag des EP bestimmt. Demnach handelt es sich beim Verbraucher um eine „natürliche Person, die im Hinblick auf die betreffende Tauschaktion nicht im Rahmen einer gewerblichen oder beruflichen Tätigkeit handelt oder vorgibt, so zu handeln" (ABl. 1983 C 68/92). Der **EuGH** hält in seiner Rechtsprechung u.a. zum EuGVÜ und zur RL über Haustürgeschäfte ebenfalls an einem **engen Verbraucherbegriff** fest, der auf die Marktteilnahme zu privaten Zwecken abstellt (zuletzt EuGH, C-269/95, Benincasa/Dentalkit Srl., 1997, I–3767, Rn. 12ff.). Mitunter können situationsgebunden gemeinschaftsrechtliche Erweiterungen des Verbraucherbegriffs angezeigt sein, so beispielsweise in der RL über Pauschalreisen (RL 90/314/EWG) oder im Bereich des nicht-wirtschaftlichen Rechtsgüterschutzes, wo ein tätigkeitsneutraler Verbraucherbegriff zu finden ist, der jede natürliche Person umfaßt (vgl. Reich, S. 65, Rn. 15c).

b) Verbraucherleitbild

Das Gemeinschaftsrecht verfügt nicht über ein klar umrissenes **Verbraucherleitbild**. Es läßt sich jedoch aus der Rechtsprechung des EuGH sowie den verbraucherpolitischen Maßnahmen und Programmen der Kommission und des Rates entwickeln. Der EuGH hat sich, insbesondere seit dem „Cassis de Dijon-Urteil" (Slg. 1979, 649), in zahlreichen Entscheidungen zu den Verkehrsfreiheiten sowie zu Wettbewerbs- und Kennzeichnungsvorschriften direkt oder indirekt zum gemeinschaftlichen Verbraucherleitbild geäußert. Er geht aus vom **Leitbild des verständigen, informierten oder zumindest informierbaren Gemeinschaftsbürgers**. Dabei anerkennt der EuGH in der Information des Verbrauchers eines der grundlegenden Erfordernisse des gemeinschaftlichen Verbraucherschutzrechts (EuGH, C-362/88, GB-INNO, Slg. 1990, I–667, Rn. 14, 18). Gleichzeitig werden hohe Anforderungen an die Verständigkeit und Kritikfähigkeit des Verbrauchers gestellt (vgl. EuGH Rs. 261/81, Rau/De Smedt, Slg. 1982, 3961/3973, Rn. 17). Der EuGH bürdet dem Konsumenten auch eine Informationsbeschaffungslast auf. Es wird vom verständigen Verbraucher erwartet, zu erkennen, daß beim Aufdruck des Werbehinweises „plus 10 %" auf der Verpackung von Eiscreme-Riegeln „zwischen der Größe von Werbeaufdrucken, die auf eine Erhöhung der Menge des Erzeugnisses hinweisen und dem Ausmaß dieser Höhe nicht notwendig ein Zusammenhang besteht"(EuGH, C-470/93, Mars, Slg. 1995, I–1923, Rn. 24). Dem Verbraucher ist ferner auch eine leicht verständliche fremdsprachliche Etiket-

5

tierung zuzumuten, wenn diese den gleichen Informationsgehalt aufweist, wie die Aufmachung vertrauter einheimischer Produkte (vgl. EuGH, C-369/89, Piageme, Slg. 1990, I–2971; Rs. 27/80, Fietje, Slg. 1980–3839). Eine Irreführung ist trotz gleicher Flaschenform bei Weinen (Bocksbeutel) auch dann nicht gegeben, wenn etwaiger Verwechslungsgefahr durch eine entsprechende Etikettierung vorgebeugt wird (EuGH, Rs. 16/83, Prantl, Slg. 1984, 1299, Rn. 29). Die Hervorhebung der informationsbetonten Komponente wird auch den Programmen und Aktionsplänen gemeinschaftlicher Verbraucherpolitik zugrunde gelegt. In der Mitteilung der Kommission über verbraucherpolitische Aktivitäten 1996–1998 (KOM (95) 519 endg., S. 3, 5f.) wird der Verbraucherinformation sogar Vorrang vor anderen verbraucherpolitischen Aktionen eingeräumt. **Ausnahmen vom dargestellten Leitbild** bestehen, sofern Gruppen der Gesellschaft generell (z.B. Kinder, Behinderte) oder situationsgebunden besonders schutzwürdig sind (vgl. *Reich*, S. 63, Rn. 15b). Doch dies bestätigt nur das vom EuGH anerkannte gemeinschaftliche Grundrecht auf Zugang zu nicht irreführenden Informationen. Im primären Gemeinschaftsrecht wird die bisherige Tendenz nun ausdrücklich durch Art. 153 Abs. 1 formuliert, der dem Verbraucher das „Recht auf Information und Erziehung" zuerkennt.

II. Ziele und Handlungsfelder der EG (Abs. 1)

1. Ziele der gemeinschaftlichen Verbraucherpolitk

6 Die EG hat gemäß Art. 3 lit. t die Aufgabe, einen „Beitrag zur Verbesserung des Verbraucherschutzes" zu leisten mit den Zielen der „Förderung der Interessen der Verbraucher" und zur „Gewährleistung eines hohen Verbraucherschutzniveaus" (Art. 153 Abs. 1). Aus dem Wortlaut des Art. 153 Abs. 1 (3, 5) ergibt sich, daß innerstaatlich und gemeinschaftsweit **primär die Mitgliedstaaten für den Verbraucherschutz verantwortlich** sind. Die EG wirkt lediglich mit, leistet nur einen Beitrag. Sie ist allerdings jetzt ausdrücklich befugt, zu diesem Zweck Maßnahmen u.a. zur Überwachung der Politik der Mitgliedstaaten durchzuführen (Art. 153 Abs. 3, lit. b). Es handelt sich um eine Ausprägung des gemeinschaftsrechtlichen **Subsidaritätsprinzips,** das als allgemeiner politikunabhängiger Grundsatz in Art. 5 (ex-Art 3b) verankert ist. Die **subsidiäre Rolle der EG** hat nur dann einen Sinn, wenn vorrangig die Mitgliedstaaten verpflichtet sind, geeignete Maßnahmen zu treffen. Sie müssen also selbst Aufgaben wahrnehmen, die sie den Organen der EG nicht überlassen haben (*Micklitz/Reich*, EuZW 1992, 593/595). Dies folgt letztlich auch aus dem Grundsatz der Gemeinschaftstreue in Art. 10 (ex-Art. 5), wonach eine Unterstützungspflicht der Mitgliedstaaten für die Ziele der EG besteht (*Zuleeg*, in GTE, Art. 5, Rn. 9).

Bei den Verpflichtungen, einen Beitrag zur „Verbesserung des Verbrau-   **7**
cherschutzes" (Art. 3 lit. t) und zur „Gewährleistung eines hohen Verbraucherschutzniveaus" zu leisten, handelt es sich um prozedurale Regelungen,
die eine permanente Fortschreibung des Verbraucherschutzes verlangen.
Als Kehrseite begründen sie ein **Verschlechterungsverbot**. Art. 153 sichert
das ausdrücklich dadurch ab, daß ein hohes Schutzniveau nicht nur gefördert, sondern gewährleistet, der „aquis communautaire" also sichergestellt
und erhalten werden muß. Dabei muß es sich, wie der EuGH jüngst festgestellt hat, nicht um das jeweils höchste bestehende Schutzniveau handeln
(EuGH, C-233/94, Deutschland/EP u. Rat, 1997, I–2405, Rn. 48). Im Einzelfall ist eine Senkung des Schutzniveaus in bestimmten Mitgliedstaaten
nicht ausgeschlossen. Das Gesamtziel, einen hohen Verbraucherschutz in
der EG zu gewährleisten und fortzuentwickeln, wird dadurch nicht in Frage gestellt (vgl. *Reich*, ZEuP 1994, 381/394f.).

2. Handlungsfelder der EG

Die in Abs. 1 angeführten Handlungsfelder entsprechen der bisherigen Pra-   **8**
xis der EG und den „fundamentalen Rechten" aus dem Verbraucherprogramm von 1975. Neu und entscheidend ist ihre **primärrechtliche Verankerung**. Entgegen der mißverständlichen Fassung des Art. 153 Abs. 3, handelt es sich nicht um Ziele, also Festlegungen eines erwünschten Zustandes,
sondern um **Handlungs- bzw. Tätigkeitsfelder**. Der verbraucherpolitisch
erwünschte Zustand wird nur hinsichtlich der Gewährleistung des hohen
Schutzniveaus und der Förderung der Verbraucherinteressen formuliert. Die
Aufzählung in Abs. 1 ist **nicht abschließend**, obwohl die für Regelbeispie-
le typische Formulierung („insbesondere") nicht gewählt wurde. Eine abschließende Enumerierung verbietet sich bereits deshalb, weil umfassend
und nicht sachlich oder politisch begrenzt die Interessen der Verbraucher
gefördert und ein hohes Schutzniveau gewährleistet werden soll. Dies folgt
aus der Querschnittsfunktion des Verbraucherschutzes und wird durch die
horizontale Klausel in Abs. 2 verdeutlicht.

a) Schutz der Gesundheit und Sicherheit

Wichtiges Element effektiver Verbraucherpolitik ist traditionell der Schutz   **9**
von Gesundheit und Sicherheit der Verbraucher. Güter und Dienstleistungen müssen so beschaffen sein, daß sie bei Gebrauch unter normalen oder

vorhersehbaren Bedingungen keine Gefahr für Gesundheit oder Sicherheit der Verbraucher darstellen. Die EG ist auf vielfältige Weise in verschiedenen Bereichen aktiv geworden durch zahlreiche Rechtsakte oder spezifische Programme (z.b. EHLASS: Gemeinschaftssystem zur Überwachung von Unfällen im Haus und bei der Freizeitbeschäftigung). Dennoch fehlt es an einer zusammenhängenden Gemeinschaftspolitik. Seit dem 1985 vorgelegten Weißbuch zur Vollendung des Binnenmarktes (KOM (85) 310 endg. vom 14.6.1985) verfolgt die EG einen „neuen Ansatz". Nationale Vorschriften sollen nicht mehr, wie zuvor vor allem im Lebensmittelbereich, in allen Einzelheiten durch „vertikale", d.h. sektorielle Regelungen harmonisiert werden. Für umfassende Produktkategorien definieren die neuen Regelungen nach dem „horizontalen" Ansatz grundlegende Sicherheitsanforderungen, die die Produkte erfüllen müssen, um gemeinschaftsweit ungehindert angeboten zu werden. Zur Ausarbeitung technischer Detailnormen werden die europäischen Normungsgremien CEN oder CENELEC mandatiert. Der Verbraucher soll sich somit auf ein **einheitliches Schutzniveau von Lebensmitteln und technischen Gütern** verlassen können.

aa) Lebensmittel

10   Im zum großen Teil harmonisierten Lebensmittelbereich verfolgt die Gesetzgebung folgende Grundsätze: Gewährleistung gesundheitlicher Unbedenklichkeit der Lebensmittel, Kennzeichnungspflicht, Kontrolle durch autorisierte Stellen und lauterer Wettbewerb. Das Lebensmittelrecht berührt damit besonders den **verbraucherpoltischen Gesundheitsschutz**, befindet sich aber gleichzeitig in einem Spannungsverhältnis mit der Wirtschaftspolitik, wie die Diskussion um Maßnahmen gegen BSE-infiziertes Rindfleisch gezeigt hat (vgl. *v. Schwanenflügel*, S. 48ff.).

In Ausführung des neuen Ansatzes und obiger Grundsätze wurden u.a. RLen für die amtliche Lebensmittelüberwachung (89/397/EWG und 93/99/EWG), diätetische Lebensmittel (89/398/EWG), Zusatzstoffe (89/107/EWG) und tiefgefrorene Lebensmittel (89/108/EWG) erlassen. Ferner von Bedeutung für Verbraucher sind die RLen über die Nährwertkennzeichnung (90/496/EWG), über Materialien, die mit Lebensmitteln in Berührung kommen (76/893/EWG, 82/711/EWG, 84/500/EWG, 93/11/EWG) und Lebensmittelhygiene (93/43/EWG). Die EG versucht ferner, die Gesundheit der Verbraucher durch stetig ausgeweitete Werbereglungen und -verbote von Genußmitteln, namentlich Tabakerzeugnisse, zu schützen.

bb) Arzneimittel und Kosmetika

Gesetzgeberische Maßnahmen der EG decken mittlerweile den gesamten 11
Bereich von der Arzeneimittelentwicklung, -zulassung, -vertrieb und Information bis zur Preistransparenz und Werbung und gegenseitigen Anerkennung nationaler Zulasungssverfahren ab (vgl. *v. Schwanenflügel*, S. 19ff.).
Diese RLen verfolgen hauptsächlich **gesundheitspolitische Ziele** und dienen dem freien Verkehr von Arzneimitteln, während der Gesundheitsschutz
des einzelnen Verbrauchers nur mittelbar betroffen ist. Hervorzuheben ist,
daß die RL 85/374/EWG über die Haftung für fehlerhafte Produkte auch
für den Bereich der Arzneimittel, Medizinprodukte und Lebensmittel gilt.
Die RL 76/768/EWG über kosmetische Mittel schreibt ein Verzeichnis der
zulässigen Bestandteile von Kosmetik und eine informative Etikettierung
vor. Sie wurde wiederholt geändert, z.B. durch RL 93/35/EWG, die zur
Harmonisierung der für Verbraucher und Prüfbehörden bestimmten Informationen beiträgt sowie ein grundsätzliches Verbot von Tierversuchen beinhaltet.

cc) Allgemeine Produktsicherheit, technische Produkte

Kernstück einer Reihe von Initiativen zur Schaffung eines normativen und 12
institutionellen Rahmens für eine **umfassende Produktsicherheitspolitik**
ist die horizontale RL 92/59/EWG über die allgemeine Produktsicherheit.
Sie soll ein Sicherheitsnetz schaffen, auf das zurückgegriffen werden kann,
wenn speziellere Regelungen Lücken aufweisen oder nicht bestehen. Die
RL legt fest, daß nur sichere Verbraucherprodukte auf den Markt gebracht
werden dürfen. Die Mitgliedstaaten haben dies zu überwachen, ggf. geeignete Maßnahmen zu ergreifen. Informationen über gefährliche Produkte
werden über das „Rapex-Informationssystem" ausgetauscht. In der Praxis
sind Anwendungsprobleme aufgetreten und eine Revision wird vorbereitet.
Grundlegende Sicherheitsanforderungen für in der EG vermarktetes Spiel-
zeug stellt die RL 88/378/EWG auf. Ebenfalls zum Schutz von Sicherheit
und Gesundheit der Verbraucher, vor allem von Kindern, dient die RL
87/357/EWG über gefährliche Nachahmungen. Sie verbietet Herstellung,
Vermarktung sowie Im- und Export von Produkten, die mit Nahrungsmitteln verwechselt werden können und ein Gesundheitsrisiko darstellen. Die
Sicherheit elektrischer Geräte, insbesondere von Haushaltsgeräten, wird
von der sog. Niederspannungsrichtlinie (73/23/EWG) geregelt, die allgemeine Sicherheitskriterien festlegt, für Detailfragen aber auf nationale oder
gemeinschaftliche Normen verweist.

b) Schutz der wirtschaftlichen Interessen

13   Im Mittelpunkt der legislativen Maßnahmen der EG zum Verbraucherschutz steht der **Schutz der wirtschaftlichen Interessen.** Es handelt sich
dabei um RLen, die primär der Verwirklichung des Binnenmarktes und dem
Verbraucherschutz gewissermaßen nur als „by-product" dienen. Denn auch
bei RLen, die scheinbar rein verbraucherschützenden Charakter besitzen,
z.B. RL 93/13/EG über mißbräuchliche Klauseln in **Verbraucherverträgen,** geht es zuvorderst um die Harmonisierung nationaler Vorschriften, um
einen freien Verkehr von Waren, Dienstleistungen und Kapital im gesamten
Binnenmarkt zu erleichtern. Für den Verbraucher werden so die Voraussetzungen dafür geschaffen, in verantwortlicher Wahrnehmung ihrer Interessen die Angebote der Märkte nutzen zu können.

Die wichtigsten schützenswerten wirtschaftlichen Interessen der Verbraucher wurden bereits in den Programmen von 1975 und 1981 als „Grundsätze" formuliert. Dies sind vor allem: Schutz vor irreführender Werbung und
unrichtiger Etikettierung, Täuschung beim Absatz von Güter und Dienstleistungen, aggressiven Verkaufsmethoden, mißbräuchlichen Geschäfts- und
Kreditbedingungen, mißbräuchliche Handelspraktiken sowie unbestellt zu-
gesandter Ware. Fast alle dieser Grundsätze sowie weitere wirtschaftliche
Interessen, die erst in den Folgejahren durch technischen Fortschritt und
geändertes Verbraucherverhalten am Markt manifest geworden sind, werden mittlerweile durch RLen abgedeckt. Sie haben in der gesamten EG zu
einem höheren Verbraucherschutzniveau beigetragen, obwohl den Mitgliedstaaten bei der Umsetzung oftmals ein beträchtlicher Spielraum gelassen wird. Zu den folgenden verbraucherpolitischen Themen sind RLen erlassen worden:

aa) Werbung und Marketing

14   Die wohl älteste Verbraucherschutzregelung war die RL 79/112/EWG über
**Etikettierung und Aufmachung von für Endverbraucher bestimmten
Lebensmitteln und Werbung** hierfür. Sie war Vorläuferin der horizontalen
RL 84/450/EWG über **irreführende Werbung.** Irreführende Werbung
i.S.d. RL ist der Versuch, die Abnehmer durch Angaben anzulocken, die
konkrete, rationale Erwartungen auslösen, die der Realität nicht entsprechen. Inhaltlich wahre Werbung fällt nur ausnahmsweise unter das Irre-
führungsverbot (EuGH, C-373/90, Nissan, Slg. 1992, I–131). **Vergleichende Werbung** läßt in engen Grenzen die RL 97/55/EG zu, die bis zum April
2000 umzusetzen ist, aber vom BGH in seinem Inhalt im Rahmen des § 1
UWG bereits jetzt für anwendbar erklärt worden war (BGH EuZW 1998,

474).Wie das Grünbuch zur Kommerziellen Kommunikation im Binnenmarkt (KOM (96) 192 endg. vom 8.5.1996) gezeigt hat, ist auf diesem Gebiet ein ordnungsgemäßes Funktionieren des Binnenmarktes noch nicht gewährleistet (Grünbuch, S. 23). Dem EuGH kommt daher die Aufgabe zu,
die unterschiedlichen nationalen Werberestriktionen auf ihre Vereinbarkeit
mit der Warenverkehrs- und Dienstleistungsfreiheit zu überprüfen. Wie bereits dargestellt, hat der EuGH in zahlreichen Entscheidungen der Verbraucherinformation und der Herstellung von Markttransparenz den Vorrang vor
Verboten eingeräumt. Nach gefestigter Rechtsprechung unterfallen auch
nicht diskriminierende, dem Verbraucherschutz dienende Vorschriften über
die Regelung der Werbung und Verkaufsförderung dem Art. 28 (ex-Art. 30),
z.B. niederländische Gesetzgebung über Zugaben und Geschenke (EuGH,
Rs. 286/81, Oosthoek, Slg. 1982, 4575), französisches Verbot der Haustürgeschäfte für Lernmittel von Sprachkursen (EuGH, Rs. 382/87, Buet, Slg.
1989, 1235), regionales spanisches Werbeverbot für hochprozentige Alko-
holika auf öffentlichen Plätzen und Kinos (EuGH, C-176/90, Aragonesa,
Slg. 1991, I–4151) und die luxemburgische Regelung, die nicht irreführende, zeitliche beschränkte Preisvergleiche in der Werbung verbot (EuGH, C-
362/88, GB-INNO, Slg. 1990, I–667). Auch einschränkende Bestimmungen über (nicht irreführende) Werbung mit Preissenkungen im deutschen
Recht behindern nicht nur bestimmte Verkaufsförderungsmaßnahmen und
somit den Preiswettbewerb, sondern gleichfalls die Entscheidungsfreiheit
des Verbrauchers (EuGH, C-126/91, Yves Rocher, Slg. 1993, I–2381).
Nach den Rs. „Keck" (EuGH, C-267/92, Slg. 1993, I–6097) und „Hünermund" (EuGH, C-292/92, Slg. 1993, I–6787) bedürfen die früheren
Grundsätze insofern einer Modifizierung, als nur noch produkt- und nicht
mehr vertriebsbezogenen Werbeeinschränkungen an ex-Art. 30 (jetzt Art.
28) zu messen sind (auch EuGH, C-315/92, Clinique, Slg. 1994, I–317).
Letzte Klarheit besteht hier allerdings noch nicht (vgl. auch Art. 28 Rn. 27).
Entscheidend dürfte sein, ob ein Sachverhalt eine (potentiell) handelsbeschränkende Wirkung in der EG hat, gleichgültig in welcher Form dies
geschieht. Ist hingegen ein reiner Inlandssachverhalt gegeben, handelt es
sich um eine bloße Verkaufsmodalität, auf die das Gemeinschaftsrecht nicht
anwendbar ist (dazu *Reich*, S. 92ff., Rn. 25 a).

bb) Deliktsrecht

Die RL 85/374/EWG zur Angleichung der Rechts- und Verwaltungsvor-   **15**
schriften der Mitgliedstaaten über die **Haftung für fehlerhafte Produkte**
bestimmt in der Hauptsache eine **verschuldensunabhängige Hersteller-**

haftung für Folgeschäden bei bestimmungsgemäßem Gebrauch der Sache durch den Verbraucher. Sie befriedigt somit das (wirtschaftliche) Kompensationsinteresse des Verbrauchers bei Schäden durch fehlerhafte Produkte und soll zu einem einheitlichen Schutzniveau im Binnenmarkt beitragen, wobei die RL wegen inhaltlich unterschiedlicher Umsetzung in den Mitgliedstaaten nur ansatzweise zu einer Vereinheitlichung der nationalen Rechtsordnungen geführt hat.

cc) Vertragsrecht

16   Zahlreiche RLen weisen einen engen Bezug zum **Vertragsrecht** auf und haben Eingriffe in nationale Privatrechtstraditionen erforderlich gemacht oder werden, da ihre Umsetzung noch bevorsteht, entsprechende Veränderungen bewirken. Je nach Standpunkt der Beobachter und Beteiligten aus Wissenschaft und Praxis mag dies Anlaß zur Besorgnis oder zur hoffnungsvollen Aussicht auf allmähliche **Entstehung einer europäischen Privatrechtsordnung** geben. Es kann jedoch kein ernsthafter Zweifel daran bestehen, daß eine Harmonisierung weiter Bereiche des Zivilrechts Grundlage der Vollendung des Binnenmarktes ist. Dies gilt insbesondere im Hinblick auf die **Nutzbarmachung der Potentiale der Informationsgesellschaft**, die in bisher nicht gekannter Weise grenzüberschreitenden Handel ermöglicht. Hier besteht ein Sachzwang zur Schaffung einheitlicher Regelungen in der EG. Hinzuweisen ist in diesem Zusammenhang auf die RL 97/7/EG über **Vertragsabschlüsse im Fernabsatz**, die bis zum Juni 2000 umzusetzen ist. Mangels physischen Kontakt zu Ware und Vertragspartner gewährleistet sie dem Verbraucher weitgehende Information über den Vertragspartner, die Eigenschaften der Ware oder Dienstleistung, den Preis und die Lieferkosten. Ferner hat die Kommission am 18.11.1998 einen Vorschlag für eine RL über **bestimmte rechtliche Aspekte des elektronischen Geschäftsverkehr** im Binnenmarkt (KOM (98) 586 endg.) vorgelegt.

17   Die RL 85/577/EWG betreffend den Verbraucherschutz im Falle von außerhalb von Geschäftsräumen geschlossenen Verträgen war der erste gemeinschaftliche Ansatz, Probleme des vertraglichen Verbraucherschutzes EG-einheitlich zu lösen. Sie gewährt dem Verbraucher insbesondere ein siebentägiges Widerrufsrecht bei **Haustürgeschäften und ähnlichen Vertragsanbahnungsformen**. Die RL beschränkt sich allerdings auf einen Minimalschutz und enthält zahlreiche Ausnahmeregelungen. Ziel der 1993 verabschiedeten RL 93/13/EG über **mißbräuchliche Klauseln in Verbraucherverträgen** ist es, den Verbraucher beim Kauf von Waren oder Dienstleistungen vor unlauteren Klauseln in vorformulierten Standardver-

trägen zu schützen. Die RL 98/7/EG zur Angleichung der Rechts- und Verwaltungsvorschriften der Mitgliedstaaten über den **Verbraucherkredit** bezieht sich auf alle Formen des Konsumentenkredits, nicht nur auf Abzahlungsgeschäfte. Die **Pauschalreise**-RL (RL 90/314/EWG) legt u.a. Kriterien für Werbung und Information über Pauschalreisen fest und sieht Entschädigungen für Änderungen und Stornierungen vor. Die RL 94/47/EG zum Schutz der Erwerber im Hinblick auf bestimmte Aspekte von Verträgen über den Erwerb von Teilnutzungsrechten an Immobilien (**Time-share-RL**) schützt gegen Mißbrauch durch betrügerische Anbieter mittels weitreichender Informations- und Rücktrittsrechte.

In Kürze zu erwarten ist die Verabschiedung der auf dem Grünbuch über **18** **Verbrauchsgütergarantie und Kundendienstbedingungen** basierenden RL zu bestimmten Aspekten **des Verbrauchsgüterkaufs und der Garantien für Verbrauchsgüter.** Eine politische Einigung über den gemeinsamen Standpunkt des Rates konnte am 23. April 1998 erzielt werden. Die auf ex-Art. 100a (jetzt Art. 95) gestützte, kontrovers diskutierte RL stellt einen wichtigen Beitrag zur Vollendung des Binnenmarktes und Nutzung seiner Vorteile durch die Harmonisierung von Mindestverbraucherrechten dar, die unabhängig vom Ort des Kaufs der Ware gemeinschaftsweit gelten. Hinzuweisen ist ferner auf die RL 97/5/EG über **grenzüberschreitende Überweisungen** sowie das legislative Programm der Kommission in der Mitteilung über „Finanzdienstleistungen: Wahrung der Verbraucherinteressen" (KOM (97) 309 endg. vom 26.6.1997, S. 13), das u.a. vorsieht, eine RL über Finanz- und Versicherungsvermittlerdienste zu erarbeiten (dazu Grünbuch Finanzdienstleistungen: Wahrung der Verbraucherinteressen, KOM (96) 209 endg. vom 22.5.1996).

Nicht ausdrücklich in Art. 153 Abs. 1, wohl aber in allen Verbraucherpro- **19** grammen seit 1975 und 1981 niedergelegt als fundamentales Recht, ist der Zugang zum Recht. Der **Zugang zum Recht** steht jedoch in engem Zusammenhang mit den übrigen Tätigkeitsbereichen der Verbraucherpolitik, insbesondere dem Schutz der wirtschaftlichen Interessen. Besetzt die EG ein bestimmtes Feld des Verbraucherschutzes, kann sie im Zuge einer **Annexkompetenz** auch die Frage der **Rechtsdurchsetzung** regeln (*Reich*, S. 41, Rn. 8). Eine Erweiterung der Möglichkeiten der Rechtsdurchsetzung durch Erhebung von Unterlassungsklagen durch anerkannte Verbraucherorganisationen im Falle grenzüberschreitender Streitigkeiten gewährt die RL 98/27/EG über **Unterlassungsklagen zum Schutz von Verbraucherinteressen** (zur Problematik BGH VuR 1998, 171ff., mit Anm. *Reich*). Weiteres Ziel der EG ist die Förderung von Einrichtungen, die für außergerichtliche Beilegung von Verbraucherrechtsstreitigkeiten zuständig sind (vgl. gleich-

lautende Empfehlung der Kommission vom 30.3.1998, ABl. 1998 L
115/31). Die Kommission hat weiterhin ein standardisiertes **Formblatt für
Verbraucherbeschwerden** über Waren und Dienstleistungen erstellt, um
den Dialog zwischen Verbrauchern und Gewerbetreibenden zu verbessern.

c) Recht auf Information und Erziehung

20   Erstmals benennt Art. 153 Abs. 1 ein „**Recht**" der Verbraucher **auf Information und Erziehung**, wobei dem Bürger daraus allerdings **kein ein-
klagbarer Rechtsanspruch** erwächst. Insofern ist die Fassung des Abs. 1
ungenau und mißverständlich. Über Jahre hindurch stand dieser Bereich im
Mittelpunkt aller Programme zur Verbraucherpolitk, unabhängig von ihrer
Form und ihrem Charakter. Wie bereits erwähnt, wird in den Verbraucherpolitischen Aktivitäten 1996–1998 der **Verbraucherinformation** sogar
Vorrang vor anderen Aktionen eingeräumt. Ziel der Verbraucherinformation
ist es, größtmögliche Transparenz am Markt herzustellen und dadurch die
Wahl- und Entscheidungsfreiheit zu fördern. Der Erwerber von Dienstleistungen und Gütern benötigt ausreichende und allgemein zugängliche Informationen, um die wesentlichen Merkmale der angebotenen Güter und
Dienstleistungen zu kennen (z.B.: Art, Qualität, Menge, Preis), eine sachgerechte Auswahl zu treffen, die Güter oder Dienstleistungen sicher und zufriedenstellend zu nutzen und Ersatz für Schäden zu verlangen, die durch
die Ware oder Dienstleistung entstanden sind (vgl. Verbraucherprogramme
1975/1981, Rn. 34 bzw. 40). Zusätzlich soll der Verbraucher bei der Auswahl eines Produkts über die Umweltauswirkungen zuverlässig informiert
werden (vgl. Programm der EG für Umweltpolitik und Maßnahmen im Hinblick auf eine dauerhafte und umweltgerechte Entwicklung, KOM (92) 23
endg., II, S. 74; VO (EWG) Nr. 880/92 betreffend ein gemeinschaftliches
System zur Vergabe eines Umweltzeichens und die RL 92/75/EWG über die
Angabe des Energieverbrauchs bei Haushaltsgeräten). Informationen über
Preise und die Möglichkeit eines objektiven Preisvergleiches bietet die RL
98/6/EG über den Schutz der Verbraucher bei der Angabe der Preise der ihnen angebotenen Erzeugnisse. Information erhält der Verbraucher auch über
die Kennzeichnung von Erzeugnissen, insbesondere von Lebensmitteln und
Arzneimitteln. Entsprechende RLen hat die EG bereits früh erlassen, beispielsweise RL 79/112/EWG, geändert durch RL 89/395/EWG über die Etikettierung und Aufmachung von für Endverbraucher bestimmte Lebensmittel sowie Werbung hierfür, RL 65/65/EWG, RL 75/319/EWG und RL
92/27/EWG über Arzneimittelinformationen sowie die RL 76/768/EWG,
geändert durch RL 93/35/EG, über Etikettierung und Werbung kosmeti-

scher Mittel. Darüber hinaus drücken sich die Bemühungen, die Unterrichtung der Verbraucher zu verbessern, vor allem in Aktionen aus, die gemeinsam mit den Verbraucherverbänden oder den Medien veranstaltet werden
(vgl. *Van der Haegen*, S. 999). Hier sind insbesondere zu nennen: grenzüberschreitende Verbraucherinformations- und Beratungsstellen, vergleichende Tests mit Veröffentlichung eines ersten auf den Binnenmarkt ausgerichteten Warenführers, Anregungen für Fernsehproduzenten, Verbraucher-
hemen zu behandeln, die insbesondere die gemeinschaftliche Dimension
berücksichtigen, Ausarbeitung von Informationsmaterial, Abgabe von ele-
mentaren Informationen für Mittelorganisationen (Verzeichnisse von Verbraucherverbänden, Mitteilungsblätter „Consumer Voice"). Künftige Aktionen sehen Pilotprojekte bei Printmedien und elektronischen Medien vor.
Die Versorgung mit Informationen allein ist nicht ausreichend, um die Be- **21**
dürfnisse der Verbraucher zu befriedigen. Vielmehr muß der Verbraucher,
insbesondere der jugendliche Verbraucher, durch zielgerichtete Erziehung
und Bildung auch in die Lage versetzt werden, allgemein zugängliche Informationen zu nutzen und die Zusammenhänge in einer Vielzahl von Bereichen – von Fragen der Ernährung und Gesundheit bis hin zu Marktme-
chanismen – zu verstehen. Für die **Verbrauchererziehung** sind die Mitgliedstaaten zuständig, was die EG aber nicht hindert, entsprechende Initiativen zu ergreifen und Maßnahmen zu beschließen. Die Durchführung
ist uneinheitlich und von der Ordnung der Staaten abhängig. Insgesamt
wird der Verbrauchererziehung nur geringe Aufmerksamkeit zuteil, wie die
Auswertung eines Fragebogens (Arbeitsdokument 7311/97, S. 8) ergeben
hat. Aufgabe der EG ist es, die Aufmerksamkeit auf entsprechende Bedürfnisse zu lenken und in geeigneter Weise komplementär und unterstützend
einzugreifen. Verbrauchererziehung ist Gegenstand **zahlreicher Entschließungen des Rates** (z.B. Programme von 1975 und 1981, Entschließung des Rates vom 9. November 1995 über Verbrauchererziehung und
Verbraucherinformation und vom 9.6.1986 über Verbrauchererziehung in
Primar- und Sekundarschulen [ABl. 1986 C 184/21]) und Berichte und Mitteilungen der Kommission (Bericht über Verbrauchererziehung in Primar-
und Sekundarschulen (KOM (89) 17 endg.), Mitteilung über verbraucherpolitische Prioritäten 1996–1998 sowie Arbeitsdokument 7311/97 „Die Bedeutung der Verbrauchererziehung und -schulung" vom 14.4.1997. Vorgesehen ist ein **Aktionsprogramm für Verbrauchererziehung und -schu-
lung**. Die Kommission hat in den vergangenen Jahren verschiedene Maßnahmen zur verbraucherorientierten Erziehung und Schulung durchgeführt,
z.B.: finanzielle Unterstützung für die Lehrerfortbildung, finanzielle Unterstützung für die Entwicklung von Lehrmaterial und die Entwicklung einer

Datenbank mit einschlägigen Informationen, Ausarbeitung und Verteilung des „Safety Pack" (Arbeitsblätter zu Fragen der Kindersicherheit und Hinweise für Lehrer), Europäischer Wettbewerb für junge Verbraucher. Es besteht die Absicht, die Verbrauchererziehung künftig gezielt in bestehende Kommissionsprogramme zu integrieren, z.b. Sokrates, Leonardo da Vinci, Media II, Info 2000, Aktionsplan „Lernen in der Informationsgesellschaft" und verschieden Aktionsprogramme im Gesundheitsbereich (vgl. Arbeitsdokument 7311/97, S. 10ff.).

d) Recht auf Bildung von Vereinigungen zur Wahrung der Interessen der Verbraucher

22 Als weiteres **„Recht"** wird in Abs. 1 die **Bildung von Vereinigungen zur Interessenwahrung** angeführt. Auch in diesem Bereich wird die EG nur unterstützend tätig. Primär zuständig sind die Mitgliedstaaten, die Voraussetzungen für die Bildung von Verbrauchervereinigungen zu schaffen. Während die nordeuropäischen Mitgliedstaaten zumeist über gutorganisierte Verbrauchervereinigungen verfügen, bemüht sich die Kommission insbesondere um die Förderung der **Verbraucherorganisationen** in Südeuropa (vgl. Verbraucherpolitische Errungenschaften, S. 13). Die gemeinschaftliche Aufgabe erschöpft sich nicht im Beitrag zu Aufbau und Förderung eines bestimmten Vertretungsniveaus, sondern in der Förderung einer effektiven Verbrauchervertretung und -beteiligung. Auf Gemeinschaftsebene werden Verbraucherinteressen durch den **Verbraucherausschuß** wahrgenommen. Ihm gehören 20 Mitglieder an, davon 15 Vertreter nationaler Verbraucherorganisationen (je 1 pro Mitgliedstaat) und 5 Vertreter der europäischen Verbraucherorganisationen BEUC, ETUC, COFACE, Eurocoop, IEIC. Den Vorsitz im Verbraucherausschuß führt die Kommission. Der Verbraucherausschuß dient in erster Linie der Kommission als **Beratungsorgan in Verbraucherangelegenheiten**. Er gibt Stellungnahmen zu verbraucherpolitisch relevanten RLen und VOen ab. Daneben tritt er als Vertretung der Verbraucherorganisationen in Dialog mit der Anbieterseite. Der Einfluß des Verbraucherausschusses ist dennoch gering, da zu Anhörungen des EP und Sitzungen der Rats- und Arbeitsgruppen werden regelmäßig direkt die europäischen Verbraucherorganisationen eingeladen. Die Kommission kritisiert, die Verbraucherinteressen seien nicht immer ausreichend koordiniert und auf Kommissionsinitiativen sei nicht konstruktiv reagiert worden (Bisherige Errungenschaften, S.17).

23 Durch die seit 1994 bestehende ANEC (Association de la Normalisation pour les Consommateurs), einem Zusammenschluß von Verbraucherorganisationen, dem auch die EFTA-Staaten angeschlossen sind, werden die Verbraucherinteressen in den europäischen Normungsgremien (CEN, CENEL-EC) vertreten. Die ANEC nimmt an den Normungsarbeiten als Beobachter ohne Stimmrecht teil, sie kann aber Diskussionsbeiträge liefern. Weiterhin wirken Verbrauchervertreter im **Wirtschafts- und Sozialausschuß** mit. Die Fachgruppe „Umweltschutz, Gesundheitswesen und Verbrauch" beschäftigt sich mit verbraucherpolitischen Fragestellungen.

Verbrauchervertretung bedeutet schließlich auch die individuelle oder kol-   **24**
lektive Geltendmachung bestehender Rechte vor Gerichten oder sonst zuständigen Instanzen. Dieser Problemkreis wird unter dem Stichwort „Zugang zum Recht" geführt (oben, II. 2 b) cc).

III. Querschnittsklausel (Abs. 2)

Die neu eingefügte sog. **Querschnittskausel** (oder horizontale Klausel)   **25**
verpflichtet die EG zur Berücksichtigung verbraucherpolitischer Belange bei der Durchführung und Festlegung aller anderen Politiken, wobei der Begriff der Politiken alle Tätigkeiten der EG umfaßt. Die Querschnittsklausel in Abs. 2 ist der alten Gesundheitsbestimmung (ex-Art. 129) und Umweltbestimmung (ex-Art. 130 r) nachgebildet. Verbraucherpolitik ist naturgemäß eine Querschnittsaufgabe und als solche stets begriffen worden. Da Verbraucherbelange sehr breit gefächert und vielfältig sind, berührt praktisch jede Politik den Verbraucher in irgendeiner Weise. Die Integration der Verbraucherinteressen in die verschiedenen Gemeinschaftspolitiken war Ziel zahlreicher Programme des Rates (1975, 1981, 1989). In der Entschließung des Rates vom 13. Juli 1992 über künftige Prioritäten für den Ausbau der Verbraucherpolitik heißt es: „den Interessen der Verbraucher ist bei den übrigen Gemeinschaftspolitiken Rechnung zu tragen" (ABl. 1992 C186/1). Mangels systematischen Ansatzes ist es schwierig, die Auswirkungen der Bemühungen zur Integration der Verbraucherpolitiken in andere Gemeinschaftspolitiken zu bewerten. Deutlich festzustellen ist jedoch eine **Vernachlässigung verbraucherpolitischer Aspekte in der Vergangenheit**. Verbesserungen konnten insbesondere bei der Zusammenarbeit der Dienststellen der Kommission (GD XXIV zu anderen) erzielt werden. Konkrete Beispiele sind u.a. zu die Vorschriften der EG über Sprachtelefondienste (RL 95/62/EG) sowie der noch zu beschließende rechtliche Rahmen zur Garantie der Zurverfügungstellung von Universaldiensten im Bereich der Telekommunikation und die RL 97/33/EG über die Zusammenschaltung in der Telekommunikation in Hinblick auf die Sicherstellung eines Universaldienstes, die gewährleistet, daß die Benutzer ihre Telefon-

nummern bei Wechsel zu einer anderen Telefongesellschaft beibehalten können (vgl. Verbraucherpolitik: Bisherige Errungenschaften, S. 18). Ob die Querschnittsklausel zu einer tendentiellen Neuausrichtung der EG beitragen kann, muß trotz ihrer grundsätzlich großen Bedeutung und Tragweite (vgl. *Stein*, S. 1439/1442) angesichts der Erfahrungen aus dem Umwelt- und Gesundheitsbereich bezweifelt werden. Ihr Charakter in der Verbraucherpolitik ist daher wohl **nur deklaratorischer Art**.

26 Art. 153 Abs. 2 wendet sich, wie auch Abs. 1, an alle Gemeinschaftsorgane; besonders wichtig wird die Klausel aber vor allem für die Kommission bei der Ausübung ihres Initiativrechts sein. Der EGV läßt den Verbraucherschutz mit anderen Prinzipien kollidieren. Die Kollision ist im Wege der **Abwägung im Einzelfall** zu lösen. Die Querschnittsklausel räumt der Verbraucherpolitik keinen prinzipiellen Vorrang vor anderen Vertragszielen ein. Vielmehr ist zu berücksichtigen, daß die Aufgabe nicht in der Gewährleistung des höchsten, sondern eines hohen Verbraucherschutzniveaus besteht. Allerdings ist gerade der Verbraucherschutz ein wesentliches Erfordernis bei der Verwirklichung des Binnenmarktes. Nach der Rechtsprechung des EuGH können dem freien Warenverkehr und den Dienstleistungsfreiheiten entgegenstehende Regelungen zum Verbraucherschutz gerechtfertigt sein, wenn sie keine unmittelbare oder mittelbare Diskriminierung beinhalten und dem Verhältnismäßigkeitsgrundsatz entsprechen (vgl. EuGH, Rs. 120/78, Cassis de Dijon, Slg. 1979, 649, ferner Reich, S. 55, Rn. 3 m.w.N.).

IV. Maßnahmen der EG (Abs. 3)

27 Die Maßnahmen, also alle rechtsverbindlichen und unverbindlichen Handlungsformen, welche die EG im Bereich der Verbraucherpolitik erlassen darf, sind grundsätzlich zweispurig angelegt, nämlich als Teil der Binnenmarkt- und Angleichungspolitik (lit. a) und als binnenmarkt unabhängige Politik (lit. b).

1. Maßnahmen im Rahmen der Verwirklichung des Binnenmarktes (lit. a)

28 Nach Art. 153 Abs. 3 lit. a kann die EG binnenmarktabhängige Regelungen nach **Art. 95** (ex-Art. 100a) erlassen. Dabei haben die Kommission bei ihren Vorschlägen und ebenso alle anderen Organe der EG, vor allem der Rat, gem. Art. 95 Abs. 3 (ex-Art. 100a) von einem hohen Schutzniveau auszugehen. Sämtliche rechtsverbindliche Maßnahmen wurden bisher, mit Ausnahme der RL zur Preisangleichung, auf ex-Art. 100a (jetzt Art. 95) gestützt. Wie die RL über Verbrauchsgüterkauf und -garantien zeigt, wird dies auch künftig in Bereichen so gehandhabt werden, in denen die Maßnahme einen Binnenmarktbezug aufweist, jedoch von einem hohen Verbraucherschutzniveau ausgeht.

Abgrenzungs- und Auslegungsproblematik ergeben sich hier aus dem   **29** Verhältnis von Art. 95 (ex-Art. 100a) zu Art. 153 Abs. 3, lit. a, 5, 3 lit. t. RLen zum Verbraucherschutz können ihrem Ziel und Inhalt nach sowohl den Charakter einer Maßnahme im Bereich des Verbraucherschutzes i.S.d. Art. 153 als auch den Charakter einer auf Einrichtung und Funktionieren des Binnenmarktes gerichteten Harmonisierungsmaßnahme i.S.d. Art. 95 (ex-Art. 100a) besitzen. Unklar ist, welche Rechtsgrundlage in diesen Fällen herangezogen und ob die Maßnahme dem **Subsidiaritätsprinzip** unterstellt werden muß. Das Subsidiaritätsprinzip nach Art. 5 (ex-Art. 3b) gilt nur in den Bereichen, die, wie die Verbraucherpolitik, nicht in die ausschließliche Zuständigkeit der EG fallen. Das 21. Protokoll zum Vertrag von Amsterdam konkretisiert die Anwendung des Subsidiaritätsgrundsatzes. Für Binnenmarktregelungen gem. Art. 3 lit. c i.V.m. Art. 95 (ex-Art. 100a) ist hingegen die **ausschließliche Zuständigkeit der EG** gegeben. Hier offenbart sich eine Widersprüchlichkeit des EGV, die auch durch die Änderungen des Amsterdamer Vertrags nicht aufgelöst worden ist. Denkbar wäre der Versuch, eine Unterscheidung nach dem Schwerpunkt der Maßnahme – zur Verwirklichung des Binnenmarktes oder zum Schutz von Verbraucherinteressen – durchzuführen. Erstere würden dann der ausschließlichen Gemeinschaftskompetenz unterliegen, für letztere wären primär die Mitgliedstaaten zuständig. Doch diese Unterscheidung führt nicht zu befriedigenden Lösungen. Faktisch ist es so, daß sich jede rechtsverbindliche Maßnahme mittelbar oder unmittelbar auf den Binnenmarkt auswirkt. Dies beweist die RL 98/6/EG (Schutz der Verbraucher bei Angabe der Preise der Verbrauchern angebotenen Erzeugnisse). Ziel der RL ist es u.a. einen transparenten Markt durch konkrete Preisinformation herzustellen. Sie stützt sich jedoch nicht, wie zu erwarten wäre, auf ex-Art. 100a, sondern auf ex-Art. 129a Abs. 1 lit. b, i.V.m. Abs. 2, der Grundlage für binnenmarktunabhängige Aktionen zum Verbraucherschutz, und unterfällt somit dem **Subsidiaritätsgrundsatz.** Daraus kann nicht nur auf eine tendenzielle Gleichsetzung der Schutzansätze in Art. 153 Abs. 3 geschlossen werden, vor allem stellt sich unabhängig von der Rechtsgrundlage die Subsidiaritätsproblematik umfassend für alle verbraucherpolitischen Maßnahmen. Diese Sichtweise entspricht dem Wortlaut des Art. 153 Abs. 1, 3, wonach die EG sowohl hinsichtlich der binnenmarktabhängigen, als auch der binnenmarktunabhängigen Maßnahmen nur einen Beitrag zur Erreichung der verbraucherpoliti-

schen Ziele leistet. Eine andere Auslegung erlaubt auch nicht die **„Titano-
xid-Entscheidung"** des EuGH (C-300/88, Slg. 1991. I–2867) zur Frage der
Ermächtigungsgrundlage zum Erlaß einer RL zur Verbesserung des Umweltschutzes. Hinsichtlich der Problematik des Verhältnisses von ex-Art.
100a (jetzt Art. 95) zu ex-Art. 130s (jetzt Art. 175), die dem Verhältnis von
Art. 95 (ex-Art. 100a) zu Art. 153 nicht unähnlich ist, hat der EuGH zwar
Art. 100a als lex specialis angesehen, wenn die RL sowohl der Verwirklichung des Binnenmarktes, als auch den Umweltschutz betrifft. Eine ausdrückliche Begründung liefert der EuGH aber nicht. Es wird in der Rechtssache aber deutlich, daß es dem EuGH um das übergeordnete Interesse an
„mehr Demokratie" ging, nämlich die Beteiligung des EP im Rechtsetzungsverfahren zu stärken. Beide Rechtsgrundlagen (ex-Art. 100a, ex-Art.
130s) sahen jeweils eine unterschiedliche Beteiligung des EP vor, wobei die
Wahl von ex-Art. 130s als Rechtsgrundlage die Beteiligungsrechte des EP
verkürzt hätte (vgl. *Stein*, S. 1439/1447). Diese Problematik stellt sich aber
im Verhältnis von Art. 153 und Art. 95 (ex-Art. 100a) gerade nicht, da beide hinsichtlich des Verfahrens identisch sind.

2. Maßnahmen zur Unterstützung, Ergänzung und Überwachung (lit. b)

30 Erhebliche Modifikationen hat lit. b erfahren. Er läßt nicht mehr nur, wie
bisher, „spezifische Aktionen" in den verbraucherpolitischen Handlungsfeldern des Abs. 1 zu, sondern gestattet jetzt auch den **Erlaß rechtsverbindlicher Maßnahmen zur Unterstützung und Ergänzung der Politik
der Mitgliedstaaten**. Doch wie die RL 98/6/EG zeigt, wurde ex-Art. 129
Abs. 1 lit.b bisher weit ausgelegt und als vertragsgemäße Grundlage für
verbindliche Rechtsakte anerkannt, wobei allerdings die genannte RL den
bisher einzigen Anwendungsfall darstellt. Hauptsächlich wird jedoch auch
künftig lit.b als Grundlage für nichtlegislative Instrumente in Betracht kommen, etwa zur Förderung von Pilot- und Unterstützungsprogrammen (z.B.
EHLASS, Initiativen zur Förderung der Interessenvertretung und Verbrau-
cherbildung).

31 Darüber hinaus läßt lit. b **Maßnahmen zur Überwachung der Verbraucherpolitik** der Mitgliedstaaten zu. Inhalt und Reichweite dieser neuen Zuständigkeit sind jedoch noch nicht abschließend geklärt. Es mag bezweifelt
werden, ob der EG überhaupt ein spürbarer Kompetenzzuwachs zukommt.
Fest steht, daß auch die Überwachungsfunktion der EG, wie alle anderen
verbraucherpolitischen Aktionen auch, **nur komplementären Charakter**
besitzt. Wie Nr. 5 des **Subsidiaritätsprotokolls** des Vertrages von Amsterdam präzisiert, darf die EG nur dann verbraucherpolitische Maßnahmen er-

lassen, wenn die Ziele nicht ausreichend von den Mitgliedstaaten, sondern besser von der EG erreicht werden können. Zu beachten ist hier aber die Dynamik des Grundsatzes, die ggf. auch zu einer Erweiterung der Gemeinschaftskompetenz führen kann und evtl. sogar muß. Denkbar sind insbesondere zwei Arten von Überwachungsaktionen der EG: **Ermittlung und Auswertung von Informationen** aus den Mitgliedstaaten sowie **Inspektionen und Kontrollen** in den Mitgliedstaaten. Letztere dürften sich jedoch grundsätzlich nur auf bereits harmonisierte Bereiche erstrecken.

V. Schutzverstärkungsklausel (Abs. 5)

Abs. 5 regelt das Tätigwerden der Mitgliedstaaten, wenn die EG Aktionen und Maßnahmen nach Abs. 3 lit. b beschlossen hat. Den Mitgliedstaaten wird die Befugnis gegeben, günstigere Regelungen gleicher Art und Zielrichtung, die den Gemeinschaftszielen noch näher kommen, beizubehalten oder einzuführen. Die **Gemeinschaftsregelungen** sind somit als **Mindeststandards auf hohem Schutzniveau** zu verstehen. Die Mitgliedstaaten können durch weitergehende Regelungen außerhalb der harmonisierten Bereiche einen Anstoß für künftige Vergemeinschaftungsschritte geben. Sie sind der Kommission mitzuteilen und müssen mit den Bestimmungen des EGV und auch des sekundären Gemeinschaftsrechts vereinbar sein. **32**

Für **Maßnahmen zur Verwirklichung des Binnenmarktes** nach Abs. 3 lit.a finden die Abs. 4 und 5 des Art. 95 (ex-Art. 100a) Anwendung, wonach wichtige Erfordernisse i.S.v. Art. 28 (ex-Art. 30), zu denen nach der „Cassis de Dijon-Entscheidung" auch verhältnismäßige und nicht diskriminierende nationale Regelungen des Verbraucherschutzes gehören können, die Anwendung strengerer Bestimmungen rechtfertigen können. **33**

VI. Handlungsformen des Rates und Verfahren (Abs. 4)

Der Rat beschließt gem. Abs. 4 über Maßnahmen i.S.v. Abs. 3 lit. b nach Anhörung des WSA im **Verfahren der Mitentscheidung** des EP (Art. 251, ex-Art. 189b). Für Maßnahmen nach Abs. 3 lit b. ergibt sich das unmittelbar aus Art. 95 Abs. 1 (ex-Art. 100a). **34**

Titel XV. (ex-Titel XII.). Transeuropäische Netze

Vorbemerkung zu Art. 154–156

1   Titel XV. (ex-Titel XII.) besteht aus drei Teilen: Art. 154 (ex-Art. 129b) be-
    schreibt die Zielsetzung, Art. 155 (ex-Art. 129c) die Vorgehensweise und
    Art. 156 (ex-Art. 129d) das Gesetzgebungsverfahren hinsichtlich des Auf-
    und Ausbaus Transeuropäischer Netze.

2   **Zwei Änderungen** wurden gegenüber der Maastrichter Fassung des EGV
    vorgenommen: Eine Änderung in Art. 155 (ex-Art. 129c (1) dritter Spie-
    gelstrich) bezieht sich auf die nun zugelassene Möglichkeit, Vorhaben zu
    fördern, bei denen der Privatsektor zur Verwirklichung der Netze beiträgt.
    Die Änderung in Art. 156 (ex-Art. 129d) bezieht sich auf Verfahrensfragen.
    Es werden nun alle Maßnahmen nach Art. 155 Abs. 1 vom Rat im Mitent-
    scheidungsverfahren mit dem EP beschlossen.

I. Neue Kompetenz der Gemeinschaft

3   Titel XV. (ex-Titel XII.) über **Transeuropäische Netze (TEN)** ist durch
    den EUV in seiner Maastrichter Fassung in den EGV neu eingefügt und
    diese Aufgabe auch in die Liste der Gemeinschaftstätigkeiten (Art. 3 lit o,
    ex-Art. 3 lit. n) aufgenommen worden. Damit unterstreichen die Vertrags-
    partner die Bedeutung, die solchen Netzen für den Binnenmarkt und für den
    wirtschaftlichen und sozialen Zusammenhalt der Unionsbürger und der
    Mitgliedstaaten beigemessen wird. Infrastruktur als Bindeglied, Nervensy-
    stem oder Schlagadern der EU oder des Binnenmarktes zu bezeichnen,
    zieht sich durch viele Veröffentlichungen und Kommentare zur Bildung der
    EU, z.B. im Weißbuch der Kommission über Wettbewerb, Wachstum und
    Beschäftigung. Die EG hat sich dieses Themas schon seit langem insbe-
    sondere im Verkehrsbereich als Teil der unter Titel V. angesprochen ge-
    meinsamen Verkehrspolitik angenommen. Das eigentlich Neue ist die aus-
    drückliche Kompetenz, die der EGV nun speziell auf dem Gebiet der In-
    frastrukturpolitik der EG zuweist, und die Verankerung des Netzgedankens.

4   Durch die Einfügung dieses Titels könnte eine **Konkurrenz zu den Vor-
    schriften über die Verkehrspolitik** nach den Art. 70ff. (ex-Art. 74ff.) und
    zu denen der Rechtsangleichung nach den Art. 94, 95 (ex-Art. 100, 100a)
    entstehen. Da der EuGH der „richtigen" Kompetenz und ihrer Bezugnahme
    im jeweiligen Rechtsakt eine erhebliche Bedeutung beimißt und Beschlüs-
    se aufhebt, wenn eine seiner Auffassung nach „falsche" Kompetenz in An-

spruch genommen worden ist, ist dies in der sekundären Gesetzgebung zu beachten.

Als **Grundsatz** ist davon auszugehen, daß Kompetenzen für die Infrastruk-   5
tur dort in Anspruch genommen werden, wo die im EGV begründete Sach-
kompetenz am weitesten reicht; so wird zB. die allgemeine Kompetenz für
Verkehrs- oder Binnenmarktpolitik nicht durch die spezielle Kompetenz
nach Titel XV. (ex-Titel XII.) für die Transeuropäischen Netze überschrie-
ben; andererseits wird man alle die Schaffung der Netze betreffenden Fragen unter Heranziehung dieses speziellen Titels regeln. Darüberhinaus besteht für das Verkehrsnetz ein enger Zusammenhang mit der unter Art. 70
(ex-Art. 74) geregelten gemeinsamen Verkehrspolitik (so auch *J. Erdmenger*, in GTE, Art. 129b, Rn. 19). Dies ist zu unterstreichen. So wird jede
Maßnahme zur Verkehrsinfrastruktur unter dem Gesichtspunkt der auf Dauer tragbaren Mobilität als wichtiges Ziel der gemeinsamen Verkehrspolitik
zu prüfen sein.

Im Zusammenhang mit **Zugangsrechten zu den Netzen** bleibt offen, ob   6
die gegenwärtige Praxis, diese über Art. 71 (ex.-Art. 75) im Falle Verkehr
oder die Bestimmungen des Titels VI. (Wettbewerb etc., ex-Titel V.) für die
anderen Sachgebiete abzuwickeln, so erhalten bleibt, oder ob dieser Titel
die Möglichkeit eröffnet, Zugangsfragen z.B. im Rahmen der Interoperabilität zu regeln (siehe auch Rn. 20–21).

Durch diese neue Gemeinschaftätigkeit wird dem Gefüge von Infrastruk-   7
tur lokaler, regionaler und nationaler Bedeutung eine weitere Ebene hinzugefügt, die Gemeinschaftsebene. Hier ist jedoch im Duktus des Titels ein
gewisser Bruch zu verzeichnen, da zwar die hohe Bedeutung gemeinschaftlicher Aspekte etwa des gemeinsamen Marktes oder des sozialen und
wirtschaftlichen Zusammenhalts unterstrichen wird; diese Bedeutung wird
noch durch den in Art. 156 (ex-Art. 129d) gewählten Mehrheitsentscheid
verstärkt, andererseits wird diese Bedeutung durch die in Art. 156 (ex-Art.
129d) vorgeschriebene Zustimmungserfordernis von Leitlinien und Vorhaben von gemeinsamen Interesse durch die betroffenen Mitgliedstaaten
zurückgenommen. Damit wird de facto den nationalstaatlichen Interessen
Vorrang eingeräumt. Die strikte **Anwendung des Subsidiaritätsprinzips**
ist eine weitere Eigentümlichkeit dieses Titels.

II. Zum Wortlaut des Titels

Die im Titel verwandten Begriffe **transeuropäisch** und **Netz** sind von   8
grundlegender Bedeutung für das Verständnis des Titels und bedürfen daher einer Erläuterung.

1. „Transeuropäisch"

9   Die heute bestehenden „transeuropäischen" Netze des Telekommunikati-
     ons-, Energie- und Verkehrssektors sind **nationale Netze, die über die na-
     tionalstaatlichen Grenzen miteinander verbunden** sind. Das Wort
     „transeuropäisch" bezieht sich auf die Tatsache, das diese von der EG zu-
     sammengefügten Netze den Zielen der EG dienen sollen. Insofern ist das
     Wort „transeuropäisch" Terminus technicus des EGV und gegenüber „pan-
     europäischen", „gesamteuropäischen" oder einfach „europäischen" Netzen,
     die über die Unionsgrenzen hinausgehen, abzugrenzen. Die Tatsache, daß
     eine Netzkomponente als „transeuropäisch" qualifiziert wird, hat nicht nur
     für die sekundäre Gesetzgebung, etwa den Kohäsionsfonds, sondern auch
     für alle Folgeplanungen und Maßnahmen, die zum Auf- und Ausbau des
     transeuropäischen Verkehrsnetzes beitragen, erhebliche Bedeutung.
10   Ziel der Vertragsbestimmungen nach Titel XV. (ex-Art. XII.) ist, daß der
     Auf- oder Ausbau der „transeuropäischen" Netze einen Beitrag dazu leisten
     soll, daß die nationalen Infrastrukturnetze dem wachsenden Bedarf des
     Unionsbinnenmarktes gerecht werden: dies erfordert, daß die Infrastruktur
     der Mitgliedstaaten stärker als bisher über nationale Aufgaben hinaus auf
     den gemeinsamen Wirtschaftsraum ausgerichtet wird, also ein **transeu-
     ropäisches Profil** erhält.

2. „Netze"

11   Der Einführung dieses Begriffs liegt noch **kein durchgearbeitetes Kon-
     zept** zugrunde, wohl aber das Ziel, die Gemeinsamkeit der drei Infrastruk-
     tursektoren für das Funktionieren der EG und seines Binnenmarktes her-
     vorzuheben. Ein Netz von Datenträgern, Stromleitungen oder Verkehrs-
     adern besteht aus linien- und punktförmigen Netzelementen, die zum
     Transport und zur Verzweigung von Strom-, Informations-, Güter- oder
     Personenflüssen dienen. Dabei erweist sich als Schwierigkeit, daß die von
     diesem Titel erfaßten „Netze" technisch untereinander wenig gemein haben
     und daß für die Sachbereiche, auf die sie sich beziehen (**Verkehr, Tele-
     kommunikation, Energie**), durchaus unterschiedliche gemeinschaftliche
     oder nationale Politiken bestehen.
12   Dennoch hat die Einführung eines gemeinsamen Netzgedankens in diesen
     drei Bereichen einiges für sich, da die Art und Weise, wie die verschiede-
     nen Netze verwirklicht und geführt werden, Gemeinsamkeiten aufweisen
     und nach ähnlichen Regeln ablaufen. Jedes Netz verfügt über geographisch
     lokalisierbare Verbindungen, Knotenpunkte, an denen sich Netzverbindun-
     gen schneiden, oder Start- oder Endpunkte, die als Quellen oder Senken des

Netzverkehrs identifiziert werden können. Außerdem braucht jedes Netz
ein Verwaltungssystem und Zugangsregeln, die sich in vielen Merkmalen
ähneln. Durch das Zusammenbinden der drei Sachbereiche in diesen Titel
wollten die Vertragschließenden wohl Synergien der drei Bereiche erreichen und dem Binnenmarkt eine nach ähnlichen Regeln zu nutzende Infra-
strukturbasis geben. In der sekundären Gesetzgebung wurde der differenzierten Sachbezogenheit der unterschiedlichen Netze dadurch Rechnung
getragen, daß für jeden einzelnen der drei Sachbereiche unterschiedliche
Maßnahmen definiert wurden, jedoch in ähnlich strukturierten Leitlinien.
Bei der Verordnung zur finanziellen Förderung wurde ein für alle drei Sachgebiete gemeinsamer Rahmen gefunden.

III. Verknüpfung mit anderen Sachgebieten

Eine enge Verknüpfung der „Netze" oder einer „Netzpolitik" mit der je-   **13**
weiligen Sachpolitik kommt in den Vorschriften des Titels XV. (ex-Titel
XII.) an keiner Stelle zum Ausdruck. Dies ist nicht verwunderlich, da nur
für das Sachgebiet Verkehr ein eigener Titel (Titel V. – Verkehr) besteht; Energie und Telekommunikation weisen dagegen keine eigenen Titel auf.
Letzteres dürfte sich aus der Tatsache herleiten, daß auf Grund der von Anfang an in der EG bestehenden Liberalisierungsabsicht insbesondere im En-
ergie- und Telekommunikationssektor diese beiden eher dem Privatsektor
zugeordnet werden, für den im Gegensatz zum Verkehrssektor, der noch in
hohem Maße von der öffentlichen Hand bestimmt wird, kein Regulierungsbe-
darf gesehen wurde.

Auf der anderen Seite werden jedoch Beziehungen zwischen Titel XV. (ex-   **14**
Titel XII.) und den zwei Grundzielen der EG hergestellt: dem Binnenmarkt
(Art. 14, ex-Art. 7a) und dem wirtschaftlichen und sozialen Zusammenhalt
(Art. 158, ex-Art. 130a). Damit wird die Funktion der transeuropäischen
Netze als ein Instrument zur Verwirklichung dieser beiden Politiken und als
zentrale Gemeinschaftsaufgabe betont.

1. Umweltverträglichkeit

Es ist bemerkenswert, daß zwar die wirtschaftlichen und sozialen Aspekte   **15**
der transeuropäischen Netze hervorgehoben werden, jedoch kein Hinweis
auf die Umweltverträglichkeit zu finden ist, obwohl sowohl Energiepro-
duktion, -verteilung und -verbrauch, als auch der Verkehr durch die Boden-
und Landschaftsnutzung seiner Infrastruktur sowie durch die Verkehrs-
dienstleistungen erhebliche Auswirkungen auf die Umwelt haben. Umgekehrt müssen aber die Erfordernisse des Umweltschutzes Art. 174 (ex-Art.

130r) und die daraus abgeleiteten Sekundärvorschriften auch im Bereich dieses Titels als Rahmenbedingungen beachtet werden.

2. Subsidiarität

16 In wohl keinem Titel des EGV ist das Subsidiaritätsprinzip des Art. 5 (ex-Art. 3b) so konsequent umgesetzt worden wie in Titel XV (ex-Titel XII). Die Gemeinschaft „trägt bei" sie agiert nicht eigenständig. Ihre Tätigkeit zielt auf die „Förderung des *Verbunds und der Interoperabilität* der *einzelstaatlichen* Netze" und nicht etwa auf die einzelstaatlichen Netze an sich. Sie gibt „Leitlinien" vor, die für die Infrastruktur verantwortlichen Mitgliedstaaten Orientierungen sein sollen. Sie kann die von den Mitgliedstaaten unterstützte Vorhaben von gemeinsamem Interesse zwar ebenfalls „unterstützen", sie aber nicht selbst durchführen. Sie kann die „Koordinierung" der Mitgliedstaaten untereinader fördern. Als letztes Mittel der Subsidiaritätsgarantie schließlich bedürfen die Leitlinien und Vorhaben von gemeinsamem Interesse der ausdrücklichen „Billigung" des jeweils betroffenen Mitgliedstaates. Daher erscheint die Art und Weise, wie dieser Titel insbesondere in Art. 155 (ex-Art. 129c) verfaßt ist, retrospektiv, zu sehr von der Anfangssituation ausgehend und weniger auf die Zukunft ausgerichtet. Es würde sicherlich zur Klärung beitragen, wenn in einer nächsten Vertragsrevision die Bestimmung stärker den zukünftigen Notwendigkeiten der Netze angepaßt würde. Dabei wäre insbesondere die Aufgabenverteilung hinsichtlich der transeuropäischen Netze zwischen den vier Aktionsebenen, der lokalen, der regionalen, der nationalen und der Gemeinschaftsebene festzulegen.

Art. 154 (ex-Art. 129b) (Beitrag zum Auf- und Ausbau)

(1) Um einen Beitrag zur Verwirklichung der Ziele der Art. 14 und 158 zu leisten und den Bürgern der Union, den Wirtschaftsbeteiligten sowie den regionalen und lokalen Gebietskörperschaften in vollem Umfang die Vorteile zugute kommen zu lassen, die sich aus der Schaffung eines Raumes ohne Binnengrenzen ergeben, trägt die Gemeinschaft zum Auf- und Ausbau transeuropäischer Netze in den Bereichen der Verkehrs-, Telekommunikations- und Energieinfrastruktur bei.

(2) Die Tätigkeit der Gemeinschaft zielt im Rahmen eines Systems offener und wettbewerbsorientierter Märkte auf die Förderung des Verbunds und der Interoperabilität der einzelstaatlichen Netze sowie des Zugangs zu diesen Netzen ab. Sie trägt insbesondere der Notwendigkeit Rechnung, insulare, eingeschlossene und am Rande gelegene Gebiete mit den zentralen Gebieten der Gemeinschaft zu verbinden.

I. Regelungsinhalt

Diese Vorschrift enthält in ihrem Abs. 1 drei Zielbestimmungen: **1**
(i) worin besteht die Tätigkeit.
(ii) welchen anderen Zielen des Vertrages dient sie.
(iii) wem soll diese Tätigkeit nützen.

II. Ziel und Art der Gemeinschaftstätigkeit (i)

Die Kompetenz der EG auf dem Gebiet der transeuropäischen Netze er-   **2**
streckt sich nur auf die Bereiche **Verkehr, Telekommunikation** und **Energie** und die Netze beziehen sich nur auf deren **Infrastruktur und deren
Vernetzung**. Diese Liste ist abschließend. Tätigkeiten der EG in anderen
Sachbereichen wie der Bildungspolitik oder dem Bereich Umwelt, für die
auch Netze gefordert wurden, finden in Art. 154ff. (ex-Art. 129bff.) keine
Rechtsgrundlage. Es sei in diesem Zusammenhang noch vermerkt, daß der
unter Art. 161 (ex-Art. 130d) zu errichtende Kohäsionsfond den Umweltbereich einschließt, jedoch zur Förderung der TEN nur im Verkehrsbereich
beitragen darf.

Die EG **trägt** zum Auf- und Ausbau transeuropäischer Netze **bei**. Damit ist   **3**
klargestellt, daß andere Akteure in diesem Aufgabenbereich tätig sind. Die
Tätigkeit der EG ist somit additiv oder komplementär und nicht eigenständig. Wer allerdings diese anderen Akteure sind, ist nicht spezifiziert; man
sollte jedoch davon ausgehen, daß die Mitgliedstaaten, auf die in den verschiedenen Artikeln verwiesen wird, wichtige Partner sind; da aber besonders im Telekommunikations- und im Energiesektor auch, oder sogar ausschließlich, private Netzbetreiber zu finden sind, dürften auch diese als
Partner oder Hauptakteure beim Auf- und Ausbau der Netze gemeint sein.
Diese Vermutung wird auch, durch die im Amsterdamer Vertrag geänderte

Fassung des Art. 155 (ex-Art. 129c) gestützt, der jetzt auch die Förderung von Vorhaben von gemeinsamen Interesse zuläßt, die nur teilweise durch die Mitgliedstaaten finanziert werden.

4   Der **Gemeinschaftsbeitrag zum Auf- und Ausbau** transeuropäischer Netze besteht nach Abschnitt (1) darin, mit den anderen Partnern daraufhinzuarbeiten, daß die Netze existieren, d.h. u.a.: Verbindungen herstellen, wo solche fehlen (Aufbau) und auch, sie erweitern, also neuen Bedürfnissen anpassen (Ausbau). Dazu muß die EG Kriterien entwickeln, welche Komponenten zum Netz gehören und aus der vorhandenen Infrastruktur darin einbezogen werden, welche Infrastruktur neu erstellt und welche Infrastruktur möglicherweise erneuert oder erweitert werden muß. Dies bedeutet auch, daß dies keine einmalige Tätigkeit ist und zeitlich keiner Begrenzung unterliegen. Da Infrastrukturmaßnahmen zu ihrer Realisierung in der Regel längere Zeiträume benötigen, und eine permanente Überprüfung nicht möglich ist, muß die Implementierung der Ziele in regelmäßigen Abständen überprüft werden. Da zudem Netzplanung, Implementierung und Betrieb der Netze auseinanderfallen, müssen die verschiedenen Beiträge z.B. im Rahmen der Leitlinien des Art. 155 (ex-Art. 129c) abgestimmt werden.

5   Der Gemeinschaftsbeitrag zum Auf- und Ausbau der Netze besteht nach Abschnitt (2) in speziellen Tätigkeiten mit dem Ziel den **Verbund** und die **Interoperabilität** der **einzelstaatlichen** Netze, sowie den **Zugang** zu diesen Netzen zu fördern. Welche Tätigkeit diese **Förderung** umfaßt, ist in Art. 155 (ex-Art. 129c) dargestellt.

6   Art. 154, Abs. 2 (ex-Art. 129b) beschränkt die Tätigkeit der EG, indem er bestimmt, daß diese „auf die Förderung des Verbundes und der Interoperabilität der einzelstaatlichen Netze sowie des Zugangs zu diesen Netzen" abzielt. Dies bedeutet zunächst, die Netze der Mitgliedstaaten als gegeben anzusehen; weiter impliziert dies, daß die EG ihr Hauptaugenmerk auf den Verbund dieser Netze, ihre Interoperabilität und den Zugang zu ihnen richten soll. Mit der so gewählten Formulierung wird die EG an das übergeordnete Subsidiaritätsprinzip gebunden, womit eine Einmischung der EG in innerstaatliche Infrastrukturangelegenheiten eingeschränkt oder sogar verhindert werden soll (siehe jedoch unter Rn. 9–11).

III. Andere Ziele der Gemeinschaft für die Bestimmung der TENs (ii)

7   Der zweite Satz von Abs. 2 schränkt die **Relevanz des Marktes als Bestimmungsgröße** für die Netze ein. Er bestimmt den sozialen und wirtschaftlichen Zusammenhalt der EG von Beginn an als gleichberechtigte

Forderung. Dies kommt auch bei der Aufforderung, die Notwendigkeit in-
sularer, eingeschlossener und am Rande gelegener Gebiete zu berücksichtigen, zum Ausdruck. Diese muß die EG nach dem Vertragstext bei ihrer
Förderung besonders berücksichtigen.

Damit soll erreicht werden, daß die **entfernten** oder durch ihre Geographie   **8**
benachteiligten Gebiete **mit den zentralen Gebieten verbunden** werden.
Mit „zentral" ist hier sicherlich nicht das geographische Zentrum der EG
bezeichnet; gemeint sind wohl die Hauptaktivitätszentren der EG, dort, wo
das Bruttoinlandsprodukt der EG hauptsächlich erwirtschaftet wird. Die
Netze sollen auch dazu beitragen, daß sich das Gemeinschaftsgebiet
gleichmäßiger entwickelt.

IV. Zielgruppen und Ausführungskriterien (iii)

Abs. 1 enthält die **Zielbestimmung**, wem die Netze nützen sollen und wel-   **9**
che Kriterien anzuwenden sind.

a) Der Auf- und Ausbau der transeuropäischen Netze soll zum gemeinsa-
    men Markt und zum sozialen und wirtschaftlichen Zusammenhalt bei-
    tragen;
b) Bürger, Wirtschaftsbeteiligte und Gebietskörperschaften sollen durch
    die Netze in vollem Umfang in den Genuss der Vorteile kommen, die
    sich aus dem Verschwinden der Binnengrenzen ergeben;
c) ein System offener und wettbewerbsorientierter Märkte soll den Rah-
    men bilden;
d) besonderes Augenmerk ist auf die Anbindung der Gebiete zu richten,
    die durch ihre geographische oder geopolitische Lage benachteiligt
    sind.

Innerhalb dieses Zielsystems sollen sich die Maßnahmen der EG bewegen.
Hier gibt der Titel die Prüfkriterien vor, nach denen die Maßnahmen der EG
zu beurteilen sind. Bemerkenswert ist, daß die Unionsbürger, und davon besonders herausgehoben, die Writschaftsbeteiligten, sowie die regionalen
und sogar lokale Gebietskörperschaften als Adressaten für die Vorteile des
Raumes ohne Binnengrenzen und seine transeuropäischen Netze genannt
werden. Dies ist die einzige Stelle des EGV, wo eine derartige unmittelbare Adressierung der Unionsbürger und der regionalen und lokalen Gebietskörperschaften vorgenommen wird.

Zielbestimmung (b) gibt **mehrere Ebenen** an: Bürgernähe, Vorteile für die   **10**
Geschäftswelt und, was diesen Teil des Absatzes interessant macht, die Netze als Instrumente zur Verwirklichung des Binnenmarktes und des Raums
ohne innere Grenzen sollen unterhalb der nationalstaatlichen Ebene Vortei-

le für die regionale und sogar lokale Ebene erbringen. An dieser Stelle konkretisiert der EGV das implizit enthaltene Subsidiaritätsprinzip, in der
Form, daß Maßnahmen der EG nicht nur die Mitgliedstaaten, sondern auch
unmittelbar die Bürger oder die sie vertretenden Gebietskörperschaften unterhalb der einzelstaatlichen Ebene betreffen können. Die Wirksamkeit solcher Maßnahmen muß dann in geeigneter Form geprüft werden.

11   Hier kann sich eine **Konfliktsituation** zwischen den Zielen der Städte und
anderen Gebietskörperschaften oder, bei den föderal organisierten Mitgliedstaaten, zwischen den Interessen der Regionen und ihrem Nationalstaat ergeben. Eine Anhörung des AdR für alle nach diesem Titel zu entscheidenden Gemeinschaftsmaßnahmen ist daher notwendig und so auch
nach Art. 156 (ex-Art. 129d) vorgesehen.

V. Erläuterungen zu einzelnen Begriffen des Textes

12   Im folgenden sollen einige Begriffe näher untersucht werden, die für das
Verständnis des Titel besonders wichtig sind. Das sind „Infrastruktur und
Dienste", „Förderung", „Verbund", „Interoperabilität" und „Zugang".

1. Abgrenzung der „Infrastruktur" zu den „Diensten"

13   Der Begriff **„Infrastruktur"** wird im EGV nicht weiter erläutert. Ein in der
Volkswirtschaftslehre verwandter Infrastrukturbegriff bezeichnet Infrastruktur als ortsfeste Anlagen und Einrichtungen mit Vorleistungscharakter
oder Basisfunktionen für private und öffentliche Aktivitäten. Dieser nicht
zu enge Begriff erlaubt, diese Bestimmung nicht nur auf die physische, sondern auch auf die funktionale Infrastruktur anzuwenden, wie sie in Netzen
notwendig sind, z.B. deren Betriebsordnung.

14   In Abgrenzung zur Infrastruktur beziehen sich die **„Dienste"** auf Dienstleistungen, die von Unternehmen angeboten oder auch von Privatpersonen
ausgeführt werden, die sich die Infrastruktur zu Nutze machen. Die „Dienste" auf den TENs reichen von Flügen zwischen zwei Städten über die
Durchleitung von Strom zu einem bestimmten Verbraucher bis zu privaten
Telephongesprächen. Diese Dienste haben die wichtige Eigenschaft, daß
sie ohne entsprechende Infrastruktur nicht ausgeführt werden können. Somit sind Dienste und Infrastruktur voneinander abhängig und müssen sowohl technisch wie auch regulatorisch aufeinander abgestimmt sein. Als
wichtige Elemente dieses notwendigen Regelwerks sind Zugang zur Infrastruktur und Kosten für deren Inanspruchnahme zu nennen.

15   Im **Telekommunikationsbereich** und im **Energiebereich** wird zwischen
den Netzen als den physischen Trägern oder Transportmedien und dem ei-

gentlichen Transport von Information bzw. Energie unterschieden. Im Energiebereich zählen Quellen, also Kraftwerke, und Verbraucher nicht zum Netz, während Umsetzer im Elektrizitätsnetz durchaus dazugezählt werden. Im Telekommunikationsbereich wird ebenfalls zwischen Infrastruktur und Informationsdienstleistung unterschieden. Hier werden Basisdienste im Softwarebereich ebenfalls zur Infrastruktur gezählt. Im **Verkehrsbereich** stellt sich die Situation für die verschiedenen Verkehrsträger unterschiedlich dar: Sind im Strassenverkehr Transportdienstleistung und Infrastruktur seit jeher voneinander getrennt, befinden sich Betrieb und Infrastruktur bei der Eisenbahn bisher in einer Hand.

Schwieriger gestaltet sich die **Abgrenzung der Netzkomponenten**, die das   **16** Management und den Betrieb des Netzes gewährleisten, von den Komponenten, die eine Optimierung der Dienstleistung erlauben: Eine Infrarotbake an einer Strassenkreuzung erlaubt die Übertragung von Verkehrsdaten an ein Verkehrsleitsystem wie auch die Fahrzeugidentifizierung und -positionierung für einen Flottenbetreiber. Eine Sendestation im GSM Netz kann eine gemeinsame Einrichtung für mehrere Netzbetreiber sein aber auch zur Verbesserung der geographischen Verbreitung eines bestimmten Netzbetreibers dienen, um seine Marktposition zu verbessern.

2. Förderung

Die Tätigkeit der EG nach Abs. 2 zielt auf **Förderung**. Dieser Begriff deu-   **17** tet darauf hin, daß andere Träger der Maßnahme sind und die EG dann unterstützend (fördernd) tätig werden kann. Förderung hat **zwei Aspekte**:
a) Die politische oder organisatorische Förderung in Form von Gesetzgebung oder Empfehlungen oder von der Kommission initiierten Aktionen (s. Art. 155, ex-Art. 129c).
b) Die Finanzielle Förderung aus den Mitteln der EG. Auch hier soll sich die EG auf Beiträge beschränken also stets mit anderen Finanzierungspartnern zusammenarbeiten.

3. „Verbund und Interoperabilität der einzelstaatlichen Netze"

Hier zeigt sich deutlich der Wunsch der Vertragspartner, die transeuropäi-   **18** schen Netze auf der **Basis des Besitzstandes der Mitgliedstaatens**, die die Netze erstellen oder erstellt haben, zu bilden. Die Tätigkeit der EG soll sich dann auf den **Verbund** dieser von den Mitgliedsstaaten erstellten Netze beschränken. Die Gemeinschaftstätigkeit bezieht sich damit in erster Linie auf grenzüberschreitende Maßnahmen. Generell ist die Absicht nicht zu übersehen, die nationalstaatlichen Interessen der einzelnen Mitgliedsstaaten abzusichern. Damit steht Abs. 2 in einem gewissen Widerspruch zu Abs. 1, der ja gerade die Vorteile des Raums ohne Binnengrenzen hervorhebt. Gerade die Energie-, Verkehrs- und die Telekommunikationsnetze rufen nach einer europäischen Lösung, wo nationalstaatliche Grenzen keine Rolle spielen sollten sondern das – noch zu findende – System offener und wettbewerbsorientierter Märkte die Netzkomponenten oder Unternetze definieren sollte. Abs. 2 hingegen setzt Netze in einzelstaatlicher Begrenzung voraus. Dies perpetuiert die technischen Grenzen an den Staatsgrenzen, z.B. auf den international relevanten Eisenbahnstrecken oder die Eingrenzung z.B. von Mobilfunknetzen entlang der Staatsgrenzen. Mit der Etablierung von Interoperabilität bei gleichzeitiger Beibehaltung des jeweiligen technischen Grundsystems wird dann auch noch die technische Ausgestaltung der nationalen Netze festgeschrieben. Interoperabilität sollte deshalb immer nur eine, wenn auch wegen der Kosten unabdingbare, Zwischenlösung zu technischen Lösungen sein, die dem gesamten Binnenmarkt dienen und nationale Lösungen, die ja zumeist protektionistischen Zwecken dienten, obsolet werden lassen. Diese vom EGV der EG zugewiesene Kompetenz wird in der Zukunft sicherlich eine größere Rolle zu spielen haben.

19   Aus wirtschaftlichen Erwägungen müssen die transeuropäischen Netze ihren **Anfang im Zusammenschluß nationaler Netze** nehmen. Man sollte daher die Bestimmung des ersten Satzes dieses Abschnitts als den Ausgangspunkt der Gemeinschaftstätigkeit betrachten, der dann aber als überholt gelten kann, wenn der Aufbau der transeuropäischen Netze weitgehend abgeschlossen ist und sich das System offener und wettbewerbsorientierter Märkte gebildet und als stabil erwiesen hat. Danach sollten die transeuropäischen Netze gänzlich **auf den Raum ohne Binnengrenzen ausgerichtet** und entsprechend den Erfordernissen des Binnenmarktes und dieses Marktsystems ausgebaut werden.

20   Der Begriff **Interoperabilität** weist in eine ähnliche Richtung: Das Wort selber besagt, daß zwei an sich voneinander unabhängige Netze miteinander verbunden werden, so daß Operationen auf dem einen Netz auch auf dem anderen Netz möglich sind. Dies hat in erster Linie mit den technischen Besonderheiten der Netze zu tun. Die Tätigkeit der EG soll darauf abzielen, daß technische Inkompatibilitäten durch Harmonisierung der technischen Normen (Spezifikation) oder die Entwicklung spezieller technischer Einrichtungen, die unterschiedliche technische Eigenschaften zweier oder mehrerer Netze bewältigen können, ausgeglichen werden. Zweifrequenz Mobilfunkgeräte erlauben so den Betrieb eines Gerätes z.B. in Europa und den USA; Mehrstromlokomotiven können auf den verschiedenen europäischen Netzen mit unterschiedlicher Stromversorgung ohne

Aufenthalt an den Grenzen verwendet werden. Dieses Konzept der Interoperabilität wurde aus wirtschaftlichen Erwägungen eingeführt, da es vermutlich wirtschaftlich nicht vertretbar wäre, z.b. eine Harmonisierung der Stromversorgung bei den europäischen Eisenbahnen in absehbarer Zeit durchzuführen. Auf der anderen Seite birgt das Prinzip der Interoperabilität die Gefahr, daß nationale Standards in den drei Sektoren auf längere Zeit festgeschrieben werden und wirtschaftlichere Systeme, die den Binnenmarkt effektiver bedienen könnten, nicht zur Anwendung kommen. Das Prinzip der Interoperabilität kann daher **nur ein Zwischenstadium** auf dem Wege der Bildung eines gemeinsamen Verkehrs-, Energie- und Telekommunikationsmarktes sein. Ein **typischer Fall für die Marktbehinderung** stellt z.B. das „roaming" im Mobilfunk dar, durch das gewährleistet wird, das Mobilfunkgeräte in ganz Europa dadurch funktionieren, daß jeweils national arbeitende Mobilfunkanbieter die Gesprächsübertragung zwischen in unterschiedlichen Staaten befindlichen Teilnehmern durchführen. Diese Interoperabilitätsmaßnahme behindert die Bildung europaweit agierender Mobilfunkgesellschaften, für die Binnengrenzen keine Rolle mehr spielen.

Technische Normen wurden weltweit, aber insbesondere in Europa, dazu benutzt, die eigene Industrie vor Konkurrenz aus dem Ausland zu schützen. Eine wichtige Aufgabe bei der Errichtung des Binnenmarktes besteht darin, die technischen in den Mitgliedsstaaten geltenden Normen soweit zu harmonisieren, daß sie für den gesamten Binnenmarkt Gültigkeit haben und damit nationale Normen ersetzen. Dazu verrichten die Normeninstitute **CEN, CENELEC und ETSI** ihre für den Erfolg des Binnenmarktes essentielle Aufgabe. Auch auf dem Gebiet der TEN sind diese Institute tätig. Im Verkehrswesen ist die Sachlage insofern unübersichtlich, als sich verschiedene andere internationale Organisationen und Institutionen auf diesem Gebiet betätigen; auch die EG selbst erläßt, z.B. zum Thema Sicherheit, Rechtsnormen mit großer technischer Auswirkung, etwa zu Gewichten und Abmessungen. Daher könnte eine wichtige Aktion gerade darin bestehen, für das Gebiet der Verkehrsinfrastruktur eine **Vereinheitlichung der Zuständigkeiten** zu erreichen. **21**

4. „Netzzugang"

Der in Art. 154 Abs. 2 benutzte Begriff Zugang bezieht sich zunächst auf den **physischen Zugang** zum Netz, also z.B. den Bau von Zufahrtsstraßen zu Häfen oder Flughäfen oder Verbindungswegen zwischen Straßen- und Schienenwegen. Es bezieht sich sicherlich auch auf den Zugang zu den **22**

elektrischen Netzen und den Telekommunikationsnetzen. Tatsächlich spielt
insbesondere bei der Telekommunikation und den Energienetzen bereits die
Zugangsberechtigung heute bereits eine weit wichtigere Rolle, da der physische Zugang zu diesen Netzen relativ leicht herstellbar ist und keiner besonderen technischen Regelung bedarf. Unter die Zugangsberechtigung fallen dabei technische Beschränkungen (z.B. bestimmte technische Vorschriften beim Telephonanschluß oder bei der Einspeisung von Wind- oder
Solarstrom, Containerabmessungen) und marktorientierte Bestimmungen,
die Kosten und Wettbewerbsregeln betreffen. Hier öffnet sich ein weites
Feld rechtlicher Probleme, das bisher auf der Basis anderer Bestimmungen
des EGV geregelt wurde. Es wäre zu untersuchen, ob für die transeuropäischen Netze Besonderheiten zu beachten sind, die in den bisherigen Regelungen bislang nicht berücksichtigt wurden. So könnte im Verkehr neben
dem bisher unter Art. 71ff. (ex-Art. 75ff.) geregelten Zugang zum Beruf
und Zugang zum Markt der Zugang zu den transeuropäischen Eisenbahn-
netzen unter Anziehung von Art. 154 Abs. 2 oder 155 Abs. 1 zweiter Spiegelstrich (ex-Art. 129c) geregelt werden, z.B. um internationale Eisen-
bahngesellschaften zu fördern, die in besonderer Weise den Wettbewerb im
Binnenmarkt beleben.

23   Die Tätigkeit der EG betrifft Netze **transeuropäischen Charakters**. Das
Wort „transeuropäisch" stellt hier einen Filter dar: da aus den einzelstaatlichen Netzen ein transeuropäisches Netz entstehen soll, muß die Frage
beantwortet werden: Welche Komponenten dieser Netze bilden das transeuropäische Netz? Somit ist mit dem Auftrag, zum Aufbau transeuropäischer Netze beizutragen, auch der Auftrag zur Auswahl verbunden, nämlich aus den Komponenten der einzelstaatlichen Netze diejenigen auszuwählen, aus denen das transeuropäische Netz gebildet werden soll.
Transeuropäisch sind dann solche Netzkomponenten der existierenden
Netze, die der Zielvorgabe des Art. 154 entsprechen. Hinzu treten mögliche
weitere, auch neue Netzkomponenten, die geeignet sind, aus den
bestehenden Netzkomponenten ein Netz aufzubauen. Jedes dieser transeuropäischen Netze, muß dann als Netzgesamtheit der genannten Zielvorgabe entsprechen.

24   Aus der Existenz **lokaler und regionaler Netze** ergibt sich zwangsläufig
eine Strukturvorgabe: Beim Auf- und Ausbau der transeuropäischen Netze
ist davon auszugehen, daß andere Netzstrukturen parallel bestehen, die entweder das transeuropäische Netz für andere Zielgruppen ergänzen oder
über gemeinsame Komponenten miteinander verbunden sind. Zur Verdeutlichung: Bahnhöfe von internationaler Bedeutung sind zugleich Teil des
transeuropäischen Netzes, wie auch Übergang zu den regionalen oder städ-

tischen Verkehrsnetzen; viele Autobahnen haben sowohl Bedeutung für den transeuropäischen, wie auch den nationalen, regionalen oder sogar lokalen Verkehr. Transmitter im Mobilfunksystem sind gleichzeitig zur Übermittlung zwischen Teilnehmern des gleichen Netzes, wie auch zum Festnetz nötig, das einen Anruf in ein anderes Land durchleitet. Überlandleitungen dienen zur Durchleitung von Strom zwischen unterschiedlichen nationalen Netzen, wie auch zur Versorgung von lokalen Stromnetzen. Während der Vertrag keine Definition vorgibt, kann von Rat und EP in den Leitlinien vorgegeben werden, welche Komponenten ein transeuropäisches Netz bilden. Dies kann auf zwei Arten geschehen und ist auch in den jetzt bestehenden Leitlinien so ausgeführt: Es werden

a) Definitionen geliefert: das sind Qualifikationen und Kriterien, die ein Netzelement erfüllen muss, um Teil des TEN zu sein

oder

b) listenartig oder mit Hilfe von Karten die Netzteile aufgeführt, die durch die getroffene Entscheidung zum Bestandteil des Netzes erklärt werden.

Die Netzdichte ist sicherlich ein Parameter, mit dessen Hilfe man eine ausufernde Netzdefinition begrenzen könnte; er wurde jedoch bisher nicht aufgegriffen. Einen weiteren Hinweis gibt die Bestimmung in Art. 155 Abs. 1 letzter Abschnitt (ex-Art. 129c), derzufolge die EG die potentielle wirtschaftliche Lebensfähigkeit von Vorhaben zu berücksichtigen hat. Übertragen auf das gesamte Netz bedeutet dies, daß das Netz wirtschaftlich d.h. in diesem Fall finanzierbar sein sollte. Damit wird automatisch der Netzumfang limitiert.   **25**

Da es neben den transeuropäischen Netzen weitere Netze gibt, muß auch der Verbund mit diesen Netzen, die Interoperabilität und der Zugang von und zu den TENs geregelt werden. Die drei Begriffe „Verbund", „Interoperabilität" und „Zugang" beziehen sich somit nicht nur auf das TEN und seine innere Ordnung, sondern auch auf die **Interaktion zwischen den TENs und anderen Netzen**. Die drei Begriffe stehen in engem Zusammenhang zueinander, wobei die Interoperabilität als Schlüsselbegriff anzusehen ist: Wenn man den physischen Zugang bzw. Verbund von Netzen herstellen will, müssen dazu technische aber auch administrative und rechtliche Voraussetzungen geschaffen werden. Diese sind gegebenenfalls im Rahmen des Art. 155 Abs. 1 2. Spiegelstrich (ex-Art. 129c) zu regeln.

Art. 155 (ex-Art. 129c) (Leitlinien, Aktionen, finanzielle Unterstützung, Kohäsionsfonds)

(1) Zur Erreichung der Ziele des Artikels 154 geht die Gemeinschaft wie folgt vor:

– **Sie stellt eine Reihe von Leitlinien auf, in denen die Ziele, die Prioritäten und die Grundzüge der im Bereich der transeuropäischen Netze in Betracht gezogen Aktionen erfaßt werden; in diesen Leitlinien werden Vorhaben von gemeinsamem Interesse ausgewiesen;**

– **sie führt jede Aktion durch, die sich gegebenenfalls als notwendig erweist, um die Interoperabilität der Netze zu gewährleisten, insbesondere im Bereich der Harmonsierung der technischen Normen;**

– **sie kann von den Mitgliestaaten ganz oder teilweise unterstützte Vorhaben von gemeinsamem Interesse, die im Rahmen der Leitlinien gemäß dem ersten Gedankenstrich ausgewiesen sind, insbesondere in Form von Durchführbarkeitsstudien, Anleihebürgschaften oder Zinszuschüssen unterstützen; die Gemeinschaft kann auch über den nach Art. 161 errichteten Kohäsionsfonds zu spezifischen Verkehrsinfrastrukturvorhaben in den Mitgliedstaaten finanziell beitragen.**

Die Gemeinschaft berücksichtigt bei ihren Maßnahmen die potentielle wirtschaftliche Lebensfähigkeit der Vorhaben.

(2) Die Mitgliedstaaten koordinieren untereinander in Verbindung mit der Kommission die einzelstaatlichen Politiken, die sich erheblich auf die Verwirklichung der Ziele des Art. 154 auswirken können. Die Kommission kann in enger Zusammenarbeit mit den Mitgliedstaaten alle Initiativen ergreifen, die dieser Koordinierung förderlich sind.

(3) Die Gemeinschaft kann beschließen, mit dritten Ländern zur Förderung von Vorhaben von gemeinsamem Interesse sowie zur Sicherstellung der Interoperabilität der Netze zusammenzuarbeiten.

I. Normzwecke

Diese Vorschrift beschreibt unter Bezugnahme auf die Zielsetzung in Art.   **1**
154 (ex-Art. 129b) die von der EG zu ergreifenden Maßnahmen. Der in
Art. 155 (ex-Art. 129c) enthaltene Aktionskatalog ist *abschließend*; er wird
nicht durch ein „insbesondere" eingeleitet. Die Tätigkeit der EG bezieht –
und beschränkt – sich nach diesem Titel auf die folgenden Aktionsfelder:
die Aufstellung von Leitlinien, Aktionen zur Herstellung der Interoperabilität, die finanzielle Unterstützung von Vorhaben von gemeinsamen Interesse, die Förderung der Koordinierung der Mitgliedstaaten und die Zusammenarbeit mit Drittstaaten in bezug auf die transeuropäischen Netze.

II. Aufstellung der Leitlinien

Der Begriff der **Leitlinien** ist nicht näher definiert. Im EGV wird er in un-   **2**
terschiedlicher Weise, z.B. bei den Bestimmungen über die gemeinsame
Außen- und Sicherheitspolitik (Art. 12 [ex-Art. J.2] EUV) oder bei der Beschäftigungspolitik (Art. 128, ex-Art. 109q) als Hinweis, Orientierung oder
Rahmenentscheidung verwandt. Auch der Grad der Verbindlichkeit ist unterschiedlich. Im Rahmen der transeuropäischen Netze – der Gesamtzusammenhang der Vorschrift bestätigt dies –, sind keine *verpflichtenden* Beschlüsse, etwa bestimmte Investitionen durchzuführen, gemeint. Bei diesen
Leitlinien handelt es sich vielmehr um einen *Orientierungsrahmen*, dem insofern Verbindlichkeit zukommt, als die Leitlinien nach Art. 156 (ex-Art.
129d) in einer der Rechtsformen der Gemeinschaftsrechtsetzung des Art.
249 (ex-Art. 189) erlassen werden müssen. In der Praxis wurden dabei die
Leitlinien für alle drei Infrastrukturbereiche als Entscheidung, die sich an
die Mitgliedstaaten richtet, erlassen. Entscheidungen sind nach Art. 249
(ex-Art. 189) für diejenigen, die sie bezeichnen, rechtsverbindlich. Alle drei
enthalten aber einen Finanzvorbehalt, der die Mitgliedstaaten von einer In-
vestitionspflicht entlastet.
Die Entscheidung Nr. 1692/96/EG des EP und des Rates vom 23. Juli 1996
über gemeinschaftliche Leitlinien für den Aufbau eines transeuropäischen
Verkehrsnetzes (ABl. L 228) definiert die Leitlinien als einen „allgemeinen
Bezugsrahmen … durch den die Maßnahmen der Mitgliedstaaten und gegebenenfalls die gemeinschaftlichen Maßnahmen … gefördert werden sollen" (Art. 1 Abs. 2). Dagegen wird in der Entscheidung Nr. 1254/96/EG des
EP und des Rates vom 5. Juni 1996 über eine Reihe von Leitlinien betreffend die transeuropäischen Netze im Energiebereich (ABl. L 161) (Art. 6
Abs. 6) bzw. in der Entscheidung Nr. 1336/97/EG des EP und des Rates
vom 17. Juni 1997 über Leitlinien für transeuropäische Telekommunika-

tionsnetze (ABl. L 183) (Art. 11) festgelegt, daß „die Mitgliedstaaten alle
... erforderlichen Maßnahmen (treffen) um die Durchführung der Vorhaben
von gemeinsamem Interesse zu erleichtern..."
Insoweit stellen die Leitlinien zumindest eine „Verhaltenspflicht" (so auch
J. Erdmenger, in: GTE, Art. 129c, Rn. 18) für die Mitgliedstaaten dar, diejenigen Maßnahmen im Rahmen der transeuropäischen Netze zu fördern,
denen sie auf gemeinschaftlicher Ebene zugestimmt haben. Andererseits
sollen die Entscheidungen die finanzielle Beteiligung der Mitgliedstaaten
(oder der EG) aber nicht präjudizieren.

Besondere Probleme bringt die Aufstellung von Leitlinien allerdings in jenen Fällen mit sich, in denen nicht die Mitgliedstaaten selbst, sondern unabhängige **Unternehmen** für die Errichtung und den Betrieb der Netze verantwortlich sind. Dies findet sich bisher vornehmlich – aber nicht ausschließlich – in den Bereichen der Telekommunikation und der Energieversorgung. Diese Problematik wird umso größere Bedeutung erlangen, als die
EU z.T. sehr nachdrücklich das Ziel verfolgt, bisherige staatliche Monopole aufzubrechen und die Errichtung auch paralleler Netze durch im Wettbewerb stehende Unternehmen zu ermöglichen.

3   In den Leitlinien sollen hinsichtlich der in Betracht gezogenen **Aktionen**
die „Ziele, Prioritäten und Grundzüge" festgelegt werden. Um welche Aktionen es sich handelt, wird nicht gesagt. Aus dem Gesamtzusammenhang
ergibt sich jedoch, daß es sich dabei um Aktionen handelt, die zum Auf-
und Ausbau der Netze, der Förderung des Verbunds und der Interoperabilität der einzelstaatlichen Netze, des Netzzugangs sowie der Anbindung von
Gebieten in Insel- oder Randlage und zur Realisierung von Vorhaben von
gemeinsamen Interesse beitragen.

4   Die **Ziele** der in Betracht gezogenen Aktionen ergeben sich aus den übergeordneten Zielen des Art. 154 (ex-Art. 129b) und müssen sektorspezifisch
in den Leitlinien an die fachpolitischen Ziele und Erfordernisse des jeweiligen Infrastrukturbereichs angepaßt werden.

5   Im Bereich der **Verkehrsinfrastruktur** legen die Leitlinien in Art. 2 die
Ziele für den Aufbau eines transeuropäischen Verkehrsnetzes mit dem Zeithorizont bis 2010 fest. Dabei soll das Netz durch schrittweise Integration
von Land-, See- und Luftverkehrsinfrastrukturnetzen entsprechend den
Netzleitschemata, die in Anhang I der Entscheidung abgebildet sind, auf-
und ausgebaut werden. Die Leitlinien sind alle fünf Jahre zu überprüfen
und erforderlichenfalls der Entwicklung anzupassen.
Im Bereich der **Telekommunikationsinfrastruktur** legen die Leitlinien in
Art. 2 die Ziele für den Aufbau und die Entwicklung interoperabler Dienste und Anwendungen sowie den Zugang dazu fest.

Bei der **Energieinfrastruktur** unterscheiden die Leitlinien den Bereich der Elektrizitätsnetze und der Erdgasnetze, für die Art. 3 gemeinsame Ziele, u.a. die Verwirklichung des Energiebinnenmarktes, die Integration der weniger begünstigten Regionen und die Versorgungssicherheit durch die Kooperation mit Drittstaaten, formuliert.

Die **Prioritäten** der in Betracht gezogenen Aktionen können sich auf die zeitliche oder die politische Dringlichkeit, mit der bestimmte Maßnahmen verwirklicht werden sollen, beziehen. Zeitliche Prioritäten festzulegen, stellt den Rat vor eine kaum zu lösende Aufgabe, da bei der Realisierung von Infrastrukturvorhaben meist komplexe nationale Planungsprozesse zu beachten sind, die detaillierte zeitliche Vorgaben auf Gemeinschaftsebene nicht zulassen. Zeitliche Prioritätenvorgaben durch die EG wären auch kaum vorstellbar, wo für den Auf- und Ausbau der Netze, wie insbesondere im Energie- und Telekommunikationsbereich und zunehmend auch im Verkehrsbereich, unabhängige Unternehmen verantwortlich sind. Immerhin enthalten die Leitlinien im Verkehrsbereich einen Zeithorizont, bis zu dem das Netz etabliert sein soll.

Auch die Festsetzung von Prioritäten unter den Vorhaben von gemeinsamem Interesse erweist sich als schwierig: eine vom Europäischen Rat von Essen im Jahre 1994 erstellte Gruppe aus seiner Sicht prioritärer Verkehrsvorhaben wurden als „spezifische Vorhaben" in die Leitlinien aufgenommen, da sich der Rat mit dem Europäischen Parlament nicht auf prioritäre Vorhaben verständigen konnte. Vorhaben von gemeinsamen Interesse sind aber nur ein Teil der möglichen Prioritätenbildung (vgl. Rn. 3). Maßnahmen zur Herstellung der Interoperabilität könnten z.B. ebenfalls prioritär sein. Dieser Gedanke ist jedoch in den geltenden Leitlinien nicht aufgegriffen worden.

Die **Grundzüge** der in Betracht gezogenen Aktionen erfassen im wesentlichen diejenigen Maßnahmen, die zum Zustandekommen und Ausbau der jeweiligen Netze erforderlich sind. Dazu gehören z.B. die Aufstellung und Fortschreibung von Leitplänen, die kartographisch den Auf- und Ausbaubedarf bestimmen (Verkehr und Energie), Maßnahmen zur Verbreitung von Telekommunikationsdiensten und -anwendungen sowie zur Förderung gemeinsamer Initiativen von Benutzern und Anbietern (Telekommunikation), oder die auf die „Schaffung günstigerer Rahmenbedingungen für den Ausbau der transeuropäischen Netze im Energiebereich (Entscheidung des Rates Nr. 96/391/EG, ABl. Nr. L 161) abzielen. In allen drei Leitlinien wird ferner der Ermittlung von „Vorhaben von gemeinsamem Interesse" als Aktionsform besondere Bedeutung beigemessen. **6**

Das Ausweisen von **„Vorhaben von gemeinsamem Interesse"** bildet zweifellos den Schwerpunkt der Leitlinien. Der EGV präzisiert den Begriff **7** nicht näher. Aus der Entstehungsgeschichte der Vorschrift läßt sich jedoch vermuten, daß vor allem grenzüberschreitende Großvorhaben der Verkehrsinfrastruktur (wie z.b. der Kanaltunnel, fehlende Verbindungsstücke zwischen den nationalen Schienenhochgeschwindigkeitsnetzen, der Brenner-Basis-Tunnel oder die Rhein-Rhone Kanalverbindung) Pate gestanden haben. Der Versuch, eine einheitliche Definition oder gemeinsame Kriterien für die Auswahl der Vorhaben zu finden, wurde in den Leitlinien nicht unternommen. Definition und Kriterien richten sich nach den Erfordernissen der jeweiligen Infrastrukturbereiche. In allen drei Bereichen gilt aber, daß sich die Vorhaben in den jeweiligen Netzzusammenhang einfügen und für das Zustandekommen bzw. die Vervollständigung des Netzes wesentlich sein müssen.

8 In den Leitlinien für das transeuropäische **Verkehrsnetz** werden die Vorhaben, soweit es sich um trassengebundene Vorhaben handelt, anhand kartographischer Netzleitschemata (Anhang I) ausgewiesen. Im Falle von punktförmigen Infrastrukturen (hierzu hat die Kommission am 10.12.1997 einen Vorschlag zur Ergänzung der Entscheidung Nr. 1692/96/EG bezüglich Seehäfen, Binnenhäfen und intermodale Terminals [KOM 97/681 endg.] gemacht) oder bei Verkehrsmanagement- und Navigationssystemen, die kartographisch nicht darstellbar sind, werden sie durch Kriterien und Spezifikationen (Anhang II) bestimmt. Anhang III führt schließlich indikativ die 14 spezifischen Vorhaben von gemeinsamem Interesse auf, denen der Europäische Rat von Essen 1994 besondere Bedeutung beigemessen hat.

9 Die Ausweisung von Vorhaben von gemeinsamem Interesse in den Leitlinien für die **Telekommunikationsnetze** erfolgt entsprechend der drei Ebenen, die die Netze konstituieren: Anwendungen, Basisdienste und Basisnetze. Anhang I führt zu jeder Ebene Vorhaben auf, die in einem Ausschußverfahren weiter präzisiert werden. Im Bereich der „**Anwendungen**" handelt es sich z.B. um den Aufbau von Gesundheitswesen, die Umwelt oder KMU. Bei den Vorhaben im Bereich der „**Basisdienste**" handelt es sich u.a. um die elektronische Post, Datentransfersysteme oder Online-Zugänge zu Datenbanken und Videodiensten. Der Bereich der „**Basisnetze**" umfaßt Vorhaben für die Entwicklung des EURO-ISDN (dienstintegriertes digitales Fernmeldenetz), die Schaffung integrierter Breitband-Kommunikationsnetze (IBC-Netze) und die Entwicklung von ortsfesten, mobilen und Satellitennetzen zur Unterstützung der Anwendungen und Dienste.

10 In den Leitlinien für die **Energienetze** werden die Vorhaben getrennt nach Elektrizitätsnetzen und Gasnetzen in einem Anhang indikativ aufgeführt und den „Prioritäten der Aktion", wie z,B. Anbindung isolierter Netze, Verbund zwischen den Mitgliedstaaten und mit Drittländern, Einführung von

Erdgas in neue Regionen, Kapazitätsausbau etc. zugeordnet. In einem Ausschußverfahren werden sie dann weiter präzisiert.

Der EGV sagt nicht näher, welche Wirkung die „Ausweisung" eines Vor-   **11**
habens von gemeinsamem Interesse im einzelnen haben kann oder soll. Allerdings ist die Ausweisung nach Abs. 1, 3. Gedankenstrich Voraussetzung
dafür, daß die EG ein Vorhaben finanziell unterstützt, ohne daß die Ausweisung für sich bereits einen Anspruch auf eine solche Unterstützung gäbe. Der Begriff „Ausweisung" meint, daß die Vorhaben in den Leitlinien
hinreichend präzise beschrieben sein müssen, um als Bezugspunkt für
nachfolgende Maßnahmen dienen zu können, ohne jedoch die Projekte bereits konkret zu definieren.

III. Interoperabilität der Netze

Diese Vorschrift zielt darauf, die einzelstaatlichen Netze möglichst ohne   **12**
Hindernisse grenzüberschreitend benutzbar zu machen. Sie dient damit der
EU-weiten Nutzung dieser Netze und schafft dafür in erster Linie die **tech-
nischen Voraussetzungen** (s. Art. 154 Rn. 23–26). Erwägenswert ist, ob
Zugangsregelungen im engeren Sinne (also Regeln für die Benutzung der
Netze einschließlich etwaiger Gebührenregelungen) nach dieser Vorschrift
erlassen werden können und sollten.

Die **Interoperabilität** soll nach dieser Vorschrift insbesondere durch die
Festlegung gemeinsamer technischer Spezifikationen erzielt werden („Harmonisierung der technischen **Normen**"). Beispiele dafür sind die unterschiedliche Spurweite der Eisenbahnen in Portugal, Spanien und Finnland
im Verhältnis zu den anderen Mitgliedstaaten sowie die Angleichung der
Leitsysteme und der Kraftübertragung für den elektrischen Zugbetrieb oder
die Kompatibilität der Anwendungen im Telekommunikationsbereich. Das
Wort „insbesondere" schließt jedoch nicht aus, daß auch andere Aktionen,
die zur Interoperabilität der Netze oder von Netzteilen führt, durchgeführt
werden können, z.B. Einspeiseregeln für Energieproduzenten in das Europäische Verbundnetz, Harmonisierung der Elektrizitätsversorgung bei
den Eisenbahnen, Einrichtung eines sektorübergreifend zu nutzenden Posi-
tionierungssystems auf Satellitenbasis.

Die **Harmonisierung technischer Normen** kann erhebliche Schwierigkeiten bereiten, weil die Umstellung bestehender Systeme technische Probleme aufwirft, unter Umständen längere Zeiträume benötigt und mit sehr hohen Kosten verbunden sein kann. Um Interoperabilität zu erschwinglichen
Kosten herzustellen, werden daher Lösungen angestrebt, die es erlauben, an
sich nicht miteinander kompatible Netze durch Vorrichtungen zu nutzen,

die weit komplizierter und teurer sind, als es bei Vorliegen einheitlicher Normen nötig wäre, z.B. die Mehrstromlokomotive oder das Mehrfrequenz Funktelephon. Somit werden an sich notwendige Investitionen zur technischen Harmonisierung der Infrastruktur durch Interoperabilitätsmaßnahmen, die auf der Dienstleistungsseite oder der Geräte- und Anlagenherstellung zu erbringen sind, ersetzt. Hier bedarf es sicherlich einer sorgfältigen Abwägung der unterschiedlichen volkswirtschaftlichen Kosten und Nutzen der jeweiligen Konzepte.

Die Tätigkeit der EG hat sich zwar der Einfachheit halber auf die Einrichtung neuer Netze bzw. neuer Einrichtungen oder Dienste konzentriert (etwa im Bereich der Telekommunikation, aber z.B. auch auf neue Hochgeschwindigkeitsstrecken). Im übrigen wird der **Übergang** von einem zum anderen System erleichtert und gefördert. Soll jedoch das Ziel, wie es in Art. 154 (ex-Art. 129b) formuliert wird, auf Dauer erfüllt werden, dann wird die EG um eine langfristige Harmonisierung der technischen Spezifikationen und Normen nicht umhinkommen.

13 Zweifelhaft kann sein, ob und in welchem Ausmaß die EG nach dieser Vorschrift auch Regelungen erlassen kann, die die **Mitgliedstaaten oder Unternehmen** zu einem bestimmten Verhalten – etwa die Anwendung bestimmter Normen – **verpflichten.** Dies muß möglich sein. So wäre es durchaus denkbar, daß die EG einen Mitgliedstaat verpflichtet, etwa seine Eisenbahnen auf die in der EG vorherrschende Spurweite umzustellen oder für alle bereits elektrifizierten Eisenbahnstrecken ein bestimmtes auf gemeinschaftsübergreifenden Normen beruhendes elektrisches Stromversorgungssystem einzuführen. Hier muß aber nach den Grundsätzen der Verhältnismäßigkeit und Wirtschaftlichkeit einer Maßnahme entschieden werden („potentielle wirtschaftliche Lebensfähigkeit der Vorhaben"). Solche sehr weit reichenden Maßnahmen erfordern auch eine auf einen längeren Zeitraum angelegte Einführungsstrategie der EG.

Interoperabilität beschränkt sich jedoch nicht nur auf die Herstellung technischer Betriebskompatibilität, sondern kann auch die **regulatorischen und organisatorischen Bedürfnisse des Netzbetriebes** und der darauf ausgeführten Dienste umfassen. Es geht darum, die Netzregularien zwischen beliebigen Punkten des Netzes im Unionsgebiet so zu gestalten, daß stets ein wirtschaftlich optimaler und möglichst umweltfreundlicher und sicherer Netzbetrieb und entsprechende Dienstleistungen möglich sind. Dies kann in einigen Fällen Gesetzesangleichungen in anderen Fällen administrative Harmonisierungsmaßnahmen erforderlich machen.

14 Die Aktionen zur Herstellung der Interoperabilität bedürfen zu ihrer rechtlichen Begründung nicht zwingend der Ausweisung in den Leitlinien

(Abs. 1 1. Gedankenstrich). Gleichwohl ist die Herstellung von Interoperabilität in allen drei Leitlinien als Zielsetzung enthalten. Darüber hinaus werden im Bereich der Verkehrsinfrastruktur und im Telekommunikationssektor bestimmte Interoperabilitätsmaßnahmen explizit als „Vorhaben von gemeinsamem Interesse" ausgewiesen.

Dennoch besitzt die Bestimmung des 2. Gedankenstrichs eine eigenständige Stellung gegenüber dem 1. Gedankenstrich, der die Aufstellung der Leitlinien regelt (so auch EuGH, C-271/94, Slg. 1996, I–1689 Edicom – Rechtsgrundlage). Aktionen nach dieser Bestimmung bedürfen zwar auch der Festlegung durch den Rat entsprechend Art. 156 Satz 1 (ex-Art. 129d). Auf diese Aktionen findet aber die Einschränkung des Art. 156 Satz 2 keine Anwendung: Aktionen zur Interoperabilität werden im Mehrheitsbeschlußverfahren festgelegt, ohne daß ein einzelner Mitgliedsstaat ein Vetorecht hätte.

Die hier begründete Kompetenz zur Herstellung der Interoperabilität der **15** transeuropäichen Netze kann zu Abgrenzungsproblemen mit anderen Kompetenznormen des EGV (s. Vorbem. Rn. 4, 5) führen. So können Vorschriften zur **technischen Harmonisierung** grundsätzlich (auch) nach Art. 95 (ex-Art. 100a) erlassen werden, für den ebenfalls das Verfahren der Mitentscheidung durch das EP gilt (z.B. RL 97/33/EG über die Zusammenschaltung in der Telekommunikation in Hinblick auf die Sicherstellung eines Universaldienstes und der Interoperabilität durch Anwendung der Grundsätze für einen offenen Netzzugang [ONP], ABl. L 199). Nach den vom EuGH entwickelten Grundsätzen dürfte allerdings in allen Fällen, in denen Art. 156 (ex-Art. 129d) eine hinreichende Grundlage für den Erlaß von Harmonisierungsvorschriften darstellt, nicht Art. 95 (ex-Art. 100a) herangezogen werden (EuGH, C-271/94, a.a.O., Slg. 1996, I–1689; C-22/96, EP/Rat, [IDA – Rechtsgrundlage], Slg. 1998, I–3231).

Als abgeleitetes Recht wurde auf diesem Gebiet bisher die RL 96/48/EG **16** des Rates vom 23. Juli 1996 über die Interoperabilität des transeuropäischen Hochgeschwindigkeitszugsystems (ABl. L 235) erlassen. Die RL umfaßt sowohl Infrastruktur, als auch Fahrzeuge. Dabei werden für acht Teilsysteme (Infrastruktur, Energieversorgung, Zugsteuerung und -sicherung, Signalisierung, Fahrzeuge, Instandhaltung, Umwelt, Betrieb, Fahrgast) technische Spezifikationen für die Interoperabilität ausgearbeitet (TSI), die im ABl. der EG veröffentlicht werden und von den Mitgliedstaaten zu beachten sind.

IV. Finanzielle Unterstützung

17 Wie so häufig, sind auch für diesen Titel die **Finanzbestimmungen** von zentraler Bedeutung. Auch sie unterliegen Art. 154 II (ex-Art. 129b), wonach die Tätigkeit der Gemeinschaft (nur) auf den Verbund, die Interoperabilität und den Zugang zu den Netzen zielt. Für die meisten Mitgliedstaaten ist dieser Titel ganz vorwiegend unter dem finanziellen Blickwinkel von Interesse, weil sie sich zusätzliche Nettorückflüsse aus dem Haushalt der EG versprechen. In diesem Zusammenhang gehört der Kohäsionsfonds (Art. 161, ex-Art. 130d), auf den Art. 155 (ex-Art. 129c) ausdrücklich verweist.

18 Auch hinsichtlich einer finanziellen Unterstützung ist die EG nur subsidiär, d.h. komplementär, tätig: sie kann die von den Mitgliedstaaten (mit)getragenen Vorhaben lediglich *unterstützen*, deren Mitwirkung aber nicht etwa *ersetzen*. Ein evtl. finanzielles Engagement der EG beschränkt sich auf Vorhaben, die von den *Mitgliedstaaten* ganz oder teilweise unterstützt werden, wobei die Form der Unterstützung offen ist. Aus der Entstehungsgeschichte und dem Gesamtzusammenhang der Vorschrift ergibt sich, daß es sich bei der Unterstützung durch den Mitgliedstaat um eine *finanzielle* Beteiligung handeln sollte, z.B. in Form von Zuschüssen aus dem Haushalt; aber andere Formen der Unterstützung etwa in Form einer Kapitalbeteiligung an dem das Vorhaben durchführenden Unternehmen oder die Unterstützung von Vorhaben, z.B. die wie in Frankreich als „Vorhaben von öffentlichem Interesse" deklariert werden, sind durch die Formulierung nicht ausgeschlossen. Damit sind Finanzierungsformen nach dem Modell der Public Private Partnership durch die EG förderwürdig, auch wenn der betroffene Mitgliedstaat sich finanziell nicht beteiligt, das Vorhaben jedoch „unterstützt".

19 Die Änderung der Bestimmung des Maastrichter Vertrages, wonach die Vorhaben von den Mitgliedstaaten finanziert werden müssen (ex-Art. 129c I 3. Gedankenstrich), war erforderlich geworden, da sonst grundsätzlich alle privat finanzierten Vorhaben, insbesondere im Telekommunikations- und Energiebereich, von vornherein von der Unterstützung ausgeschlossen worden wären. Auf der anderen Seite besteht kein zwingender Anlaß, für **Unternehmensinvestitionen** in transeuropäische Netze einen neuen Subventionstatbestand zu eröffnen. Mit dem in Art. 154 (ex-Art. 129b) niedergelegten Grundsatz „wettbewerbsorientierter Märkte" ständen solche Subventionen kaum in Einklang. Insbesondere bei der Energieinfrastruktur, aber auch in der Telekommunikation und zunehmend bei der Verkehrsinfrastruktur könnten durch sie erhebliche Wettbewerbsverzerrungen hervorgerufen wer-

den. Die Komplementarität der Gemeinschaftsunterstützung soll daher sicherstellen, daß nur solche Vorhaben gefördert werden, die auch von den
Mitgliedstaaten („öffentliche Hand") unterstützt werden.

Für die finanzielle Unterstützung durch die EG ist ferner Voraussetzung,   **20**
daß die Vorhaben als Vorhaben von gemeinsamem Interesse in den Leitlinien ausgewiesen sind (vgl. Rn. 11). Nicht mehr erforderlich ist, daß sie
von den Mitgliedstaaten auch finanziert werden. Nach Art. 2 Abs. 2 der Verordnung (EG) Nr. 2236/95 des Rates vom 18. September 1995 über die
Grundregeln für die Gewährung von Gemeinschaftszuschüssen für transeuropäische Netze (TEN-ZuschußVO) (ABl. L 228) genügt es, wenn es sich
um öffentliche Träger oder vergleichbare Einrichtungen handelt, insbesondere um öffentliche oder private Unternehmen, die öffentliche oder im öffentlichen Interesse liegende Dienstleistungen erbringen. Entscheidend ist
jedoch, daß die Anträge auf Zuschüsse bei der Kommission nur vom betroffenen Mitgliedstaat oder mit dessen Zustimmung eingereicht werden
können (Art. 8 ZuschußVO).

Die Unterstützung der Mitgliedstaaten soll **„insbesondere"** durch **Durch-**   **21**
führbarkeitsstudien, Anleihebürgschaften und **Zinszuschüsse** erfolgen.
Es ist bemerkenswert, daß solche banktechnischen Begriffe wie „Anleihebürgschaften" und „Zinszuschüsse" Eingang in die Primärgesetzgebung der
EG gefunden haben, die bei näherer Analyse mehr für das Kreditgewerbe
von Nutzen sind, als für den Netzbetreiber. Das „insbesondere" kennzeichnet diese Unterstützungsformen als eine nicht abschließende, jedoch bevorzugte Aufzählung von Gemeinschaftsmaßnahmen, so daß auch andere
denkbar sind. So läßt die ZuschußVO zusätzlich in begründeten Fällen direkte Subventionen für Investitionen zu (Art. 4). Im Verkehrsinfrastruktur-
bereich haben sie sich neben den Durchführbarkeitsstudien zur Hauptan-
wendungsform entwickelt, während im Telekommunikationsbereich und
bei der Energie Durchführbarkeitsstudien im weitesten Sinne im Vordergrund stehen. Insgesamt lassen diese Formen erkennen, daß es sich um An-
reizinstrumente handelt, um die Inangriffnahme von Vorhaben zu erleichtern und Schwierigkeiten in der Anlaufphase der Projekte zu vermindern.
Sie sollen insbesondere Finanzierungsmodelle anregen, die das privatwirtschaftliche Engagement, z.B. im Rahmen privat-öffentlicher Partnerschaf-
ten, einbeziehen.

Für den Zeitraum **1995 bis 1999** ist hierfür in der ZuschußVO ein Finanz-   **22**
rahmen in Höhe von ECU 2.345 Mrd. vorgesehen. Davon entfallen ECU
1.785 Mrd. auf das Verkehrsnetz, ECU 448 Mio. auf das Telekommunika-
tionsnetz und ECU 112 Mio. auf das Energieinfrastrukturnetz. Im Rahmen
der Agenda 2000 (KOM(97) 2000 endg.) hat die Kommission für den Zeit-

raum 2000 bis 2006 einen Finanzrahmen von Euro 5.500 Mrd. (Verkehr:
Euro 4.992 Mrd.; Telekommunikation: Euro 328 Mio.; Energie: Euro 180
Mio.) vorgeschlagen. Vorschlag für eine VO (EG) des Rates zur Änderung
der VO (EG) Nr. 2236/95 über die Grundregeln für die Gewährung von Gemeinschaftszuschüssen für transeuropäische Netze (KOM (1998) 172
endg.)

23   Von besonderer Bedeutung ist in diesem Zusammenhang, daß die EG zu
Verkehrsinfrastrukturvorhaben in den sog. Kohäsionsländern auch über den
Kohäsionsfonds beitragen kann, für den für die Jahre 1993–1999 immerhin rd. ECU 15.150 Mrd. zur Verfügung stehen. Im Rahmen der Agenda
2000 schlägt die Kommission vor, den Kohäsionsfonds im Zeitraum 2000
bis 2006 mit Euro 20 Mrd. auszustatten. Art. 3 Abs. 1 der VO (EG) Nr.
1164/94 des Rates vom 16. Mai 1994 (ABl. Nr. L 130) zur Errichtung des
Kohäsionsfonds stellt sicher, daß nur solche Verkehrsinfrastrukturvorhaben
gefördert werden können, die in den Leitlinien für das Verkehrsnetz ausgewiesen sind (1. Gedankenstrich).

24   Die EG muß nach ausdrücklicher Vorschrift die **wirtschaftliche Lebensfähigkeit** des Vorhabens berücksichtigen. Die potentielle wirtschaftliche
Lebensfähigkeit eines Vorhabens wird allgemein als volkswirtschaftliche
Rentabilität aufgefaßt, wobei die sozio-ökonomischen Nutzen den Kosten
des Vorhabens gegenübergestellt werden (siehe z.B. Art. 7 der Verkehrsleit-
linien, Art. 9 ZuschußVO). Wirtschaftliche Lebensfähigkeit erfordert aber
auch, selbst wenn sich ein volkswirtschaftlicher Nutzen ergibt, daß das
Vorhaben finanzierbar ist. In den wirtschaftlich weniger starken Mitgliedsländern können die Kosten der Vorhaben von gemeinsamen Interesse
jedoch die Finanzkraft des Landes übersteigen. Damit wäre die wirtschaftliche Lebensfähigkeit solcher Vorhaben u.U. erst durch Gemeinschaftszu-
schüsse gegeben.

Die Forderung nach wirtschaftlicher Lebensfähigkeit besagt nicht, daß diese Vorhaben eine **finanzielle Rendite** erbringen müssen. Ein Zuschuß der
öffentlichen Hand ist jedoch immer dann erforderlich, wenn zwischen dem
monetär ausgedrückten volkswirtschaftlichen Nutzen eines Vorhabens und
einer eventuellen finanziellen Rendite eine Lücke klafft. Da in einigen Ländern, so auch Deutschland, z.B. Straßeninfrastruktur ohne Gebühren zur
Verfügung gestellt wird, ergeben sich hier einige Schwierigkeiten, die wirtschaftliche Lebensfähigkeit und die adäquate Größe von Zuschüssen zu ermitteln.

Die Forderung nach wirtschaftlicher Lebensfähigkeit soll verhindern, daß
transeuropäische Netze entworfen werden, für die ein **wirtschaftlicher
Bedarf nicht** wirklich **besteht** oder die nicht zu finanzieren sind. Die Klau-

sel führt integrationspolitisch vielleicht Wünschenswertes auf das wirtschaftlich Sinnvolle zurück und soll der Gefahr entgegenwirken, daß theoretische Netzschemata festgelegt werden, an denen die eigentliche Verantwortlichen für den Bau und Betrieb und die Nutzer dieser Netze kein Interesse haben.

V. Koordinierung der einzelstaatlichen Politiken

Abs. 2 ergänzt die Aktionsfelder der EG in Abs. 1, indem er die **Koordi-**   25
nierungserfordernisse der einzelstaatlichen Politiken zwischen den Mitgliedstaaten in bezug auf die transeuropäischen Netze betont. Damit wird noch einmal der subsidiäre Charakter des Gemeinschaftshandelns auf dem Gebiet der Infrastrukturpolitik deutlich gemacht. Die Kommission besitzt zur Förderung dieser Koordinierung ein ausdrückliches **Initiativrecht**, das durchaus unterschiedliche Formen annehmen kann und insbesondere auch Vorschläge an den Rat außerhalb des förmlichen Rechtsetzungsverfahrens einschließt. Ein Beispiel hierfür war die Aufforderung des Europäischen Rates von Brüssel im Dezember 1993 an die Mitgliedstaaten, Investitionsprogramme für die Realisierung der transeuropäischen Netze aufzustellen und hierzu eine Gruppe von persönlichen Beauftragten der Staats- und Regierungschefs unter dem Vorsitz der Kommission („Christophersen-Gruppe") einzuberufen.

VI. Zusammenarbeit mit Drittländern

Mit diesem Artikel soll der EG die Möglichkeit – nicht die Pflicht – zur Zu-   26
sammenarbeit mit Drittländern ermöglicht werden. Diese ist im Bereich der transeuropäischen Netze jedoch auf zwei Gebiete beschränkt: Förderung von Vorhaben von gemeinsamen Interesse und die Sicherstellung der Interoperabilität.

Bezüglich der Vorhaben von gemeinsamen Interesse ist zu bemerken, daß **Divergenzen zwischen der englischen und deutschen Fassung** des Vertragstextes besteht. In der englischen Fassung wird von Projekten von gegenseitigen („mutual") Interesse gesprochen. Da sich durch den gesamten Vertragstext die Anwendung der Wörter „gemeinsames Interesse" stets auf Gemeinsamkeiten zwischen den Mitgliedsstaaten bezieht, ist zu vermuten, daß der englische Text die Problematik besser trifft. Dies ist insofern relevant, als Vorhaben von gemeinsamen Interesse in den Leitlinien ausgewiesen werden müssen, was in Bezug auf Vorhaben mit Drittstaaten zu einer doppelten Beschlußfassung (a: Leitlinien b: spezifischer Zusammenarbeitsbeschluß durch den Rat) führen und das Entscheidungsverfahren erheblich erschweren würde.

Über die Zusammenarbeit mit den Mitgliedstaaten wird im Rahmen der **allgemeinen Verfahrensregeln** des Art. 300 (ex-Art. 228) entschieden. Dies ist ein für die Art der Vorhaben überaus kompliziertes Verfahren, so daß bislang noch kein derartiges Verfahren eröffnet wurde. Vielmehr bedient sich die Kommission der Förderprogramme für Drittstaaten, z.B. PHARE, TACIS und MEDA, die vom Rat auf der Basis von Artikel 308 (ex-Art. 235) festgelegt wurden. Diese Regelungen überlassen es der Kommission und einem Beratenden Ausschuß der Mitgliedstaaten die Förderung festzulegen.

Eine den Leitlinien in ihrer planerischen Aussage vergleichbaren Orientierung im **Verkehrsbereich** ergibt sich aus den Beschlüssen der verschiedenen Pan-Europäischen Verkehrskonferenzen und von Arbeitsgruppen Hoher Beamter, zusammengesetzt aus Beamten der Mitgliedstaaten und der assoziierten Staaten (z.B. TINA Ausschuß). Diese Beschlüsse stellen allerdings nur eine politische Willensäußerung dar.

27 Kooperation auf dem Gebiet der Interoperabilität mit Drittstaaten beinhaltet unter anderem die Mitarbeit in den Internationalen Normenausschüssen und UN Aktivitäten wie z.B. den bei der UN-ECE angesiedelten Arbeitsgruppen.

Art. 156 (ex-Art. 129d) (Beschlußfassung)

Die Leitlinien und die übrigen Maßnahmen nach Art. 155 Abs. 1 werden vom Rat gemäß dem Verfahren des Artikels 251 und nach Anhörung des Wirtschafts- und Sozialausschusses und des Ausschusses der Regionen festgelegt.

Leitlinien und Vorhaben von gemeinsamem Interesse, die das Hoheitsgebiet eines Mitgliedstaats betreffen, bedürfen der Billigung des betroffenen Mitgliedstaats.

1 Die **Leitlinien** und seit den Änderungen des Amsterdamer Vertrages auch die übrigen Maßnahmen werden vom Rat auf Vorschlag der Kommission nach dem Mitentscheidungsverfahren des Art. 251 (ex-Art. 189b) erlassen. Da die Vorhaben von gemeinsamem Interesse nach Art. 155 I (ex-Art. 129c), erster Gedankenstrich *in* den Leitlinien ausgewiesen werden sollen, gilt dieses Verfahren auch für die Ausweisung der einzelnen Vorhaben. Diese Ausweisung kann nicht der Kommission übertragen werden: es handelt sich angesichts der Fassung dieser Vorschrift nicht um eine „Durchführungsmaßnahme", sondern um einen wesentlichen Bestandteil der vom

Rat selbst – zusammen mit dem EP – zu erlassenden Vorschriften. Angesichts der Bedeutung dieser „Ausweisung" z.B. für die evtl. finanzielle Unterstützung durch die EG (vgl. Art. 155 [ex-Art. 129c] I 3. Gedankenstrich) ist dies verständlich und sachgerecht.

Die Leitlinien und die Ausweisung der Vorhaben von gemeinsamem Interesse bedürfen zudem für jeden einzelnen Mitgliedstaat der **Zustimmung dieses Mitgliedstaates**. Da die unter diesen Titel fallenden „transeuropäischen Netze" grundsätzlich auf dem Gebiet der EG liegen und im Normalfall grenzüberschreitend sind und demgemäß mehrere Mitgliedstaaten berühren, kann ein Ratsbeschluß nur zustande kommen, wenn alle vom einzelnen Leitschema betroffenen Mitgliedstaaten zustimmen.

2

Dieser Grundsatz ist Ausdruck der **Territorialhoheit** eines jeden Mitgliedstaates, nicht gegen seinen Willen zu Infrastrukturmaßnahmen auf seinem Hoheitsgebiet verpflichtet werden zu können. Dem herkömmlichen Rechtsetzungsverfahren der EG ist diese Zustimmungserfordernis fremd und mutet widersprüchlich an. Das Prinzip der Mehrheitsentscheidung im Rat wird damit zugunsten der faktischen Einstimmigkeit aufgegeben, und im Verfahren der Mitentscheidung führt es zu Problemen, da auch das EP sich über das Veto eines betroffenen Mitgliedstaates nicht hinwegsetzen kann.

Titel XVI. (ex-Titel XIII.). Industrie

Art. 157 (ex-Art. 130) (Beitrag zur Förderung der Wettbewerbsfähigkeit, Subventionsverbot)

(1) Die Gemeinschaft und die Mitgliedstaaten sorgen dafür, daß die notwendigen Voraussetzungen für die Wettbewerbsfähigkeit der Industrie der Gemeinschaft gewährleistet sind.

Zu diesem Zweck zielt ihre Tätigkeit entsprechend einem System offener und wettbewerbsorientierter Märkte auf folgendes ab:
- **Erleichterung der Anpassung der Industrie an die strukturellen Veränderungen;**
- **Förderung eines für die Initiative und Weiterentwicklung der Unternehmen in der gesamten Gemeinschaft, insbesondere der kleinen und mittleren Unternehmen, günstigen Umfelds;**
- **Förderung eines für die Zusammenarbeit zwischen Unternehmen günstigen Umfelds;**

– **Förderung einer besseren Nutzung des industriellen Potentials der Politik in den Bereichen Innovation, Forschung und technologische Entwicklung.**

(2) **Die Mitgliedstaaten konsultieren einander in Verbindung mit der Kommission und koordinieren, soweit erforderlich, ihre Maßnahmen. Die Kommission kann alle Initiativen ergreifen, die dieser Koordinierung förderlich sind.**

(3) **Die Gemeinschaft trägt durch die Politik und die Maßnahmen, die sie aufgrund anderer Bestimmungen dieses Vertrags durchführt, zur Erreichung der Ziele des Absatzes 1 bei. Der Rat kann auf Vorschlag der Kommission und nach Anhörung des Europäischen Parlaments und des Wirtschafts- und Sozialausschusses einstimmig spezifische Maßnahmen zur Unterstützung der in den Mitgliedstaaten durchgeführten Maßnahmen im Hinblick auf die Verwirklichung der Ziele des Absatzes 1 beschließen.**

Dieser Titel bietet keine Grundlage dafür, daß die Gemeinschaft irgendeine Maßnahme einführt, die zu Wettbewerbsverzerrungen führen könnte.

I. Entwicklung der Industriepolitik

1   Von frühen, behutsamen Anfängen abgesehen, begann die Ära der gemeinschaftlichen Industriepolitik am 18.3.1970 mit der Vorlage des sog. **Colonna-Memorandums der Kommission** an den Rat (*Kommission der EG*, Die Industriepolitik in der Gemeinschaft – Memorandum an den Rat, Brüssel, März 1970). Es forderte für die Industriepolitik die Vollendung des Gemeinsamen Marktes durch die Schaffung einer einheitlichen Rechts-, Steuer- und Finanzordnung sowie eine Anpassung der Unternehmen an die neuen Gegebenheiten unter Steuerung der Veränderungen und Anpassungsvorgänge. Der Pariser Gipfel der Regierungschefs vom 19.10.1972 stimm-

te der Konzeption des Colonna-Memorandums im wesentlichen zu und forderte eine gleiche industrielle Grundlage für die gesamte Gemeinschaft (Bulletin des Presse- und Informationsamtes der Bundesregierung Nr. 148, Bonn, 24.10.1972, 1767). Die in dieser Forderung anklingende allgemeine industriepolitische Konzeption konnte nicht vollständig umgesetzt werden. Trotz teilweise hartnäckigen Festhaltens am Gedanken einer umfassenden EG-Industriestrategie war eine tatsächliche Aufwertung dieses Politik-bereichs – abgesehen von bereichsbezogenen industriepolitischen Maß-nahmen – nicht möglich (den vorläufig letzten Stand bildete die Mitteilung der Kommission v. 16.11.1990 über Industriepolitik in einem offenen und wettbewerbsorientierten Umfeld, Dok. KOM [90], 556 endg.). Dies lag zunächst an den unterschiedlichen ökonomischen Grundauffassungen einiger Mitgliedstaaten. Während sich Staaten wie Frankreich oder auch Italien, die eher der staatlichen „planification" verhaftet sind, unproblema-tisch mit einer gemeinschaftlichen Industriepolitik anfreunden konnten, begegneten Länder wie Deutschland, Niederlande und Dänemark einer solchen Politik eher mit Skepsis, da ihre ökonomischen Konzeptionen wett-bewerbsorientiert sind und strukturpolitischen Dirigismus grundsätzlich ablehnen. Ferner enthielt der EWGV keinen allgemeinen industriepo-litischen Kompetenztitel. Spezifische industriepolitische Befugnisse regel-ten ausdrücklich nur Art. 130a (jetzt Art. 158) sowie Art. 130f (jetzt Art. 163) E(W)GV; bereichsbezogene industriepolitische Maßnahmen wur-den auf der Grundlage allgemeiner Rechtsgrundlagen, wie Art. 100 (jetzt Art. 94), 100a (jetzt Art. 95) oder 235 (jetzt Art. 308) E(W)GV verabschie-det. Auch der EGKSV (Art. 2, 54, 58, 61, 74) sowie der EAGV (Art. 2, 40ff.) ermöglichte ausdrücklich nur sektorale industriepolitische Maßnah-men.

Nach Maastricht wurde die gemeinschaftliche Industriepolitik zunächst   2 formal dadurch aufgewertet, daß dieser Bereich **explizit im EGV veran-kert** worden ist (ex-Art. 3 lit. l, 130). Bei diesen Regelungen ist es geblie-ben. Der Amsterdamer Vertrag hat die Bestimmungen über Industriepolitik nicht verändert. Gemäß Art. 3m umfaßt die Tätigkeit der EG die Stärkung der Wettbewerbsfähigkeit der Industrie. Zur Gewährleistung der für die Wettbewerbsfähigkeit der Industrie der EG notwendigen Voraussetzungen weist Art. 157 der EG und den Mitgliedstaaten konkrete Aufgaben bzw. Kompetenzen zu. Es ist allerdings zu bezweifeln, ob der neue Kompetenz-titel der EG weitergehendere Befugnisse im Bereich der Industriepolitik einräumt, als vor Inkrafttreten des EGV. Angesichts des mit Art. 157 einge-gangenen Formelkompromisses und mit Blick auf das unterschiedliche Ver-ständnis über die Handhabung von Industriepolitik in den Mitgliedstaaten dürften nur begleitende, auf die Gestaltung der Rahmenbedingungen Einfluß nehmende Maßnahmen möglich sein.

II. Ziele der Industriepolitik

3   Durch Art. 157 Abs. 1 UAbs. 1 werden EG und Mitgliedstaaten verpflichtet, die notwendigen Voraussetzungen für die **Erhaltung der Wettbewerbsfähigkeit** der Industrie zu gewährleisten. Diese Vorschrift formuliert das Hauptziel von Art. 157 und bleibt mit der Forderung nach „Erhaltung der Wettbewerbspolitik" hinter der allgemeinen Zielsetzung des Art. 3 m zurück („Stärkung der Wettbewerbsfähigkeit"). Zur Erfüllung dieser Aufgabe werden der EG und den Mitgliedstaaten aufgegeben, bestimmte nach Abs. 1 UAbs. 2 aufgelistete Unterziele zu erreichen. Mit dem in diesem Zusammenhang zu lesenden Verweis auf ein **„System offener und wettbewerbsorientierter Märkte"** soll klargestellt werden, daß mit der Verwirklichung dieser Ziele nur gewisse marktwirtschaftliche Rahmenbedingungen geregelt werden dürfen, dirigistische Eingriffe jedoch nicht möglich sein sollen (nach v. *Borries*, Europarecht von A-Z, 2. Aufl. 1993, 340 waren sektorspezifische Aktionen der EG daher nicht in ex-Art. 130 vorgesehen). Auch hier gilt die generelle Orientierung für die Wirtschaftspolitik der EG und der Mitgliedstaaten aufgrund von Art. 4 (ex-Art. 3a) und Art. 98 (ex-Art. 102a), wonach die **Wirtschaftspolitik „dem Grundsatz einer offenen Marktwirtschaft mit freiem Wettbewerb verpflichtet ist"**.

4   Die in Abs. 1 formulierten **Ziele sind verbindlich**. Sie müssen insbesondere bei der Formulierung der Maßnahmen nach Abs. 2 und 3 zugrunde gelegt werden. In der Praxis werden sich aber kaum stets alle Ziele gleichzeitig verfolgen lassen. Die Gemeinschaftsorgane verfügen deshalb über einen **weiten Ermessensspielraum** innerhalb dessen sie die einzelnen Ziele entsprechend den politischen und wirtschaftlichen Notwendigkeiten berücksichtigen können. Dies bedeutet vor allem, daß zwischen den einzelnen Zielen des UAbs. 2 **keine Rangordnung** besteht, und daß einzelnen Zielen zeitweise Vorrang vor anderen Zielen eingeräumt werden kann. Grenzen ergeben sich aus der Rechtsprechung, die der EuGH zu Art. 39 E(W)GV a.F. (jetzt Art. 33) entwickelt hat. Diese Rechtsprechung ist auf Art. 157 Abs. 1 UAbs. 2 übertragbar (vgl. dazu näher Art. 33, Rn. 1ff.).

5   Eine Erleichterung der Anpassung der Industrie an die strukturelle Veränderung ist grundsätzlich durch **alle strukturpolitischen Maßnahmen** denkbar, wie Beihilfen für bestimmte Industriezweige (z.B. Verordnung (EG) Nr. 1540/98 v. 29.6.1998 zur Neuregelung der Beihilfen für den Schiffbau – ABl. L 202/1). Schon vor Maastricht wurde dieses Ziel ferner

durch Förderungen aus den Strukturfonds (vgl. die Verordnungen Nr. 2081–2085/93 v. 20.7.1993 – ABl. L 193/5) mit abgedeckt; zusätzlich kommt auch eine Förderung aus dem Kohäsionsfonds (Art. 161, ex-Art. 130d UAbs. 2) in Betracht.

Die Förderung eines für die Initiative und Weiterentwicklung der Unterneh-   **6** men in der gesamten EG, insbesondere der KMU, günstigen Umfelds ist durch eine Vielzahl von Maßnahmen denkbar, wie in der Vergangenheit beispielsweise auf Gemeinschaftsebene Regelungen zur **Liberalisierung der öffentlichen Auftragsvergabe** (z.B. die Sektorendienstleistungsrichtlinie 93/38/EWG – ABl. 1993 L 199/84), **Regelungen für Klein- und Mittelbetriebe** (z.B. Beschluß des Rates 89/490/EWG über die Verbesserung der Rahmenbedingungen für Unternehmen in der Gemeinschaft, insbesondere für kleine und mittlere Unternehmen, und die Förderung ihrer Entwicklung – ABl. 1989 L 239/33, zuletzt geändert im ABl. 1991 L 175/32; zur Förderung der KMU besteht seit 1973 ein „Büro für Unternehmenskooperation"; ferner wurde ein „Euro-Info-Center-Netz" mit über 200 Beratungsstellen für KMU eingerichtet) und **wettbewerbspolitische Initiativen** (z.B. Verordnung Nr. 4064/89 über eine gemeinsame Fusionskontrolle – ABl. 1989 L 395/1).

Die Förderung eines für die Zusammenarbeit zwischen Unternehmen gün-   **7** stigen Umfelds ist beispielsweise durch **gesellschafts- und unternehmensrechtliche Maßnahmen** denkbar. Durch die Verordnung Nr. 2137/85 v. 25.7.1985 über die Schaffung einer Europäischen Wirtschaftlichen Interessenvereinigung (ABl. 1985 L 199/1) wurde auf Gemeinschaftsebene eine Kooperationsform für kleine und mittlere Tätigkeiten grenzüberschreitender Art ins Leben gerufen, um die Zusammenarbeit von Unternehmen und Personen aus mehreren Mitgliedstaaten zu erleichtern.

Die Förderung einer besseren Nutzung des industriellen Potentials der Po-   **8** litik in den Bereichen **Innovation, Forschung und technologische Entwicklung** kann auf der Basis der Durchführung von Forschungs- und Technologieprogrammen erfolgen, wie in der Vergangenheit z.B. BRITE-Basic Research and Development in Advanced Communications Technologies for Europe (ABl. 1985 L 83/8).

III. Konsultations- und Koordinierungspflichten

Aus der systematischen Stellung des Art. 157 Abs. 2 ergibt sich, daß die   **9** Mitgliedstaaten und die Kommission verpflichtet sind, sich hinsichtlich der Erreichung der in Art. 157 Abs. 1 genannten Ziele zu konsultieren. Wie diese Verpflichtung zu erfüllen ist, läßt der EGV offen. Hier dürfte ein weiter, unüberprüfbarer Spielraum für die Akteure bestehen.

10 Ferner sind die Mitgliedstaaten verpflichtet, ihre nationalen Maßnahmen zur Erreichung der Ziele in Art. 157 Abs. 1 zu koordinieren, soweit dies erforderlich ist. Erforderlich dürfte eine Koordinierung sein, wenn einzelne oder mehrere einzelstaatliche Maßnahmen zu einer Gefährdung der gemeinsamen Ziele in Abs. 1 führen. Mit Koordinierung ist insoweit **Orientierung der mitgliedstaatlichen Wirtschafts- und Industriepolitik auf ein gemeinsames Ziel** nach Abs. 1 gemeint. Koordinierung bedeutet nicht, daß die Mitgliedstaaten in jedem Fall gleichartige Maßnahmen anstreben sollen.

11 Nach Art. 157 Abs. 2 Satz 2 wird die Kommission ermächtigt, **alle Maßnahmen** zur Förderung der Koordinierung zu ergreifen. Dies werden in erster Linie Verfahrensregelungen sein, wie die Einrichtung von Beratungs- oder Ausschußverfahren, Notifizierungspflichten für nationale industriepolitische Maßnahmen oder die Koordinierung struktureller Instrumente (Förderkonzepte für Strukturinterventionen). Zur Umsetzung ihrer Koordinierungsaufgabe kann sich die Kommission auch der Handlungsform des Rechtsaktes (vgl. den Handlungskatalog in Art. 249, ex-Art. 189) bedienen („alle Initiativen").

IV. Kompetenzen der EG nach Art. 157 Abs. 3

1. Querschnittsklausel

12 Art. 157 Abs. 3 Satz 1 enthält, wie einige andere Poltikbereiche auch z.B. Art. 6 (ex-Art. 130r Abs. 2 Satz 3), 151 Abs. 4 (ex-Art. 128 Abs. 4), 152 Abs. 1 (ex-Art. 129 Abs. 1), 159 UAbs. 1 Satz 2 (ex-Art. 130b), 178 (ex-Art. 130v), eine Querschnittsklausel. Mit dieser Bestimmung wird eine durchgängige **Einbeziehung der industriepolitischen Ziele in alle Politiken und Maßnahmen** des EGV bezweckt, obwohl Art. 157 Abs. 3 S. 1 nicht so imperativistisch formuliert und systematisch an vergleichbar exponierter Stelle wie Art. 6 (ex-Art. 130r Abs. 2 Satz 2) geregelt ist, dürften die Rechtsfolgen der Querschnittsklauseln nicht divergieren, da die Hohen Vertragsparteien wohl kaum unterschiedlich Konsequenzen für die einzelnen Querschnittsklauseln herbeiführen wollten (**zu den rechtlichen Konsequenzen** von Art. 6 näher Art. 6, Rn. 7ff.) So folgt beispielsweise aus der industriepolitischen Querschnittsklausel, daß Maßnahmen, die zur Erreichung der Ziele in Art. 157 Abs. 1 beitragen, auch auf andere vertragliche Rechtsgrundlagen als die in Art. 157 Abs. 3 UAbs. 1 Satz 2 genannten gestützt werden können (vgl. insoweit zur alten umweltrechtlichen Querschnittsklausel des Art. 130r Abs. 2 Satz 2 E(W)GV, EuGH, C-62/88, Grei-

chenland/Rat, Slg. 1990, I–1527/1550f.; C-300/89, Kommission und
EP/Rat, Slg. 1991, I–2867, 2898ff.). Die Abgrenzung der in Betracht kom-
menden Rechtsgrundlagen richtet sich nach ständiger Rechtsprechung des
EuGH insbesondere nach objektiven, gerichtlich nachprüfbaren Kriterien,
d.h. Ziel und Inhalt des jeweiligen Rechtsaktes (vgl. nur EuGH, C-22/96,
EP/Rat, Slg. 1998, I–3231).

2. Kompetenz der EG für spezifische Maßnahmen

Aus der systematischen Stellung, dem Wortlaut und der historischen Ent-   **13**
wicklung dürfte folgen, daß Art. 157 Abs. 3 UAbs. 1 Satz 2 **als Kompetenzgrundlage** nach dem Willen der Väter des Vertrages **nur eine untergeordnete Rolle** spielen soll. Der Rat darf einstimmig (vgl. Art. 205 Abs.
3, ex-Art. 148 Abs. 3) **nur spezifische Maßnahmen** im Hinblick auf die
Verwirklichung der Ziele des Art. 157 Abs. 1 beschließen (z.b. Beschluß
zur Durchführung eines gemeinschaftlichen Aktionsprogramms für die
Wettbewerbsfähigkeit der europäischen Industrie, ABl. 1996 L 167/55). Im
Vertragstext wurde offenbar der Begriff „spezifische Maßnahmen" gewählt,
um ausdrücklich klarzustellen, daß es sich um solche Initiativen handeln
muß, die zur Unterstützung der in den Mitgliedstaaten durchgeführten
Maßnahmen beschlossen werden. Diese Befugnis geht über die allgemeine
Koordinierungskompetenz der Kommission nach Art. 157 Abs. 2 Satz 2
hinaus, wird aber durch Art. 157 Abs. 3 UAbs. 2 wieder eingeschränkt.

Die Anhörung des EP und des WSA ist obligatorisch; die Nichtbeachtung   **14**
dieses Verfahrenserfordernisses führt zur Aufhebung des Rechtsaktes (vgl.
Art. 230 UAbs. 2, ex-Art. 173).

3. Kompetenzsperre

Zur **Unterbindung eines gemeinschaftsweiten Interventionismus** folgt   **15**
aus Art. 157 Abs. 3 UAbs 2 eine Kompetenzsperre für die Einführung von
Gemeinschaftsmaßnahmen, die zu Wettbewerbsverzerrungen führen könnten. Nach Sinn und Zweck des Art. 157 Abs. 3 UAbs. 2 wird man den Terminus der „**Wettbewerbsverzerrung**" (vgl. auch Art. 96, ex-Art. 101) eng
auslegen müssen, weil ansonsten nahezu jede Förderung zur Erreichung eines industriepolitischen Ziels geeignet wäre, zumindest eine bestimmte
Branche zu bevorteilen und dieser einen Wettbewerbsvorteil zu verschaffen.
Die industriepolitischen Kompetenzen wären bei einer derartig weiten Auslegung nahezu wertlos. Mit „Wettbewerbsverzerrungen" dürften demnach
nur die Maßnahmen gemeint sein, die die Wirtschaftsstruktur punktuell in
besonders nachhaltiger Weise beeinflussen können. Das Vorliegen dieser
Voraussetzungen ist eine Frage des Einzelfalles.

16   Die Kompetenzsperre gilt für Beschlüsse, die die EG auf der Grundlage von Art. 157 Abs. 3 UAbs. 1 Satz 2 trifft, wie für alle Maßnahmen, die sie nach Art. 157 Abs. 3 UAbs. 1 Satz 1 auf der Grundlage anderer Kompetenzen – unter Berücksichtigung der industriepolitischen Zielsetzungen – erläßt. Es heißt nämlich in Art. 157 Abs. 3 UAbs. 2 ausdrücklich, daß „dieser Titel" keine Grundlage dafür biete, daß Maßnahmen der EG zu Wettbewerbsverzerrungen führen können. Zum industriepolitischen Titel gehört auch die Querschnittsklausel des Art. 157 Abs. 3 UAbs. 1 Satz 1 (str.).

Titel XVII (ex-Titel XIV).
Wirtschaftlicher und sozialer Zusammenhalt

Literatur: *Biehl*, Die Einheitliche Europäische Akte: Wirtschaftlicher und sozialer Zusammenhalt, Integration 1986, 115ff.; *Kommission der EG*, Strukturfonds der Gemeinschaft 1994–1999-Verordnungstexte und Erläuterungen, 1993; *Kommission der EG*, Strukturfonds der Gemeinschaft-Leitfaden der Gemeinschaftsinitiativen 1994–1999, 1994; *Glaesner*, Der Grundsatz des wirtschaftlichen und sozialen Zusammenhalts im Recht der Europäischen Wirtschaftsgemeinschaft, 1990; *Schäfers*, Die Kohäsionspolitik der Europäischen Gemeinschaft, 1993; *Tomuschat*, Solidarität in Europa, FS Pescatore, 1987, 729ff.

Art. 158 (ex-Art. 130a) (Ziele, Regionen, benachteiligte Gebiete)

Die Gemeinschaft entwickelt und verfolgt weiterhin ihre Politik zur Stärkung ihres wirtschaftlichen und sozialen Zusammenhalts, um eine harmonische Entwicklung der Gemeinschaft als Ganzes zu fördern.

Die Gemeinschaft setzt sich insbesondere zum Ziel, die Unterschiede im Entwicklungsstand der verschiedenen Regionen und den Rückstand der am stärksten benachteiligten Gebiete, einschließlich der ländlichen Gebiete, zu verringern.

I. Die Entwicklung der gemeinschaftlichen Strukturpolitik

1. Die ursprünglichen strukturpolitischen Instrumente (1957–1987)

Die Politik des wirtschaftlichen und sozialen Zusammenhalts in der EG **1**
(„Kohäsion") war bereits in den **Gründungsverträgen** der EGen angelegt,
wenngleich nicht unter dieser Politikbezeichnung. So wurden bereits in der
Präambel des EWG-Vertrages als Ziele der EG die Sicherung des wirtschaftlichen und sozialen Fortschritts, die stetige Verbesserung der Lebens-
und Arbeitsbedingungen sowie die Verringerung des Wohlstandsgefälles
genannt. Art. 2 des EWG-Vertrages nahm diese Zielvorgaben auf und erklärte die harmonische Entwicklung des Wirtschaftslebens, die beständige
und ausgewogene Wirtschaftsausweitung sowie die beschleunigte Hebung
der Lebenshaltung zu Aufgaben der Gemeinschaft. Die spezifischen Instrumente zur Verwirklichung dieser Ziele und Aufgaben beschränkten sich ursprünglich aber noch auf die Einrichtung des Europäischen Sozialfonds
(Art. 123 EWGV, jetzt Art. 146) und die Schaffung der Europäischen Investitionsbank (Art. 129 EWGV, jetzt Art. 152).

Im Laufe der 70er Jahre, gekennzeichnet durch die 1. Erweiterung der EG **2**
(GB, IRL und DÄ) sowie einer erheblichen Abschwächung der Welt-
wirtschaftskraft, verschärften sich auf Gemeinschaftsebene die Strukturprobleme, insbesondere in Gestalt einer stark zunehmenden Arbeitslosigkeit und der Vergrößerung des Unterschiedes des Lebensniveaus zwischen
den Regionen der EG. Die Antwort darauf waren im Jahre 1976 die **Schaffung des Europäischen Fonds für regionale Entwicklung** (VO [EWG]
Nr. 724/75, ABl. L 73/1), die Intensivierung und Verbreitung der Maßnahmen des Sozialfonds sowie die Erhöhung der Gemeinschaftsdarlehen, die
entweder über die EIB oder unmittelbar aus dem EG-Haushalt finanziert
wurden. Gleichzeitig wurde deutlich, daß das Agrarpreissystem der gemeinschaftlichen Agrarpolitik allein nicht in der Lage war, die angestrebte
und erforderliche Modernisierung der Landwirtschaft zu gewährleisten.
Diese Einsicht führte schließlich zur Schaffung der Abteilung „Ausrichtung" des Garantiefonds für die Landwirtschaft (danach EAGFL = Europäischer Ausrichtungs- und Garantiefonds der Landwirtschaft) mit einer

sozial- und strukturpolitischen Zielsetzung (VO [EWG)]Nr. 729/70, ABl. L 94/13).

3   Aufgrund dieser Entwicklung verfügte die EG zu Beginn der 80er Jahre über ein sehr komplexes und weitgefächertes **strukturpolitisches Instrumentarium**: (1) Die drei Strukturfonds (Europäischer Fonds für regionale Entwicklung, Europäischer Sozialfonds, Europäischer Ausrichtungs- und Garantiefonds für die Landwirtschaft, Abteilung Ausrichtung), (2) die Bereitstellung besonderer Haushaltsmittel zur Strukturförderung besonderer Politikbereiche (Fischerei, Transport, Energie, Umweltschutz, Fonds „Kohle und Stahl", Fonds „Euratom"), (3) Darlehen der EIB, insbesondere zur Verbesserung der Infrastruktur, (4) Darlehen aus dem Bereich der EGKS und des NIC (Nouveau Instrument Communautaire=Neues Gemeinschaftliches Instrument), inbesondere zur Bewältigung von Strukturkrisen im Industriebereich, bei mittelständischen Unternehmen und allgemein zur Förderung von Umstrukturierungen.

4   Mit Hilfe dieser Vervielfältigung der strukturpolitischen Instrumente der EG konnte zwar den dringendsten Bedürfnissen Rechnung getragen werden; die Strukturpolitik der EG war aufgrund der dadurch verursachten **Komplexität der Instrumente** allerdings unüberschaubar geworden.

2. Die gemeinschaftliche Politik des „wirtschaftlichen und sozialen Zusammenhalts" (1988–1998)

5   Unter dem Eindruck des Beitritts Spaniens und Portugals zur EG (1986) sowie der Idee von der Verwirklichung des Binnenmarktes bis zum Ende 1992 wurden die verschiedenen strukturpolitischen Instrumente der EG mit der EEA (1987) zu einer **„gemeinschaftlichen Politik"** zusammengeführt und unter dem Titel **„Der wirtschaftliche und soziale Zusammenhalt in der EG"** als eigenständiges Kapitel in den E(W)G-Vertrag eingefügt. Die strukturpolitischen Zielbestimmungen des E(W)G-Vertrages haben damit in den Art. 158–162 (ex-Art. 130a-e) ein **normatives Fundament** enthalten, auf dem der wirtschaftliche und soziale Zusammenhalt neben dem Binnenmarkt und der WWU zum **dritten Pfeiler der europäischen Einigung** ausgebaut werden kann.

6   Diese Politik wurde mit der **Reform der drei Strukturfonds** (Europäischer Fonds für regionale Entwicklung [Regionalfonds] – „EFRE", Europäischer Sozialfonds – „ESF", Europäischer Ausrichtungs- und Garantiefonds für die Landwirtschaft, Abteilung Ausrichtung – „EAGFL-A") im Jahre 1988 eingeleitet und im Jahre 1993 fortgesetzt (vgl. zu den Inhalten unter Art. 161). Mit der **Errichtung des Kohäsionsfonds** im Jahre 1994 (vgl. dazu Art. 161 Abs. 2) wurde diese Politik weiter ausgebaut. Im Zu-

sammenhang mit der Gründung der EU durch den Vertrag von Maastricht
wurden in einem dem EUV beigefügten **„Protokoll über den wirtschaftlichen und sozialen Zusammenhalt"** die Bedeutung dieser Politik besonders herausgestellt und zugleich ihre wesentlichen Elemente niedergelegt;
in einer besonderen Erklärung wird der spezifische Förderungsbedarf der
Gebiete in äußerster Randlage der EG anerkannt.

Eine erste **Bilanz des Wirkens dieser Politik** wurde von der Kommission   7
im November 1996 mit dem ersten Bericht über den wirtschaftlichen und
sozialen Zusammenhalt vorgelegt. Danach hat sich das Gefälle im Pro-
Kopf-Einkommen zwischen den Mitgliedstaaten in den Jahren 1988–1996
stark verringert (so ist das Einkommen in den vier „Kohäsionsländern"
[Spanien, Portugal, Irland, Griechenland] von 66 % auf 74 % des Gemeinschaftsdurchschnitts gestiegen und hat sich das durchschnittliche Pro-Kopf-
Einkommen in den Ziel-1-Regionen um 2,5 % von 64,6 % auf 67,2 % des
Gemeinschaftsdurchschnitts verbessert). Weniger günstig ist hingegen die
Situation bei den Einkommensparitäten innerhalb der Mitgliedstaaten und
bei der Beschäftigung. Obwohl seit 1983 netto insgesamt 7 Millionen Arbeitsplätze geschaffen wurden, ist die Zahl der Arbeitslosen, insbesondere
unter den Jugendlichen, den Personen ohne Qualifikation und den Frauen
in der EU kaum zurückgegangen; dabei haben auch die regionalen Unterschiede in den Arbeitslosenquoten stark zugenommen. Eine Folge dieser
bedrückenden Situation ist, daß mehr Menschen unterhalb der Armutsgren-
ze leben, wobei diese Armut, die eine ernste Gefahr für die Zukunft der europäischen Gesellschaft bildet, in einigen der wohlhabenderen Mitgliedstaaten mit verbreiteter städtischer Infrastruktur besonders stark zunimmt.
Eine erste Reaktion auf diese Herausforderung stellt die durch den Vertrag
von Amsterdam verfügte Aufnahme eines Titels „Beschäftigung" in den
EG-Vertrag (Titel VIII, Art. 125–130) dar.

3. Die Reform im Rahmen der Agenda 2000

In ihrer Mitteilung **„Agenda 2000: Eine stärkere und erweiterte Union"**   8
formuliert die Kommission als prioritäres Ziel, die Unterstützung für die in
Schwierigkeiten befindlichen Regionen und sozialen Gruppen in der EG
der 15 fortzusetzen und gleichzeitig die ost- und mitteleuropäischen Beitrittskandidaten in diese Politik zu integrieren. Die Politik des wirtschaftlichen und sozialen Zusammenhalts der Jahre 2000–2006 soll sich dabei an
folgenden allgemeinen Leitlinien ausrichten:
–   Zum einen soll die finanzielle Solidarität auf dem 1999 erreichten Stand
    aufrechterhalten werden. Dabei handelt es sich um einen Betrag von
    Euro 286,4 Mrd. für den Zeitraum 2000–2006, von denen Euro 218,7

Mrd. für Strukturfondsmittel zugunsten der 15 derzeitigen Mitgliedstaaten bestimmt sind.

– Zum zweiten müssen zur Unterstützung der von den Mitgliedstaaten betriebenen Politik der Haushaltssanierung die Interventionen der Fonds stärker konzentriert werden.

– Zum dritten sollen die reformierten Strukturfonds nach einem System arbeiten, das über Vereinfachung, Bewertung und Kontrolle unter genauer Festlegung der Rolle der einzelnen Beteiligten ein besseres Kosten-Nutzen-Verhältnis gewährleistet.

9   Diese in der Agenda 2000 enthaltenen Leitlinien sind von der Kommission in einen konkreten **Vorschlag** für eine neue Verordnung des Rates mit allgemeinen Bestimmungen zu den Strukturfonds, ergänzt durch Vorschläge für spezifische Verordnungen für die einzelnen Fonds, umgesetzt worden (ABl. 1998 C 176/1).

II. Die Rahmenregelungen der gemeinschaftlichen Strukturpolitik (Art. 158 Abs. 1)

10 Als **strukturpolitische Generalklausel** verlangt **Art. 158 Abs. 1** ganz allgemein, durch Stärkung des wirtschaftlichen und sozialen Zusammenhalts eine harmonische Entwicklung der EG als Ganzes zu fördern. Dies schließt sowohl die Entwicklung einer wirtschaftspolitischen Gesamtkonzeption, wie auch den Erlaß und die Anwendung von konkreten Rechtsakten ein. In dieser allg. Festlegung der strukturpolitischen Aufgaben wendet sich die Generalklausel sowohl an die Gemeinschaftsorgane, als auch an die Mitgliedstaaten.

11 Aus der strukturpolitischen Generalklausel lassen sich folgende **gemeinschaftliche Prioritäten** für die Strukturpolitiken ableiten:

– Schaffung der Voraussetzungen für eine dauerhafte wirtschaftliche Entwicklung: **Wachstum, Wettbewerbsfähigkeit** und **Beschäftigung**.

– Stärkung der **Wettbewerbsfähigkeit** und **Innovation** sowie Förderung der **Entwicklung** der **KMU**.

– **Beschäftigung** und **Entwicklung der Humanressourcen**. Mit der Aufnahme des Beschäftigungskapitels in den EGV wurde ein Prozeß in Gang gesetzt, der den Mitgliedstaaten eine jährliche Untersuchung der Beschäftigungslage sowie die Festlegung von Leitlinien für ihre nationale Beschäftigungspilitik ermöglicht (vgl. Einzelheiten dazu bei den Art. 125–130). Diese Leitlinien werden zum Bestandteil des Förderungsansatzes der Strukturfonds und bilden die Grundlage für die Entwicklung der Humanressourcen.

– Nachhaltige **Entwicklung** sowie **Verbesserung und Schutz der Umwelt**: Die Einbeziehung der Erfordernisse des Umweltschutzes in die übrigen Gemeinschaftspolitiken ist als allgemeines Rechtsprinzip unter den Grundsätzen in Art. 6 (ex-Art. 130 II S.2) aufgeführt (vgl. die Erläuterungen zu Art. 6). Auch die strukturpolitischen Maßnahmen sind an dem Ziel der Stärkung einer nachhaltigen Entwicklung sowie des Schutzes und der Verbesserung der Umwelt auszurichten.

– **Gleichstellung von Männern und Frauen**: Anknüpfend an die Entschließung des Rates vom 2. Dezember 1996 betreffend die Einbeziehung der Chancengleichheit von Männern und Frauen in die Maßnahmen der Europäischen Strukturfonds (ABl. C 386/1), sind verstärkte Anstrengungen zu unternehmen, um das Prinzip der Chancengleichheit in den aus den Strukturfonds geförderten Maßnahmen zu konkretisieren.

Dieser durch die strukturpolitische Generalklausel vorgegebene Rahmen **12** wird in den Vorschriften der **Art. 159–162** (ex-Art. 130b-e) **näher ausgestaltet**. Art. 159 (ex-Art.130b) enthält Hinweise auf den Anwendungsbereich der Generalklausel und konkretisiert die Pflichten der Mitgliedstaaten und der EG. Die Art. 160–162 (ex-Art. 130c-e) schließlich regeln die einzelnen Finanzierungsinstrumente, einschließlich ihrer Ziele, Organisation und ihrer Rechtsgrundlagen.

III. Die gemeinschaftliche Zuständigkeit für die Regionalpolitik (Art. 158 Abs. 2)

Art. 158 Abs. 2 hebt aus der Politik des wirtschaftlichen und sozialen Zu- **13** sammenhalts die **gemeinschaftliche Regionalpolitik** heraus. Er liefert die Rechtsgrundlage für regionalpolitische Maßnahmen der EG, die bis zur Einführung der Politik des wirtschaftlichen und sozialen Zusammenhalts durch die EEA (1987) auf der Grundlage des Art. 235 (jetzt Art. 308) getroffen werden mußten. Diese Rechtsgrundlage wird im Hinblick auf die Tätigkeiten des EFRE durch Art. 160 (ex-Art. 130c) und Art. 162 (ex-Art. 130e) ergänzt.

Besondere gemeinschaftliche Zuständigkeiten im Rahmen der Regionalpoli- **14** tik sehen daneben die Regeln über die Freizügigkeit der Arbeitnehmer (Art. 40 lit. b, ex-Art. 49 lit. b), die Bestimmungen für die gemeinsame Agrarpolitik (Art. 33 II lit. a, ex-Art. 39 II lit. a) und für die gemeinsame Verkehrspolitik (Art. 71 II, ex-Art. 75 III; Art. 76 II, ex-Art. 80 II) sowie die Regeln über das Verbot staatlicher Beihilfen (Art. 87 III lit. a, ex-Art. 92 III lit.a) vor.

Art. 159 (ex-Art. 130b) (Rolle der Strukturfonds, spezifische Aktionen außerhalb der Fonds)

Die Mitgliedstaaten führen und koordinieren ihre Wirtschaftspolitik in der Weise, daß auch die in Artikel 158 genannten Ziele erreicht werden. Die Festlegung und Durchführung der Politiken und Aktionen der Gemeinschaft sowie die Errichtung des Binnenmarkts berücksichtigen die Ziele des Artikel 158 und tragen zu deren Verwirklichung bei. Die Gemeinschaft unterstützt auch diese Bemühungen durch die Politik, die sie mit Hilfe der Strukturfonds (Europäischer Ausrichtungs- und Garantiefonds für die Landwirtschaft – Abteilung Ausrichtung, Europäischer Sozialfonds, Europäischer Fonds für regionale Entwicklung), der Europäischen Investitionsbank und der sonstigen vorhandenen Finanzierungsinstrumente führt.

Die Kommission erstattet dem Europäischen Parlament, dem Rat, dem Wirtschafts- und Sozialausschuß und dem Ausschuß der Regionen alle drei Jahre Bericht über die Fortschritte bei der Verwirklichung des wirtschaftlichen und sozialen Zusammenhalts und über die Art und Weise, in der die in diesem Artikel vorgesehenen Mittel hierzu beigetragen haben. Diesem Bericht werden erforderlichenfalls entsprechende Vorschläge beigefügt.

Falls sich spezifische Aktionen außerhalb der Fonds und unbeschadet der im Rahmen der anderen Politiken der Gemeinschaft beschlossenen Maßnahmen als erforderlich erweisen, so können sie vom Rat auf Vorschlag der Kommission und nach Anhörung des Europäischen Parlaments, des Wirtschafts- und Sozialausschusses und des Ausschusses der Regionen einstimmig beschlossen werden.

I. Der rechtliche Rahmen der strukturpolitischen Generalklausel

1   Die Vorschrift gibt den Mitgliedstaaten und der EG im einzelnen auf, **in welchem Rahmen** sie die strukturpolitische Generalklausel zu beachten und anzuwenden haben.

1. Die strukturpolitische Generalklausel als Integrationsklausel

2   Diese Verpflichtung trifft die **Mitgliedstaaten** im Hinblick auf die von ihnen gestaltete und zur Koordinierung anstehende **Wirtschaftspolitik** (vgl. Art. 99, ex-Art. 103). Die Gestaltung der allgemeinen Wirtschaftspolitik ist folglich an dem Ziel der Stärkung des wirtschaftlichen und sozialen Zusammenhalts innerhalb der EG auszurichten.

Die **EG** ist auf diese Zielverwirklichung im Hinblick auf die **Durch-**　**3**
führung der gemeinschaftlichen Politiken, und zwar sowohl der gemeinsamen Politiken im engeren Sinn (Landwirtschaft, Art. 32 [ex-Art. 38], Verkehr, Art. 70 [ex-Art. 74], Handelspolitik, Art. 131 [ex-Art. 110]), als auch
der **sektoriellen Politiken** (z.B. berufliche Bildung und Jugend, Art. 149,
150 [ex-Art. 126,127], Transeuropäische Netze, Art.154 [ex-Art. 129b], Industrie, Art.157 [ex-Art. 130], Umwelt, Art. 174 [ex-Art. 130r]), sowie im
Hinblick auf die **Verwirklichung des Binnenmarktes** (vgl. Art. 15, ex-
Art. 7c) mit den vier Grundfreiheiten und Gewährleistung eines unverfälschten Wettbewerbs verpflichtet.

Die strukturpolitische Generalklausel übernimmt damit die Funktion einer　**4**
Integrationsklausel.

2. Rechtsnatur und rechtliche Wirkungen der Klausel

Angesichts der gewählten Formulierungen (*„führen und koordinieren ihre*　**5**
*Wirtschaftspolitik in der Weise, daß **auch** die in Art. 158 genannten Ziele*
erreicht werden" oder *„berücksichtigt die Ziele des Art. 158"*) kann dieser
Klausel ihrem **Rechtscharakter** nach nur die Bedeutung einer -wenngleich
verbindlichen- Vertragszielbestimmung beigemessen werden, an dem die
Mitgliedstaaten und die EG ihr Handeln auszurichten haben; eine unmittelbare rechtliche Verpflichtung zu konkretem Handeln kann aus dieser Klausel hingegen nicht abgeleitet werden.

Als Vertragszielbestimmung hat die strukturpolitische Integrationsklausel　**6**
rechtsverbindliche Steuerungswirkung, führt zu **Tatbestandserweite-**
rungen oder -beschränkungen und dient als **Auslegungshilfe** oder als
Baustein zur Rechtsfortbildung (so auch die Einordnung der umweltpolitischen Integrationsklausel des Art. 6, vgl. die dortige Kommentierung Rn.
10–18).

3. Einsatz der strukturpolitischen Finanzierungsinstrumente

Bei der Erfüllung dieser Verpflichtungen greifen die strukturpolitischen Fi-　**7**
nanzierungsinstrumente unterstützend ein (vgl. Einzelheiten dazu unter
Art. 161). Das wichtigste Instrumentarium bilden dabei die drei Strukturfonds, d.h. **der Europäische Fonds für regionale Entwicklung (EFRE)**,
eingerichtet mit dem Ziel, die regionalen Unterschiede in der EG abbauen
zu helfen, der **Europäische Sozialfonds (ESF)**, der sich der Verbesserung
der Arbeitsmöglichkeiten und der geographischen und beruflichen Mobilität der Arbeitnehmer in der EG annehmen soll sowie der **Europäische**
Ausrichtungs- und Garantiefonds für die Landwirtschaft (EAGFL),

Abteilung Ausrichtung, der die Verbesserung der Produktions- und Verkaufsbedingungen für landwirtschaftliche Produkte zum Ziel hat.

II. Dreijahres-Bericht

8 Die Kommission gibt in einem alle drei Jahre zu erstellenden Bericht dem EP, dem Rat, dem WSA und dem AdR **Auskunft über die Wirkungsweise der eingesetzten Mittel** und die bei der Verwirklichung der Politik des wirtschaftlichen und sozialen Zusammenhalts erzielten Fortschritte.

III. Durchführung spezifischer Aktionen außerhalb der Fonds

9 Schließlich ermächtigt Art. 159 den Rat zur Durchführung spezifischer Aktionen auch außerhalb der Strukturfonds, soweit sich diese Aktionen zur Verwirklichung der strukturpolitischen Ziele als notwendig erweisen. Die betreffenden Maßnahmen trifft der Rat einstimmig auf Vorschlag der Kommission und nach Anhörung des EP sowie des WSA und des AdR im Rahmen des allg. Vorschlagsverfahrens.

Art. 160 (ex-Art. 130c) (Europäischer Regionalfonds)

Aufgabe des Europäischen Fonds für regionale Entwicklung ist es, durch Beteiligung an der Entwicklung und an der strukturellen Anpassung der rückständigen Gebiete und an der Umstellung der Industriegebiete mit rückläufiger Entwicklung zum Ausgleich der wichtigsten regionalen Ungleichgewichte in der Gemeinschaft beizutragen.

1 Der Europäische Fonds für regionale Entwicklung (EFRE) wurde im Jahre 1975 auf der Grundlage des Art. 235 (jetzt Art. 308) geschaffen (vgl. VO [EWG] Nr. 724/75, ABl. L 73, 1). Seine **Rechtsgrundlage** findet er seit dem Inkrafttreten der EEA (1.7.1987) im EGV selbst, und zwar in Art. 160 (ex-Art. 130c). Damit entspricht seine rechtliche Stellung nunmehr derjenigen des Europäischen Ausrichtungs- und Garantiefonds für die Landwirtschaft (vgl. Art. 34 Abs. 3, ex-Art. 40 III) sowie des Europäischen Sozialfonds (vgl. Art. 146–148, ex-Art. 123–125).

2 Der EFRE verfügt über **keine eigene Rechtspersönlichkeit**, sondern ist eine unselbständige Einrichtung der EG, dessen Verwaltung in die Zuständigkeit der Kommission fällt. Auch seine Fondsmittel sind im allgemeinen Haushaltsplan der EG ausgewiesen.

3 Der Beitrag des EFRE im Rahmen der Politik des wirtschaftlichen und sozialen Zusammenhalts konzentriert sich im wesentlichen auf die Beseiti-

gung der wichtigsten regionalen Ungleichgewichte in der EG. Als allg. Interventionsform ist seine Beteiligung zum einen an der Entwicklung und an der strukturellen Anpassung der rückständigen Gebiete und zum anderen an der Umstellung der Industriegebiete mit rückläufiger Entwicklung vorgesehen. Die Einzelheiten dieser Intervention sind im Art. 161 (ex-Art. 130d) sowie den dazu auf der Grundlage des Art. 162 (ex-Art. 130e) ergangenen Durchführungsbestimmungen geregelt.

Art. 161 (ex-Art. 130d) (Ziele und Organisation der Strukturfonds, Neuordnung, Kohäsionsfonds)

Unbeschadet des Artikels 162 legt der Rat auf Vorschlag der Kommission und nach Zustimmung des Europäischen Parlaments sowie nach Anhörung des Wirtschafts- und Sozialausschusses und des Ausschusses der Regionen einstimmig die Aufgaben, die vorrangigen Ziele und die Organisation der Strukturfonds fest, was ihre Neuordnung einschließen kann. Nach demselben Verfahren legt der Rat ferner die für die Fonds geltenden allgemeinen Regeln sowie die Bestimmungen fest, die zur Gewährleistung einer wirksamen Arbeitsweise und zur Koordinierung der Fonds sowohl untereinander als auch mit den anderen vorhandenen Finanzierungsinstrumenten erforderlich sind.

Ein vom Rat nach demselben Verfahren errichteter Kohäsionsfonds trägt zu Vorhaben in den Bereichen Umwelt und transeuropäische Netze auf dem Gebiet der Verkehrsinfrastruktur finanziell bei.

I. Der rechtliche Rahmen

1   Art. 161 bildet das eigentliche **Kernstück** der gemeinschaftlichen Strukturpolitik. Auf seiner Grundlage (i.V.m. Art. 162, ex-Art. 130e) kann der Rat auf Vorschlag der Kommission und unter Zustimmung des EP sowie nach Anhörung des WSA und AdR einstimmig die Einzelheiten im Hinblick auf die Aufgaben, die spezifischen Ziele und die Organisation der drei Strukturfonds (vgl. Art. 159 Rn. 7) regeln.

2   Diese Regelung wurde erstmalig durch den Vertrag von Maastricht getroffen; zuvor galt die durch die EEA eingeführte Regelung des Art. 130d EWGV, die lediglich die Anhörung des EP und des WSA vorsah. Nach dieser „Alt-Regelung" wurden die ersten Grundregeln der gemeinschaftlichen Politik des wirtschaftlichen und sozialen Zusammenhalts im Jahre 1988 erlassen. Auch die Neufassung dieser Regeln im Jahre 1993 mußte wegen des „verspäteten" Inkrafttretens des Vertrages von Maastricht einerseits und des aus der Notwendigkeit der Kontinuität der Politik folgenden Zwangs zum sofortigen Handeln andererseits auf dieser Rechtsgrundlage erfolgen. Erst die neuen Vorschläge, die nach ihrer Verabschiedung durch den Rat die Rechtslage ab dem 1.1.2000 gestalten sollen, folgen dem in Art. 161 niedergelegten Verfahren.

3   Im einzelnen stellt sich die rechtliche Situation unter dem geltenden wie dem in Aussicht genommenen Recht wie folgt dar:

1. Die geltende Rechtslage (1988–1999)

4   Den 1988 erlassenen und 1993 revidierten VOen liegen – wie erwähnt – die durch die EEA eingeführten Art. 130d und e EWGV zugrunde. Gemäß Art. 130d EWGV (jetzt Art. 161) wurde von der Kommission ein Gesamtvorschlag (die „Rahmenverordnung") unterbreitet, während nach Art 130e EWGV (jetzt Art. 162) drei Durchführungs-VOen (eine für jeden Fonds) verabschiedet wurden. Jeder der beiden Artikel sah für die Verabschiedung ein anderes Verfahren vor. Auf der Grundlage von Art. 130e EWGV und in Anwendung der „Rahmenverordnung" wurde eine weitere Durchführungsverordnung, die sog. „Koordinierungsverordnung", erlassen, mit dem Ergebnis, daß sich die beiden „allgemeinen" VOen in zahlreichen Punkten überschneiden und wiederholen. Diese die gegenwärtige Rechtslage gestaltenden **„geltenden Rechtsakte"** lassen sich wie folgt systematisieren:

Grundverordnung: VO (EWG) Nr. 2052/88 des Rates vom 24. Juni 1988   **5**
über Aufgaben und Effizienz des Strukturfonds und über die Koordinierung ihrer Interventionen untereinander sowie mit denen der Europäischen Entwicklungsbank und der anderen vorhandenen Finanzinstrumente (ABl. L 185/9), **geändert** durch VO (EWG) Nr. 2081/93 des Rates vom 20. Juli 1993 (ABl. L 193/5).

Durchführungsverordnung (horizontal): VO (EWG) Nr. 4253/88 des   **6**
Rates vom 19. Dezember 1988 zur Durchführung der Verordnung (EWG) Nr. 2052/88 hinsichtlich der Koordinierung der Interventionen der verschiedenen Strukturfonds einerseits und zwischen diesen und den Interventionen der Europäischen Investitionsbank und der sonstigen vorhandenen Finanzinstrumente andererseits (ABl. L 374/1), **geändert** durch VO (EWG) Nr. 2082/93 des Rates vom 20. Juli 1993 (ABl. L 193/20).

Durchführungsverordnungen (vertikal):   **7**

– VO (EWG) Nr. 4254/88 des Rates vom 19. Dezember 1988 zur Durchführung der Verordnung (EWG) Nr. 2052/88 in bezug auf den Europäischen Fonds für regionale Entwicklung (ABl. L 374, 15), **geändert** durch VO (EWG) Nr. 2083/93 des Rates vom 20. Juli 1993 (ABl. L 193/34).

– VO (EWG) Nr. 4255/88 des Rates vom 19. Dezember 1988 zur Durchführung der Verordnung (EWG) Nr. 2052/88 hinsichtlich des Europäischen Sozialfonds (ABl. L 374, 21), **geändert** durch VO (EWG) Nr. 2084/93 des Rates vom 20. Juli 1993 (ABl. L 193/39).

– VO (EWG) Nr. 4256/88 des Rates vom 19. Dezember 1988 zur Durchführung der Verordnung (EWG) Nr. 2052/88 hinsichtlich des EAGFL, Abteilung Ausrichtung (ABl. L 374, 25), **geändert** durch VO (EWG) Nr. 2085/93 des Rates vom 20. Juli 1993 (ABl. L 193/44).

– VO (EWG) Nr. 2080/93 des Rates vom 20. Juli 1993 zur Durchführung der Verordnung (EWG) Nr. 2052/88 hinsichtlich des Finanzinstruments für die Ausrichtung der Fischerei (ABl. L 193/1)

2. Die Vorschläge für die Zeit von 2000–2006

8   Die jetzigen VO-Vorschläge der Kommission stützen sich nunmehr auf die Art. 161 und 162 (ex-Art. 130d und 130e). Die Neuregelung des Art. 161 (ex-Art. 130d) verlangt nach einer **neuen Struktur der Verordnungen**. Im Hinblick auf eine Vereinfachung und größere Transparenz der Rechtsvorschriften sollen die beiden allgemeinen VOen zu einer einzigen zusammengefaßt werden, die gesonderten VOen für die einzelnen Fonds beibehalten und eine klare Unterscheidung getroffen werden zwischen der allgemeinen VO und den einzelnen Fonds-VOen, die ausschließlich spezifische Bestimmungen für den jeweiligen Fonds enthalten. Das Finanzinstrument für die Ausrichtung der Fischerei („FIAF") soll in einen Strukturfonds umgewandelt werden.

9   In der **allgemeinen VO** werden somit die allgemeinen Grundsätze für die Strukturfonds festgelegt, d.h. die Aufgaben und vorrangigen Ziele der Fonds, allgemeine organisatorische Grundsätze, die Koordinierung zwischen den Fonds und den verschiedenen Finanzinstrumenten, das Verfahren der Programmplanung und der finanziellen Abwicklung sowie die Instrumente zur Gewährleistung eines effizienten Einsatzes, einschließlich der Kontrolle. Die **VOen für die einzelnen Fonds** enthalten die für den betreffenden Fonds geltenden Bestimmungen und legen insbesondere den jeweiligen Interventionsbereich fest (vgl. die Vorschläge der Kommission in ABl. 1998 C 176/1–46).

II. Die vorrangigen Ziele und die Aufgabenverteilung unter den Fonds

1. Die vorrangigen Ziele

10   Die Politik des wirtschaftlichen und sozialen Zusammenhalts wird nicht nach den finanziellen Möglichkeiten, sondern nach ihrer **Zielsetzung** definiert. Dies bedeutet eine vollständige Abkehr vom ursprünglichen System, nach dem die vorhandenen Mittel nach einem Nationenschlüssel verteilt worden sind. Unter der Geltung der derzeitigen Rechtslage bestehen **sechs vorrangige Ziele;** die Vorschläge der Kommission für die Zeit nach dem 1.1.2000 sehen eine Reduzierung auf nur noch drei vorrangige Ziele vor.

a) Die sechs vorrangigen Ziele für den Zeitraum 1988–1999

11   **Ziel Nr. 1**: *Förderung der Entwicklung und der strukturellen Anpassung der Regionen mit Entwicklungsrückstand.* Ausgangspunkt ist die Stärkung der Investitionstätigkeit und Erhöhung der Produktivität auf ein durchschnittliches Gemeinschaftsniveau in den Regionen, in denen das Pro-Kopf-Bruttoinlandsprodukt nach den Daten der jeweils letzen 3 Jahre weniger als 75 % des Gemeinschaftsdurchschnitts beträgt. (Die Gebiete sind im einzelnen im Anhang I der VO (EWG) 2081/93 aufgeführt: danach fallen gegenwärtig das gesamte Staatsgebiet Griechenlands, Portugals und Irlands sowie einzelne speziell ausgewiesene Gebiete in Belgien, Spanien, Frankreich, Italien, Niederlande, Österreich und im Vereinigten Königreich hierunter. In Deutschland kann die EG in Brandenburg, Mecklenburg-Vorpommern, den östlichen Bezirken Berlins, Sachsen, Sachsen-Anhalt und Thüringen intervenieren).

Ziel Nr. 2: *Umstellung der Regionen, Grenzregionen oder Teilregionen* **12** *(einschließlich Arbeitsmarktregionen und städtische Verdichtungsräume), die von der rückläufigen industriellen Entwicklung schwer betroffen sind.* Mit diesem Ziel wird die Absicht verfolgt, die betroffenen Regionen vollständig in die wirtschaftliche Entwicklung der EG zu reintegrieren. Die unter dieses Ziel fallenden Regionen werden von der Kommission nach sozioökonomischen Kriterien, mit deutlichem Schwergewicht auf die jeweilige am Gemeinschaftsdurchschnitt gemessene Beschäftigungslage, bestimmt. Sie sind für den Programmplanungszeitraum 1997–1999 im einzelnen in der Entscheidung 96/472/EG der Kommission vom 26. Juli 1996 zur Aufstellung eines Verzeichnisses der Industiegebiete mit rückläufiger Entwicklung, die unter das in der Verordnung (EWG) Nr. 2052/88 des Rates festgelegte Ziel Nr. 2 fallen (ABl. L 193/54), ausgewiesen. Förderungsfähige Ziel 2-Regionen gibt es danach in allen Mitgliedstaaten, mit Ausnahme von Griechenland, Portugal und Irland.

Ziel Nr. 3: *Bekämpfung der Langzeitarbeitslosigkeit und Erleichterung der* **13** *Eingliederung der Jugendlichen und der vom Ausschluß aus dem Arbeitsmarkt bedrohten Personen in das Erwerbsleben.* Die Ausbildungsmöglichkeiten der Langzeitarbeitslosen sollen durch eine optimale Nutzung der örtlichen Beschäftigungsmöglichkeiten sowie durch die Gewährleistung von Einstellungsbeihilfen bei der Schaffung neuer Dauerarbeitsplätze und Beihilfen für die Existenzgründung verbessert werden. Hinzu kommen Maßnahmen zur Förderung der Ausbildung und beruflichen Eingliederung von Frauen, die nach einer längeren Unterbrechung wieder eine Beschäftigung aufnehmen wollen. Flankiert werden diese Maßnahmen von beruflichen Ausbildungsmaßnahmen, die mit einer praktischen Arbeitserfahrung verbunden sind und von Fachausbildungsgängen, die zu erhöhten Qualifikationen führen. Vorgesehen sind auch die Gewährung von Einstellungsbeihilfen bei der Schaffung neuer Dauerarbeitsplätze und Beihilfen für die Existenzgründung.

14   **Ziel Nr. 4**: *Erleichterung der Anpassung der Arbeitskräfte an die industriellen Wandlungsprozesse und an Veränderungen der Produktionssysteme.* Dieses neue, mit der Reform der Strukturfonds des Jahres 1993 eingeführte Ziel trägt einer durch den Vertrag von Maastricht getroffenen Änderung der Aufgabenbestimmung des Sozialfonds Rechnung, wonach dieser die berufliche Verwendbarkeit und die örtliche und berufliche Freizügigkeit innerhalb der EG gezielt fördern soll (vgl. dazu die Erläuterungen von Art. 146). Hierzu gehören vor allem die frühzeitige Erkennung künftiger durch den industriellen Wandel bedingter Beschäftigungsprobleme sowie deren Verhütung und Bekämpfung.

15   **Ziele Nr. 5a) und Nr. 5b)**: *Förderung der Entwicklung des ländlichen Raums: a) durch beschleunigte Anpassung der Agrarstrukturen im Rahmen der Reform der gemeinsamen Agrarpolitik, b) durch Erleichterung der Entwicklung und der Strukturanpassung der ländlichen Gebiete.* Die Ziel 5b-Fördergebiete wurden von der Kommission für den Zeitraum 1994–1999 auf Vorschlag der Mitgliedstaaten in der Entscheidung 94/197/EG der Kommission vom 26. Januar 1994 zur Festlegung der ländlichen Gebiete nach Ziel 5b der Verordnung (EWG) Nr. 2052/88 (ABl. L 96/1) festgelegt. Nach dem Beitritt Schwedens, Finnlands und Österreichs wurden auch für diese Länder für den Zeitraum 1995–1999 die in Frage kommenden Fördergebiete von der Kommission bestimmt (Entscheidung 95/37/EG v. 17.2.1995, ABl. L 49/65 – Österreich und Finnland –; Entscheidung 95/143/EG v. 18.4.1995, ABl. L 92/29 –Schweden –).

16   **Ziel Nr. 6**: *Förderung der Entwicklung und strukturellen Anpassung von Gebieten mit einer extrem niedrigen Bevölkerungsdichte.* Dieses Ziel wurde im Hinblick auf den Beitritt Schwedens und Finnlands durch das Protokoll Nr. 6 der Beitrittsakte 1994 eingeführt. Dementsprechend sind nach diesem Ziel förderungsfähig auch nur die im einzelnen im Anhang 1 zum Protokoll aufgeführten Gebiete in Schweden und Finnland.

b) Die drei vorrangigen Ziele für den Zeitraum 2000–2006

17   Um die Tätigkeit der Strukturfonds besser sichtbar zu machen und effizienter zu gestalten, wird von der Kommission vorgeschlagen, die Anzahl der Ziele von derzeit sechs auf drei zu verringern; davon sollen **zwei Ziele regionaler Art** sein und **ein horizontales Ziel den Humanressourcen** gewidmet sein.

18   **Ziel Nr. 1**: *Regionen mit Entwicklungsrückstand.* Im Rahmen dieses Ziels werden weiterhin die Regionen mit Entwicklungsrückstand, **deren Pro-Kopf-BIP weniger als 75 % des Gemeinschaftsdurchschnitts** beträgt, bei ihren Aufholbemühungen unterstützt. Die Berechnung wird anhand von Daten des Statistischen Amtes der EG (EUROSTAT) für die letzten drei verfügbaren Jahre erfolgen. Diese Regionen, die mit den größten Problemen hinsichtlich Wirtschaftskraft, Einkommen, Beschäftigung, Infrastruktur und Ausbildungsniveau der Erwerbsbevölkerung konfrontiert sind, sollen dieselbe Priorität erhalten wie bisher. Die **Regionen in äußerster Randlage** (französische überseeische Departements, Azoren, Madeira und Kanarische Inseln), die mit einer großen Zahl von Strukturproblemen konfrontiert sind, befinden sich in einer besonderen Situation, die durch einen neuen Vertragsartikel (vgl. Art. 299 II, ex-Art. 227) ausdrücklich anerkannt wurde und ihre Förderfähigkeit im Rahmen von Ziel Nr. 1 rechtfertigt. Die derzeitigen **Ziel-6-Regionen**, deren Pro-Kopf-BIP unterhalb der Schwelle von 75 % liegt, sollen vollständig in Ziel Nr. 1 einbezogen werden; die anderen derzeit im Rahmen von Ziel Nr. 6 förderfähigen Regionen sollen den Ziel-1-Regionen angeglichen werden und eine faire finanzielle Behandlung erfahren. Die **derzeitigen Ziel-1-Regionen**, die in dem Verzeichnis nicht mehr aufgeführt sein werden, erhalten eine schrittweise abnehmende Unterstützung. Diese Eingrenzung der Ziel-1-Regionen hat zur Folge, daß die Regionen mit Entwicklungsrückstand, deren Pro-Kopf-BIP weniger als 75 % des Gemeinschaftsdurchschnitts beträgt, vollständig **mit den Regionen übereinstimmen**, die von den Mitgliedstaaten über nationale Beihilfen gemäß **Art. 87 Abs. 3 lit. a)** (ex-Art. 92 III a) gefördert werden.

Ziel Nr. 2: *Regionen mit wirtschaftlicher und sozialer Umstellung.* Die EG   **19**
muß die wirtschaftliche und soziale Umstellung von Gebieten mit **Strukturproblemen**, einschließlich von Gebieten in den wohlhabenderen Mitgliedstaaten, auch weiterhin unterstützen. Dieser Umstellungsbedarf, dem eine unzureichende Diversifizierung der Wirtschaftsstruktur zugrundeliegt, betrifft verschiedene Arten von Gebieten in der EG: Industriegebiete, ländliche und städtische Gebiete sowie von der Fischereitätigkeit abhängige Gebiete, die alle mit Strukturproblemen im Zusammenhang mit der sozio-ökonomischen Umstellung, einschließlich im Dienstleistungssektor, konfrontiert sind. Die Mitgliedstaaten schlagen der Kommission Gebiete vor, die ihres Erachtens von der wirtschaftlichen und sozialen Umstellung am stärksten betroffen sind; hierfür kommen allerdings nur solche Gebiete in Betracht, die von den Mitgliedstaaten entsprechend der an sie gerichteten Mitteilung der Kommission über Regionalpolitik und Wettbewerbspolitik gleichzeitig auch für die Ausnahmebestimmung gemäß **Art. 87 Abs. 3 lit. c)** (ex-Art. 92 III c) vorgeschlagen werden. Die Liste der Gebiete wird auf partnerschaftlicher Basis von der Kommission und den nationalen Behörden erstellt. Zwischen den verschiedenen Gebietstypen sollte eine **ge-**

rechte Verteilung sichergestellt werden. Im Verhältnis zur Gesamtbevölkerung der EG sollten – im Sinne von Richtwerten – die Industrie- und Dienstleistungsgebiete 10 %, die ländlichen Gebiete 5 %, die städtischen Gebiete 2 % und die von der Fischerei abhängigen Gebiete 1 % ausmachen. Um schließlich schwerwiegende Störungen des mit Hilfe der Strukturfonds durchgeführten **Umstellungsprozesses** zu vermeiden, werden die derzeit im Rahmen der Ziele Nr. 2 und Nr. 5b förderfähigen Gebiete, die den Kriterien für das neue Ziel Nr. 2 nicht mehr entsprechen, eine degressiv gestaffelte, bis auf den 31. Dezember 2003 begrenzte Unterstützung aus dem EFRE erhalten.

20 **Ziel Nr. 3**: *Entwicklung der Humanressourcen*. Dieses Ziel soll bei der Anpassung und Modernisierung der Bildungs-, Fortbildungs- und Beschäftigungsmaßnahmen und -systeme Hilfestellung leisten. Es dient der Finanzierung von Maßnahmen außerhalb der unter die Ziele 1 und 2 fallenden Regionen und Gebiete und wird als politischer Bezugsrahmen für alle die Humanressourcen betreffenden Maßnahmen in einem Mitgliedstaat dienen, ohne daß die regionalen Besonderheiten dabei aus dem Auge verloren werden. In diesem Zusammenhang soll ein integrierter Ansatz für die drei Strukturfondsziele vefolgt werden, indem die Interventionen der einzelnen Fonds stärker koordiniert werden. Die Entwicklung der Humanressourcen wird in der europäischen Strategie und den nationalen Strategien eine zentrale Rolle spielen. Den Ausgangspunkt werden der neue Titel VIII über Beschäftigung (Art. 125–130), die seit dem Europäischen Rat von Essen entwickelte europäische Beschäftigungsstrategie sowie die nach den Bestimmungen des neuen Titels über Beschäftigung zu erstellenden nationalen beschäftigungspolitischen Aktionspläne bilden.

2. Aufgabenverteilung und Mittelausstattung der Fonds

a) Aufgabenverteilung

21 Vor dem Hintergrund der grundsätzlichen Zielsetzung der Politik des wirtschaftlichen und sozialen Zusammenhalts – regionale Entwicklung, Verbesserung der menschlichen Ressourcen im Wege beruflicher Fortbildung und Modernisierung der Landwirtschaft – sind die Aufgaben der verschiedenen Strukturfonds wie folgt verteilt:

22 Der **Regionalfonds** („EFRE", VO Nr. 4254/88 i.d.F. der VO Nr. 2083/93) ist im wesentlichen ausgerichtet auf die Unterstützung der Maßnahmen zur Strukturanpassung der unterentwickelten Regionen (Ziel Nr. 1) sowie zur Umstellung der Regionen, die von der rückläufigen industriellen Entwicklung schwer betroffen sind (Ziel Nr. 2). Darüber hinaus nimmt der Regio-

nalfonds teil an Maßnahmen zur Förderung der Entwicklung des ländlichen Raums (Ziel Nr. 5b). Der Regionalfonds beteiligt sich insbesondere an der Finanzierung

– von Investitionen zur Schaffung und Erhaltung dauerhafter Arbeitsplätze,

– des Aufbaus, der Modernisierung und der Verbesserung der Infrastruktur,

– von Maßnahmen zur Erschließung des vor allem durch lokale Entwicklungsinitiativen und KMU getragenen Entwicklungspotentials der Regionen (z.B. Beihilfen zu Dienstleistungseinrichtungen, Verbesserung des Zugangs zu Kapitalmärkten, insbesondere durch Übernahme von Bürgschaften und Beteiligungen, direkte Investitionsbeihilfen, sofern keine allg. Beihilferegelung besteht),

– Infrastrukturinvestitionen für den Umweltschutz,

– Investitionen im Gesundheits- und Bildungswesen, allerdings nur in Ziel-1-Regionen,

– Regionalentwicklung auf Gemeinschaftsebene, insbesondere in Grenzregionen der Mitgliedstaaten.

Der **Sozialfonds** („ESF", VO Nr. 4255/88 i.d.F. der VO Nr. 2084/93) beteiligt sich im wesentlichen an Maßnahmen zur Berufsbildung und Weiterbildung, zur Förderung von Beschäftigungswachstum und -stabilität (Ziele 1, 2 und 5b), mit besonderem Schwerpunkt der Bekämpfung der Langzeitarbeitslosigkeit (Ziel Nr. 3) sowie der Erleichterung der Anpassung an den industriellen Wandel und an die veränderten Produktionssysteme (Ziel Nr. 4), insbesondere durch **23**

– Verbesserung und Entwicklung der allgemeinen und beruflichen Ausbildungssysteme sowie der Umschulung, Orientierung und Beratung,

– Gewährung von Beschäftigungsbeihilfen,

– Förderung der Chancengleichheit für Frauen und Männer im Hinblick auf die Beschäftigung,

– Verstärkung des Arbeitskräftepotentials in Forschung, Wissenschaft und Technologie.

Der **Ausrichtungsfonds** („EAGFL-A", VO Nr. 4256/88 i.d.F. der VO Nr. 2085/93) beteiligt sich an der Finanzierung von Maßnahmen zur beschleunigten Anpassung der Agrarstrukturen im Hinblick auf die Reform der gemeinsamen Agrarpolitik (Ziel Nr. 5a) sowie zur Förderung und strukturellen Anpassung der Regionen mit Entwicklungsrückstand (Ziel Nr. 5b), insbesondere durch **24**

– Stärkung der landwirtschaftlichen Strukturen, einschließlich für die Verarbeitung und Vermarktung landwirtschaftlicher Erzeugnisse (5a),

– Stützung der landwirtschaftlichen Einkommen und der Agrarwirtschaft in Berggebieten und benachteiligten Regionen durch Agrarbeihilfen (5a),

– Förderung der Niederlassung von Junglandwirten (5a),

– Förderung einer dauerhaften und umweltverträglichen Entwicklung des ländlichen Raums, einschließlich der Erhaltung, Aufwertung und Sanierung des natürlichen Lebensraums (5b),

– Überwindung der Probleme rückständiger Agrarstrukturen (5b).

25 Soweit es um Strukturanpassungen im Bereich der Fischerei geht, kommt das spezifische **Finanzinstrument für die Ausrichtung der Fischerei** („FIAF", VO Nr. 2080/93) zur Anwendung; förderungswürdig sind dabei vor allem:

– die Umstrukturierung und Modernisierung der Fischereiflotte,

– die Verbesserung der Verarbeitungs- und Vermarktungsbedingungen für Fischereieerzeugnisse und Auqakulturen,

– die Versuchsfischerei oder

– der Ausbau der Aquakultur.

b) Mittelausstattung und Aufteilung

26 Die **Verpflichtungsermächtigungen** für den EFRE, den ESF, den EAGFL-A und das FIAF belaufen sich für den Zeitraum **1994–1999** auf insgesamt ECU 147,471 Mrd., davon ECU 96,346 Mrd. (= 68,1 %) für Finanzierungen von Maßnahmen in den Ziel-1-Gebieten. Für die Ziel 1–5b-Gebiete in Österreich, Schweden und Finnland sind für die Jahre 1995–1999 insgesamt ECU 4,7 Mrd. eingesetzt (Anhang XVII der Beitrittsakte 1994). Für die Ziel-6-Gebiete in Schweden und Finnland sind ebenfalls für 1995–1999 insgesamt ECU 741 Mio. (511 Mio. für Finnland, 230 Mio. für Schweden) vorgesehen.

27 Die **Aufteilung der Verpflichtungsermächtigungen** auf die einzelnen Mitgliedstaaten erfolgt auf der Grundlage von durch Entscheidung der Kommission festgelegte **Richtgrößen** für jedes Ziel:

– Ziel 1: Entscheidung 93/589/EWG (ABl. L 280/30),

– Ziel 2: Entscheidung 96/468/EG (ABl. L 192/29),

– Ziel 5a (Landwirtschaft): Entscheidung 94/279/EG (ABl. L 120/50),

– Ziel 5a (Fischerei): Entscheidung 94/447/EG (ABl. L 183/50),

– Ziel 5b: Entscheidung 94/203/EG (ABl. L 96/1).

3. Das strukturpolitische Instrument zur Vorbereitung auf einen
EU-Beitritt

Im Rahmen der Agenda 2000 wurde auch eine „**Heranführungsstrategie**"   **28**
für alle mittel- und osteuropäischen Länder (MOEL), die sich um einen
Beitritt zur EU bewerben, entwickelt. Das allgemeine Ziel der Strategie besteht darin,ein kohärentes Programm anzubieten, um diese Länder auf den
Beitritt zur EU vorzubereiten, sowie
– die verschiedenen Formen der von der EU bereitgestellten Unterstützung in einem einzigen Rahmen zusammenzufassen, d.h. den sog. **Bei-**
  trittspartnerschaften, die einerseits von den Bewerberländern die Gewährleistung demokratischer Strukturen, makroökonomische Stabilisierung und nukleare Sicherheit sowie die Übernahme des „aquis communautaire" innerhalb eines genauen Zeitplans verlangt, und die EU
  andererseits zur Bereitstellung aller verfügbaren Mittel der EG zur Vorbereitung der Bewerberländer auf den Beitritt verpflichtet,
– die Bewerberländer mit den Politiken und Verfahren der EU vertraut zu
  machen, indem ihnen die Teilnahme an Gemeinschaftsprogrammen ermöglicht wird.
Zusammen mit **Phare** und der **Hilfe zur Agrarförderung** wurde in der   **29**
Agenda 2000 eine Strukturhilfe für die Bewerberländer ein Betrag von jährlich etwa Euro 1 Mrd. für den Zeitraum 2000–2006 vorgesehen. Diese Hilfe würde in erster Linie dazu dienen, die Bewerberländer an die gemeinschaftlichen Normen im Infrastrukturbereich anzunähern, insbesondere – in
Analogie zum Kohäsionsfonds – in den Bereichen Verkehr und Umwelt.
Auf der Grundlage des Beschlusses des Europäischen Rates von Luxem-   **30**
burg vom Dezember 1997 hat die Kommission inzwischen einen Vorschlag
einer Verordnung des Rates über ein strukturpolitisches Instrument zur Vorbereitung auf den Beitritt („SIVB") vorgelegt (ABl. 1998 C 164/4).

III. Grundsätze der Durchführung der Strukturpolitik

Die Durchführung der Strukturpolitik orientiert sich an den Grundsätzen   **31**
der Konzentration, der Partnerschaft, der Programmplanung und der Zusätzlichkeit.

1. Grundsatz der Konzentration

Thematische Konzentration: Die gemeinschaftlichen Förderungsmaß-   **32**
nahmen haben sich streng an den vorrangigen Zielen und realen Bedürfnissen der begünstigten Gebiete zu orientieren, da nur so die Effizienz jeglicher Aktion zur strukturellen Entwicklung oder Umstellung gewährleistet

ist. Das bedeutet auch, daß die Akteure auf lokaler, regionaler und nationaler Ebene die wahren Initiatoren der durchzuführenden Maßnahmen sein müssen. Um die gemeinschaftliche Unterstützung jedoch zu konzentrieren und somit effizienter zu gestalten, müssen vor allem die durch den EGV (Art. 2) vorgegebenen Prioritäten von den betroffenen Partnern und Akteuren im Rahmen der Strukturfonds berücksichtigt werden. Dazu gehören: ein hoher Grad an Wettbewerbsfähigkeit und Innovation, ein hohes Beschäftigungsniveau, eine ausgewogene und nachhaltige Entwicklung des Wirtschaftslebens sowie die Gleichstellung von Männern und Frauen.

33   Nach den Vorstellungen der Kommission sollen für den Zeitraum von 2000–2006, noch bevor mit der Programmplanung auf lokaler, regionaler oder nationaler Ebene begonnen wird, Leitlinien ausgearbeitet werden, in denen die gemeinschaftlichen Prioritäten für die einzelnen Ziele niedergelegt sind.

34   **Geographische Konzentration**: Der derzeit förderfähige Bevölkerungsanteil der 15 Mitgliedstaaten liegt im Rahmen der Ziele 1 und 2 bei 51 %. Dieser Anteil wird im Zeitraum von 2000–2006, unter Gewährung gewisser Übergangsregelungen, auf 35–40 % zurückgeführt werden und damit unter dem Prozentsatz der im Rahmen des Art. 87 Abs. 3 lit. a) und c) (ex-Art. 92 III lit. a) und c) förderungsfähigen Bevölkerung liegen (42,7 %).

35   **Finanzielle Konzentration**: Nahezu 2/3 der Strukturfondsmittel werden den Regionen mit Entwicklungsrückstand zugewiesen, und zwar insbesondere zur Verbesserung der Infrastrukturausstattung und zur Verringerung der Arbeitslosigkeit, die um 60 % über dem Gemeinschaftsdurchschnitt liegt. Eine indikative Aufteilung der Fondsmittel auf die Mitgliedstaaten erfolgt ausschließlich anhand objektiver Kriterien, die es ermöglichen, die finanziellen Mittel auf die Regionen mit den größten Problemen, einschließlich der ultraperipheren Gebiete und der noch übergangsweise geförderten Regionen, zu konzentrieren. Diese objektiven Kriterien sind und bleiben: förderfähige Bevölkerung, nationaler Wohlstand, regionaler Wohlstand, relatives Ausmaß der Strukturprobleme, insbesondere die Arbeitslosigkeit.

2. Grundsatz der Partnerschaft

36   Das Partnerschaftsprinzip wurde 1988 als eines der Mittel eingeführt, die die **Effizienz der Strukturfonds** gewährleisten sollten. Dieser besondere Verfahrensmodus erlaubt es, alle betroffenen Akteure an der Vorbereitung, Durchführung, Begleitung und Bewertung der Gemeinschaftsfinanzierungen zu beteiligen. Über den bei der Beschlußfassung oder der Durch-

führung erzielten Konsens soll diese Beteiligung gewährleisten, daß die Zweckmäßigkeit der Strategie, der Prioritäten und der Entwicklungsmaßnahmen überprüft wird und diese an Glaubwürdigkeit gewinnen. Diese partnerschaftliche Zusammenarbeit muß den jeweiligen **Befugnissen** **37** **der einzelnen Partner Rechnung tragen.** Dabei sind die Zuständigkeiten jedes Partners (Mitgliedstaat, Region, Kommission) dieses Paktes klar abzugrenzen, um gleichermaßen den Anforderungen des Subsidiaritätsprinzips (vgl. dazu die Erläuterungen zu Art. 6) und des Art. 274 (ex-Art. 205), demzufolge die Kommission für die Durchführung des Gemeinschaftshaushalts zuständig ist, gerecht zu werden.

Gegenwärtig konzentriert sich die Partnerschaft noch auf einige wenige, **38** thematisch und zeitlich eng abgegrenzte Phasen. Nach den Vorstellungen der Kommission soll diese **Partnerschaft erheblich verstärkt und** in dem Sinne **erweitert** werden, daß die Beteiligung der Partner am gesamten Prozeß der Fondsfinanzierung vom Entwurf der Strategien bis zur ex-post-Bewertung der Interventionen zur Regel wird. Zu diesem Zweck schlägt die Kommission mehrere wichtige Änderungen vor; so soll beispielsweise den von den Mitgliedstaaten vorgelegten Plänen eine Stellungnahme der Partner beigefügt oder die Begleitausschüsse sollen enger an den Programmierungsentscheidungen und der Bewertungstätigkeit der für die Verwaltung der Gemeinschaftsintervention zuständigen Stelle beteiligt werden. Auch die unmittelbar betroffenen kommunalen Behörden oder Umweltbehörden sind stärker in die Konzertation über die Durchführung der Strukturfondsmaßnahmen einzubinden; Einrichtungen, die sich vor Ort stark engagieren oder aus den Strukturfonds geförderte Aktionen durchführen (Sozialpartner, lokale Verbände oder Nichtregierungsorganisationen usw.) sollen angehört werden. Um die volle Funktionsfähigkeit dieses Partnerschaftsprinzips zu erhalten, soll allerdings die Möglichkeit bestehen, die Form der partnerschaftlichen Zusammenarbeit entsprechend dem Finanzbeitrag der einzelnen Partner zu den Interventionen anzupassen.

3. Grundsätze der Programmplanung

a) **Planungsphase** (Art. 5–7 VO Nr. 4253/88 i.d.F. der VO Nr. 2082/93): **39** Die Entwicklungspläne werden von den Mitgliedstaaten und den lokalen und regionalen Partnern entsprechend den jeweiligen Entwicklungserfordernissen und -schwerpunkten in eigener Verantwortung, d.h. ohne direkte Beteiligung der Kommission erstellt; die Kommission leistet lediglich technische Hilfe.

Die Kommission kann allerdings aus eigener Initiative nach Befassung **40** des Verwaltungsausschusses für Gemeinschaftsinitiativen und nach Unterrichtung des EP den Mitgliedstaaten bestimmte Fördermaßnahmen vorschlagen, die für die EG von besonderem Interesse sind (vgl. Art. 11 VO Nr. 4253/88 i.d.F. der VO Nr. 2082/93; sog. **Gemeinschaftsinitiativen**). Sie werden ggf. bei der Aufstellung oder Revision der entsprechenden gemeinschaftlichen Förderkonzepte berücksichtigt. Für die Jahre 1994–1999 sind 9 % der Verpflichtungsermächtigungen der Strukturfonds (= ECU 13,45 Mrd.) für Gemeinschaftsinitiativen bereitgestellt; sie werden vorrangig in den Ziel 1-, 2- und 5b-Regionen eingesetzt. Derzeit gibt es 13 Gemeinschaftsinitiativen, die zu über 400 Programmen geführt haben, was zahlenmäßig allen sonstigen Strukturmaßnahmen entspricht. Dies ist eindeutig zu viel. Die Kommission hat deshalb für den Zeitraum 2000–2006 eine Begrenzung auf drei Gemeinschaftsinitiativen mit einer Mittelausstattung von 5 % der Strukturfondsmittel vorgeschlagen: (1) transnationale, grenzübergreifende und interregionale Zusammenarbeit zur Stimulierung der wirtschaftlichen Entwicklung der Regionen; (2) transnationale, grenzübergreifende und interregionale Zusammenarbeit zur Förderung einer ausgewogenen und harmonischen europäischen Raumordnung; (3) transnationale Zusammenarbeit im Hinblick auf neue Praktiken zur Bekämpfung jeglicher Diskriminierungen und Ungleichheiten beim Zugang zum Arbeitsmarkt.

41   **Gemeinschaftliche Förderkonzepte** (Art. 8, 10 VO Nr. 4253/88 i.d.F. der VO Nr. 2082/93): auf der Grundlage der Entwicklungspläne entwirft die Kommission die gemeinschaftlichen Förderkonzepte. Diese Förderkonzepte sind weniger detailliert als die Entwicklungspläne und enthalten nur die grundlegenden strategischen Elemente, die wichtigsten Entwicklungsschwerpunkte und die wesentlichen Finanztabellen. Die Kommission berät mit den betreffenden Mitgliedstaaten und den übrigen Partnern über die gemeinschaftlichen Förderkonzepte, bevor sie sie mit einer formellen Entscheidung i.S.d. Art. 249 Abs. 4 (ex-Art. 189 IV) genehmigt. Die Kommission wird dabei unterstützt von drei Ausschüssen, und zwar dem Ausschuß für die Entwicklung und Umstellung der Regionen, dem Ausschuß gemäß Artikel 124 sowie dem Ausschuß für Agrarstrukturen und ländliche Entwicklung (vgl. Titel VIII. der VO Nr. 4253/88 i.d.F. der VO Nr. 2082/93).

42   Für Strukturinterventionen der EG **in Deutschland** wurden folgende **gemeinschaftliche Förderkonzepte** von der Kommission beschlossen:
   – **Ziel 1**: Mecklenburg-Vorpommern, Brandenburg, Sachsen-Anhalt, Sachsen, Thüringen und Berlin (E 94/628/EG v. 29.7.1994, ABl. L 250/18).

– **Ziel 2**: Westteil Berlins (E 97/694/EG v. 7.5.1997, ABl. L 308/13 und E 94/1043/EG v. 14.12.1994, ABl. L 384/26), Land Bremen (E 97/695/EG v. 7.5.1997, ABl. L 308/17 und E 94/1044/EG v. 14.12.1994, ABl. L 384/30), Nordrhein-Westfalen (E 97/698/EG v. 7.5.1997, ABl. L 308/29 und E 94/1045/EG v. 14.12.1994, ABl. L 384/33), Saarland (E 97/700/EG v. 7.5.1997, ABl. L 308/37 und E 94/1046/EG v. 14.12.1994, ABl. L 384/37), Niedersachsen (E 97/697/EG v. 7.5.1997, ABl. L 308/25 und E 94/1050/EG v. 16.12.1994, ABl. L 384/50), Rheinland-Pfalz (E 97/699/EG v. 7.5.1997, ABl. L 308/33 und E 94/1051/EG v. 16.12.1994, ABl. L 384/54), Schleswig-Holstein (E 97/701/EG v. 7.5.1997, ABl. L 308/41 und E 94/1052/EG v. 16.12.1994, ABl. L 384/57), Hessen (E 97/696/EG v. 7.5.1997, ABl. L 308/21 und E 94/1053/EG v. 16.12.1994, ABl. L 384/60), Bayern (E 97/693/EG v. 7.5.1997, ABl. L 308/9 und E 94/1054/EG v. 16.12.1994, ABl. L 384/64).
– **Ziel 5a**: Hessen (E 95/199/EG v. 31.5.1995, ABl. L 127/23, geändert durch E 97/606/EG, ABl. L 243/56), Bayern (E 95/200/EG v. 31.5.1995, ABl. L 127/25), Bremen (E 95/256/EG v. 23.6.1995, ABl. L 161/42), Saarland (E 95/257/EG v. 23.6.1995, ABl. L 161/44), Schleswig-Holstein (E 95/258/EG v. 26.6.1995, ABl. L 161/46), Hamburg (E 95/321/EG v. 25.7.1995, ABl. L 188/16)

Durch die Entscheidung 97/321/EG der Kommission vom 23. April 1997 wurden die im Hinblick auf Deutschland getroffenen Entscheidungen betreffend die Genehmigung von gemeinschaftlichen Förderkonzepten, einheitlichen Programmplanungsdokumenten und Programmen im Rahmen von Gemeinschaftsinitiativen einer Revision unterzogen (ABl. L 146/9).

b) **Programmplanungsphase** (Art. 14–16 VO Nr. 4253/88 i.d.F. der VO Nr. **43** 2082/93): Die Programmplanungsphase beginnt i.d.R. erst nach Genehmigung der gemeinschaftlichen Förderkonzepte, so daß die meisten Programme in der Praxis erst rund ein Jahr nach Aufstellung des Entwicklungsplans genehmigt werden. Allerdings besteht die Möglichkeit, daß die Mitgliedstaaten bereits mit ihren Entwicklungsplänen zugleich auch die Programmentwürfe in einem Dokument vorlegen, so daß die Kommission in einer einzigen Entscheidung über die Programme, einschließlich der Beträge der gewährten Beteiligung, und das gemeinschaftliche Förderkonzept befinden kann. Von dieser Möglichkeit wird vor allem bei Förderprogrammen der Ziele 2, 5a und 5b Gebrauch gemacht.

Die Programme werden ganz im Sinne der Subsidiarität in **partner- 44 schaftlicher Zusammenarbeit** erstellt. Die Kommission erläßt eine förmliche Entscheidung zur Genehmigung der Programme, wodurch das Anlaufen der Mittelbindungen und Zahlungen ermöglicht und die Grundlage für die sich anschließende finanzielle Abwicklung geschaffen wird. Die Programme brauchen nicht jede Einzelheit der zu finanzierenden Vorhaben zu enthalten; sie müssen nur über das Minimum an Informationen verfügen, das die Kommission benötigt, um über eine Förderung zu entscheiden. Dazu gehören genügend Basisinformatrionen über die aufgestellten Ziele und eine knappe Darstellung der Maßnahmen, mit denen sie erreicht werden sollen; auch sind die materiellen, finanziellen und sozio-ökonomischen Indikatoren anzugeben, die für die Bewertung der Programmergebnisse und der Auswirkungen verwendet werden sollen.

45 Die **Anzahl der Programme** wird weitgehend von den Mitgliedstaaten bestimmt. Bisher haben es einige Mitgliedstaaten vorgezogen, eine größere Anzahl kleiner Programme vorzulegen, um die Maßnahmen gezielt auf die einzelnen Regionen und Sektoren zuschneiden zu können. Im Interesse einer höheren Effizienz sind größere, möglichst integrierte Programme vorzuziehen.

46 c) **Durchführungsphase**: Diese Phase besteht aus der Zuteilung der gemeinschaftlichen Mittel und der Durchführung der Programme durch die Mitgliedstaaten. Die Durchführung der Programme wird begleitet von durch Kommission und Mitgliedstaat gemeinsam vereinbarten Meldeverfahren, Stichprobenkontrollen und von eigens dazu eingesetzten Begleitausschüssen. Diesen werden der Stand der Durchführung der Maßnahmen sowie der verwaltungsmäßige Ablauf und etwaige in diesem Zusammenhang auftretende Probleme mitgeteilt.

4. Grundsatz der „Zusätzlichkeit"

47 Der Grundsatz der Zusätzlichkeit soll **verhindern**, daß die **Fondsmittel an die Stelle der öffentlichen Strukturausgaben oder Ausgaben gleicher Art des Mitgliedstaates treten.** Er ist eine notwendige Bedingung für einen tatsächlich wirtschaftlichen Einsatz der Gemeinschaftsmittel in den Förderregionen (vgl. Art. 9 VO Nr. 4253/88 i.d.F. der VO Nr. 2082/93). Zu diesem Zweck tragen die Kommission und der betreffende Mitgliedstaat bei der Ausarbeitung und der Durchführung der gemeinschaftlichen Förderkonzepte dafür Sorge, daß der Mitgliedstaat in allen betroffenen Gebieten seine öffentlichen Strukturausgaben oder Ausgaben gleicher Art mindestens in der Höhe des vorangegangenen Programmplanungszeitraums aufrechterhält.

Die Mitgliedstaaten sind verpflichtet, über die ihnen zugewiesenen Fonds- **48**
mittel **Rechenschaft** abzulegen und die zur Überprüfung der Zusätzlichkeit
notwendigen Angaben sowohl bei der Vorlage ihrer Entwicklungspläne, als
auch während der Durchführung der gemeinschaftlichen Förderkonzepte zu
übermitteln. Gleichwohl bleibt die Überprüfung der Zusätzlichkeit eine
komplexe und schwierige Aufgabe, weil sie für jedes Ziel vorgenommen
werden muß und es namentlich in kleineren Gebieten schwierig ist, die zu-
schußfähigen Finanzierungen klar abzugrenzen.

IV. Interventionsformen

Die gewählten Interventionsformen beruhen auf den **Prinzipien der Sub-** **49**
sidiarität und der Solidarität. Die Gemeinschaftsaktionen sollen die
Maßnahmen der Mitgliedstaaten ergänzen oder unterstützen. Dies setzt eine enge Konzertierung zwischen Kommission, dem betreffenden Mitgliedstaat und den auf regionaler oder lokaler Ebene zuständigen Stellen voraus;
dabei verfolgen alle Beteiligten im Rahmen ihrer eigenen Zuständigkeiten
und Befugnisse ein gemeinsames Ziel.

Die **Hauptformen der Strukturinterventionen** der EG sind (vgl. Art. **50**
17–18 VO Nr. 4253/88 i.d.F. der VO Nr. 2082/93): Kofinanzierung operationeller Programme (z.B. ein Programm zur Errichtung einer Infrastruktur
im Kommunikationsbereich in einer Region), Kofinanzierung einer nationalen Beihilfenregelung (z.B. Unterstützung von Investitionen kleiner und
mittlerer Handwerksbetriebe in Bergregionen), Kofinanzierung von Einzelprojekten, deren Finanzierung von dem betreffenden Mitgliedstaat selbst
nicht gesichert werden kann, Gewährung von Globalzuschüssen, die von einer vom Mitgliedstaat im Einvernehmen mit der Kommission bezeichneten
zwischengeschalteten Stelle verwaltet und von dieser in Form vor Einzel-
zuschüssen an die Endbegünstigten weiterverteilt werden.

Die **Sätze der Gemeinschaftsbeteiligung** an der Finanzierung der natio- **51**
nalen Aktionen werden nach folgenden Gesichtspunkten bestimmt: Schweregrad der spezifischen, vor allem regionalen und sozialen Probleme, denen
die Aktionen abhelfen sollen; die Finanzkraft des betreffenden Mitgliedstaates, wobei insbesondere der relative Wohlstand dieses Mitgliedstaates
und die Notwendigkeit berücksichtigt werden, übermäßige Erhöhungen der
Haushaltsausgaben zu vermeiden; besonderes Interesse, das den Aktionen
unter gemeinschaftlichen Gesichtspunkten beizumessen ist; besonderes Interesse, das den Aktionen unter regionalen Gesichtspunkten beizumessen
ist; Merkmale der geplanten Aktionsarten (vgl. Art. 13 VO Nr. 2052/88
i.d.F. der VO Nr. 2081/93).

V. Bewertung und Kontrolle

1. Bewertung der geförderten Maßnahmen (Art. 25–26 VO Nr. 4253/88 i.d.F. der VO Nr. 2082/93)

52   An die Durchführung schließt sich eine **Bewertung** der von der EG geförderten Strukturmaßnahmen an, die sich insbesondere auf ihre Wirksamkeit im Hinblick auf die in Art. 158 (ex-Art. 130a) genannten Ziele und die Stärkung des wirtschaftlichen und sozialen Zusammenhalts der EG bezieht. Sie besteht aus (1) einer **ex-ante Bewertung**, die Bestandteil der Erarbeitung der Entwicklungspläne und der Quantifizierung der angestrebten Ziele ist, (2) einer **Halbzeitbewertung**, die als systematische Bewertung im Rahmen von Neuprogrammierungen vorgenommen werden und (3) einer **ex-post Bewertung**, mit denen die erworbenen Erfahrungen und erzielten Ergebnisse festgestellt werden sollen.

53   Die Bewertungen erfolgen in erster Linie durch die Mitgliedstaaten in partnerschaftlicher Zusammenarbeit mit der Kommission. Eine immer stärker werdende Rolle übernehmen dabei die von den Mitgliedstaaten und der Kommission im Rahmen der Partnerschaft eingerichteten **Begleitausschüsse**. Sie können in nicht unerheblichem Umfang während der Durchführungsphase Anpassungen sowohl der ursprünglich genehmigten Modalitäten der Gewährung der Finanzbeteiligungen, als auch -unter Beachtung der Verfügbarkeit der Haushaltsmittel und der Haushaltsbestimmungen- der Finanzierungspläne vornehmen; allerdings dürfen diese Anpassungen nicht zu einer Änderung des Gesamtbetrages der gewährten Gemeinschaftsbeteiligung führen. Das Recht der Mitgliedstaaten auf die Programmdurchführung wird durch die verstärkten Befugnisse der Begleitausschüsse nicht beschnitten; diese sollen vielmehr dazu beitragen, die Zahl der auf Gemeinschaftsebene zu treffenden Entscheidungen zu verringern.

2. Finanzkontrolle (Art. 23 VO Nr. 4253/88 i.d.F. der VO Nr. 2082/93)

54   Die Aktionen, die Gegenstand einer Finanzierung durch die Strukturfonds oder einer Finanzierung durch ein sonstiges Finanzinstrument sind, müssen den Bestimmungen des EGV und der aufgrund des EGV erlassenen Rechtsakte entsprechen, insbesondere hinsichtlich der Wettbewerbsregeln, der Vergabe öffentlicher Aufträge und des Umweltschutzes.

55   Darüber hinaus unterliegt die Durchführung der Maßnahmen einer **Finanzkontrolle** durch die Mitgliedstaaten (vgl. VO (EG) Nr. 2064/97 der Kommission vom 15.10.1997, ABl. L 290/1). Diese treffen die erforderlichen Maßnahmen, um (1) regelmäßig nachzuprüfen, daß die von der Kommission finanzierten Aktionen ordnungsgemäß ausgeführt worden sind; (2) Unregelmäßigkeiten zu verhindern oder zu ahnden; (3) infolge von Unregelmäßigkeiten oder Fahrlässigkeit verlorengegangene Beträge zurückzufordern (die Einzelheiten regelt die VO (EG) Nr. 1681/94 der Kommission vom 11.7.1994, ABl. L 178/43).

Falls der Mitgliedstaat und/oder der Träger die notwendigen Finanzkorrekturen vornimmt, kann die Gemeinschaftsbeihilfe innerhalb desselben Programms **für andere Zwecke eingesetzt** werden.   **56**

In den Fällen, in denen (1) ein Mitgliedstaat bei Verstößen gegen das Gemeinschaftsrecht oder bei Unregelmäßigkeiten oder bei Fehlern keine Korrekturen vornimmt, (2) die Gemeinschaftsbeteiligung insgesamt oder zum Teil nicht mehr gerechtfertigt ist oder (3) Schwächen der nationalen Verwaltungs- und Kontrollsysteme systematisch Unregelmäßigkeiten nach sich ziehen, **nimmt die Kommission die angemessenen und begründeten Korrekturen selbst vor** (vgl. dazu EuGeI, T-72/97, Proderec/KOM, Slg. 1998, II–2847; T-142/97, Eugenio Branco/KOM Urt. v. 19.9.1998). Der Mitgliedstaat hat die Möglichkeit, sich innerhalb einer bestimmten Frist zu äußern. Diese Korrekturen erfolgen grundsätzlich in Form einer Kürzung der für den betreffenden Mitgliedstaat bereitgestellten Mittel. Eine Korrektur kann auf die festgestellte Unregelmäßigkeit beschränkt oder aber ausgedehnt werden, wenn der Verstoß oder die Unregelmäßigkeit auf einen allgemeinen Mangel des Verwaltungs- und Kontrollsystems zurückzuführen ist.   **57**

VI. Kohäsionsfonds

Als **Ergänzung** der durch die **drei Strukturfonds** bereitgestellten Finanzierungsmöglichkeiten sieht Art. 161 Abs. 2 (ex-Art. 130d II) die Errichtung eines „**Kohäsionsfonds**" vor. Seine Aufgabe soll in der Finanzierung von Vorhaben von gemeinsamem Interesse auf den Gebieten des Umweltschutzes (Art. 174–178, ex-Art. 130r- t) und der Verkehrsinfrastruktur, d.h. der transeuropäischen Netze (Art. 154–156, ex-Art. 129b-d) bestehen.   **58**

Der **Kohäsionsfonds** ist letztendlich durch die VO (EG) des Rates vom 16. Mai 1994 (ABl. L 130/1) **errichtet** worden, nachdem der ursprünglich für die Errichtung vorgesehene Zeitrahmen bis zum 31.12.1993 wegen des „verzögerten" Inkrafttretens des EUV nicht eingehalten werden konnte. Im Vorgriff auf den Kohäsionsfonds war allerdings mit dem „Kohäsions-Finanzinstrument" eine Übergangslösung geschaffen worden, das seine Tätigkeit am 1.4.1993 aufgenommen und mit dem operativen Einsatz des Kohäsionsfonds am 26.5.1994 eingestellt hat (vgl. VO [EWG] Nr. 792/93 des Rates vom 30.3.1993, ABl. L 79, 74).   **59**

60   Der Kohäsionsfonds folgt, wie bereits auch das „Kohäsions-Finanzinstrument", den im Protokoll Nr. 15 zum EUV über den wirtschaftlichen und sozialen Zusammenhalt **festgelegten Leitlinien**. Danach können nur die bedürftigsten Mitgliedstaaten, d.h. diejenigen, in denen (1) das Pro-Kopf-Bruttosozialprodukt weniger als 90 % des Gemeinschaftsdurchschnitts beträgt, und die (2) ein Programm zur Erfüllung der in Art. 104 (ex-Art. 104c) genannten Bedingungen der wirtschaftlichen Kovergenz aufgestellt haben, Leistungen im Rahmen dieses Finanzinstruments beanspruchen. **Bis 1999** erhalten nur **Spanien, Portugal, Irland** und **Griechenland** Unterstützung aus dem Fonds, wobei Vorhaben im gesamten Staatsgebiet gefördert werden.

61   Als **förderungsfähige Vorhaben** in diesen vier Ländern kommen in Betracht:

–   **Umweltvorhaben**, die zur Erreichung der Ziele des Art. 174 (ex-Art. 130r) beitragen (Erhaltung und Schutz der Umwelt und Verbesserung ihrer Qualität; Schutz der menschlichen Gesundheit; umsichtige und rationelle Verwendung der natürlichen Ressourcen; Förderung von Maßnahmen auf internationaler Ebene zur Bewältigung regionaler und globaler Umweltprobleme); Voraussetzung dieser Förderung ist nach Art. 175 (ex-Art. 130s), daß das Vorhaben, unbeschadet des Verursacherprinzips, mit unverhältnismäßigen Kosten verbunden ist.

–   **Verkehrsinfrastrukturvorhaben** von gemeinsamen Interesse, d.h. der Bau und Ausbau transeuropäischer Verkehrsnetze, die von den vier Mitgliedstaaten finanziert und im Rahmen der in Art. 155 (ex-Art. 129c) genannten Leitlinien konkretisiert werden.

–   **Vorstudien**, die sich auf die förderungswürdigen Vorhaben beziehen sowie Maßnahmen der **technischen Hilfe**.

62   Die für den Kohäsionsfonds für den Zeitraum 1993–1999 **bereitgestellten Mittel** belaufen sich auf insgesamt ECU 15,15 Mrd. (zu Preisen von 1992), wobei auf das Jahr 1998 ECU 2,55 Mrd. und auf das Jahr 1999 Euro 2,6 Mrd. entfallen. Die **Aufteilung** der Fondsmittel beruht auf präzisen und objektiven Kriterien, d.h. hauptsächlich Bevölkerung, Pro-Kopf-BSP und Grundfläche; berücksichtigt werden aber auch sozio-ökonomische Faktoren wie z.B. eine unzureichende Verkehrsinfrastruktur. Dies ergibt für die vier Mitgliedstaaten folgendes Bild: Griechenland: 16 %–20 %, Irland: 7 %–10 %, Portugal: 16 %–20 %, Spanien: 52 %–58 % (vgl. Anhang I zur VO (EG) Nr. 1164/94). Der **Satz der Gemeinschaftsunterstützung** beläuft sich auf 80 %–85 % der öffentlichen oder gleichgestellten Ausgaben.

63   Bei der **Mittelvergabe** ist darauf zu achten, daß zwischen den geförderten Umweltvorhaben und Verkehrsinfrastrukturvorhaben ein **angemessenes**

Gleichgewicht besteht. Außerdem müssen die aus dem Kohäsionsfons finanzierten Vorhaben im Einklang stehen mit den Bestimmungen des EGV,
dem Sekundärrecht und den anderen Gemeinschaftspolitiken, insbesondere
den Bereichen Umweltschutz, Verkehr, transeuropäische Netze, Wettbewerb und Vergabe öffentlicher Aufträge.

Die Regelungen über die Genehmigung der Vorhaben (Art. 10), die Fi-   **64**
nanzbestimmungen und -kontrolle (Art. 11,12) sowie die Beurteilung, Begleitung und Bewertung (Art. 13) sind in der VO (EG) Nr. 1164/94 im einzelnen niedergelegt. Die Durchführungsbestimmungen hierzu befinden sich
im Anhang II dieser VO.

Art. 162 (ex-Art. 130e) (Durchführungsbeschlüsse des Rates)

**Die den Europäischen Fonds für regionale Entwicklung betreffenden
Durchführungsbeschlüsse werden vom Rat gemäß dem Verfahren des
Artikels 251 und nach Anhörung des Wirtschafts- und Sozialausschus-
ses sowie des Ausschusses der Regionen gefaßt.**

**Für den Europäischen Ausrichtungs- und Garantiefonds für die Land-
wirtschaft, Abteilung Ausrichtung, und den Europäischen Sozialfonds
sind die Artikel 37 bzw. 148 weiterhin anwendbar.**

Die Vorschrift regelt die Ermächtigungsgrundlagen für den Rat und das von   **1**
diesem anzuwendende Verfahren zum **Erlaß von Durchführungsbeschlüssen** zu den in Art. 161 (ex-Art. 130d) vorgesehenen Grundsatzregelungen. Dabei wird zwischen den drei Strukturfonds unterschieden.

Für die den **Europäischen Regionalfonds** betreffende Durchführungsbe-   **2**
schlüsse enthält Art. 162 selbst die Rechtsgrundlage für den Rat. Danach
entscheidet der Rat im Verfahren der Mitentscheidung des EP (vgl. 251, ex-
Art. 189b) nach Anhörung des WSA und des AdR (zu den einzelnen Durchführungsregelungen s. Art. 161 Rn.7).

Die den **Europäischen Sozialfonds** und den **EAGFL/Ausrichtung** betref-   **3**
fende Durchführungsbeschlüsse werden demgegenüber weiterhin entsprechend Art. 148 (ex-Art. 125), d.h. im Verfahren der Mitentscheidung des EP
(vgl. 251, ex-Art. 189b) nach Anhörung des WSA und des AdR, bzw.
Art. 37 (ex-Art. 43), d.h. im Vorschlagsverfahren nach Anhörung des EP,
vom Rat getroffen (zu den einzelnen Durchführungsregelungen s. Art. 161
Rn. 7).

Titel XVIII. (ex-Titel XV.). Forschung und technologische Entwicklung

Literatur: *Bundesministerium für Bildung, Wissenschaft, Forschung und Technologie*, Europäische Zusammenarbeit in Bildung und Forschung – Eine Handreichung (1998); *Dusak*, Wissenschaft, Forschung und Entwicklung, in Röttinger-Weyringer (Hg.), Handbuch der europäischen Integration (1996), 1010–1030; *Eickhof*, Die Forschungs- und Technologiepolitik der Bundesrepublik Deutschland und der Europäischaen Union, volkswirtschaftliche Diskussionsbeiträge Nr. 16 (1997); *Elizalde*, Legal Aspects of Community Policy on Research and Technological Development, in Common Market Law Review 29: 309–346, 1992; *Europäische Kommission*, Tätigkeiten der Europäischen Union im Bereich der Forschung und technologischen Entwicklung, Jahresbericht 1998, KOM (98) 439 endg.; *dies.*, Five-year Assessment of the European Community RTD Framework Programmes by an independent panel chaired by E. Davignon, 1997; *dies.*, Zusammenhalt und FTE-Politik – Synergieeffekte zwischen der Politik im Bereich der Forschung und technologischen Entwicklung und der Politik zur Förderung des wirtschaftlichen und sozialen Zusammenhalts, KOM (93), 203 endg.; *dies.*, Die Forschung nach Maastricht: Bilanz und Strategie, SEK (92), 682 endg.; *dies.*, Die Zukunft gestalten, KOM (96) 332; *dies.*, Wachstum, Wettbewerbsfähigkeit, Beschäftigung – Weißbuch (1993) 94–113; *dies.*, Second Report on S & T Indicators 1997; *dies.*, Society, The endless frontier: A European vision of research and innovation policies for the 21st century, (1998) 61–125; *Guzetti*, A Brief History of European Union Research Policy, 1995; *Konow*, Zur Europäischen Forschungspolitik nach Maastricht, WissR 1993, Beiheft 11, S. 40–61; *OECD*, Main Science and Technology Indicators, 1997/2; *Peschke*, Transnationale Vereinigungen und Interessensvermittlung in der Europäischen Forschungs- und Technologiepolitik, 1998; *Schöpe*, Die Förderung der Forschung und technologischen Entwicklung in der Europäischen Gemeinschaft, 1995; *Trute/Gross*, Rechtsvergleichende Grundlagen der europäischen Forschungspolitik, WissR 1994, S. 203–248; *Weiler,* Das Europäische Parlament und die Forschungs- und Technologiepolitik der EU, 1995.

Vorbemerkung zu Art. 163–173 [ex-Art. 130f-130p]

I. Einführung

1   Der Titel XVIII über die Forschung und technologische Entwicklung (FTE) in der Fassung des Amsterdamer Vertrages stellt in normativer Hinsicht die logische Konsequenz und den vorläufigen Höhepunkt einer gemeinschaftlichen Forschungs- und Technologiepolitik dar, welche vor mehr als 24 Jahren erstmals in Ratsentschließungen niedergelegt wurde (ABl. 1974 C 7/2), sowie vor 11 Jahren durch die Einheitliche Europäische Akte (Art. 24 EEA) erstmals durch einen eigenen Titel in den damaligen EWGV Aufnahme gefunden hat.

II. Historische Entwicklung

Wenn auch in den Römischen Verträgen eine umfassende Zuständigkeit der   **2**
Gemeinschaft auf dem Gebiet der Forschung nicht enthalten war, so gewann schon in den sechziger Jahren die Erkenntnis an Bedeutung, daß eine z.B. in Art. 2 EGV geforderte Wirtschaftsentwicklung nicht ohne eine gemeinsame Forschungspolitik möglich sein würde. Aufgrund der unterschiedlichen Vertragscharaktere des EGKS- und Euratom-Vertrages auf der einen und des E(W)G-Vertrages auf der anderen Seite, dauerte es aber noch bis zum Fusionsvertrag vom 08.04.1965 (in Kraft getreten 01.07.1965) bis die forschungspolitischen Erkenntnisse der Hohen Behörde und der Euratom-Kommission zur Schaffung einer E(W)G-Forschungspolitik zunächst nur institutionell zur Schaffung einer Generaldirektion für Forschung und Technologie im Jahre 1967 genutzt wurden. Bis dahin bestanden **bloß sektorielle Zuständigkeiten** in den Bereichen Kernforschung, Kohle- und Stahlforschung sowie, gestützt auf Art. 41 E(W)GV, im Agrarbereich.

1. Kohle- und Stahlforschung

Der bereits im Jahr 1951 unterzeichnete EGKSV bot in seinem Art. 55 ei-   **3**
ne Grundlage für die Durchführung von Forschungsprogrammen hinsichtlich der Erzeugung und der Steigerung des Verbrauchs von **Kohle und Stahl** sowie der Förderung der Betriebssicherheit in diesen Industrien. Die Finanzierung dieser Forschungsaktivitäten erfolgte in erster Linie durch Umlagen der beteiligten Unternehmen. Wenn die Geltung des EGKS-Vertrages gem. Art. 97 EGKSV am 22. Juli 2002 ausläuft (vgl. Art. 166 Rn. 1), wird es Kohle- und Stahlforschung nur mehr unter dem EGV geben.

2. Kernforschung

Der EAGV weist in seinen Art. 4–11 der Gemeinschaft eine umfassende   **4**
Kompetenz auf dem Gebiet der **Kernforschung** zu, die insbes. in der Durchführung mehrjähriger Forschungs- und Ausbildungsprogramme liegt. Diese Programme werden auf Vorschlag der Kommission vom Ministerrat einstimmig verabschiedet und für einen Zeitraum von höchstens fünf Jahren festgelegt. Inhaltlich erstrecken sich die Forschungsaktivitäten auf Themenbereiche, die in einer dem EAGV als Anhang beigefügten Liste bezeichnet sind und vom Ministerrat mit qualifizierter Mehrheit auf Vorschlag der Kommission geändert werden können. Die Forschungsgebiete umfassen die Bereiche Rohstoffe, angewandte Physik auf dem Gebiet der Kernenergie, physikalische Chemie der Reaktoren, Behandlung der radioaktiven

Stoffe, Verwendung der Radioelemente, Untersuchung der schädlichen Auswirkungen der Strahlungen auf Lebewesen sowie Ausrüstungen für Reaktoren und Forschungsanlagen. Im letzten Jahrzehnt haben sich die Aufgaben im Kernforschungsbereich deutlich verlagert. Insbes. nach Tschernobyl stehen vor allem die Sicherung von Atomanlagen, Techniken zum Ab-, bzw. Rückbau von Kernanlagen etc. im Vordergrund.

5   Art. 8 EAGV bildete die Grundlage für die Errichtung der **Gemeinsamen Forschungsstelle (GFS)**, das gemeinschaftseigene Forschungszentrum, in dem zunächst Kernforschungsprojekte durchgeführt wurden. Im Laufe der Zeit hat sich die Tätigkeit der Gemeinsamen Forschungsstelle auf andere Bereiche wie Umwelt-, Werkstofforschung etc. ausgeweitet. Derzeit verfügt die Gemeinsame Forschungsstelle über **acht Institute** (Referenzmaterialien und -messungen, Transurane, fortgeschrittene Werkstoffe Systemtechnik und Informatik, Umwelt, Sicherheitstechnologie, Anwendung der Fernerkundung, technologische Zukunftsforschung), die auf **fünf Standorte** (Ispra in Italien, Geel in Belgien, Petten in den Niederlanden, Karlsruhe in Deutschland sowie Sevilla in Spanien) verteilt sind. Die GFS ist heute eine Dienststelle der Europäischen Kommission mit einem Generaldirektor an der Spitze, der gleichzeitig stellvertretender Generaldirektor der Generaldirektion XII ist. Ihre Forschungsaktivitäten werden mit der Kommission zuzurechnendem Personal auf Kosten der Gemeinschaft durchgeführt (zu weiteren Einzelheiten s. Art. 166 Rn. 47).

3. Begründung einer gemeinschaftlichen Forschungspolitik

6   Die erste Erweiterung der EG Anfang der 70er Jahre und insbes. der Beitritt des Vereinigten Königreiches hat zu einem erweiterten Ansatz und zu einer Überwindung der sektoriell beschränkten Tätigkeiten beigetragen. Die Begründung einer **gemeinschaftlichen Forschungspolitik** geht auf die vier Entschließungen des Rates vom 14.1.1974 (ABl. 1974 C 7/1,5,6,7) zurück, worin deren Bedeutung für eine bessere Verwirklichung der sektoriellen Gemeinschaftspolitiken, für eine Koordinierung der Forschungspolitiken der Mitgliedstaaten sowie für eine Identifizierung und Analyse von Problemfeldern hervorgehoben wird. Insbes. wurde hiermit der **Ausschuß für wissenschaftliche und technische Forschung (CREST)**, der heute noch eines der wichtigsten Beratungsgremien der Kommission und des Rates im Bereich der gemeinschaftlichen Forschung darstellt (s. Art. 172 Rn. 12), geschaffen.

7   Bis zum Inkrafttreten der EEA im Jahr 1987 wurden etwa 60 mehrjährige Forschungsprogramme in verschiedensten Bereichen wie medizinische

Forschung, öffentliche Gesundheit und Umwelt, aber auch Informations-
und Kommunikationstechnologien etc. verabschiedet, insbes. auch das
1. Rahmenprogramm der Gemeinschaft im Bereich Forschung, Entwicklung und Demonstration (1984–1987). Die legale Basis bot Art. 308 [ex-
Art. 235], der den einstimmigen Erlaß von Vorschriften durch den Rat auf
Vorschlag der Kommission nach Anhörung des EP vorsieht, wenn ein
Tätigwerden der Gemeinschaft erforderlich erscheint, die hierfür notwendigen Befugnisse jedoch nicht vorgesehen sind (vgl. Art. 308 Rn. X).

4. Einheitliche Europäische Akte

Die EEA hatte den E(W)GV um die Art. 130f-q ergänzt und damit der Ge-   **8**
meinschaft eine **umfassende Kompetenz** im Bereich der Forschung und
technologischen Entwicklung unter der vertraglichen Zielsetzung der Steigerung der Wettbewerbsfähigkeit zugewiesen. Diese Bestimmungen zielten
bereits auf die Schaffung einer Europäischen Forschungs- und Technolo-
giegemeinschaft. Mit der EEA wurde ein zweistufiger Mechanismus eingeführt: zunächst verabschiedeten die MS einstimmig mehrjährige **Rahmenprogramme für Forschung und technologische Entwicklung**, in denen
die großen wissenschaftlichen und technischen Ziele der Gemeinschaft
festgelegt werden; auf dieser Basis wurden anschließend diese Rahmenprogramme im Wege **spezifischer Programme** durchgeführt (siehe dazu
ausführlich die Anmerkungen zu Art. 166).

5. Vertrag von Maastricht

Der EGV definierte darüber hinausgehend in seinem Art. 3 ausdrücklich die   **9**
Förderung der Forschung und technologischen Entwicklung als eine der
Tätigkeiten der Gemeinschaft, die zur Erfüllung der in Art. 2 genannten gemeinschaftlichen Aufgaben beitragen soll. Die Politik der Forschung und
technologischen Entwicklung muß insbes. den Anforderungen einer Erhöhung der **Lebensqualität** und eines **beständigen Wachstums** gerecht
werden. Art. 130f E(W)GV (jetzt Art. 163) wurde dahingehend ergänzt, daß
die Ziele der Forschungspolitik **pluralistischer** formuliert sind. Gemeinschaftliche Forschung sollte nicht nur einen Beitrag zur Verbesserung der
industriellen **Wettbewerbsfähigkeit** leisten, sondern **alle** Forschungsmaßnahmen unterstützen, die auf Grund des Vertrages für sämtliche Gemeinschaftspolitiken als erforderlich angesehen werden. Außerdem wurde das
Konzentrationsprinzip etabliert, wonach alle gemeinschaftlichen Maßnahmen im Bereich der Forschung und technologischen Entwicklung in
den Rahmenprogrammen enthalten sein müssen. Die Zusammenfassung al-

ler Forschungsförderung unter einem Dach (Prinzip der **Einheit der Forschungsförderung**, vgl. Art. 163 Rn. 4) hat maßgeblich zur Transparenz
und Nutzerfreundlichkeit sowie zur Sichtbarmachung der EU-Forschungs-
förderung beigetragen.

6. Vertrag von Amsterdam

10 Der Amsterdamer Vertrag hat in dreierlei Hinsicht einschneidende Veränderungen aus forschungspolitischer Sicht mit sich gebracht:

– Die Einstimmigkeitsregel ist bei der Verabschiedung des Forschungsrahmenprogramms durch eine **qualifizierte Mehrheitsentscheidung**
ersetzt worden (s. dazu ausführlich die Anmerkungen zu Art. 166).

– Der Rat wird zukünftig auch über die Gründung gemeinsamer Unternehmen oder anderer Strukturen zur Durchführung der Forschungsrahmenprogramme mehrheitlich entscheiden (s. dazu Art. 172).

– Im übrigen sind Art. 163–173 [ex-Art. 130f-p] über die Forschung und
technologische Entwicklung durch Umnummerierung nunmehr nicht
bloß durch Buchstaben eingeschobene Artikel, sondern sie werden
durch eigene Numerierung, wenn auch nicht streng juristisch, so doch
optisch aufgewertet.

11 Der Amsterdamer Vertrag hat die **Handlungsfähigkeit der EU-Forschungspolitik** auch im Hinblick auf eine Erweiterung der EU dadurch **sichergestellt**, daß in keinem Bereich der Forschungs- und Technologiepolitik mehr ein Vetorecht einzelner Mitgliedsstaaten besteht. Aus forschungspolitischer Sicht wird aber einer Lösung des in Amsterdam noch vertagten
Problems der Stimmengewichtung bei der nächsten Vertragsrevision eine
noch größere Bedeutung zukommen. Ansonsten wurde der Text der ehemaligen Artikel 130f-p (jetzt Art. 163–173) nicht verändert. Art. 130q war
schon vorher durch eine redaktionelle Änderung der Zählweise aufgehoben
worden.

Art. 163 [ex-Art. 130f] (Ziele der Gemeinschaft)

**(1) Die Gemeinschaft hat zum Ziel, die wissenschaftlichen und techno-
logischen Grundlagen der Industrie der Gemeinschaft zu stärken und
die Entwicklung ihrer internationalen Wettbewerbsfähigkeit zu fördern sowie alle Forschungsmaßnahmen zu unterstützen, die aufgrund
anderer Kapitel dieses Vertrags für erforderlich gehalten werden.**

**(2) In diesem Sinne unterstützt sie in der gesamten Gemeinschaft die Un-
ternehmen – einschließlich der kleinen und mittleren Unternehmen –,
die Forschungszentren und die Hochschulen bei ihren Bemühungen auf**

dem Gebiet der Forschung und technologischen Entwicklung von hoher Qualität; sie fördert ihre Zusammenarbeitsbestrebungen, damit die Unternehmen vor allem die Möglichkeiten des Binnenmarkts voll nutzen können, und zwar insbesondere durch Öffnung des einzelstaatlichen öffentlichen Auftragswesens, Festlegung gemeinsamer Normen und Beseitigung der dieser Zusammenarbeit entgegenstehenden rechtlichen und steuerlichen Hindernisse.

(3) Alle Maßnahmen der Gemeinschaft aufgrund dieses Vertrags auf dem Gebiet der Forschung und der technologischen Entwicklung, einschließlich der Demonstrationsvorhaben, werden nach Maßgabe dieses Titels beschlossen und durchgeführt.

Literatur: *Classen*, Forschungsförderung durch die EG und Freiheit der Wissenschaft, WissR 1995, S. 97–112; *Cremer*, Mitgliedstaatliche Forschungsförderung und Gemeinschaftsrecht: Der neue Gemeinschaftsrahmen für staatliche Forschungs- und Entwicklungsbeihilfen, EWS 1996, S. 379–389; *Eisermann*, Gemeinschaftsrechtliche Beihilfenkontrolle bei staatlich unterstützten Forschungs- und Entwicklungsvorhaben, EuZW 1996, S. 683–688; *Grande/Häusler*, Industrieforschung und Forschungspolitik, 1994; *Kealey*, The Economic Laws of Scientific Research, 1996; *Krüger*, Rechtsvergleichung im Wissenschaftsrecht, WissR 1992, Beiheft 9, S. 1–134; *Maurer*, Forschungs- und Entwicklungskooperationen in der Wettbewerbspolitik der Europäischen Gemeinschaft, 1995; *Meyer*, Forschungssubventionen aus wettbewerbspolitischer Sicht, 1995; *Penzkofer/Ochel*, Internationale Wettbewerbsfähigkeit und ihre Implikation für die europäische FuE-Politik, 1996.

Überblick

I. Allgemeines

1   Artikel 163 ergänzt mit verfassungsmäßigem Charakter die Aufgaben in Artikel 2 um die Förderung der Forschung und technologischen Entwicklung. Die Zieldefinition des Art. 163 stellt keine eigenständige Rechtsgrundlage dar, zumal Art. 172 (ex-Art. 130o) als Verfahrensvorschrift auch nicht auf ihn verweist. Vielmehr wird hier die Richtschnur und programmatische Wegweisung für die Ausgestaltung des Titels XVIII gegeben.

II. Ziele der gemeinschaftlichen Forschungspolitik (Abs. 1)

1. Übersicht

2   Seit dem Vertrag von Maastricht nennt Art. 163 (ex-Art. 130f.) drei Ziele, die die europäische Forschungspolitik verfolgen muß:
zum einen nach Innen gerichtet: die **Stärkung der wissenschaftlichen und technologischen Grundlagen** der Industrie und
zum anderen nach Außen gerichtet: die Entwicklung ihrer internationalen **Wettbewerbsfähigkeit** und
zum dritten schließlich die **Unterstützung anderer Politiken mit Forschungsbezug**.

3   Insbesondere die beiden erstgenannten Zielsetzungen sind eng miteinander verflochten. So erfordert eine starke Wettbewerbsposition eine solide wissenschaftliche und technologische Basis der Gemeinschaftsindustrie. Beide bedingen sie sich daher gegenseitig: eine Stärkung der wissenschaftlichen und technischen Grundlagen kann zu einer Verbesserung der europäischen Wettbewerbssituation führen und eine mangelhafte äußere Wettbewerbsfähigkeit kann wegen fehlender Mittel zu einem Rückgang der Forschung und damit der Grundlagen für die europäische Industrie führen.

2. Stärkung der wissenschaftlichen und technologischen Grundlagen

Die wissenschaftlichen und technologischen Grundlagen der europäischen **4**
Industrie können jeweils auf den **verschiedenen Stufen der Forschung** gestärkt werden (vgl. dazu unten Art. 163 Rn. 24ff.). Art. 163 schließt **auch**
die **Grundlagenforschung**, soweit sie dem Vertragsziel der Steigerung der
industriellen Wettbewerbsfähigkeit dient, mit ein, da Art. 163 für die gesamte EG-Forschungspolitik einen einheitlichen Rechtsrahmen schaffen
sollte. Dies wird schon daraus deutlich, daß in den Forschungsrahmenpro-
grammen der Gemeinschaft stets eine Reihe nicht industriebezogener Forschungsaktivitäten enthalten waren (z.B. medizinische Forschung oder
Umweltforschung, bei denen die industrierelevante Bedeutung nicht im
Vordergrund steht). Auch durch die Grundlagenforschung werden die wissenschaftlichen und technischen Grundlagen der europäischen Industrie gestärkt. Außerdem sieht Art. 164 lit. a (ex-Art. 130g) für die Durchführung
von Programmen auch die Beteiligung von Forschungszentren und Hochschulen vor. Seit dem EUV sollen **alle Forschungsmaßnahmen** unterstützt
werden, die (auch) aufgrund anderer Kapitel (z.B. Agrarforschung, Art. 33,
35 [ex-Art. 39, 41]oder Gesundheitswesen Art. 152 [ex-Art. 129]) für erforderlich gehalten werden, womit das Prinzip der Einheit der **Forschungsförderung** unterstrichen wird (vgl. Vorbem. zu Art. 163–173 Rn. 9).

3. Förderung der internationalen Wettbewerbsfähigkeit

Sowohl die Steigerung der Wettbewerbsfähigkeit Europas als auch die För- **5**
derung der Forschung und technologischen Entwicklung stellen Prioritäten
des EGV dar (vgl. Art. 3 lit. m und n). Der Zusammenhang zwischen beiden kommt in den Bestimmungen über eine gemeinschaftliche **Industriepolitik** zum Ausdruck, wo die Förderung einer besseren Nutzung des industriellen Potentials in den Bereichen Innovation, Forschung und technologische Entwicklung als eine der Bedingungen der Wettbewerbsfähigkeit bezeichnet ist (Art. 157 Abs. 1 [ex-Art. 130]).

In ihrem Weißbuch zu Wachstum, Wettbewerbsfähigkeit und Beschäftigung **6**
hat die Kommission vor allem drei Schwachpunkte der europäischen Forschung gegenüber ihren Hauptkonkurrenten USA und Japan aufgezeigt
(Europäische Kommission, Weißbuch, S. 94ff.):

– Die **Gesamtaufwendungen** der Gemeinschaft für Forschung und Entwicklung seien zu gering: (1995 betrug der Anteil der Ausgaben für
   Forschung und Entwicklung am Bruttosozialprodukt in Europa 1,85 %,
   in den USA 2,55 % und in Japan 2,98 %[OECD-Angaben]). Die Ausgaben der Gemeinschaft entsprechen dem Stand in Japan vor zehn Jah-

ren. Die Gemeinschaft hat gegenüber ihren Hauptkonkurrenten USA und Japan einen erheblichen Nachholbedarf im Bereich Forschung und technologische Entwicklung aufzuweisen: während die Hochtechnologiegüter 1994 fast die Hälfte der amerikanischen und ungefähr ein Drittel der japanischen Ausfuhren ausmachten, lag deren Anteil an den europäischen Exporten nur bei ca. 10 %[Angaben der Kommission, in Society].

– Es mangele in Europa an einer **Koordinierung** der europäischen FTE-Maßnahmen, -Programme und -Strategien zur optimalen Ausschöpfung des vorhandenen wissenschaftlichen und technischen Potentials. Statt einer **Gesamtstrategie**, die die Forschung, technologische Entwicklung und Innovation in die Planung einer effizienten Produktion einbezieht, sei die europäische Forschungspolitik vielmehr gekennzeichnet durch eine Zersplitterung und Duplizität der Bemühungen. Dies betrifft in erster Linie die nationalen Forschungspolitiken, die sich mehr oder weniger unabhängig voneinander entwickeln, als auch die Forschungspolitik innerhalb jedes einzelnen Mitgliedsstaates. Besondere Schwachpunkte lägen in einer mangelnden Beherrschung der **Zukunftstechnologien** sowie im Mangel an **Humankapital**.

– Schließlich sei die **Verwertung der Forschungsergebnisse** mangelhaft, da wissenschaftlich hervorragende Errungenschaften nicht (oder viel zu spät) in industrielle und kommerzielle Erfolge umgewandelt werden. Dies liege an einer unzureichenden Verbindung zwischen Hochschulen und Unternehmen, fehlendem Risikokapital, mangelhafter Berücksichtigung der FuE in den Unternehmenskonzepten, mangelnder Förderung von Unternehmensgründungen durch Forscher sowie einer Konzentration auf zu stark begrenzte Märkte.

7   Diese Einschätzungen wurden im sogenannten „Davignon-Bericht", mit dem das 4. Forschungsrahmenprogramm begutachtet wurde, 1997 weiter konkretisiert. Dieser startet mit dem dramatischen Aufruf: „Es ist der Kommission darin zuzustimmen, daß es Zeit ist für eine große Veränderung, einen Sprung Vorwärts, der von solch einer Qualität und so grundlegend ist, wie die Schaffung der Rahmenprogramme selber".

8   Um diesen Rückstand aufzuholen, muß daher eine Forschungspolitik entwickelt werden, die die Bedürfnisse des Marktes mit größerem geographischem Einzugsbereich (Globalisierung), die Bedürfnisse der Gesellschaft sowie die diese bestimmenden sozio-ökonomischen Faktoren berücksichtigt und sich auf **grundlegende Technologien** mit branchenübergreifenden Auswirkungen sowie auf Themen, die für die Gesellschaft im allgemeinen von Interesse sind, konzentriert. Hierfür müssen die für Forschung und

technologische Entwicklung vorhandenen Mittel nicht nur erhöht, sondern auch noch effizienter eingesetzt werden. Die europäische Forschungspolitik muß selektiv Schwerpunkte setzen und sich auf Schlüsseltechnologien mit multisektoriellen Anwendungsmöglichkeiten konzentrieren, die einen hohen Kapital- und Personaleinsatz erfordern und auf einzelstaatlicher Ebene nicht durchgeführt werden können.

Maßnahmen zur **Verbreitung und Verwertung der Ergebnisse** sind not-   **9**
wendig, damit die Erkenntnisse aus Forschungsprojekten von den Unternehmen entsprechend umgesetzt werden können (vgl. hierzu Art. 164 Rn. 20ff.). Es bedarf operationeller Mechanismen auf nationaler und europäischer Ebene, über die der Technologietransfer zwischen Hochschulen und Unternehmen, innerhalb der Industrie und zwischen der verteidigungstechnischen und der zivilen Forschung erfolgen kann.

Zur Festlegung einer Gesamtstrategie müssen die nationalen und gemein-   **10**
schaftlichen Forschungsaktivitäten effizient **koordiniert** werden (siehe dazu Art. 165 Rn. 3). In eine solche Koordinierung müssen auch diejenigen Unternehmen mit eingebunden werden, deren Forschungsaktivitäten einen mehr als unbedeutenden Umfang haben. Durch eine Rahmenstruktur für eine Kooperation zwischen Unternehmen könnte eine enge Verbindung zwischen Herstellern und potentiellen Nutzern neuer Produkte entstehen.

4. Andere Politiken mit Forschungsbezug

Schließlich soll die gemeinschaftliche Forschungspolitik gezielt die Aufga-   **11**
ben anderer Politiken des EGV und deren Forschungsmaßnahmen unterstützen.

Der Titel II, **Landwirtschaft**, sieht ausdrücklich die Agrarforschung vor, wonach die Gemeinschaft das Ziel der Steigerung der Produktivität durch Förderung des technischen Fortschritts hat, sowie hierfür Maßnahmen zu Forschung und Verbreitung landwirtschaftlicher Fachkenntnisse vorsehen soll, Art. 33, 35 (ex-Art. 39, 41). Außerdem ist die Agrarforschung im Gemeinschaftsrahmen für staatliche Forschungs- und Entwicklungsbeihilfen besonders privilegiert worden (ABl. 1998 C 48/2).

Der Titel XIII, **Gesundheitswesen**, fordert in Art. 152 (ex-Art. 129) als Tätigkeit der Gemeinschaft die Erforschung der Ursachen von weitverbreiteten schweren Krankheiten.

Letztlich sei noch die **Umweltforschung** aus Art. 174 Abs. 3 (ex-Art. 130r) als ein die Forschungspolitik mit determinierender Faktor erwähnt.

III. Zielkonkurrenz mit anderen Politiken der Gemeinschaft

12   Die Ziele der gemeinschaftlichen Forschungspolitik müssen sich jedoch
auch ohne ausdrückliche „Querschnittsklausel" in die Reihe der anderen
Ziele bzw. Politiken der Gemeinschaft eingliedern. Hierbei ergibt sich sowohl eine Wechselwirkung, d.h. gegenseitige Beschränkung, als auch eine
Beeinflussung, d.h. gegenseitige Zielausrichtung (vgl. auch Art. 164 Rn. 7
zur Wechselwirkung mit der Außenpolitik der Gemeinschaft). Bis zum Vertrag von Maastricht war diese Zielkonkurrenz ausdrücklich im Abs. 3 erläutert (vgl. Rn. 33).

1. Subsidiaritätsprinzip

13   Die Maßnahmen der Gemeinschaft auf dem Gebiet der Forschungsförderung sollen gem. Art. 164 (ex-Art. 130g) die nationalen Aktionen lediglich
ergänzen. Dieses durch den Vertrag von Maastricht als allgemeiner Grundsatz in Art. 5 (ex-Art. 3b) niedergeschriebene **Subsidiaritätsprinzip** wurde
schon lange, auch für die Forschungsförderung, zur Interpretation des EGV
herangezogen. Das Subsidiaritätsprinzip ist bei der Zielverwirklichung der
Vertragsziele und der hierfür erforderlichen Gemeinschaftsmittel zu beachten und zieht somit der Forschungspolitik der Gemeinschaft eindeutige
Grenzen (vgl. hierzu ausführlich Art. 5 Rn. 9 ff.). Das Subsidiaritätsprinzip
ist auf verschiedenen Ebenen zu berücksichtigen. Aufgaben, die von der
Privatwirtschaft besser wahrgenommen werden können, sollen nicht von
der öffentlichen Hand übernommen werden; Aufgaben, die auf nationaler
Ebene besser erfüllt werden können, sollen nicht auf Gemeinschaftsebene
ausgefüllt werden (vgl. Art. 164 Rn. 2f.).

2. Wettbewerbsrecht

14   Eine Aufgabe der Gemeinschaft (Art. 2), die Errichtung eines gemeinsamen
Marktes, resultiert z.B. in der Tätigkeit (Art. 3 lit. g) einer **Wettbewerbskontrolle** (Art. 87, 88, ex-Art. 92, 93). Diese muß sich aber per definitionem in einem Spannungsverhältnis mit dem Ziel einer Forschungsförderung befinden, da die Unterstützung von Unternehmen durch finanzielle
Zuwendungen, wie sie z.B. im Rahmen von Forschungsprogrammen gerade intendiert ist, die Wettbewerbsposition dieser Unternehmen gegenüber
anderen Unternehmen, die diese Zuwendungen nicht erhalten, notwendigerweise verbessert (siehe hierzu den Gemeinschaftsrahmen für staatliche
Forschungs- und Entwicklungsbeihilfen, ABl. 1996 C 45/5 v. 17.02.96;
nachfolgend FuE-Gemeinschaftsrahmen). Allerdings betrifft die Wettbewerbskontrolle des EGV lediglich die staatlichen Zuwendungen und nicht

die finanziellen Unterstützungen, die von der Kommission gewährt werden (vgl. Art. 87 [ex-Art. 92]: „staatliche oder aus staatlichen Mitteln gewährte Beihilfen"). Daher unterzieht die Kommission auch nur die nationalen Fördermaßnahmen einer Wettbewerbskontrolle, wohl wissend, daß es für die Auswirkungen auf den Gemeinsamen Markt keinen Unterschied macht, woher das Fördergeld stammt. Die vertragliche Stütze hierfür ist die Überlegung, daß die gemeinschaftliche Forschungsförderung sich auf die Steigerung der Wettbewerbsfähigkeit nach außen richtet, wohingegen durch die Wettbewerbskontrolle der interne Wettbewerb geschützt werden soll.

Damit die **Unterstützung** der Forschung und technologischen Entwicklung   **15** nicht zu Verzerrungen des freien Wettbewerbes führt, müssen die betreffenden Arbeiten **im Vorfeld des Wettbewerbes** angesiedelt sein. Je marktnäher die Forschungs- und Entwicklungstätigkeiten („FuE"-Tätigkeiten) nämlich sind, desto verzerrender könnte die Wirkung von öffentlicher Unterstützung sein. Um den Grad der Marktnähe der geförderten FuE-Tätigkeit zu bestimmen, unterscheidet die Kommission in ihrem Gemeinschaftsrahmen für staatliche Forschungs- und Entwicklungsbeihilfen zwischen Grundlagenforschung, industrieller Forschung und vorwettbewerblicher Entwicklung (ABl. 1996 C 45/14). Um aber in den Genuß öffentlicher Förderung überhaupt kommen zu können, muß sich die beabsichtigte FuE gleich welcher Forschungsstufe außerhalb des Wettbewerbs abspielen, d.h. es dürfen keine marktfähigen Produkte als Ergebnis herauskommen.

3. Kohäsion

Das Ziel der gemeinschaftlichen Forschungspolitik sieht sich aber auch den   **16** Anforderungen des Art. 158 (ex-Art. 130a) ausgesetzt: dem Ziel der Kohäsion. Diesem Ziel zufolge müssen die Unterschiede im Entwicklungstand der einzelnen Regionen und der Rückstand der am stärksten benachteiligten Gebiete reduziert werden. Immanentes Ziel der gemeinschaftlichen Forschungspolitik ist daher ein Abbau der technologischen Kluft zwischen den wirtschaftlich fortgeschrittenen und den weniger begünstigten Regionen Europas, da die Wettbewerbsfähigkeit der Gemeinschaft in starkem Maße von ihren Leistungen auf dem Gebiet der Forschung und technologischen Entwicklung in der gesamten Spannweite der europäischen Industrie abhängt.

Im Vorfeld der Erstellung der Rahmenprogramme ist von den „Hochtechnologie-Mitgliedsstaaten", z.B. Frankreich, Deutschland und Großbritannien, wiederholt der Einfluß der **Strukturpolitik** auf die Forschungsförderung als für die (überlebensnotwendige) Spitzenforschung abträglich kriti-

siert worden. Unter Wahrung des Grundsatzes der Förderung nach Qualität
und Exzellenz können die gemeinschaftlichen Maßnahmen im Bereich Forschung und technologische Entwicklung aber wirksam und kostengünstig
dazu beitragen, das wissenschaftliche und technologische Potential der
strukturschwachen Regionen durch Vernetzung mit den Forschungszentren
in den wirtschaftlich stärkeren Regionen zu erschließen und für die Gemeinschaft zu nutzen. Die Synergie zwischen Strukturpolitik und Forschungspolitik kann dadurch Kohäsion fördern, daß das Potential der einzelnen Regionen ausgebaut und in den europäischen Forschungsraum einbezogen wird.

**IV. Adressaten der gemeinschaftlichen Forschungspolitik
(Abs. 2, S. 1)**

17   Die Adressaten der Forschungsförderung sind **Unternehmen** – einschließlich der kleinen und mittleren Unternehmen –, **Forschungszentren** und
Hochschulen.

1. Unternehmen

18   Ausdrücklich ist die gemeinschaftliche Forschungsförderung auf alle Unternehmen gerichtet. Eine Begriffsbestimmung wird in Art. 163 bewußt
nicht vorgenommen. Weder die Organisationsform noch die Unterneh-
mensgröße wird irgendwelchen Beschränkungen unterworfen. In einem
Einschub wird jedoch ausdrücklich auf die Förderungswürdigkeit von kleinen und mittleren Unternehmen hingewiesen. Allerdings ist die Definition
von kleinen und mittleren Unternehmen schon seit langem umstritten. **Kleine und mittlere Unternehmen** (KMU) waren für das vierte Forschungsrahmenprogramm noch festgelegt als Unternehmen, die bis zu 500 Beschäftigte bei einem Jahresumsatz von unter 38 Mio ECU (beim Programm
Informationstechnologien 50 Mio ECU) hatten, und deren Kapital sich zu
höchstens 33 % im Besitz eines Unternehmens befand, das kein KMU war.
In einigen Mitgliedsstaaten gab es jedoch Stimmen, die sogar bei Unternehmen bis 1000 Beschäftigten noch von mittelständischen Unternehmen
sprachen.

19   Die Kommission hat aufgrund der geänderten makroökonomischen Daten
am 03.04.96 im Wege einer Empfehlung eine neue **KMU-Definition** beschlossen, nach der ein kleines und mittleres Unternehmen nicht mehr als
250 Personen bei einem Jahresumsatz von höchstens 40 Mio ECU beschäftigen darf, und dessen Kapital sich zu höchstens 25 % im Besitz eines
„Nicht-KMU"s befinden darf (ABl. L 107/4 v. 30.04.96). Diese Empfeh-

lung sollte sich fürderhin auf alle Bestimmungen der Kommission beziehen, die den Ausdruck KMU beinhalten. Im Verhältnis der MS zur Kommission sollte nurmehr eine **einheitliche KMU-Definition** gelten. Hauptargument der Kommission für eine **Begrenzung der KMU-Definition auf 250 Beschäftigte** war damals, daß die Unternehmensgruppe mit bis zu 500 Beschäftigten in Europa ca. 99,9 % aller 14 Millionen Unternehmen darstellt und daß die Unternehmen mit mehr als 250 Beschäftigten nicht nur häufig über sehr starke Marktpositionen verfügen, sondern auch über ausgeprägte Managementstrukturen u.a. in der Forschung. Bei der Schaffung des fünften Forschungsrahmenprogramms wurde von einigen MS versucht, wegen der oft personalintensiven Forschung gerade im Hochtechnologiesektor auch für Unternehmen mit Beschäftigten zwischen 250 und 500 eine Öffnung für die KMU-spezifischen Sondermaßnahmen (Sondierungsprämien, Auftragsforschung) zu erhalten.

Die ausdrückliche Nennung von **kleinen und mittleren Unternehmen**   **20** deutet jedenfalls darauf hin, daß deren **Beteiligung an Forschungsaktivitäten** besondere **Unterstützung** erfahren soll, weil sie teilweise über ein beachtliches Innovationspotential verfügen, dessen Nutzung aber oft auf Grund von Personal- oder Kapitalmangel nicht optimal erfolgt. Insbes. soll der Zugang zu Informationen für eine effektive Beteiligung an Gemeinschaftsprogrammen sowie die Verbreitung und Nutzung der gemeinschaftlichen Forschungsergebnisse erleichtert werden (s. zur Konkretisierung im 5. Rahmenprogramm unten Art. 166 Rn. 25).

2. Forschungszentren und Hochschulen

Die Erwähnung der Forschungszentren und Hochschulen kann als eine Be-   **21** stätigung dafür verstanden werden, daß **auch Grundlagenforschung**, die zur Verwirklichung der Vertragsziele beiträgt, vom Gemeinschaftshandeln **umfaßt** ist. Dies wird auch durch die Praxis der bisherigen Rahmenprogramme bestätigt, die eine Reihe von nicht industriebezogenen Forschungsaktionen enthalten. Bei den Forschungszentren handelt es sich um die **nationalen Forschungseinrichtungen**, gleich welcher rechtlichen Organisationsform. Da auch die gemeinschaftliche Forschungspolitik keine generelle Themenbeschränkung im Vertrag findet, sind die Forschungszentren, wie die Hochschulen sowieso, ebenfalls vom Thema her nicht festgelegt.

V. Maßnahmen der gemeinschaftlichen Forschungspolitik (Abs. 2, S. 1)

22   Im Rahmen der Vertragsziele kann die Gemeinschaft *alle* Bemühungen auf dem Gebiet der **Forschung und technologischen Entwicklung** von hoher Qualität unterstützen (vgl. oben Rn. 4). Obwohl eine solche Unterstützung von Forschung vom Wortlaut her eher einen bottom-up-approach vermuten ließe, ist die gemeinschaftliche Forschungsförderung durch die Rahmenprogramme eher top-down organisiert (vgl. im Gegensatz hierzu die EUREKA-Initiative, Art. 164 Rn 13ff.). Dies findet seine rechtliche Begründung auch in der Berücksichtigung des Subsidiaritätsprinzips, wonach ein bottom-up-Ansatz besser von den MS verfolgt werden kann. Eine topdown-Organisation erleichtert es der Gemeinschaft auch ihr erklärtes Ziel zu verfolgen, forschungspolitische Schwerpunktsetzungen vorzunehmen. Diese Bestimmung ist sowohl in inhaltlicher Hinsicht als auch im Hinblick auf die verschiedenen Ausrichtungen der Forschung umfassend. Auf eine **Legaldefinition** der Begriffe Forschung und technologische Entwicklung wurde bewußt **verzichtet**, um eine thematische Offenheit zu erhalten. Diese **thematische Offenheit** wird möglichst zeitnah jeweils durch die Rahmenprogramme und auf diese aufbauend durch die Spezifischen Programme ausgefüllt (vgl. Art. 166 Rn. 1).

23   Durch den Vertrag von Maastricht wurde lediglich ein einziges die völlige Offenheit eingrenzendes Kriterium eingefügt: es muß sich um Forschung bzw. technologische Entwicklung **von hoher Qualität** handeln. Hierdurch wird betont, daß nur solche Forschung und technologische Entwicklung als unterstützungswürdig anerkannt wird, die durch ihren hohen Standard dazu beiträgt, den Zielen des Absatzes 1 zu dienen. Die ausdrückliche Erwähnung des Qualitätsmerkmals ist als Hinweis darauf zu verstehen, daß die Gemeinschaft Forschung und Entwicklung auf möglichst hohem Niveau fördern will.

Der Vertrag betont die Einheit der gemeinschaftlichen Politik im Bereich der Forschung und technologischen Entwicklung (vgl. oben Rn. 4) und umfaßt somit eine ganze Bandbreite verschiedener Forschungsstufen, bzw. -arten.

1. Arten der Forschung

24   Die von Art. 163 erfaßten Maßnahmen umfassen **Grundlagenforschung**, **industrielle Forschung** sowie **vorwettbewerbliche Entwicklung** einschließlich von Demonstrationsvorhaben. Mangels einer eigenen Definition der Forschungsstufen in den Art. 163 bis 173 kann auf die Festlegungen im FuE-Gemeinschaftsrahmen zurückgegriffen werden, zumal sich diese

an den weltweit gültigen Definitionen der WTO orientiert haben (siehe hierzu Anlage I zum Gemeinschaftsrahmen für staatliche Forschungs- und Entwicklungsbeihilfen, ABl. 1996 C 45/14). Diese drei Forschungskategorien waren vor Inkrafttreten des FuE-Gemeinschaftsrahmens 1996 noch weiter differenziert: so fand sich in der ersten Kategorie unter dem Oberbegriff der Grundlagenforschung die industrielle Grundlagenforschung und die anwendungsorientierte Grundlagenforschung. Die zweite Kategorie umfaßte die industrielle, anwendungsorientierte Grundlagenforschung und die angewandte Forschung.

a) Grundlagenforschung

Unter **Grundlagenforschung** ist eine Erweiterung der allgemeinen wis-   **25** senschaftlichen und technischen Kenntnisse zu verstehen, die nicht auf industrielle und kommerzielle Ziele ausgerichtet ist.
Industrielle Grundlagenforschung ist eine eigenständige theoretische oder experimentelle Arbeit, deren Ziel es ist, neues oder besseres Verständnis der Gesetze von Wissenschaft und Technik einschließlich ihrer Anwendung auf einen Industriesektor oder die Tätigkeiten eines bestimmten Unternehmens zu gewinnen.

b) Industrielle Forschung

Industrielle Forschung ist als planmäßiges Forschen oder kritisches Er-   **26** forschen (auf der Basis der Ergebnisse der Grundlagenforschung) zur Gewinnung neuer Erkenntnisse mit dem Ziel definiert, diese Kenntnisse zur Entwicklung neuer Produkte, Produktionsverfahren oder Dienstleistungen nutzen zu können.

c) Vorwettbewerbliche Entwicklung

Unter **vorwettbewerblicher Entwicklung** wird die Umsetzung von Er-   **27** kenntnissen der industriellen Forschung in einen Plan oder Entwurf für neue, geänderte oder verbesserte Produkte, Produktionsverfahren oder Dienstleistungen einschließlich der Schaffung eines ersten, nicht zur kommerziellen Verwendung geeigneten **Prototyps** verstanden.
Auch umfaßt sind erste **Pilot- und Demonstrationsprojekte**, sofern sie nicht für industrielle Anwendungen oder eine kommerzielle Nutzung umgewandelt werden können.
Routinemäßige oder regelmäßige Änderungen an bestehenden Produkten (o.ä.), selbst wenn sie Verbesserungen darstellen können, bleiben jedoch außen vor.

2. Förderung von Zusammenarbeitsbestrebungen (Abs. 2, Satz 2)

a) allgemeine Zusammenarbeitsförderung

28 Die Gemeinschaft fördert die **Zusammenarbeitsbestrebungen** von Unternehmen, Forschungszentren und Hochschulen. Die Vorteile der Kooperation liegen insbes. in Arbeitsteilung, Vermeidung von Doppelarbeit, besserer Ausnutzung von Fachwissen und hochspezialisierten Anlagen sowie Kostenersparnis. Eine Kooperation ermöglicht sogar kleinen und mittleren Unternehmen, Forschungstätigkeiten durchzuführen, zu denen sie allein nicht in der Lage wären. Ferner erlaubt die Zusammenarbeit im Rahmen eines Forschungsprojektes Zugang zu den Ergebnissen der anderen Projektteilnehmer. Zu diesem Zweck hat die Kommission auch in ihrem Gemeinschaftsrahmen für staatliche FuE-Beihilfen spezielle Förderzuschläge für „wirkliche" Zusammenarbeit vorgesehen.

b) spezielle Zusammenarbeitsförderung

29 Abs. 2 verweist über die allgemeinen Zusammenarbeitsbestrebungen auf die für einen funktionierenden **Binnenmarkt** besonderen Bedingungen, wie sie auch in Artikel 95 (ex-Art. 100a) instrumentalisiert worden sind. Die Zusammenarbeit soll den Unternehmen die Nutzung der Möglichkeiten des Binnenmarktes erleichtern, die insbes. in der Öffnung des einzelstaatlichen öffentlichen Auftragswesens, der Festlegung gemeinsamer Normen und der Beseitigung der dieser Zusammenarbeit entgegenstehenden rechtlichen und steuerlichen Hindernisse liegen. Die Bezugnahme auf die Notwendigkeiten zur Verwirklichung des Binnenmarktes zeigen das Wechselspiel der Forschungsförderung zu den anderen Zielen des Vertrages einmal mehr (vgl. oben Rn. 12). Für die Forschungspolitik ergibt sich aber daraus auch eine ganz besondere Notwendigkeit für das Vorantreiben von pränormativer Forschung. Allgemeine Grundregeln für eine Zusammenarbeit hat die Gemeinschaft in den **Beteiligungsregeln** nach Art. 167 (ex-Art.130j) erlassen (vgl. hierzu Art. 167 Rn. 9ff.).

c) pränormative Forschung

30 In einer EU-weiten Umfrage bei 11 000 Unternehmen nach den schwerwiegendsten Handelshemmnissen wurden nach den administrativen Schranken bereits an zweiter Stelle abweichende technische Vorschriften und Normen genannt. Die Wirtschaft der Gemeinschaftsländer wird daher das Potential des Binnenmarktes erst voll ausschöpfen können, wenn die **Angleichung von Normen und Standards** vorangetrieben wird. Die Überlebensfähigkeit von zahlreichen Unternehmen und sogar Branchen wird davon abhängen, daß sie größere Mengen absetzen als auf den relativ kleinen Märkten der einzelnen MS. Unterschiedliche Normen in den einzelnen MS zwingen jedoch dazu, spezifische Produkte für einzelne Märkte zu entwickeln und anzubieten und erhöhen die Kosten für eine Serienfertigung. Zahlreiche Hersteller sind daher genötigt, sich entweder auf ein relativ kleines Absatzgebiet zu beschränken oder mit kleinen, nicht voll ausgelasteten Betrieben und einem besonderen technologischen Aufwand neue Märkte zu erschließen.

Industrieprodukte, in denen unterschiedliche technische Vorschriften und Normen den Handel behindern, sind insbes. Telekommunikationsgeräte, Automobile, Nahrungsmittel, Pharmaprodukte und Baumaterialien. Die Festlegung von gemeinsamen Normen und Standards setzt allerdings die Erfassung wissenschaftlicher Daten voraus, wozu wiederum spezifische, **pränormative Forschungstätigkeiten** notwendig sind. Diese Forschung betrifft eine Vielzahl von Bereichen, angefangen von Software und Telekommunikationsdiensten bis zur europaweiten Harmonisierung von klinischen und pharmakologischen Protokollen. Die Gemeinschaft fördert daher die pränormative Forschung, um durch die gemeinsame Durchführung von Forschungsarbeiten die Erstellung gemeinsamer Normen zu erleichtern. **31**

VI. Durchführungsmaßgabe (Abs. 3)

Titel XVIII bildet die Rechtsgrundlage für *alle* Maßnahmen der Gemeinschaft auf dem Gebiet der Forschung und technologischen Entwicklung, einschließlich der Demonstrationsvorhaben (vgl. oben Rn. 4). Sie können demnach **nur im Wege des Rahmenprogramms und der spezifischen Programme** sowie der in den Artikeln 168 bis 171 (ex-Art. 130k bis 130n) genannten Mittel beschlossen und durchgeführt werden. **32**

Der Vertrag von Maastricht hatte die alte (etwas verunglückte) Formulierung (ex-Art. 130f Abs. 3) mit dem Hinweis auf die Konkurrenz der Forschung mit anderen Vertragszielen, wie etwa der Errichtung des Binnenmarktes, durch die Aufnahme des Artikels 3 obsolet gemacht (vgl. Vorbem. zu Art. 163–173 Rn. 9). **33**

Art. 164 (ex-Art. 130g) (Ergänzende Maßnahmen der Gemeinschaft)

Zur Erreichung dieser Ziele trifft die Gemeinschaft folgende Maßnahmen, welche die in den Mitgliedstaaten durchgeführten Aktionen ergänzen:

a) Durchführung von Programmen für Forschung, technologische Entwicklung und Demonstration unter Förderung der Zusammenarbeit mit und zwischen Unternehmen, Forschungszentren und Hochschulen;

b) Förderung der Zusammenarbeit mit dritten Ländern und internationalen Organisationen auf dem Gebiet der gemeinschaftlichen Forschung, technologischen Entwicklung und Demonstration;

c) Verbreitung und Auswertung der Ergebnisse der Tätigkeiten auf dem Gebiet der gemeinschaftlichen Forschung, technologischen Entwicklung und Demonstration;

d) Förderung der Ausbildung und der Mobilität der Forscher aus der Gemeinschaft.

Literatur: *Europäische Kommission*, Einführung in die Zusammenarbeit COST, 6. Aufl. 1996; *dies.*, Zusammenarbeit COST – Ziele, Strukturen, Funktionsweise; *EUREKA*, Technologische Zusammenarbeit in Europa, Dokumentation 1997; *EUREKA News*, Ministerkonferenz 1997; *EUREKA* Vademecum; *EUREKA*, Jahresbericht 1997, 1998; *Konow*, Das Subsidiaritätsprinzip des Vertrages von Maastricht, DÖV 93, S. 405ff.; *Löwer*, Mobilitätshindernisse für Forscher in Europa, WissR 1995, S. 24–46 [25]; *Schneider/Schlochtermeier*, Training and Mobility of Researchers in Europe -Experiences-, 1996; *Schneider/Schlochtermeier*, Training and Mobility of Researchers in Europe -Politics and Practice-, 1994; *Sturm*, Die Rolle des Subsidiaritätsprizips in der Forschungs- und Technologiepolitik, in Sturm (Hg.), Europäische Forschungs- und Technologiepolitik und die Anforderungen des Subsidiaritätsprinzips (1996); *Tent*, Subsidiarity and the Fourth Framework Programme, in Sturm (Hg.), Europäische Forschungs- und Technologiepolitik und die Anforderungen des Subsidiaritätsprinzips (1996).

I. Normzweck

Diese Bestimmung **konkretisiert** die von der Gemeinschaft im Bereich   **1**
Forschung und technologische Entwicklung zu treffenden **Maßnahmen**,
welche zur Erreichung der in Art. 163 (ex-Art. 130f.) definierten Ziele beitragen sollen. Die Maßnahmen sollen die in den MS durchgeführten Aktionen **ergänzen**. Nur etwa 4 % der Forschungsmaßnahmen in den MS wurden 1994 aus Gemeinschaftsmitteln finanziert, wobei der Anteil großen
Schwankungen zwischen den einzelnen MS unterworfen ist (in manchen
MS wird ohne EU-Mittel fast keine Grundlagenforschung durchgeführt).
Dies zeigt, daß das Schwergewicht der Aktivitäten im Bereich Forschung
und technologische Entwicklung bei den MS liegt und die Gemeinschaft
nur ergänzend eingreifen kann.
Art. 164 begründet noch keine Kompetenz zur Setzung von Rechtsakten. Er
wird vielmehr hierzu in den nachfolgenden Artikel des Titels XVIII inhaltlich und verfahrensrechtlich konkretisiert. Die dortigen Festlegungen können schließlich durch die Sekundärrechtssetzung (z.B. Rechtsakte des Rates) in konkrete Rechtshandlungen übertragen werden.

II. Subsidiaritätsprinzip (S. 1)

Das **Subsidiaritätsprinzip** ist neben dem Verhältnismäßigkeitsprinzip der   **2**
Kerneinflußfaktor zur Bestimmung der Tätigkeiten im Bereich der For-
schung und technologischen Entwicklung auf Gemeinschaftsebene (vgl.
Einzelheiten zu diesem Prinzip bei Art. 5). Gemeinschaftsaktionen im Bereich der Forschung und Technologie sind nach einer Ratsentschließung in
Übereinstimmung mit dem Subsidiaritätsprinzip gerechtfertigt bei:
– Großvorhaben, für die der einzelne MS die erforderlichen Einrichtungen, Finanzmittel und Personalressourcen nicht oder nur mit Mühe bereitstellen kann,
– Forschungstätigkeiten, die trotz der bei jeder internationalen Zusammenarbeit entstehenden zusätzlichen Kosten wegen finanzieller Vorteile eine Gemeinschaftsaktion rechtfertigen
– bei Forschungstätigkeiten, die dank der gegenseitigen Ergänzung der
  einzelstaatlichen Teilarbeiten wichtige Ergebnisse für die gesamte Gemeinschaft liefern können, weil die anstehenden Probleme Forschungen
  im großen Maßstab, insbes. in geographischen Großräumen, erfordern,
– Forschungsvorhaben, die den Zusammenhalt des Gemeinsamen Marktes, bzw. den Zusammenschluß des europäischen Raumes in Wissens-
  schaft und Technik fördern, und solche, die zur Aufstellung einheitlicher Normen und Standards führen.

3 Unter diesen Voraussetzungen werden die **Forschungsrahmenprogramme** und von ihnen abgeleitet die spezifischen Programme in voller Übereinstimmung mit den Anforderungen des Subsidiaritätsprinzips verabschiedet. Gleichwohl hat das EP in einer Evaluierungsstudie zum 2. und 3. Forschungsrahmenprogramm aufgrund der Feststellung von Doppelforschung und unausgeschöpften Forschungspotentialen die starke Interpretierbarkeit dieser vier Kriterien kritisiert. Ganz ausnahmsweise werde der Umkehrschluß des Subsidiaritätsprinzipes als Begründung für einen Verzicht auf nationale Förderung unter Hinweis auf eine effektivere europäische FuT-Förderung zitiert.

4 Nachfolgend seien sechs Beispiele für Subsidiarität angeführt, denen der Grundsatz gemein ist, daß der **europäische Mehrwert**, den die Gemeinschaft auf dem Gebiet von FuE erbringen kann, darin besteht, die disparaten nationalen Forschungsanstrengungen zu einem passenden Ganzen zusammenzufügen. In all diesen Fällen gemeinschaftlichen Handelns kann davon ausgegangen werden, daß Subsidiarität vorliegt (*Kommission*, Forschung nach Maastricht, 34ff.):

– **Großforschung.** Es handelt sich dabei um Initiativen meist internationalen Charakters, die häufig in Form von Megaprojekten durchgeführt werden, wobei zahlreiche Beteiligte involviert sind und hohe mittel- bis langfristige Investitionen vorgenommen werden müssen (z.B. JET [Joint European Torus]/Kernfusion]).

– **Forschung an globalen Herausforderungen.** Die Globalisierung der Forschungsanforderungen zwingt die Mitgliedsstaaten insbesondere im Umweltschutz zu der Erzielung eines Mehrwertes auf Gemeinschafts-, kontinentaler oder gar globaler Ebene. Stichworte wie Klima- oder Global Change überschreiten die nationalen (aber auch die Gemeinschafts-) Grenzen (z.B. European Arctic Stratosperic Ozone Experiment; Terrestrial Ecosystem Research Initiative).

– Tätigkeiten mit **technologischer Priorität.** Es handelt sich hierbei insbes. um **Schlüsseltechnologien**, die prioritär sind und sich auf mehrere Industriezweige beziehen können. Die Entwicklung solcher Technologien erfordert ebenfalls hohe Investitionen, welche sich möglicherweise auf einem sehr engen industriellen Gebiet amortisieren müssen, die Zusammenarbeit zahlreicher Beteiligter sowie mittel- und langfristige Maßnahmen. Hier kann die Gemeinschaft dazu beitragen, durch die Zusammenführung von verschiedenen (Spitzen-)Forschenteams die notwendige **kritische Masse** zu erzielen.

– Forschung und Technologie zur Strukturierung des **Binnenmarktes**. Obwohl die internen Handelsbarrieren größtenteils beseitigt wurden, wird die Entwicklung des Binnenmarktes noch immer durch Strukturen behindert, die für einzelne Nationalstaaten aufgebaut worden sind. Wie im Weißbuch der Kommission gefordert, ist es erforderlich, eine transeuropäische Infrastruktur aufzubauen (wie etwa in der Verkehrs-, Umwelt-, Landwirtschaftspolitik sowie bei den transeuropäischen Netzen). Beispiele sind der Aufbau des Europäischen Luftverkehrskontrollsystems und der Datenautobahnen.

– **Pränormative Forschungsarbeiten.** Die Festlegung von Normen und Standards in den Bereichen der ordnungspolitischen Zuständigkeit der Gemeinschaft (wie etwa Gesundheit, Umweltschutz, Sicherheit) erfordert die Erfassung wissenschaftlicher und technologischer Daten. Ohne eine gute wissenschaftliche Basis werden uneinheitliche Normen und Standards die Wettbewerbsfähigkeit der europäischen Industrie nachhaltig negativ berühren (vgl. auch Art. 163 Rn. 30f.).

– Tätigkeiten zugunsten der **europäischen Wissenschaftsgemeinschaft.** Die Entwicklung von personellen Ressourcen, die einen wesentlichen Faktor für die Wettbewerbsfähigkeit darstellen, kann auf einzelstaatlicher Ebene nicht ausreichend gefördert werden. Hier muß die Gemeinschaft ein integriertes System von Netzen und Förderungsmaßnahmen zugunsten der Wissenschaftsgemeinschaft schaffen. Mobilität der Forscher ist ein wichtiger Faktor auf dem Weg zum wissenschaftlichen Erfolg. Gemeinschaftsforschung muß daher einen Beitrag zur Erleichterung der Bewegungfreiheit der Forscher in Europa liefern, um so eine kohärente europäische Wissenschaftsgemeinschaft zu fördern (vgl. hierzu unten Art. 164 Buchst. d) Rn. 23f.).

III. Durchführung von Programmen (Buchstabe a)

Die Durchführung von Programmen für Forschung, technologische Ent-   **5** wicklung und Demonstration stellt das **Hauptinstrument der gemeinschaftlichen Forschungspolitik** dar. Diese Programme sollen vor allem die Zusammenarbeit mit *und* zwischen Unternehmen, Forschungszentren und Hochschulen fördern. Damit wird über die Förderung der Zusammenarbeitsbestrebungen in Art. 163 (ex-Art. 130f.), wo Adressaten nur Unternehmen, Forschungszentren und Hochschulen sind, hinaus eine Kooperation der Gemeinschaft **mit** den Unternehmen, Forschungszentren und Hochschulen gefördert, d. h. Adressat ist hier die Kommission, z. B. die Gemeinsame Forschungsstelle.

Die Gemeinschaft definiert Forschungsschwerpunkte und fordert Unternehmen, Forschungszentren und Hochschulen auf, in grenzüberschreitender Kooperation Projekte durchzuführen. Die wissenschaftlich wertvollsten dieser Forschungsprojekte werden von der Gemeinschaft finanziell unterstützt.

IV. Zusammenarbeit mit dritten Ländern und internationalen Organisationen (Buchstabe b)

1. Zusammenarbeit mit Drittstaaten

6   Im Hinblick auf die Steigerung der Wettbewerbsfähigkeit und die Verbesserung der wissenschaftlich-technologischen Grundlagen der Gemeinschaft soll der Wert der Aktivitäten im Bereich Forschung und technologische Entwicklung innerhalb der Gemeinschaft, der MS und der anderen gemeinschaftlichen Politiken durch eine selektive **Zusammenarbeit mit Drittstaaten** erhöht werden. Eine wichtige Komponente dabei ist der Beitrag der Wissenschaft zur Lösung regionaler oder weltweiter Probleme und zur Verbesserung der Lage in den Ländern Mittel- und Osteuropas. Ferner muß die Gemeinschaft auch in der Lage sein, auf Entwicklungen in Drittländern mit entsprechender Flexibilität reagieren zu können. Die Zusammenarbeit mit bestimmten Gruppen von Drittländern verfolgt jeweils spezifische Zielsetzungen.

7   Hieraus wird deutlich, daß die internationale Forschungszusammenarbeit der Gemeinschaft sich als Teil der **gemeinschaftlichen Außenpolitik** verstehen muß. Die Forschungspolitik findet somit einen weiteren determinierenden Faktor in den Bedingungen der Außenpolitik (vgl. Art. 163 Rn. 12f.). So kann eine von der Gemeinschaft als forschungsmäßig ertragsarm eingestufte Zusammenarbeit aus Gründen der außenpolitischen Opportunität auch dort wünschenswert sein, wo forschungspolitisch ein Interesse nicht erkennbar ist. Auf der anderen Seite kann das außenpolitisch Mögliche den forschungspolitischen Bedürfnissen klare Grenzen aufzeigen müssen (siehe hierzu im 5. Rahmenprogramm Art. 166 Rn. 24).

8   Auch wenn für die internationale Kooperation mit z.B. rd. 4 % nur ein vergleichsweise geringer Anteil am Gesamthaushalt des 4. Rahmenprogramms zur Verfügung standen, hat die internationale Zusammenarbeit eine wichtige Funktion. Die Gemeinschaft erkennt an, daß gerade im Bereich der Forschung und Entwicklung **internationale Kooperation** unabdingbar ist (vgl. Art. 170 Rn. 6). Gleichwohl kann eine solche Zusammenarbeit lediglich Katalysatorfunktion haben, z.B. für den Aufbau von Netzwerken oder für Joint Ventures über Grenzen hinweg. Die Förderung der internationalen Zusammenarbeit kann jedoch keine Strukturen aufrecht erhalten, die die jeweiligen ausländischen Parnter nicht zu unterhalten in der Lage sind.

Wie oben erwähnt (vgl. Rn. 1), enthält Art. 164 einen abstrakten Maßnah-   **9**
menkatalog, der durch die nachfolgenden Artikel des Titels XVIII ausgestaltet wird. So sind auch die wichtigsten **Instrumente der internationalen Zusammenarbeit** verschiedener Rechtsnatur:

Auf der einen Seite gibt es innerhalb des Rahmenprogrammes ein spezifisches Programm zur Zusammenarbeit mit Drittstaaten (**INCO**, vgl. hierzu
nachfolgend Rn. 10f.).

Daneben ist es stets möglich, wenn es den MS nützt, auch Drittstaaten im
Rahmen der anderen spezifischen Programme mit einzubeziehen, allerdings ohne finanzielle Förderung. Zur völkerrechtlichen Umsetzung der in
jenen vorgesehenen Wissenschaftlich-Technischen Zusammenarbeit
(**WTZ**) hat die Gemeinschaft eine Reihe bilaterale Abkommen mit europäischen und außereuropäischen Drittstaaten, die auf Art. 170 (ex-
Art. 130 m) basieren, abgeschlossen (vgl. hierzu Art. 170 Rn. 9ff.).

Auf der anderen Seite entstanden die Initiativen EUREKA und COST, deren Finanzierung durch die Mitglieder der Initiativen sichergestellt wird
und die mit der Beteiligung der Kommission stattfinden (hierzu nachfolgend Rn. 12ff.).

Mit dem horizontalen Programm „Zusammenarbeit mit Drittländern und   **10**
internationalen Organisationen" (**INCO**) wurden im 4. Rahmenprogramm
verschiedene Aktivitäten der Zusammenarbeit mit europäischen und außereuropäischen Drittstaaten zusammengefaßt unter einem vornehmlich regionalen Ansatz. Im Aktionsbereich 2 (vgl. Art. 166 Rn. 8) war in den Jahren 1994–98 ein Budget von ECU 575 Mio, d.h. rd. 4 % des gesamten 4.
Rahmenprogrammes vorgesehen, für die Zusammenarbeit mit den Westeuropäischen Staaten, MOEL, GUS-Staaten (43 %), mit den Entwicklungsländern (43 %) und mit den außereuropäischen Industrieländern (5 %). In
INCO war und ist auch der EU-Beitrag für die Initiativen COST und
EUREKA enthalten.

Auch im 5. Rahmenprogramm gibt es ein **spezifisches Programm zur in-**   **11**
ternationalen Zusammenarbeit mit dem Namen „Sicherung der internationalen Stellung der europäischen Forschung" (vgl. Art. 166 Rn. 24), welches einen Anteil von 3,5 % des Gesamtbudgets hat. Weggefallen ist im
Titel die Zusammenarbeit mit internationalen Organisationen, da diese
quantitativ und qualitativ im 4. Rahmenprogramm keine große Rolle
gespielt hat. Die Mittelverteilung sieht für die Beitrittskandidaten 5,5 %,
die MOEL und die NUS-Staaten 23,6 %, die Mittelmeerländer 11,6 %, die
Entwicklungsländer 44,2 %, die Industrieländer 1,1 % sowie COST und
EUREKA 10,9 % vor. Durch die Assoziierung einiger MOEL-Staaten an
das Rahmenprogramm konnten einige Mittel im INCO-Programm wegfal-

len, da diese Staaten nunmehr direkt am Rahmenprogramm teilnehmen können.

2. Zusammenarbeit mit wissenschaftlich-technischen Kooperationsinitiativen

12   Die Zielsetzung einer solchen Kooperation ist die Schaffung engerer Beziehungen zu diesen Initiativen und Organisationen im Hinblick auf eine Koordinierung der Tätigkeiten und die Schaffung von Synergien. Auf der Ebene der Forschungsprojekte sollen wissenschaftlich-technische Spitzenforschungsnetze gefördert werden.

aa) EUREKA

13   Neben der gemeinschaftlichen Förderung hat sich z.T. sogar mit inhaltlichen Überschneidungen eine bi- und multilaterale Forschungslandschaft herausgebildet. Als bedeutendstes Beispiel einer solchen Forschungskooperation wurde 1985 auf Anregung von Frankreich die **EUREKA-Initiative** ins Leben gerufen. Sie umfaßt heute 25 europäische Staaten, darunter die EU-Staaten, Island, Norwegen, die Türkei, die Schweiz sowie 6 Staaten des ehemaligen Ostblocks und die EU (vertreten durch die Kommission). Seit dem Fall des eisernen Vorhangs sind beigetreten: Ungarn, Rußland, Slowenien, Tschechien, Polen und Rumänien. Weitere 7 Staaten aus Mittel- und Osteuropa haben Kontaktstellen eingerichtet und so den ersten Schritt zu einer Vollmitgliedschaft eingeleitet. EUREKA (European Research Coordination Agency) ist kein Förderprogramm der EU, sondern die EU tritt lediglich als quasi-staatlicher Akteur auf. Die Beziehung zu den Vertragspartnern ist nicht subsidiär, sondern gleichberechtigt.

14   EUREKA soll in Ergänzung zu den Gemeinschaftsprogrammen grenzüberschreitende Forschungszusammenarbeit auf dem Gebiet der **Hochtechnologie** fördern. Diese Zusammenarbeit ist auf die Entwicklung von zivilen Produkten, Verfahren oder Dienstleistungen ausgerichtet, die ein weltweites Marktpotential haben. Im Rahmen dieser Hochtechnologieinitiative führen ausgewählte Partner gemeinsame Projekte, vorwiegend im anwendungsorientierten Bereich durch. Für Integrationszwänge ist kein Raum, da im Vordergrund die Effizienz des Projektdesigns steht. Die Merkmale von EUREKA sind:

–   grenzüberschreitende Zusammenarbeit von mindestens zwei voneinander unabhängigen Partnern in verschiedenen EUREKA-Ländern,

–   „bottom up" approach, d.h. Definierung des Inhaltes von Forschungsprojekten durch die Teilnehmer selbst,

- Einsatz moderner Technologien zur Erreichung eines wesentlichen technologischen Fortschritts bei Produkten, Verfahren und Dienstleistungen,
- Marktnähe der Projekte,
- keine zentrale Finanzierung der Projekte, sondern Mittelbereitstellung nur im Rahmen der nationalen Förderungssysteme,
- Flexibilität und Dezentralität.

Auf der Ministerkonferenz 1997 zählte der EUREKA-Projektbestand 663 laufende und 515 abgeschlossene Projekte, für die insgesamt Mittel i.H.v. 16,7 Mrd. ECU aufgewendet wurden. Während in der Vergangenheit Großprojekte den Vorrang hatten, geht die heutige Tendenz eher zu kleineren Projekten.   **15**

Die Mehrzahl der Projekte bezieht sich auf vier Technologiebereiche:
- Umweltforschung und -technologie (136 Projekte)
- Biotechnologie und Medizinforschung (127 Projekte)
- Informationstechnologie (118 Projekte)
- Robotik und Fertigungstechnologie (94 Projekte)
[Projektzahlen beziehen sich auf die laufenden Projekte].

bb) COST

Die Initiative **COST** („CoOpération européenne dans le domaine de la recherche Scientifique et Technique" – Europäische Zusammenarbeit auf dem Gebiet der wissenschaftlichen und technischen Forschung) wurde im Jahr 1971 gegründet und umfaßt mittlerweile 28 europäische Staaten (darunter die EU-Staaten, Island, Norwegen, die Türkei, die Schweiz, Ungarn, Polen, Tschechien, die Slowakei, Slowenien und Kroatien, sowie seit 1997 auch Rumänien, Malta und Estland). Die Arbeitsweise von COST basiert auf folgenden Grundsätzen: **16**
- Zusammenarbeit in Form von konzertierten Aktionen, d.h. durch Koordinierung nationaler Forschungsvorhaben,
- Vorschlag von neuen COST-Aktionen durch alle COST-Mitgliedsstaaten sowie durch die Kommission,
- Teilnahme an Forschungsvorhaben freiwillig und „à la carte", d.h. Auswahl der Aktionen durch die einzelnen Länder,
- Finanzierung auf nationaler Ebene.

COST ist weder ein Forschungsprogramm der EU noch Finanzierungsquelle für europäische Forschungsvorhaben. Eine öffentliche Finanzierung findet nur im Rahmen und zu den jeweiligen Bedingungen der nationalen Förderprogramme statt. Deshalb unterstützt COST nur die im Rahmen der Koordinierung dieser Zusammenarbeit anfallenden Kosten (z.B. Work-   **17** shops, Seminare, Publikationen, Reisekosten). Auch durch eine erweiterte Außenkooperation der EG-Programme (vgl. Art. 170, ex-Art. 130m) wird der COST-Rahmen nicht seine Relevanz verlieren, da sich die Bedeutung von COST nicht in der Einbeziehung von Drittstaaten in die Europäische Forschung erschöpft, sondern ihren Eigenwert als **Ergänzung zu den EG-Programmen** hat (z.b. wo EG-Programme nicht ganze Bereiche abdecken können, oder wo Bedarf für „exotische" Themen besteht).

18   **Thematisch** ist COST grundsätzlich **offen**. Die Zusammenarbeit, an der mindestens 5 Staaten beteiligt sein müssen, ist v.a. in den Bereichen etabliert worden, wo die Aufgaben ihrem Wesen nach international sind, bzw. in denen die gemeinsame Arbeit von besonderem Nutzen ist. Wie bei EUREKA liegt COST auch der „bottom-up-Ansatz" zugrunde. Hingegen sind im Unterschied zu EUREKA COST-Aktionen auf den eher grundlagenorientierten Bereich, aber auch den Bereich der vorwettbewerblichen Entwicklung, sowie der Forschung im öffentlichen Interesse ausgerichtet. Zahlreiche COST-Aktionen auf dem Gebiet der Informationsverarbeitung, der Telekommunikation, der Werkstoffkunde, der Umweltforschung sowie der Lebensmitteltechnologie haben den Weg für gemeinschaftliche Forschungsprogramme bereitet. Die Hauptaufgabe von COST liegt in einer Vorbereitungs- und Ergänzungsrolle hinsichtlich der Gemeinschaftsforschung (Komplementarität). Die Nachfrage nach COST-Aktionen hat in den letzten Jahren stark exponentiell zugenommen, so daß immer strengere Evaluierungsmechanismen eingeführt werden mußten (z.Z. über 150 laufende Projekte gegenüber nur 78 im Jahr 1993).

3. Zusammenarbeit mit Internationalen Organisationen

19   Die wichtigsten **internationalen Organisationen** im Bereich der Forschung und technologischen Entwicklung **in Europa** sind ESA (Europäische Weltraumagentur), CERN (Europäische Organisation für Kernforschung), EMBL (Europäisches Laboratorium für Molekularbiologie), ESO (Europäische Organisation für astronomische Forschung in der südlichen Hemisphäre) sowie ESF (Europäische Wissenschaftsstiftung).
Als **internationale Organisationen im globalen Maßstab**, mit denen kooperiert wird, sind vor allem die OECD (z.B. Megascience Forum) aber auch die Vereinten Nationen mit ihren Unterorganisationen, z.B. UNIDO, oder die Weltgesundheitsorganisation zu nennen (vgl. aber zum Umfang Art. 170 Rn. 20).

V. Verbreitung und Auswertung der Ergebnisse (Buchstabe c)

Die dritte Maßnahme soll der **Verbreitung und Auswertung** der Ergebnisse der Tätigkeiten auf dem Gebiet der gemeinschaftlichen Forschung, technologischen Entwicklung und Demonstration dienen. Die Umsetzung der Forschungsergebnisse in kommerziell verwertbare Produkte und Verfahren stellt eine besondere Schwäche der europäischen Industrie gegenüber ihren Hauptkonkurrenten dar (vgl. Art. 163 Rn. 5f.). Europas Problem besteht darin, Forschung und technologische Entwicklung in Erfindungen und Erfindungen in Marktanteile und Gewinne umzusetzen. Um dem abzuhelfen und mit der Entwicklung in den USA und Japan Schritt zu halten, muß die Gemeinschaft in erheblichem Umfang zu einer besseren Verbreitung und Verwertung der Forschungsergebnisse beitragen, aber auch die Voraussetzungen dafür schaffen, daß neue Technologien weitergegeben und von der Industrie, insbes. von den kleinen und mittleren Unternehmen, übernommen werden. **20**

Die Verbreitung der Ergebnisse wird in Art. 164 Buchstabe c) nur abstrakt als Maßnahmenobjekt angesprochen, in den folgenden Artikeln dann dem Rat konkret zugesprochen: der Rat ist zuständig für die Festlegung der Regeln **21**

– für die Verbreitung der Forschungsergebnisse aus dem mehrjährigen Rahmenprogramm (Art. 167 2. Spiegelstrich, ex-Art. 130 j)

und

– für die Zusatzprogramme, insbes. hinsichtlich der Verbreitung der Kenntnisse und dem Zugang anderer Mitgliedstaaten (Art. 168 Abs. 2, ex-Art. 130 k).

Inhaltlich enthält Art. 164 Buchstabe c) aber eine wichtige Maßgabe, indem nicht nur die Ergebnisse der Tätigkeiten auf dem Gebiet der Forschung, sondern auch auf den Gebieten der technologischen Entwicklung und Demonstration Verbreitung und Auswertung finden sollen. Letztere, die sich eindeutig näher am Markt befinden, dürfen demnach auch nur in den Genuß einer Förderung kommen, wenn eine Verbreitung und Auswertung der aus ihnen gewonnenen Kenntnisse gewährleistet ist. Hierin spiegelt sich der **Grundsatz** der gemeinschaftlichen Forschungsförderung wider, daß eine **Förderung nur** dann **zulässig** ist, **wenn** als Gegenleistung eine **Verbreitung und Auswertung der Kenntnisse** erfolgt. **22**

**VI. Förderung der Ausbildung und der Mobilität der Forscher
(Buchstabe d)**

23   Art. 164 Buchstabe d) ermächtigt lediglich zur Förderung der Ausbildung
und Mobilität der **Forscher** und grenzt so gegenüber allgemeiner Ausbildungsförderung (z.b. von Studierenden) ab (zu letzterem vgl. Art. 149f.,
ex-Art. 126). Wo genau die Trennungslinie verläuft, kann vom Ergebnis her
definiert werden: bei der einfachen Ausbildungsförderung geht es um die
Verbesserung des Kenntnisstandes der Auszubildenden, wohingegen das
Ziel der Forschung die Gewinnung neuer und verwertbarer Erkenntnisse ist.
Die Ausbildung und Mobilität von Personen, die unter diesem Ziel for-
schend tätig sind, soll hier gefördert werden. Zur Abgrenzung von For-
schung und Berufsausbildung vgl. GA Mischo Rs. 242/87, Kommission/
Rat, „Erasmus", Slg. 1989, S. 1425–1460 (Nr. 47). Negativ formuliert wird
hier aber auch die Gemeinschaftskompetenz begrenzt auf die Förderung der
Ausbildung und Mobilität. Nicht zuständig ist sie für die **Ausbildung der
Forscher** selbst, dies bleibt Sache der MS.

24   Der optimale Einsatz personeller Ressourcen ist ein grundlegender Parameter jeder sozioökonomischen Tätigkeit. Die Entwicklung von **Humankapital** in der Forschung durch entsprechende Ausbildung und dessen bessere Ausnutzung durch grenzüberschreitende Mobilität und Zusammenarbeit sind wesentliche Mittel zur Stärkung der Grundlagen der europäischen
Industrie und ihrer internationalen Wettbewerbsfähigkeit (vgl. Art. 166
Rn. 26). Hier manifestiert sich die Einsicht in die Wechselwirkung von Ausbildung, Forschung und technologischer Entwicklung. Maßnahmen nach
Art. 164 Buchstabe d) sollen insbes. dazu beitragen, das Angebot an For-
scherpersonal in Europa zu verbessern und auf wissenschaftlich-technische
Entwicklungen in neuen Fachgebieten sofort reagieren zu können.

25   Die **Mobilität der Forscher** in Art. 164 ist die konkrete Ausformung der
Vorschriften in Titel III über die Freizügigkeit und den freien Dienstleistungsverkehr. Für unselbständig beschäftigte Forscher gilt auch schon die
allgemeine Freizügigkeit der Arbeitnehmer (vgl. Art. 39ff., ex-Art. 48), für
selbständige Forscher die Niederlassungsfreiheit (vgl. Art. 43ff., ex-
Art. 52) für die freie Wahl ihres Forschungsarbeitsplatzes, und die Dienstleistungsfreiheit (vgl. Art. 49ff., ex-Art. 59), sofern sie ihre Forschung für
einen Auftraggeber in einem anderen MS erbringen wollen.

Art. 165 [ex-Art. 130h] (Koordinierung, Rolle der Kommission)

**(1) Die Gemeinschaft und die Mitgliedstaaten koordinieren ihre Tätig-
keiten auf dem Gebiet der Forschung und der technologischen Ent-**

wicklung, um die Kohärenz der einzelstaatlichen Politiken und der Politik der Gemeinschaft sicherzustellen.

(2) Die Kommission kann in enger Zusammenarbeit mit den Mitgliedstaaten alle Initiativen ergreifen, die der Koordinierung nach Abs. 1 förderlich sind.

I. Normzweck

Gem. Art. 164 S. 1 (ex-Art. 130g) soll die Tätigkeit der Gemeinschaft auf dem Gebiet der Forschung und technologischen Entwicklung die entsprechenden Maßnahmen der MS nicht ersetzen, sondern lediglich ergänzen (vgl. Art. 164 Rn. 1). Eine solche Ergänzung setzt aber schon begrifflich eine **Abstimmung mit den Tätigkeiten der MS** voraus. Außerdem können die Ziele des Art. 163 Abs. 1 (ex-Art. 130f.) nicht erreicht werden, wenn die Tätigkeiten der MS und der Gemeinschaft unkoordiniert nebeneinander her durchgeführt würden.

1

Einzelstaatliche und gemeinschaftliche Aktionen stellen jedoch nicht zwei voneinander getrennte Bereiche dar, da selbst Maßnahmen, die nach dem Subsidiaritätsprinzip von der Gemeinschaft zu tragen sind, nicht ausschließlich aus Gemeinschaftsmitteln finanziert werden. Da weniger als 4 % der in der EU für Forschung und technologische Entwicklung aufgewendete Ausgaben aus Gemeinschaftsmitteln stammen, benötigen insbes. Großforschungs- und technologisch prioritäre Projekte auch einzelstaatliche Finanzierung. Dies erklärt die Forderung nach **Kohärenz** zwischen nationalen Politiken und der gemeinschaftlichen Politik, die bei nicht ausschließlicher Kompetenz unerläßlich ist. Durch Art. 165 werden daher sowohl die Gemeinschaft als auch die MS verpflichtet, die Forschungs- und Entwicklungspolitik, einschließlich ihrer Forschungs- und Entwicklungsprogramme zu koordinieren.

2

II. Subjekte und Objekte der Koordinierung (Abs. 1, 1. Halbsatz)

Während die EEA bloß die Koordinierung der einzelstaatlichen Forschungspolitiken untereinander vorgesehen hatte, sind gem. Art. 165 **Subjekte** auf der einen Seite die MS und andererseits die Gemeinschaft. **Objekte** sind daher spiegelbildlich die einzelstaatlichen Aktionen einerseits und die Gemeinschaftsaktionen andererseits. Auch wenn es wünschenswert sein könnte, als Objekte im Sinne einer umfassenden Koordinierung nicht nur die öffentlichen Politiken und Programme, sondern auch die Forschungs- und Entwicklungsprogramme der Unternehmen, der Forschungs-

3

zentren und der Hochschulen zu verstehen, so steht der Wortlaut dem entgegen. Art. 165 spricht lediglich von den Tätigkeiten der Mitgliedsstaaten, die Gegenstand der Koordinierung sein sollen.

III. Ziele der Koordinierung (Abs. 1, 2. Halbsatz)

4   Ein Ziel ist die **Kohärenz** zwischen den Maßnahmen, da eine bessere **Integration** der gemeinschaftlichen Maßnahmen im Bereich Forschung und Technologie Voraussetzung dafür ist, daß die Gemeinschaftsforschung bei der Entwicklung der europäischen Wettbewerbsfähigkeit eine maßgebliche Rolle übernehmen kann. Die Koordinierung soll dazu beitragen, daß Doppelarbeit und ungerechtfertigte Parallelität sowie die Entwicklung unterschiedlicher Tendenzen vermieden werden. Ferner bewirkt sie eine Erhöhung der Effizienz durch Arbeitsteilung und Zusammenlegung von Mitteln und Forscherteams sowie eine schrittweise Harmonisierung der Verfahren zur Ausarbeitung und Durchführung der einzelstaatlichen Wissenschaftspolitiken. 1995 hat der Rat die wesentlichen Grundsätze für die Koordinierung verabschiedet (z.b. intensiver Austausch zwischen den jeweiligen Programmausschüssen und dem Beratungsausschuß AwtF, vgl. hierzu Art. 172 Rn. 12).

5   Die Forderung nach Kohärenz zwischen einzelstaatlicher und gemeinschaftlicher Politik ist auch im Zusammenhang mit der **Strukturpolitik** zu verstehen, da eine Koordinierung nur dann sinnvoll ist, wenn sich die Gemeinschaft um eine harmonische Entwicklung ihrer wissenschaftlichen und technologischen Ressourcen bemüht (s. Art. 163 Rn. 16).

6   Auch wenn Art. 165 die Art und Weise einer solchen Koordinierung nicht festlegt, ist aus dem Zusammenhang klar, daß eine schrittweise Integration der Maßnahmen im Bereich Forschung und Technologie eine Kenntnis des Geschehens in Europa durch die Entscheidungsträger sowie eine Bewertung der Entscheidungen in Wissenschaft und Technologie voraussetzt. Koordinierung ist somit nicht anders denkbar, als durch einen ständigen Austausch einerseits der MS untereinander und andererseits zwischen der Gemeinschaft und den MS. Ein solcher **bi- sowie multilateraler Dialog** muß gem. Art. 165 fortwährend stattfinden. Als Initiator und Koordinator dieses Dialogs ist die Kommission gem. Art. 165 Abs. 2 berufen.

IV. Rolle der Kommission (Abs. 2)

7   Der Kommission ist vom Vertrag bei der Koordinierung eine entscheidende Rolle zugewiesen worden, da sie alle **Initiativen** ergreifen kann, die der

Koordinierung förderlich sind. So kann die Kommission nach Art. 212 (ex-Art. 155) Empfehlungen oder Stellungnahmen abgeben sowie gem. Art. 284 (ex-Art. 213) zur Erfüllung der ihr übertragenen Aufgaben alle erforderlichen Auskünfte einholen und Nachprüfungen vornehmen. Hingegen hat die Kommission **kein Eingriffsrecht in die nationalen Politiken**. Die Rechtsfolgen der Koordinierung können nur freiwillige Maßnahmen der jeweiligen MS sein.

Die Kommission hat durch ihre Querschnittsfunktion die beste horizontale **8** Übersicht über die Forschungs- und Entwicklungsprogramme in allen 15 MS, sowie der Gemeinschaft selbst. Als Institution kann nur sie auf die Ziele des Abs. 1 hinwirken. Voraussetzung hierfür ist jedoch, daß auch die MS i.S.v. Art. 10 (ex-Art. 5) eine rechtzeitige Information gewährleisten. Da die Kommission die ihr übertragene Rolle anders nicht ausfüllen könnte, ist aus Art. 165 Abs. 2 eine Rechtpflicht der MS zur Information zu entnehmen. Diese **Informationspflicht** besteht aber auch zwischen den Mitgliedsstaaten.

Art. 166 (ex-Art. 130i) (Mehrjähriges Rahmenprogramm, spezifische Programme)

(1) Der Rat stellt gemäß dem Verfahren des Artikels 251 und nach Anhörung des Wirtschafts- und Sozialausschusses ein mehrjähriges Rahmenprogramm auf, in dem alle Aktionen der Gemeinschaft zusammengefaßt werden.

In dem Rahmenprogramm werden

- **die wissenschaftlichen und technologischen Ziele, die mit den Maßnahmen nach Artikel 164 erreicht werden sollen, sowie die jeweiligen Prioritäten festgelegt;**
- **die Grundzüge dieser Maßnahmen angegeben;**
- **der Gesamthöchstbetrag und die Einzelheiten der finanziellen Beteiligung der Gemeinschaft am Rahmenprogramm sowie die jeweiligen Anteile der vorgesehenen Maßnahmen festgelegt.**

(2) Das Rahmenprogramm wird je nach Entwicklung der Lage angepaßt oder ergänzt.

(3) Die Durchführung des Rahmenprogramms erfolgt durch spezifische Programme, die innerhalb einer jeden Aktion entwickelt werden. In jedem spezifischen Programm werden die Einzelheiten seiner Durchführung, seine Laufzeit und die für notwendig erachteten Mittel festgelegt. Die Summe der in den spezifischen Programmen für not-

wendig erachteten Beträge darf den für das Rahmenprogramm und für jede Aktion festgesetzten Gesamthöchstbetrag nicht überschreiten.

(4) Die spezifischen Programme werden vom Rat mit qualifizierter Mehrheit auf Vorschlag der Kommission und nach Anhörung des Europäischen Parlaments und des Wirtschafts- und Sozialausschusses beschlossen.

Literatur: *Brockhoff*, Forschung und Entwicklung: Planung und Kontrolle, 4. Aufl., 1997; Bundesministerium für Bildung und Forschung, Das 5. Europäische Forschungsrahmenprogramm, 1998; *Eichner*, Wirtschaftsbezogene Evaluation von staatlichen und supranationalen Interventionen, 1997; *Europäische Kommission*, Die Forschungsprogramme der Gemeinschaft, Ein Leitfaden für Antragsteller, 4. Aufl., 1996; *European Science and Technology Assembly*, The Competitive Position of European Science Technology and Industry, 1996, ESTA/96–201/Final; *Frühwald*, Die Europäisierung der Forschungsförderung, Natur und Museum 124, 1994, S. 209–214; *Gerold*, Beratungs-, Koordinierungs- und Regelungsausschüsse der Europäischen Gemeinschaften im Bereich Forschung und technologische Entwicklung, in: Flämig (Hrsg.) Handbuch des Wissenschaftsrechts, Bd. 2, 1996, S. 1699–1708; *Jürgensmann/Naujoks*, Der neue Ratgeber zur EU-Förderung, hrsg. v. Dt. Wirtschaftsdienst, 1997; *Sabathil*, Förderprogramme der EU, 6. Aufl., 1997; *Ullrich*, Forschungs- und Technologiepolitik, in: Dauses (Hrsg.), Handb. d. EG-Wirtschaftsrechts, 1998 (Stand 1993), Kapitel N, S. 1–17.

I. Allgemeines

Sämtliche Aktionen der Gemeinschaft im Bereich Forschung und technolo- **1**
gische Entwicklung werden in einem **mehrjährigen Rahmenprogramm**
zusammengefaßt, das ein Instrument zur **mittelfristigen Planung** der gemeinschaftlichen Maßnahmen in diesem Bereich darstellt. Rahmenprogramme sind sowohl in wissenschaftlich-technischer Hinsicht als auch bei
der Finanzierung rechtliche Basis und verbindlicher Rahmen für die Ausarbeitung von **Spezifischen Programmen,** auf deren Grundlage wiederum
die konkreten Arbeitsprogramme und gemeinsamen Forschungsvorhaben
definiert werden (vgl. hierzu auch unten Rn. 16ff.). Die spezifischen Programme können daher erst auf der Basis des beschlossenen Rahmenprogramms verabschiedet werden.

Aufgrund des Auslaufens des Vertrages über die Gründung der EGKS im
Jahr 2002 müssen künftig die Maßnahmen, die sich auf diesen Vertrag stützen, verstärkt in das Rahmenprogramm eingegliedert werden.

Wegen der unterschiedlichen Entscheidungsverfahren gem. Art. 251 (ex-
Art. 189b) und gem. Art. 7 EAGV ergehen stets zwar gleichzeitig aber dennoch getrennte Ratsbeschlüsse über die Rahmenprogramme: neben dem
Beschluß über das **Forschungsrahmenprogramm** auch ein Beschluß für
ein **EURATOM-Rahmenprogramm.**

II. Verfahren zur Schaffung der Rahmenprogramme (Abs. 1 S. 1)

2   Der **Rat beschließt** seit dem Amsterdamer Vertrag über die Rahmenprogramme **mit qualifizierter Mehrheit** (vgl. Vorbem. zu Art. 163–173
Rn. 10).
Gemäß S. 1 ist zur Aufstellung des Rahmenprogramms das **Kodezisionsverfahren** (oder auch **Mitentscheidungsverfahren**) des Art. 251 (ex-Art.
189b) anzuwenden. Die Inkonsequenz des ex-Art. 130i (gegenüber dem
jetzt gültigen Art. 166) bestand darin, daß in S. 1 zwar auf das Mitentscheidungsverfahren gem. ex-Art. 189b mit den in ihm enthaltenen Mehrheitsentscheidungen verwiesen worden war, gleichzeitig aber im S. 2 die
Einstimmigkeit festgelegt war. Mit dieser Sonderregelung war der Charakter dieses Verfahrens, nämlich die gleichberechtigte Mitentscheidung der
beiden im Vermittlungsausschuß beteiligten Organe, verändert worden.
Deshalb ist zu Recht im Bericht des Institutionellen Ausschusses des EP
über die Ergebnisse der Regierungskonferenzen die Einschätzung aufgestellt worden, daß hierdurch das Einstimmigkeitsprinzip dem Mitentscheidungsverfahren weitgehend seinen „raison d'être" entziehe (Europäisches
Parlament, 1992, A3–0047/92, S. 80).
Maßgebliche Motivation einiger MS für das Einstimmigkeitsprinzip – auch
lange Zeit in den Verhandlungen zum Amsterdamer Vertrag – war hier die
möglicherweise hohe finanzielle Belastung, die durch ein von einer Mehrheit der MS sehr hoch angesetztes Budget eines zu schaffenden Rahmenprogrammes auf die MS zukommen könnte. Diese Sorge vor allem der
großen MS konnte aber angesichts eines i.d.R. bestehenden Gleichklangs
dieser MS in allen Grundfragen der EU-Forschungspolitik einschließlich
des Finanzrahmens und der durch diese MS repräsentierten hinreichenden
Sperrminorität ausgeräumt werden. Da die **qualifizierte Mehrheit** aber zur
Erhaltung der Handlungsfähigkeit einer sich ständig weiter vergrößernden
EU eine conditio sine qua non darstellt und mit dem Rahmenprogramm keine vitalen Souveränitätsinteressen der MS betroffen sind, ist es in Amsterdam gelungen, wenigstens in diesem Sektor mit dem Mehrheitsprinzip einen Durchbruch zu schnellerer Entscheidungsfindung zu erzielen (vgl. hierzu Art. 251).
Unverändert muß der WSA vor Aufstellung des Rahmenprogramms angehört werden (vgl. Art. 262, ex-Art. 198).

III. Inhalt der Rahmenprogramme (Abs. 1 S. 2)

3   Im Rahmenprogramm werden die **wissenschaftlichen und technologischen Ziele**, die mit den Maßnahmen nach Art. 163 (ex-Art. 130g) erreicht

werden sollen, sowie die jeweiligen **Prioritäten** festgelegt. Ferner enthält das Rahmenprogramm die Grundzüge dieser Maßnahmen, während die Details in den spezifischen Programmen festgehalten sind. Schließlich legt das Rahmenprogramm den **Gesamthöchstbetrag** und die Einzelheiten der finanziellen Beteiligung der Gemeinschaft sowie die jeweiligen Anteile der vorgesehenen Maßnahmen fest.

1. Erstes Rahmenprogramm

Das 1. Rahmenprogramm 1984–1987 (ABl. 1983 C 208/1) war überwiegend auf den Bereich **Energie** ausgerichtet. Einen weiteren Schwerpunkt stellte die Förderung der industriellen Wettbewerbsfähigkeit dar, während der Bereich der Umweltforschung nur einen geringen Teil des Forschungsbudgets ausmachte.   **4**

2. Zweites Rahmenprogramm

Im 2. Rahmenprogramm 1987–1991 (ABl. 1987 L 302/1) wurden die Schwerpunkte in Richtung **Informations- und Kommunikationstechnologien** verschoben, die Energieforschung hatte immer noch einen beachtlichen Stellenwert. Für das Budget waren damals ca. ECU 5,4 Mrd. vorgesehen.   **5**

3. Drittes Rahmenprogramm

Das 3. Rahmenprogramm 1990–1994 (ABl. 1990 L 117/28), das sich mit dem 2. Rahmenprogramm in zeitlicher Hinsicht um zwei Jahre überschnitt, um der Dynamik der technologischen Entwicklung Rechnung zu tragen, zeichnete sich durch eine verstärkte Förderung der **Umweltforschung** (insbes. in den Bereichen Klimaforschung, Ozonschicht, Dynamik des Ökosystems, Luft- und Wasserverschmutzung), der **Biotechnologie** sowie der **Forschermobilität** aus, während der Anteil der Energieforschung deutlich reduziert wurde (zu detaillierten Erläuterungen vgl. Dusak, Vorauflage, Art. 130i, Rn. 4). Das 3. Rahmenprogramm umfaßte sechs Themenbereiche, innerhalb derer insgesamt 15 spezifische Programme durchgeführt wurden (weite Themenbereiche liefen aber auch außerhalb des Rahmenprogramms: z.B. Informationstechnologie). Das ursprünglich für das 3. Rahmenprogramm vorgesehene Budget von ECU 5,7 Mrd. wurde für die letzten beiden Jahre seiner Laufzeit um ECU 900 Mio. aufgestockt, so daß das Gesamtbudget ECU 6,6 Mrd. umfaßte.   **6**

4. Viertes Rahmenprogramm

a) Zielsetzungen

7 Für den Zeitraum 1994–1998 war mit dem 4. Rahmenprogramm im Bereich Forschung und technologische Entwicklung zum ersten Mal eine **Zusammenfassung aller Themenbereiche** erfolgt (ABl. 1993 C 230/4). Es enthielt insbes. folgende Zielsetzungen:

– **Selektivität** der gemeinschaftlichen Maßnahmen **durch Konzentration auf grundlegende Technologien** mit multisektoriellen Anwendungen,
– **Integration** zwischen einzelstaatlichen und gemeinschaftlichen Maßnahmen im Bereich Forschung und technologische Entwicklung,
– **Synergien** zwischen Forschung und Ausbildung,
– Sicherstellung einer raschen Reaktion auf wissenschaftliche und technologische Entwicklungen.

b) Aufbau

8 Die Struktur des 4. Rahmenprogrammes sollte dem in Art. 164 (ex-Art. 130g) vorgegebenen Aufbau folgen.
- **Erster Aktionsbereich** (Programme für Forschung, technologische Entwicklung und Demonstration):
  – Informations- und Kommunikationstechnologien
  – industrielle Technologien
  – Umwelt
  – Biowissenschaften und -technologien
  – Energien
  – Forschungsarbeiten für eine europäische Verkehrspolitik
  – Gesellschaftspolitische Schwerpunktforschung
- **Zweiter Aktionsbereich** (Zusammenarbeit mit Drittländern und internationalen Organisationen)
  – wissenschaftlich-technische Zusammenarbeit in Europa,
  – wissenschaftlich-technische Zusammenarbeit mit außereuropäischen Industriestaaten,
  – wissenschaftlich-technische Zusammenarbeit mit Entwicklungsländern.
- **Dritter Aktionsbereich** (Verbreitung und Nutzung der Ergebnisse):
  – Verbreitung und Nutzung der Ergebnisse,
  – Technologietransfer,
  – Finanzielle Rahmenbedingungen für den Transfer,
  – Wissenschaftliche Dienstleistungen für die Politik der Gemeinschaft.

- **Vierter Aktionsbereich** (Förderung der Ausbildung und Mobilität der Forscher)
- Ausbildung und Mobilität junger Forscher

c) Finanzielle Ausstattung

Das Budget für das 4. Rahmenprogramm betrug ECU 13,1 Mrd., wovon **9** ECU 11,7 Mrd. auf das Rahmenprogramm und ECU 1,4 Mrd. auf EURATOM entfielen. Nach dem Beitritt von Österreich, Finnland und Schweden hatte auf Vorschlag der Kommission das EP 1996 das ursprüngliche Budget um ECU 700 Mio. aufstocken wollen. Die MS stimmten nach langwierigen Verhandlungen im Rat im Vermittlungsverfahren jedoch nur einer Aufstockung von ECU 115 Mio. zu.

5. Fünftes Rahmenprogramm

a) Zielsetzungen

Für den **Zeitraum 1998–2002** ist das **5. Rahmenprogramm** der EG im **10** Bereich der Forschung, technologischen Entwicklung und Demonstration mit den nachfolgenden Zielsetzungen am 22. Dezember 1998 im Forschungsministerrat verabschiedet worden (ABl. L 26/1 v. 1.2.1999):

- stärkere **Ausrichtung auf prioritäre Forschungsthemen** von europäischer Dimension;
- **Konzentration** auf strategische Ziele und Leitthemen, die ein europäisches Zusammengehen erfordern;
- Ausbau der **europäischen Forschungsinfrastruktur** und Vernetzung des europäischen Forschungspotentials;
- Verbesserung der Zusammenarbeit von Wissenschaft und Industrie: Zusammenwachsen einer **europäischen Gemeinschaft der Forscher und Innovatoren;**
- **effizientere** und **flexiblere Durchführung** der europäischen Forschungsförderung.

b) Aufbau

Das 5. Forschungsrahmenprogramm orientiert sich – wie das 4. Rahmen- **11** programm – an der durch Art. 164 (ex-Art. 130g) vorgegebenen Struktur, d.h. es sind Aktivitäten in allen vier Maßnahmenbereichen vorgesehen (auch das EURATOM-Rahmenprogramm entspricht dieser Struktur).

Im ersten Aktionsbereich wird die breit angelegte Struktur des 4. Rahmen- **12** programms abgelöst durch vier thematische Programme, die die großen fachlichen Hauptlinien abstecken:

- Lebensqualität und Management lebender Ressourcen
- Benutzerfreundliche Informationsgesellschaft
- Wettbewerbsorientiertes und nachhaltiges Wachstum
- Energie, Umwelt und nachhaltige Entwicklung

13 Diesen thematischen Programmen liegt wiederum eine gemeinsame Struktur zugrunde. In jedem thematischen Programm gibt es:
- Leit- oder Schlüsselaktionen (key actions)
- FuE-Tätigkeiten im Bereich der generischen Technologien
- Tätigkeiten zur Förderung der Forschungsinfrastrukturen.

Die Aktionsbereiche (zweiter, dritter und vierter Aktionsbereich entsprechend der Maßnahmenbereiche b)–d) des Art. 164, ex-Art. 130g) betreffen übergreifende Themen und werden in drei horizontalen Programmen berücksichtigt:
- Sicherung der internationalen Stellung der Gemeinschaftsforschung
- Innovation und Einbeziehung von KMU
- Ausbau des Potentials an Humanressourcen und Verbesserung der sozioökonomischen Wissensgrundlage.

c) Finanzielle Ausstattung

14 Von der Kommission und (nach der 2. Lesung auch) vom EP war für das 5. Rahmenprogramm ein Budget von EURO 16,3 Mrd. vorgeschlagen worden. Der gemeinsame Standpunkt des Rates sah EURO 14 Mrd. vor. Der Forschungsministerrat hat sich schließlich am 22.12.98 auf EURO 14,96 Mrd. geeinigt (ABl. L 26/2 v. 1.2.1999) Diese **Steigerung** des gemeinschaftlichen Forschungshaushaltes **um mehr als 13 %** gegenüber dem 4. Rahmenprogramm muß jedoch vor dem Hintergrund einer Inflation im gleichen Zeitraum von insgesamt 10 % gesehen werden.

III. Anpassungen und Ergänzungen der Rahmenprogramme (Abs. 2)

15 Rahmenprogramme werden je nach Entwicklung der Lage angepaßt oder ergänzt. In jedem Jahr wird bei dieser **Evaluierung** überprüft, ob die ursprünglich geplanten Ziele, Aktivitäten und Prioritäten sowie die vorgesehenen Mittel noch angemessen sind (vgl. 5. Rahmenprogramm, Art. 5 Abs. 1). Diese Bewertung soll eine Grundlage für eine Revision des laufenden Rahmenprogrammes sowie für die Planung der zukünftigen Tätigkeiten bieten. Als Basis für letztere wird eine weitere Evaluierung am Ende des Fünf-Jahreszeitraumes vorgenommen, die dann in den Kommissionsvorschlag für das nächste Rahmenprogramm einfließt (5. Rahmenpro-

gramm, Art. 5 Abs. 2). Die Evaluierung kann auch Grundlage für eine bud-
getäre **Aufstockung** des Rahmenprogramms bilden. So wurde beim 4. Rahmenprogramm nach der Hälfte der Laufzeit ein weiterer Mittelbedarf festgestellt (vgl. oben Rn. 9). Die Evaluierung des 4. Rahmenprogrammes ist
in die Planung des 5. Rahmenprogramms eingeflossen und kommt in den
Zielen besonders zum Ausdruck (vgl. oben Rn. 10). Trotz der in der Vergangenheit in den Evaluierungen vielfach geäußerten Kritik unterlag es nie
einem Zweifel, durch ein weiteres Rahmenprogramm die **Kontinuität** der
gemeinschaftlichen Forschungstätigkeiten zu gewährleisten.

IV. Spezifische Programme (Abs. 3, S. 1)

Die **Durchführung des Rahmenprogrammes** erfolgt durch spezifische   **16**
Programme, die innerhalb jeder Aktion entwickelt werden. Auch wenn innerhalb jeder Aktion (mehrere) spezifische Programme entwickelt werden
können, so kann sich der Rat auch auf lediglich ein Thema beschränken
(vgl. für das 5. Rahmenprogramm die Horizontalen Programme in den Aktionsbereichen 2–4, Rn. 13, sowie Rn. 23ff.). Inhalte und finanzielle Obergrenze sind durch das Rahmenprogramm determiniert. Es ist Aufgabe der
spezifischen Programme, einen bestimmten technischen Inhalt rechtlich zu
strukturieren und in eine administrativ vollziehbare Form zu kleiden. Der
technische Inhalt ist in Grundzügen im Rahmenprogramm vorgegeben und
wird i.d.R. in ausführlichen Anhängen zu den spezifischen Programmen
festgeschrieben.

Die spezifischen Programme untergliedern sich zum einen in **thematische**   **17**
Programme, die sich mit den einzelnen Fachgebieten befassen, und zum
anderen in **horizontale Programme**, die übergreifende Fragen, die allen
Fachprogrammen gemein sind, behandeln. Alle Maßnahmen, die innerhalb
der thematischen Programme durchgeführt werden, müssen in Abstimmung
und Wechselwirkung mit den horizontalen Programmen aktiv zur Erreichung der Gesamtziele der horizontal ausgerichteten Programme beitragen.

1. Thematische Programme im 5. Rahmenprogramm

Im zur Zeit laufenden 5. Rahmenprogramm gibt es vier thematische Pro-   **18**
gramme zu folgenden Fachgebieten:

(1) Mit dem Programm **„Lebensqualität und Management lebender Res-**   **19**
sourcen" soll vor allem Biomedizin und -technologie besonders gefördert
werden. Gegenüber dem 4. Rahmenprogramm ist eine Verdoppelung
der Mittel für die Lebenswissenschaften vorgesehen (22,3 % ≅ EURO

2,413 Mrd. Die Schlüsselaktionen (key actions) dieses Programms befassen sich mit
- Nahrung, Ernährung und Gesundheit
- Kontrolle von Infektionskrankheiten
- Zellfabrik
- Umwelt und Gesundheit
- Nachhaltige Landwirtschaft, Fischerei, Forstwirtschaft, einschließlich integrierter Entwicklung des ländlichen Raumes
- Alterung der Bevölkerung.

20   (2) Mit dem Programm **„Benutzerfreundliche Informationsgesellschaft"** soll das Potential in den Bereichen Handel, Arbeit, Verkehr, Umwelt, Bildung, Ausbildung, Gesundheit und Kultur ausgeschöpft werden, das durch die zunehmende Verschmelzung von Informationsverarbeitung, Datendokumentation und Informationsinhalten entstanden ist. Vorgesehen sind hierfür 33,2 % der Mittel $\cong$ EURO 3,6 Mrd. Wichtige Leitaktionen sind:
- Systeme und Dienste für den Bürger
- Arbeitsmethoden und elektronischer Geschäftsverkehr
- Multimediainhalte und -werkzeuge.

21   (3) Das Programm **„Wettbewerbsorientiertes und nachhaltiges Wachstum"** (24,9 % der Mittel $\cong$ EURO 2,705 Mrd.) soll vor allem helfen, effizientere qualitätsorientierte Produktionssysteme zu entwickeln, sowie drängende Verkehrs- und Mobilitätsprobleme zu lösen. Schlüsselaktionen (key actions) sind hier:
- Innovative Produkte, Verfahren und Organisationsformen
- Nachhaltige Mobilität und Zusammenwirken der Verkehrsträger
- Luftfahrtforschung
- Landverkehrs- und Meerestechnologien.

22   (4) Das Programm **„Energie, Umwelt und nachhaltige Entwicklung"** (14,2 % der Mittel $\cong$ EURO 2,125 Mrd.) beinhaltet zwei Bereiche, die einerseits inhaltlich eng miteinander verflochten sind, andererseits aber unterschiedliche technische Anforderungen stellen. Deshalb sollen für Umwelt und Energie jeweils getrennte finanzielle und verwaltungstechnische Strukturen geschaffen werden. Mit dem Programm soll sowohl die nachhaltige Bewirtschaftung von Ressourcen des Ökosystems als auch die Weiterentwicklung des Energieversorgungssystems gefördert werden. Hierdurch soll ein wesentlicher Beitrag zur Senkung der CO_2-Emissionen und anderer Treibhausgase geleistet werden. Schlüsselaktionen (key actions) im Umweltbereich sind:
- Nachhaltige Bewirtschaftung der Wasservorräte und Wasserqualität
- Globale Veränderungen, Klima und Artenvielfalt

– Nachhaltige Ökosysteme des Meeres
– Die Stadt von morgen und das kulturelle Erbe.

Schlüsselaktionen (key actions) im Energiebereich sind:
– Umweltfreundlichere Energiesysteme, einschließlich erneuerbare Energiequellen
– Wirtschaftliche und effizientere Energieversorgung.

2. Horizontale Programme im 5. Rahmenprogramm

Die horizontalen Programme des 5. Rahmenprogramms betreffen die folgenden Themen: **23**

(1) Das horizontale Programm des zweiten Aktionsbereiches „**Sicherung der internationalen Stellung der Gemeinschaftsforschung**" (EURO 475 Mio.) hat die folgenden Hauptziele: **24**
– Förderung der internationalen Zusammenarbeit im Bereich von Wissenschaft und Technologie
– Ausbau der Kapazitäten der Gemeinschaft in den Bereichen Wissenschaft und Technologie
– allgem. Unterstützung bei der Erzielung wissenschaftlicher Spitzenleistungen im breiteren internationalen Rahmen
– Beitrag zur Durchführung der Außenpolitik der Gemeinschaft, auch im Hinblick auf den Beitritt neuer Mitgliedsstaaten.

(2) Während es im 4. Rahmenprogramm ein spezifisches Programm zur „Verbreitung und Nutzung der Ergebnisse" gab und die KMU-Beteiligung lediglich in den verschiedenen Fachprogrammen lief, ist im 5. Rahmenprogramm Ergebnisverwertung und KMU in einem Programm zusammengefasst. Ziel dieses horizontalen Programms „**Förderung der Innovation und Einbeziehung von KMU**" (EURO 363 Mio.) im dritten Aktionsbereich ist es,   **25**
– innovative Tätigkeiten einschließlich der Gründung innovativer Unternehmen zu fördern,
– die Verbreitung und Nutzung der Forschungsergebnisse zu erleichtern und
– den Technologietransfer zu unterstützen.

Die kleinen und mittleren Unternehmen sind wichtige Träger und Akteure der Innovation. Ihnen sollte daher der Zugang zu den von ihnen benötigten fortgeschrittenen Technologien sowie zu den Forschungsprogrammen der Gemeinschaft und der MS erleichtert werden.

(3) Schließlich werden im horizontalen Programm des vierten Aktionsbereiches, „**Ausbau des Potentials an Humanressourcen in der Forschung**   **26**

und Verbesserung der sozioökonomischen Wissensgrundlage" (EURO 1,28 Mrd.) folgende Maßnahmen durchgeführt:

– Ausbildung und Mobilität der Forscher
– Verbesserung des Zugangs zu Forschungsinfrastrukturen
– Unterstützung der Entwicklung der Gemeinschaft zu einem attraktiven Standort für Forscher
– Stärkung der sozioökonomischen Wissensgrundlage.

V. Durchführung der Spezifischen Programme (Abs. 3, S. 2)

27　In jedem spezifischen Programm werden die **Einzelheiten seiner Durchführung,** seine **Laufzeit** und die für notwendig erachteten **Mittel** festgelegt.

1. Administrative Durchführung

28　Für die administrative Durchführung der spezifischen Programme ist gem. Art. 202 (ex-Art. 145) die Kommission zuständig, die dabei von einem programmbegleitenden Ausschuß (**Programmausschuß**), der sich aus Vertretern der Mitgliedstaaten zusammensetzt, unterstützt wird. Der Programmausschuß berät und beschließt unter dem Vorsitz eines Kommissionsvertreters die Aufstellung und Aktualisierung eines **Arbeitsprogrammes** (s. Rn. 29). Außerdem beschließt der Programmausschuß mit seiner Mehrheit gem. Art. 205 Abs. 2 (ex-Art. 148) die Ausschreibungen, die Auswahl der zu finanzierenden Projekte sowie die Erteilung des Auftrages für die externe Bewertung des Rahmenprogramms (vgl. oben Rn. 15). Die Kommission erläßt die beabsichtigten Maßnahmen, wenn sie mit der Stellungnahme des Programmausschusses übereinstimmen (ansonsten muß der Rat mit qualifizierter Mehrheit beschließen). Die Programmausschüsse werden mittels Ratsentscheidung eingesetzt. Heute sind sie in den die spezifischen Programme betreffenden Entscheidungen bereits vorgesehen.

29　Das Verfahren in den Programmausschüssen richtet sich nach dem **Komitologie-Beschluß**. Durch ihn werden die MS an den Durchführungsbeschlüssen der Kommission in unterschiedlichen Verfahren und mit unterschiedlichen Befugnissen beteiligt (vgl. Art. 202). Nach dem Komitologie-Beschluß vom 13.7.1987 (ABl. 1987 L 197/33) kann es sich um drei Arten von Ausschüssen handeln, wobei die Mitwirkung der Vertreter der MS unterschiedlich stark ausgeprägt ist: Beratender Ausschuß, Verwaltungsausschuß, Regelungsausschuß. Die Forschungspolitik bedient sich vornehmlich des letzteren. Das Verfahren im **Regelungsausschuß** sieht eine Mehrheitsentscheidung über die von der Kommission vorgeschlagenen

Maßnahmen vor. Die Befassung des Rates ist vorgesehen für den Fall der Nichtübereinstimmung und des Fehlens einer Stellungnahme. Sie hat aufschiebende Wirkung.

Im Anhang zur Schlußakte der Regierungskonferenz, die den Vertrag von Amsterdam angenommen hat, wird die Kommission aufgefordert, dem Rat einen Vorschlag zur Änderung des Komitologie-Beschlusses zu unterbreiten. Ein solcher Vorschlag ist mit dem Ziel der Vereinfachung und stärkeren Einbindung des EP bei Entscheidungen mit legislativem Charakter von der Kommission im Juni 1998 vorgelegt worden.

a) Arbeitsprogramm

Die Programmausschüsse entscheiden über die Vorschläge der Kommission für **Arbeitsprogramme**, die sehr detailliert die Themen der von der Gemeinschaft zu fördernden Forschungsthemen konkretisieren. Auf der Basis dieser Arbeitsprogramme erstellt die Kommission für die einzelnen Programme Aufforderungen zur Einreichung von Forschungsvorschlägen an Unternehmen und Forschungseinrichtungen. **30**

b) Ausschreibungen

Diese **Ausschreibungen** können jeweils am 15.3., 15.6., 15.9. oder 15.12. eines Jahres im Amtsblatt veröffentlicht werden und enthalten alle Informationen, die für die Einreichung eines Projektvorschlages notwendig sind, wie etwa Beschreibung der gewünschten Projektinhalte, Finanzrahmen, Antragsverfahren und -fristen (i.d.R. liegen zwischen der Ausschreibung und dem Stichtag für die Abgabe der Projektvorschläge mindestens drei Monate). Zur Unterstützung der potentiellen Einreicher erstellt die Kommission Informationspakete, die neben dem Text der Ausschreibung, dem Arbeitsprogramm und den Teilnahmemodalitäten insbes. die für Einreichung eines Projektvorschlages notwendigen Formblätter enthalten. **31**

Ein **Projektvorschlag** muß in der Regel von mindestens zwei voneinander unabhängigen Partnern aus verschiedenen MS eingereicht werden, da die Gemeinschaft grenzüberschreitende Kooperationen unterstützt. Der von den Partnern einzureichende Projektvorschlag setzt sich aus drei Teilen zusammen: Teil 1 enthält Projekttitel, Kurzbeschreibung des Projektes und der Teilnehmer sowie eine Finanzübersicht. Teil 2 enthält eine detaillierte wissenschaftlich-technische Projektbeschreibung, die insbes. folgende Elemente aufweisen muß: Ziele, Arbeitsablauf, methodisches Vorgehen, Stand der Forschung, Möglichkeiten der Verwertung, Verbindung mit anderen EG-Forschungsprogrammen etc. Teil 3 beschreibt die Projektpartner, ihre

Rolle bei der Durchführung des Projektes sowie die auf sie entfallenden Kosten.

c) Evaluierung

32 Nach dem Ablauf der Einreichungsfrist werden die Vorschläge einer **Begutachtung** durch Experten unterzogen. Die Mitglieder für einen **Gutachterausschuß** werden von der Kommission nach fachlichen Gesichtspunkten ausgewählt und bewerten ausschließlich die im Rahmenprogramm festgelegten Kriterien, d.h. insbes. die wissenschaftlich-technische Qualität der Vorschläge. Gutachter bekommen nie Anträge des MS, dessen Bürger sie sind.

33 Der Evaluierung der Vorschläge werden folgende **Kriterien** zugrunde gelegt (vgl. *Kommission*, EG-Forschungsförderung, 44f.):

– Übereinstimmung des Projektinhaltes mit den Zielen der Ausschreibung,

– grenzüberschreitender Charakter,

– wissenschaftlich-technische Qualität und Originalität,

– innovatives Potential,

– industrielle Relevanz und Auswirkungen auf die Wettbewerbsfähigkeit,

– Durchführbarkeit,

– wissenschaftliche Qualifikation der Antragsteller,

– vorwettbewerblicher Charakter,

– Zusammensetzung der Partnerschaft.

34 Auf Grund der Begutachtungsergebnisse wird eine Liste förderungswürdiger Projekte erstellt, die dem jeweiligen Programmausschuß zur Stellungnahme unterbreitet und auf deren Grundlage die endgültige Entscheidung getroffen wird. Die Antragsteller werden von der Kommission über das Ergebnis des Auswahlverfahrens informiert und zu **Vertragsverhandlungen** eingeladen, wenn ihr Projekt zur Finanzierung ausgewählt wurde.

2. Einzelheiten der Durchführung

35 Die gemeinschaftliche Forschungsförderung kann in drei verschiedenen Formen geleistet werden:

– vertragliche Betrauung Dritter mit Forschungsarbeiten unter Kostenteilung (**indirekte Aktionen**),

– **konzertierte Aktionen**

– **Eigenforschung** (direkte Aktion).

a) Vertragsforschung

Die Vertragsforschung mit Kostenteilung stellt die überwiegende Form der **36** Förderung dar. Auf der Grundlage eines **Mustervertrages** für den Bereich Forschung und technologische Entwicklung schließt die Kommission mit den Projektpartnern einen Vertrag ab, der insbes. folgende Bereiche regelt: Thema, Laufzeit, Gesamtkosten und finanzielle Beteiligung der Kommission, Berichtstermine und Sonderregelungen (s. auch Art. 167 Rn. 10). Anhang I beschreibt das gemeinsame Arbeitsprogramm, Anhang II enthält Bestimmungen hinsichtlich der Haftung, Vertraulichkeit, Kündigung, über geistiges Eigentum (Nutzungsrechte und Lizenzen, Verwertung und gewerbliche Nutzung) sowie über erstattungsfähige Kosten und Zahlungsmodalitäten. Federführend für die Projektabwicklung ist ein **Koordinator**, der das Projekt gegenüber der Kommission vertritt, für die pünktliche Ablieferung der Projektfortschrittsberichte verantwortlich ist und die von der Kommission geleisteten Förderungsbeträge verwaltet. Ihm obliegt die unverzügliche Weiterleitung der entsprechenden Beträge an die jeweiligen Vertragspartner. Die Haftung aus dem Vertrag trifft den Koordinator und die anderen Vertragspartner gemeinschaftlich. Der Koordinator bestimmt das anzuwendende Recht sowie die Vertragssprache, sofern diese nicht englisch ist. In der Kommission gibt es allerdings z.Z. Überlegungen, wegen des Sitzes der Kommission in Brüssel generell das einheitliche belgische Recht für anwendbar zu erklären.

aa) Konsortial- und Unterverträge

Jeder Vertragspartner kann Dritte vertraglich verpflichten, für ihn For- **37** schungsarbeiten durchzuführen. Es handelt sich dabei um einen **Konsortialvertrag**, wenn der Dritte die von ihm verrichteten Arbeiten selbst finanziert. Ein Konsortialvertrag bedarf der vorherigen schriftlichen Zustimmung der Kommission und gewährt dem Konsorten Rechte auf die Nutzung und Vermarktung von aus seiner Mitarbeit stammenden Forschungsergebnissen sowie Anspruch auf Gewährung von Lizenz- oder Nutzungsrechten. Der Konsorte unterzeichnet keinen Vertrag mit der Kommission und ist demnach an der gemeinschaftlichen Haftung nicht beteiligt.

Unterverträge sind Verträge zwischen einem Vertragspartner und einem **38** Dritten, der -ohne Konsorte zu sein- vertragliche Arbeiten für diesen durchführt. Der Untervertrag gewährt keinerlei Rechte aus dem Vertrag mit der Kommission. Unterverträge bedürfen der Zustimmung der Kommission, wenn ihr Wert EURO 100.000 übersteigt oder sie mit einem Partner aus einem Drittstaat abgeschlossen werden.

bb) Geistiges Eigentum

39 Folgende Grundsätze gelten aufgrund der „Regeln für die Teilnahme von Unternehmen, Forschungszentren und Hochschulen sowie für die Verbreitung der Forschungsergebnisse" (vgl. hierzu ausführlich Art. 167 Rn. 7ff.) und des diese weiter konkretisierenden Mustervertrages für das **geistige Eigentum** sowie die **Verwertung** der Forschungsergebnisse:
Neue Kenntnisse und Schutzrechte gehören demjenigen Vertragspartner, der sie erarbeitet hat. Er hat sie seinen Vertragspartnern für die Durchführung der gemeinsamen Forschungs- und Entwicklungsarbeiten gebührenfrei zur Verfügung zu stellen. Teilnehmern an anderen im Rahmen von EG-Forschungsprogrammen durchgeführten Projekten sind die neuen Kenntnisse zur Verfügung zu stellen. An neuen Schutzrechten sind nicht ausschließliche Lizenzen zu Transferbedingungen einzuräumen, soweit diese für die Durchführung von Forschungs- und Entwicklungsarbeiten im Rahmen von Verträgen mit der Gemeinschaft von Bedeutung sind. Schließlich kann jedes Unternehmen der Gemeinschaft zu Vorzugsbedingungen neue Kenntnisse und Lizenzen an neuen Schutzrechten erhalten, wenn dies im Interesse der Gemeinschaft liegt, keine wesentlichen Geschäftsinteressen des Vertragspartners entgegenstehen, wenn sichergestellt ist, daß die Kenntnisse nicht für andere Zwecke benutzt werden und der Vertragspartner noch keine Schritte zur Verwertung oder gewerblichen Nutzung unternommen hat.

40 **Bestehende Kenntnisse** und Schutzrechte, die Grundlage für die Durchführung von Forschungsarbeiten oder der Verwertung neuer Kenntnisse durch andere Vertragspartner sind, sind den Vertragspartnern sowie Teilnehmern an anderen Projekten oder Programmen zu Vorzugsbedingungen zur Verfügung zu stellen. Bei der Zurverfügungstellung von Betriebsgeheimnissen ist deren vertrauliche Behandlung zu vereinbaren.

41 Die **Entwicklung, Verwertung oder gewerbliche Nutzung** der neuen Kenntnisse und Schutzrechte obliegt den Vertragspartnern. Ein Vertragspartner, der nicht hauptsächlich auf gewerbliche Nutzung ausgerichtet und auf Grund seiner Größe oder sonstigen Beschaffenheit nicht in der Lage ist, die Ergebnisse seines Vertrages selbst gewerblich zu nutzen, kann Lizenzen und Nutzungsrechte gegen eine angemessene Vergütung den anderen Vertragspartnern zur Verfügung stellen.

42 Die Gemeinschaft hat für die Erfordernisse der Gemeinsamen Forschungsstelle sowie der gemeinsamen Unternehmen Anspruch auf eine nichtausschließliche, gebührenfreie und unwiderrufliche **Lizenz** zur Nutzung der neuen Kenntnisse oder der neuen Schutzrechte für Forschungszwecke. Die Gemeinschaft hat diese Ergebnisse vertraulich zu behandeln und ist nicht zur Erteilung von Unterlizenzen berechtigt.

cc) Erstattungsfähige Kosten

Die **erstattungsfähigen Kosten**, die von den Projektteilnehmern geltend   **43**
gemacht werden können, umfassen die tatsächlichen Kosten, die den Vertragspartnern auf Grund der Durchführung der vertraglichen Arbeiten entstehen, wie etwa Personal-, Gemein- und Reisekosten, Kosten für langlebi-
ge Ausrüstungsgüter, Verbrauchsgüter, Rechnerkosten, Drittleistungen,
Steuern und Zölle.

Die Kommission erstattet Unternehmen und Institutionen mit Vollkosten-   **44**
rechnung 50 % der **Projektkosten**. Universitäten und Forschungseinrichtungen, die nicht über ein eigenes Rechnungswesen zur Erfassung der Gesamtkosten eines Projekts verfügen, werden 100 % der **Zusatzkosten** ersetzt. Zusatzkosten sind die für die Durchführung der vertraglichen Arbeiten erforderlichen Kosten, die zusätzlich zu den normal laufenden, von der
Durchführung der vertraglichen Arbeiten unabhängigen Kosten entstehen
(insbes. Kosten für Forschungspersonal, das für die Durchführung von Forschungsarbeiten zusätzlich eingestellt wurde, sowie Kosten für Material,
i.d.R. aber nicht für die Anschaffung von Geräten).

dd) Zahlungsmodalitäten

Die Kommission gewährt zunächst einen **Vorschuß**, der nach der Unter-   **45**
zeichnung des Vertrages an den Koordinator ausbezahlt wird. Seine Höhe
richtet sich nach der geplanten Projektlaufzeit. Für alle weiteren Zahlungen
müssen **Fortschrittsberichte** sowie **Kostennachweise** vorgelegt werden.
Die weiteren Zahlungen erfolgen einmal jährlich, wobei der ausbezahlte
Vorschuß bis zu einer Höhe von 90 % des Förderungsbetrages aufgefüllt
wird. Die restlichen 10 % werden nach Projektabschluß gegen Vorlage eines **Schlußberichtes** ausbezahlt (in der Kommission gibt es z.Z. Überlegungen, diesen Anteil auf 20 % anzuheben). Der Schlußbericht muß eine
ausführliche Beschreibung der Arbeiten und Ergebnisse, eine Kurzfassung,
eine zur Veröffentlichung geeignete Fassung, einen Bericht über die beabsichtigte Verwertung der Ergebnisse sowie eine Schlußabrechnung enthalten.

b) Konzertierte Aktionen

Unter konzertierten Aktionen versteht man die **Koordinierung von For-**   **46**
schungsaktivitäten der beteiligten Partner. Sie stellen damit eine Konkretisierung von Art. 165 (ex-Art. 130h) dar. Die Gemeinschaft beteiligt sich
nicht an den Kosten der Forschung selbst, sondern erstattet nur Koordinie-
rungskosten (hauptsächlich Sitzungs- und Reisekosten). Der Großteil der

konzertierten Aktionen wird im Bereich der medizinischen Forschung durchgeführt, ferner auf dem Gebiet der Umwelt, der Biowissenschaften sowie der agro-industriellen Forschung. Die Kommission kann sich auch hierbei von einem Ausschuß und einem Projektleiter unterstützen lassen.

c) Eigenforschung

47   Die sog. Eigenforschung wird in den Instituten der **Gemeinsamen Forschungsstelle (GFS)** betrieben (vgl. hierzu Vorbem. zu Art. 163–173, Rn. 5). Für die GFS werden mit dem Rahmenprogramm stets zwei eigene Programme verabschiedet, zum einen für die Atomforschung im Rahmen von EURATOM, und zum anderen für die übrige Forschung (vgl. oben Rn. 1). EURO 1,02 Mrd. sind im 5. Rahmenprogramm für Forschungsaufträge an die GSF vorgesehen. Wichtig ist hierbei, daß ein wachsender Anteil dieser Mittel nicht mehr „automatisch" an die Institute der GFS geht, sondern daß die GFS um die Mittel mit anderen Antragstellern zunehmend in Konkurrenz tritt. Man nennt die Eigenforschung auch direkte Aktionen. Die von der GFS durchzuführenden direkten FTE-Aktionen (EURO 739 Mio. im 5. Forschungsrahmenprogramm) umfassen Forschungstätigkeiten sowie wissenschaftliche und technische Unterstützungstätigkeiten mit institutionellem Charakter. Die GFS kann in Bereichen Unterstützung leisten, in denen sie in der Gemeinschaft in besonderem Maße oder gar ausschließlich über Fachwissen und Einrichtungen verfügt, oder wenn sie mit Aufgaben zur Unterstützung und Durchführung von Gemeinschaftspolitiken und Aufgaben betraut wird, die der Kommission gem. dem Vertrag obliegen und die die **Unparteilichkeit** der GFS erfordern (z.B. im Bereich der Normung). Die GFS führt ihre Tätigkeiten in enger Zusammenarbeit mit dem Wissenschaftssektor und Unternehmen in Europa durch.

3. Laufzeit

48   Die **Höchstdauer** der Laufzeit eines spezifischen Programmes ist durch die Dauer des ihm zugrunde liegenden Rahmenprogramms begrenzt. Gleichzeitig hat sich die Laufzeit aber auch an den themenspezifischen Parametern (Vorlaufzeiten, Projektdauer) sowie den verfahrensspezifischen Notwendigkeiten (Ausschreibungsfristen, Beratungsdauer der Gutachterausschüsse) zu orientieren. Daher ist i.d.R. die Laufzeit der spezifischen Programme identisch mit der **Laufzeit des Rahmenprogramms**. Hiervon zu unterscheiden ist die Laufzeit der eigentlichen Projekte, die mitunter erheblich über das Ende eines Rahmenprogrammes bzw. des betreffenden spezifischen Programmes hinausreichen kann.

4. Mittel

Begrenzt durch das Budget des Rahmenprogramms muß der Rat in dem je-   **49**
weiligen spezifischen Programm die **Höhe** der für die Programmlaufzeit
zur Verfügung stehenden Mittel festlegen. Hierbei kann eine Reduzierung
der Laufzeit zu einer Erhöhung der Förderintensität führen. Der Rat hat bei
der Budgetfestlegung die fixen Kosten, vor allem die der GFS, zu berücksichtigen und ist daher nicht völlig frei in seiner Mittelverteilung.

VI. Verfahren zur Schaffung der Spezifischen Programme (Abs. 4)

Die spezifischen Programme werden vom Rat **mit qualifizierter Mehrheit**   **50**
nach Anhörung des EP und des WSA beschlossen. Für die spezifischen Programme galt schon seit der EEA das Mehrheitsprinzip, da sich die MS nicht
diesen finanziellen Gefahren ausgesetzt sahen, wie beim Rahmenprogramm. Schließlich muß sich das Budget der spezifischen Programme ja im
vom Rahmenprogramm vorgegebenen Rahmen halten. Da die entscheidenden Weichenstellungen bereits im Rahmenprogramm unter EP-Mitent-
scheidung erfolgten, ist bei dessen Konkretisierung durch die spezifischen
Programme nur mehr die Anhörung des EP vorgesehen. Die Kommission
hat das Vorschlagsrecht für die spezifischen Programme.

Art. 167 (ex-Art. 130j) (Durchführung des Rahmenprogramms)

**Zur Durchführung des mehrjährigen Rahmenprogramms legt der Rat
folgendes fest:**
– **die Regeln für die Beteiligung der Unternehmen, der Forschungszentren und der Hochschulen;**
– **die Regeln für die Verbreitung der Forschungsergebnisse.**

Überblick

I. Allgemeines

1 Erstmals wurden vom Rat für die EG-Forschung (in den Grundsätzen der Ratsverordnung vom 17.09.1974 enthalten) bereits 1974 **Verbreitungsregeln** erlassen. Diese Regeln wirkten auch nach Auslaufen der ihnen zugrundeliegenden Forschungsprogramme ohne Verlängerung fort. Erst in seiner Entscheidung über die Verbreitung und Nutzung der Kenntnisse vom 29.04.1992 (ABl. 1992 L 141/1) hatte der Rat eine erneute Rechtsgrundlage geschaffen und dabei betont, daß als wesentliche Grundsätze die Eingliederung der gemeinschaftlichen Forschung in einen größeren Kontext sowie die bestmögliche Nutzung der mit ihr gewonnenen Erkenntnisse durch eine Verstärkung der Beziehungen zwischen Forschung und Industrie, Forschung und Wissenschaft und Forschung und Gesellschaft festgehalten werden muß. Zur Verbesserung der Informationswege wurde ein Netz von Verbindungsstellen für die Förderung der Verbreitung und Nutzung der gemeinschaftlichen Forschungsergebnisse geschaffen (sog. INNOVATION-Relaiscenter; europaweit 52, davon in Deutschland 7), die insbes. die Verbreitung von Informationen über Gemeinschaftsprogramme und Ausschreibungen, die Beratung der Bewerber bei der Ausarbeitung von Vorschlägen, die Förderung der Nutzung der Forschungsergebnisse durch potentiell interessierte Unternehmen etc. wahrnehmen. Die diesbezüglichen Maßnahmen können in der Ermittlung, Weiterverfolgung und Beurteilung der Forschungsergebnisse zur Aufstellung von Nutzungsplänen, in der Suche nach Lizenznehmern sowie in einer angemessenen finanziellen Unterstützung für Studien, Versuche oder Versuchsentwicklungen liegen.

2 Ferner wurde von der Kommission ein benutzerfreundlicher EDV-Informationsdienst mit der Bezeichnung CORDIS eingerichtet, der Informationen über sämtliche Forschungsprogramme, Ausschreibungen sowie laufende Forschungsprojekte enthält.

II. Normzweck

3 Durch die Beteiligungsregeln soll der europäische Charakter des Rahmenprogramms sichergestellt werden. Der Grundsatz, daß immer (mind.) zwei Teilnehmer aus zwei verschiedenen MS teilnehmen müssen (vgl. *Art.* 4 der Regeln), soll für den europäischen Mehrwert bei der Durchführung der spezifischen Programme sorgen.

Die Wettbewerbsfähigkeit der europäischen Industrie hängt weitestgehend von ihrer Fähigkeit ab, die Früchte ihrer Forschungsarbeit in wirtschaftlich verwertbare Produkte und Verfahren umzusetzen. Die Gemeinschaft muß daher zu einer optimalen Verbreitung und Verwertung der Forschungsergebnisse beitragen und die Voraussetzungen dafür schaffen, daß neue Technologien weitergegeben und insbes. von kleinen und mittleren Unternehmen übernommen werden.

Der in den Rahmenprogrammen deutlich gewordene stark gestiegene Umfang der EG-Forschungsförderung machte es in den Vorbereitungen zum Maastrichter Vertrag notwendig, bei der Durchführung der Rahmenprogramme für mehr Übersichtlichkeit und Transparenz zu sorgen. Durch ex-Art. 130j (nunmehr Art. 167) ist insofern Rechtssicherheit geschaffen worden, als die Durchführung des Rahmenprogramms durch öffentlich-rechtliche und damit nachprüfbare Rechtsakte erfolgen muß, d.h. die Entscheidung der Kommission über Förderanträge stellen nachprüfbare Verwaltungsakte dar und der Antragsteller kann bei Ablehnung seines Antrages eine (gerichtlich überprüfbare) Begründung verlangen (vgl. hierzu bereits vorher EuGeI, T-109/94, Windpark Groothusen/Kommission, Slg. 1995 II–3007).

Als abträglich für die Rechtssicherheit muß allerdings angesehen werden, daß die Regeln des Art. 167 gem. Wortlaut (Durchführung *des* mehrjährigen Rahmenprogramms) stets für jedes Rahmenprogramm neu beschlossen werden müssen (anders noch der Kommissions*vorschlag* für die Schaffung der Durchführungsregeln zum 4. Rahmenprogramm).

4

III. Verfahren

Die Regeln nach Art. 167 werden gem. Art. 172 Abs. 2 (ex-Art. 130o) durch den Rat mit qualifizierter Mehrheit, auf Vorschlag der Kommission, nach Anhörung des WSA im Mitentscheidungsverfahren mit dem EP beschlossen (vgl. zum Verfahren Art. 172 Rn. 4). Bemerkenswert ist hierbei, daß dem EP bei der Verabschiedung der Durchführungsregeln nach Art. 167 gem. Art. 172 Abs. 2 (ex-Art. 130o) ein wesentlich stärkeres Mitspracherecht eingeräumt worden ist, als bei dem Beschluß über die spezifischen Programme selber, welcher sich nach Art. 166 Abs. 4 (ex-Art. 130i) richtet (vgl. Art. 166 Rn. 50). Dies findet seinen Grund darin, daß die Durchführungsregeln gleichförmig für alle spezifischen Programme, mit denen das Rahmenprogramm verwirklicht werden soll, gelten. Wie der Wortlaut von Art. 167 andeutet, stehen die Durchführungsregeln auf der Ebene des Rahmenprogramms, so daß das Verfahren auch das gleiche ist.

5

Wurden noch für das 4. Rahmenprogramm zwei verschiedene (allerdings zeitgleiche) Beschlüsse gefaßt (**Regeln für die Verbreitung** der Forschungsergebnisse aus den spezifischen Programmen der europäischen Gemeinschaft im Bereich der Forschung, technologischen Entwicklung und

6

Demonstration [94/762/EG, ABl. L 306/5] sowie die **Regeln für die Beteiligung** von Unternehmen, Forschungszentren und Hochschulen an den Tätigkeiten im Bereich der Forschung, technologischen Entwicklung und Demonstration [94/762/EG, ABl. L 306/8]), so hat es für das 5. Rahmenprogramm **nur mehr einen Beschluß** gegeben (zum Zweck der Kommentierung nachfolgend Durchführungsregeln genannt).

Parallel erging stets ein Beschluß über die Regeln über die Teilnahme von Unternehmen, Forschungszentren und Hochschulen an den Tätigkeiten der europäischen Atomgemeinschaft im Bereich der Forschung und Ausbildung (94/761/EURATOM, ABl. L 306/1). Dies war für die Regeln über die Verbreitung der Forschungsergebnisse in diesem Bereich nicht erforderlich, da in Kapitel II des EAGV die Regeln über die Verbreitung der Kenntnisse bereits festgelegt sind.

IV. Inhalt der Durchführungsregeln

7   Die Durchführungsregeln **im 5. Rahmenprogramm** (ABl. L 26/46 vom 1.2.1999) wurden gegenüber dem 4. Rahmenprogramm erweitert und angepaßt, sowie in einem einzigen Beschluß mit verschiedenen Kapiteln für die Teilnahmeregeln wie auch für die Verbreitungsregeln zusammengefaßt (getrennt blieben natürlich die Teilnahmeregeln gem. EAGV ABl. L 26/56 vom 1.2.1999). [*Artikel* in Kursivdruck sind solche der Durchführungsregeln]

1. Allgemeine Bestimmungen

8   Im Kapitel I der Durchführungsregeln, d.h. mit Wirkung für sowohl die Verbreitungs- als auch die Teilnahmeregeln, werden gem. *Art. 1* zunächst **alle Definitionen** für die Durchführung des Rahmenprogramms festgelegt. Insbesondere die Definition von kleinen und mittleren Unternehmen (KMU) war bis zum Schluß umstritten. Während die Kommission und das EP an der bis auf das Rahmenprogramm allgemeingültigen Definition von 1996 (96/280/EG) festhalten wollten, gab es im Rat erheblichen Widerstand (vgl. zur Problemstellung Art. 163 Rn. 18f.).

Art. 2 legt die Kriterien für die Beurteilung der in den nachfolgenden Artikeln genannten Interessen der Gemeinschaft fest. Hier finden sich neben den Zielen des Art. 163 (ex-Art. 130f.) die Förderung einer nachhaltigen Entwicklung, die Verbesserung der Lebensqualität, wie auch die internationale Zusammenarbeit.

2. Regeln für die Teilnahme von Unternehmen, Forschungszentren und Hochschulen

Die **Beteiligungsregeln** in Kapitel II sind gegenüber denen für das 4. Rah-   **9**
menprogramm nahezu unverändert geblieben. Lediglich die Beteiligung
von Einrichtungen aus assoziierten Staaten und nicht-assoziierten Staaten
wird einer eindeutigen Regelung zugeführt, weg von der Einzelfallregelung
beim 4. Rahmenprogramm hin zu mehr Rechtssicherheit für die projekt-
planenden Konsortien bereits im Vorfeld der Ausschreibungen.

Art. 3 eröffnet über die im Titel bezeichneten „Unternehmen, Forschungs-   **10**
zentren und Hochschulen" hinaus die Teilnahme an indirekten FTE-Aktionen **allen** (natürlichen und juristischen) **Rechtspersonen** sowie der
GFS. *Art. 4* nennt als Bedingungen für eine Teilnahme: Niederlassung in
einem MS oder einem assoziierten Staat; **Grundsatz:** mindestens **zwei**
voneinander unabhängige **Rechtspersonen aus zwei verschiedenen MS**;
eine Rechtsperson in Zusammenarbeit mit der GFS; Rechtspersonen aus
Drittstaaten, die mit Rechtspersonen aus MS zusammenarbeiten. *Art. 5* verlangt des weiteren für eine finanzielle Förderung aus dem 5. Rahmenprogramm u.a., daß Rechtspersonen aus MS bzw. assoziierten Staaten eine
FTE-Tätigkeit ausführen oder i. Kürze beginnen oder zur Ergebnisverbrei-
tung i.S.d. (zweiten) spezifischen Programms (vgl. Art. 166 Rn. 25) beitragen. Außerdem muß der Hauptteil der FTE-Arbeiten in den MS oder
assoziierten Staaten ausgeführt werden. *Art. 6* öffnet die Teilnahme auch
Rechtspersonen aus europäischen Drittländern oder Partnerländern des
Mittelmeerraumes allerdings ohne finanzielle Unterstützung. Ein noch
weiterer Personenkreis ist teilnahmeberechtigt, wenn dadurch ein erheblicher Zusatznutzen für die Durchführung des spezifischen Programms bewirkt wird. *Art. 7* setzt die Teilnahmebedingungen der GFS den Teilnah-
mebedingung von Rechtspersonen gleich. *Art. 8* verlangt von den Teilnehmern, daß sie mindestens über die zur Durchführung erforderlichen Mittel
verfügen.

Im Abschnitt über das Verfahren (Abschnitt 2) fordert *Art. 9*, daß eine Auf-   **11**
forderung zur Einreichung von Vorschlägen im ABl. veröffentlicht wird. In
Art. 10 wird ein Überblick über die verschiedenen Auswahlkriterien für die
Auswahl der eingereichten Vorschläge gegeben.

Abschnitt 3 legt in seinem *Art. 11* fest, worin die finanzielle Beteiligung der
Gemeinschaft an den für eine Förderung ausgewählten Forschungsvorhaben besteht. Eine Förderung setzt gem. *Art. 12* einen zwischen der EG und
der(n) Rechtsperson(en) geschlossenen Vertrag voraus, der sich an einem
Mustervertrag, den die Kommission im Einvernehmen mit den MS er-

stellt, orientiert. Auch wenn durch die Musterverträge eine weitgehende Vereinheitlichung gewährleistet wird, fußt insoweit die EG-Forschungsföderung auf privatrechtlichen Verträgen, die dem Grundsatz der Vertragsfreiheit unterliegen.

3. Regeln für die Verbreitung und Nutzung der Forschungsergebnisse

12 Gegenüber den Regeln für das 4. Rahmenprogramm stellen diese **Verwertungsregeln** die kommerziellen Interessen der Vertragspartner in den Vordergrund und tragen den Gesetzen der Marktwirtschaft bei der Verwertung von Forschungsergebnissen stärker Rechnung. Nur die Verwertung zu Marktbedingungen kann sicherstellen, daß die gewonnenen Ergebnisse einer wirtschaftlichen Nutzung zufließen.

13 Zunächst wird für die Regeln für die Verbreitung und Nutzung der Forschungsergebnisse, deren Anwendungsbereich in *Art. 13* definiert. *Art. 14* hält als Maßstab für die Regeln die Höhe der finanziellen Beteiligung der Gemeinschaft fest, d.h. was vollständig von ihr finanziert wird, wird auch von ihr verbreitet und einer Nutzung zugeführt. Die **Eigentumsrechte** sind in *Art. 15* festgelegt: Ergebnisse von voll aus dem Gemeinschaftshaushalt finanzierten FTE-Aktionen sind i.d.R. Eigentum der EG; hingegen sind die Ergebnisse von nur teilweise finanzierten Forschungsarbeiten Eigentum der Vertragspartner, die die Arbeiten durchgeführt haben. Weitere Details können von den Vertragspartnern vertraglich geregelt werden. Gem. *Art. 16* sollen industriell oder kommerziell verwendbare Kenntnisse in angemessener Form geschützt werden. Die Gemeinschaft und die Vertragspartner sind verpflichtet, die sich für eine Verwendung eignenden Kenntnisse zu nutzen oder nutzen zu lassen (*Art. 17*). Hierbei muß eine effektive Nutzung gewährleistet sein, da sonst die Kommission selbst die Verbreitung vornimmt.

14 Für die Überlassung der Kenntnisse zur **Nutzung** legt *Art. 18* fest, daß Kenntnisse im Eigentum der Gemeinschaft und die zu ihrer Nutzung notwendigen Informationen jeder interessierten und in einem MS oder assoziierten Drittstaat niedergelassenen Person unter bestimmten Voraussetzungen, insbesondere der Zahlung einer Vergütung, zugänglich gemacht werden; Kenntnisse, die im Eigentum eines Vertragspartners stehen, werden zusammen mit den zur Nutzung notwendigen Informationen den übrigen Vertragspartnern desselben Vorhabens zur Verfügung gestellt. Die Überlassung der Kenntnisse muß unter Beachtung der anwendbaren Wettbewerbsvorschriften geschehen. *Art. 19* legt als Kriterien einer Eignung für die Verbreitung der Kenntnisse durch die oder auf Betreiben von der Kommission u.a. fest: Notwendigkeit zum Schutze geistigen Eigentums, Vertraulichkeit,

Vorteil einer raschen Verbreitung. Konkrete Forschungsbereiche werden als geeignet jedoch nicht herausgestellt.

Um dem politischen Willen der Kommission Rechnung zu tragen, die ge- **15** wonnenen Projektergebnisse stärker einer Nutzung und Verbreitung zuzuführen, ist gem. *Art.* 20 von den Vertragspartnern ein **Technologieumsetzungsplan,** dessen Einhaltung von der Kommission kontrolliert wird, zu erstellen. In ihm müssen bei Antragstellung bereits die Grundzüge der Ergebnisverwertung bzw. Nutzung incl. eines Zeitplans vorgesehen sein. Dadurch, daß die Vertragspartner jede spätere (wesentliche) Änderung begründen müssen, müssen sie die zukünftige Verwertung stets im Auge behalten und sich ihre Verpflichtung zur Nutzung bewußt machen.

4. Schlußbestimmungen

Art. 21 läßt eine Abänderung der Durchführungsregeln durch die Ratsent- **16** scheidung über die spezifischen Programme zu. Eine solche **Verlagerung der** in Art. 167 enthaltenen **Entscheidungskompetenz** erscheint nicht ganz unproblematisch, da zum einen Art. 167 selbst eine solche Verschiebung nicht vorsieht, zum anderen den beiden Entscheidungen aber auch ganz unterschiedliche Verfahren zugrunde liegen. So hat das EP beim Beschluß über die Durchführungsregeln gem. Art. 172 Abs. 2 (ex-Art. 130o) das wesentlich stärkere Mitwirkungsrecht aus Art. 251 (ex-Art.189b) als ihm dies bei der Verabschiedung der spezifischen Programme in Art. 166 Abs. 4 (ex-Art. 130i) eingeräumt worden ist.

Art. 22 und *23* enthalten den Anwendungsbereich und die Schaffung von konkreten Durchführungsbestimmungen. *Art.* 24 fordert von der Kommission einen jährlichen Durchführungsbericht, der gem. Art. 173 (ex-Art. 130p) dem EP und dem Rat unterbreitet wird. Nach Ende des 5. Rahmenprogrammes ist ein Abschlußbericht über die Durchführungsregeln vorgesehen. Schließlich legt *Art.* 25 diese Regeln nur für die **Laufzeit** des 5. Rahmenprogramms fest (vgl. oben Rn. 4).

Art. 168 (ex-Art. 130k) (Zusatzprogramme)

Bei der Durchführung des mehrjährigen Rahmenprogramms können Zusatzprogramme beschlossen werden, an denen nur bestimmte Mitgliedstaaten teilnehmen, die sie vorbehaltlich einer etwaigen Beteiligung der Gemeinschaft auch finanzieren.

Der Rat legt die Regeln für die Zusatzprogramme fest, insbesondere hinsichtlich der Verbreitung der Kenntnisse und des Zugangs anderer Mitgliedstaaten.

I. Normzweck

1 Als weitere Durchführungsmaßnahme der mehrjährigen Rahmenprogramme können besondere **Programme für bestimmte MS** beschlossen werden, die von diesen vorbehaltlich einer etwaigen Beteiligung der Gemeinschaft auch finanziert werden. Solche Zusatzprogramme stellen ein Instrument der innergemeinschaftlichen Arbeitsteilung, Dezentralisierung und Spezialisierung dar, das dann eingesetzt werden kann, wenn bestimmte Forschungsthemen nur für einige MS von Interesse sind, wenn es darum geht, forschungspolitisch nicht so vorangeschrittene MS mit besonderen Aufgaben zu betrauen oder in einzelnen Staaten besonders qualifizierte Forschungseinrichtungen zur Verfügung stehen. Gem. Art. 166 Abs. 1 (ex-Art. 130i) müssen etwaige Zusatzprogramme wie die übrigen spezifischen Programme aber schon im Rahmenprogramm vorgesehen sein, da Art. 166 (ex-Art. 130i) *alle* Aktionen der Gemeinschaft umfaßt (vgl. Art. 163 Rn. 32).

2 Als **fakultative Vorschrift** bildet Art. 168 zusammen mit den Art. 169 (ex-Art. 130l), Art. 170 (ex-Art. 130m) und Art. 171 (ex-Art.130n) den Gegensatz zu den ansonsten obligatorischen, d.h. mit zwingenden Handlungsgeboten ausgestatteten, Vorschriften des Titels XVIII. Gem. jener vier Vorschriften *kann* die Gemeinschaft aufgrund eines Vorschlages der Kommission tätig werden, sie muß aber nicht. Vielmehr wird die **Durchführung des Rahmenprogramms** auch bereits durch die Anwendung der übrigen Vorschriften sichergestellt.

3 Art. 168 ist in der Vergangenheit **noch nicht angewandt** worden (ebenso wenig wie Art. 169 [ex-Art. 130l] und Art. 171 [ex-Art. 130n]). Ein Zusatzprogramm würde für die von ihm betroffenen einzelnen MS nur dann einen Sinn machen, wenn die Gemeinschaft sich auch i.S.v. Art. 168 S. 1 finanziell an ihm beteiligen würde. Hierzu müßten jedoch auch die an diesem Zusatzprogramm nicht beteiligten MS mindestens mehrheitlich zustimmen. Da diese aber dann einen entsprechenden Ausgleich erwarten würden, hat die Kommission von ihrem Vorschlagsmonopol bislang insoweit noch keinen Gebrauch gemacht.

II. Verfahren

4 Als **Gemeinschaftsprogramme** werden auch die Zusatzprogramme gem. Art. 172 Abs. 2 (ex-Art. 130o) durch eine qualifizierte Mehrheit des Rates nach Anhörung des WSA im Mitentscheidungsverfahren mit dem EP (Verfahren gem. Art. 251 [ex-Art. 189b]) beschlossen. Wegen der Notwendigkeit des (u.U. ausschließlichen) finanziellen Engagements der betroffenen MS sieht Art. 172 Abs. 2 (ex-Art. 130o) die Zustimmung der am Zusatzprogramm beteiligten Staaten vor. Eine finanzielle Beteiligung der Gemeinschaft müßte auch im Gemeinschaftshaushalt vorgesehen werden. Aus der Tatsache, daß an einem Zusatzprogramm nicht alle MS teilnehmen, **5** ergibt sich außerdem die Notwendigkeit, besondere Regelungen hinsichtlich der **Verbreitung der Kenntnisse** und des Zugangs anderer MS zu treffen. Da es aber noch kein Zusatzprogramm gab, sind auch die Verbreitungsregeln aus Art. 167 (ex-Art.130j) bislang die Einzigen geblieben.

Art. 169 (ex-Art. 130l) (Beteiligung der Gemeinschaft)

Die Gemeinschaft kann im Einvernehmen mit den betreffenden Mitgliedstaaten bei der Durchführung des mehrjährigen Rahmenprogramms eine Beteiligung an Forschungs- und Entwicklungsprogrammen mehrerer Mitgliedstaaten, einschließlich der Beteiligung an den zu ihrer Durchführung geschaffenen Strukturen, vorsehen.

I. Normzweck

Als besondere Form der Durchführung eines Rahmenprogrammes kann die **1** Gemeinschaft auch eine **Beteiligung an nationalen Förderprogrammen** und an der hierfür vorgesehenen Organisation eingehen. Das Instrument der Gemeinschaftsbeteiligung könnte geeignet sein, die Schaffung homogener Forschungsstrukturen in der Gemeinschaft zu fördern und damit zur Stärkung ihres wirtschaftlichen und sozialen Zusammenhalts beizutragen. Als „**Kann**"-**Vorschrift** (vgl. Art. 168 Rn. 2) neben den Artikeln 168 und 170 (ex-Art.130k und m) ist für Art. 169 eigentlich nur der Anwendungsfall denkbar, daß sich die Gemeinschaft an EUREKA-Projekten ohne vorherige Verabschiedung eines spezifischen Programms beteiligen möchte (Voraussetzung ist natürlich die Subsumierbarkeit der Aktion unter das Rahmenprogramm). Das Beschlußverfahren richtet sich nach Art. 172 Abs. 2 (vgl. Art. 172 Rn. 4). Wie Art. 168 (ex-Art. 130k) hat auch Art. 169 bislang **noch keine Anwendung** erfahren.

II. Gegenstand der Beteiligung

Die Beteiligung kann sowohl an staatlichen Programmen als auch an pri- **2** vatwirtschaftlichen Initiativen erfolgen. Es muß sich um Programme mehrerer MS handeln, worunter sowohl **grenzüberschreitende Maßnahmen** unter Beteiligung mehrerer MS wie z.B. EUREKA-Projekte oder aber gleichgerichtete nationale Einzelprogramme verstanden werden können. Zweifelhaft ist, ob im Lichte von Art. 170 (ex-Art. 130m), der eine Beteili-

gung auch in einzelnen Drittländern vorsieht, auch unter Art. 169 die Beteiligung an dem Forschungsprogramm eines *einzelnen* MS möglich ist.
Dagegen spricht jedoch zum einen der klare Wortlaut von Art. 169, der von
mehreren MS spricht, wogegen Art. 170 nur unspezifisch „dritte Länder"
erwähnt. Außerdem weist auch die Ratio der europäischen Forschungspolitik, Schaffung eines europäischen Mehrwertes bei der Durchführung des
Rahmenprogramms durch Teilnehmer aus mehreren MS (vgl. Art. 167
Rn. 3), in die Richtung, daß eine **Beteiligung nur an den Programmen
mehrerer MS** gleichzeitig möglich ist. Es kann sich bei einer Beteiligung
z.B. entweder um Aktivitäten zugunsten der weniger begünstigten Länder
handeln oder aber um eine Unterstützung jener Länder, die für bestimmte
Forschungstätigkeiten besonders günstige Voraussetzungen aufweisen und
deren Ergebnisse für die gesamte Gemeinschaft von Nutzen sind.

3   Die Beteiligung an nationalen Strukturen kann etwa in der **Beteiligung an
Forschungsanstalten**, Dokumentationszentren, wissenschaftlichen Groß-
anlagen oder Datennetzen bestehen.
Die Form der **Beteiligung** kann **in Geld-, Sach- oder Personalleistungen**
liegen.

4   Eine Beteiligung kann nur im **Einvernehmen mit den betreffenden MS**
erfolgen. Da sich die Beteiligung auch auf privatwirtschaftliche Initiativen
beziehen kann, erscheint es notwendig, daß über das Einverständnis der MS
hinaus ggfls. auch ein Einvernehmen auf der Ebene der praktischen Durchführung, d.h. der direkten Begünstigten hergestellt wird. Vor dem Hintergrund des Grundsatzes der Gegenseitigkeit von Forschungssubventionen
(vgl. Art. 164 Rn. 22) wird das Einvernehmen vom Grad der Beteiligung
der Gemeinschaft an den Forschungsergebnissen abhängen.

**Art. 170 (ex-Art. 130m) (Zusammenarbeit mit dritten Ländern, Ab-
kommen)**

**Die Gemeinschaft kann bei der Durchführung des mehrjährigen Rah-
menprogramms eine Zusammenarbeit auf dem Gebiet der gemeinschaftlichen Forschung, technologischen Entwicklung und Demonstration mit dritten Ländern oder internationalen Organisationen vorsehen.**

**Die Einzelheiten dieser Zusammenarbeit können Gegenstand von Ab-
kommen zwischen der Gemeinschaft und den betreffenden dritten
Parteien sein, die nach Artikel 300 ausgehandelt und geschlossen werden.**

I. Normzweck

Als Vorschrift **mit fakultativem Charakter** gibt Art. 170 der Gemeinschaft **1** die Möglichkeit, bei der Durchführung des Rahmenprogramms eine internationale Zusammenarbeit vorzusehen, sowie hierzu internationale Abkommen abzuschließen. Zwar fordert Art. 164 Buchstabe b) (ex-Art. 130g) als Zielvorgabe die Gemeinschaft kategorisch auf, die internationale Zusammenarbeit zu fördern, doch muß diese Förderung nicht notwendigerweise in einer Zusammenarbeit gem. Art. 170 münden, geschweige denn ein (völkerrechtliches) Abkommen erfordern. Ist jedoch eine Zusammenarbeit zwischen der Gemeinschaft und Drittländern oder internationalen Organisationen zweckmäßig oder notwendig, so *kann* die Gemeinschaft diese vorsehen. Als einzige der „Kann"-Vorschriften (Art. 168, 169, 171, ex-Art. 130k, l, n) ist Art. 170 in der Vergangenheit bereits zur Anwendung gelangt. Art. 170 gibt der Gemeinschaft eine **explizite Zuständigkeit für Außenbeziehungen** im Bereich Forschung und technologische Entwicklung (vgl. aber hierzu Art. 164 Rn. 7).

Als **Durchführungsvorschrift** ist Art. 170 den Zielen und den Aktionen **2** des Rahmenprogramms unterstellt. Dies bedeutet, daß eine Kooperation mit Drittstaaten einer **Rechtsgrundlage innerhalb des Rahmenprogrammes** bedarf. Daher enthält auch das 5. Rahmenprogramm (wie seine Vorläuferprogramme) einen Hinweis auf Art. 170. Wenn sich somit Drittstaa-

ten am Rahmenprogramm beteiligen möchten, bedarf es einer Rechtsgrundlage entweder im Rahmenprogramm selbst oder einer Vereinbarung
in einem WTZ-Abkommen.

3   Ob eine solche Regelung im jeweiligen **spezifischen Programm als
Grundlage** erforderlich ist, erscheint zweifelhaft. Zwar erfolgt die Durchführung des Rahmenprogramms gem. Art. 166 (ex-Art. 130i) durch die spezifischen Programme, und Art. 170 eröffnet nur eine Kompetenz, die *bei
der Durchführung* auszuüben ist. Der Rahmen der Zusammenarbeit muß
aber **nicht zwingend** durch die spezifischen Programme festgelegt sein.
Ausreichend ist die vorherige Festlegung im Rahmenprogramm. Aber immer dort, wo sich die internationale Zusammenarbeit auf bestimmte Themen bezieht, die in spezifischen Programmen enthalten sind, muß vor dem
Eingehen einer internationalen Zusammenarbeit dieses betreffende spezifische Programm vorher verabschiedet worden sein.

II. Verfahren

4   Das bloße **Vorsehen von internationaler Zusammenarbeit** gem. Art. 170
Abs. 1 kann vom Rat entweder im Rahmenprogramm selbst und/oder auch
in den spezifischen Programmen gem. der für diese vorgesehenen Verfahren
festgeschrieben werden (z.B. für das 5. Rahmenprogramm in seinem
Art. 3 Abs. 2). Vor dem Vertrag von Maastricht war in Art. 130o Abs. 2 (jet-
ziger Art. 172 Abs. 2) noch das Zusammenarbeitsverfahren auch für Art. 170
vorgesehen. Hieran hatte sich in der Literatur ein lebhafter Gedankenaustausch über das Verhältnis von Art. 251 (ex-Art. 189b) und Art. 300 (ex-Art.
228) entzündet. Durch die Weglassung der Verweisung in Art. 172 Abs. 2
(ex-Art. 130o Abs. 2) ist dieser Meinungsstreit inzwischen obsolet geworden.

5   Der **Abschluß von Abkommen** gem. Art. 170 Abs. 2 kommt zustande nach
Art. 300 (ex-Art. 228), der alle Arten von Abkommen zwischen der
Gemeinschaft und einem oder mehreren Staaten oder einer internationalen
Organisation betrifft. Gem. Art. 300 Abs. 1 i.V.m. Abs. 2 (ex-Art.228)
werden die Unterzeichnung sowie der Abschluß der Abkommen auf Vorschlag der Kommission **vom Rat mit qualifizierter Mehrheit** beschlossen
(vgl. Art. 300). Der Abschluß von anderen Verträgen als völkerrechtlichen
Abkommen (z.B. privatrechtlichen Verträgen mit Forschungseinrichtungen
außerhalb der Gemeinschaft) bleibt von Art. 170 Abs. 2 unberührt.

III. Internationale Zusammenarbeit (Abs. 1)

6   Drittstaaten können sich auf Projektbasis an Aktivitäten des Rahmenprogramms beteiligen, sofern dies im Rahmenprogramm vorgesehen ist, bzw.

dies durch eine **Öffnungsklausel** in den einzelnen spezifischen Programmen ermöglicht worden ist. Einige Programme der heutigen Rahmenprogramme erlauben eine sog. projektweise Beteiligung aufgrund einer solchen Öffnungsklausel. Waren Öffnungsklauseln im 4. Rahmenprogramm noch häufiger vertreten, so finden sie sich im 5. Rahmenprogramm nurmehr vereinzelt (vgl. spezifisches Programm zur Erhaltung des Ökosystems, Anhang III, Nr. 3). Diese Form der Zusammenarbeit bedeutet, daß ein Antragsteller aus einem solchen Staat gemeinsam mit zwei Partnern aus verschiedenen EU-Staaten ein Forschungsprojekt einreichen kann, jedoch keinen Anspruch auf Finanzierung seitens der Gemeinschaft hat (vgl. auch Art. 167 Rn. 10). In manchen Programmen darf der Drittstaatenanteil einen bestimmten Prozentsatz nicht übersteigen, der Teilnehmer aus dem Drittstaat kann auch nicht die Rolle des administrativen Projektkoordinators übernehmen.

IV. Abkommen (Abs. 2)

Die **Einzelheiten dieser Zusammenarbeit** können Gegenstand von **Abkommen** zwischen der Gemeinschaft und den betreffenden Drittstaaten sein, die nach Art. 300 (ex-Art. 228) abgeschlossen werden. Die Kommission führt auf der Grundlage einer Ermächtigung des Rates die Verhandlungen im Hinblick auf den Abschluß von Kooperationsabkommen. Die Abkommen werden vom Rat mit qualifizierter Mehrheit abgeschlossen. Die Abkommen können zum einen mit einem einzelnen Drittstaat, aber auch mit Staatengruppen abgeschlossen werden (z.B. (außerhalb von FuE) Vereinbarungen mit Staaten der Mercosur-Gruppe oder den Lomé-Staaten). Folgende Formen internationaler Abkommen mit Bezug auf wissenschaftlich-technische Zusammenarbeit haben sich im Laufe der Jahre herausgebildet: **7**

1. Rahmenabkommen

Rahmenabkommen sind allgemeine Kooperationsabkommen gem. Art. 300 (ex-Art. 228). Sie richten sich nicht spezifisch auf wissenschaftlich-technologische Zusammenarbeit, sondern enthalten im allgemeinen einen Artikel, der eine solche Zusammenarbeit nur sehr kursorisch avisiert. In diesen Abkommen findet sich auch keine Rechtgrundlage für die Beteiligung von Drittstaaten an Projekten des Rahmenprogramms. Sie sind von der Gemeinschaft sehr zahlreich abgeschlossen, aber nicht immer durch entsprechende WTZ-Abkommen ausgefüllt worden. Rahmenabkommen stützen sich somit nicht auf Art. 170.   **8**

2. Abkommen über wissenschaftlich-technologische Zusammenarbeit

9   Abkommen über wissenschaftlich-technologische Zusammenarbeit (**WTZ-Abkommen**), die gem. Art. 170 Abs. 2 abgeschlossen werden, legen den Rahmen für die Entwicklung der wissenschaftlich-technologischen Zusammenarbeit zwischen dem Drittland und der Gemeinschaft auf Gebieten von gemeinsamem Interesse fest, die Gegenstand gemeinschaftlicher und drittstaatlicher Forschungs- und Entwicklungsprogramme bilden (vgl. das WTZ-Abkommen mit der USA, KOM(98) 137 endg.). Sie beschreiben Art und Weise der Zusammenarbeit, für deren konkrete Umsetzung noch Durchführungsvereinbarungen abgeschlossen werden können. Sie können die Rechtsgrundlage für eine Beteiligung der Drittstaaten an Projekten des Rahmenprogramms darstellen.

10   WTZ-Abkommen eröffnen der Gemeinschaft die Möglichkeit, eine internationale Zusammenarbeit zu vereinbaren, die **zeitlich unbegrenzt** gelten kann, bzw. jedenfalls über die Geltungsdauer des gerade in Kraft befindlichen Rahmenprogramms hinausgehen kann. Auch wenn die internationale Zusammenarbeit an das Rahmenprogramm gekoppelt sein muß, würde sonst wegen der langwierigen Verfahrensabläufe (erst Verabschiedung des Rahmenprogramms, dann Beschluß der spezifischen Programme, auf deren Basis dann Verhandlungsmandat und Abschluß eines Abkommens) kaum mehr Zeit bleiben für eine Implementierung der Verpflichtungen aus einem solchen Abkommen innerhalb der verbleibenden Laufzeit des Rahmenprogramms.

11   WTZ-Abkommen legen die **Formen und Mittel der** wissenschaftlich-technischen **Zusammenarbeit** fest, die in regelmäßigem Meinungsaustausch, der Koordinierung von Programmen und Projekten, der Beteiligung an gemeinsamen Programmen sowie in der Durchführung von gemeinsamen Aktionen liegen können. Zur Überwachung der Durchführung wird ein **Gemischter Ausschuß** eingesetzt, der die Bereiche möglicher Zusammenarbeit feststellt und einen Gedankenaustausch über die Prioritäten und Planungen der beiderseitigen Forschungsaktivitäten führt.

3. Assoziierungsabkommen

12   **Assoziierungsabkommen** ermöglichen einem Drittstaat, sich an einem Programm oder Programmteil inklusive einer Mitfinanzierung am Programmbudget zu beteiligen. Bislang existiert lediglich ein Assoziierungsabkommen und zwar mit Israel. Wegen der Kopplung an das jeweils laufende Rahmenprogramm ist dieses Assoziierungsabkommen auch nur für die Dauer des Rahmenprogramms befristet. In diesem Fall sind die Projektpartner aus

den teilnehmenden Drittstaaten gegenüber denjenigen aus den EU-Staaten weitgehend gleichberechtigt und erhalten Fördermittel direkt von der Kommission. Besonderheiten gelten im Bereich der Mitbestimmung in den Programmausschüssen (Beobachterstatus).

4. Briefwechsel

Abkommen dieser Art sind sowohl auf Rats- als auch auf Kommissionsebene möglich. Die Europäische Zusammenarbeit auf dem Gebiet der wissenschaftlichen und technischen Forschung COST etwa wurde durch einen **Briefwechsel** zwischen dem damaligen Ratspräsidenten und den verschiedenen Regierungen europäischer Drittstaaten ins Leben gerufen und formal durch eine Ministerkonferenz im Jahr 1971 bestätigt (vgl. Art. 164 Rn. 16). **13**

5. Konzertierungsabkommen

Konzertierungsabkommen sind im Rahmen von COST gebräuchlich und dienen der **Durchführung von konzertierten Aktionen** im Rahmen von Gemeinschaftsabkommen unter Beteiligung von EU-Drittstaaten. Sie richten sich auf ganz konkrete Forschungsgegenstände und können somit auch die Rahmenabkommen ausfüllen. **14**

6. Memorandum of Understanding

Diese Form der Vereinbarung zwischen Völkerrechtssubjekten führt zu keinen völkerrechtlichen Verpflichtungen, sondern stellt lediglich eine Art „Gentleman's Agreement" dar. Der Abschluß von Memoranda of Understanding ist im Forschungssektor gebräuchlich, insbes. sind sie die Grundlage für die Durchführung von Forschungsaktionen außerhalb der Gemeinschaftsprogramme im Rahmen von COST. **15**

V. Praxis der internationalen Zusammenarbeit

1. Zusammenarbeit mit Westeuropa

Die wissenschaftlich-technische Kooperation zwischen EU und Westeuropa, inbes. den (ehemaligen) EFTA-Staaten, blickt bereits auf eine mehrjährige Tradition zurück. Der Abschluß von bilateralen Rahmenabkommen über wissenschaftlich-technische Zusammenarbeit zwischen der EU und den meisten EFTA-Staaten im Laufe des Jahres 1986 hatte den Grundstein für eine intensive Kooperation zwischen EU und EFTA im Bereich der Forschung gelegt. Seit dem Inkrafttreten des Abkommens über den EWR und dem Beitritt der anderen EFTA-Staaten zur Gemeinschaft nehmen die ver- **16**

bliebenen EFTA-Staaten mit Ausnahme der Schweiz an allen Gemeinschaftsprogrammen inkl. des Rahmenprogramms im Bereich Forschung
und technologische Entwicklung teil, womit eine **globale Mitwirkung an
sämtlichen spezifischen Programmen** ohne den Abschluß von zusätzlichen Abkommen ermöglicht wurde.

2. Zusammenarbeit mit Mittel- und Osteuropa

17   Ziel ist ein Beitrag zum Wiederaufbau und zur Sicherung des wissenschaftlich-technischen Potentials der Staaten **Ost- und Mitteleuropas**
(MOEL) und der Nachfolgestaaten der ehemaligen **Sowjetunion** durch
spezifische Kooperationsmaßnahmen. Dadurch soll zur Sanierung der Produktionssysteme und zur Verbesserung der Lebensqualität in den betroffenen Regionen beigetragen werden. In diesem Bereich haben sich wegen der
ungeheuren Aufgaben eine Reihe von Programmen herausgebildet, zu deren Implementation z.T. Internationale Organisationen gegründet wurden
(vgl. unten Rn. 21). Außerdem ist ein Hauptthema des 5. Rahmenprogrammes die Assoziierung der Beitrittskandidaten der MOEL. Schließlich hat
die Kommission vom Rat das Mandat erhalten, mit Rußland ein WTZ-Abkommen auszuhandeln.

3. Zusammenarbeit mit außereuropäischen Industriestaaten

18   Ziel der Zusammenarbeit mit außereuropäischen Industriestaaten ist die
Vertretung von Gemeinschaftsinteressen und die Optimierung der
Bemühungen auf dem Gebiet der Forschung und technologischen Entwick-
lung durch Erleichterung des Zugangs zu den wissenschaftlich-technischen
Einrichtungen in den betreffenden Staaten. So gibt es heute WTZ-Abkom-
men z.B. mit China (unterzeichnet am 22.12.1998), USA, Südafrika,
Kanada, Australien. Da diese Staaten vor allem in Handel und Industrie **so-
wohl Partner als auch Konkurrenten** sind, ist es wichtig, Grundsätze wie
Konzentration auf bestimmte, fest umrissene Gebiete, ausgewogener bei-
derseitiger Nutzen, Regelungen zum Schutz geistigen Eigentums sowie
Nichtübertragung von Finanzmitteln zu respektieren. Insbes. hier muß die
Zusammenarbeit mit diesen Staaten im Einklang mit den außenpolitischen
Grundlinien der Gemeinschaft stehen.

4. Wissenschaftlich-technische Zusammenarbeit mit den Entwicklungs-
ländern

19   Jeder MS hat i.d.R. seine eigenen Programme zur wissenschaftlichen Zusammenarbeit mit den Entwicklungsländern, deren Bedeutung oft mit kul-

turellen Traditionen oder früheren Beziehungen zusammenhängt. Eine Gemeinschaftsmaßnahme im Rahmen von INCO (vgl. Art. 164 Rn. 10f. soll
in erster Linie als **Ergänzung der gemeinschaftlichen Entwicklungsprogramme** ein Mittel zur Integration unterschiedlicher Forschungsinitiativen
zu einem umfassenden koordinierten Konzept sein). Die Maßnahme soll
einerseits erlauben, die auf die Probleme der Entwicklungsländer bezogenen wissenschaftlichen Anstrengungen in Europa beizubehalten und ander-
seits die Stärkung des Forschungspotentials in den Entwicklungsländern
erleichtern.

5. Zusammenarbeit mit internationalen Organisationen

Die eigentliche **Zusammenarbeit** mit internationalen Organisationen **hat**　　**20**
quantitativ und qualitativ **nachgelassen**, da sich eine wissenschaftlich-technische Zusammenarbeit heute mehr im bi-, bzw. multilateralen Bereich ab-
spielt, ohne daß eine internationale Organisation vonnöten wäre (zu bestehenden Kooperationen vgl. Art. 164 Rn. 19).

Daneben ist Forschung und technologische Entwicklung auch Teil der re-　　**21**
gionalen Entwicklungsprogramme, die z.T. in einer internationalen Organisation mündeten:

- **PHARE**, „Poland Hungary Action for economic Restructuring", wel-
ches zunächst als Programm zur Umstrukturierung der Wirtschaft in
Polen und Ungarn 1989 beschlossen worden war, später auf alle MO-
EL, die baltischen Staaten, sowie Slowenien, Kroatien, Bosnien-Herze-
gowina und Makedonien ausgedehnt wurde, stellt Mittel sowohl für die
Mitfinanzierung von Forschungsprojekten im Forschungsrahmenprogramm als auch für die Verbesserung der Forschungsinfrastruktur zur
Verfügung;
- **TACIS**, „Technical Assistance for the Community of Independent States and Georgia", ein Programm zur technischen Unterstützung des Re-
formprozesses in den heutigen NUS (Neue Unabhängige Staaten), mit
dem Beratungsdienste und Transfer von Know-how unterstützt werden
sollen (Hauptempfängerstaaten: Rußland und die Ukraine, bei letzterer
vor allem Unterstützung der Reformen im Energiesektor und Sicherung
des Unglücksreaktors von Tschernobyl);
Bei PHARE und TACIS entscheiden die Empfängerländer durch ihre
Projektvorschläge, wofür das Geld ausgegeben werden soll.
- **IWTZ**, „Internationales Wissenschafts- und Technologiezentrum" fördert zivile Projekte in Rußland (für die Ukraine existiert das **UWTZ**)
und richtet sich vor allem an Wissenschaftler, die bisher in der Produk-

tion von Massenvernichtungswaffen beschäftigt waren, mit dem Ziel, deren Abwanderung zu verhindern;

– **INTAS**, „International Association for the Promotion of cooperation with scientists from the new independent states of the former Soviet Union", ist eine non-profit Organisation, die die wissenschaftlich-technische Zusammenarbeit mit den NUS auf eine feste Grundlage stellen und deren Wissenschaftspotential erhalten möchte. Das Budget wird hauptsächlich aus dem Rahmenprogramm aufgebracht.

– **MEDA**, „Mediterranean Actions", aus der Erklärung von Barcelona 1995 zur Errichtung einer euro-mediterranen Freihandelszone entstanden, soll eine EURO-Med Cooperation in FuE ermöglichen.

Art. 171 (ex-Art. 130n) (Gründung gemeinsamer Unternehmen)

Die Gemeinschaft kann gemeinsame Unternehmen gründen oder andere Strukturen schaffen, die für die ordnungsgemäße Durchführung der Programme für gemeinschaftliche Forschung, technologische Entwicklung und Demonstration erforderlich sind.

Literatur: *Schöpe*, Überlegungen zur Mitgliedschaft von Hochschulen des Landes Nordrhein-Westfalen in einer Europäischen wirtschaftlichen Interessenvereinigung (EWIV), WissR 1993, S. 45–59.

I. Normzweck

1   Als letzte der vier **„Kann"-Bestimmungen** im Titel XVIII (neben Art. 168, 169, 170, ex-Art. 130k, l, m) ist der durch die EEA eingefügte Art. 171 bislang ebenfalls (wie die Art. 168 und 169, ex-Art. 130k, l) **noch nicht zur Anwendung gelangt.** Als Durchführungsvorschrift betrifft er aber nicht die Durchführung eines (konkreten) mehrjährigen Rahmenprogramms, sondern die „ordnungsgemäße Durchführung der Programme". Damit schafft diese Bestimmung eine Rechtsgrundlage für den Erlaß von Maßnahmen außerhalb des Rahmenprogrammes.

2   Art. 171 ist die einzige Bestimmung, die scheinbar Maßnahmen ermöglicht, die zum einen nicht im Rahmenprogramm selber ihre Grundlage zu haben brauchen, und zum anderen das Rahmenprogramm zeitlich überdauern können. Aufgrund der Einheit der gemeinschaftlichen Forschungspolitik (vgl. Art. 163 Rn. 4) und des gleichlautenden Wortlauts „Programme für gemeinschaftliche Forschung, technologische Entwicklung und Demonstration" in Art. 171 und den Titeln der Rahmenprogramme (vgl. auch Art. 163 Rn. 32) muß sich jedoch auch eine Maßnahme nach Art. 171 in

dem (vor allem finanziellen) vorgegebenen Rahmen der Rahmenprogramme bzw. der spezifischen Programme bewegen. Dies schließt nicht aus, daß eine solche Durchführungsmaßnahme eine **langfristige Wirkung** entfaltet (vgl. ebenso Art. 170 Rn. 10) **und** eine **programmübergreifende Geltung** zeitigt. Soweit gemeinschaftliches Handeln zur Durchführung der Programme für Forschung und technologische Entwicklung erforderlich ist, das auf langfristige Wirkung sowie programmübergreifende Geltung ausgelegt ist, kann dieses auf Art. 171 gestützt werden.

Der Wortlaut des Art. 171 stellt dem Sammelbegriff „Strukturen" den konkreten Begriff „gemeinsames Unternehmen" gegenüber. Letzterer wäre sicher unschwer unter die Strukturen subsumierbar gewesen, doch hat bei seiner Wahl wohl die Erfahrung aus dem EAGV Pate gestanden. Dort findet sich ein ganzes Kapitel über gemeinsame Unternehmen (Art. 45–51), welches auch die Gründungsvoraussetzungen auflistet. Gleichwohl ist auch im EURATOM-Bereich bis heute nur ein einziges gemeinsames Unternehmen mit echtem Gemeinschaftscharakter (d.h. Rechts- und Geschäftsfähigkeit beruhen auf dem Gemeinschaftsrecht) durch Entscheidung des Ministerrates 1978 gegründet worden: die Forschungsanlage „Joint European Torus" (**JET**).

Hiervon zu unterscheiden ist die gemeinsame Forschungsstelle (GFS), die auf der Grundlage von Art. 8 EAV errichtet worden ist und keine eigene Rechtspersönlichkeit aufweist, sondern eine Dienststelle der Kommission darstellt.

II. Verfahren

Alle Entscheidungen zur Schaffung von gemeinsamen Unternehmen oder   **4**
anderer Strukturen müssen gem. Art. 172 Abs. 1 auf einen Vorschlag der Kommission zurückgehen und nach Anhörung des EP und des WSA **mit qualifizierter Mehrheit** getroffen werden.

III. Gemeinsame Unternehmen

Art. 171 enthält keine Bestimmungen über den Rechtscharakter eines ge-   **5**
meinsamen Unternehmens. Es ist aber in Anlehnung an die konkreten Vorschriften des EAGV (vgl. oben Rn. 3) davon auszugehen, daß die Gemeinschaft durch Ratsbeschluß juristische Personen des Gemeinschaftsrechts schaffen kann, deren Rechts- und Handlungsfähigkeit in den MS der Rechts- und Handlungsfähigkeit juristischer Personen des nationalen Rechts gleichgestellt ist. Sie genießen damit auch volle **Rechtspersönlich-**

keit. Eine solche juristische Person des Gemeinschaftsrechts ist z.B. das (allerdings auf der Grundlage des Art. 30 [ex-Art. 235]) geschaffene „europäische Zentrum für die Förderung der Berufsbildung".

6   Die **Aufgabenstellung** für ein gemeinsames Unternehmen muß gem. Art. 171 auf die ordnungsgemäße Durchführung der (EG-Forschungs-)Programme gerichtet sein. Ein einzelnes gemeinsames Unternehmen muß aber demnach nicht notwendigerweise für die Durchführung eines ganzen (spezifischen) Programmes zuständig sein. Auch einzelne konkrete Projektdurchführungen größeren Ausmaßes können für eine solche Gründung ausreichend sein.

Ein gemeinsames Unternehmen ermöglicht ein Zusammengehen von Industrieunternehmen unter finanzieller Beteiligung der Gemeinschaft, d.h. **Gesellschafter** eines gemeinsamen Unternehmens sind die industriellen Partner sowie die Kommission.

IV. Schaffung anderer Strukturen

7   Der weite Begriff der „anderen Strukturen" dient als rechtliche Basis für größtmögliche Flexibilität der Gemeinschaft, um die optimalen Instrumente zur Durchführung des Rahmenprogrammes zu schaffen. „Strukturen" in diesem Sinne sind weit zu verstehen und umfassen **sowohl Organisationen als auch Verfahren**. Wo also weniger unternehmerisch geprägte und industriell bestimmte Zusammenarbeit (zur ordnungsgemäßen Durchführung…) vonnöten ist, kann die Gemeinschaft z.B. durch Gründung von Forschungsinstituten zur Verbesserung der europäischen Forschungsinfrastruktur beitragen. Vielleicht haben aber gerade die Nachteile einer institutionellen Forschungsförderung gegenüber der Projektförderung die Anwendung dieser Vorschrift noch nicht zum Zuge kommen lassen.

8   Bislang ist für die ordnungsgemäße Durchführung der Forschungsprogramme ausschließlich die Kommission zuständig gewesen. Art. 171 ermöglicht eine **Delegation und Dezentralisation** dieser Durchführungsbefugnisse (durch den Rat). Verschiedentlich wird daher INTAS (vgl. Art. 170 Rn. 21) hierunter gefaßt, doch fehlt es hierfür an der Durchführung des für die Schaffung vorgesehenen Verfahrens (s. Rn. 4). Die Kommission könnte dem Rat entweder einen konkreten Einzelfall (z.B. eine umfangreiche Aktion innerhalb eines bestimmten spezifischen Programmes) zur Delegation vorschlagen oder aber eine abstrakte Regelung eines Rahmens zur Ermöglichung von einzelfallabhängigen Verbünden empfehlen. Letzteres existiert bislang nur außerhalb des Forschungsbereiches mit der „Europäischen Wirtschaftlichen Interessengemeinschaft" (EWIV). Aufgrund der fehlen-

den Haftungsbegrenzung ist die EWIV als Kooperationsinstrument im FuE-Bereich bislang nicht zur durchschlagenden Anwendung gekommen.

Art. 172 (ex-Art. 130o) (Beschlußfassung)

Der Rat legt auf Vorschlag der Kommission und nach Anhörung des Europäischen Parlaments und des Wirtschafts- und Sozialausschusses mit qualifizierter Mehrheit die in Artikel 171 vorgesehenen Bestimmungen fest.

Der Rat legt gemäß dem Verfahren des Artikels 251 und nach Anhörung des Wirtschafts- und Sozialausschusses die in den Artikeln 167, 168 und 169 vorgesehenen Bestimmungen fest. Für die Verabschiedung der Zusatzprogramme ist die Zustimmung der daran beteiligten Mitgliedstaaten erforderlich.

I. Allgemeines

Der **Vertrag von Amsterdam** hat für Art. 172 **entscheidende Veränderungen** mit sich gebracht (vgl. auch Vorbem. zu Art. 163–173 Rn. 10f.). Im Abs. 1 wurde das Einstimmigkeitserfordernis bei der Beschlußfassung des Rates über gemeinsame Unternehmen gem. Art. 171 (ex-Art. 130n) durch die qualifizierte Mehrheit ersetzt. In Abs. 2 wurde durch den Verweis auf den Art. 251 (ex-Art. 189b) das Verfahren der Zusammenarbeit durch das Mitentscheidungsverfahren abgelöst. Um den Entscheidungsprozeß der Gemeinschaft vor allem Angesichts der bevorstehenden Erweiterungen zu

1

verbessern, wurde auch hier durchgängig das **Mehrheitsprinzip** festgeschrieben.

II. Beschlußverfahren

2 Titel XVIII über die Forschung und technologische Entwicklung enthält die
verschiedensten Methoden des Gesetzgebungsverfahrens in der EG. In einem aufschlußreichen **Abstufungsverhältnis** verlangt zunächst Art. 166
Abs. 1 (ex-Art. 130i) für den Beschluß über das Rahmenprogramm nach
dem Mitentscheidungsverfahren des Art. 251 (ex-Art. 189b) die qualifizierte Mehrheit. Die Durchführung des Rahmenprogrammes durch die spezifischen Programme wird dann nach allerdings bloßer Anhörung des EP ebenfalls durch qualifizierte Mehrheit durch den Rat beschlossen. Die Durchführung des Rahmenprogramms durch Forschungskooperationen mit Drittländern erfolgt schließlich nach dem Verfahren des Art. 300 (ex-Art. 228)
mit qualifizierter Mehrheit. Art. 172 legt die **Abstimmungsmodalitäten
und -verfahren** für die verbleibenden Durchführungsmaßnahmen im Bereich Forschung und technologische Entwicklung fest.

1. Verfahren für Art. 171 (Abs. 1)

3 Die Schaffung gemeinsamer Unternehmen oder anderer Strukturen zur ordnungsgemäßen Durchführung der Forschungsprogramme bedarf einer **Beschlußfassung** des Rates **mit qualifizierter Mehrheit**, das EP und der
WSA haben ein **Anhörungsrecht** (vgl. Art. 171 Rn. 4).

2. Verfahren für Art. 167, 168, 169 (Abs. 2, S. 1)

4 Die Regeln für die Beteiligung der Unternehmen, Forschungszentren und
Hochschulen sowie für die Verbreitung der Forschungsergebnisse nach
Art. 167 (ex-Art. 130j), für die Zusatzprogramme gem. Art. 168 (ex-
Art. 130k) sowie für die die Beteiligung der Gemeinschaft an Forschungs-
und Entwicklungsprogrammen nach Art. 169 (ex-Art. 130l) werden vom
Rat gem. des Verfahrens nach Art. 251 (ex-Art. 189b) festgelegt. Dieses
Verfahren sieht vor, daß der Rat und das EP auf Vorschlag der Kommission
nach Anhörung des WSA im Wege des **Mitentscheidungsverfahrens** ent-
scheiden (vgl. zum genauen Verfahrensablauf Art. 251).

3. Zusatzverfahren für Art. 168 (Abs. 2, S. 2)

5 Da Art. 168 (ex-Art. 130k) die Schaffung von Zusatzprogrammen ermöglicht, die von dem sie betreffenden MS auch (hauptsächlich) zu finanzieren

sind, muß der an einem Zusatzprogramm beteiligte MS auch zustimmen. Nur durch eine **Zustimmung des MS** ist sichergestellt, daß der Rat nicht mit qualifizierter Mehrheit und nach Abänderungsvorschlägen des EP über den Kopf des betreffenden MS hinweg Entscheidungen trifft, die dieser hinterher (nicht nur finanziell) zu exekutieren hat. Ähnlich verlangt auch Art. 169 (ex-Art. 130l) das Einvernehmen des betroffenen MS mit der Mehrheitsentscheidung des Rates.

III. Vorschläge der Kommission

Wie Abs. 1 des Art. 172 (...auf Vorschlag der Kommission...) rekurriert auch Abs. 2 über den Verweis auf Art. 251 (ex-Art. 189b) auf das Vorschlagsmonopol der Kommission, die am Zustandekommen der Handlungen des Rates und des EP gem. Art. 211 3. Spiegelstrich a.E. (ex-Art. 155) mitzuwirken hat (vgl. Art. 211). Bei der Erarbeitung dieser Vorschläge bedient sich die Kommission verschiedenen wissenschaftlichen und forschungspolitischen Sachverstandes. Zu diesem Zweck hat die Kommission beratende Ausschüsse eingesetzt, die vornehmlich horizontale Aufgaben zur Vorbereitung und Aufstellung der Vorschläge wahrnehmen sollten.

1. ESTA/CODEST

Die Kommission soll bei der Ausarbeitung und Verwirklichung der Politik zur Förderung des wissenschaftlichen und technischen Potentials der Gemeinschaft von einem beratenden Ausschuß für die europäische Entwicklung von Wissenschaft und Technologie (früher: Comité de Développement Européen de la Science et de la Technologie – **CODEST**, heute: **ESTA**) unterstützt werden. CODEST wurde 1994 durch die European Science and Technology Assembly (ESTA) abgelöst. Dieser **beratende Ausschuß** ist insbes. für die Identifizierung neuer Schwerpunktbereiche und Strategien für Forschung und Entwicklung zuständig. Er liefert der Kommission Denkanstöße und Beurteilungsmaßstäbe für die Ausarbeitung des Rahmenprogramms. Nach der Reform von 1994 erweiterte sich die Ausrichtung dieses vormals reinen Beratungsgremiums auch auf Prestige und Legitimation der europäischen FuT-Politik.

ESTA gehörten in der ersten Versammlungsperiode 120 Mitglieder an, die anerkannte Persönlichkeiten aus Wissenschaft, Technik und Industrie (auch Nobelpreisträger) waren, die mitgliedsstaatliche Wissenschafts- und Technologiepolitik bestens kannten und von der Kommission ad personam nominiert wurden. Nach einer Reform gehören ihr in der 1997 angelaufenen zweiten Versammlungsperiode noch 61 Personen an.

2. IRDAC

8   Der **beratende Ausschuß** für industrielle Forschung und Entwicklung (Industrial Research and Development Advisory Committee – **IRDAC**) berät die Kommission bei der Erarbeitung und Durchführung der Gemeinschaftspolitik auf dem Gebiet der industriellen Forschung und Entwicklung einschließlich der industriellen und sozialen Auswirkungen. Insbes. soll er der Kommission Informationen über die Schwerpunkte und Initiativen der Industrie auf dem Gebiet der Forschung und Entwicklung liefern. Der Ausschuß besteht aus 24 von der Kommission ad personam ernannten Mitgliedern aus dem Bereich der industriellen Forschung sowie aus je einem Vertreter des Europäischen Arbeitgeberverbandes (UNICE), des Europäischen Gewerkschaftsbundes (ETUC), des Europäischen Zentrums öffentlicher Unternehmen (CEEP) und der Europäischen Vereinigung industrieller Forschungsinstitutionen (FEICRO).

3. Europäisches Forschungsforum

9   Durch Beschluß der Kommission vom 23.10.1998 (ABl. L 290/61 vom 29.10.1998) wurden der Beratende Ausschuß IRDAC sowie ESTA durch eine einzige Einrichtung ersetzt, die sich aus höchstens 60 Mitgliedern zusammensetzen soll. Diese werden von der Kommission ad personam ernannt und verteilen sich zu etwa gleichen Teilen auf zwei in enger Abstimmung arbeitende Gremien, ein Hochschul- und Wissenschaftsgremium und ein Gremium für Industrie, Diensteanbieter und Nutzer. Ersteres setzt sich aus hochrangigen Wissenschaftlern und Persönlichkeiten aus Universitäten und nationalen und europäischen Forschungseinrichtungen zusammen. Dem 2. Gremium gehören Persönlichkeiten aus der Industrie, dem Dienstleistungssektor (einschließlich KMU), auf diesem Gebiet bestehenden Organisationen oder den Verbänden der Nutzer von Forschungsergebnissen an (vgl. oben Rn. 8).

IV. Befassung des EP

10   Während Art. 172 Abs. 1 nur die Anhörung des EP vorsieht, verlangt Abs. 2 gem. Art. 251 (ex-Art. 189b) das Mitentscheidungsverfahren. Zur Abgabe der Stellungnahme im Rahmen der Anhörung, wie auch zur Vorbereitung des Mitentscheidungsverfahrens ist eine fortlaufende Information des EP unabdingbar. Neben der aus Art. 173 (ex-Art. 130p) bestehenden Pflicht zur jährlichen Erstattung eines Gesamtberichtes über die Tätigkeiten auf dem Gebiet der Forschung und technologischen Entwicklung und der Verbreitung der Ergebnisse dieser Tätigkeiten sehen die meisten Rechtsakte auf dem Forschungssektor programmspezifische Berichtspflichten der Kommission gegenüber dem Parlament vor. Innerhalb des EP ist für die Behandlung dieses Bereiches der **Ausschuß für Energie, Forschung und Technologie** (Comité pour énergie, recherche et technique **CERT**) mit 35 Mitgliedern zuständig.

V. Anhörung des WSA

Die Stellungnahmen in diesem seit langen Jahren üblichen Anhörungsverfahren zeichnen sich durch Präzision und hohe Sachkunde aus. Der WSA bringt durch seine unvoreingenommene Sichtweise außerhalb des Spannungsverhältnisses zwischen den drei unmittelbar am Verfahren Beteiligten (Rat, EP, Kommission) ein bedeutendes Maß an Praxisnähe, Hintergrundwissen und fachlicher Detailkenntnis ein. Er umfaßt gem. Art. 261 (ex-Art. 198) fachliche Gruppen für die Hauptsachgebiete des EGV, d.h. konkret für den Titel XVIII die **Fachgruppe Energie, Atomfragen und Forschung**. 11

VI. Festlegung der Bestimmungen durch den Rat

Sowohl in Art. 172 Abs. 1 als auch in Art. 172 Abs. 2 ist der Rat für die Festlegung der dort vorgesehenen Bestimmungen zuständig. Zur Vorbereitung seiner Entscheidungen kann der Rat die Stellungnahme eines von den Ratsgruppen unabhängigen Beratungsorgans, des Ausschusses für wissenschaftliche und technische Forschung anhören, um dann in der Gruppe Forschung die Entscheidung für den Ministerrat aufzubereiten. 12

1. CREST

Dieser Ausschuß **CREST** (Comité de la recherche scientifique et technique – **Ausschuß für wissenschaftliche und technische Forschung = AwtF**) wurde im Jahr 1974 vom Rat mit dem Ziel gegründet, die Forschungspolitik zwischen den MS und der Gemeinschaft zu koordinieren. 1995 wurde der CREST grundlegend reformiert. Er hat sich zum wichtigsten Beratungsgremium auf dem Forschungssektor entwickelt. Jedes Programm (auch alle spezifischen Programme zum 5. Rahmenprogramm) nimmt in den Erwägungsgründen auf seine Stellungnahme Bezug. Er soll in gleicher Weise die Kommission und den Rat unterstützen. 13
Er umfaßt jeweils zwei von den Regierungen der MS nominierte Vertreter; der Vorsitz wird vom Generaldirektor für Wissenschaft, Forschung und Ent-

wicklung der Kommission geführt. Die Sekretariatsgeschäfte werden vom Generalsekretariat des Rates wahrgenommen, das bei wissenschaftlichen und technischen Problemen von Sachverständigen der Kommission unterstützt wird.

2. Ratsgruppe Forschung

14 Unter Berücksichtigung einer eventuellen Stellungnahme des CREST werden die Beschlüsse des Rates in der Gruppe Forschung vorbereitet. In ihrer i.d.R. wöchentlichen Sitzung berät die Gruppe unter dem Vorsitz der Präsidentschaft die im Rat anstehenden Entscheidungen. Ihrem Votum entsprechend wird der Entwurf einer Entscheidung im Ausschuß der ständigen Vertreter erörtert, bevor er im Forschungsministerrat einer Abstimmung zugeführt wird.

Art. 173 (ex-Art. 130p) (Jährlicher Forschungsbericht)

Zu Beginn jedes Jahres unterbreitet die Kommission dem Europäischen Parlament und dem Rat einen Bericht. Dieser Bericht erstreckt sich insbesondere auf die Tätigkeiten auf dem Gebiet der Forschung und technologischen Entwicklung und der Verbreitung der Ergebnisse dieser Tätigkeiten während des Vorjahres sowie auf das Arbeitsprogramm des laufenden Jahres.

I. Allgemeines

1 Um eine verstärkte Information von Rat und EP über die vergangene und die laufende Forschungspolitik durch die Kommisson zu erhalten, wurde durch den Vertrag von Maastricht die Vorschrift des Art. 173 über einen Forschungsjahresbericht eingefügt. In der Philosophie dieses Vertrages soll so eine verstärkte Transparenz und Verantwortlichkeit angestrebt werden.

II. Adressaten

2 Diese Bestimmung, die die Kommission verpflichtet, zu Beginn jeden Jahres einen Tätigkeitsbericht über die Aktivitäten des Vorjahres sowie über das Arbeitsprogramm des laufenden Jahres vorzulegen, nennt als Adressaten das EP und den Rat. Diese **Vorlage an Rat und EP** als die Gesetzgebungskörperschaften der Gemeinschaft geht jedoch über einen reinen Rechenschaftsbericht hinaus. Ein solcher ist vielmehr in Art. 212 (ex-Art. 156) als Gesamtbericht der Kommission an das EP vorgesehen. Als Rechen-

schaftsbericht muß dieser auch zu einem bestimmten Termin zur Behandlung durch das EP abgeliefert werden.
Anders der Tätigkeitsbericht des Art. 173, welcher EP und Rat praktisch jährlich fortlaufend über die Vergangenheit und die Gegenwart unterrichten soll. Auch ist in Art. 173 keine **Veröffentlichung** des Berichtes **durch die Kommission** vorgesehen (im Unterschied zu Art. 212, ex-Art. 156). Gleichwohl hat sich aufgrund des großen Interesses die Praxis herausgebildet, daß die Kommission den Bericht nicht nur in gekürzter Form als Pressemitteilung sondern auch vollständig in Papierform wie auch im Internet der Öffentlichkeit vorstellt.

III. Inhalt

Der Bericht muß zunächst die **Tätigkeiten auf dem Gebiet der Forschung und technologischen Entwicklung** während des Vorjahres enthalten. Alsdann muß die **Verbreitung der Ergebnisse** dieser Tätigkeiten **im vergangenen Jahr** wiedergegeben werden. Aber anders als der Gesamtbericht gem. Art. 212 (ex-Art.156) umfaßt der Forschungsbericht darüber hinaus auch das **Arbeitsprogramm des laufenden Jahres.** Hierin wird die Funktion des jährlichen Forschungsberichtes besonders augenfällig: es geht nicht nur um einen Rückblick, sondern auch um einen Ausblick auf die laufenden und kommenden Aktivitäten. Damit ist eine regelmäßige und sorgfältige **Bewertung** der Forschungsprojekte nötig. Art. 173 zielt somit auf eine verbesserte Planung und Koordinierung der gemeinschaftlichen Aktivitäten im Bereich Forschung und technologische Entwicklung sowie auf eine verstärkte Ausrichtung der Forschung auf Ergebnisse ab.   **3**

Der letzte Bericht über die Tätigkeiten der EU im Bereich der Forschung und technologischen Entwicklung nach Art. 173 ist im Sommer 1998 als „Jahresbericht 1998" von der Kommission vorgelegt worden (KOM (1998) 439 endg. v. 15.07.1998).

Titel XIX. Umwelt

Literatur: *Beyer*, Gemeinschaftsrecht und Umweltschutz nach Maastricht, JuS 1997, 294ff.; *Breier*, Umweltschutz in der Europäischen Gemeinschaft – Eine Bestandsaufnahme nach Maastricht, NuR 1993, 457; *ders.*, Der Streit um die richtige Rechtsgrundlage in der Rechtsprechung des Europäischen Gerichtshofes, EuR 1995, 46ff.; *ders.*, Die Organisationsgewalt der Gemeinschaft am Beispiel der Errichtung der Europäischen Umweltagentur, NuR 1995, 516ff.; *Breuer*, Die Fortentwicklung des Wasserrechts auf europäischer und deutscher Ebene; DVBl. 1997, 1211; *ders.*, Umweltrechtliche und wirtschaftslenkende Abgaben im europäischen Binnenmarkt, DVBl. 1992, 485ff.; *Deketelaere/Andersen*, Environmental Planing and Spatial Planing from a European Community Perspective, EELR 1997, 256ff., 307ff.; *Engelsberger*, Der Vollzug europarechtlicher Vorschriften auf dem Gebiet des Umweltschutzes, 1998; *Epiney*, Umweltrecht in der Europäischen Union, 1997; *Epiney/Furrer*, Umweltschutz nach Maastricht, EuR 1992, 369ff.; *Frenz*, Europäisches Umweltrecht, München 1997; *Fluck*, Zum Abfallbegriff im europäischen, im geltenden und im werdenden deutschen Abfallrecht, DVBl. 1993, 590ff.; *Geiger*, Vertragsschlußkompetenzen der Europäischen Gemeinschaft und auswärtige Gewalt der Mitgliedstaaten, JZ 1995, 973ff.; *Gilsdorf*, Die Außenkompetenzen der EG im Wandel – Eine kritische Auseinandersetzung mit Praxis und Rechtsprechung, EuR 1996, 145 FF; *Grabitz*, Abfall im Gemeinschaftsrecht, in *Franßen/Redeker/Schlichter/Wilke* (Hrsg.), Bürger – Richter – Staat, Festschrift für Horst Sendler, 1991, 443ff.; *Grabitz/Zacker*, Die neuen Umweltkompetenzen der EWG, NVwZ 1989, 297ff.; *Hilf*, Umweltabgaben als Gegenstand von Gemeinschaftsrecht und -politik, NVwZ 1992, 105ff.; *von Horstig*, Die Europäische Gemeinschaft als Partei internationaler Umweltabkommen, Bonn 1997; *Hunter/Hendrichx/Muylle*, Environmental Enforcement in Europe, EELR 1998, 47ff.; *Jahns-Böhm/Breier*, Die umweltrechtliche Querschnittsklausel des Art. 130r Abs. 2 Satz 2 EWGV, EuZW 1992, 49ff.; Jarass, Beschränkungen der Abfallausfuhr und EG-Recht, NuR 1998, 397ff.; *Kahl*, Umweltprinzip und Gemeinschaftsrecht, 1993; *Lindemann/ Delfs*, Vollzug des europäischen Umweltrechts, ZUR 1993, 256ff.; *Long*, The Single Market and the Environment-The European Union's Dilemma: The Example of the Packaging Directive, EELR 1997, 214ff.; *Middeke*, Nationale Alleingänge, in: Rengeling (Hrsg.), Handbuch zum europäischen und deutschen Umweltrecht, Band I, 1998, § 32; *Nollkaemper*, The Legality of Moral Crusades Disguised in Trade Laws: An Analysis of the Ban of Furs from Animals Taken by Leghold Traps, Journal of Environmental Law, Vol.8, No.2, 1996, 237ff.; *Pernice*, Auswirkungen des europäischen Binnenmarktes auf das Umweltrecht, NVwZ 1990, 201ff.; *Rödiger-Vorwerk*, Die Fauna-Flora-Habitat-Richtlinie der Europäischen Union und ihre Umsetzung in nationales Recht, Berlin 1998; *de Sadeleer/Samlon*, The Concept of Hazardous Waste in European Community, EELR 1997, 9; *Scheuing*, Umweltschutz auf der Grundlage der Einheitlichen Europäischen Akte, EuR 1989, 152ff.; *Schmitz*, Die EU als Umweltunion, 1996; *Schröer*, Die Kompetenzverteilung zwischen der Europäischen Wirtschaftsgemeinschaft und ihren Mitgliedstaaten auf dem Gebiet des Umweltschutzes, 1992; *Storm/Lohse*, EG-Umweltrecht, Systematische und ergänzbare Sammlung der Verordnungen, Richtlinien und sonstigen Rechtsakte der EU zum Schutz der Umwelt, 3 Bände, Stand: 31. Erg.-Lfg, August 1998; *Wilkinson*, Maastricht and the Environment, Journal of Environmental Law 1992, 221ff.; *Zuleeg*, Vorbehaltene Kompetenzen der Mitgliedstaaten der Europäischen Gemeinschaft auf dem Gebiet des Umweltschutzes, NVwZ 1987, 280ff.

Vorbemerkung zu Art. 174–176 EGV (ex-Art. 103r-130t)

I. Überblick

Umweltschutz in Europa und über die europäischen Grenzen hinaus wird **1** zunehmend geprägt durch die **Umweltpolitik der EG**. Bereits seit Anfang der siebziger Jahre setzt die EG europäisches Umweltrecht zunächst ohne ausdrückliche Rechtsgrundlage in den Römischen Verträgen, d.h. insbesondere im Rahmen einer extensiv interpretierten Annexkompetenz zum Gemeinsamen Markt (Art. 100 [jetzt Art. 95], Art. 235 [jetzt Art. 308]), später dann vor allem aufgrund des spezifischen Umweltkapitels, das mit der EEA 1987 in den E(W)GV eingefügt wurde. Diese vertragsrechtlichen Grundlagen sind 1992 durch den in Maastricht vereinbarten Vertrag über die Gründung der Europäischen Union und 1997 durch den Amsterdamer Vertrag noch weiterentwickelt worden. Durch die Amsterdamer Beschlüsse wurde insbesondere das Mitentscheidungsverfahren für die Verabschiedung von Umweltrechtsakten auf den Bereich des Art. 175 Abs.1 (ex-Art. 130s) ausgedehnt. Eine weitere Neuerung betrifft die obligatorische Anhörung des ADR bei umweltpolitischen Maßnahmen nach Art. 175 Abs. 1–3 (ex-Art. 130s), um den Sachverstand der Vollzugsebene bereits bei der Formulierung von Gemeinschaftsrecht einzubringen (*Schröder*, NuR 1998, 4). Ferner sind die Möglichkeiten, strengere nationale Umweltnormen auf der Basis von Art. 95 Abs. 4 und 5 (ex-Art. 100a) beizubehalten und einzuführen, klargestellt und differenzierter ausgestaltet worden. Weitere Spielräume für mitgliedstaatliche Alleingänge eröffnet überdies die Flexibilitätsklausel des Art. 11. Sie ermöglicht die Zusammenarbeit mehrerer Mitgliedstaaten auch im Bereich des Umweltschutzes.

2 Allgemein ist die Aufgabenwahrnehmung der EG jetzt auf den **Grundsatz der „nachhaltigen Entwicklung"** verpflichtet – teilweise allerdings verengt auf die Entwicklung des Wirtschaftslebens (Präambel; Art. 2, 1. Anstrich [ex-Art. B] EUV; Art. 2 EGV). Im Rahmen der neuen Integrationsklausel des Art. 6 (ex-Art. 130r Abs. 2 S. 3) müssen die Umweltschutzerfordernisse bei der Festlegung und Durchführung anderer Politiken „insbesondere zur Förderung einer nachhaltigen Entwicklung" einbezogen werden (vgl. die Erläuterungen zu Art. 6). Die Integrationsklausel ist jetzt Bestandteil des ersten Teils des Amsterdamer Vertrages und damit vor die Klammer gezogen worden. Andere Querschnittsklauseln des EGV haben keine vergleichbare exponierte Stellung in der Gemeinschaftsverfassung. Mit diesen Regelungen korrespondiert Erklärung Nr. 12 der Konferenz der Regierungsvertreter den Mitgliedstaaten in der Schlußakte zum Amsterdamer Vertrag. Sie stellt fest, daß die Kommission sich verpflichtet hat, Umweltverträglichkeitsprüfungen zu erstellen, wenn sie Vorschläge unterbreitet, die erhebliche Auswirkungen für die Umwelt haben können.

3 Durch das gemeinschaftliche Umweltrecht werden die **nationalen Handlungsbefugnisse** wegen des Vorrangs des Gemeinschaftsrechts überlagert. Den Mitgliedstaaten verbleiben allerdings in großem Umfang Handlungsbefugnisse. In **durch die EG nicht geregelten Umweltbereichen** sind die Mitgliedstaaten frei, nationale Regelungen zu erlassen; z.B. gilt das durch die Richtlinie 79/117/EWG v. 21.12.1978 (ABl. 1979 L 33, 36) aufgestellte Verbot über das Inverkehrbringen und die Anwendung von Pflanzenschutzmitteln, die bestimmte Wirkstoffe enthalten, nur für die im Anhang der Richtlinie aufgeführten Produkte; mangels vollständiger Harmonisierung bleibt es den Mitgliedstaaten unbenommen, weitergehende Einschränkungen für nicht im Anhang aufgeführte Pflanzenschutzmittel zu beschließen (EuGH, Rs. 175/88, Strafverfahren gegen H.E.M. Nijman, Slg. 1983, 3533, 3546). Allerdings dürfen die nationalen Regelungen nicht gegen die Bestimmungen des EGV verstoßen. Insbesondere bei nationalen Umweltanfor-

derungen an Produkte können sich Konflikte mit dem Grundsatz des freien Warenverkehrs nach Art. 28 (ex-Art. 30) ergeben. Einschränkungen dieses Grundsatzes sind aber durchaus zulässig, wenn sie nicht diskriminierend sind und dem Verhältnismäßigkeitsgrundsatz entsprechen (EuGH, C-302/86, Kommission/Dänemark, Slg. 1989, 4607ff.; differenzierend dagegen für Abfälle EuGH, C-2/90, Kommission/Belgien, Slg. 1992, I–4431). Ferner ergeben sich im ungeregelten Bereich aus der Richtlinie 98/34/EG über ein Informationsverfahren auf dem Gebiet der Normen und technischen Vorschriften (ABl. L 204/37) gewisse Notfizierungs- und Stillhalteverpflichtungen (nach EuGH, C-194/94, CIA Security International SA/Signalson SA u. Securitel SPRL, Slg. 1996, I–2201, finden nationale Vorschriften, die nicht zuvor der Kommission notifiziert wurden, keine Anwendung zu Lasten einzelner). Den Mitgliedstaaten verbleiben auch in den von der EG **bereits geregelten Sachbereichen** Handlungsspielräume für **strengere nationale Maßnahmen**. Dies ist immer dann der Fall, wenn das entsprechende Sekundärrecht der EG nur Mindestnormen enthält (vgl. zur Zulässigkeit der Festlegung sogenannter Mindestnormen auf der Grundlage des EGV EuGH, C-389/96, Aher Waggon GmbH/Bundesrepublik Deutschland, Slg. 1998, I–4473; C-128/94, Hönig/Stadt Stockach, Slg. 1995, I–3389) oder das Sekundärrecht bzw. der EGV (Art. 95 Abs.4 und 5; 137 Abs.5; 176) die Mitgliedstaaten zu strengeren Maßnahmen ausdrücklich ermächtigt.

II. Rechtliche Maßnahmen auf dem Gebiet des Umweltschutzes

1. Allgemeines

Das europäische Umweltrecht hat inzwischen beträchtliche Ausmaße angenommen. Zum Schutz und zur Erhaltung der Umwelt wurden in den zurückliegenden dreißig Jahren einige hundert Rechtsakte erlassen, die alle Bereiche des Umweltschutzes abdecken, wie z.B. Luftreinhaltung, Gewässerschutz, Abfallwirtschaft, Chemikaliensicherheit oder Naturschutz. Das **gemeinschaftliche Umweltrecht** gilt dabei grundsätzlich in allen Mitgliedstaaten im Rahmen des EWR, und auch die mittel- und osteuropäischen Staaten haben sich in den sogenannten Europa-Abkommen zur schrittweisen Angleichung ihrer nationalen Rechtsvorschriften an das Gemeinschaftsrecht verpflichtet (vgl. etwa Art. 82 Abs. 3 des Europa-Abkommens zur Gründung einer Assoziation zwischen der Europäischen Gemeinschaft und ihrer Mitgliedstaaten einerseits und der Republik Estland andererseits, ABl. 1998 L 68/1). Ausnahmen von der Geltung des „Acquis Communautaire" sind lediglich in Einzelfällen vorgesehen, wenn das Primär- oder Sekundär-

4

recht dies ausdrücklich vorsieht, wie z.B. bei den Übergangsregelungen für
die Übernahme von Sekundärrecht in den Beitrittsverträgen für Schweden,
Finnland und Österreich (Vertrag v. 24./25.6.1994 über den Beitritt der Republik Österreich, der Republik Finnland und des Königreichs Schweden
zur EU). Angesichts der Fülle der gemeinschaftlichen Umweltregelungen
soll nachfolgend nur ein **Überblick** über die wichtigsten sekundärrechtlichen Vorschriften und völkerrechtlichen Umweltverträge, deren Vertragspartei die EG ist, gegeben werden (einen vollständigen Überblick geben
Storm/Lohse, EG-Umweltrecht, Systematische und ergänzbare Sammlung
der Verordnungen, Richtlinien und sonstigen Rechtsakte der EU zum
Schutz der Umwelt, 3 Bände, Stand: 31. Erg.-Lfg, August 1998):

2. Allgemeine und medienübergreifende Rechtsakte

a) RL 85/337/EWG v. 27.6.1985 (ABl. L 175/40) über die **Prüfung der
5 Umweltverträglichkeit** bei bestimmten öffentlichen und privaten Projekten (geändert durch RL 97/11/EG, ABl. L 73/5), schreibt für im einzelnen
aufgelistete Vorhaben verbindlich die Durchführung einer Umweltverträglichkeitsprüfung vor, für die ein detailliertes Verfahren vorgegeben wird,
z.B. die Beteiligung der Öffentlichkeit oder die grenzüberschreitende Unterrichtung (zur **unmittelbaren Wirkung** dieser RL vgl. EuGH, C-431/92,
Kommission/Deutschland, Slg. 1995, I–2189).

b) RL 90/313/EWG v. 7.6.1990 über den freien Zugang zu Informationen
6 über die Umwelt (ABl. L 158/56) gewährt ein Jedermannrecht auf Zugang
zu den bei mit Umweltfragen befaßten nationalen Behörden vorliegenden
Umweltinformationen. Über die Art und Weise des Informationszugangs
entscheidet die Behörde nach pflichtgemäßem Ermessen (BVerwG, Urt. v.
6.12.1996, 7 C 64. 95, DVBl 1997, 438f.). Ferner werden die Mitgliedstaaten verpflichtet, regelmäßig Berichte über den Zustand der Umwelt zu veröffentlichen. Der Zugang zu Umweltinformationen, die bei Gemeinschaftsinstitutionen vorliegen, richtet sich nach allgemeinen Bestimmungen, wie den **Verhaltenskodex** über den Zugang der Öffentlichkeit zu Rats-
bzw. Kommissionsdokumenten (ABl. 1993 L 340/43 zuletzt geändert in
ABl. 1996 L 325/19 und 1994 L 46/58). Auch gegenüber dem EP (ABl.
1997 L 263/27) und der Europäischen Umweltagentur (ABl. 1997 L 282/5)
bestehen vergleichbare Ansprüche.

c) VO (EWG) Nr. 880/92 v. 23.3.1992 betreffend ein gemeinschaftliches
7 System zur Vergabe eines **Umweltzeichens** (ABl. L 99/1) soll die Entwicklung, Herstellung, den Vertrieb und die Verwendung von umweltfreundlichen Produkten während der gesamten Lebensdauer fördern. Die

Vergabe des Umweltzeichens für ein Produkt erfolgt durch die benannten nationalen Stellen (in Deutschland: Deutsches Institut für Gütesicherung und Kennzeichnung e.V. – RAL – in Zusammenarbeit mit dem Umweltbundesamt) unter Einschaltung der Kommission und auf der Basis von im Rahmen des Ausschußverfahrens nach Anhörung der Interessengruppen von der Kommission festzulegenden Kriterien für die Produktgruppen. Durch Entscheidungen der Kommission, z.B. Nr. 96/703/EG (ABl. L 323/34) betreffend Kühlgeräte, wurden bislang für 11 Produktgruppen Umweltkriterien festgelegt. Die VO läßt nationale Umweltzeichen (also auch den deutschen „Umweltengel") unberührt.

d) VO (EWG) Nr. 1836/93 v. 29.6.1993 über die freiwillige Beteiligung ge- **8** werblicher Unternehmen an einer gemeinschaftlichen **Öko-Audit-Regelung** (ABl. L 168/1) zielt darauf ab, die Umweltleistung der Industrie im Wege der Schaffung standortbezogener Umweltpolitiken, -programme und -managementsysteme durch die Unternehmen sowie im Wege der systematischen, objektiven und regelmäßigen Bewertung dieser Instrumente durch einen unabhängigen Prüfer und der Unterrichtung der Öffentlichkeit über die Umweltleistung der Unternehmen in Form von Umwelterklärungen zu verbessern.

e) VO (EWG) Nr. 1210/90 v. 7.5.1990 zur Errichtung einer **Europäischen** **9** **Umweltagentur** und eines Europäischen Umweltinformations-und Umweltbeobachtungsnetzes (ABl. L 120/1) ist nach dem Beschluß des Europäischen Rates über den Standort am 30.10.1993 in Kraft getreten. Nach Art. 1a des Beschlusses ist Sitz der Umweltagentur Kopenhagen. Die Agentur ist offen für eine Beteiligung von europäischen Drittstaaten; sie kann damit ein bedeutsames Instrument für eine gesamteuropäische Umweltpolitik, insbesondere im Hinblick auf Mittel- und Osteuropa werden (kritisch zu der Frage, ob das Gemeinschaftsrecht die Ausstattung der Agentur mit Rechtspersönlichkeit gestattet *Grabitz/Nettesheim*, in: *Grabitz/Hilf*, Art. 130r Rn. 93; a. A. insoweit *Breier*, NuR 1995, 516ff.)

f) VO (EWG) Nr. 1973/92 v. 21.5.1992 zur Schaffung eines **Finanzie-** **10** **rungsinstruments für die Umwelt** (LIFE) (ABl. L 206/1) sieht die Förderung von Umweltprojekten in den Mitgliedstaaten und – unter bestimmten Voraussetzungen – auch in Drittstaaten sowie die Finanzierung von Aktivitäten im Rahmen internationaler Konventionen (nach entsprechendem Ratsbeschluß) vor. Die sog. LIFE-VO wurde 1996 geändert (VO(EWG) 1404/96, ABl. L 181/1); der danach für die Jahre 1996 bis 1999 bereitgestellte Betrag beläuft sich auf ECU 450 Mio.

g) Medienübergreifend, aber dem technischen Umweltschutz zuzuordnen, **11** ist die RL 87/217/EWG v. 19.3.1987 zur **Verhütung und Verringerung** der **Umweltverschmutzung durch Asbest** (ABl. L 85/40). Diese RL begrenzt die Emissionen von Asbest in die Luft, die Ableitung in die Gewässer und regelt die Behandlung asbesthaltiger Abfälle.

12   h) RL 96/61/EWG v. 24.9.1996 über die **integrierte Vermeidung und Verminderung der Umweltverschmutzung** (ABl. L 257/26) zielt auf die Bekämpfung der Verschmutzung durch bestimmte industrielle Quellen ab, und zwar im Hinblick auf Luft, Wasser und Boden sowie unter Einbeziehung von Maßnahmen betreffend Abfall. Eingeführt wird ein integriertes Genehmigungssystem, das auch die Nachrüstung von Altanlagen umfaßt. Art. 20 dieser RL enthält Übergangsbestimmungen hinsichtlich einer Reihe bestehender RL, wie insbesondere der RL 84/360/EWG (vgl. Rn. 17) und 76/464/EWG (vgl. Rn. 36).

13   i) Ein **Europäisches Beratendes Forum für Umwelt** sowie dauerhafte und umweltgerechte Entwicklung wurde durch den Beschluß der Kommission 97/150/EG v. 24.4.1997 (ABl. L 58/48) geschaffen. Das Forum, das die Kommission berät, umfaßt 32 Mitglieder aus Wirtschaft, regionalen und kommunalen Behörden, Berufsverbänden, Gewerkschaften sowie Umwelt- und Verbraucherverbänden; sie werden von der Kommission benannt.

14   j) Der Beschluß des Rates 97/872/EG v. 16.12.1997 über ein Aktionsprogramm der EG zur Förderung von hauptsächlich im Umweltschutz tätigen **Nichtregierungsorganisationen** (ABl. L 354/25) schafft die Grundlage für die finanzielle Förderung von bestimmten Aktivitäten solcher Nichtregierungsorganisationen auf europäischer Ebene. Für die Laufzeit von 1998–2001 ist ein finanzieller Bezugsrahmen in Höhe von Euro 10,6 Mio. vorgesehen.

3. Luftreinhaltung

15   Das gemeinschaftliche Regelwerk zur Luftreinhaltung ist inzwischen recht weit entwickelt. Es handelt sich durchweg um **Ordnungsrecht** – bestehend aus Begrenzungen der Emissionen aus beweglichen und ortsfesten Quellen, Luftqualitätsnormen sowie Qualitätsanforderungen an Kraftstoffe sowie aus spezifischen auf das Schutzgut Klima bezogenen Regelungen. Die auf das spezifische Schutzgut Ozonschicht bezogene Beschränkung von Produktion und Verbrauch von die Ozonschicht schädigenden Stoffen (insbesondere FCKW) wird im Abschnitt 7 behandelt (Rn. 62).

16   a) RL 70/220/EWG v. 20.3.1970 zur Angleichung der Rechtsvorschriften der Mitgliedstaaten über Maßnahmen gegen die **Verunreinigung der Luft durch Abgase von Kraftfahrzeugmotoren** mit Fremdzündung (ABl. L 76/1) ist der Ausgangspunkt für die inzwischen fortgeschrittene Regulierung

der Emissionen von Personenkraftwagen. Durch eine Reihe von Änderungsrichtlinien (74/290/EWG – ABl. L 159/61; 77/102/EWG – ABl. L 32/32; 78/665/EWG – ABl. L 223/48; 83/351/EWG – ABl. L 197/1; 88/76/EWG – ABl. L 36/1; 88/436/EWG – ABl. L 214/1; 89/458/EWG – ABl. L 226/1; 89/491/EWG – ABl. L 238/43; 91/441/EWG – ABl. L 242/1) wurden die Emissionsbegrenzungen bei Pkw, die zunächst nur Kohlenmonoxid und Kohlenwasserstoffe erfaßten, auf Stickoxid und mit der Einbeziehung von mit Dieselmotoren betriebenen Pkw auf Partikel ausgedehnt; schrittweise wurden die Grenzwerte soweit verschärft, daß sie nur durch den geregelten Dreiwegekatalysator erreicht werden können, und es wurde das Testverfahren verbessert. Durch RL 91/441/EWG v. 26.6.1991(**Euro I für PKW**) wurde ferner die bisher bestehende „Optionalität" aufgegeben; sie bedeutete, daß die Mitgliedstaaten zwar die Möglichkeit hatten, die Betriebserlaubnis für neue Pkw, die den Emissionsgrenzwerten nicht entsprechen, zu verweigern, sie hierzu aber nicht gezwungen waren, was jetzt der Fall ist. Mit RL 93/59/EWG v. 28.6.1993 (ABl. L 186/21) gelten auch für leichte Nutzfahrzeuge unter 3,5 t ab 1.10.93 Grenzwerte (**Euro I für leichte Nutzfahrzeuge**), die nur mit dem geregelten Dreiwegekatalysator erreichbar sind (Ottomotoren); für Diesel-Nutzfahrzeuge wurden gleichwertige Standards eingeführt. Weiter verschärfte Grenzwerte (**Euro II**) wurden für Pkw durch RL 94/12/EG v. 23.3.1994 (ABl. L 100/42) und für leichte Nutzfahrzeuge durch RL 96/69/EG v. 8.10.1996 (ABl. L 282/64) eingeführt. RL 88/77/EWG v. 3.12.1987 zur Angleichung der Rechtsvorschriften der Mitgliedstaaten über Maßnahmen gegen die Emissionen gasförmiger Schadstoffe aus Dieselmotoren zum Antrieb von Fahrzeugen (ABl. 1988 L 36/33) legt Grenzwerte für Lkw und Busse fest; sie wurde durch RL 91/542/EWG v. 1.10.1991 (ABl. L 295/1) und 96/1/EG v. 22.1.1996 (ABl. L 40/1) geändert. Die Emissionen von motorisierten Zwei-und Dreirädern werden durch RL 97/24/EG v. 17.6.1997 (ABl. L 226/1) geregelt. Zum Regelwerk der Begrenzung der Emissionen aus beweglichen Quellen gehören ferner die RL 77/537/EWG v. 28.6.1977 zur Angleichung der Rechtsvorschriften der Mitgliedstaaten über Maßnahmen gegen die Emissionen verunreinigender Stoffe aus Dieselmotoren zum Antrieb von land- und forstwirtschaftlichen Zugmaschinen (ABl. L 220/38, zuletzt geändert in ABl 1997, L 277/24) sowie die RL 97/68/EG v. 16.12.1997 zur Angleichung der Rechtsvorschriften der Mitgliedstaaten über Maßnahmen zur Bekämpfung der Emission von gasförmigen Schadstoffen und luftverunreinigenden Partikeln aus Verbrennungsmotoren für mobile Maschinen und Geräte (ABl. 1998, L 59/1).

b) **Basis der gemeinschaftlichen Luftreinhaltepolitik zur Begrenzung**   **17**
der Emissionen von ortsfesten Anlagen ist die (Rahmen-) RL 84/360/

EWG v. 28.6.1984 zur Bekämpfung der Luftverunreinigung durch Indu-
strieanlagen (ABl. 1984 L 188/20). Sie schreibt insbesondere vor, daß der
Betrieb und die wesentliche Änderung von bestimmten Anlagen einer vorherigen Genehmigung unterworfen werden müssen, wobei die Öffentlichkeit zu beteiligen ist, und bereits bestehende Anlagen schrittweise an die
beste verfügbare Technologie anzupassen sind. Ferner ist ausdrücklich vorgesehen, daß der Rat auf Vorschlag der Kommission Emissionsgrenzwerte
für bestimmte Industriesektoren festlegt.

18   Der **Durchführung dieser RL** dient RL 87/217/EWG (s. Rn.11), soweit
     sie einen Emissionsgrenzwert für Asbest festlegt.

19   RL 88/609/EWG v. 24.11.1988 zur **Begrenzung von Schadstoffemissio-
     nen von Großfeuerungsanlagen in die Luft** (ABl. L 336/1), die je nach
     Größe der Anlagen und nach Art der verfeuerten Brennstoffe unterschiedli-
     che Emissionsgrenzwerte für neue Anlagen festlegt (Schwefeldioxid, Stick-
     stoffoxid, Staub) und individuell für die Mitgliedstaaten die Verringerung
     ihrer Gesamtemissionen von Schwefeldioxid und Stickstoffoxid aus beste-
     henden Anlagen in drei Stufen (1993, 1998, 2003) vorschreibt; in Deutsch-
     land bedeutet dies eine Reduzierung der Schwefeldioxidemissionen aus be-
     stehenden Anlagen um 40 %, 60 % bzw. 70 % gegenüber 1980.

20   RL 89/369/EWG v. 8.6.1989 über die **Verhütung der Luftverunreinigung
     durch neue Verbrennungsanlagen für Siedlungsmüll** (ABl. L 163/32),
     die Emissionsgrenzwerte für Staub, Schwermetalle, Salzsäure, Fluorwas-
     serstoffsäure und Schwefeldioxid festlegt.

21   RL 89/429/EWG v. 21.6.1989 über die Verringerung der Luftverunreini-
     gung durch **bestehende Verbrennungsanlagen** für Siedlungsmüll (ABl. L
     203/50), die bestimmte Übergangsregelungen für die Erfüllung der Grenz-
     werte, die in RL 89/369/EWG für neue Anlagen festgelegt sind, für die be-
     stehenden Anlagen vorsieht.

22   Begrenzungen der Emissionen in die Luft für bestimmte Anlagen sind fer-
     ner festgelegt in den RL 75/439/EWG v. 16.6.1975 über die **Altölbeseiti-
     gung** (ABl. L 194/31 zuletzt geändert im ABl. 1987 L 42/43) und
     92/112/EWG v. 15.12.92 über die Modalitäten zur Vereinheitlichung der
     Programme zur Verringerung und späteren Unterbindung der **Verschmut-
     zung durch Abfälle der Titandioxidindustrie** (ABl. L 409/11).

23   c) Immissionsregelungen für bestimmte Stoffe, d.h. **Luftqualitätsnormen
     einschließlich Meßverfahren** enthalten die RL:
     –   80/779/EWG v. 15.7.1980 über Grenzwerte und Leitwerte der Luftqua-
         lität für Schwefeldioxid und Schwebestaub (ABl. L 229/35);
     –   82/884/EWG v. 3.12.1982 betreffend einen Grenzwert für den Bleige-
         halt in der Luft (ABl. L 378/15);

– 85/203/EWG v. 7.3.1985 über Luftqualitätsnormen für Stickstoffoxid (ABl. L 87/1). Die in diesen RL festgelegten Luftqualitätsnormen müssen in allen Mitgliedstaaten innerhalb bestimmter Fristen eingehalten werden. Die RL wurden in Deutschland durch das Bundes-Immisionsschutzgesetz i.V.m. der Ersten Allgemeinen Verwaltungsvorschrift zum Bundes-Immissionsschutzgesetz (TA-Luft) umgesetzt. Im Rahmen zweier Vertragsverletzungsverfahren hat der EuGH allerdings festgestellt, daß Deutschland gegen seine Verpflichtungen aus den RL 80/779/EWG und 82/884/EWG verstoßen habe. Beanstandet wurde, daß die Grenzwerte der TA-Luft keine zwingende Regelung darstellen und Deutschland keine ausreichenden rechtlichen Maßnahmen ergriffen habe, um die Einhaltung der Grenzwerte entsprechend dem weiteren Anwendungsbereich der RL sicherzustellen (C-59/89, Kommission/Deutschland, Slg. 1991, I–2607ff.; C-361/88, Kommission/Deutschland, Slg. 1991, I–2567ff.) Um dem Urteil des EuGH Rechnung zu tragen, wurde die auf § 48a BImSchG gestützte 22. BImSchV v. 26.10.1993 erlassen, die gleichzeitig auch die RL 85/203/EWG abdeckt (BGBl. I, 1819).

Auf Immissionen stellt auch RL 92/72/EWG v. 21.9.1992 über die **Luftverschmutzung durch Ozon** ab (ABl. L 297/1), ohne jedoch eine einzuhaltende Luftqualitätsnorm vorzugeben; vielmehr schreibt die RL insbesondere die Überwachung der Ozonkonzentrationen sowie die Unterrichtung der Öffentlichkeit bei Überschreitung des Schwellenwertes vor. Auf der Basis eines Erfahrungsberichts wird die Kommission innerhalb von 4 Jahren Vorschläge für die Reduzierung der Emissionen von sogenannten Vorläufersubstanzen (Stickstoffoxid sowie flüchtige organische Verbindungen) vorlegen, die für die Bildung von Ozon (Sommersmog) verantwortlich sind.   24

Mit RL 96/62/EG v. 27.9.1996 über die **Beurteilung und Kontrolle der Luftqualität** (ABl. L 296/55) wird der gemeinsame Rahmen für die Luftreinhaltestrategie, insbesondere zur Festlegung von Luftqualitätszielen (vorrangig für Schwefeldioxid, Stickstoffdioxid, Feinpartikel, Schwebstaub, Blei, Ozon), festgelegt; entsprechende Grenzwerte und Alarmschwellen sollen durch TochterRL vorgegeben werden.   25

d) Ebenfalls auf die Reduzierung der Luftbelastung zielen die **Qualitätsanforderungen an Kraftstoffe** ab.   26

Nach der RL 93/12/EWG v. 23.3.1993 über den Schwefelgehalt bestimmter flüssiger Brennstoffe darf (ABl. L 7/81) **Dieselkraftstoff** in der EG nicht mehr in den Verkehr gebracht werden, wenn der Schwefelgehalt 0,2 Gewichtsprozent (ab 1.10.1994) bzw. 0,05 Gewichtsprozent (ab 1.10.1996)   27 überschreitet. Für die **anderen Gasöle** gilt seit 1.10.1994 der Wert von 0,2 Gewichtsprozent, wobei auch für diese eine noch nicht quantifizierte zweite Stufe ab 1.10.1999 vorgesehen ist.

28 RL 85/210/EWG v. 20.3.1985 zur Angleichung der Rechtsvorschriften der Mitgliedstaaten über den **Bleigehalt von Benzin** (ABl. L 96/25) in der geänderten Fassung von 1987 (RL 87/416/EWG – ABl. L 225/33) legt den zulässigen Gehalt von Blei (und Benzol) im Benzin fest, schreibt die Verfügbarkeit von bleifreiem Benzin in den Mitgliedstaaten und das Verbot verbleiten Normalbenzins vor.

29 Ergänzend werden mit RL 94/63/EG v. 20.12.1994 zur Begrenzung der Emissionen flüchtiger organischer Verbindungen bei der Lagerung von Ottokraftstoff und seiner Verteilung von den Auslieferungslagern bis zu den Tankstellen (ABl. L 365/24) **einheitliche Anforderungen** an hierfür einschlägige **Verfahren, Einrichtungen, Fahrzeuge** und **Binnenschiffe** festgelegt.

30 e) Das **Schutzgut Klima** ist Gegenstand einer Reihe spezifischer Rechtsakte. Die Entscheidung des Rates 93/389/EWG v. 24.6.1993 über ein System zur Beobachtung der Emissionen von CO_2 und anderen Treibhausgasen (ABl. L 16/31) sieht insbesondere die Erstellung und Fortschreibung nationaler Programme zur Erreichung des vom Rat (Umwelt/Energie) am 29.10.1990 in seiner Schlußfolgerung beschlossenen Ziels, die CO_2-Emissionen in der Gemeinschaft bis zum Jahr 2000 insgesamt auf dem Stand von 1990 zu stabilisieren, sowie die Bewertung der Programme unter dem Aspekt der Zielerreichung, vor. Wichtige Instrumente der gemeinschaftlichen Klimaschutzpolitik sind ferner RL 93/76/EWG v. 13.9.1993 zur Begrenzung der Kohlendioxidemissionen durch eine effizientere Energienutzung – SAVE – (ABl. L 237/28), Entscheidung 96/737/EG v.16.12.1996 über ein Mehrjahresprogramm zur Förderung der Energieeffizienz in der Gemeinschaft – SAVE II (ABl. L 335/50) die Entscheidung 93/500/EWG v. 13.9.1993 zur Förderung der erneuerbaren Energieträger in der Gemeinschaft – ALTENER-Programm – (ABl. L 235/41), RL 95/12/EG, 97/17/EG und 95/13/EG v. 23.5.1995, 16.4.1997 bzw. 23.5.1995, betreffend die Energieetikettierung für bestimmte elektrische Haushaltsgeräte (ABl. 1995 L 136/1; 1997 L 118/1; 1995 L 136/28). Die EG und die Mitgliedstaaten sind Vertragsparteien des VN-Rahmenübereinkommens über Klimaänderungen (Beschluß des Rates 94/69/EG v. 15.12.1993, ABl. L 33/11) und haben das Kioto-Protokoll am 29.4.1998 gezeichnet.

4. Gewässerschutz

Die EG-Regelungen im Bereich **des Gewässerschutzes** (vgl. dazu *Breuer*,   **31**
DVBl 1997, 1211ff.) gliedern sich in
– nutzungsbezogene Qualitätsanforderungen an Gewässer;
– Regelungen betreffend die Ableitung gefährlicher Stoffe;
– sektorbezogene Emissionsbegrenzungen;
– spezifische schutzgutbezogene Regelungen.

a) RL 75/440/EWG v. 16.6.1975 über die **Qualitätsanforderungen an**   **32**
Oberflächenwässer für die Trinkwassergewinnung (ABl. L 194/34),
76/160/EWG v. 8.12.1975 über die **Qualität der Badegewässer** (ABl.
1976 L 31/1), 78/659/EWG v. 18.7.1978 über die **Qualität von Süßwas-**
ser, das schutz- oder verbesserungsbedürftig ist, um das Leben von Fischen
zu erhalten (ABl. L 222/1 zuletzt geändert im ABl. 1990 L 353/59) und
79/923/EWG v. 30.10.1979 über die Qualitätsanforderungen an Muschel-
gewässer (ABl. L 281/47) schreiben für die jeweilige Nutzung die Mindest-
qualität des Wassers, die im Rahmen der Durchführung von aufzustellenden
Programmen innerhalb festgelegter Fristen zu erreichen sind, sowie die anzuwendenden Meßmethoden vor. Der EuGH hat festgestellt, daß Art. 2 der
RL 75/440/EWG die Mitgliedstaaten nicht verpflichtet, die Einteilung der
Oberflächenwasser nach bestimmten Qualitätsmerkmalen durch einen
förmlichen Rechtsakt vorzunehmen (C-58/89, Kommission/Deutschland,
Slg. 1991, I–4983, 5021ff.). Es müsse nur sichergestellt sein, daß die Einteilung der Oberflächenwasser insbesondere Grundlage für die Festlegung
von Parametern für Entnahmestellen zur Trinkwasseraufbereitung sei.

Ferner ist im Rahmen der **nutzungsbezogenen Regelungen** auf folgende   **33**
Entscheidungen des EuGH hinzuweisen:
– Die nach Art. 8 der RL 79/869/EWG v. 9.10.1979 über die Meßmethoden sowie über die Häufigkeit der Probenahmen und der Analysen des
  Oberflächenwassers für die Trinkwassergewinnung in den Mitgliedstaaten (ABl. L 271/44) zu übermittelnden Analysen müssen die Kommission in die Lage versetzen, einen zusammenfassenden Bericht über
  die Anwendung dieser RL zu erstellen (EuGH, C-58/89, Kommissi-
  on/Deutschland, Slg. 1991, I–5028).
– RL 78/659/EWG kann allein keine strafrechtliche Verantwortlichkeit
  desjenigen begründen, der gegen die Vorschriften der RL verstößt
  (EuGH, Rs. 14/86, Pretore di Salò, Slg. 1987, I–2545, 2570).

b) RL 76/464/EWG v. 4.5.1976 betreffend die **Verschmutzung infolge der**   **34**
Ableitung gefährlicher Stoffe in die Gewässer der Gemeinschaft (ABl. L
129/23) ist eine **Rahmenrichtline**, die allgemeine Bestimmungen, wie z.B.

die Genehmigungspflicht für gefährliche Ableitungen vorschreibt und insbesondere die gemeinschaftliche Festlegung von Emissionsgrenzwerten für – wegen ihrer Toxizität, Langlebigkeit und Bioakkumulation – besonders gefährliche Stoffe vorsieht. Allerdings gewährt die RL den Mitgliedstaaten die Möglichkeit, statt der Anwendung gemeinschaftlicher Emissionsgrenzwerte die Einhaltung gemeinschaftlicher Qualitätsziele vorzusehen und hieran ihre in der Ableitungsgenehmigung vorzugebenden nationalen Emissionsnormen zu orientieren (sog. paralleler Ansatz – ein Kompromiß mit Großbritannien, das auf Gemeinschaftsebene lediglich Qualitätsziele zu akzeptieren bereit war). Der Rat stellte in seiner Entschließung v. 7.2.1983 (ABl. C-46/17) eine Liste von 129 vorrangig zu regelnden besonders gefährlichen Stoffen auf. Auf der Basis der RL 76/464/EWG wurden bisher für 17 Stoffe der Liste I gemeinschaftliche Grenzwerte und Qualitätsziele festgelegt (zu den Umsetzungsanforderungen dieser RL EuGH, C-262/95, Kommission/Deutschland, Slg. 1996, I–5729; C-70/89, Kommission/Italien, Slg. 1990, I–4817, 4828ff.; diese RLen können nach EuGH, C-168/95, Arcaro, Slg. 1996, I–4705, unmittelbar keine strafrechtliche Verantwortung zu Lasten Einzelner begründen), u.a. für Quecksilber (RL 82/176/EWG, ABl. L 81/29; RL 84/156/EWG, ABl. L 74/49), Cadmium (RL 83/513/EWG, ABl. L 291/1) und Pentachlorphenol (RL 86/280/EWG, ABl. L 181/16).

35   c) **Sektorbezogene Emissionsbegrenzungen für bestimmte Industriezweige** enthalten folgende RLen: 87/217/EWG v. 18.3.1987 zur Verhütung und Verringerung der Umweltverschmutzung durch Asbest (ABl. L 85/40) für die Herstellung von Asbestzement sowie von Asbestpapier und -pappe; 92/112/EWG v. 15.12.1992 über die Modalitäten zur Vereinheitlichung der Programme zur Verringerung und späteren Unterbindung der Verschmutzung durch Abfälle der Titandioxid-Industrie (ABl. L 409/11).

In die Kategorie der sektorbezogenen Emissionsbegrenzungen gehören
36   **zwei weitere RLen:**

–   RL 91/271/EWG v. 21.5.1991 über die Behandlung von kommunalem Abwasser (ABl. 1991 L 135/40), die für Städte und Gemeinden über 2000 Einwohnerwerte im Binnenland und grundsätzlich für Städte über 10 000 Einwohnerwerte an der Küste die biologische Abwasserbehandlung innerhalb vorgegebener Fristen vorschreibt; in von den Mitgliedstaaten nach bestimmten Kriterien auszuweisenden „empfindlichen Gebieten" ist darüberhinaus für Städte mit mehr als 10 000 Einwohner die weitergehende Abwasserreinigung zum Entzug von Stickstoff und Phosphor durchzuführen.

–   RL 91/676/EWG v. 12.12.1991 zum Schutz der Gewässer vor Verunreinigung durch Nitrat aus landwirtschaftlichen Quellen (ABl. 1991

L 375/1) regelt die Verringerung der Nitrateinträge aus der Landwirtschaft in die Gewässer zur Sicherstellung der Trinkwasserversorgung
und Bekämpfung der Eutrophierung der Gewässer u.a. durch die Begrenzung der Aufbringung von Wirtschaftsdung; auch diese RL enthält
generell geltende Verpflichtungen sowie weitergehende verbindliche
Maßnahmen, die in „gefährdeten Gebieten" durchzuführen sind.

d) Eine **spezifische schutzgutbezogene Regelung** ist die RL 80/68/EWG   **37**
von 17.12.1979 über den **Schutz des Grundwassers** gegen Verschmutzung
durch bestimmte gefährliche Stoffe (ABl. 1980 L 20/43). Sie enthält insbesondere das Verbot der direkten Einleitung von Stoffen der Liste I und sieht
für die indirekte Einleitung das Erfordernis der vorherigen Genehmigung
vor, für die bestimmte Anforderungen vorgeschrieben werden (vgl. dazu
EuGH, Rs. 291/84, Kommission/Niederlande, Slg. 1987, 3483ff.; C-
360/87, Kommission/Italien, Slg. 1991, I–791ff.; C-131/88, Kommissi-
on/Deutschland, Slg. 1991, I–825ff.)

In diese Kategorie läßt sich auch die – allerdings eher dem Gesundheits-   **38**
schutz zugehörige – RL 80/778/EWG v. 15.7.1980 über die **Qualität von**
Wasser für den menschlichen Gebrauch (ABl. L 229/11, zuletzt geändert
im ABl. 1985 L 302/219) einordnen. Sie legt insbesondere die zulässigen
Höchstkonzentrationen für verschiedene Parameter im Trinkwasser fest; sie
ist auf Wasser anwendbar, das zum menschlichen Gebrauch geliefert wird,
sowie auf Wasser, das von einem Lebensmittelbetrieb in Lebensmitteln verwendet wird, nicht aber auf Wasser aus Privatbrunnen (EuGH, C-42/89,
Kommission/Belgien, Slg. 1990, I–2821, 2839f.). Die in Art. 10 der RL
80/778/EWG vorgesehene Zulassung der Überschreitung der festgelegten
Höchstkonzentrationen darf nur in einer Notstandssituation erteilt werden,
in der die nationalen Behörden plötzlich Schwierigkeiten bei der Trinkwasserversorgung haben. Eine solche Zulassung muß auf den Zeitpunkt beschränkt werden, der normalerweise zur Wiederherstellung der Qualität des
betreffenden Wassers erforderlich ist; sie darf die Volksgesundheit nicht in
unzumutbarer Weise gefährden und ist nur möglich, wenn die Trinkwasserversorgung nicht anders sichergestellt werden kann (EuGH, Rs. 228/87,
Strafverfahren gegen X., Slg. 1988, 5099, 5120ff.; C-237/90, Kommission/
Deutschland, Slg. 1992, I–5973).

5. Lärmbekämpfung

Die **Rechtsakte der EG auf dem Gebiet der Lärmbekämpfung** be-   **39**
schränken sich auf die Festlegung von Höchstwerten für die Geräuschemissionen von Produkten, d.h. Kfz, Krafträder, Flugzeuge, Baugeräte, Baumaschinen, Rasenmäher, Haushaltgeräte.

40   Folgende RLen sind ergangen: RL 70/157/EWG v. 6.2.1970 zur Angleichung der Rechtsvorschriften der Mitgliedstaaten über den zulässigen
Geräuschpegel und die Auspuffvorrichtung vom Kfz (ABl. L 42/16; geändert durch zahlreiche RL, zuletzt durch RL 92/97/EWG v. 10.11.1992
(ABl. L 371/1) und 96/20/EG v. 27.3. 1996 (ABl. L 92/23). RL
78/1015/EWG v. 23.11. 1978 zur Angleichung der Rechtsvorschriften der
Mitgliedstaaten über den zulässigen Geräuschpegel und die Auspuffanla-
gen von Krafträdern (ABl. L 349/21, zuletzt geändert im ABl. 1989 L 98/1)
sowie RL 97/24/EG v. 17.6.1997 über bestimmte Bauteile und Merkmale
von zweirädrigen oder dreirädrigen Kraftfahrzeugen (ABl. L 227/1); RL
80/51/EWG v. 20.12.1979 zur Verringerung der Schallemissionen vom Un-
terschallluftfahrzeugen (ABl. 1980 L 18/26, zuletzt geändert im ABl. 1983
L 363/27; nach Auffassung des EuGH (C-389/96, Aher-Waggon GmbH/
Bundesrepublik Deutschland, Slg. 1998, I–4473), handelt es sich bei diesen
Bestimmungen um bloße Mindestnormen, über die ein Mitgliedstaat
hinausgehen kann, wenn insoweit die Vorschriften des EGV eingehalten
werden); RL 92/14/EWG v. 2.3.1992 zur Einschränkung des Betriebs von
Flugzeugen des Teils II Kapitel 2 Band 1 des Anhangs 16 zum Abkommen
über die Internationale Zivilluftfahrt 2. Ausgabe 1988 (ABl. L76/21);
(Rahmen-) RL 84/532/EWG v. 17.9.1984 zur Angleichung der Rechtsvorschriften der Mitgliedstaaten betreffend Baugeräte und Baumaschinen
(ABl. L 300/112) sowie die Tochter-RL: 84/533/EWG v. 17.9.1984 zur Angleichung der Rechtsvorschriften der Mitgliedstaaten über den zulässigen
Schallleistungspegel von Motorkompressoren (ABl. L 300/123, zuletzt
geändert im ABl. 1985 L 233/11); RL 84/534/EWG v. 17.9.1984 zur Angleichung der Rechtsvorschriften der Mitgliedstaaten betreffend den zulässigen Schallleistungspegel vom Turmdrehkränen (ABl. L 300/130, zuletzt
geändert im ABl. 1987 L 220/60); RL 84/535/EWG v. 17.9.1984 zur Angleichung der Rechtsvorschriften der Mitgliedstaaten über den zulässigen
Schallleistungspegel von Schweißstromerzeugern (ABl. L 300/42, zuletzt
geändert im ABl. 1985 L 233/16); RL 84/536/EWG v. 17.9.1984 zur Angleichung der Rechtsvorschriften der Mitgliedstaaten über den zulässigen
Schallleistungspegel von Kraftstromerzeugern (ABl. L 300/149, zuletzt
geändert im ABl. 1985 L 233/18); RL 84/537/EWG v. 17.9.1984 zur Angleichung der Rechtsvorschriften der Mitgliedstaaten über den zulässigen
Schallleistungspegel handbedienter Betonbrecher und Abbau-, Aufbruch-
und Spatenhämmer (ABl. L 300/156, zuletzt geändert im ABl. 1985
L 233/20); RL 86/662/EWG v. 22.12.1986 zur Begrenzung des Geräusche-
missionspegels von Hydraulikbaggern, Planiermaschinen, Ladern und Bag-
gerladern (ABl. L 384/1, zuletzt geändert im ABl. 1989 L 253/35); RL

84/538/EWG v. 17.9.1984 zur Angleichung der Rechtsvorschriften der Mitgliedstaaten über den zulässigen Schalleistungspegel von Rasenmähern (ABl. L 300/171, zuletzt geändert im ABl. 1988 L 81/71); RL 86/594/EWG v. 1.12.1986 über die Geräuschemissionen von Haushaltsgeräten (ABl. L 344/24).

6. Abfallwirtschaft

a) Vorbemerkung zum gemeinschaftlichen Abfallbegriff

Eine einheitliche **Definition von Abfall** (vgl. allgemein *Martin Dieckmann,* **41** *Das Abfallrecht der Europäischen Gemeinschaft,* Baden-Baden 1994) existiert im Gemeinschaftsrecht nicht. Nachdem lange Zeit umstritten war, ob die Abfallverbringung dem Gebot des freien Warenverkehrs Art. 28 (ex-Art. 30ff.) oder dem Dienstleistungsrecht Art. 49 (ex-Art. 59ff.) unterliegt, hat der EuGH immerhin für das Primärrecht insoweit eine **einheitliche Einordnung** vorgenommen, als er **Abfälle generell als Waren** i.S.v. Art. 28 (ex-Art. 30) behandelt, da sie nach seiner Auffassung entweder einen eigenen Handelswert hätten oder im Hinblick auf Handelsgeschäfte verbracht würden (EuGH, C-2/90, Kommission/Belgien, Slg. 1992, I–4431; für Altöle und Schlachtabfälle bereits Rs. 172/82, Syndicat national des fabricants raffineurs u.a./Inter-Huiles, Slg. 1983, 555; Rs. 296/82, Rhone Alpes Huiles/Syndicat national des fabricants raffineurs u.a., Slg. 1984, 575; Rs. 173/83, Kommission/Frankreich, Slg. 1985,491; Rs. 240/83, Procureur de la République/ADBHU, Slg. 1985, 531; Rs. 118/86, Openbaav Ministerie/Neutsvoederfabriek Nederland BV, Slg. 1987, 3883).

Im **sekundären gemeinschaftlichen Abfallrecht** werden **unterschiedli-** **42** **che Definitionen für Abfall** verwandt. Gemäß **Art. 1a der RL 91/156/ EWG** v. 18.3.1991 über Abfälle (ABl. L 78, 32) sind Abfälle alle „Stoffe und Gegenstände, die unter die in Anhang I aufgeführte Gruppe fallen und deren sich ihr Besitzer entledigt, entledigen will oder entledigen muß". Nach Auffassung des EuGH sind Abfälle auch „Stoffe und Gegenstände, die zur Wiederverwertung geeignet sind"; der Abfallbegriff setze nicht voraus, daß der Besitzer, der sich eines Stoffes oder eines Gegenstandes entledige, dessen wirtschaftliche Wiederverwendung durch andere ausschließen wolle (EuGH, C-206,207/88, Strafverfahren gegen G. Vessoso u. G. Zanetti, Slg. 1990, I–1461/1477; C-359/88, Strafverfahren gegen E. Zanetti, Slg. 1990, I–1509/1522; C-422/92, Kommission Deutschland, Slg. 1995, I–1097; C-304/94, Tombesi u.a., Slg. 1997, I–3561; C-129/96, Inter-Environment Wallonie, Slg. 1997, I–7411). Der Abfallbegriff der RL 91/156/EWG wurde in **Art. 2a der VO (EWG) Nr. 259/93** v. 1.2.1993 zur

Überwachung und Kontrolle der Verbringung von Abfällen in der, in die und aus der Europäischen Gemeinschaft (ABl. 1993 L 30, 1) übernommen. Auch die **RL 91/689/EWG** v. 12.12. 1991 über gefährliche Abfälle (ABl. L 377, 20) übernimmt den allgemeinen Abfallbegriff, grenzt die gefährlichen Abfälle aber auf im Anhang enumerativ aufgeführte Stoffe oder Materialien ein. In der **RL 78/176/EWG** v. 20.2.1978 über Abfälle aus der Titandioxid-Industrie (ABl. L 54, 19) unterfallen beispielsweise auch alle Rückstände der behandelten Rückstände aus der Titandioxid-Produktion, deren sich der Besitzer entledigt oder zu entledigen hat, dem Abfallbegriff. Dagegen definieren die **RLn 75/439/EWG** v. 16.6.1975 über die Altölbeseitigung (ABl. L 194, 31) und **76/403/EWG** v. 6.4.1976 über die Beseitigung polychlorierter Biphenyle und Terphenyle (ABl. L 108, 41) Abfall objektbezogen nach naturwissenschaftlich-technischen Kriterien (vgl. zum Ganzen *Grabitz*, 448f.).

b) Das Sekundärrecht

43   Die RL 75/442/EWG v. 15.7.1975 über Abfälle (ABl. L 194/73) fordert die Mitgliedstaaten auf, **Maßnahmen zur Vermeidung und Wiederverwendung von Abfall** zu ergreifen sowie **Abfallbeseitigungspläne** aufzustellen. Sie verbietet nicht den Verkauf oder Gebrauch eines Erzeugnisses (z.B. Plastiktüten), doch hindert sie andererseits die Mitgliedstaaten auch nicht, entsprechende Verbote zu erlassen (EuGH, C-380/87, E. Base/Commune di Cinisello Balsamo, Slg. 1989, I–2491, 2515). Ferner ist die Einführung eines Genehmigungsverfahrens für diejenigen Unternehmen oder Anlagen vorgesehen, die für andere Abfälle aufbereiten, lagern oder ablagern. Die Genehmigung wird von der zuständigen Behörde erteilt und kann nicht durch die Zustimmung des Eigentümers ersetzt werden, auf dessen Grundstück die Abfälle abgelagert werden (EuGH, Rs. 372–374/85, Strafsache gegen O. Traen u.a., Slg. 1987, 2141, 2157). Die RL steht einem mitgliedstaatlichen Verbot der grenzüberschreitenden Abfallverbringung nicht entgegen (EuGH, C-2/90, Kommission/Belgien, Slg. 1992, I–4431).

44   Am 1.4.1993 ist die auf Art. 130 EWGV (jetzt Art. 157) gestützte ÄnderungsRL 91/156/EWG v. 18.3.1991 (ABl. 1 1991 L 78, 32) in Kraft getreten (zur Bestätigung der Rechtsgrundlage EuGH, C-155/91, Kommission/Rat, Slg. 1993, I–939). Nach der novellierten RL sind die Mitgliedstaaten zum **Aufbau einer ausreichenden Entsorgungsinfrastruktur** verpflichtet mit dem Ziel einzelstaatlicher Entsorgungsautarkie. Die Entsorgung soll in der nächstgelegenen geeigneten Anlage ermöglicht werden (nach Auffassung des EuGH, C-203/96, Chemische Avfallstoffen

Dusseldorp BV u.a./Minister van Volkshuisvesting, Slg. 1998, I–4075, Rn. 25ff. sieht die RL aber nicht die Anwendung der Grundsätze der Entsorgungsautarkie und der Nähe auf die zur Verwertung bestimmten Abfälle vor). Die Mitgliedstaaten werden ermächtigt, Abfallverbringungen, die nationalen Abfallwirtschaftsplänen zuwiderlaufen, zu unterbinden. Die Kommission verabschiedete am 20.12.1993 die Entscheidung 94/3/EG über ein Abfallverzeichnis gem. Art. 1a der RL 75/442/EWG des Rates über Abfälle (ABl. 1994 L 5, 15).

Nach der RL 75/439/EWG v. 16.6.1975 über die **Altölbeseitigung** (ABl. L   **45** 194/31) treffen die Mitgliedstaaten die erforderlichen Maßnahmen zum Verbot des Ableitens von Altöl in Gewässer, zum Verbot der Lagerung von Altöl, welche schädliche Auswirkungen auf den Boden haben sowie zum Verbot des unkontrollierten Ablagerns von Altölrückständen und zum Verbot der luftverschmutzenden Behandlung von Altöl. Jedes Unternehmen, das Altöle beseitigt, bedarf einer Genehmigung, die dem Stand der Technik entsprechende Auflagen enthält. Die Mitgliedstaaten können das Verbrennen von Altöl auf besonders ausgerüstete Unternehmen beschränken (EuGH, Rs. 240/83, Procureur de la République/ADBHU, Slg. 1985, 531). Mit der ÄnderungsRL 87/101/EWG v. 22.12.1986 (ABl. 1987 L 42, 43) zur Altöl-RL wird der Aufbereitung bei der Behandlung von Altöl Vorrang vor jeder anderen Behandlung eingeräumt. Den Mitgliedstaaten werden die erforderlichen Maßnahmen zur Festlegung von Verbrennungsbedingungen bei der Verbrennung von Altölen sowie zur Verstärkung der Sammlung von Altöl und der Überwachung auf diesem Gebiet aufgegeben.

1996 hat der Rat die Richtlinie 96/59/EG über die **vollständige Beseiti-**   **46** **gung von PCB/PCT bis zum Jahre 2010** angenommen (ABl. L 243/31). Die Bestimmung ersetzt die Richtlinie 76/403/EWG aus dem Jahre 1976 (ABl. L 108/41). Sie schreibt eine Bestandsaufnahme und Kennzeichnung PCB-haltiger Geräte vor. Ihre Beseitigung darf nur durch zugelassene Unternehmen erfolgen. Die Mitgliedstaaten haben Pläne zur Dekontaminierung und/oder Beseitigung PCB-haltiger Geräte aufzustellen; eine Wiederverwertung PCB-haltiger Abfälle ist nicht mehr vorgesehen.

Nach der RL 78/176/EWG v. 20.2.1978 über **Abfälle aus der Titandioxid-**   **47** **Industrie** (ABl. L 54/19, zuletzt geändert im ABl. 1983 L 32/28) stellen die Mitgliedstaaten Programme zur schrittweisen Verringerung und späteren Unterbindung der Verschmutzung durch die Abfälle aus diesen Anlagen auf. In Konkretisierung dieser Bestimmungen verbietet die RL 92/112/EWG v. 15.12.1992 über die Modalitäten zur Vereinheitlichung der Programme zur Verringerung und späteren Unterbindung der Verschmutzung durch Abfälle der Titandioxid-Industrie (ABl. L 409/11) die Einleitung und

Einbringung von festen und stark sauren Abfällen in die Gewässer. Ferner
werden Emissionsnormen für gasförmige Ableitungen aus der Titandioxid-
Produktion festgelegt. Diese auf Art. 100a E(W)GV (jetzt Art.
95) gestütz-
te RL enthält **Mindestanforderungen** über die die Mitgliedstaaten hinausgehen können.

48 Die RL 78/319/EWG über giftige und gefährliche Abfälle (ABl. L 84/43)
wurde mit Wirkung vom 12.12.1993 durch die RL 91/689/EWG v.
12.12.1991 über gefährliche Abfälle (ABl. L 377/20) aufgehoben (vgl. allgemein dazu de *Sadeleer/Samlon*; European Environmental Law Review-
EELR 1997, 9ff.). Die neue RL verpflichtet die Mitgliedstaaten insbesondere sicherzustellen, daß gefährliche Abfälle bei der Ablagerung registriert
und identifiziert und nicht mit anderen Abfällen vermischt werden. Ferner
haben die Mitgliedstaaten Abfallbewirtschaftungspläne für gefährliche Abfälle aufzustellen. Mit Entscheidung 94/904/EG v. 22.12.1994 (ABl. L
356/14) wurde ein Verzeichnis gefährlicher Abfälle im Sinne von Art. 1
Abs.4 der RL 91/689/EWG festgelegt.

49 Nach der RL 85/339/EWG v. 27.6.1985 über **Verpackungen für flüssige
Lebensmittel** (ABl. L 176/18) wird den Mitgliedstaaten die Erstellung von
Programmen zur Verringerung des Gewichts/Volumens der Verpackungen
aufgegeben sowie Maßnahmen zur Verbraucheraufklärung und Wiederverwendung der Verpackungen.

50 Die RL 86/278/EWG v. 12.6.1986 über den Schutz der Umwelt und insbesondere der Böden bei der **Verwendung von Klärschlamm in der Landwirtschaft** (ABl. L 181/6) regelt die Verwendung von Klärschlamm und
enthält verbindliche Grenzwerte für Schwermetalle in Klärschlamm zur
Verwendung in der Landwirtschaft.

51 Die RL 91/157/EWG v. 18.3.1991 über gefährliche Stoffe enthaltende **Batterien und Akkumulatoren** (ABl. L 78/38, ergänzt durch die RL 93/86/
EWG v. 4.10.1993 – ABl. L 264/51) bezweckt die kontrollierte Beseitigung
von Altbatterien und Altakkumulatoren, die bestimmte gefährliche Soffe
enthalten. Die Mitgliedstaaten verbieten seit 1.1.1993 das Inverkehrbringen
von Alkali-M-Batterien mit einem Quecksilbergehalt von mehr als 0,025
Gewichtsprozent. Batterien und Akkumulatoren dürfen nur unter der Voraussetzung in Geräten eingebaut sein, daß sie nach dem Ende ihrer Lebensdauer vom Verbraucher entfernt werden können.

52 Die VO (EWG) Nr. 259/93 v. 1.2.1993 zur **Überwachung und Kontrolle
der Verbringung von Abfällen** in der, in die und aus der Europäischen Gemeinschaft (ABl. L 30/1) regelt je nach Art der Abfälle, des Bestimmungs-
ortes sowie des Verbringungszweckes (Beseitigung oder Verwertung), die
Anwendung unterschiedlicher Verfahren bei der Abfallverbringung. Den

Mitgliedstaaten wird im Grundsatz die Möglichkeit erhalten, die innergemeinschaftliche Verbringung von zur Beseitigung bestimmten Abfällen zu
verbieten oder gegen die Verbringung solcher Abfälle einen Einwand zu erheben. Mit der VO (EG) Nr. 120/97 übernahm die EG das 1995 im Rahmen
des Baseler Übereinkommens vom 22.3.1989 über die Kontrolle der grenzüberschreitenden Verbringung gefährlicher Abfälle und ihrer Entsorgung
auf internationaler Ebene beschlossene Verbot, ab 1.1.1998 gefährliche Abfälle in Nicht-OECD-Länder zu exportieren, gleichgültig ob die Verbringung zur Beseitigung oder zur Verwertung erfolgt (ABl. 1997, L 22/14).

Die Richtlinie 94/67/EG über die **Verbrennung gefährlicher Abfälle**   **53**
(ABl. 1994, L 365/34) regelt Anforderungen an den Betrieb von Abfallverbrennungsanlagen. Ferner werden Emissionsgrenzwerte für Verbrennungsanlagen für gefährliche Abfälle in der EG festgelegt. Für Massenkonzentrationen von Dioxinen und Furanen hat die Kommission mit Entscheidung
vom 21.4.1997 harmonisierte Maßnahmen gemäß Art. 7 Abs. 2 der Richtlinie 94/67/EG bestimmt (ABL. L 113/11).

Die Richtlinie 94/62/EG v. 24.12.1994 über **Verpackungen und Ver**   **54**
packungsabfälle (ABl. L 365/10) legt Anforderungen für die Bewirtschaftung dieser Abfälle fest (vgl. dazu *Long,* EELR 1997, 214ff.). In erster Linie sollen Abfälle vermieden werden. Weitere Formen der Abfallbewirtschaftung sind Verwertung, Wiederverwendung und Recycling. 50–65 %
des Verpackungsabfalls sollen verwertet und 25–45 % sollen recycelt werden. Mit Entscheidung 97/129/EG vom 28.1.1997 hat die Kommission entschieden, daß Verpackungsmaterialien in bestimmter Weise zu kennzeichnen sind (ABl. L 50/28), um auf die Beschaffenheit des Verpackungsmaterials hinzuweisen.

7. Chemikalien und Biotechnologie

a) Die RL 67/548/EWG v. 27.6.1967 zur Angleichung der Rechts- und Ver   **55**
waltungsvorschriften für die **Einstufung, Verpackung und Kennzeich**
nung gefährlicher Stoffe (ABl. L 196/1) und die technischen Anpassungsregelungen zu dieser Bestimmung (vgl. zuletzt RL 98/98/EG der
Kommission v. 15.12.1998 zur 25. Anpassung der RL 67/548/EWG an den
technischen Fortschritt – ABl. 1998 L 355/1) wollen aus Gründen des Umwelt – und Gesundheitsschutzes vor Gefahren schützen, die vom Inverkehrbringen bestimmter gefährlicher Stoffe ausgehen; ferner sollen Hindernisse für den Handel mit gefährlichen Stoffen beseitigt werden (EuGH,
Rs. 278/85, Kommission/Dänemark, Slg. 1987, 4069, 4089). Das Inverkehrbringen jedes neuen Stoffes ist bei den zuständigen Behörden anzu

melden (die Regelungen über die Anmeldung, Einstufung, Verpackung und Kennzeichnung sind abschließend, vgl. dazu EuGH, Rs. 429/85, Kommission/Italien, Slg. 1988, 843, 851f.; Rs. 278/85, Kommission/Dänemark, Slg. 1987, 4069, 4087ff.), wobei die Anmeldung Informationen umfassen muß, die die Beurteilung der Gefährlichkeit des Stoffes zulassen. Ferner sind Maßnahmen zu ergreifen, mit denen sichergestellt werden kann, daß ein Anmeldeverfahren automatisch für die gesamte EG gilt. Die Kennzeichnungspflicht nach der RL bezieht sich nur auf die Kennzeichnung der einzelnen Stoffe, nicht aber auf Zubereitungen, die einen oder mehrere Stoffe enthalten (EuGH, Rs. 187/84, Strafverfahren gegen G. Caldana, Slg. 1985, 3013, 3024; die Unterrichtung über die zur Kennzeichnung von Stoffen getroffenen Maßnahmen erfolgt formlos, EuGH, C-43/90, Kommission/Deutschland, Slg. 1992, I–1909).

56   b) Die RL 67/548/EWG ist durch weitere Bestimmungen betreffend **Lösemittel** (RL 73/173/EWG v. 4.6.1973 – ABl. L 189/7, zuletzt geändert im ABl. 1982 L 213/17), **Anstrichmittel**, Lacke, Druckfarben, Klebstoffe etc. (RL 77/728/EWG v. 7.11.1977 – ABl. L 303/23 zuletzt geändert im ABl. 1989 L 216/75), **Schädlingsbekämpfungsmittel** (RL 78/631/EWG v. 28.6.1978 – ABl. L 206/13 zuletzt geändert im ABl. 1984 L 144/1) sowie **gefährliche Zubereitungen** (RL 88/379/EWG v. 7.6.1988 – ABl. L 187/14, ergänzt im ABl. 1989 L 64/18; 1990 L 275/35 sowie 1991 L 76/35) ergänzt worden.

57   c) Nach der RL 87/18/EWG v. 18.12.1986 zur Angleichung der **Grundsätze der Guten Laborpraxis** und zur **Kontrolle ihrer Anwendung** bei Versuchen mit chemischen Stoffen (ABl. 1987 L 15/29) müssen die Mitgliedstaaten sicherstellen, daß die Laboratorien, die Versuche mit Stoffen i.S.d. RL 67/548/EWG durchführen, den OECD-Grundsätzen der Guten Laborpraxis genügen. Die RL 88/320/EWG v. 9.6.1988 über die Inspektion und Überprüfung der Guten Laborpraxis (ABl. L 145/35, zuletzt geändert im ABl. 1990 L 11/37) enthält entsprechende Kontrollvorschriften.

58   b) Nach der RL 73/404/EWG v. 22.11.1973 zur Angleichung der Rechts- und Verwaltungsvorschriften der Mitgliedstaaten über **Detergentien** (ABl. L 347/51, zuletzt geändert im ABl. 1986 L 80/51) i.V.m. der RL 73/405/EWG v. 22.11.1973 zur Angleichung der Rechtsvorschriften über die Methoden zur Kontrolle der Abbaubarkeit anionischer grenzflächenaktiver Substanzen in Detergentien (ABl. L 347/53, zuletzt geändert im ABl. 1982 L 109/18) untersagen die Mitgliedstaaten das Inverkehrbringen und die Verwendung von Wasch- und Reinigungsmitteln in ihrem Hoheitsgebiet, wenn die durchschnittliche biologische Abbaubarkeit der in ihnen enthaltenen grenzflächenaktiven (anionische, kationische und ampholytische)

Substanzen unter 90 % liegt. Bei nichtionischen grenzflächenaktiven Substanzen gilt dieses Verbot, wenn die Messung der biologischen Abbaubarkeit einen Anteil von unter 80 % ergibt.

c) Die RL 76/116/EWG v. 18.12.1975 zur Angleichung der Rechtsvorschriften der Mitgliedstaaten für **Düngemittel** (ABl. 1976 L 24/21, zuletzt geändert in ABl. 1997, L 335/15) legt Bezeichnung, Zusammensetzung, Kennzeichnung, Etikettierung und Verpackungsverschluß für EG-Düngemittel fest (z.B. Nährstoffmindestgehalte). Der Rechtsakt wurde ergänzt durch die RL 88/183/EWG v. 22.3.1988 betreffend flüssige Düngemittel (ABl. L 83/33) sowie durch die RL 89/284/EWG v. 13.4.1989 betreffend Calcium, Magnesium, Natrium und Schwefel in Düngemitteln (ABl. 1989 L 111/34). Die RLen werden regelmäßig an den technischen Fortschritt angepaßt (zuletzt durch die Richtlinie 98/3/EG, ABl. 1998 L 18/25). **59**

d) Nach der RL 76/769/EWG v. 27.7.1976 zur Angleichung der Rechts- und Verwaltungsvorschriften der Mitgliedstaaten für **Beschränkungen des Inverkehrbringens und der Verwendung gewisser gefährlicher Stoffe und Zubereitungen** (ABl. L 262/201ff., zuletzt geändert im ABl. 1997, L 333/1) treffen die Mitgliedstaaten alle zweckdienlichen Maßnahmen, damit bestimmte gefährliche Stoffe und Zubereitungen z.B. polychlorierte Biphenyle und Terphenyle, Benzol, Asbest etc. nicht oder nur unter den in den Anhängen angegebenen Bedingungen in den Verkehr gebracht oder verwendet werden. Die Richtlinie wird regelmäßig an den technischen Fortschritt angepaßt (vgl. zuletzt RL 97/10/EG der Kommission, ABl. 1997 L 68/24) **60**

e) Die neugefaßte **Seveso-RL** 96/82/EG vom 9.12.1996 zur Beherrschung der Gefahren bei schweren Unfällen mit gefährlichen Stoffen (ABl. 1997 L 10/93, ergänzt durch die Entscheidung 98/433/EG vom 26.6.1998, ABl. L 192/2) sieht vor, daß bei allen Industrietätigkeiten, bei denen gefährliche Stoffe eingesetzt werden, die notwendigen Maßnahmen ergriffen werden, um schwere Unfälle zu verhüten und deren Folgen für Mensch und Umwelt zu begrenzen. Hierzu gehören z.B. die Mitteilung der Betreiber an die zuständigen Behörden der Mitgliedstaaten über Art und Mengen der in der Anlage vorhandenen Stoffe, Informationen über die Anlage, Erarbeitung von Sicherheitskonzepten und -berichten sowie Unterrichtungspflichten im Falle eines schweren Unfalls. Die Mitgliedstaaten sollen „langfristig" dafür sorgen, daß zwischen gefährlichen Industriebetrieben und Wohn- bzw. Naturschutzgebieten ein angemessener Abstand gewahrt wird. **61**

f) Die VO (EWG) Nr. 3322/88 v. 14.10.1988 über bestimmte Fluorchlorkohlenwasserstoffe und Halone, die zu einem **Abbau der Ozonschicht** führen (ABl. L 297/1) und die VO (EG) Nr. 3093/94 v. 15.12.1994 über **62**

Stoffe, die zu einem Abbau der Ozonschicht führen (ABl. L 333/1) betreffen Produktion und Verbrauch von Fluorchlorkohlenwasserstoffen, Halo-
nen, Tetrachlorkohlenstoff, 1.1.1.-Trichlorethan. Die VO (EG) Nr.
3093/94 sieht für folgende die Ozonschicht schädigenden Stoffe Ausstiegsszenarien
aus Produktion und Verbrauch vor: FCKW bis 1995, andere voll halogе-
nierte Halone bis 1996, Halone bis 1994, Tetrachlorkohlenstoff bis 1995,
1.1.1.-Trichlorethan bis 1996. Für **bestimmte Verwendungszwecke**, z.B.
im Bereich der Medizin, werden **ozonschichtschädigende Stoffe ausnahmsweise zugelassen** (vgl. z.B. die Entscheidung 98/67/EG über die Zuteilung von Mengen geregelter Stoffe, die 1998 in der EG für wesentliche
Verwendungszwecke zugelassen sind, ABl. 1998, L 10/31). Für die Einfuhr
von ozonschichtschädigenden Stoffen legt die Kommission Quoten fest
(vgl. z.B. die Entscheidung 97/461/EG v. 27.6.1997, ABl. L 198/21; zu
Schadenersatzansprüchen im Zusammenhang mit der Verweigerung einer
Einfuhrlizenz vgl. EuGeI, T-336/94, Eifsol/Kommission, Slg. 1996,
II–1343).

63   g) Mit der RL 90/219/EWG v. 23.4.1990 über die **Anwendung genetisch
veränderter Mikroorganismen** in geschlossenen Systemen (ABl. L
117/1; vgl. auch die Entscheidung 91/448/EWG v. 29.7.1991 betreffend die
Leitlinien für die Einstufung gemäß Art. 4 der RL 90/219/EWG – ABl.
1991 L 239/23) werden gemeinsame Maßnahmen im Hinblick auf die Anwendung genetisch veränderter Mikroorganismen in geschlossenen Systemen festgelegt, mit denen die menschliche Gesundheit und die Umwelt geschützt werden sollen (Anforderungen an Risikobewertung, Klassifizierung
genetisch veränderter Mikroorganismen nach ihrer Gefährlichkeit, Unfall-
verhütung, Genehmigungsbedürftigkeit von gefährlichen Arbeitsgängen).

64   h) Die RL 90/220/EWG v. 23.4.1990 über die **absichtliche Freisetzung genetisch veränderter Organismen in die Umwelt** (ABl. L 117/15, zuletzt
geändert in ABl. 1997 L 169/72) regelt insbesondere das Genehmigungsverfahren für das Inverkehrbringen von Produkten, die genetisch veränderte Organismen enthalten oder aus diesen bestehen, und die beabsichtigte
Verwendung des Produkts. Auf dieser Basis erteilte die Kommission u.a.
die Zustimmung zum Inverkehrbringen von genetisch veränderten Soja-
bohnen (Entscheidung 96/281/, ABl. 1996 L 107/10), Chicoree (Entscheidung 96/424 ABl. 1996 L 175/25), Mais (Entscheidung 97/98 ABl. 1997 L
31/69) und Sommerraps (Entscheidung 98/291 ABl. 1998 L 131/26).

65   i) Die RL 91/414/EWG v. 15.7.1991 über das **Inverkehrbringen von
Pflanzenschutzmitteln** (ABl. L 230/1, zuletzt geändert in ABl. 1997 L
265/87) betrifft die Zulassung, das Inverkehrbringen, die Anwendung und
die Kontrolle von Pflanzenschutzmitteln in handelsüblicher Form sowie das

Inverkehrbringen und die Kontrolle von Wirkstoffen (zur Frage, unter welchen Umständen bei einer Weiterentwicklung des Rechtsaktes das EP zu beteiligten ist und wann ein Beschluß im Rahmen des sog. Komitologieverfahrens ohne Parlamentsbeteiligung ausreicht vgl. EuGH, C-303/94, EP/Rat; Slg. 1996, I–2943).

j) Die VO (EWG) Nr. 2455/92 v. 23.7.1992 betreffend die **Ausfuhr und**   **66**
Einfuhr bestimmter gefährlicher Chemikalien (ABl. L 251/13, zuletzt geändert in ABl. 1998 L 282/12) erweitert die Pflicht, gefährliche Stoffe und Zubereitungen nach den Vorschriften des Gemeinschaftsrechts zu verpacken und zu kennzeichnen, auf alle zum Export aus der EG in Drittländer bestimmte gefährliche Stoffe und gefährliche Zubereitungen. Der Export wird von der Zustimmung des Empfängerlandes abhängig gemacht. Anpassungen des Rechtsaktes wurden durch die VOen der Kommission 1462/96 (ABl. L 189/19) und 1237/97 (ABL. L 173/37) vorgenommen.

k) Zum **Schutz des Menschen und der Umwelt** sieht die VO (EWG) Nr.   **67**
793/93 v. 23.3.1993 zur Bewertung und Kontrolle der Umweltrisiken chemischer Altstoffe (ABl. L 84/1) eine Klassifizierung der Gefährlichkeit von Altstoffen vor. Die Bewertung der Gefährdung durch Stoffe, die in sog. Prioritätslisten aufgeführt sind (VOen Kommission 1179/94 ABl. L 131/3 – 1. Prioritätenliste; 2268/95 ABl. L 231/18 – 2. Prioritätenliste; 143/97, ABl. L 25/13 – 3. Prioritätenliste), ist von den Mitgliedstaaten sicherzustellen. Hersteller und Importeure von Altstoffen müssen zu diesem Zweck der Kommission Angaben zu diesen Stoffen übermitteln (z.B. Eigenschaften, Verwendungszweck etc.)

Die RL 98/8/EG v. 16.2.1998 enthält Bestimmungen über das Inverkehr-   **68**
bringen von Biozid-Produkten (ABl. L 123/1). Grundlage für die Zulassung eines Biozid-Produktes ist eine umfassende Bewertung der Risiken, die von diesem Produkt für die Umwelt sowie für die Gesundheit von Arbeitnehmern und privaten Endverbrauchern ausgehen. Biozid-Produkte werden nur dann behördlich zugelassen, wenn von ihnen kein unvertretbares Risiko für Mensch und Umwelt ausgeht. Außerdem gilt als Vorbedingung für alle Biozid-Produkte, daß der in ihnen enthaltene biozide Wirkstoff in einer „Liste zulässiger Wirkstoffe" aufgeführt ist, auf die sich die Mitgliedstaaten und die Kommission in den kommenden Jahren allerdings noch einigen müssen.

8. Naturschutz

a) Die RL 79/409/EWG v. 2.4.1979 über die **Erhaltung der wildlebenden**   **69**
Vogelarten (ABl. L 103/1, zuletzt geändert im ABl. 1991 L 115/41) bezweckt einen umfassenden gemeinschaftsweiten Schutz der Vögel und ih-

rer Lebensräume. Nach dem EuGH sind alle von dem Rechtsakt erfaßten wildlebenden Vögel zu schützen, nicht nur die auf dem jeweiligen Hoheitsgebiet vorkommenden (EuGH, C-149/91, Minístere Public gegen Vergy, Slg. 1996, I–299). Eine Verpflichtung zu Erhaltung oder Wiederherstellung von Lebensräumen liegt bereits vor, wenn eine Verringerung der Zahl der Vögel eingetreten ist oder sich die Gefahr des Verschwindens einer geschützten Art konkretisiert hat (EuGH, C-355/90, Kommission/Spanien, Slg. 1993, I–4221) Die RL stellt die Habitate von besonders gefährdeten Vogelarten unter Schutz, beschränkt die Zahl der jagd- und handelbaren Vogelarten und verbietet bestimmte Jagd- und Fangmethoden. Obwohl die RL den Mitgliedstaaten erlaubt, strengere Maßnahmen zum Schutz der Vogelarten zu ergreifen, sind sie nicht befugt, derartige Maßnahmen für Arten zu erlassen, die nicht auf ihrem Gebiet heimisch sind (EuGH, C-169/89, Strafverfahren gegen Gourmetterie van den Burg BV, Slg. 1990, I–2143, 2163f.). In allen Mitgliedstaaten stößt die volle Anwendung der RL auf Schwierigkeiten, z.B. im Hinblick auf die Beeinträchtigung der Lebensräume der Vögel durch menschliche, insbesondere landwirtschaftliche und touristische Tätigkeit und das Unterlassen von Maßnahmen zum Schutz der Lebensräume. Eine Rücknahme bzw. Beeinträchtigung bereits ausgewiesener Schutzräume aus übergeordneten Gemeinwohlgründen ist dagegen möglich (EuGH, C-57/89, Kommission/Deutschland, Slg. 1991, I–883, 930f. ähnlich auch EuGH, C-44/95, Lappel Bank, Slg. 1996, I–3805).

70 b) Die **einheitliche Anwendung des Washingtoner Übereinkommens über den internationalen Handel mit gefährdeten Arten freilebender Tiere und Pflanzen** v. 3.3.1973 **(CITES)**, dessen Vertragspartei die EG nicht ist, wird mit der VO 3626/82/EWG v. 3.12.1982 (ABl. L 384/1, zuletzt geändert im ABl. 1998 L 279/3) gewährleistet. Zweck des Übereinkommens ist der Schutz bestimmter gefährdeter Arten freilebender Tiere und Pflanzen durch eine Regelung des internationalen Handels mit Tieren oder Pflanzen sowie mit Teilen dieser Tiere oder Pflanzen und mit Erzeugnissen davon. Die VO sieht unter Zugrundelegung des Prinzips der gegenseitigen Anerkennung ein gemeinschaftliches Verfahren zur Erteilung und Verlängerung von Genehmigungen für die Ausfuhr, die Wiedereinfuhr, die Einfuhr von Exemplaren der unter das Abkommen fallenden Arten vor (die positive Stellungnahme der nationalen wissenschaftlichen Behörde des Einfuhrlandes berechtigt noch nicht zu der Schlußfolgerung, daß die Entnahme eines Exemplars aus der Natur der Erhaltung der Arten nicht schadet, vgl. EuGH, C-182/89, Kommission/Frankreich, Slg. 1990, I–4337, 4360). Besondere Durchführungsbestimmungen enthält die VO (EG) Nr. 939/97 (ABl. L 325/1, zuletzt geändert in ABl. 1998 L 145/3).

c) Nach der VO 348/81/EWG v. 20.1.1981 über eine **gemeinsame Rege-**   **71**
lung für die Einfuhr von Walerzeugnissen (ABl. L 39/1) ist für die Einfuhr der im Anhang aufgeführten Erzeugnisse in der EG eine Einfuhrgenehmigung erforderlich. Die Genehmigung ist zu versagen, wenn die Waren für kommerzielle Zwecke bestimmt sind.

d) Die VO (EWG) Nr. 3254/91 v. 4.11.1991 (ABl. L 308/1) sieht das **Ver-**   **72**
bot von Tellereisen in der EG und die **Einfuhr von Pelzen** und Waren von
bestimmten Wildtierarten aus Ländern vor, die Tellereisen oder den internationalen humanen Fangnormen nicht entsprechende Fangmethoden anwenden (zur Entwicklungsgechichte des Rechtsaktes sowie zu Problemen
etwa im Zusammenhang mit GATT *Nollkaemper,* Journal of Environmental
Law, Vol. 8, No. 2, 1996, 237ff.). In diesem Zusammenhang ist das
Übereinkommen über internationale humane Fangnormen zwischen der
EG, Kanada und der Russischen Föderation und einer Vereinbarten Nieder-
schrift zwischen Kanada und der EG über die Unterzeichnung dieses Übereinkommens (Beschluß des Rates 98/142/EG v.26.1.1998 – ABl L 42/40)
sowie die Internationale Vereinbarung in Form einer Vereinbarten Nieder-
schrift über Normen für humane Fangmethoden zwischen der EG und den
USA zu sehen (Beschluß des Rates 98/487/EG v.13.7.1998 – ABl L
219/24).

e) Nach der RL 92/43/EWG v. 21. 5.1992 zur **Erhaltung der natürlichen**   **73**
Lebensräume sowie der wildlebenden Tiere und Pflanzen (ABl. L 206,
7) sind zur Wiederherstellung oder Wahrung des Erhaltungszustandes der
natürlichen Lebensräume und der Arten von gemeinschaftlichem Interesse
besondere Schutzgebiete in einem speziellen Verfahren auszuweisen, um
ein zusammenhängendes europäisches ökologisches Netz **„Natura 2000"**
zu schaffen. Ergänzend zur RL 79/409/EWG ist ein allgemeines Schutzsystem unter Einschluß des Verbotes bestimmter Fang- und Tötungsmethoden
für gewisse Tier- und Pflanzenarten vorgesehen (umfassend zu dieser RL
Rödiger-Vorwerk, Die Fauna-Flora-Habitat-Richtlinie der Europäischen
Union und ihre Umsetzung in nationales Recht, Berlin 1998).

9. Völkerrechtliche Verträge

Die EG ist Vertragspartei einer Reihe von **internationalen Umweltschutz-**   **74**
verträgen, die gemäß Art. 300 (ex-Art. 228) ausgehandelt und abgeschlossen wurden. Die wichtigsten dieser multilateralen Abkommen werden
nachstehend aufgeführt; hierbei handelt es sich ausschließlich um sogenannte **gemischte Verträge** unter Beteiligung von EG und Mitgliedstaaten:

a) Luftreinhaltung

75 – **Übereinkommen von Genf über weiträumige grenzüberschreitende Luftverunreinigung** vom 13.11.1979 (Beschluß 81/426/EWG v. 13.11.1981 – ABl. 1981 L 171/11). Die allgemeinen Bestimmungen des Übereinkommens werden ausgestaltet bzw. konkretisiert durch Protokolle, wie z.b. das Protokoll betreffend die langfristige Finanzierung des Programms über die Zusammenarbeit bei der Messung und Bewertung der weiträumigen Übertragung von luftverunreinigenden Stoffen in Europa EMEP) v. 24.9.1984 (Beschluß 86/277/EWG v. 12.6.1986 – ABl. L 181/1) oder das Protokoll über die Bekämpfung von Emissionen von Stickstoffoxiden oder ihres grenzüberschreitenden Flusses (ABl. 1993 L 149/16).

– **Wiener Übereinkommen zum Schutz der Ozonschicht** v. 22.3.1985 sowie das **Montrealer Protokoll über Stoffe, die zu einem Abbau der Ozonschicht führen** v. 16.9.1987 (Entscheidung 88/540/EWG v. 14.10.1988 – ABl. L 297/8) und die im Juni 1990 in London beschlossene Änderung des Montrealer Protokolls über Stoffe, die zu einem Abbau der Ozonschicht führen (Entscheidung 91/690/EWG v. 12.12.1991 – ABl. L 377/28).

b) Gewässerschutz

76 – **Vereinbarung von Bern** v. 29.4.1963 über die Internationale Kommission zum **Schutz des Rheins** gegen Verunreinigung sowie die Zusatzvereinbarung vom 3.12.1976 zum Schutz des Rheins gegen chemische Verunreinigung (Beschluß 77/586/EWG v. 25.7.1977 – ABl. L 240/51).

– Vereinbarung vom 8.10.1990 über die Internationale Kommission zum **Schutz der Elbe** (Beschluß 91/598/EWG v. 18.11.1991 – ABl. L 321/24).

– Vertrag zwischen der Bundesrepublik Deutschland und der EWG einerseits und der Republik Österreich andererseits über die wasserwirtschaftliche Zusammenarbeit im Einzugsgebiet der **Donau** v.1.12.1987 (Beschluß 90/160/EWG v. 22.3.1990 – ABl. L 90/18).

– **Übereinkommen von Paris** zur **Verhütung der Meeresverschmutzung** vom Lande aus v. 4.6.1974 (Beschluß 75/437/EWG v. 3.3.1975 – ABl. L 194/5).

– **Übereinkommen von Barcelona** zum **Schutz des Mittelmeeres** vor Verschmutzung sowie das Protokoll zur Verhütung der Verschmutzung des Mittelmeeres durch das Einbringen durch Schiffe und Luftfahrzeuge v. 16.2.1976 (Beschluß 77/585/EWG v. 25.7.1977 – ABl. L 240/1).

- Protokoll über den **Schutz des Mittelmeers** gegen Verschmutzungen vom Lande v. 17.3.1980 (Beschluß 83/101/EWG v. 28.2.1983 – ABl. L 67/1).
- Das **Bonner Übereinkommen** über die Zusammenarbeit bei der **Bekämpfung der Verschmutzung der Nordsee** durch Öl und andere Schadstoffe v. 13.9.1983 (Beschluß 84/358/EWG v. 28.6.1984 – ABl. L 188/7), geändert durch Beschluß v. 22.9.1989 (Beschluß 93/540/EWG v. 18.10. 1993 – ABl. L 263/51).
- Übereinkommen über die Zusammenarbeit beim **Schutz der Küsten und Gewässer des Nordostatlantiks** gegen Verschmutzung (Beschluß 93/550/EWG v. 18.10.1993 – ABl. L 263/51).
- Übereinkommen zum **Schutz der Meeresumwelt des Nordostatlantiks** (Beschluß 98/249/EG v. 7.10.1997 – ABl. L 104/1).
- Übereinkommen über die Zusammenarbeit zum **Schutz und zur verträglichen Nutzung der Donau** (Beschluß 97/825/EG v. 24.11.1997 – ABl. L 342/18).
- **Seerechtsübereinkommen** der Vereinten Nationen vom 10.12.1982 und Übereinkommen vom 28.7.1994 zur Durchführung des Teils XI des Seerechtsübereinkommens durch die EG (Beschluß 98/392/EG v. 23.3.1998 – ABl. L 179/1).

c) Naturschutz

- **Bonner Übereinkommen** zur **Erhaltung der wandernden wildlebenden Tierarten** v. 23.6.1979 (Beschluß 82/461/EWG v. 24.6.1982 – ABl. L 210/10).   **77**
- **Berner Übereinkommen** zur **Erhaltung der europäischen freilebenden Tiere und wildlebenden Pflanzen und ihrer natürlichen Lebensräume** v. 13.9. 1979 (Beschluß 82/72/EWG v. 3.12.1981 – ABl. 1982 L 38/1).
- **Übereinkommen von Canberra** über die **Erhaltung der lebenden Meeresschätze der Antarktis** v. 20.5.1980 (Beschluß 81/691/EWG v. 4.9.1981 – ABl. L 252/26).
- Übereinkommen über die **biologische Vielfalt** v. 22.5.1992 (Beschluß 93/626/EWG v. 25.10.1993 – ABl. L 309/1).
- Übereinkommen zum **Schutz der Alpen** (Beschluß 96/191/EG v. 26.2.1996 – ABl. L 61/31).

d) Andere Verträge

78 – Übereinkommen über die **Kontrolle der grenzüberschreitenden Verbringung von gefährlichen Abfällen und ihrer Entsorgung** (ABl. 1993 L 39/3) sowie Änderung des Abkommens auf der Grundlage der Entscheidung III/1 der Konferenz der Vertragsparteien (Beschluß 97/640/EG v. 22.9.1997 – ABl. L 272/45).

– Rahmenübereinkommen der Vereinten Nationen über **Klimaänderungen** (Beschluß 94/69/EG v. 15.12.1993 – ABl. L 33/11).

– Vertrag über die **Energiecharta** und des Energiechartaprotokolls über Energieeffizienz und damit verbundene Umweltaspekte (Beschluß 98/181/EG, EGKS, Euratom – ABl. 1998 L 69/1).

– Übereinkommen der Vereinten Nationen zur **Bekämpfung der Wüstenbildung** in den von Dürre und/oder Wüstenbildung schwer betroffenen Ländern, insbesondere in Afrika (Beschluß 98/216/EG v. 9.3.1998 – ABl. L 83/1).

Art. 174 (ex-Art. 130r) (Ziele der EG, Zusammenarbeit mit Drittländern, internationalen Organisationen)

(1) Die Umweltpolitik der Europäischen Gemeinschaft trägt zur Verfolgung der nachstehenden Ziele bei:

– **Erhaltung und Schutz der Umwelt sowie Verbesserung ihrer Qualität;**

– **Schutz der menschlichen Gesundheit;**

– **umsichtige und rationelle Verwendung der natürlichen Ressourcen;**

– **Förderung von Maßnahmen auf internationaler Ebene zur Bewältigung regionaler oder globaler Umweltprobleme.**

(2) Die Umweltpolitik der Gemeinschaft zielt unter Berücksichtigung der unterschiedlichen Gegebenheiten in den einzelnen Regionen der Gemeinschaft auf ein hohes Schutzniveau ab. Sie beruht auf den Grundsätzen der Vorsorge und Vorbeugung, auf dem Grundsatz, Umweltbeeinträchtigungen mit Vorrang an ihrem Ursprung zu bekämpfen, sowie auf dem Verursacherprinzip.

Im Hinblick hierauf umfassen die derartigen Erfordernissen entsprechenden Harmonisierungsmaßnahmen gegebenenfalls eine Schutzklausel, mit der die Mitgliedstaaten ermächtigt werden, aus nicht wirtschaftlich bedingten umweltpolitischen Gründen vorläufige Maßnahmen zu treffen, die einem gemeinschaftlichen Kontrollverfahren unterliegen.

(3) Bei der Erarbeitung ihrer Umweltpolitik berücksichtigt die Gemeinschaft
- die verfügbaren wissenschaftlichen und technischen Daten;
- die Umweltbedingungen in den einzelnen Regionen der Gemeinschaft;
- die Vorteile und die Belastung aufgrund des Tätigwerdens bzw. eines Nichttätigwerdens;
- die wirtschaftliche und soziale Entwicklung der Gemeinschaft insgesamt sowie die ausgewogene Entwicklung ihrer Regionen.

(4) Die Gemeinschaft und die Mitgliedstaaten arbeiten im Rahmen ihrer jeweiligen Befugnisse mit dritten Ländern und den zuständigen internationalen Organisationen zusammen. Die Einzelheiten der Zusammenarbeit der Gemeinschaft können Gegenstand von Abkommen zwischen dieser und den betreffenden dritten Parteien sein, die nach Artikel 300 ausgehandelt und geschlossen werden.

Unterabsatz 1 berührt nicht die Zuständigkeit der Mitgliedstaaten, in
internationalen Gremien zu verhandeln und internationale Abkommen
zu schließen.

I. Vorbemerkung

1   Art. 174 Abs. regelt **unterschiedliche Aspekte des Umweltschutzes**. Die Bestimmung sieht eine Reihe von Zielen (Abs. 1), Grundsätzen (Abs. 2) und Kriterien (Abs. 3) vor, die der Gemeinschaftsgesetzgeber im Rahmen der Durchführung von Umweltpolitik zu beachten hat. Nach Auffassung des EuGH beschränkt sich die gerichtliche Nachprüfung der Bestimmungen auf die Frage, ob der Rat beim Erlaß eines Rechtsaktes die Anwendungsvoraussetzungen des Art. 174 offensichtlich falsch beurteilt hat. Grund für die eingeschränkte Justiziabilität soll der Umstand sein, daß die in Art. 174 genannten Ziele und Grundsätze in der konkreten Anwendung „gegeneinander abgewogen werden müssen und die Anwendung der Kriterien komplex ist" (EuGH, C-284/95, Safety Hi-Tech Srl/S & T Srl, Slg. 1998, I–4301, Rn. 36f.).

2   Abs. 4 von Art. 174 enthält – wenig systemgerecht – eine Vorschrift über die **Aufteilung der Außenkompetenzen** zwischen EG und Mitgliedstaaten im Bereich des Umweltschutzes. Da hier nur allgemeine – vom EuGH entwickelte – Grundsätze abstrakt wiedergegeben werden, ist zu fragen, ob diese Vorschrift nicht an dieser Stelle verzichtbar ist. Angemessener wäre wohl eine allgemeine Bestimmung, die für alle Politikbereiche Anwendung findet.

II. Ziele der gemeinschaftlichen Umweltpolitik (Abs. 1)

1. Allgemeines

3   Nach dem Wortlaut von Abs. 1 „trägt" die Umweltpolitik der EG lediglich zur Verfolgung von vier Zielen „bei". Sicher soll die gemeinschaftliche Umweltpolitik damit aber nicht relativiert werden. Die Formulierung trägt vielmehr den Umständen Rechnung, daß umweltpolitische Ziele gemäß Art. 6 (ex-Art. 130r II S. 3) auch im Rahmen anderer Politiken berücksichtigt werden müssen und eine gemeinschaftliche Umweltpolitik allein eine

Lösung aller Umweltprobleme nicht gewährleisten kann. Abs. 1 ist mithin so zu lesen, daß **Umweltschutzmaßnahmen der EG an den dort aufgeführten Zielen auszurichten sind.** Eine Hierarchie besteht zwischen den einzelnen Zielen nicht. Aus Art. 174 Abs. 1 ergibt sich auch nicht, daß der Gemeinschaftsgesetzgeber, wenn er Maßnahmen zum Schutz der Umwelt erläßt, die nur ein spezielles Umweltproblem behandeln sollen, stets gleichzeitig Maßnahmen erlassen müßte, die auf die Umwelt insgesamt abzielen. Daraus folgt, daß Abs. 1 den Erlaß von Maßnahmen erlaubt, die nur bestimmte Aspekte der Umwelt betreffen, sofern diese Maßnahmen zum Schutz der Umwelt beitragen (EuGH, C -284/95, Safety Hi-Tech Srl/S & T Srl, Slg. 1998, I–4301).

2. Erhaltung und Schutz der Umwelt sowie Verbesserung ihrer Qualität

Der **Umweltbegriff** ist im EGV nicht definiert und auch nach Maastricht **4** entwicklungsoffen gehalten worden. Inzwischen scheint sich jedoch angesichts verschiedener Ansätze im Sekundärrecht, in den Umweltaktionsprogrammen und in der Literatur ein Konsens für eine Definition herauszubilden, der zu Recht von einem weiten Ansatz ausgeht: **Der Umweltbegriff umfaßt die natürliche und die vom Menschen geschaffene gegenständliche Umwelt** (vgl. dazu *Kahl*, 13ff. m.w.N., der unter den Begriff auch die soziale Umwelt des Menschen faßt).

Erhaltungs- und Schutzmaßnahmen zielen auf die Aufrechterhaltung des **5** status quo der Umwelt ab; darüber hinaus bezweckt diese Zielbestimmung i.V.m. Art. 2 eine qualitative Anhebung des gegenwärtigen Umweltstandards (*Frenz*, Rn. 27). Allerdings werden sich Umweltschutzmaßnahmen nicht immer sicher dem einem oder anderen Begriff zuordnen lassen. Der Erreichung der Ziele nach Art. 174 Abs. 1, 1. Spiegelstrich, dienen Maßnahmen zur Bekämpfung oder Beseitigung eingetretener Umweltbelastungen, zur Verhinderung von Belastungen sowie allgemeine Maßnahmen z.B. planerischer Art, die den gegenwärtigen Zustand der Umwelt erhalten, schützen oder im Idealfall verbessern; so sind etwa auch Maßnahmen wie Information, Forschung und Erziehung oder die Förderung umweltfreundlicher Technologien hierzu zu rechnen (vgl. dazu *Krämer*, in GTE, Art. 130r Rn. 13).

Zweifelhaft ist trotz der weiten Definition des Umweltbegriffes, ob auch **6** der **Tierschutz** zu den Zielen des Abs. 1 gehört. Die Erklärung in Protokoll 24 zum Amsterdamer Vertrag über den Tierschutz und das Wohlergehen der Tiere, wonach bei der Festlegung und Durchführung der Politik der Gemeinschaften in den Bereichen Landwirtschaft, Verkehr, Binnenmarkt und

Forschung den Erfordernissen des Wohlergehens der Tiere in vollem Umfang Rechnung zu tragen ist, deutet darauf hin, daß der Tierschutz nicht unter den Titel XVI Umwelt fällt. Andernfalls wäre nämlich die Erklärung überflüssig, da der Tierschutz dann von der Integrationsklausel des Art. 6 erfaßt wäre (nach alter Rechtslage im Ergebnis a.A. *Scheuing,* EuR 1989, 161; *Schmitz,* Die EU als Umweltunion, 1996, S. 146). In der Praxis werden Regelungen des Tierschutzes weitgehend auf Art. 37 (ex-Art. 43) gestützt, z.B. die RL 91/628/EWG v. 19.11.1991 über den Schutz von Tieren beim Transport – ABl. L 340/17, oder die RL 98/58/EG v. 20.7.1998 über den Schutz landwirtschaftlicher Nutztiere – ABl L 221/23 (vgl. auch EuGH, C-131/86, Großbritannien und Nordirland/Rat, Slg. 1988, I–905, 929ff., der Art. 43 (jetzt Art. 39) als richtige Rechtsgrundlage für die RL 86/113/EWG v. 25.3.1986 über die Festsetzung von Mindestanforderungen zum Schutz von Legehennen in Käfigbatteriehaltung – ABl. L 95/45 – angesehen hat).

3. Schutz der menschlichen Gesundheit

7   In Ergänzung zu Art. 152 (ex-Art. 129) nennt Abs. 1, 2. Spiegelstrich, als weiteres Ziel den Beitrag der Umweltpolitik zum Schutz der menschlichen Gesundheit. Der **Begriff der Gesundheit** umfaßt alle körperlichen und seelischen Lebensvorgänge. Zwar tragen viele Maßnahmen zum Schutz, zur Erhaltung und zur Verbesserung der Qualität der Umwelt auch zum Schutz der menschlichen Gesundheit bei. Gleichwohl handelt es sich nicht um einen Pleonasmus (vgl. insoweit aber *Krämer,* in GTE, Art. 130r, Rn. 15). Denn einige Umweltschutzmaßnahmen wie z.B. im Naturschutz oder der Umwelterziehung weisen höchstens in entfernter Hinsicht einen Gesundheitsbezug auf. Dem Gesundheitsschutz kommt vielmehr im Bereich der Umweltpolitik eine selbständige Bedeutung zu. Auch einige Sekundärrechtsakte auf dem Gebiet des Umweltschutzes haben ausdrücklich den Gesundheitsschutz als Ziel aufgeführt, z.B. RL 82/884/EWG v. 3.12.1982 betreffend einen Grenzwert für den Bleigehalt in der Luft (ABl. 1982 L 378, 15).

4. Umsichtige und rationelle Verwendung der natürlichen Ressourcen

8   Das umweltpolitische Ziel der umsichtigen und rationellen Verwendung der natürlichen Ressourcen ist teilweise bereits in dem Begriff Erhaltung der Umwelt enthalten. Zu den **natürlichen Ressourcen** zählen sowohl die erneuerbaren (z.B. Fauna, Wasser, Luft), als auch die nicht erneuerbaren (z. B Erdöl, -gas) Ressourcen. Unter **umsichtiger und rationeller Verwen-**

dung ist insoweit eine schonende Nutzung zu verstehen, die jede Verschwendung und kurzfristige Bedarfsdeckung vermeidet. Zu dem gleichlautenden Art. 130r Abs. 1, 3. Spiegelstrich EWGV a.F., hat die Konferenz der Vertreter der Regierungen der Mitgliedstaaten im Rahmen der Schlußakte der EEA seinerzeit folgende Erklärung abgegeben: „Die Konferenz stellt fest, daß die Tätigkeit der EG auf dem Gebiet des Umweltschutzes sich nicht störend auf die einzelstaatliche Politik der Nutzung der Energieressourcen auswirken darf." Diese Erklärung wurde nicht ausdrücklich wiederholt und dürfte seit Maastricht (ex-Art. 130s Abs. 2 bzw. jetzt Art. 175 Abs. 2, 3. Spiegelstrich) bedeutungslos sein (unklar insoweit *Frenz*, Rn. 34f.).

5. Maßnahmen auf internationaler Ebene

Mit dem EGV wurde als viertes Ziel der Umweltpolitik die **Förderung von**   **9**
Maßnahmen auf internationaler Ebene zur Bewältigung regionaler und globaler Umweltprobleme neu aufgenommen. Damit soll offensichtlich die besondere Verantwortung der EG für regionale und globale Umweltprobleme außerhalb des örtlichen Geltungsbereiches des EGV (Art. 299, ex-Art. 227) herausgestellt werden. Bei der Bewältigung **regionaler Umweltprobleme** geht es insbesondere um die gesamteuropäische Umweltpolitik unter Einschluß Mittel- und Osteuropas sowie um geographisch abgegrenzte internationale ökologische Fragen (z.B. Schutz bestimmter Meere); **globale Umweltprobleme** betreffen dagegen lokal unbegrenzte ökologische Fragen (z.B. Schutz der Ozonschicht, Bekämpfung des Treibhauseffektes). Eine derart strikte Trennung der Begriffe wird sich bei der Zuordnung einzelner Maßnahmen jedoch wohl nicht immer durchführen lassen.

II. Handlungsgrundsätze gemeinschaftlicher Umweltpolitik (Abs. 2)

1. Vorbemerkung

Die Handlungsgrundsätze des Abs. 2 sind als **rechtlicher Orientierungs-**   **10**
rahmen für die Ausgestaltung gemeinschaftlicher Umweltpolitik zu beachten (ähnlich *Grabitz/Nettesheim*, in *Grabitz/Hilf*, Art. 130r Rn. 31ff.; nach *Krämer*, in GTE, Art. 130r Rn. 25ff. sind die Handlungsgrundsätze des UAbs. 1 Satz 2 weitgehend unverbindlich). Die teilweise bereits durch die EEA eingeführten Grundsätze wurden durch den Maastrichter-Vertrag um das **Prinzip des hohen Schutzniveaus** nach Abs. 2 UAbs. 1 Satz 1, das **Vorsorgeprinzip** nach UAbs. 1 Satz 2 a.I. sowie um die **Schutzklauselbestimmung** in UAbs. 2 ergänzt. Die umweltrechtliche Querschnittsklausel

des ex-Art. 130r UAbs. 1 Satz 3 wurde nach Amsterdam aus dem Umwelttitel des EGV gezogen und in veränderter Form in Art. 6 eingefügt.

2. Hohes Schutzniveau

11 Ähnlich wie Art. 95 Abs. 3 (ex-Art. 100a) sieht auch Art. 174 ein hohes Schutzniveau vor (Abs. 2 Satz 1, ex-Art. 130r). Allerdings erfolgt die Festlegung des hohen Schutzniveaus hier unter Berücksichtigung der unterschiedlichen Gegebenheiten in den einzelnen Regionen der EG. Die Verpflichtung zur **Beachtung eines hohen Schutzniveaus** läßt je nach betroffener Region auch unterschiedliche Standards, Normen und Politiken zu. Zu den insoweit zu berücksichtigenden Gegebenheiten werden wohl nicht nur die tatsächlichen ökologischen Umstände, wie z.b. ökologische Vorbelastung oder besondere Schutzwürdigkeit der Region, sondern auch die ökonomische Leistungsfähigkeit der entsprechenden Region im Hinblick auf die Erfüllbarkeit der gemeinschaftlichen umweltpolitischen Ziele zählen.

12 Bei der Festlegung des hohen Umweltschutzniveaus hat die EG einen **gewissen Spielraum**, der nur beschränkt justitiabel ist. Wenn die Umweltpolitik der EG auf ein hohes Umweltschutzniveau abzielen muß, so doch nicht unbedingt auf das in technischer Hinsicht höchstmögliche. Denn – so argumentiert der EuGH – Art. 176 (ex-Art. 130t) gestattet den Mitgliedstaaten, verstärkte Schutzmaßnahmen beizubehalten oder zu ergreifen (EuGH, C – 284/95, Safety Hi-Tech Srl/S & T Srl, Slg. 1998, I–4301).

3. Vorsorge- und Vorbeugeprinzip

13 Die Vermeidung von Umweltschäden hat als **allgemeiner Handlungsgrundsatz** in Art. 174, Abs. 2, S.2 (ex-Art. 130r) eine **besondere Aufwertung** erfahren; dies zeigt die Aufnahme des **Vorsorgeprinzips** in diese Vorschrift durch den Maastrichter Vertrag. Es nimmt eine herausragende Stellung unter den Handlungsgrundsätzen der EG-Umweltpolitik ein. Dies bringt insbesondere die englische Fassung dieses Artikels zum Ausdruck. Sie stellt das neu eingefügte „precautionary principle" nicht neben die anderen Grundsätze, sondern führt es separat zu Beginn der Aufzählung an (vgl. auch *Epiney/Furrer*, EuR 1992, 384ff.). Das Vorsorgeprinzip setzt unterhalb der Gefahrenschwelle an. Es macht umweltpolitisches Handeln nicht erst zur Abwendung eines drohenden Schadens oder einer konkreten Gefahr erforderlich, sondern eine hieran orientierte Umweltpolitik muß bereits **auf eine Risikovermeidung abzielen**. Nach dem Vorsorgeprinzip wird danach eine auf tatsächlichen Anhaltspunkten beruhende Besorgnis einer möglichen

Umweltbeeinträchtigung genügen, um ein umweltpolitisches Einschreiten begründen zu können, z.B. Verbot von Stoffen, die mit gewisser Wahrscheinlichkeit negative Auswirkungen auf das Klima, die Ozonschicht oder – allgemein – die Umwelt haben können. Das **Vorbeugeprinzip** setzt streng genommen erst zu einem späteren Zeitpunkt an. Es rechtfertigt Maßnahmen erst dann, wenn bereits die Gefahr umweltschädigender Beeinträchtigungen vorliegt. Im Ergebnis wird man das **Vorsorge- und Vorbeugeprinzip** allerdings wohl kaum in jedem Fall inhaltlich trennen können. Beide Grundsätze können als **einheitliches und vorrangiges Handlungsprinzip** zur Verhütung von Umweltschäden angesehen werden. Zu diesen Grundsätzen gehören z.B. präventiv wirkende Haftungs- bzw. Sanktionsregelungen (zur Zulässigkeit von Sanktionen im Bereich der Landwirtschaftspolitik, EuGH, C-240/90, Deutschland/Kommission, Slg. 1992, I–5383), Emissionsnormen nach dem jeweiligen Stand der Technik unabhängig von der Aufnahmekapazität des jeweiligen Umweltmediums sowie die Umweltverträglichkeitsprüfung (vgl. dazu Vorb. zu Art. 174–177 Rn. 5).

4. Ursprungsprinzip

Das Ursprungsprinzip besagt, daß alle erfolgten **Umweltbeeinträchtigungen vorrangig an ihrer Quelle zu bekämpfen** sind. Hierdurch legt der EGV den Schwerpunkt gemeinschaftlicher Umweltpolitik auf emissionsbezogene Maßnahmen, die bereits die Abgabe von Schadstoffen an die Umwelt vermeiden oder begrenzen, oder auf die umweltgerechte Beschaffenheit von Produkten auch mit Blick auf die spätere Entsorgung. Unter Berufung auf das Ursprungsprinzip hat der EuGH eine Regelung der wallonischen Regionalverwaltung, die es verbietet, Abfälle aus anderen Mitgliedstaaten oder aus einer anderen Region als der Region Wallonien in Wallonien zwischenzulagern, abzulagern oder abzuleiten als mit dem Gemeinschaftsrecht vereinbar angesehen (EuGH, C-2/90, Kommission/Belgien, Slg. 1992, I–4431). Es sei Sache jeder Region, die geeigneten Maßnahmen zu treffen, um die Aufnahme, Behandlung oder Beseitigung ihrer eigenen Abfälle sicherzustellen; diese seien daher möglichst nahe dem Ort ihrer Erzeugung zu beseitigen, um ihre Verbringung so weit wie möglich einzuschränken. Ähnlich hat der Gerichtshof im Hinblick auf den deutschen Grundsatz der Inlandsentsorgung festgehalten, in ihm komme „eine Zielsetzung zum Ausdruck, die mit dem in Art. 130r Abs. 2 des Vertrages niedergelegten Grundsatz, Umweltbeeinträchtigungen mit Vorrang an ihrem Ursprung zu bekämpfen, in Einklang steht" (EuGH, C-422/92, Kommission/Deutschland, Slg. 1995, I–1097, Rn. 34).

14

5. Verursacherprinzip

15 Obwohl der deutsche Wortlaut unklar ist, besteht angesichts der anderen sprachlichen Fassungen wohl weitgehend Einigkeit, daß das **Verursacherprinzip als Kostentragungsgrundsatz** verstanden werden muß. Die Kosten zur Vermeidung, Beseitigung und zum Ausgleich von Umweltbelastungen treffen grundsätzlich den, der sie verursacht hat (*Krämer*, in GTE, Art. 130r Rn. 37). Es geht um das ökonomische Prinzip der Internalisierung externer Kosten. Zur Konkretisierung des Verursacherprinzips erging die Empfehlung 75/436/EWG des Rates v. 3.3.1975 über die Kostenzurechnung und die Intervention der öffentlichen Hand bei Umweltschutzmaßnahmen (ABl. L 194/1). Die Verursacher sollen nach Abs. 2 veranlaßt werden, die Verschmutzung zu verringern oder weniger umweltbelastende Erzeugnisse bzw. Technologien zu entwickeln. **Spezifische sekundärrechtliche Vorschriften** über die Kostenzurechnung sind bisher lediglich in einigen Vorschriften des Abfallrechts zum Ausdruck gekommen. Art. 11 der RL 75/442/EWG v. 15.7.1975 (ABl. L 194/73) über Abfälle ordnet an, daß die Kosten der Abfallbeseitigung von den Abfallbesitzern, die den Abfall an die entsprechenden Sammelunternehmer übergeben, und/oder von den früheren Besitzern oder dem Hersteller des Erzeugnisses zu tragen sind. Ähnliche Regelungen enthalten Art. 11 der RL 78/319/EWG v. 20.3.1978 (ABl. L 84/43) über giftige und gefährliche Abfälle und Art. 33 der VO 259/93 v. 1.2.1993 (ABl. L 30/1) zur Überwachung und Kontrolle der Verbringung von Abfällen in der, in die und aus der Europäischen Gemeinschaft. Die RL 75/439 v. 16.6.1975 (ABl. L 194/31) über die Altölbeseitigung sieht vor, daß die Unternehmen, die Altöle sammeln und/oder beseitigen, für ihre erbrachte Dienstleistung Zuschüsse erhalten können (Art. 13); die Mittel für diese Zuschüsse können durch eine mit dem Verursacherprinzip im Einklang stehende Abgabe aufgebracht werden (Art. 14), die aber nicht diskriminierend sein darf (vgl. hierzu EuGH, Rs. 21/79, Kommission/Italien, Slg. 1980, 1, 12ff.).

6. Die Schutzklauselbestimmung

16 Die Art. 95 Abs. 10 (ex-Art. 100a) nachgebildete Schutzklauselbestimmung des UAbs. 2 ist im Zusammenhang mit UAbs. 1 zu lesen. Dies folgt aus der Formulierung „Im Hinblick hierauf…". Während dieser Passus im Maastrichter Vertrag noch überwiegend als Verweis auf die alte Integrationsklausel (Art. 130r Abs. 2 Uabs. 1 S. 3, jetzt Art. 6) verstanden worden ist (*Beyer*, JuS 1997, 294, 297), ist diese Interpretation nach der Herausnahme dieser Bestimmung aus Art. 174 nicht mehr haltbar. Aus diesem Grund wird man Art. 174 Abs. 2 UAbs. 2 höchstens noch als – eigentlich überflüssige – **Ermächtigung für die Aufnahme von nationalen umweltpolitischen Schutzverstärkungen in Rechtsakten** auf der Grundlage von Art. 175 (ex-Art. 130s) ansehen können (*a.A. Middeke*, in: Rengeling (Hrsg.), Handbuch zum europäischen und deutschen Umweltrecht, Band I, § 32, Rn. 89, wonach Schutzklauseln dann in das Sekundärrecht aufzunehmen sind, wenn die Besorgnis umweltpolitischer Gefahrensituatuionen besteht, die ein schnelles Eingreifen der Mitgliedstaaten erfordern). Nach dem Wortlaut von UAbs. 2 („gegebenenfalls") ist die EG nicht verpflichtet, in diesen Rechtsakten eine Schutzklausel aufzunehmen. Insoweit dürfte Ermessen der EG bestehen. Ferner darf die Schutzklausel Mitgliedstaaten nur zu vorläufigen, zeitlich begrenzten Maßnahmen ermächtigen, die nicht wirtschaftlich, sondern umweltpolitisch bedingt sind. Die nationalen Maßnahmen, die aufgrund der Schutzklausel ergangen sind, unterliegen einem Kontrollverfahren, in dem die Kommission die Gemeinschaftsrechtskonformität prüft. Das Prüfverfahren sowie der abschließende Beschluß der Kommission über die Rechtmäßigkeit der nationalen Maßnahme hindern die Mitgliedstaaten nicht, das auf der Grundlage der Schutzklausel ergangene nationale Recht anzuwenden.

III. Leitlinien gemeinschaftlicher Umweltpolitik (Abs. 3)

1. Vorbemerkung

Bei der Erarbeitung bzw. Ausgestaltung der gemeinschaftlichen Umwelt-   **17**
politik hat die EG die in Art. 174 Abs. 3 (ex-Art. 130r) genannten Kriterien lediglich zu „berücksichtigen" (*Krämer*, in GTE, Art. 130r, Rn. 45). Daraus folgt jedoch nicht, daß die Beachtung dieser **Kriterien** nicht **justitiabel** wäre. Nach Auffassung des EuGH (C-284/95, Safety Hi-Tech Srl/S &T Srl, Slg. 1998, I–4301) sind allerdings insoweit nur **„offensichtliche Beurteilungsfehler"** relevant. Es genügt beispielsweise, daß in einem Rechtsakt bestimmte Verwendungszwecke von gefährlichen Stoffen in regelmäßigen Abständen überprüft werden.

2. Umweltdaten

Die Aufnahme der Berücksichtigung der verfügbaren wissenschaftlichen   **18**
und technischen Daten wurde bereits in der EEA festgeschrieben. Allerdings ist das ursprünglich mit einer solchen Leitlinie teilweise verfolgte Konzept exakter wissenschaftlicher Kausalitätsnachweise vor Ergreifung umweltpolitischer Maßnahmen gerade auch im EGV nicht kodifiziert wor-

den; dies würde jetzt insbesondere auch im Widerspruch zum verankerten Vorsorgeprinzip stehen. Die Vorschrift enthält vielmehr eine Selbstverständlichkeit, nämlich die **Berücksichtigung verfügbarer Daten**. Die EG braucht nicht einmal eigene Untersuchungen anzustellen, bevor sie Maßnahmen ergreift; die Berücksichtigung vorliegender Daten reicht aus. Einen wissenschaftlichen Nachweis hinsichtlich der drohenden oder der eingetretenen Umweltbeeinträchtigung braucht sie nicht zu führen.

3. Umweltbedingungen in den einzelnen Regionen

19 Zu den zu berücksichtigenden Umweltbedingungen in den einzelnen Regionen gehören einerseits die **vorhandenen Umweltbelastungen** und andererseits die die **Umweltqualität beeinflussende Faktoren**, z.B. Klima, Bodenstruktur, Bevölkerungs- und Industrialisierungsdichte, geographische Gegebenheiten. Ihren Niederschlag hat dieses Kriterium (i.V.m. dem unter Rn. 21 behandelten Kriterium) z.B. in der RL 88/609/EWG (ABl. L 366/1) über Großfeuerungsanlagen gefunden, die für einzelne Mitgliedstaaten weniger strenge Emissionsgrenzwerte und Emissionsreduzierungsziele festsetzt.

4. Vorteile und Belastungen

20 Das dritte Kriterium verlangt vor einer umweltpolitischen Maßnahme die Durchführung einer **Kosten-Nutzen-Analyse** i.w.S.. Dabei sind die finanziellen Belastungen sowie alle Folgen des Handelns bzw. Unterlassens der Gemeinschaftsorgane, z.B. ökologische, ökonomische, soziologische u.a. Aspekte, abzuwägen.

5. Ausgewogene Entwicklung der Regionen

21 Maßnahmen in der Umweltpolitik müssen die **Gesamtentwicklung der EG** in der Weise **berücksichtigen**, daß eine Vernachlässigung der wirtschaftlichen und sozialen Entwicklung vermieden wird. Ferner sollen weder die bestehenden regionalen Unterschiede vergrößert noch neue regionale Unterschiede geschaffen werden. Bereits in der EEA sollte diese Vorschrift den Befürchtungen einiger Mitgliedstaaten Rechnung tragen, daß gemeinschaftliche Umweltmaßnahmen sich zum Nachteil ihrer wirtschaftlichen Entwicklung auswirken und zu hohe Anforderungen stellen könnten.

IV. Die Außenkompetenzen der EG und ihrer Mitgliedstaaten (Abs. 4)

1. Bedeutungsgehalt

Die Regelung der Außenkompetenzen der EG und der Mitgliedstaaten im 22
Bereich der Umweltpolitik ist nach wohl einhelliger Auffassung in der Literatur die **unklarste Regelung** in diesem Teil des EGV (zur unveränderten
alten Rechtslage *Scheuing*, EuR 1989, 173). Viele Fragen sind hier noch offen. Klar ist aus hiesiger Sicht nur, daß Abs. 4 **keine Handlungsermächtigung** ist, sondern lediglich die **Frage der Aufgabenzuweisung betrifft**
(str., vgl. dazu *Barbara von Horstig*, Die Europäische Gemeinschaft als
Partei internationaler Umweltabkommen, Bonn 1997, S. 31ff. m.w.N.); Ermächtigungsnorm, insbesondere für die Ratifikation eines völkerrechtlichen Vertrages, sind dagegen die im EGV vorgesehenen Rechtsgrundlagen,
wie z.B. Art. 175 (ex-Art. 130s) i.V.m. 300 (ex-Art. 235).

Abs. 4 UAbs. 1 Satz 1 nennt die Befugnisse und gleichzeitig die Verpflich- 23
tung der EG und der Mitgliedstaaten, zur Durchführung der Umweltpolitik
mit Drittländern und den zuständigen internationalen Organisationen (vgl.
auch Art. 302, ex-Art. 229) zusammenzuarbeiten. Unter dem Oberbegriff
Zusammenarbeit ist jedwede Betätigung mit Dritten zu verstehen, vom Informationsaustausch über die Verabschiedung unverbindlicher Resolutio-
nen bis zum Abschluß völkerrechtlicher Verträge (a.A. *Grabitz/Zacker*,
NVwZ 1989, 303, die ausdrücklich den Vertragsschluß von dieser Definition ausschließen). Die **Einzelheiten der Zusammenarbeit können Gegenstand von Abkommen der EG** sein. Sie kann im Rahmen ihrer Befugnisse völkerrechtliche Umweltschutzverträge mit Drittstaaten und internationalen Organisationen gemäß dem Vefahren nach Art. 300 (ex-Art. 228) aushandeln und abschließen. Handlungsbefugnisse stehen der EG im Bereich
des Umweltschutzes sowohl nach Art. 175 (ex-Art. 130s), als auch – über
Art. 6 – nach anderen Rechtsgrundlagen zu. Die **Außenkompetenz folgt**
somit der **Innenkompetenz**.

Auch die **Zuständigkeit der Mitgliedstaaten zum Abschluß völker-** 24
rechtlicher Verträge setzt an dem Begriff „im Rahmen ihrer jeweiligen
Befugnisse" an, der die Voraussetzungen der internationalen Zusammenarbeit auch für die Mitgliedstaaten näher bestimmt. UAbs. 2 ist also im Zusammenhang mit UAbs. 1 Satz 1 zu lesen. Die jeweiligen Befugnisse der
Mitgliedstaaten sind allerdings nur durch eine an Sinn und Zweck orientierte Auslegung näher bestimmbar. Im Grundsatz steht den Mitgliedstaaten
kraft originärer Staatsgewalt zwar eine unbeschränkte Kompetenz auch im
Bereich der auswärtigen Gewalt zu. Gemeinschaftsrechtlich wird man aber

differenzieren müssen. Nach dem Grundsatz des Vorrangs des Gemeinschaftsrechts darf die **Funktionsfähigkeit des gemeinschaftlichen Umweltrechts nicht durch die Wahrnehmung von mitgliedstaatlichen Außenkompetenzen beeinträchtigt werden**, indem die Mitgliedstaaten durch abweichende völkerrechtliche Verpflichtungen die einheitliche Anwendung des Gemeinschaftsrechts in Frage stellen. Diese von der AETR-und Folgerechtsprechung des EuGH entwickelten Grundsätze müssen auch im Bereich der Umweltpolitik gelten (EuGH, Rs. 22/70, Kommission/Rat, Slg. 1971, 263, 274f.; zuletzt Gutachten 2/91, Übereinkommen Nr. 170 der IAO, Slg. 1993, 1064).

25   Hat die EG mithin eine **abschließende Regelung** im Bereich des Umweltschutzes getroffen, dürfen die Mitgliedstaaten in diesem Bereich grundsätzlich **keine abweichenden völkerrechtlichen Verpflichtungen** mehr eingehen. Die EG ist dann ausschließlich zuständig (EuGH, Rs. 22/70, Kommission/Rat, Slg. 1971, Slg. 1971, 274f.). Nach Auffassung des EuGH wächst der EG eine ausschließliche Zuständigkeit zu, sobald sie zur Verwirklichung einer vom EGV vorgesehenen Politik interne Vorschriften in irgendeiner Form – vorzugsweise VOen und RLen, jedenfalls Rechtsakte mit verbindlicher Rechtswirkung – erlassen hat (*Tomuschat* in Art. 228, Rn. 4 m.w.N.). Den Mitgliedstaaten ist es dann untersagt, sich in einer Weise vertraglich zu binden, welche die Gemeinschaftsrechtsetzung beeinträchtigen würde. Auch wenn eine abschließende Regelung nicht vorliegt, kann der Verdichtungsgrad der gemeinschaftlichen Normierung so hoch sein, daß ein Handeln der Mitgliedstaaten zu einer Beeinträchtigung der Gemeinschaftsstandards führen würde (nach Auffassung des EuGH, Gutachten 2/91, Slg. 1993, I–1064, 1080 –, ist dies der Fall, wenn ein Sachgebiet bereits „weitgehend" von Gemeinschaftsvorschriften erfaßt ist): „Nach dem AETR-Urteil … verlieren die Mitgliedstaaten, ob einzeln oder gemeinsam handelnd, das Recht zum Eingehen von Verpflichtungen gegenüber Drittstaaten *nur* in dem Maße, wie gemeinsame Rechtsnormen erlassen werden, die durch diese Verpflichtungen beeinträchtigt werden könnten. Nur in dem Maße, wie gemeinsame Vorschriften auf interner Ebene erlassen werden, wird die externe Zuständigkeit der Gemeinschaft zu einer ausschließlichen" (EuGH, Gutachten 2/92, Slg. 1995, I–521, Rn. 31; Gutachten 1/94, Slg.1994, I–5267, Rn. 77). Ist die EG auf dem fraglichen Gebiet überhaupt noch nicht tätig geworden, sind die Mitgliedstaaten gem. Art. 10 II (ex-Art. 5 II) gehalten, die spätere Ausübung der EG-Kompetenzen insbesondere dann nicht zu präjudizieren, wenn die EG, intern gerade eine dem Abkommen entsprechende Regelung vorbereitet (EuGH, Rs. 3, 4 u. 6/76, Kramer, Slg. 1976, 1279, 1312f.).

2. Praxis

Im Bereich des Umweltschutzes werden völkerrechtliche Übereinkommen **26**
grundsätzlich in der Form sog. **gemischter Abkommen** geschlossen, d.h.
unter Beteiligung von EG und Mitgliedstaaten. Der EuGH hat gemischte
Abkommen ausdrücklich nur dann für zulässig erklärt, wenn der Gegenstand des Abkommens teils in die Zuständigkeit der EG, teils in diejenige
der Mitgliedstaaten fällt (EuGH, Gutachten 2/91, Slg. 1993, I–1064, Rn.
39; Gutachten 1/94, Slg. 1994, I–5267, Rn. 108) Auch in der Literatur ist
häufig die Aussage zu lesen, daß eine Zuständigkeit der Mitgliedstaaten neben der EG nur gegeben ist, soweit die Beteiligung der Mitgliedstaaten notwendig ist, um ein Kompetenzdefizit der EG auszugleichen (*Geiger*, JZ
1995, 973, 977 m.w.N.; nach *Gilsdorf*, EuR 1996, 145, 160 sind gemischte
Abkommen grundsätzlich immer dann zulässig, wenn die EG sich in Teilbereichen auf eine Exklusivkompetenz berufen kann, in anderen Teilbereichen aber von ihrer (potentiellen) Kompetenz keinen oder noch keinen Gebrauch gemacht hat oder machen will und die Notwendigkeit dieser Inanspruchnahme nicht „nachweisbar" ist). Die **Kompetenzen der EG** werden
in der Praxis des Vertragsschlusses **von den Mitgliedstaaten sehr restriktiv interpretiert**, um die mitgliedstaatliche Beteiligung an dem Abkommen
nicht zu gefährden. Überdies hat der **EuGH** die Tür für die Beteiligung der
Mitgliedstaaten im Rahmen gemischter Abkommen noch weiter geöffnet.
Wenn die EG gegenüber dem Regelungsgegenstand des Abkommens intern
weniger strenge Rechtsvorschriften erlassen hat, dann soll eine Beteiligung
der Mitgliedstaaten an dem Vertrag unter Hinweis auf Art. 95 Abs. 4 (ex-
Art. 100a) und Abs. 5; Art. 137 Abs. 5 (ex-Art. 118); 176 (ex-Art. 130t)
oder etwaige sekundärrechtliche Mindestvorschriften möglich sein. Hat die
EG dagegen intern bereits strengere Regelungen erlassen, wäre eine Beteiligung der Mitgliedstaaten an dem Abkommen nur möglich, wenn der Vertrag oder das Statut der Internationalen Organisation, in deren Rahmen das
Abkommen geschlossen wird, strengere Maßnahmen zuläßt (EuGH, Gutachten 2/91, Slg. 1993, I–1064/1080).

Das **Vorgehen von EG und Mitgliedstaaten beim Abschluß gemischter** **27**
völkerrechtlicher Verträge ist in der **Praxis** sehr unterschiedlich. So hat
die EG teilweise erst gezeichnet, wenn die Mehrheit der Mitgliedstaaten
vor ihr unterzeichnet hat; oder die EG hat erst als letzte nach allen Mitgliedstaaten gezeichnet (*Tomuschat,* Rn. 25 m.w.N.). Bei der Ratifikation
wurde eine Zeitlang versucht, durch Ratsentscheidung einen einheitlichen
Zeitpunkt für die völkerrechtliche Ratifikation durch die Mitgliedstaaten
und den Akt der förmlichen Bestätigung durch die EG festzulegen (vgl. da-

zu *Tomuschat*, Rn. 48, unter Hinweis auf Art. 3 der Entscheidung des Rates v. 14.10.1988 über den Abschluß des Wiener Übereinkommens zum Schutz der Ozonschicht und des Montrealer Protokolls über Stoffe, die zu einem Abbau der Ozonschicht führen, ABl. 1988 L 297, 8). Durchgehend ist diese Praxis jedoch nicht. Bei der Ratifikation der Klimarahmenkonvention wurde eine zeitgleiche Ratifikation beispielsweise nicht zur Bedingung gemacht (vgl. dazu *Tomuschat*, Rn. 48, unter Hinweis auf den Beschluß des Rates v. 15.12.1993 über den Abschluß des Rahmenübereinkommens der Vereinten Nationen über Klimaänderungen, ABl. 1994 L 33/11: „Der Rat nimmt zur Kenntnis, daß die Mitgliedstaaten so rasch wie möglich und nach Möglichkeit gleichzeitig die für die Hinterlegung der Ratifikations- oder Genehmigungsurkunden erforderlichen Maßnahmen ergreifen werden." Ähnlich auch Art. 2 des Beschlusses des Rates und der Kommission v. 23.9.1997 über den Abschluß des Vertrages über die Energiecharta und des Energiechartaprotokolls über Energieeffizienz und damit verbundene Umweltaspekte, ABl. 1998 L 69/1). Im Ergebnis wird man wegen des aus Art. 10 (ex-Art. 5) folgenden Grundsatzes der Notwendigkeit einer geschlossenen völkerrechtlichen Vertretung der EG (EuGH, Gutachten 2/91, Slg. 1993, I–1064, Rn. 39; Gutachten 1/94, Slg. 1994, I–5267, Rn. 108) konsequenterweise fordern müssen, daß die **EG und die Mitgliedstaaten beim Abschluß des Vertrages gemeinsam vorgehen und zeitgleich zeichnen und ratifizieren.** Ansonsten bestünde die Gefahr einer unterschiedlichen gemeinschaftlichen und mitgliedstaatlichen völkerrechtlichen Bindung.

Art. 175 (ex-Art. 130s) (Beschlußverfahren, Ausnahmeregelung)

(1) Der Rat beschließt gemäß dem Verfahren des Artikels 251 und nach Anhörung des Wirtschafts- und Sozialausschusses sowie des Ausschusses der Regionen über das Tätigwerden der Gemeinschaft zur Erreichung der in Artikel 174 genannten Ziele.

(2) Abweichend von dem Beschlußverfahren des Absatzes 1 und unbeschadet des Artikels 95 erläßt der Rat auf Vorschlag der Kommission und nach Anhörung des Europäischen Parlaments und des Wirtschafts- und Sozialausschusses sowie des Ausschusses der Regionen einstimmig

– Vorschriften überwiegend steuerlicher Art,
– Maßnahmen im Bereich der Raumordnung, der Bodennutzung – mit Ausnahme der Abfallbewirtschaftung und allgemeiner Maßnahmen – sowie der Bewirtschaftung der Wasserressourcen,

– Maßnahmen, welche die Wahl eines Mitgliedstaats zwischen verschiedenen Energiequellen und die allgemeine Struktur seiner
Energieversorgung erheblich berühren.

Der Rat kann nach dem Verfahren des Unterabsatzes 1 festlegen, in
welchen der in diesem Absatz genannten Bereiche mit qualifizierter
Mehrheit beschlossen wird.

(3) Der Rat beschließt gemäß dem Verfahren des Artikels 251 und nach
Anhörung des Wirtschafts- und Sozialausschusses sowie des Ausschusses der Regionen in anderen Bereichen allgemeine Aktionsprogramme,
in denen die vorrangigen Ziele festgelegt werden.

Der Rat legt nach Absatz 1 bzw. Absatz 2 die zur Durchführung dieser
Programme erforderlichen Maßnahmen fest.

(4) Unbeschadet bestimmter Maßnahmen gemeinschaftlicher Art tragen die Mitgliedstaaten für die Finanzierung und Durchführung der
Umweltpolitik Sorge.

(5) Sofern eine Maßnahme nach Absatz 1 mit unverhältnismäßig hohen
Kosten für die Behörden eines Mitgliedstaats verbunden ist, sieht der
Rat unbeschadet des Verursacherprinzips in dem Rechtsakt zur Annahme dieser Maßnahme geeignete Bestimmungen in folgender Form
vor:

– vorübergehende Ausnahmeregelungen und/oder

– eine finanzielle Unterstützung aus dem nach Artikel 161 errichteten
Kohäsionsfonds.

I. Anwendungsbereich von Art. 175 Abs. 1

1. Allgemeines

1 Abs. 1 ist die **spezifische Rechtsgrundlage für Beschlüsse des Rates auf dem Gebiet der Umweltpolitik der EG**, für die Art. 174 (ex-Art. 130r) die Ziele, Grundsätze und Kriterien vorgibt (nach Auffassung von *Frenz*, Rn. 70f., ist Art. 175 Abs. 1 die ausschließliche Kompetenzgrundlage der EG im Umweltbereich; Art. 175 Abs. 2 und 3 würden lediglich abweichende Verfahren regeln). Die Vorschrift verwendet den unbestimmten Rechtsbegriff des „Tätigwerdens", der weit auszulegen ist. Hierunter fallen insbesondere rechtsverbindliche VOen, RLen und Entscheidungen, aber auch andere Handlungsformen wie Empfehlungen, die nach Art. 249 (ex-Art. 189) nicht verbindlich sind. Eine konkrete Pflicht zum Tätigwerden ergibt sich aus Art. 175 oder anderen Bestimmungen des EGV nicht (*Frenz*, Rn. 50ff., der jedoch eine Handlungspflicht aus gemeinschaftsrechtlichen Schutzpflichten ableitet, die jedenfalls ein „ökologisches Existenzminimum" garantieren sollen).

2 Die Maßnahmen werden im **Verfahren der Kodezision** nach Art. 251 (ex-Art. 189b) mit qualifizierter Mehrheit (Art. 205 Abs. 2, ex-Art. 148) auf Vorschlag der Kommission vom Rat beschlossen. Die Anhörung des WSA und des AdR ist obligatorisch. Die Anhörungspflicht stellt eine wesentliche Formvorschrift i.S.d. Art. 230 Abs. 1 Satz 2 (ex-Art. 173) dar, deren Verletzung zur Nichtigkeit der getroffenen Maßnahme des Rates führen kann (vgl. dazu nur EuGH, Rs. 139/79, Maizena GmbH/Rat, Slg. 1980, I–3393, 3424f.); entsprechendes gilt hinsichtlich des anzuhörenden AdR.

3 Im Vordergrund der gemeinschaftlichen Umweltpolitik stehen die in Art. 249 (ex-Art. 189) genannten **Rechtsformen**. Von diesen dürfte die **RL**, die den Mitgliedstaaten gegenüber der unmittelbar geltenden **VO** größeren Gestaltungsspielraum überläßt, auch in Zukunft – verstärkt durch das Subsidiaritätsprinzip – die entscheidende Rolle in der Umweltrechtsetzung spielen. Immer häufiger wird in der gemeinschaftlichen Umweltpolitik Gebrauch gemacht von den im EGV nicht ausdrücklich vorgesehenen politi-

schen Instrumenten der **Entschließung** mit der z.b. die fünf Umweltaktionsprogramme angenommen wurden, oder der **Schlußfolgerungen des Rates**, mit denen auf bestimmten Gebieten Aktivitäten initiiert, politische Ziele gesetzt, wie z.b. die Stabilisierung der CO_2-Emissionen in der EG bis zum Jahr 2000 auf der Basis von 1990 und Positionen der EU für internationale Verhandlungen (etwa für die Klimaverhandlungen) vereinbart wurden. Diese Beschlußform wird in der Praxis regelmäßig nicht auf einen bestimmten Artikel des EGV, etwa Art. 175 gestützt; entweder wird auf den EGV insgesamt verwiesen oder es wird sogar auf jede Angabe einer Rechtsgrundlage verzichtet. Die rechtliche Einordnung und etwaige Anfechtbarkeit dieser Handlungsformen macht der EuGH davon abhängig, ob der jeweilige Beschluß – unabhängig von seiner Form – dazu bestimmt ist, Rechtswirkungen zu erzeugen (vgl. etwa EuGH, C-58/94, Niederlande/Rat, Slg. 1996, I–2169, Rn. 24., C-325/91, Französische Republik/Kommission, Slg. 1993, I–3283,3308, Rn. 9).

2. Abgrenzung zu anderen Rechtsgrundlagen

a) Allgemeine Kriterien

Die Erfordernisse des Umweltschutzes müssen gemäß Art. 6 bei der Fest- **4** legung und Durchführung der in Art. 3 genannten Gemeinshaftspolitiken einbezogen werden. Daraus folgt, daß für umweltschützende Regelungen auch **Kompetenznormen anderer Politikbereiche** in Betracht kommen, wie etwa Art. 37 (ex-Art. 43), 71 (ex-Art. 75), 80 (ex-Art. 84), 93 (ex-Art. 99), 94 (ex-Art. 100), 95 (ex-Art. 100a), 133 (ex-Art. 113) EGV (vgl. bereits Art. 6, Rn. 6), es sei denn, der Schwerpunkt des Rechtsaktes liegt im Bereich des Umweltschutzes. In diesem Fall werden die allgemeinen Grundlagen des Art. 175 in Betracht kommen. Der EuGH hat diese Frage jedoch noch nicht explizit geklärt.

Die **Wahl der richtigen Rechtsgrundlage** richtet sich in ständiger Recht- **5** sprechung des EuGH nach objektiven Gesichtspunkten, d.h. nach Ziel und Inhalt des Rechtsaktes (vgl. nur EuGH, C-155/91, Kommission/Rat, Slg. 1993, I–939ff.). Diese Kriterien müssen objektiv aus dem Rechtsakt ablesbar sein, unmittelbare oder mittelbare Auswirkungen einer Maßnahme auf andere Politikbereiche bleiben außer Betracht. Berührt ein Rechtsakt inhaltlich verschiedene Politikbereiche, können jedenfalls dann **mehrere Rechtsgrundlagen** in Betracht kommen, wenn die Verfahrensregelungen identisch sind (EuGH, Rs. 165/87, Kommission/Rat, Slg. 1988, 5545, 5561). Weichen die in Betracht kommenden Ermächtigungsgrundlagen hinsichtlich der Verfahrensregelungen voneinander ab, kommt eine Doppelabstützung jedenfalls dann nicht in Betracht, wenn die verfahrensmäßig garantierten Rechte des EP nach dem Verfahren der Zusammenarbeit (Art. 252, ex-Art. 189c) entleert würden (EuGH, C-300/89, Kommission und EP/Rat, Slg. 1991, I–2867, 2898ff.). Im einzelnen wird es bei der Wahl der richtigen Rechtsgrundlage immer auf die konkrete Ausgestaltung des in Rede stehenden Rechtsaktes ankommen (ausführlich zu diesem Thema *Breier*, EuR 1995, 46ff.).

6   Auf der Basis dieser grundlegenden Kriterien hat der **EuGH** in **sechs umweltrelevanten Entscheidungen zur Wahl der richtigen Rechtsgrundlage** Stellung genommen:

- In dem Urteil v. 29.3.1990 (EuGH, C-62/88 Griechenland/Rat, Slg. 1990, I–1527, 1547ff.) hat der EuGH – in Abgrenzung zu Art. 175 (ex-Art. 130s), Art. 308 (ex-Art. 235) und Art. 31 EAGV – Art. 133 (ex-Art. 113) als richtige Ermächtigungsgrundlage für die VO 3955/87 v. 22.12.1987 über die Einfuhrbedingungen für landwirtschaftliche Erzeugnisse mit Ursprung in Drittländern nach dem Unfall im Kernkraftwerk Tschernobyl (ABl. L 371/14) anerkannt.

- Mit Urteil v. 11.6.1991 hat der EuGH (C-300/89, Kommission und EP/Rat, Slg. 1991, I–2867, 2898ff.) die auf Art. 175 (ex-Art. 130s) gestützte RL 89/428/EWG v. 21.6.1989 über die Modalitäten zur Vereinheitlichung der Programme zur Verringerung und späteren Unterbindung der Verschmutzung durch Abfälle der Titandioxid-Industrie (ABl. L 201/56) gem. Art. 230 (ex-Art. 173), Art. 231 (ex-Art. 174) für nichtig erklärt. Inhaltlich zielt die RL sowohl auf den Umweltschutz, als auch auf die Angleichung der Wettbewerbsverhältnisse in der Titandioxid-Industrie ab. Der EuGH bejahte zunächst in weiter Auslegung des Binnenmarktbegriffes die Anwendbarkeit von Art. 95 (ex-Art.100a) neben Art. 175 (ex-Art. 130s). Die Doppelabstützung auf beide Rechtsgrundlagen kam jedoch nicht in Betracht, weil die Vertragsvorschriften unterschiedliche Verfahren aufweisen. Der EuGH entschied sich aus zwei Gründen für Art. 95 (ex-Art.100a). Die sich aus Art. 95 (ex-Art.100a) und dem früheren Art. 149 Abs. 2 (jetzt aufgehoben) ergebenden Rechte des EP würden umgangen, wenn Art. 175 (ex-Art. 130s) zum Zuge käme. Ferner spreche die umweltrechtliche Querschnittsklausel des Art. 130r Abs. 2 Satz 2 (jetzt Art. 6) in diesem Fall dafür, Art. 95 (ex-Art. 100a) als richtige Rechtsgrundlage anzusehen, weil das Zusammenspiel beider Normen es erlaube, Art. 95 (ex-Art. 100a) für Regelungen des Binnenmarktes und des Umweltschutzes in Anspruch zu nehmen.

- In dem Urteil v. 4.10.1991 hat der EuGH (C-70/88, EP/Rat, Slg. 1991, I–4529ff.) Art. 31 EAGV in Abgrenzung zu Art. 95 (ex-Art.100a) als richtige Rechtsgrundlage für die VO (Euratom) 3954/87 v. 22.12.1987 zur Festlegung von Höchstwerten an Radioaktivität in Nahrungsmitteln und Futtermitteln im Falle eines nuklearen Unfalls oder einer anderen radiologischen Notstandsituation (ABl. L 371/1) bestätigt, weil im Schwerpunkt nur Art. 31 EAGV betroffen war.

- In dem Urteil v. 17.3.1993 hat der EuGH (C-155/91, Kommission und EP/Rat, Slg. 1993, I–939ff.) Art. 175 (ex-Art. 130s) als richtige Rechtsgrundlage für die RL 91/156/EWG v. 18.3.1991 (ABl. L 78/32) zur Änderung der RL 75/442/EWG v. 15.7.1975 (ABl. L184/47) über Abfälle bestätigt. Das Gericht hob hervor, daß ein Rückgriff auf Art. 95 (ex-Art. 100a) nicht gerechtfertigt sei, wenn wie in diesem Fall der Rechtsakt „nur nebenbei eine Harmonisierung der Marktbedingungen innerhalb der EG" bewirke. Objektiv regelt die RL inhaltlich nur den Umweltschutz.

- In dem Urteil v. 24.11.1993 hat der EuGH (C-405/92 Etablissement Armand Mondiet/Société Mondiet, Slg. 1993, I–6133) anerkannt, daß die VO (EWG) Nr. 345/92 v. 27.1.1992 zur elften Änderung der VO (EWG) Nr. 3094/86 über technische Maßnahmen zur Erhaltung der Fischbestände (ABl. L 42/15) unter anderem auch unter Berufung auf die umweltrechtliche Integrationsklausel in den Anwendungsbereich der Gemeinsamen Agrarpolitik und nicht in den der Umweltpolitik falle.

- In dem Urteil v. 28.6.1994 (C-187/93, EP/Rat, Slg. 1994, I–2857ff.) bestätigte der EuGH Art. 175 (ex-Art. 130 s) in Abgrenzung zu Art. 95 (ex-Art. 100 a) als richtige Rechtsgrundlage für die VO (EWG) Nr.259/93 v. 1.2.1993 zur Überwachung und Kontrolle der Verbringung von Abfällen in der, in die und aus der Europäischen Gemeinschaft (ABl. L 30/1).

b) Abgrenzung zu einzelnen Vorschriften

Art. 93 (ex-Art. 99): Unter Art. 93 fallen produktbezogene indirekte Steuern, deren Ertrag zur Deckung der öffentlichen Haushalte der Mitgliedstaaten (keine Abgabenhoheit der EG, vgl. Art. 269, ex-Art. 201) bestimmt ist (*Breuer*, DVBl. 1992, 495; *Pernice*, NVwZ 1990, 203f.). Problematisch ist die Abgrenzung zu Art. 175 Abs. 2, wonach Vorschriften „überwiegend steuerlicher Art" einstimmig beschlossen werden. Da produktbezogener Umweltschutz in Abgrenzung zu Art. 175 Abs. 1 weitestgehend Art. 95 (ex-Art. 100a) zugeordnet wird, könnte man erwägen, dieses Verhältnis auch auf die Abgrenzung von Art. 93 (ex-Art. 99) zu Art. 175 Abs. 2 zu übertra-   **7**

gen. Nach dem Wortlaut von Art. 175 Abs. 2 ist aber davon auszugehen, daß hiermit eine Rechtsgrundlage für sämtliche **Umweltsteuern** geschaffen wurde, d.h. z.B: sowohl für Steuern, die tatbestandlich an den Betrieb von Anlagen, über Emissionen oder an Umweltnutzungen, anknüpfen, als auch für produktbezogene Steuern. Dies gilt umso mehr als Art. 93 (ex-Art. 99)- anders als Art. 95 (ex-Art. 100a) – keine Umweltelemente enthält. Art. 93 (ex-Art. 99) wird somit von Art. 175 Abs. 2 hinsichtlich produktbezogener Umweltsteuern verdrängt, zumal seine Anwendbarkeit ohnehin zumindest zweifelhaft ist, weil Umweltsteuern primär nicht zur Deckung der öffentlichen Haushalte der Mitgliedstaaten bestimmt sind – auch wenn sie diesen zufließen. Ihre Besonderheit liegt nämlich gerade in ihrem umweltpolitischen Lenkungseffekt, d.h. mit einer produktbezogenen Umweltsteuer wird das Ziel verfolgt, über den Preis die Gestaltung des Produkts bzw. den Verbrauch zu beeinflussen mit dem Ergebnis, daß die Wirksamkeit des Steuerinstruments sich umgekehrt proportional zum Steueraufkommen verhält: je weniger Steueraufkommen desto wirksamer das Instrument. Vor diesem Hintergrund ist die von der Kommission vorgeschlagene CO_2-Energiesteuer als ein zentrales Instrument des Klimaschutzes allein auf Art. 175 Abs. 2 zu stützen (*Epiney*, S. 77; *Frenz*, S. 36, Rn. 110). **Sonstige Umweltabgaben** fallen unter Art. 175 Abs. 1, soweit deren Zweck nicht auf die Finanzierung der allgemeinen Haushalte der Mitgliedstaaten ausgerichtet ist und soweit sie nicht binnenmarktbezogen sind; in diesem Fall kommt Art. 95 (ex-Art. 100a) in Betracht (*Hilf*, NVwZ 1992, 107).

8   **Art. 94 (ex-Art. 100):** Art. 94 bleibt neben Art. 95 (ex-Art. 100a) und auch neben Art. 175 anwendbar. Art. 94 verfolgt das Ziel der Angleichung von Rechtsvorschriften, die sich unmittelbar auf die Errichtung oder das Funktionieren des gemeinsamen Marktes auswirken. Anders als der Binnenmarkt (Art. 95, ex-Art. 100a), der durch die vier Grundfreiheiten (Art. 14, ex-Art. 7a) abschließend definiert ist, umfaßt das Ziel des gemeinsamen Marktes auch die Harmonisierung der Wettbewerbsbedingungen, zu denen auch die Umweltanforderungen an Produktion und Anlagen gehören (vgl. dagegen aber EuGH, C-300/89, Kommission und EP/Rat, Slg. 1991, I–2867ff.). Da Art. 94 (ex-Art. 100) anders als 95 (ex-Art. 100a) keine spezifischen Umweltkomponenten enthält und der Umweltschutz durch die einschlägigen Vorschriften des EGV insgesamt aufgewertet wurde, kann nur davon ausgegangen werden, daß Art. 94 (ex-Art. 100) und Art. 175 gleichberechtigt nebeneinander stehen und für die Frage ihrer Anwendbarkeit die Sachnähe, d.h. Ziel und Inhalt der Regelung entscheidend sind. Erwähnenswert ist allerdings, daß Art. 94 (ex-Art. 100) als Rechtsgrundlage im Umweltbereich nach der EEA keine Rolle mehr gespielt hat.

Art. 95 (ex-Art. 100a): Art. 95 hat die Errichtung und das Funktionieren   **9**
des Binnenmarktes zum Ziel; die Beschlußfassung des Rates über Maßnahmen zur Rechtsangleichung erfolgt gemäß Art. 251 (ex-Art. 189b – Kodezisionsverfahren). Daß diese Rechtsangleichung auch im Bereich des
Umweltschutzes auf der Basis von Art. 95 (ex-Art. 100a) erfolgen soll, ergibt sich eindeutig aus den Abs. 3 (hohes Umweltschutzniveau), 4 und 5
(Zulässigkeit der Anwendung strengerer nationaler Umweltanforderungen)
sowie allgemein aus Art. 6 (ex-Art. 130r Abs. 2 S. 3). Unter Berücksichtigung der besonderen Bedeutung der Schaffung und des Funktionierens des
Binnenmarktes folgt hieraus, daß Art. 95 (ex-Art. 100a) insoweit gegenüber
Art. 175 Vorrang genießt (lex specialis), als es um die Rechtsangleichung
geht, die die Errichtung und das Funktionieren des Binnenmarktes zum Gegenstand hat, wie er in Art. 14 Abs. 2 (ex-Art. 7a) durch die vier Grundfreiheiten definiert ist; für den Bereich des Umweltschutzes ist hier der
freie Verkehr von Waren relevant. Dies bedeutet, daß grundsätzlich sämt-
liches insoweit binnenmarktrelevantes Umweltrecht, wie Umweltanforderungen an Produkte (z.B. Kfz., Kraftstoffe) sowie Beschränkungen des Inverkehrbringens oder der Verwendung von Produkten bis hin zu Verboten
(z.B. im Falle von Gefahrstoffen) zurecht auf Art. 95 (ex-Art. 100a) gestützt
wurden (vgl. hierzu *Epiney,* S. 75, wonach bei produktbezogenen Maßnahmen in aller Regel Art. 95 (ex-Art. 100a) heranzuziehen sein werde, aber
auch insoweit bei vorwiegend umweltpolitischer Zielsetzung Art. 175 nicht
ausgeschlossen sei). Dies entspricht der ständigen Rechtsetzungspraxis (eine Ausnahme hingegen sind die bestehenden Verbote für die Ozonschicht
schädigende Stoffe, die auf Art. 175 (ex-Art. 130s) gestützt wurden), über
die der EuGH bislang nicht zu entscheiden hatte.
Nach der Titandioxid-Entscheidung des EuGH (vgl. Rn. 6 u. 12) fallen auch
anlagen- und produktionsbezogene Regelungen unter Art. 95 (ex-Art.
100a), soweit sie objektiv auch auf die Harmonisierung der Wettbewerbsbedingungen abzielen. Wenn in dieser Entscheidung der Grundsatz der Demokratie ein tragender Grund für die Abgrenzung zwischen Art. 175 (ex-
Art. 130s) und Art. 95 (ex-Art. 100a) war, so ist zumindest zweifelhaft, ob
der EuGH in einem entsprechenden Fall gleichermaßen entscheiden würde.
Denn Art. 175 sieht heute ebenso wie Art. 95 (ex-Art.100a) das Verfahren
der Kodezision des EP vor. Für die Inanspruchnahme von Art. 175 spricht,
daß andernfalls eine weitgehende Sinnentleerung dieser Vorschrift bewirkt
würde. Die Verstärkung der Rolle des EP in dieser Vorschrift, die Aufnahme des Umweltschutzes in Art. 2 und 3 lassen es nicht als gerechtfertigt erscheinen, daß Art. 95 (ex-Art. 100a) über die produktbezogenen Binnenmarktregelungen im engeren Sinne hinaus Art. 175 verdrängt. Vielmehr

sind sämtliche Vorschriften, die nicht unmittelbar den Binnenmarkt betreffen, d.h. insbesondere den freien Warenverkehr, soweit nicht Art. 175 Abs. 2 oder über Art. 6 andere speziellere Rechtsgrundlagen zum Zug kommen, auf Art. 175 Abs. 1 zu stützen; dies ist auch insoweit von Bedeutung, als hierdurch der nationale Spielraum für weitergehende Maßnahmen gegenüber Art. 95 Abs. 4 und 5 (ex-Art. 100a) erweitert wird (siehe dazu Art. 176).

II. Anwendungsbereich von Art. 175 Abs. 2

1. Allgemeines

10   In Abweichung von der in Art. 175 Abs. 1 vorgesehenen Beschlußfassung bleiben Maßnahmen in den in Abs. 2 UAbs. 1 genannten Bereichen der **einstimmigen Beschlußfassung** des Rates vorbehalten, wobei die eingeführten Kategorien sehr unpräzise sind und hierdurch die Auslegung sowie die Abgrenzung zu anderen Rechtsgrundlagen, insbesondere Art. 95 (ex-Art. 100a), der ausdrücklich unberührt bleibt, erheblich erschwert wird. Angesichts der explizit aufgeführten Sachbereiche und des von Abs. 1 abweichenden Verfahrens (lediglich Anhörung des EP) ist eine **enge Auslegung erforderlich**. Die Anhörung des EP, des WSA und des AdR ist obligatorisch (vgl. dazu näher Art. 175 Rn. 1). Wenn der Rechtstext sich nach der Anhörung des EP in der Substanz ändert, ist eine weitere Anhörung erforderlich (EuGH, C-392/95, EP/Rat, Slg. 1997, I–3213). UAbs. 2 sieht vor, daß der Rat durch einstimmigen Beschluß Bereiche festlegen kann, in denen in Abweichung von der einstimmigen Beschlußfassung nach UAbs. 2 mit qualifizierter Mehrheit entschieden wird.

2. Die einzelnen Sachbereiche des UAbs. 1

a) Vorschriften überwiegend steuerlicher Art

11   Angesichts der unterschiedlichen sprachlichen Fassungen (z.B. engl.: „provisions primarily of a fiscal nature"; frz.: „des dispositions essentiellement de nature fiscale") ist eine **Begriffsbestimmung problematisch**. Die Verwendung des deutschen Begriffs „steuerlicher Art" läßt darauf schließen, daß hier tatsächlich nur Steuern und nicht jedwede Art von Abgaben, z.B. auch Sonderabgaben erfaßt werden sollten. In Art. 90ff. (ex-Art. 95ff.) wird nämlich ausdrücklich der Begriff der „Abgabe" verwendet, durch den jedenfalls indirekte Steuern, Beiträge und Gebühren erfaßt werden, während Art. 93 (ex-Art. 99) auf produktbezogene indirekte Steuern beschränkt ist. Da in Abs. 2 lediglich auf Steuern abgestellt und nicht der weitere Begriff

der Abgabe verwandt wird, scheint eine entsprechend enge Auslegung angebracht. Hierfür spricht auch, daß der EGV für die Harmonisierung von Steuern wohl einheitlich eine einstimmige Beschlußfassung vorsehen will (vgl. Art. 93 (ex-Art. 99) u. 95 Abs. 2 (ex-Art. 100a). Aus diesem Grund muß sich auch Abs. 2 entsprechend dem deutschen Wortlaut auf steuerliche Vorschriften beschränken. Danach wäre der von der Kommission vorgelegte Vorschlag einer RL zur Einführung einer CO_2-/Energiesteuer (ABl. 1992 C 196/1) auf die Rechtsgrundlage Art. 175 Abs. 2 umzustellen, während etwa die Einführung einer Abwasserabgabe nach deutschem Vorbild einer Beschlußfassung nach Abs. 1 – also mit qualifizierter Mehrheit – unterliegen würde (vgl. Rn. 9). Danach könnte der Richtlinienvorschlag zur CO_2/Energie-Steuer in eine Sonderabgabenregelung umgestaltet und auf Abs. 1 gestützt werden. In ihrer Mitteilung „Umweltsteuern und-gebühren im Binnenmarkt" (ABl. 1997, C-224/6) vertritt die Kommission allerdings offenbar die Auffassung, daß in diesem Bereich stets die Einstimmigkeit erforderlich ist. Mit der Formulierung **„überwiegend"** soll nur zum Ausdruck gebracht werden, daß der Schwerpunkt der umweltpolitischen Maßnahme auf der Besteuerung liegen muß. Zurecht wird deshalb für steuerliche Regelungen in Kfz.-Abgas-Richtlinien (Förderung von Kfz., die künftige Grenzwerte vorzeitig einhalten) nicht Abs. 2 herangezogen.

b) Maßnahmen im Bereich der Raumordnung, der Bodennutzung sowie der Bewirtschaftung der Wasserressourcen

Es handelt sich hier um die einzige Vorschrift im EGV, in der die **Raumordnung** ausdrücklich erwähnt wird; sie wurde durch den Vertrag von Maastricht eingeführt (vgl. dazu *Deketelaere/ Andersen,* European Environmental Law Review, EELR 1997, 256ff., 307ff.). Hiermit wird zwar **keine umfassende Kompetenznorm für die Raumordnung** auf europäischer Ebene geschaffen, wohl aber klargestellt, daß für raumordnerische Maßnahmen zur Erreichung der in Art. 174 (ex-Art. 130r) niedergelegten Ziele der Umweltpolitik der EG eine Kompetenz besteht, wobei angesichts des zentralen nationalstaatlichen Charakters der Raumordnung die **Einstimmigkeit** vorgesehen ist. Die EG könnte danach nunmehr unter Umweltaspekten z.B. Leitlinien für die räumliche Struktur des Gemeinschaftsgebietes schaffen. Der Bereich der Raumordnungskompetenz erstreckt sich dabei auch auf die **Stadtplanung**. Der englische Wortlaut sieht dies entgegen der deutschen und französischen Fassung ausdrücklich vor: „measures concerning town and country planning". Unter Berücksichtigung des **Subsidiaritätsprinzips** wird die Ausübung der Gemeinschaftszuständigkeit im

12

Bereich der ökologischen Stadtplanung wohl gewisse Einschränkungen erfahren. Wenngleich der Wortlaut dies (anders als im Fall der Maßnahmen steuerlicher Art) nicht ausdrücklich vorsieht, wird man davon ausgehen müssen, daß nur solche Regelungen, die schwerpunktmäßig raumordnerische Aspekte betreffen, unter Abs. 2 fallen; ansonsten findet Abs. 1 Anwendung, wie im Falle der RL 96/82/EG (vgl. Vorbemerkung zu Art. 174 bis 176, Rn. 61), dessen Art. 12 raumordnerische Maßnahmen im Interesse der Verhütung von Industrieunfällen beinhaltet.

13 Maßnahmen, die auf die Einschränkung bestimmter Nutzungen des Bodens aus Gründen des Umweltschutzes abzielen, sind unter den Begriff **„Bodennutzung"** zu subsumieren; dies kann z.b. für Maßnahmen im Bereich des Naturschutzes gelten (Festlegung von Schutzgebieten, wenn hier der Schwerpunkt der Regelung liegt). Die von der „Bodennutzung" ausgenommenen Bereiche – Abfallbewirtschaftung und allgemeine Maßnahmen – sind nach Abs. 1 mit **qualifizierter Mehrheit** zu entscheiden. Durch diese Vorschrift soll sichergestellt werden, daß solche Maßnahmen, die die Bodennutzung berühren (z.b. Altlasten, Abfalldeponien), nicht unter das Einstimmigkeitserfordernis nach Abs. 2 fallen. Mit **„allgemeinen Maßnahmen"** sind generelle umweltpolitische Instrumente gemeint, die nicht dem Schutz eines konkreten Umweltmediums dienen, wie z.b. Änderungen der RL über Umweltverträglichkeitsprüfungen. Ferner ist mit dieser Ausnahmebestimmung nunmehr ausdrücklich vertragsrechtlich klargestellt, daß Rechtsakte im Bereich der Abfallwirtschaft im Grundsatz nicht auf Art. 95 (ex-Art. 100a), sondern auf Art. 175 Abs. 1 zu stützen sind, wie dies der EuGH bereits für die RL 91/156/EWG entschieden hatte (vgl. dazu Rn. 6).

14 Die **Bewirtschaftung der Wasserressourcen** erfaßt die Wassernutzung und -mengenwirtschaft. Maßnahmen zur Reduzierung der Schadstoffeinleitungen und Qualitätsziele für Gewässer fallen nicht hierunter und sind gemäß Abs. 1 zu beschließen. Der niederländische Vertragstext ist in dieser Hinsicht klarer und bezieht sich speziell auf „quantitative Wasserwirtschaft" („kwantitatief waterbeheer").

c) Energiequellen und Struktur der Energieversorgung

15 Ein eigenes Kapitel über **Energiepolitik** enthält der EGV nicht. Gleichwohl wurde in Maastricht dieser Politikbereich im Tätigkeitskatalog der EG fixiert (Art. 3). Umweltmaßnahmen im Energiesektor können grundsätzlich auf Abs. 1 bzw. auf Abs. 2 gestützt werden, wenn die dort genannten Voraussetzungen kumulativ vorliegen. Auf Abs. 2 könnten Regelungen zu stützen sein, die zur Erreichung von Umweltschutzzielen eine erhebliche **Be-**

grenzung oder einen Verzicht auf die Nutzung bestimmter Energieträger, z.B. hoch schwefelhaltige Braunkohle oder Kernenergie, in den Mitgliedstaaten vorsehen bzw. eine solche faktisch bewirken. Relevant werden könnte Abs. 2 auch für Regelungen im Bereich des **Klimaschutzes**, wenn etwa solch drastische Reduzierungen der CO_2-Emissionen vorgesehen sind, daß dies in einem Mitgliedstaat die Wahl zwischen verschiedenen Energiequellen und die allgemeine Struktur seiner Energieversorgung erheblich berührt. Bei der vom Rat am 16.6.1998 in seinen Schlußfolgerungen beschlossenen EU-internen Lastenverteilung zur gemeinsamen Erfüllung der Verpflichtungen aus dem Kioto-Protokoll durch die EG sind diese Voraussetzungen angesichts des Umfangs der Reduzierungen bzw. Begrenzungen und der verfügbaren Reduzierungspotentiale nicht erfüllt, so daß ein künftiger Rechtsakt der EG zur rechtsverbindlichen Festlegung der Lastenverteilung auf Abs. 1 zu stützen ist. Klassische Emissionsbegrenzungen im Energiesektor sind generell auf Abs.1 und nicht auf Abs. 2 zu stützen; letzteres nur dann, wenn sie so erhebliche Auswirkungen auf die Energiepolitik in einem Mitgliedstaat haben, daß etwa einzelne Energieträger nicht mehr oder nur noch deutlich eingeschränkt genutzt werden könnten, was bei der Festlegung von Normen auf der Basis des Standes der Technik regelmäßig nicht der Fall sein wird.

Erfaßt wird von dieser Bestimmung nicht die Weiterentwicklung der RL **16** 88/609/EWG über **Großfeuerungsanlagen**. Dies wird auch durch die von der Konferenz der Vertreter der Regierungen der Mitgliedstaaten im Rahmen der Schlußakte von Maastricht beschlossene Erklärung zum EGV bestätigt, wonach „Änderungen in den gemeinschaftlichen Rechtsvorschriften die Ausnahmeregelungen nicht beeinträchtigen dürfen, die Spanien und Portugal gemäß der RL des Rates vor 24. November 1988 zur Begrenzung von Schadstoffemissionen von Großfeuerungsanlagen in die Luft bis zum 31.12.1999 zugestanden wurden". Diese Erklärung bedeutet einen politischen Verzicht darauf, die genannten Ausnahmen in dieser RL durch einen Beschluß mit qualifizierter Mehrheit nach Abs. 1 gegen die Stimme Spaniens bzw. Portugals aufzuheben. Im Umkehrschluß bedeutet dies aber auch, daß Anforderungen an Großfeuerungsanlagen nicht unter die Ausnahme von Abs. 2 fallen, sondern nach Absatz 1 zu entscheiden sind.

3. Das Verfahren nach UAbs. 2

UAbs.2. **ermächtigt** den Rat nach dem Verfahren von UAbs. 1 (also insbe- **17** sondere einstimmig) festzulegen, in welchen der durch Abs. 2 der Einstimmigkeit vorbehaltenen Bereichen mit **qualifizierter Mehrheit** beschlossen wird. Nicht explizit geregelt wird die Art der Beteiligung des EP bei solchen dann ergehenden Mehrheitsbeschlüssen. Allerdings wird man UAbs. 2 in der Systematik von Abs. 1 und 2 so auszulegen haben, daß der Rat ermächtigt werden soll, durch einstimmigen Beschluß Maßnahmen in den Bereichen der Ausnahmevorschrift des Abs. 2 in die Mehrheitsentscheidung nach Abs. 1, einschließlich der dort vorgeschriebenen Kodezision, zurückzuverlagern, zumal der EGV regelmäßig die Mehrheitsentscheidung mit dem Kooperations- oder Kodezisionsverfahren verbindet; die Anwendung der bloßen Anhörung des EP in diesen Fällen würde der Systematik des EGV im Hinblick auf die Rolle des EP nicht gerecht. **Inhaltlich** kann der Beschluß des Rates zwei Entscheidungsformen enthalten: einerseits kann der Rat allgemein beschließen, daß Beschlüsse über Maßnahmen in bestimmten Bereichen des UAbs. 1 mit qualifizierter Mehrheit ergehen sollen; andererseits kann ein nach UAbs. 1 beschlossener Rechtsakt vorsehen, daß bestimmte ergänzende Sachfragen, Änderungen oder Anpassungen an den technischen Fortschritt mit qualifizierter Mehrheit entschieden werden.

III. Allgemeine Aktionsprogramme (Abs. 3)

18 Art. 175 Abs. 3 stellt – ähnlich wie z.B. Art. 166 (ex-Art. 130i) – eine **spezifische Kompetenznorm** für den Beschluß des Rates **über allgemeine Aktionsprogramme** in anderen Bereichen zur Verfügung und schreibt hierfür die Anhörung des WSA sowie des AdR (s. Art. 175, Rn. 1)sowie das Verfahren des Art. 251 (ex-Art. 189b – Kodezision des EP) vor, wobei die Maßnahmen zur Durchführung nach Abs. 1 bzw. 2 beschlossen werden (UAbs. 2). Unklar ist auch in den anderen Sprachfassungen die Bedeutung und der Bezug der Formulierung „**in anderen Bereichen**". Nach Systematik sowie Sinn und Zweck der Regelung ist davon auszugehen, daß die Formulierung „ in anderen Bereichen " sich auf den vorherigen Abs. 2 bezieht und hiermit eine Ausklammerung der Anwendbarkeit von Art. 251 (ex-Art. 189b) auf die in Abs. 2 der Einstimmigkeit vorbehaltenen Bereiche erfolgen soll. Im Ergebnis kann mit dieser Formulierung daher nur gemeint sein, daß in den Aktionsprogrammen Ziele und Maßnahmen zur Zielerreichung jedenfalls nicht so konkret festgeschrieben werden dürfen, daß dies zu einer Aushebelung abweichender Verfahrensvorschriften führen würde. In erster Linie dürfte sich ein Aktionsprogramm insoweit auf die Festlegung von allgemeinen Umweltzielen beschränken (vgl. auch *Williamson*, Journal of Environmental Law 1992, 230 unter Hinweis auf die Entstehungsgeschichte).

19 Seit 1973 gab es **fünf EG-Umweltaktionsprogramme** der Kommission, die vom Rat und den im Rat vereinigten Vertretern der Regierungen der

Mitgliedstaaten in Form einer Erklärung/Entschließung lediglich in der (allgemeinen) Ausrichtung (Erklärung vom 22.11.1973, ABl. C-112/1; Entschließung vom 17.5.1977, ABl. C-139/1; Entschließung vom 7.2.1983, ABl. C-46/1; Entschließung vom 19.10.1987, ABl. C-328/1) gebilligt wurden; im Falle des 5. EG-Umweltaktionsprogramms (Entschließung vom 1.2.1993, ABl. C-328/1) wurde das allgemeine Konzept und die Strategie gebilligt. Diese Programme wurden nicht im einzelnen beraten und nicht als solche vom Rat verabschiedet, d.h. sie entfalteten allenfalls eine generelle politische Bindungswirkung. **Streitig ist**, ob die „allgemeinen Aktionsprogramme" auf der Grundlage von Art. 175 Abs. 3 nunmehr **als Rechtsakte** verabschiedet werden müssen (so z.B. *Krämer*, ZuR 1994, 174, 175f.). Entscheidend dürfte sein, daß Art. 175 Abs. 3 ähnlich wie Art. 175 Abs. 1 keine Vorgaben für die Handlungsform enthält. Die Bestimmung verweist nur hinsichtlich des Verfahrens, nicht aber hinsichtlich der Form auf Art. 251 (ex-Art. 189b). Damit ist die EG auch weiterhin bei der Verabschiedung von Aktionsprogrammen **nicht in der Handlungsform gebunden.** Gleichwohl begründet ein solches Programm nach Art. 175 Abs. 3 UAbs. 2 die Verpflichtung, konkretisierende Maßnahmen zur Durchführung des Programms zu beschließen, wobei hinsichtlich der Ausgestaltung dieser Maßnahmen in der Praxis erheblicher Spielraum bestehen dürfte. Die Konsequenz wäre, daß im Falle des Untätigbleibens der Organe – sei es, daß die Kommission keine Vorschläge für Durchführungsmaßnahmen vorlegt, sei es, daß der Rat über solche Vorschläge nicht beschließt – von den Mitgliedstaaten bzw. den anderen Gemeinschaftsorganen ggf. eine Untätigkeitsklage gem. Art. 232 (ex-Art. 175) in Betracht käme (vgl. zu den Voraussetzungen EuGH, Rs. 13/83, Parlament/Rat, Slg. 1985, 1513, 1592ff.).

Es bleibt abzuwarten, welche **praktische Bedeutung** Abs. 3 gewinnen   **20** wird. Das geltende Programm alter Prägung, das bis zum Jahr 2000 reicht, war bis 1995 zu überprüfen. Auf der Basis des Vorschlags der Kommission haben EP und Rat – nach langwierigem Vermittlungsverfahren – den **Beschluß 2179/98/EG** über die Überprüfung des Programms der EG für Umweltpolitik und Maßnahmen im Hinblick auf eine dauerhafte und umweltgerechte Entwicklung – „Für eine dauerhafte und umweltgerechte Entwicklung (ABl. 1998 L 275/1) verabschiedet. Mit dem Beschluß bekräftigt die EG ihr Engagement für das 5. Umweltaktionsprogramm von 1993; festgelegt werden Ziele und fünf Prioritäten (Integration von Umweltforderung in andere Politikbereiche; Erweiterung des Spektrums von Instrumenten; Durchführung und Durchsetzung der Rechtsvorschriften; Sensibilisierung; Internationale Zusammenarbeit). Es handelt sich nicht um ein eigenständiges Aktionsprogramm im engeren Sinne; der Beschluß hat aber gleichwohl programmatischen Charakter, so daß eine Abstützung auf Abs. 3 zurecht erfolgt. Die gewählte Rechtsform des Beschlusses ist im EGV nicht vorgesehen. Er ist nicht rechtlich verbindlich und bedarf der Umsetzung in konkrete Aktionen.

21   Der Verweis in UAbs. 2 kann nicht bedeuten, daß sämtliche Durchführungsmaßnahmen ausschließlich auf Abs. 1 und 2 zu stützen sind; vielmehr sind auch insoweit die anderen Kompetenznormen heranzuziehen, soweit ihnen Vorrang zukommt (z.B. Art. 95, ex-Art. 100a) im Falle von Umweltanforderungen an Produkte). Dementsprechend wird in dem 19. Ergänzungsgrund zu dem o.g. Beschluß 2179/98/EG festgestellt, daß dieser nicht die Rechtsgrundlage der Maßnahmen berührt, die gemäß diesem Beschluß verabschiedet werden.

IV. Finanzierung und Durchführung der Umweltpolitik (Abs. 4)

22   Abs. 4 legt fest, daß Finanzierung und Durchführung der Umweltpolitik – unbeschadet bestimmter Maßnahmen gemeinschaftlicher Art – **den Mitgliedstaaten obliegen.** Die Bestimmung läßt also im Einzelfall auch Finanzierungs-und Durchführungsmaßnahmen auf Gemeinschaftsebene zu; das Subsidiaritätsprinzip spricht jedoch dafür, daß die EG bei der Inanspruchnahme dieser Ausnahme sehr restriktiv vorgeht.

23   Hinsichtlich der Finanzierung drückt Abs.4 zunächst die Selbstverständlichkeit aus, daß der Verwaltungsträger für die im Rahmen der Verwaltung anfallenden Kosten einzustehen hat. Ferner ergibt sich aus dieser Bestimmung auch die Zulässigkeit zur **Einrichtung besonderer Finanzinstrumente** zur Durchführung der gemeinschaftlichen Aufgaben (vgl. dazu *Grabitz/Nettesheim*, in *Grabit/Hilf*, Art. 130r Rn. 99ff.).

24   Demgemäß hat der Rat die VO 1973/92/EWG zur Schaffung eines Finanzierungsinstruments für die Umwelt (**LIFE**) – ABl. 1992 L 206/1 – geschaffen, die insbesondere darauf abzielt, prioritäre Umweltprojekte in der EG zu fördern (vgl. Vorbem. Art. 174–176 Rn. 10). Darüberhinaus werden Umweltprojekte in den Mitgliedstaaten **aus den Strukturfonds** gefördert, so insbesondere Umweltinfrastrukturprojekte (z.B. Kläranlagen) aus dem Regionalfonds. Ein weiteres Finanzierungsinstrument zur Durchführung der Umweltpolitik in bestimmten Mitgliedstaaten, insbesondere hinsichtlich der Durchführung von nach Abs. 1 beschlossenen Maßnahmen, stellt der **Kohäsionsfonds** gem. Art. 161 (ex-Art. 130d) dar (vgl. hierzu unten Rn. 27ff.).

25   Wenn Abs. 4 auch bestimmt, daß der Vollzug des gemeinschaftlichen Umweltrechts grundsätzlich den Mitgliedstaaten obliegt, so bleibt auch hier

Spielraum für gemeinschaftliches Handeln. Die EG kann beispielsweise unselbständige Untergliederungen zur Erleichterung der Verwaltungstätigkeit schaffen, wie z.B. den Lebensmittelausschuß – Beschluß 74/234/EWG, ABl. 1974 L 136/1 – und den Abfallwirtschaftsausschuß – Beschluß 76/431/EWG, ABl. 1976 L 115/73 (vgl. dazu näher *Grabitz/Nettesheim*, in *Grabitz/Hilf*, Art. 130r Rn. 91). Ferner bleibt Spielraum zur Verbesserung des Vollzugs des Gemeinschaftsrechts. So hat die Kommission gemäß Art. 211 (ex-Art. 155) i.V.m. Art. 226 (ex-Art. 169) die Aufgabe, sowohl die rechtliche Umsetzung in das nationale Recht der Mitgliedstaaten, als auch die Anwendung zu überwachen. Hinsichtlich der **Kontrolle der Anwendung** bedient sich die Kommission des sog. – im EGV nicht ausdrücklich vorgesehenen, aber durch Art. 211 (ex-Art. 155) gedeckten – **Beschwerdeverfahrens**, d.h. die Kommission geht an sie gerichteten Beschwerden z.B. von Einzelpersonen oder Umweltverbänden betreffend den mangelhaften Vollzug gemeinschaftlicher Rechtsvorschriften in den Mitgliedstaaten im Wege der Einforderung von Stellungnahmen der Regierungen hierzu nach und leitet das Beschwerdeverfahren ggfs. in ein förmliches Vertragsverletzungsverfahren nach Art. 226 (ex-Art. 169) über.

Weitere **Instrumente zur Vollzugsverbesserung** sind die in den RLn festgelegten **Berichtspflichten** der Mitgliedstaaten über ihre Anwendung, der in einigen RLn vorgesehene Ausschuß der zuständigen (Vollzugs-) Behörden (z.B. Seveso-RL) sowie das bestehende **informelle Netzwerk** der Vollzugsbehörden der Mitgliedstaaten. Die immer wieder politisch diskutierte Einrichtung eines **EG-Inspektorates**, das die Einhaltung des EG-Umweltrechts vor Ort in den Mitgliedstaaten kontrolliert, oder eines „**Inspektorats der Inspektorate**", das die nationalen Vollzugsbehörden überprüft, wird jedenfalls derzeit nicht konkret verfolgt. Die Kommission arbeitet derzeit an Mindestkriterien für **Umweltkontrollen**, wobei abzuwarten sein wird, in welcher Rechtsform sie diese dem Rat vorlegen wird (vgl. dazu die schriftliche Anfrage E 2524/97 aus dem EP an die Kommission – ABl 1998, C-117/22). In Art. 20 der VO (EWG) Nr. 1210/90 vom 7.5.1990 zur Errichtung einer Europäischen Umweltagentur (ABl. L 120, 1) hat sich der Rat verpflichtet, spätestens 2 Jahre nach Inkrafttreten der VO über zusätzliche Aufgaben der Agentur u.a. im Bereich der „Beteiligung an der Überwachung der Durchführung der gemeinschaftlichen Rechtsvorschriften" in Zusammenarbeit mit der Kommission und den zuständigen Stellen in den Mitgliedstaaten zu beschließen). Die vom EP und Rat im Lichte der Überprüfung 1998 erlassene Änderungsverordnung enthält diese zusätzliche Aufgabe nicht. Für **Deutschland** – anders als für zentralistisch organisierte Mitgliedstaaten – würde es besonders problematisch sein, einer EG-

26

Institution im Bereich der Vollzugskontrolle Kompetenzen einzuräumen, die die Bundesregierung hinsichtlich des Vollzugs von Bundesrecht gegenüber den Ländern nicht hat. Gemeinschaftsrechtlich dürften allerdings keine Bedenken bestehen, die Kommission mit entsprechenden Befugnissen etwa auf der Grundlage von Art. 284 (ex-Art. 213) auszustatten. Auch im Rahmen der Veterinärkontrolle, Fischereipolitik, Weinproduktion, Zollunion oder im Bereich des Gemeinschaftshaushalts bzw. im Wettbewerbsrecht gibt es bereits vergleichbare Kontrollkompetenzen der Kommission (vgl. dazu etwa die VO (Euratom, EG) Nr. 2185/96 über die Kontrollbefugnisse der Kommission im Bereich der Betrugsbekämpfung; aus der Literatur *Lindemann/Delfs*, ZUR 1993, 256, 259 sowie allgemein *Engelsberger*, Der Vollzug europarechtlicher Vorschriften auf dem Gebiet des Umweltschutzes, 1998 und *Hunter/Hendrichx/Muylle*, European Environmental Law Review, EELR 1998, 47ff.).

V. Unverhältnismäßig hohe Kosten für Maßnahmen nach Abs. 1 (Abs. 5)

27   Abs. 5 bestimmt – als Kompensation für die in Abs.1 vorgesehene Entscheidung mit qualifizierter Mehrheit –, daß der Rat in einem Rechtsakt vorübergehende **Ausnahmeregelungen** und/oder eine finanzielle Unterstützung aus dem **Kohäsionsfonds** für einen Mitgliedstaat gewährt, wenn die nach Abs. 1 beschlossene Maßnahme mit unverhältnismäßig hohen Kosten für die Behörden des Mitgliedstaates verbunden ist. Diese Vorschrift kann unter folgenden Voraussetzungen zur Anwendung kommen:
(1) Es muß sich um eine **Maßnahme** handeln, die **nach dem Verfahren des Abs. 1 beschlossen** wird. Eine Maßnahme in den gemäß Abs. 2 der Einstimmigkeit vorbehaltenen Bereichen kommt nach dem ausdrücklichen Wortlaut für eine Anwendung von Abs. 5 nicht in Betracht.
(2) Die Maßnahme muß für die Behörden des Mitgliedstaates **unverhältnismäßig hohe Kosten verursachen**. Ein beispielhafter Fall wäre etwa die RL 91/157/EWG v. 21.5.1991 über die Behandlung von kommunalem Abwasser (ABl. 1991 L 135/40), durch die die Behörden der Mitgliedstaaten zu erheblichen Investitionen in die Abwasserreinigung verpflichtet werden; diese Kosten könnten als für einzelne Mitgliedstaaten unverhältnismäßig angesehen werden. Auch Verwaltungskosten und Betriebskosten der Behörden werden grundsätzlich von Abs. 5 erfaßt; es ist jedoch davon auszugehen, daß diese regelmäßig wohl keine unverhältnismäßige Kostenbelastung verursachen. Durch eine Maßnahme der Industrie entstehende Kosten können dagegen nicht berücksichtigt werden, ebensowenig bei den Behörden

mittelbar entstehende Kosten, etwa durch eine Subventionierung der durch
die Maßnahme belasteten Industrie mit dem Ziel der Erhaltung von Arbeitsplätzen.

Sind diese Voraussetzungen, insbesondere das Vorliegen unverhältnismäßig   **28**
hoher Kosten für einen oder mehrere Mitgliedstaaten nach der Überzeugung des Rates (auf der Basis entsprechender Darlegungen des Mitgliedstaates) gegeben, so legt der Rat in dem Rechtsakt

– eine **vorübergehende Ausnahmeregelung** für diesen Mitgliedstaat
  (wie das auch schon in bestehenden Regelungen erfolgte, z.b. im Hinblick auf bestimmte Vorschriften in der RL über Großfeuerungsanlagen
  für Spanien und Portugal) und/oder

– eine **finanzielle Unterstützung aus dem Kohäsionsfonds** – hierfür
  kommen nur Griechenland, Irland, Portugal und Spanien in Betracht
  (vgl. dazu näher das Protokoll über die wirtschaftliche und soziale Zusammenarbeit, das nach Art. 311 (ex-Art. 239) Bestandteil des EGV ist)

fest.

Diese in Abs. 5 vorgesehene Derogation kann die Schaffung und den Voll-   **29**
zug eines fortschrittlichen gemeinschaftlichen Umweltrechts voranbringen;
aber im Interesse der Verhinderung eines zu weitgehenden Einbruchs in das
Verursacherprinzip (Art. 175 Abs. 2) und von dauerhaften Disparitäten ist
eine **restriktive Auslegung im Hinblick auf die Ziele und Prinzipien des
Art. 174** (ex-Art. 130r) **angezeigt.** Ausnahmeregelungen werden im Rechtsakt eindeutig zu befristen (und nicht etwa lediglich zu einem bestimmten
Termin zu überprüfen) sein. Auch zusätzliche Elemente, wie etwa detaillierte Berichtspflichten des begünstigten Mitgliedstaates, die der Kommission z.B. die Beurteilung des Fortbestehens der Unverhältnismäßigkeit der
Kosten, des zügigen Fortschritts in der Implementierung und der ordnungsgemäßen Verwendung der gewährten Finanzmittel erlauben, können in die
„geeigneten Bestimmungen" nach Abs. 5 aufgenommen werden. Entsprechendes ist auch für die „geeigneten Bestimmungen" betreffend eine finanzielle Unterstützung möglich und angebracht.

Art. 176 (ex-Art. 130t) (Schutzmaßnahmen der Mitgliedstaaten)

**Die Schutzmaßnahmen, die aufgrund des Artikels 175 getroffen wer-
den, hindern die einzelnen Mitgliedstaaten nicht daran, verstärkte
Schutzmaßnahmen beizubehalten oder zu ergreifen. Die betreffenden
Maßnahmen müssen mit diesem Vertrag vereinbar sein. Sie werden
der Kommission notifiziert.**

I. Allgemeines

1   Art. 176 gibt den Mitgliedstaaten die Befugnis, Schutzmaßnahmen beizubehalten oder zu ergreifen, die strenger sind als die aufgrund von Art. 175 Abs.1 bzw.2 (ex-Art. 130s) getroffenen Maßnahmen. Dies bedeutet, daß die nach Art. 175 (ex-Art. 130s) beschlossenen Maßnahmen grundsätzlich **Mindestanforderungen** beinhalten, die allerdings auf ein **hohes Schutzniveau abzielen** und die übrigen Handlungsgrundsätze und Kriterien von Art. 174 Abs.2 und 3 (ex-Art. 130r) berücksichtigen müssen.

II. Voraussetzungen für verstärkte Schutzmaßnahmen

2   Verstärkte Schutzmaßnahmen der Mitgliedstaaten nach Art. 176 setzen voraus, daß der Rat eine **Maßnahme nach Art. 175** (ex-Art. 130s) getroffen hat. Art. 176 gilt nicht im Hinblick auf Umweltmaßnahmen, die auf andere Rechtsgrundlagen des Vertrages, z.B. Art. 37 (ex-Art. 43), 95 (ex-Art. 100a) gestützt sind. Er kann auch nicht herangezogen werden, soweit die EG auf dem in Frage kommenden Sektor überhaupt noch nicht tätig geworden ist; in diesem Fall muß ein nationaler Alleingang an den allgemeinen Vorschriften des EGV gemessen werden, etwa Art. 28ff. (ex-Art. 30ff.). Allerdings findet Art. 176 auch **entsprechende Anwendung** auf Rechtsakte, die vor Inkrafttreten des Amsterdamer Vertrages auf **ex-Art. 100 (jetzt Art. 94)**, **ex-Art. 235 (jetzt Art. 308)**, **ex-Art. 130s (jetzt Art. 175)** gestützt worden sind, jetzt aber auf der Grundlage von Art. 175 ergehen müßten (ähnlich zur alten Rechtslage *Grabitz/Nettesheim*, in *Grabitz/Hilf*, Art. 130t, Rn. 8), soweit die Rechtsakte selbst nicht bereits eine Schutzverstärkungsklausel erhalten. Gleiches muß auch für die Anwendung von Art. 176 bei **doppelten Rechtgrundlagen**, wie z.B. Art. 37 (ex-Art. 43), 175 (ex-Art. 130s) gelten (*Schröer*, 219). Ferner ist davon auszugehen, daß eine nationale Schutzverstärkung auch gegenüber einer von der Kommission (im Rahmen der **Komitologie**) erlassenen Maßnahme zulässig ist, wenngleich der Verweis in Art. 176 auf Art. 175 (der lediglich vom Beschluß des Rates spricht) formal dagegen spricht. Da die Kommission lediglich aufgrund einer Ermächtigung durch den Rat rechtsetzend tätig wird, muß die Schutzverstärkungsklausel ebenfalls Geltung haben.Eine entsprechende Klarstellung ist jetzt für Art. 95 Abs.4 (ex-Art. 100a) aufgenommen worden.

3   Die nationale Maßnahme muß tatsächlich eine **Verstärkung der gemeinschaftlichen Mindestregelung** sein (so auch *Jarass*, NuR 1998, 397, 398). Dies bedeutet, daß die gemeinschaftliche Mindestregelung in jedem Fall erfüllt werden muß; sie kann aber als solche übertroffen werden (unter Heranziehung des bestmöglichen Umweltschutzes bejaht *Kahl*, 43 auch die

Ausdehnung auf alternative Schutzmaßnahmen). Legt z.b. eine RL Qualitätsnormen für ein Umweltmedium (z.B. Wasser) fest, kann ein Mitgliedstaat sich nicht – unter Berufung auf ein alternatives Schutzkonzept – auf die von ihm als strenger angesehenen und vielleicht in der Auswirkung tatsächlich strengeren Emissionsnormen beschränken, sondern er muß die Qualitätsnormen in nationales Recht umsetzen, kann sie aber strenger fassen, als dies die RL vorschreibt. Verlangt eine RL die Einhaltung von Normen für die Einleitung von bestimmten Schadstoffen, kann ein Mitgliedstaat in der nationalen Umsetzung strengere Normen bis hin zum Einleitungsverbot festlegen. Die Möglichkeit, verstärkte Schutzmaßnahmen zu erlassen, bezieht sich **nicht nur** auf die **materiellen Anforderungen**; sie erlaubt auch, daß ein Mitgliedstaat die Schutzmaßnahme gegenüber den Fristen im Gemeinschaftsrechtsakt vorzeitig, d.h. schneller zur Anwendung bringt.

Gemäß Satz 2 müssen die verstärkten Schutzmaßnahmen mit dem EGV   **4** vereinbar sein (nach EuGH, C-203/96, Chemische Avfallstoffen Dusseldorp BV u.a./Minister van Volkshuisvesting, Slg. 1998, I–4075, verstößt beispielsweise eine mitgliedstaatliche Regelung, nach der eine Genehmigung zur Verbringung von Abfällen zur Verwertung ins Ausland nur erteilt wird, wenn die Verarbeitung im Ausland höherwertig ist als im Inland, gegen ex-Art. 34 (jetzt Art. 29). Das Erfordernis der Vereinbarkeit bezieht sich nur auf das Primärrecht und den Rechtsakt, von dem abgewichen werden soll, nicht aber auf das übrige Sekundärrecht (streitig, vgl. dazu *Grabitz/Nettesheim*, in *Grabnitz/Hilf* Art. 130t Rn. 14 m.w.N., *Jarass*, NuR 1998, 398 m.w.N.).

III. Notifizierung

Verstärkte Schutzmaßnahmen sind nach Satz 3 der Kommission zu notifi-   **5** zieren. Die **Notifizierungspflicht** gilt nur für nationale Schutzmaßnahmen, die von gemeinschaftlichem Sekundärrecht abweichen, das nach Inkrafttreten des Amsterdamer Vertrages auf der Grundlage von Art. 175 Abs. 1 oder 2 erlassen worden ist. Da Art. 176 aber auch entsprechende Anwendung auf Rechtsakte findet, die vor Inkrafttreten des Amsterdamer Vertrages auf ex-Art. 100 (jetzt Art. 94), ex-Art. 235 (jetzt Art. 308), ex-Art. 130s (jetzt Art. 175) gestützt worden sind, jetzt aber auf der Grundlage von Art. 175 (ex-Art. 130s) ergehen müßten, dürfte die Notifizierungspflicht auch für entsprechende nationale Abweichungen gelten, sofern diese Maßnahmen noch nicht nach alter Rechtslage notifiziert worden sind. Die Notifizierungspflicht bezieht sich sowohl auf die Beibehaltung, als auch auf die Ein-

führung strengerer nationaler Maßnahmen nach Verabschiedung des gemeinschaftlichen Rechtsaktes. Anders als Art. 95 Abs. 6 (ex-Art. 100a)
sieht Art. 176 **keinen speziellen Überprüfungsmechanismus** für die
Kommission vor (zur Abgrenzung des Art. 176 von anderen Schutzverstär-
kungsklauseln *Middeke*, in: Rengeling (Hrsg.), Rn. 85, 97). Demzufolge
handelt es sich hier lediglich um eine **Anzeigepflicht**. Dieser Befund ist
von großer Bedeutung, weil der EuGH der Bestätigung der Kommission
nach ex-Art. 100a (jetzt Art. 95) konstitutive Wirkung für die Anwendung
der nationalen Bestimmungen beigemessen hat (EuGH, C-41/93, Frank-
reich/Kommission, Slg. 1995, I–1097, Rn. 35). Unberührt bleibt selbstverständlich die allgemeine Möglichkeit der Kommission, den Rechtsakt auf
seine Vereinbarkeit mit dem EGV hin zu überprüfen.

Titel XX. (ex-Titel XVII.).
Entwicklungszusammenarbeit

Art. 177 (ex-Art. 130u) (Beitrag der Gemeinschaft, Ziele)

**(1) Die Politik der Gemeinschaft auf dem Gebiet der Entwicklungszu-
sammenarbeit, die eine Ergänzung der entsprechenden Politik der
Mitgliedstaaten darstellt, fördert**

– **die nachhaltige wirtschaftliche und soziale Entwicklung der Entwicklungsländer, insbesondere der am meisten benachteiligten Entwicklungsländer;**

– **die harmonische, schrittweise Eingliederung der Entwicklungsländer in die Weltwirtschaft;**

– **die Bekämpfung der Armut in den Entwicklungsländern.**

**(2) Die Politik der Gemeinschaft in diesem Bereich trägt dazu bei, das
allgemeine Ziel einer Fortentwicklung und Festigung der Demokratie
und des Rechtsstaats sowie das Ziel der Wahrung der Menschenrechte
und Grundfreiheiten zu verfolgen.**

**(3) Die Gemeinschaft und die Mitgliedstaaten kommen den im Rahmen
der Vereinten Nationen und anderer zuständiger internationaler Organisationen gegebenen Zusagen nach und berücksichtigen die in diesem
Rahmen gebilligten Zielsetzungen.**

Literatur: *OCDE (CAD),* Le rôle de la coopération pour le développement à l'aube du XXIème siècle, Paris 1996; *OECD (CAD),* Coopération pour le développement, Rapport 1997; *Europäische Kommission,* Grünbuch über die Beziehungen zwischen der Europäischen Union und den AKP-Staaten an der Schwelle zum 21. Jahrhundert, Luxemburg 1997; *Commission des CE,* Le rôle de la Commission dans l'appui au processus d'ajustement structurel des Etats ACP, Luxembourg 1992; *Overseas Development Institute/Commission européenne,* La Communauté européenne et l'aide au développement, Brüssel 1997; *Commission des CE,* Recueil des communications de la Commission au Conseil et au Parlement européen et des résolutions, déclarations et conclusions correspondantes du Conseil de ministres: Politique de coopération au développement à l'horizon 2000, Luxemburg 1996.

Überblick

I. Problemstellung

Die von Land zu Land der Dritten Welt **sehr unterschiedlichen Bedürf-** **1** **nisse** erlauben keine Verallgemeinerung von Wesensmerkmalen für Entwicklungsländer: während einige Länder für ihr Fortkommen hauptsächlich auf offene Märkte angewiesen sind, benötigen andere im wesentlichen technische Hilfe, in den am wenigsten entwickelten Ländern bedarf es dagegen nicht nur Nahrungsmittelhilfe, sondern oftmals auch erheblicher finanzieller und technischer Hilfe. In unterschiedlichem Ausmaß haben sie zu kämpfen mit Armut, Hunger, Krankheit, Analphabetentum, unzureichendem oder sogar rückläufigem wirtschaftlichem Wachstum, unzulänglichem Pro-Kopf-Einkommen und einer Verschärfung dieser Probleme durch ein rasches Bevölkerungswachstum, dem unangemessenen wirtschaftlichen und sozialen Status der Frau als wesentlicher Faktor der Entwicklung, mit zunehmenden Umweltproblemen und schließlich einer ihre wirtschaftliche Leistungskraft bei weitem übersteigenden Verschuldung. Hinzu kommen oftmals noch sich nur im Anfangsstadium befindende Demokratisierungsprozesse und Bemühungen zur Festigung des Rechtsstaats.

Der Entwicklungshilfeausschuss (Comité d'Aide au développement **2** CAD/Development Assistance Committee, DAC) der OECD schätzt die **Chancen und Herausforderungen** der Entwicklungsarbeit wie folgt ein

(OECD, XXIème siècle, S. 5): aufgrund der Globalisierung der Märkte wird noch vor dem Jahr 2050 die Hälfte der Wirtschaftsproduktion aus den Entwicklungsländern kommen; – das Anwachsen der Weltbevölkerung von 5 Milliarden in 1990 auf 7,5 Milliarden in 2015 wird ausschliesslich der demographischen Evolution in den Entwicklungsländern zuzuschreiben sein; – die wachsende gegenseitige witschaftliche Abhängigkeit, die zunehmend weltweite Konkurrenz und der sich entfaltende Privatsektor begünstigen/plädieren für eine Annäherung der von den Industrie- und Entwicklungsländern verfolgten Politiken; – die fortschreitende Industrialisierung wird sich zunehmend auf die Qualität des Wassers, der Böden und der Luft auswirken; wachsende Verluste in der Biodiversität, Erschöpfung der Fischbestände, derzeitige Produktions- und Verbrauchsmethoden ebenso wie Klimaveränderungen stellen das Vorhandensein ausreichender natürlicher Ressourcen für lebensnotwendige Bedürfnisse einer zunehmend zahlreicheren und urbanisierten Bevölkerung mehr und mehr in Frage; – die Sicherheit, das Wohlergehen der Bevölkerung sowie das harmonische Funktionieren des globalen und interdependenten Systems werden von der Dauerhaftigkeit der Entwicklungsanstrengungen in den sozialen, kulturellen, politischen und die Umwelt betreffenden Bereichen abhängen.

II. Rechtliche Tragweite

3   Art. 177 ist als ein neuer Impuls der langjährigen gemeinschaftlichen Entwicklungshilfe im Rahmen der Außenpolitik der EU zu verstehen. Er begründet einen Handlungsauftrag, aber **keinen konkreten Rechtsanspruch auf Teilhabe an der Entwicklungshilfe** oder zumindest auf eine gleichwertige Präferenzbehandlung beim Marktzugang in die Gemeinschaft (s. die Vorarbeiten und die Erwägungsgründe der VO (EG) Nr. 602/98 ABl. L 80, 1).

4   Eine **Begriffsbestimmung „Entwicklungsland"** ist bewusst nicht in den EGV aufgenommen worden, da es sich hier um einen unter verschiedenen Anlässen zu verdeutlichenden Begriff handelt. Die deutlichste Abgrenzung erfolgt im Zollbereich (VO (EG) Nr. 1256/96 ABl. 1996 Nr. L 160/1 zuletzt geändert durch VO Nr. 602/98): Einstufung nach Entwicklungsniveau und der relativen landwirtschaftlichen Spezialisierung. Die sich im Entwicklungsausschuss der OECD bezüglich der Entwicklungshilfe abstimmenden Mitgliedstaaten der OECD und die Kommission gehen bei der Definition des Begriffes „Entwicklungsland" von gemeinsam mit von den Vereinten Nationen (VN) entwickelten Kriterien aus: Pro-Kopf-Einkommen, Pro-Kopf-Bruttoinlandsprodukt, wirtschaftlicher Diversifikationsindex, Zahl

der Einwohner und schließlich politische Gesichtspunkte. Danach sind z.Z.
165 Staaten als Entwicklungsländer anzusehen unter denen 48 als die am
„wenigsten fortgeschrittenen" Entwicklungsländer identifiziert werden
(OECD, Rapport 1997, S. A87–90). Die Klassifizierung „am wenigsten
fortgeschrittene Entwicklungsländer" ist nicht nur ausschlaggebend für die
beste Präferenzbehandlung beim Marktzugang zu der EG, sondern beein-
flusst auch wesentlich den Umfang der gewährten Hilfe. Aus gesamtwirtschaftlichen und politischen Überlegungen heraus betrachtet die Gemeinschaft ihre unmittelbaren östlichen Nachbarn und Rußland nicht als Entwicklungsländer, sondern als Länder, die den Übergang zur Marktwirtschaft anstreben.

III. Anlaß der Entwicklungszusammenarbeit

Motiv der Gemeinschaftshilfe ist die den Entwicklungsländern von den   **5**
Mitgliedstaaten und der EG traditionell erwiesene **Solidarität** in ihrem
Kampf gegen Armut, Unterernährung und mangelnde Ausbildung. Hinzu
kommt ein Gemeinschaftsinteresse am **Abbau von Spannungen und Konflikten**, die aus den Einkommensunterschieden zwischen Industrie- und
Entwicklungsländern herrühren, **Friedenssicherung** und Verzicht auf Ge-
waltanwendung, ein gegenseitiges Interesse an der **Teilhabe am weltwirt-
schaftlichen Entwicklungsprozeß** und schließlich eine gemeinsame Verantwortung für den planetarischen **Umweltschutz**. Dauerhafte Entwicklung erweitert die Werte- und Interessengemeinschaft und trägt damit zum
Rückgang des Bevölkerungswachstums, der Wanderbewegungen, der
Nichtverbreitung von Atomwaffen sowie zum Kampf gegen die Drogen
und Pandemien (z.B. Aids) bei. Die in den letzten Jahrzehnten erzielten
Fortschritte ermutigen zu weiterem Handeln: von 41 auf 62 Jahre angestie-
gene Lebenserwartung, Verbesserung der Trinkwasserversorgung von 35
auf 75 %, Ausdehnung der Alphabetisierung von 50 % auf mehr als zwei
Drittel der Erwachsenen, Nahrungsmittelproduktion und Verbrauchsryth-
mus liegen 20 % über der Zuwachsrate der Bevölkerung und damit konkreter Rückgang der Unterernährung, seit 1990 Anstieg des Exportabsatzes
der OECD-Länder in die Entwicklungsländer um über 50 % (OECD, XXIème siècle, S.6).

IV. Ziele

Die in Art. 177 1 und 2 aufgeführten Ziele gründen sich auf die langjähri-   **6**
gen Erfahrungen bei den Bemühungen um eine erfolgreiche **Hilfe zur
Selbsthilfe** der Entwicklungsländer.

7 **Erstes Ziel: die nachhaltige wirtschaftliche und soziale Entwicklung:** Die im Entwicklungsausschuss der OECD zusammenkommenden Mitgliedstaaten verlangen als Voraussetzung einer nachhaltigen Entwicklung (OECD, XXIème siècle, S. 13ff.): – die Ausrichtung der Hilfe auf den Menschen (im Gegensatz zu Gewinn), ihre Einbettung in eine Partnerschaft zwischen Geber- und Empfängerland sowie eine aktive Teilhabe (E: ownership, F: appropriation) der Bevölkerung des begünstigten Landes; – Ausrichtung der öffentlichen Hand auf Stabilität, wirtschaftliches Wachstum; – Vorhandensein einer funktionierenden Privatwirtschaft und ausreichender Haushaltsmittel; – Investitionen im sozialen Bereich, insbesondere Ausbildung und primärer Gesundheitsbereich sowie für die Bevölkerung schlechthin; – zunehmende Teilhabe der Bürger, insbesondere der Frauen, am wirtschaftlichen und politischen Leben sowie eine Reduzierung der sozialen Ungleichheiten; – verantwortungsvolle Führung des öffentlichen und privaten Bereichs, Vorhandensein demokratischer, für ihr Handeln verantwortlicher Institutionen, Schutz der Menschenrechte und des Rechtsstaats; – die Umwelt achtende Verhaltensweisen; – Bemühungen zur Beseitigung potentieller Konflikte, Begrenzung der Militärausgaben; – Bemühungen zum Wiederaufbau und zur Stärkung des Friedens müssen auf Versöhnung und Entwicklung hinwirken.

Von den **helfenden Partnern** wird verlangt: – Verzicht auf neue Abhängigkeiten; – kohärentes Verhalten in bezug auf die international vereinbarten Modalitäten; – Koordinierung ihrer Bemühungen im Hinblick auf die Anstrengungen des Empfängerlandes; – ständige Begleitung und Bewertung der gewährten Hilfe (Projektbezogene Voraussetzungen der Nachhaltigkeit *s. Vorauflage, Art. 130u Rn. 4*).

8 **Zweites Ziel: Eingliederung der Entwicklungsländer in die Weltwirtschaft** und damit Teilhabe am Wirtschaftsprozess und Interesse an der Friedenssicherung. Der Außenhandel ist für die meisten Entwicklungsländer die wesentliche Devisenquelle. Entscheidend sind also Auf- und Ausbau einer Privatwirtschaft durch Förderung von Eigeninitiativen und Schaffung marktwirtschaftlicher Bedingungen, um zunehmend die öffentlichen Hilfen durch den Privatsektor abzulösen. Eine wichtige Rolle kommt hierbei der EIB und den in der bilateralen Entwicklungshilfe spezialisierten ähnlichen Einrichtungen der Mitgliedstaaten zu durch Ermutigung und Vervollständigungen privater Kapitalzuflüsse.

9 Zu diesem Bereich gehört auch die **Unterstützung regionaler Zusammenschlüsse**: sie öffnen den Weg zu größerer Wettbewerbsfähigkeit und ziehen privates Kapital an. Um den Entwicklungsländern neue Märkte zu eröffnen, aber auch um ein Abgleiten der zuvor erwähnten Regionalisierung in sich gegenüberstehende abgeschottete Wirtschaftsblöcke zu vermeiden, liegt eine volle Eingliederung der Entwicklungsländer in die Welthandelsorganisation (WHO) im Interesse der EG.

Drittes Ziel: Bekämpfung der Armut in den Entwicklungsländern – mehr   **10**
als eine Milliarde Menschen leben dort in größter Armut – wird nicht nur von dem Willen getragen, Krankheiten und soziale Spannungen zu verringern, sondern auch um den Einwohnern in den Entwicklungsländern ein dezentes Leben zu verschaffen und damit den massiven Einwanderungsdruck in die Gemeinschaft zu vermindern. Dies benötigt Unterstützung bei Wirtschaftsreformen, bei den umfangreichen Maßnahmen zur Gewährung einer nachhaltigen Entwicklung, insbesondere im Bereich der Gesundheit und der Ausbildung sowie schließlich die Anerkennung der tragenden **Rolle der Frau** im Entwicklungsverlauf durch ihre Beteiligung am Entscheidungsprozeß.

In ihrem „Human Development Report 1997" (Paris 1997, S. 47ff., 168 u.   **11**
214) messen die VN – United Nations Development Programme – gestützt auf die Forschungen von dem 1998 dafür mit dem Nobelpreis für Wirtschaftswissenschaften ausgezeichneten Forscher Amartya Sen – den komplexen Sachverhalt der Armut an Hand eines Indexes für die menschliche Entwicklung: Lebenserwartung, Ausbildungsstand und Einkommen. Der Index beziffert den Abstand von dem höchsterreichbaren Wert (=1). Danach präsentieren sich die durchschnittlichen Situationen 1994 wie folgt (in Klammern = Bevölkerung in Millionen):

Gesamtbevölkerung	Industrieländer		Entwicklungsländer
0,764 (5.554)	0,911 (1.228)		0,576 (4.326)
	Deutschland:	0,924	Afrika, südlich der
	Österreich:	0,932	Sahara
	Schweiz:	0,930	0,380 (535)
	Frankreich:	0,946	am wenigsten fort-
	England:	0,931	geschrittene Länder
	USA:	0,942	0,336 (534)

Die drei in Art. 177 Abs. 1 gestellten Forderungen benötigen zu ihrer Erfül-   **12**
lung eine aktive und dauerhafte Beteiligung der Bevölkerung des Empfängerlandes an ihrer wirtschaftlichen Entwicklung. **Art. 177 Abs. 2** verlangt deshalb die Einbettung dieser Bestrebungen zunächst in das allgemeine Ziel einer **Fortentwicklung und Festigung der Demokratie und des Rechtsstaats** (s. dazu die Entschließungen des Rates v. 28.11.1991 ; EP v. 11.3. u. 27.5.1993 sowie Art. 6, ex-Art. 3c). Art. 177 Abs. 2 schreibt vor, dass die EG beim Erlass von Maßnahmen im Bereich der Entwicklungszusammenarbeit

das Ziel der **Achtung der Menschenrechte** berücksichtigen muss (EuGH, C-268/94 , Portugiesische Republik/Rat, Slg. 1996, I–6177, Rn. 23).

Im Rahmen der **Demokratie** geht es um sich auf Achtung der Menschenrechte und Grundfreiheiten gründende Spielregeln zur ständigen gewaltlosen Überwindung gegensätzlicher Bestrebungen von Mehr- und Minderheiten. Allein regelmäßige und keinesfalls als Selbstzweck zuverstehende Wahlen können die Legitimität der Hoheitsgewalt begründen. **Rechtsstaatlichkeit** verlangt Ausrichtung des hoheitlichen Handelns auf Förderung und Schutz der Grundfreiheiten, Einschränkung der Staatsgewalt durch Unabhängigkeit der drei Gewalten, institutionalisierte Mitwirkung an der Entscheidungsfindung und Festlegung der Entwicklungsziele auf nationaler, regionaler und lokaler Ebene. Politischer und institutioneller Pluralismus auf Staatsebene, als auch bei den vom Staat unabhängigen sozialen und wirtschaftlichen Vereinigungen (Zivilgesellschaft) müssen zu einer ausgewogenen Machtverteilung beitragen. Verantwortliche Staatsführung bedingt transparente Ressourcenverteilung nach wirtschaftlichen und sozialen Gesichtspunkten. Ein die Gleichheit vor dem Gesetz gewährleistendes Rechtssystem hat wirksame und zugängliche Formen des Rechtsbehelfs vorzusehen. Die Polizei hat im Dienste des Rechts zu handeln, der Strafvollzug hat der Menschenwürde zu entsprechen.

13   Für die **Menschenrechte und Grundfreiheiten** gelten die Grundsätze der Universalität, Unteilbarkeit und gegenseitigen Abhängigkeit (verschiedene internationale und regionale Übereinkommen und Instrumente liefern hierfür einen internationalen Rechtsrahmen). Die darin eingegangenen Verpflichtungen wurden 1993 in den Schlussfolgerungen der Wiener Menschenrechtskonvention von den Teilnehmerstaaten bekräftigt (s. VO-Vorschlag ABl. 1997 C-282/14 u. Gemeinsamer Standpunkt des Rates v. 25.5.1998 aufgrund Art.12 (ex-Art. J.2) betreffend die Menschenrechte, die demokratischen Grundsätze, die Rechtsstaatlichkeit und die verantwortungsvolle Staatsführung in Afrika, ABl. 1998 L158/1). Seit 1995 enthalten alle Kooperations- Assoziierungs- und Freihandelsabkommen der EG mit Drittländern eine Klausel bezüglich der Achtung der Menschenrechte. Diese Klausel bezieht sich auf die Allgemeine Erklärung der Menschenrechte in der am 10.12.1948 von der Generalversammlung der VN angenommenen Resolution 217(AIII). Aus einer Bestimmung in einem Kooperationsabkommen, die die Achtung der Menschenrechte als wesentlichen Bestandteil der Kooperation bezeichnet, lässt sich allein nicht herleiten, dass sie über das in Art. 177 Abs. 2 genannte Ziel hinausgeht und einen Rückgriff auf Art. 308 als Rechtsgrundlage erforderlich macht, EuGH, C-268/94, Portugiesische Republik/Rat, Slg. 1996, I–6177 (*s. Art. 181 Rn. 2*).

Bei einer groben **Verletzung der Ziele des Art. 177 Abs.** 2 verpflichtet **14** diese Bestimmung die EG zu einer über bloße Kritik hinausgehenden Haltung, die auch zu einer Unterbrechung führen kann, wie dies bereits mehrfach geschehen ist (s. dazu auch das Vorbringen des Rates und seiner Streithelfer in dem vorgenannten Urteil des EuGH): die Qualifizierung der Achtung der Menschenrechte als wesentlicher Bestandteil eines Kooperationsabkommens, ermöglicht es der EG im Falle einer erheblichen Verletzung der Menschenrechte durch die andere Vertragspartei, das Abkommen wegen Verletzung einer wesentlichen Bestimmung zu suspendieren. Der Rat und seine Streithelfer nehmen insoweit auf Art. 60 des Wiener Übereinkommens über das Recht der Verträge Bezug. Der EuGH sieht hierin ebenfalls einen wichtigen Faktor für eine eventuelle Suspendierung der Kooperation (EuGH, C-268/94, a.a.O.).

Davon zu trennen sind die sich aus dem allgemeinen Handlungsgebot herleitenden direkten Hilfeleistungen (*s. ECHO: Art. 179 Rn. 6*) für notleidende Bevölkerungen wie dies z.B. in Somalia geschehen ist (Nr.7 der Entschließung des Rates v. 28.11.1991).

Art. 366 a des Vierten (geänderten) AKP-EG Abkommens (s.u. Art.179 **15** Rn. 22) und die die Mittelmeerpartnerländer betreffende VO (EG) 780/98, (ABl. 1998 L 113/3), sehen bei Verletzung der Ziele des Art. 177 geeignete Maßnahmen beim Fehlen wesentlicher Voraussetzungen für die Fortsetzung der Stützungsmassnahmen vor, sog. **Nichterfüllungsklausel**. Wesentliche Elemente der Antwort sind Verhältnismässigkeit, Koordinierung mit den Mitgliedstaaten sowie Kohärenz mit den von ihnen ergriffenen Maßnahmen: der Bevölkerung unmittelbar zugute kommende Aktionen und keinesfalls ihre Bestrafung.

V. Internationale Zusagen und Zielsetzungen

Mit der Anerkennung einer Erfüllungspflicht für internationale Zusagen **16** und mit der Übernahme der dabei gebilligten Zielsetzungen gestaltet Art. 177 Abs. 3 die Entwicklungszusammenarbeit zu einer dauerhaften Aktion in der internationalen Zusammenarbeit. In diesem Zusammenhang ist die in den VN abgegebene Zielsetzung der Mitgliedstaaten zu nennen, **0,7 % des Bruttosozialprodukts** für die öffentliche Entwicklungshilfe aufzuwenden und soweit dies noch nicht erfolgt ist, ihre Programme so rasch wie möglich aufzustocken. Hierzu gehört auch die Zusage von 0,15 % für die ärmsten Entwicklungsländer (Entschließung des Rates und der im Rat versammelten Vertreter der Regierungen über die Politik der Entwicklungszusammenarbeit bis zum Jahr 2000 v. 18.11.1992, Le Courrier ACP-

CEE Nr. 137, 1993, S. 8 Rn. 13). Hinsichtlich der zuvor erwähnten 0,7 %
hatte die EG 1996 0,37 % erreicht (davon A: 0,24 %, D: 0,33 %, F: 0,48 %,
L: 0,44 %, UK: 0,27 % usw.) (CH: 0,34 %, USA: 0,12 %, Japan: 0,2 %),
wobei die Hilfe an die osteuropäischen und die Nachfolgestaaten der UdS-
SR nicht berücksichtigt ist (Quelle: OECD, Rapport 1997, S. 92).

17　Die im Entwicklungsausschuss der OECD vertretenen Mitgliedstaaten haben sich in ihrem Bericht über die Entwicklungshilfe im Hinblick auf das
21. Jahrhundert (OECD, XXIème siècle) folgende Ziele gesetzt, die den internationalen Konferenzen der VN von New York 1990, Rio 1992, Wien
1993, Kairo 1994, Kopenhagen 1995 und Rom 1996 Rechnung tragen: –
bis zum Jahre **2015 Halbierung** des Anteils der in **absoluter Armut** lebenden Bevölkerung (1,3 Milliarden Menschen, die mit einem täglichen
Einkommen unter einem Dollar auskommen müssen); – spätestens 2015
soll jedermann an einer **Alphabetisierung** teilnehmen können; – bis zum
Jahre 2005 bedeutsame Fortschritte in **der Gleichstellung der Geschlechter**, insbesondere **Selbstbestimmung der Frau** und Beseitigung ihrer Diskriminierung in der Ausbildung; – bis zum Jahre 2015 **Absenkung der
Sterblichkeitsrate** um 2/3 bei Neugeborenen und Kindern unter 5 Jahren,
um 3/4 die mütterliche Sterblichkeitsrate; – dieser Termin gilt ebenfalls im
Hinblick auf Behandlungsmöglichkeiten für alle Frauen und Mädchen im
reproduktiven Gesundheitsbereich und für den Zugang zur **Familienplanung**; – bis zum Jahre 2005 Verwirklichung einer **dauerhaften Umwelt-
strategie** in jedem Entwicklungsland im Hinblick auf eine 2015 zu erreichende Trendwende im Verlust der Umweltressourcen.

VI. Ergänzung der entsprechenden Politik der Mitgliedsstaaten

18　Folgende Zahlen mögen in diesem Zusammenhang einen Aufschluß geben
(Quelle: OECD, DAC Bericht 1997: im Rahmen der öffentlichen Entwicklungshilfe 1996 geleistete Zahlungen in Milliarden Dollar:
Gesamtaufwendungen der im Entwicklungsausschuss der OECD vertretenen Staaten und der Kommission im Jahre 1996:

	55,485	=	100,0 %
davon Mitgliedstaaten unmittelbar:	25,838	=	46,6 %
Mitgliedstaaten der EU durch die Kommission:	5,455	=	9,8 %
Mitgliedstaaten und Kommission insgesamt	31,293	=	56,4 %
Anteil Kommission an der Gesamthilfe der EU: 17,4 %			
Aufwendungen　　　　　　　　USA	9,377	=	16,9 %
Japan:	9,439	=	17,0 %

Titel XX (ex-Titel XVII) institutionalisiert die de facto mit den Mitglied-   **19**
staaten koexistierende Gemeinschaftspolitik auf dem Gebiet der Entwicklungszusammenarbeit, erkennt ihre Unabhängigkeit an und begründet die
Voraussetzungen für eine **Kohärenz** zwischen diesen Politiken und den optimalen Einsatz ihrer Instrumente (s. Mitteilung der Kommission v.
3.5.1995 und Entschließung des Rates v. 1.6.1995 bezüglich der **„complé-
mentarité"** entre les politiques et les actions de développement de l'Union
et des Etats membres, Commission, Recueil S.281 bis 288). Eine wirksame
gegenseitige Ergänzung der entsprechenden Politiken der Mitgliedstaaten
bedarf gemeinsamer Ziele, auf sektorieller und operationeller Ebene gemeinsamer Maßnahmen und schließlich einer gemeinsamen Bewertung der
Wirksamkeit gemeinschaftlicher und einzelstaatlicher Aktionen: – **auf
Ratsebene**: Ausarbeitung oder Aktualisierung sektorieller Politiken zur
Orientierung der Gemeinschaft und der Mitgliedstaaten bei der von ihnen
umgesetzten Entwicklungszusammenarbeit; Ausarbeitung gemeinsamer
Prioritäten im allgemeinen sowie bezüglich der Entwicklungsländer im besonderen; Analysen bezüglich der von besonderen Schwierigkeiten betroffenen Ländern und Regionen zur Ausarbeitung beiderseits annehmbarer
Lösungen und zur Koordinierung der diesbezüglichen Aktionen (zur Koordinierung s. Art. 180); – **auf dem Niveau der Verwaltungsausschüsse** für
die AKP-Staaten, Asien, Lateinamerika und die südlichen Mittelmeeranrainer: Ausarbeitung nationaler und regionaler Programme, möglichst aufgrund von Informationen vor Ort, um einen gemeinsamen Zugang zu erreichen; – auf dem Niveau der **Entwicklungsländer**: Zusammenarbeit und
Koordinierung bei der Verwirklichung einzelstaatlicher und gemeinschaftlicher Projekte und Programme; – auf **Expertenniveau**: aktive Verfolgung
der Umsetzung der sektoriellen Politiken sowie gemeinsame Bewertung der
Projekte und Programme; – auf dem Niveau der General- bzw. Ministerial-
direktoren der **Kommission** und der **einzelstaatlichen Entwicklungshil-
feministerien**: regelmäßige informelle Abstimmungen bezüglich der Fragen gemeinsamen Interesses sowie im Hinblick auf die Koordination und
gegenseitige Ergänzung. Entscheidend ist hierbei eine ausreichende Transparenz in den Mitgliedstaaten hinsichtlich ihrer Zielsetzungen und Projekte.

Ein weiterer Schritt im Hinblick auf eine Ergänzung der entsprechenden   **20**
Politik der Mitgliedstaaten stellen die sich zur Zeit noch im Überlegungs-
stadium befindenden gemeinsamen Finanzierungen von Projekten durch
EG und Mitgliedsstaat(en) dar, wobei die Projektleitung demjenigen über-
tragen wird, der über die besten sektoriellen und örtlichen Erfahrungen im
Hinblick auf das auszuführende Projekt verfügt.

21 Bezüglich der Kohärenz der von der EU ergriffenen Maßnahmen im Rahmen ihrer Außen-, Sicherheits- und Wirtschafts- und Entwicklungspolitik s. Art. 3 (ex-Art. C) EUV sowie die (nichtveröffentliche) Entschließung des (Entwicklungs-)Rates v. 5.6.1997 (Aufforderung an die Kommission, den Rat ggf. damit besonders zu befassen und ihn regelmäßig zu unterrichten).

Art. 178 (ex-Art 130v) (Berücksichtigung entwicklungspolitischer Ziele bei anderen Gemeinschaftspolitiken)

Die Gemeinschaft berücksichtigt die Ziele des Artikels 177 bei den von ihr verfolgten Politiken, welche die Entwicklungsländer berühren können.

I. Rechtliche Tragweite des Art. 178 (ex-Art. 130v)

1 Die von Art. 178 geforderte Berücksichtigung der Ziele des Art. 177 (ex-Art. 130u) in den Gemeinschaftspolitiken bedeutet einen unmittelbaren Auftrag bei der rechtlichen Ausgestaltung der Gemeinschaftspolitiken. Art. 178 begründet damit ein beim Erlass von Gemeinschaftsakten zu berücksichtigendes Erfordernis, dessen Beachtung, zumindest dem Prinzip nach – es handelt sich um entwicklungspolitische Einschätzungen –, der Kontrolle des EuGH unterliegt.

II. Die Berücksichtigung des Art. 177 (ex-Art.130u) in den

2 Handelspolitik: s. Art. 131ff. (ex-Art. 110)

3 **Zölle:** Gemäß ihrem Angebot im Rahmen der Konferenz der VN über Handel und Entwicklung (UNCTAD/CNUCED) gewährt die EG seit 1971 **allgemeine Zollpräferenzen** für bestimmte gewerbliche Waren (VO (EG) 3281/94, ABl. L 348/1) sowie für landwirtschaftliche Erzeugnisse (VO (EG) 1256/96, ABl. L 160/1) mit Ursprung in Entwicklungsländern sowie die diese VOen am 1. Juli 1999 ablösende VO (EG) Nr. 2820/98 über ein Mehrjahresschema allgemeiner Zollpräferenzen für den Zeitraum 1. Juli 1999 bis 31. Dezember 2001 (ABl. L 357/1). Zweck: stärkerer Einsatz des Allgemeinen Präferenzschemas der EG als Entwicklungsinstrument sowie Eingliederung der Entwicklungsländer in die Weltwirtschaft und in das multilaterale Handelssystem. Bei den Zollpräferenzen handelt es sich entweder um vertragliche, vollständig oder teilweise auf Gegenseitigkeit beruhende Übereinkünfte (EWR, EFTA, Länder Mittel- und Osteuropas (**MOEL**), Drittländer im Mittelmeerraum, Abkommen von Lomé, Zollunion) oder um autonome und nicht auf Gegenseitigkeit beruhende Regelungen, wie z.B. für die

Überseeischen Länder und Gebiete (**ÜLG**) oder das unter Schirmherrschaft der VN eingeführte weltweit größte Schema allgemeiner Präferenzen (**APS**), das sich vor allem an die Länder Südostasiens, den indischen Subkontinent und Lateinamerika richtet. Dieses Schema schützt empfindliche Sektoren gegen übermäßige Einfuhren mittels einer Modulation von Präferenzspannen mit einer Schutzklausel für Notfälle. Gestaffelt nach Sektor und Land gründet sich dieser Mechanismus auf einen detaillierten Entwicklungsindex zur Bestimmung des Entwicklungsniveaus. Bevorzugte Behandlung genießen Länder mit wirksamen Programmen zur Drogenbekämpfung und bei Beachtung der Normen der Internationalen Arbeitsorganisation (ILO) z.B. Verbot der Kinderarbeit usw.; benachteiligt werden Länder bei Nichteinhaltung der Verpflichtungen aus der Uruguay-Runde, bei Geldwäsche, bei in Strafanstalten hergestellten Waren usw. (vgl. VO (EG) Nr. 1154/98 über die Anwendung der als Anreiz konzipierten Sonderregelungen zum Schutz der Arbeitnehmerrechte und zum Schutz der Umwelt über ein Mehrjahresschema allgemeiner Zollpräferenzen, ABl. L 160/1).

Die anfangs genannten VOen 3281/94 und 1256/96 wurden letztmalig **4** durch die VO (EG) 602/98, ABl. 1998 L 80/1 geändert: Aufnahme der am **wenigsten entwickelten Länder** (least developed countries (**LDC**), die nicht dem Vierten AKP-EG Abkommen angehören, in eine gleichwertige (und damit vorteilhaftere) Präferenzbehandlung (s. dazu auch Art. 167ff des am 4.11.1995 auf Mauritius geänderten Vierten AKP-EG Abkommens); vereinfachend gesagt: die Einfuhr gewerblicher Waren (in die EG) ist frei von Zöllen und Abgaben gleicher Wirkung. Hinsichtlich landwirtschaftlicher Erzeugnisse und daraus hergestellter Waren gilt Zollfreiheit soweit außer Zöllen keine andere Maßnahme bei der Einfuhr vorgesehen ist. Beim Vorhandensein anderer Maßnahmen gewährt die Gemeinschaft den AKP-Staaten eine günstigere Regelung im Vergleich zur Drittländern eingeräumten Meistbegünstigungsklausel (s. dazu VO-Vorschlag KOM/98/011 endg. ABl. 1998 C-108/17).

Dem Verlangen des Art. 177, Abs. 1, 2. Spiegelstrich – **harmonische,** **5** **schrittweise Eingliederung in die Weltwirtschaft** – tragen die **Ursprungsregeln** mit einer Klausel für die regionale Kumulierung bei, einem Anreiz also für regionale Zusammenschlüsse: Anerkennung eines Erzeugnisses als Ursprungsware eines Entwicklungslandes, wenn die dafür notwendigen Bedingungen (in diesem Staat entweder vollständig hergestellt oder gewonnen oder in ausreichendem Masse be- oder verarbeitet worden ist) nur aufgrund aller aus dem regionalen Zusammenschluss entspringenden Faktoren erfüllt werden. AKP-Staaten: s. Protokoll Nr.1 des Vierten (geänderten) AKP-EG Abkommens sowie seinen Anhang LXXXVI.

III. Informationen über und Beteiligung an der Verwirklichung der Gemeinschaftshilfe

6 Firmen, öffentlich-rechtliche Körperschaften, Verbände und Privatpersonen, die an einer aktuellen Information über die Probleme der Entwicklungsländer interessiert sind, werden auf die Internet-Adresse der Kommission, http://europa.eu.int/comm/sowie auf den in französischer und englischer Sprache herausgegebenen „Le Courrier ACP-CEE" hingewiesen. Seine „blauen" Seiten enthalten wichtige Vorausankündigungen über die Entwicklungsprojekte, die von der Gemeinschaft unterstützt werden. Adresse „Le Courrier-ACP-CEE, Kommission der Europäischen Gemeinschaft, 200 rue de la Loi, 1049 Brüssel". Die Vergabe von Bau-, Liefer- oder Dienstleistungsaufträgen erfolgt im Preis- und Leistungswettbewerb, der im Anhang zum Amtsblatt der EG (Serie S) sowie unter folgenden Internet-Adressen http://europa.eu.int/comm/dg08/tender/index.htm sowie http://europa.eu.int/comm/dg1a/work/index.htm sowie http://europa.eu.int/en/comm/dg1b/contract.htm veröffentlicht wird.

Art. 179 (ex-Art 130w) (Maßnahmen, Unberührtheitsvorbehalt für die AKP-Staaten)

(1) Unbeschadet der übrigen Bestimmungen dieses Vertrags erläßt der Rat nach dem Verfahren des Artikels 251 die zur Verfolgung der Ziele des Artikels 177 erforderlichen Maßnahmen. Diese Maßnahmen können die Form von Mehrjahresprogrammen annehmen.

(2) Die Europäische Investitionsbank trägt nach Maßgabe ihrer Satzung zur Durchführung der Maßnahmen im Sinne des Absatzes 1 bei.

(3) Dieser Artikel berührt nicht die Zusammenarbeit mit den Ländern Afrikas, des Karibischen Raumes und des Pazifischen Ozeans im Rahmen des AKP-EG-Abkommens.

I. Maßnahmen im Sinne des Art. 177 Abs. 1 (ex-Art. 130u)

1. Mittelmeerraum (MEDA)

Die Zusammenarbeit in dieser Region erstreckt sich, einschließlich Zypern   1
und Malta, auf die Mittelmeeranrainerstaaten, von Marokko bis zur Türkei
mit Ausnahme Libyens.

Im Ausgleich zu den Bemühungen der EG gegenüber ihren östlichen An-   2
rainern wurde die bereits seit über zwanzig Jahren bestehende mehr oder
weniger bilaterale südliche Zusammenarbeit auf der Konferenz von Barcelona (November 1995) in eine **Partnerschaft** umgewandelt. Sie spiegelt
sich zunächst in der VO (EG) 1488/96 (ABl. L 189/1) über finanzielle und
technische Begleitmaßnahmen – MEDA – zur Reform der wirtschaftlichen
und sozialen Strukturen im Rahmen der Partnerschaft Europa – Mittelmeer
wider. Diese VO stützt sich ausschließlich auf Art. 308 (ex-Art. 235), da ihre Maßnahmen für Länder bestimmt sind, die nur teilweise als Entwicklungsländer eingestuft werden können (s. letzten Erwägungsgrund der VO).
Mit den für 1995–99 bereitgestellten Mitteln, ECU 3,424 Mrd., sollen die
politische Stabilität und Demokratie der Mittelmeerpartner gestärkt, eine
Freihandelszone Europa – Mittelmeer errichtet und schließlich die wirtschaftliche und soziale Zusammenarbeit entwickelt werden. Verwirklichung durch Dreijahresrichtprogramme (s. ABl. 1996 L 325, 20), Finanzierung in Form von Zuschüssen, Risikokapital und Zinsvergünstigungen auf
ihnen von der EIB gewährte Anleihen.

An Stelle der Kooperationsabkommen aus den 70er Jahren getretene und   3
globale Partnerschaft widerspiegelnde **Assoziationsverträge** sind eine weitere Konsequenz von Barcelona. Ziel: Anhebung des Lebensstandards der
südlichen Nachbarn, um eine Vertiefung des Grabens mit der Gemeinschaft
zu verhindern und damit einer sozialen und politischen Destabilisierung in
einer Schlüsselregion vorzubeugen. Die bereits weitgehend ausgehandelten
Abkommen, von Tunesien als erstem ratifiziert (ABl. 1998 L 97/1 u. L
132/14), sehen im wesentlichen vor: – Respekt der demokratischen Prinzipien und der Grundrechte; – einen regelmäßigen politischen Dialog über
Frieden und Sicherheit und regionale Entwicklung; – freien Güterverkehr
(Übergangszeit 12 Jahre); – regelmäßigen wirtschaftlichen Dialog; – soziale und kulturelle Zusammenarbeit (einschließlich der rechtlichen Behandlung der Arbeitnehmer der Partnerländer); – entsprechende finanzielle Hilfe
(mit Ausnahme Israels); – institutionelle Vereinbarungen: Assoziationsrat.
Türkei: seit 31.12.1995 Zollunion mit der EG, **Israel**: Abkommen über
wissenschaftliche Zusammenarbeit v. 29.3.1996. In diesem Zusammen-

hang ist ebenfalls die Hilfe der EG für die „Besetzten Gebiete" zu sehen, auf Basis des Art. 179 (ex-Art. 130 w) angenommene VO (EG) 1734/94 (ABl. L 182/4) als entscheidendes Element für das Überleben des Friedensprozesses und der palästinensischen Behörden.

2. Asien und Lateinamerika (ALA)

4   Die Beziehungen zwischen der EG und diesen Ländern sind Gegenstand individueller Abkommen ohne Finanzprotokolle (ABl. EG, Fundstellennachweis, I, 11.40.50, 11.40.60). Mehrere übergreifende Regionalabkommen (MERCOSUR, Andenpakt, ANASE/APEC) vervollständigen den Dialog und die Möglichkeiten der Zusammenarbeit mit der EG.

5   Die zur Überwindung der Armut gewährte finanzielle und technische Hilfe sowie die wirtschaftliche Zusammenarbeit mit den 66 ALA-Ländern wird von der insbesondere auf Art. 308 (ex-Art. 235) basierenden VO (EWG) Nr. 443/92 (ABl. 1992 L 52/1) geregelt. Die finanzielle und technische Hilfe erstreckt sich auf Landwirtschaft, Umwelt, Drogenbekämpfung, Familienplanung, Rolle der Frau, Konsolidierung der demokratischen Institutionen, regionale Zusammenarbeit sowie Katastrophenschutz und -hilfe. Ziel der wirtschaftlichen Zusammenarbeit sind die Verbesserung des wissenschaftlichen und technischen Potentials sowie der institutionellen Rahmenbedingungen und schließlich die Unterstützung unternehmerischer Initiativen, wobei der regionalen Zusammenarbeit besondere Bedeutung zukommt. Die Gemeinschaftshilfe wird entsprechend den Bedürfnissen und Prioritäten eines jeden Landes oder jeder Region verwirklicht. Rat und Parlament stellten zuletzt (einschließlich der Flüchtlingshilfe) jährlich EURO 730 Mio. zur Verfügung. Ziel der Hilfe zugunsten der asiatischen Länder sind Unterstützung bei der Überwindung der Armut der am „wenigsten fortgeschrittenen Länder", die Öffnung der Märkte zur Förderung des Handels und der Investitionen zwischen Europa und Asien und schließlich Mitwirkung bei regionalen oder subregionalen Kooperationsabkommen. Leitlinien der Hilfe für Lateinamerika sind (ebenfalls) Überwindung der Armut und sozialen Unterschiede, Stabilisierung der jungen Demokratien, Verbesserung der internationalen Wettbewerbsfähigkeit und schließlich des Umweltschutzes.

3. Südafrika

6   Nach Handelsembargo und Wirtschaftssanktionen sowie Unterstützung der von dem Apartheidsystem betroffenen Bevölkerung interveniert die Gemeinschaft nunmehr aufgrund der insbesondere auf Art. 179 (ex-Art. 130w) basierenden VO (EG) 2259/96 (ABl. L 306/5) über die Entwicklungszu-

sammenarbeit mit Südafrika. Die jährlich sich auf EURO 125 Mio. belaufende Hilfe gilt den benachteiligten Bevölkerungsgruppen in dieser für die wirtschaftliche Entwicklung des südlichen Afrikas strategisch besonders wichtigen Region: Unterstützung der Demokratisierung und des Schutzes der Menschenrechte, Ausbildung, Gesundheit, ländliche und städtische Entwicklung, Unterstützung des Privatsektors, Stärkung der Institutionen und Organisation der lokalen Gemeinschaften, regionale Zusammenarbeit und Integration sowie Umweltschutz. Dem 1994 unterzeichneten Interimsabkommen mit Absichtserklärungen (ABl. 1994 L 341/62) und der gleichzeitigen Einbeziehung Südafrikas in das neugefasste System allgemeiner Präferenzen (*s. Art. 178 Rn.* 2) folgte am 24.4.1997 der Beitritt Südafrikas zum Vierten AKP-EG Abkommen (in der geänderten Fassung vom 4.11.1995 (*s. folgende Rn. 21*). Dabei wurden allerdings die im Vierten (abgeänderten) AKP-EG-Abkommen vorgesehene handelspolitische Zusammenarbeit und finanzielle Unterstützung (Ausnahme Flüchtlingshilfe) ausgeklammert. Ein EG-Südafrika Abkommen über Handel und Zusammenarbeit ist von der Kommission ausgehandelt und dem Rat Anfang 1999 zugeleitet worden.

4. Besondere Instrumente der Entwicklungszusammenarbeit

Die Teilnahme an der Verwirklichung der nachgenannten Instrumente steht   7
Nichtregierungsorganisationen, Universitäten und interessierten Firmen offen: die Kommission veröffentlicht regelmäßig in der Ausgabe „C" des ABl. diesbezügliche Aufrufe zur Anmeldung eines Interesses.

a) **Nahrungsmittelhilfe:** Politik und Verwaltung sowie spezifische Maß-   8
nahmen zur Erhöhung der Nahrungssicherheit: VO (EG) 1292/96 (ABl. L 166/1). Die jährlich ungefähr EURO 0,5 Mrd. ausmachende Hilfe ist ein wichtiger Bestandteil der gemeinschaftlichen Politik der Präventiv- und Hilfsmaßnahmen im Hinblick auf Krisensituationen in den Entwicklungsländern. **Notwendig:** Einbindung in Entwicklungsmaßnahmen, die den örtlichen Produktions- und Handelsprozess wieder in Gang bringen, Vermeidung negativer Auswirkungen auf einheimische Produktions- Verteilungs- Beförderungs- und Vermarktungskapazitäten. **Ziel:** angemessene Antwort auf schwerwiegende Nahrungsmitteldefizite und auf entsprechende durch Ernährungskrisen verursachte Unsicherheit; Verfügbarkeit und Zugang zu Nahrungsmitteln und Trinkwasser, Förderung der Eigenversorgung. Verwirklichung durch Lieferung von Grundnahrungsmitteln (Getreide, Pflanzenöle, Milchpulver, Zucker etc.) Saatgut, Düngemittel, Ackergerät, finanzielle und technische Hilfe. Getreide (s. Beschluss des Rates 96/88/EG v.

19.12.1995 betreffend die Genehmigung der Internationalen Getreide-
Übereinkunft von 1995, bestehend aus dem Getreidehandels-Übereinkom-
men und dem Nahrungsmittelhilfe-Übereinkommen durch die EG, ABl.
1996 L 21/47) jährlich vorgesehene Menge Tonnen 1.755.000 davon Kommission 983.800, die restlichen 44 % durch die Mitgliedstaaten (VO (EG)
2028/97, ABl. L 285/4). **Direkte Finanzhilfen** können Nahrungshilfemaß-
nahmen ablösen, müssen aber auf die Ernährungssicherheit und vor allem
auf die Entwicklung der Landwirtschaft und der Nahrungsmittelerzeugung
im Einklang mit den ökologischen Erfordernissen und den Interessen der
kleinen landwirtschaftlichen Betriebe abzielen. Frühwarnsysteme und Vor-
ratsprogramme in den Entwicklungsländern tragen ebenfalls zur
Ernährungssicherheit bei. Die **Bereitstellung und Lieferung der Waren**
wird durch die VO (EG) 2519/97 (ABl. L 346/23) geregelt: gleicher Zugang der Unternehmen zu den Lieferaufträgen, Bedingungen und Bereitstellung von Waren außerhalb der EG.

9   b) **ECHO: Humanitäre Hilfe** (VO (EG) 1257/96, ABl. L 163/1.) Die jährlich ungefähr Euro 400 Mio. umfassende Hilfe gilt notleidenden Bevölkerungsgruppen, Opfern von Naturkatastrophen, Kriegen und Konflikten oder
anderen vergleichbaren außergewöhnlichen Umständen. Einzige **einschränkende Bedingung**: den zuvorgenannten Bevölkerungsgruppen kann
nicht von ihren eigenen Behörden wirksam geholfen werden, also weder eine geographische noch wirtschaftliche oder politische Begrenzung (s. in
den Erwägungsgründen der VO die ausdrückliche Rechtfertigung der zivilen Maßnahmen zum Schutz der obengenannten Opfer durch das humanitäre Völkerrecht). **Gegenstand** der humanitären Hilfe: unmittelbare
Hilfsaktionen zur Rettung und Erhaltung von Menschenleben, Maßnahmen
für den ungehinderten Zugang zu den Opfern und die ungehinderte Beförderung der Hilfe, kurzfristige Rehabilitationsmaßnahmen sowie Aktionen
im Bereich des vorbeugenden Katastrophenschutzes. Ausgeschlossen sind
Aktionen mit Auswirkung auf die Verteidigung. Eine **spezielle Hilfe** sieht
die VO (EG) 443/97 (ABl. L 68/1) für **entwurzelte Bevölkerungsgruppen
in den Entwicklungsländern Asiens und Lateinamerikas** vor: Unterstützung von Selbsthilfe und Wiedereingliederung von Flüchtlingen, Vertriebenen, Rückkehrern und aus dem Wehrdienst entlassenen Soldaten in das soziale und wirtschaftliche Gefüge.

10 c) **Kofinanzierung** von Maßnahmen mit in der Entwicklungszusammenarbeit tätigen europäischen **Nichtregierungsorganisationen (NRO)** in den
für die Entwicklungsländer wichtigen Bereichen VO (EG) 1658/98 (ABl.
1998 L 213/1):
Anerkennung des besonderen und unersetzlichen Beitrags der NRO, nicht

gewinnorientierter Bürgergruppen, die sich vorwiegend für die Umwelt, für Menschenrechte, Entwicklung, Frieden und besonders benachteiligte Bevölkerungsgruppen einsetzen; Bekräftigung ihrer Handlungsfreiheit im Hinblick auf ihren unerlässlichen Beitrag zur Förderung der Menschenrechte und Demokratisierung „von unten"; Unterstützung bei der Mobilisierung der europäischen Öffentlichkeit für die Entwicklungszusammenarbeit. Der Gemeinschaftshaushalt weist hierfür jährlich Euro 200 Mio. aus. Bei Berücksichtigung aller mit Hilfe der NRO in den verschiedensten Bereichen der Entwicklungszusammenarbeit ausgeführten Projekte kann dieser Betrag auf das Vier- bis Fünffache geschätzt werden.

d) Die Stärkung der Zivilgesellschaft und der partizipativen Entwicklung, **11** die den Bedürfnissen und Initiativen der Bevölkerung in den Entwicklungsländern gerecht wird, ist ebenfalls das Ziel der VO (EG) 1659/98 über die **dezentralisierte Zusammenarbeit** (ABl. 1998 L 213/6). Die hierfür im Haushalt vorgesehenen Euro 5 Mio. gelten den Akteuren der Zusammenarbeit: lokale Behörden, Berufsverbände, lokale Initiativgruppen, Kooperativen, Gewerkschaften, Frauen- und Jugendorganisationen, Ausbildungs- und Forschungseinrichtungen, Kirchen sowie alle NRO, die einen Beitrag zur Entwicklung leisten können. Bezüglich der Länder Afrikas, der Karibik und des Pazifiks (AKP) sehen die Art. 251 Aff. des am 4.11.1995 auf Mauritius abgeänderten Vierten AKP-EG Abkommen (*s. Rn. 21*) ebenfalls eine dezentralisierte Zusammenarbeit vor.

e) **Förderung privater Investitionen:** VO (EG) 213/96 über die Anwen- **12** dung des **Finanzinstruments „EC Investment Partners"** für Länder Lateinamerikas, Asiens, des Mittelmeerraums und Südafrika (**ECIP**) (ABl. 1996 L 28/2). Finanzielle Förderung beim Feststellen von Projekten und Partnern, Unterstützung bei der Verwirklichung spezifischer Joint-Ventures, Finanzierung der Kapitalerfordernisse und schließlich Ausbildungs- und Managementhilfe. Kleine und mittlere Unternehmen kommen vorrangig in den Genuß dieses Instruments. Wesentliche Voraussetzung direkter Investitionsbeihilfen ist die Beachtung der Grundsatzkonvention des ILO bezüglich der Zulässigkeit von Kinderarbeit, Beachtung der gewerkschaftlichen Rechte, der Kollektivvereinbarungen und schliesslich der Nichtdiskriminierung. ECIP arbeitet dezentral im Verbund mit einer Anzahl von Finanzinstitutionen, deren Namen auf Anfrage bei der Kommission eingeholt werden können. Ähnliche Möglichkeiten bietet auch das (revidierte) Vierte AKP-EG Abkommen.

f) **Umweltaktionen** in den Entwicklungsländern unter Berücksichtigung **13** der Erfordernisse der nachhaltigen Entwicklung (VO (EG) 722/97, ABl. L 108/1) – Rechtsgrundlage Art. 175 (ex-Art.130s) u 179 (ex-Art.130w) – :

Einbeziehung der Umweltdimension in die dauerhafte wirtschaftliche und soziale Entwicklung der begünstigten Länder: Schaffung dauerhafter Instrumente und Verwirklichung von Ökosystemen; Versuchsprogramme zur Bewirtschaftung, Erhaltung und zum Schutz der **Tropenwälder**: VO (EG) 3062/95, ABl. L 327/9 ebenfalls auf der Grundlage von Art. 175 u. 179, Umsetzung der Beschlüsse von Rio).

14   g) **Rehabilitations-** und **Wiederaufbaumaßnahmen** zugunsten der Entwicklungsländer (VO (EG) 2258/96, ABl. L 306/1). Die Hilfe gilt von Kriegszerstörungen, innenpolitischen Unruhen oder Naturkatastrophen betroffenen Entwicklungsländern (zusätzlich: Kaukasus und Zentralasien) zur Wiederherstellung eines Mindestmaßes an wirtschaftlichen und verwaltungsmäßigen Kapazitäten, insbesondere auch Wiedereingliederung von Flüchtlingen, Vertriebenen und demobilisierten Soldaten, um damit allmählich die humanitären Aktionen (*s. ECHO Rn. 9*) abzulösen und die Wiederaufnahme der mittel- und langfristigen Entwicklungshilfe vorzubereiten.

15   h) Aktionen zur **HIV/AIDS Bekämpfung** in den Entwicklungsländern (VO (EG) 550/97, ABl. L 85/1). Geschätzte Zahl der infizierten Personen: 30 Millionen davon 90 % in den Entwicklungsländern. **Ziel**: Eindämmung der Übertragung des Erregers, Verbesserung des Gesundheitsschutzes und der wissenschaftlichen Kenntnisse bezüglich dieser Epidemie, Aktionen um die wirtschaftliche und soziale Ausgrenzung der betroffenen Personen zu verhindern unter besonderer Beachtung der Persönlichkeitsrechte. Die EG unterstützt in diesem Zusammenhang nicht nur von Staaten oder Regionen vorgeschlagene Aktionen, sondern auch von traditionellen oder lokalen Gemeinschaften, einschließlich Frauenorganisationen, privaten Wirtschaftsbeteiligten, Nichtregierungsorganisationen und repräsentativen Vereinigungen der lokalen Bevölkerung ausgehende Initiativen.

16   i) Nord-Süd Zusammenarbeit bei der **Bekämpfung von Drogen und Drogenabhängigkeit** (VO (EG) 2046/97, ABl. L 287/1). Unterstützung des Partnerlandes bei der Ausarbeitung und Durchführung von nationalen Gesamtplänen zur Drogenbekämpfung in enger Abstimmung mit dem internatinalen Drogenkontrollprogramm der VN (UNDCP); Bekämpfung der Abzweigung von chemischen Ausgangsstoffen sowie der Geldwäsche, Nachfragereduzierung, Pilotprojekte alternativer ländlicher Entwicklung, bessere Nutzung der Handelspräferenzen. Diese Zusammenarbeit betrifft vorzugsweise Entwicklungsländer, die das Einheitsübereinkommen von 1961 über Suchtstoffe in der durch das Protokoll von 1972 geänderten Fassung des Übereinkommens von 1971 sowie des Übereinkommens von 1988 ratifiziert haben. Partnerschaftsabkommen mit Bolivien, Kolumbien, Equator, Peru, Venezuela und Mexico (s. Fundstellennachweis, I, 15.30.295ff.).

j) Unterstützung der **Bevölkerungspolitiken** und -**programme** in den Ent-   **17** wicklungsländern (VO (EG) 1484/97 ABl. L 202/1). Die in einigen Ent- wicklungsländern zu beobachtenden extrem hohen Wachstumsraten schließen die Befriedigung der daraus entstehenden Bedürfnisse aus und machen jegliche Aussicht auf eine in ökologischer Hinsicht nachhaltige Entwicklung zunichte. Entsprechend dem auf der internationalen Konfe- renz über Bevölkerung und Entwicklung 1994 in Kairo beschlossenen Ak- tionsprogramm unterstützt die EG Maßnahmen im Hinblick auf eine gemäßigtere Bevölkerungsentwicklung: gerechtere Verteilung der Einkünf- te zwischen den Gesellschaftsgruppen, für die Volksgesundheit wichtige In- vestitionen, bessere Bildungschancen für Frauen und Mädchen, Strategien, die auf die Selbstbestimmung der Frau und die Gleichstellung der Ge- schlechter abzielen. In diesem Zusammenhang ist der VO-Vorschlag be- züglich der **Integration der Rolle der Frau in der Entwicklungshilfe** zu sehen. Nachhaltige Entwicklung hat der Schlüsselrolle der Frau im wirt- schaftlichen, sozialen und politischen Bereich Rechnung zu tragen, IV. Weltkonferenz über die Rolle der Frau, Peking 1995 (dazu Legislative Ent- schließung mit der Stellungnahme des EP zu dem Vorschlag für eine VO des Rates über die **Berücksichtigung geschlechterspezifischer Fragen in der Entwicklungszusammenarbeit**, ABl. 1997 C-371/69) gleichlautende VO (EG) Nr. 2836/98 (ABl. L 354/5). Der Begriff „Geschlechterperspek- tive" bezieht sich auf die unterschiedlichen, in Wechselbeziehung zueinan- der stehenden entwicklungsbezogenen Rollen, Aufgaben und Möglichkei- ten von Frauen und Männern als kulturspezifische und von der Gesellschaft geformte Phänomene, die sich im Laufe der Zeit, insbesondere als Folge politischer Maßnahmen, wandeln können. Diese bisher durch Pilotprojekte eingeleitete Aktion wendet sich vor allem an die Gestalter der Entwick- lungshilfe sowie an die betroffenen Verwaltungen, um eine ausreichende und gerechte Berücksichtigung der Rolle der Frau im Entwicklungsprozess sicherzustellen.

k) **Lösung des Schuldenproblems und Strukturanpassungshilfe:** als   **18** Kleinstgläubiger (weniger als 2 % der AKP-Schulden) ist die EG im Ge- gensatz zu Handelsbanken der Mitgliedstaaten und Regierungen nicht di- rekt von der Schuldenkrise der Entwicklungsländer betroffen. Eine Aner- kennung dieses Entwicklungsproblems und erste Schritte zur Lösung ent- halten die Art. 239ff. des Vierten AKP-EG Abkommens. 1995: Beschluss im Rat, die im Rahmen des 2. u. 3. AKP-EWG-Abkommens noch nicht ge- währten Sonderdarlehen in Zuschüsse umzuwandeln (ABl. 1995 L 327/15); 1998: Vorschlag der Kommission bezüglich einer außerordentlichen Hilfe für hochverschuldete AKP-Staaten im Rahmen der vom Internationalen

Währungsfonds und der Weltbank eingeleiteten Entschuldungsinitiative (ABl. 1998 C-141/21). Weitere Schritte erfolgten durch Verzicht und Umschuldung von seiten mehrerer Mitgliedstaaten. Um ihr wirtschaftliches Gleichgewicht (wieder) zu erlangen, haben die Entwicklungsländer mit Unterstützung der EG und der Institutionen von Bretton Woods wirtschaftliche Reformprogramme eingeleitet. Um diesen Programmen, die oftmals mit einem Demokratisierungsprozeß einhergehen, zum Erfolg zu verhelfen, sehen die Art. 243ff. des Vierten AKP-EG Abkommens (*s. Rn. 21*), Art. 4 der Mittelmeerfinanzprotokolle, Art. 3 der VO (EWG) Nr. 1762/92 zur Durchführung der zwischen der Gemeinschaft und den Drittländern des Mittelmeerraums geschlossenen Protokolle über finanzielle und technische Zusammenarbeit (ABl. 1992 L 181/1) sowie Art. 7 und Anhang II der VO „MEDA" (*s. Rn. 1*) Strukturanpassungshilfen vor. Es handelt sich hierbei um zweckgebundene Zuschüsse zu den nationalen Haushalten oder um die Finanzierung von globalen Importprogrammen, über die Zentralbanken, um den Entwicklungsländern die für die Einfuhren notwendigen Devisen zur Verfügung zu stellen. Die aus den Importprogrammen und auch anlässlich der Nahrungsmittelhilfe entstehenden **Gegenwertmittel** werden dem einzelstaatlichen Haushalt zugeführt und zwar dort dem oft am meisten leidtragenden (sozialen) Bereich: Gesundheit und Erziehung.

II. Beitrag der EIB zur Entwicklungszusammenarbeit

19 (zur EIB: allgemein s. Art. 266 [ex-Art.198d] u. Art. 267 [ex-Art.198e]). Entwicklungsländern gewährt die EIB Darlehen aus ihren eigenen Einnahmen, die sich im wesentlichen aus ihrer eigenen Anleihetätigkeit auf dem Kapitalmarkt ergeben. Im AKP- und Mittelmeerbereich unterstützt die EG diese Aktionen durch Zinsvergütungen. Die EIB ist ebenfalls zuständig für die Gewährung von **Risikokapital** aus dem EEF. Es handelt sich hierbei um besonders günstige Darlehen und Minderbeteiligungen, für welche die Gemeinschaft unter Umständen das Wechselkursrisiko übernimmt (Art 233 des 4. AKP-EG-Abkommens).

20 Zur Abdeckung der aufgrund der Garantieleistung für Darlehen an Drittländer erhöhten finanziellen Risiken für den Gesamthaushaltsplan der EG wurde 1994 ein entsprechender Garantiefonds eingerichtet (ABl. 1994 L 293/1). Die allgemeine Obergrenze für die eröffneten Kredite, abgedeckt durch eine 70 %ige Garantieleistung der EG für etwaige Verluste der EIB aus Darlehen für Vorhaben in Drittländern hat der Rat auf ECU 7,255 Mrd. festgesetzt: – mittel- und osteuropäische Länder: 3,520; – Mittelmeerländer: 2,310; – lateinamerikanische und asiatische Länder: 0,9; – Republik

Südafrika: 0,375; – ehemalige jugoslawische Republik Mazedonien: 0,150 (Beschlüsse des Rates v. 14.4.1997 (ABl. L 102/33) und v. 19.5.1998 (ABl. L 155/53. AKP-Staaten: s. Art. 220, 221 u. 224 des Vierten AKP-EG-Abkommens sowie das 2. Finanzprotokoll: Anleihen ECU 1,658 Mrd., Risikokapital ECU 100 Mio.

III. Zusammenarbeit AKP-EG:

a) **AKP-EG-Abkommen:** Abkommen der EG mit Entwicklungsländern in   21
Afrika, in der Karibik und dem Pazifik, Art. 177 (ex-Art. 130u) Abs.3 stellt
im Grunde eine der historischen Evolution Rechnung tragende Weiterentwicklung der Art. 182 (ex-Art. 131) bis 187 (ex-Art. 136) dar. Das derzeitige am 4.11.1995 auf **Mauritius** abgeänderte und am 1.6.1998 in Kraft getretene Vierte AKP-EG Abkommen (ABl. 1998 L 156/1) hat seinen historischen Ursprung in dem Durchführungsabkommen des – seit dem Amsterdamer Vertrag nicht mehr existierenden – Art. 136 des Vertrags von Rom
(= 1. EEF), das zweimal in **Yaounde** und viermal in **Lomé** erneuert und
umgestaltet wurde und das aus der in den Art. 182 (ex-Art. 131) bis 187
(ex-Art. 136) vorgesehenen Assoziierung ausgeschieden ist. Die Freistellung dieses Abkommens vom ersten Absatz des Art. 179 bedeutet politisch
eine Fortschreibung der besonderen Beziehungen zu den AKP Staaten und
juristisch die Möglichkeit, diese Beziehungen weiterhin durch einen völkerrechtlichen, auch von den Mitgliedstaaten zu ratifizierenden Vertrag zu
regeln. Das Ratifikationsbedürfnis ergibt sich aus der finanziellen Dotie-
rung des Abkommens und der von den Mitgliedstaaten gesondert – also
nicht über den Gemeinschaftshaushalt, – bereitzustellenden Mittel.

Das am 4.11.1995 auf **Mauritius geänderte** und am 1.6.1998 in Kraft ge-   22
tretene **Vierte AKP-EG-Abkommen** (ABl. 1998 Nr. L 156/1,107) wurde
von 69 Staaten Afrikas, der Karibik und des Pazifiks sowie den Mitgliedstaaten der Gemeinschaft und schließlich der EG selbst unterzeichnet (Südafrika ist das 70. AKP-Mitglied geworden, *s.Rn. 6*). **Hauptmerkmale**: –
Kooperationsbeziehungen, die sich auf einen frei ausgehandelten Vertrag
stützen = Nord-Süd Ausgleich; – das gemeinschaftliche Wesen des Vertrages zwischen zwei Ländergruppen, der politische Diskriminierungen zwischen den Mitgliedern ausschließt; – die ausdrückliche Anerkennung der
Achtung der Menschenrechte, die Wahrung der Demokratie, die Festigung
des Rechtsstaats sowie die verantwortungsvolle Staatsführung als wesentliche Bestandteile des Vertrages, deren Missachtung eine teilweise oder vollständige Aussetzung der Anwendung des Abkommens nach sich ziehen
kann (Art. 366 AKP-EG Abkommen); – die Einsetzung eines gemeinsamen

Ministerrates und Botschafterausschusses sowie einer dem demokratischen Charakter besonders Rechnung tragenden Paritätischen Versammlung aus dem EP und den AKP Parlamenten; – die Zusammenarbeit erstreckt sich auf Umwelt, Landwirtschaft, Fischerei, Industrie, Verkehr, regionale Zusammenarbeit mit einer Vielzahl von Instrumenten zur Unterstützung des Privatsektors, zur Förderung des Handels, zur Stabilisierung der Erlöse aus der Ausfuhr von landwirtschaftlichen Grundstoffen (**STABEX**) und Bergbauerzeugnissen (**SYSMIN**) und schließlich Instrumente zur Unterstützung von Entwicklungsprojekten und Programmen, insbesondere der Strukturanpassungshilfe; – die allgemeine Handelsregelung stützt sich auf den Grundsatz des freien Zugangs der Ursprungswaren der AKP-Staaten zum Markt der EG, wobei besondere Bestimmungen für die landwirtschaftlichen Erzeugnisse sowie Schutzbestimmungen vorgesehen sind; besondere Unterstützung zur Verbesserung der Wettbewerbsfähigkeit (Art. 15a des Abkommens); – hinsichtlich der Niederlassungs- und Dienstleistungsregelung gelten das Diskriminierungsverbot und das Gleichbehandlungsgebot für die Staatsangehörigen und Gesellschaften der AKP- und Mitgliedstaaten (Art. 274, AKP-EG Abkommen); – dezentralisierte Zusammenarbeit durch Einbeziehung der europäischen Gebietskörperschaften und Zivilgesellschaft (mittels Nichtregierungsorganisationen) in eine basisorientierte Entwicklungsförderung; – Wahrung der traditionellen Handelsbeziehungen bezüglich der Bananen, Rum, Rindfleisch und Zucker (s. Protokolle 5–8).

23   Das für die zweiten fünf Jahre vorgesehene **Finanzprotokoll** des auf 10 Jahre (1.3.1990 bis 28.2.2000) geschlossenen Abkommens sieht Euro 12,967 Mrd. an nichtrückzahlbaren Zuschüssen und Euro 1,658 Mrd. an Anleihen vor, die von der EIB aus ihren eigenen Einnahmen finanziert werden (insgesamt: Euro 14,625). Die parallel mit den Überseeischen Ländern und Hoheitsgebieten, ÜLG (Art 182 (ex-Art. 131ff.) gewährten Mittel belaufen sich auf Euro 165 Mio. an Zuschüssen und Euro 35 Mio. an Anleihen der EIB. Die für die AKP-Staaten und die ÜLG vorgesehenen Mittel werden **nicht im Geamthaushaltsplan der EG** veranschlagt, sondern sind Gegenstand des (8.) **Europäischen Entwicklungsfonds, EEF,** dessen Finanzierung durch das von den im Rat vereinigten Vertretern der Mitgliedstaaten geschlossene Interne Abkommen (ABl. 1998 L 156/108) erfolgt. Die Übertragung des EEF in den Gesamthaushaltsplan der EG (Budgetisierung) wird regelmäßig vom EP verlangt, vom Rat aber zurückgewiesen (s. die der Schlussakte vom Vertrag von Maastricht beigefügte Erklärung Nr. 12, wonach der EEF auch weiterhin durch einzelstaatliche Beiträge finanziert werden soll; s. auch Art. 268 [ex-Art. 199]).

An einer Zusammenarbeit interessierte Firmen, Verbände, öffentlich-recht- **24** liche Körperschaften, physische Personen usw. wenden sich an das **Zentrum für industrielle Entwicklung/Centre pour le développement industriel** (CDI), Avenue Hermann-Debroux, 52 B-1160 Brüssel, Internet: http://www.cdi.be/.

b) **Zukunft der Beziehungen zu den AKP-Staaten**: Die im Jahre 2000 **25** anstehende Erneuerung der im Völkerrecht einmaligen Beziehungen stützt sich auf gründliche Vorbereitungen, eine intensive öffentliche Diskussion auf der Basis des Grünbuches der Kommission über die Beziehungen zwischen der EU und den AKP-Staaten an der Schwelle zum 21. Jahrhundert (Luxemburg 1997) und schließlich auf ein Verhandlungsmandat des Rates.

Grundsätze und Ziele eines Rahmenabkommens über eine Wirt- 26 schaftspartnerschaft mit den AKP-Staaten: – Beachtung der Menschenrechte (Wiener Konferenz von 1995, internationales Recht); – Beachtung der auf den Weltkonferenzen von Rio, Wien, Paris, Kairo, Kopenhagen, Beijing, Istanbul und Rom im Zusammenhang mit der nachhaltigen Entwicklung eingegangenen Verpflichtungen; – Verwirklichung der vom Entwicklungsausschuss der OECD im Rahmen der neuen Kooperationsstrategie an der Schwelle zum 21. Jahrhundert genannten Ziele (*s. Art. 177, Rn. 6, 7*); – auf globale Friedens- und Stabilitätspolitik sowie auf eine auf Verringerung der Armut ausgerichtete Partnerschaft (Eigenverantwortung, AKP-Urheberschaft), Ersetzung der Konditionalität durch einen Vertrag, Konfliktprävention, sowie Konsequenzen hinsichtlich der negativen Auswirkungen der Rüstungsausgaben auf den Entwicklungsprozess; – Annahme eines Konzeptes bezüglich geschlechterspezifischer Fragen sowie Abbau ungleicher Behandlungen von Männern und Frauen; – Zuweisung der Mittel aufgrund objektiver Bedürfnisse (u.a. Einkommen), Verdienste hinsichtlich Leistung und verantwortliche Staatsführung. Bei Transparenz und annehmbarer Haushaltsführung kann die direkte Projekthilfe in eine Haushaltshilfe umgewandelt werden.

Art. 180 (ex-Art. 130x) (Koordinierung)

(1) Die Gemeinschaft und die Mitgliedstaaten koordinieren ihre Politik auf dem Gebiet der Entwicklungszusammenarbeit und stimmen ihre Hilfsprogramme, auch in internationalen Organisationen und auf internationalen Konferenzen, ab. Sie können gemeinsame Maßnahmen ergreifen. Die Mitgliedstaaten tragen erforderlichenfalls zur Durchführung der Hilfsprogramme der Gemeinschaft bei.

(2) Die Kommission kann alle Initiativen ergreifen, die der in Absatz 1 genannten Koordinierung förderlich sind.

1 Mit dem Verlangen nach einer fortdauernden Koordinierung bei den politischen Zielen und konkreten Aktionen legt Art. 180 den Ansatz zu einer gemeinsamen Politik. Eine solche politische Abstimmung erfolgt durch regelmäßige Mitteilungen der Kommission und Ratsentschließungen (s. den im Literaturverzeichnis angegebenen Recueil; zur Koordinierung s. insbesondere Entschließungen des Rates v. 2.12.1993 (Recueil S.141), v. 28.5.1996 (z.Zt. noch nicht veröffentlicht) sowie v. 9.3.1998 (ABl. 1998 C-97/1.

2 Koordinierung bedeutet fortlaufende Bemühungen der EG und ihrer Mitgliedstaaten und, allgemeiner, der Gesamtheit der Geldgeber im Hinblick auf die Wirksamkeit der Entwicklungszusammenarbeit und auf eine gegenseitige Abstimmung (Konvergenz) der dabei verfolgten Ziele. Die andauernde Abstimmung, Ansatz einer gemeinsamen Politik aller Akteure in Form von Dialogen, Zielen und Instrumenten, verringert die Verwaltungslast der Empfängerländer und optimiert die Einflussmöglichkeiten der EG und ihrer Mitgliedstaaten vor Ort. Die Koordination vollzieht sich auf drei Stufen (*s. ebenfalls Art 177 Rn. 18–21*): – **politische Koordination**: Mitteilungen der Kommission sowie Entschließungen des Rats und der Vertreter der Mitgliedstaaten hinsichtlich der Orientierungen und Leitlinien zur Verwirklichung der Politiken. Ein weiteres Instrument sind die regelmäßigen Zusammenkünfte der für die Entwicklungszusammenarbeit zuständigen General-/Ministerialdirektoren der EG und der Mitgliedstaaten; – **operative Koordination**: (s. Entschließung des Rates v. 9.3.1998) sie zielt auf ein bestimmtes Partnerland und die diesbezügliche Gesamtkoordination ab: Unterstützung seiner Bemühungen bis hin zu seiner Federführung bei der ihn betreffenden Koordination. Vor Ort liegt im Prinzip die Initiative und Überwachung bei der Delegation der Kommission, sie können aber auch einem Mitgliedstaat übertragen werden. Verwirklicht wird die Koordination durch regelmäßige Zusammenkünfte zwischen Vertretern der Mitgliedstaaten und der Kommission, Informationsaustausch, gemeinsame Studien, Analysen und Bewertungen, gemeinsame Programme, Anpassung von Richtprogrammen, optimale Gestaltung der Funktionsweise bestehender Mechanismen für die Hilfe-/Geberkoordinierung; – **Koordinierung in internationalen Organisationen**: dazu gehört die Abstimmung im Entwicklungsausschuss der OECD sowie die Zusammenarbeit mit der Weltbank, insbesondere was die Strukturanpassung und den Schuldenabbau der AKP-Länder anbetrifft.

Art. 180 Abs. 2 erkennt der Kommission ein den Mitgliedstaaten gleichbe-   **3**
rechtigtes Initiativrecht zu.

Art. 181 (ex-Art. 130y) (Internationale Zusammenarbeit, Abkommen)

**Die Gemeinschaft und die Mitgliedstaaten arbeiten im Rahmen ihrer
jeweiligen Befugnisse mit dritten Ländern und den zuständigen internationalen Organisationen zusammen. Die Einzelheiten der Zusammenarbeit der Gemeinschaft können Gegenstand von Abkommen zwischen dieser und den betreffenden dritten Parteien sein, die nach Artikel 228 ausgehandelt und geschlossen werden.**

**Absatz 1 berührt nicht die Zuständigkeit der Mitgliedstaaten, in inter-
nationalen Gremien zu verhandeln und internationale Abkommen zu
schließen.**

Die ausdrückliche Anerkennung der Befugnisse der Mitgliedstaaten ist bei   **1**
einer kohärenten Auslegung der Art. 180 und 181 in die von Art. 180 geforderte Abstimmung in internationalen Organisationen und internationalen
Konferenzen einzubetten. Art. 181 Abs. 2 bringt eine Klärung bei sich über-
schneidenden Zuständigkeiten der EG und der Mitgliedstaaten, z.B. AKP-
EG Abkommen, bei den Rohstoffabkommen, wo Entscheidungen sich besonders auf die Industrie oder den Handel des einen oder anderen Mitgliedstaats auswirken können. Die **„Gemischten Übereinkommen"** haben
sich als Instrument für diese Fälle herausgebildet: die EG und die Mitgliedstaaten sind gleichermaßen Vertragsparteien (s. Gutachten 1/78 des
EuGH v. 4.10.1979, Slg. 1979, 2871, sowie Art. 300 (ex-Art. 228) und
schließlich die der Schlußakte des Vertrags von Maastricht beigefügte Erklärung Nr. 10 zu den Art. 111 (ex-Art. 109), 174 (ex-Art. 130r) und 181
(ex-Art. 130y), wonach diese Bestimmungen nicht die Grundsätze
berühren, die sich aus dem Urteil des Gerichtshofes in der AETR-Rechtssache ergeben (EuGH, Rs. 22/70, Slg. 1971, 263). Bei Regeln, die von der
EG für die Durchführung einer gemeinsamen im EGV vorgesehenen Politik auf Gemeinschaftsebene eingeführt worden sind, sind die Mitgliedstaaten nicht mehr berechtigt, gegenüber dritten Staaten einzelne oder gemeinsame Verpflichtungen einzugehen, welche die zuvorgenannten Regeln betreffen. Wenn derartige Regeln bestehen, ist allein die EG befugt, Verpflichtungen, die gegenüber dritten Staaten eingegangen worden sind, mit
Wirkung für den gesamten Anwendungsbereich der gemeinschaftlichen
Rechtsordnung zu übernehmen und auszuführen.

2 Aus Titel XX., namentlich aus den Art. 177 Abs. 1 (ex-Art. 130u), 179
Abs. 1 (ex-Art. 130w), 180 (ex-Art. 130x) und 181 (ex-Art. 130y) ergibt
sich, dass die EG eine besondere Zuständigkeit für den Abschluss von Abkommen mit Drittländern im Bereich der Entwicklungszusammenarbeit besitzt und dass diese Zuständigkeit nicht ausschließlich ist, sondern die der
Mitgliedstaaten ergänzt (EuGH, C-268/94, Portugiesische Republik/Rat,
Slg. 1996, I–6177). Ein Abkommen im Bereich der Entwicklungszusammenarbeit, das zwischen der EG und einem Drittland geschlossen und auf
der Grundlage des Art. 181 (ex-Art. 130y) genehmigt wurde, darf Bestimmungen über besondere Bereiche enthalten, ohne dass es auf andere
Rechtsgrundlagen gestützt zu werden braucht oder die Beteiligung der Mitgliedstaaten an seinem Abschluss erforderlich ist, soweit es hauptsächlich
die Verfolgung der in Art. 177 Abs. 1 (ex-Art. 130u) genannten Ziele zum
Inhalt hat und die besondere Bereiche betreffenden Bestimmungen nicht
Verpflichtungen mit sich bringen, die von solcher Tragweite sind, dass sie
in Wirklichkeit anderen Zielen dienen als der Entwicklungszusammenarbeit (EuGH, C-268/94, a.a.O.).

Vierter Teil

Die Assoziierung der Überseeischen Länder und Hoheitsgebiete

Art. 182 (ex-Art. 131) (Ziele der Assoziierung)

Die Mitgliedstaaten kommen überein, die außereuropäischen Länder und Hoheitsgebiete, die mit Dänemark, Frankreich, den Niederlanden und dem Vereinigten Königreich besondere Beziehungen unterhalten, der Gemeinschaft zu assoziieren. Diese Länder und Hoheitsgebiete, im folgenden als „Länder und Hoheitsgebiete" bezeichnet, sind in Anhang II zu diesem Vertrag aufgeführt.

Ziel der Assoziierung ist die Förderung der wirtschaftlichen und sozialen Entwicklung der Länder und Hoheitsgebiete und die Herstellung enger Wirtschaftsbeziehungen zwischen ihnen und der gesamten Gemeinschaft.

Entsprechend den in der Präambel dieses Vertrages aufgestellten Grundsätzen soll die Assoziierung in erster Linie den Interessen der Einwohner dieser Länder und Hoheitsgebiete dienen und ihren Wohlstand fördern, um sie der von ihnen erstrebten wirtschaftlichen, sozialen und kulturellen Entwicklung entgegenzuführen.

Literatur: *Roland-Gosselin,* Une nouvelle phase d'association des PTOM à la CEE, Le Courrier ACP-CEE Nr. 125, 1991; *Roland-Gosselin,* Les relations Europe-Caraïbes, Le Courrier ACP-CEE Nr. 132, 1992; *Roland-Gosselin,* Les Pays et Territoires d'Outre-Mer, L'Observateur de Bruxelles, Bimestriel d'Informations Européennes, N° 25, 1997, 32; *Ciavarini Azzi,* Les Départements français d'Outre-Mer: de Rome à Amsterdam, L'Observateur de Bruxelles, N° 25, 1997, 31.

I. Normzweck des Vierten Teils des EGV und sein Verhältnis zur Entwicklungszusammenarbeit

Siebtes Thema der Präambel: Verbundenheit Europas mit den überseei- **1**
schen Ländern und Förderung ihres Wohlstandes. Art. 3 lit. s (ex-Art. 3
lit. r) führt dies weiter aus: Steigerung des Handelsverkehrs sowie Förderung der wirtschaftlichen und sozialen Entwicklung durch gemeinsame
Bemühungen. **Ziel des Vierten Teils des EGV:** Teilhabe der ehemaligen

Kolonien und Territorien, ursprünglich am Aufbau Europas, zwischenzeitlich an der wirtschaftlichen Entwicklung sowie Aufrechterhaltung privilegierter Wirtschaftsbeziehungen. Da die Bestimmungen über die Entwicklungszusammenarbeit (Art. 177 bis 181, ex-Art. 130 u–y) erst durch den Vertrag von Maastricht geschaffen wurden, ist der bereits im Vertrag von Rom vorhandene Vierte Teil des EGV der Ursprung der gemeinschaftlichen Entwicklungshilfe. Infolge der Unabhängigkeitsbewegungen und dem damit einhergehenden Verlangen der ehemaligen Überseeischen Länder und Gebiete – ÜLG –, nicht mehr die für sie mit dem Odium des Kolonialstatus behaftete Assoziierung fortzusetzen, sondern eine sie als völkerrechtlich gleichberechtigte Partner anerkennende Zusammenarbeit zu entwickeln, entfaltete sich die Entwicklungshilfe der EG (nach Ablauf des ersten fünfjährigen Durchführungsbeschlusses nach Art. 187, ex-Art. 136) mit Abschluß der ersten Konvention von Yaunde (20.7.1963) zwischen der EWG und den mit ihr assoziierten afrikanischen Staaten und Madagaskar, den späteren AKP-Staaten *(s. Art. 179 Rn. 21)*, außerhalb der Bestimmungen des Vierten Teils des EGV, um auf anderer Rechtsgrundlage (Art. 300, ex-Art. 228) das durch die vorangegangene Assoziierung geschaffene Verhältnis aufrechtzuerhalten. Der EGV trägt dieser Entwicklung und der Ausdehnung der Gemeinschaftshilfe auf die Mittelmeeranrainerstaaten sowie auf die Entwicklungsländer Asiens und Lateinamerikas durch Einführung der Art. 177 bis Art. 181 (ex-Art. 130 u–y) Rechnung.

2   **Entwicklungszusammenarbeit** und **Assoziierung unterscheiden** sich durch die sich aus den Art. 182 bis 188 (ex-Art. 131–136a) ergebende Bevorzugung der ÜLG gegenüber den unter die Art. 177 bis 181 (ex-Art. 130 u–y) fallenden Entwicklungsländern. Die ÜLG können dafür aber nicht mit Nahrungsmittelhilfe und Unterstützung beim Schuldenabbau und der Strukturanpassung rechnen. Während die AKP-Staaten und die EG sich in einem Ministerrat und einer Paritätischen Versammlung zusammenfinden, erfolgt mit den ÜLG (mit Ausnahme Bermudas *[s. Rn. 4]* aus institutionellen Gründen „nur" eine regelmäßige und enge Abstimmung – **„partnerschaftliche Zusammenarbeit"** – zwischen der Kommission, dem Mitgliedstaat, zu dem ein ÜLG gehört, und den zuständigen örtlichen Behörden (Art. 234 des Beschlusses des Rates 97/803/EG v. 24.11.1997 zur Halbzeitänderung des Beschlusses 91/482/EWG über den Assoziation der überseeischen Länder und Gebiete mit der EG [ABl. 1991 L 263/1 und ABl. 1997 L 329/50] = **Durchführungsbeschluß** i.S. des Art. 187 [ex-Art. 136]).

II. Die Mitglieder der Assoziation

Art. 182 (ex-Art. 131) Abs. 1 und Art. 299 (ex-Art. 227) Abs. 3 verweisen **3** auf den (mehrfach) geänderten Anhang II. Bei den **20 ÜLG** mit rund **900 000 Einwohnern** (s. die der Schlußakte des Amsterdamer Vertrages beigefügte und von der Konferenz angenommene Erklärung Nr. 36) handelt es sich um: – die **elf britischen „Oberseas countries and territories"**, fünf in der Karibik gelegen (Anguilla, Kaimaninseln, Britische Jungferninseln, Montserrat sowie Turks- und Caicosinseln), andere im Atlantik (Falklandinseln, Südgeorgien und südliche Sandwichinseln, St. Helena und Nebengebiete) und schließlich das im Pazifik isolierte Pitcairn; – **sechs französische „Territoires d'Outre Mer"** und „Collectivités territoriales", von denen die meisten im Pazifik gelegen sind (Französisch-Polynesien, Neukaledonien und Nebengebiete, Wallis und Futuna), die französischen Südgebiete (Insel Crozet und Kerguelen im Indischen Ozean) und Antarktisgebiete sowie die „Collectivités territoriales" (Mayotte im Indischen Ozean und Saint Pierre et Miquelon vor der Küste Neufundlands); – **zwei in der Karibik gelegene holländische Überseegebiete:** Aruba und die Niederländischen Antillen (Bonaire, Curaçao, Saba, Sint Eustatius sowie Sint Maarten); – letztlich das von Dänemark abhängende autonome Gebiet **Grönland.**

Mit Ausnahme Neukaledoniens (Nickelvorkommen) hängen die ÜLG weitgehend von der Verarbeitung importierter Produkte, von Dienstleistungen und Tourismus ab. Begrenzte Märkte und erhebliche Transportkosten spiegeln sich in defizitären Handelsbilanzen wider. Ihr Handel hängt in großem Maße von der EG ab. Ungeachtet der Öffnung des Gemeinsamen Marktes im Rahmen der aufeinander folgenden Durchführungsbeschlüsse gemäß Art. 187 (ex-Art. 136) haben sich die Handelsströme mit ihren Mütterländern kaum diversifiziert.

Das wirtschaftlich entwickelte (britische und in der obigen Darstellung **4** nicht berücksichtigte) **Bermuda** bildet eine Ausnahme: die Bestimmungen der Art. 182 bis 187 (ex-Art. 131–136) finden zwar Anwendung auf diese Inseln. Bermuda nimmt aber nicht an der besonderen, aufgrund des Art. 187 (ex-Art. 136) beschlossenen, partnerschaftlichen und finanziellen Zusammenarbeit teil (es wird nicht in Anhang I des Beschlusses des Rates 91/482/EWG *[s. o. Rn. 2]* erwähnt). **Grönland,** s. Art. 188.

Das **Statut der ÜLG** bezüglich ihrer Mutterländer zeichnet sich im we- **5** sentlichen durch eine begrenzte Abhängigkeit aus „self-governing" Einheiten mit eigenen Wirtschaftsbefugnissen und oftmals auch legislativer Autonomie. Gerichtsbarkeit, Währung und Verteidigung werden im allgemeinen von den Mutterländern wahrgenommen.

6   **Keine ÜLG,** sondern Hoheitsgebiete der Mitgliedstatten auf die der EGV gemäß Art. 299 Abs. 2 (ex-Art. 227) Anwendung findet, sind die französischen überseeischen Départements (Martinique, Guadeloupe, Guyane und Réunion), die Azoren, Madeira und die Kanarischen Inseln. Ein im Anhang II des EGV aufgeführtes ÜLG, das seine Unabhängigkeit erlangt hat und dem AKP-EG-Abkommen nicht beigetreten ist, gehört spätestens nach Ablauf des es ursprünglich betreffenden Durchführungsbeschlusses (Art. 187, ex-Art. 136) nicht mehr zu den ÜLG i.S. der Art. 182 (ex-Art. 131) und 299 Abs. 3 (ex-Art. 227), (EuGH, RS. 147/73, Carlheinz Lensing/HZA Berlin-Packhof, Slg. 1973, 1543).

III. Der rechtliche Rahmen des Assoziierungssystems

7   Gemäß Art. 299 Abs. 3 (ex-Art. 227) gilt für die ÜLG das besondere Assoziierungssystem der Art. 182 bis Art. 188 (ex-Art. 131–136a). Es handelt sich hierbei um eine **abschließende Regelung.** Ohne einen besonderen Hinweis sind die allgemeinen Bestimmungen des EGV nicht auf die ÜLG anwendbar (EuGH, C-260/90, Bernard Leplat/Territoire de la Polynésie française Slg. 1992, I–668, Rn. 10). Die ÜLG sind der EG nicht beigetreten und nehmen nicht an der gemeinsamen Agrarpolitik teil. Die Regelung des freien Warenverkehrs zwischen den ÜLG und der EG, die sich aus dem Vierten Teil des EGV ergibt, hat nicht das Ziel der Errichtung eines Binnenmarktes (EuGeI, T-480/93 u. T-483/93, Antillean Rice Mills NV/Kommission, Slg. 1995, II-2305). Die Einzelheiten und das Verfahren der Assoziierung sind gemäß Art. 187 (ex-Art. 136) von den Organen der EG, insbesondere dem Rat festzulegen *(zu dem derzeitig geltenden Durchführungsbeschluß s. Rn. 2).*

8   Den EGV ergänzende (und durch Art. 6 III Nr. 7–9 des Amsterdamer Vertrages angepaßte) **Protokolle:** Protokoll über die Waren aus bestimmten Ursprungs- und Herkunftsländern, für die bei der Einfuhr in einen Mitgliedstaat eine Sonderregelung gilt; Protokoll über die Einfuhr in den Niederländischen Antillen raffinierter Erdölerzeugnisse in die EWG (ABl. 1964 150/2414) sowie Protokoll über die Sonderregelung für Grönland (ABl. 1985 L 29/7). Das Protokoll über das Zollkontingent für die Einfuhr von Bananen (ex 08.01 der Brüsseler Nomenklatur) sowie das Protokoll über das Zollkontingent für die Einfuhr von ungebranntem Kaffee (ex 09.01 der Brüsseler Nomenklatur) sind durch Art. 6 III 1 h des Amsterdamer Vertrages aufgehoben worden.

Überseeische Länder und Hoheitsgebiete auf welche der Vierte Teil des Vertrags Anwendung findet

Grönland, Neukaledonien und Nebengebiete, Französisch-Polynesien, Französische Süd- und Antarktisgebiete, Wallis und Futuna, Mayotte, St. Pierre und Miquelon, Aruba, Niederländische Antillen, Bonaire, Curaçao, Saba, Sint Eustatius, Sint Maarten, Anguilla, Kaimaninseln, Falklandinseln, Südgeorgien und südliche Sandwichinseln, Montserrat, Pitcairn, St. Helena und Nebengebiete, Britisches Antarktis-Territorium, Britisches Territorium im Indischen Ozean, Turks- und Caicosinseln, Britische Jungferninseln, Bermuda.

Art. 183 (ex-Art. 132) (Zweck der Assoziierung)

Mit der Assoziierung werden folgende Zwecke verfolgt:
1. **Die Mitgliedstaaten wenden auf ihren Handelsverkehr mit den Ländern und Hoheitsgebieten das System an, das sie aufgrund dieses Vertrages untereinander anwenden.**
2. **Jedes Land oder Hoheitsgebiet wendet auf seinen Handelsverkehr mit den Mitgliedstaaten und den anderen Ländern und Hoheitsgebieten das System an, das es auf den europäischen Staat anwendet, mit dem es besondere Beziehungen unterhält.**
3. **Die Mitgliedstaaten beteiligen sich an den Investitionen, welche die fortschreitende Entwicklung dieser Länder und Hoheitsgebiete erfordert.**
4. **Bei Ausschreibungen und Lieferungen für Investitionen, die von der Gemeinschaft finanziert werden, steht die Beteiligung zu gleichen Bedingungen allen natürlichen und juristischen Personen offen, welche die Staatsangehörigkeit der Mitgliedstaaten oder der Länder oder Hoheitsgebiete besitzen.**
5. **Soweit aufgrund des Artikels 187 nicht Sonderregelungen getroffen werden, gelten zwischen den Mitgliedstaaten und den Ländern und Hoheitsgebieten für das Niederlassungsrecht ihrer Staatsangehörigen und Gesellschaften die Bestimmungen und Verfahrensregeln des Kapitels Niederlassungsfreiheit, und zwar unter Ausschluß jeder Diskriminierung.**

Handelsverkehr in Richtung Mitgliedstaaten: Art. 101 Abs. 1 des **1** Durchführungsbeschlusses 97/803/EG *(s. Art. 182 Rn. 2)* bestimmt: „Waren mit Ursprung in den ÜLG sind frei von Einfuhrabgaben zur Einfuhr in die Gemeinschaft zugelassen." Hierunter sind ebenfalls landwirtschaftliche, den Gemeinsamen Marktordnungen unterliegende Produkte zu verstehen, damit erfahren Waren mit Ursprung in den ÜLG eine bevorzugte Behandlung im Vergleich zu den AKP-Staaten, die nur über einen präferenziellen aber nicht freien Zugang ihrer Produkte in die EG verfügen *(s. Art. 178 Rn. 3)*.

2   Mit der durch die Art. 182 bis 187 (ex-Art. 131–136) angestrebten Förderung der wirtschaftlichen und sozialen Entwicklung der ÜLG wird diesen eine Vergünstigung gewährt, die sowohl in der Zollfreiheit für die aus den ÜLG stammenden Waren bei ihrer Einfuhr in die EG, als auch in der Einführung von Abweichungen von den **Ursprungsregeln** durch Art. 30 des Anhangs II des ÜLG-Beschlusses *(s. Art. 181 Rn. 2)* zum Ausdruck kommt, der in Abs. 1 Unterabs. 3 insbesondere vorsieht, daß die EG „allen Anträgen statt(gibt), die … hinreichend begründet sind". Bei der Auslegung der Vorschriften über die Bestimmung des Begriffs der Ursprungswaren ist daher zu berücksichtigen, daß die EG den ÜLG und den Anträgen, die nicht zu schweren Schäden für einen Industriezweig der EG führen können, grundsätzlich wohlwollend gegenübersteht (EuGH, C-430/92, Königreich der Niederlande/Kommission, Slg. 1994, I–5197). Zur wirtschaftlichen Belebung der ÜLG gewährt Art. 101 Abs. 2 des Durchführungsabkommens *(s. Art. 182 Rn. 3)* größere Flexibilität hinsichtlich der Ursprungsregeln für **Ursprungswaren der ÜLG, die nicht Ursprungserzeugnisse der ÜLG sind,** und begründet eine besonderes Transitsystem. Kumulierung hinsichtlich des Ursprungs aus AKP-Staaten und den ÜLG, wonach AKP-Erzeugnisse aufgrund einfacher Verarbeitung ÜLG-Ursprungswaren werden.

3   Hinsichtlich der Ursprungserzeugnisse der ÜLG sehen die Anhänge II der Durchführungabkommen von 1991 und 1997 *(s. Art. 182 Rn. 2)* besondere Ausfuhrbescheinigungen vor. Dies gilt auch für EGKS-Erzeugnisse (ABl. 1991 L 263/154). Hinsichtlich des Umfangs und der Konsequenzen einer nachträglichen Prüfung, die zu dem Ergebnis führt, daß die **Ursprungsbescheinigung** zu Unrecht ausgestellt worden ist, s. EuGH, C-97/95, Pascoal & Filhos/Fazenda Pública, Slg. 1997, I–4209.

4   Mit Ausnahme von Reis und Zucker (s. Art. 108 des Durchführungsbeschlusses) wendet die EG bei der Einfuhr von Ursprungswaren der ÜLG **keine mengenmäßigen Beschränkungen** oder Maßnahmen gleicher Wirkung an, gewährt also freien Zugang in die EG. Die Einführung einer **Schutzklausel** in den Durchführungsbeschluß (Art. 109), insbesondere Beschränkungen der freien Einfuhr landwirtschaftlicher Erzeugnisse mit Ursprung in den ÜLG, bei z.B. ernsten Störungen für einen Wirtschaftsbereich der EG, ist vertragskonform (EuGeI, T-480/93 u. T-483/93, Antillean Rice Mills NV/Kommission, Slg. 1995, II-2305, Rn. 92 bis 95). Die ÜLG nehmen aber nicht an der gemeinsamen Agrarpolitik teil; die Regelung des freien Warenverkehrs, die sich aus dem Vierten Teil des EGV ergibt, hat nicht das Ziel der Errichtung eines Binnenmarktes (EuGeI, a.a.O., Rn. 91). Die vom Rat erlassenen Durchführungsbeschlüsse müssen zur Vertiefung der Assoziierung der ÜLG beitragen, ohne jedoch die Einführung einer gemeinsamen Politik auf dem Gebiet der Landwirtschaft zu gefährden (EuGeI, a.a.O., Rn. 92 bis 95; *s. Art. 184 Rn. 1).*

Handelsverkehr in Richtung ÜLG: Für die Assoziierung stellen die Art.   5
182 bis 188 (ex-Art. 131–136a) eine besondere Regelung dar. Die allgemeinen Vertragsvorschriften sind daher ohne ausdrückliche Verweisung auf die ÜLG nicht anwendbar (EuGH, C-260/90, Bernard Leplat/Territoire de la Polynésie française, Slg. 1992, I–643, Rn. 10). Im Interesse ihrer Entwicklung gibt es keine Gegenseitigkeit. Sie haben das Recht zur Beibehaltung, Veränderung oder sogar Einführung von Zöllen und Abgaben gleicher Wirkung auf Einfuhren aus den Mitgliedstaaten; notwendig ist allerdings die Beachtung des Art. 184 (ex-Art. 133) Abs. 3 und des Diskriminierungsverbots nach Abs. 5 (EuGH, a.a.O.).

Beteiligung der Mitgliedstaaten an den Investitionen in den ÜLG: Art.   6
154a des am 24.11.1997 geänderten Durchführungsbeschlusses *(s. Art. 181 Rn. 2)* sieht für den am 1.6.1998 (Art. 2 des Beschlusses in Verbindung mit Art. 35 des „Internen Abkommens" *s. Art. 179 Rn. 22)* beginnenden Zeitraum von fünf Jahren Euro 200 Mio vor (127 in Form von Zuschüssen, 30 in Form von Risikokapital, 5,5 in Form von Transfers zur Stabilisierung der Ausfuhrzölle im Rahmen von Stabex, 2,5 in Form von Zuschüssen für Sysmin, 35 in Form von Darlehen der EIB aus ihren Eigenmitteln). Die zuvorgenannten Euro 127 Mio sind wie folgt aufgeteilt: – britische ÜLG: 19,2; – französische ÜLG: 50,3; – niederländische ÜLG: 35,5; 10 für regionale Projekte; – 8,5 für Zinsvergütungen im Hinblick auf die Darlehen der EIB; – und schließlich 3,5 für Sofort- und Flüchtlingshilfen. Die Finanzierung erfolgt im Rahmen des Europäischen Entwicklungsfonds *(s. Art. 179 Rn. 17).*

Die Sonderregelungen für das **Niederlassungsrecht** i.S.d. Art. 183 Abs. 5   7
(ex-Art. 132) gehen aus den Art. 232 bis 233a des Beschlusses des Rates 97/803/EG *(s. Rn. 1)* hervor. Danach gewähren die Mitgliedstaaten und die ÜLG gegenseitig eine nichtdiskriminierende Behandlung hinsichtlich der Niederlassung und der Dienstleistungen. Die Kommission kann jedoch den ÜLG bestimmte Ausnahmen zum Schutze empfindlicher Sektoren der heimischen Wirtschaft genehmigen. Es ist Sache der zuständigen Behörden und gegebenenfalls des nationalen Gerichts zu entscheiden, ob die Gegenseitigkeit gewährleistet ist. Der Antragsteller kann sich dabei unmittelbar

auf das Diskriminierungsverbot des Art. 232 des Durchführungsabkommens berufen (EuGH, C-100/89 und C-101/89, Peter Kaefer und Andrea Procacci, Slg. 1990, I–4647, Rn. 28). Im Rahmen der Niederlassungsfreiheit und der Dienstleistungen ziehlt der am 24.11.1997 beschlossene, neue Art. 233b langfristig auf eine Anerkennung in der EG der **in den ÜLG erworbenen beruflichen Befähigungsnachweise** im Gesundheits- und Veterinärwesen durch entsprechende Vorarbeiten der Kommission ab.

Art. 184 (ex-Art. 133) (Verbot von Zöllen)

(1) Die Zölle bei der Einfuhr von Waren aus den Ländern und Hoheitsgebieten in die Mitgliedstaaten sind verboten; dies geschieht nach Maßgabe des in diesem Vertrag vorgesehenen Verbots von Zöllen zwischen den Mitgliedstaaten.

(2) In jeden Land und Hoheitsgebiet werden die Zölle bei der Einfuhr von Waren aus den Mitgliedstaaten und den anderen Ländern und Hoheitsgebieten nach Maßgabe des Artikels 25 verboten.

(3) Die Länder und Hoheitsgebiete könen jedoch Zölle erheben, die den Erfordernissen ihrer Entwicklung und Industrialisierung entsprechen oder als Finanzzölle der Finanzierung ihres Haushalts dienen.

Die in Unterabsatz 1 genannten Zölle dürfen nicht höher sein als diejenigen, die für die Einfuhr von Waren aus dem Mitgliedstaat gelten, mit dem das entsprechende Land oder Hoheitsgebiet besondere Beziehungen unterhält.

(4) Absatz 2 gilt nicht für die Länder der Hoheitsgebiete, die aufgrund besonderer internationaler Verpflichtungen bereits einen nichtdiskriminierenden Zolltarif anwenden.

(5) Die Festlegung oder Änderung der Zollsätze für Waren, die in die Länder und Hoheitsgebiete eingeführt werden, darf weder rechtlich noch tatsächlich zu einer mittelbaren oder unmittelbaren Dikriminierung zwischen den Einfuhren aus den einzelnen Mitgliedstaaten führen.

1   Bei dem Handelsverkehr in Richtung Mitgliedstaaten werden die ÜLG **zollrechtlich wie Mitgliedstaaten** behandelt, d.h. Verbot von Zöllen. Art. 184 Abs. 1 konkretisiert damit das in Art. 183 Abs 1 (ex-Art. 132) umschriebene Ziel, wonach die Mitgliedstaaten auf ihren Handelsverkehr mit den ÜLG das System anwenden, das sie aufgrund des EGV untereinander

anwenden (EuGH, C-260/90, Bernard Leplat/Territoire de la Polynésie française, Slg. 1992, I–0643, Rn. 19). Der Ausdruck „Zölle" in Art. 184 umfaßt Zölle und Abgaben gleicher Wirkung (EuGH, a.a.O. Rn. 12). Auf Gemeinsamen Marktordnungen herrührende **Abschöpfungen,** die nicht auf dem Überschreiten der Grenze beruhen, sondern auf der Mißachtung eines festgesetzten Mindestpreises, können **nicht als Abgaben gleicher Wirkung wie Zölle** angesehen werden. Gleiches gilt für Kautionen, die auf Entscheidungen nationaler Behörden beruhen (EuGeI, T-480/93 u. T-483/93, Antillean Rice Mills NV/Kommission, Slg. 1995, II-2305, Rn. 157 und 158).

Art. 184 Abs. 1 ist dahin auszulegen, daß er sich **nicht auf Einfuhren von Waren** bezieht, die sich in den ÜLG im zollrechtlichen freien Verkehr befinden, jedoch dort nicht ihren Ursprung haben (EuGH, C-310/95, Road Air BV/Inspecteur der Invoerrechten en Accijnzen, Slg. 1997, I–2229). **2**

Unter Berücksichtigung des Art. 184 Abs. 5 ist festzustellen, daß sich Art. 184 Abs. 3 UAbs. 1 nicht nur auf die Beibehaltung bestehender Zölle bezieht, sonder **auch** auf die **Einführung neuer Zölle** (EuGH C-250/90, Bernard Leplat/Territoire de la Polynésie française, Slg. 1992, I–643, Rn. 24). **3**

Hinsichtlich der von den ÜLG erhobenen Zölle *s. Art. 183 Rn. 5.* **4**

Art. 185 (ex-Art. 134) (Abhilfe bei nachteiliger Verkehrsverlagerung)

Ist die Höhe der Zollsätze, die bei der Einfuhr in ein Land oder Hoheitsgebiet für Waren aus einem dritten Land gelten, bei Anwendung des Art. 184 Absatz 1 geeignet, Verkehrsverlagerungen zum Nachteil eines Mitgliedstaates hervorzurufen, so kann dieser die Kommission ersuchen, den anderen Mitgliedstaaten die erforderlichen Abhilfemaßnahmen vorzuschlagen.

Diese Bestimmung läßt den Erlaß von Schutzklauseln im Durchführungsbeschluß nach Art. 187 (ex-Art. 136) zu, um ernste Störungen in einem Wirtschaftsbereich der EG oder eines oder mehrerer Mitgliedstaaten zu vermeiden (EuGeI, T-480/93 u. T-483/93, Antillean Rice Mills NV/Kommission, Slg. 1995, II-2305, Rn. 96).

Art. 186 (ex-Art. 135) (Freizügigkeit der Arbeitskräfte)

Vorbehaltlich der Bestimmungen über die Volksgesundheit und die öffentliche Sicherheit und Ordnung wird die Freizügigkeit der Arbeitskräfte aus den Ländern und Hoheitsgebieten in den Mitgliedstaaten

und der Arbeitskräfte aus den Mitgliedstaaten in den Ländern und Hoheitsgebieten durch später zu schließende Abkommen geregelt; diese
bedürfen der einstimmigen Billigung aller Mitgliedstaaten.

1   Abkommen über die **Freizügigkeit** nach Art. 186 gibt es bisher nicht. Die
zwischen den Mitgliedstaaten geltenden Regelungen sind nicht auf die
ÜLG anwendbar, die der Sonderregelungen nach Art. 232 und 233 des Beschlusses des Rates 97/803/EG v. 24.11.1997 zur Halbzeitänderung des Beschlusses 91/482/EWG über die Assoziation der ÜLG mit der EG (ABl.
1997 L 329/50) unterliegen (vgl. EuGH, C-100/89 und 101/89, Peter Kaefer und Andrea Procacci, Slg. 1990, I–4647, Rn. 18). Staatsangehörige der
Mitgliedstaaten können sich daher nicht auf das Gemeinschaftsrecht berufen, um das Recht auf Einreise in ein ÜLG oder den Aufenthalt dort zu beanspruchen, damit sie dort Zugang zu einer Beschäftigung im Lohn- oder
Gehaltsverhältnis erhalten und ihr nachgehen können (EuGH a.a.O. sowie
Schlußanträge GA *Mischo,* Slg. 1990, I–4656, Rn. 25).

2   Die **Ausübung des Niederlassungsrechts und der Dienstleistungsfreiheit** in den ÜLG setzt sich zwangsläufig das Recht auf Einreise und Aufenthalt voraus. Die Regelung erstreckt sich jedoch nicht auf die Einreise
oder den Aufenthalt in den ÜLG von Staatsangehörigen der Mitgliedstaaten, die weder eine selbständige Berufstätigkeit ausüben noch diese anstreben (EuGH, a.a.O.).

3   Die Staatsangehörigen der dänischen, französischen und niederländischen
ÜLG sowie lediglich der Falklandinseln, was die britischen ÜLG anbetrifft,
verfügen über die Staatsangehörigkeit ihrer „Mutterländer". Sobald sie also in das Vertragsgebiet eingereist sind – die ÜLG gehören nicht dazu (Art.
229 Abs. 3, ex-Art. 227) – können sie für sich die Art. 39 ff. (ex-Art. 48 ff.)
in Anspruch nehmen.

Art. 187 (ex-Art. 136) Durchführungsbeschluß

**Der Rat legt aufgrund der im Rahmen der Assoziierung der Länder
und Hoheitsbebiete an die Gemeinschaft erzielten Ergebnisse und der
Grundsätze dieses Vertrages die Bestimmungen über die Einzelheiten
und das Verfahren für die Assoziierung der Länder und Hoheitsgebiete an die Gemeinschaft einstimmig fest.**

1   **Wesen:** „... Die Durchführung der Regelung der **Assoziierung** der ÜLG mit
der Gemeinschaft, wie sie in den ex-Art. 131 bis 135 (jetzt Art. 182–186) beschrieben ist, ist ein **dynamischer Prozeß,** dessen Einzelheiten gemäß ex-

Art. 136 (durch den neuen Art. 187 geändert) nach Ablauf eines Durchführungsabkommens für einen ersten Fünfjahreszeitraum in einem einstimmigen Beschluß des Rates „aufgrund der Grundsätze dieses Vertrages" und
„aufgrund der erzielten Ergebnisse" festzulegen waren. Die Bezugnahme
auf die „**Grundsätze dieses Vertrages**" betrifft nicht nur die Grundsätze des
Vierten Teils des EGV, sondern alle Grundsätze des EGV, wie sie insbesondere in dessen Erstem Teil aufgeführt sind, der den Titel „Grundsätze" trägt.
Die vom Rat auf der Grundlage des ex-Art. 136 (durch den neuen Art. 187
geändert) erlassenen Durchführungsbeschlüsse müssen somit zur Vertiefung
der Assoziierung der ÜLG beitragen, um den Handelsverkehr zu steigern
und die wirtschaftliche und soziale Entwicklung durch gemeinsame
Bemühungen zu fördern (Art. 3 lit. s), ohne jedoch die Einführung einer gemeinsamen Politik auf dem Gebiet der Landwirtschaft zu gefährden (Art. 3
lit. e). Es ist somit Aufgabe des Rates, die verschiedenen Grundsätze des
EGV in Einklang zu bringen ..." (EuGeI, T-480/93 u. 483/93, Antillean Rice Mills NV/Kommission, Slg. 1995 II-2305, Rn. 92 u. 93).
Der Rat verfügt über ein Ermessen, um die in Art. 183 (ex-Art. 132) genannten Ziele schrittweise zu erreichen (EuGH, C-310/95, Road Air BV/In-
specteur der Invoerrechten en Accijnsen, Slg 1997, I–2229). Bezüglich der
Aufnahme von **Schutzklauseln** in dem Durchführungsbeschluß *s. Art. 183
Rn. 4,* hinsichtlich **Ermessensentscheidungen der Kommission** bei von
ihr im Rahmen des Durchführungsbeschlusses getroffenen Schutzmaßnah-
men s. EuGeI, T-480/93 u. 483/93, Antillean Rice Mills NV/Kommission,
Slg. 1995 II-2305, Rn. 122 ff.
Dauer der Durchführungsbeschlüsse: Der Durchführungsbeschluß i.S.d.   **2**
Art. 187 ist inzwischen parallel zu den Abkommen von Yaounde und Lomé
(s. Art. 179 Rn. 17) zum siebten Mal erneuert worden *(s. Art. 182 Rn. 1).*
Der (durch den neuen Art. 187 geänderte) ex-Art. 136 Abs. 2 ist nicht dahin auszulegen, daß er lediglich einen einzigen, sich an den ersten in ex-
Art. 136 Abs. 1 vorgesehenen Zeitabschnitt von fünf Jahren anschließenden
„neuen Zeitabschnitt" vorsieht (EuGH, C-310/95, Road Air BV/Inspecteur
der Invoerrechten en Accijnsen, Slg. 1997, I–2229). Im Gegensatz zu ex-
Art. 136 sieht der jetzige Art. 187 nicht mehr eine periodische Erneuerung
des Beschlusses vor. Eine **rückwirkende Geltung der Beschlüsse** ist
zulässig, sofern sie die Rechtsstellung des Betroffenen verbessern kann und
sofern sein berechtigtes Vertrauen gebührend beachtet ist. Dabei müssen
die Mitgliedstaaten die Zölle oder Abgaben gleicher Wirkung, die bereits in
den ÜLG entrichtet wurden, auf die in der EG zu entrichtenden Zölle an-
rechnen (EuGH, C-310/95, Road Air BV/Inspecteur der Invoerrechten en
Accijnsen, Slg. 1997, I–2229).

3   **Nachprüfbarkeit und Auslegung der Durchführungsbeschlüsse:** Zuständigkeit des EuGH (vgl. EuGH, C-100/89 und C-101/89, Peter Kaefer und Andrea Procacci, Slg. 1990, I–4647, Rn. 6–10). Für den außergewöhnlichen Fall einer **Interessendivergenz** zwischen der EU und den ÜLG sieht die der Schlußakte des Maastrichter Vertrages beigefügte Erklärung Nr. 25 ein besonderes Verfahren vor.

4   **Inhalt der Durchführungsbeschlüsse:** Das mit Beschluß 97/803/EG geänderte Durchführungsabkommen eröffnet eine **weite Palette** von durch die EG unterstützten **Hilfsmöglichkeiten.** Die ÜLG können auf Antrag ihrer zuständigen Behörden die Dienste des Zentrums für industrielle Entwicklung *(s. Art. 179 Rn. 17)* und die der Euro-Info-Korrespondenzzentren (EICC), die im Rahmen der Politik der EG zu Förderung der Unternehmen eingerichtet wurden (Adresse Internet: http://eic.cec.eu.int/), in Anspruch nehmen und die Einrichtung eines EICC bei ihnen beantragen. Diese Zentren können den an der Zusammenarbeit interessierten Personen als Anlaufstelle dienen. Bezüglich der Ausschreibungen und Lieferungen s. Art. 200 des Durchführungsabkommens sowie den Beschluß des Rates 92/97/EWG v. 16.12.1991 zur Festlegung der Allgemeinen Vorschriften, Allgemeinen Bedingungen sowie der Schlichtungs- und Schiedsordnung für die aus dem Europäischen Entwicklungsfonds finanzierten Bau-, Liefer- und Dienstleistungsaufträge betreffend ihre Anwendung in der Assoziation der ÜLG mit der EG (ABl. 1992 L 40/1). Das Durchführungsabkommen sieht weiter eine Unterstützung der ÜLG bei der Entwicklung ihres Handels, im kulturellen und sozialen Bereich, der Gesundheit und Bekämpfung der Drogensucht und der Geldwäsche, der regionalen Zusammenarbeit zwischen den ÜLG, den AKP-Staaten, den überseeischen Départements, den Kanarischen Inseln, den Azoren und Madeira und schließlich finanzielle Unterstützungsmöglichkeiten für eine partnerschaftliche Zusammenarbeit EG-ÜLG vor. Als Akteure für letzteres kommen in Betracht: dezentrale öffentliche Stellen, ländliche und dörfliche Zusammenschlüsse, Genossenschaften, Gewerkschaften, Bildungs- und Forschungseinrichtungen, nichtstaatliche Entwicklungsorganisationen sowie sonstige Vereinigungen, Zusammenschlüsse und Beteiligte, die aus eigener Initiative einen Beitrag zur Entwicklung der ÜLG leisten möchten und dazu in der Lage sind, sofern von diesen Beteiligten und/oder mit diesen Maßnahmen kein Erwerbszweck verfolgt wird.

5   Der am 24.11.1997 geänderte Durchführungsbeschluß eröffnet in Art. 233c den **Bürgern der ÜLG Zugang zu 19 sich an Privatpersonen wendende Gemeinschaftsprogramme:** z.B. Programme Socrates, Erasmus: eine Studentin aus Wallis und Futuna kann damit z.B. in Marburg, Paris,

Cambridge und Leyden unter den Bedingungen des Gemeinschaftsprogramms studieren (ABl. 1997 L 329/50, 67).

Zukunft der Beziehungen zu den ÜLG: in der Schlußakte des Amsterda-   **6**
mer Vertrages beigefügten und von der Konferenz angenommenen Erklärung Nr. 36 werden folgende Schwerpunkte in die zukünftigen Beziehungen gesetzt: ... Aufforderung an den Rat, das Assoziierungssystem bis Februar 2000 zu überprüfen und dabei vier Ziele zu verfolgen: – wirksame Förderung der wirtschaftlichen und sozialen Entwicklung der ÜLG; – Vertiefung der Wirtschaftsbeziehungen zwischen den ÜLG und der Europäischen Union; – stärkere Berücksichtigung der Verschiedenheit und der Besonderheiten der einzelnen ÜLG, auch im Hinblick auf die Niederlassungsfreiheit; – Gewährleistung einer größeren Wirksamkeit des Finanzinstruments.

Art. 188 (ex-Art. 136a) (Anwendung auf Grönland)

Die Artikel 182 bis 187 sind auf Grönland anwendbar, vorbehaltlich der spezifischen Bestimmungen für Grönland in dem Protokoll über die Sonderregelung für Grönland im Anhang zu diesem Vertrag.

Der **Grönlandvertrag** (ABl. 1985 L 29/1) gewährt Grönland das Statut ei-   **1**
nes ÜLG und das Recht zur unbeschränkten Einfuhr seiner Fischereierzeugnisse in die EG unter Beachtung der Mechanismen der gemeinsamen Marktorganisation für Fischereierzeugnisse und Erzeugnisse der Aquakultur. Das beigefügte Fischereiabkommen (ABl. 1985 L 29/8) gewährt Grönland einen finanziellen Ausgleich als Gegenleistung für die von der EG ausgeübten Fangleistungen. Es wird vervollständigt durch ein Protokoll über die Bedingungen der Fischerei und entsprechende Verfahrensbedingungen. Die für die ÜLG geschaffenen besonderen Vorteile hinsichtlich des Handelsverkehrs in Richtung Mitgliedstaaten gelten gemäß Art. 105 des Durchführungsbeschlusses *(s. Art. 181 Rn. 2)* nur, wenn Grönland seinerseits seine sich aus der Vertragsänderung ergebenden Pflichten einhält. Für die Dauer des Fischereiprotokolls kann Grönland keine Finanzhilfe aufgrund seines ÜLG-Status in Anspruch nehmen (vgl. Art. 153 lit. a des Durchführungsbeschlusses). Zum derzeitigen Fischereiprotokoll s. VO (EG) Nr. 3354/94 des Rates v. 19.12.1994 über den Abschluß des Dritten Protokolls über die Bedingungen der Fischerei nach dem Fischereiabkommen zwischen der EWG einerseits und der Regierung Dänemarks und der örtlichen Regierung Grönlands andererseits, ABl. L 351/1).

Fünfter Teil
Die Organe der Gemeinschaft

Titel I. Vorschriften über die Organe

Kapitel 1. Die Organe

Abschnitt 1. Das Europäische Parlament

Literatur: *Bieber/Haag*, Das Europäische Parlament, 1994; *Burban/Ginestet*, Le Parlement Européen, 1981; *Fitzmaurice*, The European Parliament, 1978; *Frowein*, Die rechtliche Bedeutung des Verfassungsprinzips der parlamentarischen Demokratie für den europäischen Integrationsprozeß, EuR 1983, 301; *Glaesner*, Das parlamentarische Element in den Entscheidungsstrukturen der Gemeinschaft, 1980; *Grabitz/Läufer*, Das Europäische Parlament, 1980; *v. d. Groeben*, Legitimationsprobleme der Europäischen Gemeinschaft, 1987; *Hänsch*, Europäische Integration und parlamentarische Demokratie, EA 1986, 191; *Hellwig* (Hrsg,.), Der Deutsche Bundestag und Europa, 1993; *Hilf*, Die rechtliche Bedeutung des Verfassungsprinzips der parlamentarischen Demokratie für den europäischen Integrationsprozeß, EuR 1984; *Jacqué*, Strategien für das Europäische Parlament; Abschied von nationalen Konfliktlinien, Integration 1989, 61; *Jacqué/Bieber/Constantinesco/Nickel*, Le Parlement européen, 1984; *Kaufmann-Bühler*, Wahlverfahren für das Europäische Parlament, EuBl 1996, 27; *Kipke*, Die Untersuchungsausschüsse des Europäischen Parlaments – Rechtsgrundlagen und Verfahrenspraxis, ZParl 1989, 488; *Läufer*, Die politische Rolle des Europäischen Parlaments, EA 1982, 397; *Lenz*, Ein einheitliches Verfahren für die Wahl des Europäischen Parlaments, 1995; *Monar*, Interinstitutional agreements: the phenomenon and its new dynamics after Maastricht, CMLR 1994, 693; *Ress*, Über die Notwendigkeit der parlamentarischen Legitimierung der Rechtsetzung der Europäischen Gemeinschaften, Gs. für Geck, 1989, S. 625; *Schmuck*, Das Europäische Parlament: Vom Gesprächsforum zum Mitgestalter europäischer Politik, 1989; *Süssmuth*, Machtverlust oder politischer Gewinn? Der Deutsche Bundestag und das Europäische Parlament, Fs. für Stercken, 1993, S. 125; *Woyke*, Europäische Gemeinschaft – Europäisches Parlament – Europawahl. Bilanz und Perspektiven, 1984; *Zuleeg*, Demokratie in der Europäischen Gemeinschaft, JZ 1993, 1069.

Vorbemerkung zu Art. 189–201 (ex-Art. 137–144)

I. Die Bestimmungen über das EP im Vertrag

1   Die **Bestimmungen** über die Stellung und Befugnisse des EP finden sich
vor allem in den Artikeln 189 bis 201 (ex-Art. 137–144), sind aber im übrigen über den **gesamten EGV verteilt.** In dem Abschnitt „Das Europäische
Parlament" sind im wesentlichen die Zusammensetzung, die Wahl und die
Organisation des EP geregelt. Seine Stellung als Organ ergibt sich aus
Art. 7 (ex-Art. 4). Die Regelung für das aktive und das passive Wahlrecht
für die Europawahlen, das unabhängig vom Wohnsitz EU-weit in allen Mitgliedstaaten gilt, befindet sich in Art. 19 Abs. 2 (ex-Art. 8b) im Rahmen der
Bestimmungen über die Unionsbürgerschaft. Seine wichtigste Rolle, nämlich die **Mitwirkung** bei der **Rechtssetzung** ist entsprechend dem Prinzip
der Einzelermächtigung, das den Vertrag beherrscht, **in den einzelnen
Kompetenzvorschriften** enthalten, die ein Zusammenwirken von Kommission, Rat und Parlament in unterschiedlicher Intensität vorsehen. Die
verschiedenen **Verfahren** für die Beteiligung des EP an der **Rechtssetzung**
sind in Artikel 192 (ex-Art. 138b) genannt, insbesondere sind dies die Verfahren der Mitentscheidung (Art. 251, ex-Art. 189b) und der Zusammenarbeit (Art. 252, ex-Art. 189c), das aber kaum noch praktische Bedeutung haben wird. Weitere wichtige Rechtsquelle ist die aufgrund von Art. 199 (ex-
Art. 142) erlassene Geschäftsordnung des EP (hier zitiert nach dem Stand
von Februar 1998), die allerdings nur das EP und nicht den Rat bindet.

2   Bemerkenswert ist, daß das Parlament in den klassischen Bereichen der Gemeinsamen Agrarpolitik und der Gemeinsamen Handelspolitik nur eine begrenzte Rolle spielen kann, während seine Befugnisse auf zahlreichen Gebieten der Gemeinschaftspolitik, die erst mit der EEA oder der Konferenz
von Maastricht in den EGV aufgenommen wurden, sehr viel stärker sind.
Dies gilt auch für die Außenbeziehungen, wo die wichtigeren Verträge und
Abkommen der Zustimmung des EP unterliegen (Art. 300 Abs. 3 Satz 2,
ex-Art. 228 für Kooperationsabkommen; Art. 49, ex-Art. 0 EUV für Bei-
tritte).

3   Die **Haushaltsbefugnisse** des EP ergeben sich aus Art. 272 (ex-Art. 203).
EP und Rat bilden gemeinsam die Haushaltsbehörde, wobei das letzte Wort,
jedenfalls bei den nicht obligatorischen Ausgaben, beim EP liegt. Die Haushaltsentlastung der Kommission liegt nach Art. 276 (ex-Art. 206) allein in
der Kompetenz des EP. Die verbreitete Auffassung, das EP verfüge über
keine Haushaltsbefugnisse und „werde sie auch nie erhalten", ist somit
schlicht unzutreffend. Der **starken Stellung** des EP auf der **Ausgabenseite**
steht eine geringere Rolle bei der Befugnis zur Regelung der Einnahmen

gegenüber. Hier ist das EP auf ein Anhörungsrecht beschränkt (Art. 269, ex-Art. 201).

Die Rolle des EP bei der **Bestellung der Kommission** ist in Art. 214 (ex-   **4**
Art. 158) geregelt, die Möglichkeit, die Kommission durch ein Mißtrauensvotum abzuwählen, in Art. 201 (ex-Art. 144).

Wichtige, das EP betreffende Fragen sind, obwohl sie dem Primärrecht zuzurechnen sind, nicht im EGV selbst geregelt. Dies gilt für den **Direktwahlakt** (ABl. 1976 L 278), zuletzt geändert durch Ratsbeschluß vom 01.01.1995 (ABl. 1995 L 1) und durch Art. 5 des Vertrags von Amsterdam, der auch das bisher nicht zustandegekommene **einheitliche Wahlverfahren** auf eine teilweise neue Rechtsgrundlage gestellt hat (Art. 190 Abs. 4, ex-Art. 138).   **5**

Über den EGV hinaus sind Befugnisse des Parlaments in **interinstitutionellen Vereinbarungen** zwischen Rat, Kommission und EP geregelt worden. Es handelt sich hierbei um Regeln, nach denen die drei beteiligten Organe einvernehmlich eine Verfahrensweise für erfahrungsgemäß schwierige Situationen suchen, um die Gemeinschaftstätigkeit zu erleichtern bzw. um dem EP Entgegenkommen zu signalisieren, soweit es der EGV über seinen eigentlichen Regelungsgehalt hinaus erlaubt. Die interinstitutionellen Vereinbarungen sind vor allem im Haushaltsverfahren wichtig, inzwischen aber auch in zahlreichen anderen Bereichen von Bedeutung (s. Art. 197 Rn. 12). Die Rechtsnatur der interinstitutionellen Vereinbarungen ist unklar. Soweit sie den Mitgliedstaaten nicht zur Zustimmung vorgelegt wurden, und nicht bereits durch die Zustimmung zum EGV gedeckt sind, sind sie für die Mitgliedstaaten rechtlich nicht verbindlich, sie binden aber sehr wohl die Gemeinschaftsorgane. Für diese stellen sie organisationsrechtliche Regelungen dar, mit der Folge, sich in den vorgesehenen Fallkonstellationen hieran halten zu müssen.   **6**

II. Demokratische Legitimation

Die demokratische Legitimation der EU ist in zweifacher, sich ergänzender Weise gegeben, und zwar einmal durch das EP, zum anderen durch die einzelstaatlichen Parlamente in den Mitgliedstaaten. Trotz der Direktwahl bleiben die Rechte des EP hinter den Befugnissen zurück, die normalerweise einem nationalen Parlament zukommen. Hieran knüpft sich der verbreitete Vorwurf eines **Demokratiedefizits** in der Gemeinschaft. Die indirekte parlamentarische Verantwortung der Mitglieder des Rates gegenüber den nationalen Parlamenten wird von den Kritikern nicht als ein hinreichender Ersatz betrachtet. Eine solche Betrachtungsweise wird der zweifachen parla-   **7** mentarischen Abstützung der Tätigkeiten der EU nicht gerecht. Wer das Demokratiedefizit beschwört, sollte nicht verkennen, daß schrittweise die Rechte des EP bei der Rechtssetzung und bei der Bestellung der Kommission erheblich ausgebaut wurden, wie z.b. das Verfahren gezeigt hat, das im März 1999 zum Rücktritt der Kommission Santer geführt hat. Gleichwohl sind weitere Verbesserungen nötig.

8   Soweit die Rechtssetzung noch nicht beim EP, sondern beim Rat liegt, wird die demokratische Legitimation der Gemeinschaftätigkeit über die **nationalen Parlamente** hergestellt, denen die einzelnen Ratsmitglieder politisch verantwortlich sind. Das Urteil des Bundesverfassungsgerichts zum Vertrag von Maastricht (BVerfGE 89, 155) mißt den nationalen Parlamenten im derzeitigen Stadium der Integration eine maßgebliche, dem EP nur eine unterstützende, wenn auch ausbaufähige Rolle zu. Hier scheint es jedoch angezeigt, zwischen der Fortentwicklung des **primären Gemeinschaftsrechts** und der Beschlußfassung über **sekundäres** Gemeinschaftsrecht zu unterscheiden. Jeder weitere Integrationsschritt, der nicht schon im EGV angelegt ist und daher nicht von der Zustimmung der nationalen Parlamente zum EU-Vertrag gedeckt ist, bedarf noch der Zustimmung der nationalen Parlamente, bei denen insoweit nach wie vor voll die demokratische Legitimation liegt.

III. Rolle der nationalen Parlamente

     Anderes muß für die Setzung **sekundären Gemeinschaftsrecht**s gelten:
9   Wenn der EGV **den Rat und das EP** gemeinsam, wenn auch in unterschiedlicher Intensität und Abstufung, als Gesetzgebungsorgan der Gemeinschaft vorsieht, so können die nationalen Parlamente nicht als eine Art Nebengesetzgeber in der gleichen Sache tätig werden. Wenn, wie es für Deutschland in Art. 23 Abs. 2 GG nunmehr geregelt ist, Bundestag und die Länder über den Bundesrat an der Gemeinschaftsrechtssetzung mitwirken, so kann dies nur eine Selbstbindung der nationalen Exekutive bedeuten, die Organe der Legislative in die innerstaatliche Meinungsbildung einzubeziehen. Gemeinschaftsrechtlich ist eine solche Regelung für die Partner und für die Gemeinschaftsorgane ohne Rechtsbindung. Allerdings erleichtert es die Akzeptanz des Gemeinschaftsrechts, wenn sich die einzelstaatlichen Parlamente zu Gemeinschaftsvorhaben und zu Rechtssetzungsvorschlägen frühzeitig äußern können. Der Vertrag von Amsterdam sieht daher in Protokoll Nr. 13 „über die Rolle der einzelstaatlichen Parlamente in der EU" deren unmittelbare Unterrichtung über die einschlägigen Dokumente und Vorschläge der Kommission vor. Die einzelstaatlichen Parlamente haben sodann i.d.R. 6 Wochen Zeit, sich hierzu zu äußern. In der Praxis ist der Be-

arbeitungszeitraum zumeist länger. Die Bundesregierung hat damit zwar eine politische, aber keine rechtliche Handhabe, die Gemeinschaftsrechtssetzung unter Hinweis auf eine noch ausstehende Parlamentsbefassung länger als 6 Wochen aufzuhalten.

Die **Einbeziehung intergouvernementaler Bereiche** in den Vertrag von **10** Maastricht und die immer stärkere Überlagerung der nationalen Gesetzgebung durch das Gemeinschaftsrecht haben die Mitgliedstaaten veranlaßt, eine stärkere Beteiligung der nationalen Parlamente an den Willensbildungsprozessen für die Gemeinschaftspolitiken vorzusehen. Diese Überlegungen haben durch **Protokoll Nr. 13** zum Vertrag von Amsterdam einen ersten gemeinschaftsrechtlichen Niederschlag gefunden. Gegenstand des Protokolls ist zum einen eine verbesserte Unterrichtung der Parlamente in den Mitgliedstaaten und zum anderen die Zuerkennung einer Rolle im gemeinschaftlichen Rechtssetzungsverfahren für die **COSAC,** die Konferenz der Europaausschüsse aus den nationalen Parlamenten. Die COSAC-Beiträge haben jedoch keine rechtliche Relevanz. Weder sind die Gemeinschaftsorgane zur Berücksichtigung solcher Beiträge verpflichtet, noch sind die nationalen Parlamente an solche Beiträge gebunden; letzteres ist in Protokoll Nr. 13 explizit festgehalten.

Daneben sind **zwei Erklärungen zum Vertrag von Maastricht** zu erwäh- **11** nen, und zwar Erklärung Nr. 13 zur Rolle der einzelstaatlichen Parlamente in der EU und Erklärung Nr. 14 zur Konferenz der Parlamente. Diese Erklärungen bestehen fort, jedenfalls insoweit, als dort ein Zusammenwirken mit dem EP vorgesehen war. Von diesem seinerzeit eingeschlagenen Weg, auf dem sich in der Praxis die Auffassungen des EP als dominierend erwiesen hatten, haben die Mitgliedstaaten im Vertrag von Amsterdam eine Abkehr vollzogen. Einen Überblick hierzu bietet die Entschließung des EP vom 12.06.1997 „Beziehungen EP – einzelstaatliche Parlamente" (ABl. 1997 C 200/153).

Für **Deutschland** sieht die Geschäftsordnung des Europaausschusses des **12** Bundestags (Art. 45 GG) die Teilnahme von Europaparlamentariern an den Sitzungen des Ausschusses vor, wenn auch ohne Stimmrecht. Schon früher war auch die regelmäßige Unterrichtung des Bundestags vorgesehen. Inzwischen ist die **Zusammenarbeit mit dem Bundestag zur Verfassungspflicht** gemacht worden (Art. 23 Abs. 2 GG). Die Einzelheiten sind im Gesetz über die Zusammenarbeit zwischen Bundesregierung und Bundestag geregelt (BGBl. 1993 I, 311).

Erklärung Nr. 14 zur **Konferenz der Parlamente** sieht vor, daß unter **13** Führung des EP Zusammenkünfte mit den einzelstaatlichen Parlamenten („Assises") veranstaltet werden. Diese Konferenz soll sich zu wesentlichen

Leitlinien der EU äußern. Wichtig war in diesem Zusammenhang, den Primat des EP zu erhalten und seine Rolle nicht über die nationalen Parlamente zu mediatisieren. Die bisherigen Erfahrungen mit der Konferenz der Parlamente sind begrenzt. Meinungsaustausch und Kontakte zwischen nationalen Parlamentariern und Mitgliedern des EP sind aber wichtig, um divergierenden Entwicklungen gegenzusteuern. Nach wie vor sind es die Parteien in den einzelnen Mitgliedstaaten, die das Bild von der europäischen Einigung und den Grad ihrer Akzeptanz in der Bevölkerung maßgeblich mitbestimmen.

Art. 189 (ex-Art. 137) (Das Europäische Parlament)

Das Europäische Parlament besteht aus Vertretern der Völker der in der Gemeinschaft zusammengeschlossenen Staaten; es übt die Befugnisse aus, die ihm nach diesem Vertrag zustehen.

Die Anzahl der Mitglieder des Europäischen Parlaments darf 700 nicht überschreiten.

I. Normzweck

1   Art. 189 definiert das EP als ein Gremium, das aus **Vertretern der Völker** der Mitgliedstaaten der Gemeinschaft besteht. Diese Definition bedeutet nach dem jetzigen vertraglichen Zustand eine Absage an die Vorstellung **eines** europäischen Volkes, das als solches von Abgeordneten im EP vertreten würde. Eine Fortentwicklung der EU über den gegenwärtigen Zustand des Staatenverbundes hinaus auf der Grundlage eines europäischen Volkes im Sinne einer Verdichtung der politischen, sozialen und gesellschaftlichen Komponenten zu einer stärkeren europäischen Identität, wie es das BVerfG in seinem Urteil vom 12.10.1993 fordert (BVerfGE 89, 155), würde eine Änderung des Art. 189 eröffnen, etwa in dem Sinne, daß sich das EP aus Vertretern der Bevölkerung der EU bzw. der Bürger der Union (Art. 17, ex-Art. 8) zusammensetzt (so auch Art. 191, ex-Art. 138a).

2   Art. 189 bezweckt auch klarzustellen, daß das EP die ihm vertraglich zustehenden **Befugnisse** ausübt. Die Vorschrift ist damit Ausdruck des **Prinzips der Einzelermächtigung**, das gemäß Art. 5 (ex-Art. E) EUV für alle Organe der Gemeinschaft gilt und das ein tragender Grundsatz für das Verhältnis zwischen den Mitgliedstaaten und der EU ist. Art. 189 hält diesen Grundsatz nochmals ausdrücklich fest, insbesondere auch für das Verhältnis von Rat, Kommission und EP zueinander.

3   Die in Satz 2 der Bestimmung festgeschriebene **Obergrenze** von maximal 700 Abgeordneten für das EP wurde durch den Vertrag von Amsterdam ein-

gefügt, um die Arbeitsfähigkeit des Parlaments im Hinblick auf die anstehende Osterweiterung der EU aufrechtzuerhalten.

II. Rechtliche Tragweite

1. Befugnisse des EP

Die Aussage in Art. 189, daß das EP die **Befugnisse** ausübt, die sich aus   **4**
dem EGV ergeben, bedeutet eine Zuständigkeitszuweisung, aber auch eine
Begrenzung: das EP hat inzwischen echte Beteiligungsrechte, aber kann
nur diejenigen Befugnisse ausüben, die im EGV vorgesehen sind. Die Befugnisse sind im Sinne der Einzelermächtigung über den gesamten EGV
verteilt. Sie bestehen vor allem in den herkömmlichen Gemeinschaftspolitiken, sind aber auch in den intergouvernementalen Teilen des Vertrags, in
der Gemeinsamen Außenpolitik und der Zusammenarbeit in der Innen- und
Justizpolitik vorhanden, allerdings in geringerem Maße. Sie lassen sich einteilen in Befugnisse bei der Rechtssetzung, bei der Bestellung der Kommission und der Kontrolle der Gemeinschaftsorgane, insbesondere beim
Haushalt, und im Sinne allgemeiner Beratung im übrigen (s. Art. 192, ex-Art. 138b).

Die **Beratung** von Kommission und Rat ist teils obligatorisch, teils fakul-   **5**
tativ, teils beruht sie auf einem vom EP umfassend beanspruchten Selbstbefassungsrecht. Soweit der EGV die **Anhörung** des EP vorsieht, ist sie obligatorisch, d.h. Kommission und Rat sind gehalten, in den Fällen, in denen
der EGV dies vorsieht, das EP zu konsultieren. Eine unterlassene Anhörung
macht den Rechtsakt fehlerhaft und vor dem EuGH wegen Vertragsverletzung angreifbar. Das gleiche gilt, wenn für einen Rechtsakt eine unzutreffende Rechtsgrundlage gewählt wurde und daher die Beteiligung des EP
unterblieben ist bzw. nicht in dem vorgesehenen Verfahren durchgeführt
wurde (Studentenaufenthaltsrichtlinie: EuGH, C-295/90, Rat/EP, Slg. 1992,
I–4193). Inhaltlich sind dagegen im Falle der Anhörung Rat und Kommission nicht an die Stellungnahme des EP gebunden. Im Rechtssinn ist die
Stellungnahme des EP eine **Empfehlung**. Soweit das EP von sich aus Stellung nimmt oder Stellung zu nehmen beabsichtigt, ohne daß der Vertrag
dies vorsieht, kommt der Äußerung des EP, die i.d.R. in der Form einer
Entschließung erfolgen wird, zwar eine politische, aber keine rechtliche
Relevanz zu. Gleichwohl haben sich Rat und Kommission in interinstitutionellen Vereinbarungen bzw. anderen Absprachen für eine Reihe von Fallkonstellationen verpflichtet, nur unter Beteiligung des EP zu agieren. In der
Praxis ist insoweit die fakultative Anhörung des EP verbreitet, wenn auch

nicht durchgängig bei allen Vorhaben. Der **Anwendungsbereich** der Anhörung ist in erster Linie die sekundäre Gemeinschaftsgesetzgebung. Die Anhörung kann aber auch in Fällen der primären Rechtssetzung relevant werden. So hat die Einberufung einer Vertragsänderungskonferenz die Anhörung des EP zur Voraussetzung (Art. 48 [ex-Art. 0] EUV).

6 Die **Kontrollbefugnisse** des EP bestehen im klassischen Parlamentsbereich des **Haushalts**, sowohl bei der jährlichen Aufstellung des Haushalts, wo Rat und EP gemeinsam die Haushaltsbehörde bilden (Art. 272, ex-Art. 203), wie auch bei der Haushaltsentlastung, die allein in der Entscheidung des EP liegt (Art. 276, ex-Art. 206). Bei **Rechtsakten von größerer finanzieller Tragweite** hat sich schon frühzeitig ein **Konzertierungsverfahren** zwischen EP, Rat und Kommission gebildet (gemeinsame Erklärung vom 4.3.1975 ABl. 1975 C 89/1), das inzwischen fortentwickelt wurde zum Trilog der drei Organe. Weitere Kontrollmittel sind die Einsetzung von **Untersuchungsausschüssen** (Art. 193, ex-Art. 138c), das Petitionsrecht (Art. 194, ex-Art. 138d) und die Anrufung des Bürgerbeauftragten, der beim EP angesiedelt ist (Art. 195, ex-Art. 138e). Wichtig ist vor allem auch das umfassende **Fragerecht** (Art. 197 Satz 3, ex-Art. 140), auch in den intergouvermentalen Bereichen der GASP (Art. 21 [ex-Art. J. 11] EUV) und der Innen- und Justizpolitik (Art. 39 [ex-Art. K. 11] EUV), ferner das Institut der Fragestunde und der aktuellen Aussprache im Plenum. Gegenstand der Kontrolltätigkeit des EP sind vor allem auch diejenigen Bereiche der EG bzw. der EU, in denen das EP keine Beteiligungs- und Mitgestaltungsrechte bei den einzuschlagenden Politiken hat und wo zum Ausgleich **Berichtspflichten** von Rat und Kommission bestehen (s. Art. 200, ex-Art. 143). Zu den Kontrollbefugnissen im weiteren Sinne zählt auch die Mitwirkung des EP bei der **Ernennung** der Kommission, die aufgrund der Änderungen des Vertrags von Amsterdam als Zustimmung sowohl für die Ernennung des Kommissionspräsidenten, als auch der Kommission als Kollegium notwendig ist (Art. 214, ex-Art. 158). Schärfstes Kontrollmittel des EP ist das **Mißtrauensvotum** gegen die Kommission (Art. 201, ex-Art. 144).

7 Die wichtigsten Befugnisse, die dem EP nach dem jetzigen Stand des EU-Vertrags zukommen, liegen bei der Beteiligung an der **Rechtssetzung**, insbesondere in der Form des Verfahrens der Mitentscheidung (Art. 251, ex-Art. 189b) sowie der Zustimmung, letztere vornehmlich bei internationalen Abkommen (Art. 300, ex-Art. 228), während das Verfahren der Zusammenarbeit (Art. 252, ex-Art. 189c) künftig kaum noch Bedeutung haben wird. Die Befugnisse, die das EP bei der Rechtssetzung hat, sind der Gradmesser dafür, inwieweit es gelungen ist, dem EP eine Stellung zu verschaf-

fen, die es einem nationalen Parlament vergleichbar macht. In diesem Bereich liegt auch das meiste Entwicklungspotential für die Vertiefung der demokratischen Legitimation des Gemeinschaftshandelns. Nachdem durch den Vertrag von Amsterdam die meisten Fälle des Verfahrens der Zusammenarbeit auf die Stufe der Mitentscheidung angehoben wurden, wird das EP nicht zu Unrecht zuweilen als der eigentliche Gewinner der Regierungskonferenz bezeichnet.

2. Mitgliederzahl des EP

Die Gesamtzahl der Mitglieder des EP war bisher im EGV nicht geregelt. **8** Mit jeder Erweiterung der Gemeinschaft wurde für die neuen Mitglieder ein Abgeordnetenkontingent entsprechend den Kontingenten der Altmitglieder festgelegt. Das EP der Zwölfergemeinschaft bestand noch aus 518 Abgeordneten. Im Zuge der deutschen Einheit und des Beitritts von Finnland, Österreich und Schweden wuchs das EP auf die heutige Mitgliederzahl von 626 Abgeordneten. Mit der nächsten EU-Erweiterung um die Länder, mit denen die Verhandlungen aufgenommen sind, würde die Mitgliederzahl bei Anwendung der bisherigen Berechnungsmethode auf über 750 Abgeordnete ansteigen. Damit wäre die Funktionsfähigkeit des EP nicht mehr gegeben. Die mit dem Vertrag von Amsterdam getroffene Festlegung einer **Obergrenze von 700** wird auch eine Neuaufteilung der Abgeordnetenkontingente der jetzigen EU-Mitgliedstaaten nach sich ziehen müssen. Dabei muß eine angemessene Vertretung der Völker der Mitgliedstaaten gewährleistet bleiben (Art. 190 Abs. 2 Satz 2). Die Regierungskonferenz zu institutionellen Fragen, die Protokoll Nr. 7 zum Vertrag von Amsterdam im Hinblick auf die Erweiterung vorsieht, wird hierfür Gelegenheit bieten. Erfahrungsgemäß wird auch das EP eigene Vorstellungen hierzu entwickeln.

3. Vertretung der europäischen Völker

Die Aussage, daß sich das EP aus **Vertretern der Völker** der Mitgliedstaa- **9** ten zusammensetzt, folgt dem herkömmlichen Verfassungsverständnis, wonach die Gemeinschaft kein Bundesstaat, sondern ein Zusammenschluß der Mitgliedstaaten ist. Diesen Zusammenschluß definiert die Präambel des EU-Vertrags als „Prozeß der Schaffung einer immer engeren Union der Völker Europas". Das BVerfG ist angesichts des supranationalen Charakters der EU zu der Schlußfolgerung gekommen, daß die EU mehr ist als ein europäischer Staatenbund, aber noch kein Bundesstaat und hat für dieses Gebilde den Begriff des „Staatenverbunds" gewählt. Zugleich hat es die Meinung vertreten, daß die Integration sich noch nicht so weit verdichtet habe, daß derzeit von einem europäischen Volk gesprochen werde könne (vgl. BVerfGE 89, 155). Demgegenüber spricht Art. 191 (ex-Art. 138a) die Rolle der politischen Parteien auf europäischer Ebene an und mißt ihnen die Rolle zu, den politischen Willen der Bürger der EU zum Ausdruck zu bringen. Es fällt auf, daß in diesem Zusammenhang nicht mehr von den Völkern Europas die Rede ist. Art. 191 (ex-Art. 138a) deutet darauf hin, daß der EU-Vertrag den Weg zur Fortentwicklung zu einem europäischen Bewußtsein und damit zu einem europäischen Volk aufzeigen will, und zwar über die politischen Parteien als Mittler. Ein Spannungsverhältnis besteht somit zwischen der Vorschrift des Art. 189 und dem später hinzugekommenen Art. 191 (ex-Art. 138a), das im Zuge der weiteren gesellschaftlichen und politischen Entwicklung auch zu einem Auslegungswandel des rechtlichen Gehalts des Art. 189 führen kann.

Art. 190 (ex-Art. 138) (Zusammensetzung, Wahlverfahren)

(1) Die Abgeordneten der Völker der in der Gemeinschaft vereinigten Staaten im Europäischen Parlament werden in allgemeiner, unmittelbarer Wahl gewählt.

(2) Die Zahl der in jedem Mitgliedstaat gewählten Abgeordneten wird wie folgt festgesetzt:

Belgien	**25**	**Luxemburg**	**6**
Dänemark	**16**	**Niederlande**	**31**
Deutschland	**99**	**Österreich**	**21**
Griechenland	**25**	**Portugal**	**25**
Spanien	**64**	**Finnland**	**16**
Frankreich	**87**	**Schweden**	**22**
Irland	**15**	**Vereinigtes Königreich**	**87**
Italien	**87**		

Wird dieser Absatz geändert, so muß durch die Zahl der in jedem Mitgliedstaat gewählten Abgeordneten eine angemessene Vertretung der Völker der in der Gemeinschaft zusammengeschlossenen Staaten gewährleistet sein.

(3) Die Abgeordneten werden auf fünf Jahre gewählt.

(4) Das Europäische Parlament arbeitet einen Entwurf für allgemeine unmittelbare Wahlen nach einem einheitlichen Verfahren in allen Mitgliedstaaten oder im Einklang mit den allen Mitgliedstaaten gemeinsamen Grundsätzen aus.

Der Rat erläßt nach Zustimmung des Europäischen Parlaments, die mit der Mehrheit seiner Mitglieder erteilt wird, einstimmig die entsprechenden Bestimmungen und empfiehlt sie den Mitgliedstaaten zur Annahme gemäß ihren verfassungsrechtlichen Vorschriften.

(5) Das Europäische Parlament legt nach Anhörung der Kommission und mit Zustimmung des Rates, der einstimmig beschließt, die Regelungen und allgemeinen Bedingungen für die Wahrnehmung der Aufgaben seiner Mitglieder fest.

I. Normzweck

Die Vorschrift regelt zunächst die **Grundsätze** für die Wahl, sodann die **1** **Zahl** der auf jeden Mitgliedstaat entfallenden **Abgeordneten**, die Dauer der **Legislaturperiode** und den bisher noch unerfüllten Auftrag, ein **einheitliches Wahlverfahren** in allen Mitgliedstaaten zu schaffen. Dieser Auftrag wurde durch den Vertrag von Amsterdam flexibler gestaltet, was seine Erfüllung erleichtern soll. Wahlrechtsregelungen sind ferner im Direktwahlakt enthalten (Akt zur Einführung allgemeiner unmittelbarer Wahlen der Abgeordneten des EP vom 20.09.1976, „DWA", ABl. 1976 L 278/1), zuletzt geändert durch Art. 5 des Vertrags von Amsterdam. Der Direktwahlakt ist Teil des primären Vertragsrechts. Neu ist die in Art. 190 Abs. 5 enthaltene Befugnis zur Schaffung eines gemeinsamen **Abgeordnetenstatuts**.

II. Grundsätze der Wahl

Die Abgeordneten des EP werden in **allgemeiner**, **unmittelbarer** Wahl ge- **2** wählt. Von diesen Grundsätzen, die mit den Verfassungstraditionen der Mitgliedstaaten übereinstimmen, ist insbesondere der Grundsatz der Unmittelbarkeit der Wahl wichtig. Erst seit 1979 wird das EP aufgrund des Direktwahlakts direkt gewählt. Die Direktwahl bildet die politische und verfassungsrechtliche Grundlage für die Forderung, dem EP auch echte Rechtssetzungsbefugnisse zu übertragen, wie sie normalerweise einem direkt gewählten Parlament zustehen, und die auch schrittweise, insbesondere durch die Verträge von Maastricht und Amsterdam gestärkt wurden. Ferner gelten die im Vertrag nicht ausdrücklich genannten Grundsätze der **freien** und **geheimen** Wahl.

Es fehlt in Art. 190 der Grundsatz der **Gleichheit der Wahl,** wie er z.B. **3** nach innerstaatlichem Verfassungsrecht gemäß Art. 38 GG in Deutschland gilt. Der Verzicht auf die Wahlgleichheit ist eine bewußt getroffene Regelung. Die Regel „one man, one vote" hat nach dem EGV jedenfalls für die

EG keine Geltung. Die Struktur der EG ist durchweg in institutionellen Fragen, insbesondere bei der Aufteilung der Abgeordnetenmandate und bei der Stimmengewichtung im Rat (Art. 205, ex-Art. 148), ein Kompromiß zwischen dem Prinzip der Gleichheit der Mitgliedstaaten und ihrem Gewicht nach der Bevölkerungszahl.

4 Die in Art. 190 getroffene Regelung bedeutet eine relative Aufwertung der kleineren zu Lasten der größeren Mitgliedstaaten. Entscheidungen in der EG haben jedoch stets eines Zusammenwirkens von größeren und kleineren Mitgliedstaaten bedurft. Auch innerstaatlich gilt nicht in allen Mitgliedstaaten der Grundsatz der Wahlgleichheit. Dünn besiedelte Landstriche, wie z.B. in Schottland und Norwegen, sind auch in den nationalen Parlamenten häufig gegenüber den bevölkerungsstarken Ballungszentren überrepräsentiert. Weder national noch in der EG ist der Grundsatz der Wahlgleichheit ein allgemein anerkannter Grundsatz. Dies schließt aber, jedenfalls rechtlich gesehen, eine **bessere Balance zwischen Bevölkerungszahl und Abgeordnetenmandaten** nicht aus.

5 Mit Herstellung der Einheit ist Deutschland der bei weitem bevölkerungsreichste Mitgliedstaat geworden. Die Bundesregierung hat jedoch auf eine Änderung der deutschen Stellung in den Institutionen der EG, jedenfalls aus Anlaß der Wiedervereinigung, auf dem Europäischen Rat in Dublin verzichtet, was sich in den Schlußfolgerungen in der Form niedergeschlagen hat, daß die Eingliederung der früheren DDR in die EG ohne Änderung der Verträge erfolgt (Bulletin 1990 Nr. 51, 401) Einzige Ausnahme bildete das EP. Der Ratsbeschluß vom 1.2.1993 über die Änderung des Direktwahlakts trägt dieser Vorgabe Rechnung, indem in den Motiven zum Ausdruck gebracht wurde, daß die Anpassung der Sitzzahlen „in Anbetracht der **Vereinigung Deutschlands**" erfolgt (ABl. 1993 L 33/15).

6 Der Grundsatz der **Unmittelbarkeit** der Wahl bedeutet, daß eine Entsendung von Abgeordneten aus den nationalen Parlamenten in das EP, wie dies z.B. bei der beratenden Versammlung des Europarats geschieht, rechtlich nicht mehr zulässig ist. Die Abgeordneten aus den neuen Bundesländern, die 1990 im Zuge der deutschen Einheit aus der früheren Volkskammer in das EP entsandt wurden, konnten daher nur als **Beobachter** ohne die vollen Abgeordnetenrechte, jedenfalls ohne Stimmrecht, am EP teilnehmen. Diese Lösung wurde ad hoc getroffen, zeitlich begrenzt bis zur nächsten turnusmäßigen EP-Wahl 1994 und wäre darüber hinaus nicht verlängerbar gewesen. Eine über mehrere Legislaturperioden laufende Beobachtermöglichkeit wäre mit dem Grundsatz der Unmittelbarkeit nicht vereinbar. Die für die Abgeordneten aus der ehemaligen DDR gefundene Regelung orientiert sich an früheren Übergangsregelungen anläßlich von Beitrit-

ten. Auf dieses Modell wird auch bei künftigen Beitritten zurückzugreifen sein.

Soweit der Direktwahlakt keine Bestimmungen enthält, können die Mitgliedstaaten ergänzende Bestimmungen treffen. Der Direktwahlakt enthält z.b. keine Aussage zur **Wahlkampfkostenerstattung**. Daher besteht auch kein gemeinschaftsrechtlich begründeter Anspruch auf Erstattung solcher Kosten (EuGH, Rs. 294/83, Les Vertos/EP, Slg. 1986, 1339/1372). Das EP geht davon aus, daß die Wahlkampfkosten auch künftig durch die Mitgliedstaaten geregelt werden, indem es in seinem Entwurf für einen gemeinsamen Wahlakt vorschlägt, daß jeder Mitgliedstaat eine Obergrenze für die Wahlkampfkosten festlegen kann (ABl. 1998 C 292/68). **7**

III. Zusammensetzung und Sitzverteilung

Zusammensetzung und Sitzverteilung sind so geregelt, daß zahlenmäßige **Kontingente von EP-Abgeordneten** für die einzelnen Mitgliedstaaten festgelegt sind. Die Länderkontingente sind, ähnlich wie die Stimmen im Rat in drei Gruppen mehr oder weniger pauschaliert worden, nämlich für die großen Mitgliedstaaten Deutschland, Frankreich, Italien und Großbritannien und mit Abstrichen Spanien, die mittleren Mitgliedstaaten Belgien, Niederlande, Griechenland und Portugal und mit Abstrichen Österreich und Schweden sowie die kleineren Mitgliedstaaten Dänemark, Irland und Finnland; hiervon abgesetzt ist Luxemburg. Mit Ratsbeschluß vom 1.2.1993, dessen Hauptziel die Erhöhung der deutschen Abgeordnetenzahl von 81 auf 99 Sitze war, wurde auch den meisten anderen Mitgliedstaaten eine leichte Erhöhung entsprechend ihrer Bevölkerungszahl zuerkannt, gleichwohl bleibt die ursprüngliche Pauschallösung noch deutlich erkennbar. Frankreich, Italien und Großbritannien erhalten 87 Sitze, Spanien 64 Sitze, Niederlande 31 Sitze, Belgien, Griechenland und Portugal 25 Sitze, Schweden und Österreich 22 bzw. 21 Sitze, Dänemark und Finnland 16, Irland 15 und Luxemburg 6 Sitze. Die Sitzzahl der kleineren Mitgliedstaaten blieb unverändert, während die bevölkerungsstärkeren Mitgliedstaaten aufgebessert wurden. Die Gesamtmitgliederzahl liegt jetzt bei 626 Abgeordneten. Die **Mehrheit der Mitglieder** beträgt **314 Stimmen.** **8**

Mit den künftig anstehenden Erweiterungen der EU um weitere Staaten aus Mittel- und Südosteuropa würde die Mitgliederzahl auf über 750 Sitze steigen. Damit würde das EP eine Größe erreichen, bei der Zweifel an seiner Handlungsfähigkeit aufkommen müßten. Das EP hatte sich bereits 1992 selbst eine Höchstgrenze von 700 Abgeordneten gesetzt (Entschließung „de Gucht", ABl. 1992 C 176/72) und vorgeschlagen, daß bei Erreichen dieser **9**

Grenze die bestehende Abgeordnetenzahl proportional wieder verringert werden solle. Der Vertrag von Amsterdam hat die Obergrenze von 700 Abgeordneten nunmehr verbindlich festgeschrieben. Im Hinblick auf die unvermeidlichen proportionalen Abstriche wurde zugleich festgelegt, daß gleichwohl eine angemessene Vertretung der Völker der Mitgliedstaaten gewährleistet bleiben muß (Art. 190 Abs. 2 Satz 2). Dies bedeutet einen Bestandsschutz für die kleinen Mitgliedstaaten, allerdings nicht für alle bisher vertretenen Parteien, wohl aber für die Aufrechterhaltung eines gewissen Parteienspektrums aus allen Mitgliedstaaten.

IV. Dauer der Legislaturperiode

10   Die **Dauer** des **Abgeordnetenmandats** beträgt **5 Jahre,** ebenso die Legislaturperiode des EP. Der Vertrag von Maastricht hatte die ursprünglich vierjährige Amtszeit der Kommission auf 5 Jahre erweitert, um die Amtszeit der Kommissare der Legislaturperiode des EP anzupassen und die Abhängigkeit der Kommission vom EP zu verdeutlichen. Die **Legislaturperiode beginnt** mit der Eröffnungssitzung des neugewählten Parlaments, d.h. am ersten Dienstag im Juli, der auf die üblicherweise im Juni stattfindenden Europawahlen folgt (Art. 10 Abs. 3 DWA i.V.m. Art. 10 Abs. 3 GO EP). Bis dahin kann das auslaufende Parlament ggf. noch zu Sondersitzungen einberufen werden (Art. 10 Abs. 4 DWA i.V.m. Art. 10 Abs. 5 GO EP).

V. Gemeinschaftliches Wahlverfahren

11   Das einheitliche Wahlverfahren, das das BVerfG als wesentliche Komponente einer europäischen Identität und eines europäischen Volkes betrachtet (BVerfGE 89, 155) ist trotz wiederholter Anläufe im EP noch nicht zustande gekommen. Bis dahin gelten in den Mitgliedstaaten noch die **innerstaatlichen Wahlgesetze** (Art. 7 Abs. 2 DWA). Dies ist für **Deutschland** und alle übrigen Mitgliedstaaten das Verhältniswahlrecht, ausgenommen Großbritannien, wo bisher auch für die Europawahlen das Mehrheitswahlrecht galt, was zu drastischen Verzerrungen der Mehrheitsverhältnisse im EP geführt hat. Inzwischen hat die britische Regierung, jedenfalls für die nächsten Europawahlen 1999, ebenfalls das Verhältniswahlrecht beschlossen Die mit dem Vertrag von Amsterdam vorgenommene Änderung des Art. 190 eröffnet alternativ zum einheitlichen Wahlverfahren den Weg für eine Wahlrechtsregelung „im Einklang mit den allen Mitgliedstaaten gemeinsamen Grundsätzen". Die hiermit mögliche flexiblere Ausgestaltung bedeutet letztlich die Aufgabe der Zielvorstellung eines einheitlichen Wahlverfah-

rens zugunsten einer **gemeinschaftlichen** Wahlrechtsregelung, die Gestaltungsräume für die Mitgliedstaaten offen läßt. Schon bisher verfolgten die Staaten mit Verhältniswahl unterschiedliche Systeme, teils mit landeseinheitlichen Listen, teils mit Großraum-Wahlkreisen, so in Deutschland in Anlehnung an die Länder und mit der Möglichkeit ergänzender Bundeslisten, teils mit Panachiermöglichkeit zwecks Änderung der Reihenfolge auf der Liste, so in Belgien und Luxemburg. Die durch Art. 190 eröffnete Regelung wird frühestens auf die Europawahlen 2004 anwendbar sein. Immerhin ist mit der Annahme gemeinsamer Grundsätze für die Europawahlen durch das EP im Juli 1998, die nunmehr mit den Regierungen der Mitgliedstaaten zu konsultieren sind, ein erster Schritt zur Erfüllung des Rechtssetzungsauftrages getan.

Die **Kompetenz** für die Regelung des Wahlverfahrens weicht von den sonstigen im EGV üblichen Kompetenzregelungen ab und gibt dem EP eine wesentlich stärkere Stellung, als es sonst in der Rechtssetzung hat, ohne allerdings so weit zu gehen, die Regelungbefugnis ganz dem EP zu überantworten. Das **EP** arbeitet nach Art. 190 Abs. 4 den Entwurf aus; bei ihm liegt also das **alleinige Initiativrecht**. Die Entscheidung über das Zustandekommen der Regelung ist jedoch dem **Rat** vorbehalten und bedarf der **Einstimmigkeit**. Daher haben Entwürfe des EP nur dann eine Chance, wenn sie für alle Mitgliedstaaten konsensfähig sind. Vor der Ratsentscheidung bedarf die beabsichtigte Regelung der **Zustimmung** der Mehrheit der gesetzlichen Mitgliederzahl des EP. Dem EP ist am Anfang wie auch in der Schlußphase der Rechtssetzung ein maßgeblicher Einfluß eingeräumt worden. Das Zustimmungsrecht hatte erst der Vertrag von Maastricht gebracht. **12**

VI. Abgeordnetenstatut

Der durch den Vertrag von Amsterdam als neuer Absatz 5 eingefügte Zusatz gibt dem EP die Befugnis, Regeln für ein Abgeordnetenstatut festzulegen, allerdings gebunden an die einstimmige Zustimmung des Rates. Bisher im DWA geregelte Wahlprüfung beim EP aufgenommen werden (Art. 7 Statut), insbesondere über ihre **Unabhängigkeit**. Sie sind an Aufträge und Weisungen nicht gebunden (Art. 4 Statut). Sie genießen **Immunität** entsprechend den Vorrechten und Befreiungen für die Amtsträger der Gemeinschaft (Art. 5 Statut). **Inkompatibilität** besteht mit einem Amt in der Regierung eines Mitgliedstaats oder in den Organen und Institutionen der Gemeinschaft, die in Art. 3 des Statuts einzeln aufgezählt sind; hierzu gehört auch der WSA. Durch den Vertrag von Amsterdam ist nunmehr auch ausdrücklich festgelegt, daß ein EP-Abgeordneter nicht gleichzeitig Mit- **13** glied im AdR sein kann (Art. 263 Satz 3). Nicht ausgeschlossen ist die parallele Mitgliedschaft in einem nationalen Parlament, wenn auch in der Praxis deutlich im Rückgang.

Art. 191 (ex-Art. 138a) (Politische Parteien)

Politische Parteien auf europäischer Ebene sind wichtig als Faktor der Integration in der Union. Sie tragen dazu bei, ein europäisches Bewußtsein herauszubilden und den politischen Willen der Bürger der Union zum Ausdruck zu bringen.

I. Normzweck

1   Die **Einführung einer Bestimmung** über **politische Parteien auf europäischer Ebene** im EU-Vertrag ist eher eine politische Aussage als eine Regelung mit greifbarem rechtlichem Inhalt. Gleichwohl ist das Signal, das von der Bestimmung ausgeht wichtig, insbesondere im Hinblick auf die Bildung eines europäischen Bewußtseins i.S.d. Urteils des BVerfG zum Vertrag von Maastricht (BVerfGE 89, 155).

II. Europäische Parteien und Parteienzusammenschlüsse

2   Die Vorschrift definiert die Rolle der europäischen Parteien dahin, den **politischen Willen der Bürger der Union** zum Ausdruck zu bringen. Damit knüpft Art. 191 unmittelbar an die Bestimmungen über die Unionsbürgerschaft an (Art. 17, ex-Art. 8). Mit der Unionsbürgerschaft als Grundlage hat Art. 191 die Entstehung einer europäischen Identität der Gesamtheit der Unionsbürger mittels der Gründung politischer Parteien auf europäischer Ebene im Auge und damit letztlich auch die Entstehung eines **europäischen Volkes**, verstanden als politischer Begriff. Demgegenüber geht der im EGV insoweit unverändert gebliebene Art. 189 (ex-Art. 137) noch von der Vorstellung einzelner europäischer Völker der in der Gemeinschaft zusammengeschlossenen Staaten aus, die ihre Vertreter ins EP entsenden. Die Divergenz zwischen Art. 189 und Art. 191 deutet das Spannungsverhältnis an, das zwischen einem herkömmlichen nationalstaatlichen Verständnis und dem Verständnis einer weiterführenden Integration im politisch-gesellschaftlichen Bereich besteht.

3   In der Praxis haben sich die **großen Parteien** zu losen **Zusammenschlüssen** zusammengetan, und zwar die Sozialistische Partei, einschließlich der britischen Labourparty, die Christdemokraten unter Einschluß der Konservativen, die Liberalen Parteien (ELDR) und die Grünen. Alle vier erfüllen

im Ansatz wichtige Kriterien für den Parteicharakter, d.h. gemeinsame organisatorische Strukturen, eine gemeinsame politische Spitze, koordinierte Wahlprogramme für die Europawahlen und insbesondere den Zusammenschluß zu Fraktionen im EP. Es fehlen jedoch noch europaweite Wahllisten. Die Parteien stellen sich vielmehr in den einzelnen Mitgliedstaaten mit nationalen Listen und nationalen Spitzenkandidaten zur Wahl. Den Schritt, in allen Mitgliedstaaten mit dem gleichen Spitzenkandidaten anzutreten, was u.a. der frühere Kommissionspräsident Delors vorgeschlagen hat, haben die Parteien bisher nicht vollzogen. Rechtlich wäre dies aufgrund des EU-weiten passiven EP-Wahlrechts (Art. 19 [ex-Art. 8b] Abs. 2) ohne weiteres möglich. Zum Erreichen des in Art. 191 artikulierten Ziels „ein europäisches Bewußtsein herauszubilden", ist eine deutliche Selbstdarstellung in der Öffentlichkeit, insbesondere bei der Europawahl, erforderlich.

Der **rechtliche Gehalt** der Vorschrift ist, verglichen etwa mit Art. 21 GG,   **4**
begrenzt. Die Vorschrift ist aber ein wichtiger Ansatz zur institutionellen Verankerung der Parteien in der EU. Art. 191 enthält jedoch keine Strukturvorgaben für die Statuten europäischer Parteien noch einen Verbotstatbestand noch die Ermächtigung zu einem Gemeinschaftsrechtsakt, der die Grundlage für ein europäisches Parteiengesetz bilden könnte. Daher gibt Art. 191 auch keine Grundlage für eine Parteienfinanzierung auf europäischer Basis ab. Indirekt trägt der Gemeinschaftshaushalt durch die Mittelausstattung der EP-Fraktionen zur Finanzierung der Sekretariate europäischer Parteien bei.

III. Fraktionen im EP

Im EP haben sich die Abgeordneten, die der gleichen politischen Familie   **5**
angehören, zu **Fraktionen** zusammengeschlossen. Dies heißt allerdings nicht, daß stets nach Fraktionen geschlossen abgestimmt würde. In Angelegenheiten, die für einen Mitgliedstaat besonders wichtig, für einen anderen Mitgliedstaat dagegen innenpolitisch eher kontrovers sind, wird erfahrungsgemäß eher noch nach nationaler Zugehörigkeit votiert. Von den 626 Abgeordneten, die das im Juni 1999 auslaufende EP bilden, sind die Sozialistische und die Christdemokratische Fraktion (EVP) mit 216 bzw. 173 Abgeordneten die stärksten Fraktionen. Ihnen gehören Abgeordnete aus allen 15 Mitgliedstaaten an. Die drittstärkste Gruppe ist die rechtsgerichtete „Union für Europa" mit 56 Abgeordneten, zu denen die Gaullisten (RPR) zählen. Es folgen die Liberalen (ELDR) mit 52 Mitgliedern aus 13 Mitgliedstaaten und zwei Gruppierungen der Grünen mit 33 bzw. 27 Abgeordneten. Eine Reihe weiterer kleinerer Gruppierungen kommt hinzu. Die ge-

meinsame Mehrheit von Sozialisten und Christdemokraten hat bisher die Linie des EP im Stil einer großen Koalition geprägt. Die Bildung gemeinschaftsweiter europäischer Parteien würde wohl eher zur Polarisierung im Wahlkampf und zu einem Rollenverständnis im EP führen, wie es sich üblicherweise in nationalen Parlamenten mit einer Mehrheit und einer Opposition manifestiert.

Art. 192 (ex-Art. 138b) (Beteiligung an der gemeinschaftlichen Rechtssetzung)

Das Europäische Parlament ist an dem Prozeß, der zur Annahme der Gemeinschaftsakte führt, in dem in diesem Vertrag vorgesehenen Umfang durch die Ausübung seiner Befugnisse im Rahmen der Verfahren der Artikel 251 und 252 sowie durch die Erteilung seiner Zustimmung oder die Abgabe von Stellungnahmen beteiligt.

Das Europäische Parlament kann mit der Mehrheit seiner Mitglieder die Kommission auffordern, geeignete Vorschläge zu Fragen zu unterbreiten, die nach seiner Auffassung die Ausarbeitung eines Gemeinschaftsakts zur Durchführung dieses Vertrags erfordern.

I. Normzweck

1 Die Vorschrift gibt in Abs. 1 einen Überblick über die verschiedenen **Verfahren**, über die das **EP an der Rechtssetzung** der EG **beteiligt** ist. In Abs. 2 der Vorschrift ist ein begrenztes **Initiativrecht** des EP vorgesehen.

II. Beteiligung des EP an der Rechtssetzung

2 Die Beteiligung des EP an der Rechtssetzung erfolgt in der Form der Stellungnahme bzw. Anhörung, der Zusammenarbeit (Art. 252, ex-Art. 189c), der Mitentscheidung (Art. 251, ex-Art. 189b) oder der Zustimmung, die die stärkste Form der Beteiligung darstellt. Der Mitentscheidung des EP entspricht im Rat i.d.R. die Entscheidung mit qualifizierter Mehrheit, der Zustimmung des EP die einstimmige Entscheidung im Rat. Die **Anhörung** gibt dem EP die Möglichkeit zu einer Stellungnahme, die der Beratung von Kommission und Rat dient. Nach ihrem Rechtscharakter ist die Stellungnahme eine Empfehlung. Das **Verfahren der Zusammenarbeit**, das seit der EEA im Vertrag existiert, nach dem Vertrag von Amsterdam aber kaum noch politische Bedeutung hat, bedeutete den Einstieg in eine gemeinsame Beschlußfassung von Rat und EP; vorgesehen sind 2 Lesungen im EP, wo-

bei das letzte Wort beim Rat bleibt, der sich aber nur einstimmig über eine abweichende Position von EP und Kommission hinwegsetzen kann (Einzelheiten bei Art. 252). Das Verfahren der **Mitentscheidung** ist die wesentliche Neuerung des EUV; es ist im Ansatz ähnlich aufgebaut wie das Verfahren der Zusammenarbeit, kennt aber zusätzlich ein Vermittlungsverfahren. Die im Vertrag von Maastricht eingeführte 3. Lesung entfällt künftig wieder. Dies dient der Straffung des Verfahrens und enthebt das EP der Notwendigkeit eines Vetos. Rat und EP sind somit gleichgestellt. Ein Übergewicht des Rates besteht nicht mehr. Die Mitentscheidung ist nunmehr das Regelverfahren bei der gemeinschaftlichen Rechtssetzung (Einzelheiten bei Art. 251). Hierin kommt die kontinuierlich gewachsene Rolle des EP zum Ausdruck, die sich von der Anhörung über die Mitwirkung zur Mitentscheidung fortentwickelt hat, was in der Öffentlichkeit aber noch kaum zur Kenntnis genommen wird. Das **Zustimmungsverfahren** gibt dem EP die stärksten Mitwirkungsrechte (Einzelheiten bei Art. 300).

Aufgrund des EGV und der Praxis, die im Laufe der Jahre entwickelt wurde, bestehen **weitere Formen der Beteiligung des EP,** insbesondere der Unterrichtung und der Konsultation. Diese Formen bleiben in ihrer rechtlichen Tragweite i.d.R. hinter den vier in der Vorschrift ausdrücklich genannten Beteiligungsformen zurück. Sie sind z.T. im EGV festgelegt, so die Berichtspflichten über die Entwicklungen der WWU (z.B. Art. 99 [ex-Art. 103] Abs. 4 Satz 2), z.T. ergeben sie sich auch aus **interinstitutionellen Vereinbarungen** zwischen Rat, Kommission und EP oder aus Briefwechseln, bzw. Gentlemen-Agreements zwischen den betroffenen Organen, z.B. das Luns-Westerterp-Verfahren, dessen Gegenstand ein Konsultationsverfahren für handelspolitische Abkommen ist. Über die Stärkung der Rolle des EP in der Rechtssetzung erstattet die Bundesregierung jährlich einen Bericht an den Deutschen Bundestag, dem die erreichten Fortschritte laufend zu entnehmen sind (BT-Ds. 12/2246 bzw. 13/4212). **3**

Das Verfahren der **Zustimmung** (avis conforme) gilt für besonders wichtige, vom Rat einstimmig zu fassende Entscheidungen, nämlich bei Beitritten (Art. 49 [ex-Art. 0] EUV), und für die im Vertrag von Amsterdam eingeführte zeitweise Suspendierung mitgliedschaftlicher Rechte (Art. 7 und 8 EUV). Der Zustimmung des EP bedarf auch der Abschluß von Assoziations- und Kooperationsabkommen (Art. 310, ex-Art. 238 i.V.m. Art. 300 [ex-Art. 228] Abs. 3 Satz 2) und sonstigen wichtigen internationalen Abkommen mit erheblichen finanziellen Folgen oder mit Änderungsbedarf für das Gemeinschaftsrecht. Daher können auch Handelsabkommen von grundlegender Bedeutung, wie z.B. das GATT-Abkommen aufgrund der Uruguay-Runde, der Zustimmungspflicht unterliegen, während generell **4**

Handelsabkommen nach wie vor nicht einmal der Anhörung des EP unterworfen sind (Art. 300 [ex-Art. 228] Abs. 3 Satz 1 i.V.m. Art. 133 [ex-Art. 113] Abs. 3). Das Verfahren der Zustimmung gilt ferner für die Festlegung der Grundregeln für die Struktur- und Kohäsionsfonds (Art. 161 Abs. 1, ex-Art. 130d). Diese Regelung stellt rechtssystematisch eine Besonderheit dar, weil sonst bei Entscheidungen über interne Gemeinschaftspolitiken entweder das Verfahren der Mitentscheidung oder der Anhörung gilt. Ein Sonderfall der Zustimmungsbedürftigkeit ist auch das einheitliche Wahlverfahren nach Art. 190 [ex-Art. 138] Abs. 4 Satz 2.

5   Das durch den Vertrag von Maastricht eingeführte Verfahren der **Mitentscheidung** (Art. 251, ex-Art. 189b), dessen Anwendungsbereich durch den Vertrag von Amsterdam erheblich erweitert wurde, gilt insbesondere für Bereiche, in denen vorher das Verfahren der Zusammenarbeit galt, aber auch für neu in den Vertrag eingeführte Gemeinschaftskompetenzen, namentlich für

–   Regelungen für das Verbot von Diskriminierungen (Art. 12, ex-Art. 6)
–   Allgemeines Aufenthaltsrecht (Art. 18, ex-Art. 8a)
–   Freizügigkeit der Arbeitnehmer (Art. 40, ex-Art. 49)
–   Soziale Sicherheit für Wanderarbeitnehmer (Art. 42, ex-Art. 51)
–   Niederlassungsfreiheit (Art. 44, ex-Art. 54)
–   Niederlassungsrecht für Ausländer (Art. 46 [ex-Art. 56] Abs. 2)
–   Anerkennung von Diplomen (Art. 47 [ex-Art. 57] Abs. 1)
–   Aufnahme u. Ausübung selbständiger Tätigkeit, mit dem Vertrag von Amsterdam neuerdings einschl. Handwerk (Art. 47 [ex-Art. 57] Abs. 2)
–   Gemeinsame Verkehrspolitik, einschl. einzelner Verkehrsträger (Art. 71 [ex-Art. 75] Abs. 1, Art. 80, ex-Art. 84)
–   Rechtsangleichung für den Binnenmarkt (Art. 95 [ex-Art. 100a] Abs. 1)
–   Beschäftigungsmaßnahmen, neu durch Vertrag von Amsterdam (Art. 129)
–   Zusammenarbeit im Zollwesen (Art. 135, ex-Art. 116)
–   Mindestvorschriften für den Arbeitsschutz (Art. 137 [ex-Art. 118] Abs. 2)
–   Gleichbehandlung beim Arbeitsentgelt (Art. 141, ex-Art. 119)
–   Durchführungsbestimmungen für den Sozialfonds (Art. 148, ex-Art. 125)
–   Fördermaßnahmen der allgemeinen und neuerdings der beruflichen Bildung (Art. 149 [ex-Art. 126] Abs. 4, Art. 150 [ex-Art. 127] Abs. 4)
–   Fördermaßnahmen Kultur (Art. 151 [ex-Art. 128] Abs. 5)
–   Fördermaßnahmen Gesundheitsschutz (Art. 152 [ex-Art. 129] Abs. 4)
–   Verbraucherschutzaktionen (Art. 153 [ex-Art. 129a] Abs. 4)

– Leitlinien und neuerdings Durchführungsmaßnahmen für transeuropäische Netze (Art. 156, ex-Art. 129d)
– Durchführungsbeschlüsse für den Regionalfonds (Art. 162, ex-Art. 130e)
– Mehrjährige Forschungsrahmenprogramme und neuerdings Durchführungs- und Zusatzprogramme (Art. 166, ex-Art. 130i; Art. 172, ex-Art. 130o)
– Allgemeine Umweltsaktionsprogramme und neuerdings Maßnahmen des Umweltschutzes (Art. 175 [ex-Art. 130s] Abs. 1 und 3)
– Entwicklungszusammenarbeit (Art. 179, ex-Art. 130w)
– Zugang zu Dokumenten (Art. 255, ex-Art. 191a)
– Betrugsbekämpfung (Art. 280, ex-Art. 209a)
– Gemeinschaftsstatistiken (Art. 285, ex-Art. 213a)
– Datenschutzbehörde (Art. 286, ex-Art. 213b).

Im Verfahren der **Zusammenarbeit** sind die Bereiche der **WWU** geblieben, die der Vertrag von Amsterdam unverändert gelassen hat **6**
– multilaterale Überwachung (Art. 99[ex-Art. 103] Abs. 5)
– Verbot eines privilegierten Zugangs von öffentlichen Einrichtungen zu Finanzinstituten (Art. 102, ex-Art. 104a)
– Haftungsausschluß der Gemeinschaft und der Mitgliedstaaten für Verbindlichkeiten eines anderen Mitgliedstaates (Art. 103, ex-Art. 104b)
– Münzumlauf (Art. 106, ex-Art. 105a).

In den Bereichen **Justiz** und **Inneres** wird dem EP durch den Vertrag von **7** Amsterdam das Recht der Anhörung zu einzelnen Maßnahmen eingeräumt. Im Rahmen der Vergemeinschaftung großer Teilgebiete, d.h. Visa-, Asylpolitik, Einwanderung und andere Politiken betr. den freien Personenverkehr, entscheidet der Rat zunächst i.d.R. einstimmig und nach Anhörung des EP. Nach Ablauf einer fünfjährigen Frist ist der Übergang zu qualifizierter Mehrheitsentscheidung im Rat und zur Mitentscheidung im EP vorgesehen (Art. 67, ex-Art. 730).

III. Initiativrecht

Mit der Mehrheit seiner Mitglieder, d.h. mit mindestens 314 Stimmen kann **8** das EP nach Art. 192 Abs. 2 die Kommission zur Vorlage eines Vorschlags auffordern. Das EP hat danach ein, wenn auch unvollkommenes, **Initiativrecht**. Es kann jedoch anders als z.B. der Deutsche Bundestag (Art. 76 GG) nicht selbst Entwürfe für eine Gemeinschaftsregelung einbringen. Die durch den Vertrag von Maastricht gekommene Vertragsänderung läßt das Gleichgewicht der Organe, insbesondere das Vorschlagsmonopol der Kommission (Art. 211, ex-Art. 155) unberührt. Die Kommission betrachtet dieses Recht als das Kernstück ihrer selbständigen Stellung als eines eigenständigen Organs der EG und hat sich allen Bestrebungen nach Verleihung eines parallelen Initiativrechts an das EP entschieden widersetzt. In der Praxis macht das EP von dem Aufforderungsrecht nach Art. 192 selten Gebrauch, so z.B. 1995 zur Frage des Versicherungsausgleichs nach Verkehrsunfällen. Unabhängig vom Aufforderungsrecht nach Art. 192 erhebt das EP ausgiebig politische Forderungen, vor allem durch Vorschläge zum jährlichen Arbeitsprogramm der Kommission.

9   Grundsätzlich ist die **Kommission verpflichtet**, einer Aufforderung des EP nachzukommen. Gleichwohl bleibt der Kommission ein Beurteilungsspielraum hinsichtlich des Zeitpunkts und der Eignung des gewünschten Vorschlags. Es würde jedoch der politischen Bedeutung einer mit hoher Mehrheitsanforderung zustandegekommenen Initiative des EP nicht entsprechen, wenn man ihr nur den Rechtscharakter einer Empfehlung oder einer Anregung zubilligen wollte. Schon unter der Geltung des EGV in seiner Fassung vor dem Vertrag von Maastricht hat der EuGH dem EP ein Klagerecht wegen **Untätigkeit des Rates** zugebilligt (z.B. zur gemeinsamen Verkehrspolitik: EuGH, Rs. 13/83, EP/Rat, Slg. 1985, 1513/1588 m. Anm. *Erdmenger,* EuR 1985, 375). Der Vertrag von Maastricht hat dem Urteil des EuGH durch ausdrückliche Festlegung des Klagerechts des EP im EGV Rechnung getragen (Art. 230 [ex-Art. 173] Abs. 3, Art. 232 [ex-Art. 175] Abs. 1). Dem Initiativrecht des EP entspricht das Recht des Rates, die Kommission zur Vorlage geeigneter Vorschläge aufzufordern (Art. 208, ex-Art. 152).

Art. 193 (ex-Art. 138c) (Untersuchungsausschuß)

Das Europäische Parlament kann bei der Erfüllung seiner Aufgaben auf Antrag eines Viertels seiner Mitglieder die Einsetzung eines nichtständigen Untersuchungsausschusses beschließen, der unbeschadet der Befugnisse, die anderen Organen oder Institutionen durch diesen Vertrag übertragen sind, behauptete Verstöße gegen das Gemeinschaftsrecht oder Mißstände bei der Anwendung desselben prüft; dies gilt nicht, wenn ein Gericht mit den behaupteten Sachverhalten befaßt ist, solange das Gerichtsverfahren nicht abgeschlossen ist.

Mit der Vorlage seines Berichts hört der nichtständige Untersuchungsausschuß auf zu bestehen.

Die Einzelheiten der Ausübung des Untersuchungsrechts werden vom Europäischen Parlament, vom Rat und von der Kommission im gegenseitigen Einvernehmen festgelegt.

I. Normzweck

Mit dem Vertrag von Maastricht wurde das Recht des EP, **nichtständige**   1
Untersuchungsausschüsse einzusetzen, auf eine **vertragliche Grundlage**
gestellt. Schon vorher hatte das EP gelegentlich Untersuchungsausschüsse
eingesetzt. Rechtsgrundlage hierfür war die Geschäftsordnung des EP. Mit
der Aufnahme des Rechts zur Einsetzung solcher Ausschüsse in den Vertrag
wird die **parlamentarische Kontrolle** der EG durch das EP weiter **ge-**
stärkt.

II. Rechtliche Tragweite

1. Aufgabe des Ausschusses

Parlamentarische Untersuchungsausschüsse werden aus konkretem Anlaß   2
und mit einem bestimmten Mandat eingesetzt. Sie haben ad-hoc-Charakter.
Ihre **Aufgabe** besteht darin, behauptete **Verstöße gegen das Gemein-**
schaftsrecht oder **Mißstände bei der Anwendung des Gemeinschafts-**
rechts in einem **politischen Rahmen** zu prüfen. Ein Verstoß gegen das Gemeinschaftsrecht, der die Einsetzung eines Untersuchungsausschusses
rechtfertigt, ist auch die fehlende oder fehlerhafte Umsetzung einer RL
durch einen Mitgliedstaat. Die Prüfbefugnisse anderer vertraglicher Institutionen bleiben unberührt, so z.B. der Kommission als Hüter der Verträge
(Art. 211 [ex-Art. 155] 1. Anstrich), des Rechnungshofs als Rechnungsprü-
fungsbehörde (Art. 246, ex-Art. 188a) oder des EP insgesamt, namentlich
als Haushaltsprüfungsinstanz bei Entlastung der Kommission (Art. 276, ex-
Art. 206). Die insoweit vorgesehenen Prüfungen schließen ggf. die parallele Befassung eines Untersuchungsausschusses nicht aus.

Ein Untersuchungsausschuß kann nicht tätig werden, solange ein Gericht,   3
sei es ein nationales oder internationales Gericht, einschließlich des
EuGH und des EuGeI, mit dem behaupteten Sachverhalt befaßt ist. Dagegen schließt die Prüfung des gleichen Sachverhalts in einem nationalen Untersuchungsausschuß die Einsetzung eines EP-Untersuchungsausschusses
nicht aus. Offen ist, ob ein Untersuchungsausschuß, der seine Tätigkeit
nach Abschluß eines Gerichtsverfahrens aufnimmt, an die Tatsachenfest-
stellungen und die rechtliche Beurteilung des Gerichts gebunden ist. Die
Sperre der Rechtshängigkeit ist eine wesentliche Einschränkung des Untersuchungsrechts, die z.B. das GG für die Untersuchungsausschüsse des
Deutschen Bundestags nicht kennt (Art. 44 GG).

2. Prüfungsbefugnisse

4   Die **Prüfungsbefugnisse eines Untersuchungsausschusses** und diejenigen des **Bürgerbeauftragten** sollen einander ergänzen (s. Art. 195 Rn. 2). Untersuchungsausschüsse prüfen Verstöße gegen das Gemeinschaftsrecht und Mißstände bei der Anwendung desselben im Rahmen der parlamentarischen Kontrollfunktion. Diese Aufgabenbeschreibung stellt präzise auf Rechtsverletzungen ab und rückt den Untersuchungsausschuß aber auch in die Nähe gerichtlicher Instanzen. Die Aufgabenbeschreibung für den Bürgerbeauftragten, der behauptete Mißstände bei der Tätigkeit der Organe und Institutionen zu prüfen hat, ist sehr viel flexibler gehalten und kann dem Bürgerbeauftragten Einwirkungsmöglichkeiten unterschiedlichster Art und Weise eröffnen.

5   Wie der Bürgerbeauftragte sind Untersuchungsausschüsse in erster Linie auf die **Untersuchung der Tätigkeit der drei Gemeinschaften ausgerichtet** (vgl. auch Art. 20b EGKSV und Art. 107b EAGV). Das Untersuchungsrecht des EP kommt im Bereich der GASP nicht zum Tragen, wie sich aus Art. 28 (ex-Art. J.18) EUV ergibt, der zwar einzelne Bestimmungen über das EP für anwendbar erklärt, dabei aber Art. 193 (ex-Art. 138c) ausspart. Das Untersuchungsrecht gilt auch nicht im Bereich der Innen- und Justizpolitik, wie sich aus der Verweisungsvorschrift des Art. 41 (ex-Art. K.13) EUV ergibt. Das EP darf auch nicht die konkurrierend bestehenden Untersuchungsrechte der nationalen Parlamente in den Mitgliedstaaten unterlaufen. Zwar haben diese kein Enquête-Monopol für den nationalen Bereich, jedoch findet das Untersuchungsrecht des EP seine Grenze in der Pflicht der EU, die nationale Identität ihrer Mitgliedstaaten zu achten (Art. 6 [ex-Art. F] Abs. 3 EUV). Das EP hat bisher zwei Untersuchungsausschüsse eingesetzt, und zwar zum gemeinschaftlichen Versandverfahren wegen des Verdachts des Zollbetrugs, sodann zu dem politisch brisanten Thema der Rinderseuche „BSE" (ABl. 1996 C 239/1). In dem Abschlußbericht übt der Ausschuß Kritik an der Kommission, die letztendlich der drohenden Amtsenthebung entgehen konnte, und sprach Empfehlungen für die Zukunft aus (Dok. A 4 – 0020/97.EP 220.544).

3. Antragsrecht

6   Das Recht, die Einsetzung eines Untersuchungsausschusses zu beantragen, ist ein klassisches **Recht der parlamentarischen Minderheit**. In dieser Tradition hält sich auch Art. 193. Der Antrag eines Viertels der Mitglieder des EP reicht zur Einsetzung des Ausschusses aus. Nach der Erhöhung der Abgeordnetenzahl des EP im Zuge der deutschen Einigung durch Ratsbe-

schluß vom 01.02.1993 (ABl. 1993 L 33/15) sind dies 142 Europaabgeordnete.

4. Bericht des Ausschusses

Der Untersuchungsausschuß schließt seine Tätigkeit mit einem **Bericht** ab   7
(Art. 193 Satz 2). Der Bericht hat **politische**, aber **keine rechtliche Wirkung**. Die weitere Behandlung des Berichts, insbesondere die Frage, ob
und ggf. welche Folgerungen aus dem Bericht zu ziehen sind, bleibt dem
normalen Gang der parlamentarischen Geschäfte überlassen. Der Bericht
könnte z.b. im Plenum aufgegriffen werden, um ihn zum Gegenstand einer
Parlamentsentschließung zu machen, z.b. über seine Veröffentlichung und
mit Empfehlungen an die **Kommission** oder auch den Rat und die **Mitgliedstaaten**.

III. Regelung der Einzelheiten

Die Einzelheiten über die Ausübung des Untersuchungsrechts wurden   8
gemäß Art. 193 Satz 3 in einer **interinstitutionellen Vereinbarung von
EP, Rat und Kommission** im gegenseitigen Einvernehmen festgelegt
(ABl. 1995 L 113/2; vgl. auch Art. 136f. GO EP).

Nichtständige Untersuchungsausschüsse können per definitionem nicht für   9
die Dauer der gesamten Wahlperiode eingesetzt werden. Sie unterliegen
ferner dem Grundsatz der Diskontinuität und enden auf jeden Fall mit dem
Ende der Wahlperiode. Die GO sieht die **zeitliche Begrenzung** auf 12 Monate vor (GO EP Art. 135 Ziff. 2). Wird im Ausschuß keine Einstimmigkeit
über das Ergebnis der Untersuchung erzielt, was bei politischen Untersuchungsausschüssen nicht selten eintreten wird, stellt sich die Frage der Aufnahme eines **Minderheitenvotums** in den Bericht. Die GO des EP sieht
dies obligatorisch vor (GO EP Art. 136 Ziff. 10).

Eine wichtige Frage ist der **Zugang des Untersuchungsausschusses** zu **In-   10
formationen und Dokumenten**, insbesondere solche vertraulicher und geheimer Natur. Auch der Zugriff auf Informationen aus den **Mitgliedstaaten**
stellt ein Problem dar. Das EP hat für sich selbst Grundsätze über die Behandlung vertraulicher Dokumente beschlossen (Beschluß EP vom
15.02.1989, GO EP Anl. VII). Die interinstitutionelle Vereinbarung trifft
Vorkehrungen zum Schutz geheimhaltungsbedürftiger Sachverhalte und
zum Ausschluß der Öffentlichkeit bei ansonsten üblicher Verhandlung in
öffentlicher Sitzung.

Ferner stellt sich beim Untersuchungsausschuß, der weitgehend einem Ge-   11
richtsverfahren vergleichbar prozediert, die Frage der **Pflicht des persönli-**

chen Erscheinens vor dem Ausschuß und eines etwaigen Aussageverweigerungsrechts, und zwar für die Vernehmung von **Gemeinschaftsbediensteten**, aber u.U. auch von Amtsträgern aus den Mitgliedstaaten als Zeugen, und die Frage des Rechts zu eidlicher Vernehmung (vgl. auch Art. 44 Abs. 2 Satz 1 GG). Diese Fragen können für nationale Beamte und für EG-Bedienstete unterschiedlich beantwortet werden, da sich die Tätigkeit eines EP-Untersuchungsausschusses primär auf die EG und nicht ohne weiteres auf die Mitgliedstaaten erstreckt. Eine Erweiterung des Untersuchungsrechts des EP findet jedoch insoweit statt, als Gemeinschaftsrecht von Stellen in den Mitgliedstaaten ausgeführt wird.

12 Der Untersuchungsausschuß ist nach Art. 193 Satz 1 ein Instrument des EP „bei der Erfüllung seiner Aufgaben". Die Aufgabe des EP ist die parlamentarische Kontrolle der Gemeinschaft. Die Mitgliedstaaten werden von ihren nationalen Parlamenten kontrolliert. Dies schließt nicht aus, daß Mitglieder nationaler Regierungen oder **nationale Bedienstete** der Aufforderung, vor einem Untersuchungsausschuß des EP zu erscheinen, Folge leisten, auch wenn eine Rechtspflicht zum Erscheinen nicht besteht. Nationale Bedienstete können nur auf diplomatischem Weg, d.h. über die Ständigen Vertretungen in Brüssel, geladen werden, sind an die Weisungen ihres Dienstherrn gebunden und bedürfen ggf. der Aussagegenehmigung, falls über einen Sachverhalt Auskunft erteilt werden soll, der der **Amtsverschwiegenheit** unterliegt.

13 Die GO des EP sieht ein **Aussageverweigerungsrecht** für Zeugen im Untersuchungsausschuß unter den gleichen Voraussetzungen vor wie bei den nationalen Gerichten des jeweiligen Heimatlandes; ebenso besteht eine Aufklärungspflicht durch den Vorsitzenden des Untersuchungsausschusses (Art. 136 Ziff. 7 GO EP). Dies ist zum Schutz des Betroffenen angezeigt, obwohl ein EP-Untersuchungsausschuß kein richterliches Vernehmungsrecht hat, wie es das deutsche Verfassungsrecht kennt. Dem Schutz des Zeugen dient auch die Pflicht des Untersuchungsausschusses, Mitteilungen an nationale Behörden eines Mitgliedstaates über die jeweilige Ständige Vertretung bei der EU zu richten. Sinn dieser Bestimmung ist es, den Adressaten durch seine nationalen Behörden über seine Rechte und Pflichten vor einem EP-Untersuchungsausschuß unterrichten zu können, zusätzlich zur Aufklärungspflicht durch den Ausschuß selbst.

Art. 194 (ex-Art. 138d) (Petitionsrecht)

Jeder Bürger der Union sowie jede natürliche oder juristische Person mit Wohnort oder satzungsmäßigem Sitz in einem Mitgliedstaat kann allein oder zusammen mit anderen Bürgern oder Personen in Angele-

genheiten, die in die Tätigkeitsbereiche der Gemeinschaft fallen und die ihn oder sie unmittelbar betreffen, eine Petition an das Europäische Parlament richten.

I. Normzweck

Das Petitionsrecht ist in doppelter Weise **im Vertrag verankert**, und zwar im Rahmen der Unionsbürgerschaft (Art. 21 [ex-Art. 8d] Satz 1) und im Rahmen der Bestimmungen über das Parlament (Art. 194; vgl. auch Art. 156–158 GO EP). Dadurch ist das Petitionsrecht sowohl **parlamentarisch**, als auch **individualrechtlich garantiert**. Dem Bürger wird außerhalb der formalisierten Gerichtsverfahren ein Weg eröffnet, seine persönlichen Anliegen und Nöte, seine Bitten und Beschwerden vorzubringen. Die Petition bietet sich vor allem an, wenn der Rechtsweg nicht weiterführt, Fristen versäumt wurden und Abhilfe z.B. im Wege der Rechtsänderung geschaffen werden könnte. Die vorherige Erschöpfung des Rechtswegs ist nicht erforderlich. Häufiger Gegenstand von Petitionen ist der Tierschutz. **1**

II. Rechtsträger

Das **Petitionsrecht** ist als **subjektiv öffentliches Recht** ausgestaltet und den Regeln über das Petitionsrecht im nationalen Recht der Mitgliedstaaten nachgebildet, wenn auch nicht deckungsgleich (vgl. Art. 17 GG). **Rechtsträger** sind zunächst alle **Unionsbürger**, dann aber auch alle sonstigen **natürlichen oder juristischen Personen mit Wohnort oder Sitz in der EG.** Das Petitionsrecht ist daher anders als die Unionsbürgerschaft generell nicht ausschließlich an den Besitz der Staatsangehörigkeit eines Mitgliedstaats geknüpft. Ein weiterer möglicher Anknüpfungspunkt ist die Niederlassung im Geltungsbereich des EGV (vgl. zum letzteren Art. 299), ohne daß der Petent die Staatsbürgerschaft eines Mitgliedstaats besitzen müßte. Sonstige rechtliche Voraussetzungen bestehen hinsichtlich der Person des Petenten nicht. Die in der GO des EP vorgesehenen Anforderungen, z.B. hinsichtlich der Berufsangabe des Petenten, sind lediglich eine Ordnungsvorschrift (Art. 156 GO EP). Das Fehlen solcher Angaben macht die Petition per se nicht unzulässig. Petitionen sind aber auch eine Informationsquelle für das EP über die Haltung der Öffentlichkeit zu Fragen der Gemeinschaftspolitik (vgl. EP-Entschließung vom 10.06.1997 – ABl. 1997 C 200/26). **2**

Die Erstreckung des Petitionsrechts auf **juristische Personen** entspricht sowohl der Regelung im GG, als auch der Ausrichtung des EGV auf die Teil- **3**

nehmer am Wirtschaftsleben. Auch der Rechtsschutz beim EuGH steht gleichermaßen natürlichen und juristischen Personen offen (Art. 230 [ex-Art.
173], 232 [ex-Art. 175]).

4   Neben der individuellen Petition eröffnet Art. 194 auch die **Sammelpetition**,
eine weitere Parallele zu Art. 17 GG. Die Sammelpetition ist ein wichtiger
Weg um zu verdeutlichen, daß nicht nur ein individuelles, sondern ein von einer in Interessengemeinschaft handelnden Gruppierung getragenes Anliegen
vorgebracht wird, was der Petition mehr Nachdruck verleihen wird.

III. Adressat

5   **Adressat der Petition ist das EP.** Art. 194 unterscheidet sich in diesem
Punkt deutlich von Art. 17 GG, wonach innerstaatlich als Petitionsadressat
nicht nur die Parlamente, sondern generell die zuständigen Stellen in Frage
kommen. Wenn Anliegen bei anderen Institutionen der EG vorgebracht
werden sollen, steht hierfür u.a. die Beschwerde beim Bürgerbeauftragten
offen (vgl. unter Art. 195). Die Petition und die Beschwerde beim Bürgerbeauftragten sollen einander ergänzende Institutionen sein (s. Art. 195 Rn.
2). Das EP kann Petitionen an den Bürgerbeauftragten abgeben, wenn es
dies für zweckmäßig hält (Art. 156 Abs. 8 GO EP). Es gilt im übrigen der
Grundsatz der Kontinuität, so daß eine Petition mit **Ablauf der Wahlperiode nicht hinfällig** wird.

IV. Gegenstand der Petition

6   **Gegenstand der Petition** können nur Angelegenheiten sein, die in die
Tätigkeiten der **EG** fallen und die den Petenten unmittelbar betreffen.

7   Das Erfordernis der **Rechtsbetroffenheit** ist eine erhebliche Einschränkung des Petitionsrechts, die so in Art. 17 GG nicht enthalten ist. Auch die
Voraussetzung, daß es sich um **Angelegenheiten in den Tätigkeitsbereichen der EG** (vgl. Art. 3 und 4 [ex-Art. 3a]) handeln muß, wirkt sich als
Einschränkung aus, da somit nicht die Angelegenheiten der EU insgesamt,
sondern nur die Gemeinschaftsangelegenheiten im engeren Sinne umfaßt
sind. Das Petitionsrecht gilt nicht in Angelegenheiten der gemeinsamen
Außen- und Sicherheitspolitik, da Art. 28 (ex-Art. J.18) EUV gerade nicht
auf Art. 194 verweist. Es besteht auch nicht in der Innen- und Justizpolitik,
soweit diese Bereiche intergouvernemental zu regeln sind, da Art. 41 (ex-
Art. K.13) EUV auf Art. 195 (ex-Art. 138e) über den Bürgerbeauftragten,
aber nicht auf das Petitionsrecht verweist.

8   Grundsätzlich werden unter Angelegenheiten in den Tätigkeitsbereichen
der Gemeinschaft nur Handlungen und Unterlassungen der **EG** zu verste-

hen sein. Handlungen oder Unterlassungen, die in der Zuständigkeit der Mitgliedstaaten liegen, werden, auch wenn sie gemeinschaftsrelevant sind, nur in den Mitgliedstaaten und in den dort bestehenden Verfahren vorgebracht werden können. In Ausnahmefällen wird aber auch die Petition nach Art. 194 in Frage kommen, so z.b. wenn ein gemeinschaftswidriges Verhalten einer Instanz in einem Mitgliedstaat als Rechtsfolge die Handlungspflicht eines Gemeinschaftsorgans auslösen würde, wie z.b. die Einleitung eines Vertragsverletzungsverfahrens durch die Kommission (vgl. dazu Art. 226). In der Praxis erfordert die Bearbeitung von Petitionen ein enges Zusammenwirken zwischen EP und Kommission, in geringerem Maße mit dem Rat.

Insgesamt deckt die Eröffnung der Petition ein weites Feld ab. Es reicht   9
vom „Dampf ablassen" bis zur Anregung der **Änderung des Gemeinschaftsrechts**. In einem solchen Fall ist das EP direkt gefordert. Daher ist insoweit in der GO des EP ein formalisiertes Ausschußverfahren vorgesehen (GO EP Art. 157).

V. Bescheid

Der Petent hat Anspruch auf eine **Antwort in der Sache** mittels eines **Be-   10
scheids**. Die Empfangsbestätigung oder die Antwort, das Anliegen werde geprüft, werden dem Petitionsrecht nicht gerecht. Der Petent hat ein Recht, so rasch wie möglich zu erfahren, was aus seiner Petition geworden ist, sei es daß sie als unzulässig behandelt wird, sei es daß dem Petenten weitere Schritte zu empfehlen sind. Dagegen wird das EP der Petition in aller Regel nicht selbst abhelfen können. Adressat einer Petition zu sein, heißt nicht zugleich eine Kompetenzkompetenz unter Aufhebung der bestehenden Zuständigkeiten.

Art. 195 (ex-Art. 138e) (Bürgerbeauftragter)

(1) Das Europäische Parlament ernennt einen Bürgerbeauftragten, der befugt ist, Beschwerden von jedem Bürger der Union oder von jeder natürlichen oder juristischen Person mit Wohnort oder satzungsmäßigem Sitz in einem Mitgliedstaat über Mißstände bei der Tätigkeit der Organe oder Institutionen der Gemeinschaft, mit Ausnahme des Gerichtshofs und des Gerichts erster Instanz in Ausübung ihrer Rechtsprechungsbefugnisse, entgegenzunehmen.

Der Bürgerbeauftragte führt im Rahmen seines Auftrags von sich aus oder aufgrund von Beschwerden, die ihm unmittelbar oder über ein

Mitglied des Europäischen Parlaments zugehen, Untersuchungen durch, die er für gerechtfertigt hält; dies gilt nicht, wenn die behaupteten Sachverhalte Gegenstand eines Gerichtsverfahrens sind oder waren. Hat der Bürgerbeauftragte einen Mißstand festgestellt, so befaßt er das betreffende Organ, das über eine Frist von drei Monaten verfügt, um ihm seine Stellungnahme zu übermitteln. Der Bürgerbeauftragte legt anschließend dem Europäischen Parlament und dem betreffenden Organ einen Bericht vor. Der Beschwerdeführer wird über das Ergebnis dieser Untersuchungen unterrichtet.

Der Bürgerbeauftragte legt dem Europäischen Parlament jährlich einen Bericht über die Ergebnisse seiner Untersuchungen vor.

(2) Der Bürgerbeauftragte wird nach jeder Wahl des Europäischen Parlaments für die Dauer der Wahlperiode ernannt. Wiederernennung ist zulässig.

Der Bürgerbeauftragte kann auf Antrag des Europäischen Parlaments vom Gerichtshof seines Amtes enthoben werden, wenn er die Voraussetzungen für die Ausübung seines Amtes nicht mehr erfüllt oder eine schwere Verfehlung begangen hat.

(3) Der Bürgerbeauftragte übt sein Amt in völliger Unabhängigkeit aus. Er darf bei der Erfüllung seiner Pflichten von keiner Stelle Anweisungen anfordern oder entgegennehmen. Der Bürgerbeauftragte darf während seiner Amtszeit keine andere entgeltliche oder unentgeltliche Berufstätigkeit ausüben.

(4) Das Europäische Parlament legt nach Stellungnahme der Kommission und nach mit qualifizierter Mehrheit erteilter Zustimmung des Rates die Regelungen und allgemeinen Bedingungen für die Ausübung der Aufgaben des Bürgerbeauftragten fest.

I. Normzweck

Der Vertrag von Maastricht hat Amt und Funktion des europäischen **Bürgerbeauftragten**, der auch als **Ombudsman** bezeichnet wird, neu geschaffen. Die Institution soll den Schutz des Einzelnen verbessern. Hiermit steht neben der politisch zu qualifizierenden Petition zum EP eine weitere, eher administrative **Beschwerdemöglichkeit** zur Verfügung. Die Beschwerde beim Bürgerbeauftragten dient aber nicht nur dem Schutz des Einzelnen, sondern der **Transparenz und der demokratischen Kontrolle** der Gemeinschaftstätigkeit generell. Die Funktion des Bürgerbeauftragten ist die Entgegennahme und Prüfung von Beschwerden über Mißstände bei der **Tätigkeit der Organe und Institutionen der EG.** **1**

Eine eindeutige **Abgrenzung zum Petitionsrecht** besteht nicht. Das Beschwerderecht beim Bürgerbeauftragten und das Petitionsrecht beim EP sollen einander **ergänzende** Institutionen sein. Das EP kann Petitionen an den Bürgerbeauftragten abgeben, wenn es dies für zweckmäßig hält (Art. 156 Abs. 8 GO EP). Ebenso kann auch der Bürgerbeauftragte Beschwerden, die nicht in sein Mandat fallen, gegebenenfalls als Petition an das EP geben. Diese Praxis beruht auf einer Übereinkunft zwischen dem Bürgerbeauftragten und dem Petitionsausschuß des EP über die gegenseitige Überweisung von Petitionen und Beschwerden. Wenn eine Abgrenzung versucht werden soll, so könnte sie etwa wie folgt vorgenommen werden: Die Beschwerde beim Bürgerbeauftragten ist in erster Linie ein Weg, um **Mißstände** bei der Anwendung des bestehenden **Gemeinschaftsrechts** abzustellen. Das Petitionsrecht kann demgegenüber auch als ein Weg angesehen werden, um eine **Änderung des Gemeinschaftsrechts** in Gang zu bringen. Jedoch schließen sich Petition und Beschwerde keineswegs gegenseitig aus. **2**

Die Beschwerdemöglichkeiten im europäischen Rahmen gehen weiter als im deutschen innerstaatlichen Recht, das einen Bürgerbeauftragten nicht als eine allgemeine, sondern nur als eine spezifische Beschwerdeinstanz in bestimmten Bereichen kennt (Wehrbeauftragter, Ausländerbeauftragte). Die Beschwerde beim Bürgerbeauftragten ist in der Sache der Verwaltungsbeschwerde ähnlich, im Verfahren ist sie gewissen Formerfordernissen gerichtlicher Verfahren angenähert. Bestimmte Fristen sind einzuhalten. Der Bürgerbeauftragte genießt **richterliche Unabhängigkeit**. Der Gang zum Bürgerbeauftragten ist ausgeschlossen für Beschwerden gegen den EuGH und das EuGeI, soweit sie in Rechtsprechungsangelegenheiten tätig werden. **3**

II. Rechtliche Tragweite

1. Rechtsträger

4   Das **Beschwerderecht** beim Bürgerbeauftragten ist als **subjektives öffentliches Recht** ausgestaltet. Es zählt zu den Rechten aus der **Unionsbürgerschaft**, wonach jeder Unionsbürger sich an den nach Art. 195 eingesetzten Bürgerbeauftragten wenden kann (Art. 21 [ex-Art. 8d] Abs. 2). **Rechtsträger** sind **alle Unionsbürger**, aber darüber hinaus auch alle sonstigen natürlichen und juristischen Personen mit Wohnort oder Sitz in der EG. Die meisten Beschwerden werden von einzelnen Bürgern eingereicht, relativ wenige von Unternehmen oder Vereinigungen. Das Beschwerderecht ist also anders als die Unionsbürgerschaft nicht an den Besitz der Staatsangehörigkeit in einem Mitgliedstaat geknüpft. Der Personenkreis der Berechtigten nach Art. 195 ist grundsätzlich deckungsgleich mit dem Kreis der zu einer Petition Berechtigten (vgl. Erläuterung zu Art. 194 Rn. 2–3). Informationen über das Beschwerderecht sind im Internet abrufbar (HTTP://www.euro-ombudsmann.eu.int).

2. Gegenstand der Beschwerde

5   Gegenstand der Beschwerde können nur behauptete **Mißstände bei der Tätigkeit der Organe und Institutionen** der EG sein. Eingeschlossen ist auch der Fall der **Untätigkeit** von Organen und Institutionen. Der Begriff der Organe und Institutionen knüpft an Art. 7 (ex-Art. 4) an. Die Organe sind, abgesehen von dem praktisch ausgenommenen EuGH, **EP, Rat, Kommission** und auch der **Rechnungshof**. Zu den Institutionen zählen **WSA, AdR, EZB, EIB, EIF** und sonstige von der EG getragene, verselbständigte Agenturen und Ämter. Keine Gemeinschaftsinstitutionen sind von der Gemeinschaft geförderte, bzw. finanziell unterstützte Einrichtungen, z.B. die Europaschulen oder Technologieunternehmen der Privatwirtschaft, die EU-Fördermittel erhalten. Die meisten Beschwerden richten sich gegen die Kommission.

6   Die Beschwerdemöglichkeit erstreckt sich auf alle **drei Gemeinschaften (EG, EGKS, EAG)**. Mit der Mehrzahl der institutionellen Änderungen, die der Vertrag von Maastricht gebracht hat, ist auch das Recht zur Anrufung des Bürgerbeauftragten in den EGKSV (Art. 20d) und in den EAGV (Art. 107d) aufgenommen worden. Der Bürgerbeauftragte kann **nicht generell in dem umfassenden Bereich der EU** tätig werden, wohl aber im Bereich der Zusammenarbeit in der Innen- und Justizpolitik, wie sich aus der Verweisungsvorschrift des Art. 41 (ex-Art. K.13) EUV ergibt (str. zwischen Bürgerbeauftragtem und Rat, vgl. Dok. ME 00010). Jedenfalls ist die

Beschwerde zulässig, wenn im Zusammenhang mit einer Maßnahme der Innen- und Justizpolitik nicht die Verhältnisse in einem Mitgliedstaat gerügt werden, sondern Mißstände bei Anwendung des Gemeinschaftsrechts, wie z.B. hinsichtlich des Zugangs der Öffentlichkeit zu Dokumenten (Art. 255, ex-Art. 191a). Dagegen kann der Bürgerbeauftragte bei Beschwerden über die **GASP nicht** tätig werden, wie aus Art. 28 (ex-Art. J.18) EUV folgt, der in der Verweisung auf die Bestimmungen über das EP Art. 195 ausspart. Insoweit sind die Prüfbefugnisse des Bürgerbeauftragten beschränkt, ähnlich wie die Rechte des EP zur parlamentarischen Untersuchung und das Petitionsrecht (vgl. auch Erläuterungen zu Art. 193 Rn. 5 und zu Art. 194 Rn. 7). Auch steht dem Bürgerbeauftragten ein Prüfungsrecht hinsichtlich der Tätigkeit **nationaler Behörden nicht** zu. Die Einwirkungsmöglichkeiten des Bürgerbeauftragten werden häufig überschätzt. Über 70 % der Beschwerden sind nicht gegen ein Gemeinschaftsgremium gerichtet und daher außerhalb des Mandats des Bürgerbeauftragten.

Eine Definition des Begriffs des **Mißstands** enthält der EGV nicht. Der Begriff ist bewußt vage gewählt, um dem Bürgerbeauftragten einerseits breit angelegte Handlungsmöglichkeiten zu eröffnen, ihm andererseits aber nahezulegen, sich auf relevante Beschwerdefälle zu konzentrieren. Eine solche weite Definition führt dazu, einen Mißstand anzunehmen, wenn Gemeinschaftsgremien **nicht im Einklang mit** den für sie **verbindlichen Regeln** und Grundsätzen handeln, so z.B. bei einer Nichtübereinstimmung mit den Verträgen und Rechtsakten der Gemeinschaft oder mit Urteilen des EuGH/EuGeJ. Mißstände können vor allem sein Unregelmäßigkeiten in der Verwaltung, Rechtsmißbrauch, Verstoß gegen die Grundrechtsbindung (Art. 6 [ex-Art. F] EUV), Diskriminierung oder ein rechtswidriges Verfahren. Ob auch Fahrlässigkeit, Verstöße gegen die Fairneß, Unfähigkeit oder vermeidbare Verzögerungen bereits einen Mißstand i.S. des Art. 195 darstellen, wozu der Bürgerbeauftragte in weiter Auslegung neigt, scheint zweifelhaft; ähnlich die Annahme eines Verstoßes gegen die Grundsätze guter Verwaltungspraxis. Sicher ist es nicht Aufgabe des Bürgerbeauftragten, Sekundärrecht der EG inhaltlich zu prüfen oder Beschlüsse mit eher administrativem oder politischem Charakter, insbesondere solche des EP einschließlich von Beschlüssen des Petitionsausschusses, aufzugreifen.

7

3. Rechtsgrundlagen

Die Regeln für die Bestellung und Amtsführung des Bürgerbeauftragten ergeben sich aus Art. 195 und aus Durchführungsregelungen, die aufgrund von Art. 195 Abs. 4 erlassen wurden. Aufgrund einer Stellungnahme der

8

Kommission und nach Zustimmung des Rates legte das EP die Regelungen und allgemeinen Bedingungen für die **Amtsausübung des Bürgerbeauftragten** am 17.11.1993 endgültig fest (ABl. 1993 C 329/135 sowie Beschluß des EP vom 09.03.1994, ABl. 1994 L 113/15). Hinzu kommen ergänzende Regelungen, die der Bürgerbeauftragte zum internen Funktionieren seines Amtes getroffen hat (Beschluß vom 16.10.1997). Die GO des EP enthält Bestimmungen über die Ernennung, Amtsenthebung und Tätigkeit des Bürgerbeauftragten in seinen Art. 159–161.

9   Die relativ starke Stellung des EP in diesem Bereich verdeutlicht, daß der Bürgerbeauftragte eine **Institution des EP** ist. Jedoch ist dem EP die Festlegung der Regeln für die Amtsausübung des Bürgerbeauftragten, anders als die Regelung seiner Geschäftsordnung (Art. 199, ex-Art. 142), nicht zur völlig eigenständigen Erledigung überlassen. Das ordnungsgemäße Funktionieren der neuen Institution des Bürgerbeauftragten setzt wenigstens einen Grundkonsens über die Ausübung des Amtes zwischen den drei maßgeblichen Organen der EG voraus.

4. Verfahren

10   Die Beschwerde beim Bürgerbeauftragten ist weitgehend **formlos**. Der Bürgerbeauftragte stellt ein Standardformular zur Verfügung, auf dem eine Beschwerde formuliert werden kann. Ein Merkblatt das darüber unterrichtet, wie man eine Beschwerde an den Bürgerbeauftragten richtet, ist im ABl. der EG abgedruckt (ABl. 1996 C 157/1 – siehe Anlage). Sie kann als einfaches Schreiben unter Angabe der Gründe mit allen erforderlichen Unterlagen in einer der elf Sprachen der Mitgliedstaaten und unter Angabe der Anschrift und der Identität des Beschwerdeführers an den Bürgerbeauftragten gerichtet werden, auch unter Verwendung eines Formulars. Die Beschwerde muß binnen zwei Jahren ab dem Zeitpunkt eingereicht werden, zu dem der Sachverhalt bekannt wurde, und ihr müssen entsprechende verwaltungsmäßige Schritte vorausgegangen sein. Bei Beschwerden von EG-Beamten müssen zuvor die üblichen internen Verfahren absolviert sein. Die Beschwerde darf sich nicht auf Sachverhalte beziehen, zu denen bereits ein Gerichtsurteil ergangen ist oder die vor Gericht anhängig sind. Für ein Tätigwerden des Bürgerbeauftragten sieht der Vertrag im Einzelfall **keine Fristen** vor. Dagegen ist das Organ, bei dem der Bürgerbeauftragte einen Mißstand festzustellen glaubt, gehalten, sich binnen 3 Monaten zu äußern (Art. 195 Abs. 2 Satz 2). Es dürfte mit dem EGV vereinbar sein vorzusehen, daß eine Tätigkeit der EG nur binnen bestimmter Fristen zum Gegenstand einer Beschwerde beim Bürgerbeauftragten gemacht werden kann.

Eine solche Einschränkung entspricht nationalen Regelungen über den Ombudsman und dem **Grundsatz des Vertrauensschutzes**. Die Befristung auf 2 Jahre, gerechnet vom Bekanntwerden des Beschwerdegrundes, wird als legitim im Rahmen der Ausführungsregelung nach Abs. 4 anzusehen sein.was das Verhältnis der Beschwerde zu den normalen Rechtsmitteln angeht, so ist sie **nicht geeignet**, vertraglich bestehende **Fristen zu unterbrechen,** die für die Einleitung gerichtlicher Verfahren gelten.

Adressat der Beschwerde ist der vom EP ernannte Bürgerbeauftragte. Er   **11** handelt in der Regel aufgrund einer Beschwerde, kann aber auch von sich aus oder auf Anregung aus dem EP tätig werden. Er hat insoweit ein eigenes **Initiativrecht**, das der Bürgerbeauftragte z.B. zur Förderung erhöhter Transparenz genutzt hat. Für Anregungen aus dem EP ist, anders als für die Einsetzung eines Untersuchungsausschusses nach Art. 193 (ex-Art. 138c), ein bestimmtes Quorum nicht erforderlich. Es genügt die Anregung eines einzelnen Parlamentariers. Seinerseits ist der Bürgerbeauftragte frei zu entscheiden, ob er es „für gerechtfertigt hält", einer Beschwerde nachzugehen. Seine Tätigkeit orientiert sich am **Opportunitätsprinzip**. Damit wird auch einer Überlastung des Bürgerbeauftragten und einer drohenden Lähmung der Institution entgegengewirkt.

Kern der Tätigkeit des Bürgerbeauftragten ist die Untersuchung des   **12** behaupteten Sachverhalts. Insoweit berührt sich seine Tätigkeit mit der eines parlamentarischen Untersuchungsausschusses. Aufgabe des Bürgerbeauftragten ist aber auch, gütliche Lösungen zu fördern, um gerichtliche Auseinandersetzungen möglichst zu vermeiden. Zur Ausübung seiner Tätigkeit benötigt der Bürgerbeauftragte den Zugang zu den Unterlagen der Organe und Institutionen der EG, die ihm gegenüber zur Unterrichtung verpflichtet sind. Der Bürgerbeauftragte unterliegt, in entsprechender Anwendung von Art. 287 (ex-Art. 214), der Pflicht zur vertraulichen Behandlung der zu seiner Kenntnis gebrachten Umstände.

Besonders heikel ist die Übermittlung **geheimer Unterlagen und Aus-**   **13** **künfte** an den Bürgerbeauftragten. Einerseits ist der Bürgerbeauftragte zur Aufklärung der Angelegenheit auf umfassende Information angewiesen, andererseits muß derjenige, der Geheimes weitergibt, auf entsprechende Behandlung vertrauen können. Die EG ist, wie jede öffentliche Institution gehalten, Vertrauensschutz zu gewähren. Sie kann daher Auskünfte oder die Vorlage von Unterlagen aus Gründen des Geheimschutzes verweigern.

Von den Unterlagen der EG sind diejenigen der Mitgliedstaaten zu unter-   **14** scheiden. Selbst ein umfassender Zugang zu den Informationen der EG wird dem Bürgerbeauftragten u.U. nicht ausreichen, wenn zur Aufklärung des Sachverhalts auch die Kenntnis von Unterlagen und Informationen aus

der Sphäre der Mitgliedstaaten erforderlich ist. Die **Mitgliedstaaten** unterliegen jedoch nach dem klaren Wortlaut des Art. 195 **nicht dem unmittelbaren Zugriff des Bürgerbeauftragten**. Sie sind aber dem allgemeinen
Grundsatz der Gemeinschaftstreue nach Art. 10 (ex-Art. 5) unterworfen. Ihnen obliegen insoweit gewisse Handlungs- und Unterlassungspflichten. In
der Art und Weise, wie sie diesen Pflichten im Einzelfall nachkommen, haben die Mitgliedstaaten einen Ermessensspielraum, der angesichts unterschiedlicher nationaler Traditionen und Standards für die Offenlegung von
Regierungs- und Behördenvorgängen nicht einheitlich, sondern allenfalls
i.S. eines Mindeststandards beantwortet werden kann. Anlaufstellen in den
Mitgliedstaaten sind vor allem die nationalen Bürgerbeauftragten, soweit
vorhanden, und ähnliche Stellen und die Vertretungen der Kommission in
den Mitgliedstaaten.

15   Im Gegensatz zum nationalen Recht kennt der EGV nur den Schutz geheimer Vorgänge (Art. 287, ex-Art. 214). Daher ist für die EG die Pflicht zur
Offenlegung vertraulicher Unterlagen grundsätzlich zu bejahen, und somit die EG weitergehenden Vorlageverpflichtungen zu unterwerfen als die
Mitgliedstaaten. Ausnahmen müssen aber für gewisse vertrauliche Unterlagen gelten, so wenn Unterlagen aus den Mitgliedstaaten zum Teil der Gemeinschaftsakten geworden sind und erkennbar vertraulicher oder geheimer Natur sind, z.B. ein persönliches Schreiben eines Regierungschefs an
den Kommissionspräsidenten. Solche Unterlagen dürfen nur mit Zustimmung des Mitgliedstaats bzw. nach seiner Unterrichtung dem Bürgerbeauftragten zugänglich gemacht werden.

5. Abschluß des Verfahrens

16   Der Bürgerbeauftragte ist bemüht, Beschwerden binnen Jahresfrist zu erledigen. Es lassen sich verschiedene Fälle negativer bzw. positiver **Erledigung** unterscheiden: Die Beschwerde wird als **nicht statthaft** verworfen,
an eine andere Stelle abgegeben, bzw. es wird dem Beschwerdeführer die
Befassung einer anderen Stelle, z.B. einer nationalen Stelle in einem Mitgliedstaat empfohlen oder der Bürgerbeauftragte kommt zu der Feststellung, daß ein Mißstand nicht vorliegt. Gewinnt der Bürgerbeauftragte den
Eindruck, daß tatsächlich ein **beschwerdefähiger Mißstand** vorliegt, so
besteht für ihn die Möglichkeit der Herbeiführung einer gütlichen Einigung, der kritischen Bemerkung an die Adresse des betroffenen Gemein-
schaftsgremiums oder letztlich der formellen Feststellung eines Mißstandes
verbunden mit Empfehlungen, namentlich wenn Folgemaßnahmen angezeigt erscheinen, z.B. bei ernsteren Mißständen oder bei Fällen mit allgemeinen Auswirkungen. In einem solchen Fall richtet der Bürgerbeauftragte

einen Beschluß an das betroffene Gemeinschaftsgremium. Während der Vertrag für ein Tätigwerden des Bürgerbeauftragten im Einzelfall keine Frist vorsieht, so muß das Gemeinschaftsgremium hierzu binnen drei Monaten Stellung nehmen (Art. 3 Abs. 6 Statut). Ist diese Stellungnahme nicht zufriedenstellend, so kann der Bürgerbeauftragte das EP im Wege eines Sonderberichts befassen (Art. 3 Abs. 7 Statut). Zum Abschluß des Verfahrens wird der Beschwerdeführer über das Ergebnis der Prüfung unterrichtet. Ferner legt der Bürgerbeauftragte dem EP und dem betreffenden Organ einen **Bericht** vor (Art. 195 Abs. 1 Satz 2). Hierin kommt die Doppelfunktion des Bürgerbeauftragten zum Ausdruck, der zum einen Institution der Gemeinschaft ist und **im Gemeinschaftsinteresse** Mißständen entgegentritt. Zum anderen ist er aber auch **Schutzinstanz für den einzelnen Bürger.** In der Praxis steht letzteres im Vordergrund.

Die Funktion, im Gemeinschaftsinteresse tätig zu werden, kommt auch darin zum Ausdruck, daß der EGV dem Bürgerbeauftragten die Vorlage eines **jährlichen Berichts** an das EP über die Ergebnisse seiner Prüfungen zur Pflicht macht (Jahresbericht 1996 ABl. 1997 C 272/1; Jahresbericht 1997 Dok. ME 00010, in gedruckter Fassung zu beziehen beim Amt für amtliche Veröffentlichungen der Europäischen Gemeinschaften, L-2985 Luxemburg). Dieser Bericht tritt neben den wichtigen Jahresbericht der Kommission über die Einhaltung des Gemeinschaftsrechts. Abgesehen von dem im Vertrag vorgesehenen jährlichen Bericht hält sich der Bürgerbeauftragte für befugt, aus gegebenem Anlaß **Sonderberichte** zu verfassen und vorzulegen. Ein erster Sonderbericht wurde 1997 zum Thema des Zugangs der Öffentlichkeit zu den Dokumenten der Gemeinschaftsgremien vorgelegt (ABl. 1998 C 44/9). Allein in 25 % der Beschwerden des Berichtszeitraums 1997 wurden mangelnde Information und Transparenz gerügt. **17**

III. Zur Person des Bürgerbeauftragten

Zur Person des Bürgerbeauftragten und zu den Voraussetzungen, die er als Qualifikation für das Amt aufweisen sollte, trifft der EGV keine explizite Regelung. Er beschränkt sich auf gewisse Anforderungen während der Amtsführung und regelt den Fall vorzeitiger Amtsenthebung. Das Amt des Bürgerbeauftragten ist wie das Amt eines Mitglieds der Kommission oder des Gerichtshofs ein **voll ausfüllendes Amt.** Es ist nicht kompatibel mit einer anderen entgeltlichen oder unentgeltlichen Berufstätigkeit (Art. 195 Abs. 3, Art. 213 [ex-Art. 157]). Sollte ein Mitglied des EP zum Bürgerbeauftragten ernannt werden, muß das Parlamentsmandat niedergelegt werden. Die vorzeitige Amtsenthebung, die wegen Unfähigkeit zur Amtsausü- **18**

bung oder schwerer Verfehlung vorgesehen ist (Art. 195 Abs.2 Satz 2), kann
wie bei den Mitgliedern der Kommission nur vom EuGH, und nicht etwa
vom EP ausgesprochen werden (vgl. Art. 216, ex-Art. 160).

19   Die Voraussetzungen für die **Bestellung** des Bürgerbeauftragten können
trotz Fehlens einer ausdrücklichen Regelung im EGV als allgemeine Bedingung i.S. des Art. 195 Abs. 4 im Rahmen der Ausführungsregelungen
näher präzisiert werden. Danach muß der Bürgerbeauftragte Unionsbürger
sein. Auch ist es angesichts der Nähe des Beschwerdeverfahrens zu einem
gerichtlichen Verfahren nicht vertragswidrig, daß die Ausführungsregelungen vorsehen, daß die Person des Kandidaten die Gewähr für Unabhängigkeit bieten und die Voraussetzungen für die Ausübung des Richteramts erfüllen oder vergleichbare Erfahrungen vorweisen muß. Er wird nach Ernennung vom Präsidenten des EuGH vereidigt. Protokollarisch wird der
Bürgerbeauftragte parallel zu einem Richter am EuGH zu behandeln sein.

20   Eine enge Anbindung des Bürgerbeauftragten besteht an das EP. Das EP hat
das finnische Mitglied des EP Söderman als ersten Bürgerbeauftragten ernannt, der am 01.09.1995 seine Tätigkeit aufgenommen hat (Einzelheiten
zum Ernennungsverfahren vgl. Art. 159 GO EP). Die Ernennung folgt der
Wahlperiode des EP (Art. 195 Abs. 2). Der **Sitz** des Bürgerbeauftragten ist
entsprechend der Festlegung des Sitzes des EP (vgl. einschlägiges Protokoll
zum Vertrag von Amsterdam) **Straßburg**. Er unterhält eine Außenstelle in
Brüssel.

Anhang: Formblatt einer Beschwerde an den Bürgerbeauftragten

EUROPÄISCHES PARLAMENT

**Wie man eine Beschwerde an den Europäischen
Bürgerbeauftragten richtet**

(96/C 157/01)

Der Europäische Bürgerbeauftragte hat die Aufgabe, Mißstände bei den Tätigkeiten
der Institutionen und Organe der Gemeinschaft mit Ausnahme des Gerichshofs und
des Gerichts erster Instanz in Ausübung ihrer Rechtsprechungsbefugnisse aufzu-
decken. Der Bürgerbeauftragte führt entweder aus eigener Initiative oder anhand von
Beschwerden alle Untersuchungen durch, die er für gerechtfertigt hält.
Jeder Unionsbürger oder jede natürliche oder juristische Person mit Wohnort oder
satzungsmäßigem Sitz in einem Mitgliedstaat der Union kann eine Beschwerde an
den Bürgerbeauftragten richten. Die Beschwerde kann dem Bürgerbeauftragten entweder direkt oder durch ein Mitglied des Europäischen Parlaments übermittelt werden.

Die Beschwerde muß sich auf *Mißstände* bei den *Institutionen oder Organen der Gemeinschaft* beziehen.

Unter Mißstand ist *eine mangelhafte oder fehlende Anwendung von Vorschriften* zu verstehen, wie beispielsweise Unregelmäßigkeiten oder Versäumnisse in der Verwaltung, Machtmißbrauch, Fahrlässigkeit, rechtswidrige Verfahren, Unfairneß, schlechtes Funktionieren oder Unfähigkeit, Diskriminierung, vermeidbare Verzögerungen, unzureichende Unterrichtung oder das Vorenthalten von Informationen.

Die *Institutionen* der Gemeinschaft sind: das Europäische Parlament, der Rat, die Kommission, der Gerichtshof und der Rechnungshof. *Organe* der Gemeinschaft sind der Wirtschafts- und Sozialausschuß, der Ausschuß der Regionen, das Europäische Währungsinstitut (jetzt: Europäische Zentralbank) und die Europäische Investitionsbank sowie sämtliche „dezentralisierte" Organe der Europäischen Gemeinschaft.

Die Beschwerde muß eingereicht werden *binnen zwei Jahren* ab dem Zeitpunkt, zu dem der Sachverhalt bekannt wurde, und ihr müssen *entsprechende verwaltungsmäßige Schritte* vorausgegangen sein. Bei Beschwerden von EG-Beamten müssen zuvor die üblichen internen Verfahren absolviert sein. Die Beschwerde darf sich nicht auf Sachverhalte beziehen, zu denen bereits ein Gerichtsurteil ergangen ist oder die vor Gericht anhängig sind.

Die Beschwerde kann als ein *formloses Schreiben* unter Angabe der *Gründe* mit allen erforderlichen Unterlagen in einer der elf Sprachen der Mitgliedstaaten und unter Angabe der *Anschrift* und der *Identität* des Beschwerdeführers oder unter Verwendung des beiliegenden *Formulars* (siehe nächste Seite) an den Bürgerbeauftragten gerichtet werden.

Der Bürgerbeauftragte untersucht die Beschwerde und strebt eine *gütliche Lösung* an, mit der der Mißstand beseitigt und der Beschwerdeführer zufriedengestellt wird. Falls dieser Schlichtungsversuch scheitert, unterrichtet er die betroffen Institution und spricht eventuell formelle *Empfehlungen* zur Lösung des Falles aus. Die betreffende Institution muß dem Bürgerbeauftragten binnen drei Monaten antworten. Der Bürgerbeauftragte kann auch eine *Bericht* mit Empfehlungen an das Europäische Parlament (und die betroffene Institution) richten. Er teilt dem Beschwerdeführer das Ergebnis mit.

Anschrift:

Europäischer Bürgerbeauftragter
1, avenue du Président Robert Schumann
BP 403
F-67001 Straßburg Cedex

Telefon:

(33) 88 17 23 13 Der Europäische Bürgerbeauftragte,
                             Herr Jacob Söderman

Fax:

(33) 88 17 90 62

AN DEN EUROPÄISCHEN BÜRGERBEAUFTRAGTEN

1, avenue du Président Robert Schumann
BP 403
F-67001 Straßburg Cedex
Tel. (33) 88 17 23 13-88 17 23 83
Fax. (33) 88 17 90 62

Beschwerde über Mißstände

1. Beschwerdeführer

   (Name) _____

   im Namen von _____

   (Anschrift) _____

   _____

   (Tel./Fax) _____

2. Welches Organ oder welche Institution der Europäischen Gemeinschaft ist Gegenstand Ihrer Beschwerde?

3. Welcher Beschluß oder welche Angelegenheit begründet Ihre Beschwerde? Wann erhielten Sie davon Kenntnis? – Erforderlichenfalls Anlagen beifügen.

4. Welches sind die Gründe für Ihre Bechwerde? – Erforderlichenfalls Anlagen beifügen.

5. Welche verwaltungsrechtlichen Schritte haben Sie bereits gegenüber dem betreffenden Organ oder der betreffenden Institution der Europäischen Gemeinschaft unternommen?

6. War der Gegenstand Ihrer Beschwerde bereits Anlaß für ein Gerichtsurteil oder ist er vor einem Gericht anhängig?

7. Sind Sie damit einverstanden, daß Ihre Beschwerde an eine sonstige (europäische oder nationale) Behörde weitergeleitet wird, falls der Europäische Bürgerbeauftragte der Auffassung ist, daß er nicht befugt ist, sie zu behandlen?

Datum und Unterschrift: _____

Zur Beachtung: 1. Bitte nehmen Sie zur Kenntnis, daß der Europäische Bürgerbeauftragte Beschwerden öffentlich behandeln sollte, eine vertrauliche Bearbeitung allerdings gewährt werden kann.

2. Übersenden Sie zur Unterstützung Ihrer Beschwerde nur Kopien von Unterlagen, die für deren erste Prüfung erforderlich sind.

Art. 196 (ex-Art. 139) (Jährliche und außerordentliche Sitzungsperiode)

Das Europäische Parlament hält jährlich eine Sitzungsperiode ab. Es tritt, ohne daß es einer Einberufung bedarf, am zweiten Dienstag des Monats März zusammen.

Das Europäische Parlament kann auf Antrag der Mehrheit seiner Mitglieder sowie auf Antrag des Rates oder der Kommission zu einer außerordentlichen Sitzungsperiode zusammentreten.

I. Normzweck

Die Vorschrift regelt den **zeitlichen Rhythmus des Zusammentretens des** 1
EP. Der **Sitz** des EP ist außerhalb des EGV, und zwar im Protokoll Nr. 12 zum Vertrag von Amsterdam geregelt.

II. Sitz und Tagungsort

Der Europäische Rat in Edinburgh hat als **Sitz** des EP Straßburg festgelegt 2 und das über 30 Jahre andauernde Provisorium beseitigt. Die Praxis hatte sich dahin entwickelt, daß **Plenartagungen** in **Straßburg** und **Brüssel** abgehalten wurden, in Brüssel die Fraktions- und Ausschußsitzungen in den sitzungsfreien Wochen stattfinden, und das Generalsekretariat des EP in Luxemburg untergebracht ist. Die Sitzentscheidung auf dem Europäischen Rat in Edinburgh (ABl. 1992 C 341/1) hat diesen Zustand nicht beendet, hat aber als Haltung des Rates festgelegt, daß 12 Plenartagungen im Jahr in Straßburg stattzufinden haben. Indessen bestanden im EP nach wie vor starke Tendenzen, Brüssel verstärkt zum Tagungsort des Plenums zu machen. Daher war zunächst nicht sichergestellt, daß Straßburg notwendigerweise auch an den vorgesehenen 12 Tagungen im Jahr stets **Tagungsort** sein würde (zur Sitzfrage und Sitzungsperiode des EP und zur Anfechtungsklage Frankreichs EuGH, C-345/95, Frankreich/EP, Slg. 1997, I–5215). Die Unsicherheit wurde durch Protokoll Nr. 12 zum Vertrag von Amsterdam beendet, das eine Anlage zu den EG-Verträgen bildet und den gleichen Grad an Rechtsverbindlichkeit wie die Verträge aufweist. Damit ist klargestellt, daß das EP seinen Sitz in Straßburg hat und die 12 monatlichen Plenartagungen einschließlich der Haushaltstagung dort stattfinden. Zusätzliche Plenartagungen finden in Brüssel statt, wo ein neues **Parlamentsgebäude** zur Verfügung steht. Brüssel ist auch als Tagungsort für die Ausschüsse und Luxemburg als Sitz für das EP-Sekretariat festgeschrieben.

3   Hauptaussage von Art. 196 ist die Pflicht zur Abhaltung einer **jährlichen** Sitzungsperiode. Damit knüpft der EGV an die parlamentarische Tradition u.a. in Frankreich an. Unter der jährlichen Sitzungsperiode ist die für das gesamte Kalenderjahr vorgesehene Planung von Sitzungswochen zu verstehen, die in der GO als **Tagungen** bezeichnet werden Die Tagungen bestehen ihrerseits aus einzelnen Sitzungstagen (Art. 10 Ziff. 1 Satz 3 GO EP).

III. Beginn und Ende der Sitzungsperioden

4   Die Vorschrift des Art. 196 unterscheidet zwischen einer **ordentlichen** Sitzungsperiode (Abs. 1), die obligatorisch ist, und einer **außerordentlichen** Sitzungsperiode (Abs. 2), die fakultativ ist. Für die fakultative Einberufung bedarf es eines Antrags des Rates oder der Kommission oder der Mehrheit der Mitglieder des EP. Darüber hinaus sieht die GO des EP vor, daß ausnahmsweise eine Sondersitzung auch auf Antrag eines Drittels der Mitglieder des EP einberufen werden kann (Art. 10 Ziff. 5 Satz 2 GO EP). Für außerordentliche Sitzungen hat es bisher wenig Veranlassung gegeben, da der normale Tagungskalender des EP ein monatliches Zusammentreten (außer im August), d.h. in der Regel eine Sitzungswoche pro Monat, vorsieht; zuweilen finden auch zwei Sitzungswochen in einem Monat statt. Die Mitwirkung des EP ist somit während des ganzen Jahres praktisch gesichert. Es bleibt abzuwarten, ob die bestehende **Tagungsfrequenz** den gesteigerten Mitwirkungsrechten des EP an der Rechtssetzung gerecht wird, oder ob zusätzliche Sitzungen erforderlich werden, die ggf. vom Rat im Zuge eines ordnungsgemäßen Rechtssetzungsverfahrens zu beantragen wären (EuGH, Rs. 138 und 139/79, Roquette/Rat, Slg. 1980, 3333). Im EP selbst wird bereits über die Notwendigkeit nachgedacht, Sitzungen mit Abstimmungsmöglichkeiten alle zwei Wochen, wenn nicht sogar wöchentlich abzuhalten (Bericht Prag v. 22.9.92 PE 144.081). In der Praxis hat sich zusätzlich ein schriftliches Verfahren entwickelt, das insbesondere bei der Rechtssetzung praktiziert wird. Der Generalsekretär des Rates teilt dem EP unter Fristsetzung mit, daß ein bestimmter Rechtsakt bis zu einem in der Mitteilung genannten Datum als angenommen gilt. **Verschweigen** gilt in diesem Fall als Verzicht des EP auf seine Beteiligungsrechte.

5   Der **Beginn** der jährlichen **Sitzungsperiode** ist nach Art. 196 Abs. 1 der zweite Dienstag im Monat März, ohne daß es einer förmlichen Einberufung bedarf. Die tatsächliche Parlamentspraxis hat diese Regelung inzwischen verdrängt, so daß der Bestimmung keine besondere Bedeutung mehr zukommt. Stärkere Beachtung im Sinne eines **politischen** Beginns der Sitzungsperiode finden die Sitzungen zu Jahresbeginn, wenn die Kommission und die neue Präsidentschaft ihre Programme vorstellen. Ähnliches gilt für die in der zweiten Jahreshälfte folgende Präsidentschaft, die ihr Programm in der Juli-Sitzung vorstellt. Jedes neugewählte EP hat seine **konstituierende Sitzung** im Juli, nachdem die **Europawahlen** gemäß den Festlegungen des Direktwahlakts im Juni stattzufinden haben. Auch für diese Sitzung gilt, daß sie keines besonderen Einberufungsbeschlusses bedarf. Sie hat am ersten Dienstag einen Monat nach den Europawahlen stattzufinden (Art. 10 Ziff. 3 GO EP).

Das Zusammentreten des neuen EP bedeutet zugleich das **Ende** der fünf- **6** jährigen **Legislaturperiode** des vorangegangenen EP, dessen Befugnisse hiermit enden (Art. 10 Ziff. 4 DWA). Der Direktwahlakt läßt es offen, ob alle noch nicht abgeschlossenen Beratungen hinfällig werden, d.h. ob der Grundsatz der **Diskontinuität** gilt. Die GO des EP bejaht diese Frage zwar grundsätzlich, indem sie alle Konsultationen oder Ersuchen um Stellungnahmen, Entschließungsanträge und Anfragen als verfallen erklärt (Art. 167 GO EP), es sei denn, das neue gewählte EP entscheidet anders. Dies ist insbesondere für Legislativakte angezeigt, über die das EP nicht alleiniger Herr ist, und für die es möglich sein sollte, die bis dahin erreichten Zwischenergebnisse auf das neue EP zu übertragen, so daß die erforderlichen Verfahren nicht völlig neu eingeleitet werden müssen. Kontinuität gilt auch für Petitionen und solche Texte, die keiner parlamentarischen Beschlußfassung bedürfen.

Art. 197 (ex-Art. 140) (Präsident, Rechte der Kommissions- und Ratsmitglieder)

Das Europäische Parlament wählt aus seiner Mitte seinen Präsidenten und sein Präsidium.

Die Mitglieder der Kommission können an allen Sitzungen teilnehmen und müssen auf ihren Antrag im Namen der Kommission jederzeit gehört werden.

Die Kommission antwortet mündlich oder schriftlich auf die ihr vom Europäischen Parlament oder von dessen Mitgliedern gestellten Fragen.

Der Rat wird nach Maßgabe seiner Geschäftsordnung vom Europäischen Parlament jederzeit gehört.

I. Normzweck

Die Vorschrift regelt zum einen die Wahl des EP-Präsidenten und seines **1** Präsidiums, zum andern die Rechtsstellung von Kommission und Rat gegenüber dem EP Die Vorschrift bildet mittelbar auch die Grundlage für die interinstitutionellen Vereinbarungen, mit denen die Organe Rat, Kommission und EP einvernehmlich Verhaltensweisen für ihr Zusammenwirken in bestimmten Sachbereichen festlegen. Die Vorschrift regelt auch das Fragerecht des EP und seiner Mitglieder.

II. Präsident und Präsidium

1. Wahl

2   Entsprechend allgemeiner parlamentarischer Tradition leitet das älteste Mitglied des EP als Alterspräsident die **Wahl** des Präsidenten (Art. 12 GO EP). Zur Wahl genügt die absolute **Mehrheit** der **abgegebenen Stimmen** (Art. 198, ex-Art. 141). Bewerben sich 3 oder mehr Kandidaten und erreicht keiner die erforderliche Mehrheit, so findet nach dem dritten Wahlgang eine **Stichwahl** zwischen den beiden relativ stärksten Kandidaten statt (Art. 14 GO EP). Der Präsident wird in der Praxis nur für zweieinhalb Jahre und nicht für die volle fünfjährige Legislaturperiode des EP gewählt. Diese Praxis, die einen öfteren Wechsel des Amtes traditionell zwischen den beiden stärksten Fraktionen des EP erlaubt, ist in Art. 17 GO EP auch ausdrücklich festgelegt. Die gleiche Amtszeitbegrenzung gilt für die Vizepräsidenten. Präsident und Vizepräsidenten werden in **geheimer** Wahl gewählt. Dabei soll einer gerechten Vertretung nach Mitgliedstaaten und politischen Parteien Rechnung getragen werden (Art. 13 GO EP).

2. Aufgaben

3   Der **Präsident leitet** die Sitzungen des EP und sämtliche Arbeiten des EP und seiner Organe (Art. 19 GO EP). Er vertritt das EP nach außen und gegenüber den übrigen Organen, so richtet er z.B. das Wort an die Staats- und Regierungschefs zu Beginn jeder Tagung des Europäischen Rates, ehe sich dieser zu seinen geschlossenen Beratungen zurückzieht. In der Konferenz der Parlamentspräsidenten, die sich im Zuge der Kontakte zwischen dem EP und den nationalen Parlamenten entwickelt hat, vertritt er das EP. Abgesehen von seiner offiziell festgelegten Führungs- und Repräsentationsrolle kommt dem Parlamentspräsidenten eine bedeutende Rolle im Hintergrund zu, wenn es darum geht, die Beratungen des EP im internen Gespräch mit den Fraktionen zu organisieren.

4   Das **Präsidium**, das aus dem Präsidenten, den 14 Vizepräsidenten und den 5 Quästoren, letztere nur mit beratender Stimme, besteht, ist für die interne Organisation des EP verantwortlich und trifft **finanzielle, organisatorische und administrative** Entscheidungen. Hierzu zählt insbesondere auch die

Entscheidung über die Genehmigung von Ausschußsitzungen außerhalb der üblichen Arbeitsorte des EP (Art. 22 Ziff. 8 GO EP), während die politisch bedeutsame Entscheidung über Tagungen des Plenums außerhalb des Sitzes Straßburg dem EP selbst vorbehalten ist. Das Präsidium **entscheidet mit Mehrheit**. Bei Stimmengleichheit entscheidet die Stimme des Präsidenten. Das EP wird von einem Generalsekretariat unterstützt, an dessen Spitze ein 5 **Generalsekretär** steht. Er wird vom Präsidium ernannt (Art. 164 GO EP). Eine Beteiligung des Rates ist nicht vorgesehen. Das Ernennungsrecht des EP ist abermals Ausdruck seines Selbstorganisationsrechts.

Ein weiteres wichtiges Lenkungsgremium neben dem Präsidium ist die 6 **Konferenz** der **Präsidenten** (Art. 23f. GO EP). Dieses Gremium, dem außer dem EP-Präsidenten die Vorsitzenden der Fraktionen angehören, ist für administrative Entscheidungen parlamentspolitischer Natur verantwortlich. Es beschließt über die Arbeitsorganisation des EP, über Fragen im Zusammenhang mit dem Legislativprogramm und ist auch zuständig für die Organisation der Beziehungen zu den anderen Organen und Institutionen der EU, zu Drittländern, namentlich die Gemischten Parlamentarischen Ausschüsse, Parlamentarische Delegationen (z.B. zur Wahlbeobachtung in Drittländern) und die Beziehungen zu den nationalen Parlamenten.

III. Beziehungen zu Rat und Kommission

Die Kommission hat ein **Teilnahmerecht** an allen Sitzungen des EP und ist 7 berechtigt, jederzeit das Wort zu ergreifen. Sie ist andererseits auch **verpflichtet**, allfällige Fragen des EP zu beantworten. Dagegen ist das Verhältnis des EP zum Rat sehr viel lockerer gestaltet. Der Rat wird jederzeit gehört, d.h. er hat wie die Kommission das Recht, jederzeit zu intervenieren, unterliegt aber nicht gleichermaßen dem Fragerecht des EP. Die Differenzierung zwischen Kommission und Rat vor dem EP folgt aus der unterschiedlichen parlamentarischen Verantwortung, die für die Kommission gegenüber dem EP und für die einzelnen Ratsmitglieder gegenüber den jeweiligen nationalen Parlamenten besteht. Eine direkte parlamentarische Verantwortung für den Rat als Gemeinschaftsorgan besteht gegenüber dem EP nicht.

Was den **Rat** angeht, so verweist Art. 197 auf die GO des Rates. Der Rat ist 8 weniger in der Pflicht, als daß er Träger des Rechts ist, jederzeit an EP-Sitzungen teilnehmen und dort auch das Wort ergreifen zu können. Er bestimmt somit grundsätzlich selbst seine Verantwortlichkeit vor dem EP, soweit nicht der Vertrag spezielle Pflichten des Rates vorsieht. Dies ist allerdings weitgehend der Fall, entweder aufgrund genereller, periodischer Berichtspflichten oder aufgrund spezieller Auskunftspflichten auf Fragen aus dem EP. In

Angelegenheiten der EG, aber auch in Angelegenheiten der GASP (Art. 21 [ex-Art. J.11] Abs. 2 EUV) und der Innen- und Justizpolitik (Art. 39 [ex-Art. K.11] Abs. 3 EUV) hat das EP ein Fragerecht gegenüber dem Rat. Das gezielt einsetzbare Fragerecht kommt insbesondere zum Tragen, wenn die **regelmäßige Unterrichtung** dem EP nicht ausreicht. In der Regel beantwortet der **Vorsitz** Fragen, die an den Rat gerichtet sind. Die Antworten können nur die Position des Rates insgesamt, und nicht einzelne nationale Positionen wiedergeben. Wenn eine Ratsposition nicht vorliegt, kann die Antwort auch nur in diesem Sinne gegeben werden. Dies schließt grundsätzlich nicht aus, daß der Vorsitz die nationale Position seiner Regierung bzw. seine persönliche Position zu einer Frage darlegt, wobei Zurückhaltung geboten sein sollte. Unerläßlich ist es, in einem solchen Fall zweifelsfrei deutlich zu machen, daß insoweit keine Ratsposition geäußert wird.

9   Das parlamentarische **Fragerecht** ist ein wesentliches **Kontrollinstrument** des EP. Es ist in seiner Bedeutung jedoch in dem Maße zurückgegangen, als dem EP gesteigerte unmittelbare Mitwirkungsrechte, insbesondere bei der Rechtssetzung zugebilligt wurden, die dem EP direkte Gestaltungsmöglichkeiten eröffnet haben. Gleichwohl bleibt das Fragerecht wichtig zunächst als Instrument zur Unterrichtung über die Politik der EG, dann aber auch, wenn das EP den Vorwurf mangelnder Initiative der Kommission oder fehlerhafter Anwendung des Gemeinschaftsrechts erhebt.

10   Die Pflichten des Rates gegenüber dem EP sind zum großen Teil **Berichtspflichten**. Diese Pflicht liegt regelmäßig beim **Vorsitz**. Jedoch können auch andere Mitglieder des Rates vor dem EP auftreten bzw. von ihm gehört werden. Dies bietet sich insbesondere an, wenn es sich um Bereiche handelt, die außerhalb des EUV in internationalen Organisationen bearbeitet werden, wie dies bisher z.B. für den Abbau von Grenzkontrollen im Rahmen des Abkommens von Schengen der Fall war. Wenn in solchen Gremien Fragenbereiche behandelt werden, die die EU berühren, so bietet sich die Anhörung des dortigen Vorsitzes an, insbesondere wenn dort ein anderer Vorsitzrhythmus als in der EU besteht. Die GO des Rates sieht daher auch vor, daß der Rat vor dem EP durch den Vorsitz oder ein anderes Mitglied vertreten wird, der Vorsitz sich überdies durch den GS oder hohe Beamte des Generalsekretariats vertreten lassen kann (Art. 25 GO Rat). Berichtspflichten des Vorsitzes kennt der Vertrag bei der GASP (Art. 21 [ex-Art. J.11] EUV), bei der Zusammenarbeit in der Innen- und Justizpolitik (Art. 39 [ex-Art. K.11] EUV) und, soweit die Gemeinschaft betroffen ist, vor allem im Bereich der WWU (s. Art. 200 Rn. 4).

11   Die **Rechenschaftspflichten der Kommission** gegenüber dem EP sind sehr viel umfassender als diejenigen des Rates. In dem Zusammenwirken

der Organe hat sich nicht selten eine Konstellation entwickelt, in der sich EP und Kommission in ihren Positionen leichter aneinander angenähert haben, als im Verhältnis zum Rat, woraus sich de facto eine Lage entwickeln kann, die das Entscheidungsrecht des Rates begrenzen kann. Das Verhältnis zwischen EP und Kommission dürfte sich noch enger entwickeln, nachdem der Präsident und die Mitglieder der Kommission nur noch mit Zustimmung des EP ernannt werden können (Art. 214, ex-Art. 158). Das EP ist somit nicht länger auf das wenig praktikable Mißtrauensvotum nach Art. 201 (ex-Art. 144) angewiesen, es kann von vornherein die Zusammensetzung der Kommission mitbestimmen und es kann mit Hilfe der öffentlichen Meinung die Kommission stürzen, wie der Rücktritt der Kommission Santer im März 1999 gezeigt hat.

IV. Interinstitutionelle Vereinbarungen

Es bestehen eine ganze Reihe interinstitutioneller Vereinbarungen zwischen EP, Rat und Kommission, die inhaltlich eine nähere Ausgestaltung der vertraglichen Regelungen über die Beteiligung des EP sind und mit denen das EP versucht hat, seine vertraglichen Rechte fortzuentwickeln. Für Rat und Kommission können solche Vereinbarungen attraktiv sein, wenn sie dazu beitragen, mögliche Pattsituationen zwischen den Organen zu vermeiden bzw. zu überwinden. Die interinstitutionellen Vereinbarungen haben sich vor allem im Haushaltsbereich als nützlich erwiesen und dazu beigetragen, daß es nicht mehr zu jährlichen Haushaltskonflikten mit dem Rat gekommen ist, die häufig zur Anrufung des EuGH geführt haben. Rechtlich bilden die interinstitutionellen Vereinbarungen, sofern sie nicht den nationalen Parlamenten zur Zustimmung vorgelegt werden, einen Verhaltenskodex, der bindend ist für die Gemeinschaftsorgane, auf den sich Dritte aber nicht berufen können und die insbesondere das Primärrecht nicht ändern.

12

Zur Durchführung des Vertrags von Maastricht wurden folgende interinstitutionellen Vereinbarungen abgeschlossen (ABl. 1994 C 329/133ff.).

13

- Erklärung zu Demokratie, Transparenz und Subsidiarität
- interinstitutionelle Vereinbarung über das Verfahren zur Anwendung des Subsidiaritätsprinzips
- interinstitutionelle Vereinbarung 1993–1999 zur Haushaltsdisziplin und zur Verbesserung des Haushaltsverfahrens
- Beschluß über die Regelungen und Allgemeinen Bedingungen für die Ausübung der Aufgaben des Bürgerbeauftragten gemäß Art. 138e IV (jetzt Art. 195)

– Modalitäten für die Arbeiten des Vermittlungsausschusses nach Art. 189b (jetzt Art. 251).

Im Zusammenhang mit dem Vertrag von Amsterdam wurde die wichtige interinstitutionelle Vereinbarung zur Finanzierung der Gemeinsamen Außen- und Sicherheitspolitik beschlossen (ABl. 1997 C 286/41), vgl. auch interinstitutionelle Vereinbarung zu Rechtsgrundlagen und Ausführung des Haushaltsplans (ABl. 1998 C 344/1). Eine interinstitutionelle Vereinbarung über die redaktionelle Qualität der gemeinschaftlichen Rechtsvorschriften liegt im Entwurf vor (ABl. 1999 C 98/496).

Art. 198 (ex-Art. 141) (Beschlußfassung, Beschlußfähigkeit)

Soweit dieser Vertrag nichts anderes bestimmt, beschließt das Europäische Parlament mit der absoluten Mehrheit der abgegebenen Stimmen.

Die Geschäftsordnung legt die Beschlußfähigkeit fest.

I. Normzweck

1   Wie jedes Parlament, faßt auch das EP seine **Beschlüsse** mit **Mehrheit.** Diese Grundregel ist in Satz 1 der Vorschrift festgehalten. Die **Beschlußfähigkeit** des EP wird nicht im EGV selbst geregelt, insoweit verweist der EGV (Satz 2 der Vorschrift) auf die GO des EP. Dort befinden sich die Regeln über die Beschlußfähigkeit und die Abstimmungen in Art. 112 bis 125.

II. Mehrheitserfordernisse

1. Einfache Mehrheit

2   Für den Regelfall besagt Art. 198 Abs. 1, daß für das Zustandekommen von Beschlüssen die **Mehrheit der abgegebenen Stimmen** erforderlich ist, aber auch ausreicht. Auf die Zahl der tatsächlich anwesenden Abgeordneten kommt es nicht an, jedenfalls solange nicht, als noch ein Drittel der dem EP angehörenden Parlamentarier im Plenarsaal anwesend ist. Sollten es weniger sein, so steht auch dies dem Zustandekommen von Parlamentsbeschlüssen nicht entgegen, es sei denn, daß der Parlamentspräsident die **Beschlußunfähigkeit** feststellt, sei es auf Antrag von mindestens 29 Abgeordneten, sei es von sich aus, wenn weniger als 29 Abgeordnete im Saal sind (Art. 112 GO EP). Auf die gesetzliche Mitgliederzahl kommt es in die-

sem Zusammenhang nicht an. An anderer Stelle fordert der Vertrag allerdings, daß das EP „mit der absoluten **Mehrheit seiner Mitglieder**" zu entscheiden hat. Dies ist aber die Ausnahme. Generell beschließt das EP mit einfacher Mehrheit.

2. Mehrheit der Mitglieder

Mit dem schrittweisen Ausbau der Rechte des EP, vor allem durch den **3** EUV, sind gesteigerte Anforderungen an die jeweiligen Mehrheiten eingeführt worden. Mit wachsender Bedeutung des EP stellt der EGV auch strengere Anforderungen an die Präsenzpflicht der Abgeordneten. Der EGV kennt inzwischen eine ganze Reihe von Entscheidungen, die nur mit der **Mehrheit der gesetzlichen Mitgliederzahl des EP** zustandekommen können. Diese Mehrheit beträgt nach dem Beitritt Finnlands, Österreichs und Schwedens und einer Erhöhung der Mitgliederzahl auf 626 Abgeordnete nunmehr 314 Stimmen. Zu den Entscheidungen mit **qualifizierter Mehrheit** zählen in der **Rechtssetzung** die Ablehnung des gemeinsamen Standpunktes des Rates bzw. die Annahme von Änderungsvorschlägen zum gemeinsamen Standpunkt des Rates in der zweiten Lesung des Verfahrens der **Mitentscheidung** (Art. 251 [ex-Art. 189b] Abs. 2 Satz 3 b und c). Wenn es zu einer dritten Lesung und zur Einsetzung eines Vermittlungsausschusses kommt, bedarf die Annahme des aus dem Vermittlungsverfahren hervorgegangenen Entwurfs ebenfalls eines Votums der Mehrheit der gesetzlichen Mitgliederzahl des EP (Art. 251 [ex-Art. 189b] Abs. 5 Satz 1). Auch **Beitrittsverträge** bedürfen der Zustimmung des EP mit der **absoluten Mehrheit** seiner Mitglieder (Art. 49 [ex-Art. 0] EUV), ferner die Annahme der Geschäftsordnung des EP (Art. 199 [ex-Art. 142] Abs. 1).

3. Besonders qualifizierte Mehrheit

Das **Mißtrauensvotum** gegen die Kommission bedarf ebenfalls der Mehrheit der gesetzlichen Mitgliederzahl des EP, die zugleich mindestens zwei Drittel der abgegebenen Stimmen ausmachen muß (Art. 201 [ex-Art. 144] Abs. 2). Im **Haushaltsverfahren** entscheidet das EP ebenfalls mit einer doppelt **qualifizierten Mehrheit:** Mit der Mehrheit seiner Mitglieder kann es in erster Lesung Änderungen vorschlagen. In der zweiten Lesung kann es mit der Mehrheit seiner Mitglieder, die zugleich zwei Drittel der abgegebenen Stimmen ausmachen müssen, Änderungen vornehmen, bzw. den Haushaltsplan mit der Mehrheit seiner Mitglieder ablehnen, die zugleich zwei Drittel der abgegebenen Stimmen sein müssen (Art. 272, ex-Art. 203).

III. Abstimmungsverfahren

5   Die GO des EP (Art. 113ff.) regelt die Reihenfolge der Abstimmung, die
     Frage der getrennten Abstimmung über einzelne Textteile bzw. der Abstim-
     mung über den gesamten Text, die formlose, namentliche und geheime Ab-
     stimmung, die jeweils auch elektronisch durchgeführt werden kann, sowie
     das Verfahren für Stimmerklärungen und den Ausschluß der Vertretungs-
     möglichkeit bei der Stimmabgabe.

**Art. 199 (ex-Art. 142) (Geschäftsordnung, Verhandlungsniederschrif-
ten)**

**Das Europäische Parlament gibt sich seine Geschäftsordnung; hierzu
sind die Stimmen der Mehrheit seiner Mitglieder erforderlich.**

**Die Verhandlungsniederschriften des Europäischen Parlaments wer-
den nach den Bestimmungen dieser Geschäftsordnung veröffentlicht.**

I. Normzweck

1   Die Vorschrift enthält die Ermächtigung an das EP, im Wege der **Selbstor-
     ganisation** seine Verfahren zu regeln. Der EGV selbst enthält nur einige
     wenige Bestimmungen über die interne Organisation des EP (vgl.
     Art. 196–199, ex-Art. 139–142). Im übrigen ist die Regelung der Geschäf-
     te dem Organisationsrecht des EP vorbehalten.

II. Rechtliche Tragweite

2   Die GO bedarf der **Zustimmung der Mehrheit der gesetzlichen Mitglie-
     derzahl** des EP (s. Art. 198, ex-Art. 141). Die GO ist, anders als die VerfO
     des Gerichtshofs (Art. 245 [ex-Art. 188] Abs. 3), nicht der Genehmigung
     des Rates unterworfen, d.h. das EP ist hinsichtlich der Regelung seiner Ver-
     fahren nicht auf die Mitwirkung anderer Organe angewiesen, was seiner
     hervorgehobenen Stellung als einem eigenständigen Organ der EG ent-
     spricht. Das Selbstorganisationsrecht hat wiederholte Anpassungen der GO
     erleichtert. Eine weitere Anpassung ist nach dem Inkrafttreten des Vertrags
     von Amsterdam zum 1.5.1999 nötig.

3   **Inhalt der GO** sind namentlich die Regelungen über den Status der Mit-
     glieder des EP, über die Sitzungsperioden, das Präsidium und andere Äm-
     ter, über die Bildung von Fraktionen und Ausschüssen, interparlamentari-
     sche Delegationen für gemischte parlamentarische Ausschüsse mit Parla-

mentariern aus Drittstaaten sowie insbesondere Verfahrensregeln über den
Gang der Beratungen des EP.

Die GO des EP beschränkt sich nicht auf die Regelung der internen Ver-   **4**
fahrensabläufe, sie hat auch unmittelbare Auswirkungen auf die übrigen
Organe der EG, namentlich die Kommission und den Rat. Dies gilt insbesondere dann, wenn ein Zusammenwirken der Organe angezeigt ist, wie
dies vor allem bei der Rechtssetzung der Fall ist. Zur GO hinzu treten eine
Reihe **interinstitutioneller Vereinbarungen zwischen EP, Rat und Kommission.** Gegenstand ist die Regelung verfahrensmäßiger Abläufe, an denen alle drei Organe beteiligt sind. Hervorzuheben sind die am Rande des
Europäischen Rates in Brüssel am 29.10.1993 geschlossenen interinstitutionellen Vereinbarungen (s. Art. 197 Rn. 12f.).

Ein Spannungsverhältnis zwischen der GO des EP und dem EGV kann sich   **5**
ergeben, wenn die GO über Regelungen des EGV hinausgeht. Eine solche
Abweichung wäre eine Selbstbindung des EP und **für die übrigen Gemeinschaftsorgane,** insbesondere den Rat, **rechtlich unwirksam,** könnte
aber gleichwohl zur Herausbildung einer Praxis am EGV vorbei führen.

Art. 200 (ex-Art. 143) (Jährlicher Gesamtbericht)

**Das Europäische Parlament erörtert in öffentlicher Sitzung den jährli-
chen Gesamtbericht, der ihm von der Kommission vorgelegt wird.**

I. Normzweck

Zweck der Erörterung des Jahresberichts der Kommission in öffentlicher   **1**
Sitzung ist die parlamentarische **Kontrolle** der Gemeinschaftstätigkeit.
Adressaten für das EP sind allerdings nicht alle Gemeinschaftsorgane in
gleicher Weise, sondern Adressat ist in erster Linie die **Kommission.** Eine
vergleichsweise stringente Kontrolle des Rates sieht der EGV nicht vor. Insoweit liegt die Kontrolle in erster Linie bei den nationalen Parlamenten.

II. Rechtliche Tragweite

Die rechtliche Tragweite der Bestimmung ist begrenzt. Wie der Integrati-   **2**
onsbericht der Bundesregierung stellt der Jahresbericht der Kommission einen Rückblick auf die Integrationsfortschritte der letzten Zeit dar. In der
Praxis wird er zu Jahresbeginn mit dem in die Zukunft gerichteten **Legislativprogramm** der Kommission diskutiert, mit dem Ziel, eine Verständigung zwischen der Kommission und dem EP über die anstehenden Rechtssetzungsvorhaben zu erzielen. Dabei steht die zukunftsgerichtete Ausrichtung im Vordergrund.

3   Die Funktion des Gesamtberichts ist im Zusammenhang mit der Möglichkeit des Mißtrauensantrags gegen die Kommission (Art. 201, ex-Art. 144) zu sehen, der das politisch einschneidendere Instrument darstellt. Beim Durchgang durch den Jahresbericht steht die **fachliche Prüfung** im Vordergrund. Die verschiedenen Teile des Jahresberichts werden den Fachausschüssen übermittelt. Die Behandlung im Plenum ist nur vorgesehen, wenn ein Ausschuß wesentliche Probleme sieht und es für erforderlich hält, daß das EP dazu Stellung nimmt (Art. 43 GO EP).

4   Außer dem Gesamtbericht der Kommission sind dem EP verschiedene **weitere Berichte** vorzulegen, die zum Teil von hoher politischer Bedeutung sind. Hierzu zählt insbesondere der Jahresbericht der Kommission über die **Anwendung des Gemeinschaftsrechts** (Art. 44 GO EP), sowie die durch den Vertrag von Maastricht neu eingeführten Berichte, namentlich

–   Bericht der Kommission über die Unionsbürgerschaft (Art. 22, ex-Art. 8e),

–   Auskünfte und Bericht der Kommission über die Ausführung des Haushaltsplans und die Durchführung von Weisungen des EP im Zusammenhang mit der Entlastung (Art. 276, ex-Art. 206).

Weitere Berichtspflichten gegenüber dem EP bestehen über die Wirtschafts- und Währungspolitik sowie über die GASP und über die Zusammenarbeit in der Innen- und Justizpolitik. In diesen Bereichen ist die Berichterstattung besonders wichtig, weil insoweit nur sehr begrenzte Beteiligungsrechte des EP gegeben sind und die Berichtspflichten den wesentlichen Ansatzpunkt für die parlamentarische Kontrolle durch das EP bilden. Zu erwähnen sind:

–   Bericht des Vorsitzes und der Kommission über die Ergebnisse der multilateralen Überwachung in der Wirtschaftspolitik (Art. 99 [ex-Art. 103] Abs. 4);

–   Bericht des Vorsitzes über Beschlüsse zur Vermeidung eines übermäßigen Defizits (Art. 104 [ex-Art. 104c] Abs. 11);

–   Jahresbericht der EZB über die Tätigkeit des EZBS und die Geld- und Währungspolitik im vergangenen und laufenden Jahr (Art. 113 [ex-Art. 109b] Abs. 3);

–   regelmäßige Unterrichtung des Vorsitzes und der Kommission über die Entwicklungen in der Außen- und Sicherheitspolitik (Art. 21 [ex-Art. J.11] EUV);

–   regelmäßige Unterrichtung des Vorsitzes und der Kommission über die Zusammenarbeit in der Innen- und Justizpolitik (Art. 39 [ex-Art. K.11] EUV).

Eine weitere umfassende Kontrollmöglichkeit stellt das Instrument der **parlamentarischen Anfragen** dar, die zur schriftlichen bzw. mündlichen Beantwortung vorgesehen werden können, ggf. mit Aussprache im Plenum des EP im Anschluß an die Fragestunde (Art. 40–42 GO EP; s. Art. 197 Rn. 8). **5**

Die Kontrollbefugnisse des EP sind gegenüber der Kommission wesentlich stärker ausgestaltet als gegenüber dem Rat. Gleichwohl bestehen inzwischen auch weitreichende Berichtspflichten des Rates, d.h. in erster Linie des Ratsvorsitzes. Hierzu zählen die Berichte der Präsidentschaft über das Präsidentschaftsprogramm zu Beginn einer Präsidentschaft sowie der Rechenschaftsbericht am Ende einer Präsidentschaft, letzterer regelmäßig verbunden mit dem Bericht über den Europäischen Rat zu Ende jeder Präsidentschaft. Der Bericht wird hier in der Regel vom Regierungschef des Vorsitzlandes oder vom Außenminister erstattet. **6**

Die auf dem Europäischen Rat in Edinburgh beschlossenen Maßnahmen einer offeneren Gestaltung der Arbeitsweise des Ministerrates haben mehr **Transparenz** der Gemeinschaftstätigkeit geschaffen und **mittelbar** dem EP **zusätzliche Kontrollmöglichkeiten** eröffnet. Hierzu zählen die öffentlichen Aussprachen des Rates über sein Arbeitsprogramm, eine verstärkte Presse- und Informationstätigkeit des Vorsitzes und die Veröffentlichung von Abstimmungsergebnissen im Rat. Dagegen hat sich die Forderung des EP, der Rat solle grundsätzlich öffentlich tagen, wenn er als Gesetzgeber tätig werde, nicht durchgesetzt. **7**

Art. 201 (ex-Art. 144) (Mißtrauensantrag gegen die Kommission)

Wird wegen der Tätigkeit der Kommission ein Mißtrauensantrag eingebracht, so darf das Europäische Parlament nicht vor Ablauf von drei Tagen nach seiner Einbringung und nur in offener Abstimmung darüber entscheiden.

Wird der Mißtrauensantrag mit der Mehrheit von zwei Dritteln der abgegebenen Stimmen und mit der Mehrheit der Mitglieder des Europäischen Parlaments angenommen, so müssen die Mitglieder der Kommission geschlossen ihr Amt niederlegen. Sie führen die laufenden Geschäfte bis zur Ernennung ihrer Nachfolger gemäß Artikel 214 weiter. In diesem Fall endet die Amtszeit der als Nachfolger ernannten Mitglieder der Kommission zu dem Zeitpunkt, zu dem die Amtszeit der geschlossen zur Amtsniederlegung verpflichteten Mitglieder der Kommission geendet hätte.

I. Normzweck

1   Das **Mißtrauensvotum** gegen die Kommission stellt die stärkste Sanktion dar, die der EGV gegenüber der Kommission kennt. Satz 1 der Vorschrift regelt das Verfahren, Satz 2 die Rechtsfolgen eines erfolgreichen Mißtrauensantrags und Satz 3 begrenzt die Dauer der Amtszeit der nachfolgenden Kommission. In der Praxis hat sich die Vorschrift eher als ein wirksames Instrument **politischer** Einflußnahme des EP auf die Kommission erwiesen, als daß es tatsächlich zu einer Absetzung der Kommission im Wege des Mißtrauensvotums gekommen wäre.

II. Adressat

2   **Adressat** eines Mißtrauensantrags kann nur die **Kommission als Ganzes** sein. Ein Mißtrauensvotum gegen ein einzelnes Mitglied der Kommission wäre zwar ein politisches Signal, aber in seiner rechtlichen Wirkung einer normalen Entschließung des EP vergleichbar und in seinem rechtlichen Gehalt nicht mehr als eine Empfehlung. Verfahren und Rechtsfolge des Art. 201 wären nicht anwendbar. Die Tatsache, daß der EGV nur die Kommission als Ganzes der politischen Sanktion des Mißtrauensvotums unterwirft, entspricht der generellen Struktur der Gemeinschaftsorgane, wonach die Kommission stets als Gremium entscheidet und das Prinzip der eigenständigen Ressortverantwortung nicht gilt. Hieran hat sich durch den Vertrag von Amsterdam im Prinzip nichts geändert, auch wenn künftig nicht nur die Kommission als Ganzes, sondern vorweg bereits der designierte Kommissionspräsident der Zustimmung des EP bedarf (Art. 214 [ex-Art. 158] Abs. 2) und dem Kommissionspräsidenten neuerdings eine Leitlinienfunktion zuerkannt wird (Art. 219 [ex-Art. 163] Satz 1). Die Konsequenz des Individualmißtrauensvotums hat der EGV jedoch nicht gezogen. Der EGV kennt allerdings auch die individuelle Amtsenthebung eines **einzelnen** Mitglieds der Kommission wegen schwerer Verfehlung und Unfähigkeit zur Amtsausübung, die aber nicht als politisches Verfahren, sondern als rechtliches Verfahren ausgestaltet ist, indem die Entscheidung beim EuGH und die Antragsbefugnis beim Rat oder der Kommission liegen (Art. 216, ex-Art. 160). Eine Wiederernennung wäre in diesem Falle unzulässig, weil die betreffende Person die Voraussetzungen für die Ernennung zum Kommissionsmitglied (Art. 213, ex-Art. 157) nicht mehr erfüllen würde. Dagegen wäre die Wiederernennung der Kommission oder wenigstens einzelner Mitglieder einer aufgrund eines Mißtrauensvotums abgesetzten Kommission jedenfalls rechtlich nicht ausgeschlossen.

III. Das Verfahren

Für den Mißtrauensantrag gilt das Erfordernis einer **besonders qualifizier-** **3**
ten Mehrheit. Der Antrag bedarf, um erfolgreich zu sein, zwei Drittel der
abgegebenen Stimmen, die zugleich die Mehrheit der Mitgliederzahl, d.h.
314 Stimmen sein müssen (s. Erläuterungen zu Art. 198). Dagegen genügt
für die Zustimmung zur Bestellung einer neuen Kommission die Mehrheit
der abgegebenen Stimmen (Art. 214, ex-Art. 158). Bemerkenswert ist, daß
die Entscheidung nur in **offener Abstimmung** getroffen werden kann. Dies
entspricht dem Interesse der Allgemeinheit, aber auch der übrigen Gemeinschaftsinstitutionen, an Transparenz einer derart einschneidenden Maßnahme, wie sie das Mißtrauensvotum darstellt. Demgegenüber folgt das EP
sonst bei Personalentscheidungen, jedenfalls bei Ernennungen, dem Grundsatz geheim abzustimmen (Art. 121 GO EP). Weitere Einzelheiten zum Verfahren des Mißtrauensantrags ergeben sich aus Art. 34 GO EP.

IV. Rechtsfolgen

Rechtsfolge eines erfolgreichen Mißtrauensvotums ist die Verpflichtung der **4**
gesamten Kommission, d.h. des Präsidenten und der übrigen Mitglieder der
Kommission, ihr Amt **geschlossen niederzulegen.** Zugleich haben sie ihr
Amt geschäftsführend bis zur Ernennung der Nachfolgekommission weiterzuführen. Selbst wenn sich das Ernennungsverfahren über einen längeren
Zeitraum hinziehen sollte, wird sich die abgewählte Kommission auf das unbedingt Notwendige beschränken und von größeren politischen Initiativen
absehen. Die Amtszeit der Nachfolgekommission ist auf die verbleibende
Amtszeit der abgesetzten Kommission begrenzt. Ein erfolgloses Mißtrauensvotum ist zwar ohne rechtliche Folgen, wird aber unweigerlich zur politischen Schwächung der Kommission führen. Insoweit gilt ähnliches wie z.B.
für einen Beschluß, mit dem das EP der Kommission die Entlastung für die
Haushaltsführung verweigert (Art. 276, ex-Art. 206), so geschehen gegenüber der Kommission Sauter für den Haushalt 1996 (Abl. 1999 C 104/106).

IV. Zur Praxis

Das **Verfahren** zur Einleitung eines Mißtrauensvotums ist besonders aus- **5**
gestaltet, wurde aber noch nie erfolgreich praktiziert. Dazu mag nicht nur
die Schwerfälligkeit des Verfahrens, sondern auch die Ungewißheit beigetragen haben, daß eine abgesetzte Kommission weiter tätig bleibt, wenn Rat
und EP sich nicht auf eine neue Kommission verständigen können. So kom-
pliziert das Verfahren nach Art. 201 auch sein mag, so geht es doch nicht so

weit, wie das Grundgesetz. Eine Verbindung des Mißtrauensvotums mit der Bestellung einer neuen Kommission ist nicht vorgesehen. Ein konstruktives Mißtrauensvotum wäre auch aus institutionellen Gründen mit der Struktur des EGV unvereinbar, da die Bestellung einer neuen Kommission nicht nur eine Sache des EP ist, sondern nach wie vor entscheidend mit beim Rat liegt.

Abschnitt 2. Der Rat

Vorbem. Art. 202–210 (ex-Art. 145–154)

Literatur: *Bruha/Münch*, Stärkung der Durchführungsbefugnisse der Kommission, NJW 1987, 542ff.; *Demmke/Haibach,* Die Rolle der Komitologieausschüsse bei der Durchführung des Gemeinschaftsrechts und in der Rechtsprechung des EuGH, DÖV 1997, 710ff.; *Dreher,* Transparenz und Publizität bei Ratsentscheidungen, EuZW 1996, 487ff.; *Glaesner*, Der Europäische Rat, EuR 1994, 22ff.; *Hailbronner,* Europa 1992: Das institutionelle System der Europäischen Gemeinschaften, JuS 1990, 263ff. u. 439ff.; *Hilf*, Die Organisationsstruktur der Europäischen Gemeinschaften, 1982; *Konow*, Die Beschlußfassung des Rates und die Erweiterung der Europäischen Gemeinschaften, ZRP 1997, 321ff.; *Kamann*, Regierungskonferenz 1996/97 – Überlegungen zu einer Reform des Beschlußverfahrens im Rat der Europäischen Union, EuR 1997, 58ff.; *Kugelmann*, Zur Transparenz des Handelns der Europäischen Union, EuR 1996, 207ff.; *Meng*, Der Komitologie-Beschluß, ZaÖRV 1988, 208ff.; *Nentwich*, Institutionelle und verfahrensrechtliche Neuerungen im Vertrag über die Europäische Union, EuZW 1992, 235ff.; *Röger*, Ein neuer Informationsanspruch auf europäischer Ebene: Der Verhaltenskodex vom 6. Dezember 1993 für den Zugang der Öffentlichkeit zu Kommissions- und Ratsdokumenten, BVBl 1994, 1182ff.; *Schilling,* Zur Verfassungsbindung des deutschen Vertreters bei der Mitwirkung an der Rechtsetzung im Rat der EU, DVBl. 1997, 458ff.; *Streinz*, Die Luxemburger Vereinbarung, 1984; *Strohmeier*, Die Befugnisse von Rat und Kommission der Europäischen Gemeinschaften zur Einsetzung von Ausschüssen, 1972; *Wuermeling*, Streicht die Räte und rettet den Rat! Überlegungen zur Reform des EU-Ministerrates, EuR 1996, 167ff.

1   Der „**Rat der Europäischen Union**" (vgl. zur offiziellen Bezeichnung Beschluß des Rates 93/591 v. 8.11.1993, ABl. 1993 L 281/18) ist nach Art. 7 (ex-Art. 4) Gemeinschaftsorgan. Aus der Gesamtheit der Aufgaben und Befugnisse des Rates wird teilweise gefolgert,daß er primär eine politische Steuerungsfunktion innerhalb der EU wahrnehme (*Oppermann*, Europarecht, 1991, Rn. 278). Jedenfalls spielt der Rat eine wichtige Rolle als **Rechtsetzungsorgan im Rahmen des EGV**; darüberhinaus hat er u.a. wichtige Kompetenzen im Bereich des Haushalts (Art. 268ff., ex-Art. 199ff.), der Außenbeziehungen (Art. 300, ex-Art. 228) oder bei der Entscheidung über die Aufnahme neuer Mitglieder (Art. 49, ex-Art. O EUV). Er besteht aus den Ministern, die befugt sind, für die Regierungen der Mitgliedstaaten zu handeln (Art. 203, ex-Art. 146). Ursprünglich existierte für EWG, EAG und EGKS je ein besonderer Rat. Durch Art. 1 Abs. 1 FusV v. 8.4.1965 wurde an deren Stelle ein (gemeinsamer) Rat der Europäischen Gemeinschaften eingesetzt, dessen Tätigkeit je nach dem Sachgebiet den Vorschriften des betreffenden Gemeinschaftsvertrages unterliegt, Art. 305 (ex-Art. 232) (vgl. *Geiger*, Art. 145 Rn. 1).

Die Vertreter der Regierungen der Mitgliedstaaten, die den Rat bilden, kön-   **2** nen auch in ihrer Funktion als Regierungsvertreter tagen. Dann nennt man das Gremium „**die im Rat vereinigten Vertreter der Mitgliedstaaten**" (*Streinz,* Europarecht, Rn. 272). Eine Beschlußfassung in dieser Funktion ist durch das primäre Gemeinschaftsrecht ausdrücklich vorgesehen (z.B. Art. 289: Bestimmungen des Sitzes der Organe – ex-Art. 216; Art. 223, 225 Abs. 3: Ernennung der Richter und Generalanwälte – ex-Art. 167, 168 a; Art. 214 Abs. 2 : Ernennung der Mitglieder der Kommission – ex-Art. 158). Die Rechtsnatur dieser „**uneigentlichen Ratsbeschlüsse**", die unter verschiedenen Bezeichnungen ergehen und im Amtsblatt veröffentlicht werden, ist umstritten. Soweit sie im Primärrecht eine Grundlage haben, ist ihre Zulässigkeit unstreitig; sie sind dann als völkerrechtliche Verwaltungsabkommen zu qualifizieren. Fehlt diese Grundlage, sind sie als völkerrechtliche Verträge einzustufen, deren Zulässigkeit sich aus allgemeinen Regeln des Verfassungs- und Völkerrechts ergibt (*Streinz,* Europarecht, Rz. 275).

Im „**Europäischen Rat**" kommen die Staats- und Regierungschefs der   **3** Mitgliedstaaten und der Präsident der Kommission zusammen (Art. 4, ex-Art. D EUV). Der Europäische Rat tritt mindestens zweimal jährlich unter dem Vorsitz des Staats- und Regierungschefs zusammen, der im Rat den Vorsitz hat. Er bestimmt die großen Linien der Unionspolitik auf höchster Ebene. Die Staats- und Regierungschefs können in unterschiedlichen Funktionen tagen. Zusammen mit dem Präsidenten der Kommission bilden sie den Europäischen Rat; alleine können sie als Gemeinschaftsorgan Rat (z.B. Art. 121 Abs.4 S. 2, ex-Art. 109 j) oder als im Rat vereinigte Vertreter der Regierungen der Mitgliedstaaten (z.B. Art. 112 Abs.2 lit. b, ex-Art. 109 a) tagen. Die **Beschlüsse** des Europäischen Rates sind **grundsätzlich politischer Natur** (vgl. Art. 4 UAbs.1, ex-Art. D EUV). Eine differenzierte Betrachtungsweise ist aber für diejenigen Fälle geboten, in denen die „allgemeinen Leitlinien des Europäischen Rates" ausdrücklich zur Grundlage von Beschlüssen des Rates erklärt werden, was im Bereich der GASP geschieht (z.B. Art. 13 Abs. 3, ex-Art. J.3 EUV).

4   Der „Europarat" ist eine **internationale Organisation**, die es sich zur Aufgabe gemacht hat, sich für die Menschenrechte und Grundfreiheiten sowie die Herrschaft des Rechts einzusetzen. Zwischen der Gemeinschaft und dem Europarat besteht eine enge Zusammenarbeit (Art. 303, ex-Art. 230).

Art. 202 (ex-Art. 145) (Pflichten und Rechte des Rates)

Zur Verwirklichung der Ziele und nach Maßgabe dieses Vertrags
- **sorgt der Rat für die Abstimmung der Wirtschaftspolitik der Mitgliedstaaten;**
- **besitzt der Rat eine Entscheidungsbefugnis;**
- **überträgt der Rat der Kommission in den von ihm angenommenen Rechtsakten die Befugnisse zur Durchführung der Vorschriften, die er erläßt. Der Rat kann bestimmte Modalitäten für die Ausübung dieser Befugnisse festlegen. Er kann sich in spezifischen Fällen außerdem vorbehalten, Durchführungsbefugnisse selbst auszuüben. Die oben genannten Modalitäten müssen den Grundsätzen und Regeln entsprechen, die der Rat auf Vorschlag der Kommission nach Stellungnahme des Europäischen Parlaments vorher einstimmig festgelegt hat.**

I. Allgemeines

1   Art. 202 (ex-Art. 145) konkretisiert die allgemeine Handlungsbefugnis der Gemeinschaftsorgane in Art. 5 (ex-Art. E) EUV und weist dem Rat bestimmte Rechte und Pflichten zu, die der Verwirklichung der Vertragsziele dienen, aber nicht abschließend sind; Art. 202 enthält in den einzelnen Spiegelstrichen **Aufgabenbeschreibungen, nicht aber Kompetenzzuweisungen;** diese ergeben sich erst aus den entsprechenden Bestimmungen des EGV nach Maßgabe dieses Vertrags (vgl. auch BVerfGE 89, 155).

II. Aufgabenbereiche

1. Wirtschaftspolitik

2   Zur **Koordinierung der allgemeinen Wirtschaftspolitik,** die gemäß Art. 4 (ex-Art. 3 a) zu den Aufgaben der EG und der Mitgliedstaaten zählt, kann der Rat neben unverbindlichen Beschlüssen auch verbindliche Entscheidungen, vor allem auf der Grundlage von Art. 98, 99 (ex-Art. 102a, 103), treffen; insoweit ist Art. 202, 1. Spiegelstrich gegenüber dem 2. Spiegelstrich die speziellere Norm.

2. Entscheidungsbefugnis

Als zweite allgemeine Aufgabe erwähnt Art. 202 Entscheidungsbefugnisse   **3**
des Rates, die nicht nur Entscheidungen i.S.v. Art. 249 UAbs. 4 (ex-Art.
189) umfassen. Sie bezieht sich auf alle verbindlichen Entscheidungsbefugnisse des Rates und unterstreicht damit insbesondere die Rolle des Rates als **Rechtsetzungsorgan;** z.B. Rechtsetzung in Form von VOen und
RLn (Art. 249, ex-Art. 189 EGV), völkerrechtliche Vertragsschlußbefug-
nisse (Art. 300, ex -Art. 228 EGV), aber auch Mitgliederernennung von Gemeinschaftsorganen (Art. 247 Abs. 3, 258 UAbs. 2, ex-Art. 188b, 194).

3. Übertragung von Durchführungsbefugnissen

Aus Art. 211, 4. Spiegelstrich (ex-Art. 155) und 202, 3. Spiegelstrich ergibt   **4**
sich, daß der Rat regelmäßig die Durchführung von Rechtsakten der Kommission nach Satz 1 überträgt. Dies trägt dem Bedürfnis des Rates Rechnung, durch die Delegation von Befugnissen entlastet zu werden, ohne die
Kontrolle über die übertragenen Materien völlig zu verlieren (*Streinz,* Europarecht, Rn. 454). Die Modalitäten der Ausübung der Durchführungsbefugnisse kann der Rat vorab festlegen. Die Festlegung von entsprechenden
Grundsätzen und Regeln erfolgte am 13.7.1987 durch den sogenannten
„Komitologie-Beschluß" 87/373/EWGV (ABl. 1987 L 197/33; gegenwärtig liegt dem Rat ein Vorschlag der Kommission zur Neuregelung der „Ko-
mitologie-Verfahren" zur Beschlußfassung vor), dem in der Praxis eine
große Bedeutung zukommt (vgl. dazu näher *Demmke/Haibach,* DÖV 1997,
710ff.). Aus dem EGV ergibt sich („ vorher… festgelegt"), daß dieser Aus-
schußbeschluß abschließend ist. Bei Erlaß eines Rechtsaktes kann daher
kein neues Verfahren etwa unter Berufung darauf eingeführt werden, daß es
sich um einen speziellen Fall handelte (*Jacqué,* in: GTE, Art. 145, Rn. 18).
Nach dem Komitologie-Beschluß legt der Rat in einem Rechtsakt die Voraussetzungen von Durchführungsmaßnahmen fest und bestimmt das für
ihren Erlaß anwendbare Verfahren durch die Einsetzung von Ausschüssen
unter Vorsitz der Kommission. Zwischen einem Beratungs-, Verwaltungs-
und Regelungsausschußverfahren besteht Wahlmöglichkeit; je nach Ausschuß sind die Entscheidungsbefugnisse von Kommission und Rat unterschiedlich groß.

Zu den Durchführungsmaßnahmen zählen **Rechtsakte allgemeiner oder**   **5**
konkreter Art, die die Vorschriften des durchzuführenden Rechtsaktes
näher bestimmen (zur allgemeinen Tragweite dieser Bestimmung vgl.
EuGH, Rs. 16/88, Kommission/Rat, Slg. 1989, 3457ff.). Die durchzu-
führende Grundmaßnahme muß allerdings alle wesentlichen Elemente der

zu regelnden Materie enthalten (EuGH, Rs. 46/86, Romkes, Slg. 1987, 2686ff.; Rs. 338/85, Fratelli Pardini SpA/Ministro del commercio con l'estro und Banca Toscana [Filiale Lucca], Slg. 1988, 2041, 2081f.). Auf der anderen Seite muß die Durchführungsmaßnahme sich **im Rahmen der sekundärrechtlichen Ermächtigung halten,** andernfalls handelt es sich um eine Änderung des Rechtsaktes, die auf das Primärrecht zu stützen ist (vgl. dazu EuGH, Slg. 1996, I–2943 C-303/94, EP/Rat).

6   Art. 202, 3. Spiegelstrich (ex-Art. 145) und der Komitologie-Beschluß finden nach Wortlaut und Entstehungsgeschichte auch auf Rechtsakte Anwendung, die vom **Rat und EP** gemeinsam im Mitentscheidungsverfahren nach Art. 251 (ex-Art. 189b) erlassen worden sind (vgl. zur Entstehungsgeschichte Beilage 2/91 zum Bulletin der EG, 115ff.). Das EP hatte diese Auslegung zunächst nicht mitgetragen und drohte in einigen Fällen den Abschluß des Mitentscheidungsverfahrens zu gefährden, wenn ein Rechtsakt ein Regelungsausschußverfahren enthielt, an dem das EP nicht beteiligt war. Der Konflikt zwischen Rat, EP und Kommission wurde auf dem Verhandlungswege beigelegt. Die Organe einigten sich auf einen sog. „modus vivendi" (ABl. 1996, C 102/1), der die Bestimmungen des Komitologiebeschlusses und die unterschiedlichen Rechtsauffassungen der drei Organe unberührt läßt und lediglich Leitlinien enthält, die nur die beteiligten Organe binden. Der „modus vivendi" sieht vor, daß das EP von der Kommission über die von ihr beabsichtigten Durchführungsmaßnahmen informiert wird. Der Rat wiederum erläßt, wenn er eine Sache an sich zieht, einen allgemeinen Rechtsakt erst dann, wenn er das EP zuvor über sein Vorhaben in Kenntnis gesetzt und ihm eine angemessene Frist zur Stellungnahme gewährt hat. Soweit diese Stellungnahme negativ ausfallen sollte, muß er nach einer angemessenen Lösung suchen. Das Tätigwerden des EP muß rasch erfolgen, da der „modus vivendi" vorsieht, daß Maßnahmen innerhalb der in der Grundregelung vorgesehenen Fristen zu erlassen sind. Daraus folgt, daß der Rat nicht daran gehindert ist, in der von ihm gewünschten Weise vorzugehen, sofern sich das EP nicht einigt (*Jacqué*, in: GTE, Art. 145, Rn. 30).

7   Durch die im Komitologie-Beschluß vorgesehenen Verfahren wurde die seit der EEA gestärkte Rolle des EP bei der Rechtsetzung in gewisser Weise wieder entwertet, da eine Parlamentsbeteiligung dort nicht vorgesehen ist. Rechtlich ist dies nicht zu beanstanden. Art. 202, 3. Spiegelstrich regelt nicht die Ermächtigung des Rates zur Übertragung eigener Organbefugnisse, sondern die Ermächtigung zur Delegation von Gemeinschaftskompetenzen in die Zuständigkeit der Kommission, so daß die Kommission bei der Wahrnehmung ihrer Durchführungsbefugnisse nicht an die Verfahrens-

regeln gebunden ist, die für den Rat bei Erlaß der Grundvorschriften gelten. Eine entsprechende Klage des EP gegen den Komitologie-Beschluß wurde deshalb bereits als unzulässig abgewiesen (EuGH, Rs. 302/87 Parlament/Rat, Slg. 1988, 5615, 5640ff.). Die Regierungskonferenz der Vertreter der Regierungen der Mitgliedstaaten hat die Kommission in der 30. Erklärung zur Schlußakte des Amsterdamer Vertrages aufgefordert, bis spätestens Ende 1998 einen Vorschlag zur Änderung des Komitologie-Beschlusses vorzulegen; dieser Aufforderung ist die Kommission nachgekommen. Das EP hat sich seine Beteiligung an der Ausarbeitung des Textes vorbehalten und die Annahme der Novellierung von seiner Zustimmung abhängig gemacht (Entschließung vom 19.11.1997, Dok A 4–0347/97, EuGRZ 1998, 69, 71). Rechtlich sind diese Forderungen bedeutungslos, weil Art. 202 die Beteiligung des EP bei der Ausarbeitung der Komitologie eben nicht fordert.

Art. 203 (ex-Art. 146) (Zusammensetzung des Rates, Vorsitz)

Der Rat besteht aus je einem Vertreter jedes Mitgliedstaats auf Ministerebene, der befugt ist, für die Regierung des Mitgliedstaats verbindlich zu handeln.

Der Vorsitz im Rat wird von den Mitgliedstaaten nacheinander für je sechs Monate wahrgenommen, die Reihenfolge wird vom Rat einstimmig beschlossen.

I. Allgemeines

Art. 203 löst den alten Art. 2 FusV ab. UAbs. 1 regelt gegenüber der alten Fassung in konkretisierter Form die Zusammensetzung des Rates. UAbs. 2 bestimmt die periodische Reihenfolge des Vorsitzes im Rat. Die Bestimmung wurde durch Art. 12 der gemeinsamen Beitrittsakte der Republik Österreich, der Republik Finnland und des Königreichs Schweden zur Europäischen Union geändert. **1**

II. Zusammensetzung des Rates

Es gibt nur einen einzigen Rat der EU, obgleich er je nach Art der zu behandelnden Themen in unterschiedlicher Zusammensetzung tagt. Die Summe der jeweiligen Fachminister bilden die **Fachräte** in ca. 20 Konstellationen (z.B. Landwirtschaft, Binnenmarkt, Verkehr, etc.). Die Entscheidungen des Rates werden unmittelbar bestimmt durch die nationalen Regierungen der Mitgliedstaaten, die durch ihre jeweiligen Fachminister im Rat vertre- **2** ten sind. Der Rat übt als Organ der EG supranationale Hoheitsgewalt aus. Der Ratsvertreter nimmt als (nationales) Staatsorgan nationale Interessen wahr. Insoweit übt er z.B. deutsche Hoheitsgewalt aus (*Schilling*, DVBl. 1997, 458, 459).

3   Im Gegensatz zu Art. 2 FusV setzt sich der Rat nicht mehr notwendig nur aus Mitgliedern der Regierungen der Mitgliedstaaten zusammen, sondern aus **Vertretern im Ministerrang**, die befugt sind, für die Regierungen der Mitgliedstaaten zu handeln. Das bedeutet für Deutschland, daß grundsätzlich künftig nicht allein Bundesminister entsandt werden können, sondern auch Landesminister. Die Befugnis für die jeweilige Regierung des Mitgliedstaates zu handeln, ergibt sich aus dem nationalen Recht. Nach Art. 62, 65 Satz 2 GG leitet jeder Bundesminister innerhalb der RLn des Bundeskanzlers seinen Geschäftsbereich selbständig und in eigener Verantwortung. Art. 23 Abs. 6 GG sieht vor, daß die Wahrnehmung der Rechte der Bundesrepublik als Mitgliedstaat der EG vom Bund auf einen vom Bundesrat benannten Vertreter der Länder übertragen werden kann, sofern im Schwerpunkt ausschließlich Gesetzgebungsbefugnisse der Länder betroffen sind. Diese Regelung ist nunmehr konkretisiert in § 6 Abs. 2 des Gesetzes über die Zusammenarbeit von Bund und Ländern in Angelegenheiten der Europäischen Union (BGBl. I 1993, 313; zu Beteiligungsrechten der Länder am Zustandekommen von EG-Rechtsakten vor Inkrafttreten des EuZBLG, BVerfG, 2 BvG 1/89, NVwZ 1996, 1093ff.).

4   Problematisch ist, ob die **beamteten und parlamentarischen Staatssekretäre** als Mitglieder des Rates angesehen werden können. Der Wortlaut schließt dies an sich aus, da die Staatssekretäre nicht Regierungsmitglieder sind und Art. 203 UAbs. 1 ausdrücklich Vertretung auf Ministerebene fordert. Gleichwohl wird auch unter Geltung des EGV **gewohnheitsrechtlich anerkannt**, daß die nationalen Staatssekretäre als Mitglieder des Rates angesehen werden (vgl. *Geiger*, Art. 146 Rn. 2 m.w.N.). Weitgehend ohne Begründung wird ein derartiges Gewohnheitsrecht für die mitgliedstaatlichen Beamten und Ständigen Vertreter der Mitgliedstaaten nicht anerkannt; sie gelten nicht als Mitglieder des Rates (*Schweitzer*, in Grabitz/Hilf Art. 146 Rn. 5) und können daher auch nicht an Abstimmungen i.S.v. Art. 205 (ex-Art. 148) teilnehmen. Denn Art. 205 setzt stets Abstimmungen von „Ratsmitgliedern" oder wirksame Stimmrechtsübertragung nach Art. 207 (ex-Art. 150) voraus. Unbenommen bleibt demgegenüber die Möglichkeit, daß der Minister in der Ratssitzung von einem Beamten vertreten wird (Art. 3 GO des Rates). Ein Beamter, der seinen Minister in der Sitzung vertritt kann sich folglich an den Aussprachen beteiligen, er hat aber kein Stimmrecht (*Jacqué*, a.a.O., Art. 146, Rn. 7f.).

III. Vorsitz

Alle sechs Monate wechselt im Rat der Vorsitz. Die Reihenfolge wird 5
gem Uabs.2 einstimmig vom Rat beschlossen. In dem Beschluß v. 1.1.1995
(ABl 1995, L1/220) wurde **folgende Reihenfolge festgelegt**: 1. Halbjahr
1995: Frankreich; 2. Halbjahr 1995: Spanien; danach Italien, Irland, die
Niederlande, Luxemburg, Vereinigtes Königreich, Österreich, Deutschland,
Finnland, Portugal, Frankreich, Schweden, Belgien, Spanien, Dänemark
und Griechenland. In dem Beschluß wurde außerdem festgelegt, daß der
Rat auf Antrag eines Mitgliedstaates den Vorsitz in einem der vorgesehenen
Halbjahreszeiträume wahrnehmen kann.

Die Präsidialmacht führt gleichzeitig Vorsitz im Europäischen Rat und im 6
Ausschuß der Ständigen Vertreter (vgl. weiter Art. 19 Abs. 3 Geschäftsordnung des Rates). Der Vorsitz wird von einem Vertreter des Vorsitzlandes
wahrgenommen, dem Präsidenten. Die Aufgaben des Vorsitzes im Rat beschreibt die GO des Rates.

Art. 204 (ex-Art. 147) (Einberufung des Rates)

**Der Rat wird von seinem Präsidenten aus eigenem Entschluß oder auf
Antrag eines seiner Mitglieder oder der Kommission einberufen.**

Der Präsident entscheidet über die **Einberufung** des Rates nach **eigenem** 1
Ermessen. Bei entsprechender Antragstellung eines der Ratsmitglieder
oder der Kommission besteht eine **Pflicht zur Einberufung** (vgl. auch
Art. 1 Abs. 1 GO des Rates). In der Praxis hat sich in einigen Bereichen eine gewisse Regelmäßigkeit hinsichtlich der Anzahl der Abhaltung der
Fachministerräte herausgebildet; beispielsweise findet der Umweltmini-
sterrat zweimal in einem Halbjahr statt.

Der Präsident teilt sieben Monate vor Beginn seiner Amtszeit die Daten 2
mit, die er für die Tagungen des Rates während seiner Amtszeit vorsieht
und stellt die **vorläufige Tagesordnung** jeder Sitzung auf, die den Ratsmitgliedern und der Kommission spätestens vierzehn Tage vor Beginn der
Tagung übersandt wird (Art. 1 Abs. 2, 2 Abs. 1 GO des Rates). In **Teil A** der
Tagesordnung werden die Punkte aufgenommen, die der Rat ohne Aussprache annehmen kann (Art. 2 Abs. 6 GO des Rates). **Teil B** enthält die
Punkte, zu denen eine Aussprache und ggf. eine Abstimmung erfolgen soll
(Art. 2 Abs. 2 GO des Rates).

Art. 205 (ex-Art. 148)(Beschlußfassung des Rates)

(1) Soweit in diesem Vertrag nichts anderes bestimmt ist, beschließt der Rat mit der Mehrheit seiner Mitglieder.

(2) Ist zu einem Beschluß des Rates die qualifizierte Mehrheit erforderlich, so werden die Stimmen der Mitglieder wie folgt gewogen:

Belgien	5	Irland	3
Dänemark	3	Italien	10
Deutschland	10	Luxemburg	2
Griechenland	5	Niederlande	5
Österreich	4	Finnland	3
Spanien	8	Portugal	5
Schweden	4	Frankreich	10
Vereinigtes Königreich	10		

Beschlüsse kommen zustande, mit einer Mindeststimmenzahl von

– zweiundsechzig Stimmen in den Fällen, in denen die Beschlüsse nach diesem Vertrag auf Vorschlag der Kommission zu fassen sind;
– zweiundsechzig Stimmen, welche die Zustimmung von mindestens zehn Mitgliedern umfassen, in allen anderen Fällen.

(3) Die Stimmenthaltung von anwesenden oder vertretenen Mitgliedern steht dem Zustandekommen von Beschlüssen des Rates, zu denen Einstimmigkeit erforderlich ist, nicht entgegen.

I. Allgemeines

1   Die einzelnen Kompetenznormen des EGV sehen bestimmte **Beschlußfassungsmodalitäten** vor, die Art. 205 definiert. Der Rat beschließt mit einfacher Mehrheit gemäß Abs. 1, wenn eine Ermächtigungsnorm des EGV keine bestimmte Abstimmungsmodalität vorsieht, wie z.B. Art. 133 Abs. 3

UAbs. 1 (ex-Art. 184). Qualifizierte Mehrheit gemäß Abs. 2 ist beispielsweise vorgesehen in Art. 80 Abs. 2, 175 Abs.1 (ex-Art. 84, 130 Abs. 1); Einstimmigkeit nach Abs. 3 z.B. in Art. 213 Abs. 1 UAbs. 2 (ex-Art. 157) oder
wenn der Rat von einem Vorschlag der Kommission abweichen will,
Art. 250 Abs. 1 (ex-Art. 189a).

II. Beschlußfähigkeit

In Art. 6 Abs. 4 GO des Rates ist die **Beschlußfähigkeit** festgelegt. Danach   2
ist für eine Abstimmung im Rat die **Anwesenheit von acht Ratsmitgliedern** erforderlich. Die Abwesenheit von sieben Ratsmitgliedern ermöglicht
allerdings nur dann eine positive Entscheidung nach Art. 205 Abs. 3, wenn
eine entsprechende Anzahl von Stimmen gem. Art. 206 (ex-Art. 149) übertragen worden ist. Auch im Rahmen von Art. 205 Abs. 2 ist eine qualifizierte Mehrheit bei Abwesenheit von Ratsmitgliedern nur erreichbar, wenn
eine Stimmenrechtsübertragung gemäß Art. 206 (ex-Art. 149) stattgefunden hat.

III. Abstimmung

Die in **Abs. 1** vorgesehene Mehrheit ist eine **einfache Mehrheit** der ver-   3
traglich vorgesehenen Mitglieder des Rates, zur Zeit also **acht Stimmen**.
Eine Stimmenwägung findet nicht statt. Die Stimmenthaltung wirkt sich als
Gegenstimme aus.

Abs. 2 regelt **zwei Fälle von qualifizierter Mehrheit**. In beiden Fällen   4
kommt es zu einer **Stimmenwägung**. Der hinter der Stimmenwägung stehende Grundgedanke ist das unterschiedliche wirtschaftliche Gewicht und
die unterschiedliche Bevölkerungsstärke der einzelnen Mitgliedstaaten. Die
Umsetzung dieses Grundgedankens ist allerdings nicht gelungen; die erfolgte Stimmenwägung ist Ergebnis eines politischen Kompromisses, der
nicht den tatsächlichen Bevölkerungs- und Wirtschaftspotentialen entspricht (vgl. auch *Schweitzer*, in Grabitz/Hilf, Art. 148 Rn. 5).

Bei der **qualifizierten Mehrheit** werden die Stimmen der Mitgliedstaaten
gewogen. Von insgesamt 87 Stimmen müssen 62 Stimmen für der Beschluß
abgegeben werden. Nach Art. 205 Abs. 2 UAbs. 2, 1. Spiegelstrich (ex-
Art. 148) genügen 62 Stimmen für die qualifizierte Mehrheit, wenn der Beschluß auf Vorschlag der Kommission zu fassen ist (Ausnahme: Art. 250
Abs. 1, ex-Art. 189). Ist für die Beschlußfassung kein Vorschlag der Kommission erforderlich, müssen die 62 Stimmen von mindestens 10 Staaten
vorliegen (2. Spiegelstrich); insofern spricht man teilweise von einer **doppelt qualifizierten Mehrheit** (*Schweitzer*, in Grabitz/Hilf, Art. 148 Rn. 7).

5   **Einstimmigkeit** bedeutet die Zustimmung aller Ratsmitglieder oder wirksame Vertretung (vorgesehen z.B. in Art. 175 Abs. 2, 190 Abs.4, ex-Art. 130s, 138); Stimmenthaltung ist insoweit unschädlich (Abs. 3). Im Extremfall kann daher ein einstimmiger Beschluß mit nur einer Stimme und elf Enthaltungen angenommen werden.

6   Vor der Abstimmung im Rat muß die **deutsche Delegation** sich im **Innenverhältnis** in gewissem Umfang mit dem Bundesrat und dem Bundestag koordinieren; die entsprechenden Anforderungen richten sich nach dem Gesetz über die Zusammenarbeit von Bundesregierung und Deutschem Bundestag in Angelegenheiten der EU (BGBl. I 1993, 311) und dem Gesetz über die Zusammenarbeit von Bund und Ländern in Angelegenheiten der EU (BGBl. I 1993, 313).

IV. Die Luxemburger Vereinbarung

7   Nach dem EWG-Vertrag hätte der Ministerrat ab 1966 in einigen Bereichen (u.a. Landwirtschafts- und Handelspolitik) erstmals mit qualifizierter Mehrheit zu entscheiden gehabt. Frankreich, das unter seinem Staatspräsidenten De Gaulle die Möglichkeit einer Majorisierung verhindern wollte, zog sich über ein halbes Jahr von den Arbeiten des Ministerrates zurück und blockierte durch eine **„Politik des leeren Stuhls"** die Arbeiten des Gemeinschaftsorgans. Die politische Krise wurde erst durch die sogenannte „Luxemburger Vereinbarung" der EWG-Außenminister v. 29.1.1966 kompromißhaft beigelegt (Bull. EWG 1966, Nr. 3, 9). Dort verständigten sich die Außenminister bei Mehrheitsbeschlüssen, die „sehr wichtige Interessen" der Mitglieder berührten, „innerhalb eines angemessenen Zeitraums" zu einstimmigen Beschlüssen „zu kommen. Frankreich verlangte in solchen Fällen Erörterung so lange, bis Einstimmigkeit erzielt war.

8   Dogmatisch ist die „Luxemburger Vereinbarung" wohl als rechtlich unverbindliches **„gentlemen agreement"** einzustufen. Die Einordnung als Gemeinschaftsgewohnheitsrecht wird bereits an der erforderlichen gemeinsamen Rechtsüberzeugung (communis opinio iuris) scheitern, da auch in politisch brisanten Fällen oft Mehrheitsentscheidungen gegen den ausdrücklichen Willen eines Mitgliedstaates zustande kommen (vgl. zum Meinungsstand *Schweitze*r, in Grabitz/Hilf, Art. 148 Rn. 13f.).

V. Kompromiß von Ioannina

9   Ähnlich wie die Luxemburger Vereinbarung weicht auch der Kompromiß von Ioannina (Beschluß des Rates v. 29.3.1994 – ABl. C 105/1) zunächst von den Bestimmungen des EGV ab. Danach soll dann, wenn „sehr wich-

tige Interessen" berührt sind, ungeachtet der im Beitrittsvertrag mit Finnland, Österreich und Schweden festgelegten neuen **Sperrminorität** des Art.
205 Abs.2 (ex-Art. 148 Abs. 2) die „alte" (**mindestens 23 Stimmen**) das
Zustandekommen eines Beschlusses verhindern können. Der Rat wird dann
alles in seiner Macht Stehende tun, um innerhalb einer angemessenen
Zeit... eine zufriedenstellende Lösung zu finden, die mit mindestens 68
Stimmen angenommen werden kann. Dieses Verfahren setzt die Einhaltung
der Vertragsbestimmungen voraus, d.h. wenn der Rat dem EGV zufolge innerhalb einer bestimmten Frist einen Beschluß fassen muß, so darf er sie
bei seinen Bemühungen um eine Lösung des Problems nicht überschreiten
(*Jacqué*, in: GTE, Art. 148, Rn. 23). Der Kompromiß von Ioannina ist wie
die Luxemburger Vereinbarung als **rechtlich unverbindliches „gentlemen
agreement"** anzusehen. Die Bestimmungen des Art. 205 Abs.2 ändert er
nicht. Eine Einordnung als Gemeinschaftsgewohnheitsrecht scheitert an der
erforderlichen gemeinsamen Rechtsüberzeugung. Die Regierungskonferenz der Vertreter der Mitgliedstaaten hat in der 50. Erklärung zur
Schlußakte des Amsterdamer Vertrages erklärt, daß die Geltungsdauer des
Beschlusses v. 29.3.1994 bis zum Zeitpunkt des Inkrafttretens der ersten
Erweiterung verlängert wird und daß bis zu diesem Zeitpunkt eine Lösung
für den Sonderfall Spaniens gefunden wird.

VI. Verfahren

Das **Beschlußverfahren** ist weitgehend in der GO des Rates geregelt. Die **10**
Abstimmung im Rat erfolgt grundsätzlich auf Veranlassung seines Präsidenten (Art. 7 Abs. 1 GO des Rates). Abgestimmt wird über sogenannte **A-
und B-Punkte** der Tagesordnung (vgl. Art. 2 Abs. 6 GO des Rates). Die **A-
Punkte** sind die Tagesordnungspunkte, die der Rat ohne Aussprache genehmigen kann, weil sich beispielsweise der Ausschuß der Ständigen Vertreter (Art. 208, ex-Art. 151) bereits vorher geeinigt hat. Der Rat beschließt
im Grundsatz nur auf der Grundlage von Schriftstücken und Entwürfen, die
in der nach der geltenden Sprachenregelung vorgesehenen Sprache vorliegen (Art. 10 Abs. 1 GO des Rates). In dringenden Angelegenheiten können
Beschlüsse des Rates durch schriftliche Abstimmung gefaßt werden, wenn
beispielsweise der Ausschuß der Ständigen Vertreter dies einstimmig mit
Zustimmung der Kommission beschließt (Art. 8 GO des Rates). Ein
Rechtsakt, der dann nicht mit entsprechender Mehrheit im schriftlichen
Verfahren angenommen wird, verstößt gegen wesentliche Formvorschriften
und ist daher nichtig (EuGH, Rs. 68/86, Vereinigtes Königreich/Rat, Slg.
1988, 855, 900ff.).

11   In der Praxis hat sich neben den gemeinschaftlich vorgesehenen Abstimmungsmodalitäten auch die **Stimmabgabe „ad referendum"** herausgebildet. Dieses gemeinschafts- oder völkerrechtlich nicht zu beanstandende
Vorgehen bedeutet Zustimmung, wobei deren Wirksamkeit abhängig gemacht wird von der nachträglichen Zustimmung durch die jeweilige Regierung (vgl. dazu *Schweitzer*, in Grabitz/Hilf, Art. 148 Rn. 17 m.w.N.).

VII. Transparenz und Öffentlichkeit

12   Anforderungen an die Transparenz und Öffentlichkeit von Ratssitzungen
ergeben sich derzeit vor allem aus der GO des Rates, die im Lichte der Art.
207 Abs. 3 UAbs. 2, 255 Abs. 3 (ex-Art. 151, 191a) überarbeitungsbedürf-
tig ist, weil sie hinter den Anforderungen des Primärrechts zurückbleibt.
Grundsätzlich sind die **Arbeiten des Rates** nach der GO **vertraulich** (Art.
5 Abs. 2 GO des Rates), nur ausnahmsweise sind die Aussprachen im Rat
öffentlich (Art.6 GO des Rates). Über die Beratungen des Rates wird vom
Generalsekretariat ein Protokoll angefertigt (vgl. dazu Art. 9 GO des Rates). Abstimmungsprotokolle werden gem. Art. 7 Abs. 5 GO des Rates veröffentlicht, wenn der Rat als Gesetzgeber tätig wird, es sei denn, daß er mit
der Mehrheit seiner Mitglieder anders entscheidet. Diese Einschränkung ist
im Hinblick auf die Anforderungen von Art. 207 Abs. 3 UAbs. 2 S.3 (ex-
Art. 151) künftig nicht mehr haltbar. Der am 2.10.1995 beschlossene „**Verhaltenskodex** betreffend den Zugang der Öffentlichkeit zu Protokollen und
Protokollerklärungen des Rates in seiner Rolle als Gesetzgeber", ändert an
diesem Befund nichts. Er hat nur interne Wirkung (vgl. dazu näher *Dreher*,
EuZW 1996, 487ff.).

13   Am 6. Dezember 1993 verabschiedeten Rat und Kommission einen **Verhaltenskodex** für den Zugang der Öffentlichkeit zu ihren Dokumenten
(ABl. 1993, L 340/41). Er stellt eine **Selbstverpflichtung der Organe** dar,
die nicht einklagbar ist. Durch spezielle Beschlüsse werden die internen
Verpflichtungen nach außen gewendet (*Kugelmann* EuR 1996, 211). Die
Öffentlichkeit von Ratsdokumenten wird im Beschluß 93/731/EG des Rates v. 20.12.1993 geregelt (ABl. L 340/43, zuletzt geändert in ABl. 1996, L
235/9). Art. 151 Abs. 3 (jetzt Art. 207 Abs. 3) wurde vom EuGH als ausreichende Rechtsgrundlage anerkannt; obwohl der Beschluß Rechtswirkungen gegenüber Dritten entfalte, könne seine Qualifizierung als interne Maßnahme nicht in Frage stellen (EuGH, C-58/94, Niederlande/Rat, Slg. 1996,
I–2169, Rn. 38). Nach dem Beschluß kann jedermann den Zugang zu Dokumenten beantragen, ohne ein besonderes Interesse nachweisen zu müssen. Der Zugang zu einem Dokument kann aber verweigert werden, wenn

dies zur Gewährleistung der Vertraulichkeit der Beratungen erforderlich ist (vgl. dazu näher EuGeJ, T-194/94, John Carvel u. Guardian Newspapers Ltd/Rat, Slg. 1995 II–2765; vgl. auch die Erläuterungen zu Art. 255).

Art. 206 (ex-Art. 150) (Stimmrechtsübertragung)

Jedes Mitglied kann sich das Stimmrecht höchstens eines anderen Mitglieds übertragen lassen.

Art. 206 dient der **Sicherung der Beschlußfassung** des Rates, wenn einzelne Mitglieder an der Teilnahme verhindert sind. Nach dieser Bestimmung kann jedem Mitglied nur höchstens eine Stimme übertragen werden (vgl. auch Art. 7 Abs. 3 GO des Rates). Streitig ist, ob das Ratsmitglied dem eine Stimme übertragen worden ist, insoweit den **Weisungen der fremden Regierung** unterliegt (vgl. dazu *Geiger*, Art. 150 Rn. 1 m.w.N.). In der Praxis ist diese Problematik aber noch nicht virulent geworden, weil sich die Fachminister bei der Stimmabgabe regelmäßig im Rahmen ihrer Delegation durch Staatssekretäre vertreten lassen.

Art. 206 **gilt nur für die Stimmabgabe.** Bei den Beratungen können sich Regierungsvertreter selbstverständlich durch nationale Beamte vertreten lassen (näher dazu Art. 203, Rn. 4).

Art. 207 (ex-Art. 151) (Ausschuß der Ständigen Vertreter; Generalsekretariat; Geschäftsordnung; Zugang zu Dokumenten)

(1) Ein Ausschuß, der sich aus den Ständigen Vertretern der Mitgliedstaaten zusammensetzt, hat die Aufgabe, die Arbeiten des Rates vorzubereiten und die ihm vom Rat übertragenen Aufträge auszuführen. Der Ausschuß kann in Fällen, die in der Geschäftsordnung des Rates festgelegt sind, Verfahrensbeschlüsse fassen.

(2) Der Rat wird von einem Generalsekretariat unterstützt, das einem Generalsekretär und Hohen Vertreter für die Gemeinsame Außen- und Sicherheitspolitik untersteht; diesem steht ein Stellvertretender Generalsekretär zur Seite, der für die organisatorische Leitung des Generalsekretariats verantwortlich ist. Der Generalsekretär und der Stellvertretende Generalsekretär werden vom Rat durch einstimmigen Beschluß ernannt.

Der Rat entscheidet über die Organisation des Generalsekretariats.

(3) Der Rat gibt sich eine Geschäftsordnung.

Der Rat legt zur Anwendung des Art. 255 Abs. 3 in seiner Geschäftsordnung die Bedingungen fest, unter denen die Öffentlichkeit Zugang zu Dokumenten des Rates erhält. Für die Zwecke dieses Absatzes bestimmt der Rat die Fälle, in denen davon auszugehen ist, daß er als Gesetzgeber tätig wird, damit in solchen Fällen umfassenderer Zugang zu den Dokumenten gewährt werden kann, gleichzeitig aber die Wirksamkeit des Beschlußfassungsverfahrens gewahrt bleibt. In jedem Fall werden, wenn der Rat als Gesetzgeber tätig wird, die Abstimmungsergebnisse sowie die Erklärungen zur Stimmabgabe und die Protokollerklärungen veröffentlicht.

I. Ausschuß der Ständigen Vertreter

1   Der Ausschuß der Ständigen Vertreter – AStV (oft abgekürzt COREPER = Comité des représentants permanents) – ist ein **Hilfsorgan des Rates**. Er setzt sich zusammen aus den Leitern der Vertretungen der Mitgliedstaaten bei den Europäischen Gemeinschaften. Diese stehen im **Rang von Botschaftern**. Über ihre Entsendung und Mandatsdauer entscheidet allein der entsendende Mitgliedstaat. Der einzelne ständige Vertreter ist weisungsgebunden. Die Weisungen werden in der Regel von den zuständigen nationalen Ministerien – ggf. in Abstimmung mit den übrigen Ressorts – erstellt.

2   Der Ausschuß tagt in **drei Zusammensetzungen**: als Kollegium der Ständigen Vertreter – Fragen außenpolitischer oder allgemeiner Tragweite –, als Kollegium ihrer Stellvertreter – überwiegend Fragen mit mehr technischen oder wirtschaftlichen Aspekten – und als „Sonderausschuß Landwirtschaft" – Agrarbereich mit Ausnahme der Fischereipolitik und der die Marktorganisation betreffenden Währungsfragen (vgl. dazu *Geiger*, Art. 151 Rn. 1).

3   Der Ausschuß hat die **Aufgabe**, die Arbeiten des Rates vorzubereiten. Zu diesem Zweck kann der AStV Verfahrensbeschlüsse fassen, Ausschüsse oder Arbeitsgruppen einsetzen (Art. 19 Abs. 2 GO des Rates). Der AStV bemüht sich, bereits auf seiner Ebene Einvernehmen zu erzielen, so daß er den betreffenden Text dem Rat zur Annahme unterbreiten kann (Art. 19 Abs. 1 Satz 3 GO des Rates).

4   Ferner kann der Rat dem AStV gewisse **Aufträge zur Ausführung** übertragen. Hierzu gehören alle Aufgaben, die der Rat im Rahmen seiner Kompetenzen übertragen kann, nicht jedoch die Rechtsetzungsbefugnis (*Schweitzer*, in Grabitz/Hilf, Art. 151 Rn. 11).

II. Generalsekretariat des Rates

Das Generalsekretariat **unterstützt den Rat** neben dem AStV **im verwal-**   5
tungsmäßigen Sinne (Vorbereitung der Sitzungen, Dolmetscherdienste,
Protokollführung, Rechtsberatung des Rates, Aufstellung und Verwaltung
des Ratshaushalts etc.). An seiner Spitze steht der vom Rat zu benennende
Generalsekretär (Art. 18 Abs.3 EUV) sowie der stellvertretende Generalsekretär. Unter der Aufsicht des Rates sorgt er für das reibungslose Arbeiten des Generalsekretariats (vgl. dazu näher Art. 21 GO des Rates).

III. Geschäftsordnung des Rates

Am 7. Dezember 1993 ist eine neue GO des Rates in Kraft getreten, die die   6
alten Bestimmungen ablöst (Beschluß des Rates v. 6. Dezember 1993 zur
Festlegung der Geschäftsordnung 93/662/EG – ABl. L 3041). Sie regelt u.a.
die Einberufung des Rates, die Aufstellung der Tagesordnung, Sitzungsab-
lauf, Bekanntgabe von Rechtsakten. Im Grundsatz ist die Geschäftsordnung
ein **organinterner Rechtsakt**, der in erster Linie den Rat selbst bindet
(*Jacqué*, in GTE., Art. 151, Rn. 18). Gleichwohl hat der EuGH auf Klage
eines Mitgliedstaates eine RL für nichtig erklärt, weil der Rechtsakt im
schriftlichen Verfahren geschäftsordnungswidrig ohne das Einverständnis
aller Ratsmitglieder angenommen worden war. Eine Abweichung von der
Bestimmung der GO komme nur in Betracht, wenn sie förmlich abgeändert
werde. Im Rahmen einer Nichtigkeitsklage wurde deshalb den Mitgliedstaaten das Recht zuerkannt, sich auf eine Verletzung der GO berufen zu
können (EuGH, Rs. 68/86, Vereinigtes Königreich/Rat, Slg. 1988, 855,
900ff.). Bei natürlichen Personen hat der EuGH dagegen eine Klagebefugnis unter Hinweis auf den internen Charakter der GO verneint (EuGH,
C–69/89, Nakajima/Rat, Slg. 1991, I–2069: anders dagegen EuGH,
C–137/92, Kommission/BASF u.a., Slg. 1994, I–2535, wenn es sich um die
Verletzung einer wesentlichen Formvorschrift i.S.V. Art. 173 UAbs. 2 a.F.
– jetzt Art. 230 UAbs. 2 – handelt).

IV. Zugang zu Dokumenten des Rates

(Vgl. die Erläuterungen zu Art. 255 sowie Art. 205 Rn. 12, 13).

Art. 208 (ex-Art. 152) (Aufforderung an die Kommission)

**Der Rat kann die Kommission auffordern, die nach seiner Ansicht zur
Verwirklichung der gemeinsamen Ziele geeigneten Untersuchungen
vorzunehmen und ihm entsprechende Vorschläge zu unterbreiten.**

1 Die Bestimmung regelt das Recht des Rates, die Kommission aufzufordern, **Untersuchungen** vorzunehmen und ihm **Vorschläge** zu unterbreiten. Die Aufforderung kann gemäß Art. 203 Abs. 1 (ex-Art. 148 Abs. 1) mit einfacher Mehrheit beschlossen werden. Die Untersuchungen und Vorschläge der Kommission müssen nach Ansicht des Rates zur Verwirklichung von Vertragszielen gerechtfertigt sein.

2 In Abweichung von dem Normalfall, in dem ein Rechtsetzungsverfahren durch Initiative der Kommission in Gang gesetzt wird, bedeutet Art. 208 neben Art. 192 (ex-Art. 138b) eine gewisse **Durchbrechung des Initiativmonopols** der Kommission. Denn nicht nur die Aufforderung Untersuchungen vorzunehmen, sondern auch die Aufforderung zur Vorlage eines Vorschlags ist für die Kommission verbindlich. Ansonsten wäre die Bestimmung überflüssig, weil der Rat auch ohne besondere Ermächtigung eine unverbindliche Anregung geben kann (str., vgl. *Geiger*, Art. 152 Rn. 2 m.w.N.). Die Verbindlichkeit der Aufforderung bezieht sich jedoch nur auf das Thema bzw. die Orientierung des Vorschlags, nicht jedoch auf den konkreten Inhalt. Denn der Rat ist der Kommission nicht übergeordnet und kann ihr auch in diesem Bereich keine Weisungen erteilen (*Jacqué*, in GTE, Art. 152, Rn. 5). Kommt die Kommission der Aufforderung des Rates nicht nach, kann er **Untätigkeitsklage** nach Art. 232 (ex-Art. 175) erheben. Die Kommission hat das Recht Untersuchungen oder die Vorlage eines Vorschlags zu verweigern, wenn dies gegen Vertragsziele verstoßen würde (*Jacqué*, in GTE, Art. 152, Rn. 4).

Art. 209 (ex-Art. 153) (Rechtsstellung der Ausschüsse)

Der Rat regelt nach Stellungnahme der Kommission die rechtliche Stellung der in diesem Vertrag vorgesehenen Ausschüsse.

1 Art. 209 regelt den **Erlaß von Satzungen** der im EGV vorgesehenen Ausschüsse; dazu gehören z.B. Art. 79: Verkehrsausschuß (ex-Art. 75); Art. 114 Abs. 1: Währungsausschuß (ex-Art. 109c); Art. 133 Abs. 3 UAbs. 2: Ausschuß für gemeinsame Handelspolitik (ex-Art. 113); Art. 147: Ausschuß des Europäischen Sozialfonds (ex-Art. 124); Art. 207: Ausschuß der Ständigen Vertreter (ex-Art. 151), (vgl. dazu *Geiger*, Art. 153 Rn. 1). Der Rat beschließt nach Stellungnahme (Art. 249 Abs.5, ex-Art. 189 Abs. 5) der Kommission (wesentliches Formerfordernis i.S.v. Art. 230 Abs. 2, ex-Art. 173 Abs. 2) mit einfacher Mehrheit gemäß Art. 205 Abs. 1(ex-Art. 148 Abs. 1), allerdings nicht in Form eines Rechtsaktes nach Art. 249 (ex-Art. 189).

Aus Art. 209 folgt nicht, daß der Rat keine **weiteren Ausschüsse** einsetzen   2
darf, als die ausdrücklich im EGV genannten. Allerdings ist eine Ermächtigungsnorm erforderlich, wenn Ausschüsse Beschlüsse mit Außenwirkung
fassen. Beispielsweise bestehen keine Bedenken, wenn die in bestimmten
Rechtsakten eingesetzten Ausschüsse mit gewissen Durchführungsbefug-
nissen ausgestattet sind (vgl. Art. 202, 3. Spiegelstrich, ex-Art. 145).
Unproblematisch ist es auch, wenn der Rat zur **Vorbereitung seiner Ar-**   3
beiten Ausschüsse oder Arbeitsgruppen einsetzt, die keine außenwirksa-
men Befugnisse haben; dieses Selbstorganisationsrecht steht dem Rat als
Gemeinschaftsorgan nach Art. 7 (ex-Art. 4) zu. In den über 100 Ratsgruppen bereiten die nationalen Beamten – teilweise zusammen mit Kommissi-
onsvertretern – insbesondere Rechtsakte zur Annahme vor.

Art. 210 (ex-Art. 154) (Festsetzung der Vergütungen)

Der Rat setzt mit qualifizierter Mehrheit die Gehälter, Vergütungen
und Ruhegehälter für den Präsidenten und die Mitglieder der Kom-
mission sowie für den Präsidenten, die Richter, die Generalanwälte
und den Kanzler des Gerichtshofs fest. Er setzt mit derselben Mehrheit
alle sonstigen als Entgelt gezahlten Vergütungen fest.

Art. 210 Satz 1 regelt die **Festsetzung der Amtsbezüge** der dort genannten   1
Amtsinhaber mit der doppelt qualifizierten Mehrheit gem. Art. 205 Abs. 2
UAbs. 2, 2. Spiegelstrich (ex-Art. 148). Der Verpflichtung zur Festsetzung
der Amtsbezüge ist der Rat nach dem Inkrafttreten des Fusionsvertrages
durch die Verordnungen Nr. 422/67/EWG und 5/57/Euratom v. 28.6.1967
(ABl. 1967, 1871) nachgekommen.

Satz 2 dehnt die Befugnisse des Rates auf alle Personen aus, die Dienste im   2
Hinblick auf das institutionelle Funktionieren der EG erbringen, z. B. Mitglieder des WSA, Richter und Bedienstete des EuGeI sowie Mitglieder von
Ausschüssen und Hilfsorganen, sofern diese Gehälter nicht von den Mitgliedstaaten übernommen werden (*Harnier*, in: GTE, Art. 154, Rn. 2). Problematisch ist, ob der Rat die Dienstbezüge für diese Gemeinschaftsbediensteten nach Art. 154 Satz 2 oder nach Art. 24 UAbs. 2 FusV mit qualifizierter Mehrheit gemäß Art. 205 Abs. 2 UAbs. 2 (ex-Art. 148 Abs. 2
UAbs. 2) festlegen kann (str., vgl. *Schweitzer*, in Grabitz/Hilf, Art. 154
Rn. 4 m.w.N.). Die Praxis hat sich für die letztgenannte Alternative entschieden. Die Bezüge der übrigen Beamten und Bediensteten der EG sind
durch Verordnung auf der Grundlage des Art. 24 FusV (früher Art. 212
EWGV) festgesetzt worden (ABl. 1968 L 56, 1). Die in Art. 210 genannten
Vorschriften werden regelmäßig überarbeitet.

Abschnitt 3. Die Kommission

Literatur: *Bruha/Münch*, Stärkung der Durchführungsbefugnisse der Kommission, NJW 1987, 542ff.; *Dietz/Glatthaar*, Das Räderwerk der Europäischen Kommission, Bonn 1994; *Hailbronner*, Europa 1992: Das institutionelle System der Europäischen Gemeinschaften, JuS 1990, 263ff. u. 439ff.; *Hummer/Obwexer*, Die neue „Europäische Kommission" 1995–2000 – Benennung, Investitur und Zusammensetzung, EuR 1995, 129ff.; *Klösters*, Kompetenzen der EG-Kommission im innerstaatlichen Vollzug von Gemeinschaftsrecht, 1994; Die Organisationsstruktur der Europäischen Gemeinschaften, 1982; *Louis/Waelbrock*, La Commission au coeur du système institutionnel des Communautés Européennes, 1989; *Moavero Milanesi*, Brevi osser vazioni sul ruolo della Commissione con riguardo allo sviluppo delle funzioni esecutive dell'amministrazione comunitaria, Rivista trimestriale di diritto pubblico 1993, 61ff.; *Nentwich*, Institutionelle und verfahrensrechtliche Neuerungen im Vertrag über die Europäische Union, EuZW 1992, 235ff.; *Schramm*, Fragen der ordnungsgemäßen Besetzung der Kommission der EG, RIW 1987, 399ff.; *ders.*, Rechtsetzung durch die EG-Kommission bei Untätigkeit des Rates, 1988; *Strohmeier*, Die Befugnisse von Rat und Kommission der Europäischen Gemeinschaften zur Einsetzung von Ausschüssen, 1972.

Art. 211 (ex-Art. 155) (Aufgaben der Kommission)

Um das ordnungsgemäße Funktionieren und die Entwicklung des Gemeinsamen Marktes zu gewährleisten, erfüllt die Kommission folgende Aufgaben:

– für die Anwendung dieses Vertrags sowie der von den Organen auf Grund dieses Vertrags getroffenen Bestimmungen Sorge zu tragen;

– Empfehlungen oder Stellungnahmen auf den in diesem Vertrag bezeichneten Gebieten abzugeben, soweit der Vertrag dies ausdrücklich vorsieht oder soweit sie es für notwendig erachtet;

– nach Maßgabe dieses Vertrags in eigener Zuständigkeit Entscheidungen zu treffen und am Zustandekommen der Handlungen des Rates und des Europäischen Parlaments mitzuwirken;

– die Befugnisse auszuüben, die ihr der Rat zur Durchführung der von ihm erlassenen Vorschriften überträgt.

I. Allgemeines

Durch den FusV wurden die beiden Kommissionen der EWG und der EAG   **1**
sowie die Hohe Behörde der EGKS zu einer einzigen „**Kommission der
Europäischen Gemeinschaften**" verschmolzen. Diesem Umstand trägt
die offizielle Bezeichnung Rechnung. Mit internem Beschluß vom 17. November 1993 hat die Kommission sich selbst den Titel „Europäische Kommission" gegeben. Die Kommission nimmt als Gemeinschaftsorgan i.S.v.
Art. 7 (ex-Art. 4) die ihr von den drei Verträgen zugewiesenen Aufgaben
wahr, die in Art. 211 nur grob beschrieben, nicht aber erschöpfend abgebildet werden.

II. Aufgabenbereiche

Art. 211 umreißt zunächst als allgemeine Aufgabe der Kommission, die   **2**
**Gewährleistung des ordnungsgemäßen Funktionierens und der Ent-
wicklung des Gemeinsamen Marktes.** Um diese Ziele zu erreichen, werden der Kommission in Art. 211 vier – nicht abschließende – Aufgabenbereiche übertragen.

1. Kontrolle der Anwendung des Gemeinschaftsrechts

Die Kommission übt als **Hüterin der Verträge** eine Aufsicht über die An-   **3**
wendung des primären und sekundären Gemeinschaftsrechts gegenüber anderen Gemeinschaftsorganen, den Mitgliedstaaten und den an das Gemeinschaftsrecht gebundenen natürlichen und juristischen Personen aus (*Geiger*,
Art. 155 Rn. 6).

Die **Mittel der Kontrollausübung** sind in Art. 211 **nicht geregelt.** Abge-   **4**
sehen von Sonderbestimmungen im Primär- (z.B. Art. 88 Abs. 3, ex-Art. 93
Abs. 3) und Sekundärrecht besteht keine Berichtspflicht an die Kommission über die Anwendung des Gemeinschaftsrechts. Die Kommission hat
aber gemäß Art. 10 Abs. 1 Satz 2 (ex-Art. 5 Abs. 1 Satz 2) das Recht, sich
mit **Auskunftsersuchen** an die Mitgliedstaaten zu richten; die Mitgliedstaaten sind insoweit zur Mitwirkung verpflichtet (Ausnahme Art. 296
Abs. 1 lit.a, ex-Art. 223 Abs. 1). Überdies haben die Mitgliedstaaten nach
dem Gemeinschaftsrecht gewisse **Informationspflichten**, wie z.B. nach
der RL 98/34/EG über ein Informationsverfahren auf dem Gebiet der Normen und technischen Vorschriften (ABl 1998, L 204/37). Für weitergehende Rechte, wie **eigene Kontrollen** oder **Nachprüfungen**, ist ein **Ratsbeschluß** erforderlich, (vgl. Art. 284, ex-Art. 213). Beispielsweise können
Gemeinschaftsinspekteure nationale Kontrolleure in sensiblen Fischgrün-

den nach der VO 2241/87/EWG zur Festlegung bestimmter Maßnahmen zur Kontrolle der Fischereitätigkeit (ABl. 1987 L 207, 1) überprüfen.

5   Bei einer Verletzung des Gemeinschaftsrechts stellt sich die Frage der Einleitung von **Sanktionsmaßnahmen**. Auch hier sind Maßnahmen, wie z.B. Bußgelder nur möglich, wenn der EGV dies ausdrücklich vorsieht (zur Zulässigkeit von Sanktionen im Bereich der Landwirtschaftspolitik, EuGH, C-240/90, Deutschland/Kommission, Slg. 1992, I–5383). Regelmäßig kann die Kommission aber – ggf. nach entsprechender Beschwerde von Privatpersonen oder Verbänden – ein **Vertragsverletzungsverfahren** gegen Mitgliedstaaten (Art. 226, ex-Art. 169) oder die Nichtigkeits- bzw. Untätigkeitsklage (Art. 230, 232, ex-Art. 173, 175) vor dem EuGH anstrengen. Hat ein Mitgliedstaat die Maßnahmen, die sich aus dem Urteil des EuGH ergeben, nicht ergriffen, kann die Kommission den EuGH erneut anrufen und die Verhängung eines **Pauschalbetrags** oder **Zwangsgeldes** beantragen (Art. 228 Abs. 2 – ex-Art. 171 Abs.2). Die Kriterien zur Berechnung der Zwangsgelder ergeben sich aus dem internen Beschluß der Kommission v. 8.1.1997 (Einzelheiten siehe bis Art. 228 Rn. 7–14).

2. Empfehlungen oder Stellungnahmen

6   Der 2. Spiegelstrich stellt klar, daß es für diese **unverbindlichen Rechtsakte** (vgl. Art. 249 UAbs. 5, ex-Art. 189 UAbs. 5) keiner besonderen Ermächtigung bedarf. Die Kommission kann in allen Bereichen des EGV bereits dann entsprechend tätig werden, wenn sie dies für notwendig erachtet, z.B. für die Aktivierung der Integration (vgl. *Geiger*, Art. 155 Rn. 9).

3. Entscheidungen und Mitwirkung

7   Der 3. Spiegelstrich unterstreicht die **Bedeutung der Kommission im Rechtsetzungsprozeß**. Der Begriff der Entscheidung ist hier nicht im technischen Sinne zu verstehen (vgl. Art. 249 UAbs. 4, ex-Art. 189 UAbs. 4), sondern allgemein als verbindliche Maßnahme (vgl. *Geiger*, Art. 155 Rn. 11). Es muß sich dabei um die Wahrnehmung eigener – nicht paktierter (Art. 211, 3. Spiegelstrich, 2. Halbsatz, ex-Art. 155) und nicht delegierter (Art. 211, 4. Spiegelstrich, ex-Art. 155) – Befugnisse handeln, die vertraglich vorgesehen sind (vgl. *Hummer*, in Grabitz/Hilf, Art. 155 Rn. 32; EuGH, Rs. 188–190/80, Frankreich, Italien u. Vereinigtes Königreich/Kommission, Slg. 1982, 2545, 2572f.). Unter dem Aspekt des Sachzusammenhangs (implied powers) können sich für die Kommission aber erweiterte Befugnisse ergeben; gleichwohl darf die Kommission nicht für den an sich handlungsverpflichteten Rat tätig werden (vgl. dazu *Hailbronner*,

JuS 1990, 441; *Schramm*, Rechtssetzung durch die EG-Kommission bei Untätigkeit des Rates, 1988). Die Mitwirkung am Zustandekommen von Rechtsakten richtet sich nach den besonderen Bestimmungen des EG; so verlangen z.B. 251 Abs. 2 (ex-Art. 189b Abs. 2), 172 (ex-Art. 130o) einen Vorschlag, Art. 209 (ex-Art. 153) eine Stellungnahme, Art. 259 Abs. 2 (ex-Art. 195 Abs. 2) eine Anhörung und Art. 133 Abs. 3 (ex-Art. 113 Abs. 3) eine Empfehlung der Kommission. Ist die Mitwirkung der Kommission vorgeschrieben, führt ihr Fehlen zur Nichtigkeit des Rechtsaktes (vgl. *Geiger*, Art. 155 Rn. 12).

Häufigste und wichtigste Form der Mitwirkung ist das **Vorschlagsverfah-** **8** **ren**. Das Initiativmonopol verleiht der Kommission eine starke Stellung im Rechtsetzungsverfahren; denn die Kommission bestimmt damit die Struktur und weitgehend auch den Inhalt des Rechtsaktes. Bis zur endgültigen Beschlußfassung des Rates behält die Kommission die volle Herrschaft über ihren Vorschlag und kann ihn entweder zurücknehmen oder ändern (Art. 250 Abs. 2, ex-Art. 189a Abs. 2)

4. Ausübung vom Rat übertragener Durchführungsbefugnisse

Der 4. Spiegelstrich begründet eine Durchführungsbefugnis der Kommissi- **9** on zum Erlaß von Maßnahmen, die ihr vom Rat übertragen wird. Die Vorschrift wird durch **Art. 202**, 4. Spiegelstrich (ex-Art. 145) **konkretisiert**. Teilweise wird auch behauptet, der wesentliche Unterschied zwischen beiden Bestimmungen liege darin, daß Art. 211 die Möglichkeit und Art. 202 (ex–Art. 145) die Pflicht des Rates festlege, der Kommission Durchführungsbefugnisse zu übertragen (*v. Sydow*, in: GTE, Art. 155, Rn. 70 m.w.N.).

Art. 212 (ex-Art. 156) (Gesamtbericht)

Die Kommisssion veröffentlicht jährlich, und zwar spätestens einen Monat vor Beginn der Sitzungsperiode des Europäischen Parlaments, einen Gesamtbericht über die Tätigkeit der Gemeinschaften.

Neben besonderen Berichten zu einzelnen Sachgebieten (vgl. dazu bei **1** *Hummer*, in Grabitz/Hilf, Art. 156 Rn. 10) erstellt die Kommission jährlich einen Gesamtbericht über die Tätigkeit der drei Gemeinschaften. Das EP erörtert den jährlichen Gesamtbericht in öffentlicher Sitzung vor Beginn der Sitzungsperiode (Art. 196, 200, ex-Art. 139, 143). Der Bericht ist spätestens einen Monat vor Beginn der Sitzungsperiode des EP vorzulegen. Da das EP nach seiner GO am zweiten Dienstag des Monats März eines jeden

Jahres zusammentritt, ist also der zweite Dienstag im Monat Februar – im Schaltjahr Montag – der späteste Abgabetermin (*v. Sydow*, in: GTE, Art. 154, Rn. 10)

Art. 213 (ex-Art. 157) (Zusammensetzung der Kommission)

(1) Die Kommission besteht aus zwanzig Mitglieder, die aufgrund ihrer allgemeinen Befähigung ausgewählt werden und volle Gewähr für ihre Unabhängigkeit bieten müssen.

Die Zahl der Mitglieder der Kommission kann vom Rat einstimmig geändert werden.

Nur Staatsangehörige der Mitgliedstaaten können Mitglieder der Kommission sein.

Der Kommission muß mindestens ein Staatsangehöriger jedes Mitgliedstaats angehören, jedoch dürfen nicht mehr als zwei Mitglieder der Kommission dieselbe Staatsangehörigkeit besitzen.

(2) Die Mitglieder der Kommission üben ihre Tätigkeit in voller Unabhängigkeit zum allgemeinen Wohl der Gemeinschaft aus.

Sie dürfen bei der Erfüllung ihrer Pflichten Anweisungen von einer Regierung oder einer anderen Stelle weder anfordern noch entgegennehmen. Sie haben jede Handlung zu unterlassen, die mit ihren Aufgaben unvereinbar ist. Jeder Mitgliedstaat verpflichtet sich, diesen Grundsatz zu achten und nicht zu versuchen, die Mitglieder der Kommission bei der Erfüllung ihrer Aufgaben zu beeinflussen.

Die Mitglieder der Kommission dürfen während ihrer Amtszeit keine andere entgeltliche oder unentgeltliche Berufstätigkeit ausüben. Bei der Aufnahme ihrer Tätigkeit übernehmen sie die feierliche Verpflichtung, während der Ausübung und nach Ablauf ihrer Amtstätigkeit die sich aus ihrem Amt ergebenden Pflichten zu erfüllen, insbesondere die Pflicht, bei der Annahme gewisser Tätigkeiten oder Vorteile nach Ablauf dieser Tätigkeit ehrenhaft und zurückhaltend zu sein. Werden diese Pflichten verletzt, so kann der Gerichtshof auf Antrag des Rates oder der Kommission das Mitglied je nach Lage des Falles gemäß Artikel 160 seines Amtes entheben oder ihm seine Ruhegehaltsansprüche oder andere an ihrer Stelle gewährte Vergünstigungen aberkennen.

I. Allgemeines

Art. 213 regelt die **Zusammensetzung** der Kommission, die **Ernennungs-** **1**
kriterien und die **Pflichten** der Kommissionsmitglieder. Darüber hinaus
formuliert er das Verbot an die Mitgliedstaaten, die Kommissionsmitglieder
zu beeinflussen.

II. Zusammensetzung der Kommission

Jeder Mitgliedstaat muß mindestens einen seiner Staatsangehörigen in die **2**
Kommission entsenden; allerdings dürfen nicht mehr als zwei Mitglieder
der Kommission dieselbe Staatsangehörigkeit haben. Die Anzahl der Kommissionsmitglieder hat ständig geschwankt und ist nunmehr auf **zwanzig**
Mitglieder festgesetzt worden; damit entsenden die kleinen Mitgliedstaaten jeweils ein Kommissionsmitglied und die großen Mitgliedstaaten jeweils zwei Kommissionsmitglieder (Deutschland, Frankreich, Vereinigtes
Königreich, Italien, Spanien). Die Zahl der Mitglieder kann jederzeit durch
einstimmigen Ratsbeschluß geändert werden. Die Anzahl der Kommissionsmitglieder darf aber im Prinzip nicht unter die Zahl der Mitgliedstaaten
fallen, weil nach Abs. 1 S. 4 die Kommission mindestens einen Staatsangehörigen eines Mitgliedstaates haben muß (*v. Sydow*, in: GTE, Art. 157,
Rn. 2). Die Mehrheit im Schrifttum hält die ständig wachsende Zahl von
Kommissaren für kontraproduktiv, weil dadurch u.a. die **Arbeitsfähigkeit**
des Organs stark eingeschränkt werde (*v. Sydow*, in: GTE, Art. 157, Rn. 6ff
m.w.N.).

In dem „**Protokoll über die Organe im Hinblick auf die Erweiterung der** **3**
Europäischen Union" ist vorgesehen, daß im Zeitpunkt des Inkrafttretens
der ersten Erweiterung der EU jeder Mitgliedstaat nur einen Kommissions-
vertreter entsendet, sofern zu diesem Zeitpunkt die Stimmenwägung im
Rat – sei es durch Neuwägung oder durch Einführung einer doppelten
Mehrheit – in einer für alle Mitgliedstaaten annehmbaren Weise geändert
worden ist (Art. 1). Spätestens ein Jahr vor dem Zeitpunkt, zu dem die Zahl
der Mitgliedstaaten der EU zwanzig überschreiten wird, soll eine Konferenz
der Vertreter der Regierungen der Mitgliedstaaten einberufen werden, um
die Bestimmungen der Verträge betreffend die Zusammensetzung und die
Arbeitsweise der Organe umfassend zu überprüfen (Art. 2). Das Protokoll,
das gem. Art. 311 (ex-Art. 239) Bestandteil des EGV ist, dürfte für die künftige Zusammensetzung der Kommission wenig hergeben, weil nach Art. 1
die Bestellung eines Kommissars pro Mitgliedstaat von einer für alle Mitgliedstaaten annehmbaren Neugewichtung der Stimmen im Rat abhängt und
Art. 2 sämtliche Details einer Neuorganisation offen läßt.

III. Qualifikation

4   Die Mitglieder der Kommission müssen „auf Grund ihrer allgemeinen Befähigung ausgewählt werden", haben „volle Gewähr für ihre Unabhängigkeit" zu bieten und müssen Staatsangehörige der Mitgliedstaaten sein. Hinsichtlich der fachlichen Qualifikation besagt Abs. 1 UAbs. 1, daß eine spezielle Befähigung für ein Fachgebiet nicht ausreicht; die Kommissare sollen vielmehr dem **Profil „politischer Beamter"** entsprechen (vgl. *Hummer*, in Grabitz/Hilf, Art. 157 Rn. 10).

IV. Pflichten der Kommissionsmitglieder und Mitgliedstaaten

5   Die Kommissionsmitglieder müssen ihre Funktion in **voller Unabhängigkeit zum Wohl der EG** erfüllen. Obwohl angesichts des Anforderungsprofils und über die Ernennung nach Art. 214 (ex-Art. 158) de facto gewisse politische Einflüsse auf die Bestellung der einzelnen Kommissionsmitglieder ausgeübt werden können, sind die Kommissare aktiv und passiv nur ihrem eigenen Urteil unterworfen (vgl. *Hummer*, in Grabitz/Hilf, Art. 157 Rn. 11). Hinweise, wie im Rahmen der Amtsführung das „allgemeine Wohl" zu verstehen ist, bieten die Zielsetzungen und die Präambel des Vertrages (*v. Sydow*, in: GTE, Art. 157, Rn. 22). Spezielle Amtspflichten zur Gewährleistung der Unabhängigkeit ergeben sich aus Abs. 2 UAbs. 2 und 3. Dementsprechend ist es den Kommissionsmitgliedern verboten, Weisungen einer Regierung anzufordern oder entgegenzunehmen; umgekehrt ist auch den Mitgliedstaaten untersagt, die Kommissare bei der Erfüllung ihrer Aufgaben zu beeinflussen; allerdings gilt dieses Beeinflussungsverbot nur hinsichtlich unredlicher Methoden, wie Weisungen und Pressionen; denn es kann dem Mitgliedstaat nicht verwehrt sein, auf die Kommissionsmitglieder mit sachlichen Argumenten einzuwirken (vgl. auch *von Sydow*, in GTE, Art. 157 Rn. 40).

6   Die Kommissare dürfen auch **keine anderen entgeltlichen oder unentgeltlichen Berufstätigkeiten** ausüben; diese Vorschrift dient der Arbeitskraft und der Unabhängigkeit der Kommission. Die Beurteilung von Einzelfällen ist an dieser Zweckrichtung zu messen. In der Regel werden deshalb z.B. kurze Lehr- und Forschungsaktivitäten hinnehmbar sein (vgl. dazu ausführlich *v. Sydow*, Art. 157, Rn. 25ff. m.w.N.). Ferner sind die Kommissionsmitglieder auch **nach Amtsende** verpflichtet, bei der Annahme gewisser Tätigkeiten und Vorteile ehrenhaft und zurückhaltend zu sein; auch hier soll insbesondere die Unabhängigkeit der Kommission gewahrt werden. Die Kommissionsmitglieder gehen in der Praxis die feierliche Verpflichtung zur Einhaltung ihrer Amtspflichten in der ersten Kom-

missionssitzung und in einer Feierstunde vor dem EuGH in Anwesenheit der Justizminister der Mitgliedstaaten ein (vgl. *v. Sydow*, in GTE, Art. 157 Rn. 21).

Im Falle einer **Pflichtverletzung** kann der EuGH das Kommissionsmitglied **7** auf Antrag u.a. seines **Amtes** nach Art. 216 (ex-Art. 160) **entheben**. Der EuGH wird nicht von Amts wegen, sondern auf Antrag tätig. Insoweit haben Rat und Kommission politischen Ermessensspielraum (*v. Sydow*, in: GTE, Art. 157, Rn. 38), ob sie einen entsprechenden Antrag stellen. Daneben besteht grundsätzlich die Möglichkeit für ein **Mißtrauensvotum** nach Art. 201 (ex-Art. 144).

Art. 214 (ex-Art. 158) (Ernennung der Kommission; Zustimmung des EP, Amtszeiten)

(1) Die Mitglieder der Kommission werden, gegebenenfalls vorbehaltlich des Artikels 144, nach dem Verfahren des Absatzes 2 für eine Amtszeit von fünf Jahren ernannt.

Wiederernennung ist zulässig.

(2) Die Regierungen der Mitgliedstaaten benennen im gegenseitigen Einvernehmen die Persönlichkeit, die sie zum Präsidenten der Kommission zu ernennen beabsichtigen; diese Benennung bedarf der Zustimmung des Europäischen Parlaments.

Die Regierungen der Mitgliedstaaten benennen im Einvernehmen mit dem desgnierten Präsidenten die übrigen Persönlichkeiten, die sie zu Mitgliedern der Kommission zu ernennen beabsichtigen.

Der Präsident und die übrigen Mitglieder der Kommission, die auf diese Weise benannt worden sind, stellen sich als Kollegium einem Zustimmungsvotum des Europäischen Parlaments. Nach Zustimmung des Europäischen Parlaments werden der Präsident und die übrigen Mitglieder der Kommission von den Regierungen der Mitgliedstaaten im gegenseitigen Einvernehmen ernannt.

I. Ernennung der Kommissionsmitglieder

Die **Amtszeit der Kommissionsmitglieder** wurde im Maastrichter Vertrag **1** durch Art. 158 Abs. 1 a. F. (jetzt Art. 214) von vier auf **fünf Jahre** verlängert. Damit wurde die Amtszeit der Kommission an die Dauer der Wahlperiode des EP gekoppelt. Die **Ernennung** des Kommissionspräsidenten und der Kommission als Kollegium wurde in Abs. 2 nach Maastricht und Amsterdam neu geregelt. Zunächst benennen die Regierungen der Mitgliedstaaten im gegenseitigen Einvernehmen den Kommissionspräsidenten. Gegenseitiges Einvernehmen ist mehr als Einstimmigkeit; denn Einstimmigkeit kann nach Art. 205 Abs. 3 (ex-Art. 148 Abs. 3) auch bei Stimmenenthaltung erreicht werden. Jeder Mitgliedstaat kann also durch sein Veto die Ernennung eines ihm unangenehmen Kandidaten verhindern (*v. Sydow*, in: GTE, Art. 205, Rn. 7). Nach Erklärung des gegenseitigen Einvernehmens bedarf der Vorschlag der Zustimmung des EP; dieses Erfordernis ist zwingend. In einem weiteren Schritt benennen die Regierungen der Mitgliedstaaten im Einvernehmen mit dem ausgewählten Präsidenten die weiteren Kommissionsmitglieder, die der Kommission angehören sollen. In einem letzten Schritt stellen sich der Präsident und das übrige Kollegium dem EP; das EP kann das Kollegium ablehnen oder dem Vorschlag zustimmen. Erst nach Zustimmung ernennen die Regierungen der Mitgliedstaaten im gegenseitigen Einvernehmen das Kommissionskollegium. Die Kommission nimmt mit der Ernennung ihrer Mitglieder ihre Tätigkeit auf; maßgebend ist dabei nicht das Datum der Ernennungsurkunden, sondern der von den Regierungsvertretern bestimmte Zeipunkt an dem die Ernennung wirksam werden soll (*v. Sydow*, in: GTE, Art. 158, Rn. 22). Wiederernennung ist, auch mehrfach, zulässig (*v. Sydow*, in: GTE, Art. 158, Rn. 28)

II. Kommissionspräsident

2   Die Kommission wird zwar von einem **Präsidenten** geleitet; diese Leitungsfunktion besteht aber nur in organisatorischer Hinsicht, z.B. wird die Kommission zu gemeinsamen Sitzungen durch den Präsidenten einberufen, der auch die Tagesordnung festsetzt (Art. 3, 4 GO der Kommission). Weisungsrechte gegenüber den anderen Kommissionsmitgliedern hat er dagegen nicht (*Geiger*, Art. 155 Rn. 8). Gleichwohl hat er wegen seines Mitspracherechtes bei der Ernennung der anderen Kommissionsmitglieder und aufgrund seiner Zugehörigkeit zum Europäischen Rat (Art. 4 UAbs. 2, [ex-Art. D] EUV) eine exponierte Stellung.

Art. 215 (ex-Art. 159) (Neubesetzung während der Amtszeit)

Abgesehen von den regelmäßigen Neubesetzungen und von Todesfällen endet das Amt eines Mitglieds der Kommission durch Rücktritt oder Amtsenthebung.

Für das ausscheidende Mitglied wird für die verbleibende Amtszeit von den Regierungen der Mitgliedstaaten im gegenseitigen Einverneh-

men ein neues Mitglied ernannt. Der Rat kann einstimmig entscheiden,
für diese Zeit einen Nachfolger nicht zu ernennen.

Bei Rücktritt, Amtsenthebung oder Tod des Präsidenten wird für die
verbleibende Amtszeit ein Nachfolger ernannt. Für die Ersetzung findet das Verfahren des Artikels 214 Absatz 2 Anwendung.

Außer im Fall der Amtsenthebung nach Artikel 216 bleiben die Mitglieder der Kommission bis zur Neubesetzung ihres Sitzes im Amt.

I. Amtsbeendigung

Art. 215 gilt dem Wortlaut nach für die Amtsbeendigung einzelner Kommissionsmitglieder. Die Vorschrift findet aber auch Anwendung auf eine
kollektive Amtsniederlegung, wie etwa der gemeinsame Rücktritt der Kommission am 16.3.1999.

Art. 215 nennt nicht alle möglichen Amtsbeendigungsgründe in Abs. 1. Ge-   1
nau genommen kennt der EGV **fünf Amtsbeendigungsgründe**:
– Ablauf der normalen fünfjährigen Amtsperiode (Art. 214 Abs. 1, ex-
  Art. 158 Abs. 1)
– Todesfall
– Rücktritt, z.B. durch politischen Druck oder die Annahme eines ande-
  ren politischen Amtes im Heimatland
– Erzwungener Rücktritt durch Mißtrauensvotum gegen das Kollegium
  der Kommission (Art. 201, ex-Art. 144)
– Amtsenthebung (Art. 216, ex-Art. 160).

II. Ernennung des Nachfolgers

Der Nachfolger eines Kommissionsmitgliedes wird im gegenseitigen Ein-   2
vernehmen von den Regierungen der Mitgliedstaaten für die verbleibende
Amtszeit seines Vorgängers ernannt, also bis zur regelmäßigen Neubesetzung alle fünf Jahre (Art. 214 Abs. 1, ex-Art. 158 Abs. 1) (*v. Sydow*, in:
GTE, Art. 159, Rn. 12). Das Ausscheiden eines Kommissionsmitgliedes
während der laufenden Amtsperiode muß nicht notwendigerweise zu einer
Ersetzung desselben führen. Der Rat kann einstimmig (vgl. Art. 205 Abs. 3,
ex-Art. 148 Abs. 3) entscheiden, daß für die verbleibende Amtszeit kein
Nachfolger ernannt wird (UAbs. 2 Satz 2). In diesem Fall bleibt das bisherige Mitglied im Amt, wenn nicht ein Fall der Amtsenthebung gem.
Art. 216 (ex-Art. 160) vorliegt (UAbs. 4). Bei Amtsbeendigung des Präsidenten ist das Ernennungsverfahren gem. Art. 214 Abs. 2 (ex-Art. 158 Abs.
2) durchzuführen (UAbs. 3 Satz 2). Nach Sinn und Zweck der Bestimmung

scheint es allerdings nicht geboten, daß das gesamte in Art. 214 Abs. 2 aufgeführte Verfahren nochmals durchlaufen wird. Es dürfte genügen, wenn die Anforderungen in Abs. 2 UAbs. 1, sowie in Abs. 2 UAbs. 3 erfüllt werden.

Art. 216 (ex-Art. 160) (Amtsenthebung)

Jedes Mitglied der Kommission, das die Voraussetzungen für die Ausübung seines Amtes nicht mehr erfüllt oder eine schwere Verfehlung begangen hat, kann auf Antrag des Rates oder der Kommission durch den Gerichtshof seines Amtes enthoben werden.

I. Gründe für die Amtsenthebung

1   Art. 216 regelt das Verfahren und die Voraussetzungen der **Amtsenthebung** von einzelnen Kommissionsmitgliedern (für die kollektive Amtsenthebung der Kommission vgl. Art. 201, ex-Art. 144). Die Bestimmung nennt **zwei Gruppen von Amtsenthebungsgründen:**

–   Fehlen von Voraussetzungen für die Amtsausübung (z.B. Verlust der Staatsangehörigkeit eines Mitgliedstaates – vgl. Art. 213 Abs. 1 UAbs. 3 [ex-Art. 157 Abs. 1 UAbs. 3] – oder eine schwere, nicht nur vorübergehende Krankheit, die die Amtsausübung unmöglich macht (vgl. *Geiger*, Art. 160 Rn. 2)

–   Schwere Verfehlungen (z.B. schwerer Verstoß gegen die sich aus Art. 213 Abs. 2 [ex-Art. 157 Abs. 2] ergebenden Verpflichtungen).

II. Verfahren

2   Für die Amtsenthebung eines Kommissionsmitgliedes ist der **EuGH zuständig**. Antragsberechtigt hinsichtlich der Einleitung eines Amtsenthebungsverfahrens sind nur die Kommission und der Rat. Über die entsprechende Antragstellung wird mit Mehrheit entschieden (Art. 205 Abs. 1, 219 UAbs. 2, ex-Art 148 Abs. 1, 163 UAbs. 1). Bei der Entscheidung dürfte der Kommissar, gegen den sich der Antrag richtet, von der Abstimmung nicht ausgeschlossen sein, da der EGV dies nicht ausdrücklich vorsieht (vgl. auch *von Sydow*, in GTE, Art. 160 Rn. 5). Das Ergebnis ist allerdings unbefriedigend; denn gerade in diesem Fall wird niemals gewährleistet werden können, daß der betroffene Kommissar gem. Art. 213 Abs. 2 (ex-Art. 157 Abs. 2) in voller Unabhängigkeit zum allgemeinen Wohl der EG handelt.

3   Die beiden antragsberechtigten Organe verfügen über einen **politischen Ermessensspielraum** hinsichtlich der **Einleitung eines Amtsenthebungs-**

verfahrens und können gemäßigtere Maßnahmen vorsehen (z.B. einem Kommissar seinen freiwilligen Rücktritt nahelegen), bevor sie zum Mittel eines Antrags auf Amtsenthebung greifen (*Hummer*, in Grabitz/Hilf, Art. 160 Rn. 11). Der EuGH kann sich im Rahmen des Art. 216 nur für oder gegen eine Amtsenthebung aussprechen. Weniger strenge Sanktionen in weniger schweren Fällen stehen ihm lediglich im Rahmen von Art. 213 Abs. 2 UAbs. 3 (ex-Art. 157 Abs. 2 UAbs. 3) zur Verfügung, demzufolge er auf eine Kürzung der Ruhegehaltsansprüche oder anderer Vergüngstigungen erkennen darf.

Art. 217 (ex-Art. 161) (Vizepräsidenten der Kommission)

Die Kommission kann aus ihrer Mitte einen oder zwei Vizepräsidenten ernennen.

Unter Geltung des EWGV hatte die Kommission in der Vergangenheit bis 1
zu sechs Vizepräsidenten. Seit Maastricht bestimmt die Kann-Vorschrift des Art. 217 eine **Höchstzahl**; die Kommission kann also keinen, einen oder zwei Vizepräsidenten bestimmen. Im Fall der Verhinderung des Präsidenten nehmen die Vizepräsidenten in festgelegter Reihenfolge dessen Aufgaben wahr (Art. 21 GO der Kommission). Die Vizepräsidenten werden von der Kommission mit einfacher Mehrheit (11 Stimmen) ernannt. Ihre Amtszeit ist nicht festgelegt; denn Art. 214 (ex.-Art. 158) gilt nur allgemein für die Amtzeit der Kommissionsmitglieder, nicht aber für die Dauer der Besetzung der Funktion des Vizepräsidenten. Ein Vizepräsident kann daher jederzeit abgewählt werden (*v. Sydow*, in: GTE, Art. 161, Rn. 8 u. 12ff. m.w.N).

Art. 218 (ex-Art. 162) (Zusammenarbeit zwischen Rat und Kommission; Geschäftsordnung)

(1) Der Rat und die Kommission ziehen einander zu Rate und regeln einvernehmlich die Art und Weise ihrer Zusammenarbeit.

(2) Die Kommission gibt sich eine Geschäftsordnung, um ihr ordnungsgemäßes Arbeiten und das ihrer Dienststellen nach Maßgabe dieses Vertrags zu gewährleisten. Sie sorgt für die Veröffentlichung dieser Geschäftsordnung.

I. Zusammenarbeit zwischen Rat und Kommission

Art. 218 UAbs. 1 ist sichtbarer Ausdruck der **Gleichberechtigung und der** 1
gegenseitigen Abhängigkeit von Rat und Kommission (*v. Sydow*, in:

GTE, Art. 162, Rn. 4). Die Bestimmung regelt in allgemeiner Form die Verpflichtung von Rat und Kommission, sich gegenseitig – über konkrete Ver-
tragspflichten hinaus – zu beraten und die Zusammenarbeit gemeinsam zu
regeln. In Umsetzung dieser Verpflichtung sieht beispielsweise Art. 4 Abs.
2 GO des Rates vor, daß die Kommission zu den Ratstagungen eingeladen
wird.Konkrete einklagbare Rechte und Pflichten ergeben sich aus Art. 218
nicht.

II. Geschäftsordnung

2   Am 17. Februar 1993 hat die Kommission sich eine GO gegeben, die am
11. September 1993 in Kraft trat (ABl. 1993 L 230 15) und die vorläufige
GO vom 6. Juli 1967 ablöste. Die GO ist ein veröffentlichungsbedürftiger,
organinterner Rechtsakt und regelt außer der Tätigkeit der Kommission
im engeren Sinn auch den Geschäftsgang zwischen ihren Dienststellen sowie allgemein die interne Organisation des Gemeinschaftsorgans.

III. Organisation der Kommission

3   Die Kommission handelt gem. Art. 1 GO **als Kollegium** (bestätigt durch
EuGH, Rs. 5/85, AKZO, Slg. 1986, 2585, Rn. 30). Die umfangreichen Aufgaben erfordern einen **nach Ressorts gegliederten Verwaltungsunterbau**,
der die Kommission bei ihrer Tätigkeit unterstützt. Die Befugnis für entsprechende Maßnahmen ergibt sich aus dem Selbstorganisationsrecht der
Kommission als Organ der EG.

4   Die Dienststellen der Kommission gliedern sich in **Generaldirektionen** bestehend aus mehreren Direktionen, diese aus Referaten, welche die Grund-
einheiten der Organisationsstruktur in der Kommission darstellen. An der
Spitze einer oder mehrerer Dienststellen steht ein Kommissar als Ressort-
leiter, dem diese Aufgaben von dem Kommissionskollegium zugewiesen
werden (Art. 12 GO der Kommission). Die Kommissare sind den General-
direktoren oder Direktoren, die als Leiter der Dienststelle fungieren,
gegenüber weisungsberechtigt. Es hat sich ferner eingebürgert neben den
allgemeinen Dienststellen für alle Kommissionsmitglieder sog. Kabinette
einzurichten (Art. 15 GO der Kommission), die die Kommissare in der
Praxis vor allem politisch beraten.

5   Zur Unterstützung ihrer Arbeit hat die Kommission von der Möglichkeit
Gebrauch gemacht, ständige oder nicht-ständige Ausschüsse einzusetzen.
Gegenwärtig sind mehrere hundert **Ausschüsse** für die Kommission tätig
(*Hummer*, in Grabitz/Hilf, Art. 162 Rn. 34). Der EGV nennt ausdrücklich

nur wenige unterstützende Ausschüsse (z.B. Art. 79, 147, ex-Art. 83, 124); gleichwohl besteht im Rahmen des Selbstorganisationsrechts der Kommission ohne weiteres das Recht, weitere Ausschüsse einzusetzen, sofern diese lediglich eine beratende Funktion erfüllen, keine Rechtsakte i.S.v. Art. 249 (ex-Art. 189) erlassen und das institutionelle Gleichgewicht nicht verfälschen (EuGH, Rs. 25/70, Einfuhr- und Vorratsstelle für Getreide und Futtermittel/ Köster, Berodt & Co, Slg. 1970, 1161, 1172f.).

Das Selbstorganisationsrecht der Kommission umfaßt nicht die **Übertra-** **6** **gung von Befugnissen an nachgeordnete Einrichtungen.** Die Rechtsprechung des EuGH hat in den beiden „Meroni-Fällen" die Zulässigkeitsvoraussetzungen für derartige Kompetenzübertragungen dargelegt (EuGH, Rs. 9/56 und 10/56, Meroni & Co/Hohe Behörde, Slg. 1958, 11, 36ff. und 53, 75ff.). Die Kommission darf keine weitergehenderen Befugnisse übertragen, als ihr selbst zustehen. Die Delegation darf sich nur auf die Vorbereitung oder Durchführung von Beschlüssen der Kommission beziehen und den nachgeordneten Einrichtungen keinen Beurteilungs- oder Ermessensspielraum belassen. Die Übertragung muß unter der Kontrolle und Verantwortlichkeit der Kommission bleiben. Das institutionelle Gleichgewicht der EG darf nicht verfälscht werden. In der Praxis wurde von der Einsetzung nachgeordneter Einrichtungen verschiedentlich Gebrauch gemacht, z.B. durch die Schaffung des Europäischen Fonds für währungspolitische Zusammenarbeit – ABl. 1973 L 89, 2; 1978 L 379, 1 – (vgl. zu weiteren Beispielen *Hummer*, in Grabitz/Hilf, Art. 162 Rn. 44 m.w.N.).

Art. 219 (ex-Art. 163) (Beschlußfassung der Kommission)

Die Kommission übt ihre Tätigkeit unter der politischen Führung ihres Präsidenten aus. Die Beschlüsse der Kommission werden mit der Mehrheit der in Artikel 213 bestimmten Anzahl ihrer Mitglieder gefaßt.

Die Kommission kann nur dann wirksam tagen, wenn die in ihrer Geschäftsordnung festgesetzte Anzahl von Mitgliedern anwesend ist.

I. Allgemeines

Mit dem Amsterdamer Vertrag wurde Art. 163 a.F. (jetzt Art. 219) ergänzt **1** um einen UAbs. 1, in dem – rechtlich wenig systemgerecht – noch einmal die exponierte Stellung des Präsidenten der Kommission betont wird. Die übrigen Bestimmungen betreffen die Beschlußfassung und das Verfahren innerhalb der Kommission.

II. Beschlußfassung

2 Art. 219 regelt die Modalitäten der Beschlußfassung durch die Kommission. Unter Beschlußfassung sind **alle relevanten Willensäußerungen** der Kommission, nicht nur rechtlich relevanter Art zu verstehen (a.A. *Hummer*, in Grabitz/Hilf, Art. 163 Rn. 2, der unter den Begriff „Beschlüsse" nur alle rechtlich relevanten Willensäußerungen subsumiert). Die Beschlüsse der Kommission kommen nach UAbs. 2 i.V.m. Art. 213 (ex-Art. 157 Abs. 1) und Art. 6 UAbs. 1 GO der Kommission auf Vorschlag eines oder mehrerer ihrer Mitglieder zustande, wenn die Mehrheit, also elf Kommissionsmitglieder, zustimmen (vgl. auch Art. 6 UAbs. 3 GO der Kommission). Für die **Beschlußfähigkeit** ist die Anwesenheit von **elf Mitgliedern** erforderlich (Art. 5 GO der Kommission); andernfalls ist zwar eine Beratung, nicht aber eine Beschlußfassung möglich (vgl. *Hummer*, in Grabitz/Hilf, Art. 163 Rn. 10). Abwesende Kommissare können nicht vertreten werden; allerdings kann der Kabinettchef des abwesenden Kommissionsmitgliedes – ohne Stimmrecht – die Meinung des abwesenden Kommissars vortragen (vgl. Art. 8 UAbs. 2 GO der Kommission).

III. Verfahren

3 Die Kommission faßt ihre Beschlüsse in **gemeinschaftlicher Sitzung**. Sie wird durch den Präsidenten einberufen und tritt i.d.R. mindestens einmal wöchentlich zusammen (Art. 3 GO der Kommission). Die gemeinschaftliche Sitzung der Kommission ist nicht öffentlich, ihre Beratungen sind vertraulich (Art. 7 GO der Kommission). Eine gewisse **Transparenz** ergibt sich allerdings aus dem „**Verhaltenskodex** für den Zugang der Öffentlichkeit zu Kommissions- und Ratsdokumenten" (ABl. 1993, L 340/41) in Verbindung mit dem Beschluß der Kommission vom 8.2.1994 über den Zugang der Öffentlichkeit zu den der Kommission vorliegenden Dokumenten (ABl. 1994, L 46/58; vgl. dazu die Erläuterungen zu Art. 255).

4 Die Beschlüsse werden grundsätzlich mündlich gefaßt. Allerdings gibt es auch Arten der sog. **vereinfachten Beschlußfassung**, die ebenfalls zulässig sind. So kann ein Kommissionsbeschluß auch im schriftlichen Verfahren gefaßt werden (Art. 10 GO der Kommission). In diesem Verfahren kann ein Kommissionsmitglied die Zustimmung seiner Kollegen einholen, indem er den Entwurf durch das Generalsekretariat verteilen läßt. Der Entwurf gilt als angenommen, wenn bis zum Ablauf der im Begleitvermerk gesetzten Frist kein Kommissionsmitglied Vorbehalte geltend gemacht hat. Ansonsten kann der Entwurf nur in mündlicher Sitzung vom Kollegium verabschiedet werden. Die Frist beträgt in der Regel fünf Werktage. In dringen-

den Angelegenheiten können Fristen von drei Werktagen oder noch weniger festgelegt werden (vgl. dazu *v. Sydow*, in: GTE, Art. 163, Rn. 23ff. m.w.N.).

Ferner kommt ein Kommissionsbeschluß noch im sog. **Ermächtigungs-** 5
verfahren nach Art. 11 GO der Kommission zustande, wenn die Kommission – unter der Voraussetzung, daß der Grundsatz der kollegialen Verantwortlichkeit gewahrt bleibt – eines oder mehrere ihrer Mitglieder ermächtigt, in ihrem Namen Entscheidungen zu treffen. Die Übertragung von Befugnissen der Kommission an einzelne Mitglieder widerspricht zwar dem Grundsatz, daß die Kommission als Kollegialorgan handelt; gleichwohl hat der EuGH zunächst bestätigt, daß die hier in Rede stehende Zeichnungsermächtigung als eine interne Geschäftsverteilungsmaßnahme der Kommission zulässig ist (EuGH, Rs. 43 und 63/82, VBVB, VBBB/Kommission, Slg. 1984, 19, 56f.; Rs. 5/85, AKZO Chemie/Kommission, Slg. 1986, 2607, 2615). In der Rechtssache PVC hat der EuGH den Anwendungsbereich von sog. Zeichnungsermächtigungen auf interne vorbereitende und durchführende Maßnahmen beschränkt und insbesondere die Fälle ausgenommen, in denen endgültige Entscheidungen getroffen werden, die den einzelnen Gemeinschaftsbürger belasten und die nur von der Kommission als Kollegialorgan gefällt werden dürfen (EuGH, Rs. 98/89, Imperial Chemical Industries, Slg. 1994, I–1516, Rn. 63ff.). Die Kommission hat in diesem Sinne 1975 in einem internen Grundsatzbeschluß die Grenzen und die Kriterien der Zeichnungsermächtigungen genau abgesteckt und 1995 an das PVC-Vorteil angepaßt (Beschluß 75/46/Euratom, EGKS, EWG v. 23.7.1975 zur Änderung der vorläufigen GO v. 6.7.1967 – ABl. 1975, L 190/43; Beschluß 95/148/EG, Euratom, EGKS v. 8.3.1995, ABl. 1995, L 97/1).

1986 wurde eine Verfahrensvariante eingeführt, die zwar formal als Zeich- 6
nungsermächtigung firmiert, faktisch aber wie ein schriftliches Verfahren funktioniert. Das Kommissionsmitglied ist ermächtigt, einen Beschluß im Namen der Kommission zu fassen. Dieser wird aber nicht sofort wirksam; er wird vielmehr allen anderen Kommissionsmitgliedern vorgelegt und nach Ablauf einer Frist von sechs Tagen ist der Beschluß angenommen, es sei denn, ein Kommissionsmitglied befaßt das Kollegium (vgl. dazu *v. Sydow*, in: GTE, Art. 163, Rn. 33 m.w.N.).

Abschnitt 4. Der Gerichtshof

Art. 220 (ex-Art. 164) (Wahrung des Rechts)

Der Gerichtshof sichert die Wahrung des Rechts bei der Auslegung und Anwendung dieses Vertrages.

Literatur: **Rechtsschutz allgemein:** *Allkemper*, Der Rechtsschutz des einzelnen nach dem EG-Vertrag, 1995; *Borchardt*, Der Rechtsschutz in der Europäischen Union, IStR 1994, 338–344 und 443–448; *Brandt*, Der Europäische Gerichtshof (EuGH) und das Gericht erster Instanz (EuG)-Aufbau, Funktionen und Befugnisse, JUS 1994, 300; *Dauses*, Empfiehlt es sich, das System des Rechtsschutzes und der Gerichtsbarkeit in der Europäischen Gemeinschaft, insbesondere die Aufgaben der Gemeinschaftsgerichte und der nationalen Gerichte weiterzuentwickeln ? Gutachten zum 60. Deutschen Juristentag, 1994; *Everling*, Stand und Zukunftsperspektiven der Europäischen Gerichtsbarkeit, FS Deringer, 1993, 40; *ders.,* Zur Begründung der Urteile des Gerichtshofs der Europäischen Gemeinschaften, EuR 1994, 127; *ders.* Zur Funktion des Gerichtshofs der Europäischen Gemeinschaften als Verwaltungsgericht, FS Redeker, 1993, 293; *Lenz*, Der Gerichtshof der Europäischen Gemeinschaften und die Bedeutung des europäischen Rechts für die nationalen Rechtssysteme, NJW 1993, 193; *Gündisch*, Rechtsschutz in der Europäischen Gemeinschaft. Ein Leitfaden für die Praxis, 1994; *Kirschner/Klüpfel*, Das Gericht erster Instanz der Europäischen Gemeinschaften, 2. Aufl. 1998; *Klinke*, Der Gerichtshof der Europäischen Gemeinschaften, Aufbau und Arbeitsweise, 1989; *Lipp*, Entwicklung und Zukunft der europäischen Gerichtsbarkeit, JZ 1997, 326; *Oppermann*, Die Dritte Gewalt in der Europäischen Union, DVBl. 1994, 901; *Pache*, Die Kontrolldichte in der Rechtsprechung des Gerichtshofs der Europäischen Gemeinschaften, DVBl. 1998, 380; *Rengeling/Middeke/Gellermann*, Rechtsschutz in der Europäischen Union, 1994; *Rodriguez Iglesias*, Der Gerichtshof der Europäischen Gemeinschaften als Verfassungsgericht, EuR 1992, 225; *Schockweiler*, Die richterliche Kontrollfunktion: Umfang und Grenzen in bezug auf den Europäischen Gerichtshof, EuR 1995, 191; *Stotz*, Die Rolle des Gerichtshofs bei der Integration, in: *Rengeling/von Borries*, Aktuelle Entwicklungen in der Europäischen Gemeinschaft, 1992, 21; *Schwarze*, Grundzüge und neuere Entwicklungen des Rechtsschutzes im Recht der Europäischen Gemeinschaft, NJW 1992, 1065; *Van Gerven,* The role and structure of the european judiciary now and in the future, in: *Winter*, Reforming the Treaty of the European Union, 1996, 221; *Zuleeg*, Die Rolle der rechtsprechenden Gewalt in der europäischen Integration, JZ 1994, 1ff. **Richterrecht:** *Borchardt*, Richterrecht durch den Gerichtshof der Europäischen Gemeinschaften, GS Grabitz, 1995, 29; *Dänzer-Vanotti*, Unzulässige Rechtsfortbildung des Europäischen Gerichtshofs, RIW 1992, 733; *Everling*, Rechtsvereinheitlichung durch Richterrecht in der Europäischen Gemeinschaft, RabelsZ 1986, 193; *Nessler*, Richterrecht wandelt Richtlinien, RIW 1993, 206; *Reiter*, Rechtsfortbildung oder Rechtsschöpfung ? Die Grenzen der Rechtsprechung im Sozialraum Europa, ZfSH/SGB 1993, 57; *Stein*, Richterrecht wie anderswo auch ?, FS der Juristischen Fakultät zur 600-Jahr-Feier der Ruprecht-Karls-Universität Heidelberg, 1986, 619; *Ukrow*, Richterliche Rechtsfortbildung durch den EuGH, 1995. **Verhältnis EuGH/nationale Gerichte:** *Claes*, Judicial review in the European Communities: the division of labour between the Court of Justice and national Courts, in: *Bakker/Heringa/Stroink*, Judicial Control, Comparative Essays on judicial control, 1995, 109; *Caranta*, Judicial Protection against Member States: A new jus commune takes shape, CMLRev. 1995, 703; *Gersdorf*, Das Kooperationsverhältnis zwischen deutscher Gerichtsbarkeit und EuGH, DVBl. 1994, 674; *Grimm*, The European Court of Justice and National Courts: The German Constitutional Perspective after the Maastricht Decision, C.J.E.L. 1997, 229; *Heintzen*, Die „Herrschaft" über die Europäischen Gemeinschaftsverträge – Bundesverfassungsgericht und Europäischer Gerichtshof auf Konfliktkurs?, 564; *Hirsch*, Kompetenzverteilung zwischen EuGH und nationaler Gerichtsbarkeit, NVwZ 1998, 907–910; *Van Gerven*, Bridging the Gap between Community and National Laws: Towards a Principle of Homogeneity in the Field of Legal Remedies ?, CMLRev. 1995, 678; *Tesauro*, The Effectiveness of Judicial Protection and Cooperation between the Court of Justice and the National Courts; Y.E.L. 1993, 1; *Zuck*, Das Gerede vom Kooperationsverhältnis, NJW 1994, 978. **Grundrechte:** *Jürgensen/Schlünder*, EG-Grundrechtsschutz gegenüber Maßnahmen der Mitgliedstaaten, AöR 1996, 200; *Kischel*, Zur Dogmatik des Gleichheitssatzes in der Europäischen Union, EuGRZ 1997, 1; *Kühling*, Grundrechtskontrolle durch den EuGH: Kommunikationsfreiheit und Pluralismussicherung im Gemeinschaftsrecht, EuGRZ 1997, 296; *Notthoff*, Grundrechte in der Europäischen Gemeinschaft, RIW 1995, 541; *Pernice*, Gemeinschaftsverfassung und Grundrechtsschutz – Grundlagen, Bestand und Perspektiven, NJW 1990, 2409; *Rengeling*, Grundrechtsschutz in der Europäischen Gemeinschaft, 1993; *Ress/Ukrow*, Neue Aspekte des Grundrechtsschutzes in der Europäischen Gemeinschaft, EuZW 1990, 499; *Streinz*, Bundesverfassungsgerichtlicher Grundrechtsschutz und Europäisches Gemeinschaftsrecht, 1989; *Schwarze*, Probleme des europäischen Grundrechtsschutzes, FS Deringer, 1993, 160; *Weidenfeld (Hrsg.)*, Der Schutz der Grundrechte in der Europäischen Gemeinschaft, Mainzer Beiträge zur Europäischen Einigung, Bd. 13, 1992; *Zuleeg*, Der Schutz der Menschenrechte im Gemeinschaftsrecht, DÖV 1992, 937.

Überblick

I. Allgemeines

1   Der Gerichtshof der Europäischen Gemeinschaften (EuGH) gehört neben dem Europäischen Parlament, dem Rat, der Kommission und dem Rechnungshof zu den Organen, denen die Wahrnehmung der der Gemeinschaft zugewiesenen Aufgaben übertragen worden ist (Art. 7 I; ex-Art. 4). Dem EuGH kommt dabei die **Funktion der rechtsprechenden Gewalt** zu, die allerdings nur nach Maßgabe der im Vertrag zugewiesenen Befugnisse ausgeübt werden darf. Es gilt folglich auch für den Gerichtshof der Grundsatz der begrenzten Ermächtigung.

2   Die **Zuständigkeiten des Gerichtshofs** ergeben sich aus den Kompetenzzuweisungsnormen dieses Vertrages, die durch die Satzung des Gerichtshofs (Satzung/EuGH) ergänzt und durch die Verfahrensordnung (VerfO) konkretisiert werden. Danach entscheidet der Gerichtshof über

– **Streitigkeiten verfassungsrechtlicher Natur**, d.h. Streitigkeiten zwischen den Mitgliedstaaten untereinander, zwischen Mitgliedstaaten und Gemeinschaftsorganen sowie zwischen den Gemeinschaftsorganen untereinander (z.B. Nichtigkeits- und Untätigkeitsklagen, die von Mitgliedstaaten oder Gemeinschaftsorganen erhoben werden, Art. 230 I [ex-Art. 173 I], Art. 232 I [ex-Art. 175 I]; Vertragsverletzungsverfahren, Art. 226 [ex-Art. 169], Art. 227 [ex-Art. 170]; Gutachten zu den Außenbeziehungen der EG, Art. 300 VI [ex-Art. 228 I 2],

– **Streitigkeiten verwaltungsrechtlicher Natur**, d.h. Klagen einzelner gegen Gemeinschaftsorgane (z.B. Nichtigkeits- und Untätigkeitsklagen, die von natürlichen und juristischen Personen erhoben werden,

Art. 230 IV [ex-Art. 173 IV], Art. 232 III [ex-Art.175 III]; Schadenser-
satzklagen, Art. 235 [ex-Art. 178] i.V.m. Art. 288 II [ex-Art. 215 II];
Personalstreitigkeiten, Art. 236 [ex-Art. 179]);
- **Vorabentscheidungsersuchen** (Art. 234; ex-Art. 177), mit denen der
Gerichtshofs von den Gerichten der Mitgliedstaaten befaßt wird und die
ihrer Natur nach den Verfassungs-, Verwaltungs-, Zivil-, Arbeits-, Sozi-
al-, Steuer- und Strafsachen zuzuordnen sind, je nachdem von welchem
Gericht das Ersuchen um Vorabentscheidung ausgeht.

Für diese Streitigkeiten besteht eine **ausschließliche Zuständigkeit des**   3
Gerichtshofs; die mitgliedstaatlichen Gerichte oder Schiedsgerichte können nur außerhalb dieser vertraglich festgelegten Zuständigkeitsbereiche
mit Streitigkeiten, bei denen die Gemeinschaft Partei ist, befaßt werden
(Art. 240; ex-Art. 183); letzteres gilt darüber hinaus nur insoweit, als nicht
auch für diese Fälle durch besondere Schiedsklauseln die Zuständigkeit des
Gerichtshofs begründet wird (Art. 238, ex-Art. 181; Art. 239, ex-Art. 182).
Im Rahmen der Ausübung dieser Zuständigkeiten obliegt es dem Gerichts-   4
hof nach Art. 220, die Wahrung des Rechts bei der Auslegung und Anwendung dieses Vertrages sicherzustellen. Diese **allgemeine Aufgabenum-**
schreibung umfaßt drei grundlegende Bereiche: 1. die Kontrolle der Anwendung des Gemeinschaftsrechts (dazu unter II.), 2. die Auslegung des
Gemeinschaftsrechts (dazu unter III) und 3. die Fortbildung des Gemeinschaftsrechts (dazu unter IV).

Gegenstand der Kontrolle, Auslegung und Fortbildung ist das „**Recht**"   5
i.S.d. Art. 220. Der Begriff „Recht" ist dabei in einem umfassenden Sinne
zu verstehen. Dazu gehören neben dem *Gründungsvertrag der EG* in seiner sich aus den Beitritts- und Änderungsverträgen ergebenden Fassung,
vor allem auch die von den Gemeinschaftsorganen auf der Grundlage des
EG-Vertrages gesetzten Rechtsakte (Verordnungen, Richtlinien, individuelle Entscheidungen), die von der EG abgeschlossenen völkerrechtlichen Verträge, die von den Mitgliedstaaten im Gemeinschaftsbereich getroffenen
völkerrechtlichen Abkommen (z.B. das Übereinkommen über die gerichtliche Zuständigkeit und die Vollstreckung gerichtlicher Entscheidungen in
Zivil- und Handelssachen vom 27.9.1968, EuGVÜ, wobei allerdings die
Zuständigkeit des EuGH in dem Luxemburger Protokoll vom 3.6.1971 zum
EuGVÜ betreffend die Auslegung des Übereinkommens ausdrücklich vereinbart wurde, ABl. 1997 C 15/1) und sonstige für sie bindende Vereinbarungen sowie schließlich das ungeschriebene Gemeinschaftsrecht in Gestalt
des Gewohnheitsrechts und der allgemeinen Rechtsgrundsätze. Im Rahmen
des *Vertrages über die Europäische Union* sind die Zuständigkeiten des
Gerichtshofs hingegen in Art. 46 (ex-Art. L) EUV sehr weitgehend be-

schränkt worden. Eröffnet ist die Zuständigkeit des Gerichtshofs lediglich für den Bereich der Änderungen des Unionsvertrages (Art. 48 EUV, ex-Art. N), den Beitritt neuer Mitgliedstaaten (Art. 49 EUV, ex-Art. 0) sowie schließlich nach Maßgabe des Art. 35 (ex-Art. K.7) EUV für den Bereich der polizeilichen und justiziellen Zusammenarbeit (Titel VI EUV). Dementsprechend hat der Gerichtshof unter Berufung auf Art. 46 (ex-Art. L) EUV seine Zuständigkeit in einem Vorabentscheidungsverfahren, das eindeutig darauf gerichtet war, eine Entscheidung über die Verpflichtungen der Mitgliedstaaten aus Art. 2 (ex-Art. B) EUV zu erwirken, verneint (EuGH, C-167/94, Grau Gomis u.a., Slg. 1995, I–1023 Rn. 6). Eine Zuständigkeit des Gerichtshofs dürfte im Hinblick auf die Regelung des Art. 47 (ex-Art. M) EUV, wonach der EUV die Vertäge zur Gründung der EG unberührt läßt, allerdings für die Feststellung bestehen, ob der EUV sowie die nach diesem Vertrag angenommenen Rechtsakte die Gründungsverträge der EG „berühren". Nur durch den Gerichtshof kann sichergestellt werden, daß der Rat und die Mitgliedstaaten bei der Ausübung ihrer Befugnisse nach dem EUV nicht in Befugnisse eingreifen, die nach den Gründungsverträgen der EG zugewiesen sind (vgl. GA Fennelly, Schlußanträge v. 5.2.1998 in der Rs. C-170/96, KOM/Rat [Transit auf Flughäfen]). Nicht erfaßt von der Zuständigkeit des EuGH werden auch die *Absprachen zwischen den Mitgliedstaaten der EG außerhalb des Gemeinschaftsbereichs*, Vereinbarungen zwischen einem Mitgliedstaat und Drittstaaten oder auch unverbindliche Empfehlungen und Stellungnahmen eines Gemeinschaftsorgans. Ebensowenig steht das *Recht der Mitgliedstaaten* zur Disposition des EuGH (vgl. EuGH, C-399/97, Glasoltherm SARL/KOM u.a., Slg. 1998, I–4521), wenngleich Rückwirkungen des Gemeinschaftsrechts wegen dessen Vorrangs und unmittelbarer Anwendbarkeit auf das mitgliedstaatliche Recht nicht ausgeschlossen werden können, diese sogar unvermeidlich sind.

II. Die Kontrolle der Anwendung des Gemeinschaftsrechts

6   Die Anwendung des Gemeinschaftsrechts vollzieht sich zum einen im Handeln der Gemeinschaftsorgane zum Zwecke der Durchführung der Vertragsvorschriften in Gestalt des Erlasses sekundären Gemeinschaftsrechts und zum anderen im Handeln der Mitgliedstaaten und der einzelnen zum Zwecke der Erfüllung ihrer Verpflichtungen aus dem Gemeinschaftsrecht.

1. Kontrolle des Handelns der Gemeinschaftsorgane

7   Die von den Gemeinschaftsorganen vorgenommenen Rechtshandlungen werden vom Gerichtshof unter den Gesichtspunkten (a) der Einhaltung der

Kompetenznormen, (b) der Einhaltung des Verfahrens und (c) der Vereinbarkeit mit höherrangigem materiellen Recht überprüft.

a) Einhaltung der Kompetenznormen

Einhaltung der Kompentenznormen bedeutet zunächst Respektierung der **8** sich aus den Vertragsvorschriften für das jeweilige Gemeinschaftsorgan ergebenden **Grenzen seiner Handlungsbefugnisse** (Gewährleistung des Prinzips der begrenzten Ermächtigung). Diese Kontrolle erfolgt in zweifacher Hinsicht: zum einen überprüft der Gerichtshof, ob die Gemeinschaftsorgane überhaupt eine Zuständigkeit für den Erlaß der fraglichen Maßnahme besitzen; es geht hier folglich um die Abgrenzung zwischen gemeinschaftlicher und mitgliedstaatlicher Zuständigkeit. Eine Überschreitung der Zuständigkeitsgrenzen in diesem Sinne hat der Gerichtshof in seiner bisherigen Rechtsprechung bisher nur in einem einzigen Fall festgestellt (EuGH, verb. Rs. 281,283–285 und 287/85, Deutschland u.a./Kommission, Slg. 1987, 3203 – Art. 118 EWGV (heute Art. 137 EGV) begründet keine Zuständigkeit zur Regelung der kulturellen Eingliederung der Arbeitnehmer aus Drittländern und ihren Familienangehörigen im Rahmen von Mitteilungs- und Konsultationsverfahren über die Wanderungspolitik gegenüber Drittländern). Dies dürfte sich in Zukunft allerdings ändern, wenn der Gerichtshof in diesem Zusammenhang auch verstärkt über die aus dem Subsidiaritätsprinzip folgenden Grenzen für die Wahrnehmung der gemeinschaftlichen Zuständigkeiten zu befinden hat (vgl. Einzelheiten dazu unter Art. 5). Zum anderen prüft der Gerichtshof, ob die Gemeinschaftsorgane für den fraglichen Rechtsakt von den im Vertrag vorgesehenen Rechtsgrundlagen die „Richtige" gewählt haben. Die Wahl der Rechtsgrundlage eines Rechtsaktes muß sich im Rahmen des Zuständigkeitssystems der Gemeinschaft auf objektive, gerichtlich nachprüfbare Umstände gründen. Zu diesen Umständen zählen insbesondere das Ziel und der Inhalt des Rechtsaktes (st. Rspr. vgl. EuGH, C-271/94, Parlament/Rat, Slg. 1996, I–1689; C-426/93, Deutschland/Rat, Slg. 1995, I–3723; C-300/89, Kommission/Rat [Titandioxid], Slg. 1991, I–2867). Die Entscheidung über die „richtige" Rechtsgrundlage ist deshalb von besonderer Bedeutung, weil davon nicht nur die jeweils anzuwendenden Verfahrensvorschriften (Beteiligung anderer Organe, Beschlußverfahren etc.) abhängen, sondern dies auch Rückwirkungen auf den zulässigen Inhalt einer Regel haben kann, der sich innerhalb der von der Kompetenznorm gesetzten materiellen Grenzen halten muß (EuGH, Rs. 45/86, Kommission/Rat, Slg. 1987, 1520). Zu diesen Prüfungsgegenständen liegt bereits eine umfangreiche Rechtsprechung des Gerichtshofs vor: Abgrenzung Art. 133 (ex Art. 113)/Art. 308 (ex-Art. 235): EuGH, Rs.

45/86, Kommission/Rat, Slg. 1987, 1520; Abgrenzung Art. 37 (ex-Art. 43)/ Art. 94 (ex-Art. 100) und Art. 95 (ex-Art. 100a): EuGH, Rs. 68/86, Vereinigtes Königreich/Rat, Slg. 1988, 894; Rs. 131/86, Vereinigtes Königreich/ Rat, Slg. 1988, 930; C-131/87, Kommission/Rat, Slg. 1989, 3743; C-11/88, Kommission/Rat, Slg. 1989, 3799; Abgrenzung Art. 133 (ex-Art. 113)/Art. 174 (ex-Art. 130r) und Art. 175 (ex-Art. 130s) sowie Art. 31 EAGV: EuGH, C-62/88, Griechenland/Rat, Slg. 1990, I–1545; Abgrenzung Art. 95 (ex-Art. 100a)/Art. 31 EAGV: EuGH, C-70/88, Parlament/Rat (Post-Tschernobyl), Slg. 1991, I–4529; Abgrenzung Art. 12 (ex-Art. 6 II EGV bzw. 7 II EWGV)/Art. 308 (ex-Art. 235): EuGH, C-295/90, Parlament/Rat, Slg. 1992, I–4230; Abgrenzung Art. 175 (ex-Art. 130s)/Art. 95 (ex-Art. 100a): EuGH C-300/89, Kommission/Rat (Titandioxid), Slg. 1991, I–2867.

9   Einhaltung der Kompetenznormen bedeutet aber auch **Erfüllung der** durch diese Regelungen **auferlegten Verpflichtungen**, etwa im Hinblick auf die schrittweise Verwirklichung der Grundfreiheiten des Binnenmarktes. Die vom Gerichtshof in diesem Zusammenhang ausgeübte Kontrolle erfolgt allerdings unter Anerkennung eines weiten Ermessensspielraums zugunsten der Gemeinschaftsorgane. Der Gerichtshof beschränkt seine Prüfung im wesentlichen darauf, ob dem Gemeinschaftsorgan kein offensichtlicher Irrtum oder Ermessensmißbrauch unterlaufen ist oder ob es die Grenzen seines Ermessensspielraums nicht offensichlich überschritten hat (sehr deutlich EuGH, C-280/93, Deutschland/Rat (Bananenmarktordnung), Slg. 1994, I–4973; C-306/93, Winzersekt, Slg. 1995, I–5555; Rs. 136/77, Racke, Slg. 1978, 1245/1256).

b) Einhaltung des Verfahrens

10 Im Mittelpunkt steht die Gewährleistung der Anhörungs- und Beteiligungsrechte des EP im Entscheidungsprozeß der EG (vgl. EuGH, C-65/93, Parlament/Rat, Slg. 1995, I–643; C-62/88, Griechenland/Rat, Slg. 1990, I–1545). Einer Überprüfung unterliegt aber auch die Einhaltung der beim Erlaß von Durchführungsmaßnahmen (Art. 202, ex-Art. 145) einzuhaltenden Verfahren, die im einzelnen im Beschluß des Rates vom 13.7.1987 zur Festlegung der Modalitäten für die Ausübung der der Kommission übertragenen Durchführungsbefugnisse („Komitologie" ABl. L 197/33) geregelt sind.

c) Vereinbarkeit mit höherrangigem Recht

11 Als **Prüfungsmaßstab** dienen neben den Vorschriften des EG-Vertrages vor allem die allgemeinen Rechtsgrundsätze (dazu unter IV), die die Ge-

meinschaft bindenden internationalen Verträge (vgl. EuGH, C-53/96, Hermès International, Slg. 1998, 3603 (TRIP's Übereinkommen); C-61/94, Kommission/Deutschland, Slg. 1996, I–3989 (Internationale Übereinkunft über Milcherzeugnisse); C-286/90, Poulsen und Diva Navigation, Slg. 1992, I–6019 (Internationale Fischereiabkommen); Rs. 21–24/72, International Fruit Company, Slg. 1972, 1219/1227 (GATT-Verpflichtungen) sowie alle verbindlichen Rechtsakte der Gemeinschaftsorgane (zu ihrem Verhältnis untereinander siehe Art. 249 Rn. 20/21).

2. Kontrolle des Handelns der Mitgliedstaaten

Die Kontrolle vertragskonformen Verhaltens der Mitgliedstaaten erfolgt im **12** Rahmen des Vertragsverletzungsverfahrens (Art. 226, ex-Art. 169; Art. 227, ex-Art. 170) sowie mittelbar auch im Rahmen des Vorabentscheidungsverfahrens (Art. 234, ex-Art. 177).

III. Die Auslegung des Gemeinschaftsrechts

Die Auslegung des Gemeinschaftsrechts durch den Gerichtshofs knüpft **13** zwar im wesentlichen an die aus dem innerstaatlichen Bereich bekannten Regeln an, diese werden jedoch in der Rechtsprechungspraxis des Gerichtshofs entsprechend den Besonderheiten der Gemeinschaftsrechtsordnung gewichtet und zu **gemeinschaftsspezifischen Auslegungsmethoden** ausgebildet (vgl. *Nettesheim* in Grabitz/Hilf, Art. 4 Rn. 43–71; *Bleckmann*, NJW 1982, 1177ff.; *Mertens de Wilmars*, Cahiers de Droit Européen 1986, 5ff.; *Everling*, Rechtsanwendungs- und Auslegungsgrundsätze des Gerichtshofes der EG, in *Kruse* (Hrsg.), Zölle, Verbrauchssteuern, europäisches Marktordnungsrecht, 1988, 51ff.).

Die **wörtliche Auslegung**, die allgemein als erster Auslegungsgrundsatz **14** herangezogen wird, stößt im Gemeinschaftsrecht auf Grenzen. Der Wortlaut der gemeinschaftsrechtlichen Bestimmungen liefert dem Gerichtshof i.d.R. keine sicheren Vorgaben, da dieser aufgrund des schwierigen Entscheidungsverfahrens in der EG und dem damit verbundenen Hang zu Formelkompromissen sowie im Hinblick auf die Verbindlichkeit der Texte in den nun elf Amtssprachen der EG häufig unklar und damit selbst interpretationsbedürftig ist (vgl. zum letzteren EuGH, C-219/95P, Ferriere Nord/KOM, Slg. 1997, I–4411; Rs. 55/87, Moksel, Slg. 1988, 3845/3865). Diese Feststellung zeigt zugleich auch die Grenzen der **historischen**, am **15** Willen des Vertrags- oder Gemeinschaftsgesetzgebers orientierten **Auslegung** auf. Die Kenntnis dessen, was die Normgeber bei der Abfassung der Regelung tatsächlich wollten ist zwar ein durchaus gebräuchliches Hilfsmittel bei der objektiven Bestimmung der fraglichen Begriffsinhalte, wird aber vom Gerichtshof nicht im Sinne einer strikten Bindung an die subjektiven Vorstellungen der Normgeber verstanden (EuGH, C-327/91, Frankreich/KOM, Slg. 1994, I–3641/3677; C-314/91, Weber/EP, Slg. 1993, 1093/1112; Rs. 9/79, Koschniske, Slg. 1979, 2717; Rs. 2/72, Murru, Slg. 1972, 333).

16 Als notwendige Ergänzung und unerläßliches Korrektiv der Wortlautinterpretation greift der Gerichtshof deshalb regelmäßig auf die **systematisch-teleologische Auslegung** zurück (EuGH, C-72/95, Aannemersbedrijf Kraaijeveld u.a., Slg. 1996, I–5403; C-235/94, Strafverfahren gegen Bird, Slg. 1995, I–3933/3952; C-83/94, Strafverfahren gegen Leifer, Slg. 1995, I–3231/3247; C-70/94, Werner, Slg. 1995, I–3189/3226; C-30/93, AC-Atel Electronics, Slg. 1994, I–2305/2325; EuGeI, T-458/93, ENU/KOM, Slg. 1995, II–2459; T-15/93, Vienne/EP, Slg. 1993, II–1327/1340; T-8/93, Huet/Rechnungshof, Slg. 1994, II–103/115; T-26/90, Finsider/KOM, Slg. 1992, II–1789/1815; T-41/89, Schwedler, Slg. 1990, II–79;). Diese ist gekennzeichnet durch das Bemühen um die Herausarbeitung des objektiven Sinns einer Regelung. Die systematisch-teologische Auslegung ist vom Gerichtshof in einer umfangreichen Fallrechtsprechung unter **Heranziehung** folgender allgemeiner **Grundsätze** ausgeformt worden:

17 An erster Stelle zu nennen ist in diesem Zusammenhang das Bemühen des Gerichtshofs um eine **einheitliche Auslegung** des Gemeinschaftsrechts. Begriffe, die den Anwendungsbereich einer Gemeinschaftsrechtsvorschrift bestimmen (z.B. Arbeitnehmerbegriff in Art. 39 (ex-Art. 48), Begriff der Dienstleistung in Art. 49 (ex-Art. 59), Art. 50 (ex-Art. 60), Entgeltbegriff in Art. 141 (ex-Art. 119) etc.), erhalten einen gemeinschaftsspezifischen Begriffsinhalt, der durchaus von demjenigen abweichen kann, den diese Begriffe in den nationalen Rechtsordnungen haben. Diese an der Wahrung der Rechtseinheit ausgerichtete Vorgehensweise findet ihre Rechtfertigung in dem Umstand, daß der Anspruch nach einheitlicher Geltung des Gemeinschaftsrechts in allen Mitgliedstaaten in Frage gestellt wäre, wenn jeder Mitgliedstaat über die Festlegung der Begriffsinhalte den Anwendungsbereich einer Gemeinschaftsvorschrift letztendlich selbst bestimmen könnte (EuGH, C-449/93, Rockfon, Slg. 1995, I–4291; C-34/92, GruSa Fleisch, Slg. 1993, I–4147/4172; EuGeI, T-9/92, Peugeot, Slg. 1993, II–493/509; C-143/88 und C-92/89, Zuckerfabrik Süderdithmarschen und Zuckerfabrik Soest, Slg. 1991, I–415).

18 Von Bedeutung in der Rechtsprechung des Gerichtshofs ist daneben der Rückgriff auf den „**effet utile**" einer Gemeinschaftsregelung (*Streinz*, Der „effet utile" in der Rechtsprechung des Gerichtshofs der Europäischen Gemeinschaften, in: FS Everling, Bd. II 1995, 1491). Diese wird nach Mög-

lichkeit so ausgelegt, daß die Gemeinschaft und ihre Organe in die Lage versetzt werden, auf eine möglichst wirksame Erreichung der allgemeinen Vertragsziele hinzuwirken (EuGH, C-46/93 und C-48/93, Brasserie du pêcheur SA und Factortame Ltd., Slg. 1996, I–1029; C-381/93, KOM/Frankreich, Slg. 1994, I–5145/5169; C-144/93, Pfanni Werke, Slg. 1994, I–4605/4623; C-128/93, Fisscher, Slg. 1994, I–4583/4597; C-6/90 und C-9/90, Francovich und Bonifaci, Slg. 1991, I–5357; EuGeI, T-49/93, SIDE/KOM, Slg. 1995, II–2501). Als allgemeine Leitmotive der EG gelten dabei vor allem die Gewährleistung von Gleichheit (Verbot aller offenen und verschleierten Diskriminierungen), von Freiheit (Wirtschafts-, Personen-, Dienstleistungs- und Kapitalverkehrsfreiheit), von Solidarität (der Mitgliedstaaten untereinander) sowie von Einheit (Rechts- und Wirtschaftseinheit). Die Auslegungsfigur des „effet utile" hat etwa Anwendung gefunden in der Rechtsprechung zum Vorrang des Gemeinschaftsrechts vor nationalem Recht, zur unmittelbaren Anwendbarkeit von Richtlinien sowie der Haftung der Mitgliedstaaten für Verletzungen des Gemeinschaftsrechts.

Zur Anwendung kommt auch der Grundsatz der **vertragskonformen Auslegung** des sekundären Gemeinschaftsrechts. Dieser Auslegungsgrundsatz zielt darauf ab, bei verschiedenen Auslegungsmöglichkeiten im konkreten Fall derjenigen den Vorzug zu geben, bei der die Bestimmung des Sekundärrechts mit dem Vertrag als vereinbar angesehen werden kann (EuGH, C-135/93, Spanien/KOM, Slg. 1995, I–1651/1683; C-98/91, Herbrink, Slg. 1994, I–223/252; C-314/89, Rauh, Slg. 1991, I–1647/1672). Er findet seine innere Rechtfertigung darin, daß die Gemeinschaftsrechtsordnung eine in sich geschlossene Einheit bildet, und daß Widersprüchlichkeiten möglichst vermieden werden müssen. Vor diesem Hintergrund erklärt sich auch die Verwendung dieses Grundsatzes bei der Auslegung von Durchführungsverordnungen, insbesondere der Kommission, im Verhältnis zu den regelmäßig vom Rat getroffenen Grundverordnungen. **19**

Schließlich ist auf das **Regel/Ausnahme-Prinzip** hinzuweisen, das in der Rechtsprechung des Gerichtshofs in dem Sinne zur Anwendung kommt, daß die für die Gemeinschaftsrechtsordnung grundlegenden Begriffe und Rechtsfiguren, wie insbesondere die Grundfreiheiten des Gemeinsamen Marktes/Binnenmarktes, weit, Ausnahmen und Vorbehalte dazu hingegen eng ausgelegt werden (z.B. Begriff der Beschäftigung in der öffentlichen Verwaltung im Rahmen der Freizügigkeit Art. 39 IV (ex-Art. 48); Begriff der Ausübung öffentlicher Gewalt im Rahmen der Niederlassungs- und Dienstleistungsfreiheit, Art. 45 (ex-Art. 55) i.V.m. Art. 55 (ex-Art. 66). Dies wirkt sich vor allem bei der auch im Gemeinschaftsrecht anzustellenden Interessen- und Güterabwägung zwischen den Erfordernissen des Vertrages **20** einserseits und den beschränkten Wirkungen der nationalen Politiken andererseits aus, indem ersteren im Zweifel der Vorzug gegeben wird.

IV. Die Fortbildung des Gemeinschaftsrechts

1. Befugnis zur Rechtsfortbildung

21   Die Befugnis der Gerichte zur Rechtsfortbildung und Rechtsgewinnung folgt unmittelbar aus ihrer Stellung im Verfassungssystem und wird dem Grundsatz nach auch nicht bestritten. Sie sind dazu berufen, für die Einhaltung des Rechts in der täglichen Praxis Sorge zu tragen, indem sie bestehende Unklarheiten und Widersprüche im Rechtsnormengefüge im Wege der Auslegung beseitigen und unvollkommene oder fehlende Regelungen im Wege der Rechtsfortbildung und -gewinnung ergänzen. Der Gerichtshof bezieht diese **Legitimation** aus dem ihm durch Art. 220 zugewiesenen Auftrag, „die Wahrung des Rechts bei der Auslegung und Anwendung des Vertrages zu sichern" (anerkannt auch vom BVerfG mit Beschluß vom 8.4.1987, BVerfGE 75, 223ff.).

22   Dieser Auftrag ist denkbar weit angelegt und umfaßt eben nicht nur die Auslegung des Rechts, sondern gleichermaßen auch die **Wahrung des Rechts**, die angesichts des unvollkommenen Regelungsbestandes im europäischen Gemeinschaftsrecht nur im Wege der Rechtsfortbildung sichergestellt werden kann. Anders als die historisch gewachsenen nationalen Rechtsordnungen, die über einen gesicherten Bestand gemeinsamer Rechtsüberzeugungen und Rechtsansichten verfügen, muß eine solche gefestigte Rechtsordnung auf Gemeinschaftsebene erst noch geschaffen werden. Die Gemeinschaftsverträge sind dynamisch, d.h. auf fortschreitende Entwicklung angelegt, so daß die Gemeinschaftsrechtsvorschriften notwendigerweise vielfach offen formuliert und auf spätere Entfaltung und Ergänzung angewiesen sind. Diese Aufgabe kommt zwar in erster Linie dem Gemeinschaftsgesetzgeber zu, sie wird aber vom Gerichtshof wahrgenommen, sofern der Gesetzgeber diesem Auftrag nicht nachkommt. Der Gerichtshof kann und darf sich dieser Aufgabe im Rahmen der bei ihm zur Entscheidung anstehenden Rechtsstreitigkeiten nicht entziehen, will er sich nicht dem Vorwurf der Rechtsverweigerung aussetzen und damit seinen Auftrag, die Wahrung des Rechts zu sichern, mißachten (vgl. *Everling*, RabelsZ 1986, 193–232).

2. Grenzen der Rechtsfortbildung

23   Die Rechtsfortbildung durch den Gerichtshof findet ihre Grenzen in dem allgemeinen Kompetenzrahmen der EG, den inhaltlichen Vorgaben des Ver-

fassungsgebers sowie in der Akzeptanzfähigkeit der Urteile (Einzelheiten bei *Borchardt,* GS Grabitz, 29–43).

Die Forderung nach **Einhaltung der Kompetenzgrenzen** folgt unmittelbar   **24** aus dem Prinzip der begrenzten Ermächtigung. Auch der Gerichtshof kann über seine unbestrittene Kompetenz zur Rechtsfortbildung nicht die Zuständigkeiten der EG/EU zu Lasten der Mitgliedstaaten verändern. Darüber hinaus bindet auch das Subsidiaritätsprinzip den Gerichtshof bei der Rechtsfortbildung insoweit, als er sich bei der Konkretisierung der Rechtsregeln fragen muß, wie inhaltsreich und detailliert diese Regeln ausgestaltet sein müssen, um das allein auf Gemeinschaftsebene zu erreichende Ziel zu verwirklichen.

Die Beachtung der **vom Verfassungsgeber gesetzten Grenzen** beinhaltet,   **25** die vom Integrationsprogramm bereits positiv vorgegebenen Richtpunkte zu respektieren, d.h. vor allem, daß sich die vom Gerichtshof anerkannten Rechtsregeln in die Zielsetzungen und Strukturen der Gemeinschaftsrechtsordnung einzufügen haben.

Eine weitere Grenze der Rechtsfortbildung besteht in der Gefahr des Auto-   **26** ritätsverlusts oder, positiv ausgedrückt, in der Akzeptanzfähigkeit der Entscheidungen. Für die Entscheidungen des Gerichtshofs ist ihre Akzeptanzfähigkeit deshalb von grundlegender Bedeutung, weil die Gemeinschaftsrechtsordnung, abgesehen von wenigen Ausnahmen (vgl. Art. 228 [ex-Art. 171]; Art. 244 [ex-Art. 187]; Art. 256 [ex-Art. 192]), keine Möglichkeit der zwangsweisen Durchsetzung der Entscheidungen des Gerichtshofs vorsieht. Akzeptanz der Entscheidungen bedeutet dabei nicht Rücksichtnahme und Ausrichtung der Rechtsprechung auf Wünsche oder Rechtszustände in einzelnen Mitgliedstaaten; die Rechtsprechung durch den Gerichtshof kann allein auf der Grundlage seiner Bindung an Gesetz und Recht erfolgen. Es ist deshalb die Ausrichtung der Urteile auf Gesetz und Recht, die zusammen mit einer gewissen Zurückhaltung gegenüber Verwaltung, Gesetzgebung und Mitgliedstaaten sowie einem Blick auf die Folgen der Entscheidungen Akzeptanz vermittelt (dazu *Borchardt,* GS Grabitz, 39–42).

3. Methode der Rechtsfortbildung

Bei der Fortbildung des Gemeinschaftsrechts bedient sich der Gerichtshof in   **27** erster Linie eines **Vergleichs der nationalen Rechtsordnungen.** Hierfür steht dem Gerichtshof eine eigens dafür am Gerichtshof geschaffene Abteilung „**Forschung und Dokumentation**" zur Verfügung, in der Juristen aus allen Mitgliedsländern der EG vertreten sind. Auf Vorschlag des Berichterstatters, des Generalanwalts oder eines anderen Mitglieds des Gerichtshofs kann in jeder Rechtssache die Erstellung einer sog. „**note de recherche**" angefordert werden, in der auf der Grundlage einer genau vorgegebenen Fragestellung die Rechtslage in den einzelnen Mitgliedstaaten und ausgewählten Drittländern (häufig das Recht der Vereinigten Staaten) dargestellt wird. Darüber hinaus werden die rechtsvergleichenden Ergebnisse der Studie vorangestellt. Die **Wertung** dieser Ergebnisse wird jedoch allein vom Gerichtshof vorgenommen, der sich dabei weder an den in allen Mitgliedstaaten übereinstimmenden Kern eines Rechts oder Rechtsinstituts (Minimaltheorie) noch an einem arithmetischen Mittel oder an dem jeweils unter Rechtsschutzgesichtspunkten höchsten Schutzmaßstab (Maximaltheorie) orientiert. Vielmehr bemüht sich der Gerichtshof darum, unter kritischer Analyse des rechtsvergleichenden Befundes diejenige Lösung auszuwählen, die sich unter Berücksichtigung der Ziele und Strukturprinzipien der EG als die „**beste Lösung**" erweist (vgl. dazu *Pernice* in Grabitz/Hilf, Art. 164 Rn. 58 m.w.N.).

28 Selbst wenn eine solche Studie vom Gerichtshof nicht in Auftrag gegeben wird, so besagt dies noch nicht, daß der Gerichtshof bei seiner Entscheidungsfindung auf eine rechtsvergleichende Analyse vollständig verzichtet hat. Vielmehr gewährleistet die Zusammensetzung der Spruchkörper des Gerichtshofs mit Vertretern möglichst unterschiedlicher Rechtstraditionen eine **ständige Rechtsvergleichung**, indem die jeweiligen Richter ihre vom nationalen Rechtsdenken geprägten Rechtsansichten in die Beratungen einbringen. Im Gegensatz zur Praxis in den Anfangsjahren der Rechtsprechungstätigkeit verzichten der Gerichtshof (und auch die Generalanwälte) heute i.d.R. auf die **Wiedergabe der rechtsvergleichenden Überlegungen** in den Entscheidungsgründen (bzw. den Schlußanträgen). Dies ist nicht zuletzt im Hinblick auf die Akzeptanz der Urteile in den Mitgliedstaaten der EG zu bedauern, da damit eine wichtige Erkenntnisquelle des Gerichtshofs verschlossen bleibt.

29 Die Ergebnisse dieser Rechtsvergleichung werden eingebunden in die systematisch-teleologische Auslegung, die letztendlich den methodischen Weg zur Gewinnung von Richterrecht durch den Gerichtshof vorgibt.

V. Der Schutz der Grundrechte

1. Anerkennung gemeinschaftseigener Grundrechte

30 Die Entwicklung gemeinschaftseigener Grundrechte ist einer der wichtigsten Anwendungsfälle der richterlichen Rechtsfortbildung durch den Gerichtshof. Die gemeinschaftliche Grundrechtsordnung hat sich erst auf der Grundlage einer ständigen Rechtsprechung des Gerichtshofs herausgebildet, die relativ spät, nämlich im Jahre 1969, mit dem Urteil in der Rs.

„Stauder" (EuGH, 29/69, Slg. 1969, 419) begann. Bis zu diesem Urteil hatte der Gerichtshof alle grundrechtlichen Einwendungen mit dem Hinweis verworfen, daß er sich nicht mit Problemen zu befassen habe, die dem nationalen Verfassungsrecht angehörten (so noch EuGH, Rs. 36–38/59 und 40/59, Ruhrkohlenverkaufsgesellschaft, Slg. 1960, 889/920). Diese Vorstellung mußte der Gerichtshof jedoch nicht zuletzt im Hinblick auf den von ihm begründeten Anspruch des Vorrangs des Gemeinschaftsrechts vor nationalem Recht revidieren, da dieser Vorrang nur durchgesetzt werden kann, wenn das Gemeinschaftsrecht in der Lage ist, aus eigener Kraft einen Grundrechtsschutz zu gewährleisten, der dem von den nationalen Verfassungen gewährten Schutz gleichwertig ist.

Die Entwicklung gemeinschaftseigener Grundrechte erfolgt über die **Anerkennung allgemeiner Rechtsgrundsätze,** zu deren Konkretisierung sich der Gerichtshof zum einen der gemeinsamen Verfassungsüberlieferungen der Mitgliedstaaten und zum anderen auch der internationalen Verträge über den Schutz der Menschenrechte, an deren Abschluß die Mitgliedstaaten beteiligt sind, bedient. Letzteres gilt in erster Linie für die EMRK, die bei der inhaltlichen Ausformung der Gemeinschaftsgrundrechte wesentliche Orientierungen bezüglich der Schutzanforderungen vorgibt (erstmals EuGH, Rs. 36/75, Rutili, Slg. 1975, 1219/1232; C-368/95, Familiapress, Slg. 1997, I–3689 – Art. 10 EMRK –; C-260/89, ERT, Slg. 1991, I–2925/2964 – Art. 10 EMRK –; C-159/90, SPUC/Grogan, Slg. 1991, I–4685/4741 – Art. 10 EMRK –; C-404/92P, X/KOM (Aidstest), Slg. 1994, I–4737 – Art. 8 EMRK; Rs. 46/87 u. 227/88, Hoechst, Slg. 1989, 2859/2924 – Art. 8 EMRK –). In der Sache führt dies zu einem autonomen Nachvollzug der EMRK in der Gemeinschaftsrechtsordnung, ohne daß aber die EMRK bereits selbst Bestandteil dieser Ordnung wäre (so aber *Streinz,* 401) oder die EG unmittelbar zu binden vermag. Einen formellen Beitritt der EG zur EMRK hat der EuGH in seinem Gutachten 2/94 aufgrund der bestehenden Verfassungslage ausgeschlossen, da die EG beim gegenwärtigen Stand des Gemeinschaftsrechts nicht über die für einen Beitritt zur EMRK notwendigen Zuständigkeiten verfügt (Gutachten 2/94, Slg. 1996, I–1759). Der EuGH führt in diesem Zusammenhang aus, daß die Wahrung der Menschenrechte zwar eine Voraussetzung für die Rechtmäßigkeit der Handlungen der Gemeinschaft sei, der Beitritt zur EMRK jedoch eine wesentliche Änderung des gegenwärtigen Gemeinschaftssystems zur Folge hätte, da er die Einbindung der EG in ein völkerrechtliches, andersartiges institutionelles System und die Übernahme sämtlicher Bestimmungen der EMRK in die Gemeinschaft mit sich brächte. Eine solche Änderung des Systems des Schutzes der Menschenrechte in der EG, die grundlegende insti-

31

tutionelle Auswirkungen sowohl auf die EG, als auch auf die Mitgliedstaaten hätte, ist nach Ansicht des EuGH von verfassungsrechtlicher Dimension und geht daher ihrem Wesen nach selbst über die Grenzen der subsidiären Handlungsermächtigung des Art. 308 (ex-Art. 235) hinaus.

32 Der Ansatz von der Entwicklung gemeinschaftseigener Grundrechte über die Anerkennung allgemeiner Rechtsgrundsätze wird im **Vertrag über die Europäische Union** ausdrücklich aufgenommen (Art. 6 II EUV, ex-Art. F), ohne dabei allerdings einen über den durch die Rechtsprechung des Gerichtshofs hinausgehenden Grundrechtsschutz zu begründen. Eine Verstärkung hat der Grundrechtsschutz im EUV allerdings insofern erfahren, als erstmalig Maßnahmen für den Fall vorgesehen werden, daß sich ein Mitgliedstaat schwerwiegender und anhaltender Verletzungen der Grundsätze der Freiheit, der Demokratie, der Achtung der Menschenrechte und Grundfreiheiten sowie der Rechtsstaatlichkeit schuldig macht (Art. 6 I EUV). Konkret kannt der Rat der EU mit qualifizierter Mehrheit die dem betreffenden Mitgliedstaat aus dem EUV oder EGV zustehenden Rechte, einschließlich der Stimmrechte im Rat, aussetzen. Die Rechte und Pflichten der natürlichen und juristischen Personen des betreffenden Mitgliedstaates werden dabei gesondert berücksichtigt.

33 Ob ein adäquater Grundrechtsschutz auf Gemeinschaftsebene auf Dauer tatsächlich allein über die Anerkennung und Konkretisierung von Grundrechten durch den Gerichtshof gefunden und gewährleistet werden kann, muß bei aller Anerkennung für die Leistungen des Gerichthofs bei der Gestaltung der europäischen Grundrechtsordnung bezweifelt werden. Der Gerichtshof kann die allgemeinen Rechtsgrundsätze nur dann weiterentwickeln, wenn er mit einer Sache befaßt wird, die ihm Gelegenheit dazu bietet. Aber selbst dann ist der Gerichtshof auf den konkreten Fall beschränkt und daher kaum in der Lage, Inhalt und Grenzen des gemeinschaftsrechtlichen Grundrechtsschutzes in der nötigen Allgemeinheit und Differenziertheit herauszuarbeiten. Die dadurch bedingte Rechtsunsicherheit kann letztendlich nur durch einen speziell für die Gemeinschaft zu schaffenden **Grundrechtskatalog** beseitigt werden, wie ihn etwa bereits das EP in seiner Erklärung über Grundrechte und Grundfreiheiten vom 12.4.1989 (ABl. 1989 C 120/51ff.) vorgestellt hat. Allerdings bedarf die Einführung eines Grundrechtskatalogs einer Änderung des EGV und setzt damit einen Konsens aller Mitgliedstaaten über den Inhalt und Umfang der Grundrechte voraus.

2. Grundrechtsträger und -adressaten

Die Gemeinschaftsgrundrechte gelten zunächst für alle **Gemeinschafts-**   **34**
bürger, d.h. die Staatsangehörigen der Mitgliedstaaten, sowie alle **juristi-**
schen Personen, die ihren Sitz im Gebiet der EG haben. Ein entsprechender Grundrechtsschutz ist daneben den natürlichen und juristischen Personen **aus Drittstaaten** zu gewähren, soweit sie in gleicher Weise wie die Gemeinschaftsangehörigen durch gemeinschaftsrechtliche Maßnahmen betroffen werden. Dies gilt etwa für in Drittstaaten ansässige Unternehmen,
denen von Gemeinschaftsseite unfaire Handelspraktiken (z.B. Dumping)
vorgeworfen wird. Eine derartige Ausweitung der Trägerschaft von Gemeinschaftsgrundrechten kann darauf gestützt werden, daß der Vertrag über
die EU die Verpflichtung zur Achtung der Grundrechte unter den einleiten-
den „Gemeinsamen Bestimmungen" (Art. 6 II EUV, ex-Art. F Abs. 2) aufführt und damit ihren universellen Geltungsanspruch zum Ausdruck bringt.

An die Gemeinschaftsgrundrechte gebunden sind neben den **Gemein-**   **35**
schaftsorganen auch die **Mitgliedstaaten**, soweit diese das Gemeinschaftsrecht durchführen, d.h. insbesondere bei der Umsetzung von Richt-
linienbestimmungen oder beim Verwaltungsvollzug von Verordnungen
(vgl. EuGH, C-63/93, Duff, Slg. 1996, I–569; C-351/92, Graff, Slg. 1994,
I–3361/3379; C-2/92, Bostock, Slg. 1994, I–955/983; Rs. 201/85, Klensch,
Slg. 1986, 3477). Die nationalen Stellen unterliegen damit einer zweifachen
Grundrechtsbindung, der aus dem Gemeinschaftsrecht und der aus dem nationalen Recht. Bei Zweifeln über Inhalt und Tragweite des Gemein-
schaftsgrundrechts steht den nationalen Richtern das Vorabentscheidungsverfahren zur Verfügung (vgl. dazu Art. 234, ex-Art. 177). Noch offen ist
hingegen die Frage, ob den Gemeinschaftsgrundrechten auch eine **Dritt-**
wirkung in dem Sinne zukommt, daß sie ihre Wirkungen auch im Verhältnis von Privaten untereinander entfalten. Eine solche Drittwirkung ist
durchaus in den Fällen vorstellbar, in denen sich das Rechtsverhältnis zwischen den fraglichen privaten Parteien nach Gemeinschaftsrecht richtet.

3. Einschränkung der Grundrechte

Der Geltungsanspruch der Grundrechte hat sich nach der Rechtsprechung   **36**
des Gerichtshofs zum einen „in die Struktur und Ziele der Gemeinschaft
einzufügen" (EuGH, Rs. 11/70, Internationale Handelsgesellschaft, Slg.
1970, 1135) und ist zum anderen in Einklang zu bringen mit den sich aus
dem Allgemeinwohl ergebenden Sachzwängen, ohne dabei den Wesensgehalt der Grundrechte anzutasten (EuGH, C-84/95, Bosphorus, Slg. 1996,
I–3953; C-280/93, Deutschland/Rat [Bananenmarktordnung], Slg. 1994,

I–5065; C-404/92, X/KOM (Aidstest), Slg. 1994, I–4790; C-62/90, KOM/Deutschland, Slg. 1992, I–2609; Rs. 265/87, Schräder, Slg. 1989, 2268; Rs. 4/73, Nold/Kommission, Slg. 1974, 508).

37 Dieser **allgemeine Schrankenvorbehalt** führt zu folgenden drei Schranken, an denen Eingriffe in Gemeinschaftsgrundrechte zu messen sind: (1) Rechtfertigung des Grundrechtseingriffs durch die dem Allgemeinwohl dienenden Ziele der Gemeinschaft, (2) Verhältnismäßigkeit des Grundrechtseingriffs im Hinblick auf den mit ihm verfolgten Zweck und (3) Garantie des Wesensgehalts des geschützten Grundrechts. Die Parallelen zur deutschen Schrankensystematik im Bereich des Grundrechtsschutzes sind auffällig; gleichwohl darf diese Systemverwandtschaft nicht darüber hinwegtäuschen, daß die Ausfüllung dieser Maßstäbe, insbesondere die Abwägung der Interessen, allein nach gemeinschaftsrechtlichen Gesichtspunkten erfolgt.

4. Rang in der Normenhierarchie

38 Angesichts ihrer Funktion als Ergänzung des primären Gemeinschaftsrechts stehen die Grundrechte **im Rang dem Vertragsrecht** gleich.

5. Die einzelnen Grundrechtsverbürgungen

a) Materielle Grundrechte

aa) Allgemeiner Gleichheitssatz, Diskriminierungsverbote

39 Der **allgemeine Gleichheitssatz** wird vom Gerichtshof als Grundprinzip des Gemeinschaftsrechts bezeichnet (EuGH, 18.5.77, 117/76, Ruckdeschl, Slg. 1977, 1753; instruktive Überlegungen zur Dogmatik des Gleichheitssatzes finden sich bei *Kischel*, EuGRZ 1997, 1–12). Danach dürfen „vergleichbare Sachverhalte nicht unterschiedlich behandelt werden, es sei denn, daß eine Differenzierung objektiv gerechtfertigt wäre" (EuGH, ebenda). Die Prüfung des Gleichheitssatzes vollzieht sich in drei Schritten: (1) Die *Feststellung „vergleichbarer Sachverhalte":* angesichts der unzähligen Eigenarten, welche die Lebenssachverhalte kennzeichnen, muß auf typisierte Sachverhalte zurückgegriffen werden. Typisierung ist stets auch Wertung. Auszugehen ist dabei von der jeweils anzuwendenden rechtlichen Regelung, die gewisse Rückschlüsse darüber zuläßt, welche Merkmale als wesentlich und damit die Vergleichbarkeit bestimmend angesehen werden können (C-280/93, Deutschland/Rat [Bananenmarktordnung], Slg. 1994, I–4973; C-217/91, Spanien/KOM, Slg. 1993, I–3953; C-355/89, Barr and

Montrose Holding, Slg. 1991, I–3479/3501; Rs. 250/83, Finsider, Slg. 1985, 152; EuGeI, T-150/89, Martinelli/KOM, Slg. 1995, II–1186; T-143/89, Ferriere Nord/KOM, Slg. 1995, II–939; T-472/93, Campo Ebro/Rat, Slg. 1995, II–450). (2) Die Suche nach *objektiven Umständen zur Rechtfertigung* einer Ungleichbehandlung: der Gerichtshof räumt den Gemeinschaftsorganen bei der Bestimmung der objektiven Umstände einen weiten Beurteilungsspielraum ein (EuGH, C-84/95, Bosphorus, Slg. 1996, I–3953; C-479/93, Francovich, Slg. 1995, I–3871; C-267 u. 285/88, Wiudard/Laiterie coopérative, Slg. 1990, I–435 Rn. 13; Rs. 201/85 u. 202/85, Klensch, Slg. 1986, 3477 Rn. 9; EuGeI, T-481/93, Vereniging van Exporteurs in Levende Varkens et Nederlandse Bond van Waaghouders van Levend Vee/KOM, Slg. 1995, II–2941; T-8/93, Huet/Rechnungshof, Slg. 1994, II–118). Die eigentliche Grenze bildet hier das Willkürverbot. (3) *Verhältnismäßigkeit des Eingriffs :* es ist jeweils zu prüfen, ob die unterschiedliche Behandlung zu den zur Rechtfertigung herangezogenen objektiven Umständen in einem angemessenen Verhältnis stehen (EuGH, Rs. 14/76, Bela-Mühle, Slg. 1977, 1210/1221; Rs. 63–69/72, Wehrhahn, Slg. 1973, 1229/1228; Rs. 43/72, Merkur, Slg. 1973, 1055/1074).

Die im Vertrag verstreuten **besonderen Diskriminierungsverbote** (vgl.   **40** Art. 12 [ex-Art. 6], Art. 34 [ex-Art. 40], Art. 39 [ex-Art. 48], Art. 141 [ex-Art. 119] etc.) stellen nach der Rechtsprechung des Gerichtshofs eine spezifische Ausformung des allgemeinen Gleichheitssatzes dar (vgl. EuGH, Rs. 147/79, Hochstrass/Gerichtshof, Slg. 1980, 3005/3019). Diese Qualifizierung der Diskriminierungsverbote spricht gegen die im Schrifttum verbreitete Auffassung, wonach die Möglichkeit einer Rechtfertigung entfällt, wenn die Unterscheidung nach einem bestimmten Merkmal (z.B. Staatsangehörigkeit: Art. 12 (ex-Art. 6), Art. 39 (ex-Art. 48); Geschlecht: Art. 141 (ex-Art. 119 untersagt wird (vgl. zum Streitstand *von Bogdandy* in Grabitz/ Hilf, Art. 6 Rn. 22–26). Vielmehr besteht die Möglichkeit einer objektiven Rechtfertigung auch bei den spezifischen Diskriminierungsverboten (zustimmend *Zuleeg*, Betrachtungen zum Gleichheitssatz im Europäischen Gemeinschaftsrecht, FS Bodo Börner, 1992, 473– 483), wobei die jeweiligen Anforderungen an die Rechtfertigung allerdings unterschiedlich streng ausfallen können, je nachdem, ob es um die Rechtfertigung einer unmittelbaren Diskriminierung, einer mittelbaren Diskriminierung oder einer allgemeinen Beschränkung geht (in diesem Sinne auch *Kischel,* EuGRZ 1997, 1/6).

Nach bisheriger Auffassung des Gerichtshofs steht das Gemeinschaftsrecht   **41** einer sog. „**umgekehrten Diskriminierung**" nicht entgegen. Sie besteht darin, daß inländische Personen und Produkte aus gemeinschaftsrechtlicher Sicht strengeren Anforderungen unterworfen werden können als Staatsan-

gehörige anderer Mitgliedstaaten oder Einfuhrprodukte. Dieses Ergebnis
wird als Folge der beschränkten Gemeinschaftskompetenz angesehen, die
sich grundsätzlich nur auf Vorgänge mit grenzüberschreitendem Bezug erstreckt (EuGH, C-225/95, C-226/95 u. C-227/95, Kapasakalis u.a./Griechi-
scher Staat, Slg. 1998, I–4239; C-64/96 u. C-65/96, Uecker u. Jacquet, Slg.
1997, I–3171; C-134/95, USSL Nr° 47 di Biella, Slg. 1997, I–195; C-
332/90, Steen, Slg. 1992, I–341). Regelungen in bezug auf die Rechtsstellung der eigenen Staatsangehörigen im Inland oder inländischer Produkte
fallen nur insoweit in den gemeinschaftsrechtlichen Regelungsbereich, als
bereits eine Harmonisierung auf Gemeinschaftsebene erfolgt ist (z.b. im
Bereich der MWSt). Damit bleibt bei diesem Ansatz nur noch die Möglichkeit, die aufgrund des strengeren nationalen Rechts eintretende
Schlechterstellung und Benachteiligung inländischer Personen und Produkte gegenüber Personen und Produkten aus anderen Mitgliedstaaten wegen
Verletzung des nach dem deutschen Grundgesetz verbürgten Gleichheitssatzes anzugreifen (vgl. dazu *König*, AöR 118. Band/1993, 591–616; *Schilling*, JZ 1994, 8–17).

42 Die **Rechtsfolgen einer Verletzung** des allgemeinen Gleichheitssatzes
oder der speziellen Diskriminierungsverbote sind zweifacher Natur: Im
Falle der Auferlegung einer Belastung wird die diese Belastung anordnen-
de Regelung für nichtig erklärt (z.B. EuGH, C-122/95, Deutschland/Rat
[Rahmenabkommen über Bananen], Slg. 1998, I–973 Rn. 82). Besteht die
Ungleichbehandlung hingegen in der Verweigerung einer Begünstigung, so
läßt der Gerichtshof die Wirkungen der für nichtig oder ungültig erklärten
Regelung fortbestehen bis der Gemeinschaftsgesetzgeber sie durch eine
diskriminierungsfreie Maßnahme ersetzt. Bis zum Erlaß dieser Neuregelung ist die benachteiligte Personengruppe auf der Grundlage der fortgel-
tenden Regelungen der bevorzugten Personengruppe gleichzustellen, so
daß auch ihr die umstrittene Begünstigung gewährt werden muß (EuGH,
Rs. 117/76 und 16/77, Ruckdeschel („Quellmehl"), Slg. 1977, 1753; Rs.
124/76 und 20/77, Moulins Pont-à-Mousson „Maisgritz", Slg. 1977, 1795;
Rs. 300/86, Van Landschoot, Slg. 1988, 3443/3460).

bb) Eigentumsrecht

43 Das **Eigentumsrecht** gehört zu den allgemeinen Grundsätzen des Gemeinschaftsrechts und wird „in der Gemeinschaftsrechtsordnung gemäß den gemeinsamen Verfassungskonzeptionen der Mitgliedstaaten gewährleistet,
die sich auch im 1. Zusatzprotokoll zur EMRK widerspiegeln". (EuGH, Rs.
44/79, Hauer, Slg. 1979, 3727/3745; bestätigt durch EuGH, Rs. 41/79, Te-

sta, Slg. 1980, 1979/1996). Das bedeutet, daß auch auf Gemeinschaftsebene das Eigentumsrecht keine uneingeschränkte Geltung beanspruchen
kann, sondern im Hinblick auf seine gesellschaftliche Funktion gesehen
werden muß. Deshalb kann das Eigentumsrecht Beschränkungen unterworfen werden, sofern diese Beschränkungen „tatsächlich dem Gemeinwohl
dienenen Zielen der Gemeinschaft entsprechen und nicht einen im Hinblick
auf den verfolgten Zweck unverhältnismäßigen, nicht tragbaren Eingriff
darstellen, der das so gewährleistete Recht in seinem Wesensgehalt anta-
stet" (st. Rspr. EuGH, C-248/95 u. C-249/95, SAM Schiffahrt und Stapf,
Slg. 1997, I–4475 Rn. 72; C-280/93, Deutschland/Rat (Bananenmarktordnung), Slg. 1994, I–4973 Rn. 78; C-177/90, Kühn, Slg. 1992, I–35 Rn. 18;
C-90 u. 91/90, Neu, Slg. 1991, I–3617/3637; Rs. 5/88, Wachauf, Slg. 1989,
2609, Rn. 18; Rs. 265/87, Schräder, Slg. 1989, 2237 Rn. 15).

Dem Eigentumsschutz unterfallen sowohl das **Sacheigentum**, als auch **Ver-** **44**
mögensdispositionen und die damit verbundenen **vermögenswerten In-**
teressen, etwa bei Investitionsmaßnahmen (EuGH, C-44/89, von Deet-
zen/HZA Oldenburg, Slg. 1991, I–5119; C-177/90, Kühn, Slg. 1992,
I–35/63). Nicht geschützt sind jedoch „**bloße kaufmännische Interessen**
oder Aussichten" (EuGH, Rs. 4/73, Nold, Slg. 1974, 491/508). Auch ein
„Eigentumsrecht an einem Marktanteil", den ein Unternehmen zu einem
bestimmten Zeitpunkt besessen hat, besteht nicht, „da ein solcher Markt-
teil nur eine augenblickliche wirtschaftliche Position darstellt, die den mit
einer Änderung der Umstände verbundenen Risiken ausgesetzt ist" (C-
280/93, Deutschland/Rat [Bananenmarktordnung], Slg. 1994, I–4973). **Ab-**
gabenpflichten werden ebenfalls nicht vom Eigentumsschutz erfaßt
(EuGH, C-143/88 u. C-92/89, Zuckerfabrik Süderdithmarschen und
Zuckerfabrik Soest, Slg. 1991, I–421/552). Kommerzielle Vorteile genießen
nur dann Eigentumsschutz, wenn sie durch den Betroffenen selbst erarbeitet oder erworben worden sind (*Pernice* in Grabitz/Hilf, Art. 164 Rn. 74:
denkbar bei gewerblichem Eigentum oder ersteigerten Lizenzen; bereits
ausdrücklich abgelehnt für Vorteile aus marktsteuernden Maßnahmen der
Agrarmarktorganisationen: EuGH, C-2/92, Bostock, Slg. 1994, I–984; C-
44/89, von Deetzen/HZA Oldenburg, Slg. 1991, I–5119).

Im Rahmen der konkreten Prüfung unterscheidet der Gerichtshof zwischen **45**
Entziehung des Eigentums und Einschränkung seiner Benutzung. Ein **Ent-**
zug des Eigentums ist nur bei Vorliegen zwingender Gründe des Allgemeinwohls und auch nur gegen Entschädigung zulässig. Hieran fehlte es
bei einer Milchquotenregelung, die vorsah, daß die Milchquote nach Ablauf
des Pachtvertrags an den Verpächter zurückfiel, unabhängig davon, welchen Beitrag der Pächter beim Aufbau der Milchwirtschaft auf dem Hof ge-

leistet hatte. Der EuGH erklärte diese Regelung „mit den Erfordernissen des Grundrechtsschutzes in der Gemeinschaftsrechtsordnung" für unvereinbar, da sie dazu führen würde, „daß der Pächter nach Ablauf des Pachtverhältnisses entschädigungslos um die Früchte seiner Arbeit und der von ihm in dem verpachteten Betrieb vorgenommenen Investitionen gebracht würde" (EuGH, Rs. 5/88, Wachauf, Slg. 1989, 2583). **Beschränkungen der Nutzung des Eigentums** sind dagegen in geringerem Maße geschützt. Sie können durch jedes dem Allgemeinwohl dienende Ziel gerechtfertigt werden und unterliegen damit im wesentlichen nur einer Verhältnismäßigkeitsprüfung, wobei allerdings stets zu beachten ist, daß der Wesensgehalt des Eigentumsrechts nicht angetastet wird (vgl. EuGH, C-38/94, Country Landowners Association, Slg. 1995, I–3875; C-44/94, Fishermen's Organisations, Slg. 1995, I–3115; C-306/93, SMW Winzersekt, Slg. 1994, I–5555; C-2/92, Bostock, Slg. 1994, I–984; C-44/89, von Deetzen/HZA Oldenburg, Slg. 1991, I–5119; EuGeI, T-119/95, Hauer, Slg. 1998, II–2713). Einen Eingriff in den Wesensgehalt des Eigentumsrechts nimmt der Gerichtshof etwa an, wenn überhaupt keine alternative Nutzung der Eigentumsposition verbleibt (EuGH, C-177/90, Kühn, Slg. 1992, I–35/63).

cc) Berufsfreiheit und Freiheit der wirtschaftlichen Betätigung

46   Die **Berufsfreiheit** umfaßt sowohl die Aufnahme eines Berufes, als auch seine Ausübung (EuGH, C-248/95 u. C-249/93, SAM Schiffahrt und Stapf, Slg. 1997, I–4475, Rn. 72). Dazu gehört auch die freie Wahl des Arbeitgebers (EuGH, C-307/91, Luxlait/Hendel, Slg. 1993, I–6835 Rn. 14; C-132/91, Katsikas, Slg. 1992, I–6600; C-90/90 u. C-91/90, Neu, Slg. 1991, I–3617). Diese Rechte müssen nach der Rechtsprechung des Gerichtshofs im Hinblick auf die soziale Funktion und Bedeutung der geschützten Rechtsgüter und Tätigkeiten gesehen werden (EuGH, C-44/94, Fishermen's Organisation, Slg. 1995, I–3115 Rn. 55; C-280/93, Deutschland/Rat [Bananenmarktordnung], Slg. 1994, I–5065 Rn. 78). Folglich sind die Anforderungen an *Beschränkungen der Berufsaufnahme* besonders streng (vgl. EuGH, C-177/90, Kühn, Slg. 1992, I–35 Rn. 17). *Beschränkungen der Berufsausübung* sind demgegenüber eher möglich und werden lediglich daraufhin überprüft, ob „die mit den Bestimmungen verfolgten Ziele dem Gemeinwohl dienen, ob sie keinen unverhältnismäßigen Eingriff in die Situation einzelner Erzeuger darstellen und ob der Rat die Grenzen seines Ermessens nicht überschritten hat" (EuGH, C-306/93, SMW Winzersekt GmbH, Slg. 1994, I–5555; Rs. 265/87, Schräder/HZA Gronau, Slg. 1989, 2263/2268; Rs. 234/85, Keller, Slg. 1986, 2909/2912; EuGeI, T-466/93,

O'Dwyer, Slg. 1995, II–2071 Rn. 98). Die Wertigkeit dieser Interessen muß umso größer sein, je näher die betreffende Maßnahme an die Freiheit der Aufnahme und damit der Wahl eines Berufs heranreicht.

Im Rahmen der **wirtschaftlichen Betätigungsfreiheit** werden neben der **47** allgemeinen Wirtschaftsfreiheit auch die Entfaltungs- und Dispositionsfreiheit geschützt. Für diese Freiheiten gelten allerdings weitreichende Schranken, die durch einfache Allgemeinwohlüberlegungen konkretisiert werden können. Im Ergebnis werden diese Freiheiten damit nur in ihrem Wesensgehalt garantiert (vgl. EuGH, C-359/89, SAFA II, Slg. 1991, I–1677/1697; C-143/88 u. C-92/89, Zuckerfabrik Süderdithmarschen u. Zuckerfabrik Soest, Slg. 1991, I–421/552; Rs. 113/88, Leukhardt/HZA Reutlingen, Slg. 1989, 1991/2015; Rs. 63 u. 147/84, Finsider/Kommission, Slg. 1985, 2857/2882; Rs. 4/73, Nold, Slg. 1974, 491/506; zum Konkurrentenschutz vgl. EuGH, Rs. 133–136/85, Rau/BALM, Slg. 1987, 2289).

dd) Unverletzlichkeit der Wohnung, Achtung der Privatsphäre

Nach der Rechtsprechung des EuGH gilt das Grundrecht auf Unverletz- **48** lichkeit der Wohnung nur für die **Privatwohnungen** natürlicher Personen, nicht aber für Unternehmen, da die Rechtsordnungen der Mitgliedstaaten in bezug auf Art und Umfang des Schutzes von Geschäftsräumen gegen behördliche Eingriffe nicht unerhebliche Unterschiede aufweisen (so ausdrücklich EuGH, Rs. 46/87, Hoechst I, Slg. 1989, 3137/3150; Rs. 227/88, Hoechst II, Slg. 1989, 2859/2919).

Die jeweiligen **Verfahrensanforderungen einer Durchsuchung** bestim- **49** men sich ausschließlich nach nationalem Recht (EuGH, Rs. 227/88, Hoechst II, Slg. 1989, 2859). Das bedeutet, daß etwa Durchsuchungen von Geschäftsräumen in Deutschland nur aufgrund richterlicher Anordnung vorgenommen werden dürfen. Auch gewaltsamen Zugang zu den Räumen und Möbeln kann sich die Kommission der EG nur mit Unterstützung durch die zuständigen Behörden der Mitgliedstaaten und auf der Grundlage der für gewaltsame Durchsuchungen geltenden nationalen Rechtsvorschriften verschaffen. Ist diese Möglichkeit im Einzelfall versperrt, bleibt der Kommission nur die Erzwingung ihres Durchsuchungsrechts auf dem Wege der Verhängung von Zwangsgeldern gegenüber dem betreffenden Unternehmen. Allein die Einhaltung dieser Verfahrensanforderungen obliegt der Nachprüfung durch die nationalen Gerichte. Aufgrund des Vorrangs des Gemeinschaftsrechts steht ihm eine Beurteilung der Notwendigkeit der Durchsuchung als solche nicht zu; dies ist Sache der Gemeinschaftsorgane, insbesondere der Kommission, die sich ggf. vor dem Gerichtshof zu verantworten haben. Allerdings gehört es noch zur Kompetenz der nationalen Gerichte zu prüfen, ob die beabsichtigten Zwangsmaßnahmen nicht willkürlich oder, gemessen am Gegenstand der Nachprüfung, unverhältnismäßig sind.

50   Als allgemeinen Rechtsgrundsatz des Gemeinschaftsrechts hat der Gerichtshof jedoch den Schutz von natürlichen **und** juristischen Personen vor Eingriffen der öffentlichen Gewalt in die Sphäre der privaten Betätigung anerkannt (EuGH, Rs. 85/87, DOW Benelux/KOM, Slg. 1987, 3137 Rn. 30). Nach den Rechtsordnungen aller Mitgliedstaaten bedürfen diese Eingriffe einer Rechtsgrundlage und müssen aus den gesetzlich vorgesehenen Gründen gerechtfertigt sein, so daß willkürliche und unverhältnismäßige Eingriffe ausgeschlossen werden. Diesen Verfahrensanforderungen sind auch die **Durchsuchungen von Geschäftsräumen** unterworfen.

ee) Weitere Individualgrundrechte

51   **Vereinigungsfreiheit**: (EuGH, C-415/93, Union royale belge des sociétés de football association e.a./Bosman, Slg. 1995, I–4921; Rs. 175/73, Gewerkschaftsbund Europäischer öffentlicher Dienst/Rat, Slg. 1974, 917).

52   **Religionsfreiheit**: (EuGH, Rs. 130/75, Prais, Slg. 1976, 1589).

53   **Schutz der Familie und des Privatlebens**: (EuGH, C-76/93, Scaramuzza, Slg. 1994, I–5173/5193; C-404/92,X/KOM, Slg. 1994, I–4737/4789; C-62/90, KOM/Deutschland, Slg. 1992, I–2575/2609; Rs. 249/86, KOM/Deutschland, Slg. 1989, 1262; EuGeI, T-176/94, K/KOM, Slg. ÖD 1995, II–621/630; T-10/93, A/KOM, Slg. II–179/200; T-121/89, X/KOM, Slg. II–2195/2216/).

54   **Meinungsfreiheit**: (EuGH, C-23/93, TV 10/Commissariaat voor de Media, Slg. 1994, I–4795/4833; C-219/91, Strafverfahren gegen Ter Voort, Slg. 1992, I–5485/5513; C-353/89, KOM/Niederlande, Slg. 1991, I–4069; C-288/89, Stichting, Slg. 1991, I–4007; C-260/89, ERT/DEP, Slg. 1991, I–2925/2964; Rs. 43 und 63/82, VBVB und VBBB/KOM, Slg. 1983, 19; Rs. 60 und 61/84, Cinéthèque, Slg. 1985, 2605).

b) Verfahrensgrundrechte

55   Die **Beachtung der Verfahrensrechte** ist in allen Verfahren, die zu einer den Betroffenen beschwerenden Maßnahme führen können, ein **elementarer Grundsatz des Gemeinschaftsrechts**, der auch dann sichergestellt werden muß, wenn es an einer ausdrücklichen Regelung für das betreffende Verfahren fehlt (EuGH, C-32/95P, KOM/Lisrestal, Slg. 1996, I–5373, Rn. 21; C-135/92, Fiskano/KOM, Slg. 1994, I–2885 Rn. 39; C-48/90 u. C-

66/90, Niederlande u.a./KOM, Slg. 1992, I–565 Rn. 44). Zu den Verfahrensrechten in diesem Sinne zählen: Anspruch auf rechtliches Gehör, Recht
auf Akteneinsicht, Grundsatz der Vertraulichkeit, Grundsätze „ne bis in
idem" und „Anrechnung", Anspruch auf effektiven Rechtsschutz und die
Begründungspflicht.

Anspruch des Betroffenen auf **rechtliches Gehör:** Zur Wahrung dieses An   **56**
spruchs muß jeder, der durch eine Entscheidung beschwert werden kann,
zumindest zu den Gesichtspunkten Stellung nehmen können, auf die das
Gemeinschaftsorgan seine beschwerende Entscheidung stützt (EuGH, C-
32/95P, KOM/Lisrestal, Slg. 1996, I–5373, Rn. 21; C-135/92,
Fiskano/KOM, Slg. 1994, I–2885 Rn. 40; C-49/88, Al Jubail, Slg. 1991,
I–3187/3241; EuGeI, T-42/96, Eyckeler & Malt AG/KOM [„Hilton Beef"],
Slg. 1998, II–401 Rn. 78). Dies gilt nicht nur in Verfahren, die zu Sanktionen führen, sondern in allen Verwaltungs- und Untersuchungsverfahren, die
mit einer den Betroffenen belastenden Entscheidung abgeschlossen werden
(EuGH,C-49/88, Al Jubail, Slg. 1991, I–3187/3241). Als „Betroffene"
kommen neben den natürlichen und juristischen Personen auch die Mitgliedstaaten in Betracht (EuGH, C-48/90 u. C-66/90, Niederlande/KOM
[Eil-Kurierdienste], Slg. 1992, I–565/638).

Im Urteil „*Hoffmann-La Roche*" hat der EuGH den Grundsatz des rechtli   **57**
chen Gehörs dahingehend umschrieben *daß „den betroffenen Unternehmen
im Laufe des Verwaltungsverfahrens Gelegenheit zu geben [ist], zum Vorliegen und zur Erheblichkeit der behaupteten Tatsachen und Umstände sowie zu den.... herangezogenen Unterlagen Stellung zu nehmen"* (EuGH, Rs.
85/76, Hoffmann-La Roche, Slg. 1979, 461; vgl. auch EuGeI, T-155/94,
Climax Paper Converters Ltd./Rat, Slg. 1996, II–873 Rn. 116). Dafür
genügt es, wenn die Betroffenen Gelegenheit zur schriftlichen Äußerung
erhalten; eine mündliche Anhörung ist mit Ausnahme von Zeugenvernehmungen im kontradiktorischen Verfahren (vgl. EuGH, Rs. 141/84, de
Compte, Slg. 1985, 1951/1966) nicht erforderlich (EuGH, Rs. 209/78, Van
Landewyk, Slg. 1980, 3125/3232). In der Rs. „*Timex*" (EuGH, Rs. 264/82,
Slg. 1985, 849/870) hat der EuGH weiter präzisiert, daß für den Fall, daß
bestimmte Tatsachen und Umstände z.B. aus Gründen der Wahrung des Geschäftsgeheimnisses nicht weitergegeben werden können, diese auch nicht
berücksichtigt werden dürfen, wenn dadurch die Möglichkeit des Unternehmens beeinträchtigt wird, zum Vorliegen oder zur Tragweite dieser
Umstände und Unterlagen oder zu den daraus gezogenen Schlußfolgerungen Stellung zu nehmen (vgl. auch EuGH, C-69/89, Nakajima/Rat, Slg.
1991, I–2069/2197; zum Recht der Verteidigung s. EuGH, Rs. 374/87, Orkem/Kommission, Slg. 1989, 3283; EuGeI, T-353/94, Postbank NV/KOM,

Slg. 1996, II–921 Rn. 64,67,90 – zur Weitergabe von Dokumenten an nationale Gerichte).

58 Eng verknüpft mit dem Anspruch auf rechtliches Gehör ist das **Recht auf Akteneinsicht** (EuGeI, T-42/96, Eyckeler & Malt AG/KOM [„Hilton Beef"], Slg. 1998, II–401 Rn. 79; T-10/92,T-12/92 u. T-15/92, Cimenteries CBR u.a./KOM, Slg. 1992, II–2667; T-36/91, ICI/KOM, Slg. 1995, II–1847 Rn. 69). Dieses Recht garantiert dem Betroffenen die Möglichkeit, sich nicht nur zur Relevanz der Sachumstände zu äußern, sondern auch zu den Unterlagen Stellung zu nehmen, auf die sich das Gemeinschaftsorgan stützt (EuGH, C-269/90, Technische Universität München, Slg. 1991, I–5469; EuGeI, T-42/96, Eyckeler & Malt AG/KOM [„Hilton Beef"], Slg. 1998, II–401 Rn. 80; T-346/94, France-aviation/KOM, Slg. 1995, II–2841 Rn. 32). Bei der Gewährung des Rechts auf Akteneinsicht muß das Gemeinschaftsorgan im Einzelfall dem Bedürfnis nach vertraulicher Behandlung von Auskünften, insbesondere über Unternehmen, Rechnung tragen. Das Organ muß dabei darum bemüht sein, einen Ausgleich zwischen Geheimhaltungsinteresse und dem Informationsanspruch des Betroffenen herbeizuführen (EuGH, Rs. 264/82, Timex, Slg. 1985, 849/870; EuGeI, T-1/89, Rhône-Poulenc, Slg. 1991, 635/645).

59 Im Anschluß an eine Erklärung des Europäischen Rates von Birmingham am 16.10.1992 zur „bürgernahen Gemeinschaft", in der die Notwendigkeit hervorgehoben wird, die Gemeinschaft transparenter zu gestalten, haben die Kommission und der Rat einen **Verhaltenskodex für den Zugang der Öffentlichkeit** zu Rats-und Kommissionsdokumenten gebilligt, der durch den Beschluß 94/90/EGKS, EG, Euratom der Kommission vom 8.2.1994 durchgeführt worden ist (ABl. L 46/58). Als Grundsatz wird dort festgeschrieben, daß „die Öffentlichkeit möglichst umfassenden Zugang zu den Dokumenten der Kommission und des Rates erhält". Dokumente i.S.d. Kodex sind unabhängig vom Datenträger sämtliche im Besitz der Kommission oder des Rates befindliche Schriftstücke mit bereits vorhandenen Informationen. Der Zugang zu den Dokumenten kann verweigert werden, wenn sich durch deren Verbreitung eine Beeinträchtigung ergeben könnte in bezug auf den Schutz des öffentlichen Interesses (öffentliche Sicherheit, internationale Beziehungen, Währungsstabilität, Rechtspflege – vgl. EuGeI, T-83/96, Gerard van der Wal/KOM, Slg. 1998, II–545), den Schutz des einzelnen und der Privatsphäre, den Schutz des Geschäfts- und Industriegeheimnisses, den Schutz der finanziellen Interessen der Gemeinschaft, den Schutz des Beratungsgeheimnisses der Organe und die Wahrung der Vertraulichkeit auf Antrag derjenigen Person, die die Information zur Verfügung gestellt hat (vgl. zum Kodex: EuGeI, T-105/95, WWF UK (World Wide Fund for

Nature)/KOM, Slg. 1997, II–313; zur Verweigerung des Zugangs zu Stellungnahmen der Juristischen Dienste des Rates und der Kommission: EuGeI, T-610/97R, Hanne Norup Carlsen u.a./Rat, Slg. 1998, II–485).

In seinem Urteil „*AM & S*" (EuGH, Rs. 155/79, Slg. 1982, 1575) hat der **60** EuGH den Grundsatz der Wahrung der „**Vertraulichkeit**" des Schriftwechsels zwischen Anwalt und Mandanten als Verfahrensgarantie anerkannt. Die Anwendung dieses auch unter dem Begriff „legal privilege" bekannten Grundsatzes führt dazu, daß Unternehmen, bei denen etwa im Rahmen eines Kartellverfahrens eine Nachprüfung durchgeführt wird, die Einsicht in den mit ihren Anwälten geführten Schriftverkehr verweigern dürfen, wenn sie glaubhaft darlegen, daß die fraglichen Unterlagen die Voraussetzungen für einen solchen rechtlichen Schutz erfüllen.

Obwohl bisher nur für den Bereich des Disziplinarrechts vom Gerichtshof **61** ausdrücklich entschieden (vgl. EuGH, Rs. 18 und 35/65, Gutmann, Slg. 1967, 79; EuGeI, T-146/89, Williams/Rechnungshof, Slg. 1991, II–1293/1313 Rn. 60ff.; T-26/89, de Compte/EP, Slg. 1991, II–781/815 Rn. 101), gilt bei allen Sanktionsentscheidungen das **Verbot der Doppelbestrafung** („ne bis in idem") sowie der Grundsatz der Anrechnung. Danach ist nicht nur die Verhängung mehrerer Sanktionen für ein und dieselbe Verfehlung verboten, sondern auch die Einleitung mehrerer Verfahren aufgrund desselben Tatsachenkomplexes.

Anspruch auf **effektiven Rechtsschutz**: Dieser als allgemeiner Rechts- **62** grundsatz anerkannte Anspruch (vgl. EuGH, Rs. 222/84, Johnston, Slg. 1986, 1651/1682 Rn. 18) entfaltet Wirkung sowohl auf Gemeinschaftsebene, als auch auf nationaler Ebene. Auf Gemeinschaftsebene kommt der Anspruch auf effektiven Rechtsschutz als Auslegungsmaxime der Bestimmungen über den Rechtsschutz zur Anwendung (C-228/92, Roqutte Frères/HZA Geldern, Slg. 1994, I–1445/1473; C-249/88, KOM/Belgien, Slg. 1991, I–1275 Rn. 25; EuGeI, T-186/94, Guérin Automobiles/KOM, Slg. 1995, II–1753 Rn. 23). Die Mitgliedstaaten werden durch diesen Grundsatz verpflichtet, den aus dem Gemeinschaftsrecht Begünstigten mindestens gleichwertigen Rechtsschutz zu gewähren wie bei Klagen aus innerstaatlichem Recht; dabei ist sicherzustellen, daß den Begünstigten die Durchsetzung ihrer Rechte praktisch nicht unmöglich gemacht wird (EuGH, C-46/90, Procureur du Roi/Lagauche u.a. Slg. 1993, I–5267/5329; C-19/92, Kraus, Slg. 1993, I–1663/1698; C-340/89, Vlassopoulou, Slg. 1991, I–2357/2385; C-42/90, Strafverfahren gegen Bellon, Slg. 1990, I–4863/4683)

Als Verfahrensgarantie kann schließlich auch die Pflicht der Gemein- **63** schaftsorgane zur **Begründung der Gemeinschaftsrechtakte** angesehen werden (vgl. dazu bei Art. 253).

c) Rechtsstaatliche Grundsätze

64 Zu den speziellen rechtsstaatlichen Grundsätzen gehört nach st. Rspr. des Gerichtshofs der **Grundsatz der Verhältnismäßigkeit**. In seinem Urteil „Schräder" (EuGH, Rs. 265/87, Slg. 1989, 2237) hat der EuGH diesen Grundsatz inhaltlich dahingehend konkretisiert, daß danach *„Maßnahmen, durch die den Wirtschaftsteilnehmern finanzielle Belastungen auferlegt werden, nur rechtmäßig sind, wenn sie zur Erreichung der zulässigerweise mit der fraglichen Regelung verfolgten Ziele geeignet und erforderlich sind. Dabei ist, wenn mehrere geeignete Maßnahmen zur Auswahl stehen, die am wenigsten belastende zu wählen; ferner müssen die auferlegten Belastungen in angemessenem Verhältnis zu den angestrebten Zielen stehen"* (aus der umfangreichen Rspr. siehe vor allem noch EuGH, C-161/96, Südzucker AG Mannheim, Slg. 1998, I–281; C-233/94, Deutschland/Rat und EP, Slg. 1997, I–2405 Rn. 54; C-55/94, Gebhard, Slg. 1995, I–4165/4197; C-285/93, Dominikanerinnen-Kloster Altenhohenau, Slg. 1995, I–4069/4094; C-331/88, Fedesa, Slg. 1990, I–4057/4062; C-26/90, Wünsche, Slg. 1991, I–4961/4977; EuGeI, T-162/94, NMB u.a./KOM, Slg. 1996, II–427 Rn. 69–73; T-480/93, Antillean Rice Mills u.a./KOM, Slg. 1995, II–2305 Rn. 140–143,149–153,189–194; T-466/93, O'Dwyer, Slg. 1995, II–2071/2112; T-489/93, Unifruit Hellas/KOM, Slg. 1994, II–1201/1228; T-76/89, ITP/Kommission, Slg. 1991, II–575/611). Die Prüfung einer Maßnahme anhand dieses Grundsatzes hat in folgenden **drei Prüfungsschritten** zu erfolgen: (1) *Geeignetheit der Maßnahme*: als ungeeignet sind nur solche Maßnahmen anzusehen, mit denen das angestrebte Ziel unter keinen oder jedenfalls nur beim Zusammentreffen außergewöhnlicher und unwahrscheinlicher Umstände erreicht werden kann. (2) *Erforderlichkeit der Maßnahme*: in diesem Zusammenhang ist nach alternativen, den Betroffenen weniger belastenden Maßnahmen zu suchen, die ebenfalls zur Erreichung des mit der fraglichen Maßnahme angestrebten Ziels geeignet sind. (3) *Übermaßverbot*: es müssen das Gemeinschaftsinteresse an der Verwirklichung der Maßnahme und das Individualinteresse auf Schutz vor der auferlegten Belastung gegeneinander abgewogen werden.

65 Anerkannt und von besonderer praktischer Bedeutung ist daneben der **Grundsatz des Vertrauensschutzes** (dazu *Borchardt*, Der Grundsatz des Vertrauensschutzes im Europäischen Gemeinschaft, 1988; *ders.*, EuGRZ 1988, 309; *Mengozzi*, Evolution de la méthode suivie par la jurisprudence communautaire en matière de protection de la confiance légitime, Revue du Marché Unique Européen 4/1997, 13–29). Er schützt die Wirtschaftsteilnehmer vor einer nachträglichen Umbewertung ihrer im Vertrauen auf die bestehende Rechtslage erworbenen Rechtspositionen oder getroffenen Dispositionen. Die Gewährung des Vertrauensschutzes ist an **drei Voraussetzungen** geknüpft: (1) *Bestehen einer Vertrauenslage*, d.h. insbesondere das Vorliegen eines Verhaltens eines Gemeinschaftsorgans, das unmittelbar gesicherte Rechtspositionen einräumt oder an das Erwartungen geknüpft werden, die sich in Dispositionen wirtschaftlicher oder tatsächlicher Art konkretisiert haben; (2) *Schutzwürdigkeit des Vertrauens*, die bei gesicherten Rechtspositionen stets, bei spekulativen Geschäften niemals vorliegt. Im Hinblick auf die sonstigen Erwartungen hat der Gerichtshof ein engmaschiges Netz vertrauensvernichtender Kriterien geknüpft, das nur in außergewöhnlichen Situationen schutzwürdige Erwartungen zuläßt. Dem Wirtschaftsteilnehmer werden ganz erhebliche Anstrengungen im Hinblick auf Informationseinholung, ständige und aufmerksamste Beobachtung der Marktentwicklung und flexible Anpassungen an sich abzeichnende oder bereits vollzogene Rechtsänderungen aufgebürdet sowie die Fähigkeit abverlangt, die einem Regelungskomplex systemimmanenten Änderungsautomatismen in ihrer vollen Tragweite zu erkennen; (3) *Interessenabwägung* zwischen dem Vertrauensinteresse des Wirtschaftsteilnehmers einerseits und den die Rechtsänderung fordernden Gemeinschaftsinteressen andererseits (aus der Rspr. siehe vor allem EuGH, C-22/94, The Irish Farmer Association u.a., Slg. 1997, I–1808; C-320/93, Finsider/KOM, Slg. 1994, I–5697/5720; C-280/93, Deutschland/Rat [Bananenmarktorganisation], Slg. 1994, I–5065; C-368/89, Crispoltini I, Slg. 1991, I–3715/3720; C-189/89, Spagl, Slg. 1990, I–4574/4577; C-152/88, Sofrimport/KOM, Slg. 1990, I–2477; C-350/88, Delacre, Slg. 1990, I–395/427; Rs.161/88, Binder, Slg. 1989, 2433/2439; Rs. 170/86, von Deetzen I, Slg. 1988, 2321; Rs. 74/74, CNTA, Slg. 1975, 533; EuGeI, T-119/95, Hauer, Slg. 1998, II–2713; T-346/94, France-aviation/ KOM, Slg. 1995, II–2841 Rn. 42; T-466/93, O'Dwyer/Rat, Slg. 1995, II–2071 Rn. 44; T-472/93, Campo Ebro u.a./Rat, Slg. 1995, II–421 Rn. 71; T-489/93, Unifruit Hellas/KOM, Slg. 1994, II–1201 Rn. 67).

Eng verbunden mit dem Grundsatz des Vertrauensschutzes sind das **Rückwirkungsverbot** sowie die Grundsätze des **Widerrufs** eines rechtmäßigen und die **Rücknahme** eines rechtswidrigen Verwaltungsaktes (aus der Rspr. vgl. EuGH, Rs. 7/56 u. 3–7/57, Algera, Slg. 1957, 87; Rs. 42 u. 49/59, SNUPAT, Slg. 1961, 111; Rs. 111/63, Lemmerz Werke, Slg. 1965, 883; Rs. 232/81, Olio, Slg. 1985, 3881; EuGeI, T-551/93, T-231/94, T-232/94, T-233/94 u. T-234/94, Industrias Pesqueras Campos u.a./KOM, Slg. 1996, II–247 Rn. 76,116,119–120). **66**

Schließlich sind die allgemeinen rechtsstaatlichen **Grundsätze der Rechtssicherheit und der Gesetzmäßigkeit der Verwaltung** zu erwäh- **67**

nen, die häufig ergänzend und regulierend bei der Anwendung der bereits
genannten speziellen rechtsstaatlichen Grundsätze des Gemeinschafts-
rechts herangezogen werden (aus der Rspr. vgl. EuGH, C-137/94, Richard-
son, Slg. 1995, I–3407/3434; C-55/91, Italien/KOM, Slg. 1993,
I–4813/4875; Rs. 42 u. 49/59, SNUPAT, Slg. 1961, 111; Rs. 13/61, Bosch,
Slg. 1962, 97/113; Rs. 43/75, Defrenne, Slg. 1976, 455/480; Rs. 98/78,
Racke, Slg. 1979, 69/86; Rs. 99/78, Decker, Slg. 1979, 101/111; EuGeI, T-
551/93, T-231/94, T-232/94, T-233/94 u. T-234/94, Industrias Pesqueras
Campos u.a./KOM, Slg. 1996, II–247 Rn. 76, 116, 119–120; T-572/93,
Odigitria/Rat und KOM, Slg. 1995, II–2025/2044).

6. Vorbehalte des BVerfG

68 In seinem „**Solange I-Beschluß**" vom 29.5.1974 hat das BVerfG angesichts der damals noch herrschenden Rechtsunsicherheit über einen wirksamen Grundrechtsschutz auf Gemeinschaftsebene sich die Kompetenz
vorbehalten, die Vereinbarkeit von abgeleitetem Gemeinschaftsrecht mit
den Grundrechten des Grundgesetzes zu überprüfen, und dies solange, bis
die Gemeinschaftsrechtsordnung über einen vom Parlament beschlossenen
Grundrechtskatalog verfügt, der dem des deutschen Grundgesetzes adäquat
ist (BVerfG 27, 271).

69 Diesen Vorbehalt hat das BVerfG mit seinem „**Solange II-Beschluß**" vom
22.10.1986 aufgegeben. Es hat anerkannt, daß der Gerichtshof mittlerweile im Wege richterlicher Rechtsfortbildung einen Grundrechtsschutz ge-
währleiste, der dem vom deutschen Grundgesetz gebotenen im wesentlichen entspreche. Infolgedessen hat das BVerfG erklärt, daß es eine Nor-
menkontrolle gegenüber Gemeinschaftsrecht, das als Rechtsgrundlage für
ein Verhalten deutscher Gerichte oder Behörden dient, nicht mehr ausüben
werde, solange der Gerichtshof einen wirksamen Schutz der Grundrechte
gegenüber der Hoheitsgewalt der Gemeinschaft gewährleistet. Vorlagen
nach Art. 100 GG mit diesem Prüfungsgegenstand seien unzulässig
(BVerfGE 73, 339). Aufgrund dieses Beschlusses ist die Rspr. der deutschen Instanzgerichte hinfällig geworden, nach der ein gemeinschaftsrechtlicher Vollstreckungstitel erst nach einer Überprüfung auf seine Vereinbarkeit mit den Grundrechten des Vollstreckungsschuldners erteilt werden darf
(so noch LG Bonn, NJW 1986, 665; Rupp, NJW 1986, 640f.).

70 Diese Beschränkung der Gerichtsbarkeit des BVerfG gilt allerdings nur insoweit, als sich die gemeinschaftsrechtlichen Maßnahmen im Rahmen des
durch das Zustimmungsgesetz zum E(W)G-Vertrag abgesteckten Integra-
tionsprogramms hält, welches seinerseits die rechtsstaatlichen Grenzen

wahren muß, die einer Übertragung von Hoheitsrechten nach Art. 24 Abs. 1 a.F. GG durch die Verfassung gesetzt sind, (BVerfGE 75, 223/240, Urt. des Ersten Senats des BVerfG v. 28.1.1992, BvR 1025/82). Diese Feststellung des BVerfG impliziert, daß es auf der Grundlage des Art. 24 GG a.F. nicht möglich ist, im Wege der Einräumung von Hoheitsrechten für zwischenstaatliche Einrichtungen die Identität der geltenden Verfassungsordnung durch Einbruch in ihr Grundgefüge aufzugeben.

Diesen Allgemeinvorbehalt hat das BVerfG in seinem Urteil v. 12.10.1993 **71** (2 BvR 2134/92, 2 BvR 2159/92) zum **Vertrag über die Europäische Union** (Maastricht-Vertrag) bestätigt. Es stellt klar, daß auch auf der Grundlage des neuen Art. 23 GG die Integrationsschritte zu einem „europäischen Staatenverbund" ihre Schranke darin finden, daß die Aufgaben und Befugnisse des Deutschen Bundestages nicht entleert, d.h. ihrer wesentlichen Substanz beraubt werden dürften. Dies bedeutet nichts anders, als daß – von Verfassungs wegen – die Staatlichkeit der Bundesrepublik erhalten bleiben muß, weil demokratische Rechte nur innerhalb das Staatswesens Bundesrepublik Deutschland verwirklicht werden können. Angesichts dieser Bestandsgarantie für die deutsche Staatlichkeit ist der Weg zur Gründung eines europäischen Bundesstaates auf der Grundlage der derzeit geltenden Verfassung versperrt.

Im Hinblick auf die Bestimmung des Verhältnisses zwischen Gemein- **72** schaftsrecht und nationalem Recht sowie der entsprechenden Gerichtsbarkeiten enthält das „Maastricht-Urteil" des BVerfG einige Aussagen, die den bisherigen **„status quo"** zumindest **in Frage stellen.** Zunächst macht das BVerfG unmißverständlich klar, daß es keineswegs seine Gerichtsbarkeit über die Anwendbarkeit von abgeleitetem Gemeinschaftsrecht in Deutschland „aufgegeben" hat; es übe diese lediglich in einem „Kooperationsverhältnis" zum Gerichtshof aus, in welchem der Gerichtshof den Grundrechtsschutz in jedem Einzelfall für das gesamte Gebiet der EG garantiert, während sich das BVerfG auf eine generelle Gewährleistung der unabdingbaren Grundrechtsstandards beschränkt. Ins Mark des Verhältnisses zwischen Gemeinschaftsrecht und nationalem Recht trifft das BVerfG dann aber, wenn es die Gemeinschaftsorgane, gemeint ist ganz offensichtlich der Gerichtshof, davor warnt, den Unions-Vertrag nach denselben Grundsätzen auszulegen, wie dies bisher bei den Gründungsverträgen zu den Europäischen Gemeinschaften geschehen ist, d.h. insbesondere im Sinne einer größtmöglichen Ausschöpfung der Gemeinschaftsbefugnisse („effet utile"). Die auf einer solchen Auslegung beruhenden Rechtsakte der Union seien im deutschen Hoheitsbereich nicht verbindlich. Die deutschen Staatsorgane seien aus verfassungsrechtlichen Gründen gehindert, diese Rechtsakte in

Deutschland anzuwenden. Das BVerfG prüfe daher, ob Rechtsakte der europäischen Einrichtungen und Organe sich an die Grenzen der ihnen eingeräumten Hoheitsrechte hielten oder aus ihnen ausbrechen. Abgesehen davon, daß sich das BVerfG hier zu einer Superrevisionsinstanz aufschwingt, deren Gerichtsbarkeit auch vor einer unabhängigen Rechtsordnung nicht halt macht, liegt die eigentliche Gefahr dieser Aussage darin, daß hier jeder nationalen Stelle ein Freibrief erteilt wird, dem Gemeinschaftsrecht seine Anwendung im nationalen Rechtskreis zu versagen. Dafür genügt die schlichte Behauptung, daß der fragliche Gemeinschaftsrechtsakt „unter größtmöglicher Ausschöpfung der Gemeinschaftsbefugnisse", d.h. nicht einmal „ultra vires," zustandegekommen sei; das Verfahren, in dem diese Behauptung geprüft werden könnte, wird vom BVerfG nicht vorgegeben (aus der Vielzahl der Reaktionen auf dieses Urteil vgl. nur: *Frowein*, Das Maastricht-Urteil und die Grenzen der Verfassungsgerichtsbarkeit, ZaöRV 1994, 1; *Tomuschat*, Die Europäische Union unter der Aufsicht des Bundesverfassungsgerichts, EuGRZ 1993, 489; *Schwarze*, Europapolitik unter deutschem Verfassungsrichtervorbehalt, Neue Justiz 1994; *Bleckmann/Pieper,*Maastricht, die grundgesetzliche Ordnung und die „Superrevisionsinstanz", RIW 1993; 969; *Meessen*, Maastricht nach Karlsruhe, NJW 1994, 549; *Zuleeg*, Die Rolle der rechtsprechenden Gewalt in der europäischen Integration, JZ 1994, 1). Die vom BVerfG in seinem Maastricht-Urteil entwickelte Theorie vom „ausbrechenden Rechtsakt" ist bei einigen deutschen Gerichten bereits auf fruchtbaren Boden gefallen; insbesondere im Zusammenhang mit der Durchführung der gemeinsamen Marktorganisation für Bananen sind im Verfahren des einstweiligen Rechtsschutzes Verfügungen unter Berufung auf diese neue Rechtsfigur getroffen worden (vgl. FG Hamburg, Beschluß vom 19.5.1995 – IV 119/95, abgedruckt in EuZW 1995, 413; BFH, Beschluß v. 9.1.1996 – VII B 225/95, abgedruckt in EuZW 1996, 126; zurückhaltend dagegen VG Frankfurt a.M., Beschluß v. 24.10.1996–1 E 798/95 (V) und 1 E 2949/93 (V), abgedruckt in EuZW 1997, 182).

Art. 221 (ex-Art. 165) (Besetzung des Gerichtshofes)
Der Gerichtshof besteht aus fünfzehn Richtern.

Der Gerichtshof tagt in Vollsitzungen. Er kann jedoch aus seiner Mitte Kammern mit je drei, fünf oder sieben Richtern bilden, die bestimmte vorbereitende Aufgaben erledigen oder bestimmte Gruppen von Rechtssachen entscheiden; hierfür gelten die Vorschriften einer besonderen Regelung.

Der Gerichtshof tagt in Vollsitzungen, wenn ein Mitgliedstaat oder ein Organ der Gemeinschaft als Partei des Verfahrens dies verlangt.

Auf Antrag des Gerichtshofs kann der Rat einstimmig die Zahl der Richter erhöhen und die erforderlichen Anpassungen der Absätze 2 und 3 und des Artikels 223 Absatz 2 vornehmen.

Literatur: *V. di Bucci/M. di Bucci*, Der Gerichtshof und das Rechtsschutzsystem der Europäischen Gemeinschaften, in: *Röttinger/Weyringer*, Handbuch der Europäischen Integration, 2. Aufl. 1996, 183–249; *Klinke*, Der Gerichtshof der Europäischen Gemeinschaften – Aufbau und Arbeitsweise, 1989; *Rengeling/Middeke/Gellermann*, Rechtsschutz in der Europäischen Union, 1994.

Der EuGH besteht gegenwärtig aus 15 Richtern, wobei **jeder Mitgliedstaat einen Richter** stellt.   1

Der EuGH verfügt über folgende **Spruchkörper**:   2

– das **große Plenum** (15 Richter), dessen Entscheidungen gültig sind, wenn 9 Richter anwesend sind (Art. 15 Satz 2 Satzung/EuGH);

– das **kleine Plenum** (11 Richter), das der EuGH unter Ausnutzung des für das Plenum auf 9 Richtern festgelegten Präsenzquorums für Rechtssachen gebildet hat, die nicht einer Kammer überlassen werden können, aber auch nicht die Anwesenheit von 15 Richtern erfordern (Präsenzquorum auch hier 9 Richter);

– **zwei Kammern zu je 7 Richtern**, von denen allerdings nur 5 (= Präsenzquorum, vgl. Art.15 Satz 3 Satzung/EuGH) an der Entscheidung mitwirken. Bei diesen 5 Richtern handelt es sich um den Präsidenten der Kammer, den Berichterstatter sowie weiteren drei Richtern, die in der Reihenfolge einer Liste bestimmt werden, die für jedes Gerichtsjahr (Beginn jeweils 6. Oktober) auf der Grundlage des Dienstalters der Kammermitglieder erstellt wird und deren Beginn in jeder wöchentlich stattfindenden Generalversammlung um einen Namen verschoben wird.

– **vier Kammern zu je 3 oder 4 Richtern**, wobei jedoch stets nur 3 Richter (= Präsenzquorum, vgl. Art. 15 Satz 3 Satzung/EuGH) an der Entscheidung mitwirken. Die Bildung von Kammern zu 3 und 4 Richtern ist in dem Bestreben vorgenommen worden, daß jeder Richter mindestens in einer großen und einer kleinen Kammer vertreten ist (zur Rechtmäßigkeit der Bildung von Kammern zu 4 Richtern, obwohl diese in Art. 221 nicht ausdrücklich vorgesehen sind: EuGH, C-7/94, Lubor Gaal, Slg. 1995, I–1031 Rn. 10–15). An der Entscheidung der Kammern zu 4 Richtern nehmen der Kammerpräsident, der Berichterstatter und ein dritter Richter teil, der ebenfalls in der Reihenfolge einer nach den oben erwähnten Grundsätzen erstellten Liste bestimmt wird.

3　Die vor Beginn eines Gerichtsjahres getroffenen Beschlüsse über die Wahl der Kammerpräsidenten, über die Besetzung der Kammern und die Kriterien für die Bestimmung der an einer Kammerentscheidung mitwirkenden Richter werden vom EuGH im Amtsblatt C veröffentlicht (zuletzt: ABl. C 299 vom 26.9.1998).

4　Mit Ausnahme der auf Verlangen eines Mitgliedstaates oder eines Gemeinschaftsorgans zwingend einem Plenum zugewiesenen Rechtssachen, entscheidet der EuGH über die **Verweisung** an eine Kammer am Schluß des schriftlichen Verfahrens auf der Grundlage des Vorberichts des Berichterstatters und nach Anhörung des Generalanwalts (vgl. Art. 221 Abs. 3 i.V.m. Art. 95, 103 VerfO/EuGH). Die Entscheidung erfolgt dabei nach intern festgelegten Kriterien, von denen der rechtliche Schwierigkeitsgrad, das Bestehen einer bereits gefestigten Rechtsprechung oder auch die politischen und finanziellen Implikationen eines Verfahrens von entscheidender Bedeutung sind. Die **Rückgabe** einer Rechtssache an das Plenum ist zu jedem Zeitpunkt, selbst während oder nach der Urteilsberatung, möglich (Art. 95 § 3 VerfO/EuGH). Dies hat allerdings zur Folge, daß die mündliche Verhandlung vor dem Plenum erneut zu eröffnen ist.

Art. 222 (ex-Art. 166) (Generalanwälte)

Der Gerichtshof wird von acht Generalanwälten unterstützt. Für die Zeit vom 1. Januar 1995 bis zum 6. Oktober 2000 wird jedoch ein neunter Generalanwalt ernannt.

Der Generalanwalt hat in völliger Unparteilichkeit und Unabhängigkeit begründete Schlußanträge zu den dem Gerichtshof unterbreiteten Rechtssachen öffentlich zu stellen, um den Gerichtshof bei der Erfüllung seiner in Artikel 220 bestimmten Aufgabe zu unterstützen.

Auf Antrag des Gerichtshofs kann der Rat einstimmig die Anzahl der Generalanwälte erhöhen und die erforderlichen Anpassungen des Artikels 223 Absatz 3 vornehmen.

Literatur: *Borgsmidt*, Der Generalanwalt beim Europäischen Gerichtshof und einige vergleichbare Institutionen, EuR 1987, 162. *Gaissert*, Der Generalanwalt – eine unabdingbare Institution am Gerichtshof der Europäischen Gemeinschaften? Zum Divergieren von Votum und Urteil in der Rechtsfindung des EuGH, 1987; *Lenz*, Rechtsschutz im Binnenmarkt, EuZW 1993, 10ff.; *Pichler*, Der Generalanwalt beim Gerichtshof der Europäischen Gemeinschaften, 1983.

1　Die Institution des Generalanwalts war bisher nur in Frankreich („commissaire du gouvernement" beim Conseil d'Etat und den Tribunaux administratifs) und den Niederlanden („Advocaat-Generaal" beim Hoge Raad) bekannt. Sie wurde auch beim EuGH eingeführt, um die ursprüngliche Eingliedrigkeit der Gerichtsbarkeit in gewisser Weise zu kompensieren. Von den 8 Generalanwälten kommen vier stets aus „D, F, IT und GB", die vier übrigen wechseln im Turnus von 6 Jahren unter den verbleibenden Mitgliedstaaten. Die Stelle des 9. Generalanwalt erklärt sich aus dem Umstand, daß mit dem Beitritt Österreichs, Schwedens und Finnlands eine ungerade Richterzahl (15) entstanden ist, so daß der bis dahin bei 12 Mitgliedstaaten noch notwendige „Zusatzrichter" nicht mehr beibehalten werden konnte. Deshalb wurde der gerade im Oktober 1994 als 13. Richter ernannte zweite italienische Richter für eine Amtszeit (6 Jahre) zum Generalanwalt ernannt. Die Generalanwälte sind den Richtern gleichgestellt (Abs. 2: Unabhängigkeit; Art. 21 Protokoll über Vorrechte und Befreiungen: Immunität und Indemnität; Art. 6 VerfO/EuGH: protokollarischer Rang). Aus der Mitte der Generalanwälte wird auf ihren Vorschlag jedes Jahr der **erste Generalanwalt** bestimmt, der sich insbesondere um die Verteilung der Rechtssachen unter den Generalanwälten kümmert.

Die **Hauptaufgabe** der Generalanwälte besteht darin, in sog. **Schlußan-**   **2**
trägen dem EuGH einen – nicht bindenden – Entscheidungsvorschlag zu unterbreiten, der aus einem in völliger Unabhängigkeit und Unparteilichkeit erstellten Rechtsgutachten über die in dem jeweiligen Verfahren aufgeworfenen Rechtsfragen hervorgeht. Die Schlußanträge sind Teil der mündlichen Verhandlung (Art. 59 §§ 1, 2 VerfO/EuGH) und als solche öffentlich; sie werden zusammen mit dem Urteil in der amtl. Slg. veröffentlicht (Art. 27 Dienstanweisung für den Kanzler). Auch wenn keine mündliche Verhandlung in der Sache stattfindet, ist der Generalanwalt in öffentlicher Sitzung mit seinem Schlußantrag zu hören. An der Urteilsberatung oder an der Abstimmung nehmen die Generalanwälte jedoch nicht teil.

Danben sieht die VerfO/EuGH eine Reihe weiterer Fälle vor, in denen die   **3**
Generalanwälte vor einer Entscheidung des EuGH **gehört** werden müssen (vgl. Art. 29 § 2: Änderung der Verfahrenssprache; Art. 38 § 7: Entscheidung über die Zulässigkeit der Klage; Art. 43: Verbindung oder Trennung von Rechtssachen; Art. 45 § 1: Beweisbeschluß; Art. 61: Urteilsberichtigung; Art. 74 § 1: Kostenfestsetzungsbeschluß; Art. 85 Abs. 3: Erlaß einer einstweiligen Anordnung; Art. 93 § 3: Zulassung von Streithelfern; Art. 94 § 2: Erlaß eines Versäumnisurteils; Art. 108 § 2: Gutachten des EuGH).

Schließlich nehmen die Generalanwälte als Teil der Institution „Gerichts-   **4**
hof" an den **Generalversammlungen des EuGH** teil, die einmal wöchentlich stattfinden und auf denen neben den verfahrensleitenden Maßnahmen auch die allgemeinen Verwaltungsangelegenheiten geregelt werden; bei

Verwaltungsfragen verfügen die Generalanwälte über ein Stimmrecht (Art. 27 § 7 VerfO/EuGH).

Art. 223 (ex-Art. 167) (Ernennung der Richter und Generalanwälte; Amtszeit)

Zu Richtern und Generalanwälten sind Persönlichkeiten auszuwählen, die jede Gewähr für Unabhängigkeit bieten und in ihrem Staat die für die höchsten richterlichen Ämter erforderlichen Voraussetzungen erfüllen oder Juristen von anerkannt hervorragender Befähigung sind; sie werden von den Regierungen der Mitgliedstaaten im gegenseitigen Einvernehmen auf sechs Jahre ernannt.

Alle drei Jahre findet eine teilweise Neubesetzung der Richterstellen statt. Sie betrifft abwechselnd acht und sieben Richter.

Alle drei Jahre findet eine teilweise Neubesetzung der Stellen der Generalanwälte statt. Sie betrifft jedesmal vier Generalanwälte.

Die Wiederernennung ausscheidender Richter und Generalanwälte ist zulässig.

Die Richter wählen aus ihrer Mitte den Präsidenten des Gerichtshofe für die Dauer von drei Jahren. Wiederwahl ist zulässig.

1   Die **Voraussetzungen** für die Bekleidung des Amtes eines Richters oder Generalanwalts werden mit (1) Gewähr für Unabhängigkeit und (2) Berechtigung zur Ausübung der höchsten richterlichen Ämter oder anerkannt hervorragender Befähigung als Jurist in dem jeweiligen Mitgliedstaat umschrieben. Das bedeutet, daß nicht unbedingt nur Richter für die Tätigkeit am Gerichtshof in Betracht kommen; in der Praxis werden denn auch häufig anerkannte Rechtswissenschaftler in dieses Amt berufen. Selbst Nichtjuristen ist der Weg an den Gerichtshof nicht verschlossen, nämlich dann nicht, wenn sie in ihrem Heimatland die Voraussetzungen für die höchsten richterlichen Ämter erfüllen. Auf welche Weise die Mitgliedstaaten ihren Kandidaten für das Richteramt am Gerichtshof ermitteln, steht ihnen im übrigen völlig frei. Ein transparentes und schon dadurch demokratisches Auswahlverfahren, wie es etwa Art. 247 III (ex-Art. 188 b) für die Mitglieder des Rechnungshofs vorsieht, besteht nicht.

2   Die **Ernennung** erfolgt **im gegenseitigen Einvernehmen der Regierungen** der Mitgliedstaaten, wobei in der Praxis jeder Mitgliedstaat seinen Kandidaten präsentiert, der von den anderen Mitgliedstaaten ohne weiteres akzeptiert wird (ein Fall der Ablehnung ist nicht bekannt). Die Dauer

der Mandate ist auf **6 Jahre** festgelegt. Wiederernennungen sind unbeschränkt möglich. Zur Sicherstellung einer gewissen personellen Kontinuität wird der Gerichtshof nicht komplett alle 6 Jahre neu besetzt, sondern
8 bzw. 7 der Mitglieder werden alle drei Jahre neu ernannt. Endet das Amt
vor Ablauf der 6 Jahre (etwa durch Tod, Rücktritt oder Amtsenthebung)
wird das Amt für die verbleibende Zeit neu besetzt (Art. 6 u. 7 Satzung/
EuGH).

Die **Rechte und Pflichten** der Richter und Generalanwälte sind im we-   3
sentlichen im Protokoll über die Satzung des EuGH sowie in den VerfOen
niedergelegt. Dazu gehören vor allem die Vorschriften über die Eideslei-
stung, mit der sich der Richter oder Generalanwalt verpflichtet, das Amt un-
parteiisch und gewissenhaft auszuüben sowie das Beratungsgeheimnis zu
wahren (Art. 2 Satzung/EuGH, Art. 3 VerfO/EuGH; Art. 4 VerfO/EuGeI),
die Unvereinbarkeit von Amt und Berufstätigkeit (Art. 4 Satzung/EuGH),
die Immunität bezüglich jedweder Gerichtsbarkeit, die nur durch Plenarentscheidung des EuGH aufgehoben werden kann (Art. 3 Satzung/EuGH),
das Ende des Amtes, die Amtsenthebung, die nur nach einstimmigem Urteil
der anderen Richter und Generalanwälte für den Fall vorgesehen ist, daß
das betreffende Mitglied die erforderlichen Voraussetzungen für das Amt
nicht mehr erfüllt oder den Verpflichtungen nicht mehr nachkommt, und
über die vorzeitige Beendigung des Amtes (Art. 5 Satzung/EuGH, Art. 4
VerfO/EuGH; Art. 5 VerfO/EuGeI) sowie über den protokollarischen Rang
(Art. 6 VerfO/EuGH; Art. 6 VerfO/EuGeI).

Die **Rechtsstellung und Aufgaben des Präsidenten** sind im einzelnen in   4
den Art. 7–11 VerfO/EuGH bzw. Art. 7–9 VerfO/EuGeI geregelt: Der Präsident wird von den Richtern – unter, gemessen an ihrer Stellung, unver-
ständlichem Ausschluß der Generalanwälte – für 3 Jahre mit unbegrenzter
Wiederwahl aus ihrer Mitte gewählt. Er leitet die Plenarsitzungen, die Beratungen und die Generalversammlungen. Er bestimmt den für die eingehenden Rechtssachen zuständigen Berichterstatter, setzt die Verfahrensfristen fest und überwacht die Tätigkeit der Verwaltung des EuGH/EuGeI. Er
übernimmt zwar keine Rechtssachen als Berichterstatter, entscheidet in der
Regel jedoch selbst über Anträge auf einstweilige Verfügungen (Art. 36
Satzung/EuGH) und auf Streithilfe (Art. 93 Satzung/EuGH).

Art. 224 (ex-Art. 168) (Kanzler)

Der Gerichtshof ernennt seinen Kanzler und bestimmt dessen Stellung.

Der Kanzler wird von den Richtern und Generalanwälten für die Dauer von   1
6 Jahren **gewählt** (Art. 12 § 1 VerfO/EuGH; Art. 20 VerfO/EuGeI). Zu sei-

ner Unterstützung hat ihm der EuGH einen Hilfskanzler beigeordnet (Art. 13 VerfO/EuGH); das EuGeI hat von dieser Möglichkeit (Art. 21 VerfO/EuGeI) noch keinen Gebrauch gemacht.

2   Die **Rechte und Pflichten** des Kanzlers sind in allen Einzelheiten im Protokoll über die Satzung des EuGH (Art. 9,10) und vor allem in den VerfOen (Art. 12–20 VerfO/EuGH; Art. 24–27 VerfO/EuGeI) geregelt. Er wird aufgrund einer vom EuGH erlassenen „Dienstanweisung für den Kanzler" tätig (erlassen in Luxemburg am 4.12.1974, Neufassung vom 3.10.1986, abgedruckt in ABl. 1986 C 286/4).

3   Die **Aufgaben des Kanzlers** bestehen neben der Leitung der allg. Verwaltung unter Aufsicht des Präsidenten (Art. 23 VerfO/EuGH; Art. 24 VerfO/EuGeI) vor allem in der technischen Durchführung der Verfahren sowie der Entscheidungen und Beschlüsse des EuGH/EuGeI. In diesem Zusammenhang zu nennen sind vor allem die Registerführung (Art. 16 §§ 1–5 VerfO/EuGH, Art. 11–16 DienstA; Art. 24 §§ 1–4 VerfO/EuGeI), die Überwachung der Ordnungsgemäßheit der Klageerhebung und ggf. Aufforderung zur Behebung von Formmängeln oder Beibringung vorgeschriebener Unterlagen (Art. 38 § 7 VerfO/EuGH; Art. 44 § 6 VerfO/EuGeI), Zustellungen im Rahmen des schriftlichen Verfahrens (Art. 18 II, III Satzung/EuGH), Erstellung der Terminliste für die mündliche Verhandlung und Protokollführung (Art. 62 § 1 VerfO/EuGH; Art. 7 DienstA; Art. 63 § 1 VerfO/EuGeI), Ausfertigung der Urschriften der Urteile, Beschlüsse und sonstigen Entscheidungen des EuGH/EuGeI (Art. 3 § 1 DienstA) sowie die Durchführung von Prozeßkostenhilfe- und Kostenrechtsbeschlüssen, welche im wesentlichen auch vom Kanzler selbständig vorbereitet werden.

Art. 225 (ex-Art. 168a) (Gericht erster Instanz)

(1) Dem Gerichtshof wird ein Gericht beigeordnet, das für Entscheidungen über einzelne, nach Absatz 2 festgelegte Gruppen von Klagen im ersten Rechtszug zuständig ist und gegen dessen Entscheidungen ein auf Rechtsfragen beschränktes Rechtsmittel beim Gerichtshof nach Maßgabe der Satzung eingelegt werden kann. Das Gericht erster Instanz ist nicht für Vorabentscheidungen gemäß Artikel 234 zuständig.

(2) Auf Antrag des Gerichtshofs und nach Anhörung des Europäischen Parlaments und der Kommission legt der Rat einstimmig die Gruppen von Klagen im Sinne des Absatzes 1 und die Zusammensetzung des Gerichts erster Instanz fest und beschließt die Anpassungen und ergänzenden Bestimmungen, die in bezug auf die Satzung des Gerichtshofs

notwendig werden. **Wenn der Rat nichts anderes beschließt, finden die den Gerichtshof betreffenden Bestimmungen dieses Vertrages und insbesondere die Bestimmungen des Protokolls über die Satzung des Gerichtshofs auf das Gericht erster Instanz Anwendung.**

(3) Zu Mitgliedern des Gerichts erster Instanz sind Personen auszuwählen, die jede Gewähr für Unabhängigkeit bieten und über die Befähigung zur Ausübung richterlicher Tätigkeiten verfügen; sie werden von den Regierungen der Mitgliedstaaten im gegenseitigen Einvernehmen für sechs Jahre ernannt. Alle drei Jahre wird das Gericht teilweise neu besetzt. Die Wiederernennung ausscheidender Mitglieder ist zulässig.

(4) Das Gericht erster Instanz erläßt seine Verfahrensordnung im Einvernehmen mit dem Gerichtshof. Sie bedarf der einstimmigen Genehmigung des Rates.

Literatur: *Deringer*, Das Gericht I. Instanz der Europäischen Gemeinschaften, RIW 1989, 122; *Everling*, Die Errichtung eines Gerichts erster Instanz der Europäischen Gemeinschaften, in *Schwarze* (Hrsg.), Fortentwicklung des Rechtsschutzes in der Europäischen Gemeinschaft, 1987, 39; *Jung,* Ein erstinstanzliches Gericht für die Europäischen Gemeinschaften, EuGRZ 1986, 229; *ders.*, Das Gericht erster Instanz der Europäischen Gemeinschaften, Praktische Erfahrungen und zukünftige Entwicklungen, EuR 1992, 246ff.; *Kirschner/Klüpfel*, Das Gericht erster Instanz der Europäischen Gemeinschaften, 2. Aufl. 1998; *Lenaerts*, Das Gericht erster Instanz der Europäischen Gemeinschaften, EuR 1990, 228; *Müller-Huschke*, Verbesserungen des Individualrechtsschutzes durch das neue Europäische Gericht erster Instanz (EuGeI), EuGRZ 1989, 213ff.; *Neye*, Das neue europäische Gericht erster Instanz, DB 1988, 2393; *Rabe*, Das Gericht erster Instanz der Europäischen Gemeinschaften, NJW 1989, 3041; *Van der Woude*, Le tribunal de première instance, les trois premières années, Revue du Marché Unique Européen 1992, 113.

I. Die Errichtung des Gerichts erster Instanz (EuGeI)

Das EuGeI übt seine Tätigkeit seit September 1989 aus. Die Errichtung   1
des EuGeI erfolgte auf der Grundlage des durch die EEA eingefügten
früheren Art. 168a (jetzt Art. 225) mit Beschluß 88/591/EGKS, EWG,
Euratom v. 24.10.1988 (ABl. EG 1988 L 319/1; Berichtigung in ABl. EG
1989 L 241/4, zuletzt geändert durch Beschluß des Rates 94/149/EGKS,
EG, Euratom v. 7.3.1994, ABl. L 66/29). Dieser Beschluß regelt die
Zuständigkeit, den Sitz, die Zusammensetzung und nimmt die erforderlichen Änderungen an der Satzung des EuGH vor. Zum Hintergrund des
Einstiegs in eine zweigliedrige Gerichtsbarkeit heißt es in der Präambel des

Beschlusses: *„Für Klagen deren Entscheidung eine eingehende Prüfung komplexer Sachverhalte erfordert, ist die Einführung zweier Rechtszüge geeignet, den Rechtsschutz des einzelnen zu verbessern. Zur Aufrechterhaltung der Qualität und der Effizienz des Rechtsschutzes in der Rechtsprechung der Gemeinschaft muß es dem Gerichtshof ermöglicht werden, seine Tätigkeit auf seine grundlegende Aufgabe – die Gewährleistung einer einheitlichen Auslegung des Gemeinschaftsrechts – zu konzentrieren".* Zu diesen Gründen tritt als äußerer Anlaß für die Schaffung eines Untergerichts die im Laufe der Jahre stetig angewachsene Zahl an Verfahren vor dem EuGH und die dadurch entstandene Notwendigkeit seiner Entlastung.

II. Organisation und Verfahren

2   Das EuGeI ist **kein** neues Gemeinschaftsorgan, sondern der Institution „Gerichtshof" eingegliedert. Gleichwohl ist es eigenständig und auch organisatorisch vom EuGH getrennt. Es verfügt über eine eigene Kanzlei und eine eigene VerfO (s. dazu Rn. 5).

3   Das EuGeI besteht aus **15 „Mitgliedern"**, für deren Qualifikation, Ernennung und Rechtsstellung dieselben Voraussetzungen und Regeln gelten wie für die Richter des EuGH (vgl. dazu Art. 221, 223). Ihrer Funktion nach werden sie zwar hauptsächlich als **„Richter"** tätig; sie können aber auch nach Maßgabe der VerfO/EuGeI ad hoc als **„Generalanwälte"** eingesetzt werden (Art. 2 III Beschluß 88/591), wenn die Rechtssache vor dem Plenum verhandelt wird (Art. 17 VerfO/EuGeI – bisher 3 Anwendungsfälle) oder bei Kammersachen, wenn die tatsächlichen oder rechtlichen Schwierigkeiten einer Rechtssache dies erfordern (Art. 18 VerfO/EuGeI – bisher kein Anwendungsfall). Die Mitglieder des EuGeI wählen aus ihrer Mitte einen **Präsidenten** für eine Amtszeit von 3 Jahren (Art. 2 II Beschluß 88/591).

4   An **Spruchkörpern** verfügt das EuGeI über ein Plenum (15 Richter) fünf Kammern zu je 5 Richtern und fünf Kammern zu je 3 Richtern. Eine Zuweisung an das Plenum erfolgt nur in Ausnahmefällen (vgl. Art. 2 IV Beschluß 88/591); in der Regel werden die Rechtssachen vor den Kammern verhandelt und von diesen entschieden.

5   Die **Verfahrensregeln** sind in der im Einvernehmen mit dem EuGH erlassenen und nach einstimmiger Genehmigung durch den Rat am 1.7.1992 in Kraft getretenen VerfO geregelt (ABl. EG 1991 L 136/1, berichtigt in ABl. EG 1991 L 193/44 und L 317/34, zuletzt geändert am 12.3.1997, ABl. L 103/6). Im wesentlichen folgt sie den Grundsätzen der für das Verfahren vor dem EuGH geltenden VerfO.

Ist für eine beim EuGeI eingereichte Klage der EuGH zuständig, so ver-   **6**
weist das EuGeI die Klage an den EuGH; im umgekehrten Fall verfährt der
EuGH ebenso, wobei diese **Zuständigkeitsverweisung** bindend ist, d.h.
das EuGeI kann sich in einem solchen Fall nicht für unzuständig erklären
(Art. 47 II Satzung/EuGH). Fehlgeleitete Klageschriften und Schriftsätze
werden unverzüglich an die betreffende Kanzlei weitergeleitet (Art. 47 I
Satzung/EuGH). Sind beim EuGH und EuGeI Rechtssachen mit dem gleichen Streitgegenstand anhängig, so kann das EuGeI nach Anhörung der
Parteien das Verfahren bis zum Erlaß des Urteils des EuGH aussetzen. Bei
Klagen auf Nichtigerklärung eines Rechtsaktes kann sich das EuGeI ferner
für unzuständig erklären, damit der EuGH über diese Klagen entscheidet.
Eine Aussetzung kann aber auch vom EuGH ausgehen; in diesem Fall wird
das Verfahren vor dem EuGeI fortgeführt (Art. 47 III Satzung/EuGH).

III. Zuständigkeit des EuGeI

Nach Überprüfung des ursprünglichen Zuständigkeitskatalogs des Einrich-   **7**
tungsbeschlusses 88/591/EGKS, EG, Euratom, übt das EuGeI gemäß Beschluß 94/149/EGKS, EG, Euratom des Rates v. 7.3.1994 im ersten Rechtszug folgende **Zuständigkeiten** aus:
(1) Streitsachen zwischen der EG und ihren Beamten und sonstigen Be-
     diensteten (Art. 236, ex-Art. 179),
(2) Nichtigkeits- und Untätigkeitsklagen von Unternehmen oder Verbän-
     den gegen die Kommission im Bereich der EGKS (Art. 33 II, 35
     EGKSV), d.h. im einzelnen im Hinblick auf deren individuelle Ent-
     scheidungen im Bereich der Umlagen (Art. 50), der Erzeugung
     (Art. 57–59), der Preise (Art. 60–64) sowie der Kartelle und Zusam-
     menschlüsse (Art. 65–66),
(3) Nichtigkeits- und Untätigkeitsklagen natürlicher und juristischer Per-
     sonen gegen ein Gemeinschaftsorgan im Bereich der EG (Art. 230 IV,
     ex-Art. 173 IV; Art. 232 III, ex-Art.175 III),
(4) Schadensersatzklagen, die im Zusammenhang mit dem Gegenstand
     der genannten Klagen stehen (akzessorische Schadensersatzklagen,
     Art. 235, [ex-Art. 178] i.V.m. Art. 288 II, [ex-Art. 215 II]).
Ausdrücklich durch den EGV **ausgenommen** von der Zuständigkeit des   **8**
EuGeI sind **Vorabentscheidungsverfahren**. Dahinter steht die Überlegung, daß es beim Vorabentscheidungsverfahren vornehmlich um die Gewährleistung der einheitlichen Anwendung des Gemeinschaftsrechts geht
(vgl. Art. 234 Rn. 1), eine Aufgabe, die ausschließlich beim EuGH verbleiben soll. Zudem würde ein zweistufiges Zwischenverfahren die Dauer von

Vorabentscheidungsverfahren ohne zwingenden Grund erheblich verlängern. Hingegen ist es nach dem EGV nunmehr theoretisch möglich, daß
auch direkte Klagen von Mitgliedstaaten und Gemeinschaftsorganen in die
Zuständigkeit des EuGeI fallen. Gleichwohl wurde von dieser Möglichkeit
bei der jüngsten Zuständigkeitserweiterung noch kein Gebrauch gemacht.
Dies ist offensichtlich darauf zurückzuführen, daß diese Klagen häufig verfassungsrechtliche Fragen aufwerfen, über die gegenwärtig noch allein und
ausschließlich der EuGH entscheiden soll.

9 Die **Rechtssachen des EuGeI** werden mit einem „T" (= Tribunal) gekenn-
zeichnet (z.b. T-1/99), während die Rechtssachen des EuGH mit einem „C"
(= Cour) versehen sind. Die Urteile des EuGeI werden ebenfalls in der amtl.
Slg., Teil II, veröffentlicht.

IV. Rechtsmittel

10 Ein **Rechtsmittel** beim EuGH kann eingelegt werden gegen alle Endent-
scheidungen des EuGeI sowie gegen diejenigen Entscheidungen, die über
einen Teil des Streitgegenstandes ergangen sind oder die einen Zwi-
schenstreit beenden, der eine Einrede der Unzuständigkeit oder Unzulässigkeit betrifft (Art. 49 I Satzung/EuGH). Statthaft ist das Rechtsmittel auch
gegenüber Urteilen, die im Rahmen der außerordentlichen Rechtsbehelfe
des Drittwiderspruchs (Art. 123–124 VerfO/EuGeI), der Wiederaufnahme
des Verfahrens (Art. 125–128 VerfO/EuGeI) und der Urteilsauslegung (Art.
129 VerfO/EuGeI) ergangen sind. Mit einem Rechtsmittel anfechtbar sind
daneben Entscheidungen des EuGeI im Verfahren über die Gewährung
einstweiligen Rechtsschutzes (Art. 242, ex-Art. 185; Art. 243, ex-Art.186;
dazu EuGH, C-286/96P(R), SCK und FNK/KOM, Slg. 1996, I–4971 Rn.
44; C-149/95P (R), KOM/Atlantic Container Line u.a., Slg. 1995, I–2165
Rn. 18) sowie die Aussetzung der Zwangsvollstreckung einer Zahlung, die
einem Gemeinschaftsbürger auferlegt wurde (Art. 256 IV, ex-Art. 192 IV).
Schließlich kann sich ein Rechtsmittel auch gegen die Ablehnung eines Antrags auf Zulassung als Streithelfer durch das EuGeI richten. Unzulässig
sind hingegen Rechtsmittel gegen prozeßleitende Verfügungen, Armen-
rechts- und Kostenentscheidungen (Art. 51 II Satzung/EuGH).

11 Das Rechtsmittel kann von jeder **Partei eingelegt** werden, die mit ihren
Anträgen ganz oder teilweise unterlegen ist (Art. 49 II Satzung/EuGH). Damit ist auch ein Anschlußrechtsmittel möglich und zulässig, wenn auch die
Gegenpartei des Rechtsmittelführers vor dem EuGeI mit ihren Anträgen
teilweise unterlegen ist und eigene, selbständige Angriffe gegen die angefochtene Entscheidung vorbringen kann (vgl. Art. 116 § 1 VerfO/EuGH; da-

zu EuGH, C-346/90, F./KOM, Slg. 1992, I–2691/2711). **Streithelfer** vor dem EuGeI, sofern sie nicht Mitgliedstaaten oder Gemeinschaftsorgane sind, können ein Rechtsmittel nur einlegen, wenn sie nachweisen, daß sie von der Entscheidung des EuGeI unmittelbar betroffen sind (Art. 49 II 2 Satzung/EuGH). Mitgliedstaaten und Gemeinschaftsorgane, die dem Streit vor dem EuGeI beigetreten sind, brauchen diesen Nachweis nicht zu führen; sie brauchen zur Einlegung eines Rechtsmittels nicht einmal dem Streit vor dem EuGeI beigetreten zu sein (Art. 49 III Satzung/EuGH). Im letzten Fall können die Rechtsmittelanträge allerdings nur die Unterstützung der Anträge einer der Parteien des Rechtsstreits vor dem EuGeI zum Gegenstand haben (vgl. Art. 37 Satzung/EuGH). Das Rechtsmittel ist bei der Kanzlei des EuGeI oder des EuGH in der Vefahrenssprache des ersten Rechtszuges einzulegen. Die **Rechtsmittelfrist** beträgt 2 Monate, beginnend mit der Zustellung der angefochtenen Entscheidung (Art. 49 I Satzung/EuGH).

Die Einlegung des Rechtmittels **hemmt** den **Eintritt der Rechtskraft** des **12** Urteils (Art. 53 II Satzung/EuGH) und bewirkt die Überleitung des Verfahrens an den EuGH. Das Rechtsmittel hat jedoch **keine aufschiebende Wirkung** (Art. 53 I Satzung/EuGH). Wird folglich eine VO für nichtig erklärt, bleibt diese bei Einlegung eines Rechtsmittels vollstreckbar. In einem solchen Fall muß der Betroffene im Verfahren der einstweiligen Anordnung beantragen, daß der EuGH die Vollstreckung der vom EuGeI für nichtig erklärten VO aussetzt und die erforderliche einstweilige Anordnung trifft (Art. 53 II EuGH/Satzung).

Das Rechtsmittel ist **auf Rechtsfragen beschränkt.** Es kann nur auf **13** Rechtsmittelgründe gestützt werden, die sich auf die Verletzung von Rechtsvorschriften beziehen und jede Tatsachenwürdigung ausschließen (EuGH, C-55/97P, AIUFASS u. AKT/KOM, Slg. 1997, I–5383 Rn. 13; C-153/96P, De Rijk/KOM, Slg. 1997, I–2901 Rn. 15; C-19/95P, San Marco/KOM, Slg. 1996, I–4435 Rn. 39; C-26/94P, X/KOM, Slg. 1994, I–4379 Rn. 11, 12; C-338/93P, De Hoe/KOM, Slg. 1994, I–819 Rn. 17, 18; C-283/90P, Vidrányi/KOM, Slg. 1991, I–4339 Rn. 12). Soweit das EuGeI jedoch die festgestellten **Tatsachen rechtlich qualifiziert** und aus ihnen rechtliche Folgen abgeleitet hat, ist der EuGH im Rahmen des Rechtsmittelverfahrens zur Kontrolle befugt (EuGH, C-252/97P, Coussios/KOM, Urt. V. 16.7.1998 Rn. 15; C-30/96P, Abello u.a./KOM, Slg. 1998, I–377 Rn. 53; C-136/92P, KOM/Brazzelli Lualdi u.a., Slg. 1994, I–1981 Rn. 48, 49). Auch soweit das EuGeI von Amts wegen zu berücksichtigende Umstände übersehen hat, kann dies mit dem Rechtsmittel geltend gemacht werden. **Neue Tatsachen**, die erst nach Erlaß des angefochtenen Urteils des EuGeI aufgetreten sind, können hingegen im Rechtsmittelverfahren nicht geltend gemacht werden. Keine Rechtsfrage stellt grundsätzlich die **Beurteilung der Beweise** dar, die das EuGeI zur Erhärtung der Tatsachen herangezogen hat. Eine Ausnahme wird lediglich für den Fall anerkannt, daß die vorgelegten Beweise verfälscht wurden. Sofern die Beweise ordnungsgemäß erbracht und die allgemeinen Regeln und Rechtsgrundsätze zur Beweislast sowie die Vorschriften über das Beweisverfahren eingehalten worden sind, ist es allein Sache des EuGeI, den Beweiswert der ihm vorgelegten Beweismittel zu beurteilen (EuGH, C-30/96P, Abello u.a./KOM, Slg. 1998, I–377 Rn. 53; C-362/95P, Blackspur DIY Ltd. U.a./Rat und KOM, Slg. 1997, I–4775 Rn.29; C-136/92P, KOM/Brazzelli Lualdi u.a., Slg. 1994, I–1981 Rn. 66; C-53/92P, Hilti/KOM, Slg. 1994, I–667 Rn. 42). Außerdem darf das Rechtsmittel den vor dem EuGeI **verhandelten Streitgegenstand nicht verändern** (Art. 116 § 1 VerfO/EuGH). Deshalb können Klagegründe, die nicht im Verfahren vor dem EuGeI vorgetragen oder in der ersten Instanz präkludiert waren (vgl. Art. 48 § 2 VerfO/EuGeI), im Rechtsmittelverfahren nicht vorgebracht bzw. nicht zulässig werden (EuGH, C-136/92P, KOM/Brazzelli Lualdi u.a., Slg. 1994, I–1981/2031; C-18/91, V./EP, Slg. 1992, I–3997/4014). Davon zu unterscheiden sind neue, zulässige Rechtsmittelgründe, die sich aus dem angefochtenen Urteil oder aus Verfahrensverstößen des EuGeI ergeben (EuGH, C-354/92P, Eppe/KOM, Slg. 1993, I–7027/7049; C-C-244/92P, Kupka-Floridi/WSA, Slg. 1993, I–2041/2047).

14 Das **Rechtsmittel** kann nur auf folgende **Gründe** gestützt werden (vgl. Art. 51 I Satzung/EuGH): (1) Unzuständigkeit des EuGeI, weil das Gericht zu Unrecht seine Zuständigkeit oder Unzuständigkeit angenommen hat; (2) Verfahrensfehler, durch die die Interessen das Rechtsmittelführers beeinträchtigt werden; (3) Verletzung des Gemeinschaftsrechts durch das EuGeI. Die Rechtsmittelschrift muß die Rechtsmittelgründe und die beanstandeten Teile des Urteils, dessen Aufhebung beantragt wird, sowie die rechtlichen Argumente, die diesen Antrag stützen, genau bezeichnen (Art. 112 § 1c VerfO/EuGH; dazu EuGH, C-252/97P, Coussios/KOM, Slb. 1998, I–4871, Rn. 18; C-403/95P, Obst/KOM, Slg. 1998, I–27 Rn. 17; C-30/96P, Abello u.a./KOM, Slg. 1998, I–377 Rn. 39; C-173/95P, Hogan/Gerichtshof, Slg. 1995, I–4905 Rn. 20). Diesem Erfordernis entspricht ein Rechtsmittel nicht, das sich darauf beschränkt, die bereits vor dem EuGeI dargelegten Klagegründe und Argumente einschließlich derjenigen, die auf ein ausdrücklich vom EuGeI zurückgewiesenes Tatsachenvorbringen gestützt waren, zu wiederholen oder wörtlich wiederzugeben; ein solches Rechtsmittel zielt nämlich in Wirklichkeit nur auf eine erneute Prüfung der beim EuGeI eingereichten Klage ab, was jedoch nicht in die Zuständigkeit des EuGH fällt (vgl. Art. 49 Satzung/EuGH; dazu EuGH, C-252/97P, Coussios/KOM, Slg. 1998, I–4871 Rn.15; C-403/95P, Obst/KOM, Slg. 1998, I–27 Rn. 21; C-30/96P, Abello u.a./KOM, Slg. 1998, I–377 Rn. 39; C-26/94P, X/KOM, Slg. 1994, I–4379 Rn. 13).

Ist das **Rechtsmittel zulässig und begründet**, so **hebt** der EuGH die **Ent-**   **15**
scheidung des EuGeI **auf** (Art. 54 I Satzung/EuGH). Bei Spruchreife kann er den Rechtsstreit (einschließlich der Kosten) selbst entscheiden; andernfalls verweist er die Sache (ohne Kostenentscheidung, vgl. EuGH C-185/90P, KOM/Gill, Slg. 1991, I–4779/4815) zur Entscheidung an das EuGeI zurück, das an die rechtliche Beurteilung des EuGH gebunden ist (Art. 54 I, II Satzung/EuGH). Unzulässige und unbegründete Rechtsmittel werden zurückgewiesen, wobei ein Rechtsmittel auch dann unbegründet ist, wenn die angefochtene Entscheidung des EuGeI sich aus anderen als den vom EuGeI angestellten rechtlichen Erwägungen als richtig erweist (EuGH, C-275/93P, Boessen/WSA, Slg. 1994, I–161/169; C-220/91P, KOM/Stahlwerke Peine Salzgitter, Slg. 1993, I–2393/2445; C-30/91, Lestelle/KOM, Slg. 1992, I–3755/3786). Bei offensichtlicher Unzulässigkeit oder Unbegründetheit kann der EuGH das Rechtsmittel nach Anhörung des Generalanwalts ganz oder teilweise durch begründeten Beschluß zurückweisen (Art. 119 VerfO/EuGH; dazu EuGH, C-104/96P, Dimitriadis/Rechnungshof, Slg. 1997, I–5635; C-325/94P, WWF/KOM, Slg. 1996, I–3727; C-397/95P, Coussis/KOM, Slg. 1996, I–3873).

Eine **Besonderheit** besteht für begründete Rechtsmittel, die von einem Mit-   **16**
gliedstaat oder Gemeinschaftsorgan, die dem Rechtsstreit vor dem EuGeI nicht beigetreten sind, eingelegt worden sind. In einem solchen Fall kann der EuGH diejenigen Wirkungen der aufgehobenen Entscheidung des EuGeI bezeichnen, die für die Parteien des Rechtsstreits als fortgeltend zu betrachten sind (Art. 54 III Satzung/EuGH). Diese Regelung findet ihren Grund darin, daß die Lage der Parteien des Rechtsstreits nicht infolge eines Rechtsmittels geändert werden soll, das sie selbst nicht ergriffen haben; vielmehr kann es durchaus im Interesse der Parteien liegen, daß die Wirkungen der Entscheidung des EuGeI, mit der sie sich einverstanden erklärt oder abgefunden haben, aufrechterhalten bleiben (*Lenaerts*, EuR 1990, 228/245).

Das **Rechtsmittelverfahren** besteht aus einem schriftlichen und einem   **17**
mündlichen Teil, deren Einzelheiten in der VerfO festgelegt sind (Art. 110–123 VerfO/EuGH). Das schriftliche Verfahren beschränkt sich dabei grundsätzlich auf zwei Schriftsätze, die Rechtsmittelschrift und die Rechtsmittelbeantwortung. Nur auf Antrag kann durch Entscheidung des Präsidenten eine Erwiderung bzw. eine Gegenerwiderung zugelassen wer-

den. Die entsprechenden Anträge sind binnen einer Woche nach Zustellung der Rechtsmittelbeantwortung bzw. nach Zustellung der Erwiderung zu stellen. Auch **Streithilfe** ist im Rechtsmittelverfahren möglich; die Anträge sind binnen eines Monats nach Veröffentlichung der Mitteilung über das Rechtsmittel im Amtsblatt beim EuGH zu stellen. Auf die mündliche Verhandlung des Rechtsmittels kann der EuGH nach Anhörung des Generalanwalts und der Parteien verzichten, sofern einer Entscheidung ohne mündliche Verhandlung nicht durch eine Partei mit dem Hinweis widersprochen wird, sie habe im schriftlichen Verfahren nicht ausreichend Gelegenheit gehabt, ihren Standpunkt zu Gehör zu bringen.

Art. 226 (ex-Art. 169) (Anrufung des Gerichtshofs durch die Kommission)

Hat nach Auffassung der Kommission ein Mitgliedstaat gegen eine Verpflichtung aus diesem Vertrag verstoßen, so gibt sie eine mit Gründen versehene Stellungnahme hierzu ab; sie hat dem Staat zuvor Gelegenheit zur Äußerung zu geben.

Kommt der Staat dieser Stellungnahme innerhalb der von der Kommission gesetzten Frist nicht nach, so kann die Kommission den Gerichtshof anrufen.

Literatur: *Ehlermann*, Die Verfolgung von Vertragsverletzungen der Mitgliedstaaten durch die Kommission, in FS Kutscher 1981, 135; *Everling*, Die Mitgliedstaaten der Europäischen Gemeinschaft vor ihrem Gerichtshof, EuR 1983, 101; *Kort*, Verstoß eines EG-Mitgliedstaats gegen europäisches Recht: Probleme des Vertragsverletzungsverfahrens gemäß Art. 169 EGV, DB 1996, 1323–1326; *Nicolaysen*, Vertragsverletzungen durch mitgliedstaatliche Gerichte, EuR 1985, 368; *Ortlepp*, Das Vertragsverletzungsverfahren als Instrument zur Sicherung der Legalität im Europäischen Gemeinschaftsrecht, 1987.

I. Funktion und Bedeutung

Das Vertragsverletzungsverfahren ist das wichtigste Instrument der Kom- **1**
mission, um der ihr nach Art. 211 (ex-Art. 155) zukommenden Aufgabe gerecht zu werden, für die einheitliche **Beachtung und Durchsetzung des
Gemeinschaftsrechts** Sorge zu tragen. Es eröffnet der Kommission die
Möglichkeit, gegen objektive Verletzungen des Gemeinschaftsrechts durch
die Mitgliedstaaten einzuschreiten und auf die Herstellung eines vertragskonformen Zustandes zu dringen (EuGH, C-422/92, KOM/Deutschland,
Slg. 1995, I–1097 Rn. 16).

Die objektive Natur des Vertragsverletzungsverfahrens schließt es nicht aus, **2**
daß dieses Verfahren auch zur Verstärkung und zur Vervollständigung des
gemeinschaftsrechtlichen **Individualrechtsschutzes** zur Anwendung
kommt. Nach nunmehr feststehender Rechtsprechung kann das Interesse an
einem Vertragsverletzungsverfahren auch darin bestehen, die **Grundlage
für eine Haftung** des Mitgliedstaats wegen seiner Vertragsverletzung gegenüber einem Mitgliedstaat, der Gemeinschaft oder den Gemeinschaftsbürgern zu schaffen (EuGH, C-353/89, KOM/Niederlande, Slg. 1991,
I–4069/4096 Rn. 28; C-361/88, KOM/Deutschland, Slg. 1991, I–2567
Rn. 31). Daraus folgt zum einen, daß ein Rechtsschutzinteresse an der Fortsetzung eines Vertragsverletzungsverfahrens selbst dann besteht, wenn die
dem Mitgliedstaat vorgeworfene Verletzung des Gemeinschaftsrechts nach
Ablauf des von der Kommission in ihrer mit Gründen versehenen Stellungnahme festgelegten Zeitraums behoben wird (zu eng deshalb *Karpenstein*
in Grabitz/Hilf, Art. 169 Rn. 18): zum anderen sollte diese Rechtsprechung
für die Kommission Anlaß sein, ihre Praxis zu überdenken, die vermögens-
rechtlichen Folgewirkungen eines Vertragsverstoßes nur in Ausnahmefällen, d.h. vor allem in Fällen der rechtswidrigen Vergabe von Beihilfen, in
das Verfahren nach Art. 226 einzubeziehen (zurückhaltend *Karpenstein* in
Grabitz/Hilf, Art. 169 Rn. 23, 23a).

3 Die zunehmende Bedeutung des Vertragsverletzungsverfahrens wird nicht nur in seiner erweiterten Zielsetzung deutlich, sondern schlägt sich auch in der gegenüber den 70er Jahren gestiegenen Zahl der **von der Kommission** eingeleiteten Verfahren nieder:

	1960	1965	1970	1975	1980	1985	1990	1995	1997
Mahnschreiben	20	28	*	60	340	503	960	1016	1436
Mit Gründen versehene Stellungnahme	3	5	*	*	82	233	251	192	343
Anrufung des EuGH	2	1	26	*	28	113	67	72	121
Urteil des EuGH	–	1	8	1	19	27	36	39	44

* Kein Zahlenmaterial vorhanden

Die zahlenmäßig stärkste Gruppe von Vertragsverstößen (ca. 75 % aller Vertragsverletzungsverfahren) bilden die Fälle der fehlenden, unvollständigen oder verspäteten Durchführung des Gemeinschaftsrechts, und hier vor allem im Bereich der **Umsetzung von gemeinschaftsrechtlichen Richtlinien** in innerstaatliches Recht.

II. Gegenstand des Verfahrens

4 **Gegenstand des Vertragsverletzungsverfahrens** ist der Antrag der Kommission auf Feststellung, daß ein Mitgliedstaat gegen „eine Verpflichtung aus diesem Vertrag" verstoßen hat.

5 **Verpflichtungen aus dem Vertrag** sind dabei nicht nur Verpflichtungen, die sich aus den Vorschriften des EGV selbst ergeben, sondern auch solche, die den Mitgliedstaaten durch die verbindlichen Rechtshandlungen der Gemeinschaftsorgane (Verordnungen, Richtlinien, Entscheidungen) auferlegt werden oder sich aus dem ungeschriebenen Gemeinschaftsrecht, und hier vor allem aus den allgemeinen Rechtsgrundsätzen, ergeben (vgl. dazu *Ortlepp*, 103).

6 Ein Vertrags**verstoß** liegt dann vor, wenn ein Mitgliedstaat **entweder** eine Rechtsvorschrift oder Verwaltungspraxis schafft oder beibehält, die dem Gemeinschaftsrecht widerspricht, **oder** das Gemeinschaftsrecht nicht, unvollständig oder verspätet durchführt. Hierzu gehört auch die Nichtumsetzung eines von der Gemeinschaft gemäß Art. 300 (ex-Art. 228) geschlossenen internationalen Übereinkommens durch einen Mitgliedstaat (EuGH, C-61/94, KOM/Deutschland, Slg. 1996, I–3989, Rn. 15). Die Verletzungshandlung kann demnach sowohl in einem Tun wie in einem Unterlassen bestehen. Sie kann darüber hinaus auf jedwede Form staatlichen Handelns zurückgehen (generelle Rechtsetzung, allgemeines und individuelles Verwaltungshandeln, Verwaltungspraxis). Schließlich wird eine Verletzung allein schon durch das Bestehen der staatlichen Rechtsvorschrift bzw. -praxis begründet, ohne daß es auf die tatsächliche Anwendung dieser Regelungen und Maßnahmen ankommt (EuGH, Rs. 167/73, KOM/Frankreich, Slg. 1974, 359 Rn. 35).

Als **Urheber der Verletzungshandlung** kommen sämtliche Einrichtungen 7 des betreffenden Mitgliedstaats in Betracht, die an der Ausübung staatlicher Gewalt beteiligt sind (EuGH, C-180/97, Regione Toscana/KOM, Slg. 1997, I–5245 Rn. 7; C-33/90, KOM/Italien, Slg. 1991, I–5987 Rn. 24; C-8/88, Deutschland/KOM, Slg. 1990, I–2321 Rn. 13). Dazu gehören neben den Legislativorganen und der Exekutive sowie den ihr angegliederten Einrichtungen grundsätzlich auch die Gerichte (in diesem Sinne auch *Nicolaysen*, EuR 1985, 368; vorsichtiger *Karpenstein* in Grabitz/Hilf, Art. 169 Rn. 15-17). Eine Verletzung von Gemeinschaftsrecht durch die Gerichte hat die Kommission, nicht zuletzt im Hinblick auf den Grundsatz der Unabhängigkeit der Gerichte, allerdings erst einmal im Rahmen eines Vertragsverletzungsverfahrens aufgegriffen (vgl. das am 3.8.1990 eingeleitete und zwischenzeitlich eingestellte Verfahren im Hinblick auf den BGH-Beschluß vom 11.5.89, IZR 163/88 – „*deutsch-niederländischer Hähnchenkrieg*"– , dazu *Meier*, Zur Einwirkung des Gemeinschaftsrechts auf nationales Verfahrensrecht im Falle höchstrichterlicher Vertragsverletzungen, EuZW 1991, 11; ergänzend *Sack*, Verstoßverfahren und höchstrichterliche Vertragsverletzungen – eine Klarstellung, EuZW 1991, 246). Unter Hinweis auf die globale Verantwortlichkeit der Mitgliedstaaten hat der EuGH regelmäßig Einwände von Mitgliedstaaten zurückgewiesen, die Verletzung des Gemeinschaftsrechts sei auf ein Verhalten der Parlamente (EuGH, Rs. 77/69, KOM/Belgien, Slg. 1970, 237), der örtlichen Behörden (EuGH, Rs. 45/87, KOM/Irland, Slg. 1988, 4929) oder privatrechtliche, aber staatlich finanzierte Gesellschaften (EuGH, Rs. 249/81, KOM/Irland, Slg. 1982, 4005) zurückzuführen.

III. Einleitung des Verfahrens

Die Einleitung eines Vertragsverletzungsverfahrens kann entweder **von** 8 **Amts wegen** erfolgen **oder** aber auf eine **Beschwerde** von seiten eines einzelnen, eines Unternehmens, eines Verbandes oder einer Gewerkschaft zurückgehen.

1. Einleitung von Amts wegen

9 **Von Amts wegen** wird die Kommission tätig, wenn sie im Rahmen ihrer allgemeinen Tätigkeiten auf eine mögliche Verletzung gemeinschaftsrechtlicher Verpflichtungen durch einen Mitgliedstaat aufmerksam wird, insbesondere anläßlich der Bearbeitung schriftlicher oder mündlicher parlamentarischer Anfragen, von Petitionen, im Zuge von in den Mitgliedstaaten durchgeführter Untersuchungen, im Zusammenhang mit der Notifizierung innerstaatlicher Rechtsvorschriften oder aber auch infolge von Meldungen und Berichten in den Medien. Darüber hinaus untersucht die Kommission auch jedes Vorabentscheidungsverfahren auf mögliche Vertragsverstöße und leitet ggf. parallel zum Vorabentscheidungsverfahren ein Vertragsverletzungsverfahren ein. Dies ist vor allem in denjenigen Fällen von besonderer Bedeutung, in denen die klagende Partei im Ausgangsverfahren eines Vorabentscheidungsverfahrens klaglos gestellt wird und es wegen der Erledigung des Rechtsstreits im Ausgangsverfahren zu einer Rücknahme der Vorlagefrage kommt.

2. Einleitung aufgrund einer Beschwerde

10 Der in der Praxis häufigste Weg der Kenntniserlangung ist allerdings der der **Beschwerde**. Dabei kommt den Beschwerdeführern entgegen, daß die Zulässigkeitsvoraussetzungen für eine wirksame Beschwerdeerhebung auf ein Mindestmaß beschränkt worden sind. Verlangt wird lediglich, daß die Eingabe schriftlich erfolgt, die Verletzung einer gemeinschaftsrechtlichen Verpflichtung durch einen Mitgliedstaat glaubhaft gemacht wird und die Aufforderung an die Kommission enthält, gegenüber dem betreffenden Mitgliedstaat für die Wiederherstellung eines gemeinschaftsrechtskonformen Zustandes Sorge zu tragen. Zur Vereinfachung der Beschwerdeerhebung hat die Kommission darüber hinaus ein **Formblatt** erstellt (s. Anlage zu Art. 226).

11 Die **Mindestvoraussetzungen** für eine Beschwerdeerhebung sind **nicht erfüllt**, wenn Rechtsanwälte oder Gemeinschaftsbürger die Kommission um eine Stellungnahme zu Fragen der Auslegung und Anwendung des Gemeinschaftsrechts ersuchen. Derartige Anfragen beziehen sich häufig auf einen vor dem nationalen Gericht anhängigen Rechtsstreit, in dem es auch um die Anwendung des Gemeinschaftsrechts geht. Die Kommission teilt den betreffenden Personen in diesen Fällen mit, daß allein der EuGH nach den Bestimmungen der Gemeinschaftsverträge für die authentische Auslegung des Gemeinschaftsrechts zuständig ist und verweist insoweit auf die Möglichkeit der Einleitung eines Vorabentscheidungsverfahrens nach Art.

234 (ex-Art. 177) durch das nationale Gericht, im Rahmen dessen dann auch die Kommission zu den aufgeworfenen Fragen Stellung nimmt. Aufgrund interner Verfahrensregeln wird für die vermuteten oder angezeig- **12** ten Vertragsverstöße von der zuständigen Dienststelle der Kommission ein Verstoßblatt (in der Kommissionssprache „fiche" genannt) angelegt, das neben der Erkenntnisquelle und der befaßten Dienststelle die wesentlichen tatsächlichen und rechtlichen Hintergründe des vermuteten bzw. angezeigten Vertragsverstoßes enthält. Dieses Verstoßblatt wird im Generalsekretariat der Kommission ins **Zentralregister** („Registre central des plaintes et des cas décélés d'office") eingetragen und erhält eine **Registernummer**. Die Beschwerdeführer erhalten eine Empfangsbestätigung und werden auch in der Folgezeit über den weiteren Verlauf des Verfahrens unterrichtet, insbesondere über die bei den betreffenden nationalen Behörden unternommenen Schritte sowie ggf. über die Einleitung des Vertragsverletzungsverfahrens und dessen jeweilige Verfahrensstadien (Mahnschreiben, Abgabe einer mit Gründen versehenen Stellungnahme, Anrufung des EuGH). Das Beschwerdeverfahren bei der Kommission ist **kostenlos**. Bei seiner Durchführung hat die Kommission den **Grundsatz der Vertraulichkeit** zu beachten.

Ein **einklagbares Recht** auf Einleitung und Durchführung eines Vertrags- **13** verletzungsverfahrens besteht für den einzelnen allerdings **nicht** (EuGH, C-107/95P, Bundesverband der Bilanzbuchhalter/KOM, Slg. 1997, I–947 Rn. 11; C-29/92, Asia Motor France/KOM, Slg. 1992, I–3935 Rn. 21; EuGeI, T-201/96, Smanor SA/KOM, Slg. 1997, II–1081 Rn. 22–25; T-5/94, J./KOM, Slg. 1994, II–391 Rn. 15; T-29/93, Calvo Alonso-Cortés/KOM, Slg. 1993, II–1389 Rn. 55). Im Vertragsverletzungsverfahren geht es allein darum, eine von den subjektiven Rechten des Gemeinschaftsbürgers unabhängige Überprüfung vertragswidrig erscheinender Rechts- und Verwaltungsvorschriften sowie Verwaltungspraktiken des betreffenden Mitgliedstaates durch den EuGH herbeizuführen. Dementsprechend ist die Möglichkeit, im Wege des Vertragsverletzungsverfahrens eine Prüfung der Rechtslage nach objektivem Recht zu erwirken, ausdrücklich der Kommission und den Mitgliedstaaten vorbehalten. Mit diesem im EG-Vertrag (Art. 226, ex-Art. 169, Art. 227, ex-Art. 170) angelegten Klagesystem unvereinbar ist die Anerkennung einer Befugnis Privater, die Kommission zur Einleitung eines Vertragsverletzungsverfahrens zu zwingen (in diesem Sinne auch *Karpenstein* in Grabitz/Hilf, Art. 169 Rn. 22; *Ortlepp*, 81). Darüber hinaus wird mit der Eröffnung eines Vertragsverletzungsverfahrens die Vornahme von Handlungen begehrt, welche einen einzelnen (privaten) Beschwerdeführer nicht *„unmittelbar und individuell im Sinne von Art. 173*

Abs. 2 (heute Art. 230 IV) *betreffen"* (so ausdrücklich EuGH, Rs. 247/87, Star Fruit, Slg. 1989, 291/301). Damit kann ein solches Begehren auch **nicht** im Wege einer Nichtigkeitsklage gem. Art. 230 IV (ex-Art. 173 IV) gegen eine ablehnende Entscheidung der Kommission, ein Vertragsverletzungsverfahren einzuleiten (EuGH, EuGeI, T-182/97, Samnor SA u.a./KOM, Slg. 1998, II–271; T-83/97, Sateba/KOM, Slg. 1997, II–1523; T-13/94, Century Oils Hellas/KOM, Slg. 1994, II–431 Rn. 14), oder im Wege einer Untätigkeitsklage gem. Art. 232 III (ex-Art. 175 III) wegen vermeintlicher Untätigkeit der Kommission durchgesetzt werden (EuGH, C-196/97P, Intertronic F. Cornelis GmbH/KOM, Slg. 1998, I–199; EuGeI, T-47/96, SDDDA/KOM, Slg. 1996, II–1559 Rn. 42; T-126/95, Dumez/KOM, Slg. 1995, II–2863).

IV. Verfahrensstadien

14   Das Vertragsverletzungsverfahren nach Art. 226 ist formell in ein **Vorverfahren** und ein **gerichtliches Verfahren** unterteilt. Dem vorgeschaltet ist ein **informelles Verfahren**, das sich in der Verwaltungspraxis herausgebildet hat.

1. Das informelle Verfahren

15   Das informelle Verfahren dient zum einen der näheren **Sachverhaltsaufklärung** und zum anderen wird bereits in diesem nicht offiziösen Stadium versucht, eine **Regelung des Streitfalles** herbeizuführen. Zu diesem Zweck werden von den Kommissionsdienststellen bilaterale Kontakte mit den zuständigen Ministerien und Behörden der betreffenden Mitgliedstaaten aufgenommen, die es ermöglichen, die relevanten Streitfragen einzugrenzen, den Änderungsbedarf näher zu bestimmen oder selbst Lösungen zu vereinbaren. Letzteres geschieht häufig dann, wenn es sich um Billigkeitsentscheidungen im Einzelfall handelt, generelle Rechtsfragen hingegen durch den konkreten Beschwerdefall nicht aufgeworfen werden.

2. Das Vorverfahren

16   Führen die Anstrengungen im Rahmen des informellen Verfahrens zu keiner befriedigenden Lösung, beschließt die Kommission die **Eröffnung des förmlichen Verfahrens**. Dazu wird in einem ersten Schritt der betr. Mitgliedstaat auf diplomatischem Wege ein **Mahnschreiben** („lettre de mise en demeure") übermittelt, das eine Sachverhaltsschilderung, die Wiedergabe des informellen Verfahrens, den Verweis auf die anwendbaren Gemein-

schaftsrechtsvorschriften, die Unvereinbarkeit nationaler Regelungen oder Handlungen nationaler Stellen mit dem Gemeinschaftsrecht sowie die Schlußfolgerung der Kommission enthält, daß der betr. Mitgliedstaat gegen bestimmte Vorschriften und Verpflichtungen aus dem Gemeinschaftsrecht verstoßen hat. Der Mitgliedstaat wird aufgefordert, sich binnen einer näher bestimmten Frist (in der Regel innerhalb eines Monats) zu dem Vorwurf zu äußern. Dieses Mahnschreiben bietet dem Mitgliedstaat damit die Möglichkeit, nach förmlicher Feststellung des beanstandeten Rechtsverstoßes durch die Kommission entweder seinen gemeinschaftsrechtlichen Verpflichtungen nachzukommen oder aber seine Verteidigungsmittel gegenüber den Rügen der Kommission wirkungsvoll zur Geltung zu bringen (EuGH, C-289/94, KOM/Italien, Slg. 1996, I–4405 Rn. 15; Rs. 293/85, KOM/Belgien, Slg. 1988, 305 Rn. 13). Gleichzeitig wird der Gegenstand eines künftigen Rechtsstreits näher eingegrenzt (EuGH, C-96/95, KOM/Deutschland, Slg. 1997, I–1653 Rn. 23; C-289/94, KOM/Italien, Slg. 1996, I–4405 Rn. 15; C-296/92, KOM/Italien, Slg. 1994, I–1 Rn. 11; Rs. 211/81, KOM/Dänemark, Slg. 1982, 4547 Rn. 8). Eine **Erweiterung** des **Streitgegenstandes** in einem späteren Verfahrensstadium ist **nicht möglich**; später hinzugekommene Gesichtspunkte müssen in einem neuen (ergänzenden) Mahnschreiben geltend gemacht werden. Dies beruht auf der Erwägung, daß die Gelegenheit zur Äußerung für den betr. Mitgliedsstaat eine vom Vertrag gewährte wesentliche Garantie darstellt und die Beachtung dieser Garantie deshalb eine unverzichtbare Voraussetzung für die Ordnungsmäßigkeit des Verfahrens auf Feststellung der Vertragsverletzung eines Mitgliedstaates bildet (EuGH, C-274/93, KOM/Luxemburg, Slg. 1996, I–2019 Rn. 11; C-296/92, KOM/Italien, Slg. 1994, I–1 Rn. 11). Doch können an die Genauigkeit des Mahnschreibens, das zwangsläufig nur in einer ersten knappen Zusammenfassung der Vorwürfe bestehen kann, keine so strengen Anforderungen gestellt werden. Nichts hindert die Kommission deshalb daran, in der mit Gründen versehenen Stellungnahme die im Mahnschreiben noch in sehr allgemeiner Form umrissenen Beanstandungen näher zu präzisieren und darzulegen (EuGH, C-279/94, KOM/Italien, Slg. 1997, I–4743 Rn. 15; C-289/94, KOM/Italien, Slg. 1996, I–4405 Rn. 16).

Nach Ablauf der im Mahnschreiben gesetzten Frist zur Äußerung beschließt die Kommission über **Fortgang, Aussetzung oder Einstellung des Vertragsverletzungsverfahrens**. Die **Einstellung** des Verfahrens kommt dabei nur in Ausnahmefällen in Betracht, nämlich nur dann, wenn der Mitgliedstaat der Kommission neue Unterlagen und zusätzliche Gesichtspunkte übermittelt, die letztere veranlassen, ihren Standpunkt aufzugeben. Sofern der Mitgliedstaat die Vertragsverletzung einräumt und die Bereitschaft **17** erkennen läßt, unverzüglich einen gemeinschaftsrechtskonformen Zustand herzustellen, wird das Verfahren bis zur rechtsförmlichen Beseitigung des Vertragsverstoßes **ausgesetzt.** Geschieht dies nicht innerhalb einer angemessenen Frist, wird der Aussetzungsbeschluß rückgängig gemacht und das Verfahren weitergeführt. Bestreitet der Mitgliedstaat den ihm vorgeworfenen Vertragsverstoß mit für die Kommission nicht überzeugenden Argumenten oder läßt er sich zur Sache überhaupt nicht ein, eröffnet die Kommission die **zweite Etappe** des **Vorverfahrens** mit der Abgabe einer mit Gründen versehenen Stellungnahme.

18   Die **mit Gründen versehene Stellungnahme** („avis motivé") enthält eine formalisierte Zusammenfassung der Tatsachen, Rechtsgründe, Beweismittel und des Petitums eines konkreten Vertragsverstoßes und ist so abzufassen, daß sie in einer zusammenhängenden und ausführlichen Darstellung die Überzeugung der Kommission von dem Bestehen eines Vertragsverstoßes in tatsächlicher und rechtlicher Hinsicht widerspiegelt (EuGH, C-96/95, KOM/Deutschland, Slg. 1997, I–1653 Rn. 24; C-317/88, KOM/Griechenland, Slg. 1990, I–4747Rs. 301/81, KOM/Belgien, Slg. 1983, 467 Rn. 8). Darüber hinaus enthält diese Stellungnahme die Aufforderung, innerhalb einer festgesetzten Frist (in der Regel 2 Monate) den vertragswidrigen Zustand zu beenden und der Kommission alle dazu ergriffenen Maßnahmen mitzuteilen. Die mit Gründen versehene Stellungnahme ist, anders als die Entscheidungen nach Art. 88 II (ex-Art. 93 II) über die Aufhebung bzw. Umwandlung von staatlichen Beihilfen, als solche **nicht anfechtbar,** da sie keine bindenden rechtlichen Wirkungen für den Adressaten entfaltet (EuGH, C-191/95, KOM/Deutschland, Slg. 1998, I–5449, Rn. 44). Auch ihr Charakter als zwingende Voraussetzung für die Anrufung des EuGH ändert nichts an ihrer Rechtsnatur als bloße unverbindliche Stellungnahme i.S. des Art. 249 V (ex-Art. 189 V), eines Rechtsakts, der der selbständigen Anfechtungsklage entzogen ist (s. Nachweise unter Rn. 13).

19   Kommt der Mitgliedstaat innerhalb der gesetzten Frist der Aufforderung nicht nach, beschließt die Kommission nach Anhörung der zuständigen Fachdirektion und des Juristischen Dienstes über die **Anrufung des EuGH.** Ähnlich wie bei der Einleitung eines Vertragsverletzungsverfahrens verfügt die Kommission im Hinblick auf die Entscheidung über die Befassung des EuGH über ein Ermessen, welches in Art. 226 II durch das Wort „kann" zum Ausdruck gebracht wird. Gleichwohl ist dieses Ermessen nicht unbegrenzt, sondern kann sich im Einzelfall im Hinblick auf die in Art. 211 (ex-Art. 155) niedergelegte Kontrollverpflichtung der Kommission zu einer Rechtspflicht verdichten. In jedem Fall hat sich die Kommission für ihre Entscheidungen politisch gegenüber dem EP zu verantworten.

3. Das Klageverfahren

Das Klageverfahren wird durch **Einreichung einer Klageschrift** beim   **20**
EuGH eröffnet, die vom Juristischen Dienst der Kommission unter Mitwirkung der zuständigen Fachdirektion erstellt wird. Dies soll entsprechend
der intern von der Kommission festgelegten Verfahrensregeln innerhalb einer Frist von 30 Tagen nach Beschlußfassung über die Anrufung des EuGH
geschehen.

Die Klageschrift muß sich im Hinblick auf das Anhörungsrecht des betrof-   **21**
fenen Mitgliedstaates grundsätzlich auf dieselben **Gründe und Angriffs-
mittel** beschränken, die bereits Gegenstand des Vorverfahrens gewesen sind
(EuGH, C-96/95, KOM/Deutschland, Slg. 1997, I–1653 Rn. 24; C-274/93,
KOM/Luxemburg, Slg. 1996, I–2019 Rn. 11; C-157/91, KOM/Niederlan-
de, Slg. 1992, I–5899 Rn. 17). Allerdings ist es der Kommission nicht verwehrt, in der Klageschrift Umstände zu beanstanden, die zeitlich nach Abgabe der mit Gründen versehenen Stellungnahme liegen, sofern diese Umstände von derselben Art sind wie die, die in dieser Stellungnahme erwähnt
waren und die demselben Verfahren zugrundeliegen (EuGH, C-96/95,
KOM/Deutschland, Slg. 1997, I–1653 Rn. 25/26; C-11/95, KOM/Belgien,
Slg. 1996, I–4115; Rs.113/86, KOM/Italien, Slg. 1988, 607).

Im Rahmen des Klageverfahrens ist es Aufgabe der Kommission, das Vor-   **22**
liegen der behaupteten Vertragsverletzung nachzuweisen. Sie muß dem
EuGH die erforderlichen Anhaltspunkte liefern, die es diesem ermöglichen,
das Vorliegen der Vertragsverletzung zu prüfen (EuGH, C-300/95,
KOM/Vereinigtes Königreich, Slg. 1997, I–2649 Rn. 31). Dazu kann sie
auf alle herkömmlichen **Beweismittel** zurückgreifen; bloße Vermutungen
genügen grundsätzlich nicht (EuGH, C-62/89, KOM/Frankreich, Slg. 1990,
I–925 Rn. 37). Die **Folgen mangelnder Beweisführung** trägt die Kommission (EuGH, C-244/89, KOM/Frankreich, Slg. 1990, I–186).

4. Beschleunigung des Verfahrens und einstweilige Anordnungen

Bei Vertragsverstößen, die sich besonders nachteilig auf das Funktionieren   **23**
des Binnenmarktes oder die Rechtsstellung eines großen Personenkreises
auswirken und deren Folgen nicht oder nur schwer wiedergutgemacht werden können, erweisen sich die Mehrstufigkeit des Vertragsverletzungsverfahrens und die dadurch bedingte **lange Verfahrensdauer** (Vorverfahren: ca.
12–18 Monate; Klageverfahren: ca. 25 Monate) als schwerwiegendes Hindernis für die Herstellung eines gemeinschaftsrechtskonformen Zustandes.

Die Kommission hat deshalb für Verstoßverfahren mit besonderer Dring-   **24**
lichkeit ein **beschleunigtes Verfahren** eingeführt. Dieses verkürzt intern,

d.h. innerhalb der Kommission, das Entscheidungsverfahren über den Eintritt in die jeweiligen Verfahrensabschnitte und extern, d.h. gegenüber den betroffenen Mitgliedstaaten, die Fristen für die Abgabe ihrer Stellungnahmen zum Mahnschreiben und zur mit Gründen versehenen Stellungnahme der Kommission. Die letzte Fristverkürzung kann im Hinblick auf die dem betroffenen Mitgliedstaat im Vorverfahren vertraglich eingeräumten Verteidigungs- und Anhörungsrechte im Einzelfall problematisch sein. Schließlich verzichtet die Kommission in diesen Fällen im Rahmen des Klageverfahrens regelmäßig auf die Einreichung einer Replik (Art. 18 Satzung/EuGH).

25   Nach Anrufung des EuGH besteht darüber hinaus die Möglichkeit für die Kommission, auf der Grundlage des Art. 243 (ex-Art. 186) einen **Antrag auf Aussetzung** der inkriminierten Maßnahme zu stellen (EuGH, C-120/94R, KOM/Griechenland, Slg. 1994, I–3037 Rn. 42; Rs. 154/85R, Kommission/Italien, Slg. 1985, 1753; Rs. 42/82R, Kommission/Frankreich, Slg. 1982, 841; zur Zulässigkeit s. *Karpenstein* in Grabitz/Hilf, Art. 169 Rn. 64–66a). Im Hinblick auf die Tragweite des mit einer Aussetzung verbundenen Eingriffs in die nationale Rechtsordnung prüft der EuGH in diesem Verfahren sehr eingehend, ob eine besondere Eilbedürftigkeit besteht und ob die Aussetzung der inkriminierten Maßnahme tatsächlich zur Abwendung nicht wiedergutzumachender und schwerer Schäden dringend erforderlich ist.

V. Zulässigkeit und Begründetheit der Klage

1. Zulässigkeit der Klage

26   Die **Zulässigkeit der Klage** hängt vor allem von der Einhaltung der wesentlichen Erfordernisse des Vorverfahrens ab, insbesondere von der Erfüllung der formellen und inhaltlichen Anforderungen betreffend das Mahnschreiben und die mit Gründen versehene Stellungnahme sowie der Gewährleistung der vertraglich garantierten Verteidigungs- und Anhörungsrechte des betroffenen Mitgliedstaates. Etwaige Mängel werden nicht dadurch geheilt, daß der betroffene Mitgliedstaat im Laufe des Verfahrens zu den Vorwürfen Stellung nimmt (EuGH, C-217/89, KOM/Deutschland, Slg. 1990, I–2879 Rn. 10). In gleicher Weise führt auch die Nichtberücksichtigung einer vom beklagten Mitgliedstaat im vorprozessualen Verfahren abgegebenen Stellungnahme durch die Kommission zur Unzulässigkeit der Klage (z.B. Nichtberücksichtigung einer Antwort auf das Mahnschreiben in der mit Gründen versehenen Stellungnahme, EuGH, C-266/94, KOM/Spanien, Slg. 1995, I–1975 Rn. 17–22).

Ein besonderes **Problem** stellt die Behandlung derjenigen Fälle, in denen   **27**
ein Mitgliedstaat, dem von der Kommission die nicht fristgerechte Umsetzung einer Richtlinie vorgeworfen wird, **erstmals im Klageverfahren** auf
eine bereits seit langem bestehende **nationale Regelung verweist,** die angeblich den Umsetzungsakt darstellen soll. Problematisch ist, inwieweit die
Kommission in diesen Fällen ihren ursprünglichen Klageantrag, der auf
Feststellung der Nichtumsetzung der RL lautet, ggf. unter Verweisung auf
einige RL-Vorschriften, die nach Ansicht der Kommission durch die fragliche Regelung nicht umgesetzt worden waren, auf die Feststellung umstellen kann, daß der betreffende Mitgliedstaat nicht *alle* erforderlichen Maßnahmen zur Umsetzung der fraglichen RL getroffen hat. Der EuGH läßt eine solche Antragsänderung offensichtlich nur dann zu, wenn die Kommission ihre Rüge der mangelhaften oder unvollständigen Umsetzung auf *unstreitig* noch nicht umgesetzte RL-Vorschriften beschränkt (EuGH, C-117/95, KOM/Italien, Slg. 1996, I–4689 Rn. 9; C-132/94, KOM/Irland, Slg.
1995, I–4789). Wird die Rüge der mangelhaften oder unvollständigen Umsetzung hingegen *bestritten* weist der EuGH die Klage als unzulässig ab.
Der EuGH begründet dies damit, daß weder die fraglichen Umsetzungsmaßnahmen noch die von der Kommission diesbezüglich erhobene Rüge
der nicht vollständigen Umsetzung der RL Gegenstand des vorprozessualen
Verfahrens gewesen sei, so daß der beklagte Mitgliedstaat zu dieser Rüge
nicht habe Stellung nehmen können (EuGH, C-274/93, KOM/Luxemburg,
Slg. 1996, I–2019 Rn. 12, 13

Ein ganz allgemeiner Einwand gegenüber der Zulässigkeit der Vertragsver-   **28**
letzungsklage wurde darauf gestützt, daß die mit Gründen versehene Stellungnahme **nicht von der Kommission als Kollegium beschlossen** oder
auch nur gebilligt würde (GA Cosmos in seinen SA v. 5.7.1997, Rs. C-
191/95, KOM/Deutschland). Die Kommission hält diesen Einwand für unbegründet. Das Kollegium trifft vielmehr stets eine Grundsatzentscheidung
über die einzelnen Verfahrensschritte, z.B. in einem bestimmten Vertragsverletzungsverfahren eine mit Gründen versehene Stellungnahme an einen
Mitgliedstaat zu richten oder Klage zu erheben, und dies in voller Kenntnis
aller relevanten Tatsachen und rechtlichen Erwägungen, ohne daß allerdings ein ausformulierter Text der mit Gründen versehenen Stellungnahme
oder der Klageschrift vorliegt. Diese Form der kollegialen Entscheidung
über den Grundsatz des jeweiligen Verfahrensschritts genügt nach Ansicht
der Kommission den Anforderungen des Kollegialprinzips. Die in der
Rechtsprechung des EuGH für den Erlaß von verbindlichen Rechtsakten
der Kommission aufgestellten Anforderungen an die Beschlußfassung (vgl.
EuGH C-137/92P, KOM/BASF u.a., Slg. 1994, I–2629) sind auf Beschlüs-

se über mit Gründen versehene Stellungnahmen nicht anzuwenden. Diese
Anforderungen gelten nur für endgültige Rechtsakte, die für den Betroffenen rechtliche Wirkungen erzeugen. Mit Gründen versehene Stellungnahmen nach Art. 226 oder 228 gehören nicht zu dieser Kategorie. Der EuGH
hat diese Auffassung dem Grundsatz nach bestätigt (EuGH, C-191/95,
KOM/Deutschland, Slg. 1998, I–5449 Rn. 27–51).

2. Begründetheit der Klage

29 Die **Begründetheit der Klage** setzt neben der Richtigkeit der von der
Kommission behaupteten Tatsachen voraus, daß die inkriminierte Maßnahme objektiv rechtswidrig ist. Das Vorliegen einer Vertragsverletzung ist anhand der Lage zu beurteilen, in der sich der Mitgliedstaat bei Ablauf der
Frist befand, die in der mit Gründen versehenen Stellungnahme gesetzt
wurde; später eintretende Veränderungen können vom EuGH nicht berücksichtigt werden (EuGH, C-60/96, KOM/Frankreich, Slg. 1997, I–3827 Rn.
15; C-289/94, KOM/Italien, Slg. 1996, I–4405 Rn. 20; C-173/94, KOM/
Belgien, Slg. 1996, I–3265; C-433/93, KOM/Deutschland, Slg. 1995,
I–2303). Deshalb können Änderungen nationaler Rechtsvorschriften, die
erst nach Ablauf der in der mit Gründen versehenen Stellungnahme gesetzten Frist erfolgt sind, ebensowenig auf die Entscheidung über eine Vertragsverletzungsklage Einfluß nehmen wie Lösungen besonderer Fälle, die
erst nach diesem Zeitpunkt gefunden werden (EuGH, C-290/94,
KOM/Griechenland, Slg. 1996, I–3285 Rn. 27).

30 Die beklagten Mitgliedstaaten bestreiten nur in Ausnahmefällen den ihnen
zur Last gelegten Sachverhalt, sondern berufen sich in der Regel darauf, daß
ihr **Verhalten aus Rechtsgründen keinen Vertragsverstoß** darstelle. Die
dazu vorgetragenen Gesichtspunkte sind vielfältig. Soweit sie vom EuGH
verworfen wurden, handelte es sich im wesentlichen um die Berufung auf
technische, institutionelle oder politische Schwierigkeiten bei der Durchführung des Gemeinschaftsrechts (EuGH, Rs. 8/70, KOM/Italien, Slg. 1970,
961/966 „Verzögerung des Gesetzgebungsverfahrens durch höhere Gewalt";
Rs. 52/75, KOM/Italien, Slg. 1976, 277/282 „Verzögerung infolge einer Re-
gierungskrise"; Rs. 68/81, KOM/Belgien, Slg. 1982, 153/157 „Verzögerung
aufgrund noch nicht abgeschlossener Reformen"; Rs. 166/82, KOM/Italien,
Slg. 1988, 2271/2279 „Verzögerung wegen vorzeitiger Parlamentsauflö-
sung"; Rs. 227–230/85, KOM/Belgien, Slg. 1988, 1/10 „Nationale Kompetenzverteilung"; C-344/96, KOM/Deutschland, Slg. 1998, 1165 Rn. 9
„Schwierigkeiten bei der Auslegung der umzusetzenden RL-Bestimmungen") oder um den Hinweis auf die Vertragsbrüchigkeit eines anderen Mit-

gliedstaates (EuGH, Rs. 52/75, KOM/Italien, Slg. 1976, 277 Rn. 11/13).
bzw. um die Säumnis der Gemeinschaftsorgane im Hinblick auf die Erfüllung der ihnen obliegenden Verpflichtungen (EuGH, C-137/96, KOM/
Deutschland, Slg. 1997, I–6749 Rn. 10; Rs. 90 und 91/63, KOM/Luxemburg
und Belgien, Slg. 1964, 1344). Zurückgewiesen hat der EuGH auch das häufig vorgetragene Argument, eine Änderung der nationalen Rechtsvorschrift
sei im Hinblick auf den Geltungsvorrang des Gemeinschaftsrechts nicht erforderlich (EuGH, Rs. 168/85, KOM/Italien, Slg. 1986, 2956).

Eine **Aussetzung des Klageverfahrens** kann nur von der Kommission be-   **31**
trieben werden, etwa um im Hinblick auf eine **Klagerücknahme** die zwischenzeitlich ergangenen nationalen Rechtsvorschriften zur Umsetzung einer RL zu prüfen. Den beklagten Mitgliedstaaten ist diese Möglichkeit
selbst dann versperrt, wenn z.B. die nicht fristgerechte Umsetzung einer RL
keine Handelshemmnisse im Binnenmarkt bewirkt und das Verfahren zum
Erlaß der erforderlichen nationalen Umsetzungsmaßnahmen kurz vor dem
Abschluß steht (EuGH, C-138/96, KOM/Deutschland, Slg. 1997, I–3317
Rn. 10).

VI. Spezielle Vertragsverletzungsklagen

1. Verfahren nach Art. 88 II (ex- Art. 93 II)

Ein **besonderes**, von Art. 226 abweichendes **Verfahren** sieht **Art. 88 II**   **32**
(ex-Art. 93 II) für Verstöße der Mitgliedstaaten im Bereich der **staatlichen
Beihilfen** vor. Neben dem betroffenen Mitgliedstaat muß die Kommission
vor Feststellung der Gemeinschaftsrechtswidrigkeit oder -verträglichkeit
einer bereits gewährten staatlichen Beihilfe auch den betroffenen Unternehmen, deren Konkurrenten oder anderen Mitgliedstaaten die Möglichkeit
einräumen, sich innerhalb einer festgesetzten Frist zu äußern (Einzelheiten
siehe bei Art. 88 Rn. 7ff.).

Die Feststellung der Unvereinbarkeit der Beihilfe mit dem Gemeinschafts-   **33**
recht erfolgt danach durch eine begründete Entscheidung, in der die Kommission dem betreffenden Mitgliedstaat die Aufhebung oder Umgestaltung
der fraglichen Beihilfe innerhalb einer bestimmten Frist verbindlich vorschreibt. Kommt der Mitgliedstaat dieser Entscheidung nicht nach, so können die Kommission oder die anderen Mitgliedstaaten den EuGH ohne weiteres Vorverfahren anrufen (EuGH, C-5/83, KOM/Deutschland, Slg. 1990,
I–3437).

Lehnt die Kommission den Erlaß einer die Zahlung der Beihilfe untersagen-   **34**
den Entscheidung ab, ist es nach der Rechtsprechung des EuGH nicht ausge-

schlossen, daß *„Ausnahmefälle vorliegen können, in denen ein einzelner oder eventuell eine Vereinigung, die zur Vertretung der gemeinsamen Interessen einer Kategorie von Rechtsbürgern gegründet wurde, zur Erhebung einer Klage gegen die Weigerung der Kommission befugt ist"* (EuGH, C-107/95P, Bundesverband der Bilanzbuchhalter/KOM, Slg. 1997, I–947 Rn. 25).

35   Die Genehmigung der fraglichen Beihilfe durch die Kommission kann von den Konkurrenten der begünstigten Unternehmen mit der Nichtigkeitsklage (Art. 230, ex-Art. 173) angegriffen werden, sofern sie durch die Entscheidung der Kommission, obwohl an den Mitgliedstaat gerichtet, gleichwohl individuell und unmittelbar betroffen werden (vgl. *Schneider*, Konkurrentenklagen als Instrumente der europäischen Beihilfenaufsicht, DVBl. 1996, 1301; s.a. Art. 230 Rn. 39–42).

36   Im Falle der Anmeldung künftiger Beihilfen von seiten eines Mitgliedstaates kann die Kommission durch die Einleitung des Prüfungsverfahrens die Auszahlung einer Beihilfe vorläufig, d.h. bis zum Abschluß des Prüfverfahrens, aussetzen (vgl. Art. 88 III, ex-Art. 93 III). Noch nicht endgültig geklärt ist insoweit, ob und inwieweit gegenüber dieser Aussetzung dem betroffenen Mitgliedstaat ein Rechtsbehelf zusteht.

2. Verfahren nach Art. 95 IX (ex-Art. 100a Abs. 4)

37   Eine weitere spezielle Vertragsverletzungsklage ist in Art. 95 IX (ex-Art. 100a IV) vorgesehen für die Fälle des Mißbrauchs der mitgliedstaatlichen Befugnis, bei der Harmonisierung zur Herstellung des Binnenmarktes nach Art. 95 (ex-Art. 100a) ein höheres Schutzniveau beizubehalten. In Abweichung von dem Verfahren des Art. 226 und 227 kann die Kommission oder ein Mitgliedstaat den EuGH unmittelbar, d.h. ohne Durchführung eines Vorverfahrens, anrufen.

3. Sonstige Verfahren

38   Ohne Vorverfahren können die Kommission und die Mitgliedstaaten den EuGH auch anrufen gegenüber Verfälschungen der Wettbewerbsbedingungen durch nationale Maßnahmen, die mit Sicherheitsinteressen gerechtfertigt werden (Art. 298, ex-Art. 225; dazu EuGH, C-120/94, KOM/Griechenland, Slg. 1994, I–3037).

39   Ein Sonderverfahren besteht auch zugunsten der EZB, die eine nationale Zentralbank wegen der Nichterfüllung der EZB-Satzung vor dem EuGH verklagen kann (Art. 35 des Protokolls über die Satzung des ESZB und der Europäischen Zentralbank).

Anlage: Formblatt für Beschwerden

Beschwerde bei der Kommission der Europäischen Gemeinschaften wegen Nichteinhaltung der Rechtsvorschriften der Gemeinschaft (ABl. 1989 C 26/6)

Name der sich beschwerenden Person/Firma:
(Die Kommission verpflichtet sich, den Grundsatz der Vertraulichkeit bei der Bearbeitung dieses Falles zu wahren.)
Staatsangehörigkeit:
Anschrift oder Firmensitz:
Tätigkeitsbereich:
Mitgliedstaat, Betrieb oder Einrichtung, der bzw. die die Rechtsvorschriften der Gemeinschaft nicht eingehalten hat:
Beanstandete Tatsache und eventuell sich daraus ergebende Nachteile:
Bei nationalen oder gemeinschaftlichen Stellen bereits unternommene Schritte:
–   behördliche Schritte:
–   etwaige gerichtliche Schritte:
Unterlagen und Beweisstücke zur Begründung der Beschwerde:

Anmerkungen auf der Rückseite
Die Kommission der Europäischen Gemeinschaften ist als Hüterin der Verträge verpflichtet, für die korrekte Anwendung der Verträge und der von den Gemeinschaftsorganen erlassenen Rechtsakte zu sorgen.
Jede natürliche oder juristische Person kann wegen Praktiken oder Maßnahmen, die ihres Erachtens einer Gemeinschaftsvorschrift zuwiderlaufen, bei der Kommission Beschwerde einlegen.
Die Beschwerde kann mittels dieses Formulars eingereicht und entweder direkt an die Kommission in Brüssel (Kommission der Europäischen Gemeinschaften, Rue de la Loi 200, B-1049 Brüssel) gerichtet oder in einem Presse- und Informationsbüro der Kommission abgegeben werden.
Für den Beschwerdeführer sind folgende Verfahrensgarantien vorgesehen:
–   Unmittelbar nach Eingang der Beschwerde wird ihm eine Empfangsbestätigung zugesandt.
–   Der Beschwerdeführer wird über den weiteren Verlauf des Verfahrens unterrichtet, insbesondere über die bei den betreffenden nationalen Behörden und Unternehmen unternommenen Schritte.
–   Der Beschwerdeführer wird von jedem Verstoßverfahren, das die Kommission aufgrund der Beschwerde gegen einen Mitgliedstaat einleitet, sowie von den Verfahren, die sie gegen einen Mitgliedstaat einleitet, in Kenntnis gesetzt. Gegebenenfalls wird er auch über jene Verfahren unterrichtet, die im Zusammenhang mit dem Grund der Beschwerde bereits eingeleitet worden sind.

Art. 227 (ex-Art. 170) (Anrufung durch einen Mitgliedstaat)

Jeder Mitgliedstaat kann den Gerichtshof anrufen, wenn er der Auffassung ist, daß ein anderer Mitgliedstaat gegen eine Verpflichtung aus diesem Vertrag verstoßen hat.

Bevor ein Mitgliedstaat wegen einer angeblichen Verletzung der Verpflichtungen aus diesem Vertrag gegen einen anderen Staat Klage erhebt, muß er die Kommission damit befassen.

Die Kommission erläßt eine mit Gründen versehene Stellungnahme; sie gibt den beteiligten Staaten zuvor Gelegenheit zu schriftlicher und mündlicher Äußerung in einem kontradiktorischen Verfahren.

Gibt die Kommission binnen drei Monaten nach dem Zeitpunkt, in dem ein entsprechender Antrag gestellt wurde, keine Stellungnahme ab, so kann ungeachtet des Fehlens der Stellungnahme vor dem Gerichtshof geklagt werden.

1 Auch die Mitgliedstaaten haben die Möglichkeit, im Wege einer Vertragsverletzungsklage gegen einen anderen vertragsbrüchigen Mitgliedstaat vorzugehen. Von dieser Möglichkeit wird aber in der Praxis kaum Gebrauch gemacht, da die Mitgliedstaaten eine gerichtliche Auseinandersetzung miteinander vermeiden und es stattdessen der Kommission überlassen, ihre entsprechenden Vorwürfe gegen einen anderen Mitgliedstaat im Verfahren nach Art. 226 (ex-Art. 169) zu verfolgen.

2 Bevor es zu einer Klageerhebung vor dem EuGH kommt, muß die Kommission mit dem behaupteten Vertragsverstoß befaßt werden. Sie gibt dem betroffenen Mitgliedstaat Gelegenheit zur mündlichen und schriftlichen Äußerung in einem kontradiktorischen Verfahren und erläßt auf dieser Grundlage eine mit Gründen versehene Stellungnahme zum Vertragsverstoß. Erst im Anschluß an diese Stellungnahme oder, falls die Abgabe der Stellungnahme unterbleibt, nach Ablauf von drei Monaten seit der Befassung der Kommission, kann sich der Mitgliedstaat an den EuGH wenden, wobei es unerheblich ist, ob sich die Kommission der Auffassung des betreffenden Mitgliedstaats über das Vorliegen eines Vertragsverstoßes angeschlossen hat oder nicht.

3 Die Verfahren nach Art. 226 (ex-Art. 169) und Art. 227 (ex-Art. 170) sind unabhängig voneinander, so daß die Kommission bei Einleitung eines Verfahrens nach Art. 227 nicht gehindert ist, wegen des gleichen Verstoßes nach Art. 226 (ex-Art. 169) vorzugehen.

Art. 228 (ex-Art. 171) (Nichterfüllung eines Urteils durch einen Mitgliedstaat, Zwangsgeld)

(1) Stellt der Gerichtshof fest, daß ein Mitgliedstaat gegen eine Verpflichtung aus diesem Vertrag verstoßen hat, so hat dieser Staat die Maßnahmen zu ergreifen, die sich aus dem Urteil des Gerichtshofs ergeben.

(2) Hat nach Auffassung der Kommission der betreffende Mitgliedstaat diese Maßnahmen nicht ergriffen, so gibt sie, nachdem sie ihm Gelegenheit zur Äußerung gegeben hat, eine mit Gründen versehene Stellungnahme ab, in der sie aufführt, in welchen Punkten der betreffende Mitgliedstaat dem Urteil des Gerichtshofs nicht nachgekommen ist.

Hat der betreffende Mitgliedstaat die Maßnahmen, die sich aus dem Urteil des Gerichtshofs ergeben, nicht innerhalb der von der Kommission gesetzten Frist getroffen, so kann die Kommission den Gerichtshof anrufen. Hierbei benennt sie die Höhe des von dem betreffenden Mitgliedstaat zu zahlenden Pauschalbetrags oder Zwangsgelds, die sie den Umständen nach für angemessen hält.

Stellt der Gerichtshof fest, daß der betreffende Mitgliedstaat seinem Urteil nicht nachgekommen ist, so kann er die Zahlung eines Pauschalbetrags oder Zwangsgelds verhängen.

Dieses Verfahren läßt den Artikel 227 unberührt.

Literatur: *Jacob*, Sanktionen gegen vertragsbrüchige Mitgliedstaaten der EG, 1988; *Meier*, Zur Einwirkung des Gemeinschaftsrechts auf nationales Verfahrensrecht im Falle höchstrichterlicher Vertragsverletzungen, EuZW 1991, 11; *Ortlepp*, Das Vertragsverletzungsverfahren als Instrument zur Sicherung der Legalität im Europäischen Gemeinschaftsrecht, 1987.

I. Feststellungsurteil

In einem der Klage nach 226 (ex-Art. 169) oder Art. 227 (ex-Art.170) stattgebenden Urteil stellt der EuGH fest, daß der betr. Mitgliedstaat gegen seine Verpflichtungen aus dem Gemeinschaftsrecht verstoßen hat. Das Urteil ist ein **Feststellungsurteil.**   **1**

Die **Rechtskraft** dieses Urteils erstreckt sich nur auf den im Urteil konkret bezeichneten Vorwurf und wirkt nur gegenüber den Parteien. Gemeinschaftsbürger und nicht beteiligte Mitgliedstaaten sind hingegen nicht unmittelbar an das Urteil gebunden; gleichwohl kommt dem Urteil eine faktische Präjudizwirkung zu.   **2**

3 Das Feststellungsurteil hebt weder die vertragswidrige Maßnahme selbst auf noch schreibt es dem vertragsbrüchigen Mitgliedstaat die zur **Beseitigung** des gemeinschaftsrechtswidrigen Zustands erforderlichen Maßnahmen verbindlich vor (*Karpenstein* in Grabitz/Hilf, Art. 171 Rn. 6). Gleichwohl ist der EuGH nicht gehindert, in seinen Urteilsgründen Hinweise darauf zu geben, wie der Vertragsverstoß zu beseitigen ist. In die Nähe eines Leistungsurteils rückt das Feststellungsurteil dann, wenn die dem betr. Mitgliedstaat vorgeworfene Vertragswidrigkeit in einem **Unterlassen** besteht (z.B. Nichtrückforderung einer gemeinschaftsrechtswidrigen Beihilfe; mangelnde Folgenbeseitigung eines Vertragsverstoßes). In diesem Fall ist der betr. Mitgliedstaat verpflichtet, die im Urteil des EuGH bezeichneten innerstaatlichen Maßnahmen zu treffen.

II. Verpflichtung zur Beseitigung des Vertragsverstoßes

4 Der verurteilte Mitgliedstaat ist zur Beseitigung, d.h. zur Beendigung des Vertragsverstoßes verpflichtet. Diese Verpflichtung kann grundsätzlich **dreifacher Natur** sein:
(1) **Abänderungspflicht** hinsichtlich der für vertragswidrig erklärten nationalen Rechtsvorschriften oder administrativen Maßnahmen;
(2) **Ausführungspflicht** der nationalen Organe, entsprechend dem Urteilstenor zu handeln (EuGH, Rs. 191/84, KOM/Italien, Slg. 1985, 3531 Rn. 4; Rs. 24 und 97/80 R, KOM/Frankreich, Slg. 1980, 1319 Rn. 16);
(3) **Schadensersatzpflicht** des Mitgliedstaates gegenüber den Einzelnen. Die Haftung der Mitgliedstaaten für Schäden, die dem Einzelnen durch eine diesem Staat zuzurechnende Verletzung des Gemeinschaftsrechts entstanden sind, wurde vom EuGH erstmals im Zusammenhang mit der nicht fristgerechten Umsetzung einer Richtlinie, die dem einzelnen subjektive Rechte verleiht, aber keine unmittelbare Wirkung entfaltet, festgestellt (EuGH, C-6/90 und C-9/90, Francovich und Bonifaici/Italienischer Staat, Slg. 1991, I–5357). Diese Rechtsprechung hat der EuGH inzwischen erweitert und einen **allgemeinen Haftungstatbestand** entwickelt, der **jede dem Staat zurechenbare Verletzung des Gemeinschaftsrechts** erfaßt (EuGH, C-46/93, Brasserie du pêcheur, und C-48/93, Factortame, Slg. 1996, I–1131). Diese allgemeine Ersatzpflicht, obwohl im EGV nicht ausdrücklich vorgesehen, ist nach Auffassung des EuGH untrennbarer Bestandteil der durch den EGV geschaffenen Rechtsordnung, da deren volle Wirksamkeit beinträchtigt und der Schutz der durch sie begründeten Rechte gemindert wäre, wenn die Einzelnen nicht die Möglichkeit hätten, für den Fall, daß ihre Rechte durch einen Verstoß gegen das Gemeinschafts-

recht, der einem Mitgliedstaat zuzurechnen ist, verletzt werden, eine Entschädigung zu verlangen. Die Voraussetzungen, unter denen diese durch
das Gemeinschaftsrecht gebotene Staatshaftung einen Entschädigungsan-
spruch eröffnet, hängen von der Art des Verstoßes gegen das Gemeinschaftsrecht ab, der dem verursachten Schaden zugrundeliegt (Einzelheiten
dazu s. Art. 288 Rn. 54–69).

Adressat der Abänderungs- oder Ausführungspflicht ist nicht nur die   5
am Verfahren beteiligte Regierung des betreffenden Mitgliedstaats, sondern
erfaßt werden alle Organe, die in ihrem jeweiligen Zuständigkeitsbereich
die Durchführung des Urteils zu gewährleisten haben. Der Gesetzgeber ist
danach verpflichtet, die beanstandete Vorschrift aufzuheben oder abzuändern. Die Verwaltungsbehörden sind gehalten, diese Vorschrift mit Erlaß
des Urteils nicht mehr anzuwenden. Die Gerichte schließlich sind verpflichtet, zugunsten einzelner Rechtsunterworfener die notwendigen
Schlußfolgerungen aus dem Urteil zu ziehen. Dies kann im Falle unmittelbar anwendbarer Gemeinschaftsrechtsnormen bedeuten, daß die Gerichte
eine Gesetzesvorschrift noch vor ihrer Änderung durch den Gesetzgeber
außer Anwendung zu lassen haben und ggf. weitere Ansprüche (z.B. Schadensersatz, s.o. Rn. 4) auf das Urteil des EuGH gründen können. Fehlt es
der verletzten Gemeinschaftsrechtsnorm an der notwendigen unmittelbaren
Wirkung, müssen die nationalen Gerichte versuchen, das anwendbare nationale Recht gemeinschaftsrechtskonform auszulegen (EuGH, C-106/89,
Marleasing, Slg. 1990, I–4135).

Eine **Frist** für die Befolgung des Urteils ist in Art. 228 nicht vorgesehen   6
und kann auch nicht durch das Urteil selbst angeordnet werden. Allerdings
hat der EuGH bereits mehrfach hervorgehoben, daß das Gemeinschaftsinteresse an der sofortigen und einheitlichen Anwendung des Gemeinschaftsrechts verlangt, daß die erforderlichen Maßnahmen unverzüglich einzuleiten und schnellstens durchzuführen sind (EuGH, C-334/94, KOM/Frank-
reich, Slg. 1996, I–1307, C-328/90, KOM/Griechenland, Slg. 1992, I–434
Rn. 6; Rs. 169/87, KOM/Frankreich, 1988, 4093 Rn. 14).

III. Sanktionen

Die aus dem Urteil des EuGH erwachsenden Verpflichtungen sind **nicht**   7
zwangsweise durchzusetzen. Hat der betreffende Mitgliedstaat die sich aus
dem Urteil des EuGH ergebenden Maßnahmen nicht ergriffen, kann die
Kommission abgesehen von *politischen Einwirkungsmöglichkeiten* im
Rat der EU, der Mobilisierung der öffentlichen Meinung, insbesondere die
Befassung des EP oder der nationalen Parlamente, der Herausgabe von

Presseverlautbarungen sowie der Aufnahme von direkten Kontakten mit der Regierung oder des zuständigen Fachministers des betreffenden Mitgliedstaates, gemäß Art. 228 II *erneut* den *EuGH anrufen*, um feststellen zu lassen, daß der betreffende Mitgliedstaat gegen seine Verpflichtung aus Art. 228 I verstoßen hat.

8   Dieses Verfahren ist zwar in seinen Grundzügen dem des Art. 226 (ex-Art. 169) nachgebildet, enthält jedoch die Besonderheit, daß es die Möglichkeit bietet, gegenüber einem Mitgliedstaat, der einem Urteil in einem Vertragsverletzungsverfahren nach Art. 226 (ex-Art. 169) nicht nachgekommen ist, **Sanktionen zu verhängen**. Auch diesem Verfahren ist eine **vorgerichtliche Phase** vorgeschaltet, in der die Kommission dem betreffenden Mitgliedstaat zunächst Gelegenheit zur Äußerung gibt und im Anschluß daran ggf. in einer mit Gründen versehenen Stellungnahme aufführt, in welchen Punkten der betreffende Staat einem Urteil des EuGH nicht nachgekommen ist. Führt das vorgerichtliche Verfahren nicht zur Beilegung der Streitigkeit **kann** die Kommission den EuGH anrufen, wobei sie gleichzeitig die **Sanktionen** (Pauschalbeträge oder Zwangsgeld) benennt, die sie den Umständen nach für angemessen hält. Die Kommission verfügt in diesem Verfahren über ein Ermessen, ob sie den EuGH anruft. Entscheidet sie sich für eine Klageerhebung, so **muß** sie sich zur Sanktion und deren Höhe äußern. Dies bedeutet jedoch nicht, daß die Kommission in allen Fällen die Verhängung einer Sanktion beantragen muß. Wenn die Umstände es rechtfertigen (minder schwerer Verstoß, geringe Wahrscheinlichkeit eines neuen Verstoßes) kann die Kommission von einem derartigen Antrag absehen, muß diese Entscheidung allerdings begründen.

9   Aus Gründen der Transparenz hat die Kommission in zwei Mitteilungen aus den Jahren 1996 und 1997 die Kriterien bekanntgegeben, an denen sie sich bei der Beantragung einer Sanktion orientieren wird (Mitteilung 96/C 242/09 über die Anwendung von Artikel 171 EG-Vertrag, ABl. 1996 C 242/6; Mittelung 97/C 63/02 über das Verfahren für die Berechnung des Zwangsgeldes nach Artikel 171 EG-Vertrag, ABl. 1997 C 63/2). Folgende **Grundsätze** lassen sich aus diesen Mitteilungen ableiten:

10   Maßgebend für die **Höhe der Sanktion** ist der Zweck, der mit der Verhängung der Sanktion verfolgt wird, nämlich die wirksame Anwendung des Gemeinschaftsrechts zu gewährleisten. Dabei wird auf drei grundlegende Kriterien abgestellt:

–   **Schwere des Verstoßes**: Die Tatsache, daß *einem Urteil des EuGH nicht nachgekommen* wird, ist bereits an sich ein schwerer Verstoß. Ein weiterer Gesichtspunkt für die Beurteilung der Schwere des Versoßes ist daneben die *Bedeutung der gemeinschaftlichen Rechtsvorschriften,* *gegen die der Mitgliedstaat verstoßen hat.* Entscheidend dabei sind die Rechtsnatur und die Tragweite der betreffenden Vorschriften. So stellen etwa Verletzungen des Diskriminierungsverbots, der Grundrechte oder der Grundfreiheiten des Binnenmarktes stets schwere Verstöße dar. Abgestellt wird schließlich in diesem Zusammenhang auch auf die *Folgen der Verstöße für das Gemeinwohl oder die Interessen Einzelner.* Beispiele für erstere sind eine Verminderung der Eigenmitteleinnahmen der EG, die Beeinträchtigung des Funktionierens der Gemeinschaft oder die besonders schädlichen Folgen einer gegen das Gemeinschaftsrecht verstoßenden Umweltverschmutzung. Bei der Berücksichtigung der Interessen Einzelner geht es nicht um den Schadenersatz, der von dem Geschädigten auf dem innerstaatlichen Rechtsweg eingeklagt werden kann, sondern vielmehr um die Folgen des Verstoßes für Privatpersonen und Wirtschaftsbeteiligte. So sind z.B. die Folgen einer vereinzelten Fehlanwendung des Gemeinschaftsrechts nicht die gleichen wie die einer fehlenden Umsetzung einer Richtlinie zur gegenseitigen Anerkennung der Diplome, die die Interessen eines ganzen Berufskreises betrifft.

– **Dauer des Verstoßes:** Da es sich um Verfahren handelt, mit denen festgestellt werden soll, daß ein Mitgliedstaat aus einem Urteil des EuGH keine Folgerungen gezogen hat, wird die Dauer in der Regel nicht unerheblich sein.

– **Wirksamkeit der Sanktion**: Die Sanktion soll eine *abschreckende Wirkung* haben. Die Verhängung rein symbolischer Sanktionen würde diesem das Vertragsverletzungsverfahren ergänzenden Instrument die nützliche Wirkung entziehen und dem eigentlichen Ziel dieses Verfahrens, die uneingeschränkte Anwendung des Gemeinschaftsrechts sicherzustellen, entgegenstehen. Die Abschreckungswirkung setzt voraus, daß die Sanktion verschärft wird, wenn *Wiederholungsgefahr* besteht (oder ein erneuter Verstoß nachgewiesen wurde), um etwaige wirtschaftliche Vorteile, die der Mitgliedstaat durch den Verstoß erlangt hat, aufzuheben.

Als **Sanktionsmittel** räumt die Kommission dem **Zwangsgeld den Vorzug** **11** vor dem Pauschalbetrag ein, da das Zwangsgeld das geeignetste Mittel darstellt, um die schnellstmögliche Beendigung des Verstoßes, die das eigentliche Ziel des gesamten Vertragsverletzungsverfahrens ist, zu erreichen.

Das **Zwangsgeld** besteht aus der **Summe der Tagessätze**, die ein Mitgliedstaat zu zahlen hat, wenn er einem Urteil des EuGH nicht nachkommt. Es wird **fällig** mit dem Tag, an dem das zweite Urteil des EuGH dem betreffenden Mitgliedstaat zur Kenntnis gebracht wird und entfällt erst am Tage der Beendigung des Vertragsverstoßes.

12   Die **Berechnung der Höhe eines Tagessatzes** erfolgt im Wege der **Multiplizierung von vier verschiedenen Elementen:**
(1) dem **pauschalierten Basisbetrag,** der sich auf 500 Euro für jeden Tag, an dem der betreffende Mitgliedstaat dem Urteil des EuGH nicht Folge geleistet hat, beläuft. Er dient zur Ahndung von Verstößen gegen das Legalitätsprinzip und der Mißachtung des Rechtsprechungsmonopols des EuGH;
(2) dem „**Schwere-Koeffizienten**", der zwischen 1 und 20 liegen kann. Die Festlegung des anzuwendenden Koeffizienten erfolgt im Einzelfall unter Berücksichtigung der Bedeutung der gemeinschaftlichen Rechtsvorschrift, deren Verletzung der EuGH im ersten Urteil festgestellt hat, sowie die Folgen des Verstoßes für das Gemeinwohl und die Interessen Einzelner;
(3) dem „**Dauer-Koeffizienten**", der zwischen 1 und 3 liegen kann. Abgestellt wird hierbei auf die Dauer des Vertragsverstoßes ab dem zweiten Urteil des EuGH;
(4) dem „**Belastungs-Koeffizienten**", der der jeweiligen Wirtschaftskraft der Mitgliedstaaten, gemessen an dem jeweiligen Brutto-Inlands-Produkt, entspricht und für jeden Mitgliedstaat wie folgt festgelegt worden ist: Belgien (6,2), Dänemark (3,9), Deutschland (26,4), Griechenland (4,1), Spanien (11,4), Frankreich (21,1), Irland (2,4), Italien (17,7), Luxemburg (1,0), Niederlande (7,6), Österreich (5,1), Portugal (3,9), Finnland (3,9), Schweden (5,2) und Vereinigtes Königreich (17,8).

13   In **Euro-Beträgen ausgedrückt** kann diese Berechnungsmethode für die einzelnen Mitgliedstaaten zur Verhängung folgender Tagessätze führen: Luxemburg: 500–30.000, Irland: 1.180–77.883, Finnland: 1.644–98.652, Griechenland: 2.030–121.786, Portugal: 1.933–115.972, Dänemark: 1.935–116.130, Österreich: 2.549–152.961, Schweden: 2.578–154.683, Belgien: 3.115–186.888, Niederlande: 3.776–226.567, Spanien: 5.682–340.903, Italien: 8.852–531.150, Vereinigtes Königreich: 8.906–534.344, Frankreich: 10.530–631.771, Deutschland: 13.188–791.293.

14   Der **EuGH stellt in seinem Urteil** neben der Nichterfüllung der sich aus Art. 228 I ergebenden Verpflichtung auch die Höhe des von dem betreffenden Mitgliedstaat zu zahlenden Pauschalbetrags oder Zwangsgelds fest. Dieses Urteil ist, soweit es die Zahlung eines Pauschalbetrages oder eines Zwangsgeldes ausspricht, gemäß Art. 244 (ex-Art. 187) i.V.m. Art. 256 (ex-Art. 192) **vollstreckbar.**

Art. 229 (ex-Art. 172) (Ermessensnachprüfung, Ersatzvornahme)

Aufgrund dieses Vertrags vom Europäischen Parlament und vom Rat gemeinsam sowie vom Rat erlassene Verordnungen können hinsichtlich der darin vorgesehenen Zwangsmaßnahmen dem Gerichtshof eine Zuständigkeit übertragen, welche die Befugnis zu unbeschränkter Ermessensnachprüfung und zur Änderung oder Verhängung solcher Maßnahmen umfaßt.

I. Zweck der Vorschrift

Verordnungen, die die Verhängung von Zwangsmaßnahmen (Geldbußen)   1
als Vergeltung für begangene Rechtsverletzungen oder Zwangsgelder zur
Erzwingung bestimmter Handlungen vorsehen, können dem EuGH/EuGeI
über die reine Rechtmäßigkeitskontrolle hinaus (Art. 230, ex-Art. 173)
auch die Befugnis zur Überprüfung der Zweckmäßigkeit und Billigkeit der
ergriffenen Zwangsmaßnahmen übertragen. Es handelt sich dabei nicht um
die Schaffung einer weiteren, eigenständigen Verfahrensart (a.A. *Geiger*,
Art. 172 Rn. 2 und auch *Kirschner*, Rn. 62, der eine isolierte Klage nur
gegen die Festsetzung der Geldbuße bei Beachtung der Klagefrist des
Art. 230 V, ex-Art. 173 V für zulässig erachtet), sondern lediglich um die
**Erweiterung des Umfangs der Entscheidungsmaßstäbe des EuGH/
EuGeI** im Rahmen einer Nichtigkeitsklage nach Art. 230 (ex-Art. 173).
Von dieser erweiterten Nachprüfungsbefugnis machen EuGH/EuGeI im
konkreten Fall dadurch Gebrauch, daß sie die im Rahmen der Nichtigkeits-
klage (Art. 230, ex-Art. 173) bestehenden Beschränkungen ihrer Befugnisse unbeachtet lassen.

In der **bisherigen Praxis** hat der Rat von dieser Ermächtigung allerdings   2
nur auf den Gebieten der Wettbewerbspolitik (Art. 17 VO Nr. 17, ABl. 1962
L 204) sowie der Verkehrspolitik (Art. 24 VO Nr. 1017/68, ABl. 1968 L
175/1; Art. 21 VO Nr. 4056/86, ABl. 1986 L 378/4; Art. 14 VO Nr. 3975/87,
ABl. 1987 L 374/1) Gebrauch gemacht. Der Rat, ggf. gemeinsam mit dem
EP (Art. 250, ex-Art. 189b), ist jedoch nicht gehindert, etwa auch in anderen Bereichen, in denen nach dem EGV alle „erforderlichen" oder „zweckdienlichen" Maßnahmen erlassen werden können, Zwangsmaßnahmen vorzusehen und in diesem Zusammenhang von der durch Art. 229 eröffneten
Möglichkeit Gebrauch zu machen. Vorstellbar wäre dies vor allem etwa in
den Bereichen des Umwelt- und Datenschutzes (so auch *Booß* in Grabitz/
Hilf, Art. 172 Rn. 2).

II. Befugnis zur uneingeschränkten Nachprüfung

3 Die Umschreibung der Befugnisse mit „unbeschränkter Ermessensnachprüfung" und „Änderung oder Verhängung solcher Maßnahmen" ist dem
französischen und belgischen Verwaltungsrecht entnommen. Der dafür dort
verwendete Ausdruck „**compétence de pleine juridiction**" wird vom
EuGH nicht sehr glücklich mit „unbeschränkter Rechtsprechung" übersetzt
(vgl. EuGH, Rs. 8/56, Alma, Slg. 1957, 191/202). Gemeint ist damit die Befugnis sowohl zur unbeschränkten Nachprüfung der Rechtmäßigkeit der
Zwangsmaßnahmen, als auch zur unbeschränkten Entscheidung über ihre
Angemessenheit und Zweckmäßigkeit.

4 Im Rahmen der **unbeschränkten Nachprüfungsbefugnis** prüfen der
EuGH/EuGeI in vollem Umfang die von der Kommission als des zur Verhängung von Zwangsmaßnahmen zuständigen Organs angestellten Erwägungen in tatsächlicher und rechtlicher Hinsicht und ersetzen sie ggf. durch
ihre eigenen (EuGH, Rs. 70/63, Collotti, Slg. 1964, 939/984; EuGeI, T-
24–26/93 und T-28/93, Compagnie maritime belge transports SA
u.a./KOM, Slg. 1996, II–1201 Rn. 230–250; Zurückhaltung empfiehlt hier
Krück, in GTE, Art. 172 Rn. 12). Dabei geht es vor allem um die **Einschätzung darüber**, (1) ob die Schwere des Verstoßes richtig gewürdigt
wurde, (2) ob die Geldbuße die wirtschaftliche Leistungsfähigkeit des betroffenen Unternehmens übersteigt, (3) ob die Sanktion in einem angemessenen Verhältnis zu den Folgen des Verstoßes steht, (4) ob die Dauer des
Verstoßes gebührend berücksichtigt wurde sowie (5) wie schwer der Anteil
des Betroffenen an einem gemeinschaftlich mit anderen begangenen
Rechtsverstoß wiegt (vgl. zu diesen Kriterien EuGH, Rs. 84/82, Hasselblad,
Slg. 1984, 883/911; Rs. 322/81, Michelin, Slg. 1983, 3461/3524; EuGeI, T-
229/94, Deutsche Bahn AG/KOM, Slg. 1997, II–1689 Rn. 125–128). Bei
dieser Prüfung kann der Gemeinschaftsrichter auch die **nach der Entscheidung der Kommission aufgetretenen Gesichtspunkte berücksichtigen**, insbesondere das Verhalten eines Betroffenen in der Zeit nach der
Entscheidung, um auf eine geringere Geldbuße zu erkennen (EuGeI, T-
275/94, CB/KOM, Slg. 1995, II–2169 Rn. 64).

5 Im Rahmen der **unbeschränkten Entscheidungsbefugnis** können
EuGH/EuGeI selbst ohne Vorliegen eines Rechtsfehlers oder einer unzu-
treffenden Tatsachenwürdigung die Zwangsmaßnahme ändern oder aufheben, wenn sie ihnen unangebracht erscheint. Dies schließt die Möglichkeit
ein, die Zwangsmaßnahme noch zu verschärfen, d.h. etwa über die von der
Kommission festgesetzte Höhe einer Geldbuße hinauszugehen. Eine solche
„reformatio in peius" ist im übrigen in den genannten Ratsverordnungen

ausdrücklich vorgesehen (Art. 17 VO Nr. 17; Art. 24 VO Nr. 1017/86; Art. 21 VO Nr. 4056/86; Art. 14 VO Nr. 3975/87). Allerdings ist es dem Gemeinschaftsrichter im Rahmen der ihm durch Art. 229 übertragenen Befugnisse nicht erlaubt, die von der Kommission verhängte Geldbuße durch eine neue, rechtlich von dieser verschiedenen Geldbuße zu ersetzen. Vielmehr beschränkt sich die dem Gemeinschaftsrichter übertragene Befugnis zu unbeschränkter Nachprüfung ausschließlich auf die von der Kommission verhängte Geldbuße (EuGeI, T-275/94, CB/KOM, Slg. 1995, II–2169 Rn. 58,60).

Ungeklärt ist hingegen noch die Frage, ob EuGH/EuGeI auf der Grundlage **6** des Art. 229 in einem bei ihnen anhängigen Verfahren **von sich aus** Zwangsmaßnahmen verhängen dürfen. Der Wortlaut des Art. 229 („Verhängung solcher Maßnahmen") ließe dies durchaus zu; allerdings gibt diese Bestimmung lediglich den Kompetenzrahmen vor, der jeweils durch die entsprechenden Verordnungen ausgefüllt werden muß. Die gegenwärtig geltenden Verordnungen im Wettbewerbs- und Verkehrsbereich enthalten eine dahingehende Ermächtigung nicht, sondern setzen das Bestehen von Zwangsmaßnahmen voraus (vgl. EuGeI, T-275/94, CB/KOM, Slg. 1995, II–2169 Rn. 59).

III. Akzessorische Anordnungen

Über die Änderung oder Beseitigung der Zwangsmaßnahme hinaus, sind **7** EuGH/EuGeI auch zur Regelung der damit zusammenhängenden Fragen berechtigt. Dies gilt zunächst für die Anordnung, daß die rechtswidrig erhaltenen oder zurückgehaltenen Zahlungen zu **verzinsen** sind (EuGH, Rs. 75 und 117/82, Razzouk u. Beydoun, Slg. 1984, 1509/1531). Daneben können der EuGH/EuGeI den Betroffenen grundsätzlich auch **Schadensersatzansprüche** zusprechen (EuGH, Rs. 32/62, Alvis, Slg. 1963, 103/124; Rs. 27/76, United Brands, Slg. 1978, 207/273). Schließlich kann auch eine **Folgenbeseitigung** angeordnet werden, die etwa zur Rehabilitierung des beschuldigten Unternehmens in der Veröffentlichung des Urteils oder Anzeigen davon in großen Tageszeitungen auf Kosten der Kommission bestehen kann (*Booß*, in Grabitz/Hilf, Art. 172 Rn. 8).

Art. 230 (ex-Art. 173) (Nichtigkeitsklage, Klagefrist)

Der Gerichtshof überwacht die Rechtmäßigkeit der gemeinsamen Handlungen des Europäischen Parlaments und des Rates sowie der Handlungen des Rates, der Kommission und der EZB, soweit es sich nicht um Empfehlungen oder Stellungnahmen handelt, und der Hand-

lungen des Europäischen Parlaments mit Rechtswirkung gegenüber Dritten.

Zu diesem Zweck ist der Gerichtshof für Klagen zuständig, die ein Mitgliedstaat, der Rat oder die Kommission wegen Unzuständigkeit, Verletzung wesentlicher Formvorschriften, Verletzung dieses Vertrags oder einer bei seiner Durchführung anzuwendenden Rechtsnorm oder wegen Ermessensmißbrauch erhebt.

Der Gerichtshof ist unter den gleichen Voraussetzungen zuständig für Klagen des Europäischen Parlaments und der EZB, die auf die Wahrung ihrer Rechte abzielen.

Jede natürliche oder juristische Person kann unter den gleichen Voraussetzungen gegen die an sie ergangenen Entscheidungen sowie gegen diejenigen Entscheidungen Klage erheben, die, obwohl sie als Verordnung oder als eine an eine andere Person gerichtete Entscheidung ergangen sind, sie unmittelbar und individuell betreffen.

Die in diesem Artikel vorgesehenen Klagen sind binnen zwei Monaten zu erheben; diese Frist läuft je nach Lage des Falles von der Bekanntgabe der betreffenden Handlung, ihrer Mitteilung an den Kläger oder in Ermangelung dessen von dem Zeitpunkt an, zu dem der Kläger von dieser Handlung Kenntnis erlangt hat.

Literatur: *Allkemper*, Der Rechtsschutz des einzelnen nach dem EG-Vertrag, 1995; *Bleckmann*, Zur Klagebefugnis für die Individualklage vor dem Europäischen Gerichtshof, in FS Menger, 1985, 871; *von Burchard*, Der Rechtsschutz natürlicher und juristischer Personen gegen EG-Richtlinien gemäß Art. 173 Abs. 2 EWGV, EuR 1991, 140; *Cooke*, Locus standi of private parties under Article 173 (4), Irish Journal of European Law 1997, 4–23; *Daig*, Nichtigkeits- und Untätigkeitsklagen im Recht der Europäischen Gemeinschaften, unter besonderer Berücksichtigung der Rechtsprechung des Gerichtshofs der EG und der Schlußanträge der Generalanwälte, 1985; *von Danwitz*, Die Garantie effektiven Rechtsschutzes im Recht der Europäischen Gemeinschaft, NJW 1993, 1108; *Leibrock*, Der Rechtsschutz im Beihilfeaufsichtsverfahren des EWGV, EuR 1990, 20; *Meier*, Prozeßführung des Handels im öffentlichen Interesse, RIW 1997, 188; *Sedemund*, Rechtsschutzdefizite in der EG, DB 1995, 1161–1167; *Schmidt*, Klagebefugnis und Beschwerdebefugnis verfahrensbeteiligter Dritter im europäischen und nationalen Kartellrecht, FS Steindorff 1990, 1085; *Schneider*, Effektiver Rechtsschutz Privater gegen EG-Richtlinien nach dem Maastricht-Urteil des Bundesverfassungsgerichts, AöR 1994, 294; *Schwarze*, Der Rechtsschutz von Unternehmen im Europäischen Gemeinschaftsrecht, RIW 1996, 893; *ders.*, Rechtsschutz Privater gegenüber normativen Rechtsakten im Recht der EWG, in FS Schlochauer 1981, 927; *ders.*, Grundzüge und neue Entwicklung des Rechtsschutzsystems im Recht der Europäischen Gemeinschaften, NJW 1992, 1965; *v. Winterfeld*, Möglichkeiten der

Verbesserung des individuellen Rechtsschutzes im Europäischen Gemeinschaftsrecht, NJW 1988, 1409; *Zuleeg*, Die Rolle der rechtsprechenden Gewalt in der europäischen Integration, JZ 1994, 1; *ders.* (zusammen mit *Scherer*), Verwaltungsgerichtsbarkeit, in *Schweitzer* (Hrsg.), Europäisches Verwaltungsrecht, Wien 1991, 187–240.

I. Funktion der Nichtigkeitsklage

1   Die Nichtigkeitsklage (auch Anfechtungs- oder Aufhebungsklage genannt) eröffnet die **Möglichkeit einer objektiven richterlichen Kontrolle** der Handlungen der Gemeinschaftsorgane. Sie ist damit einer der Eckpfeiler des auf der Grundlage des Art. 220 (ex-Art. 164) errichteten Klagesystems der Gemeinschaft.

2   Wie sich insbesondere aus Art. 231 (ex-Art. 174) ergibt, ist die Nichtigkeitsklage eine **Gestaltungsklage** und keine Feststellungsklage (vgl. EuGH, Rs. 283/82 Schoellershammer, Slg. 1983, 4219 Rn. 10). Das stattgebende Urteil stellt nicht eine bereits bestehende „Nichtigkeit" fest, sondern beseitigt mit Wirkung „ex tunc" die auch einem rechtswidrigen Akt bis zu seiner Aufhebung zukommende Geltung.

3   Die Nichtigkeitsklage ist ein **selbständiger Rechtsbehelf.** Dies gilt sowohl im Verhältnis zu den anderen auf Gemeinschaftsebene bestehenden Klagemöglichkeiten, insbesondere in bezug auf die Schadensersatzklage des Art. 235 (ex-Art. 178) (vgl. EuGH, C-199/94 und C-200/94, Pesqueria Vasco-Montanesa u.a., Slg. 1995, I–3709 Rn. 27), als auch im Verhältnis zu den innerstaatlichen Klagemöglichkeiten (vgl. EuGH, Rs. 92/78, Simmenthal, Slg. 1979, 777/797). Eine Ausschöpfung des innerstaatlichen Rechtsweges ist daher nicht erforderlich.

4   Allerdings ist im konkreten Fall jeweils zu prüfen, ob die angefochtene Maßnahme auf ein **eigenständiges Handeln einer nationalen Behörde** zurückzuführen ist, welches ausschließlich vor den nationalen Gerichten anzugreifen ist (vgl. EuGH, Rs. 96/71, Haegemann, Slg. 1972, 1005/1015; Rs. 92/78, Simmenthal, Slg. 1979, 777/797; Rs. 217/81, Interagra, Slg. 1982, 2200/2247). Eine eindeutige Zurechnung eines Handelns ist nicht immer ganz leicht vorzunehmen, da Gemeinschaftsorgane und innerstaatliche Stellen bei der Durchführung von Gemeinschaftsrecht in vielfältiger Weise zusammenwirken. Als Abgrenzungskriterium kann dabei die Feststellung dienen, ob den nationalen Stellen ein eigener Entscheidunsspielraum verbleibt oder ob sie bloße Ausführungsorgane sind (*Lenz*, ZAP 1989, 774).

II. Zulässigkeit der Nichtigkeitsklage

1. Angreifbare Handlungen (Abs. 1) und Entscheidungen (Abs. 4)

a) Urheber der Rechtsakte

5   Mit der Nichtigkeitsklage angreifbar sind zunächst gemeinsame Handlungen des **Europäischen Parlaments und des Rates** (vgl. Art. 251, ex-

Art. 189b – Verfahren der Mitentscheidung) sowie das **Handeln des Rates** und der **Kommission**. Darüber hinaus nimmt Art. 230 I n.F. eine Rspr. des EuGH auf, wonach auch Handlungen des **Europäischen Parlaments**, die Rechtswirkungen gegenüber Dritten entfalten, Gegenstand einer Nichtigkeitsklage sein können (vgl. EuGH, Rs. 294/83, Les Verts/EP, Slg. 1986, 1339; Rs. 34/86, Rat/EP, Slg. 1986, 2155/2201). Schließlich trägt Art. 230 I n.F. dem Umstand Rechnung, daß mit der **Europäischen Zentralbank** (EZB) ein weiteres Organ geschaffen wurde, von dem verbindliche Rechtsakte ausgehen können (vgl. Art. 116, ex-Art. 109e), für die Rechtsschutz im Rahmen der Nichtigkeitsklage gewährt werden muß. Vom Gemeinschaftsrichter nicht auf ihre Rechtmäßigkeit überprüfbar sind hingegen **Akte der im Rat vereinigten Vertreter der Regierungen der Mitgliedstaaten**, soweit diese nicht als Ratsmitglieder, sondern als Vertreter ihrer Regierungen handeln und auf diese Weise gemeinsam Zuständigkeiten der Mitgliedstaaten ausüben (EuGH, C-181/91 und C-248/91, EP/Rat und KOM [Bangladesh I], Slg. 1993, I–3685 Rn. 12–15). Gleiches gilt für **Handlungen des Rates in Bereichen des EUV**, die nicht der Gerichtsbarkeit des Gerichtshofs unterstellt sind (vgl. Art. 220 Rn. 5). Allerdings ist der EuGH in diesen Fällen nicht nur befugt, sondern gemäß Art. 220 (ex-Art. 164) sogar verpflichtet, zu prüfen, ob der fragliche Rechtsakt nach seinem Inhalt und den gesamten Umständen, unter denen er erlassen wurde, tatsächlich eine „Entscheidung der Mitgliedstaaten" oder in Wirklichkeit nicht doch einen in den Anwendungsbereich des EGV fallenden und folglich mit der Nichtigkeitsklage angreifbaren Rechtsakt des Rates darstellt.

b) Existenz eines angreifbaren Aktes

Handlungen und Entscheidungen sind nur dann angreifbar, wenn sie in einem **rechtlichen Sinn** existent sind (EuGH, C-137/92P, KOM/BASF u.a., Slg. 1994, I–2555 Rn. 49/50; Rs. 15/85, Consorzio Cooperative d'Abruzzo/KOM, Slg. 1987, 1005/1036; zu eng EuGeI, T-79/89, BASF u.a./KOM, Slg. 1992, II–318). Anderenfalls ist die Nichtigkeitsklage gegenstandslos und damit unzulässig. **6**

Für Rechtsakte der Gemeinschaftsorgane besteht grundsätzlich die **Vermutung der Gültigkeit**. Selbst wenn sie fehlerhaft sind, können sie Rechtswirkungen entfalten, solange sie nicht aufgehoben oder zurückgenommen werden. Als Ausnahmen von diesem Grundsatz entfalten allerdings Rechtsakte, die offenkundig mit einem derart schweren Fehler behaftet sind, daß die Gemeinschaftsrechtsordnung ihn nicht tolerieren kann, keine – nicht einmal vorläufige – Rechtswirkungen; sie sind rechtlich inexistent. Diese **7**

Ausnahme soll einen Ausgleich zwischen zwei grundlegenden, manchmal jedoch einander widerstreitenden Erfordernissen herstellen, denen eine Rechtsordnung genügen muß, nämlich die Stabilität der Rechtsbeziehungen und die Wahrung der Rechtmäßigkeit.

8 Die Schwere der Folgen, die mit der Feststellung der rechtlichen Inexistenz eines Rechtsaktes verbunden sind – Nichtigkeit ohne entsprechende Nichtigerklärung – verlangt aus Gründen der Rechtssicherheit, daß diese Feststellung auf ganz außergewöhnliche Fälle beschränkt wird. Dazu muß der Rechtsakt mit derart **schweren und offenkundigen Fehlern** behaftet sein (EuGH, C-137/92P, KOM/BASF u.a., Slg. 1994, I–2555 Rn. 49/50; C-74/91, KOM/Deutschland, Slg. 1992, I–5437 Rn. 11; Rs. 15/85, Consorzio Cooperative d'Abruzzo/KOM, Slg. 1987, 1005/1036), daß diese ins Auge springen, d.h. bei der Lektüre des Rechtsakts klar erkennbar sind, und dies nicht allein für die Beamten der Gemeinschaftsinstitution, die den Rechtsakt erlassen hat (Rs. 15/85, Consorzio Cooperative d'Abruzzo/KOM, Slg. 1987, 1005/1036). Dies ist jedenfalls dann nicht der Fall, wenn eine von der zuständigen Stelle unter Beachtung der Form- und Verfahrensregeln erlassene Vorschrift Gegenstand der Klage ist (EuGH, Rs. 15/73–33/73 u.a., Kortner-Schots u.a./Rat, KOM u. EP, Slg. 1974, 177/191). Aber auch eine unter Verletzung der Form- und Verfahrensregeln erlassene Vorschrift ist nicht in jedem Fall ohne weiteres als inexistent und damit nichtig anzusehen. So führt etwa allein eine fehlende Begründung eines Rechtsaktes grundsätzlich nicht zu seiner Inexistenz (vgl. EuGH, Rs. 8 – 11/66, Cimenteries C.B.R./KOM, Slg. 1967, 100/125; anders noch EuGH Rs. 1/57, Société des Usines à Tubes de la Sarre, Slg. 1957, 201). Ebensowenig genügt für die Qualifizierung einer Vorschrift als „Nichtakt" eine Verletzung von Anhörungsrechten im Entscheidungsverfahren. Fälle der rechtlichen Inexistenz sind in der Praxis am ehesten denkbar bei **offensichtlichen Verletzungen grundlegender Zuständigkeitsregeln**. Davon kann ausgegangen werden, wenn der Unterzeichner einer Entscheidung deutlich erkennbar nicht befugt war, verbindliche Erklärungen für das Gemeinschaftsorgan abzugeben (EuGH, Rs. 71/74, Frubo/KOM, Slg. 1975, 563).

c) Feststellung verbindlicher Rechtswirkungen

aa) Grundlagen

9 Handlungen (Abs. 1) und Entscheidungen (Abs. 4) können nur dann im Rahmen einer Nichtigkeitsklage angegriffen werden, wenn sie „**verbindliche Rechtswirkungen** erzeugen, welche die Interessen des Klägers durch

einen Eingriff in seine Rechtsstellung beeinträchtigen" (st. Rspr. vgl.
EuGH, Rs. 60/81, IBM/KOM, Slg. 1981, 2639; EuGeI, T-596/97, Dalmine
SpA/KOM, Slg. 1998, II–2383 Rn. 29; T-116/95, Cementir-Cementerie del
Tirreno SpA/KOM, Slg. 1998, II–2261 Rn. 19; T-5/96, Sveriges Betodlares
Centralförening und Sven Ake Henrikson/KOM, Slg. 1996, II–1299 Rn. 26;
T-134/95, Dysan Magnetics and Review Magnetics/KOM, Slg. 1996,
II–181 Rn. 20). Diese Feststellung ist unabhängig von der für die betref-
fende Maßnahme gewählten Form und Bezeichnung zu treffen; entschei-
dend ist allein, ob die betreffende Maßnahme ihrem Inhalt nach dazu bestimmt ist, konkrete oder allgemeine Sachverhalte mit rechtsverbindlicher
Wirkung zu regeln (vgl. EuGH, C-303/90, Frankreich/KOM, Slg. 1991,
I–5340; Rs. 114/86, Vereinigtes Königreich/KOM, Slg. 1988, 5289; Rs.
60/81 IBM/KOM, Slg. 1981, 2639). Für den Nachweis einer Rechtswirkung reichen bloße faktische Auswirkungen und Nachteile, vor allem wirtschaftlicher Art, einer Handlung oder Entscheidung nicht aus (EuGH, Rs.
543/79, Birke/KOM und Rat, Slg. 1981, 2669).

Mit dieser Maßgabe kommen von den im **Katalog des Art. 249** (ex-   **10**
Art. 189) aufgeführten Rechtshandlungen als angreifbare Akte die Verord-
nung, die Richtlinie (zur Anfechtbarkeit durch natürliche und juristische
Personen vgl. Rn. 43–45) und die Entscheidung in Betracht.

Eine **Zuordnung** zu einer dieser in Art. 249 (ex-Art. 189) genannten   **11**
Rechtshandlungen ist im Rahmen der Nichtigkeitsklage allerdings **nicht
zwingend**; vielmehr ist darüber hinaus jede nur denkbare Handlung und
Entscheidung daraufhin zu untersuchen, ob sie geeignet ist, verbindliche
Rechtswirkungen zu erzeugen, welche die Interessen des Klägers durch ei-
nen Eingriff in seine Rechtsstellung beeinträchtigen (vgl. EuGH, Rs. 60/81
IBM/KOM, Slg. 1981, 2639).

Als rechtsverbindliche Handlung kann deshalb auch die Ablehnung eines   **12**
Antrags auf Tätigwerden eines Gemeinschaftsorgans angesehen werden,
soweit eine entsprechende Verpflichtung zum Handeln besteht (EuGH, Rs.
246/81, Lord Bethel/KOM, Slg. 1982 2277). Diese Fallgestaltung zeigt sich
in der Praxis vor allem im **Wettbewerbsrecht** (Art. 3 II VO Nr. 17, dazu
EuGH, C-39/93P, SFEI u.a./KOM, Slg. 1994, I–2681 – Einstellung eines
beantragten Untersuchungsverfahrens –; Rs. 26/76, Metro, Slg. 1977, 1875
– Freistellungsentscheidung gegenüber einem Dritten –; Rs. 210/81, Demo-
Studio Schmidt/KOM, Slg. 1983, 3045 – Stellungnahme der Kommission
zur Beschwerde des Klägers –; anders noch EuGH, Rs. 125/78,
GEMA/KOM, Slg. 1979, 3179), im **Antidumping – und Antisubventi-
onsrecht** (Art. 5 VO Nr. 2423/88, ABl. 1988, C 209/1; dazu EuGH, Rs.
188/85, Fediol/KOM, Slg. 1988, 4193; Rs. 121/86, Epichirisseon/Rat, Slg.

1989, 3919 – Ablehnung der Anträge auf Verfahrenseinleitung –) sowie im
Bereich der **Schutzmaßnahmen** (VO Nr. 2641/84; dazu EuGH, Rs. 70/87,
Fediol/KOM, Slg. 1989, 1781 – Ablehnung der Einleitung eines Untersuchungsverfahrens wegen unerlaubter Handelspraktiken –). Allerdings ist
nicht jedes Schreiben eines Gemeinschaftsorgans, mit dem ein Antrag eines
Adressaten beantwortet wird, eine Entscheidung i.S.d. Art. 230, gegen die
die Nichtigkeitsklage eröffnet ist (vgl. EuGH, C-25/92, Miethke/EP, Slg.
1993, I–473; EuGeI, T-277/94,AITEC/KOM, Slg. 1996, II–351 Rn. 50). So
ist die Nichtigkeitsklage eines Einzelnen gegen eine ablehnende Entscheidung nicht zulässig, wenn sie sich gegen die Weigerung richtet, eine Verordnung von allgemeiner Geltung zu erlassen (EuGH, C-15/91 und C-
108/91, Buckl u.a./KOM, Slg. 1992, I–6061 Rn. 22–26; EuGeI, T-5/96,
Sveriges Betodlares Centralförening und Sven Ake Henrikson/KOM, Slg.
1996, II–1299 Rn. 28). Auch eine Klage einer natürlichen oder juristischen
Person gegen die Weigerung der Kommission, eine Handlung nachträglich
zu berichtigen, ist unzulässig, wenn die geforderte Berichtigung in Form
einer Verordnung mit allgemeiner Geltung hätte erfolgen müssen (EuGH,
C-87/89, Sonito u.a./KOM, Slg. 1990, I–1981 Rn. 8,9; EuGeI, T-5/96, Sveriges Betodlares Centralförening u. Sven Ake Henrikson/KOM, Slg. 1996,
II–1299 Rn. 28).

13   Ein anfechtbarer Rechtsakt kann auch in **atypischen Handlungen** bestehen, mit denen – trotz der ihnen gegebenen Bezeichnung und Form – neue
Verpflichtungen eingeführt werden und die daher gegenüber ihren Adressaten Rechtswirkungen erzeugen sollen. Hierzu gehören etwa Handlungen,
mit denen sich ein Gemeinschaftsorgan **selbst bindet** (EuGH, C-325/91,
Frankreich/KOM, Slg. 1993, I–3283 Rn. 9 – Mitteilung über Beihilfen –;
Rs. 81/72, KOM/Rat, Slg. 1973, 575 – Vereinbarung über Anwendung einer bestimmten Berechnungsmethode bei den Beamtengehältern), **Leitlini-
en oder Entscheidungspraktiken** für die künftige Rechtsanwendung festgelegt werden (EuGH, C-303/90, Frankreich/KOM, Slg. 1991, I–5315 Rn.
8 – Verhaltenskodex für den Bereich der Finanzkontrolle bei Strukturinterventionen –; Rs. 25/77, De Roubaix/KOM, Slg. 1978, 1081) oder auch **interne Dienstanweisungen** (EuGH, C-366/88, Frankreich/KOM, Slg. 1990,
I–3571 Rn. 8 – Kontrollbefugnisse im Hinblick auf die durch den EAGFL
finanzierten Maßnahmen –). Auch bei diesen atypischen Handlungen müssen nicht nur die für ihren Erlaß vorgesehenen Verfahren, sondern alle wesentlichen Formerfordernisse beachtet werden (EuGH, C-325/91, Frank-
reich/KOM, Slg. 1993, I–3283 Rn. 26).

14   Angreifbar ist weiterhin die **förmliche Feststellung des Haushaltsplans**
durch den Präsidenten des EP (EuGH, Rs. 34/86, Rat/EP, Slg. 1986,

2155/2201). Gleiches gilt für einen Beschluß des Präsidiums des EP über die **Wahlkampfkostenhilfe** und -erstattung für die politischen Parteien und Gruppierungen, die an den Wahlen zum EP teilgenommen haben (EuGH, Rs. 294/83, Les Verts/EP, Slg. 1986, 1339/1366).

Eine angreifbare Handlung kann schließlich auch in dem **Abschluß eines** **15** **völkerrechtlichen Vertrages** durch das zuständige Gemeinschaftsorgan liegen. Damit können vor allem die Abschlußbefugnis (Gutachten 1/94, Slg. 1994, I–5267) sowie die Einhaltung ihrer Grenzen im Rahmen einer Nichtigkeitsklage einer Überprüfung durch den EuGH zugeführt werden (EuGH, C-122/95, Deutschland/Rat, Slg. 1998, I–973 Rn.41–46). Die Anfechtung einzelner Bestimmungen des völkerrechtlichen Vertrages ist hingegen nicht zulässig (vgl. EuGH, Rs. 31/86 und 35/86, LAISA und CPC España/Rat, Slg. 1988, 2285 – Bestimmungen der Beitrittsakte Spaniens).

bb) Fehlende Rechtswirkungen

Wegen fehlender Rechtswirkungen können die eine Entscheidung lediglich **16** **vorbereitenden Maßnahmen** nicht mit der Nichtigkeitsklage angegriffen werden (vgl. EuGH, Rs. 60/81, IBM/KOM, Slg. 1981, 2639; Rs. 17/78, Fausta Deshormes/KOM, Slg. 1979, 189/197; Rs. 80/63, Degreef/KOM, Slg. 1964, 837/863; EuGeI, T-212/95, Oficemen/KOM, Slg. 1997, II–1161 Rn. 53; T-75/96, Söktas/KOM, Slg. 1996, II–1689 Rn. 26–31 m.w.Nachw.). Dies gilt vor allem für die in einem **mehrphasigen Verfahren** erlassenen Zwischenentscheidungen; diese bereiten im Regelfall die Endentscheidung lediglich vor (z.B. Einleitung eines Wettbewerbsverfahrens oder die Mitteilung über die Beschwerdepunkte, vgl. EuGH, C-476/93P, Nutral/KOM, Slg. 1995, I–4125; Rs. 60/81, IBM/KOM, Slg. 1981, 2639; EuGeI, T-277/94, AITEC/KOM, Slg. 1996, II–351 Rn. 51; T-37/94, BEUC und NCC/KOM, Slg. 1994, II–285 Rn. 27; T-64/89, Automec/KOM, Slg. 1990, II–367). Gleichwohl können auch diese Zwischenentscheidungen in Ausnahmefällen eigenständige rechtliche Wirkungen erzeugen, wenn durch sie ungeachtet ihrer Hilfsfunktion für die Endentscheidung abschließend über einen davon getrennten oder abtrennbaren Sachverhalt entschieden wird. Dies gilt etwa für die Entscheidung über die Gewährung der Akteneinsicht in Wettbewerbsverfahren (EuGH, Rs. 53/85, AKZO/KOM, Slg. 1986, 1965/1990):

Keine Rechtswirkungen entfalten daneben **bloße Ankündigungen**, mit de- **17** nen die Kommission oder eine ihrer Dienststellen auf eine zukünftige Maßnahme oder auf ein zukünftiges Verhalten hinweist (EuGH, C-180/96, Vereinigtes Königreich/KOM [Rinderwahnsinn], Slg. 1998, I–2265; C-66/91

u. C-66/91R, Emerald Meats/KOM, Slg. 1991, I–1143; Rs. 114/86, Vereinigtes Königreich/KOM, Slg. 1988, 5289; Rs. 60/81, IBM/KOM, Slg.
1981, 2639). Gleiches gilt für von der Kommission vorgenommene **Auslegungen eines Verordnungstextes.** Dabei handelt es sich um schlichte
Meinungsäußerungen, die keine Rechtswirkungen erzeugen können und
dies auch nicht beabsichtigen. Rechtswirkungen entfaltet vielmehr erst die
Anwendung des von der Kommission ausgelegten Verordnungstextes in
einem konkreten Fall (EuGeI, T-81/97, Regione Toscana/KOM, Slg. 1998,
II–2889 Rn. 21–23).

18   Schließlich sind auch **bestätigende oder wiederholende Entscheidungen**
mangels eigenständiger Rechtswirkungen grundsätzlich nicht mit der Nichtigkeitsklage angreifbar (vgl. EuGH, C-480/93P, Zunis Holding u.a./KOM,
Slg. 1996, I–1 Rn. 14; C-12/90, Infortec/KOM, Slg. 1990, I–4265; EuGeI,
T-116/95, Cementir-Cementerie del Tirreno SpA/KOM, Slg. 1998, II–2261
Rn. 14; T-5/96, Sveriges Betodlares Centralförening u. Sven Ake Hen-
rikson/KOM, Slg. 1996, II–1299 Rn. 19). Etwas anderes gilt nur dann,
wenn in diesen Entscheidungen neue Elemente enthalten sind, welche die
früheren Rechtswirkungen erweitern oder ergänzen (EuGH, Rs. 26/76, Me-
tro/KOM, Slg. 1977, 1875/1900; Rs. 166 und 220/86, Irish Cement/KOM,
Slg. 1988, 6479/6502).

cc) Fehlende Verbindlichkeit

19   Wegen fehlender Verbindlichkeit sind von den im Rechtshandlungskatalog
des Art. 249 (ex-Art. 189) genannten Rechtsakte die **Empfehlungen** und
Stellungnahmen ausdrücklich aus dem Kreis der mit der Nichtigkeitsklage angreifbaren Handlungen ausgenommen.

20   Gleiches muß auch für bloße **Meinungsäußerungen, Rechtsauskünfte**
oder **Verhaltensempfehlungen** gelten (vgl. EuGH, Rs. 60/81, IBM/KOM,
Slg. 1981, 2639/2654; Rs. 133/79, Sucrimex und Westzucker/KOM, Slg.
1980, 1289/1310; Rs. 132/77, Société pour l'Exportation des Sucres/KOM,
Slg. 1978, 1061; EuGeI, T-113/89, Nefarma/KOM, Slg. 1990, II–797/816).

dd) Fehlende Außenwirkung

21   **Handlungen im rein verwaltungsinternen Bereich** sind mangels Außenwirkung grundsätzlich nicht mit der Nichtigkeitsklage angreifbar. Es muß
stets eine auch nach außen erkennbare Handlung vorliegen, die klar erkennen läßt, daß eine Entscheidung vorliegt, mit der Rechte oder Pflichten für
einen bestimmbaren Adressaten begründet werden sollen (vgl. EuGH, Rs.
2/71, Deutschland/KOM, Slg. 1971, 669 – Kostenabrechnung im Rahmen

der Haushaltsordnung –). Diese Voraussetzungen erfüllen in keinem Fall die Entscheidungen über die Einsetzung eines Untersuchungsausschusses (EuGH, Rs. 78/85, Fraktion der Europäischen Rechten/EP, Slg. 1986, 1753), über die Durchführung bestimmter Haushaltstitel (EuGH, Rs. 190/84, Les Verts/EP, Slg. 1988, 1017) oder die Benennung des Vorsitzenden einer interparlamentarischen Delegation, (EuGH, C-68/90, Blot/EP, Slg. 1990, I–2101).

Auch die reinen **Organisationsakte**, wie z.B. die Geschäftsordnungen, 22 sind diesem innerbehördlichen Bereich zuzurechnen und gehören als solche nicht zu den anfechtbaren Rechtsakten.

Schließlich sind in diesem Zusammenhang die **Dienstanweisungen** zu nen- 23 nen. Auch sie sind mangels rechtlicher Außenwirkung grundsätzlich nicht mit der Nichtigkeitsklage angreifbar, es sei denn, es handelt sich dabei um Anweisungen, die Art und Umfang der Ausübung bestimmter Befugnisse zum Gegenstand haben. Letzteres ist etwa der Fall, wenn eine Dienstanweisung die Befugnisse der Bediensteten des jeweiligen Organs gegenüber Dritten festlegt (vgl. EuGH, C-366/88, Frankreich/KOM, Slg. 1990, I–3571 betreffend die Kontrollbefugnisse im Hinblick auf die durch den EAGFL finanzierten Maßnahmen; EuGH, C-303/88, Frankreich/KOM, Slg. 1991, I–5315 betreffend den Verhaltenskodex für den Bereich der Finanzkontrolle bei Strukturinterventionen).

2. Klagebefugnis

a) Privilegierte Klageberechtigte (Abs. 1)

Zu den privilegierten Klageberechtigten gehören die **Mitgliedstaaten**, der 24 **Rat**, die **Kommission**, das **Europäische Parlament** sowie die **Europäische Zentralbank** (EZB).

Den **Mitgliedstaaten** steht das Klagerecht nur als Gesamtverband zu. Die 25 selbständigen oder unselbständigen Untergliederungen, wie z.B. Länder, Regionen, Provinzen oder sonstigen Gebietskörperschaften gehören nicht zum Kreis der privilegierten Klageberechtigten (EuGH, C-95/97, Wallonische Region/KOM, Slg. 1997, I–1787 Rn. 6; C-180/97, Regione Toskana/KOM, Slg. 1997, I–5245 Rn. 6; EuGeI, T-214/95, Het Vlaamse Gewest/KOM, Slg. 1998, II–717 Rn. 28); diesen kommt ein selbständiges Klagerecht allenfalls unter den erschwerten Voraussetzungen des Abs. 4 zu (vgl. Rn. 28). Zulässig ist allerdings, daß etwa der Bund ein Land zur Wahrnehmung seiner Interessen vor dem EuGH ermächtigt (so *Dauses*, BayVBl. 1989, 609) oder ein gemeinsames Auftreten von Bund und Ländern vor dem EuGH (EuGH, Rs. 44/81, Deutschland/KOM, Slg. 1982, 1855/1873,

gemeinsames Auftreten der Bundesrepublik Deutschland und der Bundesanstalt für Arbeit).

26 Das Klagerecht des **Europäischen Parlaments** (zur früheren Klageberechtigung kraft Richterrechts vgl. EuGH, C-316/91, EP/Rat, Slg. 1994, I–625
Rn. 13) und der **Europäischen Zentralbank** ist materiell insoweit beschränkt, als es lediglich zum Schutz der eigenen, vom Vertrag verliehenen
Befugnisse und Rechte eingesetzt werden kann und nur diejenigen Klagegründe umfaßt, mit denen die Verletzung dieser Befugnisse und Rechte geltend gemacht wird (EuGH, C-303/94, EP/Rat, Slg. 1996, I–2943 Rn. 17; C-
316/91, EP/Rat, Slg. 1994, I–625 Rn. 13). Für das EP **anerkannt** ist das
Klagerecht vor allem im Falle *nicht ordnungsgemäßer Beteiligung* im
Rechtsetzungsverfahren (EuGH, C-303/94, EP/Rat, Slg. 1996, I–2943 Rn.
19; C-316/91, EP/Rat, Slg. 1994, I–625 Rn. 16; C-70/88, EP/Rat, Slg.
1990, I–2041/2072) sowie im Hinblick auf die *vom Rat gewählte Rechtsgrundlage* (EuGH, C-360/93, EP/Rat, Slg. 1996, I–1195), **nicht** dagegen
im Hinblick auf die *Rüge mangelhafter Begründung* eines Rechtsaktes
(EuGH, C-303/94, EP/Rat, Slg. 1996, I–2943 Rn. 18; C-156/93, EP/KOM,
Slg. 1995, I–2019 Rn. 11). Sofern diese Voraussetzungen nicht erfüllt sind,
bietet sich für das Europäische Parlament noch die Möglichkeit des Streitbeitritts auf Seiten einer der streitenden Parteien.

b) Natürliche und juristische Personen (Abs. 4)

aa) Klageberechtigter Personenkreis

27 Die Klagebefugnis erstreckt sich auf jede **natürliche und juristische Person**. Der Begriff „natürliche und juristische Person" ist dabei in einem weiten Sinn zu verstehen. So kommt es nicht darauf an, welche Staatsangehörigkeit der Kläger besitzt oder wo er seinen Wohnsitz oder Aufenthaltsort hat. Klageberechtigt sind auch Angehörige von Drittstaaten oder dort
ansässige Personen und Gesellschaften (EuGH, Rs. 89/85, Ahlström/KOM,
Slg. 1988, 5193/5242 – zur Klage außerhalb der EG ansässiger Unternehmen gegen eine Wettbewerbsentscheidung; Rs. 239/82, Allied Corporati-
on/KOM, Slg. 1984, 1005; Rs. 53/83, Allied Corporation/Rat, Slg. 1985,
1621; Rs. 240/84, NTN Toyo Bearing, Slg. 1987, 1809 – zur Klage von
Drittlandsunternehmen gegen die Verhängung von Antidumpingzöllen).

28 Als **juristische Person** klageberechtigt sind alle Körperschaften, Verbände,
Kapitalgesellschaften des öffentlichen und privaten Rechts, insbesondere:
–   die nach nationalem Recht **mit eigener Rechtspersönlichkeit ausge-
    statteten Gebietskörperschaften** (vgl. EuGH, C-95/97, Wallonische
    Region/KOM, Slg. 1997, I–1787 Rn. 11; C-180/97, Regione Toskana/

KOM, Slg. 1997, I–5245 Rn. 11; Rs. 62 und 72/87, Exécutif régional wallon/ KOM, Slg. 1988, 1573/1592; Rs. 222/83, Gemeinde Differdange/KOM, Slg. 1984, 2889/2896), **sofern** die weiteren Voraussetzungen der **unmittelbaren und individuellen Betroffenheit** vorliegen (EuGeI, T-214/95, Het Vlaamse Gewest/KOM, Slg. 1998, II–717 Rn. 28);

– **Vereinigungen**, die zur Wahrnehmung kollektiver Interessen einer Gruppe gegründet wurden (sehr instruktiv dazu EuGeI, T-122/96, Federolio/KOM, Slg. 1997, II–1559 Rn. 60/68), wie *Unternehmensverbände* (EuGH, Rs. 16. u. 17/62, Confédération nationale des producteurs de fruits et légumes/Rat, Slg. 1962, 963), Gewerkschaften (EuGH, Rs. 193 und 194/87, Maurissen und Allg. Gewerkschaftsbund/Rechnungshof, Slg. 1989, 1045;) oder *Berufsvereinigungen* (EuGH, Rs. 297/86, CIDA/Rat, Slg. 1988, 3531/3552), **wenn** eine Rechtsvorschrift berufsständischen Vereinigungen ausdrücklich eine Reihe von Verfahrensrechten einräumt (EuGH, Rs. 191/82, Fediol/KOM, Slg. 1983, 2913 Rn. 28–30; EuGeI, T-122/96, Federolio/KOM, Slg. 1997, II–1559 Rn. 60; T-12/93, CCE de Vittel u.a./KOM, Slg. 1995, II–1247 Rn. 39–42), **wenn** die Vereinigung die Interessen von Unternehmen wahrnimmt, die selbst klagebefugt sind (EuGH, Rs. 117/86, UFADE/Rat und KOM, Slg. 1986, 3255 Rn. 12; Rs. 282/85, DEFI/KOM, Slg. 1986, 2469 Rn. 16; EuGeI, T-447–449/93, AITEC u.a./KOM, Slg. 1995, II–1971 Rn. 62) **oder wenn** die Vereingung individuell betroffen ist, da ihre eigenen Interessen als Vereinigung berührt sind, namentlich weil ihre Position als Verhandlungsführerin durch die angefochtene Handlung berührt wurde (EuGH, C-313/90, CIRFS u.a./KOM, Slg. 1993, I–1125 Rn. 28–30; Rs. 67/85, 68/85 und 70/85, Van der Kooy u.a./KOM, Slg. 1988, 219 Rn. 21–24; EuGeI, T-189/97, Comité d'entreprise de la Société française de production u.a./KOM, Slg. 1998, II–335 Rn. 44; T-122/96, Federolio/KOM, Slg. 1997, II–1559 Rn. 60; T-481/93 und T-484/93, Exporteurs in Levende Varkens u.a./KOM, Slg. 1995, II–2941 Rn. 64).

bb) Art des Betroffenseins

Im Unterschied zur Klagebefugnis nach § 42 II VwGO verlangt Art. 230 IV **29** nicht die Beeinträchtigung subjektiver Rechte; vielmehr genügt für die Berechtigung zur Erhebung einer Nichtigkeitsklage, daß der Kläger von der inkriminierten Maßnahme **unmittelbar und individuell betroffen** wird. Mit dem Kriterien der „unmittelbaren Betroffenheit" soll sichergestellt werden, daß es erst dann zur Anrufung des EuGH bzw. EuGeI kommt, wenn sowohl die Art und Weise, als auch der Eintritt der Beeinträchtigung der

Rechtsstellung des Klägers mit Sicherheit feststeht (dies kann insbesondere in Fällen problematisch sein, in denen Gemeinschaftsrechtsakte noch der
mitgliedstaatlichen Durchführung bedürfen; vgl. dazu EuGeI, T-485/93,
Dreyfus/KOM, Slg. 1996, II–1101 Rn. 53; T-491/93, Richco Commodities
Ltd. I./KOM, Slg. 1996, II–1131 Rn. 54; T-494/93, Compagnie Continentale (France)/KOM, Slg. 1996, II–1157 Rn. 54; T-509/93, Richco Commodities Ltd. II./KOM, Slg. 1996, II–1181 Rn. 46). Das Kriterium der „individuellen Betroffenheit" soll daneben die sog. Popularklagen ausschließen.

30   Art. 230 IV unterscheidet drei Kategorien von Maßnahmen, durch die der
Kläger betroffen werden kann:

(1) An den Kläger ergangene Entscheidungen

31   In dieser Fallgestaltung ist das „Betroffensein" des Klägers **unproblematisch**. Als Adressat einer Entscheidung ist der Kläger stets unmittelbar und
individuell betroffen.

32   Handelt es sich bei dem Adressaten einer Entscheidung um die **Mutter-
oder Tochtergesellschaft** im Rahmen einer Unternehmensgruppe, so erstreckt sich die Klagebefugnis auch auf das jeweils andere Mitglied der Unternehmensgruppe (EuGH, Rs. 294/81, Control Data, Slg. 1983, 911/927;
Rs. 228 und 229/82, Ford Slg. 1984, 1129/1159). Diese Erweiterung der
Klagebefugnis findet ihre Grenze dort, wo es an einer hinreichend engen
Unternehmensbande fehlt (EuGH, Rs. 135/81, Groupement des agences de
voyages, Slg. 1982, 3799/3807 – zur „faktischen Gesellschaft" und bloßen
Arbeitsgemeinschaft).

33   Unerheblich ist, ob die Entscheidung als Rechtsakt i.S.d. Art. 249 (ex-Art
189) ergangen ist (anders noch EuGH, Rs. 16 und 17/62, Producteurs de
fruits et légumes, Slg. 1962, 963/978). Nach inzwischen st. Rspr. des EuGH
genügt jede Handlung, die unabhängig von ihrer Form dazu bestimmt ist,
Rechtswirkungen gegenüber ihrem Adressaten zu erzeugen (vgl. die
Nachw. unter Rn. 9). Eine Klagebefugnis kann deshalb insbesondere auch
bei **Ablehnung eines Antrags** des Klägers auf Tätigwerden in eigener Sache oder gegenüber Dritten, vor allem in Kartell-, Beihilfe- und Antidum-
pingverfahren gegeben sein (vgl. oben Rn. 12).

(2) Entscheidungen, die als Verordnungen ergangen sind

34   Die Erstreckung der Klagebefugnis auch gegenüber Entscheidungen, die in
der Form einer Verordnung erlassen worden sind, soll verhindern, daß die
Gemeinschaftsorgane durch die bloße Wahl der Rechtsform der zu treffenden Maßnahme den Rechtsschutz der natürlichen und juristischen Personen

verkürzen können (vgl. EuGH, Rs. 789/79 und 790/79, Calpak und Società Emiliana Lavorazione Frutta/KOM, Slg. 1980, 1949, Rn. 7; EuGeI, T-14/97 und T-15/97, Sofio SAS u.a./Rat, Slg. 1998, II–2601 Rn. 26; T-122/96, Federolio/KOM, Slg. 1997, II–1559 Rn. 50; T-476/93, FRSEA und FNSEA/Rat, Slg. 1993, II–1187 Rn. 19). Ein solcher Fall der „verschleierten Entscheidung", für den die Klagebefugnis gegeben ist, liegt immer dann vor, wenn die konkret angegriffene **Verordnung den Kläger unmittelbar und individuell** betrifft.

Die danach vorzunehmende **Abgrenzung von Entscheidung und Verord-**   **35**
nung erfolgt danach, ob die betreffende Handlung allgemeine Geltung und damit normativen Charakter hat (EuGH, C-87/95P, CNPAAP/Rat, Slg. 1996, I–2003 Rn. 33; C-10/95P, Asocarne/Rat, Slg. 1995, I–4149 Rn. 28; EuGeI, T-298/94, Roquette Frères SA/Rat, Slg. 1996, II–1531 Rn. 36; T-482/93, Martin Weber GdbR/KOM, Slg. 1996, II–609 Rn. 55); dabei sind die Rechtsnatur der angefochtenen Handlung und insbesondere die Rechtswirkungen, die sie erzeugen soll oder tatsächlich erzeugt, zu untersuchen (Rs. 26/86, Deutz und Geldermann/Rat, Slg. 1987, 941 Rn. 7). Eine Handlung hat danach normativen Charakter, wenn sie für objektiv bestimmte Situationen gilt und Rechtswirkungen gegenüber einer abstrakt umschriebenen Personengruppe erzeugt (EuGH, C-270/95P, Kik/Rat, Slg. 1996, I–1987 Rn. 10). Eine Handlung verliert ihren normativen Charakter nicht dadurch, daß sich die Rechtssubjekte, auf die sie zu einem bestimmten Zeitpunkt anzuwenden ist, der Zahl nach oder sogar der Identität nach mehr oder weniger genau bestimmen lassen, solange nur feststeht, daß diese Anwendung aufgrund eines objektiven rechtlichen oder tatsächlichen Tatbestands erfolgt, der in der Handlung im Zusammenhang mit ihrer Zielsetzung umschrieben ist (EuGH, C-209/94P, Buralux/Rat, Slg. 1996, I–615 Rn. 24/25; C-15/91 und C-108/91, Buckl&Söhne u.a./KOM, Slg. 1992, I–6061 Rn. 24/25; C-168/93, Gibraltar und Gibraltar Development/Rat, Slg. 1993, I–4009 Rn. 12; Rs. 6/68, Zuckerfabrik Watenstedt/Rat, Slg. 1968, 612/621; EuGeI, T-298/94, Roquette Frères SA/Rat, Slg. 1996, II–1531 Rn. 42; T-482/93, Martin Weber GdbR/KOM, Slg. 1996, II–609 Rn. 64; T-480/93 und T-483/93, Antillean Rice Mills/KOM, Slg. 1995, II–2305 Rn. 65; T-183/94, Cantina cooperativa fra produtti vitivinicoli di Torre di Mosto u.a./KOM, Slg. 1995, II–1941 Rn. 48). Die Anfechtung einer Handlung mit normativem Charakter durch einen Einzelnen ist unzulässig.

Nach der Rechtsprechung kann jedoch auch eine Handlung mit normativem   **36**
Charakter, die auf alle Wirtschaftsteilnehmer Anwendung findet, unter bestimmten Umständen einige Wirtschaftsteilnehmer **individuell** betreffen, wodurch die Klagebefugnis nach Art. 230 IV eröffnet wird (vgl. EuGH, C-

309/89, Codorniu/Rat, Slg. 1994, I–1853 Rn. 19; C-358/89, Extramet Industrie/Rat, Slg. 1991, I–2501 Rn. 13; EuGeI, T-14/97 und T-15/97, Sofio SAS u.a./Rat, Slg. 1998, II–2601 Rn. 34; T-207/97, Berthu/Rat, Slg. 1998, II–509 Rn. 23; T-60/97, Merck u.a./KOM, Slg. 1997, II–849 Rn. 40; T-18/95, Atlanta u.a./KOM, Slg. 1996, II–1669 Rn. 47). In einem solchen Fall kann eine Gemeinschaftshandlung also gleichzeitig eine generelle Norm und in bezug auf bestimmte betroffene Wirtschaftsteilnehmer eine Entscheidung sein (EuGeI, T-481/93 und T-484/93, Exporteurs in Levende Varkens u.a./KOM, Slg. 1995, II–2941 Rn. 50). Wirtschaftsteilnehmer können jedoch nur dann als individuell betroffen angesehen werden, wenn sie durch die angefochtene Handlung in ihrer Rechtsstellung aufgrund **bestimmter persönlicher Eigenschaften** oder besonderer, sie **aus dem Kreis aller übrigen Personen heraushebender Umstände** berührt und in ähnlicher Weise **wie ein Adressat individualisiert** sind (EuGH, C-309/89, Codorniu/Rat, Slg. 1994, I–1853 Rn. 20; EuGeI, T-14/97 und T-15/97, Sofio SAS u.a./Rat, Slg. 1998, II–2601 Rn. 35; T-122/96, Federolio/KOM, Slg. 1997, II–1559 Rn. 58; T-12/93, CCE de Vittel u.a./KOM, Slg. 1995, II–1247 Rn. 36).

37   Zu derartigen besonderen Umständen gehören vor allem **Beteiligungs-, Informations-** oder **Mitwirkungsrechte,** die den Betroffenen im Rahmen der den Erlaß der „Verordnung" vorausgehenden Verwaltungsverfahren eingeräumt worden sind (EuGH, Rs. 191/82, Fediol, Slg. 1983, 2913; Rs. 264/82, Timex, Slg. 1985, 849; Rs. 169/84, Cofaz/KOM, Slg. 1986, 391; EuGeI, T-161/94, Sinochem Heilongjiang/Rat, Slg. 1996, II–695 Rn. 45; T-481/93 und T-484/93, Exporteurs in Levende Varkens/KOM, Slg. 1995, II–2941 Rn. 59). Gleiches gilt auch für die beim Kläger durchgeführten Untersuchungen, auf denen der später erlassene Rechtsakt beruht (EuGH, Rs. 275/82, Allied Corporation, Slg. 1984, 1005). Die Einräumung der Klagebefugnis hat in diesen Fällen zum Ziel, eine gerichtliche Überprüfung der durchgeführten Verfahrenshandlungen zu gewährleisten (EuGH, Rs. 191/82, Fediol, Slg. 1983, 2913). Diese Umstände spielen eine entscheidende Rolle bei der Gewährung der Klagebefugnis gegenüber Verordnungen, die im Rahmen des **Antidumpingrechts** getroffen werden (vgl. dazu *Stotz* in Dauses, P I Rn. 94–103; *Happe*, JZ 1993, 292–301). Die von der Rechtsprechung in diesem Bereich entwickelten Grundsätze können jedoch nicht automatisch auf andere Bereiche übertragen werden (so ausdrücklich EuGeI, T-122/96, Federolio/KOM, Slg. 1997, II–1559 Rn. 76). Es widerspricht nämlich dem Wortlaut und Geist des Art. 230, jedem Einzelnen die Möglichkeit zu eröffnen, nur weil er eine Beschwerde eingereicht hat, oder sich sonst an der Vorbereitung eines Rechtsakts beteiligt hat, später diesen

Rechtsakt mit einer Klage anzugreifen (EuGH, C-10/95P, Asocarne/Rat, Slg. 1995, I–4149 Rn. 40; EuGeI, T-585/93, Stichting Greenpeace Council u.a./KOM, Slg. 1995, II–2205 Rn. 56). Der „einfache Lobbyist" ist folglich nicht nach Art. 230 IV zur Klage berechtigt.

Ein solches „individuelles Betroffensein" wird hingegen grundsätzlich **38** **nicht** bereits **durch den Umstand begründet**, daß ein Wirtschaftsteilnehmer zu einem **geschlossenen Kreis von Wirtschaftsteilnehmern** gehört, zu dem im Zeitpunkt des Erlasses der Rechtshandlung kein Rechtssubjekt hinzukommen konnte (EuGeI, T-298/94, Roquette Frères SA/Rat, Slg. 1996, II–1531 Rn. 41; T-482/93, Martin Weber GdbR/KOM, Slg. 1996, II–609 Rn. 63–65; T-489/93, Unifruit Hellas/KOM, Slg. 1994, II–1201 Rn. 25), sofern die fragliche Rechtshandlung unabhängig von der besonderen Situation einzelner Erzeuger und der Art und des Inhalts der individuellen Anträge unterschiedslos auf alle dem geschlossenen Kreis angehörenden Wirtschaftsteilnehmer anwendbar ist (EuGeI, T-482/93, Martin Weber GdbR/KOM, Slg. 1996, II–609 Rn. 66). Daraus folgt, daß ein „individuelles Betroffensein" nur in denjenigen **Sonderfällen** anzunehmen ist, in denen einige Wirtschaftsteilnehmer

– durch die betreffende Gemeinschaftsrechtshandlung aufgrund ihres **individuellen Verhaltens** betroffen sind (z.B. individuelle Anträge auf Erteilung von Einfuhrlizenzen, die während eines bestimmten kurzen Zeitraums und für bestimmte Mengen gestellt wurden; dazu EuGH, C-354/87, Weddel/KOM, Slg. 1990, I–3847 Rn. 20–23; Rs. 112/77, Töpfer/KOM, Slg. 1978, 1019; Rs. 62/70, Bock/KOM, Slg. 1971, 897 Rn. 10; Rs. 41–44/70, International Fruit Company u.a./KOM, Slg. 1971, 411 Rn. 16–22; EuGeI, T-70/94, Comafrica und Dole/KOM, Slg. 1996, II–1741 Rn. 38–41),

– aufgrund einer **besonderen individuellen Situation** betroffen sind (z.B. Inhaber bestimmter Kategorien von Ausfuhrlizenzen zur Vorausfestsetzung der Ausfuhrerstattung, die in einem bestimmten Zeitraum erteilt worden und zu einem genauen Datum noch gültig waren; dazu EuGH, Rs. 88/76, Société pour l'exportation des sucres/KOM, Slg. 1977, 709/726, Rs.100/74, CAM/KOM, Slg. 1975, 1333/1403; keine besondere Situation stellt hingegen ein entstandener oder zu erwartender Schaden dar, sofern dieser generell und abstrakt einer großen Zahl von Personen entstehen kann, die nicht von vornherein so bestimmt werden können, daß sie in ähnlicher Weise wie der Adressat einer Entscheidung individualisiert werden könnten; dazu EuGeI, T-585/93, Stichting Greenpeace Council u.a./KOM, Slg. 1995, II–2205 Rn. 560/51; bestätigt durch EuGH, C-321/95P, Slg. 1998, I–1651),

– **aus der fraglichen Rechtshandlung einen spezifischen Schutz beanspruchen können** (insbesondere bei Erlaß von Schutzmaßnahmen: vgl.
EuGH, Rs. 152/88, Sofrimport/KOM, Slg. 1990, I–2477 – aus dem Ver-
trauensschutzgrundsatz –; EuGH, Rs. 11/82, Piraiki-Patraiki u.a./KOM,
Slg. 1985, 207 Rn. 75; EuGeI, T-480/93 und T-483/93, Antillean Rice
Mills u.a./KOM, Slg. 1995, II–2305 Rn. 66 – aus dem Verhältnis-
mäßigkeitsgrundsatz) oder
– **besondere Rechte** (EuGH, C-87/95P, CNPAAP/Rat, Slg. 1996, I–2003
Rn. 33; C-10/95P, Asocarne/Rat, Slg. 1995, I–4149 Rn. 28;, C-309/89,
Codorniu/Rat, Slg. 1994, I–1853 Rn. 19) geltend machen können.

(3) An Dritte ergangene Entscheidungen

39   Die Klagebefugnis kann schließlich auch in der Fallgestaltung gegeben
sein, in der die angegriffene Entscheidung nicht an den Kläger, sondern an
einen Dritten adressiert ist. Voraussetzung ist wiederum, daß der Kläger in
seiner Rechtsstellung unmittelbar und individuell beeinträchtigt wird. Dabei sind zu unterscheiden zum einen Entscheidungen, die **an Konkurrenten des Klägers** ergangen sind (oder pflichtwidrig unterlassen werden),
und zum anderen Entscheidungen, die **an die Mitgliedstaaten** gerichtet
sind.

40   Im ersten Fall handelt es sich um die sog. **unmittelbaren Konkurrentenklagen**, die vom EuGH/EuGeI recht großzügig zugelassen werden. Das
Kriterium des „**unmittelbaren Betroffenseins**" des Klägers gilt grundsätzlich bereits dann als erfüllt, wenn die angefochtene Entscheidung den Dritten individuell betrifft (so EuGH, Rs. 169/84, Cofaz/KOM, Slg. 1986, 391).
Das **individuelle Betroffensein** wird auch bei der Konkurrentenklage danach beurteilt, ob die an den Dritten gerichtete Entscheidung den Kläger
aufgrund besonderer persönlicher Eigenschaften oder Umstände in seiner
Rechtsstellung besonders betrifft und ihn damit in ähnlicher Weise individualisiert wie den Adressaten (EuGH, Rs. 25/62, Plaumann, Slg. 1963,
213/238; Rs. 11/82, Piraiki-Patraiki/KOM, Slg. 1985, 207/242; Rs. 250/86
und 11/87, RAR/Rat, Slg. 1989, 2045). Dies ist immer dann der Fall, wenn
das klagende Unternehmen in dem der Entscheidung vorausgehenden Verwaltungsverfahren in irgendeiner Form mitgewirkt haben oder beteiligt und
informiert worden sind (vgl. die Nachw. aus der Rspr. unter Rn. 37). So
kann etwa eine im Rahmen der VO Nr. 17 an ein Unternehmen gerichtete
Freistellungsentscheidung betr. eines Verteilungssystems von einem anderen Unternehmen angefochten werden, dessen Antrag auf Zulassung als
Großhändler im Rahmen des freigestellten Systems abgelehnt worden ist
und dessen Einwände im Freistellungsverfahren von der Kommission

gehört und in der Freistellungsentscheidung ausdrücklich zurückgewiesen
worden sind (EuGH, Rs. 75/84, Metro/KOM, Slg. 1986, 3021). Auch Entscheidungen über die Annahme oder Ablehnung von Angeboten im Rahmen gemeinschaftsrechtlicher Ausschreibungen betreffen ein teilnehmen-
des Unternehmen individuell und unmittelbar (EuGH, Rs. 92/78, Simment-
hal/KOM, Slg. 1979, 777).

In den Fällen, in denen **Entscheidungen an Mitgliedstaaten** ergehen, ist   **41**
eine natürliche oder juristische Person klageberechtigt, wenn sie als Begünstigter oder Betroffener individualisiert ist, und wenn dem Mitgliedstaat
bei der Umsetzung ihm gegenüber kein Ermessensspielraum verbleibt
(EuGH, Rs. 169/84, Cofaz, Slg. 1986, 381 mit Anm. *Nicolaysen*, EuR 1986,
261; Rs. 75/84, Metro, Slg. 1986, 3021; Rs. 296 u. 318/84, Leeuwaarder
Papierwarenfabriek, Slg. 1985, 809; s. auch *Huber*, EuR 1989, 31). Für die
Beurteilung des **individuellen Betroffenseins** gelten im wesentlichen die
gleichen Überlegungen wie bei der unmittelbaren Konkurrentenklage (vgl.
Rn. 40). Allerdings ist hier das Kriterium des **unmittelbaren Betroffenseins** im Einzelfall sehr sorgfältig zu prüfen, da die Rechtsstellung des Einzelnen häufig erst im Zuge der Durchführung der an den Mitgliedstaat gerichteten Entscheidung unmittelbar betroffen wird. Vor diesem Hintergrund
liegt ein unmittelbares Betroffensein nur dann vor, wenn der Mitgliedstaat
bei rechtmäßiger Ausführung der an ihn ergangenen Entscheidung gezwungen ist, eine dem Kläger nachteilige Maßnahme zu treffen oder eine
dem Kläger günstige Maßnahme zu unterlassen, oder aber wenn der Mitgliedstaat mit Sicherheit oder mit großer Wahrscheinlichkeit ohne die Entscheidung die nachteilige Maßnahme unterlassen oder die günstige Maßnahme getroffen hätte, sei es, weil er hierzu verpflichtet gewesen wäre, sei
es, weil er eine entsprechende Absicht bereits deutlich hat erkennen lassen
(vgl. *Krück*, GTE, Art. 173, Rn. 51/52).

In der Praxis kommen diese Grundsätze vor allem im Zoll- und Außen-   **42**
handelsrecht sowie im Beihilferecht zur Anwendung. Im Bereich des
Außenhandelsrechts hat der EuGH etwa erkannt, daß Entscheidungen
der Kommission, mit denen die Mitgliedstaaten zum Erlaß rückwirken-
der Schutzmaßnahmen ermächtigt werden, von allen Importeuren angefochten werden können, die bereits vor Erlaß der Entscheidung Anträge auf
Erteilung von Einfuhrlizenzen gestellt hatten (vgl. EuGH, Rs. 82/87R, Aut-
expo/KOM, Slg. 1987, 2131; Rs. 1/84R, Ilford/KOM, Slg. 1984, 423), oder
denen die Erfüllung bereits eingegangener Verpflichtungen aufgrund der
Entscheidung ganz oder teilweise unmöglich gemacht wird (vgl. EuGH, Rs.
11/82, Piraiki-Patraiki/KOM, Slg. 1985, 207/244). Diese Importeure
gehören zu einem beschränkten Kreis von Marktteilnehmern, deren Identität

die Kommission festgestellt hat oder hätte feststellen können und auf deren Rechtsstellung sich die fraglichen Entscheidungen besonders auswirken. Im Bereich des **Beihilferechts** ist anerkannt, daß eine an die Mitgliedstaaten gerichtete Kommissionsentscheidung, mit der die Unvereinbarkeit einer an ein oder mehrere bestimmte Unternehmen gewährte nationalen Beihilfe mit Gemeinschaftsrecht festgestellt wird, von den „begünstigten" Unternehmen mit der Nichtigkeitsklage angegriffen werden können (vgl. EuGH Rs. 223/85, RSV/KOM, Slg. 1987, 4617; Rs. 169/84, Cofaz/KOM, Slg. 1986, 391; Rs. 296 und 318/82, Leeuwarder Papierwarenfabriek, Slg. 1985, 809; Rs. 730/79, Philip Morris, Slg. 1980, 2671; vgl. auch *Schneider*, DVBl. 1996, 1301). War die nationale Beihilfe für nur eine nach allgemeinen Kriterien bestimmte Gruppe von Wirtschaftsteilnehmern vorgesehen, fehlt es an dem erforderlichen individuellen Betroffensein und damit auch an der Klagebefugnis dieser Unternehmen (EuGH, C-225/91, Matra/KOM, Slg. 1993, I–3203 Rn. 33; C-198/91, Cook/KOM, Slg. 1993, I–2487 Rn. 32; Rs. 67, 68 und 70/85, Van der Kooy/KOM, Slg. 1988, 219).

(4) Sonderfall: Anfechtbarkeit der als Richtlinien ergangenen Entscheidungen

43 Art. 230 IV sieht nach seinem insoweit klaren und eindeutigen Wortlaut **keine direkte Klage des Einzelnen** vor den Gemeinschaftsgerichten **gegen Richtlinien** oder Entscheidungen, die als Richtlinien ergangen sind, vor. Dieser Auschluß ist dadurch gerechtfertigt, daß im Falle der Richtlinie der gerichtliche Rechtsschutz Einzelner ordnungsgemäß und ausreichend von den nationalen Gerichten gesichert wird, die die Umsetzung der RLen in das jeweilige nationale Recht kontrollieren (in diesem Sinne EuGeI, T-99/94, Asocarne/Rat, Slg. 1994, I–871 Rn. 17).

44 Gleichwohl hat das EuGeI, wenn auch nur „hilfsweise", in einem konkreten Fall bereits geprüft, ob die streitige Richtlinie keine **„verschleierte" Entscheidung** darstellt und keine speziellen Vorschriften enthält, die den Charakter einer individuellen Entscheidung hätte (EuGeI, T-99/94, Asocarne/Rat, Slg. 1994, I–871 Rn. 17 m.Anm. *von Burchard*, EuZW 1995, 255). Da dies nicht der Fall war, brauchte die prozessuale Vorfrage, ob – entgegen dem Wortlaut des Art. 230 IV – Richtlinien für die Beurteilung der Zulässigkeit einer Klage natürlicher und juristischer Personen gegen eine „als Richtlinie ergangene Entscheidung" „den als Verordnungen ergangenen Entscheidungen" gleichgesetzt werden können, nicht geklärt zu werden. In der nachfolgenden Rechtsmittelentscheidung bestätigte der EuGH die „hilfsweisen" Überlegungen des EuGeI, wonach die fragliche Richtlinie keine „verschleierte" Entscheidung darstellt, und dies auch deshalb nicht,

weil im konkreten Fall die fragliche Richtlinie inhaltsgleich eine frühere
Entscheidung ersetzte (EuGH, C-10/95P, Asocarne/Rat, Slg. 1995, I–4149
Rn. 32 m. Anm. *Klüpfel*, EuZW 1996, 393).

Die Tatsache, daß beide Gemeinschaftsgerichte sich nicht einfach mit dem   **45**
Hinweis auf den klaren Wortlaut des Art. 230 IV begnügt haben, sondern in
eine Sachprüfung des „wahren Charakters" der fraglichen Richtlinie eingetreten sind, läßt vermuten, daß die Gemeinschaftsgerichte einer **Ausweitung des Art. 230 IV** in dem Sinne, daß ein Einzelner auch gegen als Richtlinien ergangene Entscheidungen Klage nach Art. 230 IV erheben kann,
aufgeschlossen gegenüberstehen, wenngleich ihre ausdrückliche Anerkennung noch aussteht. Die Klagebefugnis würde auch hier – wie bereits die
beiden Urteile erkennen lassen – davon abhängen, ob der Einzelne von der
Richtlinie unmittelbar und individuell betroffen wird. Diese Prüfung dürfte
den zur Verordnung entwickelten Grundsätzen folgen (vgl. oben
Rn. 34–38). Als besonders problematisch dürfte sich dabei das Merkmal
des „unmittelbaren Betroffenseins" erweisen, da Richtlinien stets noch der
Umsetzung in das jeweilige nationale Recht bedürfen. Es könnte allenfalls
bei solchen Richtlinien angenommen werden, die den Mitgliedstaaten keinerlei Spielraum für die Umsetzung belassen.

3. Rechtsschutzinteresse

Der **Nachweis eines Rechtsschutzinteresses** wird nur von den nicht privi-   **46**
legierten Klageberechtigten (natürlichen und juristischen Personen) verlangt. Bei den privilegierten Klageberechtigten (Mitgliedstaaten, Rat, Kommission, EP und EZB) wird das Rechtsschutzinteresse im Hinblick auf deren institutionelle Verantwortung für die Wahrung des Gemeinschaftsrechts
unterstellt (vgl. EuGH, Rs. 45/86, KOM/Rat, Slg. 1987, 1493; Rs. 131/86,
Vereinigtes Königreich/Rat, Slg. 1988, 905).

Das Bestehen eines Rechtsschutzinteresses setzt voraus, daß der Kläger ein   **47**
rechtlich relevantes, schützwürdiges Interesse an der Klageerhebung und
gerade auch an der Nichtigerklärung des angegriffenen Rechtsaktes geltend
machen kann (EuGeI, T-178/94, ATM/KOM, Slg. 1997, II–2529 Rn. 53).
Davon ist jedenfalls dann auszugehen, wenn der Kläger bei Klageerhebung
durch die angegriffene Handlung **unmittelbar und spürbar** in seinen
Rechten **beeinträchtigt** ist. Der Kläger kann danach nur die **Verletzung
derjenigen Normen** geltend machen, die seine rechtlich geschützten Interessen betreffen (EuGH, Rs. 37/72, Marcato/KOM, Slg. 1973, 361). **Verfahrensfehler** beim Zustandekommen der angegriffenen Maßnahme können nur insoweit gerügt werden, als diese Einfluß auf den Inhalt der Maßnahme haben und somit die Möglichkeit besteht, daß ohne den Verfahrens-

fehler die Maßnahme nicht oder jedenfalls mit anderem Ergebnis getroffen worden wäre (EuGH, C-304/89, Oliveira/KOM, Slg. 1991, I–2283; Rs. 30/78, Distillers Company/KOM, Slg. 1980, 2229). Allerdings kann ein Rechtsschutzinteresse auch an der Nichtigerklärung eines lediglich feststellenden Rechtsaktes bestehen, nämlich dann, wenn das Urteil als Grundlage für eine mögliche Schadensersatzklage dienen (EuGH, Rs. 76/79, Könecke/KOM, Slg. 1980, 665) oder einer Wiederholungsgefahr begegnen kann. Das Rechtsschutzinteresse entfällt schließlich auch dann nicht, wenn derselbe Sachverhalt bereits Gegenstand eines innerstaatlichen Rechtsstreits ist (EuGH, Rs. 223/85, RSV/KOM, Slg. 1987, 4617 – Klage gegen eine Beihilfeentscheidung der Kommission bei gleichzeitiger Rechtshängigkeit der Frage nach der Rechtmäßigkeit der Beihilfe bei einem nationalen Gericht).

48 Das Rechtsschutzinteresse wird vom EuGH nur bei ausdrücklicher Rüge oder bei Bestehen erheblicher Zweifel an dessen Existenz geprüft.

4. Klagefrist (Abs. 5)

49 Für die Erhebung der Nichtigkeitsklage gilt eine Frist von **2 Monaten**; sie verlängert sich um die sog. **Entfernungsfristen** (Art. 81 § 2 VerfO/EuGH; Art. 102 § 2 VerfO/EuGeI; i.V.m. Anlage II zur VerfO/EuGH), die der unterschiedlichen räumlichen Entfernung der jeweiligen Kläger vom Sitz des EuGH und EuGeI in Luxemburg Rechnung tragen (für Deutschland: 6 Tage). Der Lauf der Frist wird durch die Gerichtsferien nicht gehemmt (vgl. *Happe*, Lauf und Berechnung der Fristen bei Anfechtungen vor dem EuGH, EuZW 1992, 297).

50 Die Klagefrist von 2 Monaten ist **zwingendes Recht**, da sie zur Gewährleistung der Klarheit und Sicherheit der Rechtsverhältnisse und zur Vermeidung jeder Diskriminierung oder willkürlichen Behandlung im Rahmen der Rechtsprechung eingeführt wurde. Ihre Einhaltung wird **von Amts wegen** geprüft und unterliegt nicht der Verfügung der Parteien oder des EuGH/EuGeI (vgl. EuGH, C-246/95, Coen, Slg. 1997, I–403 Rn. 21; EuGeI, T-276/97, Guérin automobiles EURL/KOM, Slg. 1998, II–261 Rn. 14; T-121/96 und T-151/96, Mutual Aid Administration Services/KOM, Slg. 1997, II–1355 Rn. 38/39). Mit Ablauf dieser **Ausschlußfrist** geht das Klagerecht verloren.

51 Der **Beginn der Klagefrist** ergibt sich aus Art. 230 V i.V.m. Art. 80 § 1 und Art. 81 § 1 VerfO/EuGH bzw. Art. 101 § 1 und Art. 102 § 1 VerfO/EuGeI. Art. 230 V unterscheidet dabei zwischen der „Bekanntgabe der betreffenden Handlung", der „Mitteilung an den Kläger" und die „Kenntniserlangung" im übrigen.

Mit der **Bekanntgabe der betreffenden Handlung** ist ihre **Veröffentli-**   **52**
chung im Amtsblatt der EG gemeint. In diesem Fall beginnt die Frist
frühestens am 15. Tag nach dem Erscheinen im Amtsblatt (Art. 81 § 1
VerfO/EuGH bzw. Art. 102 § 1 VerfO/EuGeI). Ausgangspunkt ist
grundsätzlich das auf der jeweiligen Nummer des Amtsblattes vermerkte
Erscheinungsdatum, es sei denn, es wird der Nachweis erbracht, daß das
Amtsblatt an diesem Tage tatsächlich nicht verfügbar war; dann ist das
tatsächliche Veröffentlichungsdatum maßgebend (EuGH, Rs. C-337/88,
Società Agricola Fattoria Alimentare, Slg. 1990, I–1).

Bei der **Mitteilung des Rechtsaktes** an den Kläger handelt es sich um die   **53**
in Art. 254 III (ex-Art. 191 III) vorgesehene **individuelle Bekanntma-**
chung, wobei die Klagefrist am Tag nach dem ordnungsgemäßen Zugang
des Rechtsaktes beim Kläger beginnt (vgl. Art. 80 § 1 VerfO/EuGH bzw.
Art. 101 § 1 VerfO/EuGeI). Eine fehlerhafte Zustellung kann – ohne die
Rechtmäßigkeit der Entscheidung selbst zu berühren – verhindern, daß die
Klagefrist zu laufen beginnt. Allerdings werden Mängel der Zustellung
durch die Möglichkeit der Kenntnisnahme geheilt (EuGH, Rs. 48/69,
ICI/KOM, Slg. 1972, 619/655); dies gilt namentlich für bloße Formfehler,
wie z.B. die fehlerhafte Bezeichnung des Adressaten, die die Anwendung
der Klagefrist jedenfalls dann nicht hindern kann, wenn der Adressat der
angefochtenen Entscheidung erkennen konnte, daß diese an ihn gerichtet
war (EuGH, Rs. 82/84, Metalgoi/KOM, Slg. 1984, 2585; EuGeI, T-276/97,
Guérin automobiles EURL/KOM, Slg. 1998, II–261 Rn. 14).

Wird ein Rechtsakt weder bekanntgegeben (lies: veröffentlicht) noch dem   **54**
Kläger mitgeteilt, läuft die Klagefrist vom Tage nach der **tatsächlichen**
Kenntniserlangung. Letztere liegt erst dann vor, wenn der Betroffene die
Möglichkeit hat, umfassende und genaue Kenntnis vom Inhalt und von der
Begründung der fraglichen Handlung zu erlangen, da er erst dann sein Klagerecht ausüben kann (EuGH, C-143/95P, KOM/Socurte u.a., Slg. 1997,
I–1 Rn. 31; C-180/88, Wirtschaftsvereinigung Eisen- und Stahlindustrie/
KOM, Slg. 1990, I–4413; Rs. 236/86, Dillinger Hüttenwerke/KOM, Slg.
1988, 3761). Dabei wird einem Betroffenen, der von dem Bestehen einer
ihn betreffenden Handlung erfährt, allerdings zugemutet, sich innerhalb einer angemessenen Frist über den genauen Inhalt Kenntnis zu verschaffen,
etwa durch Anforderung des Textes der fraglichen Entscheidung (EuGH, C-
180/88, Wirtschaftsvereinigung Eisen- und Stahlindustrie/KOM, Slg. 1990,
I–4413).

Die **Klagefrist endet** mit Ablauf des Tages, der im übernächsten Monat   **55**
dieselbe Zahl wie der Tag trägt, an dem das fristauslösende Ereignis eingetreten ist (vgl. Art. 80 § 1b VerfO/EuGH bzw. Art. 101 § 1b VerfO/EuGeI).

Zu der so berechneten Verfahrensfrist sind die jeweiligen Entfernungsfristen hinzuzurechnen (s. oben Rn. 49). Fällt das Ende dieser um die Entfernungsfrist verlängerten Verfahrensfrist auf einen Samstag, Sonntag oder einen in den VerfOen bezeichneten gesetzlichen Feiertag, so endet die Frist mit Ablauf des nächstfolgenden Werktages (Art. 80 § 2 VerfO/EuGH bzw. Art. 101 § 2 VerfO/EuGeI i.V.m. Anlage I VerfO/EuGH). **Beispiel für die Berechnung**: Zustellung der Entscheidung am 21.9., Ablauf der Verfahrensfrist 21.11., plus 6 Tage Entfernungsfrist/Deutschland, Ablauf der Klagefrist 27.11., 24 Uhr, falls dieser nicht auf einen Samstag, Sonntag oder einen bezeichneten Feiertag fällt.

56   Zur **Wahrung der Klagefrist** genügt der Eingang der Klageschrift bei der Kanzlei des EuGH/EuGeI innerhalb der Klagefrist (Art. 37 § 3 VerfO/EuGH; Art. 43 § 3 VerfO/EuGeI).

57   Die **Fristversäumung** hat keinen Rechtsnachteil zur Folge, wenn der Betroffene nachweist, daß ein Zufall oder ein Fall höherer Gewalt vorliegt (vgl. Art. 42 II Satzung/EuGH). An den Nachweis werden im Interesse der Rechtssicherheit und zur Vermeidung von Diskriminierungen oder willkürlichen Behandlungen bei der Gewährung von Rechtsschutz sehr strenge Anforderungen gestellt (EuGH, C-239/97, Irland/KOM, Slg. 1998, I–2655, Rn. 7; C-59/91, Frankreich/KOM, Slg. 1992, I–525 Rn. 8). Ein „**Zufall**" liegt vor, wenn das Fristversäumnis auch bei Anwendung der gebotenen Sorgfalt nicht zu vermeiden gewesen wäre (EuGH, Rs. 25 und 26/65, SIMET und FERAM/Hohe Behörde, Slg. 1967, 42/47). Der Begriff „**höhere Gewalt**" umfaßt alle ungewöhnlichen, vom Willen der Betroffenen unabhängigen und selbst bei Beachtung aller gebotenen Sorgfalt unvermeidbaren Schwierigkeiten, die die Fristwahrung unmöglich machen (EuGH, Rs. 209/83, Valsabbia/KOM, Slg. 1984, 3089/3097; Rs. 284/82, Bussoni/KOM, Slg. 1984, 557/566).

III. Begründetheit der Nichtigkeitsklage

58   Die Nichtigkeitsklage ist begründet, wenn die angegriffene Handlung oder Entscheidung mit einem der in Art. 230 II genannten Mängel, nämlich Unzuständigkeit, Verletzung wesentlicher Formvorschriften, Verletzung des Vertrags oder einer bei seiner Durchführung anzuwendenden Rechtsnorm oder Ermessensmißbrauch, behaftet ist.

59   Der jeweilige Mangel (Klagegrund) ist in der Klageschrift geltend zu machen (Art. 38 § 1c VerfO/EuGH bzw. Art. 44 § 1c VerfO/EuGeI). Eine bloße abstrakte Aufzählung der Klagegründe in der Klageschrift genügt nicht; es muß in der Klageschrift im einzelnen dargelegt werden, worin der Rechtsfehler besteht, auf den die Klage gestützt wird (vgl. EuGH, C-43/90, KOM/Deutschland, Slg. 1992, I–1909 Rn. 7/8; C-330/88, Grifoni/EAG, Slg. 1991, 1045 Rn. 18). Dabei wird allerdings als ausreichend angesehen, daß sich der Klagegrund mit hinreichender Klarheit aus dem Gesamtvortrag des Klägers in der Klageschrift ergibt, wobei der Gemeinschaftsrichter die richtige Zuordnung selbst vornimmt (EuGH, Rs. 338/82, Albertini und Montagnani/KOM, Slg. 1984, 2123/2135; Rs. 4/73, Nold/KOM, Slg. 1974, 491/505).

Die Rechtmäßigkeit des angefochtenen Rechtsakts ist auf der Grundlage   **60**
des Sachverhalts und der Rechtslage zu beurteilen, die zur Zeit des Erlasses des Rechtsaktes (nicht seines Inkrafttretens !) bestand (EuGH, Rs. 15/76 und 16/76, Frankreich/KOM, Slg. 1979, 321 Rn. 7; Rs. 114/83, Société d'initiatives et de coopération agricoles/KOM, Slg. 1984, 2589 Rn. 22; EuGeI, T-115/94, Opel Austria GmbH/Rat, Slg. 1997, II–39 Rn. 87; T-79/95 und T-80/95, SNCF und British Railways/KOM, Slg. 1996, II–1491 Rn. 48).

1. Erster Klagegrund: Unzuständigkeit

Im Rahmen der Rüge der Unzuständigkeit können **vier Zuständigkeits-**   **61**
mängel unterschieden werden (vgl. *Stotz*, in Dauses P.I Rn. 111–121).

Die **absolute oder äußere Unzuständigkeit** erfaßt diejenigen Fälle, in de-   **62**
nen die Regelungsmaterie nicht in den Zuständigkeitsbereich der EG fällt (EuGH, Rs. 6 und 11/69, KOM/Frankreich, Slg. 1969, 523/540; Rs. 294/83, Les Verts/EP, Slg. 1986, 1339/1372; Rs. 242/87, KOM/Rat, Slg. 1989, 1425).

Die **relative oder innere Unzuständigkeit**, bei der ein Organ im Zustän-   **63**
digkeitsbereich eines anderen Organs tätig wird. Dieser Zuständigkeits-
mangel wirkt sich vor allem im Verhältnis Rat/Kommission aus, und hier
vor allem bei der Ausübung originärer Rechtsetzungsbefugnisse durch die
Kommission (EuGH, C-202/88, Frankreich/KOM, Slg. 1991, I–1223/1264;
Rs. 188–190/80, Frankreich, Italien und Vereinigtes Königreich/KOM, Slg.
1982, 2545/2573) sowie bei der Wahrnehmung der der Kommission vom
Rat übertragenen Durchführungsbefugnisse (EuGH, Rs. 16/88, KOM/Rat,
Slg. 1989, 3457/3485; Rs. 6 und 7/88, Spanien und Frankreich/KOM, Slg.
1989, 3639/3673; Rs. 167/88, AGPB/ONIC, Slg. 1989, 1653/1682; Rs.
25/70, Einfuhr- und Vorratsstelle Getreide/Köster, Slg. 1970, 1161/1174).

Die **räumliche Unzuständigkeit** erfaßt das Handeln der Gemeinschaftsor-   **64**
gane, das sich unzulässigerweise auf ein Gebiet außerhalb der EG auswirkt
(EuGH, Rs. 89, 104, 114, 116, 117 und 125–129/85, Ahlström u.a./KOM,
Slg. 1988, 5193/5243 zur extraterritorialen Anwendbarkeit der EG-Wettbewerbsregeln).

65   Eine **sachliche Unzuständigkeit** liegt schließlich vor, wenn sich das handelnde Organ unzulässiger Handlungsformen bedient (EuGH, Rs. 228/82,
Ford/KOM, Slg. 1989, 1129/1162 – zur Auferlegung von vorläufigen Verpflichtungen, die sich nicht in den Rahmen der endgültig zu treffenden Entscheidung einfügen) oder ein Rechtsakt der Kommission unter Verletzung
des Kollegialitätsprinzips nur von dem für den Sachbereich verantwortlichen Kommissar erlassen worden ist (EuGeI, T-80/89 u.a., BASF AG
u.A./KOM, Slg. 1995, II–729 Rn. 101/102).

2. Zweiter Klagegrund: Verletzung wesentlicher Formvorschriften

66   Zu den **Formvorschriften** gehören alle Verfahrensregelungen, die beim
Zustandekommen der fraglichen Rechtshandlung zu beachten waren. Dazu
gehören a) die Beteiligungs- und Anhörungsrechte, b) die Vorschriften des
Beschlußverfahrens, c) die Begründungspflicht und d) die Veröffentlichung. Die Verletzung wesentlicher Formvorschriften kann vom Gemeinschaftsrichter **von Amts wegen geprüft** werden (EuGH, C-304/89, Olivei-
ra/KOM, Slg. 1991, I–2283 Rn. 18; C-291/89, Interhotel/KOM, Slg. 1991,
I–2257 Rn. 14; EuGeI, T-32/91, Solvay/KOM, Slg. 1995, II–1821 Rn. 43)
und **führt zur Nichtigkeit der angefochtenen Maßnahme** (EuGH, C-
199/91, Foyer culturel du Sart-Tilman/KOM, Slg. 1993, I–2667 Rn. 34; C-
157/90, Infortec/KOM, Slg. 1992, I–3525 Rn. 20; C-291/89,
Interhotel/KOM, Slg. 1991, I–2257 Rn. 17; EuGeI, T-450/93, Lisrestal
u.a./KOM, Slg. 1994, II–1177 Rn. 40/47; T-432 bis 434/93, Socurte
u.a./KOM, Slg. 1995, II–503 Rn. 65).

a) Beteiligungs- und Anhörungsrechte

67   Beteiligungs- und Anhörungsrechte bestehen zunächst im Rahmen der ver-
schiedenen **Rechtsetzungsverfahren** der EG (Vorschlagsverfahren, Art.
250, ex-Art. 189a; Verfahren der Mitentscheidung, Art.251, ex-Art. 189b;
Verfahren der Zusammenarbeit, Art. 252, ex-Art. 189c; Regelungs- und
Verwaltungsausschußverfahren, Art. 202, ex-Art. 145 i.V.m Beschluß des
Rates v. 13.7.1987 zur Festlegung der Modalitäten für die Ausübung der der
Kommission übertragenen Durchführungsbefugnisse – „Komitologie",
ABl. 1987 L 197/33). Eine Verletzung der obligatorischen Beteiligungs-
und Anhörungsrechte führt zur Nichtigkeit des betreffenden Rechtsaktes,
auf die sich auch der Einzelne berufen kann (EuGH, Rs. 138/79, Roquette
Frères/Rat, Slg. 1980, 3333; zu den Grenzen der obligatorischen Anhörung
des EP vgl. aber EuGH, C-65/93, EP/Rat, Slg. 1995, I–643). Die Mißachtung der lediglich fakultativen Anhörungsrechte ist hingegen unschädlich

(EuGH, Rs. 165/87, KOM/Rat, Slg. 1988, 5545). Außerhalb des formell
vorgesehenen Verfahrens durchgeführte Konsultationen genügen der Form
nur dann, wenn sie den Betroffenen die gleichen Garantien und Vorteile wie
das formelle Verfahren bieten (EuGH, Rs. 84/82, Deutschland/KOM, Slg.
1984, 1451).

Die **Beteiligungsrechte der von einem Rechtsakt betroffenen Einzelnen**   **68**
gehen zurück auf den Grundsatz der Wahrung der Verteidigungsrechte in
seiner konkreten Ausprägung durch den Anspruch auf rechtliches Gehör,
der Wahrung des Geschäftsgeheimnisses und die Vertraulichkeit des an-
waltlichen Schriftverkehrs (s. dazu Art. 230 Rn. 50–51 mit Nachw. aus der
Rspr.). Die Beachtung der Beteiligungsrechte in allen Verfahren, die zu einer den Betroffenen beschwerenden Maßnahme führen können, ist ein elementarer Grundsatz des Gemeinschaftsrechts, der auch dann sichergestellt
werden muß, wenn es an einer Regelung für das betreffende Verfahren fehlt
(EuGH, C-32/95P, KOM/Lisrestal, Slg. 1996, I–5373 Rn. 21; C-135/92,
Fiskano/KOM, Slg. 1994, I–2885 Rn. 39; EuGeI, T-42/96, Eyckeler&Malt
AG/KOM, Slg. 1998, II–401 Rn. 76).

Erst in jüngster Zeit hat der EuGH auch **interessierten Dritten** ein **Recht**   **69**
auf Anhörung zugestanden (EuGH, C-269/90, HZA München/Technische
Universität München, Slg. 1991, I–5495; C-48/90 und 66/90, Niederlan-
de/KOM, Slg. 1992, I–627). Voraussetzung ist allerdings, daß der interessierte Dritte unmittelbar und individuell von den wirtschaftlichen Folgen
des fraglichen Rechtsaktes betroffen ist.

b) Vorschriften des Beschlußverfahrens

Im Rahmen des Beschlußverfahrens sind neben den **vertraglich vorge-**   **70**
schriebenen Anforderungen (vgl. Art. 205, ex-Art. 148; Art. 206, ex-
Art.150) auch die von den Gemeinschaftsorganen in ihren jeweiligen Geschäftsordnungen selbst aufgestellten Verfahrensregeln zu beachten
(EuGH, Rs. 68/86, Vereinigtes Königreich/Rat, Slg. 1988, 855 zur Nichtbeachtung des gem. Art. 6 I der GO des Rates vorgeschriebenen Einver-
ständnisses aller Mitgliedstaaten für die Annahme einer Richtlinie im
schriftlichen Verfahren). Natürliche und juristische Personen können sich
allerdings auf die Mißachtung der Geschäftsordnungen der Organe nur insoweit berufen, als die jeweiligen Bestimmungen der Geschäftsordnungen
diesen Personen Rechte einräumen und allgemein der Gewährleistung von
Rechtssicherheit dienen (so EuGeI, T-79/89 u.a., BASF u.a./Kommission,
Slg. 1992, II–318; zurückhaltend noch EuGH, C-69/89, Nakajima/Rat, Slg.
1991, I–2069, der die Prüfung einer entsprechenden Rüge ablehnt).

71   Eine Verletzung der Regeln des Beschlußverfahrens liegt auch dann vor, wenn der fragliche Rechtsakt auf eine **unzutreffende Rechtsgrundlage** gestützt wird und dadurch andere Verfahrensanforderungen (insbes. im Hinblick auf die Beteiligungsrechte des EP) zur Anwendung kommen als sie bei der Wahl der richtigen Rechtsgrundlage gelten würden (EuGH, Rs. 165/87, KOM/Rat [Erasmus], Slg. 1988, 5545; C-62/88, Griechenland/Rat [Tschernobyl], Slg. 1990, I–1527; C-51/89, C-90/89 und C-94/89, Vereinigtes Königreich/Rat [Comett II], Slg. 1991, I–2757; C-300/89, KOM/Rat [Titandioxyd], Slg. 1991, I–2867; C-70/88, EP/Rat [Tschernobyl], Slg. 1991, I–4561; C-22/96, EP/Rat [IDA-Informationsverbund], Slg. 1998, I–3231).

c) Begründungspflicht

72   Verordnungen, Richtlinien und Entscheidungen müssen, um der in Art. 253 (ex-Art. 190) niedergelegten Begründungspflicht zu genügen, die Überlegungen des Gemeinschaftsorgans, das die angefochtene Maßnahme getroffen hat, so klar und unzweideutig wiedergeben, daß es den Betroffenen möglich ist, zur Wahrnehmung ihrer Rechte die tragenden Gründe für die Maßnahme kennenzulernen, und daß der Gemeinschaftsrichter seine Rechtskontrolle ausüben kann (EuGH, C-350/88, Delacre/KOM, Slg. 1990, I–395 Rn. 15; EuGeI, T-551/93 und T-231 bis 234/94, Industrias Pesqueras Campos SA/KOM,Slg. 1996, II–247 Rn. 140); die Begründung braucht jedoch nicht sämtliche tatsächlichen und rechtlichen Gesichtspunkte zu enthalten (EuGH, C-84/94, Vereinigtes Königreich/Rat, Slg. 1996, I–5755 Rn. 74; C-122/94, KOM/Rat, Slg. 1996, I–881 Rn. 29; weitere Einzelheiten und Nachweise aus der Rspr. siehe bei der Kommentierung des Art. 253). Zur Nichtigkeit eines Rechtsaktes können nur **wesentliche Verstöße** gegen die Begründungspflicht führen. Eine unzureichende Begründung kann grundsätzlich nicht durch ein „Nachschieben von Gründen" während des Verfahrens vor dem EuGH/EuGeI geheilt werden (EuGH, Rs. 195/80, Michel/EP, Slg. 1981, 2861; Rs. 183/83, Krupp Stahl AG/KOM, Slg. 1985, 3609). In außergewöhnlichen Fällen werden vom EuGH/EuGeI jedoch Erläuterungen zugelassen, die u.U. die Rüge des Begründungsmangels gegenstandslos machen (vgl. EuGH, Rs. 64, 71–73 u. 78/86, Sergio u.a./KOM, Slg. 1988, 1399). Werden mehrere Begründungen gegeben, haben mögliche Mängel einzelner Begründungen keinen Einfluß auf die Rechtmäßigkeit der fraglichen Handlung, wenn nur eine von diesen Begründungen den Anforderungen des Art. 253 (ex-Art. 190) entspricht (EuGH, C-86/89, Italien/KOM, Slg. 1991, I–3891/3910).

d) Veröffentlichung

Unregelmäßigkeiten bei der Veröffentlichung oder Bekanntgabe eines **73**
Rechtsakts bleiben ohne Einfluß auf dessen Rechtmäßigkeit, sondern verhindern lediglich das Auslösen der Klagefrist (EuGH, Rs. 48/69, ICI/KOM,
Slg. 1972, 619/659).

3. Dritter Klagegrund: Verletzung des Vertrags oder einer bei seiner Durchführung anzuwendenden Rechtsnorm

Dieser Klagegrund erfüllt gegenüber den anderen Klagegründen die Funk **74**
tion eines **Auffangtatbestandes**, indem jede Verletzung einer höherrangigen Rechtsnorm durch den angegriffenen Rechtsakt gerügt werden kann.
Den ersten Prüfungsmaßstab bilden alle **Normen mit Vertragsrang**. Hier **75**
zu zählen neben den Vorschriften des EGV, einschließlich seiner
Anhänge, Änderungen oder Ergänzungen, auch die allgemeinen Verfassungsrechtsgrundsätze, insbesondere also die Grundrechte, die Grundsätze
der Verhältnismäßigkeit und des Vertrauensschutzes oder die Verfahrensgarantien (zu den allgemeinen Rechtsgrundsätzen und den Nachweisen aus
der Rspr. siehe im einzelnen Art. 220 Rn. 39–67). Über das Vertragsrecht
selbst übt der EuGH/das EuGeI keine Kontrolle aus, da seine Kompetenz
im Rahmen der Nichtigkeitsklage auf die Überprüfung der Handlungen und
Entscheidungen der Gemeinschaftsorgane beschränkt ist (EuGH, Rs.
31/86, Laisa/Rat, Slg. 1988, 2285).
Einen zweiten Verletzungsgegenstand bilden die bei der Durchführung des **76**
Vertrages anzuwendenden Rechtsnormen, d.h. alle **verbindlichen Rechtsakte** der Organe, wie z.B. die Verordnungen, Richtlinien, Entscheidungen
oder die sonstigen **mit Bindungswirkung ausgestatteten Rechtshandlungen**. Damit scheiden die lediglich beratenden Rechtshandlungen wie
Empfehlungen und Stellungnahmen als Prüfungsmaßstab im Rahmen der
Nichtigkeitsklage aus. Prüfungsmaßstab für Gemeinschaftsrechtshandlungen können hingegen die die **Gemeinschaft bindenden völkerrechtlichen
Verträge** sein (st. Rspr., vgl. EuGH, Rs. 21–24/72, International Fruit
Company, Slg. 1972, 1219/1227), jedenfalls soweit die EG mit der fraglichen Rechtshandlung eine bestimmte, im Rahmen des völkerrechtlichen
Vertrages übernommene Verpflichtung erfüllen wollte oder wenn diese
Handlung ausdrücklich auf spezielle Bestimmungen dieses Abkommens
verweist (so zum GATT 1947 EuGH, C-280/93, Deutschland/Rat [Bananenmarktordnung], Slg. 1994, 4973 Rn. 109–111 m.w.Nachw.). Gemeinschaftsangehörige können sich auf die Bestimmungen dieser Verträge allerdings nur dann berufen, wenn diese ein subjektives Recht für sie begründen

(EuGH, Rs. 270/80, Polydor, Slg. 1982, 329/349; Rs. 104/81, HZA Mainz/Kupferberg, Slg. 1982, 3641/3665) oder wenn diese von den Gemeinschaftsorganen zu Lasten der Betroffenen unrichtig angewandt wurden (EuGH, Rs. 126/83, STS/KOM, Slg. 1984, 2769/2779; Rs. 218/83, Les Rapides Savoyardes, Slg. 1984, 3105/3121). Im Hinblick auf die Bestimmungen des GATT 1947 kommt die Geltendmachung einer Verletzung nur unter dem zweiten Gesichtspunkt in Betracht, da diese Bestimmungen für die Wirtschaftsteilnehmer keine subjektiven Rechte begründen (vgl. EuGH, C-280/93, Deutschland/Rat [Bananenmarktordnung], Slg. 1994, 4973 Rn. 105–112 m.w.Nachw.). Ob dies auch für das GATT 1994 im Rahmen der WTO, und hier insbesondere für die Entscheidungen der Streitschlichtungsorgane gilt, ist heftig umstritten (*zum Streitstand: Oppermann*, RIW 1995, 919; *Schmid*, NJW 1998, 190; *ablehnend: GA Tesauro* in seinen Schlußanträgen vom 13.11.1997 in der Rs. C-53/96, Hermès International/FHT Marketing Choice, Slg. 1998, I–3606; *Petersmann*, EuZW 1997, 325; *Schmid*, NJW 1998, 190; *zustimmend: Sack*, EuZW 1997, 650; dagegen wiederum *Petersmann*, EuZW 1997, 651).

4. Vierter Klagegrund: Ermessensmißbrauch

77   Der Begriff des Ermessensmißbrauchs hat eine **gemeinschaftsspezifische Bedeutung,** wenngleich Anlehnungen an das in Frankreich und Belgien gebräuchliche Institut des „détournement de pouvoir" unverkennbar sind. Eine Rechtshandlung wird nur dann als ermessensmißbräuchlich angesehen, wenn aufgrund objektiver, schlüssiger und übereinstimmender Indizien feststeht, daß die fragliche Handlung zumindest vorwiegend zu anderen als den angegebenen Zwecken oder aber mit dem Ziel erlassen worden ist, ein für die Regelung des fraglichen Sachverhalts vorgesehenes Verfahren zu umgehen (vgl. EuGH, C-84/94, Vereinigtes Königreich/Rat, Slg. 1996, I–5755 Rn.69; C-156/93, EP/KOM, Slg. 1995, I–2019 Rn. 31; C-331/88, Fedesa, Slg. 1990, I–4023/4065; EuGeI, T-551/93 und T-231 bis 234/94, Industrias Pesqueras Campos SA/KOM,Slg. 1996, II–247 Rn. 168; T-146/89, Williams/Rechnungshof, Slg. 1991, II–1293 Rn. 87/88).

78   Dieser so umschriebene Anwendungsbereich bleibt hinter den in Deutschland gebräuchlichen Instituten des „fehlerhaften Verwaltungsermessens" oder „Ermessensfehlgebrauch" erheblich zurück. Er umfaßt lediglich diejenigen Fälle, in denen mit den Mitteln des Gemeinschaftsrechts ein **subjektiv rechtswidriges Ziel oder Zweck** verfolgt wird (zu diesen strengen Voraussetzungen siehe *Schockweiler*, La notion de détournement de pouvoir en droit communautaire, in Actualités juridiques de droit administratif [AJDA] 1990, 435). Ist ein Rechtsakt auf objektive Erwägungen gestützt, kann ein

Ermessensmißbrauch nicht gerügt werden; es bleibt lediglich die Rüge der Rechtsverletzung (EuGH, Rs. 266/82, Turner, Slg. 1984, 1/13; Rs. 23/76, Pellegrini, Slg. 1976, 1807/1820). Hieraus erklärt sich die Tatsache, daß die Rüge des Ermessensmißbrauchs höchst selten, und dies auch nur in Beamtensachen, zum Erfolg geführt hat (vgl. etwa EuGH, Rs. 105/75, Giuffrida, Slg. 1976, 1395/1403).

Art. 231 (ex-Art. 174) (Nichtigerklärung)

Ist die Klage begründet, so erklärt der Gerichtshof die angefochtene Handlung für nichtig.

Erklärt der Gerichtshof eine Verordnung für nichtig, so bezeichnet er, falls er dies für notwendig hält, diejenigen ihrer Wirkungen, die als fortgeltend zu betrachten sind.

I. Inhalt und Tragweite der Nichtigerklärung (Abs.1)

Mit einem der Klage **stattgebenden Urteil** erklären EuGH/EuGeI die angefochtene Handlung für nichtig. Auch eine Teilnichtigkeit kann ausgesprochen werden, nämlich dann, wenn der angefochtene Rechtsakt aus verschiedenen, voneinander abtrennbaren Teilen besteht und nur ein Teil nichtig ist (EuGH, Rs. 31/71, Jamet/KOM, Slg. 1972, 483/490; Rs. 17/74, Transocean Marine Paint Association/KOM, Slg. 1974, 1063/1082; Rs. 92/78, Simmenthal/KOM, Slg. 1979, 777/811). **1**

Das Nichtigkeitsurteil ist ein **Gestaltungsurteil**, so daß bis zur Nichtigerklärung eine **Rechtmäßigkeitsvermutung** zugunsten des angefochtenen Rechtsaktes besteht (EuGH, Rs. 101/78, Granaria/Hoofdproduktschap voor Akkerbouwprodukten, Slg. 1979, 623/636). Eine Ausnahme gilt lediglich für **inexistente Akte**, also für solche Rechtsakte, die mit besonders schweren und offenkundigen Fehlern behaftet sind (vgl. Art. 230 Rn. 6–8). Klagen gegen inexistente Akte werden als unzulässig behandelt; gleichwohl wird die Inexistenz des Aktes im Tenor des Urteils festgestellt (vgl. EuGeI, T-79/89 u.a., BASF u.a./KOM, Slg. 1992, I–318). **2**

Die Nichtigerklärung wirkt vorbehaltlich der in Abs. 2 geregelten Ausnahmen **erga omnes** und **ex tunc**. Der für nichtig erklärte Rechtsakt wird rückwirkend so angesehen, als habe er niemals existiert. Alle auf ihm beruhenden Handlungen sind folglich wegen fehlender gültiger Rechtsgrundlage als rechtswidrig zu betrachten. Die Parteien werden in die Lage zurückversetzt, die vor dem für nichtig erklärten Rechtsakt bestand. Etwaige Schäden, die auf die Anwendung des für nichtig erklärten Rechtsaktes zurück- **3** zuführen sind, können mit der Schadensersatzklage geltend gemacht werden (EuGH, Rs. 238/78, Ireks-Arkady/ Rat und KOM, Slg. 1979, 2955/2971). Rechtswidrig erhobene Leistungen können unter Anwendung und nach Maßgabe der nationalen Verfahrensvorschriften zurückverlangt werden (EuGH, C-228/92, Roquette Frères/HZA Geldern, Slg. 1994, I–1445 Rn. 18; Rs. 130/79, Express Dairy Foods Ltd./Intervention Board for Agricultural Produce, Slg. 1980, 1887/1899).

4 Bei **für nichtig erklärten Verordnungen** tritt die Urteilswirkung erst mit Rechtskraft des Urteils ein, d.h. nach Ablauf der Rechtsmittelfrist oder Beendigung des Rechtsmittelverfahrens (vgl. Art. 53 II Satzung/EuGH). Den betroffenen Parteien steht es jedoch frei, während des „Schwebezustandes" einstweilige Regelungen gemäß Art. 242 (ex-Art. 185) oder Art. 243 (ex-Art. 186) zu beantragen. Bei **für nichtig erklärten Richtlinien** (vgl. EuGH, C-295/90, EP/Rat, Slg. 1992, I–4193) stellt sich das Problem, welche Wirkungen die Nichtigerklärung auf die die fragliche Richtlinie in nationales Recht umsetzenden Rechtsakte zeitigt. Diese dürften, soweit nicht die Wirkungen der Richtlinie nach Absatz 2 ausdrücklich als fortgeltend erklärt werden (so in EuGH, C-295/90, EP/Rat, Slg. 1992, I–4193), mit der Nichtigerklärung der Richtlinie unanwendbar werden (a.A. *Röttinger*, EuZW 1993, 120).

5 Ein die Nichtigkeitsklage **abweisendes Urteil** wirkt demgegenüber nur zwischen den Parteien, da der Gemeinschaftsrichter das Klagebegehren, d.h. die Nichtigerklärung des angefochtenen Rechtsaktes, nur vor dem Hintergrund der jeweils vorgetragenen und geprüften Klagegründe zurückweist. Dies schließt es nicht aus, daß in einem anderen Verfahren neue und andere Gründe geltend gemacht werden, die zur Nichtigkeit des Rechtsaktes führen können.

II. Begrenzung der Folgen der Nichtigerklärung (Abs. 2)

6 Die weitreichenden Folgen einer erga omnes und ex-tunc Nichtigerklärung können im Einzelfall mit den Grundsätzen der Rechtssicherheit, des Vertrauensschutzes, der Achtung wohlerworbener Rechte Dritter oder der Wahrung überragender öffentlicher Interessen kollidieren. Es ist Sache des Gemeinschaftsrichters, diesen Grundsätzen bei der Nichtigerklärung des Rechtsaktes Rechnung zu tragen und deren **Wirkungen in zeitlicher Hinsicht zu beschränken** und diejenigen Wirkungen konkret zu bezeichnen, die als fortgeltend zu betrachten sind (EuGH, C-271/94, EP/Rat, Slg. 1996, I–1689; C-360/93, EP/Rat, Slg. 1996, I–1195; C-41/95, Rat/EP, Slg. 1995, I–4411; Rs. 112/83, Société des produits de maïs/Administration des douanes et droits indirectes, Slg. 1985, 719/748).

EuGH und EuGeI nehmen dabei für sich in Anspruch, die Wirkungen der   **7**
Nichtigerklärung nicht nur für die Zeit vor dem Erlaß des Urteils zu beschränken, sondern auch für die Zeit danach, d.h. bis zur Anpassung der
Rechtslage durch die zuständigen Gemeinschaftsorgane (EuGH, C-388/92,
EP/Rat, Slg. 1994, I–2067 Rn. 22; C-21/94, EP/Rat, Slg. 1995, I–1827; Rs.
81/72, KOM/Rat, Slg. 1973, 575/586; Rs. 59/81, KOM/Rat, Slg. 1982,
3329/3359; Rs. 264/82, Timex/Rat und KOM, Slg. 1985, 849/870).

Diese Beschränkung der Wirkungen einer Nichtigerklärung auf die Zukunft   **8**
kann im Einzelfall für den Kläger oder andere Marktteilnehmer von Nachteil sein. Deshalb behalten sich EuGH und EuGeI vor, für diejenigen Personen, die bereits vor Erlaß des Nichtigkeitsurteils Klage vor den nationalen Gerichten erhoben haben, als Ausnahme von der zeitlichen Beschränkung der Nichtigkeitserklärung die ex-tunc-Wirkung anzuordnen (vgl.
EuGH, C-212/94, FMC u.a./Intervention Board, Slg. 1996, I–389; Rs.
33/84, Fragd/Italien, Slg. 1985, 1605).

Die Beschränkung der Wirkungen einer Nichtigerklärung kann im Hinblick   **9**
auf die einheitliche Geltung des Gemeinschaftsrechts **ausschließlich durch**
den Gemeinschaftsrichter erfolgen (EuGH, Rs. 61/79, Amministrazione
delle Finanze dello Stato/Denkavit, Slg. 1980, 1205/1224), der insoweit
über einen weiten Beurteilungsspielraum verfügt. EuGH/EuGeI prüfen die
Frage einer möglichen Beschränkung **von Amts wegen**; eines besonderen
Antrags bedarf es nicht.

Aus Gründen der Rechtssicherheit und im Interesse der einheitlichen An-   **10**
wendung des Gemeinschaftsrechts wendet der EuGH die Regelung des
Abs. 2 **analog** auch auf Ungültigkeitserklärungen von Verordnungen im
Rahmen von **Vorabentscheidungsverfahren** (Art. 234, ex-Art. 177) an
(vgl. EuGH, C-228/92, Roquette Frères/HZA Geldern, Slg. 1994, 1445 Rn.
19/20; Rs. 112/83, Société des produits de maïs, Slg. 1985, 729/747). Diese Analogie stellt gleichzeitig die notwendige Kohärenz zwischen der Vor-
abentscheidungsvorlage zur Prüfung der Gültigkeit einer Verordnung und
der Nichtigkeitsklage her.

Art. 232 (ex-Art. 175) (Untätigkeitsklage)

Unterläßt es das Europäische Parlament, der Rat oder die Kommission
unter Verletzung dieses Vertrags, einen Beschluß zu fassen, so können
die Mitgliedstaaten und die anderen Organe der Gemeinschaft beim
Gerichtshof Klage auf Feststellung dieser Vertragsverletzung erheben.

Diese Klage ist nur zulässig, wenn das in Frage stehende Organ zuvor
aufgefordert worden ist, tätig zu werden. Hat es binnen zwei Monaten

nach dieser Aufforderung nicht Stellung genommen, so kann die Klage innerhalb einer weiteren Frist von zwei Monaten erhoben werden.

Jede natürliche oder juristische Person kann nach Maßgabe der Absätze 1 und 2 vor dem Gerichtshof Beschwerde darüber führen, daß ein Organ der Gemeinschaft es unterlassen hat, einen anderen Akt als eine Empfehlung oder eine Stellungnahme an sie zu richten.

Der Gerichtshof ist unter den gleichen Voraussetzungen zuständig für Klagen, die von der EZB in ihrem Zuständigkeitsbereich erhoben oder gegen sie angestrengt werden.

Literatur: *Barav*, Considérations sur la spécificité du recours en carence en droit communautaire, RTDE 1975, 53ff.; *Daig*, Nichtigkeits- und Untätigkeitsklage im Recht der EG, 1984.

I. Allgemeines

1   Die in Art. 232 eröffnete Klagemöglichkeit beruht auf der Vorstellung, daß die rechtswidrige Untätigkeit eines Gemeinschaftsorgans die Anrufung des Gemeinschaftsrichters ermöglicht, um dessen Feststellung zu erwirken, daß die Unterlassung – soweit das betroffene Organ sie nicht abgestellt hat – gegen den EGV verstößt.

Im Unterschied zur Nichtigkeitsklage (Art. 230, ex-Art. 173), die als Ge- **2**
staltungsklage auf die Beseitigung der angefochtenen Handlung abzielt, ist
die Untätigkeitsklage folglich auf die „Feststellung der Vertragsverletzung"
gerichtet. Sie ist damit als Feststellungsklage konzipiert und steht somit in
sachlicher Nähe zur Vertragsverletzungsklage (Art. 226, ex-Art. 169; Art.
227, ex-Art. 170). Gleichwohl stellt die Untätigkeitsklage als notwendige
Ergänzung des Rechtsschutzes gegenüber vertragswidrigem Verhalten der
Gemeinschaftsorgane einen **selbständigen Rechtsbehelf** dar.
Gegenüber der **Nichtigkeitsklage** ist die **Untätigkeitsklage subsidiär**. Ei- **3**
ne Untätigkeitsklage ist deshalb bereits dann unzulässig, wenn das Gemeinschaftsorgan, auf die ihm zur Last gelegte Untätigkeit mit einem mit
der Nichtigkeitsklage anfechtbaren Rechtsakt reagiert hat (EuGH, Rs.
42/71, Nordgetreide, Slg. 1972, 105/110; Rs. 10 und 18/68, Eridania, Slg.
1969, 459/484; Rs. 48/65, Lütticke, Slg. 1966, 27/40). Auch ist die Nichtigkeitsklage die richtige Verfahrensart, wenn gerügt wird, daß eine Verordnung oder Entscheidung rechtswidrig ist, weil sie eine bestimmte Vorschrift
nicht enthalten (EuGH, C-301/90, KOM/Rat, Slg. 1992, I–221, Rn. 14).

II. Zulässigkeit der Klage

1. Klagebefugnis

a) Privilegierte Klageberechtigte: Mitgliedstaaten und die „anderen Organe der Gemeinschaft" (Abs. 1 und 4)

Zu den privilegierten Klageberechtigten gehören neben den **Mitgliedstaa-** **4**
ten die anderen „Organe der Gemeinschaft". Art. 7 (ex-Art. 4) nennt als Gemeinschaftsorgane das **Europäische Parlament** (zur früheren Rechtslage
vgl. EuGH, Rs. 13/83, EP/Rat [Verkehrspolitik], Slg. 1985, 1513/1588
m.Anm. *Erdmenger*, EuR 1985, 375), den **Rat**, die **Kommission**, den **Ge-**
richtshof und den **Rechnungshof**. Gleichwohl kann der Gerichtshof nicht
als klagebefugtes Organ angesehen werden, da er nicht gleichzeitig Rechtsschutz begehren und gewähren kann (so auch *Krück*, GBE, Art. 175 Rn. 5
m.w.N.). Die anderen Institutionen sind aufgrund ihrer Organstellung hingegen klagebefugt; dies gilt auch für den Rechnungshof, der etwa gegenüber Verletzungen der Informationspflichten (Art. 248, ex-Art. 188c Abs. 3)
durch das EP, den Rat oder die Kommission mit der Untätigkeitsklage vorgehen könnte. In den Kreis der privilegierten Klageberechtigten ausdrücklich einbezogen wird auch die **Europäische Zentralbank**.

b) Natürliche und juristische Personen (Abs. 3)

5 Gemäß Art. 232 III kann jede natürliche und juristische Personen unter den in dieser Vorschrift genannten Voraussetzungen vor dem Gemeinschaftsrichter Beschwerde darüber führen, daß ein Organ „*es unterlassen hat, einen anderen Akt als eine Empfehlung oder eine Stellungnahmen **an sie zu richten**"*. Es bestand lange Zeit Unsicherheit darüber, ob aus dieser Eingrenzung der Klagebefugnis zu folgern ist, daß die Klage einer natürlichen oder juristischen Person nur zulässig ist, wenn diese nachweisen kann, daß sie der „*potentielle Adressat*" einer Handlung ist, die ein Gemeinschaftsorgan an sie zu richten hat (so ausdrücklich EuGH, T-28/90, Asia Motor France u.a./KOM, Slg. 1992, II–2285 Rn. 29; bestätigt noch durch T-277/94, AITEC/KOM, Slg. 1996, II–351 Rn. 58), oder ob es für den Nachweis der Klagebefugnis genügt, daß der Kläger von dem unterlassenen Rechtsakt „*unmittelbar und individuell betroffen*" wäre (in diese Richtung gehend EuGH, Rs. 247, Star Fruit/KOM, Slg. 1989, 291/301; Rs. 118/83, CMC/KOM, Slg. 1985, 2325/2345). In der Rs. **C-68/95, T.Port/KOM** (Slg. 1996, I–6065 Rn. 59) hat der EuGH unter Hinweis darauf, daß die Art. 230 (ex-Art. 173) und Art. 232 (ex-Art. 175) ein und denselben Rechtsbehelf regeln, nunmehr unmißverständlich klargestellt, daß „*– ebenso wie Artikel 173 Absatz 4 es dem einzelnen erlaubt, Nichtigkeitsklage gegen einen Rechtsakt zu erheben, der zwar nicht an ihn gerichtet ist, ihn aber unmittelbar und individuell betrifft – auch Artikel 175 Abs. 3 dahin auszulegen ist, daß der einzelne Untätigkeitsklage gegen ein Organ erheben kann, das es unterlassen hat, einen Rechtsakt zu erlassen, der ihn in gleicher Weise betroffen hätte. Denn die Möglichkeit für den einzelnen, seine Rechte geltend zu machen, darf nicht davon abhängen, ob das betreffende Gemeinschaftsorgan tätig geworden oder untätig geblieben ist*" (Rn. 59). Diese Klarstellung ist im Interesse eines wirksamen Individualrechtsschutzes zu begrüßen. Im Hinblick auf den Inhalt und die Tragweite der Kriterien des individuellen und unmittelbaren Betroffenseins gelten insoweit die gleichen Grundsätze wie bei der Nichtigkeitsklage (s. Art. 230 Rn. 28ff.), da eine unterschiedliche Qualifizierung der Maßnahmen, die Gegenstand einer Klage von natürlichen und juristischen Personen im Rahmen der Art. 230 (ex-Art. 173) und Art. 232 (ex-Art. 175) sein können, zur Folge hätte, daß es vom Verhalten des mit dem Antrag befaßten Gemeinschaftsorgans abhängen würde, ob ein Rechtsbehelf gegeben wäre. Deshalb kann mit der Untätigkeitsklage auch Beschwerde darüber geführt werden, daß ein Gemeinschaftsorgan es unterlassen hat, gegenüber einem Dritten eine Maßnahme zu treffen, sofern diese den Kläger unmittelbar und individuell be-

trifft (wie hier *Wohlfahrt* in Grabitz/Hilf, Art. 175 Rn. 20; *Geiger*, Art. 175
Rn. 9; **a.A.** *Hailbronner*, Handkommentar, Art. 175 Rn. 10).

Den natürlichen und juristischen Personen ist es nicht möglich, mit Hilfe der **6**
Untätigkeitsklage feststellen zu lassen, daß es die Kommission unter Verstoß
gegen den Vertrag unterlassen hat, gegen einen Mitgliedstaat ein **Vertragsverletzungsverfahren** (Art. 226, ex-Art. 169) einzuleiten. Zum einen verfügt
die Kommission bei der Entscheidung über die Einleitung des Vertragsverletzungsverfahrens über ein Ermessen, das das Recht einzelner ausschließt,
von ihr eine Stellungnahme in einem bestimmten Sinn zu verlangen; zum anderen kann die Kommission im Rahmen des Vertragsverletzungsverfahrens
nur Akte erlassen, die an die Mitgliedstaaten gerichtet sind und die natürlichen und juristischen Personen nicht unmittelbar und individuell betreffen
würden (st. Rsp. EuGH, C-72/90, Asia Motor France/KOM, Slg. 1992,
I–2181 Rn. 10/11; C-371/89, Emrich/KOM, Slg. 1990, I–1555 Rn. 5/6; Eu-
GeI, T-47/96, SDDDA/KOM, Slg. 1996, II–1559 Rn. 42/43 m.w.Nachw.).

2. Beklagte Gemeinschaftsorgane

Die Untätigkeitsklage kann sich gegen das EP, den Rat, die Kommission **7**
(Abs. 1) oder auch die EZB (Abs. 4) richten.

3. Klagegegenstand

a) bei privilegierten Klageberechtigten

Gegenstand einer von den **privilegierten Klageberechtigten** erhobenen **8**
Untätigkeitsklage ist allgemein die **unterlassene Beschlußfassung**. Der
Begriff „Beschluß" wird dabei in der Rspr. weit ausgelegt. Erfaßt werden
alle Maßnahmen, zu deren Vornahme das betr. Gemeinschaftsorgan aufgrund primären oder sekundären Gemeinschaftsrechts verpflichtet ist. Hierzu gehören aus dem Handlungskatalog des Art. 249 (ex-Art. 189) neben
den verbindlichen Verordnungen, Richtlinien und Entscheidungen auch die
unverbindlichen Empfehlungen und Stellungnahmen. Aber selbst dieser
Handlungskatalog ist nicht erschöpfend; vielmehr kommen als Klagegegenstand auch weniger eindeutig umschriebene Tätigkeiten in Betracht. Erforderlich ist allerdings, daß die Maßnahmen, deren Unterlassen gerügt
wird, so genau im Klageantrag bezeichnet werden, daß ein diesem Antrag
stattgegebenes Urteil nach Art. 233 (ex-Art. 176) vollziehbar ist (EuGH,
Rs. 13/83, EP/Rat [Verkehrspolitik], Slg. 1985, 1513/1592).

b) bei nicht-privilegierten Klageberechtigten

9 Demgegenüber ist der Gegenstand einer von den **nicht-privilegierten Klageberechtigten**, d.h. den natürlichen und juristischen Personen erhobenen Untätigkeitsklage eng umgrenzt. Diese können nur darüber Beschwerde führen, daß ein Gemeinschaftsorgan es unterlassen hat, „einen anderen Akt als eine Empfehlung oder eine Stellungnahme an sie zu richten". Diese Formel reduziert den Klagegegenstand für natürliche und juristische Personen praktisch zunächst auf die **verbindlichen Akte**, d.h. solche, die bei ihrem Erlaß Gegenstand einer Nichtigkeitsklage hätten sein können (in diesem Sinne auch EuGH, Rs. 15/70, Chevalley/KOM, Slg. 1970, 975/979). Darüber hinaus wird eine weitere Eingrenzung des Klagegegenstandes dadurch vorgenommen, daß der unterlassene Rechtsakt als an den Kläger „gerichtet" anzusehen wäre. Im Interesse eines wirksamen Individualrechtsschutzes genügt dafür, daß der Kläger von dem unterlassenen Rechtsakt **unmittelbar und individuell betroffen** wäre (s. oben Rn. 5). Diese Voraussetzung wird als nicht erfüllt angesehen, wenn der Betroffene die Feststellung von einem Gemeinschaftsorgan begehrt, daß eine bestimmte nationale Rechtsvorschrift mit dem Gemeinschaftsrecht vereinbar ist (EuGeI, T-47/96, SDDDA/KOM, Slg. 1996, II–1559 Rn. 40) oder mit der Untätigkeitsklage die richterliche Anordnung der Zahlung eines Geldbetrages durch ein Gemeinschaftsorgan anstrebt (EuGH, C-25/91, Pesqueras Echebastar SA/KOM, Slg. 1993, I–1719 Rn. 14).

4. Vorverfahren

10 Vor Erhebung einer Untätigkeitsklage muß das betr. Gemeinschaftsorgan zum Tätigwerden aufgefordert werden und somit Gelegenheit erhalten, die Klage durch eine entsprechende Stellungnahme abzuwenden (Abs. 2).

a) Aufforderung zum Tätigwerden

11 Die **Aufforderung** zum Tätigwerden unterliegt zwar nach dem Wortlaut des Art. 232 II keiner besonderen Form, aus Art. 19 II der Satzung/EuGH ergibt sich jedoch, daß bei Erhebung der Untätigkeitsklage der Klageschrift eine Unterlage beigefügt sein muß, aus der sich der Zeitpunkt der Aufforderung ergibt. Zu Beweiszwecken sollte die Aufforderung deshalb **schriftlich** erfolgen. Sie muß in tatsächlicher und rechtlicher Hinsicht hinreichend deutlich erkennen lassen, welche Maßnahmen oder Tätigkeiten konkret verlangt werden (EuGH, Rs. 13/83, EP/Rat [Verkehrspolitik], Slg. 1985, 1513/1589; Rs. 75/69, Fa. Hake/KOM, Slg. 1970, 535/543). Auch muß aus dieser Aufforderung hervorgehen, daß mit ihr das untätige Gemeinschaftsorgan zu einer Stellungnahme veranlaßt werden soll (EuGH, Rs. 81 und 119/85, Usinor/KOM, Slg. 1986, 1777/1796).

b) Beendigung der Untätigkeit

Die Untätigkeit wird durch **Bescheidung** oder **Stellungnahme** in der Sache   **12**
beendet, wobei sich das betr. Gemeinschaftsorgan konkret zu der gerügten Untätigkeit und den verlangten Maßnahmen im positiven oder negativen Sinne, d.h. Ankündigung oder Ablehnung der Vornahme der begehrten Handlung, äußern muß (vgl. EuGH, Rs. 302/87, EP/Rat, Slg. 1988, 5615/5641; Rs. 97 und 215/86, Asteris u.a. und Griechische Republik/KOM, Slg. 1988, 2181/2208; Rs. 125/78, GEMA/KOM, Slg. 1979, 3173/3190; Rs. 8/71, Deutscher Komponistenverband/KOM, Slg. 1971, 705/710).

Diese **Voraussetzungen** sind auch dann **erfüllt**, wenn die als Antwort auf   **13**
die Beschwerde des Klägers ergangene Stellungnahme zwar selbst nicht mit der Nichtigkeitsklage angegriffen werden kann, aber notwendige Voraussetzung für die Durchführung eines Verfahrens ist, das grundsätzlich zu einer ihrerseits mit der Nichtigkeitsklage anfechtbaren Rechtshandlung führen soll (EuGH, Rs. 302/87, EP/Rat, Slg. 1988, 5615 Rn. 16; EuGeI, T-105/96, Pharos/KOM, Slg. 1998, II–285 Rn. 43; T-186/94, Guérin Automobiles/KOM, Slg. 1995, II–1753 Rn. 25, bestätigt durch EuGH, C-282/95P, Guérin Automobiles/KOM, Slg. 1997, I–1503 Rn. 31). Die Untätigkeit ist auch dann als beendet anzusehen, wenn ein anderer als der vom Betroffenen gewünschte oder für notwendig erachtete Rechtsakt erlassen wird (EuGH, Rs. 166/86 und 220/86, Irish Cement/KOM, Slg. 1988, 6473 Rn. 17; Rs. 8/71, Deutscher Komponistenverband/KOM, Slg. 1971, 705 Rn. 2; EuGeI, T-107/96, Pantochim/KOM, Slg. 1998, II–311 Rn. 30; T-164/95, Hedwig Kuchlenz-Winter/EP, Slg. 1996, II–1593 Rn. 37; T-226/95, Hedwig Kuchlenz-Winter/KOM, Slg. 1996, II–1619 Rn. 31; T-47/96, SDD-DA/KOM, Slg. 1996, II–1559 Rn. 40).

Diese **Voraussetzungen** sind hingegen **nicht erfüllt** und die Untätigkeit   **14**
besteht fort, wenn das aufgeforderte Gemeinschaftsorgan die Untätigkeit weder bestreitet noch zugibt und auch sonst in keiner Weise erkennbar ist, welche Haltung es zu den geforderten Maßnahmen einnimmt (EuGH, Rs. 13/83, EP/Rat [Verkehrspolitik], Slg. 1985, 1513/1590). Auch eine hinhaltende Antwort, wie etwa die Mitteilung, das Aufforderungsschreiben werde geprüft, genügt diesen Anforderungen an eine Stellungnahme nicht (EuGH, Rs. 42/58, SAFE/Hohe Behörde, Slg. 1959, 381/419; Rs. 42/59, SNUPAT/Hohe Behörde, Slg. 1961, 103/156).

Ist die Handlung, deren Unterlassung Gegenstand des Rechtsstreits ist,   **15**
nach Ablauf der Frist von zwei Monaten nach der Aufforderung zum Tätig-

werden oder nach Klageerhebung, aber vor Verkündung des Urteils vorgenommen worden, so kann eine die Rechtswidrigkeit der ursprünglichen Unterlassung feststellende Entscheidung des EuGH/EuGeI die in Art. 233 (ex-Art. 196) bezeichneten Rechtsfolgen nicht mehr auslösen. In einem solchen Fall ist der Rechtsstreit daher ebenso gegenstandslos geworden wie wenn das beklagte Organ der Aufforderung, tätig zu werden, innerhalb der Zweimonatsfrist entsprochen hätte (EuGH, C-15/91 und C-108/91, Buckl u.a./KOM, Slg. 1992, I–6061 Rn. 15; Rs. 383/87, KOM/Rat, Slg. 1988, 4051/4061; EuGeI, T-107/96, Pantochim/KOM, Slg. 1998, II–311 Rn. 29; T-105/96, Pharos/KOM, Slg. 1998, II–285 Rn. 42; T-212/95, Officemen/KOM, Slg. 1997, II–1161 Rn. 65–68).

5. Klagefrist

16 Die Klagefrist beträgt **zwei Monate.** Sie beginnt mit Ablauf der dem aufgeforderten Gemeinschaftsorgan für die Abgabe einer Stellungnahme eingeräumten Zweimonatsfrist. Dabei ist auf den Zeitpunkt abzustellen, an dem die Stellungnahme dem Kläger hätte zugehen müssen zzgl. der sog. Entfernungsfristen (vgl. Art. 230 Rn. 49ff.).

6. Vorläufiger Rechtsschutz

17 Wie bei allen Feststellungsklagen, kann der Gemeinschaftsrichter auch im Rahmen einer Untätigkeitsklage auf Antrag des Klägers einstweilige Anordnungen nach Art. 243 (ex-Art. 186) treffen (st. Rsp. Seit Rs. 31/77R und 53/77R, KOM/Vereinigtes Königreich, Slg. 1977, 921; bestätigt durch EuGH, C-68/95, T.Port/KOM, Slg. 1996, I–6065 Rn. 60; C-120/94R, KOM/Griechenland, Slg. 1994, I–3037 Rn. 42).

III. Begründetheit der Klage

18 Die Untätigkeitsklage ist begründet, wenn das beklagte Gemeinschaftsorgan es unter Verletzung einer bestehenden Rechtspflicht zum Handeln unterlassen hat, einen Beschluß zu fassen bzw. einen Rechtsakt an den Kläger zu richten.

1. Klagegrund

19 Im Unterschied zur Nichtigkeitsklage (Art. 230, ex-Art. 173) kann im Rahmen der Untätigkeitsklage nur der **Klagegrund der Vertragsverletzung** geltend gemacht werden, der allerdings den gleichen Bedeutungsinhalt hat (vgl. dazu Art. 230 Rn. 74ff.). Deshalb kann sich die Rechtspflicht zum

Handeln nicht nur aus den primär- und sekundärrechtlichen Normen des Gemeinschaftsrechts ergeben, sondern vor allem auch aus den Grundrechten (vgl. Art. 220 Rn. 27ff.) sowie den allgemeinen Rechtsgrundsätzen (vgl. Art. 220 Rn. 54ff.).

Auf objektive Schwierigkeiten, die mit der Verwirklichung der Rechts-   **20** pflichten zum Handeln verbunden sind, kann sich das beklagte Gemeinschaftsorgan nicht berufen, wohl aber auf Ermessensspielräume bei der Festlegung des Inhalts von zu ergreifenden Maßnahmen und der Festlegung von Prioritäten bei der Verwirklichung einer gemeinsamen Politik (so der EuGH zur gemeinsamen Verkehrspolitik, Rs. 13/83, EP/Rat, Slg. 1985, 1513/1600). Eine Untätigkeit kann in diesen Bereichen nur dann festgelegt werden, wenn jedenfalls das zu erreichende Ergebnis hinreichend präzise vorgeschrieben ist.

2. Kostenentscheidung

Als Grundsatz gilt auch hier, daß die unterliegende Partei auf Antrag zur   **21** Tragung der Kosten verurteilt wird (Art. 69 § 2 VerfO/EuGH; Art. 87 § 2 VerfO/EuGeI). Wird die Untätigkeit nach Ablauf der Zweimonatsfrist des Art. 232 II oder nach Klageerhebung beendet, so trägt grundsätzlich das beklagte Gemeinschaftsorgan die Kosten, da es den Betroffenen zur Klage veranlaßt und unnötige Kosten aufgebürdet hat (EuGH, C-15/91 und C-108/91, Buckl u.a./KOM, Slg. 1992, I–6061 Rn. 33; C-282/95P, Guérin Automobile/KOM, Slg. 1997, I–1503 Rn. 43). Etwas anderes gilt allderdings dann, wenn eine Überschreitung der Zweimonatsfrist des Art. 232 II wegen der Komplexität des dem Gemeinschaftsorgan unterbreiteten Sachverhalts gerechtfertigt ist. In diesem Fall hat jede Parei ihre eigenen Kosten zu tragen (so EuGeI, T-39/97, T.Port/KOM, Slg. 1997, II–2125 Rn. 29).

Art. 233 (ex-Art. 176) (Verpflichtung aus dem Urteil)

Das oder die Organe, denen das für nichtig erklärte Handeln zur Last fällt oder deren Untätigkeit als vertragswidrig erklärt worden ist, haben die sich aus dem Urteil des Gerichtshofs ergebenden Maßnahmen zu ergreifen.

Diese Verpflichtung besteht unbeschadet der Verpflichtungen, die sich aus der Anwendung des Artikels 288 Absatz 2 ergeben.

Dieser Artikel gilt auch für die EZB.

Literatur: *André*, Zur Rechtskraft und Gestaltungswirkung der Urteile des EuGH im Anfechtungsprozeß, EuR 1967, 97ff.; *Sack*, Folgenbeseitigungsanspruch im Gemeinschaftsrecht, EuR 1986, 241; *Schockweiler*, L'exécution des arrêts de la Cour, FS Pescatore, 1987, 613ff.

I. Inhalt und Umfang der Verpflichtungen aus Nichtigkeits- und Untätigkeitsurteilen

1. Verpflichtung zum Erlaß der erforderlichen Maßnahmen

1   Nichtigkeits- und Untätigkeitsurteile können aufgrund ihres rein feststellenden Charakters weder den vertragswidrigen Zustand selbst beseitigen noch das betr. Gemeinschaftsorgan förmlich zum Erlaß der erforderlichen Maßnahmen verurteilen. Art. 233 schließt diese Lücke und begründet für den Fall eines der Nichtigkeits- (Art. 230, ex-Art. 173) oder der Untätigkeitsklage (Art. 232, ex-Art. 175) stattgebenden Urteils eine **positive Handlungspflicht** des verurteilten Organs zum Erlaß der sich aus dem Urteil ergebenden Maßnahmen.

2   Diese Maßnahmen müssen **innerhalb eines angemessenen Zeitraums** ergriffen werden (EuGH, C-21/94, EP/Rat, Slg. 1995, I–1827 Rn. 33; Rs. 13/83, EP/Rat [Verkehrspolitik], Slg. 1985, 1513/1591). Ob ein Urteil innerhalb einer angemessenen Frist durchgeführt wurde, ist von Fall zu Fall zu beurteilen. Die Angemessenheit der Frist hängt dabei von der Art der zu ergreifenden Maßnahmen und der konkreten Umstände des jeweiligen Falles ab (EuGeI, T-73/95, Oliveira/KOM, Slg. 1997, II–381 Rn. 41/45). Allerdings kann der verspätete Erlaß eines zur Durchführung eines Urteils bestimmten Rechtsakts für sich allein die Gültigkeit dieses Rechtsakts nicht beeinträchtigen, da anderenfalls der Erlaß eines wirksamen Rechtsakts auf Dauer ausgeschlossen wäre (EuGeI, T-73/95, Oliveira/KOM, Slg. 1997, II–381 Rn. 47).

a) Verpflichtungen aus einem Nichtigkeitsurteil

3   Ob und welche Maßnahmen sich aufgrund eines einer Nichtigkeitsklage stattgebenden Urteils als erforderlich erweisen, ist vor dem Hintergrund zu entscheiden, daß bei Nichtigerklärung eines Rechtsaktes grundsätzlich dieselbe Rechtslage eintritt, die bestehen würde, wenn der betr. Rechtsakt niemals erlassen worden wäre. Es müssen diejenigen Maßnahmen ergriffen oder Entscheidungen getroffen werden, die geeignet sind, den **Nachteil**, der für den Kläger aus einem für nichtig erklärten Rechtsakt entstanden ist, **in angemessener Weise auszugleichen** (EuGH, C-412/92P, EP/Meskens, Slg. 1994, I–3757 Rn. 28; Rs. 76/79, Könecke/Kommission, Slg. 1980, 665/679). Das bedeutet auch, daß neben einer evtl. Neuregelung der

Rechtslage alle auf dem für nichtig erklärten Rechtsakt beruhenden Rechtshandlungen oder sonstigen Maßnahmen aufgehoben oder geändert werden müssen (EuGH, Rs. 97, 193, 199 und 215/86, Asteris u.a./KOM, Slg. 1988, 2181/2608; Rs. 42–49/59, SNUPAT/Hohe Behörde, Slg. 1961, 111/164). Auch ist es dem verurteilten Gemeinschaftsorgan verwehrt, im Anschluß an ein Nichtigkeitsurteil einen Akt gleichen Inhalts zu erlassen, es sei denn, der ursprüngliche Rechtsakt war wegen Verletzung von Formvorschriften für nichtig erklärt worden, die beim erneuten Erlaß beachtet worden sind (EuGH, Rs.207/86, Apesco/KOM, Slg. 1988, 2151 Rn. 16; Rs. 68/86, Vereinigtes Königreich/Rat, Slg. 1988, 855; Rs. 108/81, Amylum/Rat, Slg. 1982, 3107/3133; Rs. 92/78, Simmenthal/KOM, Slg. 1979, 777 Rn. 32; EuGeI, T-480/93 und T-483/93, Antillean Rice Mills u.a./KOM, Slg. 1995, II–2305 Rn. 60).

Noch **nicht abschließend geklärt** ist die Frage, ob sich die Verpflichtung, **4** die sich aus dem Urteil ergebenden Maßnahmen zu ergreifen, auch auf die Adressaten eines für nichtig erklärten Rechtsakts erstreckt, die innerhalb der vorgeschriebenen Frist keine Nichtigkeitsklage erhoben haben. Nach Auffassung des EuGeI kann das betroffene Organ im Interesse der Wahrung des Grundsatzes der Gesetzmäßigkeit der Verwaltung gemäß Art. 233 gehalten sein, auf einen Antrag hin, der binnen vernünftiger Frist gestellt wurde, zu prüfen, ob es Maßnahmen nicht nur im Hinblick auf die obsiegenden Parteien, sondern auch im Hinblick auf **die Adressaten der Handlung** treffen müsse, **die keine Nichtigkeitsklage erhoben haben**. Das Gericht hat dies angenommen in einem Fall, in dem mangels Nachweises der vorgeworfenen abgestimmten Verhaltensweise ein Verstoß gegen Art. 81 I (ex-Art. 85 I) verneint wurde, und festgestellt, daß die aus Art. 233 folgende Verpflichtung zur Rückzahlung der erhobenen Geldbußen gegenüber allen Adressaten der für nichtig erklärten Entscheidung besteht, unabhängig davon, ob sie eine Nichtigkeitsklage gegenüber der fraglichen Entscheidung erhoben hatten (EuGeI, T-227/95, AssiDomän Kraft Products AB u.a./KOM, Slg. 1997, II–1185 Rn. 72). Diese Auslegung des Art. 233 ist umso erstaunlicher, als das EuGeI in diesem Urteil zuvor feststellt, daß die fragliche Entscheidung für Adressaten, die für sich keine Nichtigkeitsklage erhoben haben, von Bestand und bindend bleibt (Rn. 58), da der Gemeinschaftsrichter im Rahmen einer Nichtigkeitsklage nur über den Streitstand entscheiden kann, der ihm von den Parteien vorgelegt wird (Rn. 60). Gerade wegen dieses Widerspruchs wurde gegen dieses Urteil von der Kommission ein Rechtsmittel eingelegt, so daß eine letzte Klärung dieser Frage durch den EuGH erfolgen dürfte (Aktenzeichen der anhängigen Rs.: C-310/97P, KOM/AssiDomän Kraft Products AB u.a.).

b) Verpflichtungen aus einem Untätigkeitsurteil

5   Im Falle der Feststellung einer pflichtwidrigen Untätigkeit, ist das verurteilte Gemeinschaftsorgan verpflichtet, die **unterlassene Maßnahme** innerhalb eines angemessenen Zeitraums **nachzuholen** (vgl. EuGH, Rs. 13/83, EP/Rat [Verkehrspolitik], Slg. 1985, 1513/1600). In den Urteilsgründen finden sich häufig konkrete Hinweise über Art und Ausmaß der im jeweiligen Fall bestehenden Regelungsmöglichkeiten, indem etwa festgestellt wird, das verurteilte Organ habe die Situation des Klägers anhand der Grundsätze, auf denen das Urteil beruhe, erneut zu prüfen und neue Maßnahmen zu treffen (so etwa EuGH, Rs. 283/82, Schöllershammer/KOM, Slg. 1983, 4219/4226; Rs. 59 und 129/80, Turner/KOM, Slg. 1981, 1883/1921) oder aber die Streitparteien auffordert, gemeinsam die sich aus dem Urteil ergebenden Maßnahmen zu ergreifen (EuGH, Rs. 34/86, Rat/EP, Slg. 1986, 2155/2211). Zum Teil werden „zur Illustration" auch ganz konkrete Maßnahmen aufgezeigt, die zur Durchführung des Urteils hätten ergriffen werden können (vgl. z.B. EuGeI, T-84/91, Meskens/EP, Slg. 1992, II–2335 Rn. 78ff.); dies ist zulässig, soweit deutlich gemacht wird, daß das Gericht die aufgezeigten Maßnahmen nur als Beispiele verstanden wissen will und sich nicht an die Stelle des verpflichteten Organs setzen will (EuGH, C-412/92P,EP/Meskens, Slg. 1994, I–3757 Rn. 30).

2. Mitwirkungspflichten der anderen Gemeinschaftsorgane und der Mitgliedstaaten

6   Über den Wortlaut des Art. 233 I hinaus sind aufgrund allg. Grundsätze des Gemeinschaftsrechts auch die anderen Gemeinschaftsorgane und die Mitgliedstaaten (Art. 10, ex-Art.5) im Rahmen ihrer jeweiligen Zuständigkeiten verpflichtet, an der Beseitigung der durch den Vertragsverstoß verursachten Folgen mitzuwirken. Für die Mitgliedstaaten bedeutet das vor allem, daß auch sie verpflichtet sind, die im Zusammenhang mit einem für nichtig erklärten Gemeinschaftsrechtsakt erlassenen nationalen Durchführungsakte aufzuheben oder abzuändern.

II. Außervertragliche Haftung

7   Die Verpflichtung, die aufgrund eines Nichtigkeits- oder Untätigkeitsurteils gebotenen Konsequenzen zu ziehen, läßt die nach den Grundsätzen der außervertraglichen Haftung (Art. 288 I, ex-Art. 215 II) bestehende **Schadensersatzpflicht unberührt** (vgl. EuGH, C-15/91 und C-108/91, Buckl u.a./KOM, Slg. 1992, I–6061 Rn. 14; EuGeI, T-105/96, Pharos/KOM, Slg.

1998, II–285 Rn. 41; T-28/90, Asia Motor Franceu.a./KOM, Slg. 1992, II–2285 Rn. 36). Damit wird zum einen dem Umstand Rechnung getragen, daß eine nach Art. 233 vorzunehmende Folgenbeseitigung nicht notwendigerweise auch zum Ausgleich aller nach Art. 288 II (ex-Art. 215 II) ersatzfähigen Schäden des Klägers führt. Zum anderen wird klargestellt, daß auch ein für nichtig erklärter Rechtsakt oder seine pflichtwidrige Unterlassung eine Schadensersatzpflicht der Gemeinschaft auslösen kann.

III. Folgen der Nichtbeachtung von Art. 233

Gegenüber Verletzungen der durch Art. 233 begründeten Handlungspflich- **8**
ten steht erneut der Rechtsweg zum EuGH/EuGeI offen. Dabei ist je nachdem, worin das vorwerfbare Verhalten liegt, eine Untätigkeits- oder Nichtigkeitsklage zu erheben. Eine Nichtigkeitsklage ist wegen der Subsidiarität der Untätigkeitsklage vor allem dann die richtige Klageart, wenn die aufgrund eines für nichtig erklärten Rechtsaktes ergangenen Durchführungsmaßnahmen nicht aufgehoben oder abgeändert worden sind. Soweit die Klagefristen verstrichen sind, kann die Unanwendbarkeit dieser Maßnahmen gem. Art. 241 (ex-Art. 184) geltend gemacht werden.

Art. 234 (ex-Art. 177) (Vorabentscheidung)

Der Gerichtshof entscheidet im Wege der Vorabentscheidung
a) über die Auslegung dieses Vertrags,
b) über die Gültigkeit und die Auslegung der Handlungen der Organe der Gemeinschaft und der EZB,
c) über die Auslegung der Satzungen der durch den Rat geschaffenen Einrichtungen, soweit diese Satzungen dies vorsehen.

Wird eine derartige Frage einem Gericht eines Mitgliedstaats gestellt und hält dieses Gericht eine Entscheidung darüber zum Erlaß seines Urteils für erforderlich, so kann es diese Frage dem Gerichtshof zur Entscheidung vorlegen.

Wird eine derartige Frage in einem schwebenden Verfahren bei einem einzelstaatlichen Gericht gestellt, dessen Entscheidungen selbst nicht mehr mit Rechtsmitteln des innerstaatlichen Rechts angefochten werden können, so ist dieses Gericht zur Anrufung des Gerichtshofs verpflichtet.

Literatur: *Allkemper*, Wege zur Verbesserung des Individualrechtsschutz im Vorabentscheidungsverfahren nach Artikel 177 EG-Vertrag, EWS 1994, 253; *Barnard/Shar-*

pston, The changing face of Article 177 references, CMLRev.1997,1113–1171; *Bauer/Diller,* Recht und Taktik der arbeitsrechtlichen EuGH-Vorabentscheidungsverfahren, NZA 1996, 169; *Beul,* Kein Richterprivileg bei unterlassener Vorlage gem. Art. 177 EGV, EuZW 1996, 748; *Bleckmann,* Probleme des Vorabentscheidungsverfahrens nach Art. 177 EWGV, 1988; *Dauses,* Das Vorabentscheidungsverfahren nach Art. 177 EG-Vertrag, 2.Aufl. 1995; *Everling,* Das Vorabentscheidungsverfahren vor dem Gerichtshof der Europäischen Gemeinschaften, Praxis und Rechtsprechung, 1986; *Heitsch,* Prüfungspflichten des Bundesverfassungsgerichts unter dem Staatsziel der europäischen Integration, EuGRZ 1997, 461; *Lenz,* Firnis oder Rechtsgemeinschaft-Einschränkung des Vorlagerechts nach Art. 177 EWGV auf letztinstanzliche Gerichte?, NJW 1993, 2664; *Lenz/Blisse/Merz/Wiegand,* Das Zusammenwirken der europäischen Gerichte und der nationalen Gerichtsbarkeiten 1989; *Maschmann,* Vorabentscheidungsersuchen deutscher Arbeitsgerichte zum Europäischen Gerichtshof und Rechte der Parteien, NZA 1995, 920; *Mutke,* Die unterbliebene Vorlage an den Europäischen Gerichtshof als Revisionsgrund im Verwaltungsprozeß, DVBl. 1987, 403; *Pfeiffer,* Keine Beschwerde gegen EuGH-Vorlagen?, NJW 1994, 1996; *Rabe,* Vorlagepflicht und gesetzlicher Richter, FS für Redeker, 1993, 201; *Rache,* Keine Vorlage ohne Anfechtung? Zum Verhältnis des Vorabentscheidungsverfahrens nach Artikel 177 I lit. b EG-Vertrag zur Nichtigkeitsklage nach Artikel 173 IV EG-Vertrag, EuZW 1994, 615; *Ress,* Die Entscheidungserheblichkeit im Vorlageverfahren nach Artikel 177 EWG-Vertrag im Vergleich zu Vorlageverfahren nach Artikel 100 Absatz 1 GG, FS Jahr, 1993, 339; *Schlemmer-Schulte,* Gemeinschaftsrechtlicher vorläufiger Rechtsschutz und Vorlagepflicht, EuZW 1991, 307; *Schiller,* Willkürliche Verletzung der Vorlagepflicht an den EuGH, RIW 1988, 452; *Schwarze,* Die Befolgung von Vorabentscheidungen des Europäischen Gerichtshofs durch deutsche Gerichte, 1988; *Vedder,* Rechtsschutz des Bürgers nach Gemeinschaftsrecht: Aktuelle Probleme des Vorlageverfahrens nach Artikel 177 EG-Vertrag, in: Europa der Bürger, Graz 1994, 81; *Voss,* Erfahrungen und Probleme bei der Anwendung des Vorabentscheidungsverfahrens nach Art. 177 EWG-Vertrag – aus der Sicht eines deutschen Richters, EuR 1986, 95; *Weiß,* Die Einschränkung der zeitlichen Wirkungen von Vorabentscheidungen nach Art. 177 EGV, EuR 1995, 377; *Wölker,* Wann verletzt eine Nichtvorlage an den EuGH die Garantie des gesetzlichen Richters? EuGRZ 1988, 97; *Zimmermann,* Durchsetzung der Vorlagepflicht nach Art. 177 Abs. 3 EWGV mittels deutschem Verfassungsrecht, in FS Doehring 1989, 1033.

I. Funktion und Bedeutung

Abgesehen von wenigen Ausnahmen (insbesondere Beamtenrecht, Wettbe- **1**
werbsrecht, Antisubventions- und Antidumpingrecht, Haushalt) wird das
Gemeinschaftsrecht ausschließlich von den zuständigen Behörden der Mitgliedstaaten vollzogen (insbesondere Gemeinsamer Zolltarif, landwirtschaftliche Marktordnungen, Recht der Grundfreiheiten, Gesellschafts- und
Steuerrecht, Arbeits- und Sozialrecht). Da gegen die nationalen Vollzugs-
akte der Rechtsweg nach nationalem Recht eröffnet ist, werden die nationalen Gerichte im Rahmen ihrer Zuständigkeit mit Gemeinschaftsrecht befaßt. Im Rahmen ihrer nationalen Rechtsschutzverpflichtung sind die nationalen Gerichte deshalb auch verpflichtet, das Gemeinschaftsrecht in eigener Verantwortung und richterlicher Unabhängigkeit auszulegen und anzu-

wenden. Der nationale Richter wird damit zum „europäischen Richter". Angesichts der in den Mitgliedstaaten bestehenden unterschiedlichen Rechtsmethodik und Rechtssysteme besteht bei der Wahrnehmung dieser Rolle jedoch die Gefahr abweichender oder sich widersprechender Auslegungen des Gemeinschaftsrechts in den einzelnen Mitgliedstaaten, insbesondere wenn das Gemeinschaftsrecht sich nicht mit dem nationalen Recht deckt oder Begriffe verwendet, die im nationalen Recht einen bestimmten rechtlichen Sinngehalt haben. Derartige Abweichungen oder Widersprüche sind mit dem für den Bestand der Rechtsordnung der EG unverzichtbaren **Anspruch auf einheitliche Geltung des Gemeinschaftsrechts** in allen Mitgliedstaaten unvereinbar, weil sie zu allgemeiner Konfusion über das „geltende Gemeinschaftsrecht" führen und Ursache von Wettbewerbsverzerrungen und Diskriminierungen von Angehörigen verschiedener Mitgliedstaaten sein können. Zur Gewährleistung der Rechtseinheit innerhalb der EG wurde in Art. 234 deshalb das **Vorabentscheidungsverfahren** eingeführt, in dessen Rahmen der EuGH auf Vorlage der innerstaatlichen Gerichte über Fragen der Auslegung und Gültigkeit von Gemeinschaftsrechtsbestimmungen verbindlich entscheidet und auf diese Weise die einheitliche Auslegung und Anwendung des Gemeinschaftsrechts in den Mitgliedstaaten gewährleistet.

2 Über diese Funktion der **Wahrung der Rechtseinheit** innerhalb der EG hinaus, hat sich dieses Verfahren in der Praxis auch als Garant für den **Individualrechtsschutz** erwiesen. Zunächst ermöglicht es das Vorabentscheidungsverfahren den nationalen Richtern, die Gültigkeit der einem nationalen Vollzugsakt zugrundeliegenden Gemeinschaftsregelung auf ihre Rechtmäßigkeit überprüfen zu lassen und schafft damit einen gewissen Ausgleich für die nur begrenzte direkte Klagemöglichkeit von natürlichen und juristischen Personen gegen Gemeinschaftsrechtsakte (vgl. Art. 230 Rn. 27ff.). Daneben eröffnet das Vorabentscheidungsverfahren den nationalen Gerichten die Möglichkeit, die Vereinbarkeit nationalen Rechts mit dem Gemeinschaftsrecht zu überprüfen und im Falle der Unvereinbarkeit das vorrangig, unmittelbar anwendbare Gemeinschaftsrecht anzuwenden, und schließt damit eine wesentliche Rechtsschutzlücke, da es im Gemeinschaftsrecht keinen Rechtsbehelf für natürliche und juristische Personen gibt, einen Mitgliedstaat unmittelbar vor dem EuGH zur Einhaltung des Gemeinschaftsrechts zu zwingen (zur Rolle der Einzelnen im Vertragsverletzungsverfahren s. Art. 226 Rn. 13).

3 Der EuGH wird im Rahmen des Vorabentscheidungsverfahrens nicht als eine Art europäischer Revisions- oder Kassationsinstanz über den nationalen Gerichten tätig, sondern das Verfahren der Vorabentscheidung ist als **Ver-**

fahren unmittelbarer gerichtlicher Zusammenarbeit ausgestaltet. Die gerichtliche Zusammenarbeit gestaltet sich dabei wie folgt:

(1) Der **nationale Richter** ist Herr des bei ihm anhängigen Verfahrens und allein für die Entscheidung des ihm unterbreiteten Rechtsstreits zuständig. Aufgrund von Art. 10 (ex-Art. 5) ist der nationale Richter dabei auch für die Gewährleistung des Rechtsschutzes verantwortlich, der sich für die Einzelnen aus der unmittelbaren Wirkung des Gemeinschaftsrechts ergibt. Dabei sind die Bestimmung der zuständigen Gerichte und die Ausgestaltung von Verfahren, die den Schutz der dem Bürger aus der unmittelbaren Wirkung des Gemeinschaftsrechts erwachsenden Rechte gewährleisten sollen, mangels einer gemeinschaftsrechtlichen Regelung auf diesem Gebiet, **Sache der innerstaatlichen Rechtsordnung** der einzelnen Mitgliedstaaten. Jedoch dürfen diese Verfahren nicht ungünstiger gestaltet werden als bei entsprechenden Klagen, die nur innerstaatliches Recht betreffen, und sie dürfen die Ausübung der durch die Gemeinschaftsrechtsordnung verliehenen Rechte nicht praktisch unmöglich machen oder übermäßig erschweren (vgl. EuGH, C-312/93, Peterbroeck, Slg. 1995, I–4599 Rn. 12 m.w.Nachw. aus der Rspr.). In keinem Fall darf eine solche Vorschrift des nationalen Rechts die Durchführung des in Artikel 234 vorgesehenen Verfahrens beeinträchtigen (EuGH, Rs. 166/73, Rheinmühlen, Slg. 1974, 33, Rn. 2/3). Für die Anwendung dieser Grundsätze ist jeder Fall, in dem sich die Frage stellt, ob eine nationale Verfahrensvorschrift die Anwendung des Gemeinschaftsrechts unmöglich macht oder übermäßig erschwert, unter Berücksichtigung der Stellung dieser Vorschrift im gesamten Verfahren, des Verfahrensablaufs und der Besonderheiten des Verfahrens vor den verschiedenen nationalen Stellen zu prüfen. Dabei sind gegebenenfalls die Grundsätze zu berücksichtigen, die dem nationalen Rechtsschutzsystem zugrunde liegen, wie z.B. der Schutz der Verteidigungsrechte, der Grundsatz der Rechtssicherheit und der ordnungsgemäße Ablauf des Verfahrens (EuGH, C-312/93, Peterbroeck, Slg. 1995, I–4599 Rn. 14 zu Art. 282 belgisches Einkommenssteuergesetz, der das verspätete Vorbringen neuer Klagegründe regelt; vgl. auch EuGH, C-430/93 und C-431/93, van Schijndel und van Veen, Slg. 1995, I–4705 zu Art. 48 des niederländischen Zivilprozeßrechts). Soweit der nationale Richter bei der Auslegung oder der Beurteilung der Gültigkeit der fraglichen Gemeinschaftsregelung **Schwierigkeiten** hat, kann – und in bestimmten Fällen muß – er beim **EuGH** um **Entscheidungshilfe** nachsuchen.

(2) Der **EuGH** befaßt sich mit den ihm unterbreiteten Fragen zum Gemeinschaftsrecht in einem Zwischenverfahren und deutet das fragliche Gemeinschaftsrecht fallbezogen, aber abstrakt.

(3) Der **nationale Richter** wiederum hat dann den von ihm festgestellten Sachverhalt unter das vom EuGH konkretisierte Gemeinschaftsrecht zu subsumieren.

II. Gegenstand des Vorabentscheidungsersuchens und Vorlagefragen

4   Im **Rahmen des Vorabentscheidungsverfahrens** nach **Art. 234** entscheidet der EuGH zum einen über Fragen der Auslegung des Gemeinschaftsrechts und übt zum anderen eine Gültigkeitskontrolle über die Rechtshandlungen der Gemeinschaftsorgane sowie der EZB aus. Einschränkende Bedingungen für die Anwendung des Vorabentscheidungsverfahrens bestehen **gem. Art. 68** (ex-Art. 73p) im Rahmen des Titels „Visa, Asyl, Einwanderung und andere Politiken betreffend den freien Personenverkehr" (vgl. Art. 68 Rn. 2–5). Im Wege der Vorabentscheidung kann der EuGH nach Maßgabe des **Art. 35 EUV** (ex-Art. K.7) auch im Zusammenhang mit den Bestimmungen über die polizeiliche und justizielle Zusammenarbeit in Strafsachen befinden, soweit diese Zuständigkeit durch eine entsprechende Erklärung der Mitgliedstaaten anerkannt ist. Die Bundesregierung hat für die Bundesrepublik Deutschland bei Unterzeichnung des Amsterdamer Vertrages eine solche Erklärung abgegeben und inzwischen auch einen entsprechenden Gesetzentwurf (EuGH-Gesetz „EuGHG") vorgelegt, der das Vorlagerecht – bei letztinstanzlichen Gerichten die Vorlagepflicht – der deutschen Gerichte im innerstaatlichen Recht festschreibt (BR-Drucksache 119/98). Ein dem Vorabentscheidungsverfahren nachgebildetes Verfahren sieht das Protokoll vom 3.6.1971 betr. die Auslegung des Übereinkommens vom 27.9.1968 über die gerichtliche Zuständigkeit und die Vollstreckung gerichtlicher Entscheidungen in Zivil- und Handelssachen (*EuGVÜ*) durch den EuGH vor.

1. Auslegungsfragen

5   Fragen nach der Auslegung, d.h. nach Inhalt und Tragweite des Gemeinschaftsrechts können sich auf **alle das Gemeinschaftsrecht bildenden Rechtssätze** beziehen.

6   Gegenstand eines Auslegungsersuchens kann daher zunächst der **EGV selbst** sein, einschließlich seiner Anhänge, der beigefügten Protokolle (vgl. Art. 311, ex-Art. 239), der Änderungs- und Ergänzungsverträge oder der Beitrittsverträge. Dies läßt selbst Fragen nach der Auslegung des Art. 234 zu (EuGH, C-334/95, Krüger/HZA Hamburg-Jonas, Slg. 1997, I–4517 Rn. 49–57; C-348/89, Mecanarte, Slg. 1991, I–3277). Zulässig sind auch Vorlagefragen nach Inhalt und Tragweite der vom EuGH anerkannten und

ausgebildeten **allg. Rechtsgrundsätze** der Gemeinschaftsrechtsordnung
(vgl. dazu Art. 230 Rn. 54ff.). Daneben können auch die in **Art. 46 EUV**
(ex-Art. L) genannten Bestimmungen des EUV Gegenstand eines Auslegungsersuchens sein.

Die **vorlagefähigen Handlungen der Gemeinschaftsorgane und der**   7
EZB umfassen das gesamte sekundäre Gemeinschaftsrecht und beziehen
sich auf alle Rechtsakte, die einem Gemeinschaftsorgan oder der EZB zu-
zurechnen sind. Dazu gehören zunächst die im Katalog des Art. 249 (ex-
Art. 189) aufgeführten Rechtshandlungen, also neben den verbindlichen
Verordnungen, Richtlinien und Entscheidungen auch die unverbindlichen
Empfehlungen und Stellungnahmen (vgl. EuGH, C-188/91, Deutsche
Shell, Slg. 1993, I–363/388; Rs. 113/75, Frecassetti, Slg. 1976, 983/993).
Auch die atypischen Rechtsakte, die häufig als Beschlüsse oder Entschließungen ergehen und im wesentlichen eine politische Willens- oder
Meinungsäußerung enthalten, erfüllen die Grundvoraussetzungen für eine
vorlagefähige Handlung, soweit sie geeignet sind, Rechtswirkungen zu entfalten (vgl. EuGH, Rs. 185–204/78, van Dam, Slg. 1979, 2345/2361; Rs.
59/75, Manghera, Slg. 1976, 91/100; Rs. 9/73, Schlüter/HZA Lörrach, Slg.
1973, 1135). Dies ist demgegenüber nicht der Fall bei reinen Vorbereitungs-
oder Mitwirkungshandlungen, wie etwa den Vorschlägen der Kommission
und den Stellungnahmen des EP und des WSA oder AdR im gemeinschaftlichen Rechtsetzungsverfahren.

Unerheblich ist, ob die jeweiligen gemeinschaftsrechtlichen Bestimmungen   8
in den Mitgliedstaaten **unmittelbar anwendbar** sind, d.h. ob sich die Einzelnen auf sie vor den nationalen Gerichten berufen können. Der EuGH hat
in st. Rspr. im Hinblick auf diese, insbesondere bei Richtlinienbestimmun-
gen auftretende Problematik entschieden, daß *„eine Auslegung der Richtli-*
nie unabhängig von ihren Wirkungen.... für das nationale Gericht zweck-
mäßig sein [kann], damit sichergestellt wird, daß das zur Durchführung der
Richtlinie erlassene Gesetz gemeinschaftsrechtskonform ausgelegt und an-
gewendet wird" (so EuGH, Rs. 111/75, Mazzalai, Slg. 1976, 657/666). Unter Hinweis auf die Rechtshilfefunktion des Vorabentscheidungsverfahrens
unterstreicht der EuGH in diesem Zusammenhang das Erfordernis, *„auf die*
vorgelegten Fragen so zu antworten, daß das nationale Gericht die
Grundsätze [der] Richtlinie anwenden kann, soweit sie nach den nationa-
len Rechtsvorschriften.... gelten" (EuGH, Rs. 19/83, Wendelboe, Slg. 1985,
457/465).

Zu den vorlagefähigen Handlungen der Gemeinschaftsorgane gehören auch   9
die **völkerrechtlichen Abkommen** der EG mit Drittstaaten oder mit Internationalen Organisationen. Sie bilden nach der Rspr. des EuGH „einen in-

tegrierenden Bestandteil der Gemeinschaftsordnung" (EuGH, Rs. 181/73,
R. & V. Haegeman, Slg. 1974, 449/460). Dies gilt gleichermaßen für Abkommen, die die Gemeinschaft allein abgeschlossen hat, wie für sog.
„gemischte Abkommen", bei denen neben der Gemeinschaft auch die Mitgliedstaaten Vertragspartei sind (zum Assoziierungsabkommen EG-Türkei,
EuGH, Rs. 12/86, Demirel, Slg. 1987, 3719; zu den Assoziationsratsbe-
schlüssen, EuGH, Rs. C-237/91, Kus, Slg. 1992, I–6807; C-192/89, Sevince, Slg. 1990, I–3497/3501; zu den Freihandelsabkommen, EuGH, Rs.
253/83, Kupferberg/HZA Mainz, Slg. 1985, 157/183; Rs. 104/81, HZA
Mainz/Kupferberg, Slg. 1982, 3641/3661; zum GATT 1947, EuGH, Rs.
21–24/72, International Fruit, Slg. 1972, 1219; Rs. 266/81, SIOT, Slg.
1983, 731/780). Erfaßt werden selbst die nicht rechtsverbindlichen Absprachen der „Gemischten Ausschüsse", die durch das zwischen der EG und
den EFTA-Ländern geschlossene Abkommen über ein gemeinsames Versandverfahren eingerichtet worden sind (vgl. EuGH, C-188/91, Deutsche
Shell, Slg. 1993, I–363/388).

10 Die **Satzungen** der vom Rat geschaffenen Einrichtungen können vom
EuGH im Rahmen des Vorabentscheidungsverfahrens nur ausgelegt werden, „*soweit diese Satzungen dies vorsehen*". Von dieser Möglichkeit ist in
den bisher erlassenen Satzungen kein Gebrauch gemacht worden. Unberührt von dieser Einschränkung bleiben allerdings die Satzungen der vom
Vertrag selbst errichteten Einrichtungen, insbesondere die Satzungen der
Europäischen Investitionsbank, der EZB oder des EuGH selbst.

11 Von der Auslegung ist die **Anwendung des Gemeinschaftsrechts** auf den
konkreten zur Entscheidung anstehenden Einzelfall zu unterscheiden. Letztere ist aufgrund der strikten Zuständigkeitstrennung zwischen dem vorlegenden Gericht und dem EuGH allein Aufgabe des nationalen Richters. Die
Grenzziehung ist allerdings nicht immer leicht, zumal die vom EuGH gegebene Auslegung der gemeinschaftsrechtlichen Bestimmungen dem nationalen Gericht häufig nur dann eine echte Entscheidungshilfe bieten kann,
wenn sie hinreichend auf die Besonderheiten des Ausgangsfalles zugeschnitten ist. Der EuGH hat deshalb seine Zuständigkeit nach Art. 234 zur
Auslegung des Gemeinschaftsrechts bisher ohne übertriebenen Formalismus nach praktischen Gesichtspunkten gehandhabt, wobei er stets darum
bemüht war, dem vorlegenden Gericht eine zur Entscheidung des konkreten Rechtsstreits möglichst sachdienliche Auslegung des Gemeinschaftsrechts zu geben. Ob dieser „pragmatische Ansatz" angesichts der stetig zunehmenden Belastung des EuGH fortgeführt werden kann, muß bezweifelt
werden (vgl. die äußerst instruktiven Schlußanträge vom 10.7.1997 von GA
Jacobs in der Rs. C-338/95, Wiener S.I. GmbH/HZA Emmerich, Slg. 1997,

I–6497; dazu *Müller-Eiselt*, ZfZ 1997, 414; *Borchardt*, EuZW 9/1998, Editorial; *Voß*, ZfZ 1998, 116–118). Eine übermäßige Inanspruchnahme des Vorabentscheidungsverfahrens kann nämlich die Qualität, die Kohärenz und die Zugänglichkeit der Entscheidungen beeinträchtigen und damit dem eigentlichen Ziel des Vorabentscheidungsverfahrens, die Rechtseinheit zu wahren, entgegenwirken. Ein bereits von GA Jacobs vertretener Ansatz zur Lösung dieser Schwierigkeiten besteht darin, daß sich die nationalen Gerichte und der Gerichtshof in Vorabentscheidungsverfahren in höherem Maße zurückhalten. Zurückhaltung bedeutet für ein zur **Vorlage berechtigtes Gericht** (Art. 234 II), daß es sein Vorlageermessen strikt an dem Sinn und Zweck des Art. 234 ausrichtet. Besonders angebracht wäre danach eine Vorlage, wenn die Frage von allgemeiner Bedeutung ist und die Entscheidung des EuGH die Rechtseinheit innerhalb der EU fördert; am wenigsten angebracht wäre eine Vorlage hingegen dann, wenn bereits eine gefestigte Rechtsprechung besteht, die sich problemlos auf den zu entscheidenden Fall übertragen läßt, oder wenn die Frage die Beurteilung eines eng umgrenzten rechtlichen Aspekts im Hinblick auf einen ganz spezifischen Sachverhalt betrifft und die Vorabentscheidung vermutlich über den betroffenen Fall hinaus keine Anwendung finden wird. Zurückhaltung für ein zur **Vorlage verpflichtetes Gericht** (Art. 234 III) bedeutet vor allem die Schaffung der Voraussetzungen für eine Beschränkung der Vorlagepflicht auf Rechtsfragen von allgemeiner Bedeutung, in denen eine einheitliche Auslegung zur Verhinderung einer mit dem Gemeinschaftsrecht nicht im Einklang stehenden „nationalen Rechtsprechung" tatsächlich erforderlich ist. Der **EuGH** schließlich könnte seine Zurückhaltung dadurch üben, daß er in Vorabentscheidungsersuchen, die nicht den dargestellten Leitlinien entsprechen, diese zwar nicht als unzulässig zurückweist, sich jedoch unter Hinweis auf in früheren Entscheidungen entwickelte Auslegungsgrundsätze und -regeln auf die Feststellung beschränkt, daß er seine Aufgabe der einheitlichen Auslegung bereits im wesentlichen erfüllt und die wesentlichen Grundsätze oder Regeln für die Anwendung so genau festgelegt hat, daß die nationalen Gerichte die Fragen selbst beantworten könnten.

2. Gültigkeitsfragen

Die Gültigkeitsprüfung entspricht einer **umfassenden Rechtmäßigkeits-** **kontrolle** aller Rechtshandlungen der Gemeinschaftsorgane und der EZB am Maßstab des Vertragsrechts, der allgemeinen Rechtsgrundsätze sowie der über dem sekundären Gemeinschaftsrecht stehenden völkerrechtlichen Abkommen (z.B. Assoziierungsabkommen; vgl. EuGH, C-192/89, Sevince, Slg. 1990 I, 3497/3501). Die Befugnis des EuGH ist dabei umfassender Na-

12

tur und, anders als im Rahmen der Nichtigkeitsklage (Art. 230, ex-Art. 173), nicht an das Vorbringen von Klagegründen gebunden. Auch steht einem Vorabentscheidungsersuchen die Möglichkeit der Erhebung einer Nichtigkeitsklage nicht entgegen (EuGH, Rs. 133–136/85, Rau/BALM, Slg. 1987, 2289/2338). Umgekehrt kann allerdings die Gültigkeit einer individuellen Entscheidung auch im Rahmen eines Vorabentscheidungsersuchens nicht mehr in Frage gestellt werden, wenn der Adressat der fraglichen Entscheidung von der Erhebung einer Nichtigkeitsklage innerhalb der dafür vorgesehenen Frist (vgl. Art. 230 V) abgesehen hat (EuGH, C-178/95, Wiljo NV/Belgischer Staat, Slg. 1997, I–585 Rn. 19, 21, 24; C-188/92, TWD-Textilwerke Deggendorf, Slg. 1994, I–833).

13   Soweit Fragen nach der Gültigkeit eines Gemeinschaftsrechtsaktes aufgeworfen werden, ist es dem vorlegenden nationalen Gericht unter Einhaltung besonderer Voraussetzungen grundsätzlich gestattet, die Anwendung des **nationalen Vollzugsakts** bis zur Entscheidung über die Gültigkeit des Gemeinschaftsrechtsaktes nach den nationalen Regeln über die Gewährung vorläufigen Rechtsschutzes **vorläufig auszusetzten**. Die **Rechtsprechung des EuGH zum vorläufigen Rechtsschutz** bei Zweifeln an der Gültigkeit von Gemeinschaftsrecht wird durch folgende vier Entscheidungen dokumentiert: (1) Mit dem Urteil vom 22. Oktober 1987 in der Rs. 314/85 „Foto-Frost" (Slg. 1987, 4199) hat der EuGH entschieden, daß allein ihm (jetzt auch dem EuGeI), nicht aber nationalen Stellen die Befugnis vorbehalten ist, die Ungültigkeit von Rechtshandlungen der Gemeinschaftsorgane festzustellen. (2) Mit Urteil vom 19. Juni 1990 in der Rs. C-213/89 „Factortame" (Slg. 1990, I–2433) hat der EuGH entschieden, daß ein vorläufiger Rechtsschutz gegen auf Gemeinschaftsrecht beruhende nationale Vollzugsmaßnahmen unter den für den vorläufigen Rechtsschutz notwendigen Voraussetzungen auch dann zu gewähren ist, wenn das nationale Recht einen vorläufigen Rechtsschutz nicht gewährt. (3) Mit Urteil vom 21. Februar 1991 in den Rs. C-143/88 und C-92/89 „Zuckerfabrik Süderdithmarschen und Soest" (Slg. 1991, I–534; dazu *Schlemmer-Schulte*, EuZW 1991, 301) hat der EuGH die Zulässigkeit des vorläufigen Rechtsschutzes bei Zweifeln an der Gültigkeit von Gemeinschaftsrecht anerkannt sowie die Voraussetzungen und Modalitäten für den vorläufigen Rechtsschutz festgelegt. (4) Mit Urteil vom 9. November 1995 in der Rs. C-466/93 „Atlanta Fruchthandelsgesellschaft" (Slg. 1995, I–3799) hat der EuGH diese Voraussetzungen und Modalitäten eines vorläufigen Rechtsschutzes präzisiert und klargestellt, daß seine Rechtsgrundsätze gleichermaßen für den vorläufigen Rechtsschutz in Gestalt der Aussetzung der Vollziehung wie der einstweiligen Anordnung gelten.

Faßt man diese Entscheidungen zusammen, so darf das nationale Gericht **14** die Anwendung des **nationalen Vollzugsakts** nur dann **vorläufig ausset-zen**, wenn Fragen der Gültigkeit von Gemeinschaftsrecht anstehen und **fol-gende Voraussetzungen** erfüllt sind: (1) Es müssen erhebliche Zweifel an der Gültigkeit einer Handung eines Gemeinschaftsorgans vorliegen, (2) die Gültigkeitsfrage muß dem EuGH zur Vorabentscheidung vorgelegt werden, soweit dies nicht bereits geschehen ist, (3) der vorläufige Rechtsschutz muß in dem Sinne dringlich sein, daß er erforderlich ist, um einen schweren und nicht wiedergutzumachenden Schaden vom Antragsteller abzuwehren, (4) das Interesse der Gemeinschaft muß angemessen berücksichtigt werden, insbesondere darf einer Gemeinschaftsverordnung nicht vorschnell jede praktische Wirksamkeit genommen werden, (5) das Interesse der Gemein-schaft muß abgewogen werden gegen die Besonderheit der Situation des Antragstellers, die sich von der Situation der übrigen Wirtschaftsteilnehmer unterscheiden muß, (6) die Entscheidungen des EuGH oder des EuGeI über die Rechtmäßigkeit der Verordnung oder die bereits erfolgte Ablehnung vorläufigen Rechtsschutzes müssen vom nationalen Gericht beachtet wer-den. (7) Der vorläufige Rechtsschutz ist grundsätzlich von einer Sicher-heitsleistung abhängig zu machen, wenn die Gewährung vorläufigen Rechtsschutzes ein finanzielles Risiko der Gemeinschaft begründet; Aus-nahmen können nur bei Vorliegen außergewöhnlicher Umstände gemacht werden.

Die Gewährung **vorläufigen Rechtsschutzes** durch die nationalen Gerich- **15** te **scheidet** jedoch dann **aus**, wenn es nicht um den Erlaß vorläufiger Maß-nahmen im Rahmen des Vollzugs eines als rechtswidrig angefochtenen Ge-meinschaftsrechtsaktes zum Schutze der dem Einzelnen nach der Gemein-schaftsrechtsordnung zustehenden Rechte geht, sondern darum, vorläufige Maßnahmen im Vorgriff darauf zu treffen, daß Gemeinschaftsorgane die aufgrund einer Gemeinschaftsverordnung bestehenden Rechte der Einzel-nen erst durch einen weiteren Rechtsakt feststellen müssen (EuGH, C-68/95, T.Port/KOM, Slg. 1996, I–6065 Rn. 52). Die nationalen Gerichte können sich auch im Verfahren des vorläufigen Rechtsschutzes nicht an die Stelle der Gemeinschaftsorgane setzen. Deshalb ist es auch nicht möglich, den EuGH im Wege der Vorlage zu ersuchen, durch Vorabentscheidung die Untätigkeit eines Gemeinschaftsorgans festzustellen; die Kontrolle der Untätigkeit fällt in die ausschließliche Zuständigkeit der Gemeinschaftsge-richtsbarkeit, die ggf. auch den vorläufigen Rechtsschutz zu gewähren hat.

3. Unzulässigkeit der Überprüfung nationalen Rechts

16 Vorabentscheidungsersuchen sind auf Rechtssätze des Gemeinschaftsrechts zu beschränken; **Bestimmungen des nationalen Rechts** können nicht zum Gegenstand einer Vorabentscheidung gemacht werden. Der EuGH ist im Rahmen eines Vorabentscheidungsverfahrens weder befugt, nationales Recht auszulegen, noch seine Vereinbarkeit mit dem Gemeinschaftsrecht zu beurteilen (vgl. EuGH, C-292/92, Hünermund, Slg. 1993, I–6787; Rs. 228/87, Pretura unificata Turin, Slg. 1988, 5099/5119; Rs. 16/83, Prantl, Slg. 1984, 1299/1324).

17 Dies wird häufig in den **Vorlagefragen**, die an den EuGH gerichtet werden, übersehen. Dort finden sich vielfach ganz gezielte Fragen nach der Vereinbarkeit einer nationalen Rechtsvorschrift mit einer Gemeinschaftsrechtsbestimmung oder es wird nach der Anwendbarkeit einer bestimmten Gemeinschaftsregelung in dem vor dem nationalen Gericht zur Entscheidung anhängigen Rechtsstreit gefragt. Diese an sich **unzulässigen Vorlagefragen** werden vom EuGH nicht einfach zurückgewiesen, sondern werden in dem Sinne **umgedeutet**, daß das vorlegende Gericht „im Kern" oder „im wesentlichen" um Kriterien für die Auslegung des einschlägigen Gemeinschaftsrechts nachsucht, um selbst die Vereinbarkeit des entscheidungserheblichen nationalen Rechts mit dem Gemeinschaftsrecht beurteilen zu können (vgl. EuGH, Rs. 212/87, Unilec, Slg. 1988, 5075/5119; EuGH, Rs. 14/86, Pretore di Salò/X, Slg. 1987, 2545/2569; Rs. 54/85, Mirepoix, Slg. 1986, 1067/1076). Dabei geht der EuGH in der Weise vor, daß er „*aus dem gesamten von dem einzelstaatlichen Gericht vorgelegten Material, insbesondere aus der Begründung der Vorlageentscheidung, diejenigen Elemente des Gemeinschaftsrechts herausarbeitet, die unter Berücksichtigung des Gegenstands des Rechtsstreits einer Auslegung bedürfen*" (EuGH, Rs. 20/87, Gauchard, Slg. 1987, 4879/4895).

18 Aus **praktischer Sicht** ist den vorlagewilligen Gerichten folglich zu empfehlen, ihre Vorlagefragen mit einer möglichst ausführlichen Begründung zu versehen. Eine konkrete und fallspezifische Formulierung der Vorlagefrage ist in diesem Fall unschädlich, da der EuGH die für seine Entscheidung über die Vorlagefrage erforderliche Abstraktion selbst vornimmt. Zudem hat diese Vorgehensweise den Vorteil, daß die Entscheidung des EuGH eher geeignet sein wird, dem nationalen Richter als wirksame Entscheidungshilfe zu dienen, als wenn sich der nationale Richter bei der Abfassung seiner Vorlagefrage selbst darum bemüht, daß die Antwort des EuGH für alle Rechtsordnungen der Mitgliedstaaten anwendbar ist.

III. Vorlageberechtigung

1. Vorlageberechtigte Gerichte

Zur Vorlage einer Auslegungs- oder Gültigkeitsfrage an den EuGH berech- **19**
tigt sind alle **Gerichte der Mitgliedstaaten**. Der Gerichtsbegriff ist gemeinschaftsrechtlich zu verstehen und stellt nicht auf die Bezeichnung,
sondern die Funktion und Stellung einer Einrichtung im Rechtsschutzsystem der Mitgliedstaaten ab. Die ein „Gericht" i.S.d. Art. 234 konstituierenden Merkmale sind nach der Rechtsprechung des EuGH (vgl. insbes.
EuGH, C-69–79/96, Garofalo, Slg. 1997, I–5603; C-54/96, Dorsch Con-
sult/Bundesbaugesellschaft Berlin, Slg. 1997, I–4961 Rn. 23; C-111/94,
Job Centre, Slg. 1995, I–3361 Rn. 9; C-393/92, Almelo, Slg. 1994, I–1477;
Rs. 109/88, Danfoss, Slg. 1989, 2545 Rn. 7; Rs. 61/65, Vaassen-Göbbels,
Slg. 1966, 584):

- *Unabhängigkeit der Einrichtung*, und zwar sowohl unter dem Gesichtspunkt ihrer Eigenschaft als Dritter gegenüber den Parteien des
  Rechtsstreits, als auch unter dem Gesichtspunkt der Unabsetzbarkeit
  ihrer Mitglieder (vgl. EuGH, C-24/92, Corbiau, Slg. 1993, I–1277; C-
  67/91, Asociación Española de Banca Privada, Slg. 1992, I–4785; Rs.
  14/86, Pretore di Salò, Slg. 1987, 2545 Rn. 7),
- *Tätigkeit aufgrund einer gesetzlichen Grundlage* und nicht aufgrund
  einer Vereinbarung der Parteien,
- Zuständigkeit für eine *Entscheidung mit Rechtsprechungscharakter*
  (vgl. EuGH, C-111/94, Job Centre, Slg. 1995, I–3361; Rs. 318/85,
  Greis Unterweger, Slg. 1986, 955; Rs. 138/80, Borker, Slg. 1980,
  1975),
- *ständige Einrichtung* in dem Sinne, daß sie nicht nur gelegentlich eine
  rechtsprechende Funktion ausübt,
- *obligatorische Gerichtsbarkeit*, d.h. daß es keine anderen Rechtsbehelfe geben darf;
- *Existenz transparenter Verfahrensvorschriften*,
- *Anwendung von Rechtsnormen*, d.h. keine Entscheidung nach Billigkeit

Nicht ganz klar ist, ob der EuGH die Durchführung eines **streitigen Ver-** **20**
fahrens verlangt (in diesem Sinne EuGH, C-54/96, Dorsch Consult/Bun-
desbaugesellschaft Berlin, Slg. 1997, I–4961 Rn. 23; Rs. 246/80, Broekmeulen, Slg. 1981, 2311; Rs. 138/80, Borker, Slg. 1980, 1975; vgl. dagegen EuGH, C-18/93, Corsica Ferries, Slg. 1994, I–1783; C-332,333 und
335/92, Eurico Italia/Ente Nazionale Risi, Slg. 1994, I–711). Die Zulässigkeit der Vorlage wird jedenfalls dann nicht wegen Fehlens eines streitigen

Verfahrens in Frage gestellt, wenn die Vorlage vor einer (eventuellen) streitigen Verhandlungen durch eine Einrichtung erfolgt, welche die übrigen
konstitutiven Gerichtsmerkmale unstreitig erfüllt (vgl. bereits Rs. 70/77,
Simmenthal, Slg. 1978, 1453 Rn. 10).

21   **Vorlageberechtigt** sind demnach neben den nach nationalem Recht als
„Gerichte", d.h. als unabhängige staatliche Instanzen zur Entscheidung von
Rechtsstreitigkeiten mit Rechtskraftwirkung anerkannte Einrichtungen,
einschließlich der Verfassungsgerichte der Mitgliedstaaten, grundsätzlich
auch streitentscheidende Stellen außerhalb der staatlichen Gerichtsbarkeit
(EuGH, Rs. 61/65, Vaassen-Göbbels Slg. 1966, 583/602-Schiedsgericht der
Bergbauangestelltenkasse der NL; Rs. 246/80, Broekmeulen, Slg. 1981,
2311 – berufsständischer Ausschuß in den NL; C-54/96, Dorsch Con-
sult/Bundesbaugesellschaft Berlin, Slg. 1997, I–4961, mit Anm. *Brinker*,
JZ 1998, 39 – der in Deutschland für die Verfahren zur Vergabe öffentlicher
Dienstleistungen eingerichtete Vergabeüberwachungsausschuß des Bundes;
C-69–79/96, Garofalo, Slg. 1997, I–5603; C-54/96-Abgabe einer verbindlichen Stellungnahme des Consiglio di Stato im Rahmen eines außerordentlichen Rechtsbehelfs, der vom Präsidenten der italienischen Republik
beschieden wird). Als **nicht vorlageberechtigt** hat der EuGH aufgrund dieser Kriterien angesehen die privaten Schiedsgerichte (vgl. EuGH, Rs.
102/81, Nordsee Deutsche Hochseefischerei, Slg. 1982, 1095), eine Be-
rufskammer für Rechtsanwälte (EuGH, Rs. 138/80, Borker, Slg. 1980,
1975/1977), einen Ausschuß für Devisenvergehen (EuGH, Rs. 318/85,
Greis Unterwegen, Slg. 1996, 955/957), den Direktor der Steuerverwaltung
eines Mitgliedstaates (EuGH, C-24/92, Corbiau, Slg. 1993, I–1277) oder
ein als Verwaltungsbehörde handelndes Gericht in einem Verfahren der freiwilligen Gerichtsbarkeit, in dem es um einen Antrag auf Genehmigung der
Gründungsurkunde einer Gesellschaft zum Zweck ihrer Eintragung ins
Handelsregister ging (EuGH, C-111/94, Job Centre, Slg. 1995, I–3361).

2. Erforderlichkeit der Vorlage

22   Eine allgemeine Beschränkung der Vorlageberechtigung folgt aus dem **Gebot der Erforderlichkeit** der Vorabentscheidung für den Erlaß des Urteils
in dem Ausgangsrechtsstreit durch das nationale Gericht. Die Prüfung der
Erforderlichkeit oder Entscheidungserheblichkeit der Vorlagefrage erfolgt
allein durch den nationalen Richter. Die Parteien des Ausgangsverfahrens
können Anregungen geben; sie können auch über die Entscheidungserheblichkeit streitig vor dem nationalen Gericht verhandeln. Die Entscheidung
über die Vorlage und den Inhalt der Vorlagefrage trifft jedoch ausschließlich
der nationale Richter selbst. Auch der EuGH enthält sich grundsätzlich ei-

ner Überprüfung der Erforderlichkeit der Vorlage (EuGH, C-130/95, Giloy, Slg. 1997, I–4291 Rn. 20; Rs. 209–213/84, Asjes, Slg. 1986, 1425/1460; Rs. 53/79, Damiani, Slg. 1980, 273/281; siehe aber unter Rn. 26–29) und beschränkt seine Prüfung auch inhaltlich auf die konkreten Vorlagefragen des nationalen Gerichts (vgl. EuGH, C-134/94, Esso Española, Slg. 1995, I–4223 Rn. 8, wo das nationale Gericht eine Vorlagefrage aufrecht erhielt, obwohl das den Rechtsstreit zugrundeliegende decret bereits für nichtig erklärt wurde; weniger zurückhaltend hingegen: EuGH, C-66/95, Sutton, Slg. 1997, I–2163 Rn. 19, wo der EuGH über die konkrete Vorlagefrage hinaus auch ein Vorbringen der Klägerin des Ausgangsverfahrens prüft). Diese Zurückhaltung erklärt sich vor allem aus dem Umstand, daß der EuGH nicht über Fragen des nationalen Rechts befinden kann und will, weil er dazu weder ermächtigt ist noch die nötige Sachkenntnis besitzt.

3. Stadium der Vorlage

Die Vorlage kann von den Gerichten aller Gerichtsbarkeiten **in jedem Sta-**   **23**
dium eines schwebenden Streitverfahrens erfolgen. Dabei sollte sich der nationale Richter allerdings von den Grundsätzen der Prozeßökonomie leiten lassen und erst in einem Prozeßstadium die Fragen vorlegen, in dem bereits Klarheit über den relevanten Sachverhalt und die Erforderlichkeit der Vorlage besteht (EuGH, Rs. 14/86, Pretore di Salò, Slg. 1987, 2545/2566); auch die innerstaatlichen Rechtsfragen sollten bereits vor einer Vorlage geklärt sein (EuGH, C-83/91, Meilicke, Slg. 1992, I–4871/4933; C-343/90, Lourenço Dias, Slg. 1992, I–4673 Rn. 19). Dies hindert freilich den nationalen Richter nicht, im Einzelfall eine Vorlagefrage bereits im Verfahren zur Gewährung der Prozeßkostenhilfe an den EuGH zu richten (vgl. EuGH, C-77/95, Bruna-Alessandra Züchner, Slg. 1996, I–5689). Eine Überprüfung des Vorlagezeitpunkts durch den EuGH findet nicht statt (vgl. EuGH, Rs. 36 und 71/80, Doyle, Slg. 1981, 735/748).

Vorlagefragen können auch im Rahmen der Verfahren des **vorläufigen**   **24**
Rechtsschutzes gestellt werden. Weder die Dringlichkeit noch die Vorläufigkeit dieser Verfahren kann das Recht eines Gerichts zur Anrufung des EuGH in Frage stellen, sofern das Gemeinschaftsrecht Grundlage seiner Entscheidung ist (EuGH, Rs. 35 und 36/82, Morson und Jhanjan, Slg. 1982, 3723/3734; zu weitgehend deshalb OLG Frankfurt, das aus der Wesensart des Eilverfahrens auf eine Unzulässigkeit einer Vorlage schließt, NJW 1985, 2901). Eine Beschränkung der Vorlagebefugnis besteht allerdings insoweit, als die Vorabentscheidung des EuGH noch in das Eilverfahren einbezogen sein muß. Daran fehlt es z.B. in den Fällen, in denen das Vorlageersuchen lediglich im Hinblick auf die Entscheidung in der Hauptsache ge-

stellt wird oder der Richter des Eilverfahrens die beantragte einstweilige Maßnahme bereits erlassen hat, das Verfahren folglich abgeschlossen ist (zur Vorlagepflicht bei der Aussetzung des sofortigen Vollzugs eines auf Gemeinschaftsrecht beruhenden nationalen Rechtsaktes, s. oben Rn. 13–15). Dagegen ist eine Vorlage auch nach Erlaß der einstweiligen Maßnahme zulässig, sofern der Richter des Eilverfahrens mit dem Rechtsstreit befaßt bleibt und die erlassene vorläufige Maßnahme abändern oder aufheben kann (EuGH, Rs. 129/86 R, Griechenland/Rat und KOM, Slg. 1986, 2071/2074).

25   Eine **Aussetzung des Ausgangsrechtsstreits** ist bei bestehenden Zweifeln hinsichtlich der Auslegung entscheidungserheblicher Gemeinschaftsrechtsnormen nach deutscher Rechtsprechung in analoger Anwendung von § 148 ZPO **auch ohne Vorlage** einer entsprechenden Auslegungsfrage an den EuGH möglich, wenn diese Frage bereits Gegenstand eines anderen Vorabentscheidungsersuchens ist und der anhängige Rechtsstreit keine Besonderheiten oder neue Zweifelsfragen aufwirft (vgl. LG Bonn, Beschluß v. 31.10.1994–1 O 265/94, EuZW 1996, 159; zu dieser Frage auch *Pfeiffer*, NJW 1994, 1996/1998).

4. Überprüfung der Vorlage durch den EuGH

26   Eine **Überprüfung der Vorlagefrage** durch den EuGH erfolgt insoweit, als der EuGH nach ständiger Rechtsprechung (EuGH, C-363/97, A.Lindau/ Burgenländische Gebietskrankenkasse, Slg. 1998, I–3101, Rn. 12; C-291/96, Grado und Bashir, Slg. 1997, I–5531 Rn. 12; C-415/93, Bosman, Slg. 1995, I–4921 Rn. 61; Rs. 126/80, Salonia, Slg. 1981, 1563 Rn. 6; Rs. 244/80, Foglia/Novello, Slg. 1981, 3045 Rn. 21) nicht über eine Vorlagefrage befinden kann, wenn offensichtlich ist, daß
– die von einem nationalen Gericht erbetene Auslegung des Gemeinschaftsrechts in keinem Zusammenhang mit der Realität oder dem Gegenstand des Ausgangsrechtsstreits steht, oder wenn
– das Problem hypothetischer Natur ist oder
– der EuGH nicht über die tatsächlichen und rechtlichen Angaben verfügt, die für eine zweckdienliche Beantwortung der ihm vorgelegten Fragen erforderlich ist.

a) Zusammenhang mit dem Gegenstand des Ausgangsrechtsstreits

27   Die zur Vorabentscheidung vorgelegten Fragen müssen sich auf die Auslegung oder Gültigkeit von Gemeinschaftsrechtsvorschriften beziehen, die für die vom vorlegenden Gericht zu erlassende Entscheidung objektiv er-

forderlich sind, d.h. der Ausgangsrechtsstreit muß einen **hinreichenden Bezug zu einem durch die fragliche Gemeinschaftsrechtsvorschrift unmittelbar oder mittelbar geregelten Sachverhalt** aufweisen (EuGH, C-363/97, A.Lindau/Burgenländische Gebietskrankenkasse, Slg. 1998, I–3101 Rn. 15; C-291/96, Grado und Bashir, Slg. 1997, I–5531 Rn. 16; C-304/94, C-330/94, C-342/94 und C-224/95, Tombesi u.a., Slg. 1997, I–3561 Rn. 38–40; C-428/93, Monin Automobiles, Slg. 1994, I–1707 Rn. 15; C-286/88, Falciola, Slg. 1990, I–191 Rn. 9). Die rein hypothetische Aussicht etwa auf die Ausübung der im EGV vorgesehenen Freiheiten stellt keinen Bezug her, der eng genug wäre, um die Anwendung der Gemeinschaftsrechtsbestimmungen zu rechtfertigen (EuGH, C-299/95, Kremzow, Slg. 1997, I–2629 Rn. 16; Rs. 180/83, Moser, Slg. 1984, 2539 Rn. 18; Rs. 93/78, Mattheus/Doego, Slg. 1978, 2203/2211).

Ein hinreichender Bezug sowohl zum Sachverhalt, als auch zu dem den Ge- **28** genstand der Vorlagefrage bildende Gemeinschaftsrecht besteht allerdings dann, wenn sich **nationale Rechtsvorschriften zur Regelung eines innerstaatlichen Sachverhalts den Regelungen des Gemeinschaftsrechts bedienen**, um sicherzustellen, daß in vergleichbaren Fällen ein einheitliches Verfahren angewandt wird. In diesen Fällen besteht ein Interesse der Gemeinschaft daran, daß die aus dem Gemeinschaftsrecht übernommenen Begriffe unabhängig davon, unter welchen Voraussetzungen sie angewandt werden sollen, einheitlich ausgelegt werden, um künftige Auslegungsunterschiede zu verhindern (st. Rspr. seit EuGH, C-297/88 und C-197/89, Dzodzi, Slg. 1990, I–3763 Rn. 36; C-231/89, Gmurzynska-Bscher, Slg. 1990, I–4003, Rn. 18/19; zuletzt: EuGH, C-130/95, Giloy, Slg. 1997, I–4291 Rn. 23). So hat der EuGH seine Zuständigkeit für Entscheidungen über Vorabentscheidungsersuchen bejaht, die Gemeinschaftsrechtsvorschriften in Fällen betrafen, in denen der Sachverhalt des Ausgangsverfahrens nicht unter das Gemeinschaftsrecht fiel, aber die genannten Vorschriften entweder durch das nationale Recht (EuGH, C-297/88 und C-197/89, Dzodzi, Slg. 1990, I–3763 Rn. 36; C-231/89, Gmurzynska-Bscher, Slg. 1990, I–4003, Rn. 18/19; C-384/89, Tomatis und Fulchiron, Slg. 1991, I–127) oder aufgrund bloßer Vertragsbestimmungen (EuGH, C-73/89, Fournier, Slg. 1992, I–5621; C-88/91, Federconsorzi, Slg. 1992, I–4035) für anwendbar erklärt worden waren. Der EuGH hat seine Zuständigkeit hingegen verneint für die Entscheidung über ein Vorabentscheidungsersuchen, das sich zwar auf das EuGVÜ bezog, deren Bestimmungen jedoch durch das nationale Gesetz nur als „Muster" übernommen und deren Begriffe nur zum Teil wiedergegeben worden waren (EuGH, C-346/93, Kleinwort Benson, Slg. 1995, I–615).

b) Vorliegen echter und nicht nur rein hypothetischer Fragestellungen

29 Der EuGH verneint seine Zuständigkeit dann, wenn die Antworten auf die an ihn herangetragenen Fragen nicht zur Beilegung eines **echten Rechtsstreits** dienen, sondern der EuGH angerufen wird, um ein Gutachten zu hypothetischen oder konstruierten Fragestellungen zu erwirken (dies wurde bisher nur in 2 außergewöhnlichen Fällen angenommen: EuGH, Rs. 104/79 bzw. 244/80 Foglia/Novello I und II, Slg. 1980, 745 bzw. 1981, 3045; C-83/91, Meilicke, Slg. 1992, I–4919). Die Zurückweisung eines Vorabentscheidungsersuchens wegen Unzulässigkeit aus diesem Grund wird allerdings nur ausnahmsweise in Betracht kommen, da der EuGH mit dem Kriterium des „echten Rechtsstreits" im wesentlichen nur manipulierte Parteiabsprachen ausschließen will, die das Vorabentscheidungsverfahren zu einem von Einzelnen veranlaßtes verschleiertes Vertragsverletzungsverfahren instrumentalisieren, was jedoch mit dem Geist und der Zweckbestimmung des Vorabentscheidungsverfahrens als eines Verfahrens der gerichtlichen Zusammenarbeit unvereinbar wäre.

c) Erläuterungen des rechtlichen und tatsächlichen Hintergrundes

30 Das Erfordernis, zu einer für das nationale Gericht sachdienlichen Auslegung des Gemeinschaftsrechts zu gelangen, verlangt, daß das vorlegende Gericht den **tatsächlichen und rechtlichen Rahmen der von ihm gestellten Fragen umreißt** oder zumindest die tatsächlichen Annahmen erläutert, auf denen diese Fragen beruhen (EuGH, C-9/98, Agostini, Slg. 1998, I–4261, Rn. 4; C-128/97 und C-137/97, Testa und Modesti, Slg. 1998, I–2181 Rn. 5; C-2/96, Sunino und Data, Slg. 1996, I–1543 Rn. 4; C-307/95, Max Mara, Slg. 1995, I–5083 Rn. 6; C-167/94, Grau Gomis, Slg. 1995, I–1023 Rn. 8; C-458/93, Saddik, Slg. 1995, I–511 Rn. 12; C-157/92, Banchero, Slg. 1993, I–1085 Rn. 4; C-320–322/90, Telemarsicabruzzo, Slg. 1993, I–393 Rn. 6). Außerdem können die Regierungen der Mitgliedstaaten und die anderen Beteiligten am Vorabentscheidungsverfahren nur bei Einhaltung dieser Vorgabe von der ihnen gemäß Art. 20 Satzung/EuGH eingeräumten Möglichkeit der Abgabe von Erklärungen sinnvoll Gebrauch machen (EuGH, C-66/97, Banco de Fomento e Exterior SA, Slg. 1997, I–3757 Rn. 8; C-458/93, Saddik, Slg. 1995, I–511 Rn. 13; Rs. 141–143/81, Holdijk u.a., Slg. 1982, 1299 Rn. 6).

31 Die vorlegenden Gerichte tun gut daran, die **Forderung** nach einer hinreichend klaren und ergiebigen Erläuterung des tatsächlichen und rechtlichen Hintergrunds des Ausgangsverfahrens im Vorlagebeschluß **ernst zu nehmen**; zwar beanstandet der EuGH im Einzelfall eine nicht erschöpfende

Darstellung der rechtlichen und tatsächlichen Lage dann nicht, wenn sich die Fragen auf präzise fachliche Punkte beziehen und somit selbst eine sachdienliche Antwort zulassen (so EuGH, C-316/93, Vaneetveld, Slg. 1994, I–763 Rn. 13), jedoch scheut der EuGH bei Fehlen der sachdienlichen und notwendigen Angaben immer weniger davor zurück, sich für außerstande zu erklären, eine sachgerechte Auslegung des Gemeinschaftsrechts vorzunehmen und weist das Vorabentscheidungsersuchen als unzulässig zurück (vgl. die Rspr.-Nachw. in Rn. 30).

5. Anfechtbarkeit des Vorlagebeschlusses

Inwieweit die innerstaatlich zuständigen Rechtsmittelgerichte Einfluß auf **32** eine Vorlageentscheidung eines nicht letztinstanzlichen Gerichts nehmen und diese etwa aufheben können, ist nach st. Rspr. des EuGH ausschließlich nach nationalem Recht zu beurteilen. Das Gemeinschaftsrecht steht der **Anfechtbarkeit der Vorlageentscheidung** nicht entgegen (EuGH, Rs. 31/68, Chanel/Cepeha, Slg. 1970, 403/405). Dies folgt aus der Überlegung, daß die Entscheidung über eine Vorlage an den EuGH in den Bereich des nationalen Rechts fällt und dieses folglich auch zur Anwendung kommen muß, wenn es um die Frage des ordnungsgemäßen Zustandekommens oder des Fortbestehens einer Vorlageentscheidung geht (vgl. *Everling*, Das Vorabentscheidungsverfahren vor dem Gerichtshof der Europäischen Gemeinschaften, 1986, 42). Auch die Zulassung der Beschwerde gegen eine Entscheidung, mit der ein nationales Gericht die Aussetzung der Vollziehung eines nationalen Verwaltungsaktes angeordnet und den EuGH um Vorabentscheidung über die Gültigkeit des diesem Vollzugsakt zugrunde liegenden Gemeinschaftsrechtsaktes ersucht hat, ist aus gemeinschaftsrechtlicher Sicht nicht zu beanstanden (vgl. EuGH, C-334/95, Krüger, Slg. 1997, I–4517 Rn. 52/53 zu § 128 Abs. 3 S.2 i.V.m. § 115 Abs. 2 Nr.1 FGO).

Für den Bereich des **deutschen Prozeßrechts** wird ganz überwiegend die **33** Auffassung vertreten, daß die in den jeweiligen Prozeßordnungen enthaltenen unterschiedlichen *Beschwerderegelungen gegen prozessuale Zwischenentscheidungen nicht unmittelbar auf die Aussetzungs- und Vorlagebeschlüsse nach Art. 234 anwendbar sind*, da es sich hierbei um ein Rechtsinstitut „sui generis" handelt (vgl. OLG Köln, WRP 1977, 734; LAG Hamburg, BB 1983, 1859; BFHE 132, 217; *Ehle*, NJW 1963, 2202; *Zöller/Greger*, ZPO, 18. Aufl. (1993), § 252 Rn. 1; **a.A.:** *Pfeiffer*, NJW 1994, 1996ff. mit beachtlichen Argumenten).

6. Rücknahme der Vorlage

34   Die **Rücknahme** einer Vorlageentscheidung durch das Prozeßgericht oder ihre **Aufhebung** durch das Rechtsmittelgericht führt zur Streichung der Rechtssache aus dem Register beim EuGH, da die Vorabentscheidung eine gültige Vorlage voraussetzt. Entsprechendes gilt im Falle der Berichtigung, Ergänzung oder Neufassung einer Vorlage; der EuGH antwortet dann auf die neue Frage in der Fassung des Änderungsbeschlusses (hierzu EuGH, Rs. 406/85, Gofette und Gilliard, Slg. 1987, 2525/2540).

IV. Vorlageverpflichtung

1. Vorlagepflichtige Gerichte

35   Zur Vorlage verpflichtet ist **jedes nationale Gericht,** dessen Entscheidung mit Rechtsmitteln des innerstaatlichen Rechts nicht mehr angegriffen werden kann.

36   Noch nicht endgültig geklärt ist dabei, ob hierunter nur die in der Gerichtshierarchie obersten Gerichte der Mitgliedstaaten fallen (so die abstrakte oder institutionelle **Betrachtungsweise**), oder ob dies nach der tatsächlichen Rechtsmittelmöglichkeit zu beurteilen ist (so die **konkrete** oder funktionelle **Betrachtungsweise**). Unter dem Gesichtspunkt des Individualrechtsschutzes verdient die konkrete Betrachtungsweise den Vorzug (so auch BayVerfGH, NJW 1985, 2894), da sie allein verhindert, daß dem Einzelnen in einem Verfahren vor nationalen Gerichten durch etwaige fehlerhafte Auslegung und Anwendung des Gemeinschaftsrechts ein endgültiger Schaden entsteht (zu den Theorien siehe *Dauses*, Vorabentscheidungsverfahren, 71). Auch trägt sie allein dem Umstand Rechnung, daß auch die nationalen Instanzgerichte für die Durchsetzung und Einhaltung des Gemeinschaftsrechts Mitverantwortung tragen, der sie sich nicht unter Hinweis auf die bestehenden Obergerichte entziehen können (so ausdrücklich EuGH, Rs. 6/64, Costa/ENEL, Slg. 1964, 1253/1268).

37   Abgrenzungsprobleme wirft die konkrete Betrachtungsweise allerdings im Hinblick auf die Bestimmung dessen auf, was unter „Rechtsmitteln des innerstaatlichen Rechts" zu verstehen ist. Unstreitig erfaßt der **Rechtsmittelbegriff** alle Rechtsbehelfe, mit denen eine von einem Gericht erlassene Entscheidung von einer übergeordneten Gerichtsinstanz in tatsächlicher und rechtlicher Hinsicht (z.B. Berufung) oder auch nur in rechtlicher Hinsicht (z.B. Revision) überprüft werden kann. Unstreitig ist außerdem, daß außerordentliche Rechtsbehelfe mit begrenzten und spezifischen Auswirkungen (z.B. Wiederaufnahmeverfahren; Verfassungsbeschwerde) bei der

Beurteilung, ob noch weitere Rechtsmittel gegeben sind, außer Betracht zu bleiben haben. Problematisch sind die **Beschwerden gegen die Nichtzulassung der Revision**. In der deutschen Rspr. wird diese Beschwerde allgemein als Rechtsmittel i.S.v. Art. 234 gewertet (BVerwG, Beschluß v. 25.10.1994 – 5 B 78.94 –; BVerwG, Beschluß v. 14.12.1992–5 B 72/92, NVwZ 1993, 770; BVerwG, Beschluß v. 15.5.1990–1 B 64.90, Inf AuslR 1990, 293; BVerwG, NJW 1987, 601; BFH, NJW 1987, 4096; zust. *Hailbronner*, Handkommentar, Art. 177 Rn. 29). Diese Haltung ist im Hinblick auf die Rechtsschutzfunktion des Art. 234 dann nicht zu beanstanden, wenn die Fragen des Gemeinschaftsrechts, von denen die Entscheidung des Rechtsstreits abhängt, im Falle der Nichtzulassung der Revision durch das Berufungsgericht einer Beurteilung durch den EuGH nicht entzogen sind, sondern im Rahmen einer Beschwerde gegen die Nichtzulassung der Revision zum Gegenstand revisionsrechtlicher Klärung gemacht und auf dem Weg über Art. 234 III vom Revisionsgericht einer Klärung durch den EuGH zugeführt werden können (vgl. die entsprechende Möglichkeit in § 132 Abs. 2 Nr. 1 VwGO).

Eine für alle, d.h. auch für die nicht letztinstanzlichen Gerichte **zwingende Vorlagepflicht** besteht für die Fälle, in denen das Gericht von der **Ungültigkeit eines Gemeinschaftsrechtsaktes** überzeugt ist und diesem deshalb die Anwendung versagen will. In seinem grundlegenden Urteil in der Rs. 314/85 „Foto-Frost" (Slg. 1987, 4199; dazu *Glaesner*, EuR 1990, 143; *Vogel-Claussen*, NJW 1989, 3058) hat der EuGH unmißverständlich festgestellt, daß ihm allein das Verwerfungsmonopol für rechtswidriges Gemeinschaftsrecht zusteht. Die nationalen Gerichte haben bis zu einer Ungültigkeitsfeststellung des EuGH das Gemeinschaftsrecht anzuwenden und zu respektieren. Der EuGH verweist dabei zunächst auf das Erfordernis der Einheitlichkeit des Gemeinschaftsrechts, das vor allem bei Zweifeln über die Gültigkeit einer Gemeinschaftshandlung zwingend zu beachten ist, da Meinungsverschiedenheiten der nationalen Gerichte über die Gültigkeit von Gemeinschaftsrecht geeignet sind, die Einheit der Gemeinschaftsrechtsordnung selbst in Frage zu stellen und die Rechtssicherheit zu beeinträchtigen. Darüber hinaus verlangt auch die Kohärenz des vom EGV geschaffenen Rechtsschutzsystems, daß die Befugnis zur Feststellung der Ungültigkeit von Gemeinschaftsrechtshandlungen dem EuGH vorbehalten bleibt, da die Gültigkeitsprüfung im Rahmen des Vorabentscheidungsverfahrens ebenso wie die Nichtigkeitsklage eine Form der Rechtmäßigkeitskontrolle darstellt, die nach dem Rechtsschutzsystem des EGV in die **ausschließliche Zuständigkeit des EuGH** fällt (EuGH, 314/85, Foto-Frost, Slg. 1987, 4199/4231 Rn. 15–17).

38

39   Eine Besonderheit gilt für Gerichte, die im Rahmen eines Verfahrens zur
Gewährung **vorläufigen Rechtsschutzes** tätig werden. Sie sind nach der
Rspr. des EuGH befugt, die Vollziehung eines auf einer Gemeinschaftsverordnung beruhenden nationalen Verwaltungsaktes auszusetzen, sofern sie
erhebliche Zweifel an der Gültigkeit der Gemeinschaftsverordnung haben
und sofern die Aussetzung zur Abwendung eines schweren und nicht wiedergutzumachenden Schadens erforderlich ist (zu den Voraussetzungen im
einzelnen s. oben unter Rn. 13–15). Diese Vorlagepflicht entfällt nur dann,
wenn der EuGH mit der Gültigkeitsfrage bereits im Rahmen eines anderen
Ausgangsverfahrens befaßt ist (EuGH, C-143/88 und C-92/89 Zuckerfabri-
ken Süderdithmarschen und Soest, Slg. 1991, I–534; dazu *Schlemmer-
Schulte*, EuZW 1991, 301).

2. Umfang der Vorlagepflicht

40   In seiner Rspr. hat der EuGH verschiedentlich versucht, den Umfang der
Vorlagepflicht durch **objektive Kriterien** zu umschreiben.

41   Ausgehend von einer **dem Grundsatz nach unbeschränkten Vorlagepflicht** hat der EuGH bereits in seinem Urteil in der Rs. „Da Costa" eine
erste Ausnahme von der Vorlageverpflichtung für den Fall anerkannt, daß
die Wirkung einer bereits in einem gleichgelagerten früheren Fall ergangenen Vorabentscheidung *„im Einzelfall den inneren Grund dieser Verpflichtung entfallen und sie somit sinnlos erscheinen läßt"* (EuGH, Rs. 28–30/62,
Slg. 1963, 63/81). In seinem Urteil in der Rs. „C.I.L.F.I.T." hat der EuGH
diese Ausnahme dahingehend konkretisiert, daß die Vorlagepflicht bei Vorliegen einer **gesicherten Rechtsprechung** unabhängig von der Verfahrensart, in der sich diese Rechtsprechung herausgebildet hat, entfällt und dies
selbst dann, wenn die strittigen Fragen mit den bereits geklärten nicht völlig identisch sind (EuGH, Rs. 283/81, Slg. 1982, 3415/3429 Rn. 14). In
demselben Urteil hat der EuGH darüber hinaus als **zweite Ausnahme** den
Fall anerkannt, daß *„die richtige Anwendung des Gemeinschaftsrechts derart offenkundig [ist], daß keinerlei Raum für vernünftige Zweifel an der
Entscheidung der gestellten Frage bleibt"* (Rn. 16 der Urteilsgründe). Das
Bestehen eines **„vernünftigen Zweifels"** ist dabei allerdings nicht aus der
subjektiven Sicht des jeweiligen nationalen Richters zu prüfen, sondern unter Einbeziehung möglicher Rechtsprechung der Gerichte anderer Mitgliedstaaten und des EuGH, wobei jeweils die Frage zu stellen ist, ob diese
zu einer abweichenden Entscheidung gelangen könnten. Ob diese Möglichkeit besteht, ist unter Berücksichtigung der Eigenheiten des Gemeinschaftsrechts und der besonderen Schwierigkeiten seiner Auslegung zu beurteilen, wobei neben der besonderen Terminologie des Gemeinschafts-

rechts auch dem Umstand seiner Verbindlichkeit in verschiedenen Sprachen Rechnung zu tragen ist. Die Auslegung einer gemeinschaftsrechtlichen Vorschrift hat deshalb stets bei einem Vergleich der jeweiligen Sprachfassungen anzusetzen (EuGH, C-72/95, Kraaijeveld u.a., Slg. 1996, I–5403 Rn. 28; C-449/93, Rockfon, Slg. 1995, I–4291 Rn. 28; Rs. 283/81, Slg. 1982, 3415/3430).

In der **deutschen Rechtsprechung** wird im wesentlichen in Übereinstim- **42** mung mit diesen Grundsätzen von der Einholung einer Vorabentscheidung abgesehen, wenn an dem **Auslegungsergebnis kein ernsthafter Zweifel** besteht (BVerwGE 66, 29/38; BGH, RIW 1989, 745; BVerfG, Urt. v. 27.8.1991–2 BvR 276/90, ZIP 1991, 1283; BVerfG, RIW 1989, 823; dazu auch *Schiller*, RIW 1988, 452; *Spetzler*, RIW 1989, 362) oder wenn im Hinblick auf eine **gesicherte Rspr. des EuGH eine Vorlage „entbehrlich"** erscheint (HessVGH, NVwZ 1989, 387; BGH, NJW 1986, 659). Das BVerfG faßt diese Grundsätze dahingehend zusammen, daß die innerstaatlichen Gerichte zu einer an objektiven Maßstäben ausgerichteten Prüfung verpflichtet sind und zu entscheiden haben, ob die entscheidungserhebliche gemeinschaftsrechtliche Norm mehrere, für einen kundigen Juristen vernünftigerweise gleichermaßen mögliche Auslegungen zuläßt, wobei auch das gesamte Gemeinschaftsrecht, seine Ziele und sein Entwicklungsstand z.Z. der Anwendung der betroffenen Vorschrift heranzuziehen sind (BVerfGE 82, 159/194; E 66, 29/38).

3. Sanktionen bei Verletzung der Vorlagepflicht

Die **Verletzung der Vorlagepflicht** kann sowohl auf der Ebene des Ge- **43** meinschaftsrechts, als auch auf der Ebene des nationalen Rechts sanktioniert werden.

Auf **Gemeinschaftsebene** stellt die Verletzung der unmittelbar aus Art. 234 **44** III folgenden Vorlagepflicht durch ein nationales Gericht eine Verletzung des Vertrages dar, die dem betr. Mitgliedstaat zugerechnet wird und somit im Wege des **Vertragsverletzungsverfahrens** (Art. 226, ex-Art. 169; Art. 227, ex-Art. 170) sanktioniert werden kann. Die **praktischen Wirkungen** eines solchen Vorgehens sind allerdings sehr beschränkt, da die Regierung des betr. Mitgliedstaates einer eventuellen Verurteilung durch den EuGH nicht Folge leisten kann, weil sie im Hinblick auf die Unabhängigkeit der Gerichte und des Gewaltenteilungsprinzips dem nationalen Gericht keine Anweisungen erteilen kann. Darüber hinaus hätte ein Vertragsverletzungsverfahren wegen unterlassener Vorlage keine Auswirkungen auf das bereits in der betreffenden Sache rechtskräftige Urteil (zur Forderung der Durchbrechung der Rechtskraft bei Verletzungen des Gemeinschaftsrechts s. unter Rn. 47). Aus diesen Gründen hat die Kommission bisher von der Erhebung einer Klage abgesehen (vgl. Antwort der KOM auf die schriftliche Anfrage Nr. 608/78, ABl. 1978 C 28/8). Ein Einschreiten der Kommission ist am ehesten in den Fällen vorstellbar, in denen der Nichtvorlage eine schwere und offenkundige Mißachtung des Gemeinschaftsrechts zugrundeliegt oder in denen die obersten nationalen Gerichte die Inanspruchnahme des Vorabentscheidungsverfahrens grundsätzlich und systematisch ablehnen (*Ehlermann*, in FS für Kutscher 1981, 135).

45 Im **Bereich des nationalen Rechts** können ebenfalls Sanktionen wegen Verletzung der Vorlagepflicht vorgesehen werden. So stellt nach deutschem Verfassungsrecht, wie das BVerfG in seinem „Solange II-Beschluß" vom 22.10.1986 erstmals anerkannt hat, die Nichtbeachtung der Vorlagepflicht eine Verletzung des Anspruchs auf den „**gesetzlichen Richter**" i.S.d. Art. 101 Abs. 1, Satz 2 GG dar (BVerfGE 73, 339/366; vgl. auch BVerfG, Beschluß v. 16.12.1993–2 BvR 1725/88, NJW 1994, 2017). Das BVerfG erkennt ausdrücklich die Rolle des EuGH als die eines gesetzlichen Richters an und ebnet damit gleichzeitig den Weg dafür, daß auch Einzelne eine Verletzung der Vorlagepflicht durch ein deutsches Gericht im Wege der Verfassungsbeschwerde beim BVerfG rügen können. Eine Verletzung des Anspruchs auf den gesetzlichen Richter setzt allerdings nach der Rechtsprechung des BVerfG voraus, daß die Nichtvorlage auf **„objektiver Willkür"** von Seiten des nichtvorlagewilligen Gerichts beruht. Von objektiver Willkür kann ausgegangen werden, wenn

(1) die Vorlage trotz Entscheidungserheblichkeit der gemeinschaftsrechtlichen Frage überhaupt nicht in Erwägung gezogen wird, obwohl das Gericht selbst Zweifel an der richtigen Beantwortung der Frage hat („Verkennung der Vorlagepflicht", BVerfG, NVwZ 1991, 53),

(2) das Gericht bewußt von einer bereits zur entscheidungserheblichen Frage bestehenden Rspr. des EuGH abweicht (BVerfGE 75, 223/245),

(3) das Gericht den ihm bei Fehlen einer einschlägigen Rspr. des EuGH zukommenden Beurteilungsspielraum in unvertretbarer Weise überschritten hat, wovon auszugehen ist, wenn mögliche Gegenauffassungen zu den entscheidungserheblichen Fragen des Gemeinschaftsrechts gegenüber der vom Gericht vertretenen Meinung eindeutig vorzuziehen sind (BVerfGE 75, 223/245; dazu *Wölker*, EuGRZ 1988, 97; *Clausnitzer*, NJW 1989, 641).

46 Eine unterbliebene Vorlage kann ferner einen **Revisionsgrund** i.S.v. **§ 132 II Nr. 1 VwGO** darstellen, wenn in einer Rechtsstreitigkeit über die Auslegung einer gemeinschaftsrechtlichen Regelung dargelegt wird, daß in einem zukünftigen Revisionsverfahren eine Vorabentscheidung des EuGH einzuholen sein wird und keine hinreichenden Gründe vorliegen, die eine

Vorabentscheidung als entbehrlich erscheinen lassen (BVerwG, NJW 1988, 664; vgl. auch *Mutke*, DVBl. 1987, 403). Auch § **554 b I ZPO** ist vom BVerfG verfassungskonform dahingehend ausgelegt worden, daß die Beurteilung der Erfolgsaussichten der Revision auch davon abhängt, ob im Revisionsverfahren eine Vorabentscheidung des EuGH einzuholen ist; ist letzteres der Fall, kann über die Erfolgsaussicht der Revision erst nach Abschluß des Vorabentscheidungsverfahrens endgültig entschieden werden (BVerfG, Beschluß v. 16.12.1993–2 BvR 1725/88, NJW 1994, 2017 unter Hinweis auf BVerfGE 54, 277/285). Die Ablehnung der Annahme der Revision durch den BGH umfaßt folglich stets auch die Entscheidung, die gemeinschaftsrechtlichen Fragen dem EuGH nicht vorzulegen, sondern sie in eigener Verantwortung zu beurteilen. Diese Entscheidung unterliegt dabei den verfassungsrechtlichen Kontrollmaßstäben für die Handhabung des Art. 234 III (dazu unter Rn. 42/45). Eine entsprechende Verpflichtung trifft den BGH gem. § **564 I Nr. 1 ZPO** im Rahmen der Prüfung der Revisionszulassung im Falle einer unterbliebenen Vorlage durch ein OLG.

Darüber hinaus ist im Hinblick auf den Vorrang des Gemeinschaftsrechts **47** und der primärrechtlichen Verpflichtung der Mitgliedstaaten, alle geeigneten Maßnahmen zur Erfüllung der sich aus dem Gemeinschaftsrecht ergebenden Verpflichtungen zu treffen (vgl. Art. 10, ex-Art. 5), die **Forderung zu stellen**, daß im nationalen Prozeßrecht die Voraussetzungen dafür geschaffen werden, daß Urteile nationaler Gerichte, die unter Verletzung des Gemeinschaftsrechts, etwa unter Mißachtung der Vorlagepflicht nach Art. 234, zustande gekommen sind, nicht unter Hinweis auf ihre Rechtskraft der Durchsetzung der den Einzelnen aus dem Gemeinschaftsrecht erwachsenden Rechte entgegengehalten werden können. Ein denkbarer Weg zur Erfüllung dieser Forderung wäre z.B. die Einführung eines besonderen **Rechtsbehelfs zur Beseitigung der Rechtskraft** eines unter Verletzung des Gemeinschaftsrechts erlassenen Urteils (vgl. dazu *Vedder*, in: Europa der Bürger, Graz 1994, 81/122).

Mit der Anerkennung der **gemeinschaftsrechtlichen Haftung der Mit-** **48** **gliedstaaten für Verletzungen des Gemeinschaftsrechts** (EuGH, C-46/93, Brasserie du pêcheur und C-48/93, Factortame, Slg. 1996, I–1029) ist inzwischen sichergestellt, daß der Einzelne jedenfalls Ersatz derjenigen Schäden vom betr. Mitgliedstaat verlangen kann, die ihm infolge der Vorenthaltung oder **Verletzung der ihm aus dem Gemeinschaftsrecht zuste-** **henden Rechte** durch die Organe des betr. Mitgliedstaates entstanden sind (vgl. Einzelheiten zur Haftung bei Art. 288 Rn. 54–69). Dies gilt auch für Verletzungen dieser Rechte **durch die rechtsprechende Gewalt**, deren Urteile nicht allein im Instanzenzug überprüfbar sind, sondern – soweit sie unter Mißachtung der Normen des Gemeinschaftsrecht zustande gekommen sind – darüber hinaus im Rahmen eines gegen den betr. Mitgliedstaat auszutragenden Schadensersatzprozesses. In diesem Verfahren müssen im Rahmen der Feststellung der Verletzung des Gemeinschaftsrechts durch das fragliche Gericht auch die materiellen, das Gemeinschaftsrecht betreffenden Fragen erneut überprüft werden, ohne daß sich das mit der Schadensersatzklage befaßte Gericht auf etwaige Bindungswirkungen des fachgerichtlichen Urteils zurückziehen könnte. Etwaige Fragen nach der Auslegung oder Gültigkeit der fraglichen Gemeinschaftsrechtsnorm müssen notfalls im Wege des Vorabentscheidungsverfahren nach Art. 234 vom EuGH geklärt werden. Als Instrument zur Gewährleistung auch des Individualrechtsschutzes kann grundsätzlich auch die Verletzung der Vorlagepflicht nach Art. 234 III zu einer Haftung der Mitgliedstaaten führen. Ein auf die **Verletzung der Vorlagepflicht gestützter Haftungsanspruch** dürfte allerdings angesichts der strengen Haftungsvoraussetzung („qualifizierte Verletzung des Gemeinschaftsrechts") nur dann begründet sein, wenn die Nichtvorlage auf **„objektiver Willkür"** von Seiten des nichtvorlagewilligen Gerichts beruht (vgl. dazu Rn. 44).

V. Rechtswirkungen des Vorabentscheidungsurteils

49 Die Vorabentscheidung des EuGH ergeht in **Form eines Urteils**, das allerdings durch seine Urteilsformel „*hat für Recht erkannt*" (nicht „entscheidet") sowie durch das Fehlen einer Kostenentscheidung, die dem Gericht des Ausgangsverfahrens vorbehalten ist, dem Charakter des Verfahrens als eines **Zwischenverfahrens** auch äußerlich Rechnung trägt. Gleichwohl handelt es sich um eine für den EuGH abschließende Entscheidung, die sowohl in formeller wie in materieller Hinsicht in Rechtskraft erwächst.

1. Rechtliche Bindungswirkung des Urteils

50 Das Vorabentscheidungsurteil bindet **im Ausgangsverfahren** sowohl das vorlegende Gericht selbst, als auch jedes andere Gericht, das in demselben Rechtsstreit zu entscheiden hat, insbesondere also die etwaig angerufenen Rechtsmittelinstanzen oder das Gericht der Hauptsache, wenn im Verfahren des vorläufigen Rechtsschutzes vorgelegt wurde („**inter-partes"-Wirkung**, dazu EuGH, Rs. 29/68, Milch-, Fett- und Eierkontor/HZA Saarbrücken, Slg. 1969, 165/178).

51 Die **Bindungswirkung im Ausgangsverfahren** besteht darin, daß das zuständige Gericht das Vorabentscheidungsurteil des EuGH bei seiner Entscheidungsfindung zugrundelegt, indem es entweder das fragliche Gemeinschaftsrecht in der vom EuGH gegebenen Auslegung auf den Ausgangsfall anwendet oder für ungültig erklärtes Gemeinschaftsrecht außer Anwendung läßt. Dies gilt allerdings nur insoweit, als das nationale Gericht nicht nachträglich oder sogar erst durch das Vorabentscheidungsurteil selbst zu der Überzeugung gelangt, daß das fragliche Gemeinschaftsrecht für den zur Entscheidung anstehenden Rechtsstreit nicht entscheidungserheblich ist. Auch bleibt es den im Rahmen eines Ausgangsverfahrens befaßten Gerichten unbenommen, den EuGH erneut zu befassen, wenn etwa die frühere Vorabentscheidung in der Sache keine hinreichende Klarheit geschaffen hat oder Klarstellungen über die vom EuGH getroffenen Aussagen notwendig erscheinen (EuGH, C-206/94, Paletta II, Slg. 1996, I–2357; C-45/90, Paletta I, Slg. 1992, I–3423; Rs. 69/85, Wünsche, Slg. 1986, 947).

Noch nicht endgültig geklärt ist die Frage, ob das Vorabentscheidungsurteil Bindungswirkung auch **außerhalb des Ausgangsverfahrens** entfalten kann (**„erga-omnes"-Wirkung**). Bei der Beurteilung dieser Frage ist zwischen den Urteilen zur Gültigkeit bzw. Ungültigkeit einer Gemeinschaftsrechtshandlung einerseits und den Auslegungsurteilen andererseits zu unterscheiden. **52**

Die erga-omnes-Wirkung ist jedenfalls bei Urteilen anzunehmen, die die **Ungültigkeit von Gemeinschaftsrecht** feststellen, da es dem Grundsatz der Rechtssicherheit widersprechen würde, wenn der EuGH in einem späteren Verfahren dieselbe Gemeinschaftsregelung für gültig erklären würde. Ein Ungültigkeitsurteil des EuGH stellt folglich für jedes andere Gericht eine ausreichende Grundlage dar, die betreffende Gemeinschaftsregelung bei der von ihm zu erlassenden Entscheidung als ungültig und damit nicht anwendbar anzusehen (EuGH, Rs. 66/80, International Chemical, Slg. 1981, 1191). Dies schließt freilich nicht aus, daß ein nationales Gericht noch Fragen in bezug auf das Ungültigkeitsurteil dem EuGH zur Vorabentscheidung vorlegen kann, etwa im Hinblick auf den Umfang der Ungültigkeitserklärung oder im Hinblick auf die Folgen des Urteils. **53**

Nicht so eindeutig ist hingegen die erga-omnes-Wirkung der Urteile zur **Gültigkeit einer Gemeinschaftsregelung** zu beurteilen. Der EuGH hat die Gültigkeit der Regelung lediglich vor dem Hintergrund des ihm unterbreiteten Prozeßstoffes geprüft, so daß nicht ausgeschlossen werden kann, daß in späteren Verfahren Gesichtspunkte vorgetragen werden, die bisher unberücksichtigt geblieben sind und ggf. eine abweichende Beurteilung gebieten. Der EuGH trägt diesem Umstand durch eine ausgesprochen vorsichtige Formulierung seiner Antwort Rechnung, in der es regelmäßig heißt, daß die Prüfung der vorgelegten Fragen nichts ergeben habe, was die Gültigkeit der fraglichen Gemeinschaftsregelung beeinträchtigen könnte. **54**

In der Praxis werden allerdings in aller Regel bereits im ersten Verfahren alle wesentlichen Gesichtspunkte, die für oder gegen die Gültigkeit einer Gemeinschaftsregelung sprechen können, vorgetragen und geprüft, so daß auch den Gültigkeitsurteilen **de facto** eine erga-omnes-Wirkung zuerkannt werden kann (so auch *Everling*, Vorabentscheidungsverfahren, 65).

55 Noch weniger eindeutig zu beantworten ist die Frage nach der erga-omnes-Wirkung von **Auslegungsurteilen** des EuGH, auch wenn im Schrifttum allgemein die Auffassung vertreten wird, Auslegungsurteile im Vorabentscheidungsverfahren entfalteten lediglich bindende Wirkung im Hinblick auf das Ausgangsverfahren (vgl. die Nachw. bei *Dauses*, Vorabentscheidungsverfahren, 1995). Der EuGH selbst scheint eher dahin zu tendieren, auch diesen Urteilen allgemeine Bedeutung beizumessen. So folgt insbesondere aus seiner Feststellung, wonach letztinstanzliche Gerichte nicht zur Vorlage verpflichtet sind, wenn die gleiche Streitfrage bereits vom EuGH entschieden ist (EuGH, Rs. 283/81, C.I.L.F.I.T., Slg. 1982, 3415; Rs. 66, 127 und 128/79, Salumi, Slg. 1980, 1237/1260), daß letztinstanzliche Gerichte die frühere Entscheidung des EuGH ihrer Urteilsfindung zugrundelegen müssen, es sei denn sie entschließen sich, etwa im Lichte geänderter Umstände, zu einer erneuten Vorlage. Damit ähnelt die **Präjudizwirkung von Auslegungsurteilen** des EuGH der von höchstrichterlichen Urteilen im nationalen Recht. Auch dort haben die Grundsatzurteile keine verbindliche Wirkung außerhalb des konkreten Rechtsstreits, dennoch halten sich die Instanzgerichte in aller Regel an diese Grundsätze, weil sie einerseits damit rechnen müssen, daß ihre Urteile in der Rechtsmittelinstanz aufgehoben werden, und weil sie sich andererseits der Aufgabe der obersten Gerichte bewußt sind, die Rechtseinheit zu wahren. Im Ergebnis kommt folglich auch den Auslegungsurteilen in Vorabentscheidungsverfahren **de facto** eine erga-omnes-Wirkung zu (vgl. auch *Everling*, Vorabentscheidungsverfahren, 66).

2. Zeitliche Wirkung des Urteils

56 Auslegungsurteile wie auch Urteile zur Gültigkeit des Gemeinschaftsrechts haben in Vorabentscheidungsverfahren grundsätzlich **rückwirkende Kraft**, d.h. sie bestimmen verbindlich den Inhalt bzw. den Bestand des fraglichen Gemeinschaftsrechts mit Wirkung vom Zeitpunkt seines Inkrafttretens (vgl. EuGH, Rs. 24/86, Blaizot, Slg. 1988, 379 Rn. 27; Rs. 66, 127 und 128/79, Salumi, Slg. 1980, 1237/1260 Rn. 9/12). Dies kann im Einzelfall erhebliche Auswirkungen auf die unter dem für nichtig erklärten oder irrig ausgelegten Gemeinschaftsrecht entstandenen öffentlich-rechtlichen oder privatrechtlichen Vorgänge haben, die nunmehr rückwirkend abgewickelt werden müssen. Im Rahmen der Nichtigkeitsklage (Art. 230, ex-Art. 173) sieht Art. 231 II (ex-Art. 174 II) deshalb vor, daß der EuGH im Falle der Nichtigerklärung einer Verordnung gewisse Wirkungen aufrechterhalten kann. Eine entsprechende Regelung besteht zwar für Vorabentscheidungsurteile nicht; dennoch hat der EuGH in Analogie zu Art. 231 II (ex-Art. 174 II) auch die **Begrenzung der zeitlichen Wirkungen von Vorabentscheidungsurteilen** (zu diesem Problembereich ausführlich *Weiß*, EuR 1995, 377–397) angenommen, und dies nicht nur für den Fall, daß ein Gemeinschaftsrechtsakt für ungültig erklärt wird, sondern auch dann, wenn eine Gemeinschaftsregelung in einer von dem bisherigen Verständnis und der bisherigen Praxis abweichenden Weise ausgelegt wird und dadurch weitreichende Folgen entstehen (vgl. EuGH, Rs. 43/75, Defrenne, Slg. 1976, 455; Rs. 33/84, Fragd, Slg. 1985, 1605/1618 Rn. 17; Rs. 24/86, Blaizot, Slg. 1988, 379).

Die Beschränkung der zeitlichen Wirkung eines Vorabentscheidungsurteils **57** kommt allerdings nur **ausnahmsweise**, d.h. bei Vorliegen eines **Vertrauenstatbestandes** (vgl. EuGH, C-200/90, Dansk Denkavit, Slg. 1992, I–2217 Rn. 21; Rs. 142/80, Essevi und Salengo, Slg. 1981, 1413 Rn. 34; Rs. 61/79, Denkavit, Slg. 1980, 1205 Rn. 19) und der Gefahr **unerwarteter und erheblicher finanzieller Auswirkungen** (EuGH, C-224/89, Legros, Slg. 1992, I–4625 Rn. 29; C-262/88, Barber, Slg. 1990, I–1889 Rn. 41–45; Rs. 24/86, Blaizot, Slg. 1988, 379 Rn. 32–34; Rs. 43/75, Defrenne II, Slg. 1976, 455 Rn. 71–75) in Betracht und kann zudem nur angenommen werden, wenn sie in dem jeweiligen **Urteil selbst** ausgesprochen ist (EuGH, C-415/93, Bosman, Slg. 1995, I–4921 Rn. 142; Rs. 309/85, Barra, Slg. 1988, 355 Rn. 13; Rs. 24/86, Blaizot, Slg. 1988, 379 Rn. 28).

VI. Verfahren vor dem EuGH

1. Zuständigkeit des EuGH

Für Vorabentscheidungsverfahren besteht **eine ausschließliche Zuständig** **58** **keit des EuGH**. Dahinter steht die Überlegung, daß es beim Vorabentscheidungsverfahren vornehmlich um die Gewährleistung der einheitlichen Anwendung des Gemeinschaftsrechts geht (s. oben Rn. 1), eine Aufgabe, die ausschließlich beim EuGH verbleiben soll.

2. Verfahrenseinleitung

Das Vorabentscheidungsverfahren beginnt mit der **Übersendung des Vor** **59** **lageersuchens**, das in Deutschland in Form eines Beschlusses ergeht, un mittelbar durch den vorlegenden Richter oder die Geschäftsstelle des vorlegenden Gerichts an den Kanzler des EuGH. Die Einhaltung besonderer Dienstwege oder die Einschaltung der diplomatischen Vertretungen ist, anders als im internationalen Rechtsverkehr üblich, nicht erforderlich. Die **Verfahrenssprache** ist die Landessprache des vorlegenden Gerichts.

60   Das Vorabentscheidungsersuchen wird unverzüglich in das **Register der Kanzlei** eingetragen (Art. 16 § 1 VerfO/EuGH) und mit einem **Aktenzeichen** versehen, das aus der laufenden Nummer der Rechtssache und der Jahresangabe besteht (z.B. C-1/99).

61   Eine Mitteilung über jedes Vorabentscheidungsersuchen wird mit den Vorlagefragen sowie den wesentlichen Gründen des Vorlagebeschlusses des nationalen Gerichts im **Amtsblatt der EG (Teil C) veröffentlicht**.

3. Schriftliches Verfahren

62   Das Vorabentscheidungsverfahren wird nicht kontradiktorisch durchgeführt, sondern die am Verfahren Beteiligten erhalten zur gleichen Zeit Gelegenheit, innerhalb einer **Frist von zwei Monaten** Schriftsätze einzureichen oder schriftliche Erklärungen abzugeben. **Beteiligte des Verfahrens** sind die Parteien des Ausgangsverfahrens, die Mitgliedstaaten, die Kommission und der Rat (Art. 20 Satzung/EuGH; Art. 103 § 3 VerfO/EuGH). Der Vorlagebeschluß wird den Beteiligten grundsätzlich in der Sprache des vorlegenden Gerichts übersandt; lediglich die Mitgliedstaaten erhalten darüber hinaus auch eine Übersetzung in ihrer jeweiligen Landessprache. In der Praxis beteiligt sich die **Kommission** nach einer Absprache mit dem EuGH an allen Vorabentscheidungsverfahren. Auch die **Parteien des Ausgangsverfahrens** machen häufig von der Möglichkeit der Stellungnahme Gebrauch, wobei sie sich unter Einschränkung des grundsätzlich bestehenden **Anwaltszwangs** von allen Personen vertreten lassen können, denen nach dem maßgeblichen nationalen Verfahrensrecht ein Auftreten im Ausgangsverfahren vor dem vorlegenden Gericht gestattet ist. Die **Mitgliedstaaten** beteiligen sich in aller Regel nur dann, wenn eines ihrer Gerichte vorgelegt hat oder ihre konkreten Interessen, etwa die Geltung nationaler Rechtssätze oder Belange ihrer Staatsbürger, betroffen sind, oder wenn allgemein die Stellung der Mitgliedstaaten im Gemeinschaftssystem berührt wird. Der **Rat** schließlich äußert sich nur in denjenigen Vorabentscheidungsverfahren, deren Gegenstand ein von ihm erlassener Rechtsakt ist. Die jeweils abgegebenen Stellungnahmen werden den anderen Beteiligten zugestellt.

4. Mündliche Verhandlung

Die mündliche Verhandlung besteht aus **zwei Verfahrensabschnitten**: der   **63**
Verhandlung der Beteiligten bzw. Parteien und den Schlußanträgen des Generalanwalts.

a) Verhandlung der Parteien und Beteiligten

Das Vorabentscheidungsverfahren umfaßt regelmäßig auch eine mündliche   **64**
Verhandlung (Art. 104 § 4 VerfO/EuGH). Der EuGH kann jedoch auf der
Grundlage des Vorberichts des Berichterstatters und nach Anhörung des
Generalanwalts sowie nach Unterrichtung der Beteiligten von der **Durchführung der Verhandlung** durch die Beteiligten **absehen**, es sei denn einer der Beteiligten beantragt ansdrücklich, seinen Standpunkt mündlich zu
Gehör zu bringen (Art. 104 § 4 VerfO/EuGH). Von dieser Möglichkeit wird
allerdings nur in **Ausnahmefällen** Gebrauch gemacht, und zwar dann,
wenn die Sach- und Rechtslage aufgrund des schriftlichen Verfahrens derart eindeutig ist, daß die mündliche Verhandlung zur Entscheidungsfindung
nichts mehr beizutragen vermag. In Betracht kommen hierfür insbesondere
solche Verfahren, in denen nur die Kommission schriftliche Erklärungen
abgegeben hat oder die aufgeworfenen Rechtsfragen unter Rückgriff auf eine gefestigte Rspr. des EuGH zu beantworten sind. In der Regel bleibt die
mündliche Verhandlung vor allem in Vorabentscheidungsverfahren von Bedeutung, da sie den Beteiligten erstmals die Gelegenheit bietet, auf die Stellungnahmen der jeweils anderen Verfahrensbeteiligten einzugehen.
Eine **Pflicht zur Abgabe** von mündlichen Erklärungen besteht freilich   **65**
nicht, und zwar selbst für diejenigen Beteiligten nicht, die sich bereits
schriftlich geäußert haben. Umgekehrt ist es den Beteiligten unbenommen,
auch ohne vorherige Teilnahme am schriftlichen Verfahren mündliche Erklärungen abzugeben.
Auch in der mündlichen Verhandlung besteht grundsätzlich **Anwaltszwang**   **66**
(Art. 58 VerfO/EuGH), allerdings in Vorabentscheidungssachen mit der Maßgabe, daß alle diejenigen Personen vor dem EuGH auftreten können, die auch
für das Verfahren vor dem vorlegenden (nationalen) Gericht nach dessen Verfahrensordnung zugelassen sind (Art. 104 § 2 VerfO/EuGH). Besteht danach
kein Anwaltszwang und können die Parteien in der mündlichen Verhandlung
selbst auftreten oder sich von bestimmten Berufsgruppen vertreten lassen
(z.B. Gewerkschaften), so gilt dies auch für das Verfahren vor dem EuGH.
Die mündlichen Verhandlungen am EuGH sind grundsätzlich **öffentlich**.   **67**
Lediglich aus wichtigem Grund kann der EuGH von Amts wegen oder auf
Antrag die Verhandlung für nicht öffentlich erklären (Art. 26 Satzung/

EuGH, Art. 56 § 2 VerfO/EuGH). Im Interesse der **Straffung der Verhandlung** bittet der EuGH die Prozeßvertreter in einem der Ladung zum mündlichen Termin beigefügten Merkblatt, das Hinweise für das mündliche Verfahren enthält, sich auf „wirklich sachdienliche" mündliche Ausführungen zu beschränken und die Wiederholung ihres schriftlichen Vortrages zu vermeiden. Der **Verzicht auf mündliche Ausführungen** wird in keinem Fall als Zustimmung zu den mündlichen Erklärungen der Gegenseite oder eines sonstigen Verfahrensbeteiligten angesehen. Zum Abschluß der mündlichen Verhandlung machen Richter und Generalanwalt (ausgiebig) von ihrem **Fragerecht** Gebrauch. In der Regel legt auch der Generalanwalt bereits zu diesem Zeitpunkt den Termin für die Abgabe seiner Schlußanträge fest.

b) Schlußanträge

68   Als **Teil der mündlichen Verhandlung** (vgl. Art. 18 Abs. 4 Satzung/EuGH) hält der Generalanwalt seine Schlußanträge in **öffentlicher Sitzung** (vgl. Art. 222 Rn. 2).

5. Urteil

69   Auch das Vorabentscheidungsverfahren wird durch Urteil abgeschlossen, das sofort **rechtskräftig** wird (Art. 64 VerfO/EuGH). Das Urteil trägt die Unterschrift aller am Zustandekommen beteiligten Richter (Art. 64 § 2 VerfO/EuGH). Die vor allem beim BVerfG üblichen „abweichenden Meinungen" bestehen beim EuGH im Interesse der Gewährleistung der Unabhängigkeit der Richter (politischer Druck aus den Mitgliedstaaten, Möglichkeit der Wiederernennung) nicht. Auch Abstimmungsergebnis und -verhalten in den Beratungen bleiben aus diesem Grund unbekannt.

70   Die **Kostenentscheidung** beruht auf Art. 69 VerfO/EuGH. Danach ist das Verfahren vor dem EuGH grundsätzlich (vgl. die Ausnahmen in Art. 72 VerfO/EuGH) kostenfrei, so daß sich die erstattungsfähigen Kosten im wesentlichen auf die Anwaltsgebühren beschränken. In Vorabentscheidungsverfahren stellt der EuGH lediglich fest, daß die Entscheidung über diese Kosten entsprechend der Natur des Vorabentscheidungsverfahrens als eines Zwischenstreitverfahrens dem vorlegenden nationalen Gericht überlassen bleibt, verbunden mit dem Hinweis, daß die Auslagen der Regierungen der Mitgliedstaaten und der Gemeinschaftsorgane, die sich an dem Verfahren beteiligt haben, nicht erstattungsfähig sind.

71   Ist eine Partei des Ausgangsverfahrens finanziell nicht in der Lage, sich im Vorabentscheidungsverfahren vor dem EuGH vertreten zu lassen oder persönlich zu erscheinen, kann der EuGH im Rahmen der **Prozeßkostenhilfe** (vgl. Art. 76 VerfO/EuGH) eine Beihilfe bewilligen (Art. 104 § 5 VerfO).

Hierzu sind Unterlagen beim EuGH einzureichen, aus denen sich die Bedürftigkeit ergibt (Bescheinigung der zuständigen Behörde, eidesstattliche Versicherung) und die eine Kostenschätzung enthalten. Zudem muß nachgewiesen werden, daß die Kosten des Vorabentscheidungsverfahrens nicht von der Verfahrenshilfe des jeweiligen nationalen Rechts abgedeckt werden. Über den Antrag entscheidet die nach Art. 9 § 2 VerfO/EuGH eingesetzte Kammer des EuGH nach Anhörung des Generalanwalts.

6. Verkündung und Veröffentlichung

Das Urteil wird in **öffentlicher Sitzung** in der Verfahrenssprache **verkündet** (Art. 64 § 1 VerfO/EuGH). Dies geschieht durch Verlesung lediglich des Urteilstenors. Das Original des Urteils wird dem vorlegenden Gericht zugestellt; die Verfahrensbeteiligten, die Erklärungen abgegeben haben, erhalten Ausfertigungen. **72**

Der Tenor eines jeden Urteils wird im Amtsblatt der EG (Teil C) **veröffentlicht**; die vollständige Fassung des Urteils erscheint zusammen mit den Schlußanträgen des Generalanwalts in der Amtlichen Sammlung der Rechtsprechung. Die Urteile und Schlußanträge sind seit kurzem auch über das **Internet** abrufbar (**http://europa.eu.int/de/jurisp/index.htm**). **73**

7. Verfahrensdauer

Angesichts der stetig steigenden Zahl der Vorabentscheidungsersuchen (1985: 139, davon aus Deutschland: 40; 1990: 141, davon aus Deutschland: 34; 1995: 242, davon aus Deutschland: 51; 1997: 239, davon aus Deutschland: 46) hat sich auch die Dauer von **Vorabentscheidungsverfahren** verlängert. Sie lag im Jahre 1997 bei durchschnittlich **21,4 Monaten**. **74**

8. Wiederaufname des Verfahrens

Die in der Satzung/EuGH abschließend aufgeführten **außerordentlichen Rechtsbehelfe**, mit denen die Rechtskraft der Urteile des EuGH in Frage gestellt werden kann (Art. 38: Versäumnisurteil; Art. 39: Drittwiderspruch; Art. 40: Antrag auf Auslegung eines Urteils; Art. 41: Wiederaufnahme des Verfahrens), finden auf die im Vorabentscheidungsverfahren ergangenen Urteile **keine Anwendung**, da es in ihnen keine Prozeßparteien gibt (EuGH, C-116/96 REV, Reisebüro Binder, Slg. 1998, I–1889 Rn. 6). **75**

Art. 234 begründet ein Verfahren der unmittelbaren Zusammenarbeit zwischen dem EuGH und den nationalen Gerichten, in dessen Verlauf den Parteien des Ausgangsverfahrens lediglich Gelegenheit gegeben wird, in dem durch das vorlegende Gericht abgesteckten Rahmen Erklärungen abzuge- **76** ben (EuGH, Rs. 40/70, Sirena, Slg. 1979, 3169). Es ist daher allein **Sache der innerstaatlichen Gerichte**, über die grundsätzliche Frage der Vorlage an den EuGH und deren Gegenstand zu entscheiden, und auch allein diese Gerichte haben darüber zu befinden, ob sie sich durch das auf ihr Ersuchen ergangene Vorabentscheidungsurteil für hinreichend unterrichtet halten oder ob es ihnen erforderlich erscheint, den **EuGH erneut anzurufen.**

77   Daher können **Parteien des Ausgangsverfahrens nicht** unter Berufung auf Art. 40 Satzung/EuGH und Art. 102 VerfO/EuGH die **Auslegung** der nach Art. 234 ergangenen Urteile beantragen (EuGH, C-116/96 REV, Reisebüro Binder, Slg. 1998, I–1889 Rn. 8; Rs. 40/70, Sirena, Slg. 1979, 3169). Ebensowenig können diese Parteien unter Berufung auf Art. 41 Satzung/EuGH und die Art. 98–100 VerfO/EuGH die **Wiederaufnahme** von Verfahren beantragen, die durch nach Art. 234 ergangene Urteile abgeschlossen sind. Nur das nationale Gericht, an das ein solches Urteil gerichtet ist, könnte dem EuGH ggf. neue Gesichtspunkte unterbreiten, die diesen dazu veranlassen könnten, eine bereits gestellte Frage abweichend zu beantworten (EuGH, C-116/96 REV, Reisebüro Binder, Slg. 1998, I–1889 Rn. 9; Rs. 69/85, Wünsche, Slg. 1986, 947 Rn. 15).

Art. 235 (ex-Art. 178) (Zuständigkeit bei Schadensersatzforderungen)

Der Gerichtshof ist für Streitsachen über den in Artikel 288 Absatz 2 vorgesehenen Schadensersatz zuständig.

Literatur: siehe die Hinweise bei Art. 288.

I. Allgemeines

1   Art. 235 begründet für Schadensersatzklagen wegen **außervertraglicher Haftung** (Art. 288 II, ex-Art. 215 II) eine **ausschließliche Zuständigkeit** des Gerichtshofs. Diese Zuständigkeit wird gem. Art. 225 (ex-Art. 168a) i.V.m. den Ratsbeschlüssen 88/591/EGKS/EWG/Euratom (ABl. 1988 L 319/1) und 94/149/EGKS/EG/Euratom (ABl. 1994 L 66/29) **in erster Instanz vom EuGeI** wahrgenommen. Gegen seine Entscheidungen ist ein auf Rechtsfragen beschränktes **Rechtsmittel beim EuGH** zulässig (vgl. Art. 225 Rn. 10ff.).

2   Für Schadensersatzansprüche aus **vertraglicher Haftung** (vgl. Art. 288 I, ex-Art. 215 I) sind grundsätzlich die Gerichte der Mitgliedstaaten zuständig (vgl. Art. 240, ex-Art. 183). Eine Zuständigkeit des EuGH kann allenfalls von den Vertragsparteien durch Vereinbarung einer Schiedsklausel (vgl. Art. 238, ex-Art. 181) begründet werden.

Für Schadensersatzansprüche, die aus dem Verhältnis zwischen den **Beam-** **3** **ten und sonstigen Bediensteten der EG** einerseits und der Gemeinschaft andererseits erwachsen, folgt die ausschließliche Zuständigkeit des Gerichtshofs nicht aus Art. 235 (EuGH, Rs. 131/81, Berti, Slg. 1982, 3493 Rn. 13), sondern aus Art. 236 (ex-Art. 179). Auch diese Zuständigkeit wird in erster Instanz durch das EuGeI wahrgenommen.

II. Zulässigkeit der Klage

1. Allgemeine Zulässigkeitsvoraussetzungen

Die **Berechtigung zur Erhebung** einer Schadensersatzklage nach Art. 235, **4** 288 II ist denkbar weit gefaßt und erstreckt sich auf alle Rechtssubjekte, die durch ein Gemeinschaftsorgan oder einen Beamten bzw. Bediensteten der Gemeinschaft einen Schaden erlitten haben. Dies können neben den **natür-** **lichen und juristischen Personen der Mitgliedstaaten** auch Rechtssubjekte des öffentlichen Rechts, wie etwa Bundesländer oder Gemeinden sein. Grundsätzlich gilt dies auch für die **Mitgliedstaaten** selbst, wobei freilich die Abgrenzung zur Nichtigkeits- und Untätigkeitsklage im Einzelfall sehr schwierig sein kann (EuGH, Rs. 44/81, Deutschland/KOM, Slg. 1982, 1855/ 1874). Auch **Berufsverbände**, und hier vor allem die gewerkschaftlich organisierten Berufsverbände der Bediensteten der Gemeinschaft (EuGH, Rs. 72/74, Union syndicale, Slg. 1975, 401/410; Rs. 18/74, Allg. Gewerkschaftsbund, Slg. 1974, 939/944), sind zur Erhebung einer Schadensersatzklage berechtigt, wenngleich mit der Einschränkung, daß sie lediglich ein *„kollektives Recht auf Wiedergutmachung"* einklagen können, nicht dagegen persönliche Vermögensinteressen ihrer Mitglieder (EuGH, Rs. 72/74, Union syndicale, Slg. 1975, 401/410). Im Falle der **Abtretung** **des Schadensersatzanspruchs** kann der Abtretungsempfänger seine Rechte aus Art. 288 Abs. 2 (ex-Art. 215 II) vor dem Gerichtshof geltend machen, es sei denn die Abtretung erfolgte rechtsmißbräuchlich (*verneinend*, wenn die Abtretung auf eine Neustrukturierung innerhalb einer Unternehmensgruppe zurückzuführen ist [EuGH, Rs. 238/78, Ireks-Arkady/Rat und KOM, Slg. 1979, 2955, Rn. 5], *bejahend*, wenn die Abtretung in einem Zeitpunkt erfolgte, in dem der Zedent zahlungsunfähig war und genau wußte, daß die Ausfuhrerstattungen und Währungsausgleichsbeträge aufgrund betrügerischer Handlungen ohne Rechtsgrund gezahlt wurden [EuGH, Rs. 250/78, DEKA Getreideprodukte/EWG, Slg. 1983, 421, Rn. 16]). Schließlich ist die Klageberechtigung nicht nur auf Rechtssubjekte der Mitgliedstaaten beschränkt, sondern kann sich angesichts des Wirkungsbereichs des

Gemeinschaftsrechts (z.B. in Anti-Dumpingsachen) auch auf **natürliche und juristische Personen aus Drittstaaten** (EuGH, C-182/91, Forafrique, Slg. 1993, I–2161; Rs. 145/83, Adams, Slg. 1985, 3539) erstrecken.

5 Die **Schadensersatzklage** ist nach st. Rechtsprechung **gegen die Gemeinschaft**, vertreten durch das (die) Gemeinschaftsorgan(e), dem (denen) das die Haftung begründende Verhalten zuzurechnen ist, zu richten (EuGH, C-152/88, Sofrimport, Slg. 1990, I–2477/2512; Rs. 63–69/72, Werhahn, Slg. 1973, 1229/1247; EuGeI, T-246/93, Bühring, Slg. 1998, II–171 Rn. 26). Diese Rechtsprechung hat nach wie vor Gültigkeit, wenngleich vereinzelte Urteile mit ihrer Bezugnahme auf Art. 17 Satzung/EuGH (sehr deutlich: EuGeI, T-572/93, Odigitria/Rat und KOM, Slg. 1995, II–2025 Rn. 22; vgl. auch EuGH, C-146/91, KYDEP, Slg. 1994, I–4199; C-104/89 und C-37/90, Mulder und Heinemann, Slg. 1992, I–3061/3138) zum Teil dahin interpretiert werden, als sei die Schadensersatzklage neuerdings gegen das oder die **handelnden Gemeinschaftsorgane** zu erheben (so vor allem *von Bogdandy*, in Grabitz/Hilf, Art. 215 Rn. 39/40). Diese Auslegung überzeugt jedoch nicht, da Art. 17 Satzung/EuGH lediglich die „prozeßrechtliche Vertretung" der Staaten und der Organe der Gemeinschaft vor dem Gerichtshof regelt, nicht jedoch die Beklagten – oder Klägereigenschaft als solche. Auch wäre ein auf die handelnden Gemeinschaftsorgane lautender Tenor gar nicht vollstreckbar, da der Haushalt, aus dem der Schadensersatz zu leisten wäre, allein der Gemeinschaft zugewiesen ist und lediglich von der Kommission durchgeführt wird. In der Praxis verfahren EuGH und EuGeI sehr großzügig und berichtigen **von Amts wegen** eine gegen die Gemeinschaftsorgane gerichtete Klage, soweit dadurch keine Verfahrensrechte beeinträchtigt werden (zu dieser Flexibilität vgl. bereits EuGH, Rs. 353/88, Briantex, Slg. 1989, 3623 Rn. 7; Rs. 44/76, Eier-Kontor, Slg. 1977, 393 Rn. 1; Rs. 63–69/72, Werhahn, Slg. 1973, 1229 Rn. 7; EuGeI, T-246/93, Bühring, Slg. 1998, II–171 Rn. 26). In der Praxis ist es ratsam, die Schadensersatzklage gegen die Gemeinschaft, vertreten durch das jeweils den Schaden verursachende Organ zu richten. Besteht die schadensstiftende Handlung in einem Rechtsakt, ist das verantwortliche Organ der Urheber des Rechtsakts, d.h. im Falle einer VO von EP und Rat das EP und der Rat, im Falle einer Rats-VO der Rat oder im Falle einer KOM-VO die Kommission; ansonsten ist die Frage zu stellen, welchem Organ die schadensstiftende Handlung zuzurechnen ist.

6 Die Schadensersatzklage kann vom Geschädigten **unmittelbar beim EuGeI** erhoben werden, ohne daß es der vorherigen Aufforderung an die Gemeinschaft bedarf, den verursachten Schaden zu ersetzen. Gleichwohl ist dem Geschädigten zu empfehlen, sich vor der Beschreitung des Rechts-

weges um eine einvernehmliche Regelung mit der Gemeinschaft, d.h. mit dem jeweils zuständigen/verantwortlichen Gemeinschaftsorgan (s. Rn. 5), zu bemühen, da die Gemeinschaft einer gütlichen Einigung grundsätzlich aufgeschlossen gegenübersteht und die Aufforderung des Geschädigten zur Leistung von Schadensersatz die Verjährung unterbricht (vgl. Art. 43 Satzung/EuGH).

Die Klageschrift muß, um den Anforderungen des Art. 19 Satzung/EuGH (§ 37 VerfO/EuGH, § 43 VerfO/EuGeI) zu genügen, eine **schlüssige Darstellung aller wesentlichen haftungsbegründenden Tatsachen** in rechtlicher und tatsächlicher Hinsicht, insbesondere das Vorliegen einer rechtswidrigen Handlung der Gemeinschaftsorgane, eines tatsächlichen Schadens und eines Kausalzusammenhangs enthalten (EuGH, C-72/90, Asia Motor France, Slg. 1990, 2181 Rn. 13; C-87/89, Sonito, Slg. 1990, I–1981/1999; EuGeI, T-53/96, Syndicat des producteurs de viande bovine de la coordination rurale u.a., Slg. 1996, II–1579; T-481/93 und T-484/93, Vereniging van Exporteurs, Slg. 1995, II–2941 Rn. 75). Das EuGeI sieht es nicht mehr als seine Angelegenheit an, aus den Schriftsätzen und deren Anlagen diejenigen Aussagen herauszusuchen, die die fehlenden oder ungenauen Angaben zum Schaden in der Klageschrift präzisieren (vgl. EuGeI, T-85/92, De Hoe, Slg. 1993, II–523 Rn. 22). Keinen Einfluß auf die Zulässigkeit einer Schadensersatzklage hat jedoch der Umstand, daß die genaue **Schadenshöhe bei Klageerhebung** noch nicht feststeht (EuGH, Rs. 25/62, Plaumann, Slg. 1963, 211/239; EuGeI, T-112/94, MOAT, Slg. ÖD 1995, II–135 Rn. 37) oder der Eintritt des Schadens erst unmittelbar bevorsteht (EuGH, Rs. 281/84, Zuckerfabrik Bedburg, Slg. 1987, 49 Rn. 14; Rs. 147/83, Binderer, Slg. 1985, 257 Rn. 19). Der Kläger kann in diesen Fällen zunächst die Feststellung einer Haftung der Gemeinschaft dem Grunde nach beantragen, über die der Gemeinschaftsrichter durch ein Zwischenurteil entscheidet. Die Umstellung dieses Feststellungsantrags auf einen Leistungsantrag ist bis zum Erlaß des Zwischenurteils möglich.

Die Ansprüche aus außervertraglicher Haftung verjähren in fünf Jahren nach Eintritt des die Haftung auslösenden Ereignisses (Art. 43 Satzung/EuGH). Die **Verjährungsfrist** beginnt erst nach Vorliegen sämtlicher Haftungsvoraussetzungen (d.h. rechtswidriges Verhalten der Gemeinschaftsorgane, Schaden, Kausalität – vgl. EuGH, Rs. 4/69, Lütticke/KOM, Slg. 1971, 325 Rn. 10; EuGeI, T-478/93, Wafer Zoo/KOM, Slg. 1995, II–1479 Rn. 47) und insbesondere im Falle einer auf einen Rechtsetzungsakt zurückgehenden Haftung nicht vor Eintritt der Schadensfolgen dieses Aktes (EuGH, Rs. 51/81, de Franceschi, Slg. 1982, 117 Rn. 10; Rs. 256, 257, 265 u. 267/80 sowie 5/81, Birra Wührer, Slg. 1982, 85 Rn. 10; EuGeI, T-

246/93, Bühring, Slg. 1998, II–171 Rn. 66; T-20/94, Hartmann, Slg. 1997,
II–595 Rn. 107). Um die **5-Jahres-Frist hinauszuschieben**, muß der Kläger Unterbrechungshandlungen vorgenommen haben, wie z.B. eine Klageschrift beim EuGeI eingereicht oder einen Schaden gegenüber dem verantwortlichen Gemeinschaftsorgan geltend gemacht haben. Die Einreichung
einer Klage vor dem nationalen Gericht stellt hingegen keine Unterbre-
chungshandlung dar (vgl. EuGeI, T-246/93, Bühring/Rat und KOM, Slg.
1998, II–171, Rn. 72). Der **Ablauf der Verjährungsfrist** kann dem Kläger
dann **nicht entgegengehalten** werden, wenn dieser substantiiert darlegen
kann, daß er von dem schadensstiftenden Ereignis erst zu einem späteren
Zeitpunkt Kenntnis erlangen konnte und somit unter Zugrundelegung der 5-
Jahres-Frist nicht über einen angemessenen Zeitraum verfügte, um vor Ablauf der Frist Klage zu erheben oder seinen Anspruch geltend zu machen
(EuGH, Rs. 145/83, Adams/KOM, Slg. 1985, 3539). In der Rspr. des
EuGH/EuGeI wird der Verjährungsfrist prozessuale Bedeutung beigemes-
sen; sie erhält damit den Charakter einer **von Amts wegen zu prüfenden
Klagefrist** (EuGH, Rs. 256, 257, 265 u. 267/80 sowie 5/81, Birra Wührer,
Slg. 1982, 85/106).

2. Verhältnis zur Nichtigkeits- und Untätigkeitsklage

9 Nach inzwischen st. Rechtsprechung ist die Schadensersatzklage nach Art.
235 (ex-Art. 178), Art. 288 II (ex-Art. 215 II) als **selbständiger Rechtsbehelf** geschaffen worden, der im Klagesystem des EGV eigene Funktionen
erfüllt (EuGH, Rs. 4/69, Lütticke, Slg. 1971, 325 Rn. 6; EuGeI, T-485/93,
Dreyfus, Slg. 1996, II–1101 Rn. 68; T-509/93, Richco, Slg. 1996, II–1181
Rn. 65; T-185/94, Geotronics, Slg. 1995, II–2795 Rn. 38). Dieser Eigenständigkeit der Klage und der Wirksamkeit des allgemeinen Klagesystems
würde es widersprechen, die Unzulässigkeit einer Schadensersatzklage
schon dann anzunehmen, wenn die Erhebung dieser Klage im Einzelfall zu
einem ähnlichen Ergebnis wie die Nichtigkeits- oder Untätigkeitsklage
führt (EuGH, Rs. 543/79, Birke, Slg. 1981, 2669 Rn. 28; Rs. 261 u. 262/78,
Interquell Stärke-Chemie, Slg. 1979, 3045/3062; EuGeI, T-167/94, Nölle,
Slg. 1995, II–2589 Rn. 30). Die Schadensersatzklage ist folglich nicht subsidiär gegenüber der Nichtigkeits- und Untätigkeitsklage; die Geltendmachung von Schadensersatzansprüchen setzt demnach auch nicht die vorherige Aufhebung einer rechtswidrigen Maßnahme bzw. die vorherige Feststellung einer vertragswidrigen Untätigkeit voraus. Dies bedeutet freilich
nicht, daß eine Schadensersatzklage im Einzelfall nicht wegen **Verfah-
rensmißbrauchs** als unzulässig abgewiesen werden kann, soweit der
Nachweis erbracht wird, daß *„mit der Schadensersatzklage in Wirklichkeit*

die Aufhebung (einer) Einzelfallentscheidung begehrt wird" (EuGH, Rs.
175/84, Krohn/KOM, Slg. 1986, 753/770; bestätigt durch EuGH, C-25/91,
Pesqueras Echebastar, Slg. 1993, I–1719 Rn.15; EuGeI, T-93/95,
Laga/KOM, Slg. 1998, II–195 Rn. 48; T-485/93, Dreyfus, Slg. 1996,
II–1101 Rn. 68; T-167/94, Nölle, Slg. 1995, II–2589 Rn. 30; T-514/93,
Cobrecaf, Slg. 1995, II–621 Rn. 59; T-479/93 und T-559/93, Bernardi, Slg.
1994, II–1115 Rn. 38). Eine derartige unzulässige Erschleichung des
Rechtsweges wird vom EuGH/EuGeI insbesondere dann angenommen,
wenn die Schadensersatzklage auf Ersatz derjenigen finanziellen Folgen einer (Einzelfall-) Entscheidung abzielt, die bei rechtzeitiger Inanspruchnahme der anderen vom EGV vorgesehenen Klagemöglichkeiten (d.h. insbesondere der Nichtigkeits- und Untätigkeitsklage) hätten abgewendet werden können (EuGH, C-199/94P und C-200/94P, Pesqueria Vasco Montañe-
sa, Slg. 1995, I–3709 Rn. 27). Die **Beweislast** für das Vorliegen eines Ver-
fahrensmißbrauchs liegt bei demjenigen, der einen solchen Mißbrauch geltend macht (EuGH, Rs. 175/84, Krohn/KOM, Slg. 1986, 753 Rn. 33; Eu-
GeI, T-485/93, Dreyfus, Slg. 1996, II–1101 Rn. 68; T-509/93, Richco, Slg.
1996, II–1181 Rn. 65; T-514/93, Cobrecaf, Slg. 1995, II–621 Rn. 59)
Eine **Verbindung der Schadenersatzklage mit der Nichtigkeits- oder**   **10**
Untätigkeitsklage ist prozessual zulässig (vgl. EuGH, C-152/88, Sofrimport, Slg. 1990, I–2477) und in der Praxis auch üblich.

3. Verhältnis zu nationalen Rechtsbehelfen

Im Verhältnis zu den innerstaatlichen Klagemöglichkeiten (vgl. dazu vor al-   **11**
lem *von Bogdandy* in Grabitz/Hilf, Art. 215 Rn. 47–59) betrachtet der Gerichtshof die Schadensersatzklage nach Art. 235 (ex-Art. 178), Art. 288 II
(ex-Art. 215 II) als **subsidiären Rechtsbehelf**, sofern der Schaden auf einer nationalen Verwaltungsmaßnahme beruht, die in Anwendung des Gemeinschaftsrechts ergangen ist (EuGH, C-104/89 und C-37/90, Mulder und
Heinemann, Slg. 1992, I–3061 Rn. 9; C-282/90, Vreugdenhil, Slg. 1992,
I–1937 Rn. 12; C-119/88, AERPO, Slg. 1990, I–2189/2210; Rs. 217/81, Interagra, Slg. 1982, 2233/2247; Rs. 133/79, Sucrimex, Slg. 1980, 1299;
EuGeI, T-93/95, Laga/KOM, Slg. 1998, II–195 Rn. 33; T-571/93, Lefebvre
u.a./KOM, Slg. 1995, II–2379 Rn. 65). Der entscheidende Gesichtspunkt
für die Subsidiarität der Schadensersatzklage in diesen Fällen des **indirekten Vollzugs des Gemeinschaftsrechts** ist, daß die Kontrolle des nationalen Verwaltungshandelns ausschließlich den mitgliedstaatlichen Gerichten
obliegt, die – soweit es um Fragen der Auslegung oder Gültigkeit des anzuwendenden Gemeinschaftsrechts geht – den EuGH im Rahmen des Vorabentscheidungsverfahrens befassen können. Eine Zuständigkeit des Ge-

richtshofs, über die Rechtmäßigkeit der Maßnahmen nationaler Verwaltungsbehörden sowie über die finanziellen Folgen ihrer Rechtswidrigkeit zu befinden, besteht dagegen nicht; sie kann auch nicht mittelbar über Art. 235 (ex-Art. 178), Art. 288 II (ex-Art. 215 II) begründet werden. Aus diesem Grund weist der Gerichtshof regelmäßig die Schadensersatzklagen als unzulässig ab, in denen der nationale Rechtsweg nicht beschritten wurde, mittels dessen – unter Umständen mit Hilfe des Vorabentscheidungsverfahrens– die in Anwendung des Gemeinschaftsrechts getroffenen nationalen Verwaltungsmaßnahmen hätten überprüft werden können.

12   Dieser Verweis auf die nationalen Rechtsschutzmöglichkeiten gilt allerdings nicht vorbehaltlos, sondern nur insoweit, als **durch die mitgliedstaatlichen Gerichte ein hinreichender Rechtsschutz** und die Möglichkeit der Erlangung von Schadensersatz **gewährleistet werden kann.** Dies sah der EuGH etwa in den Fällen als nicht gegeben an und erklärte dementsprechend eine unmittelbar erhobene Schadensersatzklage nach Art. 235 (ex-Art. 178), Art. 288 II (ex-Art. 215 II) für zulässig, in denen für die Kläger keine Möglichkeit der Erhebung einer Anfechtungsklage vor den Gerichten des betreffenden Mitgliedstaates bestand (EuGH, Rs. 197–200, 243, 245 u. 247/80, Ludwigshafener Walzmühle, Slg. 1981, 3211/3243), eine Anfechtungsklage nicht geeignet war, den Schutz der Kläger wirksam sicherzustellen (EuGH, Rs. 20/88, Roquette Frères, Slg. 1989, 1553/1586; Rs. 175/84, Krohn, Slg. 1986, 753; Rs. 281/82, Unifrex, Slg. 1984, 1969) oder die Kläger aufgrund der besonderen Umstände des Einzelfalls von den innerstaatlichen Klagemöglichkeiten keinen Gebrauch machen konnten (EuGH, Rs. 64 u. 113/76, 167 u. 239/78, 27, 28 u. 45/79, Dumortier frères, Slg. 1979, 3091/3112).

13   Die **Abgrenzung** von mitgliedstaatlicher und gemeinschaftlicher Verantwortlichkeit und damit der gerichtlichen Zuständigkeit für eine etwaige Haftungsklage ist in den Fällen schwierig, in denen die Gemeinschaftsorgane Einfluß auf das Entscheidungsverfahren der nationalen Verwaltungsbehörden genommen haben. Sie wird vom Gerichtshof nach der **Art der Einwirkung** der Gemeinschaftsorgane auf den nationalen Entscheidungsprozeß vorgenommen (vgl. dazu vor allem *Schmidt-Aßmann*, EuR 1996, 270):

–   Soweit diese Einwirkung lediglich *Ausdruck der notwendigen Zusammenarbeit* zwischen den nationalen Behörden und den Gemeinschaftsorganen im Bereich des indirekten Vollzugs des Gemeinschaftsrechts ist, wird allein die nationale Verwaltungsmaßnahme als das die Haftung auslösende Verhalten betrachtet (EuGH, Rs. 89 u. 91/86, CNTA, Slg. 1987, 3005/3026), für die eine ausschließliche Zuständigkeit der mitgliedstaatlichen Gerichte besteht. Hierbei handelt es sich vor allem um

Hinweise der Gemeinschaftsorgane im Hinblick auf die nach ihrer Auffassung richtigen Auslegung und Anwendung einer Gemeinschaftsregelung. Soweit die Gemeinschaftsorgane hingegen von ihrem Weisungsrecht Gebrauch machen und den nationalen Behörden den Erlaß oder Nichterlaß einer Verwaltungsmaßnahme verbindlich vorschreiben, ist der möglicherweise daraus erwachsende Schaden nicht mehr den nationalen Behörden, sondern den Gemeinschaftsorganen anzulasten, mit der Folge, daß eine Zuständigkeit des EuGH/EuGeI nach Art. 235 (ex-Art. 178), Art. 288 II (ex-Art. 215 II) gegeben ist (EuGH, Rs. 175/84, Krohn, Slg. 1986, 753/767).

– Vorstellbar ist auch eine **gemeinsame Verantwortung** von Gemeinschaftsorganen und nationalen Behörden aufgrund gemeinsamen Handelns. Bei dieser vor allem die Umsetzung von Richtlinien betreffenden Fallgestaltung führt erst das Zusammenwirken von Gemeinschaftsrechtsakt und nationaler Umsetzungsmaßnahme zu einem Schaden. Eine Rechtsprechung des Gerichtshofs zu der Frage, wie der Schadensausgleich in diesen Fällen vorzunehmen ist, besteht bisher noch nicht. Die Lösung dieser Frage muß bei der Überlegung ansetzen, daß vom Geschädigten im Hinblick auf seine schutzwürdigen Interessen nicht verlangt werden kann, nacheinander vor den nationalen Gerichten und dem Gerichtshof den anteiligen Schadensersatz einzuklagen. Deshalb muß es möglich sein, daß der Geschädigte gegen die **Gemeinschaft oder den Mitgliedstaat vorgeht** und dabei den vollen Schadensersatz verlangen kann. Die interne Aufteilung des Schadensersatzes muß anschließend zwischen der Gemeinschaft und den Mitgliedstaaten erfolgen.

III. Begründetheit der Klage

Die Schadensersatzklage ist begründet, wenn das den Gemeinschaftsorganen zur Last gelegte **Verhalten rechtswidrig** ist, ein **Schaden tatsächlich und sicher vorliegt** und zwischen der Handlung und dem behaupteten Schaden ein **ursächlicher Zusammenhang** besteht (Einzelheiten dazu unter Art. 288). **14**

Art. 236 (ex-Art. 179) (Streitsachen zwischen Gemeinschaft und Bediensteten)

Der Gerichtshof ist für alle Streitsachen zwischen der Gemeinschaft und deren Bediensteten innerhalb der Grenzen und nach Maßgabe der Bedingungen zuständig, die im Statut der Beamten festgelegt sind oder sich aus den Beschäftigungsbedingungen für die Bediensteten ergeben.

Literatur: *Henrichs*, Die Rechtsprechung des Europäischen Gerichtshofs in Personalsachen, EuR 1985, 171; EuR1988, 302; *ders.*, Grenzen richterlicher Kontrollbefugnis bei Individualentscheidungen im europäischen Beamtenrecht, EuR 1990, 289; *Rogalla*, Dienstrecht der Europäischen Gemeinschaften, 1981; *van Raepenbusch*, Le contentieux de la fonction publique européenne, CDE 1992, 565.

I. Zuständigkeit

1   Die beamten- und arbeitsrechtlichen Streitigkeiten aus dem internen Organisationsbereich der EG sind unter Ausschaltung der nationalen Gerichte ausschließlich dem **Gerichtshof** unterstellt. Funktionell zuständig ist für diese Art von Streitigkeiten das **EuGeI** (Art. 225, ex-Art.168a). Gegen die Entscheidungen des EuGeI kann ein nur auf die Verletzung von Rechtsvorschriften, nicht dagegen auf die Würdigung der Tatsachen gestütztes **Rechtsmittel beim EuGH** eingelegt werden (vgl. EuGH, C-140/96P, Dimitriadis/Rechnungshof, Slg. 1997, I–5635 Rn. 22).

2   **Inhalt und Grenzen** der Zuständigkeit des Gerichtshofs sind im einzelnen im Statut der Beamten (BSt.) und in den Beschäftigungsbedingungen für die sonstigen Bediensteten (BSB) niedergelegt (vgl. VO EWG/EAG/EGKS Nr. 259/68 des Rates vom 29.2.1968, ABl. L 56/1; eine – rechtlich unverbindliche – Neufassung unter Berücksichtigung der bis dahin erfolgten Änderungen ist abgedruckt in ABl. 1972 C 100/1). Die für den Rechtsschutz der Beamten und sonstigen Bediensteten der EG maßgebliche Regelung enthält Art. 91 BSt. (i.V.m. Art. 46, 73, 83 und 97 BSB – für die sonstigen Bediensteten). Ausdrücklich **ausgenommen** von dieser Zuständigkeit sind die **örtlichen Bediensteten** (Art. 81 BSB); für diese ist der Rechtsweg vor den nationalen Gerichten des jeweiligen Beschäftigungsortes eröffnet.

II. Klagegegenstand und Verfahrensarten

1. Klagegegenstand

3   Den **Gegenstand der Klage** kann gem. Art. 91 I BSt. **jede** den Beamten oder sonstigen Bediensteten **beschwerende Maßnahme** bilden. Der Begriff der „Maßnahme" ist weit zu verstehen und erfaßt sowohl Handeln wie Unterlassen des jeweiligen Dienstherrn (vgl. Art. 90 II BSt.; EuGeI, T-6/91, Pfloeschner/KOM, Slg. 1992, II–141). Inwieweit eine Maßnahme den Beamten oder Bediensteten „beschwert", beurteilt sich danach, ob die fragliche Maßnahme den Kläger **unmittelbar und individuell** in seiner Rechtsstellung **beeinträchtigt** (EuGH, Rs. 66–68 u. 136–140/83, Hattet/KOM, Slg. 1985, 2459; EuGeI, T-115/92, Hogan/EP, Slg. 1993, II–895). Bei der

Prüfung dieser Frage sind die zur Klagebefugnis natürlicher und juristischer Personen im Rahmen der Nichtigkeitsklage (Art. 230 IV, ex-Art. 173 IV) entwickelten Grundsätze heranzuziehen (so ausdrücklich EuGH, Rs. 66–68 u. 136- 140/83, Hattet/KOM, Slg. 1985, 2523/2534).

Vorbereitende und **organisationsinterne Maßnahmen** können mangels 4 unmittelbarer Rechtswirkungen nicht Gegenstand einer Klage nach Art. 236 sein (EuGH, Rs. 123/80, B./EP, Slg. 1980, 1789/1791; EuGeI, T-34/91, Whitehead/KOM, Slg. 1992, II–1723 – vorbereitende Maßnahmen; EuGH, Rs. 124/78, List/KOM, Slg. 1979, 2490/2510; EuGH, Rs. 66/75, Marcevicius/EP, Slg. 1976, 593/602; EuGeI, T-69/92, Seghers/Rat, Slg. 1993, II–651 – Organisationsmaßnahmen). Gleiches gilt für die **wiederholenden Verfügungen**, die eine bereits früher getroffene Entscheidung lediglich bestätigen und deshalb zu keiner eigenständigen individuellen Beschwer führen (EuGH, Rs. 23/80, Grasselli/KOM, Slg. 1980, 3709/3720; Rs. 33/72, Gunella/KOM, Slg. 1973, 475/481; EuGeI, T-101/96, Wolf/KOM, Slg. ÖD 1997, I-A-351; T-64/92, Dalmassy u.a./KOM, Slg. ÖD 1994, II–723 Rn. 25; T-82/92, Jimenez u.a./KOM, Slg. ÖD 1994, II–237 Rn. 14–17; T-7/91, Schavoir/Rat, Slg. 1992, II–2307/2316). **Auskünfte** und **Mitteilungen** sind nur dann unmittelbar angreifbar, wenn sie von der zuständigen Stelle erteilt worden sind und ihrem Inhalt nach geeignet sind, konkrete Rechtswirkungen zu erzeugen (EuGH, Rs. 177/73 u. 5/75, Reinarz/KOM, Slg. 1974, 819/828; Rs. 60/71, Richez-Praise/KOM, Slg. 1972, 73/79; Rs. 167/80, Curtis/KOM, Slg. 1981, 1499/1510).

2. Verfahrensarten

Im Rahmen des Art. 236 i.V.m. Art. 91 I BSt. wird zwischen dem Verfah- 5 ren der richterlichen Kontrolle der *„Rechtmäßigkeit einer beschwerenden Maßnahme"* (Satz 1) und dem *„Verfahren mit unbeschränkter Ermessensnachprüfung bei Streitigkeiten vermögensrechtlicher Art"* (Satz 2) unterschieden. Ein drittes Verfahren besteht in der *„Wiedergutmachung erlittener Schäden"* im Wege des Schadensersatzes.

Die **Rechtmäßigkeitskontrolle** erfolgt im Rahmen einer, dem Art. 230 6 (ex-Art. 173) nachgebildeten **Anfechtungs- oder Nichtigkeitsklage**, wobei die vier Klagegründe (Unzuständigkeit, Verletzung wesentlicher Formvorschriften, Verletzung des Vertrages oder einer bei seiner Durchführung anzuwendenden Rechtsnorm, Ermessensmißbrauch) entsprechend angewendet werden. Die Untätigkeitsklage ist entbehrlich, da die Nichtigkeitsklage auch bei stillschweigender Zurückweisung der Beschwerde des Beamten oder Bediensteten eröffnet ist (vgl. Art. 90 BSt.). Im Falle der Nichtigerklärung der beschwerenden Maßnahme ist es Sache der betreffenden An-

stellungsbehörde, gem. Art. 233 (ex-Art. 176) die sich aus dem Urteil erge-
benden Maßnahmen zu ergreifen (EuGeI, T-28/96, Chew/KOM, Slg. 1997
ÖD I-A-167; T-583/93, P/KOM, Slg. ÖD 1995, II–433 Rn. 17; T-94/92,
X/KOM, Slg. ÖD 1994, II–481 Rn. 33).

7   Das **„Verfahren mit unbeschränkter Ermessensnachprüfung bei Streitigkeiten vermögensrechtlicher Art"** umfaßt vor allem die Schadensersatzansprüche der Beamten und Bediensteten gegen die Anstellungsbehörde. Daneben werden nach der Rechtsprechung auch alle Zahlungsverpflich-
tungen der Anstellungsbehörde gegenüber dem Beamten und Bediensteten
in dieses Verfahren einbezogen (vgl. EuGH, Rs. 115/83, Ooms/KOM, Slg.
1984, 2613/2625; Rs. 24/79, Oberthür/KOM, Slg. 1980, 1743/1759). Ausgenommen von diesem Verfahren sind hingegen die Streitsachen, die nur
mittelbare finanzielle Auswirkungen für den Beamten oder Bediensteten haben, wie z.B. Verfahren betreffend das Bestehen von Prüfungen (EuGH, Rs.
34/80, Authié/KOM, Slg. 1981, 665/676), die Beförderung eines Konkurrenten (EuGeI, T-40/93, Booß und Fischer, Slg. 1993, II–147) oder eine Dis-
ziplinarmaßnahme (EuGH, Rs. 35/65, Gutmann/KOM, Slg. 1966, 153/177).
Als Klagearten kommen im Rahmen des Verfahrens mit unbeschränkter Ermessensnachprüfung Leistungsklagen auf Geldzahlung oder Feststellungsklagen in Betracht, die isoliert oder zusammen erhoben werden können
(vgl. EuGH, Rs. 174/83, Amman/Rat, Slg. 1985, 2133). Feststellungsklagen
sind allerdings immer dann unzulässig, wenn durch die beantragte Feststellung der Ermessensspielraum der Anstellungsbehörde beeinträchtigt würde
(EuGeI, T-73/89, Barbi/KOM, Slg. 1990, II–619/625).

8   Die **Wiedergutmachung erlittener Schäden** kann im Wege der Schadensersatzklage verfolgt werden. Die Schadensersatzklage ist dabei grundsätzlich gegenüber der Nichtigkeitsklage autonom, so daß es dem Betroffenen
frei steht, eine von beiden oder beide Klagearten zusammen zu wählen
(EuGH, Rs. 9/75, Meyer-Burckhardt/KOM, Slg. 1975, 1171 Rn. 10/11; Eu-
GeI, T-27/90, Latham/KOM, Slg. 1991, II–35 Rn. 36). Eine Ausnahme vom
Grundsatz der Autonomie der Klagearten gilt jedoch für den Fall, daß zwischen der Schadensersatzklage und der Nichtigkeitsklage ein enger Zusammenhang besteht. Eine Partei kann zwar eine Schadensersatzklage erheben,
ohne gezwungen zu sein, die Aufhebung der rechtswidrigen Maßnahme zu
betreiben, die ihren Schaden verursacht hat; sie kann aber auf diesem Wege nicht die Unzulässigkeit einer gegen dieselbe rechtswidrige Maßnahme
gerichteten und auf die gleichen finanziellen Folgen abzielenden Nichtigkeitsklage umgehen (EuGH, Rs. 4/67, Collignon/KOM, Slg. 1967,
488/499; EuGeI, T-59/96, Burban/EP, Slg. ÖD 1997, I-A-113; T-27/90, La-
them/KOM, Slg. 1991, II–35 Rn. 36).

Im Rahmen des Verfahrens der Rechtmäßigkeitskontrolle und im Verfahren **9**
der unbeschränkten Ermessensnachprüfung sind eine inzidente Normen-
kontrolle (Art. 241, ex-Art. 184) sowie Anträge auf vorläufigen Rechtsschutz möglich (Art. 242, ex-Art. 185; Art. 243, ex-Art. 186).

III. Klagebefugnis, Klagegegner

Zur **Erhebung** der nach Art. 236 **zulässigen Klagen** sind neben den jewei- **10**
ligen Anstellungsbehörden innerhalb der EG alle Personen **befugt,** auf die
das BSt. und die BSB Anwendung finden (vgl. Art. 91 I BSt.; Art. 46, 73
und 83 BSB). Die Klagebefugnis besitzen demnach die Beamten (Art. 1
BSt.), die Bediensteten auf Zeit (Art. 46 BSB), die Hilfskräfte (Art. 73
BSB), die Sonderberater (Art. 83 BSB), die ehemaligen Beamten und Bediensteten bei Rechtsstreitigkeiten aus dem früheren Dienstverhältnis
(EuGH, Rs. 48/76, Reinarz/Rat, Slg. 1977, 291/298; Rs. 81- 88/74, Maren-
co/KOM, Slg. 1975, 1247/1255), die Hinterbliebenen ehemaliger Beamter
oder Bediensteter im Rahmen der ihnen durch das BSt. und die BSB eingeräumten Rechte (EuGH, Rs. 24/71, Meinhardt/KOM, Slg. 1972,
269/276), die Einstellungsbewerber, soweit es um die Rechtmäßigkeit des
Einstellungsverfahrens geht (EuGH, Rs. 91/76, De Lacroix/EuGH, Slg.
1977, 225/228) sowie schließlich die örtlichen Bediensteten, soweit sie für
sich die Rechtsstellung eines Beamten oder Bediensteten in Anspruch nehmen (EuGH, C-249/87, Mulfinger u.a./KOM, Slg. 1989, I–4127; Rs. 87
und 130/77, 22/83, 9 und 10/84, Salerno u.a./KOM und Rat, Slg. 1985,
2523). **Keine Klagebefugnis** besitzen die **Berufsverbände** und **Gewerkschaften,** da das BSt. ausschließlich auf individuelle Rechtsverletzungen
abstellt (EuGH, Rs. 193 und 194/87, Maurissen u.a./Rechnungshof, Slg.
1989, 1045; Rs. 175/73, Gewerkschaftsbund/Rat, Slg. 1974, 917/925; Rs.
18/74, Allgemeine Gewerkschaft/KOM, Slg. 1974, 933/944). Ihnen bleibt
lediglich die Möglichkeit des Streitbeitritts (vgl. Art. 37 II Satzung/EuGH)
oder die Erhebung einer Nichtigkeitsklage (Art. 230, ex-Art. 173).

Die Klage ist nicht gegen die Gemeinschaft, sondern gegen die **jeweilige** **11**
Anstellungsbehörde zu richten, soweit dieser das beanstandete Verhalten
zuzurechnen ist (EuGH, Rs. 167/80, Curtis/EP, Slg. 1981, 1499/1509; Rs.
33/80, Albini/Rat und KOM, Slg. 1981, 2141/2157; Rs. 48/79, Ooms
u.a./KOM, Slg. 1979, 3121/3123). Neben den Gemeinschaftsorganen des
Art. 7 (ex-Art. 4; EP, Rat, KOM, Gerichtshof, Rechnungshof) kommen
auch der WSA (Art. 1 II BSt.), die Europäische Investitionsbank (EuGH,
Rs. 110/75, Mills/EIB, Slg. 1976, 955/968) sowie die EZB als Klagegegner
in Betracht.

IV. Rechtsschutzbedürfnis

12   Das **Rechtsschutzbedürfnis** entfällt, wenn noch vor Klageerhebung die beanstandete Maßnahme aufgehoben wird und keine Wirkungen mehr entfalten kann (EuGeI, T-49/91, Turner/KOM, Slg. 1992, II–1855), ein bereits aus dem Dienst ausgeschiedener Beamter Maßnahmen angreift, die den aktiven Dienst betreffen (EuGH, Rs. 81–88/74, Marenco/KOM, Slg. 1975, 1247/1255) oder auch dann, wenn eine Maßnahme zwar fehlerhaft zustandegekommen ist, die Situation des davon betroffenen Beamten jedoch auch bei rechtmäßigem Verhalten der Anstellungsbehörde unverändert wäre.

V. Verfahren

1. Vorverfahren

13   Art. 91 II BSt. verlangt vor Klageerhebung die **Durchführung eines Vorverfahrens** (vgl. Art. 90 II BSt.), das die Möglichkeit einer einverständlichen Streitbeilegung eröffnen soll (vgl. EuGH, Rs. 168/83, Pasquali-Gerhardi/EP, Slg. 1985, 83, Rs. 58/75, Sergy/KOM, Slg. 1976, 1139/1152). Dieses Vorverfahren ist allerdings dann entbehrlich, wenn dieser Zweck von vornherein nicht erfüllt werden kann, weil die beanstandete Entscheidung wegen fehlender Befugnis des Dienstherrn nicht abgeändert werden kann (z.B. Entscheidungen des Prüfungsausschusses im Auswahlverfahren: EuGH, Rs. 44/71, Marcato/KOM, Slg. 1972, 427/434; Rs. 195/80, Michel/EP, Slg. 1981, 2861/2873; dienstliche Beurteilungen: EuGH, Rs. 6 und 97/79, Grassi/Rat, Slg. 1980, 2141/2157; Rs. 122 und 123/79, Schiavo/Rat, Slg. 1981, 473/489). Eine Begrenzung des späteren Klagegegenstandes nimmt die Verwaltungsbeschwerde im Rahmen des Vorverfahrens nur insoweit vor, als die Klageanträge weder den Grund noch den Gegenstand der Beschwerde ändern dürfen (EuGH, Rs. 75 und 117/82, Razzouk/KOM, Slg. 1984, 1509/1528; Rs. 58/75, Sergy/KOM, Slg. 1976, 1139/1153; EuGeI, T-159/95, Dricot u.a./KOM, Slg. 1997 ÖD, I-A-385 Rn. 22–25; T-262/94, Baiwir/KOM, Slg. ÖD 1996, II–739/40; T-58/91, Booß und Fischer, Slg. 1993, II–147 Rn. 83; T-57/89, Alexandrakis/KOM, Slg. 1990, II–143 Rn. 3).

2. Klagefrist

14   Die **Klagefrist** beträgt **drei Monate**. Sie beginnt im Falle der ausdrücklichen Zurückweisung der Beschwerde am Tage der Bekanntgabe der Entscheidung, im Falle der stillschweigenden Ablehnung an dem Tag, an dem

die Beantwortungsfrist (4 Monate) abläuft (EuGeI, T-208/96, Eiselt/KOM, Slg. ÖD 1997, I-A-445 Rn. 17). Die Klagefrist kann nur ausnahmsweise verlängert werden (EuGeI, T-113/95, Mancini/KOM, Slg. ÖD 1996, II–543 Rn. 20; T-131/95, Progoulis/KOM, Slg. ÖD 1995, II–907 Rn. 36), d.h. beim Auftreten wesentlicher, neuer Tatsachen (EuGH, Rn. 109/63 u. 13/64, Muller/KOM, Slg. 1964, 1411/1436) oder bei unverschuldeter Unkenntnis (EuGH, Rs. 50/74, Asmussen/KOM, Slg. 1975, 1009/1013), nicht aber, wenn eine verspätet eingereichte Beschwerde trotz Fristüberschreitung beschieden wird (EuGeI, T-156/95, Brigaldi u.a./KOM, Slg. ÖD 1997, I-A-171; T-495/93, Carrer u.a./EuGH, Slg. ÖD 1994, II–651 Rn. 20; T-55/92, Knijff/Rechnungshof, Slg. ÖD 1993, II–823 Rn. 27). Eine Verlängerung der Frist ist nicht möglich. Die Beachtung der Frist wird vom EuGeI **von Amts wegen** geprüft (EuGeI, T-15/91, Bollendorf/EP, Slg. 1992, II–1679).

Art. 237 (ex-Art. 180) **(Zuständigkeit gewisser Streitsachen betreffend EIB und EZB)**

Der Gerichtshof ist nach Maßgabe der folgenden Bestimmungen zuständig in Streitsachen über

a) **die Erfüllung der Verpflichtungen der Mitgliedstaaten aus der Satzung der Europäischen Investitionsbank. Der Verwaltungsrat der Bank besitzt hierbei die der Kommission in Artikel 226 übertragenen Befugnisse;**

b) **die Beschlüsse des Rates der Gouverneure der Europäischen Investitionsbank. Jeder Mitgliedstaat, die Kommission und der Verwaltungsrat der Bank können hierzu nach Maßgabe des Artikels 230 Klage erheben;**

c) **die Beschlüsse des Verwaltungsrats der Europäischen Investitionsbank. Diese können nach Maßgabe des Artikels 230 nur von Mitgliedstaaten oder der Kommission und lediglich wegen Verletzung der Formvorschriften des Artikels 21 Absätze 2 und 5 bis 7 der Satzung der Investitionsbank angefochten werden;**

d) **die Erfüllung der sich aus diesem Vertrag und der Satzung des ESZB ergebenden Verpflichtungen durch die nationalen Zentralbanken. Der Rat der EZB besitzt hierbei gegenüber den nationalen Zentralbanken die Befugnisse, die der Kommission in Artikel 226 gegenüber den Mitgliedstaaten eingeräumt werden. Stellt der Gerichtshof fest, daß eine nationale Zentralbank gegen eine Verpflichtung aus diesem Vertrag verstoßen hat, so hat diese Bank die Maßnahmen zu ergreifen, die sich aus dem Urteil des Gerichtshofs ergeben.**

Literatur: *Koenig*, Institutionelle Überlegungen zum Aufgabenzuwachs beim Europäischen Gerichtshof in der Währungsunion, EuZW 1993, 661–666.

I. Zuständigkeit des Gerichtshofs für Streitsachen der EIB

1.Streitsachen über die Erfüllung der Verpflichtungen der Mitgliedstaaten aus der EIB-Satzung

1   Für die Streitsachen gegen Mitgliedstaaten wegen Verletzung ihrer Pflichten aus der EIB-Satzung (**lit. a**) gelten die **Verfahrensgrundsätze der Art. 226** (ex-Art. 169) **und Art. 227** (ex-Art. 170) mit der Maßgabe, daß der Verwaltungsrat der Bank an die Stelle der Kommission tritt.

2. Streitsachen über Beschlüsse des Rates der Gouverneure

2   Für Streitsachen über Beschlüsse des Rates der Gouverneure (**lit. b**) gelten die **Grundsätze des Verfahrens nach Art. 230 I** (ex-Art. 173 I). Als Klagegegenstand kommen damit nur die rechtsverbindlichen Handlungen des Rates der Gouverneure der EIB in Betracht. Der Kreis der Klageberechtigten ist mit den Mitgliedstaaten als Mitglieder der Bank, der Kommission zur Wahrung der Belange der Gemeinschaft und dem Verwaltungsrat der EIB abschließend aufgezählt. Natürlichen und juristischen Personen steht in Abweichung von Art. 230 IV (ex-Art. 173 IV) ein Klagerecht selbst dann nicht zu, wenn sie durch eine Handlung des Rates der Gouverneure unmittelbar und individuell betroffen werden.

3. Streitsachen über Beschlüsse des Verwaltungsrats

3   Für Streitsachen über Beschlüsse des Verwaltungsrats (**lit. c**) **gelten ebenfalls die Grundsätze des Verfahrens nach Art. 230 I** (ex-Art. 173 I), allerdings mit wesentlichen Einschränkungen im Hinblick auf die Klagebefugnis und die Klagegründe.

4   **Klageberechtigt** sind lediglich die Mitgliedstaaten und die Kommission. Klagen natürlicher oder juristischer Personen sind ausgeschlossen. Dieser Ausschluß bewirkt nicht, daß dieser Kategorie von Klägern ein wirksamer Rechtsschutz genommen wird, da ihnen dieser Rechtsschutz durch die Zuständigkeit des Gemeinschaftsrichters bei Streitsachen auf dem Gebiet der außervertraglichen Haftung der Europäischen Investitionsbank nach Art. 236 (ex-Art. 178) i.V.m. Art. 288 II (ex-Art. 215 II) gewährleistet wird (vgl. EuGeI, T-460/93, Etienne Tête/EIB, Slg. 1993, II–1257 Rn. 17–20; EuGH, C-370/89, SGEEM und Etroy/EIB, Slg. 1992, I–6211 und Slg. 1993, I–2583).

Von den **Klagegründen** des Art. 230 II (ex-Art. 173 II) kann nur die Ver-   5
letzung der für die Behandlung von Darlehens- und Bürgschaftsanträgen
vorgeschriebenen Formvorschriften (vgl. Art. 21 II, V, VII EIB-Satzung)
geltend gemacht werden.

Für **Rechtsstreitigkeiten** zwischen der **EIB** einerseits und ihren **Gläubi-**   6
gern, Kreditnehmern oder **dritten Personen** andererseits besteht eine Zuständigkeit des EuGH nur im Falle einer entsprechenden Schiedsabrede
(vgl. Art. 29 II 2 EIB-Satzung, Art. 238 [ex-Art. 181]). Im übrigen entscheiden in diesen Fällen die nationalen Gerichte (Art. 29 I EIB-Satzung).
Als Bestandteil des EGV unterliegt die EIB-Satzung dem Auslegungs- und
Verwerfungsmonopol des EuGH, so daß die nationalen Gerichte Fragen der
Auslegung und Gültigkeit dieser Satzung dem EuGH nach Maßgabe des
Art. 234 (ex-Art. 177) zur Vorabentscheidung vorlegen können.

II. Zuständigkeit des Gerichtshofs für Streitsachen der EZB

Für Streitsachen betreffend die Erfüllung der sich aus dem EGV und der   7
Satzung des **Europäischen Zentralbankensystems** (ESZB) ergebenden
Verpflichtungen durch die nationalen Zentralbanken (**lit. d**) gelten die **Ver-**
fahrensgrundsätze des Art. 226 (ex-Art. 169) mit der Maßgabe, daß der
Rat der EZB an die Stelle der Kommission tritt.

Klage kann der Rat der EZB folglich erst nach **Durchführung des außer-**   8
gerichtlichen Vorverfahrens erheben, d.h. nachdem der betreffenden Zentralbank Gelegenheit zur Äußerung gegeben und eine mit Gründen versehene Stellungnahme abgegeben worden ist. Die Klage ist als **Feststel-**
lungsklage konzipiert, so daß der Gerichtshof in seinem Urteil nur feststellen kann, ob die betreffende Zentralbank gegen eine Verpflichtung aus
dem EGV oder der ESZB-Satzung verstoßen hat. Wird der Klage stattgegeben, hat die betreffende Zentralbank gem. Art. 237 lit. d **Satz 3** die Maßnahmen zu ergreifen, die sich aus dem Urteil ergeben. Eine Verurteilung zur
Zahlung eines Zwangsgeldes oder eines Pauschalbetrages bei Nichtbefolgung eines Urteils ist, anders als in Art. 228 II (ex-Art. 171 II), **nicht vor-**
gesehen und kann – angesichts des Strafcharakters einer solchen Maßnahme – auch nicht über eine analoge Anwendung der Regelung des Art. 228
II (ex-Art. 171 II) eingeführt werden.

Die **nationalen Zentralbanken** sind im Rahmen des Art. 237 lit. d ge-   9
genüber der EZB lediglich passiv –, nicht jedoch aktivlegitimiert. Rechtsschutz gegenüber einer „Amtsanmaßung" der EZB in Gestalt eines
Handelns außerhalb der Rechts- und Pflichtbeziehung des ESZB können
die nationalen Zentralbanken allerdings im Rahmen des Art. 230 II

(ex-Art. 173 II) erhalten. Der Gerichtshof ist in diesem Rahmen dafür zuständig, den institutionellen Schutz der den nationalen Zentralbanken verbliebenen Eigenkompetenzen, wie etwa im Bereich der Bankenaufsicht, zu
gewährleisten.

10   Hinter dieser Zuständigkeitszuweisung verbirgt sich die **gerichtliche Absicherung des Weisungsverhältnisses** zwischen EZB einerseits und nationalen Zentralbanken andererseits auf Gemeinschaftsebene. Damit kann der
Gerichtshof zugleich Einfluß auf die Rahmenbedingungen für die Wirt-
schaftstätigkeiten der Geschäftsbanken und Unternehmen nehmen, ohne
auf deren Verhältnis zu ihren Sitzstaaten Rücksicht nehmen zu müssen. Im
Rahmen dieser Zuständigkeit können die Mitgliedstaaten gezwungen werden, erhebliche Einwirkungen durch Währungsakte des ESZB auf ihre Fi-
nanz-, Haushalts- und Lohnpolitik zu dulden.

Art. 238 (ex-Art. 181) (Zuständigkeit auf Grund einer Schiedsklausel)

**Der Gerichtshof ist für Entscheidungen auf Grund einer Schiedsklau-
sel zuständig, die in einem von der Gemeinschaft oder für ihre Rechnung abgeschlossenen öffentlich-rechtlichen oder privatrechtlichen
Vertrag enthalten ist.**

Literatur: *Bonassis*, Arbitrage et droit communautaire, FS Boulois 1991, 21; *Kuijper*,
The European Communities and Arbitration, in: International Arbitration – Past and
Prospects, 1990, 181; *Raeschke-Kessler*, Binnenmarkt, Schiedsgerichtsbarkeit und Or-
dre public, EuZW 1990, 145;

1   Streitigkeiten aus vertraglichen Rechtsbeziehungen der EG, die grundsätzlich in die Zuständigkeit der innerstaatlichen Gerichte fallen, können im
Wege der **Vereinbarung einer Schiedsklausel** dem Gerichtshof überant-
wortet werden. Diese Zuständigkeit wird im ersten Rechtszug nunmehr
vom **EuGeI** wahrgenommen (vgl. Beschluß 88/591/EGKS, EWG, Euratom
des Rates vom 24.10.1988 über die Errichtung eines Gerichts erster Instanz
i.d.F. des Beschlusses vom 8.6.1993, ABl. L 144/21). In **Ermangelung einer Schiedsklausel** kann der Gerichtshof nicht über die Erfüllung eines
von der Gemeinschaft geschlossenen Vertrages oder über die aus der fehlerhaften Durchführung eines solchen Vertrages ableitbaren Schadensersatzansprüche entscheiden; die zu diesem Zweck erhobenen Nichtigkeits-
oder Schadensersatzklagen sind unzulässig. Anderenfalls würde er seine
Zuständigkeit über die Rechtsstreitigkeiten hinaus ausdehnen, deren Entscheidung ihm durch Art. 240 (ex-Art. 183) abschließend vorbehalten ist,
da diese Bestimmung gerade den einzelstaatlichen Gerichten die Zustän-

digkeit des allgemeinen Rechts für die Entscheidung von Streitsachen über-
trägt, bei denen die Gemeinschaft Partei ist (EuGH, Rs. 133–136/85, Rau
u.a., Slg. 1987, 2289 Rn. 10; EuGeI, T-186/96, Mutual Aid Administration
Services NV/KOM, Slg. 1997, II–1633; T-44/96, Oleifici Italiani
SpA/KOM, Slg. 1997, II–1331; T-180/95, Nutria AE/KOM, Slg. 1997,
II–1317).

Die **Zuständigkeit des Gerichtshofes** für die Entscheidung eines Rechts-   2
streits über einen Vertrag **bestimmt sich allein nach Art.** 238 **und der
Schiedsklausel**, ohne daß gegenüber dieser Zuständigkeit die Berufung auf
sie ausschließende Vorschriften des nationalen Rechts möglich wäre.
Schreibt allerdings eine Vorschrift des nationalen Rechts, die auf einen aufgrund einer Schiedsklausel der Zuständigkeit des Gerichtshofes unterwor-
fenden Rechtsstreit anwendbar ist, vor, daß vor Erhebung einer Klage beim
zuständigen Gericht ein Antrag auf Durchführung eines Güteverfahrens zu
stellen ist, so gilt diese Vorschrift auch vor dem Gerichtshof. Daher ist eine
Klage, die erhoben worden ist, ohne daß diese Voraussetzung erfüllt war,
unzulässig (EuGH, C-42/94, Heidemij Advies BV/EP, Slg. 1995, I–1417;
C-299/93, Bauer/KOM, Slg. 1995, I–839; C-209/90, KOM/Feilhauer, Slg.
1992, I–2613 Rn. 13).

Die Begründung der Zuständigkeit des Gerichtshofs führt zugleich zum   3
Ausschluß der Zuständigkeit der nationalen Gerichte. Ein gleichwohl
angerufenes nationales Gericht müßte sich deshalb von Amts wegen für unzuständig erklären, es sei denn die Klageerhebung vor dem nationalen Gericht kann als stillschweigende Aufhebung der Schiedsabrede angesehen
werden.

Der Gerichtshof wird auch bei Übertragung der Rechtsprechungsaufgabe   4
durch eine Schiedsabrede **als Gemeinschaftsorgan** und damit supranationales Gericht und nicht als Schiedsgericht tätig. Besetzung und Verfahren
vor dem Gerichtshof können deshalb auch nicht durch die Vertragsparteien
bestimmt werden, sondern richten sich ausschließlich nach den allgemeinen für den Gerichtshof geltenden Vorschriften.

Art. 238 betrifft die Vereinbarung einer Schiedsklausel zur Streitentschei-   5
dung in bezug auf **öffentlich-rechtliche oder privatrechtliche Verträge**,
an denen die Gemeinschaft beteiligt ist. Voraussetzung ist demnach eine
formelle Beteiligung der Gemeinschaft an dem vertraglich begründeten
Rechtsverhältnis. Sie liegt nicht nur dann vor, wenn die Gemeinschaft
selbst Vertragspartei ist, sondern auch dann, wenn eines ihrer Organe als
Vertragspartner erscheint, aber mit Wirkung für den Gemeinschaftshaushalt
und damit für Rechnung der EG gehandelt hat. Eine formelle Beteiligung
der Gemeinschaft ist darüber hinaus auch bei Verträgen anzunehmen, wel-

che die EIB mit ihren Gläubigern, Kreditnehmern oder dritten Personen schließt (vgl. Art. 29 EIB-Satzung).

6 Als **Vertragspartner** der Gemeinschaft kommen die Mitgliedstaaten, Drittländer, Körperschaften des öffentlichen nationalen Rechts oder auch natürliche und juristische Personen des Privatrechts in Betracht.

7 Die **Vereinbarung der Schiedsklausel** kann immer nur die ausschließliche Zuständigkeit des Gerichtshofs zum Gegenstand haben. Auch kann der Gerichtshof nur als letzte Instanz bestimmt werden; dies läßt allerdings die Möglichkeit der Bestimmung einer anderen Schiedsstelle als Eingangsinstanz offen.

8 Bei der **Festlegung des Streitgegenstandes** in der Schiedsklausel sind die Vertragsparteien nur insoweit gebunden, als dieser auf Streitigkeiten aus dem betr. Vertragsverhältnis beschränkt bleiben muß. In Betracht kommen danach neben den eigentlichen vertraglichen Ansprüchen auf Erfüllung und Gewährleistung vor allem noch Bereicherungsansprüche und Schadensersatzansprüche (vgl. EuGH, C-114/94, IDE/KOM, Slg. 1997, I–803; Rs. 426/85, KOM/Zoubek, Slg. 1986, 4057/4067).

9 Die Schiedsklausel kann sowohl **bei Vertragsschluß** für alle zukünftigen Rechtsstreitigkeiten vereinbart werden, oder aber auch erst **nach Entstehung** eines konkreten Rechtsstreits.

10 Im Hinblick auf Art. 38 § 6 VerfO (Einreichung einer Ausfertigung der Schiedsklausel mit der Klageschrift) ist grundsätzlich **Schriftform** zu empfehlen, an deren Einhaltung allerdings keine hohen Anforderungen gestellt werden. Es genügt, daß sich die Vereinbarung der Zuständigkeit des Gerichtshofs aus einem Schriftwechsel zwischen den Vertragsparteien ergibt (vgl. EuGH, Rs. 23/76, Pellegrini/KOM, Slg. 1976, 1807/1824). Die Schiedsklausel kann auch in einem Rechtsakt der Gemeinschaft enthalten sein, wenn auf deren Grundlage vertragliche Verpflichtungen eingegangen werden (EuGH, C-142/91, Cebag/KOM, Slg. 1993, I–553 Rn. 11–14).

11 Der Gerichtshof überprüft im Rahmen einer aufgrund des Art. 238 erhobenen Klage die Ansprüche der Vertragsparteien **in tatsächlicher und rechtlicher Hinsicht.** Er kann zudem alle Maßnahmen anordnen, die er zur Erledigung des Rechtsstreits für erforderlich hält. Im Rahmen der Zulässigkeit dieser Klage entscheidet er darüber hinaus von Amts wegen über die Wirksamkeit der Schiedsklausel.

12 Der Gerichtshof beurteilt den ihm unterbreiteten Rechtsstreit grundsätzlich nach dem von den Vertragsparteien ausdrücklich oder stillschweigend **vereinbarten Recht** (vgl. EuGH, C-114/94, IDE/KOM, Slg. 1997, I–803; Rs. 23/76, Pellegrini/KOM, Slg. 1976, 1807/1818; Rs. 109/81, Porta/KOM, Slg. 1982, 2469/2480). Fehlt es an einer entsprechenden Vereinbarung, ist

zwischen privatrechtlichen und öffentlich-rechtlichen Verträgen zu unterscheiden: bei **privatrechtlichen Verträgen** ist zunächst auf die dem Vertrag zugrundeliegende Verdingungsordnung der Gemeinschaft, die Vertragsbestandteil ist, zurückzugreifen; im übrigen gelten für die Ermittlung
des anwendbaren Rechts die Grundsätze des IPR. Auf **öffentlich-rechtliche Verträge** findet hingegen Gemeinschaftsrecht Anwendung, das bei
bestehenden Lücken durch Rückgriff auf die den Rechtsordnungen der Mitgliedstaaten gemeinsamen Rechtsgrundsätzen ergänzt wird (a.A. *Hailbronner*, Handkommentar, Art. 181 Rn. 6, der sich für die Anwendung des
öffentlichen Rechts des jeweiligen Mitgliedstaats ausspricht).

Die **Vollstreckung** der Entscheidung des Gerichtshofs richtet sich nach   13
Art. 244 (ex-Art. 187) und **Art. 256** (ex-Art. 192). Die nationalen Bestimmungen über die Vollstreckung von Schiedssprüchen finden keine Anwendung, da der Gerichtshof nicht als Schiedsgericht, sondern als Gerichtshof
der EG tätig wird. Vollstreckbar sind alle Leistungsurteile des Gerichtshofs,
auch soweit sie sich gegen einen Mitgliedstaat oder die Gemeinschaft richten. Eine gegen die Gemeinschaft gerichtete Maßnahme der Zwangsvollstreckung bedarf allerdings der Genehmigung durch den Gerichtshof
(Art. 1 III Protokoll über Vorrechte und Befreiungen).

Art. 239 (ex-Art. 182) (Zuständigkeit auf Grund eines Schiedsvertrags)

**Der Gerichtshof ist für jede mit dem Gegenstand dieses Vertrags in Zu-
sammenhang stehende Streitigkeit zwischen Mitgliedstaaten zuständig, wenn diese bei ihm auf Grund eines Schiedsvertrags anhängig gemacht wird.**

Im Unterschied zu Art. 238 (ex-Art. 181), der Schiedsabreden unter Betei-   1
ligung der Gemeinschaft betrifft, regelt Art. 239 **Schiedsabreden zwischen
Mitgliedstaaten**.

Als **Voraussetzungen** für eine wirksame Begründung der Zuständigkeit des   2
Gerichtshofs verlangt Art. 239 eine Streitigkeit zwischen Mitgliedstaaten,
die mit dem Gegenstand des EGV in Zusammenhang steht und die beim Gerichtshof aufgrund eines Schiedsvertrages anhängig gemacht wird. Angesichts der Beteiligung zweier Mitgliedstaaten am Rechtsstreit, wird die Zuständigkeit des Gerichtshofs ausschließlich vom **EuGH** wahrgenommen.

Die Beschränkung auf Streitigkeiten **zwischen den Mitgliedstaaten** ist   3
zwingend. Für Streitigkeiten der Mitgliedstaaten mit Drittländern ist deshalb selbst dann kein Raum, wenn erhebliche Belange der EG berührt werden, wie etwa im Falle von Streitigkeiten zwischen einem Mitgliedstaat und
einem der EG assoziierten Drittland.

4 Für die **Annahme eines Zusammenhangs** mit dem EGV genügt es, wenn
ein objektiv erkennbarer Bezug zwischen dem Streit und den im Vertrag be-
schriebenen Aufgaben und Tätigkeiten der EG besteht (z.B. Verträge nach
Art. 293, ex-Art. 220). Die Streitigkeit darf jedoch nicht die Auslegung und
Anwendung des Gemeinschaftsrechts selbst betreffen, da für diese Art von
Streitigkeiten bereits eine ausschließliche Zuständigkeit des EuGH gem.
Art. 227 (ex-Art. 170; Vertragsverletzungsklage) gegeben ist.

5 Die Zuständigkeit des EuGH kann nur durch einen **Schiedsvertrag** begründet werden, dessen Wirksamkeit sich nach den allg. Regelungen des
Völkerrechts beurteilt. Der Schiedsvertrag darf darüber hinaus nicht gegen
zwingendes Gemeinschaftsrecht verstoßen. Schriftform ist zwar nicht ausdrücklich vorgeschrieben, im Hinblick auf Art. 38 § 6 VerfO jedoch ratsam.

6 Als **Urteil des EuGH** kommt sowohl ein Feststellungs-, als auch ein Lei-
stungsurteil in Betracht. Neben der Feststellung der Verletzung des zwischen den Mitgliedstaaten geschlossenen Vertrags kann der EuGH auch
Maßnahmen zur Wiederherstellung des vertragsgemäßen Zustandes oder
zur Wiedergutmachung des einem Mitgliedstaat entstandenen Schadens anordnen.

7 Die **Vollstreckung** der Entscheidung des EuGH richtet sich nach **Art. 244**
(ex-Art. 187) und **Art. 256** (ex-Art. 192).

Art. 240 (ex-Art. 183) (Zuständigkeit einzelstaatlicher Gerichte)

**Soweit keine Zuständigkeit des Gerichtshofs auf Grund dieses Vertrags
besteht, sind Streitsachen, bei denen die Gemeinschaft Partei ist, der
Zuständigkeit der einzelstaatlichen Gerichte nicht entzogen.**

1 Art. 240 enthält eine **allgemeine Zuständigkeitsabgrenzung** im Verhältnis
zwischen Gerichtshof und nationalen Gerichten für alle Streitigkeiten, an
denen die Gemeinschaft beteiligt ist.

2 Dabei geht diese Vorschrift von einer **ausschließlichen Zuständigkeit des
Gerichtshofs** für alle Rechtsstreitigkeiten aus, für die eine Zuständigkeit
des Gerichtshofs durch den EGV oder durch aufgrund des EGV getroffene
Bestimmungen oder Vereinbarungen begründet worden ist; eine konkurrierende Zuständigkeit soll es nicht geben (EuGH, Rs. 33/62, Wöhrmann/
KOM, Slg. 1962, 1017/1042). Dieser Ausschließlichkeitsanspruch beruht
zum einen auf der Notwendigkeit, die Unabhängigkeit der Gemeinschaft
auch gegenüber der innerstaatlichen Gerichtsbarkeit zu sichern und dient
zum anderen auch der Rechtssicherheit, indem durch diese Zuständigkeitsabgrenzung Kompetenzüberschneidungen weitestgehend vermieden werden.

Für die **nationalen Gerichte** bleibt vor dem Hintergrund des Ausschließ-   **3**
lichkeitsanspruchs nur noch insoweit Raum für eine Zuständigkeit in
Rechtsstreitigkeiten, bei denen die Gemeinschaft Partei ist, als keine Zuständigkeit des Gerichtshofs begründet ist (EuGeI, T-186/96, Mutual Aid
Administration Services NV/KOM, Slg. 1997, II–1633; T-44/96, Oleifici
Italiani SpA/KOM, Slg. 1997, II–1331; T-180/95, Nutria AE/KOM, Slg.
1997, II–1317). Bei der Beurteilung des Fehlens einer Zuständigkeit des
Gerichtshofs ist auf die generelle Zuständigkeitsübertragung abzustellen,
nicht jedoch auf den Umstand, ob die einzelnen gemeinschaftsrechtlichen
Voraussetzungen für die Rechtsschutzgewährung durch den Gerichtshof im
konkreten Fall gegeben sind (so vor allem bei der eingeschränkten Klagebefugnis Privater im Rahmen des Art. 230, ex-Art. 173). In der Praxis besteht eine Zuständigkeit der nationalen Gerichte deshalb im wesentlichen
nur für **Streitigkeiten aus privatwirtschaftlicher Betätigung der EG** in
den Mitgliedstaaten (vgl. Art. 282, ex-Art. 211) oder aus **vertraglicher
Haftung** (vgl. Art. 288 I, ex-Art. 215 I).

Art. 240 selbst begründet auch in diesen Fällen keine Zuständigkeit der na-   **4**
tionalen Gerichte, sondern setzt diese nach dem jeweils **anwendbaren Prozeßrecht** voraus. Liegen die Voraussetzungen für die Begründung einer Zuständigkeit eines nationalen Gerichts vor, steht einer Verurteilung der Gemeinschaft durch das nationale Gericht nichts im Wege. Die Gemeinschaft
besitzt keine gerichtliche Immunität (vgl. Einzelheiten dazu unter Art. 282).

Ungeachtet dieser eindeutigen Zuständigkeitsabgrenzung sind **Kompetenz-**   **5**
überschneidungen nicht vollständig auszuschließen. Dies gilt vor allem für
die Fälle unterschiedlicher Auslegung von Inhalt und Tragweite der Zustän-
digkeitszuweisungen an den Gerichtshof. Soweit der Gerichtshof bereits
seine Zuständigkeit in einem solchen Fall festgestellt hat, ist angesichts
seines Monopols für die authentische Auslegung der Gemeinschaftsrechtsvorschriften von einer Bindung der nationalen Gerichte auszugehen, so daß
einem Kompetenzkonflikt durch die Einrede der Rechtshängigkeit wirksam
vorgebeugt werden kann. Soweit das nationale Gericht Zweifel an einer etwaig bestehenden Zuständigkeit des Gerichtshof hat, kann einem drohenden
Kompetenzkonflikt durch die Einholung einer Vorabentscheidung gem. Art.
234 (ex-Art. 177) begegnet werden. Diese Möglichkeit entfällt jedoch und
ein Kompetenzkonflikt ist unvermeidlich, wenn ein nationales Gericht bereits rechtskräftig über seine Zuständigkeit entschieden hat und der Gerichtshof erneut mit der Sache befaßt wird und seine Zuständigkeit ebenfalls
bejaht. Kommt es in einem derartigen Fall zu unterschiedlichen Sachentscheidungen, muß dem Urteil des Gerichtshofs Folge geleistet werden, da
es am Vorrang des Gemeinschaftsrechts vor nationalem Recht teilhat.

Art. 241 (ex-Art. 184) (Einrede der Unanwendbarkeit einer Gemeinschaftsrechtshandlung)

**Ungeachtet des Ablaufs der in Artikel 230 Absatz 5 genannten Frist
kann jede Partei in einem Rechtsstreit, bei dem es auf die Geltung einer vom Europäischen Parlament und vom Rat gemeinsam erlassenen
Verordnung oder einer Verordnung des Rates, der Kommission oder
der EZB ankommt, vor dem Gerichtshof die Unanwendbarkeit dieser
Verordnung aus den in Artikel 230 Absatz 2 genannten Gründen geltend machen.**

I. Bedeutung

1   Art. 241 ist **Ausdruck eines allgemeinen Grundsatzes**, der jeder Partei
das Recht gewährleistet, zum Zwecke der Nichtigerklärung einer sie unmittelbar und individuell betreffenden Entscheidung die Gültigkeit derjenigen früheren Rechtshandlung zu bestreiten, welche die Grundlage für die
angegriffene Entscheidung bildet (so ausdrücklich EuGH, Rs. 92/78,
Simmenthal IV/KOM, Slg. 1979, 777/800 Rn. 39).

2   Dieses **Recht** ist nur insoweit **eingeschränkt**, als die betr. Partei nicht die
Möglichkeit gehabt haben darf, die Rechtshandlung, deren Folgen sie nunmehr erleidet, unmittelbar mit einer Nichtigkeitsklage gem. Art. 230 (ex-
Art. 173) anzugreifen (EuGH, C-188/92, TWD Textilwerke Deggendorf,
Slg. 1994, I–833 Rn. 23). Diese Beschränkung gilt allerdings dann nicht,
wenn der Nachweis der Klagebefugnis für die Erhebung einer Nichtigkeitsklage, d.h. das unmittelbare und individuelle Betroffensein von dem
fraglichen Rechtsakt, nur schwer möglich ist und eine große Wahrscheinlichkeit dafür besteht, daß die Nichtigkeitsklage ohne weiteres für unzulässig erklärt werden würde (vgl. EuGH, C-188/92, TWD Textilwerke Deggendorf, Slg. 1994, I–833 Rn. 21 unter Hinweis auf Rs. 216/82, Universität
Hamburg, Slg. 1983, 2771).

3   Eine besondere Bedeutung erlangt Art. 241 deshalb vor allem für natürliche
und juristische Personen, denen ein Klagerecht gegenüber Rechtshandlungen allgemeinen Charakters nach Art. 230 (ex-Art. 173) nur in Ausnahmefällen zusteht (vgl. *Usher*, The use of article 184 EEC by indivuals, ELRev.
1979, 273). In dieser Funktion stellt Art. 241 die „Einrede der Unanwendbarkeit" einer Gemeinschaftsrechtshandlung zur Verfügung und trägt damit
wesentlich zur **Vervollständigung der allg. Rechtmäßigkeitskontrolle**
sowie des gemeinschaftsrechtlichen Rechtsschutzsystems bei.

4   Daneben begründet Art. 241 eine **Vermutung** dafür, daß jede gemäß dem
EGV in Kraft gesetzte Verordnung als **rechtswirksam** gelten muß, solange

der Gerichtshof als insoweit allein zuständiges Gericht (vgl. Art. 230 [ex-Art. 173] und Art. 234 [ex-Art. 177]) sie nicht für ungültig erklärt hat (EuGH, Rs. 101/78, Granaria/Hoofdproduktschap voor Akkerbouwprodukten, Slg. 1979, 623/636 Rn. 4).

II. Voraussetzungen der Geltendmachung der Einrede der Unanwendbarkeit

Art. 241 eröffnet keinen selbständigen Klageweg, sondern setzt ein bereits **vor dem Gerichtshof** anhängiges Klageverfahren voraus (vgl. EuGH, Rs. 33/80, Albini/Rat und KOM, Slg. 1981, 2141/2157 Rn. 17; EuGeI, T-154/94, CSF und CSME/KOM, Slg. 1996, II–1377 Rn. 16), wobei dafür nicht nur Nichtigkeitsklagen, sondern auch Schadensersatzklagen (vgl. EuGeI, T-70/94, Comafrica SpA und Dole/KOM, Slg. 1996, II–1741) oder Beamtenklagen (EuGeI, T-64/92, Chavane de Dalmassy u.a./KOM, Slg. ÖD 1994, I-A-227) in Betracht kommen. Die Einrede der Unanwendbarkeit kann folglich nur **inzident geltend gemacht** werden. Dazu bedarf es keines besonderen Prozeßantrags; vielmehr genügt es, wenn die Einrede der Unanwendbarkeit **im Rahmen der Klagegründe** erhoben wird.   5

Die Einrede der Unanwendbarkeit kann auch **vor einem nationalen Gericht** erhoben werden (EuGH, Rs. 216/82, Universität Hamburg, Slg. 1983, 2771). Allerdings gilt auch hier die Einschränkung, daß die Einrede als unzulässig zurückzuweisen ist, wenn der fragliche Rechtsakt unmittelbar mit der Nichtigkeitsklage hätte angegriffen werden können, der Betroffene dies jedoch innerhalb der entsprechenden Klagefrist unterlassen hat (EuGH, C-188/92, TWD Textilwerke Deggendorf, Slg. 1994, I–833 Rn. 17/18). Der Einrede der Unanwendbarkeit kann das nationale Gericht nur stattgeben, nachdem es den **EuGH mit der Frage der Gültigkeit** des fraglichen Gemeinschaftsrechtsaktes im Rahmen des Vorabentscheidungsverfahrens (Art. 234, ex-Art. 177) **befaßt hat.**   6

Im Hinblick auf die Funktion des Art. 241 – Ausgleich für fehlendes oder eingeschränktes Klagerecht gegenüber Rechtsakten mit allg. Charakter steht die Einrede der Unanwendbarkeit jedenfalls **allen natürlichen und juristischen Personen** offen. Angesichts des weit gefaßten Wortlauts des Art. 241 („jede Partei") wird die Geltendmachung der Einrede überwiegend **auch den Mitgliedstaaten** und **den Gemeinschaftsorganen** zugestanden (vgl. statt vieler *Krück*, in GTE, Art. 184 Rn. 11–13; ablehnend hingegen *Behr*, CMLR 1966, 67). Für diese Auffassung spricht, daß auch die Mitgliedstaaten und Gemeinschaftsorgane unabhängig von ihrem umfassenden Klagerecht im Rahmen des Art. 230 (ex-Art. 173) im Hinblick auf die dor-   7 tigen kurzen Klagefristen grundsätzlich ein schutzwürdiges Interesse daran haben, auch nachträglich die Anwendung einer rechtswidrigen Verordnung verhindern zu können. Allerdings muß für den Nachweis eines schutzwürdigen Interesses dargelegt werden, daß die Mitgliedstaaten oder Gemeinschaftsorgane die Rechtswidrigkeit des fraglichen Rechtsaktes während der Klagefrist weder erkennen noch vorhersehen konnten.

8 Die Einrede der Unanwendbarkeit kann über den Wortlaut des Art. 241 hinaus, der ausdrücklich nur Verordnungen erwähnt, **gegenüber allen Rechtshandlungen** geltend gemacht werden, die, obwohl nicht in Form einer Verordnung ergangen, **gleichartige Wirkungen wie eine Verordnung** entfalten und deshalb von keinem anderen Rechtssubjekt als den Gemeinschaftsorganen und den Mitgliedstaaten angefochten werden können (so ausdrücklich EuGH, Rs. 92/78, Simmenthal IV/KOM, Slg. 1979, 777 Rn. 39/40; vgl. auch Rs. 294/83, Les Verts/EP, Slg. 1986, 1339 Rn. 23). Überprüfbar sind daher grundsätzlich auch **Richtlinien**, soweit sie unmittelbare Rechtswirkungen für den Betroffenen erzeugen und die Rechtsgrundlage für einen anderen Gemeinschaftsrechtsakt bilden oder in einem engen Zusammenhang mit letzterem stehen; soweit der beschwerende Einzelakt auf der Umsetzungsmaßnahme einer Richtlinie beruht, kann die Einrede der Unanwendbarkeit der Richtlinie vor dem nationalen Gericht geltend gemacht werden, das ggf. die Gültigkeit der Richtlinie durch den EuGH im Rahmen eines Vorabentscheidungsverfahrens (Art. 234, ex-Art. 177) überprüfen lassen muß (sehr umstritten; vgl. zum Streitstand *Rengeling/Middeke/Gellermann*, Rechtsschutz in der EU, Rn. 422).

9 Die Einrede der Unanwendbarkeit kann auf alle **vier** in Art. 230 (ex-Art. 173) aufgeführten **Klagegründe** (Unzuständigkeit, Verletzung wesentlicher Formvorschriften, Verletzung des Vertrags oder Verletzung einer bei seiner Durchführung anzuwendenden Rechtsnorm, Ermessensmißbrauch) gestützt werden.

10 Die in dem Verfahren vor dem Gerichtshof angegriffene Entscheidung muß rechtlich und tatsächlich auf die früher erlassene Verordnung, deren Unanwendbarkeit mit Hilfe des Art. 241 geltend gemacht wird, zurückgehen, d.h. die **früher erlassene Verordnung** muß für das anhängige Verfahren **entscheidungserheblich** sein (EuGH, Rs. 119/81, Klöckner-Werke/KOM, Slg. 1982, 2627/2653). An der Entscheidungserheblichkeit fehlt es vor allem, wenn der angefochtene Rechtsakt noch andere Rechtsmängel aufweist, die selbständig zur Nichtigerklärung dieses Rechtsaktes führen oder wenn die Rechtswidrigkeit des inzident gerügten Rechtsaktes sich nicht auf die Gültigkeit des angefochtenen Rechtsaktes auswirken kann.

III. Rechtsfolgen

Eine begründete Einrede der Unanwendbarkeit **verhindert die Anwendung**   **11**
des inzident gerügten Rechtsaktes **in dem konkreten Rechtsstreit** der Parteien (vgl. EuGH, Rs. 15–33, 52, 53, 57–109, 116, 117, 123, 132 und
135–137/73, Kortner-Schots u.a./Rat, KOM und EP, Slg. 1974, 177/191). Der
Bestand des inzident gerügten Rechtsakts bleibt hiervon unberührt; insbesondere führt eine erfolgreiche Einrede nicht zur Nichtigerklärung des
Rechtsakts. Es obliegt vielmehr den zuständigen Gemeinschaftsorganen, den
inzident gerügten Rechtsakt abzuändern oder aufzuheben. Allerdings führt
die fehlende Anwendbarkeit des inzident gerügten Rechtsakts zum Wegfall
der Rechtsgrundlage des im konkreten Verfahren **angegriffenen Einzel-
aktes,** der damit „erga omnes" für nichtig erklärt und aufgehoben wird.

Art. 242 (ex-Art. 185) (Keine aufschiebende Wirkung; Aussetzung)

**Klagen bei dem Gerichtshof haben keine aufschiebende Wirkung. Der
Gerichtshof kann jedoch, wenn er es den Umständen nach für nötig
hält, die Durchführung der angefochtenen Handlung aussetzen.**

Art. 243 (ex-Art. 186) (Einstweilige Anordnung)

**Der Gerichtshof kann in den bei ihm anhängigen Sachen die erforder-
lichen einstweiligen Anordnungen treffen.**

Literatur: *Berrang*, Vorbeugender Rechtsschutz im Recht der Europäischen Gemeinschaften, Baden-Baden 1994; *G. Borchardt*, The award of interim measures by the European Court of Justice, CMLR, 1985, 203ff.; *De Bronett*, Die einstweiligen Anordnungen des EuGH und EuGeI in Wettbewerbssachen, WuW 1994, 813; *Ehlers/Pünder*,
Vorläufiger Rechtsschutz im Geltungsbereich des Zollkodex, EuR 1997, 74–82; *Hai-
bach*, Vorläufiger Rechtsschutz im Spannungsfeld von Gemeinschaftsrecht und Grundgesetz, DÖV 1996, 60–70; *Jacobs*, Interim Measures in the law and practice of the
Court of Justice of the European Communities, in: Beiträge zum ausländischen Recht
und Völkerrecht, Band 114 (1994), 37–68; *Joliet*, Protection juridictionnelle provisoire
et droit communautaire, Actualité du droit 1992, 1095; *Klinke*, (Vorläufiger) Rechtsschutz und Gemeinschaftsrecht, Internationale Wirtschafts-Briefe (IWB) Beilage
3/1991; *Lehr*, Einstweiliger Rechtsschutz und Europäische Union-Nationaler einstweiliger Verwaltungsrechtsschutz im Widerstreit von Gemeinschaftsrecht und nationalem
Verfassungsrecht, Berlin 1997; *Schneider*, Die einstweilige Anordnung gemäß Artikel
186 EWG-Vertrag und der Grundsatz der Verhältnismäßigkeit, DÖV 1990, 924; *Schoch*,
Die Europäisierung des verwaltungsgerichtlichen vorläufigen Rechtsschutzes, DVBl.
1997, 289–297; *Triantafyllou*, Zur Europäisierung des vorläufigen Rechtsschutzes,
NVwZ 1992, 129–134; *B.Wägenbauer*, Die jüngere Rechtsprechung der Gemeinschaftsgerichte im Bereich des vorläufigen Rechtsschutzes, EuZW 1996, 327–335.

I. Vorbemerkung

1   Die Gewährung vorläufigen Rechtsschutzes gehört zu den **Grundforde-rungen des Rechtsstaatsprinzips**. Es muß danach verhindert werden, daß während der Dauer des Klageverfahrens bereits vollendete Tatsachen ge-schaffen werden, die unabhängig vom Ausgang des Klageverfahrens zu nicht wiedergutzumachenden Schäden führen (vgl. EuGeI, T-179/96R, An-tonissen, Slg. 1996, II–1641; EuGH, C-393/96P (R), Antonissen, Slg. 1997, I–441 Rn. 36).

2   Im gemeinschaftsrechtlichen Rechtsschutzsystem wird dieser Grundforde-rung durch **drei Verfahren** entsprochen:

(1) Zur Vermeidung der infolge des fehlenden Suspensiveffekts einer Kla-geerhebung beim Gerichtshof drohenden Nachteile (vgl. Art. 242 Abs. 1, dazu unter Rn. 4) sieht **Art. 242 II** die Möglichkeit einer **Aussetzung *„der Durchführung der angefochtenen Handlung"*** vor. Sie stellt damit eine Form des vorläufigen Rechtsschutzes dar, die mit § 80 V VwGO vergleich-bar ist. Gegenstand sind bestimmte, den Adressaten belastende und voll-ziehbare Maßnahmen eines Gemeinschaftsorgans. Der Antrag auf Ausset-

zung der Durchführung der angefochtenen Handlung ist deshalb mit einer Nichtigkeitsklage (Art. 230, ex-Art. 173), einer Beamtenklage (Art. 236, ex-Art. 179) oder einer Drittwiderspruchsklage (vgl. Art. 97 VerfO/EuGH; Art. 123,124 VerfO/EuGeI) verbunden.

(2) Eine Sonderregelung gegenüber der Aussetzung des Vollzugs einer Maßnahme sieht **Art. 256 IV 1**(ex-Art. 192 IV 1) für die **Aussetzung der Zwangsvollstreckung** vor. Mit Hilfe dieses Verfahrens kann die Durchsetzung einer Leistungsanordnung, die in einem Gemeinschaftsrechtsakt ausgesprochen ist, auch dann noch ausgesetzt werden, wenn die Aussetzung des Vollzugs des Gemeinschaftsrechtsaktes selbst nach Art. 242 II nicht mehr möglich ist. Umgekehrt bedarf es eines Rückgriffs auf die Aussetzung der Zwangsvollstreckung nicht, wenn bereits der Vollzug des die Leistungspflicht anordnenden Gemeinschaftsrechtsakts ausgesetzt worden ist (EuGH, Rs. 107/82R, AEG/KOM, Slg. 1982, 1449/1452).

(3) Im Unterschied zur bloßen Vollzugsaussetzung nach Art. 242 umfaßt **Art. 243** alle darüberhinausgehenden Gebote und Verbote, die zur **vorläufigen Regelung eines Rechtsverhältnisses** möglich sind und bei denen die Aussetzung des Vollzugs entweder nur ungenügenden Schutz bietet oder schon deshalb nicht in Betracht kommt, weil die Klage in der Hauptsache nicht die Abwehr einer belastenden Gemeinschaftsmaßnahme zum Ziel hat. Ein Antrag auf Erlaß einer einstweiligen Anordnung kommt deshalb im Zusammenhang mit einer Feststellungsklage (Art. 226, ex-Art. 169; Art. 227, ex-Art. 170), einer Untätigkeitsklage (Art. 232, ex-Art. 175) oder einer Schadensersatzklage (Art. 235, ex-Art. 178 i.V.m. Art. 288 II, ex-Art. 215 II) in Betracht.

Diese drei Verfahren zur Gewährung vorläufigen Rechtsschutzes bilden nicht zuletzt aufgrund ihrer gemeinsamen Zielsetzung untereinander eine **systematische Einheit** (vgl. *Krück* in Grabitz/Hilf, Art. 185 und 186, Rn. 2); auch der Erlaß der nach diesen Verfahren zu treffenden einstweiligen Maßnahmen richtet sich nach einheitlichen, in der Satzung/EuGH (Art. 36) und den Verfahrensordnungen (Art. 83ff. VerfO/EuGH; Art. 104ff. VerfO/EuG) niedergelegten verfahrensrechtlichen Bestimmungen. Diese enge Verbindung sowie die Tatsache, daß die Zulässigkeits- und Begründetheitsvoraussetzungen für die Anträge auf Gewährung vorläufigen Rechtsschutzes in der Rechtsprechung nahezu gleich ausgestaltet worden sind, legt eine **gemeinsame Behandlung der Art. 242 und Art. 243** nahe. **3**

II. Ausschluß der aufschiebenden Wirkung (Art. 242 I)

4 Die vor dem EuGH/EuGeI erhobenen **Klagen haben** gem. Art. 242 I **keine aufschiebende Wirkung**. Diese Regelung ist Ausdruck des Grundsatzes, wonach Rechtshandlungen der öffentlichen Gewalt bis zu ihrer Nichtigerklärung durch ein zuständiges Gericht Bestand haben und vollzogen werden müssen.

III. Antrag auf Vollzugsaussetzung (Art. 242 II) bzw. Antrag auf Erlaß einer einstweiligen Anordnung (Art. 243)

1. Zulässigkeit des Antrags

a) Zuständigkeit

5 Auch vorläufigen Rechtsschutz kann der Gerichtshof nur im Rahmen seiner vertraglich festgelegten Zuständigkeiten gewähren. Im Hinblick darauf, daß der vorläufige Rechtsschutz im Verhältnis zur Klage in der Hauptsache akzessorisch ist (vgl. unter Rn. 8), ist der Gerichtshof zur Aussetzung des Vollzugs oder zum Erlaß einer einstweiligen Anordnung nur dann zuständig, wenn er auch im **Klageverfahren in der Hauptsache zuständig** ist. Allerdings läßt es der Gerichtshof genügen, daß eine auch nur teilweise Zuständigkeit im Hauptsacheverfahren mit großer Wahrscheinlichkeit festgestellt werden kann (so ausdrücklich EuGH, C-117/91 R, Bosman, Slg. 1991, I–3353/3356; Rs. 118/83 R, CMC/Kommission, Slg. 1983, 2583/ 2595).

6 **Einwände** gegenüber **der Zulässigkeit** der Klage **im Hauptverfahren** werden im Verfahren der Vollzugsaussetzung einer Maßnahme grundsätzlich nicht berücksichtigt, um der Entscheidung in der Hauptsache nicht vorzugreifen (in diesem Sinne EuGH, C-97/94P (R), Schulz/KOM, Slg. 1994, I–1701 Rn. 13; C-117/91 R, Bosman/KOM, Slg. 1991, I–3353 Rn. 7; C-106/90 R, Emerald Meats/KOM, Slg. 1990, I–3377 Rn. 22; Rs. 65/87 R, Pfizer/KOM, Slg. 1987, 1691; EuGeI, T-6/95 R, Cantine dei Colli Berici/KOM, Slg. 1995, II–647). Eine Ausnahme macht der Gerichtshof allerdings dann, wenn die **offensichtliche Unzulässigkeit der Klage** im Hauptverfahren **geltend gemacht** wird (vgl. EuGH, C-117/91 R, Bosman/KOM, Slg. 1991, I–3353 Rn. 7; EuGeI, T-137/96 R, Valio Oy/KOM, Slg. 1996, II–1327 Rn. 27; T-12/93 R, CCE Vittel und CE Pierval/KOM, Slg. 1993, II–449 Rn. 20; T-10/92 R, Cimenteries CBR SA u.a./KOM, Slg. 1992, II–1571/1589). In diesem Fall prüft der Gemeinschaftsrichter, ob die Klage auf den ersten Blick Merkmale aufweist, die mit einer gewissen Wahr-

scheinlichkeit den Schluß zulassen, daß sie zulässig ist. Erweist sich diese Prüfung als schwierig, etwa weil sie eingehende Überlegungen darüber erfordert, ob der Kläger von einem Gemeinschaftsrechtsakt unmittelbar und individuell betroffen ist (vgl. Art. 230 IV, ex-Art. 173 IV), so bleibt diese Frage der Prüfung der Zulässigkeit der Klage vorbehalten (EuGeI, T-24/93 R, CMBT/KOM, Slg. 1993, II–552; T-12/93 R, CCE Vittel und CE Pierval/KOM, Slg. 1993, II–449 Rn. 25). In der Rechtsprechung des Gerichtshofs ist die Tendenz auszumachen, daß der Gerichtshof die Frage der „offensichtlichen Unzulässigkeit der Klage im Hauptverfahren" nunmehr auch **von Amts wegen** prüft (vgl. EuGH, C-257/90 R, Italsolar SpA/KOM, Slg. 1990, I–3841 Rn. 11/12; EuGeI, T-66/95 R, Kuchlenz-Winter/KOM, Slg. ÖD 1995, II–287; T-2/95 R, Industries des Poudres sphériques/Rat, Slg. 1995, II–449/496; T-353/94 R, Postbank/KOM, Slg. 1994, II–1141 Rn. 25).

Der Antrag auf vorläufigen Rechtsschutz ist **beim EuGH oder beim** 7
EuGeI zu stellen, je nachdem welches Gemeinschaftsgericht in der Hauptsache zuständig ist. Irrtümer bei der Wahl der zuständigen Gemeinschaftsgerichtsinstanz führen nicht zur Unzulässigkeit von Klage und Antrag auf vorläufigen Rechtsschutz; vielmehr werden die Rechtssachen automatisch an die zuständige Instanz abgegeben (vgl. Art. 47 I Satzung/EuGH).

b) Rechtshängigkeit des Hauptsacheverfahrens

Die Vollzugsaussetzung einer Maßnahme und der Erlaß einer einstweiligen   8
Anordnung setzen die **Rechtshängigkeit** einer Klage beim EuGH/EuGeI in der Hauptsache voraus (Art. 83 § 1 VerfO/EuGH; Art. 104 § 1 VerfO/ EuGeI). Der Antrag auf vorläufigen Rechtsschutz wird deshalb unzulässig, sobald der EuGH/das EuGeI die Klage in der Hauptsache oder auch nur den Klageantrag, auf den sich der Antrag auf vorläufigen Rechtsschutz bezieht, abweisen (EuGH, C-64/93 R, Donatab Srl u.a./KOM, Slg. 1993, I–3958 Rn. 4; C-257/93 R, van Parijs u.a./Rat und KOM, Slg. 1993, I–3920 Rn. 4/5; C-295/92 R, Landbouwschap/KOM, Slg. 1992, 5069; C-68/90 R, Blot und Front National/EP, Slg. 1990, I–2177 Rn. 4).

c) Antragsbefugnis

Antragsbefugt sind alle potentiellen Klageberechtigten im Hauptsacheverfahren, d.h. neben den Mitgliedstaaten und den Gemeinschaftsorganen als   9
privilegierte Klageberechtigte grundsätzlich auch die natürlichen und juristischen Personen. Die Voraussetzungen der Antragsbefugnis entsprechen damit denen **der Klagebefugnis im Hauptsacheverfahren**. Dies bedeutet vor allem, daß

- **natürliche und juristische Personen** die Aussetzung des Vollzugs eines allg. geltenden Rechtsakts nur dann beantragen können, wenn sie substantiiert darlegen können, von diesem Rechtsakt unmittelbar und individuell betroffen zu sein (EuGH, Rs. 1/84 R, Ilford/KOM, Slg. 1984, 423/427; Rs. 160/88 R, Fedesa, Slg. 1980, 4129); daneben ist die Antragsbefugnis bei natürlichen und juristischen Personen auch insoweit beschränkt, als sie vorläufigen Rechtsschutz nur zum Schutz eigener Interessen beantragen können (EuGH, Rs. 22/75 R, Küster/EP Slg. 1975, 277/278); diese Beschränkung gilt nicht für die privilegierten Antragsberechtigten, die auch den Schutz der Interessen Dritter im Rahmen des vorläufigen Rechtsschutzes verfolgen können (EuGH, C-195/90 R, KOM/Deutschland, Slg. 1990, I–2715 und I–3351).
- **Streithelfer** (Art. 93 VerfO/EuGH; Art.115 VerfO/EuGeI) im Hauptverfahren sind auch im Verfahren der Vollzugsaussetzung oder des Erlasses einer einstweiligen Anordnung auf diese Rolle beschränkt; dazu müssen sie allerdings ein eigenes Rechtsschutzinteresse an der Aussetzung nachweisen können oder zu den privilegierten Antragstellern gehören (EuGH, C-195/90 R, KOM/Deutschland, Slg. 1990, I–2715 und I–3351; Rs. 729/79 R, Camara Care/KOM, Slg. 1980, 119/129; EuGeI, T-73/98 R, Prayon Rupel SA/KOM, Beschluß v. 15.7.1998, Rn. 22; T-164/96 R, Moccia Irme/KOM, Slg. 1996, II–2261 Rn. 26).

d) Antragsgegenstand

10   Gegenstand eines Antrags auf **Vollzugsaussetzung nach Art. 242 II** können alle belastenden Maßnahmen der Gemeinschaftsorgane sein, die Rechtswirkungen erzeugen und zum Vollzug geeignet sind (EuGH, Rs. 136/79, National Panasonic/KOM, Slg. 1980, 2033/2058; EuGeI, T-19/91 R, Vichy/KOM, Slg. 1991, II–265/271). Diese Voraussetzungen **erfüllen** grundsätzlich die nach Art. 230 (ex-Art. 173) angreifbaren Rechtshandlungen der Gemeinschaftsorgane, die dienstrechtlichen Maßnahmen der Anstellungsbehörde oder auch die von der Kommission in Wettbewerbs- und Anti-Dumping-Verfahren getroffenen einstweiligen Maßnahmen (hierzu EuGH, Rs.304/86 R, Enital/Rat u.a., Slg. 1987, 267/271; Rs. 229/82 R, Ford/KOM, Slg. 1982, 2849/2850). Diese Voraussetzungen sind **nicht erfüllt**, wenn der Rechtsakt bereits vollzogen ist (EuGH, Rs. 92/78 R, Simmenthal/KOM, Slg. 1978, 1129/1136), bereits wieder aufgehoben oder geändert worden ist (EuGH, C-385/89 R, Griechenland/KOM, Slg. 1990, I–561) oder aus tatsächlichen Gründen nicht sofort vollzogen werden kann (EuGH, Rs. 6/72 R, Europemballage u. Continental Can/KOM, Slg. 1972, 157/159). Auch ablehnende Entscheidungen der Gemeinschaftsorgane können man-

gels Vollzugsfähigkeit grundsätzlich nicht Gegenstand eines Aussetzungsantrags sein (vgl. EuGH, Rs. 50/69, Deutschland/KOM, Slg. 1969,
449/455; Rs. 91/76, de Lacroix, Slg. 1976, 1563). Etwas anderes kann nur
für diejenigen Entscheidungen gelten, die die Rechtsstellung des Betroffenen tatsächlich verändern (vgl. EuGH, Rs. 76/88, La Terza/EuGH, Slg.
1980, 1741).

Als Gegenstand eines **Antrags auf Erlaß einer einstweiligen Anordnung**   **11**
nach Art. 243 kommen grundsätzlich alle Verbote und Gebote in Betracht,
die zur vorläufigen Regelung eines streitigen Rechtsverhältnisses geeignet
und erforderlich sind. Zu nennen sind etwa die Erhaltung einer bestehenden
Rechtsposition (EuGH, Rs. 118/83 R, CMC/KOM, Slg. 1983, 2585/2595),
die Begründung neuer Rechtspositionen (EuGH, Rs. 803/79 R,
Pardini/KOM, Slg. 1980, 139/149), die Einstellung von Vertragsverstößen
(EuGH, C-120/94 R, KOM/Griechenland, Slg. 1994, 3037 Rn. 42; C-
195/90 R, KOM/Deutschland, Slg. 1990, I–2715 und I–3351) oder auch
sonstige Untersagungen (EuGH, Rs. 171/83 R, KOM/Frankreich, Slg.
1983, 2621 – staatliche Beihilfen –).

Der Antragsgegenstand muß mit dem Gegenstand des Hauptsacheverfah-   **12**
rens in einem **unmittelbaren Zusammenhang** stehen (Art. 83 § 1 VerfO/
EuGH; Art. 104 § 1 VerfO/EuGeI). Davon ist auszugehen, wenn sich der
Antrag auf vorläufigen Rechtsschutz auf den Streitgegenstand in der Haupt-
sache oder auf die mit ihm zusammenhängenden Nachteile bezieht (EuGH,
Rs. 186/80 R, Suss/KOM, Slg. 1980, 3501/3506). An einem unmittelbaren
Zusammenhang **fehlt es** hingegen dann, wenn der Aussetzungsantrag oder
der Antrag auf Erlaß einer einstweiligen Anordnung auf *weitergehende*
oder völlig andere Vorteile gerichtet ist als die Entscheidung im Hauptsacheverfahren gewähren könnte (vgl. EuGH, Rs. 35/62 u. 16/63 R,
Leroy/Hohe Behörde, Slg. 1963, 463/465; Rs. 88/76 R, Exportation des
Sucres/KOM, Slg. 1976, 1585/1587). Auch ein Antrag auf Erlaß einer einstweiligen *Anordnung einem Dritten gegenüber*, der am Hauptsacheverfahren nicht beteiligt ist, verläßt den Rahmen des Hauptsacheverfahrens und ist
deshalb nicht statthaft (EuGeI, T-88/94 R, Société commerciale des potas-
ses et de l'azote et Entreprise minière et chimique/KOM, Slg. 1994, II–263
Rn. 31–33). Schließlich ist es grundsätzlich nicht möglich, unter Berufung
auf Art. 242 und Art. 243 die *Aussetzung eines eingeleiteten Verwaltungs-*
verfahrens und die Untersagung der weiteren Ausübung der im Rahmen
dieses Verfahrens eingeräumten Befugnisse zu erwirken, da diese Anordnungen der Erörterung der sachlichen Probleme vorgreifen und die verschiedenen Phasen des Verwaltungs- und des gerichtlichen Verfahrens
durcheinanderbringen würden; außerdem würde sich der Gemeinschafts-

richter nicht mehr auf die Kontrolle der fraglichen Tätigkeit beschränken,
sondern selbst rein administrative Zuständigkeiten ausüben (z.b. Fusions-
kontrollverfahren, dazu EuGeI, T-52/96 R, Sogecable SA/KOM, Slg. 1996,
II–797 Rn. 38–40; z.b. Anti-Dumping-Verfahren, dazu EuGeI, T-213/97 R,
Eurocoton u.a./Rat, Slg. 1997, II–1609 Rn. 40/41; vgl. auch T-395/94 R II,
Atlantic Container u.a./KOM, Slg. 1995, II–2893 Rn. 39; T-131/89 R, Co-
simex/KOM, Slg. 1990, II–1 Rn. 12). Eine Ausnahme soll nur bei Vorliegen außergewöhnlicher Umstände, die vom Antragsteller substantiiert dar-
zulegen sind, in Frage kommen (EuGeI, T-52/96 R, Sogecable SA/KOM,
Slg. 1996, II–797 Rn. 41; T-10–12/92 R und T-14 u. 15/92 R, Cimenteries
CBR u.a./KOM, Slg. 1992, II–1571 Rn. 54).

e) Antragsfrist

13 Der Antrag kann frühestens **mit Erhebung der Klage** in der Hauptsache
gestellt werden (Art. 83 § 1 VerfO/EuGH; Art. 104 § 1 VerfO/EuGeI). Im
übrigen ist ein Aussetzungsverfahren solange möglich, wie eine Aussetzung
noch vor der Entscheidung in der Hauptsache seinen Zweck erfüllen kann,
d.h. den einem Antragsteller drohenden schweren und nicht wiedergutzumachenden Schaden verhindern kann (EuGH, Rs. 229 u. 228/82 R,
Ford/KOM, Slg. 1982, 3091/3098).

2. Begründheit des Antrags

14 Ein Antrag auf Aussetzung des Vollzugs einer Maßnahme bzw. auf Erlaß einer einstweiligen Anordnung ist dann begründet, wenn die **Notwendigkeit
und Dringlichkeit der begehrten Anordnung in tatsächlicher und
rechtlicher Hinsicht glaubhaft gemacht sind** (vgl. Art. 83 § 2 VerfO/
EuGH; Art. 104 § 2 VerfO/EuGeI). Diese Voraussetzungen sind **nebeneinander zu erfüllen** (EuGeI, T-73/98 R, Société chimique Prayon – Rupel
SA/KOM, Slg. 1998, II–2769 Rn. 25; EuGH, C-268/96P (R), SCK und
FNK/KOM, Slg. 1996, I–4971 Rn. 30). Der Gemeinschaftsrichter verfügt
bei der Prüfung dieser Voraussetzungen über ein weites Ermessen und es
steht ihm – mangels eines durch die Gemeinschaftsregelungen vorgegebe-
nes Prüfungsschemas – auch frei, im Hinblick auf die Besonderheiten des
Einzelfalls die Art und Weise sowie die Reihenfolge dieser Prüfung selbst
zu bestimmen (EuGH, C-248/97P (R), Luis Manuel Chavas Fonseca
Ferrão/Harmonisierungsamt für den Binnenmarkt, Slg. 1997, I–4729 Rn.
17; C-180/96 R, Vereinigtes Königreich/KOM, Slg. 1996, I–3903 Rn. 45;
C-149/95P (R), KOM/Atlantic Container Line u.a., Slg. 1995, I–2165 Rn.
23). Auf dieser Grundlage haben sich in der Rechtsprechungspraxis von

EuGH und EuGeI drei Kriterien herausgebildet, nach denen die Begründetheit eines Aussetzungsantrags und eines Antrags auf Erlaß einer einstweiligen Anordnung beurteilt wird.

a) Erfolgsaussicht in der Hauptsache („fumus boni juris" und „fumus non mali juris")

Die **hinreichenden Erfolgsaussichten** („fumus boni juris) der Klage im **15** Hauptsacheverfahren werden vom EuGH/EuGeI im Rahmen einer **summarischen Vorprüfung** der vom Antragsteller zur Begründung seines Antrags dargelegten Umstände beurteilt (vgl. EuGH, C-345/90, Hanning, Slg. 1991 I–231; C-195/90, KOM/Deutschland, Slg. 1990 I–2715; EuGeI, T-79/95 R und T-80/95 R, SNCF und British Railways/KOM, Slg. 1995, II–1433; T-353/94, Postbank/KOM, Slg. 1994, II–1154). Dabei richten sich die Anforderungen, die der Gemeinschaftsrichter an den „fumus boni juris" der Klage stellt, an den möglichen Konsequenzen der beantragten Anordnung für den Antragsgegner aus (*B. Wägenbauer*, EuZW 1996, 333).

Bei sehr schwierigen Rechtsfragen, die einer eingehenden Untersuchung bedürfen, oder bei Grundsatzfragen, für die noch nicht auf eine einschlägige Rechtsprechung zurückgegriffen werden kann, beschränkt der Gemeinschaftsrichter seine Prüfung auf die Frage, ob die **Klage dem ersten Anschein nach nicht unbegründet** erscheint („fumus non mali juris"; vgl. EuGH, C-149/95P (R), KOM/Atlantic Container Line u.a., Slg. 1995, I–2165; C-280/93 R, Deutschland/Rat, Slg. 1993, I–3667 Rn. 21; EuGeI, T-79/95 R und T-80/95 R, SNCF und British Railways/KOM, Slg. 1995, II–1433) oder verweist die vollständige Prüfung in das Verfahren der Hauptsache (EuGeI, T-79/95 R und T-80/95 R, SNCF und British Railways/KOM, Slg. 1995, II–1433; T-24/92 R, Langnese-Iglo und Schöller Lebensmittel/KOM, Slg. 1992, II–1839 Rn. 27). Gleiches gilt für die Fälle, in denen der Gemeinschaftsrichter aufgrund der besonderen Eilbedürftigkeit eine Entscheidung ohne Abwarten der Stellungnahme der Gegenpartei trifft (vgl. Art. 84 § 2 VerfO/EuGH; Art. 105 § 2 VerfO/EuGeI; dazu auch EuGH, C-110/97 R, Niederlande/Rat, Slg. 1997, I–1795 Rn. 29/30; C-195/90 R, KOM/Deutschland, Slg. 1990, I–2715 Rn. 17). Mit dieser Praxis wird sowohl der akzessorischen Natur des vorläufigen Rechtsschutzes, als auch dessen Charakter als Eilverfahren Rechnung getragen (vgl. auch *B. Wägenbauer*, EuZW 1996, 333).

b) Dringlichkeit der Vollzugsaussetzung bzw. der einstweiligen Anordnung

Die Dringlichkeit beurteilt sich nach st. Rspr. des EuGH/EuGeI danach, ob **17** der Antragsteller zur Überzeugung des Gemeinschaftsrichters darlegen kann (zu dieser Beweislast vgl. EuGH, C-313/90 R, Cirfs u.a./KOM, Slg. 1991, I–2557 Rn. 17; C-257/90 R, Italsolar/KOM, Slg. 1990, I–3841; EuGeI, T-73/98 R, Société chimique Prayon – Rupel SA/KOM, Slg. 1998, II–2769 Rn. 36; T-79/95 R und T-80/95 R, SNCF und British Railways/KOM, Slg. 1995, II–1433 Rn. 36), daß er des vorläufigen Rechtsschutzes bedarf, weil ihm anderenfalls ein **schwerer und nicht wiedergutzumachender Schaden** droht und er deshalb eine Entscheidung im Verfahren zur Hauptsache nicht abwarten kann (vgl. EuGH, Rs. 152/88, Sofrimport, Slg. 1988, 2931 Rn. 26; EuGeI, T-86/96 R, Arbeitsgemeinschaft Deutscher Luftfahrt-Unternehmen und Hapag-Lloyd Fluggesellschaft mbH/KOM, Slg. 1998, II–641 Rn. 58; T-168/95 R, Eridania u.a./Rat, Slg. 1995, II–2817 Rn. 33).

aa) Schadensbegriff

18   Der Begriff des Schadens umfaßt alle **materiellen und immateriellen Nachteile**, die der Antragsteller an seinen rechtlich geschützten Gütern und Vermögenswerten erleiden kann (EuGH, Rs. 120/83 R, Raznoimport/KOM, Slg. 1983, 2573/2580; Rs. 129/80, Turner/KOM, Slg. 1980, 2135/2139). In Betracht kommen damit neben finanziellen Nachteilen und sonstigen nachteiligen Auswirkungen auf den Geschäftsbetrieb auch Beeinträchtigungen in der Ehre (EuGH, Rs. 129/80, Turner/KOM, Slg. 1980, 2135/2139) oder in der Gesundheit (EuGH, Rs. 76/88 R, La Terza/EuGH, Slg. 1988, 1741/1744; EuGeI, T-10/91 R, Bodson, Slg. 1991, II–133/138). Die Mitgliedstaaten können auch die ihnen überantworteten wirtschaftlichen und sozialen Interessen geltend machen und damit Schäden zu verhindern suchen, die einen ganzen Wirtschaftszweig betreffen und in der Folge das Beschäftigungsniveau und die Lebenshaltungskosten nachhaltig bedrohen (EuGH, C-280/93 R, Deutschland/Rat [Bananenmarktordnung], Slg. 1993, I–3667); demgegenüber können die Mitgliedstaaten nicht die Interessen eines bestimmten Unternehmens geltend machen (EuGH, C-356/90 R, Belgien/KOM, Slg. 1991, I–2423 Rn. 23–26). Die Ermittlung des Schadens erfolgt nicht auf der Grundlage einer pauschalen Bewertung, sondern unter Berücksichtigung der jeweiligen Umstände des Einzelfalls (EuGeI, T-52/91 R, Smets/KOM, Slg. 1991, II–689/695; T-51/91 R, Hoyer/KOM, Slg. 1991, II–679/685).

19   Der Schaden muß noch nicht eingetreten sein; vielmehr genügt es, insbesondere wenn die Entstehung des Schadens vom Eintritt einer Reihe von Faktoren abhängt, daß der **Schaden** mit einem **hinreichenden Grad an Wahrscheinlichkeit vorhersehbar** ist (EuGH, C-130/95, Giloy/HZA Frankfurt a.M., Slg. 1997, I–4291 Rn. 39; C-149/95P (R), KOM/Atlantic Container Line u.a., Slg. 1995, I–2165 Rn. 22).

bb) *„Schwerwiegender"* und *„nicht wiedergutzumachender"* Schaden

Der Schaden muß **schwerwiegend** sein, d.h. der Schaden darf den Antrag-   **20**
steller in seiner rechtlichen und/oder wirtschaftlichen Stellung nicht bloß
unwesentlich beeinträchtigen (EuGH, Rs. 809/79 R, Pardini/KOM, Slg.
1980, 139/149). Als Beurteilungskriterium dienen dem EuGH/EuGeI dabei
die **Art und Schwere des Rechtsverstoßes** (EuGH, Rs. 154/85 R,
KOM/Niederlande, Slg. 1985, 1753; Rs. 171/83 R, KOM/Frankreich, Slg.
1983, 2621/2626; Rs. 37/84 R, EISA/KOM, Slg. 1984, 1749/1757) sowie
seine konkreten und **endgültigen nachteiligen Auswirkungen** auf das Vermögen oder die sonstigen rechtlich geschützten Güter des Antragstellers
(EuGH, Rs. 220/82 R, NSO/KOM, Slg. 1982, 4371/4377; Rs. 92/78 R,
Simmenthal IV/KOM, Slg. 1978, 1129/1136).

Eine wesentliche Beeinträchtigung der geschützten Interessen des Antrag-   **21**
stellers ist danach immer dann anzunehmen, wenn die streitbefangene Gemeinschaftsmaßnahme unter **grober Mißachtung** einzelner Regelungen
oder allgemeiner Grundsätze und Prinzipien **des Gemeinschaftsrechts** erlassen worden ist (EuGH, Rs. 171/83 R, KOM/Frankreich, Slg. 1983,
2621/2626). Unwesentlich ist die Beeiträchtigung hingegen immer dann,
wenn die streitbefangene Maßnahme beim Antragsteller keine Rechtsverletzung hervorrufen kann, weil es sich dabei um eine die spätere Entscheidung lediglich vorbereitende Maßnahme handelt (EuGeI, T-52/96 R, Soge-
cable/KOM, Slg. 1996, II–797 Rn. 38). Unwesentlich sind auch Beeinträchtigungen, die einem Rechtsinstrument, wie z.B. der Anti-Dumping-
Verordnung die Zollbelastung einer gedumpten Ware oder der Rückgang eines Marktanteils, immanent sind (vgl. EuGH, C-6/94 R, Descom/Rat, Slg.
1994, I–867 Rn. 16/17); in diesen Fällen muß der Antragsteller in ganz besonderer Weise belastet werden, etwa in Form eines irreversiblen Verlusts
einer Marktposition oder der Gefahr der Existenzvernichtung (EuGeI, T-
2/95 R, Industrie des poudres sphériques/Rat, Slg. 1995, II–485 Rn. 34)

Die Schwere der Beeinträchtigung hängt darüber hinaus auch davon ab, ob   **22**
den Antragsteller ein **Mitverschulden am Eintritt der Beeinträchtigung**
trifft (EuGH, C-87/94 R, KOM/Belgien, Slg. 1994, I–1395). Der Antragsteller muß darlegen können, daß es ihm unmöglich war, geeignete Maßnahmen zur Abwendung oder Begrenzung des Schadens zu treffen (EuGH,
Rs. 120/83 R, Raznoimport/KOM, Slg. 1983, 2573/2580). Dies kann dem
Antragsteller etwa dann nicht gelingen, wenn ihm die Kommission für den
Fall der Zuwiderhandlung oder Nichterfüllung einer Auflage oder Hand-
lungsanweisung ein Zwangsgeld androht und es allein vom Verhalten des
Antragstellers abhängt, ob es fällig wird oder nicht (EuGeI, T-23/90 R, Peu-
geot/KOM, Slg. 1990, II–195 Rn. 31).

23 Ein **nicht wiedergutzumachender** Schaden liegt immer dann vor, wenn er im Falle eines Obsiegens des Antragstellers im Hauptsacheverfahren nicht vollständig ersetzt werden kann (EuGH, C-130/95, Giloy/HZA Frankfurt a.M., Slg. 1997, I–4291 Rn. 37; C-257/90 R, Italsolar/KOM, Slg. 1990, I–3845; C-51/90 R u. C-59/90 R, Cosmos Tank BV u.a./KOM, Slg. 1990, I–2167; EuGeI, T-2/95 R, Industries des poudres sphériques/Rat, Slg. 1995, II–485 Rn. 28; T-45/90 R, Speybrouck/EP, Slg. 1990, II–705 Rn. 23). Eine wichtige Funktion kommt hier dem Schadensersatz zu, da von einem nicht wiedergutzumachenden Schaden nur dann die Rede sein kann, wenn die Leistung von Schadensersatz im konkreten Fall den eingetretenen oder drohenden Schaden nicht auszugleichen vermag. Letzteres wäre etwa dann der Fall, wenn der Schaden durch Geld nicht geregelt werden kann (EuGH, C-51 u. 59/90 R, Cosmos Tank, Slg. 1990, I–2167 Rn. 24; Rs. 229/88 R, Cargill, Slg. 1988, 5184/5190; EuGeI, T-179/97 R, Regierung der Niederländischen Antillen/Rat, Slg. 1997, II–1297 Rn. 37) oder wenn die Schadensersatzleistung, etwa im Falle eines Konkurses vor Erlaß des Urteils in der Hauptsache, zu spät käme (EuGH, Rs. 92/78 R, Simmenthal IV/KOM, Slg. 1978, 1129/1136; EuGeI, T-12/93 R, CCE Vittel/KOM, Slg. 1993, II–785).

24 Vor diesem Hintergrund wird ein **finanzieller Schaden** dann als schwerer und nicht wiedergutzumachender Schaden angesehen, wenn er von einer Intensität ist, die eine **konkrete Bedrohung für die Existenz** des betreffenden Antragstellers darstellt (EuGH, C-213/91 R, Abertal/KOM, Slg. 1991, I–5109; EuGeI, T-168/95 R, Eridania/Rat, Slg. 1995, II–2917). Aber selbst eine Existenzbedrohung hat das EuGeI nicht ausreichen lassen in einem Fall, in dem das Unternehmen seine Tätigkeit bereits zeitweise eingestellt hatte (T-43 u. 44/98 R, EMESA SUGAR (Free zone)/Rat und KOM, Beschluß v. 14.8.1998). Das EuGeI begründet seine Auffassung damit, daß die zwangsweise Auflösung des Unternehmens keine über die bereits erfolgte Einstellung der Tätigkeit hinausreichenden nachteiligen Wirkungen haben kann und daß die Schließung eines solchen Unternehmens nicht die gleichen sozialen und wirtschaftlichen Folgen verursacht wie die Schließung eines noch auf dem Markt aktiven Unternehmens (T-43 u. 44/98 R, aaO, Rn. 82/83). Auch wenn diese Rechtsprechung überzogen zu sein scheint, macht gerade dieser Beschluß sehr deutlich, wie streng die Maßstäbe bei der Beurteilung des Vorliegens eines schweren und nicht wiedergutzumachenden Schadens sind.

c) Interessenabwägung

25 Nach st. Rspr. ist im Verfahren des vorläufigen Rechtsschutzes das Interesse des Antragstellers gegen die Belange des Antragsgegners und Dritter abzuwägen (EuGH, C-6/94 R, Descom/Rat, Slg. 1994, I–867 Rn. 15; C-195/90 R, KOM/Deutschland, Slg. 1990, I–3351). Dies gilt sowohl für die Vollzugsaussetzung nach Art. 242, als auch für den Erlaß einstweiliger Maßnahmen nach Art. 243, wenngleich die Gewichtung der Interessen je nach Rechtsschutzbegehren unterschiedlich gehandhabt wird.

Die dem Antragsteller bei Ablehnung der **Aussetzung des Vollzugs** der an- **26** gefochtenen Maßnahme drohenden Nachteile sind gegenüber dem Interesse der Gemeinschaft an der sofortigen Durchführung der Maßnahme sowie gegenüber den Nachteilen, die Dritte im Falle der Vollzugsaussetzung erleiden, **abzuwägen** (vgl. etwa EuGH, C-180/96 R, Vereinigtes Königreich/KOM [BSE], Slg. 1996, I–3903 Rn. 89–93; Rs. 250/85 R, Brother, Slg. 1985, 3459; Rs. 77/87 R; Technointorg, Slg. 1987, 1793). Im Rahmen der Abwägung ist der Gemeinschaftsrichter im allg. darum bemüht, einen **Interessenausgleich** zwischen dem Antragsteller einerseits und den Gemeinschaftsorganen bzw. den etwaig betroffenen Dritten andererseits herzustellen. Dies geschieht in der Weise, daß entweder die Vollzugsaussetzung von besonderen Bedingungen, in aller Regel einer Sicherheitsleistung (Art. 86 § 2 VerfO/EuGH; Art. 107 § 2 VerfO/EuGeI), abhängig gemacht wird oder der Vollzug der angefochtenen Maßnahme nur unter besonderen Voraussetzungen oder Auflagen zugelassen wird (vgl. EuGeI, T-24 u. 28/92 R, Langnese u.a., Slg. 1992, II–1713; T-45/90 R, Speybrouck, Slg. 1990, II–705/714).

Dieselben Grundsätze kommen bei der Interessenabwägung im Rahmen ei- **27** nes Verfahrens auf **Erlaß einstweiliger Maßnahmen** zur Anwendung, soweit die begehrte Anordnung darin besteht, dem Antragsgegner ein Unterlassen aufzugeben. Soll der Antragsgegner mit der Anordnung demgegenüber zur Vornahme einer Rechtshandlung oder zur Begründung einer Rechtsposition veranlaßt werden, müssen die vom Antragsteller geltend gemachten Interessen, insbesondere der von ihm geltend gemachte schwere und nicht wiedergutzumachende Schaden (so ausdrücklich EuGH, C-87/94 R, KOM/Belgien, Slg. 1994, I–1395 Rn. 27), gegenüber denen des Antragsgegners und etwaiger Dritter deutlich überwiegen (EuGH, Rs. 92/78 R, Simmenthal IV/KOM, Slg. 1978, 1129/1136).

Im Rahmen der Interessenabwägung ist auch der Umstand zu berücksichti- **28** gen, ob die Vollzugsaussetzung der angefochtenen Maßnahme oder der Erlaß der begehrten einstweiligen Anordnung die Umkehrung der Lage erlaubt, die durch die vorläufige Maßnahme entstehen würde, und – umgekehrt – ob die vorläufige Maßnahme ein Hindernis für die volle Wirksamkeit der streitbefangenen Maßnahme sein kann, falls die Klage in der Hauptsache abgewiesen wird ("Präjudizierung der Hauptsache", dazu auch unter Rn. 37). Ist von der Unumkehrbarkeit der Lage auszugehen, kann dem Antrag auf vorläufigen Rechtsschutz nur stattgegeben werden, wenn insbesondere die Dringlichkeit der beantragten Maßnahme als unbestreitbar erscheint (EuGeI, T-41/97 R, Antillean Rice Mills/Rat, Slg. 1997, II–449 Rn. 46; T-179/96 R, Antonissen/Rat u. KOM, Slg. 1997, II–425 Rn. 22).

d) Glaubhaftmachung

29   Die Notwendigkeit und Dringlichkeit der begehrten einstweiligen Anordnung sind glaubhaft zu machen (vgl. Art. 83 § 2 VerfO/EuGH; Art. 104 § 2 VerfO/EuGeI). Die Glaubhaftmachung verlangt, daß der Antragsteller dem Gemeinschaftsrichter die erforderliche **Überzeugung von der Richtigkeit seines Sach- und Rechtsvortrags** vermittelt. Hierfür genügt das Vorbringen von rechtlichen Erwägungen oder Tatsachen, die einer eingehenden Prüfung bedürfen, so daß dem Antrag auf vorläufigen Rechtsschutz nicht bereits auf den ersten Anschein jede Rechtfertigung fehlt (EuGH, C-280/93 R, Deutschland/Rat, Slg. 1993, I–3667). Von Bedeutung sind in diesem Zusammenhang für den Gemeinschaftsrichter der Inhalt des Antrags, die mündlichen Ausführungen des Antragstellers und, für die Prüfung des „fumus boni juris", auch der Inhalt der Klageschrift im Hauptsacheverfahren (EuGeI, T-29/92 R, SPO/KOM, Slg. 1992, II–2161 Rn. 34).

30   Als **Mittel der Glaubhaftmachung** kann sich der Antragsteller aller verfügbaren Beweismittel (z.B. eidesstattliche Versicherung, Urkundenvorlage, Sachverständigengutachten etc.) bedienen. Auch eine Beweisaufnahme durch den Gerichtshof ist grundsätzlich möglich (vgl. Art. 84 § 2 VerfO/EuGH; Art. 105 § 2 VerfO/EuGeI), findet in der Praxis jedoch kaum statt.

3. Verfahren

31   Das bei einem Antrag auf vorläufigen Rechtsschutz zu beachtende Verfahren ist im einzelnen in den **Art. 83–40 VerfO/EuGH** bzw. **Art. 104–110 VerfO/EuGeI** geregelt.

32   Der **Antrag** ist in einem besonderen Schriftsatz bei der Kanzlei des EuGH/EuGeI einzureichen, der den Erfordernissen einer Klageschrift entsprechen muß, d.h. der Antrag muß (1) den Antragsgegner und den Antragsgegenstand bezeichnen, (2) die Dringlichkeit und Notwendigkeit der Vollzugsaussetzung, bzw. des Erlasses einer einstweiligen Anordnung in rechtlicher und tatsächlicher Hinsicht glaubhaft darlegen und (3) konkrete Angaben über die Art der anzuordnenden Maßnahmen enthalten (vgl. Art. 83 § 2, Art. 38, 39 VerfO/EuGH; Art. 104 § 2, Art. 43,44 VerfO/EuGeI).

Die Nichtbeachtung dieser wesentlichen Formvorschriften hat die Unzulässigkeit des Antrags zur Folge.

Dem Antragsgegner wird innerhalb einer vom EuGH/EuGeI kurz bemesse- **33** nen Frist Gelegenheit zur schriftlichen oder mündlichen Stellungnahme gegeben (Art. 84 § 1 VerfO/EuGH; Art. 105 § 1 VerfO/EuGeI). Allerdings kann der EuGH/das EuGeI dem Antrag im Einzelfall auch „vorsorglich" stattgeben, d.h. noch bevor die Stellungnahme eingegangen ist; allerdings muß der Antragsteller in einem solchen Verfahren besonders erhebliche Umstände anführen, um den Erlaß der vorläufigen Maßnahme gerechtfertigt erscheinen zu lassen (EuGH, C-110/97 R, Niederlande/Rat, Slg. 1997, I–1795 Rn. 28–30). Der Erlaß vorläufiger Maßnahmen in diesem **„Eilverfahren"** ist insofern unschädlich, als die Entscheidung später, auch von Amts wegen, abgeändert oder aufgehoben werden kann (Art. 84 § 2 VerfO/EuGH; Art. 105 § 2 VerfO/EuGeI).

Die Abweisung eines Antrags hindert den Antragsteller nicht, einen weite- **34** ren, auf **neue Tatsachen** gestützten Antrag zu stellen (Art. 88 VerfO/EuGH; Art. 109 VerfO/EuGeI).

4. Entscheidung des EuGH

Die Entscheidung im Rahmen des vorläufigen Rechtsschutzes ergeht durch **35** **Beschluß**, der mit Gründen zu versehen ist (Art. 86 § 1 i.V.m. Art. 90 § 2 VerfOEuGH; Art. 107 § 1 i.V.m. Art). Sie wird i.d.R. durch den Präsidenten des EuGH/EuGeI getroffen; nur in Fällen mit grundsätzlicher Bedeutung überträgt der Präsident die Entscheidung dem Plenum (so beim EuGH gem. Art. 85 § 1 VerfO) oder auch der mit der Hauptsache befaßten Kammer (so beim EuGeI gem. Art. 106 § 1 VerfO).

Der Präsident verfügt bei seiner Entscheidung über einen weiten Ermes- **36** sensspielraum. Während der **Inhalt einer Entscheidung** über die Aussetzung des Vollzuges der angefochtenen Maßnahme (Art. 242) deutlich vorbestimmt ist, verbleibt beim Erlaß einstweiliger Anordnungen (Art. 243) ein weiter inhaltlicher Gestaltungsspielraum, der es dem Gemeinschaftsrichter gestattet, jede Maßnahme anzuordnen, die ihm unter Abwägung der sich gegenüberstehenden Interessen zur Erreichung des verfolgten Zwecks erforderlich und ausreichend erscheint. Die Entscheidungen können mit **Bedingungen** (vgl. EuGeI, T-308/94 R, Cascades/KOM, Slg. 1995, II–265), **Befristungen** (vgl. EuGeI, T-45/90 R, Speybrouck/EP, Slg. 1990, II–705/714) oder **Auflagen** versehen werden.

Dieses Ermessen wird allerdings in **zweifacher** Weise **begrenzt: (1)** Die **37** Entscheidung darf nicht zur **Präjudizierung der Hauptsache** führen (Art. 36 Satzung/EuGH; Art. 86 § 4 VerfO/EuGH; Art. 107 § 4 VerfO/

EuGeI). Das bedeutet zunächst, daß mit der im Rahmen der Art. 242 und 243 getroffenen Entscheidung kein Zustand geschaffen werden darf, der die im Hauptsacheverfahren zu treffende Sachentscheidung wirkungslos machen würde (EuGH, C-40/92 R, KOM/Vereinigtes Königreich, Slg. 1992, I–3389 Rn. 29; EuGeI, T-179/96 R, Antonissen/Rat und KOM, Slg. 1996, II–1641 Rn. 29; **zu den Grenzen** im Hinblick auf den Anspruch auf umfassenden und effektiven gerichtlichen Rechtsschutz vgl. EuGH, C-393/96P (R), Antonissen/Rat und KOM, Slg. 1997, I–441 Rn. 35/36). Das bedeutet weiterhin, daß die Entscheidung nur vorläufiger Natur ist und mit Verkündung des Endurteils grundsätzlich außer Kraft tritt (EuGH, C-313/90 R, Cirfs u.a./KOM, Slg. 1991, I–2557 Rn. 23/24). Schließlich folgt aus dem Verbot der Präjudizierung der Hauptsache, daß der mit der Entscheidung in der Hauptsache befaßte Spruchkörper an die tatsächlichen und rechtlichen Feststellungen des Beschlusses nicht gebunden ist. **(2)** Die Entscheidung darf nicht eine Regelung enthalten, die **an die Stelle der von den Gemeinschaftsorganen getroffenen Maßnahme** tritt (vgl. EuGH, C-51 u. 59/90 R, Cosmos Tank/KOM, Slg. 1990, I–2167 Rn. 33; Rs. 209–215/78 u. 218/78 R, van Landewyck/KOM, Slg. 1978, 2111/2114; EuGeI, T-322/94 R, Union Carbide/KOM, Slg. 1994, II–1159 Rn. 26; T-543/93 R, Gestevisiōn Telecinco/KOM, Slg. 1993, II–1419 Rn. 24). Deshalb darf der Gemeinschaftsrichter im Rahmen des vorläufigen Rechtsschutzes keine Fragen prüfen, die noch nicht Gegenstand einer endgültigen Entscheidung des zuständigen Gemeinschaftsorgans waren (EuGeI, T-52/96 R, Sogecable, Slg. 1996, II–797).

38   Die **Kostenentscheidung** bleibt dem Endurteil vorbehalten, so daß etwa eine Vorschußleistung auf die in der Hauptsache zu erwartende Kostenentscheidung im Rahmen der vorläufigen Maßnahmen nicht ausgesprochen werden kann (EuGeI, T-5/95 R, Amicale des Résidents du Square d'Auvergne/KOM, Slg. 1995, II–255).

39   Die **Vollstreckbarkeit** richtet sich nach den Bestimmungen des Art. 244 (ex-Art. 187) i.V.m. Art. 256 II-IV (ex-Art. 192 II-IV). Bei der Aussetzung des Vollzugs einer angefochtenen Entscheidung wird die Vollstreckung des Beschlusses regelmäßig von einer **Sicherheitsleistung** abhängig gemacht, deren Höhe und Art nach Maßgabe der Umstände festgesetzt wird (Art. 86 § 2 VerfO/EuGH; Art. 107 § 2 VerfO/EuGeI). Dabei kann etwa eine Bankbürgschaft verlangt werden, deren Höhe die Eigenmittel des Antragstellers übersteigt (EuGH, C-12/95 R,Transacciones Marítimas u.a./KOM, Slg. 1995, I–467 Rn. 16). Eine Befreiung von der Verpflichtung zur Sicherheitsleistung kommt nur dann in Betracht, wenn ihre Dringlichkeit und Notwendigkeit in tatsächlicher und rechtlicher Hinsicht glaubhaft gemacht

wird (EuGeI, T-308/94 R, Cascades/KOM, Slg. 1995, II–265); dafür reicht
eine eidesstattliche Versicherung, daß die Stellung der Sicherheitsleistung
unmöglich ist, grundsätzlich nicht aus (EuGeI, T-301/94 R, Laakmann Kar-
ton/KOM, Slg. 1994, II–1279 Rn. 24). Überhaupt wird die wirtschaftliche
Situation des Antragstellers nicht isoliert beurteilt, sondern es werden ggf.
auch die finanziellen Möglichkeiten der Gesellschafter oder der Unternehmensgruppe, dem der Antragsteller angehört, berücksichtigt (EuGH,
C-12/95 R,Transacciones Marítimas u.a./KOM, Slg. 1995, I–467 Rn. 12;
EuGeI, T-301/94 R, Laakmann Karton/KOM, Slg. 1994, II–1279 Rn. 26).

IV. Abänderung und Aufhebung der Anordnung; Rechtsmittel

Eine nach Art. 242 und 243 getroffene einstweilige Anordnung **kann auf**   **40**
Antrag der Parteien wegen veränderter Umstände jederzeit **abgeändert**
oder **aufhoben** werden (Art. 87 VerfO/EuGH; Art. 108 VerfO/EuGeI).
Auch hindert die Abweisung eines Antrags den Antragsteller nicht daran,
einen weiteren, auf neue Tatsachen gestützten Antrag zu stellen (Art. 88
VerfO/EuGH; Art. 109 VerfO/EuGeI).

Die **Beschlüsse des EuGH** oder dessen Präsidenten sind **unanfechtbar**   **41**
(Art. 86 § 1 VerfO/EuGH). Gegen die **Beschlüsse des EuGeI**, seines Prä-
sidenten oder seiner Kammern kann hingegen ein auf Rechtsfragen be-
schränktes **Rechtsmittel** beim EuGH eingelegt werden (Art. 5O II i.V.m.
Art. 51 Satzung/EuGH; dazu EuGH, C-248/97P (R), Luis Manuel Chavas
Fonseca Ferrão/Harmonisierungsamt für den Binnenmarkt, Slg. 1997,
I–4729; C-268/96P (R), SCK und FNK/KOM, Slg. 1996, I–4971 Rn. 31; C-
149/95P (R), KOM/Atlantic Container Line, Slg. 1995, I–2165). Das
Rechtsmittel hat keine aufschiebende Wirkung (vgl. Art. 53 Satzung/
EuGH).

V. Vorläufiger Rechtsschutz im Rechtsmittelverfahren

Die Regelungen der Art. 242 und 243 gelten auch für den vorläufiger   **42**
Rechtsschutz im Rechtsmittelverfahren (vgl. Art. 53 II Satzung/EuGH).

Art. 244 (ex-Art. 187) (Vollstreckbarkeit der Urteile)

Die Urteile des Gerichtshofes sind gemäß Artikel 256 vollstreckbar.

Literatur: *Pernice*, Vollstreckung gemeinschaftsrechtlicher Zahlungstitel und Grundrechtsschutz, RIW 1986; 353; *Schockweiler*, L'exécution des arrêts de la Cour, FS Pescatore, 1987, 613.

I. Allgemeines

1   Die Vollstreckung der Urteile des EuGH/EuGeI erfolgt aufgrund der **Verweisung auf Art. 256** (ex-Art. 192) nach den für die Vollstreckung der Entscheidungen des Rates und der Kommission geltenden Regeln.

2   Die Verweisung betrifft allerdings nur das **Vollstreckungsverfahren** selbst (Art. 256 II-IV, ex-Art. 192 II-IV), nicht dagegen den Inhalt des Vollstreckungstitels (Art. 256 I, ex-Art. 192 I). Deshalb gelten die Beschränkungen des vollstreckungsfähigen Inhalts einer Rats- oder Kommissionsentscheidung (Art. 256 I, ex-Art. 192 I) nicht für die Urteile des EuGH/EuGeI.

II. Vollstreckbare Entscheidungen

3   Die Bezugnahme auf „Urteile des Gerichtshofes" bedeutet keine Beschränkung der vollstreckbaren Entscheidungen auf Urteile im formellen Sinn. Art. 244 gilt vielmehr **für alle Entscheidungen** des EuGH/EuGeI, d.h. grundsätzlich auch für einstweilige Anordnungen (Art. 86 § 2 VerfO/EuGH; Art. 107 § 2 VerfO/EuGeI), Klagerücknahmen wegen der Kosten (Art. 78 i.V.m. Art. 69 § 5 VerfO/EuGH; Art. 99 i.V.m. Art. 87 § 5 VerfO/EuGeI), Kostenfestsetzungsbeschlüsse (Art. 74 § 2 VerfO/EuGH; Art. 92 § 2 VerfO/EuGeI), Entscheidungen aufgrund einer Schiedsklausel (Art. 238, ex-Art. 181) oder eines Schiedsvertrages (Art. 239, ex-Art.182), Prozeßvergleiche oder sonstige vor dem Gerichtshof errichtete Urkunden.

4   Voraussetzung ist allerdings, daß die betr. Entscheidung des EuGH/EuGeI einen **vollstreckungsfähigen Inhalt** hat. Dies ist lediglich bei denjenigen Entscheidungen des EuGH/EuGeI der Fall, die auf eine **Leistung** lauten, nicht hingegen bei Feststellungs- oder Gestaltungsentscheidungen. **Nicht vollstreckbar** sind deshalb die Feststellungsurteile und einstweiligen Anordnungen des EuGH bzw. EuGeI im Rahmen der Art. 226 (ex-Art. 169), Art. 227 (ex-Art. 170), bei denen der jeweilige Mitgliedstaat selbst die sich aus dem Urteil ergebenden Maßnahmen treffen muß (vgl. Art. 228, ex-Art. 171), sowie die Feststellungs- und Gestaltungsurteile im Rahmen der Art. 230 (ex-Art. 173) und Art. 232 (ex-Art. 175), bei denen die Gemeinschaftsorgane die sich aus dem Urteil ergebenden Maßnahmen ergreifen müssen (vgl. Art. 233, ex-Art. 176).

5   Die **Vollstreckungsfähigkeit von Leistungsentscheidungen** gilt unbeschränkt. Vollstreckbar sind alle nur denkbaren Leistungspflichten, also auch solche, die nicht auf eine Zahlung gerichtet sind. Die in Art. 256 I (ex-Art. 192 I) enthaltene Beschränkung der Vollstreckbarkeit auf Zahlungsanordnungen gilt gerade nicht für die Entscheidungen des EuGH/EuGeI.

III. Vollstreckungsgegner

Der **Vollstreckungsgegner** ergibt sich aus der jeweiligen Entscheidung des **6**
EuGH/EuGeI (Urteil, Beschluß, Vergleich etc.). In Betracht kommen neben
den natürlichen und juristischen Personen grundsätzlich auch die Gemeinschaft bzw. deren Organe oder die Mitgliedstaaten.

Eine Vollstreckung gegen die **Gemeinschaft** bzw. deren Organe unterliegt **7**
allerdings den besonderen Anforderungen des Art. 1 III des Protokolls über
die Vorrechte und Befreiungen der Europäischen Gemeinschaft. Danach
wird eine Zwangsvollstreckung in Vermögensgegenstände der EG nur aufgrund ausdrücklicher Ermächtigung durch den EuGH und nur unter engen
Voraussetzungen als zulässig angesehen.

Die Zwangsvollstreckung eines Leistungsurteils gegen einen **Mitgliedstaat** **8**
(z.B. Kostenfestsetzungsbeschlüsse, Art. 74 § 2 VerfO/EuGH; Zwangsgelder oder Pauschalbeträge, Art. 228 II [ex-Art. 171]) ist im Rahmen der
durch die nationalen Zivilprozeßordnungen eröffneten Möglichkeiten
zulässig (vgl. für Deutschland: § 882 a ZPO). Auch insoweit gilt die Einschränkung des Art. 256 I (ex-Art. 192 I) nicht für Entscheidungen des
EuGH.

IV. Vollstreckungsverfahren

Das Vollstreckungsverfahren richtet sich nach den Bestimmungen des Art. **9**
256 II-IV (ex-Art. 192 II-IV).

Art. 245 (ex-Art. 188) (Satzung und Verfahrensordnung)

**Die Satzung des Gerichtshofes wird in einem besonderen Protokoll
festgelegt.**

**Der Rat kann auf Antrag des Gerichtshofs und nach Anhörung der
Kommission und des Europäischen Parlaments einstimmig die Bestimmungen des Titels III der Satzung ändern.**

**Der Gerichtshof erläßt seine Verfahrensordnung. Sie bedarf der ein-
stimmigen Genehmigung des Rates.**

Literatur: *Boulouis/Darmon*, Contentieux communautaires, 1997; *Hakenberg/Stix-
Hackl*, Handbuch zum Verfahren vor dem Europäischen Gerichtshof, 1996;
Koenig/Sander, Einführung in das EG-Prozeßrecht, 1997; *Lasok*, The European Court
of Justice. Practice and Procedure, 2. Aufl. 1994; *Molinier*, Droit du contentieux européen, 1996; *Rabe*, Neuerungen im europäischen Gerichtsverfahrensrecht, EuZW
1991, 596; *Sauron*, Droit et pratique du contentieux communautaire, 1997; *von Dietze*,

Verfahrensbeteiligung und Klagebefugnis im EG-Recht, 1995; *B.Wägenbaur*, Das Kostenfestsetzungsverfahren vor den Gemeinschaftsgerichten, EuZW 1997, 197.

I. Allgemeines

1 Art. 245 regelt die **Zuständigkeit** und das **Verfahren** für den Erlaß einer Satzung sowie einer Verfahrensordnung. Diese ergänzen die primären Rechtsquellen des gemeinschaftsrechtlichen Prozeß- und Verfahrensrechts, wie es in den Art. Art. 220–244 (ex-Art. 164–187) niedergelegt ist.

II. Satzung

2 Die Satzung des EuGH für den Bereich des EG-Vertrages wurde von den Gründerstaaten der EWG in einem Protokoll vom 17.4.1957 niedergelegt (aktualisierte Fassung in *Borchardt/Klinke* in Grabitz/Hilf, Art. 188 Anhang I). Dieses Protokoll ist **Bestandteil des EGV** (vgl. Art. 311, ex-Art. 239) und hat damit den Rang von Primärrecht. Daneben bestehen eigenständige Satzungen des EuGH für die Bereiche des EAG-Vertrages und des EGKS-Vertrages, die jedoch nur geringfügige **Unterschiede** aufweisen.

3 Der **Sinn und Zweck** der Satzung des EuGH besteht darin, daß die Gründerstaaten den Vertrag über die Gründung der EG von einer Vielzahl prozessualer Einzelregelungen freihalten wollten, ohne dabei ihre Kompetenz zur Regelung aller grundlegenden Fragen betr. die Rechtsstellung der Mitglieder des Gerichtshofs und des Verfahrens preiszugeben.

4 Eine **Änderung der Satzung** ist grundsätzlich nur im Wege der Vertragsänderung (Art. 48 EUV, ex-Art. N Abs. 1 EUV) möglich. Eine Ausnahme besteht für Änderungen des Gerichtsverfahrens (Titel III der Satzung), die auf Antrag des EuGH und nach Anhörung der Kommission und des EP durch einstimmigen Beschluß des Rates vorgenommen werden können (Art. 245 Satz 2, ex-Art. 188 II).

5 Die Satzung enthält **Regelungen** über die Stellung der Richter und Generalanwälte (Titel I), die Gerichtsorganisation (Titel II), das Verfahren und die Verfahrensarten (Titel III) sowie die Bestimmungen über das Gericht erster Instanz (vgl. Art. 225, ex-Art. 168a).

III. Verfahrensordnung

6 Im Gegensatz zu den Satzungen besteht nur eine allen drei Gemeinschaften **gemeinsame VerfO**. Allerdings gliedert sich diese „gemeinsame VerfO" in eine **VerfO des EuGH** und eine **VerfO des EuGeI**.

Die **VerfO des EuGH** wurde unmittelbar nach Aufnahme seiner Tätigkeit   7
beschlossen und nach einstimmiger Genehmigung durch den Rat (Art. 245
Satz 3, ex-Art. 188 I 3) als eigener Rechtsakt vom EuGH am 3.3.1959 erlassen; sie wurde durch die VerfO des EuGH vom 19.6.1991 ersetzt (ABl.
1991 L 176/7; eine nicht rechtsverbindliche kodifizierte Fassung ist abgedruckt in ABl. 1999 C 65/3ff.). Die **VerfO des EuGeI** wurde gem. Art. 225
IV (ex-Art. 168a IV) im Einvernehmen mit dem EuGH und nach einstimmiger Genehmigung durch den Rat am 2.5.1991 erlassen und trat am
1.8.1991 in Kraft (ABl. 1991 L 136/1; aktualisierte Fassung in *Borchardt/
Klinke* in Grabitz/Hilf, Art. 188 Anhang V). Im Interesse der Gewährleistung eines möglichst einheitlichen Verfahrensrechts innerhalb der gemeinschaftlichen Gerichtsbarkeit übernimmt diese VerfO im wesentlichen
die Verfahrensregeln der VerfO des EuGH. **Änderungen der VerfO** werden
ebenfalls vom EuGH selbst bzw. vom EuGeI im Einvernehmen mit dem
EuGH vorgenommen. Auch sie bedürfen der einstimmigen Genehmigung
durch den Rat.   8
Die vom EuGH/EuGeI erlassenen VerfOen gehören zu den von einem Gemeinschaftsorgan gesetzten Rechtsakten und sind damit Bestandteil des **sekundären Gemeinschaftsrechts**. Als solches stehen sie im Rang unter dem
EGV und der Satzung/EuGH. Ihrer Rechtsnatur nach sind sie Rechtsakte
„sui generis", besitzen jedoch aufgrund ihrer umfassenden Rechtswirkungen
und im Hinblick auf ihre Genehmigungspflicht durch den Rat **verordnungs-
ähnlichen Charakter**. Damit können die Bestimmungen der VerfO
grundsätzlich Gegenstand eines Vorabentscheidungsverfahrens (Art. 234, ex-
Art. 177) oder einer Einrede der Rechtswidrigkeit (Art. 241, ex-Art. 184)
sein, nicht jedoch einer Nichtigkeitsklage (Art. 230, ex-Art. 173), da letztere
eine Rechtmäßigkeitskontrolle des Handelns des Gerichtshofs nicht zuläßt.
Die VerfOen nehmen eine **nähere Ausgestaltung** der durch den EGV und   9
die Satzung vorgegebenen Rahmenbedingungen vor. In ihren wesentlichen
Teilen enthalten **beide VerfOen** eingehende Regelungen zur Gerichtsver-
fassung (Titel I), zum Verfahren und den (besonderen) Verfahrensarten
(Titel II und III). Die **VerfO/EuGH** enthält darüber hinaus Regelungen
zum Verfahren über Rechtsmittel gegen Urteile des EuGeI (Titel IV) und
Verfahrensregeln gem. dem EWR-Abkommen (Titel V). Die **VerfO/
EuGeI** ihrerseits regelt zusätzlich das Verfahren für Rechtsstreitigkeiten
betreffend die Rechte des geistigen Eigentums (Titel IV). Die VerfOen wer-
den ihrerseits ergänzt durch die **zusätzliche VerfO** (erlassen am 4.12.74,
ABl. 1974 L 350/1, zuletzt geändert am 11.3.1997, ABl. 103/4), welche
Regelungen über die Rechtshilfeersuchen (Kapitel I), das Armenrecht
(Kapitel II) und die Anzeigen wegen Eidesverletzungen von Zeugen und

Sachverständigen (Kapitel II) enthält, sowie durch die **Dienstanweisung an den Kanzler** (erlassen am 4.12.74, ABl. 1974 L 350, 33, Neubekanntmachung vom 3.10.86, ABl. 1986 C 286/4), die im wesentlichen den Aufgabenbereich der Kanzlei, die Führung des Registers, die Kanzlei- und Gerichtskostentarife sowie die Veröffentlichungen des Gerichtshofs regelt.

Abschnitt 5. Der Rechnungshof

Literatur: *Ehlermann*, Der Europäische Rechnungshof: Haushaltskontrolle in der Gemeinschaft, 1976; *Ekelmans*, Cour des Comptes, in Encyclopédie Dalloz, Répertoire de droit communautaire, Band II, S. 1, 1997; *Magiera*, Die Finanzkontrolle in der Europäischen Gemeinschaft, in Finanzkontrolle im Wandel, Schriftenreihe der Hochschule Speyer, Bd. 105, 221B241, 1989; *Mart*, Die Finanzkontrolle der Europäischen Gemeinschaften, in Die Kontrolle der Staatsfinanzen, 1989.

Art. 246 (ex-Art. 188a) (Aufgabe des Rechnungshofs)
Der Rechnungshof nimmt die Rechnungsprüfung wahr.

1   Der Rechnungshof ist für die unabhängige externe Finanzkontrolle zuständig. Daneben verfügt jedes Organ für die interne Finanz(selbst)kontrolle über einen eigenen Finanzkontrolleur. Der Rechnungshof ist durch den Änderungsvertrag von 1975 geschaffen und existiert seit 1977. Erst durch den Vertrag von Maastricht ist er in den Rang eines Organs erhoben worden (Art. 7, ex-Art. 4) und hat dadurch ausdrücklich ein eigenes Klagerecht erhalten (Untätigkeitsklage nach Art. 232, ex-Art. 175), das durch den Vertrag von Amsterdam auf die Nichtigkeitsklage gegenüber den anderen Organen (Art.230, ex-Art.173) erweitert worden ist. Er wurde aber schon vorher in vielen Beziehungen wie ein selbständiges Organ behandelt (z.B. eigener Haushalts-Einzelplan). Die Erwähnung im Art. 5 (ex-Art. E) EUV erkennt seine Rolle auch im Rahmen der 2. und 3. Säule an. Seine Vorläufer waren der Kontrollausschuß für EWG und EAG und der Rechnungsprüfer der EGKS.

Art. 247 (ex-Art. 188b) (Besetzung des Rechnungshofs, Unabhängigkeit)

(1) Der Rechnungshof besteht aus fünfzehn Mitgliedern.

(2) Zu Mitgliedern des Rechnungshofs sind Persönlichkeiten auszuwählen, die in ihren Ländern Rechnungsprüfungsorganen angehören oder angehört haben oder die für dieses Amt besonders geeignet sind.

Sie müssen jede Gewähr für Unabhängigkeit bieten.

(3) Die Mitglieder des Rechnungshofs werden vom Rat nach Anhörung des Europäischen Parlaments einstimmig auf sechs Jahre ernannt.

Die Mitglieder des Rechnungshofs können wiederernannt werden.

Sie wählen aus ihrer Mitte den Präsidenten des Rechnungshofs für drei Jahre. Wiederwahl ist zulässig.

(4) Die Mitglieder des Rechnungshofs üben ihre Tätigkeit in voller Unabhängigkeit zum allgemeinen Wohl der Gemeinschaft aus.

Sie dürfen bei der Erfüllung ihrer Pflichten Anweisungen von einer Regierung oder einer anderen Stelle weder anfordern noch entgegennehmen. Sie haben jede Handlung zu unterlassen, die mit ihren Aufgaben unvereinbar ist.

(5) Die Mitglieder des Rechnungshofs dürfen während ihrer Amtszeit keine andere entgeltliche oder unentgeltliche Berufstätigkeit ausüben. Bei der Aufnahme ihrer Tätigkeit übernehmen sie die feierliche Verpflichtung, während der Ausübung und nach Ablauf ihrer Amtstätigkeit die sich aus ihrem Amt ergebenden Pflichten zu erfüllen, insbesondere die Pflicht, bei der Annahme gewisser Tätigkeiten oder Vorteile nach Ablauf dieser Tätigkeit ehrenhaft und zurückhaltend zu sein.

(6) Abgesehen von regelmäßigen Neubesetzungen und von Todesfällen endet das Amt eines Mitglieds des Rechnungshofs durch Rücktritt oder durch Amtsenthebung durch den Gerichtshof gemäß Absatz 7.

Für das ausscheidende Mitglied wird für die verbleibende Amtszeit ein Nachfolger ernannt.

Außer im Fall der Amtsenthebung bleiben die Mitglieder des Rechnungshofs bis zur Neubesetzung ihres Sitzes im Amt.

(7) Ein Mitglied des Rechnungshofs kann nur dann seines Amtes enthoben oder seiner Ruhegehaltsansprüche oder anderer an ihrer Stelle gewährter Vergünstigungen für verlustig erklärt werden, wenn der Gerichtshof auf Antrag des Rechnungshofs feststellt, daß es nicht mehr die erforderlichen Voraussetzungen erfüllt oder den sich aus seinem Amt ergebenden Verpflichtungen nicht mehr nachkommt.

(8) Der Rat setzt mit qualifizierter Mehrheit die Beschäftigungsbedingungen für den Präsidenten und die Mitglieder des Rechnungshofs fest, insbesondere die Gehälter, Vergütungen und Ruhegehälter. Er

setzt mit derselben Mehrheit alle sonstigen als Entgelt gezahlten Vergütungen fest.

**(9) Die für die Richter des Gerichtshofs geltenden Bestimmungen des
Protokolls über die Vorrechte und Befreiungen der Europäischen Gemeinschaften gelten auch für die Mitglieder des Rechnungshofs.**

1   Der Rechnungshof besteht aus **fünfzehn Mitgliedern,** entsprechend der
Zahl der Mitgliedstaaten. Obwohl dies nicht ausdrücklich bestimmt ist,
wird jeder Staat bei der Bestellung der Mitglieder in gleicher Weise berücksichtigt. Die auszuwählenden Persönlichkeiten sollen für ihr neues Amt besonders geeignet sein. Sie müssen dafür nicht unbedingt einem nationalen
Rechnungsprüfungsorgan angehört haben. Hohe Finanzbeamte und Parlamentarier mit einschlägigen Erfahrungen, z.B. im Haushaltskontrollaus-
schuß des nationalen Parlaments, sind ebenfalls bestellt worden.

2   Besonderer Wert wird auf ihre **Unabhängigkeit** gelegt. Sie dürfen bei der
Erfüllung ihrer Pflichten keinerlei Anweisungen von einer Regierung oder
einer anderen Stelle anfordern oder entgegennehmen. Ihre wirtschaftliche
Unabhängigkeit wird durch vom Rat festgelegte Beschäftigungsbedingungen sichergestellt, die denjenigen der Kommissare und Richter weitgehend
entsprechen. Die Versuchung für Regierungen, auf die Mitglieder des Rechnungshofs Einfluß zu nehmen, läge nahe, da die meisten Gelder des EG-
Haushalts in die Mitgliedstaaten fließen und sich aus den Berichten des
Rechnungshofs über unrechtmäßige Leistungen eine Rückzahlungsver-
pflichtung ergeben kann. Obwohl insofern – anders als hinsichtlich der Mitglieder der Kommission in Art. 213 Abs. 2 (ex-Art. 157) – eine ausdrückliche Vorschrift fehlt, wird man jedoch zumindest aus Art. 10 (ex-Art. 5)
eine Verpflichtung der Regierungen herleiten können, sich jeden Versuchs
einer Beeinflussung zu enthalten. Umgekehrt könnte das Interesse eines
Mitgliedes an einer weiteren Nominierung nach Ablauf des Mandats zu
einer Amtsführung verleiten, mit der das Wohlwollen der Heimatregierung
gesichert wird.

3   Die Mitglieder des Rechnungshofs werden vom Rat **ernannt,** und zwar auf
Vorschlag der jeweiligen Mitgliedsregierung und nach Anhörung des EP.
Während diese Anhörung früher eine reine Formsache war, hat das EP 1989
erstmals Einwendungen gegen zwei Kandidaten erhoben. Einer der beiden
Kandidaten wurde daraufhin von seiner Regierung zurückgezogen und
durch eine genehmere Persönlichkeit ersetzt. Der andere Kandidat wurde
trotz der Bedenken des EP vom Rat ernannt. Das EP versucht, durch eigene Kriterien für die Auswahl der Kandidaten (Alter, usw.) deren Ernennung
praktisch an sich zu ziehen.

Die **Amtszeit** der Mitglieder beträgt **sechs Jahre**. Wiederernennung ist   **4**
möglich und häufig erfolgt. Sie wählen aus ihrer Mitte ihren Präsidenten für
3 Jahre. Auch hier ist Wiederwahl zulässig, dürfte aber auch in Zukunft die
Ausnahme bleiben.

Nach der **Geschäftsordnung** des Rechnungshofes leitet der Präsident die   **5**
Sitzungen des Hofes, wacht über die Durchführung von dessen Beschlüssen und vertritt den Hof nach Aussen. Jedes Mitglied ist für einen Sektor
verantwortlich, der entweder für die Prüfung grösserer Ausgabenblöcke
(z.B. Teile des Agrarfonds oder des Strukturfonds) oder für die Eigenen
Einnahmen der EG zuständig ist oder sich mit Querschnittsaufgaben,
einschliesslich der Erstellung der Zuverlässigkeitserklärung, befasst. Mehrere Sektoren werden nach Sachthemen zusammengefaßt (z.B. Agrar- bzw.
Strukturfonds, Zuverlässigkeitserklärung) und bilden gemeinsam insgesamt fünf Gruppen, in denen eine Vorklärung für die späteren Entscheidungen des Kollegiums erfolgen soll.

Art. 248 (ex-Art. 188c) (Rechnungsprüfung)

**(1) Der Rechnungshof prüft die Rechnung über alle Einnahmen und
Ausgaben der Gemeinschaft. Er prüft ebenfalls die Rechnung über al-
le Einnahmen und Ausgaben jeder von der Gemeinschaft geschaffenen
Einrichtung, soweit der Gründungsakt dies nicht ausschließt.**

**Der Rechnungshof legt dem Europäischen Parlament und dem Rat ei-
ne Erklärung über die Zuverlässigkeit der Rechnungsführung sowie
die Rechtmäßigkeit und Ordnungsmäßigkeit der zugrundeliegenden
Vorgänge vor, die im Amtsblatt der Europäischen Gemeinschaften veröffentlicht wird.**

**(2) Der Rechnungshof prüft die Rechtmäßigkeit und Ordnungsmäßig-
keit der Einnahmen und Ausgaben und überzeugt sich von der Wirtschaftlichkeit der Haushaltsführung. Dabei berichtet er insbesondere
über alle Fälle von Unregelmässigkeiten.**

**Die Prüfung der Einnahmen erfolgt anhand der Feststellungen und der
Zahlungen der Einnahmen an die Gemeinschaft.**

**Die Prüfung der Ausgaben erfolgt anhand der Mittelbindungen und
der Zahlungen.**

**Diese Prüfungen können vor Abschluß der Rechnung des betreffenden
Haushaltsjahrs durchgeführt werden.**

**(3) Die Prüfung wird anhand der Rechnungsunterlagen und erforder-
lichenfalls an Ort und Stelle bei den anderen Organen der Gemein-**

schaft, in den Räumlichkeiten der Einrichtungen, die Einnahmen oder Ausgaben für Rechnung der Gemeinschaft verwalten, sowie der natürlichen und juristischen Personen, die Zahlungen aus dem Haushalt erhalten, und in den Mitgliedstaaten durchgeführt. Die Prüfung in den Mitgliedstaaten erfolgt in Verbindung mit den einzelstaatlichen Rechnungsprüfungsorganen oder, wenn diese nicht über die erforderliche Zuständigkeit verfügen, mit den zuständigen einzelstaatlichen Dienststellen.Der Rechnungshof und die einzelstaatlichen Rechnungsprüfungsorgane arbeiten unter Wahrung ihrer Unabhängigkeit vertrauensvoll zusammen. Diese Organe oder Dienststellen teilen dem Rechnungshof mit, ob sie an der Prüfung teilzunehmen beabsichtigen.

Die anderen Organe der Gemeinschaft, die Einrichtungen, die Einnahmen oder Ausgaben für Rechnung der Gemeinschaft verwalten, die natürlichen oder juristischen Personen, die Zahlungen aus dem Haushalt erhalten, und die einzelstaatlichen Rechnungsprüfungsorgane oder, wenn diese nicht über die erforderliche Zuständigkeit verfügen, die zuständigen einzelstaatlichen Dienststellen übermitteln dem Rechnungshof auf seinen Antrag jede für die Erfüllung seiner Aufgabe erforderlichen Unterlagen oder Informationen.

Die Rechte des Rechnungshofs auf Zugang zu Informationen der Europäischen Investitionsbank im Zusammenhang mit deren Tätigkeit bei der Verwaltung von Einnahmen und Ausgaben der Gemeinschaft werden in einer Vereinbarung zwischen dem Rechnungshof, der Bank und der Kommission geregelt. Der Rechnungshof hat auch dann Recht auf Zugang und Informationen, die für die Prüfung der von der Bank verwalteten Einnahmen und Ausgaben der Gemeinschaft erforderlich sind, wenn eine entsprechende Vereinbarung nicht besteht.

(4) Der Rechnungshof erstattet nach Abschluß eines jeden Haushaltsjahrs einen Jahresbericht. Dieser Bericht wird den anderen Organen der Gemeinschaft vorgelegt und im Amtsblatt der Europäischen Gemeinschaften zusammen mit den Antworten dieser Organe auf die Bemerkungen des Rechnungshofs veröffentlicht.

Der Rechnungshof kann ferner jederzeit seine Bemerkungen zu besonderen Fragen vorlegen, insbesondere in Form von Sonderberichten, und auf Antrag eines der anderen Organe der Gemeinschaft Stellungnahmen abgeben.

Er nimmt seine jährlichen Berichte, Sonderberichte oder Stellungnahmen mit der Mehrheit seiner Mitglieder an.

Er unterstützt das Europäische Parlament und den Rat bei der Kontrolle der Ausführung des Haushaltsplans.

Art. 248 (ex-Art. 188c) definiert die **Aufgaben des Rechnungshofs**. Als **1** Ergänzung ist die Haushaltsordnung (HO vom 21. Dezember 1977, zuletzt abgeändert am 23. Dezember 1998, ABl. L 347) heranzuziehen, insbesondere Art. 82 bis 90. Vgl. außerdem: Art. 276 (ex-Art. 206 – Mitwirkung bei der Entlastung) und Art. 279, 280 (ex-Art. 209, 209a – Obligatorische Stellungnahme zu bestimmten Rechtsakten).

Der Rechnungshof prüft die Rechnung über alle **Einnahmen und Ausga- 2 ben der Gemeinschaft**. Sie sind im wesentlichen im Haushalt der EG veranschlagt. Hierzu zählt auch die Anleihe- und Darlehenstätigkeit der EG. Darüber hinaus prüft er alle Einnahmen und Ausgaben der Einrichtungen, die von der EG geschaffen worden sind,soweit es ihr Gründungsakt nicht ausschließt. Hinsichtlich der EZB ist die Prüfung auf die „Effizienz der Verwaltung" (Art. 27.2 des Protokolls über die Satzung des ESZB und der EZB) beschränkt. Außerdem ist die Gewährung von Gemeinschaftssubventionen an Empfänger außerhalb der Organe an die schriftliche Zustimmung des Empfängers gebunden, die Verwendung der gewährten Subventionen durch den Rechnungshof überprüfen zu lassen (Art. 87, letzter Abs., HO). Schließlich ist der Rechnungshof auch für die Prüfung der Europäischen Entwicklungsfonds zuständig, deren Veranschlagung im Haushalt der EG bisher vergeblich vom EP verlangt worden ist.

Der Rechnungshof ist seit Maastricht verpflichtet, EP und Rat eine **Er- 3 klärung über die Zuverlässigkeit der Rechnungsführung** sowie die Rechtmäßigkeit und Ordnungsmäßigkeit der **zugrundeliegenden Vorgänge** vorzulegen. Inhalt und Form dieser Erklärung sind nicht präzisiert. Der Rechnungshof hat sich für eine statistische Methode entschieden, befindet sich aber weiterhin in einer Versuchsphase.

Die Prüfung der **Rechtmäßigkeit und Ordnungsmäßigkeit** der Einnah- 4 men und Ausgaben geht über die rein buchhalterische Prüfung hinaus. Sie umfaßt die Kontrolle der gesamten Haushaltsführung, die Vollständigkeit der erfaßten Buchungsvorgänge, die vorschriftsmäßige Berechnung, Begründung und Belegung der einzelnen Rechnungsbeträge, ihre Übereinstimmung mit den einschlägigen Rechtsvorschriften. Darunter sind alle Vorschriften des Gemeinschaftsrechts zu verstehen, soweit sie Auswirkungen auf die Ausgaben haben (SA des GA G.F. Mancini vom 25. Mai 1988 in der Rs. 204/86, Griechenland/Rat, Slg. 1988, 5337, 5342f. in Fortentwicklung der Rechtsprechung des EuGH, Rs. 294/83, „Les Verts"/Parlament, Slg. 1986, 1339, Randnr. 28). Der Rechnungshof prüft außerdem die

Wirtschaftlichkeit der Haushaltsführung, d.h. das Verhältnis zwischen verfolgtem Zweck und eingesetzten Mitteln, ob also ein bestimmtes Ergebnis mit möglichst geringem Einsatz, oder mit einem bestimmten Einsatz von Mitteln das bestmögliche Ergebnis erzielt worden ist. Der Rechnungshof prüft nicht eine bestimmte politische Zielsetzung des Rates, wohl aber, ob zur Erreichung dieses Zieles die optimalen Mittel eingesetzt worden sind. Die Abgrenzung ist häufig schwierig und führt zu Auseinandersetzungen zwischen den Organen. Die Prüfung erfolgt ex post. Da der Rechnungshof aber bereits vor Abschluß der Rechnung des betreffenden Haushaltsjahres prüfen kann, können seine Prüfungsergebnisse unter Umständen laufende Maßnahmen beeinflussen. Der Vertrag von Amsterdam erlegt dem Rechnungshof nunmehr die ausdrückliche Verpflichtung auf, über **Unregelmässigkeiten zu berichten**. Eine Definition des Begriffs Unregelmässigkeiten findet sich in Art. 1 Abs. 2 der Verordnung 2988/95 des Rates vom 18. Dezember 1995 (ABl. L 312 1).

5   Angesichts des Umfangs des Prüfungsgebiets und der geringen Zahl von Prüfern kann der Rechnungshof nicht alle Rechnungsvorgänge prüfen. Mit der von ihm gewählten Methode der **„Systemprüfung"** wird untersucht, ob das interne Kontrollsystem, das jede Einrichtung besitzen muß, zuverlässig ist und Aussagen über die Rechtmäßigkeit, die Ordnungsmäßigkeit und die Wirtschaftlichkeit der Haushaltsführung zuläßt.

6   Die Prüfung erfolgt anhand der Rechnungsunterlagen oder aber in den Räumen der geprüften Einrichtungen, erforderlichenfalls aber an jedem anderen Ort, an dem prüfungsrelevante Vorgänge zu finden sind. Wegen des weltweiten finanziellen Engagements der EG wird auch weltweit geprüft (z.B. Nahrungsmittelhilfe und AKP-Abkommen). Da rund 80 v.H. der Ausgaben und fast 100 v.H. der Einnahmen des EG-Haushalts zwar unter der Verantwortung der Kommission (Art. 274, ex-Art. 205), aber mit Hilfe der Verwaltungen der Mitgliedstaaten im Auftrag der Kommission getätigt werden, findet bei ihnen die Mehrheit der Prüfungen statt. Soweit es zur Durchführung des Prüfungsauftrags erforderlich ist, ist den Prüfern auch der Zutritt zu privaten Endempfängern zu gewähren, ein Recht, das nicht alle nationalen Rechnungshöfe in der EG besitzen, sowie die Entnahme von Stichproben. Notfalls haben die einzelstaatlichen Rechnungsprüfungsorgane oder andere zuständige Dienststellen Amtshilfe zu leisten.

7   Die Prüfung in den Mitgliedstaaten erfolgt in Verbindung mit den einzelstaatlichen Rechnungsprüfungsorganen oder, wenn diese nicht über die erforderliche Zuständigkeit verfügen, mit den zuständigen einzelstaatlichen Dienststellen. Nationale Beamte können an den Prüfungen des Rechnungshofes als Beobachter teilnehmen; dieser hat aber ein eigenes Prüfungsrecht,

zu dessen Ausübung er nicht der Zustimmung der genannten einzelstaatlichen Stellen bedarf. Die Verpflichtung auch der einzelstaatlichen Dienststellen (ebenso wie der Organe der EG und der Zuwendungsempfänger) dem Rechnungshof jede für die Erfüllung seiner Aufgabe erforderlichen Unterlagen oder Informationen zu übermitteln, kann nicht durch nationales Recht (Datenschutzbestimmungen, usw.) eingeschränkt werden.

Die zweite Erklärung zu Art. 206a des EGV von 1975 sah vor, daß die Prüfung der Einnahmen in Form der eigenen Mittel der EG nicht beim Zahlungspflichtigen stattfindet. Fraglich ist, ob diese Erklärung, die juristisch lediglich eine Interpretationshilfe darstellt, das vertraglich geregelte Prüfungsrecht einschränken konnte. Darüberhinaus ist angesichts der eingetretenen Entwicklungen zweifelhaft, ob die Erklärung heute noch als Interpretationshilfe wirksam ist. Die Verordnung 1552/89 des Rates vom 29.05.1989 (ABl. L 155 1) sieht eine Ausdehnung der Prüfungskompetenzen der Kommission vor, die über Art. 85 HO auch Auswirkungen auf den Rechnungshof hat. Zudem hebt die Zuverlässigkeitserklärung ausdrücklich auf die „zugrunde liegenden Vorgänge" ab, ohne zwischen Ausgaben und Einnahmen zu unterscheiden. Der seit Amsterdam ausdrücklich geforderte Bericht über Unregelmässigkeiten wird auf der Einnahmeseite nahezu unmöglich gemacht, wenn die Prüfung – wie dies die Erklärung vorsieht – nicht beim Zahlungspflichtigen erfolgen darf.

8

Das Prüfungsrecht des Rechnungshofes erstreckt sich auch auf die von der Europäischen Investitionsbank (EIB) verwalteten Gemeinschaftsmittel. Eine dreiseitige Vereinbarung zwischen Rechnungshof, EIB und Kommission regelt praktische Modalitäten. Der Vertrag von Amsterdam stellt ausdrücklich klar, daß sich die **Zugangsrechte des Rechnungshofes gegenüber der EIB** unmittelbar aus dem EGV ergeben und auch bei Wegfall der dreiseitigen Vereinbarung gelten.

9

Das **Ergebnis der Prüfungstätigkeit** des Rechnungshofes wird nach Durchführung eines kontradiktorischen Verfahrens mit den geprüften Organen zusammen mit deren Antworten in Berichtsform veröffentlicht, sei es als **Jahresbericht** über die gesamte Jahresrechnung, sei es als **Sonderbericht** über besondere Fragen. Daneben kann der Rechnungshof auf Antrag eines anderen Organs oder aus eigener Initiative Bemerkungen zu besonderen Fragen machen. Die Mitgliedstaaten sowie die Zuwendungsempfänger nehmen weder am formellen kontradiktorischen Verfahren teil noch haben sie einen Anspruch auf Veröffentlichung ihrer Antworten.

10

Über die Berichte und Stellungnahmen stimmen die fünfzehn Mitglieder **als Kollegium mit absoluter Mehrheit** ab. Jedes Prüfungsergebnis bedarf daher, damit es sich der Rechnungshof zu eigen macht und gegebenenfalls

11

innerhalb eines Jahres- oder Sonderberichts veröffentlicht wird, der Zustimmung von acht Mitgliedern.

12   Trotz seiner Bezeichnung als „Hof" hat der Rechnungshof **keinerlei richterliche Befugnisse**; seine „Bemerkungen" haben keine Urteilsqualität. Trotz der ausdrücklichen Verpflichtung, über Fälle von Unregelmässigkeiten zu berichten, besitzt der Rechnungshof auch kein eigenes Strafverfolgungsrecht, wohl aber ein Mitteilungsrecht an die nationalen Strafverfolgungsbehörden.

13   Die Verpflichtung des Rechnungshofes, EP und Rat bei der Kontrolle der Ausführung des Haushaltsplans zu unterstützen, beeinflußt sein eigenes Arbeitsprogramm, obwohl er darüber allein entscheidet. Problematisch könnte diese Unterstützungspflicht im Zusammenhang mit dem Enquête-Recht des EP (Art. 193, ex-Art. 138c) werden.

Kapitel 2. Gemeinsame Vorschriften für mehrere Organe

Art. 249 (ex-Art. 189) (Verordnung, Richtlinie, Entscheidung, Empfehlung und Stellungnahme)

Zur Erfüllung ihrer Aufgaben und nach Maßgabe dieses Vertrags erlassen das Europäische Parlament und der Rat gemeinsam, der Rat und die Kommission Verordnungen, Richtlinien und Entscheidungen, sprechen Empfehlungen aus oder geben Stellungnahmen ab.

Die Verordnung hat allgemeine Geltung. Sie ist in allen ihren Teilen verbindlich und gilt unmittelbar in jedem Mitgliedstaat.

Die Richtlinie ist für jeden Mitgliedstaat, an den sie gerichtet wird, hinsichtlich des zu erreichenden Zieles verbindlich, überläßt jedoch den innerstaatlichen Stellen die Wahl der Form und der Mittel.

Die Entscheidung ist in allen ihren Teilen für diejenigen verbindlich, die sie bezeichnet.

Die Empfehlungen und Stellungnahmen sind nicht verbindlich.

I. Allgemeine Bedeutung der Vorschrift

Art. 249 benennt die bedeutsamsten **Rechtshandlungsformen der Ge-**   **1**
meinschaftsorgane und grenzt sie nach dem Adressatenkreis und dem
Grad ihrer Verbindlichkeit voneinander ab. Darüber hinaus enthält die Vorschrift grundlegende Aussagen über das Verhältnis der Gemeinschaftsrechtsordnung zum nationalen Recht. Für die Praxis hat Art. 249 einen herausragenden Stellenwert, weil sich aus seinem Regelungsgehalt ergibt, inwieweit aus Rechtsakten der EG neben den MS auch Bürgern und Unternehmen unmittelbar Rechte und Pflichten erwachsen können.

Art. 249 ist keine Kompetenznorm. Ob für die EG eine Handlungsbefugnis   **2**
besteht und in welcher Form die Organe der EG (dazu Art. 7 Rn. 3) handeln
können, ergibt sich nach dem **Prinzip der begrenzten Einzelermächti-**
gung aus den jeweiligen Kompetenzvorschriften des EGV. Dabei wird dem
jeweils zuständigen Organ vielfach die Handlungsform vorgegeben (z.B.
Art. 47 Abs. 1; ex-Art. 57: RL; Art. 40; ex-Art. 49: RL oder VO; Art. 94;
ex-Art. 100: RL), oftmals ist das aber nicht der Fall. Die Kompetenznormen
sprechen dann nur von „Maßnahmen" (z.B. Art. 95; ex-Art. 100a) oder vom
„Festlegen" bzw. „Fassen" konkreter Beschlüsse (z.B. Art. 162; 156; ex-
Art. 130e; 129d). Sofern die Gemeinschaftsorgane Wahlfreiheit haben, ist
nach dem Verhältnismäßigkeitsgrundsatz (jetzt in Art. 5 (ex-Art. 3b) ausdrücklich festgeschrieben, vgl. dort Rn. 25) das Ermessen der Gemeinschaftsorgane aber insoweit gebunden, als zur Erreichung des Regelungs-
ziels diejenige Maßnahme zu ergreifen ist, die am wenigsten in die Kompetenzen der MS eingreift. Das kann dazu führen, daß statt einer VO eine
RL gewählt werden muß (*Grabitz*, in Grabitz/Hilf, Art. 189 Rn. 33).

Art. 249 benennt nur die wichtigsten **Rechtshandlungsformen**, ohne eine   **3**
abschließende Regelung zu treffen. Nicht erwähnt sind zunächst Maßnahmen und Beschlüsse mit alleiniger Binnenwirkung für das erlassende Organ (Intraorganrecht; z.B. Festlegung der GO). Zudem sind solche Akte
ausgeklammert, die politische Bekundungen oder Willenserklärungen zwischen den Organen betreffen und nur über das Prinzip der Selbstbindung eines Organs mittelbar Rechtswirkung entfalten können (Interorganrecht;
z.B. die Verständigung auf Verhaltenskodices oder interinstitutionelle Ver-

einbarungen, die das vom Primärrecht geregelte Zusammenwirken der Gemeinschaftsorgane konkretisieren). Insofern behandelt Art. 249 solche Rechtshandlungsformen, die typischerweise eine Außenwirkung – jedenfalls über das erlassende Organ hinaus – haben. Art. 249 ist aber auch hinsichtlich der Handlungsformen mit Außenwirkung nicht abschließend. Der Rat kann mit rechtlicher Bindungswirkung nach außen auch durch Beschluß tätig werden (z.B. bei Abschluß von Abkommen mit Drittstaaten); im Bereich der Währungsunion kann er „förmliche Vereinbarungen" über ein Wechselkurssystem des Euro gegenüber Drittlandswährungen treffen (Art. 111 Abs. 1, Abs. 3; ex-Art. 109) oder „allgemeine Orientierungen" ohne bindende Wirkung beschließen (Art. 111 Abs. 2; ex-Art. 109). Die in Art. 249 genannten Rechtshandlungsformen stehen entgegen dem Wortlaut der Vorschrift nicht nur EP, Rat und KOM zur Verfügung. Auch die EZB kann VO und Entscheidungen erlassen sowie Empfehlungen und Stellungnahmen abgeben. WSA und AdR geben im Rahmen ihrer Beratungsfunktion für EP, Rat und KOM regelmäßig Stellungnahmen ab, sofern sie in das Rechtsetzungsverfahren nach Maßgabe der Kompetenznormen des EGV eingebunden sind. Sie haben zudem die Möglichkeit zu Initiativstellungnahmen (vgl. Kaiser in GTE, Art. 198c Rn. 10).

4   Im Vorfeld des Erlasses von Rechtsakten haben **Weißbücher, Grünbücher und Aktionsprogramme** zunehmende Bedeutung erlangt. Sie betreffen zumeist mittel- oder langfristig angelegte Zielsetzungen in bestimmten Politikfeldern, ohne daß damit schon verbindliche Rechtsfolgen beabsichtigt wären. Das Weißbuch zum Binnenmarkt von 1985 hat als herausragendes Beispiel die Tätigkeit der EG über Jahre hinweg entscheidend geprägt. Die KOM greift in neuerer Zeit außerdem häufig zur Handlungsform der Mitteilung, die vielfach nicht allein unterrichtenden Charakter hat, sondern auch programmatische Zielsetzungen für die Zukunft formuliert (vgl. z.B. nur KOM-Mitteilung zur „Förderung der Straßenverkehrssicherheit in der EU"; KOM (97) 131).

II. Die einzelnen Rechtshandlungsformen in Art. 249

5   Art. 249 differenziert die wichtigsten Rechtshandlungsformen nach Adressatenkreis und Rechtswirkungen. Welche Handlungsform vorliegt, ergibt sich regelmäßig aus Titel und Begründung. Die Bezeichnung eines Rechtsakts hat aber keine konstitutive Wirkung für die **Klassifizierung der Handlungsform**, sondern ist lediglich ein Indiz (EuGH, Rs. 147/83, Binderer/Kommission, Slg. 1985, 270). Maßgeblich für die Einordnung sind Gegenstand und Inhalt des Rechtsakts (EuGH, Rs. 307/81, Alusuisse/Rat

und Kommission, Slg. 1982, 3472), der in Abhängigkeit vom Regelungsgehalt auch mehrere Rechtshandlungsformen im Sinne von Art. 249 enthalten kann (EuGH, Rs. 16/62, Erzeugergemeinschaft/Kommission, Slg.
1962, 979). Die Abgrenzung ist bedeutsam wegen der unterschiedlichen
Rechtswirkungen, der abweichenden Formvorschriften (Art. 254 Rn. 1; ex-
Art. 191) und vor allem wegen der verschiedenen Möglichkeiten des
Rechtsschutzes (Einzelheiten Art. 230 Rn. 5ff.).

1. Verordnungen (VO)

VO sind **abstrakt-generelle Regelungen**, vergleichbar den Gesetzen in   **6**
den MS. Sie haben normativen Charakter und werden nicht nur für eine begrenzte Zahl von Adressaten erlassen. Kraft ihrer allgmeinen Geltung sind
sie „auf objektiv bestimmte Sachverhalte anwendbar" und haben „Rechtswirkungen für allgemein und abstrakt umrissene Personengruppen" (EuGH,
Rs. 101/76, Scholten Honig/Kommission, Slg. 1977, 807; Rs. 64/80, Giuf-
frida/Rat, Slg. 1981, 693). Die **Abgrenzung zu einer Entscheidung** ist
nicht immer leicht. Der Einstufung als VO steht nicht entgegen, daß sich die
vom Rechtsakt betroffenen Personen nach Zahl und Identität bestimmen
lassen (EuGH, Rs. 242/81, Roquette Freres/Rat, Slg. 1982, 3230). Dagegen
handelt es sich um eine Entscheidung, wenn schon bei Erlaß des Rechtsaktes die davon betroffenen Personen abschließend feststehen (EuGH, Rs.
242/81 a.a.O.). Dies gilt erst recht, wenn die Betroffenen namentlich festgelegt werden (Sammelentscheidung; EuGH, Rs. 113/77, Toyo Bearing/
Rat, Slg. 1979, 1205).

VO sind in allen Teilen verbindlich und gelten unmittelbar; sie setzen   **7**
also sowohl für die MS als auch für Bürger und Unternehmen unmittelbar
geltendes Recht. Ein Transformationsakt zur Umsetzung in nationales
Recht ist nicht erforderlich und sogar unzulässig, weil damit der Geltungsgrund der VO in Frage gestellt würde (EuGH, Rs. 94/77, Zerbone, Slg.
1978/99). Um eine uneinheitliche Auslegung des Gemeinschaftsrechts in
den MS zu vermeiden, sind auch nationale Regelungen zur Interpretation
der Tragweite einer VO unzulässig (EuGH, Rs. 74/69, Hauptzollamt Bre-
men/Krohn, Slg. 1970, 459). Gegebenenfalls haben die MS nach Erlaß einer VO aber die Pflicht, in bestimmter Weise tätig zu werden, wenn dies zur
Erreichung der Ziele der VO erforderlich ist (z.B. Durchführungsvorschriften oder organisatorische Maßnahmen, um die Durchsetzung des Gemeinschaftsrechts zu ermöglichen oder dessen Regelungsgehalt zur Wirkung zu
bringen; *Grabitz*, Grabitz/Hilf, Art. 189 Rn. 50).

VO gelten in jedem MS. Die Einstufung eines Rechtsakts als VO wird aber   **8**
nicht dadurch in Frage gestellt, daß der Regelungsgehalt in einem MS fak-

tisch keine Bedeutung hat (Seefischerei in Luxemburg; vgl. auch Schmidt in GTE, Art. 189 Rn. 33).

2. Richtlinien (RL)

9 RL finden im nationalen Recht keine Entsprechung. Sie haben im Grundsatz keine unmittelbare Wirkung und sind nur hinsichtlich des zu erreichenden Ziels verbindlich, womit das von der RL bezweckte Ergebnis gemeint ist (EuGH, Rs. 14/83, Von Colson/Land NRW, Slg. 1984, 1891). Den MS bleibt die Wahl der Form und Mittel zur Erreichung des Ziels bei **Umsetzung von RL** in das nationale Recht überlassen. Sie müssen dabei aber so vorgehen, daß das vorgegebene Ergebnis tatsächlich erreicht wird. Eine RL-Umsetzung liegt deshalb noch nicht darin, daß durch Aufnahme einer Ermächtigungsnorm in das nationale Recht allein die Möglichkeit geschaffen wird, im Verordnungsweg die RL-Vorgaben umsetzen zu können (EuGH, C-263/96, Kommission/Belgien, Slg. 1997, I–7453).

10 Die **Wahlfreiheit der MS** bei der RL-Umsetzung kann im Hinblick auf das angestrebte Ziel der RL eingeschränkt sein. Wenn eine RL Sanktionen für den Fall des Verstoßes gegen RL-Bestimmungen fordert, so müssen diese jedenfalls so ausgestaltet sein, daß eine abschreckende Wirkung gewährleistet ist (EuGH, Rs. 14/83, a.a.O. Slg. 1984, 1892). Sofern eine RL Rechte und Pflichten Einzelner begründet, müssen diese durch zwingende Vorschriften so umgesetzt werden, daß die Betroffenen Kenntnis erlangen und ihre Rechte vor nationalen Gerichten geltend machen können (EuGH, C-58/89, Kommission/Deutschland, Slg. 1991, 5023 st. Rspr.). Eine bloße Verweisung im Umsetzungsakt auf das Gemeinschaftsrecht reicht nicht aus, wenn Angehörigen anderer MS Rechte verliehen werden sollen (EuGH, C-96/95, Kommission/Deutschland, Slg. 1997, I–1654). Gegebenenfalls ist für eine hinreichend klare Umsetzung die wörtliche Übernahme des RL-Textes in den Umsetzungsakt (Gesetz, Rechtsverordnung) erforderlich (EuGH, Rs. 131/88, Kommission/Deutschland, Slg. 1991, I–870). Eine Anpassung der Verwaltungspraxis (EuGH, 29/84, Kommission/Deutschland, Slg. 1985, 1671) oder ein Rundschreiben (EuGH, Rs. 239/85, Kommission/Belgien, Slg. 1986, 3659) reichen in diesem Fall nicht aus, weil derartige Maßnahmen jederzeit geändert werden könnten. Normkonkretisierende Verwaltungsvorschriften genügen nach Auffassung des EuGH für eine RL-Umsetzung nur, wenn der Nachweis der unmittelbaren Außenwirkung dieser Vorschriften erbracht wird; der EuGH hat dies im Fall der TA Luft verneint (EuGH, Rs. 361/88, Kommission/Deutschland, Slg. 1991, I–2602).

11 Grundsätzlich gilt, daß alle Behörden der MS an RL gebunden sind (EuGH, Rs. 103/88, Fratelli Costanzo/Mailand, Slg. 1989, 1871). Das gleiche gilt für diejenigen Einrichtungen, die der Aufsicht der MS unterstehen oder von ihnen mit Rechten ausgestattet sind, die über rein privatrechtliche Beziehungen hinausgehen (EuGH, C-188/89, Foster/British Gas, Slg. 1990, I–3313). Dabei ist unbeachtlich, ob der Staat hoheitlich oder in privatrechtlicher Form handelt (EuGH, Rs. 152/84, Marshall/Southampton Health Authority, Slg. 1986, 749). Von den nationalen Gerichten sind interpretationsbedürftige Vorschriften der MS zur Umsetzung von RL-Vorgaben so auszulegen, daß die mit der RL verfolgten Ziele erreicht werden können (EuGH, C-106/89, Marleasing, Slg. 1990, I–4135). Die **Bindungswirkung von RL** tritt nicht erst bei Ablauf der Umsetzungsfrist ein; schon nach Inkrafttreten durch Bekanntgabe dürfen die MS keine Vorschriften mehr erlassen, die geeignet sind, die Erreichung des in der RL vorgeschriebenen Ziels ernstlich in Frage zu stellen (EuGH, C-129/96, ASBL/Region Wallonie, Slg. 1997, I–7411).

Einzelne RL-Vorschriften können ausnahmsweise **unmittelbare Wirkung** 12 haben. Der EuGH hat dies in st. Rspr. für den Fall anerkannt, daß die Umsetzungsfrist verstrichen ist, die RL Einzelnen Rechte gewährt und die Vorschriften der RL „inhaltlich unbedingt" sowie „hinreichend genau" sind, so daß sie ohne Konkretisierung durch eine Umsetzungsmaßnahme anwendbar sind (EuGH, Rs. 41/74, Van Duyn/Home Office, Slg. 1974, 1349; Rs. 221/88, EGKS/Busseni, Slg. 1990, I–496; vgl. auch BVerfGE 75, 240). Der EuGH stützt dies auf die Erwägung, daß es „mit der den Richtlinien durch Art. 249 zuerkannten verbindlichen Wirkung unvereinbar sei, grundsätzlich auszuschließen, daß sich betroffene Personen auf die durch die Richtlinie auferlegte Verpflichtung berufen können" (EuGH, Rs. 148/78, Ratti, Slg. 1979, 1642). Die „praktische Wirkung einer Maßnahme würde abgeschwächt, wenn die staatlichen Gerichte sie nicht als Bestandteil des Gemeinschaftsrechts berücksichtigen könnten" (EuGH, Rs. 8/81, Becker, Slg. 1982, 71). Der EuGH will damit verhindern, daß „der Staat aus seiner Nichtbeachtung des Gemeinschaftsrechts Nutzen ziehen kann" (EuGH, C-188/89, Foster/British Gas, Slg. 1990, I–3348). Demgemäß gilt die unmittelbare Wirkung nur insoweit, als sich ein Betroffener gegenüber einem MS zu seinen Gunsten darauf beruft. Dagegen kann sich ein Einzelner nicht zu Lasten Dritter auf RL-Bestimmungen stützen, weil diese nur für die MS verbindlich sind (EuGH, Rs. 152/84, Marshall/Southampton Health Authority, Slg. 1986, 749; C-91/92, Faccini Dori/Recreb, Slg. 1994, I–3327). Daraus kann geschlossen werden, daß sich ein Betroffener auf die unmittelbare Wirkung einer RL auch dann nicht berufen kann, wenn damit gleichzeitig (zwangsläufig) ein Dritter belastet würde (für unmittelbare Wirkung zwischen Privaten, *Grabitz*, in Grabitz/Hilf, Art. 189 Rn. 61a).

Ebenso können sich die Behörden der MS gegenüber Privaten nicht zu deren Lasten auf eine unvollständige Umsetzung einer RL berufen (EuGH, C-168/95, Arcaro, Slg. 1996, I–4705).

13 Sofern die Umsetzung einer RL nach Verstreichen der Umsetzungsfrist nicht erfolgt ist und die unmittelbare Anwendbarkeit von RL-Vorschriften mangels hinreichender Bestimmtheit ausscheidet, kann den Betroffenen u.U. ein **Schadensersatzanspruch wegen Verletzung der Umsetzungspflicht** gegen den MS zustehen. Der EuGH begründet dies unter Verweis auf die Verbindlichkeit des Gemeinschaftsrechts in nunmehr gefestigter Rechtsprechung mit der Erwägung, daß „die Haftung des Staates für Schäden aus zurechenbaren Verstößen gegen das Gemeinschaftsrecht" aus dem Wesen der Rechtsordnung des EGV folge und zudem in Art. 10 (ex-Art. 5) eine Stütze finde (EuGH, C-6/90, Francovich/Italien, Slg. 1991, I–5414). Voraussetzung dafür ist neben dem Kausalzusammenhang zwischen einem Verstoß des MS gegen die Umsetzungspflicht und dem Schaden des Betroffenen insbesondere, daß „die Verleihung von Rechten an einzelne" durch die RL als Ziel vorgegeben ist und „der Inhalt dieser Rechte auf Grundlage der RL bestimmt werden kann" (EuGH, C-6/90, a.a.O. Slg. 1991, I–5415).

14 Ein Schadensersatzanspruch kann auch dann bestehen, wenn ein MS seine nationalen Vorschriften nicht dem unmittelbar geltenden Primärrecht angepaßt hat. Wegen des typischerweise weiten Ermessens des Gesetzgebers bei Erlaß von Rechtsvorschriften führt aber eine unterbliebene Anpassung nationaler Vorschriften nicht automatisch dazu, das daraus entstandene Schäden Einzelner ersetzt werden müssen. Vielmehr muß der nationale Gesetzgeber sein Ermessen offenkundig und erheblich überschritten haben, so daß ein hinreichend qualifizierter Verstoß vorliegt. Das ist zumindest dann der Fall, wenn der Verstoß gegen das Primärrecht durch EuGH-Urteil festgestellt ist oder sich aus der gefestigten einschlägigen Rechtsprechung des EuGH ergibt (EuGH C-46 und C-48/93, Brasserie du Pecheur und Factortame, Slg. 1996, I–1032). Einzelheiten zur Haftung der MS wegen Verletzung des Gemeinschaftsrechts siehe Anhang zu Art. 288 (ex Art. 215).

3. Entscheidungen

15 Entscheidungen sind als Mittel zur **Regelung von Einzelfällen** den Verwaltungsakten des nationalen Rechts vergleichbar (Abgrenzung zur VO Rn. 6). Sie können sich an einzelne oder an eine begrenzte Zahl von Adressaten richten. Trotz fehlender allgemeiner Regelung im Gemeinschaftsrecht wird man davon ausgehen müssen, daß **Nebenbestimmungen zu Entscheidungen** zulässig sind (vgl. *Grabitz*, in Grabitz/Hilf, Art. 189 Rn. 74; mangels

Rechtsprechung des EuGH Einzelheiten nicht geklärt). Entscheidungen sind nur für die darin bezeichneten Adressaten verbindlich. In der Regel werden sie namentlich genannt. Es reicht aber aus, wenn aus dem Inhalt der Entscheidung klar hervorgeht, für wen sie Rechte und Pflichten begründen soll (EuGeI, T-2/93, Air France/Kommission, Slg. 1994, II–324) oder den Betroffenen in einer entsprechenden Weise individualisiert wie einen ausdrücklich genannten Adressaten (EuGH, C-225/91, Matra/Kommission, Slg. 1993, I–3204).

Entscheidungen müssen für die Betroffenen erkennbar geeignet sein, **16** **Rechtswirkungen** zu erzeugen, also Rechte und Pflichten hervorzurufen (EuGH, Rs. 52/63, Emile Henricot/Hohe Behörde, Slg. 1963, 484; Rs. 60/81, IBM/Kommission, Slg. 1981, 2651). Im Einzelfall kann es schwierig sein, Entscheidungen von nichtverbindlichen Äußerungen abzugrenzen. Die Ankündigung der Hohen Behörde in einem Schreiben, sich für eine künftige Entscheidung von bestimmten Gesichtspunkten leiten zu lassen, hat der EuGH lediglich als unverbindliche Ankündigung gewertet (EuGH Rs. 52/63, a.a.O. Slg. 1963, 484), dagegen in der Androhung des Entzugs von Vergünstigungen im Falle des Eintritts bestimmter Umstände eine Entscheidung gesehen (EuGH, Rs. 8/55, Federation Charbonniere/Hohe Behörde, Slg. 1955/56, 224). Maßgeblich ist, ob zum Ausdruck kommt, daß die erlassende Behörde sich endgültig festlegen will; **Zwischenmaßnahmen** sind keine Entscheidungen (EuGH, Rs. 60/81 a.a.O. Slg. 1981, 2652). Wird eine Entscheidung in der Sache verweigert, so liegt auch darin eine anfechtbare und als Entscheidung zu qualifizierende Handlung, weil die Vornahme der Sachentscheidung anfechtbar wäre (EuGH, Rs. 215/86, Asteris/Kommission, Slg. 1988, 2206; EuGeI, T-509/93, Richco/Kommission, Slg. 1996, II–1182). Allerdings kann eine Weigerung zum Tätigwerden nicht als Entscheidung eingestuft werden, wenn die Vornahme der begehrten Handlung nicht als Entscheidung zu qualifizieren wäre (EuGeI, T–330/94, Salt Union/Kommission, Slg. 1996, II–1489).

Soweit sich **Entscheidungen an MS** richten, können sie auch über den MS **17** hinaus für dessen Bürger begünstigende Rechtswirkungen entfalten. Unter Berufung auf die verbindliche Wirkung von Entscheidungen führt der EuGH dazu aus, daß die praktische Wirkung („effet utile") einer Maßnahme gegenüber einem MS abgeschwächt würde, wenn sich dessen Angehörige nicht darauf berufen könnten, sofern sie ein Interesse an der Erfüllung der Verpflichtung haben (EuGH, Rs. 9/70, Grad/Finanzamt Traunstein, Slg. 1970, 838; C-156/91, Hansafleisch/Landrat Schleswig, Slg. 1992, I–5595).

4. Empfehlungen und Stellungnahmen

18   Beide Rechtshandlungsformen haben **keine verbindliche Wirkung**. Zweck der Empfehlungen und Stellungnahmen ist primär, dem Adressaten ein bestimmtes Verhalten nahezulegen, ohne ihn rechtlich zu binden. Stellungnahmen ergehen zumeist in Reaktion auf Initiativen anderer Organe (z.B. Art. 209; ex-Art. 153), Empfehlungen sind in der Regel Ausfluß eigener Initiative. Insbesondere die KOM nutzt beide Handlungsformen; sie kann Stellungnahmen und Empfehlungen unabhängig von einer konkreten Kompetenznorm immer dann abgeben, wenn sie es für nötig erachtet (siehe Art. 211 Rn. 6; ex-Art. 155). Die übrigen Organe und Institutionen der EG können Stellungnahmen oder Empfehlungen dagegen nur aussprechen, soweit ihnen die Kompetenznormen des EGV eine entsprechende Befugnis zuerkennen (Prinzip der begrenzten Einzelermächtigung nach Art. 5; ex-Art. 3b).

19   Stellungnahmen und Empfehlungen können trotz Fehlens einer verbindlichen Wirkung **rechtlich erheblich** sein. Für Empfehlungen gilt dies immer dann, wenn sie – ähnlich den Vorschlägen der KOM – als Verfahrensvoraussetzung für ein Tätigwerden anderer Organe oder desselben Organs ausgestaltet sind (vgl. Art. 99 Abs. 4 (ex-Art. 103); 111 Abs. 2 (ex-Art. 109); 104 Abs. 13 (ex-Art. 104c); Art. 226, 227, 97 Abs. 2 (ex-Art. 169, 170, 102). Darüber hinaus sind Stellungnahmen und Empfehlungen von den MS wegen der aus Art. 10 (ex-Art. 5) folgenden Pflicht zu gemeinschaftsfreundlichem Verhalten (Einzelheiten Art. 10 Rn. 5) insofern zu beachten, als die MS ihr Handeln daran orientieren sollten (*Grabitz*, in Grabitz/Hilf, Art. 189 Rn. 82). Von den Gerichten der MS sind Empfehlungen der KOM bei Auslegung solcher nationalen Vorschriften zu berücksichtigen, die zur Durchführung von Empfehlungen erlassen worden sind (EuGH, Rs. 322/88, Grimaldi/Fonds maladie, Slg. 1989, 4421).

III. Rangordnung im Gemeinschaftsrecht

20   Art. 249 legt **keine Normenhierarchie** für das Gemeinschaftsrecht fest (gemäß der Schlußakte zum Maastricht-Vertrag sollte die Regierungskonferenz 1996 die Herstellung einer angemessenen Rangordnung der Gemeinschaftsrechtsakte prüfen; dies ist aber nicht geschehen). Der Vorrang der Vertragsvorschriften (Primärrecht) vor dem organgesetzten Sekundärrecht ergibt sich aus Art. 7 Abs. 1 (ex-Art. 4), wonach jedes Organ nur nach Maßgabe der ihm zugewiesenen Befugnisse handeln kann. Für das sekundäre Recht enthält Art. 249 insofern eine Abstufung, als VO, RL und Entscheidungen wegen ihrer Rechtsverbindlichkeit auch dann zu befolgen sind, wenn Stellungnahmen oder Empfehlungen anderslautende Handlungsanleitungen geben. Zwischen den rechtsverbindlichen Handlungsformen existiert aber keine Rangfolge in der Weise, daß eine davon ipso jure stärkere Geltungskraft hätte. Ebensowenig ergibt sich eine Vorrangigkeit einzelner Rechtsakte in Abhängigkeit vom erlassenden Organ (*Grabitz*, in Grabitz/Hilf, Art. 189 Rn. 21; vgl. aber *vorstehend* Rn. 21). Eine Ausnahme besteht lediglich dort, wo Rechtsakte des Sekundärrechts von anderen sekundären Normen abgeleitet sind. So muß eine Durchführungs-VO den Vorgaben ihrer GrundVO folgen; aus dem gleichen Grund müssen die von der KOM gem. Art. 211 (ex-Art. 155) erlassenen Durchführungsvorschriften den Vorgaben entsprechen, die sich aus dem übertragenden Rechtsakt des Rates ergeben (EuGH, C-103/96, Directeur General/Eridania, Slg. 1997, I–1454).

Sofern sich gleichrangige Rechtsakte widersprechen, kann nur auf **allge-**   21
meine Auslegungsgrundsätze zurückgegriffen werden; Rechtsprechung des EuGH zu dieser Frage liegt kaum vor. Der Grundsatz des Vorrangs des späteren Gesetzes gilt auch im Gemeinschaftsrecht, allerdings nicht in jedem Fall, sondern nur, wenn die frühere Rechtsnorm vom gleichen Organ und im gleichen Verfahren wie die spätere erlassen wurde. Letzteres ist wegen der unterschiedlich ausgestalteten Beteiligungsrechte der Organe am Rechtsetzungsverfahren erforderlich (*Grabitz*, in Grabitz/Hilf, Art. 189 Rn. 22). Auch eine RL kann eine frühere VO verdrängen (anders Grabitz aaO), wenn das durch die RL verbindlich aufgegebene Ergebnis von den MS nur zu erreichen ist, sofern vom Gebot einer früher ergangenen VO abgewichen wird. Ob abstrakt-generelle VO den konkret-individuellen Entscheidungen vorgehen (so Grabitz a.a.O. und Schmidt in GTE, Art. 189 Rn. 23), muß bezweifelt werden (allerdings kann eine VO als abstrakt-genereller Rechtsakt nicht stillschweigend durch Einzelfallentscheidung geändert werden; vgl. EuGH, C-313/90, CIRFS/Kommission, Slg. 1993, I–1125 sowie EuGeI, T-2/93, Air France/Kommission, Slg. 1994, II–358). Entscheidungen können vielmehr als lex specialis Vorrang genießen. Etwas anderes gilt selbstverständlich, wenn Entscheidungen auf Grundlage einer VO ergangen sind und somit den Charakter einer Durchführungsvorschrift haben.

IV. Vorrang des Gemeinschaftsrechts

Aus Art. 249 ergeben sich grundlegende Aussagen über den **Vorrang des**   22
Gemeinschaftsrechts vor dem nationalen Recht. Wenn VO in jedem MS „unmittelbar" gelten, können entgegenstehende nationale Vorschriften keine Wirksamkeit entfalten. Der EuGH geht deshalb in st. Rspr. vom Vorrang

des Gemeinschaftsrechts aus und begründet dies neben einem Verweis auf Art. 249 mit der Erwägung, daß dem Gemeinschaftsrecht „keine wie immer gearteten innerstaatlichen Rechtsvorschriften vorgehen können, wenn ihm nicht sein Charakter als Gemeinschaftsrecht aberkannt und wenn nicht die Rechtsgrundlage der Gemeinschaft selbst in Frage gestellt werden soll" (EuGH, Rs. 6/64, Costa/ENEL, Slg. 1964, 1270).

23   In Deutschland ist der Vorrang des Gemeinschaftsrechts vor den **einfach-gesetzlichen Normen** allgemein anerkannt (*Rojahn*, in v. Münch, Art. 23 Rn. 45). Das kann allerdings nicht aus dem Gemeinschaftsrecht selbst abgeleitet werden. Nur soweit der Bund gem. Art. 23 Abs. 1 (zuvor Art. 24) GG n.F. durch Gesetz Souveränitätsrechte auf die Gemeinschaft überträgt, sind die Hoheitsakte der Gemeinschaftsorgane vom Bund als ursprünglich ausschließlichem Hoheitsträger anzuerkennen (BVerfGE 31, 174). Im Grundsatz gilt dieser Vorrang auch gegenüber einzelnen verfassungsrechtlichen Vorschriften. Dagegen sind die **Grundrechte** unaufgebbarer Bestandteil des Verfassungsgefüges und dürfen nicht durch Hoheitsrechtsübertragungen angetastet werden (BVerfGE 58, 1); Art. 23 Abs. 1 GG n.F. stellt dies unter Verweis auf Art. 79 Abs. 2 und 3 GG jetzt ausdrücklich klar. Zwar ist unter Berufung auf den „Solange II"-Beschluß des BVerfG (E 73, 339) verbreitet die Auffassung vertreten worden, das sekundäre Gemeinschaftsrecht genieße auch gegenüber den Grundrechten Vorrang (statt vieler Grabitz, Art. 189 Rn. 28). Das BVerfG hat (nach anfänglichem Zögern; siehe BVerfGE 37, 271 „Solange I"; E 52, 187) jedoch lediglich ausgeführt, daß es das sekundäre Gemeinschaftsrecht nicht mehr selbst am Maßstab der Grundrechte prüfen werde, „**solange** die Europäischen Gemeinschaften, insbesondere die Rechtsprechung des Europäischen Gerichtshofs, einen wirksamen Schutz der Grundrechte gegenüber der Hoheitsgewalt der Gemeinschaften gewährleisten, der dem vom Grundgesetz als unabdingbar gebotenen Grundrechtsschutz im wesentlichen gleichzuachten ist, zumal den Wesensgehalt der Grundrechte generell verbürgt" (BVerfGE 73, 387). Mit dem **Maastricht-Urteil** hat das BVerfG abweichend vom Solange II-Beschluß klargestellt, daß es – in Kooperation mit dem EuGH – seine Prüfungskompetenz jedenfalls insoweit wieder ausüben will, als es um die „generelle Gewährleistung der unabdingbaren Grundrechtstandards" geht (BVerfGE 89, 175).

24   **Grenzen für den Vorrang des Gemeinschaftsrechts** ergeben sich, wenn der Übertragung von Hoheitsrechten auf die EG verfassungsrechtliche Schranken gesetzt sind. Nach Auffassung des BVerfG begrenzen grundlegende Verfassungsprinzipien die Übertragungskompetenz aus Art. 23 Abs. 1 GG n.F. Aus dem Demokratieprinzip leitet das BVerfG ab, daß im

gegenwärtigen Stadium der Integration dem Bundestag Aufgaben und Befugnisse von substantiellem Gewicht verbleiben müssen, also nicht auf die Gemeinschaft übertragen werden können (BVerfGE 89, 156). Sekundärrecht, das die Grenzen der durch Zustimmungsgesetz legitimierten Hoheitsrechtübertragung überschreitet, ist von daher unzulässig und kann in Deutschland keine Bindungswirkung entfalten (BVerfGE 89, 155 Lts. 6; „ausbrechende Rechtsakte").

V. Anwendbarkeit der Vorschrift im EUV

Art. 249 gilt im Grundsatz nur für den EGV. Allerdings ist nach Art. 28 **25** (ex-Art. J.18) und 41 (ex-Art. K.15) EUV vorgesehen, daß die Vorschrift auf die Bestimmungen der Titel über die gemeinsame Außen- und Sicherheitspolitik (GASP) sowie über die polizeiliche und die justizielle Zusammenarbeit in Strafsachen Anwendung findet. **Sinn und Bedeutung dieser Anwendungserstreckung auf die beiden Titel des EUV sind weitgehend unklar.**

Der wesentliche Regelungsgehalt des Art. 249 besteht wie dargelegt in der **26** Benennung der wichtigsten Rechtshandlungsformen der Gemeinschaftsorgane mit einer Verdeutlichung der entsprechenden Rechtswirkungen; darüber hinaus sind damit Aussagen zum Vorrang des Gemeinschaftsrechts und zur Rangordnung gemeinschaftlicher Rechtsakte enthalten. **Bezüglich der Rechtshandlungsformen kann Art. 249 nicht auf die Titel V und VI übertragen werden.** Für die GASP bestimmt Art. 12 (ex-Art. J.2) EUV die möglichen Maßnahmen zur Verfolgung der Ziele des Titels. Es sind nur „Grundsätze und allgemeine Leitlinien", „Beschlüsse über gemeinsame Strategien", der „Ausbau der regelmäßigen Zusammenarbeit" der MS sowie die Annahme „gemeinsamer Aktionen" und „gemeinsamer Standpunkte" vorgesehen; VO, RL und Entscheidungen sind nicht genannt. Das gleiche gilt für die polizeiliche und justizielle Zusammenarbeit nach Titel VI des EUV. Insoweit enthält Art. 34 (ex-Art. K.6) EUV den Katalog möglicher Maßnahmen und erwähnt neben der Unterrichtung und Konsultation der MS als Maßnahmen „gemeinsame Standpunkte", „Rahmenbeschlüsse", „Beschlüsse" und „Übereinkommen". Auch hier sind VO, RL und Entscheidungen nicht genannt. Zudem ist für die Beschlüsse und Rahmenbeschlüsse jeweils gesondert das Ausmaß der rechtlichen Bindungswirkung ausdrücklich festgelegt, wobei von den in Art. 249 enthaltenen Bestimmungen für VO und RL explizit abgewichen wird. Insofern kann die Erstreckung der Anwendbarkeit von Art. 249 für die Titel V und VI des EUV nur den Sinn haben, den Gemeinschaftsorganen für ihre Tätigkeit im Rahmen dieser Titel die Möglichkeit zur Abgabe von Empfehlungen und Stellungnahmen zu eröffnen.

27 Die in Art. 249 enthaltenen **Aussagen zum Vorrang des Gemeinschaftsrechts und zur Rangordnung gemeinschaftlicher Rechtsakte** sind ebenfalls nicht auf Titel V und VI des EUV übertragbar. Der Vorrang des Gemeinschaftsrechts vor dem nationalen Recht der MS ist vom EuGH aus der Übertragung von Hoheitsbefugnissen auf die EG abgeleitet worden (EuGH, Rs. 6/64, Costa/ENEL, Slg. 1964, 1269). Der EUV sieht für die 2. und 3. Säule derartige Hoheitsbefugnisse nicht vor; die vertragschließenden MS haben die Bestimmungen in Titel V und VI des EUV bewußt nicht in den EGV übernommen. Aus dem Vorrang des Gemeinschaftsrechts der EG kann somit nicht auf einen Vorrang des Unionsrechts geschlossen werden. Schließlich können auch die in Art. 249 enthaltenen Aussagen über die Rangordnung gemeinschaftlicher Rechtsakte nicht für den EUV fruchtbar gemacht werden. Diese ergeben sich allein aus den Bestimmungen über die Rechtswirkungen der in Art. 249 genannten Handlungsformen, die wie dargelegt für die GASP und die Zusammenarbeit in polizeilichen und justiziellen Angelegenheiten nicht zur Verfügung stehen (siehe oben Rn. 23).

Art. 250 (ex-Art. 189a) (Einstimmiger Ratsbeschluß, Änderungsrecht der Kommission)

(1) Wird der Rat kraft dieses Vertrags auf Vorschlag der Kommission tätig, so kann er vorbehaltlich des Artikels 251 Absätze 4 und 5 Änderungen dieses Vorschlags nur einstimmig beschließen.

(2) Solange ein Beschluß des Rates nicht ergangen ist, kann die Kommission ihren Vorschlag jederzeit im Verlauf der Verfahren zur Annahme eines Rechtsakts der Gemeinschaft ändern.

I. Allgemeines

1 Artikel 250 trifft wesentliche **Grundentscheidungen über die Befugnisse von KOM und Rat im Rechtsetzungsverfahren.** In welchen Fällen der Rat nur auf Vorschlag der KOM tätig werden kann, ergibt sich aus den einzelnen Kompetenznormen im EG-Vertrag, die für Rechtsetzungsvorhaben in fast allen Fällen ein **Initiativmonopol der KOM** vorsehen. Zwar können Rat und EP die KOM zur Vorlage eines Vorschlags auffordern (vgl. Art. 192 und 208; ex-Art. 138b und 152). Daraus folgt jedoch keine einklagbare Pflicht der KOM, entsprechend zu verfahren, sofern nicht besondere Umstände dafür vorliegen. Eine Pflicht zur Vorlage eines Vorschlags wird man etwa dann annehmen müssen, wenn ein erlassener Sekundärrechtsakt die Vorlage einer Durchführungsverordnung zwingend erfordert. Dagegen kann aus politischen Absichtserklärungen in Grün- oder Weißbüchern zur künftigen Regelung bestimmter Materien keine Rechtspflicht zum Handeln abgeleitet werden.

II. Gestaltungskompetenz der KOM

Die Befugnis der KOM zur **Änderung** ihrer Rechtsetzungsvorschläge gilt bis zur Beschlußfassung des Rates. Beschluß in diesem Sinne ist zumeist die das Gesetzgebungsverfahren beendende, endgültige Verabschiedung des Rechtsaktes. Art. 250 gibt der KOM damit im Grundsatz Gestaltungsfreiheit über die Beschlußgrundlage in den Rechtsetzungsverfahren. Zudem kann die KOM ihren **Vorschlag zurückziehen**, wenn der sich abzeichnende Ratsbeschluß ihren Auffassungen zuwiderläuft (vgl. *Harnier*, in GTE, Art. 149 EWGV Rn. 54). Diese Möglichkeit wird aus der Änderungsbefugnis der KOM abgeleitet. Es liegt also in der Hand der KOM, welchen Inhalt die Entscheidungsvorlage an den Rat hat. Allerdings ergeben sich aus den Beteiligungsbefugnissen anderer Organe an der Rechtsetzung (insbesondere im Verfahren der Zusammenarbeit und im Mitentscheidungsverfahren) Begrenzungen dieser ansonsten unbeschränkten Befugnis (Art. 252 Rn. 10, 15).

2

III. Begrenzte Änderungsbefugnis des Rates

Der Rat kann Änderungen am Vorschlag der KOM nach dem Wortlaut der Vorschrift nur einstimmig beschließen. Eine Ausnahme gilt lediglich für Art. 251 Abs. 4 und Abs. 5 (ex-Art. 189b) im Mitentscheidungsverfahren. Diese Vorschriften behandeln das Verfahren des dort vorgesehenen Vermittlungsausschusses (Einzelheiten Art. 251 Rn. 19). Die **Änderungsbefugnis des Rates bei Einstimmigkeit** setzt der Gestaltungskompetenz der KOM eine Schranke. Das trägt dem Stellenwert des übereinstimmenden Willens aller MS Rechnung. Auf Grundlage des Art. 250 wirkt die KOM im institutionellen Gefüge der Gemeinschaft als Motor der Integration und sorgt für einen Ausgleich der Interessen zwischen den MS; ihre Vorschläge sollen nicht an Partikularinteressen ausgerichtet sein. Auf der anderen Seite kann die Funktion der KOM als Motor der Integration nicht ohne Bindung an den übereinstimmenden Willen der MS sein. Die KOM soll ihr Gestaltungsmonopol deshalb nicht gegen die abweichende Auffassung der Gesamtheit aller MS durchsetzen können.

3

4   Auch bei Einstimmigkeit kann der Rat nur Änderungen am Vorschlag der KOM vornehmen, also **keinen eigenen Vorschlag** einbringen. Die Entscheidung über das „ob" der Vorlage verbleibt in jedem Fall bei der KOM. Dies ergibt sich im Umkehrschluß aus Art. 208 (ex-Art. 152), wonach der Rat die KOM lediglich zur Vorlage von Vorschlägen auffordern kann. Fraglich ist, welchen Umfang bzw. welche Intensität die vom Rat beschlossenen Änderungen haben dürfen, ohne sie bereits als Vorlage eines Ratsvorschlags werten zu müssen. Eine allgemeingültige Regel läßt sich schon deshalb nicht aufstellen, weil die Vorschläge der KOM bezüglich Regelungsumfang und Regelungsintensität sehr unterschiedlich sind. Man wird die Abänderungsbefugnis des Rates angesichts der Bedeutung des übereinstimmenden Willens der MS nicht zu eng fassen dürfen. Solange der KOM-Vorschlag in seiner Struktur und grundlegenden Zielsetzung erhalten bleibt, kann die Änderung einzelner oder mehrerer Vorschriften nicht als unzulässiger Ratsvorschlag angesehen werden (*Harnier,* in GTE Art. 149 EWGV Rn. 14; vgl. auch EuGH, Rs. 355/87, Kommission/Rat, Slg. 1989, 1550).

IV. Änderungsbefugnisse des Rates im Mitentscheidungsverfahren

5   In Absatz 1 wird für Änderungen am KOM-Vorschlag Einstimmigkeit im Rat „vorbehaltlich des Art. 251 Abs. 4 und 5" gefordert. Diese Formulierung ist mißverständlich. Sie bringt zunächst den Willen des Gesetzgebers zum Ausdruck, daß in den Verfahrensstadien des Art. 251 Abs. 4 und 5 (ex-Art. 189b) keine Einstimmigkeit für Änderungen am KOM-Vorschlag erforderlich ist. Dies betrifft das **Vermittlungsverfahren** zwischen Rat und EP sowie die nachträgliche Befassung beider Organe mit dem Vermittlungsergebnis. Darüber hinaus legt die Formulierung die Vermutung nahe, daß der Rat ansonsten auch im Mitentscheidungsverfahren bei Abweichungen vom KOM-Vorschlag immer einstimmig beschließen müßte. Eine solche Sichtweise verkennt jedoch die Systematik der Art. 250 und 251 (ex-Art. 189a und 189b) sowie Verlauf und Inhalt des Mitentscheidungsverfahrens. Zunächst ist die in Art. 251 Abs. 4 (ex-Art. 189b) vorgesehene Beschlußfassung keine des Rates. Hier wird nicht der Rat tätig, sondern der Vermittlungsausschuß. Schon deshalb kann Art. 250 Abs. 1 nicht in der oben dargelegten Weise interpretiert werden. Darüber hinaus ist darauf hinzuweisen, daß in Art. 250 Einstimmigkeit im Rat nur für „Änderungen dieses Vorschlags", also des Vorschlags der KOM gelten. Im Mitentscheidungsverfahren ist der KOM-Vorschlag jedoch nur bis zum Abschluß der 1. Lesung in EP und Rat Grundlage des Verfahrens. Nach Festlegung eines gemeinsamen Standpunkts durch den Rat bildet dieser die Verfahrensgrundlage. Ab diesem Verfahrensstadium beziehen sich sowohl die Abänderungen des EP als auch die weiteren Arbeiten von Rat und EP im Mitentscheidungsverfahren auf den gemeinsamen Standpunkt des Rates in seiner ursprünglichen Form oder in der vom EP in 2. Lesung abgeänderten Version. Die Formulierung „vorbehaltlich des Art. 251 Abs. 4 und 5" in Art. 250 Abs. 1 beruht somit auf einem Mißverständnis. Das damit beabichtigte Ziel, keine Einstimmigkeit des Rates bei Änderungen am KOM-Vorschlag zu fordern, ist durch die Fassung des Art. 251 (ex-Art. 189b) als speziellere Norm bereits nach Abschluß der 1. Lesung im Rat und EP verwirklicht. Insbesondere kann deshalb aus Art. 250 nicht der Schluß gezogen werden, daß der Rat im Mitentscheidungsverfahren mit Ausnahme der Verfahrensstadien in Abs. 4 und 5 immer einstimmig beschließen müßte, wenn er vom KOM-Vorschlag abweicht (vgl. auch Art. 251 Rn. 12).

V. Änderungsbefugnisse des EP

Art. 250 trifft keine Aussage über Änderungsbefugnisse des EP am KOM- **6**
Vorschlag. Gleichwohl ist das EP dazu berechtigt, wie sich aus den spezielleren Verfahrensnormen über das Mitentscheidungsverfahren und das Verfahren der Zusammenarbeit ergibt (vgl. Art. 251; ex-Art. 189b; sowie Art. 252, ex-Art. 189c).

Vorbemerkung zu Art. 251–252 (ex-Art. 189b-189c)

I. Allgemeine Bedeutung der Verfahrensnormen

Die Art. 251 und 252 sind **zentrale Vorschriften für das Gesetzgebungs-** **1**
verfahren der EG. Art. 251 regelt das Mitentscheidungsverfahren, das durch den Maastricht-Vertrag neu in den EGV aufgenommen und durch den Vertrag von Amsterdam mit dem Ziel der Verfahrensbeschleunigung modifiziert wurde. Das Verfahren der Zusammenarbeit (Kooperationsverfahren) in Art. 252 (ex-Art. 189c) entspricht abgesehen von geringfügigen Wortlautänderungen dem Art.149 Abs. 2 EWGV (Art. 149 Abs. 1 und Abs. 3 EWGV sind in Art. 250 [ex-Art. 189a] aufgegangen). Mit der Einfügung der beiden Artikel in das Kapitel über die gemeinsamen Vorschriften für mehrere Organe hat der Maastricht-Vertrag der Tatsache Rechnung getragen, daß beide Normen wichtige Aussagen über das Kompetenzgefüge von Rat, KOM und EP enthalten. Die Zuordnung des vormaligen Art. 149 EWGV zu den Vorschriften über den Rat war nicht systemgerecht.

2   Das **Mitentscheidungsverfahren** gemäß Art. 251 baut konzeptionell auf dem Verfahren der Zusammenarbeit auf. Es gibt dem EP aber weitergehende Mitwirkungsmöglichkeiten, die durch den Vertrag von Amsterdam ausgebaut wurden. Dadurch hat das EP nunmehr im Anwendungsbereich des Mitentscheidungsverfahrens eine gleichberechtigte Stellung neben dem Rat (zu den Beteiligungsrechten des EP im Mitentscheidungsverfahren Boest, EuR 1992, 182).

3   Neben dem Mitentscheidungs- und Kooperationsverfahren enthält der EGV etliche weitere **Formen der EP-Beteiligung am Rechtsetzungsverfahren**. Das Verfahren der **Unterrichtung** (vgl. z.B. Art. 99 Abs. 2; ex-Art. 103) ist in einigen Vorschriften über die WWU vorgesehen und nur ein Informationsverfahren ohne formelle Mitsprachemöglichkeit. Das Verfahren der **Anhörung** (vor allem Art. 37 (ex-Art. 31); Agrarpolitik; aber auch zahlreiche weitere Kompetenznormen) gibt dem EP die Möglichkeit zur Stellungnahme, bevor der Rat einen Beschluß fassen kann. Im Anhörungsverfahren muß der Rat den Vorstellungen des EP nicht folgen. Allerdings versucht das EP teilweise, durch Verzögerung bei Abgabe einer Stellungnahme Druck auf Rat und KOM zur Übernahme der EP-Wünsche auszuüben. Soweit der EGV keine EP-Beteiligung an einzelnen Rechtsetzungsverfahren vorsieht, konsultiert der Rat das Parlament teilweise durch eine „**fakultative Anhörung**" (vgl. Art. 133; ex-Art. 113; Handelspolitik). Das Verfahren der **Zustimmung** ist von der Grundkonzeption auf die EP-Beteiligung bei Abschluß internationaler Abkommen zugeschnitten (vgl. Art. 300 Abs. 3; ex-Art. 228). Es ist aber auch für die Beschlußfassung über die Aufgaben und vorrangigen Ziele der Strukturfonds weiterhin vorgesehen (Art. 161; ex-Art. 130d). Im **Haushaltsverfahren** nach Art. 272 (ex-Art. 203) hat das EP in seiner Funktion als Haushaltsbehörde weitgehende Befugnisse, die bis zum Letztentscheidungsrecht über die sog. nichtobligatorischen Ausgaben reichen (Einzelheiten Art. 272).

4   Über die im Primärrecht vorgesehenen Beteiligungsbefugnisse hinaus enthalten zahlreiche Absprachen und Vereinbarungen zwischen den Gemeinschaftsorganen Vorkehrungen über die Einbeziehung des EP in den Entscheidungsprozeß. Diese Absprachen, herkömmlich als **interinstitutionelle Vereinbarungen** bezeichnet, haben eine unübersichtliche Anzahl erreicht und können hier nicht im einzelnen dargestellt werden. Der Modus Vivendi zum **Komitologieverfahren** bezieht beispielsweise das EP in das Verfahren zum Erlaß bestimmter Durchführungsvorschriften ein, ohne daß dies im Primärrecht vorgesehen ist (vgl. ABl. C-293/1 vom 8.11.1995). Zur Sicherstellung der EP-Befugnisse als Haushaltsbehörde ist ein **Konzertierungsverfahren** zwischen EP, Rat und KOM eingeführt worden, das dem

EP schon im Vorfeld der primärrechtlich festgelegten Mitsprachemöglich-
keiten eine Beteiligung sichert und den Ablauf des Haushaltsverfahrens
vereinfacht (vgl. Art. 272). Die rechtliche Qualifizierung solcher Absprachen ist schwierig und im Grunde nicht geklärt. Über solche Interinstitutionelle Vereinbarungen versucht das EP, seine Einflußmöglichkeiten ohne
Änderung des Primärrechts auszudehnen. Dies führt zu weiterer Kompli-
zierung und noch größerer Unübersichtlichkeit der Verantwortlichkeits-
strukturen auf Gemeinschaftsebene. Zur Beteiligung weiterer Organe und
Institutionen am Rechtsetzungsverfahren vgl. die Kommentierungen zu Art.
262 (WSA), Art. 265 (AdR) sowie Art. 105ff. (EZB).

II. Anwendungsbereich des Mitentscheidungsverfahrens (Kodezisions-
verfahren)

Die einzelnen Kompetenznormen des EGV legen fest, in welchen Fällen   5
das Mitentscheidungsverfahren gilt. Der Vertrag von Amsterdam hat dessen
Anwendungsbereich erheblich ausgedehnt. Die wichtigsten Anwendungsfälle für das Mitentscheidungsverfahren dürften weiterhin wegen der
zahlenmäßigen Bedeutung die Binnenmarktvorhaben gem. Art. 95 (ex-Art.
100a) sein. Weitere wichtige Bereiche sind die Beschlüsse über die transeuropäischen Netze gem. Art. 156 (ex-Art. 129b), die Forschungsrahmenprogramme nach Art. 166 (ex-Art. 130i), die Verkehrspolitik (Art. 71 und
80) und die Umweltpolitik (Art. 175 Abs. 1; ex-Art. 130s).

Nachfolgend sind die Kompetenznormen aufgeführt, die eine Beschlußfas-   6
sung im Mitentscheidungsverfahren vorsehen. Die durch den Vertrag von
Amsterdam hinzugekommenen Materien sind durch den Zusatz (neu)
kenntlich gemacht:

– Art. 12 (ex-Art. 6):	Regelungen für das Verbot von Dis-kriminierungen aus Gründen der Staatsangehörigkeit.
– Art. 18 Abs. 2 (ex-Art. 8a):	Bestimmungen über die Erleichte-rung der Ausübung des Aufenthalts-rechts.
– Art. 40 (ex-Art. 49):	Maßnahmen zur Herstellung der Freizügigkeit für Arbeitnehmer.
– Art. 42 (ex-Art. 51):	Maßnahmen zur Herstellung der Freizügigkeit für Arbeitnehmer auf dem Gebiet der sozialen Sicherheit.
– Art. 44 Abs. 2 (ex-Art. 54):	Richtlinien zur Verwirklichung der Niederlassungsfreiheit.

– Art. 47 Abs. 1 und Abs. 2 (ex-Art. 57):	(neu) Koordinierung der Rechts- und Verwaltungsvorschriften der Mitgliedstaaten über die Aufnahme und Ausübung selbständiger Tätigkeiten, jetzt eingeschlossen auch die Änderung gesetzlicher Grundsätze der Berufsordnung.
– Art. 55 (ex-Art. 66):	Verwirklichung der Dienstleistungsfreiheit.
– Art. 71 Abs. 1 (ex-Art. 75):	(neu) Verkehrspolitik; (Art. 71 Abs. 3 weiterhin Anhörungsverfahren.)
– Art. 80 (ex-Art. 84):	(neu) Verkehrspolitik im Bereich Seeschiffahrt und Luftfahrt.
– Art. 95 (ex-Art. 100a):	Errichtung des Binnenmarktes.
– Art. 137 (ex-Art. 118):	(neu) Sozialpolitik; Übernahme des Sozialabkommens in den EG-Vertrag.
– Art. 141 (ex-Art. 119):	(neu) Maßnahmen zur Gewährleistung der Chancengleichheit und der Gleichstellung von Männern und Frauen in Arbeits- und Beschäftigungsfragen.
– Art. 148 (ex-Art. 125):	(neu) Durchführungsbeschlüsse betreffend den Europäischen Sozialfonds.
– Art. 149 (ex-Art. 126):	Fördermaßnahmen im Bereich der allgemeinen Bildung unter Ausschluß einer Rechtsharmonisierung.
– Art. 150 (ex-Art. 127):	(neu) Fördermaßnahmen im Bereich der beruflichen Bildung unter Ausschluß einer Rechtsharmonisierung.
– Art. 151 (ex-Art. 128):	Fördermaßnahmen im Kulturbereich unter Ausschluß einer Rechtsharmonisierung.
– Art. 152 (ex-Art. 129):	(teilweise neu) Fördermaßnahmen im Bereich des Gesundheitswesens; jetzt ergänzt um Maßnahmen zur Festlegung hoher Qualitäts- und Sicherheitsstandards für Organe und Substanzen menschlichen Ur-

	sprungs, für Blut- und Blutderivate sowie für Maßnahmen in den Bereichen Tiergesundheit und Pflanzenschutz.
– Art. 153 (ex-Art. 129a):	Spezifische Aktionen zum Verbraucherschutz.
– Art. 156 (ex-Art. 129d):	(teilweise neu) Leitlinien und Vorhaben von gemeinsamem Interesse bei Verwirklichung der transeuropäischen Netze; jetzt ergänzt um übrige Maßnahmen zur Verwirklichung der transeuropäischen Netze.
– Art. 162 (ex-Art. 130e):	(neu) Durchführungsbeschlüsse für den Europäischen Fonds für regionale Entwicklung (EFRE).
– Art. 166 Abs. 1 (ex-Art. 130i):	Aufstellung der mehrjährigen Forschungsrahmenprogramme.
– Art. 172 Abs. 2 (ex-Art. 130o):	(neu) Durchführung des Forschungsrahmenprogramms, Beschlußfassung über Zusatzprogramme zum Forschungsrahmenprogramm sowie Beteiligung der Gemeinschaft an Forschungs- und Entwicklungsprogrammen mehrerer Mitgliedstaaten.
– Art. 175 Abs. 1 (ex-Art. 130s):	(neu) Tätigwerden der Gemeinschaft zur Verfolgung der Umweltschutzziele gemäß Art. 174 (ex-Art. 130r).
– Art. 175 Abs. 3 (ex-Art. 130s):	Allgemeine Aktionsprogramme im Bereich Umweltschutz.
– Art. 179 (ex-Art. 130w):	(neu) Maßnahmen auf dem Gebiet der Entwicklungszusammenarbeit.
– Art. 255 (ex-Art. 191a):	(neu) Festlegung allgemeiner Grundsätze für den Zugang zu Dokumenten (allgemeine Grundsätze der Transparenz).
– Art. 280 (ex-Art. 209a):	(neu) Maßnahmen zur Bekämpfung von Betrug zu Lasten der Gemeinschaft.
– Art. 285 (ex-Art. 213a):	(neu) Maßnahmen für die Erstellung von Statistiken.

– Art. 286 (ex-Art. 213b):   (neu) Errichtung einer unabhängigen
                                    Kontrollinstanz für die Überwa-
                                    chung des Datenschutzes.

III. Anwendungsbereich des Verfahrens der Zusammenarbeit (Kooperationsverfahren)

7 Das Verfahren der Zusammenarbeit hat einen Großteil seiner **Bedeutung eingebüßt**, weil der Vertrag von Amsterdam zahlreiche Materien dem Mitentscheidungsverfahren unterstellt hat, die bislang im Verfahren der Zusammenarbeit entschieden wurden. Die von einigen MS bei der Regierungskonferenz 1996 angestrebte Reduzierung unterschiedlicher Verfahrensarten durch Streichung des Kooperationsverfahrens ist leider nicht gelungen. Dies wäre ein wichtiger Beitrag zu größerer Transparenz der Entscheidungsstrukturen gewesen.

8 Das Verfahren der Zusammenarbeit ist nur noch anzuwenden bei Entscheidungen im Rahmen der Sekundärgesetzgebung zu den Vorschriften über die Währungsunion (Art. 102 Abs. 2; ex-Art. 104a; und Art. 103 Abs. 2; ex-Art. 104b), für die Regelung über den Münzumlauf (Art. 105 Abs. 2) und für die Festlegung der Einzelheiten zum Verfahren der multilateralen Überwachung der Mitgliedstaaten (Art. 99 Abs. 5; ex-Art. 103).

IV. Bewertung

9 Der deutlich erweiterte Anwendungsbereich des Mitentscheidungsverfahrens zeigt dessen vorrangige Bedeutung für die Rechtsetzungstätigkeit der EG. Die Stellung des EP wurde damit spürbar gestärkt. Dies ist als wichtiger Schritt zum Abbau des Demokratiedefizites auf Gemeinschaftsebene zu begrüßen. Der weitere **Ausbau der parlamentarischen Kontrolle** ist aber als Forderung an kommende Regierungskonferenzen zu richten. Dies gilt umso mehr, als auch der Vertrag von Amsterdam keine nachvollziehbare Systematik für das Ausmaß der EP-Beteiligung im Rechtsetzungsverfahren erkennen läßt. So ist im Umweltsektor neben dem Mitentscheidungsverfahren bei besonders wichtigen Materien nur eine Anhörung des EP vorgesehen. Dies kann zu Abgrenzungsproblemen bei Anwendung der Verfahren für konkrete Rechtsetzungsvorhaben führen. Es ist auch keine tragfähige Begründung ersichtlich, welche Gesichtspunkte für die vorgenommene Differenzierung der Beteiligungsrechte maßgeblich sind. Vor diesem Hintergrund ist es bedauerlich, daß durch den Vertrag von Amsterdam die in Art. 251 Abs. 8 (ex-Art. 189b) enthaltene Klausel entfallen ist, mit der ausdrücklich auf die Möglichkeit einer Erweiterung des Anwendungsbereichs

für das Mitentscheidungsverfahren hingewiesen wurde (vgl. Vorauflage; Art. 189b Rn. 17).

Art. 251 (ex-Art. 189b) (Verfahren der Mitentscheidung)

(1) Wird in diesem Vertrag hinsichtlich der Annahme eines Rechtsakts auf diesen Artikel Bezug genommen, so gilt das nachstehende Verfahren.

(2) Die Kommission unterbreitet dem Europäischen Parlament und dem Rat einen Vorschlag.

Nach Stellungnahme der Europäischen Parlaments verfährt der Rat mit qualifizierter Mehrheit wie folgt:

– Billigt er alle in der Stellungnahme des Europäischen Parlaments enthaltenen Abänderungen, so kann er den vorgeschlagenen Rechtsakt in der abgeänderten Fassung erlassen;

– schlägt das Europäische Parlament keine Abänderungen vor, so kann er den vorgeschlagenen Rechtsakt erlassen;

– anderenfalls legt er seinen gemeinsamen Standpunkt fest und übermittelt ihn dem Europäischen Parlament. Der Rat unterrichtet das Europäische Parlament in allen Einzelheiten über die Gründe, aus denen er seinen gemeinsamen Standpunkt festgelegt hat. Die Kommission unterrichtet das Europäische Parlament in allen Einzelheiten über ihren Standpunkt.

Hat das Europäische Parlament binnen drei Monaten nach der Übermittlung

a) den gemeinsamen Standpunkt gebilligt oder keinen Beschluß gefaßt, so gilt der betreffende Rechtsakt als entsprechend diesem gemeinsamen Standpunkt erlassen;

b) den gemeinsamen Standpunkt mit der absoluten Mehrheit seiner Mitglieder abgelehnt, so gilt der vorgeschlagene Rechtsakt als nicht angenommen;

c) mit der absoluten Mehrheit seiner Mitglieder Abänderungen an dem gemeinsamen Standpunkt vorgeschlagen, so wird die abgeänderte Fassung dem Rat und der Kommission zugeleitet; die Kommission gibt eine Stellungnahme zu diesen Abänderungen ab.

(3) Billigt der Rat mit qualifizierter Mehrheit binnen drei Monaten nach Eingang der Abänderungen des Europäischen Parlaments alle diese Abänderungen, so gilt der betreffende Rechtsakt als in der so abgeänderten Fassung des gemeinsamen Standpunkts angenommen; über Abänderungen, zu denen die Kommission eine ablehnende Stel-

lungnahme abgegeben hat, beschließt der Rat jedoch einstimmig. Billigt der Rat nicht alle Abänderungen, so beruft der Präsident des Rates im Einvernehmen mit dem Präsidenten des Europäischen Parlaments binnen sechs Wochen den Vermittlungsausschuß ein.

(4) Der Vermittlungsausschuß, der aus den Mitgliedern des Rates oder deren Vertretern und ebenso vielen Vertretern des Europäischen Parlaments besteht, hat die Aufgabe, mit der qualifizierten Mehrheit der Mitglieder des Rates oder deren Vertreter und der Mehrheit der Vertreter des Europäischen Parlaments eine Einigung über einen gemeinsamen Entwurf zu erzielen. Die Kommission nimmt an den Arbeiten des Vermittlungsausschusses teil und ergreift alle erforderlichen Initiativen, um auf eine Annäherung der Standpunkte des Europäischen Parlaments und des Rates hinzuwirken. Der Vermittlungsausschuß befaßt sich hierbei mit dem gemeinsamen Standpunkt auf der Grundlage der vom Europäischen Parlament vorgeschlagenen Abänderungen.

(5) Billigt der Vermittlungsausschuß binnen sechs Wochen nach seiner Einberufung einen gemeinsamen Entwurf, so verfügen das Europäische Parlament und der Rat ab dieser Billigung über eine Frist von sechs Wochen, um den betreffenden Rechtsakt entsprechend dem gemeinsamen Entwurf zu erlassen, wobei im Europäischen Parlament die absolute Mehrheit der abgegebenen Stimmen und im Rat die qualifizierte Mehrheit erforderlich ist. Nimmt eines der beiden Organe den vorgeschlagenen Rechtsakt nicht innerhalb dieser Frist an, so gilt er als nicht angenommen.

(6) Billigt der Vermittlungsausschuß keinen gemeinsamen Entwurf, so gilt der vorgeschlagene Rechtsakt als nicht angenommen.

(7) Die in diesem Artikel genannten Fristen von drei Monaten bzw. sechs Wochen werden auf Initiative des Europäischen Parlaments oder des Rates um höchstens einen Monat bzw. zwei Wochen verlängert.

I. Allgemeines

Das Mitentscheidungsverfahren ist konzeptionell eine Weiterentwicklung **1**
des Verfahrens der Zusammenarbeit, das durch die EEA von 1986 die Stellung des EP im Rechtsetzungsprozeß verbessern sollte. Im Verfahren der Zusammenarbeit kann sich der Rat jedoch bei einstimmiger Beschlußfassung über die Stellungnahme des EP hinwegsetzen (vgl. Art. 252 Rn. 11). Die Einführung des Mitentscheidungsverfahrens war somit ein notwendiger Schritt zur Stärkung der demokratischen Legitimation des Rechtsetzungsprozesses der EG.

Der Vertrag von Amsterdam hat die **Rechtsetzungsbefugnisse des EP** im **2**
Mitentscheidungsverfahren weiter gestärkt. Neben der Ausdehnung des Anwendungsbereichs (vgl. Vorbem. zu Art. 251 bis 252 Rn. 5) erfolgte dies durch eine Straffung des Verfahrensgangs verbunden mit einer gleichwertigen Ausgestaltung der Rechte von Rat und EP. Der Rat hat jetzt nicht mehr die Möglichkeit, nach einem Scheitern des Vermittlungsverfahrens seinen gemeinsamen Standpunkt zu bestätigen. Damit wird der Druck erhöht, im Vermittlungsverfahren zu einem Kompromiß zu kommen. Eine für die Praxis wesentliche Verfahrensvereinfachung besteht darin, daß während der 2. Lesung des EP kein gesondertes Vermittlungsverfahren mehr vorgesehen ist. Inwieweit die neugeschaffene Möglichkeit einer Beendigung des Mitentscheidungsverfahrens nach der 1. Lesung von Rat und EP praktische Bedeutung erlangen wird, bleibt abzuwarten. Die dafür erforderliche Übereinstimmung zwischen den beiden Rechtsetzungsorganen schon in diesem Verfahrensstadium dürfte nur selten zu erzielen sein.

Das Mitentscheidungsverfahren verläuft in mehreren Stufen, in denen EP, **3**
Rat und KOM in unterschiedlicher Weise eingebunden sind. Grundvoraussetzung und Beginn des Verfahrens ist die Vorlage eines Vorschlags durch die KOM gleichzeitig an Rat und EP (II.). Nach Stellungnahme des EP zum KOM-Vorschlag in 1. Lesung (III.) legt der Rat seinen gemeinsamen Standpunkt (im folgenden: GS) fest (IV.). Sofern die Positionen von Rat und EP nicht übereinstimmen, übermittelt der Rat seinen GS dem EP für dessen 2. Lesung (V.). Die anschließende 2. Lesung im Rat führt zur Anrufung des Vermittlungsausschusses, wenn der Rat nicht alle Abänderungen des EP billigt (VI.). Sofern sich der Vermittlungsausschuß auf einen Kompromiß (gemeinsamen Entwurf) einigt, schließt sich eine 3. Lesung in Rat und EP an (VII.).

II. Verfahrenseinleitung durch Vorschlag der KOM

4   Das **Vorschlagsrecht der KOM** ist von zentraler Bedeutung für den Verfahrensgang. Nur die KOM hat ein Vorschlagsrecht (näher Art. 250 Rn. 2). Zwar können Rat und EP gemäß Art. 208 bzw. 192 (ex-Art. 152 bzw. 138b) die KOM zur Vorlage eines Vorschlags auffordern, jedoch ist sie damit nicht ohne weiteres verpflichtet, der Aufforderung nachzukommen. Bei einer – allerdings eher theoretischen – Weigerung der KOM zum Tätigwerden könnten Rat und EP eine Untätigkeitsklage gemäß Art. 232 (ex-Art. 175) mit Erfolg nur erheben, wenn aufgrund besonderer Umstände eine Handlungspflicht bestünde (vgl. Art. 250 Rn. 1).

5   Der KOM-Vorschlag legt im Grundsatz den Inhalt des Vorhabens fest, über das zu entscheiden ist. Dies bedeutet in der Praxis allerdings nicht, daß darüber nur in der vorgelegten Form befunden werden könnte. Die **Gremien des Rates** führen intensive Verhandlungen über die jeweiligen Vorschläge und vom EP werden oft zahlreiche Änderungen eingebracht. In vielen Fällen übernimmt die KOM solche Änderungswünsche in ihren Vorschlag; sofern sie dies nicht tut, muß der Rat einstimmig beschließen. Das ausschließliche Initiativrecht der KOM, verbunden mit ihren Möglichkeiten zur inhaltlichen Gestaltung der Beschlußgrundlage, verdeutlicht die starke Stellung der KOM in der Anfangsphase des Mitentscheidungsverfahrens.

III. Verfahren der 1. Lesung in Rat und EP (Abs. 2)

6   Der Vorschlag der KOM wird gleichzeitig Rat und EP vorgelegt (anders im Verfahren der Zusammenarbeit, vgl. Art. 252 Rn. 4). Das verdeutlicht die **gleichberechtigte Stellung von Rat und EP** im Mitentscheidungsverfahren. Der anschließende Ablauf für die 1. Lesung in Rat und EP ist durch den Vertrag von Amsterdam modifiziert worden.

7   Die **1. Lesung im EP** ist nicht ausdrücklich geregelt. Aus den Bestimmungen über die 1. Lesung im Rat ergeben sich inzident die Möglichkeiten des EP, Abänderungen vorzuschlagen oder den Entwurf durch Verzicht auf Abänderungen zu billigen. Das EP kann sich einer Stellungnahme nicht entziehen. Auf eine Beteiligung im Mitentscheidungsverfahren kann das EP nicht verzichten (näher dazu Rn. 14).

8   Der Vertrag von Amsterdam bezeichnet nunmehr auch die Vorschläge des EP aus 1. Lesung als Abänderungen; im Maastricht-Vertrag war allgemein von einer Stellungnahme die Rede. Diese neue Terminologie ist in diesem Verfahrensstadium ohne Bedeutung, führt jedoch zu Auslegungsproblemen bei der Bestimmung der Grundlagen des Vermittlungsverfahrens (vgl. dazu unten Rn. 20).

Dem EP ist für seine Stellungnahme keine **Frist** gesetzt. Dies wäre im Sin-   **9**
ne einer Verfahrensbeschleunigung allerdings sinnvoll. Ob Rat oder KOM
das EP bei Verweigerung oder Verzögerung einer Stellungnahme im Wege
der Untätigkeitsklage nach Art. 232 (ex-Art. 175) zu einer Sachäußerung
anhalten können, ist fraglich. Auch dem Rat sind in 1. Lesung keine Fristen
gesetzt. Untätigkeit bzw. dauerhafte Verzögerung kommen allerdings faktisch einer Ablehnung des Vorhabens gleich. Weil diese Möglichkeit für das
EP erst in 2. Lesung vorgesehen ist (vgl. Rn. 14), spricht einiges für die
Möglichkeit zur Erhebung einer Untätigkeitsklage in einem solchen Fall.

Die **1. Lesung des Rates** erfolgt gemäß Abs. 2 „nach Stellungnahme des   **10**
Europäischen Parlaments". Deutlicher als bisher wird damit klargestellt,
daß der Rat vor einer Entscheidung in der Sache das Ergebnis der 1. Lesung
des EP abwarten muß. Im Grundsatz entspricht dies der bisherigen Rechtslage und der Rspr. des EuGH, der klargestellt hat, daß der Rat bei vorgese-
hener EP-Beteiligung im Rechtsetzungsverfahren dessen Stellungnahme
abwarten muß, um in Kenntnis der Argumente des EP entscheiden zu können (EuGH, C-392/95, EP/Rat, Slg. 1997, I–3214; Rs. 138/79, Roquette/
Rat, Slg. 1980, 3360). In der Praxis kommt es allerdings teilweise vor, daß
sich der Rat schon vor Stellungnahme des EP im Wege einer „politischen
Einigung" auf den Inhalt eines GS verständigt und den formalen Beschluß
im sog. A-Punkt-Verfahren nach Eingang der EP-Stellungnahme nachholt
(näher dazu Art. 252 Rn. 5, 6). Diese Praxis erscheint rechtlich zweifelhaft.
Nach der Neufassung des Abs. 2 kann sie für das Mitentscheidungsverfah-
ren nicht mehr zulässig sein. Ansonsten würde die Zielsetzung der weiteren
Neuregelung unterlaufen, wonach der Rat bei Übereinstimmung mit der
Stellungnahme des EP den vorgeschlagenen Rechtsakt schon in diesem
Verfahrensstadium erlassen kann.

Die 1. Lesung im Rat muß – anders als früher nach dem Maastricht-Vertrag   **11**
– nicht in einen GS des Rates münden. Neben dieser Möglichkeit kann der
Rat schon in diesem Stadium den **Rechtsakt endgültig erlassen**, wenn das
EP in seiner 1. Lesung entweder keine Abänderungen vorgeschlagen hat
oder aber der Rat alle Abänderungen des EP billigt. Nach dem Wortlaut
„kann" der Rat den Rechtsakt erlassen, er muß es also nicht. Die Ausgestaltung als Kann-Bestimmung ist notwendig, weil das EP ansonsten den
Rat zur Verabschiedung des Vorschlages der KOM zwingen könnte. Allerdings muß die Regelung im Lichte ihrer Zielsetzung ausgelegt werden. Sie
besteht darin, für den Fall einer Übereinstimmung zwischen Rat und EP
den Verfahrensgang zu verkürzen. Sofern die dafür genannten Voraussetzungen vorliegen und der Rat zudem auch den Vorschlag der KOM billigt,
wird man eine Pflicht des Rates annehmen müssen, den Rechtsakt schon in

diesem Verfahrensstadium zu erlassen. Ansonsten würde der Rechtset-
zungsgang unnötig verzögert.

12 Für die Verabschiedung des Rechtsakts in 1. Lesung und die Festlegung des
GS „verfährt der Rat mit qualifizierter Mehrheit". Die **Beschlußfassung
mit qualifizierter Mehrheit** gilt demgemäß auch für den Fall, daß der Rat
den Rechtsakt unter Billigung der Abänderungen des EP abweichend vom
KOM-Vorschlag erläßt, obwohl nach Art. 250 (ex-Art. 189a) der Rat Änderungen am KOM-Vorschlag nur einstimmig beschließen kann (vgl. dort
Rn. 3). Das Ausreichen einer qualifizierten Mehrheit ergibt sich nunmehr
unmittelbar aus dem Wortlaut, weil danach „der Rat mit qualifizierter
Mehrheit ... alle Abänderungen" des EP billigen und den „vorgeschlagenen
Rechtsakt in der abgeänderten Fassung erlassen" kann. Mit diesem eindeutigen Wortlaut haben die Vertragsparteien in Kenntnis des Regelungsgehalts
von Art. 250 (ex-Art. 189) für das Mitentscheidungsverfahren eine Sonderregelung getroffen, die als lex specialis Vorrang genießt. Für eine Beschlußfassung des Rates in 1. Lesung in Übereinstimmung mit dem EP
reicht somit die qualifizierte Mehrheit auch dann aus, wenn der Beschluß
vom KOM-Vorschlag abweicht.

Der Grundsatz vom Vorrang der spezielleren Norm vor der allgemeinen Regelung gilt auch für den Fall, daß im Mitentscheidungsverfahren Materien
geregelt werden, für die in der jeweiligen Kompetenznorm des EGV Einstimmigkeit gefordert wird. Die allgemeine Verfahrensregel, daß qualifizierte Mehrheit für die Beschlußfassung ausreicht, wird von den speziele-
ren Bestimmungen über die Beschlußfassung in den Kompetenznormen
verdrängt. **Einstimmige Beschlußfassung im Mitentscheidungsverfahren** ist somit erforderlich im Bereich von Art. 42 (ex-Art. 51; Soziale
Sicherheit für Wanderarbeitnehmer), Art. 46 Abs. 2 (ex-Art. 56; Koordinierung der Rechtsvorschriften mit Sonderregelungen für Ausländer aus Gründen der öffentlichen Ordnung), Art. 47 Abs. 2 (ex-Art. 57; RL über Aufnahme und Ausübung selbständiger Tätigkeiten, deren Durchführung die
Änderung bestehender Grundsätze der Berufsordnung umfassen) sowie
Art. 151 (ex-Art. 128; Kulturpolitik). Das Erfordernis einstimmiger Beschlußfassung des Rates über die Forschungsrahmenprogramme gemäß
Art. 166 Abs. 1 (ex-Art. 130i) ist entfallen.

IV. Verfahren der 2. Lesung im EP (Abs. 2, letzter Satz)

13 Sofern der Rat einen GS festlegt, übermittelt er ihn dem EP und unterrichtet das EP in allen Einzelheiten über die Gründe. Die KOM unterrichtet das
EP in allen Einzelheiten über ihren Standpunkt. Dadurch soll eine **umfas-**

sende Information des EP gewährleistet werden, um die Meinungsbildung des EP in 2. Lesung zu erleichtern.

Das EP hat in der 2. Lesung vier **Möglichkeiten des Vorgehens**. Billigt das   **14**
EP den GS oder äußert es sich nicht (Abs. 2 lit. a), so gilt der betreffende Rechtsakt als entsprechend diesem GS erlassen. Mit der Neufassung des Buchstaben a durch den Vertrag von Amsterdam sind Ungenauigkeiten in der Formulierung beseitigt worden (vgl. Vorauflage, Art. 189b Rn. 4). Mit der neuen Formulierung ist klargestellt, daß neben der ausdrücklichen Billigung auch die Nichtäußerung inzident eine Billigung des gemeinsamen Standpunkts darstellt. Mit beiden Vorgehensweisen kann das EP bewirken, daß der Rechtsakt in der Fassung des vorgelegten GS verabschiedet werden muß.

Das EP kann den GS des Rates ablehnen (Abs. 2 lit. b). Dies ist nur mög-   **15**
lich mit der absoluten Mehrheit der EP-Mitglieder. Mit einer solchen **Ablehnung** ist das Rechtsetzungsverfahren beendet. Die früher vorgesehene Möglichkeit der Ankündigung einer Ablehnung ist abgeschafft worden. Damit entfällt automatisch auch das im Anschluß an eine solche Ablehnung früher mögliche Vermittlungsverfahren während der 2. Lesung des EP.

Das EP kann nach Abs. 2 lit. c **Abänderungen** am gemeinsamen Stand-   **16**
punkt vorschlagen. Dafür ist ebenfalls eine Abstimmung mit absoluter Mehrheit der EP-Mitglieder erforderlich (anders bei den Abänderungen in der Stellungnahme aus der 1. Lesung; dort reicht die einfache Mehrheit aus). Die durch Abänderungen des EP modifizierte Fassung des GS des Rates ist sodann Grundlage für die 2. Lesung im Rat.

Die KOM gibt eine Stellungnahme zu den Abänderungen des EP ab. Anders   **17**
als im Verfahren der Zusammenarbeit kann die KOM im Mitentscheidungsverfahren ihren Vorschlag nicht mehr überprüfen oder modifizieren (vgl. Art. 252 Rn. 13). Die **Befugnis der KOM** beschränkt sich darauf, zu den Abänderungen des EP Stellung zu nehmen. Die Vorlage eines geänderten Vorschlags unter Rückgriff auf Art. 250 (ex-Art. 189a) durch die KOM ist somit unzulässig.

V. Die 2. Lesung im Rat (Abs. 3)

Grundlage der 2. Lesung im Rat ist der vom EP abgeänderte GS des Rates.   **18**
Der Rat muß alle Abänderungen des EP übernehmen, wenn er den Rechtsakt in 2. Lesung verabschieden will. Nach Art. 251 Abs. 3 ist dafür grundsätzlich die **qualifizierte Mehrheit** erforderlich. Sofern allerdings die für das Vorhaben einschlägige Kompetenznorm des EGV **einstimmige Beschlußfassung** verlangt, ist diese Vorgabe ausschlaggebend (vgl. dazu

Rn. 12). Der Rat muß auch dann einstimmig beschließen, wenn er Abänderungen des EP billigen will, zu denen die KOM eine ablehnende Stellungnahme abgegeben hat. Diese Regelung ist fragwürdig. Eine einheitliche
Auffassung im Rat kann schwer zu erzielen sein. Der Erlaß eines Rechtsaktes wird dann in 2. Lesung verhindert, sofern EP und KOM unterschiedlicher Auffassung sind. Das ergibt keinen Sinn, weil im anschließenden
Vermittlungsverfahren Rat und EP nicht mehr an den Inhalt des Vorschlags
oder sonstige Vorstellungen der KOM gebunden sind. Dieses Einstimmigkeitserfordernis ist folglich eine unnötige Erschwerung der Kompromißfindung verbunden mit einer überflüssigen Verzögerung des Verfahrensgan-
ges. Es widerspricht im übrigen der Regelung für die Beschlußfassung in
1. Lesung (vgl. Rn. 12).

VI. Das Vermittlungsverfahren

19 Lehnt der Rat die Abänderungen des EP ab oder fehlt zu deren Übernahme
die erforderliche Mehrheit, muß der Ratspräsident im Einvernehmen mit
dem Präsidenten des EP den **Vermittlungsausschuß** einberufen. Weil die
Einberufung in der Vergangenheit zum Teil zeitlich hinausgezögert wurde,
setzt der Vertrag von Amsterdam dafür nunmehr eine Frist von 6 Wochen.
Sie darf nicht überschritten werden, sonst würde die Zielsetzung der Verfahrensbeschleunigung unterlaufen. Die **Besetzung des Vermittlungsausschusses** erfolgt auf seiten des Rates durch dessen Mitglieder oder Stellvertreter. Mitglieder des Rates sind gem. Art. 203 (ex-Art. 146) Vertreter
der MS auf Ministerebene, wozu auch die Parlamentarischen und beamteten Staatssekretäre gehören. Für deren Vertreter ist nichts Näheres bestimmt. Aus dem Sinn und Zweck des Vermittlungsverfahrens folgt aber,
daß sie befugt sein müssen, im Namen und mit Wirkung für den entsen-
denden MS zu handeln. Das spricht für eine Besetzung des Vermittlungsausschusses durch die Ständigen Vertreter, sofern keine Ratsmitglieder anwesend sind. In der Praxis hat sich diese Übung verfestigt. Aufgrund des
politischen Charakters des Vermittlungsverfahrens dürfte eine Vertretung
auf der Ebene von Beamten aus den MS ausgeschlossen sein. Zur Vertretung des EP bestimmt Abs. 4 lediglich, daß eine gleiche Anzahl, also z.Z.
15 Abgeordnete, in den Vermittlungsausschuß entsandt werden. Das EP
konkretisiert die Besetzung des Vermittlungsausschusses in seiner GO dahin, daß neben der Benennung ständiger Mitglieder für alle Vermittlungsverfahren insbesondere die Vorsitzenden und Berichterstatter der für das
Vorhaben fachlich zuständigen Ausschüsse vorzusehen sind (Art. 76 GO).
Die KOM nimmt am Vermittlungsverfahren ohne Entscheidungsbefugnisse

und lediglich mit der Aufgabe teil, auf eine Annäherung der Standpunkte von Rat und EP hinzuwirken.

Der **Gegenstand des Vermittlungsverfahrens** war im Maastricht-Vertrag   20
nicht definiert, weshalb in der Vergangenheit Unklarheiten über die Beratungsgrundlage des Vermittlungsausschusses bestanden. Der geltende Vertrag bestimmt nunmehr, daß sich der Vermittlungsausschuß „mit dem gemeinsamen Standpunkt auf Grundlage der vom Europäischen Parlament vorgeschlagenen Abänderungen" befaßt. Diese Formulierung stellt zunächst klar, daß der GS des Rates maßgebliche Grundlage für das Vermittlungsverfahren ist und nicht der Vorschlag der Kommission. Das ist konsequent, weil nach Erlaß des GS durch den Rat dieser die Grundlage für das weitere Verfahren bildet. Unklar ist in der neuen Formulierung die **Bezugnahme auf die Abänderungen des EP**. Nach der geltenden Fassung des Art. 251 sind abweichend von der vorherigen Fassung (ex-Art. 189b) auch die EP-Vorschläge aus dessen 1. Lesung als „Abänderungen" bezeichnet. Diese Abänderungen wurden jedoch vor Erlaß des GS durch den Rat eingebracht. Sie können sich von daher nicht auf den GS des Rates beziehen. Deshalb wird man die Formulierung dahin verstehen müssen, daß sich der Vermittlungsausschuß neben dem GS des Rates nur mit den Abänderungen des EP aus dessen 2. Lesung befaßt.

Ziel des Vermittlungsverfahrens ist die Einigung auf einen gemeinsamen   21
Entwurf für das Rechtsetzungsverfahren. Der Vermittlungsausschuß kann vom GS des Rates und von den Abänderungsanträgen des EP abweichen, um zu einer Lösung zu gelangen. Er ist allerdings nicht befugt, einen neuen Vorschlag zu formulieren, denn die Beschlußlage aus der 2. Lesung der Rechtsetzungsorgane ist die Ausgangsbasis des Vermittlungsverfahrens und gibt dessen Rahmen vor. Dies bedeutet allerdings nicht, daß der gemeinsame Entwurf des Vermittlungsausschusses sich nur aus dem Inhalt der Stellungnahmen von Rat und EP zusammensetzen dürfte. Oberstes Ziel des Verfahrens ist die **Kompromißfindung**. Nach Sinn und Zweck der Vorschrift sind folglich nicht nur Ergebnisse auf „mittlerer Linie" möglich. Auch neue Gesichtspunkte können einbezogen werden (z.B. die Neuaufnahme von Prüfpflichten im Zeitablauf für solche Bestimmungen, über die ansonsten keine Einigung erzielt werden kann, oder die Erledigung des Begehrens eines Organs durch Ergänzung um einen neuen Erwägungsgrund). Erforderlich ist allerdings, daß solche neuen Elemente für einen Kompromiß in eindeutigem sachlichen Zusammenhang mit einer konkreten Streitfrage stehen. Als unzulässig sind dagegen solche Lösungen einzustufen, die erkennbar der Durchsetzung von Vorstellungen dienen sollen, für die im vorangegangen Verfahren die erforderlichen Mehrheiten fehlten oder die

sich gar – über das konkrete Vorhaben hinaus – auf andere Rechtsetzungsverfahren beziehen.

VII. Die 3. Lesung in Rat und EP

22   Billigt der Vermittlungsausschuß einen gemeinsamen Entwurf, müssen Rat
und EP das Ergebnis in 3. Lesung innerhalb einer Frist von 6 Wochen bestätigen. Unabhängig von der Position der KOM zum Vermittlungsergebnis
reicht im Rat die **qualifizierte Mehrheit** zur Beschlußfassung aus. Sofern
allerdings die für das Vorhaben einschlägige Kompetenznorm im EGV
einstimmige Beschlußfassung für den Rat vorschreibt, muß der Rat auch
den Gemeinsamen Entwurf einstimmig billigen (vgl. Rn. 12). Im EP ist
eine Mehrheit der abgegebenen Stimmen erforderlich (vgl. Art. 198;
ex-Art. 141). Beide Organe können nur über den vorgelegten Entwurf entscheiden; Abänderungen sind nicht zulässig.

23   Nach dem Wortlaut des Art. 251 Abs. 5 erlassen Rat und EP den Rechtsakt.
An anderer Stelle wird in Art. 251 für den Erlaß des Rechtsaktes auf eine
neutrale Formulierung zurückgegriffen (Abs. 2 Satz 3: „so gilt der betreffende Rechtsakt als erlassen") oder es heißt, daß „...er [der Rat] den
Rechtsakt erlassen" kann (Abs. 2 Satz 2). Auch die einzelnen Kompetenznormen des EGV sprechen davon, daß „der Rat" die Vorschriften erläßt
(vgl. nur Art. 95 Abs. 1; ex-Art. 100a). Daraus könnte geschlossen werden,
daß im Mitentscheidungsverfahren nur bei erfolgreichem Verlauf des Vermittlungsverfahrens ein **gemeinsamer Rechtsakt von Rat und EP** vorliegt. Dies entspricht aber nicht Sinn und Zweck des Mitentscheidungsverfahrens. Hier liegt die Verabschiedung des Rechtsakts in der gemeinsamen
Verantwortung beider Organe. Deshalb bestimmt Art. 254 (ex-Art. 191),
daß die im Verfahren nach Art. 251 erlassenen Rechtsakte von den Präsidenten beider Organe zu unterzeichnen sind. Damit wird die gemeinsame
Verantwortung dokumentiert. Sie besteht unabhängig vom Durchlaufen des
Vermittlungsverfahrens. Der Wortlaut in Art. 251 und in den Kompetenznormen ist insoweit ungenau. Im Mitentscheidungsverfahren erlassen Rat
und EP die Rechtsakte vielmehr immer gemeinsam (ungenau EuGH,
C-259/95, EP/Rat, Slg. 1997, I–5322, wonach „die Rechtsakte, die Rat und
EP gemeinsamen erlassen, als Rechtsakte des Rates angesehen werden".).
Der Titel der betreffenden Rechtsakte ist regelmäßig entsprechend formu-
liert („RL des EP und des Rates").

VIII. Scheitern des Vermittlungsverfahrens

Wird kein Kompromiß im Vermittlungsausschuß erzielt, gilt der vorge-   **24**
schlagene Rechtsakt als nicht angenommen. Das Rechtsetzungsverfahren
ist damit beendet. Das Scheitern des Vermittlungsverfahrens hat somit die
gleichen Rechtsfolgen wie die Ablehnung eines gemeinsamen Entwurfes
durch Rat oder EP in 3. Lesung. Mit dieser Regelung hat der Vertrag von
Amsterdam die bisher bestehende Möglichkeit des Rates beseitigt, nach er-
folglosem Vermittlungsverfahren seinen GS zu bestätigen. Dies ist ein wesentlicher Beitrag zur Gleichstellung von EP und Rat. Die **Beendigung des
Mitentscheidungsverfahrens** ohne Ergebnis hindert die KOM allerdings
nicht, erneut einen Vorschlag in gleicher Sache vorzulegen.

IX. Fristen

Für die 1. Lesung ist keine Fristsetzung vorgesehen. Die **Fristen für die 2.**   **25**
Lesung in Rat und EP betragen 3 Monate (vgl. Abs. 2 Satz 2 sowie Abs. 3
Satz 1). Der Fristverlauf beginnt für die 2. Lesung des EP mit der „Übermittlung" des GS durch den Rat; bezüglich der 2. Lesung des Rates ist für
den **Fristbeginn** auf den „Eingang" der EP-Abänderungen abgestellt. Trotz
unterschiedlichem Wortlaut müssen beide Regelungen dahin verstanden
werden, daß es für den Fristbeginn auf den Zugang der Unterlagen im Herr-
schaftsbereich des zu unterrichtenden Organs ankommt. Die in der GO des
EP enthaltene Vorschrift, wonach der Fristlauf beim EP erst mit Bekanntgabe der Übermittlung im Plenum beginnt, ist rechtlich unerheblich. Sie
widerpspricht dem Primärrecht. Die **Frist für die Einberufung des Vermittlungsausschusses** in Absatz 4 beginnt mit dem Tage der Beschlußfassung des Rates in 2. Lesung; die 6-Wochen-Frist für die Beratungen des
Vermittlungsausschusses am Tage seiner Einberufung, spätestens nach Ablauf der Einberufungsfrist.

Die 3-Monats-Fristen können um einen Monat, die 6-Wochen-Fristen um 2   **26**
Wochen verlängert werden (Abs. 7). Dafür ist ein Einvernehmen zwischen
EP und Rat nicht erforderlich (anders noch der Maastricht-Vertrag; vgl.
Vorauflage). Zur **Fristverlängerung** reicht nunmehr die Initiative eines Organs aus. Mit Bekanntgabe der Forderung nach Fristverlängerung an das jeweils andere Organ wird man diese als erfolgt ansehen müssen. Der insoweit ungenaue Vertragstext trifft keine Aussage, daß dafür ein rechtsgestal-
tender Beschluß erforderlich wäre.

Art. 252 (ex-Art. 189c) (Verfahren der Zusammenarbeit)

Wird in diesem Vertrag hinsichtlich der Annahme eines Rechtsakts auf diesen Artikel Bezug genommen, so gilt folgendes Verfahren:

a) Der Rat legt mit qualifizierter Mehrheit auf Vorschlag der Kommission und nach Stellungnahme des Europäischen Parlaments einen gemeinsamen Standpunkt fest.

b) Der gemeinsame Standpunkt des Rates wird dem Europäischen Parlament zugeleitet. Der Rat und die Kommission unterrichten das Europäische Parlament in allen Einzelheiten über die Gründe, aus denen der Rat seinen gemeinsamen Standpunkt festgelegt hat, sowie über den Standpunkt der Kommission.

Hat das Europäische Parlament diesen gemeinsamen Standpunkt binnen drei Monaten nach der Übermittlung gebilligt oder hat es sich innerhalb dieser Frist nicht geäußert, so erläßt der Rat den betreffenden Rechtsakt endgültig entsprechend dem gemeinsamen Standpunkt.

c) Das Europäische Parlament kann innerhalb der unter Buchstabe b vorgesehenen Dreimonatsfrist mit der absoluten Mehrheit seiner Mitglieder Abänderungen an dem gemeinsamen Standpunkt des Rates vorschlagen. Es kann ferner den gemeinsamen Standpunkt des Rates mit der gleichen Mehrheit ablehnen. Das Ergebnis der Beratungen wird dem Rat und der Kommission zugeleitet.

Hat das Europäische Parlament den gemeinsamen Standpunkt des Rates abgelehnt, so kann der Rat in zweiter Lesung nur einstimmig beschließen.

d) Die Kommission überprüft innerhalb einer Frist von einem Monat den Vorschlag, aufgrund dessen der Rat seinen gemeinsamen Standpunkt festgelegt hat, unter Berücksichtigung der vom Europäischen Parlament vorgeschlagenen Abänderungen.

Die Kommission übermittelt dem Rat zusammen mit dem von ihr überprüften Vorschlag die von ihr nicht übernommenen Abänderungen des Europäischen Parlaments und nimmt dazu Stellung. Der Rat kann diese Abänderungen einstimmig annehmen.

e) Der Rat verabschiedet mit qualifizierter Mehrheit den von der Kommission überprüften Vorschlag.

Der Rat kann den von der Kommission überprüften Vorschlag nur einstimmig ändern.

f) In den unter den Buchstaben c, d und e genannten Fällen muß der Rat binnen drei Monaten beschließen. Ergeht innerhalb dieser

Frist kein Beschluß, so gilt der Vorschlag der Kommission als nicht angenommen.

g) Die unter den Buchstaben b und f genannten Fristen können im gegenseitigen Einvernehmen zwischen dem Europäischen Parlament und dem Rat um höchstens einen Monat verlängert werden.

I. Allgemeines

Artikel 252 ist keine Kompetenznorm. Die Vorschrift ist nur anzuwenden, **1** wenn in einer der Befugnisnormen des EGV „hinsichtlich der Annahme eines Rechtsakts auf diesen Artikel Bezug genommen" wird. Der **Anwendungsbereich** des Verfahrens der Zusammenarbeit ist durch den Vertrag von Amsterdam **stark eingeschränkt** worden. (Vorbem. Rn. 6). Das Verfahren verläuft in mehreren Stufen: Grundvoraussetzung und Beginn des Verfahrens ist die Vorlage eines Vorschlags durch die KOM (II.). Nach Stellungnahme des EP zum KOM-Vorschlag (III.) legt der Rat seinen gemeinsamen Standpunkt (im folgenden: GS) fest (IV.). Der GS ist Grundlage für die 2. Lesung im EP (V.), an die sich nach Prüfung der Beratungsergebnisse durch die KOM (VI.) die zweite Lesung im Rat anschließt, in der die Entscheidung über das Rechtsetzungsvorhaben fällt (VII.).

II. Verfahrenseinleitung auf Vorschlag der KOM

Das **Vorschlagsrecht der KOM** ist von zentraler Bedeutung für den ge- **2** samten Verfahrensgang. Nur die KOM hat ein Vorschlagsrecht (näher Art. 250 Rn. 3). Zum Recht von EP und Rat zur Aufforderung der KOM nach Vorlage eines Vorschlags gemäß Art. 192 und 208 (ex-Art. 138b und 152) vgl. Art. 250 Rn. 1.

Der KOM-Vorschlag legt im Grundsatz den Inhalt des Vorhabens fest, über **3** das zu entscheiden ist. Dies führt in der Praxis aber nicht dazu, daß über den Vorschlag nur in der vorgelegten Form abgestimmt werden könnte. Die

Ratsgremien führen intensive Verhandlungen über die jeweiligen Vorschläge und vom EP werden oft zahlreiche Änderungen eingebracht. Die Vorstellungen der Gemeinschaftsorgane und der MS finden deshalb regelmäßig Berücksichtigung. Das ausschließliche Initiativrecht der KOM, verbunden mit ihren Möglichkeiten zur inhaltlichen Gestaltung der Beschlußgrundlage, verdeutlicht aber die starke Stellung der KOM im Kooperationsverfahren.

III. 1. Lesung im EP

4   Der Rat übermittelt den KOM-Vorschlag an das EP zur Anhörung in 1. Lesung. Der Sinn und Zweck der Anhörung besteht darin, den Rat schon vor Festlegung seines GS von der Auffassung des EP in Kenntnis zu setzen, um dem EP eine wirksame Beteiligung am Gesetzgebungsverfahren zu ermöglichen (EuGH, C-392/95, Europäisches Parlament/Rat, Slg. 1997, I–3214). Der Rat ist aber nicht verpflichtet, die Vorstellungen des EP zu übernehmen. Die KOM kann nach der 1. Lesung im EP den eigenen Vorschlag ändern (vgl. Art. 250 Rn. 2) und damit die 1. Lesung im Rat auf eine neue Grundlage stellen. Sie macht davon oftmals Gebrauch und nutzt so ihren Einfluß auf die Gestaltung der Rechtsakte.

IV. 1. Lesung im Rat

5   Der Rat legt in 1. Lesung seinen GS fest, der Grundlage für die nachfolgende 2. Lesung im EP ist. Die Festlegung erfolgt nach Stellungnahme des EP. Dies ist Voraussetzung dafür, daß die Beteiligung des EP in 1. Lesung seine Zwecksetzung erfüllen kann (oben Rn. 4). In der Rechtsetzungspraxis wurde von dieser Reihenfolge in der Vergangenheit zum Teil faktisch abgewichen. Insbesondere aus Zeitgründen hat der Rat für Binnenmarktvorhaben den Inhalt des GS durch eine „politische Orientierung" schon vor der Stellungnahme des EP in 1. Lesung festgelegt, die nach Eingang der EP-Stellungnahme im A-Punkt-Verfahren nur noch formal bestätigt wurde (zur Neuregelung im Mitentscheidungsverfahren vgl. Art. 251 Rn. 10).

6   Der Rat entscheidet grundsätzlich mit qualifizierter Mehrheit über die Festlegung des GS; will der Rat allerdings vom Vorschlag der KOM abweichen, muß er einstimmig beschließen (Art. 250 Rn. 4).

V. 2. Lesung im EP

7   Mit der Zuleitung des GS an das EP beginnt dessen 2. Lesung. Rat und KOM müssen das EP „in allen Einzelheiten" über die Gründe für die Fest-

legung des GS und über den Standpunkt der Kommission unterrichten, damit das EP in voller Kenntnis der wesentlichen Argumente entscheiden kann, welche Vorgehensweise es für die 2. Lesung wählt. Das EP hat **vier Möglichkeiten:**
– es äußert sich nicht innerhalb der vorgeschriebenen Frist,
– es billigt den GS innerhalb dieser Frist,
– es schlägt Abänderungen am GS vor oder
– es lehnt den GS ab.

Bei **Nichtäußerung des EP oder Billigung des GS** innerhalb der vorgese-   **8** henen Dreimonatsfrist, die gemäß Artikel 252 (ex-Art. 189c) lit. g im Einvernehmen zwischen EP und Rat um einen Monat verlängert werden kann, „erläßt der Rat den betreffenden Rechtsakt endgültig entsprechend dem gemeinsamen Standpunkt". Die Gründe für die Nichtäußerung innerhalb der gesetzten Frist sind unbeachtlich. Sofern das EP keine Stellungnahme abgibt, verzichtet es nicht auf Einflußnahme. Vielmehr handelt es sich inzident um eine Billigung der vorgelegten Texte. Denn in diesen Fällen muß der Rat den GS in der vorgelegten Fassung endgültig verabschieden. Das EP kann von beiden Möglichkeiten folglich in der Zielsetzung Gebrauch machen, daß der GS nicht mehr – durch welche Umstände auch immer – verändert werden kann.

Die Verpflichtung des Rates zum Erlaß des Rechtsakts entsprechend dem   **9** GS wäre allerdings in Frage gestellt, wenn die KOM durch Änderung ihres Vorschlags dem GS die Grundlage entziehen könnte. Zwar bestimmt Artikel 250 Abs. 2 (ex-Art. 189a), daß die KOM ihren Vorschlag jederzeit im Verlauf des Verfahrens zur Annahme eines Rechtsaktes ändern kann, solange ein endgültiger Ratsbeschluß nicht ergangen ist (Art. 250 Rn. 3). Jedoch regelt Art. 252 weitergehend auch die Befugnisse der übrigen am Kooperationsverfahren beteiligten Organe. Weil dadurch das institutionelle Gewicht der Gemeinschaftsorgane mitgeregelt wird, muß Art. 252 als vorrangige Norm eingestuft werden. Demgemäß ist nicht nur der Rat an seinen GS, sondern – als notwendige Voraussetzung dafür in diesem Zusammenhang – auch die KOM an ihren Vorschlag gebunden, wenn das EP den GS billigt oder sich nicht dazu äußert (*Harnier*, in GTE, Art. 149 EWGV Rn. 30 m.w.N.).

Das EP kann mit der absoluten Mehrheit seiner Mitglieder **Abänderungen**   **10** am GS des Rates vorschlagen. Ausmaß und Anzahl der Abänderungsvorschläge stehen in seinem Ermessen. Gemäß Art. 72 der GO des EP können in der 2. Lesung aber nur insoweit Abänderungsanträge gestellt werden, als sie bereits in der 1. Lesung eingebracht und beschlossen wurden. Eine Ausnahme gilt nur für Komprominderungsanträge, die aus einer Übereinkunft

mit dem Rat und der KOM hervorgehen oder die sich auf Teile des GS beziehen, die in dem in 1. Lesung beratenen Vorschlag nicht enthalten waren.
Die mit Art. 72 der GO festgelegte Selbstbeschränkung hat allerdings keine rechtsverbindliche Außenwirkung über das EP hinaus.

11   Das EP kann mit der Mehrheit seiner Mitglieder den GS des Rates auch ablehnen. Die damit verbundene Rechtsfolge liegt aber allein darin, daß der
Rat in seiner 2. Lesung über das Vorhaben nur einstimmig beschließen
kann. Das EP kann ein Rechtsetzungsvorhaben somit nicht zu Fall bringen.
Allerdings hat das EP regelmäßig auch kein Interesse an einer Verhinderung von Gesetzgebungsvorhaben auf Gemeinschaftsebene. Es hat von der
Möglichkeit einer Ablehnung des GS nur selten Gebrauch gemacht.

VI. Prüfungskompetenz der KOM

12   Das EP leitet das Ergebnis seiner Beratungen aus der 2. Lesung dem Rat
und der KOM zu (lit. c). Die Zuleitung an den Rat dient dessen Information; die Übermittlung an die KOM ermöglicht dieser die Überprüfung
ihres Vorschlags und der Abänderungsanträge des EP, um den eigenen Vorschlag ggf. zu modifizieren (lit. d). Die KOM kann somit die 2. Lesung des
Rates auf eine neue Grundlage stellen.

13   Die KOM überprüft ihren Vorschlag unter Berücksichtigung der Abänderungsvorschläge des EP. Damit ist klargestellt, daß die KOM einerseits keine Pflicht zur Übernahme der Abänderungsanträge hat, aber andererseits alle oder einen Teil der Abänderungsanträge übernehmen kann. Nicht geklärt
ist dagegen, ob im Rahmen dieser Überprüfung auch andere Änderungen
als die vom EP vorgeschlagenen zulässig sind. Die **Änderungsbefugnis
der KOM** ist nach Art. 250 Abs. 2 (ex-Art. 189a) nicht an Vorgaben gebunden. Unter Berufung auf die im Wortlaut gleiche Vorläufervorschrift des
Art. 149 Abs. 3 EWGV wurde deshalb die Auffassung vertreten, daß auch
im Rahmen der Überprüfungsbefugnis keine Beschränkungen bestehen
(Bieber, NJW 1989, 1402). Vorherrschende Meinung ist demgegenüber,
daß die Abänderungen der KOM mit den Anträgen des EP zumindest in engem Zusammenhang stehen müssen (*Harnier,* in GTE, Art. 149 EWGV
Rn. 37 m.w.N.). Für diese Auffassung spricht, daß die Überprüfung der
KOM „unter Berücksichtigung der Abänderungen" des EP zu erfolgen hat.
Auch Sinn und Zweck des Art. 252 lit. d) deuten in diese Richtung. Die Gestaltungskompetenz der KOM darf nicht dazu führen, daß die KOM nach
Abschluß der Beteiligungsbefugnisse des EP nochmals ganz neue Überlegungen anstellt. Bei wesentlichen Änderungen an der Substanz des Vorschlags müßte das EP erneut angehört werden (s.o. Rn. 4).

VII. Verabschiedung des überprüften Vorschlags im Rat

Art. 252 lit. e) wiederholt für die Verabschiedung des überprüften Vor-   **14**
schlags das Erfordernis der qualifizierten Mehrheit, das auch für die **Beschlußfassung** über den GS gilt. Wenn der Rat Änderungen am überprüften Vorschlag der KOM bei Verabschiedung des Rechtsaktes vornehmen
will, muß er einstimmig beschließen. Das entspricht der Wertung des
Art. 250 Abs. 1 (ex-Art. 189a) (vgl. dort Rn. 3). Weil die Übernahme von
Abänderungen des EP, die von der KOM abgelehnt wurden, zwangsläufig
zu einer Änderung des überprüften Vorschlags führen, muß der Rat dafür
ebenfalls einstimmig beschließen.

Die in Art. 252 vorgesehenen **Fristen** können im Einvernehmen zwischen   **15**
EP und Rat verlängert werden. Dies gilt für die Dreimonatsfrist in Buchstabe b und c, die dem EP für eine Stellungnahme zum GS des Rates gesetzt sind, und für die in den Buchstaben c, d und e festgelegten Fristen für
den Rat von 3 Monaten.

Art. 253 (ex-Art. 190) (Begründungspflicht für Rechtsakte)

**Die Verordnungen, Richtlinien und Entscheidungen, die vom Europäi-
schen Parlament und vom Rat gemeinsam oder vom Rat oder von der
Kommission angenommen werden, sind mit Gründen zu versehen und
nehmen auf die Vorschläge oder Stellungnahmen Bezug, die nach diesem Vertrag eingeholt werden müssen.**

Art. 253 schreibt die Begründung von VO, RL und Entscheidungen vor, die   **1**
vom Rat, von der KOM oder von Rat und EP gemeinsam angenommen
werden. Weil gem. Art. 110 (ex-Art. 108a) die EZB künftig ebenfalls VO
und Entscheidungen erlassen kann, gilt die **Begründungspflicht** durch Verweis des Art. 110 Abs. 2 (ex-Art 108a) auf den Art. 253 auch für diese
Rechtsakte. In der Begründung ist auf die Vorschläge und Stellungnahmen
Bezug zu nehmen, „die nach diesem Vertrag eingeholt werden müssen".
Der Wortlaut des Art. 253 ist insoweit ungenau. Zwar muß für den Erlaß eines Rechtsakts in vielen Fällen die Stellungnahme eines anderen Organs
eingeholt werden; eine Pflicht zum Einholen von Vorschlägen besteht nach
dem EGV jedoch für keines der Gemeinschaftsorgane. Deren Beschlußfassung ist allerdings oftmals nur nach Vorlage eines Vorschlags durch ein anderes Organ möglich (zumeist der KOM; vgl. zum Initiativrecht Art. 250
Rn. 3).

Art. 253 stellt eine wesentliche Formvorschrift i.S.v. Art. 230 (ex-Art. 173)   **2**
für den Erlaß von Rechtsakten auf. Eine **Verletzung der Begründungs-**

pflicht führt nicht ipso jure zur Nichtigkeit, sondern – nach einer Klageerhebung – ggf. zur Aufhebung des Rechtsaktes (Art. 230 Rn. 7; vgl. EuGeI, T–230/94, Farrugia/Kommission, Slg. 1996, II–196). Die Bezugnahme auf Vorschläge und Stellungnahmen dient der Sicherung von Beteiligungsbefugnissen anderer Organe und Institutionen. Entscheidend ist deshalb die tatsächliche Wahrung dieser Befugnisse. Liegt sie vor, führt eine versehentlich unterbliebene Bezugnahme im Text des Rechtsaktes bei Klageerhebung nicht zu dessen Nichtigkeit (EuGH, Rs. 68/86, United Kingdom/Rat, Slg. 1988, 899). Umgekehrt reicht eine Bezugnahme im Text nicht aus, wenn die Beteiligungsbefugnisse tatsächlich nicht gewahrt wurden (EuGH, Rs. 138/79, Roquette/Rat, Slg. 1980, 3360).

3   Die Begründungspflicht dient zunächst der Selbstkontrolle für das handelnde Organ. Sie zwingt es dazu, sich über die tragenden Gründe der Maßnahme Rechenschaft abzulegen. Die Begründungspflicht erleichtert darüber hinaus den am Erlaß des Rechtsakts beteiligten Instanzen die politische Kontrolle des beschlußfassenden Organs; sofern es sich dabei um den Rat handelt, wird zudem die politische Kontrolle der Ratsmitglieder durch die nationalen Parlamente der MS vereinfacht. Der **Hauptzweck der Begründungspflicht** ist allerdings die Erleichterung der gerichtlichen Kontrolle. Der Betroffene kann die im Vertrag angelegten Rechtsschutzmöglichkeiten besser nutzen und dem EuGH wird die gerichtliche Nachprüfung erleichtert, wenn eine Begründung vorliegt (st. Rspr. vgl. EuGH, Rs. 106/81, Kind/EWG, Slg. 1982, 2918; C-122/93, Walsh/Rat und Kommission, Slg. 1993, I–3874).

4   Auf Grundlage dieser Zielsetzungen hat der EuGH zur **Konkretisierung der Begründungspflicht** ausgeführt, daß sie die Überlegungen der Gemeinschaftsorgane so klar und eindeutig zum Ausdruck bringen muß, daß die Betroffenen daraus die Gründe für die getroffene Maßnahme entnehmen können und der Gerichtshof seine Kontrolle ausüben kann; sie braucht jedoch nicht sämtliche tatsächlich oder rechtlich erheblichen Gesichtspunkte zu enthalten (EuGH, C-84/94; Vereinigtes Königreich/Rat, Slg. 1996, I–5755; C-122/94, Kommission/Rat, Slg. 1996, I–882). Ob die Begründung diesen Erfordernissen genügt, ist nicht nur anhand ihres Wortlauts zu beurteilen, sondern „auch aufgrund ihres Zusammenhangs sowie sämtlicher Rechtsvorschriften auf dem betreffenden Gebiet" (EuGH, C-285/94, Italien/Kommission, Slg. 1997, I–3521; C-278/95, Siemens/Kommission, Slg. 1997, I–2508). Sofern die vom Rechtsakt Betroffenen an dessen Entstehungsprozeß beteiligt und dabei ausführlich unterrichtet wurden, was insbesondere in bezug auf die im Rat vertretenen MS der Fall sein kann, bedarf es keiner eingehenden Begründung (EuGH, Rs. 819/79,

Deutschland/Kommission, Slg. 1981, 36; st. Rspr.). Wenn ein Rechtsakt wegen Eilbedürftigkeit kurzfristig ergehen muß, dürfen an die Begründungspflicht keine Anforderungen gestellt werden, die seinen fristgerechten Erlaß in Frage stellen würden (EuGH, Rs. 64/82, Tradax/Kommission, Slg. 1984, 1359; Rs. 301/87, France/Kommission, Slg. 1990, I–359).

Inhalt und **Umfang der Begründungspflicht** hängen nach ständiger Recht-   5
sprechung des EuGH auch von der Art des Rechtsaktes ab. Die generell-abstrakt geltenden VO bedürfen danach in der Regel nicht einer so eingehenden Begründung wie die an einen speziellen Adressatenkreis gerichteten Entscheidungen (EuGH, Rs. 819/79, a.a.O., Slg. 1981, 36). Für VO ist es nicht erforderlich, die „manchmal sehr zahlreichen und komplexen tatsächlichen und rechtlichen Einzelheiten" darzulegen (EuGH, C-353/92, Griechenland/Rat, Slg. 1994, I–3412, EuGH, Rs. 250/84, Evidania/Cassa zucchero, Slg. 1986, 117). Vielmehr reicht es aus, unter Angabe der für den VO-Erlaß bestehenden Gesamtsituation „die allgemeinen Ziele zu nennen, die…erreicht werden sollen" (st. Rspr. vgl. EuGH, Rs. 3/83, Abrias/Kommission, Slg. 1985, 1985ff.). Die Begründung von Entscheidungen muß „dagegen alle Tatsachen, von denen die Rechtmäßigkeit der Maßnahme abhängt, sowie die Erwägungen" enthalten, die „zum Erlaß der Entscheidung veranlaßt haben" (EuGH, Rs. 41/69, Chemiefarma/Kommission, Slg. 1970, 693).

Die unterschiedlichen Anforderungen an Umfang und Inhalt der Begrün-   6
dung in **Abhängigkeit von der Art des Rechtsaktes** sind insofern gerechtfertigt, als an die Begründung von Entscheidungen ein strenger Maßstab angelegt wird. Diese können unmittelbar in die Rechtsposition von Bürgern und Unternehmen der Gemeinschaft eingreifen, so daß schon aus Gründen der Akzeptanz und zur Vereinfachung des Rechtschutzes eine eingehende Darlegung der maßgeblichen Gründe sinnvoll und erforderlich ist. Andererseits haben RL und VO zumeist weitreichende Wirkungen für die Gemeinschaft und die MS. Die Selbstkontrolle und Fremdkontrolle des erlassenden Organs ist gerade in diesen Fällen von großer Bedeutung. Von daher erscheint es fraglich, anhand der Rechtsnatur einer Maßnahme das erforderliche Ausmaß der Begründung zu bestimmen (so aber EuGH, Rs. 5/67, Beus/Hauptzollamt München, Slg. 1968, 144).

Gemäß der Interinstitutionellen Vereinbarung zum Subsidiaritätsprinzip   7
vom 25.10.1993 muß die Begründung der KOM-Vorschläge eine **Rechtfertigung im Hinblick auf das Subsidiaritätsprinzip** aufweisen, um dessen Einhaltung besser überwachen zu können. Eine ausdrückliche Erwähnung des Subsidiaritätsprinzips in der Begründung ist nicht notwendig, wenn sich aus den Begründungserwägungen ergibt, daß das Ziel des Tätig-

werdens von den MS nicht in ausreichendem Maße verwirklicht werden kann (EuGH, C-233/94, Deutschland/Rat, Slg. 1997, I–2407). Damit verdeutlicht der EuGH aber, daß der Gemeinschaftsgesetzgeber in der Begründung zumindest inzident auf die Frage der Vereinbarkeit des Rechtsakts mit dem Subsidiaritätsprinzip einzugehen hat (vgl. auch von Borries, Das Subsidiaritätsprinzip im Recht der Europäischen Union, EuR 1994, 263, 279). Das Subsidiaritätsprotokoll zum Vertrag von Amsterdam sieht eine solche Begründungspflicht jetzt ausdrücklich vor und fordert darüber hinaus, daß die KOM in der Begründung ihrer Vorschläge erforderlichenfalls zur Einhaltung des Subsidiaritätsprinzips ausführliche Angaben machen muß (vgl. die Erläuterungen zu Art. 5).

Art. 254 (ex-Art. 191) (Unterzeichnung, Veröffentlichung, Inkrafttreten)

(1) Die nach dem Verfahren des Artikels 251 angenommenen Verordnungen, Richtlinien und Entscheidungen werden vom Präsidenten des Europäischen Parlaments und vom Präsidenten des Rates unterzeichnet und im Amtsblatt der Gemeinschaft veröffentlicht. Sie treten zu dem durch sie festgelegten Zeitpunkt oder andernfalls am zwanzigsten Tag nach ihrer Veröffentlichung in Kraft.

(2) Die Verordnungen des Rates und der Kommission sowie die an alle Mitgliedstaaten gerichteten Richtlinien dieser Organe werden im Amtsblatt der Gemeinschaft veröffentlicht. Sie treten zu dem durch sie festgelegten Zeitpunkt oder andernfalls am zwanzigsten Tag nach ihrer Veröffentlichung in Kraft.

(3) Die anderen Richtlinien sowie die Entscheidungen werden denjenigen, für die sie bestimmt sind, bekanntgegeben und werden durch diese Bekanntgabe wirksam.

1　Art. 254 regelt Veröffentlichung, Bekanntgabe und Inkrafttreten der Rechtsakte mit Bindungswirkung. Alle im Mitentscheidungsverfahren angenommenen VO, RL und Entscheidungen sind zu veröffentlichen. Damit wird der besonderen Bedeutung dieser gemeinsamen Rechtsakte von Rat und EP Rechnung getragen; für sie ist eine Unterzeichnung durch die Präsidenten von Rat und EP zudem ausdrücklich vorgeschrieben.

2　Unabhängig vom erlassenden Organ ist eine **Veröffentlichungspflicht** für alle VO und für diejenigen RL vorgesehen, die sich an sämtliche MS richten. Das ist sinnvoll, weil RL im Rechtsetzungsprozeß der EG in den vergangenen Jahren einen größeren Stellenwert erlangt haben. Andere RL bedürfen nach Abs. 3 lediglich einer Bekanntgabe an den Adressaten. **Ent-scheidungen** werden durch Bekanntgabe an diejenigen wirksam, für die sie bestimmt sind. Der Wortlaut der Vorschrift stellt auf „die" Entscheidungen ab, also auch auf solche, die im Mitentscheidungsverfahren erlassen werden und deshalb einer Veröffentlichung nach Abs. 1 bedürfen. Das entspricht auch dem Sinn und Zweck der Norm, weil Entscheidungen als Einzelfallregelungen den jeweils Betroffenen zur Wahrung ihrer Rechtschutzinteressen individuell zugänglich gemacht werden müssen; eine Veröffentlichung im ABl. reicht dazu nicht aus. Daraus folgt, daß die im Mitentscheidungsverfahren erlassenen Entscheidungen zu ihrer Wirksamkeit der Veröffentlichung nach Abs. 1 und aus rechtstaatlichen Erwägungen der Bekanntgabe an den Adressaten nach Abs. 3 bedürfen.

Veröffentlichung von Rechtsakten ist die Aufnahme in das ABl., Teil L,   **3**
der EG. Sie ist Voraussetzung dafür, daß der betreffende Rechtsakt Rechtswirkungen entfalten kann (EuGH, Rs. 185/73, Hauptzollamt Bielefeld/König, Slg. 1974, 617). Das **Datum der Veröffentlichung** ist im Grundsatz das auf der Ausgabe des ABl. festgehaltene Datum. Das vermerkte Datum begründet aber nur eine widerlegliche Vermutung; entscheidend ist die Möglichkeit zur Kenntnisnahme vom Rechtsakt (EuGH, Rs. 98/78, Racke/Hauptzollamt Mainz, Slg. 1979, 84). Insbesondere kann der Nachweis geführt werden, daß das ABl. tatsächlich zu einem anderen Zeitpunkt veröffentlicht wurde, als es das festgehaltene Datum ausweist (EuGeI, T-115/94; Opel Austria/Rat, Slg. 1997, II–39). Falls das ABl. erst zu einem späteren Termin tatsächlich verfügbar war, ist dieser für den Zeitpunkt der Veröffentlichung ausschlaggebend.

Bekanntgabe von Rechtsakten ist der Zugang an den Adressaten sowie   **4**
dessen Möglichkeit, vom Rechtsakt Kenntnis nehmen zu können (EuGH, Rs. 6/72, Europemballage/Kommission, Slg. 1973, 241). Der Rechtsakt muß folglich ordnungsgemäß in den Machtbereich des Empfängers gelangt sein (EuGH, Rs. 8/56, Alma/Hohe Behörde, Slg. 1957, 200). Der Zeitpunkt der Bekanntgabe kann für den Beginn der in Art. 230 (ex-Art. 173) vorgesehenen Klagefrist ausschlaggebend sein (Einzelheiten dort Rn. 51ff.).

Das **Inkrafttreten** fällt für bekanntzugebende Rechtsakte mit der Bekannt-   **5**
gabe zusammen. Veröffentlichungsbedürftige Rechtsakte treten am 20. Tage nach Veröffentlichung oder zu dem im Rechtsakt festgelegten Termin in Kraft. Das erlassende Organ ist bei der Terminwahl frei. Allerdings kann ein Rechtsakt nicht vor Veröffentlichung in Kraft treten (EuGH, Rs. 98/78, a.a.O., Slg. 1979, 84). Davon zu unterscheiden ist die Frage, inwieweit Gemeinschaftsrechtsakte Wirkungen für in der Vergangenheit liegende Sachverhalte haben können. Unechte Rückwirkungen sind grundsätzlich zuläs-

sig (EuGH, Rs. 270/84, Licata/ESC, Slg. 1986, 2318). **Echte Rückwirkungen** mit belastender Wirkung sind abweichend vom deutschen Verwaltungsrecht nach st. Rspr. des EuGH insoweit erlaubt, als es das angestrebte
Ziel des Rechtsaktes verlangt und das Vertrauen der Betroffenen gebührend
beachtet ist (EuGH, Rs. 337/88, SAFA/Amministratione delle Finance, Slg.
1990, I–18; st. Rspr.) Einer echten Rückwirkung sind damit im Geemin-
schaftsrecht weniger enge Grenzen gesetzt als im deutschen Recht. Weil
sich das Verbot echter Rückwirkung aus dem Rechtstaatsprinzip ableitet,
erscheint dies im Ergebnis fragwürdig.

Art. 255 (ex-Art. 191a) (Zugang zu Dokumenten)

**(1) Jeder Unionsbürger sowie jede natürliche oder juristische Person
mit Wohnsitz oder Sitz in einem Mitgliedstaat hat das Recht auf Zugang zu Dokumenten des Europäischen Parlaments, des Rates und der
Kommission vorbehaltlich der Grundsätze und Bedingungen, die nach
den Absätzen 2 und 3 festzulegen sind.**

**(2) Die allgemeinen Grundsätze und die aufgrund öffentlicher oder
privater Interessen geltenden Einschränkungen für die Ausübung dieses Rechts auf Zugang zu Dokumenten werden vom Rat binnen zwei
Jahren nach Inkrafttreten des Vertrags von Amsterdam gemäß dem
Verfahren des Artikel 251 festgelegt.**

**(3) Jedes der vorgenannten Organe legt in seiner Geschäftsordnung
Sonderbestimmungen hinsichtlich des Zugangs zu seinen Dokumenten
fest.**

I. Allgemeine Bedeutung und Entstehungsgeschichte

1   Art. 255 regelt den Zugang zu Dokumenten der Gemeinschaftsorgane. Er
ist durch den Vertrag von Amsterdam neu in den EGV aufgenommen worden. Sinn und Zweck der Vorschrift ist primär, über das Zugangsrecht zu
Dokumenten die **Transparenz des Beschlußverfahrens** und das Vertrauen
der Öffentlichkeit in die Verwaltung zu stärken sowie gleichzeitig einen
Beitrag für mehr Bürgernähe in der Arbeit der Gemeinschaftsorgane zu leisten. Das entspricht der neu in Art. 1 (ex-Art. A) EUV aufgenommenen
Zielsetzung, die Entscheidungen der EU möglichst offen und möglichst
bürgernah zu treffen. Die Eingliederung des Art. 255 in die „Vorschriften
über die Organe" der EG erscheint systematisch verfehlt. Der wesentliche
Regelungsgehalt der Norm ist die Zuerkennung eines individuellen Rechts
auf Zugang zu den Dokumenten von EP, Rat und KOM. Insofern müßte

Art. 255 systematisch eher dem zweiten Teil des EGV mit den Regelungen über die Unionsbürgerschaft zugeordnet werden.

Die **Forderung nach größerer Transparenz der Gemeinschaftstätigkeit**   2
ist seit langem erhoben worden. In der Praxis gilt das Hauptinteresse den Beratungsunterlagen des Rates, insbesondere den Protokollerklärungen der MS, um das (Abstimmungs-)Verhalten der MS-Vertreter im Rat nachvollziehen zu können. Deshalb ist neben den Medien vor allem das EP an diesen Informationen interessiert. Schon durch Erklärung Nr. 17 der Schlußakte des Maastricht-Vertrages wurde die KOM zur Vorlage von Maßnahmevorschlägen aufgefordert, „mit denen die den Organen vorliegenden Informationen der Öffentlichkeit besser zugänglich gemacht werden sollen". Nach Bekräftigung dieser Zielsetzung durch mehrere Tagungen des ER und einer KOM-Mitteilung über den „Zugang der Öffentlichkeit zu Dokumenten, die sich im Besitz der Gemeinschaftsorgane befinden" (ABl. C 156/5 vom 8.6.1993), vereinbarten Rat und KOM im Dezember 1993 dazu einen **Verhaltenskodex.**

Über eine Änderung der GO sowie durch ergänzende Beschlüsse von Rat   3
und KOM wurde der Inhalt des **Verhaltenskodex in das Geschäftsordnungsrecht übernommen.** Danach sind die Dokumente von Rat und KOM im Grundsatz für die Öffentlichkeit verfügbar, jedoch ist die Einsichtnahme bei Vorliegen wichtiger Gründe zu versagen. Außerdem können Rat und KOM den Zugang verweigern, um die Geheimhaltung der Beratungen zu gewährleisten (näher dazu Rn. 8). Diese Regelung des Zugangsrechts zu Dokumenten auf Grundlage des organinternen Geschäftsordnungsrechts durch einfache Beschlüsse begegnete allerdings sowohl formellen wie sachlichen Bedenken (vgl. dazu EuGH, C-58/94, Niederlande/Rat, Slg. 1996, I–2169). Aufgrund des besonderen Interesses der skandinavischen MS und des EP an einer primärrechtlichen Regelung des Zugangsrechts ging Art. 255 durch den Vertrag von Amsterdam in den EGV ein.

II. Regelungsgehalt

Abs. 1 formuliert einen individuellen **Rechtsanspruch auf Zugang zu Dokumenten.** Damit hat Art. 255 einen grundrechtsähnlichen Charakter. Das   4
entspricht der Rechtstradition vor allem der skandinavischen MS, deren Verfassungen den Zugang zu Dokumenten für ihre Bürger garantieren. Die Verankerung des individuellen Rechtsanspruchs im Primärrecht ist die wesentliche Neuerung, die in der Aufnahme des Art. 255 in den EGV liegt.

Das **Zugangsrecht** besteht **nur für Dokumente von EP, Rat und KOM,**   5
nicht aber für Unterlagen anderer Organe oder Institutionen (z.B. AdR,

WSA, EZB). Einbezogen sind dabei nur solche Dokumente, die von diesen Gemeinschaftsinstitutionen stammen. Sie müssen Urheber oder Verfasser der Unterlagen sein. Dagegen besteht kein Zugangsanspruch für solche Dokumente, die von Privatpersonen, MS oder Drittstaaten stammen und den Gemeinschaftsorganen lediglich zur Verfügung gestellt worden sind. Der durch Art. 255 gewährte „Zugang" ist nicht gleichzusetzen mit einem Anspruch auf Bereitstellung der Originalunterlagen. Nach **Sinn und Zweck der Vorschrift** geht es vielmehr darum, die Kenntnisnahme des Inhalts der Dokumente zu ermöglichen. Dies kann und wird in der Regel durch die Übermittlung von Kopien geschehen. Zugangsberechtigte sind die Unionsbürger sowie jede natürliche oder juristische Person mit Wohnsitz oder Sitz in einem MS. Auch dies entspricht dem Sinn und Zweck der Vorschrift, über ein Zugangsrecht zu Dokumenten die Transparenz des Beschlußverfahrens für die Personen zu verbessern, die von der Rechtsetzungstätigkeit der EG betroffen sind.

6   Die tatsächliche Bedeutung der Vorschrift für die Praxis läßt sich noch nicht abschätzen. Es wird entscheidend auf die Ausgestaltung der nach Abs. 2 zu erlassenden „allgemeinen Grundsätze...für die Ausübung dieses Rechts" ankommen. Sie sind vom Rat binnen 2 Jahren nach Inkrafttreten des Vertrags von Amsterdam im Mitentscheidungsverfahren festzulegen. Angesichts der nunmehr primärrechtlichen Verankerung des individuellen Zugangsrechts zu Dokumenten von EP, Rat und KOM wird man davon ausgehen müssen, daß der bislang erreichte Standard jedenfalls nicht unterschritten werden darf. Ansonsten würde der Wille der Vertragsparteien nicht beachtet, der mit der Aufnahme des Art. 255 in den EGV auf eine **Stärkung der Transparenz** abzielt. Die nach Abs. 3 vorgesehene Festlegung von Sonderbestimmungen hinsichtlich des Zugangs zu den jeweiligen Dokumenten der einzelnen Organe werden in Abhängigkeit von der noch ausstehenden Allgemeinregelung nach Abs. 2 ausfallen müssen. Auch hier gilt, daß der bislang erreichte Standard entsprechend dem Willen der Vertragsparteien nicht unterschritten werden darf. Zur Konkretisierung des Zugangsrechts zu Ratsdokumenten enthält Art. 207 Abs. 3 (ex-Art. 151) nähere Bestimmungen, wonach die Abstimmungsergebnisse, Protokollerklärungen und die Erläuterungen zur Stimmabgabe in jedem Fall veröffentlicht werden müssen. Außerdem ist dort vorgesehen, daß ein umfassender Zugang zu Dokumenten dann zu gewähren ist, wenn der Rat in der Funktion als Gesetzgeber tätig wird (vgl. Art. 207).

III. Zugang zu Dokumenten nach geltendem Recht

Bis zum Inkrafttreten der nach Abs. 2 und 3 vorgesehenen Bedingungen be-   **7**
stimmt sich der Zugang zu Dokumenten nach Maßgabe der dazu erlassenen
Bestimmungen in der GO von EP, Rat und KOM, sowie den ergänzend gefaßten Beschlüssen von Rat und KOM. Die Dokumente des EP sind seit jeher für die Öffentlichkeit zugänglich.

Für den Zugang zu Dokumenten des Rates und der KOM haben beide Or-   **8**
gane auf Basis des dazu abgeschlossenen **Verhaltenskodex** (ABl. L 340/41
vom 31.12.1993) im wesentlichen inhaltsgleiche Beschlüsse gefaßt (vgl.
ABl. L 340/43 vom 31.12.1993 sowie ABl. L 46/58 vom 18.2.1994). Danach erhält die Öffentlichkeit möglichst umfassenden Zugang zu den Dokumenten der Organe, jedoch sind **Ausnahmen** vorgesehen. Der Zugang
muß verweigert werden, wenn durch die Verbreitung des Dokuments verletzt werden könnte:

– der Schutz des öffentlichen Interesses;

– der Schutz des Einzelnen und der Privatsphäre;

– der Schutz des Geschäfts- und Industriegeheimnisses;

– der Schutz der finanziellen Interessen der Gemeinschaft;

– die Wahrung der Vertraulichkeit einer Information von seiten einer Privatperson, die dies beantragt hat, sowie die Wahrung der Vertraulichkeit
aufgrund von Rechtsvorschriften eines MS, der eine im Dokument enthaltene Information bereitgestellt hat.

Der Zugang zu Dokumenten kann zum Schutz der Organinteressen bezüglich der **Geheimhaltung der Beratungen** verweigert werden. Hierfür bedarf es allerdings einer Ermessensentscheidung des jeweiligen Organs unter Abwägung des Geheimhaltungsinteresses mit demjenigen des Antragstellers nach Dokumentenzugang (vgl. EuGH, C-58/94, Niederlande/Rat,
Slg. 1996, I–2169 sowie EuGeI, T- 105/95, WWF-UK/KOM, Slg. 1997,
II–313).

Das **Verfahren für den Zugang zu Dokumenten** des Rates und der KOM   **9**
ist nach derzeitiger Rechtslage wie folgt geregelt (Überblick; Einzelheiten
siehe ABl. L 46/58 vom 18.2.1994 sowie ABl. L 340/41 und 43 vom
31.12.1993):

Der Antrag auf Dokumentenzugang ist bei den Dienststellen der KOM (am   **10**
Amtssitz oder der Vertretung im MS für KOM-Dokumente) bzw. beim Generalsekretär des Rates (Amtssitz Brüssel für Ratsdokumente) zu stellen
(**Erstantrag**). Das Dokument muß so genau wie möglich bezeichnet werden; ein besonderes rechtliches Interesse oder persönliche Betroffenheit ist
nicht erforderlich. Der Antragsteller wird innerhalb eines Monats schrift-

lich unterrichtet, ob der Zugang gestattet wird oder eine Ablehnung des Antrags beabsichtigt ist; Nichtäußerung innerhalb der Frist gilt als Ablehnung.

11 Der Zugang wird gewährt durch Kopieübersendung (gebührenpflichtig)
oder Ermöglichung persönlicher Einsichtnahme – je nach Dokumentenum-
fang und ggfls. nach Absprache mit dem Antragsteller. Bei beabsichtigter
Ablehnung besteht die Möglichkeit eines **Zweitantrags** zur Überprüfung
der Ablehnung des Erstantrags. Der Zweitantrag wird vom Rat selbst (für
Ratsdokumente) bzw. vom Präsidenten der KOM (für KOM-Dokumente)
beschieden; hierbei gelten die gleichen Fristen wie für den Erstantrag. Führt
auch diese Prüfung zur Ablehnung, wird der schriftliche Bescheid mit einer
Angabe der möglichen Rechtsmittel versehen: Beschwerde beim Bürgerbeauftragten (Art. 162; ex-Art. 130e) bzw. Klage vor dem Gerichtshof (Art.
230; ex-Art. 173).

**Art. 256 (ex-Art. 192) (Entscheidungen als vollstreckbare Titel;
Zwangsvollstreckung)**

**Die Entscheidungen des Rates oder der Kommission, die eine Zahlung
auferlegen, sind vollstreckbare Titel; dies gilt nicht gegenüber Staaten.**

**Die Zwangsvollstreckung erfolgt nach den Vorschriften des Zivilpro-
zeßrechts des Staates, in dessen Hoheitsgebiet sie stattfindet. Die Vollstreckungsklausel wird nach einer Prüfung, die sich lediglich auf die
Echtheit des Titels erstrecken darf, von der staatlichen Behörde erteilt,
welche die Regierung jedes Mitgliedstaates zu diesem Zweck bestimmt
und der Kommission und dem Gerichtshof benennt.**

**Sind diese Formvorschriften auf Antrag der die Vollstreckung betrei-
benden Partei erfüllt, so kann diese die Zwangsvollstreckung nach innerstaatlichem Recht betreiben, indem sie die zuständige Stelle unmittelbar anruft.**

**Die Zwangsvollstreckung kann nur durch eine Entscheidung des Ge-
richtshofes ausgesetzt werden. Für die Prüfung der Ordnungsmäßigkeit der Vollstreckungsmaßnahmen sind jedoch die einzelstaatlichen
Rechtsprechungsorgane zuständig.**

I. Vollstreckungstitel

1 Vollstreckbare Titel sind nicht nur die in Art. 256 genannten Entscheidungen des Rates und der KOM. Nach Art. 244 (ex-Art. 187) sind auch die Urteile des EuGH gem. Art. 256 vollstreckbar. Weil künftig die EZB rechts-

verbindliche VO und Entscheidungen erlassen kann, gelten gem. Art. 110 Abs. 2 (ex-Art. 108a) die „Art. 253, 254 und 256" auch für diese Rechtsakte. Art. 110 Abs. 2 (ex-Art. 108a) kann aber nicht in dem Sinne verstanden werden, daß alle VO und Entscheidungen der EZB unabhängig von ihrem Inhalt vollstreckbare Rechtsakte seien. Man wird die Vorschrift als Rechtsgrundverweis einstufen müssen mit der Folge, daß nur Entscheidungen der EZB vollstreckbar sind, die den Anforderungen des Art. 256 genügen.

Vollstreckbar sind nur Entscheidungen im Sinne von Art. 249 (ex-Art. 189).   **2** Die RL scheiden schon deshalb aus, weil sie nur den MS eine Pflicht auferlegen. Gegenüber Staaten ist eine Zwangsvollstreckung nach Art. 256 Satz 1 ausgeschlossen. VO können als abstrakt-generelle Regelungen ebenfalls keine vollstreckbaren Titel sein; sie richten sich nicht an bestimmte Personen.

Die Entscheidungen müssen eine Zahlung auferlegen. Nicht vollstreckbar   **3** sind folglich Pflichten zu anderweitigem Tun oder Unterlassen. Damit ist die **Vollstreckbarkeit von Gemeinschaftsrechtsakten** im Vergleich zum deutschen Zwangsvollstreckungsrecht erheblich eingeschränkt (vgl. § 883 ZPO: Herausgabe von Sachen, § 887, § 888 ZPO: Vornahme von Handlungen, § 890 ZPO sowie § 894 ZPO: Abgabe von Willenserklärungen). In der Praxis führt dies dazu, daß hauptsächlich Zwangsgelder im Wege der Vollstreckung beigetrieben werden.

II. Durchführung der Zwangsvollstreckung

Die Zwangsvollstreckung wird nach den Vorschriften des Zivilprozeßrechts   **4** durchgeführt. Maßgeblich ist das Recht desjenigen MS, in dem die Zwangsvollstreckung stattfindet. Die vollstreckende Partei leitet das Verfahren durch Antrag bei der zuständigen Behörde des MS ein; in Deutschland ist dies das Bundesministerium der Justiz (BGBl. 1961 II 50). Die Behörde prüft lediglich die Echtheit des Titels, das heißt die Frage, ob die zu vollstreckende Entscheidung von demjenigen Organ stammt, das darin als Urheber ausgewiesen ist. Die **Erteilung der Vollstreckungsklausel** ist damit an geringere Voraussetzungen geknüpft als nach der ZPO, für die neben dem Vorliegen eines Antrags auch das Bestehen des Titels, dessen Vollstreckungsreife und die Vollstreckungsfähigkeit zu prüfen ist (vgl. *Thomas-Putzo*, § 724 Rn. 5). Durch die Beschränkung des Prüfungsumfangs soll vermieden werden, daß die nationalen Behörden durch Prüfverfahren die Durchsetzbarkeit des Gemeinschaftsrechts in Frage stellen können. Nach Erteilung der Vollstreckungsklausel verläuft das Vollstreckungsverfahren nach Maßgabe der auch für Titel des nationalen Rechts geltenden Vorschriften.

III. Rechtsschutz in der Zwangsvollstreckung

5 Gem. Art. 256 kann die Zwangsvollstreckung nur durch Entscheidung des EuGH ausgesetzt werden, während die Prüfung der Ordnungsmäßigkeit der Zwangsvollstreckung den Rechtsprechungsorganen der MS obliegt. Diese Abgrenzung bereitet Schwierigkeiten, insbesondere weil die verwendeten Begriffe der „Aussetzung" bzw. der „Ordnungsmäßigkeit" der Zwangsvollstreckung schwer abzugrenzen sind. In der ZPO werden sie nicht in gleicher Weise verwendet.

1. Ordnungsmäßigkeit der Zwangsvollstreckung

6 Als ordnungsmäßig wird man die Zwangsvollstreckung einstufen können, wenn sie im Namen des Gläubigers gegen den Schuldner in dessen Vermögen erfolgt und die weiteren im Vollstreckungsrecht zu beachtenden Vorschriften eingehalten werden. Für den Vollstreckungsschuldner stellt sich primär die Frage, welche **Rechtsbehelfe gegen die Zwangsvollstreckung** er vor den nationalen Gerichten einlegen kann. Hinsichtlich der Erinnerung gegen die Art und Weise der Zwangsvollstreckung gem. § 766 ZPO bestehen keine Zweifel. Mit ihr werden Verfahrensfehler gerügt (z.B. Verstoß gegen Vollstreckungsverbote, mangelnde Zustellung). Auch die sofortige Beschwerde nach § 793 ZPO kann beim nationalen Gericht erhoben werden, weil damit nur Entscheidungen in dem nach nationalen Recht durchzuführenden Vollstreckungsverfahren angegriffen werden. Ebenso sind Erinnerung und Klage gegen die Vollstreckungsklausel gemäß § 732 und § 768 ZPO vor den nationalen Gerichten zulässig; Gegenpartei ist die nationale Behörde, die gem. Art. 256 UAbs. 2 die Vollstreckungsklausel erteilt.

7 Mit der **Drittwiderspruchsklage** nach § 771 ZPO macht ein betroffener Dritter seine (Eigentums-)Rechte an dem Gegenstand geltend, in den vollstreckt werden soll. Die Klage auf vorzugsweise Befriedigung gem. § 805 ZPO entspricht der Drittwiderspruchsklage insofern, als der Kläger auch mit ihr ein vorrangiges Recht am Vollstreckungsgegenstand behauptet. Zwar kann gem. § 805 ZPO die Zwangsvollstreckung nicht verhindert werden, jedoch ist der Kläger bei Obsiegen aus dem Vollstreckungserlös vorzugsweise zu befriedigen. Beide Rechtsbehelfe bilden ein Korrektiv zur Formalisierung des Vollstreckungsverfahrens, um einen Eingriff in Rechte Dritter zu verhindern. Im Sinne des Gemeinschaftsrechts ist die Vollstreckung dann nicht ordnungsgemäß. Die Drittwiderspruchsklage gem.

§ 771 ZPO und die Klage auf vorzugsweise Befriedigung gem. § 805 ZPO können demgemäß vor den nationalen Gerichten erhoben werden.

Die **Vollstreckungsgegenklage** gem. § 767 ZPO ist darauf gerichtet, die **8** Zwangsvollstreckung für unzulässig zu erklären. Sie kann nur auf Einwendungen gegen den der Zwangsvollstreckung zugrunde liegenden Anspruch gestützt werden, die nach der letzten mündlichen Verhandlung eingetreten sind. Ob diese Klage vor den nationalen Gerichten erhoben werden kann, ist nicht einfach zu beantworten (ablehnend *Grabitz*, in Grabitz/Hilf, Art. 192 Rn. 18; Geiger, Art. 192 Rn. 7). Der EuGH wurde in einer EGKS-Sache mit dem Antrag angerufen, die Zwangsvollstreckung aus einem Kostenfestsetzungsbeschluß „für unzulässig zu erklären", weil die zugrundeliegende Forderung durch Aufrechnung, mindestens aber durch Erlaß oder Verzicht der Gegenseite erloschen sei. Unter Berufung auf Art. 92 EGKSV, der dem Art. 256 UAbs. 4 insoweit entspricht, wies der EuGH den Antrag als unzulässig ab. Es sei Aufgabe der staatlichen Organe, „etwaige Streitigkeiten zu regeln, die sich im Laufe der Zwangsvollstreckung ergeben, wobei die Vollstreckbarkeit der betreffenden Entscheidung unberührt bleibt" (EuGH, Rs. 4/73, Scuppa/Kommission, Slg. 1977, 3).

Der gestellte Antrag hatte ersichtlich die Zielsetzung der Vollstreckungs- **9** genklage. Die Entscheidung des EuGH deutet also darauf hin, daß auch die Vollstreckungsgegenklage gem. § 767 ZPO vor den nationalen Gerichten zulässig ist. Dies ist jedoch fraglich. Nach dem Wortlaut des EuGH-Beschlusses soll die Vollstreckbarkeit „unberührt bleiben". Gerade das ist bei der Vollstreckungsgegenklage nicht der Fall. Der Kern des Abgrenzungsproblems dürfte darin liegen, daß Art. 256 nichts darüber aussagt, aus welchen Gründen der EuGH die Aussetzung der Zwangsvollstreckung anordnen kann.

Art. 256 will mit der jeweiligen Kompetenzzuweisung an den EuGH und an **10** die nationalen Gerichte sicherstellen, daß nur der EuGH über Ansprüche entscheidet, die ihre Rechtsgrundlage im Gemeinschaftsrecht haben. Die nationalen Gerichte sollen die Einhaltung der anzuwendenden nationalen Bestimmungen überwachen. Von daher muß eine Vollstreckungsgegenklage gem. § 767 ZPO vor den nationalen Gerichten unzulässig sein, wenn sie sich in der Weise gegen den zugrundeliegenden Anspruch richtet, daß Anspruchsgrund und Anspruchshöhe selbst angegriffen werden. Darüber kann nur der EuGH nach Maßgabe des Gemeinschaftsrechts entscheiden. Soweit dagegen die Vollstreckungsgegenklage mit der Behauptung erhoben wird, der – grundsätzlich gegebene – Anspruch sei durch Rechtshandlungen der Parteien, z.B. durch Aufrechnung, Verzicht oder Erfüllung erloschen, sind die nationalen Gerichte zuständig. Die in diesem Fall zu beurteilenden

Rechtsfragen sind nicht solche des Gemeinschaftsrechts. Hier ist das nationale oder internationale Privatrecht, insbesondere das Vertragsrecht heranzuziehen. Der angeführte Beschluß des EuGH ist somit im Ergebnis zutreffend, wenn seine Begründung auch mißverständlich ist.

2. Aussetzung der Zwangsvollstreckung

11   Über die Aussetzung der Zwangsvollstreckung kann nur der EuGH entscheiden. Dabei handelt es sich um einen vorläufigen Rechtsbehelf (*Schmidt* in GTE, Art. 192 Rn. 21; *Grabitz*, in Grabitz/Hilf, Art. 192 Rn. 13). Die Vorschrift sagt allerdings nichts darüber, welche Gründe für eine Aussetzung vorliegen müssen. Sie ergeben sich explizit auch nicht aus anderen Vertragsvorschriften. Für die Praxis ist diese Frage von entscheidender Bedeutung, weil der Antragsteller seinen Vortrag daran ausrichten muß.

12   Art. 256 UAbs. 4 regelt nach seinem Wortlaut die gerichtliche Zuständigkeit im Vollstreckungsschutzverfahren. Zielsetzung ist dabei, dem EuGH die Entscheidung vorzubehalten, wenn der Rechtsstreit nur nach Maßgabe der Vorschriften des Gemeinschaftsrechts gelöst werden kann (vgl. *Schmidt*, a.a.O., Rn. 23; Einzelheiten oben Rn. 10). Dagegen kann die Entscheidungskompetenz des EuGH nicht davon abhängen, ob die Gemeinschaft selbst Vollstreckungsgläubiger ist (so aber *Schmidt*, a.a.O., Art. 192 Rn. 24). Denn sofern über den Antrag nach Maßgabe des Gemeinschaftsrechts zu entscheiden ist, muß nach Sinn und Zweck der Kompetenzabgrenzung in Art. 256 immer der EuGH zuständig sein.

Kapitel 3. Der Wirtschafts- und Sozialausschuß

Literatur: *Bernard-Laval-Nys*, Le Comité économique et social, 1972; *Brüske*, Der Wirtschafts- und Sozialausschuß der Europäischen Gemeinschaften: die institutionalisierte Interessenvertretung als Faktor der europäischen Integration, 1979; *Catling*, Organisation und Politik des Wirtschafts- und Sozialausschusses, in: Röttinger/Weyringer, Handbuch der europäischen Integration, 1991, S. 128; *Hallstein*, Der Wirtschafts- und Sozialausschuß als Faktor der europäischen wirtschaftlichen und sozialen Integration, in: Gewerkschaft, Wirtschaft und Gesellschaft, 1963, S. 381; *Morgan*, The Consultative Function of the Economic and Social Committee of the European Community, 1991; *Rittstieg*, Wirtschaftsverbände und Europäische Gemeinschaft. Eine Untersuchung zur institutionalisierten Interessenvertretung, 1967; *Vandamme*, Conclusions générales et propositions pour le renforcement du Comité Economique et Social dans la Communauté européenne, in: T.E.P.S.A.: L'avenir de la fonction consultative professionelle dans la Communauté Européenne, 1989; *WSA*, Über die Aufwertung der Rolle des WSA mit Blick auf 1992, Dok. CES 1006/88; Internet-Webseite des WSA http://www.wsa.eu.int.

Art. 257 (ex-Art. 193) (Wirtschafts- und Sozialausschuß)

Es wird ein Wirtschafts- und Sozialausschuß mit beratender Aufgabe errichtet.

Der Ausschuß besteht aus Vertretern der verschiedenen Gruppen des wirschaftlichen und sozialen Lebens, insbesondere der Erzeuger, der Landwirte, der Verkehrsunternehmer, der Arbeitnehmer, der Kaufleute und Handwerker, der freien Berufe und der Allgemeinheit.

I. Normzweck

Die Vorschrift definiert die **Funktion** des WSA und die **Struktur seiner Zusammensetzung**, wonach die verschiedensten gesellschaftlichen Gruppen im WSA vertreten sind.   **1**

II. Regelungsmaterie

Der WSA ist nach Art. 7 (ex-Art. 4) eine besonders **hervorgehobene Institution** der EG, dem der EGV eine **beratende** Funktion für den Rat und die Kommission zuweist und dem in dieser Hervorhebung nur der AdR gleichgestellt ist. Der WSA ist aber kein Organ der EG; er ist keine Ständekammer. Art. 257 wiederholt die Qualifizierung als Beratungsgremium. Als „beratende Versammlung" des wirtschaftlichen und sozialen Lebens der Mitgliedstaaten, wie der WSA sich selbst bezeichnet, ist er integrierender Bestandteil des institutionellen Gefüges der EG. Im Gegensatz zu den spezifischen Interessenverbänden, die sich inzwischen auch auf europäischer Ebene konstituiert haben und die zunehmend von der Kommission beratend herangezogen werden, hat allein der WSA als repräsentatives Gremium der verschiedenen wirtschaftlichen und sozialen Strömungen die institutionelle Möglichkeit, der Kommission, dem Rat, aber auch dem EP seinen Standpunkt auf offiziellem Wege nahezubringen. Dies geschieht vor allem in **Stellungnahmen**, die das Plenum des WSA mit einfacher Mehrheit beschließt und die im ABl. der EG veröffentlicht werden. Auf der Internet-Webseite des WSA können die Stellungnahmen der letzten 3 Plenartagungen des WSA sowie Informationen über die Zusammensetzung, die Arbeitsweise und das Arbeitsprogramm abgerufen werden.   **2**

In der Praxis, aber auch im institutionellen Gefüge spielt der WSA eher eine begrenzte Rolle. War er ursprünglich noch fast gleichrangig mit der „Versammlung", dem Vorläufer des EP, so ist inzwischen das EP durch die Fortentwicklung seiner Beteiligungsrechte bis hin zur Mitentscheidung   **3** nach Art. 251 (ex-Art. 189b) nicht nur politisch, sondern auch rechtlich in eine wichtigere Rolle hineingewachsen. Gleichwohl kommt dem WSA durch seine Kontakte und die gegenseitige Information der im Ausschuß vertretenen Gruppen eine ausgleichende Funktion zu. Er berührt sich insoweit auch mit dem institutionalisierten Dialog der Sozialpartner gemäß Art. 139 (ex-Art. 118b). Er fördert aber vor allem auch die Information der nationalen Verbände über die europapolitischen Entwicklungen. In einer Phase tiefgreifender Struktur- und Beschäftigungsprobleme in der EG sollte es dem WSA auch möglich sein, wieder stärkeren Einfluß auf die Gemeinschaftstätigkeit zu nehmen.

4   Dem WSA gehören Vertreter der **verschiedensten Gruppen** des wirtschaftlichen und sozialen Lebens an, wobei der EGV beispielhaft Erzeuger, Landwirte, Verkehrsunternehmen, Arbeitnehmer, Kaufleute, Handwerker, freie Berufe und schließlich Vertreter der Allgemeinheit nennt. Die Aufzählung dieser Gruppen folgt den Tätigkeitsbereichen, die der EGV in seiner ursprünglichen Form erfaßt hatte. Heute entspricht die Aufzählung nur noch begrenzt dem erweiterten Tätigkeitsbereich der EG. Umweltschutz, Forschung, Gesundheit, Bildung und Kultur sind in Art. 257 nicht genannt. Andererseits ist die Berücksichtigung von Interessenvertretern der neu hinzugekommenen Bereiche rechtlich nicht ausgeschlossen, trifft aber in der Praxis auf gewisse Rigiditäten, die in der Organisationsstruktur des WSA ihren Grund haben. Herkömmlich ist der WSA in **drei etwa gleichstarke Gruppierungen** gegliedert, nämlich die **Arbeitgebergruppe**, die **Arbeitnehmergruppe** und die Gruppe **„verschiedene Interessen"**. Neu hinzustrebende Gruppen, wie z.B. in Deutschland die Verbände der freien Wohlfahrtspflege, lassen sich angesichts bestehender Besitzstände nur schwer akkommodieren.

Art. 258 (ex-Art. 194) (Zusammensetzung, Unabhängigkeit)

Die Zahl der Mitglieder des Wirtschafts- und Sozialausschusses wird wie folgt festgesetzt:

Belgien	12	**Luxemburg**	6
Dänemark	9	**Niederlande**	12
Deutschland	24	**Österreich**	12
Griechenland	12	**Portugal**	12
Spanien	21	**Finnland**	9
Frankreich	24	**Schweden**	12
Irland	9	**Vereinigtes Königreich**	24
Italien	24		

Die Mitglieder des Ausschusses werden vom Rat durch einstimmigen Beschluß auf vier Jahre ernannt. Wiederernennung ist zulässig.

Die Mitglieder des Ausschusses sind an keine Weisungen gebunden. Sie üben ihre Tätigkeit in voller Unabhängigkeit zum allgemeinen Wohl der Gemeinschaft aus.

Der Rat setzt mit qualifizierter Mehrheit die Vergütungen für die Mitglieder des Ausschusses fest.

I. Normzweck

Die Vorschrift regelt die **Zusammensetzung** des WSA, das **Ernennungs-** **verfahren** und den persönlichen **Status** seiner Mitglieder.   **1**

II. Regelungsmaterie

Der WSA besteht aus **222 Mitgliedern.** Die großen Mitgliedstaaten stellen   **2** je 24, Spanien 21, die mittleren Mitgliedstaaten 12 und die kleineren Mitgliedstaaten 9, Luxemburg 6 Mitglieder. Die Mitgliederzahl ist jeweils durch 3 teilbar, um die gleichmäßige Zuordnung zu den drei Gruppierungen innerhalb der WSA-Struktur zu ermöglichen (s. Art. 257 Rn. 4).

Die 24 **deutschen Mitglieder** teilen sich je zu 8 auf die 3 Gruppierungen   **3** auf. In der Gruppe der Arbeitgeber sind außer BDA und BDI die Verbände des Handels, der Banken und der Landwirte vertreten. Die Gruppe der Arbeitnehmer besteht aus Vertretern des DGB, der ÖTV, der IG Metall, DAG, der CDA und der Gewerkschaft Gartenbau, Land- und Forstwirtschaft. Die Gruppe „verschiedene Interessen" vereinigt heterogene Interessen, wie Umweltschutz, Verbraucher, Zollbeamte, Handwerk, Lufthansa und freie Berufe.

Für die **Ernennung** der Mitglieder ist ein **einstimmiger Ratsbeschluß** er-   **4** forderlich. Die Amtsperiode beträgt 4 Jahre; sie ist der inzwischen 5jährigen Amtsperiode der Kommission nicht angepaßt worden. Im Interesse häufiger Rotation ist ein zweijähriger Rhythmus in den Ämtern (Präsident, Ausschußvorsitzende) üblich. Zugleich wird mit der Möglichkeit der Wiederernennung für Kontinuität in der Arbeit des WSA Vorsorge getroffen.

Die Mitglieder des WSA sind **unabhängig**, an Weisungen **nicht gebunden**   **5** und dem **allgemeinen Wohl der Gemeinschaft** verpflichtet. Die persönliche Unabhängigkeit der WSA-Mitglieder wurde noch verstärkt, ungeachtet ihrer unterschiedlichen Herkunft, die an sich eher auf eine im vorhinein festgelegte Haltung schliessen läßt. Damit soll die Kompromißfähigkeit der

WSA-Mitglieder gefördert werden. Der Rat legt die **Vergütung** der WSA-Mitglieder fest. Die Vergütung kann, da es sich um eine Nebentätigkeit handelt, nur ein pauschalierter Aufwendungsersatz sein.

Art. 259 (ex-Art. 195) (Kandidatenliste)

(1) Zur Ernennung der Mitglieder des Ausschusses legt jeder Mitgliedstaat dem Rat eine Liste vor, die doppelt so viele Kandidaten enthält wie seinen Staatsangehörigen Sitze zugewiesen sind.

Die Zusammensetzung des Ausschusses muß der Notwendigkeit Rechnung tragen, den verschiedenen Gruppen des wirtschaftlichen und sozialen Lebens eine angemessene Vertretung zu sichern.

(2) Der Rat hört die Kommission. Er kann die Meinung der maßgeblichen europäischen Organisationen der verschiedenen Zweige des Wirtschafts- und Soziallebens einholen, die an der Tätigkeit der Gemeinschaft interessiert sind.

1 Die Vorschrift regelt das **Vorschlagsverfahren** für die Benennung der Mitglieder des WSA.

2 Die Mitgliedstaaten legen nationale Listen vor, die doppelt soviele Namen enthalten müssen, wie ihren „Staatsangehörigen" Sitze zugewiesen sind. Die deutsche Liste muß daher 48 Namen enthalten, von denen aber nur 24 tatsächlich berücksichtigt werden können. Die übrigen 24 Personen bleiben bei der Benennung außer Betracht. Eine Benennung von Stellvertretern der Vollmitglieder ist im WSA im Gegensatz zum AdR (vgl. Art. 263 [ex-Art. 198a] Satz 3) nicht möglich. In der Vorschlagsliste ist daher anzugeben, wer als Vollmitglied und wer nur vorsorglich benannt wird. Die Anknüpfung an die Staatsangehörigkeit in Art. 259 ist ein Anachronismus, der der Einführung der Unionsbürgerschaft durch den EUV nicht mehr gerecht wird. Es ist auch nicht einzusehen, warum ein Verband in Deutschland gehindert sein sollte, einen für ihn tätigen Staatsangehörigen aus einem anderen Mitgliedstaat für den WSA zu benennen, wenn Gleiches für das EP möglich ist. Auch ist der durch Anknüpfung an die Staatsangehörigkeit bewirkte Ausschluß von Vertretern europäischer Dachverbände angesichts der zwischenzeitlichen Entwicklung zumindest in Frage zu stellen; allerdings können die Dachverbände nach Abs. 2 der Vorschrift im Zuge des Ernennungsverfahrens vom Rat gehört werden.

3 Die Zusammensetzung der Liste muß der **Gliederung** des WSA in **drei Gruppierungen** (s. Art. 257 Rn. 4) **angemessen** Rechnung tragen. Dies heißt jedoch nicht, daß von den 24 deutschen Sitzen jede der Gruppen je-

weils mit 8 Sitzen bedacht werden müßte. Die Qualifikation **angemessener Vertretung** läßt einen gewissen Spielraum. Die 3 Gruppierungen müssen nicht gleich groß sein nach den Regeln der Arithmetik. Der **Rat** hört die **Kommission**, ehe er einstimmig die Benennung vornimmt (Art. 259 Abs. 2, Art. 258 Satz 2, ex-Art. 194). Ernennung und Anhörung sind in der Praxis weitgehend Formalakte.

Art. 260 (ex-Art. 196) (Präsident, Geschäftsordnung, Einberufung)

Der Ausschuß wählt aus seiner Mitte seinen Präsidenten und sein Präsidium auf zwei Jahre.

Er gibt sich eine Geschäftsordnung.

Der Ausschuß wird von seinem Präsidenten auf Antrag des Rates oder der Kommission einberufen. Er kann auch von sich aus zusammentreten.

Die Vorschrift regelt die **innere Organisation** der Tagungen des WSA, namentlich das Präsidium, das Zusammentreten und die GO. Die Struktur des WSA entspricht weitgehend der Struktur des AdR (vgl. Komm. zu Art. 264). **1**

Der WSA wählt seinen **Präsidenten** alle 2 Jahre neu. Mehrmals ist dieses Amt von deutschen Mitgliedern des Ausschusses wahrgenommen worden, zuletzt in den Jahren 1992 bis 1994 von Dr. Susanne Tiemann, die in ihrer Eigenschaft als Präsidentin des Bundes der Steuerzahler der Gruppe „Verschiedene Interessen" angehörte. Jetzige Präsidentin ist Beatrice Rangoni Machiavelli. Der WSA hat einen eigenen Generalsekretär. Seit 1992 ist Generalsekretär Nothomb im Amt. Er trug in der Gründungsphase des AdR auch Verantwortung für die Infrastruktur des neugeschaffenen parallelen Ausschusses, da beide Ausschüsse von einem **gemeinsamen organisatorischen Unterbau** getragen sein sollten (Protokoll Nr. 16 zum EUV). Von Bedeutung ist die **GO** des WSA (ABl. 1996 L 82/1), über deren Änderung die WSA inzwischen **autonom** verfügt. Der Genehmigungsvorbehalt des Rates, der im ursprünglichen EWG-Vertrag enthalten war, ist durch den EUV entfallen. Auch hat der EUV klargestellt, daß der WSA nicht nur auf Antrag von Rat und Kommission, sondern – wie der AdR – auch **auf eigene Initiative zusammentreten** kann. Er tritt i.d.R. zu 10 Sitzungen pro Jahr zusammen. **2**

Dem WSA wurde durch den EUV eine stärkere Selbständigkeit in Haushaltsfragen eingeräumt. In einer besonderen Erklärung zum EUV (Nr. 22) ist festgehalten, daß er hinsichtlich des Haushalts und der Personalverwal- **3** tung dieselbe Unabhängigkeit genießt wie der Rechnungshof bisher. Gleichwohl bleibt der **WSA-Haushalt** Teil des Gesamthaushalts der EG.

4   **Sitz** des WSA ist **Brüssel** (festgelegt im Protokoll Nr. 8 zum Vertrag von Amsterdam Art. 1f.).

Art. 261 (ex-Art. 197) (Fachgruppen und Unterausschüsse)

Der Ausschuß umfaßt fachliche Gruppen für die Hauptsachgebiete dieses Vertrags.

Er enthält insbesondere je eine fachliche Gruppe für die Landwirtschaft und für den Verkehr; auf diese finden die Sonderbestimmungen der Titel über die Landwirtschaft und den Verkehr Anwendung.

Die fachlichen Gruppen werden im Rahmen des allgemeinen Zuständigkeitsbereichs des Ausschusses tätig. Sie können nicht unabhängig vom Ausschuß gehört werden.

Innerhalb des Ausschusses können ferner Unterausschüsse eingesetzt werden; diese haben über bestimmte Fragen oder auf bestimmten Gebieten Entwürfe von Stellungnahmen zur Beratung im Ausschuß auszuarbeiten.

Die Geschäftsordnung bestimmt die Art und Weise der Zusammensetzung und regelt die Zuständigkeit der fachlichen Gruppen und Unterausschüsse.

1   Der Vertrag sieht die Einsetzung von **Fachgruppen** und von Unterausschüssen vor. Der WSA hat 9 Fachgruppen gebildet, die für die wichtigsten Bereiche des EGV und des EAGV zuständig sind und die mit Hilfe von Studiengruppen bzw. Sachverständigen die Stellungnahmen des WSA vorbereiten. Die Fachgruppen bilden die ständige Infrastruktur des WSA, die ihrerseits vom Generalsekretariat des Ausschusses unterstützt werden. **Unterausschüsse** werden für bestimmte Fragen ad hoc eingesetzt; i.d.R. geschieht dies für einen begrenzten Zeitraum und zur Erledigung der speziell übertragenen Aufgabe.

Art. 262 (ex-Art. 198) (Rechte des Ausschusses)

Der Ausschuß muß vom Rat oder der Kommission in den in diesem Vertrag vorgesehenen Fällen gehört werden. Er kann von diesen Organen in allen Fällen gehört werden, in denen diese es für zweckmäßig erachten. Er kann von sich aus eine Stellungnahme in den Fällen abgeben, in denen er dies für zweckmäßig erachtet.

Wenn der Rat oder die Kommission es für notwendig erachten, setzen sie dem Ausschuß für die Vorlage seiner Stellungnahme eine Frist; diese beträgt mindestens einen Monat, vom Eingang der Mitteilung beim Präsidenten des Ausschusses an gerechnet. Nach Ablauf der Frist kann das Fehlen einer Stellungnahme unberücksichtigt bleiben.

Die Stellungnahmen des Ausschusses und der zuständigen fachlichen Gruppe sowie ein Bericht über die Beratungen werden dem Rat und der Kommission übermittelt.

Der Ausschuß kann vom Europäischen Parlament gehört werden.

Die Vorschrift regelt die **Rechte** des WSA und die korrespondierenden **1** Pflichten des Rates und der Kommission. Sie ist im Verfahren fast deckungsgleich mit der entsprechenden Bestimmung des Art. 265 (ex-Art. 198c) über die Rechte des AdR, so daß weitgehend auf die dortige Kommentierung verwiesen werden kann. Wie beim AdR gibt es auch beim WSA gewisse Bereiche der **obligatorischen** und im übrigen der **fakultativen** Beteiligung, sei es daß der Rat, die Kommission oder das EP sie für zweckmäßig halten, wobei letzteres auf einer Ergänzung durch den Vertrag von Amsterdam beruht (Art. 262 Satz 4). Der WSA kann sich aber auch von sich aus aufgrund seines mit dem EUV vertraglich abgesicherten **Selbstbefassungsrechts** mit einem Vorhaben befassen. Dies ist in etwa 10 Prozent der Vorhaben der Fall, zu denen der WSA eine Stellungnahme abgibt.

Die Fälle **obligatorischer** Beteiligung des WSA sind sehr viel zahlreicher **2** und zumeist auch verschieden von denjenigen des AdR. Der WSA **muß** gehört werden bei Vorhaben in folgenden Bereichen:
– Landwirtschaft (Art. 37 [ex-Art. 43] Abs. 2)
– Freizügigkeit der Arbeitnehmer (Art. 40 [ex-Art. 49] Satz 1)
– Niederlassungsfreiheit (Art. 44 [ex-Art. 54] Abs. 1)
– Freier Dienstleistungsverkehr (Art. 52 [ex-Art. 63] Abs. 1)
– Verkehrspolitik (Art. 71 [ex-Art. 75] Abs. 1)
– Liberalisierung Güterverkehr (Art. 75 [ex-Art. 79] Abs. 3 Satz 1)
– Rechtsangleichung (Art. 94, ex-Art. 100)
– Rechtsangleichung im Binnenmarkt (Art. 95 [ex-Art. 100a] Abs. 1)
– Mindestvorschriften in der Sozialpolitik (Art. 157 [ex-Art. 130] Abs. 2 Satz 2)
– Soziale Sicherheit von Wanderarbeitnehmern (Art. 144, ex-Art. 121)
– Europäischer Sozialfonds (Art. 148, ex-Art. 125)
– Allgemeine und berufliche Bildung (Art. 149 [ex-Art. 126] Abs. 4, Art. 150 [ex-Art. 127] Abs. 4)

- Gesundheitspolitik (Art. 152 [ex-Art. 129] Abs. 4)
- Verbraucherschutz (Art. 153 [ex-Art. 129a]Abs. 4)
- Transeuropäische Netze (Art. 156 [ex-Art. 129d] Satz 1)
- Strukturfonds (Art. 159 [ex-Art. 130b] Satz 3, 162 [ex-Art. 130e] Satz 1)
- Forschungsprogramme (Art. 166 [ex-Art. 130i] Abs. 1 und 4, 172, ex-Art. 130o)
- Umwelt (Art. 175, ex-Art. 130s).

In der Handelspolitik, den Außenbeziehungen und dem Bereich der WWU ist eine obligatorische Anhörung des WSA nicht vorgesehen.

3   Der Rat kann dem WSA eine Mindestfrist zur Äußerung setzen, die durch den EUV von 10 Tagen auf einen Monat verlängert wurde. Eine Beteiligung des WSA zieht eine **akzessorische Beteiligung des AdR** zwingend nach sich (Art. 265 [ex-Art. 198c] Satz 3).

Kapitel 4. Der Ausschuß der Regionen

Literatur: *Borchmann*, Doppelter Föderalismus in Europa, EA 1991, 340ff.; *Borkenhagen/Bruns-Klöss/Memminger/Stein* (Hrsg.), Die deutschen Länder in Europa, 1992; *Charpentier/Engel,* Les régions de l'éspace communautaire, 1992; *Clement*, Der Regionalausschuß – Mehr als ein Alibi? StWiss u. StPr 1993, 159ff.; *Dästner*, Zur Aufgabenverteilung zwischen Bundesrat, Landesregierungen und Landesparlamenten in Angelegenheiten der Europäischen Union, NWVBl. 1994, 1ff.; *Duckwitz*, Der Vertrag über die Europäische Union. Bewertung unter besonderer Berücksichtigung des Bund-Länder-Verhältnisses, 1992; *Chr. Engel*, Regionen in der EG, 1993; *Hasselbach*, Der Ausschuß der Regionen in der Europäischen Union, 1996; *Hesse*, Regionen in Europa, 1995; *Hilf/Stein/Schweitzer/Schindler*, Europäische Union: Gefahr oder Chance für den Föderalismus in Deutschland, Österreich und der Schweiz? VVD-StRL Bd. 53, 1994; *Kaufmann-Bühler*, Die Entstehung der Vertragsartikel über den Ausschuß der Regionen in Tomuschat (Hrsg.), Mitsprache der dritten Ebene in der europäischen Integration, 1995; *Schelter/Wuermeling*, Europa der Regionen, München 1995; *Wuermeling*, Das Ende der „Länderblindheit": Der Ausschuß der Regionen nach dem neuen EG-Vertrag, EuR 1993, 196ff.

Art. 263 (ex-Art. 198a) (Zusammensetzung des Ausschusses)

Es wird ein beratender Ausschuß aus Vertretern der regionalen und lokalen Gebietskörperschaften, nachstehend „Ausschuß der Regionen" genannt, errichtet.

Die Zahl der Mitglieder des Auschusses der Regionen wird wie folgt festgesetzt:

Belgien	12	Luxemburg	6
Dänemark	9	Niederlande	12
Deutschland	24	Österreich	12
Griechenland	12	Portugal	12
Spanien	21	Finnland	9
Frankreich	24	Schweden	12
Irland	9	Vereinigtes Königreich	24
Italien	24		

Die Mitglieder des Ausschusses sowie eine gleiche Anzahl von Stellvertretern werden vom Rat auf Vorschlag der jeweiligen Mitgliedstaaten durch einstimmigen Beschluß auf vier Jahre ernannt. Wiederernennung ist zulässig. Ein Mitglied des Ausschusses darf nicht gleichzeitig Mitglied des Europäischen Parlaments sein.

Die Mitglieder des Ausschusses sind an keine Weisungen gebunden. Sie üben ihre Tätigkeit in voller Unabhängigkeit zum allgemeinen Wohl der Gemeinschaft aus.

I. Normzweck

Die Vorschrift regelt **Funktion** und **Zusammensetzung des Ausschusses** **1**
der Regionen (AdR) und den **Status seiner Mitglieder.** Der Ausschuß hat
beratende Funktion, seine Zusammensetzung ist zwischen großen und kleinen Mitgliedstaaten ähnlich abgestuft wie die Stimmen im Ministerrat
(Art. 205 [ex-Art.148] Abs. 2), und der Status seiner Mitglieder ist ähnlich
wie derjenige der Mitglieder der Kommission (Art. 213 [ex-Art. 157]
Abs. 2) durch Unabhängigkeit gekennzeichnet.

II. Beratende Funktion

Der AdR hat eine **beratende Rolle** in der Gemeinschaftstätigkeit. Ihm   **2**
kommt besondere Bedeutung bei der Stärkung und bürgernäheren Verankerung des europäischen Aufbauwerks, bei der Weiterentwicklung der demokratischen Legitimität und generell bei der Förderung von Integration und
Solidarität zwischen den verschiedenen Regionen und konkret bei der Steigerung der Effizienz strukturpolitischer Vorhaben und Maßnahmen zu. Seine Stellungnahmen zu Rechtssetzungsvorhaben der EG werden im ABl.
veröffentlicht. Die Einrichtung des AdR stellt ein tragendes Element für die
föderale Struktur der EU dar. Die Kennzeichnung der beratenden Funktion des AdR findet sich bereits in Art. 7 Abs. 2 [ex-Art. 4], sie wird in
Art. 263 Abs. 1 Satz 1 wiederholt.

3 Der AdR ist neben dem WSA eine besonders hervorgehobene Institution im
Gefüge der EG. Seine Stellung wird aufgrund des Vertrags von Amsterdam
durch erweiterte Anhörungsrechte, die Zuerkennung der Geschäftsordnungsautonomie und eines eigenen organisatorischen Unterbaus erheblich
gestärkt. Der AdR ist aber **nicht die dritte Ebene** der EG in dem Sinne einer Kompetenzaufteilung zwischen der Union, den Mitgliedstaaten und den
Regionen. Der EGV unterscheidet nach wie vor nur zwischen der Ebene
der Mitgliedstaaten und der Ebene der EG, auf die die Mitgliedstaaten einzelne Hoheitsrechte zu gemeinsamer Ausübung übertragen haben. An dieser Grundkonzeption ändert die Einrichtung des AdR nichts. Es ist auch
nicht so, daß Rat und Kommission in erster Linie der Idee der EG verpflichtet und der AdR mehr der Idee der Wahrung der nationalen Identität
(Art. 6 [ex-Art. F] Abs. 3 EUV) verpflichtet wären. Ein solches Verständnis
würde der tatsächlichen Regelung des EGV nicht gerecht. Der AdR ist wie
alle Gemeinschaftsorgane und -institutionen auf das **Gemeinschaftsinteresse** als vorrangiges Ziel festgelegt. Dies kommt in Art. 263 Satz 4 zum
Ausdruck, wo es heißt, daß die Mitglieder des AdR ihre Tätigkeit zum **allgemeinen Wohl der EG** ausüben. Neben dem Subsidiaritätsprinzip und der
Unionsbürgerschaft stellt der AdR ein wesentliches Element des Vertrags
von Maastricht zur Schaffung von mehr Bürgernähe der Gemeinschaftstätigkeit dar. In diesem Zusammenhang ist auch die Rolle der Gebietskörperschaften bedeutsam, soweit sie eigene Gesetzgebungsbefugnisse haben. Deutschland, Österreich und Belgien haben hierzu anläßlich der
Unterzeichnung des Vertrags von Amsterdam eine Erklärung abgegeben,
die die Konferenz zur Kenntnis genommen, jedoch nicht zum Inhalt des
Vertrags gemacht hat.

III. Zusammensetzung

4 Der AdR besteht aus Vertretern der **regionalen und lokalen Gebietskörperschaften.** In dem Begriff der Gebietskörperschaften liegt die Anknüpfung an die innerstaatlichen Organisationsstrukturen in den einzelnen Mitgliedstaaten. Insofern ist der Begriff „Ausschuß der Regionen" mißverständlich. Es gibt zahlreiche grenzübergreifende Regionen in der EG. Diese sind jedoch nicht die Träger des AdR. Der AdR wird aber sein besonderes Augenmerk auf die grenzüberschreitende Relevanz von Vorhaben zu
richten haben; dieses stellt ein Zusatz zu Art. 265 Satz 1 (ex-Art. 198c) klar,
den der Vertrag von Amsterdam enthält. Die konstituierenden Komponenten des AdR sind vielmehr die unterschiedlichen regionalen Strukturen in
den einzelnen Mitgliedstaaten, mögen sie als Länder, Regionen, autonome

Gemeinschaften, Provinzen, Departements, Kantone, Kreise oder Gemeinden ausgestaltet sein. Der EGV differenziert nicht im einzelnen, sondern unterscheidet pauschalierend zwischen der mittleren und der unteren Ebene, nämlich regionale und lokale Gebietskörperschaften. Beider Interessen müssen im AdR vertreten sein. Daher wäre eine Beschickung aus Deutschland nur mit Vertretern der Länder vertragswidrig. Die Pflicht zur Einbeziehung der lokalen Ebene nach Art. 263 ist jedoch **keine** institutionelle Garantie der **kommunalen Selbstverwaltung**, wie sie im Grundgesetz in Art. 28 enthalten ist.

Bei seiner Konstituierung am 9.3.1994 war der AdR fast gleich stark mit regionalen und lokalen Vertretern besetzt. Von den 189 Gründungsmitgliedern ließen sich etwa 99 den Regionen und etwa 90 den Kommunen zurechnen, wenngleich eine eindeutige Zuordnung infolge der unterschiedlichen Strukturen nicht möglich ist. Demgegenüber stellen von den 24 deutschen Mitgliedern die Länder 21 und die Kommunen nur 3 Mitglieder, wobei nur für letztere die Qualifikation gilt, daß sie gewählt sein müssen. Diese Regelung, die in § 14 des Gesetzes über die Zusammenarbeit von Bund und Ländern in Angelegenheiten der EU („EUZBLG"-BGBl. 1993 I, 313) enthalten ist, kam erst nach Anrufung des Vermittlungsausschusses zustande. Der EGV verlangt jedoch nicht, daß dem AdR nur gewählte Mitglieder angehören können, wie es z.B. das EP in seiner Entschließung zum Regionalausschuß fordert (ABl. 1994 C 329/279). Die GO des AdR besagt hierzu nichts. Ob sie eine solche Qualifikation einführen könnte, ist zumindest zweifelhaft, nachdem der EGV hierauf bewußt verzichtet hat. In der Praxis mögen die Mitglieder des AdR in der Regel ein Wahlamt in ihrem Heimatland begleiten. Der Wegfall des Mandats führt gemeinschaftsrechtlich nicht zugleich zum Verlust der Mitgliedschaft im AdR. Der nationale Gesetzgeber ist jedoch nicht daran gehindert, eine Regelung zu treffen, wonach ein Wahlamt Voraussetzung der Mitgliedschaft im AdR ist und bei Verlust des Wahlamts auch die AdR-Mitgliedschaft endet. Das deutsche Recht enthält eine solche Regelung bisher nicht. In der Praxis gibt es jedoch häufig Rücktritte im Anschluß an Wahlen, was sich in einer großen Anzahl von Ratsbeschlüssen zur Ernennung einzelner Mitglieder des AdR niederschlägt.

Die Mitglieder des AdR werden **vom Rat** auf Vorschlag der Mitgliedstaaten **ernannt**. Es gibt also kein direktes Benennungsrecht der Regionen. Innerstaatlich hat sich die Bundesregierung darauf festgelegt, Benennungen der Länder zu übernehmen (§ 14 EUZBLG). Dies schließt ein formelles Prüfungsrecht auf seiten des Bundes nicht aus, das er gleichwohl mit Zurückhaltung ausüben wird. Die Mitglieder des AdR teilen sich auf die Mitgliedstaaten nach Kontingenten auf, die ähnlich wie die Stimmen im

5

6

Rat oder die Mitgliederzahl im EP und im WSA pauschaliert sind. Auf die
vier großen Mitgliedstaaten Deutschland, Frankreich, Italien und Großbritannien entfallen je 24 Mitglieder, auf Spanien 21, auf Belgien, Griechenland, Niederlande, Portugal, Österreich und Schweden je 12, auf Dänemark, Finnland und Irland je 9 und auf Luxemburg 6 Mitglieder. Die Mitgliederzahl im AdR liegt nach der letzten EU-Erweiterung bei 222.

7   Dem AdR gehört die gleiche Anzahl von **Stellvertretern** an. Angesichts der
teilweise sehr hochrangigen Beschickung, insbesondere aus Deutschland,
ist die Vertreterregelung wichtig. Die Frage der Vertretung stellt sich insbesondere in den Fachausschüssen. Die institutionelle Unabhängigkeit der
Mitglieder des AdR gilt auch für die Stellvertreter. Hieraus ergeben sich
Grenzen für die weitere Delegation der mitgliedschaftlichen Rechte auf
weisungsabhängige, beamtete Experten. Dagegen bestehen keine Einwendungen gegen eine beratende Teilnahme von Experten in den Ausschüssen.
Die Übertragung des Stimmrechts auf sie kommt jedoch, wenn überhaupt,
nur sehr eingeschränkt in Frage.

IV. Status der Mitglieder

8   Die Mitglieder des AdR sind **an Weisungen nicht gebunden** und üben ihre Tätigkeit in voller **Unabhängigkeit** aus. Diese Regelung gibt den AdR-
Mitgliedern einen Status, der demjenigen der Mitglieder der Kommission
(Art. 213 [ex-Art. 157] Abs. 2) und des WSA (Art. 258 [ex-Art. 194]
Satz 3) nachgebildet ist. Gerade beim AdR ist es schwierig, die Vorstellung
des EGV mit der politischen Wirklichkeit in Einklang zu bringen. Die Mitglieder des AdR werden sich in besonderem Maße als Sachwalter ihrer regionalen und kommunalen Interessen verstehen. Da die Basis ihrer Mitgliedschaft im AdR in der Regel ein nationales Mandat sein wird, werden
sie auch eine parteipolitische Bindung aufweisen. In der Praxis bestehen
verschiedene, sich überlagernde Abstimmungsstrukturen, und zwar nach
nationaler Zugehörigkeit, nach parteipolitischer Bindung und nach geographischem Herkommen (Mittelmeer, Alpenregion etc.). Der EGV verlangt, alle diese Bindungen dem **allgemeinen Wohl der Gemeinschaft**
unterzuordnen (Art. 263 Satz 4). Dies bedeutet **Verantwortung** in zweier-
lei Richtung. Zum einen ist es Aufgabe des AdR und seiner Mitglieder, in
die Gemeinschaftstätigkeit **Bürgernähe** einzubringen und dafür zu sorgen,
daß die Gemeinschaftsregelungen den Notwendigkeiten, Sachzwängen und
Sensibilitäten vor Ort Rechnung tragen. Zum anderen ist es aber ihre Aufgabe, den Bürgern die Gemeinschaftspolitik zu erläutern und besser nahezubringen. In einer Phase, in der Europapolitik keine Selbstverständlichkeit

mehr ist und Bürgernähe und Transparenz stärker gefordert werden, obliegt gerade den Mitgliedern des AdR die Aufgabe der Erklärung der Gemeinschaftstätigkeit gegenüber der Bevölkerung. Hierzu werden die AdR-Mitglieder in der Regel aufgrund ihrer heimischen politischen Mandate häufig einen leichteren Zugang haben als z.b. die Mitglieder des EP und die Regierungsmitglieder, die im Rat die nationalen Regierungen vertreten.

Die Mitgliedschaft im AdR ist ein Nebenamt. Es ist aus Gründen der Interessenkollision **unvereinbar** mit der Zugehörigkeit zu anderen Organen der EG. Insbesondere ist für einen Länderminister die gleichzeitige Mitgliedschaft im AdR und die Beauftragung mit der Sprecherrolle im Rat nicht miteinander zu vereinbaren (Art. 203 [ex-Art. 146] Satz 1 i.V.m. § 6 Abs. 2 EUZBLG). Die Unvereinbarkeit eines Mandats im EP mit der Mitgliedschaft im AdR ist nach dem Vertrag von Amsterdam nunmehr ausdrücklich festgelegt (Art. 263 Satz 3; s. auch Art. 190 Rn. 7), um Interessenkonflikten in der Person des jeweiligen Mandatsträgers vorzubeugen. 9

Art. 264 (ex-Art. 198b) (Präsidium, Einberufung)

Der Ausschuß der Regionen wählt aus seiner Mitte seinen Präsidenten und sein Präsidium auf zwei Jahre.

Er gibt sich eine Geschäftsordnung.

Der Ausschuß wird von seinem Präsidenten auf Antrag des Rates oder der Kommission einberufen. Er kann auch von sich aus zusammentreten.

I. Normzweck

Die Vorschrift regelt die **innere Organisation** für die Tätigkeit des AdR, insbesondere das Präsidium, das Zusammentreten und die GO, der die Ausgestaltung der Verfahrensabläufe im einzelnen überlassen bleibt. 1

II. Präsidium

Das **Präsidium** besteht aus dem Präsidenten, einem Vizepräsidenten und 34 weiteren Mitgliedern, also insgesamt aus 36 Mitgliedern. Es folgt damit in der Gesamtzahl dem WSA. Zur Aufteilung nach Mitgliedstaaten einigte sich der AdR dahin, daß die fünf großen Mitgliedstaaten (D, F, I, GB, SPA) je drei Mitglieder und die übrigen Mitgliedstaaten je zwei Mitglieder des Präsidiums stellen. Auf die Länderquote wird der Präsident nicht angerechnet, wohl aber der Vizepräsident. 2

3   Zum ersten Präsidenten des AdR wurde für die Amtszeit von zwei Jahren der Präsident der südfranzösischen Region Languedoc-Roussillon Jacques Blanc gewählt, der zugleich Vizepräsident der Versammlung der **Regionen Europas** war und der der bürgerlichen Partei UDF angehörte. Zum Vizepräsidenten wurde der Bürgermeister von Barcelona, Pasqual Maragall, gewählt, der zugleich Präsident des Rates der **Gemeinden und Regionen Europas** war und der sozialistischen Partei angehörte. Er wurde nach einer Verständigung innerhalb des AdR nach zwei Jahren zum Präsidenten gewählt. In der Wahl spiegelte sich sowohl die regionalpolitische, als auch die parteipolitische Komponente der Zusammensetzung des AdR wider. Als erster Deutscher versieht der frühere Europaminister des Landes Nordrhein-Westfalen, Manfred Dammeyer, dieses Amt.

III. Geschäftsordnung

4   Die GO des AdR enthält Regeln über die Mitgliedschaft und Vertretung im Ausschuß, über das Präsidium, die Plenarversammlung, die Bildung und Tätigkeit von Fachkommissionen, die Zusammenarbeit mit anderen Institutionen der EG und die verwaltungsmäßige Infrastruktur des AdR. Der nach dem Vertrag von Maastricht anfangs **gemeinsame, organisatorische Unterbau** mit dem WSA wird aufgrund des Vertrags von Amsterdam durch ein eigenes, vom WSA losgelöstes Sekretariat, einen eigenen Generalsekretär und einen eigenen Haushalt für den AdR abgelöst. Erster Generalsekretär des AdR wurde Dietrich Pause.

5   Die **Geschäftsordnung**, für deren Annahme die einstimmige **Genehmigung des Rates** erforderlich war, wird künftig aufgrund der durch den Vertrag von Amsterdam verliehenen Geschäftsordnungsautonomie vom AdR selbst geändert werden können. Das eingeschränkte Selbstorganisationsrecht des AdR, das in der Anlaufphase angezeigt gewesen sein mag, wird so nicht fortbestehen. Ebenso wie die GO des WSA nicht mehr der Genehmigung des Rates unterliegt (Art. 260 [ex-Art. 196] Satz 2), ist auch der AdR hinsichtlich seiner GO künftig voll autonom. Die Geschäftsordnungsautonomie ändert nichts daran, daß die Bestellung der Mitglieder des AdR nur einstimmig vom Rat vorgenommen werden kann.

6   Die GO des AdR beruht auf einem gemeinsamen Entwurf der Versammlung der Regionen Europas und des Rates der Gemeinden und Regionen Europas. Sie wird ergänzt durch Anweisungen des Präsidiums (Texte s. CdR 117/97f. in (DE) ein).

IV. Sitzungen

Einberufung der Sitzungen. Der Präsident beruft den AdR mindestens ein-   **7**
mal vierteljährlich ein, ferner zu Sitzungen auf Antrag des Rates und der
Kommission ein. Der Vertrag von Amsterdam sieht nunmehr auch ein Antragsrecht des EP vor (Art. 265 [ex-Art. 198c] Satz 4). Der Ausschuß kann
aber auch von sich aus zusammentreten (Art. 265 [ex-Art. 198c] Satz 5);
dies entspricht dem Selbstbefassungsrecht des WSA gemäß Art. 262 Satz 1
(ex-Art. 198). Der AdR, der seine Stellungnahmen dem Rat und der Kommission zu übermitteln hat, wird auch Verbindung mit dem EP halten. Bei
den Kontakten mit diesen drei Gemeinschaftsorganen ist in der bisherigen
Praxis die Zusammenarbeit mit der Kommission am intensivsten, mit dem
Rat bestehen Kontakte im Ansatz, das Verhältnis zum EP ist eher durch ein
Spannungsverhältnis gekennzeichnet.

V. Sitz

Der Sitz des AdR ist in Brüssel. Auf dem Europäischen Rat Edinburgh hat-   **8**
ten sich die Mitgliedstaaten im „Beschluß über Sitze von Institutionen der
Europäischen Gemeinschaften" auf Brüssel als Sitz des WSA verständigt,
was aufgrund der anfangs gemeinsamen Organisationsstruktur automatisch
auch für den AdR galt (ABl. 1992 C 140/1289). Diese Regelung wurde
durch Protokoll Nr. 8 zum Vertrag von Amsterdam nunmehr auch vertragsrechtlich fixiert (Buchstabe g des Protokolls).

Art. 265 (ex-Art. 198c) (Rechte des Ausschusses)

**Der Ausschuß der Regionen wird vom Rat oder von der Kommission in
den in diesem Vertrag vorgesehenen Fällen und in allen anderen Fällen
gehört, in denen eines dieser beiden Organe dies für zweckmäßig erachtet, insbesondere in Fällen, welche die grenzüberschreitende Zusammenarbeit betreffen.**

**Wenn der Rat oder die Kommission es für notwendig erachten, setzen
sie dem Ausschuß für die Vorlage seiner Stellungnahme eine Frist; diese beträgt mindestens einen Monat, vom Eingang der diesbezüglichen
Mitteilung beim Präsidenten des Ausschusses an gerechnet. Nach Ablauf der Frist kann das Fehlen einer Stellungnahme unberücksichtigt
bleiben.**

**Wird der Wirtschafts- und Sozialausschuß nach Artikel 198 gehört, so
wird der Ausschuß der Regionen vom Rat oder von der Kommission
über dieses Ersuchen um Stellungnahme unterrichtet. Der Ausschuß**

der Regionen kann, wenn er der Auffassung ist, daß spezifische regionale Interessen berührt werden, eine entsprechende Stellungnahme
abgeben.

Der Ausschuß der Regionen kann vom Europäischen Parlament gehört
werden.

Er kann, wenn er dies für zweckdienlich erachtet, von sich aus eine
Stellungnahme abgeben.

Die Stellungnahme des Ausschusses sowie ein Bericht über die Beratungen werden dem Rat und der Kommission übermittelt.

I. Zweck der Vorschrift

1   In Art. 265 werden die **Rechte** des AdR geregelt, denen korrespondierende
Pflichten von **Rat** und **Kommission** über die Beteiligung des AdR gegenüberstehen. Die Vorschrift bildet die zentrale Bestimmung im Kapitel
über den AdR. Die Anhörung des AdR ist in den Tätigkeitsbereichen der
EG konstitutiv, in denen sie zwingend vorgeschrieben ist. Für diese Fälle
gilt das Enumerationsprinzip. In den ausdrücklich als obligatorisch vorgesehenen Bereichen stellt die unterlassene Anhörung eine Rechtsverletzung
dar. In anderen Fällen ist die Beteiligung des AdR **fakultativ**, so wenn Rat,
Kommission oder das EP die Anhörung für zweckmäßig halten (Art. 265
Satz 1 und 4). Schließlich hat der AdR ein **Selbstbefassungsrecht** und kann
aus eigenem Antrieb eine Stellungnahme abgeben, wenn er dies für zweckmäßig hält (Art. 265 Satz 5). In den Fällen der fakultativen Anhörung ist die
Berücksichtigung der Stellungnahme des AdR keine Wirksamkeitsvoraussetzung des betroffenen Rechtsakts.

II. Regelungsmaterie

2   **Obligatorische** Anhörung: Die Anhörung des AdR ist vor allem bei Vorhaben der Struktur- und Regionalpolitik sowie in Bereichen starker Länderin-
teressen, wie z.B. der Bildung, der Kultur und der Gesundheit, zwingend
vorgeschrieben. Im einzelnen geht es um folgende Bereiche, die der Vertrag
von Amsterdam erheblich erweitert hat:
   – Festlegung der Aufgaben, Ziele und allgemeinen Regelungen der
      Strukturfonds, Errichtung des Kohäsionsfonds (Art. 161, ex-Art.
      130d),
   – spezifische Aktionen der Strukturpolitik, außerhalb der Fonds (Art. 159
      Satz 3, ex-Art. 130b),

- Durchführungsbeschlüsse des **Regionalfonds** (Art. 162, ex-Art. 130e),
- Festlegung von Leitlinien und Aktionen beim Auf- und Ausbau **transeuropäischer Netze** (Art. 156, ex-Art. 129d),
- Fördermaßnahmen im Bereich der allgemeinen und beruflichen Bildung (Art. 149, ex-Art. 126 und 150, ex-Art. 127), der **Kultur** (Art. 151, ex-Art. 128) und des **Gesundheitswesens** (Art. 152, ex-Art. 129)

sowie aufgrund des Vertrags von Amsterdam

- Beschäftigung (Art. 128, ex-Art. 109q und 129, ex-Art. 109r),
- Soziale Mindestvorschriften und Arbeitsschutz, Durchführung des Europäischen Sozialfonds (Art. 137, ex-Art. 118 und 148, ex-Art. 125),
- Umweltschutz (Art. 175, ex-Art. 130s),
- Verkehrspolitik (Art. 71, ex-Art. 75).

Rechtsakte in diesen Bereichen kommen nur zustande, wenn der AdR Gelegenheit zur Stellungnahme hatte. In dem Rechtsakt muß darauf Bezug genommen werden, daß eine Stellungnahme des AdR eingeholt wurde (Art. 253, ex-Art. 190). Eine vertragswidrig unterbliebene Anhörung stellt die Verletzung einer wesentlichen Formvorschrift dar, die im Zuge der Nichtigkeitsklage vor dem EuGH gerügt werden kann (Art. 230 [ex-Art. 173] Satz 2 i.V.m. Art. 231, ex-Art. 174).

Fakultative Anhörung: Rat, Kommission und aufgrund des Vertrags von   **3**
Amsterdam das EP können auch in anderen Fällen, wenn sie es für zweckmäßig halten, Stellungnahmen des AdR anfordern. Dies kann z.B. in Frage kommen bei der Regelung des kommunalen Wahlrechts im Rahmen der Unionsbürgerschaft (Art. 19 Abs. 1, ex-Art. 8b) oder des Fremdenverkehrs, aber auch in anderen Bereichen und bei Fragen des Gemeinschaftshaushalts für Haushaltsposten von besonderer regionalpolitischer Bedeutung. Ein Ansatzpunkt für die fakultative Beteiligung ist auch der **grenzüberschreitende** Effekt eines Vorhabens, was der Vertrag von Amsterdam durch eine Ergänzung in Art. 265 Satz 1 hervorhebt. Der Grad der Bürgernähe eines Vorhabens mag ein Indiz für eine fakultative Befassung des AdR sein, reicht jedoch für sich gesehen nicht aus. Das Prinzip der Bürgernähe hat seine spezifische Ausgestaltung insbesondere in Art. 5 Satz 2 (ex-Art. 3b) erfahren, der das Subsidiaritätsprinzip enthält. Die Einhaltung dieses Prinzips ist stets bei allen Vorhaben zu prüfen. Hierbei ist das Verfahren anzuwenden, das für den konkret in Frage stehenden Rechtsakt vorgesehen ist. Zwar ist auch die Einrichtung des AdR u.a. ein Mittel zu größerer Bürgernähe; es kann jedoch hieraus nicht gefolgert werden, daß es stets und notwendigerweise Sache des AdR ist zu prüfen, ob das **Subsidiaritätsprinzip** eingehalten ist. Ein besonderes Subsidiaritätsprüfverfahren außerhalb der vertraglichen Strukturen ist nicht vorgesehen. Würde man dem AdR eine

solche Prüfung generell überantworten, so würden die speziellen Verfahrensregeln des EGV, die dem Grundsatz der Einzelermächtigung folgen und unterschiedlich ausgestaltet sind, unterlaufen.

4   Wenn der AdR beabsichtigt, von sich aus eine Stellungnahme abzugeben, so bestehen hierfür keine Grenzen (Art. 265 Satz 4). Man wird allerdings davon auszugehen haben, daß der AdR sich auf Materien der EG zu beschränken hat. Der AdR hat keine Zuständigkeit im EGKSV und anders als der WSA auch nicht im EAGV. Der EGV hat ihm auch keine Rolle in der Innen- und Justizpolitik oder der GASP zugewiesen. Das **Selbstbefassungsrecht** erstreckt sich daher nicht auf diese Bereiche. In der bisherigen Praxis lag der Schwerpunkt der Stellungnahmen des AdR bei Fragen der regionalen und lokalen Wirtschaftsentwicklung, ferner äußerte er sich vor allem zu den Bereichen Umwelt, Raumplanung, Landwirtschaft, Bildung, Kultur und Verkehr.

5   Rat und Kommission können bei Anforderung einer Stellungnahme dem AdR eine **Frist** setzen, die mindestens einen Monat betragen muß. Bei Fehlen einer Stellungnahme nach Fristablauf kann die Haltung des AdR unberücksichtigt bleiben (Art. 265 Satz 2), und das Rechtssetzungsverfahren kann seinen Fortgang nehmen. Gleichwohl kann auch eine verspätet abgegebene Stellungnahme berücksichtigt werden. Wird von einer Fristsetzung abgesehen, wird sich der AdR an dem Zeitplan orientieren müssen, der sich üblicherweise aus der Begründung des Kommissionsvorschlags ergibt. Rat und Kommission werden, wenn eine Stellungnahme nach angemessener Zeit nicht eingegangen ist, weiter prozedieren können.

6   Der AdR übermittelt seine Stellungnahmen der **Kommission** und dem **Rat** (Art. 265 Satz 6). Diese Adressaten sind zwingend. Es steht dabei rechtlich nichts im Wege, wenn der AdR seine Stellungnahmen auch dem **EP**, dem WSA und u.U. auch Institutionen außerhalb der EG zur Kenntnis bringt.

7   **Akzessorische** Beteiligung: Im Bereich der obligatorischen Anhörung sieht der EGV in zahlreichen Fällen die parallele Beteiligung des WSA und des AdR vor. Dies ist aber nicht durchweg der Fall, vor allem nicht bei der fakultativen Anhörung. Art. 265 Satz 3 stellt einen inneren Zusammenhang zwischen den an sich unabhängig voneinander operierenden Institutionen her, indem eine **Einschaltung des WSA** die **Beteiligung des AdR** nach sich ziehen muß. Es bleibt aber dem AdR überlassen, ob er spezifische regionalpolitische Belange berührt sieht und sich äußern möchte.

8   Der AdR hat nach dem EGV **kein Klagerecht.** Im Gegensatz zu Rat, Kommission und EP sowie der EZB und dem Rechnungshof, die alle in Art. 230 (ex-Art. 173) ausdrücklich als klagebefugt aufgeführt sind, ist der AdR als solcher nicht genannt. Gleichwohl wird man ein **begrenztes Klagerecht**

bejahen können, das auf die formellen Beteiligungsrechte zu beschränken sein wird. So hat der EuGH der Regionalkammer Wallonien als Wirtschaftsregion eine eigene Klagebefugnis zuerkannt (EuGH, Rs. 62 und 72/87, Exécutiv régional wallon/KOM, Slg. 88, 1573). Wenn es nunmehr ein Gremium gibt, in dem die regionalen Interessen gebündelt artikuliert werden können und sollen, so liegt es nahe, auch dem Gremium als Ganzem die Klagebefugnis einzuräumen, jedenfalls soweit seine vertraglichen Mitwirkungsrechte verletzt werden.

Kapitel 5. Die Europäische Investitionsbank

Literatur: *Europäische Investitionsbank*, Jahresberichte 1958ff.; *Dunnett,* The European Investment Bank: Autonomous Instrument of Common Policy?, CMLR 1994, 721; *Hilf*, Die Organisationsstruktur der Europäischen Gemeinschaften, 1982, 30ff.; *Izzo*, The Juridical Nature of the European Investment Bank, Mezzogiorno d'Europa 1992/01–03, vol. 12(1), 123; *Müller-Borle*, in GTE, Kommentar zum EWG-Vertrag, 5. Aufl. 1997; *Käser*, Darlehen der Europäischen Investitionsbank – Darlehen der Weltbank, EuR 1967, 289; *ders.*, Die EIB und die deutsche Wirtschaft – Rechtliche Möglichkeiten der Finanzierung von Projekten, EuR 1976, 130; *ders.*, Kündigungsstreit zwischen EIB und Angestelltem – Urteilsanm., RIW/AWD 1977, 289; *Killmer*, Die Europäische Investitionsbank: eine rechtliche Untersuchung ihrer Aufgaben, ihres Aufbaus und ihrer Geschäftsgrundsätze, Diss. Frankfurt a.M. 1963; *Meyer-Cording*, Die Aufgaben der Europäischen Investitionsbank, 1966; *Spirou*, La Banque européenne d'investissement. Aspects juridiques de ses opérations de financement, Schweizer Studien zum Internationalen Recht, Bd. 61, 1990.

Art. 266 (ex-Artikel 198d) (Rechtspersönlichkeit, Mitglieder)

Die Europäische Investitionsbank besitzt Rechtspersönlichkeit.

Mitglieder der Europäischen Investitionsbank sind die Mitgliedstaaten.

Die Satzung der Europäischen Investitionsbank ist diesem Vertrag als Protokoll beigefügt.

I. Einleitung

Die Art. 266, 267 i.d.F. des Amsterdamer Vertrages entsprechen wortgleich   1
den bisherigen Art. 198d, 198e, welche ihrerseits im wesentlichen den Art. 129, 130 im EWG-Vertrag entsprachen. Die Regelung der Errichtung einer Europäischen Investitionsbank – EIB wurde nunmehr in Art. 9 (ex-Art. 4b, davor Art. 129 I i.Vm. Art. 3j) verselbständigt.

2   Als **Finanzierungsinstitut der EG** ist es wesentliche Aufgabe der EIB, zu einer ausgewogenen Entwicklung, zur Integration sowie zum wirtschaftlichen und sozialen Zusammenhalt aller Mitgliedstaaten der EG beizutragen. Zu diesem Zweck stellt sie Darlehen und Bürgschaften bereit, mit denen die Finanzierung von Investitionsvorhaben unterstützt wird (s. Art. 267). Darüber hinaus finanziert sie auch Projekte in Drittländern, mit denen die EG Abkommen über eine wirtschaftliche und finanzielle Zusammenarbeit geschlossen hat. Die Darlehen werden im wesentlichen aus eigenen Mitteln, also nicht aus Haushaltsmitteln der EG, gewährt. Diese Mittel stammen fast ausschließlich aus auf den Kapitalmärkten aufgenommenen Anleihen. Daneben führt die Bank, außerhalb der Mitgliedsländer, Finanzierungen im Auftrag und aus Haushaltsmitteln der EG oder der Mitgliedstaaten durch.

II. Rechtsstellung

3   Die EIB ist eine im EGV vorgesehene, mit Rechtspersönlichkeit ausgestattete, öffentlich-rechtliche Einrichtung auf Gemeinschaftsebene (EuGH, Rs. 110/75, Mills/EIB, Slg. 1976, 955, 1613). Das Urteil bestätigt die **Doppelnatur** der EIB als Bank einerseits und als EG-Institution andererseits. Demnach ist die EIB zwar hinsichtlich ihrer Geschäftsführung, insbesondere im Rahmen ihrer Kapitaloperationen, unabhängig, jedoch hinsichtlich ihrer Ziele mit der EG eng verbunden (EuGH, Rs. 85/86, Kommission/EIB, Slg. 1988, 1313, 1320).

4   Die gemäß Art. 9 (ex-Art. 4b) mit Inkrafttreten des EWG-Vertrages (Art. 313; ex-Art. 247) am 1.1.1958 errichtete EIB nach Art. 266 Abs. 1 und die EZB nach Art. 107 Abs. 2 (ex-Art. 106) besitzen neben der Gemeinschaft (Art. 281, ex-Art. 210) als einzige unmittelbar durch den E(W)G-Vertrag geschaffene Einrichtungen **Rechtspersönlichkeit**.

5   Jedoch ist die EIB, wie die enumerative Aufzählung in Art. 7 (ex-Art. 4) zeigt, **kein Organ** der EG.

6   Die Verleihung der rechtlichen Selbständigkeit war Voraussetzung für das erfolgreiche Tätigwerden der EIB als Bank, die ihre Finanzierungen vorwiegend aus auf den Kapitalmärkten zu den günstigsten Konditionen (AAA-Rating) aufgenommenen Mitteln und nicht aus Haushaltsmitteln der EG oder der Mitgliedstaaten durchführt und deren Entscheidungen über Darlehensanträge und Refinanzierungen frei von politischen Einflüssen sein müssen. Dem stehen die durch die Aufgabenstellung (Art. 267, ex-Art. 198 e) vorgegebene Einbindung der EIB in die Verfolgung der allgemeinen wirtschaftspolitischen Ziele und die operationelle Koordinierung mit den übrigen, von der Kommission verwalteten Finanzierungsinstrumenten nicht entgegen.

Die Doppelnatur der Bank – funktionelle und institutionelle Autonomie bei   7
gleichzeitiger Qualifizierung als Einrichtung der EG aufgrund ihrer Zielsetzung – hat der EuGH in den beiden zitierten Urteilen (s.o. Rn. 3) bestätigt und stärker konturiert.

Nach Art. 28 Abs. 1 der Satzung besitzt die Bank in jedem Mitgliedstaat die   8
weitestgehende **Rechts- und Geschäftsfähigkeit**, die juristischen Personen
nach dessen Rechtsvorschriften zuerkannt wird. Anerkannt ist auch die **Völ-
kerrechtspersönlichkeit** der Bank (vgl. *Müller-Borle*, in GTE Art. 198 d
Rn. 7; *Käser*, EuR 1976, 130), die sich zuletzt an der Mitunterzeichnung
des Abkommens über die Gründung der Europäischen Bank für Wiederaufbau und Entwicklung als Gründungsmitglied (vgl. BGBl. II 1991, 183,
836) gezeigt hat.

III. Mitglieder

Art. 266 Abs. 2 legt fest, daß alle Mitgliedstaaten der EG, aber auch nur die-   9
se, zugleich Mitglieder der Bank sind. Abgesehen von den Bestimmungen
hinsichtlich der Änderung des gezeichneten Kapitals enthält die Satzung
der Bank keine speziellen Vorschriften für die Aufnahme neuer Mitglieder.
Diesem Grundsatz der (automatischen) Mitgliedschaft entspricht, daß ein
Austritt aus der Bank, ebenso wie ein Austritt aus der EG selbst, weder im
EGV noch in der Satzung vorgesehen ist.

IV. Satzung

Die Satzung der Bank ist nach Art. 266 Abs. 3 dem Vertrag als Protokoll (II-   10
Protokolle, Nr. 10) beigefügt, gemäß Art. 311 (ex-Art. 239) also Bestandteil des Vertrages und damit **primäres Gemeinschaftsrecht**.

Die Satzung i.d.F. vom 3.3.1995 ist Mitte 1994 um einen neuen Art. 30 er-   11
gänzt worden, welcher dem Rat der Gouverneure der EIB die Errichtung
des mit eigener Rechtspersönlichkeit und finanzieller Autonomie ausgestatteten **Europäischen Investitionsfonds** gestattet hat, zu dessen Gründungsmitgliedern die Bank gehört (s. Jahresbericht 1993, 20).

Im folgenden werden die wesentlichen Punkte der Satzung, zugleich primä-   12
res Gemeinschaftsrecht und wichtigste Grundlage der Tätigkeit der Bank,
dargestellt (vgl. zu Einzelfragen die ausführliche Kommentierung bei *Müller-Borle*, in GTE zu Art. 198 e).

Die in **Art. 1 Abs. 1** der Satzung angesprochenen **Rechtsgrundlagen** der   13
Bank und ihrer Tätigkeit bilden neben der Satzung und den bereits zitierten
Art. 9 (ex-Art. 4 b), 266 und 267 insbesondere die Art. 154–156 (ex-Art.

129 b-d; Transeuropäische Netze), Art. 158–162 (ex-Art. 130 a-e; Wirtschaftlicher und sozialer Zusammenhalt), Art. 177–181 (ex-Art. 130 u-y Entwicklungszusammenarbeit), Art. 237 (ex-Art. 180; Zuständigkeit des EuGH), das Protokoll über die Vorrechte und Befreiungen der EG vom 8.4.1965 (speziell Befreiung der Guthaben, Einkünfte und sonstigen Vermögensgegenstände von jeder direkten Steuer sowie Befreiung von allen Steuern oder sonstigen Abgaben anläßlich einer Kapitalerhöhung), die gem. Art. 9 Abs. 2 der Satzung erlassenen Allgemeinen Richtlinien des Rates der Gouverneure für die Kreditpolitik der Bank, die gem. Art. 9 Abs. 3h der Satzung erlassene GO sowie diverse Abkommen der Gemeinschaft mit Drittstaaten (s. im einzelnen *Müller-Borle*, in GTE zu Art. 198e, Satzung, Art. 1, Rn. 2).

14 Entsprechend **Art. 1 Abs. 2** der Satzung hat der Europäische Rat in Edinburgh am 12.12.1992 Luxemburg endgültig als **Sitz** der Bank bestimmt. Neben diesem Sitz unterhält die Bank mit dem Repräsentationsbüro in Brüssel, einer Kredithauptabteilung in Rom sowie Büros in Athen, Lissabon, London und Madrid auch Außenstellen.

15 Nach **Art. 4 Abs. 1** der Satzung ist die Bank (ab 1.1.1999) mit einem **Kapital** von Euro 100 Mrd. ausgestattet. Die dazu im Jahre 1998 duchgeführte Erhöhung des Kapitals von zuletzt ECU 62,013 Mrd. war aufgrund der durch Art. 18 Abs. 5 der Satzung vorgegebenen Obergrenze des Kreditvolumens (250 % des gezeichneten Kapitals) erforderlich geworden. Die damit gegebene neue Obergrenze von Euro 250 Mrd. läßt angesichts eines Finanzierungsvolumens von ECU 26,2 Mrd. im Jahre 1997 und der insgesamt ausstehenden Darlehen und Garantien von ca. ECU 142,2 Mrd. (Ende 1997) zunächst einigen Spielraum.

16 Art. 8–13 der Satzung befassen sich mit den Organen der Bank und deren Kompetenzen. Der **dreistufige Organaufbau** (Rat der Gouverneure, Verwaltungsrat, Direktorium – **Art. 8**) ist durch ein erhebliches Maß an Unabhängigkeit der Organe untereinander, aber auch eine Reihe von Einwirkungsmöglichkeiten sowie das Prinzip der Kollegialität gekennzeichnet.

– Der **Rat der Gouverneure** (**Art. 9–10**) besteht, vergleichbar dem Rat der EU, aus den von den Mitgliedstaaten benannten Ministern (i.d.R. den Finanzministern). Neben dem Erlaß der allgemeinen Richtlinien für die Kreditpolitik der Bank führt er die allgemeine Aufsicht über die beiden anderen Organe der Bank und trifft die für die Tätigkeit der Bank grundlegenden Entscheidungen (etwa Kapitalerhöhung, Ernennung und Amtsenthebung der Mitglieder des Verwaltungsrates und des Direktoriums, Ausnahmegenehmigungen nach Art. 18 Abs.1 Satz 2, Genehmigung des Jahresberichtes, der Bilanz und der Gewinn- und Verlustrechnung).

– Der **Verwaltungsrat (Art. 11–12)** besteht aus 25 ordentlichen und 13 stellvertretenden Mitgliedern, die vom Rat der Gouverneure für fünf Jahre bestellt werden. Neben den nach der Größe der Mitgliedstaaten gestaffelten, von diesen benannten Mitgliedern wird auch ein Mitglied von der EG-Kommission benannt. Wichtiges Kriterium für die Bestellung zum Verwaltungsratsmitglied ist neben der Befähigung deren Unabhängigkeit. Dieses Gremium von Fachleuten soll damit, trotz der faktisch engen Beziehungen zu den Mitgliedstaaten (Verwaltungsratsmitglieder sind i.d.R. hohe Ministerialbeamte), einer politischen Einflußnahme soweit wie möglich entzogen werden. Der Verwaltungsrat, bei dessen Sitzungen der Präsident der Bank den Vorsitz führt, hat insbesondere die **ausschließliche Entscheidungsbefugnis** für die Gewährung von Darlehen und Bürgschaften sowie die Aufnahme von Anleihen. Darüber hinaus setzt er die Darlehenszinssätze und Bürgschaftsprovisionen fest. Entscheidungen des Verwaltungsrates werden gem. Art. 12 der Satzung grundsätzlich mit einfacher Mehrheit getroffen. Die Entscheidungen können nach Art. 237 lit. c (ex-Art. 180) nur sehr begrenzt (lediglich von Mitgliedstaaten oder der Kommission; beschränkt auf die Rüge der Verletzung der Formvorschriften des Art. 21 Abs. 2 und Abs. 5–7 der Satzung) vor dem EuGH angefochten werden.

– Das **Direktorium (Art. 13)** besteht aus dem **Präsidenten** der Bank und sieben **Vizepräsidenten**, die vom Rat der Gouverneure für sechs Jahre bestellt werden. Unter der Aufsicht des Präsidenten und der Kontrolle des Verwaltungsrates nimmt das Direktorium die laufenden Geschäfte der Bank wahr. Insbesondere bereitet es die Entscheidungen des Verwaltungsrates hinsichtlich der Aufnahme von Anleihen sowie der Gewährung von Darlehen und Bürgschaften vor, sorgt für die Durchführung dieser Entscheidungen (Abs. 3) und übt damit in der Praxis einen entscheidenden Einfluß auf die Tätigkeit der Bank aus. Die Bank wird gerichtlich und außergerichtlich vom Präsidenten oder bei seiner Verhinderung von einem Vizepräsidenten vertreten (Abs. 6). Der Präsident ist der Vorgesetzte der Bediensteten der Bank, deren dienstrechtliche Stellung (Angestellte) durch eine eigene Personalordnung geregelt ist. In dem Kündigungsrechtsstreit Mills/EIB (EuGH, Rs. 110/75, Slg. 1976, 955) hat der EuGH seine Zuständigkeit (jetzt das Gericht erster Instanz) gem. Art. 236 (ex-Art. 179; Streitsachen zwischen „Gemeinschaft und Bediensteten") auch für eine Streitsache zwischen der Bank und ihren Bediensteten angenommen (s. dazu *Käser*, RIW/AWD 1977, 289).

17   Der gemäß **Art. 14** der Satzung eingerichtete, aus drei vom Rat der Gouverneure ernannten Mitgliedern bestehende **Prüfungsausschuß** prüft jährlich die Ordnungsmäßigkeit der Geschäfte und der Bücher der Bank. Vor der nach Art. 14 der Satzung vorgesehenen Prüfung des Prüfungsausschusses findet eine Abschlußprüfung durch eine unabhängige, international anerkannte WP-Gesellschaft statt.

18   Art. 18 der Satzung enthält die **Voraussetzungen für die Aktivoperationen** der Bank. Im Rahmen der von Art. 267 (ex-Art. 198 e) vorgegebenen Aufgaben kann die Bank danach ihren Mitgliedstaaten, privaten und öffentlichen Unternehmen, insbesondere auch Banken und anderen Finanzinstituten, Körperschaften etc. Darlehen und Bürgschaften gewähren.

19   Grundsätzlich ist die **territoriale Zuständigkeit** (Ort, an dem das Vorhaben durchgeführt wird) auf die europäischen Hoheitsgebiete der Mitgliedstaaten beschränkt. Nach **Art. 18 Abs. 1** Satz 2 ist aber nach einstimmiger Erteilung einer **Ausnahmegenehmigung** durch den Rat der Gouverneure auch die Finanzierung von Investitionsvorhaben möglich, die ganz oder teilweise außerhalb der europäischen Hoheitsgebiete der Mitgliedstaaten, insbesondere auch in Drittstaaten durchzuführen sind. Dabei ist jedoch die allgemeine Aufgabenstellung der Bank nach Art. 267 (ex-Art. 198 e) zu beachten. Die Ausnahmegenehmigung kann eine generelle Entscheidung beinhalten, in bestimmten Gebieten tätig zu werden, oder aber bestimmte Einzelprojekte betreffen.

20   In Umsetzung des durch **Art. 18 Abs. 2** vorgegebenen Prinzips der **Teilfinanzierung** sind die Darlehensbeträge aus Eigenmitteln in der Praxis grundsätzlich auf 50 % der Investitionskosten begrenzt. Im Rahmen der nach dem Treffen des Europäischen Rates in Edinburgh Ende 1992 eingerichteten befristeten Darlehensfazilität über ECU 5 Mrd. (Erhöhung auf ECU 8 Mrd. nach dem Europäischen Ratstreffen in Kopenhagen im Juni 1993), die zur beschleunigten Finanzierung von Infrastrukturprojekten, insbesondere im Zusammenhang mit den transeuropäischen Netzen in den Bereichen Verkehr, Telekommunikation und Energiewirtschaft, bestimmt war, wurde diese Grenze insoweit auf 75 % angehoben.

21   Art. 18 Abs. 3 schreibt vor, daß bei Darlehensnehmern, die nicht Mitgliedstaaten sind, entweder eine Bürgschaft des Mitgliedstaates, auf dessen Gebiet das Projekt durchgeführt wird, oder die Stellung anderer ausreichender „Bürgschaften" Bedingung einer Darlehensvergabe ist. Dabei ist der Terminus „Bürgschaft" aber nicht technisch als Beschränkung auf diese spezielle Form einer Sicherheit zu verstehen; andere ausreichende **Sicherheiten** können vielmehr neben einer Bürgschaft von Banken oder Muttergesellschaften etwa auch Zessionen, Grundpfandrechte etc. sein. Daneben enthalten die Finanzierungsverträge in der Regel weitere Absicherungen, die rechtstechnisch nicht als Sicherheiten einzuordnen sind, wie z.B. Negativklausel, Pari-Passu-Klausel, Cross-Default-Klausel oder besondere, den Projektträger oder das Projekt betreffende Verpflichtungen (s. *Spirou*, 85ff.). Das Erfordernis der ausreichenden Besicherung gilt entsprechend für die Übernahme einer Bürgschaft durch die Bank.

Art. 18 Abs. 5 der Satzung beschränkt die **Aktivoperationen** der Bank hinsichtlich Darlehen und Garantien auf Eigenmittel **auf 250 %** des gezeichneten Kapitals. **22**

Gem. **Art. 19** der Satzung liegen der Kalkulation der Sollkonditionen zwei **23** Prinzipien zugrunde: **Kostendeckung** und die Bank erstrebt **keine Gewinnerzielung**. Mit der danach vorgesehenen Anpassung der Konditionen an die jeweiligen Bedingungen des Kapitalmarktes werden die aufgrund des erstklassigen Kreditstandings der Bank (**AAA-Rating**) günstigen Anleihezinssätze unter Aufschlag einer sehr geringen Marge weitergegeben, und zwar grundsätzlich ohne Differenzierung zwischen einzelnen Ländern oder Kreditnehmern. Der in den diversen Währungen jeweils aktuelle Zinssatz wird daher allen Kreditnehmern gewährt und reflektiert insoweit auch das allgemeine Diskriminierungsverbot des Art. 12 (ex-Art. 6). Zinsermäßigungen sind dagegen nach Art. 19 Abs. 2 der Satzung, für das Eigengeschäft der Bank, ausgeschlossen, kommen aber für bestimmte Finanzierungen, etwa aus EG-Mitteln, in Betracht (vgl. *Müller-Borle*, in GTE zu Art. 198 e, Satzung Art. 19 Rn. 5ff.).

Art. 20 der Satzung enthält wichtige **Grundsätze, nach denen die zu fi-** **24** **nanzierenden Vorhaben ausgewählt werden**. Insbesondere muß es sich bei Projekten von Produktionsunternehmen um sich selbst tragende Vorhaben handeln und es soll ein Beitrag zur Steigerung der volkswirtschaftlichen Produktivität sowie zur Verwirklichung des Gemeinsamen Marktes geleistet werden.

– Nach **Abs. 6** ist eine (teilweise) Finanzierung ausgeschlossen, wenn der Mitgliedstaat, auf dessen Territorium das Projekt durchgeführt wird, Einspruch erhebt.

– Nach **Abs. 5** ist in der Regel eine **internationale Ausschreibung** für die Realisierung des Projektes erforderlich, was grundsätzlich auch als Klausel in den Finanzierungsvertrag aufgenommen wird.

– Nach **Abs. 2** ist die Tätigkeit der Bank aus Eigenmitteln auf die Gewährung von Darlehen und Bürgschaften beschränkt. **Beteiligungen** sind danach grundsätzlich nicht zulässig, werden jedoch im Auftrag und für Rechnung Dritter (EG) getätigt. Das Beteiligungsverbot betrifft allerdings nicht die Beteiligung an der Europäischen Bank für Wiederaufbau und Entwicklung (s. dazu Rn. 8; Art. 267 Rn. 11) und dem Europäischen Investitionsfonds (s. dazu Rn. 11, Art. 267 Rn. 13), weil insoweit neben den spezifischen Entscheidungen der Organe der Bank auch eine entsprechende Ratifizierung des Gründungsaktes durch die Mitgliedstaaten erfolgt ist.

25 Darüber hinaus hat die Bank in Umsetzung der Entschließung des Europäischen Rates zu Wachstum und Beschäftigung in Europa in Amsterdam 1997 im Rahmen des **Amsterdamer Sonderaktionsprogrammes (ASAP)** mit einer Laufzeit von 3 Jahren (u.a.) eine Sonderfazilität mit neuen Finanzierungsinstrumenten für KMU in Spitzentechnologie- oder Wachstumsbranchen eingerichtet, welche auch den (indirekten) Einsatz von Risikokapital umfaßt (s. EIB Jahresbericht 1997, S. 14).

26 Gemäß **Art. 21** Abs. 1 der Satzung können **Darlehens- und Bürgschaftsanträge** der Bank auf drei Wegen vorgelegt werden: über die Kommission, über den Mitgliedstaat, in dessen Hoheitsgebiet das Vorhaben durchgeführt wird oder direkt von Unternehmen, wobei in allen Fällen vor dem förmlichen Antrag eine inoffizielle Kontaktaufnahme, evtl. unter Einschaltung der Hausbank des Unternehmens, mit der EIB ratsam erscheint, um schon im Vorfeld die grundsätzlichen Erfolgsaussichten eines Antrags zu klären. Nach Abs. 2 haben **Kommission und Mitgliedstaat** in jedem Fall das Recht, zu dem Vorhaben Stellung zu nehmen; bei der entsprechenden **Konsultation** legt die Bank größten Wert auf die strikte Wahrung des **Bankgeheimnisses**. Nach **streng bankmäßiger Prüfung** der Anträge durch das Direktorium, wobei insbesondere neben dem Vorliegen der gemeinschaftspolitischen Einschaltungskriterien auch finanzielle, technische, volkswirtschaftliche und juristische Aspekte geprüft werden, wird das Vorhaben mit der Stellungnahme des Direktoriums dem Verwaltungsrat zur Entscheidung vorgelegt (Abs. 3, 4). Bei negativer Stellungnahme der Kommission oder des Direktoriums kann der Verwaltungsrat das Darlehen oder die Bürgschaft nur einstimmig gewähren (Abs. 5, 6), bei negativer Stellungnahme von Kommission und Direktorium (Abs. 7) oder des betreffenden Mitgliedstaates (Art. 20 Abs. 2) ist eine Darlehens- oder Bürgschaftsvergabe ausgeschlossen. Eine **Klagebefugnis gegen Beschlüsse des Verwaltungsrates** haben gem. Art. 237 lit. c (ex-Art. 180) nur ein Mitgliedstaat oder die Kommission und beschränkt auf die Rüge der Verletzung der Formvorschriften des Art. 21 Abs. 2 und Abs. 5–7 der Satzung, nicht aber etwa ein Antragsteller, dessen Darlehensantrag abgelehnt wurde (vgl. das EuGeI zu der ähnlich gelagerten Problematik bei dem Verhältnis des Art. 230 (ex-Art. 173) zu Art. 237 (ex-Art. 180), in dem sich das Gericht für Klagen von Privatpersonen als unzuständig erklärt hat, [Tête u.a./EIB], T-460/93, Slg. 1993, II–1257; Dunnett, S. 756).

Die **Passivgeschäfte** der Bank bestehen gem. **Art.** 22 der Satzung in der Aufnahme von Anleihen auf den internationalen Kapitalmärkten. Diese Anleihen müssen zur Durchführung der Aufgaben der Bank erforderlich sein, dürfen also nicht aus anderen Gründen (etwa Gewinnerzielung durch Ausnutzung von Zinsunterschieden) aufgenommen werden. Dabei ist die Bank inländischen privaten Anleihenehmern gleichgestellt; die Zustimmung des betreffenden Mitgliedstaates kann nur dann versagt werden, wenn auf dem Kapitalmarkt dieses Staates ernstliche Störungen zu befürchten sind (Abs. 2).   **27**

Nach **Art. 28 Abs. 1** der Satzung, der Art. 282 (ex-Art. 211 – Rechts- und Geschäftsfähigkeit der Gemeinschaft) entspricht, besitzt die Bank in jedem Mitgliedstaat die weitestgehende **Rechts- und Geschäftsfähigkeit**, die juristischen Personen nach dessen Rechtsvorschriften zuerkannt wird, kann insbesondere bewegliches und unbewegliches Vermögen erwerben und veräußern sowie vor Gericht stehen. Damit wird die Bank vor speziellen nationalen Bestimmungen oder Maßnahmen in den Mitgliedstaaten geschützt, die ansonsten möglicherweise für ausländische (juristische) Personen bestehen. Die etwas unglückliche Formulierung des **Art. 28 Abs. 2** (Ausschluß der Beschlagnahme oder Enteignung des Vermögens der Bank) in der deutschen Fassung der Satzung soll die Bank nicht vor einem Vermögenszugriff der Gläubiger nach Beschreiten des Rechtsweges schützen, was im Widerspruch zu Art. 29 stünde, sondern einen staatlichen Zugriff auf dem Verwaltungswege (insbesondere Enteignung) ausschließen.   **28**

Art. 29 Abs. 1 der Satzung normiert, daß über **Rechtsstreitigkeiten** zwischen der Bank einerseits und ihren Gläubigern, Kreditnehmern oder dritten Personen andererseits die jeweils zuständigen Gerichte der einzelnen Staaten entscheiden, allerdings vorbehaltlich der Zuständigkeiten, die dem Europäischen Gerichtshof zuerkannt sind.   **29**

Die **internationale, örtliche** und **funktionelle Zuständigkeit der Gerichte** bestimmt sich nach den einzelstaatlichen Prozeßrechten. Das in Art. 29 Abs. 1 nicht angesprochene anwendbare materielle Recht ist anhand der Normen des jeweiligen Internationalen Privatrechts zu ermitteln.   **30**

In den **Finanzierungsverträgen für Vorhaben auf dem Gebiet der Mitgliedstaaten** wird in der Regel die Zuständigkeit der **ordentlichen Gerichte** am Sitz des Schuldners und das jeweilige nationale Recht vereinbart. Das gilt für **Deutschland** nicht uneingeschränkt, da der § 609a Abs. 1 BGB, welcher als Ausprägung des Verbraucherschutzgedankens eigentlich einen anderen Personenkreis im Auge hat, (u.a.) bei langfristigen, mit Festzinssatz vereinbarten Darlehen ein Kündigungsrecht des Schuldners nach spätestens 10 Jahren vorsieht, das nach § 609a Abs. 4 BGB vertraglich nicht ausgeschlossen oder erschwert werden kann (vgl. Brandts, Das Recht zur   **31** vorzeitigen Darlehenskündigung gemäß § 609 a BGB unter besonderer Berücksichtigung des auslandsbezogenen Kreditgeschäfts, 1996, S.165).

32   In Anlehnung an die Praxis der EG enthalten Verträge mit Kreditnehmern aus Ländern, mit denen die EG Assoziierungs- oder Kooperationsabkommen geschlossen hat, bei **Finanzierungen mit Rückgarantie der EG** bzw. aus Haushaltsmitteln der EG entsprechend Art. 238 (ex-Art. 181) möglichst die Vereinbarung der **Zuständigkeit des EuGH** und der Anwendbarkeit der Rechtsordnung eines der Mitgliedstaaten.

33   Die in Art. 29 Abs. 1 der Satzung enthaltene Abgrenzung der **Zuständigkeit** nationaler Gerichte von derjenigen **des EuGH** für Rechtsstreitigkeiten, an denen die Bank oder ihre Organe beteiligt sind, entspricht der allgemeinen Abgrenzung in Art. 240 (ex-Art. 183) für Rechtsstreitigkeiten der Gemeinschaft. Grundsätzlich ist der EuGH danach für die „internen", nicht aber für Streitsachen mit Außenbezug (Anleihe-, Darlehens-, Bürgschaftsverträge) zuständig. Im einzelnen ist der EuGH (ausschließlich) zuständig für Streitsachen, die folgende Punkte betreffen:

–   Erfüllung der Verpflichtungen der Mitgliedstaaten aus der Satzung der Bank (etwa Kapitaleinzahlungen nach Art. 5) – Art. 237 lit. a (ex-Art. 180); für die Anrufung des EuGH ist entsprechend Art. 226 (ex-Art. 169) der Verwaltungsrat nach Durchführung des Vorverfahrens zuständig;

–   Rechtsstreitigkeiten über Beschlüsse des Rates der Gouverneure der Bank, Art. 237 lit. b (ex-Art. 180), die von jedem Mitgliedstaat, der Kommission und dem Verwaltungsrat der Bank nach Maßgabe des Art. 230 (ex-Art. 173 – Überprüfung der Rechtmäßigkeit, aber nicht der Zweckmäßigkeit) eingeleitet werden können;

–   Rechtsstreitigkeiten über Beschlüsse des Verwaltungsrates, Art. 237 lit. c (ex-Art. 180), die nach Maßgabe des Art. 230 (ex-Art. 173) nur von den Mitgliedstaaten oder der Kommission und lediglich wegen Verletzung der Formvorschriften des Art. 21 Abs. 2 und 5–7 der Satzung (Stellungnahmen von Mitgliedstaaten und Kommission) angefochten werden können; andere Anfechtungsgründe (etwa Unzuständigkeit, Vertragsverletzung, Ermessensmißbrauch etc.) oder die Anfechtung anderer Beschlüsse des Verwaltungsrates, die nicht Darlehen oder Bürgschaften betreffen, sind demnach ausgeschlossen;

–   Vorabentscheidungen über die Auslegung der Satzung, Art. 234 Abs. 1a (ex-Art. 177) i.V.m. Art. 311 (ex-Art. 239), wobei aber die nach Art. 237 (ex-Art. 180) gezogenen Grenzen der Nachprüfbarkeit von Beschlüssen der Organe der Bank nicht auf dem Umweg über Auslegungsstreitigkeiten durchbrochen werden dürfen;

– Rechtsstreitigkeiten zwischen Bank und Personal (EuGe), für die der EuGH seine Zuständigkeit trotz des nicht eindeutigen Wortlauts (Streitsachen zwischen der Gemeinschaft und deren Bediensteten) mit Zwischenurteil vom 15.6.1976 (EuGH, Rs. 110/75, Mills/EIB, Slg. 1976, 955) direkt aus Art. 236 (ex-Art. 179) abgeleitet hat.

Nach **Art. 29 Abs. 2 S.**2 der Satzung kann die Bank in **Verträgen (mit**   **34 Dritten)** einen **besonderen Gerichtsstand** bestimmen oder ein Schiedsverfahren vorsehen. Die Bank hat die Praxis, in ihren Verträgen mit Darlehensnehmern, die ihren Sitz außerhalb der EU haben, bei Finanzierungs- und Bürgschaftsverträgen, für die eine Garantie der EG besteht, bei Verträgen mit Nichtmitgliedstaaten und in der Regel in Verträgen mit der Kommission die Zuständigkeit des EuGH zu vereinbaren. Der EuGH hat erklärt, daß er mit Blick auf Art. 238 (ex-Art. 181 – Zuständigkeit bei Schiedsklausel in öffentlich-rechtlichem oder privatrechtlichem Vertrag, der von der EG oder für ihre Rechnung abgeschlossen wird) seine Zuständigkeit in solchen Fällen grundsätzlich bejahen würde, vorbehaltlich der Zulässigkeit einer solchen Zuständigkeitsregelung unter dem auf den jeweiligen Vertrag anwendbaren Recht.

Mit Zwischenurteil vom 2.12.1992 hat der EuGH darüber hinaus seine Zu-   **35** ständigkeit für die Schadensersatzklage einer Privatperson (Unternehmen), gestützt auf die **außervertragliche Haftung** gem. Art. 235 (ex-Art. 178) und 288 Abs. 2 (ex-Art. 215) angenommen (C-370/89, [SGEEM und Etroy./.EIB], Slg. 1992, I–6211). Die Klage ist jedoch mit Urteil vom 25.5.1993 als unbegründet abgewiesen worden (EuGH, C-370/89, Slg. 1993, I–2583), wobei der EuGH ausdrücklich festgestellt hat, daß die Bank sowohl bei Krediten aus eigenen Mitteln, als auch aus Haushaltsmitteln der EG berechtigt ist, die für das zu finanzierende Projekt im Rahmen einer Ausschreibung abgegebenen Gebote sorgfältig auf ihre wirtschaftliche Vorteilhaftigkeit zu prüfen. Diese **Erweiterung der Zuständigkeit des EuGH** im Rahmen des Art. 288 (ex-Art. 215), dessen Wortlaut (Abs. 2) vorsieht, daß im Bereich der außervertraglichen Haftung die EG den durch „ihre Organe oder Bediensteten in Ausübung ihrer Amtstätigkeit" verursachten Schaden ersetzt, auch auf Tätigkeiten der Bank, die als eigenständige juristische Person weder Organ noch Bedienstete der Gemeinschaft ist, **erscheint nicht unbedenklich**. Die gem. Art. 237 (ex-Art. 180) bewußt nur sehr beschränkt, insbesondere Formvorschriften betreffend, nachprüfbare Tätigkeit der Bank darf nicht über eine weite Auslegung des Art. 288 Abs. 2 (ex-Art. 215) ausgehöhlt werden. Eine Auslegung über den konkreten Fall hinausgehend, die eine Zuständigkeit des EuGH auch in Bereichen beträfe, in denen die Bank nicht im Auftrag und für Rechnung der EG tätig wird, erscheint deshalb zweifelhaft. Insbesondere wurde in Art. 288 (ex-Art. 215) ein neuer Abs. 3 eingeführt, welcher den Abs. 2 für durch die EZB oder ihre Bediensteten in Ausübung ihrer Amtstätigkeit verursachte Schäden anwendbar erklärt. Eine entsprechende Klarstellung wurde jedoch für die EIB, trotz der an anderer Stelle in Art. 8 (ex-Art. 4a) und Art. 9 (ex-Art. 4b) vorgenommenen gleichrangigen Etablierung nicht vorgesehen.

36 Art. 29 Abs. 3 der Satzung sieht vor, daß das **Vermögen und Guthaben der Bank nur auf gerichtliche Anordnung beschlagnahmt** oder der Zwangsvollstreckung unterworfen werden kann. Danach wäre etwa die Unterwerfung unter die sofortige Zwangsvollstreckung in einer notariellen Urkunde (keine gerichtliche Anordnung) unzulässig. Auch eine gerichtliche Anordnung bedarf jedoch gem. Art. 1 i.V.m. Art. 22 des Protokolls über die Vorrechte und Befreiungen der EG einer besonderen Überprüfung durch den EuGH.

37 Der zwecks Errichtung des **Europäischen Investitionsfonds** (s. dazu Rn. 11, Art. 267 Rn. 13) 1994 neu eingeführte Art. 30 der Satzung normiert eine Ermächtigung des Rates der Gouverneure der Bank zur Errichtung und Beteiligung der Bank an dem Fonds und zum Erlaß einer Satzung sowie zur Beteiligung der EG an dem Fonds, vertreten durch die Kommission. Dieser Zusatz zum Protokoll über die Satzung der EIB (am 25.3.1993 von der Konferenz von Vertretern der Regierungen verabschiedet – Verfahren nach Art. 309 – ex-Art. 236) bedurfte als Bestandteil des Vertrages (Art. 311, ex-Art. 239) der Ratifizierung durch sämtliche Mitgliedstaaten (vgl. BGBl. II 1994, 90; ABl. L 173 v. 7.7.1994, 1). Neben der EIB und der EG sind an diesem mit eigener Rechtspersönlichkeit ausgestatteten hybriden Finanzierungsinstrument auch private und öffentliche Finanzinstitute beteiligt (vgl. *Müller-Borle*, in GTE zu Art. 198e, Satzung Art. 30).

Art. 267 (ex-Art. 198e) (Aufgaben der Bank)

Aufgabe der Europäischen Investitionsbank ist es, zu einer ausgewogenen und reibungslosen Entwicklung des Gemeinsamen Marktes im Interesse der Gemeinschaft beizutragen; hierbei bedient sie sich des Kapitalmarkts sowie ihrer eigenen Mittel. In diesem Sinne erleichtert sie ohne Verfolgung eines Erwerbszwecks durch Gewährung von Darlehen und Bürgschaften die Finanzierung der nachstehend bezeichneten Vorhaben in allen Wirtschaftszweigen:

a) Vorhaben zur Erschließung der weniger entwickelten Gebiete;

b) Vorhaben zur Modernisierung oder Umstellung von Unternehmen oder zur Schaffung neuer Arbeitsmöglichkeiten, die sich aus der schritt-

weisen Errichtung des Gemeinsamen Marktes ergeben und wegen ihres Umfangs oder ihrer Art mit den in den einzelnen Mitgliedstaaten vorhandenen Mitteln nicht vollständig finanziert werden können;

c) Vorhaben von gemeinsamem Interesse für mehrere Mitgliedstaaten, die wegen ihres Umfangs oder ihrer Art mit den in den einzelnen Mitgliedstaaten vorhandenen Mitteln nicht vollständig finanziert werden können.

In Erfüllung ihrer Aufgabe erleichtert die Bank die Finanzierung von Investitionsprogrammen in Verbindung mit der Unterstützung aus den Strukturfonds und anderen Finanzierungsinstrumenten der Gemeinschaft.

I. Normzweck

Art. 267 (wortgleich ex-Art. 198e) definiert die grundsätzliche Aufgaben-   **1**
stellung der Bank als **Beitrag zu einer ausgewogenen und reibungslosen Entwicklung des Gemeinsamen Marktes** im Interesse der EG. Zwecks Betonung der angestrebten verstärkten Koordinierung mit den EG-eigenen Finanzierungsformen ist durch den Maastricht-Vertrag ein neuer Satz 3 angefügt worden, wonach die Bank in Erfüllung ihrer Aufgabe die Finanzierung von Investitionsprogrammen in Verbindung mit der Unterstützung aus den Strukturfonds und anderen Finanzierungsinstrumenten der EG erleichtert.

Dieser grundsätzliche Aufgabenrahmen der Bank ist im Kontext des über-   **2**
greifenden Ziels des EGV, der **Förderung einer harmonischen Entwicklung der Volkswirtschaften der Mitgliedstaaten**, zu sehen, insbesondere durch Stärkung der wirtschaftlichen und sozialen Kohäsion mittels Verringerung der Wachstums- und Wohlstandsunterschiede zwischen Ländern und Regionen (Art. 158–162, ex-Art. 130a-e – Wirtschaftlicher und sozialer Zusammenhalt), den Ausbau der gemeinschaftsweiten Infrastrukturausstattung (Art. 154–156, ex-Art. 129b-d – Transeuropäische Netze), die Stärkung der internationalen Wettbewerbsfähigkeit der europäischen Industrie (Art. 157, ex-Art. 130 – Industrie) und eine angemessene Wirtschafts- und Währungspolitik, durch den Maastricht-Vertrag auf eine WWU ausgerichtet (Art. 98–124, ex-Art. 102a-109m).

Das Erfordernis des Tätigwerdens der EIB **„im Interesse der Gemein-**   **3**
schaft" verlangt eine ständige Ausrichtung anhand der allgemeinen Zielsetzungen des Vertrages und den wirtschafts-, insbesondere strukturpolitischen Zielvorgaben der EG-Organe.

4 Ohne Verfolgung eines Erwerbszwecks verwendet die Bank ihre eigenen
Mittel nach Art. 267 durch Gewährung von Darlehen und Bürgschaften zur
Finanzierung von Einzelprojekten oder von Projekten, die in einer Gruppe
zusammengefaßt sind, nicht aber für nur allgemein definierte Programme
oder Zwecke. Davon gedeckt ist auch die Durchleitung von Krediten für bestimmte Vorhaben über Kreditinstitute sowie die Bereitstellung von **Glo-
baldarlehen** für Banken, welche insbesondere die Finanzierung von Klein-
und Mittelunternehmen ermöglichen.

5 Art. 267 spricht darüber hinaus die Prinzipien der **Teilfinanzierung** – in der
Regel maximal 50 % der Projektkosten – und der **Subsidiarität** an (lit. b
und c). Beide Prinzipien sind auch in der Satzung der Bank verankert
(Art. 18 Abs. 1 und Abs. 2).

II. Vorhaben in der EG

6 Art. 267 Satz 2 enthält in den lit. a-c eine breit angelegte Nennung von Vorhaben, die für eine Finanzierung von Investitionen in allen Wirtschaftszweigen in Betracht kommen (zu etwaigen Abgrenzungsschwierigkeiten
s. *Müller-Borle*, in GTE, Art. 198e Rn. 11). Praktisch unterstützt die Bank
alle Strukturpolitiken der EG, sofern diese eine Investitionsförderung enthalten:

– Nach **lit. a** können Vorhaben zur Erschließung der weniger entwickelten Gebiete finanziert werden. Der Begriff „Gebiet" ist nicht als Ver-
waltungseinheit, sondern als Wirtschaftsraum zu verstehen. Die angesichts des erforderlichen Vergleichs des Entwicklungsstandes verschiedener Gebiete denkbaren erheblichen Abgrenzungsprobleme werden
durch die Anlehnung an die in EG-Vorschriften enthaltenen Kriterien
für die Abgrenzung von Fördergebieten wesentlich gemindert. Zu den
weniger entwickelten Gebieten gehören in erster Linie Griechenland,
Portugal, Irland, große Teile Spaniens, Süditalien, aber auch die neuen
Bundesländer mit Ostberlin. Das Finanzierungsvolumen in Deutschland ist dementsprechend in den letzten Jahren stark gestiegen.

– **Lit. b** zielt auf die Modernisierung oder Umstellung von Unternehmen
oder die Schaffung neuer Arbeitsmöglichkeiten. Voraussetzung für die
Finanzierung entsprechender Vorhaben ist, daß sie auf die (schrittweise) Errichtung des Gemeinsamen Marktes zurückzuführen sind, so daß
Vorhaben, die durch die davon unabhängige technische oder wirtschaftliche Entwicklung bedingt sind, nicht finanziert werden können. Der
Ablauf der Übergangszeit und der für die Realisierung des Binnenmarktes vorgesehenen Frist (bis 31.12.1992) schließt eine Anwendung

der lit. b, jedenfalls bis zum Abklingen der strukturellen Auswirkungen der Vollendung des Binnenmarktes, nicht aus.

– Nach **lit. c** können Vorhaben finanziert werden, die von gemeinsamem Interesse für mehrere Mitgliedstaaten sind, insbesondere Vorhaben, die zur Annäherung der Märkte und der Integration der Volkswirtschaften der Mitgliedstaaten beitragen können. Diese Vorschrift hat im Laufe der Zeit eine stetig wachsende Bedeutung erlangt, parallel zur Entwicklung gemeinschaftlicher Strukturpolitiken, insbesondere der Verbesserung gemeinschaftsweiter Verkehrs- und Kommunikationsnetze, der Förderung einer besseren Energieversorgung, der Umweltschutzmaßnahmen von europäischer Bedeutung, der Stärkung der Wettbewerbsfähigkeit von Unternehmen auf europäischer Ebene sowie der Förderung fortgeschrittener Technologien und der Klein- und Mittelbetriebe.

Diese durch Art. 267 beschriebenen Aufgaben stellen den **Kernbereich des**   7 **Tätigkeitsfeldes** der Bank dar, welcher gem. Art. 18 Abs. 1 Satz 1 der Satzung typischerweise die europäischen Hoheitsgebiete der Mitgliedstaaten abdeckt. Von dem im Jahre 1997 erreichten Darlehensvolumen von ECU 26,2 Mrd. wurden entsprechend ECU 23 (ca. 88 %) für Vorhaben in der EG bereitgestellt.

III. Vorhaben außerhalb der EG

Daneben spielt die EIB aber eine immer wichtiger werdende Rolle bei der   8 Finanzierung von Projekten in **Drittstaaten**, wofür jedoch jeweils eine Ausnahmegenehmigung des Rates der Gouverneure der Bank gem. Art. 18 Abs. 1 Satz 2 der Satzung erforderlich ist. Grundlage für das Tätigwerden sind entsprechende Vereinbarungen in Abkommen zwischen der EG und den betreffenden Drittstaaten.

Im Vordergrund stehen dabei bisher Finanzierungen im Rahmen der Ko-   9 operations- und Entwicklungspolitik der EG in den **Überseeischen Ländern und Gebieten**, in den **AKP-Staaten**, die am 15.12.1989 das vierte Abkommen von Lomé unterzeichnet haben, in den **Mittelmeerländern** auf der Grundlage der zwischen der EG und den einzelnen Staaten abgeschlossenen Finanzprotokolle bzw. bei Investitionen von gemeinsamem Interesse für nördliche und südliche Mittelmeeranrainer als sogenannte „horizontale" finanzielle Zusammenarbeit sowie, noch weitergehend, im Rahmen der auf der Konferenz von Barcelona im November 1995 vereinbarten Partnerschaft Europa-Mittelmeer (s. EIB Jahresbericht 1997, S. 33f.). Bei den dafür aus eigenen Mitteln der Bank gewährten Darlehen wird in der Regel eine Zinsvergütung aus Mitteln des Europäischen Entwicklungsfonds bzw. des Ge-

meinschaftshaushalts eingeräumt. Darüber hinaus verwaltet die Bank im
Auftrag der EG eine besondere Form der Hilfe zu Vorzugsbedingungen, das
sogenannte Risikokapital, eine Finanzierungsform, die ihr aus Eigenmitteln
gem. Art. 20 Abs. 2 der Satzung grundsätzlich untersagt wäre.

10 Seit 1989 unterstützt die Bank, nach entsprechender Aufforderung des Rates, durch die Finanzierung von Projekten auch die Reformen in **Mittel-
und Osteuropa.** Parallel zum Finanzierungsmandat hat die EIB Anfang
1998 mit Blick auf die Integration der Beitrittsländer eine Vor-Beitrittsfazi-
lität eingerichtet, welche vollständig aus eigenen Mitteln der Bank finanziert wird und nicht unter das Garantiesystem des Gemeinschaftshaushalts
fällt (vgl. EIB Jahresbericht 1997, S. 35f.).

11 In diesem Zusammenhang ist auch die 3 %ige Beteiligung der EIB an der
im Mai 1990 gegründeten Europäischen Bank für Wiederaufbau und Entwicklung mit Sitz in London zu erwähnen, welche im wesentlichen den
Prozeß der Umstrukturierung der Volkswirtschaften der mittel- und osteuropäischen Länder zu Marktwirtschaften unterstützen und private unternehmerische Aktivitäten in diesen Ländern fördern soll. In **Asien und Lateinamerika** finanziert die Bank in Ländern, mit denen die EG Kooperationsabkommen abgeschlossen hat, seit 1993 einzelne Projekte (s. im einzelnen, auch zu weiteren Aktivitäten, die i.d.R. im Auftrag und auf Rechnung
der EG erfolgen, *Müller-Borle*, Vorbem. zu Art. 198d und 198e Rn. 9ff.).

IV. Ausblick

12 Für die Zukunft kann neben einem weiteren **Anstieg des Darlehensvolu-
mens** eine erneute, zumeist politisch motivierte Ausdehnung der Aktivitäten auf weitere Drittländer vorhergesagt werden.

13 Zu einer Erweiterung des Tätigkeitsfeldes wird ebenfalls die Entschließung
des Europäischen Rates zu Wachstum und Beschäftigung vom Juni 1997 in
Amsterdam führen, welche die Ausarbeitung des zunächst auf 3 Jahre befristeten **Amsterdamer Sonderaktionsprogramms (ASAP)** durch die
Bank veranlaßt hat. Das Programm umfaßt verschiedene Neuerungen, wie
insbesondere eine Risikoübernahme durch die EIB zugunsten von kleinen
und mittleren Unternehmen mit hohem Wachstumspotential. Zu nennen ist
darüber hinaus die 1994 erfolgte Etablierung des **Europäischen Investitionsfonds**, welcher zwar rechtlich selbständig, aber in enger Kooperation
mit der Bank zu einer Stärkung des Binnenmarktes und der Förderung des
wirtschaftlichen und sozialen Zusammenhalts beitragen soll, insbesondere
durch die Ermöglichung der Finanzierung großer Infrastrukturprojekte als
Teil des Ausbaus der Transeuropäischen Netze und von kleinen und mittle-

ren Unternehmen mittels der Gewährung von Bürgschaften und auch durch die Übernahme von Beteiligungen an Unternehmen.

Schließlich wird auch die demnächst anstehende **Erweiterung der EU,**   **14** welche 1998 Beitrittsverhandlungen mit Ungarn, Polen, Estland, der Tschechischen Republik, Slowenien und Zypern aufgenommen hat, zu einer erneuten geographischen Erweiterung und Vertiefung des Tätigkeitsfeldes der EIB führen (zu weiteren Entwicklungen und Initiativen s. den Jahresbericht 1997).

Titel II. Finanzvorschriften

Art. 268 (ex-Art. 199) (Haushaltsplan)

Alle Einnahmen und Ausgaben der Gemeinschaft einschließlich derjenigen des Europäischen Sozialfonds werden für jedes Haushaltsjahr veranschlagt und in den Haushaltsplan eingesetzt.

Die für die Organe anfallenden Verwaltungsausgaben im Zusammenhang mit den die Gemeinsame Außen- und Sicherheitspolitik und die Zusammenarbeit in den Bereichen Justiz und Inneres betreffenden Bestimmungen des Vertrages über die Europäische Union gehen zu Lasten des Haushalts. Die aufgrund der Durchführung dieser Bestimmungen entstehenden operativen Ausgaben können unter den in diesen Bestimmungen vorgesehenen Voraussetzungen dem Haushalt angelastet werden.

Der Haushaltsplan ist in Einnahmen und Ausgaben auszugleichen.

Literatur: Strasser, Les Finances de l'Europe, Bruxelles 1984; *Lemoine, Lentz, Schmitt, Strasser,* Le Budget général des Communautés in Loic, Dictionnaire encyclopédique de Finances Publiques, I, 209, Paris 1991; Europäische Kommission, Die Finanzverfassung der Europäischen Union, Luxemburg 1995; Europäische Union, Finanzbericht 1997, Luxemburg 1997; Europäische Kommission, Haushaltsvademekum, Ausgabe 1998, Luxemburg 1998; Europäische Kommission, Schutz der finanziellen Interessen der Gemeinschaft, Betrugsbekämpfung, Jahresbericht 1997, Luxemburg 1998; Direction générale du Contrôle financier, CORPUS JURIS, Paris 1997.

I. Problemstellung

1   Die der EG **1999** zur Bewältigung ihrer in Art. 3 genannten Tätigkeiten zur Verfügung gestellten Zahlungsmittel, **EURO 85,6 Mrd.** ABl. 1999 L 39/1), erreichen fast die Hälfte des Haushalts der Bundesrepublik Deutschland. Das von den 370 Millionen Bürgern der Union aufzubringende Finanzvolumen (1999: EURO 231 pro Bürger) bedarf wegen seines Umfangs einer Haushaltsdisziplin und Finanzplanung (Art. 270, ex.Art. 201a), einer für alle Bürger und Mitgliedstaaten verbindlichen Einnahmeermächtigung (Art. 279, ex-Art. 209), einer klaren und für alle Organe der EG und die Mitgliedstaaten verbindlichen Darstellung des Ziels und Umfang der spezifischen Einnahmen und Ausgaben des kommenden Haushaltsjahres (Haushaltsplan, Art. 271, ex-Art. 202), eines demokratischen Verfahrens zur Aufstellung der Einnahmen und Ausgaben des kommenden Haushaltsjahres (Haushaltsverfahren, Art. 272, 273, ex-Art. 203, 204), verbindlicher Regeln für die Einziehung der Einnahmen und die Verwendung der Mittel (Haushaltsordnung „**HHO**", Art. 274, 279, ex-Art. 205, 209), Bestimmungen über die Rechnungslegung (Art. 275, ex-Art. 205a), einer unabhängigen Kontrolle der Einnahmen und Ausgaben (Rechnungshof, Art. 246 bis 248, ex-Art. 188a–188c), eines Entlastungsverfahrens (Art. 276, ex-Art. 206) und schließlich Bestimmungen zur Bekämpfung von Betrügereien (Art. 280, ex-Art. 209a).

II. Gegenstand des Haushaltsplans

2   Es handelt sich hierbei um einen gemeinsam von Rat und EP gemäss Art. 272 (ex-Art. 203) (im Prinzip vor Beginn eines Jahres, erstellten Rechtsakt über die Einnahmen und Ausgaben der Organe für das kommende Haushaltsjahr: 1.1. bis 31.12. Art. 1 der HHO definiert den **Haushaltsplan** als den Akt, durch den die voraussichtlichen Einnahmen und Ausgaben der EG für jedes Haushaltsjahr veranschlagt und im voraus bewilligt werden. Bezüglich der Ausgaben bestimmt der Haushaltsplan eine Höchstgrenze, die von keinem der Organe ohne eine ordnungsgemässe, vorherige

Änderung des Haushaltsplans überschritten werden darf. Dieses Mass bedeutet gleichzeitig hinsichtlich der **operativen Ausgaben** (z.B. Landwirtschaft, Strukturfonds usw.) im Gegensatz zu den Verwaltungsausgaben der Organe (z.B. Gehälter, Miete usw.) eine **politische Zielvorgabe** für das betreffende Haushaltsjahr (hic et nunc), deren Erreichen von der Haushaltsbehörde (Rat und EP) im Rahmen des folgenden Entlastungsverfahrens kritisch beurteilt wird. Die Ausnutzung der operativen Haushaltsansätze ist u.a. ein wichtiges Indiz bei der Beurteilung des im Rahmen der spezifischen Haushaltsansätze und des diesbezüglichen Basisrechtsakts (*s. Art. 274 Rn. 2*) gewollten Erfolges. Hieraus ergibt sich jedoch keinesfalls ein Ausgabenzwang, sondern eine Verpflichtung der Kommission, das ihr Mögliche unter strikter Beachtung der spezifischen VO und der HHO zu unternehmen und die Haushaltsbehörde bereits während des geltenden Haushaltsjahres über Ausführungsschwierigkeiten zu unterrichten.

Betreffend der **Einnahmen** beruht der Haushalt auf **Schätzungen** von   **3** Wirtschaftsabläufen (z.B. Aufkommen der Mehrwertsteuer und der von den Gehältern des EG-Personals einbehaltenen Steuern und Abgaben). Bleiben die Einnahmen am Ende des Haushaltsjahres hinter den Schätzungen zurück oder übersteigen sie die Ausgaben, wird der **Saldo** je nachdem, ob es sich um einen Überschuss oder ein Defizit handelt, auf der Einnahmenseite oder auf der Ausgabenseite des Haushaltsplans des folgenden Haushaltsjahres eingesetzt (Art. 32 HHO). Hierbei ist der gesamte Überschuss zu berücksichtigen, unabhängig von seiner Herkunft und nicht lediglich der Teil des Überschusses, der aus den aufgrund des Bruttosozialprodukts der Mitgliedstaaten festgesetzten Einnahmen stammt (EuGH, C-284/90, Rat/EP, Slg. 1992, I–2277).

Der Haushaltsplan weist insofern viele **Ähnlichkeiten** mit einer – **vorweg-**   **4** **genommenen – Gewinn- und Verlustrechnung** auf, wie sie regelmäßig vom Handel nach Abschluß eines Geschäftsjahres erstellt wird (*Inhalt des Haushaltsplans: s. Art. 271*).

III. Normzweck

Mit dem Adjektiv „**alle**" (Einnahmen und Ausgaben) spricht UAbs. 1 den   **5** **Grundsatz der Vollständigkeit / Einheit des Haushaltes** an, der Grundvoraussetzung für eine politische Gewichtung der Einnahmen und Ausgaben im Haushaltsverfahren und für eine demokratische Kontrolle des Haushaltsvollzugs ist. Es handelt sich hierbei um die „voraussichtlichen" Einnahmen und Ausgaben. (Art. 1 HHO). Es gibt keine „voraussichtlichen" Ausgaben, welche die Haushaltsbehörde unberücksichtigt lassen darf.

(Schlußanträge GA Mancini, Rs. 34/86, Rat/EP, Slg. 1986, 2155/2181, Schlußanträge GA Mischo, Rs. 377/87, Slg. 1988, 4017/4026). Die Vollständigkeit verlangt Ehrlichkeit, z.b. Unannehmbarkeit eines keinen zwölfmonatigen Einnahme- und Ausgabenzeitraum abdeckenden Haushaltsplans (Entschließung des EP v. 13.12.1984, ABl. 1985 C-12/90 sowie GA Mischo a.a.O., der Richtigkeit und Redlichkeit Vorrang vor den Terminen des Art. 272 [ex-Art. 203] einräumt).

Der Grundsatz der Vollständigkeit macht es unerläßlich, daß alle der EG in einem Haushaltsjahr zur Verfügung stehenden Einnahmen in den Haushaltsplan für dieses Jahr eingesetzt werden. Daraus folgt, daß der Überschuß eines Haushaltsjahres voll im Haushaltsplan des nachfolgenden Haushaltsjahres eingesetzt werden muß (EuGH, C-284/90, Rat/EP, Slg. 1992, I–2277).

6   Der Hinweis auf den **Sozialfonds** (alleiniger in dem ursprünglichen EWGV erwähnter Fonds, der Europäische Entwicklungsfonds (EEF) wurde erst in „letzter Minute" im Anhang IV hinzugefügt) unterstreicht das Vollständigkeitsprinzip: auch spezifisch technische Ausgaben sollen den allein von der Haushaltsbehörde zu entscheidenden Ausgabenermächtigungen nicht entgleiten dürfen.

7   **Keine** Einnahmen und Ausgaben i.S. des Art. 268 sind außerhalb oder zusätzlich zum Haushalt von der Kommission aufgrund einer Sonderhilfe der Mitgliedstaaten abzuwickelnde Hilfsmaßnahmen (z.B. humanitäre Hilfe), die im Rahmen einer gemeinsamen Aktion der Mitgliedstaaten gewährt und von diesen unmittelbar finanziert werden (EuGH, C-181/91 und C-248/91, EP/Rat und Kommission, Slg. 1993, I–3685; *dazu Rn. 11).*

8   **EGKS:** Während seit 1970 die Haushaltspläne der ursprünglichen EWG und von EURATOM in einem „Gesamt"-haushaltsplan zusammengefasst werden, besteht eine besondere Situation hinsichtlich des Haushalts der EGKS: ihre Verwaltungsausgaben werden aufgrund der Fusion der Organe im Gesamthaushaltsplan der EG veranschlagt. Ihre operativen Ausgaben werden nach Anhörung des Rates (Art. 51 § 2) und, seit der Entschließung des EP v. 14.12.1982 über die Festlegung des Umlagesatzes gemäß Art. 50 EGKSV, nach Billigung dieses Satzes durch das EP (das hierbei auf die Gestaltung der operativen Ausgaben einwirkt) von der Hohen Behörde (Kommission entschieden (1998: Entscheidung 2618/97 der Kommission über den Finanzbedarf der EGKS für 1998: ECU 219 Mio, ABl. 1997 L 353/20. Der Aufnahme des operativen EGKS-Haushalts in den Gesamthaushalt stehen keine grundsätzlichen Überlegungen entgegen. Wegen des Auslaufens dieses Vertrages in 2002 wurde von seiner Änderung abgesehen.

9   **EEF** (Europäischer Entwicklungsfonds, *s. Art. 179 Rn. 23):* Bereits der erste, im Rahmen des ursprünglichen Anhangs IV zum Vertrag von Rom ge-

gründete EEF sah entgegen Art. 268 außerhalb des Haushalts besondere Finanzbeiträge für die damit begründete Entwicklungshilfe vor. Gemäß der der Schlußakte des Maastrichter Vertrages beigefügten Erklärung Nr. 12 soll der EEF auch weiterhin durch einzelstaatliche Beiträge finanziert werden. Gewichtige Stimmen glauben, in der außerhalb des Haushalts stattfindenden Finanzierung des EEF einen Verstoß gegen Art. 10 UAbs. 2 (ex-Art. 5) feststellen zu können, (Dokument 106.390 v. 27.5.1986 des EP). Dadurch, daß die Mitgliedstaaten im Internen Abkommen einen EEF einrichten und darin den Beitrag der einzelnen Mitgliedstaaten zu diesem Fonds festsetzen, werden die notwendigen Ausgaben für die Finanzhilfe der EG unmittelbar von den Mitgliedstaaten übernommen. Deshalb stellen diese Ausgaben **keine Ausgaben** der EG dar, die in den **EG-Haushalt** eingestellt werden müßten (EuGH, C-316/91, EP/Rat, Slg. 1994, I–0625). Eine Aufrechterhaltung dieser historischen Situation kommt sicher den Staaten gelegen, deren Anteil an der Finanzierung des EEF unter ihrem Anteil am Gesamthaushalt liegt, was z.B. für die Bundesrepublik Deutschland gilt. Die Einbeziehung des EEF in den Gesamthaushaltsplan, **Budgetisierung** **des EEF,** ist seit der Entschließung des EP v. 21.6.1971 eine seiner ständigen Forderungen, da die regelmäßig abgeschlossenen „Internen Abkommen" zwischen den im Rat vereinigten Vertretern der Regierungen der Mitgliedstaaten über die Finanzierung und Verwaltung der Hilfen der EG im Rahmen der Finanzprotokolle der AKP-EG-Abkommen (*s. Art. 179 Rn. 21*) dem EP ein Mitspracherecht bei der Bemessung der jährlichen Ausgabenbewilligungen verweigern und diese Befugnis allein dem Rat zuweisen (s. Art. 6 des derzeitigen Internen Abkommens, ABl. 1998 L 156/108). Dieser für das EP unbefriedigende Zustand war einer der wichtigen Gründe für das EP, den Entwurf des Haushaltsplans 1980 mit seiner Entschließung v. 13.12.1979 gemäß Art. 272 Abs. 8 (ex-Art. 203) abzulehnen. Seither sieht der Gesamthaushaltsplan im Einzelplan der Kommission, Teileinzelplan B7, Kapitel 70 und 71, eine besondere Empfangsstruktur für eine zukünftige Budgetisierung des EEF vor: die in Kursivschrift ausgedruckten Haushaltsansätze signalisieren ihren symbolischen Charakter. Die so dargestellten Mittel werden nicht von den eigenen Einnahmen der EG gedeckt und unterliegen nicht der Feststellung durch den Präsidenten des EP gemäß Art. 272 Abs. 7 (ex-Art. 203). Bisher hat das EP hier regelmäßig die von der Kommission mit dem Rat und der EiB abgestimmten Bewilligungen eingesetzt. Die Kommission hat sich regelmäßig für eine Budgetisierung des EEF ausgesprochen und am 6.6.1994 der Haushaltsbehörde über Möglichkeiten und Modalitäten der Einbeziehung des EEF in den Haushaltsplan berichtet (Dokument SEK (94) 640 endg.) berichtet.

10

11 **Art. 268 Abs.** 2 stellt die **Ausgabenverteilung** zwischen der EG und den Mitgliedstaaten im Rahmen des **zweiten und dritten Pfeilers** des EUV klar. Mit der Möglichkeit, die diesbezüglichen operativen Ausgaben auch außerhalb des Haushalts zu finanzieren, bezieht sich Art. 268 Abs. 2 auf die vom EuGH (C-181/91 und C-248/91, EP/Rat und Kommission, Slg. 1993, I–3685) klargestellten Grenzen des Vollständigkeitsprinzips im Rahmen einer gemeinsamen Aktion der Mitgliedstaaten hinsichtlich einer von ihnen gewährten und unmittelbar finanzierten humanitären Sonderhilfe (*s. Rn. 7*). Dies ist insofern von Bedeutung, als damit die (zukünftigen) operativen Ausgaben nicht zwangsläufig dem Vorschlagsrecht der Kommission und einer Abstimmung im Rat und EP unterliegen. Soweit diese Ausgaben im Haushalt (im Einzelplan der Kommission [B8-0]) aufgenommen werden, handelt es sich (bisher) um „nichtobligatorische" Ausgaben (*s. Art. 272 Rn. 5*), bei denen das EP im Haushaltsverfahren das „letzte Wort" zu sagen hat.

12 Das in Art. 268 Abs. 3 aufgestellte **Prinzip der Ausgeglichenheit** bedeutet, daß die Deckung der Ausgaben eines zu beschließenden Haushaltsplans nicht auf ein späteres Haushaltsjahr verschoben werden kann. Ein Fehlen der Ausgleichspflicht widerspräche den Art. 10 (ex-Art. 5) sowie 269 (ex-Art. 201) und würde die EG zu der nichtgewollten Finanzierung ihres Haushalts über Anleihen zwingen.

Bei einem Überschuß aufgrund des Systems der Eigenen Einnahmen hat das Prinzip der Ausgeglichenheit Vorrang vor abgeleitetem Recht (EuGH, C-284/90, Rat/EP, Slg. 1992, I–2277). Der Ausgleich des Haushalts kann auch im Rahmen einer **Negativreserve** erfolgen (*s. Art. 272 Rn. 10*).

IV. Zuständigkeit des EuGH

13 Die Möglichkeit, die Handlungen der Haushaltsbehörde der Überwachung durch den EuGH zuzuführen, die nirgendwo im EGV ausgeschlossen ist, bietet die Gewähr dafür, daß jedes Organ im Einklang mit Art. 272 Abs. 10 (ex-Art. 203) die ihm im Haushaltsbereich übertragenen Befugnisse unter Beachtung der Vorschriften des EGV ausübt (EuGH, Rs. 34/86, Rat/EP, Slg. 1986, 2155).

14 **Folgen** einer vom EuGH festgestellten **Rechtsunwirksamkeit eines Haushaltsplans:** anläßlich einer solchen am 3.7.1986 (also nach Ablauf eines erheblichen Teils dieses Haushaltsjahres) erfolgten Feststellung hat der EuGH (ebenda) entschieden, daß die vor Verkündung seines Urteils in Durchführung des Haushaltsplans für 1986 in der im ABl. veröffentlichten Fassung vorgenommenen Zahlungen und Verpflichtungen von der Rechts-

unwirksamkeit des Haushaltsplans unberührt bleiben. Er rechtfertigt dies
mit der Notwendigkeit, die Kontinuität des europäischen öffentlichen Dienstes zu gewährleisten, sowie mit wichtigen Gründen der Rechtssicherheit,
die mit denen vergleichbar sind, die bei der Nichtigerklärung von VO eine
Rolle spielen. Im Zusammenhang mit der **Nichtigerklärung einer vom
Präsidenten des EP** gemäß Art. 272 Abs. 7 (ex-Art. 203) **getroffenen
Feststellung eines Haushaltsplans**, hat der EuGH im gleichen Sinne entschieden (EuGH, C-284/90, Rat/EP, Slg. 1992, I–2277).

**Art. 269 (ex-Art. 201) (Finanzierung aus Eigenmitteln, Eigenmittelbe-
schluß)**

**Der Haushalt wird unbeschadet der sonstigen Einnahmen vollständig
aus Eigenmitteln finanziert.**

**Der Rat legt auf Vorschlag der Kommission und nach Anhörung des
Europäischen Parlaments einstimmig die Bestimmungen über das System der Eigenmittel der Gemeinschaft fest und empfiehlt sie den Mitgliedstaaten zur Annahme gemäß ihren verfassungsrechtlichen Vorschriften.**

Art. 269 Abs. 1 begründet die finanzielle Unabhängigkeit der EG gegen-   1
über den Mitgliedstaaten. In Verbindung mit der Ausgleichspflicht nach
Art. 268 Abs. 3 (ex-Art. 199) verpflichtet Art. 269 die Mitgliedstaaten zu
einer den Aufgaben der EG gerecht werdenden Finanzausstattung. Dieses
historisch gewachsene Ergebnis, das in Art. 269 Abs. 2 vorgesehene Verfahren und schließlich das Gebot des Art. 270 (ex-Art. 201a), keine über
den Rahmen der eigenen Mittel der EG hinausgehende Aktionen vorzuschlagen, gestatten der EG nicht, ihre Ausgaben anderweit abzudecken. Damit kann der **Haushalt nicht durch Anleihen** auf den Kapitalmärkten finanziert werden.

Davon zu unterscheiden ist die sich außerhalb des Haushalts vollziehende   2
und jeweils vom Rat von Fall zu Fall entscheidende **Anleihe- und Darlehenstätigkeit der EG,** die sich im Laufe der Jahre zu einem bedeutsamen
Finanzinstrument der EG entwickelt hat (s. Gesamthaushalt 1998), Anlage
II zum Teil B des Einzelplans der Kommission, ABl. 1998 L 44/1301). Diese Instrumente gestatten der Kommission aufgrund der Garantie durch die
Mitgliedstaaten, günstige Anleihen auf den Finanzmärkten aufzunehmen
und deren Erlös in Form von Darlehen weiter zu vorteilhaften Bedingungen
zu vergeben. Mit VO (EG, Euratorm) Nr. 2728/94 (ABl. 1994 L 293/1) hat
der Rat zur Deckung der im Gesamthaushaltsplan vorgesehenen Garan-

tieleistungen für Maßnahmen im Zusammenhang mit den Außenbeziehungen einen Garantiefonds beschlossen, um im Falle eines Schuldnerausfalls etwaige Störungen beim Haushaltsvollzug zu vermeiden.

3 Der am 1.1.1995 in Kraft getretene Beschluß des Rates 94/728 (EG, EURATOM) v. 31.10.1994 über das **System der Eigenmittel der EG** (ABl. 1988 L 293/9) sieht vier zur Zeit wirksame Einnahmequellen vor: a) die im Rahmen der Gemeinsamen Agrarpolitik vorgesehenen Abschöpfungen und Beträge sowie Abgaben im Rahmen der gemeinsamen Marktorganisation für Zucker; b) die Zölle des Gemeinsamen Zolltarifs und die anderen auf den Warenverkehr mit Nichtmitgliedstaaten erhobenen Zölle; c) die Mehrwertsteuereinnahmen, die sich aus der Anwendung eines für alle Mitgliedstaaten einheitlichen Satzes auf die nach Gemeinschaftsvorschriften bestimmte einheitliche MWSt.-Eigenmittelbemessungsgrundlage eines jeden Mitgliedstaats ergeben (dieser Satz beträgt für 1999 0,84420 %; diese Bemessungsgrundlage beläuft sich 1999 auf 50 % des Bruttosozialprodukts eines jeden Mitgliedstaats); d) Einnahmen, die sich ergeben aus der Anwendung eines im Rahmen des Haushaltsverfahrens unter Berücksichtigung aller übrigen Einnahmen festzulegenden Satzes auf den Gesamtbetrag des Bruttosozialprodukts (des jeweiligen Jahres zu Marktpreisen) aller Mitgliedstaaten, das nach gemeinschaftlichen Regeln entsprechend der RL 89/130/EWG (ABl. 1989 L 49/26) festgesetzt wird, 1999: 0,4959 % (ABl. 1999 L 39/20, 21).

4 Art. 6 des Beschlusses führt den **Grundsatz der Universalität** ein: die Einnahmen aus den eigenen Mitteln dienen unterschiedslos der Finanzierung aller im Haushaltsplan ausgewiesenen Ausgaben (*s. Art. 279 Rn. 2*).

5 Zum Ausgleich ihrer Erhebungskosten behalten die Mitgliedstaaten 10 % der unter a) und b) genannten Einnahmen ein. Es handelt sich hierbei um sog. **Negativeinnahmen,** da aufgrund der Einbehaltung ein Ausgabenansatz im Haushalt nicht in Betracht kommt.

6 Hinsichtlich der Mittel für Verpflichtungen sieht der obengenannte Beschluß des Rates für 1999 ein Gesamtvolumen vor, das 1,335 % der BSP der Mitgliedstaaten (= EURO 103,401 Mrd.) nicht übersteigen darf, bezüglich der Zahlungsermächtigungen hat der Rat die **Gesamtobergrenze** der Eigenmittel der EG für 1999 auf 1,27 % des BSP der Mitgliedstaaten (= EURO 99,019 Mrd.) festgelegt, Haushalt 1999 (ABl. L 39/1): EURO 85, 557 Mrd.

7 Der in Art. 269 Abs. 2 verlangte einstimmige Ratsbeschluß und die Pflicht zur **Ratifizierung** der Entscheidungen ergibt sich aus der den nationalen Parlamenten zustehenden Einnahmeinitiative. Sollte dieses Verfahren nicht rechtzeitig abgeschlossen werden können, verpflichtet Art. 10 (ex-Art. 5)

die Mitgliedstaaten, der Gemeinschaft Vorschlüsse zu gewähren (Schlußanträge GA Mischo, Rs. 377/87, Slg. 1988, 4017). Ergibt sich dagegen bei der
Ausführung des Haushalts selbst vorzeitig eine Deckungslücke, so kann die
Kommission im Bedarfsfalle die Mitgliedstaaten ersuchen, andere Mittel
als Mehrwertsteuereigenmittel mittels einer vorgezogenen Gutschrift zur
Verfügung zu stellen, ohne daß die Mitgliedstaaten ihr dies verweigern können (EuGH, Rs. 93/85, Kommission/Vereinigtes Königreich, Slg. 1986,
4011).

Der obengenannte Beschluß des Rates ist eine **haushaltsrechtliche Maß-**   **8**
nahme zur Bestimmung der in den Haushalt der EG einzusetzenden eigenen Mittel. Die Zuständigkeit der Gemeinschaftsorgane für die Festsetzung
von Zöllen, Steuern, Abschöpfungen, anderen Abgaben und sonstigen
Formen von Einnahmen wird von diesem Beschluß nicht berührt
(EuGH, Rs. 108/81, G.R. Amylum/Rat, Slg. 1982, 3107; C-143/88 und
C-92/89, Zuckerfabrik Süderdithmarschen/Hauptzollamt Itzehoe, Slg.
1991, I–0415).

Im Rahmen einer gemeinsamen Marktorganisation erhobene **Mitverant-**   **9**
wortungsabgaben haben eine marktregelnde Funktion. Da sie unmittelbar
zur Deckung bestimmter Ausgaben im Rahmen dieser gemeinsamen Marktorganisationen dienen, gehören sie nicht zu den „eigenen Mitteln" i.S. des
obengenannten Beschlusses (EuGH, Rs. 179/84, Piercarlo Bozetti/SPA In-
vernizzi, Slg. 1985, 2301; Rs. 265/87, Hermann Schrader/Hauptzollamt
Gronau, Slg. 1989, 2237). Haushaltstechnisch spiegelt sich dies im Rahmen
der operativen Ausgaben in Form von **„negativen Ausgaben"** wider. Hierin kann folglich kein Verstoß gegen den allgemeinen Haushaltsgrundsatz
der Universalität – keine Zweckbindung der Einnahmen und kein Verbot
der Verrechnung von Einnahmen und Ausgaben – gesehen werden.

Die **Korrektur der Haushaltsungleichgewichte** zugunsten des **Vereinig-**   **10**
ten Königreichs beruht einerseits auf der Berücksichtigung seiner relativ
schwachen Agrarwirtschaft und seiner damit verbundenen Abhängigkeit
von auf Drittländer ausgerichteten Importen und damit niedrigen eigenen
Agrarausgaben sowie, andererseits, einem hohen Beitrag zum EG-Haushalt
aufgrund eines relativ hohen Anteils der MWSt.-Bemessungsgrundlage im
Verhältnis zum BSP dieses Landes. Dieses strukturelle Ungleichgewicht in
den Finanzbeziehungen zwischen der EG und dem Vereinigten Königreich
ist Gegenstand mehrerer Korrekturmechanismen gewesen, von denen der
noch heute geltende 1984 vom Europäischen Rat in Fontainebleau beschlossen wurde (s. Art. 4 des in Rn. 3 genannten Beschlusses). Vereinfachend gesagt werden dem Vereinigten Königreich 66 % der Differenz zwischen seinem MWSt.-Eigenmittelanteil und seinem Rückflußanteil des

vergangenen Haushaltsjahres bezogen auf den Gesamtbetrag der den Mitgliedstaaten zurechenbaren Ausgaben erstattet. Der Ausgleich erfolgt über eine Verringerung der britischen MWSt-Bemessungsgrundlage. Der Haushaltsplan 1999 sieht in diesem Zusammenhang die Finanzierung eines Korrekturbetrages durch die anderen Mitgliedstaaten in Höhe von 3,931 Mrd. vor (ABl. 1999 L 39/126). Diese Minderung des britischen Beitrags wird durch eine entsprechende Erhöhung der MWSt-Zahlungen der Mitgliedstaaten ausgeglichen, mit Ausnahme der Bundesrepublik Deutschland: sie zahlt nur zwei Drittel ihres diesbezüglichen Anteils, wobei der Restbetrag auf die übrigen Mitgliedstaaten umgelegt wird.

11 Die Bundesrepublik **Deutschland** zahlt bereits lange den größten Anteil an den eigenen Mitteln der EG. 1999 beträgt ihr Anteil 26,4 % (= EURO 22,02 Mrd.), während sich der (nächstgrößte) französische Anteil auf 17,2 % und der britische (korrigierte) Anteil auf 13,4 % belaufen. Dieser von der Bundesregierung bereits 1981 hervorgehobene Zustand hat einen gewissen Niederschlag bei der Korrektur des britischen Beitrags gefunden und hat seitdem Anlass zu zahlreichen Überlegungen und Forderungen unter dem Gesichtspunkt der Rückflüsse aus dem EG-Haushalt nach Deutschland gegeben. Die Differenz zu Lasten Deutschlands ergibt sich aus der vom Bundestag ratifizierten Entscheidung (und ihren Vorläufern) über die eigenen Mittel der EG und den von der Bundesregierung im Rat mitbeschlossenen VO über die Ausgaben der EG (z.B. die gemeinsamen Marktorganisationen im Landwirtschaftsbereich, die Strukturfonds, außenpolitische Maßnahmen usw.). Beide Aspekte des Problems sind Gegenstand der bei der Redaktion dieses Kommentars noch nicht abgeschlossenen Verhandlungen über die „Agenda 2000: Eine stärkere und erweiterte Union" (Internet: http://europa.eu.int/comm/agenda2000/overview/de/agenda.htm).

Art. 270 (ex-Art. 201a) (Haushaltsdisziplin)

Damit die Haushaltsdisziplin gewährleistet wird, unterbreitet die Kommission keine Vorschläge für Rechtsakte der Gemeinschaft, ändert nicht ihre Vorschläge und erlässt keine Durchführungsmaßnahme, die erhebliche Auswirkungen auf den Haushaltsplan haben könnte, ohne die Gewähr zu bieten, daß der betreffende Vorschlag bzw. die betreffende Maßnahme im Rahmen der Eigenmittel der Gemeinschaft finanziert werden kann, die sich aufgrund der vom Rat nach Artikel 269 festgelegten Bestimmungen ergeben.

1 Mit der **Haushaltsdisziplin** werden drei Ziele verfolgt: (1) Sie soll zunächst eine von den Eigenmitteln nicht zu deckende Verschuldung der

Gemeinschaft verhindern, also zu einer ausgewogenen Entwicklung der Ausgaben beitragen, (2) sodann die Abwicklung des Haushaltsverfahrens verbessern und schließlich (3) eine strengere Haushaltsausführung insbesondere im Hinblick auf den Grundsatz der Wirtschaftlichkeit und die Einführung vorhergehender, mitlaufender und nachträglicher Kostenwirksamkeitsanalysen. Während das dritte Ziel durch eine Ergänzung der HHO umgesetzt wurde, geschah dies für die beiden anderen Ziele durch eine im Rahmen einer Interinstitutionellen Vereinbarung für den Zeitraum 1988 bis 1992 vereinbarten Finanziellen Vorausschau (ABl. EG 1988 Nr. L 185, 33). Letztere wurde am 29.10.1993 im Rahmen der „Institutionellen Vereinbarung über die Haushaltsdisziplin und die Verbesserung des Haushaltsverfahrens" zwischen EP, Rat und Kommission für die Zeit bis 1999 fortgeschrieben (ABl. 1993 C 331/1), Aktualisierung für 2000 bis 2006: Agenda 2000.

Diese institutionelle Vereinbarung verpflichtet alle an der Durchführung beteiligten Organe zur Beachtung der vereinbarten Haushaltsdisziplin und insbesondere seines zentralen Elements, der **Finanziellen Vorausschau** 1993 bis 1999. Diese Vereinbarung berührt nicht die jeweiligen Haushaltsbefugnisse der einzelnen Organe, die im EGV festgelegt sind (Punkt 3 der Vereinbarung). Es handelt sich insoweit um eine dem Haushaltsverfahren vorgeschaltete politische Abstimmung/Selbstbeschränkung der Organe insbesondere über die Höchstsätze (Punkt 17 der Vereinbarung, *s. Art. 272 Rn. 8*) hinsichtlich der Verpflichtungsermächtigungen für verschiedene Ausgabenbereiche und einem Gesamtbetrag für die Zahlungsermächtigungen (*s. Art. 269 Rn. 4*). Die Finanzielle Vorausschau 1993 – 1999 gliedert sich in sechs Rubriken mit folgender (aktualisierter) Ausstattung bezüglich der Verpflichtungsermächtigungen:

2

– **Rubrik 1:** Gemeinsame Agrarpolitik und die flankierenden Maßnahmen, die die gesamten Aufwendungen für Flächenstillegungen und Einkommensbeihilfen für Landwirte sowie den Fischerei-Garantiefonds umfassen (ECU 45,188 Mrd.);

– **Rubrik 2:** Maßnahmen zur Förderung des wirtschaftlichen und sozialen Zusammenhalts, zu denen neben den Interventionen der Strukturfonds und des Finanzinstruments für die Ausrichtung der Fischerei auch der Kohäsionsfonds zählt (ECU 39,025 Mrd.);

– **Rubrik 3:** interne Politikbereiche mit horizontalem Charakter, denen insbesondere die Domäne der Forschung und technologischen Entwicklung sowie die transeuropäischen Netze zuzuordnen sind (ECU 6,386 Mrd.);

- **Rubrik 4:** Aktionen im Außenbereich, Ausgaben für Nahrungsmittelhilfe, humanitäre Hilfen, finanzielle und technische Zusammenarbeit
  mit den Anrainern des Mittelmeers, den Länder Asiens, Lateinamerikas,
  Osteuropas und der GUS sowie schließlich Ausgaben der GASP (ECU
  6,870 Mrd.);
- **Rubrik 5:** Verwaltungsausgaben der Gemeinschaftsorgane (ECU
  4,723 Mrd.);
- **Rubrik 6:** Reserven für Soforthilfen und für die Garantie von Darlehen
  an Drittländer (ECU 1,92 Mrd).

3   Die Entscheidung 94/729/EG des Rates v. 31.10.1994 betreffend die Haushaltsdisziplin (ABl. 1994 L 293/9) sieht u.a. eine **Agrarleitlinie** vor, wonach die Wachstumsrate dieser Ausgaben 74 % der BSP-Wachstumsrate
zwischen 1988 und dem betreffenden Jahr nicht überschreiten darf.

Art. 271 (ex-Art. 202) (Haushaltsplan)

**Die in den Haushaltsplan eingesetzten Ausgaben werden für ein Haus-
haltsjahr bewilligt, soweit die gemäß Artikel 279 festgelegte Haushaltsordnung nicht etwas anderes bestimmt.**

**Nach Maßgabe der aufgrund des Artikels 279 erlassenen Vorschriften
dürfen die nicht für Personalausgaben vorgesehenen Mittel, die bis
zum Ende der Durchführungszeit eines Haushaltsplans nicht verbraucht worden sind, lediglich auf das nächste Haushaltsjahr übertragen werden.**

**Die vorgesehenen Mittel werden nach Kapiteln gegliedert, in denen die
Ausgaben nach Art oder Bestimmung zusammengefaßt sind; soweit er-
forderlich, werden die Kapitel nach der gemäß Artikel 279 festgelegten
Haushaltsordnung unterteilt.**

**Die Ausgaben des Europäischen Parlaments, des Rates, der Kommissi-
on und des Gerichtshofes werden unbeschadet einer besonderen Regelung für bestimmte gemeinsame Ausgaben in gesonderten Teilen des
Haushaltsplans aufgeführt.**

1   Art. 271 Abs. 1 führt in Verbindung mit 268 Abs. 1 (ex-Art. 199) den
Grundsatz der Jährlichkeit ein. Die Haushaltsvorgänge sollen an ein
Haushaltsjahr gebunden sein. Dies ist insbesondere von Bedeutung für die
Bemessung der im Haushalt anzusetzenden Zahlungsermächtigungen für
im Rahmen von Mehrjahresprojekten eingegangene Verpflichtungen. Um

hier einen unnötigen Abruf der eigenen Mittel zu vermeiden, werden in diesem Zusammenhang jährlich nur die Zahlungsermächtigungen angesetzt, die zur Erfüllung der im Laufe des Haushaltsjahres und/oder früherer Haushaltsjahre eingegangener Verbindlichkeiten notwendig sind, sog. **getrennte Mittel.** Die Verpflichtungs- und Zahlungsermächtigungen werden im Haushalt gesondert ausgewiesen. Sollen die sich aus einer Verpflichtung ergebenden Zahlungen im wesentlichen während des gleichen Haushaltsjahres vorgenommen wrden, verzichtet der Haushalt auf eine solche Unterscheidung. Es handelt sich hier um **nicht getrennte Mittel.**

Zur Wahrung des Grundsatzes der Jährlichkeit schließt Art. 271 Abs. 2 **Mittelübertragungen** auf das folgende Haushaltsjahr für Personalausgaben aus. Dagegen ist die Übertragung der Zahlungskomponente der nicht getrennten Mittel (und nur zur Erfüllung der früheren Verbindlichkeit) gestattet. Bei getrennten Mitteln ist eine solche Übertragung, auch aus Gründen der Haushaltsdisziplin, gemäß der HHO auf enge Ausnahmen beschränkt. **2**

Gliederung und Darstellung des Haushaltsplans: der im ABl. veröffentlichte Haushaltsplan (1999: ABl. 1999 L 39/1) enthält einen Ansatz der **Gesamteinnahmen,** eine Darstellung der Finanzierung des Gesamthaushaltsplans, den Personalbestand in Form von **Stellenplänen** für jedes Organ (bewilligte Planstellen, über die hinaus keine Erkennung erfolgen darf), den Immobilienbestand der EU, die 6 **Einzelpläne** mit den spezifischen Einnahme- und Ausgabenansätzen des **EP,** des **Rates,** der **Kommission,** des **Gerichtshofes,** des **Rechnungshofes,** des **Wirtschafts- und Sozialausschusses und Ausschusses der Regionen** und schließlich einen Überblick hinsichtlich der **Anleihe- und Darlehensoperationen.** **3**

Der **Einzelplan der Kommission** enthält einen Teil „A" für die Personal- und Verwaltungsausgaben des Organs und einen Teil „B" für die operationellen Ausgaben der EG. Letztere sind in Teileinzelpläne gegliedert: „B1" = EAGFL-Garantie; „B2" = Strukturmaßnahmen, Struktur- und Kohäsionsausgaben, Finanzmechanismus, sonstige landwirtschaftliche und regionale Maßnahmen, Verkehr und Fischerei; „B3" = Allgemeine und berufliche Bildung, Jugend, Kultur, audovisueller Bereich, Information und sonstige Sozialmassnahmen; „B4" = Energie, Euratom-Sicherheitsüberwachung und Umwelt; „B5" = Verbraucherschutz, Binnenmarkt, Industrie, und transeuropäische Netze; „B6" = Forschung und technologische Entwicklung; „B7" = Auswärtige Maßnahmen; „B8" = Gemeinsame Außen- und Sicherheitspolitik; „B0" = Garantien und Reserven. **4**

5   **Gesamthaushalt 1998, Verpflichtungsermächtigungen ECU 91,013 Mrd.**

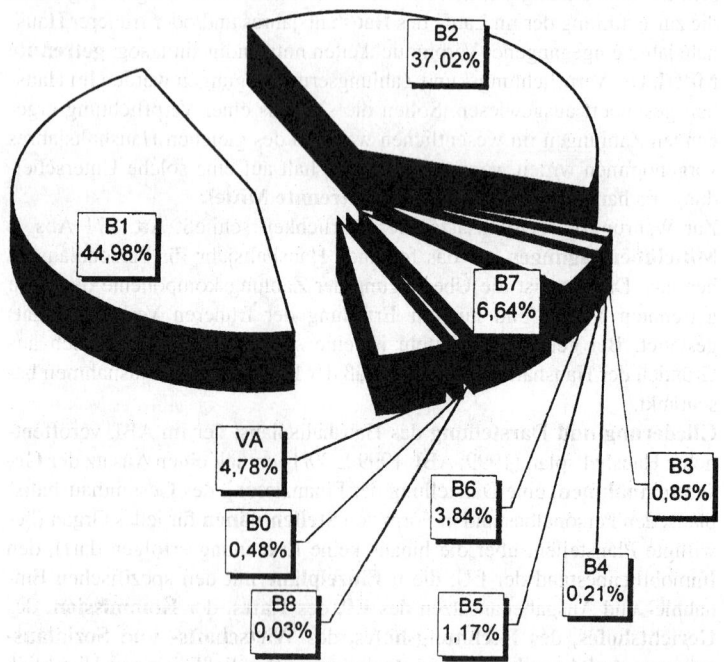

6   **Einnahmen und Ausgaben** werden nach Art und Bestimmung in **Titel, Kapitel, Artikel und Posten** gegliedert. Hierin wird den einzelnen Mittelansätzen eine spezifische Zweckbestimmung zugewiesen. Der darin zum Ausdruck kommender **Grundsatz der Spezialität** dient der Transparenz und einem dem Willen der Haushaltsbehörde entsprechenden Haushaltsvollzug. Bezüglich der **Erläuterungen** im Haushaltsplan s. Art. 20 Abs. 2, UAbs. bb HHO. Weder der Haushaltsplan und noch weniger eine Erläuterung dazu können die von den Rechtssetzungsorganen der EG erlassenen Rechtsvorschriften ersetzen und haben für diese Organe keinen zwingenden Charakter (EuGH, Rs. 87, 130, 22/83, 9 und 10/84, Vittorio Salerno/Kommission, Slg. 1985, 2523). Eine natürliche oder juristische Person kann daraus keinen unmittelbaren Anspruch gegen die EG herleiten (EuGH, Rs. 297/83, Parti écologiste „Les Verts"/Rat, Slg. 1984, 3339).

7   Die **Einnahmen** und die dem eigentlichen Haushaltsplan im ABl. vorausgehende Feststellung nach Art. 272 Abs. 7 (ex-Art. 203) beziehen sich nur auf die **Summe** der als solche spezifisch gekennzeichneten Zahlungsermächtigungen und der „nicht getrennten Mittel". Die Summe der Verpflichtungsermächtigungen (=VE plus „nicht getrennte Mittel") wird nicht im Haushaltsplan ausgewiesen.

Der Vermerk **„p.m."** („pour mémoire" = „zur Erinnerung") bedeutet, daß   **8** die entsprechende Haushaltslinie im Laufe des Haushaltsjahres mit einem Mittelansatz ausgestattet werden kann. Dies ist jedoch ausgeschlossen, wenn an seiner Stelle ein Gedankenstrich ausgewiesen worden ist.

Art. 272 (ex-Art. 203) (Haushaltsverfahren)

(1) Das Haushaltsjahr beginnt am 1. Januar und endet am 31. Dezember.

(2) Jedes Organ der Gemeinschaft stellt vor dem 1. Juli einen Haushaltsvoranschlag für seine Ausgaben auf. Die Kommission faßt diese Voranschläge in einem Vorentwurf für den Haushaltsplan zusammen. Sie fügt eine Stellungnahme bei, die abweichende Voranschläge enthalten kann.

Dieser Vorentwurf umfaßt den Ansatz der Einnahmen und den Ansatz der Ausgaben.

(3) Die Kommission legt dem Rat den Vorentwurf des Haushaltsplans spätestens am 1. September des Jahres vor, das dem entsprechenden Haushaltsjahr vorausgeht.

Der Rat setzt sich mit der Kommission und gegebenenfalls den anderen beteiligten Organen ins Benehmen, wenn er von dem Vorentwurf abweichen will.

Der Rat stellt den Entwurf des Haushaltsplans mit qualifizierter Mehrheit auf und leitet ihn dem Europäischen Parlament zu.

(4) Der Enwurf des Haushaltsplans ist dem Europäischen Parlament spätestens am 5. Oktober des Jahres vorzulegen, das dem entsprechenden Haushaltsjahr vorausgeht.

Das Europäische Parlament ist berechtigt, den Entwurf des Haushaltsplans mit der Mehrheit der Stimmen seiner Mitglieder abzuändern und mit der absoluten Mehrheit der abgegebenen Stimmen dem Rat Änderungen dieses Entwurfs in bezug auf die Ausgaben vorzuschlagen, die sich zwingend aus dem Vertrag oder den aufgrund des Vertrages erlassenen Rechtsakten ergeben.

Hat das Europäische Parlament binnen fünfundvierzig Tagen nach
Vorlage des Entwurfs des Haushaltsplans seine Zustimmung erteilt, so
ist der Haushaltsplan endgültig festgestellt. Hat es innerhalb dieser
Frist den Entwurf des Haushaltsplans weder abgeändert noch Änderungen dazu vorgeschlagen, so gilt der Haushaltsplan als endgültig
festgestellt.

Hat das Europäische Parlament innerhalb dieser Frist Abänderungen
vorgenommen oder Änderungen vorgeschlagen, so wird der Entwurf
des Haushaltsplans mit den entsprechenden Abänderungen oder Änderungsvorschlägen dem Rat zugeleitet.

(5) Nachdem der Rat über den Entwurf des Haushaltsplans mit der
Kommission und gegebenenfalls mit den anderen beteiligten Organen
beraten hat, beschließt er unter folgenden Bedingungen:

a) der Rat kann mit qualifizierter Mehrheit jede der vom Europäischen Parlament vorgenommenen Abänderungen ändern;
b) hinsichtlich der Änderungsvorschläge:
   – Führt eine vom Europäischen Parlament vorgeschlagene Änderung
     nicht zu einer Erhöhung des Gesamtbetrags der Ausgaben eines
     Organs, und zwar insbesondere deswegen, weil die daraus erwach-
     sende Erhöhung der Ausgaben ausdrücklich durch eine oder meh-
     rere vorgeschlagene Änderungen ausgeglichen wird, die eine ent-
     sprechende Senkung der Ausgaben bewirken, so kann der Rat die-
     sen Änderungsvorschlag mit qualifizierter Mehrheit ablehnen. Er-
     geht kein Ablehnungsbeschluß, so ist der Änderungsvorschlag an-
     genommen;
   – führt eine vom Europäischen Parlament vorgeschlagene Änderung
     zu einer Erhöhung des Gesamtbetrags der Ausgaben eines Organs,
     so kann der Rat mit qualifizierter Mehrheit diesen Änderungsvor-
     schlag annehmen. Ergeht kein Annahmebeschluß, so ist der Ände-
     rungsvorschlag abgelehnt;
   – hat der Rat nach einem der beiden vorstehenden Unterabsätze ei-
     nen Änderungsvorschlag abgelehnt, so kann er mit qualifizierter
     Mehrheit entweder den im Entwurf des Haushaltsplans stehenden
     Betrag beibehalten oder einen anderen Betrag festsetzen.

Der Entwurf des Haushaltsplans wird nach Maßgabe der vom Rat angenommenen Änderungsvorschläge geändert.

Hat der Rat binnen fünfzehn Tagen nach Vorlage des Entwurfs des
Haushaltsplans keine der vom Europäischen Parlament vorgenomme-

nen Abänderungen geändert und sind die Änderungsvorschläge des Europäischen Parlaments angenommen worden, so gilt der Haushaltsplan als endgültig festgestellt. Der Rat teilt dem Europäischen Parlament mit, daß er keine der Abänderungen geändert hat und daß die Änderungsvorschläge angenommen worden sind.

Hat der Rat innerhalb dieser Frist eine oder mehrere der vom Europäischen Parlament vorgenommenen Abänderungen geändert oder sind die Änderungsvorschläge des Europäischen Parlaments abgelehnt oder geändert worden, so wird der geänderte Entwurf des Haushaltsplans erneut dem Europäischen Parlament zugeleitet. Der Rat legt dem Europäischen Parlament das Ergebnis seiner Beratungen dar.

(6) Das Europäische Parlament, das über das Ergebnis der Behandlung seiner Änderungsvorschläge unterrichtet ist, kann binnen fünfzehn Tagen nach Vorlage des Entwurfs des Haushaltsplans mit der Mehrheit der Stimmen seiner Mitglieder und mit drei Fünfteln der abgegebenen Stimmen die vom Rat an den Abänderungen des Europäischen Parlaments vorgenommenen Änderungen ändern oder ablehnen und stellt demzufolge den Haushaltsplan fest. Hat das Europäische Parlament innerhalb dieser Frist keinen Beschluß gefaßt, so gilt der Haushaltsplan als endgültig festgestellt.

(7) Nach Abschluß des Verfahrens dieses Artikels stellt der Präsident des Europäischen Parlaments fest, daß der Haushaltsplan endgültig festgestellt ist.

(8) Das Europäische Parlament kann jedoch mit der Mehrheit der Stimmen seiner Mitglieder und mit zwei Dritteln der abgegebenen Stimmen aus wichtigen Gründen den Entwurf des Haushaltsplans ablehnen und die Vorlage eines neuen Entwurfs verlangen.

(9) Für alle Ausgaben, die sich nicht zwingend aus dem Vertrag oder den aufgrund des Vertrages erlassenen Rechtsakten ergeben, wird jedes Jahr ein Höchstsatz festgelegt, um den die gleichartigen Ausgaben des laufenden Haushaltsjahres erhöht werden können.

Die Kommission stellt nach Anhörung des Ausschusses für Wirtschaftspolitik diesen Höchstsatz fest, der sich aus

– der Entwicklung des in Volumen ausgedrückten Bruttosozialprodukts in der Gemeinschaft,
– der durchschnittlichen Veränderung der Haushaltspläne der Mitgliedstaaten

und

– der Entwicklung der Lebenshaltungskosten während des letzten Haushaltsjahres

ergibt.

Der Höchstsatz wird vor dem 1. Mai allen Organen der Gemeinschaft mitgeteilt. Diese haben ihn bei dem Haushaltsverfahren vorbehaltlich der Vorschriften der Unterabsätze 4 und 5 einzuhalten.

Liegt bei den Ausgaben, die sich nicht zwingend aus dem Vertrag oder den aufgrund des Vertrages erlassenen Rechtsakten ergeben, der Erhöhungssatz, der aus dem vom Rat aufgestellten Entwurf des Haushaltsplans hervorgeht, über der Hälfte des Höchstsatzes, so kann das Europäische Parlament in Ausübung seines Abänderungsrechts den Gesamtbetrag dieser Ausgaben noch bis zur Hälfte des Höchstsatzes erhöhen.

Ist das Europäische Parlament, der Rat oder die Kommission der Ansicht, daß die Tätigkeiten der Gemeinschaften eine Überschreitung des nach dem Verfahren dieses Absatzes aufgestellten Satzes erforderlich machen, so kann in Übereinstimmung zwischen dem Rat und dem Europäischen Parlament ein neuer Satz festgelegt werden; der Rat entscheidet mit qualifizierter Mehrheit, das Europäische Parlament mit der Mehrheit der Stimmen seiner Mitglieder und mit drei Fünfteln der abgegebenen Stimmen.

(10) Jedes Organ übt die ihm durch diesen Artikel übertragenen Befugnisse unter Beachtung der Vorschriften des Vertrages und der aufgrund des Vertrages erlassenen Rechtsakte aus, namentlich der Vorschriften, die die eigenen Mittel der Gemeinschaften und den Ausgleich von Einnahmen und Ausgaben betreffen.

I. Das Haushaltsverfahren

Das Haushaltsverfahren gliedert sich in zwei Abschnitte. In der ersten Stu- **1**
fe (auch „erste Lesung" Art. 272 Abs. 2 bis 4) lassen alle Organe den von
ihnen in ihrem Zuständigkeitsbereich für notwendig gehaltenen voraussichtlichen Mittelbedarf wissen. Bei Schweigen oder Zustimmung des EP
ist der Haushalt endgültig festgestellt (Art. 272 Abs. 4). Im zweiten Abschnitt (auch **„zweite Lesung"**, Art. 272 Abs. 5 bis 8) üben Rat und EP
gemäß ihren Befugnissen ihr „letztes Wort" aus. Nach Abschluß dieses Verfahrens stellt der **Präsident des EP gemäß Art. 272 Abs.** 7 förmlich fest,
daß das Haushaltsverfahren durch die endgültige Annahme abgeschlossen
ist, und verleiht dem Haushaltsplan damit Bindungswirkung gegenüber den
Organen wie auch gegenüber den Mitgliedstaaten. Für letztere entsteht damit eine Pflicht zur Abführung der eigenen Mittel (EuGH, Rs. 34/86,
Rat/EP, Slg. 1986, 2155). In Ausübung dieser Funktion erläßt der Präsident
des EP einen **eigenen objektiven Rechtsakt.** Er handelt hierbei nicht als
eine eigenständige, im EGV nicht vorgesehene Institution, sondern als Organ des EP. Dieser Rechtsakt unterliegt der **Kontrolle des EuGH** (vgl. Rs.
34/86, Rat/EP, Slg. 1986, 2155). Das Verfahren der Verabschiedung führt
lediglich zu einer Ermächtigung, Mittel zu binden. Eine natürliche oder juristische **Person** kann somit von den Rechtsakten, die Teil dieses Verfahrens sind, **keinesfalls unmittelbar betroffen** sein. Allenfalls könnte sie unmittelbar betroffen sein von den Maßnahmen zur Durchführung des Haushaltsplans (EuGH, Rs. 297/83, Parti écologiste „Les Verts"/Rat, Slg. 1984,
3339).

Eine **Ablehnung des Haushaltsentwurfs** nach Art. 272 Abs. 8 verlangt **2**
keinen Neubeginn des gesamten Haushaltsverfahrens. Eine **„dritte" Lesung** kann bereits zu einem Kompromiß über die in der zweiten Lesung
nicht geregelten Probleme und damit zu einer Feststellung des Haushalts
führen.

Um der sich aus Art. 272 ergebenden Zeitnot zu entgehen, wenden die Or-
gane seit Mitte der siebziger Jahre einen **„pragmatischen Zeitplan"** an.
Bloße Information und offizielle Übermittlung werden dabei zwischen den
beiden Teilen der Haushaltsbehörde so gesteuert, daß Rat und EP jeweils 45
Tage für die erste Lesung und sodann 28 Tage dem Rat und 27 Tage dem
EP für die zweite Lesung zur Verfügung stehen.

Das Funktionieren des Haushaltsverfahrens beruht wesentlich auf dem Dialog der Organe. Im Rahmen dieses Dialogs gelten die gleichen gegenseitigen Verpflichtungen zu redlicher Zusammenarbeit, wie sie nach der Entscheidung des EuGH die Beziehungen zwischen den Mitgliedstaaten und

den Gemeinschaftsorganen prägen, (vgl. EuGH, Rs. 230/81, Luxemburg/ EP, Slg. 1983, 225; Rs. 204/86, Griechenland/Rat, Slg. 1988, 5323. Die sich aus Art. 272 Abs. 4 ergebende Verpflichtung des Rates, einen Entwurf bis zum 5. Oktober einzubringen, hat hinter der Verpflichtung zurückzutreten, einen vollständigen Haushaltsplanentwurf vorzulegen, wenn sich in einem Grenzfall beide Verpflichtungen nicht miteinander vereinbaren lassen (GA Mischo, Rs. 377/87, EP/Rat, Slg. 1988, 4017; EuGH, Rs. 383/87, Kommission/Rat, Slg. 1988, 4051).

3   Unter unvermeidlichen außergewöhnlichen oder unvorhersehbaren Umständen kann die Kommission Vorentwürfe von **Nachtrags-** und/oder **Berichtigungshaushaltsplänen** vorlegen. Für sie gilt das gleiche Verfahren wie für einen neuen Haushaltsplan (Art. 15 HHO).

II. Die Haushaltsbefugnisse

1. Ausgaben

4   Die **Befugnisse** der beiden Teile der Haushaltsbehörde richten sich gemäß Art. 272 im Ausgabenbereich **nach der Rechtsnatur der Ausgaben.** Für solche, die sich zwingend aus dem EGV oder aus aufgrund des EGV erlassenen Rechtsakten ergeben, sog. **„obligatorische Ausgaben",** hat das **EP** „nur" ein Recht zu **Änderungsvorschlägen,** dem **Rat** steht hier die **Entscheidungsbefugnis** zu. In ihrer „Gemeinsamen Erklärung zu einem besseren Ablauf des Haushaltsverfahrens" (ABl. 1982 C 194/1) sind das EP, der Rat und die Kommission übereingekommen, daß unter obligatorischen Ausgaben diejenigen Ausgaben zu verstehen sind, die die Haushaltsbehörde in den Haushalt einsetzen muß, um die EG in die Lage zu versetzen, ihren sich aus den Verträgen und den aufgrund der Verträge ergangenen Rechtsakten ergebenden Verpflichtungen innerhalb und außerhalb der EG nachzukommen. Hierunter fallen u.a. die Ausgaben des EAGFL-Garantie und die aus den Fischereiabkommen resultierenden Ausgaben (1998: = 47 % der Verpflichtungsermächtigungen). Hinsichtlich der obligatorischen Ausgaben sieht Anhang II der „Interinstitutionellen Vereinbarung" über die **Haushaltsdisziplin** (*s. Art. 270 Rn. 2*) und die Verbesserung des Haushaltsverfahrens (ABl. 1993 C 331/1) ein **„Ad-hoc-Konzertierungsverfahren"** zwischen EP und Rat vor.

5   Über Ausgaben, die nicht diesen zwingenden Charakter haben, sog. **„nichtobligatorische Ausgaben", entscheidet das EP** (Art. 272 Abs. 4 bis 6). Das EP kann in diesem Zusammenhang **Abänderungen** über den vom Rat verabschiedeten Haushaltsentwurf beschließen. Bei unterschiedlichen Auf-

fassungen von Rat und EP über die Rechtsnatur einer Ausgabe sieht die „Gemeinsame Erklärung des EP, des Rates und der Kommission zu einem besseren Ablauf des Haushaltsverfahrens" (ABl. EG 1982 Nr. C-194/1) ein **interinstitutionelles Schlichtungsverfahren vor, Kontrollmöglichkeit des EuGH** s. Rs. 204/86, Griechenland/Rat, Slg. 1988, 5323. Der Grund für die Aufteilung in „obligatorische" und „nichtobligatorische" Ausgaben beruht auf dem Willen der Mitgliedstaaten, die Kontrolle insbesondere über die Ausgaben des EAGFL-Garantie zu behalten. Sowohl den Befugnissen des Rates, als auch denen des EP werden von Art. 272 Abs. 10 Grenzen gesetzt: Verfügbarkeit der Einnahmen, Ausgleich des Haushalts. Das EP kann gemäß Art. 272 Abs. 6 über die nichtobligatorischen Ausgaben nur abschließend entscheiden, solange letztere nicht den in Art. 272 Abs. 9 geregelten Höchstsatz überschreiten (EuGH, Rs. 23/86 R, Vereinigtes Königreich/EP, Slg. 1986, 1085).

Das in Art. 272 Abs. 4, 5 und 6 beschriebene Haushaltsverfahren ist durch aufeinanderfolgende Beschlußfassungen der beiden Organe gekennzeichnet, bei denen jedes dieser Organe unter den im EGV festgelegten Abstimmungsvoraussetzungen auf die Stellungnahmen des anderen reagieren kann. Der Haushaltsplan erlangt seine rechtliche Bindungswirkung erst, wenn der Präsident des EP gemäß Art. 272 Abs. 7 festgestellt, daß der Haushaltsplan endgültig festgestellt ist. Daraus ergibt sich, daß die einzige anfechtbare Handlung im Bereich der Verabschiedung des Haushaltsplans von einem Organ des EP herrührt und daher diesem Gemeinschaftsorgan selbst zuzurechnen ist. Folglich kann sich das **EP** nicht auf seine **haushaltsrechtlichen Befugnisse** berufen, um das Recht einer **Nichtigkeitsklage** gegen die Handlungen der Kommission und des Rates geltend zu machen (EuGH, Rs. 302/87, EP/Rat, Slg. 1988, 5615). **6**

2. Einflußmöglichkeiten des Bürgers auf das Haushaltsverfahren

Der Bürger kann das Haushaltsverfahren über das EP mittelbar (Wahlen), aber auch unmittelbar beeinflussen, indem er sich an ein Mitglied des EP wendet und dieses von der Notwendigkeit/Zweckmäßigkeit einer Änderung und/oder eines Abänderungsantrags überzeugt und es dem Mitglied des EP gelingt, hierfür die entsprechenden Mehrheiten im EP zu gewinnen. Da das EP (und der Rat) in seiner zweiten Lesung nicht über seine eigenen Haushaltsansätze der ersten Lesung hinausgehen kann, muß der Bürger sich rechtzeitig in die im Mai beginnenden Arbeiten des EP zur Vorbereitung der ersten Lesung einschalten. **7**

3. Die Ausnutzung des Höchstsatzes, Art. 272 Abs. 9

8 Der Höchstsatz errechnet sich entsprechend UAbs. 2 des Art. 272 Abs. 9 (s. GA Mancini, Rs. 34/86, Rat/EP, Slg. 1986, 2155). Abs. 9 enthält kein Kriterium für eine Änderung des Höchstsatzes. Er ist von der Kommission nach objektiven Gesichtspunkten festzulegen (EuGH, Rs. 34/86, Rat/EP, Slg. 1986, 2155). Dieser **Höchstsatz** gilt nur im Rahmen der „**nichtobligatorischen**" Ausgaben und bezieht sich auf die „**gleichartigen**" **Ausgaben** des laufenden Haushaltsjahres. Der EGV kennt damit keine nichtobligatorischen Ausgaben, deren Erhöhung nicht in den Anwendungsbereich des Höchstsatzes der Erhöhung fallen würde (EuGH ebenda). Der Höchstsatz bezieht sich gemäß Art. 272 Abs. 9 UAbs. 4 auf den vom Rat aufgestellten Entwurf des Haushaltsplans (= 1. Lesung). Der Höchstsatz ist gesondert auf die Verpflichtungs- und Zahlungsermächtigungen anzuwenden, wie sich aus der Gemeinsamen Erklärung des EP, des Rates und der Kommission (*s. Rn. 5)* ergibt.

9 Die Gemeinsame Erklärung bringt wichtige Klarstellungen zur **Manövriermasse des EP.** Bei der Berechnung dieser Manövriermasse sind **drei Stufen** zu unterscheiden:

– Art. 272 Abs. 9 UAbs. 3: Hat der Rat den Höchstsatz nicht oder allenfalls bis zu 50 % in Anspruch genommen, kann das EP den nichtobligatorischen Teil des vom Rat aufgestellten Haushaltsentwurfs bis zum vollen Höchstsatz erhöhen.

– Art. 272 Abs. 9 UAbs. 4: Hat der Rat den Höchstsatz zwischen 50 % und 100 % ausgenutzt, so kann das EP die nichtobligatorischen Ausgaben noch zusätzlich um die Hälfte des Höchstsatzes erhöhen.

– Art. 272 Abs. 9 UAbs. 5: Erweist sich der Höchstsatz als unzureichend, so haben Rat und EP in Übereinstimmung einen **neuen Satz** festzulegen. Der nunmehr zu führende Dialog wird durch die „Gemeinsame Erklärung" vorgezeichnet (Abschnitte III und IV, 1 u. 2). Angesichts der Bedeutung einer solchen Einigung reicht es für ihre Annahme nicht aus, daß der entsprechende Wille des einen oder anderen Organs vermutet wird (EuGH, C-141/95, Rat/EP, Slg. 1995, I–4411). Sind der Rat und das EP nicht in der Lage, sich auf einen neuen Höchstsatz der Erhöhung zu einigen, so kann das Haushaltsverfahren nicht als abgeschlossen angesehen werden. Die in einer solchen Lage erfolgte Feststellung des Parlamentspräsidenten gemäß Art. 272 Abs. 7, der Haushalt sei endgültig festgestellt, ist rechtswidrig und muß für nichtig erklärt werden (EuGH, Rs. 34/86, Rat/EP Slg. 1986, 2155). Art. 272 sagt nichts über den **Zeitpunkt** der zu erzielenden Übereinstimmung aus. Im Hinblick

auf eine rechtzeitige Einigung (s. die Ausschlußfristen der Abs. 4, 5 und
6), wird in der Praxis während der zweiten Lesung des EP ein Übereinkommen bezüglich eines geänderten Höchstsatzes angestrebt.

Bei der Verabschiedung des Haushalts 1986 war es nicht möglich, einen   **10**
den Vorstellungen des EP entsprechenden Höchstsatz zu vereinbaren. Um
im Rahmen des Höchstsatzes zu bleiben, wurde vom EP eine **Negativre-
serve** geschaffen: der den Höchstsatz übersteigende Betrag wurde in das
Reservekapitel eingesetzt mit der Verpflichtung, diesen Betrag 1986 durch
Einsparungen vollständig auszugleichen. Der 1990 in die HHO eingefügte
Art. 19 Abs. 5 HHO gestattet eine solche Negativreserve sowohl für die
Verpflichtungs- als auch Zahlungsermächtigungen und beschränkt diese
Reserve jeweils auf ECU 200 Mio.

4. Einnahmen

Der Rat verweigert dem EP ein Recht zur Änderung der Einnahmen unter   **11**
Berufung auf Art. 272, der nur einen „Ausgabenhaushalt" kenne. Zudem
übertrage das System der eigenen Einnahmen den Mitgliedstaaten die Verantwortung und Entscheidungsbefugnis bezüglich der Finanzierung der EG
(Stellungnahme des Rates in der Rs. C-284/90, Rat/EP, Slg. 1992, 2279).
Das EP leitet dagegen ein solches Recht aus Art. 272 Abs. 4 her, wonach
ein Haushaltsentwurf auch die Einnahmenseite umfasse. Zudem wirke es
bei der Ausnutzung des Höchstsatzes nach Art. 272 Abs. 9 unmittelbar auf
die Einnahmen ein. Die Ausübung dieses Rechtes unterliege ausschließlich
den Grenzen der Art. 7 (ex-Art. 4) und Art. 272 Abs. 10 und berühre nicht
das System der eigenen Einnahmen als solches (Stellungnahme des EP in
der Rs. C-284/90, ebenda). Aus der Sicht der Kommission steht dem EP das
letzte Wort bezüglich der Einnahmevoranschläge zu. Dies gelte zumindest
hinsichtlich der Berichtigung rechtlicher oder tatsächlicher Fehler und
schließlich bezüglich der Notwendigkeit, die Deckung der Einnahmen für
die nichtobligatorischen Ausgaben sicherzustellen, für welche das EP das
letzte Wort hat (Stellungnahme der Kommission in der Rs. C-284/90 und
GA Jacobs, der die von dem EP und der Kommission vertretene Auslegung
teilt, a.a.O.).

Art. 273 (ex-Art. 204) (Vorläufige Haushaltsführung)

**Ist zu Beginn eines Haushaltsjahres der Haushaltsplan noch nicht ver-
abschiedet, so können nach der gemäß Artikel 279 festgelegten Haushaltsordnung für jedes Kapitel oder jede sonstige Untergliederung monatliche Ausgaben bis zur Höhe eines Zwölftels der im abgelaufenen**

Haushaltsplan bereitgestellten Mittel vorgenommen werden; die Kommission darf jedoch monatlich höchstens über ein Zwölftel der Mittel verfügen, die in dem in Vorbereitung befindlichen Entwurf des Haushaltsplans vorgesehen sind.

Der Rat kann mit qualifizierter Mehrheit unter Beachtung der sonstigen Bestimmungen des Absatzes 1 Ausgaben genehmigen, die über dieses Zwölftel hinausgehen.

Betrifft dieser Beschluß Ausgaben, die sich nicht zwingend aus dem Vertrag oder den aufgrund des Vertrages erlassenen Rechtsakten ergeben, so leitet der Rat ihn unverzüglich dem Europäischen Parlament zu; das Europäische Parlament kann binnen dreißig Tagen mit der Mehrheit der Stimmen seiner Mitglieder und mit drei Fünfteln der abgegebenen Stimmen einen abweichenden Beschluß über diese Ausgaben hinsichtlich des Teils fassen, der über das in Absatz 1 genannte Zwölftel hinausgeht. Dieser Teil des Ratsbeschlusses ist bis zu einer Entscheidung des Europäischen Parlaments ausgesetzt. Hat das Europäische Parlament nicht innerhalb der genannten Fristen anders als der Rat entschieden, so gilt der Beschluß des Rates als endgültig erlassen.

In den Beschlüssen der Absätze 2 und 3 werden die zur Durchführung dieses Artikels erforderlichen Maßnahmen betreffend die Mittel vorgesehen.

Art. 274 (ex-Art. 205) (Ausführung des Haushalts durch Kommission)

Die Kommission führt den Haushaltsplan nach der gemäß Artikel 279 festgelegten Haushaltsordnung in eigener Verantwortung im Rahmen der zugewiesenen Mittel entsprechend den Grundsätzen der Wirtschaftlichkeit der Haushaltsführung aus. Die Mitgliedstaaten arbeiten mit der Kommission zusammen, um sicherzustellen, daß die Mittel nach dem Grundsatz der Wirtschaftlichkeit der Haushaltsführung verwendet werden.

Die Beteiligung der einzelnen Organe bei der Vornahme ihrer Ausgaben wird in der Haushaltsordnung im einzelnen geregelt.

Die Kommission kann nach der gemäß Artikel 279 festgelegten Haushaltsordnung Mittel von Kapitel zu Kapitel oder von Untergliederung zu Untergliederung übertragen.

Art. 274 verdeutlicht die der Kommission gemäß Art. 211 (ex-Art. 155) **1**
übertragenen Befugnisse und unterstreicht ihre **Hauptverantwortung** für
die Ausführung des Haushalts und den **Grundsatz der Wirtschaftlichkeit
der Haushaltsführung,** insbesondere Beachtung der Sparsamkeit und der
Kosten-Nutzen-Verhältnisse (Art. 2 der HHO).

Aus der Systematik des EGV, wonach für die Ausübung der Rechtset- **2**
zungsbefugnis und die Ausübung haushaltsrechtlicher Befugnisse unterschiedliche Bedingungen gelten, sowie aus Art. 274 (ex-Art. 205) und Art.
279 (ex-Art. 209), aus Art. 22 Abs. 1 UAbs. 2 HHO und schließlich aus Titel IV Abs. 3 lit. c der Gemeinsamen Erklärung des EP, des Rates und der
Kommission vom 30. Juni 1982 (ABl. 1982 C 194/1) ergibt sich, daß die
Veranlassung der EG-Ausgaben für alle bedeutenden Gemeinschaftsaktionen nicht nur die Ausweisung der entsprechenden Mittel im Haushaltsplan
der EG voraussetzt, die in die Zuständigkeit der Haushaltsbehörde fällt,
sondern auch den **vorherigen Erlaß eines Basisrechtsakts** zur Bewilligung dieser Ausgaben, der in die Zuständigkeit der gesetzgebenden Gewalt
fällt. Nichtbedeutende Gemeinschaftsaktionen fallen nicht in diese Kategorie und erfordern nicht den vorherigen Erlaß eines solchen Basisrechtsakts.
Der Umstand, daß die Erledigung einer Ausgabe aufgrund der bloßen Ausweisung der entsprechenden Mittel im Haushaltsplan die Ausnahme von
dieser Grundregel bildet, impliziert, daß keine Vermutung für den nichtbe-
deutenden Charakter einer Gemeinschaftsaktion besteht, so daß es Sache
der Kommission ist, den Beweis dafür zu erbringen (EuGH, C-106/96, Vereinigtes Königreich/Kommission, Slg. 1998 I–2729).

Einschaltung von **Verwaltungsausschüssen:** Die Befugnis der Kommissi- **3**
on zur Ausführung des Haushalts in eigener Verantwortung wird hiervon
nicht betroffen. Zum einen kann die Zuständigkeit der Kommission für die
Ausführung des Haushaltsplans die Zuständigkeit nach den Vorschriften
der Art. 202 3. Spiegelstrich (ex-Art. 145) und Art. 211 (ex-Art. 155) über
die Organe nicht ändern. Zum anderen ist ein individueller Rechtsakt, mag
er auch fast zwangsläufig zu einer Mittelbindung führen, von dieser zu unterscheiden, zumal die Befugnis zum Erlaß der Verwaltungsentscheidung
und diejenige zur Mittelbindung im Rahmen der internen Organisation jedes Organs verschiedenen Amtsinhabern zugewiesen sein kann (EuGH, Rs.
16/88, Kommission/EP, Slg. 1989, 3457).

Die von Art. 274 Abs. 1 geforderte **Zusammenarbeit mit den Mitglied- 4
staaten** beruht darauf, daß die Kommission nur einen sehr begrenzten Teil
der Haushaltsmittel direkt verwaltet. Die Agrarausgaben werden größtenteils von innerstaatlichen Wirtschaftsteilnehmern (Befugnisübertragung
bzw. Ermächtigung) verwaltet. Die Strukturfondsmittel werden von der EG

in Zusammenarbeit mit den zuständigen Behörden der Mitgliedstaaten bewirtschaftet. Die Mitgliedstaaten erheben ungefähr 99 % der EG-Einnahmen. Die Abwicklung von Rechtsvorschriften mit finanziellen Ansprüchen und Verpflichtungen unterliegt innerstaatlichen Verwaltungen und nicht der Kommission.

5   Gemäß des aufgrund von Art. 274 Abs. 2 geschaffenen Art. 22 Abs. 2 HHO erkennt die Kommission den einzelnen **Organen** sowie dem WSA und dem AdR die erforderlichen Befugnisse zur Ausführung der sie betreffenden Einzelpläne zu.

6   **Mittelübertragungen** (im Laufe eines Haushaltsjahres) von einer Haushaltslinie auf eine andere können entsprechend der HHO vorgenommen werden. Art. 26 der HHO legt die Voraussetzungen und Grenzen fest, unter denen die Gemeinschaftsorgane die Haushaltsansätze abändern können. Er verbietet es ebensowenig wie irgendeine andere Vorschrift des Haushaltsrechts, vorläufige Mittel unmittelbar auf andere als die ursprünglich dafür vorgesehenen und in den Erläuterungen des Kapitels, in das die vorläufigen Mittel eingesetzt sind, genannte Haushaltslinien zu übertragen (EuGH, Rs. 204/86, Griechenland/Rat, Slg. 1988, 5323). Die von den Organen eingegangene Beachtung der „Finanziellen Vorausschau" *(s. Art. 270 Rn. 2)* schließen die Übertragung von Verpflichtungsermächtigungen zwischen Haushaltslinien verschiedener Rubriken der „Finanziellen Vorausschau" (mit Ausnahme der im Rahmen der Nahrungsmittelhilfe zugunsten von Entwicklungsländern, *s. Art. 179 Rn. 8,* gewährten Agrarerstattungen) aus (Punkt 6 und Anhang III der „Interinstitutionellen Vereinbarung" v. 29.10.1993, ABl. 1993 C-331/1).

Art. 275 (ex-Art. 205a) (Rechnungslegung)

Die Kommission legt dem Rat und dem Europäischen Parlament jährlich die Rechnung des abgelaufenen Haushaltsjahres für die Rechnungsvorgänge des Haushaltsplans vor. Sie übermittelt ihnen ferner eine Übersicht über das Vermögen und die Schulden der Gemeinschaft.

1   Gemäß den Art. 78 bis 81 der HHO erstellt die Kommission spätestens zum 1. Mai des folgenden Jahres eine konsolidierte Haushaltsrechnung zum Gesamthaushaltsplan für das abgeschlossene Haushaltsjahr und fügt ihm eine konsolidierte Übersicht über das Vermögen und die Schulden bei. Diese werden im ABl. veröffentlicht (für 1997): ABl. 1998 C 350/1).

Art. 276 (ex-Art. 206) (Entlastung)

(1) Auf Empfehlung des Rates, der mit qualifizierter Mehrheit beschließt, erteilt das Europäische Parlament der Kommission Entlastung zur Ausführung des Haushaltsplans. Zu diesem Zweck prüft es nach dem Rat die in Artikel 275 genannte Rechnung und Übersicht sowie den Jahresbericht des Rechnungshofs zusammen mit den Antworten der kontrollierten Organe auf dessen Bemerkungen, die in Artikel 248 Absatz 1 Unterabsatz 2 genannte Zuverlässigkeitserklärung und die einschlägigen Sonderberichte des Rechnungshofs.

(2) Das Europäische Parlament kann vor der Entlastung der Kommission sowie auch zu anderen Zwecken im Zusammenhang mit der Ausübung ihrer Haushaltsbefugnisse die Kommission auffordern, Auskunft über die Vornahme der Ausgaben oder die Arbeitsweise der Finanzkontrollsysteme zu erteilen . Die Kommission legt dem Europäischen Parlament auf dessen Ersuchen alle notwendigen Informationen vor.

(3) Die Kommission trifft alle zweckdienlichen Maßnahmen, um den Bemerkungen in den Entlastungsbeschlüssen und anderen Bemerkungen des Europäischen Parlaments zur Vornahme der Ausgaben sowie den Erläuterungen, die den Entlastungsempfehlungen des Rates beigefügt sind, nachzukommen.

Auf Ersuchen des Europäischen Parlaments oder des Rates erstattet die Kommission Bericht über die Maßnahmen, die aufgrund dieser Bemerkungen und Erläuterungen getroffen wurden, insbesondere über die Weisungen, die den für die Ausführung des Haushaltsplans zuständigen Dienststellen erteilt worden sind. Diese Berichte sind auch dem Rechnungshof zuzuleiten.

Aus seiner Entlastungsbefugnis hat das EP zunächst auch eine Ermächtigung zur **Vertagung der Entlastung** zwecks Erfüllung von Auflagen durch die Kommission und schließlich – im Rahmen seiner Geschäftsordnung (Art. 52 Anhang 5, Art. 5) – sogar das Recht zu einer **Verweigerung der Entlastung** abgeleitet., Letzteres unterscheidet sich von dem Mißtrauensvotum nach Art. 201 (ex-Art. 144) gerade durch seine fehlende vertragliche Rechtsgrundlage, das Verlangen lediglich einer einfachen Mehrheit der Mitglieder des EP, das Fehlen einer Sanktion und schließlich in der zeitlichen Verschiebung (der Zeitplan kann es mit sich bringen, daß sich eine neu ernannte Kommission um die Entlastung für das Haushaltsgebaren seiner

Vorgängerin bemühen muß). Die Ansiedlung des Entlastungsrechts gerade beim EP, welches nur bei etwas über 50 % der Ausgaben über das „letzte Wort" im Haushaltsverfahren verfügt (nichtobligatorische Ausgaben, *s. Art. 272 Rn. 5)*, ist auch aus der Sicht der „balance of power" zu beurteilen.

2 Bei der Entlastung hat das EP den für die Ausführung des Haushaltsplans maßgeblichen **rechtlichen Rahmen** zu berücksichtigen, aber nicht zu den Sachentscheidungen Stellung zu nehmen, die die Kommission aufgrund einer Ermächtigung i.S. von Art. 211 (ex-Art. 155) getroffen hat (EuGH, Rs. 16/88, Kommission/Rat, Slg. 1989, 3457).

3 Die Entlastungsbefugnis des EP erstreckt sich **nicht** auf Einnahmen und Ausgaben, die außerhalb oder zusätzlich zum Haushalt aufgrund einer Sonderhilfe der Mitgliedstaaten von der Kommission abzuwickeln sind, unabhängig davon, ob die Mitgliedstaaten ihren Anteil im Rahmen bilateraler Hilfe oder über ein von der Kommission verwaltetes Konto leisten, solange der von der Kommission zu verwaltende Teil keinen Rückgriff auf den Gemeinschaftshaushalt vorschreibt (EuGH, C-181/91 und C-248/91, EP/Rat und Kommission, Slg. 1993 I–3685; *s. Art. 268 Rn. 7).*

4 Aus den bisherigen Entlastungsverfahren geht eine strenge Beurteilung des Haushaltsgebarens der Kommission hervor und, weitergehend, die Durchsetzung der institutionellen Eigenständigkeit des EP: Bestehen auf der Verwirklichung der vom EP eingesetzten Haushaltsansätze, Bewertung der Ausübung des Initiativrechts durch die Kommission und schließlich Erfüllung seines Informationsbedürfnisses. Gerade im letzten Bereich stellt sich regelmäßig die Frage, inwieweit interne, von den Dienststellen der Kommission erarbeitete Vorlagen ihr zugerechnet und damit von dem **Auskunftsrecht des EP** erfaßt werden können. Die Grenze wird wohl zwischen der Feststellung und der Bewertung von Sachverhalten zu ziehen sein.

Art. 277 (ex-Art. 207) (Für den Haushalt zu verwendende Rechnungseinheit)

Der Haushaltsplan wird in der Rechnungseinheit aufgestellt, die in der gemäß Artikel 279 festgelegten Haushaltsordnung bestimmt wird.

1 Aufgrund der VO (EG, EGKS, EURATOM) Nr. 2779/98 (ABl. 1998 L 347/3) des Rates zur Änderung der Haushaltsordnung v. 21.12.1997 für den Gesamthaushaltsplan der EG *(s. Art. 279 Rn. 1)* wird der Haushaltsplan in **EURO** aufgestellt.

Art. 278 (ex-Art. 208) (Transfer, Finanzgeschäfte)

Die Kommission kann vorbehaltlich der Unterrichtung der zuständigen Behörden der betreffenden Mitgliedstaaten ihre Guthaben in der
Währung eines dieser Staaten in die Währung eines anderen Mitgliedstaates transferieren, soweit dies erforderlich ist, um diese Guthaben
für die in diesem Vertrag vorgesehenen Zwecke zu verwenden. Besitzt
die Kommission verfügbare oder flüssige Guthaben in der benötigten
Währung, so vermeidet sie soweit möglich derartige Transferierungen.

Die Kommission verkehrt mit jedem Mitgliedstaat über die von diesem
bezeichnete Behörde. Bei der Durchführung ihrer Finanzgeschäfte
nimmt sie die Notenbank des betreffenden Mitgliedstaates oder ein anderes von diesem genehmigtes Finanzinstitut in Anspruch.

**Art-279 (ex-Art. 209) (Haushaltsordnung, Einnahmeverfahren, Fi-
nanzkontrolleure)**

Der Rat legt einstimmig auf Vorschlag der Kommission und nach Anhörung des Europäischen Parlaments und Stellungnahme des Rechnungshofes folgendes fest:

a) die Haushaltsordnung, in der insbesondere die Aufstellung und
    Ausführung des Haushaltsplans sowie die Rechnungslegung und
    Rechnungsprüfung im einzelnen geregelt werden;

b) de Einzelheiten und das Verfahren, nach denen die Haushaltsein-
    nahmen, die in der Regelung über die Eigenmittel der Gemein-
    schaft vorgesehen sind, der Kommission zur Verfügung gestellt
    werden, sowie die Maßnahmen, die zu treffen sind, um gegebenen-
    falls die erforderlichen Kassenmittel bereitzustellen;

c) die Vorschriften über die Verantwortung der Finanzkontrolleure,
    der anweisungsbefugten Personen und der Rechnungsführer sowie
    die entsprechenden Kontrollmaßnahmen.

Die derzeit geltende **Haushaltsordnung** für den Gesamthaushaltsplan der   1
EG wurde am 21.12.1977 (ABl. 1977 L 356/1) erlassen und letztmalig
durch VO (EG, EGKS, EURATOM) Nr. 2779/98 (ABl. 1998 L 347/3)
geändert. Eine konsolidierte Fassung kann bei der Generaldirektion Haushalt der Kommission angefordert werden, Internet: http://www. cc.cec/
friendplus/rf/rf-10.htm.

Art. 4 und 27 HHO wiederholen und vervollständigen den im Beschluß des   2
Rates über das System der Eigenmittel der EG (*s. Art. 269 Rn. 3*) enthalte-

nen **Grundsatz der Universalität:** die Haushaltseinnahmen dürfen nicht zweckgebunden sein und es darf keine Verrechnung zwischen Einnahmen und Ausgaben erfolgen. Die HHO sieht folgende **Ausnahmen** von diesem Grundsatz vor: Finanzbeiträge der Mitgliedstaaten für bestimmte Forschungsprogramme, zweckgebundene Einnahmen wie Einnahmen aus Stiftungen, Schenkungen und Vermächtnissen sowie Einkünfte aus Leistungen für Dritte und schließlich die finanzielle Beteiligung der EFTA -Länder an bestimmten Maßnahmen der EG im Zuge der Umsetzung des Abkommens über den EWR. Hinsichtlich des Verrechnungsverbots gewährt Art. 27 HHO einschränkende Ausnahmen.

3 Art. 279 findet keine Anwendung auf die Einnahmen und Ausgaben des **Europäischen Entwicklungsfonds** (EEF) (EuGH, C-316/91, EP/Rat, Slg. 1994, I–0625; *s. Art. 268 Rn. 9).*

4 Die Einzelheiten für die **Bereitstellung der Eigenmittel** werden durch die VO (EWG, EURATOM) Nr. 1552/89 des Rates zur Durchführung des Beschlusses 88/376 EWG, EURATOM über das System der Eigenmittel der EG (ABl. 1989 L 155/1) geregelt (Berichtigung: VO 1355/96, ABl. 1997 L 179/10). Diese VO wird hinsichtlich der MWSt-Eigenmittel durch die VO (EWG, EURATOM) Nr. 1553/89 des Rates über die endgültige einheitliche Regelung für die Erhebung der MWSt-Eigenmittel (ABl. 1989 L 155/9) vervollständigt. Gemäß Art. 11 des Beschlusses 94/728 EG v. 31.10.1994 über das System der Eigenmittel der EG (ABl. 1994 L 293/9) sind die VO 1552/89 und 1553/89 auf diesen Beschluß anzuwenden. Die Ausübung der **Kontrollen** erfolgt gemäß der VO (EWG, EURATOM, EGKS) Nr. 165/74 des Rates zur Festlegung der Rechte und Pflichten der von der Kommission mit der Kontrolle der Eigenmittel der EG beauftragten Bediensteten (ABl. 1974 L 20/1) (Änderungsvorschlag: ABl. 1998 C-4/5); zu den Maßnahmen zur Bekämpfung von Betrügereien *s. Art. 280).*

5 Die **Verantwortung** der Finanzkontrolleure, der anweisungsbefugten Personen und der Rechnungsführer wird durch die Art. 73 bis 77 HHO geregelt. Diese Bestimmungen sehen eine disziplinarische Verantwortung und ggf. eine Pflicht zum Schadensersatz vor (zur Abgrenzung der Verantwortung zwischen Rechnungsführer und Zahlstellenverwalter s. EuGH, T-26/89, Henri De Compte/EP, Slg. 1991, II-0781, Rn. 168).

Art. 280 (ex-Art. 209a) (Bekämpfung von Betrug zum Nachteil der Gemeinschaft)

(1) Die Gemeinschaft und die Mitgliedstaaten bekämpfen Betrügereien und sonstige gegen die finanziellen Interessen der Gemeinschaft ge-

richtete rechtswidrige Handlungen mit Maßnahmen nach diesem Artikel, die abschreckend sind und in den Mitgliedstaaten einen effektiven
Schutz bewirken.

(2) Zur Bekämpfung von Betrügereien, die sich gegen die finanziellen
Interessen der Gemeinschaft richten, ergreifen die Mitgliedstaaten die
gleichen Maßnahmen, die sie auch zur Bekämpfung von Betrügereien
ergreifen, die sich gegen ihre eigenen finanziellen Interessen richten.

(3) Die Mitgliedstaaten koordinieren unbeschadet der sonstigen Vertragsbestimmungen ihre Tätigkeit zum Schutz der finanziellen Interessen der Gemeinschaft vor Betrügereien. Sie sorgen zu diesem Zweck
mit Unterstützung der Kommission für eine enge, regelmäßige Zusammenarbeit zwischen den zuständigen Dienststellen ihrer Behörden.

(4) Zur Gewährleistung eines effektiven und gleichwertigen Schutzes
in den Mitgliedstaaten beschließt der Rat gemäß dem Verfahren des
Artikel 251 nach Anhörung des Rechnungshofs die erforderlichen
Maßnahmen zur Verhütung und Bekämpfung von Betrügereien, die
sich gegen die finanziellen Interessen der Gemeinschaft richten. Die
Anwendung des Strafrechts der Mitgliedstaaten und ihre Strafrechtspflege bleiben von diesen Maßnahmen unberührt.

(5) Die Kommission legt in Zusammenarbeit mit den Mitgliedstaaten
dem Europäischen Parlament und dem Rat jährlich einen Bericht über
die Maßnahmen vor, die zur Durchführung dieses Artikels getroffen
wurden.

Art. 280 hat seinen **Ursprung** in den durch den Vertrag von Maastricht ge-   1
schaffenen Art. 209a Abs. 2 und 3, die wiederum auf ein Urteil des **EuGH,**
(Rs. 68/88, Kommission/Griechenland, Slg. 1989, 2965) zurückgeben.
(Vgl. dazu die Mitteilung der Kommission [ABl. 1990 Nr. C-147/3]). In
dieser Mitteilung der Kommission heißt es: Der Gerichtshof „... bejaht eindeutig die Frage, ob die **Mitgliedstaaten** nach dem Gemeinschaftsrecht,
insbesondere nach Art. 5 (jetzt Art. 10) **verpflichtet** sind, **Verstöße** gegen
dieses Recht durch ihre eigenen Gerichte **zu ahnden,** speziell wenn es sich
um Betrugsfälle zu Lasten des Gemeinschaftshaushalts handelt. Er stellt
fest, daß die Mitgliedstaaten in den Fällen, in denen das Gemeinschaftsrecht keine besondere Vorschrift über die Ahndung eines Verstoßes vorsieht
oder hierzu auf die Rechts- und Verwaltungsvorschriften der Mitgliedstaaten verweist, gemäß Art. 5 (jetzt Art. 10) des Vertrages alle geeigneten Maßnahmen treffen müssen, um dem Gemeinschaftsrecht ungehinderte Geltung

zu verschaffen." „Er vertritt die Auffassung, daß die **Mitgliedstaaten** zwar weiterhin über die Art der **Strafmaßnahme** entscheiden können, dabei jedoch insbesondere dafür sorgen müssen, daß die Verstöße gegen das Gemeinschaftsrecht unter den gleichen materiell- und verfahrensrechtlichen Bedingungen geahndet werden wie ähnlich geartete Verstöße von ähnlicher Bedeutung gegen das innerstaatliche Recht, so daß von dieser Strafmaßnahme in jedem Fall eine effektive, angemessene und abschreckende Wirkung ausgeht." „Er fügt hinzu, daß die einzelstaatlichen Behörden bei Verstößen gegen das Gemeinschaftsrecht mit der **gleichen Sorgfalt** vorgehen müssen, die sie auch bei der Anwendung der entsprechenden innerstaatlichen Rechtsvorschriften anwenden würden (Erwägungspunkte 23 bis 25)".
„Die Kommission begrüßt es, daß der Gerichtshof die Pflichten der Mitgliedstaaten hinsichtlich der Ahndung von Verstößen gegen das Gemeinschaftsrecht eindeutig geklärt hat. Sie ist überzeugt, daß mit der Festlegung dieser Grundsätze ein wertvoller **Beitrag zum Schutz des Gemeinschaftsrechts** im allgemeinen und zur Betrugsbekämpfung im besonderen geleistet worden ist. Sie wird dafür Sorge tragen, daß die Mitgliedstaaten ihre vom Gerichtshof festgestellten Verpflichtungen korrekt erfüllen." „Die Kommission ist der Ansicht, daß die in der Rechtssache 68/88 niedergelegten Grundsätze nicht nur dann Anwendung finden, wenn das Gemeinschaftsrecht keine spezifische Vorschrift über eine Strafmaßnahme vorsieht, sondern **auch** in den Fällen, in denen die **Rechtsakte der Gemeinschaft Vorschriften über die Regelung bestimmter Konsequenzen enthalten,** die sich aus der Nichteinhaltung der Bestimmungen dieser Rechtsakte ergeben".

2   Die durch den Vertrag von Amsterdam eingefügten Abs. 1, 4 und 5 verstärken den Schutz der finanziellen Interessen der EG. Die Redaktion insbesondere der Abs. 1 und 4 erwies sich als sehr schwierig, weil die meisten Mitgliedstaaten sie streng auf Betrügereien zu Lasten des EG-Haushalts beschränken und einige von ihnen jede Einwirkung auf das einzelstaatliche Strafrecht verhindern wollten, was jede Maßnahme illusorisch machen könnte. Die endgültige Redaktion ist subtil: sie schließt weder die **Harmonisierung der Straftatbestände** noch der **Sanktionen** aus, überläßt aber den einzelstaatlichen Gesetzgebungen die Anwendung des Strafrechts und die Gestaltung des Verfahrens (*Michel Petite*, „Le traité d'Amsterdam: ambition et réalisme", Revue du Marché Unique Européen 1997, S. 34f.).

3   Die VO (EG, EURATOM)) Nr. 2988/95 des Rates über den Schutz der finanziellen Interessen der EG (ABl. 1995 L 312/1) schafft eine **Rahmenregelung** für einheitliche Kontrollen sowie für verwaltungsrechtliche Maßnahmen und Sanktionen bei Unregelmäßigkeiten in bezug auf das Gemein-

schaftsrecht. Gemäß Art. 1 Abs. 1 ist der Tatbestand der **Unregelmäßigkeit** bei jedem Verstoß gegen eine Gemeinschaftsbestimmung als Folge einer Handlung oder Unterlassung eines Wirtschaftsteilnehmers gegeben, die einen Schaden für den Gesamthaushaltsplan der EG oder die Haushalte, die von der EG verwaltet werden, bewirkt hat bzw. haben würde, sei es durch die Verminderung oder den Ausfall von Eigenmitteleinnahmen, die direkt für Rechnung der EG erhoben werden, sei es durch eine ungerechtfertigte Ausgabe.

Die VO 2988/95 stellt allgemeine Regeln für die **Sanktionen** auf. Letztere   **4** haben einen eigenen Zweck, der die strafrechtliche Bewertung des Verhaltens der betroffenen Wirtschaftsteilnehmer durch die zuständigen Behörden der Mitgliedstaaten unberührt läßt. Die VO verhindert die Kumulierung finanzieller Sanktionen der EG und einzelstaatlicher strafrechtlicher Sanktionen bei ein und derselben Person für dieselbe Tat („ne bis in idem"). Diese VO gilt unbeschadet der Anwendung des Strafrechts der Mitgliedstaaten.

Die in der VO 2988/95 vorgesehenen **Kontrollmaßnahmen** werden er-   **5** gänzt durch die VO (EURATOM, EG) Nr. 2185/96 des Rates betreffend die Kontrollen und Überprüfungen vor Ort durch die Kommission zum Schutz der finanziellen Interessen der EG vor Betrug und anderen Unregelmäßigkeiten (ABl. 1996 L 292/2). Die Kontrolleure der Kommission haben gemäß Art. 7 Abs. 1 der VO 2185/96 unter denselben Bedingungen wie die Kontrolleure der einzelstaatlichen Verwaltungen und unter Einhaltung der einzelstaatlichen Vorschriften Zugang zu allen Informationen und Unterlagen über die betreffenden Vorgänge, die sich für die ordnungsgemäße Durchführung der Kontrollen und Überprüfungen vor Ort als erforderlich erweisen. In den Fällen, in denen eine Gefahr der Beseitigung von Beweismitteln besteht oder die Wirtschaftsteilnehmer sich einer Kontrolle oder Überprüfung durch die Kommission vor Ort widersetzen, obliegt es den Mitgliedstaaten gemäß Art. 7 Abs. 2, auf Ersuchen der Kommission die im einzelstaatlichen Recht vorgesehenen Sicherungsmaßnahmen zu ergreifen, um insbesondere Beweisstücke zu sichern (zu der VO 2185/96 im einzelnen, s. *Kuhl/Spitzer*, Die Verordnung (EURATOM, EG) Nr. 2185/96 des Rates über die Kontrollbefugnisse der Kommission im Bereich der Betrugskämpfung, EuZW 1998, 33ff.).

Weitere Rechtsakte zum Schutz der finanziellen Interessen der EU sind: **6** Übereinkommen aufgrund von Art. 31 (ex-Art. K.3) des EUV über den Schutz der finanziellen Interessen der EG (ABl. 1995 C-316/49), das Protokoll aufgrund von Art. 31 (ex-Art. K.3) des EUV zum Übereinkommen über den Schutz der finanziellen Interessen der EG – Erklärungen der Mitgliedstaaten bei der Annahme des Rechtsaktes über die Fertigstellung des

Protokolls (ABl. 1996 C-313/2) sowie der Rechtsakt des Rates v. 26.5.1997 über die Ausarbeitung des **Übereinkommens** aufgrund von Art. 31 (ex-Art. K.3 Abs. 2 Buchstabe c) des EUV über die **Bekämpfung der Bestechung,** an der Beamte der EG oder der Mitgliedstaaten der EU beteiligt sind (ABl. 1997 C 195/1). Die Ratifizierung dieser Rechtsinstrumente waren Ende 1998 noch nicht abgeschlossen.

7   Hinsichtlich der Zusammenarbeit mit den Mitgliedstaaten, den bei der Betrugsbekämpfung zu bewältigenden Problemen sowie den für die Zusammenarbeit geltenden VO wird auf den gemäß Art. 280 Abs. 5 von der Kommission zu erstellenden **Jahresbericht** verwiesen, der bei der **"Taskforce"** **"Betrugsbekämpfung" (UCLAF)** der Kommission angefordert werden kann (Internet: **http://europa.eu.int).** Zur Erleichterung der Aufdeckung von Betrugsfällen hat die Kommission **gebührenfreie Rufnummern** eingerichtet, Belgien: 0800 124 26, Dänemark: 800 184 95, Deutschland: 0130 82 05 95, Griechenland: 00800 321 25 95, Frankreich: 0800 91 72 95, Irland: 1800 55 32 95, Italien: 167 87 84 95, Luxemburg: 0800 35 95, Niederlande: 060 22 45 95, Österreich: 066 058 45, Portugal: 0505 32 95 95, Suomi/Finnland: 0800 11 25 95, Schweden: 020 79 16 95 und Großbritannien: 0800 96 35 95.

8   Auf Veranlassung des EP ist von Wissenschaftlern der europäischen Vereinigungen von Juristen ein Regelwerk (**"CORPUS JURIS"**) für die Strafverfolgung erstellt worden, das Regeln für die Strafverfolgung vorschlägt, die auf eine einfachere Strafverfolgung in einem europäischen Rechtsraum abzielen und u.a. die Schaffung einer europäischen Staatsanwaltschaft befürwortet *(s. Literaturverzeichnis zu Art. 268).* In seinen Entschließungen v. 12.6. und 22.10.1997 hat das EP die Kommission aufgefordert zu prüfen, wie der CORPUS JURIS mit strafrechtlichen Bestimmungen zum Schutz der finanziellen Interessen der EU verwirklicht werden kann.

Sechster Teil

Allgemeine und Schlußbestimmungen

Art. 281 (ex-Art. 210) (Rechtspersönlichkeit der Gemeinschaft)

Die Gemeinschaft besitzt Rechtspersönlichkeit.

Literatur: *Bernhardt*, Die Europäische Gemeinschaft als neuer Rechtsträger im Geflecht der traditionellen zwischenstaatlichen Beziehungen, EuR 1983, 199; *Bernhardt*, Das Recht der Europäischen Gemeinschaften zwischen Völkerrecht und staatlichem Recht, in FS Bindschedler, 1980, 229; *Berrisch*, Der völkerrechtliche Status der Europäischen Wirtschaftsgemeinschaft im GATT, 1992; *Bleckmann*, Zur Verbindlichkeit des allgemeinen Völkerrechts für internationale Organisationen, ZaöRV 37, 1977, 107; *Koenig/Pechstein*, Die Europäische Union, 1995; *Bothe*, Die Stellung der EG im Völkerrecht, ZaöRV 1977, 122; *Conze*, Die völkerrechtliche Haftung der Europäischen Gemeinschaft, 1987; *Dörr*, Zur Rechtsnatur der Europäischen Union, EuR 1995, 334; *Everling*, Sind die Mitgliedstaaten der Europäischen Gemeinschaft noch Herren der Verträge? Zum Verhältnis von Europäischem Gemeinschaftsrecht und Völkerrecht, in FS Mosler, 1983, 173; *Groux/Manin*, Die Europäischen Gemeinschaften in der Völkerrechtsordnung, 1984; *Krück*, Völkerrechtliche Verträge im Recht der Europäischen Gemeinschaften, 1977; *Lachmann*, International Legal Personality of the EC: Capacity and Competence, LIEI 1984/1, 3; *Meessen*, The Application of Rules of Public International Law within Community Law, CMLR 13, 1976, 485; *Meng*, Internationale Organisationen im völkerrechtlichen Deliktsrecht, ZaöRV 45, 1985, 324; *Nöll*, Die Völkerrechtssubjektivität der Europäischen Gemeinschaften und deren Bindung an das allgemeine Völkerrecht, 1986; *Pernice*, Völkerrechtliche Verträge internationaler Organisationen, ZaöRV 48, 1988, 229; *Pernice*, Die Haftung internationaler Organisationen und ihrer Mitarbeiter, AVR 26, 1988, 406; *Pescatore*, Die Rechtsprechung des Europäischen Gerichtshofs zur innergemeinschaftlichen Wirkung völkerrechtlicher Abkommen, in FS Mosler, 1983, 661; *v. Bogdandy/Nettesheim*, Die Versammlung der Europäischen Gemeinschaften in der Europäischen Union, NJW 1995, 2324; *Sack*, Die Europäische Gemeinschaft als Mitglied internationaler Organisationen, in GS Grabitz 1995, 631; *Sasse*, Zur auswärtigen Gewalt der Europäischen Wirtschaftsgemeinschaft, EuR, 1971, 208; *Schreuer*, in *Neuhold/Hummer/Schreuer* (Hrsg.), Österreichisches Handbuch des Völkerrechts, 2. Aufl. 1991, 157; *Schermers*, Die völkerrechtlichen Beziehungen der Gemeinschaft, in EG-Kommission (Hrsg.), 30 Jahre Gemeinschaftsrecht, 1981, 241; *Schwarze*, Das allgemeine Völkerrecht in den innergemeinschaftlichen Rechtsbeziehungen, EuR 1983, 1; *Schwarze*, The External Relations of the European Community, in particular EC-US-Relations, 1989; *Schwarze*, Die EG in ihren völkerrechtlichen Beziehungen, NJW 1979, 456; *Seidl-Hohenveldern/Loibl*, Das Recht der Internationalen Organisationen einschließlich der Supranationalen Gemeinschaften, 5. Aufl. 1992; *Seidl-Hohenveldern*, Der Rückgriff auf die Mitgliedstaaten in Internationalen Organisationen, in FS Mosler, 1983, 881.

I. Begriff und Natur der Rechtspersönlichkeit

1 Art. 281 (gemeinsam mit Art. 312 [ex-Art. 240] der kürzeste Artikel im EGV) ist im Zusammenhang mit und in Abgrenzung von Art. 282 (ex-Art. 211) zu verstehen. Während Art. 282 die Rechtsfähigkeit der EG in den Mitgliedstaaten betrifft, ist unter der in Art. 281 genannten Rechtspersönlichkeit – argumento e contrario – die **Völkerrechtssubjektivität** zu verstehen (in diesem Sinne wohl EuGH, Rs. 22/70, AETR, Slg. 1971, 263; verb. Rs. 3, 4 und 6/76, Kramer, Slg. 1976, 1279; Rs. 6/64, Costa/ENEL, Slg. 1964, 1251; Rs. 70/88, EP/Rat, Slg. 1990, I–2041; *Tomuschat*, in GTE, Art. 210 Rn. 1; *Simma/Vedder*, in *Grabitz/Hilf*, Art. 210 Rn. 3; *Pipkorn*, in *Beutler/Bieber/Pipkorn/Streil*, 529; a.A. *Geiger*, Art. 210 Rn. 1).

2 **Rechtsfähigkeit** bedeutet hier, daß die EG Trägerin von (völkerrechtlichen) Rechten und Pflichten sein kann, deren genauere Ausformung andere Vertragsbestimmungen (z.B. Art. 133 [ex-Art. 113], 302–304 [ex-Art. 229–231], 310 [ex-Art. 238]) festlegen. Die Rechtsfähigkeit von internationalen Organisationen – und damit auch der EG – ist im allgemeinen Völkerrecht anerkannt. Die Rechtsfähigkeit ist die notwendige Voraussetzung, damit sie entsprechend den gemäß ihren Satzungen (hier des EGV) ihnen zustehenden oder verliehenen Aufgaben tätig werden. Diese Rechtsfähigkeit von internationalen Organisationen ist allerdings nicht dieselbe wie die von Staaten (*Schreuer*, in *Neuhold/Hummer/Schreuer*, a.a.O. Rn. 837). Deren Umfang ergibt sich aus den ihr übertragenen Funktionen und Aufgaben; die Rechtsfähigkeit der EG beschränkt sich auf die zur Erfüllung ihrer im EGV übertragenen Kompetenzen (EuGH, Rs. 6/64, Costa/ENEL, Slg. 1964, 1251; *Pipkorn*, in *Beutler/Bieber/Pipkorn/Streil*, 529; *Schreuer*, in *Neuhold/Hummer/Schreuer*, a.a.O. Rn. 837; *Oppermann*, Europarecht, 1991, 69; *Schwarze*, NJW 1979, 457).

Die **Rechtspersönlichkeit** der EG ist eine abgeleitete, nicht eine originäre. **3**
Art. 281 ist Ausdruck des Willens der Mitgliedstaaten, der Gemeinschaft diese Rechtspersönlichkeit zu übertragen (EuGH, Rs. 22/70, AETR, Slg. 1971, 263).

Die zunächst zwischen den Mitgliedstaaten bestehende **Völkerrechtssub-** **4**
jektivität der EG wurde durch die Anerkennung durch eine Vielzahl von Staaten entweder ausdrücklich oder durch Abschluß völkerrechtlicher Verträge oder durch Ausübung des **Gesandtschaftrechts** zu einer fast universellen.

Die völkerrechtliche Rechtsfähigkeit der EG drückt sich in folgenden Be- **5**
fugnissen aus: Vertragsschlußkompetenz, Gesandtschaftsrecht, Privilegien und Immunitäten, Verwendung von Hoheitssymbolen, Deliktsfähigkeit und Haftung sowie Unionsbürgerschaft.

Durch Art. 281 wird Rechtspersönlichkeit nur der EG, nicht aber ihren Or- **6**
gane zugesprochen (EuGH, C-327/91, Frankreich/Kommission, Slg. 1994, I-3641). Das heißt aber nicht, daß Gemeinschaftsinstitutionen nicht aufgrund anderer Vertragsbestimmungen Rechtspersönlichkeit besitzen können, wie z.B die EZB aufgrund von Art. 107 Abs. 2 (ex-Art. 106) oder die EIB aufgrund von Art. 266 Abs. 1 (ex-Art. 198d) (vgl. auch EuGH, C-370/89, Société Générale d'Entreprises électro-mécaniques/EIB, Slg. 1992, I-6211). Die EU als solche besitzt keine Rechtspersönlichkeit (str., a.A. *v. Bogdandy/Nettesheim,* NJW 1995, 2324; *Ress,* JuS 1992, 985; *Borchardt,* Die rechtlichen Grundlagen der Europäischen Union, 1996, S. 45ff.).

II. Das Verhältnis von Gemeinschaftsrecht zu Völkerrecht

Der EGV ist ein völkerrechtlicher Vertrag. Im Verhältnis zu den Mitglied- **7**
staaten ist das **Gemeinschaftsrecht** als **lex specialis** gegenüber dem allgemeinen Völkerrecht vorrangig. Das primäre Gemeinschaftsrecht ist aber auch in diesem Bereich völkerrechtsfreundlich auszulegen; die EG kann sich bei ihren Handlungen und insbesondere bei der Setzung sekundären Gemeinschaftsrechts nicht über die zwingenden Regeln des Völkerrechts hinwegsetzen (*Oppermann,* a.a.O. Rn. 509; dazu auch EuGH, Rs. 41/74, Van Duyn, Slg. 1974, 1337). Das Gemeinschaftsrecht ist aus Völkerrecht entstanden, ist aber eine eigene Rechtsordnung sui generis, die zur Rechtfertigung ihres Bestandes und ihrer Ausformung nicht des Völkerrechts bedarf (dazu auch EuGH, Rs. 4/64, Costa/ENEL, Slg. 1974, 1251).

Im Bereich des allgemeinen Völkerrechts, in dem die EG ein Völkerrechts- **8**
subjekt unter vielen ist, gilt der **Vorrang des Völkerrechts** gegenüber dem Gemeinschaftsrecht in derselben Weise wie gegenüber nationalem Recht

(EuGH, verb. Rs. 21 und 24/72, International Fruit Company, Slg. 1972, 1226; verb. Rs. 3, 4 und 6/76, Kramer, Slg. 1976, 1279). Als Grenzbereich zwischen Gemeinschaftsrecht und Völkerrecht können z.b. die Beschlüsse der im Rat vereinigten Vertreter der Regierungen der Mitgliedstaaten gesehen werden (*Simma/Vedder*, in *Grabitz/Hilf*, Art. 210). Entsprechendes gilt auch für Beschlüsse im Rahmen der GASP und der Zusammenarbeit in Justizangelegenheiten.

III. Die sich aufgrund der Rechtspersönlichkeit ergebenden Rechte und Pflichten

1. Vertragsschlußkompetenz

9   Die EG kann – bzw. hat den Auftrag dazu – völkerrechtliche Verträge mit Staaten oder anderen Völkerrechtssubjekten (Art. 133 [ex-Art. 113], 300 [ex-Art. 228] und 310 [ex-Art. 238]) abschließen, völkerrechtliche Maßnahmen im Rahmen der Gemeinsamen Außen- und Sicherheitspolitik treffen (Art. 301, ex-Art. 228a), Beziehungen zu internationalen Organisationen unterhalten (Art. 302, ex-Art. 229) sowie mit dem Europarat (Art. 303, ex-Art. 230) und der OECD (Art. 304, ex-Art. 231) zusammenarbeiten. Art. 281 bedeutet in diesem Zusammenhang, daß die EG in den Außenbeziehungen die Fähigkeit besitzt, vertragliche Bindungen mit dritten Staaten einzugehen (EuGH, Rs. 22/70, Kommission/Rat, Slg. 1971, 263). Durch Art. 281 wird Rechtspersönlichkeit nur der EG, nicht aber ihren Organe zugesprochen, sodaß völkerrechtliche Abkommen auch nur die EG als solche binden können (EuGH, C-327/91, Frankreich/Kommission, Slg. 1994, I–3641). Da auch der Beitritt zu internationalen Organisationen durch einen völkerrechtlichen Vertrag erfolgt, ist Art. 281 die Grundlage für den Beitritt der EG zu internationalen Organisationen (*Tomuschat*, in GTE, Art. 210 Rn. 8).

2. Gesandtschaftsrecht

10   Die EG übt gem. Art 17 des Protokolls über die Vorrechte und Befreiungen der Europäischen Gemeinschaften vom 8.4.1965 (ABl. 1967/152) das **passive Gesandtschaftsrecht** aus, d.h., daß Vertreter von Drittstaaten bei ihr als Diplomaten akkreditiert sind.

11   Andererseits nimmt die EG das **aktive Gesandtschaftsrecht** nicht wahr, d.h. sie entsendet keine Diplomaten in Drittstaaten. Die Kommission unterhält aber in zahlreichen Drittländern und bei vielen internationalen Organisationen Delegationen, die formell Außenstellen der Kommission sind, de

facto aber den Charakter von diplomatischen Vertretungen haben und in den Aufnahmestaaten üblicherweise die diplomatischen Vorrechte und Befreiungen genießen. Die Delegationen der Kommission in Drittstaaten und auf internationalen Konferenzen sowie ihre Vertretungen bei internationalen Organisationen sind ausdrücklich in Art. 20 (ex-Art. J.10) EUV genannt.

Auf das **Verhältnis der EG zu den Mitgliedstaaten** findet das Gesandt-   12
schaftsrecht keine Anwendung. Die Mitgliedstaaten sind durch die Ständigen Vertretungen am Sitz der Kommission und des Rates vertreten, die Kommission unterhält in den Mitgliedstaaten Vertretungen und Pressebüros.

3. Privilegien und Immunitäten

Die der EG vertraglich im Protokoll über die Vorrechte und Befreiungen der   13
Europäischen Gemeinschaften vom 8.4.1965 (ABl. 1967/152) gewährten Vorrechte und Befreiungen dienen dem Schutz der EG bei der Erfüllung ihrer Aufgaben. Sie sind dort erschöpfend aufgezählt und beziehen sich sowohl auf die Gemeinschaftsinstitutionen, als auch auf deren Beamte, die Kommissionsmitglieder, die Richter und Generalanwälte etc. Sie erreichen aber nicht das Ausmaß der vollen diplomatischen Immunität.

4. Verwendung von Hoheitssymbolen

Die EG verwendet bei ihrer Tätigkeit **Symbole und Embleme** wie z.B. die   14
vom Europarat übernommene Flagge mit 12 fünfzackigen aufrecht stehenden, in Kreisform angeordneten, goldenen Sternen auf blauem Grund.

5. Deliktsfähigkeit und Haftung

Ein wichtiger Ausfluß der Völkerrechtssubjektivität ist die Haftung der EG   15
für völkerrechtliche Delikte (Völkerrechtsverletzungen) ihrer Organe, durch die anderen Völkerrechtssubjekten schuldhaft Schaden zugefügt wird.

Die vertragliche Haftung der EG und ihre außervertragliche Haftung für das   16
Handeln oder Unterlassen ihrer Organe und Bediensteten ist in Art. 288 (ex-Art. 215) geregelt.

6. Unionsbürgerschaft

Auch die in den Art. 17–22 (ex-Art. 8–8e) geregelte **Unionsbürgerschaft**   17
ist ein Ausfluß der Rechtspersönlichkeit der EG.

Art. 282 (ex-Art. 211) (Rechts- und Geschäftsfähigkeit der Gemein-schaft)

Die Gemeinschaft besitzt in jedem Mitgliedstaat die weitestgehende Rechts- und Geschäftsfähigkeit, die juristischen Personen nach dessen Rechtsvorschriften zuerkannt ist; sie kann insbesondere bewegliches und unbewegliches Vermögen erwerben und veräußern sowie vor Gericht stehen. Zu diesem Zweck wird sie von der Kommission vertreten.

Literatur: siehe auch Hinweise zu Art. 281; *Grunwald*, Die nicht-völkerrechtlichen Verträge der Europäischen Gemeinschaften, EuR 1984, 227; *Kunz-Hallstein,* Privilegien und Immunitäten internationaler Organisationen im Bereich nicht hoheitlicher Privatrechtsgeschäfte, NJW 1992, 3069; *Schlüter,* Die innerstaatliche Rechtsstellung der internationalen Organisationen, 1972; *Unruh,* Kritik des privatrechtlichen Verwaltungshandelns, DÖV 1997, 653.

I. Einleitung

1   Art. 282 ergänzt Art. 281 (ex-Art. 210) und ist im Zusammenhang mit Art. 288 (ex-Art. 215) und Art. 291 (ex-Art. 218) zu verstehen. Art. 282 betrifft die **Rechtsstellung der EG in den Mitgliedstaaten.**

II. Rechts- und Geschäftsfähigkeit

2   Rechtsfähigkeit ist die Fähigkeit, Träger von Rechten und Pflichten zu sein; Geschäftsfähigkeit ist die Fähigkeit, wirksam Rechtsgeschäfte vorzunehmen. Art. 282 legt fest, daß die EG in jedem Mitgliedstaat zumindest jene Rechts- und Geschäftsfähigkeit hat, wie sie nach nationalem Recht juristischen Personen in dem betreffenden Mitgliedstaat zuerkannt wird. Es ist also immer jeweils auf die **Situation in den verschiedenen Mitgliedstaaten abzustellen,** was bedeutet, daß die Rechts- und Geschäftsfähigkeit der EG je nach den nationalen Vorschriften von einem Mitgliedstaat zu einem anderen variieren kann. Es ist also nicht das höchste Niveau aller Mitgliedstaaten als Grundlage heranzuziehen, sondern das jeweils höchste Niveau für jeden Mitgliedstaat (so auch *Simma/Vedder,* in *Grabitz/Hilf,* Art. 211; a.A. *Manin,* in *Constantinesco/Jaqué/Kovar/Simon,* Traité instituant la CEE, 1992, Art. 211 Rn. 1). Dies geht aus der Formulierung des 1. Satzes von Art. 282 hervor, der von jedem Mitgliedstaat (im Französischen noch deutlicher: „chacun des Etats membres") und nicht von „den Mitgliedstaaten" oder „allen Mitgliedstaaten" spricht.

3   Art. 282 bezieht sich nur auf die EG als solche, räumt aber nicht deren **Organen** Rechts- und Geschäftsfähigkeit ein; diese kann aber gesondert fest-

gelegt werden (so z.B. die EZB [Art. 107 Abs. 2, ex-Art. 106], die EIB [Art. 266 Abs. 1, ex-Art. 198d], die Europäische Umweltagentur, die Europäische Agentur für Zusammenarbeit, die Europäische Stiftung für Berufsbildung, das Europäische Zentrum für die Förderung der Berufsbildung, die Europäische Stiftung zur Verbesserung der Lebens- und Arbeitsbedingungen, die Europäische Beobachtungsstelle für Drogen und Drogensucht, die Europäische Agentur für die Beurteilung von Arzneimitteln, das Harmonisierungsamt für den Binnenmarkt [Europäisches Markenamt], der Europäische Investitionsfonds, die Europäische Agentur für Sicherheit und Gesundheitsschutz am Arbeitsplatz, das Gemeinschaftliche Sortenamt, die Europäischen Schulen und das Übersetzungszentrum für die Einrichtungen der Europäischen Union). Da die EU als solche keine Rechtspersönlichkeit besitzt, kann sie auch nicht rechts- oder geschäftsfähig sein (str. a.A. s. Art. 281 Rn. 6).

Art. 282 legt den Mindeststandard fest, entspricht also einer Art „**Meistbe-**   **4** **günstigungsklausel"** (*Ipsen*, Europäisches Gemeinschaftsrecht, § 8/44; *Simma/Vedder*, in *Grabitz/Hilf*, Art. 211; a.A. *Grunwald*, in GTE, Art. 211 Rn. 8). Mindeststandard ist die jeweilige Rechts- und Geschäftsfähigkeit von juristischen Personen des Privatrechts oder des öffentlichen Rechts – je nach dem, welche umfangreicher ist. Die Rechtspersönlichkeit der EG ist öffentlich-rechtlicher Natur (so auch EuGH, Rs. 44/59, Fiddelaar, Slg. 1960, 1115; verb. Rs. 43, 45 und 48/59, Lachmüller, Slg. 1960, 969; *Grunwald*, in GTE, Art. 211 Rn. 5; *Simma/Vedder*, in *Grabitz/Hilf*, Art. 211).

Die **Rechts- und Geschäftsfähigkeit** der EG **ist unbeschränkt** und nicht   **5** auf die Vornahme bestimmter Handlungen begrenzt. Dies entspricht dem Aufgabenbereich der EG.

Die ausdrückliche Nennung des Rechts, bewegliches und unbewegliches   **6** Vermögen zu erwerben und zu veräußern sowie vor Gericht zu stehen, ist einerseits eine bespielhafte Anführung zur Illustration des 1. Halbsatzes, stellt andererseits aber gleichzeitig das **Mindestniveau** dar. Angesichts der wesentlich weiteren Befugnisse von juristischen Personen in allen Mitgliedstaaten kommt dieser Charakteristik in der Praxis keine Bedeutung zu.

Art. 282 legt ausdrücklich die **Partei- und Prozeßfähigkeit** der EG vor na-   **7** tionalen Gerichten fest: Die EG kann also Partei jeder Art in zivilgerichtlichen und verwaltungsrechtlichen Verfahren sein. Hinsichtlich des Exekutionsverfahrens ist allerdings auf die Beschränkung durch Art. 1 Satz 2 des Protokolls über die Vorrechte und Befreiungen der EG vom 8.4.1964 (ABl. 1967/152) zu verweisen, wonach Vermögensgegenstände und Guthaben der EG ohne Ermächtigung des EuGH nicht Gegenstand von Zwangsmaßnahmen von Verwaltungsbehörden oder Gerichten sein können.

8   Die Zuständigkeit nationaler Gerichte regelt Art. 240 (ex-Art. 183).

9   Hinsichtlich der Vorrechte und Befreiungen, die die EG genießt, ist auf das in Rn. 7 genannte Protokoll und auf Art. 291 (ex-Art. 218) zu verweisen.

III. Vertretung der Gemeinschaft

10   Im Rahmen ihrer Rechts- und Geschäftsfähigkeit wird die **EG von der Kommission vertreten;** dieser steht die alleinige Vertretungsbefugnis unabhängig von der Handlungskompetenz anderer Organe zu (EuGH, verb. Rs. 63 – 69/72, Werhahn Hansamühle, Slg. 1973, 1229). Die Kommission ist dabei nicht Stellvertreterin, sondern handelt organschaftlich (*Grunwald*, in GTE, Art. 211 Rn. 26; *Simma/Vedder*, in *Grabitz/Hilf*, Art. 211). Eine Ausnahme von diesem Alleinvertretungsanspruch der Kommission stellt im Bereich des Haushaltsrechts Art. 274 (ex-Art. 205) Abs. 2 i.V.m. Art. 22 Abs. 2 Haushaltsordnung dar.

Art. 283 (ex-Art. 212) (Beamtenstatut)

Der Rat erläßt auf Vorschlag der Kommission und nach Anhörung der anderen beteiligten Organe mit qualifizierter Mehrheit das Statut der Beamten der Europäischen Gemeinschaften und die Beschäftigungsbedingungen für die sonstigen Bediensteten dieser Gemeinschaften.

Literatur: *Henrichs*, Die Rechtsprechung des Europäischen Gerichtshofs in Personalsachen, EuR 1980, 134 und 1982, 231; *Holtz*, Handbuch des Europäischen Dienstrechts, 1964ff.; *Lindemann*, Allgemeine Rechtsgrundsätze und europäischer öffentlicher Dienst, 1986; *Röttinger*, Die Europäischen Beamten, in *Röttinger/Weyringer* (Hrsg.), Handbuch der europäischen Integration, 2. Aufl., 1996, 290; *Rogalla*, Dienstrecht der Europäischen Gemeinschaften, 2. Aufl. 1992.

I. Einleitung

1   Der Text des Art. 283 wurde von Art. 24 Abs. 1 FusV 2. Satz übernommen.

2   Auf dieser Grundlage wurden das Statut der Beamten der Europäischen Gemeinschaften und die Beschäftigungsbedingungen für die sonstigen Bediensteten als Ratsverordnung 259/68 (ABl. L 1968/56) erlassen.

II. Inhalt des Beamtendienstrechts

3   Das Statut und die Beschäftigungsbedingungen legen das Einstellungsverfahren, das Gehaltsschema, die Sozialversicherung, das Disziplinarrecht, den Beschwerdeweg und Rechtsschutz sowie alle anderen Aspekte der Rechtsstellung der betroffenen Personen umfassend fest.

Die Beamten haben insbesondere folgende Rechte und Pflichten: Bei- **4** stands- und Fürsorgerecht (Art. 24 Statut), Antragsrecht (Art. 25 Abs. 1 Statut), Begründungspflicht der Behörde für beschwerende Verfügungen (Art. 25 Abs. 2 Statut), Recht auf Einsicht in den Personalakt (Art. 26 Statut), Recht auf Ersatz des durch die Verwaltung zugefügten Schadens, Recht auf Bezahlung, Recht auf Teilnahme an der Verwaltung der Gemeinschaft (Art. 9 und Anhang II Statut), Recht auf Vereinigung in Gewerkschaften (Art. 24a Statut) und Streikrecht; Pflicht zur Unabhängigkeit (Art. 11 und 12 Abs. 2 Statut), Pflicht zur Loyalität (Art. 12 Abs. 1 Statut), besondere Pflichten nach Dienstbeendigung (Art. 16 Abs. 1 Statut), Verschwiegenheitspflicht (Art. 17 Statut), Weisungsgebundenheit (Art. 21 Abs. 1 und 3 Statut), Rechtsabtretung (Art. 18 Statut), Residenzpflicht (Art. 20 Statut), Verantwortlichkeit (Art. 21 Abs. 2 und Art. 22 Statut), besondere Pflichten bei der Ausübung gewählter öffentlicher Funktionen (Art. 15 Statut), Vereinbarkeit der beruflichen Tätigkeit des Ehegatten (Art. 13 Statut) und Rückzahlungspflicht zuviel erhaltener Beträge (Art. 85 Statut).

Art. 284 (ex-Art. 213) (Recht zur Einholung von Auskünften)

Zur Erfüllung der ihr übertragenen Aufgaben kann die Kommission alle erforderlichen Auskünfte einholen und alle erforderlichen Nachprüfungen vornehmen; der Rahmen und die nähere Maßgabe hierfür werden vom Rat gemäß den Bestimmungen dieses Vertrags festgelegt.

Literatur: *Girnau*, Die Stellung der Betroffenen im EG-Kartellverfahren: Reichweite der Akteneinsicht und Wahrung von Geschäftsgeheimnissen, 1993; *Henssler*, Das anwaltliche Berufsgeheimnis, NJW 1994, 1817; *Hirte*, Der Zugang zu Rechtsquellen und Rechtsliteratur, 1991; *Hix*, Das Recht auf Akteneinsicht im europäischen Wirtschaftsverwaltungsrecht, 1992; *Jahnel* (Hrsg.), Zugang zu Recht und Wirtschaftsdaten in der Europäischen Union, 1994; *Lieberknecht*, Die Behandlung von Geschäftsgeheimnissen im deutschen und EG-Recht, WuW 1988, 833; *Meier*, Europäische Amtshilfe – Ein Stützpfeiler des Europäischen Binnenmarktes, EuR 1989, 237; *Röger*, Ein neuer Informationsanspruch auf europäischer Ebene: Der Verhaltenskodex vom 6. Dezember 1993 für den Zugang der Öffentlichkeit zu Kommissions- und Ratsdokumenten, DVBl. 1994, 1182; *Röttinger*, Geheimnisschutz im österreichischen Wirtschaftsrecht, DuD 1992, 119; *Due*, Verfahrensrechte der Unternehmen im Wettbewerbsverfahren vor der EG-Kommission, EuR 1988, 33; *Fischer-Iliopoulos*, Die Sicherung der Vertraulichkeit der Anwaltskorrespondenz im kartellrechtlichen Nachprüfungsverfahren. Zur Bedeutung des AM & S-Urteils des EuGH, NJW 1983, 1031.

I. Einleitung

1   Art. 284 ermächtigt die Kommission, alle erforderlichen Auskünfte einzuholen und Nachprüfungen vorzunehmen, soweit dies zur Erfüllung ihrer Aufgaben dient und dafür notwendig ist. Art. 284 ist eine **allgemeine Ermächtigung,** auf die sich allerdings die Kommission nicht direkt stützen kann, da er vorsieht, daß der Rat Ausführungsbestimmungen erläßt, in denen der Rahmen und die näheren Maßstäbe festgelegt werden (vgl. *Grunwald,* in GTE, Art. 213 Rn. 6). Art. 284 ist eine ausreichende Rechtsgrundlage für entsprechende Rechtsakte, die mit absoluter Mehrheit erlassen werden können (EuGH, C-426/93, Deutschland/Rat,– Slg. 1995, I–3723).

2   Art. 284 bezieht sich ausschließlich auf die Rechte der Kommission, nicht aber auf die anderer Organe; dies schließt aber nicht aus, daß **andere Gemeinschaftsorgane** ähnliche Rechte haben (vgl. für den Rechnungshof Art. 248 [ex-Art. 188c] Abs. 3 2. und 3. UAbs. EGV und Art. 87 Abs. 6 Haushaltsordnung, für das EP Art. 193 [ex-Art. 138c], 195 [ex-Art. 138e] und 276 Abs. 2 [ex-Art. 206] EGV sowie Art. 58–62, 124 und 128 GO, für den EuGH Art. 21–23 und 25 EWG-Satzung, für die EIB Art. 15, 16 und 21 Satzung).

II. Umfang der Rechte der Kommission

3   Der generelle Umfang des Rechts zur Einholung von Auskünften und zur Durchführung von Nachprüfungen ist auf **zweifache Weise eingegrenzt:** Zum einen steht der Kommission dieses Recht nur im Rahmen der ihr (vom EGV) übertragenen Aufgaben und nur zu deren Erfüllung zu, und zum anderen beschränkt sich dieses Recht auf jene Auskünfte und Nachprüfungen, die zur Erfüllung der Aufgaben der Kommission (gem. Art. 211, ex-Art. 155) erforderlich, d.h. notwendig und nicht bloß zweckdienlich (*Hummer*, in *Grabitz/Hilf*, Art. 213) sind. Hier ist auch das Verhältnismäßigkeitsprin-

zip zu beachten (insbesondere EuGH, Rs. 122/78, SA Buitoni/FORMA,
Slg. 1979, 677; Rs. 240/78, Atlanta/Produktschap, Slg. 1979, 2137; siehe
auch EuGH Rs. 136/79, National Panasonic/Kommission, Slg. 1980, 2033;
Rs. 155/79, AM & S/Kommission, Slg. 1982, 1575). Dieses besagt, daß die
gewählten Mittel zur Erreichung des angestrebten Zwecks geeignet sind
und das Maß des hierzu Erforderlichen nicht übersteigen (EuGH, C-426/93,
Deutschland/Rat, Slg. 1995, I–3723; verb. Rs. 279, 280, 285 und 286/84,
Rau/Kommission, Slg. 1987, 1069).

Weitere Beschränkungen sowie Verfahrensbestimmungen finden sich in   **4**
den auf der Grundlage des Art. 284 erlassenen Ratsvorschriften. Der Rat hat
keine allgemeine Vorschrift zur Konkretisierung von Art. 284 erlassen, sondern sich auf ausgewählte Materien beschränkt (vgl. Verordnung 17 vom
6.2.1962, ABl. 1962, 204, für das Wettbewerbsrecht).

III. Normadressaten

Art. 284 betrifft das **Verhältnis der Kommission zu Einzelpersonen und**   **5**
zu Unternehmen. Das Verhältnis zu den Mitgliedstaaten ist vorrangig
durch deren Verpflichtung zur Unterrichtung der Kommission und zur Zusammenarbeit der Kommission gem. Art. 10 Abs. 1 (ex-Art. 5) geprägt.
Auch an Art. 88 (ex-Art. 93) sowie in letzter Konsequenz an das Vertragsverletzungsverfahren (Art. 226, ex-Art. 169) ist zu denken. Wohl bezieht
sich Art. 284 aber auf in den Mitgliedsstaaten nachgeordnete Behörden und
Gebietskörperschaften (vgl. *Hummer*, in *Grabitz/Hilf*, Art. 213).

IV. Inhalt der Rechte der Kommission

Der Kommission steht es jederzeit frei, Ersuchen um **Auskunftserteilung**   **6**
an wen auch immer zu richten. Art. 284 kommt erst dann zum Tragen, wenn
es sich nicht mehr um unverbindliche Ersuchen (oder um vertraglich festgelegte Auskunftspflichten) handelt, sondern wenn die Kommission hoheitlich handelt und ihren **Auskunftsanspruch** durchsetzen möchte.

Art. 284 räumt der Kommission ein Recht ein, das verschiedenen Pflichten   **7**
der Adressaten entspricht. Die Adressaten haben der Kommission wahr-
heitsgemäß und vollständig die von ihr angeforderten Tatsachen mitzuteilen und die entsprechenden Nachweise (Urkunden, Dokumente) vorzulegen. Die in Art. 284 genannten **Auskunftsrechte** umfassen sowohl statistische, als auch inquisitorische Auskunftsrechte.

Die Normadressaten haben ferner **Nachprüfungen** zu dulden und an ihnen   **8**
kooperativ mitzuwirken. Nachprüfungen bestehen einerseits in der Durch-

führung von Kontrollen und andererseits in der Ausforschung von Tatsachen. Das Recht zur Einholung von Auskünften und das Recht zur Durchführung von Nachprüfungen bestehen nebeneinander; einer Nachprüfung muß daher ein Auskunftsverlangen nicht vorhergegangen sein (EuGH, Rs. 31/59, Acciaieria e Tubificio di Brescia/Hohe Behörde, Slg. 1960, 159; Rs. 5/85, AKZO Chemie/Kommission, Slg. 1986, 2585; *Grunwald*, in GTE, Art. 213 Rn. 35). Nachprüfungen können auch an Ort und Stelle durch Ortsaugenschein bei den betroffenen Personen, Unternehmen und Behörden erfolgen. Dabei darf die Kommission auch nach ihr noch nicht bekannten Unterlagen und Tatsachen suchen (EuGH, Rs. 46/87, Hoechst/Kommission, Slg. 1989, 2859; Rs. 136/79, National Panasonic, Slg. 1980, 2033).

V. Auskunftsverweigerung

9　Ein **Auskunftsverweigerungsrecht** sieht der EGV nur für Mitgliedstaaten in Art. 296 (ex-Art. 223) Abs. 1 lit. a vor, wonach ein solcher nicht verpflichtet ist, „Auskünfte zu erteilen, deren Preisgabe seines Erachtens seinen wesentlichen Sicherheitsinteressen widerspricht". Allerdings hat die Kommission die gemäß den nationalen Rechtsordnungen bestehenden **Verschwiegenheitspflichten** und **Berufsgeheimnisse** zu respektieren (EuGH, Rs. 155/78, M./Kommission, Slg. 1980, 1797; Rs. 155/79, AM & S/Kommission, Slg. 1982, 1575; Rs. 85/76, Hoffmann-La Roche/Kommission, Slg. 1979, 461). Ein Auskunftsverweigerungsrecht wegen der Gefahr der Selbstbezichtigung besteht nicht (*Hummer*, in *Grabitz/Hilf*, Art. 213; *Grunwald*, in GTE, Art. 213 Rn. 45; *Geiger*, Art. 213 Rn. 14); eine Grenze ist aber dort zu ziehen, wo die Auskunftspflicht einen Eingriff in die Verteidigungsrechte bedeuten würde (EuGH, Rs. 374/87, Orkem/Kommission, Slg. 1989, 3283, vgl. hierzu auch bei Art. 220 Rn. 55–63).

VI. Sanktionen

10　Art. 284 sieht für den Fall falscher oder unvollständiger Auskünfte oder der Verweigerung von Auskünften und der Duldung von Nachprüfungen **keine Sanktionen** vor. Die vom Rat entsprechend erlassenen Vorschriften ermöglichen es aber der Kommission Privaten gegenüber, Zwangsmaßnahmen in Form von Geldbußen und Zwangsgeldern zu setzen. Bei solchen Kommissionsentscheidungen handelt es sich gem. Art. 256 Abs. 1 (ex-Art. 192) um vollstreckbare Titel, die gem Art. 230 (ex-Art. 173) vom EuGH überprüft werden können; Zwangsvollstreckungen können vom EuGH gem Art. 256

Abs. 4 (ex-Art. 192) ausgesetzt werden. Gegenüber den Mitgliedstaaten ist die Kommission auf das Vertragsverletzungsverfahren gem. Art. 226 (ex-Art. 169) angewiesen.

Art. 285 (ex-Art. 213a) (Statistiken)

(1) Unbeschadet des Artikels 5 des Protokolls über die Satzung des Europäischen Systems der Zentralbanken und der Europäischen Zentralbank beschließt der Rat gemäß dem Verfahren des Artikels 251 Maßnahmen zur Erstellung von Statistiken, wenn dies für die Durchführung der Tätigkeiten der Gemeinschaft erforderlich ist.

(2) Die Erstellung der Gemeinschaftsstatistiken erfolgt unter Wahrung der Unparteilichkeit, der Zuverlässigkeit, der Objektivität, der wissenschaftlichen Unabhängigkeit, der Kostenwirksamkeit und der statistischen Geheimhaltung; der Wirtschaft dürfen dadurch keine übermäßigen Belastungen entstehen.

I. Einleitung

Der Art. 285 wurde durch den Vertrag von Amsterdam neu eingefügt. Er betrifft die Erstellung von Gemeinschaftsstatistiken und ergänzt Art. 5 des Protokolls über die ESZB-Satzung, der sich auf Statistiken im wirtschaftlich-monetären Bereich im Rahmen des ESZB bezieht.   **1**

II. Regelungsinhalt

Art. 285 Abs. 1 ermächtigt den Rat, im Mitentscheidungsverfahren (vgl.   **2**
Art. 251, ex-Art. 189b) Maßnahmen zur Erstellung von Statistiken zu erlassen, wobei diese für die Durchführung der Tätigkeiten der EG – auf welchem Gebiet auch immer – erforderlich sein müssen.

Art. 285 Abs. 2 legt die Prinzipien fest, die die Erstellung dieser Statistiken   **3**
leiten müssen: Unparteilichkeit, Zuverlässigkeit, Objektivität, wissenschaftliche Unabhängigkeit, Kostenwirksamkeit, statistische Geheimhaltung und keine übermäßigen Belastungen für die Wirtschaft. Ausschließlich der Begriff der „Geheimhaltung" wird (in Art. 286 Abs. 1, ex-Art. 213b) näher erläutert.

Art. 286 (ex-Art. 213b) (Schutz personenbezogener Daten)

(1) Ab 1. Januar 1999 finden die Rechtsakte der Gemeinschaft über den Schutz natürlicher Personen bei der Verarbeitung personenbezogener Daten und dem freien Verkehr solcher Daten auf die durch die-

sen Vertrag oder auf der Grundlage dieses Vertrags errichteten Organe und Einrichtungen der Gemeinschaft Anwendung.

(2) Vor dem in Absatz 1 genannten Zeitpunkt beschließt der Rat gemäß dem Verfahren des Artikels 251 die Errichtung einer unabhängigen Kontrollinstanz, die für die Überwachung der Anwendung solcher Rechtsakte der Gemeinschaft auf die Organe und Einrichtungen der Gemeinschaft verantwortlich ist, und erläßt erforderlichenfalls andere einschlägige Bestimmungen.

1   Art. 286 wurde durch den Vertrag von Amsterdam neu eingefügt.

2   Abs. 1 legt fest, daß die **RL 95/46/EG des EG und des Rates vom 24.10.1995 zum Schutz natürlicher Personen bei der Verarbeitung personenbezogener Daten und zum freien Datenverkehr** (ABl. L 1995/281), die sich wie jede andere RL an die Mitgliedstaaten wendet, auch von den Gemeinschaftsinstitutionen angewendet werden muß.

3   Abs. 2 legt die Verfahrensweise fest, um die Anwendung der oben genannten RL, die bis zum 24.10.1998 von den Mitgliedstaaten in nationales Recht umzusetzen war, vor dem 1.1.1999 sicherzustellen. Da der Vertrag von Amsterdam und damit auch Art. 286 erst nach diesem Zeitpunkt in Kraft trat, war der Abs. 2 bereits im Zeitpunkt seines Inkrafttretens überholt.

Art. 287 (ex-Art. 214) (Geheimhaltungspflicht)

Die Mitglieder der Organe der Gemeinschaft, die Mitglieder der Ausschüsse sowie die Beamten und sonstigen Bediensteten der Gemeinschaft sind verpflichtet, auch nach Beendigung ihrer Amtstätigkeit Auskünfte, die ihrem Wesen nach unter das Berufsgeheimnis fallen, nicht preiszugeben; dies gilt insbesondere für Auskünfte über Unternehmen sowie deren Geschäftsbeziehungen oder Kostenelemente.

Literatur: *Lambert*, Le secret professionnel, 1985; *Röttinger*, Die Europäischen Beamten, in: *Röttinger/Weyringer* (Hrsg.), Handbuch der europäischen Integration, 1991, 290. Siehe auch Hinweise zu Art. 284.

I. Einleitung

Art. 287 verpflichtet die genannten Personen zur **Geheimhaltung** von unter das **Berufsgeheimnis** fallenden Auskünften. Er ist eine für das ordnungsgemäße Funktionieren einer Verwaltung und für gedeihliche Beziehungen mit Dritten essentielle Bestimmung, die wesentlich der Schaffung und der Aufrechterhaltung eines gegenseitigen Vertrauens dient. Sie ist eine für eine Verwaltung übliche Bestimmung, die weit gefaßt ist. Aufgrund ihres großen Anwendungsbereichs und des großen Adressatenkreises handelt es sich um eine selbständige Bestimmung, die nicht bloß als – zweifellos notwendige – Ergänzung bzw. „Gegenstück" zu Art. 284 (ex-Art. 213) zu sehen ist (a.A. *Geiger*, Art. 214 Rn. 1; *Hummer*, in *Grabitz/Hilf*, Art. 214). 1

II. Verpflichteter Personenkreis

Zur Geheimhaltung verpflichtet sind die Mitglieder der Organe der EG, die Mitglieder der Ausschüsse sowie die Beamten und sonstigen Bediensteten der EG. 2

Mitglieder der Organe der EG (vgl. Art. 7 Abs. 1, ex-Art. 4) sind die Kommissionsmitglieder, die Mitglieder des EP, die Mitglieder des Rates, die Richter, Generalanwälte und der Kanzler des EuGH und des EuGeI sowie die Mitglieder des Rechnungshofs. Ebenso betroffen sind die Mitglieder des WSA und des AdR, nicht aber die Mitglieder der EIB und der EZB; für diese können aber spezielle Geheimhaltungsvorschriften gelten. 3

Ferner sind die Mitglieder der verschiedenen Ausschüsse unabhängig von deren Art und Natur und ihrer Rechtsgrundlage betroffen. 4

Unter den Beamten und sonstigen Bediensteten der EG sind jene Personen zu verstehen, die unter das Beamtenstatut und die Beschäftigungsbedingungen für die sonstigen Bediensteten fallen. Hier gilt die Beschränkung auf die Organe der EG im Sinne von Art. 7 Abs. 1 (ex-Art. 4) und die Ausschüsse nicht; es sind daher auch die Beamten und sonstigen Bediensteten der EZB und der EIB etc. betroffen. Allerdings sind jene Personen, die auf Vertragsbasis außerhalb des Beamtenstatuts und der Beschäftigungsbedingungen für und mit Gemeinschaftsinstitutionen arbeiten, nicht von Art. 287 erfaßt; sie müssen gesondert zur Geheimhaltung verpflichtet werden. Für 5 die Beamten gilt außerdem die in Art. 17 und 19 Beamtenstatut und für die sonstigen Bediensteten die in Art. 11 Beschäftigungsbedingungen festgelegte Verschwiegenheitsverpflichtung.

III. Geheimnisbegriff

6 Art. 287 spricht nicht direkt von geheimzuhaltenden Geheimnissen, sondern bezieht sich auf „Auskünfte, die ihrem Wesen nach unter das Berufsgeheimnis fallen". Der **Begriff „Auskünfte"** entspricht nicht jenem des Art. 284 (ex-Art. 213), sondern ist weit im Sinne von „Informationen" zu interpretieren, wie ein Vergleich mit der französischen und englischen Fassung zeigt, in denen ausdrücklich von Informationen die Rede ist (so auch *Grunwald*, in GTE, Art. 214 Rn. 12). Auf der anderen Seite sind unter Berufsgeheimnissen nicht nur jene im Bereich der freien Berufe, sondern grundsätzlich alle Geschäfts- und Amtsgeheimnisse zu verstehen.

7 In diesem Sinn ist ein **Geheimnis** eine Tatsache oder ein Ereignis, das nur einer bestimmten und nicht zu großen Zahl von Personen bekannt ist. Es ist für andere nicht oder nicht leicht zugänglich und soll entsprechend dem Willen der Person, die ein „Recht" bzw. Interesse am Geheimnis hat, nicht allgemein oder zumindest nicht außerhalb eines bestimmten Personenkreises bekannt werden. Ein wichtiges Element eines solchen Geheimnisses ist, daß dessen „Inhaber" ein objektiv berechtigtes Interesse an der Geheimhaltung hat und daß dieses Interesse von Dritten erkannt werden kann bzw. daß sich die Notwendigkeit zur Geheimhaltung aus dem Vertrauen der Allgemeinheit darauf ergibt; es muß objektiv schutzwürdig sein. Dies gilt auch für die Person des Informanten (EuGH, Rs. 145/83, Adams/Kommission, Slg. 1985, 3539).

8 Der Hinweis auf Auskünfte über Unternehmen und deren Geschäftsbeziehungen oder Kostenelemente ist bloß beispielhaft und hat vor allem Fälle des Wettbewerbsverfahrens vor Augen.

9 Als nicht unter Art. 287 fallend hat die Rechtsprechung die Faktoren zur Errechnung einer Geldbuße in einer Wettbewerbsentscheidung der Kommission angesehen, da aus ihnen nicht eindeutig der Umsatz des Entscheidungsadressaten eruierbar wäre (EuGeI, T-295/94, Buchmann/Kommission, Slg. 1998, II–813; EuGeI, T-317/94, Weig/Kommission, Slg. 1998, II–1235; EuGeI, T-334/94, Sarrió/Kommission, Slg. 1998, II–1439; EuGeI, T-338/94, Finnboard/Kommission, Slg. 1998, II–1617; EuGeI, T-347/94, Mayr-Melnhof/Kommission, Slg. 1998, II–1751; EuGeI T-354/94, Stora Kopparbergs Bergslags/Kommission, Slg. 1998, II–2111).

IV. Begriff der Preisgabe

Art. 287 befiehlt nicht Geheimhaltung, sondern verbietet – inhaltlich gleich **10**
– die **Preisgabe** von entsprechenden Auskünften. Unter Preisgabe ist das
Offenlegen von Geheimnissen bzw. deren Weitergabe an Dritte zu verstehen. Dies betrifft selbst die Weitergabe an Personen, die ihrerseits durch
Art. 287 zur Geheimhaltung verpflichtet sind, also auch die Informations-
weitergabe zwischen Gemeinschaftsorganen.

V. Dauer der Geheimhaltungspflicht

Die betroffenen Personen sind während und nach ihrer Amtstätigkeit zur **11**
Geheimhaltung verpflichtet. Sobald eine von Art. 287 umfaßte geheimzu-
haltende Auskunft aber allgemein (öffentlich) bekannt ist oder das Geheimhaltungsinteresse objektiv wegfällt, wird die Verschwiegenheitsverpflichtung bereits vorher enden. Handelt es sich um eine in der Tätigkeit eines Gemeinschaftsorgans begründete, geheim zu haltende Tatsache, so
kann das jeweilige „Ursprungsorgan" das Ende der Geheimhaltungsverpflichtung selbst festlegen.

VI. Kollisionen

Das Verbot der Preisgabe von geheimen Informationen des Art. 287 kann **12**
mit anderen gemeinschaftsrechtlichen Vorschriften und Interessen kollidieren, wobei jeweils eine für den Einzelfall adäquate Lösung gefunden werden muß. Dabei handelt es sich insbesondere um die **Begründungspflicht**
für Rechtsakte (Art. 253, ex-Art. 190), um den Grundsatz des **rechtlichen**
Gehörs (Art. 19 Abs. 2 VO 17; dazu auch EuGH, Rs. 85/76, Hoffmann-La
Roche/Kommission, Slg. 1979, 461; Rs. 53/85, AKZO Chemie/Kommissi-
on, Slg. 1986, 1965; verb. Rs. 142 und 156/84, British American Tobacco
Company und Reynolds Industries/Kommission, Slg. 1987, 4487) sowie
um die **Veröffentlichungspflicht** von Gemeinschaftsakten und insbesondere von Einzelfallentscheidungen (EuGH, verb. Rs. 296 und 318/82, Niederlande und Leeuwarder Papierfabriek/Kommission, Slg. 1985, 809).

VII. Sanktionen

Art. 287 selbst sieht keine Sanktionen vor, doch sehen Art. 86 Beamten- **13**
statut und Art. 49 und 76 Beschäftigungsbedingungen für die Verletzung
der Verschwiegenheitsverpflichtung **Disziplinarmaßnahmen** vor. Art. 288
(ex-Art. 215) Abs. 2 legt eine Schadenersatzpflicht der EG für den durch

ihre Organe oder Bediensteten in Ausübung ihrer Amtstätigkeit verursachten Schaden fest (dazu EuGH, Rs. 145/83, Adams/Kommission, Slg. 1985,
3539). Gem. Art. 288 (ex-Art. 215) Abs. 4 können die Bediensteten entsprechend den Vorschriften des Beamtenstatuts bzw. der Beschäftigungsbedingungen zum Schadenersatz herangezogen werden.

VIII. Zugang der Öffentlichkeit zu Dokumenten

14   Jede Geheimhaltungsverpflichtung steht in einem Spannungsfeld zum Zugang der Öffentlichkeit zu Dokumenten. Die Frage der Offenheit der Europäischen Institutionen gegenüber der Bevölkerung ist ein seit langem dis-
kutiertes Thema und führte schließlich zur Erklärung zum Recht auf Zugang zu Informationen in der Schlußakte des EUV. Am 3. Mai 1993 haben
der Rat und die Kommission einen **Verhaltenskodex** für den Zugang der
Öffentlichkeit zu Rats- und Kommissionsdokumenten (93/730/EG, ABl. L
340/41) beschlossen. Dieser Verhaltenskodex geht vom Grundsatz aus, daß
die Öffentlichkeit möglichst umfassenden Zugang zu den Dokumenten der
Kommission und des Rates erhalten soll. Als Dokument gelten alle Schriftstücke mit bereits vorhandenen Informationen unabhängig vom Datenträger. Dieser allgemein gehaltene Verhaltenskodex wurde von der Kommission für ihren Bereich mit Beschluß vom 8. Februar 1994 (94/90/EGKS, EG,
Euratom, ABl. L 46/58; geändert durch den Kommissionsbeschluß vom 19.
September 1996, 96/567/EG, EGKS, Euratom, ABl. L 247/45) umgesetzt
(Einzelheiten hierzu siehe bei Art. 225 Rn. 7–9).

Art. 288 (ex-Art. 215) (Haftung der Gemeinschaft und der Bedienste-
ten)

**Die vertragliche Haftung der Gemeinschaft bestimmt sich nach dem
Recht, das auf den betreffenden Vertrag anzuwenden ist.**

**Im Bereich der außervertraglichen Haftung ersetzt die Gemeinschaft
den durch ihre Organe oder Bediensteten in Ausübung ihrer Amtstätigkeit verursachten Schaden nach den allgemeinen Rechtsgrundsätzen, die den Rechtsordnungen der Mitgliedstaaten gemeinsam sind.**

**Absatz 2 gilt in gleicher Weise für den durch die EZB oder ihre Be-
diensteten in Ausübung ihrer Amtstätigkeit verursachten Schaden.**

**Die persönliche Haftung der Bediensteten gegenüber der Gemein-
schaft bestimmt sich nach den Vorschriften ihres Statuts oder der für
sie geltenden Beschäftigungsbedingungen.**

Literatur (Art.288): *Aubin*, Die Haftung der Europäischen Wirtschaftsgemeinschaft und ihrer Mitgliedstaaten bei gemeinschaftsrechtswidrigen Verwaltungsakten, 1982; *Capelli/Nehls,* Die außervertragliche Haftung der Europäischen Gemeinschaft und Rechtsbehelfe zur Erlangung von Schadenersatz gemäß Art. 215 EGV – Wertung, Kritik und Reformvorschlag, EuR 1997, 132*; Fuß,* Zur Rechtsprechung des EuGH über die Gemeinschaftshaftung, in FS von der Heydte, 1977, 173; *Fuß,* Die allgemeinen Rechtsgrundsätze über die außervertragliche Haftung der Europäischen Gemeinschaften. Zur Methode ihrer Auffindung, in FS Raschhofer, 1977, 43; *Gilsdorf,* Die Haftung der Gemeinschaft aus normativem Handeln auf dem Hintergrund der Rechtsprechung des Europäischen Gerichtshofs, EuR 1975, 73; *Grabitz,* Zur Haftung der Europäischen Gemeinschaften für normatives Unrecht, in *Grewe/Rupp/Schneider* (Hrsg.), FS Kutscher, 1981, 215; *Grunwald,* Die nicht-völkerrechtlichen Verträge der Europäischen Gemeinschaften, EuR 1984, 227; *Haack,* Die außervertragliche Haftung der Europäischen Gemeinschaft für rechtmäßiges Verhalten ihrer Organe, 1995*; Heldrich*, Artikel 215 Absatz 2 des EWGV, JZ 1960, 681; *Herdegen,* Die Haftung der Europäischen Wirtschaftsgemeinschaft für fehlerhafte Rechtsetzungsakte, 1983; *Ipsen,* Zur Haftung für normatives Unrecht nach europäischem Gemeinschaftsrecht, FS Jahrreiß, 1975, 85; *Krüger,* Die Abhängigkeit der Amtshaftungsklage von der erfolgreichen Durchführung der Nichtigkeits- bzw. Untätigkeitsklage im Recht der EWG (Art. 215 Abs. 2 EWGV),

1976; *Modest*, Haftung der Gemeinschaft für durch Erlaß von Rechtsvorschriften dem Einzelnen zugefügten Schäden, RIW 1978, 530; *Röttinger/Weyringer* (Hrsg.), Handbuch der europäischen Integration, 1996; *Schockweiler/Wirenes/Godart*, Le régime de la résponsabilité extra-contractuelle du fait d'actes juridiques dans la Communauté européenne, RTDE 1990, 27; *Weis*, Die außervertragliche Haftung der EWG gemäß Art. 215 Abs. 2 EWGV, JZ 1980, 480; *Schmitz*, Die Haftung der EWG für Verordnungsrecht im Abgaben- und Beihilfenrecht, 1987; *von Bogdandy*, Europa 1992 – Die außervertragliche Haftung der Europäischen Gemeinschaften, JUS 1990, 872.

Literatur (Staatshaftung): *Barav*, State liability in Damages for Breach of Community Law in the National Courts, YEL 1996, 87; *Borchardt*, Haftung der Mitgliedstaaten für die Verletzung von Gemeinschaftsrecht, in *Dauses* (Hrsg.), Handbuch des EG-Wirtschaftsrecht 1997, P.I Rn 39ff.; *Deckert*, Zur Haftung des Mitgliedstaates bei Verstößen seiner Organe gegen europäisches Gemeinschaftsrecht, Eur 1997, 203; *Detterbeck*, Staatshaftung für die Mißachtung von EG-Recht, Verwaltungsarchiv 1994, 159; *Fines*, Quelle obligation de réparer pour la violation du droit communautaire?, RTDE 1997, 69; *Jaag*, Die Francovich-Rechtsprechung des Europäischen Gerichtshofs : Die Haftung der EG-Mitgliedstaaten für die Verletzung von Gemeinschaftsrecht, SZIER 1996, 505; *Lengauer*, Haftung eines Mitgliedstaates für die Verletzung von EG-Recht, *ÖJZ 1997, 81*; *Martin-Ehlers*, Grundlagen einer gemeinschaftsrechtlich entwickelten Staatshaftung, EuR 1996, 376; *Möllers*, Doppelte Rechtsfortbildung contra legem ?, EuR 1998, 20; *Reich*, Der Schutz subjektiver Gemeinschaftsrechte durch Staatshaftung, EuZW 1996, 709; *Schockweiler*, Die Haftung der EG-Mitgliedstaaten gegenüber dem einzelnen bei Verletzung des Gemeinschaftsrechts, EuR 1993, 107; *Tesauro*, Responsabilité des États membres pour violation du droit communautaire, RMUE 1996, 15; *Ukrow*, Richterliche Rechtsfortbildung durch den EuGH, 1995.

I. Einleitung

1   Art. 288 bildet die Rechtsgrundlage für die **vertragliche Haftung der Gemeinschaft** (Abs. 1), die **außervertragliche Haftung der Gemeinschaft** (Abs. 2 und 3), sowie die **persönliche Haftung der Bediensteten** gegenüber der Gemeinschaft (Abs. 4). Im Bereich der außervertraglichen Haftung der Gemeinschaft kommt den vom EuGH in langjähriger Rechtsprechung entwickelten Anspruchs- und Klagevoraussetzungen besonderes Gewicht zu. Die **Klagevoraussetzungen, sowie** die **gerichtliche Zuständigkeit für Art. 288 Abs. 2** sind in **Art. 235** (ex-Art. 178) geregelt (vgl. die dortige Kommentierung).

2   Im Anschluß an Art. 288 wird die **Haftung der Mitgliedstaaten** bei Verstößen gegen das Gemeinschaftsrecht, deren Anspruchsgrundlage im Gemeinschaftsrecht wurzelt (s. Rn. 46), behandelt. Da dieses Prinzip vom EuGH rechtsfortbildend geschaffen wurde, mit dem Argument, daß es sich aus dem Wesen der Gemeinschaftsrechtsordnung interpretativ ableiten lasse, war eine Einordnung bei der Kommentierung der einzelnen Artikel des

Vertrages nicht eindeutig vorgegeben. In jüngster Zeit zeichnet sich jedoch
in der Rspr. des Gerichtshofes eine gewisse Parallelität bei den Anspruchsvoraussetzungen zwischen Art. 288 Abs. 2 und dem Anspruch gegen die
MS ab. In der Rs. „Brasserie du Pêcheur" (EuGH, C- 46/93 u. 48/93, Brasserie du Pêcheur und The Queen/Secretary of State for Transport, ex parte:
Factortame Ltd u.a., Slg. 1996, I–1029, Rn. 42 m. Anm. v. *Streinz*, EuZW
1996, 201) führte der EuGH aus, daß sich die Voraussetzungen für die Begründung der Haftung des Staates für Schäden, die dem einzelnen wegen
Verstoßes gegen das Gemeinschaftsrecht entstehen, nicht ohne besonderen
Grund von den Voraussetzungen unterscheiden dürfen, die für die Haftung
der Gemeinschaft unter vergleichbaren Umständen gelten. Der Schutz der
Rechte, die der einzelne aus dem Gemeinschaftsrecht herleitet, kann nämlich nicht unterschiedlich sein, je nachdem, ob die Stelle, die den Schaden
verursacht hat, nationalen oder Gemeinschaftscharakter hat. Es ist hervorzuheben, daß dieses **Koheränzpostulat** nicht unbedingt dazu führte, daß
die zu Art. 288 Abs. 2 aufgestellten Tatbestandselemente bedeutungsgleich
im Rahmen der Staatshaftung eingefügt wurden. Vielmehr scheint die Rspr.
zur Staatshaftung geeignet zu sein präzisierende Wirkungen auf die unter
Art. 288 Abs. 2 entwickelten Aspekte nach sich ziehen zu können.

II. Vertragliche Haftung

Gem. Art. 288 Abs. 1 bestimmt sich die vertragliche Haftung der Gemein- **3**
schaft nach dem auf den betreffenden Vertrag anwendbaren Recht. Eine
Herausbildung gemeinschaftsrechtlicher Grundsätze ist also nicht vorgesehen. Bei den Verträgen ist primär an Rechtsgeschäfte zu denken, welche die
Gemeinschaft im Rahmen ihrer Rechts- und Geschäftsfähigkeit auf Grund
von Art. 282 (ex-Art. 211) abschließt. Das können **privatrechtliche** oder
öffentlich-rechtliche Verträge sein, mit einer natürlichen Person – z.B.:
örtlich Bedienstete der Gemeinschaft, Ankauf, Miete etc. von beweglichem
und unbeweglichem Vermögen –, einer juristischen Person, einer Gebietskörperschaft, einem Mitgliedstaat, einem Drittstaat oder einer internationalen Organisation (vgl. Art. 300, ex-Art. 228). Auf der anderen Seite muß die
Gemeinschaft selbst, eines ihrer Organe, die Europäische Investitionsbank
(EuGH, Rs. 110/75, Millis/Europäische Investitionsbank, Slg. 1976, 955)
oder – analog zu Art. 238 (ex-Art. 181) – ein von ihr beauftragter und bevollmächtigter Organismus oder eine solche Person stehen (vgl. GA Lenz,
in EuGH, Rs. 109/83, Eurico/Kommission, Slg. 1984, 3581); in diesem Fall
liegt dann ein Mandatsverhältnis vor. Auf den Inhalt des zivilen oder öffentlich-rechtlichen Vertrages kommt es nicht an (Forschungsvertrag:

EuGH, Rs. 251/84, Zentrale Marketinggesellschaft der deutschen Agrar-wirtschaft/Kommission, Slg. 1986, 222; Vertrag über Reinigungsarbeiten: EuGH, Rs. 23/76, Pellegrini u.a./Kommission, Slg. 1976, 1807).

4   Das auf den Vertrag **anzuwendende Recht** ergibt sich in erster Linie aus einer entsprechenden ausdrücklichen Vertragsbestimmung, die den übereinstimmenden Willen der Parteien zum Ausdruck bringt (Klage der Kommission wegen Schlecht – bzw. Nichterfüllung von Bauaufträgen: EuGH, Rs. 318/81, Kommission/CO.DE.MI., Slg. 1985, Rn. 21) bzw. aus dem auf andere Weise erkennbaren Willen der Vertragsparteien. Wenn sich aus dem Vertrag nichts ergibt, sind die Regeln des Kollisionsrechts (Internationalen Privatrechts) anzuwenden. Es kann sich um das Recht eines Mitgliedstaates oder eines Drittstaates oder – z.B. in Beamtensachen – um Gemeinschaftsrecht handeln. Bisweilen kann eine Streitfrage auch ausschließlich auf der Basis des Vertrags ohne weitere Hinzuziehung eines nationalen Rechts gelöst werden (Versicherungsvertrag: EuGH, Rs. 23/81, Kommission/Royale Belge u.a., Slg. 1983, 2685).

5   Grundsätzlich sind gem. Art. 240 (ex-Art. 183) die **nationalen Gerichte** zur Entscheidung über Schadenersatzklagen aus Verträgen gegenüber der Gemeinschaft sachlich zuständig. Durch eine entsprechende Vertragsbestimmung (Schiedsklausel) kann aber auch der EuGH gem. Art. 238 (ex-Art. 181) zuständig gemacht werden. Für Klagen von Beamten oder sonstigen Bediensteten auf Grund des Beamtenstatuts ist der Gerichtshof (EuGeI), gemäß Art. 236 (ex-Art. 179), ausschließlich zuständig (s. Art. 235 (ex-Art. 178), Rn. 3).

III. Außervertragliche Haftung

1. Rahmenbedingungen

6   **Art. 288 Abs. 2** regelt die außervertragliche Haftung der Gemeinschaft. Dabei wurde der Wortlaut als **ausfüllungsbedürftiger Tatbestand** konstruiert. Der Vertragsgesetzgeber ging also davon aus, daß ein Haftungssystem für jene Schäden, die von den Organen der Gemeinschaft in Ausübung ihrer Amtstätigkeit verursacht werden, im Detail von der Rechtsprechung zu konkretisieren ist. Bedenkt man die Bedeutung dieser Vorschrift, insbesondere für den Individualrechtsschutz, so verwundert der knappe Verweis auf die den Rechtsordnungen der MS gemeinsamen Rechtsgrundsätze, der sich in der Praxis als ungeeigneter Bezugspunkt erwiesen hat.

7   Der **Verweis auf die mitgliedstaatlichen Rechtsordnungen** bezieht sich ganz allgemein auf die gemeinsamen Rechtsgrundsätze, und nicht konkret

auf jene Normen, die in den MS die Staatshaftung regeln. Es besteht allgemein Einigkeit darüber, daß der Verweis ein wertendes und nicht rezeptives Vorgehen bei der Rechtsvergleichung fordert (GA Roemer in, EuGH, Rs. 5/71, Aktien-Zuckerfabrik Schöppenstedt/Rat, Slg. 1971, 990; Fuß in FS v.d.Heydte, 174), bei dem insbesondere die Vertragsziele und die Besonderheiten der Gemeinschaftsstruktur berücksichtigt werden müssen. Es ist auch h.M., daß neue MS in den Kreis der Rechtsvergleichung aufzunehmen sind. Tatsache ist, daß sich in den Urteilen des Gerichtshofs i.d.R. keine Hinweise zu rechtsvergleichenden Überlegungen finden. Insofern wird der Verweis in einem sehr liberalen Sinne angewendet und mehr als **Ermächtigung zur richterlichen Rechtsfortbildung** verstanden. Das Gebot zur Rechtsvergleichung wurde in der Anfangsphase meistens von den Generalanwälten wahrgenommen, und/oder ex post durch die Literatur. Einzuräumen ist, daß ein rechtsschaffendes Vorgehen, gepaart mit einem gewissen Grad an Interessen- und Wertungsjurisprudenz speziell dann vonnöten ist, wenn den Rechtsordnungen der MS gerade keine einheitlichen allgemeinen Rechtsgrundsätze gemein sind.

8

Die in Absatz 2 erwähnten Haftungsvoraussetzungen wurden in den **70er Jahren** und in der ersten Hälfte der **80er Jahre** durch den EuGH konkretisiert. Durch die nachfolgende Rspr. kam es zu einer beständigen Konturenverbesserung hinsichtlich der Klagevoraussetzungen, der Tatbestandselemente, der Terminologie und einiger konzeptueller Fragen, zumindest dem Grundsatz nach.

9

2. Anspruchsvoraussetzungen

Nach st. Rspr. wird die außervertragliche Haftung der Gemeinschaft ausgelöst, wenn der Kläger die **Rechtswidrigkeit** des dem betreffenden **Organ** vorgeworfenen **Verhaltens, das in Ausübung einer Amtstätigkeit** gesetzt wurde, das Vorliegen eines **Schadens** und das Bestehen eines **Kausalzusammenhangs** zwischen diesem Verhalten und dem geltend gemachten Schaden nachweisen kann.

10

a) Organverhalten in Ausübung einer Amtstätigkeit

Der Schaden muß durch die **Organe** der Gemeinschaft oder durch die EBZ (Abs. 3) entstanden sein. Organe der Gemeinschaft sind zumindest jene aus Art. 7 (ex-Art. 4). Es ist jedoch h.M., daß Art. 288 Abs. 2 weitergeht. Umfaßt ist auch die EIB (EuGH, C-370/89, SGEEM und ETROY/EIB, Slg. 1992, I–6211, Rn. 16) und alle Organe, die auf Grund ihrer durch den Vertrag zugewiesenen Zuständigkeiten einen Schaden herbeiführen können.

11

Bei Beleihung mit hoheitlichen Funktionen, haftet das Organ der Gemeinschaft (EuGH, Rs. 18/60, Louis Worms/EGKS, Slg. 1962, 377). Der Begriff „**Bediensteter**" ist weit auszulegen und umfaßt damit Beamte wie auch sonstige Bedienstete.

12 Als **Amtstätigkeit** versteht der Gerichtshof ein Verhalten der Bediensteten, das sich aufgrund einer unmittelbaren inneren Beziehung notwendig aus den Aufgaben der Organe ergibt. Ein Unfall, den ein Bediensteter auf einer Dienstreise mit seinem privaten PKW verursacht, löst nicht die Haftung der Gemeinschaft aus, da das Fahren eines PKW's nicht zur Ausübung der Amtstätigkeit gehört (EuGH, Rs. 9/69, Claude Sayag und S.A. Zürich/Jean-Pierre Leduc u.a., Slg. 1969, Rn. 5/11; interessant die Einschränkung für höhere Gewalt und außergewöhnliche Umstände zwingender Art; liegt dieser Sachverhalt vor und kann der Bedienstete sonst seiner Tätigkeit nicht nachkommen, läge doch eine Amtstätigkeit vor.). Anders jedenfalls, wenn der Bedienstete Chauffeur des Dienstwagens ist (EuGH, Rs. 136/84, Gerhardus Leussink u.a./Kommission, Slg. 1986, 2801).

13 Besteht das gerügte Verhalten in einer **Unterlassung** eines Gemeinschaftsorgans, so kann es die Haftung der Gemeinschaft nur dann begründen, wenn das betreffende Organ gegen eine Rechtspflicht zum Handeln verstoßen hat, die sich aus einer Gemeinschaftsvorschrift ergibt. (EuGeI, T-113/96, Edouard Dubois et Fils SA/Rat und Kommission, Slg. 1998, II–125, Rn. 56; EuGH, C-146/91, KYDEP/Rat und Kommission, Slg. 1994, I–4199, Rn. 58).

14 Zu beachten ist, daß eine Amtstätigkeit dann nicht vorliegt, wenn **primäres durch die Mitgliedstaaten gesetztes Gemeinschaftsrecht** beanstandet wird. Dies ist weder eine Handlung der Organe noch der Bediensteten in Ausübung ihrer Amtstätigkeit (EuGeI, T-113/96, Edouard Dubois et Fils SA/Rat und Kommission, Slg. 1998, II–125, Rn. 47; EuGH, Rs. 169/73, Compagnie Continentale France/Rat, Slg. 1975, 117, Rn. 16). Ebenso handeln nicht die Organe und Bediensteten der Gemeinschaft, wenn nationale Behörden auf Grund von Gemeinschaftsrecht tätig werden.

15 Die **Abgrenzung** zwischen dem Verhalten der **Gemeinschaft** und **nationalen Behörden** ist insofern wichtig, da nur im ersten Fall Art. 288 Abs. 2 zum Tragen kommt. Über die Rechtmäßigkeit der nationalen Maßnahmen haben die nationalen Gerichte zu entscheiden (vgl. Art. 234 (ex-Art. 177), Rn. 1 – 3). Wenn dabei die unrichtige Anwendung von Gemeinschaftsrecht festgestellt wird, ist, unabhängig von Rechtsschutzmöglichkeiten im nationalen Recht, jedenfalls im Rahmen des nationalen Verfahrens ein Schadenersatzanspruch nach den Kriterien des Gemeinschaftsrechts zu prüfen (s. Rn. 44f.). Sollte die nationale Rechtsordnung keinen hinreichenden Rechts-

schutz für das Verhalten nationaler Organe anbieten und damit die Erlangung von Schadenersatz unmöglich machen, hat der EuGH eine unmittelbar erhobene Schadenersatzklage nach Art. 235, Art. 288 Abs. 2 für zulässig erachtet (vgl. Art. 235 (ex-Art. 178), Rn. 12).

Zu dem noch nicht judizierten Sachverhalt, bei dem sowohl Organe der Gemeinschaft als auch solche des MS jeweils in ihrem Tätigkeitsbereich Handlungen setzen, und die sich aus diesem gemeinsamen Handeln eventuell ergebende gemeinsamen Verantwortung zum Schadenersatz, siehe die Überlegungen in Rn. 13 zu Art. 235 (ex-Art.178). Kommt der Kommission jedoch ausnahmsweise die **Befugnis** zu den nationalen Behörden ihre **Entscheidung vorzuschreiben**, und macht sie davon auch Gebrauch, wird das Verhalten der Gemeinschaft zugerechnet und kann gem. **Art. 235** (ex-Art. 178) und **288 Abs. 2** vor dem Gerichtshof eingeklagt werden (EuGH, Rs. 175/84, Fa. Krohn und Co.Import-Export/Kommission, Slg. 1986, 753).   **16**

Keine Haftung der Gemeinschaft besteht für Ausgleichsabgaben, die von   **17**
nationalen Behörden auf und für Rechnung der Gemeinschaft erhoben werden (EuGH, Rs. 96/71, R.und V. Haegemann GmbH/Kommission, Slg. 1972, 1005), bei Ablehnung eines Antrages auf Ausfuhrerstattungen und Übergangsvergütungen für Lagerbestände (EuGH, Rs. 99/74, Societé des Grands Moulins des Antilles/Kommission, Slg. 1975, 1531), der Erhebung von Einfuhrabgaben durch Zollbehörden (EuGH, Rs. 46/75, IBC Importazione bestiame carni S.R.L./Kommission, Slg. 1976, 65) oder der nationalen Entscheidung, Beihilfen, die zu Unrecht gewährt wurden, zurückzufordern (EuGH, Rs. 89 u. 91/86, CNTA/Kommission, Slg. 1987, 3005). In all diesen Fällen haben die Geschädigten den innerstaatlichen Rechtsweg zu beschreiten, da Art. 288 Abs. 2 dem Gerichtshof nicht die Möglichkeit eröffnet, Entscheidungen der einzelstaatlichen Behörden, denen die Durchführung bestimmter Maßnahmen durch das Gemeinschaftsrecht übertragen sind, auf ihre Rechtmäßigkeit hin zu überprüfen oder über die finanziellen Folgen zu befinden, die sich aus der eventuellen Rechtsunwirksamkeit solcher Entscheidungen ergeben.

Wenn Organe der Gemeinschaft im Rahmen einer internen Zusammenarbeit mit den nationalen Behörden **administrative Hilfe** leisten, liegt keine Amtstätigkeit i.S.d. Artikel 288 Abs. 2 vor. Ein Schreiben der Kommission, das die Ablehnung eines Antrags auf Zahlung von Ausfuhrerstattungen nahelegt, kann an der eigenständigen und unabhängigen Natur der nationalen Verwaltungsentscheidung nichts ändern. Solche Verhaltensweisen durch die Organe der Gemeinschaft entfalten keine Rechtswirkung und dienen ausschließlich der notwendigen, internen Zusammenarbeit im Bereich des indirekten Vollzugs von Gemeinschaftsrecht (EuGH, Rs. 133/79, Sucrimex   **18**

S.A. und Westzucker GmbH/Kommission, Slg. 1980, 1299). Die Organe der Gemeinschaft haben auch **keine** einklagbare **Pflicht** nationale Behörden über die richtige Anwendung des Gemeinschaftsrecht **zu informieren**. Wenn eine Verordnung im ABl. durch Streik bedingt einen Tag später ausgeliefert wird, ist sie auch erst einen Tag später anzuwenden (EuGH, Rs. 88/76, Société pour l'exportation des sucres SA/Kommission, Slg. 1977, 709). Wird dies von den nationalen Behörden nicht in Betracht gezogen, kann der Kommission nicht vorgeworfen werden, sie hätte eine Informationspflicht gegenüber diesen Verwaltungsbehörden verletzt (EuGH, Rs. 12/79, Fa. Hans-Otto Wagner GmbH Agrarhandel KG/Kommission, Slg. 1979, 3657).

b) Rechtswidrigkeit

19 In der Anfangsphase stellte der Gerichtshof auf das Vorliegen eines **Amtsfehlers** ab (EuGH, Rs. 25/62, Fa. Plaumann und Co/Kommission, Slg. 1963, 199, 240). In weiterer Folge, und im Urteil „Holtz & Willemsen" expressis verbis (EuGH, Rs. 153/73, Holtz und Willemsen GmbH/Rat und Kommission, Slg. 1974, 675, Rn. 7), **ging der EuGH** jedoch von diesem subjektiven Konzept **über zur objektiven Voraussetzung der Rechtswidrigkeit**. Damit käme es auf ein **Verschulden** nicht an.

20 Das **Verständnis der Rechtswidrigkeit**, das für Art. 230 (ex-Art. 173) gilt, reicht jedoch für Art. 288 Abs. 2 nicht aus. Es sind zusätzliche **Kriterien** zu prüfen. Der Gerichtshof verlangt, daß eine höherrangige Schutznorm in hinreichend qualifizierter Weise verletzt wurde. Die Systematisierung und theoretische Einordnung dieser Kriterien ist schwierig, zumal die Rspr. auch sprachlich nicht immer konstant ist. In den nachfolgenden Rn. werden aus Gründen der Übersichtlichkeit die Entwicklungen im Zusammenhang mit normativen und administrativen Akten getrennt dargestellt.

21 Im Bereich **normativer Akte** ist zu bedenken, daß Art. 288 Abs. 2 keine Hinweise darüber enthält, ob die Gemeinschaft auch für Rechtsetzungsakte haften soll. Daher mußte dies dem Grundsatz nach vom EuGH anerkannt werde, was in der Rs. „Schöppenstedt" auch implizit geschah (EuGH, Rs. 5/71, Aktien-Zuckerfabrik Schöppenstedt/Rat, Slg. 1971, 990). Normatives Verhalten der Gemeinschaft liegt immer dann vor, wenn Rechtshandlungen i. S. d. Art. 249 (ex-Art. 189) gesetzt werden, also auch dann, wenn die Kommission Durchführungsmaßnahmen trifft, die sie als abgeleitete Befugnis gem. Art. 211 (ex-Art. 155) ausübt.

22 Die Rspr. zur Haftung der Gemeinschaft bei normativem Verhalten ist von besonderem Interesse, da der Gerichtshof in diesem Bereich die Formel der

qualifizierten Verletzung einer höherrangigen Schutznorm schrittweise
herausgearbeitet hat. Ausgangspunkt war, daß die Rechtswidrigkeit des
Verhaltens notwendige, jedoch nicht ausreichende Bedingung sein soll. Der
Judikatur folgend haftet die Gemeinschaft bei normativem Verhalten nur,
wenn durch das rechtswidrige Verhalten eine höherrangige, den einzelnen
schützende Rechtsnorm verletzt wurde. War dem Gemeinschaftsgesetzgeber ein weites Ermessen bei seiner Entscheidung eingeräumt – z.B. die Abwägung wirtschaftlicher Aspekte –, so wird die Haftung der Gemeinschaft
überdies nur ausgelöst, wenn die Verletzung (hinreichend) qualifiziert ist
(st. Rspr., EuGH, Rs. 5/71, Aktien-Zuckerfabrik Schöppenstedt/Rat, Slg.
1971, 975, Rn. 10).

Die Unterscheidung nach normativen Akten ohne weitem Ermessen und   **23**
solchen, die dem Gesetzgeber einen wirtschaftspolitischen Gestaltungsspielraum lassen, gibt den Anschein einer einschränkenden Betrachtungsweise. Der EuGH hat jedoch den Begriff der **„wirtschaftspolitischen Entscheidung"** sehr extensiv ausgelegt und diesen Typus auch bei Durchführungsverordnungen von Rat und Kommission anerkannt hinter denen
kein eigenes wirtschaftspolitisches Konzept steht. Damit hat die angedeu-
tete Nuancierung nicht dazu geführt, daß bei stark interventionistischen Politikbereichen (z.B. GAP) und anderen, mehr technischen Politikbereichen,
unterschiedliche Haftungsvoraussetzungen gelten. Der Gerichtshof prüft in
der Praxis jedes Mal, ob eine qualifizierte Verletzung einer höherrangigen
Schutznorm vorliegt.

Im Bereich der **Verwaltungshandlungen durch die Gemeinschaft** wurde   **24**
in der Literatur in Bezug auf Art. 288 Abs. 2 argumentiert, daß jede rechtswidrige Handlung/Unterlassung der Verwaltungsbehörden die Haftung der
Gemeinschaft auslösen könne. Der Nachweis, daß die Norm oder das Prinzip die Interessen des einzelnen Geschädigten schützt und, daß eine hinreichend qualifizierte Verletzung vorliegt, seien nicht erforderlich (Schockweiler, 57). Diese Begründung steht unter der Prämisse, daß jeder Verstoß
durch die Verwaltungsbehörden per se ein(e) höherrangige(s) Prinzip/Norm
verletzt. Ob diese These auch vom EuGH vertreten wird, ist indes fraglich.
Im Urteil „KYDEP" prüfte der EuGH tatsächlich nur die „bloße" Rechtswidrigkeit des Verhaltens, allerdings wurde dieses Prüfungsschema im konkreten Fall auch auf Rechtsakte angewandt (EuGH, C-146/91, KYDEP/Rat
und Kommission, Slg. 1994, I–4199). In der Rs. „Adams" (EuGH, Rs.
145/83, Stanley George Adams/Kommission, Slg. 1985, 3539 Rn. 34) hat
der EuGH zumindest geprüft, ob die Verletzung des Prinzips der Verschwiegenheitspflicht dazu dient, die Interessen des Betroffenen zu schützen. Unter der Prämisse des Kohärenzpostulats (s. Rn. 2), sollte das Urteil

„Lomas" (s. Rn. 53) aus dem Bereich der Staatshaftung, in dem der hinreichend qualifizierte Verstoß gegen ein subjektives Recht aus der Gemeinschaftsrechtsordnung als Voraussetzung gefordert wird, für diesen Bereich,
zumindest teilweise, Aufklärung schaffen (s. auch Rn. 49).

aa) höherrangige, dem Schutz des einzelnen dienende Rechtsnorm

25 Ein wesentliches Element zur Feststellung der Rechtswidrigkeit des Verhaltens ist, daß eine Rechtsnorm verletzt wurde, der Schutznormcharakter
zukommt. So verlangte der EuGH im Urteil „Kampffmeyer I", daß die verletzte Norm gerade **zum Schutz der Interessen des Geschädigten** bestimmt sein muß. Dies ist auch der Fall, wenn die Norm dem Interesse der
Allgemeinheit dient, jedoch nicht ausgeschlossen ist, daß sie auch individuelle Interessen schützen soll (EuGH, Rs. 5, 7, 13–24/66, Fa.Kampff-
meyer u.a./Kommission, Slg. 1967, 317, Rn. 22). Obwohl es Anhaltspunkte in der Rspr. gibt, kann noch keine exakte Abgrenzung gegeben werden
was eine Schutznorm ist, und in welcher Richtung sie verletzt sein muß, um
im Rahmen des Gemeinschaftsrechts Relevanz zu erlangen. Die Literatur
hebt hervor, daß sich der Schutzzweck im gegebenen Fall gerade beim Geschädigten, in dessen Sphäre, realisieren muß, um einen Anspruch auslösen
zu können (Herdegen, 118; *Gilsdorf/Oliver*, GTE, Art. 215, Rn. 40). Offen
bleibt, warum der Gerichtshof im Bereich der Staatshaftung die Verletzung
eines konkreten subjektiven Rechts (s. Rn. 49), hingegen für Art. 288
Abs. 2 den Verstoß gegen eine höherrangige, dem Schutz der Interessen des
einzelnen dienenden Norm, fordert.

26 Weiterhin ist nicht ganz eindeutig, was unter einer **höherrangig**en Norm zu
verstehen ist. Sollten dabei nur Grundrechte oder fundamentale Recht-
sprinzipien zum Tragen kommen, wäre dies mit einer starken Einschränkung des Haftungsanspruchs verbunden. Es wird daher im Schrifttum die
Ansicht vertreten, daß höherrangig nur i. S. v. **normenhierarisch übergeordnet** zu verstehen ist (Herdegen, 122; von Bogdandy in Grabitz/Hilf, Art.
215, Rn. 93).

27 Unter dem Anspekt der „Verletzung einer höherrangigen Schutznorm"hatte der Gerichtshof in Schadenersatzverfahren besonders oft den **Gleicheits-
grundsatz** zu prüfen; i.d.R. lag keine Verletzung vor (EuGH, Rs. 153/73,
Holtz und Willemsen GmbH/Rat und Kommission, Slg. 1974, 675; EuGH,
Rs. 43/72, Merkur, Slg. 1973,1055; EuGH, verb.Rs. 63–69/72, Werhahn,
Slg. 1973, 1229). Weiterhin wurden u.a. der **Vertrauensschutz** (EuGH,
verb. Rs. C-104/89 und C-37/90, Mulder, Slg. 1992, I–3061; EuGH, Rs.
74/74, CNTA, Slg. 1975, 533, wo eine Verletzung angenommen wurde, da

ein Unternehmer darauf vertrauen könne, daß bereits abgeschlossene Geschäfte, von denen er sich faktisch nicht mehr lösen kann, nicht unvorhersehbaren Änderungen unterworfen werden.) und der **Verhältnismäßigkeitsgrundsatz** (EuGH, verb. Rs. 63–69/72, Werhahn, Slg. 1973, 1229) geprüft. Auch das Gebot der **Stabilisierung der Agrarmärkte** wird oft verneint (EuGH, verb. Rs. 63–69/72, Werhahn, Slg. 1973, 1229: das Gebot bedeute nicht, daß unter früheren Marktbedingungen erlangte Marktpositionen unter allen Umständen erhalten bleiben müssen).

bb) hinreichend qualifizierte Verletzung

Der Gerichtshof verlangt eine hinreichend qualifizierte Verletzung der höherrangigen Schutznorm. Um dies beurteilen zu können, prüft der Gerichtshof als entscheidendes Kriterium, ob das handelnde Organ seine **Befugnisse offenkundig und erheblich überschritten** hat (EuGeI, T-267/94, Oleifici Italiani Spa/Kommission, Slg. 1977, II 1239, Rn. 22; EuGH, verb. Rs. 83, 94/76 u. 4, 15, 40/77, Bayerische HNL Vermehrungsbetriebe GmbH und Co. KG u.a./Rat und Kommission, Slg. 1978, 1209, Rn. 6). **28**

Dieses Merkmal wird vor allem **bei normativen Akten mit wirtschaftspolitischem Gestaltungsspielraum** vom EuGH besonders streng geprüft wird. Die daraus resultierende restriktive Haltung beruht auf der Erwägung, daß die Legislative selbst dann, wenn ihre Handlungen richterlicher Kontrolle unterworfen sind, bei ihrer Willensbildung nicht jedesmal durch die Möglichkeit von Schadenersatzklagen behindert werden darf, wenn sie Anlaß hat im Allgemeininteresse Rechtsnormen zu erlassen, welche die Interessen der einzelnen berühren können (EuGH, verb. Rs. 83, 94/76 u. 4, 15, 40/77, Bayerische HNL Vermehrungsbetriebe GmbH und Co. KG u.a./Rat und Kommission, Slg. 1978, 1209, Rn. 5). **29**

Eine offenkundige und erhebliche Überschreitung der durch den Vertrag eingeräumten Rechtsetzungsbefugnisse darzulegen, mag oft an den programmatisch ausgestalteten Artikeln des Vertrages scheitern. Als Indizien für eine unzulässige Ausweitung der Befugnisse anerkennt der Gerichtshof, wenn nur eine **begrenzte und klar umrissene Gruppe von Wirtschaftsteilnehmern** betroffen ist – auf die Größe kommt es jedoch nicht an –, und wenn die **Auswirkungen** des Rechtsaktes auf die Wirtschaftsteilnehmer alles in allem **den Umfang der wirtschaftlichen Risiken überschreitet**, die der Tätigkeit innewohnen (EuGH, verb. Rs. 83,94/76 u. 4, 15, 40/77, Bayerische HNL Vermehrungsbetriebe GmbH und Co. KG u.a./Rat und Kommission, Slg. 1978, 1209, Rn. 7) (vgl. aber auch Rn. 34). Ebenso, wenn die besondere Lage einer klar abgegrenzten Gruppe von Wirtschaftsteilneh- **30** mern völlig unberücksichtigt gelassen wurde, ohne daß sich der Gesetzgeber auf ein höheres öffentliches Interesse berufen hat (EuGH, Rs. C-104/89 u. C-37/90, Mulder u.a./Rat und Kommission, Slg, 1992, I–3061, Rn. 16).

c) Schaden

31   Der angeblich erlittene Schaden muß tatsächlich und sicher i.S.d. Rspr. vorliegen (EuGeI, T-184/95, Dorsch Consult Ing.ges.mbH/Rat und Kommission, Slg. 1998, Rn. 60). Er kann **materieller** oder **immaterieller** Natur sein („Aufregung, Verwirrung, Ungewißheit", EuGH verb. Rs. 5/56 und 3–7/57, Algera, Slg. 1957, 81; „strafrechtliche Verurteilung und Inhaftierung", EuGH, Rs. 145/83, Stanley George Adams/Kommission, Slg. 1985, 3539; „Ehre und Würde eines Beamten der Gemeinschaft", EuGeI, T-59/92, Renato Caronna/Kommission, Slg. 1993, II–1129).

32   Ist der Schaden bereits eingetreten, muß die genaue Schadenshöhe bei Klageerhebung noch nicht feststehen (EuGH, Rs. 25/62, Plaumann, Slg. 1963, 211; EuGeI, T-112/94, MOAT, Slg. ÖD 1995, II–135, Rn. 37). Ist die Schadensursache gewiß und der Schadenseintritt **zukünftig**, muß dessen Entstehung zum Zeitpunkt der Klageerhebung unmittelbar bevorstehen und mit hinreichender Sicherheit vorhersehbar sein (EuGH verb. Rs. 56–60/74 – Kampffmeyer II–Slg. 1976/711; EuGH Rs. 44/76 – Milch-, Fett- und Eier-Kontor – Slg. 1977, 393; EuGH, Rs. 281/84, Zuckerfabrik Bedburg AG u.a./EWG vertreten durch Rat und Kommission der EG, Slg. 1987, 49, Rn. 14). Wenn der gesamte Schaden **nicht zum gleichen Zeitpunkt entstanden** ist, so betrifft der Anspruch alle Tage, an denen eine Geltendmachung des eigentlich zustehenden Rechts nicht möglich war (EuGeI, T-246/93, Günther Bühring/Rat der EU und Kommission der EG, Slg. 1998, Rn. 69).

33   Zum Schaden gehört auch der **entgangene Gewinn** (EuGH, Rs. 238/78, Ireks Arkady GmbH/Rat und Kommission, Slg. 79, 2955, Rn. 13). Dieser Anspruch besteht allerdings nur dann, wenn das Handelsgeschäft wenigstens begonnen wurde (EuGH, Rs. 5, 7 und 13–24/66, Fa.E.Kampffmeyer u.a./Kommission, Slg. 1967, 331). Ein **symbolischer Schadenersatz** wird nicht zuerkannt (EuGH, Rs. 26/74, Societé Roquette Frères/Kommission, Slg.1976, 677).

34   Zu bedenken ist jedoch auch, daß ein **bestimmter Schadensbetrag niemals ersatzfähig** sein könnte. Der Gerichtshof argumentiert, daß es den einzelnen auf den in die Wirtschaftspolitik der Gemeinschaft fallenden Gebieten zugemutet werden kann, in vernünftigen Grenzen gewisse schädliche Auswirkungen einer Rechtsvorschrift auf ihre Wirtschaftsinteressen ohne Anspruch auf Entschädigung aus öffentlichen Mitteln hinzunehmen, selbst wenn die Vorschrift für ungültig erklärt worden ist (EuGH, verb. Rs. 83, 94/76 u. 4, 15, 40/77, Bayerische HNL Vermehrungsbetriebe GmbH und Co. KG u.a./Rat und Kommission, Slg. 1978, 1209, Rn. 6). So ist eine Vermögenseinbuße, die auf **wirtschaftliche Schwierigkeiten und Risiken** zurückzuführen ist, die dem betreffenden Wirtschaftssektor immanent sind, nicht als Schaden zu qualifizieren (EuGH, Rs. C-104/89 u. C-37/90, Mulder u.a./Rat und Kommission, Slg. 1992, I–3061, Rn. 13; EuGH, Rs. 59/83, Biovilac, Slg. 1987, 4057; EuGH, Rs. 238/78, Ireks Arkady GmbH/Rat und Kommission, Slg. 1979, 2955, Rn. 11; EuGH, Rs. 241, 242, 245–250/78, DGV Deutsche Getreideverwertung und Rheinische Kraftfutterwerke GmbH u.a./Rat und Kommission, Slg. 1979, 3017, Rn. 11; EuGH, verb. Rs. 261 und 262/78, Interquell Stärke-Chemie GmbH und Co.KG und Diamalt AG/Rat und Kommission, Slg. 1979, 3045, Rn. 14; EuGH, verb. Rs. 64 und 113/76, 167 und 238/78, 27, 28 und 45/79, P.Dumortier Frères S.A. u.a./Rat, Slg. 1979, 3091, Rn. 11; EuGH, verb. Rs. 83, 94/76 u. 4, 15, 40/77, Bayerische HNL Vermehrungsbetriebe GmbH und Co. KG u.a./Rat und Kommission, Slg. 1978, 1209, Rn. 7) (s. auch Rn. 30 i. Z. m. der offenkundigen und erheblichen Überschreitung der Gesetzgebungsbefugnisse).

Der **Kläger muß** das Vorliegen des ihm angeblich entstandenen Schadens **35** vor Gericht **beweisen** können (EuGeI, T-184/95, Dorsch Consult Ing.ges.mbH/Rat und Kommission, Slg. 1998, Rn. 60), und kann die **Differenz zwischen** der sich ohne das schädigende Ereignis ergebenden **hypothetischen Vermögenslage und dem tatsächlichen Zustand** fordern. Dabei ist zu berücksichtigen, ob der Geschädigte den Schaden ganz oder teilweise **abwälzen** konnte, oder der Geschädigte seiner Pflicht zur **Schadensbegrenzung** nachgekommen ist. Außerdem ist der als Schadenersatz geschuldete Betrag vom Tag des Urteils an zu **verzinsen** (EuGH, Ireks Arkady GmbH/Rat und Kommission, Rs. 238/78, Slg. 1979, 2955, Rn. 14 und 20; EuGH, Rs. 256/81, Pauls Agriculture Ltd./Rat und Kommission, Slg. 1983, 1707). Dabei hat der Gerichtshof in jüngster Zeit **8 %** p.a. festgesetzt, spricht jedoch höchstens den im Klageantrag geltend gemachten Satz zu (EuGH, Rs. C-104/89 u. C-37/90, Mulder u.a./Rat und Kommission, Slg. 1992, I–3061, Rn. 35ff.).

Sehr oft setzt der Gerichtshof die **Höhe des Schadenersatzes** nicht fest, **36** sondern weist die Parteien an, innerhalb einer vom Gericht festgesetzten Frist, sich auf den Betrag zu einigen. Dieser ist dem Gericht mitzuteilen. Sollte eine solche Einigung nicht zustandekommen, haben die Partien dem Gericht innerhalb derselben Zeit bezifferte Anträge vorzulegen (z.B. EuGH, Rs. 256/81, Pauls Agriculture Ltd./Rat und Kommission, Slg. 1983, 1707).

d) Kausalzusammenhang

37   Auf Grund des Wortlauts von Art. 288 Abs. 2 muß der Schaden durch die
Amtstätigkeit der Gemeinschaftsorgane oder Bediensteten verursacht worden sein. Daher wird regelmäßig der Kausalzusammenhang geprüft. Dabei
verlangt der EuGH in st. Rspr. einen **direkten** Kausalzusammenhang zwischen dem Verhalten und dem eingetretenen Schaden (EuGH, Rs. 4/69,
Lütticke, Slg. 1971, 325; EuGH, Rs. 153/73, Holtz & Willemsen, Slg. 1974,
675; EuGH, verb. Rs. 64 und 113/76, 167 und 239/78, 27, 28 und 45/79,
Dumortier Frères, Slg. 1979, 3091).

38   Ein Kausalzusammenhang wird **verneint**, wenn der Kläger nachgewiesenermaßen abzuschätzen vermochte, wie sich die Änderung der Marktbedingungen auf die Anwendung der Rechtslage auswirken könnte (EuGH, Rs.
169/73, Compagnie Continentale France/Rat, Slg. 1975, 117, Rn. 32; EuGH,
Rs. 26/81, S.A. Oleifici Mediterranei/Rat, Slg. 1982, 3057, Rn. 22ff.).

3.Haftung für rechtmäßiges Verhalten

39   Im Hinblick darauf, daß es in einigen nationalen Rechtsordnungen der MS
einen Haftungsanspruch **für außergewöhnlichen und besonderen Schaden** auch bei rechtmäßigem hoheitlichen Handeln gibt, hat sich auch der
Gerichthof der EG mit diesem Fragenkomplex beschäftigen müssen. Oft
wurde nämlich von Klägern vorgetragen, daß der Grundsatz der Gleichheit
aller Bürger vor den öffentlichen Lasten verletzt sei, oder daß ein enteig-
nungsgleicher Eingriff vorgenommen wurde.

40   In allen Fällen haben es der EuGH oder das EuGeI vermieden, obwohl sie
sich argumentativ mit den Parteienvorbringen auseinandergesetzt haben, einen solchen Anspruch im Gemeinschaftsrecht bindend festzustellen. In der
Rs. „De Boer Buizen" (EuGH, Rs. 81/86, De Boer Buizen BV/Rat und
Kommission, Slg. 1987, 3677, Rn. 17) hat der EuGH zugegeben, daß wenn
eine Kategorie von Wirtschaftsteilnehmern einen unverhältnismäßigen
Schaden aus einem rechtmäßigen Rechtsakt zu erleiden hat, die Gemeinschaftsorgane „geeignete Maßnahmen ergreifen müssen, um der Situation
abzuhelfen". In der Rs. „Dorsch" (EuGeI, T-184/95, Dorsch Consult
Ing.gesmbH/Rat und Kommission, Slg. 1998, Rn. 59) erwähnt das EuGeI
die Voraussetzungen außergewöhnlicher und besonderer Schaden sowie
den Kausalzusammenhang, mit dem einschränkenden Hinweis „falls ein
solcher Grundsatz im Gemeinschaftsrecht anerkannt wäre". Die **Judikatur
läßt** also ausdrücklich die **Frage offen, ohne** grundsätzlich einen **Haftungsanspruch abzulehnen.**

IV. Haftung der Bediensteten

Art. 288 Abs. 4 betrifft die **persönliche Haftung** der Bediensteten **gegen-** **41**
über der Gemeinschaft – also den Regreßfall –, nicht aber eine etwaige
Haftung der Bediensteten Dritten gegenüber.

Hinsichtlich der näheren Ausgestaltung und der Voraussetzungen dieser **42**
Haftung ist auf das Beamtenstatut und die Beschäftigungsbedingungen für
die sonstigen Bediensteten, im folgenden **Beamtenstatut**, zu verweisen.
Art. 22 Beamtenstatut legt fest, daß der Beamte „zum vollen oder teilweisen Ersatz des Schadens herangezogen werden [kann], den die Gemeinschaften durch sein schwerwiegendes Verschulden in Ausübung oder anläßlich der Ausübung seines Amtes erlitten haben". Unter „schwerwiegen-
dem Verschulden" ist grobe Fahrlässigkeit und Vorsatz zu verstehen.

Gem. Art. 236 (ex-Art. 179) ist ausschließlich der **Gerichtshof** für diese **43**
Regreßfälle **zuständig**, wobei ihm Art. 22 Abs. 3 Beamtenstatut „die Befugnis zu unbeschränkter Ermessensnachprüfung einschließlich der Befugnis zur Aufhebung oder Änderung der Verfügung" zuerkennt. Das dem Gerichtsverfahren notwendigerweise **vorangehende** verwaltungsbehördliche
Verfahren (**Disziplinarverfahren**) ist ebenso im Beamtenstatut geregelt
(siehe dazu *Röttinger*, Die europäischen Beamten, in *Röttinger/Weyringer*
[Hrsg.], Handbuch der europäischen Integration, 1996, 290, 309).

V. Haftung der Mitgliedstaaten für Verstöße gegen das Gemeinschaftsrecht

Nach der Rspr. des EuGH haften die Mitgliedstaaten für Schäden, die dem **44**
einzelnen durch eine dem betreffenden Staat zurechenbare Verletzung des
Gemeinschaftsrechts entstanden sind. Der einzelne Geschädigte hat damit
einen im Gemeinschaftsrecht verankerten **Schadenersatzanspruch gegen**
den Mitgliedstaat, den er im nationalen Verfahren, unter bestimmten Voraussetzungen geltend machen kann. Dieser Anspruch besteht unabhängig
davon, ob die nationale Rechtsordnung eine Entschädigungsmöglichkeit
vorsieht. War dies gegeben, konnte der Geschädigte schon in der Vergangenheit eine durch nationale Behörden verursachte Verletzung des Gemeinschaftsrechts im Rahmen des nationalen Staatshaftungsrechts geltend
machen. Dieses Recht besteht natürlich grundsätzlich auch weiterhin.

1. Feststellung des Prinzips durch den EuGH

Das Prinzip der gemeinschaftsrechtlichen Staatshaftung wurde vom EuGH **45**
im Wege der richterlichen Auslegung **rechtsfortbildend geschaffen**, und

zwar zum ersten Mal in der vielbeachteten Rs. „Francovich und Bonifaci"
(EuGH, C-6/90 und 9/90, Andrea Francovich und Daniela Bonifaci
u.a./Ital.Republik, Slg. 1991, I–5357) und anschließend durch das Urteil
„Brasserie du Pêcheur" (EuGH, C- 46/93 u. 48/93, Brasserie du Pêcheur
und The Queen/Secretary of State for Transport, ex parte: Factortame Ltd
u.a., Slg. 1996, I–1029).

46 Der **Grundsatz folgt aus dem Wesen, der mit dem Vertrag geschaffenen
    Rechtsordnung.** Er wird mit dem Hinweis auf die unmittelbare Wirkung –
    der Entschädigungsanspruch stellt lediglich die notwendige Ergänzung zur
    unmittelbaren Wirkung dar –, den Vorrang des Gemeinschaftsrechts, der
    Gemeinschaftstreue und der Berücksichtigung des allgemeinen Systems
    fundamentaler Grundsätze des Vertrages begründet (EuGH, C-6/90 und
    9/90, „Francovich und Bonifaci", aaO., Rn. 35; EuGH, verb. Rs. C-178,
    179, 188, 189 und 190/94, Erich Dillenkofer u.a., Slg. 1996, I–4845, Rn.
    20).

47 Aus alledem folgt der EuGH, daß es ein **Grundsatz des Gemeinschafts-
    rechts** sei, daß die Mitgliedstaaten zum Ersatz der Schäden verpflichtet
    sind, die den einzelnen durch Verstöße gegen das Gemeinschaftsrecht ent-
    stehen, falls die Verstöße den Staaten zurechenbar sind (EuGH, C-6/90 und
    9/90, „Francovich und Bonifaci", aaO., Rn. 37). Der Grundsatz gilt unab-
    hängig davon welches mitgliedstaatliche Organ durch sein **Handeln oder
    Unterlassen** den Verstoß gesetzt hat (EuGH, C- 46/93 u. 48/93, „Brasserie
    du Pêcheur", aaO., Rn. 32). Es ist nicht danach zu unterscheiden, ob der
    Verstoß der **Legislative,** der **Jurisdiktion** oder der **Exekutive** (vgl. EuGH,
    C-5/94, Hedley Lomas Ltd., Slg. 1996, I–2553) zuzurechnen ist. Der Ver-
    stoß selbst kann gegen **unmittelbar** wirkende (vgl. EuGH, C- 46/93 u.
    48/93, „Brasserie du Pêcheur", aaO., Rn. 22) und **nicht unmittelbar** wir-
    kende Vorschriften (vgl. EuGH, C-6/90 und 9/90, „Francovich und Bonifa-
    ci", aaO.) des **primären** (vgl. EuGH, C- 46/93 u. 48/93, „Brasserie du
    Pêcheur", aaO.; EuGH, C-5/94, „Lomas", aaO.) oder **sekundären** (vgl.
    EuGH, C-6/90 und 9/90, „Francovich und Bonifaci", aaO.; EuGH, C-
    334/92, Teodoro Wagner Miret/Fondo de garantia salarial, Slg. 1993,
    I–6911; EuGH, C-91/92, Paola Faccini Dori/Recreb Srl, Slg. 1994, I–3325;
    EuGH, C-392/93, British Telecommunications plc., Slg. 1996, I–1631;
    EuGH, verb. Rs. C-178, 179, 188, 189 und 190/94, „Dillenkofer", aaO.;
    EuGH, verb, Rs. 283, 291, 293/94, Denkavit Int. u.a./BA f. Finanzen, Slg.
    1996, I–5063) Gemeinschaftsrechts gesetzt worden sein.

48 Dem Vorwurf, daß ein Haftungsanspruch nicht **prätorisch geschaffen** wer-
    den könne, begegnet der EuGH in der Rs. „Brasserie du Pêcheur" (EuGH,
    C- 46/93 u. 48/93, aaO., Rn. 27): Soweit der Vertrag keine Vorschriften ent-

hält, welche die Folge von Verstößen der Mitgliedstaaten gegen das Gemeinschaftsrecht ausdrücklich und genau regeln, hat der Gerichtshof in Erfüllung der ihm durch Art. 220 (ex-Art. 164) des Vertrages übertragenen Aufgabe, die Wahrung des Rechts bei der Auslegung und Anwendung des Vertrages zu sichern, über eine solche Frage nach den allgemein anerkannten Auslegungsmethoden zu entscheiden, insbesondere indem er auf die Grundprinzipien der Gemeinschaftsrechtsordnung und ggf. auf allgemeine Grundsätze, die den Rechtsordnungen der Mitgliedstaaten gemeinsam sind, zurückgreift.

2. Anspruchsvoraussetzungen

Der EuGH betont, daß die Voraussetzungen unter denen ein Anspruch gegen den Staat eröffnet wird von der Art des Verstoßes gegen das Gemeinschaftsrecht abhängen, und läßt sich damit die Möglichkeit offen die Voraussetzungen je nach Fallgestaltung festzusetzen bzw. zu beurteilen. In st. Rspr. sind seit „Brasserie du Pêcheur" das Vorliegen eines **Schaden**s, ein unmittelbarer **Kausalzusammenhang** sowie eine **hinreichend qualifizierte Verletzung** gegen ein durch die Gemeinschaftsrechtsordnung eingeräumtes **subjektives Recht** geprüft worden (EuGH, C- 46/93 u. 48/93, „Brasserie du Pêcheur", aaO., Rn 51). Es ist anzumerken, daß im Gegensatz zu Art. 288 Abs. 2 der Gerichtshof die Verletzung eines durch die Gemeinschaftsrechtsordnung eingeräumten subjektiven Rechts und nicht den Verstoß gegen eine Rechtsnorm, die dem Schutz des einzelnen dient, verlangt. Des weiteren ist hervorzuheben, daß das Erfordernis der Höherrangigkeit entfällt (s. Rn. 25f.). **49**

a) Rechtswidrigkeit

aa) hinreichend qualifizierte Verletzung

Der EuGH verlangt, daß der Verstoß gegen das Gemeinschaftsrecht hinreichen/offenkundig qualifiziert bzw. schwerwiegend, ist. Das entscheidende Kriterium für die Beurteilung dieser Frage besteht für den Gerichtshof darin, daß ein MS die Grenzen, die seinem **Ermessen** gesetzt sind, **offenkundig und erheblich überschreitet** (EuGH, C- 46/93 u. 48/93, „Brasserie du Pêcheur", aaO., Rn. 55; zu der wortgleichen Wendung i.Z.m. Art. 288 Abs. 2 s. Rn. 28ff.). Dies ist vom nationalen Gericht zu prüfen. Der EuGH gibt jedoch, wie er das manchmal bei Art. 234 (ex-Art. 177) macht, einige Hinweise in den Urteilen selbst, die als Anleitung für die nationalen Behörden gedacht sind. So führte der EuGH aus, daß das Maß an Klarheit und Ge- **50** nauigkeit der verletzten Vorschrift (EuGH, C- 46/93 u. 48/93, „Brasserie du Pêcheur", aaO., Rn. 56; EuGH, C-392/93, British Telecommunications plc., Slg. 1996, I–1631, Rn. 42; EuGH, verb, Rs. 283,291, 293/94, Denkavit Int. u.a./BA f. Finanzen, Slg. 1996, I–5063, Rn. 50), der Umfang des Ermessensspielraums, den die verletzte Vorschrift den nationalen Behörden beläßt, die Frage, ob der Verstoß vorsätzlich oder nicht vorsätzlich begangen oder der Schaden vorsätzlich oder nicht vorsätzlich zugefügt wurde, die Entschuldbarkeit oder Unentschuldbarkeit eines etwaigen Rechtsirrtums und der Umstand, daß die Verhaltensweisen eines Gemeinschaftsorgans möglicherweise dazu beigetragen haben, daß nationale Maßnahmen oder Praktiken in gemeinschaftswidriger Weise unterlassen, eingeführt oder aufrechterhalten wurden, entscheidend sein können (EuGH, C- 46/93 u. 48/93, „Brasserie du Pêcheur", aaO., Rn. 56).

51   Aus der bisherigen Spruchpraxis geht hervor, daß ein qualifizierter Verstoß anzunehmen ist, wenn der Staat **trotz eines Feststellungsurteils** gemäß Art. 226 (ex-Art. 169) und Art. 228 (ex-Art. 171) die Richtlinie noch immer nicht umgesetzt hat (EuGH, C-6/90 und 9/90, „Francovich und Bonifaci", aaO., Rn. 44). Die Rs. „Brasserie du Pêcheur" weitet dieses Verständnis insofern aus, als nun immer ein qualifizierter Verstoß vorliegt, falls der MS ein Verhalten setzt, das bereits im Rahmen eines Vorabentscheidungsverfahrens oder durch eine **gefestigte Rspr.** mit dem Gemeinschaftsrecht als unvereinbar anzusehen ist (EuGH, C- 46/93 u. 48/93, „Brasserie du Pêcheur", aaO., Rn. 57). Trifft also ein Mitgliedstaat innerhalb der in einer **Richtlinie** vorgeschriebenen Frist **keinerlei Maßnahmen**, obwohl dies zur Erreichung des durch die Richtlinie vorgeschriebenen Zieles erforderlich wäre, so überschreitet er offenkundig und erheblich die Grenzen, die der Ausübung seiner Befugnisse gesetzt sind (EuGH, verb. Rs. C-178, 179, 188, 189 und 190/94, Erich Dillenkofer u.a., Slg. 1996, I–4845, Rn. 26).

52   Bei **fehlerhafter Umsetzung** einer Richtlinie wurde geprüft, ob der MS bei dieser seiner Rechtsetzungstätigkeit ein weites Ermessen hatte und dieses vom ihm offenkundig und erheblich überschritten wurde. Im Ergebnis bejahend in der Rs. „Miret" (EuGH, C-334/92, Teodoro Wagner Miret/Fondo de garantía salarial, Slg. 1993, I–6911), verneinend in der Rs. „British Telecommunications" (EuGH, C-392/93, British Telecommunications plc., Slg. 1996, I–1631, Rn. 43 – der streitgegenständliche Artikel der RL war selbst ungenau und die britische Auslegung nicht in einem offenkundigen Widerspruch zu Wortlaut und Zielsetzung der RL; die Auslegung war nicht völlig von der Hand zu weisen) und in der Rs. „Denkavit" (EuGH, verb, Rs. 283, 291, 293/94, Denkavit Int. u.a./BA f. Finanzen, Slg. 1996, I–5063, Rn. 51f. – die falsche Interpretation der RL wurde von nahezu allen Mitglied-

staaten auch so vorgenommen; außerdem gab es noch kein Urteil des EuGH zu der fraglichen RL, das einen Hinweis auf ihre Auslegung liefern hätte können).

Wenn die Weigerung der nationalen **Verwaltungsbehörden** eine Ausfuhr- **53**
genehmigung zu erteilen gegen Art. 29 (ex-Art. 34) und Art. 30 (ex-Art. 36) verstößt, ist dies für den Bereich der Staatshaftung als qualifizierter Verstoß zu werten, da der Mitgliedstaat keine gesetzgeberische Entscheidung zu treffen hatte, und über einen erheblich verringerten oder gar auf Null redu- zierten Gestaltungsspielraum verfügte (EuGH, C-5/94, Hedley Lomas Ltd., Slg. 1996, I–2553, Rn. 28).

bb) subjektives Recht

Die verletzte Gemeinschaftsvorschrift muß die Verleihung von subjektiven **54**
Rechten an Bürger zum Inhalt haben. Diese Interpretation wird vom Stand- punkt des Gemeinschaftsrechts getroffen. In einigen Urteilen fordert der Gerichtshof, daß das subjektive Recht bestimmbar sein muß (EuGH, C- 6/90 und 9/90, „Francovich und Bonifaci", aaO., Rn. 40; EuGH, verb. Rs. C-178, 179, 188, 189 und 190/94, „Dillenkofer", aaO., Rn. 30), ein Krite- rium, dem eigenständige Bedeutung zukommen könnte, falls die unmittel- bare Wirkung der Gemeinschaftsvorschrift fraglich ist (s. von Bogdandy, in Grabitz/Hilf, Art. 215, Rn. 137).

b) Schaden und Kausalzusammenhang

Da die **Durchsetzung** des Anspruchs im Wege des **nationalen Rechtswegs** **55**
erfolgt (s. Rn. 57), wird man sich von der Rspr. zum Schadensbegriff i.Z.m. Art. 288 (Rn. 31ff.), bzw. vom Kohärenzprinzip (s. Rn. 2), leiten lassen müssen.

Zwischen der Rechtsverletzung durch den Staat und dem Schaden des ein- **56**
zelnen muß ein kausaler Zusammenhang bestehen. Dabei steht nunmehr eindeutig fest – wie auch für Art. 288 Abs. 2 gültig (vgl. Rn. 37) –, daß nur **unmittelbare Kausalzusammenhänge** erfaßt werden und keine mittelba- ren. Dies wird vom Gerichtshof in st. Rspr. deutlich hervorgehoben (EuGH, C- 46/93 u. 48/93, „Brasserie du Pêcheur", aaO., Rn. 51).

3. Durchsetzung des Entschädigungsanspruches

Falls ein Anspruch auf Entschädigung aus dem Gemeinschaftsrecht besteht, **57**
hat der einzelne diesen im **nationalen Verfahren** geltend zu machen. Die- ser Verweis auf das nationale Recht steht aber seinerseits noch einmal un- ter den Beschränkungen des Gemeinschaftsrechts. Die innerstaatlichen Re- geln müssen den **vollen Schutz** der dem einzelnen aus dem Gemein-

schaftsrecht erwachsenden Rechte **gewährleisten.** Auch dürfen die im Schadensersatzrecht der einzelnen MS festgelegten materiellen und formellen Voraussetzungen **nicht ungünstiger** sein als bei ähnlichen Klagen, die nur das nationale Recht betreffen, und sie dürfen **nicht** so ausgestaltet sein, daß sie es **praktisch unmöglich** machen **oder übermäßig erschweren** den Anspruch durchzusetzen.

58   Mit dem Verweis auf nationales Recht wird auch in Kauf genommen, daß gleiche Sachverhalte **unterschiedliche Prozeßausgänge** haben können, je nachdem in welchem Mitgliedstaat die Klage einzubringen ist. So könnten spezifische Verjährungsfristen die Geltendmachung des Anspruchs unmöglich machen. Der EuGH ließ sich auch auf die Prüfung ein, ob bestimmte nationale Prinzipien geeignet sind den gemeinschaftsrechtlichen Haftungsanspruch auszuschließen, verneinte dies jedoch (EuGH, C- 46/93 u. 48/93, „Brasserie du Pêcheur", aaO.: Erfordernis einer individuellen Situation, Rn. 71, Verschulden, Rn. 75, Ausübung einer hoheitlichen Befugnis, Rn. 73).

59   Die Frage über den **Umfang der zu zahlenden Entschädigung** wird auch, soweit es auf diesem Gebiet keine Gemeinschaftsvorschriften gibt (s. Rn. 31ff.), in den nationalen Rechtsbereich verwiesen. Dabei sind zumindest die oben genannten Kriterien des vollen Schutzes, insbesondere keine de facto Verweigerung oder übermäßige Erschwerung bei der Geltendmachung des Anspruchs, und der Nichtdiskriminierung bei gleichgelagerten Ansprüchen, zu beachten (EuGH, C- 46/93 u. 48/93, „Brasserie du Pêcheur", aaO., Rn. 83). Ebenso müssen spezifisch herausgebildete Prinzipien des Gemeinschaftsrechts Berücksichtigung finden, wie etwa der Anspruch auf **entgangenen Gewinn,** der nicht vollständig vom ersatzfähigen Schaden ausgeschlossen werden darf (EuGH, C- 46/93 u. 48/93, „Brasserie du Pêcheur", aaO., Rn. 86f.), oder die **Verzinsung** des als Schadenersatz geschuldeten Betrags ab Urteilsverkündung (s. Rn. 35). Der nationale Richter kann überprüfen, ob der Geschädigte sich in angemessener Form um eine **Begrenzung des Schadensumfangs** bemüht hat (EuGH, C- 46/93 u. 48/93, „Brasserie du Pêcheur", aaO., Rn. 84f.). Sieht das nationale Recht über die vom Gemeinschaftsrecht aufgestellten Mindestanforderungen hinsichtlich des Entschädigungsumfangs weitergehende Ansprüche vor, steht das Gemeinschaftsrecht einer Gewährung derselben prinzipiell nicht entgegen, kann jedoch Rahmenbedingungen fordern. So hat der Gerichtshof, unter bestimmten Voraussetzungen, die Gewährung von **„exemplary damages"** aus der Sicht des Gemeinschaftsrechts nicht ausgeschlossen, da dieser Anspruch auf der Feststellung beruht, daß die betreffende öffentliche Stelle (zusätzlich) in unbilliger, willkürlicher oder verfassungswidriger Weise gehandelt hat (EuGH, C- 46/93 u. 48/93, „Brasserie du Pêcheur", aaO., Rn. 89).

Art. 289 (ex-Art. 216) (Sitz der Organe der Gemeinschaft)

Der Sitz der Organe der Gemeinschaft wird im Einvernehmen zwischen den Regierungen der Mitgliedstaaten bestimmt.

Literatur: *Beutler*, Der Sitz der Organe der Gemeinschaft, EuR 1983, 284; *Bieber*, Die Gemeinschaft ohne Hauptstadt. Rechtsfolgen eines Provisoriums, EuR 1974, 168.

I. Norminhalt

Art. 289 behält die Bestimmung des Sitzes der Gemeinschaftsorgane einer **1** einvernehmlichen Übereinkunft der Mitgliedstaaten vor. Bemerkenswert ist, daß ausschließlich die Rede vom Sitz der Organe, nicht aber vom Sitz der EG ist, obwohl Art. 17 Protokoll über Vorrechte und Befreiungen davon spricht. Der Begriff der Organe ist hier wohl nicht unbedingt eng im Sinne von Art. 7 Abs. 1 (ex-Art. 4) auszulegen. Tatsache ist jedenfalls, daß die Regierungen der Mitgliedstaaten auch die Sitze des WSA und des AdR (beides beratende Ausschüsse gem. Art. 7 Abs. 2) sowie zahlreicher anderer Gemeinschaftseinrichtungen festgelegt haben.

II. Die Situation bis 1992

Aus politischen Gründen war es Jahrzehnte lang nicht möglich, daß die **2** Mitgliedstaaten zu einer Einigung kamen. Mit Beschluß der Vertreter der Regierungen der Mitgliedstaaten vom 8.4.1965 (ABl. 1967/152) wurden provisorische Arbeitsorte festgelegt.

III. Die endgültige Regelung

Erst beim Europäischen Rat von Edinburg konnte am 12.12.1992 ein ent- **3** sprechender Beschluß der Vertreter der Regierungen der Mitgliedstaaten (ABl. C-341/1) gefaßt werden, der noch am selben Tag in Kraft trat. Dabei wurde in Abs. 1 des Beschlusses der status quo bestätigt.

Sitz des **EP ist Straßburg**, wo die 12 monatlichen Sitzungsperioden des **4** Plenums einschließlich der Budgetsitzung stattfinden. Zusätzliche Plenarsitzungen finden in Brüssel statt. Tagungsort der Ausschüsse ist ebenfalls Brüssel. Der EuGH (C-345/95, Frankreich/EP, Slg. 1997, I–5212) hat ausgesprochen, daß der Beschluß des Europäischen Rates von Edinburg dahin auszulegen ist, daß er den Sitz des EP als den Ort definiert, an dem in regelmäßigen Zeitabständen 12 ordentliche Plenartagungen abzuhalten sind. Zusätzliche Plenartagungen können demnach nur dann an einem anderen

Arbeitsort festgelegt werden, wenn das EP die 12 ordentlichen Plenartagungen in Straßburg, dem Sitz des Organs, abhält. Das **Generalsekretariat** verbleibt in **Luxemburg**. Diese Dreiteilung ist ein politisch notwendiger,
für die Praxis allerdings nachteiliger Kompromiß.

5　Der **Rat** hat seinen Sitz in **Brüssel,** tagt aber in den Monaten April, Juni und
Oktober in Luxemburg.

6　Die **Kommission** hat ihren Sitz in **Brüssel,** wobei manche Dienststellen in
Luxemburg untergebracht sind. De facto hat die Kommission noch Außen-
stellen in Mitgliedstaaten und zahlreiche Delegationen in Drittstaaten (vgl.
Röttinger, Organisation und Arbeitsweise der Kommission, in *Röttinger/
Weyringer* [Hrsg.], Handbuch der europäischen Integration, 2. Aufl. 1996,
113 [116]).

7　Der **EuGH** und das **EuGeI** haben ihren Sitz in **Luxemburg.**

8　Sitz des **WSA** ist **Brüssel.**

9　Sitz des **Rechnungshofs** ist **Luxemburg.**

10　Die **EIB** hat ihren Sitz in **Luxemburg.**

11　Sitz der **EZB** ist gem. Art. 37 des Protokolls über ihre Satzung und gem.
Beschluß des Europäischen Rates vom 29.10.1993 (ABl. C-323/1) **Frankfurt.**

12　Der Sitz des **Europäische Zentrums zur Förderung der Berufsbildung**
wurde ursprünglich in der Gründungsverordnung (75/337/EWG, ABl. L
39/1) mit Berlin festgelegt, durch eine spätere Verordnung (94/1131/EG,
ABl. L 1994/127 S. 1) aber nach **Saloniki** verlegt.
Die Gründungsverordnung (75/1365/EWG, ABl. L 1975/139 S. 1) der **Stiftung zur Verbesserung der Lebens- und Arbeitsbedingungen** legt ihren
Sitz mit **Irland** (de facto Dublin) fest.

13　Über den Sitz anderer noch einzurichtender Gemeinschaftsinstitutionen hat
der Europäische Rat am 29.10.1993 (ABl. C-323/1) in Brüssel entschieden,
wobei er Priorität jenen Mitgliedstaaten eingeräumt hat, in denen keine Gemeinschaftsinstitution ihren Sitz hat. Danach ist in einer irischen Stadt das
Europäische Inspektionsbüro für Veterinär- und Pflanzenschutzkontrollen
angesiedelt, in London die Europäische Agentur zur Beurteilung von Arzneimitteln, in Den Haag Europol, in Lissabon die Europäische Beobachtungsstelle für Drogen und Drogensucht, in Kopenhagen die Europäische
Umweltagentur, in Turin die Europäische Stiftung für Berufsbildung, in
Bilbao die Agentur für Sicherheit und Schutz am Arbeitsplatz und in Alicante das Harmonisierungsamt für den Binnenmarkt (Marken- und Ge-
schmacksmusteramt). Für alle diese Institutionen wird in Luxemburg ein
Übersetzungszentrum eingerichtet. Über den Sitz des Gemeinschaftlichen
Sortenamts wurde noch keine Einigung erzielt.

Art. 290 (ex-Art. 217) (Sprachenfrage)

Die Regelung der Sprachenfrage für die Organe der Gemeinschaft wird unbeschadet der Verfahrensordnung des Gerichtshofs vom Rat einstimmig getroffen.

Literatur: *Hilf*, Die Auslegung mehrsprachiger Verträge, 1973; *Kusterer*, Das Sprachenproblem in den Europäischen Gemeinschaften, EA 1980, 693; *Kutsche*, Über den Gerichtshof der Europäischen Gemeinschaft, EuR 1981, 391; *Huber*, Deutsch als Gemeinschaftssprache, BayVBl. 1992,1.

I. Das Sprachenregime

Von den **12 Vertragssprachen** gem. Art. 314 (ex-Art. 248) (den Ursprachen Deutsch, Französisch, Italienisch und Niederländisch sowie infolge der Erweiterungen der EG Englisch, Gälisch [= Irisch], Dänisch, Griechisch, Spanisch, Portugiesisch, Schwedisch und Finnisch) sind die **11 Amtssprachen** (alle Vertragssprachen außer Gälisch) sowie die **Verfahrenssprachen** vor dem EuGH (alle Vertragssprachen) zu unterscheiden. Art. 290 überträgt dem Rat die Befugnis, die Sprachenfrage für die Organe einstimmig zu regeln, wobei dies nicht die Verfahrensordnungen des Gerichtshofs berühren darf. Der Rat hat in der VO 1 vom 15.4.1958 (ABl. 1958/17 S. 385; i.d.g.F.) die oben genannten Amtssprachen festgelegt.

II. Bedeutung des Sprachenregimes

Die Festlegung der Amtssprachen hat mannigfaltige **Auswirkungen:** Das ABl. erscheint in allen Amtssprachen. Dem Rat, dem EP und dem WSA sowie dem AdR müssen alle Dokumente in allen Amtssprachen vorliegen, die Beratungen in diesen Organen finden mit Simultanübersetzung in allen Amtssprachen statt. Jeder Gemeinschaftsbürger hat das Recht, sich in seiner Sprache an die Gemeinschaftsinstitutionen zu wenden, und hat Anspruch auf eine Antwort in eben dieser Sprache. Die Gemeinschaftsinstitutionen müssen im Schriftverkehr mit den Mitgliedstaaten deren jeweilige Amtssprache benützen. Die Nichtbeachtung der Sprachenregelung kann u.U. die Nichtigkeit eines Rechtsaktes gem. Art. 230 (ex-Art. 173) zur Folge haben (EuGH, Rs. 41/69, ACF Chemiepharma/Kommission, Slg. 1970, 661).

1

2

III. Interne Kommissionspraxis

3 In der Kommission hat sich die intern verpflichtende Praxis von drei gleichberechtigten sog. **Arbeitssprachen** (Französisch, Englisch und Deutsch) entwickelt, in denen alle Dokumente, die Grundlage einer Kommissionsentscheidung sind, vor der Beschlußfassung vorliegen müssen. Bei der täglichen Arbeit in der Kommission werden vornehmlich die französische und die englische Sprache verwendet; bei Sitzungen der Dienststellen gibt es keine Dolmetschung (zur Praxis in der Kommission siehe insbesondere *Röttinger*, Organisation und Arbeitsweise der Kommission, in *Röttinger/Weyringer* [Hrsg.], Handbuch der europäischen Integration, 2. Aufl. 1996, 113, [122]).

IV. Das Sprachenregime vor dem Gerichtshof

4 Die Verfahrenssprachen vor dem EuGH sind in den Art. 29–31 VerfO/EuGH und den Art. 35–37 VerfO/EuGeI (vgl. dazu die Erläuterungen zu Art. 245) genannt (siehe oben Rn. 1). Der Kläger kann die Verfahrenssprache wählen (zur Problematik bei verbundenen Rechtssachen vgl. EuGH, verb. Rs. 6 und 7/73, Istituto Chemioterapico und Commercial Solvents Corporation/Kommission, Slg. 1974, 223). Verbindlich ist nur die Fassung der Gerichtshofentscheidungen in der Verfahrenssprache. Beratungssprache im Gerichtshof ist Französisch (vgl. dazu *Di Bucci/Di Bucci*, Der Gerichtshof und das Rechtsschutzsystem der Europäischen Gemeinschaften, in *Röttinger/Weyringer* [Hrsg.], Handbuch der europäischen Integration, 2. Aufl. 1996, 183, [234]).

V. Sprachdivergenzen

5 Bei Divergenzen zwischen den verschiedenen Sprachfassungen, die alle gleichberechtigt gelten, muß gemeinschaftsrechtskonform und entsprechend dem Sinn der Bestimmung interpretiert werden. Ein Rückgriff auf die tatsächliche Urfassung des betroffenen Textes kann – sofern eine solche überhaupt identifizierbar ist – hilfreich, muß aber nicht immer zuverlässig sein.

Art. 291 (ex-Art. 218) (Vorrechte und Befreiungen)

Die Europäische Gemeinschaft genießt im Hoheitsgebiet der Mitgliedstaaten die zur Erfüllung ihrer Aufgabe erforderlichen Vorrechte und Befreiungen nach Maßgabe des Protokolls vom 8. April 1965 über die Vorrechte und Bfreiungen der Europäischen Gemeinschaften. Das glei-

che gilt für die Europäische Zentralbank, das Europäische Währungsinstitut und die Europäische Investitionsbank.

Literatur: Siehe auch die Hinweise zu Art. 283; *Bieber*, Der Abgeordnetenstatus im Europäischen Parlament, EuR 1981, 124; *Henrichs*, Die Vorrechte und Befreiungen
der Beamten der Europäischen Gemeinschaften, EuR 1987, 75; *Röttinger*, Die europäischen Beamten, in *Röttinger/Weyringer* (Hrsg.), Handbuch der europäischen Integration, 2. Aufl. 1996, 290; *Sieglerschmidt*, Das Immunitätsrecht der Europäischen Gemeinschaften, EuGRZ 1986, 445; *Seidl-Hohenverldern*, L'immunité de juridiction des
Communautés Européennes, RMC 1990, 475.

I. Einleitung

Art. 291 legt nur grundsätzlich fest, daß die **EG** die erforderlichen **Vor-** **1**
rechte und Befreiungen genießt und verweist hinsichtlich deren genaueren Ausgestaltung auf das Protokoll über die Vorrechte und Befreiungen der
Europäischen Gemeinschaften (ABl. 1967/152 S. 13). Dieses Protokoll ist
integraler Bestandteil des Fusionsvertrags und damit gleichzeitig auch des
EGV.

II. Örtlicher, personaler und sachlicher Anwendungsbereich

Während Art. 291 nur von der EG als solcher spricht, bezieht sich das ge- **2**
nannte Protokoll sowohl auf die **EG** selbst als auch auf deren **Organe,** deren **Mitglieder, Beamte** und sonstige **Bediensteten** sowie auf **Vertretun-**
gen von Drittstaaten bei der EG. Das Protokoll wurde durch das Protokoll
Nr. 7 zum EUV zur Änderung des Protokolls über die Vorrechte und Befreiungen der Europäischen Gemeinschaften insoweit ergänzt, als es auch
für die EZB, die Mitglieder ihrer Beschlußorgane und ihre Bediensteten
gilt.

Der **örtliche Anwendungsbereich** ist das Hoheitsgebiet der Mitgliedstaa- **3**
ten. Auch wenn aus dieser Formulierung, die keine Einschränkung und keinen Verweis auf Art. 299 (ex-Art. 227) enthält, geschlossen werden könnte,
daß es sich dabei auch um jene Teile der Hoheitsgebiete der Mitgliedstaaten handelt, die nicht zum Territorium der EG gehören, so kann diese Bestimmung, die Vertragsbestandteil ist, sich dennoch nur auf die in Art. 299
(ex-Art. 227) genannten Gebiete beziehen.

Das Protokoll legt die Unverletzlichkeit und Steuer- und Abgabenbefreiung **4**
der Vermögensgegenstände, Liegenschaften, Guthaben und Geschäfte der
EG fest (Art. 1–5 Protokoll), stellt die Organe bei der Nachrichtenüber-
mittlung diplomatischen Vertretungen gleich (Art. 6 Protokoll), erlaubt die

Ausstellung von Ausweisen als Reisedokumente (Art. 7 Protokoll), gewährt den Mitgliedern des EP die Befreiung von Reisebeschränkungen und Erleichterungen bei der Zollabfertigung bei der Reise von und zum Tagungsort (Art. 8 Protokoll), Strafimmunität hinsichtlich in Ausübung ihres Amtes erfolgten Äußerungen oder Abstimmungen (Art. 9 Protokoll) und Unverletzlichkeit während der Tagungen und der An- und Abreise zu den Tagungsorten (Art. 10 Protokoll); entsprechende Vorrechte, Befreiungen und Erleichterungen stehen auch den Vertretern der Mitgliedstaaten, die an den Arbeiten der Gemeinschaftsorgane teilnehmen, und den Mitgliedern der beratenden Organe zu. Die Beamten und sonstigen Bediensteten genießen (Art. 12 Statut) die Befreiung von der Gerichtsbarkeit bezüglich der von ihnen in amtlicher Eigenschaft vorgenommenen Handlungen, die Befreiung von Einwanderungsbeschränkungen und von der Meldepflicht für Ausländer, Erleichterungen im Bereich des Währungs- und Devisenrechts sowie Zoll- und Steuererleichterungen; gleiches gilt für die Kommissionsmitglieder (Art. 20 Protokoll), für die Richter, Generalanwälte, Hilfsberichterstatter und den Kanzler des Gerichtshofs (Art. 21), für die EIB, die Mitglieder ihrer Organe, ihr Personal und die an den Arbeiten beteiligten Vertreter der Mitgliedstaaten (Art. 22 Protokoll) sowie für die EZB, die Mitglieder ihrer Beschlußorgane und ihre Bediensteten (Art. 23 Protokoll).

5   Bei der Anwendung der Bestimmungen des Protokolls ist gem. Art. 18 Abs. 1 Protokoll darauf zu achten, daß die Vorrechte, Befreiungen und Erleichterungen nur im Interesse der EG gewährt werden und daher dort ihre Grenze finden, wo das Gemeinschaftsinteresse sie nicht mehr erforderlich macht. Außerdem gelten die Vorrechte und Befreiungen gem. Art. 291 nur insoweit, als sie für die Erfüllung der Aufgaben der EG erforderlich sind.

Art. 292 (ex-Art. 219) (Ausschließlichkeit der Bestimmungen über Regelung von Streitigkeiten)

Die Mitgliedstaaten verpflichten sich, Streitigkeiten über die Auslegung oder Anwendung dieses Vertrags nicht anders als hierin vorgesehen zu regeln.

1   Art. 292, der in Verbindung mit Art. 220 (ex-Art. 164), 227 (ex-Art. 170) und 239 (ex-Art. 182) zu lesen ist, legt die **ausschließliche Zuständigkeit des Gerichtshofs** bei Streitigkeiten zwischen Mitgliedstaaten, die sich auf die Anwendung oder Auslegung des EGV beziehen, fest. Diese Bestimmung ist eine Garantie für die einheitliche Anwendung, Auslegung und Weiterentwicklung des Gemeinschaftsrechts.

Unter „Auslegung oder Anwendung dieses Vertrages" ist das gesamte **2**
primäre und sekundäre Gemeinschaftsrecht zu verstehen.

Streitigkeiten im Sinne von Art. 292 sind nur **gerichtliche Streitigkeiten.** **3**
Den Mitgliedstaaten bleibt es selbstverständlich vorbehalten, Meinungsdifferenzen auf dem Verhandlungsweg zu beseitigen; dies ergibt sich schon
aus den in Art. 227 (ex-Art. 170) vorgesehenen Verfahrensbestimmungen.
Die Beschreitung des diplomatischen – also nicht-streitigen – Wegs ist auch
die übliche Praxis; bisher fällte der EuGH nur einmal auf der Basis von
Art. 292 (ex-Art. 170) eine Entscheidung (EuGH, Rs. 141/78, Frankreich/Vereinigtes Königreich, Slg. 1979, 2923), in einem zweiten Fall wurde die Klage zurückgezogen (Rs. 58/77, Irland /Frankreich).

Die Ausschließlichkeit der Zuständigkeit des Gerichtshofs bedeutet, daß die **4**
Mitgliedstaaten eine Streitigkeit über das Gemeinschaftsrecht weder einem
anderen bestehenden nationalen oder internationalen Gericht noch einem
institutionellen oder ad-hoc-Schiedsgericht vorlegen dürfen noch für den
Fall zukünftiger Streitigkeiten eine andere Zuständigkeit vertraglich vereinbaren dürfen.

**Artikel 293 (ex-Art. 220) (Verhandlungen über Gleichstellung der
Staatsangehörigen)**

Soweit erforderlich, leiten die Mitgliedstaaten untereinander Verhandlungen ein, um zugunsten ihrer Staatsangehörigen folgendes sicherzustellen:

– **den Schutz der Personen sowie den Genuß und den Schutz der
Rechte zu den Bedingungen, die jeder Staat seinen eigenen Angehörigen einräumt;**

– **die Beseitigung der Doppelbesteuerung innerhalb der Gemeinschaft;**

– **die gegenseitige Anerkennung der Gesellschaften im Sinne des
Artikels 48 Absatz 2, die Beibehaltung der Rechtspersönlichkeit bei
Verlegung des Sitzes von einem Staat in einen anderen und die
Möglichkeit der Verschmelzung von Gesellschaften, die den
Rechtsvorschriften verschiedener Mitgliedstaaten unterstehen;**

– **die Vereinfachung der Förmlichkeiten für die gegenseitige Anerkennung und Vollstreckung richterlicher Entscheidungen und
Schiedssprüche.**

Literatur: *Czernich/Tiefenthaler,* Die Übereinkommen von Lugano und Brüssel, Wien
1997; *Ebenroth/Eyles,* Die innereuropäische Verlegung des Gesellschaftssitzes als
Ausfluß der Niederlassungsfreiheit, DB 1989, 413; *Koppensteiner,* Grundlagenkriti-

sche Bemerkungen zum EWG-Entwurf eines Übereinkommens über die internationale Verschmelzung von Aktiengesellschaften, RabelsZ 1975, 405; *Kreuzer*, Die grenzüberschreitende Mobilität von Gesellschaften im Gemeinsamen Markt, in *Europa-Institut der Universität des Saarlandes* (Hrsg.), Vorträge und Berichte Nr. 295, 1994; *Kreuzer*, Die Europäisierung des Internationalen Privatrechts – Vorgaben des Gemeinschaftsrechts, in *Müller-Graff* (Hrsg.),Gemeinsames Privatrecht in der Europäischen Gemeinschaft, 1993, 373; *Lehner*, EU-Recht und die Kompetenz zur Beseitigung der Doppelbesteuerung, in: *Gassner/Lang/Lechner* (Hrsg.), Doppelbesteuerungsabkommen und EU-Recht, 1996, 11; *Pipkorn*, Die Angleichung des europäischen Wirtschafts- und Unternehmensrechts, Wirtschaft und Recht 1980, 85; *Pirrung*, Die Einführung des EG-Schuldvertragsübereinkommens in die nationalen Rechte, in: *von Bar* (Hrsg.), Europäisches Gemeinschaftsrecht und Internationales Privatrecht, 1991, 21; *Schack*, Wechselwirkungen zwischen europäischem und nationalem Zivilprozeßrecht, ZZP 1994, 279; *Scherer*, Doppelbesteuerung und Europäisches Gemeinschaftsrecht, 1995; *Schwartz*, Übereinkommen zwischen den EG-Staaten: Völkerrecht oder Gemeinschaftsrecht? in FS Grewe, 1981, 551; *Schwartz*, Wege zur EG-Rechtsvereinheitlichung: Verordnungen der Europäischen Gemeinschaft oder Übereinkommen unter den Mitgliedstaaten, in FS von Caemmerer, 1978, 1067; *Steindorff*, EG-Vertrag und Privatrecht, 1995; *Vedder*, Einwirkungen des Europarechts auf das innerstaatliche Recht und auf internationale Verträge der Mitgliedstaaten: die Regelung der Doppelbesteuerung, in: *Vogel* (Hrsg.), Europarecht und Internationales Steuerrecht, 1994, 1; *Wassermeyer*, Die Vermeidung der Doppelbesteuerung im Europäischen Binnenmarkt, in: *Lehner* (Hrsg.), Steuerrecht im Europäischen Binnenmarkt, 1996, 151; *Wassermeyer*, Das Fehlen von Erbschaftssteuer-Doppelbesteuerungsabkommen innerhalb der EU, EuZW 1995, 813; *Wuermeling*, Kooperatives Gemeinschaftsrecht – Die Rechtsakte der Gesamtheit der EG-Mitgliedstaaten, insbesondere die Gemeinschaftskonventionen nach Artikel 220 EWGV, 1988.

1   Art. 293 ist die **Rechtsgrundlage für multilaterale völkerrechtliche Verträge** unter Beteiligung aller Mitgliedstaaten, die diese nach entsprechenden Verhandlungen dann zu schließen haben, wenn dies erforderlich ist, um das in den vier Unterabsätzen erschöpfend aufgezählten Anliegen in den Bereichen „Europa der Bürger", Doppelbesteuerung, Gesellschaftsrecht und gegenseitige Anerkennung und Vollstreckung richterlicher Entscheidungen und Schiedssprüche zugunsten ihrer Staatsangehörigen sicherzustellen.

2   Art. 293 ist keine Handlungsermächtigung für die EG, sondern eine **Anordnung** (Mußvorschrift) **an alle Mitgliedstaaten,** in bestimmten Fällen tätig zu werden; es handelt sich auch nicht bloß um eine „Absichtserklärung der Mitgliedstaaten" (so allerdings *Geiger*, Art. 220 Rn. 1). Er hat keine Direktwirkung (vgl. EuGH Rs. 137/84, Ministère public/Mutsch, Slg. 1985, 2681 [Rn. 11]: *„Artikel 220 (jetzt Art. 283) will keinen unmittelbar geltenden Rechtssatz aufstellen, sondern steckt nur den Rahmen für von den*

Mitgliedstaaten ‚soweit erforderlich, untereinander einzuleitende Verhandlungen ab. Für sich genommen enthält dieser Artikel lediglich die Zielvorgabe, daß jeder Mitgliedstaat die Garantien, die er seinen eigenen Staatsangehörigen auf einem bestimmten Gebiet einräumt, auf die Staatsangehörigen der anderen Mitgliedstaaten erstreckt."). Art 293 gewährt dem einzelnen nicht aus sich heraus Rechte, auf die er sich vor den nationalen Gerichten berufen kann (EuGH, C-336/96, Eheleute Robert Gilly/Directeur des services fiscaux du Bas-Rhin; Slg. 1998, I–2793).

Art. 293 ist gegenüber allen anderen Vertragsbestimmungen zur Rechtsangleichung **subsidiär**; der in dieser Bestimmung enthaltene Auftrag und die damit einhergehende Befugnis besteht nur dann, wenn nicht auf der Basis einer anderen Vertragsbestimmung eine Maßnahme zur Rechtsangleichung gesetzt werden könnte.   **3**

Der wichtigste Vertrag, der auf der Grundlage von Art. 293 geschlossen wurde und bereits in Kraft ist, ist das „Übereinkommen über die gerichtliche Zuständigkeit und Vollstreckung gerichtlicher Entscheidungen in Zivil- und Handelssachen" („Brüsseler Gerichtsstands- und Vollstreckungsübereinkommen", EuGVÜ) vom 27.9.1968 (ABl. L 1972/299), das durch das „Protokoll betreffend die Auslegung des Übereinkommens.... durch den Gerichtshof" vom 3.6.1971 (ABl. L 1975/204), ergänzt wurde. Durch das gleichnamige Parallelabkommen („Übereinkommen von Lugano") zwischen den EG-Mitgliedstaaten und den EFTA-Mitgliedstaaten vom 16.9.1988 (ABl. L 1988/319), wurde sein räumlicher Anwendungsbereich entsprechend erweitert.   **4**

Der Anwendungsbereich des Art. 293 überschneidet sich teilweise mit dem des Art. 29 (ex-Art. K.1) EUV, hat diesem gegenüber aber Vorrang (so auch *Schwartz*, in: GTE Art. 220 Rn. 117 und *Hailbronner* in: *Hailbronner/Klein/Magiera/Müller-Graff* (Hrsg.), Handkommentar zum Vertrag über die Europäische Union, 1996, Art K Rn. 56).   **5**

Art. 294 (ex-Art. 221) (Gleichstellung bei Kapitalbeteiligungen)

Unbeschadet der sonstigen Bestimmungen dieses Vertrags stellen die Mitgliedstaaten die Staatsangehörigen der anderen Mitgliedstaaten hinsichtlich ihrer Beteiligung am Kapital von Gesellschaften im Sinne des Artikels 48 den eigenen Staatsangehörigen gleich.

Art. 294 ist eine **Konkretisierung des allgemeinen Diskriminierungsverbots** des Art. 12 Abs. 1 (ex-Art. 6) auf dem Gebiet des Gesellschaftsrechts und ordnet Inländergleichbehandlung an.   **1**

2 Er ist **subsidiär** insbesondere gegenüber den Bestimmungen über die Niederlassungsfreiheit (Art. 43–48, ex-Art. 52–58) und über den freien Kapitalverkehr (Art. 56–60, ex-Art. 73b–73g).

3 Er ist **unmittelbar anwendbar.**

4 Der **Begriff der Staatsangehörigen** ist weit auszulegen und umfaßt sowohl natürliche als auch juristische Personen, insbesondere Gesellschaften im Sinne von Art. 48 (ex-Art. 58; zur Interpretation des Begriffs der Gesellschaften siehe die Kommentierung zu Art. 48). Auch die **Kapitalbeteiligung** ist umfassend zu verstehen und beinhaltet insbesondere auch langfristige Darlehen mit kapitalähnlichem Charakter, Sacheinlagen, Stimmrechte etc. (vgl. *Troberg*, in GTE, Art. 221 Rn. 11).

Art. 295 (ex-Art. 222) (Eigentumsordnung)

Dieser Vertrag läßt die Eigentumsordnung in den verschiedenen Mitgliedstaaten unberührt.

Literatur: Siehe auch Hinweise bei Art. 86; *Burghardt*, Die Eigentumsordnungen in den Mitgliedstaaten und der EWG-Vertrag, 1969; *Capelli*, Nationalisierungen im Gemeinsamen Markt, RIW 1983, 313; *Celestine/Felsner*, Öffentliche Unternehmen, Privatisierung und service public in Frankreich, RIW 1997, 105; *Dicke*, Zur Begründung des Menschenrechts auf Eigentum, EuGRZ 1982, 361; *Everling*, Eigentumsordnung und Wirtschaftsordnung in der Europäischen Gemeinschaft, in FS Raiser, 1974, 379; *Franken*, Die Verstaatlichung und ihre Vereinbarkeit mit dem EWG-Vertrag, 1972; *Frotz*, Bestimmung der Möglichkeiten und Grenzen der Privatisierung öffentlicher Unternehmen, DB 1977, 166; *Huth*, Die Sonderstellung der öffentlichen Hand in den Europäischen Gemeinschaften, 1965; *Riegel*, Das Eigentum im europäischen Recht, 1974; *Riegel*, Die Einwirkung des europäischen Gemeinschaftsrechts auf die Eigentumsordnung der Mitgliedstaaten, RIW 1979, 744; *Weis*, Verstaatlichung aus gemeinschaftsrechtlicher Sicht, NJW 1982, 1910.

1 Art. 295 ist ein **Vorbehalt,** der sich auf den Schutz der jeweiligen Eigentumsordnungen in den Mitgliedstaaten bezieht. Aus seiner Stellung in den Allgemeinen und Schlußbestimmungen des EGV ergibt sich, daß er auf alle Vertragsbestimmungen anwendbar ist.

2 Unter „**Eigentumsordnung**" ist das umfassende verfassungsmäßige Gefüge der Eigentumsrechte zu verstehen, worunter auch alle materiellen und immateriellen subjektiven Rechte gegenüber Dritten und dem Staat fallen (vgl. zu den Immaterialgüterrechten EuGH, C-350/92, Spanien /Rat, Slg. 1995, I–1985).

3 Art. 295 ist lediglich eine **negative Kompetenzbestimmung** in dem Sinne, daß den Mitgliedstaaten die Entscheidung über die Gestaltung ihrer Eigentumsordnung vorbehalten ist; diese Bestimmung hat aber keinen grundrechtlichen Charakter (vgl. EuGH, Rs. 44/79, Lieselotte Hauer/Rheinland-Pfalz, Slg. 1979, 3747). Art. 295 steht auch Maßnahmen zur Verstaatlichung oder Privatisierung nicht entgegen. Es ist insbesondere auch an wirtschafts- und sozialpolitische Aspekte zu denken. Art 295 hindert den Gemeinschaftsgesetzgeber auch nicht daran, Rechtsakte zu erlassen, die der Harmonisierung der Rechtsordnung mit dem Ziel der Verwirklichung des Binnenmarktes dienen, auch wenn diese die nationale Eigentumsordnung verändern (so der EuGH in Bezug auf das Patentrecht: C-350/92, Spanien/Rat, Slg. 1995, I–1985).

Im Zusammenhang mit der Organisation und Ausübung der mitgliedstaat- **4** lichen Eigentumsordnung bestehen aber gewisse Schranken aufgrund des Art. 25 (ex-Art. 12) (vgl. EuGH, Rs. 182/83, Fearon/Irish Land Commission, Slg. 1984, 3677) sowie der Art. 30 (ex-Art. 36), 31 (ex-Art. 37), 81 bis 89 (ex-Art. 85–94) (zu Art. 82 (ex-Art. 86) vgl. EuGH, Rs. 41/83, Italien/Kommission, Slg. 1985, 873) und Art. 296 (ex-Art. 223).

Art. 296 (ex-Art. 223) (Vorbehalt nationaler Bestimmungen)

(1) Die Vorschriften dieses Vertrags stehen folgenden Bestimmungen nicht entgegen:

a) Ein Mitgliedstaat ist nicht verpflichtet, Auskünfte zu erteilen, deren Preisgabe seines Erachtens seinen wesentlichen Sicherheitsinteressen widerspricht;

b) jeder Mitgliedstaat kann die Maßnahmen ergreifen, die seines Erachtens für die Wahrung seiner wesentlichen Sicherheitsinteressen erforderlich sind, soweit sie die Erzeugung von Waffen, Munition und Kriegsmaterial oder den Handel damit betreffen; diese Maßnahmen dürfen auf dem Gemeinsamen Markt die Wettbewerbsbedingungen hinsichtlich der nicht eigens für militärische Zwecke bestimmten Waren nicht beeinträchtigen.

(2) Der Rat kann die von ihm am 15. April 1958 festgelegte Liste der Waren, auf die Absatz 1 Buchstabe b Anwendung findet, einstimmig auf Vorschlag der Kommission ändern.

Literatur: *Gilsdorf*, Die sicherheitspolitischen Schutzklauseln, insbesondere die Artikel 223–225 EWGV in der Perspektive der Europäischen Union, in *Forschungsinstitut für Europarecht der Karl-Franzens-Universität Graz* (Hrsg.), Außen- und sicherheitspolitische Aspekte des Vertrages von Maastricht und seine Konsequenzen für neutrale Beitrittswerber, 1993 = Les réserves de sécurité du Traité CEE, à la lumière du Traité sur l'Union Européenne, RMC 1994, 17; *Hummer/Schweitzer*, Das Problem der Neutralität

– Österreich und die EG-Beitrittsfrage, EA 1988, 501; *dies.*, Österreich und die EWG. Neutralitätsrechtliche Beurteilung der Möglichkeiten der Dynamisierung des Verhält- nisses zur EWG, 1987; *Jestaedt/von Behr*, Die EG-Verordnung zur Harmonisierung von Exportkontrollen von zivil und militärisch verwendbaren Gütern, EuZW 1995, 137; *Lhoest*, La production et le commerce des armes et l'article 223 du traité instituant la Communauté européenne, R.B.D.I. 1993,176; *Schmidt*, Schutzmaßnahmen des Außenwirtschaftsrechts der Europäischen Gemeinschaft, DöV 1974, 50; *Schweitzer*, Dauernde Neutralität und europäische Integration, 1977.

I. Einleitung

1 Die Art. 296 (ex-Art. 223), 297 (ex-Art. 224) und 298 (ex-Art. 225) sowie auch 301 (ex-Art. 228a) sind im Zusammenhang zu verstehen. Es handelt sich dabei um Schutzklauseln für Fälle der Wahrung der Sicherheitsinteres- sen eines Mitgliedstaates (Art. 296, ex-Art. 223) und der politisch-militäri- schen Bedrohung eines Mitgliedstaates (Art. 297, ex-Art. 224) sowie um die entsprechenden Verfahrensvorschriften (Art. 298, ex-Art. 225) und um Wirtschaftssanktionen gegenüber Drittstaaten (Art. 301, ex-Art. 228a).

2 Art. 296 und 297 sind aufgrund ihres Charakters als Ausnahmebestimmun- gen restriktiv zu interpretieren (vgl. EuGH, Rs. 222/84, Marguerite John- ston/Chief Constable of the Royal Ulster Constabulary, Slg. 1986, 1651).

II. Inhalt

3 Art. 296 hat **zwei Tatbestände:** die Einschränkung der Auskunftspflicht (Abs. 1 lit. a) und Maßnahmen zur Wahrung von wesentlichen Sicherheits- interessen (Abs. 1 lit. b). Die Anwendung dieser beiden Tatbestände ist nicht auf Krisenzeiten oder andere außergewöhnliche Umstände be- schränkt.

1. Auskunftsverweigerung

4 Insbesondere entgegen den Bestimmungen der Art. 10 (ex-Art. 5) und 284 (ex-Art. 213) ist ein Mitgliedstaat dann nicht verpflichtet, Auskünfte zu er- teilen, wenn deren Preisgabe seines Erachtens seinen wesentlichen Sicher- heitsinteressen widerspricht. Aus dem Wortlaut der Bestimmung („„seines Erachtens") wird deutlich, daß dem betroffenen Mitgliedstaat ein politi- scher Ermessensspielraum eingeräumt wird. Dabei handelt es sich um ein **„gebundenes Ermessen",** das vom EuGH gem. Art. 298 (ex-Art. 225) überprüfbar ist. Die Notwendigkeit einer Auskunftsverweigerung ist primär nach den subjektiven Erfordernissen des betroffenen Mitgliedstaates zu be- urteilen.

Betroffen sind sowohl innen-, als auch außenpolitische Sicherheitsinteres- 5
sen, doch ergibt sich aus dem Zweck der Bestimmung, daß dieser Begriff
enger auszulegen ist als jener der „öffentlichen Ordnung und Sicherheit" in
Art. 30 (ex-Art. 36) (so *Hummer*, in *Grabizt/Hilf*, Art. 223 Rn. 5) und im
Zusammenhang mit Art 297 (ex-Art. 224) zu verstehen ist.

2. Maßnahmen zur Wahrung wesentlicher Sicherheitsinteressen

Zur Wahrung seiner wesentlichen Sicherheitsinteressen kann jeder Mit- 6
gliedstaat einseitig Maßnahmen – gegenüber anderen Mitgliedstaaten oder
Drittstaaten – ergreifen, die die Erzeugung von oder den Handel mit Waffen, Munition und Kriegsmaterial betreffen. Solche Maßnahmen können
z.B. Ausfuhrbeschränkungen oder Beschränkungen des innergemeinschaftlichen Wettbewerbs durch Monopole oder staatliche Beihilfen sein.

Diese Maßnahmen unterliegen einer **dreifachen Beschränkung: Erstens** 7
dürfen sie nur hinsichtlich Waffen, Munition und Kriegsmaterial getroffen
werden, **zweitens** dürfen sie die Wettbewerbsbedingungen im Gemeinsamen Markt hinsichtlich der nicht eigens für militärische Zwecke bestimmten Waren nicht beeinträchtigen (z.B. Jagd- und Sportwaffen) und **drittens**
dürfen sie sich nur auf jene Waren beziehen, die gem. Abs. 2 in der vom Rat
am 15.4.1958 beschlossenen, nicht veröffentlichten Liste abschließend genannt sind; diese Liste, die technisch weitgehend überholt ist, ist rechts-
konstitutiv. Gem. Abs. 2 kann der Rat auf Vorschlag der Kommission mit
Einstimmigkeit diese Liste ändern; er hat von dieser Möglichkeit jedoch
bisher noch nie Gebrauch gemacht.

III. Kontrollverfahren

Gem. Art. 298 (ex-Art. 225) obliegt es der Kommission zu prüfen, ob die 8
Anwendung des Art. 296 durch einen Mitgliedstaat die Wettbewerbsbedingungen im Gemeinsamen Markt verfälscht. Gegebenenfalls kann die Kommission oder ein Mitgliedstaat den EuGH direkt anrufen.

IV. Verhältnis zur Gemeinsamen Außen- und Sicherheitspolitik

Mit der Schaffung einer GASP durch Art. 11–28 (ex-Art. J.1–18) EUV 9
sind die Mitgliedstaaten aufgerufen, in diesem Rahmen die Voraussetzungen zu schaffen, daß sich eine Berufung auf die Schutzklausel des Art. 296
erübrigt. Ist nun eine gemeinsame Aktion gem. Art. 14 (ex-Art. J.4) EUV
beschlossen worden und will ein Mitgliedstaat dennoch auf Art. 296
zurückgreifen, so würde das einen im Sinne von Art. 298 (ex-Art. 225) zu

ahndenden Mißbrauch darstellen (vgl. dazu ausführlich *Gilsdorf*, a.a.O., 58).

Art. 297 (ex-Art. 227) (Gemeinsames Vorgehen bei Beeinträchtigung des Marktes durch innerstaatliche Störungen)

Die Mitgliedstaaten setzen sich miteinander ins Benehmen, um durch gemeinsames Vorgehen zu verhindern, daß das Funktionieren des Gemeinsamen Marktes durch Maßnahmen beeinträchtigt wird, die ein Mitgliedstaat bei einer schwerwiegenden innerstaatlichen Störung der öffentlichen Ordnung, im Kriegsfall, bei einer ernsten, eine Kriegsgefahr darstellenden internationalen Spannung oder in Erfüllung der Verpflichtungen trifft, die er im Hinblick auf die Aufrechterhaltung des Friedens und der internationalen Sicherheit übernommen hat.

Literatur: Siehe Hinweis zu Art. 296; *Dürr*, Das Handelsembargo im Gemeinschaftsrecht, Economy 1993, 199; *Meng*, Die Kompetenz der EWG zur Verhängung von Wirtschaftssanktionen gegen Drittländer, ZaöRV 1982, 780.

I. Inhalt

1 Art. 297 bezieht sich auf **drei Situationen,** in denen ein Mitgliedstaat Maßnahmen ergreift, die das Funktionieren des Gemeinsamen Marktes beeinträchtigen können. Es handelt sich dabei (1) um die schwerwiegende innerstaatliche Störung der öffentlichen Ordnung (Gefährdung der inneren Sicherheit), d.h. die Gefährdung der inneren Sicherheit durch die Bedrohung oder die Gefahr der Bedrohung der politischen Ordnung, (2) um den Kriegsfall bzw. eine ernste, eine Kriegsgefahr darstellende internationale Spannung (Gefährdung der äußeren Sicherheit) und (3) um die Erfüllung von Verpflichtungen, die der Mitgliedstaat im Hinblick auf die Aufrechterhaltung des Friedens und der internationalen Sicherheit übernommen hat (Gefährdung der internationalen Sicherheit), also insbesondere Verpflichtungen, die sich aus der UN-Satzung, aus Beschlüssen des UN-Sicherheitsrates, aus dem NATO-Vertrag und aus der WEU ergeben.

2 Wenn eine dieser Situationen vorliegt und der Mitgliedstaat der Ansicht ist, daß eine von ihm zu ergreifende Maßnahme (z.B. Freizügigkeitsbeschränkungen, Handelsembargo) notwendig und durch diese Vorschrift gerechtfertigt ist, und wenn gleichzeitig diese geplante Maßnahme das Funktionieren des Gemeinsamen Marktes beeinträchtigen kann, dann hat er dies den anderen Mitgliedstaaten – und wohl auch der Kommission (Art. 10 Abs. 1 [ex-Art. 5] i.V.m. Art. 298 [ex-Art. 225]) – mitzuteilen. Sie müssen

dann versuchen, **durch gemeinsame Verhandlungen sich auf ein gemeinsames Vorgehen zu einigen,** um zu verhindern, daß das Funktionieren des Gemeinsamen Marktes gestört wird. Art. 297 verpflichtet die Mitgliedstaaten, sich bereits vorbeugend ins Einvernehmen zu setzen, um zu einem gemeinsamen Vorgehen, das nicht notwendigerweise eine gemeinsame oder gar gemeinschaftliche Aktion sein muß, zu kommen. Enden die Konsultationen erfolglos, so ist der betroffene Mitgliedstaat befugt, einseitig die von ihm als notwendig erachteten Maßnahmen zu treffen, deren Berechtigung schließlich vom EuGH überprüft werden kann (Näheres zum Kontrollverfahren siehe Art. 296 Rn. 8.).

In der Praxis erfolgen diese Konsultationen auf politischer und diplomati- **3** scher Ebene sowie im Rahmen der GASP.

II. Verhältnis zur Gemeinsamen Außen- und Sicherheitspolitik

Siehe dazu Art. 296 Rn. 9. **4**

Art. 298 (ex-Art. 225) (Verfälschung der Wettbewerbsbedingungen, unmittelbare Anrufung des Gerichtshofes)

Werden auf dem Gemeinsamen Markt die Wettbewerbsbedingungen durch Maßnahmen auf Grund der Artikel 296 und 297 verfälscht, so prüft die Kommission gemeinsam mit dem beteiligten Staat, wie diese Maßnahmen den Vorschriften dieses Vertrags angepaßt werden können.

In Abweichung von dem in den Artikeln 226 und 227 vorgesehenen Verfahren kann die Kommission oder ein Mitgliedstaat den Gerichtshof unmittelbar anrufen, wenn die Kommission oder der Staat der Auffassung ist, daß ein anderer Mitgliedstaat die in Artikel 296 und 297 vorgesehenen Befugnisse mißbraucht. Der Gerichtshof entscheidet unter Ausschluß der Öffentlichkeit.

I. Allgemeines

Art. 298 sieht die Verfahren vor, die anzuwenden sind, wenn Maßnahmen, **1** die aufgrund von Art. 296 oder 297 (ex-Art. 224 und 224) getroffen wurden, Wettbewerbsverfälschungen verursachen (Abs. 1), und jene, die bei Mißbrauch der den Mitgliedstaaten in den Art. 296 und 297 (ex-Art. 223 und 224) eingeräumten Befugnisse anzuwenden sind (Abs. 2).

II. Anpassungsverfahren bei Wettbewerbsverfälschungen

2   Hat ein Mitgliedstaat Maßnahmen aufgrund der Art. 296 oder 297 (ex-Art. 223 und 224) gesetzt, die die Wettbewerbsbedingungen auf dem Gemeinsamen Markt verfälschen, so löst dies zunächst eine Konsultationsverpflichtung aus, stellt aber per se noch keine Vertragsverletzung dar (*Hummer*, in *Grabitz/Hilf*, Art. 225 Rn. 3). Die Kommission prüft gem. Abs. 1 mit dem beteiligten Mitgliedstaat, wie die Maßnahmen mit dem Gemeinschaftsrecht in Einklang gebracht werden können. Dabei handelt es sich um ein Verwaltungsverfahren.

III. Mißbrauchskontrolle

3   Art. 298 Abs. 2 ist das Korrektiv zum – durch ihn gebundenen – politischen Ermessen, das den Mitgliedstaaten durch die Art. 296 und 297 (ex-Art. 223 und 224) eingeräumt ist. Befindet die Kommission oder ein Mitgliedstaat, daß ein anderer Mitgliedstaat diese seine Befugnisse bewußt oder fahrlässig oder sogar schuldlos mißbraucht hat (Ermessensmißbrauch und Ermessensüberschreitung), dann findet ein gerichtliches Verfahren statt: Die Kommission oder ein anderer Mitgliedstaat kann den EuGH unmittelbar unter Weglassung des in den Art. 226 und 227 (ex-Art. 223 und 224) vorgesehenen Vorverfahrens anrufen, der in nicht-öffentlicher Sitzung entscheidet. Das Weglassen des Vorverfahrens rechtfertigt sich einerseits durch die Dringlichkeit der Entscheidung und andererseits durch die Tatsache, daß ja bereits ein Konsultationsverfahren stattgefunden hat.

Art. 299 (ex-Art. 227) (Geltungsbereich des Vertrags)

(1) Dieser Vertrag gilt für das Königreich Belgien, das Königreich Dänemark, die Bundesrepublik Deutschland, die Griechische Republik, das Königreich Spanien, die Französische Republik, Irland, die Italienische Republik, das Großherzogtum Luxemburg, das Königreich der Niederlande, die Republik Österreich, die Portugiesische Republik, die Republik Finnland, das Königreich Schweden und das Vereinigte Königreich Großbritannien und Nordirland.

(2) Dieser Vertrag gilt für die französischen überseeischen Departements, die Azoren, Madeira und die Kanarischen Inseln.

Unter Berücksichtigung der strukturbedingten sozialen und wirtschaftlichen Lage der französischen überseeischen Departements, der Azoren, Madeiras und der Kanarischen Inseln, die durch die Faktoren

Abgelegenheit, Insellage, geringe Größe, schwierige Relief- und Klimabedingungen und wirtschaftliche Abhängigkeit von einigen wenigen Erzeugnissen erschwert wird, die als ständige Gegebenheiten und durch ihr Zusammenwirken die Entwicklung schwer beeinträchtigen, beschließt der Rat jedoch auf Vorschlag der Kommission nach Anhörung des Europäischen Parlaments mit qualifizierter Mehrheit spezifische Maßnahmen, die darauf abzielen, die Bedingungen für die Anwendung dieses Vertrags auf die genannten Gebiete, einschließlich gemeinsamer Politiken, festzulegen.

Bei Beschlüssen über die in Unterabsatz 2 genannten entsprechenden Maßnahmen berücksichtigt der Rat Bereiche wie Zoll- und Handelspolitik, Steuerpolitik, Freizonen, Agrar- und Fischereipolitik, die Bedingungen für die Versorgung mit Rohstoffen und grundlegenden Verbrauchsgütern, staatliche Beihilfen sowie die Bedingungen für den Zugang zu den Strukturfonds und zu den horizontalen Gemeinschaftsprogrammen.

Der Rat beschließt die in Unterabsatz 2 genannten Maßnahmen unter Berücksichtigung der besonderen Merkmale und Zwänge der Gebiete in äußerster Randlage, ohne dabei die Integrität und Kohärenz der gemeinschaftlichen Rechtsordnung, die auch den Binnenmarkt und die gemeinsamen Politiken umfaßt, auszuhöhlen.

(3) Für die in Anhang II zu diesem Vertrag aufgeführten überseeischen Länder und Hoheitsgebiete gilt das besondere Assoziierungssystem, das im Vierten Teil dieses Vertrags festgelegt ist.

Dieser Vertrag findet keine Anwendung auf die überseeischen Länder und Hoheitsgebiete, die besondere Beziehungen zum Vereinigten Königreich Großbritannien und Nordirland unterhalten und die in dem genannten Anhang nicht aufgeführt sind.

(4) Dieser Vertrag findet auf die europäischen Hoheitsgebiete Anwendung, deren auswärtige Beziehungen ein Mitgliedstaat wahrnimmt.

(5) Dieser Vertrag findet entsprechend den Bestimmungen des Protokolls Nr. 2 zur Akte über die Bedingungen des Beitritts der Republik Österreich, der Republik Finnland und des Königreichs Schweden auf die Ålandinseln Anwendung.

(6) Abweichend von den Absätzen gilt:
a) Dieser Vertrag findet auf die Färöer keine Anwendung.

b) Dieser Vertrag findet auf die Hoheitszonen des Vereinigten König-
    reichs Großbritannien und Nordirland auf Zypern keine Anwen-
    dung.

c) Dieser Vertrag findet auf die Kanalinseln und die Insel Man nur in-
    soweit Anwendung, als dies erforderlich ist, um die Anwendung der
    Regelung sicherzustellen, die in dem am 22. Januar 1972 unter-
    zeichneten Vertrag über den Beitritt neuer Mitgliedstaaten zur
    Europäischen Wirtschaftsgemeinschaft und zur Europäischen
    Atomgemeinschaft für diese Inseln vorgesehen ist.

Literatur: *Bernhard*, Der Festlandsockel im Recht der Europäischen Gemeinschaften
(1982); *Röttinger*, Die deutsche Vereinigung und die europäische Integration, in *Röt-*
tinger/Weyringer (Hrsg.), Handbuch der europäischen Integration, 1. Aufl. 1991, 466;
Graf Vitzthum, Die Europäische Gemeinschaft und das internationale Seerecht, AöR
1986, 34.

1   Art. 299 legt den **räumlichen Geltungsbereich** des EGV fest. Abs. 1 wurde naturgemäß durch jeden Beitrittsvertrag ergänzt; Abs. 2 wurde durch die
Beitrittsakte Spaniens und Portugals geändert, Abs. 3 Abs. 2 und Abs. 6
wurden durch die Beitrittsakte Dänemarks, Irlands und des Vereinigten Königreichs, Abs. 5 durch die Beitrittsakte Österreichs, Finnlands und Schwedens eingefügt. Abs. 2 wurde durch den Vertrag von Amsterdam geändert.

2   **Abs. 1** legt fest, daß der EGV – vorbehaltlich der in den anderen Absätzen
dieses Art. enthaltenen Ausnahmen – auf dem gesamten Territorium aller
Mitgliedstaaten gilt. Dies umfaßt das Land, das Gebiet unter der Erde, den
Luftraum darüber (vgl. *Seidl-Hohenveldern*, in *Neuhold/Hummer/Schreuer*,
[Hrsg.], Österreichisches Handbuch des Völkerrechts, 2. Aufl. 1991, Rn. 673)
und die nach allgemeinem Völkerrecht dazugehörenden Meeresgebiete.

3   **Abs. 2** sagt einerseits eindeutig, daß der EGV für die französischen Überseegebiete (Départements d'Outre-Mer – DOMs; das sind Guadeloupe, Gu-
ayana, Martinique, Réunion) gilt (EuGH, C-37 und 38/96, Sodiprem und
Roger Albert/Direction générale des douanes,– Slg. 1998, I–2039; C-
212/96, Chevassus-Marche/Conseil régional de la Réunion, Slg. 1998,
I–743), sieht aber Möglichkeiten für Ausnahmen vor, wobei der Rat ursprünglich bis Ende 1959 über die Bedingungen der Anwendung der übrigen Vertragsbestimmungen entscheiden hätte können, was er aber nicht tat.
Entsprechend der Rechtsprechung des EuGH (Rs. 148/77, Hansen & Bal-
le/HZA Flensburg, Slg. 1978, 1787) gilt der EGV für alle DOMs seit dem
Ablauf der genannten Übergangsfrist (1.1.1960) uneingeschränkt.

4   Durch den **Vertrag von Amsterdam** wurden den DOMs die Azoren, Madeira und die Kanarischen Inseln gleichgestellt.

Der Rat kann aber – auf Vorschlag der Kommission und nach Anhörung des   5
EP – spezifische Maßnahmen beschließen, in denen besondere Bedingungen für die Anwendung des EGV auf die genannten Gebiete festgelegt werden. Damit soll der geographischen, strukturellen, sozialen und wirtschaftlichen Sondersituation dieser Gebiete Rechnung getragen werden. Diese
Maßnahmen können sich u.a. auf folgende Sachbereiche beziehen: Zoll-,
Handels- und Steuerpolitik, Freizonen, Landwirtschaft, Fischerei etc. Die
vom Rat ggf. beschlossenen Maßnahmen dürfen aber die Integrität und
Kohärenz des Gemeinschaftsrechts und insbesondere den Binnenmarkt und
die gemeinsamen Politiken nicht gefährden.

Abs. 3 sieht vor, daß für die überseeischen Länder und Hoheitsgebiete (Ter-   6
ritoires d'Outre-Mer – TOMs) die Prinzipien der Assoziierung gelten, die
in den Art. 182ff. (ex-Art. 131ff.) festgelegt sind. Die überseeischen Länder
und Hoheitsgebiete sind gemäß Anhang II des EGV: Grönland, Neukaledonien und Nebengebiete, Französisch-Polynesien, Französische Süd- und
Antarktisgebiete, Wallis und Futuna, Mayotte, St. Pierre und Miquelon,
Aruba, Niederländische Antillen, Bonaire, Curaçao, Saba, Sint Eustatius,
Sint Maarten, Anguilla, Kaimaninseln, Falklandinseln, Südgeorgien und
südliche Sandwichinseln, Montserrat, Pitcairn, St. Helena und Nebengebiete, Britisches Antarktis-Territorium, Britisches Territorium im Indischen
Ozean, Turks- und Caicosinseln, Britische Jungferninseln, Bermuda.

Abs. 4 bezieht sich nicht auf jene europäischen Staaten, die auf diplomati-   7
scher Ebene von anderen Staaten vertreten werden. Der EGV ist daher auf
Andorra, San Marino, Monaco und den Vatikanstaat nicht anwendbar. Er
bezog sich ursprünglich vor allem auf das Saarland, das aber kurz vor
Inkrafttreten des EWGV Deutschland beigetreten war. Durch den Beitritt
des Vereinigten Königreichs wurde diese Bestimmung wieder aktuell,
da sie wohl auf Gibraltar anwendbar ist (so *Schröder* in GTE Art. 227
Rn. 28).

Infolge des Beitritts Finnlands wurde in **Abs.** 5 festgelegt, daß die – an sich   8
gemeinschaftsrechtswidrigen – Rechtsnormen über den regionalen Bürger-
status, das Niederlassungsrecht und die Verbrauchssteuern hinsichtlich der
finnischen Ålandinseln weitergelten.

Abs. 6 bestimmt, daß der EGV in seiner Gesamtheit nicht auf die Färöer   9
und auf die britischen Hoheitszonen auf Zypern anwendbar ist. Einschränkungen gibt es bezüglich der britischen Kanalinseln (EuGH, C-171/96, Pereira Roque/Lieutenant Governor of Jersey, Slg. 1998, I–4607) und der Is-
le of Man.

Art. 300 (ex-Art. 228) (Abkommen mit dritten Staaten oder Organisationen; Beteiligung des EP)

(1) Soweit dieser Vertrag den Abschluß von Abkommen zwischen der Gemeinschaft und einem oder mehreren Staaten oder internationalen Organisationen vorsieht, legt die Kommission dem Rat Empfehlungen vor; dieser ermächtigt die Kommission zur Einleitung der erforderlichen Verhandlungen. Die Kommission führt diese Verhandlungen im Benehmen mit den zu ihrer Unterstützung vom Rat bestellten besonderen Ausschüssen nach Maßgabe der Richtlinien, die ihr der Rat erteilen kann.

Bei der Ausübung der ihm in diesem Absatz übertragenen Zuständigkeiten beschließt der Rat mit qualifizierter Mehrheit, außer in den Fällen des Absatzes 2 Unterabsatz 1, in denen er einstimmig beschließt.

(2) Vorbehaltlich der Zuständigkeiten, welche die Kommission auf diesem Gebiet besitzt, werden die Unterzeichnung, mit der ein Beschluß über die vorläufige Anwendung vor dem Inkrafttreten einhergehen kann, sowie der Abschluß der Abkommen vom Rat mit qualifizierter Mehrheit auf Vorschlag der Kommission beschlossen. Der Rat beschließt einstimmig, wenn das Abkommen einen Bereich betrifft, in dem für die Annahme interner Vorschriften die Einstimmigkeit erforderlich ist, sowie im Fall der in Artikel 310 genannten Abkommen.

Abweichend von Absatz 3 gelten diese Verfahren auch für Beschlüsse zur Aussetzung der Anwendung eines Abkommens oder zur Festlegung von Standpunkten, die im Namen der Gemeinschaft in einem durch ein Abkommen nach Artikel 310 eingesetzten Gremium zu vertreten sind, sobald dieses Gremium rechtswirksame Beschlüsse – mit Ausnahme von Beschlüssen zur Ergänzung oder Änderung des institutionellen Rahmens des betreffenden Abkommens – zu fassen hat.

Das Europäische Parlament wird über alle nach diesem Absatz gefaßten Beschlüsse über die vorläufige Anwendung oder die Aussetzung eines Abkommens oder Festlegung des Standpunktes, den die Gemeinschaft in einem durch ein Abkommen nach Artikel 310 eingesetzten Gremium vertritt, unverzüglich und umfassend unterrichtet.

(3) Mit Ausnahme der Abkommen im Sinne des Artikels 133 Absatz 3 schließt der Rat die Abkommen nach Anhörung des Europäischen Parlaments, und zwar auch in den Fällen, in denen das Abkommen einen Bereich betrifft, bei dem für die Annahme interner Vorschriften das

Verfahren des Artikels 251 oder des Artikels 252 anzuwenden ist. Das Europäische Parlament gibt seine Stellungnahme innerhalb einer Frist ab, die der Rat entsprechend der Dringlichkeit festlegen kann. Ergeht innerhalb dieser Frist keine Stellungnahme, so kann der Rat einen Beschluß fassen.

Abweichend von Unterabsatz 1 bedarf der Abschluß von Abkommen im Sinne des Artikels 310 sowie sonstiger Abkommen, die durch Einführung von Zusammenarbeitsverfahren einen besonderen institutionellen Rahmen schaffen, von Abkommen mit erheblichen finanziellen Folgen für die Gemeinschaft und von Abkommen, die eine Änderung eines nach dem Verfahren des Artikels 251 angenommenen Rechtsakt bedingen, der Zustimmung des Europäischen Parlaments.

Der Rat und das Europäische Parlament können in dringenden Fällen eine Frist für die Zustimmung vereinbaren.

(4) Abweichend von Absatz 2 kann der Rat die Kommission bei Abschluß eines Abkommens ermächtigen, Änderungen, die nach jenem Abkommen im Weg eines vereinfachten Verfahrens oder durch ein durch das Abkommen geschaffenes Organ anzunehmen sind, im Namen der Gemeinschaft zu billigen; der Rat kann diese Ermächtigung gegebenenfalls mit besonderen Bedingungen verbinden.

(5) Beabsichtigt der Rat, ein Abkommen zu schließen, das Änderungen dieses Vertrags bedingt, so sind diese Änderungen zuvor nach dem Verfahren des Artikels 48 des Vertrags über die Europäische Union anzunehmen.

(6) Der Rat, die Kommission oder ein Mitgliedstaat kann ein Gutachten des Gerichtshofs über die Vereinbarkeit eines geplanten Abkommens mit diesem Vertrag einholen. Ist dieses Gutachten ablehnend, so kann das Abkommen nur nach Maßgabe des Artikels 48 des Vertrags über die Europäische Union in Kraft treten.

(7) Die nach Maßgabe dieses Artikels geschlossenen Abkommen sind für die Organe der Gemeinschaft und für die Mitgliedstaaten verbindlich.

Literatur: *Behr*, Gemeinschaftsabkommen und ihre mögliche unmittelbare Wirksamkeit, EuR 1983, 128; *Bleckmann*, Der gemischte Vertrag im Europarecht, EuR 1976, 301; *Cheyne*, International Agreements and the European Community Legal System, ELR 1994, 581; *Geiger*, Außenbeziehungen der Europäischen Wirtschaftsgemeinschaft und auswärtige Gewalt der Mitgliedstaaten, ZaöRV 1977, 640; *Geiger*, Vertragsschlußkompetenzen der Europäischen Gemeinschaft und auswärtige Gewalt der Mitgliedstaaten, JZ 1995,973; *Hilf/Tomuschat*, EG und Drittstaatsbeziehungen nach 1992, 1991; *Hummer*, Enge und Weite der „Treaty Making Power" der Kommission der EG nach dem EWG-Vertrag, GS Grabitz, 1995, 195; *Krück*, Völkerrechtliche Verträge im Recht der Europäischen Gemeinschaften, 1977; *Lecheler*, Die Pflege der auswärtigen Beziehungen in der Europäischen Union, AVR 32 (1994) 1; *Pescatore*, Die Rechtsprechung des EuGH zur innergemeinschaftlichen Wirkung völkerrechtlicher Abkommen, in FS für Mosler, 1983, 331; *Stein*, Der gemischte Vertrag im Rechts der Außenbeziehungen der EWG, 1986; *Vedder*, Die auswärtige Gewalt des Europa der Neun, 1980.

I. Einleitung

1   Art. 300 enthält keine Kompetenzbestimmung, sondern legt die **Zuständigkeiten der Gemeinschaftsorgane** und das **Verfahren** fest.

II. Gemeinschaftskompetenz

2   Der EGV sieht folgende **ausdrückliche Vertragsschlußkompetenzen** der EG vor: im Rahmen der Gemeinsamen Handelspolitik (Art. 133, ex-Art. 113), im Rahmen der Beziehungen zu internationalen Organisationen (Art. 302, ex-Art. 229), zum Europarat (Art. 303, ex-Art. 230) und zur OECD (Art. 304, ex-Art. 231) sowie für Assoziierungsabkommen (Art. 310, ex-Art. 238).

3   Lange Zeit war umstritten, ob und in wieweit die EG in anderen Bereichen zum Abschluß völkerrechtlicher Verträge befugt ist. Seit den beiden EuGH-Urteilen „AETR" und „Kramer" (Rs. 22/70, AETR, Slg. 1971, 263; verb. Rs. 3, 4 und 6/76, Kramer, Slg. 1976, 1279) ist unbestritten, daß der Innenkompetenz der EG auch die Außenkompetenz entspricht („**implizite Vertragsschlußkompetenz**", „Annex-Außenkompetenz"). Dies hat der EuGH auch jüngst in mehreren Gutachten bestätigt (Gutachten 1/92 – EWR II – Slg. 1992, I–2825; Gutachten 2/91 – ILO-Übereinkommen Nr. 170 – Slg. 1993, I–1064; Gutachten 1/94 – WTO-Übereinkommen – Slg. 1994 I–5267.

Ist weder eine ausdrückliche noch eine implizite Vertragsschlußkompetenz   **4**
gegeben, so kann immer noch **Art. 308 (ex-Art. 235) als Rechtsgrundlage** herangezogen werden.

Die EG kann entweder ausschließlich zuständig sein oder konkurrierend   **5**
mit den Mitgliedstaaten. Sofern die EG nicht über eine **ausschließliche
Vertragsschlußkompentenz** verfügt, sind die Mitgliedstaaten berechtigt,
selbständig völkerrechtliche Verträge abzuschließen. In Bereichen der **konkurrierenden Konkurrenz** gilt dies nur solange, als die EG von ihrer
Kompetenz noch keinen Gebrauch gemacht hat; in diesem Fall wird die
konkurrierende zu einer ausschließlichen Gemeinschaftskompetenz
(EuGH, verb. Rs. 3, 4 und 6/76, Kramer, Slg. 1976, 1279). Eine von vor-
neherein ausschließliche Vertragsschlußkompetenz hat die EG z.b. in den
Bereichen der Zoll- und Handelsabkommen (EuGH Gutachten 1/75 – Lokale Kosten – Slg. 1975, 1355; Gutachten 1/78 – Internationales Natur-
kautschuk-Übereinkommen – Slg. 1979, 1271).

Wenn der Gegenstand eines Vertrages über den Kompetenzbereich der EG   **6**
hinausgeht, so besteht die Möglichkeit sog. **„gemischter Abkommen"**, bei
denen auf der einen Seite sowohl die EG als solche, als auch die Mitgliedstaaten Vertragspartner sind.

III. Verfahren

Die Zuständigkeiten der Gemeinschaftsorgane im Verfahren sind eindeutig   **7**
festgelegt: Grundsätzlich hat die **Kommission die Verhandlungskompe-
tenz** und der **Rat die Abschlußkompetenz.**

Die **Kommission** schlägt zunächst dem Rat die Aufnahme von Verhand-   **8**
lungen zum Abschluß eines Vertrages zwischen der EG und einem oder
mehreren Staaten oder internationalen Organisationen vor. Er ermächtigt
daraufhin die Kommission, die erforderlichen Verhandlungen einzuleiten.
Diese Verhandlungen werden von der Kommission nach Maßgabe der ihr
eventuell vom Rat erteilten Richtlinien und im Einvernehmen mit den zu
ihrer Unterstützung vom Rat bestellten besonderen Ausschüssen geführt;
dadurch ist eine gewisse Teilnahme und Einflußmöglichkeit der Mitgliedstaaten in der Verhandlungsphase gewährleistet. Der Rat beschließt in diesen Fällen mit qualifizierter Mehrheit, sofern das Abkommen nicht einen
Bereich betrifft, für den nach internen Regeln Einstimmigkeit erforderlich
ist, oder es sich um ein Assoziierungsabkommen gem. Art. 310 (ex-Art.
238) handelt.

Der **Rat** schließt die Verträge auf neuerlichen Vorschlag der Kommission   **9**
mit den oben erwähnten Mehrheiten.

10   Vor Vertragsabschluß durch den Rat ist das **EP** zu hören. Auch in jenen Bereichen, in denen nach internen Vorschriften das Mitentscheidungsverfahren (Art. 251, ex-Art. 189b) oder das Zusammenarbeitsverfahren (Art. 252,
ex-Art. 189e) anzuwenden wären, hat das EP nur ein **einfaches Anhörungsrecht;** bei Handelsabkommen gem. Art. 133 (ex-Art. 113) ist das
EP überhaupt nicht zu befassen. Der Rat kann dem EP entsprechend der
Dringlichkeit der Angelegenheit eine Frist setzen; gibt das EP innerhalb
dieser Frist keine Stellungnahme ab, kann der Rat trotzdem beschließen.
Das EP hat aber in den folgenden Fällen ein Zustimmungsrecht: bei Assoziierungsabkommen im Sinne von Art. 310 (ex-Art. 238), bei Abkommen,
die durch Einführung von Zusammenarbeitsverfahren einen besonderen institutionellen Rahmen schaffen, bei Abkommen mit erheblichen finanziellen Folgen für die EG und bei Abkommen, die eine Änderung eines nach
dem Mitentscheidungsverfahren (Art. 251, ex-Art. 189b) angenommenen
Rechtsakts bedingen. In diesen Fällen können EP und Rat bei Vorliegen einer Dringlichkeit eine Frist vereinbaren.

11   Im Gegensatz zu diesem Verfahren kommt das in Rn. 8 beschriebene Verfahren bei Beschlüssen zur **Aussetzung der Anwendung eines Abkommens** oder zur Festlegung eines Standpunktes im Rahmen von Gremien,
die durch Assoziierungsabkommen eingesetzt sind, zur Anwendung. In diesen Fällen ist das EP unverzüglich und umfassend zu informieren.

12   Handelt es sich bei einem Abkommen um eines, das Änderungen des EGV
bedingt, so ist das **Vertragsänderungsverfahren** des Art. 48 (ex-Art. N)
EUV anzuwenden.

13   Der Rat kann die Kommission bei Abschluß eines Abkommens ermächtigen, Änderungen, die durch ein dort vorgesehenes vereinfachtes Verfahren
oder durch ein durch das Abkommen geschaffenes Organ anzunehmen
sind, im Namen der EG zu billigen, wobei er der Kommission besondere
Bedingungen setzen kann.

IV. Gerichtliche Kontrolle

14   Präventiv können der Rat, die Kommission oder ein Mitgliedstaat ein **Gutachten des EuGH** über die Vereinbarkeit eines geplanten Abkommens mit
dem EGV einholen. Dafür muß noch kein Vertragstext vorliegen, es genügt,
daß die Zielrichtung des Abkommens genau bekannt ist. Der EuGH kann
nach st. Rspr. sämtliche Fragen der Vereinbarkeit eines geplanten Abkommens mit dem Gemeinschaftsrecht, einschließlich der Vertragsabschluß-
kompetenzen prüfen. Ist das Gutachten ablehnend, so ist der Abkommens-
text zu ändern oder das Vertragsänderungsverfahren des Art. 48 (ex-Art. N)

EUV einzuhalten. Jedoch hat der EuGH (C-122/95, Deutschland/Rat, Slg. 1998, I–973) einen Gutachtensantrag mit der Begründung abgelehnt, daß im Falle, daß ein völkerrechtliches Abkommen bereits geschlossen worden ist, die Mitgliedstaaten oder das Gemeinschaftsorgan jedenfalls über den Rechtsbehelf der Nichtigkeitsklage gegen den Beschluß des Rates, das Abkommen zu schließen, und über die Möglichkeit verfüge, anläßlich dieser Klage den Erlaß einstweiliger Anordnungen zu beantragen.

Nichtigkeitsklagen, Vertragsverletzungsklagen und **Vorabentschei-** 15
dungsverfahren sind auch bei für die EG verbindlichen völkerrechtlichen Verträgen möglich.

V. Bindungswirkung völkerrechtlicher Verträge für die EG

Nach Art. 300 geschlossene Abkommen sind für die Gemeinschaftsorgane 16
und die Mitgliedstaaten **bindend**. Solche Verträge werden Bestandteile des Gemeinschaftsrechts.

Eine andere Frage ist, ob solche Abkommen **unmittelbar anwendbar** sind. 17
Anknüpfend an die einschlägige Rechtsprechung (EuGH, Rs. 26/62, Van Gend & Loos, Slg. 1962, 3) hat der EuGH in seiner Demirel-Entscheidung (Rs. 12/86, Demirel, Slg. 1987, 3747) dazu ausgeführt, daß eine Bestimmung eines von der EG mit Drittländern geschlossenen Abkommens als unmittelbar anwendbar anzusehen ist, wenn sie unter Berücksichtigung ihres Wortlauts und im Hinblick auf den Sinn und Zweck des Abkommens eine klare und eindeutige Verpflichtung enthält, deren Erfüllung oder deren Wirkungen nicht vom Erlaß eines weiteren Aktes abhängen (zur Frage der unmittelbaren Anwendbarkeit des GATT 1994 und der Beschlüsse der Streitschlichtungsorgane der WTO, vgl. die Erläuterungen zu Art. 133 Rn. 56ff.).

Art. 301 (ex-Art. 228a) (Wirtschaftssanktionen aufgrund gemeinsamer GASP-Aktion, Beschlußfassung)

Ist in gemeinsamen Standpunkten oder gemeinsamen Aktionen, die nach den Bestimmungen des Vertrags über die Europäische Union betreffend die Gemeinsame Außen- und Sicherheitspolitik angenommen worden sind, ein Tätigwerden der Gemeinschaft vorgesehen, um die Wirtschaftsbeziehungen zu einem oder mehreren dritten Ländern auszusetzen, einzuschränken oder vollständig einzustellen, so trifft der Rat die erforderlichen Sofortmaßnahmen; der Rat beschließt auf Vorschlag der Kommission mit qualifizierter Mehrheit.

Literatur: *Dürr*, Das Handelsembargo im Gemeinschaftsrecht, economy 1993, 199; *Gilsdorf*, Die sicherheitspolitischen Schutzklauseln, insbesondere die Artikel 223–225 EWGV in der Perspektive der Europäischen Union, in *Glaesner/Gilsdorf/Thürer/Hafner*, Außen- und sicherheitspolitische Aspekte des Vertrages von Maastricht und seine Konsequenzen für neutrale Beitrittswerber, 1993, 33 = Les réserves de sécurité du Traité CEE, à la lumière du Traité sur l'Union Européenne, RMC 1994, 17.

I. Allgemeines

1   Art. 301 stellt eine wirtschaftspolitische **Ergänzung zu Embargobeschlüssen** im Rahmen der GASP dar.

II. Inhalt

2   Die EG hat mehrere Möglichkeiten, Embargomaßnahmen zu beschließen (vgl. die Erläuterungen zu Art. 133 oder 297). Solche Beschlüsse können aber auch wegen der außenpolitischen Zielsetzung im Rahmen der GASP getroffen werden. Der Rat kann dabei einen **gemeinsamen Standpunkt** festlegen oder eine **gemeinsame Aktion** beschließen (Art. 12 [ex-Art. J.2] EUV). Die Mitgliedstaaten haben dafür zu sorgen, daß ihre einzelstaatliche Politik im Einklang mit den gemeinsamen Standpunkten steht (Art. 15 [ex-Art. J.5] EUV); gemeinsame Aktionen sind für die Mitgliedstaaten bei ihren Stellungnahmen und ihrem Vorgehen bindend (Art. 14 Abs. 3 [ex-Art. J.4] EUV).

3   Um der EU eine Handlungsmöglichkeit auf der Grundlage dieser Bestimmung zu geben, ist es erforderlich, daß in dem gemeinsamen Standpunkt oder der gemeinsamen Aktion ein Tätigwerden der EU vorgesehen ist. Solche gemeinsamen Standpunkte und gemeinsamen Aktionen werden auf wirtschaftlicher Ebene vom Rat gem. Art. 301 durch Sofortmaßnahmen ergänzt, wobei der Rat (in seiner Funktion als Organ der EG im Sinne der Art. 202ff., ex-Art. 145ff.) auf Vorschlag der Kommission mit qualifizierter Mehrheit beschließt. Der Rat ist also geradezu schizophren: Zunächst setzen die Minister den Hut des sog. „zweiten Pfeilers" auf und verabschieden im Rahmen der GASP die Grundlage für ihren Beschluß, den sie später mit dem Hut des sog. „ersten Pfeilers" nach einem Kommissionsvorschlag im Rahmen der EG fassen.

4   Aus dem Wortlaut der Bestimmung ist zu folgern, daß die **Kommission** bei Vorliegen eines gemeinsamen Standpunktes oder einer gemeinsamen Aktion **verpflichtet** ist, einen entsprechenden **Vorschlag zu machen;** dabei ist sie inhaltlich und umfangmäßig an den gemeinsamen Standpunkt bzw. die gemeinsame Aktion gebunden. Das bedeutet aber gleichzeitig auch, daß dadurch, daß die Kommission nur dann, wenn im entsprechenden Ratsbeschluß ein Tätigwerden der EG ausdrücklich vorgesehen ist, einen Vorschlag vorlegen darf, dies aber unter diesen Umständen auch muß, das Initiativrecht der Kommission (vgl. Art. 211 Rn. 8) – im Bereich des Gemeinschaftsrechts – beschnitten ist.

Verstöße der Mitgliedstaaten gegen vom Rat auf der Basis von Art. 301 gesetzte Sofortmaßnahmen sind Verstöße gegen das Gemeinschaftsrecht und nicht gegen den sog. „zweiten Pfeiler" des EUV. Das bedeutet, daß solche Verstöße der **Kontrolle durch den EuGH unterliegen** (offenbar a.A. *Dürr*, 203), wobei aber die Art. 226–228 (ex-Art. 169–171) anzuwenden sind; das vereinfachte Verfahren des Art. 298 (ex-Art. 225) ist dabei ausgeschlossen. Auch Verfahren aufgrund der Art. 230–233 (ex-Art. 173–176) sind denkbar.
5

III. Verhältnis zu anderen Vertragsbestimmungen

Im Verhältnis **zu Art. 133** (ex-Art. 113) stellt Art. 301 eine lex specialis dar (so auch *Dürr*, 204), die bei Vorliegen der genannten GASP-Beschlüsse ausschließlich anwendbar ist. Gleichzeitig hat Art. 301 auch einen weitergehenden Anwendungsbereich als Art. 133 (ex-Art. 113) und ist z.B. die passende Rechtsgrundlage für das Einfrieren von Bankguthaben (vgl. *Gilsdorf*, 66). Sieht die Kommission die Notwendigkeit zum Handeln, so kann sie auf der Grundlage von Art. 133 Abs. 2 (ex-Art. 113) einen Vorschlag vorlegen, wenn ihr im Rahmen von Art. 301 die Hände gebunden sind (siehe oben Rn. 4).
6

Ein ähnliches Verhältnis besteht auch zwischen Art. 301 und **Art. 297** (ex-Art. 244). Liegen alle Voraussetzungen für die Anwendung von Art. 301 vor, so kann in diesem Bereich nicht auf Art. 297 (ex-Art. 224) zurückgegriffen werden. In allen anderen Fällen ist Art. 297 anwendbar.
7

Liegen die GASP-Voraussetzungen für Art. 301 vor, so geht diese Bestimmung Art. 308 (ex-Art. 235) vor.
8

Art. 302 (ex-Art. 229) (Beziehungen zu internationalen Organisationen)

Die Kommission unterhält alle zweckdienlichen Beziehungen zu den Organen der Vereinten Nationen und ihren Fachorganisationen.

Sie unterhält ferner, soweit zweckdienlich, Beziehungen zu allen internationalen Organisationen.

Röttinger

Siehe gemeinsame Kommentierung der Art. 302–304 bei Art. 304.

Art. 303 (ex-Art. 230) (Zusammenarbeit mit dem Europarat)
Die Gemeinschaft führt jede zweckdienliche Zusammenarbeit mit dem
Europarat herbei.

Siehe gemeinsame Kommentierung der Art. 302–304 bei Art. 304.

Art. 304 (ex-Art. 231) (Zusammenwirken mit der OECD)
Die Gemeinschaft führt ein enges Zusammenwirken mit der Organisa-
tion für Wirtschaftliche Zusammenarbeit und Entwicklung herbei; die
Einzelheiten werden im gegenseitigen Einvernehmen festgelegt.

Literatur: *Dauses*, Die Beteiligung der Europäischen Gemeinschaften an multilateralen
Völkerrechtsübereinkommen, EuR 1979, 138; *Grabitz/Schloh/Zieger*, Die Stellung der
Gemeinschaft und ihrer Organe in Internationalen Organisationen, in: Die Außenbeziehungen der Europäischen Gemeinschaft, KSE 25, 1975; *Jansen*, Die EG und die WTO
(das GATT), in *Röttinger/Weyringer* (Hrsg.), Handbuch der europäischen Integration,
2. Aufl. 1996, 514; *Lindemann*, EG-Staaten und Vereinte Nationen. Die politische Zusammenarbeit der Neun in den UN-Hauptorganen, 1978; *Rosenbach*, Status und Vertretung der Europäischen Gemeinschaften in internationalen Organisationen, 1979;
Stadler, Die Europäische Gemeinschaft in den Vereinten Nationen: Die Rolle der EG
im Entscheidungsprozeß der UN-Hauptorgane am Beispiel der Generalversammlung,
1993.

I. Allgemeines

1   Die Art. 302 bis 304 (ex-Art. 229–231) geben grundsätzliche Hinweise auf
die Beziehungen der EG zu internationalen Organisationen, ohne diese Beziehungen auch nur annähernd im Detail zu regeln. Ausdrücklich genannt
sind die Vereinten Nationen und ihre Fachorganisationen (Art. 302 Abs. 1,
ex-Art. 229), der Europarat (Art. 303, ex-Art. 230) und die OECD
(Art. 304, ex-Art. 231). Darüber hinaus eröffnet Art. 302 Abs. 2 (ex-Art.
229) die Möglichkeiten für Beziehungen zu allen anderen internationalen
Organisationen.

2   Bei diesen Bestimmungen handelt es sich um sog. **„Beziehungskompe-**
tenzen", die Kontakte und Kooperationen aller denkbaren Ausgestaltungen
ermöglichen. Sie stellen aber keine Vertragsschlußkompetenzen dar.

II. Formulierung

Die Art. 302 bis 304 (ex-Art. 229–231) verwenden **unterschiedliche For-** **3**
mulierungen: Zu den Vereinten Nationen, ihren Fachorganisationen und
allen anderen internationalen Organisationen (mit Ausnahme der in den
Art. 303 und 304 genannten) sind „**zweckdienliche Beziehungen**" vorgesehen (Art. 302). Im Verhältnis zum Europarat spricht Art. 303 von
„**zweckdienlicher Zusammenarbeit**". Mit der OECD ist ein „**enges Zu-**
sammenwirken" vorgesehen (Art. 304). Auch wenn es sich textlich dabei
um verschiedene Intensitäten der Verhältnisse zueinander handeln mag, so
haben diese Nuancen **in der Praxis keine Bedeutung.** Dasselbe gilt für den
Unterschied, daß in Art. 302 die Kommission, in den Art. 303 und 304 hingegen die EG genannt ist; de facto ist es stets die Kommission, die in diesem Zusammenhang handelt.

III. Vereinte Nationen

Weder die EG noch die EU sind Mitglied der UNO; nur alle Mitgliedstaa- **4**
ten sind auch UNO-Mitglieder. Die EG genießt aber in der UNO-General-
versammlung **Beobachterstatus mit Rederecht.** Dies gilt auch für den
ECOSOC, die FAO, UNCTAD, UNIDO, UNCITRAL, ILO, UNESCO und
UNEP.

IV. Europarat

Der Europarat ist jene internationale Organisation, die die meisten europäi- **5**
schen Staaten – darunter alle Mitgliedstaaten – umfaßt und sich gerade in
letzter Zeit in den neuen Demokratien Osteuropas besonderer Beliebtheit
erfreut. Die **EG** oder die **EU selbst ist nicht Mitglied.** Kommissionsver-
treter nehmen an den Sitzungen der Fachausschüsse des Ministerrates und
an den Debatten des Ministerausschusses teil.

V. OECD

Die Zielsetzungen der OECD und der EG sind parallel. Die Stellung der **6**
EG, die selbst nicht OECD-Mitglied ist, ist die eines **qualifizierten Beob-**
achters, was de facto der Stellung eines assoziierten Mitglieds entspricht
(*Hahn/Weber*, Die OECD, 1976, 203; *Schröder*, in GTE, Art. 231 Rn. 3).

VI. WTO (GATT)

7 Die EG selbst war nicht Mitglied des GATT 1947, sondern nur die Mitgliedstaaten. Dennoch wurde sie wie ein Vertragspartner und Mitglied behandelt. Formell hatte sie Beobachterstatus. Der Funktionsbereich des GATT 1947 deckte sich weitgehend mit dem der EG; außerdem war die EG an die GATT-Verpflichtungen gebunden (EuGH, verb. Rs. 21–24/72, International Fruit Company, Slg. 1972, 1219; *Schröder*, in GTE, Art. 229 Rn. 6). Im Zuge der Umwandlung des GATT in die WTO wurde die EG 1995 selbst Mitglied. Dies führte formal zum Wegfall der entsprechenden Bestimmung über das Verhältnis der Gemeinschaft zum GATT 1994 in Art. 302. Die Kompetenz der EG für den Beitritt zur WTO bestätigte der EuGH in seinem **Gutachten 1/94** (Slg. 1994, I–5267). Die EG verfügt in den WTO-Organen über ebenso viele Stimmen wie Mitgliedstaaten als Mitglieder der WTO angehören.

Art. 305 (ex-Art. 232) (Verhältnis zum EGKS- und zum EAG-Vertrag)

(1) Dieser Vertrag ändert nicht die Bestimmungen des Vertrags über die Gründung der Europäischen Gemeinschaft für Kohle und Stahl, insbesondere hinsichtlich der Rechte und Pflichten der Mitgliedstaaten, der Befugnisse der Organe dieser Gemeinschaft und der Vorschriften des genannten Vertrags für das Funktionieren des Gemeinsamen Marktes für Kohle und Stahl.

(2) Dieser Vertrag beeinträchtigt nicht die Vorschriften des Vertrags zur Gründung der Europäischen Atomgemeinschaft.

Literatur: *Bleckmann*, Die Einheit der Europäischen Gemeinschaftsrechtsordnung, EuR 1978, 95; *Carstens*, Die Errichtung des gemeinsamen Marktes in der Europäischen Wirtschaftsgemeinschaft, Atomgemeinschaft und Gemeinschaft für Kohle und Stahl, ZaöRV 1985, 459; *Grunwald*, Die EG als Rechtsgemeinschaft, in *Röttinger/Weyringer* (Hrsg.), Handbuch der europäischen Integration, 2. Aufl. 1996, 43.

1 Art. 305 ist die Bestandsgarantie vor allem für die 1950 gegründete EGKS und den EGKSV, aber auch für die EAG und den EAGV. Weder der EWGV (EGV) noch der Fusionsvertrag 1965 noch der EUV haben am Bestand der beiden anderen Gemeinschaften und an der Anwendbarkeit der beiden anderen Verträge etwas geändert.

2 Ziel des Art. 305 ist die Durchbrechung des Grundsatzes **„lex posterior derogat legi priori"**. Gleichzeitig wird implizit gesagt – was sich auch aus dem Inhaltszusammenhang und den unterschiedlichen Anwendungsbereichen der drei Verträge durch Interpretation ergibt –, daß der EGV gegenüber dem EGKSV und dem EAGV subsidiär ist. Der EGKSV und der EAGV gehen als **leges speciales** dem EGV vor.

Art. 306 (ex-Art. 233) (Zusammenschluß der Benelux-Staaten)

Dieser Vertrag steht dem Bestehen und der Durchführung der regionalen Zusammenschlüsse zwischen Belgien und Luxemburg sowie zwischen Belgien, Luxemburg und den Niederlanden nicht entgegen, soweit die Ziele dieser Zusammenschlüsse durch Anwendung dieses Vertrags nicht erreicht sind.

Literatur: *Bleckmann*, Die Benelux-Wirtschaftsunion, ZaöRV 1962, 239; *Oberesch*, Die wirtschaftliche Integration der Benelux-Staaten, 1983; *Rasquin*, Considérations sur la clause Benelux, Revue Benelux 1982/3, 57; *Snoy et d'Oppuers*, Le Benelux dans la Communauté Economique Européenne, Bulletin Benelux 1959/9, 8; *van Damme*, Benelux and its Relationship with EEC, in *Bathurst* (Hrsg.), Legal Problems of an Enlarged European Community, 1972, 182.

Art. 306 regelt das Verhältnis der EG zur Belgisch-Luxemburgischen Wirt-   **1** schaftsunion, die 1921 gegründet wurde und 1922 in Kraft getreten ist, und zum Benelux-Wirtschaftsraum, der 1944 gegründet wurde und 1948 in Kraft getreten ist. Im Verhältnis der drei Verträge gilt jeweils die im Hinblick auf die Integration weiterreichende Bestimmung, was den Benelux-Staaten eine schnellere und stärkere Integration, nicht aber ein Zurückbleiben hinter der EG ermöglicht (vgl. EuGH, Rs. 105/83, Pakvries, Slg. 1984, 2101).

Art. 307 (ex-Art. 234) (Verhältnis zu früheren Verträgen der Mitgliedstaaten)

Die Rechte und Pflichten aus Übereinkünften, die vor dem 1. Januar 1958 oder, im Falle später beigetretener Staaten, von dem Zeitpunkt ihres Beitritts zwischen einem oder mehreren Mitgliedstaaten einerseits und einem oder mehreren dritten Ländern andererseits geschlossen wurden, werden durch diesen Vertrag nicht berührt.

Soweit diese Übereinkünfte mit diesem Vertrag nicht vereinbar sind, wenden der oder die betreffenden Mitgliedstaaten alle geeigneten Mittel an, um die festgestellten Unvereinbarkeiten zu beheben. Erforderlichenfalls leisten die Mitgliedstaaten zu diesem Zweck einander Hilfe; sie nehmen gegebenenfalls eine gemeinsame Haltung ein.

Bei Anwendung der in Absatz 1 bezeichneten Übereinkünfte tragen die Mitgliedstaaten dem Umstand Rechnung, daß die in diesem Vertrag von jedem Mitgliedstaat gewährten Vorteile Bestandteil der Errichtung der Gemeinschaft sind und daher in untrennbarem Zusammenhang stehen mit der Schaffung gemeinsamer Organe, der Übertragung von Zuständigkeiten auf diese und der Gewährung der gleichen Vorteile durch alle anderen Mitgliedstaaten.

Literatur: *Bernhardt*, Die Europäische Gemeinschaft als neuer Rechtsträger im Geflecht der traditionellen zwischenstaatlichen Rechtsbeziehungen, EuR 1983, 199; *Bleckmann*, Die unmittelbare Anwendbarkeit der Freihandelsabkommen mit den EFTA-Staaten im Rechtsraum der EWG. Zur Konstruktion des Verhältnisses zwischen dem Völker- und dem Gemeinschaftsrecht, in *Koppensteiner* (Hrsg.), Rechtsfragen der Freihandelsabkommen der EWG mit den EFTA-Staaten, 1987, 85; *Cheyne*, International Agreements and the Community Legal System, ELR 1994, 581; *Everling*, Will Europe Slip on Bananas? Tha Bananas Judgement of the Court of Justice and National Courts, CMLR 1996, 401; *Groux/Manin*, Die Europäischen Gemeinschaften in der Völkerrechtsordnung, 1984; *Krück*, Völkerrechtliche Verträge im Recht der Europäischen Gemeinschaften, 1977; *Kuschel*, Die EG-Bananen: Marktordnung vor deutschen Gerichten, EuZW 1995, 689; *Meier*, Gemeinschaftsrecht und gemeinschaftsverbindliches Völkerrecht, RIW/AWD 1973, 376; *Neuhold/Hummer/Schreuer* (Hrsg.), Österreichisches Handbuch des Völkerrechts, 2. Aufl. 1991; *Pescatore*, Die Rechtsprechung des Europäischen Gerichtshofs zur innergemeinschaftlichen Wirkung völkerrechtlicher Abkommen, in FS für Mosler, 1983, 661; *Petersmann*, Auswärtige Gewalt, Völkerrechtspraxis und Völkerrechtsbindungen der EWG, ZaöRV 1975, 213.

I. Allgemeines

1   Art. 307 ist eine **„Unberührtheitsklausel"** für alle völkerrechtlichen Verträge, die die Mitgliedstaaten vor Inkrafttreten des EWGV bzw. vor einem späteren Beitritt mit Drittstaaten abgeschlossen haben. Entsprechende Bestimmungen finden sich auch in allen Beitrittsverträgen. Art. 307 ist Ausdruck des Grundsatzes der **völkerrechtskonformen Integration der EG,** die ja selbst das Ergebnis völkerrechtlicher Verträge ist. Ferner werden die völkerrechtlichen Prinzipien der Einhaltung bestehender Verträge („pacta sunt servanda"), Vermeidung völkerrechtlicher Vertragskollisionen und Wahrung der als völkerrechtlich zulässig erkannten Gemeinschaftspräferenz bestätigt. Zur materiellen Tragweite führte der EuGH aus: *„Artikel 234 [jetzt 307] EWG-Vertrag ist eine Vorschrift von allgemeiner Tragweite; er gilt unabhängig von dem in ihnen geregelten Gegenstand für alle internationalen Übereinkünfte, die sich auf die Anwendung des Vertrages auswirken können."* (EuGH, Rs.812/79, Burgoa/Irland, Slg. 1980, 2787).

Nach ständiger Rechtsprechung des EuGH (vgl. insbesondere C-364 und   **2**
365/95 – T. Port/HZA Hamburg-Jonas – Slg. 1998, I–1023; C-124/95, Cen-
tro-Com, Slg. 1997, I–81.) bezweckt diese Bestimmung, gemäß den
Grundsätzen des Völkerrechts klarzustellen, daß die Anwendung des EGV
nicht die Pflicht des betreffenden Mitgliedstaats berührt, die Rechte von
Drittländern aus einer früher geschlossenen Übereinkunft zu wahren und
seine entsprechenden Verpflichtungen zu erfüllen. Um festzustellen, ob eine
Gemeinschaftsbestimmung gegenüber einer früher geschlossenen völkerrechtlichen Übereinkunft zurückzutreten hat, ist demnach zu prüfen, ob diese Übereinkunft dem betreffenden Mitgliedstaat Verpflichtungen auferlegt,
deren Erfüllung die Drittländer, die Parteien der Übereinkunft sind, noch
verlangen können. Eine Bestimmung des Gemeinschaftsrechts hat demnach
gegenüber einer völkerrechtlichen Übereinkunft nur dann zurückzutreten,
wenn diese zum einen vor dem Inkrafttreten des EGV geschlossen wurde
und wenn zum anderen das fragliche Drittland daraus Rechte herleiten kann,
deren Beachtung es von dem betreffenden Mitgliedstaat verlangen kann.

Nicht von Art. 307 erfaßt sind **Abkommen von Mitgliedstaaten unterein-**   **3**
ander (sog. inter-se-Abkommen); hier gelten die Regeln des allgemeinen
Völkerrechts. Im Konfliktfall geht das Gemeinschaftsrecht vor (EuGH, Rs.
10/61, Kommission/Italien, Slg. 1962, 1; Rs. 266/81, SIOT, Slg. 1983, 731).

II. Lösung von Konflikten

Ergibt sich zwischen vorbestehenden völkerrechtlichen Verträgen eines   **4**
Mitgliedstaates mit einem Drittstaat und dem Gemeinschaftsrecht ein Konfliktfall, so hat das **Gemeinschaftsrecht zunächst zurückzustehen.** Der
betroffene Mitgliedstaat ist aber aufgerufen, diese Konfliktsituation auf
völkerrechtskonforme Weise („geeignete Mittel") durch Verhandlungen
oder Vertragskündigung zu beseitigen. Dabei haben die übrigen Mitgliedstaaten ihn zu unterstützen und gegebenenfalls eine einheitliche Haltung
einzunehmen. Im Extremfall kann dies den Beitritt der EG oder – wenn dies
nicht möglich ist – aller übrigen Mitgliedstaaten zu einem multinationalen
Übereinkommen bedeuten.

III. Meistbegünstigung

Abs. 3 legt fest, daß die von den Mitgliedstaaten durch den EGV einander   **5**
eingeräumten Meistbegünstigungen Bestandteil des Gemeinschaftsrechts
und der wirtschaftlichen Identität der EG sind. Für die Meistbegünstigungsklausel zugunsten von Drittstaaten, die in den in Abs. 1 genannten
Verträgen (vgl. Rn. 1) enthalten sind, bedeutet dies in Abweichung von

Abs. 1, daß die Mitgliedstaaten solche Vorteile, die untrennbar mit der EG als Zollunion verbunden und durch den EWGV entstanden sind, nicht an Drittstaaten weitergeben dürfen.

Art. 308 (ex-Art. 235) (Vorschriften für unvorhergesehene Fälle)

Erscheint ein Tätigwerden der Gemeinschaft erforderlich, um im Rahmen des Gemeinsamen Marktes eines ihrer Ziele zu verwirklichen, und sind in diesem Vertrag die hierfür erforderlichen Befugnisse nicht vorgesehen, so erläßt der Rat einstimmig auf Vorschlag der Kommission und nach Anhörung des Europäischen Parlaments die geeigneten Vorschriften.

Literatur: *Basedow*, Zielkonflikte und Zielhierarchien im Vertrag über die Europäische Gemerinschaft, in FS *Everling*, 1995 I 49; *Borchmann*, Der Artikel 235: Generalklausel für EG-Kompetenzen, in *Borkenhagen/Bruns-Klöss/Memminger/Stein* (Hrsg.), Die deutschen Länder in Europa, 1992; *Drasch*, Die Rechtsgrundlagen im Bereich des gewerblichen Eigentums im Lichte des europäischen Einheitsrechts (Artikel 100a, 222 und 235 EGV), ZEuP 1998/1; *Everling/Schwartz/Tomuschat*, Die Rechtssetzungsbefugnisse der EWG in Generalermächtigungen, insbesondere in Artikel 235 EWG-Vertrag, EuR Sonderheft 1976; *Dorn*, Artikel 235 EWG-Vertrag – Prinzipien der Auslegung. Die Generalermächtigung zur Rechtsetzung im Verfassungssystem der Gemeinschaften, 1986; *Glaesner*, Eine unendliche Geschichte (Kann ein Beitritt der Gemeinschaft zur EMRK auf Artikel 235 gestützt werden?), in FS *Everling*, 1995 I 327; *Häde/Puttler*, Zur Abgrenzung des Art. 235 EGV von der Vertragsänderung, EuZW 1997, 13; *Lachmann*, Some Danish Reflections on the Use of Article 235 of the Rome Treaty, CMLR 1981, 447; *Lauwaars*, Artikel 235 als Grundlage für die flankierenden Politiken im Rahmen der Wirtschafts- und Währungsunion, EuR 1976, 100; *Röttinger*, Bedeutung der Rechtsgrundlage einer EG-Richtlinie und Folgen einer Nichtigkeit, EuZW 1993, 117; *Pieper*, Subsidiarität. Ein Beitrag zur Begrenzung der Gemeinschaftskompetenzen, 1994; *Scheibe*, Die Anleihekompetenzen der Gemeinschaftsorgane nach dem EWG-Vertrag. Zu den Möglichkeiten und Grenzen der Kreditfinanzierung der EWG sowie zur „Allgemeinen Ermächtigungsklausel" des Artikel 235 EWG-Vertrag, 1988; *Schima*, Das Subsidiaritätsprinzip im Europäischen Gemeinschaftsrecht, 1994; siehe auch die Literaturangaben zu Art. 94 bis 96.

I. Bedeutung der Vorschrift

Die EG sowohl als wirtschaftliche als auch als politische und als Rechts- **1**
gemeinschaft ist kein starres Gebilde, sondern stets auf Weiterentwicklung
ausgerichtet. Dem trägt in besonderer Weise Art. 308 als **Kompetenzbestimmung** Rechnung. Als **subsidiäre Rechtsgrundlage** gegenüber allen
anderen Vertragsbestimmungen ist er als „**Abrundungsklausel**" zu verstehen, die der vertragsimmanenten Fortentwicklung des Gemeinschaftsrechts
dient (*Oppermann*, Europarecht, 1991, Rn. 437). Er ist als Kompetenzer-
gänzungsvorschrift anzusehen.

Bei Art. 308 handelt es sich aber nicht um einen echten Auffangtatbestand, **2**
da er nicht der eigentlichen Lückenfüllung dient (h.L., vgl. statt vieler *Grabitz*, in *Grabitz*, Art. 235 Rn. 2; a.A. *Schweitzer/Hummer*, Europarecht, 4.
Aufl. 1993, 76, wonach er eine Lückenfüllungsvorschrift sei, die das Prinzip der begrenzten Ermächtigung durchbreche). Er erhält **keine Ermächtigung zur Kompetenzerweiterung:** Der Rat dehnt „die ihm in Artikel 235
zugewiesene Befugnis nicht aus, sondern er nimmt sie wahr" (*Schwartz*, in
GTE, Art. 235 Rn. 32). In diesem Sinne ist auch zu verstehen, daß „Artikel
235 […] die Lücke [schließt], welche im konkreten Fall zwischen einem
der Gemeinschaft im EG-Vertrag gesetzten Ziel und der ihren Organen zugewiesenen Befugnis zur Erreichung dieses Zieles bestehen kann"
(*Schwartz*, in GTE, Art. 235 Rn. 3).

Nach ständiger Rechtsprechung ist der Rückgriff auf Art. 308 als Rechts- **3**
grundlage eines Rechtsaktes nur dann gerechtfertigt, wenn keine andere
Vertragsbestimmung den Gemeinschaftsorganen die zum Erlaß des entsprechenden Rechtsaktes erforderliche Befugnis erteilt (EuGH C-22/96,
EP/Rat, Slg. 1998, Rn. 22; C-268/94, Portugal/Rat, Slg. 1996, I–6177 Rn.
21; C-350/92, Spanien/Rat, Slg.1995, I–1985 Rn. 26; Rs. 45/86, Kommis-
sion/Rat, Slg. 1987, 1493 Rn. 13). Art. 308 kann auch zur Schaffung neuer
Rechtstitel herangezogen werden (EuGH, Gutachten 1/94, Slg. 1994,
I–5267 Rn. 59; C-350/92, Spanien/ Rat, Slg.1995, I–1985 Rn. 23 und 27).

Ergänzend sei erwähnt, daß die Staats- und Regierungschefs auf dem Pari- **4**
ser Gipfel 1972 ausdrücklich eine angemessen großzügige Handhabung des
Art. 308 im Sinne einer **Vertragsabrundungskompetenz** empfohlen haben (*Oppermann*, Europarecht, 1991, Rn. 437).

Art. 308 kann als Rechtsgrundlage zur Erlassung von „geeigneten Vor- **5**
schriften" herangezogen werden, wenn die in ihm angeführten Voraussetzungen erfüllt sind. Durch diese erfährt er seine Grenzen.

II. Anwendungsvoraussetzungen

6 Die Beachtung der in Art. 308 vorgesehenen Anwendungsbedingungen und insbesondere der dort enthaltenen Subsidiaritätsbestimmung ist auch aus politischen – vor allem demokratiepolitischen – Gründen von besonderer Bedeutung, weil Art. 308 im Gegensatz zu anderen spezielleren Kompetenzbestimmungen das bloße Anhörungsverfahren vorsieht, das dem EP nur eine geringe Mitsprache einräumt (vgl. dazu EuGH, C-295/90, EP/Rat, Slg. 1992, I–4193; *Röttinger*, a.a.O., 117).

7 Für die Anwendung des Art. 308 müssen folgende Voraussetzungen **kumulativ erfüllt sein:** erforderliches Tätigwerden der EG zur Verwirklichung ihrer Ziele im Rahmen des Gemeinsamen Marktes bei Fehlen der dazu notwendigen Befugnisse.

1. Ziele der Gemeinschaft

8 Art. 308 kann nur dann Anwendung finden, wenn eine Maßnahme zur Verwirklichung eines der Ziele der EG notwendig ist; Art. 308 kann nicht zur Schaffung neuer Ziele herangezogen werden, dies würde eine Vertragsänderung bedeuten. Insofern begründet Art. 308 keine Kompetenz-Kompetenz (vgl. dazu *Beutler*, in *Beutler/Bieber/Pipkorn/Streil*, Die Europäische Union, 4. Aufl. 1993, 77). Unter diesen Zielen sind alle insbesondere in der Präambel und den Art. 2 und 3 genannten Aufgaben der EG zu verstehen; aber auch alle in anderen Vertragsbestimmungen enthaltenen Ziele sind zu berücksichtigen.

9 Eine **Einschränkung** erfährt diese Bestimmung durch die Beschränkung der Zielverwirklichung im Rahmen des Gemeinsamen Marktes. Der Begriff des „Gemeinsamen Marktes" tritt insbesondere in Art. 2 in Erscheinung, ohne definiert zu werden. Man kann darunter verstehen, „daß das Angebot und die Nachfrage aus der ganzen EG an allen Orten der Gemeinschaft zusammentrifft" (*Bleckmann*, Europarecht, 4. Aufl., 1985, 160). Es ist schwierig, den Begriff des Gemeinsamen Marktes hier nicht umfassend zu verstehen. Etwas restriktiver erscheint die französische Fassung zu sein, die vom „fonctionnement du marché commun" spricht. Es ist *Schwartz* (in GTE Art. 235 Rn. 189ff.) zu folgen, daß der Gemeinsame Markt hier umfassend zu verstehen ist und die Regeln des Binnenmarktes mit den 4 Freiheiten und den Raum ohne Binnengrenzen sowie die Freiheit und die Unverfälschtheit des Wettbewerbs umfaßt. Das Tätigwerden der EG auf der Grundlage von Art. 308 muß also vom EGV gesetzte Ziele „im Einklang mit den Regeln des Gemeinsamen Marktes" verwirklichen (*Schwartz* a.a.O. Rn. 193). Art. 308 deshalb aber als „Bestandsgarantie des Gemeinsamen

Marktes" (*Schwartz* a.a.O. Rn. 193) zu bezeichnen, erscheint m.E. doch zu
weit zu gehen.

Der EuGH hat in seiner Entscheidung zur Studentenaufenthaltsrichtlinie   **10**
(EuGH, C-295/90, EP/Rat, Slg. 1992, I–4193) unter Hinweis auf seine Vor-
judikatur (EuGH, C-300/89, EP/Ra, Slg. I–1991, 2687; Rs. 45/86, Kommission EP/Rat, Slg. 1987, 1493) bekräftigt, daß *„im Rahmen des Zuständigkeitssystems der Gemeinschaft die Wahl der Rechtsgrundlage sich auf
objektive gerichtlich nachprüfbare Umstände gründen"* muß, wobei *„zu
diesen Umständen insbesondere das Ziel und der Inhalt des Rechtsaktes"*
zählen (EuGH, C-295/90, EP/Rat – Slg. 1992, I–4193 Rn. 13). Im Rahmen
des Zuständigkeitssystems der EG kann also die Wahl der Rechtsgrundlage
nicht allein davon abhängen, welches nach der Überzeugung eines Organs
das angestrebte Ziel ist, sondern muß sich auf objektive, gerichtlich nachprüfbare Umstände gründen (so EuGH, C-300/89, EP/Rat, Slg. I–1991,
2687 Rn. 10; Rs. 45/86, Kommission/Rat, Slg. 1987, 1493 Rn. 11; siehe dazu insbesondere auch *Röttinger*, a.a.O., 119).

2. Erforderliches Tätigwerden der Gemeinschaft

Art. 308 setzt voraus, daß zur Verwirklichung der oben erwähnten Ziele ein   **11**
Tätigwerden der EG **erforderlich** erscheint. Das bedeutet, daß die Zielverwirklichung einerseits nur durch ein positives Handeln (vgl. im Französischen „action") und andererseits nur durch ein Handeln der EG als solche
möglich ist.

Das positive Handeln, das Tätigwerden, bezieht sich auf die Rechtssetzung   **12**
(Erlaß der geeigneten Vorschriften). Das Erforderlichkeitsgebot beschränkt
die Gemeinschaftsaktion auf das zur Zielverwirklichung notwendige Maß.
Da Art. 308 die „geeigneten Vorschriften" nicht weiter definiert, sind zumindest alle in Art. 249 (ex-Art. 189) genannten Maßnahmen möglich.

Daß die Mitgliedstaaten berechtigt sind, die Materie durch eine völker-   **13**
rechtliche Konvention untereinander zu regeln, schließt ein Tätigwerden
der EG jedenfalls dann nicht aus, wenn die Mitgliedstaaten diesbezüglich
noch keine Handlung gesetzt haben oder wenn die völkervertragliche Regelung nicht ausreichend ist (wie beispielsweise im Falle des abgeschlossenen, aber nie in Kraft getretenen Gemeinschaftspatentübereinkommens;
so auch *Schwartz* a.a.O. Rn. 214).

3. Subsidiarität

Eine Maßnahme kann nur dann auf Art. 308 gestützt werden, wenn keine an-   **14**
dere Vertragsbestimmung als Rechtsgrundlage herangezogen werden kann.

15   *Grabitz* hat eine Art Prüfschema entwickelt, um die Frage der Anwendbarkeit von Art. 308 in einem konkreten Fall festzustellen: „Dabei gebietet es das Verhältnis der Generalermächtigung zu den Einzelermächtigungen, zunächst zu prüfen, ob der Vertrag die für die Zielverwirklichung erforderlichen Befugnisse bereits an anderer Stelle vorsieht. Dann können nur diese als Ermächtigungsnorm herangezogen werden, nicht aber statt ihrer oder zusätzlich zu ihnen Art. 235 EWGV. In diesem Tatbestandsmerkmal kommt deshalb die Subsidiarität von Art. 235 EWGV gegenüber den Einzelermächtigungen zum Ausdruck." (*Grabitz*, in *Grabitz*, Art. 235 Rn. 37; vgl. dazu auch *Röttinger*, a.a.O., 119). Sieht der EGV zwar eine anderweitige Kompetenznorm vor, ermöglicht diese aber nur eine bestimmte Type von Rechtshandlung (z.B. Richtlinie) und ist aber eine andere erforderlich (z.B. Verordnung), so ist Art. 308 dennoch anwendbar (so auch *Bleckmann*, Europarecht, 4. Aufl. 1985, 161).

III. Verfahren

16   Es ist das Anhörungsverfahren anzuwenden, wonach der Rat mit Einstimmigkeit aufgrund eines Kommissionsvorschlages nach einfacher Anhörung des EP und ohne Befassung des WSA oder des AdR entscheidet.

IV. Rechtsfolge bei unrichtiger Anwendung von Art. 308

17   Die Frage der richtigen Rechtsgrundlage ist **vom EuGH überprüfbar** (EuGH, Rs. 8/73, Massey-Ferguson, Slg. 1973, 897). In einem Nichtigkeitsverfahren gemäß Art. 230 (ex-Art. 173) kann der EuGH dann, wenn er zur Ansicht gelangt, daß der Rat fälschlicherweise Art. 308 als Rechtsgrundlage herangezogen hat, obwohl eine andere vorrangige Kompetenzbestimmung existierte, den entsprechenden Rechtsakt für nichtig erklären und aufheben (vgl. den spektakulären Fall der Studentenaufenthaltsrichtlinie, EuGH, C-295/92, EP/Rat, Slg. 1992, I–4193, wo er entgegen des Wortlautes von Art. 231 Abs. 2 [Ex-Art. 174] die Wirkungen der – als nichtig aufgehobenen – Richtlinie als fortgeltend erklärt hat; siehe dazu ausführlich *Röttinger*, a.a.O., 117).

Art. 309 (ex-Art. 236) (Aussetzung von Rechten eines Mitgliedstaats)

(1) Wurde die Aussetzung der Stimmrechte des Vertreters der Regierung eines Mitgliedstaats nach Artikel 7 Absatz 2 des Vertrags über die Europäische Union beschlossen, so gilt die Aussetzung dieser Stimmrechte auch in bezug auf diesen Vertrag.

(2) Darüber hinaus kann der Rat, wenn nach Artikel 7 Absatz 1 des
Vertrags über die Europäische Union eine schwerwiegende und anhaltende Verletzung von in Artikel 6 Absatz 1 jenes Vertrags genannten
Grundsätzen festgestellt worden ist, mit qualifizierter Mehrheit beschließen, bestimmte Rechte auszusetzen, die sich aus der Anwendung
dieses Vertrags auf den betroffenen Mitgliedstaat herleiten. Dabei
berücksichtigt er die möglichen Auswirkungen einer solchen Aussetzung auf die Rechte und Pflichten natürlicher und juristischer Personen.

Die sich aus diesem Vertrag ergebenden Verpflichtungen des betroffenen Mitgliedstaats sind für diesen auf jeden Fall weiterhin verbindlich.

(3) Der Rat kann zu einem späteren Zeitpunkt mit qualifizierter Mehrheit beschließen, nach Absatz 2 getroffene Maßnahmen abzuändern
oder aufzuheben, wenn in der Lage, die zur Verhängung der Maßnahmen geführt hat, Änderungen eingetreten sind.

(4) Bei Beschlüssen nach den Absätzen 2 und 3 handelt der Rat ohne
Berücksichtigung der Stimmen des Vertreters der Regierung des betroffenen Mitgliedstaats. Abweichend von Artikel 205 Absatz 2 gilt als
qualifizierte Mehrheit derselbe Anteil der gewogenen Stimmen der betreffenden Mitglieder des Rates, der in Artikel 205 Absatz 2 festgelegt
ist.

Dieser Absatz gilt auch, wenn Stimmrechte nach Absatz 1 ausgesetzt
werden. In solchen Fällen wird ein Beschluß, der Einstimmigkeit erfordert, ohne die Stimme des Vertreters der Regierung des betroffenen
Mitgliedstaats angenommen.

I. Allgemeines

1   Art. 309 ist durch den Vertrag von Amsterdam neu in den EGV aufgenommen worden. Er weitet Art. 7 (ex-Art. F.1) EUV, dem er inhaltlich und auch großteils wörtlich nachgebildet ist, auf die 1. Säule aus.

2   Art. 309 ist die Rechtsgrundlage für **Disziplinierungsmaßnahmen** der Mitgliedstaaten bei Verstößen gegen die in Art. 6 Abs. 1 (ex-Art. F) EUV niedergelegten Grundsätze im Anwendungsbereich des EGV.

II. Voraussetzung

3   Voraussetzung ist die Feststellung einer **schwerwiegenden und anhaltenden Verletzung der in Art. 6 Abs. 1 (ex-Art. F) EUV genannten Grundsätze** der Freiheit, der Demokratie, der Achtung der Menschenrechte und Grundfreiheiten sowie der Rechtsstaatlichkeit. Eine solche Feststellung trifft ggf. der Europäische Rat auf Vorschlag eines Drittels der Mitgliedstaaten oder der Kommission sowie nach Zustimmung des EP mit doppelter 2/3-Mehrheit (der abgegebenen Stimmen und der Mitglieder) und nach Aufforderung des betroffenen Mitgliedstaates zur Stellungnahme.

III. Aussetzung der Stimmrechte

4   Liegt eine solche Feststellung des Europäischen Rates vor, so kann der Rat gem. Art. 7 Abs. 2 (ex-Art. F.1) EUV im Rahmen des Anwendungsbereichs des EUV Sanktionen beschließen, die bis zur **Aussetzung der Stimmrechte** des betroffenen Mitgliedstaates im Rat gehen. Wurde eine solche Aussetzung der Stimmrechte beschlossen, so gilt diese gem. Art. 309 Abs. 1 automatisch auch für den Anwendungsbereich des EGV. Das bedeutet verfahrensrechtlich, daß der Beschluß über die Aussetzung der Stimmrechte im Rahmen des EUV mit automatischer Wirkung für den EGV erfolgt. Entsprechendes gilt auch für die Abänderung oder Aufhebung eines solchen Beschlusses, den der Rat ebenfalls im Rahmen des EUV mit automatischer Wirkung für den EGV trifft.

IV. Andere Maßnahmen

5   Liegt eine Feststellung des Europäischen Rates über eine oben beschriebene Verfehlung eines Mitgliedstaates vor, so kann der Rat natürlich auch weniger schwerwiegende Maßnahmen als die Aussetzung des Stimmrechts beschließen, nämlich die **Aussetzung anderer, im Beschluß klar umrissener Rechte,** die ein Mitgliedstaat durch den EUV genießt. Ein solcher auf

der Grundlage von Art. 7 Abs. 2 (ex-Art. F.1) EUV gefaßter Beschluß bezieht sich zunächst nur auf die Rechte, die sich aus dem EUV ergeben, im
Gegensatz zur Aussetzung der Stimmrechte aber nicht aber automatisch auf
die Rechte, die sich aus dem EGV ergeben. Möchte der Rat auch oder nur
Rechte, die sich aus dem EGV herleiten, aussetzen, so kann er das in einem
gesonderten Beschluß auf der Grundlage des Art. 309 Abs. 2 1. UAbs. tun.
Eine Aussetzung bestimmter Rechte, die sich aus dem EGV ergeben, kann
zusätzlich oder statt einer Aussetzung bestimmter Rechte, die sich aus dem
EUV herleiten, erfolgen. Die Bestimmungen des Art. 7 Abs. 2 (ex-Art. F.1)
EUV und Art. 309 Abs. 2 haben einen parallelen Inhalt, befinden sich aber
in keinem Abhängigkeitsverhältnis.

Die Rechte, die der Rat aussetzen kann, umfassen das gesamte **Bündel an**   **6**
Rechten, die der EGV den Mitgliedstaaten **aufgrund des Primär-,** aber
wohl auch des **Sekundärrechts** gibt. Dazu gehören auch finanzielle Rechte insbesondere aus dem Titel der Agrar-, Fischerei- und Strukturpolitik.
Vom Wortlaut des Art. 309 Abs. 2 wäre auch beispielsweise die Sistierung
des Klagerechts eines Mitgliedstaates vor dem EuGH gedeckt. Allerdings
wäre das seinerseits ein Verstoß des Rates gegen den Grundsatz der Rechtsstaatlichkeit entsprechend Art. 6 (ex-Art. F) Abs. 1 EUV. Die Sanktion der
Aussetzung gewisser Rechte der Mitgliedstaaten findet wohl im Art. 6 Abs.
1 EUV seine Grenze. Eine weitere Grenze ergibt sich aus Art. 309 Abs. 2
1. UAbs. 2. Satz, wonach der Rat bei seinem Beschluß die möglichen Auswirkungen der Aussetzung bestimmter Rechte der Mitgliedstaaten auf die
Rechte und Pflichten natürlicher und juristischer Personen berücksichtigen muß. Das bedeutet nicht, daß die Aussetzung bestimmter Rechte der
Mitgliedstaaten nicht in die Rechte und Pflichten natürlicher oder juristischer Personen eingreifen darf. Diese Bestimmung ist wohl eher dahingehend zu interpretieren, daß der Rat bei seinem Beschluß eine Verhältnis-
mäßigkeitsabwägung vornehmen muß.

V. Pflichten der Mitgliedstaaten

Art. 309 Abs. 2 2. UAbs. stellt klar, daß die sich aus dem EGV ergebenden   **7**
Verpflichtungen des betroffenen Mitgliedstaates bei der Aussetzung bestimmter seiner Rechte (einschließlich des Stimmrechts) unverändert wei-
terbestehen. Der betroffene Mitgliedstaat kann also nicht im Gegenzug seinerseits gewisse Pflichten aussetzen.

VI. Aufhebung und Änderung der Maßnahmen

8   Wenn sich die Lage, die zur Verhängung der oben dargestellten Maßnahmen geführt hat, ändert, kann der Rat die getroffenen Maßnahmen – im Falle der Aussetzung des Stimmrechts im Rahmen des EUV gem. Art. 7 Abs. 3 (ex-Art. F.1) EUV und im Falle anderer Maßnahmen gem. Art. 309 Abs. 3 – abändern oder aufheben. Dies erfolgt durch einen mit qualifizierter Mehrheit zu fassenden Beschluß. Weder der EUV noch der EGV sagten etwas darüber aus, wer die Initiative zu einem solchen Beschluß ergreift. Analog zur Verhängung der Maßnahmen besteht hier wohl auch kein Initiativrecht oder gar Initiativmonopol der Kommission. Mangels einer entsprechenden Verpflichtung kann der betroffene Mitgliedstaat auch keinen Antrag stellen. Beide – betroffener Mitgliedstaat und Kommission – können aber – unverbindlich – einen Aufhebungs- oder Abänderungsbeschluß anregen, was jedoch keine zwingende Rechtsfolge nach sich zieht. Jeder Mitgliedstaat mit Ausnahme des betroffenen Mitgliedstaates kann aber in einer Ratssitzung einen formellen Antrag auf einen solchen Beschluß stellen.

VII. Stimmrechte und Mehrheiten

9   Wann immer der Rat über die Aussetzung bestimmter Rechte, einschließlich des Stimmrechts, oder über das Ende oder eine Änderung einer solchen Sanktionsmaßnahme zu beschließen hat, so hat der **betroffene Mitgliedstaat,** über dessen Rechte befunden wird, **kein Stimmrecht.** Der Rat beschließt mit qualifizierter Mehrheit entsprechend dem Grundsatz des. Art. 205 Abs. 2 (ex-Art. 148), wobei in diesem Fall die Mehrheit bei 62 Stimmen verringert um die dem betroffenen und bei dieser Abstimmung ausgeschlossenen Mitgliedstaat gem. Art. 205 Abs. 2 (ex-Art. 148) an sich zustehenden Stimmen beträgt. Da Art. 309 keinen Kommissionsvorschlag als Voraussetzung für den Ratsbeschluß vorsieht, sind zusätzlich die Stimmen von mindestens 10 Mitgliedstaaten erforderlich.

10   Wurden die Stimmrechte eines Mitgliedstaates – allgemein oder auf bestimmte Sachbereiche beschränkt – ausgesetzt und muß der Rat (in diesem Bereich) einen Beschluß fassen, für den Einstimmigkeit erforderlich ist, so tut die fehlende Stimme des betroffenen Mitgliedstaates der Einstimmigkeit keinen Abbruch. Eine solche Situation ist analog zur Stimmenthaltung gem. Art. 205 Abs. 3 (ex-Art. 148) zu sehen.

VIII. Rolle der Kommission

Daß die Kommission bei einem Beschluß über die Aussetzung der Stimm-   **11**
rechte **kein Vorschlagsrecht** hat, ergibt sich aus der Tatsache, daß ein solcher Beschluß im Rahmen des EUV und nicht des EGV (wohl aber mit
Wirkung für diesen) gefaßt wird.

Auch ein Beschluß gem. Art. 309 Abs. 2 und 3 bezüglich der Aussetzung   **12**
anderer Rechte als der Stimmrechte steht keinen Kommissionsvorschlag
voraus. Das ist zu einem gewissen Grad eine Durchbrechung des Initiativmonopols der Kommission und zeigt deutlich, daß es um sehr sensible Bereiche der nationalen Hoheitsrechte geht, bei deren Entscheidungen sich die
Mitgliedstaaten als alleinige „Herren der Verträge" verstehen. Allerdings
kann in diesem Bereich die Kommission ihre Rolle als „Hüterin der Verträge" nur sehr bedingt wahrnehmen, hat sie das Initiativrecht (nicht Initiativmonopol) – ebenso wie ein Drittel der Mitgliedstaaten – doch nur für den
vorausgehenden Grundlagenbeschluß des Europäischen Rates.

IX. Verhältnis zum Vertragsverletzungsverfahren

Bei einem Verstoß gegen einen der in Art. 6 Abs. 1 (ex-Art. F) EUV ge-   **13**
nannten Grundsätze kann nur das Verfahren nach Art. 7 (ex-Art. F.1) EUV
bzw. Art. 309 EGV zur Anwendung kommen. Ein Verstoß gegen diese
Grundsätze ist keine Verletzung des EGV, da sie nicht Teil des EGV sind;
folglich ist ein Vertragsverletzungsverfahren gem. Art. 226 (ex-Art. 169)
ausgeschlossen.

**Art. 310 (ex-Art. 238) (Assoziierung mit dritten Staaten und Organisa-
tionen)**

**Die Gemeinschaft kann mit einem oder mehreren Staaten oder einer
oder mehreren internationalen Organisationen Abkommen schließen,
die eine Assoziierung mit gegenseitigen Rechten und Pflichten, gemeinsamem Vorgehen und besonderen Verfahren herstellen.**

Literatur: *Arnold*, Der Abschluß gemischter Verträge durch die Europäische Gemeinschaft, ArchVR Bd. 19, 415; *Balekjian*, Die „gemischten" Verträge der Europäischen
Wirtschaftsgemeinschaft, in *Schreuer* (Hrsg.), Autorität und Internationale Ordnung
1979, 155; *Bleckmann*, Die Kompetenz der Europäischen Gemeinschaft zum Abschluß
völkerrechtlicher Verträge, EuR 1977, 109; *Bleckmann*, Der gemischte Vertrag im Europarecht, EuR 1976, 301; *Borchardt*, Die rechtlichen Grundlagen der Europäischen
Gemeinschaften – Rechtsquellen, Rechtshandlungen und Rechtsetzung, in *Röttin-
ger/Weyringer* (Hrsg.), Handbuch der europäischen Integration, 2. Aufl. 1996, 72;
Brandtner/Pirzio-Biroli, Die Entwicklungspolitik der EU und die Beziehungen zu den
Staaten der Dritten Welt, in *Röttinger/Weyringer* (Hrsg.), Handbuch der europäischen
Integration, 2. Aufl. 1996, 580; *Fischer*, Das Assoziationsrecht der Europäischen Gemeinschaften, 1994; *Hailbronner*, Die Freizügigkeit türkischer Staatsangehöriger nach
dem Assoziations-Abkommen EWG/Türkei, EuR 1984, 54; *Hirsch*, Die Rechtsprechung des Europäischen Gerichtshofs zu Assoziierungsabkommen, BayVBl. 1997,
449; *Hollenweger*, Die Assoziation von Staaten mit internationalen Organisationen
1969; *Hummer*, Der EWR aus europarechtlicher Perspektive, ecolex 1992, 515; *Krenz-
ler*, Der Europäische Wirtschaftsraum als Teil einer gesamteuropäischen Architektur,
integration 1992, 61; *Krück*, Völkerrechtliche Verträge im Recht der Europäischen Gemeinschaft 1977; *Krück*, Die Freizügigkeit der Arbeitnehmer nach dem Assoziierungsabkommen EWG/Türkei, EuR 1984, 289; *Meessen*, Das Abkommen von Lomé als gemischter Vertrag, EuR 1980, 36; *Petersmann*, Struktur und aktuelle Rechtsfragen des
Assoziationsrechts, ZaöRV 1973, 266; *Reinisch*, Kritische Bemerkungen zum EWR-
Gutachten des EuGH, ÖJZ 1992, 321; *Richter*, Die Assoziierung osteuropäischer Staaten durch die Europäischen Gemeinschaften, 1993; *Stein*, Der gemischte Vertrag im
Recht der Außenbeziehungen der Europäischen Wirtschaftsgemeinschaft 1986.

I. Einleitung

1   Art. 310 ist in erster Linie die Rechtsgrundlage zum Abschluß sog. „Assoziierungsverträge".

II. Begriff der Assoziierung

2   Assoziierungsverträge sind auf eine enge wirtschaftliche Kooperation mit
meist weitreichender finanzieller Unterstützung des Vertragspartners durch
die EG gerichtet und gehen damit über Handelsabkommen hinaus
(*Borchardt*, a.a.O., 84). Es handelt sich dabei um eine auf Dauer angelegte
völkerrechtliche Verbindung mit der EG, die unterhalb der Mitgliedschaft
liegt, aber umfassender und dauerhafter als ein reines Handels- und Kooperationsabkommen ist. Es sollen besondere und privilegierte Beziehungen zwischen der EG und einem Drittstaat geschaffen werden (EuGH, Rs.
12/86, Demirel, Slg. 1987, 3719). Da die Ausgestaltung von Assoziie-
rungsverträgen und damit die Intensität der Verbindung sehr unterschiedlich sein können, kennt weder das Völkerrecht noch das Europarecht eine

genaue Definition dafür. Eine sehr brauchbare Definition schlägt Weber in
GTE Art. 238 Rn. 11 vor: *„Assoziationsabkommen [...] sind völkerrechtli-*
che Abkommen zwischen der Gemeinschaft und Drittstaaten, internationa-
len Organisationen oder Staatenverbindungen, die auf Dauer angelegt be-
sondere Beziehungen im Bereich der wirtschaftlichen Zusammenarbeit be-
gründen und eine eigenständige Willensbildung in hierfür vorgesehenen In-
stitutionen ermöglichen".

Der EGV sieht **zwei Arten von Assoziierung** vor: die konstitutionelle As- 3
soziierung mit den überseeischen Ländern und Hoheitsgebieten gem.
Art. 133ff. (es-Art. 113) (siehe dazu die dortige Kommentierung) und die
vertragliche Assoziierung gem. Art. 310. Ziel einer solchen vertraglichen
Assoziierung kann die Vorbereitung auf einen Beitritt (z.B. bei Griechen-
land bis 1980 und der Türkei), der Ersatz für einen Beitritt (z.B. Malta), die
Grundlage für eine intensivierte Entwicklungspolitik mit Staaten der dritten
Welt (Lomé-Abkommen), die Herstellung des Freihandels (z.B. mit den
EFTA-Staaten), die Schaffung eines großen Wirtschaftsraumes (EWR-Ab-
kommen) oder die Herstellung eines politischen Dialogs neuer Qualität
(Europa-Abkommen mit den osteuropäischen Staaten) sein.

Assoziierungsverträge enthalten oft Klauseln, die mit Bestimmungen des 4
EGV wortgleich sind. Infolge der unterschiedlichen Rechtsnatur bedeutet
das aber nicht notwendigerweise, daß die gleichlautenden Bestimmungen
gleich zu interpretieren sind oder die gleichen Wirkungen entfalten, was
insbesondere für die Direktwirkung (unmittelbare Anwendbarkeit) gilt. Der
EuGH (Rs. 12/86, Demirel, Slg. 1987, 3719) hat deutlich gemacht, daß eine Bestimmung eines Assoziierungsvertrags nur dann **unmittelbar an-**
wendbar ist, *„wenn sie unter Berücksichtigung ihres Wortlauts und im*
Hinblick auf den Sinn und Zweck des Abkommens eine klare und eindeuti-
ge Verpflichtung enthält, deren Erfüllung oder deren Wirkungen nicht vom
Erlaß eines weiteren Aktes abhängen" (vgl. zu dieser Problematik auch
EuGH, Rs. 17/81, Pabst und Richarz, Slg. 1982, 1331; Rs. 87/75, Bresciani, Slg. 1976, 129; Rs. 65/77, Razanatsimba, Slg. 1977, 2236).

III. Tatbestand

Art. 310 ermöglicht es der EG, entsprechende Abkommen mit einem oder 5
mehreren Staaten oder einer oder mehreren internationalen Organisationen zu
schließen. Bei den Staaten muß es sich um **Drittstaaten** handeln; eine andere Interpretation ist nicht möglich, obwohl Art. 238 Abs. 1 EWGV (der durch
den Vertrag von Maastricht geändert und durch den Vertrag von Amsterdam
zum Art. 310 wurde) ausdrücklich von dritten Staaten gesprochen hat.

6   Notwendiger Inhalt von Assoziierungsabkommen sind die **Festlegung von gegenseitigen Rechten und Pflichten,** wobei keine vollständige Reziprozität vorliegen muß; so sind einseitige Handelspräferenzen zulässig (EuGH, Rs. 87/75, Bresciani, Slg. 1976, 129). Außerdem müssen die Verträge ein **gemeinsames Vorgehen** und besondere Verfahren vorsehen. Dies ist dann gegeben, wenn eigene Organe geschaffen werden, denen eine **unabhängige Willensbildung** möglich ist. Allerdings darf ein durch ein Assoziierungsabkommen geschaffenes Streitbeilegungssystem (Gerichtssystem) die Autonomie der Gemeinschaftsrechtsordnung nicht beeinträchtigen (EuGH, Gutachten 1/91 – EWR I – Slg. 1991, I–6079).

IV. Verfahren

7   Das Verfahren zum Abschluß von Abkommen auf der Basis von Art. 310 ist in Art. 300 (ex-Art. 228) geregelt (siehe die Kommentierung dort).

VI. Organe

8   Die Assoziierungsabkommen sehen stets **verschiedene Organe** vor, in deren Rahmen die Mitgliedstaaten der Assoziierung gleichberechtigt arbeiten. Als Strukturen sind in der Regel Ministerräte (Assoziations-, Kooperations-, EWR- oder Ministerrat genannt), die sich aus Vertretern der Vertragsstaaten zusammensetzen, Ausschüsse zumeist auf Botschafterebene, immer häufiger parlamentarische Versammlungen (insbesondere im Rahmen des EWR, der AKP-Abkommen und der Europaabkommen) und bisweilen Streitschlichtungsorgane.

V. Gemischte Abkommen

9   Überschreitet der Inhalt eines völkerrechtlichen Vertrages die Kompetenz der EG, so ist zu dessen Abschluß nicht eine Vertragsänderung gem. Art. 48 (ex-Art. N) EUV notwendig. In einem solchen Fall treten vielmehr die Mitgliedstaaten als solche als Vertragspartner neben die EG. Der vielleicht wichtigste Fall eines solchen gemischten Abkommens ist das EWR-Abkommen, bei dem Vertragspartner die EG, die 15 Mitgliedstaaten der EG sowie Island, Liechtenstein und Norwegen sind. In solchen Fällen sprechen die EG und die EU-Mitgliedstaaten mit einer Stimme in den Organen der Assoziation.

Art. 311 (ex-Art. 239) (Protokolle als Bestandteile des Vertrags)

Die diesem Vertrag im gegenseitigen Einvernehmen der Mitgliedstaaten beigefügten Protokolle sind Bestandteile dieses Vertrags.

Literatur: *Bittner*, Die Lehre von den völkerrechtlichen Vertragsurkunden, 1924; *Heidelmeyer*, Untersuchungen zu einer Theorie der Beziehungen zwischen Hauptinstrument und Nebenurkunden völkerrechtlicher Verträge, 1961; *Tomuschat*, EWG und DDR, EuR 1969, 298; *Toth*, The Legal Status of the Declarations Annexed to the Single European Act, CMLR 1986, 803.

Art. 311 bezieht sich auf eine – erschöpfende – Reihe von Protokollen, die **1** dem EWGV bei dessen Abschluß beigefügt wurden; sie sind in der Schlußakte der Regierungskonferenz 1957 genannt. Weitere Protokolle, die ebenfalls von Art. 311 umfaßt werden, wurden durch die Schlußakte von Maastricht und von Amsterdam hinzugefügt. Bei all diesen Protokollen handelt es sich um Nebenurkunden des EGV, die den gleichen Rang haben und ebenfalls Primärrecht sind. Sie sind integrierter Bestandteil des Hauptvertrages und von diesem bloß aus verschiedenen – thematischen und organisatorischen – Gründen getrennt. Die Protokolle wurden als Bestandteil des EGV von den Mitgliedstaaten ebenfalls ratifiziert. Die Protokolle sind wie Vertragsbestimmungen anzuwenden, ihre Änderung bedarf des Verfahrens der Vertragsänderung gem. Art. 48 (ex-Art. N) EUV, und ein Verstoß gegen eine Protokollbestimmung ist eine Vertragsverletzung.

Die wichtigsten Protokolle sind beispielsweise das Protokoll über die **2** Satzung der EIB, das durch die deutsche Vereinigung gegenstandslos gewordene Protokoll über den innerdeutschen Handel und die damit zusammenhängenden Fragen (vgl. dazu *Röttinger*, Die deutsche Vereinigung und die europäische Integration, in *Röttinger/Weyringer*, Handbuch der europäischen Integration, 1. Aufl. 1991, 481 m.w.N.), das Protokoll über die Satzung des EuGH (gem. Art. 245, ex-Art. 188) und das Protokoll über die Vorrechte und Befreiungen der Europäischen Gemeinschaften (gem. Art. 291 [ex-Art. 218] bzw. Art. 28 Abs. 2 FusV) sowie das Sozialprotokoll, dem ein Abkommen beigefügt ist; dieses Abkommen ist – anders als das Protokoll – aber nicht von Art. 311 erfaßt.

Nicht Protokolle in diesem Sinn und daher auch nicht Bestandteile des **3** EGV sind die **der Schlußakte beigefügten Gemeinsamen Erklärungen** und **einseitigen Erklärungen** der Mitgliedstaaten. Diese sind aber gem. Art. 31. Abs. 2 Wiener Vertragsrechtskonvention bei der Interpretation heranzuziehen.

Art. 312 (ex-Art. 240) (Geltungsdauer)

Dieser Vertrag gilt auf unbegrenzte Zeit.

Literatur: *Dagtoglou*, Recht auf Rücktritt von den römischen Verträgen, in FS Forsthoff 1972, 77; *Everling*, Sind die Mitgliedstaaten der Europäischen Gemeinschaft noch Herren der Verträge? in FS für Mosler 1983, 173; *Gauland*, Noch einmal: Die Beendigung der Mitgliedschaft in der Europäischen Gemeinschaft, NJW 1974, 1034; *Hill*, The European Economic Community: the Right of Member States Withdrawal, Georgia Journal of International and Comparative Law 1982, 335; *Meier*, Die Beendigung der Mitgliedschaft in der Europäischen Gemeinschaft, NJW 1974, 391; *Schwarze*, Das allgemeine Völkerrecht in den innergemeinschaftlichen Rechtsbeziehungen, EuR 1983, 1; *Ungerer*, Der „Austritt" Grönlands aus der Europäischen Gemeinschaft, EA 1984, 345; *Weiler*, Alternatives to withdrawal from International Organizations: The Case of the EEC, Israel Law Review 1985, 282; *Zuleeg*, Der Bestand der Europäischen Gemeinschaft, in GS für Sasse 1981, 55.

I. Allgemeines

1   Art. 312 regelt die **zeitliche Geltungsdauer des EGV**. Anders als Art. 97 EGKSV, der für die EGKS eine Geltungsdauer von 50 Jahren, also bis ins Jahr 2002, vorsieht, legt Art. 312 kein Vertragsende fest. Aus der historischen Interpretation (Vermeidung der Begriffe „ewig" [deutsche Reichsverfassung 1871], „unbestimmte Geltungsdauer" [Internationale Postunion], „unauflöslich" [Deutscher Bund]) ist zu erkennen, daß der Begriff „unbegrenzte Zeit" als solcher ausschließlich temporal zu verstehen ist. Dies gibt aber noch keinen Aufschluß, ob und ggf. welche Rechtsfolgen daraus abzuleiten sind. Rechtsprechung des EuGH gibt es dazu nicht; er hat Art. 312 bisher nur als Argument für den Vorrang des Gemeinschaftsrechts herangezogen (EuGH, Rs. 6/64, Costa/E.N.E.L, Slg. 1964, 1255).

2   Dieselbe Bestimmung wurde wortgleich in Art. 51 (ex-Art. Q) EUV mit Wirkung für die EU übernommen.

II. Vertragsbeendigung, Austritt und Ausschluß

3   Weder die Gründungsverträge der Gemeinschaften noch der EUV sehen eine Bestimmung für den **Austritt** (Rücktritt) oder **Ausschluß** eines Mitgliedstaates oder die **Auflösung** oder Suspendierung der Verträge vor. Dies ist die konsequente Folge der Idee, daß die EG und die EU auf Dauer bestehen sollen, was sich aus der Präambel in Verbindung mit Art. 312 ergibt.

4   Das Fehlen entsprechender Klauseln bedeutet aber noch nicht die Unmöglichkeit eines Austritts oder Vertragsendes. Die allgemeinen Regeln des Völkervertragsrechts (vgl. dazu *Zemanek*, in *Neuhold/Hummer/Schreuer*

[Hrsg.], Österreichisches Handbuch des Völkerrechts, 2. Aufl. 1991, Rn. 394ff.) sind aber nur sehr eingeschränkt subsidiär anwendbar. Die EG beruht zwar auf einem völkerrechtlichen Akt, hat dadurch aber eine selbständige Rechtsnatur sui generis angenommen.

Eine **Vertragsauflösung** und damit die vollständige Beendigung des Bestandes der EG ist zwar selbst aus integrationsrechtlicher Sicht (vgl. *Schwarze*, a.a.O.) theoretisch nicht auszuschließen; andererseits ist eine Beendigung durch einfachen actus contrarius nach völkerrechtlicher Sicht nicht möglich. Allerdings entfernt sich die EG mit zunehmender Integrationsdichte immer mehr vom Völkerrecht als solchem und nimmt schließlich immer mehr gemeinschaftsrechtlichen Charakter sui generis an. Es ist naheliegend, ab diesem Zeitpunkt eine Vertragsbeendigung möglicherweise auszuschließen (vgl. dazu *Meng*, Das Recht der Internationalen Organisationen – eine Entwicklungsstufe des Völkerrechts, 1979, 162; *Schweitzer*, in *Grabitz/Hilf*, Art. 240 Rn. 4), wobei aber zu bedenken ist, daß gerade bei jeder den Integrationsstand intensivierenden Vertragsänderung das völkervertragsrechtliche Moment wieder in den Vordergrund tritt.   **5**

Noch verstärkt gilt dies für den **Austritt eines Mitgliedstaates** aus der EG;   **6**
denn zwischen einem Mitgliedstaat und der EG bestehen keine völkervertragsrechtlichen Verhältnisse. Eine einseitige Kündigung durch einen Mitgliedstaat ist jedenfalls ausgeschlossen; eine entsprechende Willensäußerung wäre selbst schon eine Vertragsverletzung. Im Hinblick auf die engen wirtschaftlichen und politischen Verflechtungen ist ein Austritt selbst mit Zustimmung der übrigen Mitgliedstaaten wohl ausgeschlossen. Auch die Berufung auf die „clausula rebus sic stantibus" bzw. eine wesentliche Änderung der Geschäftsgrundlage wäre nicht möglich, weil einerseits die EG von Anfang an auf eine ständige Integrationsentwicklung ausgerichtet ist und andererseits die Qualität und Geschwindigkeit dieser Entwicklung ausschließlich in den Händen der Mitgliedstaaten – im Ministerrat bei der Weiterentwicklung des Sekundärrechts oder im Rahmen einer Regierungskonferenz zur Vertragsänderung – liegt.

Das **Ausscheiden Grönlands** aus der EG 1984 war kein Austritt im völkervertragsrechtlichen Sinn. Grönland erhielt von Dänemark einen besonderen Status der Autonomie und den Status eines außereuropäischen Landes und Hoheitsgebiets Dänemarks im Sinne von Art. 182 (ex-Art. 131).   **7**

Das **BVerfG** geht in seinem **Urteil zum Vertrag von Maastricht**   **8**
(12.10.1993 – BVerfGE 89, 155) in Verkennung gemeinschaftsrechtlicher Grundsätze – m.E. irrig – offenbar von einem Austritts- bzw. Kündigungsrecht der Mitgliedstaaten aus: *„Die Bundesrepublik Deutschland ist somit*

auch nach dem Inkrafttreten des Unions-Vertrags Mitglied in einem Staatenverbund, dessen Gemeinschaftsgewalt sich von den Mitgliedstaaten ableitet und im deutschen Hoheitsbereich nur Kraft des deutschen Rechtsanwendungsbefehls verbindlich wirken kann. Deutschland ist einer der ‚Herren der Verträge' die ihre Gebundenheit an den ‚auf unbegrenzte Zeit' geschlossenen Unions-Vertrag (Art. Q EUV) mit dem Willen zur langfristigen Mitgliedschaft begründet haben, diese Zuständigkeit durch einen gegenläufigen Akt auch wieder aufheben könnten". Jedenfalls obliegt es sicher nicht einem nationalen Gericht, solche Interpretationen vorzunehmen; es wäre dies höchstens Sache des EuGH.

9   Der **Ausschluß eines Mitgliedstaates** ist ebenfalls ausgeschlossen. Im Falle von schwerwiegenden Interessengegensätzen zwischen Mitgliedstaaten sind gem. Art. 292 (ex-Art. 219) die im EGV vorgesehenen Verfahren einzuhalten. In letzter Konsequenz verfügt die EG aber nicht über Zwangsmittel als Instrumentarium, um ein andauerndes vertragswidriges und gemeinschaftsfeindliches Verhalten eines Mitgliedstaates zu sanktionieren.

Schlußbestimmungen

Art. 313 (ex-Art. 247) (Ratifizierung und Inkrafttreten)

Dieser Vertrag bedarf der Ratifizierung durch die Hohen Vertragsparteien gemäß ihren verfassungsrechtlichen Vorschriften. Die Ratifikationsurkunden werden bei der Regierung der Italienischen Republik hinterlegt.

Dieser Vertrag tritt am ersten Tag des auf die Hinterlegung der letzten Ratifikationsurkunde folgenden Monats in Kraft. Findet diese Hinterlegung weniger als fünfzehn Tage vor Beginn des folgenden Monats statt, so tritt der Vertrag am ersten Tag des zweiten Monats nach dieser Hinterlegung in Kraft.

1   Voraussetzung für das Inkrafttreten des EWGV war die **Ratifizierung des Vertrages** durch alle Gründungsmitgliedstaaten. Damit war sichergestellt, daß die EWG entweder aus allen sechs Gründungsstaaten besteht oder gar nicht zustande kommt. Eine solche **Koppelung** wurde für die neu aufzunehmenden Mitgliedstaaten bei den gleichzeitigen Beitritten Dänemarks, Irlands und des Vereinigten Königreichs 1972, Spaniens und Portugals

1986 sowie 1995 Österreichs, Finnlands, Schwedens **in deren Beitrittsakten** aber **nicht vorgesehen.**

Die Ratifizierung erfolgte nach den jeweils für die einzelnen Mitgliedstaa-   **2**
ten geltenden nationalen verfassungsrechtlichen Vorschriften.

Da der EWGV in Rom (am 27.3.1957) unterzeichnet wurde, ist die **italie-   3
nische Regierung** in Art. 313 Abs. 1 1. Satz zum **Depositar** bestellt worden, wo die Ratifizierungsurkunden zu hinterlegen waren. Diese Funktion
übte die italienische Regierung auch bei den späteren Beitritten aus und
wird dies auch bei zukünftigen Neubeitritten tun.

Das **Inkrafttreten des EWGV** erfolgte am 1.1.1958, nachdem die letzten   **4**
Ratifizierungsurkunden am 13.12.1957 hinterlegt worden waren.

Mit dem Inkrafttreten des EWGV sind die Bestimmungen des Art. 247 ge-   **5**
genstandslos geworden. Inhaltsgleiche Bestimmungen finden sich üblicherweise in den **Beitrittsakten** der neuen Mitgliedstaaten.

Art. 314 (ex-Art. 248) (Verbindlichkeit des Wortlautes)

**Dieser Vertrag ist in einer Urschrift in deutscher, französischer, italie-
nischer und niederländischer Sprache abgefaßt, wobei jeder Wortlaut
gleichermaßen verbindlich ist; er wird im Archiv der Regierung der
Italienischen Republik hinterlegt; diese übermittelt der Regierung jedes anderen Unterzeichnerstaates eine beglaubigte Abschrift.**

**Nach den Beitrittsverträgen ist der Wortlaut dieses Vertrags auch in
dänischer, englischer, finnischer, griechischer, irischer, portugiesischer,
schwedischer und spanischer Sprache verbindlich.**

**ZU URKUND DESSEN haben die unterzeichneten Bevollmächtigten
ihre Unterschrift unter diesen Vertrag gesetzt.**

**GESCHEHEN zu Rom am fünfundzwanzigsten März neunzehnhun-
dertsiebenundfünfzig.**

Literatur: *Armbrüster*, Rechtliche Folgen von Übersetzungsfehlern oder Unrichtigkei-
ten in EG-Dokumenten, EuZW 1990, 246; *Bleckmann*, Zu den Auslegungsmethoden
des Europäischen Gerichtshofs, NJW 1982, 1177; *Braselmann*, Übernationales Recht
und Mehrsprachigkeit. Liguistische Überlegungen zu Sprachproblemen in EuGH-Urteilen, EuR 1992, 55; *Dölle*, Zur Problematik mehrsprachiger Gesetzes- und Vertragstexte, RabelsZ 1964, 4; *Hilf*, Die Auslegung mehrsprachiger Verträge, 1973; *Kusterer*,
Das Sprachenproblem in den Europäischen Gemeinschaften, EA 1980, 693; *Riese*, Das
Sprachproblem in der Praxis des Gerichtshofs der Europäischen Gemeinschaften, in
FS für Dölle, 1963, II 507; *van Ginsbergen*, Qualifikationsproblem, Rechtsvergleichung und mehrsprachige Staatsverträge, ZfRV 1970, 1.

I. Vertragsausfertigungen

1   Art. 314 Abs. 1 legt fest, daß die vier Amtssprachen (Deutsch, Französisch, Italienisch und Niederländisch) der sechs Gründungsmitgliedstaaten die **Vertragssprachen** sind. Durch die späteren Beitrittsakte wurde diese Bestimmung – wenn auch nicht ausdrücklich, so doch inhaltlich – geändert; erst im Zuge der Amsterdamer Revision wurde der neue Abs. 2 eingeführt. Es kamen Englisch, Gälisch (= Irisch), Dänisch, Griechisch, Spanisch, Portugiesisch, Finnisch und Schwedisch dazu (von diesen 12 Vertragssprachen sind die 11 Amtssprachen [alle Vertragssprachen außer Gälisch] sowie die Verfahrenssprachen vor dem EuGH [alle Vertragssprachen] zu unterscheiden; zur Sprachenfrage siehe auch die Kommentierung von Art. 290).

2   Die **Urschrift des Vertrags** wurde im Archiv der italienischen Regierung hinterlegt, die zum Depositar bestellt wurde (vgl. Art. 313, Rn. 3). Die italienische Regierung hat allen Mitgliedstaaten eine **beglaubigte Abschrift** übermittelt.

II. Verbindlichkeit der Sprachfassungen

3   Jeder Wortlaut des Vertrags ist gem. Art. 314 Abs. 1 gleichermaßen verbindlich. Das bedeutet die **vollkommene Gleichberechtigung der Vertragssprachen** bei der Interpretation des Vertragstextes. Grundsätzlich gilt die Vermutung, daß jede Sprachfassung richtig ist. Bei – vorhandenen – Divergenzen des Wortlauts ist zunächst zu versuchen, die richtige Bedeutung im Sinne einer wörtlichen, sprachvergleichenden Interpretation durch einen Vergleich der Sprachfassungen zu eruieren, wobei von der Prämisse auszugehen ist, daß die in allen Sprachfassungen verwendeten Begriffe dasselbe bedeuten (vgl. Art. 33 Abs. 4 Wiener Vertragsrechtskonvention). Ist diese semantische Interpretation nicht zielführend, so ist der Auslegung Ziel und Zweck des Vertrags zugrunde zu legen, wobei vom Prinzip „in dubio pro communitate" auszugehen ist.

III. Beurkundung

4   Abs. 3 bestätigt, daß der Vertrag durch die Unterschriften der von den Staatsoberhäuptern der Gründungsmitgliedstaaten Bevollmächtigten beurkundet wurde. Diese Beurkundung bezieht sich auf die Richtigkeit des Vertragstextes.

IV. Datum und Ort

Der Abschluß des Vertrages erfolgte durch seine Unterzeichnung am   **5**
25.3.1957 in Rom.

Protokolle zum Vertrag über die Europäische Union und zum Vertrag zur Gründung der Europäischen Gemeinschaft

PROTOKOLL
ZUR EINBEZIEHUNG DES SCHENGEN-BESITZSTANDS IN DEN RAHMEN DER EUROPÄISCHEN UNION

DIE HOHEN VERTRAGSPARTEIEN –

ANGESICHTS dessen, daß die von einigen Mitgliedstaaten der Europäischen Union am 14. Juni 1985 und am 19. Juni 1990 in Schengen unterzeichneten Übereinkommen betreffend den schrittweisen Abbau der Kontrollen an den gemeinsamen Grenzen sowie damit zusammenhängende Übereinkommen und die auf deren Grundlage erlassenen Regelungen darauf abzielen, die europäische Integration zu vertiefen und insbesondere der Europäischen Union die Möglichkeit zu geben, sich schneller zu einem Raum der Freiheit, der Sicherheit und des Rechts zu entwickeln,

IN DEM WUNSCH, die genannten Übereinkommen und Regelungen in den Rahmen der Europäischen Union einzubeziehen,

IN BEKRÄFTIGUNG dessen, daß die Bestimmungen des Schengen-Besitzstands nur in dem Maße anwendbar sind, in dem sie mit den Rechtsvorschriften der Europäischen Union und der Gemeinschaft vereinbar sind,

MIT RÜCKSICHT auf die besondere Position Dänemarks,

MIT RÜCKSICHT darauf, daß Irland und das Vereinigte Königreich Großbritannien und Nordirland nicht Vertragsparteien der genannten Übereinkommen sind und diese nicht unterzeichnet haben, daß es diesen Mitgliedstaaten jedoch ermöglicht werden sollte, einzelne oder alle Bestimmungen dieser Übereinkommen anzunehmen,

IN DER ERKENNTNIS, daß es infolgedessen erforderlich ist, auf die im Vertrag über die Europäische Union und im Vertrag zur Gründung der Europäischen Gemeinschaft enthaltenen Bestimmungen über eine verstärkte Zusammenarbeit zwischen einigen Mitgliedstaaten zurückzugreifen, und daß diese Bestimmungen nur als letztes Mittel genutzt werden sollten,

MIT RÜCKSICHT darauf, daß es notwendig ist, ein besonderes Verhältnis zur Republik Island und zum Königreich Norwegen aufrechtzuerhalten, nachdem diese beiden Staaten ihre Absicht bekräftigt haben, sich durch die obengenannten Bestimmungen auf der Grundlage des am 19. Dezember 1996 in Luxemburg unterzeichneten Übereinkommens zu binden –

SIND über folgende Bestimmungen ÜBEREINGEKOMMEN, die dem Vertrag über die Europäische Union und dem Vertrag zur Gründung der Europäischen Gemeinschaft beigefügt sind:

Artikel 1

Das Königreich Belgien, das Königreich Dänemark, die Bundesrepublik Deutschland, die Griechische Republik, das Königreich Spanien, die Französische Republik, die Italienische Republik, das Großherzogtum Luxemburg, das Königreich der Niederlande, die Republik Österreich, die Portugiesische Republik, die Republik Finnland und das Königreich Schweden als Unterzeichner der Schengerer Übereinkommen werden ermächtigt, untereinander eine verstärkte Zusammenarbeit im Rahmen dieser Übereinkommen und damit zusammenhängender Bestimmungen, die im Anhang zu diesem Protokoll aufgeführt sind, – im folgenden als „Schengen-Besitzstand" bezeichnet – zu begründen. Diese Zusammenarbeit erfolgt innerhalb des institutionellen und rechtlichen Rahmens der Europäischen Union und unter Beachtung der einschlägigen Bestimmungen des Vertrags über die Europäische Union und des Vertrags zur Gründung der Europäischen Gemeinschaft.

Artikel 2

(1) Ab dem Zeitpunkt des Vertrags von Amsterdam ist der Schengen-Besitzstand, der auch die vor diesem Zeitpunkt erlassenen Beschlüsse des durch die Schengener Übereinkommen eingesetzten Exekutivausschusses umfaßt, unbeschadet des Absatzes 2 dieses Artikels für die in Artikel 1 aufgeführten dreizehn Mitgliedstaaten sofort anwendbar. Ab demselben Zeitpunkt wird der Rat an die Stelle des genannten Exekutivausschusses treten. Der Rat trifft durch einstimmigen Beschluß seiner in Artikel 1 genannten Mitglieder alle Maßnahmen, die für die Durchführung dieses Absatzes erforderlich sind. Der Rat legt einstimmig gemäß den einschlägigen Bestimmungen der Verträge die Rechtsgrundlage für jede Bestimmung und jeden Beschluß fest, die den Schengen-Besitzstand bilden.

Hinsichtlich solcher Bestimmungen und Beschlüsse, nimmt der Gerichtshof der Europäischen Gemeinschaften im Einklang mit dieser Festlegung die Zuständigkeit wahr, die ihm nach den einschlägigen geltenden Bestimmungen der Verträge zukommt. Der Gerichtshof ist keinesfalls zuständig für Maßnahmen oder Beschlüsse, die die Aufrechterhaltung der öffentlichen Ordnung und den Schutz der inneren Sicherheit betreffen.

Solange die genannten Maßnahmen nicht getroffen worden sind, gelten die Bestimmungen und Beschlüsse, die den Schengen-Besitzstand bilden, unbeschadet des Artikels 5 Absatz 2 als Rechtsakte, die auf Titel VI des Vertrags über die Europäische Union gestützt sind.

(2) Absatz 1 gilt für diejenigen Mitgliedstaaten, die Protokolle über den Beitritt zu den Schengener Übereinkommen unterzeichnet haben, jeweils ab dem Zeitpunkt, der vom Rat mit einstimmigem Beschluß seiner in Artikel 1 genannten Mitglieder festgelegt wird, sofern die Bedingungen für den Beitritt eines dieser Staaten zum Schengen-Besitzstand nicht schon vor Inkrafttreten des Vertrags von Amsterdam erfüllt sind.

Artikel 3

Im Anschluß an die Festlegung nach Artikel 2 Absatz 1 Unterabsatz 2 behält Dänemark in bezug auf diejenigen Teile des Schengen-Besitzstands, für die Titel IIIa des Vertrags zur Gründung der Europäischen Gemeinschaft als Rechtsgrundlage festgelegt ist, dieselben Rechte und Pflichten im Verhältnis zu den übrigen Unterzeichnern der Schengener Übereinkommen wie vor dieser Festlegung.

In bezug auf diejenigen Teile des Schengen-Besitzstands, für die Titel VI des Vertrags über die Europäische Union als Rechtsgrundlage festgelegt ist, behält Dänemark dieselben Rechte und Pflichten wie die übrigen Unterzeichner der Schengener Übereinkommen.

Artikel 4

Irland und das Vereinigte Königreich Großbritannien und Nordirland, die durch den Schengen-Besitzstand nicht gebunden sind, können jederzeit beantragen, daß einzelne oder alle Bestimmungen dieses Besitzstands auch auf sie Anwendung finden sollen.

Der Rat beschließt einstimmig über einen solchen Antrag, wobei die Einstimmigkeit mit den Stimmen seiner in Artikel 1 genannten Mitglieder und der Stimme des Vertreters der Regierung des betreffenden Staates zustandekommt.

Artikel 5

(1) Vorschläge und Initiativen auf der Grundlage des Schengen-Besitzstands unterliegen den einschlägigen Bestimmungen der Verträge.
In diesem Zusammenhang gilt, sofern Irland oder das Vereinigte Königreich oder beide Länder dem Präsidenten des Rates nicht innerhalb eines
vertretbaren Zeitraums schriftlich mitgeteilt haben, daß sie sich beteiligen
möchten, die Ermächtigung nach Artikel 5a des Vertrags zur Gründung der
Europäischen Gemeinschaft und Artikel K.12 des Vertrags über die Europäische Union gegenüber den in Artikel 1 genannten Mitgliedstaaten sowie gegenüber Irland oder dem Vereinigten Königreich als erteilt, sofern eines dieser beiden Länder sich in den betreffenden Bereichen der Zusammenarbeit beteiligen möchte.
(2) Die einschlägigen Bestimmungen der Verträge nach Absatz 1 Unterabsatz 1 finden auch dann Anwendung, wenn der Rat die in Artikel 2 Absatz 1
Unterabsatz 2 genannten Maßnahmen nicht beschlossen hat.

Artikel 6

Die Republik Island und das Königreich Norwegen werden bei der Durchführung des Schengen-Besitzstands und bei seiner weiteren Entwicklung
auf der Grundlage des am 19. Dezember 1996 in Luxemburg unterzeichneten Übereinkommens assoziiert. Die entsprechenden Verfahren hierfür werden in einem Übereinkommen mit diesen Staaten festgelegt, das vom Rat
mit einstimmigem Beschluß seiner in Artikel 1 genannten Mitglieder geschlossen wird. Das Übereinkommen enthält auch Bestimmungen über den
Beitrag Islands und Norwegens zu etwaigen finanziellen Folgen der Durchführung dieses Protokolls.
Mit Island und Norwegen schließt der Rat mit einstimmigem Beschluß ein
gesondertes Übereinkommen zur Festlegung der Rechte und Pflichten zwischen Irland und dem Vereinigten Königreich Großbritannien und Nordirland einerseits und Island und Norwegen andererseits in den für diese Staaten geltenden Bereichen des Schengen-Besitzstands.

Artikel 7

Der Rat beschließt mit qualifizierter Mehrheit die Einzelheiten der Eingliederung des Schengen-Sekretariats in das Generalsekretariat des Rates.

Artikel 8

Bei den Verhandlungen über die Aufnahme neuer Mitgliedstaaten in die Europäische Union gelten der Schengen-Besitzstand und weitere Maßnahmen, welche die Organe im Rahmen seines Anwendungsbereichs getroffen haben, als ein Besitzstand, der von allen Staaten, die Beitrittskandidaten sind, vollständig zu übernehmen ist.

ANHANG

SCHENGEN-BESITZSTAND

1. Das am 14. Juni 1985 in Schengen unterzeichnete Übereinkommen zwischen den Regierungen der Staaten der Benelux-Wirtschaftsunion, der Bundesrepublik Deutschland und der Französischen Republik betreffend den schrittweisen Abbau der Kontrollen an den gemeinsamen Grenzen.

2. Das am 19. Juni 1990 in Schengen unterzeichnete Übereinkommen zwischen dem Königreich Belgien, der Bundesrepublik Deutschland, der Französischen Republik, dem Großherzogtum und dem Königreich der Niederlande zur Durchführung des am 14. Juni 1985 in Schengen unterzeichneten Übereinkommens betreffend den schrittweisen Abbau der Kontrollen an den gemeinsamen Grenzen mit der dazugehörigen Schlußakte und den dazu abgegebenen gemeinsamen Erklärungen.

3. Die Beitrittsprotokolle und -übereinkommen zu dem Übereinkommen von 1985 und dem Durchführungsübereinkommen von 1990, die mit Italien (unterzeichnet am 27. November 1990 in Paris), Spanien und Portugal (unterzeichnet am 25. Juni 1991 in Bonn), Griechenland (unterzeichnet am 6. November 1992 in Madrid), Österreich (unterzeichnet am 28. April 1995 in Brüssel) sowie Dänemark, Finnland und Schweden (unterzeichnet am 19. Dezember 1996 in Luxemburg) geschlossen wurden, mit den dazugehörigen Schlußakten und Erklärungen.

4. Beschlüsse und Erklärungen des aufgrund des Durchführungsübereinkommens von 1990 eingesetzten Exekutivausschusses sowie Rechtsakte zur Durchführung des Übereinkommens, die von den Organen erlassen worden sind, denen der Exekutivausschuß Entscheidungsbefugnisse übertragen hat.

PROTOKOLL
ÜBER DIE ANWENDUNG BESTIMMTER ASPEKTE
DES ARTIKELS 7a
DES VERTRAGS ZUR GRÜNDUNG DER EUROPÄISCHEN
GEMEINSCHAFT AUF DAS VEREINIGTE KÖNIGREICH
UND AUF IRLAND

DIE HOHEN VERTRAGSPARTEIEN –

IN DEM WUNSCH, bestimmte das Vereinigte Königreich und Irland betreffende Fragen zu regeln,

IM HINBLICK darauf, daß seit vielen Jahren zwischen dem Vereinigten Königreich und Irland besondere Reiseregelungen bestehen –

SIND über folgende Bestimmungen ÜBEREINKOMMEN, die dem Vertrag zur Gründung der Europäischen Gemeinschaft und dem Vertrag über die Europäische Union beigefügt sind:

Artikel 1

Das Vereinigte Königreich darf ungeachtet des Artikels 7a des Vertrags zur Gründung der Europäischen Gemeinschaft, anderer Bestimmungen jenes Vertrags oder des Vertrags über die Europäische Union, im Rahmen dieser Verträge beschlossener Maßnahmen oder von der Gemeinschaft oder der Gemeinschaft und ihren Mitgliedstaaten mit einem oder mehreren Drittstaaten geschlossener internationaler Übereinkünfte an seinen Grenzen mit anderen Mitgliedstaaten bei Personen, die in das Vereinigte Königreich einreisen wollen, Kontrolle durchführen, die nach seiner Auffassung erforderlich sind

a) zur Überprüfung des Rechts auf Einreise in das Vereinigte Königreich bei Staatsangehörigen von Staaten, die Vertragsparteien des Abkommens über den Europäischen Wirtschaftsraum sind, und ihren unterhaltsberechtigten Angehörigen, welche die ihnen nach dem Gemeinschaftsrecht zustehenden Rechte wahrnehmen, sowie bei Staatsangehörigen anderer Staaten, denen solche Rechte aufgrund einer Übereinkunft zustehen, an die das Vereinigte Königreich gebunden ist, und

b) zur Entscheidung darüber, ob anderen Personen die Genehmigung zur Einreise in das Vereinigte Königreich erteilt wird.

Artikel 7a des Vertrags zur Gründung der Europäischen Gemeinschaft oder die anderen Bestimmungen jenes Vertrags oder des Vertrags über die Europäische Union oder die im Rahmen dieser Verträge beschlossenen Maßnahmen berühren in keiner Weise das Recht des Vereinigten Königreichs, solche Kontrollen ein- oder durchzuführen. Wird im vorliegenden Artikel auf das Vereinigte Königreich Bezug genommen, so gilt diese Bezugnahme auch für die Gebiete, für deren Außenbeziehungen das Vereinigte Königreich verantwortlich ist.

Artikel 2

Das Vereinigte Königreich und Irland können weiterhin untereinander Regelungen über den freien Personenverkehr zwischen ihren Hoheitsgebieten („einheitliches Reisegebiet") treffen, sofern die Rechte der in Artikel 1 Absatz 1 Buchstabe a dieses Protokolls genannten Personen in vollem Umfang gewahrt bleiben. Dementsprechend findet, solange sie solche Regelungen beibehalten, Artikel 1 dieses Protokolls unter denselben Bedingungen und Voraussetzungen wie im Falle des Vereinigten Königreichs auf Irland Anwendung. Artikel 7a des Vertrags zur Gründung der Europäischen Gemeinschaft oder andere Bestimmungen jenes Vertrags oder des Vertrags über die Europäische Union oder im Rahmen dieser Verträge beschlossene Maßnahmen berühren diese Regelungen in keiner Weise.

Artikel 3

Die übrigen Mitgliedstaaten dürfen an ihren Grenzen oder an allen Orten, an denen ihr Hoheitsgebiet betreten werden kann, solche Kontrollen bei Personen durchführen, die aus dem Vereinigten Königreich oder aus Gebieten, deren Außenbeziehungen für die in Artikel 1 dieses Protokolls genannten Zwecke in seiner Verantwortung liegen, oder aber, solange Artikel 1 dieses Protokolls für Irland gilt, aus Irland in ihr Hoheitsgebiet einreisen wollen.

Artikel 7a des Vertrags zur Gründung der Europäischen Gemeinschaft oder andere Bestimmungen jenes Vertrags oder des Vertrags über die Europäische Union oder im Rahmen dieser Verträge beschlossene Maßnahmen berühren in keiner Weise das Recht der übrigen Mitgliedstaaten, solche Kontrollen ein- oder durchzuführen.

PROTOKOLL
ÜBER DIE POSITION DES VEREINIGTEN KÖNIGREICHS UND IRLANDS

DIE HOHEN VERTRAGSPARTEIEN –

IN DEM WUNSCH, bestimmte das Vereinigte Königreich und Irland betreffende Fragen zu regeln,

UNTER BERÜCKSICHTIGUNG des Protokolls über die Anwendung bestimmter Aspekte des Artikels 7a des Vertrags zur Gründung der Europäischen Gemeinschaft auf das Vereinigte Königreich und auf Irland –

SIND über folgende Bestimmungen ÜBEREINGEKOMMEN, die dem Vertrag zur Gründung der Europäischen Gemeinschaft und dem Vertrag über die Europäische Union beigefügt sind:

Artikel 1

Vorbehaltlich des Artikels 3 beteiligen sich das Vereinigte Königreich und Irland nicht an der Annahme von Maßnahmen durch den Rat, die nach Titel IIIa des Vertrags zur Gründung der Europäischen Gemeinschaft vorgeschlagen werden. Abweichend von Artikel 148 Absatz 2 des Vertrags zur Gründung der Europäischen Gemeinschaft gilt als qualifizierte Mehrheit derselbe Anteil der gewogenen Stimmen der Mitglieder des Rates, der in dem genannten Artikel 148 Absatz 2 festgelegt ist. Für Beschlüsse des Rates, die einstimmig angenommen werden müssen, ist die Zustimmung der Mitglieder des Rates mit Ausnahme der Vertreter der Regierungen des Vereinigten Königreichs und Irlands erforderlich.

Artikel 2

Entsprechend Artikel 1 und vorbehaltlich der Artikel 3, 4 und 6 sind Vorschriften des Titels III a des Vertrags zur Gründung der Europäischen Gemeinschaft, nach jenem Titel beschlossene Maßnahmen, Vorschriften internationaler Übereinkünfte, die von der Gemeinschaft nach jenem Titel geschlossen werden, sowie Entscheidungen des Gerichtshofs, in denen solche Vorschriften oder Maßnahmen ausgelegt werden, für das Vereinigte Königreich oder Irland nicht bindend oder anwendbar; und diese Vorschriften, Maßnahmen oder Entscheidungen berühren in keiner Weise die Zuständigkeiten, Rechte und Pflichten dieser Staaten; ebensowenig berühren diese Vorschriften, Maßnahmen oder Entscheidungen in irgendeiner Weise den gemeinschaftlichen Besitzstand oder sind sie Teil des Gemeinschaftsrechts, soweit sie auf das Vereinigte Königreich und Irland Anwendung finden.

Artikel 3

(1) Das Vereinigte Königreich oder Irland kann dem Präsidenten des Rates innerhalb von drei Monaten nach der Vorlage eines Vorschlags oder einer Initiative gemäß Titel IIIa des Vertrags zur Gründung der Europäischen Gemeinschaft beim Rat schriftlich mitteilen, daß es sich an der Annahme und Anwendung der betreffenden Maßnahme beteiligen möchte, was dem betreffenden Staat daraufhin gestattet ist. Abweichend von Artikel 148 Absatz 2 des Vertrags zur Gründung der Europäischen Gemeinschaft gilt als qualifizierte Mehrheit derselbe Anteil der gewogenen Stimmen der Mitglieder des Rates, der in dem genannten Artikel 148 Absatz 2 festgelegt ist. Für Beschlüsse des Rates, die einstimmig angenommen werden müssen, ist die Zustimmung aller Mitglieder des Rates mit Ausnahme der Mitglieder,

die keine solche Mitteilung gemacht haben, erforderlich. Eine nach diesem Absatz beschlossene Maßnahme ist für alle an der Annahme beteiligten Mitgliedstaaten bindend.

(2) Kann eine Maßnahme nach Absatz 1 nicht innerhalb eines angemessenen Zeitraums mit Beteiligung des Vereinigten Königreichs oder Irlands angenommen werden, so kann der Rat die betreffende Maßnahme nach Artikel 1 ohne Beteiligung des Vereinigten Königreichs oder Irlands annehmen. In diesem Fall findet Artikel 2 Anwendung.

Artikel 4

Das Vereinigte Königreich oder Irland kann nach der Annahme einer Maßnahme gemäß Titel IIIa des Vertrags zur Gründung der Europäischen Gemeinschaft durch den Rat dem Rat und der Kommission jederzeit mitteilen, daß es die Maßnahme anzunehmen wünscht. In diesem Fall findet das in Artikel 5a Absatz 3 des Vertrags zur Gründung der Europäischen Gemeinschaft vorgesehene Verfahren sinngemäß Anwendung.

Artikel 5

Ein Mitgliedstaat, der durch eine nach Titel IIIa des Vertrags zur Gründung der Europäischen Gemeinschaft beschlossene Maßnahme nicht gebunden ist, hat außer den für die Organe sich ergebenden Verwaltungskosten keine finanziellen Folgen dieser Maßnahme zu tragen.

Artikel 6

In Fällen, in denen nach diesem Protokoll das Vereinigte Königreich oder Irland durch eine vom Rat nach Titel IIIa des Vertrags zur Gründung der Europäischen Gemeinschaft beschlossene Maßnahme gebunden ist, gelten hinsichtlich dieser Maßnahme für den betreffenden Staat die einschlägigen Bestimmungen des genannten Vertrags, einschließlich des Artikels 73p.

Artikel 7

Die Artikel 3 und 4 berühren nicht das Protokoll über die Einbeziehung des Schengen-Besitzstands in den Rahmen der Europäischen Union.

Artikel 8

Irland kann dem Präsidenten des Rates schriftlich mitteilen, daß dieses Protokoll nicht mehr für Irland gelten soll. In diesem Fall gelten für Irland die üblichen Vertragsbestimmungen.

PROTOKOLL
ÜBER DIE POSITION DÄNEMARKS

DIE HOHEN VERTRAGSPARTEIEN –
UNTER BERUFUNG auf den Beschluß der am 12. Dezember 1992 in Edinburgh im Europäischen Rat vereinigten Staats- und Regierungschefs zu bestimmten von Dänemark aufgeworfenen Problemen betreffend den Vertrag über die Europäische Union,
IN KENNTNIS der in dem Beschluß von Edinburgh festgelegten Haltung Dänemarks in bezug auf die Unionsbürgerschaft, die Wirtschafts- und Währungsunion sowie auf die Verteidigungspolitik und die Bereiche Justiz und Inneres,
EINGEDENK des Artikels 3 des Protokolls über die Einbeziehung des Schengen-Besitzstands in den Rahmen der Europäischen Union –
SIND über folgende Bestimmungen ÜBEREINGEKOMMEN, die dem Vertrag zur Gründung der Europäischen Gemeinschaft und dem Vertrag über die Europäische Union beigefügt sind:

TEIL 1

Artikel 1

Dänemark beteiligt sich nicht an der Annahme von Maßnahmen durch den Rat, die nach Titel IIIa des Vertrags zur Gründung der Europäischen Gemeinschaft vorgeschlagen werden. Abweichend von Artikel 148 Absatz 2 des Vertrags zur Gründung der Europäischen Gemeinschaft gilt als qualifizierte Mehrheit derselbe Anteil der gewogenen Stimmen der Mitglieder des Rates, der in dem genannten Artikel 148 Absatz 2 festgelegt ist. Für Beschlüsse des Rates, die einstimmig angenommen werden müssen, ist die Zustimmung der Mitglieder des Rates mit Ausnahme des Vertreters der Regierung Dänemarks erforderlich.

Artikel 2

Vorschriften des Titels IIIa des Vertrags zur Gründung der Europäischen Gemeinschaft, nach jenem Titel beschlossene Maßnahmen, Vorschriften internationaler Übereinkünfte, die von der Gemeinschaft nach jenem Titel geschlossen werden, sowie Entscheidungen des Gerichtshofs, in denen solche Vorschriften oder Maßnahmen ausgelegt werden, sind für Dänemark nicht bindend oder anwendbar; und diese Vorschriften, Maßnahmen oder Entscheidungen berühren in keiner Weise die Zuständigkeiten, Rechte und Pflichten Dänemarks; ebensowenig berühren diese Vorschriften, Maßnahmen oder Entscheidungen in irgendeiner Weise den gemeinschaftlichen Besitzstand oder sind sie Teil des Gemeinschaftsrechts, soweit sie auf Dänemark Anwendung finden.

Artikel 3

Dänemark hat außer den für die Organe sich ergebenden Verwaltungskosten keine finanziellen Folgen von Maßnahmen nach Artikel 1 zu tragen.

Artikel 4

Die Artikel 1, 2 und 3 finden keine Anwendung auf Maßnahmen zur Bestimmung derjenigen Drittländer, deren Staatsangehörige beim Überschreiten der Außengrenzen der Mitgliedstaaten im Besitz eines Visums sein müssen, sowie auf Maßnahmen zur einheitlichen Visumgestaltung.

Artikel 5

(1) Dänemark beschließt innerhalb von 6 Monaten, nachdem der Rat über einen Vorschlag oder eine Initiative zur Ergänzung des Schengen-Besitzstands nach den Bestimmungen des Titels IIIa des Vertrags zur Gründung der Europäischen Gemeinschaft beschlossen hat, ob es diesen Beschluß in einzelstaatliches Recht umsetzt. Faßt es einen solchen Beschluß, so begründet dieser eine Verpflichtung nach dem Völkerrecht zwischen Dänemark und den übrigen Mitgliedstaaten, die in Artikel 1 des Protokolls über die Einbeziehung des Schengen-Besitzstands in den Rahmen der Europäischen Union genannt sind, sowie gegenüber Irland oder dem Vereinigten Königreich, falls diese Mitgliedstaaten an den betreffenden Bereichen der Zusammenarbeit teilnehmen.

(2) Beschließt Dänemark, einen Beschluß des Rates nach Absatz 1 nicht umzusetzen, so werden die Mitgliedstaaten, die in Artikel 1 des Protokolls

über die Einbeziehung des Schengen-Besitzstands in den Rahmen der Europäischen Union genannt sind, prüfen, welche Maßnahmen zu treffen sind.

TEIL II

Artikel 6

Hinsichtlich der vom Rat im Bereich des Artikels J.3 Absatz 1 und des Artikels J.7 des Vertrags über die Europäische Union angenommenen Maßnahmen beteiligt sich Dänemark nicht an der Ausarbeitung und Durchführung von Beschlüssen und Maßnahmen der Union, die verteidigungspolitische Bezüge haben; es wird allerdings die Mitgliedstaaten auch nicht an der Entwicklung einer engeren Zusammenarbeit auf diesem Gebiet hindern. Dänemark nimmt daher nicht an der Annahme dieser Maßnahmen teil. Dänemark ist nicht verpflichtet, zur Finanzierung operativer Ausgaben beizutragen, die als Folge solcher Maßnahmen anfallen.

TEIL III

Artikel 7

Dänemark kann den übrigen Mitgliedstaaten im Einklang mit seinen verfassungsrechtlichen Vorschriften jederzeit mitteilen, daß es von diesem Protokoll insgesamt oder zum Teil keinen Gebrauch mehr machen will. In diesem Fall wird Dänemark sämtliche im Rahmen der Europäischen Union getroffenen einschlägigen Maßnahmen, die bis dahin in Kraft getreten sind, in vollem Umfang anwenden.

C. Protokolle zum Vertrag zur Gründung der Europäischen Gemeinschaft

PROTOKOLL
ÜBER DIE GEWÄHRUNG VON ASYL FÜR STAATSANGEHÖRIGE VON MITGLIEDSTAATEN DER EUROPÄISCHEN UNION

DIE HOHEN VERTRAGSPARTEIEN –

IN DER ERWÄGUNG, daß die Union nach Artikel F Absatz 2 des Vertrags über die Europäische Union die Grundrechte, wie sie in der am 4. Novem-

ber 1950 in Rom unterzeichneten Europäischen Konvention zum Schutze
der Menschenrechte und Grundfreiheiten gewährleistet sind, achtet,

IN DER ERWÄGUNG, daß der Gerichtshof der Europäischen Gemeinschaften dafür zuständig ist, sicherzustellen, daß die Europäische Gemeinschaft bei der Auslegung und Anwendung des Artikels F Absatz 2 des Vertrags über die Europäische Union die Rechtsvorschriften einhält,

IN DER ERWÄGUNG, daß nach Artikel O des Vertrags über die Europäische Union jeder europäische Staat, der beantragt, Mitglied der Union zu
werden, die in Artikel F Absatz 1 des Vertrags über die Europäische Union
genannten Grundsätze achten muß,

EINGEDENK dessen, daß Artikel 236 des Vertrags zur Gründung der Eu-
ropäischen Gemeinschaft ein Verfahren für die Aussetzung bestimmter
Rechte im Falle einer schwerwiegenden und anhaltenden Verletzung dieser
Grundsätze durch einen Mitgliedstaat vorsieht.

UNTER HINWEIS darauf, daß jeder Staatsangehörige eines Mitgliedstaats
als Unionsbürger einen besonderen Status und einen besonderen Schutz genießt, welche die Mitgliedstaaten gemäß dem Zweiten Teil des Vertrags zur
Gründung der Europäischen Gemeinschaft gewährleisten,

IN DEM BEWUSSTSEIN, daß der Vertrag zur Gründung der Europäischen
Gemeinschaft einen Raum ohne Binnengrenzen schafft und jedem Unionsbürger das Recht gewährt, sich im Hoheitsgebiet der Mitgliedstaaten frei zu
bewegen und aufzuhalten,

UNTER HINWEIS darauf, daß die Frage der Auslieferung von Staatsangehörigen der Mitgliedstaaten der Union Gegenstand des Europäischen
Auslieferungsübereinkommens vom 13. Dezember 1957 und des aufgrund
des Artikels K.3 des Vertrags über die Europäische Union geschlossenen
Übereinkommens vom 27. September 1996 über die Auslieferung zwischen
den Mitgliedstaaten der Europäischen Union ist,

IN DEM WUNSCH, zu verhindern, daß Asyl für andere als die vorgesehenen Zwecke in Anspruch genommen wird,

IN DER ERWÄGUNG, daß dieses Protokoll den Zweck und die Ziele des
Genfer Abkommens vom 28. Juli 1951 über die Rechtsstellung der Flüchtlinge beachtet –

SIND über folgende Bestimmungen ÜBEREINGEKOMMEN, die dem
Vertrag zur Gründung der Europäischen Gemeinschaft beigefügt sind:

EINZIGER ARTIKEL

In Anbetracht des Niveaus des Schutzes der Grundrechte und Grundfreiheiten in den Mitgliedstaaten der Europäischen Union gelten die Mitgliedstaaten füreinander für alle rechtlichen und praktischen Zwecke im Zusammenhang mit Asylangelegenheiten als sichere Herkunftsländer. Dementsprechend darf ein Asylantrag eines Staatsangehörigen eines Mitgliedstaats
von einem anderen Mitgliedstaat nur berücksichtigt oder zur Bearbeitung
zugelassen werden,

a) wenn der Mitgliedstaat, dessen Staatsangehöriger der Antragsteller ist,
   nach Inkrafttreten des Vertrags von Amsterdam Artikel 15 der Konvention zum Schutze der Menschenrechte und Grundfreiheiten anwendet
   und Maßnahmen ergreift, die in seinem Hoheitsgebiet die in der Konvention vorgesehenen Verpflichtungen außer Kraft setzen,
b) wenn das Verfahren des Artikels F.1 Absatz 1 des Vertrags über die Europäische Union eingeleitet worden ist und bis der Rat diesbezüglich einen Beschluß gefaßt hat,
c) wenn der Rat nach Artikel F.1 Absatz 1 des Vertrags über die Europäische Union eine schwerwiegende und anhaltende Verletzung von in Artikel F Absatz 1 genannten Grundsätzen durch den Mitgliedstaat, dessen Staatsangehöriger der Antragsteller ist, festgestellt hat;
d) wenn ein Mitgliedstaat in bezug auf den Antrag eines Staatsangehörigen eines anderen Mitgliedstaats einseitig einen solchen Beschluß faßt;
   in diesem Fall wird der Rat umgehend unterrichtet; bei der Prüfung des
   Antrags wird von der Vermutung ausgegangen, daß der Antrag offensichtlich unbegründet ist, ohne daß die Entscheidungsbefugnis des Mit-
   gliedsstaats in irgendeiner Weise beeinträchtigt wird.

PROTOKOLL
ÜBER DIE ANWENDUNG DER GRUNDSÄTZE DER SUBSIDIARITÄT UND DER VERHÄLTNISMÄSSIGKEIT

DIE HOHEN VERTRAGSPARTEIEN –

ENTSCHLOSSEN, die Bedingungen für die Anwendung der in Artikel 3b
des Vertrags zur Gründung der Europäischen Gemeinschaft verankerten
Grundsätze der Subsidiarität sind der Verhältnismäßigkeit festzulegen, um
die Kriterien für ihre Anwendung zu präzisieren, und die strikte Beachtung
und kohärente Anwendung dieser Grundsätze durch alle Organe zu gewährleisten,

IN DEM WUNSCH sicherzustellen, daß Entscheidungen in der Union so bürgernah wie möglich getroffen werden,

IN ANBETRACHT der Interinstitutionellen Vereinbarung vom 25. Oktober 1993 zwischen dem Europäischen Parlament, dem Rat und der Kommission über die Verfahren zur Anwendung des Subsidiaritätsprinzips,

HABEN BEKRÄFTIGT, daß die Schlußfolgerungen des Europäischen Rates von Birmingham vom 16. Oktober 1992 und das vom Europäischen Rat auf seiner Tagung am 11.–12. Dezember 1992 in Edinburgh vereinbarte Gesamtkonzept für die Anwendung des Subsidiaritätsprinzips weiterhin die Richtschnur für das Handeln der Gemeinschaftsorgane sowie für die Weiterentwicklung der Anwendung des Subsidiaritätsprinzips bilden werden –

SIND zu diesem Zweck über folgende Bestimmungen ÜBEREINGE-KOMMEN, die dem Vertrag zur Gründung der Europäischen Gemeinschaft beigefügt sind:

1. Jedes Organ gewährleistet bei der Ausübung seiner Befugnisse die Einhaltung des Subsidiaritätsprinzips. Jedes Organ gewährleistet ferner die Beachtung des Verhältnismäßigkeitsgrundsatzes, demzufolge die Maßnahmen der Gemeinschaft nicht über das für die Erreichung der Ziele des Vertrags erforderliche Maß hinausgehen dürfen.

2. Die Grundsätze der Subsidiarität und der Verhältnismäßigkeit werden unter Beachtung der allgemeinen Bestimmungen und der Ziele des Vertrags angewandt, insbesondere unter voller Wahrung des gemeinschaftlichen Besitzstands und des institutionellen Gleichgewichts; dabei werden die vom Gerichtshof aufgestellten Grundsätze für das Verhältnis zwischen einzelstaatlichem Recht und Gemeinschaftsrecht nicht berührt, und Artikel F Absatz 4 des Vertrags über die Europäische Union, wonach sich die Union mit den Mitteln ausstattet, „die zum Erreichen ihrer Ziele und zur Durchführung ihrer Politiken erforderlich sind", sollte Rechnung getragen werden.

3. Das Subsidiaritätsprinzip stellt nicht die Befugnisse in Frage, über die die Europäische Gemeinschaft aufgrund des Vertrags entsprechend der Auslegung des Gerichtshofs verfügt. Die in Artikel 3b Absatz 2 des Vertrags genannten Kriterien gelten für Bereiche, für die die Gemeinschaft nicht die ausschließliche Zuständigkeit besitzt. Das Subsidiaritätsprinzip ist eine Richtschnur dafür, wie diese Befugnisse auf Gemeinschaftsebene auszuüben sind. Die Subsidiarität ist ein dynamisches Konzept und sollte unter Berücksichtigung der im Vertrag festgelegten Ziele angewendet werden. Nach dem Subsidiaritätsprinzip kann die Tätigkeit der Gemeinschaft im Rahmen ihrer Befugnisse sowohl erwei-

tert werden, wenn die Umstände dies erfordern, als auch eingeschränkt oder eingestellt werden, wenn sie nicht mehr gerechtfertigt ist.

4. Jeder Vorschlag für gemeinschaftliche Rechtsvorschriften wird begründet, um zu rechtfertigen, daß dabei die Grundsätze der Subsidiarität und der Verhältnismäßigkeit eingehalten werden; die Feststellung, daß ein Gemeinschaftsziel besser auf Gemeinschaftsebene erreicht werden kann, muß auf qualitativen oder – soweit möglich – auf quantitativen Kriterien beruhen.

5. Maßnahmen der Gemeinschaft sind nur gerechtfertigt, wenn beide Bedingungen des Subsidiaritätsprinzips erfüllt sind: Die Ziele der in Betracht gezogenen Maßnahmen können nicht ausreichend durch Maßnahmen der Mitgliedstaaten im Rahmen ihrer Verfassungsordnung erreicht werden und können daher besser durch Maßnahmen der Gemeinschaft erreicht werden.

Folgende Leitlinien sollten bei der Prüfung der Frage, ob die genannte Voraussetzung erfüllt ist, befolgt werden:

– Der betreffende Bereich weist transnationale Aspekte auf, die durch Maßnahmen der Mitgliedstaaten nicht ausreichend geregelt werden können,

– alleinige Maßnahmen der Mitgliedstaaten oder das Fehlen von Gemeinschaftsmaßnahmen würden gegen die Anforderungen des Vertrags (beispielsweise Erfordernis der Korrektur von Wettbewerbsverzerrungen, der Vermeidung Handelsbeschränkungen oder der Stärkung des wirtschaftlichen und sozialen Zusammenhalts) verstoßen oder auf sonstige Weise die Interessen der Mitgliedstaaten erheblich beeinträchtigen,

– Maßnahmen auf Gemeinschaftsebene würden wegen ihres Umfangs oder ihrer Wirkungen im Vergleich zu Maßnahmen auf der Ebene der Mitgliedstaaten deutliche Vorteile mit sich bringen.

6. Für Maßnahmen der Gemeinschaft ist eine möglichst einfache Form zu wählen, wobei darauf geachtet werden muß, daß das Ziel der Maßnahme in zufriedenstellender Weise erreicht wird und die Maßnahme tatsächlich zur Anwendung gelangt. Die Rechtsetzungstätigkeit der Gemeinschaft sollte über das erforderliche Maß nicht hinausgehen. Dementsprechend wäre unter sonst gleichen Gegebenheiten eine Richtlinie einer Verordnung und eine Rahmenrichtlinie einer detaillierten Maßnahme vorzuziehen. Richtlinien nach Maßgabe des Artikels 189 des Vertrags, die für jeden Mitgliedstaat, an den sie gerichtet sind, hinsichtlich des zu erreichenden Ziels verbindlich sind, überlassen den innerstaatlichen Stellen die Wahl der Form und der Mittel.

7. Was Art und Umfang des Handelns der Gemeinschaft betrifft, so sollte bei Maßnahmen der Gemeinschaft so viel Raum für nationale Entscheidungen bleiben, wie dies im Einklang mit dem Ziel der Maßnahme und den Anforderungen des Vertrags möglich ist. Unter Einhaltung der gemeinschaftlichen Rechtsvorschriften sollten bewährte nationale Regelungen sowie Struktur und Funktionsweise der Rechtssysteme der Mitgliedstaaten geachtet werden. Den Mitgliedstaaten sollten in den Gemeinschaftsmaßnahmen Alternativen zur Erreichung der Ziele der Maßnahmen angeboten werden, sofern dies für eine ordnungsgemäße Durchführung der Maßnahmen angemessen und erforderlich ist.

8. Führt die Anwendung des Subsidiaritätsprinzips dazu, daß ein Tätigwerden der Gemeinschaft unterbleibt, so müssen die Mitgliedstaaten bei ihren Tätigkeiten den allgemeinen Vorschriften des Artikels 5 des Vertrags genügen, indem sie alle geeigneten Maßnahmen zur Erfüllung ihrer Verpflichtungen aus dem Vertrag treffen und alle Maßnahmen, welche die Verwirklichung der Ziele des Vertrags gefährden könnten, unterlassen.

9. Unbeschadet ihres Initiativrechts sollte die Kommission
    – vor der Unterbreitung von Vorschlägen für Rechtsvorschriften außer im Falle besonderer Dringlichkeit oder Vertraulichkeit umfassende Anhörungen durchführen und in jedem geeigneten Fall Konsultationsunterlagen veröffentlichen;
    – die Sachdienlichkeit ihrer Vorschläge unter dem Aspekt des Subsidiaritätsprinzips begründen; hierzu sind erforderlichenfalls in der Begründung des Vorschlags ausführliche Angaben zu machen. Wird eine Gemeinschaftsmaßnahme ganz oder teilweise aus dem Gemeinschaftshaushalt finanziert, so ist eine Erläuterung erforderlich;
    – gebührend berücksichtigen, daß die finanzielle Belastung und der Verwaltungsaufwand der Gemeinschaft, der Regierungen der Mitgliedstaaten, der örtlichen Behörden, der Wirtschaft und der Bürger so gering wie möglich gehalten werden und in einem angemessenen Verhältnis zu dem angestrebten Ziel stehen müssen;
    – dem Europäischen Rat, dem Europäischen Parlament und dem Rat jährlich einen Bericht über die Anwendung des Artikels 3b des Vertrags vorlegen. Dieser Jahresbericht ist auch dem Ausschuß der Regionen und dem Wirtschafts- und Sozialausschuß zuzuleiten.

10. Der Europäische Rat berücksichtigt den Bericht der Kommission nach Nummer 9 vierter Gedankenstrich im Rahmen des Berichts über die Fortschritte der Union, den er gemäß Artikel D des Vertrags über die Europäische Union dem Europäischen Parlament vorzulegen hat.

11. Das Europäische Parlament und der Rat prüfen unter strikter Einhaltung der geltenden Verfahren als Teil der umfassenden Prüfung der Kommissionsvorschläge, ob diese mit Artikel 3b des Vertrags im Einklang stehen. Dies gilt sowohl für den ursprünglichen Vorschlag der Kommission als auch für vom Europäischen Parlament und vom Rat in Betracht gezogene Änderungen an dem Vorschlag.

12. Das Europäische Parlament wird im Rahmen der Anwendung der Verfahren nach den Artikeln 189b und 189c des Vertrags durch die Angabe der Gründe, die den Rat zur Festlegung seines gemeinsamen Standpunkts veranlaßt haben, über die Auffassung des Rates hinsichtlich der Anwendung des Artikels 3b des Vertrags unterrichtet. Der Rat teilt dem Europäischen Parlament mit, weshalb seiner Auffassung nach ein Kommissionsvorschlag ganz oder teilweise im Widerspruch zu Artikel 3b des Vertrags steht.

13. Die Einhaltung des Subsidiaritätsprinzips wird gemäß den Bestimmungen des Vertrags geprüft.

PROTOKOLL
ÜBER DIE AUSSENBEZIEHUNGEN DER MITGLIEDSTAATEN HINSICHTLICH DES ÜBERSCHREITENS DER AUSSEN-GRENZEN

DIE HOHEN VERTRAGSPARTEIEN –

EINGEDENK der Notwendigkeit, daß die Mitgliedstaaten, gegebenenfalls in Zusammenarbeit mit Drittländern, für wirksame Kontrollen an ihren Außengrenzen sorgen –

SIND über folgende Bestimmung ÜBEREINGEKOMMEN, die dem Vertrag zur Gründung der Europäischen Gemeinschaft beigefügt ist:

Die in Artikel 73j Nummer 2 Buchstabe a des Titels IIIa des Vertrags aufgenommenen Bestimmungen über Maßnahmen in bezug auf das Überschreiten der Außengrenzen berühren nicht die Zuständigkeit der Mitgliedstaaten für die Aushandlung und den Abschluß von Übereinkünften mit Drittländern, sofern sie mit den gemeinschaftlichen Rechtsvorschriften und anderen in Betracht kommenden internationalen Übereinkünften in Einklang stehen.

PROTOKOLL
ÜBER DEN ÖFFENTLICH-RECHTLICHEN RUNDFUNK IN DEN MITGLIEDSTAATEN

DIE HOHEN VERTRAGSPARTEIEN –

IN DER ERWÄGUNG, daß der öffentlich-rechtliche Rundfunk in den Mitgliedstaaten unmittelbar mit den demokratischen, sozialen und kulturellen Bedürfnissen jeder Gesellschaft sowie mit dem Erfordernis verknüpft ist, den Pluralismus in den Medien zu wahren –

SIND über folgende auslegende Bestimmung ÜBEREINGEKOMMEN, die dem Vertrag zur Gründung der Europäischen Gemeinschaft beigefügt ist:

Die Bestimmungen des Vertrags zur Gründung der Europäischen Gemeinschaft berühren nicht die Befugnis der Mitgliedstaaten, den öffentlich-rechtlichen Rundfunk zu finanzieren, sofern die Finanzierung der Rundfunkanstalten dem öffentlich-rechtlichen Auftrag, wie er von den Mitgliedstaaten den Anstalten übertragen, festgelegt und ausgestaltet wird, dient und die Handels- und Wettbewerbsbedingungen in der Gemeinschaft nicht in einem Ausmaß beeinträchtigt, das dem gemeinsamen Interesse zuwiderläuft, wobei den Erfordernissen der Erfüllung des öffentlich-rechtlichen Auftrags Rechnung zu tragen ist.

PROTOKOLL
ÜBER DEN TIERSCHUTZ UND DAS WOHLERGEHEN DER TIERE

DIE HOHEN VERTRAGSPARTEIEN –

IN DEM WUNSCH sicherzustellen, daß der Tierschutz verbessert und das Wohlergehen der Tiere als fühlende Wesen berücksichtigt wird –

SIND über folgende Bestimmung ÜBEREINKOMMEN, die dem Vertrag zur Gründung der Europäischen Gemeinschaft beigefügt ist:

Bei der Festlegung und Durchführung der Politik der Gemeinschaft in den Bereichen Landwirtschaft, Verkehr, Binnenmarkt und Forschung tragen die Gemeinschaft und die Mitgliedstaaten den Erfordernissen des Wohlergehens der Tiere in vollem Umfang Rechnung; sie berücksichtigen hierbei die

Rechts- und Verwaltungsvorschriften und die Gepflogenheiten der Mitgliedstaaten insbesondere in bezug auf religiöse Riten, kulturelle Traditionen und das regionale Erbe.

D. Protokolle zum Vertrag über die Europäische Union und zu den Verträgen zur Gründung der Europäischen Gemeinschaft, der Europäischen Gemeinschaft für Kohle und Stahl und der Europäischen Atomgemeinschaft

PROTOKOLL
ÜBER DIE ORGANE IM HINBLICK AUF DIE ERWEITERUNG DER EUROPÄISCHEN UNION

DIE HOHEN VERTRAGSPARTEIEN –

SIND über folgende Bestimmungen ÜBEREINGEKOMMEN, die dem Vertrag über die Europäische Union und den Verträgen zur Gründung der Europäischen Gemeinschaften beigefügt sind:

Artikel 1

Vom Zeitpunkt des Inkrafttretens der ersten Erweiterung der Union an gehört der Kommission ungeachtet des Artikels 157 Absatz 1 des Vertrags zur Gründung der Europäischen Gemeinschaft, des Artikels 9 Absatz 1 des Vertrags über die Gründung der Europäischen Gemeinschaft für Kohle und Staat und des Artikels 126 Absatz 1 des Vertrags zur Gründung der Europäischen Atomgemeinschaft ein Staatsangehöriger je Mitgliedstaat an, sofern zu diesem Zeitpunkt die Stimmenwägung im Rat – sei es durch Neuwägung oder durch Einführung einer doppelten Mehrheit – in einer für alle Mitgliedstaaten annehmbaren Weise geändert worden ist; zu berücksichtigen sind dabei alle hierfür bedeutsamen Sachverhalte, insbesondere die Frage eines Ausgleichs für jene Mitgliedstaaten, welche die Möglichkeit aufgeben, ein zweites Mitglied der Kommission zu benennen.

Artikel 2

Spätestens ein Jahr vor dem Zeitpunkt, zu dem die Zahl der Mitgliedstaaten der Europäischen Union 20 überschreiten wird, wird eine Konferenz der

Vertreter der Regierungen der Mitgliedstaaten einberufen, um die Bestimmungen der Verträge betreffend die Zusammensetzung und die Arbeitsweise der Organe umfassend zu überprüfen.

PROTOKOLL
ÜBER DIE FESTLEGUNG DER SITZE DER ORGANE UND BESTIMMTER EINRICHTUNGEN UND DIENSTSTELLEN DER EUROPÄISCHEN GEMEINSCHAFTEN SOWIE DES SITZES VON EUROPOL

DIE VERTRETER DER REGIERUNGEN DER MITGLIEDSTAATEN –

GESTÜTZT auf Artikel 216 des Vertrags zur Gründung der Europäischen Gemeinschaft, Artikel 77 des Vertrags über die Gründung der Europäischen Gemeinschaft für Kohle und Stahl und Artikel 189 des Vertrags zur Gründung der Europäischen Atomgemeinschaft,

GESTÜTZT auf den Vertrag über die Europäische Union,

EINGEDENK UND IN BESTÄTIGUNG des Beschlusses vom 8. April 1965, jedoch unbeschadet der Beschlüsse über den Sitz künftiger Organe, Einrichtungen und Dienststellen –

SIND über folgende Bestimmungen ÜBEREINGEKOMMEN, die dem Vertrag über die Europäische Union und den Verträgen zur Gründung der Europäischen Gemeinschaften beigefügt sind:

EINZIGER ARTIKEL

a) Das Europäische Parlament hat seinen Sitz in Straßburg; dort finden die 12 monatlichen Plenartagungen einschließlich der Haushaltstagung statt. Zusätzliche Plenartagungen finden in Brüssel statt. Die Ausschüsse des Europäischen Parlaments treten in Brüssel zusammen. Das Generalsekretariat des Europäischen Parlaments und dessen Dienststellen verbleiben in Luxemburg.

b) Der Rat hat seinen Sitz in Brüssel. In den Monaten April, Juni und Oktober hält der Rat seine Tagungen in Luxemburg ab.

c) Die Kommission hat ihren Sitz in Brüssel. Die in den Artikeln 7, 8 und 9 des Beschlusses vom 8. April 1965 aufgeführten Dienststellen sind in Luxemburg untergebracht.

d) Der Gerichtshof und das Gericht erster Instanz haben ihren Sitz in Luxemburg.
e) Der Rechnungshof hat seinen Sitz in Luxemburg.
f) Der Wirtschafts- und Sozialausschuß hat seinen Sitz in Brüssel.
g) Der Ausschuß der Regionen hat seinen Sitz in Brüssel.
h) Die Europäische Investitionsbank hat ihren Sitz in Luxemburg.
i) Das Europäische Währungsinstitut und die Europäische Zentralbank haben ihren Sitz in Frankfurt.
j) Das Europäische Polizeiamt (Europol) hat seinen Sitz in Den Haag.

PROTOKOLL
ÜBER DIE ROLLE DER EINZELSTAATLICHEN PARLAMENTE IN DER EUROPÄISCHEN UNION

DIE HOHEN VERTRAGSPARTEIEN –

EINGEDENK dessen, daß die Kontrolle der jeweiligen Regierungen durch die einzelstaatlichen Parlamente hinsichtlich der Tätigkeiten der Union Sache der besonderen verfassungsrechtlichen Gestaltung und Praxis jedes Mitgliedstaats ist,

IN DEM WUNSCH jedoch, eine stärkere Beteiligung der einzelstaatlichen Parlamente an den Tätigkeiten der Europäischen Union zu fördern und ihnen bessere Möglichkeiten zu geben, sich zu Fragen, die für sie von besonderem Interesse sein können, zu äußern –

SIND über folgende Bestimmungen ÜBEREINGEKOMMEN, die dem Vertrag über die Europäische Union und den Verträgen zur Gründung der Europäischen Gemeinschaften beigefügt sind:

I. Unterrichtung der Parlamente der Mitgliedstaaten

1. Alle Konsultationsdokumente der Kommission (Grün- und Weißbücher sowie Mitteilungen) werden den Parlamenten der Mitgliedstaaten unverzüglich zugeleitet.
2. Die Vorschläge der Kommission für Akte der Gesetzgebung, wie sie vom Rat nach Artikel 151 Absatz 3 des Vertrags zur Gründung der Europäischen Gemeinschaft festgelegt werden, werden rechtzeitig zur Verfügung gestellt, so daß die Regierung jedes Mitgliedstaats dafür Sorge tragen kann, daß ihr einzelstaatliches Parlament sie gegebenenfalls erhält.

3. Zwischen dem Zeitpunkt, zu dem ein Vorschlag für einen Rechtsakt oder ein Vorschlag für eine Maßnahme nach Titel VI des Vertrags über die Europäische Union dem Europäischen Parlament und dem Rat in allen Sprachen von der Kommission unterbreitet wird, und dem Zeitpunkt, zu dem er zur Beschlußfassung entweder zur Annahme als Rechtsakt oder zur Festlegung eines gemeinsamen Standpunkts nach Artikel 189b oder Artikel 189c des Vertrags zur Gründung der Europäischen Gemeinschaft auf die Tagesordnung des Rates gesetzt wird, liegt ein Zeitraum von sechs Wochen, außer in dringenden Fällen, die in dem Rechtsakt oder gemeinsamen Standpunkt zu begründen sind.

II. Konferenz der Europa-Ausschüsse

4. Die am 16./17. November 1989 in Paris gegründete Konferenz der Europa-Ausschüsse, im folgenden als „COSAC" bezeichnet, kann jeden ihr zweckmäßig erscheinenden Beitrag für die Organe der Europäischen Union leisten, und zwar insbesondere auf der Grundlage von Entwürfen für Rechtstexte, deren Übermittlung an die COSAC von Vertretern der Regierungen der Mitgliedstaaten in Anbetracht der behandelten Frage gegebenenfalls einvernehmlich beschlossen wird.

5. Die COSAC kann Vorschläge oder Initiativen im Zusammenhang mit der Errichtung eines Raums der Freiheit, der Sicherheit und des Rechts prüfen, die möglicherweise unmittelbare Auswirkungen auf die Rechte und Freiheiten des einzelnen nach sich ziehen. Das Europäische Parlament, der Rat und die Kommission werden über die von der COSAC nach dieser Nummer geleisteten Beiträge unterrichtet.

6. Die COSAC kann dem Europäischen Parlament, dem Rat und der Kommission jeden ihr zweckmäßig erscheinenden Beitrag über die Gesetzgebungstätigkeiten der Union, insbesondere hinsichtlich der Anwendung des Subsidiaritätsprinzips, des Raums der Freiheit, der Sicherheit und des Rechts sowie der die Grundrechte betreffenden Fragen vorlegen.

7. Die Beiträge der COSAC binden in keiner Weise die einzelstaatlichen Parlamente und präjudizieren in keiner Weise deren Standpunkt.

PROTOKOLLE GEMÄSS DER SCHLUSSAKTE VON MAASTRICHT

1. Protokoll betreffend den Erwerb von Immobilien in Dänemark
2. Protokoll zu Artikel 119 des Vertrags zur Gründung der Europäischen Gemeinschaft
3. Protokoll über die Satzung des Europäischen Systems der Zentralbanken und der Europäischen Zentralbank
4. Protokoll über die Satzung des Europäischen Währungsinstituts
5. Protokoll über das Verfahren bei einem übermäßigen Defizit
6. Protokoll über die Konvergenzkriterien nach Artikel 109j des Vertrags zur Gründung der Europäischen Gemeinschaft
7. Protokoll zur Änderung des Protokolls über die Vorrechte und Befreiungen der Europäischen Gemeinschaften
8. Protokoll betreffend Dänemark
9. Protokoll betreffend Portugal
10. Protokoll über den Übergang zur dritten Stufe der Wirtschafts- und Währungsunion
11. Protokoll über einige Bestimmungen betreffend das Vereinigte Königreich Großbritannien und Nordirland
12. Protokoll über einige Bestimmungen betreffend Dänemark
13. Protokoll betreffend Frankreich
14. Protokoll über die Sozialpolitik, dem ein Abkommen zwischen den Mitgliedstaaten der Europäischen Gemeinschaft mit Ausnahme des Vereinigten Königreichs Großbritannien und Nordirland über die Sozialpolitik beigefügt ist, welchem zwei Erklärungen beigefügt sind
15. Protokoll über den wirtschaftlichen und sozialen Zusammenhalt
16. Protokoll betreffend den Wirtschafts- und Sozialausschuß und den Ausschuß der Regionen
17. Protokoll zum Vertrag über die Europäische Union und zu den Verträgen zur Gründung der Europäischen Gemeinschaften

Die Konferenzen sind übereingekommen, daß die in den vorstehenden Nummern 1 bis 16 genannten Protokolle dem Vertrag zur Gründung der Europäischen Gemeinschaft beigefügt werden und daß das in vorstehender Nummer 17 genannte Protokoll dem Vertrag über die Europäische Union und den Verträgen zur Gründung der Europäischen Gemeinschaften beigefügt wird.

PROTOKOLL BETREFFEND DEN ERWERB VON IMMOBILIEN IN DÄNEMARK

DIE HOHEN VERTRAGSPARTEIEN –

VON DEM WUNSCH GELEITET, gewisse besondere Probleme betreffend Dänemark zu regeln –

SIND über folgende Bestimmung ÜBEREINGEKOMMEN, die dem Vertrag zur Gründung der Europäischen Gemeinschaft beigefügt wird;

Ungeachtet des Vertrags kann Dänemark seine geltenden Rechtsvorschriften für den Erwerb von Zweitwohnungen beibehalten.

PROTOKOLL ZU ARTIKEL 119 DES VERTRAGS ZUR GRÜNDUNG DER EUROPÄISCHEN GEMEINSCHAFT

DIE HOHEN VERTRAGSPARTEIEN

SIND über folgende Bestimmung ÜBEREINGEKOMMEN, die dem Vertrag zur Gründung der Europäischen Gemeinschaft beigefügt wird:

Im Sinne des Artikels 119 gelten Leistungen aufgrund eines betrieblichen Systems der sozialen Sicherheit nicht als Entgelt, sofern und soweit sie auf Beschäftigungszeiten vor dem 17. Mai 1990 zurückgeführt werden können, außer im Fall von Arbeitnehmern oder deren anspruchsberechtigten Angehörigen, die vor diesem Zeitpunkt eine Klage bei Gericht oder ein gleichwertiges Verfahren nach geltendem einzelstaatlichen Recht anhängig gemacht haben.

PROTOKOLL ÜBER DIE SATZUNG DES EUROPÄISCHEN SYSTEMS DER ZENTRALBANKEN UND DER EUROPÄISCHEN ZENTRALBANK

DIE HOHEN VERTRAGSPARTEIEN –

IN DEM WUNSCH, die in Artikel 4a des Vertrags zur Gründung der Europäischen Gemeinschaft vorgesehene Satzung des Europäischen Systems der Zentralbanken und der Europäischen Zentralbank festzulegen –

SIND über folgende Bestimmungen ÜBEREINGEKOMMEN, die dem
Vertrag zur Gründung der Europäischen Gemeinschaft beigefügt sind:

KAPITEL I
ERRICHTUNG DES ESZB

Artikel 1
Das Europäische System der Zentralbanken

1.1 Das Europäische System der Zentralbanken („ESZB") und die Europäische Zentralbank („EZB") werden gemäß Artikel 4a dieses Vertrags
errichtet; sie nehmen ihre Aufgaben und ihre Tätigkeit nach Maßgabe dieses Vertrags und dieser Satzung wahr.
1.2. Das ESZB besteht nach Artikel 106 Absatz 1 dieses Vertrags aus der
EZB und den Zentralbanken der Mitgliedstaaten („nationale Zentralbanken"). Das Luxemburgische Währungsinstitut wird die Zentralbank Luxemburgs sein.

KAPITEL II
ZIELE UND AUFGABEN DES ESZB

Artikel 2
Ziele

Nach Artikel 105 Absatz 1 dieses Vertrags ist es das vorrangige Ziel des
ESZB, die Preisstabilität zu gewährleisten. Soweit dies ohne Beeinträchtigung des Zieles der Preisstabilität möglich ist, unterstützt das ESZB die allgemeine Wirtschaftspolitik in der Gemeinschaft, um zur Verwirklichung
der in Artikel 2 dieses Vertrags festgelegten Ziele der Gemeinschaft beizutragen. Das ESZB handelt im Einklang mit dem Grundsatz einer offenen
Marktwirtschaft mit freiem Wettbewerb, wodurch ein effizienter Einsatz
der Ressourcen gefördert wird, und hält sich dabei an die in Artikel 3a dieses Vertrags genannten Grundsätze.

Artikel 3
Aufgaben

3.1. Nach Artikel 105 Absatz 2 dieses Vertrags bestehen die grundlegenden
Aufgaben des ESZB darin,

- die Geldpolitik der Gemeinschaft festzulegen und auszuführen;
- Devisengeschäfte im Einklang mit Artikel 109 dieses Vertrags durchzuführen;
- die offiziellen Währungsreserven der Mitgliedstaaten zu halten und zu verwalten;
- das reibungslose Funktionieren der Zahlungssysteme zu fördern.

3.2. Nach Artikel 105 Absatz 3 dieses Vertrags berührt Artikel 3.1 dritter Gedankenstrich nicht die Haltung und Verwaltung von Arbeitsguthaben in Fremdwährungen durch die Regelungen der Mitgliedstaaten.

3.3. Das ESZB trägt nach Artikel 105 Absatz 5 dieses Vertrags zur reibungslosen Durchführung der von den zuständigen Behörden auf dem Gebiet der Aufsicht über die Kreditinstitute und der Stabilität des Finanzsystems ergriffenen Maßnahmen bei.

Artikel 4
Beratende Funktionen

Nach Artikel 105 Absatz 4 dieses Vertrags
a) wird die EZB gehört
- zu allen Vorschlägen für Rechtsakte der Gemeinschaft im Zuständigkeitsbereich der EZB;
- von den nationalen Behörden zu allen Entwürfen für Rechtsvorschriften im Zuständigkeitsbereich der EZB, und zwar innerhalb der Grenzen und unter den Bedingungen, die der Rat nach dem Verfahren des Artikels 42 festgelegt;
b) kann die EZB gegenüber den zuständigen Organen und Einrichtungen der Gemeinschaft und gegenüber den nationalen Behörden Stellungnahmen zu in ihren Zuständigkeitsbereich fallenden Fragen abgeben.

Artikel 5
Erhebung von statistischen Daten

5.1. Zur Wahrnehmung der Aufgaben des ESZB holt die EZB mit Unterstützung der nationalen Zentralbanken der erforderlichen statistischen Daten entweder von den zuständigen nationalen Behörden oder unmittelbar von den Wirtschaftssubjekten ein. Zu diesem Zweck arbeitet sie mit den Organen und Einrichtungen der Gemeinschaft und den zuständigen Behörden der Mitgliedstaaten oder dritter Länder sowie mit internationalen Organisationen zusammen.

5.2. Die in Artikel 5.1 bezeichneten Aufgaben werden soweit wie möglich von den nationalen Zentralbanken ausgeführt.

5.3. Soweit erforderlich fördert die EZB die Harmonisierung der Bestimmungen und Gepflogenheiten auf dem Gebiet der Erhebung, Zusammenstellung und Weitergabe von statistischen Daten in den in ihre Zuständigkeit fallenden Bereichen.

5.4. Der Kreis der berichtspflichtigen natürlichen und juristischen Personen, die Bestimmungen über die Vertraulichkeit sowie die geeigneten Vorkehrungen zu ihrer Durchsetzung werden vom Rat nach dem Verfahren des Artikels 42 festgelegt.

Artikel 6
Internationale Zusammenarbeit

6.1. Im Bereich der internationalen Zusammenarbeit, die die dem ESZB übertragenen Aufgaben betrifft, entscheidet die EZB, wie das ESZB vertreten wird.

6.2. Die EZB und, soweit diese zustimmt, die nationalen Zentralbanken sind befugt, sich an internationalen Währungseinrichtungen zu beteiligen.

6.3. Die Artikel 6.1 und 6.2 finden unbeschadet des Artikels 109 Absatz 4 dieses Vertrags Anwendung.

KAPITEL III
ORGANISATION DES ESZB

Artikel 7
Unabhängigkeit

Nach Artikel 107 dieses Vertrags darf bei der Wahrnehmung der ihnen durch diesen Vertrag und diese Satzung übertragenen Befugnisse, Aufgaben und Pflichten weder die EZB noch eine nationale Zentralbank, noch ein Mitglied ihrer Beschlußorgane Weisungen von Organen oder Einrichtungen der Gemeinschaft, Regierungen der Mitgliedstaaten oder anderen Stellen einholen oder entgegennehmen. Die Organe und Einrichtungen der Gemeinschaft sowie die Regierungen der Mitgliedstaaten verpflichten sich, diesen Grundsatz zu beachten und nicht zu versuchen, die Mitglieder der Beschlußorgane der EZB oder der nationalen Zentralbanken bei der Wahrnehmung ihrer Aufgaben zu beeinflussen.

Artikel 8
Allgemeiner Grundsatz

Das ESZB wird von den Beschlußorganen der EZB geleitet.

Artikel 9
Die Europäische Zentralbank

9.1. Die EZB, die nach Artikel 106 Absatz 2 dieses Vertrags mit Rechtspersönlichkeit ausgestattet ist, besitzt in jedem Mitgliedstaat die weitestgehende Rechts- und Geschäftsfähigkeit, die juristischen Personen nach dessen Rechtsvorschriften zuerkannt ist; sie kann insbesondere bewegliches und unbewegliches Vermögen erwerben und veräußern sowie vor Gericht stehen.

9.2. Die EZB stellt sicher, daß die dem ESZB nach Artikel 105 Absätze 2, 3 und 5 dieses Vertrags übertragenen Aufgaben entweder durch ihre eigene Tätigkeit nach Maßgabe dieser Satzung oder durch die nationalen Zentralbanken nach den Artikeln Artikeln 12.1 und 14 erfüllt werden.

9.3. Die Beschlußorgane der EZB sind nach Artikel 106 Absatz 3 dieses Vertrags der EZB-Rat und das Direktorium.

Artikel 10
Der EZB-Rat

10.1. Nach Artikel 109a Absatz 1 dieses Vertrags besteht der EZB-Rat aus den Mitgliedern des Direktoriums der EZB und den Präsidenten der nationalen Zentralbanken.

10.2. Vorbehaltlich des Artikels 10.3 sind nur die persönlich anwesenden Mitglieder des EZB-Rates stimmberechtigt. Abweichend von dieser Bestimmung kann in der in Artikel 12.3 genannten Geschäftsordnung vorgesehen werden, daß Mitglieder des EZB-Rates im Wege einer Telefonkonferenz an der Abstimmung teilnehmen können. In der Geschäftsordnung wird ferner vorgesehen, daß ein für längere Zeit an der Stimmabgabe verhindertes Mitglied einen Stellvertreter als Mitglied des EZB-Rates benennen kann.

Vorbehaltlich der Artikel 10.3 und 11.3 hat jedes Mitglied des EZB-Rates eine Stimme. Soweit in dieser Satzung nichts anderes bestimmt ist, beschließt der EZB-Rat mit einfacher Mehrheit. Bei Stimmengleichheit gibt die Stimme des Präsidenten den Ausschlag.

Der EZB-Rat ist beschlußfähig, wenn mindestens zwei Drittel seiner Mitglieder an der Abstimmung teilnehmen. Ist der EZB-Rat nicht beschlußfähig, so kann der Präsident eine außerordentliche Sitzung einberufen, bei der für die Beschlußfähigkeit die Mindestteilnahmequote nicht erforderlich ist.

10.3. Für alle Beschlüsse im Rahmen der Artikel 28, 29, 30, 32, 33 und 51 werden die Stimmen im EZB-Rat nach den Anteilen der nationalen Zentralbanken am gezeichneten Kapital der EZB gewogen. Die Stimmen der Mitglieder des Direktoriums werden mit Null gewogen. Ein Beschluß, der die qualifizierte Mehrheit der Stimmen erfordert, gilt als angenommen, wenn die abgegebenen Ja-Stimmen mindestens zwei Drittel des gezeichneten Kapitals der EZB und mindestens die Hälfte der Anteilseigner vertreten. Bei Verhinderung eines Präsidenten einer nationalen Zentralbank kann dieser einen Stellvertreter zur Abgabe seiner gewogenen Stimme benennen.

10.4. Die Aussprachen in den Ratssitzungen sind vertraulich. Der EZB-Rat kann beschließen, das Ergebnis seiner Beratungen zu veröffentlichen.

10.5. Der EZB-Rat tritt mindestens zehnmal im Jahr zusammen.

Artikel 11
Das Direktorium

11.1. Nach Artikel 109a Absatz 2 Buchstabe a dieses Vertrags besteht das Direktorium aus dem Präsidenten, dem Vizepräsidenten und vier weiteren Mitgliedern.

Die Mitglieder erfüllen ihre Pflichten hauptamtlich. Ein Mitglied darf weder entgeltlich noch unentgeltlich einer anderen Beschäftigung nachgehen, es sei denn, der EZB-Rat erteilt hierzu ausnahmsweise seine Zustimmung.

11.2. Nach Artikel 109a Absatz 2 Buchstabe b dieses Vertrags werden der Präsident, der Vizepräsident und die weiteren Mitglieder des Direktoriums von den Regierungen der Mitgliedstaaten auf der Ebene der Staats- und Regierungschefs auf Empfehlung des Rates, der hierzu das Europäische Parlament und den EZB-Rat anhört, aus dem Kreis der in Währungs- oder Bankfragen anerkannten und erfahrenen Persönlichkeiten einvernehmlich ausgewählt und ernannt.

Ihre Amtszeit beträgt acht Jahre; Wiedererkennung ist nicht zulässig.

Nur Staatsangehörige der Mitgliedstaaten können Mitglieder des Direktoriums sein.

11.3. Die Beschäftigungsbedingungen für die Mitglieder des Direktoriums, insbesondere ihre Gehälter und Ruhegehälter sowie andere Leistungen der sozialen Sicherheit, sind Gegenstand von Verträgen mit der EZB und werden vom EZB-Rat auf Vorschlag eines Ausschusses festgelegt, der aus drei vom EZB-Rat und drei vom Rat ernannten Mitgliedern besteht. Die

Mitglieder des Direktoriums haben in den in diesem Absatz bezeichneten Angelegenheiten kein Stimmrecht.

11.4. Ein Mitglied des Direktoriums, das die Voraussetzungen für die Ausübung seines Amtes nicht mehr erfüllt oder eine schwere Verfehlung begangen hat, kann auf Antrag des EZB-Rates oder das Direktoriums durch den Gerichtshof seines Amtes enthoben werden.

11.5. Jedes persönlich anwesende Mitglied des Direktoriums ist berechtigt, an Abstimmungen teilzunehmen, und hat zu diesem Zweck eine Stimme. Soweit nichts anderes bestimmt ist, beschließt das Direktorium mit der einfachen Mehrheit der abgegebenen Stimmen. Bei Stimmengleichheit gibt die Stimme des Präsidenten den Ausschlag. Die Abstimmungsmodalitäten werden in der in Artikel 12.3 bezeichneten Geschäftsordnung geregelt.

11.6. Das Direktorium führt die laufenden Geschäfte der EZB.

11.7. Freiwerdende Sitze im Direktorium sind durch Ernennung eines neuen Mitglieds nach Artikel 11.2 zu besetzen.

Artikel 12
Aufgaben der Beschlußorgane

12.1. Der EZB-Rat erläßt die Leitlinien und Entscheidungen, die notwendig sind, um die Erfüllung der dem ESZB nach diesem Vertrag und dieser Satzung übertragenen Aufgaben zu gewährleisten. Der EZB-Rat legt die Geldpolitik der Gemeinschaft fest, gegebenenfalls einschließlich von Entscheidungen in bezug auf geldpolitische Zwischenziele, Leitzinssätze und die Bereitstellung von Zentralbankgeld im ESZB, und erläßt die für ihre Ausführung notwendigen Leitlinien.

Das Direktorium führt die Geldpolitik gemäß den Leitlinien und Entscheidungen des EZB-Rates aus. Es erteilt hierzu den nationalen Zentralbanken die erforderlichen Weisungen. Ferner können dem Direktorium durch Beschluß des EZB-Rates bestimmte Befugnisse übertragen werden.

Unbeschadet dieses Artikels nimmt die EZB die nationalen Zentralbanken zur Durchführung von Geschäften, die zu den Aufgaben des ESZB gehören, in Anspruch, soweit dies möglich und sachgerecht erscheint.

12.2. Die Vorbereitung der Sitzungen des EZB-Rates obliegt dem Direktorium.

12.3. Der EZB-Rat beschließt eine Geschäftsordnung, die die interne Organisation der EZB und ihrer Beschlußorgane regelt.

12.4. Der EZB-Rat nimmt die in Artikel 4 genannten beratenden Funktionen wahr.

12.5. Der EZB-Rat trifft die Entscheidungen nach Artikel 6.

Artikel 13
Der Präsident

13.1 Den Vorsitz im EZB-Rat und im Direktorium der EZB führt der Präsident oder, bei seiner Verhinderung, der Vizepräsident.

13.2. Unbeschadet des Artikels 39 vertritt der Präsident oder eine von ihm benannte Person die EZB nach außen.

Artikel 14
Nationale Zentralbanken

14.1. Nach Artikel 108 dieses Vertrags stellt jeder Mitgliedstaat sicher, daß spätestens zum Zeitpunkt der Errichtung des ESZB seine innerstaatlichen Rechtsvorschriften einschließlich der Satzung seiner Zentralbank mit diesem Vertrag und dieser Satzung im Einklang stehen.

14.2. In den Satzungen der nationalen Zentralbanken ist insbesondere vorzusehen, daß die Amtszeit des Präsidenten der jeweiligen nationalen Zentralbank mindestens fünf Jahre beträgt.

Der Präsident einer nationalen Zentalbank kann aus seinem Amt nur entlassen werden, wenn er die Voraussetzungen für die Ausübung seines Amtes nicht mehr erfüllt oder eine schwere Verfehlung begangen hat. Gegen eine entsprechende Entscheidung kann der betreffende Präsident einer nationalen Zentralbank oder der EZB-Rat wegen Verletzung dieses Vertrags oder einer bei seiner Durchführung anzuwendenden Rechtsnorm den Gerichtshof anrufen. Solche Klagen sind binnen zwei Monaten zu erheben; diese Frist läuft je nach Lage des Falles von der Bekanntgabe der betreffenden Entscheidung, ihrer Mitteilung an den Kläger oder in Ermangelung dessen von dem Zeitpunkt an, zu dem der Kläger von dieser Entscheidung Kenntnis erlangt hat.

14.3. Die nationalen Zentralbanken sind integraler Bestandteil des ESZB und handeln gemäß den Leitlinien und Weisungen der EZB. Der EZB-Rat trifft die notwendigen Maßnahmen, um die Einhaltung der Leitlinien und Weisungen der EZB sicherzustellen, und kann verlangen, daß ihm hierzu alle erforderlichen Informationen zur Verfügung gestellt werden.

14.4. Die nationalen Zentralbanken können andere als die in dieser Satzung bezeichneten Aufgaben wahrnehmen, es sei denn, der EZB-Rat stellt mit Zweidrittelmehrheit der abgegebenen Stimmen fest, daß diese Aufgaben nicht mit den Zielen und Aufgaben des ESZB vereinbar sind. Derartige Aufgaben werden von den nationalen Zentralbanken in eigener Verantwortung und auf eigene Rechnung wahrgenommen und gelten nicht als Aufgaben des ESZB.

Artikel 15
Berichtspflichten

15.1. Die EZB erstellt und veröffentlicht mindestens vierteljährlich Berichte über die Tätigkeit des ESZB.

15.2. Ein konsolidierter Ausweis des ESZB wird wöchentlich veröffentlicht.

15.3. Nach Artikel 109b Absatz 3 dieses Vertrags unterbreitet die EZB dem Europäischen Parlament, dem Rat und der Kommission sowie auch dem Europäischen Rat einen Jahresbericht über die Tätigkeit des ESZB und die Geld- und Währungspolitik im vergangenen und im laufenden Jahr.

15.4. Die in diesem Artikel bezeichneten Berichte und Ausweise werden Interessenten kostenlos zur Verfügung gestellt.

Artikel 16
Banknoten

Nach Artikel 105a Absatz 1 dieses Vertrags hat der EZB-Rat das ausschließliche Recht, die Ausgabe von Banknoten innerhalb der Gemeinschaft zu genehmigen. Die EZB und die nationalen Zentralbanken sind zur Ausgabe von Banknoten berechtigt. Die von der EZB und den nationalen Zentralbanken ausgegebenen Banknoten sind die einzigen Noten, die in der Gemeinschaft als gesetzliches Zahlungsmittel gelten.

Die EZB berücksichtigt soweit wie möglich die Gepflogenheiten bei der Ausgabe und der Gestaltung von Banknoten.

KAPITEL IV
WÄHRUNGSPOLITISCHE AUFGABEN UND OPERATIONEN
DES ESZB

Artikel 17
Konten bei der EZB und den nationalen Zentralbanken

Zur Durchführung ihrer Geschäfte können die EZB und die nationalen Zentralbanken für Kreditinstitute, öffentliche Stellen und andere Marktteilnehmer Konten eröffnen und Vermögenswerte, einschließlich Schuldbuchforderungen, als Sicherheit hereinnehmen.

Artikel 18
Offenmarkt- und Kreditgeschäfte

18.1. Zur Erreichung der Ziele des ESZB und zur Erfüllung seiner Aufgaben können die EZB und die nationalen Zentralbanken

– auf den Finanzmärkten tätig werden, indem sie auf Gemeinschafts- oder Drittlandswährungen lautende Forderungen und börsengängige Wertpapiere sowie Edelmetalle endgültig (per Kasse oder Termin) oder im Rahmen von Rückkaufsvereinbarungen kaufen und verkaufen oder entsprechende Darlehensgeschäfte tätigen;

– Kreditgeschäfte mit Kreditinstitutionen und anderen Marktteilnehmern abschließen, wobei für die Darlehen ausreichende Sicherheiten zu stellen sind.

18.2. Die EZB stellt allgemeine Grundsätze für ihre eigenen Offenmarkt- und Kreditgeschäfte und die der nationalen Zentralbanken auf; hierzu gehören auch die Grundsätze für die Bekanntmachung der Bedingungen, zu denen sie bereit sind, derartige Geschäfte abzuschließen.

Artikel 19
Mindestreserven

19.1. Vorbehaltlich des Artikels 2 kann die EZB zur Verwirklichung der geldpolitischen Ziele verlangen, daß die in den Mitgliedstaaten niedergelassenen Kreditinstitute Mindestreserven auf Konten bei der EZB und den nationalen Zentralbanken unterhalten. Verordnungen über die Berechnung und Bestimmung des Mindestreservesolls können vom EZB-Rat erlassen werden. Bei Nichteinhaltung kann die EZB Strafzinsen erheben und sonstige Sanktionen mit vergleichbarer Wirkung verhängen.

19.2. Zum Zwecke der Anwendung dieses Artikels legt der Rat nach dem Verfahren des Artikels 42 die Basis für die Mindestreserven und ihrer Basis sowie die angemessenen Sanktionen fest, die bei Nichteinhaltung anzuwenden sind.

Artikel 20
Sonstige geldpolitische Instrumente

Der EZB-Rat kann mit der Mehrheit von zwei Dritteln der abgegebenen Stimmen über die Anwendung anderer Instrumente der Geldpolitik entscheiden, die er bei Beachtung des Artikels 2 für zweckmäßig hält.

Der Rat legt nach dem Verfahren des Artikels 42 den Anwendungsbereich solcher Instrumente fest, wenn sie Verpflichtungen für Dritte mit sich bringen.

Artikel 21
Geschäfte mit öffentlichen Stellen

21.1. Nach Artikel 104 dieses Vertrags sind Überziehungs- oder andere Kreditfazilitäten bei der EZB oder den nationalen Zentralbanken für Organe oder Einrichtungen der Gemeinschaft, Zentralregierungen, regionale oder lokale Gebietskörperschaften oder andere öffentlich-rechtliche Körperschaften, sonstige Einrichtungen des öffentlichen Rechts oder öffentliche Unternehmen der Mitgliedstaaten ebenso verboten wie der unmittelbare Erwerb von Schuldtiteln von diesen durch die EZB oder die nationalen Zentralbanken.

21.2. Die EZB und die nationalen Zentralbanken können als Fiskalagent für die in Artikel 21.1 bezeichneten Stellen tätig werden.

21.3. Die Bestimmungen dieses Artikels gelten nicht für Kreditinstitute in öffentlichem Eigentum; diese werden von der jeweiligen nationalen Zentralbank und der EZB, was die Bereitstellung von Zentralbankgeld betrifft, wie private Kreditinstitute behandelt.

Artikel 22
Verrechnungs- und Zahlungssysteme

Die EZB und die nationalen Zentralbanken können Einrichtungen zur Verfügung stellen und die EZB kann Verordnungen erlassen, um effiziente und zuverlässige Verrechnungs- und Zahlungssysteme innerhalb der Gemeinschaft und im Verkehr mit dritten Ländern zu gewährleisten.

Artikel 23
Geschäfte mit dritten Ländern und internationalen Organisationen

Die EZB und die nationalen Zentralbanken sind befugt,
- mit Zentralbanken und Finanzinstituten in dritten Ländern und, soweit zweckdienlich, mit internationalen Organisationen Beziehungen aufzunehmen;
- alle Arten von Devisen und Edelmetalle per Kasse und per Termin zu kaufen und zu verkaufen; der Beruf „Devisen" schießt Wertpapiere und alle sonstigen Vermögenswerte, die auf beliebige Währungen oder Rechnungseinheiten lauten, unabhängig von deren Ausgestaltung ein;
- die in diesem Artikel bezeichneten Vermögenswerte zu halten und zu verwalten;
- alle Arten von Bankgeschäften, einschließlich der Aufnahme und Gewährung von Krediten, im Verkehr mit dritten Ländern sowie internationalen Organisationen zu tätigen.

Artikel 24
Sonstige Geschäfte

Die EZB und die nationalen Zentralbanken sind befugt, außer den mit ihren Aufgaben verbundenen Geschäften auch Geschäfte für ihren eigenen Betrieb und für ihre Bediensteten zu tätigen.

KAPITEL V
AUFSICHT

Artikel 25
Aufsicht

25.1. Die EZB kann den Rat, die Kommission und die zuständigen Behörden der Mitgliedstaaten in Fragen des Geltungsbereichs und der Anwendung der Rechtsvorschriften der Gemeinschaft hinsichtlich der Aufsicht über die Kreditinstitute sowie die Stabilität des Finanzsystems beraten und von diesen konsultiert werden.

25.2. Aufgrund von Beschlüssen des Rates nach Artikel 105 Absatz dieses Vertrags kann die EZB besondere Aufgaben im Zusammenhang mit der Aufsicht über die Kreditinstitute und sonstige Finanzinstitute mit Ausnahme von Versicherungsunternehmen wahrnehmen.

KAPITEL VI
FINANZVORSCHRIFTEN DES ESZB

Artikel 26
Jahresabschlüsse

26.1. Das Geschäftsjahr der EZB und der nationalen Zentralbanken beginnt am 1. Januar und endet am 31. Dezember.

26.2. Der Jahresabschluß der EZB wird vom Direktorium nach den vom EZB-Rat aufgestellten Grundsätzen erstellt. Der Jahresabschluß wird vom EZB-Rat festgestellt und sodann veröffentlicht.

26.3. Für Analyse- und Geschäftsführungszwecke erstellt das Direktorium eine konsolidierte Bilanz des ESZB, in der die zum ESZB gehörenden Aktiva und Passiva der nationalen Zentralbanken ausgewiesen werden.

26.4. Zur Anwendung dieses Artikels erläßt der EZB-Rat die notwendigen Vorschriften für die Standardisierung der buchmäßigen Erfassung und der Meldung der Geschäfte der nationalen Zentralbanken.

Artikel 27
Rechnungsprüfung

27.1. Die Jahresabschlüsse der EZB und der nationalen Zentralbanken werden von unabhängigen externen Rechnungsprüfern, die vom EZB-Rat empfohlen und vom Rat anerkannt wurden, geprüft. Die Rechnungsprüfer sind befugt, alle Bücher und Konten der EZB und der nationalen Zentralbanken zu prüfen und alle Auskünfte über deren Geschäfte zu verlangen.

27.2. Artikel 188c dieses Vertrags ist nur auf eine Prüfung der Effizienz der Verwaltung der EZB anwendbar.

Artikel 28
Kapital der EZB

28.1. Das Kapital der EZB bei der Aufnahme ihrer Tätigkeit beträgt 5 Milliarden ECU. Das Kapital kann durch einen Beschluß des EZB-Rates mit der in Artikel 10.3 vorgesehenen qualifizierten Mehrheit innerhalb der Grenzen und unter den Bedingungen, die der Rat nach dem Verfahren des Artikels 42 festlegt, erhöht werden.

28.2. Die nationalen Zentralbanken sind alleinige Zeichner und Inhaber des Kapitals der EZB. Die Zeichnung des Kapitals erfolgt nach dem gemäß Artikel 29 festgelegten Schlüssel.

28.3. Der EZB-Rat bestimmt mit der in Artikel 10.3 vorgesehenen qualifizierten Mehrheit, in welcher Höhe und welcher Form das Kapital einzuzahlen ist.

28.4. Vorbehaltlich des Artikels 28.5 können die Anteile der nationalen Zentralbanken am gezeichneten Kapital der EZB nicht übertragen, verpfändet oder gepfändet werden.

28.5. Im Falle einer Anpassung des in Artikel 29 bezeichneten Schlüssels sorgen die nationalen Zentralbanken durch Übertragungen von Kapitalanteilen untereinander dafür, daß die Verteilung der Kapitalanteile dem angepaßten Schlüssel entspricht. Die Bedingungen für derartige Übertragungen werden vom EZB-Rat festgelegt.

Artikel 29
Schlüssel für die Kapitalzeichnung

29.1. Nach Errichtung des ESZB und der EZB gemäß dem Verfahren des Artikels 109l Absatz 1 dieses Vertrags wird der Schlüssel für die Zeichnung des Kapitals der EZB festgelegt. In diesem Schlüssel erhält jede nationale Zentralbank einen Gewichtsanteil, der der Summe folgender Prozentsätze entspricht:

- 50 % des Anteils des jeweiligen Mitgliedstaats an der Bevölkerung der Gemeinschaft im vorletzten Jahr vor der Errichtung des ESZB;
- 50 % des Anteils des jeweiligen Mitgliedstaats am Bruttoinlandsprodukt der Gemeinschaft zu Marktpreisen in den fünf Jahren vor dem vorletzten Jahr vor der Errichtung des ESZB.

Die Prozentsätze werden zum nächsten Vielfachen von 0,05 Prozentpunkten aufgerundet.

29.2. Die zur Anwendung dieses Artikels zu verwendenden statistischen Daten werden von der Kommission nach den Regeln bereitgestellt, die der Rat nach dem Verfahren des Artikels 42 festlegt.

29.3. Die den nationalen Zentralbanken zugeteilten Gewichtsanteile werden nach Errichtung des ESZB alle fünf Jahre unter sinngemäßer Anwendung der Bestimmungen des Artikels 29.1 angepaßt. Der neue Schlüssel gilt jeweils vom ersten Tag des folgenden Jahres an.

29.4. Der EZB-Rat trifft alle weiteren Maßnahmen, die zur Anwendung dieses Artikels erforderlich sind.

Artikel 30
Übertragung von Währungsreserven auf die EZB

30.1. Unbeschadet des Artikels 28 wird die EZB von den nationalen Zentralbanken mit Währungsreserven, die jedoch nicht aus Währungen der Mitgliedstaaten, ECU, IWF-Reservepositionen und SZR gebildet werden dürfen, bis zu einem Gegenwert von 50 Milliarden ECU ausgestattet. Der EZB-Rat entscheidet über den von der EZB nach ihrer Errichtung einzufordernden Teil sowie die zu späteren Zeitpunkten einzufordernden Beträge. Die EZB hat das uneingeschränkte Recht, die ihr übertragenen Währungsreserven zu halten und zu verwalten sowie für die in dieser Satzung genannten Zwecke zu verwenden.

30.2. Die Beiträge der einzelnen nationalen Zentralbanken werden entsprechend ihrem jeweiligen Anteil am gezeichneten Kapital der EZB bestimmt.

30.3. Die EZB schreibt jeder nationalen Zentralbank eine ihrem Beitrag entsprechende Forderung gut. Der EZB-Rat entscheidet über die Denominierung und Verzinsung dieser Forderungen.

30.4. Die EZB kann nach Artikel 30.2. über den in Artikel 30.1. festgelegten Betrag hinaus innerhalb der Grenzen und unter den Bedingungen, die

der Rat nach dem Verfahren des Artikels 42 festlegt, die Einzahlung weiterer Währungsreserven fordern.

30.5. Die EZB kann IWF-Reservepositionen und SZR halten und verwalten sowie die Zusammenlegung solcher Aktiva vorsehen.

30.6. Der EZB-Rat trifft alle weiteren Maßnahmen, die zur Anwendung
dieses Artikels erforderlich sind.

Artikel 31
Währungsreserven der nationalen Zentralbanken

31.1. Die nationalen Zentralbanken sind befugt, zur Erfüllung ihrer Verpflichtungen gegenüber internationalen Organisationen nach Artikel 23 Geschäfte abzuschließen.

31.2. Alle sonstigen Geschäfte mit den Währungsreserven, die den nationalen Zentralbanken nach den in Artikel 30 genannten Übertragungen verbleiben, sowie von Mitgliedstaaten ausgeführte Transaktionen mit ihren Arbeitsguthaben in Fremdwährungen bedürfen oberhalb eines bestimmten im
Rahmen des Artikels 31.3 festzulegenden Betrags der Zustimmung der
EZB, damit Übereinstimmung mit der Wechselkurs- und der Währungspolitik der Gemeinschaft gewährleistet ist.

31.3. Der EZB-Rat erläßt Richtlinien mit dem Ziel, derartige Geschäfte zu
erleichtern.

Artikel 32
Verteilung der monetären Einkünfte der nationalen Zentralbanken

32.1. Die Einkünfte, die den nationalen Zentralbanken aus der Erfüllung
der währungspolitischen Aufgaben des ESZB zufließen (im folgenden als
„monetäre Einkünfte" bezeichnet), werden am Ende eines jeden Geschäftsjahres nach diesem Artikel verteilt.

32.2. Vorbehaltlich des Artikels 32.3 entspricht der Betrag der monetären
Einkünfte einer jeden nationalen Zentralbank ihren jährlichen Einkünften
aus Vermögenswerten, die sie als Gegenposten zum Bargeldumlauf und zu
ihren Verbindlichkeiten aus Einlagen der Kreditinstitute hält. Diese Vermögenswerte werden von den nationalen Zentralbanken gemäß den vom EZB-
Rat zu erlassenden Richtlinien gesondert erfaßt.

32.3. Wenn nach dem Übergang zur dritten Stufe die Bilanzstrukturen der
nationalen Zentralbanken nach Auffassung des EZB-Rates die Anwendung
des Artikels 32.2 nicht gestatten, kann der EZB-Rat mit qualifizierter Mehrheit beschließen, daß die monetären Einkünfte für einen Zeitraum von

höchstens fünf Jahren abweichend von Artikel 32.2 nach einem anderen Verfahren bemessen werden.

32.4. Der Betrag der monetären Einkünfte einer jeden nationalen Zentralbank vermindert sich um den Betrag etwaiger Zinsen, die von dieser Zentralbank auf ihre Verbindlichkeiten aus Einlagen der Kreditinstitute nach Artikel 19 gezahlt werden.

Der EZB-Rat kann beschließen, daß die nationalen Zentralbanken für Kosten in Verbindung mit der Ausgabe von Banknoten oder unter außergewöhnlichen Umständen für spezifische Verluste aus für das ESZB unternommenen währungspolitischen Operationen entschädigt werden. Die Entschädigung erfolgt in einer Form, die der EZB-Rat für angemessen hält; diese Beträge können mit den monetären Einkünften der nationalen Zentralbanken verrechnet werden.

32.5. Die Summe der monetären Einkünfte der nationalen Zentralbanken wird vorbehaltlich etwaiger Beschlüsse des EZB-Rates nach Artikel 33.2 unter den nationalen Zentralbanken entsprechend ihren eingezahlten Anteilen am Kapital der EZB verteilt.

32.6. Die Verrechnung und den Ausgleich der Salden aus der Verteilung der monetären Einkünfte nimmt die EZB gemäß den Richtlinien des EZB-Rates vor.

32.7. Der EZB-Rat trifft alle weiteren Maßnahmen, die zur Anwendung dieses Artikels erforderlich sind.

Artikel 33
Verteilung der Nettogewinne und Verluste der EZB

33.1. Nettogewinn der EZB wird in der folgenden Reihenfolge verteilt:

a) Ein vom EZB-Rat zu bestimmender Betrag, der 20 % des Nettogewinns nicht übersteigen darf, wird dem allgemeinen Reservefonds bis zu einer Obergrenze von 100 % des Kapitals zugeführt;

b) der verbleibende Nettogewinn wird an die Anteilseigner der EZB entsprechend ihren eingezahlten Anteilen ausgeschüttet.

33.2. Falls die EZB einen Verlust erwirtschaftet, kann der Fehlbetrag aus dem allgemeinen Reservefonds der EZB und erforderlichenfalls nach einem entsprechenden Beschluß des EZB-Rates aus den monetären Einkünften des betreffenden Geschäftsjahrs im Verhältnis und bis in Höhe der Beträge gezahlt werden, die nach Artikel 32.5 an die nationalen Zentralbanken verteilt werden.

KAPITEL VII
ALLGEMEINE BESTIMMUNGEN

Artikel 34
Rechtsakte

34.1. Nach Artikel 108a dieses Vertrags werden von der EZB
- Verordnungen erlassen, insoweit dies für die Erfüllung der in Artikel 3.1 erster Gedankenstrich, Artikel 19.1, Artikel 22 oder Artikel 25.2 festgelegten Aufgaben erforderlich ist; sie erläßt Verordnungen ferner in den Fällen, die in den Rechtsakten des Rates nach Artikel 42 vorgesehen werden;
- die Entscheidungen erlassen, die zur Erfüllung der dem ESZB nach diesem Vertrag und dieser Satzung übertragenen Aufgaben erforderlich sind;
- Empfehlungen und Stellungnahmen abgegeben.

34.2. Eine Verordnung hat allgemeine Geltung. Sie ist in allen ihren Teilen verbindlich und gilt unmittelbar in jedem Mitgliedstaat. Empfehlungen und Stellungnahmen sind nicht verbindlich.

Eine Entscheidung ist in allen ihren Teilen für diejenigen verbindlich, an die sie gerichtet ist.

Die Artikel 190, 191 und 192 dieses Vertrags gelten für die Verordnungen und Entscheidungen der EZB.

Die EZB kann die Veröffentlichung ihrer Entscheidungen, Empfehlungen und Stellungnahmen beschließen.

34.3. Innerhalb der Grenzen und unter den Bedingungen, die der Rat nach dem Verfahren des Artikels 42 festlegt, ist die EZB befugt, Unternehmen bei Nichteinhaltung der Verpflichtungen, die sich aus ihren Verordnungen und Entscheidungen ergeben, mit Geldbussen oder in regelmäßigen Abständen zu zahlenden Strafgeldern zu belegen.

Artikel 35
Gerichtliche Kontrolle und damit verbundene Angelegenheiten

35.1. Die Handlungen und Unterlassungen der EZB unterliegen in den Fällen und unter den Bedingungen, die in diesem Vertrag vorgesehen sind, der Überprüfung und Auslegung durch den Gerichtshof. Die EZB ist in den Fällen und unter den Bedingungen, die in diesem Vertrag vorgesehen sind, klageberechtigt.

35.2. Über Rechtsstreitigkeiten zwischen der EZB einerseits und ihren Gläubigern, Schuldnern oder dritten Personen andererseits entscheiden die zuständigen Gerichte der einzelnen Staaten vorbehaltlich der Zuständigkeiten, die dem Gerichtshof zuerkannt sind.

35.3. Die EZB unterliegt der Haftungsregelung des Artikels 215 dieses Vertrags. Die Haftung der nationalen Zentralbanken richtet sich nach dem jeweiligen innerstaatlichen Recht.

35.4. Der Gerichtshof ist für Entscheidungen aufgrund einer Schiedsklausel zuständig, die in einem von der EZB oder für ihre Rechnung abgeschlossenen öffentlich-rechtlichen oder privatrechtlichen Vertrag enthalten ist.

35.5. Für einen Beschluß der EZB, den Gerichtshof anzurufen, ist der EZB-Rat zuständig.

35.6 Der Gerichtshof ist für Streitsachen zuständig, die die Erfüllung der Verpflichtungen aus dieser Satzung durch eine nationale Zentralbank betreffen. Ist die EZB der Auffassung, daß eine nationale Zentralbank einer Verpflichtung aus dieser Satzung nicht nachgekommen ist, so legt sie in der betreffenden Sache eine mit Gründen versehene Stellungnahme vor, nachdem sie der nationalen Zentralbank Gelegenheit zur Vorlage von Bemerkungen gegeben hat. Entspricht die nationale Zentralbank nicht innerhalb der von der EZB gesetzten Frist deren Stellungnahme, so kann die EZB den Gerichtshof anrufen.

Artikel 36
Personal

36.1. Der EZB-Rat legt auf Vorschlag des Direktoriums die Beschäftigungsbedingungen für das Personal der EZB fest.

36.2. Der Gerichtshof ist für alle Streitsachen zwischen der EZB und deren Bediensteten innerhalb der Grenzen und unter den Bedingungen zuständig, die sich aus den Beschäftigungsbedingungen ergeben.

Artikel 37
Sitz

Vor Ende 1992 beschließen die Regierungen der Mitgliedstaaten auf der Ebene der Staats- und Regierungschefs im gegenseitigen Einvernehmen über den Sitz der EZB.

Artikel 38
Geheimhaltung

38.1. Die Mitglieder der Leitungsgremien und des Personals der EZB und der nationalen Zentralbanken dürfen auch nach Beendigung ihres Dienstverhältnisses keine der Geheimhaltungspflicht unterliegenden Informationen weitergeben.

38.2. Auf Personen mit Zugang zu Daten, die unter Gemeinschaftsvorschriften fallen, die eine Verpflichtung zur Geheimhaltung vorsehen, finden diese Gemeinschaftsvorschriften Anwendung.

Artikel 39
Unterschriftsberechtigte

Die EZB wird Dritten gegenüber durch den Präsidenten oder zwei Direktoriumsmitglieder oder durch die Unterschriften zweier vom Präsidenten zur Zeichnung im Namen der EZB gehörig ermächtigter Bediensteter der EZB rechtswirksam verpflichtet.

Artikel 40
Vorrechte und Befreiungen

Die EZB genießt im Hoheitsgebiet der Mitgliedstaaten die zur Erfüllung ihrer Aufgabe erforderlichen Vorrechte und Befreiungen nach Maßgabe des Protokolls über die Vorrechte und Befreiungen der Europäischen Gemeinschaften im Anhang zum Vertrag zur Einsetzung eines gemeinsamen Rates und einer gemeinsamen Kommission der Europäischen Gemeinschaften.

KAPITEL VIII
ÄNDERUNG DER SATZUNG UND
ERGÄNZENDE RECHTSVORSCHRIFTEN

Artikel 41
Vereinfachtes Änderungsverfahren

41.1. Nach Artikel 106 Absatz 5 dieses Vertrags kann der Rat die Artikel 5.1, 5.2, 5.3, 17, 18, 19.1, 22, 23, 24, 26, 32.2, 32.3, 32.4, 32.6, 33.1a und 36 dieser Satzung entweder mit qualifizierter Mehrheit auf Empfehlung der EZB nach Anhörung der Kommission oder einstimmig auf Vorschlag der

Kommission nach Anhörung der EZB ändern. Die Zustimmung des Europäischen Parlaments ist dabei jeweils erforderlich.

41.2. Eine Empfehlung der EZB nach diesem Artikel erfordert einen einstimmigen Beschluß des EZB-Rates.

Artikel 42
Ergänzende Rechtsvorschriften

Nach Artikel 106 Absatz 6 dieses Vertrags erläßt der Rat unmittelbar nach dem Beschluß über den Zeitpunkt für den Beginn der dritten Stufe mit qualifizierter Mehrheit entweder auf Vorschlag der Kommission nach Anhörung des Europäischen Parlaments und der EZB oder auf Empfehlung der EZB nach Anhörung des Europäischen Parlaments und der Kommission die in den Artikeln 4, 5.4, 19.2, 20, 28.1, 29.2, 30.4 und 34.3 dieser Satzung genannten Bestimmungen.

KAPITEL IX
ÜBERGANGSBESTIMMUNGEN UND
SONSTIGE BESTIMMUNGEN FÜR DAS ESZB

Artikel 43
Allgemeine Bestimmungen

43.1. Eine Ausnahmeregelung nach Artikel 109k Absatz 1 dieses Vertrags bewirkt, daß folgende Artikel dieser Satzung für den betreffenden Mitgliedstaat keinerlei Rechte oder Verpflichtungen entstehen lassen: Artikel 3, 6, 9.2, 12.1, 14.3, 16, 18, 19, 20, 22, 23, 26.2, 27, 30, 31, 32, 33, 34, 50 und 52.

43.2. Die Zentralbanken der Mitgliedstaaten, für die eine Ausnahmeregelung nach Artikel 109k Absatz 1 dieses Vertrags gilt, behalten ihre währungspolitischen Befugnisse nach innerstaatlichem Recht.

43.3. In den Artikeln 3, 11.2, 19, 34.2 und 50 bezeichnet der Ausdruck „Mitgliedstaaten" gemäß Artikel 109k Absatz 4 dieses Vertrags die „Mitgliedstaaten, für die keine Ausnahmeregelung gilt".

43.4. In den Artikeln 9.2, 10.1, 10.3, 12.1, 16, 17, 18, 22, 23, 27, 30, 31, 32, 33.2 und 52 dieser Satzung ist der Ausdruck „nationale Zentralbanken" im Sinne von „Zentralbanken der Mitgliedstaaten, für die keine Ausnahmeregelung gilt" zu verstehen.

43.5. In den Artikeln 10.3 und 33.1 bezeichnet der Ausdruck „Anteilseigner" die „Zentralbanken der Mitgliedstaaten, für die keine Ausnahmeregelung gilt".

43.6. In den Artikeln 10.3 und 30.2 ist der Ausdruck „gezeichnetes Kapital der EZB" im Sinne von „Kapital der EZB, das von den Zentralbanken der Mitgliedstaaten gezeichnet wurde, für die keine Ausnahmeregelung gilt" zu verstehen.

Artikel 44
Vorübergehende Aufgaben der EZB

Die EZB übernimmt diejenigen Aufgaben des EWI, die infolge der für einen oder mehrere Mitgliedstaaten geltenden Ausnahmeregelungen in der dritten Stufe noch erfüllt werden müssen.

Bei der Vorbereitung der Aufhebung der Ausnahmeregelungen nach Artikel 109k dieses Vertrags nimmt die EZB eine beratende Funktion wahr.

Artikel 45
Der Erweiterte Rat der EZB

45.1. Unbeschadet des Artikels 106 Absatz 3 dieses Vertrags wird der Erweiterte Rat als drittes Beschlußorgan der EZB eingesetzt.

45.2. Der Erweiterte Rat besteht aus dem Präsidenten und dem Vizepräsidenten der EZB sowie den Präsidenten der nationalen Zentralbanken. Die weiteren Mitglieder des Direktoriums können an den Sitzungen des Erweiterten Rates teilnehmen, besitzen aber kein Stimmrecht.

45.3. Die Verantwortlichkeiten des Erweiterten Rates sind in Artikel 47 dieser Satzung vollständig aufgeführt.

Artikel 46
Geschäftsordnung des Erweiterten Rates

46.1. Der Präsident oder bei seiner Verhinderung der Vizepräsident der EZB führt den Vorsitz im Erweiterten Rat der EZB.

46.2. Der Präsident des Rates und ein Mitglied der Kommission können an den Sitzungen des Erweiterten Rates teilnehmen, besitzen aber kein Stimmrecht.

46.3. Der Präsident bereitet die Sitzungen des Erweiterten Rates vor.

46.4. Abweichend von Artikel 12.3 gibt sich der Erweiterte Rat eine Geschäftsordnung.

46.5. Das Sekretariat des Erweiterten Rates wird von der EZB gestellt.

Artikel 47
Verantwortlichkeiten des Erweiterten Rates

47.1. Der Erweiterte Rat
– nimmt die in Artikel 44 aufgeführten Aufgaben wahr;
– wirkt bei der Erfüllung der Beratungsfunktionen nach den Artikeln 4
und 25.1 mit.

47.2. Der Erweiterte Rat wirkt auch mit bei
– der Erhebung der statistischen Daten im Sinne von Artikel 5;
– den Berichtstätigkeiten der EZB im Sinne von Artikel 15;
– der Festlegung der erforderlichen Regeln für die Anwendung von Artikel 26 gemäß Artikel 26.4;
– allen sonstigen erforderlichen Maßnahmen zur Anwendung von Artikel
29 gemäß Artikel 29.4;
– der Festlegung der Beschäftigungsbedingungen für das Personal der
EZB gemäß Artikel 36.

47.3. Der Erweiterte Rat trägt zu den Vorarbeiten bei, die erforderlich sind,
um für die Währungen der Mitgliedstaaten, für die eine Ausnahmeregelung
gilt, die Wechselkurse gegenüber den Währungen oder der einheitlichen
Währung der Mitgliedstaaten, für die keine Ausnahmeregelung gilt, gemäß
Artikel 1091 Absatz 5 dieses Vertrags unwiderruflich festzulegen.

47.4. Der Erweiterte Rat wird vom Präsidenten der EZB über die Beschlüsse des EZB-Rates unterrichtet.

Artikel 48
Übergangsbestimmungen für das Kapital der EZB

Nach Artikel 29.1 wird jeder nationalen Zentralbank ein Gewichtsanteil in
dem Schlüssel für die Zeichnung des Kapitals der EZB zugeteilt. Abweichend von Artikel 28.3 zahlen Zentralbanken von Mitgliedstaaten, für die
eine Ausnahmeregelung gilt, das von ihnen gezeichnete Kapital nicht ein,
es sei denn, daß der Erweiterte Rat mit der Mehrheit von mindestens zwei
Dritteln des gezeichneten Kapitals der EZB und zumindest der Hälfte der
Anteilseigner beschließt, daß als Beitrag zu den Betriebskosten der EZB ein
Mindestprozentsatz eingezahlt werden muß.

Artikel 49
Zurückgestellte Einzahlung von Kapital, Reserven und
Rückstellungen der EZB

49.1. Die Zentralbank eines Mitgliedstaats, dessen Ausnahmeregelung aufgehoben wurde, zahlt den von ihr gezeichneten Anteil am Kapital der EZB im selben Verhältnis wie die Zentralbanken von anderen Mitgliedstaaten ein, für die keine Ausnahmeregelungen gilt, und überträgt der EZB Währungsreserven gemäß Artikel 30.1. Die Höhe der Übertragungen bestimmt sich durch Multiplikation des in ECU zum jeweiligen Wechselkurs ausgedrückten Wertes der Währungsreserven, die der EZB schon gemäß Artikel 30.1 übertragen wurden, mit dem Faktor, der das Verhältnis zwischen der Anzahl der von der betreffenden nationalen Zentralbank gezeichneten Anteile und der Anzahl der von den anderen nationalen Zentralbanken bereits ein gezahlten Anteile ausdrückt.

49.2. Zusätzlich zu der Einzahlung nach Artikel 49.1 leistet die betreffende Zentralbank einen Beitrag zu den Reserven der EZB und zu den diesen Reserven gleichwertigen Rückstellungen sowie zu dem Betrag, der gemäß dem Saldo der Gewinn-und-Verlust-Rechnung zum 31. Dezember des Jahres vor der Aufhebung der Ausnahmeregelung noch für die Reserven und Rückstellungen bereitzustellen ist. Die Höhe des zu leistenden Beitrags bestimmt sich durch Multiplikation des in der genehmigten Bilanz der EZB ausgewiesenen Betrags der Reserven im Sinne der obigen Definition mit dem Faktor, der das Verhältnis zwischen der Anzahl der von der betreffenden Zentralbank gezeichneten Anteile und der Anzahl der von den anderen Zentralbanken bereits eingezahlten Anteile ausdrückt.

Artikel 50
Erstmalige Ernennung der Mitglieder des Direktoriums

Bei der Einsetzung des Direktoriums der EZB werden der Präsident, der Vizepräsident und die weiteren Mitglieder des Direktoriums auf Empfehlung des Rates und nach Anhörung des Europäischen Parlaments und des Rates des EWI von den Regierungen der Mitgliedstaaten auf der Ebene der Staats- und Regierungschefs einvernehmlich ernannt. Der Präsident des Direktoriums wird für acht Jahre ernannt. Abweichend von Artikel 11.2 werden der Vizepräsident für vier Jahre und die weiteren Mitglieder des Direktoriums für eine Amtszeit zwischen fünf und acht Jahren ernannt. Wiederernennung ist in keinem Falle zulässig. Die Anzahl der Mitglieder des Direktoriums kann geringer sein als in Artikel 11.1 vorgesehen, darf jedoch auf keinen Fall weniger als vier betragen.

Artikel 51
Abweichung von Artikel 32

51.1. Stellt der EZB-Rat nach dem Beginn der dritten Stufe fest, daß die Anwendung von Artikel 32 für den relativen Stand der Einkünfte der nationalen Zentralbanken wesentliche Änderungen zur Folge hat, so wird der Betrag der nach Artikel 32 zu verteilenden Einkünfte nach einem einheitlichen Prozentsatz gekürzt, der im ersten Geschäftsjahr nach dem Beginn der dritten Stufe 60 % nicht übersteigen darf und in jedem darauffolgenden Geschäftsjahr um mindestens 12 Prozentpunkte verringert wird.

51.2. Artikel 51.1 ist für höchstens fünf Geschäftsjahre nach dem Beginn der dritten Stufe anwendbar.

Artikel 52
Umtausch von auf Gemeinschaftswährungen lautenden Banknoten

Im Anschluß an die unwiderrufliche Festlegung der Wechselkurse ergreift der EZB-Rat die erforderlichen Maßnahmen, um sicherzustellen, daß Banknoten, die auf Währungen mit unwiderruflich festgelegten Wechselkursen lauten, von den nationalen Zentralbanken zu ihrer jeweiligen Parität umgetauscht werden.

Artikel 53
Anwendbarkeit der Übergangsbestimmungen

Sofern und solange es Mitgliedstaaten gibt, für die eine Ausnahmeregelung gilt, sind die Artikel 43 bis 48 anwendbar.

**PROTOKOLL
ÜBER DIE SATZUNG DES
EUROPÄISCHEN WÄHRUNGSINSTITUTS**

Redaktioneller Hinweis: Den vollständigen Text dieses Protokolls finden Sie in der ersten Auflage auf Seite 1.407.

**PROTOKOLL
ÜBER DAS VERFAHREN
BEI EINEM ÜBERMÄSSIGEN DEFIZIT**

DIE HOHEN VERTRAGSPARTEIEN –

IN DEM WUNSCH, die Einzelheiten des in Artikel 104c des Vertrags zur Gründung der Europäischen Gemeinschaft genannten Verfahrens bei einem übermäßigen Defizit festzulegen –

SIND über folgende Bestimmungen ÜBEREINGEKOMMEN, die dem Vertrag zur Gründung der Europäischen Gemeinschaft beigefügt sind:

Artikel 1

Die in Artikel 104c Absatz 2 dieses Vertrags genannten Referenzwerte sind:
– 3 % für das Verhältnis zwischen dem geplanten oder tatsächlichen öffentlichen Defizit und dem Bruttoinlandsprodukt zu Marktpreisen,
– 60 % für das Verhältnis zwischen dem öffentlichen Schuldenstand und dem Bruttoinlandsprodukt zu Marktpreisen.

Artikel 2

In Artikel 104c dieses Vertrags und in diesem Protokoll bedeutet
– „öffentlich" zum Staat, d.h. zum Zentralstaat (Zentralregierung), zu regionalen oder lokalen Gebietskörperschaften oder Sozialversicherungseinrichtungen gehörig, mit Ausnahme von kommerziellen Transaktionen, im Sinne des Europäischen Systems volkswirtschaftlicher Gesamtrechnungen;
– „Defizit" der Nettofinanzierungssaldo im Sinne des Europäischen Systems volkswirtschaftlicher Gesamtrechnungen;
– „Investitionen" die Brutto-Anlageinvestitionen im Sinne des Europäischen Systems volkswirtschaftlicher Gesamtrechnungen;

– „Schuldenstand" den Brutto-Gesamtschuldenstand zum Nominalwert
am Jahresende nach Konsolidierung innerhalb und zwischen den einzelnen Bereichen des Staatssektors im Sinne des ersten Gedankenstrichs.

Artikel 3

Um die Wirksamkeit des Verfahrens bei einem übermäßigen Defizit zu gewährleisten, sind die Regierungen der Mitgliedstaaten im Rahmen dieses
Verfahrens für die Defizite des Staatssektors im Sinne von Artikel 2 erster
Gedankenstrich verantwortlich. Die Mitgliedstaaten gewährleisten, daß die
innerstaatlichen Verfahren im Haushaltsbereich sie in die Lage versetzen,
ihre sich aus diesem Vertrag ergebenden Verpflichtungen in diesem Bereich
zu erfüllen. Die Mitgliedstaaten müssen ihre geplanten und tatsächlichen
Defizite und die Höhe ihres Schuldenstands der Kommission unverzüglich
und regelmäßig mitteilen.

Artikel 4

Die zur Anwendung dieses Protokolls erforderlichen statistischen Daten
werden von der Kommission zur Verfügung gestellt.

PROTOKOLL
ÜBER DIE KONVERGENZKRITERIEN
NACH ARTIKEL 109j DES VERTRAGS ZUR GRÜNDUNG DER
EUROPÄISCHEN GEMEINSCHAFT

Redaktioneller Hinweis: Den vollständigen Text dieses Protokolls finden
Sie in der ersten Auflage auf Seite 1.417.

PROTOKOLL
ZUR ÄNDERUNG DES PROTOKOLLS
ÜBER DIE VORRECHTE UND BEFREIUNGEN
DER EUROPÄISCHEN GEMEINSCHAFTEN

DIE HOHEN VERTRAGSPARTEIEN –

IN DER ERWÄGUNG, daß die Europäische Zentralbank und das Europäische Währungsinstitut nach Artikel 40 der Satzung des Europäischen Systems der Zentralbanken und der Europäischen Zentralbank und nach Artikel 21 der Satzung des Europäischen Währungsinstituts im Hoheitsgebiet der Mitgliedstaaten die zur Erfüllung ihrer Aufgabe erforderlichen Vorrechte und Befreiungen genießen sollen –

SIND über folgende Bestimmungen ÜBEREINGEKOMMEN, die dem Vertrag zur Gründung der Europäischen Gemeinschaft beigefügt sind:

Einziger Artikel

Das Protokoll über die Vorrechte und Befreiungen der Europäischen Gemeinschaften im Anhang zum Vertrag zur Einsetzung eines gemeinsamen Rates und einer gemeinsamen Kommission der Europäischen Gemeinschaften wird durch folgende Bestimmungen ergänzt:

„Artikel 23

Dieses Protokoll gilt auch für die Europäische Zentralbank, die Mitglieder ihrer Beschlußorgane und ihre Bediensteten; die Bestimmungen des Protokolls über die Satzung des Europäischen Systems der Zentralbanken und der Europäischen Zentralbank bleiben hiervon unberührt.

Die Europäische Zentralbank ist außerdem von allen Steuern und sonstigen Abgaben anläßlich der Erhöhungen ihres Kapitals sowie von den verschiedenen Förmlichkeiten befreit, die hiermit in dem Staat, in dem sie ihren Sitz hat, verbunden sind. Ferner unterliegt die Tätigkeit der Bank und ihrer Beschlußorgane, soweit sie nach Maßgabe der Satzung des Europäischen Systems der Zentralbanken und der Europäischen Zentralbank ausgeübt wird, nicht der Umsatzsteuer.

Die vorstehenden Bestimmungen gelten auch für das Europäische Währungsinstitut. Bei seiner Auflösung oder Liquidation werden keine Abgaben erhoben. "

PROTOKOLL
BETREFFEND DÄNEMARK

DIE HOHEN VERTRAGSPARTEIEN –

IN DEM WUNSCH, gewisse besondere Probleme betreffend Dänemark zu regeln –

SIND über folgende Bestimmungen ÜBEREINGEKOMMEN, die dem Vertrag zur Gründung der Europäischen Gemeinschaft beigefügt sind:

Artikel 14 des Protokolls über die Satzung des Europäischen Systems der Zentralbanken und der Europäischen Zentralbank berührt nicht das Recht der Nationalbank Dänemarks, ihre derzeitigen Aufgaben hinsichtlich der nicht der Gemeinschaft angehörenden Teile des Königreichs Dänemark wahrzunehmen.

PROTOKOLL
BETREFFEND PORTUGAL

DIE HOHEN VERTRAGSPARTEIEN –

IN DEM WUNSCH, gewisse besondere Probleme betreffend Portugal zu regeln –

SIND über folgende Bestimmungen ÜBEREINGEKOMMEN, die dem Vertrag zur Gründung der Europäischen Gemeinschaft beigefügt sind:
1. Portugal wird hiermit ermächtigt, die den Autonomen Regionen Azoren und Madeira eingeräumte Möglichkeit beizubehalten, die zinsfreie Kreditfazilität des Banco der Portugal zu den im geltenden portugiesischen Recht festgelegten Bedingungen in Anspruch zu nehmen.
2. Portugal verpflichtet sich, nach Kräften darauf hinzuwirken, die vorgenannte Regelung so bald wie möglich zu beenden.

PROTOKOLL
ÜBER DEN ÜBERGANG ZUR DRITTEN STUFE
DER WIRTSCHAFTS- UND WÄHRUNGSUNION

Redaktioneller Hinweis: Den vollständigen Text dieses Protokolls finden Sie in der ersten Auflage auf Seite 1.420.

PROTOKOLL
ÜBER EINIGE BESTIMMUNGEN BETREFFEND DAS
VEREINIGTE KÖNIGREICH GROSSBRITANNIEN
UND NORDIRLAND

DIE HOHEN VERTRAGSPARTEIEN –

IN DER ERKENNTNIS, daß das Vereinigte Königreich nicht gezwungen oder verpflichtet ist, ohne einen gesonderten diesbezüglichen Beschluß seiner Regierung und seines Parlaments in die dritte Stufe der Wirtschafts- und Währungsunion einzutreten,

IN ANBETRACHT der Gepflogenheit der Regierung des Vereinigten Königreichs, ihren Kreditbedarf durch Verkauf von Schuldtiteln an den Privatsektor zu decken –

SIND über folgende Bestimmungen ÜBEREINGEKOMMEN, die dem Vertrag zur Gründung der Europäischen Gemeinschaft beigefügt sind:

1. Das Vereinigte Königreich notifiziert dem Rat, ob es den Übergang zur dritten Stufe beabsichtigt, bevor der Rat die Beurteilung nach Artikel 109j Absatz 2 dieses Vertrags vornimmt.

Sofern das Vereinigte Königreich dem Rat nicht notifiziert, daß es zur dritten Stufe überzugehen beabsichtigt, ist es dazu nicht verpflichtet.

Wird kein Zeitpunkt für den Beginn der dritten Stufe nach Artikel 109j Absatz 3 dieses Vertrags festgelegt, so kann das Vereinigte Königreich seine Absicht, zur dritten Stufe überzugehen, vor dem 1. Januar 1998 notivizieren.

2. Die Nummern 3 bis 9 gelten für den Fall, daß das Vereinigte Königreich dem Rat notifiziert, daß es nicht beabsichtigt, zur dritten Stufe überzugehen.

3. Das Vereinigte Königreich wird nicht zu der Mehrheit der Mitgliedstaaten gezählt, welche die notwendigen Voraussetzungen nach Artikel 109j Absatz 2 zweiter Gedankenstrich und Absatz 3 erster Gedankenstrich dieses Vertrags erfüllen.

4. Das Vereinigte Königreich behält seine Befugnisse auf dem Gebiet der Währungspolitik nach seinem innerstaatlichen Recht.

5. Die Artikel 3a Absatz 2, 104c Absätze 1, 9 und 11, 105 Absätze 1 bis 5, 105a, 107, 108, 108a, 109, 109a Absätze 1 und 2 Buchstabe b und 109l Absätze 4 und 5 dieses Vertrags gelten nicht für das Vereinigte Königreich. In diesen Bestimmungen enthaltene Bezugnahmen auf die Gemeinschaft oder die Mitgliedstaaten betreffen nicht das Vereinigte Königreich, und Bezugnahmen auf die nationalen Zentralbanken betreffen nicht die Bank of England.

6. Die Artikel 109e Absatz 4, 109h und 109i dieses Vertrags gelten auch weiterhin für das Vereinigte Königreich. Artikel 109c Absatz 4 und Artikel 109m werden so auf das Vereinigte Königreich angewandt, als gelte für dieses eine Ausnahmeregelung.

7. Das Stimmrecht des Vereinigten Königreichs in bezug auf die Rechtsakte des Rates, auf die in den unter Nummer 5 dieses Protokolls aufgeführten Artikeln Bezug genommen wird, wird ausgesetzt. Zu diesem Zweck bleiben die gewogenen Stimmen des Vereinigten Königreichs bei der Berechnung einer qualifizierten Mehrheit nach Artikel 109k Absatz 5 dieses Vertrags unberücksichtigt.

Das Vereinigte Königreich ist ferner nicht berechtigt, sich an der Ernennung des Präsidenten, des Vizepräsidenten und der weiteren Mitglieder des Direktoriums der EZB nach den Artikeln 109a Absatz 2 Buchstabe b und 109l Absatz 1 dieses Vertrags zu beteiligen.

8. Die Artikel 3, 4, 6, 7, 9.2, 10.1, 10.3, 11.2, 12.1, 14, 16, 18, 19, 20, 22, 23, 26, 27, 30, 31, 32, 33, 34, 50 und 52 des Protokolls über die Satzung des Europäischen Systems der Zentralbanken und der Europäischen Zentralbank („die Satzung") gelten nicht für das Vereinigte Königreich. In diesen Artikeln enthaltene Bezugnahmen auf die Gemeinschaft oder die Mitgliedstaaten betreffen nicht das Vereinigte Königreich, und Bezugnahmen auf die nationalen Zentralbanken oder die Anteilseigner betreffen nicht die Bank of England.

In den Artikeln 10.3 und 30.2 der Satzung enthaltene Bezugnahmen auf das gezeichnete Kapital der „EZB" betreffen nicht das von der Bank of England gezeichnete Kapital.

9. Artikel 109l Absatz 3 dieses Vertrags und die Artikel 44 bis 48 der Satzung gelten unabhängig davon, ob es Mitgliedstaaten gibt, für die eine Ausnahmeregelung gilt, vorbehaltlich folgender Änderungen:

   a) Bezugnahmen in Artikel 44 auf die Aufgaben der EZB und des EWI schließen auch die Aufgaben ein, die im Fall einer etwaigen Entscheidung des Vereinigten Königreichs, nicht zur dritten Stufe überzugehen, in der dritten Stufe noch erfüllt werden müssen.

   b) Zusätzlich zu den Aufgaben nach Artikel 47 berät die EZB ferner bei der Vorbereitung von Beschlüssen des Rates betreffend das Vereinigte Königreich nach Nummer 10 Buchstaben a und c dieses Protokolls und wirkt an deren Ausarbeitung mit.

   c) Die Bank of England zahlt das von ihr gezeichnete Kapital der EZB als Beitrag zu den EZB-Betriebskosten auf derselben Grundlage ein wie die nationalen Zentralbanken der Mitgliedstaaten, für die eine Ausnahmeregelung gilt.

10. Geht das Vereinigte Königreich nicht zur dritten Stufe über, so kann es seine Notifikation nach Beginn dieser Stufe jederzeit ändern. In diesem Fall gilt folgendes:

a) Das Vereinigte Königreich hat das Recht, zur dritten Stufe überzugehen, sofern es die notwendigen Voraussetzungen erfüllt. Der Rat entscheidet auf Antrag des Vereinigten Königreichs unter den Bedingungen und nach dem Verfahren des Artikels 109k Absatz 2 dieses Vertrags, ob das Vereinigte Königreich die notwendigen Voraussetzungen erfüllt.

b) Die Bank of England zahlt das von ihr gezeichnete Kapital ein, überträgt der EZB Währungsreserven und leistet ihren Beitrag zu den Reserven der EZB auf derselben Grundlage wie die nationalen Zentralbanken der Mitgliedstaaten, der Ausnahmeregelung aufgehoben worden ist.

c) Der Rat faßt unter den Bedingungen und nach dem Verfahren des Artikels 109l Absatz 5 dieses Vertrags alle weiteren Beschlüsse, die erforderlich sind, um dem Vereinigten Königreich den Übergang zur dritten Stufe zu ermöglichen.

Geht das Vereinigte Königreich nach den Bestimmungen dieser Nummer zur dritten Stufe über, so treten die Nummern 3 bis 9 dieses Protokolls außer Kraft.

11. Unbeschadet des Artikels 104 und des Artikels 109e Absatz 3 dieses Vertrags sowie des Artikels 21.1. der Satzung kann die Regierung des Vereinigten Königreichs ihre „Ways and Means"-Fazilität bei der Bank of England beibehalten, sofern und solange das Vereinigte Königreich nicht zur dritten Stufe übergeht.

PROTOKOLL
ÜBER EINIGE BESTIMMUNGEN
BETREFFEND DÄNEMARK

DIE HOHEN VERTRAGSPARTEIEN –

IN DEM WUNSCH, einige derzeit bestehende Sonderprobleme im Einklang mit den allgemeinen Zielen des Vertrags zur Gründung der Europäischen Gemeinschaft zu regeln,

MIT RÜCKSICHT DARAUF, daß die dänische Verfassung Bestimmungen enthält, die vor der Teilnahme Dänemarks an der dritten Stufe der Wirtschafts- und Währungsunion in Dänemark eine Volksabstimmung erfordern könnten –

SIND über folgende Bestimmungen ÜBEREINGEKOMMEN, die dem Vertrag zur Gründung der Europäischen Gemeinschaft beigefügt sind:

1. Die dänische Regierung notifiziert dem Rat ihren Standpunkt bezüglich der Teilnahme an der dritten Stufe, bevor der Rat seine Beurteilung nach Artikel 109j Absatz 2 dieses Vertrags vornimmt.

2. Falls notifiziert wird, daß Dänemark nicht an der dritten Stufe teilnehmen wird, gilt für Dänemark eine Freistellung. Die Freistellung hat zur Folge, daß alle eine Ausnahmeregelung betreffenden Artikel und Bestimmungen dieses Vertrags und der Satzung des ESZB auf Dänemark Anwendung finden.

3. In diesem Fall wird Dänemark nicht zu der Mehrheit der Mitgliedstaaten gezählt, welche die notwendigen Voraussetzungen nach Artikel 109j Absatz 2 zweiter Gedankenstrich und Absatz 3 erster Gedankenstrich dieses Vertrags erfüllen.

4. Zur Aufhebung der Freistellung wird das Verfahren nach Artikel 109k Absatz 2 nur dann eingeleitet, wenn Dänemark einen entsprechenden Antrag stellt.

5. Nach Aufhebung der Freistellung ist dieses Protokoll nicht mehr anwendbar.

PROTOKOLL
BETREFFEND FRANKREICH

DIE HOHEN VERTRAGSPARTEIEN –

IN DEM WUNSCH einen besonderen Punkt im Zusammenhang mit Frankreich zu berücksichtigen –

SIND über folgende Bestimmungen ÜBEREINGEKOMMEN, die dem Vertrag zur Gründung der Europäischen Gemeinschaft beigefügt sind:

Frankreich behält das Recht, nach Maßgabe seiner innerstaatlichen Rechtsvorschriften in seinen Übersee-Territorien Geldzeichen auszugeben, und ist allein befugt, die Parität des CFP-Franc festzusetzen.

PROTOKOLL
ÜBER DIE SOZIALPOLITIK

DIE HOHEN VERTRAGSPARTEIEN –

IN ANBETRACHT DESSEN, daß elf Mitgliedstaaten, nämlich das Königreich Belgien, das Königreich Dänemark, die Bundesrepublik Deutschland, die Griechische Republik, das Königreich Spanien, die Französische Republik, Irland, die Italienische Republik, das Grossherzogtum Luxemburg, das Königreich der Niederlande und die Portugiesische Republik, auf dem durch die Sozialcharta von 1989 vorgezeichneten Weg weitergehen wollen; daß sie zu diesem Zweck untereinander ein Abkommen beschlossen habe; daß dieses Abkommen diesem Protokoll beigefügt ist; daß durch dieses Protokoll und das genannte Abkommen dieser Vertrag, insbesondere die Bestimmungen, welche die Sozialpolitik betreffen und Bestandteil des gemeinschaftlichen Besitzstands sind, nicht berührt wird –

1. kommen überein, diese elf Mitgliedstaaten zu ermächtigen, die Organe, Verfahren und Mechanismen des Vertrags in Anspruch zu nehmen, um die erforderlichen Rechtsakte und Beschlüsse zur Umsetzung des genannten Abkommens untereinander anzunehmen und anzuwenden, soweit sie betroffen sind.

2. Das Vereinigte Königreich Großbritannien und Nordirland ist nicht beteiligt, wenn der Rat über die Vorschläge, welche die Kommission aufgrund dieses Protokolls und des genannten Abkommens unterbreitet, berät und diese annimmt.

   Abweichend von Artikel 148 Absatz 2 des Vertrags kommen die Rechtsakte des Rates nach diesem Protokoll, die mit qualifizierter Mehrheit anzunehmen sind, mit einer Mindeststimmenzahl von vierundvierzig Stimmen zustande. Einstimmig anzunehmende Rechtsakte des Rates sowie solche Rechtsakte, die eine Änderung des Kommissionsvorschlags bedeuten, bedürfen der Stimmen aller Mitglieder des Rates mit Ausnahme des Vereinigten Königreichs Großbritannien und Nordirland.

   Rechtsakte des Rates und finanzielle Folgen mit Ausnahme von Verwaltungskosten für die Organe gelten nicht für das Vereinigte Königreich Großbritannien und Nordirland.

3. Dieses Protokoll wird dem Vertrag zur Gründung der Europäischen Gemeinschaft beigefügt.

**ABKOMMEN
ZWISCHEN DEN MITGLIEDSTAATEN DER
EUROPÄISCHEN GEMEINSCHAFT
MIT AUSNAHME DES VEREINIGTEN KÖNIGREICHS
GROSSBRITANNIEN UND NORDIRLAND
ÜBER DIE SOZIALPOLITIK**

Die unterzeichneten elf HOHEN VERTRAGSPARTEIEN, nämlich das Königreich Belgien, das Königreich Dänemark, die Bundesrepublik Deutschland, die Griechische Republik, das Königreich Spanien, die Französische Republik, Irland, die Italienische Republik, das Grossherzogtum Luxemburg, das Königreich der Niederlande und die Portugiesische Republik (im folgenden als „Mitgliedstaaten" bezeichnet) –

IN DEM WUNSCH, die Sozialcharta von 1989 ausgehend vom gemeinschaftlichen Besitzstand umzusetzen,

IN ANBETRACHT des Protokolls über die Sozialpolitik –
SIND wie folgt ÜBEREINGEKOMMEN:

Artikel 1

Die Gemeinschaft und die Mitgliedstaaten haben folgende Ziele die Förderung der Beschäftigung, die Verbesserung des Lebens- und Arbeitsbedingungen, einen angemessenen sozialen Schutz, den sozialen Dialog, die Entwicklung des Arbeitskräftepotentials im Hinblick auf ein dauerhaft hohes Beschäftigungsniveau und die Bekämpfung von Ausgrenzungen. Zu diesem Zweck führen die Gemeinschaft und die Mitgliedstaaten Maßnahmen durch, die der Vielfalt der einzelstaatlichen Gepflogenheiten, insbesondere in den vertraglichen Beziehungen, sowie der Notwendigkeit, die Wettbewerbsfähigkeit der Wirtschaft der Gemeinschaft zu erhalten, Rechnung tragen.

Artikel 2

1. Zur Verwirklichung der Ziele des Artikels 1 unterstützt und ergänzt die Gemeinschaft die Tätigkeit der Mitgliedstaaten auf folgenden Gebieten:
– Verbesserung, insbesondere der Arbeitsumwelt, zum Schutz der Gesundheit und der Sicherheit der Arbeitnehmer;
– Arbeitsbedingungen;
– Unterrichtung und Anhörung der Arbeitnehmer;

– Chancengleichheit von Männern und Frauen auf dem Arbeitsmarkt und
   Gleichbehandlung am Arbeitsplatz;
– berufliche Eingliederung der aus dem Arbeitsmarkt ausgegrenzten Personen unbeschadet des Artikels 127 des Vertrags zur Gründung der Europäischen Gemeinschaft (im folgenden als „Vertrag" bezeichnet).

2. Zu diesem Zweck kann der Rat unter Berücksichtigung der in den einzelnen Mitgliedstaaten bestehenden Bedingungen und technischen Regelungen durch Richtlinien Mindestvorschriften erlassen, die schrittweise anzuwenden sind. Diese Richtlinien sollen keine verwaltungsmäßigen, finanziellen oder rechtlichen Auflagen vorschreiben, die der Gründung und Entwicklung von kleinen und mittleren Unternehmen entgegenstehen.

Der Rat beschließt gemäß dem Verfahren des Artikels 189c des Vertrags
nach Anhörung des Wirtschafts- und Sozialausschusses.

3. In folgenden Bereichen beschließt der Rat dagegen einstimmig auf Vorschlag der Kommission nach Anhörung des Europäischen Parlaments und
des Wirtschafts- und Sozialausschusses:

– soziale Sicherheit und sozialer Schutz der Arbeitnehmer;
– Schutz der Arbeitnehmer bei Beendigung des Arbeitsvertrags;
– Vertretung und kollektive Wahrnehmung der Arbeitnehmer- und Arbeitgeberinteressen, einschließlich der Mitbestimmung, vorbehaltlich
   des Absatzes 6;
– Beschäftigungsbedingungen der Staatsangehörigen dritter Länder, die
   sich rechtmäßig im Gebiet der Gemeinschaft aufhalten;
– finanzielle Beiträge zur Förderung der Beschäftigung und zur Schaffung von Arbeitsplätzen, und zwar unbeschadet der Bestimmungen
   über den Sozialfonds.

4. Ein Mitgliedstaat kann den Sozialpartnern auf deren gemeinsamen Antrag die Durchführung von aufgrund der Absätze 2 und 3 angenommenen
Richtlinien übertragen.

In diesem Fall vergewissert sich der Mitgliedstaat, daß die Sozialpartner
spätestens zu dem Zeitpunkt, zu dem eine Richtlinie nach Artikel 189 umgesetzt sein muß, im Weg einer Vereinbarung die erforderlichen Vorkehrungen getroffen haben; dabei hat der Mitgliedstaat alle erforderlichen
Maßnahmen zu treffen, um jederzeit gewährleisten zu können, daß die
durch diese Richtlinie vorgeschriebenen Ergebnisse erzielt werden.

5. Die aufgrund dieses Artikels erlassenen Bestimmungen hindern einen
Mitgliedstaat nicht daran, strengere Schutzmaßnahmen beizubehalten oder
zu treffen, die mit dem Vertrag vereinbar sind.

6. Dieser Artikel gilt nicht für das Arbeitsentgelt, das Koalitionsrecht, das
Streikrecht sowie das Aussperrungsrecht.

Artikel 3

1. Die Kommission hat die Aufgabe die Anhörung der Sozialpartner auf Gemeinschaftsebene zu fördern, und erläßt alle zweckdienlichen Maßnahmen, um den Dialog zwischen den Sozialpartnern zu erleichtern wobei sie für Ausgewogenheit bei der Unterstützung der Parteien sorgt.
2. Zu diesem Zweck hört die Kommission vor Unterbreitung von Vorschlägen im Bereich der Sozialpolitik die Sozialpartner zu der Frage, wie eine Gemeinschaftsaktion gegebenenfalls ausgerichtet werden sollte.
3. Hält die Kommission nach dieser Anhörung eine Gemeinschaftsmaßnahme für zweckmäßig, so hört sie die Sozialpartner zum Inhalt des in Aussicht genommenen Vorschlags. Die Sozialpartner übermitteln der Kommission eine Stellungnahme oder gegebenenfalls eine Empfehlung.
4. Bei dieser Anhörung können die Sozialpartner der Kommission mitteilen, daß sie den Prozeß nach Artikel 4 in Gang setzen wollen. Die Dauer des Verfahrens darf höchstens neun Monate betragen, sofern die betroffenen Sozialpartner und die Kommission nicht gemeinsam eine Verlängerung beschließen.

Artikel 4

1. Der Dialog zwischen den Sozialpartnern auf Gemeinschaftsebene kann, falls sie es wünschen, zur Herstellung vertraglicher Beziehungen, einschließlich des Abschlusses von Vereinbarungen, führen.
2. Die Durchführung der auf Gemeinschaftsebene geschlossenen Vereinbarungen erfolgt entweder nach den jeweiligen Verfahren und Gepflogenheiten der Sozialpartner und der Mitgliedstaaten oder – in den durch Artikel 2 erfaßten Bereichen – auf gemeinsamen Antrat der Unterzeichnerparteien durch einen Beschluß des Rates auf Vorschlag der Kommission.
Sofern nicht die betreffende Vereinbarung eine oder mehrere Bestimmungen betreffend einen der in Artikel 2 Absatz 3 genannten Bereiche enthält und somit ein einstimmiger Beschluß erforderlich ist, beschließt der Rat mit qualifizierter Mehrheit.

Artikel 5

Unbeschadet der anderen Bestimmungen des Vertrags fördert die Kommission im Hinblick auf die Erreichung der Ziele des Artikels 1 die Zusammenarbeit zwischen den Mitgliedstaaten und erleichtert die Abstimmung ihres Vorgehens in den durch dieses Abkommen erfaßten Bereichen der Sozialpolitik.

Artikel 6

1. Jeder Mitgliedstaat stellt die Anwendung des Grundsatzes des gleichen
Entgelts für Männer und Frauen bei gleicher Arbeit sicher.

2. Unter „Entgelt" im Sinne dieses Artikels sind die üblichen Grund- oder
Mindestlöhne und -gehälter sowie alle sonstigen Vergütungen zu verstehen,
die der Arbeitgeber aufgrund des Dienstverhältnisses dem Arbeitnehmer
unmittelbar in bar oder in Sachleistungen zahlt.

Gleichheit des Arbeitsentgelts ohne Diskriminierung aufgrund des Geschlechts bedeutet,

a) daß das Entgelt für eine gleiche nach Akkord bezahlte Arbeit aufgrund
   der gleichen Maßeinheit festgesetzt wird;

b) daß für eine nach Zeit bezahlte Arbeit das Entgelt bei gleichem Arbeitsplatz gleich ist.

3. Dieser Artikel hindert einen Mitgliedstaat nicht daran, zur Erleichterung
   der Berufstätigkeit der Frauen oder zur Verhinderung bzw. zum Ausgleich von Benachteiligungen in ihrer beruflichen Laufbahn spezifische
   Vergünstigungen beizubehalten oder zu beschließen.

Artikel 7

Die Kommission erstellt jährlich einen Bericht über den Stand der Verwirklichung der in Artikel 1 genannten Ziele sowie über die demographische Lage in der Gemeinschaft. Sie übermittelt diesen Bericht dem Europäischen Parlament, dem Rat und dem Wirtschafts- und Sozialausschuß.
Das Europäische Parlament kann die Kommission um Berichte zu Einzelproblemen ersuchen, welche die soziale Lage betreffen.

ERKLÄRUNGEN

1. Erklärung zu Artikel 2 Absatz 2

Die elf Hohen Vertragsparteien stellen fest, daß in den Erörterungen über
Artikel 2 Absatz 2 dieses Abkommens Einvernehmen darüber bestand, daß
die Gemeinschaft beim Erlaß von Mindestvorschriften zum Schutz der Sicherheit und Gesundheit der Arbeitnehmer nicht beabsichtigt, Arbeitnehmer kleiner und mittlerer Unternehmen in einer den Umständen nach nicht
gerechtfertigten Weise zu benachteiligen.

2. Erklärung zu Artikel 4 Absatz 2

Die elf Hohen Vertragsparteien erklären, daß die erste der Durchführungsvorschriften zu den Vereinbarungen zwischen den Sozialpartnern auf Ge-

meinschaftsebene nach Artikel 4 Absatz 2 die Erarbeitung des Inhalts dieser Vereinbarungen durch Tarifverhandlungen gemäß den Regeln eines jeden Mitgliedstaats betrifft und daß diese Vorschrift mithin weder eine Verpflichtung der Mitgliedstaaten, diese Vereinbarungen unmittelbar anzuwenden oder diesbezügliche Umsetzungsregeln zu erarbeiten, noch eine Verpflichtung beinhaltet, zur Erleichterung ihrer Anwendung die geltenden innerstaatlichen Vorschriften zu ändern.

PROTOKOLL
ÜBER DEN WIRTSCHAFTLICHEN UND
SOZIALEN ZUSAMMENHALT

DIE HOHEN VERTRAGSPARTEIEN –

EINGEDENK dessen, daß sich die Union zum Ziel gesetzt hat, den wirtschaftlichen und sozialen Fortschritt unter anderem durch Stärkung des wirtschaftlichen und sozialen Zusammenhalts zu fördern;

UNTER HINWEIS darauf, daß in Artikel 2 des Vertrags zur Gründung der Europäischen Gemeinschaft auch die Aufgabe der Förderung des wirtschaftlichen und sozialen Zusammenhalts und der Solidarität zwischen den Mitgliedstaaten erwähnt ist und daß die Stärkung des wirtschaftlichen und sozialen Zusammenhalts zu den in Artikel 3 dieses Vertrags aufgeführten Tätigkeiten der Gemeinschaft gehört;

UNTER HINWEIS darauf, daß der Dritte Teil Titel XIV über den wirtschaftlichen und sozialen Zusammenhalt insgesamt die Rechtsgrundlage für die Konsolidierung und Weiterentwicklung der Gemeinschaftstätigkeit im Bereich des wirtschaftlichen und sozialen Zusammenhalts, einschließlich der Schaffung eines neuen Fonds, darstellt;

UNTER HINWEIS darauf, daß im Dritten Teil in den Titeln XII über transeuropäische Netze und XVI über die Umwelt in Aussicht genommen ist, vor dem 31. Dezember 1993 einen Kohäsionsfonds zu schaffen;

IN DER ÜBERZEUGung, daß Fortschritte auf dem Weg zur Wirtschafts- und Währungsunion zum Wirtschaftswachstum aller Mitgliedstaaten beitragen werden;

IN ANBETRACHT dessen, daß sich die Strukturfonds der Gemeinschaft zwischen 1987 und 1993 real verdoppeln, was hohe Transferleistungen, insbesondere gemessen am BIP der weniger wohlhabenden Mitgliedstaaten, zur Folge hat;

IN ANBETRACHT dessen, daß die EIB erhebliche und noch steigende Beträge zugunsten der ärmeren Gebiete ausleiht;

IN ANBETRACHT des Wunsches nach größerer Flexibilität bei den Regelungen für die Zuweisungen aus den Strukturfonds;

IN ANBETRACHT des Wunsches nach einer Differenzierung der Höhe der Gemeinschaftsbeteiligung an den Programmen und Vorhaben in bestimmten Ländern;

ANGESICHTS des Vorschlags, dem relativen Wohlstand der Mitgliedstaaten im Rahmen des Systems der eigenen Mittel stärker Rechnung zu tragen –

BEKRÄFTIGEN, daß die Förderung des sozialen und wirtschaftlichen Zusammenhalts für die umfassende Entwicklung und den dauerhaften Erfolg der Gemeinschaft wesentlich ist, und unterstreichen die Bedeutung, die der Aufnahme des wirtschaftlichen und sozialen Zusammenhalts in die Artikel 2 und 3 dieses Vertrags zukommt;

BEKRÄFTIGEN ihre Überzeugung, daß die Strukturfonds bei der Erreichung der Gemeinschaftsziele hinsichtlich des Zusammenhalts weiterhin eine gewichtige Rolle zu spielen haben;

BEKRÄFTIGEN ihre Überzeugung, daß die EIB weiterhin den Großteil ihrer Mittel für die Förderung des wirtschaftlichen und sozialen Zusammenhalts einsetzen sollte, und erklären sich bereit, den Kapitalbedarf der EIB zu überzeugen, sobald dies für diesen Zweck notwendig ist;

BEKRÄFTIGEN die Notwendigkeit einer gründlichen Überprüfung der Tätigkeit und Wirksamkeit der Strukturfonds im Jahr 1992 und die Notwendigkeit, bei dieser Gelegenheit erneut zu prüfen, welchen Umfang dieser Fonds in Anbetracht der Gemeinschaftsaufgaben im Bereich des wirtschaftlichen und sozialen Zusammenhalts haben sollte;

VEREINBAREN, daß der vor dem 31. Dezember 1993 zu schaffende Kohäsionsfonds finanzielle Beiträge der Gemeinschaft für Vorhaben in den Bereichen Umwelt und transeuropäische Netze in Mitgliedstaaten mit einem Pro-Kopf-BSP von weniger als 90 v.H. des Gemeinschaftsdurchschnitts bereitstellt, die ein Programm zur Erfüllung der in Artikel 104c dieses Vertrags genannten Bedingungen der wirtschaftlichen Konvergenz vorweisen;

BEKUNDEN ihre Absicht, ein größeres Maß an Flexibilität bei der Zuweisung von Finanzmitteln aus den Strukturfonds für besondere Bedürfnisse vorzusehen, die nicht von den derzeitigen Strukturfonds abgedeckt werden;

BEKUNDEN ihre Bereitschaft, die Höhe der Gemeinschaftsbeteiligung an Programmen und Vorhaben im Rahmen der Strukturfonds zu differenzieren, um einen übermäßigen Anstieg der Haushaltsausgaben in den weniger wohlhabenden Mitgliedstaaten zu vermeiden;

ERKENNEN AN, daß die Fortschritte im Hinblick auf den wirtschaftlichen und sozialen Zusammenhalt laufend überwacht werden müssen, und bekunden ihre Bereitschaft, alle dazu erforderlichen Maßnahmen zu prüfen;

ERKLÄREN ihre Absicht, der Beitragskapazität der einzelnen Mitgliedstaaten im Rahmen des Systems der Eigenmittel stärker Rechnung zu tragen und zu prüfen, wie für die weniger wohlhabenden Mitgliedstaaten regressive Elemente im derzeitigen System der Eigenmittel korrigiert werden können;

KOMMEN ÜBEREIN, dieses Protokoll dem Vertrag zur Gründung der Europäischen Gemeinschaft beizufügen.

BEKRÄFTIGEN, daß die Förderung des sozialen und wirtschaftlichen Zusammenhalts für die umfassende Entwicklung und den dauerhaften Erfolg der Gemeinschaft wesentlich ist, und unterstreichen die Bedeutung, die der Aufnahme des wirtschaftlichen und sozialen Zusammenhalts in die Artikel 2 und 3 dieses Vertrags zukommt;

BEKRÄFTIGEN ihre Überzeugung, daß die Strukturfonds bei der Erreichung der Gemeinschaftsziele hinsichtlich des Zusammenhalts weiterhin eine gewichtige Rolle zu spielen haben;

BEKRÄFTIGEN ihre Überzeugung, daß die EIB weiterhin den Großteil ihrer Mittel für die Förderung des wirtschaftlichen und sozialen Zusammenhalts einsetzen sollte, und erklären sich bereit, den Kapitalbedarf der EIB zu überprüfen, sobald dies für diesen Zweck notwendig ist;

BEKRÄFTIGEN die Notwendigkeit einer gründlichen Überprüfung der Tätigkeit und Wirksamkeit der Strukturfonds im Jahr 1992 und die Notwendigkeit, bei dieser Gelegenheit erneut zu prüfen, welchen Umfang dieser Fonds in Anbetracht der Gemeinschaftsaufgaben im Bereich des wirtschaftlichen und sozialen Zusammenhalts haben sollte;

VEREINBAREN, daß der vor dem 31. Dezember 1993 zu schaffende Kohäsionsfonds finanzielle Beiträge der Gemeinschaft für Vorhaben in den Bereichen Umwelt und transeuropäische Netze in Mitgliedstaaten mit einem Pro-Kopf-BSP von weniger als 90 v.H. des Gemeinschaftsdurchschnitts bereitstellt, die ein Programm zur Erfüllung der in Artikel 104c dieses Vertrags genannten Bedingungen der wirtschaftlichen Konvergenz verweisen;

BEKUNDEN ihre Absicht, ein größeres Maß an Flexibilität bei der Zuweisung von Finanzmitteln aus den Strukturfonds für besondere Bedürfnisse vorzusehen, die nicht von den derzeitigen Strukturfonds abgedeckt werden;

BEKUNDEN ihre Bereitschaft, die Höhe der Gemeinschaftsbeteiligung an Programmen und Vorhaben im Rahmen der Strukturfonds zu differenzieren, um einen übermäßigen Anstieg der Haushaltsausgaben in den weniger wohlhabenden Mitgliedstaaten zu vermeiden;

ERKENNEN AN, daß die Fortschritte im Hinblick auf den wirtschaftlichen und sozialen Zusammenhalt laufend überwacht werden müssen, und bekunden ihre Bereitschaft, alle dazu erforderlichen Maßnahmen zu prüfen;

ERKLÄREN ihre Absicht, der Beitragskapazität der einzelnen Mitgliedstaaten im Rahmen des Systems der Eigenmittel stärker Rechnung zu tragen und zu prüfen, wie für die weniger wohlhabenden Mitgliedstaaten regressive Elemente im derzeitigen System der Eigenmittel korrigiert werden können;

KOMMEN ÜBEREIN, dieses Protokoll dem Vertrag zur Gründung der Europäischen Gemeinschaft beizufügen.

PROTOKOLL
BETREFFEND DEN WIRTSCHAFTS- UND
SOZIALAUSSCHUSS
UND DEN AUSSCHUSS DER REGIONEN

DIE HOHEN VERTRAGSPARTEIEN –
SIND über folgende Bestimmung ÜBEREINGEKOMMEN, die dem Vertrag zur Gründung der Europäischen Gemeinschaft beigefügt wird:
Der Wirtschafts- und Sozialausschuß und der Ausschuß der Regionen verfügen über einen gemeinsamen organisatorischen Unterbau.

**PROTOKOLL
ZUM VERTRAG ÜBER DIE EUROPÄISCHE UNION
UND ZU DEN VERTRÄGEN ZUR GRÜNDUNG DER
EUROPÄISCHEN GEMEINSCHAFTEN**

DIE HOHEN VERTRAGSPARTEIEN –

SIND über folgende Bestimmung ÜBEREINGEKOMMEN, die dem Vertrag über die Europäische Union und den Verträgen zur Gründung der Europäischen Gemeinschaften beigefügt wird:

Der Vertrag über die Europäische Union, die Verträge zur Gründung der Europäischen Gemeinschaften sowie die Verträge und Akte zur Änderung oder Ergänzung der genannten Verträge berühren nicht die Anwendung des Artikels 40.3.3 der irischen Verfassung in Irland.

**ERKLÄRUNGEN ZUM EG-VERTRAG
ANGENOMMENE ERKLÄRUNGEN GEM. DER SCHLUSSAKTE
ZUM VERTRAG VON AMSTERDAM (NR. 12–50)**

12. Erklärung zu Umweltverträglichkeitsprüfungen

Die Konferenz nimmt die Zusage der Kommission zur Kenntnis. Umweltverträglichkeitsstudien zu erstellen, wenn sie Vorschläge unterbreitet, die erhebliche Auswirkungen für die Umwelt haben können.

13. Erklärung zu Artikel 7d des Vertrags zur Gründung der Europäischen Gemeinschaft

Der die öffentlichen Dienste betreffende Artikel 7d des Vertrags zur Gründung der Europäischen Gemeinschaft wird unter uneingeschränkter Beachtung der Rechtsprechung des Gerichtshofs, u.a. in bezug auf die Grundsätze der Gleichbehandlung, der Qualität und der Dauerhaftigkeit solcher Dienste, umgesetzt.

14. Erklärung zur Aufhebung des Artikels 44 des Vertrags zur Gründung der Europäischen Gemeinschaft

Die Aufhebung des Artikels 44 des Vertrags zur Gründung der Europäischen Gemeinschaft, in dem eine natürliche Präferenz zwischen den Mitgliedstaaten bei der Festlegung der Mindestpreise in der Übergangszeit erwähnt wird, hat keine Auswirkung auf den Grundsatz der Gemeinschaftspräferenz, wie er in der Rechtsprechung des Gerichtshofs formuliert wurde.

15. **Erklärung zur Bewahrung des durch den Schengen-Besitzstand ge-
    währleisteten Maßes an Schutz und Sicherheit**

    Die Konferenz kommt überein, daß vom Rat zu beschließende Maß-
    nahmen, die zur Folge haben, daß die im Schengener Übereinkommen
    von 1990 enthaltenen Bestimmungen über die Abschaffung von Kon-
    trollen an den gemeinsamen Grenzen ersetzt werden, zumindest dassel-
    be Maß an Schutz und Sicherheit bieten müssen wie die genannten Be-
    stimmungen des Schengener Übereinkommens.

16. **Erklärung zu Artikel 73j Nummer 2 Buchstabe b des Vertrags zur
    Gründung der Europäischen Gemeinschaft**

    Die Konferenz kommt überein, daß bei der Anwendung des Artikels 73j
    Nummer 2 Buchstabe b des Vertrags zur Gründung der Europäischen
    Gemeinschaft außenpolitische Überlegungen der Union und der Mit-
    gliedstaaten berücksichtigt werden.

17. **Erklärung zu Artikel 73k des Vertrags zur Gründung der Europäi-
    schen Gemeinschaft**

    In asylpolitischen Angelegenheiten werden Konsultationen mit dem
    Hohen Kommissar der Vereinten Nationen für Flüchtlinge und anderen
    einschlägigen internationalen Organisationen aufgenommen.

18. **Erklärung zu Artikel 73k Nummer 3 Buchstabe a des Vertrags zur
    Gründung der Europäischen Gemeinschaft**

    Die Konferenz kommt überein, daß die Mitgliedstaaten in den unter Ar-
    tikel 73k Nummer 3 Buchstabe a des Vertrags zur Gründung der Eu-
    ropäischen Gemeinschaft fallenden Bereichen Übereinkünfte mit Dritt-
    ländern aushandeln und schließen können, sofern diese Übereinkünfte
    mit dem Gemeinschaftsrecht in Einklang stehen.

19. **Erklärung zu Artikel 73l Absatz 1 des Vertrags zur Gründung der
    Europäischen Gemeinschaft**

    Die Konferenz kommt überein, daß die Mitgliedstaaten bei der Wahr-
    nehmung ihrer Zuständigkeiten nach Artikel 73l Absatz 1 des Vertrags
    zur Gründung der Europäischen Gemeinschaft außenpolitische Überle-
    gungen berücksichtigen können.

20. Erklärung zu Artikel 73m des Vertrags zur Gründung der Europäischen Gemeinschaft

Nach Artikel 73m des Vertrags zur Gründung der Europäischen Gemeinschaft beschlossene Maßnahmen hindern die Mitgliedstaaten nicht daran, ihre Verfassungsvorschriften über Pressefreiheit und die Freiheit der Meinungsäußerung in anderen Medien anzuwenden.

21. Erklärung zu Artikel 73o des Vertrags zur Gründung der Europäischen Gemeinschaft

Die Konferenz kommt überein, daß der Rat die Einzelheiten des Beschlusses nach Artikel 73o Absatz 2 zweiter Gedankenstrich des Vertrags zur Gründung der Europäischen Gemeinschaft vor Ablauf des in Artikel 73o genannten Fünfjahreszeitraums prüfen wird, damit er diesen Beschluß unmittelbar nach Ablauf dieses Zeitraums fassen und anwenden kann.

22. Erklärung zu Personen mit einer Behinderung

Die Konferenz kommt überein, daß die Organe der Gemeinschaft bei der Ausarbeitung von Maßnahmen nach Artikel 100a des Vertrags zur Gründung der Europäischen Gemeinschaft den Bedürfnissen von Personen mit einer Behinderung Rechnung tragen.

23. Erklärung zu den in Artikel 109r des Vertrags zur Gründung der Europäischen Gemeinschaft genannten Anreizmaßnahmen

Die Konferenz kommt überein, daß die Anreizmaßnahmen nach Artikel 109r des Vertrags zur Gründung der Europäischen Gemeinschaft stets folgende Angaben enthalten sollten:
- die Gründe für ihre Annahme auf der Grundlage einer objektiven Beurteilung ihrer Notwendigkeit und des Vorhandenseins eines zusätzlichen Nutzens auf Gemeinschaftsebene;
- ihre Geltungsdauer, die fünf Jahre nicht überschreiten sollte;
- die Obergrenze für ihre Finanzierung, die den Anreizcharakter solcher Maßnahmen widerspiegeln sollte.

24. Erklärung zu Artikel 109r des Vertrags zur Gründung der Europäischen Gemeinschaft

Es gilt als vereinbart, daß Ausgaben nach Artikel 109r des Vertrags zur Gründung der Europäischen Gemeinschaft unter Rubrik 3 der Finanziellen Vorausschau fallen.

25. Erklärung zu Artikel 118 des Vertrags zur Gründung der Europäischen Gemeinschaft

Es gilt als vereinbart, daß Ausgaben nach Artikel 118 des Vertrags zur Gründung der Europäischen Gemeinschaft unter Rubrik 3 der Finanziellen Vorausschau fallen.

26. Erklärung zu Artikel 118 Absatz 2 des Vertrags zur Gründung der Europäischen Gemeinschaft

Die Hohen Vertragsparteien stellen fest, daß bei den Beratungen über Artikel 118 Absatz 2 des Vertrags zur Gründung der Europäischen Gemeinschaft Einvernehmen darüber bestand, daß die Gemeinschaft beim Erlaß von Mindestvorschriften zum Schutz der Sicherheit und Gesundheit der Arbeitnehmer nicht beabsichtigt, Arbeitnehmer kleiner und mittlerer Unternehmen in einer den Umständen nach nicht gerechtfertigten Weise zu benachteiligen.

27. Erklärung zu Artikel 118b Absatz 2 des Vertrags zur Gründung der Europäischen Gemeinschaft

Die Hohen Vertragsparteien erklären, daß die erste der Durchführungsvorschriften zu den Vereinbarungen zwischen den Sozialpartnern auf Gemeinschaftsebene nach Artikel 118b Absatz 2 des Vertrags zur Gründung der Europäischen Gemeinschaft die Erarbeitung des Inhalts dieser Vereinbarungen durch Tarifverhandlungen gemäß den Regeln eines jeden Mitgliedstaats betrifft und daß diese Vorschrift mithin weder eine Verpflichtung der Mitgliedstaaten, diese Vereinbarungen unmittelbar anzuwenden oder diesbezügliche Umsetzungsregeln zu erarbeiten, noch eine Verpflichtung beinhaltet, zur Erleichterung ihrer Anwendung die geltenden innerstaatlichen Rechtsvorschriften zu ändern.

28. Erklärung zu Artikel 119 Absatz 4 des Vertrags zur Gründung der Europäischen Gemeinschaft

Maßnahmen der Mitgliedstaaten nach Artikel 119 Absatz 4 des Vertrags zur Gründung der Europäischen Gemeinschaft sollten in erster Linie der Verbesserung der Lage der Frauen im Arbeitsleben dienen.

29. Erklärung zum Sport

Die Konferenz unterstreicht die gesellschaftliche Bedeutung des Sports, insbesondere die Rolle, die dem Sport bei der Identitätsfindung und der

Begegnung der Menschen zukommt. Die Konferenz appelliert daher an die Gremien der Europäischen Union, bei wichtigen, den Sport betreffenden Fragen die Sportverbände anzuhören. In diesem Zusammenhang sollten die Besonderheiten des Amateursports besonders berücksichtigt werden.

30. Erklärung zu den Inselgebieten

Die Konferenz ist sich dessen bewußt, daß Inselgebiete unter strukturellen Nachteilen leiden, die mit ihrer Insellage verknüpft sind und die als ständige Gegebenheiten ihre wirtschaftliche und soziale Entwicklung beeinträchtigen.

Die Konferenz stellt dementsprechend fest, daß das Gemeinschaftsrecht diesen Nachteilen Rechnung tragen muß und daß – soweit gerechtfertigt – spezielle Maßnahmen zugunsten dieser Gebiete getroffen werden können, um diese zu fairen Bedingungen besser in den Binnenmarkt einzugliedern.

31. Erklärung zu dem Beschluß des Rates vom 13. Juli 1987

Die Konferenz fordert die Kommission auf, dem Rat bis spätestens Ende 1998 einen Vorschlag zur Änderung des Beschlusses des Rates vom 13. Juli 1987 zur Festlegung der Modalitäten für die Ausübung der der Kommission übertragenen Durchführungsbefugnisse zu unterbreiten.

32. Erklärung zur Organisation und Arbeitsweise der Kommission

Die Konferenz nimmt Kenntnis von der Absicht der Kommission, rechtzeitig für die im Jahr 2000 beginnende Amtszeit eine Neugestaltung der Aufgaben innerhalb des Kollegiums vorzubereiten, damit eine optimale Aufteilung zwischen herkömmlichen Ressorts und spezifischen Aufgabenbereichen gewährleistet wird.

In diesem Zusammenhang vertritt die Konferenz die Auffassung, daß der Präsident der Kommission sowohl bei der Zuweisung der Aufgaben innerhalb des Kollegiums als auch bei jeder Neuordnung dieser Aufgaben während der Amtszeit einen großen Ermessensspielraum haben muß.

Die Konferenz nimmt ebenfalls Kenntnis von der Absicht der Kommission, gleichlaufend eine Neugliederung ihrer Dienststellen in Angriff zu nehmen. Sie nimmt insbesondere zur Kenntnis, daß es wünschenswert ist, einem Vizepräsidenten die Zuständigkeit für die Außenbeziehungen zuzuweisen.

33. **Erklärung zu Artikel 188c Absatz 3 des Vertrags zur Gründung der Europäischen Gemeinschaft**

Die Konferenz ersucht den Rechnungshof, die Europäische Investitionsbank und die Kommission, die derzeitige Dreiervereinbarung in Kraft zu belassen. Beantragt eine der Parteien eine Nachfolge- oder Änderungsvereinbarung, so wird eine Übereinkunft darüber unter Berücksichtigung der jeweiligen Interessen angestrebt.

34. **Erklärung zur Einhaltung der Fristen im Rahmen des Mitentscheidungsverfahrens**

Die Konferenz fordert das Europäische Parlament, den Rat und die Kommission auf, alle Anstrengungen zu unternehmen, damit sichergestellt ist, daß das Mitentscheidungsverfahren möglichst zügig verläuft. Sie weist darauf hin, wie wichtig es ist, daß die in Artikel 189b des Vertrags zur Gründung der Europäischen Gemeinschaft festgelegten Fristen strikt eingehalten werden, und bekräftigt, daß auf die in Absatz 7 jenes Artikels vorgesehene Fristverlängerung nur zurückgegriffen werden sollte, wenn dies unbedingt erforderlich ist. In keinem Fall sollten zwischen der zweiten Lesung im Europäischen Parlament und dem Ausgang des Verfahrens im Vermittlungsausschuß mehr als neun Monate verstreichen.

35. **Erklärung zu Artikel 191a Absatz 1 des Vertrags zur Gründung der Europäischen Gemeinschaft**

Die Konferenz kommt überein, daß die in Artikel 191a Absatz 1 des Vertrags zur Gründung der Europäischen Gemeinschaft genannten Grundsätze und Bedingungen es einem Mitgliedstaat gestatten, die Kommission oder den Rat zu ersuchen, ein aus dem betreffenden Mitgliedstaat stammendes Dokument nicht ohne seine vorherige Zustimmung an Dritte weiterzuleiten.

36. **Erklärung zu den überseeischen Ländern und Gebieten**

Die Konferenz räumt ein, daß das besondere Assoziierungssystem für die überseeischen Länder und Gebiete (ÜLG im Vierten Teil des Vertrags zur Gründung der Europäischen Gemeinschaft für eine Vielzahl von Ländern und Gebieten mit großer Fläche und Einwohnerzahl gedacht war. Dieses System hat sich seit 1957 kaum weiterentwickelt. Die Konferenz stellt fest, daß es heute nur noch 20 ÜLG gibt, bei denen es sich um weit verstreute Inseln mit insgesamt rund 900 000 Einwohnern handelt. Zudem sind die meisten ÜLG strukturell gesehen weit im Rückstand, was auf die besonders ungünstigen geographischen und wirtschaftlichen Bedingungen zurückzuführen ist. Unter diesen Umständen kann das besondere Assoziierungssystem in der Form von 1957 den Herausforderungen der Entwicklung der ÜLG nicht mehr gerecht werden.

Die Konferenz weist nachdrücklich darauf hin, daß das Ziel der Assoziierung die Förderung der wirtschaftlichen und sozialen Entwicklung der Länder und Gebiete und die Herstellung enger Wirtschaftsbedingungen zwischen ihnen und der gesamten Gemeinschaft ist.

Daher fordert die Konferenz den Rat auf, dieses Assoziierungssystem nach Artikel 136 des Vertrags zur Gründung der Europäischen Gemeinschaft bis Februar 2000 zu überprüfen; dabei sollen vier Ziele verfolgt werden:

– wirksamere Förderung der wirtschaftlichen und sozialen Entwicklung der ÜLG;

– Vertiefung der Wirtschaftsbeziehungen zwischen den ÜLG und der Europäischen Union;

– stärkere Berücksichtigung der Verschiedenheit und der Besonderheiten der einzelnen ÜLG, auch im Hinblick auf die Niederlassungsfreiheit;

– Gewährleistung einer größeren Wirksamkeit des Finanzinstruments.

37. Erklärung zu öffentlich-rechtlichen Kreditinstituten in Deutschland

Die Konferenz nimmt die Auffassung der Kommission zur Kenntnis, daß die bestehenden Wettbewerbsregeln der Gemeinschaft es zulassen, Dienstleistungen von allgemeinen wirtschaftlichem Interesse, welche die in Deutschland bestehenden öffentlich-rechtlichen Kreditinstitute erfüllen, sowie ihnen zum Ausgleich für die mit diesen Leistungen verbundenen Lasten gewährte Fazilitäten voll zu berücksichtigen. Dabei bleibt es der Organisation dieses Mitgliedstaats überlassen, auf welche Weise er insoweit den Gebietskörperschaften die Erfüllung ihrer Aufgabe ermöglicht, in ihren Regionen eine flächendeckende und leistungsfähige Finanzinfrastruktur zur Verfügung zu stellen. Diese Fazilitäten dürfen die Wettbewerbsbedingungen nicht in einem Ausmaß beeinträchtigen, das über das zur Erfüllung der besonderen Aufgaben erforderliche Maß hinausgeht und zugleich dem Interesse der Gemeinschaft entgegenwirkt.

Die Konferenz erinnert daran, daß der Europäische Rat die Kommission ersucht hat, zu prüfen, ob es in den übrigen Mitgliedstaaten vergleichbare Fälle gibt, auf etwaige vergleichbare Fälle dieselben Maßstäbe anzuwenden und dem Rat in der Zusammensetzung der Wirtschafts- und Finanzminister Bericht zu erstatten.

38. Erklärung zu freiwilligen Diensten

Die Konferenz erkennt an, daß die freiwilligen Dienste einen wichtigen Beitrag zur Entwicklung der sozialen Solidarität leisten.

Die Gemeinschaft wird die europäische Dimension freiwilliger Vereinigungen fördern und dabei besonderen Wert auf den Austausch von Informationen und Erfahrungen sowie die Mitwirkung von Jugendlichen und älteren Menschen an freiwilliger Arbeit legen.

39. Erklärung zur redaktionellen Qualität der gemeinschaftlichen Rechtsvorschriften

Die Konferenz stellt fest, daß die redaktionelle Qualität wesentliche Voraussetzung dafür ist, daß gemeinschaftliche Rechtsvorschriften von den zuständigen einzelstaatlichen Behörden ordnungsgemäß angewandt und von den Bürgern und der Wirtschaft besser verstanden werden. Sie erinnert an die diesbezüglichen Schlußfolgerungen des Vorsitzes des Europäischen Rates (Edinburgh, 11./12. Dezember 1992) und an die vom Rat am 8. Juni 1993 angenommene Entschließung über die redaktionelle Qualität der gemeinschaftlichen Rechtsvorschriften (*Amtsblatt der Europäischen Gemeinschaften.* Nr. C 166 vom 17.6.1993, S. 1).

Die Konferenz ist der Auffassung, daß die drei am Verfahren für die Annahme gemeinschaftlicher Rechtsvorschriften beteiligten Organe, nämlich das Europäische Parlament, der Rat und die Kommission, Leitlinien für die redaktionelle Qualität dieser Vorschriften festlegen sollten. Sie weist ferner darauf hin, daß die gemeinschaftlichen Rechtsvorschriften zugänglicher gemacht werden sollten, und begrüßt in dieser Hinsicht die Annahme und erste Anwendung des beschleunigten Arbeitsverfahrens für die amtliche Kodifizierung von Rechtstexten, das durch die Interinstitutionelle Vereinbarung vom 20. Dezember 1994 festgelegt wurde (*Amtsblatt der Europäischen Gemeinschaften,* Nr. C 102 vom 4.4.1996, S. 2).

Die Konferenz erklärt deshalb, daß das Europäische Parlament, der Rat und die Kommission

- einvernehmlich Leitlinien zur Verbesserung der redaktionellen Qualität der gemeinschaftlichen Rechtsvorschriften festlegen und bei der Prüfung von Vorschlägen oder Entwürfen für gemeinschaftliche Rechtsakte diese Leitlinien zugrunde legen und die internen organisatorischen Maßnahmen ergreifen sollten, die sie für eine angemessene Durchführung der Leitlinien als erforderlich erachten;
- alles daran setzen sollten, um die Kodifizierung von Rechtsakten zu beschleunigen.

40. Erklärung zu dem Verfahren beim Abschluß internationaler Übereinkünfte durch die Europäische Gemeinschaft für Kohle und Stahl

Der Wegfall des § 14 des Abkommens über die Übergangsbestimmungen im Anhang zum Vertrag über die Gründung der Europäischen Gemeinschaft für Kohle und Stahl stellt keine Änderung der bestehenden Praxis hinsichtlich des Verfahrens beim Abschluß internationaler Übereinkünfte durch die Europäische Gemeinschaft für Kohle und Stahl dar.

41. Erklärung zu den Vorschriften über die Transparenz, den Zugang zu Dokumenten und die Bekämpfung von Betrügereien

Die Konferenz ist der Ansicht, daß sich das Europäische Parlament, der Rat und die Kommission, wenn sie aufgrund des Vertrags über die Gründung der Europäischen Gemeinschaft für Kohle und Stahl und des Vertrags zur Gründung der Europäischen Atomgemeinschaft handeln, von den im Rahmen des Vertrags zur Gründung der Europäischen Gemeinschaft geltenden Vorschriften über die Transparenz, den Zugang zu Dokumenten und die Bekämpfung von Betrügereien leiten lassen sollten.

42. Erklärung über die Konsolidierung der Verträge

Die Hohen Vertragsparteien sind übereingekommen, daß die während dieser Regierungskonferenz begonnene technische Arbeit möglichst zügig mit dem Ziel fortgesetzt wird, eine konsolidierte Fassung aller einschlägigen Verträge, einschließlich des Vertrags über die Europäische Union, vorzubereiten.

Sie sind ferner übereingekommen, daß die Endergebnisse dieser technischen Arbeit, die unter der Verantwortung des Generalsekretärs des Rates zur leichteren Orientierung veröffentlicht werden, keine Rechtswirkung haben.

43. **Erklärung zum Protokoll über die Anwendung der Grundsätze der Subsidiarität und der Verhältnismäßigkeit**

Die Hohen Vertragsparteien bekräftigen zum einen die der Schlußakte zum Vertrag über die Europäische Union beigefügte Erklärung zur Anwendung des Gemeinschaftsrechts und zum anderen die Schlußfolgerungen des Europäischen Rates von Essen, wonach die administrative Durchführung des Gemeinschaftsrechts grundsätzlich Sache der Mitgliedstaaten gemäß ihren verfassungsrechtlichen Vorschriften bleibt. Die Aufsichts-, Kontroll- und Durchführungsbefugnisse der Gemeinschaftsorgane nach den Artikeln 145 und 155 des Vertrags zur Gründung der Europäischen Gemeinschaft bleiben hiervon unberührt.

44. **Erklärung zu Artikel 2 des Protokolls zur Einbeziehung des Schengen-Besitzstands in den Rahmen der Europäischen Union**

Die Hohen Vertragsparteien kommen überein, daß der Rat zum Zeitpunkt des Inkrafttretens des Vertrags von Amsterdam alle erforderlichen Maßnahmen beschließt, die in Artikel 2 des Protokolls zur Einbeziehung des Schengen-Besitzstands in den Rahmen der Europäischen Union genannt sind. Zu diesem Zweck werden rechtzeitig die erforderlichen Vorbereitungsarbeiten eingeleitet, damit sie vor dem genannten Zeitpunkt abgeschlossen werden können.

45. **Erklärung zu Artikel 4 des Protokolls zur Einbeziehung des Schengen-Besitzstands in den Rahmen der Europäischen Union**

Die Hohen Vertragsparteien ersuchen den Rat, die Stellungnahme der Kommission einzuholen, bevor er über einen von Irland und dem Vereinigten Königreich Großbritannien und Nordirland gestellten Antrag nach Artikel 4 des Protokolls zur Einbeziehung des Schengen-Besitzstands in den Rahmen der Europäischen Union entscheidet, einzelne oder alle Bestimmungen des Schengen Besitzstands auf sie anzuwenden. Ferner verpflichten sie sich, die größtmöglichen Anstrengungen zu unternehmen, damit Irland und das Vereinigte Königreich Großbritannien und Nordirland – wenn sie dies wünschen – Artikel 4 des genannten Protokolls in Anspruch nehmen können, so daß der Rat in der Lage ist, die in jenem Artikel genannten Beschlüsse, und zwar zum Zeitpunkt des Inkrafttretens jenes Protokolls oder zu jedem späteren Zeitpunkt, zu fassen.

46. **Erklärung zu Artikel 5 des Protokolls zur Einbeziehung des Schengen-Besitzstands in den Rahmen der Europäischen Union**

Die Hohen Vertragsparteien übernehmen die Verpflichtung, sich nach besten Kräften dafür einzusetzen, daß ein Vorgehen unter Beteiligung aller Mitgliedstaaten in den Bereichen des Schengen-Besitzstands ermöglicht wird, insbesondere wenn Irland und das Vereinigte Königreich Großbritannien und Nordirland nach Artikel 4 des Protokolls zur Einbeziehung des Schengen-Besitzstands in den Rahmen der Europäischen Union einzelne oder alle Bestimmungen dieses Besitzstands übernommen haben.

47. **Erklärung zu Artikel 6 des Protokolls zur Einbeziehung des Schengen-Besitzstands in den Rahmen der Europäischen Union**

Die Hohen Vertragsparteien kommen überein, alle erforderlichen Schritte zu unternehmen, damit die in Artikel 6 des Protokolls zur Einbeziehung des Schengen-Besitzstands in den Rahmen der Europäischen Union genannten Übereinkommens zu demselben Zeitpunkt in Kraft treten können wie der Vertrag von Amsterdam.

48. **Erklärung zum Protokoll über die Gewährung von Asyl für Staatsangehörige von Mitgliedstaaten der Europäischen Union**

Das Protokoll über die Gewährung von Asyl für Staatsangehörige von Mitgliedstaaten der Europäischen Union berührt nicht das Recht eines jeden Mitgliedstaats, die organisatorischen Maßnahmen zu treffen, die er zur Erfüllung seiner Verpflichtungen aus dem Genfer Abkommen vom 28. Juli 1951 über die Rechtsstellung der Flüchtlinge für erforderlich hält.

49. **Erklärung zu Buchstabe d des einzigen Artikels des Protokolls über die Gewährung von Asyl für Staatsangehörige der Mitgliedstaaten der Europäischen Union**

Die Konferenz erklärt, daß sie die Bedeutung der Entschließung der für Einwanderung zuständigen Minister der Mitgliedstaaten der Europäischen Gemeinschaften vom 30. November / 1. Dezember 1992 über offensichtlich unbegründete Asylanträge und der Entschließung des Rates vom 20. Juni 1995 über die Mindestgarantien für Asylverfahren anerkennt, jedoch die Frage des Mißbrauchs von Asylverfahren und geeigneter schneller Verfahren, die es gestatten, auf die Prüfung offensichtlich unbegründeter Asylanträge zu verzichten, weiter geprüft werden sollte, damit neue Verbesserungen zur Beschleunigung dieser Verfahren eingeführt werden können.

50. Erklärung zum Protokoll über die Organe im Hinblick auf die Erweiterung der Europäischen Union

Es wird vereinbart, daß die Geltungsdauer des Beschlusses des Rates vom 29. März 1994 („Ioannina-Kompromiß") bis zum Zeitpunkt des Inkrafttretens der ersten Erweiterung verlängert wird und daß bis zu diesem Zeitpunkt eine Lösung für den Sonderfall Spaniens gefunden wird.

VON DER KONFERENZ ZUR KENNTNIS GENOMMENE ERKLÄRUNG GEM. DER SCHLUSSAKTE ZUM VERTRAG VON AMSTERDAM 1997 (NR. 1, 3–7)

1. Erklärung Österreichs und Luxemburgs zu Kreditinstituten

Österreich und Luxemburg gehen davon aus, daß die „Erklärung zu öfteren rechtlichen Kreditinstituten in Deutschland" auch für Kreditinstitute in Österreich und Luxemburg mit vergleichbaren Organisationsformen gilt.

3. Erklärung Deutschlands, Österreichs und Belgiens zur Subsidiarität

Die Regierungen Deutschlands, Österreichs und Belgiens gehen davon aus Maßnahmen der Europäischen Gemeinschaft gemäß dem Subsidiaritätsprinzip nicht nur die Mitgliedstaaten betreffen, sondern auch deren Gebietskörperschaften, soweit diese nach nationalem Verfassungsrecht eigene gesetzgeberische Befugnisse besitzen.

4. Erklärung Irlands zu Artikel 3 des Protokolls über die Position des Vereinigten Königreichs und Irlands

Irland erklärt, daß es beabsichtigt, sein Recht nach Artikel 3 des Protokolls über die Position des Vereinigten Königreichs und Irlands, sich an der Annahme von Maßnahmen nach Titel IIIa des Vertrags zur Gründung der Europäischen Gemeinschaft zu beteiligen, so weit wahrzunehmen, wie dies mit der Aufrechterhaltung des zwischen ihm und dem

Vereinigten Königreich bestehenden einheitlichen Reisegebiets vereinbar ist. Irland weist darauf hin, daß seine Teilnahme an dem Protokoll
über die Anwendung bestimmter Aspekte des Artikels 7a des Vertrags
zur Gründung der Europäischen Gemeinschaft auf das Vereinigte
Königreich und auf Irland seinen Wunsch widerspiegelt, das zwischen
ihm und dem Vereinigten Königreich bestehende einheitliche Reisegebiet beizubehalten, um ein größtmögliches Maß an Freiheit des Reise-
verkehrs nach und aus Irland zu gewährleisten.

**5. Erklärung Belgiens zum Protokoll über die Gewährung von Asyl
für Staatsangehörige von Mitgliedstaaten der Europäischen Union**

Bei der Annahme des Protokolls über die Gewährung von Asyl für
Staatsangehörige von Mitgliedstaaten der Europäischen Union erklärt
Belgien, daß es gemäß seinen Verpflichtungen aus dem Genfer Abkommen von 1951 und dem New Yorker Protokoll von 1967 in Einklang mit
Buchstabe d des Einzigen Artikels dieses Protokolls jeden Asylantrag
eines Staatsangehörigen eines anderen Mitgliedstaates gesondert prüfen
wird.

**6. Erklärung Belgiens, Frankreichs und Italiens zum Protokoll über
die Organe im Hinblick auf die Erweiterung der Europäischen
Union**

Belgien, Frankreich und Italien stellen fest, daß auf der Grundlage der
Ergebnisse der Regierungskonferenz der Vertrag von Amsterdam nicht
der vom Europäischen Rat von Madrid bekräftigten Notwendigkeit entspricht, wesentliche Fortschritte bei der Stärkung der Organe zu erzielen.
Diese Länder sind der Ansicht, daß eine solche Stärkung eine unerläßliche Voraussetzung für den Abschluß der ersten Beitrittsverhandlungen
ist. Sie sind entschlossen, die aufgrund des Protokolls betreffend die
Zusammensetzung der Kommission und die Stimmenwägung erforderlichen Maßnahmen zu erlassen, und vertreten die Auffassung, daß eine
erhebliche Ausweitung des Rückgriffs auf eine Abstimmung mit qualifizierter Mehrheit zu den wesentlichen Elementen gehört, denen Rechnung getragen werden sollte.

7. Erklärung Frankreichs zur Lage der überseeischen Departements hinsichtlich des Protokolls zur Einbeziehung des Schengen-Besitzstands in den Rahmen der Europäischen Union

Frankreich ist der Ansicht, daß die Durchführung des Protokolls zur Einbeziehung des Schengen-Besitzstands in den Rahmen der Europäischen Union nicht den geographischen Geltungsbereich des am 19. Juni 1990 in Schengen unterzeichneten Übereinkommens zur Durchführung des Übereinkommens von Schengen vom 14. Juni 1985 berührt, wie er in Artikel 138 Absatz 1 jenes Übereinkommens festgelegt ist.

ERKLÄRUNGEN GEM. DER SCHLUSSAKTE ZUM VERTRAG VON MAASTRICHT

SCHLUSSAKTE VON MAASTRICHT

1. Die Konferenzen der Vertreter der Regierungen der Mitgliedstaaten, die am 15. Dezember 1990 in Rom einberufen wurden, um im gegenseitigen Einvernehmen die Änderungen zu beschließen, die an dem Vertrag zur Gründung der Europäischen Wirtschaftsgemeinschaft im Hinblick auf die Verwirklichung der Politischen Union und im Hinblick auf die Schlußphasen der Wirtschafts- und Währungsunion vorzunehmen sind, sowie die Konferenzen, die am 3. Februar 1992 in Brüssel einberufen wurden, um an den Verträgen über die Gründung der Europäischen Gemeinschaft für Kohle und Stahl und zur Gründung der Europäischen Atomgemeinschaft die Änderungen vorzunehmen, die sich aus den für den Vertrag zur Gründung der Europäischen Wirtschaftsgemeinschaft vorgesehenen Änderungen ergeben, haben folgende Texte beschlossen:

I.
VERTRAG ÜBER DIE EUROPÄISCHE UNION
(abgedruckt in Teil 1)

II.
PROTOKOLLE
(s. vorne)

2. Zum Zeitpunkt der Unterzeichnung dieser Texte haben die Konferenzen die nachstehend aufgeführten Erklärungen angenommen, die dieser Schlußakte beigefügt sind.

III.
ERKLÄRUNGEN

1. Erklärung zu den Bereichen Katastrophenschutz, Energie und Fremdenverkehr

2. Erklärung zur Staatsangehörigkeit eines Mitgliedstaats

3. Erklärung zum Dritten Teil Titel III und VI des Vertrags zur Gründung der Europäischen Gemeinschaft

4. Erklärung zum Dritten Teil Titel VI des Vertrags zur Gründung der Europäischen Gemeinschaft

5. Erklärung zur Zusammenarbeit mit dritten Ländern im Währungsbereich

6. Erklärung zu den Währungsbeziehungen zur Republik San Marino, zum Staat Vatikanstadt und zum Fürstentum Monaco

7. Erklärung zu Artikel 73d des Vertrags zur Gründung der Europäischen Gemeinschaft

8. Erklärung zu Artikel 109 des Vertrags zur Gründung der Europäischen Gemeinschaft

9. Erklärung zum Dritten Teil Titel XVI des Vertrags zur Gründung der Europäischen Gemeinschaft

10. Erklärung zu den Artikeln 109, 130r und 130y des Vertrags zur Gründung der Europäischen Gemeinschaft

11. Erklärung zur Richtlinie vom 24. November 1988 (Emissionen)

12. Erklärung zum Europäischen Entwicklungsfonds

13. Erklärung zur Rolle der einzelstaatlichen Parlamente in der Europäischen Union

14. Erklärung zur Konferenz der Parlamente

15. Erklärung zur Zahl der Mitglieder der Kommission und des Europäischen Parlaments

16. Erklärung zur Rangordnung der Rechtsakte der Gemeinschaft

17. Erklärung zum Recht auf Zugang zu Informationen

18. Erklärung zu den geschätzten Folgekosten der Vorschläge der Kommission

19. Erklärung zur Anwendung des Gemeinschaftsrechts

20. Erklärung zur Beurteilung der Umweltverträglichkeit der Gemeinschaftsmaßnahmen

21. Erklärung zum Rechnungshof

22. Erklärung zum Wirtschafts- und Sozialausschuß

23. Erklärung zur Zusammenarbeit mit den Wohlfahrtsverbänden

24. Erklärung zum Tierschutz

25. Erklärung zur Vertretung der Interessen der überseeischen Länder und
Hoheitsgebiete nach Artikel 227 Absatz 3 und Absatz 5 Buchstaben a
und b des Vertrags zur Gründung der Europäischen Gemeinschaft
26. Erklärung zu den Gebieten äußerster Randlage der Gemeinschaft
27. Erklärung zu den Abstimmungen im Bereich der gemeinsamen Außen-
und Sicherheitspolitik
28. Erklärung zu den praktischen Einzelheiten im Bereich der gemeinsamen Außen- und Sicherheitspolitik
29. Erklärung zum Gebrauch der Sprachen im Bereich der gemeinsamen
Außen- und Sicherheitspolitik
30. Erklärung zur Westeuropäischen Union
31. Erklärung zur Asylfrage
32. Erklärung zur polizeilichen Zusammenarbeit
33. Erklärung zu Streitsachen zwischen EZB bzw. dem EWI und deren Bediensteten

Geschehen zu Maastricht am siebten Februar neunzehnhundertzweiund-
neunzig.

ERKLÄRUNG
ZU DEN BEREICHEN KATASTROPHENSCHUTZ, ENERGIE UND FREMDENVERKEHR

Redaktioneller Hinweis: Den vollständigen Text dieser Erklärung finden
Sie in der ersten Auflage auf Seite 1.432.

ERKLÄRUNG
ZUR STAATSANGEHÖRIGKEIT EINES MITGLIEDSTAATS

Die Konferenz erklärt, daß bei Bezugnahmen des Vertrags zur Gründung
der Europäischen Gemeinschaft auf die Staatsangehörigen der Mitgliedstaaten die Frage, welchem Mitgliedstaat eine Person angehört, allein durch
Bezug auf das innerstaatliche Recht des betreffenden Mitgliedstaats geregelt wird. Die Mitgliedstaaten können zur Unterrichtung in einer Erklärung
gegenüber dem Vorsitz angeben, wer für die Zwecke der Gemeinschaft als
ihr Staatsangehöriger anzusehen ist, und ihre Erklärung erforderlichenfalls
ändern.

ERKLÄRUNG
ZUM DRITTEN TEIL TITEL III UND VI
DES VERTRAGS ZUR GRÜNDUNG
DER EUROPÄISCHEN GEMEINSCHAFT

Redaktioneller Hinweis: Den vollständigen Text dieser Erklärung finden
Sie in der ersten Auflage auf Seite 1.433.

ERKLÄRUNG
ZUM DRITTEN TEIL TITEL VI
DES VERTRAGS ZUR GRÜNDUNG
DER EUROPÄISCHEN GEMEINSCHAFT

Redaktioneller Hinweis: Den vollständigen Text dieser Erklärung finden
Sie in der ersten Auflage auf Seite 1.433.

ERKLÄRUNG
ZUR ZUSAMMENARBEIT MIT DRITTEN LÄNDERN
IM WÄHRUNGSBEREICH

Die Konferenz erklärt, daß die Gemeinschaft zu stabilen internationalen
Währungsbeziehungen beitragen will. Zu diesem Zweck ist die Gemeinschaft bereit, mit anderen europäischen Ländern und mit denjenigen außereuropäischen Ländern, zu denen sie enge wirtschaftliche Bindungen hat,
zusammenzuarbeiten.

ERKLÄRUNG
ZU DEN WÄHRUNGSBEZIEHUNGEN
ZUR REPUBLIK SAN MARINO, ZUM STAAT
VATIKANSTADT UND ZUM FÜRSTENTUM MONACO

Die Konferenz ist sich einig, daß die derzeitigen Währungsbeziehungen
zwischen Italien und San Marino bzw. Vatikanstadt und zwischen Frankreich und Monaco durch diesen Vertrag bis zur Einführung des ECU als
einheitlicher Währung der Gemeinschaft unberührt bleiben.
Die Gemeinschaft verpflichtet sich, die Neuaushandlung bestehender Übereinkünfte, die durch Einführung des ECU als einheitlicher Währung erforderlich werden können, zu erleichtern.

ERKLÄRUNG
ZU ARTIKEL 73d DES VERTRAGS ZUR GRÜNDUNG DER EUROPÄISCHEN GEMEINSCHAFT

Die Konferenz bekräftigt, daß das in Artikel 73d Absatz 1 Buchstabe a des Vertrags zur Gründung der Europäischen Gemeinschaft erwähnte Recht der Mitgliedstaaten, die einschlägigen Vorschriften ihres Steuerrechts anzuwenden, nur für die einschlägigen Vorschriften gilt, die Ende 1993 bestehen. Diese Erklärung betrifft jedoch nur den Kapital- und Zahlungsverkehr zwischen den Mitgliedstaaten.

ERKLÄRUNG
ZU ARTIKEL 109 DES VERTRAGS ZUR GRÜNDUNG DER EUROPÄISCHEN GEMEINSCHAFT

Die Konferenz bekräftigt, daß mit dem in Artikel 109 Absatz 1 verwendeten Begriff „förmliche Vereinbarung" nicht eine neue Kategorie internationaler Übereinkünfte im Sinne des Gemeinschaftsrechts geschaffen werden soll.

ERKLÄRUNG
ZUM DRITTEN TEIL TITEL XVI DES VERTRAGS ZUR GRÜNDUNG DER EUROPÄISCHEN GEMEINSCHAFT

Die Konferenz ist der Ansicht, daß die Gemeinschaft in Anbetracht der zunehmenden Bedeutung, die dem Naturschutz auf einzelstaatlicher, gemeinschaftlicher und internationaler Ebene zukommt, bei der Ausübung ihrer Zuständigkeiten aufgrund des Dritten Teils Titel XVI des Vertrags den spezifischen Erfordernissen in diesem Bereich Rechnung tragen soll.

ERKLÄRUNG
ZU DEN ARTIKELN 109, 130r UND 130y DES VERTRAGS ZUR GRÜNDUNG DER EUROPÄISCHEN GEMEINSCHAFT

Die Konferenz vertritt die Auffassung, daß Artikel 109 Absatz 5, Artikel 130r Absatz 4 Unterabsatz 2 und Artikel 130y nicht die Grundsätze berühren, die sich aus dem Urteil des Gerichtshofs in der AETR-Rechtssache ergeben.

ERKLÄRUNG
ZUR RICHTLINIE VOM 24. NOVEMBER 1988
(Emissionen)

Redaktioneller Hinweis: Den vollständigen Text dieser Erklärung finden Sie in der ersten Auflage auf Seite 1.435.

ERKLÄRUNG
ZUM EUROPÄISCHEN ENTWICKLUNGSFONDS

Die Konferenz kommt überein, daß der Europäische Entwicklungsfonds im Einklang mit den bisherigen Bestimmungen weiterhin durch einzelstaatliche Beiträge finanziert wird.

ERKLÄRUNG
ZUR ROLLE DER EINZELSTAATLICHEN
PARLAMENTE IN DER EUROPÄISCHEN UNION

Die Konferenz hält es für wichtig, eine größere Beteiligung der einzelstaatlichen Parlamente an den Tätigkeiten der Europäischen Union zu fördern. Zu diesem Zweck ist der Informationsaustausch zwischen den einzelstaatlichen Parlamenten und dem Europäischen Parlament zu verstärken. In diesem Zusammenhang tragen die Regierungen der Mitgliedstaaten unter anderem dafür Sorge, daß die einzelstaatlichen Parlamente zu ihrer Unterrichtung und gegebenenfalls zur Prüfung rechtzeitig über die Vorschläge für Rechtsakte der Kommission verfügen.

Nach Ansicht der Konferenz ist es ferner wichtig, daß die Kontakte zwischen den einzelstaatlichen Parlamenten und dem Europäischen Parlamenten und dem Europäischen Parlament insbesondere dadurch verstärkt werden, daß hierfür geeignete gegenseitige Erleichterungen und regelmäßige Zusammenkünfte zwischen Abgeordneten, die an den gleichen Fragen interessiert sind, vorgesehen werden.

ERKLÄRUNG
ZUR KONFERENZ DER PARLAMENTE

Die Konferenz ersucht das Europäische Parlament und die einzelstaatlichen Parlamente, erforderlichenfalls als Konferenz der Parlamente (oder „Assises") zusammenzutreten. Die Konferenz der Parlamente wird unbeschadet der Zuständigkeiten des Europäischen Parlaments und der Rechte der einzelstaatlichen Parlamente zu wesentlichen Leitlinien der Europäischen Union gehört. Der Präsident des Europäischen Rates und der Präsident der Kommission erstatten auf jeder Tagung der Konferenz der Parlamente Bericht über den Stand der Union.

ERKLÄRUNG
ZUR ZAHL DER MITGLIEDER DER KOMMISSION UND DES EUROPÄISCHEN PARLAMENTS

Redaktioneller Hinweis: Den vollständigen Text dieser Erklärung finden Sie in der ersten Auflage auf Seite 1.436.

ERKLÄRUNG
ZUR RANGORDNUNG DER RECHTSAKTE DER GEMEINSCHAFT

Redaktioneller Hinweis: Den vollständigen Text dieser Erklärung finden Sie in der ersten Auflage auf Seite 1.436.

ERKLÄRUNG
ZUM RECHT AUF ZUGANG ZU INFORMATIONEN

Redaktioneller Hinweis: Den vollständigen Text dieser Erklärung finden Sie in der ersten Auflage auf Seite 1.436.

ERKLÄRUNG
ZU DEN GESCHÄTZTEN FOLGEKOSTEN DER VORSCHLÄGE DER KOMMISSION

Die Konferenz stellt fest, daß die Kommission sich verpflichtet, bei ihren Vorschlägen für Rechtsakte die Kosten und den Nutzen für die Behörden der Mitgliedstaaten und sämtliche Betroffene zu berücksichtigen und dazu gegebenenfalls die von ihr für erforderlich erachteten Konsalitationen vorzunehmen und ihr System zur Bewertung der gemeinschaftlichen Rechtsvorschriften auszubauen.

ERKLÄRUNG
ZUR ANWENDUNG DES GEMEINSCHAFTSRECHTS

1. Die Konferenz hebt hervor, daß es für die innere Geschlossenheit und die Einheit des europäischen Aufbauwerks von wesentlicher Bedeutung ist, daß jeder Mitgliedstaat die an ihn gerichteten Richtlinien der Ge-

meinschaft innerhalb der darin festgesetzten Fristen vollständig und getreu in innerstaatliches Recht umsetzt.

Außerdem ist die Konferenz der Ansicht, daß es zwar Sache jedes Mitgliedstaats ist zu bestimmen, wie die Vorschriften des Gemeinschaftsrechts unter Berücksichtigung der Besonderheit seiner Institutionen, seiner Rechtsordnung und anderer Gegebenheiten, in jedem Fall aber unter Beachtung des Artikels 189 des Vertrags zur Gründung der Europäischen Gemeinschaft, am besten anzuwenden sind, es jedoch für die reibungslose Arbeit der Gemeinschaft von wesentlicher Bedeutung ist, daß die in den einzelnen Mitgliedstaaten getroffenen Maßnahmen dazu führen, daß das Gemeinschaftsrecht dort mit gleicher Wirksamkeit und Strenge Anwendung findet, wie dies bei der Durchführung der einzelstaatlichen Rechtsvorschriften der Fall ist.

2. Die Konferenz fordert die Kommission auf, in Wahrnehmung der ihr durch Artikel 155 des Vertrags zur Gründung der Europäischen Gemeinschaft übertragenen Zuständigkeiten darauf zu achten, daß die Mitgliedstaaten ihren Verpflichtungen nachkommen. Sie ersucht die Kommission für die Mitgliedstaaten und das Europäische Parlament regelmäßig einen umfassenden Bericht zu veröffentlichen.

ERKLÄRUNG
ZUR BEURTEILUNG DER
UMWELTVERTRÄGLICHKEIT
DER GEMEINSCHAFTSMASSNAHMEN

Die Konferenz stellt fest, daß die Kommission sich verpflichtet, bei ihren Vorschlägen voll und ganz den Umweltauswirkungen und dem Grundsatz des nachhaltigen Wachstums Rechnung zu tragen, und daß die Mitgliedstaaten sich verpflichtet haben, dies bei der Durchführung zu tun.

ERKLÄRUNG
ZUM RECHNUNGSHOF

Die Konferenz weist darauf hin, daß sie den Aufgaben, die dem Rechnungshof in den Artikeln 188a, 188b, 188c und 206 des Vertrags zur Gründung der Europäischen Gemeinschaft übertragen werden, besondere Bedeutung beimißt.

Sie ersucht die anderen Organe der Gemeinschaft, zusammen mit dem Rechnungshof alle Mittel zu prüfen, die geeignet sind, eine wirksamere Erfüllung seiner Aufgaben zu gewährleisten.

ERKLÄRUNG
ZUM WIRTSCHAFTS- UND SOZIALAUSSCHUSS

Die Konferenz kommt überein, daß der Wirtschafts- und Sozialausschuß hinsichtlich des Haushalts und der Personalverwaltung dieselbe Unabhängigkeit genießt wie der Rechnungshof bisher.

ERKLÄRUNG
ZUR ZUSAMMENARBEIT MIT DEN
WOHLFAHRTSVERBÄNDEN

Die Konferenz betont, daß zur Erreichung der in Artikel 117 des Vertrags zur Gründung der Europäischen Gemeinschaft genannten Ziele eine Zusammenarbeit der Europäischen Gemeinschaft mit den Verbänden der Wohlfahrtspflege und den Stiftungen als Trägern sozialer Einrichtungen und Dienste von großer Bedeutung ist.

ERKLÄRUNG
ZUM TIERSCHUTZ

Die Konferenz ersucht das Europäische Parlament, den Rat und die Kommission sowie die Mitgliedstaaten, bei der Ausarbeitung und Durchführung gemeinschaftlicher Rechtsvorschriften in den Bereichen Gemeinsame Agrarpolitik, Verkehr, Binnenmarkt und Forschung den Erfordernissen des Wohlergehens der Tiere in vollem Umfang Rechnung tragen.

ERKLÄRUNG
ZUR VERTRETUNG DER INTERESSEN
DER ÜBERSEEISCHEN LÄNDER UND
HOHEITSGEBIETE NACH ARTIKEL 227 ABSATZ 3
UND ABSATZ 5 BUCHSTABEN A UND B
DES VERTRAGS ZUR GRÜNDUNG
DER EUROPÄISCHEN GEMEINSCHAFT

Die Konferenz kommt in Anbetracht der Tatsache, daß unter außergewöhnlichen Umständen die Interessen der Union und die Interessen der Länder und Hoheitsgebiete nach Artikel 227 Absatz 3 und Absatz 5 Buchstaben a und b des Vertrags divergieren können, überein, daß der Rat sich um eine Lösung bemühen wird, die mit dem Standpunkt der Union in Einklang steht. Für den Fall jedoch, daß sich dies als unmöglich erweist, erklärt sich die Konferenz damit einverstanden, daß der betreffende Mitgliedstaat im

Interesse der betreffenden überseeischen Länder und Hoheitsgebiete gegebenenfalls eigenständig handelt, allerdings ohne dabei das Interesse der Gemeinschaft zu beeinträchtigen. Dieser Mitgliedstaat macht dem Rat und der
Kommission eine Mitteilung, wenn eine derartige Interessendivergenz auftreten könnte, und weist, wenn sich eigenständiges Handeln nicht vermeiden läßt, deutlich darauf hin, daß er im Interesse eines der genannten überseeischen Hoheitsgebiete handelt.
Diese Erklärung gilt auch für Macau und Osttimor.

ERKLÄRUNG
ZU DEN GEBIETEN IN ÄUSSERSTER RANDLAGE
DER GEMEINSCHAFT

Die Konferenz erkennt an, daß die Gebiete in äußerster Randlage der Gemeinschaft (französische überseeische Departements, Azoren und Madeira
und Kanarische Inseln) unter einem bedeutenden strukturellen Rückstand
leiden; dieser wird durch mehrere Faktoren (große Entfernung, Insellage,
geringe Fläche, schwierige Relief- und Klimabedingungen, wirtschaftliche
Abhängigkeit von einigen wenigen Erzeugnissen) verschärft, die als ständige Gegebenheiten und durch ihr Zusammenwirken die wirtschaftliche
und soziale Entwicklung schwer beeinträchtigen.
Sie ist der Auffassung, daß der Vertrag zur Gründung der Europäischen Gemeinschaft und das abgeleitete Recht für die Gebiete in äußerster Randlage zwar ohne weiteres gelten, es jedoch möglich bleibt, spezifische Maßnahmen zu ihren Gunsten zu erlassen, sofern und solange ein entsprechender Bedarf im Hinblick auf die wirtschaftliche und soziale Entwicklung
dieser Gebiete objektiv gegeben ist. Diese Maßnahmen müssen sowohl auf
die Vollendung des Binnenmarkts als auch auf eine Anerkennung der regionalen Verhältnisse abzielen, damit diese Gebiete den durchschnittlichen
wirtschaftlichen und sozialen Stand der Gemeinschaft erreichen können.

ERKLÄRUNG
ZU DEN ABSTIMMUNGEN IM BEREICH
DER GEMEINSAMEN AUSSEN- UND
SICHERHEITSPOLITIK

Die Konferenz kommt überein, daß die Mitgliedstaaten bei Entscheidungen, die Einstimmigkeit erfordern, soweit wie möglich davon absehen, die
Einstimmigkeit zu verhindern, sofern eine qualifizierte Mehrheit für die betreffende Entscheidung besteht.

ERKLÄRUNG
ZU DEN PRAKTISCHEN EINZELHEITEN
IM BEREICH DER GEMEINSAMEN
AUSSEN- UND SICHERHEITSPOLITIK

Die Konferenz kommt überein, daß die Arbeitsteilung zwischen dem Politischen Komitee und dem Ausschuß der Ständigen Vertreter sowie die praktischen Einzelheiten der Zusammenlegung des Sekretariats der Politischen Zusammenarbeit mit dem Generalsekretariat des Rates und der Zusammenarbeit zwischen dem Generalsekretariat und der Kommission später geprüft werden.

ERKLÄRUNG
ZUM GEBRAUCH DER SPRACHEN IM BEREICH DER
GEMEINSAMEN AUSSEN- UND SICHERHEITSPOLITIK

Die Konferenz kommt überein, daß für den Gebrauch der Sprachen die Sprachenregelung der Europäischen Gemeinschaften gilt.

Für den COREU-Verkehr dient die derzeitige Praxis in der Europäischen Politischen Zusammenarbeit einstweilen als Anhaltspunkt.

Alle Texte der Gemeinsamen Außen- und Sicherheitspolitik, die auf Tagungen des Europäischen Rates und des Rates vorgelegt oder angenommen werden, sowie alle zur Veröffentlichung bestimmten Texte werden unverzüglich und zeitgleich in alle Amtssprachen der Gemeinschaft übersetzt.

ERKLÄRUNG
ZUR WESTEUROPÄISCHEN UNION

Die Konferenz nimmt folgende Erklärungen zur Kenntnis:

I. ERKLÄRUNG

Belgiens, Deutschlands, Spaniens, Frankreichs, Italiens, Luxemburgs, der Niederlande, Portugals und des Vereinigten Königreichs, die Mitgliedstaaten der Westeuropäischen Union und gleichzeitig der Europäischen Union sind, zur
ROLLE DER WESTEUROPÄISCHEN UNION UND ZU IHREN BEZIEHUNGEN ZUR EUROPÄISCHEN UNION UND ZUR ATLANTISCHEN ALLIANZ

Einleitung

1. Die WEU-Mitgliedstaaten stimmen darin überein, daß es notwendig ist, eine echte europäische Sicherheits- und Verteidigungsidentität zu entwickeln und eine größere europäische Verantwortung in Verteidigungsfragen zu übernehmen. Diese Identität wird durch einen schrittweisen Prozeß mit mehreren aufeinanderfolgenden Phasen angestrebt. Die WEU wird integraler Bestandteil des Prozesses der Entwicklung der Europäischen Union sein und einen größeren Beitrag zur Solidarität innerhalb der Atlantischen Allianz leisten. Die WEU-Mitgliedstaaten sind sich darin einig, die Rolle der WEU in der längerfristigen Perspektive einer mit der Politik der Atlantischen Allianz zu vereinbarenden gemeinsamen Verteidigungspolitik innerhalb der Europäischen Union, die zu gegebener Zeit zu einer gemeinsamen Verteidigung führen könnte, zu stärken.

2. Die WEU wird als Verteidigungskomponente der Europäischen Union und als Mittel zur Stärkung des europäischen Pfeilers der Atlantischen Allianz entwickelt. Zu diesem Zweck wird sie eine gemeinsame europäische Verteidigungspolitik formulieren und diese durch die Weiterentwicklung ihrer operationellen Rolle konkret durchführen.

Die WEU-Mitgliedstaaten nehmen Kenntnis von Artikel J.4 des Vertrags über die Europäische Union betreffend die Gemeinsame Außen- und Sicherheitspolitik, der wie folgt lautet:

„(1) Die Gemeinsame Außen- und Sicherheitspolitik umfaßt sämtliche Fragen, welche die Sicherheit der Europäischen Union betreffen, wozu auf längere Sicht auch die Festlegung einer gemeinsamen Verteidigungspolitik gehört, die zu gegebener Zeit zu einer gemeinsamen Verteidigung führen könnte.

(2) Die Union ersucht die Westeuropäische Union (WEU), die integraler Bestandteil der Entwicklung der Europäischen Union ist, die Entscheidungen und Aktionen der Union, die verteidigungspolitische Bezüge haben, auszuarbeiten und durchzuführen. Der Rat trifft im Einvernehmen mit den

Organen der WEU die erforderlichen praktischen Regelungen.

(3) Die Fragen, die verteidigungspolitische Bezüge haben und die nach diesem Artikel behandelt werden, unterliegen nicht den Verfahren des Artikels J3.

(4) Die Politik der Union nach diesem Artikel berührt nicht den besonderen Charakter der Sicherheits- und Verteidigungspolitik bestimmter Mitgliedstaaten; sie achtet die Verpflichtungen einiger Mitgliedstaaten aus dem Nordatlantikvertrag und ist vereinbar mit der in jenem Rahmen festgelegten gemeinsamen Sicherheits- und Verteidigungspolitik.

(5) Dieser Artikel steht der Entwicklung einer engeren Zusammenarbeit zwischen zwei oder mehr Mitgliedstaaten auf zweiseitiger Ebene sowie im Rahmen der WEU und der Atlantischen Allianz nicht entgegen, soweit sie der nach diesem Titel vorgesehenen Zusammenarbeit nicht zuwiderläuft und diese nicht behindert.

(6) Zur Förderung des Zieles dieses Vertrags und im Hinblick auf den Termin 1998 im Zusammenhang mit Artikel XII des Brüsseler Vertrags in seiner geänderten Fassung kann dieser Artikel nach Artikel N Absatz 2 auf der Grundlage eines dem Europäischen Rat 1996 vom Rat vorzulegenden Berichts, der eine Bewertung der bis dahin erzielten Fortschritte und gesammelten Erfahrungen enthalten wird, revidiert werden."

A. Beziehungen der WEU zur Europäischen Union

3. Ziel ist es, die WEU stufenweise zur Verteidigungskomponente der Europäischen Union auszubauen. Zu diesem Zweck ist die WEU bereit, auf Ersuchen der Europäischen Union Beschlüsse und Aktionen der Union mit verteidigungspolitischen Implikationen zu erarbeiten und durchzuführen. Zu diesem Zweck ergreift die WEU folgende Maßnahmen, um enge Arbeitsbeziehungen zu Union zu entwickeln:

- soweit angezeigt, Abstimmung der Tagungstermine und -orte und Harmonisierung der Arbeitsweisen;
- Herbeiführung einer engeren Zusammenarbeit zwischen dem Rat und dem Generalsekretariat der WEU einerseits und dem Rat der Union und dem Generalsekretariat des Rates andererseits;
- Prüfung der Harmonisierung der Abfolge und Dauer der beiden Präsidentschaften; Vereinbarung geeigneter Vorkehrungen, um sicherzustellen, daß die Kommission der Europäischen Gemeinschaften gemäß ihrer Rolle in der Gemeinsamen Außen- und Sicherheitspolitik, wie diese in dem Vertrag über die Europäische Union festgelegt ist, regelmäßig über die WEU-Tätigkeiten informiert und, soweit angezeigt, konsultiert wird;

– Förderung einer engeren Zusammenarbeit zwischen der Parlamentarischen Versammlung der WEU und dem Europäischen Parlament.
Der WEU-Rat trifft im Einvernehmen mit den zuständigen Organen der Europäischen Union die notwendigen praktischen Regelungen.

B. Beziehungen der WEU zur Atlantischen Allianz

4. Ziel ist es, die WEU als Mittel zur Stärkung des europäischen Pfeilers
der Atlantischen Allianz zu entwickeln. Dementsprechend ist die WEU bereit, die engen Arbeitsbeziehungen zur Allianz weiterzuentwickeln und die
Rolle, die Verantwortlichkeiten und die Beiträge der Mitgliedstaaten der
WEU innerhalb der Allianz zu stärken. Die wird auf der Grundlage der erforderlichen Transparenz und Komplementarität zwischen der entsprechenden europäischen Sicherheits- und Verteidigungsidentität und der Allianz
geschehen. Die WEU wird im Einklang mit den Positionen handeln, die in
der Allianz beschlossen wurden:

– Die Mitgliedstaaten der WEU werden ihre Koordinierung in Fragen der
Allianz, die von erheblichem gemeinsamem Interesse sind, verstärken,
um innerhalb der WEU vereinbarte gemeinsame Positionen in den Kon-
sultationsprozeß der Allianz einzubringen, welche das wesentliche Forum für Konsultationen unter ihren Mitgliedern und für die Vereinbarung von politischen Maßnahmen, die sich auf die Sicherheits- und Verteidigungsverpflichtungen der Verbündeten des Nordatlantikvertrags
auswirken, bleiben wird.

– Soweit notwendig, werden Tagungstermine und -orte abgestimmt und
Arbeitsweisen harmonisiert.

– Zwischen den Generalsekretariaten der WEU und der NATO wird eine
enge Zusammenarbeit herbeigeführt.

C. Operationelle Rolle der WEU

5. Die operationelle Rolle der WEU wird durch die Prüfung und Festlegung geeigneter Aufgaben, Strukturen und Mittel gestärkt, die im einzelnen
folgendes betreffen:

– WEU-Planungsstab;

– engere militärische Zusammenarbeit in Ergänzung der Allianz, insbesondere auf den Gebieten der Logistik, des Transports, der Ausbildung
und der strategischen Aufklärung;

– Treffen der Generalstabschefs der WEU;

– der WEU zugeordnete militärische Einheiten.

Zu den sonstigen Vorschlägen, die weiter geprüft werden, gehören:
- verstärkte Rüstungskooperation mit dem Ziel der Schaffung einer Europäischen Rüstungsagentur;
- Weiterentwicklung des WEU-Instituts zu einer Europäischen Sicherheits- und Verteidigungsakademie.

Die Maßnahmen zur Stärkung der operationellen Rolle der WEU werden in vollem Umfang mit den militärischen Vorkehrungen vereinbar sein, die zur Sicherung der gemeinsamen Verteidigung aller Verbündeten erforderlich sind.

D. Weitere Maßnahmen

6. Als Folge der vorstehend dargelegten Maßnahmen und zur Stärkung der Rolle der WEU wird der Sitz des Rates und des Generalsekretariats der WEU nach Brüssel verlegt.

7. Die Vertretung im Rat der WEU muß so geregelt sein, daß der Rat in der Lage ist, seine Funktionen kontinuierlich gemäß Artikel VIII des geänderten Brüsseler Vertrags auszuüben. Die Mitgliedstaaten können sich hierfür einer noch auszuarbeitenden Formel des „doppelten Hutes", gebildet durch die Vertreter bei der Allianz und der Europäischen Union, bedienen.

8. Die WEU nimmt zur Kenntnis, daß die Union im Einklang mit Artikel J.4 Absatz 6 des Vertrags über die Europäische Union betreffend die Gemeinsame Außen- und Sicherheitspolitik beschließen wird, jenen Artikel nach dem vorgesehenen Verfahren zu überprüfen, um die Verwirklichung des darin gesetzten Zieles zu fördern. Die WEU wird die Bestimmungen der vorliegenden Erklärung 1996 überprüfen. Die Überprüfung wird die Fortschritte und Erfahrungen berücksichtigen und sich auch auf die Beziehungen zwischen WEU und Atlantischer Allianz erstrecken.

II. ERKLÄRUNG

Belgiens, Deutschlands, Spaniens, Frankreichs, Italiens, Luxemburgs, der Niederlande, Portugals und des Vereinigten Königreichs, die Mitgliedstaaten der Westeuropäischen Union sind

„Die Mitgliedstaaten der WEU begrüßen die Entwicklung der europäischen Sicherheits- und Verteidigungsidentität'. Angesichts der Rolle der WEU als Verteidigungskomponente der Europäischen Union und als Instrument zur Stärkung des europäischen Pfeilers der Atlantischen Allianz sind sie entschlossen, die Beziehungen zwischen der WEU und den übrigen europäischen Staaten im Namen der Stabilität und der Sicherheit in Euro-

pa auf eine neue Grundlage zu stellen. In diesem Sinne schlagen sie folgendes vor:

Die Staaten, die Mitglieder der Europäischen Union sind, werden eingeladen, der WEU zu den nach Artikel XI des Brüsseler Vertrags in seiner geänderten Fassung zu vereinbarenden Bedingungen beizutreten oder, falls sie dies wünschen, Beobachter zu werden. Gleichzeitig werden die übrigen europäischen Mitgliedstaaten der NATO eingeladen, assoziierte Mitglieder der WEU nach Modalitäten zu werden, die es ihnen ermöglichen, an den Tätigkeiten der WEU voll teilzunehmen.

Die Mitgliedstaaten der WEU gehen davon aus, daß diesen Vorschlägen entsprechende Verträge und Abkommen vor dem 31. Dezember 1992 geschlossen sein werden."

<h2 style="text-align:center">ERKLÄRUNG
ZUR ASYLFRAGE</h2>

1. Die Konferenz kommt überein, daß der Rat im Rahmen der Arbeiten nach den Artikeln K.1 und K.3 der Bestimmungen über die Zusammenarbeit in den Bereichen Justiz und Inneres vorrangig die Fragen der Asylpolitik der Mitgliedstaaten mit dem Ziel prüft, unter Berücksichtigung des Arbeitsprogramms und des Terminplans, die in dem vom Europäischen Rat auf der Tagung am 28. und 29. Juni 1991 in Luxemburg erbetenen Bericht über die Asylfrage enthalten sind, bis Anfang 1993 eine gemeinsame Aktion zur Harmonisierung der Aspekte dieser Politik zu beschließen.

2. In diesem Zusammenhang prüft der Rat bis Ende 1993 anhand eines Berichts auch die Frage einer etwaigen Anwendung des Artikels K.9 auf diese Bereiche.

<h2 style="text-align:center">ERKLÄRUNG
ZUR POLIZEILICHEN ZUSAMMENARBEIT</h2>

Die Konferenz bestätigt das Einvernehmen der Mitgliedstaaten über die Ziele, die den von der deutschen Delegation auf der Tagung des Europäischen Rates vom 28. und 29. Juni 1991 in Luxemburg unterbreiteten Vorschlägen zugrunde liegen.

Die Mitgliedstaaten kommen zunächst überein, die ihnen unterbreiteten Entwürfe unter Berücksichtigung des Arbeitsprogramms und des Terminplans, die in dem vom Europäischen Rat auf der Tagung in Luxemburg erbetenen Bericht enthalten sind, mit Vorrang zu prüfen, und sind bereit, die Annahme konkreter Maßnahmen in Bereichen, wie sie von dieser Delegation vorgeschlagen worden sind, im Hinblick auf folgende Aufgaben auf dem Gebiet des Informations- und Erfahrungsaustausches in Aussicht zu nehmen:

- Unterstützung der einzelstaatlichen Strafverfolgungs- und Sicherheitsbehörden, insbesondere bei der Koordinierung von Ermittlungen und Fahndungen;
- Aufbau von Informationsdateien;
- zentrale Bewertung und Auswertung von Informationen zur Herstellung von Lagebildern und zur Gewinnung von Ermittlungsansätzen;
- Sammlung und Auswertung einzelstaatlicher Präventionskonzepte zur Weitergabe an die Mitgliedstaaten und zur Ausarbeitung gesamteuropäischer Präventionsstrategien;
- Maßnahmen im Bereich der beruflichen Fortbildung, der Forschung, der Kriminaltechnik und des Erkennungsdienstes.

Die Mitgliedstaaten kommen überein, spätestens im Jahr 1994 anhand eines Berichts zu prüfen, ob diese Zusammenarbeit ausgeweitet werden soll.

ERKLÄRUNG
ZU STREITSACHEN ZWISCHEN DER EZB
BZW. DEM EWI UND DEREN BEDIENSTETEN

Die Konferenz hält es für richtig, daß das Gericht erster Instanz für diese Gruppe von Klagen nach Artikel 168a des Vertrags zuständig ist. Die Konferenz ersucht deshalb die Organe um eine entsprechende Anpassung der betreffenden Bestimmungen.

Autorenverzeichnis

Angela Bardenhewer

geboren 1963 in Landau/Pfalz; Studium der Rechtswissenschaften an den Universitäten Bonn und Freiburg; Europarechtsstudium am Europa-Kolleg Brügge 1988/89; Referendariat und Assessorexamen in Nordrhein-Westfalen; seit April 1992 bei der Europäischen Kommission in Brüssel tätig: bis 1995 im Juristischen Dienst; anschließend Mitglied der Task Force, die für die Kommission die Regierungskonferenz zum Amsterdamer Vertrag vorbereitet hat (1995–1997); derzeit in der **Grundsatzabteilung der Generaldirektion IV („Wettbewerb") der Europäischen Kommission (seit 1997)**.

Joachim Bitterlich

geboren 1948 in Saarbrücken-Dudweiler; Studium der Rechts-, Wirtschafts- und Politikwissenschaften an der Universität des Saarlandes (1969–1973); Juristischer Vorbereitungsdienst und zugleich wissenschaftlicher Mitarbeiter an der Universität des Saarlandes (1973–1976); Studium an der französischen Ecole Nationale d'Administration (ENA) in Paris (1974–1975); Eintritt in den diplomatischen Dienst, Auslandsverwendungen in Algier und Brüssel (1976); Ministerbüro des Auswärtigen Amtes (1985–1987); Leiter des Europareferates im Bundeskanzleramt (1987–1993); Leiter der Abteilung Auswärtige Beziehungen, Entwicklungspolitik, äußere Sicherheit im Bundeskanzleramt (1993–1998); seit 1.12.1998 Botschafter, Ständiger Vertreter der Bundesrepublik Deutschland im Nordatlantikrat in Brüssel.

Klaus-Dieter Borchardt

geboren 1955; Studium der Rechtswissenschaften an der Universität Hamburg und der Freien Universität Berlin, Dr. iur. (Berlin 1987); wissenschaftlicher Mitarbeiter am Institut für Integrationsforschung der Stiftung Europa-Kolleg in Hamburg (1980–1985); Rechtsreferendar in Hamburg (1983–1985); wissenschaftlicher Mitarbeiter an den Fachbereichen Rechtswissenschaften und Politische Wissenschaften der Freien Universität Berlin (1985–1987); Verwaltungsrat in der Abteilung „Soziale Sicherheit der Wanderarbeitnehmer" der Generaldirektion V („Beschäftigung, Arbeitsbeziehungen und soziale Angelegenheiten") und in der Abteilung „Landwirtschaft" des Juristischen Dienstes der Kommission der Europäischen Gemeinschaften in Brüssel (1987–1990); Rechtsreferent im Kabinett des deutschen Richters am Gerichtshof der Europäischen Gemeinschaften (1990–1994); derzeit **Hauptverwaltungsrat im Juristischen Dienst der Kommission** der Europäischen Gemeinschaften; Veröffentlichungen insbesondere zum institutionellen EU-/EG-Recht, den Grundfreiheiten und dem Rechtsschutzsystem des Gemeinschaftsrechts sowie dem Europäischen Arbeits- und Sozialrecht.

Siegfried Breier

geboren 1959 in Oldenburg; Studium der Rechtswissenschaften an der Christian-Albrechts-Universität Kiel (1980–1985); Rechtsreferendar (1986–1989); wissenschaftlicher Assistent am Institut für Völkerrecht, Europarecht und Internationales Wirtschaftsrecht der Universität Würzburg (1989–1992); seit März 1992 **Referent im Bundesministerium für Umwelt, Naturschutz und Reaktorsicherheit** für die Bereiche Europäische Gemeinschaften, Europarat, ECE, KSZE, Bilaterale Zusammenarbeit mit den EG-Mitgliedstaaten, Europabeauftragter; Veröffentlichungen und Vorträge über Staats- und Verwaltungsrecht, insbesondere über Europarecht.

Martin Coen

geboren 1948; Studium der Rechtswissenschaften an der Universität Münster; wissenschaftlicher Mitarbeiter am Institut für Öffentliches Recht, einschließlich Völker- und Europarecht in Münster (1976–1978). Dr. jur. (Bielefeld 1978) Rechtsreferendar in Nordrhein-Westfalen (1975–1978) Richter am Arbeitsgericht (1978–1988). Abordnung an das Bundesverfassungsgericht (1983–1986), seit 1989 Referatsleiter in der Vertretung des Landes Nordrhein-Westfalen bei der EU (Sozial- und Beschäftigungspolitik), seit 1993 Ministerialrat, Veröffentlichungen über Arbeitsrecht, Verfassungsrecht und EG-Recht.

Eckhart Curtius

geboren 1959 in Bonn; Studium der Rechtswissenschaften an der Universität Regensburg (1978–1979) und an der Friedrich-Wilhelm-Universität in Bonn (1980–1986); Rechtsreferendar in Bonn (1986–1989); Wissenschaftlicher Mitarbeiter am Institut für Völkerrecht der Universität Bonn (1986–1988); Rechtsreferendar am Deutschen Generalkonsulat in San

Francisco (1988); Referent für die administrative Betreuung der Gesellschaft für Mathematik und Datenverarbeitung beim Bundesministerium für Forschung und Technologie (1990–1993); Nationaler Sachverständiger in der USA-Abteilung der Europäischen Kommission (1992–1993); Referent für multilaterale Zusammenarbeit/Seerecht beim Bundesministerium für Forschung und Technologie (1993); Nationaler Sachverständiger in der Abteilung zur Kontrolle von horizontalen Beihilfeprogrammen bei der Europäischen Kommission (1993–1995); Präsident von CLENAD (Comité de Liaisons des Experts Nationaux Détachés) (1994–1995); seitdem **Referent für FuT-Politik der EU/FuE-Beihilfen beim Bundesministerium für Bildung, Wissenschaft, Forschung und Technologie;** Veröffentlichungen und Vorträge über Europarecht und Beihilfenkontrolle.

Rolf Dieter

Geboren 1951 in Urach/Württ. Studium der Sozial- und Verwaltungswissenschaften, Öffentliches Recht, an der Universität Konstanz und Tübingen (1969–1975); Verwaltungsreferendariat Baden-Württemberg (1975–1977); Hochschule für Verwaltungswissenschaften Speyer (1976/77). Assessorexamen und Eintritt in den Verwaltungsdienst des Landes Baden-Württemberg (1977); Referententätigkeit auf verschiedenen Verwaltungsebenen des Landes. Studienlehrgang an der Ecole Nationale d'Administration (ENA) in Paris (1983–1984). 1984–1988 verkehrs- und energiepolitischer Referent in der Staatskanzlei Baden-Württemberg. Seit 1990 Referent in der **Generaldirektion Verkehr der Kommission der Europäischen Gemeinschaften,** derzeit zuständig für die Planung und Gesetzgebung im Bereich der transeuropäischen Verkehrsnetze.

Hans Georg Fischer

geboren 1942 in Düsseldorf; Studium der Rechtswissenschaften von 1961 bis 1966 an den Universitäten Bonn, Freiburg und Köln. Erstes jur. Staatsexamen 1967, Assessorexamen 1971 (Düsseldorf). Eintritt in die Landesfinanzverwaltung Nordrhein-Westfalen (1971). Dr. jur. (1976, Universität Köln; Thema: Diplomatischer Schutz von Aktionären bei Gesellschaften aus Drittstaaten). Dozent für öffentliches Recht und Steuerrecht an der Fachhochschule für Finanzen NRW/Nordkirchen (1976–1978). **Seit 1980 Professor für öffentliches Recht an der Fachhochschule für öffentliche Verwaltung des Landes Nordrhein-Westfalen, Abteilung Köln.** Dort Aufbau des Fachs „Europarecht" als Wahlpflichtfach. Austauschbeamter bei der EG-Kommission (1989). Weitere Praxisaufenthalte im Bundeswirt-schaftsministerium (1987) sowie im Europaausschuß des Deutschen Bundestages (1996). Veröffentlichungen, Vorträge und Fortbildung auf dem Gebiet des Europarechts.

Gerhard Grill

geboren 1959 in Altötting; Studium der Rechtswissenschaften an der Universität München und am Europa-Kolleg in Brügge; Tätigkeit in der Anwaltskanzlei McKenna & Co, London (1989–1990); Beamter der Generaldirektion IV („Wettbewerb") der Kommission der Europäischen Gemeinschaften in Brüssel (1990–1992 und 1997–1999), Rechtsreferent von Generalanwalt Prof. Dr. Lenz am Gerichtshof der Europäischen Gemeinschaften (seit 1992–1997) und derzeit **Mitarbeiter des Bürgerbeauftragten der EU in Straßburg** (seit 1999).

Henning Grub

geboren 1965, Studium der Rechtswissenschaften und der Romanistik an den Universitäten Bremen, Mailand, Rom (bis 1990), Wissenschaftlicher Mitarbeiter am Fachbereich Rechtswissenschaft der Universität Bremen, Universität Rom I „La Sapienza", Politikwissenschaftliche Fakultät, Staatstheoretische Abteilung, Stipendiat der Freien Hansestadt Bremen, Dr. jur. (1995), Rechtsreferendariat (1995–1997), Referent im Bundesministerium für Wirtschaft, Referat Verbraucherpolitik.

Josef Winfried Grüter

57 Jahre, promovierter Experimentalphysiker, nach 12 Jahren Forschung auf den Gebieten Kernphysik und Solarenergie-KFA Jülich; 11 Jahre in der Forschungsförderung und Internationalen Zusammenarbeit, KFA-Jülich, BMFT; seit 1987 bei der Europäischen Kommission und seit 1993 in der Generaldirektion Verkehr. Dort als Hauptverwaltungsrat zuerst zuständig für die Konzeption und Koordinierung des Entwurfs der Leitlinien zum Transeuropäischen Verkehrsnetz, später für die Förderung von Vorhaben gemeinsamen Interesses; seit 1996 zuständig für die Weiterentwicklung der Gemeinschaftspolitik bezüglich der Vekehrsinfrastruktur in Drittstaaten; insbesondere TINA (Erweiterung der TENs zu den beitretenden Staaten).

Waltraud Hakenberg

geboren 1955; Studium der Rechtswissenschaften an den Universitäten Regensburg und Genf; Postgraduiertenstudium am Europa-Kolleg Brügge; Dr. iur. (1982); Rechtsanwältin in München und Paris (1983–1989); seit 1990 Tätigkeit am Europäischen Gerichtshof in Luxemburg; zunächst Mitarbeiterin im Wissenschaftlichen Dienst; gegenwärtig **Referentin im Kabinett des österreichischen Mitglieds am Europäischen Gerichtshof, Dr. Peter Jann;** Lehrbeauftragte des Europa-Instituts der Universität des Saarlandes (Vorlesung über Gemeinschaftsrecht und Privatrecht) sowie der Universität Zürich (Vorlesung über Rechtsschutz in der EU); zahlreiche Veröffentlichungen über internationales Wirtschaftsrecht und europäisches Gemeinschaftsrecht.

Andreas Hecker

Studium der Rechtswissenschaften in Marburg, Speyer, Paris, Cambridge und Leyden, Assessorexamen am OLG Frankfurt, Dr. jur. (Marburg 1971); Bundesministerium der Finanzen (1972); Kontrollausschuß der EG (Vorgänger des Europäischen Rechnungshofes) (1973–1978); Generaldirektion Haushalt der Kommission der Europäischen Gemeinschaften: Beziehungen zum Europäischen Rechnungshof, Entlastungsverfahren, ab 1983 Abteilungsleiter zunächst für den Haushalt der Forschungs- und Industriepolitik, sodann für die Aufstellung des Gesamthaushalts; 1986 Abteilungsleiter für die Haushaltsangelegenheiten in der Generaldirektion Entwicklung; seit 1998 **Abteilungsleiter in den Auswärtigen Beziehungen der Kommission der Europäischen Gemeinschaften, zuständig für die Nichtregierungsorganisationen, die Nahrungsmittelhilfe, die Bekämpfung von HIV/Aids in den Entwicklungsländern und die Unterstützung der Bevölkerungspolitiken in diesen Ländern.**

Heinz Hetmeier

geboren 1959 in Extertal; Studium der Rechtswissenschaften an der Westfälischen Wilhelms-Universität Münster (1979–1984); Rechtsreferendar (1985–1987) und wissenschaftlicher Mitarbeiter am Institut für Rechtstheorie und Zivilrecht in Münster; Dr. iur. (1990); **Beamter im Bundesministerium für Wirtschaft**, derzeit zuständig für Beziehungen zum Europäischen Parlament.

Gerhard Hütz

geboren 1958; Bankkaufmann (1980); Studium der Rechtswissenschaften an den Universitäten Münster und Bochum; wissenschaftlicher Mitarbeiter für öffentliches Recht an der Fernuniversität Hagen (1985–1990); Dr. iur. (1990); Rechtsabteilung der Deutsche Bank AG, Düsseldorf (1990–1992); ab 1992 **Direktion für Rechtsfragen, Europäische Investitionsbank**; Veröffentlichungen zu öffentlich-rechtlichen und rechtsvergleichenden Themen.

Werner Kaufmann-Bühler

geboren 1936; Studium der Rechts- und Wirtschaftswissenschaften (Heidelberg, Bonn); Assistent am Institut für Wirtschafts- und Wettbewerbsrecht, Universität Heidelberg, Promotion 1962 über Fragen der Grundrechtsauslegung. 1961 bis 1966 im Verwaltungsdienst des Landes Baden-Württemberg; 1966 Eintritt in den Auswärtigen Dienst; Tätigkeit in den Grundsatzreferaten für Völkerrecht und für die Europäischen Gemeinschaften Leiter der Unterabteilung für Grundsatzfragen der Europapolitik; Auslandsposten in Buenos Aires, Santiago de Chile, Lüttich, Paris (OECD) und Tokyo. Mitglied der deutschen Delegation bei der 3. UN-Seerechtskonferenz, den KSZE-Folgetreffen in La Valletta und Madrid, der Regierungskonferenz zum Vertrag von Maastricht (1990–1992) und der Reflexionsgruppe zum Vertrag von Amsterdam (1995); seit 1996 als **Botschafter Leiter der ständigen Vertretung Deutschland bei der OECD.**

Susanne Lageard

geboren 1962 in Wien; Studium der Rechtswissenschaften an der Universität Wien; Dr. jur.; Europa College in Brügge, LL.M.; Assistentin am Institut für Völkerrecht und Internationale Beziehungen der Universität Wien (1987–1991); Gerichtsjahr in Wien (1991/1992); Assistentin am Institut für Europarecht an der Universität Wien 1991–1995; juristischer Berater für ein Mitglied des Europäischen Parlaments 1995/1996; seit 1996 **Beamter der Kommission** der Europäischen Gemeinschaft, derzeit **Generaldirektion IV** (Wettbewerb); Lektor für Europarecht an der Universität Wien.

Gerd Langguth

geboren 1946; Studium der Politischen Wissenschaften, des Staatsrechts und der Geschichte an der Rheinischen Friedrich-Wilhelms-Universität zu

Bonn; Promotion; Leiter des Bildungswerkes der Konrad-Adenauer-Stiftung in Stuttgart (1975), später dort Lehrbeauftragter an der Fachhochschule für öffentliche Verwaltung; 1976–1980 Mitglied des Deutschen Bundestages; Direktor der Bundeszentrale für politische Bildung (1981–1985); Bevollmächtigter des Landes Berlin beim Bund und Staatssekretär (1986–1987); Leiter der Vertretung der Kommission der Europäischen Gemeinschaften in der Bundesrepublik Deutschland, Bonn (1988-1993); seit Januar 1993 bis April 1997 **geschäftsführender Vorsitzender der Konrad-Adenauer-Stiftung** in St. Augustin; Honorarprofessor im Fach Politische Wissenschaften an der Universität Bonn; wissenschaftliche Veröffentlichungen.

Carl Otto Lenz

Geb. 1930 in Berlin, Studium in Deutschland, Schweiz und USA, Dr. jur., Generalsekretär der Christlich-Demokratischen Fraktion des Europäischen Parlaments, als Mitglied des Bundestages u.a. Vorsitzender des Rechtsausschusses, dann der Europa-Kommission des Bundestages, Generalanwalt am Europäischen Gerichtshof, Honorarprofessor, seit 1998 Rechtsanwalt, European Law Center, Baker & McKenzie, Brüssel. Herausgeber eines Handbuches und eines Kommentars sowie Verfasser zahlreicher Arbeiten insbes. zum EG-Recht.

Michael Lux

geboren 1947 in Oldenburg; Studium der Rechtswissenschaften an der Universität Hamburg (1966–1968 und 1969–1971) sowie der Verwaltungswissenschaften an der Wesleyan University in Middletown, Connecticut (1968/69) und an der Ecole Nationale d'Administration (ENA) in Paris (1975/76); Rechtsreferendar in Hamburg (1971–1974), Bundesfinanzverwaltung (1974–1987); Leiter des Referats „Außenwirtschafts- und Marktordnungsüberwachung, Überwachung des innerdeutschen Handels" der Oberfinanzdirektion Hamburg (1976–1978); Referent im „Generalreferat Zolltarif" und im Referat „Elektronische Datenverarbeitung in der Zollverwaltung" im Bundesministerium der Finanzen in Bonn (1978–1987); Leiter des Referats „Integrierter Zolltarif (TARIC)" (1987–1993), des Referats „Wirtschaftliche Tariffragen" (1993–1998) und derzeit **Leiter des Referats „Wirtschaftliche Tariffragen, Gemeinsamer Zolltarif, Integrierter Zolltarif und Zollbefreiungen" der Generaldirektion XXI („Steuern und Zollunion") der Kommission der Europäischen Gemeinschaften** in

Brüssel; Veröffentlichungen über europäisches und internationales Zoll-, Zolltarif- und Außenwirtschaftsrecht.

Peter Mückenhausen

geboren 1941; Studium der Rechtswissenschaften (bis 1965), Dr. iur. (1969, Thema: Die Staatenbünde der Neuzeit und der Stand der westeuropäischen Integration), Rechtsreferendar (bis 1970); Dezernent bei der Deutschen Bundesbahn (1971–1973); Referent in der verkehrspolitischen Grundsatzabteilung sowie in den Abteilungen Luftfahrt, Straßenbau, Eisenbahn im Bundesministerium für Verkehr; Referent in der Ständigen Vertretung der Bundesrepublik Deutschland bei den Europäischen Gemeinschaften (1975/76); Referent in der deutschen Botschaft Washington, Referat Verkehr (1981–1985); seit 1989 **Europabeauftragter des Bundesministeriums für Verkehr**.

Till Müller-Ibold

geboren 1958 in Hannover; Studium der Rechtswissenschaften an der Universität Hamburg (1977–1983), der Universidad Complutense de Madrid (1979/80) und der University of Miami (1988/89); Dr. iur. (Hamburg 1989), LL.M. (Miami 1989), Referendar in Hamburg (1984–1988); wissenschaftlicher Assistent der Abteilung Europarecht des Fachbereichs Rechtswissenschaft I der Universität Hamburg (1983–1988); Rechtsanwalt in Düsseldorf (1988–1991); seit 1991 **Rechtsanwalt bei Cleary, Gottlieb, Steen & Hamilton**, Brüssel.

Francis Rawlinson

geboren 1944 in Preston, England; Studium der Germanistik an der Universität Manchester und an der Philipps-Universität Marburg; Dr. phil. (1973); Assistent in der Germanistikabteilung der Universität von Nordwales, Bangor (1970–1973); Übersetzer beim Wirtschafts- und Sozialausschuß der Europäischen Gemeinschaften und bei der Kommission der Europäischen Gemeinschaften (1973–1989); Studium der Volkswirtschaftslehre an der britischen „Open University" (1982–1988); 1988 B.A.; seit 1989 **Hauptverwaltungsrat in der Direktion „Staatliche Beihilfen" – Generaldirektion für Wettbewerb (GD IV) der Kommission der Europäischen Gemeinschaften**; Veröffentlichungen über Wettbewerbsrecht und Beihilfenkontrolle.

Moritz Röttinger

geboren 1961 in Wien; Studium der Rechtswissenschaften an der Universität Wien (1984 Dr. iur.), der Ludwig-Maximilians-Universität München (1986 Zertifikat) und der Universität Leiden sowie des Europarechts am Institut d'Etudes Européennes der Université Libre de Bruxelles (1992 licence spéciale en droit européen); Assistent am Institut für Handelsrecht der Universität Wien (1983–1984); wissenschaftlicher Mitarbeiter am Max-Planck-Institut für ausländisches und internationales Patent-, Urheber- und Wettbewerbsrecht in München (1984–1986); Gerichtspraxis und Rechtsanwaltsanwärter in Wien (1986–1990; 1989 Rechtsanwaltsprüfung); 1990–1994 Europäische Kommission in Brüssel (Abteilung „Allgemeine Unternehmenspolitik" der Generaldirektion XXIII); Lehrbeauftragter an der Universität des Saarlandes in Saarbrücken und am Institut für Europarecht der Universität Wien sowie am European Advanced Studies Programme (EURAS) in Krems; Vorträge und Publikationen über nationales und internationales Urheber-, Wettbewerbs- und Computerrecht sowie über Europarecht und EG-Politik, Mitherausgeber vom „Handbuch der europäischen Integration" (2. Aufl., Wien 1996).

Alexander Scheuer

geboren 1968 in Aachen; Studium der Rechtswissenschaften an der Universität des Saarlandes (1987–1993) und an der Katholieke Universiteit Leuven, Belgien; Rechtsreferendar (1994–1996) am Saarländischen Oberlandesgericht; Aufbaustudiengang „Europäische Integration" an der Universität des Saarlandes(1994); Stellvertretender Geschäftsführer des Europa-Instituts der Universitäts des Saarlandes (1994–1995); Korrekturassistenz für Prof. Dr. Carl Otto Lenz, Generalanwalt am Gerichtshof der Europäischen Gemeinschaften „Der Europäische Gerichtshof als Integrationsfaktor I und II" (1994–1996); seit 1996 **Wissenschaftlicher Mitarbeiter und Stellv. Geschäftsführer des Instituts für Europäisches Medienrecht – EMR, Saarbrücken/Brüssel.**

Wolfgang Schill

geboren 1952; Bankkaufmann (1971); Studium der Betriebswirtschaftslehre an der Fachhochschule des Landes Rheinland-Pfalz, Abt. Ludwigshafen (1973–1976), der Volkswirtschaftslehre an der Universität Heidelberg (1976–1981) und „Internationaler Beziehungen" an der Johns Hopkins University, School of Advanced International Studies, Bologna Center

(1978/79 und 1980/81); Diplom-Betriebswirt 1976; Diplom-Volkswirt 1980, Master of Arts 1981. Assistent an der Johns Hopkins University, Bologna Center (1978/79 und 1980/81). Mai 1981 Eintritt in die Hauptabteilung Volkswirtschaft der Deutschen Bundesbank, Frankfurt/Main. Vom November 1994 bis Mitte 1998 Leiter der Abteilung für Fragen der „Stufe Zwei" beim Europäischen Währungsinstitut in Frankfurt/M.; Haupttätigkeitsfelder: Koordination der Geldpolitik in den EU Mitgliedsländern und Abfassung der Konvergenzberichte des EWI. Seit Mitte 1998 **Stellvertretender Generaldirektor in der Generaldirektion Volkswirtschaft bei der Europäischen Zentralbank** in Frankfurt/M., zuständig für die gesamtwirtschaftliche Analyse im Euro-Währungsgebiet, die Wirtschaftsentwicklung in den Euro-Mitgliedsländern und die außenwirtschaftliche Entwicklung des Euro-Währungsgebietes.

Norbert Schmidt-Gerritzen

geboren 1936 in Beuthen/Oberschlesien; Studium der Rechtswissenschaften an den Universitäten München, Berlin und Bonn (1956–1960); Dr. iur. (1962, Universität Bonn); Assessor (1964, Düsseldorf); Beamter in folgenden Behörden: Landesfinanzverwaltung NRW (1965/66); Bundesministerium für Wirtschaft, Referat Steuerpolitik (1967–1970); Eurocontrol, Brüssel, Haushaltsabteilung (1970–1972); Bundesministerium der Finanzen, zuständig für Haushalt der EG (1972–1974); Ständige Vertretung der Bundesrepublik Deutschland bei den Europäischen Gemeinschaften, Mitglied und zeitweise Vorsitzender des Haushaltsausschusses des Ministerrats (1974–1979); erneut Bundesministerium der Finanzen, Bonn, zuständig für Europäisches Währungssystem (1979–1981); Weltbank, Washington, Stellvertretender Exekutivdirektor (1981–1984); wiederum Bundesministerium der Finanzen, als Ministerialrat zuständig für Umschuldungsabkommen mit Regierungen Afrikas und Osteuropas (1984–1989); seit 1989 **Direktor am Europäischen Rechnungshof, derzeit zuständig für Juristischen Dienst und für Interinstitutionelle und Auswärtige Beziehungen des Hofes.**

Hendrik Vygen

geboren 1944; Studium der Rechtswissenschaften an den Universitäten Marburg, München, Köln und Bonn; Dr. iur. (Bonn 1971); wissenschaftlicher Mitarbeiter bei der Deutschen Welle, Köln (1972/73); wissenschaftlicher Referent für Umwelt- und Gesundheitspolitik bei der Interparlamentarischen Arbeitsgemeinschaft, Bonn (1973/74); Referent im Bundesministerium des Innern in den Bereichen internationale und EG-Umweltpolitik,

Polizeiangelegenheiten und als Pressesprecher (1974–1982), im Bereich Umweltpolitik der Vereinten Nationen sowie Luftreinhaltung im Verkehrsbereich (1982–1985); Leiter des Referates internationale Zusammenarbeit im Umweltschutz (1985/86); 1986–1995 **Leiter des Referates für Europäische Umweltpolitik im Bundesministerium für Umwelt, Naturschutz und Reaktorsicherheit** (1988 – während der deutschen Präsidentschaft – zur Ständigen Vertretung der Bundesrepublik Deutschland bei den Europäischen Gemeinschaften in Brüssel abgeordnet – Vorsitzender der Ratsgruppe Umweltfragen); seit 1995 Leiter der Unterabteilung „Internationale Zusammenarbeit", Veröffentlichungen über EG-Umweltrecht und -politik, pan-europäische Vertragspolitik zur Luftreinhaltung, Naturschutzrecht.

Rolf H. Weber

geboren 1951 in Zürich; Studium der Rechtswissenschaften an der Universität Zürich; Gerichtssekretär am Bezirksgericht Uster, Anwaltspatent (1978); wissenschaftlicher Assistent am juristischen Seminar der Universität Zürich (Dr. iur. 1979); Visiting Scholar an der Harvard Law School (1980/81); **Partner der Anwaltskanzlei Wiederkehr, Forster & Weber in Zürich; seit 1986** – nach Habilitierung im Bereich Wirtschaftsrecht – Privatdozent und seit 1992 **Titularprofessor an der Universität Zürich; Direktor des Europa Institut Zürich**; Veröffentlichungen zum Vertrags- und Gesellschaftsrecht (u.a. Kommentare), zum Banken-, Medien-, Wettbewerbs- und Europarecht.

Hans-Michael Wolffgang

geboren 1953; Studium der Rechtswissenschaften an der Universität Münster (1973–1979), Ergänzungsstudium an der Hochschule für Verwaltungswissenschaften in Speyer (1981), Dr. iur. (1986); Wissenschaftlicher Mitarbeiter am Institut für Steuerrecht der Universität Münster (1983–1984); Justitiar des Kreises Steinfurt (1985–1987); Eintritt in Bundesfinanzverwaltung (1987); Dozent und Professor am Fachbereich Finanzen der Fachhochschule des Bundes (1988–1994); Wissenschaftlicher Mitarbeiter am Bundesfinanzhof (1992–1994); Universitätsprofessor für Öffentliches Recht an der Westfälischen Wilhelms-Universität Münster (seit 1995); Richter am Finanzgericht Münster im Nebenamt (seit 1998); Veröffentlichungen zum deutschen und europäischen Verwaltungs-, Staats- und Finanzrecht sowie zum Zoll- und Außenwirtschaftsrecht; Schriftleiter der Zeitschrift AW-Prax-Außenwirtschaftliche Praxis.

Stichwortverzeichnis

Die Fundstellen zu den Stichwörtern beziehen sich auf die Artikelnummern (fett)
und die Randnummern der Kommentierung (mager).